영혼학
– 그 표준이론

The Standard Theory on Spiritsoulogy

영혼학 – 그 표준이론
The Standard Theory on Spiritsoulogy

초판 1쇄 발행 2023년 8월 1일

지은이 정영부
엮은이 영혼학연구협회
펴낸이 장길수
펴낸곳 지식과감성#
출판등록 제2012-000081호

검수 한장희
디자인 윤혜성
편집 윤혜성
교정 정은솔, 이주연, 주경민
마케팅 정연우

주소 서울시 금천구 벚꽃로298 대륭포스트타워6차 1212호
전화 070-4651-3730~4
팩스 070-4325-7006
이메일 ksbookup@naver.com
홈페이지 www.knsbookup.com

ISBN 979-11-392-1228-0(03200)
값 20,000원

- 이 책의 판권은 지은이에게 있습니다.
- 이 책 내용의 전부 또는 일부를 재사용하려면 반드시 양측의 서면 동의를 받아야 합니다.
- 잘못된 책은 구입하신 곳에서 바꾸어 드립니다.

영혼학

– 그 표준이론
The Standard Theory on Spiritsoulogy

정영부 著
영혼학연구협회 編

自薦辭

신은 있는가?
그 신이 인간의 창조주인가?
그 신은 인간과 우주를 어떻게 창조하였는가?
그 신은 그러한 사실을 우리 인간들에게 드러내는가?
그렇다면 인간들은 왜 서로 다른 사상과 교조를 가지게 되었는가?
그리고 그것들은 그 오랜 세월 동안 서로 반목(反目)하면서도 왜 끄떡없이 살아남아 인간들을 미혹하고 신의 세상을 어지럽히고 있는가? 신이 창조한 세상에 왜 악이 횡행하고 인간들이 이처럼 고통받는가? 이것이 신의 의도라면 신은 거짓말쟁이, 심술쟁이, 변덕쟁이인가?

이런 생각들은 인류의 정신문명사 내내 인간을 괴롭힌 의문들이다. 그래서 많은 사람들이 누멘(numen)의 직관으로 다가오는 창조주 유일신을 믿지 못하고 선악의 이원(二元) 또는 창조주 없는 종교로 돌아서거나 심지어 '무신(無神)의 피와 회의(懷疑)의 눈'에 휩쓸려 더 깊은 무명(無明)에 빠졌다. 이 책은 영혼의 관점에서 이러한 의문을 풀어 창조주 유일신과 진화에 의한 영혼의 창조를 보이려는 책이다. 사람들에게는 모두 수십억 년 묵은 혼(魂)과 영(靈)이 있다는 사실을 증명하려고 쓴 책이다. 주요 종교와 사상을 일이관지하는 이(理)를 논(論)하려고 쓴 책이다. 창조주가 인격신이든 우주의식이든 멍석만 깐 이신론(理神論)의 신이든 그가 존재한다면 그의 섭리는 일관되어야 마땅하기 때문이다. 이를 위하여 기존의 종교와 사상의 관련 부분을 망라하여 영혼학(Spiritsoulogy)으로 수렴하였다. 소위 모든 것의 이론(Theory of Everything)이요 통합이론(Integral Theory)이다.

이 책의 또 다른 목적은 그 이론에 의해 드러난 사실들(Facts)을 삶에서 실천하기 위한 방법의 탐구다. 드러난 팩트는 다음과 같다.

1. 사람은 영(靈)과 혼(魂) 그리고 육(肉)으로 되어있는데
2. 육과 혼은 영적설계(靈的設計)에 의해 기(氣)로부터 생물학적으로 진화하여 탄생하였고
3. 영 또한 혼이 영적으로 진화한 존재이며

4. 영과 혼은 사람이 태어날 때 몸에 들어오는 시기도 다르고 죽어서 가는 저승도 다른 데다가
5. 각자 윤회한다.

주요 종교와 사상을 망라하면 어찌 이런 결론이 나오는가 하는 사람이 많을 것이나 이 결론이 팩트임은 이 책에서 충분히 거증되었다. 또한 그 결론은 이미 최근의 여러 통합이론이나 영원의 철학(perennial philosophy)의 지향(指向)과 같으며 자연과학 또한 발전할수록 이러한 통합이론에 힘을 실어주고 있다는 것도 아울러 밝혀보았다.
사실 영혼학이라는 이름으로 제시하는 이와 같은 주제와 결론들은 현대를 사는 구도자로서 수행과 공부가 웬만큼 치열하였다면 어떤 식으로든 이미 겪어본 주제들이고 알 만한 팩트들이다. 그러나 이처럼 그 대강(大綱)이 인구에 회자된 지 이미 오래되었지만 결론을 같이하는 제설(諸說) 간에도 일통하는 맥(脈)이 없어 아직도 중구난방이고 연구범위와 커리큘럼도 제대로 정비되지 않아 그 학문적 접근이 시급한 지경이다. 아무쪼록 장차 거창(巨創)할 영혼학에 이 책이 그 허접한 만큼 좋은 밑거름이 될 것을 기대한다.

한편 이 책은 드러난 팩트를 지침(指針) 삼아 '영혼학의 道'에 대하여 이야기한다. 그렇다고 기왕의 道가 틀렸다는 것은 아니다. 도의 가성비(價性比)를 따져 보다 효율적인 방법을 제시한다. 영혼학의 도는 영과 혼이 별개의 존재이면서도 이번 생의 동반자라는 사실에 근거한 것이다. 또 새로운 방법으로 제시한 것 중 가장 중요한 것은 본서 11.3.8. '환생재단'의 발기문(發起文)에서 밝히고 있는 '영적진화계획과 그에 따른 환생플랜'이다. 환생플랜은 이 책의 저술의도이자 핵심이론이기도 하니 목차를 통해 본서의 주제를 일견하여 그 내용이 대충 짐작되는 제위는 다른 부분은 볼 것 없이 666쪽으로 가서 발기문만 일독하여도 이 책을 다 읽은 것과 같다.

그동안 구도에 관심이 덜했던 제위라면 질(質)과 양(量) 양면에서 이 책을 책거리하기란 쉽지 않을 것이다. 때가 되어 목차에 흥미를 느껴 책을 사서 펼치더라도 일정수준 이상의 구도과정이 선행되지 않은 경우라면 금방 지루하거나 어려운 내용일 수 있기 때문이다. 읽는 중에도 수시로 관련 내용을 다른 도서나 인터넷에서 찾아보아야 할 수도 있다. 그렇지만 일독하면 이제 어떤 종교나 사상을 대해도 이를 이해할 수 있는 관(觀)을 얻는다. 표준이론은 통합이론이기 때문이다. 또

사상과 교조(教條)를 대함에 있어 정(正)과 사(邪)를 분별하기 어렵고 전(前)과 후(後)가 서로 엉켜 오리무중일 때 표준이론은 길잡이가 된다. 자기 자신을 관찰할 때에도 돋보기 대신 영혼학을 들이대어라. 모든 것이 명료해진다.

영혼학의 수립과정에서 해부된 많은 종교와 사상은 그 과정에서 기존 모습과는 전혀 다른 모습을 드러낼 수 있다. 독자가 그 다름을 보았다면 이 책은 제 역할을 하였다. 독자가 그 다름에 주석(註釋)까지 달 수 있다면 그의 관(觀)은 한 단계 상승할 것이고 반대로 토(吐)를 달 수 있어도 그의 관은 이미 훌륭한 도(道)다. 토를 넘어 토구(討究)로써 표준이론을 포섭(包攝)한다면 그의 도는 이미 합일을 향한 길의 정상(頂上)에 가깝다.

말했듯이 영혼학의 도(道)는 통합이론으로서 가성비 좋은 새로운 도다. 그리고 하느님은 새로운 길(道)로 올라오는 개성 만점의 영혼을 좋아하신다. 그것이 하느님께서 진화와 윤회를 통해 우리를 창조하신 이유다. 때가 찬 도반(道伴)에게 이 책은 강 건너 불이 아니라 제 집에 난 불이니 구경만 할 일이 아니다.

목차

자천사(自薦辭) 5
저자 서문 15

1 머리말 24

2 표준이론의 필요성과 자명한 사실 32

2.1. 표준이론의 필요성 32
2.2. 표준이론이 궁구한 자명한 사실 35
2.3. 영혼학의 정의와 범위 52

3 표준이론 60

3.1. 영혼육 삼원론 61
   3.1.1. 인간의 구성요소 61
   3.1.2. 영혼육 삼원론인 이유 64
   3.1.3. 일반적인 삼원론과 표준이론 68
   3.1.4. 영과 혼을 구분하지 않는 사람들 72
3.2. 영과 혼의 기원론 75
   3.2.1. 표준이론의 영과 혼의 기원(起源) 75
   3.2.2. 영과 혼의 기원에 대한 여러 가지 주장 79
   3.2.3. 주요 종교의 영혼개념의 기원 84
   3.2.4. 표준이론과 유사한 동양의 기론(氣論) 89
3.3. 영과 혼의 삶과 윤회 91
3.4. 영과 혼의 관계 106

4   자아(自我)에 대하여   114

4.1. 자아(自我)의 정의   114
4.2. 자아와 영 그리고 혼의 관계   116
4.3. 자아의 발전단계   118
    4.3.1. 표준이론의 자아의 발전단계   118
    4.3.2. 자아의 수준(水準)   130
    4.3.3. 자아의 방, 사랑방 이야기   140
    4.3.4. 표준이론에서의 영(靈)의 수효   154
    4.3.5. 참자아의 개념   158
    4.3.6. 영이 없는 사람의 발전단계   160
    4.3.7. 자신의 자아수준 판별   161
    4.3.8. 자아수준에 따른 영혼의 수준과 사후세계   173
    4.3.9. 표준이론과 유사한 자아의 수준 이론   175
4.4. 자의식(自意識)   206

5   영(靈)에 대하여   212

5.1. 영이란 무엇인가   212
    5.1.1. 영의 정의(定義)   212
    5.1.2. 영의 합일   216
        5.1.2.1. 합일의 사전적 의미   216
        5.1.2.2. 표준이론에서의 합일   217
        5.1.2.3. 여러 사상과 종교에서의 합일   219
            5.1.2.3.1. 신비주의 사상과 합일   219
            5.1.2.3.2. 영지주의와 합일   222
            5.1.2.3.3. 기독교 신비주의와 합일   227
            5.1.2.3.4. 이슬람 신비주의 수피즘의 합일   230
            5.1.2.3.5. 힌두교의 합일   231
            5.1.2.3.6. 유대교 신비주의 카발라와 합일   233
            5.1.2.3.7. 불교의 합일사상   234
            5.1.2.3.8. 유교의 합일사상   237
            5.1.2.3.9. 도가의 합일사상   238
            5.1.2.3.10. 우리나라의 합일사상   239
            5.1.2.3.11. 신지학의 합일   241
            5.1.2.3.12. 헤르메스주의와 합일   242
            5.1.2.3.13. 기타 최근의 사상가들과 뉴에이저들   243

5.2. 영 따로 혼 따로	247
5.3. 하느님의 영의 불(靈火)	259
5.4. 영의 의무	261
5.5. 저승에 대해서	263
5.5.1. 우리나라의 민속 저승관	271
5.5.2. 불교의 저승관	272
5.5.3. 유교의 저승관	277
5.5.4. 도교의 저승관	278
5.5.5. 기독교의 저승관	280
5.5.6. 이슬람교의 저승	283
5.5.7. 힌두교의 저승관	284
5.5.8. 고대이집트의 저승관	286
5.5.9. 심령학의 저승관	287
5.5.10. 신지학의 저승관	298
5.5.11. 표준이론의 저승	300
5.6. 영에 대한 기타 담론	306

6 혼(魂)에 대하여   322

6.1. 혼의 정의	322
6.2. 영과 혼의 유래와 전생횟수	326
6.2.1. 영의 탄생시기와 유래	326
6.2.2. 지구 혼의 유래와 전생횟수	328
6.2.3. 영과 혼의 전생(轉生)횟수와 출신	329
6.3. 혼의 구성	331
6.3.1. 생기체	333
6.3.2. 마음의 구성요소	340
6.3.3. 정신체	345
6.3.4. 양심체	359
6.4. 일체유심조(一切唯心造)와 혼	366
6.5. 자율신경과 혼	368
6.6. 양자역학과 표준이론	370
6.7. 혼의 장기(臟器)	375
6.8. 혼의 물성(物性)	378
6.9. 유학(儒學)의 '마음'에 대한 담론	379
6.10. 업(業)에 대하여	380
6.11. 강시(殭屍, zombie)	382

6.12. 의식상태별 혼의 활동　　　　　　　　　　　　　383
　　6.12.1. 의식의 종류　　　　　　　　　　　　　384
　　6.12.2. 표준이론의 의식구분　　　　　　　　　387
　　6.12.3. 표준이론의 의식과 신지학　　　　　　389
　　6.12.4. 최면과 의식　　　　　　　　　　　　　390
　　6.12.5. 신지학의 초능력적 의식개발　　　　　390
　　6.12.6. 유체이탈과 의식　　　　　　　　　　　391
6.13. 집단무의식　　　　　　　　　　　　　　　　392

7　육(肉)에 대하여　　　　　　　　　　　　　396

7.1. 육체와 혼의 관계　　　　　　　　　　　　　　396
7.2. 육체의 진화와 혼의 진화　　　　　　　　　　397
7.3. 육체의 부활　　　　　　　　　　　　　　　　397
7.4. 신지학의 육체　　　　　　　　　　　　　　　398
7.5. 육체가 영에 미치는 영향　　　　　　　　　　399

8　주요 인간론(人間論)　　　　　　　　　　　404

8.1. 그리스 철학과 「영언여작」의 삼혼설　　　　　404
8.2. 기독교의 인간론　　　　　　　　　　　　　　406
8.3. 불교의 인간론　　　　　　　　　　　　　　　421
8.4. 원불교의 영기질 인간론　　　　　　　　　　434
8.5. 자이나교의 혼육이원의 인간론　　　　　　　437
8.6. 힌두교의 인간론　　　　　　　　　　　　　　439
8.7. 정기신(精氣神)의 인간론　　　　　　　　　　450
8.8. 도교의 인간론　　　　　　　　　　　　　　　453
8.9. 도가의 인간론　　　　　　　　　　　　　　　455
8.10. 우리나라의 민속적 인간론　　　　　　　　　456
8.11. 영지주의의 인간론　　　　　　　　　　　　457
8.12. 성리학의 이기론(理氣論)　　　　　　　　　459
8.13. 대종교의 인간론　　　　　　　　　　　　　464
8.14. 정신분석학의 인간론　　　　　　　　　　　466
8.15. 동의보감의 인간론　　　　　　　　　　　　470
8.16. 카발라의 인간론　　　　　　　　　　　　　471
8.17. 헤르메스주의의 인간론　　　　　　　　　　475

8.18. 신지학적 인간론 480
8.19. 뉴에이지의 인간론 526
    8.19.1. 유란시아서의 인간론 526
    8.19.2. 닐 도날드 월쉬의 인간론 535
    8.19.3. 이차크 벤토프의 인간론 540
    8.19.4. 엘리자베스 퀴블러-로스의 인간론 541
    8.19.5. 뉴에이지의 외계인론 542
8.20. 통합적 인간론 543
8.21. 기타 여러 가지 인간론 546

9   수면과 영혼육 556

9.1. 수면의 정의 556
9.2. 수면의 목적과 과정 558
9.3. 수면과 의식 560
9.4. 수면 중 영혼의 활동 563
9.5. 꿈은 누가 꾸는가 564

10   기(氣)에 대하여 580

10.1. 氣란 무엇인가 580
10.2. 기와 관련된 실험들 591
10.3. 기(氣)의 물질화 593
10.4. 성령(聖靈)과 기 597
10.5. 호흡과 기 598
10.6. 여러 종교와 사상에 나타나는 기 598
    10.6.1. 노자의 도와 기 599
    10.6.2. 아낙시메네스와 아낙사고라스 600
    10.6.3. 도교의 기철학 600
    10.6.4. 성리학의 기 601
    10.6.5. 한의학(韓醫學)의 정기신(精氣神) 602
    10.6.6. 천도교(天道教)의 기 603
    10.6.7. 대종교(大倧教)의 기 604
    10.6.8. 수련적 도교인 우리나라 기철학 604
    10.6.9. 켄 윌버의 기론(氣論) 605
    10.6.10. 요가와 신지학의 기 606
10.7. 기에 대한 나머지 이야기 607

| 11 | 영혼육에 대한 나머지 이야기들 | 616 |

11.1. 영매에 대하여 616
11.2. 최면에 대하여 617
11.3. 윤회에 대하여 622
    11.3.1. 윤회와 윤회사상의 역사 623
    11.3.2. 윤회의 필연성과 그 증거 638
    11.3.3. 영과 혼이 각자 윤회하는 표준이론 646
    11.3.4. 윤회의 경로 655
    11.3.5. 환생자 찾기 657
    11.3.6. 환생에 소요되는 시간 663
    11.3.7. 환생 교육 665
    11.3.8. 환생재단 666
    11.3.9. 윤회혼의 개성(個性) 공식 670
11.4. 구도의 표준이론 672

| 12 | 기타 | 676 |

12.1. 임종명석현상 676
12.2. 기시감에 대하여 677
12.3. 귀신에 대하여 681
12.4. 명상에 대하여 686
12.5. 삶 속의 죽음 696
12.6. 여러 사상에 나타나는 우주주기론 705
12.7. 의식과 기억 712
12.8. 시간에 대해서 717

| 13 | 結 | 728 |

結詩 734

尾註 736
附錄 1083
전체 목차 1100

序文

저자 서문

예수님은 "너는 나를 보았기 때문에 믿느냐? 나를 보지 않고도 믿는 사람은 복이 있다." 라고 하셨다. 융은 이렇게 말했다. "나는 신을 믿을 필요가 없다. 알고 있으니까(I do not need to believe. I know)." 아는 사람은 보지 않고도 믿는 것이다. 표준이론은 이렇게 말한다. "영혼을 아는 사람에게는 증거가 필요 없다. 알지 못하는 사람에게는 그 어떤 증거도 필요 없다." 그렇다면 영혼학은 왜 영혼을 논(論)하여 거증(擧證)하려 하는가? 알 때가 되었기 때문이다.

序詩
영혼학 교과서의 필요성
문명의 발달과 영혼학의 부상(浮上)
영혼학과 그 표준이론
영혼학의 궁구 대상
영혼학의 자명한 사실들

序詩

내 인생은 평생
행복하면서도 불행했고
푹 쉬고도 어딘가 피곤했으며
배불러도 한구석은 늘 배고팠고
많아도 부족하고 좋으면서도 싫었네
왜 그럴까? 무엇 때문일까?

목말라 찾아다녔네
뭔지도 모르면서 애태웠네
항상 그리워했네
그러나 그 숱한 책 속에도 없었고
그 많은 말 안에도 없었네

책을 보며 골똘히
기도하면서 내내
명상 중에는 온통
아무리 구하고 찾고 두드려도 없었네
다만

한밤중에 잠 깨어 문뜩
하늘에 구름 보다 언뜻
아름다운 음악 뒤에 숨은 그 흔적에 흠칫
볼품없이 화를 내다 번쩍
그것은 나를 스치고 지나갔네

뭘까
혹시 그것은
불행하고 피곤하며 배고프고 부족한 내가
목말라 애태우며 그리워하던 그것인가?
나를 희망으로 이끌어줄 그것일까?

알았네 찾았네
그것은 내 영이었네
그가 날 불렀었네
진리였고 빛이었고 道였던 그가
懷疑와 죽음의 커튼 뒤에 숨어
조용히 그리고 끈질기게 날 불렀었네

영혼학 교과서의 필요성

영혼학은 인류역사와 함께하는 학문이지만 그 구체적 모습이 드러나는 효시는 19세기 말에 구미에서 발흥한 심령주의(spiritualism)라고 볼 수 있다. 초기의 심령주의는 학문이라기보다는 하나의 운동(movement)이나 이즘(ism) 정도였으나 이후 여러 연구방법론[1]이 사용되어 학제적으로 괄목(刮目)의 성과를 보이더니 이윽고 인류문명이 주목하는 학문으로 떠올랐다. 그러나 이처럼 영혼학의 대강(大綱)이 인구에 회자된 지가 백여 년이 지났지만 그 학문적 성과에 비하여 연구범위와 커리큘럼이 아직 제대로 정비되지 아니하였고 또한 여러 사상에 포함되어 있는 관련 부분을 체계적으로 비교 정리하여 학문으로서의 프레임을 제시하는 교과서도 없었다. 이에 본 책은

1. 여기저기 널려 있는 제설(諸說)을 한곳에 모아 정리할 필요성
2. 커리큘럼을 정비하여 학문의 체계를 세워야 할 필요성
3. 기왕의 설과 주장을 통합하여 일통하는 맥(脈)을 형성하여야 할 필요성
4. 영혼학을 구도방법론을 위시한 현실에 이용할 필요성[2]

에 따라서 저술되었다. 또 영이 어렵게 깨달은 바를 스스로에게 논리를 세워 자경(自警)하고 혼을 영교(靈敎)[3]할 필요성도 컸음을 부언한다.

---

[1] 20세기 후반 이후 심령주의는 퇴행최면과 환생증언 등에 의한 환생연구, 점(占)·채널링·자동서기·엑토플라즘 등을 포함한 영매연구, 폴터가이스트·귀신들림·유령의 집 등 귀신현상, 고대문명과 외계인 현상, 참선·요가·단전호흡 등 명상 관련 신비현상, 유체이탈, 근사체험, 임종명석현상(terminal lucidity), 임사비전(Deathbed Visions)과 그 공유체험, 사후통신(ADC), 카탈렙시(catalepsy)·怪力현상·마취효과·최면마취 등 최면 이상현상, 한의학·氣功·차력·사이코메트리·메스머리즘·오드의 힘·어싱(earthing) 등 기학(氣學), 영감 또는 육감(六感), 신유·방언·신비현상 등 종교적 심령현상, 점성술, 키를리안 사진기와 Kilner 스크린 등을 사용한 오라연구, 아야와스카·DMT·LSD 등 환각의식하의 이상현상, 자각몽·몽유·가위눌림·무의식(혼뇌의식)·전생지몽·예지몽 등 수면 관련 현상, 제노글로시·투시·텔레파시·예지·데자뷔 등 초감각적 지각능력(ESP)과 염력(PK) 등 초상현상, 전자음성현상(EVP), 미세 조정된 우주가설과 희귀한 지구가설 그리고 생명체의 자연발생 희소성이론, 생명현상에 대한 창발(創發)이론, 융의 집단무의식과 공시성(Synchronicity)현상, 수렴·발산·도약과 지적설계에 의한 진화현상, 유령DNA효과, 위약효과·동종요법 등 대체의학 관련이론, 다중인격·도플갱어·서번트증후군 등 정신의학적 이상현상, Y염색체아담과 미토콘드리아이브의 인류공통조상이론, 최근 급부상한 양자의학, 양자얽힘·비국소성의 원리·관찰자효과·광자텔레포테이션·時空연구 등 양자역학의 未知현상 등으로 그 연구대상이 광범위하게 확대되었다(미주 128 '심령주의의 역사' 참조).
[2] 영혼학은 인간과 우주 그리고 심령에 대한 기본 가치관을 다루기 때문에 그 이론의 현실이용은 미치지 않을 곳이 없다. 그러나 우선, 사람에 대한 이해, 새로운 구도방법론의 모색, 자기계발과 이웃사랑, 직업선택, 인생계획, 정신병의 (자기)치료, 초상현상의 이용, 자연과학과 종교의 이해, 종교 간의 분쟁감소, 죽음 준비 등에 활용될 것이다. 특이하지만 티베트의 활불제도를 응용하여 자신의 후생에게 遺言과 遺産을 남기는 데도 이용할 수도 있다(11.3.8. '환생재단' 참조).
[3] 1. 自警은 영이 스스로를 경계하여 조심하는 일이고, 靈敎는 靈이 魂을 가르치는 일로서 그 가르침은 혼

문명의 발달과 영혼학의 부상(浮上)

영혼에 대한 질문과 답은 오랫동안 종교와 관련지어져 왔지만 인류문명은 이를 종교를 넘어 인문학의 장으로 끌어낸 지 벌써 오래되었다.4) 그 작업은 영혼에 대한 문제를 개인의 영적 성장을 위한 수행 그리고 직관을 통한 자각 등과 연관 지음으로부터 시작되었다. 영혼의 문제를 틀에 박힌 종교적 수행이나 도그마(dogma)로부터 끄집어낸 것이다. 그리고 20세기에 들어서면서 영혼의 문제는 자연과학을 통섭(統攝)하는 학제적(學際的, interdisciplinary) 연구로 조명되기 시작하였다. 19세기 후반에 프랑스와 영국 등지에서 출현하여 20세기 전반에 서구를 풍미한 심령주의(spiritualism)는 사자(死者)와의 교신과 영혼 존재의 과학적 증명을 추구하였고5) 이후 초상현상, 근사체험, 최면현상, 양자과학6) 등의 연구와 발달에 힘입어 영혼에 대한 과학적 접근을 깊이 하여 오늘날 자연과학을 통섭하는 영혼학(靈魂學, Spiritsoulogy)으로의 위치에 올라섰다.

그러나 이러한 영혼학이 기존 자연과학자들에게는 매우 불편한 학문이었음은 분명하다. 그들이 처음에는 논리보다도 비아냥거림으로, 나중에는 사실의 왜곡(歪曲)으로, 그다음에는 무시(無視)로 영혼학에 대응하였음이 그 증거다. 그러나 이는 과

의 今生과 後生에 미친다(11.3.8. '환생재단' 참조).
2. 저희는 세상 것도 거의 짐작하지 못하고 손에 닿는 것조차 거의 찾아내지 못하는데 하늘의 것을 밝혀낸 자 어디 있겠습니까? 당신께서 지혜를 주지 않으시고 높은 곳에서 당신의 거룩한 영을 보내지 않으시면 누가 당신의 뜻을 깨달을 수 있겠습니까?(지혜서 9,16~18)
3. 표준이론에서는 혼이 영으로 진화(열반)하더라도 세상이치를 다 깨닫는 것이 아니다. 영에게도 백생공부(白生工夫, 白靈功事)가 더 남았다. 또 가르치기(靈敎)란 배우는 것이며 믿는 것을 입증할 증인들을 불러들이는 것이며 무엇보다 회심의 한 방법이다. 이것은 말만으로는 이루어지지 않으니 실천과 체화(體化)가 반드시 뒤따른다(헬렌 슈크만, 「기적수업」교사용지침서 서문 참조). 영교는 영에게도 보약이다.
4) 이른바 신지학(Theosophy)적 작업이다.
5) 우리나라에는 심령과학 등으로 불리며 1970년대 들어 본격적으로 소개되었다.
6) 양자얽힘현상(quantum entanglement)은 1930년대 전후 양자역학의 코펜하겐 해석으로부터 유도되는 결론 중 하나로서 처음에는 예측되는 현상이었으나 이후 양자암호, 양자컴퓨터, 양자전송 등에 대한 실험과 연구가 꾸준히 진행되어 사실임이 증명되었다. '양자얽힘현상'은 아직도 양자역학이 발견한 미시물리세계의 신비현상 중 하나로 인식되고 있으나 이는 표준이론으로 보면 아무 신비할 것이 없다. 모든 물질은 기로 만들어진 것이라는 사실과 그 물질에도 기가 스며있다는 것 그리고 기는 원인의식을 가진 생명력이라는 표준이론의 주장의 시현(示現)일 뿐이다. 우리는 양자얽힘현상을 통하여 입자(양자)가 '기가 물질화된 최초의 형태'로서 '생명체로 발전할 가능성'을 가지며 그 생명은 또 '의식을 가진 개체로 발전할 가능성(원인의식)'을 가진다는 표준이론의 주장을 확인할 수 있다. 또한 2000년대에 들어 여러 실험에서 구현된 광자 텔레포테이션(teleportation)은 양자가 파동과 입자의 성질을 동시에 가지는 이유가 물질이 기에서 기인하기 때문이라는 사실을 보여준다. 즉 물질의 최소단위이자 물질생성의 최초단계인 양자는 아직 기의 속성인 에너지로서의 파동성과 물질의 속성인 입자성을 동시에 가지고 있는 것이다. 양자물리학이 발견한 물질계의 새로운 현상들은 양자가 기의 물질화 과정의 최초형태이기 때문에 보이는 '氣의 물리학'의 일단일 뿐이다. 양자물리학은 기의 물리학이 지배하는 혼(魂)과 혼계(魂界)에 대한 기초적인 정보를 우리에게 제공함으로써 학제 간의 학문인 영혼학의 일부가 되고 있다(미주 209 '양자얽힘과 텔레포테이션 그리고 표준이론' 참조).

거 자연과학이 스콜라철학(Scholasticism)을 축출하고 그 자리를 대신 차지하였을 때 겪었던 과정을 영혼학이 겪고 있는 것뿐이다.7) 오래지 않아 영혼학은 인문학으로서 뿐 아니라 필요한 부분을 자연과학으로 검증하여 학제 간의 학문으로서의 입지를 단단히 다지게 될 것이다. 그렇게 되면 기존 자연과학의 많은 가설과 이론은 스콜라철학이 그랬던 것처럼 역사의 뒤안길로 사라지고 인류문명은 다시 한 단계 도약하게 될 것이 분명하다.

영혼학과 그 표준이론

이 책은 영혼학의 제 문제를 규명하는 데 있어 '인간의 구성요소를 분석하는 측면'에서 접근하였다. 또한 영혼학에서 제기되는 기왕의 모든 문제와 답에 포괄적이며 일관되고 모범이 되는 모델을 제시한다는 의미에서 '그 표준이론'이라는 부제를 달았고 그 취지를 모아 영문명을 'Standard Theory on Spiritsoulogy'로 하였다. 자연과학에서는 일련의 현상을 설명하기 위하여 '모형'을 만들며 그 모형은 실험 가능한 예측(testable prediction) 모델이어야 한다. 인문과학에서도 마찬가지다. 실험실에서의 현상 재현방법은 아니지만 인문학의 모형도 성공적인 것이 되려면 간단하고 능률적인 방식으로 일련의 현상들을 조화롭게 설명할 수 있어야 한다. 따라서 영혼학에 모형이 있다면 그 모형은 영혼에 대한 이해를 깊게 하고 또 영혼과 관련하여 나타나는 일련의 모든 현상을 모순 없이 설명하기 위해서는 통일되고 조화로워야 한다.

영혼에 대한 연구는 전통적으로 종교에서 다루어 왔다. 물론 철학이나 제(諸) 사상 또한 인간과 그 주체로 보이는 마음이나 영혼에 대한 연구 없이 성립될 수 없으니 종교건 사상이건 모두 영혼에 대한 일가견(一家見)을 그들 각자의 교의(敎義)에 포함하고 있다. 그런데 그것은 그 사상이나 종교의 근간이며 뿌리이므로 사실

---

7) 이는 오늘날 철학(哲學)의 주류도 마찬가지다. "자연과 사회 및 인간 사유의 일반적 발전 법칙을 탐구하여 올바른 세계관을 수립하고 인식과 실천의 과학적 방법을 연구, 개발한다."라는 모토를 철학함의 서두에 미리 못 박아 두고 그 '과학적 방법'의 해석에 오늘날 자연과학의 그것을 벤치마킹함으로써 스스로의 발목을 묶고 있다. 그들은 철학함에 있어 오직 이성과 경험에만 기초를 둔 합리성과 경험성이 중요하며 사유(思惟) 또한 비종교적이고 현세적이어야 된다고 말한다. 또 철학이 비록 초월적 세계를 인식하는 것이지만 이는 자연과학의 토대를 비판적으로 받아들이고 자연과학의 의미를 파악하는 범주를 벗어나면 안 된다고 부르짖는다. 이로써 그들은 선철(先哲)들이 쌓아온 직관적 사유의 금자탑을 무너뜨리고 그 기반을 자연과학으로 대체한 후 그 위에 모든 것을 다시 쌓고 있다. 그들은 심지어 많은 전배(前輩)들이 고립된 개인의 비합리주의적 주관주의, 혹은 세계관적 견지를 방기(放棄)하는 경향성 등의 오류를 저질렀다고 타매(唾罵)하고 이를 척결하여 그간의 역사 발전을 통해 명확해진 절대다수를 위한 철학을 하는 것이 그들의 사명이라고 주장한다. 한심스러운 일이다. 훗날 철학사를 공부하려는 많은 학생들은 오늘날의 철학자들이 왜 수승한 유산을 버리고 미개한 과학교(科學敎)의 교인이 되었는지에 대해 많은 논문을 쓰게 될 것이다.

교의의 가장 중요한 부분이다. 따라서 어느 종교나 사상도 그 시작은 마음과 영혼에 대하여 설명함으로써 시작하여야 마땅하다고 생각된다. 그러나 과연 그러한가? 실지로는 그 어떤 종교나 사상도 자신들의 교의(敎義)를 마음과 영혼에 대한 속 시원한 설명을 필두로 하여 시작하지 않는다. 심지어는 그 종교와 사상을 끝까지 공부하여도 도대체 주인공인 인간의 주체(主體)가 무엇인지, 그것은 어떻게 생겨나고 속성은 어찌 되며 우주와 몸 그리고 그 주체는 서로 어떤 관계인지, 그리고 죽음 후에는 그 주체에게 정확히 어떤 상황이 펼쳐지며 그 이유는 무엇인지, 나아가 세상의 불합리와 불의는 왜 존재하며 또 왜 영혼에게 그리 가혹하고 심한지 그 어느 하나도 체계적으로 명쾌하게 가르쳐주지 않는다. 왜 그럴까? 첫째는 몰라서다. 둘째는 필요성을 못 느껴서다. 마지막으로는 증거를 댈 수 없어서다. 말로 때울 수 없는 분야이기 때문에 아예 중간이라도 가려고 말을 아끼는 것이다. 그러니 두루뭉술 최소한만 이야기하고 나머지 부분은 소위 비전(祕傳)으로 때운다. 교전(敎典) 밖의 에소테릭(Esoteric)한 비전은 얼마든지 바뀔 수 있고 책임도 없기 때문이다. 또 남들이 그 불합리성을 공격하기도 어렵고 교인이나 추종자들에게 "알고 싶으면 수준을 달성하라. 그때 알려주마." 하며 신비감과 완벽함을 가장한 기만(欺瞞)이 용이하기 때문이다.尾1)

영혼학(Spiritsoulogy)은 그래서 태어났다. 다른 건 다 제치고 마음과 영혼에 관련된 부분만 연구함으로써 사람들이 긴가민가 모호하지만 그러나 모두 가지고 있는 인간관과 심령관(생사관)을 직접적으로 해명하기 위하여 태어난 학문인 것이다. 따라서 영혼학의 인간관과 심령관의 각 주제들은 독립적으로 존재하거나 추구되는 것이 아니라 사람을 중심으로 서로 유기적, 보완적, 일관적인 체계를 이룬다.8)

본서는 영혼학 교과서로 자처하지만 후술하는 '영혼학의 정의와 범위'의 분류를 그대로 따르지는 않았다. 그 분류가 이상적이긴 하지만 이는 각론(各論)적 분류다. 영혼학이 아직 일천하고 이를 그대로 따르기에는 저자의 시간도 역량도 지면도 부족했다. 따라서 본서는 총론(總論)과 개론(槪論)적 수준의 영혼학교과서를 지향하였다. 그러나 영혼학교과서로서 꼭 필요한 주제는 아직 체계적이고 충분하지는 못하더라도 본서 어느 구석에서든 언급되었다고 믿는다.

영혼학의 궁구 대상

영혼학은 다음의 질문에 대하여 궁구(窮究)함으로써 논리적이고 체계 있는 답을

---

8) 2.3. '영혼학의 정의와 범위' 참조

찾는다.

1. 우주의 궁극적 실재는 무엇 또는 누구이고 그의 섭리는 무엇인가.
2. 우주의 제 현상을 설명하고 예측하는 법칙은 있는가? 있다면 무엇인가.
3. 인간은 누구이고 어디서 왔는지, 삶의 의미는 무엇이며 어떻게 살아야 하는가.
4. 사후에는 어디로 가며 환생(還生)한다면 어떤 이유와 과정으로 환생하는가.
5. 다음 생을 위해 지금 할 수 있는 일은 구체적으로 무엇이며 그 구체적인 일 중 하나로 후생의 나에게 유언과 유산을 남기는 일이 가능한가?
6. 위의 주제와 관련하여 지금까지 진리라고 여겨지는 주장(主張)과 주의(主義) 간의 모순 해결방법은 무엇인가?

나아가 영혼학은 몸과 마음을 극복하기 위한 메커니즘을 찾아내 수행방법을 개발하는 기반으로 삼으며, 진화를 위해 고투하는 혼을 보살피고 그 혼을 괴롭히는 병을 찾아 고칠 길을 모색한다. 또한 기왕의 종교와 사상 그리고 학문으로부터 도그마를 걷어낸다. 또한 '영혼학 표준이론'은 통합이론이나 영원의 철학을 지향한다.

영혼학의 자명한 사실들

자명(自明)이란 스스로 명백히 사실임을 보인다는 의미다. 영혼학의 '자명한 사실'과 수학이나 논리학에서의 公理(Axiom)는 다른 것이다. 공리란 '증명을 필요로 하지 않거나 증명할 수 없지만 직관적으로 자명한 진리의 명제인 동시에 다른 명제들의 전제가 되는 명제'다. 영혼학의 '自明한 사실'은 '영혼학의 논의 전개 과정에서 스스로 명백하게 드러나 사실이라고 생각되는 것'이다. 그러나 영혼학의 '자명한 사실들'은 마치 공리처럼 다른 이론의 전개에 밑받침이 되는 생각들이어서 공리라고 생각하여도 좋다. 표준이론의 이해를 위하여 아래에 이 自明한 사실들을 미리 나열하였다.

1. 신은 존재하며 세상을 진화를 포함한 방법으로 창조하셨다.
2. 우주는 하느님의 생명에너지인 기(氣)에서 비롯하였으며 이후 섭리(攝理)와 영적설계(靈的設計 Divine Design)에 의한 진화(進化)로 창조를 이어간다. 이승과 저승이 모두 같다.
3. 우주는 완벽하다. 완벽은 스스로 새로운 완벽을 창조한다. 이를 위해 세상은 끊임없이 발전하고 진화한다. 진화와 발전은 부족함 때문이 아니다. 완벽은 그

러한 의미의 완벽이다.
4. 우주 만상(萬象)과 현상(現象)은 신의 존재를 명백히 보여주고 있고 그 명백성을 사람은 체험(體驗)할 수 있다.
5. 모든 것은 신의 섭리다. 어떤 섭리는 사람들이 아직 모를 수 있지만 이해할 수 없는 이상한 것은 아니다. 신은 역사에서, 진화에서, 심지어 개개인의 운명에서도 섭리를 보인다. 인류 역사의 중요한 사상과 종교 그리고 제도는 모두 섭리의 표현인 진리를 담고 있다.
6. 궁극적 진리의 탐구는 궁구(窮究)에 따른 직관과 통찰에 의하여 시작되고, 이성(理性)에 의하여 그 가지를 뻗으며, 논리와 실증에 의해 열매를 맺는다.
7. 인간에게는 신으로부터 기원한 영과 혼이 있으며 이는 자아의 주체이고 각자 윤회전생(輪廻轉生) 하며 영존(永存)한다.
8. 혼의 궁극적 목표는 하느님처럼 완벽해지는 것이다. 이를 위한 혼의 우선 목표는 환생을 통해 각고의 삶을 보내며 영이 되는 것이다.
9. 영은 하느님의 분신으로서 자신의 완성과 새로운 완벽을 향한 하느님의 창조사업에 참여한다. 이승에 환생하는 영의 목적도 그것이다. 영의 완성은 신과의 합일(合一)로 구현된다.

위 '自明한 사실들'이란 영혼학의 논의 전개 과정에서 '스스로 명백하게 드러나 사실이라고 생각되는 것'이라고 하였다. 그러나 이 말은 그것들이 사실이라고 생각되어 공리처럼 직관에 의하여 판단하도록 내버려 두었다는 뜻은 결코 아니다. 오히려 충분한 이성적 논리전개와 거증을 통하여 그 명백성이 스스로 드러났다는 말이다.
따라서 본서의 내용인 영혼학의 표준이론은 '궁극적 진리의 탐구'로서, 직관적인 통찰과 궁구를 통해 얻어진 '自明한 사실들'에 논리와 실증의 거름을 주기 위해 기왕의 여러 유력한 사상과 과학적 통찰을 망라하여 서로 비교함으로써 그 진실성을 검증하였으며 필요하면 여기에 새로운 해석을 덧붙였고 나아가 기존사상들과 어긋날 수도 있는 아이디어를 제시하는 일에도 지면의 많은 부분을 서슴없이 할애하였다. 새로운 해석과 아이디어 중 어느 것은 제법 열매가 익었고 어느 것은 설익거나 바야흐로 영글고 있다. 아무쪼록 영혼학이 인문학의 큰 줄기로 자리를 잡고 나아가 과학 중의 과학으로 부상하는 데 있어 표준이론이 일조(一助)가 되고 이를 위한 하나의 이정표로 기능하기를 바라는 마음 간절하며 나아가 이 책이 구도(求道)의 길을 걷는 제위(諸位) 간 만남의 장이 되기를 기원한다.[9]

---

[9] 사실 영혼학의 여러 주제와 결론들은 현대를 사는 구도자로서 수행과 공부가 웬만큼 치열하였다면 어떤 식으로든 이미 겪어본 주제들이고 알 만한 결론들이다.

1

머리말

이런 종류 책의 독자는 매우 한정되어 있다. 이 책에서 분석한 바와 같이 사람의 90%는 영혼학의 문제에 대하여 별로 관심이 없기 때문이다. 그들은 영혼학의 주제에 대하여 스스로에게 질문할 능력이 아직 안 될 뿐 아니라 다른 사람이 제시하는 질문에도 그 필요성을 느끼지 못하며, 느꼈다 하더라도 답을 잘 이해하지 못한다. 이는 영혼의 진화단계에서 너무 자연스러운 현상이다. 또한 이 책은 나머지 10%에 속하는 사람이라 하더라도 스스로를 궁구하여 그에게 이미 선각(先覺)이 있어야 눈에 들어올 내용으로 채워져 있다. 그러므로 이 책의 많은 부분이 잘 읽히지 않고 또 내용이 쉽게 눈에 들어오지 않더라도 마냥 서운해할 일은 아니다.

1. 머리말

영혼에 대한 질문과 답으로서의 표준이론

어제의 답이 오늘 우리를 만족시키지 못한다면 비록 내일 그 답을 버린다 해도 우리는 오늘 다시 다른 답을 찾아야 한다. 질문과 답은 삶에 대한 인간의 기본자세다. 인류는 수많은 질문을 하고 거기에 더 많은 답을 달아가며 지금의 문명에 도달하였다.

답보다도 중요한 것은 질문이다. 질문은 사물에 대한 이해를 위함이요, 이해하려는 욕망은 문명의 동력이 되기 때문이다. 따라서 이제까지 아무도 하지 않았던 질문이야말로 소중한 것이다. 처음에는 야유를 받을지라도 살아남은 질문은 문명의 초석이 된다.

이 책은 영혼에 대하여 새로운 질문을 많이 하였고 거기에 나름의 답을 달았다. 그러나 그 질문은 알고 보니 대부분 이미 누군가 하였던 것이고 거기에 대한 답도 벌써 주렁주렁한 것이었다. 스스로 하였던 질문과 답이 이미 세상에 있었던 것이 밝혀져도 이는 오히려 즐거운 일이다. 전배(前輩)들과 같은 의문을 가졌다는 것은 이미 세상에 대해 제법 많은 것을 알고 있다는 증거이고 따라서 이 책의 답이 답으로서의 기본 자격을 갖는다는 것을 의미하기 때문이다. 만일 벌써 전배들이 주렁주렁 달아놓은 답 중에 이 책의 답과 같은 답을 발견하였다면 그것은 정말 금성(金星)에서 사람을 만난 격이 된다. 또한 이 책의 답이 이미 달린 어느 답과도 다른 답일 경우에는 신념과 견해에 따라 제삼 제사 살펴보고 다른 답들보다는 스스로의 답에 방점(傍點)을 두었다. 내일 그 답이 다시 틀렸다는 것이 증명된다 하더라도 말이다. 그리고 이 책이 제기한 질문 중 어느 것이 그 어떤 전배들도 품어본 적이 없었던 전인미답(前人未踏)의 질문이라면 그 질문은 이제 대부분의 선구자들이 받는 응당한 검증과 질책의 시간을 감수하여야 한다. 그 시간을 견뎌내면 질문과 함께 이 책이 달아놓은 답의 옆에는 수많은 다른 답이 역시 주렁주렁 달릴 것이다. 그리고 그것이 섭리(攝理)에 가 닿는다면 문명은 일보 전진할 것이다.

표준이론은 '통합이론'을 지향하는 이론

'영혼학 표준이론'은 통합이론10) 또는 영원의 철학[2)이나 궁극이론(ultimate theory)11)과 같은 성격의 보편이론을 지향한다. 이 이론들은 자연과학이나 철학 심지어는 종교까지 포괄하는, 인간 문명이 지향해 오고 추구해 온 진리의 최종으로 그 담론의 범주는 결국 '영혼학'12)의 그것이다.

이 책의 독자와 저술 목적

이런 종류 책의 독자는 매우 한정되어 있다. 이 책에서 분석하겠지만 사람의 90%13)는 영혼학의 문제에 대하여 별로 관심이 없다. 아직 때가 차지 않았기 때문이다. 이는 영혼의 진화단계에서 너무 자연스러운 현상이다. 게다가 이 책은 나머지 10%에 속하는 사람이라 하더라도 스스로를 궁구하여 어느 만큼의 선각(先覺)이 있어야 눈에 들어올 내용으로 채워져 있다. 그러므로 이 책의 많은 부분이 잘 읽히지 않거나 황당하더라도 마냥 서운해할 일은 아니다.14)

---

10) 1. 통합이론(Integral theory)은 '우주와 자연의 모든 것을 설명할 수 있는 보편이론'이다. 통합심리학(Integral Psychology) 학자이자 의식연구의 대가인 켄 윌버(Ken Wilber 1949~)는 물리학의 용어를 빌려 이를 모든 것의 이론(Theory of Everything, ToE)이라고도 하였다.
2. 미국의 이상주의적 종교철학자인 하버드대 교수 윌리엄 호킹(William Ernest Hocking 1873~1966)은 우리는 진실한 '세계의 믿음'을 목표로 하여야 한다고 주장하면서 세계의 어떤 종교도 모든 것을 가지고 있지 못하니 타종교의 신조들에 비추어 자신들의 신조를 재고하고 재개념화하여야 한다고 주장하였다 (김은수, 「비교종교학개론」, 71쪽).
11) 1. 궁극이론(ultimate theory) 또는 모든 것의 이론(A theory of everything, TOE)이라는 용어는 물리학에서부터 사용되기 시작하였다. final theory, unified field theory, master theory라고도 한다.
2. 호르헤 챔(Jorge Cham 1976~)은 그의 저서 「코스모스 오디세이」에서 "궁극이론은 우주에 존재하는 공간과 시간 모든 물질 그리고 힘에 대해 가장 깊은 수준에서 되도록 가장 간단하게 수학적인 설명을 하는 이론"이라고 한다. 오늘날 물리학에서 궁극이론(모든 것의 이론)은 거시의 상대성이론과 미시의 양자역학을 통합하여 약력, 강력, 전자기력, 중력의 네 가지 힘을 하나의 이론으로 설명하는 '초끈이론(superstring theory)'이라고 한다. 우주의 모든 입자는 서로 다른 진동 패턴을 가진 끈(string)의 다양한 조합으로 구성된다는 생각을 기반으로 초끈이론은 미시와 거시의 모든 물리현상을 설명할 수 있다는 것이다. 그러나 물리학의 궁극이론은 물리세계에 대한 이론일 뿐이니 정신세계까지 일이관지로 설명하는 이론이어야 진정한 궁극이론이고 모든 것의 이론이다.
12) 영혼학은 심리학과 정신분석학 그리고 정신의학, 신경의학, 양자의학, 동양의학, 초상물리학, 기공(氣功)학 등의 한 분야로서 자연과학이다. 또한 비교종교학, 종교철학, 상담학, 윤리학, 법학 등의 한 부분으로서 인문과학이니 학제 간의 주제를 다룬다고 하여도 맞는 말이다. 따라서 장차 영혼학에 대한 기본 이해가 없는 학문은 한쪽 다리가 불편한 학문이 될 것이다.
13) 2단계 이하의 자아를 가진 인구의 비율이다(4.3. '자아의 발전단계'와 부록1 '자아의 수준에 따른 영과 혼' 참조).
14) 노자는 "上士聞道勤而行 中士聞道若存若亡 下士聞道大笑之"(도덕경 41장)라고 했고 예수님은 제자들에게 靈智를 전하며 "거룩한 것을 개에게 주지 말며 너희 진주를 돼지 앞에 던지지 말라 저희가 그것을 발로

물질주의와 도그마(dogma)에 만족하지 못하고 영적 양식을 갈망하며 조언과 깨달음을 찾아 나선 구도자들은 어렵게 찾아낸 영적 보물을 나누는 일에 시간과 노력을 아끼지 말아야 하며 서로를 빛으로 인도해야 한다.[3] 그러나 그보다도 더 중요한 것이 있으니 그것은 이렇게 얻은 영적 보물을 육체의 뇌에 쌓아놓아서는 아무 소용이 없다는 것이다. 깨달은 진리를 실천하여 영과 혼에 체화(體化)시키지 않으면 애써 얻은 영적 보물은 몸이 죽으면 함께 썩어버리고 당신은 다음 생에 같은 짓을 되풀이하여야 한다.15) 그런데 이처럼 미처 체화하지 못한 영적 보물을 꼭 버리고 갈 수밖에 없는가? 그것에 대해서는 11.3.8. '환생재단'을 참조하라.

가설과 이정표로서의 표준이론

입자물리학의 표준모형이 아직 '가설(假說)'인 것처럼 영혼학의 표준이론을 '가설'이라고 불러도 좋다. 지금은 진리라고 여겨지는 것도 처음에는 한 개인이 세운 가설이었으며, 다른 사람들에게 그것은 단지 어떤 길을 가리키는 역할만 하였다. 구도자들은 모두 자기의 길을 찾는다. 진리의 길을 찾는 데 있어서 그 길을 먼저 간 사람이 세운 이정표는 중요한 역할을 한다. 길을 빨리 그리고 정확하게 찾는 데 꼭 필요하기 때문이다. 그러나 모든 이정표가 진리로의 길을 가리킨다고 할 수 없다. 그러나 가설(假說)과 정설(定說)의 차이는 무엇인가. 우리는 철학적이며 신학적인 질문을 탐구하며 진리에로의 길을 찾을 때 다른 사람이 이미 세운 이정표를 참조하여 그중 대로(大路)로 보이는 과거 전통을 정설(定說)이라고 부르며 그 도움을 청한다. 그러나 이는 과거의 인물들이 분묘(墳墓) 속에 남긴 전통이다. 이 분묘 속의 이야기는 많은 경우 과거의 위대한 사상가들의 글과 그들의 사상을 숭배하는 학파들의 이론과 창시자를 신격화한 종파의 교리이다. 미국의 철학자이자 시인인 랄프 에머슨(Ralph Waldo Emerson 1803~1882)은 그것을 '엑스트라'라고 부르며 '엑스트라'는 파기해도 되는 '나하고 상관이 없는 것들'이라고 한다.16)

밟고 돌이켜 너희를 찢어 상할까 염려하라."(마태 7:6)라고 하셨다. 신지학자 애니 베산트도 걸맞은 말을 남겼다. "주정뱅이에게 성자가 행할 수 있는 것을 요구할 수 없다. 주정뱅이는 유치원에서 교육을 받는 중이고, 성자는 대학을 졸업할 준비가 된 상태이다." 조로아스터교의 경전모음인 아베스타(Avesta)의 다음 문구도 적절하다. "All good thoughts, words, and works are done with knowledge. All evil thoughts, words, and works are not done with knowledge."

15) 교회가 제시하는 제도적인 도그마에 만족하지 못하고 신의 작업장에 더 깊이 파고들어가려 애쓰는 것이 당연하다. 사실 우리들이 입문하는 목적이 바로 이것이다. 우리는 우주 보편 법칙에 따라 '자신만의 보편적 이데올로기'를 세워야 한다. 그것이 우리에게 진정한 종교가 될 것이다. 물질주의와 도그마에 만족하지 못하고 영적 양식을 갈망하며 조언과 깨달음을 찾아 나선 구도자를 만나게 될 때 우리는 자신의 통찰력을 동원해 그를 이끌어줄 의무를 지게 된다. 영적 보물을 나누는 일에는 시간과 노력을 아끼지 말고 그를 빛으로 인도해야 하는 것이다(프란츠 바르돈, 「헤르메스학 입문」, 박영호 옮김, 72쪽).

16) "네 테 쿠아이시베리스 엑스트라(Ne te quaesiveris extra)"라는 라틴어 문구가 있다. "당신과 상관없

구도자는 과거의 이정표의 도움을 받되 그것이 정설이라는 가면을 썼으나 사실은 사람들의 게으른 생각인 관습과 자기 편리한 생각인 편견이라고 판단되면 이를 넘어선 자기만의 이정표, 즉 '새로운 길'을 '가설'이라는 이름도 좋으니 거침없이 제시하여야 한다.

그렇다. 표준이론은 새로운 이정표요, 그런 의미에서 假說이다. 이 이정표가 구도자들로 하여금 시간을 낭비하게 할 수도 있다. 구도자들에게 시간은 그의 모든 것이다. 시간을 낭비하게 하는 죄는 구도자의 영혼을 갉아먹는 행위로 구업(口業)이다. 그러나 배철현 교수17)의 이어지는 말이 의미 깊다. "우리가 철학이나 종교, 혹은 과거 문화나 문명을 공부하는 이유는 그것을 만든 사람들의 반짝이는 천재성을 훔쳐보고, 우리 자신도 직접 신(神)과 대면하고 우리 자신들의 별을 만들기 위해서다."

당신도 자기 자신의 이정표를 만들어보라. 표준이론이 그 모델이다. 표준이론을 읽는 것이 시간 낭비는 결코 아닐 것이라는 말을 감히 하고 싶다.18)

같은 의미에서 신지학자인 지나라자다사(Jinarasadasa)의 다음 언급도 새겨 둘 만하다. "신지학은 모든 사실에 관한 지식을 갖고 있는 것이 아니라 여러 사람들이 스스로 연구하고 발전할 수 있도록 중요한 몇 가지 사실과 법칙을 가르치고 있을 뿐이다. 우리들이 갖고 있는 지식은 아직 발견되지 않은 지식에 비하면, 큰 바다에 있는 물 한 방울밖에 되지 않는다. 그렇지만 우리가 갖고 있는 이 조그마한 지식일지라도, 이상한 매력을 갖고 있어서 가는 곳마다 새로운 영감과 아름다움을 표현하게 된다. 또한 과학의 모든 입문서와 마찬가지로 신지학의 해설서도 두 가지 면이 있어야 한다. 즉 모든 사람에 의해서 혹은 대다수의 과학자들에 의해서 사실로서 인정된 것을 설명하는 면과, 극히 소수의 사람 혹은 저자 자신만의 연구결과로서 이에 대해 미래에 확증 혹은 정정(訂正)을 구하는 면이 있는 것이다."19)

는 그 어떤 것도 추구하지 마십시오."란 뜻이다.
17) 배철현(1962~)은 하버드 고전문헌학 박사로 서울대 종교학과 교수다. 저서로는 「신의 위대한 질문」, 「인간의 위대한 질문」, 「심연」 등이 있다.
18) 본서의 내용 중에 반복 설명하거나 第三 第四 주장하는 부분이 여럿 있다. 예컨대 영과 혼의 기원과 그 구성에 대한 것, 불교의 무아론과 윤회론, 신지학의 모나드 영혼론, 과정론법, 비전의 벽 등이다. 이는 중요하여 다양한 설명을 시도한 부분이거나 표준이론의 이해를 위하여 각인하여야 할 사항들이어서다. 이런 내용들은 본문뿐 아니라 미주를 통해서도 자세히 설명하였다. 미리 숙지해 두면 빠른 독파가 가능하다.
19) 1. 지나라자다사, 「신지학 제1원리」 서문 참조
2. 또 지나라자다사는 신지학이 생명의 형태진화에 관한 연구로부터 얻은 지혜라고 한다. 이 지혜는 진화하여 초인이 된 쿠후트미 같은 '지혜의 大師'에 의해서 오랜 세월에 걸쳐 연구된 것인데 大師는 Logos의 감독 밑에 있는 존재로, 그가 로고스의 입장에서 자연을 보고 얻은 지식이 오늘날의 神智學이라고 주장한다. 그렇다면 신지학의 지식은 계시(啓示)다. 그러나 그런 지식도 처음에는 假說에 지나지 않다가 실험과 경험을 반복하여 감에 따라 說이 되고 論이 되고 法則이 되는 것이다.

표준이론은 進化를 창조의 섭리로 본다

자연은 우리 앞의 이 모든 우주가 우리만을 위해서 수만 년 전부터 계획하여 미리 마련하여 놓은 것처럼 펼쳐놓고 그것들이 앞으로도 나와 함께 수천 년 더 이어질 것처럼 미소 지으며 우리 하나하나를 친절하게 어루만져 준다. 그러나 우리가 자연이 안내한 대로 움직여 다음 세대를 낳고 나면 우리에게는 바로 늙음이 찾아오고 자연의 관심은 떠나간다. 왜냐하면 자연에게 중요한 것은 우리가 아니라 그 종(種)이기 때문이다. 그리고 자연(自然)이 밤낮으로 가지고 노는 진화라는 이름의 체스판 위의 가련한 말들인 우리는 어느 사이 하나둘씩 무덤이라는 상자 속에 던져 넣어진다. 자연의 거대한 요람 속에서 우리는 잠깐 깨어나 짧은 생을 살다 다시 잠드는 그런 존재들이다. 이런 '우울한 자연'과 '자연의 노리갯감으로서의 우리'에서 인간을 구해 낼 영웅은 없는가?尾4) 자연을 '환희의 자연'으로, '우리와 같이 놀아주는 자연'으로 만들어줄 이는 없는가? 있다. 그것은 진화를 자비와 사랑의 신이 펼친 아름다운 창조의 섭리로 파악하는 표준이론이다. 이승과 저승 그리고 거기의 모든 존재들. 이 모두가 다 같이 발전하고 다 같이 진화한다. 전부를 위해 부분은 희생하는 것이 아니다. 전중일일중전(全中一一中全), 위에서와 같이 아래에서도, 인드라망의 화엄세계, 여기에서 모두는 일원(一元)이다. 자연의 환희는 나의 환희이고 나의 환희는 자연의 환희다.

표준이론은 아트만의 눈으로 일원(一元)의 세계를 탐구한다

만물은 법칙(法則)의 지배를 받는다. 자연과학자들에 의해 탐구될 수 있는 '객관적 우주'의 운행 원리를 우리는 '자연법칙'이라 한다. 그런데 인도철학은 이 '객관적 우주'는 에고가 그 무명(無明)으로 인해 이원(二元)으로 파악한 환상(maya)의 세계라는 의미에서 허상(虛像)이라고 주장한다. 그러나 표준이론은 에고의 개체성을 극복한 아트만에게 '객관적 우주'는 그대로 하나의 실상(實像)이라고 본다. 다만 환상이 벗겨진 실상이다. 따라서 자연과학자들의 자연법칙도 아트만에게는 그대로 하나의 법칙이되 무명의 때를 닦아낸 법칙으로 새롭게 파악된다. 나아가 표준이론의 아트만은 자연과학자들이 보지 못하는 '브라만의 우주'를 본다. 그리고 그 운행 원리를 탐구한다. 거기에서 아트만은 자연과학자들의 자연법칙을 넘어선 '브라만의 법칙'들을 본다. 이는 의식의 내면세계, 즉 혼의 의식 세계와 영의 세계를 지배하는 법칙들이다. 표준이론은 아트만의 영안(靈眼)으로 찾아낸 이 법칙들은 다룬다.

표준이론과 구도의 길

모든 求道의 출발은 자신을 다스리는 것이다. 마음을 비우는 것이다. 혼을 자아의 방에서 내보내는 과정은 폭풍이 치는 험한 바다를 건너는 일이다. 이 바다를 건너면 본격적인 구도의 길이 시작된다. 다행히 바다 건너 그 길은 이론(異論)이 별로 없는 외줄기다. 따라서 각종 종교와 사상이 난무하지만 모두 어떻게 하면 저 험한 바다를 건너느냐에 대한 방법론이 우선이다. 험한 이 바다만 건너면 모든 종교와 사상이 거의 한목소리로 외친다. 신은 아직 저 멀리 있지만 똑똑히 보이노라고.

바다를 건너는 데는 수많은 구도의 방법과 원칙[20]이 이미 있지만 가성비(價性比) 좋은 길을 하나 더 알아보자. 이른바 '구도(求道)의 표준이론'이다.[21] 구도 효율이 높은 길을 찾는 것이 영혼학의 또 다른 목표다.

구도의 주체(主體)는 영혼이다. 주체가 무엇인지 알아야 주체가 추구하는 도(道) 또한 밝혀진다. 영혼의 정체를 알아야 도를 찾는 것이다. 영혼학 표준이론은 영혼의 정체를 밝히는 학문이다. 표준이론이 밝히는 영혼의 정체에 따라 세워진 구도의 방법론이 '구도(求道)의 표준이론'이다. 구도의 표준이론은 영혼에 대해 밝혀진 팩트에 의거한다. 즉 "사람은 영혼육(靈魂肉)의 존재로서 육과 혼은 기(氣)로부터 생물학적으로 진화하여 탄생하였으며 영 또한 혼이 영적으로 진화한 존재인데 영과 혼은 살아서는 혼영일체이나 죽어서는 각자 윤회한다."라는 사실에 기반하여 영과 혼은 다음의 원칙하에 금생의 성공적인 삶을 추구한다.

1) 영과 혼이 금생초면(今生初面)의 남남이지만 한 몸에서 만났으니 서로의 인연은 이제 불가분(不可分)이다.

---

[20] 인류가 추구해 온 수행의 방법, 즉 구도의 길에는 여러 가지가 있었다. 몇 가지만 예시하면
1. 祕訣과 명상을 통해 영지(靈智)를 얻어 지복직관으로 합일하는 방법 : 영지주의
2. 외단(外丹)으로 건강의 극치를 도모하여 불멸 장수하는 방법 : 초기 도교
3. 착하게 살아서 생시에 복 받고 죽어서 천국 가는 방법 : 민간신앙 등 대부분의 구복 신앙
4. 性命雙修로 養神하여 羽化登仙하는 방법 : 仙道
5. 定慧雙修, 禪敎一致로 無明을 벗고 번뇌를 끊어 바라밀다 하는 방법 : 佛敎
6. 구세주를 믿고 그의 교리를 지켜 구원을 받아 천국에 가는 방법 : 기독교, 이슬람
7. 섭리를 깨달아 휴머니즘을 실천하며 영과 혼을 깨끗이 하는 일생을 꾸린 뒤 대천명(待天命)하는 방법 : 고대의 스토아부터 현대의 뉴에이지까지 숱한 구도사상들
8. 수기치인(修己治人)과 조상의 음덕으로 이승에서는 富貴하고 저승에서는 조상신과 하나 되는 방법 : 유교적 신앙

[21] 11.4. '구도의 표준이론' 참조

2) 영과 혼 간의 인연은 군신유의(君臣有義)에 가깝다. 군신(君臣)의 질서 아래 유의(有義)로써 상부상조하여야 한다.
3) 영과 혼의 금생의 목적은 공히 자아수준의 고양과 이에 따른 진화에 있다.
4) 자아의 수승에 따르는 혼의 교만은 영이 엄히 다스려 작은 성취가 교만을 부르는 일이 없어야 한다.

인류는 과거 수천 년 동안 구도를 해왔지만 얻은 바는 괄목할 만하지 않다. 다양한 방법으로 도를 찾아왔으나 영혼의 실체에 대해서마저 많은 부분이 아직도 밝혀지지 않은 채 그대로 남아있는 형편이다. 그 이유는 영혼이 무엇인지도 모르고 무턱대고 각종 수법을 통해 도에 접근하려 하였기 때문이다. 가장 잦은 실수는 명상을 통해 막무가내로 마음을 비우려 한 점이다. 이는 곧 자아의 방을 점거하고 날뛰는 魂을 강제로 정숙(靜肅)시키려는 시도로 이어졌다. 모두 위 2의 원칙에 어긋나는 행동이다. 영혼의 실체를 모르고 원칙이 없는 상태에서 조급하게 道만을 찾아 헤맨 꼴이다. 표준이론은 그러한 시행착오를 없앤다. 그래서 가성비 좋은 새로운 방법이다. 이제 명상을 하더라도 위 원칙을 따라 명상하라22). 표준이론은 영은 솔선수범하고 혼이 자복순응하는 '구도(求道)의 표준이론'을 제시한다.

'삶이 어때야 하느냐'라는 구도의 문제는 '죽음이란 무엇인가'라는 명제에 딸린 개념이다. 죽음을 모르고서야 어찌 살아야 된다는 求道의 방법론은 무효다. 애초에 道가 죽음을 넘어서는 길이요 죽음을 극복하는 길이 아니던가. 그런데 '죽음'이라는 명백한 사실을 두고 고금(古今)으로 수많은 이론(異論)이 있다. 죽었다가 살아난 사람도 부지기수이고 전생(前生)을 기억하는 사람도 숱하며 사자의 전언(傳言)도 허구(許久)한데 어찌하여 이처럼 중구난방(衆口難防)인가. 옛날이야 상호 교통이 어려워 콘센서스를 도출하기가 쉽지 않았겠으나, 전 세계가 동시 생활권에 사는 개명천지 오늘날에 인류가 죽음이라는 가장 중대한 문제에 봉착하여 의견이 갈려 서로 갑론을박하는 꼴이 가당(可當)한가? 바야흐로 영혼학, 즉 '영혼의 과학(spiritual science)'과 '영원의 철학(perennial philosophy)'이 도래할 시기가 되었다. 다른 문제는 차치하고, 사람은 그 사는 행태에 따라 영혼의 수준이 결정되고 그 영혼의 수준에 따라 사후에 가는 곳이 어찌 다른가에 대해서만이라도 명백한 진실이 밝혀진다면 종교로 인한 전쟁도, 사람들 간의 미움도, 물질을 향한 집념도 그 양상이 많이 달라지거나 사라질 것이다.

---

22) 지(止)보다는 관(觀)이 낫다. 止를 통해 觀에 들지만 가능하면 직접 觀에 드는 것이 좋다. 觀은 영과 혼을 분리시킨 후 영이 혼을 관찰하는 靈法이다. 魂法인 止는 초월명상, 수식관, 간화선 등의 방법이고 觀은 위빠사나, 통찰명상, 마음챙김명상 등으로 이야기된다(12.4.3. '명상의 방법' 참조).

2

표준이론의 필요성과 자명한 사실

궁구(窮究)는 격물치지(格物致知)를 통해 진리를 찾아 사물을 속속들이 파고들어 깊게 연구함인데 格物은 사물에 담긴 영원한 이치를 직관으로 알아내는 것이고 致知는 이로써 지식을 넓히고 지혜를 쌓는 일이다. '自明한 사실'은 논의의 전개과정에서 스스로 명백하게 드러나 사실이라고 생각되는 것으로 수학이나 논리학의 公理와는 다르지만 다른 이론의 전개에 밑받침이 되는 생각이 되므로 결국 같은 의미를 갖는다. 물론 자명한 사실이 공리는 아니니 그 자명성에 대한 토구(討究)를 피하는 것은 아니다. 표준이론의 논의 전개과정에서 이러한 사실들 여럿이 스스로 드러났다. 표준이론의 이해를 돕기 위하여 이들을 미리 나열한다.

2. 표준이론의 필요성과 자명한 사실

2.1. 표준이론의 필요성

표준이론은 우주의 궁극적 실재와 그의 섭리 그리고 우주와 인간을 아우르는 법칙과 인간의 역사를 관통하여 흐르는 진리를 궁구(窮究)[23]함으로써 인간의 실체를 규명하여, 인간은 누구이고 어디서 왔는지 그리고 삶의 의미는 무엇이고 어떻게 살아야 하며 사후에는 어디로 가는지를 알아내고 나아가 이렇게 알아낸 답을 활용하여 몸과 마음을 효과적으로 수양하는 방법을 개발하기 위하여 영혼학의 관점에서 수립되었다.

표준이론은
1) 다음의 질문에 대하여 깊이 있게 파고들어 연구함으로써 논리적이고 체계 있는 답을 찾는다.

(1) 우주의 궁극적 실재는 무엇이고 그가 세운 섭리는 무엇인가?
(2) 우주의 제(諸) 현상을 설명하고 예측하는 법칙은 있는가. 있다면 무엇인가?
(3) 역사와 문화, 사회와 국가, 도덕과 학문의 의미와 그것이 제시하는 바는 무엇인가?
(4) 위의 주제와 관련하여 진리라고 여겨지는 주장(主張)과 주의(主義) 간의 모순 해결방법은 무엇인가?

---

[23] 1. 궁구(窮究)는 격물치지(格物致知)를 통해 진리를 찾아 사물을 속속들이 파고들어 깊게 연구한다는 뜻이다. 格物은 사물에 담긴 영원한 이치를 직관으로 알아내는 것으로 불교의 돈오(頓悟)다. 주희(朱熹)는 격물은 순간적인 깨달음이 아니라 즉물궁리(即物窮理) 즉 객관적 사물과 세상의 온갖 이치에 대해 끊임없이 연구하는 것이라 하나 돈오 또한 점수(漸修)없이 이루어지는 것이 아니니 같은 의미라고 본다. 또 致知는 앎에 이르러 지식을 넓히는 일이다.
2. 사서오경 중 하나인 大學의 내용은 삼강령 팔조목으로 구성되어 있는데, 綱領은 모든 이론의 으뜸이 되는 큰 줄거리라는 뜻을 지니며, 명명덕(明明德)·신민(新民)·지어지선(止於至善)이 이에 해당된다. 하늘로부터 부여받은 본질은 맑고 밝으니 명덕이고 이를 밝히는 것이 명명덕이며 新民은 백성과 친하고(親民) 백성을 새롭게 한다는 뜻이며 止於至善은 지극한 善에 다다라 止함이다. 八條目은 수기치인(修己治人)을 위한 필수과정으로 격물(格物)·치지(致知)·성의(誠意)·정심(正心)·수신(修身)·제가(齊家)·치국(治國)·평천하(平天下)를 말한다.
3. 격물은 大學의 대표 용어로 문명의 기반이다. 격물이 된 연후에 올바른 앎에 이르고, 올바른 앎에 이른 연후에 뜻이 참되어지고, 뜻이 참되어진 연후에 마음이 바르게 되며, 마음이 바르게 된 연후에 비로소 수신제가가 시작된다.

위 (4)와 관련하여 例하자면, 표준이론은 불교의 무아와 윤회교리 간의 모순을 설명해 주고 기독교와 윤회론 간의 조화를 시도하며[5] 환생이론과 NDE(근사체험)를 포섭한다. 또한 인간의 자아를 구성하는 실체가 하나만은 아니라는 점을 논리적으로 설명함으로써 '眞理級 주장' 간의 여러 모순의 해결을 시도한다. 즉 표준이론에서는 사람에게는 영혼이 있되 영혼은 하나가 아니고 영과 혼으로 나뉘며 혼에는 전생에 다른 사람의 혼이 이합집산하여 다시 뭉친 복합혼과 한 사람의 혼이 그대로 환생한 단일혼이 있다는 사실, 그리고 영이 있는 사람이 있고 없는 사람도 있다는 사실들을 설명함으로써 주요 종교와 사상(思想) 간 상호이해와 조화를 모색한다.

2) 또 표준이론은 나는 누구이고 어디서 왔는지, 삶의 의미는 무엇이며 어떻게 살아야 하는지 그리고 사후에는 어디로 가는지에 대해 다음과 같은 질문을 한다.

(1) 나는 혼인가? 혼이라면 혼(魂) 혼자인가 아니면 혼과 영의 연합이나 공존 또는 일체인가.
(2) 혼과 영은 어떻게 탄생하였으며 둘 간의 관계는 어찌 되는가.
(3) 나에게 하느님은 어떤 분이고 부처님, 예수님, 무함마드 같은 성인들은 나와 어떤 관계인가.
(4) 나아가 나는 今生을 어떻게 살아야 하고 그 결과 사후에는 어디로 가며 저승은 어떤 곳인가.
(5) 환생을 한다면 다음 생을 위해 지금 할 수 있는 일은 구체적으로 무엇인가.
(6) 그 구체적인 일로 후생의 나에게 유언과 유산을 남기는 일이 가능한가에 대한 답을 제시한다.

3) 지기지피(知己知彼)로 몸과 마음[24]을 극복하기 위한 메커니즘을 알아낸다.
몸과 마음 그리고 영의 실체와 그들 간의 메커니즘(mechanism)을 알아야 이들을 극복하거나 실현하고 자신에 대해서도 명확히 알 수 있게 되어 비로소 지기(知己)한다. 영은 메타인지(metacognition)[25], 즉 상위인지(上位認知)의 주체로

---

24) 표준이론에서는 마음(mind, manas)이 혼의 정체를 명쾌하고 용이하게 이해할 수 있는 단어라고 생각한다. 혼이라는 단어도 정의하기 어려우나 마음이라는 단어 역시 그렇다. 그러나 그 둘을 같은 것이라고 보는 시각을 어느 사상에 적용하여도 무리가 없다. 혼은 마음이다, 얼마나 쉬운가. 진리는 쉽다.
25) meta認知(metacognition)는 자신의 인지과정에 대해 한 차원 높은 시각에서 관찰하고 발견하고 통제하는 정신 작용이다. 일반적인 인지능력을 뛰어넘는 '인지하고 있는 자신을 인지하는 능력'이다. 웃고, 울고, 화를 내고, 질투하고 있는 자신을 제3자적 시각에서 인지하는 것이 메타인지 기능이며 이 기능이 발달된 사람일수록 자신을 잘 안다. 메타인지를 강화하면 문제 해결 능력이 커지고 창의력이 증폭된다. 학습의 경우 같은 시간을 들여도 여러 倍의 효과를 얻을 수 있다. 결국 메타인지란 혼의 인지과정을 영의 시각에서 바라보고 통제함을 말한다. 웃고, 울고, 화내고, 질투하고 있는 자신은 '혼'이고 이러한 자신

혼과 몸, 특히 혼을 감독하고 제어한다. '깨어있는 인간'이란 마음이 아니라 영이 깨어있는 인간이란 뜻이다. 영은 제3자의 시각으로 깨어있으면서, 혼의 변화를 관찰(성찰, 통찰, 챙김)하고 나아가 혼의 정체를 알아차림(파악)으로써 혼을 자아의 사랑방에서 행랑으로 내보내어 마침내 영과 혼은 군신(君臣) 또는 주부(主副)의 관계를 정립한다. 이는 지기(知己)의 출발이다. 그러고 나서야 세상을 보고 섭리를 아는 지피(知彼)가 가능하다. 영이 없는 사람의 경우에도 표준이론을 통해 혼의 기원(起源)과 발전 방향을 앎으로써 금생에서의 삶의 등대를 찾을 수 있을 것이다.26)

4) 수행의 방법 즉 몸과 마음을 닦을 지침과 실천사항을 개발한다.
톨스토이는 "어떻게 살 것인가?"라는 질문에 '끊임없이 보다 나은 사람이 되어가기', 즉 '성장하기'라고 답했다. 성장이란 인간이 끊임없는 '학습과 성찰'을 통해 자기완성에 도달하는 과정이며 '학습과 성찰'은 배우고 깨닫는 것이다. 배우고 깨달아서 얻은 것이 표준이론이라면 이제 이를 영과 혼의 성장과 완성의 지침으로 삼아야 하고 특히 혼은 이를 체화(體化)하여야 한다.

5) 진화를 위해 고투하는 혼을 보살핀다.
표준이론은 영혼학으로서 이 힘한 세상에서 일보전진을 위해 분전하는 혼을 보살피고 그들이 고투의 와중에 얻은 질병을 찾아 고치는 데 일조할 수 있다. 그 일단이 이미 인도 전통의학인 아유르베다(Ayurveda)나 동양의학에서 일찌감치 실현되었고 현대에 이르러 이들은 자연과학적 체계를 갖추어 어느 분야에서는 서양의학을 능가하는 성가(聲價)를 보이고 있다. 그러나 이들은 프라나(prana) 또는 기(氣)의 제어를 통해 몸과 생기체를 치료하기 위한 의학체계일 뿐 기의 윗단인 혼과 영의 구조에 대해서는 알지도 고려하지도 않고 있어 그 한계를 보인다. 무릇 영혼학이 자연과학으로 입지를 다질수록 가장 먼저 응용되는 분야는 의학 분야일 것으로 여겨지는 만큼 동양의학에서도 영혼학에 관심을 가지고 그 발전을 견인하는 데 일조하여야 할 것이다. 그렇게 되면 여러 스트레스성 질환, 불면증, 우울증과 조증(躁症), 공황장애, 酒邪, 다중인격, 편집증과 트라우마, 도벽이나 도박 그리고 각종 異狀 심리증세는 매우 용이하게 치료되는 질환이 될 것이다.尾6)

6) 기왕의 종교와 사상 그리고 학문으로부터 도그마를 걷어낸다.
하느님의 섭리로 진리의 대부분은 이미 사람에게 이르러 있으나 진리 그대로 사람들에게 전달되지 않는다. 자연이 준 양식과 의복을 힘 있는 자가 차지하듯 진

을 인지하고 관찰하고 통제하는 존재는 '영'이다.
26) 영이 없는 사람은 이 책을 읽지 않을 것이니 사실 이런 말은 사족이다.

리도 그러하다. 진리를 선점한 소수는 진리에 색칠하고 진리를 변형하여 교조화(敎條化, dogmatize)하며, 심지어는 거짓에 진리의 옷(pseudo)을 입혀 이를 자신의 명예와 부 그리고 권력을 위해 사용한다. 많은 종교와 사상이 그렇고 지금은 자연과학도 그러하다. 사람들은 진리에 목말라 하다가 사이비에 깔려 시간과 생명을 낭비한다. 종교와 사상과 자연과학에 표준이론을 들이대어 그들에게서 거짓과 사이비를 걷어내고 하느님의 사랑과 자비, 그리고 진화의 섭리의 맨얼굴을 보자.

2.2. 표준이론이 궁구한 자명한 사실

재론하거니와 궁구(窮究)는 격물치지(格物致知)를 통해 진리를 찾아 사물을 속속들이 파고들어 깊게 연구함인데 格物은 사물에 담긴 영원한 이치를 직관으로 알아내는 것이고 致知는 이로써 지식을 넓히고 지혜를 쌓는 일이다. '自明한 사실'은 논의의 전개과정에서 스스로 명백하게 드러나 사실이라고 생각되는 것으로 수학이나 논리학의 公理와는 다르지만 다른 이론의 전개에 밑받침이 되는 생각이 되므로 결국 같은 의미를 갖는다. 물론 자명한 사실이 공리는 아니니 그 자명성에 대한 토구(討究)를 피하는 것은 아니다. 표준이론의 논의 전개과정에서 이러한 사실들 여럿이 스스로 드러났다. 표준이론의 이해를 돕기 위하여 이들을 미리 나열한다.

2.2.1. 신은 존재하며 세상을 진화를 포함한 방법으로 창조하셨다

인류가 진화과정에서 아직 짐승이었을 때
사람의 영혼은 어디 있었는가?
사람이 아직 없으니 영혼도 없었다.
그때 없던 영혼이 지금은 있으니[27] 그럼
사람의 영혼은 언제 생겼는가?
호모사피엔스와 함께 태어났는가?
문명과 함께 등장하였는가?
에덴에 동산이 열릴 때 창조되었는가?

---

[27] '영혼이란 없다'라고 생각하는 사람은 그가 틀린 게 아니라 아직 그의 때가 되지 않은 것이다.

태초에 로고스가 있었다.尾7)
로고스는 하느님과 함께 있었고,
로고스는 곧 하느님이셨다.
로고스는 태초에 하느님과 함께 있었다.
만물은 로고스를 통하여 생겨났고,
로고스는 없이는 아무것도 생겨나지 않았다.
로고스 안에 영혼이 있었다.
그는 인간의 빛이었다.

로고스는 하느님의 생명에너지인 氣다.28)
氣인 로고스로부터 만물이 진화하여 생겨났고
로고스 안에는 태초부터 영혼의 씨앗인 '하느님의 靈火'가 있었다.
태초부터 진화는 인간을 목표로 진행되었다.
진화의 끝에 로고스가 품고 있었던 靈火가
인간의 영혼으로 드러난 것이니
인간의 영혼은 "있어라!" 하는 하느님의 말씀에 의해
단숨에 생겨났다.29)

신은 존재하며尾8) 그는 창조주이다. 그런데 그 신은 전지전능(全知全能)하고 전선(全善)하시다는 주장, 또는 그 신이 인격신이라거나 개인적(個人的)30)이라는 주장은 사실 별 의미없다. 왜냐하면 그런 개념은 사람의 것이기 때문이다. 지력이나 능력 그리고 선함 이런 것은 우리 인간 차원의 말이다.31) 신의 정의로움에 대한 욥의

---

28) 氣는 알다시피 원래 道家의 道다(10.6.1. '노자의 도와 기' 참조). "중국에서는 로고스를 道로 번역하며, 요한복음의 로고스가 육신이 되어 우리 가운데 거하셨다는 말은 도교식으로 풀면 도가 성육신하여 오신 것이니 도가 곧 그리스도"라고 한다(김은수, 「비교종교학개론」, 143쪽). 그렇다면 로고스는 그리스도이며 道요 氣이다.
29) 1. 현생인류는 4만 년 전쯤 나타났는데 지구 역사 46억 년에서 4만 년은 약 1/100,000이다. 한편 하루는 86,400초이므로 현생인류는 지구 역사를 하루로 보면 마지막 1초에 생겨난 셈이다(12.6. '여러 사상에 나타나는 우주주기론' 참조). "있어라!" 하는 데 필요한 딱 그 시간이다.
2. 표준이론은 인간의 혼인 지혼이 지구에 나타나고 이들이 현생인류(homo sapiens sapiens)에 깃들어 문명인류(homo civilisátio)가 태어난 때는 아직 일만 년이 안 되었다고 본다(미주 25 '지혼의 조건(표준이론)' 참조). 그렇다면 위 1초는 다시 0.2초가 된다. 그런데 하느님의 손목시계와 인간의 손목시계가 같을까? 만약 같다면 하느님의 손목과 인간의 손목도 같을 것이다. 그러니 우리가 말하는 46억 년은 신의 손목 위에서는 전혀 다른 의미를 갖는다.
30) 하느님은 모든 사람과 개인적인 관계를 가지는 사랑이 넘치는 아버지이다(유란시아서).
31) 다만 표준이론의 신은 자명한 사실로서 AS above so below의 상응(相應)의 원리에 따라 인격신(Brahma, 應身, Ein Sof Aur)이자 우주의식(Brahman, 法身, Ein Sof)으로서 唯一하시고 全知全能全善하시다.

이야기32)에서처럼 신이 지으신 우주의 경이로움 앞에서 인간적인 답은 배척된다. 그러나 한편으로 신은 분명 인격적이고 우리 모두 하나하나와 개인적으로 직접 접촉하시는 분이시다. 그러나 그것은 개인 차원의 이야기다. 누구는 신을 인격으로 또는 우주의식33)으로, 또는 이신론적(理神論的)34) 신으로 경험한다.尾9) 아무 상관도 없고 어떠한 차이도 없다.

또한 하느님은 이승의 물질세계과 저승의 비물질세계, 물질문명과 정신문명, 유기체(有機體)와 그 유기체에 깃드는 영혼 등 피조세계의 이 모든 것을 진화의 방법으로 창조하셨고 지금도 그리고 앞으로도 영원히 이 피조세계는 진화한다.35) 그리고 이러한 물활론(物活論, hylozoism)尾10)적 진화의 시각은 신의 전지전능을 부정하거나 저해하는 것이 아니다. 이런 제한적 범주 내에서 '신과 인간은 창조 과정에서도 서로가 협력적, 유기적 의존 관계 속에서 완전을 향해 나가는 과정적 상태가 진화'라고 보는 과정철학尾11)은 일부 의미가 있다.

---

32) 1. 고통받는 의인(義人)의 이야기인 구약의 '욥기'에서, 기독신학은 욥이 당하는 고통의 이유로서 "그가 저지른 알지 못한 죄에 기인한 것인가 아니면 그를 단련시키려는 신의 뜻인가?"라는 등의 인간적인 답은 배척한다. 신은 그 대신 우주의 경이로움을 그에게 보여준다. 욥은 창조의 신비 속에서 자신의 위치를 깨닫는다. 그리고 그 안에서 인간의 한계, 자신의 무지, 행복한 존재의 지평도 찾아낸다. 욥은 고통의 의미가 하느님의 신비와 같다는 사실을 배운다. 고통은 이해될 수 있는 것이 아니다. 또한 그것을 이해한다고 해서 그리 쓸모가 있는 것도 아니다. 중요한 것은 하느님의 신비 안에서 고통 속에서도 살아갈 이유를 발견하는 것이다. 이것이 '고통의 신비'다. 이는 전형적인 신정론(神正論)의 답 중 하나로서 가장 많이 회자되는 모범답안이다.
2. 표준이론에서 이 神正論의 문제는 '고통이 신비'라는 말까지 갈 필요도 없다. '윤회'로 이해되기 때문이다. 윤회의 세계에서 악과 부조리 그리고 그에 따르는 고통의 존재는 하나도 이상할 것이 없다. 사실 신정론의 답으로 윤회 이상의 답은 없다.
33) 요즘은 하느님을 '우주의식'으로 경험하는 사람들이 많다. 동양적인 신이다.
34) 이신론(deism, 理神論)은 신이 천지창조의 주체이기는 하지만 창조 후에 신은 피조천지에의 적극적 개입을 止揚하고 천지에 내재하는 합리적 법(섭리)인 '진화의 도리'에 의해서 우주를 운행한다는 생각이다. 누구는 이신론이 무신(無神)과 광신(狂信) 사이에서 합리적 입장을 취하는 근대적 신관(神觀)이라 하나 이는 허사(虛辭)일 뿐이고 일찍이 도덕경 5장에서 明言한 대로 우주는 '天地不仁 以萬物爲芻拘(천지불인 이만물위추구)'로 완벽에서 다시 완벽으로 진화하는 세계이니 理神論의 理는 진화의 道理로서 理다.
35) 1. '하느님께서 우주를 창조하신 목적이 새로운 창조(創造)를 위한 것'이라는 주장은 제법 오래된 그리고 다양한 연원을 갖는 주장으로서 그 예로서는 다음의 자들과 사상을 들 수 있다.
1) 독일의 가톨릭 철학자 프란츠 폰 바더(Franz von Baader 1765~1841) : "신은 영구적인 자기 갱신의 과정을 겪는 존재이다."
2) 제(諸) 뉴에이지 : 신지학(theosophy), 닐 도날드 월쉬의 「신과 나눈 이야기」, 유란시아서를 비롯한 여러 신비학과 오컬트 종교.
3) 표준이론의 입장도 그러하다. 신이 한꺼번에 창조를 마치지 않았다고 하여 창조가 아닌 것이 아니다. 신은 자유의지를 가진 존재들로 하여금 창조사업에 참여할 기회를 주었다. 이는 창조사업에서 하느님께서 사용하신 지고(至高)의 방법으로서 항상 새로운 완벽을 추구하는 완벽하게 완벽한 방법이다.
2. 한편 "신(神)은 체험적인 분, 즉 미완성이며 사실화 과정에 있는 존재로 시간과 공간에서 진화하며 유한한 실체와 무한자를 통합하는 분이다.(유란시아서)"라는 식의 과정신학(過程神學, process theology)적 神진화론은 진화적 관점을 가진 점에서 표준이론과 일부 상응하는 면이 있으나 화이트헤드의 과정철학을 모델로 하여 자유의지와 신정론 등 기독신학의 문제를 풀어보려는 시도일 뿐 '진화에 의한 영혼의 창조'라는 구체적 담론에는 이르지 못하였다(8.19.1. '유란시아서의 인간론' 참조).

우주의 원인물질과 진화의 구체적 방법

우주는 하느님의 생명에너지인 기(氣)에서 비롯하였으며 이후 섭리(攝理)와 영적설계(靈的設計)에 의한 진화(進化)로 창조를 이어간다.36)

표준이론은 우주는 하느님의 생명에너지인 기(氣)에서 비롯하였다고 생각한다. 또한 표준이론은 사람의 육체가 진화의 방법에 의하여 창조주가 의도적으로 창조하였다는 창조적 진화론(creative Evolutionism)에 속하는 의견을 갖고 있다. 아울러 표준이론은 '창조주는 육체뿐 아니라 영혼도 같은 방법으로 창조하셨다'라고 주장한다.37)

보통 우리는 신이 의도적으로 진화과정을 디자인하였다라는 뜻에서 '지적설계(知的設計, Intelligent design)에 의한 진화'라는 용어를 사용하는데, '지적설계론'은 자연은 매우 복잡하고 정교해 다윈의 진화론만으로는 설명하기 어려운 점이 많아 하느님과 같은 창조주가 개입, 설계한 것이 틀림없다는 주장이다. 그런데 여기서 '창조주의 의도'는 지적(知的)인 것이 아니다. 지적이란 인간 두뇌 차원의 개념이다. 따라서 표준이론에서는 영적설계(靈的設計 Divine Design)라는 말을 사용한다. 영적설계는 몸과 영혼의 진화에 신적 차원 또는 신의 불씨(靈火)나 천사들 차원의 설계가 있다는 뜻이다.尾12)

영적설계에 의한 진화

표준이론이 우주가 영적설계에 의한 진화의 방법으로 창조되었다고 판단하는 이유는 다음과 같다.

1. 자연은 자연선택(natural selection)에 의하여 자연히 발생하였다고 보기에는 너무 복잡하고 정교하며 또한 그 복잡성은 수많은 환원불가능성38)을 보인다.尾13)

---

36) 신은 자기 자신을 위해 이들 군대를 통하여 만물을 만드셨나니, 만물이 신의 부분 아니나이까? 만물이 신의 일부라면 그 모든 만물이 곧 신이요, 결국 신께서 만물을 창조하심으로써 스스로를 창조하신 것이 옵니다. 그의 창조작업은 결코 멈춤이 없나니, 그는 영속성이기 때문입니다. 신은 끝이 없으시니, 그의 창조작업은 시작도 끝도 없나이다(좋은글방, 「헤르메티카」, 153쪽).
37) 창조적 진화론은 진화적 창조론(Evolutionary Creationism), 유신진화론(Theistic Evolutionism) 등으로도 불린다. 표준이론은 창조적 진화론 중에서 육체뿐 아니라 영혼 또한 진화로 창조되었다는 소위 '진보적인 창조적 진화론'이다(8.2.1. '기독교의 영혼창조의 시기와 방법' 참조).
38) 환원불가능한 복잡성(還元不可能한 複雜性, Irreducible Complexity)이란 원래대로 되돌릴 수 없을

표준이론은 환원불가능성에 대한 자연선택진화론자들의 반박은 타당성이 없다고 본다. 이런 표준이론의 주장을 진영(陣營)의 논리나 확증편향(確證偏向)이라고 하여도 좋다. 그렇게 주장하는 이들도 확증편향은 마찬가지기 때문이다. 無知에 의한 휴리스틱(heuristic)한 선택이라고 하여도 좋다. 그 주장 또한 피차일반이다. 진실은 시간이 밝혀 줄 것인데 그 시간은 영적설계의 편임이 이미 밝혀졌다.

2. 자연(自然)이란 무(無)나 공(空)이 아니다.尾14) 자연은 유(有)요 실(實)이다. 또한 자연은 우연(偶然)이 아니다. 자연에는 필연(必然)39)밖에 없다. 자연은 원인으로 인한 결과로서 원인이 초래한 피조(被造)세계이다. 따라서 피조된 자연이 '눈먼 시계공'처럼 무엇을 만지거나 선택하는 능동적 존재(存在)가 될 수 없다. 자연은 시계공이 아니라 아이들이 뛰어노는 운동장이다.40)

3. 만일 자연이 시계공이라면 그 자연은 신의 다른 모습이다. 범신론(汎神論)적 신이요, 신의 숨결이 스민 생명력의 신이요. 그 자연은 신의 몸속에 있다.

4. 표준이론은 자연선택론자들이 가지고 있는 않은 영적(靈的)감각을 가지고 있다. 그것은 육감(六感)으로서 직관이다. 세상이 영적설계를 기반으로 창조된 것이라는 사실은 직관으로 볼 때 마치 태양을 보는 듯이 자명(自明)하다. 그들이 이에 대꾸하여 당신은 자연과학을 모른다고 하더라도 대꾸하지 않겠다. 그들이 가지고 있는 오감(五感)의 이성을 직관의 표준이론은 이미 다 가지고 있기 때문이다.

5. 자연선택 진화론자들은 '창조론적 진화론은 결국 창조론'이라고 타매한다. 그러나 똑같은 이유로 창조론자들은 '창조론적 진화론은 진화론'이라고 탓한다. 후자의 입장은 일응 수긍이 가지만 전자의 주장은 수긍할 구석이 없다. 그 이유는 창조적 진화론은 진화론의 하나로 다른 진화론과는 진화의 원인과 그 방법의 해석에

만큼 복잡하다는 의미다. 진화에는 자연선택 진화론이 주장하는 '점진적으로 누적되는' 메커니즘으로는 설명할 수 없는 생명체의 복잡함이 존재한다. 생화학자이자 지적설계 지지자이며 「다윈의 블랙박스」의 저자이기도 한 마이클 비히(Michael J. Behe 1952~)가 처음 사용한 말이다(미주 8 '신의 존재증명 (Gottesbeweis)' 참조).
39) 必然의 사전적 의미는 "이 세상의 모든 일은 일정한 인과관계에 따른 법칙에 의하여 결정된다."라는 뜻이다.
40) 운동장은 아이들이 뛰노는 곳이지 아이들을 키우는 존재가 아니다. 아이들이 거기서 뛰놀며 커 가는 것을 두고 아무도 운동장이 아이를 키운다고 생각하지는 않을 것이다. 그러나 그 운동장이 수억 배로 커지고 수만 년이 지나도록 수많은 아이들이 거기서 계속 뛰어놀며 자란다면 이윽고 누구누구는 운동장에 귀신이 있어 그 귀신이 아이들을 키운다고 생각할 수 있다. 소위 '운동장의 신' 또는 '공간의 신'으로 많은 자연과학자들이 '시간의 신'과 함께 신앙하는 신이다.

서만 차이가 나는 것이기 때문이다. 사실 자연선택 진화론자들의 이러한 태도는 창조적 진화론이 진화론의 하나로 우뚝 서는 것을 막아 보려는 발버둥에 불과하다. 그것은 더 이상 학자의 태도가 아니다. 그것은 진화론으로 호구지책 하는 직업인이 밥그릇을 지키려는 태도일 뿐이다.尾15)

6. '미세 조정된 우주가설'과 '희귀한 지구가설' 그리고 '생명체의 자연발생 가능성의 희소성'

1) 미세조정(微細調整) 된 우주가설(Fine-tuned universe hypothesis)

수많은 물리학자들과 우주과학자들은

(1) 기본 입자들 사이의 네 가지 힘인 중력, 전자기력, 강력, 약력의 비율
(2) 그리고 전하를 가진 입자 사이에 전자기적 상호작용의 힘을 결정하는 미세구조상수[41]와 우주상수[42]
(3) 뉴턴의 만유인력상수(G), 진공에서의 광속(c), 볼츠만상수(k) 그리고 플랑크상수(h)의 네 가지 물리상수(physical constant, 物理常數)
등은 여러 가지 면에서 '미세조정' 되어 있는 것처럼 보인다[43]는 의견을 가지고 있다.

우주를 이루고 있는 기본적인 물질과 천체 구조들은 이렇게 많은 우주의 기초적인 상수들이 동시에 골디락스 존(Goldilocks zone)[44]에 있어야만 존재할 수 있기 때문이다. 이것이 미세 조정된 우주가설이다. 사실 물리상수를 말하기 전에 우리는 이미 물리세계를 구축하는 데 사용된 신비스러운 수학상수들을 잘 안다. 영

---

41) 미세구조상수(Fine structure constant)는 전하를 가진 입자 사이에 전자기적 상호작용(결합작용)의 힘을 결정하는 상수이다. e(기본 전하)와 h(플랑크상수 h/2π) 그리고 c(빛의 속도) 이 세 개의 기본 상수를 결합하면 신기하게도 모든 단위가 상쇄되어 숫자(1/137)만 남게 된다.
42) 우주상수(宇宙常數, cosmological constant, 기호 Λ)는 물리우주론에서, 진공의 에너지 밀도를 나타내는 기본 물리상수다. 우리의 우주는 팽창하고 있는데 그 팽창 속도가 갈수록 빨라지고 있다. 이를 설명하려면 별들 간에 중력에 반대되는 척력(斥力) 성향의 미지의 에너지가 있어야 한다. 이를 우주상수 또는 암흑에너지라고 부른다. 자연과학자들은 만약 우주 탄생 초기에 우주상수가 조금만 더 컸더라면 우주는 팽창하여 멸망했을 것이고, 조금만 더 작았더라면 수축하여 멸망했을 것이라고 한다.
43) 1. 미세조정 되었다고만 하지 누군가에 의하여 조정되어 있다는 말은 차마 더하지 못하고 있으나 손이 어찌 몸통이 없이 있겠는가.
2. 미세조정상수에는 30여 가지가 있으며 수리물리학자로서 노벨상수상자인 로저 펜로즈(Sir Roger Penrose 1931~)는 이들이 자연적으로 작동하여 우주가 존재할 확률을 $1/10^{10^{123}}$이라고 계산하였다.
44) 원래는 지구처럼 생명체들이 살아가기에 적합한 환경을 지니는 우주 공간의 범위를 뜻하나 확률적으로 발생 가능성이 작은 특수 상황을 가리키는 말로도 쓰인다.

(0)과 일(1), 원주율(π)[45], 황금비, 네이피어의 수 e, 복소수 i, 2의 제곱근….

2) 희귀한 지구가설(Rare-Earth hypothesis)

이는 우주뿐 아니라 지구 역시 여러 가지 조건이 맞지 않을 경우 인간처럼 고도의 지능을 가진 생명체가 지구상에 나타나지 않았을 것이라는 가설이다. 우주의 탄생을 위해서 뿐 아니라 지구와 그 생명체의 탄생에도 미세조정의 손길이 있었다는 뜻이다. 희귀한 지구가설[16)]에는 다음과 같은 주장들이 있다.

(1) 은하계에서 지구의 위치 : 지구가 은하 중심부에 있었거나 반대로 은하 외곽쪽에 있었다면 지구에서 생명이 탄생하는 것은 불가능하다.
(2) 태양의 적절성 : 태양의 질량이 너무 컸어도 또 너무 작았어도 지구에서의 생명 탄생은 불가능하다.
(3) 행성들의 적절성 : 지구와 함께 태양계를 구성하는 다른 행성들이 너무나 적절하다. 근처의 수성, 금성, 화성은 작아서, 바깥쪽의 행성들, 특히 목성은 큰 덩치와 중력으로 지구를 보호하는 방파제 역할을 한다.
(4) 적절한 지구의 궤도 : 지구의 궤도가 화성처럼 약간만이라도 더 타원궤도였다면 연간 기온 차이가 너무 커서 인간 문명의 성립이 매우 어려웠을 것이다.
(5) 적절한 지구의 크기와 성분 : 지구는 적절한 사이즈의 적절한 유형의 행성이다. 목성형 가스 행성, 화성형 암석 행성은 생명에게 적합지 않다. 지구의 크기가 달라졌으면 지각 금속의 비율, 자기장의 강약, 지표면의 고저차, 중력의 세기에 영향을 미쳐 생명의 탄생과 진화를 방해하게 될 것이다.
(6) 적절한 물과 바다 : 지구상의 물의 총량과 지표면의 고저(高低) 차이가 적절하여 바다와 육지의 비율과 기온이 적절하게 형성되었다.
(7) 지구의 판 변동은 복잡한 생물들을 만들어 내는 데 큰 기여를 하였다.
(8) 달의 적절성 : 지구의 위성인 달의 크기가 너무나도 적절하여 조석간만의 차(差)로 생명의 탄생이 가능하였다.
(9) 지구의 역사 속에서 진화가 적절한 시기에 적절한 방식으로 나타났다.

'미세조정 된 우주가설'과 '희귀한 지구가설'은 아직 가설단계이지만 언제까지나 가설로 남아있지는 않을 것이다. 이 가설에 열거된 상수들과 조건들은 一萬年 인류문명의 정화(精華)들이지만 현생인류가 아직 발견하지 못하고 깨닫지 못한 상수

---

45) $2\pi r$, πr^2, πab, $4/3\pi r^3$, $4\pi r^2$ …

와 조건들이 얼마나 더 많을지는 아무도 예측하지 못한다. 그러나 감히 예측컨대 지금 알고 있는 것 보다 一萬倍는 더 많을 것이다. 그러나 일(一) 앞에서도 벌써 이 두 가설에 대한 반대론자들의 반증 논리는 '무한한 공간' 외에는 마땅한 것이 없다.46) 자연선택 진화론자들이 주로 시간의 신의 '무한한 시간' 뒤에 숨는 것처럼 이들은 주로 공간의 신의 '무한한 공간' 뒤에 숨어 확률타령을 한다. 그러나 시간이 무한하지 않은 것처럼 공간도 무한하지 않으니 지금이라도 과학교인들이 마음을 열고 계산을 다시 한다면 확률타령을 멈추고 창조주의 손길을 찾게 될 것이다. 더구나 현대의 자연과학은 갈수록 이 두 가설에 힘을 실어 주는 사실들만 더(add)하고 있으니 一이 二가 되고 三이 되고 十이 되는 것은 시간문제다. 이제 이 두 가설은 가설을 벗어나게 될 것이고 과학교[각주17)]는 무너진다.

3) 생명체의 자연발생 가능성의 희소성

'3.2.1. 표준이론의 영과 혼의 기원'에서 설명할 내용이지만 '氣'의 에너지가 빅뱅 하여 물질과 시공간이 만들어진 후 최초로 일어나는 일은 물질과 氣의 생명이 화합하여 유기물이 되고 유기물이 진화하여 유기체(有機體, organic body)가 되는 일이다. 한편 자연과학교인들이 내어놓은 최초 생명 발생의 시나리오에 의하면 최초의 유기체(有機體)인 원핵세포가 발생하는 과정은 다음과 같다.
(1) 생물 발생 이전 유기(有機) 분자의 합성
(2) 생물 발생 이전 유기(有機) 분자의 집결
(3) 생물 구성요소의 특정한 형태화
(4) 복잡한 생체 분자의 합성
(5) 자기 복제의 구현
(6) 대사 기능의 실현
(7) 원핵세포가 되기 위한 집합

그렇다면 자연과학자들이 쉽게 내어놓은 생명발생 시나리오의 위 과정이 실지로 이행될 확률을 살펴보자. 우선 위 (1)의 분자 즉 유기물(有機物)의 발생확률은 얼마인가? 어느 전문적인 분석에 의하면 우선 아미노산이 발생하여 고분자 유기물인 단백질 하나가 될 확률은 $1/10^{167}$이라고 한다. 이렇게 발생한 여러 유기물들이 이후의 (2)~(7)의 단계를 거쳐 유기체가 되려면 단백질 473개의 가장 단순한

---

46) 가장 만만한 이론이 평행우주론이지만 이는 공상소설이다. 사실 이 수준을 논하는 자연과학은 공상소설에서 아이디어를 얻는다.

원핵세포라 하더라도 $1/10^{78,991}$의 확률을 뚫어야 한다.47) 이러한 확률은 우주의 크기와 시간이 무한하였다는 전제하에서나 가능한 확률이다. 그러나 우주는 400해 개의 항성과 138억 년의 역사만을 가지고 있을 뿐이다. 따라서 생명체의 등장은 무(無)에 가까운 확률에 기대어 발생하는 우연이 아니라 고도의 영적설계에 의한 필연에 따른 것일 수밖에 없다.

표준이론에서는 유기체에 깃든 생기(生氣)와 정기(精氣)는 그 고유의 생명력으로 인하여 생기체(vital body)가 되고 이를 주형(鑄型)으로 하여 유기체의 각 기관이 만들어진다. 그리고 유기체의 각 기관은 영적설계에 의해 생기체에 코딩된 생명 O/S(Operation System)에 의하여 유기적으로 작동하여 의도된 기능을 수행하며 이제 바야흐로 생명 활동이 시작된다.

7. 엔트로피증가의 법칙과 진화

열역학 제2법칙 따르면 닫힌 계(界)에서 엔트로피는 증가하여야 한다. 그렇다면 닫힌 계인 생물계도 덜 조직적이고 다양성이 부족한 방향으로 변화하여야 하나 현상계(現象界)는 반대로 다윈이 주장하는 바와 같이 더 복잡하고 세밀하고 다양한 기능을 갖추는 방향으로 진화하고 있다. 즉 저급에서 고급으로 나아가고 있는 것이다. 그 이유는 두 가지다.

1) 界는 열려 있으며 그 열린 곳을 통하여 디자인(영적설계)이 이루어지고 있다.
2) 생물계에서 엔트로피가 감소하는 진화가 발생하는 이유는 기의 성질 때문이다. 기는 하느님의 생명에너지로서 '물질 물리학'이 아니라 엔트로피 감소의 법칙이 적용되는 '기 물리학'에 따른다.

---

47) 1. 이는 단백질의 구성순서는 무시하고 단백질이라면 생명체가 될 수 있다는 비현실적인 가정하에서의 계산이다. 구성순서까지 따지면 훨씬 작은 확률이 될 것이다. 참고로 생명체 발생확률은 연구마다 다른데 이는 단백질의 구성순서, 단백질의 기능여부, 구성 아미노산의 수 등의 전제가 다르기 때문이다. 중요한 것은 모든 연구의 계산결과 발생확률이 극미하다는 사실이다. 케임브리지 천문학 연구소의 프레드 호일(Sir Fred Hoyle 1915~2001)은 생명이 자연적으로 발생할 확률을 $1/10^{40,000}$으로 계산하고 유신론자가 되었다고 한다(미주 176 '백두산 천지의 산천어 발생확률' 참조).
2. 어떤 사람들은 지구에 생명체가 발생할 확률이 극단적으로 미소하다는 사실이 과학적으로 밝혀지자 이에 대응할 생각으로 시간과 공간을 극단적으로 무한히 확장하기 위하여 '다중우주론(Multiverse)'을 내세운다. 그들은 "우리 우주는 마치 신이 만들기라도 한 것처럼 은하와 생명이 탄생하기 딱 좋지만 전혀 특이한 우주가 아니다. 서로 다른 물리상수를 지닌 수많은 다중우주 가운데 하나일 뿐이니까!"라고 부르짖는다. 소위 'Landscape 다중우주론'이다. 그러나 다중우주라 하더라도 그것이 우리 우주와 교류가 불가능하다면 우리의 진화공간이 확장되는 것은 아니니 발생활률이 달라질 일은 없다. 우리 테이블에서 벌어지는 카드게임의 확률계산에 왜 다른 테이블의 카드를 모집단에 집어넣는가. 심지어 다른 테이블에서 벌어지는 게임은 카드놀이가 아니라 파친코다. 게다가 다중우주는 관찰된 적이 없을 뿐 아니라 이론상으로도 관찰할 수 없는 가설이다. 그런데 누구는 이를 기정사실화 하고 그 위에 자신의 생사관을 세운다. 생이 인신난득(人身難得)의 귀한 시간임을 고려하면 무책임한 일이 아닐 수 없다. 기어코 다중우주가 있다면 표준이론으로 볼 때 그것은 지승이다.(12.6. '여러 사상에 나타나는 우주주기론' 참조)

2.2.2. 누멘의 체험

사람은 자연(自然)과 역사(歷史)를 통하여 신을 경험한다. 이를 '누멘의 체험'이라고 한다. 누멘(numen)은 자연과 역사를 보면서 느끼는 이해하기 어려운 신비감으로 '피조물적 감정체험'이다.尾18) 사람은 우주 만상(萬象)과 현상(現象)48)의 오묘함에서 '신적 설계'를, 그 말 못 할 신비함에서 '신의 존재'를, 그 압도적인 위력에서 '신의 위대성'을 보고 느낄 수 있다.49) 그러나 어느 사람이 이를 볼 수 없다면 그는 불행하다. 아직 눈이 없기 때문이다. 어느 사람이 이를 만질 수 없다면 역시 불행하다. 아직 손이 없기 때문이다.50) 누멘의 크기는 직관의 능력에 따른다. 직관은 영의 능력이지만 혼은 이를 그의 불성(佛性)으로 감당한다. 누가 신을 부인하는 것은 우선 영이 없거나 불성이 작아서이고 다음으로는 업이 커서 그렇다. 따라서 누멘의 능력을 갖추려면 '때가 찰 때'까지 기다리거나 解業하여야 한다. 둘 다 많은 시간이 걸린다. 기도로 은총을 구하는 방법이 있긴 하지만 이마저 자력으로는 힘들다. 스스로 구하지 않기 때문이다.

종교학에서 누멘이 거론되기 시작한 것은 나단 죄더블롬(Nathan Söderblom)의 '성스러움(Holiness)'의 개념 이후이다. 그는 종교 안에서 신의 개념보다 더 본질적인 단어는 '성스러움'이라고 하였다. 또 루돌프 오토(Rudolf Otto)는 「성스러운 것(Das Heilige)」이라는 책을 통해 종교적 체험 속에 존재하는 깊은 감동으로 비합리적 절대 타자(他者)인 '聖스러운 것'을 예각(豫覺)하는 데에 종교의 본질이 있다고 주장하며 이는 죄더블롬의 '성스러움'에서 도덕적인 선을 뺀 부분이라고 한 뒤 이를 누멘(numen)이라고 이름하여 종교의 독자적 비합리성을 나타내기 위하여 사용하였다.51) 그에 의하면 누멘은 신비함(mysterium)과 경외감(tremendum)

---

48) 여기서 현상이란 물질과 물질 간의 현상과 그 현상 간의 현상(법칙)을 말한다.
49) 헤르메스주의는 "우리가 신성을 구할 때, 자연의 신비로부터 시작하는 것이 최선이다."라고 한다.
50) 1. 조각가나 화가 없이 조각이나 그림이 만들어질 리 없는데, 이 작품은 작가 없이 만들어졌단 말이더냐? 오 장님 천지로구나. 불경한 자 천지로구나. 무지한 자 천지로구나. 내 아들 타트여. 작품에게서 작가를 없애지 말지어다(헤르메스 호 트리스메기스토스, 「헤르메티카」, 5권 08).
2. 어느 시대나 눈과 손이 없는 사람은 많았다. 그들이 불경하거나 무식해서 그런 것이 아니다. 사실 불행해서도 아니다. 아직 그들의 때가 되지 않았거나 緣이 없어서일 뿐이다. 그런데 인지학자 슈타이너는 그들이 아직 영안(六感, 초감각적인 눈)을 아직 갖추지 못한 것이 아니라 영안을 잃어버린 사람들이라고 하는데(이원일, 「루돌프 슈타이너의 신지학에 대한 이해」) 이는 인간모나드론을 주장하는 신지학 역시 거시적으로는 영혼의 진화론적 사상임을 감안하면 불합리한 생각이다.
51) 1. 김은수, 「비교종교학개론」, 60~61쪽 참조
2. 나단 죄더블롬(Nathan Söderblom 1866~1931)은 스웨덴의 성직자로 1914년부터 스웨덴의 웁살라 대주교였으며 1930년 노벨 평화상을 받았다. 루돌프 오토(Rudolf Otto 1869~1937)는 독일의 프로테스탄트 신학자이자 종교학자로 제1차 세계대전 후 동양의 종교학계에도 크게 영향을 끼쳤다.

그리고 매혹시킴(fascinosum)의 감정이라고 했다.52)

나아가 엘리아데53)는 그의 저서 「성(聖)과 속(俗)」에서 성은 실재하고 영원하며 공동체적인 데 반하여 속은 비실재적이고 변하며 잠정적이고 개인적이라고 하면서 속은 성에 의하여 의미와 질서를 부여받는다고 주장하였다. 이러한 그의 주장은 '방편적 진리'와 '일반적 진리'를 구분하는 나가르주나(龍樹)의 중관론과 동일한 주장이다.54) 엘리아데는 누멘을 느끼지 못하는 사람들의 삶에도 聖스러움을 실천적으로 적용시키는 방법으로서 종교의례의 반복을 통한 성현(聖顯, hierophany)을 제안하였다. 성현이란 일상의 공간에 전혀 낯선 수준의 성스러움을 등장시키는 일이다. 즉 누멘의 전달 또는 재생산이다. 이로써 그는 성과 속을 결합시키며 나아가 성의 영역이 점차 확대된다고 한다.55)

의학박사이자 죽음학자인 정현채는 그의 신비체험에 대한 특강에 참여한 사람들이 하는 질문은 전공 분야에 따라 그 내용이 전혀 다르다고 한다. 인문학 분야의 사람들의 관심사는 "근사체험 같은 신비체험이 자연과학적으로 증명 가능한가?"였고 자연과학 분야의 전문가들의 관심사는 오히려 "사후세계의 작동 원리나 초의식 세계에 대한 구체적인 내용"이었다고 한다.56) 그 이유는 무엇일까? 자연과학을 전공한 사람은 자연과학의 정체와 그 한계를 정확히 알기 때문에 오히려 자연과학에서 기대하는 바가 적다. 또한 자연과학을 하면서 이를 통해 오히려 누멘을 느끼고 그 누멘의 원인과 정체에 대하여 알고 싶어 한다. 자연과학을 모르는 사람이 오히려 자연과학에 대한 막연한 기대감을 갖고 모처럼 얻은 그의 누멘을 자연과학으로 가리려 한다.

---

3. 오토는 누멘(numen)이 非合理的이라고 하는데 이는 理를 추구하는 도구를 理性에 국한하였기 때문이다. 혼의 도구인 이성 위에 이를 능가하는 영의 도구인 직관이 있으니 오토의 의견은 사람의 구조에 대한 이해가 부족한 견해다.(2.3.1. '영혼학의 인간관과 심령관' 주석 참조)
52) 오토는 신(神)의 신비스런 힘을 뜻하는 고대 라틴어인 누멘(numen)이라는 말을 오늘날 종교학이나 신학에서 널리 쓰이는 보편적 개념으로 확립시켰다. 오토에 따르면 누멘적인 것의 체험은 종교의 가장 근원적인 현상으로서, 다른 어떤 체험과도 혼동될 수 없는 독특한 고유의 체험이라고 한다. 그것은 일상에서 경험하는 것과는 '전혀 다른 어떤 것', 전혀 이해하기 어려운 어떤 신비에 접할 때 느끼는 독특한 체험을 뜻한다. 오토는 이것을 '피조물적 감정'이라고 부르며, 인간이 모든 피조물을 초월하는 존재를 대할 때 자신이 아무것도 아님을 느끼며 그 속으로 빠져들어 감을 느끼는 감정이라고 하였다.
53) 미르치아 엘리아데(Mircea Eliade 1907~1986)는 루마니아의 출신의 종교현상학자로 시카고 대학에서 30년간 근무하였다. 종교학에서 가장 대중적이고 영향력 있는 학자이다. 종교자료들을 수집, 분류하는 데 집중했던 백과사전식 비교종교학과 종교현상을 넘어 인간의 본질적인 성스러움을 말하는 종교현상학을 구축하였다.
54) 용수(龍樹)에 의하면 俗에 속한 在家신자들은 의식과 순례 그리고 만트라의 영창(詠唱)을 통하여 공덕을 쌓는다. 방편적 진리의 길을 걷는 것이다. 이는 엘리아데의 성현(聖顯)의 구현과 동일한 의미다.
55) 김은수, 「비교종교학개론」, 78~79쪽 참조
56) 정현채, '죽음, 또 하나의 시작' 참조

2.2.3. 모든 것은 신의 섭리다

섭리(攝理, Providence)란 '신(神)이 세계의 사건들을 관장하는(vorsehen) 이치'로 피조물에 대한 그의 뜻을 이루는 하느님의 사역(使役)으로 나타난다. 사역은 예정과 자유의 중간이다. 섭리는 법칙이지만 자유의지에 인과(因果)하며 진화(進化)하는 데다가 이신론에 머물러 있지도 않다.

1) 신은 역사에서 진화에서 심지어 개개인의 운명에서도 의도(意圖)를 보인다. 그것이 신의 인격(人格)이든 섭리(攝理)이든 분명한 방향성을 가진다.

2) 섭리는 사람이 아직 모를 수는 있지만 이해할 수 없는 전혀 다른 것은 아니다. 진리는 어려운 것이 아니고 어렵다면 이미 진리가 아니기 때문이다. 우리가 아직 답을 모르는 현상의 발생 원인이나 물질의 존재 이유는 모두 사람이 이해할 수 있는 범위 내에 있다. 이는 인간의 이해력이 그만큼 높다는 것과 신이 이해를 원하고 있다는 것을 의미한다. 예컨대 악의 정체가 진정 무엇인지 우리는 아직 잘 모른다. 그러나 답은 있고 우리는 그 답을 이미 추측하고 있거나 답이 알려졌을 때 이를 이해할 수 있다. 이는 道와 德에 대해서도 마찬가지다. 어느 敎의 리(理)를 보통의 사람들이 쉽게 이해하기 어렵다면 이는 거짓이거나 잘못된 비유 또는 강요된 이해(理解)일 가능성이 크다. 불교의 無我의 교리가 그렇고 기독교의 原罪가 그 예(例)다. 이해가 안 되는 이런 교리를 신비(神祕)라고 포장하는데 신비는 신앙으로 이끄는 폭발적인 경험이 그 속성이다. 이해 곤란으로 인해 신앙심이 폭발적으로 깊어지지는 않는다.[57]

2.2.4. 중요한 사상과 종교는 진리를 담고 있다

1) 인류역사에 오래 존재하며 많은 이들에게 영향을 끼친 사상과 종교는 모두 신의 섭리의 표현인 진리를 담고 있다.[58] 물론 거기에는 인간의 때가 잔뜩 끼어 있다. 그러나 그런 때를 닦아 내면 찬란한 보석들이 그 안에 반짝인다. 불합리와 부조리의 옷을 잔뜩 껴입고 '비전(祕傳)의 벽' 뒤에 숨어있으나 우리는 이를 벗겨내

---

[57] 물론 표준이론이 무아나 원죄교리를 이해 곤란을 이유로 그 타당성을 부인하는 무리수(無理手)를 두지는 않는다. 설마 무리수에 무리수로, 비전의 벽에 비전의 벽으로 대항하겠는가(미주 1 '비전의 벽(壁)' 참조).
[58] 비교종교학자인 크리스텐센(William Brede Kristensen 1867~1953)은 여러 종교는 모두 비슷한 현상들을 가지고 있으며 이를 비교하면 그 안의 가치들을 종합적으로 볼 수 있다고 주장하였다(김은수, 「비교종교학개론」, 66쪽).

고 그 안에서 진리를 찾아야 하고 찾을 수 있다.

예컨대 기독교나 힌두교같이 오랫동안 인류를 강력하게 지배해 온 종교는 신의 뜻을 보여준다. 신은 인류가 그 오랫동안 헛된 것을 믿고 잘못된 삶을 살게 하지 않는다. 따라서 부처, 예수, 무함마드 그리고 많은 인류의 스승들의 말은 대부분 진리거나 진실이다. 후대에 특정 집단이 사익(私益, 詐益)을 위하여 왜곡한 허다하게 많은 부분을 제외하고 말이다. 그렇다고 그러한 왜곡들로 인해 신이 보여주는 진리가 가려지거나 훼손되지는 않는다. 그랬다면 그 종교는 벌써 인류 역사에서 사라졌을 것이다.

2) 진리를 알 수 있는 방법은 어느 하나의 사상이나 종교의 觀에 의존하지 않는다. 즉 합리주의, 과학주의, 종교주의, 불가지론, 계시론, 심지어 무신론까지 인간이 합리적이라고 믿어 전통이 쌓인 모든 주장과 사상에는 예외 없이 신의 섭리(攝理)가 내재한다. 섭리는 창조되는 것이 아니라 그냥 거기에 있다가 인식된다.

3) 궁극적 진리의 탐구는 窮究에 따른 직관과 통찰에 의하여 시작되고[59] 이성(理性)에 의하여 그 가지를 뻗으며 논리와 실증에 의해 열매를 맺는다. 철학도 과학도 모두 그렇다. 일단 이 프로세스에 들어서면 어느 단계에 있다고 하여 그 가치가 줄어들거나 늘어나지 않는다. 열매를 맺은 직관과 통찰은 신의 은총에 의한 啓示이며 문명은 계시를 확인하는 프로세스다.

2.2.5. 영과 혼은 존재한다

인간에게는 신으로부터 직접 기원한 영과 혼이 있으며 이는 인간의식의 주체이고 대부분 영존(永存)한다. 인간의 삶은 완성을 추구하는 삶이어야 하고 완성은 신과의 합일(合一)로 구현된다.[60]

영과 혼의 차이는 구원의 여부다. 혼이 구원받고 영이 되어 하느님의 나라에 들면 영인(靈人)[61]이 된다. 구원은 은총에의 적극적 응답인 구도(求道)로 이루어진

---

[59] 우리의 과학은 주로 커피를 마시다가 가끔 통찰이 생겨 실질적인 진전을 이룬 것에 불과하다(호르헤 챔·대니얼 화이트슨, 「코스모스 오디세이」, 고현석 옮김, 375쪽).
[60] 신의 근본바탕과 영의 근본바탕은 동일하다(Meister Eckhart). 영은 그 적나라한 본성상 신을 소유한다. 마찬가지로 신은 영을 소유한다(Jan van Ruysbroeck). (올더스 헉슬리, 「영원의 철학」, 오강남 해제, 39쪽).
[61] 靈人은 天使와 구분하는 용어다. 천사는 인간과 별도의 방법으로 창조된 존재일 수도 있어서다.

다. 적극적 요청과 이의 수락이라고 하여도 마찬가지다. 혼은 모든 사람에게 있으며 영은 10% 정도의 사람들에게만 있다. 영은 영존하지만 혼은 74% 정도가 영존한다.62)

2.2.6. 창조와 완벽 그리고 영과 혼

1) 우주는 완벽하다. 완벽은 스스로 새로운 완벽을 창조한다. 이를 위해 세상은 끊임없이 발전하고 진화한다. 진화와 발전은 부족함 때문이 아니다. 완벽은 그러한 의미의 완벽이다.
2) 영은 하느님의 분신으로서 새로운 완벽을 향한 창조사업에 참여한다. 이승에 환생하는 영의 목적도 그것이다.
3) 영이 그 역할을 하려면 자신의 완벽부터 추구하여야 한다. "그러므로 하늘에 계신 너희 아버지의 온전하심과 같이 너희도 온전하라." (마태 5:48)
4) 혼의 궁극적 목표도 완벽해지는 일이다. 그러나 혼의 우선 목표는 영이 되는 것이다.

2.2.7. 직관적인 통찰과 표준이론 프레임

1) 표준이론은 '生의 철학'적이다. 이 세상과 인간의 삶에서 진리와 섭리의 포착을 추구한다. 사람들은 이를 직관으로 알아내고 이성으로 이해한다. 이성은 나무를 보는 혼의 눈이고 직관은 숲을 보는 영의 눈이다. 지식은 나무에, 진리와 섭리는 숲에 가깝다. 둘 다 합리(合理)를 추구하는 도구다.

2) 직관에 과학적인 근거가 없다는 생각은 과학을 자연과학으로 보는 과학주의에 편향된 생각이지만 영의 직관 또한 혼의 이성으로 이해되어야 과학을 넘어서 진리가 된다. 표준이론도 이론(理論)이니 이성으로 이해되어야 하며 이를 위해서 그 콘텐츠들은 자연과학의 실험실에서 검증되어야 한다. 그렇지만 표준이론의 콘텐츠에는 아직 직관에 의한 합리성만으로 진술을 정당화시킨 것이 많음을 고백한다.63) 표준이론의 많은 부분이 아직 직관의 합리성만을 확보하였을 뿐 이성의 합리성은 부족하다. 그러나 표준이론의 더 많은 부분이 이미 자연과학적 실험으로

---

62) 부록1 '자아의 수준에 따른 영과 혼' 참조
63) 표준이론은 직관적인 통찰과 궁구를 통해 얻어진 '自明한 사실들'에 논리와 실증의 거름을 주기 위해 기왕의 여러 유력한 사상들과 표준이론을 비교하고 검토함으로써 그 합리성을 검증하였다는 뜻이다.

증명되었고 또 어떤 것에 대해서는 실험이 진행 중이다. 게다가 그것은 시간의 문제라고 믿는다.

영혼학 표준이론은 그 직관적 합리성으로 인해 실험적 입증의 문제가 쟁점이 되는 수준은 이미 넘어섰으며 쟁점이 된다면 언젠가 표준이론이 실험적으로도 '모두' 입증될 것이라는 믿음일 뿐이니 지금 그 믿음이 틀렸다고 생각하는 사람들은 그 증거를 그들이 찾아야 할 것이다.尾19)

3) 또한 표준이론의 내용 중 일부에 서로 간 불일치가 있을 수 있다. 당연한 일이다.

2.2.8. 영혼육 그리고 영과 혼의 각자 윤회

1) 윤회(Samsara)는 진화와 더불어 이 세계를 만들고 있는 거대한 건축가가 양손에 든 도(道)64) 중 하나다. 보통 윤회가 인간의 혼(魂)에게만 적용되는 것으로 생각하지만 사실 그것은 유기체들 속에 깃들은 모든 생명에 공통되는 일이다.65)

2) 좁은 의미에서 윤회는 영의 발전과 혼의 진화를 위한 것이다.66) 혼의 진화의 힘은 혼의 본성에 내재한 신의 '불씨'에서 나온다. 마찬가지로 영이 배우고 성장할 수 있게 이끄는 무한한 원동력은 영에 내재한 신의 '불꽃'에서 온다. 영은 이 동력을 혼에게 나누어 주어 그를 영으로 발전하도록 이끈다.

3) 사람은 영혼육으로 구성되며 영과 혼은 따로따로 윤회한다.

4) 윤회의 증거는 차고도 넘친다.67) 죽음은 또 다른 삶으로의 문이다(Mors janua vitae).

---

64) 輪廻之道와 進化之道
65) 지나라자다사,「신지학 제1원리」(www.theosophy.world) 참조
66) 1. 진화는 혼이 겪는 여정이며 피창조, 즉 창조를 당하는 것으로 완전히 수동적이요, '구원'당함이다.
2. 혼의 진화는 생물학적 진화처럼 생혼에서 각혼으로 다시 지혼으로 환골탈퇴하는 일이다. 영에게는 환골탈태는 없다. 따라서 영에게 진화란 발전을 의미한다. 진화가 있다면 진화시키는 일(창조사업)이 있을 뿐이다. 영의 발전은 주어진 잠재력의 실현이며 그때 필요한 것은 스스로의 의지와 하느님의 도우심이다. 그런 면에서 그 도우심도 구원일 수 있다. 영의 자유의지만으로 도움을 받을 기회를 모두 발굴할 수는 없기 때문이다. 또 기회가 주어진다고 모든 영이 잠재력을 실현하여 단계 상승할 수도 없다. 여기에도 하느님의 은총이 또 필요하다. 그 은총의 중재자가 부처님이고 예수님이며 무함마드다.
67) 11.3.2. '윤회의 필연성과 그 증거' 참조

2.2.9. As above So below

'As above So below[68]'라는 말은 원래 헤르메스의 짧은 경전인 에메랄드 타블레트(Emerald Tablet)에서 기원한 말로 '상응(相應)의 원리'를 표현한 말이다. 기독교 주기도문(主祈禱文)의 "하늘에서와 같이 땅에서도", 화엄경의 인드라망, "모든 것이 언제나 모든 곳에(Everything everytime everywhere)", 신플라톤주의의 全中一一中全, 화엄세계의 원융무애(圓融無礙)와 상즉상입(相卽相入), 플로티노스의 존재의 대사슬(great chain of being), 케슬러(Arthur Koestler 1905~1983)의 홀론(holon)[69]과 홀라키(holarchy), 그렉 브레이든의 「디바인 매트릭스」, 심지어 양자역학의 비국소성(非局所性)의 원리도 다 같은 종류의 담론이다.尾20)

표준이론에서 이 말은 특히 다음의 세 가지의 의미를 지닌다.

1) 저승에 적용되는 법칙은 이승에서도 그대로 적용된다.

2) 반대로 이승을 보면 저승의 세계를 유추할 수 있고 이승의 이치를 보면 하느님의 섭리를 알 수 있다. 또 작품을 보면 작가를 알 수 있는 것처럼 하느님을 알 수 있다. 그런 의미에서 하느님은 인격성(人格性)을 가지신다. 작품에는 작가의 일관된 생각과 독특한 향기가 묻어 있다. 이승은 하느님의 작품이다. 저승도 하느님의 작품이다. 따라서 이 세상을 보면 저승도 알 수 있다.

3) 동일한 차원의 다른 개체에게 진리인 사실은 또 다른 개체에게도 진리이다. 이는 마치 우리 몸의 모든 세포가 동일한 DNA를 가지고 있는 것과 같다.[70]

그러나 힌두나 신지학에서 영계를 원인계(原因界, 코잘계)라고 부르는 사실에서 알 수 있는 것처럼 많은 영적 전통들이 AASB 담론과 관련하여 영계는 원인이고 물질계는 그 결과일 뿐이라는 '영계 원인설'을 말하고 있으나 표준이론은 이를 경직된 주장으로 보고 수용하지 않는다.

---

[68] As above So below의 줄임말(abbreviation)을 AASB라고 한다.
[69] 작가이자 저널리스트인 Koestler는 1967년 그의 저서에서 홀론이라는 용어를 사용하여 半자율적 하위 부분(체계)으로 구성된 자연 유기체를 설명하였다. 하위 체계는 보다 큰 상위 체계의 부분임과 동시에 그의 하위체계에 대해서 그 자체가 상위체계가 되는 양면적 존재가 홀론이다.
[70] 신체의 각 세포 안에 있는 염색체는 다른 부분을 복제하는 데 필요한 모든 정보를 포함하고 있다. 정자와 난자가 인간 전체를 복제하는 일에 전문화되어 있지만, 원칙적으로는 모든 세포 속에 우리에 대한 모든 정보가 담겨 있다.

2.2.10. 기타

1) 어떤 사실 또는 현상에 대한 설명들 가운데 논리적으로 가장 단순한 것이 진실일 가능성이 높다.71) 따라서 표준이론은 생명과 인간 현상을 포괄적으로 설명하되 가급적 가장 간단하고 단순한 이론을 추구하였다.

2) 단백질은 비생명체임에도 그 복잡계인 생명체에서는 창발적(創發的, emergent) 생명현상이 나타난다. 창발현상이란 수소와 산소가 모여 전혀 다른 성질의 물이 출현하듯 생명체의 구성 분자에서는 찾아볼 수 없던 생명현상이 이들이 모여서 형성된 세포에서 갑자기 나타나는 현상이다. 환원주의(還元主義, reductionism)는 물리와 화학으로 이러한 창발현상을 설명할 수 있다고 주장한다.72) 표준이론에서 생명체는 비물질적인 내부의 힘 혹은 에너지를 가지고 있으며 이것이 생명의 특성을 나타낸다고 믿으며73) 이때 내부의 힘과 에너지는 기(氣)의 생명력에서 비롯한다는 생기론(生氣論)을 주장한다.74) 오늘날 두 입장 간의 차이를 해소하기 위하여 등장한 '신(新)생기론'이나 '창발주의(emergentism)'는 '기계론의 모습을 한 생기론'과 다르지 않아 배척한다.尾21)

3) 언어에는 진실이 숨 쉰다. 언어 속에 모든 사람이 알아내고 받아들인 진리가 숨 쉬고 있다. 오래되고 많이 쓰이는 언어일수록 단어 하나하나가 진실을 내포하고 있다. 언어와 문자는 하느님께서 지혼을 만드시며 그에게 주신 선물로 인류 제1의 보물이다. 생명나무(창 2:9)가 영생(永生)의 나무라면 인류의 지혜가 모아지고 대대로 이어지게 함으로써 인류를 진화와 영생으로 이끄는 언어와 문자야말로 생명나무의 과실이다.

---

71) 오컴의 면도날(Ockham's Razor)이란 무언가를 다양한 방법으로 설명할 수 있다면 우리는 그중에서 가장 적은 수의 가정(假定)을 사용하여 설명해야 한다는 원칙으로, '면도날'은 필요하지 않은 가설을 잘라 내 버린다는 비유이다. 필연성이 없는 개념은 배제하려 하는 '사고 절약의 원리(Principle of Parsimony)'라고도 불리는 이 명제는 현대의 과학 이론을 구성하는 기본 지침이 되었다. 표준이론에서 추구하는 바도 이와 같다.
72) '기계론적 환원주의(mechanical reductionism)'라고도 한다. 이들은 생기론(生氣論)에 대립하여 생명현상의 화학 및 물리적 본질들이 이미 밝혀졌다고 주장하며 생명은 단지 유기물질의 복잡한 조합으로 생겨나기 때문에 생명 활동은 기계적인 운동에 불과하다고 말한다. 환원주의는 관찰 불가한 진술을 실험실에서 관찰 가능한 진술로 대체하여 이를 입증하려 하는 과학연구의 한 주의(主義, Ism)다
73) 미주 10 '범심론, 애니미즘, 물활론, 생기론, 범신론, 물신숭배, 유심론, 조상숭배' 참조
74) 기(qi, 중국), prana(인도), pneuma(로마, Claudios Galenos), 동물자기(Animal magnetism, Mesmer), 에테르(신지학 등 뉴에이지) 심지어 Odic force(Carl Reichenbach 1788~1869), Libido(Sigmund Freud 1856~1939), Elan vital(Henri Bergson 1859~1941), Orgone(Wilhelm Reich 1897~1957) 등의 담론도 모두 기와 관련된 것이다.

4) 자연과학은 직관과 통찰에 의해 얻어진 하느님의 섭리와 지혜를 실험과 수리통계적으로 입증하는 체계이어야 한다. 데이터를 수집하여 정보를 추출하고 이를 이용하여 가설을 만들어 세상을 검증하는 귀납적 방법도 좋으나 거기에 만일 직관과 통찰이 없다면 이때에도 직관의 검증을 받아야 법칙이 된다. 따라서 귀납적으로 얻어진 진실도 얻고 보면 일견(一見)에 스스로 진실임을 증명한다.

5) 종교는 하느님의 부르심에 인간의 귀소본능이 응답하는 활동이다. 수승도(殊勝度)가 높아지고 자아수준이 상승할수록 그 본능은 강해진다.

6) 많은 성인들이 현실세계가 그저 마음이 만들어 낸 환상이고 눈에 보이는 것이 전부가 아니라고 주장하였다. 표준이론은 이러한 주장의 속뜻을 '이데아를 보라'는 것으로 해석한다. 우주는 마야의 세계라는 의미에서 허상(虛像)이라고 하지만[75] 마야의 우주가 있다면 그것도 신의 창조물이다. 거기에 마야라는 어느 속성이 있을 뿐이다. 따라서 우주는 있는 그대로의 실상(實像)으로 신의 법칙(法則)의 지배를 받는 엄연한 실재(實在)다. 법칙에는 자연과학자들에 의해 탐구될 수 있는 객관적 우주의 운행 원리인 자연법칙이 있고 우리의 내면세계를 지배하는 보다 포착하기 어려운 '브라만의 법칙'들이 있는데, 이 법칙들은 표준이론을 통해 인식할 수 있다.

2.3. 영혼학의 정의와 범위

2.3.1. 영혼학의 인간관과 심령관

영혼학(靈魂學, Spiritsoulogy[76])은 영과 혼에 대해 연구함으로써 인간관과 심령

---

75) 마야論은 인간의식에 대한 고찰의 한 종류로서 모든 종교와 사상에는 기본적으로 이에 대한 입장이 있다. 인간의 영혼은 육체에 들어 이에 완전히 속박되기 때문에 너무나 불완전하고 찰나적으로 보여 거울 속의 인간처럼 인식의 주체로서 그 존재를 의심받을 수밖에 없기 때문이다. 이러한 의심은 '나는 내가 아무것도 모른다는 것을 안다'라는 소크라테스의 '無知의 知'나 'Cogitio ergo sum'이라는 데카르트, '원리의 영원한 무변성에 비하면 우주는 비현실적'이라는 블라바츠키의 말 등을 통해 잘 표현된다. 이러한 생각은 유물론, 마야론, 허무주의, 회의주의, 경험주의 심지어 불교의 무아윤회, 도가의 무위, 우리민족의 恨의 뿌리(9.5.1. '꿈과 영혼육의 기억장치' 중 흥타령 참조)이기도 하다.
76) 영어에 Spiritsoulogy란 단어는 없다. 靈學으로 Spiritology와 魂學으로 Soulciology가 있을 뿐이나 Spiritology는 사실 영혼학으로 두루뭉술 사용되는 단어이고 Soulciology는 사전에 등재되지는 못하고 필요시 사사로이 사용되는 단어이다. 따라서 영과 혼이 별개의 존재이되 이승에서는 혼영일체로 존재한다는 표준이론의 취지에 맞는 단어로 Spiritsoulogy란 단어를 造語하여 사용한다.

관을 이론적으로 해명하는 학문이다.

구미(歐美)나 일본에서는 이미 활성화된 생사학(生死學, Thanatology)이라는 학문이 있으나 이는 죽음 교육, 애도, 상담, 정책, 보건, 사망, 임종, 사망 관련 법률, 도덕, 질병 등에 관한 학제 간 연구의 성격이 짙고[22] 죽음에 대해서는 사후세계에 대한 대안적 이미지들에 대한 연구로서, 각 종교와 사상에서의 믿음을 거론하는 데 그치고 있다. 기껏해야 의료현장에서 채집한 근사체험(近死體驗)이 연구되고 있을 뿐이다.[77]

한편 과거 19세기 후반에 프랑스와 영국 등에서 출현하여 20세기 전반에 서구를 풍미한 심령주의(心靈主義, spiritualism[78])는 사자(死者)와의 교신과 영혼의 과학적 증명을 추구하였는데 우리나라에서는 심령과학(spiritual science) 등으로 불리며 1970년대 이후 안동민(安東民 1931~1997) 선생 등을 중심으로 많이 연구되었다. 심령주의는 이후 초상현상, 근사체험, 퇴행최면, 양자과학 등의 발달과 더불어 영혼에 대한 과학적 접근을 깊이 하고 있다. 한편 우리나라에서는 최근 몇몇 학자들이 과학화된 심령주의를 '죽음학'이라고 부르면서 영문명을 Thanatology로 택하여 생사학과 혼용하고 있다.[79] 차제에 죽음학은 관련 학문의 범위를 영혼과 신 그리고 종교 분야까지 확대하고 그 이름을 심령학(心靈學, psycheology[80]) 정도로 칭하여 연구 분야와 범위를 정립하는 것이 좋겠다.

인간학(humanology)

영혼학의 연구 분야로서 먼저 인간관(人間觀)에 대한 이론인 인간학(humanology)이 있다. 이는 '인간의 기원·본질·목적·운명 등에 관한 견해나 입장에 대한 이론'[81]으로

---

77) 5.5.9. '심령학의 저승관' 참조
78) 1. 미주 128 '심령주의의 역사' 참조
2. spiritualism의 한 분야로서 spiritism이 있는데 이는 강신술(降神術)이나 심령술 정도로 이해된다. 그런데 이는 19세기 중반 프랑스인 알랑 카르덱(Allan Kardec 1804~1869)을 교주로 하는 '심령교'를 의미하기도 한다. 심령교는 심령주의(spiritualism, 心靈主義)를 기반으로 한 종교다. 또 spiritism와 관련하여 psychics라는 용어도 사용되는데 이는 학문이라기보다 심령연구 또는 심령술사, 초능력자, 영매를 가리키는 용어이다.
79) Thanatology(생사학)가 조어(造語)상 풍기는 의미가 죽음을 의미하여 죽음학과 일통하는 것처럼 보이나 Thanatology는 언급한 것처럼 사후에 대한 연구보다 죽음과 관련한 삶의 문제를 연구하는 학문으로 살아있는 사람을 주요 관심 대상으로 하므로 이를 죽음학에 대한 영문명으로 쓰는 것은 적절치 않다.
80) psycheology는 아직 사전에는 등재되지 못하였으나 '과학적 심령주의'를 지칭하는 용어로 사용할 만하다. 心靈學이란 심령주의에서 나온 말로 心과 靈 즉 혼과 영의 학문이니 영혼학과 造語상으로는 큰 차이가 없다.

① 우주와 인간의 기원82)
② 인간의 본질적인 구성요소
③ 인간과 창조주와의 관계
④ 삶의 의미와 목적
⑤ 영혼의 발전을 위한 求道의 방법론
⑥ 인간이 겪는 변성의식상태에 대한 통일적인 이해 등에 대한 연구가 그 범위이다.

심령학(psycheology)

영혼학의 두 번째 연구 분야인 심령관(心靈觀)에 대한 이론으로서 심령학(psycheology)은 '삶과 죽음에 관한 체계화된 견해나 입장에 대한 이론'으로 정의되며 다음의 주제들을 연구한다. 생사관(生死觀)으로 이해하여도 좋다. 기존의 '심령주의(spiritualism)'는 심령론 중 저승관과 초상현상에 관한 연구만을 주로 추구하였다고 할 수 있다.

① 영혼관 : 영혼의 기원과 미래
② 저승관 : 죽음 이후의 세계와 삶
③ 신관 : 신개념의 발생기원과 그 존재증명 그리고 그의 攝理
④ 종교관 : 종교와 이들 종교 간에 나타나는 異說에 대한 종합적 이해
⑤ 심령주의적 연구 : 환생연구, 영매연구, 유체이탈, 근사체험, 임사비전과 그 공유체험, 초상현상83), 최면현상, 기학(氣學), 양자역학, 명상관련 신비현상, 귀신현

---

81) 1. '인간론'과 유사한 용어로 인성론, 인간학, 인류학, 인간구조론, 인간본질론, 인간구성요소론 등의 용어가 있으나 표준이론에서의 인간론을 의미하기에는 완벽하지 않다. 그나마 인간학이 인간론의 의미에 가깝다.
2. 인간론(인간학)의 영문은 anthropology와 humanology 정도인데 anthropology는 인간론의 의미로 차용되는 경우가 보이나(Christian anthropology, pauline anthropology 등) 인간학이라기보다는 인류학의 의미로 주로 쓰인다. humanology는 '개인과 사회 및 신과의 상호관계'에 대한 학문으로 이해되며 '인간에 관한 학문'으로 번역되니 인간학으로 사용하기에 그나마 적절하다. '개인과 우주와 신과의 관계'였으면 더욱 적절할 뻔하였다. 그러나 새로 조어하는 것보다는 낫겠다.
82) 1. 우주의 기원과 생성과정을 연구하는 학문을 宇宙發生論(cosmogenesis, 블라바츠키 secret doctrine 1권의 제목이기도 함)이라고 한다. 한편 우주의 구성물, 구조와 진화 그리고 그 기원을 연구하는 자연과학은 宇宙論(cosmology)이라고 한다.
2. 인간의 기원을 연구하는 학문인 '인류발생론'은 anthropology와 genesis를 합하여 'anthropogenesis'라고 하는데 이는 '인류의 기원과 발전을 연구하는 학문'으로 물질우주에 對備되는 물질인간에 초점을 두기 때문에 물질과 영혼을 포괄하는 영혼학 관점의 연구가 '인간기원론'을 의미하는 용어로는 사용하기 어렵다. 그러나 자연주의학자들의 위세를 감안하여 이를 인간기원론을 포괄하는 용어로 이해하기로 한다. 블라바츠키도 'anthropogenesis'를 '인간기원론'이란 의미로 채용하여 secret doctrine 제2권의 제목으로 삼았다. 결국 블라바츠키의 secret doctrine은 표준이론의 인간론 중 '우주와 인간의 기원'에 대한 연구다.

상, 외계인 현상, 진화현상과 영적설계에 의한 진화생물학, 종교적 심령현상, 아우라연구, 수면관련 현상, 대체의학, 양자의학 등에서 나타나는 기존의 '소위 합리적'인 사고와 공존이 어려운 모순 현상의 설명 등에 대한 이론84)

이때 인간론과 심령론의 각 주제들은 독립적으로 존재하거나 추구되는 것이 아니라 서로 유기적, 보완적, 일관적인 체계를 이룬다.

2.3.2. 앎과 觀과 믿음의 관이론(觀理論)

인간관과 심령관 외에도 사람은 직업관, 이성관, 국가관, 역사관 등 여러 가지 관(觀)을 가지고 있다. 이러한 관은 어떤 역할을 하며 어떻게 만들어질까.

우선 사람은 경험과 학습을 통하여 지식을 얻는다. 이러한 지식은 처음에는 기억에 불과하다. 이를 이해하면 지식이 되는데 이를 불교에서는 빠리얏띠(pariyatti)라고 한다. 이후 지식이 그 사람의 '믿음의 체계'를 통과하면 믿는 지식인 지혜가 되고 얻은 지혜대로 살면(실천, paṭipatti) 깨달음(paṭivedha)을 얻게 되며 이를 반복하여 실천함으로써 체화(體化)하면 덕이 되어 혼에 쌓여 이윽고 성격이 된다. 이때 '믿음의 체계'가 관(觀)이다.85)

---

83) 1. 초상현상은 자연과학계에서도 그 실재성(實在性)을 부인할 수 없어서 자연과학의 범주에 포함시켜 연구한다. 이른바 초심리학(超心理學, parapsychology)이다.
2. 초심리학은 19세기 말부터 20세기 초에 성행한 심령주의의 연구가 심리학에 받아들여져 시작된 학문으로 미국 듀크대학의 조셉 라인(Joseph Banks Rhine 1895~1980), 프랑스의 르네 워콜리어(René Warcollier 1881~1962) 등을 중심으로 1927년부터 초감각적 지각(ESP)과 염력(PK)의 두 가지에만 한정되어 본격적으로 연구가 시작되었다. 그러나 이마저도 자연과학 일각에서는 유사과학이라고 타매하는 경향이다.
3. 초심리학이 자연과학계에서 자리 잡기 어려운 이유는
  1) 자연과학의 원리를 넘어선 현상에 대한 연구임에 따라 기존 자연과학의 체계를 위협하기 때문
  2) 기존 심리학자들의 저항이 많아 상담이나 심리치료에 사용되지 못하여 연구에 경제성이 없기 때문
  3) 한때 연구 동기가 국가에서 주도하는 무기개발 등으로 변질되어 연구성과의 발표가 제한되었기 때문
84) 1. 여기서 합리적(合理的)이란 '소위(所謂)의 합리'다. 이는 '그들만의 합리'란 뜻이다. 합리(合理)란 理(이론, 이치, 논리)에 합당함을 뜻한다. 그런데 합리는 理가 무엇이냐와 관련하여 자주 변질되어 사용된다. 제일 잦은 변질은 理를 좁은 의미의 과학 즉 자연과학(自然科學)으로 보는 것이고 그 다음은 '설정된 목적을 가장 효율적으로 달성하는 방법'을 理라고 보는 것이다. 현대는 자연과학과 효율이 단연 득세하는 시대로 현대의 '그들'은 자연과학과 효율이다. 그러므로 '소위(所謂)의 합리'는 자연과학적이고 효율적일 뿐 합리적은 아니다. 진정한 과학인 '보편적인 진리나 법칙의 발견을 목적으로 한 체계적인 이론'만이 理라고 할 만하다. 통합이론인 영혼학은 보편이론으로써 진정 合理인 이론을 추구한다. 자연과학의 '모순현상'은 영혼학에서는 '현상'일 뿐이다.
2. 미주 128 '심령주의의 역사' 참조
85) 1. 영교로 얻은 지식은 관을 통과할 필요가 없이 그대로 지혜가 된다. 그러나 이해하고 여기에 관을 통과하여 믿음까지 더해진 지혜든 아니면 영으로부터 받은 영교의 지혜든 혼이 이를 실천하지 않으면 깨달음을 얻지 못한다. 거짓 깨달음인 것이다.(12.4.4. '십년공부 허사' 참조).

모든 정보는 지식으로 사람들에게 인풋되지만 사람들은 관을 지식에 개입시키고 또 관에 의해 받아들여지는 정도에 따라 앎을 줄 세운다. 지식은 관을 통과하여 믿음을 동반하여야 진정한 지식인 지혜가 되고[86] 체화(體化)의 대상이 된다. 믿음이 더해지지 않는 앎은 지식이나 기억으로 전락한다.

이처럼 지식이 지혜(믿음)가 되려면 자신의 觀을 통과하여야 하는데[87] 문제는 사람마다 이 관이 천차만별이라는 것이다. 관이 아예 없는 사람부터 부실한 사람, 관이 우주의 섭리에 어긋나는 사람, 관의 앞뒤가 안 맞는 사람, 남의 관을 자기의 관이라고 착각하는 사람, 관이 충실한 사람, 관이 남의 모범이 되는 사람, 섭리에 충실한 관을 가진 사람 등 참 다양하다.

잘못된 觀을 가지고 배우면 결국 맹신이나 광신이 되기 쉬우니 이는 배우지 아니함만 못하다. 관이 아예 없는 사람이 배우기만 하면 잎만 무성할 뿐 열매 맺지

---

2. 이러한 프로세스를 공식으로 정리하면 [관의 공식 = 경험 또는 타인의 지식(기억) → 理解 → 이해한 지식(pariyatti) → 혼의 관(믿음의 체계) → 지혜,靈敎 → 실천(paṭipatti) → 깨달음(paṭivedha) → 體化 → 덕(德)]이 된다. 그리고 덕이 쌓이면 덕의 공식[선행 → 경험 → 선습 → 덕 → 선성]에 의하여 개성의 요소(11.3.9. '윤회혼의 개성(個性) 공식' 참조)인 선성(善性)이 된다.
3. "지혜는 매우 천천히 얻어집니다. 쉽게 얻어진 이성적 지식은 '감성적 또는 잠재의식적인 지식'(지혜)으로 변형(觀을 통과)되어야 하기 때문입니다. 일단 변형되고 나면, 그 지식은 영원히 각인(깨달음)됩니다. 행동을 통한 실천은 이러한 반응에 필수적인 촉매입니다. 실천이 없으면 개념(지혜)은 바래고 희미해집니다. 실제의 적용이 없는 이론적 지식은 충분하지 못합니다.(브라이언 와이스, 「나는 환생을 믿지 않았다」 16장 '신비체험이 시작되다' 참조)
4. 그런데 이는 '혼의 관 메커니즘'이고 영은 지식이 이해의 과정 없이 영의 관인 직관만 통과하면 깨달음이 되고 깨달음을 반복 실천하여 체화하면 공(功)이 되어 인격지수(자아의 수승도)가 높아지며 공이 쌓이면 하느님이 좋아하시는 매력(charm)으로서의 개성이 된다. 따라서 [영의 관의 공식 = 경험 또는 타인의 지식(기억) → 영의 관(直觀) → 깨달음 → 실천, 체화 → 공(功) → 누적 → 개성(charm)]이다.
5. 파리야티(pariyatti)는 읽기, 연구 및 배움을 통해 얻은 담마(다르마, 法)에 대한 이론적 이해이고 빠띠빳띠(paṭipatti)는 담마의 실천이며 빠띠베다(paṭivedha)는 담마의 실천을 통한 직접적인 깨달음이다.
6. 불교에서 '돈오의 깨달음'을 말하나 공식에서 보다시피 실천 없는 깨달음이란 없고 그 깨달음도 체화하여야 덕이 되는 것이며 이러한 덕이 쌓여 넘쳐서 선성(善性)의 지경이 되어야 비로소 열반한다.
86) 1. 하버드大 세계종교학센터의 윌프레드 스미스(Wilfred Cantwell Smith 1916~2000)는 종교를 '축적된 전통'과 '신앙'으로 구분하면서 '전통'이란 한 세대에서 다른 세대로 전승되는 것으로 의례, 경전, 신학, 신조, 제도, 관습 등 도그마적인 것이고 '신앙'이란 종교생활의 내면을 지칭하는 말로 누멘의 느낌과 사랑, 경외, 헌신하는 마음 등의 종교체험이라고 하였다. 그는 종교학은 영원한 세계를 바라보는 각 개인의 믿음과 '삶의 태도' 등을 이해하기 위한 것이라고 하여 인격주의적인 종교이해를 추구하였다(김은수, 「비교종교학개론」, 83~84쪽 참조). 여기서 그가 말하는 전통은 '지식'이고 신앙은 '지혜(믿음)'다. 그에게 지식은 종교학의 연구대상에 포함되지 않는다. 지식은 종교와 아무 상관이 없다. 종교는 믿음(관)에 대한 것이다.
2. 미국의 성공회 신학자인 마커스 보그(Marcus J. Borg)는 믿음을 네 가지로 구분하고 그중 네 번째인 직관, 통찰, 예지, 깨달음, 깨침, 의식의 변화 등을 통해 자연스럽게 얻어지는 일종의 '확신(conviction)으로서의 믿음'이 진정한 믿음이라고 하였다. 이는 관(觀)을 통과한 지혜 또는 이를 실천하여 얻은 깨달음으로서의 믿음을 말하는 것으로 표준이론과 그 취지가 같다(미주 62 '믿음에 대하여' 참조).
87) 1. 믿는 사람에게는 증거가 필요 없다. 믿지 않는 사람에게는 그 어떤 증거도 필요 없다.
2. "머리가 거부하는 것을 가슴이 예배할 수 없다."(John Shelby Spon 주교)

못하는 무화과나무와 같다. 두 경우 다 관부터 정립하여야 한다.

이러한 觀은 학습과 경험 등에 의하여 자라면서 차차 수립되는 것 같지만 사실은 관은 업(業)과 같아 각 사람마다 타고난 '觀의 씨앗'이 있다. 학습과 경험은 관을 싹트게 하는 물과 비료일 뿐이다. 물론 같은 씨앗이라도 어느 생에 물과 비료를 충실하게 주면 그 씨앗은 다른 생보다 크고 아름다운 나무로 자라고 나아가서 전과는 다른 새로운 나무로 변화하고 진화할 수도 있다. 그러나 변화와 진화를 준비하기 위하여 무엇보다 필요한 것은 자신이 가지고 태어난 씨앗의 정체를 확실히 아는 것이다. 씨앗의 정체는 자신(自身)을 보면 알 수 있다. 前生은 전생의 기억으로 아는 것이 아니다. 자기를 보면 전생의 모든 것이 분명히 보인다.88) 그리고 이 모든 것은 씨앗에 응축되어 있다. '觀의 씨앗'도 그중의 하나다. 그리고 거기에서 움튼 떡잎만 보아도 전생과 현생이 다 보인다.

觀은 그 사람의 자아수준도 드러낸다. 관은 행동의 전제일 뿐 아니라 때가 되지 않거나 緣이 닿지 않으면 변화할 수 없으며 수승한 관은 결코 쉽게 얻어지지 않는다. 관과 자아의 수준은 상호작용을 하며 발전한다.
그러나 아쉽게도 자아의 수승에 있어 관은 필요조건일 뿐이다. 깨달으면 현인은 될 뿐 성인(聖人)이 되고 아라한이 되는 것은 또 다른 문제다. 성인으로의 여정에는 실천과 체화(體化)로 덕과 공을 쌓는 바라밀행이 또 필요하다.

---

88) 사람에게 전생의 기억이 없는 이유 중의 하나다.

3

표준이론

숨겨진 진주 같았던 에소테릭은 오늘날 정보의 홍수에 떠밀려 쓰레기들과 함께 자연과 학주의자들의 조롱 아래 저급자아의 대중에게 전파되면서 돼지목에 걸린 엑소테릭으로 전락하였다. 이제 祕傳은 물질세계에 허우적거리는 중생들에게 한낱 이야깃거리가 되어 영화나 게임에 등장하는 말초적 자극제로 자리 잡았다. 이것이 그들의 전생(前生)들이 애타게 얻고자 갈구했던 도(道)와 진리(眞理)의 현주소다. 더욱 안타까운 것은 이제 만인이 비전에 접하게 되었으나 얻고도 앎에 그칠 뿐 이해도 실천도 하지 못하여 명종 후 거짓 깨달음을 진주목걸이로 걸치고 저승에 입장하게 되었다는 사실이다. 이제 그 혼들은 저승의 문책(問責)을 어찌 감당할 것이냐. 정보가 너무 많아 옥석을 가리지 못하였다고 변명하여야겠지. 그러나 이제 표준이론이 이곳저곳에 널려 있는 제설(諸說)을 통합하여 먹기 좋게 요리하여 입 안에 떠 넣어 주게 되었으니 그 핑계도 어렵게 되었다.

3. 표준이론

인류 영성사(靈性史)는 인류 문명사(文明史)와 함께한다. 그러나 문명의 혜택을 일부 강자(强者)들이 과점하여 온 것처럼 영성의 열매 또한 소수가 독점하여 왔다. 길고 긴 윤회 끝에 수많은 구도의 영혼들이 각고하여 얻어낸 영성의 에센스. 그것에의 접근이 일반 중생들에게는 거의 불가능하였다. 각 종교의 지도자급이나 수승한 학자 그리고 운 좋은 소수 귀족 또는 영능이 뛰어난 독각자(獨覺者)들에게만 소위 비전(祕傳)이니 신비(神祕)니 하며 선택적으로 열려 있었던 것이다.

인류 영성사를 살펴보면 비전의 한쪽 계보는 베다와 우파니샤드의 힌두와 불교 그리고 중국의 도교와 기철학으로 이어지고, 또 다른 계보는 이집트 코핀 텍스트와 헤르메스주의 그리고 고대그리스 철학과 영지주의, 이를 종합한 신플라톤주의(Neoplatonism)와 그 르네상스로 이어지며, 또 하나의 계보는 유대 신비주의인 카발라와 이를 이은 카타리파(Cathars) 등 중세 신비주의 운동이 있고 마지막으로는 앞선 여러 비전들을 목숨 걸고 탐독한 중세유럽의 연금술과 장미십자회 그리고 프리메이슨 등의 비밀결사가 있다. 또한 각 종교의 내부에서는 신비주의 형태로 어렵게 그 밀교적(密敎的, Esoteric) 전통이 이어져 왔다.

그러나 19세기 후반 프랑스와 영국 등지에서 출현하여 20세기 전반의 서구를 풍미한 심령주의(spiritualism)와 신지학(Theosophy)은 영성사의 판도를 바꾸었다. 그리고 이후 초상현상, 근사체험, 퇴행최면 등의 연구와 발달에 힘입은 초심리학과 양자물리학 등 자연과학에 의해 영혼에 대한 합리적이고 과학적인 접근이 조심스럽게 이루어져 오면서 비전은 점차 그 베일을 벗기 시작하였다. 그런데 20세기 후반 들어 인류역사가 세계화와 정보화 시대로 돌입하더니 오늘날 오랜 세월 동안 에소테릭 비전(祕傳, secret doctrine)이었던 것들이 갑자기 모든 사람들에게 공개된 엑소테릭 비전(vision)이 되었다. 그것이 인류에게 행운이었을까? 아니었다. 저 숨겨진 진주 같았던 에소테릭이 정보의 홍수에 떠밀려 쓰레기들과 함께 자연과학주의자들의 조롱 아래 저급자아의 대중에게 전파되면서 돼지목에 걸린 엑소테릭으로 전락한 것이다.

이제 祕傳은 물질세계에 허우적거리는 중생들에게 한낱 이야깃거리가 되어 영화나 게임에 등장하는 말초적 자극제로 자리 잡았다. 이것이 그들의 전생(前生)들이 애타게 얻고자 갈구했던 도(道)와 진리(眞理)의 현주소다. 더욱 안타까운 것은 이제 만인이 비전에 접하게 되었으나 얻고도 앎에 그칠 뿐 이해도 실천도 하지 못하여 명종 후 거짓 깨달음을 진주목걸이로 걸치고 저승에 입장하게 되었다는 사실이다. 이제 그 혼들은 저승의 문책(問責)을 어찌 감당할 것이냐. 정보가 너무 많아 옥석을 가리지 못하였다고 변명하여야겠지. 그러나 이제 표준이론[89]이 이곳저곳에 널려 있는 제설(諸說)을 통합하여 먹기 좋게 요리하여 입 안에 떠 넣어 주게 되었으니 그나마 핑계도 어렵게 되었다.

3.1. 영혼육 삼원론

3.1.1. 인간의 구성요소

사람[90]이 무엇으로 구성되어 있는가에 대한 이론은 크게 세 가지로 나뉜다.[91]

3.1.1.1. 일원론(一元論, Monism)

1) 육 일원론 : 사람은 육체만으로 이루어져 있다.
(1) 유물론적 일원론 : 정신은 두뇌의 전기작용일 뿐이라는 자연과학의 유물론적 사고다.
(2) 생기론[92]적 일원론 : 혼이 있더라도 생명현상을 일으키는 생명력일 뿐이므로 사람이 죽으면 혼도 육체와 같이 소멸하는 기 덩어리일 뿐이라는 생각이다. 창발

---

[89] 어찌 보면 제3장 표준이론은 이 책의 결론부분을 미리 쓴 것이다. 나머지 부분은 표준이론의 주장의 타당성을 입증하거나 표준이론을 사용하여 이(理)와 사(事)를 설명하여 그 간에 애(碍)가 없음을 보이는 부분이기 때문이다.
[90] 사람=살+옴으로 살아있어야 사람이다. 죽으면 사람이 아니라 아무 것도 아니거나 영혼이다.
[91] 혼(魂)은 '사람의 몸 안에서 몸과 정신을 다스린다는 비물질적인 것'이다. 영의 의미 역시 '죽은 사람의 넋' 정도로 혼과 대동소이하다. 신학적 의미가 더해지면 혼은 '사람과 짐승 등 모든 피조물들에게 공통적으로 있는 정신적인 영역'이고 영은 '하느님과의 관계에서만 사용되는 단어로 하느님의 부름에 반응하고 응답하는 영역'이다. 영혼학에서 혼이란 '하느님의 생명에너지인 기가 육체와 더불어 진화하여 몸에 생명을 부여하는 한편 외부로는 마음으로 드러나는 비물질로서, 이승과 저승의 각 세계를 윤회하며 진화를 계속하여 마침내 영이 되려는 존재'이고 영이란 '혼이 진화하여 열반함으로써 하느님 나라에 든 영생의 존재'다(6.1. '혼의 정의' 참조).
[92] 생기론(生氣論, vitalism)은 생체 내에는 초자연적인 힘이 있어 그 작용으로 생명 현상이 나타난다고 하는 이론으로 유신론적인 경우에는 2원설이나 3원설이 된다(미주 10 '범심론, 애니미즘, 물활론, 생기론, 범신론, 물신숭배, 유심론, 조상숭배' 참조).

론자93) 등 타협적 자연과학 유물론의 입장이다. 고대 유대교의 사두가이(Sandducess)적 믿음94)도 공식적으로는 여기에 속한다.

2) 영 일원론 : 육체를 비롯한 물질세계는 모두 허상이고 영만 있을 뿐이라는 믿음이다. 많은 고급사상이 이를 지지한다.

3) 혼 일원론 : 육체는 허상이고 혼(아뢰야식)만 있다. 혼 또한 오감이 만든 무상한 것이기는 하나 어쨌든 영존하는 존재이고 혼이 윤회하여 열반하면 영(아라한)이 된다. 불교의 마야유식95)의 믿음이다.

3.1.1.2. 이원론(二元論, Dichotomy, Bipartite)

1) 영육이원론 : 사람은 명종 후 천국에 가서 영생하는 영과, 땅에 묻혀 소멸하는 육체로 이루어진다. 일부 영지주의派나 우리나라 천도교적 생각이 이 범주다. 이때 천도교의 천국은 '무궁한 총체적 대생명 세계'인 이승에 편재하여 공존공역(共存共役)하는 지상천국으로서 저승96)이다.

2) 혼육이원론 : 사람은 사후에도 존속하는 혼과 죽으면 소멸하는 육체로 구성된다.

(1) 군혼(群魂)적 혼육이원론 : 죽어서 저승으로 가는 혼이 있으나 명종 후 몇 대(代)가 지나면 개체성을 잃고 조상의 그룹혼에 통합된다는 생각으로 전통적 유교의 믿음이다. 그러나 혼은 결국 기로 변하여 흩어진다고 믿는 성리학 근본주의적 믿음이라면 위 생기론적 일원론으로 보아야 한다.

(2) 개체(個體)적 혼육이원론 : 사람은 육체와 사후 저승으로 가는 혼으로 구성된다.

---

93) 미주 21 '복잡계와 창발현상' 참조
94) 사도행전 23:8 등을 보면 "이는 사두개인은 부활도 없고 천사도 없고 영도 없다 하고 바리새인은 다 있다 함이라."라고 하여 사두가이파는 祭司를 직업으로 하면서도 마치 무신론자였던 것처럼 일관되게 묘사한다. 과연 그랬을까? 사두가이파는 모세오경(토라)에 없는 것은 믿지 못하겠다는 근본주의자였지 무신론자는 아니었을 것이다. 그들은 제사장 계급이 아니던가.
95) '마야唯識'은 표준이론의 용어다. 불교는 힌두 전통에 따라 마야를 주장한다. 부처님은 식(識)이 중요하다는 의미로 그러신 것이지만 문구에 집착한 어떤 후학들은 마야에 방점을 찍고 여기에 장작불의 윤회론을 더하여 결국 허무주의에 빠진다. 이를 마야유식이라고 한다.
96) 저승은 '사람이 죽은 뒤에 그 영혼이 가는 세상'이다. 저 生이 변한 말로 '저 세상'과 같은 말이다. 이승은 이 生, 즉 '이 세상'으로 '지금 살고 있는 세상'이다. 영혼학에서 저승은 혼이 가는 저승인 혼계와 영이 가는 영계로 나뉜다. 천국은 영계와 같은 말이다. 혼계와 영계는 각각 여러 수준의 계로 다시 나뉜다(5.5. '저승에 대해서' 참조).

① 윤회의 혼육이원론 : 혼은 사후 저승에 가서 심판 또는 교육을 받고 환생한다. 우리나라의 민속신앙, 도교, 불교97), 자이나교 등에서 볼 수 있는 믿음이다. 이때 도교는 신선, 불교는 아라한, 자이나교는 지나(Jina)가 되면 영이 되어98) 환생에서 벗어나거나 자발적으로 환생한다.

② 單生의 혼육이원론 : 생시에 혼이 예수를 믿어 구원받으면 명종 후 그 혼은 영이 되어 천국으로 가고 불신자의 혼은 영원한 지옥으로 떨어진다. 대부분 기독교 교파의 전통적 믿음이다.

3.1.1.3. 삼원론(三元論, Trichotomy, Tripartite)

1) 영기육(靈氣肉) 삼원론 : 사람은 영과 생기체적99) 혼 그리고 몸으로 구성된다. 보통은 이 경우도 영혼육(靈魂肉) 삼원론이라고 하나 이때의 혼은 영생하며 윤회하는 혼이 아니라 죽으면 소멸하기 때문에 엄밀하게 말하면 혼이 아니라 생기체이므로 영기육 삼원론으로 따로 구분하였다. 생기체적 혼은 죽으면 바로 기로 변하여 소멸하고 영생하는 영은 윤회하거나 천국으로 간다. 일부 영기육의 영지주의에 이런 모습이 보인다. 이때 靈은 하느님으로부터 직접 나왔다. 원불교의 영기질(靈氣質) 삼원론도 여기에 포함시킬 수 있다. 원불교의 영은 영원불멸한 성품으로 마음이며 기는 몸을 생동케 하는 힘인 생기(生氣)이고 질은 몸을 지탱하는 뼈와 살이다. 퇴행최면 전문가인 마이클 뉴턴은 마음을 몸의 마음과 혼의 마음으로 구분한다. 그는 몸의 마음은 명종 후 소멸하며 혼의 마음만 윤회한다고 하여 영기육(靈氣肉)이라기보다는 혼기육(魂氣肉) 삼원론을 주장하지만 이 역시 영기육의 범주에 포함시킬 수 있다. 그에게 영은 수승한 혼일 뿐이다.

2) 영혼육(靈魂肉) 삼원론

(1) 영혼일체 삼원론 : 명종 후 영계까지 영과 혼이 같이 여행한다. 이후 혼은 저승의 어디쯤에서 에센스를 영에게 전해 주고 소멸하거나 일부분만 남는다. 근대

---

97) 불교의 魂肉이원은 근본주의적 교리로는 識肉이원이다. 識 또한 무상한 오온의 결과물이니 허상이고 肉도 허상인 識이 바라본 것이니 헛것이다. 결국 헛것에서 부처가 나온다. 따라서 표준이론은 불교의 근본주의적 해석을 헛것으로 보고 제8식인 아뢰야식을 혼으로 하여 불교의 영혼론을 혼육이원론으로 구분한다.
98) 영이 된다는 말은 표준이론적인 표현일 뿐 도교나 불교에는 혼의 개념도 없고 열반하면 영이 된다고 하지도 않는다. 다만 그 정체가 표준이론의 靈일 뿐이다.
99) 생기체는 생시에 육체에 덮여 있는 혼의 일부로 기로 되어 있으며 몸의 장기를 기르고 조정하는 역할을 한다. 신지학 등에서는 도안(圖案)체라고 한다.

신지학의 다수설이다. 이를 지지하는 다른 많은 사상들은 영의 영존성을 대체로 인정하지만 혼의 영생이나 윤회 여부에 대해서는 얼버무리고 있다.

(2) 바오로 삼원론 : 살아있는 사람의 영은 원죄로 인해 죽어 있으나100) 예수를 영접하여 성령을 받으면 그의 영은 성화되어 되살아나 혼과 함께 천국으로 간다. 예수를 믿지 않으면 계속 죽은 채로 있다가 명종 후 그 영은 혼과 함께 지옥에 떨어진다. 기독교 소수설의 입장이다.

(3) 윤회적 삼원론 : 사람은 영혼육으로 구성되는데 영과 혼은 개별성(individuality)과 개체성(separateness)을 가지고 각자 윤회하는 존재이다. 표준이론이 대표적이다. 표준이론에서 사람은 영(靈)과 혼(魂) 그리고 육체(肉體)로 되어 있다. 혼은 생명력과 에너지(物性)를 가진 기(氣)가 진화하여 탄생하였다. 살아있는 사람의 혼은 몸의 각 장기에 대응하는 기의 臟器101)로 구성된 생기체(生氣體)와 거기에서 진화한 '마음'이라고 부르는 윤회체(輪廻體)로 구성된다. 마음은 이드인 하위 정신체와 에고인 상위 정신체 그리고 양심체로 구성된다. 그림으로 보면 옆의 그림과 같다.

표준이론에서의 인간의 구성요소

3.1.2. 영혼육 삼원론인 이유

영과 혼의 구분

영육이원(靈肉二元)의 영혼론을 주장하는 것은 언뜻 이해가 되지만 영과 혼을 또 갈라 영혼육 삼원(三元)을 말하는 것에 대해서는 의문을 갖는 사람들이 많다. 표준이론은 그 의문을 푸는 이론이다. 그러나 그전에 우리는 영혼(自我)이 하나가 아니라는 사실을 다음의 사례처럼 우리 주변에서 쉽게 확인할 수 있다.

---

100) 죽어 있다고 하나 이는 잠자고 있는 상태의 강력한 표현으로 본다. 아예 죽었다면 되살아나겠는가.
101) 한의학에서는 몸의 장기에 6장(六臟, 肝·心·脾·肺·腎·心包)과 6부(六腑, 膽·小腸·胃·大腸·膀胱·三焦)가 있다. 그리고 이것에 대응하는 기의 장기도 있으며 이 기의 장기를 연결하는 기맥(氣脈)을 경락(經絡)이라고 한다.

1) 자신이 참 복잡한 존재라는 사실을 모르는 이는 없다. 마음은 하루에도 수십 번 변하고 열 길 물속은 알아도 한 길 사람 속은 모른다.
2) 자신이 또 다른 자신과 대화(對話)하는 예는 무수히 많다.
3) 정신분석학자들도 자아의 구성에 대하여 많은 이야기를 한다. 프로이트의 이드, 에고, 초자아의 구조모델을 보라. 프로이트는 초자아가 마음의 나머지 부분들로부터 완전히 분리되어 있다고 하였고 이는 지금도 그들에게는 거의 진실이다.
4) 웬만한 종교는 모두 수호령을 말한다. 사람마다 자신만의 영이 있다는 것이다.
5) 불교의 無我는 아가 없다는 것이 아니라 '항상하는 아(常我)'가 없다는 뜻이다. 이는 我가 여럿이라는 사실을 역설(逆說)한다.
6) 사람의 자아수준이 천차만별임은 我가 사람마다 다르기 때문이기도 하지만 사람마다 여러 我을 가지고 있기 때문이기도 하다.
7) 명상이란 무엇인가. 누군가 혼을 他者로 지그시 관찰하여(Sampajañña) 혼의 평정심(upekkhā)을 유지하고 그 변화를 매 순간 알아차리는 것(Sati)이다.
8) 마음을 비우라고 하고 깨어 있으라고 하며 또 참자아를 찾으라고 한다. 누군가가 있어 마음을 비우고 깨어 있으며 참자아를 찾아나서는 것이다.
9) 거울에 비친 자신의 눈을 자세히 바라보라. 누가 보이는가.

삼원론인 이유

이제 혼과 영을 구별하여 인간의 구성을 삼원론으로 파악하여야 하는 좀 더 근본적인 이유들을 알아보자.

1) 진화론과의 조화

사람의 몸이 진화에 의하여 만들어진 것처럼 사람의 혼도 진화에 의하여 탄생하였다. 그렇다면 혼의 다음 진화단계는 무엇이겠는가. 영이다. 영이 없다면 혼이 더 이상 진화할 것이 없다. 계산에 의하면[102] 지구의 문명역사 8,000년간 영으로 진화한 혼의 숫자는 219백만 명가량이고 현재 지구에 나와 있는 영의 수는 793백만 명이다. 수많은 영들이 이승에 나와서 혼들과 동고동락하며 중생구제를 위한 보살도(菩薩道)를 걷고 있다.尾23)

---

102) 부록6-1 '시대별 영의 탄생수' 참조

2) 여러 종교 그리고 사상과의 조화

수많은 종교와 사상에서 이미 인간의 구성요소로 영혼육을 이야기하여 왔다.103) 먼저 기독교에서는 사도 바오로가 사람은 영혼육으로 구성된다고 일관되게 주장하였고 유대교도 쉐마(Shema)104)에 levav(kardia, heart)와 nephesh(psychē, soul) 그리고 me'od(dynamis, power)를 인간의 3요소(3 elements of man)로 고백한다. 또한 불교는 윤회의 주체로 아뢰야식(阿賴耶識)을 거론하나 그 기원과 역할 그리고 생태(生態)가 표준이론의 혼과 완전히 동일한 존재이다. 또 그 혼이 열반하면 불생과(不生果)의 아라한이 되고 또다시 정진하여 해탈하면 고급영105)인 보살이 되는데 아라한이 전형적인 혼영이고 그 고급영이 보살이 아닌가. 힌두교 삼키아철학의 아트마와 아함카라, 영지주의의 영의 발출(Emanation)과 항성천의 통과 중에 얻는 혼, 헤르메스의 영과 정신, 유대교 신비주의 카발라의 생명나무를 통한 영의 하강과 네샤마 그리고 네페쉬, 신지학의 인간모나드 중 아트마와 마나스, 유란시아서나 「신과 나눈 이야기」 기타 여러 유력한 여러 뉴에이지에서의 영과 혼, 우리나라 대종교의 성명정(性命精), 고대 이집트의 바(Ba)와 카(Ka), 심지어 영과 혼의 다른 표현으로서 유교 성리학의 이(理)와 기(氣), 도교의 성과 명, 우리나라 민속종교의 혼(魂)과 백(魄), 한의학과 선도(仙道)의 신기정(神氣精)도 영과 혼을 나누는 예로 거론할 수 있다.

사상적으로 플라톤도 인간의 3가지 구성요소로 Nous(누스)와 Psyche(혼) 그리고 Soma(몸)를 이야기하였으며 아리스토텔레스 또한 생혼(Threptike), 각혼(Aisthetike), 지혼(Noetike)을 말하였다106). 작금에 이르러서는 인간 문명이 지향하고 추구해온 진리의 종합이라고 자처하는 헉슬리의 「영원의 철학」이나 켄 윌버의 통합이론 같은 현대의 주요 사상들도 영과 혼을 명백히 구분하고 있다.

---

103) 다만 영과 혼의 정체성에 대해서는 의견이 다르다.
104) 유대교인들이 아침저녁으로 바치는 기도문
105) 영의 종류
    표준이론은 영은 그 수승의 정도와 개성에 따라 수많은 단계 또는 종류가 있다고 본다. 그에 따라 사람처럼 직업, 사는 곳, 취미, 소질 등이 다 다르다. 수승(殊勝)의 의미는 자아수준을 의미하기도 하지만 지혜와 능력 심지어 지식의 수준도 의미하는 것이다. 여기서는 영을 편의상 자아수준에 따라 3단계로 구분한다.
1. 하급영 : 열반하여 영이 된 지 오래지 않아 주로 지상에 부임하여 혼을 영으로 기르고 세상에 하느님의 나라가 임하도록 기반공사를 하는 영으로 제1영계의 시민이다.
2. 중급영 : 가끔 환생하여 수승한 혼을 기르거나 하느님의 나라가 임할 수 있는 기반을 닦은 일을 하지만 주로 혼계에서 스승령의 일을 하거나 영계에서 하느님의 창조작업을 돕는 역할을 하는 영으로 제2영계의 시민이다.
3. 고급영 : 해탈하여 윤회를 그친 영으로 하느님 곁에서 창조작업을 돕고 영계를 관리하는 일을 하는 영으로 보통 장로, 초인, 아데프트, 마스터 등으로 불린다. 하느님을 지복 직관하는 제3영계의 시민이다.
106) 아리스토텔레스의 혼 구분은 진화적 혼의 종류이니 지혼에 영을 포함하였거나 지혼이 진화하면 영이 될 것이다.

3) 참자아의 구현 또는 자기초월의 의미

우리는 참자아의 실현이니, 진아(眞我)니 자아의 극복이니 하며 자아에 참과 거짓이 따로 있다는 전제의 논의를 쉽게 한다. 거짓 자아는 에고이고 혼이며 참자아는 슈퍼에고이고 영(靈)이라며 에고를 극복하라고 한다. 에고를 극복한다는 것은 에고를 죽인다는 말이 아니다. 에고의 주체성, 감정, 의지, 성격을 소멸시킨다는 것은 아니라는 것이다. 에고가 참자아로 변태한다는 말도 아니다. 에고를 극복한다는 말은 곧 자기를 초월한다거나 참자아를 찾는다는 말이고 이는 에고를 공부시키고 수련시켜 스스로 승복하여 자아의 방에서 나가게 함으로써 자아의 주인을 영으로 바꾼다는 뜻이다. 수영을 배우는 이유는 험한 파도를 헤치고 살아남기 위함이며 나아가 낙토에 도달하기 위해서다. 수영을 배우는 자는 혼이고 수영을 가르치는 코치는 영이다. 우리는 영혼육을 말하지 않더라도 이처럼 영이 깨어있으라는 둥, 진아(眞我) 또는 무아(無我)라는 등의 말로 자신(혼)과는 다른 영의 존재가 자신 안에 있음을 암시하여 왔다. 이 역시 혼과 영이 따로 있다는 사실의 다른 표현이다.

4) 이드와 에고의 저열함

영지주의나 일부 뉴에이지尾24)는 혼이 도안체(圖案體)나 생기체에 불과하다고 한다. 그럼 혼의 다른 부분 즉 동물적 본능 덩어리인 이드와, 소유와 명예의 자의식 덩어리인 에고도 모두 영이 가진 속성이란 말인가? 영이 이드와 에고의 주체라면 그것은 천국의 시민이자 열반한 존재로서의 영이 아니다. 따라서 혼이 별도로 있을 수밖에 없다.

5) 현실과의 조화

이 불완전하고 모순 많은 세상을 끌고 가는 사람은 누구인가? 짐승보다도 못한 사람들로 가득한 이 세상이 어떤 이유로 발전하는 방향으로 조금씩 나아가서 여기까지 왔는가? 천사들의 힘인가? 외계영혼들의 도움인가? 그 힘은 소수 영을 가진 사람들로부터 나왔다.

6) 기타

(1) 사람마다 자아의 수준 차이가 너무 커서 혼 하나로 도저히 그 차이의 원인과 이유를 설명할 수가 없다.

(2) 사람이 영혼육으로 구성됨을 자아(自我)를 직관하면 명백히 알 수 있다. 직관이 안 되면 그는 영이 없는 사람일 뿐이다.
(3) 영이 없다면 혼은 생명력으로부터 부처님까지를 모두 포괄하여야 한다. 혼을 바이러스부터 부처까지로 그 수준을 나눌 수도 없다. 개유불성(皆有佛性)은 그런 의미가 아니다.
(4) 유대교의 수호천사, 가톨릭의 수호성인, 이슬람의 무아퀴뱃(Mu'aqqibat) 그리고 무당의 몸주신 등 이미 오랜 옛날부터 또 여러 곳에서 사람에게는 천사 또는 수호령 같은 존재가 있다고 믿어져 왔다. 이는 혼과 영이 따로 존재한다는 사실의 다른 표현일 수 있다.

3.1.3. 일반적인 삼원론과 표준이론

영혼육 삼원론의 가장 일반적인 형태를 레스터 레븐슨107)의 주장에서 찾아보자. 그는 무한의 존재인 참자아(영)를 물리적인 몸과 에고(혼)가 덮고 있다고 한다. 또한 "당신이 그 덮개를 열고 깨어나면 '참자아'와 떨어진 적이 결코 없었다는 것을 알게 된다."라고 하며 에고에서 깨어나라고 촉구한다. 에고가 영과 몸 사이에서 의식의 발전을 방해하고 있고 그것을 극복하여야 참자아 찾기, 즉 자아의 단계를 높일 수 있다는 것이다.

3.1.3.1. 일반적인 삼원론의 형태와 문제점

이러한 일반론이 일반적으로 결여하고 있는 세 가지가 문제가 있다.
1) 우선 영과 혼 특히 혼이 어찌 탄생되었는지에 대한 문제다.
2) 다음은 사람이 죽으면 그의 영과 혼은 각각 어찌 되는지에 대한 문제다.
3) 또 혼 외에 영이 있다면 그 영이 모든 사람에게 다 있는지의 문제다.

첫 번째와 두 번째 문제는 심각하다. 많은 삼원론이 이에 침묵하거나 얼버무린다. 세 번째 문제에 대해서는 일부를 제외하고 대부분의 삼원론이 모든 사람에게 영이 있다는 생각을 하고 있다.

---

107) Lester Levenson(1909~1994)은 자수성가한 사업가로 초년 시절엔 영적인 사람이 아니었다. 뉴저지 주에서 태어나 러트거즈(Rutgers)대학교에서 물리학을 전공한 그는 목재상, 건축업, 석유사업, 부동산사업 등으로 성공하였으나 1952년에 심장질환으로 시한부 인생을 선고받았다. 이후 3개월간의 은둔생활 끝에 인생의 모든 의문이 일시에 해소되는 깨달음을 경험하였다. 1958년에 내면의 목소리를 따라 애리조나주의 세도나로 이주하여 사람들에게 자신의 깨달음을 본격적으로 전했다. 「궁극의 자유를 위한 열쇠」를 썼으며 Release Technique과 Sedona Method의 창시자다.

첫 번째 문제, 영혼의 탄생기(誕生記)

레븐슨을 비롯한 많은 사상에서 에고(혼)가 영과 몸 사이에서 의식의 발전을 방해하고 있고 그것을 극복하여야 참자아 찾기가 가능하다고 부르짖는다. 그런데 영과 혼은 어떻게 탄생하였는가? 영은 하느님의 단편(monad)이고 혼은 생기체(vital body)적이라고 생각하면 끝인가? 그렇다면 영은 왜 지옥에 가거나 끝없이 윤회하며 자아의 주인 중 하나인 에고(혼)는 왜 소멸하고 마는가? 아니 혼이 생기체적이라고 하더라도 생기체는 또 어떻게 생겨났는가? 따라서 레븐슨의 생각이 거기에서 끝났다면 무책임하다. 영이 모나드인 것은 맞다. 그러나 그 모나드는 하느님의 일부라기보다는 하느님의 성(性, nature)이다. 즉 신성(神性, devine nature)이고 불성(佛性, Buddha nature)이고 하느님의 불성(God's firedom, 靈火)이다. 이 신성이 진화의 동력이 되어 혼이 탄생하고 그 혼이 다시 진화하여 영이 된다.

두 번째 문제, 명종 후 영과 혼의 운명

많은 종교와 사상에 "사람이 죽으면 그의 영과 혼은 각각 어찌 되는지에 대해서 분명한 명언(明言)이 없다."고 하면 다들 그럴 리가 있는가 할 것이다. 그러나 그럴 리가 있다. 그럴 리가 있을 수밖에 없는 이유는 그들 대부분이 영과 혼의 탄생기원 그리고 혼과 영의 정체와 차이를 분명하게 설명하지 못하기 때문에 명종 후 혼과 영의 운명도 잘 모르는 것이다. 예를 들어 기독교 바오로의 삼원론은 '영은 하느님으로부터 왔고 혼은 마음이다'라고 하면서 영에 대해서만 주로 이야기할 뿐 마음의 출생에 대해서는 분명한 설명이 없고 그 사후에 대해서도 명언하지 않는다. 영생의 종교에서 나(마음)의 영생에 대한 설명이 부족한 것이다. 불교는 '마음의 종교'이면서도 마음을 혼이라고 못하고 7식이나 8식이니 에둘러 말한다. 또 영이 되는 성불(成佛)을 목표로 살면서도 영에 대해서는 무기(無記)한다. 무아(無我, Anatman)와 무신(無神, Abrahman)의 교리가 철벽(鐵壁)을 치고 있기 때문이다. 신비주의 사상인 카발라나 헤르메스 그리고 영지주의 쪽은 어떠한가. 그들은 더욱 할 말 없다. 신으로부터의 발출로서 영에 치중하다 보니 영육 사이의 존재인 혼의 존재를 인지하고서도 이를 영의 속성이나 몸의 속성으로 간주하여 사실상 영육이원으로 회귀하거나 영혼일체를 주장한다. 나(마음)는 놔두고 영만 왔다 갔다 하니 나는 도대체 누가 책임질 것이냐.

이러한 난맥(亂脈)의 이유는 무엇인가.

1) 영과 혼의 정체에 대하여 잘 모르기 때문이다.
2) 알고자 하는 수요가 없어서 구태여 교전(教典)에 넣지 않고 비전(祕傳)으로 관리하기 때문이다.108)
3) 스스로를 가둔 도그마 때문에 무기(無記)할 수밖에 없어서다.109)
4) 모든 진리는 천명(天命)이라 때가 되어 하늘의 뜻이 있기 전에는 알려지지 않기 때문이다.
5) 자연 또는 기(氣) 기원을 주장하는 진화적 사상에는 영이 없다. 불교와 도교가 그렇고 성리학이 그러하다. 신(神) 기원을 주장하는 측에는 혼이 불명하다. 기독교가 그렇고 신비주의가 그렇다. 그렇지만 신과 기에 기반하면 영혼육의 기원이 드러난다. 힌두이즘과 신지학 그리고 신지학의 아류인 여러 뉴에이지가 그렇다. 따라서 난맥의 원인 하나로 기(氣)사상과 신의 부재(不在)를 꼽을 수 있다.

삼원론과 무영인(無靈人)

레븐슨도 사람은 영과 에고 그리고 육체로 구성된다고 하여 영혼의 구성에 대한 생각은 표준이론의 자아모형과 별 차이가 없다. 그러나 표준이론은 삼원론임에도 불구하고 사람 중에는 영이 없는 사람이 많다고 주장한다. 따라서 영이 없는 사람은 에고를 극복하더라도 영이 드러나는 것이 아니라 혼의 윗단인 양심, 즉 프로이트의 초자아만 드러난다.

그런데 레븐슨은 왜 이러한 사실들을 몰랐을까?

1) 혼과 영은 겉으로 드러나기는 혼영일체이다. 따라서 혼인지 영인지 혼영일체인지 분간이 안 간다. 따라서 영이 없는 경우에도 이를 간파하기 어렵다.

2) 레븐슨은 영과 혼 특히 혼의 존재 원인을 모른다. 몸이 진화하여 탄생한 것이라면 혼과 영도 진화하여 생긴 것일 수밖에 없다는 것을 깨닫지 못한 것이다. 그가 영과 혼의 탄생 스토리를 알고 싶었다면 다음과 같은 질문을 하였어야 한다.

---
108) 수요의 수준이 낮음으로 인해 고급정보에 대한 수요가 없다.
109) 이성(理性)의 조명(照明)을 허용하지 않는 도그마(dogma)는 반드시 또 다른 도그마를 쌓아 스스로를 강화한다.

(1) 인간이 아직 짐승이었을 때 그의 영과 혼은 어디 있었는가? 進化圖上에 사람이 처음 나타났을 때에 영혼이 그 사람에게 있었을까?110)
(2) 혼이 발전하고 진화하면 무슨 존재가 되는가?
(3) 하느님께서 과연 수많은 영과 혼을 한꺼번에 창조하셨을까? 아니면 아기가 태어날 때마다 일일이 한 명씩 지어내고 계실까? 두 경우 다 좀 이상하지 않은가?

그가 이러한 질문들의 답을 찾게 되면 영과 혼은 진화로 탄생한다는 사실과 서로 별도의 존재라는 사실을 알게 되었을 것이고 만일 혼이 진화하여 영이 된다는 사실을 감안하여 지구 인구의 증감111)을 분석하였더라면 영의 수효가 지구 인구 전체를 감당할 수 없음도 알게 되었을 것이다.

사도 바오로가 자신에게서 영과 혼을 각각 발견하고서 다른 사람들에게도 영이 있을 것이라고 생각한 것은 일응 당연한 일일지도 모른다. 또 지금은 영을 가진 인구의 비율이 10%이나 바오로 시대에는 이에 훨씬 못 미쳤을 것이니 이후 바오로의 생각이 배척받았을 것 또한 어찌 보면 당연한 일이기도 하다.

그렇다면 표준이론은 정상적인 영혼육 삼원론이 아닐 수도 있다. 영이 없는 사람이 90%라면서 어떻게 영혼육이겠는가? 그러나 표준이론은 혼의 진화체인 영의 명백한 존재, 그리고 영이 있는 사람이 인구의 10%나 된다는 사실과 미래 언젠가는 모든 사람이 영을 가질 것이기 때문에 그리고 이 책을 보는 사람은 대부분 영을 가졌을 것이기에 '영혼육 삼원론'을 표방한다.

3.1.3.2. 삼원론에서의 영의 역할

그렇다면 영은 사람 안에서 어떤 역할을 할까?
영에 대한 사람들의 생각은 다음과 같이 여러 가지다.

---

110) 현생인류(homo sapiens sapiens)가 나타나기 전에 사람의 혼은 어디에 있었을까? 혼과 몸은 혼이 앞장서되 각각 진화한다. 따라서 동물의 혼(각혼)이 진화하여 먼저 사람의 혼(지혼)이 된 뒤 그 지혼이 'homo sapiens sapiens'라는 몸을 가진 짐승에 깃들어 'homo civilisátio'가 태어났다. 또 최초로 혼에서 영으로 진화한 영이 있다면 그는 스며들 사람의 몸을 찾아 헤맸어야 한다. 그리하여 그는 어느 'homo civilisátio'를 찾았다. 그 'homo civilisátio'에게 혼은 당연히 있었으나 아직 영은 없었으니 아직 영이 없는 인간이 있다.
111) 부록6 '외계혼의 유입수', 부록6-1 '시대별 영의 탄생수' 참조

1) 영은 사람의 몸에 들어 혼을 지도하고 스스로도 계속 발전하는 존재이다. 상구보리 하화중생(上求菩提 下化衆生)하고 자리이타 성불제중(自利利他 成佛濟衆)하는 아라한이요 보살이다.
2) 영은 스베덴보리 類의 수호령(守護靈)으로 모든 사람에게 있는데 문자 그대로 혼의 수호자이지 자아와는 상관이 없다.
3) 영은 기독교의 성령처럼 외부에서 혼을 성화(聖化) 또는 영화(靈化)시키는 역할을 하는 삼위일체 하느님이시다.
4) 영은 힌두 푸루샤처럼 프라크리티인 혼을 관조하는 존재다.
5) 영은 신지학의 마스터나 인도의 구루처럼 수승한 사람의 영을 뜻한다.

표준이론에서 영은 1번의 역할을 하는 존재이다.[112]
우선 2번 스베덴보리 類의 수호령설은 타당하지 않다. 천국에 수호령을 직업으로 할 존재가 77억 명이 있을 수 없다. 수호령은 그처럼 싸구려가 아니고 또 진화를 통하여 우주를 창조하신 하느님의 창조계획과 일통(一通)하지도 않으며 급속한 지구인구의 증가를 감당할 영인(靈人)의 갑작스런 탄생도 상상할 수 없다.[113] 3번 설은 영이 곧 하느님이시니 인간의 구성요소로 논할 수 없다. 표준이론의 하느님은 하느님의 불씨로 혼 안에 내재하신다. 4번 또한 지구 인구증가를 감당할 영이 수효증가는 비합리적인 데다가 영이 혼을 관조만 한다는 설정은 혼의 위력에 번번이 굴복하는 패자로서의 영 개념에서 나온 것이거나 인도 삼키아철학의 독특한 개념이라서 받아들일 수 없다. 또한 5번처럼 영이 마스터나 구루의 영이라면 그런 사람 찾기가 정말 드물어야 하는데 이 세상에는 영적인 사람이 그보다 훨씬 많다. 따라서 현상을 가장 잘 설명하는 이론은 표준이론이다.

3.1.4. 영과 혼을 구분하지 않는 사람들

1) 우리는 보통 영과 혼을 구분하지 않고 보통 영혼(靈魂)이라고 하는데 그 이유는
(1) 영혼이 영과 혼으로 구성되나 그 둘은 일체라고 생각하기 때문
(2) 육체 이외에 비물질인 구성요소를 상정하고 이를 통틀어 영혼이라고 생각하기 때문의 두 가지가 있다.

---

[112] 물론 혼계나 영계에서 저승의 혼을 관리하거나 하느님의 창조사업에 참여하는 중급영과 고급영들이 있다.
[113] 표준이론의 계산에도 인류 역사를 볼 때 그런 수의 영은 탄생할 수 없다(부록6-1 '시대별 영의 탄생수' 참조). 외계 출신의 영을 배치할 수도 있겠으나 지구에 아라한 77억 명의 투입은 기대난망이다.

2) 아리스토텔레스는 영혼을 자연철학적인 원리인 질료형상론(質料形相論, Hylemorphism)으로 설명한다. 그에 의하면 모든 사물의 구조원리가 그렇듯이 생물 또한 질료와 형상으로 되어 있는데 생명체의 형상이 혼이다. 또 식물에게는 생혼(生魂)이 있고, 동물에게는 각혼(覺魂)이 있으며 인간에게는 지혼(知魂)114)이 있는데, 지혼은 생혼, 각혼의 기능을 동시에 감당한다.尾25)

이러한 아리스토텔레스의 설명을 들으면 그가 '혼의 하이어라키'를 구성하면서 영을 지혼에 포함시킨 것으로 보인다. 그도 레븐슨과 같은 오류를 범하였을 뿐 아니라 심지어 자신의 내부에서 혼과 영을 구분해 내지도 못하였음을 알 수 있다. 아리스토텔레스에게 영이 없어서였을까? 그럴 리는 만무하고 다만 영과 혼이 혼연일체(渾然一體), 즉 혼영일체(魂靈一體)라서 못 찾은 것이 분명하다.

그의 말을 영과 혼을 구분하는 표준이론식으로 고쳐 쓰면 이렇게 된다. "식물에게는 생혼(生魂)이 있고, 동물에게는 각혼(覺魂)이 있으며 인간에게는 지혼(知魂)이 있다. 인간의 지혼은 하위 혼들과 달리 靈的인 특성이 있으며 지혼이 발전할수록 그 영적 특성이 커진다."

3) 자아와 혼 그리고 영에 대한 헉슬리의 오해

헉슬리는 '참된 자기에 대한 앎'에 도달하고 신과의 합일을 위해서는 자아가 스스로 자기를 소멸시켜야 한다고 주장한다.115) 또한 그는 자아가 '사고, 감정, 의지 등의 주관자로서 실체를 가진 것'처럼 이야기한다. 그러나 그도 알면서도 몰랐듯이 자아는 인간의 구성요소가 아니다. 인간의 구성요소는 영과 혼 그리고 육뿐이다. 자아는 영과 혼의 '自己主張'일 뿐이다. 표준이론에서는 이 둘의 자기주장을 '자아의 방'으로 표현한다. 그렇다면 자아는 표준이론에서 자아의 정의116)와 같이 '영과 혼과 육이 더불어 하나의 생명체를 이루어 스스로를 외부와 구분하여 인식

---

114) 보통 靈魂이라고 번역하나 표준이론에서 영혼과 지혼의 정의가 엄연한 만큼 정확한 용어인 지혼을 사용한다.
115) 헉슬리는 "신과의 합일을 위해서는 순응을 통해 자신의 소멸을 적극적으로 추구해야 할 존재가 바로 우리의 자아이다. 종교 전통이 강조하는 고행의 본질이란 자기의지, 사리사욕, 자기중심적 생각, 소망과 상상을 제거하는 것이다."고 주장한다(올더스 헉슬리, 「영원의 철학」, 오강남 해제, 183쪽). 또 "자아는 스스로를 어떤 식으로든 죽여야 한다. 지옥에서는 자아만을 태운다. 분리된 자아가 신과의 합일을 가로막는 결정적인 장애다."(302쪽)라고 하며 "자아를 소멸시키는 방법은 여러 가지다. 요가 전통이 강조하는 헌신의 길, 지혜의 길, 행동의 길 등도 분리된 자아를 소멸시키고 신성한 실재와 결합하게 만드는 수행 방법이다. 자기를 버림으로써 참된 자기에 대한 앎에 도달하는 여러 갈래의 길이 존재하지만 방법의 다양성에도 불구하고, 자아는 스스로를 소멸시키기 위해 각고의 노력을 기울여야 하는데, 그 노력 자체가 '역설적으로' 자아의 존재를 더 굳건하게 만들기도 한다. 이 지점에서 신성한 실재에 대한 무한한 사랑이라는 모습으로 등장하는 '겸손'은 이런 역설적 상황을 돌파하게 만들어 준다."(111쪽)라고 적었다.
116) 4.1. '자아(自我)의 정의' 참조

하고 구분된 내부를 주관할 때 영이나 혼이 느끼는 존재감 또는 존재로서 그 영 또는 혼 자체'로 이해하여야 한다.

그렇다면 헉슬리의 '자아'는 표준이론의 '혼'이다. 따라서 그가 주장하는 '자아가 스스로 소멸하여야 한다'는 말의 내용을 표준이론으로 해석하면 "명상이나 수행, 선 심지어 기공, 약물로라도 '혼'이 스스로 각성하여 그 동물적 속성(獸性)을 변화시킴으로써 자신은 자아의 사랑방에서 물러가고 '참된 자신'인 영을 외부로 드러나게 하여야 한다."라는 것이다. 그러나 과연 얼마나 많은 사람이 그런 방법으로 자아를 실현하는 데 성공하였는가.

(1) 자아가 스스로 소멸하여야 한다는 말의 뜻은 '혼이 스스로 각성한다'는 뜻인데 그것은 정말 어려운 일이다. 너무 어려운 일이라서 윤회의 메커니즘뿐 아니라 영의 도움, 나아가서 예수님의 구원과 부처님의 자비까지 모두 절실히 필요하였을 정도다.

(2) 헉슬리는 이러한 자아와 혼 간의 관계를 파악하지 못한 잘못 외에도 '참된 자아', 즉 영에 대한 이해가 부족했다. '참된 자아'는 자아가 죽어야 드러나는 수동적이고 소극적인 존재가 아니다. '참된 자아'는 오히려 적극적으로 나서서 혼을 극복하고 교육하고 스스로를 드러내어 자아를 장악하여야 하는 존재로서 그 존재는 다름 아닌 '영'이다. 영은 자신의 역량을 키우고 지혜를 길러 天來의 주권을 회복하여야 한다. 그리고 영은 혼에게 몸의 주인이 영임을 가르치고 설득하여야 한다. 영은 사랑방에서 주인행세를 하며 나가지 않으려는 혼을 설복하여 어떻게든 행랑방으로 내보내야 하는 것이다. 이것이 표준이론의 '사랑방이론'117)이다. 혼과 영이 사랑방이론을 알면 혼이 행랑으로 옮겨 가는 것이 훨씬 용이하다. 그것이 표준이론적 工夫의 처음이다. 게다가 영은 혼을 신(田)으로 다스리고 교육시켜 다음 생에는 혼영(魂靈)으로 진화시켜야 한다. 이는 하느님 창조사업의 일환이기도 하다. 그러나 영으로서는 정말 쉽지 않은 창조사업(功事)이다.

영이 없는 사람은 어떻게 하나? 그럴 때 '참된 자기'는 영이 아니라 양심(良心)인데 그렇다면 헉슬리의 말이 일부 맞겠다. 그러나 그 경우도 혼은 죽는 것이 아니다. 마치 역도선수가 힘들여 근육을 키우듯 '하느님의 불씨'의 도움을 받아 자신의 선한 부분인 양심을 키우는 것이다.

---

117) 4.3.3.1. '표준이론의 사랑방' 참조

3.2. 영과 혼의 기원론

3.2.1. 표준이론의 영과 혼의 기원(起源)

1) 태초[118]에 하느님의 '氣'가 있었다.[尾26] 기는 하느님의 '생명에너지'다.

2) '氣'의 에너지가 일부 빅뱅[119]하여 물질[尾27]과 시공간이 만들어졌다.

3) 물질과 氣의 생명이 화합하여 물질은 유기물이 되었고 이 유기물에 생기(生氣)와 정기(精氣)[120]가 깃들어 진화하면서 유기체(有機體, organic body)가 탄생하였다.[尾28] 이때 유기체에 깃든 생기의 유기적인 시스템[121]을 생기체(生氣體, vital body, etheric body)라고 한다. 생기체에는 '생명에너지로서 기'의 생명의 에센스인 '하느님의 영화(靈火, 불끼)'가 있다.[122]

4) 생기체가 먼저 결속력이 커지고 복잡하게 진화하였으며 유기체도 이에 따라 식물, 동물 등 다양한 생명체로 진화하였다. 생명체에 깃든 생기체는 더욱 진화하여 혼이 되었으며 진화형태와 수준에 따라 생혼(生魂)과 각혼(覺魂) 그리고 지혼

---

118) 태초란 없다고 하는 종교 또는 사상도 많다. 시간은 앞으로도 뒤로도 무한하다는 것이다. 한편 힌두교, 불교, 신지학 등에서는 우주가 겁(劫)이라는 週期로 변화한다고 한다(12.6. '여러 사상에 나타나는 우주주기론' 참조).
119)'에너지의 빅뱅'은 불확정성이 지배하는 한편, 진동하는(또는 파동이 그 실체일지도 모르는) 양자역학의 입자들의 '살아있는 듯한 모습'과도 상통한다. 그러나 어느 한 점에서 빅뱅이 있었는지, 빅뱅이 폭발이었는지, 빅뱅에 얼마나 시간이 걸렸는지는 중요하지 않다. 다만 어느 의도된 시간에 창조주의 의지에 의하여 우주가 탄생하였다는 사실을 표현하는 데 빅뱅은 매우 적합한 용어다.
120) 1. 기의 에너지 부분이 물질로 변하면 나머지 생명부분은 생기(生氣)가 되어 물질에 잠재하거나 물질과 떨어져 자연에 만재한다. 자연의 생기 중 일부는 뭉치고 정련되고 순화되어 정기(精氣)가 된다. 정기는 정령(精靈)의 原因이 되거나 물질에 잠재한 생기와 줄탁동기(啐啄同機)하여 유기체를 만들고 거기에 임하여 혼(魂)의 원인이 된다.
2. 생기(生氣)는 백(魄), 프라나, 에테르라고도 한다. 魄은 우리나라 민간신앙의 혼백(魂魄)에서 말하는 백이고 도가(道家)에서 말하는 삼혼칠백의 백이며, 프라나는 생기를 가리키는 인도철학의 용어다. 에테르는 뉴에이지에서 좋아하는 용어로 표준이론의 생기와 유사하다. 표준이론에서 생기체란 생기가 하나의 유기적인 시스템으로 발전하여 '유기체인 몸에 생명력을 주는 물성을 가진 氣시스템'이 된 것이다.
121) 1. 시스템이란 '필요한 기능을 실현함으로서 특정목적을 달성하기 위하여 관련 요소를 유기적(systematic)으로 조합한 집합체'이다.
2. 「도덕경」 42장의 '道生一, 一生二, 二生三, 三生萬物'에 표준이론을 대응시키면 道는 元氣, 一氣, 太虛로서 창조주 하느님이며 一은 氣이고 二는 기가 에너지와 생명으로 나뉘어 각각 물질세계와 혼을 창조함을 의미한다. 그리고 三은 영과 혼과 육이다. 도가에서도 一은 氣다. 二는 아쉽게도 음과 양이다. 그러나 陰은 에너지(物)요 陽은 생명(魂)이라고 한다 하여 과히 틀린 말이겠는가?
122) 5.3. '하느님의 영의 불(靈火)' 참조

(知魂)으로 구분한다.

5) 생기체는 혼으로 진화하면서 정신체123)를 만들었다. 정신체에는 하위정신체와 상위정신체가 있다. 하위정신체124)는 감성125)과 욕망 그리고 원시적인 사고기능을 가진 초보적인 의식체[尾29]로서 이를 갖추면 혼은 동물의 혼인 각혼126)이 된다. 상위정신체127)는 각혼이 더욱 발전하여 그룹성을 탈피하고 개체성을 확보하여 자의식이 발현된 것으로 욕구와 감정과 지성을 가졌다. 혼은 이 상위정신체를 갖춤으로써 사람의 혼인 지혼128)이 된다. 지혼이 되면 하느님의 불티는 '하느님의 불씨'로 자란다.

6) 생명체가 죽으면 그 혼은 같은 종류끼리 뭉쳐 그룹혼(단체혼, group soul)[尾30]이 되었다가 그 일부분이 분리 조립되어 다시 그 종의 새로운 몸에 깃든다. 그들의 깃듦을 재생(再生)129)이라고 하고 그런 혼을 군혼(群魂)이라고 부른다.

7-1) 일부 혼은 살아있는 동안 개체성이 강해지고 혼을 구성하는 생기(生氣)간에 결속력과 화합력이 커지면서 명종 후에도 그 주요 부분이 그룹혼 내부 또는 외부에서 분산 흡수되지 않고 단일성을 유지하다가 그대로 생명체에 깃든다. 저승에서 이를 '그룹혼의 개체혼'이라고 한다.

7-2) 레벨이 가장 낮은 생혼(生魂)은 구성요소가 대부분이 생기체이며 전부 그룹

---

123) 정신체는 신지학에서 말하는 멘탈체와 상통한다.
124) 프로이트는 이를 '이드'라고 하였는데 이드(id)는 동물의 혼인 각혼의 주요 요소로 표준이론에서 그 기능은 감성과 욕망이다.
125) 감성은 '대상을 오관으로 감각하고 지각하여 표상을 형성하는 인식 능력'으로 불교의 제6식 분별식 정도이다.
126) 1. 인간의 혼은 개체성이 있어서 '자의식'이 있다. 그러나 동물은 종별(種別)로 단체혼(Group Soul)을 공유한다. 따라서 동물이 죽으면 그 혼은 단체혼에 흡수되며 그 단체혼으로서의 체험은 종의 체험으로 축적되어 다음에 태어날 때는 본능이라는 형태로 나타난다(리드비터,「신지학대의」, 조하선 역 참조).
2. 이 부분에서 신지학의 주장과 표준이론의 입장은 대동소이하다. 그러나 개체성이 지혼이 되기 훨씬 이전부터 나타난다고 본다. 개체성도 진화한다. 벌의 군혼성과 개의 군혼성은 다르다. 벌의 각혼은 저승에서는 종별로 군집하여 모두 분산(分散)하였다가 재생(再生) 시 조립(組立)되지만 개의 각혼은 종별로 군집(群集)하지만 모두 취산(聚散)하지는 않고 그룹혼 안밖에서 개체혼을 유지하는 경우도 있다. 이는 개가 보이는 自意識의 一端을 보면 알 수 있다. 개는 이미 소유욕을 가지고 있다. 심지어 명예욕도 보인다.
127) 프로이트가 그의 '마음의 구조모델(structural model of the mind)'에서 말하는 '자아(ego)'이다.
128) 삼혼설(三魂說, three souls, tres animae)은 아리스토텔레스에서 기원하여 중세 스콜라 철학에서 설명하는 세 가지 魂을 17세기 중국에 파견된 예수회 선교사들이 한문으로 번역하면서 사용하기 시작한 용어로 혼삼품설(魂三品說)이라고도 한다. 아리스토텔레스는 식물의 혼인 생혼(生魂, vegetative soul), 동물의 혼인 각혼(覺魂, sensitive soul), 인간의 혼인 영혼(知魂, rational soul)의 3혼설을 주장하였으며 그 후 토마스 아퀴나스는 인간의 혼은 "개성을 가진 영적인 체형으로 육신의 형상이 된다."고 설명하면서 아리스토텔레스의 자연 철학을 이어받았다. 이러한 철학의 원리가 예수회 중국 선교사들에게 그대로 원용된 것이다.
129) 이는 아직 '還生'이 아니다. 환생은 지혼이 한다.

혼으로서, 주로 식물에 깃든다. 초보적인 의식(意識)을 갖춘 각혼(覺魂)은 대부분 군혼이지만 일부 개체혼이 있으며 동물에 깃든다. 개체성과 이로 인한 자의식을 갖춘 지혼(知魂)130)은 전부 군혼이 아닌 개체혼으로 사람에게 깃든다.131)

7-3) 지혼이 되면 혼 안에 자리한 하느님의 영화(靈火) 역시 커지고 강해져서 능동적이고 적극적으로 혼의 진화 방향을 제시하고 진화를 촉진한다.

7-4) 知魂은 개체혼이지만 생시에 퇴보한 魂은 명종 후 흩어져 소멸하거나 각혼으로 떨어지기도 하고 몇 개로 쪼개어져 지혼끼리 이합집산하기도 한다.132) 지혼 중 이합집산하는 수준의 혼을 복합혼이라고 하며 단일성을 유지하는 혼을 단일혼이라고 한다. 이들은 모두 하급(下級)혼이다.

8) 知魂 중에 발전을 거듭하여 마침내 영원히 이합집산하거나 소멸하지 않는 知魂이 생겼다. 이를 영속혼(永續魂) 또는 영혼(永魂)이라고 한다. 영속혼은 중급(中級)혼이다.

9) 사람을 지극히 사랑하신 하느님께서 어느 때인가 '하느님의 생명'133)으로 '영(靈)'을 만드셨다. 영은 하느님의 일부였다. 靈은 사람의 魂을 靈으로 기르고 하느님의 창조사업에 참여하기 위하여 창조되었다. 그러나 모든 사람에게 영을 주신 것은 아니다.

10) 하느님의 생명인 것은 魂도 靈과 마찬가지다. 혼도 발전을 거듭하고 진화하

---

130) 인류에게 혼은 언제부터 생겼을까? 7일 만에 뇌사에서 살아 돌아온 신경외과 의사인 이븐 알렉산더는 그의 저서 「나는 천국을 보았다」에서 이미 3만 년 전에 무당들이 근사체험을 하였다고 한다. 엘리자베스 퀴블러-로스는 그의 저서 「사후생(On Life After Death)」에서 700만 년 전이라고 한다. 그러나 그때 그들의 혼은 지혼이 아니었다. 지혼은 상위정신체를 가져야 한다. 표준이론은 지혼의 발생시기가 문명의 발생시기와 비슷하다고 본다.
131) 지혼도 최초 한두 번의 윤회 시에는 중음계에서 개체성을 유지하는 그룹혼 형태를 띨지도 모른다. 인간의 혼으로서 공통적으로 갖추어야 할 본능과 기본 자질을 공유하여야 할 필요가 있어서다. 또 복합혼도 그룹에 흡수될 정도는 아니더라도 이합집산하는 과정에 필요한 부분을 공유할 수도 있겠다. 그래야 인간들이 공통적으로 가지는 수많은 본능과 칼 융의 집단무의식 같은 현상이 설명된다.
132) 1. 미주 249 '사람이 어렸을 때와 노인이 되었을 때 이드의 경향을 보이는 이유와 그 예방법' 참조
2. 지혼이 각혼이 되는 것을 혼의 '타락(墮落)'이라고 하고 각혼이 다시 지혼이 되는 것을 혼의 '갱생(更生)'이라고 한다. 윤회론을 주장하는 종교나 사상이 모두 혼의 타락을 인정하는 것은 아니다. 그러나 대부분은 혼이 타락할 수 있다고 생각한다.그러나 표준이론에서는 전통적 의미의 타락이나 갱생은 없다. 있다면 혼을 구성하는 氣간의 氣型차이나 주혼과 종혼간의 불화로 인한 혼의 소멸과 분할이 있을 뿐이다.
133) 1. 신이 흙으로 인간을 만들고 코로 생명을 불어넣는 창조방법은 이집트 신화에서 기원하여 구약의 창조신화에 차용되었으며(민희식, 「성서의 뿌리」) 구약에서는 하느님께서 생명의 숨결인 네샤마를(창세기 2:7) 사람에게 불어넣으실 때, 신약에서는 예수님이 성령을 주실 때(요한 20:22) 비슷한 이미지가 등장한다.
2. 힌두교에서도 '참나'인 아트만의 원래 뜻은 숨 쉰다는 뜻이다. 우리도 생명을 '목숨'으로 표현한다.

면134) 靈이 될 수 있었고 실지로 靈이 된 知魂이 많이 생겼다. 그들을 '혼영(魂靈)'이라 한다.尾32) 혼이 영이 되는 것을 '구원(救援)'이라고 하며 그들은 이제 하느님의 창조사업에 동참하게 된다.135) 영의 숫자가 늘어나자 세상은 육과 魂에 靈까지 갖춘 사람이 많아졌고 따라서 혼이 영이 되는 경우가 더더욱 늘었다.

11) 하느님께서 직접 지으신 '靈'을 '魂靈'과 구분하여 '神靈'이라 한다. 魂靈도 神靈과 같이 금생(今生)에서 하느님의 창조사업을 돕는 삶을 살며 자신을 발전시키지만 그 속도가 신영보다 느리다. 몸이 죽으면 영은 영계(靈界)로 가서 살다가 때가 되면 다시 환생(부임)한다.

12) 혼(지혼)은 몸이 죽은 후 영과 떨어져 자기 수준에 맞는 혼의 세계136)로 가서 살다가 환생한다.

13) 사람 중에는 '영'이 없는 사람도 있는가? 당연히 있다. 이들에게는 육과 혼만 있다. 생전에 스스로 발전하여 수행과 공부가 깊은 하급혼은 명종(命終) 후 혼의 세계에서 시험받고 영속혼인 중급혼이 되는데 중급혼은 되어야 비로소 영을 짝지음 받을 자격이 생기는 것이다.

14) 언젠가 영은 환생을 멈추고137) 고급영이 되어 하느님 나라에서 하느님의 일만을 한다. 표준이론에서는 이를 해탈(解脫)138)이라고 한다. 해탈한 영도 필요하면 환생(부임)한다. 보살이나 부처님이다. 조금 다르지만 예수님도 그렇다.

---

134) 영의 도움을 받으면 훨씬 쉽다.
135) 1. 영이 되는 것은 이제까지의 발전이나 진화와는 달리 엄청난 변화, 즉 하느님의 자식이 되는 일이고 천국의 문에 들어서는 일이며 불교에서 보면 열반하는 일이다. 그렇다면 구원을 받아 환골탈태한 혼영(魂靈)은 모두 평등할까?
2. 덴마크의 현인 마르티누스는 "인간과 다른 생령들은 평등하다."라고 말한다. 불교는 평등 자체가 교리의 기반이다. 一圓相의 원불교도 그렇고 고급종교와 제대로 된 사상은 다 그렇다. 오직 기독교만 예외다. 그들은 인간은 처음부터 천하만물을 소유하고 다스리는 존재로 별도로 창조되었다고 한다.
3. 표준이론에서는 영과 혼 모두 합일을 향하여 진화하는 존재로서 평등(平等)하다. 그러나 서로 간 수승도(殊勝度)와 능력의 차이가 현격하니 동등(同等)하지는 않다.
136) 혼계(魂界)라고 한다. 중음계, 심령계, 준영계가 있다.
137) 표준이론에서 하급영은 반드시 이승에 환생(부임)하여야 한다. 불교에서는 이들을 '아라한'이라고 한다. 하급영이 중급영이 되면 주로 하느님 나라의 일을 하지만 필요시 이승에 부임하여 현인과 성인의 영이 되어 큰일을 한다. 중급영이 해탈하여 고급영이 되면 이승에 부임하는 경우가 거의 없다. 오시면 예수님이나 보살님 또는 부처님으로 오신다.
138) 해탈(vimoka)은 결박이나 장애로부터 벗어난 해방, 자유를 의미하는 불교용어이다. 표준이론에서는 윤회의 수레바퀴(bhavachakra)에서 영영 벗어나는 의미로 가져다 쓴다. 해탈한 영은 표준이론의 고급영과 불교의 보살이다.

혼과 영의 탄생스토리가 이렇다면 사람들은 도대체 몇 살을 먹은 존재인가. 생기 시절부터 계산하면 43억 년[139] 정도요, 생기체 시절부터 세어도 수십억 년이다. 생혼이 된 지는 10억 년, 각혼이 된 지 6억 년 정도다. 지혼이 된 시기는 사람마다 다르니 그 나이는 모른다 하더라도 자아의 수준을 보면 그도 짐작이 간다.[140] 尾33)

혼은 수십억 년에 걸쳐 만난(萬難)을 헤치고 탄생한 귀하디귀한 존재들이다.[141] 지혼 시절부터 센다고 하더라도 수천 년은 족히 되었을 것이고 어린아이라 하더라도 그러하니 귀한 인연임을 깨닫고 사람은 서로 정성으로 공손히 대할 일이다.尾34)

'표준이론의 필요성과 자명한 사실'에서 이미 언급한 것처럼 위 '영과 혼의 기원'에 대한 스토리를 가장 잘 요약한 글이 요한복음 제1장에 있다. 로고스를 기(氣)로 바꾸면 오히려 요한의 말씀이 더 잘 이해된다.

태초에 氣가 있었다.
氣는 하느님과 함께 있었고
氣는 곧 하느님이었다.
氣는 태초에 하느님과 함께 있었다.
만물은 氣를 통하여 생겨났고
氣 없이는 아무것도 생겨나지 않았다.
氣 안에 영혼이 있었다.

3.2.2. 영과 혼의 기원에 대한 여러 가지 주장

3.2.2.1. 영혼의 기원

우선 영과 혼을 구분하지 않고 영혼으로 묶어 각 종교와 사상에서 영혼의 기원이 어떠한지를 알아보자.[142] 영혼의 기원에 대해서는 크게 진화기원론, 창조적 진화

---

139) 힌두교에서 말하는 겁(劫)의 나이다.
140) 2.75단계 良心家 혼이라면 1,200~1,300년 정도이고 그의 영은 3,000살 정도로 보인다(부록6-1 '시대별 영의 탄생수' 참조).
141) 힌두교에서는 인간이 되려면 840만 번의 윤회를 거쳐야 한다고 말한다. 생혼과 각혼시절의 재생(再生)까지 더한 횟수에 과장까지 곱한 횟수이리라. 산스크리트어에서 인간을 지칭하는 둘라밤이라는 말은 '얻기 힘든 기회'란 뜻이다. 즉 불교의 '人身難得'이다.

론(영적설계론), 영지주의적 발출론(Emanationism) 그리고 창조기원론이 있다. 외계도래설도 있으나 외계에서 도래한 영혼도, 진화하여 태어났든 신이 창조하였든 둘 중에 하나이니 별도로 분류할 필요가 없다.

1) 진화기원론은 무신론적 유심론(唯心論)[143])의 지지를 얻고 있다. 이들은 영혼만이 진실한 실체라고 주장하지만 생물체처럼 영혼도 자연의 진화에 의하여 발생된 것으로 본다. 또한 신과 영혼은 아무런 상관이 없다. 이는 동양종교들의 입장으로 근본주의적 불교[144]), 유교, 도교가 이 입장이다. 근본주의 불교에서는 오온에 의한 분별식(分別識)으로서의 6식이 7식인 자의식의 말나식[145]), 8식인 윤회주체인 아뢰야식 그리고 9식인 眞如의 아말라식의 단계로 점점 발전적으로 진화하였다고 하고, 우주의식인 태허나 무극에서 기원하는 도 또는 기로부터의 창조론을 가진 도교나 성리학도 기로부터 천지인(天地人)이 비롯하고 그 人이 마침내 조상신도 되고 신선도 된다고 설명함으로써 자연적이고 점차적인 영혼의 탄생을 주장하고 있으니 모두 진화기원론에 속한다.[146])

2) 창조적 진화론(創造的 進化論, creative Evolutionism, 진화적 창조론, 유신진화론, 영적설계론)은 영혼이 신에 의해 창조된 존재이긴 하지만 일거에 창조된 것이 아니라 신의 섭리나 계획에 의한 진화를 통해 창조가 이루어진 것이라는 주장이다.
창조적 진화론에는 여러 종류가 있으니 우선 신이 설계에 개입한 정도에 따른 분류로서

---

142) 그러므로 본 절의 내용을 자세히 들여다보면 영의 기원을 말하는 경우도 있고 혼에 대한 진술인 경우도 있다.
143) 유심론(唯心論)은 만상(萬象)의 궁극적인 존재를 비물질적, 정신적, 생명적인 것으로 생각하고, 그에 따라 물질적, 비생명적인 것을 일원적(一元的)으로 해명할 수 있다는 철학적 입장으로 유물론(唯物論)과 대립된다.
144) 모든 종교는 근본주의를 갖는다. 그들은 경전을 고집하는 주의가 아니라 경전을 경직적이고 문자적으로 왜곡하여 해석하는 주의이다. 또 교회와 사제에게 맹목적으로 충성하여 배타적이고 이기적이며 언설로 배운 도그마에 집착하지만 교조(敎祖)가 설파한 진정한 교리에는 無知하다. 결과적으로 교조에게는 누(累)가 되고 인류에게는 폐(弊)를 끼치며 자신은 업(業)을 쌓게 된다.
145) 말나는 산스크리트어 마나스(manas)를 음역한 것으로 마음을 뜻하며 의(意)라고도 의역된다. 신지학에서는 이를 혼의 가장 윗부분(상위멘탈체, 상위정신체) 또는 영의 가장 아랫부분(코잘체, 양심체)을 의미하는 용어로 차용하였다.
146) 1. 도교의 경우 원시천존이 창조에서 맡은 역할에 따라 2)의 창조적 진화론에 속한다고 볼 수도 있다(8.8. '도교의 인간론' 참조). 유교의 경우 은주시대의 上帝개념에서 비롯한 天이 있었으나 태극에서 음양이 나오고 오행이 나오는 창조구조를 가졌을 뿐 天이 창조주는 아니다.
2. 부록5 '주요 종교와 사상의 영혼관 개요'와 부록7 '주요 종교와 사상별 영과 혼의 정체' 참조

(1) 이신론적(理神論的) 입장과
(2) 인격신론적(人格神論的) 입장이 있다.
전자의 신은 멍석만 깐 존재다. 즉 섭리자다. 후자는 표준이론에서 채택하는 입장이다.147)

또 인간의 영혼이 아래로부터의 진화로만 탄생한 것인지 아니면 아래로부터의 진화체와 신으로부터의 발출체가 합해져서 탄생한 것인지에 따라 다음 두 가지로 나뉜다.

(1) 아래로부터의 순수진화창조론 : 표준이론과 대중(大衆)불교가 여기에 속하는 생각이다. 나아가서 이슬람이나 도교 유교 심지어 기독교도 넓은 의미에서 이 범주로 해석이 가능하다.
표준이론의 경우 기(氣)가 품고 있는 신의 '영화(靈火)'가 씨앗이 되어 신의 설계에 따른 생물학적 진화과정이 시작되고 여기에서 태어난 혼이 진화 끝에 영이 되는 전형적인 아래로부터의 진화창조론이다.
근본주의 불교와는 달리 대중불교 또한 오온으로부터 진화적으로 탄생한 혼으로서 아뢰야식이 윤회 끝에 열반하면 영인 아라한이 된다고 하니 실질적으로는 진화에 의한 혼과 영의 탄생을 말하고 있다. 또한 본초불(本初佛)이나 비로자나 법신불 그리고 극락사상은 최소한 우주의식은 인정하는 꼴이니 그 진화에 설계가 있었다고도 볼 수 있다.
이슬람 신비주의인 수피즘 일부148)에서도 인간은 존재의 위계 구조에서 가장 낮은 단계에서 시작해 계속해서 한 단계씩 진화한다고 주장하여 왔다.
기독교 또한 동물적 본능(獸性)을 원죄라고 해석하고 창세기의 6일을 인간이 아닌 '하느님의 시간'으로 이해한다면 진화론을 수용 못 할 이유가 없을 것이다. 현생인

---

147) 다만 그 의미는 자명한 사실인 AASB의 의미에서 인격적(人格的)이다(2.2.1. '신은 존재하며 세상을 진화를 포함한 방법으로 창조하셨다'와 2.2.9. 'As above So below' 참조).
148) 1. 13세기 페르시아시인, 이슬람학자, 신학자, 신비주의자 수피이자 위대한 시인인 잘랄루딘 루미 (Jalāl ad-Dīn Muhammad Rūmī 1207~1273)는 "인간은 존재의 위계 구조에서 가장 낮은 단계에서 시작해 계속해서 한 단계씩 진화한다. 생명이 없는 돌에서 생명이 있는 꽃으로, 다시 감정이 있는 동물이 되고 마침내 이성을 가진 인간으로 진화한다. 인간의 진화는 계속되어 발전과 진화 끝에 신을 만난다."라고 하였다.
2. 그의 시 중에서 다음과 같은 '영적존재의 생물학적 진화 사상'을 바탕에 깐 詩가 보인다. 진화론도 없던 시대에 참으로 대단한 先見을 가졌다.
I died to the mineral state and became a plant, 나는 광물 상태로 죽어 식물이 되고,
I died to the vegetal state and reached animality, 식물 상태에 죽어 동물성에 도달하고,
I died to the animal state and became a man, 동물 상태에 죽어 사람이 되는데,
Then what should I fear? I have never become less from dying. 내가 무엇을 두려워하겠는가? 나는 죽어서 덜 된 적이 없습니다(wikipedia, 'Jalāl ad-Dīn Muhammad Rūmī').

류가 지구에 등장한 이후로 흐른 시간은 지구 역사를 하루로 보면 마지막 1초도 안 되는 시간이니149) 영원한 하느님께 사람의 시간인 지구역사 46억 년은 찰나(刹那)이다.

(2) 위로부터의 역진화창조론150) : 힌두교는 브라만의 원형인간론[각35]뿐 아니라 삼키아 학파의 25가지의 우주 구성요소론을 통하여 혼의 구성요소인 붓디(양심체)와 아함카라(에고), 마나스(마음) 그리고 육체의 각 기관이 역진화적 방향으로 창조되었다고 설명한다.

(3) 위와 아래의 복합 진화창조론 : 신으로부터 직접 발출된 신의 일부가 진화에 의하여 탄생한 각혼 등에 작용하여 사람의 혼이 만들어지고 이 혼이 진화하여 영이 된다는 주장으로 신의 일부인 '모나드'나 '생각조절자'를 말하는 신지학이나 유란시아서가 여기에 속한다.

3) 영지주의적 발출론(Emanationism)
(1) 영지주의나 신플라톤철학 고전적 헤르메스는 창조주에게서 발출된 영을 주장하고 있다.
(2) 표준이론의 신영(神靈)151), 자이나교, 루리아닉 카발라 그리고 우리나라의 천도교152)와 대종교153) 그리고 원불교154)도 영이 하느님으로부터 수시(隨時)로 태어남을 이야기한다. 창조기원론과의 차이는 영혼과 몸이 완성되기 위해서는 각고(刻苦)가 필요하다는 점이다.

4) 창조기원론은 하느님께서 인간의 몸과 영혼을 처음부터 완성된 모습으로 창조하셨다는 주장으로 우선 그 창조시점에 따라 세 가지로 나뉜다.
(1) 하느님께서 태초에 창조하신 인간의 몸과 영혼에서 후손의 몸과 영혼이 만들어진다는 부모유전설(出生說)
(2) 인간이 잉태될 때마다 하느님께서 새로운 영혼을 창조하신다는 수시창조설(創造說)
(3) 그리고 하느님께서 태초에 모든 인간의 영혼을 동시에 창조하셨는데155) 잉태

---

149) 12.6. '여러 사상에 나타나는 우주주기론' 중 주기론과 인류의 미래 참조
150) 표준이론의 역진화론은 발출체에 의한 순수 역진화모델과 동물의 각혼 이후는 각혼에 승한 발출체가 승하여 이루어진다는 발출적 역진화모델이 있다. 전자는 고전적 모델이고 후자는 신지학이 대표적이다..
151) 표준이론에서 영에는 두 가지 종류가 있는데 기 → 혼 → 영속혼(永續魂) → 혼영으로 발전한 '혼영(魂靈)'이 있고 하느님께서 직접 창조하신 '신영(神靈)'이 있다. 신영은 천사처럼 하느님께서 하나하나 수시로 창조하셨다고 본다. 그러나 '신영'은 일시 창조되었을 수는 있으나 태초 창조는 아니다(미주 44 '신영과 혼영의 탄생' 참조).
152) 8.21.7. '천도교의 인간론' 참조
153) 대종교에서 사람은 본래 한배검으로부터 性命精 三眞을 품수(稟受)하여 태어난다.
154) 원불교에서 인간은 일원(一圓)으로부터 생겨나고 영기질(靈氣質)로 구성되어 있는데 영은 영원불멸한 성품으로 마음이다.

되는 순간에 영혼을 그 사람에게 붙인다는 태초창조설(先在說)로 나뉜다.155)

창조기원론의 대표적인 사례는 개신교의 창조과학(Creation science, 과학적 창조론)으로 사람은 창세기에 서술된 문자 그대로 탄생하였다는 이론이다. 창조과학은 진화론을 비롯한 주요 과학이론을 수용하지 않는다. 개신교의 주류는 아직도 창조과학이론을 신봉하고 있으나 이러한 태도는 1981년 미국에서 '동등시간법'이 위헌판결을 받은 이후로37) 기독교 내부로부터 '지적설계운동'을 불러와 창조적 진화론이 점차 힘을 받아감에 따라 갈수록 약화되는 형편이다.156)

창조기원론은 창조된 영혼의 정체가 무엇인가에 따라서도 두 가지로 나뉜다. 이는 기독교 이원론의 내용이기도 하다.

(1) 영 창조론 : 하느님은 완전한 영(靈)을 창조하셨는데 원죄(原罪)로 인해 영적 상태를 벗어나 불완전해졌다가 구세주를 통해 믿음으로 구원받고 성화(聖化)되어 깨어나면 완벽한 영혼이 되어 천국에 든다는 주장.

(2) 혼 창조론 : 하느님은 사람을 혼(魂)으로 창조하셨는데 혼이 천국시민이 되기 위해서는 은총과 구원의 영화(靈化)과정이 따로 필요하다는 주장.

3.2.2.2. 영의 진화기원

표준이론에서 혼은 위에서 살펴본 것처럼 영적설계(Divine Design)에 의하여 창조되었다. 그렇다면 영 또한 혼이 영적설계로 진화한 존재이다. 영은 혼이 생물학적으로 진화하여 탄생한다는 주장이 팩트(Fact)인 이유를 모아 보자.

1) 혼은 생물학적 진화로 탄생한다. 그렇다면 혼이 진화하면 무엇이 되는가? 또 혼이 진화를 통해 탄생하였다면 영이 진화로 탄생하면 안될 이유가 무엇인가.

---

155) 1. 셋 중 태초창조설(先在說)만 원죄에 억매이지 않는다. "나 자신은 결코 없었던 적이 없고, 지구의 모든 왕자들도 마찬가지이며, 이후에도 우리들 모두는 결코 존재하지 않지 않을 것이다." (바가바드 기타에서 크리슈나)

2. 표준이론 입장에서 영의 탄생에 대한 선재설은 일부만 맞는 말이다. 즉 신영(神靈)이라면 하느님으로부터 직접 나왔으니 어느 의미에서는 없었던 적이 없을 수 있다. 그러나 혼영(魂靈)이나 혼이라면 기로부터 진화한 존재이니 없었던 적이 있다. 심지어 불과 얼마 전에 생겨났을 수도 있다. 혼이 자의식을 가지기 시작하는 때는 지혼부터다. 지금 인구 77억 모두에게 지혼이 있으니 인구증가율을 보면 최근 각혼에서 진화한 지혼들이 많을 것임을 쉽게 계산할 수 있다.

156) 가톨릭은 다음과 같은 입장변화를 통하여 육체에 대해서는 창조적 진화론과 창조기원론 모두를 수용하고 있다.

1. 제 1차 바티칸 공의회(1870) : 최초의 인간은 그 육체와 영혼 모두를 하느님께서 창조하셨다.

2. 비오 12세(1939-1958)의 1958년 인간 기원 회칙 : 교회는 인간과학과 신성한 신학이 인간에 대한 진화론적 연구와 토의를 금지하지는 않지만 영혼이 하느님에 의해 창조된 것은 유지해야 한다.

3. 요한 바오로 2세의 1996년 교황청 과학 아카데미에 보낸 메시지 : 진화론은 가설(假說) 이상이다.

2) 모든 종교와 사상은 사람은 자기 영혼을 발전시켜야 한다고 부르짖는다. 영혼이 발전하여야 한다면 영혼이 영혼으로 발전하기 전에는 무엇이었으며 발전한 후에는 무엇이 되는가. 영혼의 씨앗이 창조되거나 무슨 원인으로 태동되어 이후 몸이 크듯 저절로 자라는 것이 영혼의 발전을 의미한다면 그것은 이미 영혼의 발전 개념이 아니다. 뭇 사상들이 갈구해 온 영혼의 발전은 각고(刻苦)와 환골탈태(換骨奪胎)를 의미한다. 환골탈태는 생기가 생기체가 되고 생기체가 생혼이 되고 생혼이 각혼이 되고 각혼이 지혼이 되며 결국 혼이 영이 되는 '각고 끝에 이루는 진화'을 말한다.
3) 영이 진화한 존재가 아니라 창조된 존재라면 그 창조시기와 방법은 영의 세 가지 창조설 중 하나여야 하는데 불행히도 이 세 가지 설이 모두 논리에 어긋난다.[157] 따라서 영혼은 신의 설계에 의한 진화로 탄생한 것이다.
4) 혼영을 부인한다면 영은 모두 신영이어야 한다. 그러나 논리적으로 영이 모두 신영일 수는 없다. 신영이라면 영끼리의 능력이나 창조된 시점에 그렇게 큰 차이가 나타날 수 없다. 또 영이 없는 사람이 나타나기 어렵고 영혼육 삼원론 자체가 부인될 수 있다.
5) 현대 뉴에이지 사상의 근간인 신지학의 일부 학자들도 혼이 진화하여 영이 탄생한다고 주장한다.[158] 그리고 불교의 아라한 또한 제8식 아뢰야식의 열반체(涅槃體) 아닌가. 도교에서도 기에서 연원(淵源)하는 三才로서의 인간이 내단을 키워 양신(陽神)하고 성선(成仙)하여 신선이 되고 유교 또한 수승한 혼은 시조신(始祖神)이나 선령신(先靈神)으로 개체성을 얻어 영생하지 않는가.

3.2.3. 주요 종교의 영혼개념의 기원

사전적으로 영혼이란 '죽은 사람의 넋, 영, 유혼, 혼령, 혼신[159]'으로서 영어로는 soul이나 spirit라고 한다. 우리말이나 영어 모두 영과 혼을 명확히 구분하지 않는다.

사전에서는 보통 영혼에는 두 가지가 있다고 말한다.

1) 만물에 잠재하는 영혼[160]인 애니마(anima) : 고대 그리스에서는 프시케(psyche)

---

157) 미주 36 '기독교 영혼창조 시기론의 종류' 참조
158) 미주 205 '신지학의 영혼론' 참조
159) 표준국어대사전, 영혼
160) 이를 汎心論(panpsychism)이라고 한다. 다만 애니마가 신앙의 대상이 되면 애니미즘이 된다(미주 10 '범심론, 애니미즘, 물활론, 생기론, 범신론, 물신숭배, 유심론, 조상숭배').

라고 한 존재다. 이 프시케나 애니마는 원래 숨, 즉 기식(氣息)을 의미했는데, 이는 애니마가 기(氣)로 이루어졌음을 알고 있었다는 뜻이다.
2) 우파니샤드 철학의 아트만, 그리스도교의 성령 등 : 인류 역사 어느 때에 위의 애니마를 신이 창조한 실재(實在)로 보거나 사람의 인격이나 정신의 근원으로 보는 관념이 생겨서 나타난 영혼 개념이다.

위 1)의 설명은 전형적인 표준이론의 혼(soul)에 대한 설명이고 2)의 설명은 영(spirit)에 대한 설명이다. 결국 영혼이란 단어에는 혼의 개념과 영의 개념이 뭉뚱그려져 있고, 1)과 2) 사이에는 혼이 발전하여 영이 된다는 표준이론의 생각도 저변에 깔려 있다. 영과 혼의 구분이 어렵고 불분명하여 그저 영혼이라고 부르지만 영과 혼은 다르다는 것은 안다는 의미다. 또 인류문명이 발전하며 혼영(魂靈)이 많이 나타나자 자연스럽게 이런 깨달음이 사전(事典)에도 반영된 것일 수도 있다.

이하 주요 종교의 영혼에 대한 견해를 표준이론의 관점에서 정리해 보기로 한다.

1) 원시종교
원시종교의 영혼은 두 가지 범주로 분류할 수 있다.
첫째는 '본질적인 영혼'이다. 이는 인간에게 생명력을 부여하는 존재로서 호흡, 피, 땀, 눈물, 정액 등에 깃들어 사는 정령(애니마)이다. 이는 표준이론에서 말하는 기(氣)로 만들어진 생기체적 혼(魂)에 대한 진술과 비슷하다.
둘째는 '외면적인 영혼'으로 이 영혼은 꿈을 꾸는 동안이나 사람이 죽기 몇 년 전에 육체를 떠나기도 한다고 하는데 이는 표준이론의 윤회혼이나 영과 유사하다.

2) 고대 그리스
그리스에서도 영혼을 두 가지 종류로 나누었다.
첫 번째로는 신체와 결부되어 있는 '프시케(psyche)'라는 영혼이다. 이 영혼은 인간의 감정이나 지성 등과 같은 의식작용을 지배한다. 육체로부터 자유로운 영혼과는 달리, 프시케는 사람이 죽으면 활동을 멈춘다고 하는데 이는 전술한 '본질적인 영혼'과 유사한 것으로서 표준이론의 혼 중에서 명종 후 소멸한다는 점을 보아 표준이론의 생기체(生氣體)와 같은 설명이다.
두 번째, 이러한 프시케를 신적 실재로 보거나 인격이나 정신의 근원으로 보는 관념이 생겨 '육체로부터 자유로운 영혼'인 프네우마(pneuma)를 상정했다 이 영혼은 인간이 생명을 유지할 수 있는 힘의 원천이며 개인의 인격적 자아를 보장한다. 또한 사람이 죽으면 육체를 떠나 지하세계로 들어간다. 그러므로 죽은 자의 영혼은 산 사람의 영혼만큼 무수히 많으며 가끔 현세에 나타나 앞으로 일어날 일을 예언하기도 한다고 한다. 이는 표준이론에서 말하는 일반적 의미의 혼이다. 프시케는 신약시대에 이르러 혼을 의미하게 되고 프네우마는 영을 뜻하게 되었다.

3) 기독교

기원전 6세기 바빌론의 유수(Babylon의 幽囚) 이전 고대 히브리인들은 영혼을 육체와 엄격하게 구분하지 않았다. 영혼에 해당하는 히브리어 '네샤마(neshamah)'는 원래 '호흡'을 의미하는 말로 생명의 숨을 의미하며, 마치 바람처럼 들을 수 있고 나무의 흔들림처럼 볼 수 있는 물질적 성격을 갖고 있었다. 또한 히브리어 '네페쉬(nephesch)'는 생명력 또는 기력(氣力)의 뜻을 가진 단어로 사람에게 쓰여서도 '生命力' 정도의 의미를 지녔다. 창세기 2장 7절에서는 하느님께서 네페쉬를 지닌 사람[161]에게 하느님의 네샤마를 불어넣으시어 '살아있는 네페쉬(生靈, nephesch hayah, living soul)'로 만들었다. 네페쉬는 모든 생명체가 지닌 생명력으로 혼인데 여기에 하느님께서 숨을 불어넣으시니 '특별한 네페쉬'인 사람의 혼으로 변화한 것이다.

결국 네페쉬는 표준이론에서 이야기하는 각혼(覺魂) 또는 혼의 생기체(生氣體)에 대한 전형적인 설명이고[162] 네샤마는 혼에 대한 설명이다. 그러나 어원이 주는 강력한 영향으로 루아흐는 숨에 머물러 목숨이 다하면 몸과 함께 끊어지는 존재로 영생의 속성을 지닌 영혼의 개념에 도달하지 못한 원시적 영혼의 수준이었다. 그러나 고대 히브리인들의 이 원시적 혼은, 바빌론 유수시절에 조로아스터교의 영향을 받아, 세상이 끝나는 날 심판을 받고 신의 구원을 받으면 영생을 얻는 존재로 변화하였다. 그러나 이때까지도 유대인들의 영혼관은 영육이원론이라기보다는 육(肉)일원론과 부활론의 합이었다.[163]

---

161) 기독교 영육(혼육)이원론의 입장이다. 창세기 1장과 2장을 각각 다른 사건으로 본다면 창세기 1장의 사람은 동물 수준의 각혼을 가진 현생인류(Homo sapiens sapiens)이고 2장의 아담은 네샤마를 받아 생령이 된, 즉 사람의 혼인 지혼을 가지게 된 문명인류(Homo civilisátĩo)다.
162) 신지학자 포웰(Arthur Edward Powell 1882~1969)은 '네페쉬는 카마(욕망체, 표준이론에서 각혼의 속성인 이드)'라고 한다. 정확한 해석이다. "히브리인들은 아담의 코 속으로 불어넣어진 네페쉬(Nephesch)라 부르는 '생명호흡'에 관하여 이야기한다. 그러나 네페쉬는 엄격히 말해서 프라나만으로서 이루어진 것이 아니라 카마(Kama)와 결합된 프라나이다."(포웰, 「에테르체」 제1장)
163) 오늘날의 기독교의 영육이원론은 육체의 부활을 전제로 한 영육일체론적인 이원론이다. 이는 다음과 같은 사상적 연원을 갖는다.
1. 영혼은 숨에 불과하여 목숨이 다하면 몸과 함께 소멸한다는 생기체론 수준
2. 조로아스터교의 육체부활론이 첨가되어 심판 날에 죽은 사람이 되살아난다는 이승영생론 수준
3. 저승론이 첨가되어 생기체는 영혼으로 발전하고 부활 후 육체와 합하여 저승에서 영원히 산다는 저승영생론 수준

바빌론의 유수 이후, 고대 히브리인의 '육일원론'에서는 영생성이 없어 사실상 생기체로 해석되었던 네샤마가 점차 육과는 별개의 존재로서 영혼(永魂) 개념을 갖추게 되었다.164) 그리고 신약시대에 이르러서는 위 창세기 2장 7절을 근거로 사람에게는 동물과는 달리 생령(living soul)인 네샤마는 예수님의 성령을 받고 구원을 받으면 영화(靈化)되어 영으로 거듭난다는 교설이 기독교에서 채택되었고 이는 오늘날 '혼육이원론'의 전통적 교리로 정착되었다. 그리고 이러한 교리는 '한번 교리는 영원한 교리'라는 철칙하에 가톨릭을 중심으로 오늘날까지 기독교의 공식 입장이 되고 있다.165)

4) 불교

흔히 말하기를 불교는 무아설(無我說, anatman)을 주장하기 때문에 자아의 영속적 실체를 인정하지 않는다고 한다. 따라서 영혼의 존재를 인정하지 않는 유물(唯物)과 무신(無神)의 종교라고 불리기도 한다.尾38) 그러나 정작 부처님은 영혼의 존재에 대해서는 무기(無記)하셨다. 또 한편으로는 연기(緣起)를 설하시며 제행무상(諸行無常), 열반적정(涅槃寂靜)과 더불어 제법무아(諸法無我)를 삼법인(三法印)으로 가르치셨다. 그런데 이 제법무아는 '모든 존재는 한 시공간에 고정된 실체가 없다'는 것을 의미한다. 다시 말해 지금 이 자리에 '있는' 것처럼 보이는 모든 존재는 그것이 고정된 실체로서 있는 것이 아니라, 인연 따라 잠시 연기(緣起)되어 '있는' 존재로서 인연가합(因緣假合)에 의해 '있는' 것이란 의미다.

그렇다면 諸法166)은 현 시공간에 고정된 것이 아니라는 의미에서 항상(恒常)하는 법(法)이 아니라는 뜻이지 존재자체가 없다는 것이 아니다. 존재가 없는 법(法)이 어찌 변할 것이며 또 어찌 고정될 것인가. 또 어찌 서로 간 인연을 따질 것인가. 하늘에 구름의 모습이 수시로 변한다고 거기에 구름이 없겠는가. 어느 때는 비가 되고 어느 때는 눈이 된다고 해서 H_2O가 없어지겠는가. 諸法의 質料가 변화하는 것만 눈에 보이는 僧은 무아를 말하고 구름의 形狀을 보는 佛은 윤회와 해탈을 말한다.167)

---

4. 구원론이 첨가되어 혼도 구원받으면 부활 후 육체와 합하여 천사처럼 천국에서 산다는 천국영생론 수준 이를 보면 기독교는 유대인들이 바빌론 시절에 배운 육체부활론을 아직도 못 버리고 있다는 점이 확연히 드러난다(미주 118 '고대종교에 육체부활론이 발생한 이유들' 참조).

164) 예수님 시절 유대사회는 조로아스터교의 영향뿐 아니라 아라비아를 거쳐 인도에서 들어온 윤회론까지 퍼져 있는 시기인 만큼 혼에 대한 개념이 완성되어 있었다.

165) 전통교설인 '영육(혼육)이원론' 외에도 사도 바오로의 '영혼육 삼원론'을 지지하는 소수 교설이 있다. 소수교설도 이단은 아니다(8.2.3. '기독교의 인간론' 참조).

166) 여기서 법(法, dharma)은 '존재'라는 의미로, 제법(諸法)은 '일체 모든 존재'이다.

167) 질료(質料, matter)와 형상(形相, form)의 개념은 상관관계에 있다. 같은 질료라 할지라도 형상은 다를 수 있고, 같은 형상이라도 질료가 다를 수 있다. 질료는 일정한 형상의 구체화(具體化, 現實化, actualization)에 의해서만 존재가 가능해진다. 예를 들면 石像은 질료인 돌이 형상인 사람의 像을 얻는

윤회와 해탈은 영혼의 존재를 전제로 한다. 따라서 무아와 윤회를 동시에 주장함은 모순으로 보인다. 불교에서는 이 모순에 대해 여러 가지로 설명을 시도하는데 결국은 대부분 변명이요, 또 다른 무명(無明)의 자초(自招)다.
예를 들어 "해탈의 관점에서 볼 때 윤회는 제법이 무아임을 깨닫지 못한 영혼이 필연적으로 걸을 수밖에 없는 한계이다. 윤회의 흐름은 해탈을 통해 멈출 수 있다. 그러므로 영혼의 존재와 윤회는 해탈에 이르지 못한 자의 헛된 망상에 불과하다. 아(我)도 환상이요, 윤회도 환상이니 결국 무아(無我)의 진리만 남는다."고 한다. 또 「티벳 사자의 서」는 '카르마(karma)에 젖은 의식은 살아서도 환영을 만들고, 죽어서도 환영을 만드니 살아서 환영은 무명(無明) 때문이요, 죽어서 환영은 윤회로 이끈다'고 한다. 그러나 이러한 식의 모순해결은 모순(矛盾)이다. 윤회하는 자가 없는 윤회가 어디 있고 해탈하는 자가 없는 해탈이 어찌 있을 수 있는가. 이 모순의 고리를 끊으려고 해묵은 마야론을 들먹임은 서투른 짓이다. 또 저승의 존재와 윤회의 경험은 그저 생각에서 나온 것이 아니라 수많은 사람들이 반복하여 실제로 겪은 사실(事實)이니 만일 둘 중에 하나가 꼭 틀려야 이 모순이 해결된다면 무아가 문제이지 있는 저승과 윤회를 탓할 일이 아니다.168) 그러니 결국 정토교뿐 아니라 불교 전체적으로 사실상 영혼의 존재를 인정하는 것 아닌가.
그렇다면 무아와 윤회를 어떻게 해석하여야 이 모순이 해결될 것인가. "너와 나의 구별이 없는 만물일체169)의 일원(一元)세계에서는 아(我)도 없고 타(他)도 없는데 무명(無明)으로 인해 상(像)을 지으니 이것이 아(我)다. 따라서 아는 허상이니 당연히 '무아'이고 무아를 깨닫는 길이 윤회(輪廻)다. 그러니 무아도 있고 윤회도 있는 것이니 서로 모순이 아니다."라고 해석함이 어떤가. 다시 말하면 "我와 他가 모두 一者로부터 발출한 것이니 一元이라 無我이다. 二元과 區別에서 출발한 인식으로

것으로써 石像이라는 현실적인 것으로 구체화된다. 반대로 형상은 다른 질료의 성질들로서만 존재가 가능해진다. 사람의 像은 돌로 나무로 구리로 변화하여 나타날 수 있지만 그렇다고 사람이 像이 없는(無) 것은 아니다. 사람이 像이 없다면 세상은 질료로만 구성되는 것이다. 유물론자라면 모르겠으나 최소한 '唯心論'인 불교에서 형상마저 부인할 일은 없다.

168) 무아이론의 마지막 보루는 영화 '매트릭스'나 '프리가이' 類의 simulation論이다. 즉 "세상은 신이 인간을 교육시키기 위해 만든 가상체험 프로그램이다. 이런 프로그램에 아바타(Avatar)나 NPC(Non Player Character)로 반복적으로 참여하는 것이 윤회하는 아(我)이고 실제 진아(眞我)는 프로그램 밖에서 이를 게임으로 즐기고 있다. 그래서 아바타인 사람은 무아다."라는 식이다. 그런데 이런 식의 무아론도 아무 의미가 없다. 왜냐하면 우리의 세상이 가상현실이라 하더라도 우리가 당장 가진 것은 그것밖에 없으며 한편, 교육이든 게임이든 그것도 실체의 일종이다. 또 진아(眞我)가 바깥에서 게임에 목매고 있지 아니한가?

169) 1. 대승불교에서는 '나'와 '너' 즉 '나' 이외의 모든 존재가 나와 동일체(同一體)라고 한다. 여기에서 만물이 모두 '나'와 일체라고 하는 불교적 만물일체(Oneness)론이 나타났다. 결국 불교의 무아사상은 '나'와 '너'가 본래 하나이기 때문에 무아인 것이다.
2. Oneness의 철학, 즉 합일과 통합의 철학은 궁극의 이론이다. 이러한 생각은 불교뿐 아니라 많은 종교와 사상이 공유한다. 그런데 이를 아나트만(anātman)으로 연결시키는 사상은 불교뿐이다. 과학이라서 그런가? 그럼 佛氏科學으로 개명해야 옳다.

서 色(만물)은 다 유식(唯識)일 뿐이니 空하다. 또한 色의 所有에서 我가 盛하니 色이 空함을 알면 我도 쉬 죽는다. 즉 아(我)는 없는 것이 아니라 아(我)와 타(他)가 같은 기원170), 같은 불성(佛性)을 가진 것이니 세상이 아(我)에 집착하는 것은 불성에 어긋난다."라는 것이 무아와 윤회의 본래 취지라는 것이다.171) 그렇다면 무아(無我)라는 문자만 놓고 윤회와 모순이라고 할 이유가 없다.172)

5) 유교
유교에서는 음양(陰陽)으로 일컬어지는 기(氣)의 작용으로 생긴 혼백(魂魄)을 이야기한다. 유교에서 혼과 백은 몸과 함께 인간을 구성하는 요소인데 명종 후 각각 하늘과 땅으로 흩어진다. 혼과 백은 각각 신(神)과 귀(鬼)가 되어 인간에게 영향을 끼치기도 한다. 특히 백과 귀는 혼의 생기체에 대한 전형적인 설명이다. 그러나 조선시대 선비들이라고 직관과 영감(靈感)이 없지 않았을 것이니 사후에 영속하는 혼이나 영을 감지하지 못하였을 리는 없다. 따라서 그들은 외적(外的)인 정치와 학문과 예(禮)는 유교로 하고, 내적(內的)으로 정신적 지주는 불교나 도교에 두고 있었음이 분명하다. 공식적으로도, 선신(善神)인 조상신과 악신(惡神)을 상정하여 사후(死後) 상당 기간 자의식이 있는 영적존재가 영속하는 것으로 믿고 영적 배고픔을 달랬다. 그 배고픔의 크기는 중국에서 우리나라에 가톨릭에 대한 서적이 들어오자 神父도 없이 교회당부터 세움으로써 증명되었다.

3.2.4. 표준이론과 유사한 동양의 기론(氣論)

3.1. '영혼육 삼원론'과 후술하는 3.3. '영과 혼의 삶과 윤회' 편에서 설명하는 바와 같이 인간은 영과 혼 그리고 육으로 이루어져 있으며 또한 혼은 생명력인 기에서 연원하여 인간의 몸에 이르러서는 '마음'으로 바깥에 드러난다.

---

170) 그 기원은 기(氣)일 수도, 우주의식일 수도, 신일 수도 있다.
171) 석가모니 당시의 인도의 종교와 사상들은 대부분 불생불멸(不生不滅)의 영원한 실체를 인정하였다. 우주적인 실체를 범(梵, brahman)이라 하고, 개인적인 실체를 아(我, atman)라고 하였다. 그러나 부처님은 이 실체를 인식할 수도 없고, 그 존재를 증명할 수도 없다고 하여 무기(無記)하시면서, 또 그러한 실체는 현상계와는 관계가 없는 것으로서, 수행이나 해탈에는 도움이 되지 않기 때문에 문제로 삼아서는 안 된다고 하셨다(한국학중앙연구원, 「한국민족문화대백과」, 三法印 참조). 그렇다면 불설에서 無我의 실체는 無記다. 無記를 無我로 有記하려니 별의별 구실이 다 나오는 것이 아닌가. 한편 부처님의 無我는 進化일 수도 있다. 진화의 이치로 탄생하는 아트만이 無我였고 적자생존이 12緣起 아니었겠는가.
172) 소승 불교의 내세관은 '내세는 無'다. 인간이 해탈하여 원래의 오온(五蘊, 無)으로 돌아간다고 주장하는 것이다. 무아(無我)란 문자에 매달린 결과다. 부처님의 세계인 불계가 無는 아닐 것이다. 그럼 부처님도 無가 되니까.

이러한 혼의 본질에 대하여 성리학(性理學)에서도 같은 말을 하고 있다. "인간의 마음은 기로 이루어져 있다. 죽으면 마음을 이루었던 魂으로서의 기는 하늘로 날아가고 몸을 이루는 魄의 기는 분해되어 흩어진다. 즉 혼비백산(魂飛魄散)한다."(5.2.1. '주요 종교와 사상의 영혼관' 참조) 이는 넓게 보아 표준이론과 같은 진술이다. 중국 명(明)시대의 기철학자인 왕정상(王廷相 1474~1544)은 '정신'이란 '기라는 땔감에 불이 붙어 있는 것'이라고 하며 '氣 속의 정묘한 부분이 신(神)과 영명(靈明)함을 낳는다'고 하였다. 기는 정신, 즉 마음의 원재료임을 실감나게 표현하였다. 또한 명말 청초의 사상가로 중국 전근대 최대의 자연철학자인 방이지(方以智 1611~1671)는 시간(無始)와 공간(兩間)이 모두 기라고 하여 오늘날 양자역학의 결론을 일찌감치 직관하였으며 이처럼 기본체론을 주장하면서도 理를 객관정신을 초월하는 것으로 보아 氣를 결정하는 주재(主宰)이고 본질이라고 보았는데 이는 기에서 리인 혼이 발생한다는 점을 깨달은 진술인 것으로 해석된다.173) 유기철학자(唯氣哲學者)로 불리는 조선후기 임성주(任聖周 1711~1788)는 기에 생의(生意, 생명의 의지)가 있다고 하였다. 또 훗날 최한기174)는 生氣 또는 활물(活物)로서의 기 이론인 기학(氣學)을 제창하였다. 이는 모두 기(氣)가 유기체에 깃들어 생명체가 탄생함을 의미한다. 또 최한기는 마음을 이루는 기를 신기(神氣)라 하며 '신기'는 천지만물의 근원이며 동시에 만물에 내재하는데 인간에 이르러서는 '마음'이 된다고 한다.175) '하느님의 생명에너지'로서의 기에서 하느님을 느끼고 그 기(氣) 중에 신을 포착하여 신기라고 하고 그 신기가 마음이라 하였으니 최한기는 혼이 하느님(自然)의 노작(勞作)임을 알아본 것이다.176)

---

173) 이현수, 「기철학연구」, 90~91쪽 참조
174) 최한기(崔漢綺 1803~1877)는 조선 말기의 실학자요, 과학사상가로 평생 학문에 진력하여 수많은 책을 저술하였다.
175) 최한기는 기가 모여서 형질(形質)이 되고 그 형질에 다시 기가 깃들어 사물(事物)이 된다고 하였다. 氣는 하느님의 '생명에너지'로 기의 에너지 부분이 변하여 물질이 되고 그 물질 속에 다시 氣가 깃든다는 표준이론의 생각과 동일하다. 또 그는 사물 중 생명체에 깃드는 기를 신기(神氣)라고 했다. 표준이론에서 유기체에 깃드는 기를 생기(生氣)라고 하는 것과 같은 말이다. 게다가 그는 신기가 사람에 이르러서 마음이 된다고 했다. 표준이론에서 마음은 사람의 혼인 지혼이다. 사람에 이르러서는 혼이 지혼이 된다. 여기까지 '최한기와 표준이론의 생명체와 혼의 발생과 발전 과정'에 대한 생각이 토씨까지 일치한다. 하나 남은 것은 진화라는 개념이다. 표준이론은 다윈(Charles Darwin 1809~1882)을 앞세웠기 때문에 기가 신기가 되고 신기가 마음이 되는 과정을 진화(進化)라고 쉽게 표현한다. 그러나 최한기 역시 진화라는 말만 쓰지 않았을 뿐 생명체와 그에 깃드는 생기의 진화과정을 사실상 정확히 표현하였다. 그에게 다윈이 가졌던 비글(Beagle)號는 없었지만 다윈과 同時代에 東洋에 앉아 천리(天理)를 직관하였다. 뿐만 아니라 다윈은 몸의 진화만 보았는데 비하여 최한기는 몸뿐 아니라 마음의 진화까지 보았다. 그러나 안타깝게도 그는 神氣의 불멸성을 믿지 않았다. 진화를 말하면서 왜 불멸성을 알아내지 못하였을까? 왜 지적설계(知的設計)를 알아보지 못하였을까? 알았을 것이다. 그러나 그 또한 말하지 못하였고 심지어 부정하였다. 말하지 않아도 지구는 돈다는 사실과 부정하지 않으면 타매(唾罵) 당한다는 사실을 알았기 때문이리라.
176) 1. 한의학에서 신기(神氣)란 기의 정신의식 활동 또는 생명 활동의 측면을 표현하는 말이다. 즉 기 속에 내재된 운동 능력(氣之良能)과 기의 작용 변화(氣之伸)에 의한 기의 신령한 성질로서 사람에 이르러서

3.3. 영과 혼의 삶과 윤회

3.3.1. 혼의 삶과 윤회

1) 사람은 잉태 시 父母로부터 정자, 난자와 함께 거기에 스며있는 生氣體의 씨앗177)을 받는다.

2) 잉태 이후 生氣體의 씨앗은 생기계178)로부터 생기체를 불러 오고 이렇게 완성된 생기체는 모체(母體)로부터 각별한 생기를 보충받아 몸과 함께 자란다.179)

3) 출생 이후 生氣體는 음식과 공기와 피부를 통해 외부의 生氣와 정기(精氣)를 섭취하여 힘이 세지고 커지면서180) 몸과 함께 자라 도안(圖案)체로서181) 몸의 장기를 만들고 이를 관장한다.182)

는 정신현상을 가능하게 하는 기의 기능을 의미한다.
2. 최한기의 기는 천지를 구성하는 질(質)임과 동시에 신(神)이라고 하는 '능력과 덕(德)'을 가졌다. 그는 신기(神氣)라는 말로 기의 신적 측면을 표현하였다. 또 천지만물은 그 구성요소인 기의 질적 측면은 동일하지만 기의 신적 측면 즉 신기로 인해 저마다 고유한 속성을 지니므로 서로 다르다고 하고 인간의 신기는 경험적 인식과 추측을 가능하게 하여 마음(心)을 이룬다고 하였다.
3. 그에 의하면 만물은 '유형(有形)으로서의 기'의 일시적 양태이니 무(無)란 애초부터 존재하지 않으며 인간의 사유와 문화도 신기로 인한 것이니 형이상(形而上)의 세계도 결국 기에 근거한다. 또한 기는 생명에 너지로서 만물에 생명을 부여하는데 그 생명력이 다하면 개물(個物)은 모두 흩어져 기로 돌아가니 생명은 불멸이 아니다(이종란, 「기란 무엇인가」, 이현수, 「기철학연구」 등 참조).
177) 이때 생기체씨앗을 동양의학에서는 先天之氣라고 한다. 이는 생기계에 있는 생기체를 끌어오는 원인체 역할을 한다.
178) 저승의 생기계에는 동식물의 혼과 생기체가 종별로 모인 '種別 그룹혼'과 인간의 생기체가 종족별로 모인 '인간의 종족별 생기체그룹' 그리고 精妙한 생기창고가 있다. 또한 생기계는 멀리 있지 않다. 책상서랍만큼 가까이 있다.
179) 신지학에서는 생기체를 에테르체라고 하며 태아시절에는 모체로부터 그 구성성분을 공급받으므로 어머니는 임신 중 섭취하는 물질들의 청결성에 주의하여야 한다고 한다. 또 어머니의 상념이 태아의 에테르체 형성에 영향을 미치므로 올바른 상념관리 및 외부환경이 주는 자극에 대한 현명한 선별적 선택(胎敎)의 중요성을 인식해야 한다고도 한다. 신지학에서 어떻게 이처럼 표준이론과 똑같은 생각을 하게 되었는지 알 수가 없다.
180) 동양의학에서는 부모로부터 받은 기를 선천지기(先天之氣), 외부에서 흡수하는 기를 후천지기(後天之氣)라 하였다. 표준이론으로 보면 선천지기는 생기체씨앗으로서 생기계에 있는 인간의 종족별 생기체그룹에서 생기체를 끌어오는 원인체가 된다. 이렇게 탄생된 생기체는 자연에서 후천지기를 흡수하여 몸이 자라듯 자란다.
181) 일부 뉴에이지에서는 혼의 장기인 생기체에도 DNA가 있으며 이에 따라 도안체(圖案體)가 만들어진다고 한다. 생기체의 물성을 고려하면 어떤 형태든 DNA역할을 하는 것은 있을 것이니 합리적인 생각으로 보인다.
182) 1. 따라서 생기체를 혼의 장기(魂臟器)라고 하며 혹자는 도안체라고도 하고 기의 서양식 표현인 에테르로 되어 있다 하여 에테르체라고도 부른다. 우리나라에서도 보통 혼백(魂魄)이라는 용어를 쓰는데 이때 백(魄)이 생기체다. 명종(命終) 후 생기체는 혼과 분리된다는 점을 들어 생기체를 몸의 일부로 보는

4) 출산 전 어느 때쯤 윤회혼(輪廻魂)이 태아에 들어와서 몸과 생기체를 장악한다.尾39) 윤회혼은 정신체와 양심체로 구성되어 있으니 살아있는 사람의 혼인 이승혼은 생기체와 정신체 그리고 양심체로 구성되게 된다.

5) 사람 열 중에 하나 꼴로 5~6세부터 사춘기 사이에 몸에 靈이 들어온다.

6) 사람의 혼인 지혼은 원래 자의식(自意識)을 가지고 있으나 혼이 육체를 장악하는 힘183)의 크기에 따라 자의식을 완전히 갖추는 시기가 다르다. 몸에 영이 없는 사람은 자의식을 갖추는 시기가 늦다. 그러나 대부분의 사람들은 사춘기를 지나면서 정신체(에고)의 속성인 자의식을 완전히 갖춘다. 이를 두고 철이 들었다고 한다. 자의식이 생기면 혼에게는 죽음에 대한 두려움도 생기기 시작한다.

7) 영이 있는 사람의 경우에도 어려서는 주로 혼이 자아를 장악하여 자아의 수준이 낮으나 나이가 들면서 혼의 각성과 영의 공부에 따라 혼이 제자리를 찾아가고 영이 자아를 주도할 가능성이 커진다. 영과 혼의 수준은 타고나지만 나이를 먹으면서 그 수준이 발현되는 것이 일반적이다.

8) 영이 자아를 주도하여 혼을 잘 교육하고 혼이 이에 수긍하고 순응하면 자아의 단계는 높아지고 혼도 발전한다. 영이 없는 경우 혼은 윤회를 거듭하며 양심체를 키워 '하급혼'인 복합혼과 단일혼 단계를 넘어 '중급혼'으로 발전한다.

9) '하급혼'은 生이 끝나면 몸과 생기체184) 그리고 불필요한 기를 떨쳐 낸 후 윤

주장도 있으나 표준이론은 생시(生時)에는 생기체가 혼을 몸에 구현하는 기능을 한다는 사실에 초점을 맞추어 혼의 일부로 본다.
2. 1939년 예일대학의 해부학 교수이자 생체전기공학 연구원인 해롤드 바(Harold Saxton Burr 1889~1973)는 식물의 '에너지 필드(전기장, 아우라)'를 측정했다. 그 결과 새싹의 주위에 있는 전기장은 원래의 종자의 형태가 아니고, 벌써 '生長 후 초목의 모습'을 나타냈다. 그는 이 필드를 측정하는 것으로써, 식물이 어느 정도 자랄지를 예측할 수 있다고 했다. 또 해롤드는 개구리알의 에너지 필드를 측정하고, 성장한 개구리의 신경계의 위치를 예측할 수 있다는 사실도 발견했다. 그리고 그는 도롱뇽의 주위에, 신체와 같은 형태를 한 전기장이 존재해, 그 전기장이, 뇌와 척수를 통과하는 한 개의 '전기적인 축'을 갖고 있는 것도 알아냈다(위키백과, '아우라' 참조).
183) 혼이 생기체를 장악하는 능력은 몸의 나이와 혼의 수준에 따라 다르다. 사람이 어릴수록, 혼이 하급일수록 몸의 본능을 이기지 못하고 생기체 조종 능력이 떨어져 이드가 발호한다.
184) 1. 신지학에서는 육체의 죽음으로 에테르체의 가장 하위부분인 틀을 형성하는 장(場)이 육체와 함께 분해된다고 한다(스로타파티, 「신지학 첫걸음」, 95쪽). 그러나 표준이론에서는 혼의 장기(臟器)로서 틀이 다 흩어지는 것은 아니다. 흩어지는 것은 쌓인 업이 너무 많고 응집력이 약한 혼이나 하급혼의 생기체다. 고급생기체로 응집력이 큰 생기체는 생기계(生氣界, 에테르계)로 가서 인간의 종족별 생기체그룹에 복귀한다.
2. 생명체와 사물 안에는 그와 똑같은 모습의 기체(氣體)가 존재하는데 그것이 신(神)이며 사람신의 경우

회의 주체가 되는 부분인 정신체와 양심체185)만 중음계(中陰界)186)로 가서尾40) 이승에서의 발전 정도에 따라 적절한 기간187) 동안 필요한 공부도 하고 당연한 시험을 치르며 환생하기를 기다린다.尾41)

수준이 낮은 혼은 여기에서 이산(離散)하고 집합(集合)하며 그 과정에 다른 혼과 섞이기도 한다. 혼 내부의 궁합이 맞지 않아 이승살이가 시원찮았다고 보이면 기형(氣型)이 맞는 기로 혼의 구성을 재편하는 것이다.

이승에서 최악으로 살다 온 혼은 기화(氣化)하거나 분산(分散)한 뒤 타락(墮落)하여 생기체가 가는 생기계로 떨어져 사람의 생기체그룹이나 동식물의 그룹혼에 흡수된다.188) 그러나 각 종교에서 말하는 심판이나 지옥 또는 아귀도나 아수라도는 없다. 흩어지는 것(氣化)은 혼으로서는 멸망이니 그것이 지옥일 뿐이다.

10) 혼이 이승에서 스스로의 공덕으로 각성하여 수승(殊勝)하면 혼의 정신체 일부

명종 후 500~1,000년 정도 이승을 떠돈다는 주장도 있다. 그런데 신은 생시에 하느님으로부터 나온 영과 잘 결합하면 영생한다(대광 엘리사, 「천비록」 참조). 이는 신흥종교인 천지원(天地院)의 주장이다. 천비록의 神은 생기체를 나름대로 이해한 개념으로 보인다.

185) 윤회혼 또는 저승혼이라고 한다.
186) 1. 중음(中陰)하면 불교가 떠오른다. 불교의 중음은 「티벳 사자의 서」에 그 개념이 자세히 설명되어 있다. 불교의 중음은 윤회체(아뢰야식)가 심판을 받아 환생을 위해 3계6도로 갈려 나가는 곳으로 불교에서는 윤회체를 중음신(中陰身, 中有)이라고 한다. 표준이론과 불교의 중음계는 그 위치와 기능이 완전히 다르다. 한마디로 말하면 불교의 중음은 환생의 터미널이고 표준이론의 중음계는 하급혼인 복합혼과 단일혼이 가는 저승으로 업과 덕을 계량하는 심판소(審判所)와 이합집산을 위한 정비소(整備所), 그리고 환생을 위한 교육기관(教育機關)으로 구성된다. 정비소에서 정비를 좀 심하게 하면 지옥이라고 하고 좀 덜하면 아귀도(餓鬼道)니 아수라도(阿修羅道)니 한다.
2. 표준이론에서 중음계는 명종 후 자아수준이 2단계 미만인 사람의 혼(인구의 77%)이 가는 하위(下位) 저승이다. 부처님 시대나 예수님 시대 그리고 티벳 사자의 서 시대에는 90% 이상의 사람이 2단계 미만이었을 것이다. 따라서 부처님과 예수님 그리고 사자의 서는 중음에 대해서만 說하고 있다. '쉐올(Scheol)에 간 부자이야기'(루카 16:19-31)는 천국의 문을 찾는 중음계의 혼인 바르도체와 같다. 부자가 당하는 고통은 환영(幻影)이다. 고통받는 사자의 서의 영혼과 같다.
3. 피타고라스는 인간이 죽으면 그 영혼은 콩으로 들어가 잠시 머물러 있다가 다시 다른 인간이나 동물로 태어난다고 믿었다. 그래서 피타고라스는 육식을 금했을 뿐 아니라 콩을 절대로 먹지 않았다고 한다. 콩을 중음으로 본 것이니 좀 우스운 발상인데, 이승에 비하면 저승이 별 곳이 아니라는 것을 감지한 소회를 표현한 것으로 이해된다.
187) 1. 불교에서는 보통 49일이나 최장 3년도 걸린다.
2. 영매 리사 윌리엄스는 저승은 시간을 효율적으로 쓰기 때문에 이승의 90일 일감이 반나절에 진행된다고 한다(리사 윌리엄스, 「죽음 이후의 또 다른 삶」, 220쪽 외). 그렇다면 이승의 49일이 저승에서는 그 500倍인 대략 70년이다(미주 288 '저승의 시간과 이승의 시간' 참조).
3. 표준이론에서는 정해진 시간이 없다. 필요한 만큼 있게 된다. 그러나 대부분의 혼이 몇 년 이내(49일+α(2년))에는 환생한다고 본다.
188) 윤회를 말하는 대부분의 사상과 종교는 혼의 타락을 긍정하나 신지학 등 뉴에이지에서는 한번 혼이 개체화되어 인간이 되면, 그 혼은 다시 동물이나 식물의 형체로 윤회(혼의 타락)할 수 없다고 한다(지나라자다사, 「신지학 제1원리」, 미주 283 '혼의 타락과 갱생' 참조). 그러나 신지학의 이러한 결론은 그들의 혼 창조론이 각혼까지만의 반쪽 진화론에 기반하기 때문이다. 혼이 진정 생물학적 진화에 의하여 탄생한다면 도태(淘汰)가 왜 없겠는가. 표준이론은 타락은 아니나 그에 準한 혼의 분열과 소멸을 말한다.

가 순화(純化)되어 양심체189)로 변화한다.190) 양심체는 쉽게 말하면 良心이다. 양심체가 발달하면 혼은 '중급혼'인 영속혼이 된다. 중급혼은 사후에 중음계가 아닌 심령계(心靈界)로 가며, 양심체가 정신체의 반 이상이 될 정도로 자라게 되면 소위 양심가로 불리는 2.5단계 자아수준이 되어 환생 시 절반 정도가 영을 짝지음 받아 태어난다.191)

11) 양심체가 정신체와 대등하게 되면 혼은 고급혼이 되어 심령계에서 준영계(準靈界)로 간다. 그리고 여러 번의 윤회를 겪으며 발전을 거듭하다가 어느 때192)에 마침내 은총尾42)을 받고 구원되면 영(혼영)이 되어 영계로 들어간다. 이후 靈으로서의 삶이 시작된다.193)

---

189) 1. 프로이트가 그의 마음의 구조모델이론에서 말하는 '초자아(super ego)'다.
2. 프로이트의 초자아는 응집력 있는 형태와 비교적 안정된 여러 기능들로 구성된 높은 수준의 추상화(추상적 존재)로 간주된다. 또 초자아의 파생물은 내적 목소리, 내적 권위, 또는 내적 판단이라고 은유적으로 묘사된다. 초자아가 이렇게 설명되는 이유는 사람들에게 초자아가 마음의 나머지 부분들로부터 분리되어 있는 것처럼 느껴지기 때문이다. 이와 같은 분리감은 자아와 초자아 간의 갈등, 고통스런 열등감 또는 수치심과 죄책감에서 드러나는 갈등으로 인해 명백한 것으로 여겨진다(네이버 정신분석용어사전 '초자아' 참조). 자아는 혼이고 초자아는 영임이 분명한 이 묘사는 프로이트도 영의 존재를 강력하게 느꼈다는 것을 의미한다. 다만 그는 영의 이름을 초자아라 부르고 여러 가지 이유로 이를 마음(혼)에 묶어버렸다. 표준이론은 프로이트의 이러한 사정을 살펴 그의 초자아를 일단 양심체와 매치시킨다.
190) 표준이론은 양심체를 정신체와 구분하여 별도의 체로 보지 않고 단순히 정신체가 질적인 변화를 한 것으로 본다. 표준이론에서 양심체를 장차 영으로 발전하는 부분으로서 정신체와 함께 혼을 구성하는 요소로 파악하는 것이다. 유교의 성리학에서도 이 부분을 性 또는 理라 하여 命 또는 氣와 구분하여 왔고 신지학에서도 양심체와 유사한 것으로 상위멘탈체 또는 코잘체 등을 상정한다. 불교 일부에서도 제9식인 청정식(아말라식)을 8식의 위에 위치시키고 있다.
191) 1. 부록1 '자아의 수준에 따른 영과 혼' 참조
2. 하급혼인 유한(有限)혼이 피나게 공부하여 양심체가 정신체의 25% 수준 이상이 되면 자아의 단계가 최소 2단계 이상으로 상승하게 되고 그 혼은 죽어서 중급혼이 되어 중음계를 떠나 심령계로 가는데 이때 혼은 영생하는 영속혼이 된다. 그러나 영이 없는 사람의 혼은 스스로 양심체를 키우기 어려워 단계상 승하기가 쉽지 않다. 그 결과 사람 혼의 70.79%가 하급혼인 복합혼이거나 단일혼이다. 영속혼, 즉 중급혼이 되어 심령계로 가면 환생 시 2단계 자아는 30%, 2.5단계 자아는 50% 그리고 2.75단계인 양심가의 자아는 90%가 영을 짝지음 받을 수 있다. 환생을 거듭하여 단계가 상승해 갈수록 영을 받을 수 있는 확률이 커지는 것이다.
192) 어느 때란 '열반에 드는 때'다. 표준이론에서 열반은 동물적인 본성인 이드와 개체성의 에고를 완전히 극복한 상태다. 불설로 말하면 번뇌를 떨쳐낸 열반의 상태로 이때 혼은 영이 된다. 그런데 열반이 쉬운가? 불교에서 아라한의 수준인 열반을 이루기란 결코 쉽지 않은 경지다. 표준이론에서 에고를 극복하는 수준에 불교의 열반이라는 용어를 차용하기는 하나 이는 둘의 수준이 같아서가 아니다. 그래서 표준이론에서 靈化는 은총이요 구원이라고 한다. 또 표준이론의 열반 성취자는 불교의 그것보다 훨씬 많은 듯하다. 현재 지구에 환생(부임)한 열반성취자(혼영)의 수는 무려 706,830,002(그중 지구출신은 218,726,383명이다. 부록6-1 '시대별 영의 탄생수' 참조)명이다. 불교의 아라한의 현재 숫자는 얼마나 될까? (미주 46 '표준이론의 열반과 해탈 그리고 불교' 참조)
193) 부록1 '자아의 수준에 따른 영과 혼' 중 '혼의 종류' 참조

혼과 영의 구현(具顯)이 점차적인 이유

표준이론은 출산 전 어느 때쯤 윤회혼(輪廻魂)이 태아에 들어와서 몸과 생기체를 장악한다고 한다.194) 그리고 靈은 5~6세부터 사춘기 사이에 몸에 들어온다고 설명한다. 그러나 사람의 영혼은 마치 몸이 자라듯 같이 자라는 것처럼 보인다. 유아기에 전생의 완전한 혼이 어린 몸에 들어와 있는 것처럼 보이지는 않는 것이다. 처음에는 아기 혼이었다가 몸과 같이 점점 자라 청년 혼이 되고 어른 혼이 되어가는 듯한 모습을 보면 혼이 몸에 들어오는 시기뿐 아니라 혼의 윤회 자체도 의심스럽다. 영 또한 빠르면 5~6세부터 몸에 들어오는데 몸 안에서 도대체 무엇을 하길래 사춘기 이전의 자아 수준이 그 모양인가. 그러나 윤회는 분명한 진실이니 轉生하여 몸에 들어온 혼과 영이 그 본모습을 드러내는 데 왜 그렇게 오랜 세월이 걸리는 이유에 대해 생각해 보자.

1) 우선 혼은 몸에 크게 종속된다는 사실에서 그 이유를 찾을 수 있다. 그래서 영혼도 몸이 자람에 따라 같이 자란다.
2) 영혼이 '내 몸 사용설명서'를 익히는 데, 즉 생기체를 장악하는 데 시간이 많이 걸리기 때문일 수 있다. 같은 이유로 혼의 하위정신체(이드)부터 외부에 드러나고 그다음에는 에고의 낮은 요소인 '욕구'와 '감정'부터 외부에 구현된다.
3) 어렸을 때 자아수준이 낮은 것은 아직 몸에 영이 들지 않아서다. 몸에 영이 들어오는 사람은 이때 크게 변할 수 있다. 그 시기는 화생(化生)의 경우처럼 훨씬 더 늦거나 갑작스러울 수도 있다.195)
4) 혼은 전생의 모진 경험(죽음)으로 인해 방어적이다. 힘(체력, 지력, 재력)이 생길 때까지 숨는다. 그리고 힘을 갖게 되면 오히려 공격적이 된다. 그것이 사춘기요 곡학(曲學)꾼이요 졸부다.
5) 섭리다. 혼이 일찍 깨어나면 환생 메커니즘 자체에 혼란을 초래한다. 할아버지보다 현명한 손자, 선생보다 유식한 학생, 어린 악마가 일반적 현상이 될 수 있다.
6) 전생의 습관(업)이 바로 드러나면 새로운 습관(덕 또는 반벽)을 쌓아 이를 극

---

194) 佛說로는 생유(生有)에 중유(中有)가 임하는 장면이다.(5.5.6. '이슬람교의 저승' 참조).
195) 불교의 四生 중 하나인 化生은 '어느 것에 의존하지 않고 스스로의 업력으로 태어나는 것'인데 완성된 형태로 갑자기 생겨나는 것이다. 이 개념은 불교의 것만은 아니다. 표준이론에서 화생은 구체적으로 '혼만 있는 成人의 몸에 영이 드는 일'이다. 화생의 사례는 종교를 불문한다. 화생 시 드는 영은 대부분 극히 수승한 영이다. 이때 영은 혼영일체가 아니어서 혼을 즉시 장악한다(4.3.1.8. '자아의 수준이 4단계인 자아' 참조). 또 명종 전에 혼을 두고 몸을 떠날 수도 있다. 빙의는 몸에 일시적으로 다른 혼이 드는 일이니 화생이 아니다. 부처님과 예수님의 영이 화생이라는 설이 있다(5.1.2.3.2.1. '기독교 영지주의', 5.2.2. '영 따로 혼 따로의 증거' 참조).

복해 나가기 어렵다.196)

7) 윤회는 피조세계를 다양하게 경험하여 경륜(經綸)의 개성을 창조하려는 것이 또 다른 목적이다. 전생의 성격이나 탤렌트가 바로 드러나면 새로운 경험이 어렵고 이를 기반으로 한 위대한 개성의 창조도 힘들어진다. 운동선수는 운동만 하고 예술가는 노래만 하거나 그림만 그리며 스님은 절로만 들어가려 할 것이다.

8) 혼이 금생에 배우고 발전한 부분 때문일 수 있다. 금생의 경험이 전생의 경험보다 훨씬 더 강력할 것이기 때문에 전생의 면모는 쉽게 드러나지 않는다.

9) 한 생에서도 기타리스트가 피아니스트가 되면 몸은 피아노에 적합하도록 변하고 전의 능력은 오히려 쇠퇴한다. 축구선수가 테니스선수가 되려면 처음부터 다시 시작하여야 한다. 금생에 적응하기 위하여 혼은 전생의 것을 잊는다.

10) 윤회는 반복(反復)이다. 부족한 부분을 살피고 또 살펴 개선하고 진화하는 일이다. 크게는 생을 반복하는 일이지만 한 생 안에서는 혼의 각 부분을 반복한다. 어려서는 이드를 드러내어 살피고 사춘기에 이르러서는 에고를 집중적으로 반복하여 살피며 그것이 계몽되면 이후 상위자아를 드러내어 발전시킨다.

11) 아니다. 표준이론의 주장을 일부 수정하여야 한다. 즉 魂은 태아 때 몸에 들어오고 靈은 5~6세부터 사춘기 사이에 몸에 들어오는 것은 맞지만 한꺼번에 들어오는 것이 아니다. 혼과 영은 처음에는 그 일부만 우선 몸에 임한다. 나머지는 저승에 머무르다 일부분씩 분할하여 점차 이승에 내려온다. 심지어 혼은 아예 둘이나 셋으로 나뉘어 태어날 수도 있다는 주장도 있다.

표준이론은 위 1)~10)의 이유로 몸이 자라면서 혼의 전체 정체성이 서서히 발현된다고 본다. 그러나 11)에서 거론하는 '분할환생이론'이 여러 가지 면에서 큰 설득력을 가지고 있는 사실은 부정할 수 없다. 따라서 표준이론은 분할환생론에 대하여 열려있는 입장이다. 분할환생의 개념은 상식에 반하기는 하지만 설명이 어려운 몇 가지 현상을 잘 설명해 주고 있고 나아가 여러 의문을 풀어주는 멋진 생각으로 표준이론의 연구과제다.尾43)

---

196) 예를 들어 전생에 나쁜 짓을 많이 하여 이를 고치려고 엄한 부모 밑에 태어났는데 아무 소용이 없게 된다.

3.3.2. 영(靈)의 삶과 윤회

1) 혼이 영으로 진화한 혼을 魂靈이라고 한다. 어린 혼영은 제1영계에서 필요한 공부를 하며 환생(부임)을 기다린다.

2) 영은 영계에서 직업을 가질 수도 있다. 주로 산지기나 별지기부터 시작할 것이다.

3) 필요한 경우 하느님께서는 하느님의 생명의 숨결로 직접 영을 지으신다. 이러한 영을 신영(神靈)이라고 한다. 신영은 성골(聖骨)이다.尾44

4) 때가 되면 영은 영계의 규칙과 지시에 따라 적절한 몸을 찾아 이승에 환생(부임)한다. 환생처는 지구나 지구 외 수많은 곳이 있겠으나 지구 출신은 주로 지구로 환생한다.197) 그러나 영은 불교에서 말하는 욕계의 천상도 또는 색계나 무색계로 환생하지는 않는다.198)

5) 영이 환생하는 주요 목적은 자신의 공부(工夫)를 위해서이고 다음은 하느님의 창조사업에 일조(一助)하기 위함이다. 영의 공부와 창조사업의 기본(基本)은 혼을 극복하고 그 과정에 자신의 역량을 키우며 또 혼을 교육해 고급혼으로 만들어 장차 혼영으로 키우는 일이다. 더욱 수승(殊勝)한 영은 자신의 혼뿐 아니라 다른 사람의 혼과 영을 발전시키는 일을 한다. 소위 스승령, 대스승, 구루, 랍비, 마스터, 아데프트(Adept), 초인, 아라한, 보살님이다.

6) 자아를 장악하고 혼을 극복하여 혼의 수준을 수승케 함으로써 마침내 영화(靈化, Spiritualization)에 이르게 하기를 일백 번 채운(白靈功事) 영은 제2영계의 중급영을 거쳐 고급영이 되어 제3영계로 올라가지만 그렇지 못한 경

---

197) 그러나 영은 혼과 달리 인연(因緣)으로부터 훨씬 자유롭다. 따라서 부임하는 데 혼보다 선택의 폭이 넓을 것으로 보인다. 그러나 외계출신 영이 훨씬 많은 현재 지구의 '영의 수요공급 구조'상 당분간은 주로 지구로 부임할 것 같다(부록6-1 '시대별 영의 탄생수' 참조).
198) 불교에서 색계와 무색계를 말하는 이유는
1. 공덕이 높을수록 이승의 좋은 환경에서 태어난다는 뜻이거나
2. 불설에서처럼 저승인 중음을 '환생의 터미널'로 보고 표준이론의 중음계를 그 터미널로 친다면 불교의 색계나 무색계의 천(天)은 심령계나 준영계의 각 층위(層位)를 의미하는 것으로 볼 수도 있다.
3. 표준이론은 2의 설에 동의한다. 색계와 무색계의 수준으로 보아 준영계의 층위가 아닌가 한다. 따라서 영은 스승령으로 부임하지 않는 이상 혼계에 속하는 욕계의 천상도 또는 색계나 무색계로 환생하지 않는다.

우 지루하고 고통스러운 이승살이(윤회)를 되풀이한다.

7) 고급영은 환생하지 않는다. 환생한다면 위인이나 성인이 되어 높은 수준의 자아를 갖추고 중생을 제도(濟度)하기 위하여 환생하여 온다.尾45) 대부분은 고급영계에서 수준에 맞는 소명을 받아 하느님의 창조사업에 참여하는 한편 스스로를 발전시키는 공부를 하며 산다.199)

8) 어느 때인가 소명과 공부를 다 마친 고급영은 제3영계의 중심 하느님 궁200)으로 가서 하느님을 지복직관하게 된다. 이것이 합일(合一)이다. 불교에서 말하는 해탈(解脫)尾46)이요, 기독교에서 말하는 일치(一致)다.

3.3.3. 혼의 구성체와 진화

3.3.3.1. 혼의 구성체

생기체와 정신체 그리고 양심체로 구성된 살아있는 사람의 혼을 이승혼이라고 하고 이승혼이 죽어 생기체를 버리고 정신체와 양심체만 남은 혼을 저승혼 또는 윤회혼201)이라고 한다.

이승혼을 구성하는 기는 크게 정기(精氣)와 양기(良氣) 그리고 생기(生氣)로 구분된다.

---

199) 신지학자인 지나라자다사는 하느님의 창조사업을 일선에서 돕는 '데바건설자'들이 있다고 하면서 다음과 같이 설명한다. "지구의 진화과정에는 '건설자들(Builders)'이라고 부르는, 보이지 않는 세계에 있는 어떤 실체들의 역할이 매우 중요하다. 이 지성체들은 인간보다 높은 계에 속하는 데바(Deva) 혹은 천사들로 알려져 있다. '빛나는 존재들(Shining Ones)'의 한 부문은 자연 속에서 생명의 과정을 안내하는 일을 한다. 생존을 위한 싸움을 안내하고 그 종이 이상적인 형태의 특질들을 개발하도록 지켜보는 것도 바로 그들이다. 또한 형태 속에 거주하고 있는 생명의 잠재적인 특징들을 겉으로 나타내는 유전자들을 조합하는 것도 바로 그들이다. 이 건설자들은 대생명(Life)의 목적들을 가장 잘 나타내게 하기 위해서 자연 속에서 개발해야 할 어떤 이상적인 유형들(ideal Types)을 가지고 있다. 그들 앞에 있는 이런 원형들(Archetypes)을 가지고, 일반적인 진화 이론으로 설명하기 어려운 환경에 가장 잘 적응하는 적자(the fittest)들이 출현하도록 하기 위해서 보이지 않는 세계들에서 유기체들을 지켜보고 만든다."(지나라자다사, 「신지학 제1원리」 참조)
200) 도교의 하느님인 원시천존(元始天尊)은 대라천(大羅天)의 현도(玄都) 중심부에 있는 옥경궁(玉京宮)에 거하신다. 이는 멋진 '신화적 사실(事實)'의 표현이다.
201) 죽은 사람의 혼은 보통 사령(死靈)이라고 하는데 표준이론에서는 윤회혼 또는 저승혼이라고 한다. 불교에서는 윤회하는 주체로서 '아뢰야식'과 이 윤회의 주체가 중음에서 지니는 체(體)로서 중음신(中陰身)을 말한다. 윤회혼이 몸에 임하면 생기체가 더해지면서 보통 이를 생령(生靈)이라 하는데 표준이론에서는 이승혼이라고 부른다.

정기와 양기는 혼이 발전하면서 자체적으로 외부에서 섭취한 생기를 변화시켜 만드는 것이다. 마치 사람이 운동을 열심히 하여 근육을 만드는 것과 같다. 다만 근육을 만들기 위해 외부에서 단백질을 섭취하면 더욱 근육 키우기가 용이한 것처럼 외부에서 직접 정기와 양기를 흡수하기도 하는데 이러한 외부의 정기와 양기는 인간의 혼이 사망 시 윤회체로 변하면서 털어내는 기들이 자연상태에서 정화된 것이거나 자연에 만재한 기가 스스로 정화되어 만들어진다.202) 이러한 자연상태의 정기와 양기는 사람의 의식발전에 따라 필요한 경우 사람에게 흡수되기도 하고 생기계에 모여 생혼과 각혼이 지혼으로 발전하는 데 사용되기도 한다.

생기203)는 혼의 장기(魂臟器)를 구성하며 혼장기가 모여 생기체(生氣體)가 된다. 혼의 장기는 만들어질 육체 장기의 주형(鑄型, 圖案)이 되어 몸을 주조(鑄造)한다.204) 생물학적으로는 이 주형을 DNA로 이해한다. 식물의 혼인 생혼(生魂)은 그 대부분이 생기체다. 또한 생기체는 혼의 일부로서 혼이 몸을 장악하는 수단이며 혼이 외부로 드러나는 가장 겉 부분이다. 한방의학의 중요한 기초이론이자 사주명리학의 기반인 음양오행설에서는 인체의 장기에 기(氣)가 작용하는 이치를 설명하기 위해 오행이론205)을 동원하고 있다. 이에 따르면 인체의 오장육부는 각각 오

---

202) 1. 신지학에서는 생기(生氣)는 에테르이고, 이드를 구성하는 저급 정기(精氣)는 아스트랄, 또 에고를 구성하는 고급 정기(精氣)는 하위 멘탈, 양심을 구성하는 양기(良氣)는 상위 멘탈이라고 부른다. 그들의 '다층적 저승론'에 의하면 저승에는 이에 해당하는 물질로 만들어진 계(界)들이 있고 영혼(인간모나드)이 물질계로 하강 시 여기에서 해당 물질들을 얻어 멘탈체와 아스트랄체 그리고 에테르체를 만들어 입고 태어난다고 한다. 그러나 표준이론의 精氣와 良氣는 신지학처럼 심령계와 준영계를 구성하는 물질이 아니다. 혼이 기로서 물성이 있으니 혼계도 물성이 있을 것이다. 따라서 표준이론은 혼계가 모두 기로 이루어진 세계가 아닌가 한다. 그렇다면 영계를 제외하고 이승과 저승의 모든 것이 생명에너지인 기로 만들어진 세계인 셈이다. 사실 신지학도 기에 해당하는 에테르의 정묘체를 아스트랄이라고 하고 더욱 진동수가 높은 에테르로 구성된 물질이 멘탈이라고 하니 그 구성물질의 元型은 표준이론과 결국 같은 셈이다.
2. 신지학에서 언급은 없지만 영혼이 저승의 각 단계를 하강하면서 입는 이런 체들의 원료는 당연히 이승에는 없다. 그러나 표준이론에서 정기는 기의 일종으로 이승의 삼라만상에 만재(滿載)해 있다. 기는 하느님의 숨결이요 파동이요 생명에너지며 물질의 원형이기도 하지만 자체로 정련되고 순화되어 생기와 정기, 양기 등 여러 가지 기의 형태를 가진다. 자연상태에서 정기가 뭉쳐 사람과 소통할 수 있을 정도의 의식이 발생하면 정령이 된다.
203) 이를 인도철학에서는 '프라나'라고 하는데 프라나의 의미는 기(氣)부터 생기체까지 다양하다.
204) 화학자이자 신지학자인 E. 레스터 스미스(Ernest Lester Smith 1904~1992)를 비롯한 여러 사람들은 어떤 비물질적 모체(母體), 즉 에너지 장(場)이 있어서 성장과 발전과 진화를 인도하고 있다고 주장한다. 또한 해양 생물학자인 알리스터 하디 경(Sir Alister Clavering Hardy 1896~1985)과 L.L.화이트는 생명 자체(생기체)가 진화를 유도하는 중요한 역할을 하고 있다는 유기체의 내적 요인설을 주장하며 자연계 전반에 목적 유향성(有向性)이 존재한다고 한다(리드비터, 「신지학대의」, 조하선 역 참조).
205) 오행(五行)은 '기'가 가진 이런저런 성격상의 요소를 가리키는 것으로 우주 만물을 이루는 다섯 가지 원소, 즉 금, 수, 목, 화, 토를 이른다. 즉 오행은 기가 가진 움직임의 성격, 그 색깔 등을 설명해 주는 구성요소이다. 고전 주석가들은 우주는 다섯 가지 기본원소로 구성된다고 생각하여 하늘에서는 오기(五氣)가 유행(流行)하고, 땅에서는 백성이 행용(行用)한다고 하였다. 원래 정치사상으로 발생했다고 생각되는 오행설은 왕조의 교대(交代)뿐 아니라 여러 가지 자연현상이나 인사현상의 설명에 응용되었다. 음양

행(五行)의 다섯 가지 기(氣)206)와 대응되는데

1) 土氣는 비장과 위를 만들고
2) 金氣는 폐와 대장을 만들고
3) 水氣는 신장과 방광을 만들고
4) 木氣는 간과 담을 만들고
5) 火氣는 심장과 소장을 만들어 서로 상호작용을 하게 된다고 한다.

오행이론을 표준이론에 적용하면 생기에는 5가지 종류가 있는 셈이다. 즉 생기체는 인체의 오장육부에 대응하는 기의 장기를 가지는데 그 생기에 다섯 가지 종류가 있어 각각의 장기를 만든다는 말이다.

노자 「도덕경」 주석서인 「하상공(河上公)장구」에 의하면, 인간 신체의 장기 내에는 다섯 종류의 신(神)이 있다고 한다. 곧 간장은 혼(魂), 폐장은 백(魄), 심장은 정신(神), 신장은 정기(精), 비장은 지(志)를 각각 간직하고 있는데 오장이 상하면 이 다섯 신은 떠난다는 것이다. 이러한 생각은 도교를 거쳐 동의보감까지 이르렀다. 동의보감은 심장은 마음이 깃든 중심기관이며 신(神)은 심장뿐 아니라 오장에 모두 깃들어 있다고 한다.207) 이러한 생각은 표준이론에서 생기체의 혼장기가 몸의 장기인 오장육부에 스며들어 육체의 각 대응 장기를 관장하고 있다는 생각과 별로 다르지 않다.

생기체는 진화하면서 스스로 생기를 정련(精鍊)하거나 삼라만상에서 채취하기도 하여 精氣를 만든다. 정기는 혼의 정신체를 구성하는데 정신체에는 감성과 욕망 그리고 초보적인 사고기능을 하는 하위정신체가 있고208) 욕구와 감정 그리고 지성의 기능 그리고 여기에서 비롯한 자의식을 갖춘 상위정신체가 있다. 하위정신체만 있는 혼은 동물의 혼인 각혼(覺魂)이고 상위정신체까지 갖춘 혼은 인간의 혼인 지혼(知魂)이다.

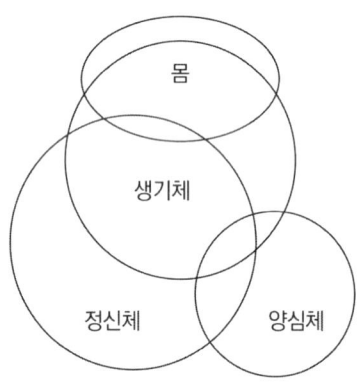

생기체와 다른 體들 간의 관계

이론과 함께 중국 사상의 일대 조류를 형성하였다(종교학대사전 등 참조).
206) 이는 표준이론의 '氣型'론과도 연결된다(10.1.3.3. '기형(氣型)' 참조).
207) 이현수, 「기철학 연구」, 383쪽
208) 하위정신체는 '이드(id)'로 동물의 혼인 각혼의 필수요소다.

양심체는 정신체가 발달하여 정신체의 정기가 정화되어 양기로 변화되면서 생성된 것으로 四端과 지혜 그리고 예지를 가졌다. 정신체와 양심체는 합하여 '마음체'를 이룬다. 결국 이승혼은 생기체와 마음체의 합이다. 마음체는 사후 윤회혼의 모체가 된다.

부록4 '영혼육의 구조'에서 그 내용을 자세히 표시하였고 아래에는 그 요약표를 보였다.

영혼육		원인	원형물질	원천	體	體의 내용	體의 구성	인격수준 (자아단계)	3혼설	불교
육			물질	유기물	유기체	육의 장기	오장육부(五臟六腑)			五蘊중 色
이승혼	생기혼	하느님의 생명에너지	기	생기	생기체	혼의 장기	오행	감각	1~ (초생인)	생혼	受想行識
							혼뇌				
	마음, 윤회혼			정기	정신체	하위정신체 (이드체)	하위 자아	감성	1.5~1.6 (이드인)	각혼	제6식(분별식)
								욕망			
						상위정신체 (에고체)	상위 자아	욕구	1.8 (이드에고인)/ 2 (에고인.범인)		제7식(말나식)
								감정			
								지성	2.5~ (인격자.군자)		
				양기	양심체	하위 양심	초자아	四端	3~ (현자)	지혼	제8식(아뢰야식)
								지혜			
						상위 양심	영적 자아	예지	3.5~(위인)		
영		하느님의 생명		신영		혼영		직관	4~(성인)		제9식(아말라식)
신의 불씨		하느님						5 (신인)		

부록4 '영혼육의 구조' 요약표

3.3.3.2. 혼의 발전과 진화

1) 생기체와 마음체는 이승혼을 구성하여 한 생을 같이하다가 생이 끝나면 영이 먼저 몸을 떠나고209) 이어서 마음체가 윤회혼이 되어 몸을 나간다.

2) 생기체는 윤회혼이 떠난 후 짧게는 몇 시간에서 길게는 며칠까지 몸에 더 남아있다가 떠난다.210)

---

209) 혼과 영은 중증 치매, 식물인간, 혼수, 뇌사 등으로 인해 의학적인 사망 전에 몸을 영영 떠나기도 한다. 그렇게 되면 결국 생기체만 남는다(9.3.1. '수면과 의식의 상태' 참조).
210) 생기체 중 일부는 생기계에 복귀하지 않고 사망한 장소 부근을 떠돌며 이승에 모습을 비치는데 이를 유령, 도깨비, 지박령, 에텔아스트랄유령(신지학), 네페쉬(카발라) 등 여러 가지 이름으로 부른다(미주 40

3) 혼은 불필요한 기는 털어 버리고 에센스만 윤회혼이 되어 자기 수준에 맞는 저승으로 간다. 자기 수준이란 양심체의 크기를 보면 알 수 있다.

4) 몸을 떠난 생기체는 응집력이 강한 에센스 부분은 생기계211)로 가고 나머지 부분은 생기로 변하여 흩어진다.

5) 생기체 중 생기로 변하여 흩어진 부분은 삼라만상에 스며들어 자연으로 돌아간다. 또한 이승혼이 명종 후 남긴 정기와 양기는 자연에서 정화된다. 자연의 기도 스스로 정화되어 기의 정련된 형태인 생기나 정기 그리고 양기가 된다. 이들은 여러 경로를 통해 다른 생명체의 생기체에 흡수되거나 사람에게 흡수되어 그의 혼의 구성물질이 된다. 한편 이들은 자연에서 스스로 정령으로 발전할 수 있다. 예컨대 산에 스민 거대한 생기와 정기는 산신령이라고 표현하는 정령으로 발전할 수 있다. 정령이란 사전적 의미로는 '산천초목이나 무생물 따위의 여러 가지 사물에 깃들어 있다는 혼령'이다. 표준이론에서 정령이란 '무생물에 스민 생기나 정기덩어리가 혼이 된 것으로 사람과 상호작용이 가능한 존재'212) 또는 '생기 덩어리가 유기체가 아닌 물질에 스민 것으로 의식이 개화하여 인간과 소통할 수 있는 정도가 된 존재'를 말한다.213) 정령은 아니지만 광활한 자연에서 마주치는 어마어마한 크기의 생기 에너지에는 浩然之氣라는 표현을 쓴다.

6) 생기체 중 응집력이 강한 에센스 부분은 생기계로 가서 종별(種別)로 그룹화되어 그룹혼 상태로 지내다가 때가 되면 그 일부가 재생(再生)하여 식물의 생혼이나 동물의 각혼이 된다.214) 인간의 생기체는 '종족별 생기체그룹'에 복귀하였다가 생

'귀신 그리고 신지학과 표준이론의 지박령' 참조).
211) 신지학 등에서 '에테르계'라고 한 후 최근 힌두 철학이나 뉴에이지 등 여러 종교와 사상에 이 단어가 상용되고 있다.
212) 1. 상호작용이 가능하다는 의미는 의식이 있다는 뜻이다. 각혼 수준의 하위정신체를 넘어선 의식이 있다고 본다.
2. 정령을 애니마(anima)라고 하며 이를 신앙하는 원시종교를 애니미즘이라고 한다.
3. 우리말 중에 '동티'라는 말이 있다. 땅, 돌, 나무 따위를 잘못 건드려 地神을 화나게 하여 재앙을 받는 일. 또는 그 재앙을 뜻하는 단어다. "여든에 죽어도 구들 동티에 죽었다 한다."라는 식으로 쓰인다. 일본이나 중국에서는 動土라고 한다. 정령신앙(animism) 또는 물신숭배(Fetishism, 物神崇拜)에서 나온 사고방식이다.
213) 미주 32 '신지학의 엘리멘탈과 정령' 참조
214) 1. 수준 높은 동물의 혼은 그룹혼(group soul)에 흡수되지 않고 개체화(individualize)되어 그룹혼 부근에 있거나 흡수되더라도 개체성을 유지한다. 동물의 각혼은 대부분 그룹혼 출신 군혼이지만 지능이 높은 동물 개체 중에는 그룹혼 출신 개체혼이 있는 것이다. 개체화된 각혼은 하위정신체(이드)가 발달하기 시작한다. 개체화된 동물의 각혼이 더욱 발전하여 상위정신체(에고)가 나타나면 그 혼은 자의식을 갖춘다. 이들은 언젠가 중음계로 올라가 사람의 지혼이 된다.
2. 따라서 생기계에는 생기체와 생혼으로 구성된 식물의 종별 그룹혼과 생기체와 각혼으로 구성된 동물의

기체씨앗에 이끌려 개체화된 후 신생아의 몸에 재생(再生)한다.

7) 대부분이 정신체로 구성된 윤회혼은 하급혼215)으로, 저승의 중음계216)로 간다. 중음계는 '혼의 환생 대기소'로 환생 전에 혼의 수준을 판별하고 구분하여 필요한 교육을 시키고 또 환생을 대기시키는 곳이다. 중음계에서 혼은

(1) 소멸(消滅) : 생을 잘못 살아 악업을 잔뜩 묻혀 온 윤회혼은 구성하는 氣간의 조화가 전혀 이뤄지지 않은 경우로 생기가 되어 흩어져 소멸되거나

(2) 타락(墮落) : 악업이 상당한 혼은 대부분 복합혼(複合魂)217)으로써 몇 개로 쪼개어져 일부는 흩어지고 일부는 각혼으로 강등되어 동물의 그룹혼에 들기도 하며

(3) 분열 : 다른 복합혼 조각들과 이합집산하여 새로운 윤회혼을 구성하기도 한다.尾47) 이는 모두 혼의 진화(進化) 속성으로 인해 혼 자체에서 발생하는 현상일 뿐 외력이 작용하여 혼을 심판하거나 처벌하는 것이 아니다.

(4) 유지, 강화 : 살아서 쌓은 악업이 적거나 악업을 덜고 선업, 즉 덕을 쌓은 혼은 이합집산 없이 그대로 환생한다. 이를 단일혼(單一魂)218)이라고 한다.

복합혼과 단일혼은 永生이 보장되지 않은 有限혼으로 하급혼이다. 하급혼은 혼의 동물적 본성219)과 혼의 업(業)이 커서 혼의 각성을 크게 방해하는데, 반면 혼의 영생욕구와 진화욕구는 아직 약하다. 따라서 혼이 영의 도움 없이 스스로 각성과 성장을 촉진하여 양심체를 발달시키기에는 역부족이다.220)

종별 그룹혼 그리고 인간의 종족별 생기체그룹이 있다.
3. 사람의 생기체가 죽어서 '인간 생기체그룹'이 아닌 '동식물의 그룹혼'으로 갈 수 있을까? 금수(禽獸)보다 못한 사람에게 있던 생기체는 그렇게 될 것이다.
215) 하급혼은 대부분 자아의 단계가 2단계 미만으로 77%의 사람이 여기에 속한다. 참고로 2단계 자아의 정신체 비율은 정신8 : 양심2이고, 1.8단계 자아는 정신9 : 양심1이며, 1.6단계 자아는 정신10 : 양심0 이다(부록1 '자아의 수준에 따른 영과 혼' 참조).
216) 중음계는 대충 신지학의 아스트랄계다.
217) 1. "영혼 자체도 단일개체의 영혼이 환생하는 경우와, 죽은 뒤 정화과정을 거친 영혼을 여러 개로 쪼갠 뒤 이렇게 쪼개진 조각들이 타인의 영혼 조각들과 합쳐서 환생한다는 설도 있다."(나무위키, 환생 참조) 이것을 표준이론에서는 복합혼이라고 부른다.
2. 표준이론에 의하면 사람의 혼 중에 복합혼의 비율은 32% 정도다.
218) 표준이론에 의하면 사람의 혼 중에 단일혼의 비율은 39% 정도로 혼 중에 가장 많다. 복합혼과 같이 하급혼에 속한다.
219) '동물적 본성(獸性)'은 각혼시절 혼이 가진 습관으로 표준이론은 여기에 지혼의 에고2욕을 합하여 '이드5욕'이라 하며 불교에서는 무명(無明)이라고 하고 기독교에서는 원죄(原罪)라고 한다. 업은 무명으로 인하여 짓고 죄는 원죄가 낳는 것이다. 따라서 불교와 기독교에서는 무명과 원죄를 극복하는 것이 수행이고 혼의 발전이다(6.10. '업(業)에 대하여' 참조).
220) 人知學者인 슈타이너의 그의 저서 「신지학」에서의 다음 언급은 표준이론의 생기체, 정신체, 양심체와 유사한 개념의 감각혼, 오성혼, 의식혼에 대한 이야기다. "혼에는 감각혼, 오성혼, 의식혼 세 가지 부분이 있다. 그리고 아래에서는 몸의 본성이 혼을 묶어 두려 하고, 위에서는 영성이 혼을 확대시키려 한다. 왜냐하면 혼이 진리와 선으로 가득 차면 찰수록 영원한 것이 그 속에서 더욱 커지고 세력을 넓혀 가기

8) 그럼에도 불구하고 윤회전생을 거듭하며 만난(萬難)을 극복하고 각성이 수승(殊勝)하여 양심체가 점점 성장하고 혼이 더 이상 흩어질 일이 없이 단단해지면[221] 영속혼(永續魂)으로 진화하는데 이들은 심령계(心靈界)[222]로 간다. 영속혼은 중급혼이다.[223] 심령계는 '靈양성소'로 여기에 모인 영속혼들은 스승령의 지도하에 심사와 교육을 받고 장차 영이 될 수 있는 기량을 쌓는다.[224] 환생 시 반 또는 그 이상의 중급혼들이 영을 짝지음 받아 태어난다.[225] 심령계에서 기량이 출중한 영속혼은 '고급혼'[226]으로 진급하여 '靈사관학교'인 준영계(準靈界)[227]로 간다.

9) '고급혼'은 준영계에서 교육을 받고 수준에 맞는 환생처를 찾아 환생한다. 많은 윤회사상에서 고급혼은 부귀영화를 타고난다고 한다. 불교에서도 고급혼은 욕계 6천, 즉 천상도나 색계, 무색계 같은 곳으로 환생한다고 하는데[248] 이는 이승의

때문이다."(8.21.5. '루돌프 슈타이너의 인간론' 참조)
221) 하급혼들이 자꾸 분열하여 다시 뭉치는 것은 혼의 구성요소인 기(氣) 간의 응집력, 친화력, 궁합(宮合) 때문이다. 불교식으로는 연(緣)으로 이해된다. 친화력이 없으면 이승에 살 때도 자아의 단계가 발전하지 못한다. 治國 이전에 수신제가(修身齊家)가 먼저 아니던가. 인간의 몸은 많게는 약 100조 개의 세포로 구성되어 있다. 이 많은 수의 세포 間, 그리고 그들이 모인 장기 間의 조화 없이 어찌 몸이 건강하겠는가. 몸은 수십억 년의 진화로 세포 간의 친화력이 확보되었고 자연에 의해 적자(適者)로 선택되어 생존(生存)하였다. 혼 또한 마찬가지다. 아래로는 혼을 구성하는 궁극의 원소인 氣間의 궁합, 생기체를 구성하는 여러 장기 間의 궁합, 정신체를 구성하는 이드와 에고와 초자아 間의 궁합, 생기체와 정신체와 양심체 間의 궁합, 主魂과 從魂 간의 궁합, 이런 것들이 모두 맞지 않으면 그 혼은 생전에 내부 불화(不和)하여 발전하지 못하고 명종 후 분열하거나 소멸한다.
222) 1. 영속혼(永續魂)은 자아의 단계가 1.8단계 이상 3단계 미만으로 29% 정도의 사람이 여기에 속한다. 이드에고인(필부, 1.8단계), 에고인(범부, 2단계), 인격자(2.5단계), 군자(2.75단계) 등으로 불린다.
    2. 심령계는 신지학의 하위멘탈계 정도에 해당한다.
223) 영속혼이 되기 위해 혼이 갖추어야 할 자질을 보면
1. 혼의 구성 성분인 氣가 서로 궁합이 맞아 유기적으로 조화를 이루어야 한다.
2. 혼에 쌓인 덕이 업보다 커야 한다.
3. 혼의 양심체가 최소한 정신체의 25% 이상의 크기로 발달하여야 한다.
4. 생시에 자아의 단계가 최소 1.8단계 이상이어야 한다.
224) 몰몬교(예수 그리스도 후기성도교회)의 저승에서는 성숙한 영혼이 미성숙한 영혼을 최후의 심판 전까지 계속 교육시켜 진보하도록 이끈다고 한다(쿠사노 타쿠미, 「천국의 세계」, 박은희 옮김, 198쪽). 다만 몰몬교에도 환생은 없다.
225) 하급혼인 복합혼이나 단일혼도 영속혼으로의 발전을 독려받기 위하여 영을 받을 수도 있겠으나 다음의 이유로 하급혼에게는 영이 없다.
1. 세상에 영이 너무 흔해진다. 영을 구경하기 힘든 이승의 상황과 맞지 않다. 계산상으로도 지구에서 탄생한 혼영은 그렇게 많지 않아 외계에서 대거 수입하는 형편이다(부록6-1 '시대별 영의 탄생수' 참조).
2. 영의 기능이 소위 수호령과 비슷해진다. 표준이론에 수호령은 없다. 스승령만 있을 뿐이다.
3. 인간은 영혼육으로 구성된다는 공식에 맞춘 느낌이라 자의적인 생각이다.
4. 의식의 수준에 따라 영의 단계를 구분하는 마이클 뉴턴 등이 보는 영의 비율과 맞지 않는다(4.3.9.1. '마이클 뉴턴과 자아의 발전단계' 참조).
226) 고급혼은 자아의 단계가 3단계 이상으로 0.72% 정도의 사람이 여기에 속한다. 이들은 양심체가 혼에서 차지하는 비율이 5~7할 정도다. 고급혼은 단계별로 현인(3단계), 위인(3.5단계), 성인(4단계), 신인(4.5단계 이상)으로 불린다.
227) 준영계는 신지학의 코잘계 급이다.

좋은 환경에서 태어난다는 뜻이거나 그런 곳 자체가 표준이론의 준영계의 각 층위이다.228)

10) 준영계에서 충분히 성숙한 혼은 영으로 진화하여 영계로 간다. 그러나 영으로의 진화는 혼이 중음계에서 심령계로 다시 심령계에서 준영계로 발전하여 승급하는 것과는 차원이 다를 만큼 어려운 일이다. 전생 횟수도 대폭 증가하고 하느님의 은총도 필요하다. 그래서 영으로의 진화를 구원(救援)이라고 한다.

11) 중음계의 하급혼들과 심령계의 중급혼들 그리고 준영계에서 영으로 진급 못한 고급혼은 윤회를 계속한다.

12) 환생한 혼은 생시에 업을 씻고 덕을 쌓아 양심체를 키워 자아의 단계를 높여야 한다. 영이 없는 혼은 스스로 양심체를 키우기가 매우 어렵기 때문에 그 발전이 쉽지 않다. 혼은 이 단계를 넘기가 가장 어려워 여러 번 환생하여야 한다. 영을 짝지음 받아 환생한 중급혼과 고급혼은 영의 밑에서 남은 업장을 씻어내고 덕을 쌓아야 한다. 그러나 옛 버릇을 못 버리고 영을 제치고 사랑방에 앉아 자아의 주인 노릇을 하거나 오히려 업을 늘려 쌓고 양심체가 줄어든 채로 명종한 혼은 영에게도 큰 폐를 끼치고 자신도 사후 하위급 혼으로 강등되어 중음계나 심령계로 내려가야 한다. 모처럼 영을 모신 혼으로서는 천추의 한이 된다. 기회를 놓치면 안 된다. 인신난득(人身難得)이란 말이 있다. 불가(佛家)에서 사람으로 태어나기가 매우 어려움을 표현하는 말인데 영신(靈身)은 훨씬 더 난득(難得)이다.

표준이론은 이처럼 혼도 육체처럼 진화하여 만들어진다고 주장한다. 이와 같은 '혼 진화론'은 여러 사상과 종교에서 다양한 형태로 주장되고 있다. 힌두의 아트만과 프라크리티(prakrti)의 창조론, 도교의 태허와 기(氣), 성리학의 기일분수론(氣一分殊論), 신지학의 로고스 창조론, 유란시아서, 현대의 여러 통합이론들, 심지어 기독교의 진보적인 유신진화론(미주 180 참조), 칼 융의 분석심리학229)과 양자의 학에 이르기까지 '혼의 진화론'을 지지하는 많은 의견들이 있다.230)

---

228) 5.5.2. '불교의 저승관' 참조
229) "인간의 신체가 오랜 진화적인 역사를 배경으로 하듯 심리 및 정신 역시 '역사' 없이는 생겨나지 못한다."(김충렬, '칼 융의 분석심리학과 상담치료' 참조)
230) 부록7 '주요 종교와 사상별 영과 혼의 정체' 참조

3.4. 영과 혼의 관계

영과 혼은 군신(君臣) 또는 주부(主副)의 관계이자 동반자(同伴者)관계이다. 에고를 척결이나 구축의 대상으로만 보는 기존의 사상은 틀렸다. 자아실현과 수행을 위하여 그 오랜 세월동안 전배(前輩)들이 각고로 투여한 시간과 노력에 비하여 얻어낸 성취가 그토록 작았던 이유는 영과 혼이 각각의 개체로서 전생(轉生) 중 한 몸에서 만나 공동의 목표를 위해 매진하는 데 있어 그 역학적 관계를 파악하지 못함에 있다.

3.4.1. 영의 사명

하느님의 창조사업에 일조하기 위함이 영의 존재 이유다. 특히 이승에 환생(부임)한 영의 사명은 다음과 같다.

1) 이승의 영성발전에 일조
(1) 몸과 혼을 극복하고 혼을 가르쳐 영으로 발전시키는 일(白靈功事)..
(2) 발전이 정체된 다른 영과 번뇌와 고통에 빠진 혼을 돕는 일.
(3) 스스로를 도와 큰 영으로 자라는 일.
(4) 진리와 하느님을 직관하여 섭리를 깨닫는 일.
(5) 여러 가지 신비현상의 주체가 되는 일.

2) 이승의 문명발전에 일조[231]
(1) 예술과 문학 등 아름다움의 창조에 이바지하는 일.
(2) 학문과 과학의 발전에 기여하는 일.
(3) 깨달은 섭리를 세상에 알리는 일.
(4) 자연을 보전하여 자신을 포함한 후생들에게 이승을 곱게 물려주는 일.

그러나 영이 지상에 온 목적은 쉽게 달성하기 힘들다. 하지만 수고 끝에 얻은 과실일수록 그 맛은 달다. 그는 수많은 난관을 극복하고야 겨우 조금씩 성취해 나간다. 물론 영에 따라 다르겠지만. 위 임무 중에서 영의 가장 큰 숙제는 '1) 몸과 혼을 극복하고 혼을 가르쳐 영으로 발전시키는 일'尾49)이다. 표준이론은 일백 명

---
231) 이는 사실 직관을 이용하여 영계의 지식을 이승에 전하는 일이 대부분이다. 그러나 이는 영의 깨달음이니 여기에도 각고와 은총이 필요하다.

의 혼을 영화(靈化)시켜야 고급영이 될 수 있다고 보고 이를 백령공사(白靈功事)라고 한다. 이 일이 성공적이어야 영은 천군만마의 동반자를 얻어 다음 일을 도모할 수 있는 것이다. 가화만사성(家和萬事成)이라고 몸 안부터 다스리는 일이 우선인 것은 영에게도 마찬가지이다. 그러나 혼을 가르쳐(靈敎) 다스리고 나아가 혼이 영의 든든한 동반자가 되는 일이 절대 만만치 않다.232) 영이 몸에 들어 혼과 어떤 관계를 맺고 어떤 위상을 가지며 어떻게 혼과의 관계를 정립하는지 보자.

3.4.2. 영과 혼의 관계

표준이론에서 영과 혼 사이에 최초에 설정되는 관계는 각축(角逐)의 관계이다. 이 각축관계를 군신(君臣) 또는 주부(主副)의 관계로, 나아가 영 주도하의 동반자관계로 바꾸는 일이 영과 혼이 우선 할 일이다. 이 일을 다른 말로 하면 혼이 미망(迷妄)에서 빠져나오는 일로, 혼이 미망에서 벗어나는 정도가 영혼 간 관계 정립의 척도(尺度)다. 이는 불교에서 말하는 무명(無明)으로부터 혼이 벗어나게 하는 일이나 마찬가지다. 무명을 벗는 일을 열반(涅槃, nirvana)이라고 하니 영과 혼 간 관계 정립의 어려움이 얼마나 크겠는가.尾50)

몸에 영이 있는 경우, 즉 영혼육으로 구성된 사람의 경우 영과 혼 사이의 관계는 영을 어떤 존재로 보느냐와 영과 혼의 세력과 수준에 따라 다음과 같이 갈린다.

1) 혼이 자아의 주인이라고 보는 견해
이때 영은 인도철학의 푸루샤나 수호령尾51)처럼 제3자로 관조하거나 또는 도움을 주는 존재일 뿐이다. 세부적으로 두 가지 상태가 있다.
(1) 혼과 영의 수준이 모두 낮아 자아를 장악한 혼은 영성이 부족하고 영에 무관심하며, 영 또한 하급영으로 그 기량이 부족하여 혼과 소통하려 들지 않고 있는 상태로, 최악의 상태.
(2) 영은 혼의 발전을 적극적으로 도우려 하나 혼의 수준이 너무 낮아 영감수성(靈感受性)이 낮고 발전의 동기가 없어 도와주고 싶어도 도와줄 수 없는 상태.

2) 영이 원래 자아의 주인이라고 보는 견해
이에는 혼과 영의 수준에 따라 여러 가지 상태가 있다.

---

232) 11.4. '구도의 표준이론' 참조

(1) 힘이 강하고 영성이 낮은 혼이 상대적으로 약한 영을 제치고 자아를 장악한 상태.
(2) 영과 혼의 힘이 엇비슷하고 혼의 영적 수준이 낮아서 영혼 간 각축상태로 영이 깨어있는 상태에서는 영이 자아의 주인이나 영이 한눈파는 사이 혼이 돌출적으로 자아의 사랑방 주인 노릇을 하는 상태.
(3) 영이 충분히 강하여 자아의 사랑방을 장악하고 혼을 항상 제어하며 혼은 이에 승복하는 상태.

표준이론에서는 위 2)의 (2)에서 설명하는 영혼 간 각축관계가 영과 혼 사이의 가장 일반적인 관계이다. 따라서 생활 중에 영이 깨어있는 시간이 얼마나 되는지에 따라 사람들의 자아의 수준이 갈린다.

사람이 어려서는 대부분 혼의 파워가 단연 우위이다. 철이 들고 나이를 먹어감에 따라 영은 이를 극복하고 응당한 권리인 집주인 자리를 찾으려고 하나 혼이 만만치 않다. 영이 집주인으로 사랑방에 앉아 집안을 다스리고 손님을 맞아야 하나 현실은 그렇지 않은 것이다. 이는 결과적으로 혼도 손해다. 영계 소속인 영에게 수긍하고 순응하며 그에게 배우고 도움을 받아야 혼도 자신을 개발하고 발전시켜 언젠가 영이 될 수 있다. 그러나 혼은 출신이 미천(微賤)한지라 태생적으로 동물적이고 기껏해야 감정적이며 계산적이고 더 좋아 본들 이성적이고 합리적이다.233) 혼이 지혜롭고 창의적이며 예지적이 되려면 양심체를 발달시켜야 하며 기어코는 양심이 정신을 압도하여야 영이 될 수 있다. 이는 영의 도움 없이 혼만의 힘으로는 매우 어렵다. 그 어려움이 불교식으로 말하면 성문사과(聲聞四果)의 아라한이 되는 것만큼 어렵다면 얼마나 어려운 것인가./托52)

위 2)의 (3) 상태는 영과 혼 간의 각축관계가 바람직한 방향으로 발전되어 자아의 수준이 3단계 이상으로 발전한 상태이다.

---

233) 1. 영이 있는 사람의 혼은 중급혼 이상의 제법 수준 높은 혼이기 때문에 혼은 자신의 발전을 위해서 영의 도움이 절대적으로 필요한 것을 대부분 잘 알고 있다.
2. 심지어 헉슬리는 '선(善)이란 혼이 영에게 순응하며 마침내 영과 하나가 되는 것이며 악(惡)은 영과 혼 간의 분리감이 강화되는 것 또는 혼이 영의 존재를 아예 알고 싶어 하지 않는 것'이라고 일갈한다(올더스 헉슬리, 「영원의 철학」, 오강남 해제, 311쪽 번안). 악(獸性)은 인간이 영적으로 사유하기를 멈출 때 발현하는 것이다.

3.4.3. 영과 혼의 조화

혼을 가르쳐 다스리는 일은 인류 정신사의 일대과제였고 모든 종교의 최대숙제였다. 예수님의 복음은 실로 혼에게 "영으로 변화하라!(메타노이아, 悔改尾53))"라고 타이르는 메시지였다고 해도 틀린 말이 아니다. 코란의 타우바(Tawbah)나 불설의 열반(涅槃, nirvana) 또한 같은 의미이다.

기독교의 성경이나 코란, 불경 외에도 변화를 외치는 가르침은 많고도 많다. 그러다 보니 요령과 비법도 생기기 마련이다. 고대 그리스 시대부터 유행하여 한때 초기 기독교 또한 그 영향下에 두었던 영지주의나, 유대교 신비주의 카발라, 그리고 인류 역사 주요 사상에 깊숙이 스며든 신비주의, 나아가 각종 밀교사상이 그러하며 힌두이즘의 요가 또한 변화의 궁극인 신과의 합일을 위한 비결(祕決)에 다름 아닐 것이다. 또한 최근 유행하는 뉴에이지도 영과 혼의 정체를 파악하고 그 관계를 알아내어 변화로의 지름길을 찾아내려는 요령(要領)의 가르침이라고 할 수 있겠다. 심지어 불교의 확철대오(廓撤大悟)와 바라밀다를 일거에 달성하는 방법서까지 등장하고 있으니 옛것으로는 각종 '사자의 서'234)류요 최근에는 「빅 마인드」235)류다.

그러나 변화가 어찌 그리 쉬우랴. 구도(求道)의 길은 멀고도 험하다. 혼영(魂靈)은 원래 일체다. 아니 영혼육(靈魂肉)이 일체다. 이를 극복하고 영혼육이 모두 변화하고 성불하려면 오늘 하루를 눈곱만큼이라도 변화하는 쪽으로 향하여 사는 것이 구도의 왕도(王道)임을 알아야 한다.

---

234) 1. 이집트 사자의 서, 티벳 사자의 서, 중세 유럽의 아르스 모리엔디 등
2. 아르스 모리엔디(Ars Moriendi)는 유럽에서 14~15세기 페스트(黑死病)의 유행을 계기로 급격히 퍼진 죽음의 두려움으로 인하여 "기독교도로서 어떻게 바른 죽음을 맞이할 것인가"를 해설한 여러 책들의 총칭으로 사람이 죽음에 임하여 선악이도(善惡二道)의 망념(妄念)을 끊고 안심하고 세상을 떠나가는 방법을 깨닫게 하는 것을 목적으로 써졌다.
235) 1. 데니스 젠포 머젤(Dennis Genpo Merzel 1944~)은 남캘리포니아 대학에서 석사학위를 받았고 교직에 종사하다가 1973년 타이잔 마에즈미 禪師 밑에서 선승이 되었다. 그리고 1980년 그의 계승자가 되어 선불교를 가르치기 시작했고 간제온 승가라는 이름의 국제단체를 창설했다. 「빅 마인드」라는 책의 저자로 유명하다.
2. 머젤은 우리 안의 '수많은 나'를 자각하게 해 주는 심리치료 기법을 구도와 수행의 목적에도 확장시켜 적용할 수 있음을 발견하고 아주 간단한 견성법인 '빅 마인드 과정'을 개발했다. 「빅 마인드」는 이를 담고 있는 책이다. 이 책에서 머젤은 자아 중 '이미 깨달은 나'인 빅 마인드를 불러내어 평범한 사람을 순식간의 해탈의 경지에 이르게 할 수 있다고 주장한다. 위 3.4.2. '영과 혼의 관계' 1)의 (2) 경우에 혼을 분발시키는 케이스다.

표준이론은 지기지피백전불태(知己知彼百戰不殆)를 모토로 자신의 영혼육을 제대로 아는 것이 혼과 육 극복의 우선이요, 요령이라면 요령이라고 주장한다. 또한 혼과 영이 혼연일체(渾然一體)임을 깨달아 혼을 그저 몰아붙이기보다는 고행의 필요성은 인정하되 중도와 조화의 길을 걷는 것이 오히려 변화의 지름길임을 주장한다.236)

중도(中道)와 조화(調和)의 길은 영에게도 중요하다. 영 또한 발전하여야 하는 존재이기 때문이다. 이제 갓 영이 되어 혼을 영화(靈化)시키는 일이 주된 임무인 하급영부터 이승에 부임도 하고 혼계(魂界)나 영계(靈界)에서 스승령도 하는 중급영, 그리고 합일을 목전에 둔 보살의 고급영까지 영 또한 그 발전의 길이 멀고도 멀다. 그러한 영에게 중도와 조화는 둘째갈 수 없는 덕목이다. 불세출의 영성가 스베덴보리 또한 천사들도 발전의 길을 걷는 불완전한 존재임을 역설하였다.237)

3.4.4. 영이 없는 혼

몸에 영이 없는 경우, 즉 혼과 육으로만 구성된 사람의 경우 구도의 길은 더욱 멀고 험난하다. 그러나 모든 영은 이 과정을 겪고 영이 되었으니238) 젊은 사람이 늙은 사람 부러워할 일만은 아니다. 표준이론에서 볼 때 혼밖에 없는 사람은

1) 그 71%가 하급혼이고 29%가 영속혼239)이다.

---

236) 고행에 대한 두 가지 시각
1. 부처님은 고행을 버리고 성불하셨는데 우리나라는 고행 덕으로 성불하신 것처럼 고행을 매우 높게 평가합니다. 잠을 안자고 일주일씩 수행하는 용맹정진이나 삼천 배와 만 배 같은 고행의 가치가 얼마나 있는지 잘 모르겠어요. 마음은 점차 변하는 것이고 한 번에 고치려고 하면 반항합니다. 단박에 깨우치게 되지만 그때까지는 과정이 있어요. 과거 생에 많이 닦았으면 모르지만 대부분 우리는 체계적인 수행이 맞아요. 꾸준히 노력해서 점차 진전하는 것이 실제 변화를 갖게 합니다(용수 스님).
2. 고행을 통해 육체의 고통에 대한 인내심을 키우고 육체의 고통 속에서도 영혼이 육체와 완전히 다른 존재라는 것을 또렷하게 기억하면 죽음이 왔을 때 영혼이 육체의 고통에 사로잡혀 지옥으로 떨어지지 않고 신(神)의 품에 안길 수 있다. 그렇게 되면 다시는 이 고통스러운 세상에 태어나지 않게 된다(서창덕).
237) 1. 인간과 마찬가지로 천사들도 자기애의 본성을 가지고 있다. 또 천사들은 변화를 거치면서 완벽해진다. 그들은 주님을 향한 사랑 안에 머물고 자기애를 제지당하는 데 점차 익숙해진다.(스베덴보리, 「천상여행기 천국편」 '프롤로그-사람은 천사가 되기 위해 태어난다' 참조)
2. 스베덴보리는 사람의 혼이 천국에 들면 천사(天使)가 된다고 하여 천사를 영으로 파악하고, 천사들의 주요임무가 1인 1천사로 모든 사람들에게 파송되어 그들을 보호하고 악한 정(情)과 그에 따르는 생각들로부터 사람들을 멀어지도록 이끄는 일이라고 주장하였다. 윤회론만 더한다면 표준이론과 대차 없다.
238) 신영(神靈) 제외.
239) 하급혼은 복합혼과 단일혼으로 1.8단계 70%, 2단계 30%, 2.5단계 10%가 하급혼이며 영속혼은 사후 여러 개로 흩어지지 않고 단단한 결속력으로 개체성을 유지하며 윤회를 이어나가는 혼으로 중급혼과 3단계 이상 자아의 고급혼으로 나뉜다.

2) 자아의 수준이 대부분 2단계 범부(凡夫) 이하의 수준이다.240)
3) 그러나 자아수준이 2.5단계인 인격자도 그 절반이, 그리고 2.75단계인 양심가 또한 10%가 영이 없다.

이런 혼이 견지하여야 할 자세와 추구해야 할 변화의 길은 무엇인가.

1) 역시 지기지피(知己知彼)가 우선되어야 한다. 영은 없더라도 영혼육의 실체와 관계는 정확히 파악하여야 한다.
2) 자신에게 영이 있는지 없는지는 쉽게 알기 어렵다. 왜냐하면 살아있는 사람의 혼과 영은 혼영일체241)이고, 영이 없더라도 양심이 그 역할을 하기 때문에 영 존재의 유무를 가리기 힘들다. 그러니 영의 존재여부에 너무 집착하지 말고 스스로의 구도를 추구하면 언젠가 자연스럽게 알 날이 온다.
3) 마음공부를 열심히 하여 혼이 원래 가지고 있는 양심체를 최대한 키워야 한다. 영이 있더라도 혼에 압도당하여 제 구실을 못 하는 사람도 많으니 그보다는 영이 없더라도 양심이 활발한 혼만 있는 사람이 자아의 수준은 더 높을 수 있다.242)
4) 종교적이면 더욱 좋다. 성인의 가르침대로 살면 안전하다. 종교는 어쩔 수 없이 정치적이고 조직적일 수밖에 없으나 경전과 사제(司祭)에 매달리는 근본주의(根本主義)만 아니라면 종교를 가짐으로써 정신이 양심과 조화되어 변화하는 생을 살 가능성이 커진다. 근본주의적 종교관을 가진 사람은 대부분 2단계 미만의 사람으로 교조(敎祖)의 가르침보다 경전의 문구와 사제의 지시에 경도(傾倒)된 사람들이다. 이들은 미망에 사로잡힌 나머지 사제의 私兵이 되어 자신을 망치고, 타종교에 배타적이 되어 남에게도 해를 입힌다. 이런 사람은 종교를 가지지 않는 편이 훨씬 낫다. 윤회의 이치상 다음 생에는 다른 종교를 경험할 것인데 한 종교에 집착하는 것은 바람직하지 않다. 일원의 세계에서 예수님이면 어떻고 부처님이면 어떠냐. 모두 나를 이끌어주신다. 어차피 하느님은 한 분이시다.
5) 종교 없이 도덕률만 철저히 챙기는 것도 좋다. 그러나 시의(時宜)적이고 타율(他律)적이며 자의(恣意)적이 되기 쉬워 안전하지는 않다.
6) 자기를 통제하는 원칙의 수립이 중요하다. 특히 말과 행동의 통제, 그리고 불만과 분노의 통제 원칙을 세우고 지키는 것이다.

---

240) 2단계 미만 0%, 2단계 凡夫 30%, 2.5단계 人格者 50%, 2.75단계 君子(양심가) 90%가 영이 있다.
241) 혼영일체(魂靈一體)는 살아있는 사람의 영과 혼은 혼연일체(渾然一體)가 되어 구분하기가 쉽지 않고 떨어지기도 쉽지 않음을 표현하기 위하여 쓰는 용어이다.
242) 2.0단계의 30%가 영이 있으나 그중 50%가 영이 없는 2.5단계의 사람보다 수준이 낮다(부록1 '자아의 수준에 따른 영과 혼' 참조).

중요한 사실은 영이 있는 사람이라고 하여 위 사항의 실천에 있어 예외가 되는 것은 전혀 아니다. 주춧돌 없이 집을 짓는 것과 다름없다.

그런데 영이 없는 사람이 인구의 90%라면 영이 있는 것을 전제하고 담론하는 표준이론이 무영인(無靈人)들에게 무슨 소용인가? 영의 역할을 양심이 한다는 것 외에 큰 차이가 없다고 하나 어쨌든 혼밖에 없는 사람은 김이 빠질 것이 분명하다. 그러나 안심하라. 허구한 책 중에 이 책을 집어 들고 또 여기까지 읽었다면 그에게는 이미 靈이 있을 것이다.243)

---

243) 그리고 누가 만일 이 책을 며칠 내에 다 읽어 낸다면 그는 분명 자신이 靈을 가진 천국의 사람이라고 생각해도 좋다. 그리고 그럴 사람은 별로 없겠지만 이 책을 다시 몇 번 정독한다면 그는 몇 생은 족히 건질 것이다.

4

자아(自我)에 대하여

표준이론에서 자의식은 존재나 실체가 아니고 방(房)이다. 유년기에는 자의식의 하위단계인 이드가 몸의 주인이니 자아의 방은 비어 있다. 이후 혼의 자의식인 에고가 생기체와 이드를 장악하기 시작하면서 자아의 방에 들어오면 비로소 자의식이 발현한다. 이후 영이 몸에 도래하면 본격적으로 자의식의 방에서 주도권의 각축과 이에 따른 혼과 영의 발달이 시작된다. 영의 도래가 없으면 정신체 혼자서 길고 더딘 발전과정을 걷는다. 이 때 분할환생의 이론을 적용하면 상위정신체의 입신(入身)이 자의식의 발생기에 이루어진다고 할 수 있다. 혼이 생기체를 서서히 장악한다거나 혼의 상위부분의 발현이 서서히 이루어진다는 표준이론의 생각과는 달리 혼이 저승에서 하위부분부터 나뉘어 도래한다는 것이다.

4. 자아(自我)에 대하여

4.1. 자아(自我)의 정의

자아의 사전적 정의는 '대상의 세계와 구별된 인식·행위의 주체이며, 체험 내용이 변화해도 동일성을 지속하여, 작용·반응·체험·사고·의욕의 작용을 하는 의식의 통일체'244)다. 요약하면 '인식을 주관하고 실천을 통일하며 지속적으로 존속하는 타와 구별되는 의식체'다. 이러한 자아의 정의를 뜯어보면 자아는 개체성(個體性)과 주관성(主管性)이 그 주요요소다.

표준이론은 자아를 다음과 같이 정의한다.
'영과 혼과 육이 더불어 하나의 생명체를 이루어 스스로를 외부와 구분하여 인식하고 구분된 내부를 주관할 때 영이나 혼이 느끼는 존재감 또는 존재로서 그 영 또는 혼 자체.'
이는 개체성과 주관성에 더하여 개체의 내부가 영혼육으로 구성된 일체(一體)임과 자아의 정체가 영 또는 혼임을 드러낸 정의이다. 사전적 정의는 자아가 '주체라거나 의식체'라는 선언에서 그치나 표준이론의 정의는 자아의 주체의 본질이 영 또는 혼임을 분명히 한 것이다.

부처님은 자아의 존재(存在)가 육(色)과 명(名, 受想行識)의 가합(假合)이라고 하였으나245) 누가 명(名)을 혼으로 풀어 사람이 육과 혼의 가합이라고 하여도 좋으냐고 물었다면 맞다고 하셨을 것이다. 이는 부처님은 我가 브라만에서 발출된 아트만이 아니라 오온에서 생성된 것이니 계속 변화하고 진화하는 존재라 무상(無常, Anicca)할 수밖에 없고 따라서 我는 허상이고 무아(anatta, anatman)라 한 것이니 진화의 산물로서 표준이론의 혼이 명과 다를 것이 없다 하셨을 것이라는 뜻이다. 또한 이렇게 태어난 혼이 제행(諸行)이 無常하고 그로 인해 제법(諸法) 또한

---

244) 표준국어대사전, 자아
245) 오온은 작은 뜻으로는 사람의 구성요소를 의미한다. 이때 색(色)은 몸이요, 수상행식(受想行識)은 명(名)으로서 혼이다. 현상세계의 구성요소로서의 큰 뜻의 오온에서는 色은 물질(에너지)과 그 움직임을 나타내고 名은 거기에서 난 法(생명, 존재)을 의미한다. 3법인(三法印)은 큰 뜻으로서의 오온과 관련된다. 제행무상은 기의 에너지에서 난 물질(無情)의 속성이며 제법무아는 기의 생명으로서의 존재(有情)의 속성이다. 그렇다면 열반적정은 기의 굴신과 왕래로 인한 行과 我가 태허로 돌아간 無爲의 모습이다. 無明은 이 이치를 모르고 개체성과 주관성의 아상(我相)에 사로잡힌 혼의 속성이다.

無我함을 깨닫고 아상(我相)의 무명으로부터 탈출하는 것을 열반이라 하고 이로써 부처가 된다 하셨으니 이는 혼이 수성(獸性)과 종혼(從魂) 그리고 자리(自利)를 극복하고 혼죄(魂罪)에서 벗어나 영이 된다는 것과 다를 것이 하나도 없다.[246]

그러니 육과 혼이 유식론적 허상이 아니라 실재하는 것이고 영은 이를 구축(驅逐) 한다기보다는 극복하여야 한다는 생각은 부처님도 마찬가지시며 표준이론은 이 극복이 구체적으로 자아(自我)의 사랑방의 주인을 혼에서 영으로 바꾸는 것으로 나타난다고 하는 것이다.

훗날 불교의 유식(唯識)은 무아임에도 불구하고 윤회를 주장하여야 하는 곤란을 타개하고자 아뢰야식이라는 것을 상정하고 있는데 오온(五蘊)과 육식, 그리고 칠식으로 이어지는 인연(因緣)으로서의 아뢰야식은 기에서 진화한 존재인 표준이론의 혼에 해당하므로 불교 유식(唯識)의 무아의 윤회설은 '영(靈)과 혼(魂)의 이론'이 아니라 우선은 '혼(魂)의 이론'이다. 만일 불설이 무아의 문자에 집착하여 고를 극복하고 번뇌를 벗어나 열반하려는 주체 자체를 부인하는 사상이라면 '허무(虛無) 론'이 되고 마는 만큼, 유식론의 정당한 의도는 부처님께서 고를 극복하기 위한 방편으로 에고[247]로서의 아를 버리라는 뜻으로 설하신 무아론의 진의를 받들어 구체적인 혼론(魂論)을 설한 것이어야 한다.

자기(自己)와 자아(自我) 그리고 자아의식과 자의식

사전적으로 자기(自己)는 '대상의 세계와 구별된 인식과 행위의 주체이며 체험 내용이 변화해도 동일성을 지속하여 작용, 반응, 체험, 사고, 의욕의 작용을 하는 의식의 통일체'다. 이는 '인식을 주관하고 실천을 통일하며 지속적으로 존속하는 타와 구별되는 의식체'라는 자아(自我)의 정의와 별로 다를 것이 없다. 그러나 영과 혼을 말하는 표준이론에서 자아는 통일체나 의식체가 아니다. 자아란 '자신의 주체인 영이나 혼 또는 그가 스스로 느끼는 존재감'을 의미하는 말로 쓰고 자기는 '그 사람 자신'의 뜻으로서 영이나 혼이 스스로를 지칭하는 말로 사용한다. 따라서

---

[246] 힌두교의 아트만은 무명으로 인해 윤회하는 '혼의 세계'의 삶에서 아함카라(자의식, 에고, 혼)와 혼영일체(魂靈一體)한 상태다. 다만 힌두에는 아직 진화의 개념이 없다. 따라서 아함카라는 존재인 혼이 아니라 아트만이 이승에서 타고 다니는 카르마라는 이름의 승(乘)에 불과하다. 아트만은 윤회의 과정에서 계속하여 존재하여 없어지지도 않고 변하지도 않는 '나의 유일한 본질'이다. 따라서 아(我)에서 아함카라의 무명을 걷어내면 아트만이 나타난다. 불교에서의 열반과 같다. 다만 불교에서는 무명을 걷어내면 아트만 대신 열반한 아함카라인 아라한이 無我라는 이름으로 나타난다. '아함카라의 我'가 無明과 因果에서 기인한 번뇌덩어리이다 보니 무명이 사라지면 인과도 끊어지고 아상도 사라진 '아라한의 무아'가 되는 것이다. 이는 표준이론에서 혼으로부터 무명이 사라지면 혼은 열반에 들어 영이 되는 것과 같다.

[247] 표준이론에서 2단계 자아를 이르는 말로 사용한다. 물론 프로이트의 에고에서 차용하였다.

자아가 영일 수도 있고 혼일 수도 있으니 자아는 '자아의 방을 차지하고 있는 주인'으로 표현된다.

한편 영어의 self는 '자기'보다는 오히려 '자아'로 많이 번역된다. 자기는 자신(自身)과 동의어로 oneself다. 따라서 영어로 'self cosciousness'는 직역하면 자아의 의식(意識)248)인데 우리말에서는 이를 보통 자의식(自意識)이란 말로 줄여서 쓴다.249) 그런데 표준이론에서는 자의식 또한 이런 일반적인 의미가 아니라 '에고의 의식'을 뜻한다. 에고(ego)는 우리말로는 보통 self처럼 자아(自我)로 번역되는데 표준이론에서는 에고를 번역하지 않고 '상위정신체의 의식'을 의미하는 고유한 뜻으로 사용한다.250) 에고는 동물의 혼인 각혼이 진화하여 상위정신체가 발달하면서 그룹혼에서 분리되면 나타나는 개체성의 발로로서 이기심과 자존심이 그 주요 속성이다. 그렇다면 자의식은 에고의 의식 즉 혼의 의식이니 자아의 방을 혼이 차지하고 있을 때를 의미하는 단어로 자아의식의 종류 중 하나다.

4.2. 자아와 영 그리고 혼의 관계

자아는 실체가 아니다.251) 실체가 아니면 무엇인가? 자아는 방(房)이다. 그 방 안에 들어 있는 '무엇'이 실체이고 주체이다. 사람의 유년기에는 보통 혼의 하위정신체가 자아의 방주인이다.252) 자라서는 보통의 경우 혼의 상위정신체인 에고가 자

---

248) 표준이론에서는 '의식'이라는 단어를 생각, 사고 등보다 하위개념으로서 불교의 제6식인 분별식 정도로 파악하고 있으며 이는 식물의 생혼단계에서 발생한다고 본다(6.3.3.5.1. '정신과 생각 그리고 의식' 참조). 그러나 자아의식이니 영의 의식이니 하는 경우의 '의식'은 '각성과 인식의 합'이라는 일반적인 의미로 사용하였다.
249) 자의식이 자아의식의 준말이긴 하지만 '자의식'을 표준이론에서는 에고의식이란 말로 사용하기 때문에 표준이론에서 자아의식은 자의식과 동의어가 아닌 그냥 자아의 의식 즉 '현재 자아의 방을 차지하고 있는 영이나 혼의 의식'을 뜻한다. 자아는 방으로 표현되니 자아의식은 방주인의 의식이며 방주인은 혼이나 영인만큼 자아의식은 결국 영의 의식 아니면 혼의 의식인 것이다.
250) 에고(Ego)는 프로이트가 그의 '마음의 구조모델(structural model of the mind)'에서 마음을 본능적 충동으로서 이드와 그것들을 규제하는 행위력인 에고, 그리고 이드를 정신적으로 변형시키고 변모시키는 슈퍼에고로 구분하면서 사용한 용어로 프로이트의 지대한 영향력으로 인하여 보통 자아라고 번역되어 사용되나 프로이트가 의도한 전문적 의미를 그대로 나타내기 위하여 번역하지 말고 그냥 에고라고 쓰는 편이 정확하다. 영어권에서도 ego를 self와 같은 것으로 보지 않는다. 따라서 표준이론에서는 self는 자아, ego는 에고, self cosciousness는 자아의식 또는 자의식으로 쓴다.
251) 표준이론에서 자아는 주인이 여럿일 수 있으니 '자아의 방'으로 표현되고 따라서 실체나 주체가 아니다. 자아가 실체요 존재라면 영혼육이 아니라 영과 혼과 자아와 육 네 가지가 인간의 구성요소가 되어야 한다.
252) 하위정신체(이드)에는 아직 지혼의 에고처럼 완전한 자의식(에고의식)이 없다. 따라서 유년기에 자아의 방은 사실 비어있는 것과 마찬가지다. 자의식의 상위정신체는 유년기를 지나면서 서서히 또는 갑자기 성장(도래)한다.

아의 방주인 노릇을 한다. 대부분의 사람은 이 상태로 살아간다. 가끔 혼의 최상 위부분인 양심체가 자아의 방에 드나들 뿐 옵션으로 주어진 영은 사랑방에 들어와 보지도 못하고 폐기될 수도 있다.253)

정신의학자들은 해리성 장애(解離性 障碍)尾54)와 같은 자의식의 장애나 치매, 조현병, 뇌전증 등 정신질환이 뇌의 물리적 이상(異常)에서 기인한다고 치부하지만 표준이론은 그 원인이 생기체나 정신체 또는 외부 영적존재에 있는 경우가 많다고 본다. 대부분의 정신의학자들은 영혼의 존재를 인정하지 않아 정신질환의 원인을 두뇌의 물리적 손상이나 고장에서만 찾고 영적원인은 도외시하고 있는 것이다. 그것이 그들의 치료 한계다. 그들은 정신질환과 관련하여 싫더라도 영적인 원인으로 설명할 수밖에 없는 사례를 접하게 되고 그 경우 다른 질병을 다루는 의사들이 그러하듯 그들도 '이는 아직 밝혀지지 않은 원인에 기인한 것일 뿐이니 언젠가는 치료법이 나올 것'이라며 그 둘레에 '블랙박스'를 치고 떳떳한 듯 지나간다.254) 그러나 영적원인에 의한 정신질환 환자의 치료는 시간문제일 뿐이다. 영혼학이 자연과학의 범주에 들어가는 일이 시간문제이기 때문이다.

표준이론에서 볼 때 자의식의 장애나 조현병 등 정신질환은 복합혼(複合魂)을 구성하는 서로 다른 출신의 혼간의 결합이 조화를 이루지 못할 때 나타나는 분리의식 현상일 가능성이 크다.255) 강박증이나 이인증, 다중인격 등의 장애는 복합혼 현상의 전형이며256) 주의력결핍장애(ADHD)나 각종 중독증 그리고 조현병 등도 복합혼 때문에 나타나는 것으로 보인다.

정신의학자들은 '경두개자기자극술(transcranial magnetic stimulation)을 시술하면 자기 환영이 나타난다'는 연구결과에 의존하여 다중인격 등의 증상이 뇌가 고장 나서 발생하는 뇌질환으로 치부하고 있으나 연구결과도 믿기 어렵거니와 이런 연구가 없었더라도 그들은 같은 말을 하고야 말았을 것이다. 혹시 이런 연구가 있었다 하더라도 그 연구는 원인과 결과의 연구가 아니라 원인은 규명하지 못

---

253) 이를 잘 표현한 진술이 있다. "식정으로 구축된 세계의 실상은, 옷이 사람 모습의 일부분이 되어 버렸듯이, 본래의 심성(영)은 오욕칠정과 온갖 업식으로 깊이 은폐되고 망각되어 버린 채, 괴이하게도 인식(혼)이란 놈이 주인 노릇을 하고 있다는 사실이다."(다음 블로그, '시공' 참조)
254) 프랑스의 소설가 베르베르는 그의 소설 「신」에서 유대교 랍비인 프레디 메예르의 말을 빌려 이렇게 이야기한다. "신과 외과의사의 차이는 무엇일까?" "신은 적어도 자신이 외과의사라고 착각하지는 않는다."
255) 신지학자 리드비터는 다신체론적 관점에서 정신이상의 원인을 몸뇌의 결함, 몸뇌에 대응하는 에테르체(생기체)의 혼뇌의 결함, 거기에 대응하는 아스트랄체(하위정신체)의 결함, 멘탈체(상위정신체)가 교란되어 자아의 가르침이나 소망의 전달이 불가능한 경우로 나눈다(리드비터, 「신지학대의」 제5장 자아와 그 매체들 중 빙의와 정신이상 참조). 이는 윤회체에도 고장이 날 수 있다는 철저히 물질적이고 다신체론적인 의견으로 다른 말로는 미친 혼도 있다는 주장이다. 그러나 혼은 미치지 않는다. 혼을 구성하는 생기 또는 주혼과 종혼 간의 부조화가 있을 뿐이다. 부조화가 심한 혼은 명종 후 분리되거나 소멸한다 (6.7.2. '혼의 장기(臟器)와 병(病)' 참조).
256) 강길전·홍달수, 「양자의학」 참조

하고 인과(因果)의 과정(過程)과 결과부분만 설명한 과정론법적 연구다.尾55) 따라서 이런 종류의 연구로는 진실을 알 수 없다.

다중인격이 병 수준이 되려면 우선 영이 매우 약하거나 없어야 하고 혼이 복합혼이어야 하며 주혼이 트라우마 등으로 병들어 기가 쇠한 경우여야 한다. 그 결과 주혼과 종혼이 그 사람의 자아를 교대로 장악함으로 인해 병적인 다중인격이 된다. 이때 외부에서 기나 혼이 침탈할 경우 더욱 심각해질 것이다.257)

4.3. 자아의 발전단계

4.3.1. 표준이론의 자아의 발전단계

표준이론은 이미 설명한 관이론(觀理論)을 통해 관(觀)은 행동의 전제일 뿐 아니라 때가 되지 않거나 연(緣)이 닿지 않으면 변화할 수 없으며 수승한 관은 결코 쉽게 얻어지지 않는다고 하였다. 또한 관과 자아의 수준은 상호작용을 하며 발전한다.258) 자아의 수승(殊勝)이 쉽게 얻어지지는 않지만 주어진 자유의지로 주마가편(走馬加鞭)할 수 있다.尾56) 자아 발전의 원동력은 영화(靈火)에서 기원한 인간이 가지고 있는 '신성(神性)을 염원하는 의지'에 있다. 신성을 구현하기 위해서 인간은 이 '의지'를 펼치고 그 힘을 사용하여 '더 높은 자아'를 추구한다.259) 몸만 늙지 마음은 늙지 않은 사실을 두고 마음은 청춘이라며 좋아하였다면 작고 크게 두 번 통탄해야 한다. 몸만 늙고 마음은 그대로이니 인신난득의 이생을 허송하였으므로 작은 통탄이요 통탄해야 할 일인 줄도 몰랐으니 큰 통탄이다.

조 피셔는 윤회과정을 거치면서 진화하는 영혼의 모습을 다섯 단계로 나누어 설명하였다.260) 그에 의하면 영혼은 그 존재목적이 '영혼의 탐구'인데 이는 다음과 같이 다섯 단계를 거쳐 서서히 진행된다고 하였다.

---

257) 미주 76. '주사(酒邪)와 다중인격' 참조
258) 2.3.2. '앎과 觀과 믿음의 관이론(觀理論)' 참조
259) 헤르메스주의자 홈페이지(hermeticfellowship.org) 참조
260) 조 피셔(Joe Fisher 1947~2001)는 캐나다의 저널리스트이자 작가였다. 그는 1988년 의학박사인 조 엘 휘튼(Joel Whitten)과 공동 저술한 윤회전생 연구논저 「Life Between Life」에서 영혼의 진화수준을 다섯 단계로 나누었다.

1) 유물(唯物)단계 : 물질적인 행복을 추구하고 육체적 쾌락의 열망에 지배되는 단계다. 남의 감정에는 거의 관심이 없고, 철학적 목표는 전혀 없다. 죽은 다음의 일이나 어떤 종류의 궁극적인 힘도 인정하지 않는다.
2) 미신(迷信)단계 : 자신보다 위대한 실재가 있다는 사실에 비로소 눈뜬다. 그러나 그에 대해서는 아무것도 알지 못하고 여전히 유물론적인 생활방식이 지배한다.
3) 근본주의 단계 : 전능한 존재에 대해 단순하고 미신적인 사고방식을 지니고 있다. 의식(儀式)에 따라 기도와 교의(dogma)를 실천하면 반대급부적 보상으로 천국이나 죽음 뒤의 지위가 보장된다고 믿는다.
4) 철학의 단계 : 자기 책임을 겨우 깨닫는 단계다. 종교적 신념을 가지고는 있지만, 교의에 의존하는 것만으로는 충분치 않다는 인식이 생긴다. 이 단계의 특징은 생명을 존중하고 남의 신념에 관용적이며 기성 종교의 가르침을 깊이 이해하고 있다.
5) 박해(迫害)의 단계 : 인생의 진정한 의미가 무엇인가를 이해하려는 강한 욕구에서 생기는 내적인 긴장과 실천이 나타나는 단계다. 존재의 깊은 의미와 목적에 눈뜨는데, 이에 대한 답을 찾기 위해 폭넓게 책을 읽고 깊은 연구를 거듭하며 각종 신비학과 형이상학 연구 모임에 참여하기도 한다. '박해'라는 표현은 그리스도의 산상수훈 중 "옳은 일을 하다 박해받는 사람은 행복하다."(마태 5:10)에서 딴 것이다.[261]

자아의 발전을 추구하려면 이처럼 우선 자아와 그 발전단계에 대하여 알아야 한다. 앎이 도(道)의 기본이기 때문이다. 도를 모르는데 어찌 이를 추구하며 몸이 알지 못하는 도를 어찌 마음이 깨닫겠는가.

표준이론에서는 자아의 수준을 크게 다섯 단계로 나누었다. 그러나 이는 정수(整數)적인 의미가 아니다. 즉 중간에 소수(小數)를 포함한다. 즉 선(線)의 개념이다. 그 시작은 0을 초과하고 5 이하이다. 표준이론에서는 그중 12개의 지점을 골라 그 특징을 표현하였으니 그 사이의 지점들은 발전단계상 그 사이일 것이다. 켄 윌버는 자아수준의 측정에 8~10단계 정도가 적당하다 하였으니 좀 많다 할 수 있겠으나 불교의 52수행계위에 비하면 많이 적다 할 것이다.[262]

자아의 단계별로 영혼육의 상황을 표로 만들어 보면 다음의 '자아의 수준에 따른 영과 혼(부록1 요약)'과 같다. 자세한 내용은 부록1을 참조하라.

---

261) 그의 이런 주장은 표준이론의 자아의 발전단계와 거의 같은 생각이다. 유물(唯物)단계는 생기체와 원초자아의 1.6단계 이하 자아요 미신(迷信)단계는 이드에고인의 1.8단계 자아다. 세 번째 근본주의 단계의 자아는 자의식이 자아인 2단계 자아요, 철학의 단계는 인격자의 자아인 2.5단계다. 마지막 박해(迫害)의 단계는 양심가의 자아인 2.75단계 정도의 자아인데 피셔는 그 이상의 자아는 표시하지 않았다. 그런데 거기까지의 자아가 차지하는 인구비율이 99.29%이니 그 이상 초자아, 영적자아, 참자아 그리고 지고한 무아의 자아를 표시한들 무엇하랴. 피셔도 알고 있었을 것이다.
262) 켄 윌버 「통합비전」, 4.3.9.3.2.1. '불교에서의 수행계위' 참조

자아의 단계 (殊勝度)	자아 이름	별칭1	수행계위/ 성문사과/ 3계6도/ 십우도	의식의 주체 (자아의 방주인)	수준	특징	혼의 환생 확률	혼의 종류	진급 확률 (완행 코스)	혼→영 확률 (직코스)	깨어 있는 시간 비율	영이 있을 확률	영의 수준	지구 인구중 비율	누적 비율	자아단계별 인구수	명종후 혼이 주로 가는 곳
1단계	생기체 자아	초생이	//축생도/ 未敎	肉70%/ 혼30%	자아육의 수준	동물적이고 감정적인데다가 주체성과 자의식이 부족	50%	복합혼	50.00%	0.0%	없음	0%		2.08%	2.08%	160,000,000	중음계 (아스트랄계)
1.5단계	원초자아 (이드)	이드인		肉50%/ 혼50%	자아가 육과 정신 사이에 사는 수준		62%	복합혼: 단일혼 = 6:4	40.00%	0.0%	1% 미만	0%		17.51%	19.58%	1,350,000,000	
1.6단계			//아수라도/ 初調	肉30%/ 魂70% (정신10)			65%	복합혼: 단일혼 = 5:5	25.00%	0.0%	1~2%	0%		22.05%	41.63%	1,700,000,000	
1.8단계	자의식의 자아 (에고자아)	이드에고인 (필부)		魂100% (정신9 양심1)	자아가 정신에 사는 수준	이성적이고 합리적이나 아직 이기적이고 계산적	80%	복합혼: 단일혼: 중급혼 = 2:5:3	20.00%	0.0%	2~5%	0%		35.02%	76.65%	2,700,000,000	
2단계		에고인, 凡夫	십신// 인간도/ 受制	魂(90%) (정신8 양심2)/ 영(10%)			91%	복합혼: 단일혼: 중급혼 = 1:2:7	13.33%	0.5%	5%~10%	30%		12.97%	89.62%	1,000,000,000	심령계 (멘탈계)
2.5단계	인격자 자아	人格者, 신사	십주/ 전오후오도/ 인간도/ 題首	魂(80%) (정신7 양심3)/ 영(20%)	영의 존재를 아는 상태	도덕적, 자기통제력, 양심적, 초기 영성적	98%	단일혼: 중급혼 = 1:9	10.00%	1.0%	11%~20%	50%	주로 하급영	7.52%	97.15%	580,000,000	
2.75단계	양심가 자아	군자, 양심가	십주의 후오주/ 인간도	魂(70%) (정신6 양심4)/ 영(30%)	주로 양심적인 수준	주체적, 원칙적, 강한 자기통제력, 영성적	100%	중급혼	5.00%	2.0%	21%~30%	90%		2.14%	99.29%	165,000,000	
3단계	초자아	현인	십행/ 수다원/ 욕계6천/ 馴伏	魂(50%) (정신5 양심5)/ 영(50%)	양심에 사는 수준	혼 장악력이 크고 지혜로우며 섭리순응적인 영적 삶	100%	고급혼	2.00%	5.0%	31%~40%	100%		0.65%	99.93%	50,000,000	준영계 (코잘계)
3.5단계	영적 자아	위인	십회향, 십지/ 사다함, 아나함/ 색계, 무색계/ 無碍	魂(40%) (정신4 양심6)/ 영(60%)	자아가 혼을 거의 극복한 수준		100%		2.00%	10.0%	41%~50%	100%	주로 중급영	0.06%	100.00%	5,000,000	
4단계	참자아 (참나)	성인, 아라한, 영인	등각/ 아라한/ 출세간/ 任運	魂(20%) (정신3 양심7)/ 영80%	열반하여 영에 사는 수준	참자아, 진아, 참나, 진여, 무심, 참마음, 본심, 여래장, 불성, 아트마	100%		2.00%	100.0%	51%~	100%		0.00%	100.00%	100,000	제1영계
4.5단계	무아의 자아	신인	묘각/ 보살// 相忘	영 100%	해탈한 수준		100%		4.00%	100%	100%	100%	주로 고급영	0.00%		10	
5단계			/부처님, 예수님// 獨照		합일한 수준				N/A								
																7,710,100,010	

부록1 자아의 수준에 따른 영과 혼(요약)

4.3.1.1. 자아의 수준이 1.8단계 미만인 자아

자아가 육과 정신 사이에 있는 수준으로 육과 혼을 자아의 구성요소로 보고 외부(外部)로부터 자아를 구분하는 상태이며 자아의 사랑방에 혼(魂)이 앉아있으나 아직 이드의 5욕이 지배하는 수준으로 혼이 몸의 욕구에 휩쓸려 동물적이고 감정적이다.263) 또 최근 확보한 개체성 때문에 이기심과 자존심에서 기인한 소유욕과 명예욕은 자아수준의 여러 단계 중 가장 강하다. 양심체가 별로 발달하지 않아 혼의 대부분이 정신체로 되어 있으며 명종 후 혼이 소멸이나 분열의 이합집산 없이 그대로 환생할 확률이 50~65% 정도에 불과하다. 몸에 영이 없으며 혼은 전생에 여러 혼의 조각으로 구성된 복합혼일 가능성이 반 정도다. 정신은 하위정신체인 '이드'가 그 주요 구성요소이며 이 수준의 자아는 각성시간 중에 '깨어있는 시간264)'이 거의 없다.

1단계의 자아는 자아의 방에 있는 혼이 그 생기체가 아직 득세하는 수준으로 보아 '생기체 자아'라고 하며 그러한 사람을 '초생인(初生人)'이라고 별칭한다. 각혼이 지혼으로 진화한 후 처음 사람으로 태어났다는 뜻이며 인구의 2% 남짓을 차지한다. 1.5~1.6단계 자아는 자아의 방에 있는 혼이 아직 그 이드(id)가 매우 강하여 '원초자아'라고 부르며 별칭으로 '이드人'이라고 하며 인구의 40%가 이 수준이다.

---

263) 1. 짐승들은 본능적으로 자아를 몸체와 동일시하며 집착하고, 인간에게 부여된 이성이라는 자유로운 특성을 갖지 못했다(파라마한사 요가난다, 「요가난다, 영혼의 자서전」, 김정우 옮김, 44장). 이는 자아의 수준이 낮은 古代에 영육일체론이 발생한 이유이기도 하다. 영육일체론은 고대 페르시아나 이집트 그리고 팔레스티나와 그리스 등에서 조로아스터교와 유대교, 영지주의 현교에서도 찾아볼 수 있다(줄리아 아산테, 「두려움 없는 죽음, 죽음 이후의 삶」). 이러한 생각은 기독교 근본주의에 아직까지 남아있다. 이성(理性)의 조명(照明)을 허용하지 않는 도그마(dogma)의 위력을 볼 수 있는 안타까운 사례다.
2. 애니 베산트는 문명초기 지혼이 처음 태어났을 때 인구의 대부분은 1단계였다고 하면서 그들을 문명과 진화로 이끈 존재는 외계출신 영이었다고 주장한다(6.11. '강시(僵尸)'와 미주 44 '신영과 혼영의 탄생' 참조).
264) 1. 표준이론에서 깨어있다는 것은 '영이 자아의 사랑방을 장악하고 몸과 혼을 통제하여 혼이 평정심을 유지하고 있는 상태'를 의미한다. 이는 명상(위빠사나)에서 영이 혼을 他者로 지그시 관찰하여(Sampajañña) 혼의 평정심(upekkhā)을 유지하고 그 변화를 매 순간 알아차리는 것(Sati)과 같다(미주 302 '위빠사나(vipassana)' 참조). 평정심과 관찰과 알아차림은 명상의 3요소이자 깨어있음의 3요소다.
2. 혼만 있는 사람도 깨어있는 시간이 있다. 예를 들어 영이 없는 1.8단계 미만의 사람도 자아의 수준별로 5% 이하의 깨어있는 시간이 있다. 이는 혼이 가능태인 '영화(靈火)'의 현실적인 구현(具現) 즉 영화의 현실태(現實態)로서의 혼(魂)이기 때문이다. 영화의 하위 구현인 정신체만 있는 이드인이나 에고인의 사람도 영화로 인하여 영적인 면모를 가진다. 그렇다면 양심체는 영화의 보다 발전적인 구현이겠다(4.3.2. '자아의 수준(水準)' 참조).

4.3.1.2. 자아의 수준이 1.8단계인 자아

1.8단계는 의식이 대부분 정신체에 사는 수준으로 肉을 외부로, 魂을 자신으로 느낀다. 2단계와 마찬가지로 '에고자아'의 수준이나 혼의 이드가 아직은 에고와 그 세(勢)가 서로 비등한 자아로 '이드에고人' 또는 필부(匹夫, 匹婦)라고 부른다. 양심체가 처음으로 혼의 1할을 차지하며 이성적이고 합리적인 면이 있으나 아직은 이기적이고 계산적이다. 영을 인정하지 않는 사람 또는 말로만 들어 알지 영을 직관으로 느끼지 못하는 사람은 보통 1.8 단계 이하다. 아직 복합혼이 20%를 차지하며 전생의 혼이 그대로 환생한 단일혼은 50%다. 이들은 모두 하급혼이다. 그러나 흩어질 가능성이 거의 없어 영생(永生)하는 중급혼인 영속혼(永魂)이 처음으로 나타나는 단계로 그 비율은 30%이다. 1.8단계에서는 몸에 영이 있는 사람은 없어 자아의 방주인은 모두 혼이다. 또한 1.8단계의 자아 중 20%가 소멸 또는 분열하게 된다. 5명 중 한 명에게 저 유명한 '소멸의 공포[265]'가 진짜로 닥쳐오는 것이다.
한편 1.8단계의 혼은 사후에 20% 정도가 2단계 혼으로 진급한다. 혼의 진급은 하급혼일수록 빠르다. 1단계의 자아가 1.5단계로 진급하는 데 필요한 전생(轉生)수[266]는 2번에 불과하여 사후 진급확률은 50%이지만 갈수록 진급이 어려워져 1.8단계에서는 10번의 전생이 필요하고 따라서 사후 진급확률도 20%로 떨어진다. 이후 진급은 더욱 어려워져 2단계 13%, 2.75단계 5%, 이후 3단계가 되면 2%가 된다. 한편 혼이 단계적 진급 없이 영으로 직행하는 것도 가능하다. 모든 혼이 언제라도 공부가 깊은 한 생을 보내면 영이 된다는 것으로 불교나 기독교 등 대부분의 종교와 사상에서 이를 인정한다. 표준이론에서는 2.0단계의 혼은 0.5%, 2.5단계는 1%, 2.75단계 2%, 현인(賢人)인 3단계라도 5%의 비율로 그 가능성이 있다고 본다. 그 이상의 확률을 말하면 면죄부로 광내는 꼴이 될 것이다.
1.8단계 자아는 인구의 35%인 무려 27억 명이 이 수준으로, 사람 중 가장 많은 유형이다.[267]

---

265) 이는 '죽음의 공포'의 실체다. 인간이 느끼는 죽음의 공포는 동물의 각혼단계와 사람의 복합혼 그리고 단일혼 단계를 거쳐 온 경험이 혼에 각인되어 느끼는 온몸을 부서뜨리는 커다란 두려움이다(미주 74 '죽음의 공포에 대하여' 참조). 그래도 아직 건강할 때 이 두려움을 경험하는 사람은 최소 2단계 이상이다. 1.8단계 이하의 자아는 대부분 죽음에 임박하여서야 이 두려움을 느낀다. 평소에는 애써 외면하며 살며 또한 그러한 삶이 가능하다(12.5.2. '죽음에 대한 방어기제' 참조).
266) 1. 표준이론에서 상정(想定)하는 자아 단계별 정상적 轉生횟수는 다음과 같다.

단계	~1.5단계	1.6단계	1.8단계	2단계	2.5단계	2.75단계	3단계	3.5단계	4단계	5단계
전생횟수	2	7	15	25	40	60	100	200	300	400

2. 또한 시대별 평균수명은 다음과 같이 상정한다(부록6-1 '시대별 영의 탄생수' 참조).

BC 6000~	999~	1376~	1931~1981
15	20	30	40

4.3.1.3. 자아의 수준이 2단계인 자아

1.8단계와 마찬가지로 2단계의 자아는 혼(魂)이 정신체에 주로 속박된 자아이고 이드는 에고가 통제하고 장악하는 수준이라 '자의식의 자아', 즉 '에고자아'라고 부른다. 에고자아는 지구인구의 13%를 차지하는데 2단계 이하의 자아 인구를 모두 합하면 전체인구의 거의 90%에 달한다. 그래서 세상을 "혼들의 세상"[268]이라고 한다.[267] 또 복합혼이 10%, 단일혼이 20%로 영속혼이 아닌 혼들이 아직 많아, 인정하고 싶지 않지만 차생에 9% 정도의 혼이 환생하지 못하고 소멸하거나 분열한다. 몸에 영이 들어오는 첫 단계로 2단계 사람의 30%가 몸에 영이 있는데 모두 혼영이다. 영은 중급혼 이상의 경우에만 짝지어짐을 고려하면 2단계이면서 중급혼이라면 이들 중 43% 정도가 영이 있는 셈이다. 그러나 짝지어지는 영이 대부분 하급영이고 혼도 아직 수준이 낮아 개체성을 거의 극복 못 하여 이기심과 자존심이 강하다. 따라서 영이 있더라도 자아의 방에 어렴풋이 그 존재를 드러내는 수준인 까닭에 자아의 방을 장악하는 비율은 魂의 정신이 72%, 혼의 양심과 영이 각각 9%씩이다. 우리는 이들을 에고人 또는 범부(凡夫)라고 부른다. 불교의 보살수행계위[269]로는 십신(十信)의 초기 단계인 신심(信心)이나 염심(念心)단계다.[270]

4.3.1.4. 자아의 수준이 2.5단계인 자아

혼이 자신의 몸 안에 영이 사는 것을 알아채고 영을 자아의 이상적인 주체로 보아 메타노이아[271]를 위해 애를 쓰는 수준의 자아이며 도덕을 받아들여 지키고 자기를 잘 통제하며 양심과 영성을 찾는 단계이다. 이 단계의 사람들 50%에게 영이 있는데, 주로 혼영이 깃들고 신영도 10%를 차지한다. 지구인구의 7.5%를 점유하

---

267) 부록1을 보면 1.8단계 이하 자아의 인구비율은 76%에 달한다. 켄 윌버는 그의 저서 「통합비전」에서 자아를 前에고 단계, 에고 단계, 超에고 단계로 나눌 때 전에고(전이성)단계에 해당하는 비율이 70% 정도라고 한다. 표준이론이 윌버의 통합이론보다 조금 더 비관적인 셈이다. 또 그는 초에고 단계의 인구비율이 1% 미만이라고 하는데 표준이론에서는 3단계 초자아 이상의 자아인구를 0.71%로 본다. 거의 같은 셈이다.
268) 레스터는 우리가 하는 대부분의 말이 에고의 동기에 의한 것이라고 하며 우리는 에고를 떠나보내는 작별수술을 하여야 한다고 주장한다(레스트 레븐슨, 「궁극의 자유를 위한 열쇠」). 레스터의 "에고 프레젠테이션"은 세상이 "혼들의 세상"이라는 표준이론의 사고방식과 일통한다.
269) 불교의 여러 수행계위 중 「보살영락본업경」의 52계위와 비교한다. 수행계위와 비교하는 것은 서로 동일하다는 의미가 아니고 불교 또한 수행의 수준으로 자아의 수준을 가늠하고 있다는 것을 보이기 위함이다.
270) 十信 중 맨 처음은 신심(信心)으로 부처의 가르침을 믿는 단계이고 두 번째가 염심(念心)으로 부처의 가르침을 명심하여 잊지 않는 단계이다.
271) 미주 53 '회개(metanoia)에 대하여' 참조

여 그 숫자는 5억 8천만 명이다. 자아의 방을 장악하는 비율은 魂이 80%(정신과 양심이 7:3)이고, 영이 20%이며 거의 대부분의 혼이 영속혼이다. 각성 중에 깨어 있는 시간의 비율은 11~20%이다. 양심과 영이 자아의 사랑방을 장악하는 비율이 44%인데 깨어있는 비율은 왜 20%도 안 될까? 이는 정신체의 돌발적인 자아의 방 장악력 때문이다. 한번 장악하면 몇 시간, 며칠씩 평정심을 깨뜨려 깨어있는 데에 영향을 준다. 그래서 영 또는 혼의 양심체가 자아를 장악하는 것과 그것들이 몸과 혼을 통제하여 깨어있는 것은 또 다른 문제이다. 장악하고 있다 하더라도 잠깐 한눈팔면 평정심은 깨지고 정신체(이드와 에고)의 세상이 된다. 영이 없는 수준의 사람도 깨어있는 시간이 있는 이유는 혼이 '靈의 가능성으로서 魂' 즉 영화(靈火)272)와 그 최초 소산인 양심체를 가지기 때문이다.

우리는 이 수준의 자아를 가진 사람들을 인격자 또는 신사(紳士)라고 부른다. 불교의 수행계위로는 십주의 前오주273)에 해당한다.

4.3.1.5. 자아의 수준이 2.75단계인 자아

주로 양심에 따라 사는 자아로서 '양심가의 자아'라고 부르며 스스로 원칙을 수립하여 지키고 자기 통제력이 강하다. 불가에서 말하는 수행계위로 따지면 십주(十住)의 後오주274)에 해당한다. 양심적이며 주체적이고 적극적으로 영성을 추구하는 단계로서 이들의 90%는 몸에 영이 있고 신영도 20%를 차지한다. 지구인구의 2.14%를 차지하여 그 숫자는 1억 6천5백만 명이다. 자아의 방을 장악하는 비율은 魂의 정신이 42%, 양심이 28%, 영이 30%다. 각성 중에 깨어있는 시간의 비율은 21~30%이다. 우리는 이들을 양심가 또는 군자(君子)라고 부른다.

---

272) 1. 영화의 이러한 면은 보통 성령(聖靈)으로 이해되기도 한다.
2. 당신과 신 사이에 일어나고 있는 것처럼 보이는 상호작용이란 사실은 '자신의 본성을 망각해버린 당신의 부분'(魂)과 '성령이 거하는 당신 마음의 부분'(靈火) 사이에서 일어나는 상호작용일 뿐입니다. 성령은 당신을 떠난 적이 없습니다. 그의 목소리는 신에 대한 당신의 기억 — 본향에 대한 당신의 기억 — 입니다(개리 레너드, 「우주가 사라지다」 2장 '배후의 제이' 참조).
273) 1. 발심주(發心住) : 공(空)을 주시하여 청정한 지혜를 일으킴.
2. 치지주(治地住) : 공(空)을 주시하면서 마음의 바탕을 청정하게 다스림.
3. 수행주(修行住) : 온갖 선행(善行)을 닦음.
4. 생귀주(生貴住) : 부처의 기운이 생겨 성품이 청정해짐.
5. 방편구족주(方便具足住) : 한량없는 방편을 원만하게 닦음.
274) 6. 정심주(正心住) : 지혜를 성취하여 바른 마음에 안주함.
7. 불퇴주(不退住) : 공(空)의 이치를 체득하여 거기에서 물러나지 않음.
8. 동진주(童眞住) : 깨달음을 구하는 마음을 깨뜨리지 않는 것이 마치 동자의 천진함과 같음.
9. 법왕자주(法王子住) : 부처의 가르침에 따르므로 지혜가 생겨 미래에 부처가 될 만함.
10. 관정주(灌頂住) : 공(空)을 주시함으로써 생멸을 떠난 지혜를 얻음(곽철환, 「시공 불교사전」, 십주 참조).

4.3.1.6. 자아의 수준이 3단계인 자아

이들은 모두 몸에 영이 있고 신영이 50%를 차지한다. 양심과 영이 자아의 방을 대부분 장악하는 자아로서 '초자아'라고 부르며 혼은 스스로 지혜를 터득하고 자신의 속성에 정통하다. 또 영의 동반자로서 자신을 잘 통제하고 영의 훈육에 열성으로 응하며 세상 이치와 하느님의 섭리를 터득하여 그에 따라 산다. 그리고 지혼의 개체성으로 인한 원죄적 속성인 이기심과 자존심은 정신체의 축소 그리고 양심체의 성장에 따라 점차 자리이타(自利利他)와 자비심(慈悲心)으로 변화한다.
불교에서 말하는 수행계위로 따지면 十行 정도이며 불교성인의 종류인 성문사과로 구분하면 그 최초인 7래과(七來果)의 수다원(須陀洹)이다. 또 육도삼계로 치면 욕계의 6天에 드는 수준으로275) 우리는 이들을 현인(賢人)이라고 부른다. 자아의 방을 장악하는 비율은 魂의 정신이 25%, 양심이 25%, 영이 50%이며 모든 혼이 고급혼이다. 각성 중에 평정심(平靜心)을 유지하고 깨어있는 시간의 비율은 31~40%이다. 자아의 방을 영과 양심이 75%를 장악함에도 깨어있는 시간이 적은 이유는 몸과 혼이 그만큼 만만치 않다는 것을 의미한다. 혼과 영이 동반자적 관계로 이번 생을 잘 꾸려 나간다면 혼은 양심체가 더욱 발달하고 차생에 혼영으로 진화할 길이 보이기 시작한다. 이는 영에게도 매우 중요한데 혼의 진화는 하느님의 창조사업에 일조하는 것으로 영이 이승에 온 이유 중 제1이기 때문이다. 그러나 전술한 바대로 고급혼일수록 진화의 길은 좁고 험하다. 3단계에서 3.5단계로의 발전에는 무려 평균 100생의 전생이 필요하다. 지혼이 된 후 3단계를 성취하는데 100생이 걸리는 데 비하면 너무 어렵고 오랜 길이다. 물론 1,000생을 살아도 안 되는 혼도 있고 3단계에서 명종 후 바로 영이 되는 5%의 경우도 있을 것이다. 불교의 10행尾58)에서 그 돌파를 위해서는 어마어마한 수행이 필요하다고 설하고 있는 이유도 그 어려움을 전하기 위함이라고 생각된다.
한편 계산상으로는 지구에 문명이 도래한 이래 3단계 이상의 혼이 2.4억명 이상 탄생하였으나 그 태반이 외계로 유출되고 현재는 지구인구의 0.7%인 5,510만 명만이 여기에 해당한다. 갈 길이 바쁜 지구에서 고급혼이 이처럼 다른 수미세계로 유출되어 정신문명의 진화속도가 늦춰지는 것은 신적설계에 의한 것으로 보이지만 어쨌든 5천만 명 남짓한 고급혼으로 지구 차원의 정신적 각성을 도모하기에는 턱없이 부족하다. 단언컨대 지구는 그 어떤 이승보다 물질문명에 비해 정신문명의 수준이 낮을 것으로 보인다.276)

---

275) 불설에서 이 수준에 도달한 사람은 명종 후 인간도에 환생하지 않고 대부분 욕계의 6개 천상도(天上道)로 전생(轉生)한다. 그곳도 색계나 무색계의 22천(天)과 함께 수미세계인 6도3계의 일부로 윤회의 터다. 이는 '이승적 저승관'이다. 표준이론은 이곳을 저승의 하급 준영계 정도로 본다.

4.3.1.7. 자아의 수준이 3.5단계인 자아

이들은 모두 몸에 영이 있고 신영이 80%를 차지한다. 혼의 정신체가 자아의 방주인 노릇을 하는 시간이 16%로 줄어든다. '영적자아'라고 부르며 지혜를 직관하며 혼은 스스로를 완벽히 통제한다. 혼의 수준을 불교 수행계위와 비교하면 십회향(十廻向)[59] 정도이고 성문사과로는 사다함[277]이나 아나함이다. 또 육도삼계로 치면 욕계를 떠나 색계나 무색계에 드는 수준이다. 성인에 비견할 만큼 영성이 충만하여 지구인구의 0.065%를 차지하는데 그 숫자는 5백만 명이며 위인(偉人)이라고 부른다. 자아의 사랑방은 양심과 영이 각각 24%와 60%를 차지하는데 각성 중에 깨어있는 시간의 비율은 41~50%이다. 혼이 4단계로 비약하기 위해서는 여기에서도 평균 100생이 필요하다.[278] 저승도 피라미드 구조라 위로 올라갈수록 승급이 쉽지 않다. 수십억 년 진화하여 오늘에 이른 전생을 생각하여 힘을 내야 한다. 이 수준의 사람들이 갖는 자아의 개념은 영만을 내부로 보고 육과 양심을 포함한 혼의 모든 것을 외부(外部)로 보는 것이니 참자아의 수준에 육박하였다.

각 단계별로 혼이 300轉生의 정상적 윤회코스를 벗어나 생을 마치고 곧바로 영이 될 확률은 2단계 0.5%부터 3.5단계 10%로 인격지수(수승도)가 높을수록 커지

---

276) 전쟁과 오염과 가난은 정신문명의 후진성의 지표다. 사람은 유유상종하여 자연히 수준이 비슷한 자를 애호하며, 그를 대표로 뽑은 후 자기들 턱에 수만 발의 핵무기를 겨누고 있다. 또 자기 행성을 스스로 오염시켜 망가뜨리고 있으며, 한쪽에서는 수백만 명이 매년 굶어 죽는데 다른 쪽에서는 그만큼이 비만으로 죽어간다. 이승은 하느님의 뜻이 지배하는 이데아(Idea)의 세계에서 발출한 아데아(Adea) 즉 '혼들의 세상'이지만 그 혼의 수준 차이가 하나의 이승에서도 크고 이승 간에는 더욱 크다.

277) 사다함(斯多含)은 소위 '일래과(一來果)'로서 인간도에 한 번만 더 환생하면 다시는 인간도에 오지 않고 색계나 무색계의 천계로 환생한다 하나 표준이론에서는 불교의 28천계가 저승의 준영계인 것으로 보기 때문에 이들도 다시 인간도로 환생한다. 또 표준이론에서는 사다함이 속하는 3.5단계의 혼이 영이 되어 영계로 갈 확률이 10%이니 구태여 비교하자면 '십래과(十來果)'가 되는 셈이 된다(부록1 '자아의 수준에 따른 영과 혼' 참조). 불교에서는 계위가 성문급에 들면 七來果(수다원)니 一來果(사다함)니 하며 금방 열반하여 도피안하는 것으로 하나(사실 來는 인간도 기준이라 사이사이 색계나 무색계의 천계 삶을 고려하면 도피안하기에는 아직 갈 길이 멀 것) 표준이론에서는 초생인이 100생을 거쳐 어느 정도 수승한 3단계 현인이 되어도 아직 더욱 길고 긴 환생여정이 남아있다. 심지어 아라한이 되어 영계에 들어도 또 다른 100생(백생공부, 백령공사)이 남아 있다. 불교와 신지학의 인류문명사(知魂史)는 수십만 년이지만 표준이론의 그것은 기껏해야 1만 년이다.

278) 이 수준이 되면 지구 이외의 이승에서도 이 급의 혼에 대한 수요가 크리라고 생각한다. 표준이론에 의하면 과연 많은 수의 고급혼들이 유출된 것으로 계산된다. 다만 뉴에이지 일부에서는 최근 오히려 지구에 외계의 수승한 혼들이 몰려들고 있다고 한다. 인디고 아이들이니 크리스탈 아이들이니 하여 외계 출신 혼들이 지구에 대거 태어나는 바람에 지구가 드디어 점성술로 치면 황도대의 보병궁시대에 들어섰다는 둥, 지구의 정신문명이 곧 금성 수준에 이르러 인간도가 물질계를 벗어나 아스트랄계로 변화할 것이라는 둥의 소문들이 그것이다. 사실이라면 반가운 뉴스다. 어쨌든 이런 類의 담론은 다른 별과 지구별 간에 혼과 영의 교류는 매우 많다는 것을 의미한다. 표준이론의 분석(1981년 현재)으로는 현재 지구인구의 74.5%가 외계에서 유입되었는데 그 대부분은 하급혼이고 상급혼은 문명이래 오히려 유출되었다(부록6 '외계혼의 유입수' 참조). 혼영 또한 63.7%가 수입된 영이다. 이는 대거 유입된 외계출신 하급혼들을 靈敎하기 위함으로 보인다(부록6-1 '시대별 영의 탄생수' 참조).

고 4단계 이후에서는 100%로 본다. 3단계 이상에서 영화율(靈化率)이 급격히 증가하는 이유는 혼이 고급혼이고 게다가 영도 중급영 이상이기 때문이다.

4.3.1.8. 자아의 수준이 4단계인 자아

정신과 양심의 속박에서 벗어난 자아로서 '참자아, 진아, 참나, 진여, 무심, 참마음, 본심, 본각, 여래장, 불성'이라는 용어들이 모두 4단계의 자아를 표현하는 말들이다. 이 수준이 되면 魂은 자아의 방에서 하인들의 거처인 행랑채로 완전히 옮아가서 주인이 지시에 따라, 오라면 오고 가라면 간다. 영이 집안의 온전한 주인이 되는 것이다. 이때가 되면 자아는 혼을 외부로 본다. 목우도(牧牛圖)의 임운(任運)이나 상망(相忘)의 경지다. 생활하는 중 깨어있는 시간의 비율이 51% 이상으로 전혀 혼침(昏沈)하지 않는다. 지구인구의 0.001%인 10만 명 정도가 여기에 해당한다. 이들은 불교의 수행계위로 따지면 십지(十地)와 등각(等覺) 수준에 이른다. 불가에서는 이 수준의 혼을 유여열반을 이룬 아라한이라고 한다.[279] 표준이론에서도 4단계 이상 자아의 혼은 명종 후 100% 혼영이 된다고 본다.[280] 성인, 아라한, 초인이 모두 이 수준의 사람을 부르는 용어이다.

4단계 이상을 살다 간 혼들은 명종 후 모두 영이 된다. 최고급 스승과 한 생을 사는 만큼 영계 합격은 당연하다. 그렇다면 4단계 이상의 혼들은 천국행 보증수표를 가지고 이승에 환생하는 셈이다. 이 단계의 단계 간 자아의 차이는 4단계 미만의 경우처럼 혼의 수준 차이가 아니라 영의 수준 차이에 의한다.[281] 영과 양심이 자아를 완전히 장악하였기 때문이다. 사실 3단계 현인급 이상의 자아는 중급영에 고급혼의 사람들이라서 그 수준 차이는 대부분 영의 수준차이다.

4단계 이상 자아의 영들은 중급영 중에서도 상위급이다. 이들은 필요에 의해 지구에 태어난다. 그러면 이런 영들에게 이승이 왜 필요할까? 이는 이승에서의 삶이 고급영들에게 합일을 향한 유력한 공부 방법 중 하나라서 그렇다. 이분들은

---

[279] 1. 아라한의 별칭은 다시 이승에 태어나지 않아도 되는 불생과(不生果)라 하는데 이는 힌두의 영향으로 인한 별칭일 뿐 불설에서는 보살이 되어 自意로 환생하기 전까지는 이승에 환생한다고 보아야 한다. 아라한의 별칭에는 불생(不生) 말고도 응공(應供), 무학(無學), 이악(離惡) 등이 있다.
2. 4단계 미만에서는 자아의 수준을 매길 때 태어날 당시 혼의 상태를 기준으로 하던 것을 4단계에서는 명종 후로 바꾸어야 할 것이다.
[280] 단계별로 혼이 영계로 직행할 확률은 다음과 같다.

1.8단계	2단계	2.5단계	2.75단계	3단계	3.5단계	4단계
0.0%	0.5%	1.0%	2.0%	5.0%	10.0%	100.0%

[281] 4단계 영은 上位 중급영, 4.5단계 이상은 모두 고급영이다. 4.5단계는 해탈의 경지를 성취하여 완전히 도피안 하였으나 합일에 이르지는 못한 '보살'의 단계이다. 합일에 걸리는 총 400생 중 300생은 혼으로서의 轉生이고 나머지 100생은 영으로서의 전생이다.

이승에 와서 성인(聖人)의 삶을 살며 중생을 제도하고 사람들의 영적 수준을 고양시키는 일을 한다. 물론 이승에 부임하지 않고 혼계에 출근하여 스승령 일을 하거나 영계에서 하느님의 창조사업에 종사할 수도 있을 것이다.

그런데 이 단계의 영은 명종 후 어찌 될까? 혼을 영화(Spiritualization)시키는 한편 성인으로 중생을 제도한 공로가 지대하고 본인 스스로도 부임 전 이미 중급영282)이니 곧 해탈하여 고급영이 되고 이어서 합일을 성취하게 될 것인가? 아니다. 지혼이 태어나 합일에까지 도달하려면 평균 400생이 필요하다. 이 중 300생은 혼으로서의 전생이고 나머지 100생은 영으로서의 전생(轉生)이다. 人生은 짧으나 轉生은 길다. 人生은 물거품 같지만 轉生은 한이 없다.

4.3.1.9. 자아의 수준이 4.5단계 이상인 자아

4.5단계의 자아는 불교로 치면 묘각(妙覺)283)을 얻어 윤회를 그치고 해탈한 영의 자아로 '무아(無我)의 자아'라고 한다. 영은 고급영으로 보살이며 혼도 300생 이상의 고급혼이다. 이 단계가 되면 4단계 영의 깊숙한 곳에 품은 하느님의 횃불은 이제 5단계의 봉홧불로 타오르기 시작한다. 횃불을 봉홧불로 키우는 것은 하느님의 창조사업에 일조함으로써 이루어진다. 영은 혼영이든 신영이든 하느님으로부터 나와 스스로를 진화 발전시키고 성장하여 하느님의 창조사업에 참여한 뒤 5단계에 이르면 궁극적으로 하느님께 돌아간다. 4.5단계의 자아는 생활하는 중 깨어있는 시간의 비율이 100%이며 신인(神人)이라고 부른다. 보살님 수준으로 현 인구 중 10명 미만이다.284) 이들 중 20% 정도는 혼영 출신일 것이다.

5단계 자아는 신과 합일한 자아로 예수님이나 부처님 같은 최고급영들이 화신(化身)하신 것이다. 이런 영들은 하느님의 특별한 역사 없이는 부임하시지 않는다.

---

282) 1. 그러나 중급영도 아직 이승 부임을 그치고 해탈한 고급영은 아니다. 그들 중 일부는 혼계에서 스승으로 일하거나 이승의 3단계 미만 자아들의 스승령이 되지만 이승에 부임하여 3단계 현인급 이상 자아의 영이 되기도 한다.
2. 죽음의 소설가인 베르베르는 그의 소설 「神」에서 우주의 질서를 숫자에 빗대어 말하면서 0은 알, 1은 광물, 2는 식물, 3은 동물, 4는 인간, 5는 깨달은 인간, 6은 천사, 7.1은 신후보생, 7.5는 스승신들, 8은 제우스, 9는 창조주라고 한다. 이는 자아의 수준에 따른 분류와도 통한다. 깨달은 인간은 4단계 아라한이고 천사는 하급영이며 스승신들이 중급령인 스승령이고 제우스는 보살급의 고급령이다.
283) 불교에서 묘각(妙覺)은 究竟覺, 無上正等覺 등으로도 표현되며 보살이 수행하는 오십이위(五十二位) 단계 가운데 가장 높은 단계로 온갖 번뇌를 끊어 버린 경지에 해당한다.
284) 부처님과 예수님은 자기(魂)중심적 삶에서 초월적 실재(靈) 중심의 삶으로 전환함으로써 자기로부터 완전히 해방된 분들이다(길희성, 「보살예수」, 118쪽).

4.3.1.10. 자아의 실현

표준이론에서는 영이 혼과 몸을 자아의 외부에 두고 이들을 장악하여 삶의 전면에 드러나서 반 이상 깨어있는 생활을 하는 것을 '자아실현'이라고 하는데 자아실현은 자아의 단계가 3단계 이상 '초자아'는 되어야 자아실현의 문턱에 겨우 들고 4단계에 들어야 깨어있는 시간이 반을 넘어 비로소 자아실현을 완성한다.285) 그러니 자아실현이라는 것이 얼마나 어려운가. 나아가 '신과의 합일'이라는 자아초월(自我超越)은 또 얼마나 지난(至難)한 일인가.

신지학자 리드비터(Leadbeater)는 자아의 실현을 '코잘계에 거주하는 영적자아의 의식이 이승의 저급자아가 발전해 감에 따라 지상에 현현하는 것'으로 설명한다. 표준이론으로 보면 영적자아란 양심체이고 저급자아란 이드와 에고의 정신체이다. 그러나 이는 자아의 실현이라기보다는 혼의 육체에의 도래 또는 피지컬(physical)한 성장과정에 대한 설명으로 다신체론과 다층적 저승관 그리고 분할환생의 개념이 더해진 생각이다.286)

그러면 자아의 단계별 성장, 발전, 개발은 어떤 방법으로 이룰까?287) 이는 구도론과 통한다. 표준이론의 구도론은

1) 영과 혼은 서로 다른 존재로 각자(各自)이나 이승에서는 한 몸에 든 일체(魂靈一體)다.
2) 이승은 혼의 세상이고 세상사(世上事)는 개체성에 빠진 혼들 간의 이기(利己)와 자존(自尊)을 위한 투쟁적 사(事)일 뿐이다.
3) 개체성을 극복하면 세상이 사사무애(事事無碍)의 일원(一元)尾61)임이 드러난다.
4) 혼은 그의 양심체와 영의 지도하에 반벽(反癖)을 형성하고 자리이타(自利利他)

---

285) 4.3.3.2. '사랑방 이야기와 같은 생각들', 4.3.5. '참자아의 개념' 참조
286) 1. 올바른 방향으로 노력해 가고 있는 사람의 경우 자아는 아주 생생하게 의식적(깨어있는 상태)이 된다. 그는 자신의 껍질을 깨뜨려 활기차고 힘 있는 인생을 살게 된다. 계속 전진해 나아감에 따라 우리는 개인적 의식을 영적자아와 합일시킬 수 있게 될 것이고 그렇게 되면 우리는 오로지 하나의 의식만을 갖게 될 것이다. 심지어 이 지상에서도 우리는 영적자아의 의식을 소유하여 현상계의 모든 것을 알 수 있게 된다. 그러나 오늘날 많은 사람들에게 있어 영적자아와 인성 사이에 상당한 대립이 있다(리드비터, 「신지학대의」 제5장 자아와 그 매체들 중에서).
2. 리드비터의 위 언급은 매우 어설프지만 어쨌든 그가 말하는 의식이나 인성은 표준이론의 혼이고 영적자아는 영이다. 신지학은 표준이론의 영과 혼의 개념을 다신체론과 분할환생개념으로 이해하였으나 그들은 '오컴의 면도날'에 대하여 좀 더 생각하여야 했다.
287) 11.4. '구도의 표준이론' 참조

의 보살행(菩薩行)을 실천하며 해업(解業)의 수행을 지속하여 마침내 자아의 방을 영에게 물려주어야 한다.

5) 해업을 위한 수행은 어찌하는가? 이는 '점수와 점오에서 비롯한 돈오 그리고 믿음尾62)과 기도 그리고 이에 답하는 은총'의 사이클이다.

4.3.2. 자아의 수준(水準)

4.3.2.1. 자아수준의 정성적 지표

4.3.2.1.1. 자아의 수준을 가리키는 단어들

자아의 단계	자아이름	별칭
1단계	생기체 자아	初生人
1.5단계	원초자아(이드자아)	이드人
1.6단계		
1.8단계	자의식의 자아(에고자아)	이드에고人(필부)
2단계		에고인(凡夫)
2.5단계	인격자 자아	인격자, 신사
2.75단계	양심가 자아	양심가, 군자
3단계	초자아	賢人
3.5단계	영적자아	偉人
4단계	참자아(참나)	聖人, 아라한, 超人, 靈人
5단계	무아의 자아	신인(神人)

자아의 단계별 이름과 별칭(부록1 '자아의 수준에 따른 영과 혼' 참조)

표준이론은 1단계 자아를 가진 사람을 표현하기 위해 초생인(初生人)이라는 말을 쓴다. 이는 짐승의 혼인 각혼에서 진화한 지 얼마 되지 않아서 지혼이 된 지금도 주로 동물적 본능에 이끌려 사는 사람이다. 또한 이 수준의 자아는 혼의 하위 부분인 생기체의 지배를 받는 수준이므로 '생기체 자아'라는 용어로 그 자아의 수준을 표현한다.

또한 표준이론은 사람의 정신체를 하위정신체와 상위정신체로 나누고 하위정신체는 감성과 욕망을 담당하는 이유로 프로이트의 구조모델이론288)에서 '이드'를 채

---

288) 프로이트는 정신분석 마음이론의 후기이론인 구조모델(structural model of mind)에서 하부(下部)의 충동·본능영역을 이드(id, 원초자아)라고 불렀다. 프로이트에 따르면 이드는 리비도와 공격성이라는 본능적 욕동의 정신적 표상으로 이루어져 있으며, 인간의 정신적 삶의 기본적인 쾌락-추구 동기를 나타낸다.

용하여 이를 '이드'체로 부르며 이러한 이드체가 자아를 장악한 수준의 사람 또한 '이드人'이라고 칭하고 그 자아를 '이드자아' 또는 '원초자아'라 부르는데 1.5~1.6단계의 자아가 여기에 해당한다.

여기에서 한 단계 진화한 혼이 1.8단계로 역시 이드인의 수준을 벗어나지 못하였지만 욕구와 감정과 지성을 담당하는 상위정신체의 영향을 받기 시작하므로 프로이트의 에고[289]를 좇아 이를 에고체라고 이름하고 이드인과 에고인을 더하여 이드에고인 또는 필부(匹夫,匹婦)라고 부른다. 또한 2단계 자아에 도달하게 되면 에고가 이드를 극복한 것으로 보아 이를 에고인 또는 가장 일반적인 수준의 자아수준이므로 범부(凡夫)라고 부른다. 1.8단계와 2단계의 자아는 자의식이 가장 성한 수준의 자아다. 따라서 이 둘을 합하여 '자의식의 자아' 또는 '에고자아'라고 부른다.

이후 혼의 정신체의 상위기능인 '지성'이 자아를 주도하게 되면 2.5단계에 이르고 이 수준의 자아를 가진 사람을 '인격자' 또는 '紳士'로 부르며 혼의 최고위 부분인 양심체가 자아에 영향을 주기 시작하여 자아의 수준이 더욱 높아지면 2.75단계의 '양심가' 또는 '君子'라고 칭한다.

이후 3단계의 자아는 프로이트의 초자아[290]를 달성한 것으로 보며, 이 수준의 사람을 '賢人'으로 부른다.

표준이론에서는 이후 예지기능을 담당하는 상위양심이 자아를 주도하는 수준의 사람을 3.5단계의 자아인 '偉人'으로 하여 별도로 두었으며 이 수준의 자아는 아직 영이 자아를 완전히 장악한 것은 아니나 그 수준이 영적(靈的)이라 하여 '영적자아'라고 이름한다.

이윽고 영이 자아를 거의 장악하면 소위 '자아를 실현한 사람'이 되며 이들을 '聖人'이라고 부르고 그 자아를 '참자아'라 칭한다. 표준이론에서 자아의 실현이란 자아의 방을 영으로 채우는 것인 동시에 혼이 영으로 진화하는 것을 의미한다.

신과의 합일단계인 4.5단계 이상의 자아는 魂인 我가 자아의 방에서 행랑으로 사라졌으니 '無我의 자아'라고 하고 합일을 의미하여 '神人'으로 부른다.

---

[289] 프로이트의 마음의 구조모델이론에서 이드의 윗부분인 에고는 보다 일관되고 조직적인 특성을 갖는다. 에고는 욕동을 조절하거나 반대하며, 욕동들 사이에서 그리고 욕동들과 외부 현실 사이에서 중재를 담당하고, 환상, 꿈, 행동 그리고 성격 발달에서 타협을 형성하는 역할을 하는데 지각, 운동 능력, 의도, 예상, 목적, 계획, 지능, 사고, 언어 등의 기능을 한다.

[290] 초자아는 프로이트 구조모델의 세 가지 체계 중 하나로서, 이상과 가치, 금지와 명령(양심)의 복잡한 체계를 형성하고 유지하는 역할을 하는 심리적 대리자를 가리키는 용어다. 초자아는 자기를 관찰하고 평가하며, 이상과 비교하고, 비판, 책망, 벌주기 등 다양한 고통스러운 정서로 이끌기도 하고, 칭찬과 보상을 통해 자존감을 높여주기도 한다고 한다. 이쯤 되면 초자아의 기능이 양심뿐 아니라 靈의 기능도 하는 것으로 보이는데 프로이트는 직업상 영을 인정하지 못하여 양심과 영을 뭉뚱그려 초자아라고 이름한 것으로 보인다. 여하튼 표준이론에서는 프로이트의 초자아(super ego)를 양심체 정도로 본다.

4.3.2.1.2. 자아수준 지표로서의 성격들

자아의 수준을 나타내는 지표는 없을까? 또 지금 자아의 방을 차지하고 있는 존재가 영인지 혼인지를 판단하는 기준은 없을까?291)

어떤 이의 자아단계를 파악하려면 그의 성격을 보고 판단하는 것이 가장 용이할 것 같다. 여기서 성격292)이란 '개인을 특징짓는 지속적이며 일관된 행동양식이자 지적(知的), 정적(情的), 의지적(意志的) 특징을 포괄하는 情神의 특성'이라고 정의하자. 性格은 어떤 이의 자아가 영적인지 혼적인지를 가르는 기준이 될 수 있다. 그렇다면 성격이 어때야 영적인가. '지금 드러내고 있는 행동양식과 情神의 특성'이 어때야 영에 의한 행동이고 생각인가. 결론부터 말하면 '人格的인지', '良心的인지', '聖人 같은지' 세 가지 성격을 보면 자아의 단계와 지금 자아의 사랑방을 차지하고 있는 것이 영인지 혼인지를 판단할 수 있다고 본다.293)

1) 행동양식과 情神의 특성이 '인격적'이면 영적이다.

인격도 여러 가지로 정의되나 여기서는 '성격의 인간 됨'이라고 하자. 쉽게 말해서 인격은 인간적인 성격이다. 따라서 인격적이라고 하면 그 사람의 인간적 성격이 훌륭하다는 뜻으로 예컨대 화를 내되 의분이나 절제된 분노는 인격적이라고 하고 광분이나 격분, 절제되지 않은 분노는 비인격적이다. 슬퍼하더라도 자비와 측은지심(惻隱之心)에서 우러나오는 슬픔은 靈的이고 비통과 자기연민은 魂的이다. 따라서 우리는 '인격적'을 영의 발로인지 혼(정신)의 발로인지 판단기준으로 사용할 수 있겠다.294)

---

291) 여기에서 영은 영의 영향을 받아 혼에 형성된 양심부분도 포함하는 것으로 한다.
292) 사전에는 성격(Character)이란 '개인을 특징짓는 지속적이며 일관된 행동양식', '개인의 지적(知的), 정적(情的), 의지적 특징을 포괄하는 정신적 특성' 또는 '환경에 대하여 특정한 행동 형태를 나타내고, 그것을 유지하고 발전시킨 개인의 독특한 심리적 체계' 등으로 정의되어 있다. 또 성격은 '각 개인이 가진 남과 다른 자기만의 행동양식으로, 선천적인 요인과 후천적인 영향에 의하여 형성된다'고 한다.
293) 절대로 절대적인 기준이 아니다. 이 세 가지 말고도 성격을 보여주는 더 훌륭한 지표가 많을 것이다. 여기서는 성격이 자아의 수준과 밀접한 관계가 있다는 것을 보여주려는 의도로 이 세 가지 면을 예시하는 것뿐이다. 11.3.9. '윤회혼의 개성(個性) 공식'에 의하면 성격은 선성과 악성 그리고 기질과 소질로 구성된다. 人格的, 良心的, 聖人的은 이 중 善性의 크기를 측량하는 지표다.
294) 인격자는 2.5단계 자아로서 영이 온전히 자아의 방을 지배하는 단계는 아니다. 그 단계가 되기에는 아직 갈 길이 멀다. 그러나 '인격적'인지의 여부가 성격의 영성을 판단하는 데 하나의 기준일 수는 있다. 왜냐하면
  1) 우선 또 다른 성격 기준인 '성자 같은'이란 게 너무 고차원이고
  2) '인격적'이란 것이 적어도 영적 성격 판단에 지표와 방향성은 제시해 준다는 점
  3) 또한 영은 대부분 혼영으로 혼 출신이니 영도 혼의 성격을 가졌을 것이므로 '인격적이기만 하여도

결론적으로 인격적인 생각이나 행동은 영의 지표 중 하나다. 그래서 표준이론에서는 2.5단계의 자아를 가진 사람의 별칭을 인격자(人格者)라고 부른다. 그렇다면
(1) 인격적인 생각이나 행동은 영의 것일 가능성이 크며
(2) 지속적으로 인격적이면 자아의 단계가 높다.
라고 할 수 있다.

그러나 이는 영과 혼의 수준을 고려하면 그처럼 간단하지는 않다.

혼의 수준은 사람마다 다르다. 또한 영도 혼이 환골탈태(換骨奪胎)한 존재이나 영이 되면 영끼리도 그 수준에 큰 차이가 있다. 그렇다면 혼도 인격이 출중한 수준 높은 혼이 있고 영도 인격이 낮은 영이 왜 없겠는가. 수준이 낮은 영이 자아의 사랑방을 차지하고 있다면 그의 자아의 단계는 높을 것이나 인격지수(자아의 수승도)는 낮을 것이고 인격수준이 높은 혼이 자아의 사랑방을 차지하여 자아의 단계는 낮더라도 그의 인격은 훌륭할 수 있다. 따라서 자아의 방을 차지하고 있는 영과 혼의 시간적 비율을 중심으로 자아의 단계를 결정하는 표준이론295)에서는 '인격적'인지의 여부만 가지고는 자아의 단계를 단언할 수는 없을 것 같다. 그럼 '인격적' 외에 자아의 단계와 지금 자아의 방을 차지하고 있는 것이 영인지 혼인지를 판단하는 다른 지표는 없을까?

2) 행동양식과 情神의 특성이 '양심적'이면 영적이다.

양심은 혼의 것이지만 영의 영향을 받아 혼이 발전적으로 갖추게 되는 속성이다. 따라서 양심적이란 영이 아니라 혼이 양심적인 것이지만 혼이 양심적일수록 영의 영향이 큰 것이며 영의 혼에 대한 지도력도 센 것이다. 그렇다면 양심적인 정도는 '인격적'인 정도와 같은 논리로 자아의 단계와 지금 자아의 방을 차지하고 있는 것이 영인지 혼인지를 판단하는 또 다른 지표가 될 수 있다.
결론적으로 양심적인 생각이나 행동은 영의 지표다. 그래서 표준이론에서는 2.75단계의 자아를 가진 사람의 별칭을 양심가(良心家)라고 부른다. 그렇다면
(1) 양심적인 생각이나 행동은 영의 것일 가능성이 높으며

영적'이라 해도 틀린 말은 아니다.
295) 자아의 단계(수승도, 인격지수)를 결정하는 여러 요인이 있겠으나 영의 존재와 영과 혼의 자아의 방 장악비율은 자아수준 결정에 결정적인 요인이다. 그 이유는 그 구조야말로 어느 사람의 자아가 최선의 경지를 달성할 수 있는 기본이기 때문이다. 영의 수준이 낮다 해도 그가 만일 자아를 100% 장악한다면 그 혼은 못난 영에게도 복종하는 훌륭한 혼이니 자아의 단계는 높아 마땅하다. 또한 아무리 영이 못나도 혼보다는 100배 낫다. 게다가 영은 하늘로부터 혼이 가지지 못한 여러 권한을 받아 가지고 있다.

(2) 지속적으로 양심적이면 자아의 단계가 높다.
라고 할 수 있다.

3) 행동양식과 情神의 특성이 '聖人 같다'면 영적이다.

자아의 단계가 영에 사는 4단계를 '聖人'이라고 한다. 성인(聖人)의 사전적 의미는 '지혜와 덕이 매우 뛰어나 길이 우러러 본받을 만한 사람' 또는 '인간 최고의 윤리가치인 인의도덕(仁義道德)의 도(道)를 구현한 이상적인 인격자', '지식이나 덕이 뛰어나고 타의 규범으로서 존경받는 인물 및 수행을 쌓은 위대한 신앙자', '교회가 일정한 의식에 의하여 성덕이 뛰어난 사람으로 선포한 사람' 등으로 설명된다. 종합하면 '깊은 수행으로 지혜와 덕이 매우 뛰어나 우러러 본받을 만한 이상인(理想人)'이다.

아쉽게도 이러한 정의에서는 성인의 성격이 어떠한지를 추론할 만한 부분은 없고 이미 검토한 인격이라는 말만 보이지만 어쨌든 영의 성격을 판단하는데 '인격적'이나 '양심적'이란 표현처럼 '성인 같다'라는 표현을 쓸 수 있겠다. 인간의 '성인 같은' 면은 '인격적'이나 '양심적'인 것과는 달리 전적으로 영의 것이다. 혼이 '성인 같은' 면모를 보인다면 그 혼은 혼영으로 환골탈태할 준비가 되었다.

따라서 성인 같은 생각이나 행동은 영의 지표다. 그렇다면
(1) 성인 같은 생각이나 행동은 영의 것이며
(2) 지속적으로 성인 같으면 자아의 단계가 높다.
라고 할 수 있다.

결국 '인격적인지', '양심적인지', '성인 같은지' 세 가지를 보면 자아의 단계와 지금 자아의 방을 차지하고 있는 것이 영인지 혼인지를 판단할 수 있겠다.

4.3.2.2. 자아수준의 정량적 지표

4.3.2.2.1. 자아가 깨어있는 시간

자아의 성격을 보아 그 자아의 주체가 영인지 혼인지, 혼이라면 이드인지 에고인지 양심인지를 가늠할 수 있을 것이라고 하였으나 성격을 계량화하는 것은 쉽지 않다. 그럼 수치로 계량하는 척도는 없을까?

표준이론에서는 '자아의 사랑방에 영과 혼 중 누가 와서 주인 노릇을 하는가 또는 혼이 주인이더라도 혼의 어느 부분이 주역인가'로 자아의 수준을 결정한다. 표준이론의 자아는 방(房)이지 실체(實體)가 아니다. 따라서 자아 자체에 자아의 수준을 계량하는 잣대를 들이댈 수는 없다.296)

자아의 방주인이 누구인지를 판별하는 잣대는 많겠으나 '자아가 깨어있는 시간'이 중요한 기준이 될 수 있다.

그렇다면 '깨어있다'는 것의 의미는 무엇인가. 성경에 이르기를 "깨어있으라 어느 날에 너희 주가 임할는지 너희가 알지 못함이니라. 너희도 아는 바니 만일 집 주인이 도적이 어느 경점에 올 줄을 알았더라면 깨어있어 그 집을 뚫지 못하게 하였으리라."297)하였고 또 "제자들의 자는 것을 보시고 베드로에게 말씀하시되 시몬아 자느냐. 네가 한시 동안도 깨어있을 수 없더냐."298)하였다. 불교에서는 명상(冥想)을 '깨어있기'라고 한다.299) 마음의 '평정심(upekkhā)'을 유지한 채 자기 마음의 여러 가지 모습을 또렷한 시선으로 매 순간 '알아차리며(Sati)' 자신의 몸과 감정과 생각의 소용돌이를 판단하지 않고 개방적인 시선으로 '바라보는 것(Sampajañña)'이 명상이라는 것이다.300) 명상의 극치는 삼매(三昧)다. 삼매란 '마음이 산란되지 않고 고요하게 머물러 있는 상태'로 마음이 무념(無念)에 들어 심신이 성성(惺惺)하고 적적(寂寂)한 상태다.301) 불교는 이렇게 깨어있는 명상의 자

---

296) 자아수준의 구분 방법을 논함에 있어서 두 가지 접근방법이 있다.
1. 적극적이고 능동적인 자아 : 이는 '자아가 영혼육 중 어디에 가서 사는가에 따른 구분으로 자아가 주로 영혼육 중 무엇에 영향을 받는가'로 자아의 수준이 결정된다.
2. 소극적이고 수동적인 자아 : 이는 '자아의 사랑방에 영혼육 중 누가 와서 주인 노릇을 하는가'로 자아의 수준을 결정하는 방법이다.
    표준이론은 후자다. 첫 번째 방법은 자아는 사람의 구성요소가 아니므로 실체(實體)로 볼 수 없다는 면에서 자아의 수준을 구분하는 방법으로 적절치 않다.
297) 개역한글 마태 24:42~43
298) 개역한글 마가 14:37~38
299) 동국대 불교대학원 신진욱 교수, 명상의 핵심 '깨어있기' 참조
300) 1. 이러한 명상법을 특히 관법(觀法, 통찰명상)이라고 한다. 그 대표적인 것이 위빠사나(Vipassana)명상이다. 이는 '지금 이 순간 여기'에서 일어나고 있는 물질과 마음간의 무상한(anicca, 아닛짜) 연관현상을 평정심(upekkhā, 우빽카)을 바탕으로 '있는 그대로' 알아차리는(Sati) 명상법이다. 혼은 관찰을 당하면 힘이 빠지고 잠잠해진다는 사실을 이용하여 영이 혼을 他者로 지그시 관찰하는(Sampajañña) 명상법이다.(미주 302 '위빠사나(vipassana)' 참조) 그렇다면 위빠사나는 그 의미 자체가 표준이론의 '깨어있음'과 같은 뜻을 가진다. 따라서 'vipassana'와 표준이론의 깨어있음의 삼요소는 평정심과 관찰과 알아차림으로 서로 같다. 다만 깨어있음에서 가장 중요한 제1의 요소는 평정심이다.
2. 이에 대비되는 명상법이 특정한 하나의 대상에 의식을 집중하는 지법(止法, 집중명상)이다. 이는 혼이 스스로 잠잠해지는 방법이다. 생각을 하나로 줄여 종국에는 생각을 없애는 방법으로 혼이 스스로 평정심을 찾는 것이다. 그러나 지와 관의 경계가 불분명하듯 두 명상법 또한 분명한 구분이 어렵고 상호 보완적이고 동시적으로 보인다(12.4.1. '명상이란?' 참조).
301) 1. 삼매란 산스크리트어 사마디(samadhi)의 음역으로서 '마음이 산란되지 않고 고요하게 머물러 있는 상태, 혹은 그러한 수련'을 가리킨다. 佛說에서 삼매의 요소는 일심(心一境性)과 생생한 의식(等持) 그

세를 일상에서도 유지하기 위하여 수행법인 八正道 중 하나로 '正念'을 말한다. 정념은 '바른 의식을 가지고 이상과 목적을 언제나 잊지 않는 일로서 일상생활에서도 맑은 정신으로 세상을 살아가되 無常, 苦, 無我 등을 언제나 염두에 두고 잊지 않는 일'로 설명된다. 즉 정념이란 깨어있기란 말이다. 그러나 명상 중에도 깨어있기란 쉽지 않은데302) 일상에서 깨어있음을 유지하기란 만만치 않다. 틱낫한 스님303)도 말한다. "깨어있으라. 생활함에 있어 마음을 다하라."304)

많은 각자(覺者)들이 주장하기를 죽을 때 선한 마음305)과 맑은 정신을 가지고 있으면 즉, 깨어있으면 수준이 높은 영계로 간다느니 좋은 곳으로 환생한다느니 극락이나 천국에 간다느니 한다.306) 평소에 그렇지 않다가 죽는 순간에 깨어있었다고 그리된다면 참 수지맞는 일이니 시도해 볼 만한 일이겠으나 평소 깨어있지 못하다가 갑자기 깨어있다는 것은 무슨 특별한 가호(加護) 없이는 영 안 될 일이라 그런 역설(逆說)이 있을 것이다. 하여간 이는 깨어있는 일이 얼마나 중요한지를 강조하는 캐치프레이즈다.

리고 평정심(寂靜)이다. 의식이 맑게 깨어있으면서도(惺) 고요하여야(寂) 비로소 삼매라고 할 수 있다. 이를 성성적적(惺惺寂寂)이라 한다. 한편 '心一境性'은 一心이니 無心을 추구하는 삼매에서는 '心無境性'도 좋겠다.
2. 옛 논사가 말하기를 삼매는 팔정도의 정사유(正思惟, 正思)와도 통한다고 하였다. 禪定에 있을 때에 반연(攀緣)하는 대상에 대하여 자세하고 바르게 생각하고 살피기 때문이다. 이것이 「유가론」에서 "삼마지(三摩地)란 반연하는 대상에 대하여 자세하고 바르게 관찰하는 심일경성(心一境性)"이라고 한 것과 같다(원효, 「금강삼매경론」(해제), 2006., 서울대학교 철학사상연구소 등).
302) 인도의 위빠사나 지도자 고엔카(S N Goenka 1924~2013)는 "명상의 초기에는 삼빠잔냐(Sampajañña, 觀)가 겨우 몇 초만 지속되고 몇 분, 몇 시간씩이나 놓치지만 계속 수행하면 삼빠잔냐의 지속시간을 늘릴 수 있다. 그러나 명상 중 계속 삼빠잔냐를 유지하려면 최대 7년의 수행이 필요하다."고 한다(고엔카, 「사띠빳타나 숫따에 관한 법문」 126쪽).
303) 틱낫한(Thich Nhat Hanh 1926~2022)은 베트남에서 태어나 열여섯 살인 1942년 승려가 되어 1961년 미국으로 건너가 프린스턴대학교와 컬럼비아대학교에서 비교종교학을 공부했다. 이후 베트남 전쟁이 발발하자, 전 세계를 돌며 반전평화운동을 전개했다. 이 때문에 베트남 정부에서 귀국 금지 조치를 당했지만 1967년 노벨평화상 후보로 추천되기도 했다.
304) 틱낫한 스님은 깨어있기 위한 실천사항으로 다음의 8가지를 말한다.
   1) 호흡조절
   2) 내가 지금 하고 있는 일을 자신에게 조용히 말하라
   3) 지금 내가 하는 일에 집중하라
   4) 반쯤 미소 지으라
   5) 모든 일은 천천히 하라
   6) 시체를 보고 명상하라
   7) 다른 사람은 다른 형태로 나타난 내 자신이다
   8) 인류를 위해 무슨 큰일을 하겠다고 하지 말고 지금 이웃에게 잘하라
305) 기독교식으로 말하면 회개(metanoeo)다.
306) 「티벳 사자의 서」도 그런 전제하의 얄팍한 극락가기 요령서다. 또 기독교의 右盜나 불교의 앙굴리마라尊者 이야기도 誇張이다. 어찌 갑작스러운 진심의 회개가 가능하랴. 죽기 직전 돈오(頓悟)하였다 하더라도 修 없이 悟만으로 혼이 깨끗해질 수 없다. 수는 점수(漸修)다. 여러 뉴에이지에서도 거대종교를 흉내 내어 죽음 당시의 마음의 태도가 죽음 후로 연결된다고 마케팅한다.

표준이론에서 깨어있다는 것은 '영이 자아의 사랑방을 장악하여 몸과 혼을 통제하여 혼이 평정심을 유지하고 있는 상태'를 의미한다. 구체적으로는 깨어있음은 다음과 같이 세 가지 상태를 포함한다.

1) 첫 번째는 영이 자아의 방에 등장하여 삶의 현장인 '혼들의 세상(Adea)[307]'을 살아가고 있는 혼을 옆에서 관찰하는 상태다. 이때 자아의 방의 주인은 혼이지만 혼은 관찰당하는 혼이 된다. 관찰은 성찰, 통찰, 마음챙김이라고도 한다. 혼은 관찰만 당하여도 기가 크게 죽는다.[308] 이를 '혼의 관찰자효과'라고 한다.

2) 두 번째는 삶의 현장인 '혼들의 세상'에서 물러앉아 명상이나 예술, 독서, 운동 등을 통해 영이 자아의 방을 온전히 장악하고 이데아(Idea)를 추구하는 상태다. 이때 혼은 침묵하거나 행랑으로 나간다.

3) 세 번째는 '혼들의 세상'인 삶의 현장에 임하여서도 영은 혼의 세상을 끝장내고 자아의 방을 온전히 장악한 상태다.

이는 순서대로 깨어있음의 수준이 점점 높아지는 것이지만 모두 깨어있음에 속하고 그때는 모두 깨어있는 시간에 속한다.

혼만 있는 사람도 깨어있는 시간이 있다. 예를 들어 영이 없는 1.8단계 미만의 사람도 자아의 수준별로 5% 이하의 깨어있는 시간이 있다. 이는 혼이 영의 가능태로서 혼(魂)인 때문이다. 따라서 정신체가 자아의 주인인 이드인의 사람도 마치 영이 자아를 지배하는 듯한 영적인 면모를 잠시 잠깐씩은 보인다.[309]

---

[307] 표준이론은 하느님의 뜻이 그대로 이루어지는 세상인 이데아(Idea)와 대비하여 '혼들의 세상'을 아데아(Adea)라고 표현한다. Idea에 不나 非의 범어 an을 더한 造語다.
[308] 혼은 [격한 감정 → 각성수준 증가 → 인지 집중, 다른 인지 배제 → 습관행동 유발]의 '감정행동공식'에 따라 행동한다. 공식이 작동하는 도중에 관찰로 개입하여 고리를 끊어내면 공식은 무너진다 (12.4.1. '명상이란?' 참조).
[309] 그렇다면 깨어있음의 정의를 '영 또는 영성(靈性)이 자아의 방을 장악하고 몸과 혼을 통제하고 있는 상태'로 확장하여야겠다.

4.3.2.2.2. 자아의 수준과 혼과 영의 자유도(自由度)

혼(마음)은 각성 시에 혼의 장기인 생기체를 통하여 몸의 장기를 간접적으로 지배한다. 생기체란 '유기체인 몸에 생명력을 주는 물성을 가진 氣시스템'으로 혼이 몸에 들어오기 전부터 부모의 난자와 정자로부터 이미 그 씨앗을 받아 몸과 함께하는 것이므로 혼이 몸에 들어 가장 먼저 하는 일이 이 시스템을 장악하여 혼의 것으로 하는 일이다. 오죽하면 많은 하급사상에서 이를 몸의 일부로 보거나 아예 생기체가 혼이고 정작 혼은 영이라고 오해하였을 정도인가. 생기체 자체도 점점 성숙해지는 것이므로 어릴 때에는 약하고 불완전하기도 하려니와 물성이 다른 혼이[310] 생기체를 순식간에 장악하기도 어려운 노릇이라서 이를 통하여 몸을 컨트롤하는 게 쉬운 노릇이 아니다. 사람이 어려서는 그 자아수준의 발전이 더딘 이유 중 하나가 이것이다. 더구나 생기체의 자율기능은 문자 그대로 생기체가 자율적으로 몸을 운영하는 기능이기 때문에 극히 수승한 혼이 아니고는 통제가 거의 불가능하다.

의식 시에는 혼이 몸에 속박되기 마련이다. 혼의 몸에의 속박율(束縛率)이라는 것이 있다면 얼마나 될까. 사람에 따라 다르겠지만 성인(聖人)이 아니라면 50~90% 정도가 아닐까. 반대로 혼의 몸으로부터의 자유도(自由度)라는 것이 있다면 10~50%겠다.

나아가 영이 몸을 지배하기란 더욱 어렵다. 無明에 젖은 혼이 영의 말을 듣지 않기 때문이다. 고집불통의 혼과 그런 혼을 통해서 몸까지 조화롭게 지배하여야 하니 영이 가는 구도(求道)의 길은 얼마나 험하고 멀겠는가.

그러나 한편으로, 혼의 생기체는 역겨운 냄새나 불협화음을 싫어하고 조화로운 환경과 소리를 듣고 즐거워한다. 또한 혼의 하위정신체(이드)가 욕망[311]을 갖는 것

---

[310] 육은 기로부터 생성된 것이지만 물성이 거칠고 생기가 그다음이며 혼은 매우 정묘한 기의 물성을 가졌다. 생기체가 없으면 혼이 육체를 관장할 수 없다.

[311] 욕망은 '부족(不足)을 느끼어 이를 채우려고 바라는 마음'이다. 선천적인 욕망과 사회적·인격적 욕망이 있다. 선천적인 욕망은 본능이라 하고 주로 생리적·생물적 욕구로서 식욕·배설욕·수면욕·활동욕·성욕 등으로 감성과 함께 하위정신체인 이드를 통해 드러난다. 표준이론은 '이드5욕'이라 하여 식욕(食慾), 성욕(性慾), 수면욕(睡眠慾), 소유욕(所有慾), 명예욕(名譽慾)을 이야기한다. 사회적·인격적 욕망은 표준이론에서 욕구(慾求)라고 하여 상위정신체의 기능으로 별도로 분류하는데 욕구는 사회적 인정의 욕구, 집단소속의 욕구, 애정의 욕구, 성취의 욕구 등이 있으며 정신체의 아랫부분이다. 불교에서는 눈·귀·코·혀·몸의 다섯 가지 감각기관, 즉 오근(五根)이 각각 색(色)·성(聲)·향(香)·미(味)·촉(觸)의 다섯 가지 감각대상, 즉 오경(五境)에 집착하여 야기되는 5종의 욕망(五慾)인 색욕(色慾)·성욕(聲慾)·향욕(香慾)·미욕(味慾)·촉욕(觸慾)을 이

은 자연스러운 것이다. 이러한 생기체와 정신체를 영 또는 양심이 잘 통제하면 이들로 하여금 마음을 민감하고 섬세하게 만들게 할 수 있으며, 마음속 깊은 곳에서 애정과 자비를 솟아나게 할 수 있다. 생기체와 하위정신체는 우리 주위의 보이지 않는 세계 속으로 영감을 불어넣는 순수한 감정들의 파장들을 보내기 위해서 우리가 연주할 수 있는 섬세한 악기가 되는 것이다. 그러나 생기체의 감각과 하위정신체의 욕망을 무조건 억압하면 조화가 깨지고 오히려 이들은 영과 양심체의 손아귀를 벗어나게 되며 그 결과 어느 순간 욕망은 갈망이 되고 혼은 분노하는 일이 잦아진다. 결국 혼은 지혼(知魂)의 특질들을 망각하고 동물의 각혼(覺魂)의 특질인 이드가 다시 힘을 얻게 될 것이니 혼의 발전은 그만큼 늦어지게 된다.尾63) 혼이 몸에 최대 90% 속박되고 영은 또 혼에 90% 속박되었다면 이 경우 영의 몸에 대한 자유도는 1%다.312) 영의 '자유도'는 결국 '영의 깨어있음'과 유사한 의미다. 영이 몸과 혼을 통제하여야 이들로부터 자유롭기 때문이다.

이제 자유도 즉 '각성 시 영이 깨어있는 시간의 비율'을 사용하여 자아의 단계를 구분해 보자.313)

1) 자아의 수준이 2단계인 사람은 魂이 자아의 사랑방을 90% 점거한 사람이다. 그가 각성 시에 깨어있는 시간 비율은 5~10%다.
2) 보통 인격자로 불리는 자아의 수준이 2.5단계인 사람은 魂이 자아의 사랑방을 80% 이상 점거한 사람이다. 그가 각성 시에 깨어있는 시간 비율은 11~20%다.
3) 군자(君子)로 불리는 자아의 수준이 2.75단계인 사람은 魂이 자아의 방을 70% 이상 점거한 사람이다. 그가 각성 시에 깨어있는 시간 비율은 21~30%다.
4) 현인(賢人)으로 불리는 자아의 수준이 3단계인 사람은 魂과 영(靈)이 자아의 방을 반분(半分)한 사람이다. 그가 각성 시에 깨어있는 시간 비율은 31~40%다.
5) 위인(偉人)이라고 불리는 자아의 수준 3.5단계인 사람은 영(靈)이 자아의 방을 60% 이상 점거한 사람이다. 그가 각성 시에 깨어있는 시간 비율은 41~50%다.
6) 성인(聖人)이라고 불리는 자아의 수준 4단계인 사람은 영(靈)이 자아의 방을 80% 정도를 차지하는 사람이다. 그가 각성 시에 깨어있는 시간 비율은 51% 이상이다.

야기한다(6.3.3.2. '욕망'과 6.3.3.3. '욕구' 참조).
312) 이를 보면 영은 혼으로부터 자기 능력에 따라 어느 정도 자유스러울 수 있으나 혼이 몸에 속박된 정도가 큰 혼이라면 영도 어쩔 수 없이 몸에 크게 구속된다. 그런 의미에서라도 영은 혼의 수준을 높여야 하는 것이다.
313) 부록1 '자아의 수준에 따른 영과 혼' 참조

자아의 단계	자아의 방주인	자유도
1단계	肉70%/魂30%	0
1.5단계	肉50%/魂50%	1% 미만
1.6단계	肉30%/魂70%(정신10, 양심0)	1~2%
1.8단계	魂100%(정신9, 양심1)	3~5%
2단계	魂(90%)(정신8, 양심2)/靈(10%)	5~10%
2.5단계	魂(80%)(정신7, 양심3)/靈(20%)	11~20%
2.75단계	魂(70%)(정신6, 양심4)/靈(30%)	21~30%
3단계	魂(50%)(정신5, 양심5)/靈(50%)	31~40%
3.5단계	魂(40%)(정신4, 양심6/靈(60%)	41~50%
4단계	魂(20%)(정신3, 양심7)/靈(80%)	51% 이상
5단계	靈100%	100%

4.3.3. 자아의 방, 사랑방 이야기

4.3.3.1. 표준이론의 사랑방

표준이론에서 '사랑방314) 이야기'는 사람은 그 자아의 주체가 누구냐 또는 자아의 주도권을 누가 쥐느냐에 따라 자아의 수준이 달라진다는 것을 설명하기 위한 비유로서, 자아에는 주인이 거주하는 사랑방과 하인이 사는 행랑방이 있는데 원래 영의 것이어야 하는 사랑방을 혼이 차지하고 정작 영은 다락방이나 행랑으로 내쳐진 신세라는 이야기다.

또 '사랑방 이야기'는 자아는 영과 혼이 혼영일체로 몸에 동거(同居)하지만 주(主)와 부(副)는 분명함을 말하고 있다. 예컨대 표준이론에서 2단계 수준의 자아는 영이 혼의 힘에 밀려 사랑방을 떠나서 주로 행랑에 살고 있고 3단계 수준의 자아는 영이 생시의 상당 부분 깨어있으면서 혼을 다스려 자아의 방을 장악하고 있다는 식이다. 사람은 영이 사랑방에 들어가서 주인 노릇을 하는 것이 자아의 과제다. 그런데 사랑방 이야기는 자아의 주도권에 관한 비유일 뿐 자아가 활동하는 각성의 시간에는 항상 혼영일체다. 자아가 출중하여 영이 사랑에 있고 혼이 행랑에 살더라도 혼의 힘이 전혀 없거나 역할을 하지 못하는 것이 아니다. 특히 혼이 행랑마저 벗어나 집을 나간다면 이는 넋이 나가거나 혼이 빠진 사람이 되니 이미 사람 구실을 할 수가 없다.

---

314) 사랑방은 대가(大家)집에서 주인이 거하는 방으로 집이 몸이라면 영과 혼이 그 집의 거주자이다.

물론 몸에 영이 아예 없는 자아의 수준도 있고 그 수준의 인구가 무려 90%이니 비유가 응당한 것은 아니지만 책의 독자가 나머지 10%에 속할 것이니 비유는 이어나가겠다.

자의식인 에고에 사로잡힌 2단계 자아는 30%, 그리고 이를 어느 정도 벗어난 2.5단계 이상의 자아는 그 반(半)이 영을 갖추고 태어났다. 그러나 혼과 영은 쉽게 조화를 찾지 못하고 평생 다툰다. 영혼육을 모두 갖춘 사람의 경우 영은 응당 몸의 주인이 되어 사랑방에 기거하면서 하인(下人)인 혼과 집인 몸을 잘 다스려야 하고, 혼은 사랑방 주인을 보좌하고 집안 대소사를 보살피며 딸린 전답에서 농사를 지어 주인인 영을 모시는 한편, 주인을 본받아 배우고 익혀 자기도 '영이 되는 공부'를 하는 삶을 살아야 한다.

이치(理致)가 이러하나 대부분의 영과 혼은 둘 다 본분을 지키지 못하고 살다 짧은 생을 회한과 후회로 마치게 된다. 우선 혼은 어렵게 짝지음 받은 영을 싫어한다. 힘도 약하고 나중에 들어온 놈이 양반이랍시고 주인 행세를 하려 하니 눈에 곱겠는가?315) 그리고 몸에 먼저 들어와 사랑방에 앉아 자아의 주인 노릇을 잘 해 먹고 있는데 영이 자리를 내어놓으라며 자꾸 집적거린다고 그 자리를 쉽게 내주겠는가? 그러나 한편 이처럼 주객이 전도된 이유는 영의 힘이 약하고 못난 이유도 크다. 혼의 힘이 워낙 세서 주인 자리를 못 차지하는 것만은 아니다. 영 또한 절대적 수준이 낮고 힘이 약한 경우가 많다.316) 게다가 영은 특히 사람의 나이가 어릴 때 혼보다 더 약하고 어리숙하다. 지혜도 덜 하고 용기도 없다. 어린이에게 어디 주체성 있게 자기 의견을 주장하는 지혜와 이를 실천할 용기가 있기 쉬운가?317) 영이 비록 혼과 마찬가지로 각성 시 전생이나 하늘나라 기억은 없다 해도, 전생에 '혼으로서의 장구한 경험과 경력'이 있고 열반을 향한 피나는 수행을 거쳤으며 지금은 천국의 시민권자이자 이 몸의 주인인데 어찌 자신이 맡은 혼과 몸을 감당할 지혜와 힘이 없다는 것인가. 혼의 힘이 그토록 강력한가? 이것도 섭리인가? 하여간 사람이 어렸을 때에 영은 지혜도 힘도 용기도 아직 발현되지 않는다. 약하다. 못났다. 몸에 몇 년 먼저 들어와 텃세를 부리는 혼을 이겨내지 못한다.318)

---

315) 혼은 胎兒期 어느 때쯤 몸에 들어오고 영은 5~6세에서 思春期에 걸쳐 몸에 깃든다. 사춘기 전후 어느 때에 사람이 크게 바뀌는 것을 우리는 철이 든다고 표현한다. 철이 드는 이유를 몸이 성숙하고 성징(性徵)이 발현하는 육체적 원인으로 이해하여 '思春'이라는 용어를 쓰지만 사실은 魂盛期 또는 靈來期 등 정신적인 원인을 표현하는 용어를 만들어 써야 맞다(미주 43 '몸과 혼의 성장 속도와 분할환생' 참조).
316) 스베덴보리는 생전 그리고 사후에 영매를 통해 증언하기를 낮은 단계의 영들의 도덕적 수준은 이 세상에서 영적으로 낙후된 사람들의 도덕적 수준과 질적으로 다르지 않다고 하였다.
317) 미주 238 '전생을 기억하지 못하는 이유' 참조
318) 그 현상이 너무 심하여 분할환생이 논리를 심각히 고려하여야 할 정도다(미주 43 '몸과 혼의 성장 속도와 분할환생' 참조).

또 영은 몸을 직접적으로 통제하지 못한다. 혼을 통해야 한다. 마치 집사를 시켜야 하인들을 부릴 수 있는 것과 같다. 혼이 텃세뿐 아니라 몸을 인질로 잡고 있는 것이다.

그러니 사랑방은 자연스럽게 혼이 차지한다. 성인이 된 후에도 영은 몸과 혼을 이기기 어렵다. 어려서부터 혼에 끌려다니다 보니 영은 인생이 으레 그런 것으로 알고 이겨 볼 생각도 않는다. 심하면 자기가 혼의 종(從) 또는 손님인 줄 알고 아예 사랑방에 들어오지 못하는 경우도 있다. 그러니 지혜도 잘 자라지 않는다. 필요성을 느껴야 늘이고 키우는 법이다. 그나마 어느 정도 지혜와 용기를 얻고 보면 한 생이 끝난다. 그러면 또 반복이다. 결국 영은 이런 몸 저런 혼을 매생(每生)마다 바꿔 만나 속박당하여 살면서 하나하나 극복하는 여정을 겪는다. 尾64) 본생경(本生經)에 500가지가 넘는 부처님 전생 이야기가 괜히 실려 있겠는가. 영과 혼 간의 이런 관계를 설명해 주는 사례는 많다.319)

사랑방 이야기는 영이 없는 사람에게도 의미가 있다. 영이 없는 사람의 경우 영의 역할은 양심(良心)이 대신한다. 양심은 혼에서 가장 도덕적이고 영특한 부분이다. 또한 궁극적으로는 혼도 어느 생에는 영을 짝지음 받아야 하므로 이러한 이치를 깨달아 미리 준비하는 삶을 살아야 인격의 수준을 높여 차생에 영을 받을 것이다. 그러나 이 책을 여기까지 읽을 정도의 사람이라면 영이 있을 가능성이 크다. 영이 없는 사람이 어찌 영혼학에 관심이 있을 것이고 더구나 황당하고 따분한 표준이론 스토리를 여기까지 읽어 내겠는가.

자아의 사랑방에서 마음(혼)을 비워 내면 그 자리에 뭐가 들어갈까?
1) 바오로 말로는 '되살아난 영'이 들어간다320)는 것이고
2) 노자(老子)의 말로는 道가 들어간다는 것이며
3) 표준이론에 따르면 靈이 들어간다는 것이다.
이는 다 똑같은 말이다. 이것이 '비우면 비운 만큼 다른 것이 채워진다'는 「도덕경(道德經)」 2장의 '유무상생(有無相生)'의 원리이다. 마음속에 가득 찬 慾心을 비우면 道心이 들어가고 惡함을 비우면 善함이 들어간다.

---

319) 1. 루카 12:16~21의 부자이야기
2. "나는 나 자신을 싫어한다. 자신을 싫어하는 나 자신도 싫다." 흔히 듣는 말이다. 그런데 헷갈리는 말이기도 하다. 그러나 표준이론으로 이해하면 쉽다. 이 말은 "내 영이 내 혼을 싫어한다. 혼도 영을 싫어한다."는 말이다.
320) 기독교 소수설인 바오로의 영혼육 삼원론에 의하면 하느님의 영인 네샤마를 받았으나(창 2:7) 아담이 저지른 원죄로 인해 잠들어 있던 영이 믿음과 회개로 깨어난다. 또 기독교 전통설인 혼육이원론의 견해로는 네샤마 사건으로 지혼된 사람의 혼이 영화(靈化)된다(8.2.3. '기독교의 인간론' 참조).

4.3.3.2. 사랑방 이야기와 같은 생각들

1) 불교에서는 空과 無我를 이야기하면서 '자아(존재, 법)란 색(色)·수(受)·상(想)·행(行)·식(識)의 오온에 의하여 생성되는 것이라서 오온의 색이 무상(無常)하게 변하면 제행도 무상하고 제법 또한 따라서 무상하다(無我)'라고 한다. 표준이론은 이 뜻을 '我로서 혼은 一元의 섭리를 깨닫고 개체성을 버려야 하니 무아요 끊임없는 자기실현으로 변화하여야 하니 또 무아'라고 새긴다. 또한 사랑방 이론에 따르면 자아의 방은 혼과 영이 그 주도권을 각축하는 방이니 주인이 정해진 바가 없어 無主요, 주체가 아니고 주체가 사는 '빈 房'이니 我 자체는 空한 것일 수밖에 없어 공아(空我)[321]다. 자아는 방이고 자아의 방은 무주공산(無主空山)이니 이 또한 무아인 셈이다. 혼(아뢰야식)만 인정하는 불교는 혼이 수승(殊勝)하여 열반하면 스스로 자아의 방을 비우게 된다. 또 표준이론과 달리 영과 혼 간의 유무상생(有無相生)은 없으나 혼이 열반한 무아로서의 아라한이 자연스럽게 사랑방의 주인이 되니 결국 불교가 설하는 무아 이야기는 사랑방 이야기의 일종이다.[322]

2) 신지학(神智學)에서 이야기하는 '생명의 전쟁터' 이야기는 표준이론의 사랑방 이야기와 많이 닮아있다. 신지학은 영을 '의지'로 이야기하며 "자아 속에 있는 의지력이 얼마나 많은가와 그 의지가 각 체들을 이용하는 방법을 알고 있는가"에 따라서 그의 생은 성공할 수도 있고 실패할 수도 있다고 한다. 그에게 생은 생명의 전쟁터인 경험의 용광로다. 모든 것은 자아 속에 얼마나 큰 의지력이 있는가에 달려 있고, 자신의 멘탈, 아스트랄, 육체의 체들을 통제함으로써 이 모든 것들이 나타나게 된다. 자아의 의지가 멘탈, 아스트랄, 육체의 엘리멘탈들의 본능[323]을 지배하게 되면 그 생은 성공적인 생이라는 것이다. 반면에 이 세 가지 엘리멘탈들이 우위를 점하게 되면 그 생은 허비한 생이 된다. 대부분의 사람들의 경우에, 완전한 우위나 완전한 굴복은 없다. 어떤 부분은 성공하고, 또 어떤 부분은 실패한다.[324]

---

[321] 불교의 무아론은 '諸行이 無常하니 諸法이 無我'라는 주장이다. 불교의 무아론을 표준이론식으로 표현하면 '我는 방이니 방 자체는 공한 것이므로 空我'라는 공아론(空我論)이 된다.
[322] 아라한이나 보살이 구제를 위하여 재림(환생)하면 그 몸에는 아라한의 영 말고도 혼이 따로 있다고 보아야 합리적이다. 아라한이라고 하여 감성, 감정, 지성, 예지의 혼이 없으랴? 부처님도 化生說이 있다.
[323] 신지학에서
1. '멘탈 엘리멘탈의 본능'은 상위정신체인 에고의 감정(感情)이요
2. '아스트랄 엘리멘탈의 본능'은 하위정신체인 이드의 욕망으로서 오욕(五慾), 또는 오경(五境, 색성향미촉)에 집착하여 야기되는 5종의 욕망이다. 또
3. '육체 엘리멘탈의 본능'은 육체 세포들의 생존본능이다.
[324] 지나라자다사, 「신지학 제1원리」 참조

3) 예수님의 말을 전한다는 헬렌 슈크만도 그의 저서 「기적수업」에서 영을 '참나'라고 부르며 표준이론의 사랑방 이야기와 공감하고 있다.尾65) "우리는 그대 마음에 두 부분이 있음을 본다. 하나는 에고가 지배하는 망상으로 이루어져 있고 또 하나는 성령의 집으로 진리가 머무른다. '그대의 참나'가 차단되면 그대의 참나는 잠든 것처럼 보이며, 반면 잠에 빠진 채 망상을 겪고 있는 그대의 마음 일부는 오히려 깨어있는 것처럼 보인다."

4) 할 스톤(Hal Stone 1927~2020)은 「다락방 속의 자아들(Embracing Our Selves)」에서, 그리고 데니스 겐포 머젤은 그의 저서 「빅 마인드」에서 자아를 여러 하위자아로 나누고 이를 하위인격이라고 하며 이들을 불러내어 심리상담이나 심리치료를 하는 방법으로 다른 하위 자아를 제어할 수 있다고 한다. 특히 머젤은 자아 중 '이미 깨달은 나'인 빅 마인드를 불러내어 평범한 사람을 순식간의 해탈의 경지에 이르게 할 수 있다고 주장한다. 자아 속에 숨어 있던 빅 마인드를 불러내어 몇 마디 물어보니 도통(道通)한 이야기를 하더라 하는 것이 그의 논리의 시발(始發)이다. '빅 마인드'는 다음과 같이 이야기한다. "나는 이 전체 회사의 보스입니다. 자아가 나의 존재를 깨닫기 전에는 누가 이 회사의 책임자인지 아무도 몰랐습니다. 한 집안의 주인이 오랫동안 나가 있었던 것과 같습니다. 하인들의 우두머리인 컨트롤러에게 모든 것을 맡기고요. 그런데 한참이 지나자 컨트롤러는 자신이 집주인이라고 생각했습니다. 그러나 그는 집주인이 아닙니다. 그를 제자리로 돌려보내는 일은 내가 돌아왔을 때 해야 할 일이었습니다."325)

5) 페르소나326)

---

325) 1. 데니스 겐포 머젤, 「빅 마인드」, 추미란 옮김, 122쪽
2. 그들이 말하는 하위인격은 기실 인격이 아니라 자아나 인격의 일면(一面)이나 측면(側面)이다. 자아를 구분한다면 프로이트의 구조론적인 구분이나 영혼육의 구분이 필요할 뿐이다.
3. '빅 마인드' 또는 '마스터'는 하위인격의 하나가 아니라 영이다. 마스터를 불러내어 평범한 사람을 순식간에 도의 경지에 도달하도록 하는 겐포의 기술(Technic)은 터무니없지만 영으로서의 마스터와 컨트롤러의 존재와 위상은 정확하게 깨닫고 있다.

326) 1. 페르소나는 고대 그리스 가면극에서 배우들이 쓰던 가면에서 유래한 말로 구스타프 융은 이를 심리학에 도입하여 '자신을 좋은 이미지로 각인시키기 위해 사용하는 본성과는 다른 가면'이라는 의미로 사용하였다. 그는 사람마다 천 개의 페르소나를 지니고 있어서 상황에 따라 적절한 페르소나를 쓰고 외부와 관계를 맺는다고 주장한다.
2. 페르소나는 자신의 고유한 심리구조인 본성(眞心)과 사회적 요구 간의 매개체의 역할을 하여 사회생활을 원만하게 유지하게 해준다. 그러나 페르소나에 갇혀 이를 자신의 본성과 동일시하면 페르소나의 팽창(야누스)이 생겨 열등감 등 병적인 상태에 빠질 수 도 있다. 이를 극복하고 자신의 眞心을 찾는 것이 자기실현이다. 심리학에서는 페르소나들과 자신과의 사이의 밸런스가 잘 잡힌 상태를 정신적으로 건강한 상태로 본다.
3. 표준이론으로 볼 때 야누스는 복합혼이 겉으로 드러난 현상일 수 있다. 심리학에서도 페르소나를 본성의 한 측면으로 보기도 하는데 그렇다면 야누스는 개인의 주혼의 성격과는 어울리지 않은 성격으로 복

혼은 미완의 존재이니 자기 자신을 있는 그대로 드러내어 외부와 소통하기 어렵다. 페르소나는 혼이 외부와 관계를 맺을 때 드러나는 혼의 모습이다. 따라서 페르소나는 혼의 본모습이 아니다. 페르소나는 때마다 장소마다 다르다. 그런데 대부분의 페르소나는 혼의 마음에 들지 않는다. 그것이 혼 자신의 진면목과 다른 것이라서 그렇고, 다른 사람의 페르소나에 비해서 자존심 상할 정도로 못나 보여서 그렇고, 외부에 너무 신경 쓰는 자신이 못마땅해서 그렇고, 외부의 기에 눌려 허리를 못 펴고 눈도 제대로 못 뜨는 페르소나의 꼴이 용납이 안 돼서 그렇고, 아무리 노력해도 혼 자신을 있는 그대로 드러낼 수가 없어서 그렇다. 왜 혼은 이처럼 자신의 진면목을 그대로 드러낼 수 없을까. 이는 심리학적인 검토와는 별개로 다음과 같은 이유가 있을 수 있다.

(1) 혼이 기 덩어리임으로 인해 그때그때의 외부 기327)에 영향을 크게 받기 때문이다.

(2) 혼과 외부와의 관계는 관계별로 역할이 달라 혼은 각 배역에 맞는 Actor가 되어야 하기 때문이다.

(3) 혼이 원래 전오식(前五識)에 기반한 환경의 지배를 받는 존재라서 수시로 변하기 때문이다.

(4) 혼이 특정 욕망에 사로잡혀 정신체의 균형이 깨져 있는 경우에는 외부로 드러나는 페르소나도 불완전할 수도 있다.

(5) 혼은 한 생에서도 물질적으로 성장하고 영적으로 발전하기 때문에 페르소나도 계속 변한다.

(6) 하급혼이 있는 그대로 자신을 드러낸다면 양심도 없고 예의나 염치도 부족하며 심지어 감정도 자제하지 못하는 진면목이 드러날 수 있으니 그렇게 되면 세상이 혼란과 범죄의 소굴이 될 것이다. 따라서 사회는 미리 혼에게 규격화된 페르소나를 강제한다. 그렇다면 페르소나는 혼 특히 하급혼들의 수성(獸性)으로부터 사회를 보호하는 긍정적 역할을 하는 장치일 수도 있다.

(7) 영이나 양심이 중간 중간 깨어나기 때문에 그때의 자아의 모습과 혼이 설정한 페르소나가 다를 수 있다.

(8) 심한 경우 복합혼의 종혼(從魂)의 의식이 겉으로 드러난 현상일 수 있다. 단일혼의 경우에도 혼의 기원이 '기의 뭉침'이기 때문에 고급혼 또는 영이 되기 이전에는 페르소나 팽창(야누스)과 강박증, 이인증, 비현실감 등 복합혼현상을 완전히

합혼의 것이다. 이러한 야누스는 강박증, 이인증(異人症), 비현실감(非現實感), 도플갱어, 해리성 정체장애 등의 정신병과 관련이 있다.(6.3.1. '생기체' 참조)
327) 다른 사람의 혼 특히 그의 카리스마와 기형(氣型), 특정 장소의 분위기(雰圍氣), 지위나 소유물, 육체의 상태 등으로 인한 기의 상태.

극복하기 어렵다.

영은 이승이 아데아(Adea)라서 기를 못 편다고 하지만 혼은 또다시 이승은 '페르소나의 세상'이라 그나마 혼의 진정한 면모의 구현이 어렵다고 아우성이다. 그러나 한편으로는 혼이 페르소나를 적극적으로 조작하는 것일 수도 있다. 인의예지(仁義禮智)의 양심을 가장하여 품격 높은 페르소나를 여럿 만들어 이를 가면으로 쓰고 혼들의 세상인 아데아에 임하는 것이다.

6) 자아실현
자아가 무엇인데 실현(實現)한다고 하는가. 자아실현(self realization)이란 '자아의 잠재적 가능성의 실현과정'이다. 잠재적 가능성이 '합리성'인지 '창조력'인지 '신의 의지'인지는 의견마다 다르다. 표준이론에서 자아의 실현은 '영이 사랑방 주인 되기', '사랑방에서 행랑으로 혼을 내보내기', '혼을 주인에서 부(副)주인 또는 종(從)으로 격하시키기', '사랑방에서 마음을 비우기328)', '참자아 찾기(4.3.5. '참자아의 개념' 참조)', 궁극적으로는 '혼이 영으로 진화하기(靈化)'다. 자아의 실현을 표준이론의 자아단계로 보면 깨어있는 시간의 비율이 반을 넘어서는 4단계로서 성인의 경지이다. 이를 혼과 페르소나의 관계로도 설명할 수 있다. 영이 자아를 장악하면 혼 또한 그 수준이 높아져서 페르소나와 진정한 혼의 본성(眞心)을 일치시키게 된다. 즉 페르소나를 가지고 자아실현을 설명하자면 '페르소나와 진심을 일치시키기'가 된다.
자아실현을 구도의 길이라고 한다. 구도의 길은 멀고 험하다. 수행과 참선과 기도와 공부, 매 순간순간 깨어있기, 이 모든 것이 결국 자아실현을 위한 기존의 투자방법이다. 그런데 이런 방법들은 아쉽게도 참으로 가성비(價性比)가 낮다.尾66) 이제 영과 혼이 관계를 주종관계이자 동반자관계로 파악하는 표준이론의 구도(求道)로 가자.

7) 성경에 나오는 어느 부자의 이야기
"또 비유로 저희에게 일러 가라사대 한 부자가 그 밭에 소출이 풍성하매 심중에 생각하여 가로되 내가 곡식 쌓아 둘 곳이 없으니 어찌할꼬 하고 또 가로되 내가 이렇게 하리라 내 곡간(穀間)을 헐고 더 크게 짓고 내 모든 곡식과 물건을 거기 쌓아 두리라. 또 내가 내 영혼에게 이르되 영혼아 여러 해 쓸 물건을 많이 쌓아

---

328) 이를 두고 일부에서는 마태복음 12:43~45를 들어 명상을 하다 잘못되면 "집이 비고 소제되고 수리되면 악한 귀신들이 들어와 차지한다."고 한다. 마음을 비운다는 의미는 혼보다 더 귀한 영이 자아의 사랑방을 차지한다는 유무상생의 求道이치를 이해하지 못한 해석이다.

두었으니 평안히 쉬고 먹고 마시고 즐거워하자 하리라. 하나님은 이르시되 어리석은 자여 오늘 밤에 네 영혼을 도로 찾으리니 그러면 네 예비한 것이 뉘 것이 되겠느냐." (누가 12:16~21)

이 비유는 결국 이런 말이다. "내 영이 내 혼에게 '혼아! 돈은 이제 벌 만큼 벌었으니, 이제 그만 설치렴. 제발 이제 인생을 제대로 좀 살아 보자'라고 하였고 혼 또한 그리 다짐하였으나 그날 밤 하느님께서 부자의 영과 혼에게 말씀하시기를 '됐다. 알 만하니 그만 살고 돌아오라'고 하시더라." 이는 "어느 정도 지혜와 용기를 얻고 보면 한 생이 끝난다."라는 말이다. "우물쭈물하다 내 이럴 줄 알았다."라는 어느 묘비명이 생각난다.329)

8) 소크라테스의 '너 자신을 알라'
세상에서 제일 어려운 것은 '자신을 아는 것(Knowing Thyself)'이다. 철학의 아버지 소크라테스는 어른이든 아이든 상관없이 만나는 모든 사람들에게 "너 자신을 알라."고 말했다330). '나' 자신을 아는 것이 결국 철학의 시작이고 마침이기에 세상에서 가장 훌륭한 사람은 바로 자신을 아는 사람이다. 그의 말을 표준이론에 대입하면 "영과 혼을 잘 알아야 혼을 통제하고 교육할 수 있고 이는 삶의 목적을 이루기 위한 기본이다."라는 뜻이다.331)

9) 메타인식
메타인식(meta-cognition, 초인지 능력)은 '인지'에서 한 걸음 더 나아가 자신의 인지 과정에 대해 한 차원 높은(=meta) 시각에서 관찰하고 발견하고 통제하는 정신 작용으로서 일반적인 인지수준을 뛰어넘어 '인지하고 있는 자신'을 인지하는 능력이다. 여기서 자신은 혼이며 한 차원 높은 시각은 영의 시각이다. 웃고, 울고, 화를 내고, 질투하고 있는 자신인 혼(魂)을 영(靈)이 객관적으로 인식하는 것이 메타인식 기능이며 이 기능이 발달된 사람은 자신을 잘 안다. 메타인식은 문제 해결 능력을 강화하고 창의력을 증폭시킨다. 학습의 경우 같은 시간을 들여도 더 좋은 효과를 얻을 수 있다. 이것이 바로 영의 역할과 기능이다.

---

329) 1. 버나드 쇼(Bernard Shaw 1856~1950) I knew if I stayed around long enough, something like this would happen.
2. 이런 묘비명은 어떤가. "네 前生이 여기에 묻혀 있다(Your fore life is buried here)."
330) Know thyself(그노티 시오톤 gnōthi seauton). 이 말은 소크라테스가 한 말이 아니라 사실은 고대 그리스 델포이의 아폴론 신전 현관 기둥에 새겨져 있었던 말이다. 소크라테스는 인간의 지혜가 신에 비하면 하찮은 것에 불과하다는 입장에서, 무엇보다 먼저 자기의 무지를 아는(無知의 知, Bewusstsein des Nichtwissens) 엄격한 철학적 반성이 중요하다고 하여 이 격언을 자신의 철학적 활동의 출발점에 두었다.
331) 또한 표준이론의 영혼육 구조를 직관적으로 알면 더욱 좋을 것이다.

10) 상위자아

일부 뉴에이지에 따르면 자신을 구성하는 고차원적인 부분으로 상위자아(High Self) 또는 영적자아라는 것을 이야기한다.332) 자아에 영을 포함시켜 파악하고 이를 영적자아라고 하는 것이다. 이는 자아에 영의 성격이 있는 부분이 있음을, 또는 자아의 구성요소로 영이 있다는 사실을 직관하고 이를 표현하는 말이다. 결국 혼과 영을 구분하고 있는 셈이다.

자아에 관하여 프로이트는 먼저 마음인 에고를 말한다. 그리고 에고의 아래로는 원본능인 이드, 위로는 상위자아로서 초자아인 슈퍼에고가 있다는 소위 마음의 구조모델(Structural Model)을 이야기했다. 그러나 자아는 마음이 아니며 인격의 주체가 사는 방이다. 자아의 사랑방 주인이 혼의 구현인 '마음'이면 이때 자아는 마음이겠고 방주인이 '영'이면 자아는 영이다. 프로이트는 자신의 자아의 방에서 영을 본 적이 없었을 뿐이다. 자기 자신 속에서 영을 찾지 못한(無記하신) 부처님이나 프로이트는 그렇게 이야기할 수밖에 없었을 것이다.333) 결론적으로 프로이트는 틀렸다. 일부 뉴에이지에서는 프로이트의 초자아를 영(靈)으로 이해하고 상위자아를 영적자아라고 이야기한다. 이는 무신(無神)의 초자아(양심)의 범위를 유신(有神)의 영으로까지 확대한 모습이다. 그러나 이는 영을 보지 못한 프로이트보다 더한 오류다. 영을 알아보고도 이를 혼과 혼동하는 것은 靈魂이란 단어를 영과 혼 양쪽으로 혼용하는 '일반적인 오류'보다 더하다.

11) 레스터 레븐슨은 표준이론의 사랑방 담론과 매우 유사한 언급을 하고 있다. "우리가 생각들을 내보내려(let go)할 때면 이 '무의식적인 마음'이란 게 참으로 어렵다. 왜냐하면 우리들이 무의식을 볼 수가 없기 때문에 무의식적 생각들은 자기 멋대로 계속 굴러만 가는데 결국 한 생애 내내 계속되다가 죽고 난 후에도 굴러간다. 우리는 생각들과 너무나도 결합이 되어 있어서 이혼할 생각을 해 본 적도 없다. 그리고 눈먼 채로 계속해서 물리적인 육체들을 떠돌아다니는 비참한 생활을 하게 된다."334)

그런데 레븐슨의 '무의식적인 마음'이란 몸뇌의 병적인 잠재의식과 혼뇌의식을 합

---

332) 표준이론에서 상위자아는 상위정신체가 주도적 역할을 하는 자아를 이름이요 영적자아는 양심체가 주도하는 자아를 말하니 뉴에이지와 그 용례가 다르다(부록4 '영혼육의 구조' 참조). 뉴에이지의 영적자아는 그 내용을 보면 영이다.
333) 프로이트는 "자아가 자신의 집의 주인이 아니다."라고 말했다. 물론 이 말은 무지와 비합리성 그리고 섹스의 무의식이 진짜 자아의 방의 주인이란 뜻이었지만 현재의식의 이면에 거대한 또 다른 자아의 주체가 있다는 직관에서 나온 말이라고 보인다. 그는 유물론자로서 영을 인정하지 않았지만 있는 영을 표현하는 데는 주저하지 않았다.
334) 레븐슨의 표현이 좀 서투르지만 이는 '혼(생각)의 정신체가 강하여 영이 이를 종잡아 파악하고 통제하기가 참 어렵다'는 뜻이니 표준이론과 잘 어울린다(레스트 레븐슨, 「궁극의 자유를 위한 열쇠」 참조).

한 프로이트의 무의식을 지칭하는 말이고 무의식적인 마음이 발호한다는 뜻은 표준이론에서 볼 때 '영이 깨어있지 못한 상태'와 같다. 게다가 자아의 방을 점거한 혼이 수승하지 못하여 감정과 욕구에 휘둘리며 수성의 노예가 되어 취생몽사 한다는 뜻이니 자아의 방은 최악의 상태다.

또 그는 생각의 95%가 무의식에 기인한다면서 애초에는 우리가 우리의 모든 육체 기관들을, 심지어 모든 세포들까지 의식적으로 작동시켜야 했었는데 이러한 의식적인 주의를 생략하기 위해서 우리는 무의식적인 마음이란 것을 통해서 자동적인 컨트롤 프로그램을 개발하였고 처음에는 그것은 물리적인 육체를 작동시키는 데 있어서 아주 쓸모가 있었지만 지금은 그것으로 인해 이와 같은 부작용이 생겼다라고 한다. 생각의 95%가 무의식에 기인한다는 레븐슨의 말은, 우리 활동(活動)의 많은 부분이 생기체의 자율시스템의 통제하에 있는 교감과 부교감의 자율신경에 의해 자동으로 이루어진다는 사실에 기반한 주장이다. 몸의 자율신경은 생기체의 자율시스템이 통제한다. 생기체의 자율시스템은 마치 컴퓨터 소프트웨어의 일종인 바이오스(Basic Input Output System)와 같은 기능을 한다.335) 그 때문에 생기체는 많은 종교와 사상에서 몸의 일부로 보았을 정도다. 그의 말을 표준이론 식으로 기술하면 '혼은 세포 하나하나에 신경 써야 하는 귀차니즘을 정신체가 아닌 생기체의 자율기능 수준에서 해결하는데 그것이 우리 활동의 95%를 차지한다.'는 말이 된다. 그러나 바이오스는 소프트웨어가 하드웨어에 닿는 부분이니 생기체에 속하는 것이지 생각에 해당하는 '애플리케이션 소프트웨어'는 아니다. 따라서 그의 주장은 혼의 생기체와 정신체에 대한 개념이 없어서 나온 말이다. 게다가 레븐슨은 생기체의 자율기능과 정신체의 무의식마저 구분하지 못하였다. 전체적으로 레븐슨은 혼의 구조를 제대로 이해하지 못하고 있다.336)

그는 또 사람이 어떤 일에 반응할 때마다 그 반응은 에고(혼)에 의한 것이라고 한다. 과연 에고 즉 혼이 우리 생각과 반응의 모든 것을 주관할까?
세 가지 의견이 있을 수 있다.
(1) 생각도 반응이다. 반응하기 위하여 감각을 인풋받는 것은 혼이니 생각도 반응도 모두 혼이 하는 일이다. 영은 자아의 단계에 따라 여기에 영향을 끼칠 뿐이다.
(2) 생각은 영의 것이나 즉시 혼이 개입하여 반응을 결정한다.
(3) 모든 생각은 영의 것이고 반응 또한 영이 혼을 지휘하여 결정한다.

레스터는 위 세 가지 의견 중 (1)의 입장이다. 그러나 표준이론은, 사람이 깨어있

---

335) 8.21.4. '컴퓨터적 인간론' 참조
336) 6.5. '자율신경과 혼' 참조

기만 하면 영이 몸을 장악하는 것이라고 본다. 즉 생각도 반응도 영의 것이니 위 (3)의 입장이다. 혼은 하인이다. 집사다. 기껏해야 副주인이다. 영이 필요하면 부리는 존재다. 그러나 자아의 단계가 1.8단계 이하로 낮으면 그 사람에게는 영이 없다. 2단계 이상의 자아라 하더라도 90~95%의 시간을 혼이 자아의 방을 장악한다. 인구의 0.001%인 4단계의 자아마저 혼이 절반의 시간을 장악한다. 인두겁을 쓰고 있는 까닭에 성인(聖人)마저도 혼의 발호를 완벽히 제어할 수는 없는 것이다. 그러니 결국 (1)이 맞다. 그때 영은 사랑방에서 발을 동동 구르며 구경하거나 포기하고 관심이 없거나 아예 집에 영이 없을 수도 있다. 지구 인구의 90%는 2단계 이하이니 현실적으로는 결국 레스터의 말이 맞겠다. 사실 우리의 세상은 '혼들의 세상'이다. 현재 우리의 생각 대부분은 혼의 생각이다. 그러니 위 (1)의 입장이 사실 유력한 답이다.

이미 언급한 깨어있는 상태 세 가지를 위의 각 의견에 매치시키면

1) 영이 자아의 방에 등장하여 삶의 현장인 혼들의 세상을 살아가고 있는 혼을 관찰하는 단계는 '1단계 수준의 깨어있음'으로 위 (1)이다.
2) 삶의 현장에서 물러나 명상이나 예술, 독서, 운동 등을 통해 영이 자아의 방을 온전히 장악하는 단계는 '2단계 수준의 깨어있음'으로 위 (2)다.
3) 혼들의 세상인 삶의 현장에 임하여서도 영이 자아의 방을 온전히 장악한 단계로 '최고단계의 깨어있음'이며 이는 위 (3)이다.

그렇다면 (3)이 최고단계의 깨어있음이지만 과연 보살님이 아니고서야 누가 혼의 세상에서 홀로 깨어있을 것인가. 그러니 위 (1)의 수준이 현실적으로는 가장 유력한 답이다.

그러나 한편 레스터는 "에고의 동기를 살펴보고 그것을 봤을 때 그것을 놓아 버리세요. 에고의 동기가 관찰될 때마다 에고는 힘이 약해집니다."라고 하며 살펴보는 주체(영)가 따로 있고 그 영이 수시로 개입하는 것으로 본다. 또 자꾸 살펴보면 혼이 약해진다고 한다. 마음챙김 명상과 같은 이치다. 자아의 단계가 상승하는 것이다. 그러면 그의 자아는 위 (3)의 상황으로 발전한다. 그리하여 궁극적으로는 (3)의 입장이 맞게 된다. 그는 말한다. "무한의 존재를 덮고 있는 덮개는 첫째로 물리적인 몸인 우리다. 그다음이 마음이고 마지막이 환희심(코잘체, 양심)이다. 마침내 당신의 참자아가 주도권을 넘겨받게 되고 당신을 꼭대기까지 들어 올린다.

그때까지는 당신은 노력을 해야 한다." 그의 '주도권 이론'은 '사랑방 이론'과 동일하다.

영과 혼의 쟁투(爭鬪)는 하느님의 창조사업의 중요한 부분이다. 수행, 수련, 수도, 행업, 공부, 선정, 계율, 명상, 영성, 깨어있기 그 모든 것의 목적은 혼을 자아의 사랑방으로부터 떼어 놓기 위함이고 혼이 이기심과 자존심을 극복하고 자리이타와 자비심을 키울 수 있도록 교육함으로써 일원(一元)의 이치를 깨닫게 하여 영으로 키우기 위한 것이다. 기(氣)가 혼(魂)이 되고 그 혼이 영(靈)이 될수록 세상은 하느님으로 채워진다. 예수님의 사랑과 부처님의 자비도 '혼을 영으로 키우기'다.

그렇다고 자아의 방에 영을 들이는 일을 너무 어렵게 생각하여 도통(道統)이나 열반의 경지로까지 높이면 곤란하다337). 표준이론에서 열반(涅槃, nirvana)은 혼이 영이 되는 구원을 이름이고 해탈(解脫, Moksha)은 영이 윤회의 굴레를 벗어나 환생하지 않아도 되는 경지를 말한다.338)

12) 혼의 불성(佛性)과 하느님의 불씨

그러나 혼도 그 속성으로 靈化를 갈망한다. 그것은 혼이 여기까지 진화해온 동력이고 앞으로 가야 할 길을 가리키는 방향타다. 영이 혼을 점화(點火)만 시키면 혼이 스스로 달려갈 수 있다. 일체중생 실유불성(一切衆生 悉有佛性). 이는 일체의 중생이 다 불성을 가지고 있다는 '열반경'의 구절이다. 유정무정 개유불성(有情無情 皆有佛性)이라는 화엄경의 명언도 있고 이를 역용한 구자무불성(狗子無佛性)이라는 조주(趙州)의 화두(話頭)마저 있다. 사람뿐 아니라 일체의 중생은 '부처의 씨앗'인 불성을 가진다. 그 씨앗이 싹터 언젠가는 부처로 자랄 수 있다.

표준이론에도 마찬가지다. 사람뿐 아니라 삼라만상은 '하느님의 영화(靈火)'를 가진다. 모두 하느님의 숨결인 기(氣)의 소산(所産) 아닌가. 즉 불성은, 혼의 내밀한 곳에 있는 기의 에센스인 '하느님의 불씨'로 언제든지 불꽃으로, 횃불로 타오를 수 있는 신성(神性)이다. 자아의 발전단계는 불성이 깨어난 정도다.

불교는 '불성을 깨우는 일'도 불성의 일종으로 본다. 행불성(行佛性)이라는 이름의 불성이다.339) 불씨를 불꽃으로 횃불로 타오르게 하는 것이 행불성인 것이다. 행불

---

337) 우리는 몸에 있는 여섯 가지의 수단(눈, 귀, 코, 혀, 몸, 뇌의 六根)으로 여섯 가지 감각(빛, 소리, 냄새, 맛, 촉감, 이치의 六境)을 인식하는데 수련이 깊어지면 여섯 가지의 인식기능(六識)이 모두 향상되어 새로운 감각이 개발된다.… 이러한 상태가 깊어지면 비로소 자신의 빛나는 영혼(眞我)을 보게 된다. 그 상태까지 되어야 내가 육체로부터 파생된 존재가 아니라 빛나는 영혼임을 깨닫게 된다(서창덕, 「당신은 길 잃은 신이다」).
338) 미주 46 '표준이론의 열반과 해탈 그리고 불교' 참조

성이 없이 이불성(理佛性)만으로 어느 세월에 불씨가 불꽃이 되고 횃불이 되랴. 그러므로 영은 행불성인 셈이다. 그러나 불교에서 모든 중생에게 행불성이 갖추어져 있는 것은 아니라고 하듯 표준이론에서도 어느 사람에게는 행불성인 영이 없을 수도 있다.340) 영이 없는 사람도 있다는 것을 불교는 이런 식으로 말하고 있다.

13) 자아발전과 돈오점수

영과 혼의 갈등은 점수선(漸修禪)과 돈오선(頓悟禪)의 이야기로 풀어 볼 수도 있다.341)

6세기 초 달마에 의해 주창된 중국선종은 200여 년이 지나 점수선(漸修禪)을 추구하는 신수(神秀 606~706)의 북종선과 돈오선(頓悟禪)을 추구하는 혜능(慧能 638~713)의 남종선으로 양분된다.

북종의 점수선(漸修禪)은 부처님의 말씀을 등불삼아 마음(혼)에 낀 일체의 망념과 탐심을 닦아 내어 깨달음을 향해 단계적으로 나가는 노선을 취한다. 반면 6祖 혜능이 주창한 돈오선(頓悟禪)은, 마음을 닦는 단계를 거치지 않고 단번에 깨달음으로 돌진해 들어가는 방법이다. 마음을 청정심과 오염심으로 나누지도 않는다.尾67) 북종의 점수선이 오(悟)보다는 수(修)에 방점을 두어, 진리의 등불(悟)은 부처가 들고 있으니 영은 그 불빛을 얻어 혼을 닦달하고 달래어 가며 흑암의 정진(修)길을 한 걸음씩 걷는 수행법이라면 남종의 돈오선은 오(悟)에 방점을 두어 영이 부처의 등불을 일거에 빼앗아 들고 혼을 재촉하여 해탈의 길을 내닫는 수행법이다. 마음과 더불어 드잡이하지 않고 영이 먼저 깨달음을 얻어 이로써 영교(靈教)하려는 것이다. 그러나 등불을 빼앗아 들어 영과 혼의 눈이 갑자기 밝아졌다 하더라도 갈 길이 짧아진 것은 아니고 혼이 등불의 불빛을 잘 따르리라는 법도 없으며 서두르다 넘어질 수도 있어 아니 감만 못한 길이 될 수도 있다. 그러나 남종은 영의 悟가 밝으면 마음의 修도 용이할 것은 사실이니 돈오하고 점수하는 것이 옳지 않겠는가 말한다. 지눌은 "얼음이 물인 줄 알았다 하더라도 열기를 얻어서 녹아야 비로소 물이 되는 것이니 깨달음이 없이는 물을 얻을 수 없다."고 주장하며 열기가 깨달음이고 이 열기로 마음이라는 얼음을 녹여 물이라는 부처를 얻는다고 말한다. 그러나 悟의 열기를 얻은들 그 열기를 얼음에 그저 가져다 대서는 얼음이 열기를 꺼뜨리기 십상이다. 타이밍과 인내가 중요하다. 그것이 漸이요 修다. 또 돈오

---

339) 불설(佛說)은 불성(佛性)을 '부처의 씨앗'으로 보고 2불성·3불성·삼신불성·5불성 등 여러 가지로 분류한다. 예컨대 2불성은 법상종(法相宗)의 분류방법으로, 불성을 이불성(理佛性)과 행불성(行佛性)으로 나누는데 이불성은 중생이 본래 갖추고 있는 불성의 체(體)에 해당하는 진여법성(眞如法性)의 묘리이고 행불성은 이불성을 개발하는 행업(行業)이다.
340) 영이 없으면 양심이 행불성이다.
341) 5.1.2.3.7. '불교의 합일사상' 참조

는 어디에서 오겠는가. 이는 작은 깨달음(漸悟)이 선행되지 않고서는 얻기 어려운 것이다. 즉 悟와 修는 그 선후를 따질 일이 아니니 오수병행(悟修竝行)이 맞다. 정혜쌍수(定慧雙修) 또한 이와 같은 이치다. 정에 들어야 혜를 얻고 혜를 얻어야 다음 단계의 정으로 도약하는 이치342)로, 수를 행해야 오를 얻고 얻은 오는 다음 수를 이끈다. 또 悟는 道를 구하는 것이요, 修는 구한 道를 체화하여 내 것으로 만드는 것이다. 悟만 있어서는 아무 소용이 없으니 오히려 '십 년 공부 나무아미타불'의 상처만 얻기 십상이다. 또 悟 없이 修만으로 열매를 맺을 수도 없다. 이처럼 漸과 頓 또한 무관한 것이 아니라 대소의 차이일 뿐 같은 것이다. 悟는 원래 작은 漸의 깨달음이 쌓여 문득 크게 깨닫는 것이고 修는 지속하여 행하는 것이니 점과 돈은 애초에 따질 일도 아니다. 물은 원래 불을 끄는 법이니 구태여 냉수니 열수니 하며 냉온을 따질 이유가 없다. 냉수든 열수든 다 불을 끌 수 있다.

흔히 북종의 단점은 에고를 소멸하려는 의지적이고 인위적인 노력이 오히려 에고를 강화할 위험이 있다는 것이라 하나 이는 남북을 갈라 해결될 문제가 아니다. 남종 또한 같은 위험에 처해 있는 것이다.343) 남북종을 불문하고 많은 선수행자에게서 보이는 편협성과 편벽성, 오만성과 특권의식이 그 증거다. 남종이 북종을 비난하기를 북종에서는 자기정화의 단계에서 중심적인 역할을 하는 것은 에고이기 때문에 깨달음도 에고의 것이라서 깨달음 후에도 에고는 사라지는 것이 아니라 단지 존재의 궁극적 근원으로서의 부처성, 진여심, 청정심, 공(空)이라는 옷을 입을 뿐이라고 한다.尾68) 그러나 남종의 悟도 예외가 아니다. 남종의 오는 혼보다 영이 주도하는 悟다344). 그런데 깨달음의 실천과 체화(體化)는 혼영일체의 이승에서는 당연히 영보다 혼의 몫이다. 혼이 영의 깨달음을 지식(知識)으로 자랑만 할 뿐이라면 남의 깨달음을 머리에 이고 다니는 것과 뭐가 다르겠는가. 차라리 북종

---

342) 지눌(知訥 1158~1210)의 정혜쌍수(定慧雙修)는 선정(禪定)과 지혜(智慧), 즉 교(教)와 선(禪)을 함께 닦는 불교의 수행법이다. '지혜를 깨달음'과 '마음을 닦음' 즉 혜와 정의 쌍수를 통해 도를 추구하여야 하는 것이다. 즉 교(教)와 선(禪)은 일치(一致)하여야 한다. 의천(義天 1055~1101)은 이를 교관겸수(教觀兼修)라 하였다. 이는 이승과 저승을 통틀어서 통하는 진리다. 어디에서는 정(定)의 수행을 또모애라 하고 혜(慧)의 수행을 오모애라고 한다.
343) 부처가 물인 줄은 깨달았으나 제 에고의 얼음을 녹여 물을 얻을 생각은 않고 부처가 물이라는 깨달음만 광내고 다닌다면 이는 증상만(增上慢)일 뿐 다른 무슨 소용이 있으랴. 제 안에서 부처를 본 것과 저를 녹여 부처를 드러내는 것은 전혀 다른 일이다. 悟하여 道를 얻었다 하여 자아의 성장으로 연결되지는 않는다. 점오가 쌓여 돈오, 그 사이사이 점수 그리고 다시 점오와 돈오, 그리고 이에 대한 응답으로 은총이 있어야 비로소 부처를 얻는다.
344) 1. 표준이론의 영도 깨달아 열반한 존재다. 그러나 불교와 달리 번뇌를 벗어났을 뿐 100% 깨달은 것이 아니다(미주 46 '표준이론의 열반과 해탈 그리고 불교' 참조).
2. 영의 깨달음도 체화가 되어야 한다. 다만 혼은 靈敎를 실천해야 깨달음이 오고 이를 체화하면 德이 되지만 영은 직관만으로 바로 깨달음을 얻는다. 이를 실천하면 功이 되고 체화하면 합일의 밑천인 개성(charm)이 된다(2.3.2. '앎과 觀과 믿음의 관이론(觀理論)' 참조).

처럼 처음부터 에고가 직접 깨달음을 도모하는 편이 나으리라.

이처럼 깨달았다는 수행자나 성직자들이 낮은 수준의 도덕적 판단력과 상식 이하의 행위를 서슴지 않고 행하는 문제에 대해서는 예부터 많은 고찰이 가해졌다. 깨달음, 구원, 복음, 영적 가르침, 신 등의 이름으로 자신의 개체적이고 이기적인 행위를 정당화하고, 해서는 안 될 일을 저지르고도 양심의 가책이나 반성도 하지 않는 이들이 많았던 것이다.345) 이는 영으로는 깨달았으나 혼이 행동하지 않는 것이다. 영이 어렵사리 道를 깨달아 이를 혼에게도 가르치지만 혼은 그 영교(靈教)를 아직 실천하거나 체화하지 못하였으니 그에게는 아직 깨달음도 덕도 없다. 이런 도는 아무 소용이 없다. 그래서 남북종을 가리지 않고 끊임없는 인격도야(人格陶冶)346)와 점수(漸修)가 기본이라고 본다.『69) 그래서 윤회하는 것 아니던가?

4.3.4. 표준이론에서의 영(靈)의 수효

8세기 인도의 철학자인 샹카라347)는 모든 사람에게는 영이 있다며 다음과 같이 노래한다.

나는 그분, 나는 그분, 은총 가득하신 영, 나는 그분!
정신도 아니고 지성도 아니며 에고도 감정도 난 아니네
하늘도 땅도 아니고 금속도 아니고 오직 나는 그분!
은총 가득하신 영, 오직 나는 그분!
태어남도 죽음도 계급도 내겐 없고
아버지도 어머니도 그 누구도 내겐 없네
나는 그분, 나는 그분, 은총 가득하신 영, 나는 그분!
형체마저 없는 나는 상상의 나래를 펼쳐
저 많은 삶의 가지들에 속속 스며드네
속박이란 내게 없으니 나는 지극히 자유롭네

---

345) 이들은 깨달음(悟)이 아니라 앎(智) 즉 남의 깨달음을 자신의 깨달음으로 착각하거나 가장하는 것이다. 그러한 깨달음은 진정한 깨달음도 아닌 것이니, 불설은 지적오만이나 덜된 깨달음을 과시하는 것을 증상만(增上慢)이라 하며 이를 번뇌장과 더불어 깨달음에 이르는 데 장애가 되는 소지장(所知障)으로 보았다 (2.3.2. '앎과 觀과 믿음의 관이론(觀理論)', 12.4.4. '십년공부 허사' 참조).

346) 인격도야는 영과 혼의 개념이 없는 말이니 혼격도야(魂格陶冶)로 바꾸는 것이 어떨까.

347) 샹카라(Adi Shankara 788~820)는 8세기 아드바이타 베단타학파의 始祖로 인도의 3대 성자로 꼽힌다. 그는 "萬有의 근저에는 유일한 절대자인 브라만(brahman)이 있는데 이는 본질적으로는 아트만과 동일한 것이다. 그러나 이 아트만은 無明에 의하여 個我로 다양화되었다."라는 불이일원론(不二一元論, Advaita)을 주창하였다. 인도철학 중에서도 베단타가 신지학에 지대한 영향을 끼쳤다.

영원한 자유 그것이 나네348)

이처럼 영이 모든 사람에게 있다는 생각은 다음의 이유로 속이 편한 생각이다.
1) 모든 사람에게 영이 다 있어야 영혼육 이론이 단순해진다.
2) 영이 없는 사람이 있다면 전래(傳來)하는 여러 종교와 사상의 영혼육 교의가 틀린 꼴이 된다.
그러나 불편하게도 영은 일부 사람에게만 있다.

4.3.4.1. 영이 없는 사람이 많다는 증거

혼이 없는 사람은 없다. 그러나 모든 사람이 영을 가지고 있다거나 대부분의 사람에게 영이 있다는 생각은 다음의 이유 때문에 납득하기 어렵다.349)

1) 근세 이후 급속한 인구증가를 볼 때 영의 공급이 수요를 감당하지 못했을 것이다.350)
2) 유불선(儒佛仙)도 섭리고 진리다. 그러나 그들은 모두 영을 인정하지 않는다.351) 이는 역사적으로 그리고 경험적으로 영이 없는 사람이 많았기 때문이다.
3) 사후생(死後生)을 믿지 않는 수많은 사람들을 보라. 그들은 영이 있는 사람이라면 당연히 가졌을 영적감수성이 부족하여 영을 잘 느끼지 못한다.
4) 인류 진화 단계를 보면 몸과 혼은 서로 밀접히 연결되어 진화하였다. 진화의 어느 단계에서 사람의 혼은 복합혼 단계를 벗어나 단일혼 시절을 거쳐 그중 일부는 수승한 진보를 이루어 마침내 무명(無明)을 벗고 열반(涅槃)하여 영원히 소멸하

---

348) 스와미 입문송으로 쓰인다.
349) 이 주제는 다음의 전제하에서 전개된다.
1. 사람의 몸은 죽어 소멸하여도 마음(자아)은 영적 존재가 되어 이승이 아닌 곳(저승)으로 간다.
2. 저승은 여러 곳이 있는데 최소한 좋은 저승(천국)과 그보다 못한 저승(지옥)이 있다.
3. 혼과 영은 모두 자연으로부터 진화하여 발생하였다.
4. 영적 존재 중 진화의 수준이 수승하여 영생(永生)과 천국의 시민권(市民權)을 확보한 존재를 영이라 하고 영이 아닌 존재는 혼이라고 한다.
350) 표준이론에서는 영이 있는 사람의 수가 예수님 시절에는 천만 명 수준이었고 이후 천천히 늘어나다가 산업혁명 초기인 18세기 중반에 7천만 명 그리고 1850년대에 2억 명 정도로 갑자기 늘어난 후 현재는 인구의 10% 정도인 8억 명 정도에게 영이 있다고 본다. 그렇다면 지구에서 영의 수가 갑자기 증가한 감이 있는데 갑자기 늘어난 영과 혼의 수요에 대한 공급은 어떻게 이루어졌을까?(6.2. '영과 혼의 유래와 전생횟수' 참조)
351) 영은 영계(靈界)에서 영생(永生)하는 존재다. 불교의 아라한과 도교의 신선이 그러한 존재다. 그러니 불교에서는 영을 無記하고 도교에서는 無言하나 결국은 있는 것과 같다. 기독교 또한 사후 심판을 받고 영계에 들어야 비로소 영이 되니 이승에는 영이 없는 셈이다.

지 않는 영으로 진화하였다. 그런데 그렇게 지난(至難)하고 복잡한 과정을 거쳐 진화한 영이 77억 명이나 되겠는가?352)

5) 수많은 영이 진화로 탄생하였다 하더라도 어찌 인구수에 딱 맞은 수효로 진화하였다는 말인가? 아니면 영의 수효에 따라 혼의 수와 인구가 조절되었다는 말인가.

6) 환생의 증거353)는 매우 많으나 그것이 '우리' 모두가 환생한다는 증거는 아니다.354) 사람이 환생 못하는 경우가 있다는 것은 영이 없는 사람도 있다는 것을 의미한다. 혼은 소멸도 하고 분열도 하니 환생 못하는 수가 있지만 영은 영생하니 환생 못할 리가 없다. 그럼 환생하지 못하는 혼은 구체적으로 얼마나 되는가. 표준이론에서는 1단계 50%, 1.8단계 20%, 2단계 9%, 2.5단계 2%의 혼이 명종 후 소멸하거나 분열한다고 본다.355) 영이 없는 사람(無靈人)의 혼 중에서는 26.45%가 분열하거나 소멸한다. 총인구 중에서는 23.73%다. 또 총인구 중 5.56%의 혼이 영영 소멸한다.尾70) 부처님과 보살님들이 가장 가슴 아파하는 사람들이다. 예수님도 마찬가지다.

7) 사람 중에는 양심이 약한 사람들이 너무 많다.356) 그들의 혼은 선천적으로 악(惡, 獸性)에 경도(傾倒)되어 있다.357) 양심도 없는데 영이 있으랴.

8) 신지학의 블라바츠키는 상위마나스와 하위마나스 사이의 통로인 안타스카라나가 끊어진 사람이 있다 한다. 이 통로가 끊어지면 상위 마나스인 영과 양심이 몸에 들어올 수가 없다.358)

9) 모든 사람에게 영이 있다면 표준이론과 여러 사상에서 주장하는 영과 혼의 생물학적 진화이론은 그 자리를 잃는다.359)

10) 일부 윤회설에서는 사람의 혼과 짐승의 혼이 교대로 전생(轉生)하지 않는가. 영이 있는 사람의 혼이라면 분열하여 타락(墮落)까지 하지는 않을 것이다.

11) 기타

---

352) 표준이론의 계산으로는 지구 문명 이후 겨우 218,726,383명의 혼영만이 지구에서 탄생하였다(부록 6-1 '시대별 영의 탄생수' 참조). 영을 외계에서 수입한다 하여도 한계가 있다. 그 외계들은 어찌 그 큰 유출을 마냥 감수하겠는가.
353) 11.3.2. '윤회의 필연성과 그 증거' 참조
354) 짐 터커, 「어떤 아이들의 전생 기억에 관하여」, 박인수 옮김, 292쪽
355) 부록2 '단계별 혼의 소멸과 분열비율' 참조
356) 머리가 똑똑하더라도 정신만 왕성하고 양심이 약한 사람들은 기에 내재한 영화(靈火)에서 기인한 사단(四端)의 하위양심(초자아)만 있을 뿐 영의 영향을 받아 만들어지는 상위양심(영적자아)은 없는 사람들이다. 따라서 그들에게는 십중팔구 영이 없다.
357) 단계별 정신체와 양심체 구성비율은 1.8단계 필부 9:1, 2단계 범부 8:2, 2.5단계 인격자 7:3, 2.75단계 양심가 6:4다. 1.6단계 이하는 양심체가 없다. 양심체가 없는 사람이 전체 인구의 41.63%다.
358) 상위마나스는 영적자아, 즉 양심이고 하위마나스는 혼의 정신체 부분이며 안타스카라나는 그 통로다.
359) 3.2.2.2. '영의 진화기원' 참조

(1) 2단계 미만의 사람이 영을 가지고 있다고 하기에는 그 수준이 너무 낮다.
(2) 영이 그 정도로 많다면 혼들이 발호하는 '혼들의 세상'을 이처럼 지켜보고만 있을 리가 없다.
(3) 모든 사람에게 영이 있다면 이때 영은 인간의 구성요소가 아니라 외부의 영, 즉 수호령일 것이다. 그러나 표준이론에서는 사람 모두에게 있다는 수호령은 인정하지 않는다. 스승령만 있을 뿐이다. 모두에게 수호령이 있다면 영계에서 각인에게 이처럼 대규모로 파견하였다고 보기에는 인류의 영성이 아직 너무 낮다. 혼의 수호가 자기 직업이요 영계에서 받은 소임이라면 어느 영이 일을 그리 소홀히 할 것이며 그 많은 수호령이 다 어디 있겠는가.360)
(4) 불교, 신지학 등 뉴에이지, 소위 요가과학, 근사체험, 유체이탈 등에서 말하는 사후세계는 영계의 그것이 아니다. 대부분 혼의 세계다.
(5) 사람이 사람을 알아본다는 것이 얼마나 어려운지 알지만 이 세상 사람들을 보면 영을 가진 사람이 많지 않아 보인다.
(6) 구루, 즉 전생의 스승과 제자가 만나면 서로 바로 알아본다는데 스승 찾기가 너무 어렵다.尾71) 이때 스승은
① 제자인 혼의 전생 동거영(同居靈, 같은 몸에서 혼과 한 생을 보낸 영)이거나
② 전생의 인연(因緣)이 있는 수승한 혼이다.
스승이 혼이든 영이든 제자의 혼과 사제관계다. 스승은 당연히 여러 명일 수 있다. 이때 스승은 영계에 거주하면서 영과 혼을 돌보는 스승령과는 다르다.

4.3.4.2. 영이 없는 사람이 89.71%

'부록1 자아의 수준에 따른 영과 혼'에서 보는 바와 같이 표준이론에서는 지구인구 77억 명 중 신영(神靈)의 수효는 약 8천7백만 명이고, 혼영(魂靈)의 수효는 약 7억 6백만 명, 영의 수효는 도합 8억 명 정도로 본다. 영이 있는 사람이 10명 중 한 명이라는 이야기다.

2단계 미만의 자아를 가진 사람에게는 영이 없다. 혼 중에서도 영속혼(중급혼)으로서 전생에 2단계 이상의 자아를 성취했던 혼은 태어날 때 영이 짝지어진다. 다 주어지는 것도 아니다. 2단계의 영속혼이라고 하더라도 그중 반 넘게 영이 없고 2.5단계에서도 그 반 가까이가 영이 없다.

---

360) 미주 51 '영과 수호령 문제' 참조

4.3.4.3. 표준이론의 영혼육 삼원론과 혼육이원론

이승의 현실은 '영혼육 삼원'이 아니다. 현실은 대부분 '혼육이원'이다. 영이 없는 사람이 90%라면서 어떻게 영혼육 삼원이겠는가? 그러나 인간의 자아수준이 발전하여 2단계 이상이 되면 그에게는 혼뿐 아니라 영이 깃들기 시작하고 3단계가 되면 모두 영을 갖는다. 그래서 결국 인간은 영혼육 삼원(三元)이다. 영이 없는 사람은 아직 자질이 부족해서 그런 것이지 원칙적으로 모든 사람은 영을 가질 수 있다. 그런 의미에서 표준이론은 영혼육 삼원론이다.

영혼육 삼원론에서 영의 정체(正體)에 대한 說을 다시 정리하면 다음과 같다.

1) 영은 혼이 진화한 존재로 대부분 사바세계를 윤회하며 혼을 지도하고 스스로도 발전한다.
2) 영은 영계소속으로 수호령처럼 외부에서 도와주는 존재다.
3) 영은 구원받으면 깨어나는 하느님의 숨(네샤마)이다.
4) 영은 하느님에게서 분출된 신의 일부다.

표준이론에서 영의 정체는 1)이다. 2)는 스베덴보리적인 시각이고 3)은 기독교의 영혼육이론이고 4)는 영지주의적 시각이며 헤르메스의 선한 정신, 카발라의 히아와 예히다, 힌두교의 아트만도 크게 보아 여기에 속한다. 신지학의 모나드나 유란시아서의 생각조절자 등 여러 뉴에이지의 영도 4)에 속한다고 할 수 있다.

4.3.5. 참자아의 개념

자아실현(self-realization)이 교육의 궁극적 지향점이자 윤리의 핵심 요소라는 의견이 회자된다. 삶의 목적이 자아실현이라는 것이다. 이때 말하는 자아는 참자아다. 그런데 참자아란 무엇일까. 영혼을 믿는 사람에게 참자아란 몸과 마음을 벗어난 참영혼 즉 영이어야 할 것이다.
그런데 참자아가 영이어야 한다면 아쉽게도 표준이론에서는 모든 사람에게 참자아가 있는 것이 아니다. 영이 없는 사람이 많기 때문이다. 이런 의미라면 참자아가 없는 사람도 있어야 하니 모순이다. 따라서 이때에 참자아의 구현이란 자아의 사랑방을 '최고수준의 의식체'가 차지하면 참자아의 구현으로 보아야 한다. 즉 어느 사람의 자아가 이룰 수 있는 최고 단계로 높아졌을 때 그 자아를 지칭하는 말이지 '영' 자체를 의미하는 것이 아니라는 것이다. '영이 참자아이고 영은 누구에게나 있다'라는 입장에서는 우리가 참자아를 구현하지 못하더라도 '영은 우리 모두의 내부에 잠들어 있는 것이고 우리가 못 찾을 뿐이지 아예 없는 경우는 없다'라고 하겠지만 평생 잠들어 있다는 것은 사실 없는 것이나 마찬가지다. 누구나 자기 안에서 영을 찾으면 있고 그 영을 찾아내어 드러내면 이번 생에서 참자아를 달성하게 된다는 희망을 주기 위하여 그리 말한 것이라고 이해할 수도 있겠다.

프로이트는 참자아로 슈퍼에고를 이야기했다. 그것이 그의 참자아다. 참자아의 정체가 프로이트 같은 사람들에게는 기계론적인 물질혼361)일 것이고, 생기(生氣)론자362)들은 생기일 것이고, 누구누구363)는 윤회하는 혼의 정신체나 양심체일 것이며, 누구누구364)는 영일 것이다.

표준이론에서 참자아란 일반적 의미의 참자아와는 다른 개념이다. 표준이론의 참자아란 4단계의 자아로 자아의 방을 魂이 20%(정신3, 양심7), 영이 80%를 차지하여 자아가 영에 사는 성인 같은 수준의 자아를 말한다.

또 참자아는 영과 혼으로 구성된 자아가 내부와 외부로 구현한 자아의 방 상태를 이름한 것일 뿐 존재가 아니다. 표준이론에서는 '진정한 참자아'를 구현하려면 4단계 자아가 되어야 한다. 그러니 영이 없는 사람은 아무리 마음공부를 하여도 이번 생에서 참자아를 달성할 수가 없다. 1.8단계 수준 이하의 사람들은 태어날 때부터 영이 없으며 2단계의 자아를 가지고 태어났다 하더라도 영이 있는 사람은 30%뿐이다. 이 30%는 4단계까지 발전할 수 있지만 영이 없는 사람은 2.75단계가 고작이다. 그러나 부러워할 필요가 없는 것이 표준이론에서 영이 있는 사람이라도 2단계에서 4단계로의 발전처럼 커다란 도약을 이루기는 매우 어렵다.

---

361) 여기서 프로이트의 슈퍼에고는 불쌍하게도 혼이 아니라 두뇌(頭腦) 안의 '전기적 신호'다. 슈퍼에고는 에고보다 질이 좋은 전기인가? 아니면 전압이나 전류가 큰 전기인가. 표준이론에서는 혼이 전기(電氣)는 아니지만 기(氣)는 같은 기다. 그래서 그의 슈퍼에고를 물질혼이라고 표현하여 죽은 그의 혼을 달랜다.
362) 미주 10 '범심론, 애니미즘, 물활론, 생기론, 범신론, 물신숭배, 유심론, 조상숭배'
363) 불교에서는 윤회하는 제8식(아뢰야식, 불교 일부에서는 제9식 아말라식을 상정하여 청정식 또는 무구식이라 하며 표준이론의 상위양심체 정도로 하고 있다)이 참자아일 것이고 혼육이원론을 주장하는 기독교는 믿음을 가진 혼이 참자아일 것이다. 우리나라 전통 혼령관에서 말하는 생령이나 성리학의 성(性) 또한 넓게 보면 참자아에 해당한다.
364) 영혼육을 주장하는 기독교 소수설, 힌두이즘, 카발라 영지주의, 헤르메스주 등이 여기에 해당한다.

4.3.6. 영이 없는 사람의 발전단계

자아가 2단계 범부(凡夫) 미만인 수준의 사람에게는 영이 없고 3단계(賢人) 이상의 사람들은 모두 영이 있다. 2단계의 30%, 2.5단계의 50%, 2.75단계의 90%가 영이 있다. 따라서 2단계 미만의 사람의 혼은 아무리 노력하여도 이번 생에서는 영이 되기 어렵다. 1.8단계인 사람이 초고속으로 영이 될 수 있는 경로를 보자.

그가 지금 1.8단계이긴 하나 복합혼이나 단일혼 같은 하급혼이 아니라 중급혼인 영속혼이라 치자.365) 그럼 그는 이번 생에 각고의 정진을 하여 사후 중음계에 복귀하여 심사를 받고 심령계로 옮겨야 한다. 그 확률은 20%다.366) 거기서 30% 대열에 끼어 영을 받아 2단계로 환생한 후 영 밑에서 열심히 용맹정진하여 덕을 쌓고 심령계로 복귀한 다음 영계로의 직행고속버스를 탄다. 그러나 그 확률은 0.5%에 불과하다.367) 결국 1.8단계인 사람이 초고속으로 영화(靈化)하는 데 소요되는 생은 두 생이고 그 확률은 0.03%다. 만 명 중 셋이다. 그러나 해 볼 만하지 않은가?

이 직행버스를 타지 못하는 경우 윤회의 굴레(바바차크라)에 갇힌 완행버스를 타야 한다. 완행버스로 2단계에서 2.5단계로 가는 데는 평균 15생이 걸린다. 다시 2.75단계는 20생, 거기서 3단계는 40생, 3단계 이후부터는 단계별로 평균 100생이 소요된다(부록6-1 '시대별 영의 탄생수' 참조). 참으로 오래 걸리는 것 같다. 그러나 138억 년의 우주 역사와 46억 년의 지구 역사를 보라. 그리고 이미 당신은 수십억 년 묵은 지혼이다.

개신교에서 캘빈류의 예정설은 날 때부터 구원받을 자(영이 될 자)는 정해져 있다고 하였다. 영으로 거듭날 사람이 정해져 있다는 말인데 영이 되기가 오죽 어려우면 이미 정해져 있다고 하였을까.368) 또 힌두나 불교의 윤회사상 또한 업이 가득한 자의 단번 해탈을 부인하고 있으니 그들도 이러한 사실을 잘 알고 있었다.

---

365) 1.8단계 자아를 가진 사람의 혼은 복합혼 20%, 단일혼 50%, 영속혼 30%다.
366) 이는 1.8단계의 사람의 최소전생횟수가 15회이고 2단계가 25생이며 따라서 1.8단계의 사람이 2단계로 올라서는 데 필요한 전생수가 10생임에서 나온 확률이다. 즉 1.8단계 사람의 평균 전생횟수는 20생이며 이 사람이 명종 후 25생을 채울 확률은 1/5, 즉 20%다. 이것이 진화의 완행코스다. 영이 없는 사람은 완행코스밖에 없다.
367) 이를 구원(救援)이라고 한다. 모든 靈化는 구원이다.
368) 물론 캘빈과 표준이론의 주장은 전혀 다르다. 일단 겉으로 보기에 그 부분이 유사하다는 뜻이다. 예정설은 구원은 은총만으로 가능한 것이고 그나마 그 은총을 받을 영혼도 태어나기 전부터 정해져 있다고 본다. 예정설은 사람은 원래 원죄를 타고났기 때문에 은총없이 사람만의 힘으로는 도저히 구원받는 것이 어렵다는 기독교의 교리가 이상(異常)하게 변한 궤변(詭辯)이다.

4.3.7. 자신의 자아수준 판별

4.3.7.1. 영이 있는 사람의 특징

자신의 자아수준을 알아보려면 우선 자신에게 영이 있는지부터 알아야 한다. 이를 위하여 영을 가진 사람은 어떤 특징을 보이는지 보자.

사람 중 열에 하나에 영이 있다면 영이 있는 사람은 어떻게 남다른가?

1) 어렸을 때부터 왕따를 별로 두려워하지 않고 남의 눈을 크게 의식하지 않으며 혼자 있는 것을 즐기고 외로움을 잘 타지 않는다. 혼은 그룹혼이나 복합혼의 성향이 남아 외로움을 잘 탄다.尾72) 영의 존재는 혼의 이런 성향을 감쇄(減殺)한다.
2) 화를 내거나 감정폭발 또는 양심에 어긋나는 행동을 하면 금방 그리고 진심으로 후회한다. 감정의 기복이 심하거나 성격이 급하고 욱하는 경향이 있더라도 곧 후회하고 정신 차린다. 감정의 기복이나 화를 내는 것은 혼이 저지르는 일이다. 영이 있는 사람은 이를 많이 예방하겠으나 인두겁을 썼으니 100% 깨어있지 못한다. 그러나 신속히 수습한다.
3) 실수를 하고 나면 사과 등 과오를 고치려는 마음과 행동이 바로 뒤따른다. 이는 혼이 하는 일을 제어하지 못함을 통감하여야 나올 수 있는 반응이다. 혼만 있는 사람은 반성하기 힘들고 반성하더라도 고해(告解)하지도 변화(메타노이아)하지도 않는다.
4) 영적이고 양심적인 면과 동물적이고 세속적인 면을 동시에 가져 이중인격(二重人格)적이다.尾73) 따라서 선과 악369) 양면성이 있다. 혼만 있으면 영적인 면이 허약하나 인격의 방향성은 크다.
5) 감사할 줄 안다. 베푼 것은 잊고 받은 것은 잊지 않으며 원수를 잘 잊고 복수심이 오래가지 않는다. 그러니 부모에게 효도하지만 자식에게 기대하지 않으며 남과의 소송을 즐겨하지 않는다.
6) 성격적으로 장단점을 고루 갖췄다. 영은 장점의 化身이고 혼은 단점의 화신이다.
7) 자아 내에서 선악으로의 내적 갈등이 크다. 자아의 사랑방을 두고 벌이는 혼과 영 간의 쟁탈전 때문이다.
8) '스스로'를 채찍질하고 고행(苦行)한다. '자신'에게 엄격하다. 영의 힘이 커질수

---

369) 표준이론에서 악은 '선의 결핍(缺乏)' 즉 부족(不足)이나 부재(不在)이고 그중 윤리악의 구체(具體)는 원죄로서 이드5욕과 종혼현상이다.(6.10. '업(業)에 대하여' 참조)

록 그러하다. 영이 혼에 우위인 3단계 이상의 자아가 되면 더욱 현격하다.

9) 가끔 아가페적 사랑, 인류애적인 사랑, 마음에서 우러나오는 진정한 사랑을 실천할 수 있다. 二元의 혼에게서 이기(利己)와 자존심 없는 사랑이란 찾아보기 어렵기 때문이다. 이기는 수승할수록 자리이타(自利利他)로 변하여 진정한 사랑의 원천이 된다.

10) 어렸을 때와 성장한 후의 성격이 많이 다르다. 영이 몸에 스미는 때는 5~6세 이후부터 사춘기370)사이지만 영이 혼을 극복하는 데는 그보다도 훨씬 더 시간이 많이 필요하기 때문이다.

11) 어릴 때 죽음의 공포371)가 크다가 철들어 감소한다. 죽음의 공포尾74)가 큰 혼은 중급혼 이상일 가능성이 매우 크다. 양심체가 큰 만큼 관심사가 靈的이기 때문이다. 영은 죽음을 두려워하지 않는다. 영이 몸에 임하면 두려움은 줄어든다. 따라서 그는 중급혼 이상이고 영을 가졌을 가능성이 크다.

12) 영적 감수성이 발달하여 종교적이지만 광신적이지 않고 오히려 도그마와 진설(眞說)을 분명히 구분한다. 여러 종교의 교리에 대해 많은 공부를 하여 포용적 종교관을 가졌다.

13) 철학과 과학, 역사에 관심이 많고 거기에 대한 소양이 이미 풍부하며 뉴에이지나 외계인, 초심리학, 최면, 전생체험, 근사체험 등 영혼학의 여러 주제에 대해 관심이 많다.

14) 진보적 성향과 보수적인 면이 공존한다. 여기에서 보수와 진보는 정치성향이라기보다372) 주로 영적성향에 대한 것이다. 자신의 안전욕구와 이기심에 기인한

---

370) 1. 유란시아서에서는 5년 10개월 정도에 모든 사람에게 영이 들어온다고 한다.
2. 몸에 영이 들어오면 성격뿐 아니라 지능 지혜 자아의 수준 등 모든 것이 크게 바뀌는 경우도 있다. 고급영이 들어오면 특히 그럴 것이다. 이를 두고 신지학의 일각에서는 예수님이나 부처님이 원래 있던 영혼을 제치고 육화하였다고 한다. 예수님의 경우 이는 기왕의 가현설(docetism)중 화생론의 재탕이지만 30세 이전의 예수님의 행적의 묘연함과 돌변 그리고 부활사건을 잘 설명해 준다는 면에서 꾸준한 지지를 받고 있다(5.1.2.3.2.1. '기독교 영지주의' 참조).
3. 부처님 또한 30세 넘어 갑자기 돌변하셨다. "애초 정반왕과 마야 부인 사이에서 태어난 싯달타의 몸에 부처가 있지 않았다. 마치 그리스도의 경우처럼 말이다. 부처는 제자 중 한 사람에게 때가 될 때까지 자기 대신 육체를 돌보도록 하고 진리를 찾아 나선 6년간의 고행 후 그 육체가 쓰러졌을 때 비로소 그 속으로 들어갔을 수 있다."(리드비터, 「신지학대의」 전생의 지식을 가져오기 중에서)
371) 어릴 때 우리는 닿을 수 없는 곳, 영원 같은 신비한 개념들을 가지고 논다. 그런 놀이는 가끔 신 또는 죽음 같은 경이의 형태를 띠기도 했다. 그래서 죽으면 어떻게 될지도 가끔 생각해 보기도 했다. 그런 생각은 좀 무섭기도 했다(데니스 젠포 머젤, 「빅 마인드」, 27쪽). 머젤은 좀 무서웠다고 했는데 좀이 아니라 태어나서 그런 무서움은 처음일 정도의 두려움이 마음을 오랫동안 사로잡는 크고 오랜 '공포'였을 것이다. 어릴 때 죽음의 공포와 마주하지 못한 사람은 임종에 닥쳐서야 크게 당황한다(미주 74 '죽음의 공포에 대하여' 참조).
372) 1. 정치적으로 保守는 문자 그대로 守舊的이다 보니 기득권 維持的이 될 수밖에 없고 결과적으로 弱者에게 불리한 정책을 추구한다. 이를 진보의 정의에 적용하면 진보는 기득권이 없는 약자편이라는 해석이 가능하다. 그러나 정말 그러한가? 못 배우고 가난한 사람이 오히려 보수적인 경우도 허다하고 배우고 부유한 사람들이 진보적인 경우도 많다. 그럼 정치적으로 진보와 보수의 진정한 기준은 무엇인가.

기득권 보호를 도모하려는 속성의 혼은 생래적으로 보수적일 수밖에 없지만 한편으로는 영의 다그침과 내재하는 하느님의 영화(靈火)로 인해 진화의 열망을 버릴수 없으니 진보적인 면을 가진다. 영은 세월과 함께 혼을 압도하여 사람을 진보적으로 변화시킨다. 영은 발전과 진화에 혼보다 더 목마르기 때문이다. 특히 모처럼 주어진 수명(壽命)373)으로 혼을 압도할 기회가 주어진 작금에 이르러 영은 이번 생에 반드시 큰 진보를 이루어야 산다.尾75)

15) 영은 발전을 넘어선 진화를 추구하고 혼은 변화와 발전 앞에 망설인다. 영은 물질과 명예에 안분지족(安分知足)하지만 혼은 이기심으로 인한 소유욕과 자존심으로 인한 명예욕에 철저히 구속되어 있다. 영은 자타일체(自他一體, oneness)의 일원(一元)임을 알지만 혼은 자기만 아는 무명(無明)과 이원(二元)의 세계에 산다.

16) 인간적이고 솔직하며 외유(外柔)하더라도 내강(內剛)하다. 외(外)는 혼이 주도하니 혼의 성격에 따라 유강(柔剛)이 섞일 수 있으나 내(內)는 예외 없이 강(剛)하다.

17) 음주 시 기억을 상실하거나 다중인격적인 주사(酒邪)를 부리는 일이 거의 없다.尾76)

18) 페르소나와 자신 간에 상당한 차이가 있다고 스스로 느낀다. 그러나 페르소나가 다양하지는 않다.374)

19) 영은 잘 죽기 위해 살고 혼은 잘 살기 위해 산다. 영은 내일 죽을 것처럼 살고 혼은 영영 살 것처럼 산다.

20) 어렸을 때부터 세상일에 관심이 많고 명석하며 유머러스하고 계획적인 삶을 살며 자기통제적이라서 주변정리를 잘하고 청소력(淸掃力)이 크다.

21) 특정분야에 남다른 소질과 취미가 있고 동시에 낙천적이며 포용력이 있다.

---

2. 표준이론에서 볼 때 정치적으로 진보주의자는 자기보다 없는 자, 약한 자에 동정심을 갖고 자기 것을 희생하려는 마음을 가진 사람이다. 즉 측은지심(惻隱之心)과 사양지심(辭讓之心)이 강한 사람이다. 여기에 이를 실천하지 못하면 스스로 수오지심(羞惡之心)을 느끼고 더 나아가 萬事에 옳고 그름을 가릴 줄 아는 지혜마저 갖추었다면 시비지심(是非之心)까지 갖추었으니 그는 四端을 완성한 사람이다. 그는 과히 양심체의 기본을 갖춘 사람인 것이다. 표준이론의 양심체는 아래로부터 사단과 지혜 그리고 예지가 그 속성이다. 그렇다면 표준이론에서 정치적으로 진보적이라고 하면 양심체가 발달한 혼이고 그렇다면 자아의 수준이 높은 혼이며 轉生의 횟수가 많은 혼이다. 그러나 과연 진보정당의 사람들이 다 그러한가? 현실적으로 정치적 진보와 보수의 구분은 그처럼 단순하지 않다. 利害관계로 진보를 택한 사람들이 많기 때문이다. 이는 보수정당의 사람들도 마찬가지다. 결국 利害는 性向보다 강하다. 그러나 일반적으로 영이 있는 사람은 나이 들면서 정치적으로 진보적이 된다. 반면 영이 없는 사람은 커져가는 혼의 기득권 보호와 안전욕구 때문에 보수화 된다. 이는 후입선출(後入先出)하는 혼의 분할환생 때문일 수도 있다.

373) 인간의 평균수명이 지금처럼 길어 본 때가 없었다. 또 이만큼 먹고살 만한 때가 없었다. 전생(前生)에서는 대부분의 사람들이 생존문제가 우선이라 혼이 생을 주도하였으며, 먹고살 만한 나이가 되어 영이 혼을 압도할 만하면 죽음이 닥쳐왔다. 물론 今生이라고 별다르지 않은 사람들도 많다.

374) 1. 페르소나가 다양하면 복합혼일 가능성이 크다. 또 페르소나와 자신 간의 차이를 별로 못 느끼는 사람은 영이 없을 확률이 높다. 혼을 관찰하는 존재가 없기 때문이다.
2. 본문의 2)나 7), 10) 등의 특질이 영으로부터 기인하는 것이 아니라 복합혼(종혼)과 주혼 간의 갈등에서 빚어진 현상일 수도 있다(미주 54 '자의식의 장애와 표준이론' 참조).

경제적 성공보다 자신의 시간을 중요하게 여긴다.

22) 환경을 소중히 여기고 신독(愼獨)을 잊지 않으며 신용과 의리가 있다.

23) 윤리적이지만 주관적이고, 도덕적이지만 양심적이며, 합리적이지만 계산적이지 않고 이성적이지만 이기적은 아니며 자존심이 작지만 비굴하지 않다.

24) 자연과 예술을 사랑하고 즐기며 소질도 있다. 혼도 수준이 높으면 그러하니 그에게는 더욱 영이 있을 것이다.

25) 浩然之氣가 있으며 희생정신과 용기 그리고 의협심이 있다. '행동하는 양심'이며 비권위적이고 비폭력적이다.

26) 우울증, 강박증, 자살의 충동 같은 정신적인 질환이 거의 없거나 곧 극복한다.[375]

27) 귀신에 들리지 않고 가위에 잘 눌리지 않거나 쉽게 극복한다.

28) 늙어서 치매에 잘 걸리지 않는다.

29) 대화를 나눌 때 상대방을 사랑의 눈으로 바라본다.[376]

30) 모든 면에서 창조적(創造的)이다.

31) 직관과 지혜가 발달하였으며 판단력이 좋고 의사결정이 빠르다.

32) 수다스럽지 않고 욕망과 욕구의 추구에 소극적이다.

33) 혼이 개체성을 확보할 때 발생한 이기심과 자존심 그리고 여기에서 나온 소유욕과 명예욕이 적고 자리이타와 자비심이 크다. 따라서 고집이 별로 세지 않고 굴욕을 잘 참는다. 아니 원래 잘 느끼지 않는다.[377]

34) 이 책을 여기까지 보고 있는 사람 중에 영이 없는 사람이 있을 확률은 거의 없다고 본다. 이런 책을 좋아라 읽는 것 자체가 영이 있는 사람의 특징이다.[378]

3단계 이상의 사람들의 특징이라고 보이는 덕목들을 머젤은 '깨어난 마음의 여덟

---

[375] 영이 있으면 왜 정신질환이 적을까? 정신질환은 말 그대로 정신의 병 즉 혼의 병이다. 혼은 그룹혼 시절에 아직 가깝고 복합혼이거나 그로부터 벗어난 지 오래되지 않아 군집성이 남아 외로움을 잘 타고 남의 시선을 의식하며 주체성이 부족한 경우가 많다. 또 복합혼이 아직 내부적으로 완전한 일체를 이루지 못해 主魂과 從魂의 구분이 있는 경우 강박증, 이중인격, 야누스, 자살충동 등 인격분열성향을 보인다. 반면 개체성을 확보하여 인간의 혼인 지혼이 되려고 치열하게 분투한 나머지 개체성의 결과물인 에고의 자아가 지나치게 강하여 이기심과 자존심이 커서 군집성과는 상반된 이중적인 면을 보인다. 영이 있으면 이러한 혼의 부족한 부분을 보충한다. 영이 없더라도 중급혼 이상 고급혼이 되면 혼을 구성하는 기형(氣型)이 통일되고 양심체가 발달하여 정신체의 질환인 정신병은 거의 극복하게 된다.

[376] 사랑이 가득한 혼은 눈을 통하여 사랑의 기를 전달한다. 이는 십중팔구 영의 도움이다. 그러나 영이 있더라도 個體化된 때가 오래지 않은 二元이 강한 하위 중급혼은 눈에 사랑이 없다(10.7.2. '기싸움' 참조).

[377] 미주 151 '표준이론의 무명(無明)' 참조

[378] 영을 가진 사람이 보이는 특징을 여러 가지 열거하였지만 이러한 특징을 나열하여 보이는 이유는 영의 속성과 그 기능을 밝혀 보려는 시도의 일환일 뿐이다. 이러한 특징 몇 가지를 가졌거나 가지지 않았다 하여 영이 있거나 없는 것이 아님은 누구나 알 것이다. 영의 유무의 판단은 결국 '너 자신을 알라'라는 말로 귀결된다.

가지 자각'이라고 한다. 즉 욕망 거의 없음, 만족할 줄 앎, 고요를 즐김, 성실함, 사려 깊음, 명상, 지혜, 주의 깊게 말함의 여덟 가지다.379)

4.3.7.2. 당신의 자아는 몇 단계인가

지금 당신은 몇 단계 자아이며 또 당신에게 영은 있는가? 다음의 두 가지 방법을 사용하여 자신의 자아수준을 판별해 보자. 그런데 자아 수준의 판단은 결국 다음 사항들을 알아내기 위한 시도다.

1) 자신이 유한혼인가 아니면 영속혼인가.
2) 자신이 영이 없는 55억 명의 유한혼380) 중 하나라면
(1) 명종 후 비산되어 완전 소멸(총인구의 5.56%)할 수준인가?
(2) 아니면 분열되어 다른 사람들의 영혼조각들과 합해져 환생(18.17%)할 것인가?
(3) 아니면 가능성이 있다 하여 원형을 유지한 채 단일혼으로 또 한 번 환생(76.27%)할 것인가.381)
3) 자신의 혼이 유한혼을 벗어난 영속혼(29.21%)일 경우
(1) 중급혼(28.5%)인가 아니면 고급혼(0.71%)인가?
(2) 나아가 자신은 몇 단계 자아의 혼인가?
4) 자신에게 영이 있는가? 있다면
(1) 신영(神靈)출신인가 혼영(魂靈)출신인가?
(2) 자신의 영의 수준은 어느 단계인가?

4.3.7.2.1. 플로우차트를 이용한 자아수준 판별

이미 위 '자아수준 지표로서의 성격들'과 '자아수준의 정량적 지표'에서 자아의 수준을 판별하는 지표로서 '인격적인지', '양심적인지', '성인 같은지'를 거론하였고 '자유도'에 대해서도 이야기하였다. 여기에 위 4.3.7.1. '영이 있는 사람의 특징에 공감이 가는지'를 하나의 지표로 더 추가하려 한다. 자신에게 영이 있느냐 없느냐는 우선 위에서 나열한 특징들이 정성적(定性的)인 것들이라 특징의 유무를 확실히 판별할 수는 없으니 영이 있다면 그런 특징들이 있을 수 있겠다 정도로 이해

---

379) 데니스 젠포 머젤, 「빅 마인드」, 추미란 옮김, 199쪽
380) 복합혼과 단일혼은 아직 영생이 확보되지 않은 유한(有限)혼이다.
381) 부록1 '자아의 수준에 따른 영과 혼' 참조

하고 이에 공감하는지 여부로 최소한의 자아수준을 우선 판별하려는 것이다.

따라서 자신의 자아의 수준을 판별하는 기준은 다음 세 가지를 사용한다.382)

① 위 '영이 있는 사람의 특징'을 이해하고 공감하는 능력이 있는지와 최소한의 해당 여부를 본다.
② '인격적인지'와 '양심적인지' '성인 같은지'는 인격자(2.5단계) 양심가(2.75단계), 성인(4단계) 등 자아수준의 별칭을 사용하여 판단한다. 즉 자신을 어떤 수준의 사람으로 自覺하고 있는지를 본다.
③ 영의 '몸과 혼에 대한 자유도' 즉 깨어있는 시간이 얼마나 되는지를 본다.

다음 페이지에 위 세 가지 기준을 주로 사용하여 '자신의 정체 알아내기'를 플로우차트 형식으로 제시하였다. 물론 이 그림은 예시(例示)다. 위에 제시한 판별기준보다 훨씬 훌륭한 기준이 많을 것이나 이러한 종류의 기준들로 자신의 의식수준을 심사(深思)하고 숙고(熟考)할 수 있다는 사실과 자신과의 싸움에서 백전불태하기 위해서는 우선 자신의 정체를 파악해 보아야 한다는 의미에서 예시로 보이는 것이다.383)

1) 먼저 위에 나열한 '영이 있는 사람의 특징'을 살펴보고 자신의 느낌이 사실인지부터 냉철히 평가하라. 전반적으로 그 내용에 공감은 가나 해당사항이 20% 미만이라면 자신은 자아의 단계가 '영이 있을 가능성이 전혀 없는 1.8단계'이며 혼의 종류는 복합혼 또는 단일혼으로서 하급(下級)혼일 가능성이 크다.384)

2) '영이 있는 사람의 특징'을 읽어 보아도 무슨 말인지 모르겠고 공감도 가지 않는데 자신이 최소 필부385)(匹婦, 匹夫)수준은 된다고 판단된다면 역시 1.8단계의 하급혼 수준으로 친다.

3) 필부수준도 못 된다 하더라도 자신이 의식이 있는 시간 중 진실로 자신과 세

---

382) 절대적인 기준이 절대 아님은 알 것이다. 그런 생각이 가능하다는 담론일 뿐이다.
383) 여기서 자신의 정체가 영이라는 뜻은 평소 모든 시간에 자기가 영으로 참자아를 구현하며 산다는 뜻이 아니라 적어도 깨어있는 시간에는 혼의 양심체가 아니라 영이 있어 그 영이 자아를 장악하고 있다는 뜻이다.
384) 1.8단계 혼의 구성은 복합혼(20%), 단일혼(50%), 영속혼(30%)이다.
385) 匹婦, 匹夫의 사전적 뜻은 '신분이 낮고 보잘것없는 한 사람의 여자나 남자'다. 그러나 표준이론의 '신분'은 경제적인 것이 아니라 정신적인 것이다(4.3.1.2. '자아의 수준이 1.8단계인 자아' 참조).

상에 대하여 깨어있어386) 누가 화를 돋우더라도 미동하지 않고 중심을 잡고 있는 시간이 2~5% 정도 즉 20~50분 정도가 된다면 다시 1.8단계 하급혼 수준은 된다.387)

4) 2~5%도 깨어있지 못하는 수준이라 하더라도 1~2% 정도, 즉 하루에 10~20분은 깨어있다면 1.6단계 하급혼 수준은 되는 것으로 본다.

5) 자신이 동물적이고 감정적인 데다가 주체성과 자의식이 부족하여 취생몽사(醉生夢死)하는 의식수준으로 판단되지만 다시 자신이 의식 있는 시간 중에 적어도 1%의 시간 즉 하루 중 10분은 깨어있다면 1.5단계 하급혼이다.388)

6) 깨어있는 시간이 1%에도 미치지 못한다면 자신이 오욕의 욕망을 벗어나지 못하고 지성이 현저히 부족한 지경인지 냉철히 판단해 보라. 만일 그렇다면 자신은 1단계 초생인(初生人)이다.389) 그러나 최소한 그 수준은 아니라면 1.5단계 하급혼으로 보아도 좋다.

7) 영이 있는 사람의 특징을 살펴보니 자신이 20% 이상 해당된다면 우선 자신이 '범부(凡夫)'390)수준은 되는지 스스로 판단해 보라. 범부가 못 되면 당신은 1.8단계 자아를 뛰어넘지 못한다.

---

386) 깨어있는 상태 : 표준이론에서 깨어있다는 것은 '영이나 양심이 자아의 방을 장악하고 몸과 혼을 통제하고 있는 상태'다. 영이 깨어있는 상태에서 사람은, 화도 내지 않고 몸에 해로운 술이나 담배도 하지 않으며 멋진 이성을 보아도, 길거리에 떨어진 5만 원권을 보아도, 상사가 갑질을 하여도, 후배가 하극상을 하여도, 몸이 아파도, 운전 중에 새치기를 당하여도, 지하철에서 누가 발을 밟아도, 잠을 못 자 졸려도 별로 동요가 없다. 특히 깨어있는 시간이 길고 수준이 높으면 벼락같은 혼의 날치기 등장이 없다.
387) 즉 ① 영이 있는 사람의 특징이 이해가 되거나 ② 평소 자신이 여러모로 보아 필부(匹婦, 匹夫)수준 이상이라고 생각하거나 ③ 깨어있는 시간이 2~5% 정도 되는 세 가지 중 하나에만 해당되어도 최소 1.8단계 이상은 된다는 것이다.
388) 1. 1.5단계 자아의 혼의 60%는 아직 복합혼이고 40%는 단일혼이다. 아직 영속혼은 없다.
2. 복합혼은 사후에 중음계로 가서 심사를 받고 그중 50%는 명종 후 소멸하거나 분열한다. 소멸은 생기계로 다시 복귀하는 일인데 거기에서 짐승의 혼인 각혼으로 강등되거나 흩어져 생기로 변하게 된다. 분열은 중음계에 남되 주혼과 종혼들로 나뉘어져 다른 혼의 분열된 조각들과 氣型을 맞추어 결합하여 새로운 혼으로 거듭나는 일이다. 이것이 혼이 제일 두려워하는 진정한 죽음이다.
3. 단일혼이 분열하거나 소멸하는 비율은 20%다. 따라서 1.5단계 자아의 환생확률은 62%다(40%×80%+60%×50%).
389) 1단계 자아의 혼은 모두 아직 복합혼이다. 따라서 혼의 환생확률은 50%다.
390) 평범한 사람, 사람다운 사람(4.3.1.3. '자아의 수준이 2단계인 자아' 참조).

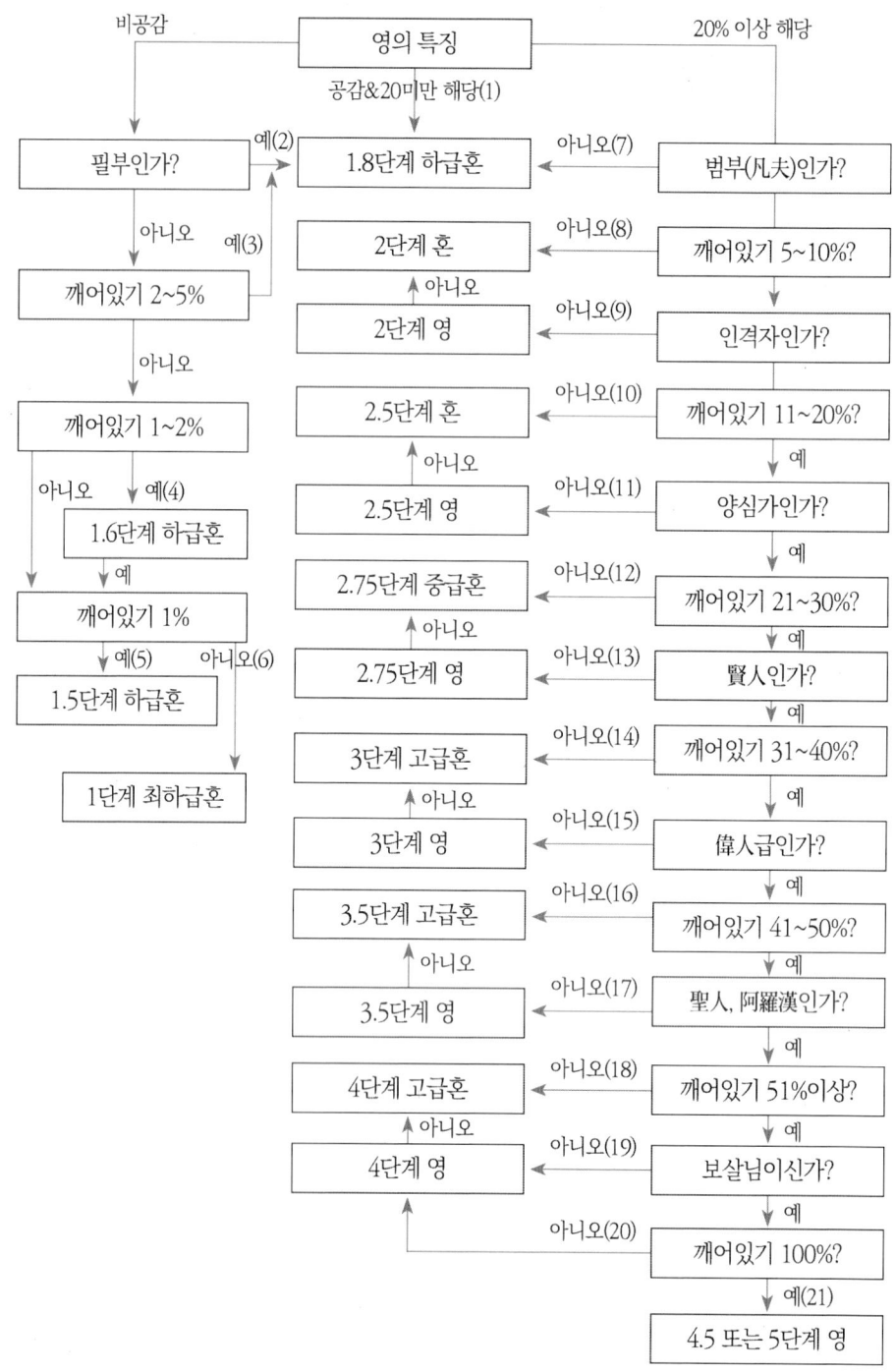

자신의 자아수준 알아보기 FC

8) 범부 수준인 것 같다면 다음으로 의식 있는 시간 중에 깨어있는 시간의 비율이 5~10% 정도는 되는지 보라. 예컨대 하루 16시간 활동한다면 최소 50~100분간은 진실한 자신 즉 최상의 자아로 살아야 한다. 이런 시간들이 50~100분도 안된다면 영이 없는 2단계 혼이다.391) 2단계의 사람에게 영이 있는 확률은 30%나 되지만 범부소리는 들어도 깨어 사는 시간이 적다면392) 정말로 영이 없는 2단계 혼이다.393)

9) 깨어있는 시간의 비율이 5~10% 정도가 된다면 스스로 자신이 주위에서 '인격자(人格者)'나 '신사(紳士)'라는 평가를 받는지 살펴보라. 그렇지 못하다면 당신은 2단계 자아이지만 당신에게는 영이 있다.

10) 깨어있는 시간의 비율이 5~10%가 충분히 되고 동시에 주위에서 '인격자(人格者)'나 '신사(紳士)'라는 평가를 받는다면 이번에는 11~20%의 시간을 깨어있는지 보라. 깨어있지 못하다면 당신은 2.5단계 혼으로 몸에 영이 없을 가능성이 높다.

11) 11%~20%를 깨어있다면 이번에는 양심가의 소리를 듣고 사는지 자문하여 보라. 양심가는 양심체의 기능인 四端394)과 지혜와 예지 기능이 발달되어 있는지 스스로에게 물어보는 것으로 시작하면 좋다. 이러한 양심가 수준이 아직 못 된다면 당신은 아직 2.5단계 자아이나 몸에 영이 있다. 그러나 2.5단계의 사람 중에서도 영을 가진 사람은 50%에 불과하니 좋아해도 된다.

12) 양심가의 소리를 듣고 산다면 깨어있는 시간이 21~30%에 해당하는지 자문하라. 그렇지 못하다면 2.75단계 혼이다. 2.75단계의 사람 90%는 영이 있는데 안타깝게도 당신은 영이 없는 10%일 수 있다.395)

13) 깨어있는 시간이 21~30%에 해당한다면 현인(賢人)급인지 스스로 자문하라.

---

391) 물론 혼영일체이고 자아의 방 주인도 자주 바뀌기 때문에 지금 자신이 혼인지 영인지의 구분은 정말 어렵지만 혼과 영이 엄연함을 일깨우기 위한 구차스러운 시도다.
392) 같은 수준의 사람이라도 하루에도 몇 번씩 혼과 영이 자아의 방주인 노릇을 번갈아 한다. 그런데 영이 깨어있을 때에는 뭔가 달라도 다르다. 그래서 영이 있는 범부니 군자니 현인이니 하는 소리를 듣는 것이다.
393) 영속혼(중급혼)은 명종 후 중음계가 아닌 심령계로 간다. 거기서 중급영(스승령)의 교육도 받고 공부도 하며 인간으로 태어날 준비를 한다. 심령계에서는 환생할 때에 수준에 따라 30~90%의 혼이 격에 맞는 영을 짝지음 받는다. 영이 없는 혼은 대부분 낮은 단계의 자아로 태어난다.
394) 사단은 측은지심(惻隱之心), 수오지심(羞惡之心), 사양지심(辭讓之心), 시비지심(是非之心)으로 인의예지(仁義禮智)가 순서대로 거기에서 싹튼다고 한다.
395) 2.75단계 자아의 사랑방 주인은 魂 70%(정신6, 양심4)/영 30%다.

그렇지 못하면 당신은 그냥 2.75단계 영을 가진 사람이다.

14) 현인답게 산다고 스스로 자부한다면 깨어있는 시간이 31~40%에 해당하는지 자문하라. 그렇지 못하다면 3단계 혼이다. 3단계의 모든 사람은 영을 가지고 있다. 그런데 당신은 혼이 자아의 방을 장악하고 있는 사람이다. 3단계의 혼과 영이 있는 사람임에도 '혼의 세상'을 개선하는 데 일조하지 못하였으니 참으로 슬퍼하여야 할 것이다. 결국 당신은 고급혼에 중급영을 가졌음에도 혼이 워낙 드세어 기대하는 만큼 영이 혼을 이기지 못하는 사람이다.

15) 깨어있는 시간이 31~40%에 해당한다면 위인(偉人)급인지 자문하라. 그렇지 못하다면 당신은 위인은 못 되지만 3단계 영이 자아의 방을 효과적으로 장악하고 있는 현인이다.

16) 위인에 해당한다면 깨어있는 시간이 혹시 41~50%에 해당하는지 살펴보라. 그렇지 못하다면 예상하였겠지만 3.5단계 자아인 위인에 해당하면서도 혼이 평균보다 득세하는 자아이다. 분발하지 않으면 그의 영과 혼은 금생에 발전이 없다.

17) 위인에 해당하면서 동시에 깨어있는 시간이 41~50%에 해당한다면 명실이 공한 3.5단계의 위인에 해당한다.

18) 41% 이상 깨어있으면서 자타가 공히 당신을 '성인(聖人)'으로 우러른다면 당신은 일단 4단계의 자아다. 그러나 의식이 있는 시간 중 51% 이상의 삶이 깨어있는 시간인지 확인하여라. 그렇지 못하다면 당신은 성인이긴 하지만 아직 영이 혼을 능가하는 정도가 스승령이 기대하는 수준에 못 미칠 수 있다. 그러나 이 경지에 있는 혼이 영을 거역하여 깨어있는 시간에 자아를 침탈할 리는 거의 없을 것으로 판단한다.[396] 그리고 어떤 경우든 4단계의 혼은 자신이 이미 고급혼이고 영의 덕을 입어 명종 후 영이 된다. 그래도 그가 '혼의 세상'을 산다면 그의 영은 금생에 중급영을 벗어나 고급영으로 발전하기 어렵다. 또한 의식이 없는 수면 중이라 하더라도 4단계의 영은 많은 부분 깨어있을 것이다. 수면 중의 꿈이 모두 생기체의 개꿈만은 아니어서 현몽(現夢)이나 예지몽(豫知夢)을 꾸게 되고 신지학에서 말하는 아스트랄 여행(astral projection)이 가능할 수도 있다. 소승(Theravada)에서 아라한은 몽정(夢精)도 하지 않는다고 한다.

---

[396] 4단계의 자아의 방 구성은 魂 20%, 영 80%인데 혼의 구성은 정신 30% 양심 70%다.

19) '성인(聖人)'으로서 51% 이상의 시간을 깨어있다면 그는 진정한 성인이다. 그렇다면 혹시 당신은 묘각(妙覺)의 경지마저 초월한 보살님은 아니신가? 그 경지는 아니라면 당신은 아직 성인의 반열에 있다.

20) 이미 묘각을 얻어 출세간하였으나 중생제도를 위해 응신(應身)하셨다면 당연히 100%의 시간을 영이 혼을 장악하실 것이다. 만일 그렇지 못하다면 아직 아라한이시니 명종 후 임의로 출세간하기는 아직 어렵다.

21) 진정한 보살님이시라면 당연히 혼을 완전히 장악하여 종으로 부릴 것이고 그 종은 복되다. 영화(靈化)는 당연하고 중급영으로의 길도 벌써 눈에 보인다.

4.3.7.2.2. 점수를 이용한 자아의 단계 판별

자아수준의 판별에 MBTI(Myers-Briggs Type Indicator)류의 성격검사방법[677]을 쓰는 것은 어떨까? 그러나 MBTI검사가 그러하듯 이런 類의 검사는 유효성과 신뢰성이 낮고 포괄적이지 못하다는 비판을 자주 받는다. 그러나 성격검사가 성격의 파악과 분류에 아예 무용하지는 않을 것이므로 비슷한 방법을 시도해 보기로 한다.
여기서는 대응되는 성격지표를 사용하여 이를 조합하는 MBTI류의 방법이 아닌 특정 지표를 발굴하여 그 지표의 발달 또는 활성화 정도를 점수화하는 방법을 사용한다. 우선 지표로는 생기체와 정신체, 양심체 그리고 영의 기능인 감각, 감성, 욕망, 욕구, 감정, 지성, 四端, 지혜, 예지, 직관의 열 가지를 사용한다. 더 직감적이고 자극적인 질문 문항을 개발하여 검사하면 재미와 흥미가 커지겠지만 표준이론에 그러한 상업적 동기는 없으니 그냥 자신을 냉엄히 들여다보아 위 각 기능이 어느 정도 활성화되어 있는지를 점수화한다. 구체적으로는 각 기능의 활성화 정도를 5점으로 점수화하되, 지성에는 가중치 1을 주고, 지성 아래로는 가중치를 -1로부터 -5까지로 점차 늘려 부여하며, 지성의 위로는 2로부터 5까지의 가중치를 주어 점수와 곱한 뒤 각 지표의 점수를 합산하는 방식을 취한다. 검사를 원한다면 위 지표의 의미에 대하여 미리 공부한 다음 검사에 임하라.[397] 점수별로 해당 자아의 단계를 아래에 표로 제시하였다. 예를 들어 누구를 검사하면 아래 '점수를 이용한 자아의 단계 판별표'처럼 28점이 나온다. 이를 '자아수준 단계별 점수표'에

---

397) 기준지표의 의미에 대해서는 6.3.3. '정신체'와 6.3.4. '양심체', 5.6.4. '직관', 5.6.5. '영감(靈感)'을 참조하라.

대입하면 그가 2.75단계의 수준임을 알 수 있다.

구분	점수	가중치	가중점수	비고
감각	1	-5	-5	말초적 감각의 만족을 추구하는 정도
감성	2	-4	-8	감각을 받아들이는 민감도(Sensitivity)
욕망	2	-3	-6	생리적 욕망(식욕, 수면욕, 색욕)과 욕구적 욕망(재물욕, 명예욕)
욕구	3	-2	-6	육체의 위험을 피하려는 안전욕구, 가까운 대인관계를 원하는 소속욕구, 사회적 인정을 원하는 존중욕구, 일을 성취하려는 실현욕구
감정	4	-1	-4	희노애락애오욕 구우증사비경공(喜怒哀樂愛惡欲 懼憂憎思悲驚恐)의 14情
지성	5	1	5	개념에 의하여 사고하고 객관적으로 인식, 판정하는 능력으로 오성과 이성(理性)을 포함한다.
四端	4	2	8	측은지심(惻隱之心)·수오지심(羞惡之心)·사양지심(辭讓之心)·시비지심(是非之心)
지혜	4	3	12	하느님과 하느님의 뜻을 알고 이를 바탕으로 도리(道理)와 인간존재의 의미 그리고 그 목적을 깨닫는 마음의 능력
예지	3	4	12	사물의 이치를 꿰뚫어 보아 미래의 일마저 지각하는 지혜롭고 밝은 마음의 기능
직관	4	5	20	영이 하느님의 섭리(攝理)를 깨달아 우주의 이치와 진실을 아는 능력
합계			28	만점은 75점

점수를 이용한 자아의 단계 판별표

~ -31	-30~-21	-20~-11	-10~0	1~10	11~20	21~30	31~40	41~50	51~
1단계	1.5단계	1.6단계	1.8단계	2단계	2.5단계	2.75단계	3단계	3.5단계	4단계 이상

자아수준 단계별 점수표

한편 영의 유무는 위 '영이 있는 사람의 특징'에서 판단할 수도 있고 위 '점수를 이용한 자아의 단계 판별표'에서 양심의 기능인 사단(四端) 이상의 가중점수 합이 40점 이상이 되면 영이 있다고 보는 등의 판별기준이 있을 수 있다.

위에서 거론한 여러 방법들은 자기가 속한 '표준이론의 자아 단계'를 찾는 정성적(定性的) 또는 정량적(定量的) 방법들이다. 그러나 이는 예시일 뿐 정밀성과 객관성이 많이 떨어진다. 보다 훌륭한 지표를 발굴하고 이를 계량화하는 방법의 개발이 필요하다. 이미 인성이나 지능을 측정하기 위한 수많은 지수들이 개발되어 사용되고 있다. 위에서 거론한 MBTI류의 성격검사방법 외에도 저 말 많고 탈 많은 지능지수(IQ intelligence quotient)와 마음의 지능지수라고 불리는 감성지수 (EQ emotional quotient), 양심지수로 알려진 도덕지수(MQ moral quotient), 리더십을 측정하기 위한 지도자 매력지수인 카리스마지수(CQ charisma quotient), 창의력을 측정한다는 영성지수(SQ spiritual quotient) 등 수많다. 여기에 지금 당장 성급하게 의식지수(Consciousness quotient)니 또는 영능지수 (spirituality quotient)를 하나 더 개발하여 추가할 의도는 없다. 표준이론은 다만 그러한 지수 측정이 가능하고 필요하며 언젠가는 가장 중요한 지수가 될 것이라는 예측이 매우 합리적이고 중요하다는 사실을 설명할 뿐이다.

현재 인류의 평균전생횟수는 11회로(부록6-1 참조), 이는 1.6단계 '이드에고인'의 평균 전생횟수와 일치한다. 그러나 인류가 2.5단계 '인격자 자아의' 전생횟수인 50회를 넘어서는 1,600년[398] 후에는 의식지수의 필요성이 대두 될 것이고, 평균 전생횟수 80회의 양심가 자아수준이 되는 2,400년 후가 되면 의식지수는 사회조직구성의 주요 수단으로 개발되고 활용될 것이다.[399] 이후 초자아수준인 3단계 현인 단계인 150회에 다다르는 5,200년 후에는 신지학 또는 옴넥 오넥(Omnec Onec)의 주장대로 지구가 물질계를 벗어나 아스트랄의 세계에 진입할지도 모를 일이다.[400]

4.3.8. 자아수준에 따른 영혼의 수준과 사후세계

자아의 수준은 영혼의 수준을 의미하며 영혼의 수준에 따라 사후에 지옥이나 천당에 간다는 생각은 동서고금을 막론한다. 그러한 생각이 무지몽매한 백성을 다스리기 위한 통치자의 정치적인 계산이나 신도들을 옭아매기 위한, 또는 교화시키기 위한 교회의 날조(捏造)나 방편(方便)에서 비롯한 것만은 아니다. 죽으면 살아서

---

398) 1. (50회-11회)×40년≒1,600년(부록6-1 '시대별 영의 탄생수' 참조)
2. 부록의 표에서는 1930년대 이후 평균수명인 40세를 기준하였으나 의학발전과 생활수준 향상으로 이후 크게 늘어나 현재 기대수명은 70세를 넘기고 있다. 그러나 그 경우 자아수준 향상에 필요한 전생횟수가 줄어들 것이니 계산에는 큰 차이가 없으리라.
399) 그 활용 용도를 예시하면 다음과 같다.
1. 修行과 求道의 정도를 측정하여 영성발달촉진
2. 투표권 행사 시 가중치 계산 기준
3. 공공직에 지원하는 자가 갖추어야 할 필수적 자질 측정
4. 국민교육에 있어서 합리적 진로결정
5. 질병과 질환에 대한 의사의 중요 처방기준
400) 정신수준이 그렇다는 것이지 이승(물질세계)인 금성이 저승으로 바뀔 리는 없으니 옴넥의 주장은 여전히 무효다.

행한 선악 또는 믿음에 따라 지옥이나 천당으로 간다는 식의 단순하고 유치한 개념은 당연히 배척해야 하지만 자아의 수준이 다르면 영혼의 수준도 다르고 그 수준에 따라 사후에 가는 곳이 다르다는 것은 나이와 학식에 따라 학년과 학교가 다르듯 엄연한 사실이다.

5.5. '저승에 대해서'에서 주요 사상의 사후관(死後觀)을 거론하겠지만 '죽음'이라는 명백한 사실을 두고 고금에 여러 이론(異論)들이 있었으나 이제 '죽음의 과학'이 '영혼학'의 일부로 실험실 안으로 들어올 시기가 머지않았다. 우선 콘센서스는 아니더라도 이 주제에 대한 최근의 논의는 신지학이 가리키는 방향으로 모아지고 있다고 하여도 무방할 것 같다. 19세기 말 블라바츠키와 일단의 신비학 연구자들[401]이 미국과 인도를 중심으로 하여 시작한 신지학(神智學)의 지론(持論)은 기독교 신비주의와 유대교 신비주의 카발라 그리고 헤르메스주의 등 서양 비교(祕敎)사상과 힌두이즘과 불교 등 동양종교의 교리에 그 뿌리를 두어 개론(槪論)을 쓴 뒤 근대 이후 이루어진 자연과학적 발견을 가미하는 한편 영매연구와 채널링 등 현대적 영혼학 연구 툴을 활용하여 그 깊이를 더한 끝에 이제는 영혼학의 성립에 초석이 되고 있다. 이러한 신지학의 지론을 일언으로 요약하면 '사람은 육체 이외에도 에테르체, 아스트랄체, 멘탈체, 붓디체, 아트믹체 등 다양한 체(體)로 구성되어 있는데 누생(累生)에서 이룬 자아의 수준에 따라 그 구성 비율이 변화하며, 사후에 영혼은 그에 응당한 아스트랄계, 멘탈계, 코잘계 등 여러 영계를 거쳐 다시 이승에 환생하는 윤회의 삶을 보내고 어느 때인가 신과 합일한다'는 것이다. 신지학은 현대의 인류 정신사에 큰 영향을 주어 여러 뉴에이지 사상과 종교에 논리와 교리체계를 부여하였으며 기성종교에도 여러 가지 화두를 던졌다. 비록 그 의론(議論)이 통일되지 아니하여 일관성이 떨어지는 데다가 비논리적이고 비전적(祕傳的)요소가 많기는 하나 주요 종교와 사상을 비판적, 건설적으로 차용하였고 19세기 말 이후 본격화된 심령연구와 이후의 자연과학적 성과를 반영하였으며, 무엇보다도 본서가 지향하는 통합이론으로서의 길을 제시하였다. 그러나 '진리보다 더 높은 종교는 없다(There is no religion higher than truth)'라는 구호(catchphrase)를 표방할 수밖에 없는 태생적 한계로 인해 스스로 종교로서의 정립을 포기하여 150년 역사의 이 단체는 현재 현저히 그 세력이 약화되어 있는 점이 매우 아쉽다.

---

[401] 헬레나 페트로브나 블라바츠키(Helena Petrovna Blavatsky 1831~1891)는 러시아 제국에서 태어난 영매이자 철학자다. 그는 미국의 언론인인 헨리 스틸 올콧(Henry Steel Olcott 1832~1907), 아일랜드의 신비학 연구자인 윌리엄 콴 저지(William Quan Judge 1851~1896)와 함께 1875년에 미국에서 신지학협회(Theosophical Society, 神智學協會)를 창설하였다(5.1.2.3.11. '신지학의 합일' 참조).

4.3.9. 표준이론과 유사한 자아의 수준 이론

불교는 수행계위나 출가하여 해탈을 추구하는 성문들이 얻는 네 가지 깨달음의 지위(聲聞四果), 또는 그 지위에 따라 명종 후 윤회체인 아뢰야식이 가는 삼계육도(三界六道)402) 그리고 십우도(十牛圖) 등 다양한 방편과 논리로 표준이론과 유사한 자아의 단계와 저승담론을 펼치고 있다.403)

또한 선도(仙道)에서는 내단 수련에 열중하면 천지만물과 나의 마음이 합일되며 나아가 오욕칠정을 다스릴 수 있게 되고 마침내 자연과 더불어 초연하게 된다고 하니 이 또한 자아의 발전단계를 말하고 있는 것이다.404)

힌두교 경전尾78)인 우파니샤드에서도 사람의 몸이 양파처럼 겹겹이 5층을 이루고 있다고 설하면서 다섯 가지 층이 진아(眞我)인 아트만을 둘러쌓고 있다고 가르친다. 이는 사람이 활력과 마음과 지성과 희열로 이어지는 저급으로부터 고급으로의 정신적 요소를 갖추고 있다는 뜻으로 자아의 계층적 구조를 말하는 주장이다. 뿐만 아니라 힌두교의 계시 경전인 베다에서는 인간이 5가지 신체를 가지고 있다고 함으로써405) 정신적 수준에 맞추어 사람의 육체도 이를 반영한 물질적 요소로 구성된다는 주장까지 하고 있다.

---

402) 불교는 3계6도의 계(界)와 도(道)들이 저승이 아니라 이승의 일종으로 유정들이 윤회하는 터전으로 이해하고 있으나 사실 윤회하는 자에게는 저승이나 이승이나 모두 윤회의 터전이니 불교가 이로 인해 타당성을 덜 하는 것은 전혀 아니다.

403) 이런 분류도 있다. 바르게 살지 못하는 사람이 다른 바르게 살지 못하는 사람을 나무라면 凡夫衆生, 자기를 보아 바르게 살지 못하는 사람을 이해하면 人格者, 자기는 바르게 살며 남 못된 것 용납하지 못하면 良心家. 자기 바른 것만 더욱 신경 쓰면 된다는 주의라면 賢人, 자기를 넘어 남도 바르게 살도록 계도한다면 偉人(법륜스님 말씀 참조).

404) 우리의 의식은 경락의 상태에 따라서 범위가 정해지는데 선천적으로 상단전이 개혈된 사람들은 일반적으로 훨씬 더 고차원적인 의식의 영역을 가지고 있다고 한다.

405) 1. 타이트리야 우파니샤드는 인간의 의식을 '생기와 마음과 지성과 희열'의 4개의 층으로 구분하고 여기에 아래로는 육체층을 더하고 위로는 아트만과 브라만(brahman)의 진아층을 더해 인간에게는 여섯 개의 의식층(kosha)이 있다고 보았다. 우파니샤드의 마음과 지성과 희열의 3개 층을 하나(마음층)로 합하면 결국 표준이론과 대동소이하다. 심지어 마음을 하위정신체, 지성을 상위정신체, 희열을 양심체로 보면 표준이론과 완전히 동일하다(8.6. '힌두교의 인간론' 참조).

2. 또한 베다에서는 스툴라 샤리라(Sthula Sharira), 숙슈마 샤리라(sukshma sharira), 카라나 샤리라(karana sharira)라 하여 사람이 세 가지 요소로 구성되었다고 보았고 여기에 참의식(아트만)과 참존재(브라만)의 영적 구성을 더하여 인간이 5가지 신체를 가지고 있다고 하였다. 스툴라 샤리라는 육체를 말하고 숙슈마 샤리라는 생기, 마음, 지성이 들어 있는 미묘하고 부드러운 바디(아스트랄)이며 카라나 샤리라는 원인(코잘)의 몸으로 희열이 들어 있는 몸이다. 숙슈마 샤리라는 생기체와 정신체로, 카라나 샤리라는 양심체로, 아트만을 영으로 보면 이 또한 표준이론과 같다.

3. 그러나 라자요가의 요기인 사라스와티는 육체와 생기체, 그리고 미세체와 환희체를 인간의 구성요소로 보고 이 중 육체와 생기체를 뺀 미세체와 환희체는 다신체론의 바디(body)가 아니라 구성요소(elements)일 뿐이라고 주장한다. 다신체가 저승의 다단계론과 연결시키기 위한 무리수임을 고려하면 인도철학의 신지학적 체의 구성 논리는 인도철학의 일부 논지가 신지학에 의해 외부에 인도철학의 일반적인 논지로 알려진 것이라는 의심을 할 수 있다(미주 196 '사라스와티의 창조론' 참조).

유대 신비주의 카발라 또한 사람은 성장해 감에 따라 저마다의 방식으로 영혼의 초월적인 본질을 점점 깊이 깨닫게 된다고 하며 영적인 삶의 사다리를 한 단계 한 단계 올라감으로써 동물적인 영혼으로부터 참 생명의 수준으로 의식과 자아의 수준이 고양된다고 가르친다.406)

블라바츠키의 신지학은 이러한 힌두교와 카발라의 교설을 응용하여 베다의 각 신체에 아스트랄체니 코잘체니 하는 서구식 이름을 붙여 본격적으로 다신체론(多身體論)을 주장하였다. 그들은 다신체론을 통하여 각 체가 모두 정묘성과 진동수만 다를 뿐 물성을 가졌으며 각 체는 고유한 의식수준을 대표한다고 한다. 즉 영407)을 둘러싸고 있는 각 체는 자기만의 의식수준을 가지며, 이처럼 여러 체들로 구성된 영혼이 죽어서 가는 저승 또한 각 체에 대응되는 물성을 가진 여러 개의 계로 구성된다고 말한다.

신지학에서 발달한 다신체론은 다시 인도에 역수입되어 요가난다처럼 아예 신지학 용어를 사용하여 요가이론을 펼치는 사상가도 나타나게 된다. 이후 신지학의 이러한 생각은 학자에 따라 더욱 다양하고 복잡하게 전개되었고 이는 다시 뉴에이지에 흡수되어 여러 가지 다신체론으로 변화되었다. 표준이론도 인간이 영혼육으로 구성되어 있다 하고 혼은 다시 생기체와 정신체 그리고 양심체로 구분되니 5개의 체를 주장하는 다신체론으로 이해될 수도 있다. 각 체가 모두 정묘성과 진동수만 다른 물성을 가졌다는 신지학의 생각은 생기와 정기와 양기로 구분하는 표준이론의 생각과도 상통하며 각 체는 고유한 의식수준을 대표한다는 생각도 유사하다. 그러나 표준이론은 다신체론이 아니라 다요소론이라고 할 수 있으며 저승을 혼과 영의 발달수준에 맞는 3계6도적 저승으로 파악한다는 면에서 서로 의견을 달리한다.

힌두교의 경락(經絡)인 차크라(chakra)와 의식수준을 접목시켜, 어느 사람이 어떤 차크라에 머물러 있느냐에 따라 그의 의식 수준이 결정된다고 주장하는 이408)도 있다. 하위 차크라의 의식은 더 적대적이고 극단적이며, 상위 차크라로 올라갈수록 양극성은 통합되고 정묘해지는데 물라다라(mūlādhāra)와 같은 하위 차크라 의식은 생존을 위한 투쟁에 집중하지만 최상의 사하스라라(sahasrāra) 차크라에 이르면 양극성은 소멸되어 나와 타인의 구별이 없어지는 의식 성장의 최종 단계로 진입한다는 것이다.

---

406) 카발라는 영혼의 수준을 네페쉬, 루아흐, 네샤마, 히아(Chiah), 예히다(Yechida) 5개로 구분하였다 (8.16. '카발라의 인간론' 참조).
407) 신지학에서는 영을 아트만이나 아디, 아누파다카 또는 모나드같이 다양한 용어로 약간씩 다르게 표현한다.
408) 위스콘신 의과대학 요가심리학자인 아자야(박미라, 「심리학자는 왜 차크라를 공부할까」).

이와 유사하게 작가인 켄 케이즈 주니어409)는 인간에게는 일곱 가지 의식 센터가 있는데 상위센터로 갈수록 고차원 의식을 갖출 수 있다고 한다. 프로이트는 그의 마음의 구조모델이론에서 마음과 그것의 기능을 설명하기 위하여 이를 원초자아(id), 자아(ego), 초자아(super ego)라는 세 부분으로 나누었다. 또 켄 윌버는 태고적(Archaic)단계부터 원인적(Causal)단계에 이르는 의식 스펙트럼의 7단계를 주장하였으며410) 닐 도날드 월쉬는 그의「신과 나눈 이야기」에서 잠재의식 차원에서 초월의식 차원으로 인간의 제한된 의식을 이동시키는 의식상승(consciousness raising)을 주장하고 있다.

다석411)은 인간은 육체, 정신, 영혼으로 구성되어 있다고 하면서 이를 우리말로 각각 몸, 맘, 얼이라고 하였다. 그러므로 나(我)는 몸나, 맘나, 얼나로 나누어 생각할 수 있는 것이다. 나는 몸나에서 수행하고 덕을 쌓아 정신적인 맘나로 발전하여야 하고, 다시 생각하고 곧이 생각하여 맘나에서 깨달은 나인 참나412)의 사람으로 변하여야 한다고 하였으며 다시 참나는 새로운 얼로 거듭난 얼나가 되어야 한다고 가르쳤다.

---

409) 1. Ken Keyes, Jr(1921~1995)는 작가이자 강연자, 실생활 사랑법의 창안자였다. 그는 개인의 성장과 사회적 의식에 대한 많은 저술을 남겼다.
2. 켄 케이즈 주니어의 일곱 가지 의식센터를 표준이론의 자아의 단계와 비교하면 다음과 같다.
 1) 안전 센터(Security) : 1단계 초생인(初生人)
 2) 감각센터(Sensation) : 1.5단계 이드人
 3) 권력센터(Poewr) : 2단계 범부(凡夫)
 4) 사랑센터(Love) : 2.5단계 군자, 신사
 5) 풍요센터(Cornucopia) : 3단계 양심가
 6) 각성 센터(Conscious-Awareness) : 3.5단계 위인
 7) 우주의식 센터 (Cosmic Consciousness) : 4~5단계 성인
410) 켄 윌버는 자아수준의 단계에 대한 여러 학자들의 연구들을 그의 책「통합비전」5장에서 잘 설명하고 있다. 그에 의하면 자아수준의 측정은 욕구, 가치관, 인지, 세계관, 의식의 질서, 자아 정체성 등을 지표로 하여 다양하게 측정된다. 각 연구의 공통점은 놀랍게도 자아수준의 최고단계에서는 항상 자아초월적이거나 靈的인 기미가 발견된다는 점과 에고를 중심으로 그 前과 後에 前에고 단계와 超에고 단계가 항상 나타난다는 사실이다. 이는 표준이론이 3.5단계 위인의 '영적자아' 이후 4개의 영적자아수준을 이야기한다는 사실과 2.0단계의 '에고의 자아'를 중심으로 전4, 후7단계를 주장하는 것과 유사하다.
411) 다석(多夕) 유영모(柳永模 1890~1981)는 비교종교학 연구가이자 철학자로 대한제국기 양평학교 교사, 오산학교 교사, 오산학교 교장 등을 역임하였다. 처음 한학에 몰두하다가 1905년 기독교에 입교하고 1909년 경기도 양평학교(楊平學校) 교사가 되었다. 이후 오산학교(五山學校) 교사로 2년간 재직하며 톨스토이 연구에 정진하였다. 1912년 일본에 유학하였다가 도중 귀국하여 이후 종교철학을 독학으로 탐구하였으며 시종 무교회주의적 입장을 취하였다. 1928년 YMCA 성서연구반 지도를 맡아 35년간 계속하는 한편 성서조선사건으로 1942년 구금되어 문초를 받기도 하였다. 1940년 이후 하루 한 끼의 일중(一中)으로 금욕생활을 실천하며 기독교를 비롯한 동서양의 진리를 끊임없이 설파하고 실천한 금세기 우리나라 최고의 석학이자 사상가이자 구도자의 표상이다.
412) 맘나는 정신체의 자아, 참나는 양심체의 자아, 얼나는 영으로 해석된다.

이처럼 자아와 의식 그리고 영혼의 수준에 대한 의론(議論)은 주요 사상과 종교에 빠짐없이 담겨 있는 기본적인 담론이다. 기독교 또한 수많은 성경구절에서 동일한 취지의 담론이 전개된다. 예컨대 요한복음에서는 "밀알 하나가 땅에 떨어져 죽지 않으면 한 알 그대로 남아있고 죽으면 많은 열매를 맺는다."라고 하며 수행(修行)과 구도(求道)를 통하여 자아의 단계를 높일 것을 촉구하고 있다.413)

자아의 수준에 대한 구분이론 중 몇 가지를 좀 더 자세히 알아본다.

4.3.9.1. 마이클 뉴턴과 자아의 발전단계

마이클 뉴턴414)은 오늘날 지구에 사는 사람들에게 깃들어 있는 영혼의 수준을 다섯 단계로 나누고 그 비율은 레벨1이 42%, 레벨2는 31%, 레벨3은 17%, 레벨4가 9%, 그리고 레벨5는 1%라고 하였다. 물론 표준이론의 자아의 단계와 의미가 많이 다르지만 레벨의 수나 비율 등에 서로 유사한 부분이 있다는 사실을 고려하여 이 둘을 구태여 맞춰 본다면 표준이론의 1~1.6단계를 레벨 1로, 1.8단계를 레벨 2로, 2단계를 레벨 3으로 2.5와 2.75단계를 레벨 4로, 3단계를 레벨 5로, 3.5단계를 레벨 6로, 4단계를 레벨 7415)로 비교할 수 있을 것 같다.

한편 그는 인간의 몸으로 들어오게 된 영혼(soul)은 지적 진화의 단계가 아래로 내려가지는 않는다고 한다. 또 그가 최면을 통해 영들에게서 알아낸 바로는 앞서

---

413) 요한 12:24~25의 내용으로 그 뜻을 표준이론으로 해석하면 "육적인 욕망과 혼의 저질적인 부분으로서 진화과정에서 얻은 동물적 본능인 이드, 그리고 이기심과 자존심의 자아인 에고를 극복하지 못하면 윤회의 굴레에서 벗어나지 못하고, 이를 극복하면 하느님 나라에 든다. 누구든지 자기의 육과 혼을 극복하지 못하면 자아가 '자의식의 자아' 수준에 불과하여 하급혼 수준을 못 벗어나게 되고 흩어져 소멸되거나 다른 혼과 만나서 이합집산을 한 후 환생할 수도 있다. 혼이 소멸되거나 분열되면 그 혼은 사망한 것이나 다름없으니 몸의 죽음은 죽음이 아니나, 혼의 죽음은 진정한 죽음이다. 그러나 영속혼으로 진화하면 소멸이나 분열할 일이 없어지고 이윽고 이드와 이기심의 자아인 에고를 극복하면 영으로 진화하여 영원히 구원받게 될 것이다."
414) 1. 마이클 뉴턴(Michael Newton 1931~2016)은 상담 심리학 박사이자 전문 최면치료사다. LBL(Life Berween Lives) 최면요법을 연구하는 마이클 뉴턴 연구소(www.newtoninstitute.org)의 설립자이며 삶과 삶 사이 영혼의 기억을 이끌어 내는 LBL 최면을 통해 영계의 신비들을 밝혀내는 선구적인 최면요법가였다. 「영혼들의 여행 1」, 「영혼들의 운명 1, 2」, 「영혼들의 기억」 등 그의 저서들은 백만 부 가까이 판매되었고 30개 이상의 나라에서 번역 출간되었다.
2. 뉴턴은 오랜 연구에도 불구하고 퇴행최면에서 얻은 지식을 개념화하여 체계를 세우는 데 실패하였다. 그는 에고를 몸의 마음 또는 인간마음이라고 하며 생기체 정도로 보고 혼(soul)은 영혼의 마음이라고 부르면서 양심체나 초자아 정도로 파악하는 영기육삼원론을 피력한다. 심지어 영혼이 없이 에고만 있는 사람도 있다고도 한다. 그에게 영(spirit)은 수승한 단계의 혼일 뿐 별도의 영개념이 없다. 그러나 그가 쓴 여러 책은 중음계 수준의 저승을 다녀온 혼의 LBL에 대한 좋은 사례집(事例集)임이 분명하다.
415) 뉴턴에게 레벨 6과 7은 없지만 그의 이론에 표준이론의 영(靈)개념을 적용한다면 그렇다.

가는 생명이 먼저 있어서 이들이 지적인 에너지 즉 영혼의 속성을 배합하는 것이지 하등동물이 진화하여 지적인 존재 즉 영혼이 되는 것이 아니라고 한다. 즉 혼의 진화도 혼영도 없다는 것이다. 표준이론과는 완전히 어긋나는 생각이다.

4.3.9.2. 한당 「천서」의 자아의 발전단계

우리 민족 고유의 수행론과 중국의 仙道가 섞인 것으로 보이는 현대 우리나라 도학(道學)에서도 자아의 수준에 대한 단계이론이 있다. 한당416)은 수련에 정진하면 중단전이 열리고 천지만물과 나의 마음이 합일되며 오욕칠정을 다스릴 수 있게 되고 자연과 더불어 초연하게 된다고 한다.417) 표준이론으로 치면 3단계 자아가 된다는 것이다. 단전호흡을 통하여 3단계로 올라설 수 있다 하니 사실이라면 도학은 과연 가성비가 뛰어난 수련법이겠다.

4.3.9.3. 불교와 자아의 발전단계

4.3.9.3.1. 불교의 영으로서 무아(無我)

불교에서 진정 靈을 부인한다면 표준이론의 4단계 자아인 성인 수준이 불교에서 달성할 수 있는 자아수준의 최종 단계이겠으나 영에 대한 부처님의 무기(無記)뿐 아니라 업과 윤회, 그리고 제9식인 아말라식 나아가 본초불(本初佛), 불성, 해탈, 게다가 부처님의 후학들이 어떤 이유든 인격신418)까지 거론한 것을 고려하면 불교 또한 靈의 존재를 부인하지는 않는다고 보아 불교의 자아론도 영의 수준을 포함한 여러 단계의 자아수준을 논하고 있는 것으로 판단한다.

부처님의 무아에 대한 말씀은 재론할 것 없이 '아(我)란 오온으로 말미암은 일시적인 것이므로 항상(恒常)한 것이 아니어서 불변하는 자아란 없다(無常我)'라는 것이다. 그런데 이 말씀은 인간의 구성요소에 영(靈, 아트만)이 없으니 결국 자아란 없다(無我)는 뜻으로 곡해되고 있다.尾79) 이러하니 불교에서는 자아의 극복이란 자아가 無我임을 깨닫는 것이 되었다. 그러나 표준이론에서 자아의 극복이란 眞我

---

416) 우리나라 선도 중 一派인 석문도문의 1대 문주로 석문호흡 창시자다. 1988년 도통(道通)을 하고 2003년 귀천(歸天)하였다 한다.
417) 한당의 「천서」 46쪽 참조. 「천서」는 한당이 석문호흡법이라는 단전호흡법과 도학 그리고 도교와 불교 등 다양한 전통을 섞어 2006년에 펴낸 현대적인 도학서다.
418) 방편법신불, 아미타불 등(길희성, 「보살예수」 참조)

의 실현으로서 자아의 방에서 주인 노릇을 하고 있는 魂이 유식불교에서 말하는 '오온과 연기에서 비롯한 허상으로서 前五識과 거기에서 비롯한 6식과 7식의 합으로서 아뢰야식'419)이 아니라 '수십억 년 장구하고 오묘한 진화의 과정을 거쳐 탄생한 기(氣)의 결실이자 위대한 하느님의 창조물로서 영생하는 존재'420)임을 깨닫고 그 마지막 진화의 관문인 열반의 경지를 넘어 영화(靈化)될 수 있도록 영이 주체가 되어 혼을 교육하고 지도하는 일이라고 이해한다.

또한 我는 '識들의 모임'이 아니라 '魂이요 靈'이다. '識들의 모임'인 아뢰야식의 '識의 我'는 불설대로 장식(藏識)에 불과하니 영속하지 않으나 '혼의 我'와 '영의 我'는 영속하며 각각 열반과 해탈의 주체가 된다. 또 '識의 我'는 애초에 허상이었다 하더라도 진화과정에서 이미 실존으로 진화하였다. 표준이론에 의하면 그들은 이미 허상을 초월하여 영적존재가 된 지 오래다. 전오식(前五識)尾80)의 나를 초월한 때는 생기체가 발생하였을 때요 6識의 나를 초월한 때는 하위정신체가 발생하였을 때이고 7識의 나를 초월한 때는 상위정신체가 발생한 지혼이 탄생한 때였다.

무아에 대한 담론을 표준이론 방식으로 다시 한번 요약하면

1) 불가에서는 '영의 나', 즉 아트만을 부정하다 보니 윤회의 주체를 '識의 나'인 제8식 아뢰야식으로 본다. 아뢰야식은 다른 말로 업의 저장(貯藏)인 장식(藏識)이니 해업(解業)하면 텅 비게 되어 흩어질 수밖에 없어서 '識의 나'는 무아라고 한다. 여기서 '텅 빈 장식이 부처'라고 하는 오묘한 진술(陳述)이 등장한다. 장식으로서 아뢰야식은 업창고가 텅 비면 업과 함께 사라져야지 어찌 부처가 된다는 말인가. 그러나 이를 표준이론식으로 해석하면 진술(陳述)이 아닌 진술(眞術)이 된다. 전5식은 생기체이고 제6식은 하위정신체 그리고 제7식은 상위정신체이며 제8식 아뢰야식은 이러한 식이 모인 윤회체로서 혼이다. 혼은 해업(자아실현, 자기계발, 수행, 자아단계의 상승)하여 점차 상위혼으로 발전하고 마침내 열반하면 영으로 진화한다. 불자들이 그렇게 소망하는 아라한이 되는 것이다. 윤회체인 아뢰야식은 해업과 오온의 해체로 소멸하는 無常의 존재가 아니라 수억 년의 진화를 통해 5식부터 이미 有常한 존재가 되었다. 그러니 아뢰야식은 전혀 무상하지 않다.

---

419) 표준이론에서는 6근(眼耳鼻舌身意)과 오온의 識이 어우러져 만들어진 여섯 가지 식 중 마지막 식인 의식(제6식)은 각혼(동물수준의 혼)이며 하위정신체다. 또한 7식 말나식은 인간의 혼인 지혼 수준으로 상위정신체에 해당된다. 8식인 아뢰야식은 이들의 합이며 9식(아말라식)은 8식이 더욱 정화된 상위양심체 또는 영이 된 혼(아라한)으로 볼 수 있다.
420) 미주 230 '수면과 죽음의 정의' 중 마지막 별론 부분 참조

2) 혼의 나는 아직 오온에 휘둘리는 나다. 이를 극복하고[421] '영의 나(4단계 이상의 자아)'로 발전하는 것이 열반이다. 이리 보면 4단계 또는 5단계 자아가 무아다. 그래서 표준이론은 4단계를 넘어선 자아를 '무아의 자아'라고 한다.

3) 비전(祕傳)에서 무아는 '我와 他가 모두 一者로부터 발출한 것이니 一元이라 無我'다. 사실 불설에서도 만유일체(萬有一體)라 하였으니 '너'와 '나'는 본래 '너나 없는 하나'이므로 무아다.

4) 윤회란 '나'가 지속됨을 의미하고 무아(無我)란 그러한 '나'는 계속 발전하고 변화하여 전과 같지 않은 무상아(無常我)라는 것을 의미한다. 따라서 윤회와 무아가 충돌하는 것이 아니다.
애초에 아트만을 인정했으면 모순도 없었을 것인데 브라만에 대항하여 정체성을 세우기 위한 불교의 초기 가르침이 결국 윤회와 무아의 모순을 불러 '무아의 덫'을 만든 것이 아닌가 한다.[422]

제행무상(諸行無常)과 제법무아(諸法無我)

사람이 죽으면 오온의 결과물인 식은 결국 흩어지니 그러한 식을 기반으로 한 자아는 그 삶이 무상하다. 제행무상(諸行無常)이다. 불교의 정통이론은 영을 인정하지 않으니 자아는 기껏해야 식의 합인 혼일 것이고 혼은 식의 기반인 제행이 무상한데다 식은 인연으로 만들어지고 변화하고 소멸하므로 혼을 가진 모든 법(法, 존재)은 무아(諸法無我)하다.
같은 사실을 두고 표준이론에서는 자아가 인연 따라 변화한다는 것은 증득한 도(선업, 덕)와 저지른 악(악업)에 인과하여 자아의 방에 거하는 혼이 변화한다는 뜻으로 본다. 그리고 혼이 언제까지나 변화하는 존재인 것이 아니라 불교 말로 열반을 하게 되면 번뇌에 시달려 매 순간 변화하는 존재에서 탈피하여 영구불변의 영적실체인 영이 된다.

---

421) 克服이란 3단계까지의 자아가 공(無常)함을 아는 것, 즉 혼은 물성을 가진 '기 덩어리'로 色인 육에 휘둘림 당하는 또 하나의 色임을 깨닫고 그 색은 공함을 깨닫는 것(色卽是空)이다. 그러나 이것마저 은총일 수 있다. 아니 은총이다.
422) 무아(無我)의 변(辯)의 비교
1. 비전(Emanationism)의 변 : 我와 他가 모두 一者로부터 발출한 것이니 一元이라 無我다.
2. 불가(唯識)의 변 : 자아란 색(色)·수(受)·상(想)·행(行)·식(識)의 오온에 의하여 생성되는 것이라서 오온이 변하면 따라서 변하는 것이니 무상(無常)하고 무상하니 당연 무아다.
3. 표준이론의 변 : 我로서 혼은 一元으로서 개체성을 버려야 하니 무아요 제행이 무상하니 무아요 끊임없는 자기실현으로 변화하여야 하니 무아다.

4.3.9.3.2. 불교의 여러 가지 자아의 발전단계와 표준이론

4.3.9.3.2.1. 불교에서의 수행계위

보살수행계위(菩薩修行階位)란 부처가 되는 단계로 총 52위(位)의 수행계위423)가 있다. 즉 대승불교의 수행자가 처음 보리심(菩提心)424)을 발한 후 수행의 공덕을 쌓아서 불과(佛果)를 얻기까지 거쳐 가는 단계를 말한다. 이를 각각 표준이론의 자아단계와 비교해 보면425)

첫째는 십신(十信)426)인데 표준이론에 비교하면 2.0~2.49단계 정도로 보인다.
둘째는 십주(十住)427)이고 진리에 안주하는 단계이다. 표준이론에 비교하면 前五住는 2.5단계인 인격자이고 後五住는 2.75단계인 양심가의 수준이다.
셋째는 십행(十行)인데 10가지 선행을 베푸는 3~3.4단계의 賢人으로 사과(四果)의 수다원이 이에 해당한다.
넷째는 십회향(十廻向)으로 수행을 통해 얻게 되는 즐거움, 특별한 능력, 지혜 등을 널리 중생에게 돌리는 경지로 3.5~3.9 자아수준인 偉人단계이며 색계의 사다함이다.
다섯째는 십지(十地)의 단계로 무색계의 아나함이며 표준이론의 3.91~3.99단계다.
여섯째는 등각(等覺)의 경지를 성취하여 열반을 이룬 아라한으로 4~4.49단계이다. 아라한은 제1영계의 시민인 영이지만 중생제도와 자신의 발전을 위해 윤회를 계속하는 존재다.
일곱째는 묘각(妙覺)으로 해탈하여 바라밀다(到彼岸)를 성취하여 출세간한 보살이다. 표준이론에 비교하면 4.5~4.99단계의 고급영 수준으로 합일 이전의 단계이다.
여덟 번째는 부처님으로 마침내 합일의 경지에 드신 단계이다.

---

423) 불교는 宗과 派에 따라 중시하는 經(所依經)과 律과 論이 달라 수행계위에 대한 이론도 다양하다. 이들 가운데 화엄경 계통의 경전인 보살영락본업경에서 설하고 있는 52위(五十二位)의 수행계위 체계가 모든 계위를 사실상 빠짐없이 망라하고 있고 그 명칭과 뜻이 잘 정리되어 있어서 전통적으로 대승불교권에서 널리 채택되어 사용되고 있다(위키백과, 보살수행계위 참조).
424) 보리심(菩提心)은 보리(깨달음의 지혜)를 얻어 일체 중생을 위해 성불하기를 서원하는 대승불교도의 첫 동인(動因)으로 초발심(初發心)을 가리킨다. 이때 서원(誓願)은 사홍서원(四弘誓願)이라고 하는 것으로 "한없는 중생 다 제도하리라, 끝없는 번뇌 다 끊으리라, 한량없는 법문 다 배우리라, 위 없는 佛道 모두 다 증득하리라(眾生無邊誓願度, 煩惱無盡誓願斷, 法門無量誓願學, 佛道無上誓願成)."이다.
425) 부록1 '자아의 수준에 따른 영과 혼'의 '수행계위/성문사과/3계6도/십우도' 칸을 참조하라.
426) 십신(十信)은 신심(信心)·염심(念心)·정진심(精進心)·혜심(慧心)·정심(定心)·불퇴심(不退心)·호심(護心)·회향심(廻向心)·계심(戒心)·원심(願心)이다.
427) 십주(十住)라 하여 거주할 '住'字를 쓰는 것은 자아의 방에 누가 주로 거주하느냐에 따라 자아의 수준을 따지는 표준이론과 유사한 생각에서 나온 명명(命名)으로 보인다.

요약하면 10신이 2~2.49단계, 10주가 2.5~2.99단계, 그리고 10행이 3~3.49단계, 10회향이 3.5~3.9단계, 10지가 3.91~3.99, 등각의 11단계가 4~4.49단계, 마지막 묘각이 4.5~5단계다.

도(道)로의 첫 삽을 뜨는 단계인 십신(十信)은 대승불교의 수행자가 대승 즉 보살승의 길을 나아감에 있어 처음 닦아야 할 10가지 마음상태(地位)로, 붓다의 교법을 믿어 의심이 없는 지위를 말한다. 이 중 4. 정심(定心)은 마음을 한곳에 모아 흐트러지지 않게 함이고 5. 혜심(慧心)은 모든 현상의 본성을 꿰뚫어 앎이며 6. 계심(戒心)은 계율을 지켜 청정함, 8. 호법심(護法心)은 마음을 다스려 번뇌가 일어나지 않게 함, 9. 사심(捨心)은 재물을 아끼지 않고 베풀어 주는 경지다. 10신을 표준이론의 2.0~2.49단계에 비유했지만 그 내용을 보면 이미 3단계를 훌쩍 넘어선 경지가 아닌가 한다. 불도의 길이 처음부터 이처럼 아득히 높다 하니 기가 죽는다.428)

수행계위와 표준이론을 섞어 평균적인 영(靈)의 탄생과 성장 그리고 발전 과정을 살펴본다. 우선 혼은 300번쯤의 전생(轉生) 끝에 등각의 경지로 열반하여 아라한이 되면 혼의 삶을 마감한다. 그는 명종 후 꿈에 그리던 제1영계에 입성하여 하급영으로 다시 탄생하게 된다. 이후 다시 2~3단계 혼들과 짝을 맺고 이승에 환생(부임)하여 '100생공부(百生工夫)'에 매진하게 된다. 여기서 50생쯤 지나면 중급영이 되어 일부는 혼계의 스승령으로 일하고 일부는 다시 이승에 부임하여 10행 초입의 수다원급 고급혼과 함께 3단계 이상 현인(賢人)으로 태어나 '100생공부'를 이어가게 된다. 이후 10회향 즈음의 사다함급 혼과 함께 3.5단계 위인(偉人)의 영이 되고 다시 10지의 아나함급 혼과 더불어 3.9단계를 거치게 된다. 또 고급영이 되기 위한 마지막 단계로 지구 인구의 100,000명 정도 되는 4단계 성인급 자아의 영으로 부임하여 동반한 혼을 등각의 경지로 끌어올려 명종 후 그 혼은 아라한의 영으로 진화한다. 그리고 드디어 그 길 어디쯤에서 묘각을 깨우치면 해탈하여 '100생공부'를 마치고 윤회를 벗어나 고급영, 즉 보살이 된다.429) 그들은 영계

---

428) 항간에 자주 이야기되는 초발심(初發心)은 진리를 깨쳐 도를 이루려고 보리심을 발하여 처음으로 서원을 세우는 것으로 종파마다 위치가 다른데 화엄종에서는 십신의 마지막 단계다. 얼추 표준이론의 인격자 수준을 넘어선 단계인데, 열 일 제치고 도(道)에 마음을 낼 정도면 이미 상당한 진척을 이룬 경지라서 그러한 듯하다.
429) 결론적으로 표준이론에서는 아라한에서 보살이 되는데 100생이 걸리는 셈이다. 이는 불설이 틀렸다는 것이 아니다. 혼이 영으로 진화하는 프레임이 비슷한 불교와 비교하다보니 불교의 용어를 차용하는 것뿐이다. 그리고 100생공부는 그저 100생을 보내면 고급영이 되는 것이 아니라 공(功)을 세워야하니 그 실지 내용은 100명의 혼을 영으로 만드는 백령공사(百靈功事)다. 이는 혼도 마찬가지다. 생수(生數)만 채운다고 수승도가 높아지는 것이 아니라는 뜻이다.

에서 하느님의 창조사업을 하게 되지만 그중 일부는 10명도 안 되는 4.5단계 신인(神人)의 자아가 되어 이승에 오시게 된다. 그러나 이는 더 이상 윤회가 아니다. 이제 어느 때가 되면 보살은 5단계의 부처가 된 뒤 하느님 전으로 나아가 그 왼편에 앉으신다. 이를 합일이라고 한다.

구태여 불교의 수행계위와 표준이론의 자아단계를 이처럼 상세히 비교하는 이유는 제삼 말하거니와 혼과 영의 발전단계에 대해서 이미 많은 종교와 사상에서 비슷한 이야기를 하고 있다는 사실을 보여 독자가 그 진실성을 깨닫기 바라는 마음에서다.

4.3.9.3.2.2. 불교의 성인단계인 성문사과(聲聞四果)

성문(聲聞)이란 원래 석가모니 당시의 제자들을 말하였으나, 언제가부터 불법을 듣고 해탈을 위하여 출가한 수행자를 의미하게 되었다. 연각(緣覺)·보살(菩薩)과 함께 삼승(三乘)이라고 한다. 이는 깨달음에 이르는 세가지 乘이다. 성문은 고집멸도 사제(四諦)의 진리를 깨닫고 몸과 마음이 멸진(滅盡)한 무여열반(無餘涅槃)에 들어가는 것을 목표로 삼는다. 표준이론으로 말하면 영(아라한)이 되는 것을 목표로 한다. 성문사과(聲聞四果)란 이러한 성문이 얻는 네 가지 깨달음의 지위다.

첫 단계인 수다원(須陀洹)은 깨달음의 길을 물의 흐름에 비유하여 그 흐름에 참여한 것, 즉 불도 수행에 대한 확신이 생긴 상태를 말한다. 3계6도 중 욕계 6천 정도에 주소지를 둔 수준이 아닐까 한다. 표준이론의 3단계인 현인(賢人)의 경지다.430) 수다원은 일곱 생을 더 하면 아라한이 된다고 한다. 그러나 표준이론에서는 3단계인 수다원에서 4단계 아라한이 되는 것이 일곱 생만 더하면 되는 쉬운 일은 아니라고 판단한다. 그 이유는

1) 부록6 '외계혼의 유입수'에서 검토한 바와 같이 3단계에서 4단계로의 진화에는 200생이 소요된다. 성문사과(聲聞四果)처럼 빨리 자아의 수준이 발전한다면 지금쯤 지구는 아라한으로 가득 찼어야 한다.

---

430) 수다원과(須陀洹果, sotapati, śrotāpanna)는 불교에서 예류과(預流果) 즉 깨달음으로 향하는 흐름에 갓 합류한 경지이지만 성자의 최초단계로 본다. 그럼에도 표준이론에서 이를 3단계 현인(賢人)으로 보는 것은 이를 4단계 성인으로 보면 사과(四果)를 표준이론에 배치하기가 적당치 않음과 불교에서 말하는 성인이 표준이론의 성인과는 그 의미가 다른 점 그리고 수다원이 아직 예류(預流)에 불과하여 깨달음의 초입이라는 점(위빠사나에서는 수다원을 열반을 한 번 경험한 경지로 본다) 등을 고려하였다.

2) 본생경에 나타난 부처님의 전생횟수가 547회나 되는 점이나, 최근의 퇴행최면 연구결과에서 드러난 사실들을 고려할 때[431] 高수준으로 갈수록 전생횟수가 급속히 늘어나는 것이 타당하다.
3) 부처님 당시에 아라한의 칭호를 남발하다 보니 성문사과의 여정을 짧게 잡은 것이 아닌가 한다.
4) 3승 중 연각은 순식간에 돈오(頓悟)하는데 성문이 수백 생이 걸린다면 불법공부의 가성비가 문제되어 모두들 성문을 기피할 판이라 이러한 모순된 진술이 나온 것일 수 있다.
5) 지혼이 되는 데만도 수십억 년이 걸렸는데 부처가 되는 것이 어찌 그처럼 쉬우랴.
6) 신지학에서는 명종 후 다시 환생하는 LBL의 기간이 하급혼들은 5~50년, 중급혼은 200~300년, 고급혼들은 1,000~1,200년이라고 주장한다. 불교에서도 색계나 무색계의 유정들의 수명은 수천 년 또는 수만 년씩이라고 한다. 불교의 일반이론이나 표준이론에서 LBL의 기간을 49일로 보는 것과 너무 다르다. 이 다름은 이승과 저승의 시간 가성비에 큰 차이가 있다는 사실과, 49일은 인류의 다수를 점하는 2단계 미만의 하급혼들의 저승인 중음계에서만 적용되는 기간이라는 사실에서 기인한다.
7) 고급혼들의 경우 준영계, 즉 천상계에서만 주로 윤회전생하다가 가끔 인간도에 환생하므로 인간도에 1來 하는 데 긴 시간이 걸릴 수 있어 7래니 1래니 하는 것이다.
8) 불설에서 욕계의 6천과 색계와 무색계의 22천은 고급혼이 가는 저승으로서 신지학의 코잘계, 표준이론에서는 준영계에 속한다. 3단계의 혼이 가는 준영계가 28개로 나누어진다는 것은 3단계를 통과하는 데 그만큼 많은 생수(生數)와 시간이 소요된다는 것을 뜻한다.

따라서 고급혼들의 경우 한 단계의 발전에 필요한 전생횟수가 하급혼이나 중급혼들보다 훨씬 많다고 보아 위로 올라갈수록 단계별 진화에 시간이 많이 걸린다고 보는 표준이론이 옳은 생각이다. 고급혼은 지구 인구 77억의 0.7%로 5,500만 명 정도다. 혼들의 세상인 물질세상에서 물질문명이 발전하려면 영보다 고급혼이 더 필요할지도 모른다. 그렇다면 혼들이 쉽게 영화(靈化)하여 영계로 떠나버린다면

---

[431] 부처님의 전생수 547번에는 사슴이나 코끼리로 타락한 생까지 포함되어 있는데 이는 본생경의 전생담에 각혼 시절의 전생담과 부처님의 복합혼의 전생담이 포함된 것 때문으로 보인다. 이를 보면 보통사람의 퇴행최면에 복합혼의 기억이 포함되는 것은 극히 당연한 것이고 또 부처가 되기 위한 지혼으로만의 평균 전생수 400번 또한 적절한 횟수다.

혼의 세상인 이승의 문명이 어찌 발전하겠는가. 결론적으로 표준이론에서는 3단계인 수다원에서 4단계인 아라한이 되는 데 평균 200생의 전생횟수가 필요하다고 본다.432)

다음 사다함(斯陀含)은 지혜를 얻어 번뇌와 미혹을 벗어나 진리를 보는 단계인 견도(見道)를 이룬 뒤 수도(修道)의 과정에 있는 사람으로 표준이론의 위인(偉人)급으로 3.5단계인 혼영일체 자아의 경지이며 준영계인 색계(色界)의 시민이다. 천상도와 인간도를 한 번 더 왕래하는 윤회를 하여야 하는 경지라 하여 일래과(一來果)라고 한다.

세 번째 아나함(阿那含)은 더 이상 욕계(慾界)로 태어나지 않아도 되는 상태이기 때문에 불환(不還)이라고 한다. 욕망에 꺼들리지는 않지만, 물질과 순수한 정신에 대한 집착은 여전히 남아있는, 즉 무명(無明)의 뿌리가 남아있어서 존재의 참된 이치를 완전히 꿰뚫은 수준에는 못 미쳐 아직 무색계를 벗어나지 못한 상태다. 표준이론으로 보면 3.5단계와 4단계 중간 정도인 자아의 경지다.

네 번째 단계인 아라한(阿羅漢)은 아만심(我慢心)이 없기 때문에 '나'라는 생각에 사로잡혀 번거로워할 일도 없고 들뜨는 마음도 없으며 마음은 늘 고요하고 평온한 경지로 더 이상 배울 것이 없어 무학(無學)433)이라고 하며 이승에 태어나지 않아도 되는 영이 되었으므로 불생과(不生果)라고도 한다. 그러나 아라한이 이승에 진정 불생하는가? 불교에는 16나한이니 500나한이니 하여 아라한을 신앙하는 경우도 있으나 소승의 성인으로 폄훼받는 경우도 많으니 '번뇌는 벗어났으나 보살님과는 달리 윤회는 그치지 않은 존재'로 보는 것이 논리에 맞겠다. 표준이론으로 치면 번뇌(煩惱)를 그치고 열반에 들어 영이 되긴 하였으나 하급영과 중급영의 단계에 있는 영으로서 고급영이 될 때까지 윤회의 굴레를 완전히 벗어나지 못하는 존재이다. 따라서 영이 된 이후에도 이승에 부임하여 백생공부(白靈功事)를 거듭하다가 해탈의 경지에 들어서 고급영인 보살이 되어야 윤회를 벗어나 바라밀다(到彼岸)434)를 이룬다.

---

432) 1~3단계까지 100생, 다시 3.5단계까지 100생, 4단계까지 100생, 그리고 5단계까지 또 100생. 총 400생이다(부록6 '외계혼의 유입수' 참조).
433) 1. 무학대사(無學大師)가 이 경지였던 것인가. 무학이 벼슬은 아니었을 것이다.
2. 그러나 표준이론에서 아라한은 아직 완전한 無學이 아니다. 영이 된다고 세상의 이치와 섭리를 다 깨닫는 것이 절대 아니다. 제대로 된 숙명통이나 천안통 등 삼통(三通)은 아직 부처님의 것이다(미주 192 '삼명과 육신통 그리고 저승에서의 혼과 영의 능력' 참조).
434) 바라밀다(paramita)는 깨달음을 얻기 위해서 닦아야 할 수행법을 총칭하기도 한다.

4.3.9.3.2.3. 불교의 삼계육도(三界六道)

삼계(三界)는 불교의 세계관에서 중생이 생사유전(生死流轉) 한다는 3단계의 미망(迷妄)의 세계 곧 욕계(慾界), 색계(色界), 무색계(無色界)의 세 가지다. 육도(六道)는 3계중 최하위인 욕계의 여섯 세계로서 오관(五官)의 욕망이 존재하는 세계이며, 지옥도·아귀도·축생도·아수라도·인간도·천상도의 여섯 가지인데 천상도는 다시 여섯 개의 천계인 육욕천(六慾天)으로 나뉜다.[81]

현대의 불교학자들은, 6도(六道)가 깨달음을 증득하지 못한 중생이 태어나는 객관적으로 실재하는 세계일 수도 있겠지만, 깨달음을 증득하지 못한 중생이 주관적으로 경험하는 현실적·관념적 세계, 즉 중생의 마음상태, 의식상태, 심리상태, 존재상태 또는 생존상태를 말하는 것일 수도 있다고 해석하기도 한다. 다시 말하면 삼계는 입체적인 공간이 아니라 인간의 혼과 영의 발전 정도, 또는 선정(禪定)의 체험 심도를 표현한 것으로 풀이된다는 것이다.

표준이론에서는 욕계의 六道 중 지옥과 아귀 그리고 아수라의 세계는 중음계의 魂 정비소(整備所)나 교육기관(敎育機關)이 아닌가 한다. 중음계는 2단계 미만 자아수준의 혼들이 가는 저승이다. 「티벳 死者의 書」에서도 환생에 실패한 중음신(中陰身)은 7일 단위로 갖가지 지옥을 환상으로 경험한다. 이 경우 지옥은 실재하는 것이 아니라 중음신이 스스로 만든 환상일 뿐이다. 신지학에서도 미망을 깨치지 못한 죄 많은 영혼은 아스트랄계에서 그와 유사한 환상으로 괴로움을 겪는다. 영매인 리사 윌리엄스(Lisa Williams)도 '어두운 영혼들의 환생 여정'을 별도로 묘사하며 비슷한 이야기를 하고 있다.[435]
또한 욕계의 6천과 색계와 무색계의 22천은 고급혼이 가는 저승인 준영계가 여러 수준으로 나누어져 있음을 표현한 것으로 본다. 즉 욕계 6천은 표준이론의 3단계 이상의 자아들이 가는 준영계의 어느 곳이고 색계와 무색계의 22천은 3.5단계 이상의 고급혼이 가는 준영계다.

결국 불교의 3계6도가 윤회의 사바세계라는 말은 표준이론의 이승과 혼계의 세 저승이 혼들의 윤회세계인 것과 같다. 불교와 표준이론의 저승관의 차이는 불교의 중음(中陰)을 환생의 터미널로 보느냐 저승의 하나로 보느냐의 차이에 기인한다. 불교에서는 중음이 삼계육도 윤회의 세계로 통하는 터미널이고 표준이론에서 중

---

435) 미주 41 '리사 윌리엄스의 환생여정' 참조

음은 중음계로서 혼계 세 저승 중 하나일 뿐이다.

한편 육도(六道)윤회라며 6도만이 윤회의 세계라는 주장이 있는데 이는 사바세계가 삼천대천(三千大千)의 세계로 모두 윤회의 터전임을 간과한 의견이다. 6욕천과 색계와 무색계의 22천이 모두 열반을 증득하지 못한 혼들이 윤회하는 터전이다.436)

3계6도를 표준이론의 자아단계와 다시 한번 비교하여 정리해 보면,

1) 1~1.9 단계의 혼은 명종 후 중음계로 가며 지옥, 아귀, 아수라는 표준이론의 중음계에 부속된 혼 교육기관이다. 그리고 학교는 학생을 벌주는 곳이 아니다.
2) 2~2.9단계의 혼은 인간도와 비슷한 수준의 저승인 심령계에 갔다가 대부분 다시 인간으로 환생한다.
3) 욕계의 천상도는 3~3.49단계의 혼들이 가는 십행과 수다원의 세계로 표준이론의 준영계 중 하위 섹터라고 보며
4) 또한 색계 18천은 10회향과 사다함 수준의 물질적인 것(色)은 있어도 감관의 욕망을 떠난 청정(淸淨)의 세계로서 표준이론의 3.5~3.89단계의 혼들이 가는 준영계의 중간 섹터다.
5) 무색계 4천은 물질적인 것도 없어진 십지와 아나함의 순수한 정신만의 세계로 3.9~3.99단계의 영혼이 가는 고위 준영계다.
6) 4단계는 열반한 혼들이니 아라한이 되어 명종 후 제1영계로 간다.

세간(世間)인 삼계를 벗어나면 생사윤회를 초월한 출세간(出世間, 無漏界)이 나타난다. 대승불교에서는 출세간인 무루계(無漏界)도 삼계 밖에 있는 것이 아니라고 말한다. 생사즉열반(生死卽涅槃), 번뇌즉보리(煩惱卽菩提)인 것이다.437) 그러나 불교에서도 출세간에 도피안이니 무루계[F82]니 하면서 이름을 부여하고 이에 대해 구체적으로 설명하고 있는 것은 표준이론의 영계처럼 출세간을 어느 所와 間으로 특정하고 있는 것으로 해석된다. 한편 이런 답은 어떤가. "무루계는 삼계육도의 어느 한 곳이 아니고 우주 전체에 편재한 곳으로 사바세계로의 나툼과 감춤이 자재(自在)로운 곳이다. 즉 무루계는 개체성, 편재성, 통합성을 동시에 갖춘 곳으로 장소와 시간적 개념을 초월한 佛界다."438)
어쨌든 불교의 출세간은 표준이론의 영계다. 그러나 표준이론의 영계는 윤회를 벗

---

436) 28천을 모두 영계(靈界)로 보고 영계를 수준에 따라 여러 계로 나눈 것으로 볼 수도 있겠으나 불설의 28천이 모두 열반에 이르지 못한 유정들의 삶터라는 것을 생각하면 타당치 않다.
437) 생사와 열반은 상즉불이(相卽不二)하다. 또 범부에게는 번뇌와 보리가 아주 다르지만 불지견(佛知見)을 얻으면 번뇌에 번뇌의 모양이 없고 보리에도 보리의 모양이 없어서 온전히 하나이기 때문이다.
438) 미주 120 '불교의 극락' 참조

어난 곳은 아니다. 윤회는 고급영이 되어야 끝난다. 고급영의 세계는 제3영계다. 그렇다면 불교의 피안은 표준이론의 제3영계인 셈이다.

4.3.9.3.2.4. 불교의 십우도(十牛圖)

불설은 자아의 발전을 도모하는 사상답게 다양한 방법으로 자아의 발전수준을 설명하고 있는데 52위의 수행계위와 성문사과, 그리고 저승의 구조인 삼계육도 이외에도 표준이론의 자아수준 단계와 비교되는 또 다른 툴로서 십우도(十牛圖)를 말하고 있다. 십우도는 宋代 이래 불가에 전해오는 선화(禪畵)로 보명(普明)의 목우도(牧牛圖)와 곽암(廓庵)의 십우도(尋牛圖)로 나뉜다. 둘 다 동자(童子)가 본성(佛性)을 상징하는 소를 길들이는 과정을 통해 선을 닦아 도를 깨닫는 과정을 묘사한다. 보통 십우도에서 목동은 나 자신이고 검은 소는 욕망에 오염된 마음을 상징한다고 말하는데 표준이론으로 보면 목동은 영(靈)이고 검은 소는 혼(魂)이다. 수행을 통하여 목동과 검은 소는 각각 고급영과 고급혼으로 발전한다. 그중 보명의 목우도는 점수돈오(漸修頓悟)의 수행과정을 잘 표현하여 표준이론과 비교할 만하다.尾83) 여기서 불설의 위 논의들을 표로 정리해 보면 다음과 같다(부록1 참조).

자아의 단계	수행계위(52위)	성문사과	3계6도	목우도
1단계			축생도	미목(未牧)
1.5단계			아수라도	
1.6단계				
1.8단계				초조(初調)
2단계	십신		인간도	수제(受制)
2.5단계	십주의 전오주			회수(廻首)
2.75단계	십주의 후오주			
3단계	십행	수다원	욕계 6천	순복(馴伏)
3.5단계	십회향, 십지	사다함, 아나함	색계, 무색계	무애(無碍)
4단계	등각	아라한	출세간	임운(任運)
4.5단계	묘각	보살		상망(相忘)
5단계		부처님, 예수님		독조(獨照)

4.3.9.3.2.5. 불교의 9차제정

초기불교에서 9차제정(九次第定)이란 색계의 4선과 무색계의 4선정(4무색정)에 멸진정을 더해 체계적으로 통합한 9단계의 선정(禪定)을 말한다. 선의 수행으로 부처의 깨달음의 경지에 이르려면 9차제정의 수행이 필요한데 이는 색계와 무색계의 상태와 같다. 이 또한 표준이론의 자아의 단계와 상통한다. 즉, 색계(色界)의 사선(四禪 초선, 제2선, 제3선, 제4선)과 무색계(無色界)의 사무색정(四無色定 공무변처정, 식무변처정, 무소유처정, 비상비비상처정) 그리고 모든 마음 작용이 소멸된 선정인 멸진정(滅盡定)을 합한 9차제정의 수행으로 부처의 깨달음의 경지인 무상정등각(無上正等覺)이 실현되는데 표준이론의 자아와 비교하면 4선은 3.5~3.89단계, 4무색정은 3.9~3.99단계, 멸진정은 4단계의 자아수준의 혼(魂)으로 볼 수 있다.

그러나 9차제정의 내용을 보면 이승이라고 보기 힘든 수준으로 꽉 차 있다. 9차제정의 첫 단계인 초선(初禪)을 표준이론의 3.5단계 위인(偉人)수준 정도로 한껏 높혀 본다 하더라도 불설은 초선에서 이미 식욕, 성냄, 혼침, 도거[84], 의심의 오개(五蓋)가 사라진다고 한다. 그런데 위인이 어찌 오개를 다 끊어 낸다는 말인가. 그리고 위인과 성인의 사이를 색계와 무색계의 수준을 갖춘 자아들로 채워야 하는데 성인도 안 된 자아들이 분별심을 끊고(2禪) 오근의 경계를 통해서 오는 즐거움마저 버리고(4禪) 공간을 자유자재 왕래를 할 수 있고(공무변처정) 과거, 현재, 미래의 모든 일을 알며(식무변처정) 물질에 마음을 내지 않고(무소유처정) 생각을 모두 버릴 수(비상비비상처정) 있겠는가. 그러나 전술한 바와 같이 이는 인간의 몸으로 수행을 통해서 인간도에서 성취하는 단계가 아니라 준영계의 각 계위에서 혼들이 성취하는 수준으로 보면 이해된다. 색계와 무색계를 사바세계 즉 이승으로 보면 황당한 이야기이지만 저승 특히 준영계로 보면 가능한 이야기인 것이다. 신지학 입장에서 보아도 색계와 무색계가 준영계라면 준영계는 최고로 정묘한 에테르로 이루어진 상위 멘탈계에 해당되니 가능한 정도가 아니라 당연한 이야기가 된다. 켄 윌버도 색계와 무색계를 상위 멘탈계(코잘계)에 비유하고 있다.

4.3.9.4. 켄 윌버의 의식 스펙트럼의 7단계

켄 윌버는 의식의 스펙트럼에는 일곱 개의 단계가 있다고 한다. 그의 주장이 표준이론의 자아의 諸단계와 유사하여 비교해 본다.

1) 태고적(Archaic)단계 : 감각과 운동수준의 지능을 갖추었고 생리적 욕구가 강한 단계로 표준이론으로 보면 초생인(初生人)의 수준인 1단계 자아에 해당한다.
2) 마술적(Magic)단계 : 조악한 수준의 단순 이미지와 상징을 사용하는 하위의

이지적 단계로 충동적이며 자기방어적 단계다. 표준이론으로 보면 이드(id)人 수준으로 1.5단계 자아다.
3) 신화적(Mythic)단계 : 분명한 합리성이나 연역적 추론의 능력은 아직 없고 불교의 유식론에서 보면 제6식을 넘어선 정도다. 표준이론으로 보면 1.6단계 수준의 자아다.
4) 합리적(Rational)단계 : 명제(命題)와 연역적 추론을 사용하고 자의식과 개인주의가 강한 단계로 표준이론으로 보면 범부(凡夫)수준으로 2단계 자아인 에고인(ego人) 해당한다.
5) 심혼적(Psychic)단계 : 정신체의 지성부분이 활발하고 양심체의 역할이 커진 단계로 인격자 수준의 2.5단계 자아다.
6) 미묘적(Subtle)단계 : 직관과 플라톤적 이데아를 파악하고 자기초월욕구가 발달하기 시작하는 단계로 표준이론으로 보면 양심체가 盛하여 四端과 지혜가 발달한 초자아수준의 현인(賢人) 또는 영적자아를 구현한 偉人으로 3~3.5단계 자아다.
7) 원인적(Causal)단계 : 마음이 항상 여여(如如)의 상태439)에 머무르고 완전한 영적자아와 존재의 기저를 실현한 단계로 표준이론으로 보면 참자아를 실현한 성인(聖人)인 4단계 자아다.

윌버의 주장은 전체적으로 신플라톤주의적인 프레임에 동양의 기철학 그리고 신지학적 이신론(理神論)과 최근의 심리학적 연구결과 등을 통합적으로 체계화한 이론으로 파악된다. 이러한 기반下에 그는 인간이 의식에너지로서 삼고 있는 체(體)에 대해서도 이야기하고 있다. 어느 체가 인간의식을 주도하느냐에 따라 의식수준, 즉 자아의 수준이 위와 같이 달라진다는 것이다. 이는 결과적으로 신지학의 다신체론과 맥을 같이하는 주장이 되고 있다.

참고로 인간의 체(體)에 대한 윌버의 모델을 보면

1) 우선 물질적인 체로서 육체가 있다. 이는 표준이론의 육(肉)과 동일하다.
2) 두 번째로는 생명기(生命氣 또는 魄氣)적인 체로서 표준이론의 생기체(生氣體)에 해당한다.
3) 이지적인 체는 마음으로 표준이론에서 말하는 혼의 정신체(精神體)다.
4) 다음 정묘(精妙)적인 체를 말하는데 이는 표준이론에서 혼의 양심체(良心體) 부분이다.

---

439) 여여(如如, tathatā)란 분별심이 끊어지고 마음 작용이 일어나지 않으며 있는 그대로의 대상이 파악되는 마음 상태다(곽철환, 「시공 불교사전」 참조). 표준이론으로 보면 '깨어 있는 상태'다.

5) 다섯 번째 원인적인 체는 영적자아로 양심의 최상위 부분에 해당한다.
6) 마지막은 궁극적 수준의 절대정신 또는 우주심으로서 표준이론에서는 더 이상 물성이 없는 사념체인 영(靈)이다.

또 윌버는 통합이론답게 위 각 체와 대응하는 영계의 구조를 주장한다. 이 역시 다층적 저승론이다. 그는 이를 불설의 3계6도와 비교하며 설명하고 있다.주85)

1) 육신의 물질계
2) 에테르계(Ether plane). 이는 표준이론의 생기계이며 식물의 생혼, 짐승의 각혼, 그리고 혼은 아니나 생기(生氣)의 精髓가 모인 곳이다.
3) 아스트랄계(Astral plane)로서 감정계이며 불설의 욕계(慾界)에 해당한다고 한다. 표준이론에서는 중음계다.
4) 멘탈계(Mental plane)는 정신계 또는 지적 혼계이며 불교에서 말하는 色界에 해당한다고 한다. 색계는 표준이론의 준영계 중간정도인데 윌버는 이를 신지학에서 차용한 멘탈계와 같은 열에 놓았으니 이는 불교리에 대한 이해부족이다. 신지학의 멘탈계는 표준이론에서 중급혼들의 저승인 심령계(心靈界)에 해당한다.
5) 원인계(Causal plane)는 직관계 또는 정신적 혼계로 불교에서 말하는 무색계(無色界)에 해당한다고 한다. 표준이론으로 보아서는 3단계 현인 이상의 혼들이 가는 세상으로 준영계 상층부다.
6) 붓디계(Buddhi plane)는 영계(靈界) 또는 지복(至福)계로 깨달음의 세계다. 표준이론의 준영계 최상층부나 영계 초입 정도다.

표준이론에서 영은 죽어서 영계로 직행한다. 윌버는 신지학자들이 주장하는 것처럼 명종 후 영은 혼을 데리고 각 단계의 저승을 거쳐 상승하다가 멘탈계나 코잘계 어디쯤에 체나 해당 혼을 버리고 붓디계나 아트믹계 같은 영계로 올라가는 것으로 이해하고 있는 듯하다. 한편 윌버는 의식계는 홀라키적 구조를 가지고 있다고 하면서 상위 의식계는 하위의 의식계를 내포하고 하위 의식계는 점차로 상위의 고도한 의식계로 진화한다는 신플라톤주의적 주장을 한다. 그는 이처럼 영혼의 의식수준도 진화한다고 하여 표준이론과 같은 생각을 가지고 있음을 보여준다.

4.3.9.5. 의식수준이 갖는 진동수

사람은 의식의 수준에 따라 영혼의 진동수(振動數)가 다르고 이 진동수는 '도덕적 특이 중력(重力)'을 만들어 낸다는 주장이 있다. 특이중력은 지상에서 사는 동안에는 에너지장이나 기운(aura)으로 나타나는데 이는 그 사람이 지닌 선한 정도와 의식수준에 따라 다르게 형성된다. 또 저승의 구조도 진동수에 따라 구성되기 때문에 사람은 명종 후 자신의 도덕적 특이중력의 진동수와 맞는 저승으로 가게 된다. 그것을 속이고 더 높은 저승으로 올라가면 영혼은 그곳의 진동수를 감당하지 못한다. 낮은 도덕적 특이중력을 지닌 사람들은 낮은 수준의 저승에 몰려 같이 살게 되고, 발달한 영혼들의 도움으로 원래의 맑고 순수했던 영혼으로 회복되고 나면, 영혼의 진동수가 높아져 더 높은 수준으로 진화하여 완전히 다른 상위 영역으로 진입하게 된다.440) 즉 진동수는 영과 혼의 의식수준에 따라 다르고 이는 결국 거주하는 저승의 종류와 연결된다. 퇴행최면 전문가인 마이클 뉴턴은 그의 저서 「영혼들의 운명」에서 영혼의 진동수는 영혼의 색깔로 드러난다고 주장하며 "순수한 흰빛은 어린 영혼을 나타내며, 영혼이 진보함에 따라 에너지는 짙어지고 주황색에서 노랑, 초록, 그리고 마침내 청색 계열로 들어간다."라고 한다.

지중해의 성자 다스칼로스 또한 물질우주는 서로 다른 진동수준에 있는 물질계, 아스트랄계, 멘탈계의 세 가지 차원의 세계로 구성된다고 하면서 우리가 사는 물질계의 진동수가 가장 낮다고 주장한다. 또 진동과 관련하여 '태초에 말씀이 계셨다'는 성경말씀은 말씀(진동)이 창조를 가져오고 사람도 소리를 이용하여 창조되었다는 의미라는 주장도 있으며 또한 우주는 근원의 소리 혹은 진동의 말씀인 '옴'이 구체화된 것이라는 주장도 있다.441) 유명한 영매인 존 에드워드442)는 그의 저서443)에서 이 문제와 관련하여 다음과 같이 이야기한다. "인간은 모두 에너지로 구성되어 있다. 이 에너지는 일정한 속도로 진동하는 원자와 분자로 표현된다. 몸이 없는 영혼은 빠르게 진동하지만, 몸은 천천히 진동한다. 두 세계 사이에는 공간을 잘 연결해야 서로 소통할 수 있다. 이것이 바로 영매가 하는 일이다."444)

---

440) 1. 정현채, '죽음 이후는 과연 알 수 없는 세계인가' 참조
2. 덴마크의 성자 마르티누스도 진동으로 영계를 설명한다. 그에 의하면 영계는 1차영역과 2차영역으로 구분되는데 영계에서는 초물리적인 광선(superphysical ray)과 파동의 움직임(wave movement)만이 통용된다. 이는 영혼은 에너지의 진동(frequence)으로 이루어졌다는 뜻이다. 이 영역에서는 모든 것이 자신의 생각 혹은 바람대로 자신 바로 앞에서 실현된다. 그리고 같은 진동수를 가진 영혼들이 모여 산다. 탐욕이 가득한 영혼은 그런 영혼들만 만나게 되어 그런 곳은 소위 지옥으로 변하는 것이다. 지옥과 천당은 우리의 마음 상태가 그대로 반영된 것일 뿐이다(최준식·엄영문, 「전생 이야기」, 덴마크의 신비종교가 마르티누스 편 참조).
3. 표준이론으로 볼 때 마르티누스의 영계는 영의 세계가 아닌 혼의 세계 즉 혼계다. 일차영역은 중음계나 심령계쯤 되고 이차영역은 준영계쯤 되는 것으로 보인다.
441) 미주 166 '파동(소리)에 대하여' 참조
442) 존 에드워드(John Edward 1969~)는 미국의 유명한 영매(靈媒)로서 TV 쇼에 나가기도 하고, 자신이 직접 진행하는 TV 쇼를 만들기도 했다.
443) 「One Last Time : A Psychic Medium Speaks to Those We Have Loved and Lost」

또 신지학자 리드비터는 이승의 저급자아와 저승의 고급자아는 서로 진동수가 다르기 때문에 교통하기 어렵다고 주장한다. 모두 물리적인 진동과 정신적인 의식의 수준을 연결시키는 생각들이다.

표준이론으로 보면 '진동수'는 최근의 양자역학적 지식445)을 반영하여 정성(定性)적인 의식수준을 정량(定量)화하는 방법이고 이를 관찰가능한 초상현상인 '아우라'와 연결시키는 것은 최근의 뉴에이지식 해석을 따른 것으로 판단된다. 진동수가 유사한 영들끼리 모이는 것이 각 저승이라는 주장도 설득력 있다. 결국 혼이나 영들이 제 수준에 맞추어 간다는 생각은 모두 표준이론과 동일하다. 또 저승에서도 공부와 수행으로 진동수를 높여 발전을 이룩할 수 있다는 것은 맞지만 계(界)를 상승할 정도의 극적인 의식수준의 변화를 이루는 곳은 이승밖에 없다.

4.3.9.6. 힌두교의 자아와 그 발전단계

「바가바드 기타」446)를 보면 육과 마음으로 구성된 현상계는 '프라크리티'가 만들어 낸다. 반면 참자아는 영으로서 푸루샤(Purusha)447)다. 여기서 마음의 근원은 자의식(아함카라448)), 즉 에고의식이다.449)

---

444) '지상이든 영계든 관계없이 우리는 모두 에너지로 구성되어 있다. 이 에너지는 회전하며 일정한 속도로 진동하는 원자와 분자로 표현된다. 영혼의 에너지는 아주 빠르게 진동하지만, 몸은 훨씬 천천히 진동한다. 차원이 다른 이 두 세계 사이에는 일정한 공간이 있는데, 이 공간을 잘 연결해야 두 세계가 소통한다. 이것이 바로 영매가 하는 일이다. 영혼이 이 세상에 내려오려면 에너지 진동을 늦추어야 한다. 영혼의 진동은 대단히 빠르다. 헬리콥터 프로펠러가 너무 빨리 회전하여 우리 눈으로는 각각의 날개를 볼 수 없듯이 영혼의 에너지도 그렇다. 그 정도로 빨리 움직이는 것처럼 보인다는 뜻이다. 내가 영혼들과 만날 때, 영혼들은 자신의 진동수를 늦추고 나는 나의 진동수를 빠르게 올린다. 소통은 그 사이 공간에서 이루어진다. 하지만 소통은 결코 쉽지 않다. 메시지도 명확하게 전달되지 않는다. 영혼들은 소통을 쉽게 만들 몸을 갖고 있지 않다. 단어를 정확하게 발음할 혀나 성대가 없다(최준식, 「죽음 가이드북」, 존 에드워드 편에서).
445) 양자역학자인 데이비드 봄(1917~1992)은 그의 '양자형이상학'에서 우주는 초양자장으로부터 분화된 파동이 뭉쳐 에너지가 되고 소립자는 에너지에서 나와 형성되었다고 한다. 결국 물질은 파동의 다발(wave packet)인 것이다(6.6.1. '데이비드 봄의 양자형이상학과 표준이론' 참조).
446) 미주 78 '힌두교 경전' 참조
447) 푸루샤는 삼키아학파의 용어다. 베단타학파의 아트만과 동일하다.
448) 1. 아함카라(ahamkara)는 '나'라는 뜻의 '아함(aham)'과 '만드는 자'라는 뜻의 '카라(kara)'가 합쳐진 말로 자의식(自意識)이다. 힌두의 마야론에 의하면 '무명으로 가려진 아트만의 허상(마야)'으로 이해된다 (8.6.3. '힌두철학 삼키아학파의 인간론' 참조).
2. 아함카라는 힌두의 다른 경전인 베다에서는 體로서 숙슈마 샤리라(sukshma sharira)로 표현하고 우파니샤드에서는 層으로서 마노마야 코샤(manomaya kosha, 마음층)와 비즈나나마야 코샤(vijnanamaya kosha, 지성층)로 구분하여 이해하며 신지학에서는 아스트랄체와 하위멘탈체의 합으로 파악한다. 또 불교의 제7식, 표준이론의 정신체 정도에 해당한다(부록1 '자아의 수준에 따른 영과 혼', 8.6.1. '다신체론의 기원으로서 힌두교' 참조).
449) 정창영, 「바가바드 기타」 13장

이처럼 「기타(Gītā)」에서는 육과 마음을 하나로 묶어 프라크리티(氣)의 소산으로 보고 영과 구분함으로써 마음에 물성을 부여하고 있다. 따라서 기에서 근원한 자의식의 자아인 아함카라는 참자아와 전혀 다를 수밖에 없다.

표준이론에서는 자아를 실체로 보지 않고 혼과 영이 혼영일체로 거주하는 방의 개념으로 파악하므로 자의식인 아함카라를 실체로 보는 「기타(Gītā)」와 직접 비교는 곤란하나 자의식은 자아의 방을 차지하고 있는 의식이니 특정하자면 정신체 정도다. 정신체가 성한 혼이 자아의 방을 장악하면 '자의식의 자아'가 된다. 표준이론에서 정신체를 극복하고 양심체와 영으로 자아의 방을 채워나가는 것이 자아의 발전인 것처럼 기타의 자아의 발전은 아함카라를 버리는 것으로 이해된다.

힌두의 아함카라는 불교와 달리 발전하거나 진화하지 않는다. 그것은 물질이고 극복하고 버려야 할 대상일 뿐이다. 사람의 모든 행위는 아함카라의 짓이다. 기쁨과 고통도 그의 것이다. 그래서 그들은 이렇게 이야기한다. "자기가 행위자라는 망상과 자기가 무엇을 한다는 자만심에서 벗어난 사람, 기쁨과 고통을 벗어난 사람, 어디에도 미혹되지 않고 항상 참자아 안에 머무는 사람은 영원한 그 집에 이르게 된다."450) 이 말을 표준이론으로 이해하면 자아의 사랑방에서 정신체가 물러나고451) 참자아인 영을 들인 4단계 사람이 되면 그 혼은 명종 후 번뇌를 벗어나 영이 된다는 뜻이다. 즉 4단계의 사람의 혼은 열반을 중득한 혼이요, 자기를 버림으로써 자기를 실현한 혼이다.

4.3.9.7. 신지학의 자아의 발전단계

신지학의 자아의 발전에 대한 의론(議論)은 불교의 성문사과(聲聞四果)와 유사하다. 용어도 불교의 사과(四果)와 동일한 산스크리트어 단어를 쓴다. 신지학과 불교의 많은 교의가 인도철학에서 기원함을 보여준다.

제1비전 스로트스파티(Srotspatti)

Srotspatti는 '흐름에 들어선 자(入流, 預流)'라는 뜻이다. 이 비전(祕傳 Initiation)을 받은 자는 신지학의 우주주기론에서 말하는 임계기(심판의 날)에 탈락되는 위험을 벗어나게 된다.452) 따라서 때로 '구원받은 자'라고 불리기도 한다. 불교 성문

---

450) 바가바드 기타 15장, 5-6
451) 깨달음과 깨달음에 대한 확신(믿음)을 얻고 자발적으로 나간 것임.
452) 신지학도 불교처럼 인도철학에서 성주괴공(成住壞空)의 우주주기론을 가지고 왔다. 신지학의 우주주기론에 따르면 지금은 지구체인의 제4라운드라고 한다(12.6. '여러 사상에 나타나는 우주주기론' 참조).

사과의 수다원(須陀洹, sotapati, śrotāpanna)에 해당되며 표준이론의 3단계 현인급이다.

제2비전 사카다가미(sakadagami)

이 수준에 도달한 제자는 사카다가민, 즉 '한 번만 되돌아오는 자'라 불린다. 아데프트가 되기 위해 한 번의 화신이 더 필요하다. 이 제2비전 단계의 제자는 깨어 있을 때는 아스트랄 의식, 명상 또는 수면 중에 있을 때는 멘탈 의식을 가진다. 성문사과 중 일래(一來)라는 뜻의 사다함(斯陀含, Sakadagami)이 바로 이것이다. 표준이론의 3.5단계 위인급이다.

제3비전 아나가미(anagami)

이 수준에 도달한 제자는 아나가민, 즉 '되돌아오지 않는 자'라 불린다. 이 단계에 도달하면 그 생애 동안 아르하트(아라한)의 단계에 오를 예정이기 때문에 이렇게 불리는 것이다. 제3비전의 제자는 깨어있을 때는 멘탈 의식, 명상 또는 수면 중에는 붓디 의식을 가져야 한다. 불설의 성문사과 중 욕계에 다시 태어나지 않아도 된다 하여 불환(不還)으로 불리는 아나함(阿那含, Anagami)이다. 표준이론에서는 3.9단계로 영이 되기 직전이다.

제4비전 아르하트(arhat, Arahat)

이 수준에 도달한 제자는 '완성자' '존자(尊者)'로 불린다. 제4비전의 제자는 언제나 붓디 의식을 갖고 있으며453) 수면 중이나 명상 중에는 니르바나계의 영광 속에 들어간다. 불교의 아라한(阿羅漢, 羅漢)이다.

제5비전 아세카(aseka)

아세카454)는 배워야 할 것(sekha)이 없는(a) 자 즉 '無學'이라는 의미이다. 이 수준에 도달한 자를 신지학 등에서는 초인(超人, Adept)455)라고 부른다. 그는 언제

---

453) 붓디는 혼에서 아트만에 가장 가까운 부분으로서 '붓디의식을 가진다' 함을 표준이론식으로 말하면 '깨어 있다'는 뜻이다.
454) 미주 45 '신지학 등에서의 고급영의 환생' 참조

나 니르바나(Nirvana) 의식을 갖고 있으며 육체를 벗으면 그 의식은 훨씬 더 고급한 계(界)에까지 미친다. 수승한 수준으로 보나 더 이상 환생하지 않는 수준으로 보나 불교의 보살과 같다. 불교에서 무학(無學)은 아라한(arhat)의 별칭인데 신지학에서는 아라한의 이 별칭을 사용하여 불교의 보살(Bodhisattva)에 해당하는 위계를 설정하였다. 표준이론으로 보면 아세카는 4.5단계 자아의 영혼이다.

4.3.9.8. 월쉬의 의식상승과 자아의 발전단계

닐 도날드 월쉬는 그의 저서「신과 나눈 이야기」시리즈456)에서 인간의 삶은 제한된 의식으로부터 한 걸음 한 걸음 해방시키는 과정으로 설계되었다고 말한다. 즉 잠재의식 차원에서 초월의식 차원으로 인간의 제한된 의식을 이동시킨다는 것이다. 이 과정을 그는 의식상승(consciousness raising)이라고 한다.457) 그는 또 영혼의 목표는 진화이며 그 끝은 사랑과 합일이라고 주장한다. 표준이론으로 볼 때 그가 말하는 영혼은 영과 혼의 합이다. 그러나 아쉽게도 그가 말하는 진화에는 육체와의 교호(交互)를 통해 혼이 진화한다는 개념과 그 진화에 있어서 영의 도움이 절대적이라는 사실이 누락되어 있다.458)

그는 의식수준이 상승하여 참자아를 알면 에고도 완전히 없어지며, 참자아와 사랑에 빠져 자아의 성숙을 더욱 추구할 것이고 나아가서 신과의 사랑에 빠져 마침내 합일의 경지에 다다를 것이라고 한다.459) 그러면서 그는 참된 자신이 되는 일이

---

455) 아데프트(Adept)는 '높은 영적 깨달음에 도달한 존재'들을 뜻하는 라틴어로서 신지학에서는 보통 불교의 아라한과 이에 대응하는 표준이론의 하급영을 훨씬 능가하는 능력과 계위를 가진 존재를 의미하고, 가끔은 백색형제단의 멤버인 마스터(Master)와 혼용하기도 한다. 그러나 현대 신지학으로 오면서 아데프트는 아라한과 동급으로 이해되기도 한다. 표준이론의 하급영인 셈이다. 또 신지학에서는 이들이 소속된 저승이 니르바나계라고 하는데 니르바나계는 열반계의 뜻임을 고려하면 더욱 말이 맞는다. 그러나 그렇게 되면 니르바나계가 표준이론의 제1영계가 된다. 그런데 제1영계는 붓디계가 아니던가. 열반을 해탈로 착각하였는가? 이 역시 학자에 따라 다른 신지학의 중구난방이다.
456) 미주 116 '닐 도날드 월쉬' 참조
457) 닐 도날드 월쉬,「내일의 신」제4장 세상 구하기 참조
458) 1. 영혼은 자신의 목표가 진화라는 걸 확실히 알고 있다. 진화야말로 영혼의 유일한 목표이자 영적 목표다. 영혼이 추구하는 또 다른 것은 '고귀한 사랑의 느낌'과 '존재 전체와 하나가 되는 체험'이다. 이러한 체험은 영혼이 갈망하는, 진리로의 위대한 복귀로서 완벽한 사랑의 느낌이다. 사랑은 모든 감정의 총화다. 완벽한 사랑을 체험하려면 인간의 모든 감정을 다 맛봐야 한다. 인간 영혼의 목표는 그 모든 것을 체험하는 것이다(닐 도날드 월쉬,「신과 나눈 이야기」영혼의 목표 참조). 이 부분의 영혼은 영을 뜻한다.
2. 그러나 월쉬는 "영혼은 몸의 성취나 마음의 성숙에는 관심이 없다."고 한다. 영이 혼과 더불어 轉生하는 또 하나의 목표를 부정하는 의견이다. 영의 가장 큰 목표는 마음(혼)의 성숙과 그 靈化이다.
459) 1. 참된 자신을 완전히 알면, 에고도 완전히 없어진다. 에고가 너무 커서 분리된 자신밖에 볼 수 없다면, 합일된 자아를 체험할 기회는 완전히 사라지고, 너희는 길을 잃고 만다. 너희는 분리의 환상과 외

쉽다고 생각할지 모르지만, 그것은 삶의 그 어떤 일보다 어려운 과제이고, 사실 평생 거기에 이르지 못할 수도 있으며 많은 생을 거친다 해도 쉽지 않은 일이니 자아의 단계를 상승시키는 일이 매우 어렵다는 사실을 누누이 강조한다.

자아의 단계와 그 단계 상승의 중요성 그리고 영혼의 목표에 대한 그의 주장은 전반적으로 표준이론과 완전히 일치한다. 그가 평범한 삶을 살다가 이 책을 쓴 이후로 많은 사람의 관심을 받게 된 이유를 알 수 있게 하는 대목이다.

4.3.9.9. 레븐슨460)의 자아의 발전단계

레스터 레븐슨은 무한의 존재인 '참자아'를 덮고 있는 덮개는 첫째로 물리적인 몸이고 그다음이 마음이며 마지막이 환희심이라고 한다. 또한 당신이 깨어나면 '참자아'와 떨어진 적이 결코 없었다는 것을 알게 된다고 하며 깨어나라고 촉구한다. 한편 '당신이 마음을 내려놓으면 남아있는 것은 전지한 존재 즉 참자아다'라며 참자아는 단지 '마음'에 가려져 있는 것뿐이라고 주장한다. 또한 우리는 수백만 년 동안 우리 자신을 '에고'라고 너무나 확신해 왔고 따라서 이런 관념들을 버리는 데는 오랜 세월이 걸린다고 한다.

그의 말을 들어 보면 마음은 표준이론의 혼임이 분명하다. 그러나 그는 그의 글 「궁극의 자유를 위한 열쇠」에서 '마음' 또는 '에고'를 혼이라고 분명히 말하고 있지 못하다. 왜냐하면 그에게는 기(氣)와 혼(魂)에 대한 컨셉이 없어서다. 하지만 그는 무언가 분명하고 끈질긴 것이 영과 몸 사이에서 의식의 발전을 방해하고 있고 그것을 극복하여야 참자아 찾기 즉 자아의 단계를 높일 수 있다고 생각하는 것은 분명하다. 또한 그 역시 에고인 이기심의 자아, 자의식의 자아를 버리고 2단계를 탈피하여 의식수준을 상승시켜 참자아에 이르라고 역설한다. 백번 옳은 주장이다.

로움을 충분히 겪고 나서야, 비로소 집으로 돌아올 길을 찾아내려 할 것이고, 그때서야 비로소 너희는 거기 있는 나를, 언제나 거기에 있었던 나를 발견할 것이다(닐 도날드 월쉬, 「신과 나누는 우정」 '체험의 세 수준' 중에서).

2. 표준이론에서 에고는 상위정신체가 혼을 장악하는 때인 2단계 수준의 자아가 가지는 자아의 이름이다. 그런데 이는 버리고 안 버리는 것이 아니다. 에고도 자신의 일부분인데 어디에 이것을 버리겠는가, 자아의 극복이란 2단계 에고의 자아를 가진 사람이 워낙 많다 보니 나온 말이고 그 뜻은 자아를 버린다거나 에고를 죽인다거나 하는 것이 아니라 자아의 주인을 상위정신체에서 양심체로 그리고 영으로 옮겨간다는 뜻으로 해석하여야 한다.

460) 레스터 레븐슨(Lester Levenson 1909~1994)은 미국 뉴저지주에서 태어나 루트거대학교에서 물리학을 전공했다. 사업가로서 성공과 실패를 거듭하다 마침내 부를 누리게 되었는데 1952년에 심장질환으로 시한부 인생을 선고받았다. 그 후 구도생활을 실천하였고 깨달음을 경험하고 병이 나았다. 1958년에 애리조나주의 세도나로 이주하여 자신의 깨달음을 본격적으로 전했다. Release Technique과 Sedona Method의 창시자다.

4.3.9.10. 카발라의 자아의 발전단계

카발라(Kabbala)는 유대교의 신비사상을 말한다. 카발라의 성립시기는 탈무드 시대461) 심지어는 기원전 6세기 바빌론 유수의 시대로까지 소급할 수 있다고 하나 대체로 예수님 사후 100년 이상이 지나 구약이 완성되고 나서 형성되기 시작했다고 본다. 이것이 중세에 이르러 카발라(전통·전승)라는 이름으로 유럽에 크게 확산되었다. 정통 유대교에서는 카발라를 토라 연구의 연장선상에서 본다. 즉 토라에 내재되어 있는 깊은 의미를 연구하는 것으로 간주한다.462) 토라가 담고 있는 비밀의 신비적인 해석을 소드(Sod)라 하는데 카발라는 이 소드에 속한다.

카발라는 우주의 창조원리와 현현(顯現)한 신을 설명하기 위한 방법으로 근원에서 뻗어 나온 거꾸로 선 나무의 모습을 사용한다. 이 나무를 세피로트 나무(Sefirot tree, 생명나무)라고 한다. 또 인간의 영혼도 세피로트 나무와 같은 구조를 가지고 있다고 보고 인간의 의식수준을 5개로 나눈 뒤 세피로트 나무의 각 계(界)에 배당하였다. 즉 구약(舊約)에서 영혼과 관련되어 사용된 단어인 네페쉬, 루아흐, 네샤마 외에 영혼의 직관과 관련된 히아(Chiah)와 예히다(Yechida)를 더해 혼의 수준을 5개로 구분하여 이를 생명나무의 4界에 차례로 배정하고 마지막 예히다는 원형인간인 아담 카드몬에 귀속시킨 것이다. 마치 인간에게 다섯 가지 종류의 혼(魂)이 있는 것처럼 표현한 것인데 실은 혼이 다섯 개가 아니라 하나의 혼의 여러 속성을 말하는 것으로, 인간은 의식수준이 발전할수록 감춰진 높은 수준의 혼의 속성이 드러난다고 한다.463)

---

461) 탈무드는 유대인의 정신적 지주 역할을 해 온 책이다. 경전이자 잠언집이요, 하나의 문학이기도 하다. 삶의 지혜는 물론이고 처세술 관련 교훈이나 일화 또 우화나 동화 같은 이야기도 많다. 탈무드는 기원전 500년부터 구전되어 오던 것이 제1차 유대 로마 전쟁(66~73) 이후 예루살렘 성전이 완전히 파괴되고 성직자들이 사라지자 유대인들이 랍비와 유대 학교에 의존하게 되면서 유대교의 기둥이 되었다.
462) 1. 토라는 율법서 즉 모세 오경인 창세기, 출애굽기, 레위기, 민수기, 신명기를 가리키나 좀 더 넓은 의미에서 구약성경 전체를 가리키기도 한다.
2. 토라의 연구는 네 단계로 나눈다. 첫째 페샤트(Peshat)는 표면적인 의미를 다루고, 둘째 레메즈(Remez)는 비유나 은유적인 의미를 다룬다. 셋째 데라쉬(Derash)는 토라 본문에 대한 랍비의 해석을 말한다. 넷째 소드(Sod)는 토라에 담긴 내재적인 비밀을 연구하는 것이다.
463) 1. 8.16. '카발라의 인간론' 참조
2. 생명나무는 하느님께서 선악과(Tree of the knowledge of good and evil)와 함께 에덴동산 가운데에 심으신 영생(永生)의 나무(The Tree of Life, Etz Hayim)이기도 하다(창 2:9). 또 생명나무(세피로트)와 유사한 개념은 힌두이즘에서도 발견되는데 우파니샤드에서 우주는 하늘에 뿌리를 두고 땅 위에 가지를 드리운 거꾸로 서 있는 나무로 묘사된다. 이는 카발라가 일찌감치 힌두와 교감이 있었음을 나타내는 여러 사례 중의 하나다. 단군신화의 신단수(神壇樹) 또한 신의 세계와 인간의 세계를 연결하는 축이자 생명력이 흐르는 통로로서 세계의 중심과 생명의 원천을 상징한다.

4.3.9.11. 장자의 오상아

중국 전국시대의 사상가 장자(莊子)의 저서인 「장자(莊子)」 제물론편에 오상아(吾喪我)[86]란 말이 있다. '내(吾)가 나(我)를 장사지냈다'라는 뜻이다. 여기서 我란 자아를 혼이 장악하고 있을 때의 자아로서 我다. 이는 자아의 사랑방에 혼이 들어 있는 상태다. 이런 자아를 에고, 이기심의 자아, 자의식의 자아라고 한다. 이때 수행 즉 명상과 공부를 통하여(定慧雙修) 몸의 감관작용과 혼의 심관작용을 약화시키면 혼은 힘이 빠진다. 그리고 혼은 자아의 사랑방에서 나가고 다락방에 숨어 있던 진정한 집主人인 '吾' 즉 '영'이 사랑방의 주인이 된다. 그는 이제 집안을 장악한다. 혼은 집사(執事)나 부(副)주인의 자리로 내려간다. 거처는 행랑이다. 거기가 사실 혼에게 응당한 방이다. 이기심의 자아, 자의식의 자아인 에고는 사라지고 영의 자아가 나타난다. 이것이 吾가 我를 장사지낸다는 吾喪我다.

4.3.9.12. 맹자의 인격 발전 6단계

맹자는 모든 사람이 측은지심(惻隱之心)·수오지심(羞惡之心)·사양지심(辭讓之心)·시비지심(是非之心)의 사단(四端)을 가지고 있다고 보았으며 사단은 인의예지(仁義禮智)라는 네 가지 기본적인 덕으로 나타난다고 하였다. 사람은 배우기 때문에 도덕적이 되는 것이 아니라 인간의 본성이 선하여 그것이 자발적으로 드러나기 때문에 선하다는 것이다. 사람이 비록 동물과 같은 식색(食色)을 가졌으나 인간은 동물과의 작은 차이를 사단에 집중함으로써 크게 넓힐 수 있다고 하였다. 표준이론은 작은 차이도 아니고 쉽게 넓힐 수 있는 것도 아니라고 믿지만 어쨌든 사단을 양심체의 여러 기능 중 최초의 발로(發露)로 본다.
맹자의 인격 발전의 단계는 다음과 같다.

1) 하고자 하는 바를 하는 선(善)한 단계, 표준이론의 군자(君子)
2) 진실함을 간직하는 신(信)의 단계, 표준이론의 양심가
3) 충실하여 아름다운 미(美)의 단계, 표준이론의 현인(賢人)
4) 충실함에서 나아가 그 빛을 발휘하는 위대(偉大)한 단계, 표준이론의 위인(偉人)
5) 그 위대함으로 변화를 일으키는 성(聖)스러운 단계, 표준이론의 성인(聖人)
6) 성스러워 그 속을 알 수 없는 신(神)의 단계[464], 표준이론의 신인(神人)

---

[464] 아르빈드 샤르마 등 저, 「우리 인간의 종교들」, 286~287쪽 참조

맹자가 인격의 수양을 통하여 궁극으로는 神(天)에 이르게 된다고 함은 그가 비록 신을 밝혀 말하지는 못했어도 알고 있었음465)을 시사한다.

4.3.9.13. 자아 개발의 商業化

자아의 발전을 위한 담론이 고금을 통해 이어지고 특히 근자에 심리치료 등과 관련하여 더욱 왕성해지다 보니 '단숨에 해탈하는 방법'류의 비법(祕法)이 쏟아지고 있다. 파라마한사 요가난다로부터 촉발된 인도요가에 기반한 온갖 종류의 마인드 컨트롤이 그렇고 신지학 이후 과학발전을 배경으로 대거 등장한 뉴에이지가 그런 경향을 띤다. 그중에는 익을 만큼 익어 드러난 담론도 있으나 많은 경우 상업적인 동기에 기인한 얄팍한 주장이 많다.

크리야 요가를 서구에 전파시킨 파라마한사 요가난다는 영성 마케팅의 선구자다. 그는 1946년 발매된 「요가난다, 영혼의 자서전(Autobiography of a Yogi)」을 통해 "많은 종교의 경전(經典)들에 의하면 인간이 정상적으로 병이 걸리지 않고서 진화한다면 완전한 두뇌와 우주의식을 얻는 데 100만 년이 걸린다."고 확언한다. 그런데 요기가 하루 8시간 반 크리야 요가를 수련하면 이는 자연적 진화의 1,000년에 해당한다며 1년 안에 365,000년의 진화를 이룰 수 있다고 한다. 따라서 크리야 요가는 일반인이 100만 년에 걸쳐 이뤄낼 진화를 3년 내에 이룰 수 있으니466) 3년만 투자하라고 광고하였다.467) 그의 광고 이후 70년이 훌쩍 넘었건만 그의 문하에서 크리야 요가로 쿤달리니를 각성시켜 수백 년을 살고 이적을 부리는 요기가 과연 몇 명이나 나왔는가? 몇 명이 나왔다고 치더라도 깨달음을 얻고 나면 더 이상의 명상도 필요 없어지게 되는데 쿤달리니 따위에 대한 이해로 수백 년을 더 살고 온갖 이적(異蹟)을 부리는 것이 다 무슨 소용인가?468)

전술한469) 데니스 겐포 머젤의 '빅 마인드'는 도(道)이고 신성(神性)이고 초자아이며 참자아다. 표준이론으로 보면 영(靈)이다. 머젤에 의하면 사람은 태어나기 전부

---

465) 칼 융(Carl Gustav Jung 1875~1961)은 '신을 믿느냐'는 질문을 받았을 때, "나는 신을 믿을 필요가 없다. 이미 알고 있으니까(I do not need to believe. I know.)."라고 대답했다. 또 융은 그의 집 현관과 그의 묘비명에 로마의 시인 오비디우스(Publius Ovidius)가 했던 말을 새겼다. "당신이 부르심을 받았든 아니든 神은 존재한다(Vocatus atque non vocatus deus aderit)." 맹자와 융은 어떻게 신(神)을 알았을까? 안다는 것은 무엇이고 어떻게 앎을 얻는가?(미주 62 '믿음에 대하여' 참조)
466) 파라마한사 요가난다, 「요가난다, 영혼의 자서전」, 김정우 옮김, 26장 크리야 요가 참조
467) 스탠퍼드대학에서 열린 스티브 잡스 추모식이 끝나고 사람들이 돌아갈 때 모두 작은 상자를 하나씩 받았다. 그 상자 속에는 「요가난다, 영혼의 자서전」이 들어 있었다.
468) 담배 가게의 성자로 알려진 인도의 스리 니사르가닷따 마하라지(Nisargadatta Maharaj)의 喝!
469) 3.4.3. '영과 혼의 조화' 참조

터 도를 알고 있었고 심지어 통달해 있다. 최면술사가 무의식을 불러내듯 자아 속에 숨어 있던 '빅 마인드'를 불러내어 그를 인격의 전면에 나서게 하면 '득도(得道)'하게 된다. "道! 참 쉽죠?"가 그의 표어다. 그는 "빅 마인드를 불러내어 원하는 시간만큼 자아의 방을 장악하게 할 수도 있다. 즉 손쉽게 大覺의 경지에 도달할 수 있다."470)고 한다. 도달뿐 아니라 거기에 오랫동안 머물 수도 있다고도 한다. 고승들의 '찰나(刹那)의 견성'을 책 한 권에 누리고 부처님처럼 영영 초탈할 수 있다는 것이다. 사실 깨달았다는 사람들도 범부들과 똑같이 화를 내고 혼돈에 빠지며 심지어 주색을 밝히기도 하는데 이런 경우는 대부분 그 견성이 혼의 견성이 아니라 영의 견성이기 때문이다.471) 혼의 발호로 허비하는 아까운 생의 시간들. 어렵게 달래 놓으면 돌발적으로 튀어나와 자아를 농단하는 수성(獸性)의 혼, 그러한 혼 때문에 열반도 유여열반(有餘涅槃)이며 구도의 길은 멀고도 멀다고 하고, 그래서 '십 년 공부 도로아미타불'이란 말이 나온 것이다. 이 이치는 겐포 또한 예외일 수 없다. 참으로 돈과 명예는 영성보다도 더 좋은 것인가? 겐포의 '빅 마인드'가 영일 수는 있으나 제 안의 영을 발견한 것이 견성일 수는 없다.

심지어 마약을 사용한 영성개발 방법이 설친 때가 있었다. 영원의 철학자 올더스 헉슬리는 1953년 '지각의 문'[87)이란 책을 통해서 페요테(Peyote)라는 선인장에서 추출한 향정신성 물질인 메스칼린(Mescaline)472)을 이용하여 환상적인 경험을 한 후, "마약이 명상이나 기도 또는 신비체험과 동일한 의식의 변형상태를 가져와 신비가(神祕家)들처럼 자아를 초월하여 측량할 수 없는 존재의 기적을 더욱 깊이 들여다볼 수 있다."고 주장하였다. 그는 사이키델릭 문화[88)가 도래하는 데 일조하였으며 그와 같은 생각은 이후 1960년대 후반 히피시대에 많은 사람들473)이 LSD나 아야와스카 등 환각물질에 탐닉하게 하였다.[89) 같은 시기에 미국판 구루(Guru)인 람다스(Ram Dass)474)는 인류 의식진화의 디딤돌로 활용할 방법을

---

470) 데니스 겐포 머젤, 「빅 마인드」, 추미란 옮김, 58쪽
471) 4.3.3.2. '사랑방 이야기와 같은 생각들' 중 13) 자아발전과 돈오점수 참조
472) 1. 올더스 헉슬리는 사망 전에 말을 할 수가 없는 상태가 되어 필담으로 대화했다. 그의 마지막 유언은 "LSD, 100μg, intramuscular"라는 작은 메모였다. 그는 환각제를 이용하여 변성의식을 유도하여 많은 시간을 보내면서 진리를 찾아 헤매다가 1963년 사망하였다. 이러한 그의 행태는 그의 명저 '영원의 철학'의 질을 극적으로 떨어뜨린다.
2. 환각제에 의해 일어나는 환각은 임사체험 때 경험하는 비전(vision)과는 다르다. 진리에 대한 그의 절실함은 알겠으나 그의 행동은 일탈(逸脫)이다. 신성(神性)은 신성(神聖)하다. 환각제 체험은 상당한 경우 '불쾌한 체험'이며 '불안이나 공포'를 일으키는 것이지만, 임사 체험은 그 반대다. 환각제로는 인간의 지각 작용에 일그러짐이 생겨 체험자 자신도 '이것은 정상적인 체험은 아니다'라고 인식하는 경우가 많다. 그러나 임사체험에서는 반대로 평상시보다 정묘하고 맑은 의식이 된다.
473) 비틀스, 밥 딜런, 데이비드 보위 같은 뮤지션, 애플의 창시자 스티브 잡스, 영화감독 뤽 베송, 스탠리 큐브릭, 소설가 잭 케루악
474) 1. 람다스는 60년대 히피 물결의 영적 기수 역할을 한 인물로서, 지금도 가장 존경받고 있는 미국판

모색한다는 구실로 멕시코산 마법의 버섯인 실로시빈(Psilocybin)을 사용하여 환각제가 인간의식에 미치는 작용을 연구하였다.475)

이들이 주장하는 바가 뭔가? "고생스럽고 오래 걸리는 명상이나 기도는 필요 없다. 마약을 써 보라. 신을 만나고 해탈한다. 최소한 비틀스(The Beatles)처럼 천국의 언저리에서 명곡 몇 개를 주워 올 수 있다."라는 것인가?

과거 여러 신비종교가들이 인간의식을 의도적으로 변화시키기 위해 술을 비롯한 여러 가지 향정신성 약물을 사용했다고 전해진다. 고대 그리스와 로마의 신비종교 전통에서 보이는 통음(痛飮)과 난장(亂場)의 집회인 디오니소스(Dionysos)축제가 일례다. 또한 티베트불교 금강승의 밀교전통은 음주, 성교, 고행 등의 일탈적인 방법을 통해 현생의 육신에서 해탈의 완성을 추구했다고 한다. 물론 일부 고승들이 엄격한 규칙 아래에 제한적으로 시행한 것이긴 하지만 금강승 내에서도 성력(性力, Shakti)수행과 관련하여 악용과 오용이 없지 않았고, 수행방법 자체가 범부들의 안목으로는 도저히 이해할 수 없는 방법들이었다.476) 이슬람 신비주의인 수피즘에는 신에 대한 사랑노래를 반복하여 부르는 전통이 있는가 하면 '술취한 수피(drunken sufis)'라는 전통도 있었다. 이런 전통을 고수하는 수피들은 평상시의 의식 상태와는 다른 일종의 환각상태를 경험하고 이를 통해 하느님을 만나기 위해 다양한 방법을 실험했다. 이들은 단식이나 밤샘기도, 신의 이름을 반복하여 부르는 지크르(Zikir), 루미의 Mevlevi 계파에서 사용하던 쉬지 않고 계속 빙글빙글 도는 춤(whirling dervishes) 등으로 허기나 현기증을 유도하여 의식의 변성을 추구하였으며 심지어 마약을 복용하여 환각상태를 유도했다.

그런데 어찌하여 이런 방법이 사람을 해탈로 이끈다는 생각들이 나타났을까? 술

구루다. 그는 티모시로 알려진 하버드 대학교의 심리학 박사 리처드 알퍼트(Richard Alpert who later became known as Ram Dass 1931~2019)와 함께 LSD 등의 일부 환각제가 인간 의식에 미치는 작용을 인류 의식진화의 디딤돌로 활용할 방법을 연구하는 급진적이고 야심찬 실험을 벌이다가 결국은 1963년 같이 교수직을 박탈당했다.
2. 반문화 운동의 대부였던 티모시 리어리(Timothy Francis Leary 1920~1996)는 이에 굴하지 않고 공공연히 환각제예찬론을 설파하며 체제에 저항하는 전위적 활동을 펴다가 수감과 탈옥과 망명 생활의 우여곡절을 겪으면서 수많은 저술을 남기고 1996년 사망했다.

475) 사실 마약으로 신비현상을 찾는 시도는 고대로부터 공공연하였다. 힌두교 경전인 리그베다에는 소마(soma)라는 버섯을 애용하고 이를 찬미한 120개의 시구가 실려 있다.
476) 표준이론에서 性力은 性氣다. 강력한 혼의 성욕은 경락을 통한 性氣의 흐름을 불러일으켜 신체 각 기관으로 퍼져 나간다. 청춘남녀들이 손만 잡아도 짜릿짜릿 느끼는 것이 性氣다. 영적설계에 따라 동물들에게 性氣는 호르몬과 발정기라는 채찍으로 나타나지만 이기심, 그리고 혼 자체에 성욕을 품은 지혼에게는 호르몬 외에도 365일 오르가슴이라는 당근으로 나타나 번식을 유인한다. 자발적 오르가슴(spontaneous orgasm)은 오르가슴이 당근임을 증명한다. 피임은 당근만 노리는 지혼의 빗나간 영리함이다. 탄트라의 성력 또한 性氣의 오용 사례다(6.3.3.2. '욕망' 중 '욕망의 육과 혼 기인비율' 참조).

이나 마약 그리고 성행위가 어떠한 메커니즘으로 명상이나 삼매의 경지로 사람을 이끌 수 있다는 것인가.

주취와 마약에 의한 환각 그리고 성적극치감인 오르가슴은 일심(一心)의 상태라는 점에서 명상과 그 육체적 반응이 유사하다. 心은 마음으로 표준이론의 혼이다. 따라서 일심의 상태에서는 혼이 단순해져 빈사(瀕死)의 지경이 된다. 혼이 자아의 방을 점령하면 그 자아는 하급 자아로 2단계 자아인데, 명상은 자아의 방의 혼을 이처럼 빈사시킨다. 명상이 잦아 마침내 혼이 내몰리면 자아의 방은 혼의 상위 부분인 양심이나 영이 장악하게 된다.

명상을 통하지 않고 혼을 약하게 하여 빈사의 지경에 몰아넣어, 명상과 유사한 상태를 쉽고 인위적으로 달성할 수 있는 방법이 술이나 마약 그리고 오르가슴 같은 것들이다. 그래서 금강승의 고승들이 이 방법을 써서 제자나 자신에게 명상의 맛을 보인다. 헉슬리나 히피시대의 람다스 같은 많은 사상가들이 LSD 등 환각제를 의식수준의 고양을 위한 수단으로 활용할 방법477)을 연구하였던 것도 이러한 메커니즘에 기인한다. 그러나 이러한 방법은 뇌파의 상태나 세로토닌의 분비가 증가한다는 등으로 명상의 상태와 비슷한 육체 반응이 나타나기는 하지만 명상과 근본적으로 다르다. 마치 꿀과 사카린 간의 차이다. 달다고 다 같은 것이 아니다. 꿀은 몸을 補하고 사카린은 몸을 害한다.

수많은 명상의 시간을 보내고 일상에 이를 실천하여 3.5단계 위인(偉人)정도의 자아수준에 안착하려면 일반적으로 이백여 생이 걸린다. 성력이나 마약을 써서 잠깐 삼매의 맛을 보는 것은 혼에 오히려 큰 해악을 끼친다. 업을 쌓는 행위일 뿐 아니라 있는 덕마저 무너뜨리는 결과를 가져오기 때문이다.

그렇다면 삼매의 삶은 오르가슴의 삶인가? 그렇다. 그래서 한번 삼매에 맛들이면 속된 삶이 싫어지고 일주일씩 식음을 전폐하고 거기에 빠지기도 한다.」(590)

베타 엔도르핀과 디메틸트립타민 그리고 신비체험

마약을 사용한 신비체험 시도는 신경의학자들이 명상 시 몸에서 나오는 '베타 엔도르핀'이나 DMT가 신비체험과 유사한 환각을 불러오는 것으로 보아 신비체험을

---

477) 이는 독서삼매에 빠져 시간 가는 줄 모르는 것과 히로뽕 주사를 맞고 환각에 빠져 있는 것을 같은 종류로 보는 주장일 뿐이다. 물론 독서삼매는 삼매는 아니지만 유사삼매로 명상의 일종이다. 사라스와티는 마약에 의한 환각은 수면과 유사하여 구나의 속성 중 암성이 활발한 상태로 명상과 달리 선성, 동성, 암성이 모두 평정한 상태인 삼매로의 진입이 원천적으로 불가능하다고 한다(사라스와티, 「혼의 과학」, 262쪽).

환각이라고 매도하는 주장에 발판을 만들어 주었다.478)

DMT는 디메틸트립타민(dimethyltryptamine)의 약자로 일부 동물들과 식물들에서 찾을 수 있는 화학성분인데 강력한 환각작용을 일으키는 마약성분이다.尾91) 그런데 DMT는 인간의 경우 꿈을 꿀 때나 명상 시 뇌의 송과체 부분에서 분비되기도 한다. 여기에서 꿈이나 명상 시의 신비체험이 환각이나 환청이라는 의학적 주장이 나왔다. 또한 사람이 죽기 전 DMT가 일생에서 가장 많이 분비된다고 알려져 있는데 이를 근거로 사람이 죽기 전 일생이 주마등처럼 지나가는 것을 보는 인생회고(Life Review)의 체험도 DMT가 가져온 환상이라는 주장도 나타났다. 특히 DMT는 환각효과와 더불어서 시간을 아주 느리게 가는 것처럼 느끼게 하는 시간의 왜곡이 심한 환각제다. 이 사실은 죽기 전 1, 2초 그 찰나의 짧은 순간에 수십 년의 일생을 주마등처럼 본다는 강변의 근거로 사용된다.

그러나 꿈을 꾸거나 명상 시 그리고 죽기 전에 DMT가 많이 분비된다는 것부터 의심스러운 주장이다. 인간의 신체에서는 항상 DMT가 분비된다. 또 그것이 환각을 불러오려면 엄청난 양의 DMT가 순간적으로 몸에서 만들어져야 한다. 명상 시 과연 DMT를 복용한 만큼 엄청난 양의 DMT가 순간적으로 몸에서 만들어지는가? 실험실을 칼자루로 쥐고 있는 이들이 그렇다고 강변한다. 그러나 어느 누구도 강변을 넘어선 증명은 못 해 보이고 있다. 또한 라이프 리뷰는 근사체험 시 나타나는 현상 중 하나일 뿐이다. 즉 DMT 때문에 근사체험을 하는 것이 아니라 DMT 분비는 근사체험 시 몸에서 보이는 반응 중 하나이다. DMT는 꿈꿀 때도 분비되고 명상 시에도 분비되며 스트레스 받을 때도, 음악을 들을 때도 분비된다. 남가일몽(南柯一夢)479)이 어찌 과다한 DMT 때문이겠는가. 혼과 영이 몸에 갇혀 있는 한 영혼의 모든 작용은 몸을 필요로 한다. 영혼이 몸에 작용하면 몸 또한 반응이 있어야 행동할 것이고 그 반응이 이런 경우에는 송과선에서 DMT의 분비를 일으키는 것일 뿐이다. 바로 생기체의 '신호 전달시스템'으로 인해 나타나는 기전(機轉)이다.480)

---

478) 인간의 뇌는 기분이 좋으면 베타 엔도르핀(endorphin)을 분비한다. 그런데 명상이 베타 엔도르핀을 생성하는 데 특효가 있다는 것이다.
479) 11.3.2. '윤회의 필연성과 그 증거' 참조
480) 6.3.1. '생기체' 참조

4.4. 자의식(自意識)

정신(情神)은 혼이 진화하면서 갖추는 기의 진화체다. 지혼은 각혼시절의 그룹혼에서 독립하면서 개체성을 강화한다. 그 결과물이 상위정신체다. 타락하여 다시 그룹혼에 속하는 일이 없도록 하기 위해서 정신체를 더욱 발전시키고 강화한다. 그 결과 각혼시절 가졌던 감성과 욕망의 하위정신체(이드) 위에 욕구와 감정과 지성의 상위정신체(에고)를 구축한다. 상위정신체는 개체성(個體性)과 그로 인한 배타성(排他性)이 그 속성이고 이 개체성과 배타성이 자의식 발생의 연원(淵源)이 된다. 군혼인 각혼은 불교의 제6식(분별식) 수준의 '각혼의식'을 갖고 개체혼인 지혼은 제7식 '자의식'을 갖는 점이 두 혼 간의 가장 큰 차이점이다. 아울러 자의식은 보통 나이가 열 살을 즈음하여 나타나기 시작하여[492) 사춘기가 끝나면서 완전히 발현된다.[493) 사춘기의 갈등이 적은 사람은 수승하여 자의식 발현이 빠르거나 반대로 낮아서 늦는 경우일 수 있다.

자의식의 사전적 정의는 '외계나 타인과 구별되는 자아로서의 자기에 대한 의식'이다. 표준이론으로 다시 정의하면 '상위정신체가 자기를 인식하는 것'이 자의식이다. 낮은 수준의 자아의 경우 그 활동의 주체가 정신체이기 때문이다. 정신체는 그 배타성의 속성상 그 인식대상을 타자화(他者化)한다. 이때 자의식은 양심도 영도 심지어 거울 속의 자신도 모두 타자화한다. 불교는 이를 무명(無明)이 초래한 결과로 보고 여기에서부터 연기(緣起)[494)가 시작된다고 한다.

자의식은 인식의 대상이 자기 자신이라 할지라도 인식의 대상인 한 그것은 모두 타자다. 그래서 정신에 거하는 자아481)는 심지어 자기 자신도 타인처럼 어색해하는 것이다. 이러한 현상은 정신체가 자아를 지배하는 2단계 이하의 자아수준에서 주로 일어난다. 그래서 2단계 자아를 '자의식의 자아'라고 한다.482)

표준이론에서 2단계 수준의 자아는 혼의 구성체인 정신체, 특히 상위정신체가 혼을 장악하고 그 혼이 다시 자아의 방을 점령하였을 때 상위정신체의 기능인 욕구와 감정과 지성이 의식의 전반을 지배하는 자아의 수준을 말한다. 욕구와 감정과

---

481) 또는 '정신이 거(居)하는 자아'
482) 양심이 장악한 자아도 자의식을 가질까? 양심은 의식보다는 느낌으로 활동하니 양심이 자아를 장악한 동안에는 자의식은 약화된다. 영이 거하는 자아는? 영은 거울과 같아서 세상을 있는 그대로 보고 비춘다. 판단은 할 필요도, 할 이유도 없다. 보아서 다 아는데 무슨 판단이겠는가. 직관할 뿐이다. 자아를 타자로 인식하는 데 익숙한 중생에게는 그런 의미에서 양심은 '無我的'이고 영은 '無我'다. 그래서 표준이론에서 영이 지배하는 자아를 '무아의 자아'라고 한다.

지성은 프로이트가 말하는 에고(ego)483)의 기능이며 또한 에고는 프로이트 덕에 우리에게 익숙한 개념이 되었으므로 표준이론에서는 2단계 수준의 자아를 에고의 자아라고도 부른다.484) 사전을 보면 에고는 '자아'라고 번역되나 표준이론에서 에고는 고유개념을 가진 단어이므로 번역 없이 사용한다.

2단계 수준의 자아를 가진 사람은 자의식으로 가득 차서 남과 나를 철저히 구분한다. 개체성에 기인한 하급혼의 타고난 배타적 속성 위에, 정신체의 기능인 욕구와 감정과 지성이 초래하는 이기심과 자존심이 더해지고, 더해진 이기심과 자존심이 다시 배타성을 강화시키는 악순환이 발생하여 자의식은 끝없이 강화된다. 결국 2단계 수준의 자아는 에고의 자아, 배타성의 자아, 이기심과 자존심의 자아, 자의식의 자아이다. 이 모든 것은 소유욕(所有慾)과 명예욕(名譽慾)으로 구체화된다.尾95)

줄리아 아산테485)는 에고의 '나라는 자아가 다른 모든 것들과 다르다'라는 인식은 육신을 죽음으로부터 보호하는 기능을 한다고 주장한다. 에고는 물질적 자아에 강한 동질감을 느끼고 육신의 감각이 전해 주는 정보에만 의지하는 자아로서 육신과 함께하기 때문에 육신이 죽으면 같이 소멸한다는 확신과 더불어 그 확신의 크기만큼 큰 죽음의 공포심을 가지고 있기 때문이라는 것이다.486)

아산테가 죽음의 공포를 2단계 수준의 자아인 에고를 통해 이야기하는 것이 무척 적절하다. 3단계 이상의 자아라면 성인이 된 후 죽음의 공포, 소멸의 공포를 크게 느끼지 않는다. 그의 혼은 100% 고급혼이고 또한 영이 있기 때문이다.487) 그러

---

483) 1923년 프로이트가, 신체의 구성적인 필요로부터 생겨나는 본능적인 충동들을 나타내는 이드, 이드와 본능적 충동들에서 파생되어 그것들을 규제하는 행위력인 에고, 본능적인 충동의 선악(善惡)을 판단하여 그 발동을 통제하는 슈퍼에고로 구분되는 구조모델(Structural Model)을 발표한 이래 에고는 정신분석학사를 규정해 왔다. 프로이트에 의하면 에고는 정신계의 중심에 자리 잡고, 위로부터 초자아의 명령과 아래로부터 이드의 충동, 그리고 외계로부터 오는 현실의 요구를 중재하고 조종하는 일종의 통제탑의 역할을 하는 자아의 '정체'로 파악되어 왔다.
484) 마찬가지로 하위정신체가 지배하는 1.5단계의 자아는 감성과 욕망이 그 특징이며 자아는 온통 그것들로 가득 찬다. 감성과 욕망은 프로이트의 이드(id)의 대명사다. 따라서 1.5단계인 자아는 이드라고 부르고 그런 수준의 사람을 아예 이드人이라고 한다.
485) 줄리아 아산테(Assante, Julia, 1950~)는 컬럼비아 대학에서 고대 근동 사회 역사학으로 박사학위를 받고 이후 동 대학과 브린모어 칼리지, 뮌스터 대학 등에서 40년 넘게 사후세계에 대한 연구와 강의를 병행하면서 여러 학술지에 연구결과를 발표하여 주목받았다. 미국과 유럽에서 강연과 워크숍을 통해 마법과 종교 의식에 관한 획기적인 해석을 제시하여 고대학 전반에 걸쳐 새로운 성과를 기록한 것으로 평가되고 있다. 또한, 신비주의자, 전생요법 치료자, 영매로 활동하고 있으며 특히 컬럼비아 대학에서 진행한 텔레파시와 원격투시에 관한 임상실험을 통해 자신이 세운 가설과 이론의 정확성을 입증하여 이 분야에서 독보적인 존재가 되었다. 국내에서는 그의 「The Last Frontier」라는 책이 「두려움 없는 죽음, 죽음 이후의 삶」이라는 제명으로 번역되어 출판되었다.
486) 줄리아 아산테, 「두려움 없는 죽음, 죽음 이후의 삶」, 233쪽 이하 참조
487) 영매인 리사 윌리엄스는 "영매들이 삶이 죽음 이후에도 계속된다는 것을 분명히 알고 있으면서도 죽음을 마주하게 되면 두려움을 느낀다. 미지의 것을 두려워하는 것은 인간의 자연스러운 일이다."(리사

나 고급혼이라 하더라도 영과 혼이 아직 제대로 발현하지 못한 아동기 때에는 상대적으로 발달한 영적감각으로 인해 오히려 죽음의 공포가 크다.

그러나 정신분석학에서도 에고는 이제 더 이상 '나는 혼이다'라고 주장하는 데카르트의 코기토의 줌488)이 아니다. 최근의 정신분석학은 에고는 더 이상 주체(主體)가 아니라 단지 주체의 객관화에 불과한 것이라는 자크 라캉489)의 주장에 동의한다고 한다. 그에 의하면 에고는 극화된 인물, 외관, 역할과 더 유사하며, 기능들의 집단으로 모든 사람이 되고 싶어 하거나 스스로 자신에 대해 가정하는 이상들(ideals)이 응축되어 있는 상상(想像)의 페르소나라고 한다. 에고에 대한 이러한 정신분석학의 각성은 이기심과 자의식으로서 에고는 혼의 상위정신체의 표현일 뿐이고 혼 또한 결코 자아의 방의 주인이 아님을 어렴풋이 눈치챈 것에 기인하리라.

혼이 자아의 주체가 아님을 일찍이 에카르트(Eckhart)는 '초탈'과 '무심의 영성'으로 말하였다. 그의 '無心의 영성'은 자기애, 자기의지, 자기계발, 소유욕, 명예욕을 다 버린 단계이다. 이 경지에서 참사람은 영혼의 근저에 뿌리를 박고 본질적 삶을 사는 자로 이기적 욕망을 떠나 하느님의 빛 아래서 사물을 순수하고 아름답게 접하며 산다. 이는 육조단경(六祖壇經)490)의 진여자성(眞如自性)을 구현한 단계로 이야기할 수도 있다. 이 경지에서는 밖으로는 여러 색(色)과 상(像)을 능히 분별하지만 안으로는 최고 진리에 서서 꼼짝도 하지 않는 것이다.491)

윌리엄스, 「죽음 이후의 또 다른 삶」, 91쪽)라고 하면서 죽음은 인격의 단계나 사후의 삶에 대한 확신을 넘어서는 공포라고 말한다. 미지성(未知性)이 훨씬 적은 즉 사후에 대해 많은 것을 알고 있음에도 불안한 것을 미지에서 오는 두려움이라고 볼 수 있을까? 소멸에 대한 두려움이 아닐까? (미주 74 '죽음의 공포에 대하여' 참조)

488) 데카르트 철학의 제1명제인 "코기토 에르고 줌(Cogitio ergo sum 나는 생각한다. 고로 나는 존재한다)"의 Cogitio는 '생각하다, 궁리하다, 숙고하다'라는 라틴어로 데카르트의 제1명제를 의미하는 단어이자 사유로부터 연역된 존재 또는 생각하는 존재로서 그 주체(主體)를 의미한다. ergo는 therefore, sum는 sein(독일어) 내지 be(영어)이다. 따라서 Cogitio ergo sum은 "I think, therefore I am."이다.

2. 표준이론에 의하면 생각은 고차의식으로 주로 이드와 에고의 정신체에서 나온다. 표준이론은 생각을 상위정신체의 기능인 知性의 발동으로 본다(미주 161 '생각'에 대한 생각들 참조). 따라서 데카르트의 명제는 '나는 혼이다'라는 뜻이다. 영은 생각하지 않는다. 영은 보아서 안다. 그러니 혼의 세상에서 대부분의 생각은 혼, 특히 상위정신체가 한다. 또 자아의 방에서 최초로 발견되는 주체는 거의 항상 혼, 그것도 상위정신체. 그래서 자아(我)는 곧 혼이요 혼이 생각을 멈추면 무아라고 말한다. 그러나 엄밀히 말하면 아는 혼이나 영이니 無我보다는 無魂이 맞겠고 無魂 또한 無는 아니니 非魂이나 空魂이 더 낫겠다.

489) 자크 라캉(Jacques Lacan 1901~1981)은 파리에서 태어나 파리 의대를 졸업하고 1932년 의사자격 취득 후 정신분석가이자 철학자로 활동하였다. 프로이트의 정신분석학에 영향을 받았지만, 이후 자신의 독자적인 철학인 라캉철학을 창시하였다.

490) 중국 남종선(南宗禪)의 제6대조인 혜능의 자서전적 일대기로 남종선의 근본이 되는 禪書다.

491) 1. 길희성, 「보살예수」, 290쪽
2. 眞如自性起念 六根雖見聞覺知 不染萬境 眞性而常自在 진여자성이 생각을 일으키매 육근이 보고 듣고 깨달아 알지만, 그 진여자성은 바깥 경계들 때문에 물들어 더럽혀지는 것이 아니며 眞性은 항상 자유롭고

혼이 자아의 주체가 아님은 불교의 무아와도 통한다. 원래 불설의 '무아의 변'은 "我相[492]은 오온(五蘊)이 일시적 인연으로 모여서 이루어진 識으로서의 자기를 영원한 실체라고 집착하는 것이니 무아"라는 것이다. 그러나 "혼은 一元으로서 개체성을 버려야 하니 무아요 제행이 무상하니 무아요 끊임없는 자기실현으로 변화하여야 하니 무아"라는 표준이론의 변이 더 낫지 않을까?

사람이 생을 받은 이유가 살아서는 자아의 수준을 수승시켜 양심과 영으로 채우는 데 있고 죽어서는 혼은 영이 되고 영은 궁극의 하나(一者, The One)와 합일함에 있으니 살아서 돌아가는 것이 무아요 죽어서 돌아가는 것이 열반이요 해탈이다. 이때 자아의 수준은 어느 지점이 아니라 정규분포하며 평균값이 그 자아의 현실이다. 그러니 죽기 전에는 진정한 열반도 어려우니 유여열반(有餘涅槃)[493]이다.

위 디오니시우스는 "사람은 자기 자신도 아니요 그렇다고 다른 누구도 아닌 무아의 상태, 즉 모든 앎이 활동을 멈춘 상태[494]에 들어야 비로소 은총(照明)을 받아 도무지 알 수 없는 분과 합일하게 된다."라고 하였다.[495]

「바가바드 기타」에서 이르기를 "나는 농부요 나의 이 몸은 들판이다. 나는 생각과 행위를 이 들판에 심고 그 열매를 거둔다. 들판을 아는 자는 들판을 관조한다. 그러나 열매는 들판을 아는 자에게 귀속된다."[496]라고 한다. 아트만이 프라크리티를 극복하여야 열매를 향유한다고 소리치는 것이다.[497] 보통 농부는 들판에 얽매여 산다. 그는 2단계 자아이다. 들판을 알아 관조하는 삶을 사는 농부가 되면 그는 4단계 자아, 아트만의 자아이다.

자아의 主居地가 양심으로 옮아온 사람[498]은 생각을 그치고 심안(心眼)으로 '느낀

자재하다.
492) 불교의 자의식
493) 유여열반(有餘涅槃)은 번뇌는 완전히 소멸되었지만 아직 육신이 남아 미세한 괴로움이 있는 상태의 열반을 말한다. 표준이론에서 아라한은 명종 후 무여열반(無餘涅槃)을 달성하여 영이 된다.
494) 위 디오니시우스는 이를 정화(淨化)라고 하였다. 표준이론으로는 영이 자아의 주체가 되는 것이다(미주 108 '위 디오니시우스' 참조).
495) 위 디오니시우스는 정화, 조명, 합일의 세 단계를 통해서 영혼이 에로스에 의해 하느님과 연합하고 神化된다고 한다(어춘수, 「역사를 통해 본 기독교의 신비주의」 참조).
496) 1. 바가바드 기타 13장
2. 이를 표준이론으로 말하면 "나는 영이요 나의 이 몸은 들판이다. 나는 생각과 행위(혼)를 이 몸에 심고 거기서 경험을 거둔다. 몸을 아는 농부(영, 아트만, Purusha)는 몸을 관조(觀照)한다. 그러나 혼의 열매는 몸을 아는 영에게 귀속된다."라는 정도가 된다.
497) 표준이론식으로는 "영과 혼을 구별한 뒤 영이 혼을 극복하여야 한다"라는 말이다.
498) 정확한 표현은 '자아의 방에 양심이 주로 居하는 사람'

다'. 자아의 主居地가 영으로 옮아온 사람은 법안(法眼, 靈眼)으로 '안다'. 거울같이 세상 실상을 비춰 보는 것이다.499)

공(空)에 든다는 것은 깊은 잠(렘수면이 아닌)에 든 것과 비슷하다. 깊은 잠에 들면 생각이 그친다. 깊은 수면 상태와 고도의 명상상태는 0~3Hz의 델타파 상태로 동일한 뇌파를 보인다. 따라서 깊은 잠이 고도의 명상상태인 공의 무아 상태와 크게 다를 것이 없다.500) 그러므로 잠들기 전에 참나로 돌아갈 준비를 하라.

---

499) 모든 업을 지우고 생겨나기 이전의 근본 자리로 돌아가면 그 의식은 반야의 공(空)을 얻는다. 그래서 혼자 있을 때는 공에 들고 깨어있을 때는 모든 업이 사라진 맑은 '마음 거울'로 세상을 있는 그대로 비치는 것이다. 이 단계에서는 생각이 사라지기 때문에 중간에 생각이 끼어들지 않으며 사물의 뜻과 이치가 마음 거울에 있는 그대로 비친다.
500) 미주 231 '의식의 상태와 뇌파' 참조

5

영(靈)에 대하여

불설(佛說)에 정말로 자아가 없다면 누가 수행하고 누가 사랑하며 무엇이 윤회할 것인가. 누가 자업자득이며 어디에 불성이 스며 있고 어떻게 여래장이 깃들며 또 청정심은 무엇이겠는가. 나아가 불설의 정토사상은 어찌 도래하였으며 왜 출세간을 이야기하고 무루계니 피안이니 하겠는가. 또 법신(法身)의 비로자나불 나아가 본초불(本初佛)은 다 무엇인가. 14무기는 문자 그대로 無記일 뿐 부처님은 결코 혼과 영을 부정하시지 않았다. 없다면 부정하지 왜 무기하셨겠는가. 또한 영은 '영계에서 영생하는 존재'다. 불교의 出世間이 영계요 보살이 영이다. 그러니 불교에는 영이 없다고 하나 따져 보면 없지 않다. 기어코 없다면 창조주가 없을 뿐이다. 만일 불설이 고(Dukkha)를 극복하고 열반하려는 주체 자체를 끝끝내 부인하는 사상이라면 더불어 논할 일이 없는 허무론(虛無論)일 뿐이다. 이 사실을 아는 불자라야 성문사과를 이루어 4단계 자아, 곧 아라한이 되고 명종 후 영이 된다. 자기(自己) 없이 어찌 열반하고 성불하며 또 성불한들 무엇하겠는가.

5. 영(靈)에 대하여

5.1. 영이란 무엇인가

5.1.1. 영의 정의(定義)

사전적 정의

표준국어대사전에 의하면 영혼(靈魂)은
1) 죽은 사람의 넋.
2) 육체에 깃들어 마음의 작용을 맡고 생명을 부여한다고 여겨지는 비물질적 실체.
3) 신령하여 불사불멸하는 정신.
4) 육체 밖에 따로 있다고 생각되는 정신적 실체.

영(靈)은
1) 신으로 받들어지는 영혼 또는 자연물.
2) 죽은 사람의 넋.

또 넋은
1) 사람의 몸에 있으면서 몸을 거느리고 정신을 다스리는 비물질적인 것.
2) 정신이나 마음.

종합하면 '영혼'과 '영'과 '넋'은 사전적으로 거의 같은 뜻을 가진 말이다. 그러나 그 내용을 뜯어보면 차이도 있다.
우선 영혼의 뜻인 '육체에 깃들어 마음의 작용을 맡고 생명을 부여한다고 여겨지는 비물질적 실체'는 표준이론의 혼(魂)의 구성과 기능을 그대로 이야기하고 있다. 마음은 혼의 정신체와 양심체를 이르는 말이며 생명을 부여하는 것은 혼의 생기체이다. 비물질이라고 하지만 이 말이 물성이 없다는 뜻은 아니니 이 부분도 표준이론과 배치되는 정의는 아니다.
또 영혼과 영은 모두 뜻풀이 중 하나로 '사람의 넋과 같은 말'이라고 풀었는데

'넋'이 가진 두 가지 뜻은 각각 '영'과 '혼'을 의미한다. 즉 '1) 사람의 몸에 있으면서 몸을 거느리고 정신을 다스리는 비물질적인 것'은 몸과 혼을 거느리고 다스리는 표준이론의 영(靈)을 의미하고 '2) 정신이나 마음'은 혼(魂)이다.

결론적으로 사전에서 '영혼'과 '영'과 '넋'은 표준이론의 혼과 영을 동시에 의미하면서도 영과 혼이 서로 다른 존재라는 것을 보여주고 있다. 영과 혼을 가르지 않고 영혼(靈魂)으로 뭉뚱그려 설명하되 그 종류로 영과 혼을 거론하는 것이다. 표준이론에서 항상 역설하는바 언어에는 진실이 들어 있다.501)

또 여러 사전들은 영혼을 '본질적인 영혼'과 '외면적인 영혼'으로 나누면서 '본질적인 영혼'은 인간에게 생명력을 부여하고 인간의 감정이나 지성 등과 같은 의식작용을 지배하는 존재로서 신체와 결부되어 있으며 사람이 죽으면 활동을 멈추는 영혼이라고 하고 '외면적인 영혼'은 살아서도 육체에서 자유롭고 자아의 주체이며 명종 후 육체를 떠나 지하세계로 들어가는 영혼이라고 설명한다. 그렇다면 '본질적인 영혼'은 생기체에 정신체를 가져다 붙인 것이고 '외면적인 영혼'은 대체적으로 표준이론에서 말하는 '윤회혼'이다.

또한 사전들은 영혼은 물질의 한 속성에 불과한 것으로 인간의 뇌(腦)에서 일어나는 작용에 의하여 생긴 제반 정신활동에 지나지 않는 기계론적 비존재(非存在)라고 하면서도 다른 한편으로는 정신의학자이자 유신론자인 칼 융의 정의를 인용하여 인간의 외부에서 내부로 들어와 생명의 원리로 작용하는 영적존재(存在)로서 정신과 다른 것尾96)이라는 정의를 덧붙이는 보신(保身)적 모습을 보인다.

보통 사람들에게 영은 위와 같은 사전적인 검토 정도로 족하겠으나 영혼을 주요 주제로 토구하는 종교나 사상에서 영혼은 그 정의에 동원되는 말마디 하나하나가 중요하며 또 그 정의는 많은 부분에서 서로 다르다. 종교나 사상에서 영혼의 정체성(正體性)은 그 사상 전체를 아우르는 기반이 되기 때문이다.502)

예를 들어 불교는 무아설(無我說 : anatman)을 주장하기 때문에 기본적으로 영혼의 존재를 인정하지 않지만 한편으로는 윤회설을 주장함으로써 영혼의 존재를 인정하지 않을 수 없는 모순에 빠져 있다. 따라서 영혼을 아뢰야식이라는 묘한 개념으로 설명하고 있다.

---

501) 2.2.10. '기타' 중 '언어에는 진실이 숨 쉰다' 참조
502) 부록7 '주요 종교와 사상별 영과 혼의 정체' 참조

유교의 경우에는 '모든 사람에게는 음양(陰陽)으로 일컬어지는 기(氣)의 작용으로 생긴 혼백(魂魄)이 있는데 이는 죽음과 함께 각각 하늘과 땅으로 흩어진다'고 한다. 또 혼백은 사람이 죽은 후 그 원천인 기(氣)의 굴신(屈伸) 작용으로 각각 신(神)과 귀(鬼)가 되어 인간에게 영향을 끼치기도 한다고 한다. 신은 선신인 조상신이나 악신이 되어 사후에도 상당 기간 이승과 인연을 이어가고 귀는 당분간 시신의 부근에 출몰할 수 있다는 것이다. 이러한 성리학의 신(神)을 표준이론에서 찾으면 윤회체가 되고 귀(鬼)는 혼의 생기체에 해당한다. 이와 같이 각 종교의 영혼에 대한 개념은 그들 사상을 전개하는 데 기본 골격을 제공한다.

표준이론의 정의

이제 표준이론에서의 영을 정의해 보자. 이를 위해 표준이론에서 영이 가지는 속성을 먼저 정리해본다.

1) 靈은 이승에서는 사람에게만 있다.[503]
2) 靈은 '기출신 영(魂靈)'과 '신 출신 영(神靈)'이 있다. 혼영은 진화로 탄생한 혼이 열반한 존재이고 신영은 천사처럼 하느님께서 직접 하나하나 지으신 존재다.
3) 靈은 죽어서도 흩어지지 않는다. 영생(永生)한다.
4) 靈은 발전하고 커진다. 영은 '하느님의 불꽃'을 가지고 있다. 하느님의 불꽃은 영을 하느님에게 인도한다. 하느님의 일을 하고 싶게 하고 하느님을 닮고 싶게 한다. 그것이 커져 햇불이 되면 영은 윤회를 그치고, 다시 봉화(烽火)가 되면 하느님과 합일한다.
5) 靈은 당연히 물성(物性)이 없다. 그 기작(機作)은 알 수 없다.[504]
6) 靈은 사람이 죽으면 몸에서 분리되어 이승에 머물지 않고 즉시 자신에게 맞는 영계로 간다. 영계는 크게 세 단계로 나뉜다.

---

503) 영은 불교의 이승(윤회세계)인 3계6도 중 인간도에만 있다는 뜻이다. 표준이론에서 혼계는 혼의 저승이고 영의 저승은 영계이다.
504) 불설(佛說)의 3계 중 色界는 탐욕은 끊어졌으나, 아직 물질적 가치관에 빠져 있는 세계이고 無色界는 五蘊 중 色을 제외한 受想行識만으로 구성된 세계로 물질이나 욕망에 대한 생각이 없는 순수한 정신적 세계인데 혼의 저승으로는 가장 높은 세계다. 이 무색계에는 네 가지 세계(處)가 있다. 그중 세 번째인 무소유처(無所有處)는 물질과 공간이 모두 공(空)이라 의식에 그 대상이 없는 곳으로 에고가 가진 업으로서의 소유욕을 모두 극복한 곳이고 네 번째는 혼의 기반인 생각(번뇌)이 있는 것도 아니고 없는 것도 아닌 곳(거친 생각은 없지만 미세한 생각이 없지 않은 곳)으로 비상비비상처(非想非非想處)이다. 혼계의 마지막 단계가 이 정도임에 비추어 본다면 표준이론의 영의 세계는 '순수한 정신'의 세계로 생각마저 다 여의고(열반) 직관만 남은 곳이며 당연히 물성은 없다 하겠다. 그런데 불교에서는 비상비비상처를 이리 잘 알면서 영계를 상정하지 않고 그저 出世間이라고만 하였을까?

7) 靈은 이승에서 혼을 잘 가르치고 통제하여 영이 될 수 있도록 돕고 이를 통해 자신도 발전한다. 혼을 돕는 과정에서 깨달음도 깊어가고 수승도(殊勝度)도 높아 간다.

8) 靈은 업이나 덕을 쌓을 필요가 없다. 그가 필요한 것은 功이다. 業과 德은 혼의 것이다. 업덕(業德)은 혼이 쌓는 것이고 혼의 퇴보와 발전을 결정한다.

9) 靈이 의식 중에 자아의 방을 장악하고 활동하는 것을 '깨어있음'이라고 하며 영은 혼의 양심을 통해 혼을 통제한다.

10) 몸과 혼이 그 유지와 성장에 영양소와 기가 필요한 것처럼 靈은 '영적 생명력'이 필요하다는 신지학적 주장이 있다.505) 그러나 그런 것은 없다. 있다면 하느님의 은총과 사랑이다.

11) 영은 개성(個性)이 강하고 수승도와 성격이 저마다 달라서, 보고 느끼고 혼을 다스리고 외부와 소통하는 방법과 능력이 영 사이에 큰 차이가 있다. 하느님께서 좋아하시는 영은 개성이 강하고 매력 있는 영이다. 영의 개성(個性, personality)은 개별성(個別性, individuality)에서 온다. 이때 개별성은 二元으로서의 개체성(個體性, separateness)과 전혀 다르다. 개체성은 혼의 것이다.506) 또 영의 매력은 개성의 조화와 특별함 그리고 그의 능력에서 기인한다. 이는 혼 시절부터의 기형(氣型)과 경험 그리고 스스로 개발한 능력에서 발로(撥虜)한다.

12) 영의 주요기능은 직관(直觀)이다. 직관의 사전적 의미는 '육체의 시력처럼 정신적으로 보는 것'이지만 표준이론적으로 해석하면 직관은 '영이 하느님의 섭리를 보고 깨달아 우주의 이치와 진실을 아는 능력'으로 영의 감각, 즉 영안(靈眼)의 감각인 영각(靈覺)이고 영감(靈感)이다.507) 직관과 달리 지혜는 마음의 활동이다. 마음의 정신체는 감각기관으로부터 얻은 정보를 통해 경험과 지식을 쌓고, 마음의 양심체는 영의 기능인 직관으로부터 선과 진리를 배워 지혜를 쌓는다.508) 구약의 지혜서나 에카르트(Meister Eckhart) 때문에 지혜가 영의 활동으로 보이기도 하나 지혜는 영의 활동이라기보다는 혼의 양심체에서 나오는 혼의 고급기능이다. 재론하지만 양심은 아래로는 사단(四端)과 위로는 지혜(智惠) 그리고 예지(叡智)의 기능을 하는 혼의 영적 부분이며 정신은 아래로는 감성과 욕망, 위로는 욕구와 감정과 지성의 기능과 활동을 한다.

---

505) 1. 영계를 볼 수 있는 견자(見者)는 영을 '영적 아우라'로서 지각할 수 있다. 견자는 영적 피부에 감싸인 영 인간을 볼 수 있고, 그것이 영계에서 자양분을 받아들여 끝없이 성장하는 모습도 볼 수 있다(루돌프 슈타이너, 「신지학」).
2. 신지학자들은 영적생명력을 에테르령 또는 생명령이나 영계의 자양분이라고 부른다. 그렇다면 이때 영은 사실 표준이론의 혼(魂)이다. 따라서 에테르령 또는 생명령은 표준이론의 정기(精氣)나 양기(良氣)다.
506) 미주 97 '개체성(separateness)과 개별성(individuality)'과 11.3.9. '윤회혼의 개성(個性) 공식' 참조
507) 직관과 영감에 대해서 5.6.4. '직관'과 5.6.5. '영감(靈感)'에서 별도로 기술한다.
508) 영이 없는 사람은 하느님의 불씨인 영화(靈火)가 이를 대신한다. 그 직관은 매우 약하다.

13) 영은 혼이 열반(涅槃)한 존재다. 그러나 표준이론의 열반은 불교의 열반과 다르다. 표준이론의 열반은 천국의 시민권으로 표창되는 그것으로 하느님의 구원에 줄탁동기(啐啄同機)로 대응되는 혼의 수승(殊勝)의 경지다. 그러나 시험을 치러 합격선을 넘거나 정해진 수승도(인격지수)나 자아의 수준을 넘어야 영이 되는 것이 아니라 끊임없이 두드려 그에 대한 응답으로 은총을 받아 영계에 입성하면 영이 된다. 그래서 영화(靈化)는 은총이라고 한다. 그렇지만 구원에 대응하는 이러한 혼의 경지가 '수행에 의해 진리를 체득하여 미혹과 집착을 끊고 일체의 속박에서 해탈한 경지'인 불교의 열반과 서로 유사하다고 할 수 있어 표준이론에서도 불교의 열반이라는 말을 차용한다.509)

위와 같은 속성을 지닌 표준이론의 영을 한마디로 정의하면 영은 '영계(靈界)의 시민으로서 영생(永生)하는 존재'다.

5.1.2. 영의 합일

5.1.2.1. 합일의 사전적 의미

사전적으로 합일(合一)이란 '둘 이상이 합하여 하나가 됨'이라는 뜻이다. 천인합일(天人合一)은 유교에서는 '하늘과 사람은 하나'라는 말이고 천도교에서는 '한울님과 사람은 하나'라는 말이다. 합일은 이러한 천인(天人)간 또는 신인(神人)간 합일(Oneness, Henosis)을 의미한다.

신인합일(神人合一)사상은 신과 인간이 서로 하나가 될 수 있다는 사상으로 신인합일의 사상에 의하면 인간이 자신에 내재(內在)한 신(神)을 자각하면 신과 인간의 합일이 가능하다고 본다. 이러한 생각은 동서양을 막론하고 어떤 문화권에서나 쉽게 발견되고 있다. 사실 모든 종교의 본연의 사명은 진리 탐구와 이에 뒤따르는 인간과 신의 합일이다. 종교를 뜻하는 religion은 라틴어로 re-ligare가 어원으로 '다시 묶다(bind back)'란 뜻이다. 어원적으로 신과의 합일을 의미하는 것이다. 어디 종교뿐이랴. 대부분의 유력한 사상에서 진리를 탐구하면 신은 드러나기 마련이고 드러난 신에게의 귀의는 인간의 존재이유라고 한다. 그러니 동서양을 막론하

---

509) 1. 미주 46 '표준이론의 열반과 해탈 그리고 불교' 참조
    2. 표준이론에서는 표현상 불교의 용어를 많이 가져다 쓴다. 그러나 성격이 유사하여서이지 그 내용이 서로 동일하지는 않다. 색계나 무색계, 성문사과나 52계, 해탈, 보살 등이 모두 그렇다.

고 중요한 사상과 종교에 공히 드러나 있는 진리 중 하나는 '신(神)은 떠받들고 신앙하는 대상이 아니라 인간의 내면에 재(在)하며 우리를 진리인 자신에게로 이끌고 발전시키는 등대이자 동력'이라는 진리이다. 다만 서양의 합일사상은 구체적, 현세적, 실천적, 타율적인 합일이고 동양의 합일은 추상적, 내세적, 사유적, 자율적인 합일의 성격이 강하다.

합일을 하게 되면 하느님과 통합되어 개인의 개체성은 사라지는가 아니면 어떤 형태로든 개체성이 유지되는가. 개체성(個體性)은 사라지나 개별성(個別性)은 유지된다. 個體性(separateness, 분리됨)은 혼의 것이고 個別性(individuality)은 영의 것이기 때문이다.尾97)

5.1.2.2. 표준이론에서의 합일

합일의 이론은 이론을 넘어선 진리인 까닭에 어떤 철학적 진리보다도 먼저 인간에게 노출(露出)되었다. 신과의 합일에 대한 최고(最古)의 이론은 플로티노스의 신플라톤주의다. 신플라톤주의의 합일론이 다발(多發) 중의 하나일 뿐 최초라고 할 수는 없을 것이나 이를 넘어선 이론은 없다고 해도 과언이 아니다. 그 이후에는 실천과 다양한 사례만 있을 뿐이다. 표준이론 역시 이에 충실히 따르고 있으므로 먼저 플로티노스가 발견한 진리부터 듣고 표준이론의 합일을 이야기한다.

신플라톤주의의 합일

신플라톤주의(Neoplatonism)는 3세기경 플로티노스에 의해서 창시되어 6세기까지 존속한 철학사조다. 플로티노스에게 영향을 미친 사상은 플라톤(BC 427~347), 아리스토텔레스(BC 384~322), 스토아학파尾98), 신피타고라스학파 등 그리스 철학과 이집트와 동양의 신비학 등으로 그에 이르러 그리스 로마 문명과 오리엔트 그리고 이집트 문명이 완전히 일체화되었다고 보아도 좋을 것이다. 만물이 궁극적 근원인 일자(一者, Hen)에 기초한다는 신플라톤주의의 이론은, 6세기의 이교(異敎)탄압으로 표면적으로는 사라졌지만 유일신 사상을 특징으로 하는 기독교에 큰 영향을 끼쳐 그리스 철학을 중세의 기독교 철학과 연결하는 매개 역할을 했다.尾99) 신플라톤주의는 인간 삶의 목적이 합일(Henosis)이라고 설파하였으며 이러한 주장은 서구에서 합일 담론의 이정표가 되었다. 신플라톤주의의 합일론은 당시까지 나타난 여러 진실들을 플로티노스가 놀라운 직관으로 포괄하여 얻은

소산(所産)이지만, 서구의 합일사상에 최초이자 최종 해답을 제시하는 표준이론이 되었다.尾100)

표준이론에서의 합일

인간에게 있어 구도(求道)의 길은 진화의 길이고 진화의 길의 종점은 신인합일이다. 그 진화의 구체적 여정은 '기 → 생기 → 생기체 → 생혼 → 각혼 → 지혼 → 영속혼 → 혼영 → 단계상승 → 합일'로 이어지고 합일은 자아발전단계의 마지막 5단계이다.

표준이론에서 합일은 '내부적 합일'과 '외부적 합일' 두 가지다. 내부적 합일은 혼이나 영에 내재한 '하느님의 영화(靈火)'와의 만남이고 외부적 합일은 우주의식이요, 창조주인 하느님과의 영적 합일로서 자아의 제5단계를 성취함으로써 얻는다.510) 내부적 합일은 우리가 매일 시도하고 경험하는 합일로서 혼과 영의 진화를 가속(加速)하고 마침내 외부적인 궁극의 합일로 인도한다. 외부적 합일은 고급 영이 달성하는 하느님과의 최종적이고 완벽한 합일이다. 본장에서 다루는 대부분의 내용은 이승에서의 일시적인 내부적 합일체험에 대한 것이다. 이승에서의 합일은 내부의 영화(靈火)를 통한 하느님과의 합일체험일 수밖에 없기 때문이다. 그러나 이러한 합일의 수준이 높아지면 외부적 합일체험도 섞일 수 있다고 본다.

표준이론에서는 영이 없는 사람도 많은데 영이 없는 사람의 합일은 어떠한 합일일까. 영이 없는 사람은 하급혼인 복합혼이나 단일혼, 또는 중급혼인 영속혼(永續魂)이 자아의 방을 차지하고 있으며, 이들 수준의 사람들이 다다를 수 있는 자아의 최고수준인 진아(眞我)는 정신체와 양심체의 비율이 6:4인 2.75단계인 양심가 자아의 혼 수준이다. 이러한 수준의 양심체로 발달하는 데는 전적으로 혼에 내재한 하느님의 불씨인 영화(靈火, 神性, 佛性)의 인도가 필요하다. 이 수준에 도달한 혼은 사후(死後) 진급하여 준영계로 갈 수도 있다.

혼의 내부적 합일(合一)은 이처럼 혼에 내재한 하느님의 불씨와의 내부적 합일이다. 따라서 영이 있는 사람이나 없는 사람이나 혼의 내부적 합일은 다를 것이 없다. 한편 영의 내부적 합일은 영에 내재한 보다 큰 영화인 '하느님의 불꽃'과의 합일이다. 그러나 외부적 합일은 영의 일이니 혼만 있는 사람은 우선 영으로의 진화가 요원하다.

---

510) 1. 합일은 '하느님을 지복직관(至福直觀)하는 체험'으로 표현된다.
2. 합일이 우선은 자신 안에 內在한 神과의 합일을 의미하는 것이나 궁극적으로는 이를 통한 歸一, 즉 외부적인 합일이다.

5.1.2.3. 여러 사상과 종교에서의 합일

5.1.2.3.1. 신비주의 사상과 합일

아예 신과의 합일을 사상의 목표로 하는 주의(主義)가 있다. 바로 신비주의(神祕主義, mysticism)다. 신비주의는 신(神)과의 직접적이고 내면적인 일치의 체험511), 즉 합일을 최고의 기치로 내거는 여러 종교와 사상의 일파(一派)다. 이미 언급한 바와 같이 신인합일(神人合一)은 인간이 자신에 내재(內在)한 신(神)을 자각하면 신과 인간의 합일이 가능하다고 보는 생각으로 이와 유사한 생각은 동서양을 막론하고 어떤 종교나 사상에서도 쉽게 찾아볼 수 있다.512) 또 성자(聖者)라는 평을 듣는 사람들은 대부분 자기 영혼의 깊숙한 곳에 내장된 하느님의 불꽃(靈火)을 찾아내어 마침내 그와 합일하는 경지에 다다른 사람들이다. 내면의 영화를 찾지 못하고 그 영화와의 합일을 경험하지 못하였다면 아직 성자라고 불리기 어렵다. 4단계 성자의 혼은 다음 생에 반드시 영화(靈化)한다. 아라한이 되고 영이 된다.

인류 영성사에 신비주의라는 이름의 종교는 따로 없었다. 그러나 신비주의자들은 어느 사상이나 종교에서도 그 일단(一團)을 찾아 볼 수 있다. 그들은 자신 안에 내재된 영화(靈火)를 찾으려는 각고의 수행과 그에 응답하는 하느님의 은총으로 마침내 영화에 이르러 그와 합일했다. 그리고 그 체험을 이웃에 전했다. 그러나 그들은 그 합일의 체험을 전하는 과정에서 자신이 속한 종교와 사상으로부터 배척당하여 목숨을 잃거나 파문당하기도 했다. 이는 각 종교의 비전(祕傳)을 독점한

---

511) 신과의 하나 됨의 체험은 유형무형의 모든 대상에 대한 집착에서 벗어나는 자아소멸을 통하여 고요한 상태에 이르는 것이다. 끊임없이 나누어 구별하고 분리하며, 판단하여 규정하고 한정 짓는 자아와 외부 간의 경계와 벽이 허물어지는 것이다. 자아가 침묵하는 상태에 이르는 것이다. 그 순간에 저 내면 깊은 곳으로부터 홀연히 떠오르는 신성과 만나게 된다. 그 신성이 '진정한 자기' '참된 나'라는 사실을 깨닫고, 받아들이고, 체현(體現)하는 것이다. 그리하여 모든 존재 안에 있는 동시에 모든 존재를 넘어서 있는 신과 결합하여 하나가 되는 것이다(금인숙, 「신비주의」).
512) 1. 모세나 부처님도 그렇고 예수님도 마호메트도 대표적인 합일의 성자이다.
2. 자신의 신비체험에 대하여 전혀 언급하지 않았던 플라톤도 사상 자체가 신비가였고 플라톤사상의 연구자나 철학자였던 플로티노스도 일자(一者)인 신과의 하나 됨을 네 번이나 직접 체험한 신비가로 자신의 신인합일에 대해 많은 기록을 남기고 있다.
3. 부처님 그리고 샹카라(Shankara 788~820)와 함께 인도의 3대 성자로 꼽히는 라마크리슈나(Shri Ramakrishna Paramahamsa 1836~1886)는 유년 시절부터 종교적 신비체험을 한 것으로 유명하다. 또 17살이 되던 해에 순식간에 덮쳐 온 죽을 것 같은 거대한 공포와 함께 내면으로부터 올라오는 불멸의 진아(眞我)를 체험한 마하리쉬(Ramana Maharshi 1879~1950)도 그러하며, 자살을 결심하고 새벽 3시에 일어나 신에게 절박한 기도를 한 썬다 싱(Sadhu Sundar Singh 1889~1929) 또한 "얼마나 더 걸려서 나를 찾으려 하느냐? 너는 바른길을 구하였다. 그러면서도 왜 그 길을 따르지 않았느냐?"라는 예수의 말씀을 듣고 놀라운 평화와 기쁨을 경험하였다.

오너그룹의 세속적 견제 때문이다. 그럼에도 불구하고 신비주의자들은 끊임없이 나타났다. 합일의 추구는 때가 된 영혼이 고향을 찾아가려는 귀소의 본능과 그를 부르시는 하느님의 손짓에 따른 것이기 때문이다.

5.1.2.3.1.1. 합일체험의 특성

합일의 체험은 자아수준이 수승한 자가 기도나 명상, 관상, 계시 등에 의하여 경험하는 신과의 합일체험으로서 신비체험에 속하나 '심령체험적인 신비체험'尾101)과 구분하기 위하여 윌리엄 제임스513)는 합일의 신비체험의 특성으로 다음 네 가지를 제시하였다.

1) 언표불능성(言表不能性) : 말로는 도저히 표현할 수도 없고, 설명할 수도 없다.
2) 순수이성성(純粹理性性) : 깊은 평온 상태에서 신성 또는 궁극적 자기(ultimate selfhood)의 실체가 직관에 의하여 명료하게 지각된다.
3) 일시성(一時性) : 신인합일의 체험상태는 오래 지속되는 것이 아니다.514)
4) 수동성(受動性) : 자아는 사라지고, 대신 내면의 신성으로부터 나오는 초월자의 능력과 의지에 의하여 우리의 존재와 우리의 삶이 새롭게 변한다.

5.1.2.3.1.2. 신비주의와 신비현상

신비주의를 초자연주의나 뉴에이지 종교와 혼동하면 안 된다. 또 초자연주의나 뉴에이지가 사용하는 계시(啓示), 채널링(channeling), 접신(接神, possession) 등과 같은 심령현상을 신비주의의 합일체험과 같은 것 또는 합일의 수단으로 보아서도 안 된다. 신비주의를 추구함에 있어서 이러한 심령현상들을 경험할 수는 있지만

---

513) 윌리엄 제임스(William James 1842~1910)는 미국의 철학자, 역사가, 심리학자이자 미국에서 심리학 과정을 제공한 최초의 교육자이다. 제임스는 19세기 후반의 대표적인 사상가이자 미국에서 가장 영향력 있는 철학자 중 한 사람이자 "미국 심리학의 아버지"로 여겨진다. 그는 미국심령연구협회(ASPR)의 창시자였다. James는 자아를 물질적 자아(하위정신체), 사회적 자아(페르소나), 영적자아(상위정신체와 양심), 순수자아(영)로 나누었다(wikipedia, 'William James' 참조).
514) 1. 힌두철학에서는 위대한 성자나 선사들은 수개월에 이르는 장기간 동안 순수의식 상태(투리야)에 머물기도 하고, 반복하여 재몰입하기도 하지만 그 상태를 계속 유지하는 것(Sahaja nirvikalpa samadhi)는 매우 어렵다고 한다. 투리야는 각성과 꿈 그리고 숙면의 의식상태가 출현하는 근저로서 초월해 있는 의식 그 자체, 즉 순수 의식을 가리키는 말로 완전한 삼매의 경지를 말한다(미주 197 '힌두철학의 의식상태와 자아의 종류' 참조). 합일의 상태는 열반상태인 삼매의 '투리야'와는 다른 해탈상태다. 따라서 투리야의 일시성을 타파하기도 어려운데 이를 넘어서는 합일의 일시성은 이승에서 당연한 것이다.
2. 그러나 기독교에서는 '예수님은 지상생활을 하고 있는 동안에도 지복직관의 상태에 있었다'고 하며 일시성(一時性)을 부인한다. 이는 철학과 종교의 차이다.

신비주의의 목적은 너와 나를 구분하는 二元的 사고방식을 극복하고 궁극적 실재와의 一元을 체험하기 위함에 있기 때문이다. 따라서 신과 인간 사이에 넘어설 수 없는 거리를 설정하는 종교는 신비주의적이라고 할 수 없다.

5.1.2.3.1.3. 17세기 이후 서양의 신비주의

서양의 신비주의는 17세기에 이르러 활성화되었다. 항해술이 발달하고 동서양 간 교류가 활발해지면서 서양인들은 신비주의가 동양의 종교와 사상에도 존재한다는 사실을 발견하고 신비주의야말로 서로 다른 종교 이면에 존재하는 핵심이라는 사실을 깨달은 것이다. 종교학이라는 학문을 새롭게 시작한 일군의 학자들을 필두로 한 지성인들과 유연한 태도를 지닌 종교인들이 대표적이다. 그들은 신비적 합일 체험이 '궁극적 실재'에 대한 직접적인 앎을 주며, 그 체험을 제 나름대로 해석한 것이 동서양의 종교와 사상일 뿐 그 본질은 모두 같은 것이라고 보았다. 요컨대 신비주의를 보편적 진리 또는 궁극이론(ultimate theory)쯤으로 여기게 된 것이다. 이들에게 신비주의는 그 당시 어느 때보다 강성해진 유물론에 맞서는 강력하고 합리적인 영성적 대안으로 부각되었다. 자연과학의 발달과 이에 따른 산업의 성장으로 인하여 팽배해진 유물론적 세계관은 수천 년 역사의 인류 정신문명에서 영성을 빼앗아가려 하였고 이에 대항하는 유력한 무기로 이들은 직접적 경험을 통해 그 객관성과 합리성을 개인적으로 확신할 수 있는 신비주의를 택한 것이다. 이는 당시 힘을 얻어 가던 개인주의와도 일맥상통했기 때문에 더욱 호응을 얻었다. 참된 종교성을 교리나 경전이 아닌 개인의 종교적 감정과 체험에서 찾았던 슐라이어마허[515]나 윌리엄 제임스가 그 대표적인 사상가들이다.

5.1.2.3.1.4. 신비주의의 변질

신과 하나 됨의 신비체험은 지복과 열락의 체험과 함께, 앞서 말한 여러 심령현상도 수반한다. 영상과 소리, 진동, 예지력과 예언력, 투시력과 치유력 등의 심령현상은 신비체험 과정에서 생겨나는 현상들이다. 이러한 현상은 사람들에게 유용하게 사용될 수 있다. 그런데 문제는 이러한 심령현상이 이기와 자존심의 강화수단이나 혹세무민의 도구로 이용될 수 있다는 점이다. 그러한 사례는 수없이 많다. 원래 세계종교의 교조(教祖)들은 모두 위대한 신인합일의 체험가들로서 '인간은

---

[515] 슐라이어마허(Schleiermacher, Friedrich Ernst Danie 1768~1834)는 독일의 프로테스탄트 신학자, 목사, 철학자였다. 할레 대학의 교수로서 종교의 본질은 敎義나 傳承 그리고 인식이나 도덕이 아니라 사고와 존재의 통일로서의 신에 대한 '절대 의존의 감정'이라고 주장하였다.

누구나 신'이라는 진리를 각성한 사람들이자, 신과 하나 되는 길을 몸소 보여주었던 성자(聖者)들이었다. 교조들은 대부분 교회의 설립에는 별로 관심이 없었다. 그렇지만 그 제자들은 달랐다. 그들은 스승의 사후에 교단을 조직하여 스승을 신격화하였으며 나아가 스승의 가르침 중에서 일부만을 선택적으로 발췌하거나 왜곡하여 선악의 이분법적이고 배타적이며 독선적인 해석체계를 확립한 후 이를 교조화(敎條化)하고 절대화하여 교단을 형성하고 교회를 열었다. 그리고 타종교를 배척하고 적대시하며 권력과 결탁하여 신의 이름으로 사회불평등을 정당화하고 사회모순을 은폐하는 역할을 하였다. 나아가 신의 이름으로 타국을 악으로 규정하여 전쟁을 일으켜 자국민을 죽이고 타국민을 정복하는 짓까지 서슴지 않았다.516) 이러한 행태는 오늘날에 더욱 악화되고 있다. 최근의 사이비 종교들은 교조부터 나서서 심령현상을 이용하여 추종자들을 규합하고 敎團형성을 꾀하려 한다. 여기서 중요하게 지적해야 할 사실은 신비가라도 그의 영의 수준이 높다는 것일 뿐 그의 혼의 자기중심적이고 이기적인 저질성은 또 다른 문제라는 점이다. 영과 혼 간의 커다란 수준차이는 부처를 돼지로 만든다.517)

상업주의 또한 문제다. 신비현상은 엄청난 상품가치를 지니고 있는 돈벌이의 寶庫다. 신비주의를 경쟁력 강화요소쯤으로 여기는 상업주의는 존재의 근원인 영성까지도 영리추구를 위한 수단으로 이용한다.

5.1.2.3.2. 영지주의와 합일

영지주의(靈智主義, Gnosticism, Gnosism, 나스티시즘, 그노시즘)518)는 기원전 1세기에서 기원후 2세기에 이르는 시기에 한때 유럽 전역을 풍미하였던 종교적 사상으로 알려져 있으나 사상체계가 복잡하고 다양하여 그 정확한 기원과 역사를 알 수 없으며 그처럼 국지적이고 일시적인 사조(思潮)도 아니다. 영지주의는 어느 한 사상에서 기원하였다기보다는 동서고금을 통틀어 다양한 연원을 지니며 자생적으로 발현하였다고 보는 것이 타당하다.519)

---

516) 금인숙, 「신비주의」 참조
517) 12.4.4. '십년공부 허사' 참조
518) 1. 금인숙, 「신비주의」 참조
2. 'Gnostic'이란 단어는 고대의 영지주의 종교 운동의 반대자들이 이 운동에 속하는 사람 또는 단체를 지칭하는 용도로 주로 사용되었다. 당시에 이 종교 운동의 분파들 중 기독교 계통에 속한 사람들은 자신들을 단순히 기독교인이라 불렀다. 나스티시즘(Gnosticism)이나 그노시즘(Gnosism)이라는 낱말은 고대에 존재하였던 이 종교 운동을 특별히 가리키기 위해 현대 학자들이 그리스어로 지식을 뜻하는 '그노시스(Gnosis)'라는 낱말로부터 만든 말이다. 표준이론에서는 영지주의를 일반적으로 쓰이는 나스티시즘보다는 그노시즘이라 표시한다. 원어인 그노시스와 바로 연결되기 때문이다.

따라서 중근동에서 발생한 고대적 형태의 '神話的 영지주의'520)와 그 영향을 받은 그리스와 기독교 초기 영지주의를 영지주의의 근원이라거나 영지주의의 모든 것이라고 할 수 없다. 다만 영지주의의 연구에 있어서 오늘날 거대 종교인 기독교가 초기에 그 중요한 교리의 기반을 한때 신화적 영지주의에 두고 있었기 때문에 영지주의에 대한 연구는 주로 여기에 집중되어 왔으며 따라서 영지주의라고 하면 신화적 영지주의를 의미하는 경우가 많다. 그러나 영지주의는 힌두에서 기원한 다양한 종교와 사상, 그 영향을 받은 이집트와 메소포타미아의 여러 종교, 그리스의 플라톤철학과 신플라톤주의, 스토아학파의 범신론, 헤르메티시즘(Hermeticism), 유대 신비주의 카발리즘, 초기 기독교사상521) 나아가 근대의 신지학, 신과 나눈 이야기의 월쉬나 유란시아서 등 뉴에이지, 우리나라의 천도교나 대종교, 원불교 등 수많은 동서고금의 여러 종교와 사상 속에 공통으로 나타나는 발출(Emanation)을 중심으로 한 우주와 세계, 인간과 신에 대한 관점으로 파악하는 것이 옳다. 그러나 설명한 대로 초기 기독교와 관련되는 '신화적 영지주의'의 역사적 위치를 고려하여 여기에서도 이를 중심으로 영지주의를 거론한다.

'영지(靈智)'로 번역된 헬라어 그노시스(Gnosis)는 '신비적이고 계시적이며 밀교(密敎)적인 지식 또는 깨달음'을 의미한다. 그런데 단순한 지식이 아니라 '아는 것', 그것도 양심과 靈의 직관과 영감에 의한 직접적이고도 개인적인 신비체험에 의해서 아는 것을 뜻한다.522) 그러므로 그노시스의 정확한 의미는 '우리의 영혼 안에

---

519) 1. 영지주의란 '사람의 영혼은 하느님으로부터 발출하였다는 생각에 기반을 둔 모든 종교와 사상'을 의미한다고 넓게 보는 것이 맞다. 발출(발산, Emanation, aporrhoia) 사실을 아는 것 자체가 가장 중요한 영지이기 때문이다. 발출론(Emanationism)은 자연스럽게 귀일(합일)하는 방법에 대한 노하우를 교리의 주요 콘텐츠로 포함한다.
2. 이러한 생각이 동서고금에 자생적, 독립적으로 발현한 이유는 혼에 내재하는 하느님의 불씨(靈火) 때문이다. 자아의 방에 관심을 가진 사람은 누구나 그 안에서 하느님의 불씨를 발견할 수 있다. 불씨는 神性이고 신성은 우리를 내부적 합일로 유인한다. 따라서 불씨를 자신의 근원으로 보면 당연히 영지주의적이 된다. 세계 각처에서 영지주의가 자생적으로 발현한 이유다. 신화적 영지주의는 영지주의가 그리스로마 신화와 결합한 영지주의의 하나의 형태일 뿐이다.
520) '신화적 영지주의'는 물질우주는 데미우르고스(demiourgos)라고 불리는 불완전한 하위의 신이 최고 신의 스피릿 즉 프네우마(Pneuma)의 일부를 사용하여 창조한 세계라는 극단적 이원론적 세계관을 지닌 중근동과 고대 그리스를 기반으로 한 영지주의를 가리킨다.
521) 1. 정통기독교도 하느님의 '네샤마'가 사람의 혼을 생령(生靈)으로 변화시켰다는 영육(혼육)이원이나 네샤마가 사람의 영이 되었다는 영혼육 삼원이나 모두 영혼의 하느님으로부터의 발출을 말하는 것이라고 보면 영지주의의 범주에 들어가는 종교다.
2. 초기 기독교 영지주의 복음서로는 유다복음, 마리아복음, 빌립복음, 도마복음 등이 있다. 특히 1945년 이집트 나그함마디에서 발견된 도마복음이 유력하다. 누구는 도마복음의 복음성을 인정하지 않을 수 없어 예수님의 광야체험전의 어록(語錄)으로 이해한다.
522) Gnosis는 지혜서 7:7~11을 떠올리게 한다. 또 지혜를 하느님의 불씨로 해석하여도 전혀 무리가 없다.
7 내가 기도하자 나에게 예지가 주어지고 간청을 올리자 지혜의 영이 나에게 왔다.
8 나는 지혜를 왕홀과 왕좌보다 더 좋아하고 지혜에 비기면 많은 재산은 아무것도 아니라고 생각하였

그리고 삼라만상 안에 현존하시는 하느님523)을 체험으로 아는 것'이다. 하느님 체험은 신비주의의 '합일체험'과 동일하다. 따라서 '영지(靈智)'란 '합일의 노하우'다.524) '一元으로의 합일로서 무아(無我)에의 지혜'를 뜻하는 불교의 개념인 반야(般若) 또한 이러한 그노시스의 의미와 잘 부합한다고 본다.

신화적 영지주의는 3세기에 이르기까지 로마 제국과 고트족의 점령지, 또 사산조 페르시아(Sassanian Persia)525)의 영토 등 지중해 세계와 중동으로 전파되고 발전하였다. 그러나 4세기 이후에 로마제국에서는 기독교 영지주의에 대한 황제의 탄압으로 그 세력이 크게 위축되고 영지주의 문헌들의 거의 대부분이 파괴되어 사라졌으며 남아있는 유럽의 영지주의자들도 11세기에 이르러 알비 십자군526)의 대량학살로 인해 그 수가 크게 감소하였다.[尾102] 그러나 소수의 만다야교[尾103] 공동체들이 이라크 남부등지에 아직까지도 남아있다.

신화적 영지주의 사상은 19세기 후반과 20세기 유럽과 북아메리카에서 있었던 많은 밀교적·신비주의적 운동527)의 철학에 큰 영향을 끼쳤다. 이들 중 일부는 자신들을 고대에 있었던 영지주의 운동의 부활 또는 연속이라고 생각한다.

으며
9 값을 헤아릴 수 없는 보석도 지혜와 견주지 않았다. 온 세상의 금도 지혜와 마주하면 한 줌의 모래이고 은도 지혜 앞에서는 진흙처럼 여겨지기 때문이다.
10 나는 지혜를 건강이나 미모보다 더 사랑하고 빛보다 지혜를 갖기를 선호하였다. 지혜에서 끊임없이 광채가 나오기 때문이다.
11 지혜와 함께 좋은 것이 다 나에게 왔다. 지혜의 손에 헤아릴 수 없이 많은 재산이 들려 있었다.
523) 영지주의자(Gnostics)에게 하느님은 자기의 의지대로 세상을 좌지우지하는 지배자가 아닌 모든 존재의 근원로서의 우주의식이자 시간과 공간을 넘어선 존재의 원천이다. 모든 생명체 하나하나의 내면 깊은 곳에 있는 빛, 일자(一者, Hen)요 신성(神性)이요 불성(佛性)이자 영화(靈火)다.
524) 신에 대하여 안다는 것은 특정의 시대와 장소에 한정된 사회와 세계에 갇혀서 살아갈 수밖에 없는 인간으로서 우리들 각자가 참으로 어떤 존재이며, 어디에서 왔고, 어디로 가고 있으며, 진정으로 돌아가야 할 곳은 어디이고, 지금 무엇을 하고 있으며, 참으로 해야만 하는 일은 무엇인가를 아는 것이다. 다시 말하면, 내면 속으로 침잠해 들어가 자기의 본질로서 존재하는 하느님을 체험으로 아는 것이다. 우주처럼 광대하고 심연처럼 깊어서 도저히 헤아릴 수도 없고 나눌 수도 없는 무한자이고 완전자인 신의 존재는, 이성과 언어의 논리력이나 분석력에 의해서는 결코 파악될 수 없다. 내면의 깊은 곳으로 들어가 신과 하나 되는 합일의 신비체험, 내면의 신성으로부터 저절로 나오는 통찰에 의해서만 신을 알 수 있다. 그래서 '영지(靈知)'라고 하는 것이다.
525) 208~224년에 아르다시르 1세가 세워 637~651년 아랍인들이 멸망시킨 고대 이란 왕조.
526) 알비 십자군(Albi 十字軍)은 1209년부터 1229년까지 있었던 십자군으로 교황 인노첸시오(Innocentius 1160~1216) 3세가 프랑스의 카타리파를 이단으로 규정하고 토벌을 주장하면서 결성되었다. 카타리파의 중심지인 랑독 지역을 공격하여 약 20만에서 100만 명에 달하는 사람들을 무참히 학살하였다(미주 106 '교황 인노첸시오 3세의 카타리파 살육' 참조).
527) 신지학이 그 대표적인 사상이다.

5.1.2.3.2.1. 기독교 영지주의

신화적 영지주의는 2세기 이후에 기독교에 접목되어 일단의 교파를 이루었다. 기독교 내의 초기 영지주의 학자는 발렌티누스(Valentinus)[528], 바실리데스(Basilides)[529], 마르키온(Marcion)[530] 등이 있다. 이들은 하느님께서 계시한 거룩한 비밀로서의 '그노시스'를 통해 구원받을 수 있다고 하며 초월적이며 절대자인 하느님과 '데미우르고스(demiourgos)'로 표현되는 창조주 하느님을 구별하는 이원론을 주장하였다.[531] 그리스도도 하느님의 그노시스를 전달하는 전달자 또는 그노시스를 통해 구원을 촉진하고 자아의 단계를 성장시키는 성인으로 해석한다.[532]

그러나 기독교 정경(正經) 중 신약성경의 후기 저작인 요한 1서와 바오로 서신에

---

[528] 1. 발렌티누스는 2세기경의 이집트 기독교 그노시스파의 대표적 철학자로 알렉산드리아와 로마에서 교육활동에 종사하였는데(135~160), 오리게네스, 클레멘스 등이 그의 제자이다. 발렌티누스 주의를 제창하여 최고의 신(One, Monad)과 인간 사이에 몇 개의 단계를 두어, 이들을 에온(Aeon)이라고 하고 사람은 예수 그리스도의 힘에 의해서 이 단계를 상승할 수 있다고 설파하였으나 나중에 이단으로 몰려 파문당했다.
2. 에온(Aeon)은 영지주의에서 신과 세계를 매개하는 '세계의 영혼'을 뜻한다(백민관, 「가톨릭에 관한 모든 것」).

[529] 바실리데스(Basilides)는 이집트 알렉산드리아의 초기 기독교 영지주의 교부들 중의 한 명으로 AD 117~138년 동안 가르침을 폈다.

[530] 1. 마르키온(Marcion of Sinope 85~160)은 초기 기독교 신학자로서 스스로 사도 바울의 후계자로 여겼으며 구약성경의 하느님은 신약성경의 하느님과 다르다고 주장하며 신약성경을 구약성경과 분리할 것을 역설하였다. 또한 그리스도의 가현설(假現說, docetism)을 주장하였다. '가현설'은 예수님은 잠시 인간의 몸을 빌려 그 안에 居(화생)하였을 뿐이고, 본질적으로 인간으로 태어나지도 않았고 따라서 십자가에서 죽지도 않았다는 마르키온의 주장인 화생(化生)론과 예수님의 육체 자체가 환상(phantasm)이었다는 환상(幻像)론이 있다.
2. 표준이론으로 볼 때 사춘기 이전에 혼만 있던 몸에 영이 부임하는 일은 당연한 일이다. 다만 화생(化生)은 영이 몸에 임하는 시기가 30세 전후로 좀 늦은 편이며 화생 후 당사자가 영성에 큰 변화를 보인다는 점이 특징이다. 또 화생의 경우 명종 전에 영이 몸에서 떠날 수도 있다. 화생론에서 예수님이나 부처님이 대표적 사례로 꼽히며 조로아스터나 덴마크의 영성가 마르티누스 등도 주장된다(5.2.2. '영 따로 혼 따로의 증거' 참조). 사무엘상 16:13에서 다윗에게 주님의 영이 들이닥친 일도 화생일 수 있다.

[531] 구약의 여호와 하느님을 데미우르고스로 해석하여 절대자 하느님(One)과 구별한다. 데미우르고스는 하느님에게서 발출된 에온(Aeon)에 속한다.

[532] 다수의 영지주의자들은 예수님을 지상의 인류를 구원할 수단인 그노시스를 인류에게 가져다주고 가르치기 위하여, 지복(至福)의 플레로마를 떠나 고통이 가득 찬 물질계에 탄생하는 희생을 기꺼이 감수한 지고한 존재(Monad, One)의 물질적 화신이라 여겼다. 나그함마디 문서에 포함된 영지주의 문헌들 중의 하나인 「이집트 복음서」에서는 아담과 이브의 셋째 아들인 셋이 예수의 전생들 중의 하나라고 보고 있는데, 물질계라는 감옥으로부터 사람들의 영혼을 구원하기 위해 셋이라는 메시아로 화신하였던 것처럼 동일한 목적을 위해 다시 예수라는 메시아로 화신하여 나타난 것이라고 보고 있다. 또한 영지주의 성전(聖典)들 중의 하나인 「피스티스-소피아」에 따르면, 예수는 십자가에 못 박히고 부활한 다음 하늘로 승천하여 지상을 완전히 떠난 것이 아니라, 이 일시적 승천 후 다시 지상으로 와서는 지상에서 자신의 제자들을 11년간을 더 가르쳤는데 그 가르침이 그노시스였다고 전하고 있다(위키백과, 영지주의 참조).

서는 이 영지주의 종파를 경계하고 있다.533) 교파 간의 이견과 다툼이 보이는 것이다. 2~3세기에 영지주의 교파와 반대편에 선 학자들로는 이레니우스(Irenaeus)534), 테르툴리아누스(Tertullianus 155~240) 히폴리투스(Hippolytus 170~235) 등이 있다. 기독교가 로마의 국교로 공인받는 4세기에 이르러 영지주의(靈智主義)는 로마황제에 의하여 거세당하여尾104) 교단에서 사라지는데 이후 1945년 이집트 나그함마디에서 도마복음 등 영지주의 기독교 경전들이 발견되기 전까지는 주로 이 반영지주의 교부들의 저술로 영지주의 사상의 전모가 파악되었다.

혹자는 기독교의 뿌리가 영지주의라고 주장한다. 원시기독교의 형성시기에 영지주의는 그리스도사상의 핵심을 이루고 있었다는 것이다. 초기 교부들의 진술이나 도마복음 등 영지주의 계통의 복음, 초기기독교에서 한때 영지주의 기독교가 유력한 종파였다는 사실, 오늘날까지 남아있는 그노시즘 종교인 만다야교(Mandaeism)가 세례 요한의 직계 후손인 만다야인(Mandaeans)의 종교라는 사실535), 예수님 또한 시대상황으로 볼 때 신비주의적 성향이 강한 유대교 에세네파尾105)의 영향을 받았을 것이라는 짐작 등을 볼 때 그 개연성이 없지는 않으나 영지주의를 원시기독교의 핵심사상으로까지는 볼 수 없다고 생각된다. 복음을 전하고 진리를 펴시러 오신 분이 기왕의 사상에 얽매이시지는 않았을 것이고, 또 기독교 영지주의가 역사에서 사라진 것도 하나의 섭리가 아니겠는가.536)

이후 기독교 영지주의는 11세기의 이탈리아와 남부 프랑스를 중심으로 카타리파라는 이름으로 기독교 내에서 다시 부흥하였으나 교황청의 극심한 탄압을 받고 사라졌다.尾106)

---

533) 1. 요한1서 4장 2절 이하에서는 하느님의 아들이 육신을 입고 오심을 부정하는 자는 적그리스도의 영이라고 강하게 경고하고 있다.
2. 사도 바오로도 디모테오에게 보낸 첫째 편지 4장 1절에서 '훗날에 사람들이 거짓된 영들의 말을 듣고 악마의 교설에 미혹되어 믿음을 버릴 때가 올 것이라고 성령께서 분명히 말씀하십니다. 이런 교설은 거짓말쟁이들의 위선에서 오는 것이고 이런 자들의 양심에는 사탄의 노예라는 낙인이 찍혀 있습니다. 이런 자들은 결혼을 금하고 어떤 음식을 못 먹게 합니다. 그러나 음식은 하느님께서 만들어 주신 것으로서 진리를 깨닫고 신도가 된 사람들이 하느님께 감사하는 마음으로 먹으라는 것입니다'라고 하며 당시 영지주의자들을 비판한다(총신대학교 변상규 교수).
534) 성 이레니우스(Irenaeus 130~202)는 로마제국의 영토였던 갈리아 지방 루그두눔(프랑스 리옹 지역)의 주교이자 초대교회 신학사상을 구축한 교부인데, 마태오, 마르코, 루카, 요한복음만을 정경으로 인정했다.
535) 미주 103 '만다야교(Mandaeism)' 참조
536) 영지주의의 핵심을 영지(靈智)와 발출(發出)로 이해한다면 영지는 복음(福音)이요 발출은 네샤마(neshamah)이니 오늘날 기독교 또한 영지주의적이라 하여도 틀린 말은 아닐 것이므로 기독교에서 영지주의가 영영 사라졌다고 단언할 일은 아니다.

5.1.2.3.2.2. 정통파 기독교와 영지주의 기독교의 차이점[537]

정통파 기독교	영지주의 기독교
창조주가 피조물을 無에서 창조하였다.	진정한 자아인 영은 신성으로부터 발출된 것인데 失樂하여 물성에 묶여 있다.
피조물과 창조주를 분리시키는 것은 원죄이며 회개만으로 속죄할 수 있다.	인간의 고통은 환영이며 靈智로써 無明으로부터 탈출하여 구원된다
예수는 속죄로 인도하는 구세주다.	예수는 영지를 드러내 보여주는 계시자다.
그리스도는 실락한 자아를 초월한 주님이시며 하느님의 아들이다.	'말씀'으로 인하여 그 사람의 내부에서 '살아 있는 예수'가 각성된다.
물질과 영은 동등히 선하게 창조되었다.[538]	물질 세상은 구원에 이르는 길에 놓여 있는 장애물이다.
신경 등을 통해 명확한 진술로 신학적 교의들을 표명하였다.	상징과 신화, 그리고 시적인 글들로 신학적 교의들을 寓話的으로 표명하였다.
사도들의 전통을 잇고 있는 남성 중심의 교계 제도를 유지한다.	순회 설교자·교사·예언자(여성 포함)들이 사도이다.

이외에도 윤회를 믿는지 여부[539], 영혼육의 인간론[540]과 혼육의 인간론 등에서 양자 간에 큰 차이가 발견된다.

5.1.2.3.3. 기독교 신비주의와 합일

그리스도교는 선인(善人)은 죽어서 신을 직시(直視)한다고 한다. 그러나 현세에서 그러한 경험을 선취(先取)하려고 하는 노력이 예로부터 수도자들에 의해 행해져 왔다. 즉 기도와 수도를 통하여 신으로부터 주어지는 지복직관(至福直觀)[541]의 신

---

537) 가톨릭 백과사전(Encyclopedia of Catholicism), 영지주의/영지주의자 참조
538) 전능하신 아버지, 하늘과 땅과 유형무형한 만물의 창조주를 믿나이다('니케아-콘스탄티노폴리스 신경' 참조).
539) 정통파 기독교의 교부인 오리겐에 따르면, 바실리데스는 '사람이 구원을 성취하지 못하고 죽었을 때 받는 유일한 벌은 이 세상으로 다시 태어나는 것'이라고 가르쳤다. 그런데 오리겐은, 바실리데스가 가르친 윤회의 교의로 인해, 악한 행위를 하면 죽어서 지옥에 가게 된다는 두려움을 가지게 하여 선한 행위를 하게 만드는 '유익한 두려움'이 사라져 버리게 되었다고 불만을 제기하였다(위키백과, 윤회). 이러한 오리겐의 어처구니없는 생각은 나중에 로마황제에 의해 정치적으로 채택되어 기독교리에서 윤회론이 영영 배격되는 어처구니없는 일을 초래했다.
540) 영지주의는 인간을 영과 활력(생기체) 그리고 물질(육체)로 구성된 존재로 보는 한편 한편으로는 인간을 영적인 인간(Pneumatics), 정신적인 인간(Psychics), 물질적인 인간(Hylics)의 세 부류로 구분함으로써 영혼육의 삼원론과 유사한 주장을 하였다(8.11. '영지주의의 인간론' 참조).
541) 지복직관(至福直觀, 라틴어 Visio beatifica 영어 beatific Vision)은 하느님을 직접 뵙는 것으로 천국의 행복한 상태이다. 가톨릭 교회의 정의에 의하면 의인의 영혼은 "하느님의 본성을 직접 얼굴을 맞대고 본다. 그 결과 신의 본질은 어떤 피조물을 통해 간접적으로가 아니라 직접, 있는 그대로, 명확히

비적 체험을 추구하는 기독교 신비주의의 전통이 있어 온 것이다.尾107)

그러나 기독교가 로마의 국교로 등장하면서 영지주의에 대한 탄압과 더불어 기독교에서 신비주의는 쇠퇴하기 시작하였다. 예수를 인류의 구원자가 아닌 깨달음을 얻은 붓다와 같은 사람으로 보는 일부 신비주의자들의 주장은 예수가 갖는 구원자로서의 신성을 강조하는 전통적인 교리와 상충되었다. 그러나 기독교 신비주의의 대부인 위(僞) 디오니시우스尾108) 이래, 기독교 내부에는 신비주의자들이 계속 있어 왔고 마이스터 에카르트(Meister Eckhart 1260~1327)[542]를 비롯한 많은 신비주의자들은 정통과 異端의 경계를 넘나들게 되었다. 특히 인간이 사후가 아닌 육체를 가진 동안에도 신과 하나가 됨으로써 신성을 체득할 수 있다는 신비주의의 핵심주장이 문제였다. 정통기독교가 사후에 가게 되는 '천국'을 종교 생활의 주된 목표로 제시했다면, 신비주의자들은 살아서 경험하는 내면의 천국 혹은 신과 하나 됨이라는 신비적 합일 상태를 종교 생활의 궁극적인 목적으로 삼았던 것이다. 그래서 신비주의는 제도권 밖의 비공식세계에서 주로 성장하며 그 명맥을 이어갔다. 16세기까지 기독교는 신비주의자들을 회의적인 눈초리로 바라보았다. 신비주의자들의 폭발적인 영성은 찬탄과 불러일으킴과 더불어 그만큼 강력하게 전통적인 교리를 위협하기 때문이었다. 실제로 가톨릭과 이슬람의 역사에서 탄압을 받았던 신비주의자들을 찾기는 그리 어렵지 않다. 자신이 곧 신이라고 주장한 탓에 사형을 당했던 이슬람 신비주의자 알 할라지(Al-Hallaj 858~922)[543]나 이단으로 심판받아 십자가에서 화형을 당했던 마거릿 포레(Marguerite Porete 1255~1310)[544]가 그 대표적인 사례였다. 하지만 기독교 신비주의자들尾109)은 영

숨김없이 알려진다."(Dez. 1000-2) 그뿐만 아니라 성인들의 영혼은 "삼위일체의 하느님을 있는 그대로 똑똑히 본다."(Dez. 1304-6) '직관'이란 것은 육체의 시력과의 유비(類比)를 통해 정신적으로 보기 때문이다. 시력은 인간의 감각 중에서 가장 포괄적인 것이고 '지복'이라 함은 하느님을 직접 보는 것으로써 인간 존재 전체의 행복을 낳게 하기 때문이다. 그리고 하느님을 직접 보는 결과로서 하느님의 행복에 참여하게 된다. 천사도 지복직관을 누리고 있고, 그리스도의 인성은 지상생활을 하고 있는 동안에도 지복직관의 상태에 있었다(가톨릭대사전, 지복직관 참조).

542) 독일의 신학자 마이스터 에카르트는 신의 본질을 지성으로 규정하면서, 신은 인식함으로써 비로소 존재하게 된다고 주장하였다. 여기에서의 지성은 초월적인 지성으로서 인간은 신과 하나가 되는 신령스러운 경지로 들어가야만 신을 지각할 수 있다. 하느님을 알려면 곧 하느님과 하나가 되어야 한다는 것이다.

543) 할라지(al- Hallāj 858~922)는 이슬람교의 신비 사상가, 시인, 교사였다. 금욕주의와 신비주의를 제창하며 각지를 돌아다니다 908년 메카에서 바그다드로 왔다. 그는 "나는 진리이다."라는 말로 잘 알려져 있다. 설교자로서 많은 추종자를 얻었으며 종교적, 정치적 혐의로 오랜 기간 감금 된 후 처형되었다. 이후 그의 죽음을 그리스도의 수난 재현으로 간주하는 전통이 생겼다. 그는 수백 장(章)에 이르는 아랍어 산문(散文)의 단장(斷章)과 150편의 시(詩)를 남겼다. 다음은 그의 시 중 한 구절이다.
나는 마음의 눈으로 나의 주님을 보았네
나는 '당신은 누구십니까?'라고 물었더니 그는
'당신'이라고 대답했네.
(wikipedia, 'Al-Hallaj' 등 참조)

성의 고갈 시기나 위기 시에 전면에 나타나 그리스도정신을 쇄신시키는 역할을 수행하여 왔다. 현대에 이르러 기독교는 과학주의의 만연으로 신도 수가 크게 줄어드는 한편 정치적으로는 민주주의가 크게 발달함에 따라 반인권적이고 비민주적인 요소들이 교리에서 제거되거나 많이 완화되었으며 나아가 성령쇄신운동이나 관상수도회 등의 역할이 공공연해지면서 신비주의적 요소를 비난하는 일은 점차 잦아들고 있다.

그러나 아직도 일부 프로테스탄트 신학자들545)은 가톨릭의 신비 사상이 신플라톤학파와 같은 이교도들의 신비 사상과 흡사하고 때로는 범신론적 위험에 빠진다는 이유를 들어 복음적 구원론과 위배되는 반(反)그리스도교적 사상이라고 비난한다. 또한 캘빈주의를 표방하는 일부 교파에서는 '은사중지설'을 주장하며 신비현상 자체를 부인하고 있다.546) 그러나 요한복음서, 바오로 서간, 묵시록 등 성경에서도 신비체험에 대하여 기술하고 있으며 신비가들이 복음 정신을 철저하게 살아왔다는 명백한 사실과 그들이 참된 그리스도의 정신을 보여줌으로써 그리스도의 신학에 기여한 사실은 부인할 수 없다.547)

가톨릭에서의 신비주의

가톨릭에서의 신비주의의 실천 즉 신비생활은 그리스도교 신자들이 더 완전한 생활을 추구하기 위하여 광야로 물러가 혼자서 기도에 힘쓰는 한편, 거기서 한 걸음 더 나아가 물질생활, 육신의 욕망, 세속적인 노심초사(勞心焦思)에서 해방되어 자기를 완전히 버리고, 절대자에게 귀의(歸依)해 '하느님과의 일치'를 도모하는 영

---

544) 마거릿 포레(Marguerite Porete)는 관상과 활동 사이의 모든 장벽을 신비적 기도 체험을 통해 제거하고, 사랑을 그리스도교의 가장 중요한 가르침으로 삼아 인간 영혼이 하느님과 일치할 수 있는 길을 저술(The Mirror of Simple Souls)하고 이야기하였다. 그러나 마거릿은 이단자로 낙인찍혀 종교재판에 소환되었으며 18개월이나 감옥에 갇혀 지내다가 결국은 유죄판결을 받고 파리의 그레베 광장에서 화형을 당했다. 마거릿 포레가 자신과 하느님의 일치를 아름다운 언어로 노래한 다음 구절은 깊은 울림을 전해 준다.
"그녀는 바다에서 흘러 나가는 물과 같이 되어 세느강처럼 자신의 이름을 지니게 된다. 그러나 이 물이나 강물이 다시 바다로 돌아오면 그동안 자신의 임무를 이루느라 많은 나라에 흘러들어 갔을 때 자신이 취했던 방향이나 이름 모두를 잊게 된다. 이제 이들은 바다에서 쉼을 얻고, 그리하여 모든 수고에서 벗어난다."

545) E. Brunner, R. Niebuhr, J. W. Oman 등

546) 은사중지설(cessationism)에 따르면 기사(奇事, wonder)와 표적(表蹟, sign)은 사도됨의 증명수단이었다. 사도시대에 그들의 가르침이 예수님으로부터 직접 받은 것임을 담보해 주는 증표인 것이다. 따라서 사도시대 이후에는 더 이상의 기사와 표적은 필요 없게 됐다. 그들은 예수님께서 유대인들이 표적을 구하는 것을 책망하신 것을 근거로 표적을 구하는 것은 불신앙이라고 말한다. 그러나 기사와 표적의 實在와 은사지속설(continualism)의 강력한 도전을 받고 그 勢가 많이 약화되었다.

547) 백민관,「가톨릭에 관한 모든 것」참조

성 생활을 말한다. '하느님과의 일치'는 먼저 하느님을 직관(直觀)하여야 하는데 우선 기도(觀想)에 몰두하면서 짧은 동안이나마 하느님과 접촉하는 초보 단계가 있고, '신비적 결혼'이라 부르는 하느님과의 일치에 이르는 최고 단계가 있다.548) 그런데 그리스도교의 하느님과의 일치는 사랑과 뜻의 일치를 말하며, 창조주와 창조물은 어디까지나 구별되어 있다. 개인의 개별성(individuality, 개성)뿐 아니라 개체성(separateness)의 일부도 유지된다는 의미다. 기독교 내에서 신비주의가 중세 이래 아직까지 불경(不敬)과 이단(異端)의 그림자를 가진 것은 이러한 구별을 부인하는 신비주의의 원천적 속성에서 기인한다.

한편 신비 상태를 나타내는 현상은 꿈, 특수 구변(口辯), 황홀경, 성현성(聖顯聖, visio, 발현)549), 탈혼(脫魂, ecstasis) 등의 체험으로, 그리스도교 신학자들은 이를 신비주의의 부수적인 현상으로 인정하긴 하지만 신비 생활의 본질은 아니라고 본다. 그뿐 아니라 이런 현상들은 참된 신비 생활을 하는 데 가끔 방해물이 되기도 한다. 그리고 신비적 결혼의 최고 상태에 이르면 신비체험의 물리적 현상들은 없어진다고 한다.

5.1.2.3.4. 이슬람 신비주의 수피즘의 합일

무함마드(Muhammad 570~632)에서 시작된 이슬람교는 유대교와 기독교의 전통과 같은 뿌리에서 발전되어 나왔다.550) 신비주의 전통에서도 이들 세 종교는 거의 비슷하다. 다만 기독교 신비주의와 대조적으로 초창기 이슬람 신비주의는 제

---

548) 1. 아빌라의 성녀 데레사는 신비적 명상의 생활로 가는 단계를 다음 네 가지로 구분했다(백민관, 「가톨릭에 관한 모든 것」).
1) 정적(靜寂)의 기도, 즉 완전 정신 집중을 하여 일체의 잡념 없이 평온한 상태에서 기도한다.
2) 완전 일치, 즉 마음속에 하느님만이 현존한다.
3) 탈혼 상태, 즉 육체의 감각 기능을 사용하지 않는다.
4) 그리스도교의 신적 생명에 참여, 즉 하느님과의 사랑의 일치인 지복직관을 맛본다.
또 데레사 성녀는 「영혼의 성」에서 7궁방을 이야기하며 합일의 단계를 설명한다. 그리스도교 영적 여정에는 '수덕의 차원'과 '신비의 차원'이 있는데 첫째부터 셋째 궁방은 구송 기도와 묵상을 훈련하는 수덕적인 단계이며, 넷째 궁방은 신비적인 단계로 넘어가는 과도기로 하느님의 부재(不在)를 체험하고, 다섯째부터 일곱째 궁방은 단순 일치, 순응 일치, 변형 일치를 경험하는 신비적인 단계이다.
2. 그러나 관상에 의한 지복직관의 경험은 17세기에 정적주의(靜寂主義)가 이단으로 배척되면서 가톨릭에서도 경계되어 왔다. 가톨릭의 신비주의는 이단과 정통의 아슬아슬한 경계를 넘나들면서 그 명맥을 이어온 셈이다. 이 역시 제도종교의 폐해(弊害)다.
549) 顯聖이란 현귀(顯貴)한 사람이 죽은 후(後)에도 신령(神靈)이 되어 나타난다는 의미로 성스러운 현성인 聖顯聖(visio)은 發現(apparition)의 뜻이다.
550) 이슬람교와 기독교 그리고 유대교 이 세 제도종교는 전통의 뿌리가 서로 같다. 유목사회의 호전성을 반영하는 인격신의 개념도 같고, 유일신의 신탁에 기초한 계시종교인 것도 같다. 경전과 율법을 중시하는 주지주의의 성향이 강한 것도 같고, 에고로부터 벗어나 신에게 다가가는 방법으로 사랑을 강조한 것도 같다(금인숙, 「신비주의」).

도권 안에서 주로 성장하고 발전하였다. 그러나 이슬람의 번영과 제국건설이라는 정치적이고 교회적 목적에서 체계화된 율법서와 교리가 정착하면서 이슬람과 그 신비주의 사이에는 즉시 갈등과 마찰이 일어났다.

8세기 초반에 물질주의에 반대하는 종교운동으로 발생한 이슬람 신비주의인 수피주의(Sufism)는 독특한 신학이론을 발전시켰으며 10세기부터 신비체험 추구자들은 무슬림 제국의 풍요와 사치, 권력과 영광을 버리고 사막으로 나가 존재의 근원인 일자를 만나는 수행에 전념하여 신인동일과 신인합일의 진리를 추구하였으며 그 실천에도 앞장섰다. 그들은 코란과 이슬람 율법(샤리아)에 근거하지 않은 '내재적 하느님'의 신학을 창안하여 정통교리인 '초월적 하느님'을 다시 초월하였다. 그들은 고행과 극기, 버림과 비움을 통하여 一者인 알라와의 직접적인 합일을 추구하였으며551) 환희와 기쁨으로 충만한 사랑의 신비주의로 발전하였다. 그 결과 신적사랑을 노래한 무수히 많은 위대한 시인과 성인을 배출하였고 이는 이란과 이라크의 메소포타미아, 중앙아시아, 북아프리카 등지로 확산되어 나갔다. 수피주의에서 순수직관의 통찰과 영지(靈智)는 아직도 그 핵심사상이지만 사랑을 더 우선시한다. 신의 현존체험과 신과 합일체험의 전제조건은 자기사랑과 이웃사랑이기 때문이다. 수피주의가 신과의 하나 됨에 가장 큰 방해요인이라 파악한 것은 우리에게 자기 정체성(正體性 identity)이나 자의식으로 작용하는 에고이다. 에고가 주인의 자리를 차지하면서 본래의 신성을 압도하게 되는 것이다. 에고의 특성을 파악하여 이를 정복하고자 에니어그램(Enneargram)이 수피주의의 스승들에 의해 비밀리에 전수되어 왔다.552)

5.1.2.3.5. 힌두교의 합일

힌두교 종교 지도자를 스와미(swami)라고 하는데 단어의 원래 의미는 '참자아와의 일치'라는 뜻이다. 참자아는 저 유명한 아트만553)이고 아트만은 범아일여(梵我

---

551) 수피즘의 궁극적 목표는 알라와 하나가 되는 것, 즉 알라와의 합일이다. 이 목표에 도달하기 위해서는 고행을 통해 영적 상승단계(마깜)와 영적 심리상태(할)를 거치고 자아소멸(파나)의 단계에 이르러야 한다. 그리고 그 순간에 알라와의 합일을 체험한다. 그들의 수행방법 중에는 디크르(알라를 염송함)와 춤과 음악이 포함된다. 일련의 영적도정(따리까)이 스승의 가르침에 따라 수년 동안 이뤄지는데, 이 스승을 셰이크(Sheikh)라고 부르고 초심자를 무리드(Murid)라고 부른다(이동은, 「바그다드」, 이슬람 신비주의).
552) 미주 77 '인간을 정형화 유형화하는 테크닉들' 참조
553) 아트만(ātman)은 원래 호흡이나 숨, 생기(生氣)를 의미하여 표준이론의 생기체적인 의미도 지녔었으나 우파니샤드와 베단타학파에서는 브라만(brahman)과 함께 가장 중요한 원리 가운데 하나로서 끊임없이 변화하는 '물질적 자아(육체, 생각, 마음)'와 대비해 절대 변치 않고 가장 내밀한 '초월적인 자아(영

一如)사상에 따라 브라만554)으로의 귀일(歸一), 즉 합일이 그 목표다. 그러니 스와미라는 단어 속에 이미 신과의 합일을 추구하는 사람이라는 의미가 들어 있는 셈이다. 또한 우리들 귀에 익숙한 요가(Yóga)라는 말은 산스크리트어로서 그 뜻은 제어(Control), 합일(Union)이다. 결국 '요가'도 '신과의 합일'을 추구하는 수행방법이다.555)

힌두 베단타 철학자인 샹카라(Adi Shankara)에 따르면 브라만이 현실의 경험 세계에서 개별적인 다수의 개아(個我)로 나타나고 있는 것은 무명(無明) 때문이다.556) 이 무명은 개아인 아트만의 본성을 직관함으로써 소멸한다. 개아가 사실은 최고아(最高我)인 브라만(brahman)과 동일한 것임을 아는 것이 바로 열반이다.

열반을 넘어서 완전한 해탈의 경지에 들어서면 아트만은 브라만과 합일하여 그 개체성(個體性)을 잃는다. 그러나 이는 강물이 바다에 들어서는 것과 같다.557)

혼)'를 말한다.
554) 브라만(brahman)은 한자로는 범(梵)으로 표기된다. 우파니샤드의 중심 사상이자 우주의 근본원리를 가리키는 인도철학 용어로서, 힌두교에서 일체만물을 창조·지배하는 우주의 최고신으로 숭배된다. 비슈누파 철학에서는 절대신 크리슈나의 신비한 광채이자 형체가 없는 비인격적 측면으로 간주된다. 나중에 이 우주적 원리로서의 브라만과 개인적 원리로서의 아트만이 동일하다는 범아일체 사상이 발생했다. 원리로서의 브라만은 중성(中性) 명사이지만, 이후 남성적인 인격신 브라흐마(Brahma, 梵天)로 신격화되었다.
555) 1. 파라마한사 요가난다, 「요가난다, 영혼의 자서전」, 김정우 옮김, 참조
2. 내가 보는 영혼이 바로 내 안의 신(神)이다. 내 안에 빛나는 바로 이 신이 내 밖에 있는 궁극의 신과 결합하는 것이다. 이때 안과 밖의 구분은 의미가 없어진다. 아무튼, 이것이 바로 신과의 결합을 뜻하는 요가(Yoga)의 정확한 의미다(서창덕, 「당신은 길 잃은 신(神)이다」, '비틀즈와 양귀비꽃' 중에서). 서창덕은 또 환상에 대하여 다음과 같이 이야기한다. "석가모니 부처님을 비롯한 많은 깨달은 성인들 또한 현실은 그저 마음이 만들어 낸 환상이고 눈에 보이는 것이 전부가 아니라고 주장한다. 그러나 아무리 훌륭한 분들의 주장이라도 빤히 눈앞에 보이는 현실을 환상이라고 무시하기는 어렵다. 인간의 마음은 직접 경험하고 체험하지 못하면 절대 열리지 않는다."
556) 무명(無明)은 각 개아(個我)를 자기중심적인 행동주체로 성립시키고 있는 선천적 원리(先天的 原理)이다. 그것은 순수지(純粹知)를 현혹하여 혼미시키는 작용이 있으며 윤회의 원인이 되고 있다. 현상계의 다양상(多樣相)·차별상(差別相)도 무명(無明)에 의하여 성립하고 있는 것이요, 승의(勝義, paramārtha, 가장 뛰어난 이치)로서 존재하는 것은 아니다. 그것은 환상(마야)과 같은 것으로 거짓으로 나타나고 있는 허망한 것에 불과하다.
557) 1. 우파니샤드의 견해에 따르면, 궁극의 상태에서는 개체성(separateness)이 소멸되고 자기중심적인 분리가 사라진다. 그러나 그것은 순수한 무(無)이거나 죽음인 것은 아니다. "마치 흐르는 강물이 바다에 이르러 그 이름과 외형을 잃고 사라지듯이, 자기의 이름과 형태를 벗어 버린 현자는 모든 것을 초월해 있는 거룩한 자에게 간다 - 문다카 우파니샤드." (사르베팔리 라다크리슈난, 「인도철학사 Ⅰ」)
2. 그러나 합일을 강물과 바다에 비유하는 것보다 귀향(歸鄕)에 비유하는 것이 더 적절하다. 꼭 물에 비유하려면 물분자라고 하면 어떨까. 즉 합일로 개별성(individuality)이 사라지지는 않는다. 표준이론의 개별성에 대해서는 미주 97 '개체성(separateness)과 개별성(individuality)'을 참조하라.

5.1.2.3.6. 유대교 신비주의 카발라와 합일

카발라(Kabbalah)는 그 성립과정에서 신비주의 전통인 신플라톤주의 영향을 크게 받아 태생부터 신비주의 색채를 가졌다. 카발라는 11세기 카타리파(cathares)의 중심지인 프랑스 프로방스(Provence)에서 영지주의의 여러 핵심사상들을 수용하여 유대교 문헌들을 재해석하면서 주요 기록들(尾110)이 나타나기 시작하여 영지주의적인 유대교 버전으로 새롭게 재탄생하였다.558)

그러면 카발라에서 영지주의의 합일은 어떤 모습으로 수용되었을까? 카발라의 성전(聖典) '조하르(Zohar)'에 따르면, 절대신 '아인 소프(Ein Sof)'559)는 스스로의 얼굴을 보고 싶었으므로 '공간'을 만들었다. 최고의 카발리스트 중 한 사람인 이삭 루리아560)는 이 과정을 범재신론(汎在神論, panentheism)적 개념인 찜쭘(Tzimtzum, 收縮)으로 설명했다.尾111) 즉 아인 소프는 창조의 장소를 마련하기 위하여 자신의 일부를 수축하여 비우고 일점(一點)에 모든 에너지를 집중하여 이 에너지를 비운 공간에 10단계에 걸쳐 빛을 발출하여 '생명나무'인 '세피로트(Sefirot)'를 형성한다. 세피로트는 10개의 부분(Sephira)으로 이루어지는데 최초의 세피라는 왕관이라는 뜻의 '케테르(Keter)'로 이는 창조주요, 우주의식인 아인 소프에서 발출하는 무한의 빛(Infinite Light) '아인 소프 오르(Ain Soph Aur)'의 최초 현현이다. 가장 낮은 곳에 있는 세피라인 '말쿠트(Malkhut)'는 신의 섬광이 지상에 닿는 곳으로 육체이자 물질세계다. 세피로트는 창조의 과정을 설명하지만 인류의 진화과정을 설명하는 데 사용되기도 하며, 인간의 영혼을 설명하는 데도, 심지어는 카발라 수행의 도(道)에도 적용된다. 카발리스트들은 이 세피로트를 명상하면서 신에서 시작된 발출 과정을 거꾸로 거슬러 올라가서 신과의 합일(合一)을 추구했던 것이다.

---

558) 1. 카발라(Kabbalah)는 이교도의 가르침인 영지주의의 용어를 사용하지 않았다. 대신에 카발라는 영지주의와 같거나 유사한 개념들을 토라(Torah)의 언어로 표현하였다. 그렇지만 카발라는 유대교 신비주의라기보다는 10세기를 전후 형성된 여러 유럽 신비주의의 종합판이라고 하여야 한다.
2. 카발라의 세피로트 생명나무 이야기는 영지주의를 비롯한 신플라톤주의, 헤르메스, 점성술, 유대교, 힌두교 등 여러 종교와 사상에 전래되는 밀교적 비의(祕義)가 나무를 통하여 비유적으로 형상화된 것으로 에덴동산의 생명나무와는 직접적 관련이 없다.
559) 카발라는 구약의 신이 하위신이라거나 물질 세상이 악한 신의 창조물이라는 영지주의의 독특한 신관은 수용하지 않았다. 그러나 이 둘의 관계를 조화롭게 설명하기 위해 카발라는 성경을 상징적으로 해석하는 방법을 발전시켰다. 카발라는 비인격적 존재인 무한(無限)이라는 의미의 절대신 '아인 소프(Ein Sof)'를 상정하여 성경의 인격신(人格神)인 야훼(YHWH)와 대비시켰다. 원래 신은 기지(既知)와 미지(未知)의 양면성을 가진다. 카발라의 아인소프는 미지의 부분이고 구약의 야훼신은 기지의 부분이다.
560) 미주 111 '이삭 루리아의 창조론' 참조

작금의 저명한 카발리스트 다이온 포춘561)은 "비의적 철학을 통해 훈련을 받게 되면 내면의 지혜가 펼쳐진다. 지혜는 우리의 정신을 자라게 한다. 그래서 어느 날, 우리가 케테르까지 올라가게 되면 손을 뻗어 베일을 찢고 무한한 빛(Infinite Light)인 '아인 소프 오르'562)를 볼 수 있다."라고 한다. 이러한 그의 진술은 영지주의를 상징하는 중세의 오래된 그림을 바로 떠올리게 한다.563)

5.1.2.3.7. 불교의 합일사상

불교에서 발전한 대표적인 신비주의는 '선(禪)사상'이다. 교학(敎學)을 중시하는 교종(敎宗)에 비하여 직관적인 종교체험으로서 선(禪)을 중시하는 선종(禪宗)564)에서 신비주의의 진면목을 볼 수 있다.

불교는 본래 인간은 모두 불성(佛性)尾112)을 가진 부처이니 사성제565)와 팔정도566)를 실천하여 욕심과 집착으로 생긴 에고의 허상을 벗어나면 무(無)와 공(空)의 열반의 세계에 들게 되는데 그곳이 바로 인간의 고향이라고 가르친다. 열반의 세계가 천국이고 무와 공이 하느님이며 해탈이 곧 합일이다.567) 여기서 열반의

---

561) 다이온 포춘(Dion Fortune 1891~1946)은 헤르메틱 카발라와 비교사상(祕敎思想, esoteric thought)의 권위자로 심리학자이며, 강력한 심령술사였다. 그는 서양의 비의적(祕儀的) 전통을 되살리는 데 일생을 바쳤으며 그의「미스티컬 카발라」는 카발라의 대표적인 입문9서다.
562) 1. Ein(Ain, Ayin)은 절대 공허함, 존재의 반대, 완전한 부재(不在)로서 의식 전의 존재다.
2. Ein Sof(Ain Soph)는 Ein에서 나오는 것으로 '이름 없는 존재'로서 무한한 기초며 영원한 존재로서 창조주요 우주의식으로 보아도 좋다.
3. Ein Sof Aur는 Ein Sof에서 나오는 것으로 '무한한 또는 영원한 빛'을 의미한다. 이는 창조주인 우주의식의 현현이다. "세상이 창조되고 첫 번째 빛이 생겨났을 때, 공간과 시간의 전부가 창조되고 한순간에 유지되었다."
4. 마치 道家의 無(道, 太虛)에서 '道生一 一生二 二生三 三生萬物'의 순서로 氣가 나타나고 다시 음양의 기와 천지인이 태어나는 모습을 보는듯하다.
563) 초기 기독교의 영지주의가 중세 카타리파를 거쳐 교황의 손아귀를 벗어나 카발라로 부활한 느낌이 들게 하는 그림이다(cafe.naver.com/spiritsoulogy/501?boardType=L 참조).
564) 선종(Chan Buddhism, 禪宗)은 화엄종(華嚴宗)·법상종(法相宗) 등 교학(敎學)을 중시하는 교종(敎宗)과 달리 직관적인 종교체험인 참선으로 자신의 본성(불성)을 규명하여 깨달음의 묘경(妙境)을 터득하는 이심전심(以心傳心)과 불립문자(不立文字)를 종지(宗旨)로 하는 종파다. 6세기 초 중국 양나라 때 남인도 향지국(香至國)의 왕자 출신인 달마(達磨)대사가 중국에 전하였으며 혜가(慧可)·홍인(弘忍)·혜능(慧能) 등으로 계승되면서 크게 발전하였다. 우리나라에는 신라 중엽에 전해졌으며 조계종(曹溪宗)이 여기에 속한다.
565) 에고의 온갖 분별심과 욕심으로부터 벗어나 苦를 딛고 일어서서 열반에 이르는 길은 누구에게나 열려 있다는 진리가 고집멸도(苦集滅道)의 사성제(四聖諦)다.
566) 苦에서 벗어나, 잠자고 있었던 본래의 청정성인 불성을 회복하는 실천방법이 팔정도(八正道)다. 이는 바르게 보고(正見), 바르게 생각하여 이치를 궁구하고(正思惟), 바르게 말하고(正語), 바르게 행동하고(正業), 바르게 일해서 벌고(正命), 바르게 노력하고(正精進), 마음을 바르게 쓰고(正念), 마음을 바르게 집중하는(正定) 것이다.
567) 결국 불교의 합일은 무(無)나 공(空)과 합일하는 것과 같다. 그러나 이는 마치 기독교에서 삼위일체의

세계가 고향인 이유는 자신의 정체가 무와 공이라서 그런 것이 아니라 그곳이 불성의 세계라서 그렇다. 불성의 정체가 성성적적(惺惺寂寂)하지만 활동적이고, 대자대비하지만 창조적이며, 一元이지만 끝없이 다양하기 때문이라서 그렇다. 무와 공은 이러한 불성을 방편적으로 요령껏 표현한 말들이다.568)
이처럼 사람은 누구나 부처 즉 여래를 품고(藏) 있다는 생각은 여래장사상(如來藏思想)이라 하여 불교의 기본 가르침이다.569) 불성이나 청정심 그리고 여래장에 대한 생각들은 사람은 모두 하느님의 불씨를 품고 있다는 표준이론의 생각이나 모든 사람의 근저에는 하느님이 계신다는 신비주의의 그 생각과 전혀 다르지 않다.

선(禪)이 신비체험이라면 돈오선은 갑작스러운 신과의 만남이고 점수선은 오랜 수련과 기도 끝에 도달한 신과의 만남이다. 서양 신비주의에서도 돈오선적인 갑작스러운 만남이 대부분이며 점수선적인 만남은 오히려 찾아보기 힘드니 동서양 모두 역사적으로 돈오선의 승리가 아닌가 생각된다. 게다가 서양의 돈오선은 동양의 그것보다 더욱 갑작스럽고 타율적이다. 사람보다도 하느님 쪽에서 은총으로 사람에게 일방적인 손을 내미셔서 그렇다.570) 이것은 자결(自決)의 불교 입장에서는 사행(四行)尾113 중 무소구행(無所求行)에 어긋나는 일일 수도 있겠다. 그런 의미에서 선종(禪宗)의 중흥조인 지눌(1158~1210)이 선정(禪定)과 지혜(智慧)의 정혜쌍수(定慧雙修)를 강조하며 점수선과 돈오선을 결합하여, 신이 돈오로 손을 먼저 내밀면 사람은 거기에 점수로 응답하여 서로 합일하는 돈오점수571)의 지관(止觀) 신

신비를 선문답하듯 불교에서는 무와 공을 이야기한다는 느낌이다. 서로 상대방에게 '당신이 無를 알아?' '당신은 空을 알아?' 하는 것이다. 아무 의미 없는 '이 뭣고?'를 화두로 잡듯 공과 무도 화두가 되었다. 커밍아웃하는 것이 어떤가? 무와 공이 허상인 에고를 초월하는 것인데, 에고를 초월하여 잡아챈 불성의 근원이 본초불이고 비로자나 법신불이고 브라만이라고 속 시원히 이야기하는 것이다. '상대성원리'를 백날 화두로 잡아 본들 그 원리를 깨우칠 수 있는 것이 아니다.

568) 불성을 설명하기 위한 방편이었던 무와 공(우주의식)이 지금은 오히려 그 방편을 설명하기 위해 불성이 방편으로 동원되는 형편이다.
569) 1. 여래장(如來藏)은 모든 중생의 탐심과 분노심 등의 번뇌 안에 은밀히 감추어져 있는 자성청정(自性淸淨)한 여래법신(如來法身), 즉 중생 안에 감추어진 여래의 인(因)을 가리킨다. 마음의 본성은 청정하고 번뇌는 객진(客塵)에 지나지 않는다고 보는 데서 발단된 여래장사상은 '여래장경'에서 '일체중생실유여래장(一切衆生悉有如來藏)'이라고 천명한 뒤부터 확립되기 시작하였다(한국학중앙연구원, 「한국민족문화대백과」).
2. 이때에 세존이 금강혜 및 여러 보살들에게 고하여 말씀하시기를… 내가 부처의 눈으로 일체 중생을 보니 탐욕과 성냄과 어리석음 등 모든 번뇌 가운데에도 여래의 지혜와 여래의 눈과 여래의 몸이 결가부좌(結跏趺坐)하여 엄연부동(儼然不動)하고 있음을 보나니, 착한이여 일체 중생이 비록 업인(業因)에 따라가게 되는 모든 국토의 번뇌의 몸 가운데 있을지라도 여래를 갊아있어서 항상 물들거나 더럽혀지지 않고 덕상(德相)을 갖추어 구족(具足)함이 나와 같아서 다르지 않나니라(大方等如來藏經).
570) 1. 4.3.2.2.1. '자아가 깨어있는 시간' 참조
2. 17세기 가톨릭의 정적주의(靜寂主義, Quietism)나 이를 계승한 프로테스탄트의 경건주의(敬虔主義)는 합일을 추구함에 있어 인간의 자발적, 능동적인 노력은 중요치 않다고 보고 신의 은총에 전적으로 의지하려는 주의로 그 극단이다.
571) 단번에 자신의 불성을 깨닫는 돈오를 먼저 체험한 다음, 이를 혼에 體化시켜 부처(아라한)가 되는 점

비주의를 주장한 것은 참으로 적절했다고 생각된다.572)

한편 불교는 신비주의의 폐해를 경계한다. 전술한 바와 같이 신비주의의 실천과정에서 얻는 반야의 지혜나 꿈, 성현성, 탈혼 등의 신비체험은 자칫 수행자를 교만으로 이끌어 오히려 도의 길에서 퇴행하는 폐해가 비일비재하기 때문이다. 그 결과 다른 신비주의에서도 그러하지만 불교의 신비주의 또한 금욕주의의 노선을 취하고 있다. 육체의 갈망과 감정은 물론이고 육체 자체를 부정하고 억누르며 억제하고 절제하는 금욕주의의 고되고 혹독한 수련을 통해, 내면의 궁극적 절대자인 불성과의 합일을 추구하는 것이다.573)

표준이론에서도 적절한 극기와 금욕은 혼을 교육하는 중요한 방법이다. 그러나 그보다 더 중요하고 앞서서 체득하여야 할 것은 영과 혼은 전생에도 후생에도 다시 볼 일이 없는 철천(徹天)의 남남이라는 사실을 혼과 영이 서로 뼈저리게 깨닫는 것이다. '우리가 남이가' 하며 혼영일체(魂靈一體)로 살다가는 공도동망(共倒同亡)을 면치 못한다. 혼과 영이 인연이 어마어마하여 금생에 한 몸에서 만난 것은 분명하나 서로 간에 천륜(天倫)은 엄정히 세워야 하는 것이다. 그러나 영과 혼이 한편으로는 동반자임을 잊지 말고 서로 친밀히 협조하여 공동의 목표를 힘써 달성하여야 하니 참으로 그 관계는 쉽고도 어렵다. 여기서 영과 혼 간의 천륜은 영이 長하고 혼이 幼하다는 장유유서(長幼有序)인듯하나 오히려 군신유의(君臣有義)의 륜(倫)에 가깝다고 할 수 있다.574) 영과 혼은 군신지간인 것이다. 고로 혼이 영에게 반(反)하는 행동은 역(逆)이다. 역을 행한 혼은 후생 내내 멸화(滅禍)를 입을 것이며尾114) 역을 당한 영 역시 허수아비와 꼭두각시 꼴을 면치 못하여 당분간 영적진화는 도모하기 어려울 것이다.尾115) 그렇다고 군신(君臣)만 앞세우고 서로 유의(有義)하여 친밀함이 없으면 군신유의(君臣有義)의 륜(倫)은 결코 서지 못한다. 수행계위를 높여 감에 따라 자연히 쌓이는 교만은 혼의 것인데 혼이 군신유의의

수의 실천행으로 나아간다.
572) 4.3.3.2. '사랑방 이야기와 같은 생각들' 중 13) '자아발전과 돈오점수' 참조
573) 금욕주의는 신비주의 대부분이 추구하는 노선이지만 힌두교 계통 종교의 금욕주의는 유명하다. 특히 자이나교의 금욕주의는 특별하다. 자이나교는 악한 카르마의 유입을 막으려면 금욕을 행해야 하며 (samvara), 극도의 금욕을 하게 되면 이미 들어온 악한 카르마(karma)를 없애 준다(nirijara)고 하여 열반의 지름길이 금욕임을 주장한다.
574) 이황(李滉)은 영을 理로 파악하고 혼을 氣로 이해하여 다음과 같이 쓰고 있다. "理가 氣를 이깁니까? 氣가 理를 이깁니까?… 理는 본래 존귀하여 대립물이 없어 사물에 명령하지만 사물의 명령을 받지 않으니 氣가 이길 바가 아닙니다. 그러나 氣가 형체를 이룬 후에는 오히려 氣는 理의 토대 또는 재질이 됩니다. 그래서 理가 작용하여 응대할 때는 대개 氣가 작용합니다. 氣가 理를 따를 때, 理가 스스로 드러나는 것은 氣가 약해서가 아니라 순조롭게 따르는 것입니다. 氣가 만약 理에 대항하면 理는 반대로 숨는데 이것은 理가 약한 것이 아니라 勢가 그러하기 때문입니다. 비유하면 왕은 본래 존귀하여 대항할 사람이 없습니다. 그러나 강포한 신하가 기세를 부리면서 오히려 왕과 대항하는 것은 신하의 죄입니다. 그러나 왕은 그것을 어찌할 수 없습니다."(허남진, 조선 전기 이기론 - 이황, 「退溪集」卷13-17ㄴ)

륜(倫)을 철저히 깨달아 알게 되면 심한 금욕이 없어도 혼이 작은 성취에 교만을 쌓는 일은 없을 것이다.575)

5.1.2.3.8. 유교의 합일사상

천인(天人)합일은 천(天)과 인(人)은 대립하는 것이 아니라 본래 하나라는 생각 아래 끊임없는 수행으로 마침내 일체를 이룬 경지로서 중국사상사를 관철하는 큰 테마였다. 중국에서 천(天)은 처음에는 초월적인 인격신이었으나 시대가 흐름에 따라 그 인격성이 희박해지면서 인간에 내재하는 천성(天性)이 되었다.576) 만상(萬象)을 음양 이원으로써 설명하고 있는 유학 오경(五經)의 하나인 주역(周易)은 "궁리진성함으로써 명에 이른다(窮理盡性以至於命)"라고 하였다.577) 또한 유학 사서(四書)의 하나인 중용(中庸)은 그 첫머리에서 천명지위성(天命之謂性)이라 하여 인간의 본질인 성을 천명과 동일한 것이라고 이해했다.578)

氣一元을 주창한 송대의 기철학자인 장재(張載, 張橫渠)는 그의 저서 「정몽(正蒙)」에서 "형(形)이 모이면 물(物)이 되고, 형(形)이 무너지면 物에 깃들였던 혼은 근원으로 되돌아간다."라는 형궤반원설(形潰反原設)을 주장하였다. 형(形)은 입자이고 물은 육체이니 육체가 죽고 형이 무너지면 혼의 원질인 기(氣)는 근원인 태허(太虛)에 복귀(反原)한다는 것이다. 한편 장재는 기(氣)의 불망불감(不亡不減)을 주장하였으니 결국 형궤반원은 혼의 불멸로 이어진다. 혼이 태허(一元, 創造主, 플레로마)에 복귀하더라도 亡하거나 滅하지 않으니 자연스레 혼은 이승에의 복귀 가능성

---

575) 부처님께서도 그가 행한 육 년 고행은 생로병사에 집착한 욕심과 악과 불선법(不善法)의 생활이었다고 하며 적절한 금욕을 권하셨다.
576) 한국학중앙연구원, 「한국민족문화대백과」, 성명(性命) 참조
577) 窮理盡性以至於命은 보통 "하늘의 理致와 사람의 본성을 모두 깊이 硏究하여 천명을 실천한다."라고 해석하나 그보다는 "본성에 대한 궁구를 다하면 天命을 알게 된다."라는 뜻으로 읽는다.
578) 명(命)과 성(性)
1. 정이(程頤 1033~1107)는 "하늘에 있어서는 명(命)이라 하고, 사람에 있어서는 성(性)이라 한다."고 하고, "하늘이 부여한 바가 명이 되며 물(物)이 받은 바가 성이 된다."고 하였다. 그의 性과 命은 주희(1130~1200)에 와서 性命學(性理學)이 되었다.
2. '시경(詩經)'의 '천생증민(天生蒸民)', 춘추(春秋) 주석서인 '좌전(左傳)'의 '천생민이수지군(天生民而樹之君)'에서는 天이 직접 인간을 창조한다. 그러나 중용(中庸)의 천명지위성(天命之謂性)에서는 천의 명(命)이 인간의 존재 원리로서 인간에 내재하는 것으로 되어, 천과 인간의 관계는 창조자와 피조자의 관계에서 천인합일(天人合一)의 관계로 전환한다(한국학중앙연구원, 「한국민족문화대백과」, 天命思想 참조).
3. 인간의 본질로서의 성(性)은 모든 인간에 공통적인 것이며 만물 속에 내재되어 있는 생(生)의 본질과도 같다. 개체의 본질이 전체의 본질이다. 개체의 본질을 말할 때는 성이라 하고 만물 전체의 작용을 말할 때 천명이라 한다. 그러므로 천명과 성, 즉 천과 인이 본질적으로 다른 것이 아니다(원불교대사전, 천인합일). 이는 여러 종교와 사상에 共한 이른바 '상응의 원리'다.
4. 「논어(論語)」「위정편(爲政篇)」에 나오는 '知天命'은 나이 쉰이 되면 천명(天命), 곧 우주만물의 원리 또는 객관적이고 보편적인 가치를 안다는 말이다.

을 안고 있는 것이다. 장재는 불교의 윤회설을 배척했지만 반원한 혼은 당연히 다시 발현할 수 있으니 이는 일종의 윤회관으로 볼 수 있다.579)

한국 유학에 이르러 천과 인의 관계는 천인무간(天人無間)580), 천아무간(天我無間)581) 등으로 표현됨으로써 천과 인이 매개체가 없이 더욱 밀접하게 연결된 것으로 이해되었다. 떠받들고 신앙하는 신으로서 명(命)이 인간의 내면에 성(性)으로 내려와 재(在)하니 이 둘은 본래 같은 것으로 성은 우리를 명으로 이끌고 발전시키는 등대이자 동력으로 이 둘 사이에는 다름도 차이도 간격도 없다는 것이다. 이는 하느님의 불씨(性)가 혼에 임하여 혼을 영(命)으로 이끌어 때가 차면 하느님(天)과 합일(無間)시킨다는 표준이론의 설명과 전혀 차이가 없다.

5.1.2.3.9. 도가의 합일사상

「도덕경」 3장에서 말하는 무지(無知)와 무욕(無慾)582)은 물아일체(物我一體)의 상태에서 천지의 흐름과 합일하는 지름길이다. 천지 또는 자연과의 합일은 도가에서 추구하는 합일의 형태이다. 도가(道家)에서는 물아일체의 상태에 도달할 때 도가의 지상 명제인 무위자연(無爲自然)을 실현할 수 있다고 한다. 무위자연은 '인위나 조작 없이 저절로 그러한 것'으로, 도가철학의 중심사상이다. 도가에서는 무위와 자연을 도덕의 기준으로 삼아 인위적으로 무엇인가를 하지 않고 순수하게 자연의 순리에 따르는 삶을 추구한다. 「도덕경」 25장은 "사람은 땅을 본보기로 하여 따르고, 땅은 하늘을 본보기로 하여 따르고, 하늘은 도를 본보기로 하여 따르고, 도는 자연을 본보기로 따른다."고 하였는데 이는 결국 사람은 '섭리를 깨닫고 배우고 실천하라'라는 뜻으로 새길 수 있다.583)

---

579) 1. 박성규, 「주자어류 해제」 참조
2. 그러나 장재(張載)와 더불어 주희의 귀신론에 또 다른 논거를 제시한 정이(程頤 1033~1107)는 반원설(反原說)을 비판하여 "만약 되돌아간 기(屈氣)가 다시 펼쳐지기 시작하는 기(伸氣)가 될 때 이전의 屈氣에 의거한다면 천지(天地)의 조화답지 못하다"라고 하였다. 이는 태허를 신지학의 에테르계로 해석하여 혼이 屈하여 에테르계로 돌아가면 氣로 흩어져 개체성을 잃는다는 주장으로 들린다. 표준이론에서는 생기계(에테르계)로 돌아가는 것은 생기체이며 이때 생기체는 '생기체그룹'에 합류하되 개체성을 잃기도 하고 유지하기도 한다. 그러나 장재의 태허는 에테르계나 생기계가 아니라 혼의 궁극의 본향인 '魂界'로 해석하여야 마땅하다.
580) 목은 이색(牧隱 李穡 1328~1396)
581) 퇴계 이황(退溪 李滉 1501~1570)
582) 상사민무지무욕, 사부지자불감위야 위무위 즉무불치(常使民無知無欲, 使夫智者不敢爲也 爲無爲 則無不治) 항상 백성으로 하여금 앎도 없고 욕심도 없게 하며 아는 자로 하여금 감히 작위하지 못하게 한다. 무위의 다스림으로 다스려지지 않는 일이 없다(「도덕경」 3장 참조).
583) 1. 人法地 地法天 天法道 道法自然
2. 道法自然의 뜻 : 여기서 自然은 nature가 아니라 '스스로 그러함'이다. '스스로 그러함'은 攝理다. 섭리는 하느님의 창조질서이다. 세상은 섭리대로 스스로 운행한다. 그렇다면 法自然은 '攝理를 보고 배운다'라는

5.1.2.3.10. 우리나라의 합일사상

선도

한국의 선도(仙道)[584]는 인도의 요가보다도 수천 년이나 앞서서 발전했다고 한다.[585] 중국의 고서 「산해경(山海經)」에서 청구국(靑丘國)으로 지칭한 한국(韓國)은 신인(神人)일체의 고도로 발전한 정신문화를 구가하고 있는 仙人들의 나라로 기술되고 있다.[586] 그런 선도가 최근 삼사십 년에 걸쳐 새로운 모습으로 일반인에게 다시 보급되기 전까지는 오랜 세월 잊혀져 있었다.

현대적 선도에서 주장하는 인간 생명의 탄생 원리를 보면[587]

1) 남자의 불생불멸의 도광영력(道光靈力)이 담긴 정자와, 여자의 생장소멸의 도광영력이 담긴 난자가 자궁에서 만나면 정자와 난자가 부딪치는 순간 빛의 스파크가 일어나면서 하늘로 올라간다.

2) 지상에 형성된 이 빛의 터널을 통하여 신(神)이 정기(精氣)를 타고 정자와 난자가 결합된 수정란 속으로 들어온다. 하늘의 신성인 신(神)이 수정란과 결합하는 과정이다.

3) 하늘의 정기를 타고 내려온 신은 정자와 결합한 난자가 세포분열을 하게 될 때 순차성을 가지고 신, 기, 정으로 분리되면서 육신과의 조화, 상생, 상합을 이루게 된다. 여기서 신(神)은 영(靈)이요, 기(氣)는 혼(魂)이며 정(靜)은 백(魄)인 셈이다.
4) 따라서 사람은 이 셋에서 하나로 돌아가야 자신의 근본인 하늘로 돌아갈 수 있다. 단전호흡은 정기신을 수련하여 마침내 인간의 시원(始元)인 궁극의 하늘세계에 이르러 신인합일을 이룰 수 있게 해 주는 선법(仙法)이다.

구체적인 신인합일 방법으로는 양신(陽神, 陽身)이 있다. 양신은 천지간을 날아다니며 도계(道界)를 넘나들 수 있는 도체(道體)이고 수련자의 분신이다. 양신을 만

뜻이다. 결국 道法自然은 '섭리를 깨닫고 배우고 실천하는 것이 道'라는 뜻이다.
584) 신선 되는 길. 道家 또는 道教와 같은 뜻으로 쓰이기도 한다.
585) 선도(仙道)에서는 신선이 되는 도인법(導引法)으로 단전호흡을 중시하는데 이는 단전에 기운을 모아 몸과 마음을 건강하게 하고 궁극적으로 道, 즉 仙을 이루는 수련법이다.
586) 금인숙, 「신비주의」
587) 한조, 석문도법(石門道法)

들어 여기에 의식을 옮겨 몸을 떠나 여기저기 다니다가 마침내 천지간을 넘나들게 된다는 것이다.588) 우화등선(羽化登仙)589)하는 것이다.

그러나 한국 선도의 최근 주장을 보면 전통 선도에 인도의 요가가 더해지면서 양자(兩者)가 합일(合一)된 느낌도 든다.590) 작금에 요가의 상술(商術)이 대단하여 선도를 제치고 우리나라 영성시장(靈性市場)마저 장악하는 것을 보니 시장원리상 자연스러운 일이겠지만 씁쓸하다.

천도교

유학의 '천인무간' 사상은 천도교(天道敎, 東學)에 이르러 천의 의지를 인간이 따른다는 천(天)중심의 천인합일이 아니라 인간 행위를 천이 따른다는 인간(人間)중심의 천인합일 사상인 인내천(人乃天)사상으로 발전하게 된다.

또 동학에서 인간은 '무궁한 존재'다. 이는 사람의 내면에 무궁한 한울님을 모시고 있다는 시천주(侍天主)사상 때문이다. 한울님을 모시는 시(侍)는 안으로는 신령스러운 영(靈)이 있음을 알고 기화(氣化)로 역사하시는 한울님과 일체가 되는 일이다. 즉 시(侍)란 안에 성령이 있고(內有神靈) 밖으로는 한울님의 기화가 있어서(外有氣化) 한울님과 내 몸은 서로 떨어지려야 떨어질 수 없는 관계에 있음을 깨달아 그 마음을 옮기지 않는 것(各知不移)이다. 결국 시천주신앙은 신인합일(神人合一)의 추구이며 이는 인간이 이승에 화생(化生)할 때 한울님으로부터 품부(稟賦)받은 바로 그 천심(天心)을 다시 회복하는 일이다.591)

---

588) 티베트불교의 뛰어난 영력을 갖춘 승려도 자신의 분신을 출현시킬 수 있다고 한다. '타르파'라는 술법에 의해서 선도의 양신(陽神)에 해당하는 환신(幻身)을 만드는 것이다. 승려는 몇 개월 동안 만다라(mandala, 法界佛畵) 옆에서 사념을 집중시키고, 주문이나 음악을 동반하는 의식을 행한다. 이렇게 해서 출현한 분신인 환신은 갑자기 나타나거나 사라지는 일이 가능하다. 또한 타인에게도 보이기 때문에 본인과 똑같은 모습으로 다른 사람과 대신 대화하는 것도 가능하다(다카히라 나루미, 「소환사」 참조). 당연히 알겠지만 양신이나 환신이나 모두 재미있자고 하는 이야기다.
589) 우화등선(羽化登仙)이란 도교 사상에서 유래한 표현으로, 사람이 신선이 되어 하늘로 올라감을 의미한다.
590) "당신은 길 잃은 신이다. 당신은 육체뿐인 나약하고 유한한 존재가 아니라, 내면에 거룩하고 무한한 신성을 지닌 신(神)이다. 단지 당신은 길을 잃었을 뿐이다.…… 신을 만난 사람은 소리와 빛을 볼 수 있다. 이 소리는 귀를 막아도 들리고 이 빛은 눈을 감아도 보여야 한다. 늘 이것을 보고, 자유자재로 움직이고, 늘 함께 하는 자가 바로 해탈한 자이다. 바로 선도에서 얘기하는 신인합일(神人合一)의 경지이다. 이것이 가능한 사람은 늘 에너지가 넘치기 때문에 얼굴에 밝은 빛이 나고 아프지 않다." (서창덕, 「당신은 길 잃은 신이다」)
591) 10.6.6. '천도교(天道敎)의 기' 참조

대종교

한편 우리나라 전통종교인 대종교(大倧敎)에서는 인간이 영혼의 자각을 통해 자신 안에 있는 신을 느끼고 참된 신을 찾을 것을 주장하면서 관념적으로 존재하는 신을 벗어나 인간의 주체성을 회복하고 현실세계 속에서 참된 구원을 얻어야 한다고 주장한다.

대종교의 천지인(天地人) 삼재론(三才論)은 자연적 구성요소의 대표라 할 수 있는 천과 지(天地)에 인간을 참여시킨 것으로서, 인간의 위치를 천지와 같은 수준으로 끌어올린 인간 중심적 사상인데 이 삼재론의 실질은 바로 천인합일(天人合一) 또는 천인본일(天人本一)이다. 이로써 우리나라 민족 종교에서도 천인합일은 종교의 기본적인 추구임을 보여준다.

5.1.2.3.11. 신지학의 합일

신지학(神智學, theosophy)은 '신으로부터의 계시 또는 신비 체험을 통하여 얻은 신의 본질이나 행위에 관한 철학적·종교적 지혜를 신앙이 아닌 직관을 통하여 인식하는 방법 및 그 사상'을 의미한다. 이러한 고전적 신지학에 해당하는 사상은 이미 역사 속에 수없이 많았다.[592]

이러한 신지학이란 용어는 1875년 블라바츠키와 올코트(Henry Steel Olcott 1832~1907) 등 일단의 심령주의자(spiritualist)들이 뉴욕에서 기독교, 힌두교, 영지주의, 카발라, 심령주의 등을 통합한 이론을 바탕으로 신지학협회(Theosophical Society)를 설립한 이후 이들 또는 이들과 유사한 특정 사상체계나 세계관을 나타내는 말로 채용되어 널리 쓰이게 되었다.[593]

그들은 기왕의 신지학과는 달리 신의 본질을 신비적인 계시와 직관에 의해서뿐만 아니라 인간의 이성적 이해와 추론을 통해서도 알 수 있다고 믿고 신에 대한 철학적, 종교적 지혜 및 지식을 탐구하는 학문을 추구하였다. 그들은 그 학문을 '철학과 지식처럼 인간의 이성을 계발(啓發)하고 종교처럼 인간을 해탈(解脫)시켜 신에게 이르는 길을 열어 주어 인간을 구제하는 진실의 학문(學問)'[594]으로 재해석

---

[592] 신플라톤주의와 그노시즘, 근세 독일 신비주의 등에서 유사한 사고방식을 찾을 수 있으며 파라켈수스, 바이겔, 플러드, 뵈메, 외팅거 등의 저술 속에서 신지학적 사상들을 찾아볼 수 있다. 신지학은 합일을 강조하는 '신비주의'와는 달리 객관적으로 확인 가능한 심령현상과 신에 대한 이성적 이해를 강조한다(8.18.3.2. '신지학의 유래' 참조).
[593] 이로 인해 근대신지학을 접신론(接神論)으로 비하하는 표현도 쓰인다(백민관, 「가톨릭에 관한 모든 것」).
[594] 1. 신지학의 정의가 그렇다면 영혼학 표준이론도 그 범주다.
2. 초심리학 분야의 유수한 학자로 애리조나대학 교수인 개리 슈워츠(Gary Schwartz 1944~)는 그의 저

하고 신지학이란 이름을 붙였다. 기왕의 신지학(고전적 신지학)과 블라바츠키의 신지학(근대신지학)이 다른 점을 정의에서 찾아본다면 그 인식방법에 '이성적 이해'와 '추론(推論)'을 포함하느냐의 여부라는 주장도 있다. 그러나 고전적 신지학에 이성적 이해가 없었다는 말은 오히려 이성적으로 이해가 안 된다. 따라서 이는 근대신지학이 이전의 고전적 신지학과는 달리 그 연구 방법론으로 자연과학적 이론과 툴을 대거 도입하였다는 것으로 이해하여야 할 것이다.

합일과 관련하여 근대신지학은 신비적인 계시와 직관에 의해 드러난 신의 본질을 이성적 이해와 추론을 사용하여 지식과 이론의 학문으로 체계화시킴으로써 인간의 영성계발에 기여하고 동시에 사람들로 하여금 신에게 향하게 하는 길을 추구하게 하여 궁극적으로는 해탈에 이르도록 이끈다는 면에서 합일학(合一學)이라고도 할 수 있다. 구체적으로 신지학은 영지주의와 카발라와 마찬가지로 모든 사람 속에는 신의 단편(Monad)으로서의 신성이 있다고 하며595) 이 신성을 깨달은 자는 신과 합일을 이룬다고 주장한다.

5.1.2.3.12. 헤르메스주의와 합일

1460년에 메디치家의 지원 아래 레오나르도라는 이탈리아 수사가 상실된 고대의 저작들을 찾아 유럽의 수도원들을 샅샅이 뒤지는 과정에서 발견한 헤르메스문헌들은 기원후 1세기와 3세기 사이에 편집된 것들로596) 르네상스 시대에 이탈리아 학자들이 이를 라틴어로 번역하고 집성하여 「코르푸스 헤르메티쿰」이라는 책으로 편찬하였다.597) 헤르메스 문헌들에 나타나고 있는 헤르메티시즘(Hermeticism)은

서 「The Afterlife Experiments : Breakthrough Scientific Evidence of Life After Death」에서 '다섯 손가락 테스트(five finger test)'를 제시하였다. 그에 따르면 어떤 사상이 '참'으로 인정받으려면 다섯 가지 조건을 충족시켜야 한다. 첫째, '이론'이 있어야 한다. 둘째, '조사'가 이루어져야 한다. 셋째, 믿을 만한 사람들이 주장해야 한다. 넷째, '개인적인 체험'이 있어야 한다. 다섯째, 1~4까지의 요인을 무시할 만한 유력한 이유가 없어야 한다. 신지학은 이 다섯 가지 조건을 두루 갖추었다고 자부한다. '영혼학' 교과서임을 표방하는 표준이론은 어떨까?

595) 신지학에서는 인간의 영혼을 '인간모나드'라고 부르며 영혼의 기원이 신에게 있음을 피력한다(미주 205 '신지학의 영혼론' 참조).
596) 1924~1925년에 「헤르메티카(Hermetica)」를 편찬한 월터 스콧(Walter Scott 1854~1925)은 헤르메스주의 문헌들의 성립 연대가 기원후 200년 직후라고 보았으며, 반면 이집트학 학자인 윌리엄 피트리(Sir William Flinders Petrie 1853~1942)는 기원전 500년에서 기원전 200년 사이라고 보았다.
597) 「코르푸스 헤르메티쿰(Corpus Hermeticum)」은 가장 널리 알려진 헤르메스주의 문헌이며 원본은 헬라어로 기록되어 있다. 총 18권의 책이 수록된 전집이며, 이 책들은 모두 헤르메스 트리스메기스투스와 일련의 다른 존재들 또는 사람들 사이의 대화로 구성되어 있다. 이 책 외에 헤르메티시즘(Hermeticism)의 주요 문헌으로는 비전(祕傳)에서 아주 잘 알려진 금언인 "위에서와 같이 아래에서도(As above, so below)"라는 말이 만들어지게 된 원천 텍스트가 들어 있는 아주 짧은 문헌인 에메랄드

여러 철학 또는 사상의 혼합주의 또는 절충주의의 산물로서 그 주체는 플라톤과 피타고라스적 철학사상이며, 이 밖에 스토아철학, 필론[598]적 유대사상 등이 섞여 있는데[599] 영지(靈智)에 의해 신인(神人)의 합일(合一)이 이루어진다는 영지주의 사상이 기본이다.[600]

헤르메스협회는 인간은 신과의 합일 상태로 되돌아가는 '위대한 작업'[601]이라고 부르는 영적 여행 중에 있다고 설명한다. '현대의 헤르메스주의'는 고대의 '알렉산드리안 헤르메스주의(Alexandrian Hermeticism)'에 각종 신비주의 전통과 유사 과학이 녹아들어 가히 신비주의의 전시장이라 할 만하다. 영국의 사학자 예이츠(Frances Yates 1899~1981)는 헤르메스주의를 '절(寺)도 제(祭)도 없는 마음만의 종교'라고 하였다.[602]

5.1.2.3.13. 기타 최근의 사상가들과 뉴에이저들

5.1.2.3.13.1. 켄 윌버의 합일

켄 윌버는 의식수준을 7단계로 나누고 그중 가장 높은 단계인 '원인(Causal) 단계'에서 인간은 모든 과정이 완성되면서 근원에 용해(溶解)되어 신성 또는 '만물의 현현되지 않은 기반'과 '동일함'으로 변한다고 주장한다. 그는 이를 신비적 합일이라고 부르며 합일은 '물리적, 생물적, 정신적, 그리고 영적인 모든 단계에서 존재

타블레트(Emerald Tablet)와 1912년에 출판된 익명의 공저자들이 저술한 책으로 헤르메스주의의 원리들이 해설되어 있는 키발리온(Kybalion)이 있다.
598) 필론(Philon BC 15~AD 45)은 헬레니즘 시대 대표적인 유대인 철학자이며 최초의 기독교신학자이다. 그리스 철학과 유대인의 유일신 신앙의 융합을 꾀했다. 고대 그리스도교 신학의 형성과 뒷날의 신플라톤주의까지 큰 영향을 미쳤다.
599) '알렉산드리안 헤르메스주의'가 매우 다양한 종교적 철학적 전통들에 의지한 것과 똑같이, '현대 헤르메스주의'도 헤르메스 전통, 또는 서양 에소테릭 전통 속의 다양한 범위의 영적인 길들을 탐구한다. 헤르메스협회(Hermetic Fellowship)에서는 이런 길들은 다음 것들을 포함한다고 쓰고 있다 : 고대 미스테리 종교, 카발라, 연금술, 장미십자회 사상, 영지주의 및 기타 에소테릭 기독교, 마술, 주술과 신이교주의, 그리고 성배(聖杯, Holy grail)탐구.
600) 헤르메스와 영지주의는 둘 다 영지(靈智)를 추구하기 때문에 많은 특성을 공유하지만 삶에 대한 근본적인 태도는 완전히 반대이다. 영지주의는 세상은 극복해야 할 악마들로 가득 찬 어둡고 사악한 곳으로, 그리고 더 높은 수준의 영적 실체를 얻기 위한 끊임없는 투쟁의 장(場)으로 본다. 그러나 헤르메스에게 세상은 어두운 곳이 아니며 아름다움과 신성한 조화의 증거물이다.
(theosophy.wiki/en/Hermeticism)
601) 헤르메스협회가 설명하는 위대한 작업(The Great Work) : 신과의 새롭고 탈바꿈된 합일로 돌아가는 것이 헤르메스 작업의 목표이다. 이 과정을 그들은 '위대한 작업' 또는 '장엄한 예술(Royal Art)'이라고 부른다.
602) Hermeticism is a religion without temples or liturgy, followed in the mind alone.

의 성립기반이 되는 존재'와 자신이 완전히 동일한 존재라는 사실을 깨닫는 것으로서 이는 모든 것과 완전히 조화를 이루는 상태라고 설명한다. 그는 또 합일의 단계에 다다른 사람은 개별성(개성)과 정체성을 유지한 채 보통 사람과 특별히 다를 바 없이 나무를 하고, 물을 길어 나르며 산다고 한다. 다만 그는 매우 현명한 사람으로 마치 불가(佛家)의 십우도(十牛圖)에서처럼 입전수수(入纏垂手), 즉 저잣거리에 들어가 중생을 돕는 경지의 사람이라고 묘사한다.

5.1.2.3.13.2. 올더스 헉슬리의 합일

헉슬리는 그의 「영원의 철학(Perennial Philosophy)」603)에서 삶의 핵심적인 사건은 '근본 바탕' 혹은 '신성한 실재' 등으로 표현되는 '영원한 실재'와 합일하는 체험이라고 주장한다. 헉슬리는 "영원한 실재에 대한 앎"604)을 삶의 최종 목적으로 설정하고 그 획득을 위해 의식적으로 노력하는 것이야말로 인간 영혼의 본성이라고 보았다. 즉, 삶의 궁극적 목적은 "신과 합일하는 앎"을 체득(體得)하는 데 있다는 것이다. 그리고 이 앎과 그 체험이 가능한 이유는 중세 가톨릭의 대표적인 신비주의자 에카르트(Meister Eckhart 1260~1327)가 주장한 것처럼 '신의 근본 바탕과 영혼의 근본 바탕은 동일하기 때문'이다. 다시 말해 인간 영혼의 심층에는 개인적 차원을 훌쩍 뛰어넘는 초월적인 바탕이 자리하고 있으므로 그곳으로의 귀소(歸巢)는 영화(靈火)를 가진 영과 혼의 본능이다.

5.1.2.3.13.3. 존 쉘비 스퐁 주교의 합일

스퐁 주교605)는 그의 저서 「요한복음-아름다운 합일의 길」에서 진리 탐구와 인간과 신의 합일이 종교 본연의 사명이라고 주장하며 다음과 같이 말한다. "예수는

---

603) 미주 2 「영원의 철학(perennial philosophy)」과 8.20.1. '헉슬리의 「영원의 철학」과 표준이론' 참조
604) 靈知(gnosis)다.
605) 1. 존 쉘비 스퐁(John Shelby Spong 1931~2021) 주교는 미국성공회(The Episcopal Church) 사제로 45년간 봉직한 후, 하버드대학교와 드루대학교 등에서 신학을 가르친 매우 진보적인 성직자이자 베스트셀러 작가이다. 자연과학의 발전으로 인해, 특히 다윈과 프로이트 이후 하느님에 대한 전통적 설명(초자연적 유신론)이 설득력을 잃어 많은 사람들이 교회를 떠나는 현실 앞에서 그는, "머리가 거부하는 것을 가슴이 예배할 수 없다."는 확신 속에 평생 동안 철저하게 정직한 신앙을 추구함으로써 교회를 갱신하는 작업에 헌신했다.
2. 그가 말하는 머리란 혼이 가진 觀이다. 혼이 예배의 주체다. 혼은 그의 觀을 통과한 앎만을 '믿는 앎(믿음, 지혜)'으로 채용하여 진정으로 예배한다. 올바른 관은 깨달음(悟)으로 정립된다. 영은 혼을 깨달음으로 이끌어 그의 觀의 정립을 지도한다. 따라서 머리가 거부하는 것을 가슴이 예배할 수 없다는 말은 觀에 맞지 않은 지식만의 교리는 신앙으로 연결되지 않으니 관을 세우는 깨달음을 먼저 추구하여야 한다는 의미로 들린다(2.3.2. '앎과 觀과 믿음의 관이론(觀理論)' 참조).

생명의 원천(the source of life)이며, 사랑의 원천(the source of love)이며, 존재의 근거(the Ground of Being)인 하느님과 신비한 합일(the mystical oneness with the God)을 이룬 사람이다. 그래서 나는 말할 수 없는 경외감을 체험하며 요한복음을 마무리한다. 이 책에서 나는 '나는 …이다(I AM)'라는 위대한 하느님과 마주쳤고, 그 결과 이제 나 역시 '나는 …이다(I am)'라고 말할 수 있게 되었다. 더 나아가 나는 다른 사람들도 '나는 …이다(I am)'라고 말하는 목소리를 들을 수 있다. 이 존재의 선물 속에서 나는 살아가고, 기뻐하고, 영원을 경험한다. 이것이 내가 어느 유대인 신비주의자의 이야기인 요한복음으로부터 받은 것이다."

5.1.2.3.13.4. 엘리자베스 퀴블러-로스[606]의 합일

퀴블러-로스는 "인간 모두의 깊은 내면에는 '진정한 나'가 있다고 하며 그 존재에 가까이 갈 때 우리는 그것을 느낄 수 있다."고 주장한다. 그는 인간이 영과 혼 그리고 육으로 구성되었음을 밝히며 자아의 발전 과정을 체험적으로 설명한다. 그리고 그 마지막은 하느님과의 합일이었음을 이야기하였다. 이는 인간의 구성요소뿐 아니라 구성요소 간의 관계, 그리고 영적인 부분을 주체로 한 구성요소 간의 조화, 나아가 자아발전단계에 대한 이해를 종합적으로 설명하는 구도이다. 표준이론의 그것과 대차(大差) 없이 동일하다.[607]

5.1.2.3.13.5. 닐 도날드 월쉬尾116)의 합일

「신과 나눈 이야기」의 저자인 월쉬는 의식계발의 끝은 신과의 합일이라고 하며

---

606) 스위스 출신의 정신과 의사인 엘리자베스 퀴블러-로스(Elizabeth Kübler-Ross 1926~2004) 박사는 시한부 환자 5백여 명을 인터뷰하며 1969년 출판한 '죽음과 죽어감(On Death And Dying)'이 전 세계 25개국 이상의 언어로 번역될 만큼 큰 주목을 받았다. 그는 이후 '죽음' 분야의 최고 전문가가 되었고 이후 「사후생(死後生, On life after death 1991)」 등 20여 권의 저서를 남겼다. 생사학(Thanatology)의 창시자로 인정받는 퀴블러-로스 박사는 우리나라에서 「인생 수업」, 「상실 수업」, 「생의 수레바퀴」 등의 저서가 베스트셀러가 되기도 했다. 퀴블러-로스가 제창한 '죽음을 받아들이는 다섯 단계(DABDA)'이론은 우리나라는 물론 전 세계적으로 잘 알려져 있다. 퀴블러-로스 박사는 또한 미국의 시사 주간지인 「타임」지가 선정한 20세기 100대 사상가 중의 한 사람이기도 하다(정현채, '죽음, 또 하나의 시작' 참조).
607) 퀴블러-로스는 이렇게 말한다. 인간은 영적에너지와 정신적에너지, 그리고 물리적에너지인 육체로 구성된다. 나는 환자를 돌보면서 내 안에 있는 부정적인 힘들을 깨닫고 그것들을 밖으로 드러내었다. 환자를 돌보는 것이 나의 스승이었고 내가 수행한 명상이었다. 그리고 마침내 육체와 정신(=감정적요소)과 마음(=지적요소)과 영 간의 조화를 이루었고 직관적이고 영적인 자아(=4단계 자아)에 다가설 수 있었다. 그래서 나는 이 생에서의 나의 임무를 성공적으로 수행하였고 이승에 다시 돌아오지 않아도 되었다. 이후 나는 유체이탈 도중 '산타 닐라야'라는 곳에 다녀왔는데 그곳은 우리가 우주의식과 합일하여(=5단계 자아) 모든 고뇌가 사라지고 인간의 4요소가 조화를 이루는 존재가 되어 우리의 본래의 모습을 회복하며 진정한 사랑을 할 수 있는 곳(=제3영계)이다(엘리자베스 퀴블러-로스, 「사후생」, 최준식 옮김, 127~135쪽 요약).

다음과 같이 이야기한다. "너희가 완전히 계몽되면 신과의 의식적인 합일이라는 영원한 영광 속에 사는 것을 보여주게 될 것이다. 너희의 지금 순간들이 신이 너희를 통해 명백하게 드러낸 장엄한 황홀경으로 가득 차게 하라. 진화가 많이 된 존재일수록 결국 자신이 나온 수준에까지 이르게 된다. 합일의 순간에 이르면 개별의식이 사라지고 한 바퀴가 끝나며 새로운 한 바퀴가 시작된다.608)" 나아가 그는 "합일은 신과 세상 모든 사람과의 합일이다. 수많은 형태를 가진 삶의 모든 것과 융화되는 것이고, 하나가 되는 것이다. 너희가 하나라는 것을 알면 너희는 영원히 바뀔 수 있다."라고 하며 신뿐 아니라 세상의 모든 사람이 하나라고 역설한다. 또 그는 영혼은 자신의 목표가 진화라는 걸 확실히 알고 있다고 하며 진화야말로 영혼의 유일한 목표이자 영적 목표인데 진화의 끝은 '존재 전체'와 하나가 되는 체험 즉 합일(合一)이며 이는 진리로의 위대한 복귀라고 주장한다.

5.1.2.3.13.6. 정적주의의 합일

정적주의(靜寂主義, Quietism)는 명상609)에 의해서 신과 합일함으로써 영혼의 평안을 얻을 수 있는 것이지 도덕이나 종교적 행위는 쓸모없다고 하는 주장으로 그리스도의 완덕(完德)은 죄악과 싸우는 인간의 활동이나 외적인 행위에 의해 이루어지는 것이 아니라 자신을 완전히 하느님께 맡김으로써 얻는 영혼의 정적(靜寂) 상태에서 이루어진다고 하였다. 이는 인간의 자발적, 능동적인 의지를 최대로 억제하고, 초인적인 신의 힘에 전적으로 의지하려는 수동적 신비주의 사상이다. 17세기에 가톨릭610)에서 유행하였으며 이후 프로테스탄트의 경건주의(敬虔主義, pietism)로 계승되었다. 이들은 이지(理知)보다 심정을, 학식보다 실천을 존중하였다. 그러나 반면에 엄격주의, 반세속주의, 금욕주의, 거짓 신심, 미신 등의 부정적인 경향을 보였다.

---

608) 합일로 인하여 개별의식(개별성)이 사라진다는 월쉬의 의견은 신지학 일부 학자들의 영향을 받은 것으로 보인다. 한 바퀴가 끝나면 새로운 한 바퀴가 시작된다는 진술도 주기론을 주장하는 신지학의 그것과 동일하다. 다만 우주의 주기를 개인의 주기로 전락시킨 느낌이다. 표준이론은 합일 이후에도 개별성(개성)을 유지한다고 본다. 합일이란 흡수나 통합이 아니라 천국에 들어 지복직관함을 말하는 것이고 귀향으로 표현하는 것이 적절하다(미주 97 '개체성(separateness)과 개별성(individuality)').
609) 여기서 명상은 가톨릭의 관상(觀想)이다. 관상은 신(神)을 '직관적으로 인식하고 사랑하는 일'로서 관상을 통해 천국에 가기 전에도 하느님을 직접 뵙는 지복직관(visio beatifica)을 누릴 수 있다.
610) 스페인의 신비론자 몰리노스(Miguel de Molinos 1628~1696) 신부, 프랑스의 신비론자 귀용 부인(Jeanne Marie Bouvier de la Motte Guyon 1648~1717), 프랑스의 페늘롱(Franois Fnelon 1651~1715) 신부 등이 그 대표자들이다. 이들은 모두 로마 교황에 의해 이단으로 배척당했으나 현대의 신학자들은 이를 근거 없는 무리한 단죄로 보고 있다. 그들이 이단이라면 현재 모든 관상수도회는 이단인 셈이다. 교황무류성(敎皇無謬性, Papal infallibility)이 어떤 경우에라도 교황의 말과 행동에는 모두 잘못이 없으며, 이의를 제기할 수도 없다는 뜻은 아니다.

5.1.2.3.13.7. 지중해의 성자 다스칼로스의 합일

다스칼로스611)에 따르면 "인간은 절대영(絶對靈, Pneuma)에서 나와 '인간 이데아'를 통과하면서 영구인격이 만들어진다. 영구인격은 수없이 환생하면서 각 생마다 현재인격을 형성하여 경험과 지혜를 쌓아 자기완성을 추구하는데 그 정점이 절대영과 다시 합일하는 것이다."라고 한다. 이데아에서 누스(Nous)가 발출되어 나오고 누스에서 다시 혼(Psyche)이 나온다고 하는 신플라톤주의와 통하는 주장이다.

5.2. 영 따로 혼 따로

이미 설명한 바와 같이 혼과 영은 하나가 아니라 서로 다른 존재다.612) 이제 혼과 영은 이생에서 처음 만나 한 몸에서 삶을 같이하다가 명종 후 헤어져 영 따로 혼 따로 제 갈 길을 간다는 사실에 대해서 이야기한다.

물론 영과 혼은 하나라는 종교와 사상도 많고 심지어 영혼육의 인간구성을 이야기하는 사상에서도 대부분 영과 혼은 태어나기 전에 기원이 다르거나 살아서 하는 일이 달라 영과 혼을 구분하는 것이지 명종 후에는 혼영일체로 죽어서도 영영 같이 한다는 입장이 다수다. 그러나 표준이론은 영과 혼이 서로 다른 기원을 가지고 있으며 생시에도 분명히 다른 역할을 하고 그 영적 수준도 엄연히 다른데다가 명종 후에는 다시 볼 일이 없이 헤어진다는 말을 하고 있다.

5.2.1. 주요 종교와 사상의 영혼관

영혼육의 구성을 이야기하는 여러 사상에서 영과 혼에 대해 어떻게 생각하는지를

---

611) 다스칼로스(Daskalos 1912~1995)는 키프로스 태생의 기독교 신비가, 신유치료자(神癒治療者, 신앙으로 질병을 치료하는 사람)로 본명은 스틸리아노스 아테쉴리스(Stylianos Atteshlis)이다. 그는 미국 메인大 사회학 교수인 키리아코스 마르키데스(Kyriacos C. Markides 1942~)가 쓴 세 권의 책을 통해 다스칼로스(선생님)라는 이름으로 세상에 알려지게 되었다. 세속적인 직업은 키프로스의 인쇄국 공무원이었으며 평소 작곡, 연주(바이올린과 피아노), 詩作, 그림 그리기, 원예 등을 즐겼다. 그는 소모임에서 에소테릭 기독교(Esoteric Christianity)의 지혜, 명상, 유체이탈, 치유력 계발 등을 가르쳤다. 그는 수많은 전생들을 기억하고 있었기 때문에 다양한 언어에 능통한 것으로 알려졌으며 영국에서 유학할 때에는 철학박사와 신학박사 등의 학위를 취득하기도 했다.
612) 3.1.2. '영혼육 삼원론인 이유'를 참조하라.

서로 비교해 보자. 부록5 '주요 종교와 사상의 영혼관 개요'에 수록된 주요 종교와 사상의 영혼관을 요약한 표를 통해 영과 혼의 구분에 대한 대표적인 생각들을 개괄하면서 삼원론(Trichotomy)의 주소가 어디쯤인지 알아본다.

#(개요)	구분	인간의 구성	자아의 주체(최고수준)	자아의 발전 필요성	주체의 생물적 진화여부	사후 존속하는 주체	주체의 목표	사후 영의 운명	영의 탄생시기	사후 혼의 운명	혼의 탄생시기	윤회의 주체	구원, 발전 수단	내부 방해물	외부 방해물	창조주
1	조로아스터교	혼, 영, 프라바시	결합 프라바시(united fravashi)	필요	진화없음(유출적)	혼, 영, 프라바시	아후라 마즈다 예계로의 귀일	분리 또는 일체	원시거인 또는 창조주로부터 유출	천국 또는 지옥	아후라 마즈다로부터 유출적	윤회 없음	자력	악의 영(Angra Mainyu)	악의 영(Angra Mainyu)	있음
2	신플라톤주의	누스, 프시케, 소마	누스 와프시케	필요	진화없음(유출)	누스와 프시케	합일	윤회 또는 일체	일자(Hen)로부터 유출	영과 함께 윤회 또는 합일	누스로부터 유출	누스와 프시케	자력	무명	없음	있음
3	혼육 기독교	혼육	혼	필요(믿음)	진화없음(유출적)	혼	구원	영 없음		천국이나 지옥	네샤마	윤회 없음	자력과 타력(믿음과 구원)	원죄	악마	있음
4	영혼육 기독교	영혼육	깨어난 영	필요(믿음)	진화없음(유출)	영과 혼(일체)	구원	천국이나 지옥	네샤마	천국 또는 지옥	네페쉬	윤회 없음	자력과 타력(믿음과 구원)	원죄	악마	있음
5	비윤회적 영지주의	영혼육 또는 영육	영	필요(믿음)	진화없음(유출)	영과 혼(일체) 또는 영	합일	천국(합일) 또는 (일시적)지옥	창조시	천국 또는 지옥	물질계 진입시	윤회 없음	자력(영지)과 타력(구원)	원죄	악마	있음
6	윤회적 영지주의	영혼육 또는 영육	영	필요	진화없음(유출)	영과 혼(일체) 또는 영	합일	윤회 또는 합일	창조시	(영과 함께) 윤회 또는 합일	물질계 진입시	영과 혼(일체) 또는 영	자력(영지)과 타력(구원)	원죄	악마	있음
6&7	신지학	영혼육	영	필요	진화없음(유출적)	인간 모나드와 이드혼	합일	영계	창조시(모나드)	영에게 경험,지혜 전하고 분리	진화(각혼)	영과 이드혼 각자윤회	자력	없음	없음	있음
7	표준이론	영혼육	영이나 혼	필요	진화	영과 혼(별개)	합일	수준맞는 영계	영과 헤어져 윤회	영계 또는 수시	진화	영계 또는 수시	진화	영혼	자력과 타력(구원)	짐승적 본능	없음	있음
8.1	유교 성리학(근본주의)	혼육	성	필요	진화적	없음	없음	영 없음	없음	소멸	진화(태극으로부터)	윤회 없음	없음	없음	없음	없음
8.2	유교 성리학(타협주의)	혼육	성	필요	진화적	사실상의 혼(혼은 결국 소멸)	없음	영 없음	없음	3~4대 살다가 조상신과 합일	진화(태극으로부터)	윤회 없음	없음	없음	없음
8.3.	한국 무교	혼육	생령(혼)	필요(업보)	진화적	사실상 혼	없음	영 없음	없음	시왕 심판후 천국,지옥 갔다가 환생	진화적(기로부터)	혼	자력	없음	원귀	없음
9.1	불교	혼육	8식(아뢰야식)	필요	진화	8식(아뢰야식)	해탈	출세간(영계)	열반하여 무아 중득	중음계후 3계6도 윤회	오온에서 6,7,8식 탄생	8식	자력과 타력(자력)	무명	없음	없음
9.2	불교(표준이론적 해석)	영혼육	8식과 부처(사실상의 혼과 영)	필요	진화	8식과 부처(사실상의 혼과 영)	해탈	극락 등 사실상 영계	열반하여 아라한 탄생	중음계나 28천의 존음계	진화적으로 아뢰야식 탄생	8식과 부처(사실상의 혼과 영)	자력과 타력(자비)	무명	없음	본초불(사실상의 창조주)
10	도교	혼육	도	필요	진화적	사실상의 혼	신선 영생	영 없음	없음	신선이 되지 못하면 소멸	진화(태허로부터)	윤회 없음	자력	없음	없음	없음
11	힌두교	영혼육	아트만	필요	진화없음(유출)	아트만과 혼(일체)	합일	윤회 또는 합일	창조시	영과 함께 윤회 또는 합일	진화(프라크리티+푸루샤)	아트만과 혼	자력	카르마	없음	있음
12	프로이트	육	이드 예고 초자아의 3중 구조	불필요	진화 없음	없음	없음	영 없음	없음	소멸	없음	윤회 없음	없음	없음	정신병	없음

13	루리아닉 카발라	영혼육	영	필요	진화없음 (유출적)	영과 혼 (일체)	합일	여러 저승을 거쳐 윤회나 귀일	생명나무를 통하여 일시	혼 영 일체	영의 속성으로서 혼	영과 혼 (일체)	자력	없음	없음	있음
14	고전적 헤르메스	영혼육 (혼육)	타락한 영 (실질은 혼)	필요	진화없음 (유출)	영과 혼 (일체)	합일	윤회 또는 합일	영은 정신이며 수시로 탄생	태초	영과 함께 윤회 또는 합일	영과 혼 (일체)	자력	없음	악한 영 (정신)	있음 (지고의 누스)
15	유란 시아서	類似 영혼육	필사자 혼	필요	진화	필사 자혼과 생각 조절자	파라다이스 입성	조절자는 신성별로	수시	맨션 월드나 수면	조절자가 의지에 작용	혼과 조절자	자력	자기의지	없음	있음
17	자이나교	혼육	지나 (영)	필요	진화없음 (유출)	혼	靈化	천국	수시 (혼의 열반시)	윤회	영의 타락시	혼	자력	무명에 따른 업	없음	無記
17	원불교	영기질 (靈氣質)	영 (사실상 혼)	필요	진화없음 (유출적)	영 (사실상 혼)	해탈	윤회 또는 해탈	불명 (일원으로 부터)	소멸 (기로서 생계체)	불명 (일원으로 부터)	영 (사실상 혼)	자력	무명에 따른 업	없음	一圓
18	대종교	성명정	성(영)	필요	진화없음 (유출적)	성명정	성통공완 반망귀진	윤회 또는 귀천	수시	윤회	성명정 일체	성명정 일체	자력	삼망	없음	있음
19	신나이	영혼육	영	필요	진화없음 (유출적)	영	합일	윤회 또는 합일	창조시 (빅뱅시)	영혼육은 합체윤회	불명	영혼육은 합체윤회	자력	없음	없음	있음
20	천도교	영육	성령	필요	진화없음 (유출적)	성령	기화	共存共殁	수시	N/A	N/A	N/A	자력	없음	없음	있음

부록5 주요 종교와 사상의 영혼관 개요

주요 종교와 사상의 영혼관 개요(概要)

1. 조로아스터교의 교의(教義)는 오랜 시간에 걸쳐 형성되었기 때문에 일률적이라고 할 수는 없으나 대체로 사람은 몸과 Urvan(혼), Mainyu(영), Fravashi(靈火 정도의 의미임)의 결합체라고 한다. 영인 마이뉴는 창조주(Ahura Mazda)가 만든 원형인간(게이요마르트, Gayōmard) 또는 창조주로부터 직접 유출된다. 혼 역시 창조주로부터 나와 모든 생명체에 깃든다. 사람은 모두 표준이론의 靈火정도에 해당하는 프라바시(fravashi)를 가지며 착하게 살면(asha) 영과 혼은 프라바시와 결합하여 천국에 들고 악하게 살면 혼 중에 물질적인 혼(정신체 정도로 보임)은 지옥에 가고 나머지는 흩어져 모두 천국으로 간다. 그러나 심판 후 일정한 보속을 치루면 정화되어 모두 구원받는다.613)

2. '신플라톤주의'는 이데아(Idea)계를 만물의 궁극적 근원인 '일자(一者, Hen)'와 예지인 '누스(nous)', 생명력인 '프시케(psychē)'로 계층화하였다. 일자(一者)에서 예지가, 예지에서 프시케가 발출된다. 현상계(Adea계)에 묻혀 있는 누스와 프시케는 일자로의 귀환의 길을 탐구해야 한다.

3. '영육의 기독교'에서 영은 신으로부터 나왔으나 원죄로 타락하였다. 그는 자력(自力)으로 求道하고 타력(他力)으로 救援받아 천국에 들어야 한다. 이는 영육이원

---

613) heritageinstitute.com/zoroastrianism/overview/index.htm#conceptsoftime 참조

론을 주장하는 기독교의 전통적 의견이다. 영의 타락(추락)은 자이나교나 영지주의, 헤르메스, 카발라, 신지학 심지어 우리나라의 원불교, 대종교, 천도교 등 하느님으로부터의 영 발출론(Emanation)을 주장하는 모든 종교의 공통된 생각이다. 기독교는 그중 가장 신화적이고 원시적인 타락이유를 대고 있을 뿐 주장하려는 취지는 같다.

4. '영혼육의 기독교' 역시 영은 신으로부터 나왔으나 원죄로 타락하여 잠들었다가 믿음과 성령으로 구원받아 성화되면 영혼일체로 천국에 갈 수 있다. 이는 영혼육 삼원을 주장하는 바오로 사도의 입장에 따른 설이다.

5. '비윤회적 영지주의'의 영은 신으로부터 발출하였으나 타락하였다. 그러나 믿음과 영지로 구원받아 다시 천국에 갈 수 있다. 이는 초기 기독교의 영지주의파 중 윤회를 믿지 않는 자들의 생각이다. 영지주의 기독교 외에는 유일신교적 그노시즘 종교인 만다야교(Mandaeism)가 이 부류에 속한다.[614] 영육이원 또는 영혼육 삼원의 생각을 가졌다. 삼원(三元)의 경우 영은 지상에 내려올 때 지나온 별자리의 행성에서 얻은 심적인 부가물로서 정신을 얻게 되며 따라서 인간은 영과 정신(소울, 멘탈, 사이키) 그리고 육으로 구성된다. 수승한 인간은 그노시스를 얻어 명종 후 혼과 영이 합일하여 빛의 신방에 들어 귀향하게 된다.

6. '윤회적 영지주의'에서도 영은 신으로부터 나왔다. 그는 추락하여 물질에 갇혀서 윤회하나 구도와 영지(靈智)를 통해 신에게 귀향할 수 있다. 이는 일반적 영지주의, 신지학 그리고 윤회관을 가진 영지주의적 기독교, 3세기에 '빛의 사도'로 알려진 예언자 마니(Mani 210~276)가 페르시아에서 창시한 이원론적 종교인 마니교(Manichaeism), 11~13세기 프랑스 남부의 알비지역을 중심으로 유행하였던 기독교 교파인 카타리파(Cathars)가 여기에 해당한다.[615]

7. '표준이론'에서 영혼은 물질인 기(氣)로부터 진화하였다. 진화의 동력은 기에 내재한 신의 생명력과 그 에센스인 영화(靈火)다. 표준이론과 근대신지학은 서로 유사하나 신지학에서 진화의 동력은 제2로고스의 단편인 모나드이고 혼의 진화의 끝은 각혼까지만이라는 점과, 여러 체로 구성되는 혼은 명종 후 영계로 상승하는 과정에서 각 체에 해당하는 혼계에서 그의 경험과 지혜를 영인 인간모나드에게 전해 주고 체(體)는 소멸한다는 점이 표준이론과 다르다.[616]

---

614) 미주 103 '만다야교(Mandaeism)' 참조
615) 미주 269 '마니교(Manichaeism)'와 Wikipedia 'Catharism' 참조

8.1. '성리학의 근본주의적 믿음'에서는 태극(太極)이라는 '우주의 이치'에서 '이(理)'라는 원리(原理)와 '기(氣)'라는 원료(原料)가 나오고 기는 다시 양기와 음기로 나뉘어 五行(화수목금토)으로 세상만물을 구현한다. 사람도 理와 氣로 만들어지는데 죽으면 각각 혼과 백이 되어 흩어지고 정신은 소멸한다.
8.2. '타협적인 성리학'은 사람이 죽으면 정신인 혼은 하늘의 조상신에게 가고 생기체인 백은 땅으로 가 흩어진다. 혼은 3~4代 동안은 개체성을 유지하나 이후 조상신들과 합일하여 소멸한다.
8.3. '우리나라 전통무속'617)은 보통 일월성신(日月星辰)이나 천지신명(天地神明) 같은 초자연적인 절대자가 우주와 인간을 창조하였다고 하며 샤머니즘적 요소에 유교의 조상신, 불교의 연기와 윤회사상 등이 더해져 영혼은 보통 사후 염라대왕의 판결을 받고 지옥이나 극락으로 갔다가 환생하기도 하고 후손이나 조상신에게 붙어서 살다가 환생하거나 소멸한다고 믿는다.

9.1. '정통적인 불교의 믿음'에서는 오온의 결과물인 업의 장식(藏識)으로서 아뢰야식이 수없이 윤회하며 보살도를 살아 이윽고 업을 멸하면 부처가 되어 윤회를 그치고 무루계에서 영존할 수 있다.
9.2. '불교를 표준이론의 시각'에서 이해하면 오온에서 말나식과 아뢰야식이라는 혼이 진화적으로 탄생하며 이 혼이 보살도를 살아 열반을 성취하면 영인 아라한이 된다. 아라한은 아직 해탈에 이르지는 못하여 환생을 계속하는데 이는 표준이론처럼 혼을 품은 환생일 수도 있다. 무아란 '恒常하는 아는 없다'는 무상아(無常我)의 의미이며 극락은 번뇌와 윤회를 벗어난 천국이다. 사실 이는 대중불교적 시각이기도 하다.

10. '도교'에서는 태허(太虛)에서 묘일(妙一)을 거쳐 天地人의 三才가 나왔다고 하며 사람이 죽으면 염라왕의 재판을 받고 지옥, 천상계, 환생으로 갈려 간다. 지옥벌을 다 받으면 환생한다. 이러한 교리는 도가의 '道生一, 一生二, 二生三, 三生萬物'을 모방하였을 것이나 一二三이 순서대로 氣, 음양(陰陽)의 기, 그리고 천지인(天地人)이라는 도가의 이치를 멀리하고 묘일 운운하여 원시천존(玉皇上帝)을 끌어넣을 수밖에 없었음은 도교가 도가와는 달리 사상이 아니라 종교였기 때문이다.

---

616) 신지학은 카발라에서 이야기하는 '영혼의 속성의 4계 기원론'에 힌두교의 '다신체론'을 접합하여 영혼의 다신체론을 완성하였고, 명종 후 영혼은 카발라의 이론대로 그 속성의 기원을 찾아 각 계를 순회하며 상승하는 과정에 각혼(아스트랄)과 혼의 여러 외피부분을 차례로 벗어버리고 마침내 브라만에게 귀일하는 것으로 하여 다층적 저승론을 완성하였다.
617) 전통巫俗이라 함은 巫敎적 민속신앙을 뜻한다.

11. '힌두교'에서는 영(Atman, Purusha)의 작용으로 기(prakrti)로부터 자의식(Ahamkara)인 혼이 형성되고 영은 이 혼과 함께 전생(轉生)하다 일원(一元)을 회복하면 브라만(Brahman)과 합일한다. 아트만이 프라크리티에 작용하여 진화적으로 아함카라가 생겼으며 아트만은 무명으로 인하여 아함카라와 일체가 되어 윤회하는 것이다. 환생할 때 아트만은 전생에서 자신의 행동의 결과인 카르마(karma)가 장착된 '미묘한 몸(sukshma sharira)'을 입고 마야세계인 이승으로 다시 뛰어든다. 베다와 우파니샤드 그리고 육파철학인 삼키아학파를 거쳐 힌두이즘에 일반화된 혼론(魂論)이다.

12. '프로이트'에서 영혼은 없다. 무신론의 표본인 프로이트의 '마음의 구조모델'이다.

13. '루리아닉 카발라'에서는 수준이 낮은 영혼은 물질계인 앗시아계에서 윤회하며 그곳의 고통을 통해 지은 죄를 씻어 영혼을 정화하면 다음 계로 간다. 살아생전에 네샤마나 히아 등 높은 수준의 영혼이 자아를 지배하였다면 더욱더 높은 계로 신속히 가게 될 것이며 거기에 오래오래 살다가 앗시아계인 이승에 고급 영혼으로 다시 환생한다. '현대적 카발라'의 경우 생명나무나 4계이론 그리고 카발라를 추종하는 신지학의 이론 등을 감안하건대 영과 혼이 명종 후 어찌 되는지에 대해서는 신지학적으로 이해하면 될 것으로 보인다. 즉, 명종 후 영혼은 생기체인 네페쉬는 물질계인 앗시아계에 두고 가고 하위정신체 정도인 루아흐는 아스트랄계인 예치라계에, 상위정신체인 네샤마는 멘탈계 격인 브리아계에, 영인 히아는 영계인 아칠루트계로 간다.

14. '헤르메스주의(Hermetism)'에서 혼은 '타락한 영'이라고 부르는데 그 실질은 표준이론의 혼이다. 복 있고 경건하게 사는 혼은 누스로부터 선한 영(정신)을 받아 깨달음의 빛으로 나아가며 악한 혼은 영이 채워지지 않거나 악한 영이 오히려 그를 지배한다. 영이 없는 혼은 아무것도 성취할 수 없다. 이는 「헤르메티카」[618]에 나타난 헤르메스주의의 영혼론으로 이때의 '정신'은 어느 면에서 다음 유란시아서의 생각조절자(Thought Adjusters)와 유사한 개념이다.

15. '유란시아서'는 생물학적으로 탄생한 인간의 마음(의지, 지성)에 표준이론의

---

[618] 「헤르메티카(Hermetica)」는 1924년경 영국 학자 월터 스콧(Walter Scott 1854~1925)이 펴낸 책으로 「코르푸스 헤르메티쿰」은 총 18권의 책을 수록한 전집이다. 허구(虛構)의 신인 '헤르메스 트리스메기스토스'와 일련의 다른 존재들 사이의 대화로 구성되어 있다. 본문의 내용은 '좋은 글방'에서 국역한 「헤르메티카」이다(8.17. '헤르메스주의의 인간론' 참조).

신영 또는 영화(靈火)에 해당하는 생각조절자가 작용하여 사람 안에 필사자 혼을 창조하고 그를 인도하여 불멸의 혼으로 진화시켜 최종에는 둘이 융합함으로써 우주의 절대 실존 차원으로 전환되어 파라다이스를 향하여 상승하게 된다고 주장한다.

16. '자이나교'에서는 순수한 영에 오염된 감정이 부착되어 업장(業障)을 형성하면 영은 혼으로 타락하여 윤회한다. 오염된 혼을 단식과 명상 등의 수행으로 정화 해탈하면 Jina가 되어 천국에 든다.

17. 우리나라 '원불교'에서는 일원(一圓)으로부터 생겨난 인간은 영기질(靈氣質)로 구성되어 있는데 영은 영원불멸한 성품으로 마음이며[619] 윤회의 주체이고 기는 몸을 생동케 하는 힘인 생기(生氣)이고 질은 몸을 지탱하는 뼈와 살이라고 말한다.

18. '대종교'에서는 사람은 본래 한배검으로부터 性·命·精 三眞을 품수(禀受)하여 태어나는데 이는 각각 靈(양심체), 정신체, 생기체와 몸으로 파악된다. 삼망(三妄)으로 인해 타락한 영으로써 혼은 윤회하다가 반망귀진(返妄歸眞)하면 영이 되어 천국에 든다.

19. '신과 나눈 이야기'의 닐 도날드 월쉬는 신의 일부인 순수 에너지가 무한히 많은 단위로 나뉘어 영혼이 탄생하였다. 인간은 육체와 생기체로서의 마음, 그리고 영(靈)으로 이루어져 있다. 명종 후 몸과 마음은 하나의 에너지 덩어리로 변하여 영과 결합하며 이후 영이 환생할 때에는 몸의 진동수를 낮추어 몸과 마음 그리고 영혼으로 분리시킨다고 한다.

20. '천도교'에서는 죽음으로 인하여 육신은 해체되지만 사람의 영인 성령은 후손 생명들과 우주 생명체와 함께 현세적 지상천국이 이뤄질 때까지 공존공역(共存共役)하면서 영생한다. 이는 천국이 따로 있는 것이 아니라 이승에 편재(遍在)한다는 생각이다.

각 사상의 부족한 부분과 사상 간의 차이 그리고 그간의 모순을 최대한 극복한 모델은 신지학이다. 그러나 신지학은 로고스의 단편인 모나드가 동물의 각혼에 작용하여 사람의 혼이 창조되었다는 역진화적인 주장[尾117]을 이론의 주요 프레임으로 채택함으로 인하여 심각한 불합리성을 보이고 있다. 그러한 면에서 보면 불교

---

619) 영은 마음이 아니다. 마음은 혼이니 원불교의 삼원론은 사실 魂氣質이 맞다.

의 '아뢰야식 탄생이론'은 매우 進化的인 모델로 판단된다. 게다가 불교의 아라한(하급영)은 진보살(고급영)이 되기 위해 환생을 이어간다. 그렇다면 혼의 세상인 이승에서 그의 화신은 혼을 품을 수밖에 없을 것이고 이는 혼과 영의 각자윤회로 이어진다. 결론적으로 불교는 진화와 각자윤회 측면에서 표준이론과 같은 영혼관을 가지고 있다.

5.2.2. 영 따로 혼 따로의 증거

표준이론에서 혼과 영이 따로 존재하고 따로 윤회한다고 생각하는 이유를 보면

1) 혼과 영은 출생의 기원과 그에 따른 위상(位相) 그리고 존재하는 목적의 차이 때문에 따로 존재하고 따로 윤회한다.

우선 혼은 수십억 년에 걸쳐 기의 생명력으로부터 진화하여 오늘날에 이르렀고 이제 영을 향한 진화를 목표로 진화의 마지막 여정을 걷고 있는 존재다. 이제까지의 진화방법도 윤회였고 앞으로도 윤회를 통하여 진화한다.

또한 표준이론에서는 많은 사상과 종교에서 주장하는 '영이 신으로부터 직접 발출되었다는 발출론'[620]을 주장하지 않는다. 하느님은 자신의 에너지로 우주를 창조하시고 이와 별도로 자신의 숨결인 기의 생명력으로 지속적이고도 특별한 진화의 방법을 사용하여 혼영(魂靈)을 창조하셨으며, 또 한편 직접적인 방법으로 신영(神靈)을 창조하셨다. 이렇게 창조된 영의 궁극적인 존재 목적은 체험과 공덕을 통한 자신의 발전과 신의 창조사업에의 참여다. 그 구체적인 방법 중 하나가 우선 창조세계의 윤회(이승에의 부임)다. 따라서 혼과 영은 서로 다른 양태를 가진 실체로서 각각의 목표를 윤회라는 방법으로 추구하며 이승에서 한 몸으로 만나고 있다.

---

[620] 1. 발출론(Emanationism)은 "우주는 본원적인 '하나'에서 출발하여 차례로 완전성이나 실재성이 적은 하급의 존재로 흘러내려 창조되었다는 학설"로 종교적·철학적으로 세계창조 및 우주발생에 관한 주요 사상이다. 신플라톤주의에서 출발하여 영지주의, 인도철학 그리고 이와 관련된 사상과 종교에서 한결같이 주장하고 있는 생각이다. 신플라톤주의에서 우주는 발출의 정도에 따라 여러 계층을 가지고 있다고 주장한 이래 대부분의 발출론은 '다층적 저승론'과 함께한다. 따라서 영혼은 물질보다 높은 서열에 위치해 있다.

2. 한편 혹자는 말하기를 발출론은 '무(無)에서는 아무것도 생기지 않는다'는 전제를 가지므로 무로부터의 창조를 설명하는 기독교와는 본질적으로 상위점이 있다고 한다. 그러나 세상이 말씀에 의해 일거에 창조되었다는 것과 하느님으로부터 발출되었다는 것과 무엇이 다른가? 게다가 영혼은 하느님의 숨인 네샤마라고 창세기에 분명히 기록되어 있지 않은가. 아담의 선악이나 만물의 영장사상도 '하느님으로부터의 발출사상'의 일종으로 볼 수 있다. 따라서 기독교도 발출론에 속한다고 본다. 보에티우스나 토마스 아퀴나스도 발출론이 기독교가 말하는 '무로부터의 창조'와도 모순되지 않는다고 보고 이를 창조의 설명원리에 이용하였다.

2) 윤회의 증거는 차고도 넘친다. 애써 외면하지 않으면 확신(確信)할 수 있을 정도로 주변에 널려 있다.621) 그런데 영과 혼이 모두 윤회한다면 영혼육 한 몸이었던 혼과 영이 사후에도 일체로 윤회할까? 아니다. 혼과 영이 같이 윤회하기에는 너무 서로 다르다. 인간 내부에 공존하는 짐승적인 부분과 신적인 부분이 같은 존재가 지닌 양면성이라고 보기는 어렵다. 따라서 명종 후 이질적 요소는 분리되어야 옳다.

3) 영과 혼의 두 존재를 사람은 스스로 느껴서 알 수 있다. 수많은 사상들이 이미 영혼육 삼원론을 주장하였다.622) 직관으로 알아서 그런 것이다.623) 수양을 위한 궁구(窮究)가 아니더라도 가슴에 손을 얹고 자신이 누구인지 생각만 해 봐도 바로 알 수 있다. 현재 자아의 사랑방에서 사고와 행동을 주도하는 존재는 누구인가? 화를 내는 그대, 잠자는 그대, 오르가슴의 그대, 자각몽의 그대, 최면이나 환각에 취한 그대, 음악이나 시에 취한 그대, 선(禪)이나 명상에 든 그대, 독서삼매에 빠진 그대, 난폭운전하는 그대, 직장에서의 그대, 봉변당한 그대, 자살을 생각하는 그대, 각 그대가 너무나 서로 다르다는 것을 우리는 직감으로 안다.624) 이렇게 다른 두 존재가 영영 같이할까?

4) 사람의 혼은 윤회를 통하여 진화하고 그 진화의 끝은 영이며 영도 윤회한다.

---

621) 서구에서는 이미 임사비전(Deathbed Visions)이나 근사체험, 전생기억 등을 중요한 자연과학적 체험으로 인정하고 연구과제로 삼으려는 자세인 반면 정신문명의 선구자들을 조상으로 가졌다고 자부하는 우리나라에서는 이러한 경우에 오히려 정신 질환이나 난센스라고 여기며 공박하기 일쑤이니 조상들에게 부끄러운 무식하고 무책임한 자세가 아닐 수 없다. 윤회를 교리로 갖는 종교의 교인이라고 자처하는 사람들마저 그러하니 알고 보면 그들의 종교가 求福이나 交際(소속감)를 위하여 가장한 것이기 때문인가 한다.
622) 8. '주요 인간론(人間論)'편을 참조하라.
623) 기도와 수도(修道)를 통하여 하느님과의 개인적 만남의 신비체험을 추구한 16세기 스페인의 기독교 신비주의의 대가 '예수의 데레사(Teresa de Jesús, Teresa de Ávila, 大테레사) 수녀'는 관상체험을 통하여 자신의 내부에서 발견한 영과 혼의 차이를 다음과 같이 이야기하였다. "아무리 일을 많이 하고 고생을 하더라도 영혼의 본질(영)은 궁실을 떠나는 법이 없었습니다. 어찌 보면 그 영혼에 분열이라도 있는 듯이 생각되었습니다… 비록 영혼은 통틀어 하나이지만 얼(영)과 영혼 사이에는 두드러진 차이가 있는 것으로 내가 영혼의 일들이 보인다고 말한 것은 이 차이점을 밝혀주는 것입니다. 얼과 영혼의 나누임은 실로 미묘해서 어느 때는 이것이 또 어느 때는 저것이 작용하는 것 같은데, 주께서 내리시는 그 맛이 서로 다른 것과 비슷합니다. 나는 또 영혼과 그 능력(영)이 서로 다르고 통틀어 하나가 아니라고도 생각합니다. 사실 인간 내부에는 각양각색의 미묘한 일들이 많으니, 나 같은 것이 설명한다는 것은 얼토당토않은 노릇일 것입니다."(예수의 데레사 「영혼의 성」 253~254쪽)
624) 사람은 누구나 영을 느낀다. 그런데 그 영의 정체가 양심체이거나 하느님의 불씨일 수도 있다. 특히 영적 감각이 강한 그대라면, 죽음을 앞둔 그대라면, 은총을 받은 그대라면, 고도의 명상훈련을 받은 그대라면 영과 혼의 미세한 차이를 더더욱 크게 느낄 것이다. 영과 혼을 같이 가진 사람은 전체 인구의 10% 정도에 불과하지만 2단계 자아만 되어도 30% 2.5단계 자아라면 50%가 영이 있다. 이 책을 여기까지 본 사람은 분명 2.5단계 이상일 것이다. 그렇다면 그대 안에서 영을 찾아보라.

삼라만상에 만재한 생명력이 생기가 되고 다시 식물의 혼인 생혼이 되었다가 동물의 혼인 각혼, 그리고 사람의 혼인 지혼이 되는 것이 혼의 진화스토리다. 그렇다면 지혼의 다음 진화체도 자연스럽게 상정이 된다. 그것을 영이라고 한다. 표준이론에서는 사람의 혼이 발전하고 진화하여 마침내 불교에서 말하는 열반의 도를 득하게 되면 영으로 변화한다. 그리고 영계에 든다. 영은 영계에서 마냥 행복하게 살까? 공부도 필요 없을까? 팩트는 영은 다시 인간도에 부임(환생)하여 발전하고 진화한다는 것이다. 영도 끝없이 발전하여 마침내 어느 때 하느님께로 귀일(歸一)한다.

5) 인류 역사를 보아도 혼이 진화하여 영이 출현한 시기가 보인다. 인류문명이 나타난 시기는 대략 6,000~8,000년 전[625]이다. 우리 인류의 문명은 하나의 종(種)이 구석기, 신석기, 청동기를 거친 긴 세월 동안 쭉 이어와서 출현한 것으로 생각하기 쉽지만 그렇지 않다. 현생인류가 나타나기까지에는 수많은 유사 속(屬, Genus)과 종(種, Species)들이 유인원의 계보에 나타난 것은 이미 고고학적으로 증명되어 있다.[626] 현생인류의 조상인 호모사피엔스는 약 50만 년 전 나타난 호모에렉투스로부터 분화되어 20만 년 전쯤에 지구에 처음 나타난 것으로 추정된다. 호모에렉투스로부터 분화된 또 다른 인종이 네안데르탈(Neanderthal)人인데 이들은 완전히 멸종되었다. 현생인류는 호모사피엔스의 한 아종인 '호모사피엔스 사피엔스(H. sapiens sapiens)'로서 약 4만 년 전부터 지구상에 널리 분포되어 후기 구석기문화를 발달시켰다. 이처럼 인류는 수많은 조상들과 방계 종(種)들이 나타났다가 사라졌고 현재는 현생인류 한 종만 살아남았다.

왜 현생인류만 살아남았을까? 이는 현생인류만이 생존경쟁에 가장 중요한 지능 즉 문명인으로의 자질을 갖추었기 때문이다. 그런데 현생인류는 다른 적자(適者)들처럼 돌연변이로 이런 능력을 갖추었을까? 당연히 그렇다. 그런데 표준이론은 이 돌연변이를 일으킨 존재를 창조주 하느님이라고 생각한다. 인류 공통조상이론[627]인 'Y염색체아담(Y-ChromosomeAdam)'이론과 '미토콘드리아 이브(Mitochondria Eve)'이론은 현재의 인류가 한 남자와 한 여자로부터 기원하였다는 이론으로 학계에서 널리 인정되고 있지만 아직도 많은 자연주의적 과학자들이 심정적으로는 이를 납득하지 못하고 있다. 진화과정에 영적설계가 있었음을 인정하여야 하기 때문이다. 문명도 마찬가지다. 그것은 점진적 진화처럼 계보를 이은 발견

---

625) 메소포타미아 문명은 6,000~8,000년 전 출현하였고, 뒤이어 이집트 문명이 출현하였다.
626) 현생인류의 종 분류는 동물계(Animalia Kingdom), 척색동물문(Chordata Phylum), 포유강(Mammalia Class), 영장목(Primates Order), 사람과(Hominidae Family), 사람속(Homo Genus), 사피엔스종(H. sapiens Species), 호모사피엔스의 아종(subspecies)인 호모사피엔스 사피엔스(H. sapiens sapiens)다.
627) 8.2.1. '기독교의 영혼창조의 시기와 방법' 참조

과 발명628)으로 이룩된 것이 아니라 어느 때 인류에게 갑작스럽게 주어진 것으로 보인다. 역사는 이를 신석기혁명이라고 한다.

이러한 여러 사실을 종합하여 고려하면 동물의 혼인 각혼이 자의식과 지성으로 무장된 지혼으로 진화하기 시작한 것은 인류문명과 같이 발생한 역사다. 그것은 영적설계(Devine Design)에 의해 주어진 것이다. 동물 중에서도 현생인류의 각혼이 그 진화정도가 다른 동물에 앞섰을 것임을 감안하더라도 사람의 혼이 욕망과 이드의 각혼에서 지성과 에고의 지혼으로 진화한 사실은 매우 극적이다. 이는 구원이고 은총으로서 하느님 편에서 사람에게 일방적으로 주어졌다는 뜻이다.629) 표준이론에서 창세기의 아담이야기630)는 현생인류의 각혼이 하느님의 은총으로 '하느님의 불씨'인 네샤마를 품게 된 사건을 말한다. 하느님은 문명을 예비하시고 그 문명의 주역으로 현생인류를 선택하셨다. 동물의 각혼을 가진 그들의 정신체를 비약적으로 진화시켜 인간의 지혼을 창조하셨고 그들을 문명인류(homo civilisátĭo)로 진화시키셨으며 이후 인류는 예비된 문명발전의 길을 걸어오다가 그 어느 때쯤 영으로 진화하기 시작하였다.631)

6) 수많은 사상과 종교들이 사람의 구성요소로 영혼육을 이야기하고 있다. 또한 진보한 영혼관에 속하는 유란시아서는 영과 혼의 '따로 윤회'를 말하고 있다. 불교 또한 아뢰야식이 사실상의 혼이고 아라한이나 보살이 영이라는 사실을 고려하면 삼원론일 수 있다. 부록5 '주요 종교와 사상의 영혼관 개요'에서처럼 기독교의 여러 종파와 힌두교, 유대교 신비주의인 카발라 그리고 영지주의와 신지학 등 유수한 종교와 사상에서 영혼육을 주장하고 있다. 비록 영과 혼의 정체(正體)가 약간씩 다르긴 하지만 인간의 구성요소가 영혼육임을 자각한 것이다.

7) 혼만 가진 성인(成人)의 몸에 영이 임하는 일인 화신(化身)이 괜히 있는 말이 아니다. 사실(事實)이 있기 때문에 동서고금에 같은 단어가 있다. 신지학자들은 초인들의 화신에 대하여 자주 언급하고 있으며632) 불교에서는 화신이 4생 중의 하

---

628) 사실 진정한 발명이란 없다. 예비된 발견만 있을 뿐이다. 중력의 공식도 진화론도 상대성이론도 전기도 전파도 컴퓨터도 입자물리학의 표준모형도 AI도 모두 발명한 것이 아니라 발견한 것, 즉 초등학교 때 보물찾기처럼 선생님이 예비하여 숨겨 놓은 것을 찾아낸 것이다.
629) 그러나 표준이론의 '은총'은 '인간은 하느님의 특별 은총이 없이는 그 계명을 완전히 지킬 수 없다거나 은총은 인간이 거절할 수 없으며 인간은 자연적으로나 초자연적으로 어떤 형식으로든 운명이 결정되어 있다'는 식의 가톨릭의 얀센주의(Jansenism, 장세니즘)적이거나 개신교의 캘빈주의(Calvinism)적인 은총이 아니다. 은총은 하느님의 초대와 응답하는 자의 의지가 전제된다. 은총은 기회(機會)다.
630) 성경해석의 여러 설을 종합하면 6000년 전인 기원전 4000년경으로 추정된다.
631) 미주 44 '신영과 혼영의 탄생', 8.2.1. '기독교의 영혼창조의 시기와 방법' 참조
632) 신지학자 베산트는 말하기를 고타마 부처님은 그 전생에 이집트 신비교의 창시자 헤르메스였으며 배화교의 창시자인 조로아스터였고 그리스 신비교의 창시자인 오르페우스이기도 했다고 한다. 그가 本生經

나이며 三神사상에 따라 석가모니 부처님이 비로자나 법신불(法身佛)의 화신이라고 한다. 힌두교에서는 비슈누신의 9번째 화신(아바타)이 부처님이라고 하며 기독교에서는 삼위일체사상에 의해 예수님은 하느님의 화신633)이라는 주장이 이미 공공연하고 나아가 예언자 엘리야가 모세의 화신이라거나 세례요한이 엘리야의 화신이라는 말도 공인받고 있는 실정이다. 부처님이나 예수님 두 분 다 나이 30에 갑자기 인생의 진로를 바꾸는 통에 더욱 그런 것 같다. 화신은 이처럼 혼만 있는 몸에 영이 임함으로서 이루어지는 일로서 영과 혼이 다른 존재임을 전제한다.

8) 십년공부가 정신의 지식습득이나 양심의 지혜터득에 그칠 뿐 혼이 성내고 탐하는 탐진치(貪瞋痴)를 못 벗어나는 경우가 많다.634) 이는 영이 어렵사리 道를 깨달아 얻어 이를 혼에게 영교(靈敎)하였으나 혼에게 이는 영에게 들어서 알뿐 아직 자신의 것으로 체화(體化)하지 못한 '남의 道'이기 때문에 벌어지는 일로 영따로 혼따로의 대표적인 현상이다.

9) 영혼육을 말한다면 에고인 혼과 참자아인 영은 둘 다 윤회하여야 섭리에 맞다. 많은 윤회론이 영만 윤회하고 에고, 즉 마음은 윤회하지 않는다고 한다. 참자아가 윤회하니 참자아를 찾으라고 한다. 영혼육의 윤회론을 주장하는 영지주의는 혼을 생기체로 보거나 영에서 나온 또 다른 발출로 보기도 하고 신지학에서는 혼을 구성하는 체(體) 중 일부가 이승의 경험을 영에게 넘겨주고 소멸한다고 하여635) 영이 이승에 추락하여 모진 삶을 겪을 때 승(乘)하는 수단 정도로 여긴다. 단생론

을 읽지 못하여 한 말일 수도 있으나 신지학자들의 화신에 대한 개념을 엿볼 수 있다. 또 신지학자 리드비터는 아라한 위급 5단계 입문(Initiation)인 아세카(asekha, 超人) 중 니르마나카야(Nirmanakaya, 산스크리트어로 應身의 뜻)는 평소 육체를 갖고 있지 않으나 필요한 경우 화신하여 일을 한다고 주장한다(리드비터의 「신지학 대의」 참조).

633) 1. 기독교의 化身은 세례 시 영이신 예수님이 이미 혼이 있는 예수라는 사람의 몸에 임하였다가 십자가 수난 전 그 몸을 떠났다는 전통적 의미의 화신이 아니다. 또 표준이론의 설명처럼 하느님의 사랑하시는 아들(神靈)이 肉化하신 것도 아니다. 기독교의 기록론은 3位의 하느님께서 자신 중 1位를 우리 세상에 나투시었다는 것이다.

2. 기독교는 예수님의 신격화과정에서 기도를 하는 신과 기도를 받는 신이 같은 존재여야 하는 상황을 해결하기 위하여 동양적 육화나 화신의 논리를 쓰지 못하고 삼위일체라는 논리를 개발하였다. 그런데 힌두교처럼 바가바드 기타의 주인공인 크리슈나(Krishna)를 비슈누신의 8번째 화신으로 본다거나 불교처럼 부처님을 비로자나불의 육화로 본다면 이해도 쉬웠고 신격화에 문제도 없었을 것이며 그 위상에 대해서도 논란이 없었을 것인데 3위의 신이 동시에 언제나 존재한다는 논리를 세우려다 보니 기독교는 '삼위일체의 신비'라는 祕傳의 벽(미주 1 '비전의 벽(壁)' 참조)에 갇히고 말았다. 부처님이 브라만교와 차별하기 위하여 아나트만(Anātman)과 아브라만(abrahman)의 욕심을 내다가 후생들에게 '無我와 無神의 덫'을 논 것과 같다(미주 153 '無我의 덫' 참조). 억지는 언제나 방어벽을 쌓고 벽은 소통을 막아 고립을 자초한다. 예수님은 '사람의 아들'로도 이미 충분히 신격화되었다.

634) 12.4.4. '십년공부 허사' 참조
635) 부록7 '주요 종교와 사상별 영과 혼의 정체' 참조

을 주장하는 일부 기독교 삼원론은 명종 후 영만 살고 혼은 소멸한다고 말한다. 심지어 윤회론의 선두 불교는 영은 아예 존재하지도 않는다고 하고 혼 또한 혼이 윤회하는 것이 아니라 업의 덩어리인 아뢰야식이 윤회한다고까지 말하여 혼 죽이기에 앞장서고 있다.

이러한 주장들의 요지는 (영만 윤회할 뿐) 보통 사람들의 '나(我)'인 에고(혼)는 명종 후 그대로 보존되지는 않는다는 것이다. 이는 대부분 사람들의 자아인 마음이 소멸함을 주장하는 것으로 윤회 자체가 성립되지 않는 주장이다. '나' 없는 윤회이야기는 코 없는 코끼리이야기이고 목 없는 기린이야기다. 또 연어의 회유(回游)를 논하는 데 붕어를 말하는 것과 같다. 연어는 사람과 곰이 중간에 다 잡아먹고 붕어알을 풀어 연어의 회유를 이어갈 수 있겠는가.

또한 반대로 에고만 윤회한다면 참자아인 영은 다음 생에 어찌 실현할 것이냐. 없는 참자아를 실현한다는 말은 무아윤회나 같은 말이다. 또 비록 실현은 못 했지만 이번 생의 참자아는 어디서 왔는가? 참자아의 실현이란 지금의 자아가 변화하고 진화한다는 뜻이라고 하겠지만 표준이론은 자아를 혼이라고 부르고 혼의 진화체인 참자아를 영이라고 하여 영혼육의 인간을 논(論)하고 증(證)한다.

따라서 에고인 혼과 참자아인 영은 둘 다 윤회하여야 맞다. 또 에고와 참자아가 다음 생에 구도의 길을 또다시 같이하는 것보다는 새로운 파트너와 새로운 경험으로 서로를 실현하는 것이 훨씬 효율이 높을 것은 자명하다. 경험이 영과 혼을 살찌우기 때문이다. 이것이 보다 섭리에 가깝다.

5.3. 하느님의 영의 불(靈火)

표준이론에서 물질은 하느님의 숨으로서 만물의 원질(原質)인 기의 '에너지' 부분이 응축된 것이라고 보므로[636] 거기에 신성(神性, 佛性)이 없을 수 없다.[637] 이후 물질의 신성과 기의 생명력이 내외로부터 줄탁동기(啐啄同機)하여 생명이 싹튼다. 내부의 신성이 줄탁동기(啐啄同機)의 啐이고 외부의 생명이 啄인 셈이다. 이렇게 탄생된 생명체는 지구에서 약 43억 년 동안 물질적 진화와 생명력의 진화를 이

---

[636] 氣(생명에너지)의 에너지 부분이 물질로 변하면 나머지 생명부분은 생기(生氣)가 되어 물질에 잠재하거나 물질과 떨어져 자연에 만재한다. 자연의 생기 중 일부는 뭉치고 정련되고 순화되어 정기(精氣)가 된다. 정기는 정령(精靈)의 原因이 되거나 물질에 잠재한 생기와 줄탁동기하여 유기체를 만들고 거기에 임하여 혼(魂)이 된다(3.2.1. '표준이론의 영과 혼의 기원(起源)' 참조).
[637] 표준이론에서는 이를 생기론이라고 한다(미주 10 '범심론, 애니미즘, 물활론, 생기론, 범신론, 물신숭배, 유심론, 조상숭배' 참조).

어 왔다. 생명력이 물질에 스미면 유기체가 되고 유기체는, 물적으로는 식물, 동물, 인간의 몸으로 진화하고 영적으로는 생혼, 각혼, 지혼, 혼영으로 진화한다. 생명의 영적진화 과정에서 혼의 내부에서는 생명의 에센스가 모여 응축되고 커지는데 이를 '하느님의 영의 불, 靈火, 하느님의 불氣'638)라고 한다. 영화(靈火)는 혼을 진화로 이끄는 원동력이다. 표준이론에서는 영화(靈火)를, 생기체 이하의 단계에서는 '하느님의 불끼', 생혼과 각혼단계에서는 '하느님의 불티'라고 하고 인간의 혼인 지혼단계에서는 '하느님의 불씨'라고 하며 혼영(魂靈)단계에서는 '하느님의 불꽃'이라고 한다. 영이 해탈하여 윤회를 멈추면 고급영이 되고, '하느님의 불꽃'은 '하느님의 횃불'이 된다. 이윽고 횃불이 봉화(烽火)로 타오르면 그는 하느님과 합일(合一)한다. 영의 불(靈火)은 불티에서 불씨로, 불씨는 불꽃으로, 다시 횃불로 화하려는 성질이 있다. 그것이 생명력이고 진화의 원동력이다.

사람 안의 이러한 하느님의 불씨와 불꽃은 각 사상에 따라 불성(佛性)이나 신성(神性) 또는 신의 근저(根底), 신의 불씨, 내면의 빛, 내면의 본질, 내면의 근원, 영혼자아, 내적 지혜, 그리스도 자아, 신적 중심, 신적 불꽃, 창조적인 직감 등으로 다양하게 표현된다.

이처럼 인간은 신이 자신의 생명에너지인 기를 분출하여 진화로 창조한 우주의 물질적 영적 에센스이자 결과물인 영혼육의 존재이다. 또한 영과 혼은 발전을 거듭하면 신과 합일할 수 있는 가능성을 가지고 있다. 몸과 세상은 그 도구이며 터전이다. 이러한 의미에서 인간의 영과 혼 안에는 하느님의 영화(靈火)가 '합일의 가능성'으로 존재하고 있는 것이다. 역으로 이 합일의 가능성은 영혼의 발전과 진화만을 의미할 뿐 무슨 이유로든지 퇴보(退步)란 있을 수 없다.639)

---

638) 프랑스의 철학자 베르그송(H. Bergson 1859~1941)은 1907년 그의 저서 「창조적 진화론(creative evolution)」을 통해 생명현상이 생물학적인 사실 외에 그 내면에 잠재하는 어떤 힘이 있기 때문이라고 주장하였다. 그는 하느님께서 진화라는 메커니즘을 통하여 지금과 같은 생물들을 창조하셨다고 하면서 변종을 자연(自然)이 선택하여 신종이 탄생하게 된다는 다윈의 자연선택설을 배척하였다. 그는 생명체가 왜 더 복잡성을 향해 나아가야 하는지 물질론적인 진화론으로는 설명할 수 없다고 하면서 생명 속에는 보다 고차원적인 방향으로 이끌고 가려는 생명의 추진력(Vital impulse)이 있고 생명의 기원과 역사는 '창조적 진화론'에 의해 이해해야 한다고 하였다. 그는 이 '생명력'을 '생명에 스며들어 신체의 내부에 퍼져 있는 의식의 흐름(a stream of consciousness)이나 초월적 의식'이라고 정의하였다. 베르그송의 생명의 추진력은 표준이론의 '靈火'다. 다만 그는 靈火를 의식으로 파악하여 靈火 자체를 혼으로까지 이해하였으나 기실 혼은 靈火가 기 덩어리를 가이드하여 창조한 영적 진화체다.

639) 1. 기독교 일부에서는 人間의 전적부패(全的腐敗, Total Depravity)를 주장한다. 하느님은 아담을 의롭게 지으셨으나 아담의 불순종으로 인한 원죄로 인하여 영적으로 무능력해지고 타락하였다는 것이다. 따라서 아담의 후손인 인간은 거듭나기 전에는 죄의 노예로서 사탄에 사로잡혀 있고, 진리가 무엇인지 모르며 은총 없이 스스로는 자신을 구원할 수도 없다.
2. 표준이론에서 靈化를 지향하는 존재로서 혼은 하느님을 향하여 위로 진화한다. 타락하여 소멸하거나 갱

영지주의자들이 절대자(One)로부터의 발출물로 발견한 것도 이 靈火일 수 있다. 또 신지학은 하느님의 숨결을 로고스의 날숨이라고 하며 모나드는 그 안의 생명이라고 하는데640) 모나드가 표준이론의 靈火인 셈이다. 사실 진화(進化)도 누스(Nous)도 양심도 영도 그 씨앗은 영화이니 틀린 발견이나 주장이 아니다.

5.4. 영의 의무

5.4.1. 이승에서의 영의 의무

이미 설명한 바와 같이 이승에 환생(부임)한 영의 사명은 하느님의 창조사업에 일조함에 있다.
우선 영이 이승에서 그 사명을 추구함에 있어 영과 혼의 관계정립 방법에는 다음 세 가지가 있다.

1) 육체적 또는 정신적으로 고통을 주어 혼을 지치게 하여 다스려야 한다는 전통적 관점.
2) 혼은 설득해야 하고 타협하여야 하며 가르쳐야 하고 영이 모범을 보여야 하는 나 자신이 한 부분이라는 관점.641)
3) 불교에서 말하는 '자신도 깨달음을 구하고 남도 깨달음으로 인도하는 자리(自利)와 이타(利他)를 행하는 보살지도(菩薩之道)를 걷는 중도의 관점.642)

우선 위 1)의 방법은 영도 지치게 한다. 그래서 가성비가 낮다. 이는 이미 우리의

생하는 개체도 있으나 어떤 이유에서든지 혼의 전체적 퇴화의 원인으로서의 원죄는 있을 수 없다.
640) 1. 로고스의 날숨 생명으로서 '모나드'가 신성한 힘과 생명에너지를 품고 삼라만상에 잠재되어 있다. 모나드는 신으로부터 발출되어 우주의 물체들과 접촉하면서 발생한 충격으로 인해 생명의 에너지가 잠재적 상태에서 깨어나 물질에 현현(顯現)하게 된다(애니 베산트, 「고대의 지혜」 참조).
2. 이 모나드는 제2로고스로부터의 발출로서, 영혼의 탄생과정에서 제1로고스가 신의 단편인 모나드를 覺魂에 작용시켜 사람의 혼이 탄생하였다는 신지학의 다른 주장(8.18.3.3.2. '신지학의 창조론' 참조)과는 구별하여 이해해야 한다. 전자의 모나드는 표준이론의 영화(靈火)이고 후자는 8000년 전 현생인류에게 은총으로 주어진 지혼(知魂)과 문명(文明)으로 해석할 수 있다.
641) 데니스 겐포 머젤, 「빅 마인드」, 추미란 옮김, 50쪽 참조
642) 상향(上向)의 몸부림을 치며 나가는 동안에도 우리는 타인을 도울 수 있다. 그리고 마땅히 최선을 다해 그렇게 해야만 한다. 돌아오는 결과를 바라서가 아니라 오로지 세계를 돕기 위해서. 헤엄을 치지 못하는 자들은 물 위에서 흐름을 타는 법을 배워야 한다. 그러나 그가 스스로 수영을 하기 시작하면 이제까지 자기를 돕는 데 쓰던 힘을 타인을 돕는 데 쓸 수 있게 된다. 자기의 일은 자기의 일대로 하면서 말이다(리드비터, 「신지학대의」, 조하선 역).

전배들이 증명하였다. 혼은 극복하고 발전시켜야 할 자신의 일부이고 나아가 혼영일체이니 남이 아니다. 따라서 답은 2)번의 관점이나 이를 현실적으로 추진하는 대안은 3)의 방법이다. 2)의 방법도 혼과의 각축을 피할 수 없다. 이를 줄이는 방법이 바로 이타의 길인 세 번째 길이다. 불교의 상구보리 하화중생의 바라밀행이 꼭 자비에서 나온 것만은 아니다. 利他 자체가 自利를 위함이다.

유교에서는 이렇게 이야기한다. "오직 천하에 지극히 진실한 자만이 그 본성을 모두 체현(體現)할 수 있다. 자신이 본성을 체현할 수 있으면 남의 본성을 체현할 수도 있고, 남의 본성을 체현할 수 있으면 만물의 본성을 체현하게 할 수 있으며 만물의 본성을 체현할 수 있으면 천지 만물의 化育을 도울 수 있고 천지와 함께 三才의 하나로 참여할 수 있다."(중용, 22장)

한편 스베덴보리는 "영은 천국에서 타고난 소질과 취미를 살려 직업을 선택하고 이를 익혀 마스터가 되어야 한다."고 했다. 영도 자신이 잘할 수 있는 방법으로 바라밀행을 하여야 한다는 뜻이다.

5.4.2. 저승에서의 영의 의무

영이 이승에서 그 사명을 다하고 고급영이 되면 어떤 일을 하는가. 이는 신지학에서 잘 설명하고 있다. 신지학에서는 인간이 진화해서 초인이 되면 초인에게 주어지는 여러 가지 소명이 있다고 한다. 이는 모두 하느님의 창조사업에 참여하는 일이다. "인간이 진화해서 초인이 되면 일대의식(一大意識), 즉 로고스(logos)의 감독 밑에서 진화를 지도하게 된다. 그는 로고스의 협력자가 되고 로고스의 입장에서 자연을 보게 된다. 우선 그들은 생명과 그 진화의 세밀한 부분을 감독하여 그 진화과정을 지도한다. 또 그들은 大하이어라키(Great Hierarchy, 大聖同胞團, 白色兄弟團 The Great White Brotherhood)로 알려져 있는 단체를 조직하고, 바다와 육지의 건설과 파괴를 지도하며 모든 국가의 흥망을 지배하며, 그 국가의 행복에 필요한 고대의 지혜를 가르친다."[643]

표준이론에서는 영이 되면 고급영이 되기 전이라도 이승에 부임하는 일 외에 천국에 있을 때에는 혼지기를 통해 얻은 역량으로 산지기도 하고 별지기도 할 것으로 생각한다. 모두가 하느님의 창조사업인데 그 어느 일이 즐겁지 아니하겠는가.

---

643) 미주 45 '신지학 등에서의 고급영의 환생' 참조

5.5. 저승에 대해서

일반적으로 알려진 영혼의 중요한 속성 중 하나는 영속성(永續性), 즉 영생(永生)이다. 영혼이 영생한다면 사람은 몸이 죽어도 그 영은 계속 산다는 것인데 도대체 어디로 가서 어떻게 산다는 말인가. 우선 '어디로 가서'의 어디가 '저승'이다.

저승의 의미

저승이란 사람이 죽은 뒤에 그 영혼이 가서 산다고 믿는 사후세계를 말한다. 이승의 반대말로 공간적으로는 이곳이 아니고 저곳이며, 시간적으로는 살아있는 때가 아니라 죽어 있는 때를 가리킨다. 후생(後生), 타계(他界), 명부(冥府), 음부(陰府), 명도(冥途), 명토(冥土), 황천(黃泉), 유계(幽界), 유명(幽冥) 등으로 부르기도 한다.
표준이론에서 저승은 혼이 가는 혼계와 영이 가는 영계로 크게 나뉜다. 혼계는 다시 각혼 이하가 가는 생기계, 사람의 하급혼이 가는 중음계, 중급혼의 심령계, 고급혼의 준영계로 나뉘고 영계는 이제 막 열반의 경지에 오른 하급영이 가는 제1영계, 3단계 賢人급 이상의 자아들에 주로 깃드는 중급영의 제2영계, 해탈의 경지에 이른 고급영의 제3영계로 구분된다.

피안(彼岸)이란 불교리에서 '사바세계 저쪽에 있는 깨달음의 세계'로서 해탈한 존재가 가는 곳으로 출세간(出世間)이나 무루계(無漏界) 등으로 표현하며 피안에 도달하는 것 또는 그 수행방법을 바라밀다(paramita, 到彼岸)라고 한다. 또 다른 종교나 철학에서는 강 저쪽 둔덕이라는 의미에서 이쪽 이승의 둔덕, 즉 차안(此岸)의 상대어로서 진리를 깨닫고 도달할 수 있는 이상적 경지를 나타내는 말로도 쓴다. 어느 경우에는 일상적인 세속(世俗)으로부터 초월한다는 뜻을 표현하는 말로 사용한다. 표준이론에서 열반은 번뇌의 불을 끄고 구원을 받아 하느님의 나라(영계)에 드는 것이니 제1영계에 드는 것을 의미하고, 해탈은 거기에서 다시 윤회를 멈추고 고급영이 되어 하느님과 합일을 준비하는 것이니 제3영계에 드는 것이다. 표준이론에서 불설의 피안은 번뇌가 소멸된 열반지경으로 제1영계부터이다.[644]

불교는 3계6도를 일세계, 수미세계 등으로 부르며 이를 유정들의 '윤회의 터전(bhavachakra)'으로 보는 '이승적 저승관'을 가졌다. 불가에서 말하는 3계6

---

644) 이는 사바세계 저쪽에 있는 깨달음의 세계로서 넓은 의미의 피안이고 좁은 의미의 피안은 윤회를 멈추고 고급영이 되어 하느님과 합일을 준비하는 곳으로서 제3영계이다.

도를 좀 더 자세히 살펴보면 우선 욕계 6천은 이승인 수미세계의 일부로 수미산 중턱쯤에 있는 곳이다. 지옥 또한 욕계로서 수미세계의 일부이니 불설에 지옥은 저승에 있는 것이 아니라 수미세계의 어디쯤인 이승에 있다. 그뿐만 아니라 색계 18천도, 무색계 4천도 모두 이승이다. 3계의 천(天)이 모두 천국이나 영계, 하느님의 나라, 피안(彼岸)이 아니라 생사유전(生死流轉)의 이승이다. 3계에 걸친 총 28天에 하늘天이 붙은 것은 이곳들이 수미산 중턱에서부터 수미산 위 하늘에 있는 곳들이기 때문이다.

그러나 이러한 불설의 이승들은 모두 '이승적 저승'으로 다른 사상에서라면 인간도를 뺀 5도와, 욕계 6천을 포함한 28천이 모두 저승으로 이해된다. 특히 28천에서의 삶의 내용이나 그곳에 가는 존재들의 수준을 보면 이승이 아니라 표준이론의 혼계 중 심령계나 준영계 수준이다.

사실 이승에 있든 저승에 있든 윤회하기는 마찬가지이니 불교에서는 열반의 세계인 피안의 땅으로 건너가기 전 모든 곳을 이승으로 보는 것도 일리(一理) 있는 생각이다. 불교가 기원한 힌두에도 불교의 28천을 훨씬 능가하는 수많은 천국들이 있고 여기에 사는 존재들은 모두 신에 해당하며 그 신의 수가 무려 3억 3천만 명이 넘는데다가 그 신들도 모두 윤회를 한다고 한다. 게다가 힌두의 천국도 말만 천국이지 윤회의 터전이다. 또 여러 윤회사상에서 이승과 저승을 바꿔가며 전생하는 것도 넓게 보면 불교의 수미세계 우주관과 크게 다르지 않다.

그러나 불교의 28천도 다른 사상의 저승관에 맞추어 저승으로 보는 것이 합리적이다. 이승에도 축생도와 아귀도가 있기는 하나 불자들도 이미 죽어서 가는 곳은 모두 저승이라고 편하게 생각하고 있다. 또 영적 수준이 수승하여 최상위 무색계의 천(天)에서 사는 존재들도 도피안을 위해서는 인간도에의 환생경험이 필수적이라 하니 다른 종교의 윤회관과 다를 것이 없다.

불교만큼 다양한 이승세계를 가지고 있지는 않으나 윤회세계에는 지구 말고도 다른 천체(天體)가 또 있어 영혼은 둘 사이를 왕복하여 가며 환생한다는 생각도 있고[645] 신지학처럼 이승인 물질계를 떠나면 에테르계, 아스트랄계, 멘탈계, 코잘계 그리고 영계 등의 여러 저승을 순서로 순례하며 산다는 저승관도 있으며, 여러 천체에 있는 저승을 윤회하며 점차 진화하여 최종적으로 파라다이스에 도달한다

---

645) 프랑스의 사회학자 샤를 푸리에(Charles Fourier 1772~1837)는 명종 후 영혼은 근처의 다른 세상에 가서 살다가 다시 지구에 태어나는 왕복의 삶을 산다고 했다(11.3.6. '환생에 소요되는 시간' 참조).

는 뉴에이지적 저승관도 있다.646)

저승관이 이처럼 다양하고 복잡하니 이참에 저승의 의미를 정리해 본다.

1) 불교에서처럼 저승이란 알고 보면 3계6도 내의 다른 이승일 뿐으로, 환생하기 전에 대기하는 플랫폼인 중음계만 저승이고 나머지는 다 윤회의 터전인 이승이라는 생각.

2) 사전의 풀이처럼 '사람이 죽은 뒤에 그 영혼이 간다고 믿는 사후세계'는 모두 저승이라는 생각. 즉 이승의 사람이 죽어서 가는 곳은 모두 저승이니, 불교에서 말하는 인간도를 제외한 욕계5도647)와 색계 무색계도 저승이고, 영을 인정하는 뭇 종교와 사상에서 말하는 영계 모두가 다 저승이다. 이는 일반적인 저승개념이다.

3) 영계, 즉 하느님의 나라를 제외한 사후세계가 모두 저승이라는 생각. 이 경우 우주는 이승과 저승 그리고 영계로 구분된다. 그렇다면 위 사전의 풀이는 '사람이 죽은 뒤에 그 혼이 가서 산다고 믿는 사후세계' 즉 표준이론의 혼계로 수정하여야 한다. 어차피 영혼은 '혼'의 잘못 쓰임인 경우가 대부분이니 고쳐도 아무도 눈치채지 못할 것이다.

표준이론에서는 위의 2)처럼 사람이 죽은 뒤에 그 영혼이 가는 사후세계는 모두 저승이다. 다만 혼이 가는 혼계와 영이 가는 영계로 구분한다. 따라서 불교의 천계(天界)는 표준이론에서 모두 저승의 일종(준영계)이다.

저승관의 종류648)

이미 살펴본 대로 저승에 대한 생각은 사상과 종교마다 크게 또는 조금씩 다르다. 이를 같은 종류별로 모아 대별해 보면 다음과 같다.

---

646) 다수의 지구 밖 생명체, 또는 천계의 거주자로부터의 메시지를, 영매가 자동서기로 받아 적은 것을 정리하여 1955년에 출판되었다는 '유란시아서'에 나타나는 저승관이다.
647) 아귀와 축생은 인간도에도 산다고 한다. 구사론 등의 논서에 따르면, 축생(畜生)의 거주처는 욕계의 6도의 어디에나 존재한다. 아귀는 숲, 습지, 묘지 등 인간세계에 같이 산다고도 한다.
648) 저승관의 유형으로는 今生만 믿고 內生은 없다고 보는 무신론적 단생관(單生觀), 생사는 반복되며, 숨을 거둔 후에 다시 태어나기를 거듭한다는 불교적 생사윤회관, 죽은 후에 영혼이 심판을 받아 천국과 지옥으로 가게 된다는 영생관 등이 있다는 설명이 있다(원불교대사전, 생사관). 그러나 위의 단생관에는 사후가 없으니 저승관의 유형이라고 할 수 없다.

1) 윤회의 저승관

이는 명종 후 천국(靈界)이나 피안의 세계로 가지 않는 한 사바세계 또는 인간세계를 윤회한다는 저승관으로 다음과 같이 구분할 수 있다.

(1) 일반적 윤회 저승관 : 선한 영혼은 천국으로 가고 악한 영혼은 지옥으로 가는데 경우에 따라 어느 때에 인도환생(人道還生)하기도 한다. 저승은 종류가 다양하고 나름대로의 삶이 있는 곳이다. 윤회론을 낀 가장 단순한 저승관으로 우리나라의 무교적 저승관부터 도교의 저승관, 플라톤의 저승관까지 다 이런 유형이다.

(2) 이승적 저승관 : 저승인 中陰은 윤회의 터미널에 불과하고 중음에서 출세간하지 못한 영혼은 명종 후 수준에 맞는 이승으로 환생한다는 불교적 저승관이다. 불교와 자이나교 그리고 그 원류인 힌두교도 결국 이 저승관이다.

(3) 다층적 저승관 : 죽은 후 하위 저승부터 상위 저승을 두루 거치며 저승 삶을 살다가 천국으로 가지 못하면 다시 각 저승을 거쳐 물질계로 환생한다는 생각으로 루리아닉 카발라의 '존재의 4계'[649] 저승관과 신지학의 하위 3계와 상위 4계의 '7계 이론'이 대표적이다. 오늘날 대부분 뉴에이지 저승관도 여기에 속해 있다.

(4) 영지주의적 저승관 : 신과 합일하지 못하면 영은 저승에 갔다가 다시 인도환생(人道還生)한다. 이때 이승은 불교처럼 다양하지 않고 지구 하나뿐이다. 또 저승은 환생 아니면 합일의 플랫폼일 뿐이다. 혼에 대해서는 생기체로 보는 시각과 정신으로 보는 시각이 혼재한다. 정신적인 인간(Psychics) 이상의 수승한 영혼의 정신은 영과 혼이 혼연일체로 같이 윤회하고 육적인 인간의 혼은 아직 생기체적인 감각과 본능 수준이기 때문에 사람의 몸이 죽으면 같이 소멸한다고 본다.[650]

(5) 표준이론적 저승관 : 명종 후 사람은 영과 혼으로 갈려 수준에 맞는 혼계[651]

---

[649] 1. 존재의 4계는 아래로부터 앗시아계, 예치라계, 브리아계, 아칠루트계다.
2. 카발라의 저승관은 원래 윤회과정을 거쳐 원형인간으로 회귀하는 것이었으나 현대의 카발라(루리아닉 카발라)는 물질계 이후의 저승에 대한 주장이 다층적으로 변화하였다.
3. 루리아닉 카발라의 저승관에서는 우선 수준이 낮은 영혼은 하위계에서 오래 머물면서 그곳의 고통을 겪으며 생전에 지은 죄를 씻어 영혼을 정화하고 다음 계로 가거나 윤회하게 된다고 하며, 살아생전에 네샤마나 히아 등 높은 수준의 영혼(또는 속성)이 자아를 지배하였다면 더욱더 높은 계로 신속히 가게 된다. 거기에 오래오래 살다가 앗시아계인 이승에 고급 영혼으로 다시 환생한다.
[650] 8.11. '영지주의의 인간론' 참조
[651] 표준이론에서 혼이 가는 3저승. 즉 중음계, 심령계, 준영계이다.

와 영계로 갔다가 대부분 다시 지구를 비롯한 물질세계(이승)로 환생한다는 생각으로 표준이론이 대표적이나 신지학과 유란시아서 등 영혼육을 주장하는 몇몇 사상에서도 이와 유사한 생각을 찾아볼 수 있다. 불교 또한 오온에서 아뢰야식이 진화적으로 탄생하여 (魂이 되어) 윤회하며, 혼이 열반하면 (靈인) 아라한이 된다고 해석하면, 그리고 나아가 아라한도 해탈에 이르기 전까지는 욕망과 감정과 지성의 혼을 품은 몸으로 환생할 것이 분명하다고 보면 그 무엇보다도 표준이론적인 저승관이 된다.

2) 단생(單生)의 저승관

(1) 기독교적 저승관 : 명종 후 영혼은 이승에서의 삶의 질에 상응하는 저승으로 가서 살다가 어느 때 부활하여 육체를 가지고 영원히 산다. 고대 이집트의 초기 저승관652), 조로아스터교와 그 영향을 받은 고대 유대교의 저승관, 그리고 여기에서 기원한 기독교와 이슬람의 저승관이 여기에 속한다. 애니미즘적 육일원 그리고 조로아스터교의 육체부활론 등 여러 원시교리에 기원한 초보적 단계의 저승관이다.

(2) 애니미즘적 조상신 저승관 : 생명체가 죽으면 몸은 썩고 의식은 氣나 정령(anima)이 되어 자연의 만물에 스며든다는 애니미즘에서 한 단계 발전한 저승관으로 사람이 죽으면 그 혼이 흩어지지 않고 후손 주위에서 살다가 일정 기간이 지나면 명계의 조상신과 합일한다는 원시적 저승관으로 유교 성리학과 일본 神道653)가 대표적이다. 이 저승관 중 환생관을 가진 경우는 1)의 (1) 일반적 윤회 저승관에 속한다.

(3) 다층적 저승관 : 죽은 후 자기 수준에 맞는 저승에 도달할 때까지 하위 저승부터 상위 저승을 두루 거친다는 생각으로 신지학적인 저승관에서 윤회론만 뺀 지중해의 성자 다스칼로스 類의 주장이다. 보통의 다층적 저승관은 윤회론을 동반한다.

---

652) 고대 이집트 문명에서도 후기에 들어 윤회론이 보인다(미주 127 '이집트 死者의 書' 참조).
653) 신도(神道 Shinto)는 정령숭배에서 발전하였다. 신도는 만물에 서식한다고 믿어지는 초자연적 존재인 카미(kami)를 믿는 종교이다. 카미의 수는 800만이나 된다고 한다. 조상신은 이 카미에 속한다. 조상신이 카미에 편입된 것은 유교의 영향으로 보이며 우리나라에도 그 흔적이 있다. 오늘날의 神道는 영이 육신의 죽음에서 살아남아 가족 kami(조상신의 그룹혼)의 일부가 된다는 사상으로 발전하였다. 신도는 불교의 영향을 받아 불교리가 스며 있으나 환생을 곧이곧대로 믿지는 않는다. 신사(神社)는 카미에게 제사 지내기 위해서 세워진 시설로 야스쿠니신사는 일본이 벌인 주요 전쟁에서 숨진 246만여 전사자를 카미로 한 신사다.

3) 유란시아서의 저승관

지구에서 일정 수준의 의식수준에 달하면 육체를 벗고 지구가 아닌 또 다른 여러 이승들(맨션계 등)에 태어나서 살다가 최종적으로 천국(파라다이스)으로 가서 신과 합일한다는 저승관이다. 그러나 유란시아서는 수많은 사례가 이미 증명하고 있는 유란시아(지구)에서의 환생의 엄연함을 외면한 점과 천국을 향한 혼의 여정이 기나긴 수면으로 중단될 수도 있다는 불합리를 포함하고 있다.

지옥적 저승관에 대하여

'지옥 같다'라는 말이 있다. 창조주 신을 인정하든 인정하지 않든 종교라면 대부분 지옥을 갖추고 있다. 마치 국가라면 감옥을 갖추어야 하듯 말이다. 그런데 왜 저승에 감옥이 있어야 할까? 그것도 지상에서는 찾아볼 수 없는 비인간적이고 악랄하면서도 수감된 죄수들은 대부분 무기징역을 사는 감옥이 왜 저승에 필요할까? 대자대비하신 부처님이나 사랑이신 하느님께서 이런 곳이 왜 필요하셨을까? 결론적으로 말하면 그럴 필요가 없기 때문에 그런 지옥은 없다. 지옥은 하느님께서 만드신 곳이 아니라 사람들이 만든 곳이다. 사람이 사람을 겁주어 조종하고 복종시키기 위해 지어낸 허구(虛構)다. 이 가상현실이 만들어 낸 역사적 죄과(罪過)는 형언하기 어려울 만큼 크다. 만일 지옥이 정말로 있다면 지옥은 이런 지옥을 만들어 낸 사람들이 가장 먼저 가야 할 곳이다. 대체 이런 지옥이야기는 누가 지어냈을까.

지옥은 인류 역사와 함께한다. 인간이 모여 살면서 그중 일부가 다수를 지배하기 위해 여러 장치를 개발하였는데 대표적인 것이 감옥과 지옥이다. 감옥은 백성의 몸과 현재를 지배하고 지옥은 백성의 정신과 미래를 지배하기 위한 장치다. 백성을 철저히 지배하기 위하여 정신과 미래까지 저당 잡은 꼴이다.
가장 먼저 문명이 수립된 중근동과 인도에서부터 저승에 극악한 지옥이 설치되었다. 발생 시기가 설에 따라 기원전 2천년까지 거슬러 올라가는 조로아스터교는 세계 종교 사상의 형성에 기여한 바가 지대하다. 인격적 유일신론, 이원론적 세계관, 천국과 지옥, 천사와 악마, 구세주론, 사후의 심판, 종말론, 죽은 자와 육체의 부활[118], 몇몇 그노시스적 신화 등이 이 페르시아 종교의 발명품이라고 할 수 있다.[654] 조로아스터교의 지옥인 '도르죠 데만(Duzakh)'은 정화(淨化)가 아닌 처

---

654) 박중서, 「인물세계사」 참조

벌(處罰)적 고문을 일삼는 곳이다.655) 이는 같은 종족인 인도 아리안족의 브라마니즘과 교류하여 상호작용으로 그 묘사가 점점 악랄해진 것으로 보인다. 이러한 조로아스터의 지옥은 바빌론 시절 유대교에 전해져 훗날 기독교에 심어졌다. 또한 교화방편이란 미명하에 더욱 악랄해진 형태로 변화되어 불교리656)에도 실려져 중국으로, 그리고 우리나라로 퍼졌다. 원래 모든 문명에는 당연히 있었을 명계경험(근사체험)으로 인하여 저마다의 고유한 저승이 있었으나 중근동에서 발한 악마적 지옥은 다른 문명에서는 찾아볼 수 없는 것이었다.

현대에 이르러 의학발달로 수많은 근사체험(近死體驗) 사례가 보고되면서 밝혀진 바에 의하면 신뢰할 만한 그 어느 사례에서도 지옥이란 찾아볼 수 없다.尾119) 그렇다면 소위 세계적 종교라는 기독교와 불교, 힌두교 등 거대종교가 공통적으로 수용하고 있는 저 가학적(加虐的, sadistic)인657) 지옥은 도대체 무엇인가. 진리를 앞세우는 종교들이 새빨간 거짓말인 '공감협박용 지옥'을 수천 년간 운영하였다는 사실은 거대 종교 안에 얼마나 많은 또 다른 '정칫속과 장삿속이 서린 장치'가 널려 있을지 모른다는 생각을 불러일으키기 충분하다. 이러한 공감협박에 마음 졸인 채 지금도 두려움 속에 살고 있을 수많은 사람들을 생각하면 참으로 어처구니없는 일이 아닐 수 없다. 거대종교들은 한 손에는 부처님의 자비와 하느님의 사랑을 당근으로 들고 다른 손에는 지옥이라는 칼을 쥔 채 수천 년의 권력을 누리고 수억 조의 돈을 벌어 온 셈이다.

저승에 관해 가장 상세하게 묘사해 놓은 종교는 단연 불교다. 그것도 극락이나 28천이 아니라 지옥에 대해 가장 생생하게 묘사해 놓았다. 다른 종교도 이에 못지않다. 그들은 아직도 종교의 발전 과정에서 대중들을 교화하고 선행을 권장하기 위한 방편으로 어쩔 수 없이 그리한 것이라고 변명할 것이다.658)

주요 종교와 사상의 저승관

공간과 시간상의 저승에 대해서는 세계의 모든 종교가 나름대로 독특한 설명을 하고 있다. 전술한 대로 중근동과 힌두계통 종교에서의 저승 묘사는 세계종교사상

---

655) 쿠사노 타쿠미, 「천국의 세계」, 박은희 옮김, 49쪽
656) 팔리어로 된 부파불교의 경전인 '맛지마 니까야' 중 '데와두따 숫따(Devaduta Sutta)'에서는 니라야(奈落, Niraya)라는 이름의 초창기 불교의 지옥에 대한 묘사를 확인할 수 있다.
657) 오스트리아의 학자 빈델니트는 자이나교의 성전(聖典)에 있는 지옥에 대해 말하면서 '새디스틱(sadistic)'이란 표현을 쓰고 있다. 지옥의 이름만 들어도 사람들은 무섭고 놀라고 까무러칠 정도인 것이다(한국콘텐츠진흥원, '문화원형백과', 우리저승세계).
658) 그나마 그렇게 변명한다면 다행이다. 오히려 "그런 말 하면 너부터 가장 힘한 지옥에 간다. 죽어 보면 안다. 그때 땅을 치고 후회하지 말고 지금 내 말을 들어라."라고 공갈칠 것이 십중팔구 분명하다. 그렇게 대응하지 않으면 자기가 그 신세가 될까 봐 두렵기 때문이다. 자승자박의 지경까지 갔다.

가장 영향력이 크고, 설명도 체계적이다. 중근동의 고대 문명에서 발원한 저승과 명계(冥界)여행 및 하강(下降) 개념은 이후 기독교의 천당과 지옥으로 정형화되었다.

인도에서는 인도 토착의 세계관과 아리안족의 세계관이 결합하고 중근동발 저승관의 영향을 받으면서 힌두교와 불교의 저승관의 토대가 형성되었다.

동아시아에서는 불교가 유입되기 전까지는 천당과 지옥 개념이 존재하지 않았다. 중국의 황천(黃泉)이란 개념은 황하(黃河)의 황토층(黃土層)에서 비롯된 것으로 어두컴컴하고 쓸쓸한 곳을 의미하며, 죽은 사람이 가는 곳이지 특별하게 죄를 지은 자가 벌을 받아서 가는 곳은 아니었으며 우리의 민속 저승관도 마찬가지이고 일본 神道의 저승관659)도 이와 유사하다. 이러한 동아시아의 저승관을 '계세적(繼世的) 저승관'이라 한다. 이승의 삶이 저승에서도 그대로 이어진다는 것이다. 따라서 저승에서 벌을 받는 양상도 이승에서의 죄과로 힘든 노동을 하며 가난하고 구차하게 지내는 것뿐이었다.

불교가 유입된 이후 동아시아의 저승은 주로 형벌을 받는 곳이 되었다. 험한 세상 제아무리 열심히 살아도 죽어서 지옥을 피하는 것은 거의 불가능하니 저승은 지옥의 이미지를 덮어쓴 꼴이 된 것이다. 따라서 죽음의 공포는 죽음의 과정이 주는 고통이나 소멸의 두려움보다는 저승에서 받을 무시무시한 형벌에 대한 공포심이 주가 되었다.660)

지옥은 각종 불교 경전661)에 팔대지옥 등으로 정밀하게 묘사되어 대중의 선행과 신앙을 권장하는 교화의 방편이란 미명하에 널리 보급되고 신도를 장악하는 데 적극 활용되었다. 즉 10세기 전후하여 도교 등과 영향을 주고받으면서 열시왕(十大王) 관념이 정형화되면서 관련 경전이 편찬되고, 각종 변상도662)나 회화가 그려져 보급되면서 대중적인 신앙이 되었고, 이는 우리나라에도 많은 영향을 미쳤다.

---

659) 고사기(古事記)와 일본서기(日本書紀) 등에서 사자(死者)가 당도하는 타계(他界)는, 요미노쿠니(黃泉国), 토코야미노쿠니(常闇国), 네노쿠니(根の国) 등의 암흑의 세계이며 더럽혀진 장소일 뿐 가학적 저승과는 거리가 멀다.
660) 미주 74 '죽음의 공포에 대하여' 참조
661) 1. 여러 시왕경(十王經), 구사론 분별세품, 불설법집명수경(佛說法集名數經), '근본설일체유부비나야(根本說一切有部毘奈耶) 등
2. 「왕생요집(往生要集)」은 일본의 겐신(源信 942~1017)이 편찬한 불교서적으로 여러 경전에 나오는 '왕생극락(往生極樂)'에 관한 글을 모아 엮은 책인데 이 책에 인용된 불경이나 논서는 무려 112部 617文이다.
662) 변상도(變相圖)는 불교 경전의 내용이나 교의를 알기 쉽게 상징적으로 표현한 종교화다.

5.5.1. 우리나라의 민속 저승관

한국인의 고유한 저승관은 전통적 巫敎(샤머니즘)에 불교와 도교의 여러 저승 관념을 수용하면서 발전해 왔다. 시베리아 샤머니즘에서의 이승과 저승의 교류 및 명계(冥界) 여행이라는 독특한 신앙이 고대로부터 민간신앙의 기저에 깔려 오늘까지 이어지는 한편, 저승에 극락과 지옥이 있다는 도교와 불교의 저승관이 도입되어 전통 무교와 섞이면서 한국의 토속 저승관이 형성된 것이다. 따라서 한국종교는 다종교 공존의 특성을 지닌다. 더구나 도교와 불교의 것 외에 조선 후기에는 기독교의 천당지옥설이 이 땅에 들어왔고, 그 밖에도 수많은 민족종교와 외래종교가 조선 말 이래 생겨나고 유입된바, 이들도 나름의 저승관을 갖고 있기에 이 땅에서는 실로 다양한 저승이 신앙되어 왔다. 그 결과 현재 한국인의 저승관은 계세적(繼世的) 저승관, 무당이나 저승사자를 매개로 한 저승과의 교류(交流)관, 불교의 전생(轉生)적 인간관, 유교의 애니미즘적 조상신관, 기독교의 천당지옥관 등이 섞여 매우 복합적인 경향이 있다. 한국인 전체의 의식과 잠재의식에는 이들이 층위를 이루거나 혼재하여 있고, 각자의 종교에 따라 어느 저승관이 주로 신앙되기도 한다.663) 특히 한국인의 저승관의 특징인 계세적 저승관은 이승적인 삶이 저승에서도 이어진다는 생각으로 저승과 이승이 공간적으로 뚜렷하게 구분되지 않고 다소 막연하고 불확실한데 '대문 밖이 저승'664)이라는 말에서 그 모습이 분명히 드러난다. 또 "개똥밭에 굴러도 이승이 낫다."라는 말은 계세적 저승관을 넘어 지극히 현세적 저승관을 보여준다. 저승이 아무리 좋아도, 또 이승의 삶이 아무리 고단해도 이승이 저승보다는 낫다는 것이다.

이처럼 우리 사회는 여러 저승관을 가진 사람이 섞여 사는 정도가 아니라 각 개인에게 저승에 간 이후의 영혼이 어떻게 되는가에 대한 뚜렷한 관이 없을 정도로 현세적이다. 유교의 조상신 개념의 영향으로 죽으면 귀신으로 떠돌며 후손에 붙어 3~4대 제사상 받아먹다가 조상신에 합류할 것이라는 막연한 사후관도 가지고 있고 동시에 불교와 도교의 환생교리도 적당히 통한다.665)

---

663) 「한국민족문화대백과」, 문화원형백과 '우리저승세계' 등 참조
664) 한국인의 저승인 '本鄕꽃밭'은 오늘날 근사체험에서 공통적으로 드러나는 꽃밭개념과 유사하다. 다만 우리 고유의 본향꽃밭은 대문과 이어진 뒷동산에 바로 펼쳐져 있다. 한국인은 죽어 본향의 산(先山)에 묻힌다. 한국인의 저승은 결국 뒷동산의 본향꽃밭이고 그 본향꽃밭에서 다시 살아날 것을 믿는다.
665) 우리나라 대부분의 불교신자에게 환생교리는 '기면 기고 아니면 그만'인 소설이나 영화의 소재거리 정도에 불과하다. 계세적이고 현세적 종교관과 잘못 이해한 무아의 교리, 그리고 여러 저승관을 섞어 가진 결과다.

그래서 우리 사회에는 수많은 종교가 서로 불편함이 없이 공존할 수 있는지 모른다. 유명 정치인이 죽으면 그의 종교와는 무관히 여러 종교에서 그를 위한 제사를 드린다. 후손들도 이를 말리지 않는다. 죽어서까지 힘의 과시가 되기 때문이다. 또 그것 중에 어느 하나 얻어걸리면 다행이고 여러 종교가 합심해서 밀어주면 저승에서도 그 빽이 통할 것이라는 어처구니없는 믿음도 작용한다. 심지어 신도(神道)적 애니미즘도 작용하여 죽은 정치인의 귀신에 예배하기도 한다.

5.5.2. 불교의 저승관

5.5.2.1. 대승(大乘)의 저승

불교의 저승은 다른 종교와는 달리 3계6도 어느 곳에 살다가 죽은 후 다음 생을 받기 위해 와서 환생을 기다리는 대기소일 뿐이다. 그래서 거기를 '중음(中陰)'이라고 한다. 민속불전인 시왕경에 따르면 사람이 죽으면 '중음의 세계'로 가서 7일에서 49일 동안 갖은 경험을 겪고 다시 환생한다. 또한 저승에 십대왕이 있어 망자를 심판하여 환생할 곳을 정한다는 생각도 한다.666)

또 극락이니 정토(尾120)니 하는 세계가 있으나 그곳도 알고 보면 피안(彼岸)이 아니라 차안(此岸)이다. 불교의 '극락'은 기독교의 천국과는 달리 저승이 아니라 이승의 세계인 것이다. 그곳은 우리가 사는 인간도(人間道)보다 좋은 윤회세상, 즉 6도의 천상도(天上道)나 3계의 색계나 무색계의 천(天)처럼 부처나 보살이 살며 다스리는 이승의 낙토(樂土)다. 그러나 불교의 정통교리와는 상관없이 불교신자들은 보통 극락을 다른 종교의 천국쯤으로 생각한다.

색계 18천과 무색계 4처 그리고 표준이론

불교의 윤회세계인 3계6도 중 색계(色界, rupaloka)는 욕계처럼 아직 물질(色)로

---

666) 1. 시왕경(十王經)은 중국 및 일본에서 만들어진 민속불전의 하나로 여러 이본(異本)이 있다. 사후 중음(中陰) 기간 중에 망자가 태광왕, 초강왕, 송제왕 등 10명의 왕 앞에서 생전의 죄업을 재판받는 절차를 설명하고, 지장보살의 구원도 이야기한다. 또 중음의 기간 중 유족의 추선공양(追善供養)을 권장하며 기간은 49일 이내이나 백 일, 일 주기, 삼 주기로 연장될 수 있다. 중세의 중국에서 유행한 도교의 태산(泰山)신앙이나 명부(冥府)신앙을 불교 측에서 수용한 것이다(종교학대사전, 시왕경 참조).
2. 시왕경은 도교의 영향을 받아 작성된 「티벳 사자의 서」의 중국버전이라고 할 수 있는데 사자의 서와는 달리 다양하고 무시무시한 수많은 지옥이 환상이 아닌 실제의 세계로 敎說되어 중화권 중생들의 정신세계를 겁박하여 왔다.

이루어진 세계로 18단계의 천(天)으로 구성되어 있다.667) 다만 색계는 욕계(慾界 Kamaloka)의 물질보다 더 정묘한 물질로 이루어진 세계이고 그곳의 유정들은 이러한 정묘한 물질668)로 이루어진 소의신(所依身, 신체)을 가지고 거주한다. 그러나 색계는 상당한 수준의 선정(禪定)을 닦은 사람이 가는 곳으로, 욕계에서 지녔던 음욕, 식욕 등의 탐욕은 끊어졌으나, 아직 정신적인 세계인 무색계의 수준에는 도달하지 못한 세계다.

무색계(無色界 arupaloka)는 욕계의 욕망뿐 아니라 색계의 물질을 초월한 순수한 정신적 영역의 세계로 오온(五蘊) 중 색(色)을 제외한 수(受)·상(想)·행(行)·식(識)만으로 구성된 세계다.669) 이 무색계에는 네 가지 세계(處)가 있다고 한다.
1) 공무변처(空無邊處) : 허공은 무한하다고 체득한 경지의 계.
2) 식무변처(識無邊處) : 마음의 작용은 무한하다고 체득한 경지의 계.
3) 무소유처(無所有處) : 일체가 무소유임을 아는, 또는 물질과 공간이 모두 공(空)이라 의식에 그 대상이 없다는 사실을 체득한 경지의 계.
4) 비상비비상처(非想非非想處) : 생각이 있는 것도 아니고 생각이 없는 것도 아닌 경지의 계로 욕계·색계의 거친 생각은 없지만 미세한 생각670)이 없지 않은 경지.

이기심에 의한 소유욕을 극복한 처가 무소유처라면 그 이전인 식무변처는 자존심에 의한 명예욕을 극복한 처로 해석함도 적절하겠다. 그러니 무색계는 이미 지혼의 개체성이 거의 다 정화된 곳이다. 또 비상비비상처는 생각이 거의 그친 곳이라 하니 에고는 지성기능 정도만 살아있고 양심체가 최고로 발달한 고급혼의 세계라 할 만하다.

---

667) 불교에서 물질은 '변하고 허물어지는 성질(변괴성, 變壞性)과 공간을 점유하고 있을 때 동일 유형의 다른 사물이 그 공간을 점유하는 것을 장애하는 성질(대애성, 對礙性)을 가진 사물'이라고 정의된다.
668) 신지학 등 대부분의 뉴에이지에서는 불교의 중음계에 해당하는 저승을 아스트랄계라고 하는데 이곳은 에테르(氣)의 보다 정묘한 體로 이루어진 세계라 하니 불교와 신지학은 그런 면에서 서로 일치한다.
669) 1. 불교의 무색계는 형이상학적 세계이므로 '天'보다는 '處'와 '定'이라 하여 따로 국토(國土)가 있는 것이 아니라고 하는데 이승의 일부라는 점과 수미세계의 구조상 최소한 遍在하는 정도의 개념은 있어야 할 것이다.
2. 신지학에서는 멘탈계 또는 데바찬계라고 하는 저승이 물질을 자유로이 부리는 곳이라 한다. 그러나 데바찬은 하위멘탈계로 그 전체적 수준이 표준이론의 심령계라는 점과 색계와 무색계를 물질이 아닌 다른 여러 경지 측면에서 볼 때는 표준이론의 준영계 수준으로 보인다는 사실을 고려하면 무색계는 신지학의 상위멘탈계(코잘계) 중에서도 높은 계에 해당한다(부록3 '저승의 구조' 참조).
670) 의식보다는 생각이 고급기능이다. 데카르트조차 나는 생각하기 때문에 존재한다고 하여 생각을 영혼의 최고 가치로 삼았다. 의식은 佛說의 제6식인 분별식으로, 생각은 에고의 고급기능인 지성 정도에 해당한다(6.3.3.5.1. '정신과 생각 그리고 의식' 참조). 그런데 이 '생각'이 비상비비상처에 아직 남아있다 하니 그렇다면 에고가 무색계에서도 건재하다는 뜻이고 결국 비상비비상처는 아직 에고의 세계로 표준이론의 혼계에 속한 곳임이 맞다.(미주 161 '생각'에 대한 생각들 참조)

무색계에 대한 이런 설명을 들으면 불설의 무색계는 표준이론의 3.5단계 자아의 혼이 갈 만한 준영계의 고급 저승으로 판단된다. 3.5단계 자아는 혼이 영에게 거의 승복한 수준으로 자아의 주체는 확실히 靈이라고 할 수 있으며671) 보통 위인(偉人)으로 불리는 사람을 이 수준으로 본다.

표준이론에서는 3.5단계의 사람이 명종하면 그 혼은 고급혼으로서 준영계로 복귀하는데 복귀 시 그 혼의 수준에 따라 준영계 안에서의 단계가 정해진다. 말했다시피 준영계는 영계 직전 세계이며 준영계도 또한 여러 수준으로 구분될 수 있다. 불교에서는 그 단계를 욕계 6천과 색계 18천, 그리고 무색계 4처 도합 28천으로 구분한다. 불설을 준영계의 단계에 대입시키면 준영계에는 무려 28단계가 있는 셈이 된다는 것이다.672) 3단계의 혼은 준영계의 욕계 6천으로 가고 3.5단계 이상은 색계 18천과 무색계 4처로 가는 것으로 보면 될까? 준영계에서 혼들은 각 단계 간 이동이 잦고 중간중간 인신난득(人身難得)으로 인간도에 환생을 다녀오며 그러다가 어느 단계에서 혼영이 되어 영계에 들게 된다. 표준이론에서 3단계 욕계 6천에 속한 혼들은 한번 환생하여 인간도를 겪고 오면 2%의 확률로 진급하고 5%의 확률로 열반하여 영이 되며673), 3.5단계 색계 18천과 무색계 4처에 속한 혼들은 인간도에 다녀오면 10%의 확률로 열반하여 도피안(到彼岸)하게 되는 것이다. 그러니 고급혼들도 서로 환생하려 애를 쓰게 된다.

28천 존재들은 100% 혼이다. 그 세계에서 영은 스승령일 뿐이다. 거기에 혼영일체의 존재는 없다.674) 그래서 불가에서도 인간도가 아니면 열반에 들 수 없다675)고 했다. 결국 불설의 28천은 자기의 업과 복대로 사는 곳으로 인간도로 환생하기 위하여 교육받는 곳이라고 보아도 좋겠다.

이처럼 어려운 환생의 기회를 잡은 혼들이 인간도에 와서 하릴없이 생을 낭비하고 준영계에 돌아간다면 그 얼마나 애절복통(哀切腹痛)할 일이냐.

---

671) 3.5단계에서 자아의 방의 점유율은 혼:영=4:6이며 혼의 정신체:양심체=4:6이다.
672) 표준이론에서는 정상적인 경로(완행코스)를 통하여 3단계 혼이 3.5단계가 되는데 무려 100생이 소요되고 다시 4단계 혼이 되는데 100생이 소요된다. 그러니 그들의 저승인 준영계가 혼의 수준에 따라 그처럼 많은 층위로 구분됨은 당연할 수도 있다.
673) 완행코스 2%는 3단계에서 3.5단계로 진화하는 데 소요되는 평균생수가 100생(직행의 경우를 고려하지 않은 轉生數)이라는 점과 3단계 혼들이 지나온 과거 평균 전생수가 150생이라는 사실로부터 계산된 것이다. 5%는 혼이 곧바로 영이 되는 직행코스의 확률이다(부록1 '자아의 수준에 따른 영과 혼' 참조).
674) 영은 28천에 환생하지 않는다. 거기는 혼들만 있다. 영의 환생(부임)목표 중 하나가 혼의 교화이지만 신지학과는 달리 혼계에 가지는 않는다. 28천은 표준이론에서 고급혼이 가는 저승이다.
675) 저승에서도 영적 발전이 없지는 않을 것이나 價性比면에서 이승이 월등할 것은 분명하다.

5.5.2.2. 「티벳 사자의 서」의 저승

티베트불교의 밀교전통尾121)에서 저술된 「티벳 사자의 서」는 티베트불교 밀교전통의 사후관을 잘 보여준다. 동시에 '저승여행 가이드북'격으로 저승여행을 성공적으로 하는 방법尾122)이 자세히 기술되어 있다. 인간도에서 어찌 산 것은 이미 벌어진 일이고 어차피 가는 저승에서 요령껏 행동하여 좋은 곳에 왕생하거나 윤회에서 벗어나 보자는 내용의 책이다.

티베트불교의 사후관은 대승불교의 사후관과 유사하나 가장 중요한 대승의 지옥 픽션이 없다.676) 티베트불교도 대승과 경전이 대동소이하니 왜 그런 지옥이 없었겠는가만 밀교 성격이 강한 티베트불교에서는 실질적인 명계 경험이 경전의 虛構를 압도하여 별도의 경전인 바르도 퇴돌677)로 나타난 것이 분명하다. 그런데 아쉽다. 실질적인 명계 경험이 뒷받침되어 기술된 책이라면 어찌 중음계밖에 없는가. 따라서 사자의 서의 명계경험은 오늘날의 근사체험(NDE)이나 생간 삶(LBL)이 아닌 유체이탈의 체험에 따라 기술되었을 가능성이 크다.

사자의 서를 보면 중음의 세계는 전혀 저승답지 않다. 스토리가 없고 콘텐츠가 빈약하다. 환생을 위한 대기장소에 불과한 것이다. 이름부터 중음(中陰, 바르도678))이 아닌가. 그래서인지 중음을 '빛의 세계'와 여러 이승 간의 환생터미널로만 기술하고 있다. 또한 사자의 서는 저승679)의 입구인 '빛의 세계'를 윤회를 그치는 해탈의 세계, 즉 영계로 묘사함으로써 중음계가 혼들의 저승인 혼계의 모든 것인 것처럼 기술하고 있다. 표준이론에서 볼 때 「티벳 사자의 서」의 중음은 유체이탈하여 겪은 체험을 저승의 모든 것으로 오인함에서 비롯한 것일 수 있다. 수승한 고승들이라면 분명히 의도적으로 유체이탈을 할 수 있었을 것이다. 유체이탈하여 보는 저승은 오늘날 숱하게 보고되는 근사체험의 저승이 아니다. 유체이탈

---

676) 물론 혼이 자초한 환상을 통해 지옥을 경험한다. 환상으로 겪는 지옥의 고통도 대단하다. 악몽보다 훨씬 더 심한 정도로 상상된다.
677) 바르도 퇴돌(Bardo Thoedol)은 티베트불교 닝마파의 경전으로 8세기 티베트불교의 대가 파드마 삼바바(Padma Sambhava)가 티베트 산중에서 쓴 108개의 경전 중 하나로 후세 제자들이 찾아내어 남겼다는 전설의 경전이다. 1927년 티베트 학승 라마 카지 다와삼둡이 영역하고, 영국의 종교학자 에반스 웬츠가 편집해 옥스퍼드대학교에서 「Tibetan Book of the Dead」라는 타이틀로 영역되어 세계적인 베스트셀러가 되었다. 「티벳 사자의 서」는 일본에서 번역될 당시 사용된 書名이다.
678) '바르도'란 '둘 사이'란 뜻으로 사람이 죽어서 다시 환생할 때까지의 중간 사이를 말한다. '퇴돌'이란 '듣는 것을 통한 영원한 해탈'이라는 뜻이다(두산백과, 티벳 사자의 서 참조). 바르도 퇴돌을 직역하면 '중음탈출기' 정도다.
679) 혼이 가는 저승은 혼계라고 하며 아래서부터 차례로 중음계(아스트랄계), 심령계(멘탈계), 준영계(코잘계)이다. 영이 가는 저승인 영계에 대한 기록은 스베덴보리의 증언 외에는 신뢰성 있는 자료가 현시대에도 드문 형편이다. 그의 증언도 혼계와 영계를 모두 영계로 파악한 한계가 있다.

의 체험은 혼이 몸을 떠나 혼쭐이 끊어지기 전에 다시 몸으로 돌아오는 체험이니 주로 몸 주위에 서성이거나 기껏해야 빛의 터널 입구까지만 다녀오는 체험인 데 반하여, 근사체험은 혼쭐을 끊고 터널을 지나 흰빛 또는 그 너머까지 갔다가 돌아온 체험이다. 사자의 서를 쓴 티베트의 옛 고승들680)의 체험은 유체이탈이니 흰빛은 터널 너머 멀리서만 보았을 것이다. 그래서 그곳을 넘어가면 환생을 그치고 출세간한다고 생각하였다.

표준이론은 중음을 하급혼이 가는 저승의 이름으로 삼았지만 표준이론의 중음계의 실체는 불교와 전혀 다르다. 표준이론의 중음계는 빛의 건너편에 있는 진짜 저승으로서 사자의 서와는 달리 근사체험과 LBL의 저승처럼 전생을 반추하고 반성하며 차생을 준비하는 곳이다. 그 중음계는 혼의 업과 덕을 계량하는 심판소(審判所)와 이합집산을 위한 정비소(整備所), 그리고 환생을 위한 교육기관(敎育機關)으로 구성된다. 그런데 사자의 서에서 묘사하는 중음계는 망자를 위한 교육이나 환생계획681)의 수립, 그리고 우정이나 사랑을 학습하는 저승으로서의 필수요소가 전혀 나타나고 있지 않다.

불교의 28천이나 극락도 명계경험의 소산이다. 이 역시 사자의 서와 마찬가지로 수승한 선각 고승들이 명상 등을 통해 혼뇌에 저장된 LBL을 기억해 찾아냈거나 전해들은 근사체험의 실질적인 경험을 교리에 반영된 것이다.682) 그러나 고승들은 LBL로 알아낸 28천이 저승이 아니라 3계6도 중 하나인 전생의 어떤 이승이라고 생각하였고683) 따라서 중음에 대한 견해를 수정하지 않았다. 따라서 사자의 서에는 정토도 28天도 없다.
한편 티베트인들이 경험한 명계가 중음밖에 없었을 리는 없다. 그렇다면 28천 등의 천국이 없어서 기술 안 된 것이 아니라 사자의 서에만 없을 뿐이라고 본다.

---

680) 고승들이 본 저승의 끝(흰빛)은 사실은 저승의 시작이었고 49일간의 저승담은 전해듣거나 자신들이 경험한 유체이탈(OBE)의 기억을 교리에 맞게 각색한 것이다. 또 저자가 파드마삼바바라고 하나 많은 경전들이 그러하듯 닝마파 고승들의 저작임이 분명하다.
681) 환생계획(還生計畫)은 저승에서 환생자가 스승령의 지도하에 다음 생의 주요과제와 일정을 정하는 것으로 표준이론에서 '환생자 찾기' 프로젝트의 일부로서 작성하는 환생플랜 즉 '자신의 환생시기와 환생장소를 합리적으로 예측하여 후생을 찾아내고 그 후생이 금생에 깨달은 바에 따라 자신의 지속적인 영적 진화를 이어 가도록 돕기 위한 계획'과는 다르다(11.3.5. '환생자 찾기' 참조).
682) 사후세계에 대한 각 종교의 경전 내용은 어떤 식의 경험이었든 이후 수천 년 동안 재경험되며 검증되고 확인된 내용들이다. 개인이 다르고 시대가 약간씩 다를 뿐이지 터무니없는 내용은 그 오랜 세월을 살아남기 힘들다. 다만 지옥적 저승관처럼 정치적이고 교회조직 목적에 의하여 각색되고 과장된 천국과 지옥 이야기는 세월이 갈수록 악화되어 거짓이 더욱 커졌다. 또한 이에 반하는 체험을 한 내부자는 철저히 침묵을 지켜야 했다.
683) 물론 이 28천은 힌두의 신들이 사는 천국들에서 유래하였으나 이미 경전에서 3계6도의 이승적 저승으로 명언되어 있었다.

그 이유는 무엇일까.

1) 전술한 대로 28천은 저승이 아니라 어떤 이승이라고 생각하였기 때문이다. 중음에서 49일 이전에 빛의 세계로 들어서면 그곳은 출세간의 피안이 아니라 3계6도의 28천계로 환생하는 통로다. 49일 이내에 빛의 터널을 지나 천계로 환생하지 않으면 다시 인간도로 환생하는 것이다.
2) 사자의 서는 환생요령서이지 저승의 구조를 가르치기 위한 책이 아니었기 때문이다. 유사한 종류인 15세기 유럽의 기독교 임종 안내서인 '아르스 모르앤디'684)나 신화적인 내용의 '이집트 사자의 서' 또한 저술된 목적과 지배하는 종교가 다르기 때문에 콘텐츠가 사자의 서와 사뭇 다르다.
3) 당시 티베트 중생들이 대부분 하급혼이었기 때문에 LBL에 대한 정보는 하급魂이 다녀온 중음의 세계에 집중되었을 것이다.
4) 무지몽매한 중생을 교화할 목적으로 쓰인 經인 사자의 서는 당연히 그들이 갈 중음에 대한 내용만 기술되었다.
5) 불교의 교리상 저승이란 환생대기소이기 때문에 이에 어긋나는 저승에 대한 정보는 배척되었을 것이다. 특히 28천을 저승으로 묘사하면 힌두교와 유사한 저승을 갖게 되어 차별이 없어지니 더욱 이를 기피하였을 수도 있다.
6) 또한 환생의 기억은 원래 영이 아니라 혼의 기억이기 때문에 혼의 저승인 혼계에 대한 정보만 있었을 것이다.
7) LBL에 대한 충실한 정보는 퇴행최면이 발달한 최근에야 알려지기 시작하였다.685)

5.5.3. 유교의 저승관

유교에서는 천지만물이 음양(陰陽)과 오행(五行)이라는 이치에 따른 기(氣)의 집합으로 생겨나고, 또한 그 기의 흩어짐으로 없어진다(聚則生 散則滅)고 한다. 따라서 사람이 죽으면 혼백(魂魄)이 분리되어 백(魄)은 신체와 함께 분묘에 남았다가 곧

---

684) Ars moriendi는 15세기의 서구사회에 보급된 소책자로, 라틴어로 죽음의 기술 또는 왕생술이라는 뜻이다. 14세기 페스트 대유행으로 인해 죽음이 일상화되자 사람들에게 죽는 방법에 대한 안내서가 필요하여 이런 소책자가 유행했다. 임종 시에 천사와 악마가 육체를 떠나려고 하는 영혼을 둘러싸고 싸우는 상황을 묘사하고, 그리스도 교도로서 어떻게 죽을 것인가, 임종에 어떻게 임하면 좋을 것인가에 대해 적었다.
685) 혼들의 세계는 심령계와 준영계의 경험들을 중심으로 「영혼들의 여행」(마이클 뉴턴) 등 퇴행최면에 관한 저작들에 의해 널리 알려지기 시작하였다. 그러나 이 책에 나타나는 영들의 세계인 영계(靈界)에 대한 LBL은 그 내용이 지극히 의심스럽다(11.3.3. '영과 혼이 각자 윤회하는 표준이론' 참조).

흩어지고 혼(魂)은 사당에 모셔 조상신이 되나, 시조신(始祖神)이나 역사에서 공이 높은 신을 제외하고는 3代 정도의 시간이 경과하면 조상신 그룹혼에 흡수되어 서서히 사라지는 것으로 여겼다.

후손들은 이처럼 죽은 조상을 신으로 모시고 때마다 제사를 드려 조상들이 살아 있는 후손들에게 강복할 것을 구하였다. 제사를 통해 위패(位牌)를 놓고 강신(降神)과 영신(迎神)의 청신(請神)을 하여 조상신을 모신 다음 이어서 축문을 하고 술과 음식을 제물로 바치면 조상신은 후손들에게 강복(降福)을 하게 되고 후손들은 음복(飮福)으로 이를 받는 것이다.

그런데 조선 유학자들이 즐겨 인용하는 저승으로 황천이 있다. 황천[686]은 '사람이 죽은 뒤에 그 혼이 가서 산다고 하는 세상'으로 본디 중국에서 유래한 것이다. 소멸을 말하면서도 황천을 믿는 것은 어쩔 수 없는 영생(永生)의 원(願)이 투영되어 불교나 도교의 극락 또는 仙界와 타협한 산물이다. 한편 직관으로 얻은 사후세계의 존재에 대한 통찰이 반영된 면도 있었을 것이다.

5.5.4. 도교의 저승관

도교의 형성에 가장 큰 영향을 미친 원시 종교 형태는 애니미즘과 샤머니즘이다. 고대 사람들은 자연현상을 지배하는 신비한 힘이 있다고 여기고 이를 정령 혹은 신이라고 생각했으며 영력(靈力)이 강한 사람은 자연의 이런 신들에게 접근할 수 있다고 생각했다. 이러한 사상으로 인해 굿, 점복(占卜), 금기(禁忌), 예언, 부주(符呪)와 같은 무속문화가 발생하였으며 이러한 무속 문화는 중국에서 장도릉(張道陵, ?~156)의 오두미도(五斗米道)를 계기로 노장(老莊)의 도가(道家) 핵심 사상과 결합되어 도교가 성립되었다.[687] 도가 사상의 핵심 개념인 도(道)는 도교에 도입되어 최고의 가치를 지니게 되었으며, 도를 얻으면, 즉 得道하면 신선이 된다.

한국의 도교(道教, 仙教)는 우리 민족 고유신앙에 중국의 도교와 유교, 그리고 불교를 덧붙여서 형성되었다고 볼 수 있다. 민족 고유신앙의 모체인 단군 신화도

---

[686] 황천(黃泉)은 고대 중국인에 의하여 지하에 있다고 상상되던 세계로 사자(死者)들이 산다는 암흑의 타계(他界)이다. 구천(九泉), 황토(黃土), 저승이라고도 한다. 황천이라 함은 중국 오행(五行)에서 땅 빛을 노란색으로 한 데서 나왔다. 한국의 유학자들이 저승을 뜻하는 단어로 즐겨 사용하였다.

[687] 도교는 중국인들의 철학, 사상, 종교, 미신, 생활, 풍습, 관행, 도덕, 문학, 예술, 과학의 복합체로서 지식인들도 私的으로는 도교를 신봉하였다. 이러한 도교는 道家에 신선도와 천사도(오두미도)를 혼합하고 거기에 민간신앙의 多神 巫祝의 장초법을 종합하여, 여기에 유교의 도덕사상과 불교의 인과응보사상 그리고 그 경전, 교단조직 등을 융합시킨 것이다. 중국의 민속종교로 볼 수 있으며 지구인구의 6% 정도가 이 믿음을 가진 것으로 알려져 있다(김은수, 「비교종교학개론」, 117쪽)..

다분히 도교적 색채를 띠고 있는데688) 우선 시조(始祖)들이 모두 일반인들과는 달리 신이(神異)하고 비상(非常)한 능력을 가진 신선(神仙)이었다. 그리고 신화에 나타나 있는 군장(君長)과 천신(天神), 제사장(祭祀長) 칭호, 그리고 신단(神壇) 설치에서 도교적 경향을 읽을 수 있다. 또한 儒彿仙 3교를 합일하는 종지(宗旨)를 내걸고 일어난 민족종교인 천도교와 증산교, 대종교, 원불교 등도 도교적 색채를 띠고 있다. 현대에 와서 한국의 도교는 선도(仙道)라는 이름으로 신앙689)이라기보다는 심신 수련의 방법으로 받아들여지고 있다.

도교는 현세에 중심을 둔 종교로서 그 초기에는 내세(來世)를 인정하지 않았다. 그러나 그런 삶은 너무 허무할 수밖에 없어 죽지 않는 장생불사(長生不死)를 추구했다. 장수를 위해 생명과나 불로초, 불사약 같은 외단(外丹)의 것을 찾은 것이다. 하지만 장생으로도 죽음은 피할 수 없는 것이기에 후에는 방향을 바꾸어 정신적 수양 등 내단(內丹)으로 신선이 되는 성선(成仙)의 길을 도모하였다. 성선하면 육체는 관(棺)에 들어가지만 영혼은 신선세계에 간다. 이것이 육신을 버리고 혼백만 빠져나가는 시해(尸解)다. 그러나 시해하지 못한 사람은 그냥 죽어 없어진다는 말인가. 자연에 만재한 호연지기는 뭐고 수시로 경험하는 이런 저런 귀신은 또 뭔가. 결국 도교에도 사후와 내세가 등장한다. 사람이 죽어 내세에 가면 먼저 염라왕의 재판을 받는다. 그 결과에 따라 죄가 있는 사람은 지옥벌을 받고, 그렇지 않은 사람은 천상계로 올라간다. 어중간한 사람은 환생한다. 唐시대 이후에는 도교도 불교와 서로 교의(敎義)를 섞으면서 시왕(十王)690)이 명부(冥府)에 있어 여기에서 사후 심판을 받는 것으로 되었다. 지옥은 불교의 지옥과 거의 유사하여 무시무시하고 잔인한 곳으로 묘사되었으며 지옥의 처벌을 다 받은 사람은 불교에서처럼 다시 환생한다. 다만 도교의 저승에는 이승의 제도를 모방하여 여러 관청이 있고 지옥 관련 신령이 다르다는 점이 불교지옥과 구분된다. 도교의 지옥은 한국 상류사회의 저승관념에도 영향을 끼쳤다.691) 또한 도교는 그들의 천국을 불교의 욕계 6천(天)과 색계, 무색계의 22천(天)에 도교만의 천계인 4범천(四梵天)과 3청(三淸), 그리고 최고신인 원시천존(玉皇上帝)의 대라천을 추가하여尾123) 총 36개의 天을 구성함으로써 경쟁상대인 불교를 능가하는 휘황찬란한 천상세계를 창조하였다.

---

688) 단군신화의 도교적 색채는 중국 도교의 그것이 아닌 한민족 고유의 도교적 색채이다.
689) 그러나 와중에 종교화가 된 경우도 많다. 자연스러운 현상이다.
690) 조선중종 때의 문신 성현(成俔 1439~1504)의 용재총화(慵齋叢話)에 따르면 예조 산하에 소격서(昭格署)를 설치하여 별을 향하여 지내는 제사인 초제(醮祭)를 올릴 때 여러 신령들과 함께 명부시왕에게도 제사하였다. 이는 시왕신앙이 조선시대 도교에서도 널리 성행하였음을 보여준다.
691) 중국도교의 저승 관련 문헌인 옥력경세편(玉歷警世篇)은 조선조 말까지 왕실과 사대부 부녀자들에 의해 필사된바, 이는 도교의 저승 신앙이 상류사회에도 유포되어 있었음을 알게 한다.

5.5.5. 기독교의 저승관

기독교 또한 불교나 도교의 저승처럼 정교하게 설계된 저승교리는 아니더라도, 외경인 '베드로 묵시록(The Apocalypse of Peter)', '에녹서(The Book of Enoch)', '바오로 묵시록(Apocalypse of Paul)' 등을 통하여 천국과 지옥의 모습을 비교적 자세히 기술하고 있는데 모두 다 지옥의 처참함을 더욱 다양하고 실감나게 묘사하여 신도들에게 죽음의 두려움을 심는 데 주저하지 않았다.692) 그러나 유대인들의 지옥이 원래 이처럼 처참하지는 않았다.

고대 유대교에서 유대인들은 원시종교에서 으레 그렇듯이 애니미즘적인 조상신(祇)124)을 믿었다. 당연히 영과 혼의 구분도 없었다.693) 조상신의 혼은 죽어서 쉐올(陰府, Scheol)에 모여 비교적 좋은 환경에서 지낸다. 그러나 점차 일신(一神)신앙이 지배하면서 조상신에게 제사하는 것이 금지되자 조상신은 격을 잃어 쉐올의 이미지는 어둡고 누추한 곳으로 변했다. 이곳이 예수님이 십자가에 돌아가신 후 사흘 동안 사역하셨다는 저승이다. 이후 바빌론유수(BC 597~BC 538)를 거치면서 조로아스터교에서 최후심판교리가 유입되자 쉐올은 심판전 영혼의 임시거처로서 '천국 같은 쉐올(limbus)'과 '중간단계의 쉐올', 그리고 '지옥 같은 쉐올' 세 가지로 구분되었다. 영혼들은 심판 이후 이곳들로 갈라져 간다.694)

예수님 시대에 이르러서 유대인들이 믿는 저승의 개념은 다양해져서 저승과 영을 믿는 바리사이파(Pharisees), 토라에 근거가 없으니 믿지 못하겠다는 사두가이파(Saddoukaios), 윤회를 믿는 영지주의자와 헬레니즘(Hellenism) 등이 공존하였다. 헬레니즘의 대표격인 플라톤철학에 의하면 망자는 명계로 가서 심판을 받고 천국이나 지옥으로 향하는데 지옥은 명계의 지하에 있다. 천국과 지옥에서 각각 1,000년씩 보낸 영혼들은 운명의 여신들에게로 가서 다음 생을 받은 다음 레테(Lethe) 강물을 마시고 모든 것을 잊은 채 환생한다. 그러나 유대교의 쉐올이나 플라톤의 명계 지옥은 지금처럼 극악한 환경은 아니었다. 윤회관만 제외하면 두 저승관은 크게 보아 대동소이하다.695)

---

692) 단테는 인간의 영혼이 죄악의 세계로부터 정화되는 과정을 그린 그의 책 「신곡(神曲)」을 통하여 기독교 지옥의 결정판을 만드는 공을 세웠다.
693) 기독교의 영혼육 삼원론에서의 신구약 저승관은 미주 185 '삼원론적인 인간관을 보이는 성경구절과 기독교 영혼육 삼원론의 내용'을 참조하라.
694) 쿠사노 타쿠미, 「천국의 세계」, 박은희 옮김, 126쪽 이하 참조
695) 쿠사노 타쿠미, 「천국의 세계」, 박은희 옮김, 65쪽 이하 참조

이와 같은 유대교의 저승개념은 훗날 기독교 저승관의 뿌리가 되었으나 다만 '지옥 같은 쉐올'은 더욱 처참한 곳으로 변하였다. 기독교의 저승관에 따르면 인간의 영혼은 죽은 즉시 예수 그리스도에 대한 믿음과 선악의 행실에 따라 사심판(私審判, indicium particulare)[696]을 받고 천국과 불지옥인 음부(陰府, hades)로 나뉘어 가게 된다고 한다. 종말의 때가 오면 영혼은 부활한 육신과 도로 결합하여 공심판(公審判, Ultimum Indicium)[697]을 받고 천국과 지옥으로 나뉘어 간다. 다만 가톨릭은 천국과 지옥 외에 중간단계인 연옥이 있다고 믿는다.

한편 기독교에는 영혼은 공심판까지 잠을 잔다는 영혼수면설의 교리가 병존한다.[698] 사심판이 없는 것이다. 성경은 데살로니가전서(4:15~17)나 요한복음(7:34, 11:11, 13:36), 고린도전서(15:51), 마태복음(9:24) 등 여러 군데에서 사자는 명종 후 잠을 잔다거나 심판 전에는 예수님 있는 곳으로 올 수 없다고 明言하여 전술한 사심판론과 엇갈리고 있다.

이러한 상이한 구절이 나타나게 된 이유는 무엇일까?

1) 명종 후 영혼은 심판의 그날까지 쉐올에서 잠들어 있다는 구약적 믿음이 남아 있는 결과다.
2) '영지주의적 삼원론'과 '최후의 심판론' 그리고 '육체부활론'이 합쳐진 사고의 영향이다.

성경의 이 두 가지 엇갈리는 記述을 표준이론적으로 해석해 보자.
먼저 기독교 삼원론 입장에서 해석하면 다음과 같다.[699]

---

696) 1. 부자와 거지 라자로의 비유(루카복음서 16:19~31), 右盜이야기(루카 23:40~43) 등에서 추론(推論)된 저승관이다.
2. 가톨릭 교서는 개별 심판(사심판)에 대해서 다음과 같이 가르치고 있다. "죽음은 그리스도 안에 드러난 하느님의 은총을 받아들이거나 거부할 수 있는 시간인 인생에 끝을 맺는다. 신약성경은 심판을 그리스도께서 다시 오실 때 그분과의 마지막 만남이라고 하는 관점에서 주로 이야기하지만, 각자가 죽은 뒤 곧바로 자신의 행실과 믿음에 따라 대가를 치르게 된다는 것도 반복하여 천명한다. 불쌍한 라자로의 비유, 십자가 위에서 회개한 죄수에게 하신 말씀, 그 밖에 다른 여러 대목들은 사람에 따라 서로 다를 수 있는 영혼의 궁극적 운명에 대해 이야기하고 있다."
697) 마태오의 복음서 13:24~30의 가라지의 비유, 마태오의 복음서 24~25장의 최후의 심판에 대한 이야기들, 고린토인들에게 보낸 첫째 편지 15장, 데살로니카인들에게 보낸 첫째 편지 5장, 데살로니카인들에게 보낸 둘째 편지 1~2장, 베드로가 보낸 첫째 편지 4~5장, 베드로가 보낸 둘째 편지 3장, 요한의 묵시록, 구약의 다니엘서, 유대묵시문학 등에서 추론된 것이다(두산백과, 최후의 심판 참조).
698) 가톨릭은 미사 중 감사기도의 轉求 부분에서 다음과 같이 기도한다. "부활의 희망 속에 고이 잠든 교우들과 세상을 떠난 다른 이들도 모두 생각하시어 그들이 주님의 빛나는 얼굴을 뵈옵게 하소서."
699) 미주 185 '삼원론적인 인간관을 보이는 성경구절과 기독교 영혼육 삼원론의 내용' 참조

1) "영은 명종 후 즉시 천국에 가서 깨어 생활한다. 그러나 혼은 사심판을 받고 쉐올에 잠들어 있다가 공심판 때 부활하여 육과 합해진 후 천국이나 지옥으로 간다." 이 의견은 영은 靈交의 역할만 하고 자아는 혼에 사는 것임을 고려한 해석이다.
2) 위 1)에서 영지주의적 시각을 빼면 "사심판 후 영은 하늘나라에 잠들어 있고 착한 혼은 림보나 제3천국, 악한 혼은 지옥에서 깨어 살다가 공심판 때 부활하여 영과 혼과 육이 합해진 후 천국이나 지옥으로 간다."로 깨어있는 쪽이 혼인 것으로 상반되게 해석할 수 있다. 그런데 이러한 해석은 영은 靈交의 역할만 한다는 생각이 영지주의뿐 아니라 일반적인 기독교 삼원론의 영에 대한 생각임을 감안하면 공심판 후 경우에 따라 영도 지옥에 갈 수 있다는 말이 되므로 교리에 맞지 않는다.尾125)

다음으로는 정통이론인 혼육이원론 입장에서의 해석방법이 있다. 이는 "사람의 영혼은 명종 후 사심판을 받고 아브라함이나 나자로처럼 특별한 은총을 받은 착한 영혼은 '천국 같은 쉐올'인 림보에 들어가고 대부분은 영혼은 잠을 잔다. 그러나 부자처럼 악한 영혼은 '지옥 같은 쉐올'로 가서 벌을 받는다. 이후 최후의 공심판 때 모두 깨어나 육과 결합하여 천국에 들어 영광 속에 살거나 다시 지옥으로 가서 벌을 받는다."700)

이렇게 되면 삼원론이든 이원론이든 성경구절 간의 모순을 없애는 답을 가지게 된다. 701) 그러나 아직도 억지스러운 구석이 있음을 부인할 수는 없다.

최근 기독교 신학자들 사이에는 '지옥'은 악한 영혼을 꺼지지 않은 불구덩이에 넣어 영원히 괴롭히는 사디스트(sadist)적인 지옥이 아니라 하느님과의 영원한 분리를 의미할 뿐이며 지옥불(불못, Gehenna)은 은유적 표현이라는 해석이 힘을 얻고 있다. 지옥적 저승관의 심각한 불합리와 부조리를 깨달음에 따라 완고한 도그마를 무너뜨리고 나타난 매우 긍정적이고 발전적인 변화이다. 기독교가 살아남기 위한 몸부림일 수도 있다.702)

---

700) 이외에 이슬람식의 바르자크(barzakh)의 삶을 참조하여 해석하는 것도 방법이다(5.5.6. '이슬람교의 저승' 참조).
701) 그러나 가장 바람직한 해석은 '해석을 버리는 것'이다. 즉 물려받은 도그마에 매달려 조금씩 수정하다 보니 결국 이런 '억지 해석'을 하여야 하게 되니 제대로 된 해석이 가능하려면 육체의 부활이니 심판이니 하는 도그마를 통째 버려야 하는 것이다.
702) 잔혹한 永罰은 있을 수 없다고 믿는 기독교의 一團으로 악인소멸론(Annihilationism)이 있다. 이는 심판 후에 구원받지 못한 인간은 완전히 滅亡하여 더 이상 존재하지 않게 된다는 믿음으로 상당한 연원을 가지고 있다. 최근에는 복음주의자인 성공회 사제 존 스토트(John Stott 1921~2011)마저 이를 표방하였다. 이는 의식을 가지고 지옥에서 영원한 고통을 겪는다는 전통적 견해인 악인 영벌론(永罰論)에서

5.5.6. 이슬람교의 저승

이슬람 교리에 따르면 인간은 모태에서의 삶, 현세에서의 삶, 무덤에서의 삶, 내세에서의 삶이라는 4단계의 길을 걷는다.703) 코란은 무려 1/4이나 되는 분량을 사후세계에 대한 내용으로 채우고 있다. 이는 현세의 삶이 꿈같이 짧은 것이고 진정한 삶은 죽었을 때 시작된다는 것을 가르쳐 주기 위해서라고 한다.704) 또 이슬람전통에 의하면 사람이 죽으면 죽음의 천사 아즈라엘(Azrael)은 각각 자비와 고통의 두 부류로 나뉘는 보좌천사들을 대동하고 죽은 자에게로 내려와 영혼을

한 단계 진전된 믿음이다. 성경에서는 주로 영혼의 '영원한 멸망'으로 표현된다(이사야 66:24 루카 16:19-31 등). 한편 기독교 보편구원론(Christian universalism) 역시 영벌의 지옥을 부인하는 기독교의 일단이다. 사람은 누구나 결국은 구원받을 것이라는 믿음으로 고린도전서 15:22, 애가 3:31-33 등의 구절에 근거한다. 이 생각 역시 대부분의 주류 기독교 교회에서 거부되고 있지만 니사의 그레고리우스(335~390) 등 몇몇 초대교부들로부터 시작하여 역사적으로 많은 기독교 단체뿐만 아니라 깨어 있는 여러 기독교 사상가들로부터 지지를 받아 왔다. 하느님을 '사랑의 하느님'으로 믿는 용기 있는 일부 기독교인들이 핍박의 지옥인 이승에서 하느님께 드리는 최소한의 예의다.

703) 1. 불교에도 이와 유사한 인간의 존재 양상이 있다. 사유(四有)가 그것이다. 세친(世親, Vasubandhu, 400~480)의 구사론(俱舍論)에 의하면 인간의 존재 양상은 4유로 구분되는데 생명이 결정되는 찰나를 생유(生有), 이로부터 임종 직전까지를 본유(本有), 임종하는 찰나를 사유(死有), 중음계에 들어선 이후 다음 생유 이전까지를 중유(中有)라고 한다. 중유의 존재방식이 중음신(中陰身)이다.
2. 불교의 四有論은 오온론과 더불어 아뢰야식의 발생과 윤회과정을 설명하는 이론으로서 표준이론에서의 생기체 씨앗과 그로 인한 생기체의 도래 그리고 이어지는 윤회혼의 육화과정의 설명과 유사하다. 그런데 그 설명과정에서 우리는 불설의 兩大魂論인 무아론과 윤회론의 모순이 충돌하는 모습을 볼 수 있다.
3. 1) 먼저 4유 중 생유(生有)는 생명을 받는 첫 찰나의 존재를 말하는데 생유는 사람의 구성요소인 오온에 의해 진화론적으로 만들어진다. 즉 물질의 무더기(色蘊, 수정란)가 먼저 생기고 다음 느낌의 무더기(受蘊)와 감성의 무더기(想蘊) 그리고 심리현상의 무더기(行蘊)가 연이어 일어나며 마지막으로 의식의 식온(識蘊)이 완성됨으로써 생유가 탄생한다. 그러나 여기까지가 오온론과 사유론의 조화의 끝이다. 오온은 식온을 6, 7식으로 이으려고 하나 사유론은 중유가 6, 7식을 제공한다. 오온에 의한 진화는 식온에서 끝나게 되어 무아가 발생할 일이 없어진다. 마치 신지학에서 혼의 진화가 각혼에서 끝나는 것과 같다.
2) 즉 식온 발생 이후에는 역진화가 일어난다. 中有인 아뢰야식이 생유의 식온 위에 하강하여 분별심인 6식과 자의식인 7식을 생성하여 모든 식이 완성되면서 본유의 삶이 시작된다. 불교의 진화론인 오온론에 의하면 오온에서 식온뿐 아니라 그 위에 7식을 만들고 이 7식에 업이 쌓여 8식인 아뢰야식이 탄생하여야 한다. 그런데 사유론 때문에 식온 이후는 진화가 중단되어 무아인 아뢰야식의 탄생을 더 이상 말할 수 없게 된다. 오히려 윤회하여 외부로부터 등장한 아뢰야식에 의한 역진화를 말하여야 한다. 무아를 말하는 오온론의 메커니즘과 윤회를 말하는 사유론의 기작이 여기서 충돌한다. 어느 하나가 진설이라면 나머지 하나는 邪說일 수밖에 없다. 어느 것이 사설일까? 당연히 무아가 사설이다. 윤회는 자연현상으로 형이하이고 무아는 관념의 형이상인데 자연현상을 부인할 수는 없기 때문이다. 사유론은 신지학의 역진화모델인 인간모나드론과 비슷하다(미주 206 '신지학의 모나드 영혼론' 참조). 다만 신지학은 오온으로 인하여 무아가 탄생한다는 모순을 말하지 않으니 진화의 중단만 문제된다.
3) 오온의 무아론은 아뢰야식의 탄생을 말하는 이론이고 사유론은 그 윤회를 말하는 이론이라고 하겠지만 탄생은 진화론이고 환생은 역진화론이라는 모순은 사라지지 않는다. 모순은 무아론을 무상아론으로 바꾸고, 四有論은 이승혼과 저승혼의 二有論으로 바꿈으로써 해결된다. 표준이론처럼 오온의 진화에 의해 탄생한 아뢰야식이 윤회를 통해 진화하여 아라한이 된다고 하면 해결되는 것이다.
4) 이것이 바로 부처님이 놓으신 '무아의 덫'이다. 그러나 덫이랄 것도 없는 게 부처님은 無常我를 說하시었는데 후생들이 이를 無我로 잘못 알아들어 교조의 진설을 사설로 만들었을 뿐이다.
704) 꿈 한번 잘못 꾸면 평생을 지옥에서 지내게 된다고 말하는 듯하다.

육체로부터 분리시켜 시체의 장례 진행과정을 보게 한 후 '약식 심판'을 받기 위해 하늘로 데려간다.

심판결과 천국행 혹은 지옥행이 예정된 영혼은 시체가 묻힌 무덤 안으로 옮겨져705) 이후 심판의 날706)까지 무덤에서의 삶인 바르자크(barzakh)의 삶707)을 사는데, 선한 사람으로 판정받은 사람은 부드럽고 따스한 빛이 가득 찬 아주 큰 방에서 심판의 날까지 평화로운 꿈을 꾸면서 편히 잠자게 되고 매일 천사가 와서는 꿈속에서 대화를 나눈다고 한다. 반면에 악한 사람은 더러운 해충들이 가득 찬 좁은 거처에서 심판의 날까지 '무덤 속의 형벌'을 받으며 바르자크에 머물게 된다. 한편 이슬람의 지옥은 자한남(jahannam 혹은 나르 nār)이라고 하는데 단순히 죗값에 대한 대가를 받는 징벌을 넘어선 정화하는 곳托126)이며 징벌 기간이 끝난 뒤에는 그곳에서 나와 천국으로 들어간다.708) 또 최후의 심판 이후 가게 되는 이슬람의 천국은 그 아름다움과 풍요로움이 우리의 상상을 초월한다.709) 이러한 이슬람의 저승관은 조로아스터교의 저승관을 물려받은 것으로 기독교 저승관의 원형이기도 하다.

5.5.7. 힌두교의 저승관

힌두교는 인더스문명과 함께 기원전 2,500년경에 발생하여 후에 침입자인 아리안족의 브라만교와 융합하고 훗날 불교와 자이나교 등을 파생시킨 인도의 토착종교로서 4천여 년이 지난 오늘에도 인도 10억 인구의 83%가 이를 신봉하고 있으며, 네팔을 비롯한 다른 여러 나라에도 많은 신도를 가진 종교이다.710)

---

705) 이때 '무덤의 질문자들'이라는 두 천사가 나타나 누가 너의 주님이시냐? 너의 삶의 방식은 무엇이냐? 너의 예언자는 누구였느냐? 세 가지 질문을 던져 죽은 이의 선악을 판단한다고 한다(김정위, 「이슬람 사전」).
706) 다만 이슬람을 위해 싸우다가 죽는 사람은 즉시 천국으로 가고 이슬람의 적으로 죽는 사람들은 바로 지옥에 간다는 의견도 있다(호주 퀸즐랜드대학 종교학 교수 Philip Almond). 그렇다면 고급종교들이 그러하듯 매우 정치적인 교리다. 일반적으로는 최후심판의 날에 무덤에서 육신이 부활하여 영혼과 재결합한다.
707) 무덤의 삶인 바르자크는 현세와 내세의 중간적 단계의 삶이다. 이는 '장벽'이라는 의미의 단어이다. 유대교의 쉐올과 불교의 中陰을 연상시킨다.
708) 1. 코란 6:128, 코란 11:107
2. 야훼는 자비보다 정의가 더 중요하지만 알라는 정의보다는 자비가 더 중요한 셈이다. 이 점에서 보면 이슬람의 지옥관은 지옥을 영원한 곳으로 보는 기독교보다는 죄업을 고통으로 보속하면 다시 윤회한다는 불교에 더 가깝다(김성순, '지옥을 사유하다' 참조).
709) 천국에서는 진주같이 아름다운 처녀가 상으로 주어진다. 이들은 크고 아름다운 눈과 순결하고 영원한 젊음을 지닌 신의 특별한 창조물이다(코란 56:22~). 그들은 지성을 갖고 있으나 영혼을 부여받지 못한 피조물들로써 더 이상 악이 존재하지 않는 천국에서 단지 천국인들을 즐겁게 하고 봉사하기 위해서 존재한다. 남자들만의 천국이다.
710) 1. 혹자는 힌두교를 브라만교(불교흥기 이전에 브라만계급을 중심으로 베다성전에 의거해서 발달한

무릇 종교라면 당연히 윤회담론을 포함하나 윤회담론이 가장 성하고 발달한 종교가 힌두교이다.711) '카스트제도'라고 하는 철저한 신분제도를 유지하는 힌두사회는 그것을 전생의 업보라 여기고 받아들이며 현생에서 선업을 쌓아 내생에는 보다 상층계급으로 태어나도록 준비한다. 그러나 그것도 윤회를 거듭하는 영겁(永劫) 속의 찰나에 불과한 것이어서 궁극적으로는 윤회의 사슬에서 완전히 벗어나는 해탈(解脫)을 추구한다. 그러기에 삶은 삶을 위하여 있는 것이 아니라 삶으로부터 벗어나기 위하여 있는 것이다.

힌두교에서 인간은 명종 후 자신의 카르마를 기반으로 하늘, 지옥, 또는 이승의 여러 윤회세상에 또 다른 존재로 다시 태어난다. 하늘이나 지옥의 존재들도 마찬가지다. 힌두교의 저승관은 윤회의 주체가 영(아트만)이라는 점과 창조주인 브라흐마를 인정한다는 부분과 관련있는 내용을 제외하면 불교와 유사하다.

힌두교의 저승은 불교의 원조로서 당연히 수미세계의 이승적 저승관을 가졌지만 학파(교파)에 따라 그 세부(細部)가 서로 다르다. 인도 전통문학인 푸라나(Purana)712)에서 기원한 '7천국과 7지옥'713)을 위시하여 천국과 지옥에 대해서는 수많은 버전이 존재한다.714) 불교의 28천이 힌두교에서 기원하였을 것이니 당연한 이

종교)가 기원전 6~4세기에 붕괴하면서 토착 민간신앙 등을 흡수해서 크게 변모한 형태의 종교라고도 설명한다. 그러나 토착민간신앙이 브라만교보다 먼저 있었음을 고려하면 본문의 표현이 더 적절하다.
2. 힌두교는 민간신앙에 기원한 만큼 교리의 연원도 알기 어려운 경우가 많고 그나마 교리가 통일되어 있지도 않은 때가 많다. 비록 베다, 우파니샤드, 바가바드기타 등의 경전을 두고 있으나(미주 78 '힌두교 경전' 참조) 정통학파로부터 비정통학파까지, 무신론부터 유신론까지, 일원론부터 다원론까지, 브라만부터 이슬람까지 그 다양함과 복잡함이 매우 심하다. 힌두교는 오랜 세월에 걸쳐 형성되었으며 나라가 크고 종족도 다양하며 왕조나 정권에 따라 국교도 자주 바뀌는 등 여러 가지 이유로 특정한 교조와 체계를 갖고 있지 않으며, 다양한 신화·성전(聖典)·전설·의례·제도·관습을 포함하고 있다. 따라서 힌두교 교리나 교의를 이야기할 때는 대표적이라거나 경향이라는 전제가 따른다.
711) 1. 힌두교 윤회사상은 기원전 7~8세기의 우파니샤드 시대와 함께 본격적으로 등장하였으나 우파니샤드가 베다의 주석서임을 감안할 때 베다 시대(B.C. 1,500-1,000)에 이미 태동하였을 것으로 짐작한다.
2. 우파니샤드의 전형적 윤회담론의 예시
  1) 마치 사람이 계절에 따라 헌 옷을 벗어 버리고 다른 새 옷으로 갈아입듯이 이 몸속에 살고 있는 아트만도 낡은 몸뚱이를 벗어 버리고 다른 새 몸뚱이로 옮겨 가는 것이다.
  2) 풀벌레가 풀잎 끝에 다다르면 다른 풀잎을 잡고 건너가듯이 이 아트만도 지금 머물고 있는 이 육신을 벗어 버리고 다른 육신으로 건너간다.
712) 푸라나는 우주와 의학, 천문학, 신학과 철학, 전설 및 기타 전통 설화에 대한 백과사전식 인도문학의 장르로 7천국 이야기는 주요 18푸라나(18 Major Puranas)중 하나인 Brahmanda Purana에 주로 기원한다.
713) 일곱 천국(Seven Heavens)은 힌두교뿐 아니라 자이나교, 아브라함의 종교(유대교·기독교·이슬람교), 영지주의 만다나교(Mandaeism) 등에 산재한다.
714) 요기인 파라마한사 요가난다는 그의 「요가난다, 영혼의 자서전」에서 저승에는 일반영계와 그 상위계인 '히라냘로카계' 그리고 그 위에 다시 근원계(코잘계)가 있다고 하여 신지학과 유사한 저승 이름을 사용하고 있다. 이는 힌두교의 저승관 중 '7천국과 7지옥'의 설과 신지학이 교합된 설명으로 보인다. 신지학의 원조인 힌두교의 요기가 신지학의 용어와 논리를 사용하여 자신들의 저승을 설명하는 것은 아이러니다.

야기이다. 또한 힌두교에는 셀 수 없을 만큼 많은 신이 있다. 심지어 3억 3천만 명이 된다는 말이 있을 정도다. 그런데 힌두교의 신은 신이 아니다. 신들도 과거의 업과 덕이 소진되면 죽어서 인간으로 태어나게 된다. 윤회세상인 수미세계의 천에 사는 혼들을 모두 신이라고 부르는 것이다. 힌두교의 윤회는 불교처럼 해탈(Moksha, vimoka)할 때까지 계속된다. 해탈은 우주가 창조되기 전부터 존재한 브라만과 합일하거나 동일하게 되는 완전한 행복의 상태이며, 해탈한 영혼은 우주가 끝난 후에도 존재할 것으로 믿는다.715)

힌두교의 지옥은 힌두교의 성전인 베다의 해설서인 브라흐마나(Brahmana)가 쓰인 기원전 10~8세기경에 이르러 교리에 처음 나타난다. 그 이전 기원전 15~10세기경에 써진 리그베다에 나타나는 야마신(神)716)의 나라에는 심판도 지옥도 없었다.717) 브라흐마나의 '브리그의 지옥이야기'에 페르시아적 지옥이 처음으로 등장하며 우파니샤드 이후 야마신은 지옥의 신이 되었다.718)

5.5.8. 고대이집트의 저승관

고대 이집트인들은 영과 혼을 구분하고 있다. 그들은 인간의 영혼이 카(Ka), 아크(Akh), 바(Ba), 이렇게 세 가지 개체로 이루어졌다고 믿었다.719) 이들은 각각 다음과 같은 특징을 가지고 있다.

'이집트 死者의 서'尾127)에 의하면 '바'는 혼(魂, Soul)과 비슷한데 인격이나 개성, 또는 자아를 의미하며, 사람이 죽으면 시신에 머물러 있다가, 저승으로 불려가 '심장무게달기 의식'을 통과한 '카'와 다시 만나 '아크'가 되어 부활한다.720) '카'는

---

715) wikipedia, 'reincarnation' 참조
716) 리그베다의 야마신은 중국에 와서 염라대왕이 되었다.
717) 쿠사노 타쿠미, 「천국의 세계」, 박은희 옮김, 109쪽 등
718) 1. 쿠사노 타쿠미, 「천국의 세계」, 박은희 옮김, 115쪽 등
2. 그러나 힌두의 지옥(naraka, 奈落)은 영원한 것이 아니라 일시적인 것으로 합당한 보속이 끝나면 다시 인간세상으로 환생을 하게 된다.
719) 렌(Ren, 이름), 바, 카, 쉬트(Sheut, 그림자) 지브(Jb, 심장)라는 설도 있다.
720) 1. '바(ba)'는 죽은 자의 몸에서 분리되었을 때 머리는 사람, 몸은 새의 모양으로, 매일 밤마다 무덤에서 나와서 날아다니다가 동틀 무렵 무덤으로 다시 돌아간다. 카(ka)가 저승을 헤쳐 나가는 동안 '바'는 이승에 있는 시신에서 살아야 한다. 따라서 시신이 벌레의 침식을 당하거나 부패하지 않도록 하는 미라 제작기술이 발달하였다. 미라 얼굴에 마스크(Death Mask)를 씌우는 것은 '바'가 자신의 육신을 잘 찾을 수 있도록 하기 위함이다.
2. 고대 이집트인들이 미라를 만든(Mummification) 이유는 죽은 사람이 다시 살아나기 위해서는 시체를 보존해야 한다고 믿었기 때문이다. 태양신 라(Ra)와 마찬가지로 카(Ka)도 저승여행을 마친 후에 다시 살아날 것이라고 생각한 것이다. 그러나 결국은 시체가 썩어버리는 것을 보고 미라는 바가 당분간 거하

영(靈, spirit)721)으로, 죽음은 '카'가 몸을 떠나는 것을 의미했다. 아크는 생각(thought)과 지성(intellect)을 가진 존재로서 산 사람들과 상호교류를 할 수 있고, 산 사람들을 위해 그들의 일에 개입할 수도 있었다.

5.5.9. 심령학의 저승관

5.5.9.1. 심령학의 발달과정

심령학(心靈學, psycheology)722)은 저승과 초상현상 등에 대한 연구를 목적으로 하는 학문으로 인간학(humanology)과 함께 영혼학의 주제에 속한다. 심령학은 합리적이고 경험적인 학문이지만 종교의 한 모습으로도 이미 인류역사와 오랫동안 함께하여 왔다. 이러한 심령학은 19세기 말에 처음으로 실체(實體)로 조직된 심령주의(spiritualism)723) 또는 심령과학(spiritual science)尾128)의 등장과 더불어 구체화하기 시작하였다. 이후 심령 분야는 여타 자연과학분야와 더불어 발전을 거듭하는 한편 인문학의 관련 분야를 통섭(統攝)하면서 심령학 등의 이름으로 그 연구범위와 방법론이 정비되고 있다. 다른 학문과는 달리 심령학은 과학근본주의의 치열한 저항과 과학주의가 쌓은 사회 곳곳의 아성이 그 성립과 발전의 큰 장

는 곳일 뿐이고 심판을 받고 돌아온 카는 바와 합쳐서 환생하거나 오시리스의 왕국으로 간다는 믿음으로 바뀌었다(wikipedia 'Ancient Egyptian afterlife beliefs', egyptianoccultthistory.blogspot.com 'ancient egyptian concept of soul' 참조).
3. 이집트인들의 육체의 부활에 대한 믿음은 주변국가에도 영향을 주었음이 틀림없다. 이는 조로아스터교와 유대교의 육체부활신앙으로 연결되었을 것이다.
721) 이집트 사람들은 나일강의 신 크눔(Khnum)이 아이의 형상을 한 육체를 도자기를 굽듯이 구워 어머니의 배 속에 넣는다고 여겼다. 그러면 다산의 여신인 헤케트(Heqet)와 출산의 여신인 메스케넷(Meskhenet)이 아이가 태어날 때 '카'를 만들어 아이에게 불어넣어 준다고 믿었다. 이는 영혼(Spirit)의 수시창조론인 셈이다(3.2.2.1. '영혼의 기원' 참조).
722) 1. psycheology는 psyche(마음, 정신, 심령, 프시케)에 대한 학문으로 psychology(심리학)이나 psychics(심령 연구), spiritual science(심령과학)와는 다른 말로, 표준이론의 용어다.
2. 우리나라에서는 최근 심령학을 죽음학이라는 용어로 호칭하고 그 영문명을 thanatology(생사학)으로 쓰나 이는 잘못된 관례이다(2.3. '영혼학의 정의와 범위' 참조).
723) 심령주의(spiritualism)는 교령술(交靈術, spiritism)을 사용하여 죽은 사람의 영혼이 영매(靈媒)를 통해 산 사람과 의사소통을 할 수 있다는 이즘이다. 이러한 심령주의는 인류역사에 새삼스러운 것이 아님에도 19세기 후반 이후 세계 정신사에 큰 이슈가 된 것은 과학문명의 발달과 산업화에 대한 반작용으로 인한 것이었다. 사람들은 더욱 풍부한 정신생활을 요청하였지만 전통적인 종교는 그와 반대로 대중에게서 유리되어 가는 상황이 전개되자 과학적인 설명과 업적을 전적으로 무시하지 않으면서도 초자연적인 현상을 수용할 수 있는 새로운 신념체계의 필요성이 강하게 제기된 것이다. 1882년 영국 런던에서 창립된 심령연구협회(SPR, The Society for Psychical Research) 등 규모 있는 연구집단의 출현은 이러한 심령주의에 자연과학적 탐구를 더하는 심령과학(spiritual science)을 도래케 하였다. 과학근본주의자들은 이를 유사과학이라고 매도하나 어느 때나 첨단과학은 덜 발달된 과학을 의미하였다.

애가 되었으나 이미 많은 문제는 때가 되어 스스로 해결되었으며 이제 심령학은 학문으로서의 기반을 공고히 다지는 일만 남았다.

5.5.9.2. 심령학의 주요 연구방법론

심령학의 중요한 연구방법론을 보면 다음과 같다.724)

1) 살아서 저승을 다녀온 聖者나 영매의 증언725)
2) 퇴행최면(Hypnotic regression)을 통해 혼뇌 속의 기억에 있는 전생(前生)과 생간 삶(LBL)의 기억을 끌어올리는 방법
3) 영매나 샤먼들을 통해 죽음 너머의 세계에서 보내오는 메시지들을 전달받는 체널링의 방법
4) 근사체험을 통한 방법
5) 임종 시 먼저 세상을 떠난 지인의 마중을 받거나, 세상을 떠나면서 멀리 떨어져 있는 가족 앞에 모습을 드러내는 임사비전(Deathbed Visions, 종말체험)과 그 비전의 임사공유체험
6) 꿈이나 상징을 통해 전달되는 사후통신(死後通信, After-Death Communication)
7) 초상현상(초감각적 지각능력 ESP와 염력 PK) 등
8) 기에 대한 연구 : 키를리안 사진기, Kilner 스크린, DNA 연구(유령DNA효과), 동종요법, 위약효과(placebo effect), 氣功
9) 양자역학과 이에 따른 양자의학

미국에 있는 심령의식연구학회(ASCSI, The Academy for Spiritual and Consciousness Studies, Inc)는 정보의 소스에 따라 영혼의 불멸을 연구하는 10가지 수단이라는 이름하에 심령학을 연구하는 10가지 방법을 다음과 같이 제시하고 있다.726)

1) 출판물(Published Sources)

---

724) 미주 128 '심령주의의 역사' 참조
725) 1. 스웨덴의 스베덴보리(Emanuel Swedenborg 1688~1772), 지중해의 성자 다스칼로스(Daskalos 1912~1995), 덴마크의 마르티누스(Martinus Thomsen 1890~1981), 맨발의 성자 썬다 싱(Sundar Singh 1889~1926) 등 聖者의 증언
2. 영매(샤먼)의 영계 여행담
726) 1. www.ascsi.org/peering-through-death/ 참조
2. 2021년에 제작된 Netflix의 Surviving Death 시리즈 1은 6개의 에피소드로 구성되는데 그중 첫 번째가 근사체험(Surviving Death)이고 2~3편이 영매, 4편이 사후통신(ADC, After-Death Communication), 5편이 유령, 6편이 환생으로 구성되어 있다. 내용이 썩 충실하지는 않지만 가볍게 볼 만하다.

2) 영매(Medium-derived Sources)
3) 퇴행최면에 의한 전생과 생간 삶(LBL)에 대한 정보(Hypnotic Regression Sources pertaining to Past Lives and Lives Between Incarnations)
4) 전생기억 등 기타 전생과 환생에 대한 정보(Past Lives and Reincarnation)
5) 유체이탈체험(Out of Body Experience)
6) 근사체험(Near Death Experiences)
7) 임사비전(종말체험)과 임종명석현상 그리고 저승사자의 전언(Deathbed Visions, Terminal Lucidity and the work of Psychopomps)
8) 신비체험, 신비현상과 꿈(Mystical Experiences, Visions and Dreams)
9) 귀신들림, 빙의와 死者통신 그리고 초능력자, 퇴마사, 신유치료자(Spirit Attachment, Possession and Visitations & Psychics, Exorcists and Spiritual Healers)
10) 시, 음악 및 예술로 인한 변성의식(Poetry, Musical Compositions and the Arts[727])

심령학의 연구방법에 대한 자연과학교의 저항

그동안 초상현상 등 심령학의 연구분야에 많은 과학적 성과가 있었음에도 불구하고 아직도 자연주의(naturalism) 과학자들은 자연과학교적 시각을 버리지 못하고 있다. 이는 그 시각을 버리는 순간 자연과학의 전반(全般)을 다시 써야 하는 재난(disaster)이나 재앙(catastrophe) 수준의 변화가 예상되어 "웬만해야 인정하지"라는 절박한 인식이 깔려 있기 때문이다. 그러나 그들의 저항방식은 이미 수세(守勢)적이다. 예컨대 그들은, 초자연적 믿음은 '인지능력과 IQ가 낮고 과학에 대한 지식이 부족하거나 교육수준이 떨어지는' 사람들에게서 주로 나타난다고 주장한다. 게다가 같은 대학의 학생 중에서도 성적이 좋은 학생들은 초자연현상에 대한 믿음이 적다는 것을 발견했다고 주장한다. 심지어 정신분열증 환자는 건강한 성인보다 초상현상(Ψ 현상)에 대한 믿음이 더 크다고 말한다. 그들의 이러한 연구결과를 '인지능력과 IQ가 높고 과학에 대한 지식이 풍부하며 성적이 좋은' 학생에게 보이면 대부분 '미리 정한 결론을 얻기 위한 억지춘향'이라고 말할 것이다. 그들은 왜 이러한 유치한 연구밖에 하지 못하는 것일까? 그것은 연구실 밖 사람들의 50%가 이미 초상현상과 초자연적 현상을 믿고 있기 때문이다.[728] 지구 사람 중

---
[727] 시인, 작곡가, 음악가, 무용수, 화가, 조각가의 시상, 악상 같은 영감은 모두 영과 혼의 기능인데 예술성이 높을수록 영의 영계경험에서 우러나오는 것이고 수준이 낮다면 심령계나 준영계에서의 경험으로 혼이 얻은 것이다. 그들은 전생에서도, 저승에서도 관련된 일을 하였을 것이다.
[728] 2006년 호주 모나시 대학 연구원들이 실시한 설문조사에서 응답자의 약 70%가 자신의 삶을 변화시

30~40억의 사람들이 초상현상과 초자연적 현상을 사실이라고 믿고 있어, 여러 심령현상이 사실임은 이미 스스로 증명되었기 때문에 그들의 연구는 억지춘향으로 흐르지 않을 수가 없다.729) 다만 그들이 지금은 칼자루를 쥐고 있어서 사람들은 그들이 추는 위협적 칼춤을 지켜보고 있을 따름이다. 그러나 그 칼은 곧 총 앞에 무력화되고 가만히 둔다 하여도 칼날에 녹이 슬어 아무도 두려워하지 않게 될 것이다.

5.5.9.3. 근사체험에 의한 저승

이제 심령학의 발달에 큰 공헌을 한 '근사체험'을 통하여 사후의 세계를 들여다본다. 근사체험(近死體驗, NDE, Near Death Experience)730)은 '티벳 사자의 서'나 '이집트 사자의 서', 플라톤의 '국가론'731) 등의 고대문서, 수많은 유럽의 중세 문헌들, 일본의 문헌들732) 그리고 각 종교의 경전이나 교리를 통해, 과거에도 수많은 경험사례가 이미 존재하였음을 알 수 있다. 한편 근대 이후 의학 특히 심폐소

킨 설명할 수 없는 초자연적 사건을 경험한 것으로 나타났다. 또 같은 해 미국 이스턴 버지니아 의과대학의 조사에 따르면 미국 인구의 2/3 이상이 적어도 한 번은 신비로운 경험을 했다고 조사되었다. 또한 미국 Oklahoma City University의 Bryan Farha와 Central Oklahoma University의 Gary Steward가 2006년에 실시한 조사와 2001년과 2005년 Gallup 여론 조사 결과를 보면 심령학 연구분야에 대해 절반 정도의 사람들이 긍정적인 생각을 가지고 있다는 사실이 드러났다(wikipedia, 'Paranormal' 참조).

729) 1. 켄 윌버는 그의 저서 「통합비전」에서 인간발달의 전체과정을 경험적이고 과학적으로 세심하게 연구한 여러 학자들의 결론을 종합하여 다음과 같이 말하였다. "인간은 적어도 3개의 넓은 호(arc)를 그리며 정신적으로 발달해간다. 그것은 바로 '잠재의식-자의식-超의식'(前에고적-에고적-超에고적) 또는 '前이성적-이성적-超이성적'의 호다. 오늘날 超의식이나 超이성을 부정하는 자연과학자들은 갈릴레오의 망원경을 들여다보기를 거부했던 성직자들과 같다. 그들은 거기에 무엇이 있는지 이미 알고 있었다. 이러한 과학자들은 잠재의식과 초의식이 둘 다 無의식으로 같은 것이라고 주장하고 前이성과 超이성을 둘 다 非이성으로 같다고 본다. 소위 '全/超 오류'다."

2. 그의 주장대로 '全/超 오류'는 고대의 마법적이고 신화적인 정신수준에서 증언하는 애니마(anima)와 우주의식과 참자아를 직접 체험한 이들이 증언하는 영(靈)이 같다고 우기는 것이다. 마치 쥐구멍 앞에서 쥐를 잡겠다는 一念에 빠진 고양이나 면벽한 고승의 삼매나 다 같은 무아의 열반지경이라 하는 격이다. 이처럼 과학교인들은 중세이전의 비이성과 불합리의 시대를 극복한 근대적 이성의 시대를 요순(堯舜)시대로 과장하고 맹목으로 추종하여 현대 초이성 시대의 망원경을 거부하고 있다.

730) 임종이 가까워지면 소변 배출량이 감소하고 호흡이 변화한다. 가래 끓는 소리가 나며, 혈액순환 장애로 푸른빛과 자줏빛 반점이 나타나기도 한다. 떨림이나 발작, 근육경련, 정신착란 등의 증상을 보일 수도 있다. 또 깊은 잠에 빠진 것과 같은 혼수상태에 들어가기도 한다. 이 상태에서는 피부에 강한 자극을 줘도 전혀 반응하지 않는다(정현채, '죽음, 또 하나의 시작' 참조).

731) 플라톤은 「국가론」 제10권에서 전사한 지 12일 만에 화장하기 직전 살아나온 병사 '에르(Er)'의 이야기를 전한다. 그는 몸을 떠나 사후의 세계로 가는 통로를 지나 심판을 거친 후 다음 생에 태어날 육신의 모습을 선택할 기회를 받았는데 이 결정은 자신의 지혜에 따라 결정된다고 말하였다. 플라톤은 이렇게 썼다. "그 광경이 제일 궁금하다. 왜냐하면 대부분의 경우, 영혼의 선택은 전생의 경험에 따라 결정되기 때문이다."(조 피셔, 「나는 아흔여덟 번 환생했다」 참조)

732) 「일본영이기」, 「곤자쿠 이야기집」, 「우지슈이 이야기」, 「부상략기」, 「일본왕생극락기」 등 (위키백과)

생술733)의 발달로 인해 죽음에서 돌아온 사람들이 많아짐에 따라 근사체험 사례가 폭발적으로 증가하여 이에 대한 연구가 활발히 진행되었다. 그 결과 과거의 기록에 나타난 근사체험과 최근의 근사체험이 모두 한결같이 유사한 내용을 담고 있음이 드러나 사후세계에 대한 담론이 과학성을 띠게 되었다.

레이먼드 무디는 1975년 모든 사람들이 같은 체험을 하는 것은 아니지만 대체로
1단계 체외이탈.
2단계 터널 같은 것을 통해 이동하기.
3단계 영혼들의 세계에 도착.
4단계 빛의 존재를 만나고 지난 생 리뷰하기.
5단계 몸으로 귀환.
의 다섯 단계 근사체험을 하고 있다고 주장하였다.734)

한편 케네스 링(Kenneth Ring)735)은 1980년 근사체험을 자연과학적으로 연구한 「죽음 앞에서 선 삶, 근사체험에 관한 과학적 연구」라는 제목의 책을 펴냈다. 그는 통계를 이용한 연구 방법으로, 표준오차를 계산해 이미 알려진 근사체험에 대한 여러 결과의 유의미성을 확실하게 밝혔다

또한 네덜란드의 핌 반 롬멜736)과 여러 연구자들은 2001년 세계 최초로 인간의

---

733) 의술이 발달하면서 1960년대부터 심장이 멎고 호흡이 중단된 지 얼마 안 된 사람을 살려 내는 심폐소생술이 발전하기 시작했다. 초창기에는 수술용 칼로 가슴을 째고 심장을 꺼내 손으로 마사지를 하는 방식이었다가, 점차 산소를 기도에 불어넣고 두 손으로 흉부를 압박하는 현재의 형태로 정립이 되었다. 이 시술을 통해 많은 사람들이 소생하게 되었는데, 이들 중 일부인 대략 10~25% 정도가 심장이 멎어 있던 동안의 경험인 근사체험을 보고하기 시작했다(정현채, '죽음, 또 하나의 시작' 참조).
734) 미국의 정신과 의사인 레이먼드 무디(Raymond Moody 1944~)가 1975년 「삶 이후의 삶(Life After Life)」이라는 책을 출간한 뒤부터 근사체험에 대한 연구가 본격적으로 시작되었다. 이 책에는 임상적 사망에서 살아남거나 사고, 부상, 질병과 같은 극단적인 상태를 겪은 사람들의 경험담이 담겨 있다. 레이먼드는 환자들의 환경이 각기 달랐음에도 삶과 죽음의 경계에서 일어난 일에 대한 기억은 서로 매우 비슷하다는 결론을 내렸다.
735) 케네스 링(Kenneth Ring 1936~)은 코네티컷 대학교 심리학 교수이며, 근사체험 연구분야의 권위자다. 링은 국제 근사체험연구협회(IANDS, International Association for Near-Death Studies)의 공동창립자이자 전 회장이며, 근사체험연구 저널의 창립 편집자이다. IANDS는 근사체험현상을 연구하고 정보를 제공하기 위해 1981년 미국에서 설립된 협회이다. 오늘날 이 단체는 50개 이상의 지역 단체와 전 세계적으로 약 1,200명의 회원으로 구성된 네트워크를 포함하는 국제 조직으로 성장하였다(iands.org/home.html, 참조).
736) 핌 반 롬멜(Pim van Lommel 1943~)은 네덜란드의 저명한 심장전문의다. 네덜란드 위트레흐트 대학에서 심장의학을 공부한 후 26년 동안 Arnhem의 Rijnstate Hospital 심장 전문의로 일했다. 그는 2001년에 「Near death experience in survivors of cardiac arrest : a prospective study in the Netherlands(심장 정지 후 회생한 사람의 근사체험 : 네덜란드에서의 전향적 연구)」라는 제목의 논문을 세계 3대 의학 학술지인 「랜싯(Lancet)」 358호에 게재했다(전문보기 : www.thelancet.com/

영혼과 사후세계가 존재할 수 있다는 논문을 의학전문지에 실었고 이후 롬멜은 이 논문을 보충해 의식은 뇌 같은 특정한 곳이나 특정한 시간에 한정되지 않고 육체의 죽음 뒤에도 계속 존재한다는 내용의 「생명 너머의 의식」이라는 책을 2007년 출간했다. 그의 연구는 근사체험, 사후통신, 임종명석현상(回光返照), 영매 연구, 환생 연구를 통하여 이루어졌다. 그들은 10개 병원에서 사망 판정을 받은 직후 심폐소생술로 다시 살아난 344명을 조사하여 18%인 62명이 근사체험을 했다는 사실을 발표했는데, 이 체험의 10가지 요소尾129)를 보면, 우선 자신이 죽었다는 인식 그리고 긍정적인 감정, 체외이탈, 터널을 통과함, 밝은 빛尾130)과의 만남, 색깔을 관찰함, 천상의 풍경을 관찰함, 이미 세상을 떠난 가족과 친지와의 만남, 자신의 생을 회고함, 삶과 죽음의 경계 인지 등이다.

근사체험에 대한 자연과학교의 견해들

근사체험에 대한 과학근본주의의 반론尾131)은 대단하다. 그러나 그 반론(反論)은 반감(反感)에 불과하다. 반론의 대부분은 '뇌 내에 어떤 물질이 발생하면 근사체험과 유사한 현상을 겪는다'는 주장이다. 그들은 [근사체험 → 뇌에 어떤 물질발생 → 유사현상발생]의 고리를 상정한 뒤 근사체험 없이 마약섭취 등으로 어떤 물질을 외부에서 뇌에 주입시켜도 유사현상이 발생한다고 주장함으로써 '근사체험은 뇌 내 물질의 분비에 의하는 것에 지나지 않는다'라고 결론짓는다. 이는 현상론법(現象論法)적이고 과정론법(過程論法)적인 설명737)에 불과하다. 심지어는 '현실(現實)'이라는 개념이 철학적으로 원래 자명(自明)한 것이 아닌 만큼 임사 체험의 진위를 판단하기 전에 현실이 우선 환상(幻想)이 아닌지부터 검증하여야 한다는 웃지 못할 반론도 있다.

그러나 최근 자연과학계 일각에서도 종래의 科學敎적 시각에 대항하여 사실을 객관적으로 직시하려는 적극적 노력이 나타나고 있다.
롬멜은 근사체험 문제를 종래의 신경 과학 연구의 전제인 '마음과 의식은 뇌가

---

journals/lancet/article/PIIS0140673601071008/fulltext). 그는 나중에 이 논문을 보충해 2007년 「Consciousness Beyond Life : The Science of the Near-Death- Experience(생명 너머의 의식 : 근사체험과학)」라는 저서로 출간했다. 주요 내용은 우리 의식은 뇌 같은 특정한 곳이나 특정한 시간에 한정되지 않고 육체의 죽음 뒤에도 계속 존재한다는 것이다. 이렇게 결론을 내린 것은 다섯 분야의 연구에 힘입은 바가 크다고 밝힌다. 그 다섯 분야는 근사체험, 사후통신(死後通信, After-Death Communication), 임종 비전, 영매 연구, (특히 어린이를 대상으로 한) 환생 연구였다(최준식, 「죽음 가이드북」 참조).
737) 미주 55 '과정론법(過程論法)' 참조

낳는다'는 심일원론(心一元論)을 수정하는 차원에서 해결하여야 한다고 주장한다. 그는 의식은 뇌에 있는 것이 아니라 시공을 넘은 장소에 있는 것일 수 있다며 의식과 뇌의 관계를 방송국과 TV의 관계에 비유하여 '뇌가 의식을 만들어 내는 것이 아니라 뇌에 의해 의식이 지각되는 것은 아닌가?'라고 했다.738) 이를 표준이론 식으로 설명하면 '몸뇌는 혼뇌의 반영(反影)'이라는 말이 된다. 또 그의 주장은 '사람의 의식은 우주의식의 일부로서 인드라망의 구슬이나 거대한 홀로그램 중 하나이다'라는 類의 주장을 떠올리게도 한다.

또한 2020년도 노벨물리학 수상자인 영국 케임브리지 대학의 로저 펜로즈(Roger Penrose)와 미국 애리조나 대학의 의학자 스튜어트 하메로프(Stuart Hameroff)는 의식은 어떠한 양자 과정으로부터 생겨 온다고 주장하고, 임사 체험은 '심장이 멈춘 후 사람의 의식이 뇌에서 나와 우주로 확산하였다가 소생하면 다시 뇌로 돌아오는 경험'이며 소생하지 못하는 경우 다른 생명체와 결부되어 다시 태어날지도 모른다고 말하고 있다.尾132)

근사체험을 한 사람들의 진술은 공통점도 많지만 문화적, 종교적 배경에 따라 큰 개인차를 보이는데 근사체험을 부정하는 측에서는 이를 이유로 하여 근사체험 자체가 과거의 개인적 기억들을 기반으로 하여 형성된 것이기 때문이라고 하며 근사체험의 객관성을 부정하고, 근사체험을 긍정하는 입장에서는 체험을 차후에 진술하는 과정에서 2차적 해석이 개입되었을 가능성 때문이라고 한다. 표준이론은 차이가 나타나는 이유가 저승의 속성 자체에 있다고 본다. 근사체험자들은 저승은 보고 싶고, 만들고 싶고, 갖고 싶고, 가고 싶은 대로 무엇이든 즉시 실현되는 곳이었다고 증언한다. 신지학을 비롯한 많은 사상들도 그곳은 아스트랄 같은 정묘한 물질로 이루어진 세계로 각자의 수준에 맞춰 원하는 그대로 사는 곳이라고 주장한다. 따라서 차이는 예수님과 부처님의 차이가 아니라 이승과 저승의 차이인 것이다.

근사체험에 대한 또 다른 이슈는 근사체험이 현실세계와 너무 동떨어진 경험이라는 시각이다. 많은 사람에게 근사체험의 이야기는 공상소설이나 동화 속의 이야기

---

738) 심이원론(心二元論)이라고도 불리는 주장으로 이와 유사한 사례는 코네티컷 대학의 심리학과 교수인 케네스 링(Kenneth Ring)의 '뇌는 의식의 가공 처리 기관이다'라고 하는 설과 뇌외과의이며 임사 체험자인 에벤 알렉산더(Eben Alexander 1953~)의 '뇌의 기능은 본래의 의식의 기능을 제한해 선별하는 것'이라는 설, 그리고 발달생물학자인 루퍼트 셀드레이크(Rupert Sheldrake 1942~)의 '형태공명(morphic resonance)'이론이 있다. 또 미국 뉴욕대 메디컬센터의 샘 파니아(Sam Parnia)는 "밝은 방에 들어가 전등의 스위치를 꺼도 실내가 아직 밝은 채라면, 광원은 전등 외에 또 있을 것이라는 생각을 하지 않을 수 없다. 따라서 뇌파가 꺼진 상태에서의 임사 체험의 예는 마음이나 의식이 뇌와는 독립해 존재한다는 사실을 시사한다."라고 주장한다.

로 들리며 기껏해야 신화적 스토리다. 냉혹한 3차원의 물리적 환경을 살아가는 많은 사람에게 근사체험 이야기는 메마른 정보(情報)다. 믿음이 결여된 앎일 뿐인 것이다. 이런 시각을 가진 이유는 그들이 가진 관(觀)에 있다. 앎이 진정한 앎이 되려면 자신의 '觀'에 의해 받아들여져 '믿음'이 되어야 한다. 믿음이 가지 않는 앎은 정보나 기억일 뿐이다. 이러한 觀은 사람마다 타고나는데 이는 행동의 전제일 뿐 아니라 잘 변화하지 않는다. 따라서 사람은 각자의 관에 맞는 자기의 믿음이 있다. 근사체험 이야기뿐 아니라 사실 영혼학에서 말하는 대부분의 콘텐츠가 많은 사람들에게 쓸모없는 앎으로 거부당하는 이유는 이 앎이 그의 관과 맞지 않아서 애초부터 믿음의 창고에 출입불가이기 때문이다. 따라서 그는 근사체험에 대하여 알려고 하기 이전에 관부터 수립하여야 하는데 불행하게도 이러한 관은 그에게는 출입불가한 영혼학을 공부함으로써 제대로 정립된다. 영이 없는 혼이 영을 얻기 어려운 것과 같다. 모든 일은 때가 되어야 한다.739)

5.5.9.4. 채널링을 통한 저승

5.5.9.4.1. 리사 윌리엄스의 저승

영매(靈媒)이자 영 능력자인 리사 윌리엄스(Lisa Williams)는 「죽음 이후의 또 다른 삶(The survival of the Soul)」이란 책에서 자신의 몸주신740)인 인도령(引導靈)의 주장을 채널링하여741) 죽음 이후 일어날 '생간 삶(LBL, Life Between Lives)'에 대하여 요즘 뉴에이지에서 유행하는 가장 표준적인 이야기를 하고 있다.

사람은 인도령의 도움을 받으며 죽게 되는데 죽는 순간 영혼은 커다란 해방감742)

---

739) 1. 2.3.2. '앎과 觀과 믿음의 관이론(觀理論)' 참조
2. 믿음을 얻었어도 정신체가 발호하면 믿음을 실천할 수 없고 깨달아 득도하였다 하더라도 혼이 방관하면 영의 일로 끝난다(12.4.4. '십년공부 허사' 참조).
740) 몸주신은 무당이 무병을 앓을 때 강신한 신으로서 무당이 주인으로 섬기는 신이다. 몸주(身主)는 무당이 굿을 할 때나, 점을 칠 때 무당에게 내려 공수(神託)를 하거나 길흉화복을 예언한다. 무당은 몸주신이 영력을 주는 것이라 믿어 자기 집에 신단(神壇)을 만들고 그를 모시게 되며, 몸주와 무당은 각별한 관계를 지니게 된다. 몸주는 시베리아 및 중앙아시아의 샤머니즘에서 말하는 샤먼(shaman)의 '보호신'과 비슷한 것이다(한국학중앙연구원, 「한국민족문화대백과」).
741) 리사는 자신은 인도령의 말을 전할 뿐이라고 하나 인도령도 그 앎이 턱없이 부족할뿐더러 채널러도 그 전하는 말은 결국 채널러의 말이다. 따라서 리사의 말에 지나친 신뢰를 부여할 필요는 없다.
742) 육신으로부터 해방되었을 때 영혼이 어떻게 느낄지를 이해하려면 전신에 깁스를 하고 오랜 시간 동안 갇혀 있다가 갑자기 해방이 되어서 아무런 제약도 받지 않고 움직일 수 있게 된다고 상상해 보라. 이 느낌을 백 배로 증폭하면 몸을 빠져나왔을 때 느낄 해방감을 조금이라도 이해할 수 있을 것이다(리사 윌리엄스, 「죽음 이후의 또 다른 삶」 참조).

과 함께 베일 넘어 터널을 지나 눈부시게 빛나는 흰빛을 만난 뒤743) 곧 '만남의 방'에 도착하여 자신을 기다리고 있는 죽은 가족이나 친구들을 만나게 된다. 이어서 '기다림의 방'에서는 자기가 태어나기 전에 써 두었던 서약서(환생계획)와 자신의 실제 삶을 비교하여 목록을 작성한다. 다음 '통찰의 방'에서는 자기 생애의 모든 면을 다시 살피게 되는데 자신이 남에게 끼친 모든 고통, 그리고 반대로 당했던 모든 고통도 다시 보며 반성의 시간을 갖는 것이다.尾133) 다음 '치유의 방'은 살면서 받았던 고통과 트라우마를 마지막 하나까지 치유하는 곳이며, 이어지는 '보호자의 방'은 영혼을 인도령(스승령)들과 다시 연결시켜 주고 영혼으로서 계속 진화하기 위한 최선의 경로를 찾아낼 수 있도록 도와주는 곳이자 다음 생에서는 어떤 경험을 통해 어떻게 진화를 계속할지를 정하는 환생계획을 작성하는 곳이다. 여기서 다음 생의 삶의 서약서도 다시 작성한다. 이후 '상영의 방'에 가서 다음 생에서 배움과 성장을 같이할 새로운 가족을 선택한 뒤 환생한다.尾134) 그러나 영혼은 소울메이트와 함께 영혼의 성장을 추구하기 위하여 저승에 더 머물 수도 있다. 어떤 영혼은 그 수준에 따라 치유령이나 인도령이 되어 봉사의 길을 가기도 하고 장로로 승진할 수도 있다.尾135)

그런데 근사체험이나 채널링에 의한 영혼과 저승에 대한 이야기는 영(靈)과 영계(靈界)에 대한 이야기가 아니고 대부분 표준이론의 혼(魂)과 그들이 죽어서 가는 저승인 혼계(魂界)에 대한 이야기다. 그 이유는

1) 영(靈)은 개별적으로 영계(靈界)에서 이탈하여 이승에 오는 일이 드물다.
2) 인도령이 나타나면 사람들은 서늘함을 느끼고 인도령과 생자의 대화에는 양측 모두 막대한 에너지가 필요하다. 이는 인도령이 물성을 지닌 혼이라는 것을 의미하고 따라서 그들이 나눈 이야기도 혼계에 대한 이야기다.
3) 리사는 사람이 수면 중에는 '아스트랄 여행'을 한다고 하며 사후에는 아스트랄계로 간다고 하는데 아스트랄계는 신지학의 용어로서 표준이론의 중음계다. 중음계는 하급혼이 가는 저승이다.744)
4) 여기서 거론되는 '구원'은 혼의 구원이다. 영은 이미 구원받은 존재이기 때문이다.

---

743) 리사는 베일 넘어 빛의 터널을 통과하는 경험을 이렇게 묘사한다. "나는 빛으로 가득한, 살아있는 듯이 느껴지는 터널 안을 통과하는 것을 느꼈다. 그리고 바로 그곳, 그 터널의 끝에 흰빛이 있어서 나의 모든 세포를 가장 순수하고 무조건적인 사랑으로 채워 주었다. 그 흰빛 속을 지나면서 내가 느낀 사랑은 그 어떤 종류의 인간적 사랑보다도 훨씬 컸기에 지구의 언어로는 측량할 수가 없었다."
744) 중음계는 혼의 업과 덕을 계량하는 심판소(審判所)와 이합집산을 위한 정비소(整備所), 그리고 환생을 위한 교육기관(敎育機關)으로 구성된다. 혼이 수면 중에 여행할 만한 곳이 아니며 여행이 허락되어 있지도 않다. 수면 중 영은 혼계나 영계를 여행하지만 혼은 몸에 머물러 있으며 근사체험이 아닌 유체이탈 중이라면 터널 이상을 넘어서지 못한다.

따라서 리사의 인도령은 혼이고 근사체험이나 죽을 때 나타나는 현상도 모두 혼에게 나타나는 현상이며 나아가서 생간체험(LBL)과 근사체험(NDE)은 모두 혼과 혼계에 대한 이야기다.註136)

한편 리사의 진술 중 명종 후 혼이 이드나 에고를 버린다는 언급745)은 이해하기 힘들다. 혼이 명종 후 표준이론의 생기체(신지학의 에테르체, 카발라의 네페쉬)를 버릴 수는 있다. 그러나 혼이 자신의 일부인 이드와 자신의 본체인 자의식의 에고를 버리고 저승으로 간다는 말은 틀렸다. 자아를 버리고 혼계로 간다는 말은 혼이 소멸한다는 말과 같다. 백번 양보하여 감성이요, 욕망인 이드는 버릴 수 있을지 몰라도746) 다시 말하지만 에고 없는 저승이야기는 코 없는 코끼리이야기이고 목 없는 기린이야기다. 아무래도 리사의 이 부분 진술은 영이 혼과 헤어지는 장면에 대한 이야기이거나 신지학의 다신체론과 다층적 저승론의 영향을 받은 것으로 해석할 수밖에 없겠다. 자신이 속한 저승인 본향(本鄕)으로의 직행과 각자윤회를 말하는 표준이론에는 그런 이별이 없다.

5.5.9.4.2. 제랄딘 커민스의 저승

영국의 시인이자 철학자 그리고 심령연구협회(The Society for Psychical Research)의 회장을 역임한 프레드릭 마이어스(Frederic Myers)는 1901년 사망한 후 1924년에 영매 제랄딘 커민스(Geraldine Dorothy Cummins 1890~1969)를 통해 발현하여 사후통신을 통해 영계의 구조에 대한 정보를 주었는데 그 내용을 보면 신지학의 주장과 매우 유사한 저승의 모습을 전하고 있다. 그 주요 내용은 다음과 같다.

그는 먼저 영혼을 수준에 따라 영적인 영혼(Spirit man)과 혼적인 영혼(Soul Man) 그리고 동물적인 영혼(Animal man) 세 단계로 나누고 영혼은 그 수준에 따라 다녀오는 저승의 코스가 다르다고 설명하였다. 우선 이 세상은 7개의 세계로 구성되는데 우리 지구의 물질계와 망자가 휴식을 취하는 곳인 하데스라고 불

---

745) "우리 인도령들은 죽음을 앞둔 사람으로부터 죄책감, 미워함, 두려움, 그리고 분노 등과 같은 부정적인 것을 없앤다. 이때 우리는 그 사람의 에고가 우리 하는 일을 가로막지 못하도록 그의 영혼과 쉽게 연결할 수 있는 밤중에 이 일을 한다. 에고는 우리가 극복하여야 할 큰 과제이다. 저세상으로 건너가면 에고를 잃어버리게 되지만 지상에 있는 한 그것은 힘든 싸움이다." (리사 윌리엄스, 「죽음 이후의 또 다른 삶」, 110쪽)
746) 靈化 후에도 이드는 버려지는 것이 아니라 극복되고 순화되어 순기능만 하게 된다. 영이라 하여 욕망이 없는 것이 아니다. 다만 이기심은 소유욕에서 자리이타(自利利他)로 자존심은 명예욕에서 자비심과 사랑으로 승화될 뿐이다.

리는 중간계(the intermediate State), 그리고 환상계(The Plane of illusion), 그 위로 더 진화한 혼들이 가는 색채계(The Plane of Colour), 화염계(The Plane of Flame), 광명계(The Plane of Light), 무한계(Timelessness)가 있다고 하였다. 진화가 덜 된 혼들은 이들 계를 차례차례 모두 거치는 것이 아니라 어느 정도 가다가 중도에 환생한다.

모든 영혼은 명종 후 먼저 하데스계로 가는데 그곳은 물질계를 벗어난 영혼이 소진된 에너지를 충전하고 새로운 세계를 준비하는 반 정도의 빛과 평온이 있는 곳이다.[747]

환상계에서는 육신과 비슷한 아스트랄체(Astral body)를 가지고 사는데 각자가 만들어 낸 신기루 같은 환각의 세계다. 지상에서 살면서 항상 꿈꿔왔던, 하지만 실제로 실현할 수 없었던 자신의 무의식적인 욕망을 마음껏 펼칠 수 있는 그런 세계로 동물적 영혼(Animal man)들은 이곳에서 살다가 좀 더 영적인 영혼(Spirit man)이 되려는 계획을 가지고 물질세계로 환생한다.[748]

그러나 영적으로 어느 정도 각성되고 예술성과 창의성을 갖추었으며 타인을 도우려는 성향을 가진 혼적 영혼(Soul Man)은 환상계에 싫증을 느끼고 4번째 계인 색체계로 가게 되는데 이곳은 미묘체(微妙體, Subtle body)를 가지고 사는 곳으로 몸은 각 영혼의 에고(욕망)를 그대로 반영한 색깔과 모양을 가지고 있어 자신의 수준이 모두 드러나게 된다. 이곳은 생각으로 소통하고 슬픔이나 기쁨 등의 감정을 느끼지만 지상에서의 그것보다 훨씬 강력하게 체험한다고 한다. 또 이곳은 매우 빠른 진동수의 세계이며 빛과 생명은 보다 순수함으로 넘쳐난다. 모든 체험은 정화되고 고양되고 격화되며 그래서 존재의 열망이 상상할 수 없을 정도로 높아진다.[749]

다섯 번째 계는 화염계로 어떤 형태의 몸을 가지지 않고 의식의 윤곽만 있을 뿐이며 신의 일부분으로서 완벽한 합일을 위해서 나아가는 과정에 거쳐야 하는 곳으로 영혼은 자신의 개별성(individuality)을 유지한다고 한다.[750] 여섯 번째 광명계는 빛의 세상으로 영혼은 형태가 없이 완벽한 평정심을 나타내는 유백색을 띠고 있으며 감정과 열정이 사라지고 순수 이성만이 지배하는 불멸의 세계이

---

747) 마이어스의 하데스(hades, 히브리어 sheol)는 그리스어로 표준이론의 생기계(신지학의 에테르계) 정도로 보인다.
748) 환상계는 신지학의 아스트랄계다. 표준이론으로는 하급혼이 가는 중음계다. 마이어스는 장기거주라고 하나 불교에서는 대부분 49일로 지구시간으로는 길어야 70년이다(미주 288 '저승의 시간과 이승의 시간' 참조).
749) 색체계는 신지학의 데바찬계(The Devachanic Plane), 다른 말로 하위멘탈계. 표준이론의 중급혼이 가는 심령계에 해당한다.
750) 화염계는 신지학의 상위멘탈계(코잘계)로 표준이론의 준영계다.

다.751) 일곱 번째 계인 무한계는 어떠한 형태도 없으며 위대한 근원과 합일이 되어 영원한 고요 속에 머무른다. 하지만 개별성은 유지되며 모든 것에 대하여 알파와 오메가를 다 알게 되고 상상으로 창조하는 세계다. 그러나 고귀한 목적으로나 좀 더 완벽함을 위해서 다시 지상으로 내려가기도 한다.752)

마이어스는 "영혼의 진화는 정도와 종류에 따라 다르며 영혼은 물질 속에서 표현하면서 발전한다. 무한히 펼쳐지는 우주 속에서 가장 낮은 형태인 물질을 체험하며 실체의 개념을 얻고 창조자를 이해하고 배우며 전체의 효율적인 한 부분이 된다."고 전한다. 마이어스는 영혼의 기원에 대해서는 침묵하고 있으나 영혼이 물질 속에서 현현하면서 발전한다는 것으로 보아 표준이론의 혼의 물질적 진화와 어느 정도 일치하는 진술을 하는 것으로 보인다.

그가 타계한 1901년에는 1875년 설립된 신지학협회가 이미 많은 이론과 추종자를 생산한 즈음이라 마이어스 또한 신지학을 잘 알고 있었을 것이고 따라서 그의 전언(傳言)에 의한 저승이 신지학의 주장과 매우 유사한 모습일 것은 당연하다.753) 따라서 그의 영계통신은 신지학의 진실성을 웅변하는 것이기도 하지만 명종 후에도 魂의 개체성과 자의식뿐 아니라 지식마저도 유지된다는 것, 그리고 저승에 가서 얻는 정보와 지식과 지혜 역시 제한적이라는 사실을 의미한다. 이로써 죽음이란 요단강을 건너는 것일 뿐임을 마이어스에게서 다시 확인한다. 강을 건넌다고 나의 무엇이 얼마나 변하겠는가.

5.5.10. 신지학의 저승관

신지학 저승관의 개론

대표적인 신지학자 리드비터(137)는 사람은 누구나 생기체인 '에테르체'와 하위정신체인 '아스트랄체'를 가지고 있으며 거기에 더해 상위정신체인 '멘탈체', 양심체

---

751) 광명계는 신지학의 붓디 또는 아트믹계로 표준이론의 준영계 상층부 또는 제1영계 정도다.
752) 무한계는 신지학의 아디계 정도 될 것 같다. 표준이론의 제3영계다.
753) 1. 더구나 그의 말을 전하는 영매 제랄딘 커민스 또한 신지학에 경도되어 있을 터라 전언(傳言)의 신지학과의 유사성은 더 심해졌을 것이다.
2. 그는 또 이쪽 보이지 않는 세계(저승)에도 다양한 조건(conditions)이 있어 아는 것만 말할 수 있으며 자신의 주장에 오류가 없다는 말은 못한다고 명언한다.(Cummins,「The Road to Immortality」영문판 29쪽)

인 '코잘체', 그리고 상위양심(또는 영과 혼을 이어주는 靈體)으로서 '붓디체'를 가지고 있다고 한다. 인격수준이 높을수록 위의 체들이 더욱 흥성(興盛)한다. 또한 영과 혼을 구분하지만 명종 후에도 일정기간 혼영일체(魂靈一體)를 유지하기 때문에 그냥 영혼이라고 하며, 붓디체 위로도 여러 단계의 체(아트믹체, 아디체 등)가 또 있는 것으로 주장한다. 그리고 표준이론처럼 사후 혼이 자기 수준에 맞는 영계로 바로 가는 것이 아니라 에테르계와 아스트랄계, 멘탈계, 코잘계를 거치며 허물을 벗듯 각 체(體)를 벗으며 상위 저승으로 나아간다고 한다.754) 이는 카발라에서 영혼이 생명나무 10개 세피라와 22개의 세피로트 경로를 통해 인간계인 말쿠트 세피라로 하강하거나 아칠루트계, 브리아계, 예치라계를 거쳐 물질계인 앗시아계에 하강한다는 주장, 또는 인도 우파니샤드나 베다 등에서 사람의 의식이 여러 개의 체로 이루어져 있다는 생각 등에서 기원한 사상으로 소위 다층적 저승론과 다신체론이 그 요체(要諦)다. 이는 다층적 저승론과 다신체론은 원전(元典)의 사상들이 이미 깊은 섭리를 담고 있었고 신지학이 이에 동감함에 따라 자신들의 교의에 도입한 것으로 이후 뉴에이지 사상들이 대부분 이를 따라 동조(同調)함으로써 그 진실성을 인정받고 있다.

수면 중의 영과 혼

한편 여러 사상 간에는 수면 중 저승과 이승 간의 交通 가능성에 대한 異論이 크다. 신지학은 사람의 혼이 수면 중 저승을 방문하여 여행을 한다고 하며755) 동시에 저승의 혼들도 수면 중 이승의 사람과 대화를 할 수 있다고 한다.756)

---

754) 신지학 입문에서의 리드비터의 주장을 표준이론으로 번안(飜案)한 것이다. 이하 부분 모두 같다.
755) 1. 아스트랄체가 체계를 완전히 갖추면, 마나스는 수면 중 육체에서 빠져나와 아스트랄계를 떠돌면서 소위 '꿈-의식'이라고 불리는 것을 형성하는 아스트랄 물체의 인상을 받아들일 뿐만 아니라 아스트랄 물체를 인지하기 시작한다. 사고자 마나스는 아스트랄체를 통해 아스트랄 요소를 통제하고 아스트랄계의 위험으로부터 자신을 보호할 때 사용할 수 있는 새로운 힘을 갖추기 시작한다(애니 베산트의 「고대의 지혜」 7장 환생 참조).
2. 아스트랄계에는 두 부류의 인간들이 있다. 우리가 살아있다고 칭하는 사람들과 그보다도 훨씬 더 생기가 넘치는 우리가 어리석기 그지없게도 죽은 자라고 부르는 사람들이다. 그런데 살아서 아스트랄계에 온 사람들 중 극히 일부는 죽은 이들에게 모종의 메시지를 전해주기 위해서, 또는 자신의 아스트랄 능력을 확인하기 위하여 의식이 깨어있는 채로 아스트랄에 왔으나, 대부분은 잠 속에서 자신도 모르게 육신을 떠나와 아스트랄계를 떠돌아다닌다(리드비터, 「투시」 2장 단순투시 참조).
756) 리드비터는 죽어서 아스트랄계에 간 사람의 혼은 수면 중인 이승의 친구를 방문하여 그와 생생한 만남을 가질 수 있다. 그때 그와 이승의 친구는 서로의 진솔한 면을 생시보다 더 많이 알 수 있다. 왜냐하면 수면을 취하는 동안 이승의 친구의 혼은 육체를 벗어버리기 때문에 서로의 진면목을 볼 수 있다는 것이다. 다만 두 친구는 몸은 벗었으나 저급자아인 아스트랄체를 쓰고 있어 서로 선하고 이타적이며 영적인 자아는 볼 수 없다. 저급자아와 고급자아와는 서로 진동수가 다르기 때문에 교통하기 어렵기 때문이라는 것이다(Leadbeater, 「신지학 대의」 중 '천계에서의 삶의 상태' 참조).

표준이론에서 혼은 리드비터가 예를 든 것처럼 수면 중 친구 혼의 방문을 받을 수는 있을 것이다. 다만 그는 깨어나서 십중팔구 그 만남에 대한 기억은 할 수 없다. 혼이 깨어날 준비를 하는 렘수면 상태에서 친구 혼을 만났을 리는 없기 때문이다. 그가 잠이 깬 후 각성 중에 그 방문을 기억하게 하려면 그럴 수 있을 것이나 렘수면상태에서는 혼의 자유로움이 더 제약 받는데다가 각성하여 꿈이 생각난다는 보장도 없어 특별한 사유가 없는 한 그럴 경우는 드물 것이란 말이다. 그러나 혼은 수면 중 혼의 세계인 혼계를 직접 방문할 수는 없다고 생각된다. 그 이유는 혼은 대부분 수면 중에 몸과 같이 잠을 자며757) 특별한 경우758)가 아니면 혼이 유체이탈을 하더라도 몸에 종속되어759) 몸에서 멀리 떨어질 수가 없어서다. 그런데 신지학에서는 수승한 사람의 혼이라면 전술한 리사의 주장처럼 수면 중 아스트랄계나 멘탈계 등을 다닌다고 한다.760) 둘의 주장이 닮은 이유는 리사의 변이 신지학을 따른 것이기 때문이라고 판단된다.

5.5.11. 표준이론의 저승

聖人들이 말하는 저승

저승은 천국일 수도 있고 지옥일 수도 있으며, 불교에서 말하는 중음(中陰)처럼 환생을 위한 터미널에 불과할 수도 있다. 그렇다고 그곳이 우리가 흔히 생각하는 Utopia나 Hell은 아니다. 차원이 다른 이승이거나 어떤 장소는 더더욱 아니다. 그럼 뭘까? 어디에 있을까? 우리 가운데 있는가? (루카 17:20-21) 그곳에 대해서는 각종 종교와 사상이 어마어마하게 많은 힌트를 주고 있으나 모두 장님이 코끼리 만진 이야기다. 예수님은 우리가 사후세계를 어떻게 이해하든 별로 중요한 일

---

757) 수면 중 혼도 잠을 자나 생기체의 자율시스템이 깨어서 몸의 불수의(不隨意)시스템을 관장한다. 피곤하여 잠을 자는 주체는 흔히 몸이라고 생각하는데 사실은 혼이다. 몸은 體力이 떨어지고 혼은 氣力이 떨어져 둘 다 잠이 필요하지만 수면의 주관은 혼이 한다. 따라서 수면제나 마취제로 인한 잠은 억지스러운 잠이다. 그러므로 불면증은 기공(氣功)으로 고치는 것도 좋은 방법이다. 명상이나 요가를 통한 내적 기공(내기공)이 바람직하나 급하면 숙련된 대가가 자신의 기를 치유가 필요한 다른 사람에게 전해 주는 외적 기공(외기공)도 좋다. 외기공을 종교적으로 이용하면 신유치료자가 된다.
758) 근사체험, 바오로의 서신과 요한묵시록 등 성경의 기록, 단테나 스베덴보리 등 천계를 여행한 저 숱한 이야기들은 모두 초청받은 방문기이지 자유여행기가 아니다.
759) 유체이탈이나 근사체험에 따르면 혼은 육체와 소위 은줄(silver cord)로 연결되어 있다고 한다. 우리말로는 '魂쭐'이다. '혼쭐나다'는 '몹시 혼나다'라는 뜻이고 '혼쭐 빠지다'는 '호된 시련을 당하다'라는 뜻이다. 혼과 줄이 합해진 말임은 누구나 알 것이다. 혼나다, 혼꾸멍 나다 등은 다 같은 종류의 말이다. (국어사전에는 혼쭐을 '혼을 강조하여 이르는 말'로 풀이하였으나 쭐은 혼의 강조가 아니라 줄(cord)을 소리 나는 대로 적은 것으로 본다.) 이런 종류의 우리말은 표준이론과 잘 부합한다. 언어는 진실을 담고 있다.
760) 미주 218 '신지학의 형제단과 대스승 그리고 그 제자' 참조

이 아니라고 생각하셨는지 그저 상식적인 말씀만 하셨고761) 부처님은 상멸(常滅)을 바탕에 깔고 던지는 질문에는, 상이나 멸은 없으며 바라밀에도 도움이 되지 않으니 알 필요 없다고 치답(置答)하셨으며762) 공자님은 삶도 모르는데 죽음을 어찌 알랴 하셨다.763) 저승에 대하여 좀 더 자세히 직설(直說)해 주셨으면 정말 좋았겠는데 그렇게 하지 않으신 이유가 뭘까?

1) 구원과 득도, 자기완성에 궁극적으로는 도움이 되지 않아서
부처님은 편협한 견해를 가진 중생이 묻는 대로 답을 할 경우 오히려 자기 식으로 받아들여 더 큰 오해를 할까 봐 상대에 맞추어 대기설법(對機說法)을 하셨다. 만약 '자아가 있다'라고 대답한다면, 중생들이 자기에 집착하는 아상(我想)을 키울 것이 염려되신 것이며 또한 만일 '자아가 없다'라고 답하면 죽음과 함께 모든 것이 끝이라는 단멸(斷滅)주의자들처럼 함부로 살아갈 것이 염려되었기 때문이다.764)
2) 답을 미리 가르쳐 주고 시험을 치면 시험이 아니니 답은 각자가 인생수업에서 직접 알아내어야 하므로
3) 답을 알려 주면 안 된다는 섭리, 천륜 때문에
4) 힌트가 충분하니 답을 이미 알려 준 것이나 마찬가지라서765)
5) 답이 말로 표현할 수 없는 언표불능(言表不能)의 것이라서766)

---

761) 1. 성서비평학(biblical criticism)이나 예수 세미나(Jesus Seminar)의 의견을 감안하면 지옥과 지옥의 고통을 말씀하시는 예수님의 말씀이 정말 예수님이 하신 말씀인지 확인할 수 없다. 과장 또는 변형되었을 가능성이 크다.
2. 예를 들어 루카복음서 16장의 부자와 라자로 이야기 중 부자의 "제가 이 불길 속에서 고초를 겪고 있습니다."라는 말은 "제가 하느님의 사랑에 목말라 하고 있습니다."의 변형일 수 있다.
762) '여래는 육체가 죽은 후에도 존재하느냐'의 문제는 십사무기(十四無記) 중 하나다. "그것은 실로 이로운 뜻을 가져오지 못하기 때문이다. 청정한 수행에 도움이 되지 못하고, 싫어하고, 피하고, 없애고, 고요함과 깨달음과 열반을 얻지 못하기 때문이다. 그렇기 때문에 나에 의해서 설해지지 않았다." (중아함 중 전유경 참조) 그러나 여래의 설은 직설이 아닐 뿐 이미 온통 死後에 대한 이야기 아니던가?
763) 1. 공자는 무신론자가 아니다. 공자는 초월적인 신이나 초월 현상 자체를 부정한 것이 아니다. 공자가 부정한 것은 정당한 예(禮)의 질서를 벗어난 제사, 그리고 예법의 원리에 맞지 않는 초월 현상이다. 공자는 정당하지 않은 제사를 통해 기이한 초자연적 힘이나 혼란스러운 신의 출현을 기대하는 '비례(非禮)'적인 행위에 대해 비판적 태도를 취했다. 논어(論語)의 "귀신은 공경하되 멀리하라(敬鬼神而遠之)"는 구절을 상기하라. 한편 공자는 예 체계 안에 포함되지 않은 민중의 신앙과 종교 활동을 괴력(怪力)과 난신(亂神)이라 하였다. 민중적 종교는 예(禮) 체계에서 벗어나 있다. 민중이 그런 종교 활동에 몰입하는 것 자체가 건강한 정치 질서가 무너진 증거이며, 건강하지 못한 사회에서 민중은 미신에 빠져든다. 공자의 괴력난신 비판은 그런 사실을 예리하게 포착하고 있다(이용주, 「죽음의 정치학」 참조).
2. 유학 오경(五經)중 하나인 예기(禮記)에 "사람은 죽으면 혼기(魂氣)는 하늘로 돌아가고 정백(精魄)은 땅으로 돌아간다."고 하였다. 따라서 제사(祭祀)는 혼기와 정백을 함께 모셔온다는 의미이니 「예기」의 이 구절은 유학에서 귀신의 존재를 인정하는 대표적인 사례이다. 그러나 공자의 이러한 귀신관은 후대에 주희(朱熹)가 「주자어류」에서 해괴한 귀신론으로 출중히 곡해함으로써 그 본의가 사라졌다.
764) 무아설과 윤회론 간의 모순이 불거질까 봐 답을 안 하셨을 수도 있다.
765) 사실 부처님의 무기에도 불구하고 사람들이 관심이 없어서 그렇지 死後에 대한 웬만한 답은 부처님 말씀 중에 다 드러나 있다.

6) '답을 잘 몰라서'도 이유일 수 있다. 이는 매우 중요한 해석이다. 교조(教祖)의 정체성과 직결되기 때문이다. 답을 잘 모르는 이유에는 두 가지가 있다.

(1) 저승에 대한 정보는 매우 고급정보다. 저승은 그 하이어라키(hierarchy)가 매우 다양하고 복잡하다. 힌두와 불교의 고승들이 선정에 들어 알아낸 천계와 삼도육계의 구조를 보라. 겪지 않고 직관이나 탈혼만으로 알아내기에는 한계가 있다.

(2) 성인 또한 배우고 진화하는 존재다. 모든 차원의 영계 존재들은 경험하고 연구하고 궁구하여 배우고 깨닫는다.767)

7) 하느님의 우주는 진화의 우주다. 저승도 발전하고 진화한다. 어찌 지금의 저승을 보아 저승은 이렇다 명언할 수 있겠는가.

표준이론의 저승의 구조

표준이론의 저승은 영혼육의 인간론과 밀접한 관계가 있다. 인간이 영과 혼과 육으로 구성되어 있다면 사후에 영과 혼은 어찌되는가. 영혼(靈魂)을 하나로만 따져도 저승의 구조가 복잡하고 이론이 갈리는데 영과 혼이 나뉘어 각각의 저승이 있다면 도대체 표준이론의 저승은 어떤 곳이고 그 구조는 어찌 된다는 말인가.

표준이론의 저승구조는 3.3.1. '혼의 삶과 윤회'와 3.3.2. '영(靈)의 삶과 윤회' 등 여기저기에서 이미 그 대강을 밝혔지만 여기서 다시 그 논지를 모아 표를 통해 그 내용을 정리해 본다.

별첨하는 부록3 '저승의 구조'의 표에서는 표준이론과 불교, 신지학 그리고 인도의 요기 파라마한사 요가난다와 켄 윌버 그리고 유대교 신비주의 카발라 등 주요 종교와 사상에서 주장하는 저승의 구조를 대별하였다. 표에 의하면 저승의 구조에 대한 설은 종교와 사상별로 다양하나 그 주요 내용은 대동소이하다. 즉 저승은 다층구조라는 것이다. 여기에서 예시하는 저승의 구조는 절대적인 것도 아니고 또 해당 사상의 진수를 그대로 드러내었다고 할 수도 없다. 다만 주요 사상의 저승은 다층구조라는 것과 표준이론 또한 그와 같다는 것, 그리고 각 사상 간의 저승구조가 다층적임과 동시에 그 내용도 비슷하다는 점을 보이기 위한 표임을 밝혀둔다. 다만 표준이론의 다층(多層)은 고대의 영지주의나 카발라 또는 단테나 힌두 등 태양계의 구조에서 비롯한 다층 또는 그 아류인 신지학의 물질적, 유행(遊行)적 다층이 아니라 진화 수준에 따른 영적 하이어라키로서의 다층이다.

---

766) 길희성은 이것이 無記의 이유라고 한다.
767) 스웨덴의 영성가 Swedenborg 또한 영은 영계에 살면서 계속해서 배우고 스스로를 완성해 간다고 한다(스베덴보리 재단 홈페이지, 「Heaven and Hell」 §512 참조).

혼과 영의 진화과정과 저승의 구조

이번에는 3.2.1. '표준이론의 영과 혼의 기원'의 내용을 저승의 구조와 함께 그림을 통하여 다시 한번 살펴보자.

1. 氣는 하느님의 숨결에서 나온 생명에너지인데 그 '氣'의 에너지 부분이 빅뱅하여 물질과 시공간이 만들어졌다. 빅뱅으로 만들어진 물질에 잠재한 기의 생명부분과 외부의 생기가 줄탁동기하여 물질을 유기물을 만들었고 그 유기물이 발전하여 유기체(有機體)가 되었는데 유기체에 깃든 생기는 생기체가 되어 유기체의 진화에 앞서 커지고 발전하였다. 생기체는 혼(soul)의 초기형태다. 유기체와 생기체가 합쳐진 존재를 생명체라고 한다.

2. 한편 '하느님의 생명에너지'인 기의 '생명' 부분은 생기체에 이르러 그 에센스가 모여 '하느님의 영의 불인 靈火'가 되어 생기체에 내장(內臟)된다. 하느님의 영화(靈火)는 생명력의 근원으로 이후 생기체를 혼으로 진화시키는 원동력이 된다.

3. 혼으로 진화한 생기체는 생명체가 죽은 후에도 흩어지지 않고 저승 어느 곳(生氣界)에 종별(種別)로 모여 그룹혼(group soul)이 되었다. 그룹혼 출신의 혼을 군혼(群魂)이라고 하며 군혼에는 식물의 혼인 생혼(生魂)과 동물의 혼인 각혼(覺魂)이 있는데 이들은 명이 다하면 생기계에 가서 종별로 그룹혼이 되어 뭉쳐 있다가 때가 되면 일부씩 쪼개어져 개체화된 후 다시 생명체에 깃들었다. 이를 魂의 '재생(再生)'이라고 한다. 이들은 생이 다하면 그룹혼으로 복귀(復歸)한다.[768]

4. 생기계의 각혼이 발전하면 그룹혼에서 이탈하여 개체성을 유지하며 재생을 반복하다가 어느 때에 중음계(中陰界)로 승급(昇級)하여 거기서 사람의 지혼이 된다.[769] 혼이 지혼이 되면 초기에는 군혼(群魂)의 행태를 보이다가 곧 완전한 개체

---

[768] 미주 230 '수면과 죽음의 정의' 참조
[769] 신지학에서는 이 부분을 다음과 같이 묘사한다. "개체화된 동물이 죽으면 그 동물은 아스트랄계(중음계)에서 상당한 기간 동안 행복한 삶을 누린다. 아스트랄계에서 그 동물은 대개 이승의 자기가 살던 집 근처에 있거나 특별히 친했던 사람이나 보호자와 만날 수 있는 곳에 있으면서 그들의 모습을 보고 즐긴다. 물론 사람은 죽은 동물의 모습을 볼 수 없지만 말이다. 그 동물의 과거에 대한 기억은 지상에 있을 때와 마찬가지이다. 이 시기가 지나면 'dozing consciousness'이라 불리는 훨씬 더 행복한 상태가 기다리고 있다. 이 기간은 미래 언젠가 인간으로 태어날 때까지 지속된다." (리드비터, 「신지학대의」 제6장의 개체화된 동물의 사후상태 참조)

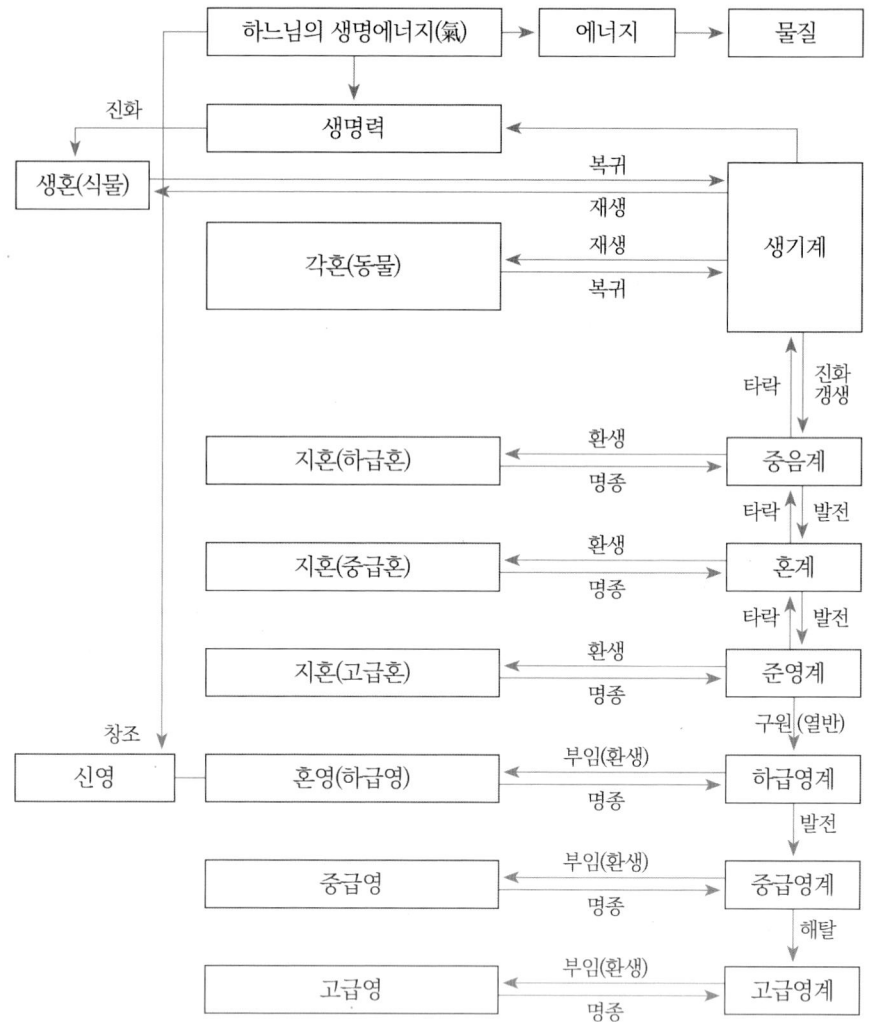

혼과 영의 진화과정과 저승의 구조

성을 가진 독립혼이 된다. 지혼의 재생은 환생(還生)이라고 하며 사람에게 깃든다. 살아서 퇴보한 지혼은 중음계로 복귀한 뒤 몇 개로 쪼개져 이합집산한 후 복합혼(複合魂)으로 다시 태어나거나 생기계로 타락(墮落)하여 각혼이 되기도 하며 심한 경우 흩어져 소멸하기도 한다.770) 타락한 혼은 동물로 재생하여 분투정진하면 어

---

770) 기독교의 성경에서도 사람의 혼과 짐승의 혼이 크게 다르지 않다고 한다. 전도서(3:18~21)를 보라.
18. 내가 심중에 이르기를 인생의 일에 대하여 하나님이 저희를 시험하시리니 저희로 자기가 짐승보다 다름이 없는 줄을 깨닫게 하려 하심이라 하였노라
19. 인생에게 임하는 일이 짐승에게도 임하나니 이 둘에게 임하는 일이 일반이라 다 동일한 호흡이 있어서 이의 죽음같이 저도 죽으니 사람이 짐승보다 뛰어남이 없음은 모든 것이 헛됨이로다

느 때 다시 지혼으로 갱생할 수 있다. 이승을 제대로 살다 온 지혼은 이합집산 없이 단일체를 더욱 단단히 유지하며 중음계에서 다음 환생을 위한 교육과 준비를 한다. 이들을 단일혼이라고 한다. 중음계는 결국 복합혼과 단일혼이 모인 곳이다. 중음계 내에서도 혼의 수준이 다르니 초등학교에 학년이 있는 것처럼 여러 층위가 있을 것이다. 중음계의 혼을 하급혼(下級魂)이라고 부른다.

5. 知魂 중에 진화를 거듭하여 마침내 분열하거나 소멸하지 않고 영생(永生)하는 知魂이 생겼다. 이를 영속혼(永續魂)이라 하며 중급혼이다. 이들이 사후에 모이는 저승이 심령계(心靈界)다. 심령계를 비롯한 모든 저승의 계는 다시 여러 개의 층위(層位)로 나뉜다. 자아의 수준이 2단계인 범부(凡夫)와 2.5단계인 인격자, 2.75단계인 양심가의 혼이 여기로 온다.771) 이처럼 모이는 혼의 수준이 다양하니 심령계에 여러 층위가 있을 것은 당연하다.

6. 영속혼이 스스로 또는 영의 도움을 받아 발전하면 고급혼이 되고 이들이 사후 모이는 곳이 준영계(準靈界)다. 준영계에서는 '고급혼'을 받아 교육을 하고 인간세상으로772) 환생시킨다. 다른 혼계도 다 마찬가지지만 준영계에도 여러 층위가 있다. 준영계의 층위를 불교식으로 말하면 욕계 6천(天), 색계 18천(天), 무색계 4처(處) 총 28천(天)이다.

7. 고급혼이 준영계와 이승살이에 성공하여 구원을 받으면773) 靈이 된다. 그들을 '혼영(魂靈)'이라 한다. 즉, 생을 잘 마친 혼은 명종 후 준영계에서 영계로 불려가 혼영이 된다. 그러나 거기는 제1영계로 영계의 변두리 정도다. 영들도 역시 이승의 환생생활과 하급영계 생활에서 공부를 게을리하지 말아야 중급영이 되고 언젠가 고급영이 되어 환생을 멈추고 하느님 나라에서 하느님의 일을 한다. 사람들은 이를 해탈(解脫, vimoka)이라고 한다.

---

20. 다 흙으로 말미암았으므로 다 흙으로 돌아가나니 다 한 곳으로 가거니와
21. 인생의 혼은 위로 올라가고 짐승의 혼은 아래 곧 땅으로 내려가는 줄을 누가 장담하랴
771) 부록1 '자아의 수준에 따른 영과 혼'을 참조하라.
772) 불교에서 고급혼은 인간도보다 수준이 높은 세상인 욕계의 6천, 즉 천상도와 색계 무색계 같은 곳으로 환생한다고 한다.
773) 불교로 보면 열반(nirvana)의 경지를 넘어야 표준이론의 영이 된다. 그러나 열반은 그 정의와 이해하는 방법에 따라 다르기는 하지만 혼의 힘만으로 되는 것이 아니다. 영이 도와도 매우 어렵다. 하느님의 은총이 반드시 필요하다. 그래서 영화(靈化)는 구원이며 은총이다. 감사와 겸손과 기도가 궁구와 면벽과 고행보다 나은 이유다. 감사와 겸손으로 가득한 진실한 기도. 그것은 고행보다 훨씬 어렵다. 오죽하면 칼뱅의 예정론이 먹히랴.

5.6. 영에 대한 기타 담론

5.6.1. 영혼에 대한 탐구의 과학성

영혼 또는 혼백(魂魄)은 사람이나 동물의 생명을 유지시키고 정신을 갖게 한다고 여겨지는 것으로 자연과학의 범주 밖에 있기 때문에 과학의 범위에서는 판단할 수 없는 존재라며, 현재 과학의 판단능력으로는 존재 여부가 식별되지 않았다고 단언(斷言)하는 사람들이 많다. 이들은 비과학적인 범위에서의 인간의 경험과 지식으로서만 영혼이 존재하며 이런 비과학적 경험과 지식이 다양한 형태의 종교와 사후세계 및 영적인 현상에 대한 근간이 되고 있다고 주장한다. 즉 영혼에 대한 탐구가 '과학이 아니다'라고 한다.

그러나 그들은 우선 과학과 자연과학을 구분하여야 한다. 자연과학자들은 마치 자신들만이 과학을 하는 것처럼 의기양양한데 그들은 우선 과학이란 '보편적인 진리나 법칙의 발견을 목적으로 한 체계적인 지식'임을 먼저 상기하여야 하고 나아가 진리의 발견은 이성만으로 이루어지는 것이 아님을 알아야 한다. 또 그들의 자연과학이 아직도 18, 19세기에 뉴턴과 다윈에 의해 형성된 '고전과학'에 뿌리를 두고 있다는 것도 깨달아야 한다. '고전과학'이 인류에게 준 영향은 실로 막대하다. 그러나 그때의 충격으로 인해 그들은 그 이후의 자연과학의 발전 또한 막대하다는 사실을 인정하지 못하고 시대에 뒤떨어진 '고전과학'이 과학의 전부인 양 아직도 거기에 매달리고 있다. 그들은 양자역학, 입자 물리학, 우주물리학, 초심리학 등 최신의 분야에서 20세기 이후 성취된 기존 고전과학을 부인하는 수많은 연구결과를 과학적으로 다시 공부할 필요가 있는 것이다.

이쯤에서 우리는 자연과학의 한계도 되짚어 볼 필요가 있다.

1) 자연과학은 지능의 눈으로 세상을 이해하는 방식이다. 사람의 평균지능지수는 100이다. 자연과학자 100만 명이 모여 있다고 자연과학의 지능지수가 1억이 되는 것이 아니다.

2) 자연과학은 인간지식의 한 분야일 뿐이다. 인간의 지식은 다른 지식과 수없이 충돌한다. 그때 어느 분야의 지식이 우월한 것이 아니다. 만일 그렇다고 믿으면 그가 믿는 지식이 열등한 것이다.

3) 자연과학은 16세기 코페르니쿠스 이래 가속적으로 급격히 발전하였다. 앞으로는 더욱 빠른 속도로 발전하리라는 것에 대해 누구도 이의하지 않는다. 그러면 현재의 자연과학은 미래의 자연과학 앞에 자신이 진리임을 어떻게 확신하는가?

자연과학 발전의 속성은 전의 이론을 후의 이론이 뒤엎는 것이다. 지금의 이론은 그전 이론의 부정 위에 서 있다. 지금의 이론도 결국은 부정될 위험에 노출되어 있다.尾138)

4) 인간의 진실은 항상 잠정적인 近似진실이다. 과학에는 참된 것이란 없고 더 참된 것만 있다.774)

5) 자연과학은 자연과학자라는 직업인들이 호구지책으로 일군 지식으로 가득하다. 당신은 군인이나 정치인이라는 직업인들의 주장을 100% 믿는가? 자연과학자들의 주장도 마찬가지다.

6) 자연과학자들은 서로를 믿고 주장하고, 자연과학자가 아닌 사람들은 자연과학자를 믿고 주장한다. 이는 神話가 탄생하는 경로와 유사하다. 그 누가 자연과학은 神話가 아니라고 말할 수 있는가.

7) 대부분의 자연과학법칙은 여러 현상(現像)들의 귀납(歸納)으로 만들어진다. 그리고 그 법칙의 생명은 다른 현상들도 모두 설명할 수 있을 때까지만이다. 오늘날 중력의 법칙은 양자(量子)의 세계를 설명하지 못한다. 한때 진리로 추앙받던 법칙들도 이러한데 몇몇 현상의 귀납에만 머물러 한정된 현상 간에만 통용되는 설명(論, 說)이나 추측(假說)들이 법칙 행세를 하고 있다. 현상 간의 因果關係에 대한 설명으로서 그저 알려진 原因현상과 結果현상의 나열과 그 이유에 대한 추측일 뿐인 의견이나 가설 수준의 논의가 진실이 아직 부재한 틈을 이용하여 과학이라는 탈을 쓰고 있는 것이다.775)

자연과학은 최신모델 자동차요 스마트 폰이다. 신나게 타고 재미있게 쓰는 것이지 이를 진리로 여기거나 숭배할 것은 아니다.

이제는 자연과학의 정의를 다시 한번 되새겨 표준이론의 자연과학성을 조명해 볼 때가 되었다. 자연과학이란 '세계의 구성, 변화 등에 관한 합리적 이해를 목적으로 수학과 실험의 방법을 이용하여 수행하는 지적 탐구활동 또는 그 결과물로서의 학문'이다. 그런데 영혼학의 여러 담론 역시 양자역학처럼 고전과학 이후 자연

---

774) 1. 크리스토퍼 포터(Christopher Potter 1959~)
2. "생물학자들은 생물을 무생물에서 분리시킬 수 있는 특정한 '생명력'의 증거를 찾는 데 실패한 후, 생명은 복잡한 형태의 화학에 지나지 않는다는 결론에 이르렀다."(강윤재, 「사람이 알아야 할 모든 것 과학」) 모르면 모른다고 하는 것이 아니라 자기가 아는 것만이 현재로서는 최선의 답이라고 여겨지를 쓰는 것이다.
775) 최근 뇌과학의 발전은 오랫동안 수수께끼로 여겨진 의식의 본성을 해명하는 중요한 실마리를 잡은 것으로 평가받기도 한다. 그러나 의식에 대한 자연과학적 설명들은 모두 몇몇 현상 간의 인과관계에 대한 過程論法적 설명에 한정되어 있다. 이러한 설명은 의식의 다양한 현상들을 제대로 해명해 주지 못한다. 특히 자극과 반응이라는 도식으로는 동일한 자극에 다양한 반응이 나타나는 현상은 거의 설명하지 못한다.

과학계에 나타난 많은 연구분야의 하나로서 이미 '합리적 이해를 목적으로 수학과 실험의 방법을 이용하여 수행하는 지적 탐구활동'이 된 지 오래다.

또한 자연과학의 고유한 분야를 물리학·화학·생물학·천문학·지학에 한정하고 영혼에 대한 담론이 이중 어디에도 속하지 않으니 자연과학이 아니라고 하는 태도 또한 전혀 과학적이지 않다. 그들은 영혼학이 실험과 수리 통계적인 연구방법론을 사용하여 영혼현상을 검증하여 온 지가 오래되었음을 인지하고 자연과학의 제 분야에 대한 지평에 대하여 다시 논의하여야 마땅하다.

뉴 사이언스(新科學, New Science)

'고전적 자연과학주의'776)에 대한 반발은 자연과학 자체의 발전에 의하여 내부에서 나타나기도 하였지만777) 과학발전에 따른 환경오염과 생태계 파괴, 자원의 고갈 같은 전 지구적인 문제를 극복하기 위한 사고방식의 전환에 의해서도 등장하였다. 1970년대 중반부터 미국에서 생긴 '뉴에이지 사이언스'가 그것이다. 이는 종래의 자연과학에 대한 사고방식을 근본적으로 반성하여, 새로운 과학의 사고방식을 모색하려는 개혁운동으로 고전과학의 방법론에 반성을 가하고, 물질의 세계와 마음의 세계를 재결합시키는 통로를 탐색하며, 기술지상주의(技術至上主義)를 폐지하여 인간과 자연의 조화를 가능하게 하는 길을 모색한다.尾139)

---

776) 1. 고전적 자연과학에 맹종하여 이를 신앙하면 소위 '自然科學敎'가 된다. 종교란 '超人間的인 힘에 대해 인간이 경외, 존중, 신앙하는 일의 총체적 체계'라고 풀이된다. 자연과학주의자들의 시대착오적인 맹신은 종교의 정의와 일치하는 행태를 보인다. 독일의 신학자 폴 틸리히(Paul Johannes Tillich)는 '어떤 사람의 궁극적인 관심이 곧 그의 영성'이라고 했다. 켄 윌버는 이에 따라 '부두교의 영성은 마법이고 근본주의자의 영성은 신화이며 과학적 물질주의의 영성은 이성'이라고 하였다. 표준이론에서 理性은 悟性과 함께 知性을 구성하며 지성은 자의식의 원천인 정신체의 최고기능이다. 정신체는 삼키아의 아함카라요 불설의 말나식이니 과학교는 아함카라교요 말나교인 셈이다.
2. 자연과학교인들은 다른 종교의 교인들과 마찬가지로 자신들은 이미 모든 것의 답을 알고 있다고 생각한다. 세부적으로는 좀 더 연구가 필요하지만 근본적인 문제들은 이미 이론적으로 해결되어 있다고 여긴다. 누구는 이를 아직 이루어지지 않은 발견들을 미리 보증하고 약속어음을 발행하는 것과 같다고 하여 '약속된 유물론(promissory materialism)'이라는 이름을 붙였는데(루퍼트 셀드레이크, 「과학의 망상」 참조) 그보다 적합한 말은 科學敎다(미주 17 '자연과학교' 참조).
777) 1. 열역학의 엔트로피, 아인슈타인의 상대성이론, 양자역학의 불확정성만으로도 이미 자연과학교는 그로기 상태이다.
2. 고전과학의 기계적 세계관은 우주의 일부분 닫혀진 계(界)에서 작동할 뿐이다. 그러나 우리의 현상계는 주위 환경들과 물질, 에너지, 정보를 서로 교환하는 열린 계(界)이다(엘빈 토플러).
3. 인류문명사에 고전과학은 태양처럼 빛났다. 그렇다고 그 태양이 지지 않는 것은 아니다.

5.6.2. 영혼과 삼계육도

표준이론에서는 구태여 불교의 삼계육도(三界六道)를 부인하지 않는다. 하느님께서 창조하신 우주에 피조물인 사람의 생각으로 '있으면 안 되는 것'이란 없다. 힌두에서 연원하고 불교에서 꽃피운 생각에 왜 진실이 없겠는가. 그런데 불교리에 영(靈)은 없다.778) 그렇다면 영과 혼의 각자윤회를 주장하는 표준이론에서 영은 삼계육도 어디를 윤회할까? 표준이론의 영은 욕계의 6도 중에서 인간도만을 윤회한다. 그러나 보살행을 위해 윤회하니 환생이 아니라 부임(赴任)이다. 다른 세계는 영이 윤회하여 얻을 것이 없다. 욕계 6천을 포함한 28천은 불설에서는 윤회세계인 이승의 일부이지만 표준이론에서는 고급혼들이 가는 저승인 준영계다. 영은 거기에서 스승이요 관리자로서만 일(근무)할 것이다.

5.6.3. 이승은 지구만인가?

2,000억 개의 항성으로 구성된 은하, 다시 2,000억 개의 은하로 구성된 우주. 이 광대무비한 우주를 신(神)은 인간만을 위하여 창조하셨을까?779) 밤하늘은 바늘구멍 하나 들어갈 틈도 없는 '별바다'다.780) 이승은 지구 말고도 많다. 즉 윤회하는 세상은 지구만이 아니다.

우주에는 은하계와 같은 성운이 2,000억 개가 있고, 또 은하계에만도 태양과 같

---

778) 불설에 영(靈)이 없는 데는 여러 가지 이유가 있다. 부처님 자신의 의도와 후학들의 오해가 복잡하게 얽혀 있으나 어떤 이유에서이든 그 결과는 본산지에서의 '불교의 고사(枯死)'였다(미주 142 '불교의 창조주와 영 그리고 혼' 참조).
779) "이 우주에서 지구에만 생명체가 존재한다면 엄청난 공간의 낭비다."(Carl Edward Sagan 1934~1996)
780) 1. 2012년 9월 나사에서 공개한 허블 우주망원경이 찍은 우주사진인 허블 울트라 딥 필드(Hubble Ultra Deep Field)는 새끼손가락으로 하늘을 가리고 그 손톱 넓이의 1% 정도의 밤하늘 영역을 찍은 사진인데 이는 하늘 전체 면적 중 1천 3백만 분의 1에 불과하다. 이 영역에서만 은하가 최소 1만 개 발견되었다. 따라서 우주에 존재하는 최소한의 은하 개수는 1,300만×1만=약 1,300억 개 정도로 추산할 수 있다. 안 보이는 반구(半球)의 하늘까지 감안하면 2,600억 개다. 실지로 우주에는 2,000억 개의 은하가 있다. 은하 하나 안에 있는 별의 숫자도 또 2,000억 개 정도로 이야기된다. 은하 하나에 있는 별만큼 많은 은하가 우주에 펼쳐져 있는 것이다(위키백과, 허블 울트라 딥 필드 참조).
2. 이후 2021년 12월 발사된 제임스 웹 우주망원경(James Webb Space Telescope)은 2022년 7월 허블을 훨씬 능가하는 품질의 우주 사진(Webb's First Deep Field)을 보내왔다. 2,000억 × 2,000억의 별의 숫자는 벌써 2,500억 × 2,500억이라고 주장되는데 그 숫자가 얼마나 더 늘어날지는 시간문제다.
3. 그런데 중요한 것은 '이런 어마어마하다 못해 상상도 안 가는 우주의 크기가 나에게 무슨 의미인가'이다. 태평양의 물 한 방울도 안 되는 지구 위에 모여 사는 77억 명 중의 한 명인 나에게 태평양은 무슨 의미인가. 사람에게 밤하늘의 대우주는 밤길을 비추는 등잔불이요 태평양은 아침마다 마시는 차 한 잔이다. 사람은 인드라망의 화엄세계에 구슬이요, 전중일일중전의 이데아세계의 하나(一)요, 대우주를 품은 소우주요 표준이론을 아는 존재다. 그의 영혼이 가진 생명력의 크기는 태양계와 맞먹고 그 영혼이 빛이 된다면 전 우주를 수천만 년 밝힌다(10.1.3.7. '기의 물성과 규모' 참조).

은 항성이 약 2,000억 개가 존재하며, 그 10%인 약 200억 개의 항성은 태양처럼 행성을 거느리고 있다. 그렇다면 그 많은 행성계 안에는 광에너지를 이용한 광합성 또는 열수분출공 같은 환경의 화학에너지를 사용하는 화학합성의 생명체가 발생하였을 수 있고 이들이 고등 생물로 진화하여 이미 고도의 문명을 구축한 행성도 있을 수 있다. 이탈리아의 물리학자 페르미는 이 우주에 생물체가 사는 행성이나 위성의 수를 약 100만 개로 추정했다. 외계지적생명체탐사계획(SETI, Search for Extra-Terrestrial Intelligence)[781]을 최초로 기획한 미국의 천문학자 드레이크의 계산[미140]으로는 $4 \times 10^{12} \sim 10^{19}$개도 가능하다.

불교의 불국토(佛國土, 佛刹, 사바세계)는 한 명의 부처님이 교화하시는 세계로 삼천 대천세계(三千大千世界)라고 하는데 그 규모는 수미세계(一世界)[782]가 무려 10억 개다.[783] 우주에는 그런 불국토가 부처님 수만큼 있다.[784] 우리 은하계에 항성이 2,000억 개이지만 지적 생물체가 살 수 있는 곳을 불교의 수미세계인 3계6도의 33세계(5도와 28天) 정도로 본다면 은하계와 우리의 수미세계가 얼추 비슷할 것 같다.[785] 이는 유란시아서에서 주장하는 은하계의 35개 거주가능행성의 수

---

781) SETI는 우주 어딘가에 존재하는 지능이 뛰어난 생명체가 전파를 발사하며 다른 별의 지적 생명체와 정보 교환을 원한다는 전제 아래, 그 전파를 수신하여 회신함으로써 그들과 교류하려는 계획이다. 지구 같은 골디락스 존의 행성의 수를 2억 개 이상 예상하는 그들은 그중에서 고도의 문명을 구축한 행성이 있을 수도 있다고 한다. 1960년 프랭크 드레이크가 프로젝트를 시작한 이래 미국, 러시아, 일본 등에서 50여 년 동안 60여 개의 SETI 프로젝트가 진행되었으나 성과는 아직 없다. 헛수고다. 계산상으로도 만나기 어려울 뿐 아니라 만나려는 이유에도 설득력이 없다. 자기행성도 건사하지 못하는 인류가 누구와 교류하여 우정을 전한다는 말인가? 물질문명(특히 武器의 수준에 비해 정신문명이 턱없이 낮은(6.2.3. '영과 혼의 전생(轉生)횟수와 출신' 참조) 지구인은 우주에서 위험한 존재다. 각국이 경쟁적으로 SETI를 추진하는 이유는 발견한 외계인이 약자라면 자원약탈이 목적이고 강자라면 기술약탈이 목적일 것이다. 인류의 인격지수 평균이 3단계 정도가 되는 5,200년 정도 후라면 교류가 혹시 가능할지 모르겠다(4.3.7.2.2. '점수를 이용한 자아의 단계 판별' 참조). 결론적으로 "외계인은 있다. 따라서 만날 수 있다. 다만 우주의 질서에 의해 예외적인 경우를 제외하고 서로 격리되어 있다."
782) 8.3.3. '불교의 우주론' 참조
783) 경(經)에 따라서 일세계가 천백억(千百億=1,000×100억) 개, 즉 10조 개 모인 것이 1 불국토라는 설도 있다. 이때 천백억이란 무량대수(만을 17번 곱한 수)의 다른 표현으로 제일 큰 수를 마음껏 부른 것뿐이라 아무 의미 없다.
784) 1. 이는 일국토일불설(一國土一佛說)을 전제한 논거다.
2. 우주에 있는 은하의 수가 2,000억 개이니 이를 1불국토인 10억 개로 나누면 부처님의 수는 200명이 된다. 그러나 불교에서는 이런 세밀한 계산을 못했는지 부처님의 수를 그저 '백천만억 부처님'이라고 하여 우주의 광대함만을 강조한다. 유사한 개념으로는 오컬트에서 말하는 대성동포단의 멤버 수인 50~1,000명, 유란시아서의 예수님급 낙원천국의 아들 수인 70만 명 등의 설들이 있다.
3. 지적 생물체 거주 행성수는 어느 것이 타당할까? 드레이크는 $4^{12} \sim 10^{19}$개라고 하였으나 범위의 차이가 너무 크고 예산을 따내기 위한 불순한 목적으로 만들어진 방정식인데다가 방정식 자체가 허접하여 신뢰할 수 없다(미주 140 '드레이크 방정식(Drake equation)' 참조). 한편 페르미는 100만개라고 하였으나 이는 부처님의 우주인 6.6조 개나 유란시아 방정식의 7조 개에 비하면 매우 작다. 표준이론은 부처님의 방정식을 지지한다. 하느님의 우주에 걸맞기 때문이다. 6.6조 개! 이 어마어마한 지성의 세계가 하느님 우주의 진화세계다.(미주 221 '유란시아의 우주' 참조)

와도 상통한다.786) 그렇다면 은하계의 어느 별은 불교의 욕계(慾界) 6천 또는 색계(色界)나 무색계(無色界)의 22천일 수 있다. 은하계 어느 별의 지하에는 우리 수미세계의 지옥도나 아수라도가 있을 수도 있다. 물론 그 세계들은 물리적으로 지구와 같은 환경이다. 다만 그들 간의 물질과 영적문명 수준의 차이는 분명 3계6도 간의 차이로 비유할 수 있을 만큼 클 것이니 불설을 인용하여도 무방하리라.

이처럼 여러 학자들이 주장하고 심지어 종교에서도 인정하는데 같은 은하계에 있는 그런 세계의 존재들을 왜 만날 수 없을까? 그것이 페르미의 역설(Fermi paradox)787)이다. 그런데 페르미 역설은 역설이랄 것도 없다. 표준이론은 이렇게 명언(明言)한다. "외계인은 있다.788) 따라서 만날 수 있다. 다만 우주의 질서에 의해 예외적인 경우를 제외하고 서로 격리되어 있다."

그러나 라엘리즘(Raëlism)이나 제카리아 시친(Zecharia Sitchin)류의 외계문명기원설은 지적설계론의 창조주를 피조물인 외계인으로 대체(代替)한 허망한 주장이고 인도의 고문서나 이집트의 대피라미드, 에이테리우스협회(Aetherius Society)류의 주장은 기껏해야 외계인과의 교류의 흔적이다.尾141)

5.6.4. 직관

직관(直觀, intuition)이란 '육체의 시력과의 유비(類比)를 통해 정신적으로 보는 것'인데 '영(靈)의 눈으로 보는 것'이라거나 '영이 진실을 아는 고유 능력'이라고 쉽게 정의할 수도 있다. 표준이론에서 직관은 '영이 하느님의 섭리를 보고 깨달아 우주의 이치와 진실을 아는 능력789)'으로 정의한다.

---

785) 1. 축생도와 아귀도는 인간도 등 다른 5도와 거주지가 겹친다 하니 33세계보다 적을 수도 있겠다.
2. 불교와 인도철학 박사인 일본 도카이대학 교수 사다카타 아키라(Sadakata, Akira)는 은하계와 소천(小天)을 같은 크기로 보았다는데(bwkwon7 블로그, 불교에서는 누가 천지를 창조했다고 하나요?) 그 계산 근거는 알 수 없고 그렇다면 다만 표준이론의 수미세계보다 그의 수미세계는 1,000배나 작다.
786) 미주 221 '유란시아의 우주' 참조
787) 외계인의 존재를 논할 때 주로 거론되는 이론이며, 이탈리아의 물리학자 엔리코 페르미(Enrico Fermi 1901~1954)가 처음 언급했기 때문에 페르미 역설이라고 한다. 페르미는 나름대로 계산하여 100만 개의 문명이 우주에 존재할 것이라는 가설을 도출했다. 하지만 수많은 외계문명이 존재한다면 어째서 인류 앞에 외계인이 나타나지 않았는지 의문을 품게 되었고, "그들은 어디 있지?"라는 질문을 던졌는데 이를 '페르미 역설'이라고 한다.
788) 신이 이 광대한 우주(항성만 400해 개)를 인간만을 위하여 준비하였다고 보는 것은 너무 낭만적이고 낭비적이다. 영적설계에 의한 진화가 또 다른 우주와 행성에서 독립적으로 이루어질 수 있다. 외계인에 대한 숱한 증거들. 삼천대천세계를 이야기하는 불교의 직관. 끝없이 늘어나는 지구의 인구를 보라.
789) 영이라고 하여 우주의 진리와 신의 섭리를 모두 알 것이라고 생각하는 것은 대단한 착각이다 (12.3.2.2. '스승령의 영적 수준' 참조).

혼의 커뮤니케이션 툴이 '감각'이라면 영의 그것은 '직관'이다. 직관은 영의 감각기관인 것이다.790) 선(善)과 섭리(攝理)는 영의 능력인 직관으로 감지한다.791) 이는 마치 두뇌로 생각하여 아는 것이 아니라 육체의 눈으로 보고 아는 것과 같다. 또 직관은 혼을 자극하여 양심체를 발달시키며 양심체를 이끌어 지혜를 쌓게 한다. 정신은 육체의 감각기관으로부터 지식을, 양심은 영의 직관으로부터 선과 진리를 배워 지혜를 쌓는다. 따라서 양심이 자리를 잡으면 심안(心眼)을 키워 어느 정도의 직관력은 보일 것이나 영안(靈眼)의 직관에는 미치지 못한다.792)

또한 직관은 영(靈)이 理를 인식하는 도구이고 지성은 혼(魂)이 理를 인식하는 도구다. 직관과 지성은 모두 理를 찾는 합리로의 도구이나 영적인 직관이 지성에 비해 보다 고차원이다(부록4 '영혼육의 구조' 참조). 따라서 이성이나 지성만이 합리를 찾는 도구라는 생각은 근대 자연과학이 가져온 도그마로 영혼학의 도래와 함께 사라질 미망(迷妄)이다.

서경덕793)은 18세 때 대학(大學)을 읽다가 사물의 이치를 궁구(窮究, 궁리공부)하는 '격물치지(格物致知)'의 방법에 분발하여 사물의 이름을 하나씩 벽에 써 붙여 두고 종일토록 무릎을 꿇고 앉아 사색을 거듭하기를 3년이나 계속하였다 한다. 영안(靈眼)의 눈을 떠 직관으로 이치를 깨달으려는 고군분투다. 그 결과 자득(自得)한 진리로서 '이 세계는 담일무형(湛一無形)한 氣가 모였다 흩어지는 것(聚散)에 불과하지만 기 자체는 없어지지 않는다'는 기불멸론을 주장하였다.

힌두교의 수행법인 요가의 초고단계라 일컫는 붓디 요가는 '직관적인 식별력을 갈고닦는 것'이다. 여기서 붓디(Buddhi)란 감각대상, 감각기관, 구나(기)의 활동, 에고의식 모두를 넘어선 직관적인 식별력이다. 깨달음을 얻어 고요한 평화에 이르면 초월적인 직관적 통찰력이 늘 깨어있어서 한순간도 망상에 빠지지 않는다.794)

---

790) 부록4 '영혼육의 구조' 참조
791) 자아는 영계에서 전해 오는 정보를 직관을 통해 감지하여 그중에서 물질세계의 정보를 생활 속에 끌어들인다. 자아는 영적 차원과 물질 차원이라는 두 방향으로 문을 열어 두고 있는 것이다(루돌프 슈타이너, 「신지학」 참조). 신지학의 원산인 힌두철학에서도 육과 기(혼)의 인식방법인 감각과 사고기능을 초월하는 영의 인식방법을 '직관'으로 파악하고 있다.
792) 1. 心眼은 반(半)직관적이고 반(半)영적인 능력으로 혼이 理를 직관하는 유일한 도구다.
2. 인류 最古의 종교인 조로아스터교에서는 양심을 vaksh라고 하는데 이는 지혜의 기능을 하며 그 속성은 직관적(直觀的)이라고 한다. 또 양심으로부터 나오는 내면의 소리를 사로쉬(saroosh)라고 하고 악당이라도 죽으면 혼의 양심부분(boy)은 천국으로 간다고 한다. 조로아스터교의 영은 창조신 아후라 마즈다(Ahura Mazdā)로부터의 발출인데 지혜와 양심을 이 영의 소관으로 이해하고 그 직관성을 말하였다.
(heritageinstitute.com/zoroastrianism/overview/index.htm#conceptsoftime 참조)
793) 서경덕(徐敬德 1489~1546)은 조선 중기의 학자로 독자적인 기일원론(氣一元論)을 완성하여 주기론(主氣論)의 선구자가 되었다. 저서로는 「화담집(花潭集)」이 있다.
794) 정창영, 「바가바드 기타」, 57쪽 외

기독교 신비주의자 에카르트(Meister Eckhart)는 "지성(知性)은 영혼의 실체로서 영혼의 불꽃이고 영혼의 근저이며 그로부터 사물의 인지, 기억, 의지, 욕망 등 모든 정신적 활동이 흘러나온다."라고 한다. 또 '정신'은 마음 중 육에 가까운 부분인데 에카르트는 정신의 주요활동도 영혼이 지배한다고 한다. 하느님도 순수지성으로 지성이 하느님 존재 자체이자 하느님의 본질이라고 주장한다. 그러니 하느님의 본질인 지성을 나누어 가진 것이 영혼의 실체요, 본질이 되는 것이다. 여기서 에카르트는 영과 혼을 구분하지 못하였다. 표준이론에서는 지성이 혼(魂)의 일부 기능이긴 하지만 혼이 본질은 아니다. 그러나 영과 혼을 구분하지 못한 에카르트가 지성이 영혼(靈魂)의 본질이라 하였다 하여 틀린 말을 한 것은 아니다. 지성은 혼의 기능 중에 정신이 양심의 영향을 받아서 육성하는 정신의 최상위기능이며 정신 전반을 지배한다.

그런데 에카르트의 지성의 역할은 표준이론에서 볼 때 직관의 역할이다. 지성은 혼의 정신체의 상위 기능에 불과하다. 그런데 혼에는 정신체보다 상위부분인 양심체가 있고 혼 위에는 또 영이 있다. 그러니 정신체의 기능인 지성을 영혼의 실체로서 영혼의 불꽃이라거나 심지어 하느님 존재 자체이자 하느님의 본질이라고 볼 수 없다. 따라서 에카르트의 지성은 영의 기능인 '직관'을 지칭한 표현이었다고 본다. 길희성의 설명에 의하면 에카르트의 지성은 지눌의 '공적영지지심'795)이다. 이는 구슬이나 거울처럼 투명한, 그러나 막힘이 없으며 밝고 환한 상존하는 '앎'으로서의 마음인데 이는 곧 불성이요 참마음이다. 이사무애(理事無礙)796)의 이(理)다. 더구나 지눌의 '영지지심'의 영지(靈知)가 영지주의의 영지(靈知)이니 지성이 '그노시스로서의 앎'이라면 더욱 맞는 말이다.

네덜란드의 신학자인 브레데 크리스텐센은 모든 사람은 생에 대한 같은 믿음을 가질 수 있는데 이는 사람이라면 누구나 직관을 가지고 있기 때문이라고 하면서 현대인이라도 5,000년 전 사람들의 믿음을 이해할 수 있는바 이때 가장 필요한 것은 영적실체를 파악하는 통찰력이라고 하였다.797)

---

795) 공적영지지심(空寂靈知之心)은 텅 비어 고요하되 신령스럽게 알아차리는 마음이다(지눌(知訥) 1158~1210), 수심결 9-1·2).
796) 이사무애(理事無礙)란 理인 본체와 事인 현상은 둘이 아니라 하나이며, 서로 걸림 없는 관계 속에서 의존하고 있다는 화엄학의 관점이다.
797) 1. 김은수, 「비교종교학개론」, 65, 68쪽 참조
2. 윌리엄 브레데 크리스텐센(William Brede Kristensen 1867~1953)은 노르웨이 출신으로, 네덜란드 라이덴대학교에서 종교학 교수를 역임하였다.

5.6.5. 영감(靈感)

영감은 '신령스러운 예감이나 느낌' 또는 '창조적인 일의 계기가 되는 기발한 착상이나 자극 또는 인스피레이션(inspiration)'이다.

표준이론으로 보면 영감은 '직관으로 얻는 지혜'다. 즉 영의 감각인 직관(直觀) 또는 영각(靈覺)으로 얻은 지혜로서 창조의 원동력이다. 위대한 음악도 문학도 미술도 과학적 발명과 발견도 모두 영감의 소산이다. 또한 개인에게 영감은 자아발전의 원동력이다. 예술품이든 철학적 아이디어든 영으로 감지한 것이라면 그것의 원형(元型)은 지상(地上)의 것이 아니고 그의 것도 아닐 수 있다.798)

영감이 없거나 약한 사람이 많다. 이들은 십중팔구 영이 없는 사람이다. 혼만 있는 사람도 영속(永續)혼 즉 중급혼 이상이면 양심체가 발달하여 어느 정도의 영감은 갖춘다. 혼 깊숙한 곳에 자리 잡은 '신의 불씨' 때문이다. 영이 있는 사람이라도 혼이 자아의 방을 철저히 장악하고 있는 사람은 영감이 작동하기 어렵다. 영의 감각기관인 직관의 영안(靈眼)이 마비되어 있기 때문이다.799)

영감이 약한 사람은 무신론자가 되기 쉽다. 또 그들은 양심체가 발달하지 못한 경우가 많다. 양심체의 지혜와 예지는 누멘(numen)과 영(靈)을 감지하는 센서다. 이로써 그는 무명이요 원죄인 '무신(無神)의 피와 회의(懷疑)의 눈'800)을 극복한다. 양심체가 약하면 주로 오감의 센서에 의지하기 때문에 보지 못하고 느끼지 못하는 것을 알기 어렵고 믿기 어려워한다. 믿음이 있더라도 기성복(旣成服)의 도그마에 속박되어 교조(敎祖)가 아니라 교리(敎理)를 믿으며 그 행위는 구도(求道)가 아니라 번영신학(Prosperity theology) 같은 Health와 Wealth를 추구하는 구복(求福)으로 드러난다. 그러나 그들에게 혼과 영의 세계에 대해 강요하지 말라. 아직 때가 아니다.801)

---

798) 1. 지구상에 있는 상당 부분의 음악가들의 달콤한 음악은 영감의 메아리에 불과하다. 여기 하위 세계에 있는 천재들은 우리가 인식하는 것보다도 훨씬 더 많이 우리보다 앞서간 사람들의 속박받지 않은 힘이 반영되어 있다. 음악의 거장들은 그들이 웅대한 오라토리오나 행진곡, 숭고한 코러스를 하나의 코드 속에서 듣는다고 종종 말한다. 이렇게 영감은 일순간에 오지만 그것을 표현하려고 할 때는 수십 페이지가 필요하다(리드비터,「사후의 삶」중에서).
2. 영계의 모든 통신은 생각의 대화로 이루어진다. 이 상념의 힘은 지상에 영향을 미치기도 한다. 우리는 예술이 창조라고 말하지만, 그 영감은 모두 영계에서 비롯된 것이다(스베덴보리,「빛과 열로 이루어진 세계」중에서).
799) 촉각만을 가진 하등생물에게 빛, 색, 소리는 존재할 수 없다. 마찬가지로 기(氣)라는 미묘한 소재 속에서 어떤 과정이 빛과 색으로 나타나기 위해서는 그것을 지각할 수 있는 감각 기관이 있어야 한다(루돌프 슈타이너,「신지학」참조).
800) 이는 혼의 원죄인 혼죄(魂罪)가 가지는 反神性이다.(6.10. '업(業)에 대하여' 참조)
801) 우리는 혼계와 영계를 지각하는 감각기관을 육성할 수 있다는 의견도 있다. 다만 이러한 고차적 감각

5.6.6. 깨어있기

수행(修行)이란 영이 혼을 컨트롤하는 능력을 키우는 일이고 명상(冥想)이란 혼을 자아의 사랑방에서 내보내는 일이다. 둘 다 '깨어있기' 위한 공부이다. 수행과 명상의 기본은 '나는 마음(혼)이 아니다'라는 생각으로 영과 마음을 분리하고 영이 혼을 컨트롤하는 것이다.802)

컨트롤의 시작은 '관찰(觀察)'이다. 영이 관찰자가 되어 혼을 바라보는 것이다. 그렇다면 '깨어있기'는 우선 '혼을 관찰하기'다. 미립자(微粒子)도 관찰하면 행동이 바뀐다. 양자역학의 관찰자효과(observer effect)다. 혼 역시 관찰당하면 행동이 바뀐다. '혼의 관찰자효과(observer effect on Soul)'다(12.4.1. '명상이란?' 참조).

다음의 표는 자아의 단계별로 자아의 방 주도권을 영혼육 중 누가 얼마나 쥐고 있나, 그리고 그때 혼의 정신체와 양심체의 비율은 각각 얼마나 되는가, 나아가 단계별로 깨어있는 시간은 얼마인가를 나타내는 표이다. 예컨대 영(靈)이 자아의 방을 20% 이상 차지하며 11% 이상의 시간을 깨어 지내면 2.5단계 자아이고, 영이 자아의 방을 반 이상 차지하고 깨어있는 시간은 31% 이상이면 3단계 자아다.803) 마음은 자아의 방에서 주도권을 빼앗기지 않으려고 깨어있기를 방해한다. 수시로 졸게 한다.804) 자면 지는 것이다. 깨어있으라.

구분	1단계	1.5단계	1.6단계	1.8단계	2단계	2.5단계	2.75단계	3단계	3.5단계	4단계	4.5단계~
자아의 방 주인	肉 70% 魂 30%	肉 50% 魂 50%	肉 30% 魂 70%	魂 100%	魂 90% 영 10%	魂 80% 영 20%	魂 70% 영 30%	魂 50% 영 50%	魂 40% 영 60%	魂 20% 영 80%	영 100%
정신:양심비율			정신 10	정신9 양심1	정신8 양심2	정신7 양심3	정신6 양심4	정신5 양심5	정신4 양심6	정신3 양심7	
깨어있는 시간비율	없음	1% 미만	1~2%	2~5%	5~10%	11~20%	21~30%	31~40%	41~50%	51%~	100%

은 우리 스스로 노력하지 않으면 얻을 수 없다. 혼계와 영계를 지각할 수 있도록 혼과 영을 길러 주는 것은 인간 자신뿐이라고 한다(루돌프 슈타이너, 「신지학」 참조).
802) 항상 마음을 놓치지 않고 저급한 열정뿐만 아니라 마음 자체를 다스리는 법을 배워야 한다. 상념을 제어할 수 있도록 끈기 있게 노력해야 하며 자신이 왜, 무슨 생각을 하고 있는지를 항상 정확히 인식하고 있음으로써, 마치 무사가 자신의 검을 마음먹은 방향으로 겨누듯이 마음을 사용하여 그것의 방향을 의지대로 돌리거나 가만히 붙잡고 있을 수 있어야 한다(리드비터, 「투시」 제9장 투시력을 계발하는 방법 중에서).
803) 부록1 '자아의 수준에 따른 영과 혼' 참조
804) 졸리다는 표현은 혼에게 자아를 내준다는 말이다. '혼은 제3자'라는 사실을 깨닫지 못하는 무명(無明)을 걷어 내지 못하면 조는 것이다. 졸고 있는 시간은 오욕칠정에 사로잡혀 있는 시간이다. 영이 자아의 방을 차지하는 것보다 '깨어있기'는 더 어렵다. 또 깨어있기는 한 생(生)에 성취하기 어렵다. 그러나 지금 한 걸음을 내딛지 않으면 영영 깨어나지 못한다. 영적 진화도 진화이니 경쟁이다.

5.6.7. 부처님의 영과 혼

공식적인 불교 교리에서는 영(靈)을 인정하지 않는다. 이는 부처님이 창조주와 영혼에 대하여 이야기하시기를 꺼리신 데서 출발한다.尾142)
부처님의 무아에 대한 가르침은 '아(我)는 있는가 없는가에 대한 이론이 아니라 연기(緣起)에 의해 이루어진 일체의 유위법(有爲法)을 실체로 보아서는 안 된다는 실천적 의미'일 뿐이다.805)

재론(再論)이지만 부처님의 무아론은 아가 진정 없다는 말씀이 아니라 다음처럼 해석되어야 한다.

1) 혼은 영으로 진화하여야 하는 존재이고 이를 위해서 영은 혼을 극복하여야 하므로 대부분의 아(我)가 혼인 중생들에게 그러한 아(我)를 극기하고 극복하라는 의미에서 무아이다.
2) 무아란 '만물이 일원(一元)인 우주'에서는 아와 타의 구별이 아무 의미 없다는 진리에서 자연스럽게 도출(導出)되는 결론이다. 우주는 인과의 법칙에 의하여 상즉상입(相卽相入)하는 법계연기(法界緣起)의 화엄의 세계이다. 이는 우주는 일원(一元)임을 말하는 것이고 일원의 세계는 '너나의 구별'이 없으므로 무아이다.806)
3) 불교에서는 오온(五蘊)807)의 식(識)이 육근에 작용하여 하위정신체인 제6식尾143)이 나오고 이것이 발전하여 상위정신체인 제7식 자의식이 생기며 이들이 모여 지혼인 제8식이 되어 윤회한다. 그러니 혼은 그 속성상 항상(恒常)할 수 없어 무상(無常)할 수밖에 없는 존재이다.808)

정말로 아(我)가 없다면 누가 수행(修行)하고 누가 사랑하며尾144) 무엇이 윤회할

---

805) 위키백과, '무아' 참조
806) 법(法, 존재)이 공하다고 말한 것은 단지 중생을 인도하기 위해서 가명(假名)과 방편(方便)으로 공하다고 말한 것이다. 그러니 공하다고 말하는 방편도 공하다. 그러나 법은 고정된 성품(自性)을 가지고 있지 않기 때문에 법을 '있음(有)'이라고 말할 수 없다. 또한 법은 공한 것도 아니기 때문에 법을 '없음(無)'이라고 말할 수도 없다(「中論」 4권 24장 觀四諦品, 「대정신수대장경」). 無常我를 말하는 至當한 교설이다.
807) 불교에서는 물질적 요소인 색온(色蘊)과 정신요소인 4온을 합친 색(色)·수(受)·상(想)·행(行)·식(識) 다섯 가지를 인간의 구성요소로 파악한다. 이후 그 개념이 확장되어 현상세계 전체를 의미하는 말로 통용되었다.
808) 불설 원문은 "오온(五蘊)의 식(識)에서 기인한 제6식인 의식(意識)에서 7식인 자의식이 나오고 다시 여기에 업이 쌓여 8식이 나와 이것이 윤회하니 아(我)는 업의 덩어리일 뿐 진정한 아가 아닌 무상(無常)한 존재이다."이다.

것인가. 누가 자업자득이며 어디에 불성이 스며 있고 여래장이 깃들며, 또 청정심은 무엇이겠는가. 나아가 불설의 정토사상은 어찌 도래하였으며, 왜 출세간을 이야기하고 무루계니 피안이니 하겠는가. 또 법신(法身)의 비로자나불, 나아가 본초불(本初佛)[809]은 다 무엇인가. 14무기는 문자 그대로 무기(無記)일 뿐 부처님은 결코 혼과 영을 부정하시지 않았다. 없다면 부정하지 왜 무기하셨겠는가.

또한 영은 '영계(靈界)에서 영생(永生)하는 존재'다. 불교의 出世間이 영계요 보살이 영이다. 그러니 불교에는 영이 없다고 하나 따져 보면 없지 않다. 기어코 없다면 창조주가 없을 뿐이다. 그러나 그도 사실 무기(無記)다.

만일 불설이 고(苦, Dukkha)를 극복하고 열반하려는 주체(主體) 자체를 끝끝내 부인하는 사상이라면 더불어 논할 일이 없는 허무론(虛無論)일 뿐이다.[810] 이 사실을 아는 불자라야 성문사과를 이루어 4단계 자아, 곧 아라한이 되고 명종 후 영이 된다. 아(我) 없이 어찌 열반하고 성불하며 또 성불한들 무엇하겠는가.

5.6.8. 도가(道家)의 영혼(靈魂)

도가팔선(道家八仙)의 하나인 여동빈[811]은 불로장생의 묘약인 용호금단 외에 '악령'을 퇴치하는 천둔검법(天遁劍法)으로 유명하다 한다. 그런데 이때 '악령'이란 '악한 영'이 아니라 '자신의 마음속에 있는 번뇌'를 의미하는 것으로, 여동빈은 노여움이나 욕망 같은 일체의 번뇌를 천둔검법으로 단호하게 잘라 내었다. 그런데 일체번뇌의 주체는 魂이다. 그렇다면 도가의 신선들은 혼을 악령으로 보고 칼로 다스린 모양이다. 표준이론에서도 혼은 영 또는 스스로가 다스려야 할 대상이다. 영을 인정하지 않는 도가에서도 혼을 다스려야 할 他者로 본 것은, 혼을 다스리는 주체를 전제하는 것으로 그렇다면 은연중 영의 존재를 알고 있다고 보인다. 표준이론 입장에서 보면 매우 당연하다.

---

809) 본초불(本初佛)은 우주의 근원이자 창조주인 佛로서 5세기 붓다고사(Buddhaghosa)의 청정도론(淸淨道論)에 나타난다. 또 10세기 이후 날란다사원의 학승들에게서도 보이는데 본초불이 선정에 들어 우주를 창조하고 그 정신으로 원형인간인 관자재보살(觀自在菩薩)을 낳았다고 한다. 산스크리트어로는 아디붓다(Adi-Buddha)인데 음역하여 아제불타(阿提佛陀), 의역하여 본초불(本初佛) 또는 본초각자(本初覺者)라 한다. 본초불은 진리와 우주 그 자체로서 우주 만물의 창조자이며 인연에 의해 생멸하는 다른 존재들과 달리 자생자(自生者)요 자재신(自在神)이다. 창조주로서의 본초불 개념은 불교가 보편종교로서의 모습을 갖추려는 노력에서 자연히 그리고 당연하게 생긴 개념이다. 대승불교의 몇몇 종파에서는 본초불에서 5위(五位)의 선정불(禪定佛), 곧 비로자나불·아촉불·보생불·불공성취불·아미타불이 나왔다고도 한다. 티베트에서는 비로자나불(毘盧遮那佛)의 법신인 보현보살이, 네팔에서는 문수보살이 본초불이다.

810) 길희성, 「보살예수」, 130~131쪽에서 동지(同旨)이다.

811) 여동빈(呂洞賓, 798~?)은 중국 당(唐)나라 시절의 도사로 도교 팔선(八仙) 중 한 사람이다. 선인(仙人) 종리권(鐘離權)에게 전수받은 천둔검법(天遁劍法)과 용호금단(龍虎金丹)의 비법을 써서 민중을 구했다고 전설한다.

한편 도가에서는 우주는 기로부터 창조되었다고 본다. 노자에 의하면 천하만물은 有에서 생겨나고 유는 無에서 생겨난다. 즉 우주는 형상이 있는 구체적인 존재가 아닌 무에서 생겨나는데 무는 그 자체로 이름이 없기 때문에 그것을 '道'라고 칭한다.812)

무에서 유가 발생하는 점진적인 과정은 '도가 하나를 낳고 하나가 둘을 낳으며 둘이 셋을 낳는다. 만물은 음을 업고 양을 안으며 충기로써 조화를 삼는다'813)라고 표현된다. 곧 하나는 氣이고 둘은 陰陽이며 조화로운 기(沖氣)는 그 셋이다. 이는 도 가운데에서 일기(一氣)가 움직이고, 일기가 청(淸)과 탁(濁)으로 나뉘어 음양이 드러나며, 음양이 운동하여 天地人 삼재(三才)가 생겨나고 삼재가 만물을 낳는다는 우주 발생론으로 이어진다.814) 또 노자는 "도는 비어 있으나, 아무리 사용해도 늘 가득 차 있다. 깊고 넓어서 만물의 근본이라고 하며 道의 연원(淵源)은 모르겠으나 옥황상제보다도 먼저 있었던 것 같다."고 한다.815) 또 "도는 곡신(谷神)처럼 불사(不死)하고 마치 여성의 자궁과 같아서 천지의 근본"이라고 하였다.816) 나아가 노자는 "혼(魂)과 백(魄)을 하나로 통일하여 서로 떠나지 않게 할 수 있겠는가? 기운을 전일(全一)하게 모으고 부드럽게 하여 어린아이처럼 순진하게 할 수 있겠는가?"라고 하여 인간에 다다른 氣가 혼백(魂魄)을 형성함을 말하고 있고 이어 장자는 혼의 윤회설을 주장하여 도교 교리에 그 기틀을 제공하였다.尾145)

도교(道敎)817)에서도 도가의 창조설을 본받아 창조주인 원시천존(元始天尊)818)이

---

812) 10.6.1. '노자의 도와 기' 참조
813) 「도덕경」 제42장 중에서, '道生一, 一生二, 二生三, 三生萬物, 萬物負陰而抱陽, 沖氣以爲和'
814) 1. 김홍경, 「노자」 참조
    2. 또는 이 구절만 원용하여 '三을 物로 보아 '음양이 운동하여 물질이 생겨나고 물질이 만물을 낳는다'라고도 해석하기도 하고(이현수, 「기철학 연구」, 156쪽 참조) '음양이 五行을 낳아 오행에서 만물이 나온다'라고도 해석하는 등 많은 견해가 있으나 모두 사소한 差異이고 중요한 것은 氣에서 만물이 나온다는 것이다.
815) 「도덕경」 제4장 중에서, '道, 沖而用之, 或不盈, 淵兮 似萬物之宗'와 '吾不知誰之子, 象帝之先'
816) 「도덕경」 제6장 중에서, '谷神不死, 是謂玄牝, 玄牝之門, 是謂天地根'. 직역하면 '도는 골짜기의 신과 같고 그 신은 결코 죽지 않는다. 이를 일러 현빈이라 한다. 현빈의 문은 천지의 근본이다'이고 그 뜻을 해석하면 '도는 虛이고 空인데 공허한 것의 표본이 골짜기라서 谷神이라고 한 것이고 그냥 골짜기가 아니라 세상의 모든 정기가 발원하는 골짜기로 마치 여성의 자궁과 같으니 이는 천지의 근본이다' 정도가 된다.
817) 道敎와 道家는 구분된다. 도교(religious taoism)는 종교이고 도가(taoism)는 철학이다. 도교는 고대의 주술적 민간신앙을 기초로 역리(易理), 음양오행, 참위(讖緯), 점성 그리고 불교와 유교사상까지 불로장생과 기복(祈福)이 관련된 모든 것을 복합한 종교이고 도가는 노장사상에서 비롯한 철학으로 인간의 타락과 무지를 척결하고 참지혜를 통하여 무위(無爲)의 삶을 추구하는 무위자연의 사상인 것이다.
818) 1. 원시천존은 「도덕경」의 도(道)를 의인화하고 신격화한 신이다. 그러니 도가의 '道生一'의 一은 묘일(妙一)이며 원시천존으로 볼 수 있다.
    2. 이 세상에 존재하는 모든 사물이 시작되기 전 우주는 생명의 원동력인 신비로운 힘이자 모든 것의 에너지원인 氣로 가득 차 있었고 이 기로부터 원시천존(元始天尊)이라는 신이 태어났는데 원시천존은 道家의

기로부터 태어났다고 한다. 기가 먼저 있고 여기에서 창조주가 나왔다 하니 앞뒤가 전도된 느낌이긴 하다. 결론적으로 도가와 도교에서는 결국 인간을 포함한 삼라만상이 모두 기에서 자연히 발생(發生)하였다고 본다.

노자 「도덕경」에 나타나는 이러한 진술들과 도교의 여러 주장을 종합해 보면 도가와 도교에서는 태허든 원시천존이든 그리고 道든 氣든 여기에서 근원하여 발생한 물질과 인간, 그리고 인간이 품은 음과 양의 기로서 영혼의 개념이 엄연하니 사실 세상 모든 종교가 서로 다른 것 같아도 진실의 모습은 여기저기 드러나 있다.

5.6.9. 도날드 월쉬의 영혼

하느님으로부터 들은 이야기를 그대로 받아 적었다는 도날드 월쉬[819]의 책 「신과 나눈 이야기」에 나타난 영과 혼에 대한 다음의 여러 이야기들은 표준이론의 그것과 여러 가지 면에서 상통한다.
1) 너희 몸은 그저 영혼(=영)의 도구일 뿐이고, 너희 마음(=혼)은 몸을 움직이는 힘(=기)에 지나지 않는다.
2) 영혼은 느낌을 추구한다. 가장 고귀한 느낌이란 '존재 전체'와 하나가 되는 체험(=합일)이다.
3) 뿌리 생각을 바꾸고 싶다면 네가 가진 새로운 생각(=영감)에 따라 행동하라. 하지만 재빨리 움직여야 한다. 그렇지 않으면 네가 미처 깨닫기 전에 네 마음(=혼)이 그 생각을 죽일 것이다.
4) 직관은 영혼(=영)의 귀다. 영혼이야말로 유일하게 생명의 가장 희미한 진동들까지 잡아내고, 그 에너지를 느끼며, 즉석에서 그 파장을 감지하고, 그것을 해석하기에 충분한 만큼 예민한 도구다.
5) 마음(=혼)은 하나의 에너지 덩어리(=기)로 영혼(=영) 및 몸과 함께 결합하여 너희를 따라간다.

神 중 최고신이며 창조주이다. 그러면 도교에서 道家 '道生一'의 道는 氣로 바뀌는가? 아니면 도가 곧 기인가? 어쨌든 원시천존이 탄생함으로써 비로소 모든 사물들은 이름과 실체를 부여받게 되었다. 또 어느 중국 신화에서는 자연히 생겨난 거인 반고와 태원성녀의 사이에서 원시천존이 태어났다고 한다.
3. 인간 또한 원시천존처럼 음양의 기의 조화로 세상에 났다고 한다. 결론적으로 도가와 도교에서는 결국 인간을 포함한 삼라만상이 모두 기에서 자연히 발생하였다는 것이다.
819) 미주 116 '닐 도날드 월쉬' 참조

6

혼(魂)에 대하여

인간은 영과 혼 그리고 육으로 이루어져 있으며, 또한 혼은 기의 생명력에서 연원하여 수십억 년에 걸친 진화의 대서사(大敍事) 끝에 인간의 몸에 이르러서 지금 '마음'으로 드러나 있다.

6. 혼(魂)에 대하여

6.1. 혼의 정의

표준국어대사전에서 혼(魂)은 '사람의 몸 안에서 몸과 정신을 다스린다는 비물질적인 것으로 얼, 혼쭐 또는 넋'이라고 풀이되어 있다. 또한 사전에서 영(靈)은 '죽은 사람의 넋'이라고 한다. 영혼(靈魂)의 뜻 또한 '죽은 사람의 넋'이라고 하여 사전만으로는 영과 혼 간의 차이가 전혀 드러나지 않는다.(5.1.1. '영의 정의' 참조)

기독교(개신교)에서 발행한 사전[820]에서는 '영'과 '혼' 또는 '영혼'의 개념이 명확히 정의 내리기는 힘들지만 대개 혼[821]은 '사람과 짐승 등 모든 피조물들에게 공통적으로 있는 정신적인 영역'이고(창 2:19) 영[822]은 '하느님과의 관계에서만 사용되는 단어로 하느님의 부름에 반응하고 응답하는 영역'이라고 한다. 또 혼은 육체와 분리되어 독립적인 것이 아니라 항상 육체와 함께하고 또한 육체를 대표하면서(마태 16:26) 육, 영과 함께 사람의 전 인격을 형성한다.
그런데 이러한 해석은 기독교 전체적으로 통일된 개념은 아니다. 우선 위의 뜻풀이는 영육이원론이 아닌 영혼육의 삼원론을 주장하는 바오로 사도의 의견을 전제한 의견으로 기독교 전통설인 영육이원론[823]과 맞지 않는다. 또한 혼이 정신이라든가 인격을 형성한다는 등의 풀이 또한 정신을 영의 범주에 넣고 혼은 생기체에 불과하다는 의견도 있음을 감안하면 삼원론 전체의 의견도 아니다.

불교에서는 혼이나 영이라는 용어는 사용하지 않는다. 영혼의 존재에 대해서 입을 다무신 부처님의 무기(無記) 때문이다. 다만 훗날 유식(唯識)학에서 윤회의 주체로서 몸의 각 기관에서 모인 감각의 합으로서 識이 발전한 아뢰야식이 상정(想定)되었으니 이것이 혼에 해당된다.
또한 유대교 신비주의인 카발라는 하급의식을 루아흐와 네샤마라 하여 하느님의

---

820) 라이프성경사전, 혼 참조
821) 히브리어로 '네페쉬', 헬라어로 '프쉬케'
822) 히브리어로 '네샤마' 또는 '루아흐', 헬라어로 '프네우마($\pi\nu\varepsilon\acute{\upsilon}\mu\alpha$ Pneuma)'
823) 영육이원론이라고 주장하나 표준이론에서 영은 그 정의상 '영생하는 존재로서 천국의 시민권자'이기 때문에, 죽어서 구원받아야 영이 되는 기독교 영육이원론의 영은 아직 영이 아니다. 그러므로 살아있는 사람의 영은 아직 혼이라고 보아야 한다. 따라서 표준이론으로 보면 기독교 영육이원론은 사실 혼육이원론이다(8.2.3.1. '기독교 인간론의 내용' 참조).

숨에서 기원한 혼 정도로 보며, 기에서 성(性)과 정(情)이 모두 유래하였다는 기일분수론(氣一分殊論)의 성리학에서는 혼이란 기에서 기원한 '마음(性)의 혼(魂)'과 '생기(情)의 백(魄)' 정도로 파악한다. 힌두교나 도교 또한 혼이란 기에서 기원한 마음이며 신지학도 이와 유사하게 혼을 정묘성이 다른 에테르(氣)로 구성된 여러 體를 가진 마음으로 본다. 기타 혼은 영의 육적(肉的) 그림자인 知情意라는 주장824)이나 혼을 사람이 가진 활력 또는 생기라고 보는 유물론적 사고방식 등 혼을 바라보는 시각은 매우 다양하다.825)

표준이론에서 혼이란 '하느님의 생명에너지인 기가 육체와 더불어 진화하여 몸에 생명을 부여하는 한편 외부로는 「마음」으로 드러나는 비물질로서, 이승과 저승의 각 세계를 윤회하며 진화를 계속하여 마침내 영이 되려는 존재'로서 몸을 살아있게 하는 생기체와 마음의 합이다. 또 영이란 '혼이 진화하여 열반함으로써 하느님 나라에 든 영생의 존재'이다.

이처럼 혼의 정체성에 대한 의견은 매우 다양하다.尾146) 이는 주로 인간의 구성요소가 육체만으로 이루어지는지 아니면 육체 외에도 혼이 있다고 믿는지, 육체 외에도 영과 혼을 더 가진 존재라고 생각하는지 등 사람에 대한 기본적인 시각 차이에서 기인하지만 같은 이원론이나 삼원론이라 하더라도 혼을 어떻게 파악하느냐는 종교와 사상별로 심지어 한 사상 안에서도 차이가 있는 것이다.

혼과 영의 구분과 求道

사람은 생활 중에 혼과 영을 느끼고 구분할 수 있다.826) 혼과 영을 구분하는 것이 영혼학의 시작이다. 혼과 영 상호 간의 관계와 둘 간의 작용을 적절히 파악하여야 영이 혼을 다스리고 가르치는 기반이 마련된다. 이 과정이 없이 마음을 다스려 참자아를 구현하고 구도의 성취를 기대하기란 참으로 난망이다. 知彼知己 없이 어찌 百戰에 임할 것인가.

다음 글은 생활 중에 혼과 영을 구분하고 혼을 효과적으로 통제하기가 얼마나 어려운지를 잘 보여준다.

---

824) 윤홍식(1974~)은 도덕과 재능을 겸비한 인재양성을 목표로 하는 단체인 홍익학당의 대표다. 「도마복음, 예수의 숨겨진 가르침」, 「산상수훈 인문학」 등의 저서가 있다.
825) 부록7 '주요 종교와 사상별 영과 혼의 정체' 참조
826) 3.1.2. '영혼육 삼원론인 이유' 참조

혼이란 무엇인가.
혼은 불명(不明)하지도 복잡하지도 않다.
평소의 자신 곧 '마음'이 혼이다.
다만 그 '마음'이 불명하고 복잡할 뿐이다.

마음은 이중 삼중 인격 같고 기억도 뒤죽박죽이며
어디에서 왔는지 알 수 없고 언제부터 있었는지도 모르겠다.
마음은 약하여 다치기도 쉽지만 불같이 화를 내어 남을 해치기도 잘한다.
수시로 변하지만 왜 변하는지도 모르겠다.
우울하다가 조증(躁症)으로 들뜨고 강박에 시달리거나 공황에 빠진다.
정신이 마음인지 이성이 마음인지 감정이나 욕망이 마음인지 알 수 없다
지성은 어떤가? 지혜도 마음인가? 기억이 마음일지도?
설마 마음은 누구 말대로 두뇌의 전기 작용일 뿐인가?
정말 마음은 모르겠구나.
오죽하면 이구동성 너 자신을 알라고 하였겠는가.

마음이 불분명하고 복잡한 이유는 혼의 태생 때문이다.
그는 윤회하되 轉生의 기억은 희미하다.
그나마 금생의 기억 밑에 깔려 꿈이나 변성의식에서나 조금 드러난다.
前生에 한 사람의 혼도 아니었다.
전생의 전생 또 그 전생에는 사람도 아니었다.
그는 이기심과 자존심 덩어리로 소유욕과 명예욕의 화신이다.
개체로서 자의식이 분명하고 개체성을 잃고 소멸할까봐 두려움에 떤다.
몸을 떠나면 죽을까봐 몸에 죽어라 집착한다.
그러다 보니 몸의 종이 되어 그 편안과 장수와 번식을 위하여 분투한다.
짐승이었던 때가 멀지 않을수록 더하다.
이리 살면 안 된다고 부르짖으면서도 한 줌 흙인 몸을 위해 살다 죽는다.
그리고 다시 태어나 같은 짓을 되풀이한다.

그의 단 하나 희망은 영(靈)이다.
그를 이끌어줄 이도 영이고 그가 장차 되고 싶은 것도 영이다.
그러나 모든 혼에게 영이 있는 것은 아니다.
영이 없는 혼은 영을 갈구한다.

스스로 수행하고 공부하여 양심(良心)을 키워 영을 기대한다.
그러나 마침내 영이 짝지어지면 그 영을 싫어하고 배척하고 죽이려 든다.
영은 혼 대신 자아의 자리를 차지하려 하고
그의 자유를 빼앗고 귀찮은 일을 시키며827)
혼이 오랜 세월 좋아하던 일들을 못 하게 말리기 때문이다.
커진 양심도 성가신 판에 上典에 主人노릇하는 영을 못 참는 것이다.
영이 단 하나 희망이라면서도 막상 은총으로 주어지면 그 모양이다.
그러니 혼은 사실 희망이 별로 없는 존재다.
오죽하면 예수님이 나서시고 부처님이 오셨을까.828)

영도 답답하기는 마찬가지다.
영도 아직 부족한 존재이기 때문이다.
영은 이미 구원을 받아 하느님 나라의 시민이 되었다.
그러나 대부분의 영은 아직도 멀고 긴 100생 공부의 도상에 있다.
그들이 험한 이승에 온 것은 발전하고 진화하고 공을 쌓으려는 뜻이다.
발전의 중요한 도구요, 수단이며 자신의 왕년(往年)인 혼이 여기 있어서다.
혼을 가르치고 다스리고 상부상조하여 영으로 이끌어야 한다.
마음을 다스리라. 너 자신을 알라. 마음을 가라앉히라. 마음을 바치라.
표현은 다르지만 다 같은 말이다.
이는 다 영이 하여야 할 일이다. 그것도 잘하여야 할 일이다.
그래야 하느님 곁으로 더 가까이 갈 수 있으니까.
그런데 해봐서 알겠지만 그게 어디 쉬운 일이던가?

혼아. 어렵게 만난 네 영과 잘 사귀렴. 영에게 네 자리를 내어주렴.
가부좌하고 조용히 앉아 흘러가는 강을 지켜보렴.

---

827) 시편 103장 1~2
  1. 내 영혼아 여호와를 송축하라 내 속에 있는 것들아 다 그 성호를 송축하라.
  2. 내 영혼아 여호와를 송축하며 그 모든 은택을 잊지 말지어다.
828) 사람은 본성적으로 이기와 자존의 원죄(魂罪) 때문에 하느님을 마음에 두기를 싫어하는 反神性, 심지어 嫌神性을 가진다(6.10. '업(業)에 대하여' 참조). 그렇다고 사람이 전적으로 부패(全的腐敗, Total Depravity)하여 세상을 좇아 사는 것은 아니다. 따라서 전적부패를 전제로 하느님께서 일방적이고 무조건적으로 특정인을 선택(Unconditional Election)하여 구원하시는 일은 없다. 하느님의 은총은 혼의 '진화를 향한 투쟁'을 보시고 이를 긍휼히 여김으로 인한 것이며 이러한 하느님의 은총은 누구에게나 오픈된 것이다. 또한 그 은총은 무제한적이다. 소위 제한 속죄(制限贖罪, Limited Atonement)나 예정설은 근거 없다. 또 예수님은 하느님께서 예정하신 혼들만을 구속(救贖)하시기 위해 오신 것이 아니다. 모든 혼들을 영으로 진화시키시려 오신 것이다. 칼뱅(Jean Calvin 1509~1564)의 TULIP은 그저 조화(造花)일 뿐이요 칼뱅의 3大 sola를 합치면 그 실체는 sola Ecclesia(오직 교회)다.

지켜보고 지켜보아 마침내 생각을 그치렴.
참선이 그것이고 명상이 그것이다.
그 어느 때 네가 생각을 멈추고 上善若水로 강물 따라 흘러가면
그런 너를 지켜보는 이가 영이다.

영(靈)이 약하면 선(禪)도 약하다.
그 禪이 약하디 약하면 그 사람에게는 영이 없다.
영이 없어 양심이 대신하면 꿩 대신 닭이다.
그러나 닭이 꿩은 결코 아니다.
그러니 禪에 들어 나타나는 것이 양심이라면 더욱 분발해야 한다.
그래야 다음 생에는 영을 만나리라. 꿩을 얻으리라.
그래서 꿩이 되리라.

제3장의 '영혼육 삼원론' 편에서 충분히 설명한 바와 같이 인간은 영과 혼 그리고 육으로 이루어져 있으며, 또한 혼은 기의 생명력에서 연원하여 수십억 년에 걸친 진화의 대서사(大敍事) 끝에 인간의 몸에 이르러서 지금 '마음'으로 드러나 있다.

6.2. 영과 혼의 유래와 전생횟수

6.2.1. 영의 탄생시기와 유래

바가바드 기타829)에서 비슈누 신830)의 여덟 번째 화신인 크리슈나는 "나 자신은 결코 없었던 적이 없고, 지구의 모든 왕자들도 마찬가지이며, 이후에도 우리들 모두는 결코 존재하지 않지 않을 것이다."라고 하였는데 크리슈나는 신이니 그렇겠지만 왕자들에게는 틀린 말이다. 크리슈나는 힌두교의 창조신화 중 원형인간인 푸루샤로부터의 영혼기원론 때문에 그리 말한 것으로 보이나 표준이론에서는 영의 태초창조설을 배척한다.831) 왕자들이 영(靈)이고 그중에서도 신영(神靈) 출신이라면 하느님으로부터 직접 나왔으니 영지주의적으로 해석하여 영원부터 존재하여

---

829) 8.6.2. '바가바드 기타와 표준이론' 참조
830) 비슈누(Visnu)神은 브라흐마(Brahma, 창조의 신), 시바(Shiva, 파괴의 신)와 함께 우주를 유지하고 보존하는 역할을 담당하는 힌두교 三主神(Trimūrti) 중 하나이다.
831) 가톨릭에서도 인간이 잉태될 때마다 하느님께서 새로운 영혼을 창조하신다는 수시창조설을 지지하고 있다(미주 36 '기독교 영혼창조 시기론의 종류' 참조).

왔다고 할 수도 있겠다. 그러나 그가 영의 대부분을 차지하는 혼영(魂靈)이나 혼이라면 기로부터 진화한 존재이니 '없었던 적이 있다'.

표준이론에서는 영이 있는 사람의 수가 예수님 시절의 4백만 명 수준이었고 이후 천천히 늘어나다가 산업혁명 초기에 5천만 명 그리고 1930년대에 2억 명 정도로 갑자기 늘어난 후 현재는 인구의 10%[832] 정도인 8억 명이 영이 있는 사람으로 본다. 이는 사람들의 평균영성 수준이 높아진 이유도 있을 것이나 주로 지구의 인구가 갑자기 증가함에 기인한다.[833] 그렇다면 갑자기 늘어난 영의 유래(由來)는 어떠한가.

1) 외계에서 긴급 수혈하였다.[834]
2) 지혼을 혼영으로 마구잡이 진급시켰다.
3) 폭발적인 수요는 계획된 것이므로 기원(紀元) 이후 영계에 재고를 확보하여 왔다.
4) 영의 환생 대기 기간을 대폭 감축하는 한편 화생(化生)을 적극 활용하였다.

아마 위의 방법이 모두 동원된 것이라고 여겨진다. 그러나 영의 숫자가 증가함으로 인해 지구의 평균적 영성수준이 높아진 것은 아니다. 이는 문명 이래 하급혼에서 발전하고 진화하여 탄생한 지구의 중급혼들과 고급혼들이 대거 외계로 유출되었기 때문이다. '상급혼의 유출과 하급혼의 대폭증가 그리고 이를 감당하기 위한 하급영의 증가' 이것이 최근 200년간 지구의 영혼 수급현황의 요약이다. 그러나 혼들의 세상인 이승에서 정신문명이 발달하려면 상급혼의 존재는 필수적이다. 영이 전체 인구의 10%를 차지한다고 하나 상급혼들이 없어 혼의 평균수준이 낮은 이승은 정신문명의 수준이 고양되기 어렵다. 지금 우리 지구 이승은 성취한 물질문명에 비하여 정신문명의 수준이 턱없이 낮다. 그럼에도 작금 지구의 물질문명 발전속도는 기하급수로 가속적이라 정신문명과의 차이는 점점 벌어지고 있다.

---

[832] 1. 지구 인구를 77억으로 봤을 때 그 10.29%인 7억 9천4백만 명이 영을 가진 사람의 수다(부록1 '자아의 수준에 따른 영과 혼' 참조).
2. 4.3.4.1. '영이 없는 사람이 많다는 증거' 참조
[833] 1. 지구 전체 인구는 농경문화가 시작된 10,000년 전 약 5백만 명, 예수님 시절 2억 명 이후 큰 변화가 없다가 1800년대 산업혁명 시기에 이르러 급속하게 증가되어 10억이 되었고 130년 후인 1930년대에 20억이 되었으며 196년에 30억 1974년에 40억 1987년에 50억 그리고 2020년 5월 5일 현재 세계 인구는 7,782,298,850명으로 추산된다. 결론적으로 1900년대 초반에 20억이었던 지구 인구가 100년도 안 되어 77억까지 가파르게 변화하였다(부록6-1 '시대별 영의 탄생수', worldometers.info/world-population 참조).
2. 예수님 시절 영을 가진 인구수는 당시 인구 2억 명의 2%인 400만 명 수준이었다가 1800년대에는 10억의 5%인 5천만 명, 1930년대에는 산업혁명 이후 문명 발달로 사람들이 지식수준과 영성수준도 높아져서 영의 비율도 증가하였을 것으로 추산한다.
[834] 뉴에이지에서는 이들을 시대별로 인디고 아이들이나 크리스탈 아이들이라고 한다.

이 와중에 낮은 정신문명에 걸맞지 않은 일인일표제가 정치적 하이어라키 구성의 기반이 되다 보니 지구는 지금 핵무기를 손에 쥔 어린아이 꼴이 되었다. 신지학의 히말라야 백색형제단이 앞으로 지구를 어떻게 이끌어갈 셈인지 궁금하다. 만일(萬一) 그런 형제단이 없다면 우리 지구는 이미 버려진 이승일지도 모른다.

6.2.2. 지구 혼의 유래와 전생횟수

위에서 본대로 산업혁명 이후 급속한 인구증가로 인해 혼계에서는 지혼의 수요가 급팽창하였을 것이라는 사실을 짐작할 수 있다. 그렇다면 그 수급을 맞추기 위해 최근 동물의 혼인 각혼에서 진화한 지혼들이 매우 많을 것이다. 생기계에서 진화한 각혼 중에서 지혼 후보생을 선발하여 중음계로 공급하면 거기에서 대기하였다가 인간의 지혼으로 탄생하는 법이니 중음계에 신생 지혼의 재고가 쌓여 있을 수 있겠으나, 최근의 인구폭발을 대비해 수천 년 전부터 미리 쌓아 왔다고 볼 수는 없으니 최근 지혼으로 진화한 혼이 대부분이라고 볼 수밖에 없다. 그렇다 하더라도 최근의 지구 인구 증가추세를 분석하면 지구 밖에서도 많은 수의 지혼이 공급되었을 것이라고 생각된다.

환생하는 데 필요한 기간은 佛說의 49일부터 신지학의 고급혼의 환생소요시간인 천 몇백 년까지 사상에 따라 큰 차이가 난다. 그러나 신지학의 환생소요시간은 여러 가지 면에서 논리에 맞지 않는다.[尾147] 표준이론에서도 환생소요시간은 수승하게 산 혼일수록 길다고 생각하지만 신지학처럼 그렇게 긴 시간이 필요하다고 보지 않는다. 따라서 과거 인간의 평균수명을 감안한 환생사이클을 불설의 환생소요시간을 적용하여 15~40년으로 잡고 부록1 '자아의 수준에 따른 영과 혼'을 감안한 문명발생 이후835) 영과 혼의 인구 증감을 분석해 보면 다음과 같은 담론이 가능하다.

---

835) 1. 표준이론에서는 사람의 혼인 지혼은 개체성과 영속성 그리고 지성과 지혜를 갖추어야 한다. 표준이론은 하느님은 지혼을 진화를 통하여 창조하셨다고 보지만 그 시기는 문명기 즈음이라고 본다. 이를 '지혼문명설'이라고 한다. 따라서 문명 이전의 사람의 혼은 지혼이 아니므로 문명 이전에는 진정한 인류가 아직 태어나지 않았다. 혼이 인간의 몸에 깃들었다고 다 지혼이 아닌 것이다.
2. 지혼이 현생인류의 등장시기인 4만 년 전에 만들어졌다면 인간의 당시 평균수명 20년 정도를 감안하여 2,000번의 윤회를 하였어야 지금에 도달하고 그렇다면 그들은 지금 모두 고급 영이 되어 있어야 하는데 현재 지구에 그만한 수준의 혼이나 영이 그렇게 많지 않다. 이 또한 '지혼 문명설'을 뒷받침한다.
3. 퇴행최면 전문가이자 정신과 의사인 알렉산더 캐넌이 1천 건 이상의 사례들을 조사해 1953년 그의 저서 「The Power Within」을 통해 밝힌 퇴행기억은 기껏해야 기원전 수천 년까지다(조 피셔, 「나는 아흔여덟 번 환생했다」, 84쪽). 동일한 분야의 다른 연구가인 브라이언 와이스가 주장하는 수백만 년의 퇴행기억은 현생인류 이전 각혼시절의 轉生기억으로 보인다.

1) 먼저 '평균 전생(轉生)횟수'에 대해서 생각해 보자. 퇴행최면을 시행하면 보통 사람들도 모두 최소 수십 번에서 최대 수백 번의 전생이 나온다. 그런데 만일 그 퇴행최면의 정보를 근거로 하여 인류의 과거 영과 혼의 수효를 분석해 보면 1021년부터 인구를 채울 혼의 수가 대폭 부족하게 된다. 그렇다면
(1) 전생 퇴행최면에서 얻은 정보가 잘못 전해졌거나
(2) 퇴행최면에서 피최면자들이 자신의 전생횟수가 많은 것처럼 진술한 것은 무슨 이유836)로 인해 사실과는 거리가 먼 것일 것으로 판단된다.
결론적으로 퇴행최면에 의한 혼의 평균 전생횟수 정보는 믿을 수 없다.

2) 표준이론에서는 지혼문명설에 따라 인류 최초의 문명인 메소포타미아 문명의 발생기인 8,000년 전837)에 태어난 지혼이 최초의 지혼이라고 본다. 그렇다면 인류의 지혼으로서의 전생횟수는 최대 400번이 된다. 표준이론의 '합리적인 轉生횟수표'에 의하면 성인(聖人)수준인 4단계 자아가 되려면 최소 300번은 환생하여야 한다. 이때 그 혼의 나이는 최소 4,500살이다. 또 현인(賢人)수준인 3단계 자아가 되려면 100번의 환생이 필요하다. 그렇다면 그 지혼의 나이는 최소 1,500살이 된다. 군자(君子)수준인 2.5단계 중급혼이 되려면 40번은 환생하여 열심히 살았어야 할 것이고 보통 사람인 2단계는 25번 내외, 그 이하는 15번 이하로 본다.838)

3) 위와 같이 표준이론의 '합리적인 전생횟수표'를 사용하여 과거 인구수 등을 감안하여 지혼의 수를 추정하면 현재의 지구인구가 설명이 안 된다. 따라서 혼의 외계유출입설을 긍정할 수밖에 없다.

6.2.3. 영과 혼의 전생(轉生)횟수와 출신

위와 같은 사실을 고려하여 혼의 전생(轉生)횟수와 혼의 출신 즉 외계유입인구를 계산해 보면 부록6 '외계혼의 유입수'와 같다.

---

836) 피최면자가 복합혼이거나 단일혼이라 하여도 복합혼 시절의 전생이 최면 중에 드러난 것이거나 '호모 키윌리사티오' 이전 각혼 때의 轉生기억이 가산된 것이 그 이유일 수 있다.
837) 메소포타미아 문명은 8,000년 전에 싹터 6,000년 전부터 청동기에 들었다는 것이 중론이다.
838) '합리적인 轉生횟수표'는 부록6 '외계혼의 유입수'와 부록6-1 '시대별 영의 탄생수'를 보라. 해당표에서 적용한 자아수준별 전생횟수는 1단계 0회, 1.5단계 2회, 1.6단계 7회, 1.8단계 15회의 전생횟수를 각각 적용하였으며 2단계 혼의 평균 전생수는 25회로, 그리고 그 이상 2.5단계 이상은 40~400회의 轉生횟수를 적용하였다. 또한 평균수명은 10세기 이전 15세, 11~14세기 초까지 20세, 이후 25~40세를 적용하였다. 환생소요시간은 불설의 49일로 보아 평균수명에 포함시켰다. 표준이론에서 주장하는 전생횟수의 합리성에 대해 의심하려면 먼저 합리적인 대안을 제시하여야 할 것이다.

부록6의 표를 보면 8세기부터 혼이 부족하여 인구를 감당할 수 없게 된다. 따라서 그 이후 1981년 현재까지 총 34억 명 정도의 혼이 외계에서 유입된 것으로 보아야 한다. 이와 반대로 그 이전에는 3단계 이상의 혼이 누적으로 2억 명가량 외부로 유출되는 것으로 계산된다. 이는 숫자의 정확성은 차치하고라도 어쨌든 지구와 지구 이외의 지적생명체가 사는 행성(진화세계, evolutionary world) 간에 혼의 교류가 상당히 많았다는 사실을 보여준다.

또 부록6-1 '시대별 영의 탄생수'를 보면 현재 혼영수로 추정되는 7억여 명(부록1 참조)에 비하여 지구 역사상 지구에서 탄생한 혼영(魂靈) 수는 2.18억 명에 불과하여 69%가 넘는 영이 외계에서 수입된 것으로 보인다.

이러한 계산 결과839)들은 다음과 같은 사실로 정리된다.

1) 지구 말고도 이승이 많다.
2) 이승 간에 영과 혼의 교환이 이루어지고 있다.
3) 외계 출신 혼의 비율은 인구수가 가장 많은 1.8단계 이드에고인의 경우 93%를 넘는다. 또 2단계 이하에 해당하는 625살 이하 혼의 75%가 외계 출신이고 2.5단계 인격자, 2.75단계 양심가의 800~1,200살짜리 혼도 60~80%가 외계 출신이다.
4) 지구에는 젊은 혼이 부족하여 대폭 유입되었다.840)
5) 외계에서 유입된 혼을 뉴에이지에서는 '스타시드(starseed)'라고 하는데 시대별로 '크리스탈 아이들' 또는 '인디고 아이들'이라고도 한다.841) 뉴에이지에서 주장하는 스타시드보다 표준이론의 그것이 훨씬 더 이전부터 시작되었고 수도 더 많다. 불설을 따르더라도 우리 일세계에는 사바세계의 다른 수미세계에서 온 유정(有情)들이 얼마든지 있을 수 있다.
6) 또한 현재 지구의 인구증가추세를 볼 때 당분간 지구에서는 순 유출이 있을 것 같지 않다. 그렇다면 아래 7의 경우를 제외하고 당분간 현 지구인의 대부분은

---

839) 계산된 숫자는 추정치들이기 때문에 숫자의 정밀성을 따지는 것은 의미 없다. 다만 숫자가 의미하는 결과는 정밀성과 상관없이 분명히 드러난다.
840) 산업혁명 이래 지구의 인구가 급증하여 34억 명이 넘는 하위수준의 혼이 외계로부터 대거 유입되었고(부록6 참조) 이로 인해 5억 명에 달하는 영들도 따라서 유입되었다(부록6-1 참조). 반면에 2억 명이 넘는 3단계 이상의 고급혼들은 도리어 외계로 유출되었다. 이는 지구에는 저급혼들과 이들의 영화(靈化)를 돕는 영들이 집중적으로 보내지고 있는데 이들이 고급혼이 되면 외계로 유출된다는 사실을 의미한다. 지구가 고급혼 보급소인가? 섭리를 어찌 다 알랴만 그로 인해 지구인들의 평균 영적수준은 그 영성의 역사에 비하여 매우 낮다. 물질문명 대비 정신문명 수준 또한 여러 이승 중 최하위일 것이다.
841) 뉴에이지에서는 두 경우 모두 인류를 영적으로 각성시키고 지구의 평화나 안녕에 공헌하기 위해서 외계에서 온 영혼들이라고 하는데 여기서는 구태여 구분하여 보았다.

지구로 환생한다.

7) 주목할 부분은 3단계 현인급 이상이 2억 명 가까이 외계로 유출되었다는 사실이다. 특히 5단계 신인(神人)급의 700만 명 가까운 유출은 영계와 외계에 지구 출신 정신적 지도자가 많다는 것과 하느님 세상의 광대함을 의미한다. 이들 중 상당수가 지구에만 있었다면 지구는 이미 다른 차원의 세상이 되었을 것이다. 이는 또한 이승에는 여러 행성에 많은 지적생명체가 있고 또 그 발전 수준에는 각각의 계획이 있음을 의미하는 것으로 이는 하느님의 섭리 차원이다.

한편 이승 간에 대규모로 영혼이 교류될 수 있다는 사실에서 우리는, 우리 지구에 불행한 사태가 얼마든지 발생할 수도 있음을 알 수 있다. 즉 지금 우리가 당면하고 있는 핵문제나 환경문제로 인해 인류가 멸망할 수 있다는 뜻이다. 이런 계산이 나오기 전에는 일시에 대규모로 윤회혼이 저승으로 밀려들어 오면 혼들이 갈 곳이 없어 인류의 갑작스런 멸망 사태는 발생할 리가 없다는 막연한 희망이 있었으나 위의 계산 결과는 무책임한 유정들로 가득한 지금의 인류가 46억 년간의 진화무대에서 자멸하여 지구에서 갑자기 사라지더라도 아무런 이상할 일이 아니라는 것을 보여준다. '은총 또는 지구의 융통성'에 의한 인류의 문제 해결이 하느님의 섭리가 아니라는 뜻이다. 그리고 만일 인류가 자초하는 재난으로 인하여 하느님의 46억 년에 걸친 역작(力作)인 지구가 망가져 영과 혼의 발전과 진화의 터전이 사라진다면 이 사태는 현 지구인인 호모사피엔스 사피엔스들이 각자 자신의 업으로 짊어져야 한다. 생각건대 그 업은 大業일 것이다.尾148)

6.3. 혼의 구성

3.3.3. '혼의 구성체와 진화'에서 혼의 구성내용에 대한 대강을 이미 보았지만 본 장에서는 이를 좀 더 자세히 살펴본다.

사람이 어렸을 때에는 혼의 하위 부분이 왕성하다가 자라면서 점차 윗부분이 드러난다. 유아기에는 생기체가, 미운 일곱 살에는 하위정신체인 이드가, 사춘기에는 상위정신체인 에고가 極盛하다. 이후 양심체가 등장하고 영이 활동을 강화한다.842)
따라서 어린아이는 판단력이나 의지력뿐 아니라 배짱도 없고 양심체의 기능은 더

---

842) 이 순서를 지키지 않는 사람들이 가끔 있다. 영과 혼이 수승하거나 그 반대의 사람들이다.

욱 약하다. 이드의 속성인 욕망과 에고의 저열한 부분인 이기심만 크다. 이후 사춘기 에고시대에는 정신체가 본격적으로 드러나면서 혼의 개체성의 핵심인 이기심과 자존심이 크게 발달한다. 이때 전생의 업과 혼의 성격이 표면으로 떠오른다. 따라서 한편으로는 육체와 이드를 상대하고 또 한편으로는 업과 업에 따라 형성된 성격에 시달리며 자신의 비전을 정립하느라 사람들은 대부분 사춘기를 방황하며 지내게 된다.843) 양심체는 정신체가 완전히 드러난 뒤 영의 도움을 받아 자란다.844)

그러니 어린아이들이 착하다고 하면 곤란하다. 약할 뿐이다.845) 또한 감각기관의 지각을 통해 외부로부터 흡수되어 뇌에 심어진 '지식(知識)'은 善이나 진리와는 상관이 없다. 善은 어린아이가 영적으로 성장하여 지혜를 쌓고 깨닫고 이를 체화하여야 비로소 나타난다.846) 따라서 어린아이들은 선하지 않다. 그런데 예수님은 왜 어린아이처럼 되라고 했을까? 그것은 比喩일 뿐이다. 예수님이 표준이론스러운 말씀을 하셨다면 사람들에게서 영을 찾기 힘들었던 당시에 얼마나 이해되었을까? 天眞無垢한 인격은 마음을 갈고닦은 결과이지 어린아이 때의 인격이 아니다.847)

지금까지 거론한 혼의 구조를 정리해 보면 부록4 '영혼육의 구조'와 같다. 혼의 구성내용을 몸의 장기(臟器)처럼 이리저리 해부하여 구분한다는 것은 애당초 불가능한 일이나 혼의 실체를 알기 위해 편의상 분석한 것으로 인간을 이해하는 데 유용할 것이다.

---

843) 1. 환생에 따른 이러한 어린 시절의 반복은 낮은 자아수준의 혼에게는 의미가 있으나 높은 자아의 혼에게는 별 의미가 없다. 이를 두고 신지학에서는 "매우 진보된 영혼은 그의 제자가 만들어 놓은 성년의 육체에 바로 깃듦으로써 그런 불필요한 과정을 피하려고 한다."(리드비터,「신지학대의」제11장 윤회 중에서)라고 한다. 예수님이나 부처님도 그랬다고 한다. 化生論이다. 그러나 답답한 어린 시절을 다시 겪고 싶지 않은 것은 진화가 다급한 혼의 생각일 뿐 겁이 하루인 브라흐마가 어찌 그러하랴.
2. 혼과 영 특히 혼이 태아기에 일시에 도래한다는 표준이론적 생각은 이처럼 느린 인간 성장사이클을 볼 때 심각한 도전을 받는다. 전생에 이미 成하고 長한 혼이었고 영이었는데 그것이 드러나는데 그처럼 오랜 각고와 시간이 필요하느냐는 것이다. 이를 일거에 해결하는 아이디어가 분할환생론이다(미주 43 '몸과 혼의 성장 속도와 분할환생' 참조).
844) 선(善)과 진리(眞理) 그리고 천명(天命)은 양심의 기능인 지혜로 얻어진다. 양심의 기능에는 사단(四端)과 지혜 그리고 예지(睿智)가 있는데 이러한 양심의 기능을 키우는 데는 영의 능력인 직관의 도움이 절대적이다. 영이 없는 사람은 혼 안에 깊숙이 자리 잡은 '하느님의 불씨'의 도움을 받는다.
845) 귀여운 강아지가 착한가? 약할 뿐이다. 필요하고 가능하면 즉시 짖고 문다.
846) 같은 식물을 앞에 두고도, 성숙한 인간과 미성숙한 인간은 전혀 다른 생각을 가진다. 그러나 두 사람의 감각적인 지각은 같다. 두 사람의 차이는, 그 식물에 대해 한쪽이 더 완벽한 사고 내용을 가질 수 있다는 것이다. 만일 감각으로만 대상을 파악한다면, 영적 진화는 불가능할 것이다. 미개인도 자연을 지각하지만 자연의 법칙은 문명화된 인간의 사고(지혜)로 드러난다. 어린아이는 외부 자극을 받아 행동한다. 그러나 도덕적 선은 어린아이가 성장하여 영적 생활을 배우고 그 표현을 이해하게 되었을 때 비로소 나타난다(루돌프 슈타이너,「신지학」).
847) 1. "어린아이들과 같이 되지 아니하면 결단코 천국에 들어가지 못하리라."(마18:3)
2. 천국에는 또 하나의 절대적 가치가 있다. 그것은 天眞無垢한 인격이다. 천진무구란 눈과 같이 희고 한 점의 때도 없는 순진함을 말하며, 이것이야말로 천국에 갈 수 있는 중요한 요소이다(스베덴보리).

6.3.1. 생기체

인간을 포함한 다세포 생명체는 수많은 세포가 모여 생명활동을 하고 있다. 인간은 약 100조 개의 세포가 모여 구성되어 있다고 한다. 세포 하나가 탄생하면 생명체가 죽을 때까지 계속 같이 사는 것이 아니라 그 세포가 생명체에 도움이 되지 못하거나 도움이 되더라도 프로그램된 때가 되면 여지없이 죽음을 맞게 된다. 아직 싱싱한 세포가 폐기되도록 프로그램된 이유는 세포 하나에게는 요절이지만 세포가 모인 생명체는 그 세포의 폐기가 생명체의 안녕을 유지하는 데 더 유리하기 때문이다.848) 그런데 100조 개나 되는 세포를 이처럼 일사불란하게 조직하여 맡은 기능을 수행케 하고 심지어 생사까지 결정하는 프로그래머와 오퍼레이터 역할은 누가 할까?

혼의 생기체(生氣體, vital body)는 3.2.1. '표준이론의 영과 혼의 기원'에서 이미 살펴본 바와 같이 생기가 하나의 유기적인 시스템으로 발전하여 '유기체인 몸에 생명력을 주는 물성을 가진 氣시스템'이 된 것으로서 육체에 생명력을 주며 육체의 각 장기에 대응하는 혼의 장기를 가지고 육체를 키우고 제어한다.849)

혼의 장기(臟器) 중 특히 혼의 뇌를 혼뇌(魂腦)尾149)라고 하는데 혼뇌는 몸뇌(頭腦)의 혼 버전으로

1) 몸뇌를 통제할 뿐 아니라
2) 혼의 장기를 통하여 육체를 키우고 제어한다.
3) 아울러 전생(前生)과 현생(現生)의 모든 기억이 저장되어 있다.

몸뇌와 혼뇌는 그 발현에 엄격한 질서가 있다. 생시에는 혼이 전체적으로 몸에 구속되어 있으며 생기체시스템을 통해서만 몸을 사용한다. 각성 시에 혼이 몸뇌에

---

848) 세포의 자살을 아포토시스(apoptosis)라고 한다. 이는 중앙의 지시 또는 예정된 계획에 따라 세포가 스스로 죽기로 決心하고 생체에너지인 ATP를 적극적으로 소모하면서 죽음에 이르는 자연현상(미주 14 '자연의 의미' 참조)을 말한다. 세포 자살은 염색체의 반복적인 염기서열을 가지는 DNA 조각인 텔로미어(Telomere)의 자발적 減少와 같은 이치다. 다만 텔로미어의 감소는 個體 전체의 자살로 이어진다(미주 248 '노화(老化)' 참조). 오토파지(autophagy, 자가포식)라는 것도 있다. 세포 내에서 더 이상 필요 없어진 구성요소나 세포 소기관을 분해해 다시 에너지원으로 재생산하는 또 하나의 自然현상이다.
849) 표준이론의 체(體)는 신지학과 달리 Body라기보다는 System이다. 그러나 생기체는 Body의 성격이 강하다. 신지학도 생기체를 에테르체(Etheric body, Etheric Double) 또는 산스크리트어를 써서 링가 샤리라(Linga Sharira)라고 하나 표준이론처럼 진화하여 혼이나 영이 되는 존재가 아니라 육체에 생기를 주는 육체의 일부로 본다.

구속되어 혼뇌의 기억이나 능력을 제대로 사용하지 못하거나 드러낼 수 없는 것은 생기체시스템의 규칙 때문이다. 그렇다면 생기체시스템이란 무엇인가.

1) 생기체시스템은 DNA에 저장된 생명정보와 육체의 센서를 통해 입수되는 수시 정보를 활용하여 육체와 생기체라는 두 하드웨어를 운영하는 생명 O/S(Operating System)로서 다음의 두 하부시스템으로 구성된다.
(1) 기 대사시스템 : 기맥(경락)을 통한 기의 순환을 관장하는 시스템으로 이 기 대사시스템을 정상화, 강화, 활성화시키려는 물리적인 시도를 기공(氣功)이라고 한다.
(2) 신호 전달시스템 : 신경세포(뉴런)와 내분비기관에서 신경전달물질과 호르몬, 사이토카인, 케모카인 등 신호전달물질을 분비하게 하는 혼뇌측 시스템이다.

2) 또한 생기체시스템은 다시 정신체의 지시에 의해 몸을 통제하는 수의(隨意)시스템과 정신체의 지시없이 자율적으로 몸을 운영하는 자율(自律)시스템으로 나뉜다.

3) 그러나 수승한 혼은 생기체의 자율시스템도 어느 정도 통제하여 半자율 시스템으로 만들 수 있다. 예를 들어 최면 이상현상인 카탈렙시(catalepsy) 같은 괴력을 자의적으로 사용하는 초능력을 보일 수 있는 것이다.

4) 또 아예 생기체의 개입 없이 직접 몸의 일부를 통제하는 예외적인 경우도 있다.
(1) 혼이 수승하여 생기체의 혼뇌를 통하지 않고 몸뇌를 직접 장악하는 경우 : 소위 불교의 삼명(三明)의 경지다.[850]
(2) 몸뇌가 半 활성상태에 있는 REM수면이나 변성의식 상태인 경우
(3) 종혼의 발호(跋扈)로 인한 이중인격, 극심한 중독증 등 복합혼의 경우에 나타나는 정신질환, 또는 빙의(憑依)에 의해 외부혼이 침탈한 경우
(4) 몸의 생기체가 망가진 경우 : 임종명석현상 시
(5) 제노글로시·투시·텔레파시·예지·데자뷔·염력 등 초상현상 시 혼이 직접 외부와 소통할 때

5) 렘수면 시 혼은 이미 잠에서 깨어 몸뇌를 작동시켜 의식은 있으나 생기체는 아직 부분적으로 자율기능이 작동 중이라 몸의 통제권을 혼이 아직 완전히 장악하지 못한 경우가 있는데 가위눌림은 이때 발생한다.[851]

---

850) 미주 192 '삼명과 육신통 그리고 저승에서의 혼과 영의 능력' 참조
851) 미주 258 '가위눌림' 참조

6) 부모는 자손에게 생기체의 씨앗시스템을 전달한다. 생기체 씨앗시스템은 부모의 정자와 난자에 의해 F1 자손으로 전달되는 선천지기(先天之氣)로서 생기계로부터 종(種)의 생기체를 부르는 역할을 한다.

혼뇌(魂腦)와 의식(意識)

이러한 사실을 감안하여 우리의 의식(意識)을 살펴보자.
의식은 몸뇌의식과 혼뇌의식, 그리고 영의식으로 구분된다. 다만 각성 시에는 영혼일체이므로 영과 혼의 의식을 구분하는 것은 의미 없다. 따라서 여기서는 영의식에 대한 언급은 생략한다.
그리고 하급혼인 복합혼의 경우 혼뇌의식은 다시 주혼의식과 종혼의식으로 구분된다.

1) 몸뇌의식 : 생시에는 혼이 전체적으로 몸에 구속되어 있다. 혼은 생기체시스템을 통해서만 몸을 사용한다. 각성 시에 혼이 몸뇌에 구속되어 혼뇌의 기억이나 성격 등을 사용하거나 드러낼 수 없는 것은 생기체시스템의 규칙 때문이다. 이처럼 혼이 몸뇌에 구속되어 있는 의식상태를 몸뇌의식이라 한다. 가장 일반적인 의식상태로 힌두철학의 자그라타(Jagrata) 상태다.[852]

2) 혼뇌의식 : 혼뇌의식은 혼이 몸뇌가 아닌 혼뇌를 사용하는 상태로서 혼뇌의식의 활동내용은 혼뇌에 기억되므로 몸뇌가 각성한 후에는 혼뇌의식의 활동내용을 몸뇌가 기억하지 못한다. 그러나 렘수면이나 최면, 명상 등 몸뇌가 반(半)각성상태인 변성의식하에서의 혼뇌의식은 그 일단이 겉으로 드러날 수 있다. 힌두의 스바프나(Svapna) 상태다.

그런데 혼의 31.9%가 복합혼이다(부록1 참조). 복합혼의 혼뇌는 주혼부분과 종혼부분이 분리되어 있는 경우가 있다(6.12.2. '표준이론의 의식구분' 참조). 따라서 복합혼의 경우에 혼뇌의식은 다시 다음과 같이 다시 둘로 나뉜다.
(1) 주혼의식 : 주혼의식이란 혼뇌의 주혼부분이 종혼부분을 압도할 때 나타나는 의식으로 복합혼이라도 거의 대부분의 경우는 주혼의식 상태다.
(2) 종혼의식 : 종혼의식이란 혼뇌의 종혼부분이 주혼부분을 압도하여 혼뇌의식을 장악하고 외부로 드러나는 경우다. 복합혼이 아닌 경우에도 사람은 누구나 제어가

---
[852] 미주 197 '힌두철학의 의식상태와 자아의 종류' 참조

곤란한 악습이나 중독증, 자기혐오, 자살충동, 우울증, 이인증(異人症, depersonalization), 강박증(強迫症, obsession), 비현실감(非現實感, Derealization) 등 복합혼 시절의 원죄적(原罪的) 잔재가 있을 수 있다. 그러나 아직 복합혼인 사람의 병약한 주혼이 종혼의식에 의식의 자리를 내어주면 심각한 주의력결핍장애(ADHD)나 해리성 정체장애(解離性正體障碍, dissociative identity disorder), 조현병, 뇌전증 심지어 도플갱어(自己像紈視, doppelgänger, autoscopy) 등 정신질환이 나타나게 된다. 표준이론에서는 이를 복합혼현상 또는 종혼현상이라고 한다.853)

의식의 원천은 혼뇌에 있고854) 몸뇌는 혼뇌의식을 수신하여 필터링한 후 몸뇌의 식으로 드러낸다. 그런데 몸뇌는 배태초(胚胎初)부터 도안체인 혼뇌에 전사되어 있는 혼의 성격과 전생기억에 대한 정보를 반영(反影) 받아 성격정보는 현재기억에, 전생기억은 잠재기억에 저장하고 있다. 각성상태에서 혼뇌의식은 이러한 몸뇌에 저장된 정보의 제한하(制限下)에 외부로 드러난다. 한편 정신의학에서는 금생에서 원천을 찾지 못하는 기억이나 성격 등의 발현을 두고 무의식855)이 드러났다고 말하지만 사실 그 원천은 도안체로부터 받은 이 반영기억이며 이는 전사(傳寫)가 아니기 때문에 분명치 않을 뿐이다.856) 또 이중인격의 경우는 전술한 대로 복합혼의 혼뇌의 종혼의식이 발현한 것인데 그때 사용되는 기억과 성격은 혼뇌의 종혼기억과 그에 대응하는 몸뇌부분(아마도 잠재기억)에 반영기억으로 저장되어 있는 것이다.857)

정신의학자 칼 구스타프 융은 인간의 정신(la psyché)은 의식과 무의식의 전일체(全一體)로 이루어져 있다고 하며 무의식은 꿈을 통해서 상징적인 언어를 가지고 의식과 만나려고 한다고 주장하였다. 이때 융은 무의식이 영혼 같은 것이라고 생각하였을까? 이에 대해 그는 아직 설익은 생각이라고 한다. 그러나 그의 논지를 보면 융은 이미 무의식이 혼에 기원함을 눈치챈 듯하다.858) 그가 프로이트와는

---

853) 1. 따라서 자아의 방을 장악하는 주체(속성)는 이드와 정신체 그리고 양심체와 영 이외에 수많은 복합혼 또는 그 잔재가 더 있을 수 있으니 그만큼 사람의 마음은 복잡하다.
2. 명상(冥想)의 첫 번째 요소인 심일경성(心一境性)은 종혼을 침잠시킨다. 종혼은 명상의 관찰자효과에 더욱 약하다.
854) 사실 의식은 혼뇌에 있지 않다. 설명하기 위한 방편일 뿐이다. 혼은 그 자체로 의식체다.
855) 다시 말하지만 무의식이란 용어는 용어 자체가 부적절하다. 의식이란 주체를 전제로 한 용어인데 주체 없는 의식인 무의식이 어찌 있을 수 있는가. 이는 주체를 모르기 때문에 무의식 자체를 하나의 주체로 보는 '미완성의 학문'에서 사용하는 개념이다.
856) 또는 그것이 잠재기억에 있거나 아예 몸뇌에서는 잊혀지고 혼뇌에서 다시 새어나온 것일 수도 있다.
857) 이중인격이 나타날 때 혼뇌의 종혼의식과 그 기억부분 그리고 이에 '대응하는 몸뇌부분'이 활성화된다. 따라서 '대응하는 몸뇌부분'을 알 수 있다면 외과수술로 이중인격을 치료할 수 있을 것이다. 전두엽 특정부위에 외과적 외상 또는 치매 등 원인으로 문제가 생기면 성격이 변하는 이유도 그 특정부위가 '대응하는 몸뇌부분'이기 때문이다.(미주 54 '자의식의 장애와 표준이론' 참조).
858) 꿈은 진리와 생명을 담고 있는 상징을 통해 우리에게 무의식으로 가는 가장 확실하고, 가장 똑바른

달리 정신작용의 원천이 혼뇌이며 혼뇌가 몸의 조건에 구속된 상태에서 그 의식을 몸뇌에 투사시켜 외부로 드러난 것이 몸뇌의 의식임을 알았다는 뜻이다.

생기체와 몸의 질환

생기체는 정신체의 지배를 받으나 몸이 살아있는 내내 잠들지 않으며 불수의(不隨意)적인 교감과 부교감의 자율신경을 포함하여 몸의 모든 장기를 제어한다. 결국 마음의 정신체는 생기체를 통하여 간접적으로 몸을 장악하게 된다. 또 대부분의 정신질환은 정신체에서 발생한 원인이 생기체를 통하여 몸에 이상을 초래함으로써 나타난다.

한편 생기체의 손상은 몸과 정신체의 활동을 저해한다. 생기체가 손상되는 경우는 세 가지인데 몸의 손상에 기인하는 경우와 생기체 자체의 원인으로 고장나는 경우 그리고 정신체에 의해 손상되는 경우다.
먼저 몸의 손상은 점차 생기체의 손상을 불러온다. 키를리안 사진기에 의해 확인된 유령 나뭇잎(Phantom Leaf) 현상이나 환상 사지(Phantom limb)에 의한 환상통 등은 몸의 손상이 생기체의 즉각적인 손상으로 이어지지는 않음을 보여준다. 반면 생기체의 손상은 즉각적인 몸의 기능 저하로 이어진다. 예컨대 혈액순환의 문제로 인하여 뇌경색이나 뇌출혈이 발생하여 혈관성 치매가 발생하듯 생기체의 기 순환시스템에 생기의 순환이 원활하지 못하여 생기체의 혼뇌의 경맥(經脈)과 낙맥(絡脈)이 막히거나 터지는 경우 금방 치매가 발생하는 것이다.859)

생기체에 대한 사상들

사라스와티860)에 의하면 생기(生氣)는 프라크리티(氣)가 푸루샤에 의해 그 속성인

길을 보여준다. 꿈은 헤아릴 수 없는 가치를 가지고 있는 인간의 내적 안내자로서, 인간이 가지고 있는 가장 위대한 보물 가운데 하나다. 그런데 우리는 무의식을 영혼과 동일시할 수 있을까? 그렇지는 않다. 우리가 그렇게 주장한다면 그것은 아직 설익은 주장이며, 잘못된 주장이 될 것이다. 무의식은 인간의 영혼을 모두 다 드러내고 있지는 못하다. 더구나 어떤 이들이 주장하고 있듯이 신(神)과 동일시될 수도 없다. 하지만 무의식은 인간의 영혼은 물론 신과도 내면적으로 아주 밀접하게 연관되어 있다(에르나 반 드 빙켈, 「융의 심리학과 기독교 영성」 참조).
859) 미주 317 '치매에 대하여' 참조
860) 스와미 요게시바라난다 사라스와티(Swami Yogeshwaranand Saraswati 1887~1985)는 15세에 출가하여 히말라야 산속으로 들어가 두 사람의 위대한 聖師를 만나 라자 요가를 수행하고 비전(祕傳)을 교수받은 뒤 스승의 명에 따라 그 비전의 전파에 주력한 요가의 스승이다. 인도의 요가성지 리시케시에 아쉬람을 연 그는 「前四段階의 요가행법」, 「生氣의 과학(Science of Vital Force)」, 「神光의 과학」, 「神

구나의 균형이 깨지면서 생성되는 五代원소 중 풍(風)으로부터 만들어지는 것이라고 주장한다. 생기체는 조잡(粗雜)생기로 구성되나 정신체는 미세(微細)생기로 만들어진다. 생기체는 정신체의 명령을 받아 활동하는데 정신체는 다시 원인체의 마음과 연결되고 마음은 또 진아와 연결된다. 결국 생기체는 마음과 진아의 명령을 받아 움직이는 것이다는 것이다. 표준이론에서도 생기체는 부모의 난자와 정자로부터의 생기체씨앗(先天之氣)이 생기계의 인간 생기체그룹에 있는 생기체를 불러받아 육체와 같이 태어나고 육체 전체에 걸쳐 있으면서 정신체의 통제 아래 육체를 항상 활동적으로 만들고 있다. 또 사라스와티는 사람이 명종에 이르면 생기체는 몸과 정신체로부터 떨어져 나와 근본자성인 프라크리티로 귀멸(歸滅)해 들어간다고 한다.861)

이차크 벤토프862)에 따르면 "전압계로 달걀의 위와 아래에 대보면 위쪽에는 양전기가, 아래쪽에는 음전기가 걸리는데 그 전압 차이가 보통 2.4밀리볼트다. 이는 해초의 포자나 개구리 알, 나무의 씨앗 등에서도 동일하며 나아가 모든 생물체가 마찬가지다. 이러한 전기장을 조직장(organizing fields)이라고 하는데 조직장은 전자기 홀로그램으로서 생물체와 합체하여 주형을 만들고, 물질이 이 주형을 채워서 유형(有形)의 실체를 만들어 낸다."라고 한다.863) 그가 말하는 조직장이 표준이론의 생기체다.864) 생체공학자인 그는 생기체의 존재를 직관하고 이를 과학적으

我의 과학」「魂의 과학(Science of Soul)」등의 저서를 펴내었다. 국내에는「혼의 과학」(영풍문고, 나종우 역)만 번역되어 소개되었다.
861) 1. 사라스와티의 이러한 주장은 그가 삼매지경에서 미세체의 영안(靈眼)을 열어 이를 통해 몸 안을 관찰한 결과 얻어진 팩트인데 이러한 팩트는 우파니샤드 시절부터 수천 년간 수많은 요가 수행자들에 의하여 확인된 것이라고 한다. 표준이론의 생기체와 정신체가 요가학파의 그것과 완전히 일치함은 표준이론도 영안으로 보아 얻은 것인가?
2. 음식물로 이루어진 신체 외에 생기로 만들어진 신체가 육체 안에 또 있으니 이 자아도 인간의 모습을 하고 있다(타이티리아 우파니샤드 2-2-1-2).
862) 이차크 벤토프(Itzhak Bentov)는 1923년 체코슬로바키아에서 태어나, 2차대전 중에 이스라엘로 이주했으며, 1954년에 미국으로 건너가 산업체의 고문으로 일하였다. 뒤에 생체공학 전문가가 되어 1979년 세상을 떠날 때까지, 의식의 변화가 생체에 미치는 영향을 연구하는 데 몰두하였다. 저서는「우주심(宇宙心)과 정신물리학」(정신세계사)이 있다.
863) 벤토프는 나무의 씨앗을 또 다른 예로 들고 있다. 나무의 4차원(시공간) 조직이 나무의 씨앗 속에 응축되어 있다. 씨앗 속에서 진동하고 있는 분자들은 나무의 형태에 관한 정보를 저장한 유전자다. 다시 말해, 나무의 시간과 공간의 형태를 부호로 간직하고 있다. 그래서 씨앗은 나무의 모양에 대한 정보뿐만 아니라 시간에 따른 전개, 말하자면 성장에 따른 여러 단계의 순서와 걸리는 시간에 대한 정보를 간직하고 있다고 말할 수 있다. 씨앗은 매우 독특한 구조다. 왜냐하면 씨앗 속에는 시간과 공간이 압축되어 저장되어 있으며, 그것이 전개될 적당한 객관적인 시간을 기다리고 있기 때문이다. 씨앗은 주관적인 시간 공간 속으로 이동한 하나의 나무라고 할 수 있다. 그 속에서는 일상적인 시간과 공간의 의미는 사라진다. 나무와 관련시켜서 말하는 한 씨앗은 '시간이 정지된 상태'이다. 나중에 객관적인 조건이 좋아지면 나무는 씨앗이라는 명상적이고 동면하는 상태에서 깨어나서 성숙한 나무로서 객관적인 시공간 속에서 성장하는 것이다. 다른 표현을 빌면, 씨앗은 그 특질상 절대계에 더욱 가깝기 때문에 나무보다 훨씬 기본적인 구조를 이루고 있다(이차크 벤토프,「우주심과 정신물리학」참조).

로 설명하려는 시도를 하였다. 그의 주장을 표준이론식 용어로 바꾸어 쓰면 "유기체를 덮고 있는 생기체865)의 생명력이 발동하면 생기체는 달걀 노른자 어느 부위(DNA)에서 아미노산 배열정보를 얻어 공간정보를 추출하는 한편, 유기체를 구성하는 각 분자들 상호 간의 진동수 관계에서는 성장시간정보를 추출하여 유기체에 앞서 성장이 예정된 장기(臟器)의 주형(鑄型), 즉 '기의 장기(혼장기)'를 만들고 육체로 하여금 필요한 영양소를 섭취하게 한 후 이로써 그 주형을 채워 육체의 장기를 鑄造한다."866)이다. 그런데 벤토프의 주장대로 DNA가 달걀노른자에 들어 있을까? 그렇지 않다. DNA의 원천은 생기체다. 생기체가 DNA 등 자신이 품은 인체 설계도와 천부의 시공(施工)과 감리(監理)능력에 의하여 주형(鑄型)을 만들고 거기에 물질을 채워 넣어 몸을 만든다. DNA는 혼이 그의 기억을 생기체의 혼뇌에 심듯 생기체가 몸에 심은 것으로 세포 하나하나에 물질적으로 전사(傳寫)된다.

생기체의 이러한 기능에 주목하여 신지학에서는 생기체를 도안(圖案)체(design body)라고 부르기도 한다. 그러나 신지학을 포함한 뉴에이지에서 생기체는 통상 에테르체로 불린다.867) 그들은 육체 안에 감각과 기관의 원형(元型)인 에테르체가 있는데 에테르체는 육체의 기관보다 훨씬 세련되고 발달되어 있으며 더 많은 기능(텔레파시, 투시, 투청 등 초상超常기능)을 가지고 있다고 설명한다. 아울러 생기체는 DNA의 원천이며 생명체의 진화설계도를 품고 있다.868) 신지학의 이러한

---

864) 생기체에 전류가 흘러 전압차가 생기는지는 알 수 없으나 그것이 생물체와 합체하여 주형을 만들고, 물질이 이 주형을 채워서 유형의 실체를 만들어 낸다는 것은 생기체의 존재를 정확히 포착한 것이다.
865) 생기체는 종별로 타입이 있어 DNA의 유전정보와 협업하여 주형을 만들고 이를 유기물로 채워 넣어 생명체가 틀의 모습대로 자라게 한다. DNA는 윤회혼에 원천하는가 아니면 생기체에 새겨져 있는가 또는 정자와 난자에 새겨져 있는가. 생물학적으로는 당연히 맨 후자이지만 표준이론에서는 생기체를 장악하는 혼에 그 DNA 관련 정보의 원천이 있고 생기체는 생기체대로 정자와 난자에 스며 있는 생기체 또는 생기계의 '인간 생기체그룹'에서 나오는 생기체에 DNA정보가 새겨져 있다. 혼은 이를 통제하고 관리한다고 본다. 염색체 안의 DNA는 생기체의 DNA정보가 육체적으로 구현된 것에 불과하다. 마치 혼의 의식에서 나온 의지가 생기체를 통하여 몸뇌에 전기적신호로 구현되고 외부에 드러나듯이 말이다.
866) 1. 생명체의 형태는 유전에 의해 전해진다는 사실이 밝혀졌다. 어떤 생명체가 어떻게 자라나는가는 어떤 조상에서 비롯하는지, 다시 말해 어느 종에 속하느냐에 따른다. 그것을 구성하는 소재는 끊임없이 바뀌지만, 종은 생명이 존재하는 한 존속하고 자손으로 유전된다. 그러므로 種이 소재의 결합을 결정한다고 할 수 있다. 그러한 종을 형성하는 힘을 생명력이라 한다. 광물의 힘이 결정 속에서 자기를 표현하듯이, 생명 형성력은 동식물의 종 또는 형태 속에서 자기를 표현한다(루돌프 슈타이너, 「신지학」).
2. 신지학 창시자 블라바츠키는 '에테르 원형'이라는 말로 이를 설명한다. 그는 인간도 인간의 에테르 원형이 있다고 한다. 다만 이는 진화로 탄생된 것이 아니라 영원 속에 존재해 왔다고 주장한다(스로타파티, '영원한 지혜' 86쪽). 인간이 진화체인데 블라바츠키는 그 주형인 생기체가 어찌 진화하지 않는다고 하는지 알 수 없다. 생기체도 진화한다. 몸의 진화에 한발 앞서서, '신의 영화(靈火)'가 지시하는 방향에 따라. 그리고 그 종에 대한 전문가인 천사와 고급영들에 의해서.
867) 1. 신지학의 태두 블라바츠키는 생기체를 산스크리트어를 차용하여 링가 샤리라(Linga Sharira)라고 이름 붙이고 인간의 제2본질로 보았다. 이는 그가 인도철학에서 다신체론의 기원을 찾았기 때문이다.
2. 그러나 베다에 생기체에 해당하는 단어는 없고 생기체는 숙슈마 샤리라(sukshma sharira)의 일부다. 따라서 Linga Sharira는 블라바츠키가 생기체를 범어로 조어한 것으로 보인다.

설명들은 대부분 표준이론과 상통하는 주장들이다.

생기체와 관련하여 양자의학에서는 다음과 같이 이야기한다. "육체는 눈에 보이는 육체와 에너지장으로 구성되어 있고 마음 또한 입자와 에너지장으로 구성되어 있어 육체의 부속된 에너지장과 마음에 부속된 에너지장은 서로 연결되어 있다."[869] 이 말은 "몸은 육체와 육체의 생기체로 구성되어 있고 마음은 정신체와 양심체 그리고 생기체를 가지고 있으며 몸과 마음은 각자의 생기체로 서로 연결된다."라는 표준이론적 용어로 번역된다. 그러나 표준이론에서 몸은 몸으로만 되어 있고 양자의학에서 에너지장이라고 부르는 생기체는 마음의 구성체다. 그러나 위 양자의학의 주장은 몸에도 생기체를 수용하는 부분이 있다는 것이니 일면 타당하다.

6.3.2. 마음의 구성요소

6.3.2.1. 마음의 정의

국어사전에 나타나는 마음에 대한 정의[870]는 '마음'이 어려운 단어라서 그런지 다음과 같이 신통치 않다.

1) 사람이 본래부터 지닌 성격이나 품성
2) 사람이 다른 사람이나 사물에 대하여 감정이나 의지, 생각 따위를 느끼거나 일으키는 작용이나 태도
3) 사람의 생각, 감정, 기억 따위가 생기거나 자리 잡는 공간이나 위치
4) 사람이 어떤 일에 대하여 가지는 관심

---

868) 1. 우리는 대자연 속에는 거대한 신비의 지성이 있다는 것을 쉽게 알 수 있다. 그러나 이러한 지성의 근원은 무엇이며 그것을 안내하고 나누어 주는 법칙들은 무엇인가? 이러한 지성이 인간의 지성과 같은 것인가? 벌들은 자신의 정신을 인간처럼 훈련시켜서 향상시키는가? 나뭇잎과 피부 그리고 눈은 어떤가? 이것들 속에 있는 믿기 어려운 지성의 근원은 무엇인가? 이 모든 것들은 대자연의 일부분들이며 그것들 모두가 작용과 반작용으로 정신의 힘을 나타낸다. 어째서 이 나뭇잎 속에 있는 지성이 옆에 있는 나뭇잎과 거의 유사한 지성을 가지고 있으며 나뭇가지에 앉아있는 새의 지성과는 다른가? (신지학협회, '신지학 홈스터디')
2. 신지학의 위 언급에서 지성이란 생기체의 주형(鑄型)의 속성을 표현한 말이다. 주형은 설계이며 설계는 지성의 결과물이라는 의미에서 지성이란 말을 사용한 것으로 보인다. 이는 정신체의 고급 기능으로서 知性과는 다르다.
869) 1. 강길전·홍달수의 「양자의학」 참조
2. 6.6.3. '양자의학과 표준이론' 참조
870) 표준국어대사전, 마음

5) 사람이 사물의 옳고 그름이나 좋고 나쁨을 판단하는 심리나 심성의 바탕

백과사전 정도를 살펴보면 비로소 깊이 있는 설명들이 나타난다. 여기에서 마음은 일반적으로 '정신'이라는 말과 같은 뜻으로 쓰이기는 하지만, '정신'에 비해 훨씬 개인적이고 주관적인 뜻으로 쓰이는 일이 많고 그 의미 내용도 애매하다고 하면서 보통

1) 감각·지각·사고의 주체로서의 자아(自我)
2) 물질과 대조적인 것으로 이해되는 정신(情神)의 두 가지 뜻이 있다고 한다.

좀 더 종교적인 색채를 가진 과감한 정의871)를 살펴보면, 마음이라는 개념은 미개사회에서부터 영혼불멸의 신앙과 결부되어 있다고 하면서 "인간의 내면적 활동인 知, 情, 意를 통합한 정신적 작용으로서 선악을 판단하는 힘이요, 인격과 행위를 결정하는 근간이며, 생명의 힘이 일하는 장소이고, 종교·윤리 생활의 중심이며, 하느님과의 관계가 가능한 교제의 처소요, 하느님의 계시를 수용할 수 있는 통로를 말한다."라고 한다. 결론적으로 마음은 그 사람의 내면 혹은 그 사람 자신을 가리킨다는 것이다.

이 정의는 마음이 생명의 힘이 일하는 장소이기도 한다고 하여 마음에 생기체의 기능까지 더하였으니 결국 표준이론의 혼에 대한 정의와 유사하게 되었다.872)

마음에 대한 이론(理論)은 마음을 물리적인 것으로 보는 견해와 비물리적인 것으로 보는 견해로 나뉜다. 마음에 대한 현대적 견해는 물리주의와 기능주의, 그리고 행화주의(行化主義) 등이 대표적이다. 이들은 이구동성으로 마음이 뇌와 거의 동일하거나 신경 활동과 같은 물리적 현상으로 환원될 수 있다는 유물(唯物)의 견해를 피력한다. 마음을 비물리적인 것으로 간주하는 이원론과 관념론은 소위 전통적 견해로 격하되었다.尾150)

---

871) 라이프성경사전, 마음
872) 이 정의를 표준이론에서 혼의 활동인 감각, 감성, 욕망, 욕구, 감정, 지성, 四端, 지혜, 예지와 대응시켜 보면
   1) 선악을 판단하는 힘은 지성, 지혜
   2) 인격과 행위를 결정하는 근간은 감성, 욕망, 욕구, 감정
   3) 생명의 힘이 일하는 장소는 감각의 생기체
   4) 종교·윤리(도덕) 생활의 중심은 四端, 지혜
   5) 하느님과의 관계가 가능한 교제의 처소는 지혜, 예지
   6) 하느님의 계시를 수용할 수 있는 통로는 예지 정도가 될 것 같다.

서양철학에서의 마음의 개념은 어떤가. 고대 이래 서양철학은 몸과 마음 또는 물질과 마음의 관계를 둘러싸고 두 가지 생각이 교차·대립하면서 현재에 이르고 있다. 첫 번째는 마음을 신체나 물체의 연속 또는 친화의 관계로 보는 경향으로 마음이란 살아있는 인간의 신체에 머물러서 이를 움직이고, 명종에 이르러 그 몸에서 떨어져 나가는 생기(生氣)와 같은 것을 가리킨다고 하여 결국 표준이론의 생기체가 마음이란 생각이다. 발생적인 순서에서는 이 견해가 더 오래된 견해이나 그리스 철학 이후 대(代)를 세우지 못해 오다가 19세기 자연과학의 발흥 이후 실증주의나 과학주의의 입장을 취하는 사람들 사이에서 심리현상의 유물론적 설명이나 진화론에 의거한 자연주의적 해석이 성행하면서 그 기세를 다시 돋우었다.
두 번째는 마음과 신체 사이의 비연속과 대립관계를 강조하고, 신체적, 감각적인 차원을 초월하는 이성적인 정신활동에 주목하는 견해로 그리스의 고전 철학에서 그 개념이 정립된 이후 영육(靈肉) 이원의 그리스도교적인 교리와 결합해서 오랫동안 서양의 사상적 중핵을 형성하였다.

동양에서 마음 연구는 마음을 성(性)과 정(情) 또는 리(理)와 기(氣)로 나누느냐 마느냐가 주요 주제였다. 서양에서는 마음이 몸에 속하느냐 별도로 있느냐가 관심이었으니 동양에 비해 관심의 급이 떨어진다. 이처럼 영성의 출발은 동양이 서양을 앞섰으나 지금은 동양이 서양에 딸려가는 형국이니 안타깝다.

결론하면 마음이란 사전이 의미하는바 '사람의 생각, 감정, 기억 따위가 생기는 곳'이다. 간단히 하면 '知情意가 생기는 곳'이고 표준이론으로 좀 더 자세히 밝히면 '몸에서 감각을 받아들여 욕망, 욕구, 감정, 지성, 사단, 지혜, 예지의 기능을 하는 윤회혼'이다.

6.3.2.2. 여러 사상에서의 마음론

표준이론에서 마음은 윤회혼, 즉 저승혼이 사람의 몸에 도래한 존재로서 육체에 가까운 정신(精神)과 영적 부분인 양심(良心)으로 구성된다. 정신은 다시 감성과 욕망을 포함하는 '하위정신'과 욕구, 감정, 지성을 포함하는 '상위정신'으로 구성되며 양심은 사단(四端)과 지혜, 그리고 예지를 포함한다.

프로이트는 마음의 구조모델(Structural Model)에서 마음과 그것의 기능을 영구적이고 조직화된 구조를 사용하여 설명하려는 시도를 하면서 이를 원초자아(id),

자아(ego), 초자아(super ego)라는 세 부분으로 나누었다.873) 이를 표준이론과 비교하면, 이드는 하위정신에 해당하고 에고는 상위정신에 해당하며 초자아는 양심이다.

보통 심리학에서는 마음이 知, 情, 意로 구성되어 있다고 한다.874) 이는 마음의 기능과 구성요소를 이야기할 때 여러 사상에서 일반론처럼 유통되는 편한 진술이다. 그러나 마음은 이처럼 간단하게 정의될 수 없을 뿐 아니라 그 구성요소가 이 세 가지에 한정되는 것도 아니다. 그러나 쉽게 접하는 정의이니 구태여 이를 표준이론의 마음의 기능인 감성, 욕망, 욕구, 감정, 지성, 四端, 지혜, 예지와 대응시켜 보면, 우선 의(意)는 마음의 각 기능이 활동하여 외부로 드러내는 표현이고 감성, 욕망, 감정, 욕구는 정(情)에 해당하며 지식, 지혜, 예지는 지(知), 그리고 사단은 지정의 각각에 해당875)한다고 볼 수 있겠다.

불가(佛家)에서는 사람의 구성요소로 색(色)·수(受)·상(想)·행(行)·식(識)의 오온(五蘊)을 말한다. 우선 색은 몸이고 수는 몸의 감각에 의해 생긴 지각(知覺)이니 생기체의 기능이다. 따라서 색과 수는 거론할 일이 없고 마음의 작용인 상·행·식에 대해서 보면 상은 표상(表象)이니 감성에, 행은 욕구(欲求)와 의지(意志)로서 정(情)과 의(意)에, 식은 인식(認識)으로서 지(知) 정도에 해당한다고 할까?876)
불가(佛家)에서는 정신이 중요하지 양심은 주요 담론대상이 아니다. 왜 그럴까? 유가(儒家)는 리학(理學)의 중요성에 주목하여 천 년을 바쳤는데 불가에는 어찌 상

---

873) 이드는 리비도와 공격성이라는 본능적 욕동의 정신적 표상으로 이루어져 있으며, 인간의 정신적 삶의 기본적인 쾌락-추구 동기를 나타낸다. 자아는 이드가 바깥 세상로 방출하려는 에너지의 통로를 통제, 지배하며 초자아가 기준하는 바에 따라 자기를 생각하고 완전한 행동을 하려고 노력한다. 초자아는 양심과 자아이상(ego-ideal)이라는 두 가지 하위체계를 가지고 있다. 양심은 잘못된 행동에 대해 처벌이나 비난을 받는 경험에서 생기는 죄책감이며, 본능적인 욕구를 억제하고 충동이 바람직한 형태로 표출되도록 유도하는 기능을 갖는다. 자아이상은 옳은 행동에 대해 긍정적인 보상을 받는 경험으로 형성되는데, 바람직한 행동규범을 제시하는 역할을 한다. 초자아는 우리가 말하는 양심, 도덕이라고 부르는 자아의 이상(理想)이다.
874) 원불교에서는 마음을 성(性)·정(情)·의사(意)·의지(志)를 포함하는 주체라 하여 지(知)를 빼고 성(천성, 성품을 포함시킨다. 성리학적인 시각이다(한국학중앙연구원, 「한국민족문화대백과」, 同旨).
875) 측은지심은 情에서, 수오지심과 사양지심은 意에서, 시비지심은 知에서 나온다. 한편 맹자는 측은지심은 인(仁), 수오지심은 의(義), 사양지심은 예(禮), 시비지심은 지(智)에 연결시켰다.
876) 1. 예를 들어 동료에 대해 좋은 느낌이 들면 '상'이고, 사랑하는 마음을 지니면 '행'이고, 세상에서 가장 아름다운 사람이라는 신념을 가지면 '식'이다(김정탁의 장자 이야기). 또 '아비달마구사론'에서는 색을 그릇에, 수를 음식에, 상은 조미료에, 행은 요리사에, 식은 먹는 자에 비유한다.
2. 그러나 오온은 원래 인과(因果)에 의해 혼인 아뢰야식의 발생과정을 설명하는 이론으로서 혼의 무상성을 밝히기 위하여 개발된 논리라 딱히 인간의 구성요소론이라고 보기 어려워 색수상행식의 정체가 불명하다. 따라서 표준이론의 혼의 구성요소와 오온은 서로 맞추기가 힘들거나 의미 없다(김미숙, '영혼에 관한 불교와 자이나교의 논쟁', 미주 152 '감성(感性, sensibility)' 참조

위정신체나 양심체에 대한 거론이 없는가. 양심은 혼의 영적 부분이라 영(靈)이라면 유난히 소스라치는 유습(遺習) 때문인가?

중국 철학사에서의 '마음'은 크게 이원론과 일원론으로 나뉜다. 송대의 유학자 주자(朱熹, 朱子 1130~1200)는 이기이원론(理氣二元論)의 입장에서 마음을 성(性, 天理)과 정(情, 人欲)의 둘로 구별하였는데 이는 理가 사람의 마음에 이르러 性이 되고 氣가 마음에 情으로 드러난다는 생각이다. 따라서 성즉리(性卽理)이고 정즉기(情卽氣)다. 이에 반하여 양명학의 기반을 닦은 육상산(陸象山 1139~1192)은 장횡거(張橫渠 1020~1077)의 이기일원론을 이어받아 性은 理이고 理는 氣의 조리에 불과하니 마음은 모두 氣의 발현인 만큼 마음의 일부인 理(性)도 氣에 속하는 것으로 보고 따라서 마음은 理다(心卽理)라고 함으로써 情과 性을 하나로 이해하였다.877)

표준이론으로 보면 理는 창조주요 氣는 창조주의 숨결인 생명에너지다. 性은 하느님의 영화(靈火)에 기인한 혼의 양심체요 情은 그 정신체다. 즉 양심체는 하늘로부터 온 영화(靈火) 즉 불성(佛性)에서 기인하였고 정신체는 온전히 기(氣)의 구현이기 때문에 둘의 근원이 다르다는 유신론적 주장878)이 주자의 성즉리이고 이에 반하여 양심은 천래(天來)한 것이 아니라 모두 氣의 발현인 만큼 마음의 일부이니 영화(靈火)나 불성의 도움 없이 정신체에서 홀로 자랐다는 무신론적 주장이 심즉리다. 그렇다면 마음은 기로부터 오되 성(性)은 영화(佛性)로 인해 마음 안에서 성장하였다는 표준이론은 성은 '理와 氣의 합(理氣合)'으로 생기는 것이라는 제3의 의론이지만 그래도 주자의 의론에 가깝다. 그러나 양명이 심즉리라 하여 心인 魂의 지위가 天命인 理와 같다 하였으니 혼의 영화(靈化) 가능성을 크게 본 것으로 보아 또한 혜안의 의론으로 생각된다.

영혼 또는 마음이 육체의 어디에 머무르는지의 문제도 역사적으로 논의가 많다. 고래의 소박한 논의에 의하면 동서양을 불문하고 이를 심장으로 본 경우가 많았다.879) 그러나 르네상스 이후 서양에서는 의학의 발달로 마음의 자리를 뇌로 보

---

877) 1. 사실 육상산의 심즉리를 이어받은 양명학은 애초에 마음을 성과 정으로 구분하지도 않았다. 인간의 행위는 마음에서 비롯하고 기인 마음의 조리(條理)가 理이니 심즉리라는 것이다. 그러나 그 결론에 도달한 배경이 본문과 같다는 말이다.
2. 마음에 대한 일원과 이원의 이해는 여러 사상에 공통적으로 나타난다. 원불교에서는 이를 좁은 의미와 넓은 의미로 파악한다. 즉 좁은 의미의 마음은 육신에 상대되는 인간 내면의 지각능력을 중심으로 인식된다고 하고 넓은 의미의 마음이란 유심론적(唯心論的) 마음으로 우주의 본체를 정신적인 것으로 파악하고 물질적 현상도 마음의 발현이라고 한다.
878) 귀신을 귀신보다도 싫어한 주희를 유신론적이라고 말하기는 무리인 듯하나 유신과 무신의 택(擇)은 소신(所信)이라기보다는 소신(所身)이고 입장(立場)이니 드러난 말만 감안할 일이 아니다.
879) 마음과 영혼을 목숨의 상징인 심장의 고동과 동일시하는 관점으로 마음 심(心)은 심장의 형태를 딴 상형문자이고 영어의 heart, 독일어의 Herz, 프랑스의 cuœr 등이 모두 마음과 심장을 모두 의미한다.

는 생각이 지배적이 되어 데카르트의 송과선가설(松果腺假說)까지 등장하였다. 오늘날 주류 현대의학에서도 마음이 머리에 있다는 데 이의하지 않는다. 대신 마음을 뇌의 전기적 신호 혹은 생화학적 부수 현상으로 생각하여 마음이란 것이 어디 있는지 별로 관심이 없을 뿐이다.

그러나 최근 일부 양자의학자들은 기존의 모든 주장에 반기를 들었다. 그들에게 마음은 육체와는 별개의 독립된 실체로서, 전기적 신호가 아닐 뿐만 아니라 심장이나 뇌에 위치하는 것도 아니고 육체가 차지하는 공간과 중첩되어 있으며 평소에도 육체와 분리가 가능하다고 생각한다. 즉 수면이나 마취 중에는 몸과 분리될 수 있다는 것이다. 다중 인격이 나타나는 현상도 몸과 마음이 별개로 존재하기 때문에 가능한 것이라고 한다.880) 이러한 주장을 하는 양자의학자들에 대하여 자연과학교에서는 양자의학이 고전물리학으로 설명이 안 되는 양자역학의 제 현상을 이해하기 위하여 수많은 가설이 등장한 틈을 타 몇 가지 가설에 기대어 나타난 대체의학 또는 사이비의학이라고 비난한다. 이후의 양자역학의 발전방향이 자못 궁금하지만 진리는 스스로를 증명하는 만큼 사실이 밝혀지는 것은 시간문제일 것이다.

6.3.3. 정신체

'정신(精神)'의 어원은 도교의 정기신(精氣神)이론에서 유래하였는데 정기(精氣)와 신기(神氣) 두 가지를 결합시킨 말이다.881) 여러 가지 해석이 많지만 정기는 생명력을, 신기는 마음을 의미한다. 또 두 가지 기의 모임이 정신이니 정신은 곧 '기'라는 의미를 품고 있으며 동시에 생명력(생기체)과 마음(정신체와 양심체)의 합은 표준이론에서의 '혼'이니 정신(精神)은 곧 '혼'이라는 의미를 가진다.

서양전통에서 정신이란 마음에 대한 의론과 마찬가지로 '물질에 대립하는 비물질적인 원리로 본질의 질서나 인식의 질서에서 최초의 것'이라는 관념론적 이해와 '육체의 한 활동일 뿐'이라는 유물론적 의론이 있다.882)

---

880) 강길전·홍달수, 「양자의학」 참조
881) 한편 국어사전에서는 정신의 신은 귀신 신(神)이라서 신(神)의 의미가 엄연히 부여되어 있으나 이를 애써 외면하고 '사물을 느끼고 생각하며 판단하는 능력' 또는 간단히 '의식'으로 풀어놓았다.
882) 이종란, 「기란 무엇인가」, 118쪽. 여기서 이종란은 "기도 물질인 만큼 동양전통도 유물론적인 입장"이라고 말하는데 이 주장은 자신의 책 다른 부분과 논리가 맞지 않을 뿐 아니라 영혼이 물성을 가진다는 수많은 유신론 앞에서 무색한 의론이다.

불가(佛家)에서는 정신을 '육근(六根)에 기대어 자기 자신이나 사물에 대하여 인식하는 작용'이라고 본다.883)

표준이론에서 정신은 생기체가 진화하여 탄생한 정신체의 기능인데 감성이나 욕망 같은 초보적인 형태의 기능을 갖추면 하위정신체라 하고 욕구과 감정 그리고 지성까지 갖추면 상위정신체라고 한다. 하위정신체는 동물의 혼인 각혼(覺魂)이 가지는 정신기능을 수행하며 프로이트의 이드(id) 정도에 해당한다. 상위정신체는 지혼(知魂)만이 가지는 정신기능체로 개체성에 기인한 자의식으로 인해 발달하는 부분인데 이를 갖추면 각혼은 사람의 혼인 지혼이 된다. 상위정신체는 프로이트의 에고(ego) 정도에 해당한다. 이로써 정신체는 아래로는 '감성'과 '욕망' 위로는 '욕구'와 '감정'884) 그리고 '지성'을 가지며 지성은 다시 '오성'과 '이성'을 포함한다.

정신의 구성요소 중 감성, 욕망, 욕구, 감정까지는 정신의 기능으로 이해되는데 지성도 정신에 속하는가? 혹시 지성은 양심이나 영(靈)의 기능이 아닌가? 아니다. 표준이론에서 지성은 정신의 기능이다. 지성은 양심체의 영향을 받아서 정신체에서 발전한다. 영은 혼의 양심체를 키우고 양심체는 정신체의 지성을 키운다.885) 따라서 영이 없는 사람은 양심도 약하고 자연히 지성도 약하다. 지성은 지식과 다르다. 영이 없거나 양심이 부족한 사람도 지식은 뛰어날 수 있다. 지식은 뇌의 기능이다. 물론 육체에 속박된 정신체는 그 활동에 있어 육체의 성능에 크게 의존하는 만큼 뇌의 기능이 뛰어나 지식능력(智力, 知能)이 넘친다면 정신의 지성도 왕성하리라는 것은 당연하다. 그런데 혹시 혼의 지성은 육체의 지력에 종속하는가? 그렇지 않다. 오히려 혼의 지성에 육체의 지력이 종속한다고 보아야 한다. 우선 환생 시 지성이 높은 혼은 똑똑한 부모를 고른다. 높은 지력의 육체를 고르는 것이다. 또한 지성 있는 혼은 육체의 지능을 100% 사용한다. 그러나 제아무리 지성적인 혼도 육체의 지능이 현저히 낮은 경우에는 어쩔 수 없다. 혼은 그 활동에 육체의 성능에 크게 의존하기 때문이다.

---

883) 의식이 '각성하여 인식한다'는 뜻이라면 인식이 곧 의식이니 정신이 의식이라는 뜻이 될 수도 있겠다. 불교에서도 의식이란 '육근(眼耳鼻舌身意) 중 의근에 기대는 인식'이라는 의미로 뜻이 좁다. 이는 불교의 의식이 제6식 즉 현식(現識)이나 분별식(分別識)을 뜻하기 때문이다.
884) 감정(感情, feeling)=정서(情緖, emotion)+정취(情趣, flavor)+정조(情操, sentiment)
885) 표준이론은 혼의 진화이론을 기반으로 하기 때문에 혼이 발전할수록 이드 → 에고 → 양심 순으로 고급기능이 발달한다고 본다. 에고도 욕구 → 감정 → 지성의 방향으로 발달하게 된다. 약하거나 없던 기능들이 개발된다고 보는 입장이다. 그러나 많은 사상들은 처음부터 이러한 요소들이 인간에게 이미 두루 갖추어져 있는데 상황에 따라 또는 자아의 수승 정도에 따라 발현되는 것이 다르다는 입장을 취하고 있다. 혼의 생물학적 진화를 지지하지 않은 사상은 모두 그러한 태도를 가질 수밖에 없다. 그러나 그런 사상들이 대부분 진화론이 등장하기 전에 형성되었으니 그들도 이제 업데이트할 때가 되었다.

상위정신체의 중요한 속성은 개체성의 발로인 이기심과 자존심이며 그 구체(具體)는 소유욕과 명예욕인데 이기심과 자존심으로 무장된 정신을 표준이론에서는 에고(ego)라고 한다.尾151) 에고라는 말은 원래 프로이트의 용어이나 그 내용이 표준이론의 상위정신체와 서로 유사하여 차용하여 사용한다. 한편 표준이론에서는 2단계 자아를 가진 사람의 자아를 '에고의 자아'라고 부른다. 2단계에서는 상위정신체가 자아를 지배하기 때문이다.

종합하면, 정신은 감성(感性)과 욕망(慾望)의 이드와, 욕구, 감정(感情), 지성(智性)의 에고를 포함한다.

6.3.3.1. 감성

감성(感性, sensibility)은 '자극이나 자극의 변화를 느끼는 성질'로 이성(理性)에 대응되는 개념이며 대상을 오관(五官)으로 감각하고 지각하여 표상을 형성하는 인간의 인식 능력이다. 어찌 보면 감성은 정신의 기능이라기보다는 몸과 정신을 이어주는 생기체의 기능이라고 볼 수도 있다. 그러나 표준이론은 생기체의 물성은 감각으로 표현하고 정신체의 비물성은 감성으로 표현한다. 따라서 감성은 정신 중 몸에 가장 가까운 부분이다.尾152) 불교의 오온으로 치면 상(想)에 해당한다.

여기서 불교의 오온(五蘊)이 육근에 작용하여 의식이 발생하는 과정과 표준이론의 지혼 탄생과정을 다시 정리하여 보자. 우선 '색(色)'은 외부 대상이나 육체이고 '수(受)'는 육체의 가해지는 자극을 감각(感覺)한 것이니 생기체의 기능이며 '상(想)'은 심상(心像)을 취하는 취상작용인 표상, 개념 등의 작용으로서 의식 속에 상(象)을 구성하고 마음속에 어떤 것을 떠올려 관념을 형성하는 지각기능이다. 이는 마음의 최하위 기능인 '감성(感性)' 정도다. 행(行)은 의도(意圖)하고 지향하는 의식 작용으로 의지력, 충동, 의욕 등으로 표준이론에서 특정하자면 '욕망(慾望)' 정도에 해당한다고 본다. 식(識)은 식별하고 판단하는 의식 작용인데 이는 육식에서 설명하는 바와 같이 '안이비설신의'의 육근에 붙어 '각 감각기관의 식별기능의 합으로서의 의식'이 되니 상(감성)과 행(욕망)의 합으로 표준이론의 '하위정신체'로 볼 수 있다.886) 결론하면 불교 오온(五蘊)의 명(命) 부분인 수상행식(受想行識)은 생기체와 하위정신체의 합(合) 정도로 제6식에 해당하고 그 위의 제7식은 자의식으로서 상위정신체의 에고이며 제8식은 사람의 윤회혼(輪廻魂)이니 이는 제7식에 다시 양심체까지 합한 것으로 지혼(知魂)에 해당한다. 결국 불설과 표준이론은 사실상 같은

---

886) 이는 오온론을 혼의 발생에 대한 진화적 이론으로 이해하고 표준이론과 비교하려는 마크로한 분석일 뿐 전술한 대로 오온론을 인간의 구성요소론이라고 보면 또 다른 해석이 가능하다(미주 152 '감성(感性, sensibility)' 참조).

주장을 다른 언어로 말한 것이 아닌가.

4세기 인도 무착스님의 유식학파는 오온에 의하여 탄생한 위 제8식이 표준이론과 비교하여 보나 그 기능이 윤회의 주체인 점을 보나 틀림없는 혼이요 자아(自我)인데도 불구하고 이를 혼이 아닌 무아(無我)로 만들기 위하여 인도 삼키아 철학을 변형한 생경(生硬)한 논리를 작성하였다. 즉 우리 신체의 기관(器官)인 오관(五官)은 시각, 청각, 후각, 미각, 촉각의 감각기능을 수행하는 기관으로 인도철학에서는 이를 오근(jnanendriyas)이라 하던 것을 의각(意覺)이라는 희한한 감각기관887)을 더하여 안이비설신의(眼耳鼻舌身意)의 육근(六根)을 만들고 다시 삼키아학파의 색성향미촉(色聲香味觸)의 오경(五境, panca-tan-matra)에 法이라는 감각대상을 추가하여 색성향미촉법(色聲香味觸法)의 육경(六境)을 만들더니 육근의 각각에 오온의 識을 붙인 안식·이식·비식·설식·신식·의식의 육식(六識)888)을 제조하여 이를 위 육근과 육경에 더하여 십팔계(十八界)라 하고 이들이 오온(五蘊)의 내용물이라고 이야기하였다. 또한 육식의 마지막 식인 의식(意識)이 아(我)의 최초 실체인데 의식의 정체가 알고 보면 이처럼 신체의 감각 중 하나인 의각에 허망하고 변화무쌍하여 실체가 없는 오온(五蘊)의 식(識)이 합해져서 만들어진 것이므로 여기에 기반한 제7식과 제8식의 아(我) 역시 허망하고 무상(無常)한 존재라고 가르친다. 그런데 이는 깨달음에 의한 새로운 논리라기보다는 우주가 25가지 요소로 구성되어 있다는 삼키아철학의 우주 생성원리를 역으로 구성한 논리에 불과하다. 이는 아트

---

887) 1. 생각해 보면 의각이라는 감각기관은 '마음'의 감각기관 즉 심관(心管)인데 심관을 몸의 감각기관인 감관(感官) 중 하나라 하여 오근에 가져다 붙이고 다시 이 의각에 오온 중 식을 붙여 의식을 만들어낸 후 다시 이 의식이 마음이라고 하니 심관인 의각에 마음인 식을 붙여 마음이 만들어졌다고 하는 셈이다. 게다가 사람의 구성요소는 오온의 색(色)·수(受)·상(想)·행(行)·식(識) 중 想行識이 모두 마음의 기능(機能)이라고 하니 더욱 알쏭달쏭하다(미주 143 '육경과 육근 그리고 오온에 의한 제6식의 생성' 참조).
2. 인도 삼키아학파는 靈인 푸루샤의 작용으로 氣인 프라크리티에서 양심격인 붓디(마하트)가 만들어지고 이어서 자의식인 아함카라(불교의 제7식 말나식)가 나타나며 다시 여기에 기원하여 마나스(意, 마음, 불교의 제6식)가 만들어진 다음 마나스에서 오근(jnanendriyas)이 나오는 것으로 설명하였다. 그러나 유식불교에서는 삼키아의 마나스를 느닷없이 오근에 갖다 붙여 육근을 만들고 사람의 구성요소가 오온이라고 억지를 쓴 다음 육근과 오온이 조화를 부려 아함카라가 발생하였다고 하며 이 진리를 자신들이 '發見'하였다고 하는데 발견이 아니라 삼키아의 우주전개논리를 표절하여 역순으로 나열한 것이다.
3. 한편 삼키아는 이처럼 프라크리티에서 생성된 만물은 모두 허상이고 마음 또한 허상이므로 이를 버리고 실재인 아트만에 복귀하라고 한다. 유식학은 이러한 삼키아의 우주전개순서를 역순으로 뒤집고 허상론만 살려 아함카라와 붓디를 모두 무(無)로 돌리고 아트만은 無에서 튀어나온 부처로 대체하였다.
4. 이러한 견강부회는 모두 부처님의 무아윤회의 교리를 문자 그대로 해석한 나머지 후학들이 저지른 오류다. 그리고 그 오류는 도그마로 정착되어 아무도 손을 못 댈 만큼 굳어 버렸다. 도그마가 항용 그렇듯이 그 위에 수많은 도그마가 더 쌓였기 때문이다.
888) 六境(객관적 만유의 대상. 즉 색(色)·성(聲)·향(香)·미(味)·촉(觸)·법(法)은 六根(안, 이, 비, 설, 신, 의)의 감관을 통하여 六識(안식·이식·비식·설식·신식·의식)으로 인식된다. 즉 육근이 육경을 만나면 육식이 나타난다. 이 육식은 認識의 뿌리다. 한편으로는 간단히 오온의 식이 육근을 만나면 육식이 나타난다고도 한다.

만을 부인하는 붓다의 '무아(無我)의 덫'尾153)을 우회하기 위하여 아트만(Purusha)과 프라크리티(Prakriti)의 합으로부터 우주의 전개가 시작되었다는 삼키아의 논변889)을 거꾸로 세운 것이라는 뜻이다.尾154)

이러한 '오온의 무아론'을 표준이론으로 해석하면, "덧없는 오관의 감각기관을 통해 얻어진 無常한 外處에 대한 정보가 생기체격인 오온의 수(受)를 통하여 정신체격인 상(想)·행(行)·식(識)을 형성하는바 상행식은 당연히 실체가 없는 무상한 것이고 따라서 이로 인하여 만들어지는 의식과 마음은 모두 허깨비이다. 따라서 마음인 혼을 자아의 주인으로 본다면 자아란 진정한 아가 아닌 무(無)의 존재다."가 된다. 허상(虛像)을 무상(無常)으로 얻은 망상(妄想)의 아(我). 이것이 불교의 '오온의 무아' 논리다. 그런데 이게 도대체 무슨 말인지 범인(凡人)의 머리로는 알아듣기 힘들다. "외처도 생기체도 분명한 실체이며 둘을 연결하는 센서도 실체다. 그렇다면 여기서 만들어진 정신도 실체다. 정신이 항상하지 않은 무상(無常)이면 무상이지 무(無)까지는 아니지 않는가?"라고 생각하는 범인에게 '오온의 무아'는 설득력을 잃는다. 게다가 불설은 이 무(無)가 윤회한다고 한다. 수백 번 윤회하여 부처가 된다고 한다. 소위 '무아의 윤회'다. 여기까지 가면 중생의 머리로는 제아무리 이해하려 하여도 이해가 되지 않는다. 그래서 '무아의 신비'다. 그러나 무식한 중생이라도 열 번 들으면 이해는 되어야 하는 것이 진리다. 그렇지 못하면 그것은 사술(邪述)이거나 기껏해야 방편(方便)으로서 도그마다. 불교가 자랑하는 '오온의 무아' 또는 '무아의 신비'를 이렇게 타박했다가는 무식하다고 타매당하며 백 가지도 넘는 가르침이 경율론(經律論)의 3장(三藏)에서 풀려 나올 것이다. 그 가르침을 받고도 우이독경이면 소가 된다. 그런데 소가 될까 무서워 말 못 하는 중생을 그 三藏으로 어찌 구제하겠는가.

이제 표준이론의 입장에서 최종적으로 무아에 대하여 정리해 본다.

1) 사람은 불설(佛說)처럼 혼890)과 육의 구성체가 아니라 영혼육의 구성체이고
2) 오온은 18계(界)로 이루어졌다 하니 외처(外處)인 육경을 제외하면 12계로서 이는 대부분 표준이론의 감성에 해당하는 것인데 표준이론의 혼은 감성으로만 이루어진 것이 아니라 다른 구성요소가 많으며
3) 아(我)가 '오온의 식(識)이 의식(意識)으로 바로 이어져 만들어진다'는 단순한 구조의 불설과는 달리 표준이론의 자아(自我)는 감성 외에도 수많은 구성요소를 가

---
889) 8.6.3. '힌두철학 삼키아학파의 인간론' 참조
890) 혼도 아니다. 아뢰야식이라는 이름의 '장작불 윤회체'다.

진 혼과 이와는 다른 주체인 영으로 구성된다는 점
4) 표준이론에서는 몸 또는 외부를 센싱하는 도구도 상(想, 감성)뿐 아니라 정신의 지성, 양심의 예지, 영의 직관 등으로 다양하고
5) 감각에 의한 외부와의 커뮤니케이션을 몸의 장기인 오관(五官)이 직접 관장하는 것이 아니라 혼의 장기인 생기체가 주도한다는 점
등으로 보아 '오온의 무아'는 표준이론에 도저히 대입할 수 없겠다.

또한 오온을 사람의 구성요소론으로 보더라도 이는 지나치게 단순하고 또 무아론과 결부하면 유물론(唯物論)적이기까지 하다. 아(我)의 이기심과 자존심을 버리게 하려는 중생제도(衆生濟度)의 방편에서 나온 설이라고 하더라도 진실과는 너무 동떨어졌으니 가히 무리한 주장이라고 볼 수밖에 없다.

6.3.3.2. 욕망

감성과 더불어 이드(id)의 구성요소인 '욕망(慾望, desire)'은 '부족을 느끼어 이를 채우려고 바라는 마음'이다. 표준이론은 '이드5욕'이라는 이름으로 식욕(食慾), 성욕(性慾), 수면욕(睡眠慾), 소유욕(所有慾), 명예욕(名譽慾)의 다섯 가지 욕망(五慾)을 이야기한다.891)

---

891) 1. 매슬로는 그의 욕구단계설에서 맨 하위 욕구로서 생리적 욕구를 말한다. 이는 본능적이고 선천적인 욕망으로서 인간의 생존에 필요한 신체적 기능에 대한 욕구인 식욕, 배설욕, 호흡욕, 수면욕, 활동욕, 성욕이다. 이 중 배설과 호흡, 활동욕은 그 발휘에 혼의 욕망이 더해지지 않는 몸과 생기체가 보이는 생명현상이므로 욕망이라고 하기 어렵다. 불교는 나머지 식욕, 수면욕, 성욕에 재욕과 명예욕을 더하여 식욕(食慾), 수면욕(睡眠慾), 성욕(性慾), 재욕(財慾), 명예욕(名譽慾)을 인간의 다섯 가지 욕망으로 본다. 이 때문에 표준이론은 매슬로의 생리적 욕구보다는 불교의 오욕을 하위정신체의 기능인 욕망의 내용으로 하였다.
2. 소유욕(재욕), 명예욕(名譽慾)은 지혼이 개체성을 얻으면서 생기는 이기심과 자존심의 발로이니 상위정신체의 기능으로 볼 수도 있으나 고급 각혼의 경우 식욕, 성욕, 수면욕의 '각혼3욕(獸性)' 외에 이미 이기심의 소유욕과 자존심의 명예욕의 에고2욕(半獸性)이 어느 정도 나타나기 시작하고 지혼이 되면 에고2욕이 극성하여 오욕이 완성된다. 이를 '이드5욕'이라고 한다. 따라서 이드5욕에 대해서는 다음의 공식이 성립된다. 이를 '이드의 욕망공식'이라고 하자. 이때 이드는 지혼의 이드다.
[이드의 욕망공식 : 이드5욕=각혼+개체성(이기심+자존심)=각혼3욕+에고2욕=(식욕+성욕+수면욕)+(소유욕+명예욕)=욕망]
3. 각혼이 개체성을 확보하면 하위지혼이 되며 하위지혼은 이드가 주재(主宰)한다. 그래서 1.6단계 이하의 하위수준의 자아를 이드(id)라고 한다. 이드의 속성은 감성과 욕망인데 감성은 '자극이나 자극의 변화를 느끼는 성질'로 생기체에 가까운 이드의 속성이니 욕망이야 말로 이드의 본질이다.
4. 한편 불교에서는 눈·귀·코·혀·몸의 다섯 가지 감각기관, 즉 오근(五根)이 각각 색(色)·성(聲)·향(香)·미(味)·촉(觸)의 다섯 가지 감각대상, 즉 오경(五境)에 집착하여 야기되는 5종의 욕망(五慾)을 오욕이라고 하기도 하나 이는 욕망이라기보다는 생기체의 '감각'기능일 뿐이다(미주 157 '매슬로의 욕구단계설' 참조).

표준이론의 욕망을 근원별로 보면892) 수면욕은 육체와 혼의 물성에서 기원한 것이며893) 성욕과 식욕은 육체와 생기체의 생명현상과 윤회혼의 업에 기원한 것이고 소유욕과 명예욕은 혼이 개체성을 획득하면서 나타난다. 그런데 왜 욕망이 하위정신체의 기능인가? 하위정신체는 프로이트의 이드에 해당되는 부분이다. 이드는 혼이 짐승의 각혼일 때부터 형성된다. 따라서 이드5욕은 짐승들도 갖는다. 특히 수면욕과 성욕 그리고 식욕은 각혼3욕(獸性)으로서 동물 때부터 갖추는 욕망이다. 소유욕과 명예욕은 에고2욕(半獸性)으로 각혼이 개체성을 확보하여 지혼으로 진화한 후에 갖게 되는 이기심과 자존심에서 나온다. 따라서 소유욕과 명예욕은 각혼 시절에도 그 일단이 나타나지만 지혼의 상위정신체인 에고를 갖게 된 후에 본격적으로 나타나는 에고의 욕망으로 각혼3욕에 비하여 높은 단계의 욕망이다. 그러나 소유욕과 명예욕은 각혼3욕에 버금가는 강력한 욕망이며 상위정신체인 에고의 14가지 감정에 전반적으로 관여할 뿐 아니라 동물들도 고등동물은 개체성의 확보가 진행되면서 소유욕과 명예욕 나아가서 자의식의 일단을 드러낸다는 점을 고려하여 표준이론은 이 두 욕망을 '이드의 욕망(이드5욕)'에 포함하였다. 그러나 소유욕과 명예욕은 '욕구894)적 욕망'으로 자의식의 에고가 갖춰지면서 본격적으로 드러나는 욕망임은 분명하다.895)

혼이 가지는 욕망은 前生의 업이 혼의 하위정신체에 장식(藏識)된 것이다. 지혼은 각혼의 이드를 극복할 수 있고 극복함으로써 발전하기 위하여 이 세상에 왔다.896) 자동차가 운전자의 성격과 능력에 따라 운행하는 행태가 크게 달라지는 것처럼 몸도 혼의 수준과 역량에 따라 달라지게 된다.

---

892) 근원이 하나라고 할 수는 없으니 주(主)근원이라고 하자.
893) 혼의 수면욕은 몸의 수면욕과 달리 물성에서 기인하는 단순한 욕망은 아니다. 혼은 이를 영적 성장의 기회로 이용하기도 한다.
894) 욕구는 사회적이고 문화적인 욕망으로 상위정신체의 기능이다. 그런데 '칭찬은 고래도 춤추게 한다'는데 칭찬을 받으려는 욕구인 명예욕은 매슬로의 4단계 존중의 욕구(need for esteem)에 속한다(미주 157 '매슬로의 욕구단계설' 참조). 따라서 명예욕을 욕구적 욕망으로 본다.
895) 자존심과 이기심(에고2욕)은 心이다. 심은 마음이요 마음은 혼이니 이 경우 利己와 自存은 이제 혼의 일부다. 혼은 그 일부를 버리고 지워야 영으로 진화(靈化)하니 그야말로 환골(換骨)해야 한다. 게다가 각혼3욕의 수성(獸性)도 고스란히 이어받았으니 영화를 위해서는 이를 극복하는 탈태(奪胎) 또한 필수다. 탈태는 3단계 이전 百生에, 환골은 나머지 二百生의 주요 과제다. 환골하고 탈태함이 말 그대로 난망한 일이지만 혼들이여 힘을 내자. 지구에서만 벌써 218백만 명이 이루었다(부록6-1 '시대별 영의 탄생수' 참조). 그리고 30억 년의 진화의 노정에 몇백 생이라니 그만하면 끝이 보이지 않는가.
896) 모든 자연적인 열정은 정복할 수 있다. 힘을 축적해라. 자잘한 모든 감각의 강물들을 흡수하는 대양과 같이 되어라. 비뚤어진 욕망의 강하고 활동적인 자극은 인간의 행복에 가장 큰 적이다. 자기 절제의 사자가 되어 세상 안에서 포효하라. 허약한 감각의 개구리들이 너희 주변을 맴돌게 하지 마라. 진정한 귀의자는 끝내 모든 본능적인 충동으로부터 자유롭게 된다. 그는 인간적인 쾌락을 위한 욕구를, 편재하시며 하나이시며 사랑이신 하느님을 향한 열망으로 전환시킨다(파라마한사 요가난다, 「요가난다, 영혼의 자서전」, 김정우 옮김, 12장).

욕망의 육과 혼 기인비율(起因比率)

그런데 혼이 욕망을 갖는다면 어느 정도로 육의 영향을 받는가. 성욕을 예로 들어 살펴보자.897)

우리는 보통 혼이 전적으로 몸의 생존욕과 번식욕에 기인한 동물적 본능 때문에 성욕(性慾)에 사로잡히는 것으로 알고 있으나 사실은 윤회혼 자체의 업(業)에 크게 기인한다. 번식할 이유도 없는 혼이 어찌하여 성욕의 업력(業力)이 그리 강한가? 이는 혼이 윤회할 때 얻은 전생의 습관으로서 업을 벗을 수 없기 때문이다.898)

몸은 건강이 가장 좋은 상태에서 드러나는 성욕이 가장 크고 그때 주로 F1을 생산한다. 낳으면 20년을 키워야 하는 인간으로서는 당연한 현상이다. 늙고 병약해지면 몸의 성욕은 당연히 줄어든다. 그러나 거세를 하여 성불구가 된다 해도 성욕이 사라지는 것은 아니다.899) 성욕은 몸에서 솟아나는 부분도 있으나 혼의 성욕도 대단하기 때문이다. 비아그라를 먹어가며 몸에 남은 정력을 마지막 한 모금까지 끌어 쓰려는 저 老軀들을 보라.900)

또한 동성애자를 보아도 성욕이 혼의 욕구와 무관하지 않음을 알 수 있다. 사람은 다소의 차이는 있으나 모두 동성애적 기질이 있다. 어느 정도는 모두 양성애자인 것이다.901) 숱한 전생에서 이번 생과 다른 성으로 살았거나 복합혼 시절의 종혼의 정체성이 이성(異性)일 수 있다. 이런 경험이 혼에 체화되어 그 혼의 동성애적 욕망이 드러난다. 혼뇌의식이 각성 시에 소위 무의식적으로 드러난다는 뜻이다. 성욕은 이성애든 동성애든 자아의 계발을 통하여 적절하게 통제되고 극복되는 것이지 무엇이 정상이고 무엇이 비정상이냐의 문제가 아니다. 이러한 과정을 통해 혼이 수승할수록 개성(個性)차원에서 성의 정체성이 고정되어 한 성으로 태어날 것으로 보인다.

---

897) 1. 욕망이 몸뿐 아니라 혼으로부터도 기인한다면 저승혼 또한 욕망을 가질까? 가진다. 특히 수준 낮은 저승혼들은 욕망을 추구한다. 사람들은 귀신도 식욕이 있다고 믿어 제사상을 걸게 차려 모시고 성욕이 있으니 총각귀신과 처녀귀신을 영혼결혼을 시키며 재욕이 있다고 믿어 시체의 입에 노잣돈을 물리고 무덤에 부장품을 넣으며 사자명예훼손죄도 있고 심지어 귀신도 낮에는 무덤으로 자러 간다고 믿는다.
2. 신지학에서도 중음인 아스트랄계에서는 생시의 욕망을 못 떨친 저승혼들이 이를 추구한다고 주장한다.
898) 이러한 지혼의 행태를 구현하기 위하여 사람은 발정기가 따로 없다.(10.1.3.1. '성욕과 기' 참조)
899) 내시(內侍)의 사례를 보라.
900) 자위행위 또한 몸의 욕망에서 기인한 것이라고 볼 수만은 없다. 성인뿐 아니라 유아단계에서도 자위행위가 관찰되는데 번식과 아무 상관이 없는 행위를 몸이 왜 욕망하겠는가. 그러한 자위행위는 육체의 성욕이 아니라 혼의 성욕에 기인하는 행동이다. 또 원숭이나 코끼리, 말 등 고도로 발달한 동물들도 자위행위를 한다. 이는 각혼의 최상층요소가 욕망이 속한 하위정신체이고 그들은 동물 중에서도 진화수준이 높아 군혼(群魂)임에도 불구하고 그 각혼의 정신체에 이미 업이 작동하기 때문으로 보인다.
901) 그러나 經驗과 관련하여서는 兩性을 체험하겠지만 個性과 관련하여서는 殊勝할수록 결국 어느 성으로 고정될 것이다. 스베덴보그는 「부부사랑(Conjugial Love)」이란 책에서 젠더 특성(성정체성)은 영적 실체의 일부이며 그 결과 천국에도 결혼과 극도로 즐거운 성생활이 있다고 한다.

표준이론은 성욕의 경우 2단계 자아수준을 기준으로 혼과 육체902) 간의 起因비율이 6:4 정도일 것으로 본다. 기인비율은 욕망의 종류별로 다르다. 오욕(五慾)을 중심으로 각 욕망이 혼과 몸에 기인하는 비율을 보면 다음 표와 같다.

五慾	혼 기인율	몸 기인율	노화 관련
재물욕	80%	20%	늙으면 몸이 재물에 의지하게 되므로 총량이 커진다.
명예욕	90%	10%	나이 들수록 오히려 증가하여 자존심의 화신이 된다.
성욕	60%	40%	늙으면 몸의 성욕은 크게 감소한다. 따라서 총량은 줄지만 상대적으로 혼의 기인율은 커진다.
수면욕	40%	60%	늙으면 몸의 수면욕은 늘지만 혼은 오히려 줄어든다.
식욕	50%	50%	나이 들수록 몸의 식욕은 감퇴하나 혼은 불변한다.

욕망이 혼과 몸에 기인하는 비율(2단계 자아 기준)

이때 감안할 일이 두 가지가 있는데 그 첫째는 몸에 기인하는 욕망이 줄어든다고 하여 혼의 욕망이 같은 비율로 줄어드는 것은 아니라는 사실이다. 그 역도 성립한다. 어느 편이 줄어들면 다른 편도 감소하기는 하겠지만 최소량은 살아있는 것으로 보인다. 둘째로 영으로부터 기인하는 욕망은 없다. 그것은 영의 정의와 속성에 이미 나타나 있다.

한편 기인비율과 나이와의 관계는 어떠할까? 나이 들면 몸은 성욕과 식욕은 줄어들고 재물욕과 수면욕은 늘어난다. 반면 혼은 늙을수록 수면욕이 줄고 명예욕은 크게 증가한다. 따라서 나이 들면 명예욕과 성욕, 식욕은 혼 기인비율이 커지고 재물욕과 수면욕은 몸 기인비율이 증가한다.

하위정신체의 기능인 오욕(五慾)의 혼 기인비율이 이처럼 크다면 칠정(七情)의 혼 기인비율은 어떨까. 칠정은 감정이고 감정은 상위정신체의 기능이니 칠정의 혼에 기인하는 비중이 오욕이 혼에 기인하는 비중보다 훨씬 클 것은 자명하다. 표준이론은 칠정의 혼 기인비율이 희노애락애오욕(喜怒哀樂愛惡欲) 각각 9, 9, 9, 7, 7, 7, 8할 정도가 아닐까 한다.903)

---

902) 이때 혼은 윤회혼이며 생기체는 몸에 포함된 것으로 한다.
903) 1. 희노애락애오욕 구우증사비경공(喜怒哀樂愛惡欲 懼憂憎思悲驚恐)의 14情은 순서대로 9 9 9 7 7 7 8 7 7 8 9 9 7 7 정도일 것이다.
2. 애정(愛情)과 성욕(性慾)의 연관 정도는? 성욕에서 혼의 역할이 6할이요 愛情은 혼이 7할이므로 愛와 성욕은 7:6으로 愛가 혼의 기능이 더 강하다. 愛가 조금 더 고차원이나 큰 차이는 없다. 그러나 보통 愛情이나 성욕, 특히 성욕이 주로 몸의 본능에 많이 기인한다고 보는 일반적 인식과는 큰 차이가 있다. 그만큼 세상은 혼의 세상이다.

사랑은 어떨까? 사랑은 칠정의 하나인 愛와는 또 다른 것이다. 흔히 사랑은 영의 것, 애정은 혼의 것, 성욕은 몸의 것이라고 이야기하는데 진정 사랑은 영의 것인가? 애정이 혼만의 것이 아니고 성욕이 몸만의 것이 아닌 것처럼 사랑도 영만의 것이 아니다. 또 사랑에는 종류가 많으니 종류에 따라 다를 것이다.尾155)

불교의 경우 혼이 환생하여 중유(中有)에서 생유(生有)로 변하는904) 동기가 혼의 성욕에서 나오는 것으로 묘사한다.905) 지극히 프로이트的인 생각으로 여러모로 틀린 말이다.906) 환생은 발전과 진화의 지고(至高)한 동기에 기인한다. 백 보 양보하더라도 환생의 동기는 성욕이 아니라 해업(解業)에 있다.

욕망의 근원이 정신체 등 혼에도 있다면 정신체를 가져가는 윤회혼 또한 욕망을 가질까? 가진다. 특히 수준이 낮은 저승혼일수록 욕망을 추구한다.尾156)

욕망이든 감정이든 사랑이든 그 영과 혼과 육 간의 기인비율은 자아의 수준과 큰 관계가 있다. 특히 하위 자아의 속성일수록 육과 혼에의 기인비율이 크고 자아의 수준이 고양될 때마다 그 비율은 육(肉)이 커진다. 성욕을 예로 들면 2단계 에고인일 때 4:6이었던 혼육 간의 기인비율이 3단계 현인(賢人)이 되면 2:8로 줄고 자아의 방을 상위체가 장악하여 하위체를 제어함으로 인하여 그 절대량도 현저히 줄어들며907) 또 그 중심이 애정이나 사랑 그것도 플라토닉이나 아가페로 이동할 것이다.

6.3.3.3. 욕구

매슬로908)의 '욕구단계설'尾157)에 따르면 일반적으로 욕구에는 수준이 있는데 맨 아래 수준인 생리적 욕구로부터 출발하여 육체의 위험을 피하려는 안전욕구, 가까

---

904) 중유(中有)에서 생유(生有)로 변한다는 말은 뉴에이지的으로는 아스트랄체가 에테르체와 물질적 육체를 뒤집어쓴다는 뜻이다. 표준이론으로는 윤회혼이 생기체와 몸을 얻는다는 말이다.
905) 1. 중유는 태어날 곳에 이를 때 먼저 뒤집힌 마음(倒心)을 일으켜, 욕망의 경계(慾境)에서 취(趣)를 향해 달려갑니다. 업력(業力)으로 일어난 안근(眼根)으로 인해 비록 먼 곳에 있더라도 능히 태어날 곳의 부모가 교합(交合)하는 것을 보고 도심(倒心)을 일으킵니다. 만약 남자로 태어날 중유라면 어머니가 될 여자에 대해 음욕을 일으키고, 여자로 태어날 중유라면 아버지가 될 남자에 대해 음욕을 일으킵니다. 또는 이성에 대해 성냄(瞋心)을 일으킵니다(blog.naver.com/dhammatruth/222007872887 참조).
2. 위 해석은 무의식과 혼의 욕망에 대한 상당한 수준의 분석이지만, 프로이트와 불교의 과학성을 과다하게 애호하였다. 순수한 혼뇌의식 상태인 혼이 이성에 대해 음욕에 눈이 뒤집혀 환생처를 찾는다는 주장은 혼의 성욕이 아무리 60%라 하여도 심한 설정이다. 또 중급혼 이하의 경우 남녀가 바뀌어 환생하는 일이 잦으니 이런 설명은 이치에도 맞지 않는다. 성욕의 다스림이 그처럼 어렵다는 표현으로 본다.
906) 프로이트가 불교的일 수 있다.
907) '부처님 가운데 토막'이라는 말이 결코 허언이 아니다.
908) 에이브러햄 매슬로(Abraham Harold Maslow 1908~1970)는 미국 브랜다이스 심리학 교수다.

운 대인관계를 원하는 애정과 소속욕구, 사회적 인정을 원하는 존중욕구, 그리고 맨 위에는 자아실현의 욕구가 있다. 표준이론에서는 위 매슬로의 욕구 중 1단계 '생리적 욕구'와 4단계 '존중의 욕구'는 하위정신체의 '욕망'에 해당하고 2단계의 '안전의 욕구'와 3단계의 '애정과 소속의 욕구'는 상위정신체의 맨 아래 기능으로서의 욕구(欲求, need)에 해당하며, 5단계 '자아실현의 욕구'는 정신체의 지성이나 양심체 등 혼의 상위 기능들을 중심으로 혼 전체가 가지는 욕구다.

6.3.3.4. 감정

감정(感情, feeling)은 사전적으로 '어떤 현상이나 사건을 접했을 때 마음에서 일어나는 느낌이나 기분'을 말한다. 즉 감정은 마음이 활동하면서 내부 외부로 표출하는 모든 표현이다. 같은 현상을 접하더라도 마음에서 일어나는 느낌이나 기분 즉 감정은 사람마다 다른데 그 이유는 혼 하나하나마다 성격이 다름에 기인한다. 혼의 성격은 그 사람의 업(습관)에 기인하고[909] 그 성격은 다시 이 생(生)에 원인으로 작용하여 행동을 불러오며(因果) 행동은 필연코 대가(應報)를 요구하게 되는데 제때 갚지 못한 응보는 다시 업으로 쌓여 후생으로 윤회한다.[尾158] 즉 감정은 '성격적'이다. 그런데 감정은 성격적이라는 속성 외에 '빠진다' 또는 '붙들린다'는 속성을 갖는다. 이는 혼이 업에서 빠져나오지 못하는 모습의 현실적 구현이다.

심리학에서는 감정에 정서(情緒, emotion), 정취(情趣, flavor), 정조(情操, sentiment)의 세 가지가 포함된 것으로 본다.[尾159]

불교에서는 사람의 감정을 칠정(七情)이라 하여 희노우구애증욕(喜怒憂懼愛憎欲)으로 구분한다. 유교에서는 四書 중 하나인 중용(中庸)에서 희노애락애오욕(喜怒哀樂愛惡欲)의 七情을 말하고 있고 예기(禮記)에서는 七情으로 희노애구애오욕(喜怒哀懼愛惡欲)을 나열하고 있으며 한의학에서는 희노우사비경공(喜怒憂思悲驚恐)을 말한다. 이를 다 합하면 희노애락애오욕 구우증사비경공(喜怒哀樂愛惡欲 懼憂憎思悲驚恐)의 14情인데 이것으로 인간 감정의 모든 종류가 다 망라되는지는 의문이다. 얼른 보아도 소(笑), 쾌(快)등 '깊은 정서를 자아내는 흥취'인 정취(情趣)나 분(忿), 행(幸), 외(畏), 경(敬), 비(祕), 사(謝), 유머 등 '정신활동에 따른 복잡하고 고상한 감정(感情)'인 정조(情操)가 포함되어 있지 않다. 그러나 표준이론은 14情을 감정을 대표하는 상징적인 용어로 사용하기로 한다. 중요한 것은 7정이든 14정이든

---
[909] 6.10. '업(業)에 대하여' 중 '업의 공식' 참조

28정이든 감정은 모두 상위정신체인 에고의 것이라는 사실이다.

사람들은 마음을 다스리기 위해서 거기에서 표출되는 감정을 억제하고 조율하려한다. 그런데 이는 주객의 전도다. 강아지를 길들이기 위해서는 강아지에게 간식과 벌을 주어야지 강아지가 싼 똥과 오줌에게 간식을 주지 않는 것처럼 마음을 다스리기 위해서는 우선 마음의 정체와 습성을 파악한 다음, 마음에게 당근과 채찍을 들이대야 하는 것이다. 오욕칠정을 참고 감정을 다스린다고 마음이 변화(회개)하는 것은 아니다. 물론 외부적으로는 변화한 것처럼 보일지 모르나 안으로는 더 썩는다. 마음에게 당근과 채찍을 어떻게 사용하나? 그것이 표준이론의 수립 이유 중 하나이다.

감정은 상위정신체의 기능으로 동물의 각혼에게는 없고 에고의 지혼만이 갖는 것이다. 그런데 과연 그럴까? 원숭이에게는 감정이 없을까? 그렇지 않다. 여러 실험에 의하면 원숭이는 생리적·신체적 원인에 의한 감정은 당연하고 기대하는 요구 수준을 달성하지 못함으로 인한 심리적 원인에 의한 감정과 불공평한 일을 당해 자존심이 상했을 때의 노여움 같은 사회적 원인의 감정 등을 모두 갖추고 있음이 밝혀졌다. 또한 동물들도 마음이론(Theory of Mind)에서 말하는 자(自)와 타(他)를 구분하는 의식을 가지고 있는 등 기초적인 자의식을 가지고 있음이 증명되고 있다. 이러한 사례는 각혼과 지혼의 차이가 자의식이나 감정의 유무 등에 따른 기계적 차이가 아니라는 것을 보여준다. 각혼도 동물의 진화수준에 따라 욕구, 감정, 자의식 등 지혼이 가지는 상위정신체(에고)의 속성을 조금씩 갖추어 가고 있다. 이는 각혼이 장차 지혼으로 진화하는 존재라는 것을 잘 보여준다.尾160)

영(靈)에게도 감정이 있는가? 영은 혼이 진화한 존재다. 그러니 영에게도 감정이 있는 것이 당연하다. 감정뿐 아니라 혼의 욕망이나 지성 지혜 같은 면(面)들도 있다. 그런데 영이 가지는 감정은 혼의 그것과는 다른 '靈的인 감정'이다. 그렇다면 혼적 감정과 영적 감정의 차이는 무엇인가. 정확한 차이는 알 수 없으나 최소한 영적 감정이 혼의 감정보다 더 인격적이고 양심적일 것이다. 플라토닉이나 아가페가 영적 감정의 전형이다.

6.3.3.5. 지성

지성(知性, intellect)의 사전적 의미는 '지적 능력', 즉 '지각된 것을 정리하고 통일하여, 이것을 바탕으로 새로운 인식을 낳게 하는 정신 작용'으로서 감정이나 의지와는 달리 사물을 개념(槪念)에 의하여 사고하거나 또는 객관적으로 인식하고 판정하는 능력을 말한다. 표준이론에서 지성은 정신이 양심의 영향을 받아 발달시키며 '오성(悟性)'과 '이성(理性)'을 포함한 정신의 최상위기능으로서 정신 전반을 지배한다.

표준이론의 오성(悟性, Verstand)은 감성(感性)과 대립되는 의미로 직관이 아닌 추리적 사고(推理的思考)에 의한 인식으로 이성의 하위개념이다.910) 따라서 인간의 인식능력은 감성에서 오성, 이성, 지혜, 직관으로 이어진다.

이성(理性)은 '理의 性質'이 아니고 '합리적으로 생각하고 판단하는 능력'이다. 따라서 양심의 구성요소가 아니라 정신에 속한 기능이다.

지성은 정신의 기능이라고 보지만 혼만 있고 영이 없는 사람은 양심부분이 약할 것이니 자연히 영이 없는 사람은 양심도 취약하고 지성도 부족하다. 그러나 주지하다시피 지성은 지능과 다르다. 지능(知能)은 장기(臟器), 즉 몸뇌(두뇌)와 혼뇌의 두 성능에 따라 좌우되는 능력이다.

지성은 칼처럼 창조적으로 쓰일 수도 있고 파괴적으로 쓰일 수도 있다. 또한 무지의 거품을 제거할 수도 있고, 자기 자신을 살해할 수도 있다. 지성은 영성이 있어야 바르게 쓰일 수 있다.911) 영성(靈性, spirituality)은 영(영이 없으면 아쉬운 대로 양심)의 성품이 드러남이요, 영의 활동이다. 영성이 없는 지성(智性)은 혼을 망친다.

아리스토텔레스는 그의 논문 「영혼에 관하여(peri psychēs)」에서 삼혼설(three psyches)을 주장하면서 인간에게는 지혼이 있고 그 특징적 기능은 logos와 nous라고 말한다. 이는 상위정신체와 양심체의 대표적 기능인 지성과 예지를 각각 의미한다.912)

6.3.3.5.1. 정신과 생각 그리고 의식

정신과 생각 그리고 의식은 어떤 관계가 있을까. 우선 생각(思考)의 사전적 의미는 '헤아리고 판단하고 인식하는 등의 정신 작용'이다. 또 의식은 '깨어있는 상태에서 사물에 대하여 인식하는 작용, 즉 각성과 인식의 합(合)'이다. 생각과 의식이

---
910) 칸트는 오성이 추리적 사고에 의한 인식능력으로 수학적 자연과학을 성립시키는 장소라고 한다.
911) 파라마한사 요가난다, 「요가난다 영혼의 자서전」, 김정우 옮김, 12장
912) logos와 nous는 표준이론에서 각각 지혜와 예지다. 그러나 이는 사용하는 사상과 사람에 따라 그 뜻이 달라 여기서는 지성과 예지를 의미하는 것으로 본다.

모두 인식기능을 품고 있다는 면에서는 비슷하다. 그러나 생각은 '헤아리고 판단'하는 고차원적 기능이 主이니 아무래도 의식보다는 생각이 혼의 고급기능일 것이고 표준이론은 이를 知性 정도로 본다. 지성이 오성과 이성의 합이고 또 이성은 '생각하고 판단하는 능력'이 아닌가. 또 표준이론에서 혼의 본격적인 의식기능은 각혼의 '각혼의식'에서 시작되고 이는 불교의 제6식 '분별식'에 해당한다고 보는 만큼 정당한 자리매김이라고 하겠다.尾161)

분별식인 의식이 발전하면 제6식이 제7식의 아함카라913)가 되듯 자의식인 에고가 된다. 따라서 의식은 각혼의식과 자의식으로도 구분되는데914) 각혼의식은 하위정신인 감성과 욕망을 가진 각혼의 의식이고 자의식은 상위정신으로 욕구와 감정 그리고 지성을 가진 지혼의 의식이다. 표준이론에서는 이를 에고라고 하며 이기심과 자존심을 그 속성으로 본다. 표준이론에서 정신(精神)은 이러한 각혼의식(제6식, 하위정신체)과 자의식(제7식, 상위정신체)으로 구성된다.

또한 의식과 생각은 기억을 재료로 하여 이루어진다. 기억이 없으면 마음은 무주공산(無主空山)이 된다. 생각이 안 되니 무념(無念)이 되기 때문이다. 무주공산하는 마음이야 모든 종교에서 탐하는 텅 빈 마음이 되겠으나 실생활을 무주공산으로 살다가는 하늘의 별을 헤아리다 구덩이에 빠진 탈레스(Thales of Miletus BC 640~624)가 된다. 한편 무주공산이라 하여 산(山)이 없는 것은 아님에도 현대정신의학은 생각과 의식을 기억으로 환원하여 산마저 없애려 든다.

6.3.3.5.2. 두뇌의 성능은 어떻게 결정되나

정신은 '생각', 즉 '의식활동'을 함으로써 드러난다. 성능 좋은 뇌를 가질수록 생각은 온전히 잘 드러난다. 인간의 뇌가 지구 생명체 중에서는 제일 성능이 좋다. 인간의 뇌는 진화를 통하여 성능이 좋아졌다. 그러나 몸의 뇌는 혼뇌, 즉 혼의 장기인 생기체의 뇌가 통제한다. 사실 뇌의 실체는 혼뇌이다. 이미 말한 바와 같이

---

913) 1. 12.7. '의식과 기억' 참조
2. 불교에서 의식(意識)은 '의근(意根)에 기대어 대상을 인식, 추리, 추상(追想)하는 마음의 작용'이다. 의식은 육식(六識)의 마지막 識으로 하위정신체에 속한다. 따라서 제6식은 감성과 욕망에 기반한 하위정신체의 각혼의식(分別識)이다. 각혼의식의 아래에는 식물의 의식인 '생혼의식(現識)'이 있고 더 아래에는 원인의 식이 있다. 각혼의식의 위에는 감정과 지성에 기반한 자의식으로서 에고가 있다. 불교 유식학은 이를 제7식인 말나식이라고 하고 삼키아에서는 아함카라(자의식)라고 부른다.
914) 제랄드 에델만은 이를 각각 1차의식, 고차의식이라고 한다. 에델만의 의식이 형성되는 과정에 대한 설명에는 동의하지 않지만 그 결과 형성되는 의식의 속성에 대해서는 동감이다(미주 161 '생각'에 대한 생각들 참조).

'혼뇌의 화신(化身)이 몸뇌'다. 따라서 몸뇌의 진화는 혼뇌의 진화에 기인한다. 병들지 않은 보통 사람의 뇌라면 주로 혼뇌에 의해 생각의 수준이 결정된다고 보아야 한다. 아인슈타인(Albert Einstein 1879~1955)은 자기의 뇌가 퍽 쓸 만했다고 생각하고 무슨 물리적인 특성이 있을 것으로 확신한 나머지 자기 사후에 이를 해부해 보라고 하였으나 이는 잘못 생각한 것이었다. 해부해 보니 평균보다 조금 큰 것 외에 아무 특성이 없었다. 그의 몸뇌는 오히려 성능이 떨어지는 편이었나 보다. 그의 스마트함은 대부분 혼과 영의 뇌에서 나온 것이었는데 그는 왜 그 사실을 몰랐을까? 머리 좋은 자식이 태어나는 이유는 우월한 유전자에만 있는 것이 아니라 혼뇌가 좋은 혼이 머리 좋은 부모를 선택한 것에도 있다.

6.3.3.5.3. 데카르트의 자아수준

"나는 생각한다 고로 존재한다."라는 데카르트의 명구(名句)는 생각이 자아의 존재를 증명한다는 의미다. 생각은 위에서 본 바와 같이 정신 특히 지성이니 '정신이 있는 것을 보니 아(我)가 있는 것을 알겠다'라는 뜻인데 표준이론에는 자아의 방에 정신체뿐 아니라 양심체와 영이 더 있으니 그의 자아는 정신체만의 자아로 2단계의 자아였거나 아니면 양심체와 영을 발견하지 못했던 것 같다.915)

6.3.4. 양심체

6.3.4.1. 양심체의 성장

혼은 정신뿐 아니라 그 구성 부분으로 양심을 가지고 있다. 혼이 양심을 가진 이유는 혼의 근저(根底)에 '하느님의 불씨'가 숨어 있기 때문이다. 불설(佛說)에 유정무정 개유불성(有情無情 皆有佛性), 즉 유정무정의 만물은 모두 불성을 가지고 있다고 하였다. 이 불성이 곧 표준이론의 불씨(지혼이 가진 靈火)고 성리학의 조리(條理)916)다. 혼에서 불씨가 타올라 겉으로 드러난 것이 양심이다. 그래서 '양심에 따라 사는 것이 천국 가는 기본이다'라고 하는 것이다.917)

---

915) 이는 데카르트가 꼭 그렇다는 것이 아니라 생각에 대하여 좀 더 생각해 보자고 데카르트를 동원한 것뿐이다.
916) 理氣二元의 성리학에서 조리(條理)는 主理論 입장에서 보면 '氣와 互發하나 氣를 부리는 주인인 理의 속성'이니 기를 지배하는 법칙이고 主氣論 입장에서 보면 '기가 發하면 後發하여 이에 乘하는 리의 속성'이므로 결과적으로는 기의 속성이다. 또한 양명학에 이르러서는 기일원의 세계이므로 조리는 당연히 처음부터 기의 속성이 된다. 표준이론은 조리를 기일원론적 입장에서 사용한다.

양심은 혼의 것이지만 영의 영향으로 마음에서 크게 자란다. 영이 강하면 양심이 마음을 지배한다. 영이 약하거나 없으면 양심이 약해지고 정신이 마음을 지배한다. 정신이 마음을 완전히 지배하면 그 혼은 지혼이 아니라 각혼으로 수준이 근접한다. 따라서 그 사람은 '똑똑한 짐승'이 된다.

양심은 혼이 영으로 발전할 가능성이 있는 이유이자 동력이다. 혼은 양심으로 인하여 영으로 발전하려는 욕구를 가지며 이때 양심이 그 방향타다. 그러나 혼의 양심은 원래 약하디 약하다. 혼이 혼자의 힘으로 양심을 키우기는 참으로 난망(難望)이다. 영은 그러한 혼을 도와 양심을 성장시킨다. 따라서 혼의 성숙도의 지표는 양심체의 크기이다.

결론적으로 양심체는 두 가지를 원인으로 발달한다.
1) 기의 속성인 불성(靈火, 條理)에 의해 만들어지는 양심.
2) 영의 영향을 받아 만들어지는 양심.

영이 없는 단계의 사람에게는 1)이 양심체가 발달할 수 있는 유일한 방법이다.

6.3.4.2. 양심체의 기능

표준이론에서 양심은 기(氣)에서 기원하여 혼에 내재된 하느님의 영화(靈火) 또는 부처님의 불성(佛性)으로 인하여 발달한 본성(本性)으로서, 지혼의 수준이 높아질수록 혼에서 차지하는 비중이 커지고 중요해진다. 성선(性善)이라 함은 지혼이 이 양심을 천성으로 품수받아 지니고 태어나며 따라서 양심이 그 행동을 지배한다고 믿는 생각인데 이는 이 생각을 해낸 맹자가 자신의 지혼을 살펴서 얻은 결론일 뿐 대부분의 사람들은 양심체보다 에고의 정신체가 훨씬 더 크다. 자아의 단계별로 정신체와 양심체의 구성비율을 살펴봐도 이를 알 수 있다.918) 표에 의하면

---

917) 창조주 하느님은 인간이 어떤 환경 속에 살든지 그들 모두에게 천국으로 갈 수 있는 길을 만들어 놓았다. 그 길은 양심에 따라 사는 것이다. 양심은 하느님의 使者요 하느님께서 파송한 代身者이다(스베덴보리, 「스베덴보리의 위대한 선물」, 278~288쪽).
918) 부록1 '자아의 수준에 따른 영과 혼' 중 '의식의 주체(자아의 방주인)' 참조

자아의 단계	1	1.5	1.6	1.8	2	2.5	2.75	3	3.5	4	4.5~5
자아 이름	생기체 자아	원초자아(이드)		자의식의 자아(에고)		인격자 자아	양심가 자아	초자아	영적자아	참자아	무아의 자아
자아의 방 구성 비율	肉70%/혼30%	肉50%/혼50%	肉30%/魂70%(정신10)	魂100%(정신9 양심1)	魂(90%)(정신8, 양심2)/영(10%)	魂(80%)(정신7, 양심3)/영(20%)	魂(70%)(정신6, 양심4)/영(30%)	魂(50%)(정신5, 양심5)/영(50%)	魂(40%)(정신4, 양심6/영(60%)	魂(20%)(정신3, 양심7)/영80%)	영 100%

1.6단계 '이드의 자아' 이하 사람의 혼919)은 아예 양심체를 찾아볼 수 없는 에고의 덩어리로 불성(佛性)으로 겨우 버티는 수준이며 양심체가 에고의 정신체보다 커지려면 3단계 현인을 넘어 무려 3.5단계 위인의 경지에 도달하여야 한다. 이 지경이니 영(靈)이 없이 어찌 사람이 문명인 구실을 하겠는가. 성선설이 무색하다.

양심체는 아래로는 사단(四端)과 위로는 지혜(智惠, intelligence)와 예지(叡智, supreme intelligence)의 기능을 포함하며 영의 영향을 많이 받을수록 발달한다.

6.3.4.2.1. 사단(四端)

표준이론은 양심의 가장 아래 기능으로서 사단(四端)을 이야기한다. 사단(四端)이란 맹자(孟子)가 실천도덕의 근간으로 삼은 측은지심(惻隱之心)과 수오지심(羞惡之心) 그리고 사양지심(辭讓之心)과 시비지심(是非之心)으로서 사람의 선한 본성에서 나오는 네 가지 마음씨다. 각각 인(仁), 의(義), 예(禮), 지(智)의 단서(端緒)가 된다.

프로이트(S. Freud)는 그의 정신분석 이론에서 마음의 한 구성요소로 초자아(Super ego)를 이야기한다. 초자아는 다시 양심과 자아이상(ego-ideal)이라는 두 가지 하위체계를 가지고 있다. 정신분석학에서 양심은 잘못된 행동에 대해 처벌이나 비난을 받는 경험에서 생기는 죄책감이며, 본능적인 욕구를 억제하고 충동이 바람직한 형태로 표출되도록 유도하는 기능을 갖는다. 자아이상은 옳은 행동에 대해 긍정적인 보상을 받는 경험으로 형성되는데, 바람직한 행동규범을 제시하는 역할을 한다.

이러한 정신분석학의 의견을 표준이론에 반영하면 양심은 죄책감과 행동규범(도덕)으로 구성된다고 해야 하는가? 죄책감이라면 양심의 사단(四端) 중 자기의 옳지 못함을 부끄러워하고 남의 옳지 못함을 미워하는 마음인 수오지심(羞惡之心)이 딱 그것이고, 행동규범이라면 옳음과 그름을 가릴 줄 아는 마음인 시비지심(是非之心)이 그것이다. 프로이트의 초자아에는 측은지심과 사양지심이 아직 없으며 지혜(智惠)와 예지(叡智)는 아예 거론조차 하지 않고 있다. 국어사전도 이들의 영향을 받았는지 양심을 '사물의 가치를 변별하고 자기의 행위에 대하여 옳고 그름과 선과 악의 판단을 내리는 도덕적 의식'으로 풀이한다. 역시 사단(四端) 중 수오지심과 시비지심 정도만 거론하고 있는 것이다. 그렇다면 프로이트의 이드와 에고 그리고 슈퍼에고의 구조모델에 '지혜'와 '예지'를 포함하는 영적에고(Spiritual Ego)를 추가해 주고 싶다.

---

919) 그 비율이 인구의 41.6%나 차지한다.

6.3.4.2.2. 지혜(智惠)

지혜(intelligence)는 사전에서 '사물의 이치를 빨리 깨닫고 일을 정확하게 처리하는 정신적 능력'이라고 한다.920) 불교에서 지혜는 반야(般若, prajna)로 '제법(諸法)에 환하여 잃고 얻음과 옳고 그름을 가려내고 미혹을 소멸하는 마음의 작용'이다. 기독교에서 지혜는 '하느님과 하느님의 뜻을 알고 사물의 도리와 인간존재의 의미와 목적을 깨닫는 능력'이다. 특히 지혜는 하느님의 속성 중의 하나로 인식되어 왔으며 구약에서는 '호크마(Hochma)'로, 신약에서는 '로고스(logos)'로 표현된다. 불교의 정의와 기독교의 정의는 큰 차이가 없으나 표준이론은 구태여 취하라면 기독교의 정의를 취한다. 또 표준이론에서 지혜는 '혼의 양심이 끊임없는 자기계발 의지와 영의 도움 그리고 하느님의 은총으로 얻는 고급기능'이라고 생각한다.

6.3.4.2.3. 예지(叡智)

예지에는 예지(叡智, supreme intelligence)와 예지(豫知, foresight)가 있다. 叡智는 '사물의 이치를 꿰뚫어 보는 지혜롭고 밝은 마음'이다. 豫知는 '미래의 일을 지각하는 초감각적 지각 또는 그런 능력'으로 초상능력(ESP&PK)에 속한다.
표준이론의 예지(叡智)는 叡智이자 豫知이다. 두 가지 예지는 서로 전혀 다른 것이지만 표준이론의 예지는 豫知적 叡智다. 즉 '사물의 이치를 꿰뚫어 보아 미래의 일마저 지각하는 지혜롭고 밝은 마음'이다. 예지(叡智)가 사물의 이치를 꿰뚫어 보는 능력임은 알겠는데 혼의 예지에 어찌 영의 능력인 豫知가 가능한가. 영의 능력에는 못 미치나 양심의 예지(叡智)도 豫知가 가능하다고 믿는다. 그래야 비로소 예지는 양심이 갖출 수 있는 최고의 능력으로서 혼이 영으로 진화할 준비가 끝날 것이기 때문이다. 예지(叡智) 역시 지혜와 마찬가지로 영의 도움과 하느님의 은총으로 양심이 갖추게 되는 능력이다. 그러나 叡智의 豫知는 예언과는 다르다(12.2. '기시감에 대하여' 참조).

플라톤은 원래 이성이나 지성 또는 상식의 의미를 가진 누스(Nous)를 '일자(Hen)에서 최초로 발출된 지고의 원리'를 의미하는 용어로 사용하였는데 이 누스는 우리말로는 보통 예지(叡智)로 번역된다. 나아가 플라톤은 누스를 인간의 세 가지 구성요소 중 하나인 영으로 보았으며 또 다른 구성요소인 혼(Psyche)도 누스에서

---

920) 현생인류(現生人類)의 뜻으로 쓰이는 호모사피엔스 사피엔스(Homo sapience sapience)의 sapience는 지혜라는 뜻이다. 지혜를 인류의 이름으로 사용한 지혜는 누구의 지혜인가.

나온다고 생각했다. 표준이론의 예지는 양심체의 최상위 기능일 뿐으로 영을 뜻하는 플라톤의 누스와는 전혀 다르다.921)

6.3.4.2.4. 혼의 공식(公式)

이제 혼의 공식이 성립한다. 혼의 공식은 혼의 구성내용을 일목(一目)에 보여주는 요약이다.

이승혼(육혼) = 생기체+저승혼(윤회혼) = 생기체+마음 = 생기체+(정신체+양심체) = 생기체+(하위정신체+상위정신체)+양심체 = 감각+(감성+욕망)+(욕구+감정+지성)+(사단+지혜+예지)

6.3.4.3. 양심에 대한 여러 철학과 사상

전술한 대로 사전에는 양심(良心, Conscience)이 '사물의 가치를 변별하고 자기의 행위에 대하여 옳고 그름과 선과 악의 판단을 내리는 도덕적 의식'이라고 그 뜻이 풀이되어 있다. 여기에 종교적 색채를 더하여 풀이하면 양심이란 '신의 뜻을 통찰하고 죄를 책망하며 선을 추구하려는 선한 능력'이라고 할 수 있다.

철학적으로는 양심이
1) 인간에게 고유한 불변적인 것인지
2) 또는 진화의 결과에 의해 생겨난 것인지
3) 사람들의 사회적 지위, 그가 받은 교육 등에 의해 형성되는 것인지 논란이 되고 있다.

자연과학에 경도된 현대철학에서 볼 때는 당연히 3)번이 답이겠지만 표준이론으로 이에 답하면, 먼저 양심은 인간이라면 누구나 갖는 혼의 속성이므로 당연히 생득(生得)적이며 고유불변의 것이다. 그러나 한편 혼이 생명력인 기에서 진화한 것인 만큼 그 일부분인 양심 또한 기의 진화의 산물이다. 그러므로 답은 1)과 2)의 합이다. 양심은 사회적 지위나 그가 받은 교육 등에 의해 형성되는 것이 아니다. 이때 형성되는 것은 양심이 아니라 이데올로기적 성향(性向)으로서의 업(業)이거나 최선의 경우 덕(德)일 것이다.

---

921) 미주 178 '플라톤의 혼의 종류' 참조

사회적 지위나 교육으로 인해 혼은 일찍 깨어나거나 이승에 적응하는 요령을 효과적으로 터득할 수는 있을 것이다. 나아가 교육이 덕을 키우고 그것이 구도(求道)로 이어진다면 양심이 자라는 데 도움이 될 수도 있겠다. 그러나 아쉽게도 이러한 구도는 교관겸수(教觀兼修)가 어려우니 소지장(所知障)에 빠지기 쉽다. 또 양심이 그처럼 쉽게 자란다면 십 년 공부가 어찌 나무아미타불이 되겠는가.

정신의 활동이 생각이라면 그럼 양심의 활동은 뭘까? 지혜다. 선행이다. 사랑922)이다. 자비다. 희생이다. 덕행이다.

칸트는 양심을 '선악을 판단하는 생득적인 능력'이라고 하고 그것을 '인간의 내면에서의 법정(法廷)의식'에 비유한다. 칸트도 양심은 인간의 본질과 일체를 이루고 있다고 본다. 그런데 인간은 감성계와 예지계의 양쪽에 걸쳐 존재하기 때문에 양심도 동일한 존재양식을 기반으로 하여 성립하는데, 이 논리로 예지인(homo noumenon)과 감성인(Sinnenmensch) 두 인격을 전제하여 '양심(良心)법정'이 성립된다. 칸트는 또 경고하는 양심, 원고와 변호사가 등장하는 양심, 즉 가책을 깨닫고 변명을 하는 양심, 재판관의 판결로서 나타나는 양심이 있다 한다.
칸트처럼 양심 내부에서 '양심법정'이 성립되는 것도 좋겠으나 양심의 사단(四端)은 검사역할을 하고 양심의 지혜는 판사역할 그리고 하위자아는 피고, 상위자아는 변호사로 하는 프로이트적인 '마음법정'은 어떤가. 검사인 사단(四端)이 기소(起訴)하면 재판이 시작된다.

양명학은 명나라 때 왕수인(王守仁, 陽明 1472~1528)이 육상산(1139~1192) 등의 영향을 받아 주창한 학문으로 이미 설명한 바와 같이 '심즉리(心卽理)'라는 절대적 유심론(唯心論)에 바탕을 두고 있으며, 인간의 마음에 갖추어진 양심의 절대성과 자율성을 강조한다. 예컨대 효(孝)는 배우고 익혀서 아는 것이 아니라 자연스러운 마음의 원리라는 것이다. 즉 리(理)는 바깥에 있는 것이 아니고 생득적인 것이며 마음의 속성으로 파악한다. 마음은 옳고 그름을 바르게 깨닫는 선천적인 앎의 능력인 양지(良知)를 가지며 양지를 가진 마음은 理致를 파악하는 주체가 된다. 그는 양지를 설명하면서 양지가 신묘히 작용하는 측면을 신(神)이라 하고 흘러 운행하는 측면을 기(氣)라 하며 엉겨 뭉치면 정(精)이 된다고 주장하였다.923)

---

922) 7情의 하나인 愛와는 다르다. 양심이 하는 사랑은 여러 사랑 중에서도 플라토닉하고 아가페적인 사랑이다. 이런 사랑은 신과의 합일로 이끄는 영의 활동인데 혼의 양심은 이러한 활동에 적극 참여한다.
923) 정기신(精氣神)은 도교에서 유래한 개념이나 기를 이야기하는 모든 교학에 스며 각(各)이 다르고 개(個)가 다르게 발전하였다(8.7. '정기신(精氣神)의 인간론' 참조).

그의 양지는 곧 표준이론의 양심이니 양심을 만물의 근본으로 대단하게 여긴 것이다. 기에서 나온 것이 기의 주인이 되었으니 양심론으로서는 최고봉이며924) 맹자의 '선천적인 도덕심'에서 한 걸음 더 나간 생각이다. 왕수인은 표준이론의 혼의 양심이론을 정치(精致)하게 논파하였을 뿐 아니라 혼을 리의 수준으로 끌어올림으로써 혼의 영화(靈化) 가능성을 일찌감치 엿본 게 분명하다.

서경(書經)925)에서는 육체적 욕구와 관련된 마음을 인심(人心)이라 하고, 선하고 도덕적인 마음 부분을 도심(道心)이라 하여 마음을 둘로 구분하였다. 그런데 여기서 말하는 도심은 양심이나 다름없다. 또한 성리학에서는 리(理)가 인간에 이르러 발현된 마음을 '성(性)'이라 하고, 사람에 있어 기(氣)가 온전히 지배하는 마음의 부분을 '정(情)'이라 하였다. 인심(人心)은 성리학의 정에 통하고 도심(道心)은 성과 통한다. 마음을 성정(性情)이라고 부르는 이유다.

이기이원론(理氣二元論)을 주장하는 이황은 "사단은 이(理)가 발현한 것이고 칠정은 기(氣)가 발현한 것이다(四端理之發, 七情氣之發)."라고 하여, 선악이 섞이지 않은 마음의 작용인 사단은 이(理)가 발현한 것이고, 인간감정의 총체인 칠정은 기(氣)가 발현한 것으로 구분하였는데 그의 주장을 표준이론으로 해석하면 이(理)의 발현은 사단의 양심이요, 기(氣)의 발현은 감정의 정신이다. 그런데 리와 기가 이원(二元)이라 함은 양심과 정신이 이원(二元)이라 함이니 표준이론의 도리에 맞지 않는다. 양심과 정신은 모두 마음에 속하고 마음은 혼에 속하며 혼의 기원은 기(氣)이니 기일원(氣一元)이 너무 당연하다. 다만 理가 영의 다른 표현이라면 영과 혼의 이원을 말하는 것이니 오히려 틀린 말이 아니다. 과연 理는 영일까? 영을 말하지 못한 성리학이 영 대신 理를 내세운 것은 아닐까? 표준이론은 그렇다고 생각한다. 그러나 그 말하지 못함으로 인하여 허비(虛費)한 세월과 허송(虛送)한 뭇 생들이 너무 많았다.

퇴행최면 전문가인 마이클 뉴턴은 "만약 육체에 영혼이 깃들지 않으면 사람은 감각과 감정에 지배된다."라고 하였다.926) 이 말은 "만약 육체에 영이 깃들지 않으면 사람은 감각과 감정의 혼에 지배된다."로 들린다. 그렇다면 그 사람은 영이 없

---

924) 이종란, 「기란 무엇인가」, 136~137쪽 참조
925) 書經은 四書三經의 하나로 중국 고대의 정치 문서를 편집한 것이다. 한문 문화권에서는 오랫동안 국가통치의 거울이 되어 왔다.
926) 인체에 깃든 영혼은 그 인간의 성격에 많은 영향을 미치게 된다. 만약 육체에 영혼이 깃들지 않으면 혼은 감각과 감정에 지배되어 산다. 영혼은 항상 인간 속에 전부가 깃들어 있지는 못하여 어떤 육체적 감정은 견디기 어렵고 그럴 때는 영향력을 미칠 수 없다. 영혼은 인간의 마음을 조종하지 않는다(마이클 뉴턴, 「영혼들의 여행」, 405쪽).

이 혼만 있는 사람인데 그렇다고 감각과 감정에만 지배된다고 볼 수는 없다. 이는 뉴턴이 영혼육의 구성을 몰랐거나 분할환생의 논리에 의한 언급일 수 있으나, 혼에게는 생기체의 감각과 정신체의 감정뿐 아니라 감성, 욕망, 욕구, 지성 그리고 四端, 지혜, 예지가 더 있어 아주 복잡한 구성을 가진 인격의 주체이다.

중언(重言)하지만 사람에게 혼만 있고 영이 없어도 양심은 있다. 만일 그에게 양심체가 없더라도 '하느님의 불씨'는 있기 때문이다. 이제 막 각혼에서 진화하여 중음에서 바로 인간도에 나온 지혼이라면 '불씨'는 아직 '불티' 수준이라서 양심체가 발달할 시간적 여유는 없겠으나 불교에서 다행히 아귀도927)나 아수라도928)를 상정하니 초생인(初生人)은 그런 교육기관을 거쳐 올 것으로 보아 인간도에 출현한 사람은 모두 양심체를 대신할 하느님의 불씨는 있다.

이기이원의 성리학도 양심의 기원으로 '기의 법칙 내지는 존재의 원리'인 리(理)를 말하였고 후기 일원론에서는 조리(條理)를 말한다.929) 그러나 어쨌든 양심을 혼만의 힘으로 크게 키우기 어려우니 영이 없는 사람은 양심이 약할 수밖에 없다.

6.4. 일체유심조(一切唯心造)와 혼

마음은 혼이니 일체유심조(一切唯心造)930)는 일체유혼조(一切唯魂造)다. 유심론(唯心論)의 불교적 교학인 유식론(唯識論)에 의하면 외계에 존재하는 모든 것들은 우리 마음의 관념 작용(mental ideation)에 불과하다고 한다. 따라서 세상에 존재하는 것은 인간의 의식이 유일하다. 유식론이 'School of Consciousness Only'

---

927) 아귀(餓鬼)는 불교에서 늘 굶주리는 귀신이다. 몸은 태산만 하고, 입(또는 목구멍)은 바늘구멍만 하다. 식탐을 쌓아온 사람이 죽어서 아귀도로 윤회전생하게 되는 것이라고 한다.
928) 불교에서 아수라도는 보통 인간과 축생의 중간에 위치한 세계로, 수미산과 지쌍산 사이의 바다 밑에 있으며 늘 싸움만을 일삼는 아수라들의 세계라고 한다. 아수라의 개념은 다양한데 첫째 아수라도에서 고통받는 아수라들이 있고, 둘째 욕계 선천의 세상에 태어나는 저열한 아수라들이 있으며, 셋째 욕계 천상과 같이 감각적 쾌락을 누리고 삼십삼천과 세력을 다투는 위세가 큰 아수라가 있다. 도대체 어떤 사유(思惟)의 결과 이런 SF소설이 經에 수록되었는지 알 수 없다.
929) 전술한 대로 이기이원론의 性理學은 이와 기는 서로 뒤섞이지 않는다(理氣不相雜)는 주리론과 이와 기는 서로 분리되지 않는다(理氣不相離)는 주기론으로 구분된다. 존재의 본질 회복을 목적으로 하는 수양철학에서는 리를 중시해야 하므로 전자의 입장에 비중을 두는 경향이 있고, 현실의 개혁에 치중하는 실천철학에서는 기를 중시해야 하므로 후자의 입장에 비중을 두는 경향이 있다. 중국의 대표적 기일원론자인 청나라 중기의 학자 대진(戴震)은 "리는 기의 조리(條理)에 불과한 것"이라고 하여 理의 초월성과 불변성을 부정하였다. 표준이론은 당연히 일원론을 따른다. 이(理)는 기가 움직이는 이치일 뿐이다. 주자에서 理는 영이 아니라는 전제하에서다.
930) '모든 것은 우리 마음이 만들어 낸 것이다'라는 뜻으로 유식학에서 비롯된 것인데 '모든 것은 우리 마음먹기에 달렸다'는 뜻이 아니라 말 그대로 '외계를 우리의 마음이 직접 만들었다'는 뜻이다.

이니 영어 단어만 보면 'Mentalism'931)인 유심론에서 한 걸음 더 나간 사상이다. 그러나 유식론을 뜯어보면 유심론은커녕 마야론의 극단이거나 유물론이다.932)

표준이론에서 이승은 아데아(Adea) 즉 '혼들의 세상'이다. 혼만 가진 사람들이 인구의 구할(九割)이요 나머지 일할도 영이 혼에 끌려다니는 수준의 사람들이 태반이다. 또 이 세상은 혼이 진화하여 영이 되고 다시 해탈하여 윤회를 벗어나는 곳이기도 하다. 그래서 여러모로 이 세상은 '혼들의 세상'尾162)이라서, 원뜻에서 약간 변질된 말이긴 하나 이 세상의 일체는 유혼조(唯魂造)다.尾163) 그런데 엄밀히 말하면 세상은 一切唯魂造도 아니다. 혼이 진화하여 된 魂靈 외에 하느님께서 직접 창조하신 神靈이 있기 때문이다. 그래서 일부유심조(一部唯心造)다. 또한 모든 혼은 결국 영이 되어야 하니 세상은 어느 때인가 일체유영조(一切唯靈造)933)가 되어야 한다. 그러면 하느님의 뜻이 이루어지는 땅(Idea)이 된다.

---

931) 唯心論을 spiritualism이라고도 하는데 이 단어는 심령주의, 심령론 등의 뜻으로만 쓰는 것이 좋다.
932) 1. 유식사상은 무착(無着, Asanga AD 310~390)과 세친(世親, Vasubandhu AD 320~400)에 의해 개척되었는데 안식(眼識), 이식(耳識), 비식(鼻識), 설식(舌識), 신식(身識), 의식(意識)의 여섯 개 마음(六識)이, 존재하는 유일한 것이며 여기에서 이 세상 모든 현상(現像)이 나타난다고 하는 이론이다.
2. 식(識) 중에 제일 표면에 나타나는 것이 안식(眼識)·이식(耳識)·비식(鼻識)·설식(舌識)·신식(身識)으로 전5식(前五識)이라고 한다. 이 전5식을 총괄하는 분대장격인 식이 의식(意識)인데, 이것이 6번째에 있으므로 제6식(第六識)이라고 한다. 이 제6식을 근간으로 하는 식이 자의식으로 제7식(第七識)이다. 이것은 산스크리트어로 '마나스'이며 한문으로 말나식(末那識)이라고 표기한다. 그리고 제8식은 나타나 있지 않고 밑바닥에 숨겨져 있는 하나의 잠재의식인데 윤회의 주체로 주장된다.
3. 진제(眞諦 499~569)는 여기에 제9식(第九識)인 아말라식(阿末羅識)을 더하였다. 이는 말라식이 없는 식 즉 자의식(에고. 정신체)이 없는 식이니 어의(語義)만으로 보면 자의식(에고)의 자아인 1.8~2단계 자아를 초월한 식을 말한다고 볼 수도 있고 또 혼의 세상에서는 대부분의 我가 자의식(정신체)의 자아임을 감안하면 정신체가 50% 이하인 超自我의 현인(賢人) 이상의 식으로 해석되기도 한다. 어쨌든 아말라식은 수행의 궁극적 경지인 진여(眞如)를 인식대상으로 하는 번뇌에 물들지 않은 청정한 마음이다.
4. 그런데 무착의 유식론에서는 6식은 육근의 감각기관에서 나오고 7식은 6식에서 나오니 자의식인 제7식은 감각기관의 소산이 된다. 유식론이라면 오로지 의식(Consciousness Only)이니 의식에서 모든 것이 나와야 하는데 반대다. 이는 불교의 유식학이 부처님의 무아를 설명하려는 논리이기 때문에 가지는 자가당착이다. 따라서 무착의 유식은 유식론이 아니라 유물론이다. 유식론이라면 6식의 근간이 당연히 7식이어야 한다. 그런데 불설은 제6식이 7식에서 나온다는 주장도 한다. 이는 사유(四有)의 윤회론에서 중유인 아뢰야식이 생유인 6식을 장악하여야 본유가 시작되기 때문에 나온 논지로 보인다. 여기서 윤회론과 무아론이 충돌한다(8.3.2.1. '아뢰야식이란?' 참조).
5. 또한 현대 佛說은 아뢰야식이 정신분석학의 잠재의식 또는 무의식이라고 하며 불교가 일찍이 마음의 철학으로서 과학성까지 갖추었다고 자찬한다. 표준이론에서 프로이트 무의식의 정체는 혼뇌의식이다. 그렇다면 아뢰야식이 혼뇌의식일까? 둘 다 윤회의 주체라는 의미에서 맞는 말이다. 그러나 불설에서 아뢰야식이 무의식이라고 함은 윤회의 주체인 아뢰야식의 무아성을 주장하기 위한 견강부회일 뿐 과학성과는 무관하다. 게다가 프로이트의 무의식도 원천적으로 과학성이 부족하다. 과학성은 오히려 표준이론의 魂意識論에 있다(6.12.2. '표준이론의 의식구분' 참조).
933) 과거와 현재 미래의 부처를 모두 알려고 한다면 당연히 법계(세상)의 성품을 보아 이 모든 것이 마음(=혼)이 만든 것임을 깨달아야 한다(若人欲了知 三世一切佛 應觀法界性 一切唯心造). 표준이론으로는 이 세상이 혼들의 세상인 아데아임을 알아야 한다는 뜻으로 읽힌다. 혼은 자기들의 세상이라고 자부할 일이 아니라 그만큼 벗어나기 힘든 곳이라는 각성을 가져야 하며 영은 그런 세상에서 스스로 공을 성취하고 맡겨진 혼을 영으로 키워야 하니 분별하여야 한다는 의미이다.

6.5. 자율신경과 혼

혼은 생기체를 통하여 몸을 통제한다. 그러나 '불수의근(不隨意筋)'은 자율신경이라 혼의 의지(意志)가 미치지 못한다.934) 다만 생기체의 자율시스템을 통하여 의식하지 못하는 가운데 간접적으로 몸의 자율신경을 주관한다. 설기문 교수는 그의 저서 「시간선치료」에서 마음은 무의식 등 비각성 시에 소화, 호흡, 심장박동, 체온 조절 등과 같은 생명활동, 즉 불수의적 기능을 통제한다고 주장하며 비각성 시의 이러한 마음을 '신체마음'이라고 따로 부른다.935) 그의 '신체마음'은 표준이론의 생기체다.

그런데 무의식೬164)이 불수의적 기능뿐 아니라 영성, 직관, 깨달음, 초능력의 세계를 관장한다는 의견이 상당히 널리 퍼져 있다. 이것은 미망(迷妄)에서 비롯된 의견이다. 우선 '무의식이 불수의적 기능을 통제한다'는 주장은 비각성 시 무언가가 불수의근을 통제하는데 그것이 무엇인지 몰라서 '무의식'이라는 모순적 단어로 얼버무리는 주장이다. 또 '무의식이 영성, 직관, 깨달음, 초능력의 세계를 관장한다'라는 말은 혼과 영의 존재의 유무와는 무관히 초능력이나 영성, 직관, 깨달음이 실재하는데 그것을 의식이 관장하지 않는다고 생각하는 사람들의 주장이다. 그들은 프로이트라는 '성인(聖人)'의 말을 추종하여 이를 무의식이 통제한다고 함으로써 짐짓 자신들이 과학적인 체하나 오히려 프로이트가 저지른 오류를 답습하고 있다.936) 그러면 무엇이 이것들을 관장하는가. 위 의견은 이렇게 고쳐 써야 한다. "혼은 생기체의 자율기능을 통하여 몸의 불수의 시스템과 초능력937)을 관장하고 통제한다. 그리고 영이 영성, 직관, 깨달음을 관장한다."

전술한 바와 같이 생기체는

---

934) 신체의 에테르 메커니즘(생기체시스템) 중 하나는 무의식적이며 교감계와 연결되어 있고 다른 하나는 의식적 혹은 자발적이며 뇌척수 계통과 연결되어 있다. 이처럼 생기체는 두 개의 분명한 부분으로 구성되어 있다. 프라나(생기)는 신체에서 두 개의 주요한 형태, 즉 에테르체에 활기를 주는 프라나와 육체의 자동적인 프라나(Automatic Prana)로 나누어져 존재한다(포웰, 「에테르체」, 18장 메스머리즘, 6.3.1. '생기체' 참조).
935) 무의식은 기본적으로 보존하고자 하는 목적을 갖고 있다. '신체마음'이라는 것이 있는데, 이것은 무의식이 신체적 기능을 움직인다는 의미다. 그리고 무의식은 신체를 안전하게 보존하는 책임을 맡고 있다. 신체가 위험상황에 노출될 때 우리는 본능적으로(무의식적으로) 자신을 보호할 수 있는 행동을 하게 되는데 그것이 바로 무의식의 역할이라고 할 수 있다(설기문, 「시간선 치료」). 설기문은 그의 다른 저서인 「최면의 세계」에서도 마음이 자율신경을 통제한다고 한다.
936) 6.12. '의식상태별 혼의 활동' 참조
937) 초심리학에서 말하는 psi능력을 말한다.

1) 정신체의 지배를 받으며 이승혼의 일부이지만 몸의 생명력으로서 잉태와 동시에 저승혼(마음, 윤회혼)보다 먼저 몸에 깃들며, 정신체보다 더 기의 속성에 가깝다.
2) 또한 생(生) 시 24시간 잠들지 않으며
3) 불수의 장기를 포함한 몸의 모든 장기를 제어한다.

그러나 생기체는 자율기능을 통하여 몸의 불수의(不隨意)시스템을 통제하는데 그 이유는

1) 수면이나 탈혼 등 변형의식 상태에서는 정신체의 기능이 멈추지만 그럼에도 생명유지를 위하여 몸의 기본적인 기능은 유지를 하여야 하므로 기본기능 부분을 통제하는 권한은 24시간 잠들지 않는 생기체가 가지고 있어야 하기 때문이다.
2) 또한 생기체는 윤회혼보다 먼저 몸에 들어와 몸을 양육하고 몸에 생명력을 부여하고 있었으니 당연히 어느 부분에는 생기체만의 고유기능이 있을 것으로 보이고 그것이 몸의 자율신경의 통제이다.
3) 많은 종교와 사상에서 생기체를 몸의 일부분으로 파악하였다. 생기체는 혼이 없어도 몸의 생명력을 유지하는 기본활동을 하기 때문이다. 그러나 생기체만 있는 혼은 없다. 또 마음이 없이 생기체만 가진 몸도 없다.938)

그러나 생기체의 자율기능도 마음이 능력을 키우기에 따라 직접 통제가 가능한 것으로 보인다. 마음이 생기체의 자율기능을 통제하는 방법에는 몇 가지가 있다.939)

1) 생기체의 자율기능에 상시적으로 관여하는 방법
2) 생기체의 자율기능에 일회적으로 지시를 하는 방법
3) 혼의 초감각적 지각능력(psi 능력)을 이용하여 몸을 직접 통제하는 방법

이러한 방법을 사용하여 마음도 몸의 자율신경을 직접 제어할 수 있고 이를 통해서 질병을 치료할 수 있다. 1)과 2)의 구체적인 방법으로는 명상, 호흡법, 이완반응(relaxation response), 기도치료, 심상법(imagination), 유도심상법(guided imagery), 바이오피드백(biofeedback), 최면 및 자율훈련 등이 있고 3)의 방법에는 영성치료(spiritual healing), 치료적 접촉(therapeutic touch), 원격치료(distant healing) 및 기공(氣功)치료尾165) 등이 있다.940) 물론 이러한 방법의 대부분은 아직까지 별

---

938) 6.11. '강시(僵尸)' 참조
939) 6.3.1. '생기체' 참조

효과가 없다. 그러나 별무효과의 이유가 누구 말처럼 사이비(似而非)나 유사(類似)이기 때문은 아니다. 1)과 2)는 자기 능력 탓이요 3)은 시술자의 능력 탓이다. 전체적으로는 아직 때가 되지 않은 치료법이라서 그렇다.

6.6. 양자역학과 표준이론

6.6.1. 데이비드 봄의 양자형이상학과 표준이론

데이비드 봄(1917~1992)[941]의 양자역학이론인 양자형이상학(quantum metaphysics)에 따르면 우주에 존재하는 모든 것은 초양자장으로부터 분화되며, 이렇게 하여 생긴 존재는 정신계, 에너지계, 물질계로 나눌 수 있다고 하였다.[942] 그는

1) 초양자장으로부터 에너지계가 분화하는 과정을 보면 초양자장이 중첩(重疊, 뭉침, superposition)되어 파동尾166)이 되고, 파동이 뭉쳐 에너지가 되며 다시 그 에너지가 뭉쳐 소립자[943]가 나타난다고 하였고
2) 소립자는 한편으로는 의식尾167)이 되어 정신계를 수립하며 한편으로는 물질계를 만든다. 즉 소립자가 뭉쳐 원자를 만들고 다시 그 원자가 뭉쳐 분자라는 물질이 되면서 물질계가 나타난다고 하였다.
3) 결국 소립자란 바로 파동의 다발(wave packet)이라고 생각한 것이며 소립자에서 의식과 물질로 분화된다고 보았다. 또 소립자의 종류에 따라서 그 진동

---

940) 강길전·홍달수, 「양자의학」, 대체의학 참조
941) 데이비드 봄(David Bohm 1917~1992)은 저명한 물리학자이자 20세기 후반 가장 독창적인 사상가 중 한 사람이다. 펜실베니아 주립대학을 졸업하고, 캘리포니아 대학 버클리에서 박사 학위를 받았다. 양자역학의 세계적인 권위자로서뿐 아니라 인류와 자연의 조화, 인류의 융화 등을 테마로 한 철학적 사색가로서도 유명하다. 1992년에 75세로 죽을 때까지 자연과학 분야에서만이 아니라 심리학, 환경학, 종교학 등 다양한 학문에 영향을 미쳤다.
942) 강길전·홍달수, 「양자의학」 참조
943) 1. 소립자(素粒子, elementary particle)는 물질을 세분화하면 마지막에 도달하는 궁극의 입자이다. 물질 구조는 분자 → 원자 → 원자핵 → 소립자라는 계층으로 나누어 생각할 수 있는데, 소립자는 원자핵 다음에 오는 입자이다. 입자물리학에서 현재 소립자로 생각되고 있는 것은 쿼크, 렙톤, 하드론, 게이지 입자이지만, 이들 입자 자신이 더욱 작은 입자로 구성되어 있을 수도 있다(과학용어사전, 소립자 참조). 한편 입자물리학에서 많은 학자들이 모여 이들 소립자의 세계를 설명하기 위하여 공동으로 설정한 모형이 소위 '표준모형'이다.
2. 소립자를 장으로 다루는 이론을 양자장론(quantum field theory QFT)이라 부르는데 이는 소립자란 '장(場)'이 들떠서(excitation) 작은 덩어리로 양자화된 모습이라는 주장이다. 예를 들어 빛(광자)은 전기장이 양자화된 것이다.

수尾168)가 다르다고 생각하였다. 따라서 에너지, 의식, 물질 등은 초양자장이라는 동일한 질료인(質料因)으로부터 만들어진다. 이와 같이 우주에 존재하는 모든 것은 초양자장으로부터 분화하기 때문에 부분 속에 전체의 정보가 들어 있다고 하였으며 이것을 홀로그램(hologram) 모델944)이라고 불렀다.

이러한 봄의 우주생성론은 장일원론(場一元論)이다. 이는 표준이론뿐 아니라 카발라945), 인도철학, 도가(道家), 성리학의 기일분수론(氣一分殊論), 신지학 등이 주장하는 면면한 역사의 기일원론(氣一元論)을 양자역학으로 해석한 주장이다. 기가 생명에너지인 것을 감안하면 봄의 '에너지'는 기에서 나온 것으로 '초양자장이 뭉쳐 파동이 된 다음 그것이 에너지가 된다' 함은 기가 에너지로 변화되는 모습을 표현한 주장으로서 기와 에너지 그리고 물질의 시원(始原)을 분석한 이론 중 하나이니 표준이론과 상치될 일이 없다.

몸의 장기(臟器)와 생기체 간의 커뮤니케이션을 양자역학적으로 해석함으로써 이해할 수도 있겠다. 데이비드 봄의 주장에 의하면 "파동이 뭉치면 에너지가 되고 에너지는 입자가 되니 물질은 많은 파동이 뭉쳐서 농축된 에너지다. 그러니 에너지와 물질은 모두 파동의 다른 형태일 뿐 파동체인 것은 같다. 그런데 파동은 정보(情報)다. 따라서 파동체는 정보체다."라고 한다. 이 논리에 따르면 기도 파동체다. 몸의 각 장기 또한 물질로서 당연히 그 자체의 고유한 파동을 가지고 있다. 여기에 덮여 있는 기의 장기 또한 파동을 가지므로 몸의 장기와 기의 장기는 정보를 가득 담은 파동으로 서로 소통한다.

한편 그의 주장에 따르면 '빅뱅' 없이도 세상이 창조된 듯하다. 또 소립자가 어떤 때는 원자가 되고 어떤 때는 의식도 된다. 그러나 영혼학에서는 빅뱅은 반드시 있었다. 그것이 뱅(Vang)은 아닐지 몰라도 어떤 식으로든 물리적 의미의 대변환

---

944) 봄(Bohm)은 우주를 홀로그램이라고 말함으로써 수학적 언어로 우주의 모든 것을 설명할 수 있다고 하였으며 따라서 우주에 존재하는 물질, 에너지 그리고 마음 같은 것도 수학으로 표현할 수 있다고 하였다. 이와 같이 봄(Bohm)은 현재의 과학 수준 때문에 실험으로 증명할 수 없는 것을 수학적 이해로 설명하고자 하였는데 이것을 봄(Bohm)의 양자형이상학(quantum metaphysics)이라고 부른다.
945) 현대 카발라에서 말하는 '라쉬트 하 갈갈림'은 '최초의 소용돌이'라는 뜻이다. 그것은 성운의 발단, 우주의 태동을 말하는 것으로, 창조의 산고 속에 있는 순수 에테르 차원의 세계이다. 그것이 응고되고 구체화되면 우주가 되는 것이다. 최초의 세피라인 케테르(Kether)는 수원(水源)이다. 물은 수원에서 흐르고 흘러 모든 저장소들을 가득 채운다. 카발리스트들은 세피로트를 발출물이라고 말한다. 왜냐하면 그것들은 수원인 케테르에 그 기원을 갖기 때문이다. 각 세피라는 밑에 있는 세피라로 흘러넘쳐 들어간다. 그에 따라 순수질료는 차츰 농밀해지며, 마침내 말쿠트에 이르러 물질화된다. 그러므로 각 세피라는 선행하는 세피라로부터 발출된 것이다. 흙을 한 줌 쥘 때 당신은 케테르의 순수 질료를 쥐고 있는 것이다. 그것은 사실이다. 흙은 담갈색을 띤 만져지는 물질이지만 그 속에는 케테르의 순수 질료, 에센스가 포함돼 있다(아이반호프, 「비전의 카발라」). 이러한 아이반호프의 변(辯)은 에테르(기)가 뭉쳐 물질이 되었다는 기시원(氣始元)론과 다를 것이 없다.

이 있었을 것이다. 또 의식(意識)의 기원은 소립자가 아니다. 의식은 생명에너지인 기에서 말미암은 것이니 의식의 족보상에 소립자라는 조상은 없다. 표준이론에 의하면 물질(소립자)과 의식(원인의식)이 모두 기에서 분화하였으니 소립자와 의식이 사돈에 팔촌 간은 될지 모르겠으나 절대 존비속 간은 아니라는 것이다. '의식의 소립자기원설'을 주장하는 '양자형이상학'보다는 차라리 불설의 '의식의 오온기원설'이 더 합리적이라고 본다. 그러나 '봄'의 생각을 일부 합리적으로 수정하면 표준이론에 적용해 볼 수도 있겠다. 즉 "소립자 이후 단계에서 물질과 의식으로 분화되는 것이 아니라 파동단계에서 물질에너지와 생명에너지로 분화되어 물질에너지는 소립자로 생명에너지는 의식으로 각각 전개되었다."로 수정하는 것이다. 물질인 소립자가 다짜고짜 어찌 정신인 의식이 된다는 말인가. 946)

그러나 크게 보면 봄의 양자이론은 표준이론과 유사한 점이 많은데 그의 이론을 표준이론적으로 해석하면 다음과 같다.

1) 초양자장이자 파동은 하느님의 생명에너지인 기(氣)다.
2) 표준이론에서의 물질의 분화 : 초양자장이 뭉쳐 파동이 되고, 파동이 뭉쳐 물질에너지가 된다는 주장은 표준이론에서 생명에너지인 기의 에너지 부분이 빅뱅하여 물질(M)이 생성되는 과정을 표현한 양자역학적 진술이다.
3) 표준이론에서의 의식의 분화 : 겉으로 보면 에너지가 뭉쳐 만들어진 물질인 육체가 의식을 만드는 것으로 보이지만 사실은 생명에너지인 기의 생명부분이 뭉쳐 만들어진 생명력이 의식을 만들어 그 의식이 육체에 깃드는 것이다. 즉 기의 생명력이 생기(生氣)로서 물질에 스며 유기체를 만들고 스며든 생기가 생기체로 진화하며 이는 결국 혼으로 진화하여 의식이 발생하는 것이다.

파라마한사 요가난다947)는 그의 「요가난다, 영혼의 자서전」에서 다음과 같이 말한다. "하느님은 진동의 힘을 농축시켜서 인간의 성기체(星氣體, 아스트랄체)를 만드신 다음, 거기에서 다시 육체적 형상을 만드셨다. … 원인우주 및 원인체는 성기체적 우주 및 성기체와 구분되었으며, 물질적 우주 및 육체 또한 다른 피조물

---

946) 미주 161 '생각'에 대한 생각들 참조
947) 파라마한사 요가난다(Paramahansa Yogananda 1893~1952)는 인도의 수도사, 요기, 구루로서 명상과 크리야 요가의 가르침을 서구의 수백만 명에게 소개했다. 벵골 요가 거장인 '스와미 스리 유크테스와르 기리(Swami Sri Yukteswar Giri 1855~1936)'의 제자로서 요가의 가르침을 서양에 전파하고, 동양과 서양의 종교 사이의 단합을 도모하였으며, 서양의 물질적 성장과 인도의 영성 사이의 균형을 확립하기 위해 파견되었다. 미국 요가 문화에서 그의 오랜 영향력은 그를 요가 전문가들에 의해 "서양 요가의 아버지"로 생각하도록 이끌었다(위키백과 참조).

들과 특징이 다르다."948) 요가난다의 이야기는 데이비드 봄이 태초에 창조된 것은 초양자장이고 여기에서 파동이 생성되었다고 보는 것과 유사하다.949)

6.6.2. 글렌 라인의 양자생물학과 표준이론

글렌 라인950)은 봄의 양자물리학 이론을 근거로 하여 많은 실험을 하였으며 실험의 결과를 토대로 생물은 눈에 보이는 육체, 눈에 보이지 않는 육체 및 마음이라는 세 가지 구성 성분으로 되어 있다고 주장하였다. 여기서 눈에 보이지 않는 육체를 정보 에너지장(information-energy field)이라고 하면서 구체적으로는 미세 파동(subtle wave)이라고 하였다.951)

그의 주장을 표준이론에 따라 해석하면 눈에 보이지 않는 육체는 혼의 생기체이고 마음은 혼이다. 생물학자인 그에게는 불행히도 불교처럼 영(靈)은 아직 없다.

6.6.3. 양자의학과 표준이론

양자의학에 의하면 사람은 육체(physical body), 에너지체(energy body) 및 마음체(mind body) 세 가지 체가 중첩되어 있다. 1이 개념을 의학에 적용하여 의학의 계통을 분류하면
1) 몸을 다루는 의학인 생의학(biomedicine)
2) 에너지장을 다루는 의학인 에너지 의학(energy medicine)

---

948) 파라마한사 요가난다, 「요가난다, 영혼의 자서전」, 김정우 옮김, 제43장 '스리 유크테스와르의 부활' 중에서
949) 파라마한사 요가난다의 「요가난다, 영혼의 자서전」이 1945년 작이니 그가 봄 류(類)의 양자역학이론에 접하였을 것이고 요가난다가 아스트랄체를 언급한 것이나 진동의 힘에서 물질의 기원을 찾는 인도철학에 근본이 없는 주장을 한 사실을 볼 때 그가 신지학과 양자역학의 영향을 이미 받았음을 알 수 있다.
950) 글렌 라인(Glen Rein)은 러시아계 미국인 양자생물학자로 하버드 대학과 스탠포드 대학 교수를 역임하였으며 1992년 '양자생물학(Quantum Biology)'을 저술하였다. 라인의 양자생물학은 의학적 관점에서 양자물리학자 데이비드 봄(David Bohm)의 '홀로그램(hologram)이론'을 재해석한 것으로 평가된다. 라인에 의하면 생물은 마음이 보이지 않는 몸을 통해 보이는 몸을 지배한다. 그의 주장은 주류 생물학계의 주목을 받지는 못했지만, 대체의학 또는 동양의학 등에서 활용되고 있다. 라인은 인간을 육체, 에너지체 그리고 마음으로 구성된 3중구조로 설명하였고 의학을 생의학(biomedicine), 에너지 의학(energy medicine), 심성의학(mind medicine)으로 구분하였다.
951) 1. 강길전·홍달수, 「양자의학」, '새로운 의학의 탄생' 참조
2. 글렌 라인(Glen Rein)의 "양자생물학"을 의학에 접목한 강길전 박사의 양자의학(quantum medicine) 이론이 한의학의 精氣神 이론과 매우 유사하다 하여 파동의학이라는 이름으로 한의계에서 관심 있게 연구되고 있다(대한의료기공학회 논문 「진동, 파동치료에 관한 국내 연구 동향 - 이재홍, 백지유, 장성진, 필감매 2021.01.07.」).

3) 마음을 다루는 의학인 심성의학(mind medicine)
으로 구분된다.952)

표준이론식으로 말하면 에너지 의학은 생기체(혼의 장기)를 다루는 의학이고 심성의학은 정신체를 다루는 의학이다.

강길전 교수는 그의 저서에서 글렌 라인의 의견에 따라 우리 인체를 몸, 양자파동장(에너지장), 마음의 3중 구조로 되어 있는 것으로 보는 한편, 에너지장은 다음과 같은 특징이 있다고 한다.
1) 인체를 구성하는 분자, 세포, 조직, 장기 등은 고유의 에너지장이 있다. 953)
2) 에너지장은 하나로 연결되어 있다.954)
3) 에너지장은 자기조직(self-organization) 하는 기능이 있다.955)

위 특징을 표준이론식으로 진술하면
1) 인체를 구성하는 분자, 세포, 조직, 장기 등은 각각에 대응하는 혼의 장기가 있다.
2) 혼의 장기는 하나로 연결되어 생기체가 된다.
3) 생기체는 '기 대사시스템'과 '신호 전달시스템'으로 구성된 '생기체시스템'을 통해 몸을 조직화한다.956)

---

952) 강길전·홍달수의 「양자의학」의 논리다. 이에 따르면 현대의학과 양자의학이 서로 다른 점으로 다음 두 가지를 꼽는다.
1. 현대의학은 3차원적, 유물론적, 기계론적, 환원·분석주의, 국소적 그리고 의사 중심인 데 반하여 양자의학은 4차원적, 유기체적, 전일론적, 통합적 그리고 환자 중심이다.
2. 현대의학은 육체적 구조에 대해서만 질병의 원인과 진단 및 치료를 논하는 데 반하여, 양자의학은 육체적 구조 이외에 에너지 구조 및 마음 구조도 포함하여 질병의 원인, 질병의 진단 및 질병의 치료를 논한다.
953) 1. 러시아 과학자 포포닌의 '유령 DNA 효과(phantom DNA effect)'는 DNA의 에너지장을 말하는 것이고
2. 러시아의 짱 칸첸의 에너지장을 채취하여 전송하는 장치(torsion generator) 또한 같은 종류이며
3. 프랑스의 면역학자 벵베니스트(Benveniste)의 1985년 동종요법(homeopathy) 실험에 의한 '디지털 생물학(Digital Biology)' 또한 인체의 에너지장에 대한 연구이다.
954) 양자물리학에서 비국소성 원리에 의하여 에너지장은 하나로 연결되어 있다. 같은 원리로 인체의 에너지장도 하나로 연결되어 있다. 그래서 간장, 소장, 대장 등은 분명히 분리되어 있지만 그들의 에너지장(場)은 하나로 연결되어 있다. 환상 사지(Phantom limb)로 인한 幻想痛도 이런 이유로 나타난다.
955) 벨기에의 화학자 일리야 프리고진(Ilya Prigogine 1917~)은 에너지장은 자기 조직하는 능력이 있다고 하였으며 에너지장으로 인한 창발현상(생명현상)을 카오스 수학으로 해석하여 1977년 노벨 화학상을 수상하였다. 이 에너지장의 자기 조직의 능력으로 인해 위벽은 5일마다, 지방조직은 3주마다, 피부는 5주마다 그리고 뼈는 3개월마다 탈락되는데 이와 같이 탈락된 부위가 본래의 모습대로 재생되는 것이다. 이처럼 몸의 장기인 주물은 낡아서 버리더라도 생기체의 주형은 남아있어 장기의 복원은 착오 없이 이루어진다.
956) 미주 248 '노화(老化)' 참조

6.7. 혼의 장기(臟器)

6.7.1. 혼의 장기(臟器)와 능력

어느 사람의 장기에는 허약한 장기도 있고 튼튼한 장기도 있다. 또한 같은 장기라도 다른 사람의 장기와도 우열의 차이가 있다. 예를 들어 눈이 좋은 사람이 있고 나쁜 사람도 있으며 두뇌의 아이큐도 이큐도 사람마다 다 다르다. 몸은 그래도 種이 같으니 사람 간에 大差가 없는 편이다. 혼은 지혼끼리도 그 수준 차이의 현격함이 몸보다 훨씬 더하여 같은 지혼(知魂)이라고 보기도 어려울 지경이다.

그렇다면 어느 사람이 축구선수가 되는 것은 몸의 장기의 능력에 기인할까, 혼의 장기인 생기체의 능력에 기인할까. 둘 다와 관련이 있다면 어느 편의 영향력이 클까?

이는 욕망을 분석하는 것과 같다. 사람의 오욕(五慾)이 혼과 몸에 기인하는 정도를 분석할 때 감안할 사항은 몸의 기인비율이 낮다고 하여 몸의 욕망이 전혀 없어도 혼의 욕망이 구실을 하는 것은 아니다.[957] 같은 원리로 어느 신체능력이 생기체와 몸의 장기에 기인하는 정도를 분석할 때 감안할 사항은 몸 장기의 기인비율이 낮다고 하여 몸의 장기가 나빠도 생기체의 능력만으로 장기가 제구실을 하는 것은 아니라는 것이다.

이런 전제하에 사람의 장기의 능력은 다음과 같은 원리로 결정된다.

1) 몸의 각 장기의 수준은 1차로 부모로부터 유전된다.
2) 생기체 장기의 수준 또한 최초 잉태 시에는 부모로부터 유전된다.
3) 혼은 환생계획과 취향에 따라 부모와 몸을 선택한다. 혼이 몸에 임하면 생기체를 장악하고 자신의 물성과 개성과 업에 따라 생기체에 영향을 주어 이를 자신에게 최대한 적합화시킨다. 여기에는 생기체의 혼뇌에 업으로서의 기억과 성격을 전사(傳寫)하는 것도 포함된다.
4) 혼의 영향을 받아 변화된 생기체는 도안체 역할을 하여 설계대로 몸을 기른다.
5) 결국 몸은 부모의 유전자를 원재료로 한 혼의 化身이다.

예를 들어 몸뇌는 혼뇌의 화신이다. 따라서 병들지 않은 보통 사람의 뇌라면 거기에 깃든 혼의 자질에 따라 생각의 수준이 결정된다고 보아야 한다. 아인슈타인

---

[957] 6.3.3. '정신체' 참조

의 스마트함은 대부분 그의 혼과 영에서 나온 것이다. 유전적으로 머리 좋거나 운동을 잘하는 자식이 태어나는 이유는 우월한 유전자에만 있는 것이 아니라 그 혼이 자신의 개성과 업에 따라 이를 자기에게 맞춘 데에 그 원인이 있다.

6.7.2. 혼의 장기(臟器)와 병(病)

마음도 물성을 가지니 병에 걸린다. 마음의 병은 몸으로 전이된다. 마음에 기인한 (心因性) 육체의 병이 그것이다. 심인성 질병의 발생 기작(機作)을 보자. 먼저 마음의 정신체에 고장이 난다. 정신체의 고장은 그의 업과 스트레스 또는 복합혼의 경우 주혼과 종혼 간의 불화나 종혼의 발호 등으로 발생한다. 정신체의 고장은 생기체를 통해 몸의 장기에 영향을 준다. 따라서 몸의 장기는 정신체에서의 고장이 드러나는 말단이다. 예컨대 우울증은 정신체의 주혼과 종혼 간의 불협화음에 기인한 병으로서 생기체의 신호 전달시스템에 먼저 이상(異常)이 나타나고 이로 인해 몸의 여러 부분 특히 뇌에 신경전달물질(세로토닌, 노르에피네프린, 도파민 등)의 불균형이나 호르몬 이상현상이 발생하여 몸에도 그 병변(病變)이 나타나는 병이다. 현대의학은 신경전달물질에 문제가 생겨 우울증이 생기는 것으로 보고 신경전달물질의 재흡수를 차단하는 대증요법으로 우울증을 치료하나 이는 홍수가 나서 도로가 유실되면 도로만 고치는 식이다. 기껏해야 강둑을 정비하고 댐을 쌓는다. 그러나 홍수의 근본원인은 천재지변이요 기후변화이며 산림황폐다. 천재지변은 기도(祈禱)로, 기후변화와 산림황폐는 수행을 통한 정신체의 성장을 통하여 근치가 된다.

정신체의 고장을 어떻게 고치는가. 표준이론에 따라 마음공부부터 시작하자. 표준이론을 읽고 생각하고 마음으로 공감하고 깨우치는 일부터 시작하면 좋다. 인격자나 군자가 어디 우울하겠는가?[958] 현인이나 성인이 치매에 걸리는 일도 드물다.[959] 그들은 단일혼 시절조차 멀리하고 영속혼의 완성단계에 든 성숙한 지혼들이다.

양자의학에서 마음은 몸의 구석구석과 연결되어 육체적 질병을 일으킬 수 있다고

---

[958] 인격자는 2.5단계, 군자는 2.75단계의 자아로 그 혼은 100% 단일혼이거나 영속혼이다. 단일혼 이상에서는 주혼과 종혼 간의 구분이 거의 불가능하거나 있더라도 불화가 없다. 우울증은 대부분 자기혐오와 자존감 하락을 동반한다. 이는 복합혼이 보이는 주종간의 불화로 인한 정신체의 분열과 혼이 군혼(群魂) 시절에 익혔던 혼들 간의 의존과 교류의 단절로 인한 고독(孤獨)에 기인한다. 주종간의 불화는 최악의 경우 파탄 즉 자살(自殺)로 이어진다.

[959] 미주 317 '치매에 대하여' 참조

한다. 슬픔, 분노, 불안, 공포 등과 같은 '마인드 바이러스(mind virus)'인 스트레스는 분자, DNA, 세포, 조직, 장기 등에 나쁘게 작용하여 육체적 질병을 일으킬 수 있다.960)

반대로 양자의학에서 '신념'은 육체의 질병을 치료할 수 있다고도 생각한다.961) 텍사스 대학 심리학 교수 악터버그(Jeanne Achterberg)는 1925년부터 1978년 사이 미국, 영국, 그리스, 루마니아 등에서 발표한 문헌 조사에서 정신박약이나 정서장애자 중에서 백혈병으로 진단받은 사람은 한 사람도 없었다고 하였으며 이와 같이 정신박약이나 정서장애자에서 암 발생률이 적은 이유는 암이 일종의 사망 선고임을 모르며 절망이나 실망 그 자체를 모르기 때문이라고 하였다.962)

정신체뿐 아니다. 생기체의 고장도 몸의 장기의 고장을 일으킨다. 동양의학에서는 '기가 조화로우면 병 없이 장수하고 마음이 조화로우면 도가 이루어지고 神術이 이루어진다'고 한다. 이는 많은 질병의 원인이 생기체의 고장에서 기인한다는 뜻이다.963)

---

960) 스트레스가 일으키는 병은 여드름, 알코올중독, 치매, 천식, 요통, 유방암, 만성피로증후군, 감기, 당뇨, 월경통, 심장병, 에이즈, 고혈압, 불임, 불면증, 월경 장애, 뇌졸중, 위궤양, 자궁암 등이라고 한다. 현대의학은 스트레스가 만병의 근원이라고도 한다. 맞는 생각이다.

961) 1. 강길전·홍달수, 「양자의학」
2. 표준이론 또한 질병의 원인이 몸과 마음에서 기인한다고 본다. 플라톤도 질병에는 몸의 질병과 혼의 질병이 있다고 하고 혼의 질병은 광기와 무지의 어리석음에 기인한다고 주장하였다(필론, 「알렉산드리아의 필론 작품집 I」, 문우일 옮김, 159쪽 참조).
3. 마음이 모든 질병의 원인이라는 극단적인 믿음 또한 이전부터 있어 왔다. 그 전형이 신사고 운동이다. 신사고 운동(New Thought)은 1880년대 미국에서 피니어스 큄비(Phineas Quimby 1802~1866)의 '마음치료(mind cure)운동'으로 널리 알려져 있는데 이는 잘못된 믿음의 결과로 마음에서 질병이 시작되고 하느님의 지혜에 열린 마음을 가지면 어떤 질병도 극복할 수 있다는 믿음을 표방하였다. 신사고 운동은 번영(prosperity)을 달성하는 데 마음의 힘이 중요하다는 믿음을 대중화하는 데 기여하여 이후 번영신학, 오순절주의(Pentecostalism) 등을 불러왔다.

962) 이를 잘못 해석하면 정신이 몸뇌의 전기작용에 의한 것이라는 유물론적 사고방식으로 귀납한다. 그러나 이는 집 안에만 있으면 교통사고 날 일이 없다는 설명이나 마찬가지다. 精神薄弱은 혼의 정신체가 박약한 것이 아니라 생기체의 혼뇌 또는 몸뇌의 특정부분이 선천적으로 박약하여 집 안에서만 살다 보니 스트레스라는 교통사고가 안 난 것뿐이다. 후천적인 기억상실이나 치매 등도 이와 같다. 따라서 정신 즉 혼은 멀쩡하다. 영혼학이 발달하면 혼이 혼뇌와 몸뇌의 박약한 부분을 극복하는 방법이 강구될 것으로 믿는다. 도가 깊은 사람들이 쓰는 방법을 쓰는 것이다.

963) 1. 仙家와 한의학에서 말하기를, 기가 조화로우면 병 없이 장수하고 마음이 조화로우면 도가 이루어지고 신술(神術)이 이루어진다. 또한 죽음에 이르렀다가도 살아나서 장수할 수 있게 된다고 한다.
2. 기의 혈관인 기맥(경락)에는 경맥과 낙맥이 있다. 경맥은 몸의 아래 위를 흐르는 줄기로서 臟腑와 연결되지 않는 기경 8맥이 있고 인체의 각 장부를 흐르는 정경 12맥이 있다. 그리고 낙맥은 정경 12맥에서 뻗어 나와 인체의 세세한 세포 부분까지 흐르는 기맥을 말한다. 표준이론에서는 이들이 이루는 체계를 '기 대사시스템'(10.2. '기와 관련된 실험들' 참조)이라고 한다. 한의학에서는 경혈에 침을 놓는데 이때 경혈은 이러한 기맥의 중요한 포인트로 요가로 치면 차크라다.
3. 老化의 시작은 생기체에서부터. 도가 수승한 사람은 생기체의 노화를 늦출 수가 있다. 생기체는 정신체의 手下가 아니던가. 內丹으로 장수를 구한 도가의 논리가 모두 헛된 것은 아니다.

이 밖에도 몸이 마음에 지배당하는 현상은 우리 주변에 흔하다. 최면에 걸린 사람에게 맛있는 사과라며 양파를 주면 눈물을 흘리기는커녕 흡족한 표정으로 잘 먹는다. 또 최면을 건 다음 최면사가 자신의 손가락을 그의 팔에 대면서 굉장히 뜨거운 쇠막대기라는 암시를 준다. 그러면 피최면자는 기겁을 하면서 팔을 뿌리치는데 신기한 것은 방금 전에 최면사의 손이 닿았던 부분이 진짜 불에 덴 것처럼 빨갛게 변하는 것이다. 조금 더 있으면 물집까지 생긴다. 물론 최면감수성이 강한 사람들의 경우다. 상상임신과 위약효과(placebo effect)도 마찬가지다. 모두 우리의 의식이 몸을 주도한다는 것을 보여준다.

6.8. 혼의 물성(物性)

혼의 물성을 이야기하는 사상은 허다(許多)하다. 그중 몇 가지만 들면

1) 표준이론에서 혼은 물성을 지닌 기(氣)에서 기원하였다.[964]
2) 양자역학에도 물질과 의식이 모두 파동의 변형인 소립자에서 기원한다는 주장이 있다.
3) 여러 실험에서 인간의 혼은 그 무게가 21~25g으로 측정되었다.[965]
4) 신유학(性理學)자들도 몸에서 기인하는 욕망, 권력욕, 재욕은 기이며 나아가 몸 자체도 기로 구성된다고 한다.
5) 신경생물학자 존 에클스[966]는 마음은 뇌와 독립적으로 존재하는 것이며 죽음 이후 마음은 육체를 떠난다고 하였다. 또한 마음은 질량을 지닌 물질이라고 하였

---

[964] 혼의 생명력은 '생명에너지로서의 기'의 생명 부분에서 기원하며 또 한편으로 물질은 '생명에너지로서의 기'의 에너지 부분에서 기원한다.
[965] 1. 의사이자 학자인 미국 던컨 맥두걸 박사(Duncan MacDougall 1866~1920)는 1907년 임종이 가까운 6명의 환자를 대상으로 한 조사에서 사람이 죽으면 체중이 줄어든다는 사실을 발견하였다. 체내에 있던 수분이나 공기들이 빠져나가는 것을 감안해도 21g의 차이가 났다. 개의 경우에는 1g도 변화가 없었다. 영은 순수영체이므로 무게가 없으니 혼의 무게였을 것이고 개의 경우에도 각혼은 있는데 지혼에 비해 무게가 너무 적어서 1907년 기술로는 측정되지 않았을 것이다. 이를 보면 생기체보다 정신체에 훨씬 더 많은 기가 사용됨을 알 수 있다.
2. 이 실험에 대해 반박하는 자들은 숱하게 많았다. 그런데 100년이 지나도록 왜 검증실험을 하지 않는지 알 수가 없다. 줄어든 무게는 다르지만 일리노이주 쿡카운티 병원, 미국의 라이엘 왓슨(Lyell Watson)의 실험 등 맥두걸의 실험과 유사한 결과가 나온 실험만 몇 차례 있었을 뿐이다. 실험에 반박하는 자들이 맥두걸의 실험을 같은 종류의 실험으로 검증하려 하지 않는 이유는 자연과학교의 교리가 깨어지는 것이 두렵기 때문인가?
[966] 오스트리아 출신 신경과학 및 심리학자인 존 커루 에클스(Sir John Carew Eccles 1903~1997)는 신경세포막의 말초 및 중추부분의 흥분과 억제에 관련하는 이온기전을 발견한 공로로 1963년 노벨생리의학상을 수상했다.

다.967)
6) 힌두교 육파철학의 기(氣)인 프라크리티는 마음과 육을 구성하는 현상계의 원재료이다.
7) 신지학과 그 아류 사상에서도 모든 영적 존재는 에테르(氣)의 매우 정묘한 體로 알려져 있다.

6.9. 유학(儒學)의 '마음'에 대한 담론

'마음'에 대한 유학 쪽의 담론을 요약해 보면 다음과 같다.

1) 맹자는 본성(本性) 자체에 이미 도덕성이 내재되어 있다고 하며 마음은 그것을 드러내는 역할을 한다 하였고, 순자는 본성은 도덕과 무관하나 마음이 외부에서 도덕을 가져와 본성을 순화시키는 역할을 한다고 하였다. 불설이나 성리학에서 자주 거론하는 본성은 불성(佛性)이나 성(性) 또는 이것들이 마음에 구현한 선(善)으로서 이를 표준이론에서 찾으면 하느님의 불씨인 영화(靈火) 또는 영화가 거하는 양심체다. 그렇다면 본성을 드러낸다거나 순화시킨다는 말은 양심체를 키운다는 말이다. 선진 유학자들은 마음 안에 양심체가 자리잡고 있다고 생각했거나 마음을 양심체로의 통로쯤으로 파악한 것으로 보인다.
2) 성리학자들은 본성에 깃든 도덕성을 理라 하였고 몸에서 기인하는 욕망, 권력, 재력 등에의 갈망 나아가 몸 자체를 구성하는 물질을 氣라 하였다. 이 둘이 마음과 어찌 관련되어 있는가에 대한 관점에는 세 가지가 있다.
(1) 마음을 기와 리가 합쳐진 것으로 파악하는 관점(心 理氣學, 주희, 이황)과
(2) 마음은 기가 그 실체인 것으로 이해하는 관점(心 氣學, 이이)
(3) 그리고 반대로 마음은 리라고 이해하는 관점(心 理學, 왕수인의 양명학)이 그것이다.

남송의 주희는 본성을 선하다고 믿고 그 본성을 理라고 한 맹자에서 한 걸음 더 나아가 마음은 理인 본성과 몸에서 나오는 情을 거느린다고 하였다. 이 情이 나중에 기로 발전하였으니 결국 본성은 理요 道心이며 몸은 氣요 人心이 되었다.
우리나라의 이황 또한 마음은 리인 본성과 기인 몸이 합쳐진 것이라고 설파하였다. 반면 이이는 마음은 기이며 리는 마음 외부에 있는 도덕이나 예라고 하며 지

---
967) 이섬백 「MBST 마음과 몸과 영혼의 통합자연치유」, 192~193쪽

각설(知覺說)을 내세워 사람은 마음의 반응을 살펴 외부의 예에 합당하도록 행동하여야 한다고 하였다.968)

이러한 유학의 시각은 영을 인정하지 않음으로 인해 인간론을 마음론에서 한 발자국도 더 나가지 못하게 하였다. 다만 '영이 마음에 와닿는 부분으로서 양심'을 이렇게도 파악하고 저렇게도 해석하는 과정에서 '리'니 '도'니 '예'니 하면서 여러 가지 담론이 생긴 것뿐이다.

6.10. 업(業)에 대하여

모든 행동은 한번 시행되면 일종의 경험(practice)이라고도 할 수 있는 것이 형성되기 시작한다. 형성된 경험은 다음에 동일한 행동을 하게 되면 전보다 용이하게 할 수 있으나 다른 방식으로 행동하려 하면 반대로 어려움을 느끼게 한다. 또 동일한 행동을 반복하면 점차 그 행동이 쉬워져 나중에는 별 노력을 하지 않아도 기계적으로 행하게 된다. 이것이 습관(habit)이라는 것인데, 이른바 조건반응에 의하여 후천적으로 획득되는 것이다. 한번 획득된 습관은 제2의 성격이라고 할 정도로 강력한 힘을 가진다. 그러므로 좋은 습관 형성은 좋은 성격을 기르는 것이 되며 나쁜 습관 형성은 나쁜 성격 형성의 본질이라고 하여도 과언이 아니다.

한편 힌두의 종교에서 말하는 업(業)이란 습관적으로 익힌 기운인 습기(習氣)가 본질이다. 그런 면에서 업과 습관은 생성기작이 같다. 다만 전자는 과거생부터 축적되어 왔고969) 몸뇌에는 성격으로 반영되어 있을 뿐 대부분이 혼뇌에 잠재되어 있다는 점이 습관과 다른 점이다.](E169)

밀라레빠970)는 카르마가 작용하는 메커니즘을 이렇게 설명하고 있다. "개성이라고 하는 것은 반복된 행위에 의해 형성된 의지의 성향일 뿐이다. 걷는 과정의 반복을 통해 길이 만들어지듯이 모든 행위는 그렇게 자취를 만들며 유사한 상황이 발생할 때마다 우리는 자연적으로 그리고 습관적으로 같은 길을 답습하게 된다.

---

968) 금장태 외, 「마음과 철학 유학편」 참조
969) 서정형, 「밀린다팡하」, 해제
970) 밀라레빠(Milarepa 1052~1135)는 티베트불교에서 가장 유명한 수행자로 위대한 스승이며, 완전한 지혜와 더없이 큰 힘을 성취한 한 구도자. 그의 초인적인 고행과 흑마술이나 신통술 이야기는 티베트의 전설이며 그의 전기(傳記)와 아름다운 시는 티베트불교사에서 가장 높이 선 봉우리이다. 티베트불교의 밀교전통은 그로부터 시작됐다고 한다.

이는 작용과 반작용의 법칙으로, 우리는 이것을 최소저항의 방향으로 움직이는 운동의 법칙 즉 카르마라고 부른다. 그것은 일반적으로 '습관의 힘'으로 알려져 있다. 한 삶을 마감하고 다른 삶으로 들어갈 때 새로운 화신의 핵 또는 싹을 구성하는 것은 바로 그렇게 하여 형성된 의식인 것이다."

신지학은 업을 불교와는 좀 다른 시각에서 설명한다. "유기체의 죽음으로 생명은 가장 낮은 형태인 물질 형태로부터 분리되어 얼마 동안 철수한다. 죽음으로 인해 유기체로부터 철수할 때, 유기체를 통해서 받은 그런 경험들은 그 생명이 배운 습관들로 간직된다. 그것들은 형태를 만들기 위한 새로운 능력들로 변환되고, 그리고 새로운 유기체를 만들기 위한 다음 노력에서 사용될 것이다."971) 신지학의 이러한 의견은 업을 습관으로 파악한 것이며 아울러 진화의 원동력972)으로 이해하고 있음을 보여준다.

습관이 다음 생으로 이어지면 업(業, karma)이 되고 결국 혼의 성격973)이 되어 다음 생에 반영된다. 따라서 다음과 같은 '업의 공식'이 성립된다.
업의 공식 = 악행 → 경험 → 악습 → 업 → 악성974)

혼과 원죄

사람의 혼은 결백하지도 거룩하지도 않다. 그러나 혼에게 기독교에서 말하는 성격의 원죄(原罪)란 없다. 혼이 결백하지도 거룩하지도 않은 이유는 혼에게 원죄[尾170)가 있어서 그런 것이 아니라 이드5욕을 극복하지 못하여 각혼으로부터 지혼으로의 완벽한 진화를 이루지 못함에서 비롯한 불완전과 미개(未開) 때문이다. 이는 사실 지혼이 영으로의 진화를 이루어 내지 못하는 한 완전히 벗어나기 어렵다.

---

971) 1. 지나라자다사, 「신지학 제1원리」 참조
2. 미주 230 '수면과 죽음의 정의' 참조
972) 습관으로서 업(業)이 악습이라는 부정적인 면과 아울러 경험으로서의 긍정적인 면을 가지고 있음을 말하고 있다. 불교에서는 부정적인 면을 주로 부각시키지만 표준이론에서 업은 긍정적으로 활용할 수도 있음을 말한다.
973) 성격(性格)은 '개인이 가지고 있는 고유의 성질이나 품성, 심리체계, 행동 양식'이다. 업은 이 성격에 악성을 심는다. 악성은 업이 완전히 고정되어 혼에 체화된 성격이다. 성격은 생래적인 것과 생득적인 것이 있는데 생래적인 부분이 훨씬 크다. 살아서의 성격은 죽어서도 이어지며 윤회혼의 성격은 기억과 함께 생기체의 혼뇌에 전사되고 이는 다시 몸뇌에 반영(反影)된다. 또 악성(나쁜 성격)은 반(反)개성으로 하느님이 좋아하시는 영과 혼의 개성의 역(逆)이며 혼의 멸망(消滅)의 징후다(11.3.9. '윤회혼의 개성(個性) 공식' 참조).
974) 업의 공식이 있다면 덕의 공식도 있다.
    덕의 공식 = 선행 → 경험 → 선습(善習) → 덕 → 선성(善性)

따라서 원죄가 있다면 그 실체는
1) 각혼 시절의 수성(獸性)인 각혼3욕을 못 벗어난 죄
2) 복합혼 시절을 거쳐 옴으로 인한 혼 내부의 부조화를 극복하지 못한 죄
3) 지혼으로 진화하며 획득한 개체성으로 인한 에고2욕으로 인한 죄
의 세 가지로 이는 모두 '혼(魂)이라는 이유의 죄' 즉 혼죄(魂罪)다.975)

그럼 원죄와 업은 어떤 관계인가? 업(karma)은 전생의 반복되는 악행이 습관이 되어 다음 생으로까지 넘어온 것으로 예수님도 명언하신바 '뿌린 대로 거두리라' 라는 자업자득인데 그 많은 부분이 '혼죄(魂罪)'에서 비롯한다. 그렇다면 혹시 업은 혼의 책임이 아닌가? 혼이 혼죄를 극복하는 일은 바바차크라를 탈출하는 일이요 영으로의 진화를 위한 숙제다. 그런 차원에서 숙제를 안 하고 못 하는 것도 책임의 방기(放棄)이니 업은 정확히 혼의 책임이다. 근본적인 해업(解業)은 혼을 극복함으로써만 가능하다. 따라서 자아계발이 해업이요 수행이 해업이며 구도가 해업이다. 그렇다면 기독교의 속죄(贖罪)는 '혼(魂)이라는 이유의 죄'를 속죄하는 것976)이고 원죄로부터 인류를 구원한다는 예수님의 구속(救贖)은 혼으로부터의 탈출 즉 영으로의 진화를 돕는다는 의미이다. 이는 보살님들과 부처님의 중생제도사업과 그 의미가 동일하다. 또 해업은 반벽(反癖)의 형성을 통해서도 이루어지니 이는 곧 공을 세워 죄를 보속하는 덕행(德行) 즉 보살행(菩薩行)이 그것이다.977)

6.11. 강시(殭屍, zombie)

정신이 없는, 즉 육과 생기체로만 구성된 강시가 있을까? 사람에게 생기체(生氣體)만 깃들 수는 없다. 혼이 없는 사람은 없고 정신체 없는 혼은 없다는 말이다.

---

975) 1. 독일의 프로테스탄트 종교학자인 루돌프 오토(Rudolf Otto 1869~1937)는 원죄란 누멘적인 체험에서 무한한 가치를 보게 됨으로써 자신의 허무함을 절실히 깨닫는 것이라고 하였다(김은수, 비교종교학 개론, 64쪽). 자신의 허무함은 자신이 아직 혼이라는 것이니 오토의 원죄도 혼죄다.
2. 혼죄는 위 세 가지 외에 반신(反神, Antitheism) 또는 혐신(嫌神, Misotheism)적 경향이 추가된다. 이는 에고2욕 또는 종혼현상에 원인한다. 이는 부인의 무신(無神, Atheism)이나 무관심의 비신(非神, Nontheism)과는 달리 적극적 반감으로 신에 대항(對抗)한다.
976) 따라서 속죄는 각혼에서 지혼으로의 진화의 부족함을 채우는 일이고 종혼과 조화를 이루는 일이며 개체성을 극복하여 일원의 도리를 깨달아 혼에 체화(體化)하는 일이다. 이는 사실 자아실현과 구도의 내용이지만 구태여 이를 속죄라고 하는 이유는 혼(魂)이라는 이유의 죄인 혼죄(魂罪)를 '기독교의 원죄'와 연결시키고자 함이다. 따라서 기독교의 원죄의 속죄는 그 실체가 구도(求道)이다. 그런 의미에서 예수님의 구속(救贖)은 혼을 영으로 이끌어 '혼이라는 이유의 죄'로부터 건져 내는 일이었고 고통을 통한 구속의 완성은 대속(代贖)으로 승화되었다.
977) 11.4. '구도의 표준이론' 참조

그러니 강시는 없다. 다만 혼도 수준이 여러 가지일 것이니 '강시 같은 사람'은 있겠다.

표준이론에서는 1단계 자아를 가진 사람을 '초생인(初生人)'이라고 부른다. 지혼으로 진화하여 사람으로 처음 태어났기 때문에 아직 양심체가 형성되지 않아 정신체만 가진 사람들로서 현 인구의 2%인 1억 6천만 명이 이에 해당한다. 1단계 자아인구는 동서고금에 3단계 현인 이상의 사람들 수978)보다 많았으며 인류의 문명발전에 커다란 걸림돌이었다. 그러나 그들도 수십억 년 동안 진화하여 지혼이 된 존재들이다. 동물로서의 본능과 이제 막 획득한 개체성을 잘 다스리면 한두 생 이내에 1.5단계인 이드혼으로 발전할 수 있다. '강시 같은 사람'이 있다면 여기에 해당될 가능성이 가장 큰 그룹이 1단계의 사람들이다. 이들의 특징을 신지학자 애니 베산트는 다음과 같이 설명하고 있다. "영아기의 사고자는 기억의 수명이 매우 짧다. 다시 말해 진화의 이 단계에서는 정신적 이미지가 금방 사라지기 때문에 과거의 경험을 사용하여 미래를 예측할 수 없다. 그는 외부에서 온 진동(자극)을 따르거나 기껏해야 욕구와 열정의 충동에 따라 만족을 갈망하는 정도다. 도덕적 역량도 정신적 역량보다 나을 것이 없다는 사실은 두말할 필요도 없다. 선과 악의 개념도 인지하지 못한 상태이기 때문이다."

혼은 없고 생기체만 있는 강시 같은 사람은 있을 수 없지만 죽음에 이르러 통상 사람은 영이 먼저 몸을 떠나고 그다음 혼이 떠난 뒤 생기체가 떠나기 때문에 영혼이 떠난 뒤 일시적으로 생기체만 남아있는 시기가 있다. 옛날에는 그 시기가 짧았지만 의학이 발달한 현대에 이르러 혼은 이미 떠나고 사실상 강시나 마찬가지인 사람을 살려 놓는 경우가 허다하게 발생하고 있다. 제왕절개로 사주(四柱)를 마음대로 정하더니 첨단의 연명장치로 후손에게 길일(吉日)이 될 날을 골라 망자의 기일(忌日)을 받는 세상이 되었다. 그러나 제왕절개와 연명장치로 생일과 기일을 정할 수는 있지만 혼과 영의 입출일을 정하거나 받을 수는 없다. 사주는 혼의 입신일(立身日)이다. 제왕절개로 팔자(八字)를 고칠 수 없다.

6.12. 의식상태별 혼의 활동

의식은 생각과 마찬가지로 기억을 재료로 한다. 의식은 생각의 하위기능이지만 의식수준에서도 이미 메모리가 그 기초재료인 것이다. 따라서 기억이 없으면 그 기

---

978) 현재 인구의 0.715%로 55백만 명이다.

억과 관련된 의식이 활동하기 어렵다. 컴퓨터에서 어떤 종류의 프로세스든지 메모리를 먼저 띄우지 않으면 프로세스가 작동하지 않는 것과 같다. 따라서 의식은 기억과 밀접한 관계가 있다.

6.12.1. 의식의 종류

의식은 전술한 대로 각성과 인식의 합이다. 그런데 각성(覺醒)은 사전적으로 '깨어서 정신을 차림'의 의미이다. 생리적으로 깨어있어서 외부자극에 반응을 보이는 상태이다. 그런데 각성은 상태가 여러 가지다. 우선 영적으로 '깨어있는 상태'인 최고의 각성이 있다. 또 육적으로 두뇌가 온전히 깨어있는 각성이 있으며 두뇌의 일부만 깨어있는 반각성이 있다. 그리고 변성의식을 초래하는 변성적 각성, 깊은 수면이나 식물인간 또는 혼수상태의 무각성, 심지어 뇌사상태[竓171)에 이르기까지 그 상태가 다양하고 여기에 따라 의식도 달라진다.

인식(認識)은 어떨까? 사전적으로는 '사물을 분별하고 판단하여 앎'으로 '자극을 받아들이고, 저장하고, 인출하는 일련의 정신 과정을 통하여 사물의 진상(眞相)을 파악하는 일'이다. 인식으로 얻어낸 정보의 품질은 의식주체의 감관(感官)과 심관(心管)의 성능에 따라 달라지니 의식의 질은 의식 기관의 능력에 매인 것이라고 할 수 있다.

이처럼 의식은 각성과 의식기관의 상태에 따라 그 종류와 품질이 갈리는데 표준이론에서 주목하는 부분은 의식의 종류별로 '의식의 주체가 누구인가'이다. 즉 몸과 혼 어느 것이 의식하고 또 각각의 경우에 몸과 혼의 어느 장기가 활용되느냐이다.

6.12.1.1. 프로이트의 지형학설

프로이트 이전부터 꿈이나 환각을 비롯하여 스스로도 통제할 수 없는 다양한 의식상태에서의 심적 활동은 '의식이나 정신의 배후에 있는 다른 무엇인가'에 의한다는 가설이 있어 왔다. 프로이트는 트라우마로 억압받아 기억의 심층으로 숨어버린 '병리적 기억'과 그 기억에 대응되는 의식을 위 '스스로도 통제할 수 없는 다양한 의식상태'와 통합하여 이를 모두 무의식이라고 한 뒤 의식을 의식과 전의식 그리고 무의식으로 나누는 소위 '지형학설(地形學設, topographical theory)'을 세웠다.979)

6.12.1.2. 잠재의식

잠재의식에는 전통적으로 다음과 같이 전의식과 분리의식 그리고 무의식의 세 가지가 있다.

1) 전의식(前意識, preconsciousness) : 의식적으로 어떤 경험을 한 후 그 경험과 관련된 사람이나 사물, 사건과 같은 것이 설단현상(舌端現象)[980] 등으로 일시적으로 기억되지 못하여 의식대상이 안 되고 있지만, 추후 필요한 경우 다시 그 기억을 재생하면 활성화되는 잠재의식이다. 잠복기억(cryptomnesia)[981]은 그 한 형태다. 표준이론에서는 전의식과 그것이 기반하는 잠재기억에는 배태초(胚胎初) 몸뇌의 형성 시 혼뇌로부터 반영된 전생기억도 포함되나 대부분 유아기 이후 잊혀지거나 침잠한다.

2) 분리의식(分離意識, dissociated consciousness) : 정신이 건강할 때는 의식의 통합력이 강해 모든 정신현상이 동일한 인격 안에서 통합되나 정신이 건강하지 못하면 통합능력이 없어지고 심하면 어떤 정신과정이 분리하여 다른 의식과 인격이 생길 수 있으며 심지어 그것이 외부로 발현할 수도 있다. 즉 자아의 의식 지배력이 약화되면 다른 인격이 드러날 수 있는데 이를 분리의식이라고 부른다. 그런데 표준이론에서 분리의식은 자아의 의식 지배력이 약화되어 나타나는 것이 아니라 자아의 일 주체인 혼이 복합혼일 때 그 자체가 분열됨으로 인해 주혼이 침잠하고 종혼이 의식의 전면에 나타나는 현상으로 본다. 따라서 표준이론에서는 분리의식을 복합혼의 종혼(從魂)의식이라고 부르며 그 기억의 기반은 혼뇌에 있는 종혼기억 그리고 그것이 배태초 몸뇌에 반영된 잠재기억 중의 종혼기억이다.

표준이론으로 볼 때 이는 '종혼의 발호(跋扈)로 인한 이중인격'으로서 종혼이 주혼을 압도하고 정신체를 장악하여 외부로 드러나는 것이다. 생각건대 다중인격이 드러나는 경우에는 종혼의 전생기억도 나타나기 쉬울 것으로 생각된다.[982] 또한 몸뇌

---

979) 정신 과정을 빙하에 비교할 경우, 물속에 잠긴 큰 부분은 무의식, 물 위로 나올 듯 말 듯 한 중간 부분은 잠재의식, 물 위에 나와 있는 작은 부분은 의식에 해당한다.
980) 설단현상(舌端現象, tip of the tongue phenomenon)은 어떤 사실을 알고 있기는 하지만 혀끝에서 빙빙 돌기만 할 뿐 말로 표현되지 않는 현상을 말한다.
981) 잠복기억(cryptomnesia, 크립톰니지아)은 과거에 체험한 사실이 추상(追想)되었음에도 불구하고, 그것을 전혀 새롭게 체험한 것으로 느끼는 것으로 기억착오의 특수형이라고도 할 수 있다. 예를 들면, 타인(他人)으로부터 들은 것이 생각났음에도 불구하고 그것을 자기가 새롭게 생각해 낸 것으로 체험하거나, 과거에 접했던 타인의 사상을 자기의 독창(獨創)이라고 주장하는 것으로, 의식에 부상(浮上)한 기억이 회상(回想)의 성상(性狀)을 잃고 있는 기억이다(간호학대사전, cryptomnesia 참조). 주로 노인성으로 사람이 나이 먹으면 전부 나의 지혜려니 생각하는 경향이 바로 이 증상일 수 있다.
982) 6.3.1. '생기체', 미주 54 '자의식의 장애와 표준이론', 12.1. '임종명석현상' 참조

의 현재기억에 반영되어 있는 주혼의식의 성격 저장부분이 치매나 외상으로 손상되면 잠재기억에 반영되어 있는 종혼의 성격이 그 기억과 함께 드러날 수도 있다.

3) 무의식(無意識, unconsciousness) : 죄의식이나 트라우마의 억압의식처럼 고통스러운 것, 허용될 수 없는 것, 온당치 못한 의식과 그와 관련된 기억들은 평상시에는 억제되어 나타나지 않지만 이러한 의식되지 않는 마음속의 경향이 결국 병리적인 행동을 유발한다는 사실이 프로이트 등에 의해서 발견되었고 그 내용은 수면이나 최면 등 특정한 변성 의식상태를 통하여 확인될 수 있음이 드러나 프로이트는 그의 '마음의 지형학적 모델'983)에서 이를 무의식(無意識, Unbewusste, unconsciousness)984)이라고 이름하였다.尾172)

이러한 전통적 잠재의식의 구분은 프로이트 이후 점차 무의식의 중요성이 커지면서 기왕의 잠재의식이라는 용어는 1)의 전의식이라는 의미로 축소되고 2)의 분리의식은 정신질환으로 취급하였으며 3)의 무의식은 잠재의식에서 독립되어 별도로 취급되었다. 그러나 표준이론에서는 프로이트의 무의식은 인간의 의식구조를 잘못 파악한 것에 기반한 용어이자 무의식이라는 용어 자체가 여러 가지 면에서 부적절한 용어라고 보므로 위 잠재의식의 구분을 유지하고 3)의 무의식은 '병리의식'이란 용어로 부르기로 한다. 무의식(無意識)을 문자 그대로 이해하면 의식이 없다는 뜻이므로 어떤 종류의 의식을 지칭하기에는 적절치 않은 용어이기 때문이다. 또한 위 2)의 분리의식은 애초에 혼뇌의식으로서 그 정체는 복합혼의 종혼의식이므로 이름을 종혼의식으로 바꾸어 부르기로 한다.

---

983) 프로이트의 마음의 지형학적 모델(Topographical model of the mind)은 그가 1900년에 발간한 「꿈의 해석(The Interpretation of Dreams)」에서 소개된 모델로 인간의 마음은 의식, 전의식, 무의식의 세 차원의 정신체계로 구성되어 있다고 보고 있으며, 지형학적 모델이라는 명칭은 이러한 인간의 정신세계를 지형적 개념으로 설명한 것에서 비롯되었다.

984) 1. 프로이트의 무의식(Unbewusste, unconsciousness)을 의식, 즉 각성과 의식이 없는 상태이니 非意識으로 번역하는 것이 맞을 것 같다는 의견도 있다. 무의식이라고 번역하려면 원어가 Unbewusste가 아니라 nonbewusste나 nichtbewusste였어야 한다는 것이다.

2. un은 좀이고 non은 無이며 nicht는 非 정도의 어감 차이는 있다고 보이나 프로이트의 문제는 이런 사소한 데에 있는 것이 아니라 '두뇌에 기반한 병리적 기억과 이에 기반한 병리적 의식'과 '두뇌의 잠재기억에서조차 완전히 잊혀진 현생의 기억들과 전생의 기억이 모여 있는 혼뇌와 이에 기반한 혼뇌의식'을 합하여 하나로 본 프로이트의 유물론적 사고방식에 있다. 우주는 유물(唯物)이 아니니 결과적으로 그의 지형학적 모델(Topographical model of the mind)은 假說에 불과하다. 그래서 그런지 그도 나중에 마음의 분석모델을 지형학적 모델에서 구조모델(structural model of the mind)으로 변경하였다.

3. 프로이트에게 꿈이란 꿈을 꾸는 사람이 거부해야만 하는, 배제되거나 억압된 요구들을 실현하는 것이다. 모든 숨겨진 욕망의 꿈들에는 근친상간적 욕구나 오이디푸스 콤플렉스 같은 충족되지 않고 머물러 있는 최초의 유아적 근원 욕구가 깔려 있다는 것이다. 이처럼 그는 모든 꿈을 병리적 측면에서 해석하였으나 사실 꿈의 대부분은 혼이 잠자고 있는 상태에서 생기체가 각성 시 몸뇌에 쌓인 스트레스의 잔재(殘滓)를 의미 없이 떠올리는 것일 뿐이다. 그런데 프로이트는 잔재에서마저 임상적 의미를 찾았으니 대단하다 아니할 수 없다. 그런데 생기체가 꾸는 꿈에도 상징과 신화가 있을까? 쓰레기에도 보물이 숨어있을 수는 있을 것이다.

위와 같은 세 가지 잠재의식이 발현되면 활성화되는 기억부분이 잠재기억이다. 물론 잠재의식의 종류별로 활성화되는 기억부분이 다르겠지만 이를 통틀어 몸뇌의 잠재기억이라고 한다. 사실 현재의식의 상황에 따라 잠재기억 중 해당기억이 활성화된다고도 볼 수 있으나 현재의식과 위 잠재의식 세 가지는 그 정체가 사뭇 다른 경우가 많아 이처럼 기억에 따른 의식을 별도로 구분하여 현재의식을 잠재의식과 구분하는 것이 필요하다.

6.12.2. 표준이론의 의식구분

프로이트는 그의 유물관(唯物觀)에 사로잡혀 모든 꿈의 기억 원천을 두뇌로 보았다. 그리고 각성 시에 발견할 수 없는 기억의 원천을 무의식기억이라고 하고 그 의식주체를 무의식(無意識)이라고 하였다.[985] 무의식은 '의식이 없는 의식자'라는 뜻이니 '돈 없는 부자'이고 '존재 아닌 존재'이며 '미지의 존재'인 셈이다. 이처럼 무의식이란 말은 꿈을 통하여 병리적 기억을 들여다볼 수 있다는 사실을 발견한 프로이트에서 무비판적으로 연원하였는데 후학들은 꿈과 병리적 현상에만 집착하였을 뿐 주체의 불명(不明)에 대해서는 주목하지 않았다. 표준이론에서 볼 때 프로이트의 '무의식의 주체'는 제3의 존재가 아니라 평소와 다름없이 魂[986]이다. '의식이 없는 의식자'는 혼인 것이다. 다만 무의식상태에서의 혼은 몸뇌의 구속에서 벗어나 혼뇌를 사용하는 경우가 많다. 무의식상태는 대부분 수면이나 환각 등 트랜스상태로서 뇌가 비각성상태일 때이기 때문이다.

프로이트가 주목한 병리적 의미가 있는 꿈의 대부분은 몸의 잠재기억부분이나 생기체의 혼뇌의 기억을 사용하여 꾸는 꿈이다. 그러나 대부분의 꿈은 최근에 겪은 스트레스의 찌꺼기로서 혼이 몸뇌의 현재기억에 기반하여 꾸는 꿈으로서 프로이트도 여기에는 관심이 없다. 그에게 이는 무의식이 아닌 것이다. 프로이트는 그의 「꿈의 해석」에서 무의식으로부터의 꿈이 모두 몸뇌의 잠재기억에서 나온 것이라고 보았으나 렘수면 중 몸뇌의 잠재기억이 사용되는 꿈은 많지 않다. 프로이트의 무의식의 꿈은 사실은 혼이 혼뇌의식 상태에 들었을 때의 꿈이 계속 이어지다가 몸뇌가 깨어나면서 그 내용이 몸뇌에 반영(反影)되어 계속 꾼 꿈이 많기 때문이다. 따라서 프로이트의 무의식의 꿈 대부분은 혼뇌의 기억에 기반한 꿈이다.

---

[985] 프로이트는 사실 무의식기억과 그 의식의 주체를 통틀어 무의식이라고 하였다. 둘을 나누면 무의식의 주체를 인정하는 꼴이 되고 그렇다면 혼을 전제하게 되니 모순이 되어 얼버무린 것이다. 이로써 프로이트도 혼의 존재를 포착하였음을 알 수 있다. 그의 후학인 융은 프로이트에게 배웠으나 영혼과 신의 존재를 알았다. 그와 프로이트는 級(자아의 수준)이 달랐던 것이다.

[986] 영일 수도 있으나 무의식과 관련하여서는 대부분 혼이다.

혼뇌의식을 포함하여 위에서 거론한 의식의 종류별로 사용되는 기억을 표로 정리하면 다음과 같다. 이때 주의할 사항은 의식은 모두 혼의 것이지만 몸뇌의식은 혼이 몸뇌의 기억을 사용하는 의식이고 혼뇌의식은 몸뇌가 각성상태가 아닐 때 혼이 혼뇌에 저장되어 있는 기억을 사용하는 의식이라는 점이다. 또 이미 말한 바와 같이 혼뇌에는 몸뇌의 기억 또한 모두 저장되어 있다. 반대로 몸뇌에도 혼뇌의 기억 일부가 반영(反影)되어 저장되어 있다. 배태時에 현재기억에 반영되는 혼의 정체성과 관련되는 성격, 소질, 능력 등과 잠재기억에 반영되는 전생기억 등이 그것이다.

표준이론	몸뇌의식				혼뇌의식			
	현재의식	잠재의식			주혼의식		종혼의식	
		전의식	종혼의식	병리의식				
기억구분	몸뇌의 현재 기억	몸뇌의 잠재기억			현생 기억	전생 기억	현생 기억	전생 기억
프로이트	의식	전의식	무의식					

의식과 기억 간의 관계

프로이트는 의식의 종류를 의식과 무의식으로 나누고, 후자를 다시 전의식(前意識)과 본래의 무의식으로 나누었지만 표준이론은 의식을 현재의식과 잠재의식 그리고 혼뇌의식으로 나누고, 잠재의식은 다시 전의식(前意識)과 종혼의식 그리고 병리의식으로 나눈다. 종혼의식은 이미 설명한 바와 같이 분리의식으로 불리는 것인데 모든 사람에게 있는 것이 아니고 복합혼 이하의 열등한 혼의 일부에 있는 것으로서 배태초에 잠재기억에 반영되어 기억된다. 보통의 경우에는 내부 갈등에서 끝날 뿐 평생 밖으로 표출되는 법이 없다. 또 프로이트의 무의식중 병리적 의식부분을 표준이론에서는 '병리의식'이라고 한다. 병리의식은 잠재의식 중에서도 몸뇌의 각성이 가장 약한 상태에서 드러나며 혼뇌의식과 유사하나 의식의 원천은 몸뇌다. 프로이트는 혼을 인정하지 않았으므로 정신분석 도중 생전 겪어 보지 못한 경험의 기억에 조우하면 이를 트라우마로 몰아세워 몸뇌의 잠재기억에 어거지로 배당하였으나 위 표를 보면 병리의식을 제외한 무의식의 상당부분이 혼뇌의 기억에 기반함을 알 수 있다. 따라서 트라우마 중 상당부분은 전생의 것이다.

전술한 대로 표준이론에서는 무의식이란 용어를 가급적 사용하지 않는다. 의식이 없다는 것은 육체적 의식이 없는 상태, 즉 육체적 각성과 인식이 모두 없는 상태의 의식을 말하는 것일 수밖에 없으니 그런 '무의식'이라면 종류별로 구분하여 적절한 용어를 사용하는 것이 타당하기 때문이다.

혼뇌는 다시 주혼의식과 종혼의식으로 나뉘는데 인간의 혼인 지혼은 누구나 복합혼 시절을 거치기 때문에 영이 되지 않은 한 원죄(魂罪)차원의 종혼의식을 가진다. 그런데 하급혼일수록 종혼의식이 강하고 심할 경우 종혼의식이 주혼을 제치고 전술한 기작을 통해 밖으로 드러난다. 이것이 분리의식이다.

6.12.3. 표준이론의 의식과 신지학

혼뇌의식 시에는 몸의 뇌에서는 사라진 현생의 기억뿐 아니라 전생의 기억이 모두 활성화되며[987] 혼뇌가 가진 초능력으로 인해 초상현상도 발생할 수 있다. 혼은 깊은 수면 외에는 항상 깨어있다. 깊은 수면 시에는 생기체를 제외하고 혼도 잠을 잔다. 혼은 몸뇌가 각성상태일 때에는 거기에 속박되어 혼뇌의 기억을 꺼내어 쓰지 못한다. 그러나 몸은 잠드나 혼은 깨어있는 때, 즉 어떤 숙면, 몽면(렘수면), 깊은 최면, 유체이탈, 근사체험 등의 때에는 몸뇌의 속박에서 벗어나 혼뇌를 사용하게 되는 것이 혼뇌의식인 것이다. 혼뇌의식 시의 기억은 각성 시에는 거의 기억나지 않으나 일부 새어 나오기도 한다.[988] 그것이 꿈이고 최면의 전생기억이며 유체이탈이다. 전생기억은 몸뇌형성 시 반영받은 기억의 파편일 수도 있음은 전술한 바와 같다.

신지학에서는 그들의 다신체론을 설명하면서 의식을 '아스트랄의식'과 '멘탈의식' 그리고 '붓디의식'의 합이라고 하며 자아수준이 상승하면 아스트랄체나 멘탈체 또는 붓디체가 발달하게 되어 살아서도 생기체시스템과 몸뇌의 방해를 극복하고 저승의 해당계와 교류하며[989] 살아서는 전생기억이나 초상능력을 보이고 죽어서도

---

[987] 표준이론에서는 '혼의 기억장기'를 '혼뇌' 또는 '마음의 뇌'라고 하는데 혼뇌에는 전생과 현생의 모든 기억이 저장되어 있으며 아울러 '몸뇌'를 통제하고 보완한다. 보통, 환생 시 영혼이 지닌 엄청난 양의 기억들이 아기의 뇌에 전달되지 않는다고 한다(에드가 케이시). 그러나 이는 몸뇌에만 전달되지 않을 뿐 혼의 기억은 모두 혼뇌에 전사(傳寫)된다. 또 몸뇌에는 그 일부가 잠재기억에 반영(反影)된다. 다만 혼뇌의 기억은 몸의 뇌가 각성되어 있는 의식 시에는 혼이 사용할 수 없다. 의식 시에는 몸뇌의 기억만 활용된다. 몸뇌가 잠이 들어야 혼은 비로소 혼뇌를 활용한다. 그렇지만 유아기(乳兒期)나 꿈, 최면 등 변성의식時에는 혼뇌의 기억이 일부 외부로 유출될 수 있다. 결국 살아있는 사람의 전생 기억은 두 가지 형태로 저장된다. 하나는 생기체의 혼뇌에 물질적으로 저장되고 또 하나는 윤회혼 자체에 습관(업)의 형태로 저장된다.

[988] 꿈을 꾸는 도중 몸뇌가 깨어나 각성상태와 수면상태가 겹치는 순간에 사람들은 꿈(각성몽)속에서 본 詩句나 名言 또는 樂想 등 아까운 꿈 내용을 잊지 않으려고 애를 쓰지만 깨고 나서 책상에 앉으면 애를 쓴 기억만 남고 정작 꿈 내용은 대부분 잊는다. 꿈은 몸뇌가 반각성일 때 혼의 각성상태가 높을수록 선명하다. 자각몽이나 깊은 명상이 그런 때다. 꿈 내용을 조금이라도 더 건지려면 꿈노트를 침대 곁에 두고 키워드만이라도 메모하라. 큰 도움이 된다. 그런데 이와 관련된 능력은 사람마다 다르다(9.5.1. '꿈과 영혼육의 기억장치' 참조).

[989] 사람이 그의 아스트랄체에서 완전히 의식적일 때 그는 이미 상당한 진화를 이루고 있는 것이다. 그가

환생 전에 해당 저승에서 오래 살게 된다고 말한다. 이는 다신체론과 분할환생론에 따른 생각이며 동시에 표준이론의 '의식수준론'을 넘어 각 체마다 급(級)이 다른 의식이 독립적으로 존재한다는 다의식론(多意識論)적 믿음이다. 첫 생각은 표준이론과 대차(大差) 없으나 전개될수록 소차(小差)로 인한 두 사상 간의 격차가 크다.

6.12.4. 최면과 의식

최면상태는 트랜스(변성의식)상태의 일종으로 이때 몸뇌는 특정한 명령에만 반응하는 반각성상태가 되어 몸뇌 중 현재의식(각성의식)은 잠들고 잠재의식이 겉으로 드러나 잠재기억 중의 전생기억의 잔재가 나타날 수 있다. 또 더욱 깊은 최면에 들면 몸뇌는 모두 잠들고 혼뇌만 활동하기도 한다.990) 따라서 의식이 돌아오면 최면 시의 활동에 대한 기억은 있으나 그 동기는 알 수 없거나991) 기억이 아예 없을 수 있다.992) 몸뇌가 잠드는 최면의 경우 의식이 혼뇌의식으로 전환되어 그 활동기억이 혼뇌에 저장되기 때문이다.

6.12.5. 신지학의 초능력적 의식개발

일부 신지학자는 의식(현재의식)을 무의식과 통합하여 유일심(唯一心, 全體全一意識)을 가져야 한다고 역설한다.尾173) 이는 몸뇌와 혼뇌를 통합한다는 의미이고 혼의 능력을 현재화한다는 의미이며 저승을 이승과 접합시킨다는 의미다. 그러나 이는 신지학의 히말라야 초인 스토리 또는 仙道의 비급(祕笈)이나 무협지 같은 환상적 소망이다. 혼의 능력을 현재화하여 초상현상을 일으키거나 저승을 이승과 접합시켜 커뮤니케이션을 자유로이 함도 불가능하려니와 혼뇌의 기억을 각성 시에 끌

아스트랄 의식과 육체 의식 사이의 간극을 메우게 될 때 그에게는 더 이상 밤과 낮이 존재하지 않으며 인생을 연속성의 단절 없이 이끌어 갈 수 있다. 또한 그에게는 더 이상 죽음이 존재하지 않는다. 왜냐하면 그는 이 끊어지지 않는 의식을 밤과 낮을 통해서뿐만 아니라 죽음의 문과 아스트랄계에서의 삶의 끝에 이르기까지 계속 유지하기 때문이다(리드비터, 「신지학대의」 제5장 '자아와 그 매체들' 참조).
990) 9.5.3. '변성의식 상태와 영혼육' 참조
991) 설기문, 「최면의 세계」 참조
992) 알파파와 세타파가 주로 확인되는 명상수준의 최면에서는 현재의식이 약해지면서 반각성상태가 되어 잠재의식이 드러나 잠재기억을 끌어낼 수 있으며 이때 현재기억에서 지워진 일부 기억들과 반영기억의 잔재로서 전생기억을 되살릴 수 있다. 그러나 깊은 수준의 최면에서 떠올린 기억은 최면이 깬 이후에도 생각나지 않는다. 현재의식과 잠재의식의 기반인 몸뇌가 비활성 상태이기 때문이다. 최면 시 떠오르는 대부분의 전생기억은 상상이거나 잠재기억에 아직 남아있는 몸뇌 생성 시 反影된 단편적 전생기억이다. 또 LBL과 전생의 full story는 혼뇌만의 기억이기 때문에 최면으로 끌어내기 어렵고 끌어내더라도 理致上 피최면자는 최면이 깬 후 기억나지 않는다. 퇴행최면에 의한 진정한 전생기억 또는 LBL기억의 획득이 어려운 이유다.

어내는 것도 거의 불가능하다. 이는 최면이나 수면상태 등 트랜스상태에서나 극히 제한된 형태로 가능한 일이다. 기독교의 제자도(弟子道)의 길이나 불교의 십지(十指)행을 통하여 그런 것이 가능하다고 하지만 이 또한 공염불이다. 오죽하면 혼뇌의 기억을 몸의 뇌로 끌어오는 능력을 숙명통(宿命通)이라고 하였겠는가.

6.12.6. 유체이탈과 의식

혼은 유체이탈하여 잠시 몸을 빠져나갈 수 있다. 그 잠시 동안 혼은 몸 주변 또는 가까운 이승을 배회할 수는 있다.993) 그러나 혼뇌의식하의 유체이탈 중의 경험은 각성 시 기억하기 어렵다. 기억을 잘 못하는 이유는 꿈이 잘 기억나지 않는 이유와 같다.994) 그러나 베르나르 베르베르995)의 소설인 「타나토노트」尾174)를 비롯한 여러 소설이나 비전가(祕傳家)들 주장996)에 따르면 각성상태에 故意로 유체이탈하여 중음(아스트랄계)이나 심령계(멘탈계)를 다녀올 수 있다고 한다.尾175) 그러나 이는 문자 그대로 픽션의 소재, 또는 비전(祕傳)의 기법이다. 오늘날 자각몽을 열심히 연습하면 유체이탈을 성취할 수 있다고 '非비전가'들이 주장하나 이도 믿기 어려운 말이다. 또한 표준이론에서는 유체이탈을 하더라도 혼은 몸으로부터 그처럼 멀리 갈 수 없다. 한편 영(靈)은 혼과 달리 수면 시 영계에 다녀올 수 있으나 이에 대한 각성 시의 기억은 불가능하니 비전가들의 영계여행 주장은 표준

---

993) 1. 스웨덴의 23명으로 구성된 자원 봉사자 그룹은 수면에 들면 몸무게가 몇 그램 줄어든다는 사실을 발견하였다고 하며 이는 수면 중 영혼이 몸을 빠져나가는 증거라고 주장하였으나 표준이론에서는 혼이 수면 시마다 매번 몸에서 유체이탈한다는 사실은 인정하지 않는다.
2. 영매 리사 윌리엄스는 빛나는 베일 이전까지는 다녀올 수 있다 한다.
994) 수면 중 생기체는 자율신경을 통제하므로 깨어있으나 렘수면 상태가 되면 잠자던 몸뇌가 깨어나기 시작한다. 꿈은 혼뇌와 몸의 뇌에 기억되는데 이때 몸의 뇌는 각성이 덜하여 기억력이 약하다. 각성상태에서의 자발적인 유체이탈을 터득하여 익숙한 사람의 경우 유체이탈 시 꿈을 꾸는 것과 비슷하게 몸뇌가 반활성 상태가 되어 몸의 뇌에 그 경험이 기억될 수 있고 훈련 정도에 따라 자각몽처럼 더욱 많은 부분을 기억할 수도 있을 것이다. 신지학의 아스트랄 여행은 이러한 현상을 논리의 기반으로 한다.
995) 베르나르 베르베르(Bernard Werber 1961~)는 프랑스의 소설가로 지성적 시사 주간지인 '르 누벨 옵세르바퇴르'에서 과학부 기자로 활동하면서 우주와 인공지능, 의학 등 과학의 여러 주제에 관한 다양한 기사를 써 오다가 1991년 곤충에 대한 해박한 지식을 담은 「개미」를 발표하여 일약 유명작가가 되었다. 이후 베르베르는 카발라 등 서양의 여러 비전(祕傳)과 신지학 그리고 티베트의 죽음에 관한 경전 등을 연구한 뒤 이들에게서 공통점을 발견하여 이를 1994년에 천국을 탐험하는 이야기를 다룬 소설 「타나토노트(thanatonaute)」와 그 후속작 「천사들의 제국」(2000년), 「신(神)」(2007년)으로 발표하였다.
996) 자발적(自發的) 유체이탈은 진정한 비전가(祕傳家)들이 공간의 저 끝 영역까지 여행할 수 있는 방법이다. 거기서 그들은 많은 것을 보고 배우게 된다. 그리고 아주 중요한 요소는 육체와 재결합할 때 그들은 자신들이 보고 행했던 모든 것들을 기억한다는 점이다. 특정한 상태에서 자신들의 육체로부터 비자발적(非自發的)으로 철수하는 사람들이 존재한다. 그 현상은 한낮의 갑작스러운 잠과 같이 현현한다. 그러나 그들이 자신들의 정상적인 상태로 돌아왔을 때 그들은 자신들이 경험했던 것을 전혀 기억하지 못한다(아이반호프, 「비전의 카발라」 제15장 '죽음과 저 너머의 삶' 중에서).

이론으로는 납득할 수 없는 일이다.

근사체험(近死體驗)은 이와 다르다. 근사체험은 말 그대로 죽음의 체험으로 저승에 다녀오는 경험이고 그 기억은 당연히 혼에서 혼뇌로 전사된다. 그 기억이 몸의 뇌에 전달되는 일은 꿈에서 전생의 기억이 새어 나오는 이치와 같거나 아니면 너무 강렬하여 새어 나온 것으로 보인다. 체험한 사람의 메타노이아급 변화를 위해 특별한 섭리로 허용된 경우일 수도 있다. 실지로 죽었다 살아난 사람 중 근사체험의 기억을 가진 사람은 소수다.[997]

6.13. 집단무의식

칼 융은 프로이트의 무의식[998]에서 집단무의식[999]을 발견하였다. 또한 융은 환자를 분석하면서 집단무의식의 근저(根底)에서 개인적인 것과는 전혀 다른 집단적인 상(像)을 찾아냈다. 이것은 살아생전 개인이 전혀 경험해 본 적이 없는 것들이었다. 그는 이런 상(像)이 모든 종족에서 출현하고, 역사적이고, 보편적으로 널리 알려져 있는 상이라는 점에서 원형(原型, archetype)이라고 이름하였다. 또한 그는 이 옛 상(像)들이 기억 또는 기억에서 유추된 표상이 아니고 선천적으로 타고난 것들임을 확인하였다.

원형(原型)의 존재는 정신이 육체처럼 유전되는 것처럼 보인다는 사실과 몸과 정신은 별개의 것이라는 사실의 강력한 증거가 된다. 그런데 원형(原型)이 부모로부터의 유전이라면 부모에게만 있는 유전적 특징이어야 하는데 이 상들은 종족과 시대를 불문하고 보편적으로 모든 인간에게 나타나는 것이기 때문에 융은 원형이 부모와는 상관없는 인류 전체의 공통적인 무엇으로부터 유전된 것이라고 믿었다.

---

997) 1982년 미국에서 행해진 갤럽조사에서 수백만 명의 사람들이 근사체험을 했다고 조사되었으며 심정지 상태에서 소생한 사람의 4~18%가 근사체험을 하였다고 한다. 2001년 네덜란드 의사 핌 반 롬멜의 연구에서도 심장마비로 이송되었다가 살아난 환자의 18%가 근사체험을 한 것으로 보고되었다.
998) 전술한 바와 같이 프로이트의 무의식은 잠재의식 중 병리적 부분과 혼뇌의식을 합한 것이다. 융이 발견한 집단무의식은 혼뇌의식에서 발견한 것이다.
999) 집단무의식(集團無意識)은 個人무의식과 대립되는 개념이다. 집단무의식은 혼뇌의 기억에 기반한 것이지만, 인간이면 누구에게나 공통되는 정신적인 특성이다. 개인무의식이 개인의 의식적인 경험의 기억 중 일부가 병리적인 이유로 몸뇌의 잠재기억에 축적되면서 그 사람의 생각이나 감정에 영향을 주는 것이라면 집단무의식은 옛 조상이 경험했던 기억이 혼뇌에 쌓인 것으로, 모든 사람들에게 공통된 정신의 바탕이며 경향이라는 특징을 갖는다. 그러므로 융의 집단무의식은 혼의 기억에 기반한다. 이런 집단무의식은 그 사람이 속한 어느 민족이나 나라, 그리고 문화 등을 초월하여 갖는 인간의 정신적 특성이다.

이러한 융의 집단무의식과 원형이론을 표준이론으로 해석하면

1) 모든 인간의 혼1000)은 기(氣)라는 원재료로 구성되어 있기 때문에 혼인 마음이나 그 부분인 정신은 원재료의 동일성으로 인해 같은 속성을 공유한다. 그 공유물이 융의 원형(原型)의 시발점이다.

2) 사람은 종(種)이 같은 동일한 진화체로서 생기체와 육체의 DNA가 거의 동일하다. 마찬가지로 인간끼리는 윤회혼도 동일한 부분이 많다. 다만 인간의 육체는 서로 대단히 유사하지만 혼은 지혼(知魂)이 된 후에는 군혼을 탈피하여 개체성을 유지하며 발전하였기 때문에 많은 부분이 다르다.

3) 생혼과 각혼은 몸이 죽은 후 그룹혼(group soul)에 흡수되었다가 일부씩 다시 뭉쳐서 생물체에 깃든다. 각혼이 사람의 혼인 지혼이 되어 중음계에 입성하면 처음에는 집단 교육을 받을 것이다. 이 과정에서 서로 다른 종의 군혼 출신인 지혼들은 동질화가 된다. 이때 어떤 형태로든 지혼은 인간으로서의 의식을 공유하게 된다. 이때 문명도 공유된다. 인류문명은 남남 간에 전해져 발달하는 것이 아니라 마치 한 존재의 지성이 발달하는 것처럼 보인다. 한편 집단무의식의 이러한 면모는 저승의 문명 또한 이승처럼 진화하고 발전한다는 것을 시사한다.

4) 영속혼이 되기 전까지 지혼은 혼끼리 이합집산하는 복합혼의 단계를 거친다.1001) 사람의 魂이 생혼과 각혼에는 없는 개체성을 갖지만 영속혼이 되기 전에 얼마나 많은 이합집산의 과정을 거쳤겠는가. 그러니 사람의 혼이 특별한 경험군(신, 출생, 죽음, 권력, 마법, 영웅, 어린이, 어머니, 사기꾼, 귀신, 어머니인 대지, 거인, 나무, 태양, 달, 바람, 강, 불, 또는 칼이나 총 같은 인공물)1002)에 대하여 공통적인 원초적 상인 원형(原型)을 가지게 되는 것은 당연하다. 또한 복합혼의 경우에도 이합집산 단계에서 아무래도 인연이 닿는 혼들과 섞일 것이니 민족이나 부족별로 집단무의식에 공통부분이 많을 것이 틀림없다.

1000) 혼의 공식 : 이승혼(육혼)=생기체+저승혼(윤회혼)=생기체+마음=생기체+(정신체+양심체)=생기체+(하위정신체+상위정신체)+양심체=감각+(감성+욕망)+(욕구+감정+지성)+(사단+지혜+예지)
1001) 지혼의 초기에는 그룹혼의 모습을 가질 수도 있을 것이다. 심지어 영매 커민스는 영계통신(channelling)에서 얻은 마이어스의 傳言이라며 사람의 혼은 보통 20~100명, 많게는 1,000명의 혼이 모인 그룹혼이라는 주장을 하였다(미주 128 '심령주의의 역사' 참조).
1002) 아이들은 대부분 생전 본 적도 없는 장난감 칼이나 총을 좋아한다. 전생에 총, 칼은 자신을 지키기 위한 보물이었다.

5) 숨 쉬고 먹고 말하고 배설하고 성행위하고 낳고 키우고 웃고 노래하고 춤추는 사람의 본능적 모습이 배우지 않아도 동서고금 다 유사한 것을 두고 사람들은 이 본능이 육체의 DNA 어디쯤에 원래부터 체화되어 있는 것으로 생각한다.1003) 그러나 본능은 육(肉)에 체화된 것이 아니라 혼(魂)에 체화된 것이다. 강아지의 혼은 강아지의 몸에 스며들고 고양이의 혼은 고양이의 몸에 스며든다.1004) 그래서 강아지는 강아지고 고양이는 고양이다. 넓게 보면 원형은 사람의 혼인 지혼의 본능 중 하나이다.1005)

6) 집단무의식은 우주심(宇宙心)이나 우주의식으로도 볼 수 있다. 즉 신의 불씨가 숨겨져 있는 곳이 집단무의식이다.

7) 윤회혼의 이러한 경험은 혼이 몸에 임하면서 생기체의 혼뇌에 전사되고, 이는 다시 몸뇌의 잠재기억 부분에 반영된다. 그 기작은 전생의 기억과 같다. 그러나 그 반영은 전사적(傳寫的)인 반영으로서 전생의 기억보다 좀 더 뚜렷한 듯하다.

1003) 본능 중에 사람의 그것이 동물의 그것보다 덜 발달된 것들이 있다. 예를 들어 성행위나 배설하는 자세는 배우지 않으면 제대로 못 하는 사람이 많이 있다. 이는 사람의 군혼적 성격이 동물보다 훨씬 약하다는 증거이자 군혼의 존재 증거이다.
1004) '개다래'와 '개박하'는 오래전부터 고양이를 유인하는 식물로 알려져 있다. 고양이는 이 식물들을 보면 머리와 얼굴을 비벼 대고 땅바닥을 뒹굴며 즐거워한다. '개다래'와 '개박하'에는 네페탈락톨이라는 화학물질이 들어 있고 이는 모기가 매우 싫어하는 냄새라고 한다. 왜 고양이만 이런 행동을 하는 것일까. 표준이론으로 볼 때 고양이는 그룹혼에서 개박하를 배웠다. 그러나 강아지는 배우지 못했다. 고양이가 아니기 때문이다.
1005) 융도 이렇게 말한다. "원형은 본능과 동일한 현상을 지닌다. 본능과 원형을 형태적인 측면에서는 구분한다. 본능은 생리적인 충동으로서 감각을 통하여 인지되고 원형은 그 존재를 상징적인 이미지에 의해서만 나타내는 특성이라는 점에서 본능은 고태적인 충동이며 원형은 하나의 '관(觀)'이다. 본능이 인간으로 하여금 인간 특유의 생활을 가능하게 하는 것이라면 원형은 인간 특유의 여러 성품을 형성하는 것이다."

7

육(肉)에 대하여

혼과 육체는 같이 진화해 왔다. 진화의 순서상 혼의 진화가 앞서고 몸이 뒤를 따른다. 혼의 생기체는 그 생명력과 내장한 영화(靈火)로 인하여 주형(鑄型)이 되고 물질이 그 주형을 채워 육(肉)을 만든다. 육체의 진화는 혼의 생기체에서 먼저 일어난다. 신의 불성(靈火)이 그 동기다. 그리고 종별로 전문화된 천사와 고급영들이 그 설계자다.

7. 육(肉)에 대하여

7.1. 육체와 혼의 관계

생명체의 기원에 대한 자연과학적 설명을 대별하면 다음과 같다.

1) 원시수프 가설
2) 우주 운석 기원설
3) 외계인 기원설

1)의 주장은 메탄, 암모니아, 수소 등 무기물이 혼합된 수프로 가득 찬 물웅덩이에 번개가 내리쳐 유기물인 아미노산이 만들어진 것이 생명의 기원1006)이라는 주장이지만, 이는 철광석에 번개가 내리쳐 쇳조각들이 만들어지고 이 쇳조각들이 장구한 세월尾176)이 지나 저절로 비행기가 된다는 진화론자들의 '시간의 신'에 기댄 주장尾177)과 별로 다를 바 없는 주장으로 신화보다 더 신화적인 과학敎 교리다.1007) 또 2)나 3)의 주장은 결국 1)의 주장으로 회귀하는 의견이므로 의견으로 성립될 수 없다.

표준이론에서는 물질내부의 기의 생명력과 외부의 생기(生氣)가 줄탁동기하여 유기물을 만들고 유기물은 생명체로 진화한다. 생명력도 생명체와 더불어 진화한다. 생명체는 몸이 되고 생명력은 그 혼이 된다. 마침내 혼은 순수 생명, 즉 영으로 진화한다. 이것이 생명의 기원이다.

1006) 원시수프 가설과 비슷한 생명의 기원가설로는 '심해 열수구 가설', '용암 가설', '작은 연못 가설', '암석 가설', '진흙 촉매 가설', '운모 시트 사이 가설' 등 수없이 많다.
1007) 우리 은하의 항성 5개 중 하나에 지구와 크기가 비슷하고 받는 태양에너지도 유사한 행성이 있다. 우리 은하의 항성 수가 1,000억 개라면 지구 같은 행성은 200억 개인 셈이다. 여기에 물과 탄소와 인, 황, 질소가 필수로 있어야 한다. 그러나 지구의 척박한 환경에서 어떻게 생명이 만들어졌는지 지금까지 알려진 건 거의 없다. 화학물질의 수프를 늘어놓고 번개가 치거나 외계인 레이저가 번쩍하기를 기다리면 된다는 이야기밖에 할 것이 없다(호르헤 챔·대니얼 화이트슨, 「코스모스 오디세이」, 고현석 옮김, 384쪽).

7.2. 육체의 진화와 혼의 진화

혼과 육체는 같이 진화해 왔다. 쌍진화(雙進化, 同時進化)인 셈이다. 그러나 진화의 순서상 혼의 진화가 앞서고 몸이 그 뒤를 따른다. 혼의 생기체는 주형(鑄型, 圖案)1008)이 되고 물질이 그 주형을 채워 육(肉)을 만든다. 육체의 진화는 혼의 생기체에서 먼저 일어난다. 신의 불성(靈火)이 그 동기다. 그리고 종별로 전문화된 천사와 고급영들이 그 설계자다.

7.3. 육체의 부활

육체부활론은 천국과 지옥, 최후의 심판, 영원한 생명에 대한 개념과 함께 중동의 고대종교인 조로아스터교에서 비롯한 것이라는 주장이 많다.1009) 그들은 영생을 얻으려면 세상이 끝난 후 모두 신의 심판을 받아 이를 통과해야만 된다고 생각하였고 저승의 개념이 없어 자신의 영생이 이루어지려면 지금의 육체가 필요하였다. 페르시아에서 발생한 이 믿음은 지리적 위치로 볼 때 이집트 고대종교에서 발견되는 사후심판과 육체의 부활 믿음에, 같은 아리안(Aryan)인 수메르와 힌두의 주기론(週期論)이 더해진 것으로 보인다.

1008) 표준이론의 영혼발생론은 영적설계(Divine Design)에 의한 진화론이다.
1009) 1. 육체부활론의 원조로 알려져 있는 조로아스터교의 교의를 보면
1) 세계의 12번째 千年期에 구세주인 소시얀트(Saoshyant)가 태어나는데 그는 그의 조력자들과 함께 모든 죽은 자들을 (육체를 가진) 자연의 몸으로 부활(Resurrection)시켜 의인과 악인을 분리시킨 후 악인은 지옥으로 다시 던져 이번에는 물질적인 몸으로 3일 동안 가혹한 형벌에 처한다. 이후 혼들은 정화되어 천국으로 들어가고 지옥은 깨끗이 청소되어 우주는 순수한 세계로 복원된다. 이 교의는 초기의 육체부활론에 후대에 발전한 저승론이 더해진 결과일 것이다.
2) 그러나 육체부활론의 원조가 조로아스터교인지는 분명치 않다. 육체부활론은 오히려 이집트의 미라(mirra, Mummy)신앙에서 기원하여 인근 국가로 퍼졌을 가능성이 크다. 야곱도 사후에 미라 처리되지 않았는가(창세기 50:2). 오늘날 이스라엘 박물관에는 가자 등에서 발견된 수많은 미라들이 전시되어 있다. 조로아스터교의 원조 교리는 최후의 심판과 영혼부활의만이고 여기에 이집트나 유대에서 기원한 육체부활론이 섞인 것일 수도 있다. 그러나 어쨌든 조로아스터교에 육체를 포함한 영혼의 부활교리라는 특이한 교의가 있었던 것은 분명하다.
2. 종교학자 미르체아 엘리아데는 이란(페르시아) 종교가 서양 종교 사상의 형성에 기여한 바를 다음과 같이 요약했다. "순환적인 시간관념을 대신하는 직선적인 시간관념, 다양한 이원론적 체계, 구세주 신화, '낙관적' 종말론의 구상, 선이 궁극적으로 승리한다는 사상과 우주적 구제에 대한 선언, 죽은 자의 부활에 관한 교의, 몇몇 그노시스 신화 역시 이란 종교의 발명품이라고 할 수 있다." (미르체아 엘리아데, 세계종교사상사 참조)
3. 육체부활론은 기독교와 이슬람을 넘어 이집트 및 그리스의 '그노시스파'의 현교(顯敎)계통에도 영향을 주었다(블라바츠키).

육체 부활신앙은 사람은 육체와 이에 생명력을 주는 정령으로 구성된 것이라는 애니미즘적 사고방식에서 기인하였을 것이다.1010) 영생에 대한 갈망은 고대인들도 품었을 것이고 생명체가 영생하기 위해서는 죽으면 떠나버리는 정령(anima)을 다시 몸으로 불러들여야 했다. 그러나 이러한 육체부활사상은 부활 시 이미 썩어버린 몸을 그냥 그대로 사용하기에는 아무래도 부적절하다고 느꼈을 것이니 자연스럽게 환생론과 저승론으로 발전하였고 따라서 힌두이즘 외 수많은 사상에 자생적 또는 파생적으로 나타나는 환생론은 영성문명의 발전역사로 볼 때 당연한 결과다. 이러한 영성역사발전의 순리(順理)로 인하여 초기기독교에도 환생론이 당연히 존재하였다. 그러나 정치적인 이유로 이 순리가 일찌감치 배제되었고 이후 이를 배척하는 교리가 겹겹이 쌓였으며 그 결과 기독교에는 아직도 환생론 대신 '비전의 벽'에 둘러싸인 원시적인 육체부활론이 건재하다.

7.4. 신지학의 육체

신지학에서는 우리 육체의 각 세포나 장기들이 하나하나 생명을 가진 개체들인 것처럼 또는 벌집의 벌인 것처럼 이야기한다. "우리는 육체가 근육, 뼈, 신경, 혈액 그리고 뇌 물질 등으로 구성되어 있다고 생각하지만 사실은 일정 기간 동안 이런 역할을 채운 후 진화의 다른 주기로 넘어가는 수많은 생명들 혹은 지성체들로 구성되어 있다. 이런 생명들은 자연에서 다양한 형태로 오랜 세월 동안 수련과 경험을 겪어왔으며 이제 인간의 형태 속에서 활동할 준비가 된 것이다. 그들은 매우 높은 수준의 축적된 지성체이다. 그리고 사람은 바로 이런 지성 때문에 두뇌로부터 받는 엄청나게 복잡한 요구들에 대응할 수 있다. 우리의 신체들을 구성하는 그것이 우리라고 말할 수 있는가? 아니다. 이런 생명체들이 신체를 떠날 때 우리가 준 성향을 가지고 위대한 대자연의 많은 형태들 속으로 돌아간다."1011)

이러한 생각은 표준이론과 상응하는 부분도 있으나 다음과 같은 여러 문제점이 있다.

1010) 당시 사람들이 직관하기로 '신의 은총' 없이는 사람의 정령이 영생할 수 없다고 생각한 이유도 있을 것이다. 이는 당시 영이나 중급혼 이상의 혼을 가진 사람이 많지 않았다는 것을 의미한다(미주 118 '고대종교에 육체부활론이 발생한 이유들' 참조).
1011) 1. 신지학협회, 「신지학 홈스터디」 참조.
2. 에테르체가 철수하고 따라서 프라나의 순환이 중단되자마자, 하위의 생명체, 즉 세포들은 광란하게 되고 지금까지 명확하게 조직되어 있던 몸을 부수기 시작한다. 이리하여 몸은 점점 활력을 잃는다. 사람 몸은 전체적으로는 죽었으나 세포는 개별단위로서 아직 살아있는 것이다(포웰, 「에테르체」 '16장 죽음' 참조).

1) 그렇다면 각 세포들의 혼은 그들의 기왕의 주장대로 하급혼인 '그룹혼'이어야 하는데, 한편으로는 이처럼 '세포들이 진화의 다른 주기로 넘어가는 수많은 생명들 혹은 지성체들'이라며 개체혼을 가진 것으로 주장함은 기왕의 주장과 모순된다.
2) 생기(生氣)는 물성을 가지고 있으므로 나누어져 존재할 수 있다는 면에서, 또는 하느님의 숨결로서 그 속성으로 '신의 영화(靈火)'를 품고 있다는 면에서 개체성이 있다고도 할 수 있겠으나 그것을 진정한 개체성이라고 할 수 없고 자의식이 갖추어지는 지혼(知魂)의 단계에 이르러서야 개체성을 가진다고 할 수 있다.
3) 세포들에게 지성이 있다는 발상은 전혀 근거 없다. 지성은 정신체 중 상위정신체가 가지는 특성이다. 상위 정신체는 신지학의 멘탈체로 사람의 혼만이 가진다. 신지학이 다신체론과 결부하여 '의식의 수준론'을 넘어선 '다의식론'을 주장하지만 이는 신지학이 둔 큰 무리수(無理手) 중 하나다.
4) 고래나 공룡처럼 몸집이 큰 생명체는 강아지나 고양이보다 더욱더 많은 지성체의 합이어야 한다. 고래나 강아지 중 누가 더 지성적인가? 그들이 지성적이기는 한가? 사람끼리도 몸무게가 두세 배씩 차이 날 수 있다. 하늘을 나는 기러기 떼의 크기가 기러기의 아이큐와 무슨 상관이 있는가.

식물 아래의 생명체에는 생기로 이루어진 생기체만 있을 뿐 혼은 없다. 또 생기는 혼 또는 생기체가 섭취하는 영양분이고 세포는 그 생기(生氣)를 담는 그릇일 뿐이다. 거기에 지성이나 자의식은 없고 다만 의식의 가능태로서 '원인의식'만 있다. 의식은 '의식의 수준론'에 따라 식물이 되면 '생혼의식', 동물이 되면 '각혼의식'이 형성되며 이는 지혼의 '자의식'으로 발전한다.[1012]

7.5. 육체가 영에 미치는 영향

육체가 영에 미치는 영향은 얼마나일까? 육체는 생명유지를 위한 각혼3욕의 표출로서 의식주와 자기복제의 번식욕구로 가득 차 있으며 생기체를 통하여 이를 구현한다. 생명은 유지(維持)되어야 생명일 것이니 기에서 기원한 생명으로서의 영혼육에게는 당연한 결론이다. 또 누구의 말[1013]에 따르면 衣食住도 결국 번식을 위한 것이라 하니 그렇다면 육체는 사실 번식욕의 덩어리다.
또한 육이 영에 주는 영향은 영에게 직접 주는 것이 아니라 혼의 생기체를 통한

1012) 미주 29 '광물의 기와 의식', 미주 230 '수면과 죽음의 정의' 참조
1013) 프로이트

다. 몸은 혼의 생기체를 자극하여 혼을 발동시키고 혼은 번식욕을 성욕으로 구체화시킨다. 번식욕이 성욕이 되면 알다시피 훨씬 복잡하고 지저분해지고 강력해진다. 성욕은 육체의 군혼적 종족보존욕구가 발동한 것이지만 인간의 경우 개체혼으로서의 극심한 이기심을 가지고도 각혼 이상으로 번식에 집착하게 하기 위하여 주어진 365일용 성적 쾌락으로 인하여 성욕이 발동하면 혼은 발광(發狂)을 하게 되며 웬만한 영은 혼에게 중용을 요구하기 어렵다. 나중에는 몸의 번식욕과는 아무 상관이 없이 성적 쾌락만을 즐기기 위하여 혼이 스스로 성욕을 발동하게 된다. 이러한 인간의 성욕은 결국 혼이 6할이요, 몸이 4할인 전도(顚倒) 지경이 되었다.1014) 혼이 '개체성의 확보에 따른 원업(冤業)1015)'으로 받은 재욕과 명예욕의 굴레를 벗어나는 일만으로도 힘에 벅차 허덕이는 판에 느닷없이 각혼3욕인 성욕이 각혼 시절보다 더욱 강력해져 또 하나의 업원(業源)이 되어 해탈에로의 길을 가로막는다. 오죽하면 프로이트의 리비도가 이론이요 모델로 받아들여졌겠는가.

이처럼 육체가 영에 미치는 영향은 혼을 통한 번식욕이 대부분이다. 따라서 영에 영향을 주는 것은 힘세고 고집 세고 어리석은 혼이 九割이다. 몸은 一割이다.

일부 기독교나 뉴에이지는 몸과 영이 일체인 것처럼 말하며 심지어 종말의 날에 선택받은 자의 몸이 하늘로 들어 올려진다는 믿음1016)까지 신앙된다. 몸이 그토록 중하다면

1) 하나하나가 완벽한 신의 피조물인 야생의 동물들은 서로를 어찌 그리 한 끼 식사로 쉽게 잡아먹는가. 또 들에 핀 아름다운 꽃들은 어찌 그리 쉬 뜯겨서 불쏘시개가 되는가.
2) 천하절색 우미인도 천하장사 항우 몸뚱이도 늙고 시들고 힘 빠지면, 아픈 데 많은 고깃덩어리요, 죽어지면 무섭고 흉한 주검이 된다. 美도, 넘치는 힘도 육의 번식을 위한 도구일 뿐이다.
3) 한낱 미치광이 범부1017) 따위가 어찌 선택받은 수많은 영혼들의 귀한 몸을 그리 쉽게 뺏을 수 있었단 말인가.
4) 하느님의 이신론(理神論)적 에너지인 쓰나미는 어찌하여 죄 없는 30만 명의 몸뚱아리를 예고도 없이 삼켜 버리고 튀르키예의 지진은 4만 명이 넘는 목숨을 그

1014) 6.3.3.2. '욕망' 참조
1015) 지혼은 각혼의 군혼상태에서 개체화되면서 얻은 이기심과 자존심으로 인하여 식욕, 성욕, 수면욕의 각혼3욕에 더하여 재욕과 명예욕의 에고2욕을 추가로 받았다. 이 둘을 합하여 이드5욕이라고 한다.
1016) 7.3. '육체의 부활' 참조
1017) 알렉산더, 인노첸시오, 징기스칸, 아돌프 히틀러, 스탈린 등

리 쉽게 앗아가는가.

신정론(神正論)으로 연결되는 이러한 논의는 더 이상 지속하는 것조차 무의미하다. 결론적으로 몸뚱이는 확대재생산의 본능만으로 가득한 세포들의 집합체에 불과하기 때문에 값이 없다. 사람의 값은 영이 9할(九割)이요, 혼이 1할이다. 그게 다다.

혼의 다루기 어려움

육체는 마차와 말이며 혼은 마부이고 영은 승객에 비유할 수 있다. 마부는 승객이 가자는 곳으로 말을 몰아가야 한다. 그러자면 우선 마부가 말을 잘 다루어야 한다. 멋지고 빨리 모려면 승마선수가 되어야 한다. 그러나 말은 원래 자연에서 자유롭게 살던 동물이니 재갈을 물리고 고삐를 채웠다 하더라도 야성의 본성이 있다. 덩치도 산만 하고 뒷발에 차이거나 낙마하면 큰일이니 겁도 난다. 그런 말을 잘 다스리려면 채찍과 당근 그리고 진심 어린 보살핌이 필요하다. 그러나 말이 쉽지 말 다루기가 절대로 만만치 않다. 그래서 많은 마부가 말에 끌려다닌다. 잘 탄다 하여도 승마선수가 되기는 더욱 쉽지 않다.
그런데 마침내 마부가 승마선수가 되더라도 마부는 본분을 잊고 제 잘난 맛에 자기 가고 싶은 곳으로 가거나 빙빙 돌아간다. 승객은 꼼짝없이 마부가 가는 데로 끌려다니다가 엉뚱한 곳에 내리거나 길을 다 가기도 전에 날이 저무는 신세가 된다.1018) 그러나 마부는 알아야 할 것이, 승객이 가자는 곳으로 가지 않고 생을 마치면 그는 다음 생에서 그 길을 다시 가야 한다. 십중팔구 이번에는 길을 가자는 승객도 없을 것이다. 그렇게 되면 어디로 가야 할지 몰라 그저 그 자리에 서 있거나 말이 가자는 데로 가는 신세가 되기 십상이다. 그리고 새로 받은 말을 키우고 먹여 살리는 일에만 고생스럽게 매달리다가 철이 들고 세상 이치를 알아 말을 좀 다룰만하면 세상을 또 하직하여야 한다. 결국 그는 모처럼 만난 지금 이 승객을 잘 모시지 못하면 도(道)를 도모할 기회를 잃고 천추의 한을 남기게 되는 것이다.

이처럼 혼이 몸을 극복하지 못하고 끌려다니듯 영은 혼에 끌려다닌다. 영 또한

1018) 혼을 마부에 비유하는 사례는 우파니샤드에도 있다. "영(眞我)을 車主라고 하면 신체는 馬車, 지성과 마음(혼)은 馬夫다. 현자는 감각을 말(馬)이라고 부르나니 그들이 여행하는 길은 욕망의 迷路다." (가타 우파니샤드. 3-3-4) 몸과 생기체가 말이고 마부가 윤회혼이며 영은 차주인 격이니 본문의 비유와 잘 맞는다.

군신유의하며 혼을 잘 이끌어 그에게 경세(經世)하는 길을 가르쳐주고 제민(濟民)하는 힘을 북돋아 주어야 나라가 잘될 테지만 항상 역모를 꿈꾸는 혼을 다스리기란 역시 만만치 않아 그 눈치만 보다가 허송세월하는 것이다. 그러나 혼이 몸을 극복하며 발전하듯 영 또한 혼을 극복하며 발전한다. 이처럼 몸과 혼은 각자에게 주어진 숙제이자 기회다.

그런데 영이 훨씬 더 어려운 숙제를 받았다. 혼이 지독히도 말을 안 듣고 심술을 부려 마침내 영이 지쳐 포기라도 하게 되면 허송세월만 할 수 없는 영은 죽을 날을 앞당기게 될지도 모른다. 마차를 바꿔 타는 것이다.[1019]

[1019] 영도 얻을 것 없이 그도 빈손으로 영계에 복귀하면 degrade되고 합일에의 길도 멀어진다(4.3.3.1. '표준이론의 사랑방' 참조). 오죽 못났으면 제 돈 주고 제 갈 길도 못 찾아간 채 맨입으로 돌아왔겠는가. 그러나 영은 몸이 죽을 날을 미리 안다. 하급영이라도 대충은 안다. 스승령에게 애원하여 조기에 복귀할 수도 있다. 루카복음서 12장의 부자이야기가 그런 경우 아닐까.

8

주요 인간론(人間論)

'세계와 자아의 계층적 성질'은 여러 '영원의 철학'에서 외부세계는 생기에서 출발하여 혼영으로 진화하는 '영혼육의 하이어라키'로, 내부자아는 '단계적 발전'을 통한 열반과 해탈의 도정으로 설명이 된다. 이는 표준이론과 같은 시각이다. 신지학이든 헉슬리든 표준이론이든 통합이론이 되려면 당연히 보편적 세계관에서 벗어날 수 없다.

헉슬리에서 자아의 높은 계층은 낮은 계층보다 더 '실재적(real)'이며 인과론적으로 더 강한 효력을 가지고 더 '선(good)'하다. 또 상위계층은 하위계층에서의 성취(成就)를 어떤 방식으로든 포괄하고 포섭하여 통합하며 낮은 계층에서 발생한 구조의 문제를 극복함으로써 높은 계층의 세계를 새로운 차원에서 건설한다. 하위계층과 상위계층은 서로 인과관계이며 이는 상즉상입과 숛中――中숛, As above, so below의 그것으로 서로 원인이 되고 결과가 된다. 이러한 담론들 역시 표준이론의 주요 담론이다. 표준이론에서, 높은 수준의 자아일수록 더욱 인간적이며 양심적이고 영적이다. 그리고 영은 혼을 상위세계로 이끈다. 그러나 혼은 윤회의 과정에서 낮은 수준으로 역주행하거나 소멸할 수 있다.

8. 주요 인간론(人間論)

각 종교에 나타나는 수많은 기적과 현실적이지 않은 우주론과 신론 그리고 정치적이고 상술적인 의도가 가득한 구도론(求道論)[1020] 등을 감안하면 종교화되지 않은 사상으로서 신비주의나 영지주의, 그리고 신지학이나 표준이론 類의 주장은 오히려 합리적이고 인간적이다. 그러나 사람들은 그것이 교과서[1021]에서 배운 것이 아니고 하다못해 스님이나 목사님의 말씀이 아니라는 이유로 황당(荒唐)하다고 한다. 그러나 정말 황당한 것은 정치와 조직 그리고 돈에 의해 오염되어 각 종교에 켜켜이 쌓인 도그마들이다.

인간론은 '인간의 기원, 본질, 목적, 운명 등에 관한 견해나 입장에 대한 이론'으로 영혼학은 인간론에 '우주와 인간의 기원', '인간의 본질적인 구성요소', '인간과 창조주와의 관계', '삶의 의미와 목적', '영혼의 발전을 위한 求道의 방법론', '인간이 겪는 변성의식상태에 대한 통일적인 이해' 등을 포함한다(2.3. '영혼학의 정의와 범위' 참조). 본 장에서는 주요한 여러 종교와 사상을 망라하여 이미 거론한 주제들을 제외하고 인간론의 나머지 부분들에 대해 알아본다.

8.1. 그리스 철학과 「영언여작」의 삼혼설

플라톤은 사람은 Nous(예지)과 Psyche(혼) 그리고 Soma(몸)로 구성되어 있다고 한다. 또 혼은 육신이라는 감옥에 갇혀 있는 존재로 삼부(三部)구조로 되어 있는데, 감각적인 욕정의 원리인 탐욕혼(貪慾魂)이 복부에 자리 잡고 있고, 용기와 정기의 원리인 기혼(氣魂)이 마음에 자리 잡고 있으며, 생각의 원리인 지혼(知魂)이 머리에 자리 잡고 있다고 보았다. 그리고 이 중 지혼은 불멸의 신적인 성격을 띠고 있다고 했다.[尾178]

아리스토텔레스는 영혼을 자연철학적인 원리인 질료형상론(質料形相論, hylomorphism)으로 설명한다. 모든 사물의 구조원리가 그렇듯이 모든 생물의 구성원리는 원질

[1020] 교회와 권력이 사람들의 눈을 가린다. 이 또한 섭리이고 이치다. 영혼이 발전하고 진화하려면 이런 벽들을 넘어서야 한다. 다석(多夕)의 주장처럼 종교는 이승을 건너가는 배일 뿐이니 살아서 적절히 이용할 뿐 죽으면 아무 소용이 없다.
[1021] 그것들은 대부분 권력(정치권력, 교회권력, 금권)에 크게 영향을 받는다.

(原質, matter, 질료)과 체형(體形, form, 형상)으로 되어 있다. 여기서 모든 생명체의 체형은 혼이다.1022) 혼에는 세 가지가 있는데(三魂說) 식물에게는 생혼(生魂, vegetative soul)이라는 체형이 있고, 동물에게는 생혼에서 발달한 각혼(覺魂, sensitive soul)이 있으며 인간에게는 생혼, 각혼의 기능을 동시에 가지고 있는 지혼(知魂, rational soul)이 있다. 아리스토텔레스의 질료형상론은 중세기를 거치는 동안 토마스 아퀴나스를 위시로 그리스도교적 인간론을 정립하는 데 초석이 되었다.

이처럼 그리스 철학에 나타나는 소위 '삼혼설(三魂說)'1023)은 지혼의 불멸성을 이야기하면서 동시에 지혼이 하위혼에서 발전한 것이라거나 혼이라는 면에서 서로 유사하다거나 하는 느낌을 주고 있다. 따라서 표준이론과 크게 어긋나는 부분은 없다고 본다. 그러나 이러한 그리스적 인간론이 토마스 아퀴나스를 통하여 그리스도교적 인간론으로 발전하면서 지혼이 영혼으로 바뀌고 그 위상도 생혼이나 각혼과는 달리 특별한 존재로 변화하였다. 이러한 생각은 이슬람에도 영향을 주어 이슬람 또한 혼의 종류를 지혼(nafs-al-natiqah, rational soul)과 각혼(nafs-al-haywaniyah, animal soul) 그리고 생혼(nafs-al-nabatiyah, vegetative soul)으로 나누고 있다. 표준이론 또한 이 분류를 받아들여 혼의 진화과정과 그 과정에서 나타나는 혼의 종류를 표현함에 있어 아리스토텔레스가 사용한 용어와 의미를 그대로 사용한다.

아리스토텔레스와는 달리 「영언여작」1024)의 삼혼설은 생혼(生魂) 각혼(覺魂) 영혼(靈魂)의 구분이며 '생혼 및 각혼은 물질대사의 결과 생성되는 제2차적 부산물이기에, 물질대사가 멈추면 자동적으로 소멸되는 것이지만, 영혼(Soul)은, 비록 생혼의 일부 및 각혼의 일부와 유사한 성질을 가지고 있으나, 태생적으로 창조주이신 하느님께서 인간에게만 주신 고유성 및 완전성을 지닌 것이기에,1025) 우리 몸의 물질대사가 멈춘 후에도 생시에 하느님의 뜻에 순명하여 회개하고 세례를 받았다면 영혼(Soul)은 죽지 않는다'고 하여 원래 영생하는 아리스토텔레스의 영혼(靈魂)을 '기독교의 야훼 하느님을 믿고 따르면 구원받아 영속혼(永魂)이 된다'는 조건을

1022) 육체라는 살덩이가 인간을 이루는 질료이고, 육체를 통해 영혼이라는 형상이 드러난다.
1023) 道教의 삼혼칠백(三魂七魄)설을 줄인 말로서의 삼혼설도 있다.(8.9. '도가의 인간론' 참조)
1024) 이탈리아 출신의 중국 선교사였던 삼비아시(Francis Sambiasi, 畢方濟 1582~1649)가 구술한 것을 명나라 학자 서광계(徐光啓 1562~1633)가 받아쓴 책으로 천주학의 입장에서 영혼에 관하여 논한 철학서이다. 우리나라에는 1624년에서 1724년 사이에 전래되었을 것으로 생각되며 초기 가톨릭 신자들에게 크게 어필하였다.
1025) 창세기(2:7)의 '생령(nefesh hayah)'를 떠올리게 한다.

단 종교적 영혼으로 변화시켰다.尾179) 이러한 시각은 오늘날 인간을 혼육의 이원으로 보고 혼이 구원을 받아 천국에 들면 영이 된다는 기독교 전통 혼육이원론으로 정립되었다.

8.2. 기독교의 인간론

8.2.1. 기독교의 영혼창조의 시기와 방법

기독교의 '영혼창조 시기론'은 영혼은 존재하며 하느님께서 만드셨다는 전제하에 그럼 '언제 만드셨느냐'에 대한 주장들이다. 여기에는 영혼이 일시에 창조되어 육체와 별도로 먼저 존재하고 있다가 잉태 또는 출생과 함께 육체와 결합된다는 선재설(先在說)과 영혼이 개인의 잉태와 동시에 하느님에 의해 창조된다고 주장하는 수시창조설(隨時創造說) 그리고 인간의 영혼이 부모로부터 자식들에게 전달된다고 주장하는 유전설(遺傳說)1026)이 있다.

또한 기독교에서는 진화론과 관련하여 창세기의 해석이 서로 달라짐으로 인해 여러 가지 '영혼창조 방법론'이 나타났다. 이는 진화라는 객관적 사실을 무시할 수 없기 때문에 이를 교리체계에 수용하려는 움직임이 나타나는 과정에서 제시되는 의견들로서 크게 네 가지로 나뉜다.尾180) 이를 표준이론의 시각에서 설명하면

1) 창조적 진화론(有神進化論) : 대부분의 진화이론을 수용한다. 또 아담은 역사적 인물이 아니고 유대인들의 신앙을 묘사한 것일 뿐이라고 본다.
① 보수적인 유신진화론 : 아담의 몸은 진화의 산물이지만 영혼은 하느님께서 창조하셨다는 주장이다.
② 중도적인 유신진화론 : 창세기 1장의 사람은 그 몸과 혼이 진화를 통하여 탄생한 현생인류(Homo sapiens sapiens)이고 2장의 아담은 하느님께서 '네샤마 사건'을 통하여 불어넣으신 영혼을 가진 사람의 상징으로 이들이 약 1만 년 전 인류문명을 연 문명인류(homo civilisátĭo)다.
③ 급진적인 유신진화론 : 창세기는 인간의 기원을 묘사하기 위해 삽입된 신화(神話)일 뿐이다. 영혼도 몸처럼 진화로 탄생한다. 창세기 1장의 사람은 각혼을 가진

1026) 미주 36 '기독교 영혼창조 시기론의 종류' 참조.

사람의 상징이고 2장의 '네샤마 사건'으로 탄생한 아담은 각혼에서 진화한 지혼을 가진 사람을 상징한다.

2) 첫 호모사피엔스 이론 : 창세기의 아담은 15~20만 년 전 호모사피엔스 시대에 중동이나 아프리카 어느 곳에서 하느님에 의하여 창조된 몸과 영혼을 가진 실존인물이라는 주장이다.

3) 신석기 농부론 : 아담은 6천 년 전부터 1만 년 전 사이의 신석기 중기에 에덴에서 농사를 짓던 사람으로 하느님이 자신의 형상으로 창조한 영혼을 가진 첫 사람이었다는 주장이다. 아담 이전의 인류는 하느님의 형상이 없었다.

4) 창조과학 : 성경은 과학적으로도 정확하다는 주장으로 진화론을 비롯한 주요 과학이론을 수용하지 않는다. 우주와 인류의 역사가 6천 년 정도라는 젊은 지구론[1027]을 주장한다.

위 ③의 급진적인 유신진화론은 표준이론에서처럼 네샤마 사건으로 인하여 각혼에게 지혼으로의 진화 물꼬가 트여 그 이후 모든 동물의 각혼들은 지혼으로 진화할 수 있다고 생각하는 것으로 이해된다. 현재 기독교에서는 극소수 학자들이 조심스럽게 제기하는 의견으로[1028] 여기에 초기기독교 교리 중 하나였던 윤회론을 기독교에 다시 부활시키면 기독교의 인간론은 표준이론과 과히 다르지 않을 만큼 매우 진전된 생각[1029]이 된다.

위 2)의 '첫 호모사피엔스 이론'은 현재 진화유전학 등 학계에서 정설로 받아들여지고 있는 'Y염색체아담(Y-ChromosomeAdam)'이론과 '미토콘드리아 이브(Mitochondria Eve)'이론과도 잘 들어맞는 주장으로 비상한 관심의 대상이다.[1030]

[1027] 창조과학을 주장하는 사람들은 젊은 지구를 인정하지 않을 경우 창세기뿐 아니라 원죄론과 예수님의 구속사건 등 신약의 주요교리가 무너진다고 생각하는데 이는 문자주의적 입장만을 고수하기 때문이다. 원죄론이나 구속론을 모두 상징적인 것으로 보면 달라질 것은 하나도 없다. 예수님은 하느님께서 사랑하시는 아들로 하느님을 증거하고 무명(無明)에 빠진 영혼들을 구원하러 이 땅에 오신 사실은 변할 것이 없다. 성경은 과학책이 아니다. 과학을 예언하는 책은 더욱 아니다.

[1028] 프린스턴 신학교의 교수인 벤자민 워필드(Benjamin B. Warfield 1851~1921)는 스코틀랜드 장로교 목사이자 교회사 교수였던 제임스 오르(James Orr, 1844-1913)의 「사람 안에 있는 하나님의 형상(God's Image in Man)」에 대한 1906년 서평에서 '심신은 함께 가야지 별개로 따로 발전하는 것은 불가능하며, 따라서 인간의 몸은 동물로부터 진화되고 인간 영혼은 하나님의 말씀으로 단번에 창조되었다는 주장은 모순이라는 오르의 주장을 언급했다(백석대 조직신학 박찬호 교수, 논문 「벤자민 워필드의 창조론」 참조).

[1029] 그러나 과학적이고 진보적인 의견을 가슴(양심)으로는 받아들이지만 머리(이해관계)로는 받아들이지 않거나 머리(지성)로는 이해하지만 가슴(감정)에서 거부하는 사람들이 많아 아직 보수적인 입장들이 훨씬 우세한 형편이다.

8.2.2. 유대교의 인간론

유대교는 바빌론유수 시절 조로아스터교의 영향을 받아 한때 영혼과 육이 일체라는 인간론을 가졌다.1031) 당시 중근동 사람들이 보기에는 사람이 죽어 육을 잃으면 부활을 통하지 않고서야 다시 살 방법이 없었던 것이다. 이러한 고대 유대인의 영혼관은 기독교의 영혼관에 큰 영향을 주었다. 그러나 정작 유대인들은 예수님 시절부터 종파와 파벌에 따라 영혼의 불멸이나 육체의 부활 및 천사와 영적 존재에 대한 의견이 서로 갈렸고1032) 대중적으로는 윤회론이 자리 잡아 지금의 기독교와는 전혀 다른 인간론을 가지고 있었다. 유대인들이 2차대전 중 지옥 같은 수용소 벽에 수없이 그려 놓은 환생을 상징하는 나비들을 보면 그들이 모두 유대교 신비주의자는 아니더라도 삶과 죽음에 대해 어떤 생각을 가졌는지 알 수 있다.

한편 고대 유대교의 부활교리는 기독교보다는 오히려 이슬람교와 조로아스터교에 그 원형이 살아있다. 이슬람은 사람이 죽으면 종말 때까지 바르자크(barzakh)에서 잠을 자며1033) 어느 때 육과 더불어 최후의 심판을 받은 후 악인은 지옥의

1030) 1. 현생인류의 '공통조상이론'인 'Y염색체아담'이론과 '미토콘드리아 이브'이론은 웬만하면 학계에서 받아들일 수 없는 놀라운 이론이다. 이는 현재의 인류가 남자는 10~50만 년 전 한 남자로부터, 여자는 15~20만 년 전의 어느 한 여자로부터 기원하였다는 이론이다. 연구에 따라 몇만 년 전이냐에 대한 의견이 서로 갈리지만 현생하는 모든 남자와 여자들이 각각 어느 한 남자와 한 여자의 후손이라는 사실은 분명한 것이다.
2. 자연주의 과학자들은 과학적으로는 부인할 수 없는 결과를 두고 심정적으로는 납득을 못하고 있다. 이들에게 남겨진 단 한 가지 해석은 "당시에 수많은 사람들이 살고 있었으나 오늘날 오직 한 남자의 남자 자손과 한 여자의 여자 자손만 살아남아 있다는 것이다."라는 옹색하기 그지없는 해석이다.
3. 위 표준이론의 '진보적 유신진화론' 해석은 이러한 '공통조상이론'도 수용한다. "창세기 1장의 인류창조 이야기는 20만 년 전 하느님께서 호모에렉투스 중 일부의 DNA를 집단적으로 돌연변이 시켜 두뇌용량이 훨씬 큰 호모사피엔스로 진화시킨 일이거나 4만 년 전 호모사피엔스를 현생인류로 진화시킨 일이고 2장의 아담 이야기는 1만 년 전 에덴(상징적인 장소)에서 현생인류 중 일부의 몸과 마음을 '네샤마 사건'을 통해 지혼으로 진화시켜 인류문명의 주역으로 삼으신 일이다." 영적설계에 의한 집단적인 돌연변이는 오늘날 과학으로는 한사람의 돌연변이로 보일 것이다.
4. 농경문화가 시작된 10,000년 전 지구 전체 인구는 약 5백만 명으로 추산된다(6.2.1. '영의 탄생시기와 유래' 참조). 그런데 그 인구 중 얼마가 네샤마 사건의 대상이었는지는 불확실하나 이승에서 일순에 이루어진 것은 아니고 저승에 중음계를 설치하여 생계의 각혼을 지혼으로 승격시킨 다음 몇 세대에 걸쳐 서서히 일어난 일이라고 생각된다.
1031) 1. 영육일체론과 육체의 부활론은 조로아스터교뿐 아니라 이집트와 고대 그리스의 그노시즘 현교에서도 찾아볼 수 있다. 페르시아나 이집트 그리고 팔레스티나와 그리스 모두 같은 문화권이다(줄리아 아산테, 「두려움 없는 죽음, 죽음 이후의 삶」 참조).
2. 전통적인 유대교리는 메시아 시대에 예루살렘에 성전이 재건되고 땅끝에서 모인 유대 민족과 죽은 자의 몸이 다시 살아나서 영혼과 재결합할 것이라고 한다. 그러나 최근 부활에 대한 믿음은 자연 철학에 의해 크게 흔들렸고, 개혁성향의 미국 랍비중앙회의(The Central Conference of American Rabbis)는 육의 부활과 永劫에 대한 믿음은 유대교에 기초가 없으며 영혼불멸에 대한 믿음이 그 자리를 차지해야 한다고 명시적으로 선언하였다.(ccarnet.org의 article-declaration-principle 참조)
3. 미주 118 '고대종교에 육체부활론이 발생한 이유들' 참조.
1032) 마르코의 복음서 12:18, 루카의 복음서 20:17, 사도행전 23:6~9

형벌을 받고 형벌이 끝나면 천국으로 간다고 한다. 조로아스터교에서 악인은 죽어서 바로 지옥으로 가지만 종말 때 육을 다시 입고 부활한다. 그러나 부활 때 악한 자는 다시 지옥으로 영원히 떨어진다는 기독교와는 달리 조로아스터교에서는 형벌을 마친 악인은 모두 선한 영으로 변화된다는 합리성을 보인다.1034)

8.2.3. 기독교의 인간론

8.2.3.1. 기독교 인간론의 내용

8.2.3.1.1. 표준이론에서 본 기독교의 인간론

기독교의 인간론(181)을 표준이론의 입장1035)에서 살펴보면

1) 전통교설 : 이는 일체론적1036) 영육이원론이라고 할 수 있다. 가톨릭의 공식입장이고 개신교도 대부분 이 입장이다.
그런데 기독교에서는 스스로 영육이원론이라고 이름하지만 사실은 혼육이원론이다. 기독교에서 살아있는 사람의 영은 표준이론의 영이 아니다. 기독교에서는 죽어 봐야 천국에 갈지 지옥에 갈지를 알기 때문에 살아서는 아직 영생과 천국이 보장된 존재가 아니다. 표준이론으로 보면 영이 아니고 아직 전형적인 혼이다. 따라서 기독교의 영육이원론의 영은 표준이론으로 보면 혼이므로 영육이원론은 사실상 혼육이원론이다.

이원론에서는 창세기 2:7에서 하느님께서 사람에게 불어넣으신 '네샤마(Neshamah)'가 짐승의 각혼을 사람의 지혼으로 변화시키신 것으로 본다.1037) 따라서 네샤마

1033) 5.5.6. '이슬람교의 저승' 참조
1034) 오강남, 「세계 종교 둘러보기」, 192쪽
1035) 본서에서 사용하는 용어는 모두 표준이론의 의미를 지녔다. 예컨대 저승혼(윤회혼)은 정신체와 양심체로 구성되며 사람의 마음이다. 영은 영생과 천국시민권이 있는 열반의 존재이다.
1036) 기독교의 영은 육체의 부활을 전제로 한 永生體다. 또한 영과 육은 최후의 심판 시 다시 합해져서 부활하니 영과 육은 일체라서 일체론적 영육이원론이다. 이를 강조하여 기독교의 영육이원론을 영육일원론이라고도 한다.
1037) 전통소수설이다. 창세기 1장과 2장이 같은 사건인지에 따라 설이 갈릴 수 있으나 여기서는 다른 사건으로 보았다. 1장과 2장의 동일사건여부, 이원론과 삼원론에 따라 설을 구분해 보면 아래 표와 같다.

구분	내용	1장과 2장	1장의 결과	2장의 결과	성령의 역할
전통소수설	이원론	다른 사건	각혼	지혼	영화(靈化)
전통설	이원론	동일 사건	지혼	지혼	영화(靈化)
소수설	삼원론	다른 사건	지혼	영	성화(聖化)

는 표준이론의 '상위정신체와 양심체'이다. 쉽게 말하면 에고요 자의식이다. 하느님은 다른 생명체와는 달리 사람에게만 자의식을 불어넣으신 것이다. 네샤마는 '생기체와 하위정신체인 이드'인 네페쉬(각혼)를 '네페쉬 하야(Nephesch hayah)', 소위 생령(生靈, 지혼)1038)으로 변화시켰다. 이로써 사람은 하느님을 닮게 되었다. 예수님이 오시고 나서 이 생령은 생전에 가진 믿음으로 인해 성령에 의해서 영화(靈化)1039)되고 명종 후 사심판(私審判, 개별심판, indicium particulare)을 받고 천국에 든다. 사심판에서 구원받지 못한 생령은 지옥에 간다. 최후의 심판 때 천국으로 간 영혼이나 지옥의 영혼 모두 흙으로 돌아간 육을 부활시켜 일체로 합해진 후 공심판(公審判, 최후심판, Ultimum Indicium)1040)을 받는다.

2) 소수설 : 바오로 사도1041)의 진술을 채용하여 영혼육 삼원론을 주장하는 입장이다. 기독교의 소수설이지만 이단은 아니다. 바오로 사도가 너무 명확히 반복적으로 언명하였기 때문이다. 사람은 창세기 1장에서 이미 지혼을 받은 특별한 존재로 창조되었고 다시 창세기 2:7에서 하느님으로부터 네샤마를 받았는데 이것이 바로 '영'이다. 영은 곧 하느님의 숨이니 영이 있어야 비로소 사람은 완전히 하느님을 닮게 된다. 다만 이 영은 원죄로 인해 잠자고 있다가 예수님의 성령으로 성화(聖化)되어 깨어난다. 명종 후 성화된 영은 혼과 일체가 되어 천국에 가고 구원받지 못한 채 잠자는 영은 혼과 함께 지옥에 간다.1042)

3) 기독교 영지주의1043) : 이는 영혼육 삼원론으로 4세기 초기에 배척되어 기독

1038) 生靈은 기독교의 표현(개역개정, 개역한글)이고 표준이론으로는 지혼이다.
1039) 이원론에서 혼이 성령의 상태에 든 것은 영화(靈化)이고 삼원론에서 잠자고 있던 영이 성령으로 인하여 깨어난 것은 성화(聖化)이다.
1040) 각 개인별로 공심판의 결과는 사심판 때의 결정과 같다. 육체를 부활시키는 것뿐이니 사실 심판론이 아니라 종말론의 일종이다.
1041) 바오로 사도는 어떻게 하여 영혼육 삼원론을 주장하였을까?
　　1) 창세기 2:7의 네샤마를 영으로 해석하여서
　　2) 로마 시민으로서 플라톤 철학의 영향을 받아서
　　3) 자신에게서 영을 발견하였기 때문에 다른 사람에게도 다 영이 있는 것으로 생각한 나머지
　　4) 성령으로부터 배워서
1042) 1. 영은 하느님의 일부이니 지옥에 갈 수 없다. 그러나 기독교는 이 경우의 영은 잠자는 영이니 예외라고 한다. 그러나 표준이론으로 보면 이는 섭리가 아니다. 하느님의 일부(숨)가 어찌 지옥에 가는가.
2. 또 원죄를 저지른 영은 잠자는 것이 아니라 일단 죽었다가 성령으로 성화되어 되살아난다는 주장도 있는데 그것은 더 이상하다. 하느님의 영이 어찌 죽는다는 말인가. 하느님의 영은 천국의 시민으로 영생한다. 영은 지옥에 갈 수도 없고 죽을 수도 없다. 사실은 잠들 수도 없다. 결국 영에게 지옥은 없다. 영에게 지옥이 있다면 환생이 곧 지옥이다.
1043) 325년 니케아 공의회의 결정으로 성경의 내용 중 '전생', '환생'과 같이 윤회의 의미를 내포하거나 암시하는 구문·용어는 모두 삭제하는 작업이 단행되었고, 영지주의자에 대한 대대적인 탄압도 자행되었다. 553년 콘스탄티노플 공의회 이후에는 단순한 윤회설의 지지자들마저도 이교도로 낙인찍어 박해하였다(금인숙, 「신비주의」). 그러나 그가 주장하는 이러한 성경의 개작은 역사적으로 그 實例를 확인하기 어

교에서 사라진1044) 주장으로 이들의 영은 '하느님으로부터 직접 발출된 하느님의 일부'이고 혼은 '마음'으로 표준이론의 혼과 비슷하다1045).

(1) 영혼일체론 : 예수님으로 인해 영지(靈知, Genesis)를 얻어 구원받은 영은 명종 후 혼과 함께 하느님과 합일하고 합일하지 못한 영은 혼과 함께 윤회한다. 지옥은 없다.

(2) 영혼별개론 : 이는 단생론으로서 있었을 것으로 추정되는 이론이다. 명종 후 영은 하느님께로 가고, 예수님으로 인해 영지를 얻어 구원받은 혼은 영과 헤어져 셋째 하늘로 올라갔다가 예수님이 재림하실 때에 최후의 심판을 받고 영원한 천국에 들게 된다. 구원받지 못한 魂은 지옥에 있다가 최후의 심판을 받고 다시 지옥으로 간다.1046)

8.2.3.1.2. 영육이원론의 전통교설

현재 기독교의 전통설은 앞 1)에서 설명한 바와 같이 인간은 육과 영혼 그리고 정신의 3부 구조체가 아니고, 제4차 콘스탄티노폴리스 공의회가 정의한 대로 영육(靈肉)의 2부 구조체로 본다. 그러나 이후에도 기독교 내부에서는 이원론(dichotomy, bipartite, 이분법)과 삼원론(trichotomy, Tripartite, 삼분법) 간에 신학적 대립이 있었으나 어느 한 이론이 정통(正統)설로 공인받고, 다른 이론이 이단(異端)설로 배척된 것은 아니다.

전통(傳統)교설인 이원론에 따르면 영은 육신과 함께 인간을 이루는 공동 구성체로서, 육신을 원질(materia, 질료)로 하는 인간의 체형(forma, 형상)이다. 그 영성적 활동은 육신과 합동으로 지성 작용, 사유(思惟), 의지력, 자유, 자아의식, 윤리 판단, 거룩함의 추구 등으로 인격성의 완성과 그 영속을 지향하면서 나타난다.1047)

렵다.
1044) 기독교 영지주의는 1차 니케아공의회(325년)에서 배척받고 381년 제1차 콘스탄티노플 공의회 이후 본격적으로 탄압을 당하여 기독교에서 사라졌다.
1045) 영지주의에는 '혼은 생기체에 불과하다'고 하여 사실상 영육이원론을 주장하는 생각도 있다. 그러나 여기서는 혼을 마음으로 보는 영혼육 영지주의만을 이야기한다.(8.11. '영지주의 인간론' 참조)
1046) 1. 셋째 하늘은 고린도후서 12:2의 하늘로 천국을 의미한다.
2. 영은 하느님의 숨인 네샤마로 하느님의 일부이기 때문에 멸망하거나 지옥으로 갈 수 없다. 이는 표준이론의 영 개념과 같다. 이 영혼별개론에 윤회론만 더하면 표준이론과 유사하게 된다. 즉 "명종 후 영은 그 사람이 어찌 살았든지 하느님 계신 영계로 가고 혼은 또 다른 영과 합하여 환생한다. 언젠가 혼이 수승하여 영이 되면 영계로 올라간다."가 된다.
1047) 백민관, 「가톨릭에 관한 모든 것」 Anima 참조

영과 혼을 구분하지 않는 이러한 주장은 성경의 여러 구절에 그 근거를 두고 있다.尾182) 또 우리말로 영혼이란 단어는 영을 의미하는 것으로 사용하는 것이지 영혼(靈魂)이 영(靈)과 혼(魂)으로 되어있다는 뜻으로 사용하는 것은 아니라고 한다.

한편, 이원론에 있어서 영혼과 육체의 단일성은 영혼을 육체의 '형상'으로 생각해야 할 만큼 심오하다고 주장한다.尾183) 그러니 영육이원론은 사실상 영육이 일체화된 영육일체론이다.1048) 그러나 그 일체성을 아무리 강조한들 사람은 물질적인 요소와 비물질적인 요소로 구성된다는 것은 부인할 수 없어 공식적으로는 이원론(dichotomy)이다.

한편 이원론에서는 '마음'의 기능과 위치를 두고 대립하는 두 가지 설이 있다. 즉 지정의(知情意)의 기능을 하는 것을 마음이라고 하여 마음을 영에 포함시키는 說과, 마음을 몸의 부속기능으로 보는 두 가지 입장이 대립한다. 토마스 아퀴나스와 그 이후 많은 교회학자들은 실체적 합일(Unio substantialis)이라 하며 영의 기능에 지정의(知情意)를 포함시키면서 마음 전체가 육은 아니라는 전자의 주장을 고수한다. 한편 후자의 주장에서 영은 하느님과 교통하는 영교(靈交)의 역할만을 하게 된다.1049) 이 주장에서는 명종 후 마음은 몸과 같이 흙에 묻혔다가 육이 부활할 때 같이 부활한다고 한다. 따라서 그때까지의 영은 마음이 없으니 완벽한 영이 아니고 부활을 거쳐야 완벽해진다는 것이다. 부활이 필요한 이유 하나를 더 개발하려는 의도와 영육일체론을 강화시켜 보려는 생각에서 나온 주장으로 보인다. 그러나 생기체가 육에 속한다는 교설은 이런저런 사상에 많이 보이나 마음이 육에 속한다는 교설은 사례가 없다. 또 마음이 없는 영이 천국에 가서 도대체 무엇을 하겠는가.1050)尾184)

1048) 기독교의 영육이원론에서 혼은 불멸의 존재이기는 하지만 헬라개념과 동일하지 않다. 헬라철학의 이원론에서 혼은 육의 감옥에서 벗어나기를 추구하지만 기독교에서는 영은 육과 조화롭게 창조되었다. 또 인간이 구원받더라도 영이 몸을 떠나는 것이 아니라 몸에 속해 있다. 이미 언급한 바와 같이 이는 히브리적 개념인 육체의 부활론에 근거한 영육일체론적 개념이다.
1049) 영은 하느님의 부름에 반응하고 응답하는 영교(靈交)의 역할을 한다(라이프성경사전, 영4 참조).
1050) 1. 살아서 靈化되어 명종 후 천국에 드는 영에 '마음'이 포함되어 있지 않다는 주장은 이치에 맞지 않는다. 이는 육의 부활로 비로소 완전한 천국인간이 된다는 주장을 위해 마음을 억지로 육에 가져다 붙인 것인데 그렇다면 천국에 드는 영은 마음이 없는 영인 셈이다. 전술한 바와 같이 영육이원의 영은 아직 천국시민이 아니므로 표준이론으로 보면 사실상 혼이다. 따라서 영육이원은 혼육이원이요 영육일체론은 혼육일체론이다. 표준이론에서 마음은 혼의 다른 이름이다. 그런데 혼에 마음이 없다면 혼육이원이 아니라 육일원이 되고 마니 마음이 육에 있는 영육이원론은 신은 있으나 사람에게 신은 없으니 사실상 유물론에 가깝다.
2. 하느님의 네샤마는 짐승의 각혼을 사람의 지혼으로 바꾸었다. 이때 네샤마가 각혼에 추가한 요소는 이원론에서는 상위정신체와 양심체이다(미주 181 '창세기와 기독교 인간론' 8. 참조). 즉 마음은 육에 있는 것이 아니라 혼에 있다.

8.2.3.1.3. 영혼육 삼원론의 소수설1051)

삼원론의 역사

바오로 사도는 성경의 많은 부분에서 영과 혼을 구분하고 있다. 그의 주장에 따르면 "사람은 물질적인 육과 비물질적인 영혼으로 구성된다. 그리고 이 두 개의 구성요소들은 다시 여러 면으로 나누어진다. 육이 피와 살로 나뉠 수 있는 것처럼 영혼은 다시 영과 혼으로 나누어진다."라는 것이다. 바오로 사도뿐 아니라 성경에 나타나는 영과 혼의 구분에 대한 수많은 언급 때문에1052) 초기교회에서는 오히려 삼원론이 주류이론이었다. 교회의 첫 3세기 동안 삼원론은 정통적인 해석으로 간주되었으며 많은 초기 교회 교부들1053)은 사람이 영혼육으로 구성되어 있다고 가르쳤다. 그러나 이단으로 정죄받은 기독교 영지주의와 예수님의 인성(人性)을 부인하는 아폴리나리안주의(Apollinarianism), 예정설을 부인하여 하느님은 스스로 돕는 자를 돕는다고 주장하는 半펠라기우스주의(Semipelagianism) 등에서 삼원설을 가르친 이유로 삼원설에 대한 편견이 생겼으며 이로 인해 삼원설은 점차 소수설로 전락하였다. 게다가 기독교 신학에 거대한 영향을 끼친 아우구스티누스는 그의 원죄론을 통하여 삼원론에 부정적인 언급을 하였다. 그는 삼원론은 인정하지만 영(靈)은 아담의 원죄로 인하여 죽었으며 그 후 아담의 자손은 영적손상 상태에서 태어나기 때문에 결국 사람은 혼과 육으로 구성된 것이나 마찬가지라고 하였다.

기독교 삼원론의 정당성

삼원론이 그 정당성을 주장하는 이유로는 다음과 같은 것들을 생각할 수 있다.

1) 구약의 네샤마와 루아흐, 그리고 네페쉬, 신약의 프네우마와 프쉬케는 다 무엇인가. 영과 혼이 나뉘지 않았는데 말만 나뉠 리는 없다. 언어는 존재와 사실의 표상이다. 영은 창조 때부터 있었으니 네샤마나 루아흐란 단어도 필요하였다.1054)

1051) 삼원론이 이단교설 정도는 아니라서 소수교설이라고 하였다. 또한 이원론이 다수교설이 아니고 전통교설인 것만큼 강력한 지지를 받는 교설이라는 뜻이다.
1052) 신약에서 105번 사용된 프쉬케(psychë)는 인간의 심리적 측면을 나타내고 총 385번 사용된 프네우마(pneuma)는 그중 약 80번이 인간의 영을 나타낸다(Wikipedia, 'Tripartite' 참조).
1053) Irenaeus, Tatian, Melito, Alexandria의 Didymus, Justin Martyr, Alexandria의 Clement, Origen, Nyssa의 Gregory(335~395), Basil of Caesarea(330~379) 등
1054) 1. 영(靈, spirit)에 해당하는 단어는 히브리어로 루아흐(ruach), 또는 네샤마(neshamah)이며 희랍

2) 창세기(2:7)1055)는 하느님께서 네페쉬만 가지고 있어 동물과 마찬가지인 사람에게 특별히 하느님의 네샤마를 불어넣어 사람의 영혼이 '생령(네페쉬 하야)'으로 변화되었다고 한다. 따라서 아담의 혼은 영(靈)이 있는 혼이고 다른 생물의 혼은 '그냥 혼'이다. 사람의 혼과 동물의 혼은 창조한 방법1056)부터 다른 것이다.

플라톤의 영향을 받은 유대계 철학자인 알렉산드리아의 필론(Philon Judaeus BC 15~AD 45)은 이를 매우 적절히 설명하였다. "사람에게는 두 종속의 인간이 있는데 하늘의 인간과 땅의 인간이 그것이다. 땅의 인간은 정신이 몸에 주입된 상태이지만 아직 적응이 안 된 상태다. 그는 사멸하는 존재로 '죽은 인간'이다. 하느님은 이러한 정신 안에 '참 생명의 능력'을 불어넣으셨다. 이로써 그는 '살아있는 인간'이 되었다." '참 생명의 능력'이란 영(靈)이다. 또 '불어넣으셨다'는 것은 숨을 불어넣는 주체와 그를 받는 객체 그리고 불어넣는 숨의 존재를 전제로 한다. 여기서 주체는 하느님이시고 객체는 정신이며 숨은 영이다. 이로써 객체인 정신은 하느님을 인식하기 시작하였다.1057)

한편 전통교설은 아담의 '살아있는 혼(living soul)'에 쓰인 단어가 루아흐가 아닌 네페쉬이므로 '살아있는 영'이 아닌 '살아있는 혼'이 아니냐고 하며 영을 부인한다. 이에 대해 삼원론은 '살아있는 혼'이 의미하는 것이 바로 '영(spirit)을 가진 혼

어로는 프네우마(πνεύμα Pneuma)이다. 또 혼(魂, soul)은 히브리어로 네페쉬(Nephesch), 희랍어로는 프쉬케(psyche)이다.
2. 라이프성경사전에서 '혼'은 사람과 짐승 등 모든 피조물들에게 공통적으로 있는 정신적인 영역이다(창 2:19). 반면, '영'은 하느님과의 관계에서만 이루어지며 하느님의 부름에 반응하고 응답한다. 또 혼은 정신적 측면을 가리키지만 그것이 육체와 분리되어 독립적인 것이 아니라 항상 육체와 함께하고 또한 육체를 대표한다(마태 16:26). 그러면서도 혼은 육, 영과 함께 전 인격을 형성한다. 영(루아흐)은 인간 속에 내재된 신적 요소로서 하느님과 관련된 정신 영역을 일컫는 말로 쓰이기도 하고, 또 인간의 사고나 이해, 감정, 태도, 의지 등을 포함하는 기능들의 폭넓은 범위를 일컫기도 한다. 그렇다면 루아흐와 네페쉬는 언어적으로 지극히 일반적인 개념의 영과 혼 개념이다. 특히 혼은 '생명', '기력'이니 생기체요, 정신적인 영역이니 정신체이다. 생기체와 정신체 역할을 한다면 그것은 혼이다.

1055) 1. Genesis 2:7. And the LORD God formed man of the dust of the ground, and breathed into his nostrils the breath of life; and man became a living soul.
2. 창세기 2:7. 여호와 하나님이 땅의 흙으로 사람을 지으시고 생기를 그 코에 불어넣으시니 사람이 생령이 되니라(개역성경).
1056) 창세기 1장에서 창조된 생명체의 혼은 '있어라' 하여 생긴 것이고, 창세기 2장에서 사람은 하느님께서 이에 더하여 네샤마를 친히 불어넣으셨다. 1장과 2장이 같은 사건의 반복이 아닌 것이다. 따라서 삼원론 입장에서는 사람에게 이전에 이미 지혼은 있었고 새로이 불어넣으신 것은 영(靈)이다. 표준이론으로 해석하면 삼원론의 네샤마는 영이다(미주 181 '창세기와 기독교 인간론' 8. 참조).
1057) 1. Hellenistic Jewish philosopher인 필론은 여기서 플라톤 전통의 개념을 사용하였다. 플라톤에서 '살아있는 인간'은 혼이 몸에 주입되어 하나가 된 상태이고 '죽은 인간'은 혼과 몸이 분리된 상태다. 필론은 이 개념을 응용하여 '살아있는 인간'의 상태를 언급한 뒤 이에 하느님의 역할을 더하여 하느님께서 정신에 '참 생명의 능력'을 불어넣어 정신으로 하여금 '살아있는 인간'(생령, 네페쉬 하야)이 되게 하였다고 설명한다(필론, 「알렉산드리아의 필론 작품집Ⅰ」, 문우일 옮김, 154쪽 참조).
2. 플라톤은 인간이 누스와 Psyche(혼) 그리고 Soma(몸)로 구성된다고 하였으며 누스는 일자(Hen)로부터 온 영이다. 그렇다면 필론은 네샤마를 누스로 해석하고 네페쉬를 프쉬케로 본 것이다.

(soul)'이라고 응수한다.

3) 또 창세기 1장에서 하느님께서 사람을 별도로 만드시고 그에게 땅과 뭇 생명을 지배하도록 하신 사실은 사람의 혼은 짐승의 혼인 각혼과는 전혀 다른 지혼임을 의미한다. 그러니 2장의 네샤마는 영일 수밖에 없다.

4) 전통교설이 말을 바꾸어 성령이 혼을 영화(靈化)시키는 존재가 아니라 개인에게 임하는 개체라거나 성령이 사람에게 영을 심어 놓고 떠난다고 주장한다 하여도 문제다. 그럴 경우 영은 성령으로 인하여 인간에게 새롭게 주어진 요소(要素)이니 이때부터 영은 인간의 구성물이 되어 신자(信者)는 영혼육으로 구성되고 불신자(不信者)는 혼육으로 구성되는 일이 발생한다. 따라서 이렇게 주장하여도 영육이원론은 틀린 셈이다.1058)

5) 성경은 많은 구절에서 영과 혼과 육에 관하여 기록하고 있다.尾185)

6) 위 '기독교 영지주의의 영혼별개론'에서 논한 대로, 살면서 선악을 행한 주체는 혼이며 영은 하느님으로부터 나온 존재이므로1059) 영은 혼의 구원과 상관없이 죽으면 하느님에게 돌아간다. 그리고 셋째 하늘(the third heaven)에 대한 성경의 여러 구절들1060)은 셋째 하늘이 구원받고 죽은 사람들의 혼이 가서 안식을 누리는 곳으로서 하느님이 계시는 곳으로 묘사된다. 또한 성경은 여러 곳에서1061) 혼을 육의 구성부분으로 보되 심판 시 악인이라도 그 영은 천국에 들고 혼을 포함한 육만 지옥불에 던져진다는 사실을 시사하고 있다.1062)

7) 성경 중에 '나'와 '내 마음' 그리고 '내 영'을 구별하는 부분들은 많다.尾186) 그 중에서 영과 혼이 자아의 방에서 서로 대립하는 상황이 극적으로 드러나는 루카복음서의 '부자이야기'尾187)를 보자.

1058) 표준이론도 10%의 사람만 영혼육이니 앞뒤가 맞지 않는다고 하겠으나 이에 대한 의론은 3.1.3. '일반적인 삼원론과 표준이론'을 보라.
1059) 요한복음 3:6, 히브리서 12:9, 마태오복음 26:41 참조
1060) 1. 고후 12:2, 마르코 16:19, 사도행전 1:11, 데살로니가전서 4:16~17, 디모데후서 4:18
2. 구약의 에녹(창세기 5:24), 엘리야(열왕기하 2:11)도 셋째 하늘에 있다.
1061) 요한계시록 21:8, 고린도전서 5:5, 베드로전서 4:6, 마태오복음 10:28
1062) '기독교 영지주의의 영혼별개론'은 윤회를 부인하니 영은 살아서 성취한 자아나 영성의 수준과는 상관없이 명종 후 바로 하느님과 합일한다. 다만 혼은 영성의 수준에 따라 천국이나 지옥으로 간다. 영과 혼이 전혀 다른 실체임을 전제로 한 이론으로 윤회를 더한다면 표준이론과 매우 흡사하다.

"또 비유로 저희에게 일러 가라사대 한 부자가 그 밭에 소출이 풍성하매 심중에 생각하여 가로되 내가 곡식 쌓아 둘 곳이 없으니 어찌할꼬 하고 또 가로되 내가 이렇게 하리라 내 곡간을 헐고 더 크게 짓고 내 모든 곡식과 물건을 거기 쌓아 두리라. 또 내가 내 영혼에게 이르되(I shall say to myself) 영혼아 여러 해 쓸 물건을 많이 쌓아 두었으니(as for you, you have so many good things stored up) 평안히 쉬고 먹고 마시고 즐거워하자 하리라 하였더라."(루카 12:16~19)

위 루카복음서 12장에서 내가 내 영혼에게 이른다는 말은 자신의 영이 자신의 혼을 타자(他者)로 보고 있다는 사실을 전제하고 있다. 몸 안에 영이 있는 사람의 경우 그 사람의 자아는 주인이 영이다. 그런데 지금 부자의 자아의 방을 차지하고 있는 것은 '영'이 아니라 '혼'으로 보인다. 부자의 자아를 차지하고 있는 혼은 이런 사실을 잘 알고 있다. 보통의 경우 자아가 혼에 오래 점령되어 있다 보면 혼은 자신이 자아의 주인인 것으로 착각하고 영의 존재를 무시하거나 영을 수호령이나 천사 정도로 취급한다. 영 또한 사람에 깃들어 인두겁을 쓰게 되면 몸과 마음 특히 마음에 속박되게 되고, 속박이 심해지고 굳어지면 나중에는 자신이 진정한 자아의 주인인지도 잊는다.[1063] 그런데 성경의 부자는 '이제 곳간이 가득 찼으니 앞으로는 참되게 도를 닦으며 살자'라고 한다. 이 말은 자아의 방을 차지하고 있는 욕심쟁이이자 감정꾼이며 정신꾼인 혼이 영에게 한 말이다. 부자의 혼은 그동안 속세의 욕망을 채우며 허송세월한 것이 자신에게도 불행이고 영에게도 미안한 일이라는 것을 잘 알고 있다. 그래서 이제 벌 만큼 벌어 혼의 욕심을 다 채웠으니 혼은 영에게 자아의 방을 비워 주고 행랑에 내려가 살겠다고 다짐하는 것이다. 이 부자의 영은 그동안 자신이 몸과 마음의 주인임을 알고 있으며 어떻게 하든 혼을 설득하고 압박하여 자기 권리를 찾고자 한 듯하다. 그러나 만부득이 뜻을 이루지 못하고 있던 차에 혼이 드디어 거드름을 피우며 자아의 방을 영에게 내주겠다고 한 것이다. 이는 2.5단계 자아의 전형적 상황이다. 이런 이야기는 2.5단계 이상의 사람에게는 거의 매일, 아니 상시로 일어나는 일인 것이다. 그러나 부자가 다음 날 죽지 않았다면 필연코 그랬을 것처럼 혼이 이런 결심은 작심삼분(作心三分)이다. 혼이 자아의 방에 번개 치듯 등장하면 영은 다시 여지없이 물러났을 것이다. 그래서 하느님께서도 그날 밤 주저 없이 쓸모없는 그의 삶을 그만 거두어 가신 것이 아니었겠는가.[1064] 이러한 표준이론적 해석에 따라 위의 성경

[1063] 어린아이는 자신의 독립된 본성을 아직 자각하지 못하며, 아직 자의식이 없으므로 자신을 마치 다른 사람처럼 부르기도 하는데 그건 부자이야기와는 다른 이야기다. 어린아이는 자기 자신에게 이런 식으로 말한다. "철수는 착한 아이야." "영희는 이걸 갖고 싶어 해."(루돌프 슈타이너, 「신지학」 참조)

말씀을 풀어 쓰면

소출이 풍성한 밭을 소유한 한 부자가 있었다. 그의 혼이 생각하여 가로되, "곡식을 쌓아 둘 곳이 넉넉지 아니하니 어찌할꼬? 옳다! 내 곡간을 헐고 더 크게 지어, 내 모든 곡식과 물건을 거기 쌓아 두리라." 하였다. 그러고 나서 부자의 혼이 그의 영에게 이르되, "영아! 내가 수고하여 여러 해 쓸 물건을 많이 쌓아 두게 되었으니, 이제 온 집안이 평안히 쉬고 먹고 마시고 즐거워해도 되겠다. 그리고 이제 나는 욕심을 다 채웠으니 더 이상 앞서서 설치지 않으려 하노라. 그러므로 내일부터는 네가 자아의 방에 들어와 집의 주인 노릇을 하렴. 나는 자아의 방을 비워주고 행랑으로 내려가련다. 거기서 나는 하느님 말씀대로 살리라." 하였더라.

마태오 10장 39절尾188)역시 유사한 맥락에서 해석이 가능하다. 즉 "제 목숨을 얻으려는 사람은 목숨을 잃고, 나 때문에 제 목숨을 잃는 사람은 목숨을 얻을 것이다."는 "무릇 자기에 집착하는 자는 自己를 잃을 것이요, 자기를 잃고 나를 따르는 자는 自己를 찾을 것이다."라고 해석될 수 있다.1065)
표준이론입장에서 보면 여기서 '목숨'이나 '자기'는 혼이고 또 다른 목숨이나 '自己'는 참자아, 참나, 영과 일치된 자아, 또는 영 그 자체다.1066) 이에 따라 마태오 10:39를 다시 해석하면 "제 목숨을 얻으려는 사람은 자아의 방에서 혼을 쫓아내고 영을 받아들여 자아의 방에 영이 거하는 참자아로 변화(메타노이아)하라."라는 뜻이다. 불교식으로 말하면 '無我하라'이다.
마태오 10:39를 "자기 목숨을 얻으려는 사람은 천국을 잃을 것이며 나를 위하여 자기 목숨을 내어놓는 사람은 천국을 얻을 것이다."라는 식으로 순교적(殉敎的)이고 교회적인 해석을 한다면 이는 올바른 해석이 아니다.

8.2.3.2. 성령과 기독교 인간론

기독교에서 성령(聖靈)은 성부, 성자와 함께 삼위일체를 이루는 요소로 예수님이 승천하며 보내주신 하느님의 영을 이르는 말로 하느님의 인격성과 임재성(臨在性)이 그 속성이며 각인에게는 영적 생활을 이끌어갈 힘을 주고 죄를 사하며 교회는

1064) 이어지는 20절에서 하느님께서는 "어리석은 자여 오늘 밤에 네 영혼을 도로 찾으리니 그러면 네 예비한 것이 뉘 것이 되겠느냐." 하셨다.
1065) 1. 도올의 Q 복음서 해설 중 【Q 58】 자기집착과 자기상실 참조
2. 도올에 따르면 성경에 '목숨'으로 번역된 원어는 '프쉬케($\Psi \nu \chi \acute{\eta}$)'인데 이는 '자기(Self)'의 뜻도 있으니 여기서는 '자기'로 번역함이 더 포괄적 의미를 전한다고 한다.
1066) 영만 잃는 것이 아니라 혼 자신도 망치게 되니 自己에 혼을 포함시켜도 상관없다.

천국으로 인도한다.

기독교의 혼육이원론은 성령의 역할을 혼의 영화(靈化)로 보고 영혼육 삼원론에서는 영의 성화(聖化)로 본다. 이들이 관련 성경구절(尾189)을 각각 어떻게 해석하는지에 대하여 표준이론 입장에서 좀 더 생각해 본다.

8.2.3.2.1. 영육이원론의 성령

기독교 영육(혼육)이원론에서 성령은 인간의 구성요소가 아니라 혼에게 믿음을 주어 혼을 '하느님의 영의 상태', 즉 영화(靈化)상태에 들게 한 후 구원에 이르게 하시는 성령이다. 이 부분을 좀 더 자세히 설명한다면 '하느님께서 창세기 2:7에서 사람에게 불어넣으신 네샤마는 자의식인 에고다. 에고는 동물의 각혼인 네페쉬(Nephesch)를 사람의 혼인 네페쉬 하야(Nephesch hayah), 즉 생령(生靈)으로 변화시켰다. 그런데 예수님을 믿음으로써 예수님이 보내신 성령이 네페쉬 하야를 영의 상태에 들게 하여(靈化) 구원에 이르게 한다.'는 것이다. 구약에서 고레스나 사울이 하느님의 성령이 임하심으로 일시적으로 영의 상태에 있었던 적이 있었으나 신약에 와서야 비로소 예수님의 성령으로 사람이 영원한 영의 상태에 놓여 그 혼은 명종 후 하느님 나라의 백성이 되었다.1067) 그러므로 성령은 '혼을 靈化시키시는 성령'이다. 단지 예수님을 믿음으로써(sola fide) 순식간에 신지학의 제4단계 비전(祕傳, initiation)에 들게 되고 불교의 아라한이 되며1068) 표준이론의 혼영이 되는 것이다. 가성비 최고의 마케팅용 교리일지는 몰라도 진실은 아니다.1069)

8.2.3.2.2. 영혼육 삼원론의 성령

삼원론 입장에서 성령은 이미 사람에게 있는 영을 깨워 하느님께로 인도하시는 성령, 즉 '聖化시키시는 성령'이다. 또 하느님께서 사람에게 불어넣으신 네샤마(창세기 2:7)는 '영'으로서, 이는 창세기 1장에서 창조된 지혼만 있는 사람을 영혼육의 존재로 변화시켰다. 그러나 하느님으로부터 받은 구약의 '영'은 아담의 죄와 허

1067) 가톨릭은 미사전례 시 사제가 입당한 후에 팔을 벌리며 이렇게 말한다. "주님께서 여러분과 함께" 그러면 신자들은 "또한 사제의 영과 함께"라고 대답한다. 이때 '사제의 영'은 무엇일까? "또한 사제의 영과 함께(Et cum spíritu tuo)" 중 Spirtus는 사제에게 혼이 아닌 영이 또 있다는 의미가 아니라 영혼을 두리뭉실 뜻하는 것으로 보인다. 아울러 사제가 서품식 때 받은 성령과 그 성령께서 주시는 직무수행의 은사를 말한다고도 한다.
1068) 불교에도 같은 설화가 있다. 999명을 죽이고도 깨달음 하나로 아라한이 된 앙굴마라(央掘摩羅) 존자의 이야기다. 그런데 그 과장이 기독교의 우도(右盜)이야기를 훨씬 능가한다.
1069) 자기 자신을 보라. sola gratia를 감안하더라도 그럴 자격이 있겠는가?

물로 잠들었다. 그런데 신약의 시대가 도래하여 예수님이 오셨고 그를 믿으면 잠들었던 구약의 영이 성령으로 성화(聖化)되어 '의로운 영'으로 다시 깨어난다. 그리고 명종 후 이 영과 혼은 일체가 되어 천국에 들어가서 영생한다. 또 구원받지 못한 사람의 영과 혼은 일체가 되어 지옥으로 보내진다.

소수설은 자기들의 주장을 입증하는 성경구절로 데살로니카 전서 5:23, 히브리인들에게 보내는 서간 4:12, 마태오복음 10:28, 고린도전서 14:15 등을 들고 있다.

8.2.3.3. 기독교 인간론에 대한 표준이론의 결론

창세기 2:7의 네샤마의 해석

성경내용만 놓고 보면 창세기 2:7의 네샤마는 '영'이 아니라 각혼을 지혼으로 변화시키는 '에고'로 보는 것이 타당할 것 같다. 이원론이 맞다는 뜻이다. 그 이유를 보자.

표준이론에서 최초의 인간은 지혼(知魂)의 탄생 그리고 문명의 등장과 함께 지구상에 나타났으며 이 이야기는 성경에 창세기 2:7의 '네샤마 사건'과 에덴동산 이야기로 기록되었다. 인류역사는 메소포타미아 문명[1070]이 등장한 대략 8,000년 전에 시작된다. 그전에는 현생인류를 포함한 '짐승'이 지구 최고 진화체였다. 짐승이 가진 혼은 각혼(覺魂)이다. 각혼은 육체에 감각의 생기체와 하위정신체인 감성과 욕망의 '이드'를 갖추었을 뿐이다. 물론 여러 짐승 중 현생인류의 각혼이 개체성과 이로 인한 기초적인 자의식을 상당 부분 확보하여 그 진화 수준이 짐승 중에 가장 뛰어났을 것이나 지혼에 비교할 수는 없었다. 아담의 창조설화인 창세기 2:7은 바로 이 각혼이 지혼으로 변화되는 순간의 이야기로, 때는 에덴동산이 열리기 직전이다. 이때에 하느님께서 짐승 상태인 현생인류 '호모사피엔스 사피엔스'의 몸에 완벽한 개체성과 자의식을 불어넣어 문명인류인 '호모 키윌리사티오'로 진화시킨 것이다. 따라서 당시에 영은 당연히 없었다.[1071]

다시 말하면 창세기의 에덴동산 이야기[1072]는 현생인류의 각혼이 하느님의 은총

[1070] 메소포타미아 문명이 BC 4,000~6,000년경에 출현하였고, 뒤이어 곧 이집트 문명이 출현하였다.
[1071] 최초의 神靈이 이 직후 나타나 인류의 영적 진화를 이끌었을 수 있다. 신지학자 베산트는 지구 지혼 역사의 초기에 외계 출신의 영들이 지구에 지원되었다고 한다(미주 44 '신영과 혼영의 탄생' 참조).
[1072] 1. 지구가 만들어진 시기는 46억 년 전이고 에덴은 6,000년 전에 열렸다. 영국의 어셔(James Ussher 1581~1656) 대주교에 따르면 창세기 5장을 비롯한 성경의 내용에 따라 계산했을 때 아담은

으로 동식물의 혼과는 다른 지혼으로 변화한 이야기이며 동시에 혼이 '하느님의 불티'가 아닌 '하느님의 불씨'를 품게 된 사건이다. 하느님의 숨인 네샤마는 호모 사피엔스 사피엔스의 각혼을 영적인 혼인 '생혼(네샤마 하야)' 즉 지혼이 되게 하셨다. 영적인 혼은 하느님의 불씨를 품은 혼이다. 언젠가 영이 될 자격을 얻은 혼이다.1073) 이 지혼은 예수님의 救贖사건 이후 구원의 성령까지 얻게 되었다. 이는 지혼이 가진 신의 불씨를 불꽃으로 타오르게 하여 영의 길로 속히 인도하려 하시는 하느님의 구원의 손길인 것이다.尾190)

표준이론은 기독교 삼원론을 지지한다

그러나 표준이론은 당연히 삼원론을 지지한다. 창세기 2:7의 네샤마는 각혼을 지혼으로 진화시킨 상위정신체였으나 이후 지혼은 진화하여 그 일부가 영이 되었고 그 영은 비록 지구인구의 10%라고 하지만 어쨌든 지금 사람의 몸에 들어와 혼과 같이하고 있기 때문이다.

인류영성사를 돌아보면 고대문명시대에 영은 정말 희귀하였다. 스스로의 혼을 돌아보아서 알겠지만 혼이 독력(獨力)으로 어찌 열반하여 영이 된다는 말인가. 따라서 인류의 정신 발달은 더디기 짝이 없었고 이를 불쌍하게 여기신 하느님께서는 드디어 문명 이후 어느 때쯤에 신영을 창조하여 인류의 영적 진화를 촉진하셨고 그 전형이자 대표적인 사건이 '하느님께서 사랑하시는 아들'로서 예수님의 구속사건이다.尾191)

그러나 예수님 시절에는 이미 혼영이 없지 않았고 게다가 커다란 양심체를 가진 사람들이 제법 등장한 때이기 때문에 사도 바오로는 영의 존재를 알았던 것이 분명하다. 그 자신이 이미 혼영 또는 신영을 가진 사람이었을 것으로 보인다. 따라

BC 4004년, 지금부터 약 6천 년 전 사람이다. 그러니 중간에 빠진 계보 등을 고려하더라도 아담의 연대는 1만 년을 넘지는 않을 것이다. 아담은 6천 년 전부터 1만 년 전 사이에 살았던, 다시 말해 신석기 사람이라고 할 수 있다(양승훈, 논문 「역사적 아담과 아담의 역사성 논쟁」 참조).
2. 그렇다면 성경에서 에덴이 열린 때와 메소포타미아 문명의 발생시기인 8,000년 전과는 2,000년 차이 난다. 그러나 에덴이 6,000년 전에 열렸다는 계산은 신화와 비유의 역사를 다큐멘터리로 해석한 것이다. 설사 논픽션이라 하더라도 성경 해석상 에덴이 10,000년 전까지 소급될 여지도 있다 하니 2,000년은 의미 있는 차이가 아니다. 또 메소포타미아에서 청동기문명의 본격적인 시작은 6,000년 전이니 에덴은 이때를 의미하는 것일 수도 있다. 어쨌든 이는 불필요한 논의다. 인류의 영적 역사의 시점(始點)은 하느님께서 지혼을 지으신 때이며 이는 곧 문명인류(homo civilisátio)의 탄생과 문명의 시작을 불러왔고 성경은 이를 에덴동산의 이야기로 표현하였다는 사실이 중요할 뿐이다(미주 25 '지혼의 조건(표준이론)' 참조).
1073) 이때 모든 현생인류의 각혼이 일거에 지혼으로 변화하였는지 그중 일부 그룹만 그 혜택을 입었는지 아니면 성경대로 아담 부부만 그리되었는지는 상식적으로 판단하여야 할 부분이다.

서 오늘날 성경에는 이원론과 바오로의 삼원론이 섞여 있을 수밖에 없다.

그러나 영혼(靈魂)이라는 단어에서 볼 수 있는 것처럼 오늘날에도 대부분의 사람 안에서 영과 혼은 혼영일체로 구분이 불가능할 만큼 합일되어 있다.1074) 그러니 영과 혼을 하나로 보는 시각이 아직도 건재함도 무리는 아니다. 또한 기독교 교리는 문자 그대로 조직의 논리인 '교리(dogma)'다. 한번 선언되면 고치기 어려우며 이후의 모든 연구와 해석은 이에 준거하여 이루어진다. 그만큼 한번 교리가 된 주장은 이를 변호하는 언설도 방대할 수밖에 없다. 그러나 성경 해석에 있어 이원론 관련 구절을 '몸과 영혼', 즉 '물질과 비물질' 구성에 대한 언급으로 본다면 삼원론 또한 소수설을 넘어 정설로 용인한다 하여도 성경 해석상 문제 될 것은 없다고 하겠다. 또한 전술한 바와 같은 표준이론의 해석에 따라 구약시대는 '혼육 이원의 시대'였고 신약시대에 즈음하여 '영혼육 삼원의 시대'가 본궤도에 올랐다고 보면 성경 여기저기의 이원론 구절을 극복할 수 있을 것이다.

8.3. 불교의 인간론

불교의 인간론에 대해서는 이미 여기저기에서 필요한 언급을 하였다. 불교는 윤회의 종교임에도 혼을 혼이라고 하지 못하고 영을 영이라고 부르지 못하는 자승자박에 갇혀 윤회를 믿는다는 말도 떳떳이 못한다는 말도 하였다. 본 절에서는 불교의 인간론을 조명함으로써 이 문제점을 종합하여 다시 한번 살펴보려 한다.

우선 불교는 공식적으로는 혼과 영을 인정하지 않는다. 표준이론의 윤회혼 또는 아(我)라고 이해되는 존재를 불교에서는 아뢰야식이라고 하는데 아뢰야식은 이미 설명한 대로 외부 물질세계와 이를 인식하는 인간의 감각기관이 만들어 낸 식(識)이라는 허구(虛構)에 기반한 존재다. 그러니 아뢰야식도 사실 허구다. 이 허구체에 업(業)이 담겨 윤회하는 것이다. 그래서 제법무아(諸法無我)1075)다. 그러나 무아든 유아든 아뢰야식이 윤회의 주체이니 이는 표준이론의 윤회혼과 같다. 다만 표준이

1074) 영혼일체를 시각적으로 표현하면
1. 흰색과 검은색이 섞인 회색으로 표현하거나
2. 빛과 어두움이 섞인 것으로 표현하거나
3. 파장이 긴 빨간색에서 짧은 보라색으로 변화하는 무지개의 일곱 색깔로 표현하거나(파장이 짧을수록 靈的)
4. red, green, blue의 빛의 삼원색 또는 yellow, magenta, cyan의 색의 삼원색으로 표현할 수 있는데 3번이 제일 적절하다.
1075) 여기서 법(法, dharma)은 '존재'라는 의미로, 제법(諸法)은 '일체 모든 존재'이다.

론의 윤회체인 윤회혼은 수십억 년 동안 생기가 몸과 조응하며 진화하여 탄생한 존재인 데 반하여 불교의 아뢰야식은 진화로 만들어진 몸의 감각기관이 물질계를 인식하여 만들어 낸 허구에 업이 담긴 '존재 아닌 존재'다. 이것이 표준이론과 불교의 인간론이 갈리는 첫 번째 지점이다.

표준이론에서 혼이 열반하면 혼영으로 진화한다. 불교의 아뢰야식도 열반하면 아라한이 된다. 오온에 의해 조성된 의식에 불과한 허구체가 환생에 환생을 거듭하고 수행에 수행을 더하여 계위를 높이더니 성문사과의 각 단계를 거쳐 마침내 무명에서 깨어나는 열반을 함으로써 영생하는 존재가 되는 것이다.

표준이론의 혼영은 영이 된 뒤에도 이승에 환생(부임)하여 이승의 삶을 산다. 불교의 아라한과 보살도 환생하여 중생을 제도한다. 다만 표준이론의 혼영은 지구에만도 7억 명이 넘는다. 이들은 인간의 혼과 한 몸에서 더불어 산다. 불교의 아라한과 보살은 아뢰야식과 한 몸에서 사는 흔한 존재가 아니라 거의 신적 존재로 추앙받으니 여기에서 불교와 표준이론은 두 번째로 갈리게 된다. 그러나 불교에서도 보살의 수는 알게 모르게 많다. 오죽하면 여자신도를 보살이라 부르겠는가. 게다가 아라한도 인간이니 그 화신하는 몸에 욕망과 감정과 지성의 존재인 아뢰야식이 없을 수 없다.

그런데 어찌하여 무아이자 존재 아닌 존재인 아뢰야식이 윤회를 통해 수행정진하면 신적인 존재로 변화할 수 있는가? 이에 대한 불교의 오의(奧義)이자 오의(誤義)인 무아윤회를 중심으로 하여 불교의 인간론에 대하여 좀 더 살펴보자.

8.3.1. 오온과 식(識)의 인간론

전술한 바와 같이 불가(佛家)에서는 사람의 구성요소로 색(色)·수(受)·상(想)·행(行)·식(識)의 오온(五蘊)을 말한다. 우선 색은 몸이고 수는 육체의 감각이며 나머지 상·행·식은 마음의 작용인데 상은 감성(感性)을, 행은 욕망(慾望)을, 식은 의식(意識) 정도를 의미한다.[1076]

한편 의식을 성립시키는 열여덟 가지 요소인 18계(界)는 의식이 어찌 발생하는지

1076) 1. 불가에서는 혼(마음) 중에 의식이나 정신만 주로 강조하고 양심은 따로 구분하지 않는다. 일부에서는 궁여지책으로 제9식 아말라를 말한다.
2. 오온의 내용에 대해서는 미주 152 '감성(感性, sensibility)' 참조

를 보여준다. 18계(界)는 안이비설신의(眼耳鼻舌身意)의 육근(六根)1077)과 색성향미촉법(色聲香味觸法)의 육경(六境), 그리고 육근의 각각에 오온의 識을 붙인 육식(六識)1078)을 더한 것이다. 불교에서는 육식의 마지막 식인 제6식 의식(意識)이 아(我)의 시작이다. 따라서 아(我)는 무상한 오온에 기인하니 역시 무상(無常)하다고 가르친다. 아(我)의 구체(具體)가 마음이라면 지금 우리의 이 마음은 오온에 휘둘리는 실체도 가치도 없는 헛것이다.1079)

오온과 식의 표준이론적 의미

18界는 몸 밖에 있는 육경을 제외하면 육근과 육식의 12界로서 말만 복잡하지 12계는 표준이론의 '감각의 생기체'와 '감성과 욕망의 하위정신체'의 합과 다르지 않다. 따라서 위의 불설을 표준이론식으로 풀어보면 '생기체는 감각기관으로부터 자극을 입수(入手)하여 감성(感性)을 만들고 정신(精神)은 이를 기반으로 형성되므로 정신은 감각에 좌우되어 변화하고 생멸할 수밖에 없으니 그 실체가 없는 것이고 따라서 정신을 주요 구성요소로 하는 마음 역시 허상이다. 그러므로 마음으로서의 아(我)는 실체가 없는 무상한 것이다'가 된다.

그러나 이미 설파한 바와 같이 사람은 혼과 육의 구성체가 아니라 영혼육의 구성체이고 我 역시 '오온의 식(識)이 의식(意識)으로 이어져 만들어지는 단순한 것'이 아니다.1080) 我의 실체는 혼과 영으로서, 혼은 오온의 감각과 감성 그리고 욕망

1077) 1. 육근은 육입(六入)이라고도 한다. 감각기관은 정신적으로나 육체적으로 주위의 자양분을 받아들여 여섯 가지로 분화된다. 여섯은 눈, 귀, 코, 혀, 몸, 마음(안, 이, 비, 설, 신, 의)이다. 불교 유식론에서는 심관(心管)인 의(意)를 감관(感官)으로 본다(서정형, 「밀린다팡하」, 해제).
2. 유식에서 심관(心管)인 의(意)가 감각기관인 이유는 그래야 심관과 심관에서 비롯한 식들이 모두 허구가 되기 때문이다. 그러나 심관이 감각기관이 되려면 마음(心)은 생명력인 생기체여야 한다. 이는 이미 언급한 대로 많은 사상에서 나타나고 있는 생각인데 다만 그들은 생명력을 뺀 마음의 다른 요소인 감성, 욕망, 욕구, 감정, 지성, 사단, 지혜, 예지를 영 또는 혼의 기능으로 이해하고 있어 我로서의 영과 혼을 부인하는 불교와는 전혀 다른 논리구조를 갖고 있다(8.4. '원불교의 영기질 인간론' 참조).
3. 영도 없이 마음을 몸에 가져다 붙인 사상은 유식을 빼고는 고대유대교의 육일원론뿐인데 그들도 조로아스터교로부터 부활사상을 배워 육에 붙은 마음이 명종 후 심판받고 부활하면 영이 된다고 믿어 결국 영의 존재를 인정하고 있다.
4. 결국 허구(虛構)라면 불교의 유식론이 허구다. 실상을 허상이라고 하는 허구는 허구이기 때문이다. 불교가 유식론적 무아론에 집착한다면 불설에서 순세외도(順世外道)라고 폄하는 lokāyata의 유물론과 무슨 차이가 있겠는가?
1078) 육식이란 육근이 육경과 접촉하여 일어난 인식작용의 주체를 말하는 것으로, 안식(眼識), 이식(耳識), 비식(鼻識), 설식(舌識), 신식(身識), 의식(意識)의 여섯이다.
1079) 불설은 설(說)마다 수많은 구성품을 휘황찬란하게 나열하여 정교한 논리를 갖춘 듯하며, 실지로도 직관에 의한 자연과학이라고까지 스스로 자부하는 例도 있는데 승으로서 합당한 주장인가?
1080) 불교의 유식학은 18계(界) 중 육식(六識)의 마지막인 의식(意識)을 6식이라 하고 이에 이어 자의식인

외에도 욕구, 감정, 지성, 사단, 지혜, 예지 등 수많은 구성요소를 가지고 있으며, 영은 혼이 다시 진화한 존재이거나 하느님께서 자신을 덜어 내어 하나하나 친히 지으신 존재다.

또 미주 38 '부처님의 유물론(唯物論)과 표준이론'에서 설명한 바와 같이 佛說에서 '오온에서 비롯한 제6식이 제7식의 자의식으로 발전'한다는 의미는 동물의 혼인 각혼(覺魂)이 군혼(群魂)상태에서 개체화(個體化)하는 것을 의미하고 다시 '7식이 번뇌와 苦에 시달리면서 業을 쌓고 이를 장(藏)하여 다시 8식으로 진화'하는 것은 사람의 혼인 知魂이 탄생하여 윤회에 이르는 과정으로 해석할 수 있다. 결국 오온에서 7식이 태어나서 윤회에 이르는 과정에 대한 佛說은 표준이론의 근간인 영혼의 '생물학적 진화'에 의한 탄생과정을 달리 설명한 것일 수 있다. 이때 無明의 이치를 깨우침은 영혼육의 이치를 깨우침이고, 번뇌를 멸하고 고(苦)에서 벗어나는 열반은 혼이 영이 되는 일(靈化)이며, 空의 피안(彼岸)은 自他가 따로 없는 一元의 천국이고 부처가 된다는 의미는 하느님과 합일하는 일로 해석할 수 있겠다.

또 제6식은 축생의 혼인 각혼(覺魂)수준의 식으로 이드, 하위자아, 하위정신으로 볼 수 있으며 제7식은 자의식을 갖춘 사람의 혼인 지혼(知魂)수준의 식으로 에고, 자의식의 자아, 상위자아, 상위정신이라고 할 수 있다. 따라서 6식과 7식 그리고 8식을 모아보면 마음의 흐름에서 주체가 되는 존재로서 이드와 에고의 정신체에 양심체까지 갖춘 윤회혼이다.

천국과 불교의 정토사상

불교의 정토(淨土)사상은 고타마 부처님이 힌두의 영(靈)인 아트만을 부정하며 세운 이정표 때문에 길을 잘못 든 불교가 진실과 타협하여 불교에 타력신앙(他力信仰)의 여지를 수용하여 만든 많은 산물 중 하나이다. 자력신앙(自力信仰)인 선종에서는 정토사상을 '자신의 힘으로 깨달음을 실현할 수 없는 나약하고 죄장(罪障)이 두꺼운 범인(凡人)을 의식하여 만든 사상'이라고 폄훼하나 힌두에서 떠나올 때 애써 지운 아트만의 추억이 죽지 않고 되살아난 당연한 결과일 뿐이다. 정토사상은 신을 긍정하는 사상이다. 그래서 사람들에게 쉽게 어필하고 자연스럽다. 섭리이고 진리이기 때문이다. 실천과 이에 상응하는 은총 그리고 禪과 정토(淨土)의 양립이

'제7식 말나식'이 만들어지고 다시 의식의 기억과 업의 창고인 8식(아뢰야식)이 만들어진다는 단순명료한 그러나 억지스러운 표절논리를 편다. 카발라의 세피로트라고 변명할 것인가? 그러나 그것은 합일(合一)의 길이고 유식은 역행(逆行)이다. 환멸연기를 말할 것인가? 그것은 멸(滅)이고 유식은 생(生)이다.

진정한 구도의 길이다.

예수님이 하느님의 응신(應身)이듯 석가모니 부처님도 비로자나 부처님의 응신이 아닌가. 그리고 비로자나 부처님은 본초불의 화현으로 모든 만물이 이 부처님에게서 탄생한 것 아닌가.

8.3.2. 아뢰야식과 아말라식의 표준이론적 해석

8.3.2.1. 아뢰야식이란?1081)

불교에서는 우리 인간의 인식활동을 안(眼)·이(耳)·비(鼻)·설(舌)·신(身) 다섯 가지 감각기관(五根)의 전5식(前五識)1082)과 제6식인 의식(意識)1083)을 합해서 여섯 가지 식을 말하고 있다. 또 색성향미촉의 외부 오경이 제6경인 법경의 자극으로 인해 육근의 감각기관을 거쳐 육식으로 전달되면 그 제6식의 소산인 의식이 제7식으로 넘어가 선악의 판단이 이루어지고 마음활동이 이루어지며 그 결과물은 업이 되어 제8식에 쌓인다.

제7식은 자의식으로 소위 '말나식'이다. 자의식은 에고(ego)로서 제6식보다 한 단계 깊은 마음의 세계이다. 그리고 제7식 자의식보다 더 심층에 숨어 있는 존재가 아뢰야식으로 불리는 제8식으로 7식에 의해 형성되지만 다시 아(我)의 뿌리, 즉 의지처가 된다. 제8식에 의지해서 제7식에서 아(我)가 일어난다는 말이다.1084) 불교에서 제8식은 ego인 제7식과 id인 제6식을 총괄해서 마음의 흐름에서 주체가 되는 존재이다. 또 6식과 7식은 인식된 것을 계속해서 보존할 수 있는 보존성이 없기 때문에, 어느 때 어느 곳을 막론하고 항상 변하지 않고 그 존재가 이어져

1081) 이 글은 blog.daum.net/511-33/12369649의 글을 표준이론으로 재해석한 것이다.
1082) 표준이론에서는 혼의 장기인 '생기체'이다.
1083) 표준이론에서는 혼의 '정신체'의 하위부분인 이드(Id)이다. 제6식을 불설의 현식(現識)으로 보면 생기체에 포함시킬 수도 있으나 분별식(分別識)으로 보면 각혼 수준의 이드 정도로 본다.
1084) 이처럼 유식학에서는 다시 8식은 거꾸로 7식에 영향을 주어 아(我)라는 것을 탄생시키고 아(我)는 다시 제6식인 의식의 뿌리가 되고 제6식을 거쳐 전오식과 근에 영향을 미친다고 한다. 그렇다면 부모가 자식이 되듯 원인과 결과가 뒤집혀 작동한다는 말이니 오온과 연기에 근거한 색(色)으로부터의 진화적 영혼론을 주장하는 유식의 근본논리와 전혀 어울리지 않는다. 힌두 정통철학인 삼키아와는 달리 아래로부터의 진화를 이야기하는 불설에서는 오온의 구조로 보아 6식에 연하여 7식이 생기고 7식에 의지해서 다시 8식이 생겨야 마땅하다. 따라서 이러한 주장은 유식학이 삼키아학파의 교설(8.6.3. '힌두철학 삼키아학파의 인간론' 참조)을 뒤집어 유식론을 제작하다가 잠깐 주체성을 잃었거나 또 다른 불설인 四有論이나 윤회론과 부딪쳐 나타난 언설로 보인다(5.5.6. '이슬람교의 저승' 참조). 다만 上下의 여러 識이 화엄의 상즉상입(相卽相入)으로 상호작용을 한다는 뜻이라면 겨우 이해할 수는 있겠다.

갈 수 있는 궁극적인 실체로서 8식의 존재를 따로 상정하고 있다. 즉 기억과 업의 저장소로 윤회의 주체가 되는 그것이 바로 제8식으로 여기서 비로소 표준이론의 윤회혼과 같은 개념의 존재가 등장한다.

아뢰야식과 혼의 유사성

다음의 글은 불교에서 말하는 8식에 대한 어느 훌륭한 설명1085) 중 해당 설명의 '8식'을 표준이론의 '혼'으로 바꾸어 본 글이다. 그런데 이처럼 단어를 바꾸어 읽어도 글이 전하는 바가 원문에서 크게 흐트러짐이 없으니 제8식 아뢰야식은 표준이론의 혼(윤회혼)과 같은 개념의 것임을 알 수 있다.

"**혼**은 저장하는 기능을 가지고 있다. 그러면 무엇을 어디에 저장한다는 말인가? 종자(種子, bija)를 저장하는 것이다. 우리가 일상을 통해서 하는 생각과 행동은 하나도 빠짐없이 종자로 변해 '**혼**'에 저장된다. 종자를 업이 남긴 흔적, 남겨진 습관적 기운이라는 의미에서 습기(習氣)라고도 한다. 이 종자 또는 습기는 의식이나 의지보다 더 깊은 곳에 남겨진다. 이 업이 남긴 종자가 함장돼 있는 곳이 바로 '**혼**'이다. 다시 말해서 모든 일어난 일이나 생각들을 전부 받아들여서 기록하고 저장하는 카메라의 필름과 같은 역할을 하는 것이 '**혼**'이다. 여러 행위가 필름에 찍히듯이 업이 돼 '**혼**'에 전부 저장되게 된다. 그래서 '**혼**'을 업장(業藏=업의 창고) 혹은 장식(藏識)이라고도 한다. 즉 제6식을 통해서 얻어지는 모든 작용이 제7식을 통해 '**혼**'에 저장된다. 그래서 '**혼**'이 거꾸로 자의식의 근거이기도 하다." "무시이래 각자가 해 온 정신적 육체적 행위는 하나도 빠짐없이 종자(種子)가 돼 '**혼**'에 차곡차곡 저장된다. '**혼**'에 저장되는 것을 훈습(薰習) 혹은 습기(習氣)라고도 하는데, 종자에는 좋은 종자와 나쁜 종자가 있고, 나쁜 종자와 좋은 종자 모든 종자를 훈습시켜 담아 둔다. 좋은 종자를 많이 담으면 '**혼의 양심체**'가 발달하고 나쁜 종자를 많이 담으면 '**정신체**'가 발달하며, 나쁜 종자를 너무 많이 담으면 '**혼의 결속력이 약해져서 사후에 혼이 기로 변해서 흩어지거나 각혼으로 등급이 낮아지거나 몇 덩어리로 찢어진다.**'" "이와 같이 '**혼**'은 과거 행위의 온갖 잔상(殘像)들을 저장하는 훈습작용을 한다. 우리가 잠자다가 꾸는 꿈은 제6식인 의식의 영역인데, 전생 또는 이전에 내가 지은 행위(업)가 하나도 빠지지 않고 '**혼**'에 저장돼 있다가 꿈을 꿀 때 제6식을 통해 다시 나타나는 것이다. 그리고 그 잔상(殘像)들이 미래의 업을 일으키는 행위의 씨앗(종자)을 형성하기도 한다. 종자는 '**혼**' 속에 있으면

1085) 원문은 다음 블로그 아미산511의 내용이다.

서 스스로 자기 결과(업)를 일으키는 특수한 에너지(氣)이다." "이처럼 '혼'은 모든 존재의 생명과 신체를 유지시켜 나가는 업력(業力)과 윤회의 심종자(心種子)가 저장돼 있는 곳으로 일생 동안 끊어지지 않고 존재의 밑바탕에 붙어 있다가 알맞은 환경과 조건 등의 연(緣)을 만나면 업력이 원동력이 돼 다시 생각하고 행동한다." "저장된 종자가 다시 생각과 행동을 일으키는 것을 현행(現行)이라 하는데, 현행은 종자를 낳고, 종자는 현행을 낳는다. 우리가 일상생활을 통해서 행한 나쁜 생각과 행동은 나쁜 종자를 낳고, 선한 생각과 행동은 선한 종자를 낳는다. 이는 한 치의 오차도 없이 그렇다. 종자가 현행으로 나타날 때도 악한 종자는 반드시 악한 행동과 생각을 낳고, 선한 종자는 선한 행동과 생각을 낳는다. 여기에서 인과응보(因果應報), 업보(業報)사상이 나온다. 자기가 한 행동과 생각이 빠짐없이 '혼' 속에 기록으로 남아있다가 그와 유사한 환경에 처하면 의식으로 살아나서 그것을 바탕으로 생각하고 행동하는 것이 계속되고 있으며, 저장된 종자는 지워지거나 사라지지 않는다. 전생에서 금생으로, 금생에서 내세로 계속 이어지면서 세세생생(世世生生) 윤회하게 되는 것이다." "이와 같이 우리의 의식 가운데 하나인 '혼'에는 모든 행위(업)가 발생 즉시 자동적으로 저장 입력된다. 행동하는 즉시, 생각하는 즉시 저장되는 의식의 저장 탱크, 선악의 저축 뱅크다. 그리하여 6식의 심층에 '혼'이 있으며, 육체는 죽어도 '혼'은 사라지지 않고 내생으로 이관된다고 한다. 이 '혼'에 저장된 종자가 바로 업(業)이다. 그래서 전생의 업이란 전생의 혼의 연속이라 할 수 있다. 즉, 인간이 죽으면 혼은 다른 모태를 만나 다시 태어난다는 것이다. 이 현상이 바로 윤회이다." "따라서 여기에 저장돼 있는 업에 의해 내생이 결정된다. 그래서 '혼'이 윤회의 주체, 혹은 실체라고 하며, 이것을 '혼'의 연기설(緣起說)이라고 한다. 즉, '혼'에 저장된 종자에 의해 일체 만법이 연기하는 것이 연기설이다." "업이란 과거 우리가 생각하고 느끼고 행동한 모든 것들이 우리 몸속('혼')에 입력된 의식을 말하는데, 이 '혼'에 저장된 업이 어떤 계기로 움직여 일어나는 생각을 업식(業識)이라 한다. 따라서 '혼'은 불변의 요소가 아니고 우리 마음작용과 수행 정진에 의해 변한다. 이와 같이 '혼'은 고정된 실체의 개념이 아니라서 업이 소멸되면 '혼' 또한 정화되고 발전하는 것으로 수행을 통해 자기 업장을 다 소멸시키면 '혼'은 소멸되고 '영'으로 다시 태어나는 것이니, 고정된 실체 혹은 자아라고 할 수 있는 것은 없는 것이다."

이처럼 불설의 아뢰야식을 혼으로 대체시켜 보아도 그 뜻은 전혀 동일하다. 따라서 다음과 같은 결론도 불설과 동일하다. "표준이론의 궁극적인 목적은 자기의 심신을 오염된 상태에서 청정한 상태로 질적 변화를 시키는 것이다. 그것이 수행이며, 수행을 통해서 혼 속에 있는 악한 종자를 남김없이 소멸시켜야 완성된 인간인 깨달음을 얻을 수 있다."[1086]

아뢰야식에 대한 불교의 주장에 혼을 대입시켜 이야기를 계속해 보자.
"선행은 선종(善種)을 낳고 다시 선행을 가져오며, 악행은 악의 종자를 낳고 다시 악한 행동을 생산한다. 한번 훈습된 종자는 언젠가는 반드시 현행되는데 선을 쌓으면 좋은 결과를 가져오고, 악을 쌓으면 악의 결과를 가져온다. 악의 종자는 업장소멸을 위한 수행과정을 거치지 않는 한 결코 사라지지 않고 괴로운 결과를 가져온다. 불교의 수행은 바로 '**혼**'에 저장된 악의 종자를 소멸해 가는 과정이다. 그리하여 **혼을 완전히 정화하여 영으로 거듭나는 것이 곧 구원이다.**'" "제8식인 '**혼**'을 인간의 근본이 된다는 뜻에서 근본식(根本識)이라 하기도 하며, 아다나식이라고도 한다. 그리고 아다나식을 집지식(執持識)이라 번역하기도 하는데, 집지(執持)란 모든 선업과 악업을 비롯해 정신과 육체도 함께 붙들어 유지시킨다는 뜻[1087]이다. 이와 같이 제8식인 '**혼**'은 우리 인간을 비롯해 중생의 과보를 받는 데 매우 다양한 역할을 한다. 또 '**혼**'은 모든 업력을 함장(含藏)하고 보존하며, 우리 생명을 보존하고 유지시키는 마음이라는 뜻에서 상속식(相續識)이라 한다. 그리고 선업과 악업의 힘에 따라 과보를 바꾸어 받아 출생하는 마음이라는 뜻에서 이숙식(異熟識)이라고도 한다. 또한 혼이 업력에 의해 태생(胎生)과 난생(卵生)과 화생(化生) 등의 출생으로 과보를 받는 것이라서 종자식(種子識)이라고도 한다."

불설이 더욱 표준이론스러운 이유는 이어지는 다음 불설 때문이다. "그리고 원래는 8식까지만 있다고 했으나 인간의 육신과 마찬가지로 인간의 의식도 진화해 유가행파(유식학파) 이후 제9식인 '**靈**'의 단계가 있다고 하는 이론이 성립됐다."

[1086] 예를 들면, 길을 가다가 오만 원권 돈다발을 발견했다고 하자. 이때 어떤 사람은 남이 볼까 봐 빠른 동작으로 호주머니에 돈을 챙길 것이고, 어떤 사람은 남이 보든 말든 돈을 주워서 돈 주인을 찾아주기 위해 경찰서로 가지고 가서 신고할 것이다. 이 두 사람은 왜 이런 차이를 보일까? 그 차이는 그들이 과거에 정신적 육체적 경험에 의해 축적돼 온 종자의 차이 때문이다. 이를 두고 혹자는 이렇게 이야기한다. "자식이 부모를 닮는다는 것도 어려서 어른들이 하는 짓을 봤기 때문에 그 본 것이 종자로 저장돼 있다가 그와 같은 상황이 닥치면 자기네 부모가 했던 짓을 자식도 따라서 하기 때문이다."
[1087] 아뢰야식이 執持한다는 주장은 선업인 덕과 정신인 이드와 에고를 執持한다는 것이니 아뢰야(阿賴耶)식이 사실상 혼이라는 주장이다. 이러한 논리는 상속식(相續識), 이숙식(異熟識)의 주장에서도 이어진다.

8.3.2.2. 아말라식이란?

불교의 아말라식은 무구식(無垢識), 진여식(鎭如識), 혹은 백정식(白淨識)이라고도 하니 표준이론으로 보면 양심체가 발달한 고급혼의 식(識)이라고 볼 수도 있겠고 반야(般若)의 지혜를 갖추었다고도 하니 열반에 든 표준이론의 혼영(魂靈)으로 볼 수도 있겠다.[1088] 다음 설명은 불교에서 말하는 제9식 아말라식에 대한 진술이다. 진술 중 9식과 그 관련된 부분을 모두 '靈' 또는 그 관련 단어로 대체하였다. 이를 통해서 제9식 아말라식(阿末羅識)식은 표준이론의 영과 유사한 개념의 것임을 알 수 있다.

양나라 무제(武帝) 때 인도에서 중국으로 온 진제(眞諦 499~569) 계통의 섭론종(攝論宗)에서는 9식설을 주장했고, 당나라 현장(玄奘 602~664) 계통의 법상종(法相宗)에서는 8식설을 주장했다. 섭론종의 9식설을 舊유식이라 하고, 현장의 8식설을 新유식이라 한다. 그리고 신라 유식의 대가 원측(圓測)은 구유식의 9식설을 취하지 않고 신유식의 8식설을 취함으로써 종래의 섭론종이 주장하는 제9 아말라식(阿末羅識)을 제8 아뢰야식(阿賴耶識)의 정분(淨分)으로 이해했다. 제8식 아뢰야식까지로 모든 식을 마무리한다는 주장에는 아뢰야식에 염(染)과 정(淨), 곧 **'오염된 식(識)인 정신체와 청정한 식인 양심체'**가 같이 아울러 있다. 그러니까 청정한 식인 백정식(白淨識)의 요소인 **'양심'**이 아뢰야식 가운데 다 갖추어 있으니 새삼스레 무슨 필요로 9식설을 낼 것인가 하는 것이다. 즉, 제9식인 **'영'**은 따로 있는 것이 아니고 제8식의 청정한 부분인 **'양심'**이라는 주장이다.

그러나 9식설을 말하는 사람들은 제8식의 청정한 식은 오염된 8식이 정화된 것이니 별도의 식은 아니라고 하는 한편 제8식을 정화로 이끄는 별도의 식이 있다고 보아 제9식을 마땅히 별도로 시설해야 한다고 한다. 즉 유식론에서 인간의 마음을 설명하는 팔식 중, 제8식인 **'혼'**이 미망에서 완전히 벗어나 깨끗해져 '구원의 상태'에 이른 것을 제9식인 **'영(靈)'**이라는 것이다. **'영(靈)'**은 영원히 변하지 않는 '참나'를 의미하고, 인간의식의 가장 저변에 있다고 한다. 제6식의 저변에는 제7식인 말나식이 있고, 그 제7식에서 보다 깊이 들어가면 제8식이 있으며, 제8식에는 그 근저에 **'영'**의 씨앗이 있는데 이는 이른바 불성(佛性) 또는 **'하느님의 불씨'**다. 이 불성과 **'불씨'**에 의하여 **'혼'**은 **'영'**을 향하여 발전한다. 현장(玄奘) 이후에 해심밀경(解深密經) 같은 경전에서 이러한 제8식에 가려 있는 무명이 없어진 깨끗한 식을 상정(想定)해서, 제8식 외에 감추어진 식을 제9식 아말라식이라고 했다. 제9

[1088] 9식을 8식의 청정한 부분인 '양심'으로 볼 수도 있으나 고급혼 또는 '혼영'으로 보는 것이 더 적절할 것이다.

식이라고 해서 식이라는 이름이 붙어 있지만 사실은 반야(般若)이니 아뢰야식이 깨달음을 얻으면 제9 백정식이 되며, 백정식에 이르면 곧 부처가 된다.

위에서 설명하는 제9식은 2단계 이하의 자아를 가진 사람(일반 중생)에게는 해당이 없다. 그러나 먹고살기 바쁜 서민 대중이나 아니면 이제 겨우 발심하여 수행 정진하는 출가자일지라도 중급혼일 가능성은 충분하니 혼의 5% 이상이 차생에 영이 되는 고급혼의 3단계 자아인 현인(賢人)의 경지에는 일단 도전해 볼 만하다. 사정이 이러하므로 중생들도 희망을 갖고 9식인 영을 논의해도 되는 것이다.

8.3.2.3. 무아론의 문제점

불설(佛說)에서 아(我)는 지, 수, 화, 풍(地水火風)의 물질적 요소인 색(色)과 정신적 요소인 수상행식(受想行識)의 명(名)이 합해진 명색(名色)1089) 즉 오온(五蘊)이 임시로 모여서 이루어진 것이다. 이때 육체의 죽음과 함께 명(名)은 흩어져 버리니 이에 기초한 我는 당연히 무아(無我)다.

이러한 불설의 무아론이 가진 문제점은 여러 이유로 이미 언급하였지만 여기에서 다시 종합해 보자.

1) 유식론(唯識論)은 불퇴전(不退轉)의 無我論을 추종하려다 보니 '업의 장식(藏識)으로서 8식'만이 윤회한다고 할 수밖에 없어 이드(6식)와 에고(7식) 없는 윤회가 되고 말았다. 윤회가 아니라 업륜(業輪)이나 업회(業迴)가 된 꼴이다. 사람이 죽었는데 그 사람이 입던 옷을 장사지내는 모양이다.
2) 윤회전생하며 해업(解業)한다면 해업의 주체는 누구인가. 또 업덩어리인 장식(藏識)이 해업되면 흩어져 소멸되어야 마땅하지 주체도 없는 것이 보살이 된다 하니 이는 허깨비가 부처 된다는 말이 아닌가.
3) 무아윤회는 제자들이 결집(結集)하면서 부처님이 설하신 무아(無我)의 無字에 매달려 그 본뜻을 잘못 전한 것일 수 있다. 부처님의 무아는 '恒常하지 않는 我로서 無我' 즉 '無常我'인 것을 문자에 집착하다 보니 '없을 無 없을 我'로 전한 것이다. 그 결과 아는 없어지고 없는 아의 윤회만 남았다. 실시간 기록이 없던 시대에

1089) 불교에서 명(名)은 이름만 있고 형상이 없는 '마음', 색(色)은 형상이 있는 물질로서 '육신'을 뜻한다. 사전적으로 名色은 '실속 없이 그럴듯하게 불리는 허울만 좋은 이름'이란 뜻인데 '명(名)'은 형체는 없고 이름만 있는 것이고, '색(色)'은 형체는 있으나 아직 육근(六根)이 갖추어지지 않아서 단지 몸만 있는 것을 말하므로 아직 완성되지 않은 상태를 뜻하여 실제와 이름의 내용이 합치하지 않을 때 흔히 쓰는 말이다(「최기호 교수와 어원을 찾아 떠나는 세계 문화여행」 참조).

생성된 종교에서 흔히 있는 일이니 불교만의 흠결은 아니겠으나 그 흠결의 폐해는 유난하였다. 無字를 구태여 전하려면 '업은 眞如에 묻은 때로서 쉽게 닦아 낼 수 없는 악습이자 성격이니 세세로 윤회까지 해 가면서 我가 無가 될 만큼 닦아 내야 한다'라고 전했어야 마땅하다.

4) 6식과 7식은 보존성이 없으니 변하기 마련이며 따라서 그 존재가 이어져 갈 수 없다고 한다. 그러나 수많은 환생사례는 개인의 욕망과 성격, 그리고 재능, 나아가 인격과 깨달음의 수준까지 보존됨을 증명하고 있다.1090) 한 윤회체가 6식, 7식, 8식 이 세 가지 식을 모두 가지고 轉生한다는 의미다. 불교 또한 한편으로 말하길 열반에 이르면 삼명(三明)과 육신통(六神通)尾192)이 드러나 누진(漏盡)의 지혜를 누리게 된다고 하지 않는가. 또한 불교는 아뢰야식에 업(業)뿐 아니라 기억(記憶)도 저장된다고 하는데 이는 아인 자의식이 무아의 벽을 넘지 못하니 스스로 불안하여 기억만이라도 8식에 남긴 것으로 보여진다. 그러나 기억은 의식이 아니기 때문에1091) 기억을 장한다고 하여 자의식의 편린이 아뢰야식에 남는 것이 아니다. 명종 후 좋은 천(天)에 가서 전생기억이 재생되거나 천안통으로 잠재기억 중 또는 혼뇌기억 중의 전생을 각성 시로 끌어낸다고 하여 我가 되살아나는 것이 아니라는 말이다. 또 기억이 의식인 것도 아니지만 의식(6식)이 자의식(7식)인 것도 아니며 나아가 자의식이 자아인 것도 아니다. 자의식은 2단계 자아의 수준일 뿐이다. 자의식의 자아는 윤회를 통해 초자아로 참자아로 진화한다.

5) 불설은 부처님의 장작불의 비유1092)에서 윤회론(輪廻論)을 열기론(熱氣論)으로 전락시켰다. 수·상·행·식에 연(緣)한 6식과 7식은 육체인 장작이 타면서 생겨나는 불과 같은 것으로 장작이 다 타면 불은 사그라지는 것처럼 따라서 없어지는데 다만 불이 타면서 발생된 열기(熱氣)인 업력은 없어지지 않고 8식을 형성하여 이것이 내생을 불러일으켜 윤회를 시작한다는 것이다. 그런데 이 논변은 '연료에 따라 불도 달라지듯 모든 것은 조건에 따라 발생하는 연기(緣起)의 법 아래에 있다'는 부처님의 참뜻을 몰각(沒覺)한 주장이다.1093)

1090) 佛說은 윤회의 사례에서 성격과 재능 그리고 인격이 보존되는 이유를 말하라고 하면 無記하거나 무아윤회에 대한 나가세나의 등잔불論에 四有論을 섞어서 논변할 것이다. 이는 '아뢰야식이 명종 시 死有가 되어 중음계로 가서 中有가 된 후 이윽고 칠칠일이 지나 환생하면 새로운 육체의 生有와 결합하여 本有가 되게 되는데 이때 새로운 몸의 18계를 활용하여 1식부터 7식을 정비한다. 그런데 7식은 8식에 근거하므로 7식의 성격과 재능 그리고 인격과 그 수준까지 전생의 그것으로 고스란히 재생한다'라는 신지학적 주장을 펼칠 것이라는 뜻이다. 그러나 4유론은 오온의 무아론과 모순되어 무아론을 부정하는 이론이고 신지학의 인간모나드 영혼론은 무아와 거리가 멀다. 또 등잔불論(11.3.1.2. '윤회의 주체' 참조)은 고장 난 전구를 바꿔 끼우고 다시 전기를 넣으면 환한 불이 다시 켜진다는 唯物의 '의식의 전기작용론'과 다를 바 없다. 결국 이 부분의 불설은 앞뒤가 안 맞는 여러 불설의 충돌현장을 보여줄 뿐이다.

1091) 유식(唯識)이 극에 달하면 자의식이 기억으로 유물화(唯物化) 되는 것은 지금이나 예나 같다(12.7. '의식과 기억' 참조).

1092) 11.3.1.2. '윤회의 주체' 참조

6) 안이비설신의(眼耳鼻舌身意) 육근(六根)에 기대어 식(識)이 발생하였다는 근거는 무엇인가? 또 意가 어찌하여 감각기관이며 나아가 감각은 왜 의식하는 기능을 당연히 수반한다는 말인가?

7) 유식학에서는 제8식을 발견(發見)하였다고 하는데 이는 인도 삼키아 철학에서 말하는 우주생성순서를 역순으로 나열한 표절논리가 아니던가? 그리고 발견하였다 하더라도 사유론(四有論)에서는 중유(中有)로서의 8식이 생유(生有)와 결합하여 本有가 만들어지면서 자의식인 7식도 분별식인 6식도 만들어진다고 하는데1094) 이는 유식에서 자랑하는 오온론에 정면으로 어긋나는 논리가 아닌가? 작금에 차라리 현대 신경의학처럼 자의식은 두뇌의 전기작용일 뿐이라고 시원하게 설명하고 무신론을 정식으로 표명한 뒤 유사과학으로 자리매김하는 편이 낫지 않겠는가.

8) 삼키아처럼 식(識)이 먼저 있어 육근이 만들어졌다거나 아(我)가 먼저 있어 색(色)을 인식하기 위하여 명(名)을 만든 것은 아닌가?1095) 또는 표준이론처럼 혼(魂)인 식(識)과 신체장기인 근(根)이 앞서거니 뒤서거니 진화하면서 지금처럼 복잡한 생물체가 발생한 것은 아닌가? 그렇다면 6, 7, 8식을 모두 품은 아뢰야식은 계속 진화할 것이고 진화의 끝은 부처님이라고 면도날처럼 단순명쾌하게 설명하는 편이 훨씬 낫지 않겠는가.尾193)

8.3.3. 불교의 우주론1096)

불교에서 한 부처님의 교화세계인 삼천대천세계(三千大千世界)는

1093) 아가 없다고 하면서 윤회를 설명하려니 윤회의 주체가 없어서 6식의 소이(所以)로 7식인 자의식을 상정하고 다시 그 소이로 8식인 아뢰야식을 상정하여 그 8식이 업을 장(臟)하여 윤회한다고 한다. 그러니 윤회의 주체는 실체가 아니고, 업력(業力)이라는 힘(力)에 불과하다. 이는 물질 없이 중력만 있다거나 등잔기름 없이 불만 타오른다는 말이 아닌가?

1094) 오온의 무아론에서 6식과 7식은 아래로부터 발생한다. 그러나 4유론과 윤회론에 이르러서는 위 8식으로부터 근원한 것으로 바뀐다(5.5.6. '이슬람교의 저승' 중 주석 참조).

1095) 1. 이는 불교형성 초기에 불교와 육사외도의 하나인 마하비라의 자이나교 간의 영혼에 관한 논쟁에서 이미 자이나교가 불교를 공박한 논리로 사용되었다. 자이나교에서 불교의 오온론을 평하기를 "5온의 수·상·행·식은 영혼이 지닌 기능일 뿐으로 영혼이나 사람의 구성요소가 아니다. 따라서 불교의 수·상·행·식은 실재와 그 기능을 혼동한 것이라 말할 수 있다."라고 하였으니 그때 새던 바가지가 아직도 새는 셈이다(김미숙, '영혼에 관한 불교와 자이나교의 논쟁' 참조).
2. 불교와 기원을 같이하는 인도 삼키아 학파의 창조론을 보면 총 25가지의 우주구성요소를 설명하면서 "우주적 지성인 붓디(Buddhi)가 출현하여, 여기서 '나'라는 자의식, 즉 아함카라(Ahamkara)가 생기고 여기에서 다시 안(眼), 이(耳), 비(鼻), 설(舌), 신(身)의 다섯 감각기관이 발생한다."라고 하여 자이나교와 같은 맥락의 사상을 전개한다(8.6.3. '힌두철학 삼키아학파의 인간론' 참조). 이를 보면 아트만(靈)과 아함카라(魂)를 부인하신 부처님을 위하여 삼키아의 우주 생성원리를 역순으로 나열하여 무아론을 변호할 수밖에 없었던 유식학의 곤란한 처지가 엿보인다.

1096) 불교리의 많은 부분이 그러하듯 불교의 우주론도 베다(vedas)에 기원한다. 힌두교와 자이나교 또한 베다의 트레일로키아(三界, Trailokya, 카마, 루파, 아루파)를 우주론의 기반으로 한다.

1) 풍륜, 수륜, 금륜이 공중에 떠 있고, 금륜 표면에 높이 8만 유순(64만 킬로미터)1097)의 수미산(須彌山)이 있는데 그 바깥에 네 개의 대륙이 있고 그중 남쪽의 섬부주에 인간이 살고 있으며 대륙 외곽 대철위산 뒤쪽에 흑암지옥이 있다.
2) 수미산의 중턱에는 욕계 6천 중 첫 번째 천인 사천왕천이 있고
3) 정상에는 제석천을 비롯한 33의 천신이 사는 도리천이 있고
4) 수미산 상공에는 욕계 6천 중 나머지 4천이 있으며
5) 그 위에 초선·이선·삼선·사선의 색계 天이 있는데, 그 초선에 대범천(大梵天)이 살고 있다.
6) 삼계육도의 마지막에는 무색계가 있다. 여기까지가 1세계(世界)다.
7) 1세계가 1,000개 모인 것이 소천세계(小千世界)이고
8) 소천세계가 1,000개 모인 것이 중천세계
9) 중천세계가 다시 1,000개 모인 것이 대천세계(大千世界)다.

이러한 진술에 의하면 대천세계는 총 1000^3, 즉 1,000,000,000(십억 개)의 삼계 육도(수미세계, 일세계)로 구성된다.1098) 그런데 은하계를 수미세계로 본다면1099) 우주에는 은하계가 2,000억 개1100)가 있다 하니 이를 대천세계의 수미세계 수인 10억 개로 나누면 부처님의 수는 200명이 된다.尾194) 그리고 이 3천대천세계가

1097) 유순은 고대 인도에서 거리를 재는 단위인데 대유순(80리 32km), 중유순(60리), 소유순(40리) 등이 있다고 하고 혹은 소달구지로 하루에 갈 수 있는 거리인 11~15km를 1유순이라 하기도 한다. 그런데 다른 데를 보면 1유순이 8km 또는 일백 리(40km)라고도 한다. 천차만별이다. 어찌 됐든 지구의 인력 범위가 10,000km이고 달까지의 거리 383,000km이며 태양까지는 1억 5천만km이니 8만 유순이 640,000km(1유순은 8km)라면 달까지 거리를 훨씬 넘는다. 유순의 길이가 다양하니 수미산은 그냥 달까지의 솟아있다고 보자. 그렇다면 옛날에는 수미산을 너무 높게 친 것 같으니 이를 대폭 깎거나 사천왕이 사는 수미산의 중턱부터를 하늘로 보아야 할 것 같다. 태양까지 거리를 감안하면 8만 유순 위 어마어마하게 높은 곳까지 천상도(육욕천)와 색천 무색천이 끝없이 펼쳐 있는 것이다.
1098) 1. 이것은 단지 불토가 그만큼 크고 넓다는 표현상의 기교만은 아니다. 다른 경(經)에서는 대천세계가 1세계(수미세계)가 천백억(千百億=1000×100억) 개 즉 10조 개 모인 것이라는 말도 하는데 이는 기왕의 설이 직관의 혜안에서 구축된 것임을 모르는 허풍에서 나온 소치라고 본다.
2. 불토의 어마어마한 크기를 고대 인도인들은 어떻게 알아냈을까? 천년 후 서양의 영지주의는 밤하늘의 별을 보고 기껏 신(Monad)의 빛의 세계인 플레로마로부터의 빛이 새어 들어오는 바늘구멍 정도로 알았는데 그들은 같은 것을 보고 광대한 브라만의 우주와 무수한 유정들이 사는 곳을 생각하였으니 그 직관의 대단함은 정말 특별하였다.
1099) 1. 5.6.3. '이승은 지구만인가?' 참조
2. 은하계를 1수미세계로 볼 것인가 아니면 소천세계로 볼 것인가 또는 1불국토로 볼 것인가에 대해서는 여러 의견이 있으나 여기서는 유란시아서 등 여러 사상과 표준이론적 고려에 의하여 은하계를 1수미세계로 본다.
1100) 오늘날 천문학에서 말하는 실재의 우주는 얼마나 클까. 여러 주장이 있고 그 어느 주장도 실제와 같다고 장담할 수는 없지만, 나사 소속 과학자 루이스 햄린은 우주에는 은하가 2천억 개 있고, 각각의 은하마다 2천억 개의 항성이 있다고 한다. 이를 근거로 우주의 크기를 계산해 보면 우주에는 2천억×2천억=200,000,000,000×200,000,000,000=40,000,000,000,000,000,000,000=400해(垓) 개의 항성이 있다.

한 명의 부처, 우리세계의 경우 비로자나 법신불(法身佛)의 화신인 석가모니부처의 교화(敎化) 영역으로 1불찰(불국토, 경토, 사바세계)이라고 한다. 그런데 한 유정이 완전한 깨달음에 도달할 때 그 지혜는 우주의 전 영역을 포괄한다. 화엄의 세계다.

10억 수미세계로 구성된 사바세계(불국토)에 대한 이러한 서술들은 우주가 그만큼 크고 부처님의 능력이 대단하다는 주장으로 이는 겁(怯)이나 유순(由旬)의 설명에서와 같은 '표현상의 과장'만은 아니다. 자연과학의 발전으로 실제 우주의 크기가 우리 인간들이 생각해 왔던 것과는 달리 어마무시하게 크다는 것이 밝혀진 오늘날 새삼스럽게 불교의 우주관이 조명되어 인구에 회자되고 있는 것이 우연만은 아닌 것이다.

8.4. 원불교의 영기질 인간론

8.4.1. 원불교의 창조론

원불교의 일원상 서원문(一圓相 誓願文)을 보면 일원(一圓)[1101]이 유상(有常)으로는 상주불멸(常住不滅)로 여여자연(如如自然)하여 무량세계를 전개하였고, 무상(無常)으로는 우주의 성주괴공(成住壞空)과 만물의 생로병사(生老病死)와 사생(四生)의 심신 작용을 따라 육도(六途)로 변화시켜 무량세계를 전개하였다고 한다.[1102] 또 일원의 공적영지(空寂靈知)의 광명을 따라 대소(大小)와 유무(有無)의 분별과 선악과 업보의 차별이 생겨났고 시방삼계(十方三界)가 장중(掌中)에 한 구슬같이 드러났으며, 진공묘유(眞空妙有)의 조화가 우주만유에 은현자재(隱顯自在)한다고 설명한다.[1103] 게다가 일원상은 곧 불교의 법신불과 통한다고 명언하니 그 거침없고 웅

[1101] 일원상(○)은 원불교의 교조 소태산 대종사의 대각(大覺)인 "만유가 한 체성이며 만법이 한 근원이로다. 이 가운데 생멸 없는 도와 인과보응되는 이치가 서로 바탕하여 한 두렷한 기틀을 지었도다." 중의 '한(一) 두렷한(圓) 기틀(相)'이다. 일원상은 원불교에서 본 우주와 인생의 궁극적 진리의 상징으로서, 이를 '일원상의 진리' 또는 '법신불 일원상'이라 하여, 최고의 종지(宗旨)로 삼아 신앙의 대상과 수행의 표본으로 모신다(원불교대사전, 一圓相 참조).

[1102] 일원은 언어도단(言語道斷)의 입정처(入定處)요, 유무 초월의 생사문(生死門)인바, 천지·부모·동포·법률의 본원이요, 제불·조사·범부·중생의 성품으로 능이성 유상(能以成 有常)하고 능이성 무상(無常)하여 유상(有常)으로 보면 상주불멸(常住不滅)로 여여자연(如如自然)하여 무량세계를 전개하였고, 무상(無常)으로 보면 우주의 성·주·괴·공(成住壞空)과 만물의 생·로·병·사(生老病死)와 사생(四生)의 심신 작용을 따라 육도(六途)로 변화를 시켜 혹은 진급으로 혹은 강급으로 혹은 은생어해(恩生於害)로 혹은 해생어은(害生於恩)으로 이와 같이 무량세계를 전개하였나니(원불교 정전, 제2 교의편, 一圓相 誓願文).

혼한 진술은 창세기 중의 창세기로 대각(大覺) 없이는 형용될 수 없다고 생각된다. 부처님이 무기하신 세계(우주)의 영원과 무한 그리고 무상을 유려한 표현으로 실로 쾌도난마(快刀亂麻)하였다. 그러나 진화(進化)를 말하지 아니하여 영과 혼의 기연(起緣)을 설명하지 못하였으니 그것이 못내 아쉽다.

8.4.2. 원불교의 인간론

원불교는 "일원(一圓)으로부터 유, 무상(有, 無常)하게 생겨난 우주만유(宇宙萬有)는 영(靈)과 기(氣)와 질(質)로 구성되어 있나니 영은 만유의 본체로서 영원불멸한 성품이며 기는 만유의 생기(生氣)로서 그 개체를 생동(生動)케 하는 힘이며 질은 만유의 바탕으로서 그 형체를 이룸이니라."라고 한다. 또 "기가 영지(靈知)를 머금고 영지가 기를 머금은지라 기가 곧 영지요 영지가 곧 기니 형상 있는 것 형상 없는 것과, 동물 식물과, 달리는 것 나는 것이 다 기의 부림이요, 영의 나타남이라 대성(大性)이란 곧 영과 기가 합일하여 둘 아닌 자리"라고 했다. 또한 "영지가 주(主)가 되어 기운을 머금은즉 동물이 되고 기운이 주가 되어 영지를 머금은즉 식물이라 동물은 개령(個靈)이 있으나 식물은 대령(大靈)만 있다."라고 한다. 나아가 영기질이 인간에 이르면 영은 모든 것을 주재하는 마음이 되며, 기는 호흡, 신진대사 등의 생명활동이 되고, 질은 영과 기가 존재하는 바탕으로서 몸을 지탱하는 뼈와 살이 된다고 함으로써 우주의 영과 사람의 영이 떨어져 있는 것이 아니라고 보았다. 우주로 보면 대령이며 사람으로 보면 개령인 것이다. 또 영은 성리학의 근본법칙과 의미를 수용하면서 여기에 '신령한 앎(靈知)'이라는 종교적 의미를 더 밝힌 것이라고 한다.1104)

원불교의 이 교설을 성리학(性理學)용어로 해석하면 "理와 氣가 합하여 영혼이 되매 이를 대성(大性)이라 한다. 이때 동물은 理가 우세하고 마음이 활발하여 개체성이 강하고 식물은 氣가 우세하고 마음이 조용하여 理가 홀로 서지 못하므로 개체성이 없다."가 된다. 또 이를 다시 표준이론식 용어로 번역하면 "윤회혼이 생명체에 들어 생기체와 합하여 이승혼이 된다. 이때 마음이 활발(動)한 일부 동물은

1103) 일원(一圓)은 우주 만유의 본원이며, 제불 제성의 심인이며, 일체 중생의 본성이며, 대소유무(大小有無)에 분별이 없는 자리며, 생멸 거래에 변함이 없는 자리며, 선악 업보가 끊어진 자리며, 언어 명상(言語名相)이 돈공(頓空)한 자리로서 공적영지(空寂靈知)의 광명을 따라 대소유무에 분별이 나타나서 선악 업보에 차별이 생겨나며, 언어 명상이 완연하여 시방삼계(十方三界)가 장중(掌中)에 한 구슬같이 드러나고, 진공 묘유의 조화는 우주 만유를 통하여 무시광겁(無始曠劫)에 은현 자재(隱顯自在)하는 것이 곧 일원상의 진리니라(원불교 정전, 제2 교의편 제1장 일원상 제1절 일원상의 진리).
1104) 정산종사법어 원리편 13~15, 원불교대사전 '靈氣質' 등 참조

개체성을 얻어 사후 개체혼이 되고 대부분의 동물과 식물은 마음이 조용하여(靜) 개체성이 없으므로 사후에 그룹혼(group soul)1105) 내부에서 흩어져 합해지게 된다."이다.

이러한 원불교의 '영기질(靈氣質)의 삼원론'은 표준이론의 '영혼육(靈魂肉)의 설'과 같은 삼원론이고 문자도 거의 동일하여 대차 없는 듯 보이나 그렇지 않다. 위 원불교의 인간론을 요약하면 일원(一圓)으로부터 생겨난 인간은 영기질로 구성되어 있는데 영은 영원불멸한 성품으로 마음이며 기는 몸을 생동케 하는 힘인 생기(生氣)이고 질은 몸을 지탱하는 뼈와 살이라는 것이다. 어디에도 표준이론의 영은 보이지 않는다. 또 원불교의 영은 윤회의 유일한 주체이니 더욱 영일 수 없다. 따라서 원불교는 설명한 바와 같이 기의 진화(進化)를 말하지 못하여 혼에 기연(起緣)한 존재로서 영을 파악하지 못하였다. 그러다 보니 원불교 또한 불설에서 벗어나지 못하여 영을 말하면서도 결과적으로 영을 부인함으로써 표준이론의 3단계 미만의 자아만을 대상으로 하는 교리가 되고 만 것이다.

결국 영과 혼에 대한 원불교의 교설과 표준이론 간에는 다음과 같은 차이를 보인다.

1) 우선 원불교에서 영(靈)이라 함은 표준이론의 마음인 윤회혼에 해당하고 기(氣)는 혼의 생기체에 해당한다. 즉 원불교의 영은 표준이론의 양심체이거나 상위정신체 정도다. 원불교에 표준이론에 해당하는 영(靈)이란 없다. 따라서 실질적으로는 혼육이원론에 속한다. 하지만 실체로서의 혼마저 부인하는 불교보다는 낫다.
2) 표준이론에서는 동물에게 개령 즉 개체혼은 없다.1106) 다만 동물의 혼이 사후 그룹혼으로 흡수된다 하여도 그 혼의 체(體)가 소멸되어 그룹에 녹아드는 것이 아니라 그 동물의 종(種)의 진화 수준 또는 특정 각혼의 개체성 발달수준에 따라 에센스는 그룹 안에서 개체성을 유지한다고 생각된다. 그러나 원불교에서는 동물의 경우 그 혼의 마음이 활발하면 개체성을 얻어 개체혼이 되어 따로 윤회한다고 한다.

1105) 1. 원불교에서 대령은 일원(一圓)으로서 우주의 영이요, 우주심이다. 대령이 사람에 이르러 사람의 個靈, 즉 소령(小靈)으로 나타난다. 그러나 동물은 개령, 식물은 대령 운운하는 부분의 대령은 대령의 좁은 의미로 그룹혼을 나타낸다.
2. 이중정(李中正)이 여쭈었다. "이(理)가 무엇입니까?" "理라고 하면 알기 어렵다. 영(靈)이라 하면 쉽지 않느냐. 우주에도 영이 있고 사람에게도 영이 있다. 우주의 영은 대령(大靈)이요, 사람의 영은 소령(小靈)이다." (원불교 법문집, 한울안 한이치에 제1편 법문(法門)과 일화(逸話) 3. 일원의 진리 87절)
3. 개아(個我)가 최고아(最高我)인 브라만과 동일한 것이라는 힌두이즘의 범아일체사상에 불교보다 더 가까워진 생각이다.
1106) 그러나 표준이론에서는 동물의 각혼도 일부 수승한 각혼을 빼면 대부분 그룹혼이다.

8.5. 자이나교의 혼육이원의 인간론

자이나교의 인간론은 혼과 물질의 이원론에 기반한다. 자이나교는 순수한 영(jiva)에 미세한 업의 입자가 부착되어 카르마의 장(業障, karamāvaraṇa)을 형성하며 이것이 영을 속박하여 혼으로 타락시켜 윤회하도록 한다고 믿는다.1107) 업물질로부터 혼이 해방되는 정화의 길은 탐진치(貪瞋癡)의 삼독(三毒)1108)으로 오염된 마음을 단식 등의 고행과 5대계율 그리고 명상 등의 수행으로 정화하여 영만이 독존(獨存, kevala)하게 되는 열반의 경지에 이르도록 하는 것이다. 심지어 이들은 단식과 명상을 통해 신체와 욕망을 바르게 소멸시켜 혼의 자유를 도모하는 임종시의 수행법인 살레카나(sallekhanā)1109)를 실천하기도 한다.1110)

자이나교는 인본주의적 자력 종교로, 혼이 해탈하여 윤회로부터 해방되어 탄생하는 존재인 지나(Jina)1111)를 신성한 존재로 숭배한다. 그러나 해탈한 존재인 지나(Jina)도 우주적인 지혜를 가지지만 불교의 부처님처럼 초자연적인 능력을 갖게 되는 것은 아니라고 믿었다. 한편 자이나교에서는 순수한 영인 지바(jiva), 즉 아트만은 믿으나 브라만 같은 절대적인 유일신 또는 창조주는 찾아볼 수 없는데 이유는 그 존재를 부인해서가 아니라 불교와 비슷하게 무기(無記)하기 때문이다. 또한 열반(涅槃)을 오온과 연기에 인(因)하고 연(緣)한 환상인 아(我)를 벗어버린 경지로 보는 불교1112)와는 달리 자이나교는 영혼을 인정하는 한편 열반은 지바

1107) 세상을 구성하는 원리인 '타트바(tattva)'에 의하여 생물(jiva)과 무생물(ajiva)이 영적으로 교류하게 되면 영적 요소가 생물에게 유입되게 되는데, 생물은 이 영적 요소를 빠져나가지 않게 붙잡아 카르마로 만든다(나무위키, 자이나교 참조). 이는 힌두 삼키아(Samkhya)철학의 우주의 생성원리에서 말하는 25가지 구성요소론과 같은 종류의 진술인데(8.6.3. '힌두철학 삼키아학파의 인간론' 참조) 표준이론으로 해석하면 "생물에 무생물의 기가 작용하여 업이 되는데 생물은 이 업으로 인해 윤회전생함으로써 물질세계를 떠나지 못한다." 또는 "영인 지바가 무명에 빠져 아지바인 물질세계에 사로잡히면 윤회를 시작한다." 정도가 되겠다.
1108) 불교에서는 번뇌는 중생으로 하여금 '출세간의 선한 마음(出世善心)'을 내는 것을 방해하므로 번뇌는 到彼岸(바라밀)하는 데 있어서 毒이다. 번뇌 중 貪瞋癡의 3가지로 인한 번뇌가 독성이 가장 심하기 때문에 三毒이라고 한다. 또한 貪瞋痴는 윤회가 시작된 이래로 지금까지 오랜 기간 동안 계속하여 苦를 받을 수밖에 없는 상태, 즉 3계에 속박된 상태로 중생을 묶어 놓고 있으며 이 속박의 상태를 벗어나는 것을 방해하기 때문에 三毒이라고도 한다(위키백과 '不善根' 참조).
1109) 살레카나(sallekhanā)는 단식과 명상을 통해 신체와 욕망을 바르게 소멸시켜 영혼의 자유를 도모하는 임종 시의 수행법으로 삼매사(三昧死)라고도 한다. 일본의 即身佛(Sokushinbutsu)이나 중국과 우리나라의 좌탈입망(坐脫立亡) 또는 소신공양(燒身供養)이나 등신불(等身佛)과 비교된다.
1110) 양혜순, 「각성된 죽음, 자이나교의 살레카나」
1111) Jina는 bodhi(보리)를 얻은 覺者로서 budha(佛, 불타)다. 그러나 그 능력은 아라한 급이다.
1112) 1. 불교에서는 자아는 찰나생이요 찰나멸의 흐름일 뿐 실체가 아니다. 따라서 번뇌를 벗어나 열반하는 자(存在)는 없고, 다만 자아가 번뇌에서 벗어난 상태를 열반이라고 주장한다. 참으로 답답한 부르짖음이다. 찰나생과 찰나멸이 無常의 다른 말 아니던가. 부처님은 무아가 아니라 무상아를 말씀하셨다.

(jiva)가 카르마의 영향권과 육체로부터 벗어나 지나(Jina)가 되어 끝없는 축복 속으로 들어가 천국에서 변화도 없고 끝도 없는 휴식을 취하는 것이라고 한다. 이렇듯 열반은 그들에게 절대 정적(靜寂)의 완전한 긍정 상태이다.1113)

표준이론으로 보면 '지바'는 영지주의의 영이요 힌두의 아트만이다. 즉 신영(神靈)이다. 다만 윤회의 수레바퀴(Bhavachakra)에 사로잡혀 영성(靈性)을 잃었으니 자이나교에서 살아있는 사람은 혼육이원인 셈이다. 그러나 표준이론의 영은 카르마가 없다. 또 다른 발전을 위하여 환생(부임)과 창조 사업 참여를 통하여 합일로 나아갈 뿐이다.

자이나교는 불교와 더불어 무신론자들에 의해 '무신론의 종교'라는 말을 듣고 있다. 그러나 무신론의 종교는 자연과학교밖에 없다. 불교의 창조주에 대한 믿음에 대해서는 이미 여러 차례 갈파하였고 자이나교 역시 창조주에 대해 無記할 뿐 그에 대한 믿음은 맥맥(脈脈)하다는 사실은 다음의 점을 볼 때 알 수 있다.

1) 비록 외양상 혼육이원의 교리를 가지고 있으나 혼의 기원이 영지주의와 유사한 개념의 靈이라는 점
2) 지바(혼)가 구도하여 해탈하면 지나(Jina)가 되며 이는 영생하는 천국시민권자로 전형적인 靈의 그것이라는 점
3) 영의 개념과 영이 되어 가는 천국은 당연히 창조주를 전제한다는 점
4) 불살생(Ahimsa)과 무소유 등 5대 서약(Vratas)과 금욕주의1114)를 교리(敎理)로 함은 섭리(攝理)와 그 주재자로서 신 또는 우주의식의 존재를 전제한다는 점

---

2. 표준이론에서 자아는 존재(存在)가 아니라 방(房)이다. 그러한 의미라면 자아는 없다. 자아는 없고 자아의 주인만 있을 뿐이다. 자아의 주인이 혼이라면 혼은 과연 무아다. 혼은 영으로의 발전을 끊임없이 희구하여야 하므로 자신을 부정하고 변화시켜야 하고 또 변화하는 존재이니 찰나생이요 찰나멸이 맞다. 따라서 불변(不變)에 집착하는 혼은 무아성(無我性)을 강요받아야 마땅하다. 그래서 부처님이 무아 무아 하신 것이 아니겠는가. 그런데 이를 놓고 그저 아트만은 없다. 혼도 없다. 그러니 무아(無我)다 한다면 그것이야말로 무명(無明)이 아닌가.
3. 반복하지만 표준이론에서는 마음이 곧 혼이고 윤회의 주체이다. 혼이 번뇌에서 벗어나 물성(物性)을 떨쳐 열반에 들면 이는 곧 영이 된다는 말이고 거기에서 발전하여 고급영이 되면 윤회에서마저 벗어나니 이를 해탈이라고 한다. 이는 자이나교도 마찬가지다.
1113) 표준이론에서 열반(涅槃)은 혼이 영이 되는 구원을 이름이고 해탈(解脫)은 영이 윤회의 굴레를 벗어나 환생하지 않아도 되는 경지를 말한다. 따라서 자이나교에서 열반이라 함은 표준이론의 해탈을 의미한다. 즉 영(靈)이 피안의 세계인 영원한 하느님의 나라(고급영계)에 들어 윤회를 벗어나는 일이다. 불교의 여러 종파에서 그러하듯 자이나교에서도 열반과 해탈을 구분하지 않는다.
1114) 소식(小食), 단식(斷食), 인욕(忍辱), 고독 등 외면적 고행과 예의, 봉사, 묵상, 참회 등 내면적 고행.

8.6. 힌두교의 인간론

8.6.1. 다신체론의 기원으로서 힌두교

힌두교는 베다(véda)에서 사람은 스툴라 샤리라(Sthula Sharira), 숙슈마 샤리라(sukshma sharira), 카라나 샤리라(karana sharira)라는 세 가지 요소로 구성되었다고 보았고 여기에 Cit(참의식)와 Sat(참존재)의 영적 구성을 더하여 인간이 5가지 체(體)로 구성된다고 주장하였다.

또한 타이트리야 우파니샤드는 인간의 의식을 생기와 지성과 마음의 3개의 층(kosha)으로 구분하고 여기에 아래로는 육체층을 더하고 위로는 동력의 원인인 희열층1115), 그리고 아트만과 브라만을 더해 일곱 개의 의식층(kosha)이 있다고 보았다.

19세기 후반에 신지학의 태두 블라바츠키는 베다의 각 요소(Sharira)와 우파티샤드의 층(kosha)을 신체(body)의 개념으로 확장한 뒤 여기에 서구식 이름을 붙여 아스트랄체니 멘탈체니 하는 본격적인 다신체론을 전개하였다.1116) 이후 신지학은 학자에 따라 멘탈체를 다시 하위멘탈체와 상위멘탈체로 구분하거나 아예 멘탈체 위에 코잘체를 추가하는 등으로 다양해졌다. 한편, 신지학회에서 이탈한 엘리스 베일리[195)는 정신체 등을 성격(Personality)으로, 혼은 Ego로, 영은 모나드로 하여 신지학의 구분을 재분류하였고 생기체인 etheric body는 성격에 포함시켰다. 신지학의 다신체론은 다시 대부분의 뉴에이지에서 차용하여 더욱 복잡하고 다양한 다신체론으로 변화되었다. 신지학에서 발달한 다신체론은 다시 인도에 역수입되어 요가난다처럼 요가이론을 설파하는 데 아예 신지학 용어를 사용하는 사상가도 나타났다. 아래 표에서는 이들의 이론과 표준이론을 대비하였다.

1115) 희열층 또는 환희층은 생기층과 의식층의 동력인(動力因), 즉 에너지와 정보를 제공하는 根源이 된다. 신지학은 이에 주목하여 여기에 원인체(causal body)라는 이름을 붙였다. 이는 이후 하나의 실체로 취급되어 명종 후 코잘계로 가며 신지학의 영(靈)에 해당하는 아트마-붓디-마나스(Ātma-Buddhi-Manas)의 인간모나드 중 아트마와 붓디의 기반이 된다.
1116) 5.1.2.3.11. '신지학의 합일' 참조

베다의 인간의 구성요소	우파니샤드의 자아와 의식의 층구조	지나라자다사의 인간구조	요가난다의 인간구조(저승)	표준이론
Sthula Sharira	육체층 (anamaya kosha)1117)	육체	육체	육체
sukshma sharira	생기층 (pranamaya osha)1118)	에테르체	아스트랄체 (아스트랄계)	혼의 생기체
	마음층 (manomaya kosha)	아스트랄체		혼의 하위정신체
	지성층 (vijnanamaya kosha)	하위멘탈체	아스트랄체 (히라냘로카계)	혼의 상위정신체
karana sharira	희열층 (anadamaya kosha)	상위멘탈체(코잘체)	코잘체(코잘계)	혼의 양심체
		붓디체		
Cit(참의식)	atman	아트믹체	영	영
Sat(참존재)	brahman			

힌두교의 다신체론과 표준이론 등과의 비교(부록4 영혼육의 구조 참조)

#	블라바츠키				표준이론		
	산스크리트어	영어	명칭	대응 界	구분	체(體)	계(界)
1	sthula sharira	physical body	육체	물질계	육	육	물질계
2	linga sharira	etheric body(double)	생기체(복체)	에테르계	혼	생기체	생기계
3	프라나(prana)	ether(vitality)	생명에너지				
4	kama rupa	astral body	정서체(욕망체)	아스트랄계		하위정신체	중음계
5	lower manas	lower mental body	하위지성체	하위멘탈계		상위정신체	심령계
6	buddhi-manas	causal body	코잘체	상위멘탈계		양심체	준영계
7	higher manas	higher mental body	상위지성체				
8	buddhi	intuitional body	직관체	붓디계			
9	atma	spiritual body	영체	아트믹계	영	영체 (사념체)	영계
10	monad	monad	모나드	모나드계			

블라바츠키의 다신체론과 표준이론

인간에게 영혼이 있음이 분명하고 또 그 영혼이 사실은 영과 혼의 두 실체로 구성되는 만큼 최소한 인간은 영혼육의 세 가지 실체로 구성되니, 동서고금으로 다신체론이 거론되는 것은 당연한 일이다. 그러나 영과 혼은 물체(物體)가 아님에도

1117) 오늘날 요가에서도 인간의 몸이 다섯 가지의 몸 혹은 다섯 가지의 층으로 구성되어 서로 상호작용 한다는 판차코샤(Panca Kosha)의 개념을 말한다. 다섯 가지 층은 안나마야 코샤(annamaya kosha, 육체, 식물체), 프라나마야 코샤(pranayama kosha, 생기체, 생기층), 마노마야 코샤(manomaya kosha, 의식체, 의사체, 마음층), 비즈나나마야 코샤(vijnanamaya kosha, 지성체, 지성층), 아난다마야 코샤(anandamaya kosha, 희열층, 원인체, 환희체)이고 이 다섯 가지 층 너머에 참나(atman)가 있다고 한다. 이 판차코샤는 고대 우파니샤드인 '타이트리야 우파니샤드(Taittiriya Upanisad)'에 언급되어 있다(육영숙, 「소매틱 치유 & 재활요가」, 17쪽).

1118) 생기층(pranamaya kosha) 또는 생기체는 스툴라 샤리라(Sthula Sharira, 粗雜體, 肉體)로 분류하기도 한다(사라스와티, 「혼의 과학」, 53쪽).

물성이 있다는 생각이 예부터 동서양에 공공연하였다. 이는 영과 혼이 에테르 또는 기로 이루어져 있다는 개념에서 유래한다. 표준이론에서 혼은 육처럼 기의 직접적 소산이니 물성(物性)은 아니더라도 질성(質性)은 있으나 영은 이마저도 없으므로 체로서 이름할 때도 영은 영이지 체란 말을 붙이지 않는다.1119)

또한 신지학(神智學)은 소위 학문으로서 영혼의 세계를 설명하려는 시도 중에 카발라의 생명나무의 층(層)개념에 주목하고 여기에 힌두교의 육체와 의식의 층이론을 접목, 확장하여 에테르의 정묘성의 정도에 따라 극히 정묘한 것은 코잘체이고 다음은 멘탈체이며 다음이 아스트랄, 에테르, 물질 순으로 인간 영혼에게 물성을 부여하였다. 동시에 의식의 수준1120)도 여기에 대응된다고 주장하고 이들이 죽어서 가는 영계(靈界) 또한 같은 종류의 물성을 가졌다고 하였다.

8.6.2. 바가바드 기타와 표준이론

힌두교의 인간론은 큰 틀에서 영혼학 표준이론과 일치한다. 힌두교 3대 경전의 하나인 바가바드 기타의 진술을 보자. 모두 표준이론과 잘 어울리는 진술들이다.

1) "물질적인 육체보다 감각기관이 우수하며 감각기관보다 마음이 더 우월하다. 그리고 마음보다는 초월적인 지성이 더 우월하다. 또한 지성 위에는 참자아 아트만이 있다."1121) 이 말은 표준이론의 '육체< 생기체 < 정신체 < 양심체 < 영'이란 말과 같다.

2) "아트만은 프라크리티(prakrti)에 작용하여 현상세계를 펼치고 변화무쌍한 그 세계를 스스로 경험한다." 아트만은 영이고 프라크리티(prakrti)는 기(氣)다.

3) "마음을 안으로 돌리고 바깥 세계와 접촉하는 감각기관을 제어하면서 진정한 자기 자신이 누구인지를 찾는 훈련을 계속하다 보면 자신의 참 자아를 깨닫게 된다." 여기서 마음은 혼(魂)이고 참자아는 영(靈)이며 감각기관은 생기체와 몸(肉)이다.

1119) 표준이론에서 혼은 질료가 기이니 물성(物性)이 있으나 여기서 물성의 물(物)은 물질(物質, Phisical matter)의 물(物)이 아니라 물질의 질(質)이다. 따라서 혼의 물성은 질성(質性)이다. 물리적(物理的) 물성은 없는 것이다. 반면 영은 물성도 질성도 아예 없다. 구태여 이름하면 사념체이나 이 용어 또한 의식이 장이니 파동이니 하는 최근의 양자의학적 사고가 투영되어 영에 소립자 정도의 물성이 부여된다거나 최소한 영이 기의 일종인 정묘한 에테르체라는 신지학적 사고를 경계하여 이러한 언급도 삼간다.

1120) 신지학에서는 힌두이즘의 범심론을 본받아 생물체의 의식 수준을 넘어 광물과 세포의 의식까지 말한다. 그러나 이는 의식의 가능태로서 원인의식을 과장한 주장이다(10.2. '기와 관련된 실험들' 참조).

1121) 바가바드 기타 3장 42-43

4) "참자아인 아트만을 깨닫는 사람은 감각을 극복하고 통제한다." 표준이론에서도 영을 자아의 방에 들여 극히 수승한 사람은 생기체와 몸을 극복하고 통제하는 능력을 가질 수 있다.

5) "지혜로운 사람은 이기적인 욕망을 참자아를 아는 지혜의 불에 완전히 태워버린다." 이는 욕망은 정신체이고 지혜는 양심체이니 양심체로 정신체를 극복하라는 말이다.

6) "결과를 기대하지 않고 소유에 대한 욕망을 포기하고 참자아 상태에 머물면서 육체가 하는 행동을 통제하는 사람은 무엇을 해도 잘못이 없다."1122) 이를 표준이론식으로 풀면 "결과를 기대하지 않고 혼(魂)의 소유욕과 명예욕을 버리고 영(靈)상태에 머물면서 육체가 하는 행동을 통제하는 4단계 자아의 수준에 도달한 성인(聖人)은 마음가는 대로 행동해도(從心) 잘못이 없다."라는 뜻이다.

7) "현상세계(prakrti)에 현혹된 사람들(의 혼)은 육체 속에 머물면서 기(氣)의 세 가지 성향인 '구나'의 활동과 감각의 대상을 즐기는 나(아트만)를 감지하지 못한다. 또 때가 되면 육체를 벗어던지고 떠나는 나를 감지하지 못한다."1123) 이 구절에서 말하는 수준의 사람들은 표준이론으로 보면 자아의 수준이 기껏해야 2단계 이하의 사람들이다. 그런데 힌두에서는 아트만이 그 사람들 모두에게 있다 한다. 표준이론에서 2단계 미만의 자아의 사람은 몸에 영이 없다. 또한 그 수준 사람들의 혼은 정신체가 8~9할(割)이요 양심체가 1~2할이니 이기심에 사로잡혀 있다. 2단계의 사람도 영이 있는 비율이 30%이고 2.5단계도 50%에 불과하다. 이런 사실을 보면 영의 존재를 알지 못하거나 외부의 영, 성령이나 신성함 등을 직관으로 느끼기 어려운 사람들이 많다. 더구나 그들은 각성 시에 깨어있는 시간이 너무 작아 양심이나 영이 자아의 방을 제대로 장악하고 있지 못하다. 2.5단계의 깨어있는 시간이 겨우 20%이고 2.5단계 이하 사람들의 수는 인류의 97% 이상을 차지한다.1124) 그렇다면 2.5단계 이하의 많은 사람들이 위 바가바드 기타에서 표현하는 삶을 살고 있다. 따라서 바가바드 기타의 이 글은 표준이론의 2.5단계 이하 수준 사람들의 삶을 표현하고 있다고 본다.

1122) 고도로 진화된 존재들(고진재)은 모든 것을 모두와 공유한다. 사실 행성이나 행성집단 자체가 하나의 유기체로 이해된다. 그것은 생명이 있는 모든 종들의 상호관계이다. 고진재는 관리자지 소유자가 아니다(닐 도날드 월쉬, 「신과 나눈 이야기」, 조경숙 옮김).
1123) 바가바드 기타 15장 10
1124) 부록1 '자아의 수준에 따른 영과 혼' 참조

8) 바가바드 기타는 설(說)하기를, 보이는 현상에 미혹된 사람들의 지식은 공허하다. 그들은 '본성의 악마적인 상태'에 머물면서 헛된 것을 추구한다. '본성의 악마적인 상태'란 에고의식에서 비롯되는 二元的 분별심(分別心)에 함몰되어 있는 상태로 자의식에 충만해 있는 상태다. 반대로 모든 것은 하나에서 근원하고 있다는 의식상태를 '본성의 신성한 상태'라고 한다.1125) 여기서 악마적인 상태는 이기적인 상태로 해석되며 표준이론의 정신체의 상태와 일치하고, 신성한 상태는 사단(四端)과 지혜의 상태로 양심체의 상태와 상통하는 듯하다. 그렇다면 여기서 '보이는 현상에 미혹된 사람들'이란 정신에 치우친 2단계 미만의 자아의 사람들이다. 그들의 비율은 인구의 76%에 달한다.

8.6.3. 힌두철학 삼키아학파의 인간론

인도철학에서 이야기되는 우주론은 다양하다. 힌두교의 성전인 리그베다에서는 일신교적 또는 범신론적인 여러 창조론을 찾아볼 수 있는데, 그 초기에는 타드 에캄(Tad Ekam)이라는 일자(一者, That Oneness)에 의해 우주가 창조되었다는 신화가 보이고 이후 원형인간인 푸루샤의 각 부분에서 만물이 출생했다는 거인해체(巨人解體)창조신화1126)가 나타나며 이어서 도(道, Rta)나 시간(時間, Kala), 사트(Sat)신으로부터 우주가 창조되었다는 신화 등이 등장한다.

힌두 육파철학이 하나로서 가장 오래된 학파인 삼키아학파1127)는 리그베다의 거인해체신화를 정신적 원리인 신아(神我) 또는 순수정신으로 풀이되는 '푸루샤(Purusha)1128)'와 물질적 원리로서 표준이론의 氣로 이해되는 '프라크리티(Prakriti)' 간의 상호작용으로 변형하여 우주의 생성원리를 설명한다.1129)

1125) 정창영, 「바가바드 기타」 9장 11-12
1126) 거인 푸루샤의 신화는 아직도 자이나교에 살아있다. 거인 푸루샤의 머리와 가슴은 천계이며 몸통은 인간계, 다리는 지옥이다. 인간은 푸루샤의 몸 안에서 윤회를 반복한다(미주 35 '원형인간론' 참조).
1127) 삼키아학파(Sāṃkhya 學派), 상캬학파 또는 상키아(Sankhya)학파는 힌두교의 정통 육파철학 중의 하나로, 불교 경전 및 논서에서는 수론파(數論派)로 불리고 있다. 시조는 카필라(Kapila BC 4~3세기)이다.
1128) 원래 푸루샤는 우주적 원형 인간이었다. 푸루샤의 각 부분에서 만물이 출생했다는 '거인해체(巨人解體)' 창조신화의 거인이다. 이후 삼키아학파의 이원론(二元論)에 이르러서는 프라크리티(Prakriti), 즉 물질원리(物質原理)와는 별개의 존재인 정신원리(精神原理, 神我)로 인식되었는데 삼키아학파에 따르면, 푸루샤는 원래 아무런 작용도 하지 않는 순수한 의식이었지만 진화과정 속에서 프라크리티(prakrti)와 결합하면서 물질원리가 전개되어 아함카라(Ahamkara, 자의식)가 생기고, 더 나아가 윤회(輪廻)의 고통스러운 세계가 출현하게 된다. 이처럼 인도철학 용어는 그 뜻을 종잡기 어려워 그때그때 새겨들어야 한다. 인도철학은 원래부터 베다철학의 6파와 불교 그리고 자이나교 등 육사외도(六師外道)로 복잡하였는데 후대에 내려오면서 파가 갈리고 설이 난무하여 자기들도 그 내용과 차이를 파악하기 어려울 지경이 되었다.

아트만(atman)은 힌두 전통에서 윤회의 주체를 구성하는 핵심적인 요소로 간주되는데, 삼키아(Sāṃkhya)학파에서는 아트만을 대체하는 용어로 푸루샤를 사용한 것이다.1130) 따라서 푸루샤는 아트만과 마찬가지로 그 실체는 영(靈)이고 프라크리티는 표준이론의 기(氣)라고 볼 수 있다. 삼키아학파의 창조론을 보면 다음과 같다.

순수정신 푸루샤와 물질의 근본원질 프라크리티(prakrti)가 우주창조의 두 근본요소다. 삼키아학파에 따르면, 푸루샤는 원래 아무런 작용도 하지 않고 프라크리티를 관조(觀照)할 뿐인 순수한 의식(個我)이었지만 프라크리티와 결합하면서1131) 물질원리가 전개되어 아함카라(Ahamkara, 자의식)가 생기고, 더 나아가 윤회(輪廻)의 고통스러운 세계가 출현하게 된다.

물질원리가 전개되는 과정을 좀 더 자세히 살펴보면 프라크리티는 변화의 속성을 가진 3구나(Gunas) 즉, 순질(淳質, 善性)의 사트바(Sattva), 동질(動質, 動性)의 라자스(Rajas), 암질(暗質, 暗性)의 타마스(Tamas)가 프라크리티 내에서 정지된 균형을 유지하다가 푸루샤의 자극으로 서로 간의 균형이 깨지면서부터 물질적 변화를 시작한다.1132) 우선 근원적 사유기능인 마하트(Mahat), 또는 우주적 지성인 붓디(Buddhi)가 출현하여, '나'라는 자의식, 즉 아함카라(Ahamkara)가 생기고 이후 안(眼), 이(耳), 비(鼻), 설(舌), 신(身) 다섯 감각기관이 발생하며, 또 손, 발, 발성, 배설, 생식의 5가지 기관과 마음(manas)의 기능이 생겨난다. 그리고 이어서 색(色), 성(聲), 향(香), 미(味), 촉(觸)의 5가지 대상영역의 미세한 요소(Tanma-tra)가 나타나 도합 25요소로 우주가 완성된다.

1129) 1. 베다의 찬송가인 '푸루샤 숙타(원시 찬가)'에서 원형인간 '푸루샤(Purusha)'는 천 개의 머리, 천 개의 눈, 천 개의 발을 가졌는데 거기에서 말, 소, 산양, 양 등이 태어났고, 푸루샤의 마음에서는 달이, 눈에서는 태양이, 입에서 인드라와 아그니가, 숨결에서 바람이, 배꼽에서 공계(空界), 머리에서 천계(天界), 양발에서 대지, 귀에서 방위(方位)가 생겼다고 한다. 이러한 찬가는 거인 해체 신화의 한 예이다(나무위키, 창조론 참조).
2. 원시인간인 푸루샤가 정신원리(精神原理, 神我)로 인식되기 시작한 것은 우파니샤드 문헌을 거쳐 삼키아학파에 이르러서 물질원리(物質原理)인 프라크리티(Prakriti)를 만나 이원론(二元論)을 형성하면서부터이다.
1130) 아트만과 푸루샤는 삼키아학파 내외에서 동일한 개념으로 통용되었다(강형철, 「아트만과 푸루샤 개념의 교차점」).
1131) 이를 푸루샤와 프라크리티 간의 발란스가 깨진다고 설명한다.
1132) 반대로 프라크리티의 이 세 가지 속성을 요가의 마지막 두 단계인 명상과 삼매로 안정시키면 욕심을 떠날 수 있게 되며(혼을 자아의 방에서 내보낼 수 있으며) 이로써 합일의 경지가 가능하다고 한다(사라스와티, 「혼의 과학」, 40쪽).

위의 설명을 순서대로 보면 다음과 같다.1133)

1) 아트만이 프라크리티(自性, 氣, prakriti)에 작용하여 근원적 사유기능인 붓디(覺, buddhi) 또는 마하트(mahat1134))가 등장.
2) 자의식인 아함카라1135) 발달.
3) 사트바(Sattva)의 속성이 우위인 아함카라에서 사고기관인 의(manas, 意)와 意의 5가지의 감각기관인 눈, 귀, 코, 혀, 몸(jnanendriyas, 五根) 그리고 5가지 행동기관(karmendriyas)인 손, 발, 발성기관, 배설기관, 생식기관이 발생.
4) 타마스(Tamas)의 속성이 우위인 아함카라에서 5가지 미묘한 원소인 오경(panca-tan-matra, 五境)이 생성.
5) 붓디와 아함카라 그리고 오경에 의하여 링가 샤리라(細身)가 형성되어 윤회의 주체로서 영생하는 정신적 원리인 푸루샤와 함께 전생(轉生).

오늘날 인도 라자요가의 요기인 사라스와티(Swami Yogeshwaranand Saraswati)는 위 삼키와 학파와는 순서를 약간 달리하는 주장을 펼친다. 그러나 그도 결국 주장하는 바가 브라만(아트만)이 물질인 기에 작용하여 물질세계와 인간을 창조한다는 것이니 중요한 차이가 아니다.尾196)

이처럼 이 삼키아철학은 기(氣)인 프라크리티(prakrti)에서 자의식이 발생하는 과정과 만물의 질료인(質料因)으로서 물질로 전개되는 과정을 영과 기의 상호 교합 관계로 해석함으로써 표준이론과 유사한 기발생론적 인간창조과정을 진술하고 있다. 그러나 신으로부터 온 영(푸루샤)이 기에 작용하여 인간의 혼(아함카라)과 물질계가 창조되었다는 역진화적인 이원론을 주장함으로써 표준이론과 다른 모습을 보인다. 그리고 이러한 생각은 오늘날 신지학과 뉴에이지의 인간관 형성에 모태가 되었다. 기의 에너지가 빅뱅하여 물질이 되고 다시 그 생명력이 물질에 작용하여

1133) evolutes of prakriti 검색 또는 blog.naver.com/thedaywemet/221478747321 그림 참조
1134) 마하트(mahat)는 인도 정통철학 삼기아학파에서 말하는 세계가 창조되는 25가지 구성요소 중 두 번째 요소로서 산스크리트어로 '대(大)', '커다란 것'을 뜻한다. '우주적 지성', '정신적 깨달음'을 의미하는 붓디(覺, buddhi)의 이칭이다. 근본원질인 프라크리티(prakriti)의 내적 평행상태가 깨지고 전변(轉變)하면서 가장 먼저 출현하는 산물이다. 근원적 사유기능과 확인의 작용을 본질로 한다. 사람에 이르러서는 단순이 지성을 뜻하기도 한다. 아함카라(Ahamkara, 자의식), 마나스(manas, 마음)와 함께 인간의 주요 인식기관을 구성하며, 그중에서도 가장 고차원적 정신작용으로 간주된다(두산백과, 마하트 참조).
1135) 아함카라(ahamkāra)는 인도철학의 용어로 '자의식'이다. 아함은 1인칭 대명사 '나', 카라는 '행위'라는 뜻이다. 일반적으로 이기심, 아집을 의미하는 말인데, 삼키아 학파의 철학체계에 수용되어서 현상계를 성립시키는 원리의 하나로 되었다. 그에 의하면 아함카라는 '내가 행위한다. 이것은 나의 것이다. 이것이 나이다'라고 하여서, 본래의 자아가 아닌 것을 자아로 오인하는 기능을 가지며, 이 오인을 계기로 윤회가 생겨서 현상계가 성립했다(종교학대사전, 아함카라).

생명이 탄생하였다는 표준이론의 일원론적 생각과 차이가 발생하는 지점이다.

한편 푸루샤가 이와 같은 프라크리티와 자신을 동일시하지 않고 완전히 무관심할 때, 이러한 상태를 해탈(解脫)이라고 한다. 삼키아학파와 요가학파1136)의 철학에 따르면, 마음의 작용(心作用)이란 마음(혼)이 성하여 자아가 자신의 본질이 푸루샤(Cosmic Spirit)임을 잊고 프라크리티(Cosmic Substance)를 자기 자신으로 보는 것을 의미한다.1137) 프라크리티에 푸루샤가 작용하여 생성된 만물은 사실 허상이다. 따라서 이를 실상으로 인식하는 마음의 작용을 극복(무명 탈출)하고 실체를 여여히 보는 것(열반)을 추구하여야 한다. 마음 또한 허상이니 궁극적으로는 이마저 버리고 실재인 아트만에 복귀하라는 삼키아의 교설은 '마음인 혼을 극복하고 자아를 영으로 채우라' 또는 '영(아트만)과 혼(프라크리티)을 구별하여(脫無明) 혼을 극복하라'라는 표준이론의 주장과 일치한다. 이는 '혼이 영을 제치고 자아의 방을 차지하고 있는 현 상황'의 극복을 추구하는 표준이론의 구도론을 다른 방식으로 묘사한 것이다.

오늘날 대다수의 힌두교 종파에서는 삼키아학파의 복잡한 창조론 대신 태초에는 트리무르티(Trimūrti) 삼신(三神)1138)만이 존재했으며, 이 중 창조의 신인 브라흐마에 의해 세상이 창조되었다고 믿는다.1139) 오히려 삼키아학파의 인간론은 오늘날에 신지학을 선봉으로 뉴에이지에서 자신들의 입맛에 맞게 변형되어 그들 교리의 형성에 사용되고 있다.1140)

8.6.4. 차크라

차크라(chakra)는 고대 인도철학에서 유래되어 힌두교와 탄트라 불교의 일부 종파에서 정신과 신체수련에서 사용하는 이론으로, 이들은 인간의 신체에는 정신적인 힘과 육체적인 기능이 합쳐져 상호작용을 하는 약 8만 8천 개의 차크라가 있다고 한다. 그중 꼬리뼈에서부터 정수리에 이르기까지 인간의 척추를 따라 존재하는 7개의 '주요 차크라'가 있다. 차크라라고 하면 보통 이 7개의 차크라1141)를 말

1136) 요가학파는 파탄잘리(Patañjali 기원전 150년경)에 의하여 창시되었다. 그는 4대요가 중 하나인 라자요가 해설서로 유명한 「요가 수트라(요가經, Yoga Sutras)」를 썼다.
1137) 위키백과, '요가' 참조
1138) 창조의 신 브라흐마(Brahmā)와 유지의 신 비슈누(viṣṇ) 그리고 파괴의 신 시바(śiva)
1139) 우주원리로서의 브라만(brahman)이 인격화된 신이 브라흐마(梵天, Brahma)이다.
1140) 원설(原說)을 제대로 이해하지 못하고 동양적 신비함을 갖추기 위하여 용어만 가져다 쓴 감이 적지 않다.

한다. 차크라는 선도(仙道)나 중국의학의 경혈(經穴)과 거의 유사하며 '주요 차크라'는 단전(丹田)으로 볼 수 있다. 다만 경혈이나 단전과는 달리 인도의 차크라는 베다의 다신체론과 연결되어 미묘체(subtle body, sukshma sharira)[1142]로 통하는 곳, 의식(意識)이 머무는 곳, 나아가 의식수준을 결정하는 곳[1143]으로 소개되며 건강뿐 아니라 명상과 정신수양 차원의 개념으로 이야기되고 있다. 이처럼 신비(神秘)로 포장되어 서구에 많이 보급된 차크라는 최근 우리나라에도 수입되어 선도의 단전과 비등할 만큼 널리 알려져 있다.

8.6.5. 파라마한사 요가난다의 인간론

인도의 요기 파라마한사 요가난다는 그의 자서전에서 인도의 고유 요가철학과 그것이 서구화된 신지학의 논리로 다음과 같이 이야기한다.
"하느님은 코잘체의 서른다섯 가지 개념 안에서 열아홉 가지 아스트랄체적 대응 요소와 열여섯 가지 육체(肉體)적 대응 요소들의 복합체를 고안하셨다. 그분은 진동의 힘을 농축시켜서, 인간의 아스트랄체(astral body)를 만드신 다음, 마침내 육체적 형상을 만드셨다. 코랄 우주 및 코잘체는 아스트랄 우주 및 아스트랄체와 구분되었으며, 물질적 우주 및 육체 또한 다른 피조물들과 특징이 다르다. 아스트랄체의 열아홉 가지 요소들은 정신적이고 정서적이며 생명자(lifetrone)적이다."라고 하며 열아홉 가지 요소로서

1) 지성, 자아(ego), 감정, 정신, 지식으로 구성되는 다섯 가지 도구들과[1144]
2) 시각, 청각, 후각, 미각, 촉각으로 구성되는 행위의 다섯 가지 도구들(五根)과 생식, 배설, 말하기, 걷기와 손동작을 행하는 능력의 도구들과 몸의 결정(結晶)화, 동화, 탈락, 대사, 순환 기능으로 구성된 생명력의 다섯 가지 도구들을 열거하였다.[1145]

1141) ① 회음부에 있는 물라다라(mūlādhāra) ② 성기에 있는 스바디스타나(svādhiṣṭhāna) ③ 배꼽 근처에 있는 마니푸라(maṇipūra) ④ 가슴에 있는 아나하타(anāhata) ⑤ 목에 있는 비슈다(viśhuddha) ⑥ 미간에 있는 아주나(ājñā) ⑦ 정수리에 있는 사하스라라(sahasrāra)
1142) 베다에서는 미묘체를 슉슈마 사리라(sukshma sharira)라고 부르며 미묘체가 차크라를 통해 몸을 다스린다고 한다(8.6.1. '다신체론의 기원으로서 힌두교' 참조). 미묘체는 표준이론의 생기체와 정신체 정도에 해당한다.
1143) 위스콘신 의과대학 상담심리학자인 '아자야'는 융의 원형(archetype) 개념을 차크라와 결합시켜 한 인간이 어떤 차크라에 머물러 있느냐에 따라 그의 의식 수준이 결정된다고 주장하였다. 하위 차크라의 의식은 적대적이고 극단적이며, 상위 차크라로 올라갈수록 통합된다. 물라다라와 같은 하위 차크라 의식은 생존을 위한 투쟁같이 적대적이고 극단적이며, 최상의 사하스라라에 이르면 나와 타인의 구별이 없어지는 의식 성장이 이루어진다는 것이다.
1144) 이는 표준이론의 상위정신체의 기능에 해당한다.
1145) 이는 표준이론의 감각과 자율신경 그리고 이에 대응하는 생기체의 기능이다.

그의 이러한 주장은 전술한 삼키아학파의 25가지 구성요소론과 신지학의 인간론이 합쳐진 느낌이지만 나름대로 치밀한 인간론의 구조를 보이고 있다.

그는 또 "죽음이 오면 육체라는 두터운 외투는 당분간 흩어진다. 하지만 그 영혼은 아스트랄체와 코잘체에 가두어진 채 남아있다. 이 세 몸체가 함께 있도록 하는 결합력은 욕망이다. 충족되지 않은 욕망의 힘은 인간이 가진 노예성의 뿌리이다."라고 하면서 신지학과 유사한 주장을 펼친다.

이러한 요가난다의 인간론 모델은 여러 가지로 표준이론과도 흡사한데 다만 다른 점은

1) 표준이론의 생기체에 감정과 지성의 상위정신체(신지학의 하위멘탈체)를 더해 아스트랄체로 파악하고
2) 또 감성과 욕망의 하위정신체가 따로 없으며
3) 지성의 히라냘로카(Hiranyaloka)계를 아스트랄체와 코잘체 사이에 두고 있다.[1146]

요가난다는 그의 자서전 43장에서 부활한 스승 스리 유크테스와르(Swami Sri Yukteswar Giri 1855~1936)의 말을 빌려 다음과 같이 진술하며 그의 인간론에 대해 좀 더 자세한 논의를 펼친다.

서로 스며들어 있는 인간의 세 몸체는 세 갈래의 성질을 통해 여러 방식으로 표현된다. 인간은 깨어있을 때 이 세 몸체를 의식한다.

1) 그가 감각적으로 맛보고, 냄새 맡고, 감촉하고, 듣고, 보려고 의도하면, 그는 주로 육체를 통해 일하고 있는 것이다.
2) 상상하고 뜻을 세운다면, 그는 주로 아스트랄체를 가지고 일하는 것이다.
3) 코잘체는 그가 생각하고 있거나, 내적 통찰력이나 명상 속에 빠져 있을 때 발현되고 있는 것이다. 천재적인 우주의 생각들은 코잘체와 습관적으로 접촉하는 사람들에게 온다.

이런 의미에서 개인들을 물질적인 사람, 정력적인 사람, 지성적인 사람으로 크게

[1146] 부록4 '영혼육의 구조' 참조

나눌 수 있다.1147)

표준이론에서 볼 때 그의 주장은 몇 가지 지적을 받아야 한다.
우선 혼영은 일체라 어느 행동은 누가 하고 어느 생각은 누가 하였다는 것의 구분은 매우 어렵다. 주체를 구분하더라도 主와 副의 차이일 뿐이다.1148)
또한 요가난다의 위 세 가지 구분에는 영이 없다. 그러나 그도 사람은 영혼육의 존재라고 하며 영은 코잘계를 벗어난 상위우주의 존재이고 물질, 아스트랄체, 코잘체 세 가지 옷을 입고 있다고 말한다. 이는 전형적인 신지학의 논리로 요가난다는 그 영향을 받아 전통적인 인도철학에서 벗어나 있다.
한편 요가난다는 순수의식인 '투리야'尾197)의 상태를 항상 유지하는 완벽한 무상삼매를 달성한 사람은 명종(命終) 후 '히라날로카'라는 차원 높은 영계로 간다고 주장한다. 또한 그는 저승의 구조로 '아스트랄계(astral plane)', '일반영계', '코잘계' 등의 영계를 더 이야기한다. 이 역시 신지학으로부터 역영향을 받는 주장이다.1149)

8.6.6. 힌두교와 불교의 무아(無我)

사실 오늘날 힌두교의 인간론 또는 신론은 불교보다 훨씬 명쾌하고 사실적이다. 붓다가 브라만의 존재를 부인하고 아트만을 얼버무림으로 인하여 이후 불교 내부에서는 수많은 논란이 일었으며 종이 갈리고 파가 이어졌다. 공이니 무아니 모두 여기에서 기인한다. 있는 것을 없다고 하려다 보니 없는 것도 아니고 있는 것도 아닌 꼴이 되었다. 그 사이를 각종 희한하고 방대한 변설로 메꾸려고 하다가 자가당착이 생기고 모순이 나타나 마침내 불자 스스로도 이해불가능한 교리를 만들어 내었다. 게다가 깨달음을 실천이요, 합일이 아니라 공안(公案)이니 화두니 하며 '비전(祕傳)의 벽' 안에서 자기들끼리의 재치문답놀이로 전락시키고 말았다. 그러나 진실은 스스로 말한다. 비로자나 법신불1150)이나 본초불(本初佛) 같은 자생적 類似브라만을 보라.

1147) 표준이론적으로 해석하면 '물질적인 사람'은 하위정신체인 이드가, '정력적인 사람'은 상위정신체인 에고가, 그리고 '지성적인 사람'은 양심체가 각각 자아를 주도한 상태를 말한다.
1148) 요가난다의 다의식론적 사고방식은 신지학의 영향을 받은 듯하다.
1149) 히라날로카계는 전체적으로는 신지학의 하위멘탈계 정도로 보이나 투리야의 경지를 운운함으로써 붓디계 이상으로 보이기도 한다.
1150) 비로자나불은 장소 및 사람 등에 따라 가변적으로 화신(化神)과 응신(應身)으로 그 모습을 나타낸다. 석가모니불이 비로자나불의 응신이다.(표준이론으로 보면 석가모니 부처님은 수승하여 브라만인 비로자나와 합일한 성자다.)

무아(無我)란 自他가 二元이 아님을 깨달은 상태 또는 영이 궁극과 합일하여 주객이 사라진 상태라고 설명하면 족하고 그것이 진실이며 전부다. 자와 타의 구분이 결국 무명에 기인한다는 논리 또는 아상(我想)은 연기(緣起) 중 나타난 오온에 불과한 것이라는 주장은 쉬운 말을 어렵게 하는 재주에 불과하니 다 공(空)하다.

8.7. 정기신(精氣神)의 인간론

중국에서는 전통적으로 삼분법적 체계를 통해 인간 생명의 원천을 설명하고자 하였다. 이러한 사상의 원형은 여씨춘추(呂氏春秋)의 형·정·기(形精氣), 회남자(淮南子)의 형·기·신(形氣神) 등 춘추전국시대 제가백가의 사상에서 찾아볼 수 있는데, 후에 진한시기 황제내경(黃帝內經)[1151]에 이르러서는 정(精)·기(氣)·신(神)의 체계로 정착되었다. 고대의 원형적 정기신 학설은 추상적이고 무형적인 철학 이론이었으나 황제내경(黃帝內經) 이후 도교와 동양의학 등에서 구체적이고 실재적인 개념으로 전환되었다.[1152] 도교에서는 내단(內丹)학의 기초이론으로 채용되었으며 동양의학에서는 정기신을 인간 생명을 이루는 세 가지 보배(三寶)라고 하여, 생명 유지를 위해 필수적으로 유지하고 보양하여야 할 대상으로 파악하였다. 따라서 점차 정기신의 수련 방법에 관한 다양한 이론 체계가 형성되었으며[1153] 나아가 기(氣)를 이야기하는 모든 교학(敎學)에 스며들어 그 의미도 크게 다양화되었다.

이를 분류하면

1) 정은 생명력, 기는 생명력의 물질적 부분, 신은 마음이라고 보는 입장
2) 기가 물질화된 것이 정이라 하고, 기의 신묘한 부분이 신이라는 입장
3) 정기신을 몸, 기, 정신으로 해석하고 각각 하단전, 중단전, 상단전에 대응시키려는 주장
4) 정은 정신(精神), 기는 혼(魂), 신은 영(靈)이라고 하는 주장
5) 정기신 대신에 영(靈), 기(氣), 질(質)을 3대요소로 보는 관점尾198)

[1151] 현존하는 최초의 의학에 관한 책으로 얼추 전국(戰國) 시대에 책이 되어 나왔다. 내경(內經)이라고도 하며, 의학오경(醫學五經)의 하나이다. 중국 신화의 인물인 황제와 그의 신하이며 천하의 명의인 기백(岐伯)과의 의술에 관한 토론을 기록한 것이라 하나 사실은 진한(秦漢)시대에 황제의 이름에 가탁(假託)하여 저작한 것이다(한의학대사전, 두산백과 참조).
[1152] 특히 황제내경은 인체를 기론(氣論)적으로 인식하고 음양의 운동법칙과 오행의 유기적 방법론을 의학에 적용하여 지금도 동양의학이론과 임상분야의 주요한 근거가 되고 있다(이현수, 「기철학연구」, 81쪽).
[1153] 두산백과, 정기신 참조

6) 정기신을 영(靈), 백(魄), 혼(魂)으로 보고 각각 중단전, 하단전, 상단전에 대응시키는 관점尾199)
7) 정기신을 삼혼설로 풀어 정은 생혼, 기는 각혼, 신은 영혼을 의미한다는 주장
8) 신은 절대자의 생명의 빛이고 정은 생명력이며 기는 천지만물의 원재료로 보는 관점
9) 정기신을 각각 백(魄), 혼(魂), 영(靈)으로 보는 입장1154)
10) 정기신을 성명정(性命精)이론의 정명성(精命性)의 각각에 대응시키는 주장

그 의미가 다양하다고 정기신(精氣神)을 어렵고 심각하게 생각할 일이 아니다. 다만 기(氣)를 중심으로 그 실체와 기능을 다양하게 해석함으로써 펼쳐지는 담론이니 그저 기(氣)라는 것이 세상에 그지없이 중요한 것이로구나 하면 될 일이다.

위의 해석 중 몇 가지에 대해 좀 더 알아본다.

우선 위 첫 번째와 두 번째 그리고 세 번째 해석은 유사한 주장이다. 도교에서는 인간을 이루는 구성요소를 정기신의 세 가지로 보았는데, 신(神)은 인간의 정신의식에 해당하고, 정(精)과 기(氣)는 인간을 구성하는 물질적 요소로 정(精)은 생명의 원천이자 토대를 말하고, 기(氣)는 활발한 생명의 흐름이다.1155) 이러한 정기신의 수련으로 내단(內丹)이 얻어진다.

도교 내단(內丹)의 철학을 기반으로 하는 우리나라 동의보감에서는 정기신에 관하여 다음과 같이 말한다. "정은 기를 생기게 하고, 기는 신을 생기게 하는데, 일신(一身)을 영위(榮衛)하는데 이보다 더 귀중한 것은 없다. 그러므로 양생하는 사람은 먼저 정을 귀중히 여겨야 하는바, 정이 그득하면 기가 충실해지고, 기가 충실하면 신이 왕성해지고, 신이 왕성하면 몸이 건강해지고, 몸이 건강하면 병을 덜 앓는다."1156) 그러나 의학서인 동의보감은 도교와 달리 신(神)을 불멸하는 혼(魂)으로 연결시키지는 않는다. 몸이 죽으면 정도 기도 신도 모두 몸과 함께 소멸된다. 또 정기신을 3단전과 연결시키는 데 있어서 선도(仙道)에서는 보통 下中上 단전을 정기신과 순서대로 연결시키고 있으나 국선도나 동의보감은 下上中 단전을

1154) 석문도담(한조), 「석문도법」 참조
1155) 정기신의 관계를 촛불에 비유하면 초의 몸체는 精이라 할 수 있겠고 精을 태워서 일어나는 촛불은 氣라 할 수 있고 촛불에서 나오는 광채는 神이라 할 수 있겠다. 또 컴퓨터에 비하면 精은 하드웨어, 神은 소프트웨어, 氣는 파워 즉 電氣라고 할 수 있다(이현수, 「기철학 연구」, 378쪽).
1156) 精能生氣, 氣能生神, 榮衛一身, 莫大於此, 養生之士, 先寶其精, 精滿則氣壯, 氣壯則神旺, 神旺則身健, 身健而少病(東醫寶鑑, 內景篇 卷一 精)

정기신과 연결시키고 있다.1157)

표준이론의 생기체(生氣體)는 물성을 가진 기(氣)로 이루어지고 그 속성은 생명력인데 도교와 동의보감에서는 정을 생명의 원천이자 토대라고 하고 기를 생명력이라고 하였으니 그렇다면 정은 몸이요 기는 생기체와 다르지 않으며 신(神)은 혼의 정신체다. 이 주장은 생기체가 몸에 제대로 자리 잡아야 혼인 신이 깃든다는 것이고 건강한 혼은 기의 맥인 경락의 운행을 훌륭하게 한다는 의미이니 표준이론과 훌륭하게 통하는 생각이다.

일곱 번째 주장은 정기신을 삼혼설로 풀어, 정은 생혼에 속하는 것으로 식물의 기를 말하고, 기는 동물 수준의 기인 각혼을 말하며 신은 영혼을 의미한다는 주장이다.1158) 삼혼설은 원래 아리스토텔레스에서 기원하여 스콜라철학에 도입된 개념으로 17세기 중국선교사들이 「영언여작」이란 책을 통해 중국에 전파하였고 이후 우리나라에는 가톨릭의 전래와 같이 유입되어 한때 가톨릭교리로 혼동되었다. 그러니 삼혼설은 동서양이 만나면서 서로 간의 이해를 위해 편리하게 개발된 방편적 논리에 불과하다. 이 주장 역시 그러한 부류로 보인다.

여덟 번째에 해당하는 이론은 현대판 도론(道論)의 일종으로 기존 도가(道家)이론에 그노시즘이 믹스된 사상이다. 이 이론에 따르면 신(神)이란 '생명의 빛'1159)인데 신이 인간으로 화할 때 생명력인 정과 천지만물의 원재료인 기를 가지고 온다. 또 우주에는 그 근원에 절대자가 존재하며 절대자는 자신의 몸으로부터 수많은 우주와 만물들을 빛으로 만들어내었다. 따라서 인간은 빛으로부터 왔고, 빛으로 돌아가는 과정이 도라 한다.1160)

열 번째 주장을 보자. 성명정 이론은 유불선은 물론이요 우리나라 전통 삼신사상 등 여러 곳에서 그 모습을 찾아볼 수 있다. 우선 유교 성리학에서는 '하늘에 있어서는 명(命)이라 하고 그것이 사람에 이르러서는 성(性)이 된다'라고 하여 다른 사상들과는 사뭇 다른 측면에서 명과 성의 관계를 논하였고 양명학의 왕수인(王守仁)은 기(氣)가 엉겨 뭉치면 정(精)이 된다고 하여 기일원(氣一元)의 의론을 세웠다. 또한 도가에서도 처음에는 외단의 명(命)만을 구하던 이치가 그 한계에 이르

1157) 표준이론은 丹田에 대하여 별 의견이 없어 그들 간의 차이는 별로 중요하지 않다고 본다.
1158) 네이버카페, jangpodori 참조
1159) 한당,「천서」, 30쪽
1160) 한당,「천서」, 15쪽

자 성을 따지게 되어 성명쌍수(性命雙修)가 나타났고 불교는 반대로 처음에는 유식(唯識)의 성만 구하다가 점차 참선의 명(氣)도 같이 논하는 입장이 되었다. 또한 우리민족의 삼신(三神)사상에서는 性命精의 삼진(三眞)이 인간의 몸에 스며있다고 생각하였으며 이는 오늘날 대종교의 뿌리사상이 되고 있다. 이러한 성명정 이론은 정기신(精氣神)이론과는 정명성(精命性)의 순서로 서로 대응된다고 할 만하다.

결론적으로 정기신이론은 성리학에도 理와 氣로 이해되며 도입되었고 우리나라의 한의학, 동학, 대종교, 무교 등 어디 하나 묻어 있지 않은 데가 없다. 하여간 정기신론은 인간의 구성요소 중 기에 대해 주목하고 이를 여러 가지로 궁구한 끝에 나온 이야기들이니 결국 대동소이하고 해석만 구구할 뿐 거의 같은 내용이다.

8.8. 도교의 인간론

도교의 정통적 우주 창조스토리는 무(無)에서 시작하여 묘일(妙一)을 거쳐 삼원(三元)[1161]으로 나누어지고, 다시 천기·지기·인기의 삼기(三氣)로 변하며 그로부터 천(天)·지(地)·인(人)의 삼재(三才)가 나와 비로소 삼라만상이 갖추어진다는 것이다. 이와는 별도로 도교가 완전히 종교화되면서 도(道)가 신격화된 원시천존(元始天尊) 창조주의 창조스토리도 있다.[1162]

도교의 인간 구성요소론인 정기신이론의 신(神)은 혼론(魂論)으로 발전한다. 11세기에 저술된 도교(道敎) 교리서 운급칠첨[1163] 54권을 보면 "人身有三魂, 一名胎光,

---

[1161] 삼원(三元)은 도교 용어로 도교에서는 천(天), 지(地), 수(水)를 삼원(三元) 혹은 삼관(三官)이라고 한다.
[1162] 1. 원시천존(元始天尊)은 도교의 최고신이다. 하늘과 땅이 아직 분리되지 않고 혼돈 상태에 있을 때에 氣에서 스스로 생겨나서 神이 되었다. 천존은 역시 자연히 화생(化生)한 태원옥녀(太元玉女) 사이에 천황씨(天皇氏)를 낳아 그 후손이 황제(黃帝)가 된 때에 국토가 열리고 인간이 번식되기 시작하였다. 원시천존의 신앙은 남북조 시대 초기에 발생하여 당대(唐代)에 완성되었다. 당 말기의 천존 상(像)은 불상(佛像)이었다.
2. 운급칠첨에는 무(無)가 아니라 불보살이 중생의 제도를 위하여 변신하여 묘일이 되고, 묘일이 삼원으로 나누어져 三氣, 三才가 발생하였고, 거기에서 만물이 생겨났다라고 하는 진술도 있다. 이 또한 도교가 불교와 교리를 서로 섞었다는 것을 의미한다.
[1163] 운급칠첨(雲笈七籤)은 11세기에 송(宋)나라의 장군방(張君房)이 편찬한 도교 교리서로 122권으로 구성된다. 4,500여 권에 달하는 대송천궁보장(大宋天宮寶藏)과 1천 수백 종의 옛 문헌을 자료로 하여 초록한 것으로, 도교 연구에 매우 귀중한 자료이다. 이것을 제작한 직접 동기는 인종(仁宗)에게 읽히기 위하여 만들었다고 한다. 일종의 도교백과전서로 총론, 교사, 교리에서 시작해서 복기(服氣), 연단(鍊丹) 등의 도술, 선인의 논저, 시가, 전기 등으로 구성되어 있으며 도교를 종합적·체계적으로 총망라하여 정리한 도교학의 거작이다(종교학대사전, 두산백과, 운급칠첨 참조).

太淸陽和之氣也; 一名爽靈, 陰氣之變也; 一名幽精, 陰氣之雜也"라는 글귀가 있는데 해석하면 "무릇 사람의 몸에는 세 혼이 있는데 하나는 태광(胎光)이라 하고 태청양화(太淸陽和)의 기운이다. 또 하나는 상령(爽靈)이라 하여 음기(陰氣)의 변화를 말한다. 다른 하나는 유정(幽精)이라 하며 음기의 잡다(雜多)함을 뜻한다."이다. 이는 소위 '도교의 삼혼설'1164)이다.

한편 이와 같은 도교의 삼혼설은 우리나라에 이르러 성명정(性命精)이론1165)과 조화신(造化神), 교화신(敎化神), 치화신(治化神)의 삼신(三神)사상1166) 등 환단고기의 주장을 포섭하여 다음과 같은 복잡한 인간론으로 이어졌다.
태광(台光)은 조화(造化)계에서 인간에게 내려서 성품(性)을 이끌어 1혼(魂)이 되고 상령(爽靈)은 교화(敎化)계에서 인간에게 내려서 목숨(命)을 만들어 2혼(魂)이 되며 유정(幽精)은 치화(治化)계에서 인간에게 내려서 정기(精)를 만드는 3혼(魂)이 된다. 즉 인간은 조화와 교화와 치화의 三神이 성명정을 사용하여 인간에게 성품과 목숨과 정기를 부여함으로써 창조되었다는 뜻이다. 이는 중국 도교의 삼혼설의 이론에 비하여 한층 심화된 한국적 도설(道說)이 아닌가 한다.1167) 게다가 삼혼은 천지인(天地人) 삼재(三才)1168)를 상징한다는 주장도 나타나 삼혼설을 더욱 발전시켰. 이와는 별도로 삼신이 각각 영혼(靈魂), 생혼(生魂), 각혼(覺魂)에 해당한다는 해석도 조선말에 등장하였는데, 이는 서양 「영언여작」의 삼혼설이 그럴듯하다고 여긴 누군가에 의하여 도교 삼혼설에 각테일 된 듯하다.

1164) 도교의 삼혼설과 전술한 「영언여작」의 삼혼설은 엄연히 다르다.
1165) 삼신(三神)이 性命精의 삼진(三眞)으로 화하여 인간의 몸에 스며 있다는 생각이 우리민족의 전통적 삼신사상이다. 대종교 경전 중 하나인 삼일신고(三一誥)의 진리훈(眞理訓)에서 이르기를 "사람은 삼망(三妄)인 심(心)·기(氣)·신(身)에서 벗어나 본래적인 삼진(三眞)인 성(性)·명(命)·정(精)으로 돌아가야 하는데, 이를 위해 심의 감(感)을 지감(止感)하고, 기의 식(息)을 조식(調息)하고, 신의 촉(觸)을 금촉(禁觸)하는 삼법(三法)을 힘써 익혀야 한다."라고 한다(한국학중앙연구원, 「한국민족문화대백과」). 여기서 성명정(性命精)은 성품(性品)과 목숨(壽命)과 정기(精氣) 정도로 해석된다.
1166) 삼신(三神)사상은 대종교(大倧敎)의 신관(神觀)으로 한인(桓仁=桓因) 한웅(桓雄) 한검(桓儉)의 3신은 곧 1신의 삼위로서 본자리에 있으면서 여러 가지 몸으로 변화하여, 창조·조화의 자리에서 '한아배(天父)'도 되고, 교화의 자리에서 '한스승(天師)'도 되며, 치화의 자리에서 '한임금(天君)'도 된다. 나아가 각각의 자리에서 조화신(造化神), 교화신(敎化神), 치화신(治化神)의 권능과 작용을 행한다. 또한 환단고기에 의하면 고구려 때 불교가 전파되기 전에는 삼신(三神)신앙을 믿었다고 한다. 주기론이 없으니 힌두교의 파괴의 신(Shiva)이 없다.
1167) 환단고기에 수록된 고려 후기 이암(李嵒)의 단군세기 서문에 보면 "무릇 삼신(三神)의 도(道)는 대원일(大圓一)의 뜻에 있다. 조화(造化)의 신(神)이 내려 나의 성(性)을 이루고, 교화(敎化)의 신(神)이 내려 나의 명(命)이 되며, 치화(治化)의 신(神)이 내려 나의 정(精)이 된다."라는 말이 나오는데 이는 도교의 삼혼설에서 기인한 짬뽕 도설(道說)이 아닌가 한다.
1168) 삼재(三才)는 중국의 고대사상에서 우주와 인간 세계의 기본적인 구성요소이면서 그 변화의 동인(動因)인 천(天)·지(地)·인(人)을 의미한다. 우리나라에서는 환웅을 天, 웅녀를 地, 단군을 人으로 보는 단군신화에서 삼재론의 모습이 보인다.

8.9. 도가의 인간론

도가의 정통 우주창조 이야기는 전술한 바와 같이1169) 인간을 포함한 삼라만상이 陰陽의 두 기가 작용하여 형성된 '조화의 기(沖氣)'로 생성되었다는 것이다. 그럼 기에서 창조된 영혼은 명종 후 어디로 가는가? 도가의 생사관은 기본적으로 "인간의 삶과 죽음은 낮과 밤과 같다. 또 기가 모이고 흩어지는 것과 같다."이다.1170) 그 속뜻은 "해가 나고 기가 모이면 비로소 生하여 삶이 있는 것이니 삶에 대해서 알면 그것으로 족하다."라는 것이다. 종교가 아니라 사상이니 생과 삶만 따진 모양새다. 도가는 도교에 그 사상을 교리로 바쳤다. 도교는 도가에서 생과 삶의 사상을 가져와 여기에 사후관을 더해 그들의 생사관을 완성하였다.

다음으로 우리나라 道家(仙道)의 현대판 이론인 한당의 삼혼칠백설을 보자. 이는 8.7. '정기신(精氣神)의 인간론'의 아홉 번째 사례로서 儒佛仙에, 도교의 교리에, 뉴에이지까지 섞여 윤회론만 더하면 표준이론과 유사하다.

한당의 주장에 의하면 사람은 정(精)·기(氣)·신(神)으로 구성되고, 정기신은 각각 백(魄), 혼(魂), 영(靈)인데 사람마다 하나의 영이 있고 영(靈)은 세 개의 혼(魂)과 일곱 개의 백(魄)을 거느린다. 이름하여 일령 삼혼 칠백(一靈 三魂 七魄)이 그것이다. 일신(一神) 삼기(三氣) 칠정(七精)인 셈이다.

칠백(七魄)은 이목구비의 일곱 개 구멍(七孔)으로 출입하며 이를 다스리는 곳은 하단전(下丹田)이다. 육신(肉身)이 죽으면 함께 음(陰)인 땅속으로 들어가 지기(地氣)와 합일하여 흩어진다. 표준이론의 생기체와 비슷하다.

삼혼(三魂)에는 천혼(天魂), 인혼(人魂), 지혼(地魂)이 있고 중단전(中丹田)에서 다스린다. 명종 후 삼혼(三魂)은 양(陽)인 하늘로 올라가 천기(天氣)와 합일하여 흩어진다. 스스로 혼(魂)에 해당된다고 한다. 사후 소멸하는 것을 빼면 표준이론의 정신체와 비슷하다.

신(神)이 사람으로 올 때 우주의 정기(精氣)를 받아오게 되는데, 바로 이 정기(精氣)가 인체 내의 생명의 원동력을 이루게 되며 상단전(上丹田)에 위치하여 있다. 일령(一靈)은 천상계(天上界)로 돌아가 뉴에이지의 우주의식과 비슷한 '우주의 순리'에 귀의한다. 영이 모든 사람에게 있다고 주장하는 것과 윤회하지 않는다는 것을 제외하면 표준이론의 영과 유사하다.

1169) 5.6.8. '도가(道家)의 영혼(靈魂)' 참조
1170) 死生, 命也, 其有夜旦之常, 天也(죽음과 삶은 운명이다. 밤과 낮이 일정하게 바뀌는 것은 하늘의 법칙이다.) 氣變而有形, 形變而有生. 今又變而之死(기가 변해서 형이 생겼으며, 형이 변해서 생이 있고 다시 변한 것이 죽음이다.) 「莊子 大宗師」

8.10. 우리나라의 민속적 인간론

동아시아 각 나라의 민속종교는 대부분 고유한 무속(巫俗)과 유불선(儒佛仙)이 혼합된 형태이다. 우리나라의 경우도 예외가 아니다. 특히 조선조를 거치면서 유교적 인간관이 큰 영향력을 행사하였다. 우선 세상은 여러 가지 정령1171)으로 가득하다고 생각하였다. 또 사람에게는 혼(魂)과 백(魄)이 있는데 죽으면 각각 신(神)과 귀(鬼)가 된다고 믿었다. 또한 죽은 시신을 잘못 다루면 귀는 땅으로 가지 못하고 시신 주위에서 맴돌다가 사람들에게 좋지 못한 일을 한다고 했다. 귀신(鬼神)은 음양의 두 가지 기(氣)의 굴신왕래(屈伸往來)로 인한 조화의 자취일 뿐이라는 주희의 귀신관尾200)으로 무장한 성리학의 지대한 영향에도 불구하고, 우리나라 민속의 유교적 사후관은 '사람이 죽으면 우선 혼백이 분리되고, 혼은 신(神)이 되어 바로 하늘로 가고 백이 변화된 귀(鬼)는 땅으로 돌아가 흩어지는데 당분간 시신 주위를 배회할 수 있다'1172) 하고 신은 조상신이 되어 불멸하거나 3~4대 이상 개별로 존재한다는 것이다. 사후세계에 대한 공공연한 언급을 극도로 자제한 유교사회에서 공적(公的)으로는 있는 귀신을 없다 해야 했고 사적(私的)으로는 있는 귀신을 모르는 체할 수 없었으니 귀신관도 이처럼 공과 사가 타협하였다.

유불선을 막론하고 탁상공부가 깊어지면 기복(祈福)이 난망함을 깨닫고 내부로 눈을 돌려 자신만을 개발하려 하기 때문에 섭리(攝理)에 주력할 뿐 섭리와 福의 주관자는 애써 외면하려 한다. 따라서 유가와 불교는 문묘와 승가에 각각 모여앉아 성리(性理)와 불성(佛性)까지만 이야기할 뿐이나 이는 이해관계에 얽매인 교학(教學)이나 직업적 도그마에 얽매인 교리(教理)에 불과하고 유불을 막론, 대중 속으로 들어가면 진리가 자연스럽게 드러나게 되는바 유교는 도교의 원시천존이나 옥황상제 이하 군신(群神)을 공공연히 끌어들이고 불교는 부처와 보살을 자비와 복을 내려 주는 인격신으로 모시는 한편 극락(천국)과 비로자나불의 연화장세계(蓮華藏世界)를 꿈꾸었다. 이는 세상살이가 구복(求福)과 은총 없이는 견디기 어려워 그런 것일 것이나 이면에는 삼라만상의 주재신(조물주)에 대한 확신이 있었음은 부인키 어렵다. 사람에게는 조물주에 감응하는 센서가 있기 때문이다.1173)

1171) 사전적 의미로 정령이란 '산천초목이나 무생물 따위의 여러 가지 사물에 깃들어 있다는 혼령'이다. 표준이론에서는 '무생물에 스민 기덩어리가 혼이 된 것으로 사람에게 드러나 상호작용이 가능한 정도의 존재'를 말한다. 우리나라에서는 보통 도깨비라고 한다. 그런데 여기서 정령은 도깨비뿐 아니라 죽은 후 이승을 떠도는 사람 또는 생물의 혼백을 합한 뜻으로 쓰였다.
1172) 표준이론식으로 말하면 신은 윤회혼이고 귀는 생기체이며 흩어지지 않은 귀는 '생기체 유령'이다(미주 40 '귀신 그리고 신지학과 표준이론의 지박령' 참조).
1173) 태극(太極)에 운동과 정지가 있으니, 이는 천명이 流行하는 것입니다…… 理가 주인이 되어 그것을

8.11. 영지주의의 인간론

영지주의(靈知主義, gnosticism)는 인간을 영, 혼, 물질의 세 가지 요소(속성)로 구성된 존재로 보고 영적 발달 정도에 따라 인간을 영적인 인간(Pneumatics), 정신적인 인간(Psychics), 물질적인 인간(Hylics, somatics)의 세 부류로 구분하였다. 이 구분에 따라, 영지주의자들은 자신들이 이 세 부류 중 구원을 성취할 가능성이 가장 큰 영적인 인간의 부류에 들어가며, 보통 사람들은 정신적인 인간의 부류에 들어간다고 주장하였다.1174) 또한 영지주의자들은 이들 세 부류의 사람들 중 영적인 인간과 정신적인 인간만이 그노시스(靈智, 영적인 지혜)를 가질 수 있으며, 물질적인 인간은 이번 생에서 그노시스에 도달할 수 없을 것이라 여겼다. 그 이유는 물질적인 인간은 물질에 너무 몰입해 있으며 따라서 더 높은 차원의 실체가 있다는 것을 인지하지 못할 것이라고 보았기 때문이었다.

타당한 생각이다. 영지주의에서 인간을 세 부류로 분류한 것은 표준이론에서 인간을 자아의 수준으로 분류한 것과 상통한다. 영적인 인간은 표준이론의 자아등급에서 3단계 이상이고 정신적인 인간은 2단계이다. 물질적인 인간은 1단계의 자아를 가진 사람이다. 또한 일정 단계 이상의 사람만 그노시스를 가진다는 말은 표준이론에서 2단계의 사람은 그 일부만 영을 가지고 3단계의 사람들은 모두 영을 가진다는 생각과 일응 통한다. 또한 앎과 믿음은 다르다는 관이론(觀理論)과도 잘 어울린다(2.3.2. '앎과 觀과 믿음의 관이론(觀理論)' 참조).

그런데 여기서 그쳤으면 영지주의가 누구에게나 설득력 있는 사상이요, 철학이었을 것이다. 그런데 영지주의의 일부는 그리스 신화적인 요소를 받아들여 종교적 색채를 띰으로써 허황된 면모를 보였다. 그러나 이미 말한 대로 영지주의의 기본이요 핵심은 위 진술이니 영지주의는 종교가 아니라 하나의 세계관이자 사상이다. 그러므로 일반 영지주의에서 주장하는 바 "궁극의 본질(神)에게서 인간 영혼의 정수인 불꽃 혹은 영이 나오고, 이것들은 다시 그 궁극의 본질로 돌아가려고 애쓴다. 각각의 영적 존재는 신적 의식의 순수한 불꽃으로서 신성한 존재와 동일한

유행하게 하는 것입니까? 태극이 운동하고 정지하는 것은 태극이 스스로 운동하고 정지하는 것입니다. 천명이 유행하는 것은 천명이 스스로 유행하는 것입니다. 어찌 다시 그렇게 하는 명령자가 있겠습니까? 그러나 무극(無極)·음양(陰陽)·오행(五行)이 신묘하게 결합하여 응취하여 만물을 생성시키는 관점에서 보면 마치 주재하고 운용하면서 이렇게 시키는 자가 있는 듯합니다. 곧 『서경』(書經)에서 이른바 '위대한 상제(上帝)가 백성들에게 선한 본성을 내렸다'라든가 정자(程子)가 이른바 '주재로 말하면 제(帝)라고 한다.'는 것이 이것입니다.(허남진, 조선 전기 이기론 - 이황, 『退溪集』 卷13-16ㄴ)

1174) 기독교 외경(外經)으로서 영지주의 텍스트인 '유다의 복음(Gospel of Judas)'에서 유다는 Pneumatics (immortal soul)로, 다른 제자인 비영지주의자는 somatics(die both spiritually and physically at the end of their lives)로 묘사된다(Wikipedia, 'Gospel of Judas' 참조).

본질로 구성되어 있다."1175)라는 영지주의의 기본정신은 표준이론에서도 택하고 있고 그러한 면에서 표준이론은 '영지주의적'이다.

그런데 영지주의에서 귀일(歸一)하는 것은 영이다. 그럼 영지주의에서 혼은 어떤 존재인가?

1) 혼은 육체의 생명력으로서 생기체일 뿐이다. 영지주의는 타락한 영, 즉 태생은 천국의 시민이었던 영이 타락한 것이고 사람의 마음은 바로 이 타락영이다. 영지주의에서 혼은 중요하지 않다. 혼이 있다면 생기체 정도이다. 절대자의 단편인 영을 주장하는 영지주의가 기어코 영혼육을 주장한다면 그들의 혼은 혼의 원시적 개념인 생기체로 보아야 하는 것이다. 영적인 인간과 정신적인 인간의 구분은 사람의 영혼육 구성요소에 기인하는 것이 아니라 영의 수준에 대한 구분일 뿐이다.

2) 1)의 의견은 영지주의가 워낙 다양하고 신화적이라 혼에 대한 개념의 정립이 부족함에서 나타난 것이다. 그러나 영지주의는 블라바츠키 신지학의 생각들이 근원한 모태임을 감안할 때 분명 혼에 대한 신지학의 생각도 영지주의에 기인한 바가 컸을 것이다. 신지학에서 사람의 영혼은 영인 모나드가 지상에 떨어져 동물의 각혼과 결합하여 탄생하는데 이때 인간의 영혼은 마나스(에고)만 있는 '혼적 영혼', 붓디체(양심)가 발현된 '영적 영혼', 아트마(영)가 완전히 발현된 '신적 영혼'의 세 가지 수준으로 나뉜다고 하였다. 이는 영지주의가 인간을 영적 발달 정도에 따라 세 부류로 구분한 것과 일통한다. 따라서 영지주의에서도 사람의 혼은 신으로부터 발출한 단편인 영이 물질계에 적응하면서 얻은 물성(物性)의 정신(마음)으로 본다. 이러한 혼이 이 세상 경험과 지혜로 수고를 다하여 고양(高揚)되고 수승(殊勝)되면 정신적인 인간으로 발전하여 영과 함께 귀일(합일)의 때까지 혼영일체로 윤회하다가 마침내 물질계를 떠나면서 물성을 버리고 플레로마의 세계에 귀향한다고 볼 수 있다. 영지주의학자인 바르다이산은 영은 항성천(恒星天) 밖에서 기원한 영적인 존재라고 하면서 영은 지상에 태어날 때 지나온 항성천에서 정신(혼)을 얻으며 이 정신이 '心的인 부가물(附加物)'을 벗게 되면 영과 합일하여 빛의 신방에 들어 귀향한다1176)고 하여 같은 생각을 하였음을 보여준다.

1175) 1. 스티브 휠러, 「이것이 영지주의다」, 145~147쪽
    2. Stephan Hoeller(1931~)는 영지주의 교회인 Ecclesia Gnostica의 사제로서 1967년 주교(Gnostic episcopate)로 임명되었다. 1963부터 영지주의 학회(Gnostic Society)를 이끌고 있다.
1176) 시리아 에데싸 아브가르 왕가의 가신으로 시리아 정교회를 세운 설립자이자 후대기독교의 성 도마학파 형성에 결정적인 역할을 한 바르다이산(Bardaisan 154~222)의 주장이다. 그는 인간은 영혼육으로 구성된다고 하고 영지를 얻은 자의 혼은 명종 후 조건적인 불멸성을 지닌다고 한다. 그의 '심적인 부

3) 전형적인 영지주의 종교로서 아직까지 면면한 만다야교의 교리에 의하면 '지고의 무형존재가 시공(時空) 안에 영계(spiritual world), 氣의 세계(etheric world), 물질계(material world)와 이들 세계의 제(諸) 존재들을 창조하였다'라고 한다.1177) 이는 '영혼육의 인간구조론'과 동시에 '영혼육이 사는 저승도 따로 있다'라는 교의로 보이는 만큼 영과 혼은 다른 존재이고 가는 저승도 다르다는 표준이론과 유사한 생각이다.

이처럼 영지주의는 어느 하나의 입장을 견지하지 않는다. 영지주의가 워낙 연원이 다양하고 의론이 많음을 고려하면 당연한 것으로 보인다. 즉 그러나 2)나 3)의 입장이 보다 발전적인 형태임은 분명하다. 바르다이산의 '心的인 부가물을 벗지 못한 혼'은 물성을 극복하지 못한 혼 즉 정신체가 강성한 혼으로 수준이 낮은 혼이다.

8.12. 성리학의 이기론(理氣論)

도가(道家)에서는 무병장수를 위하여 기를 잘 기르고 보존하는 일을 가장 중요하게 여겼다. 그러자면 생리적 필요에 충실해야 한다면서 연금술과 호흡법을 개발시켰다. 그런데 유가(儒家)의 생각은 달랐다. 생리적 욕구인 기는 오히려 다스리고 제어해야 할 대상이었다. 공자(孔子)는 "혈기를 조심하라"라고 했고 순자(荀子)는 "인간과 동식물에 공통된 힘은 기이나, 인간이 인간다우려면 이성으로 기를 제어해야 한다."라고 말했다. 또 맹자는 "의지가 굳으면 기를 움직일 수 있다."라고 주장하였다.

그러나 송대의 주희에 이르러 신유학에서의 기는 생리적 욕구를 넘어 '존재를 구성하는 물질적 요소'의 자격을 부여받았다. 자연세계의 구성원인은 물론 인간의 감정·의지·사유까지 포괄하는 것이 기의 역할로 이해된 것이다.
신유학(新儒學)인 성리학에서 기는 본래 유동적, 활동적이어서 원초 태극(太極)의 혼일적(渾一的) 기는 음양(陰陽)으로 자체 분화되고, 그것은 다시 오행(五行)으로 갈라진다. 모든 사물의 생성과 변화는 이 음양오행이 서로 갈등, 조화하는 과정이다1178). 그런데 이와 같은 기의 운동과 변화에는 일정한 질서가 있다. 주희는 이

가물'은 심(心)이 가진 물성을 의미한다고 해석된다.
1177) 미주 103 '만다야교(Mandaeism)' 참조
1178) 유학의 우주생성론은 최초, 三經 중 하나인 「역(易)」에서는 太極 → 兩儀의 氣 → 四象 → 八卦라는 구조를 가졌으나 송(宋)의 주돈이가 그의 「태극도설(太極圖說)」에서 太極 → 陰陽 → 五行 → 萬物로 정

질서를 리(理)라고 하였으며 우주를 주재하는 원리인 理는 흠 없이 선하고 완전하기에 세계는 본래 조화롭고 질서가 잡혀 있다고 생각했다. 나아가 理를 인간사(人間事)에서도 실현해야 할 이념으로 보아 理가 만물과 인간과 본성(本性)을 구성한다고 하고 이를 '성즉리(性卽理)'라고 하였다.

그러나 '이(理)'의 연원을 보면, 비록 유교 경전인 주역에도 理가 언급되고 있지만, 원래 장자나 불교의 화엄경의 개념1179)이었던 것이 유교에 도입된 것이다. '기(氣)' 또한 논어와 맹자에 나타나고 있지만, 이보다 노자, 장자의 도가에서 영향을 받은 것이라 볼 수 있다. 이처럼 성리학은 불교나 노장사상에서 이와 기를 도입하여 형이상학적 체계를 갖추었다.

한편 성리학에서 理는 천리(天理)이니 이는 곧 섭리(攝理) 같은 것으로1180) 신의 존재는 확신 못 하고 아쉬운 대로 그 행하는 이치만 인정한 것으로 보인다. 이 부분은 도가의 영향이 크다. 도학(道學)에서는 섭리를 道라 하고 그 실체는 氣라 하였는데 이는 유학(儒學)에도 큰 영향을 끼쳐 종국에는 기일원의 세계관을 유학에 꽃피웠다.1181)

성리학의 형이상학적 체계는 근원적 존재를 '이'라는 원리적 측면과 '기'라는 형질적 측면의 개념에서 중심 개념을 이로 잡느냐 기로 잡느냐에 따라 크게 두 개의 입장으로 나누어진다. 하나는 이(理)철학, 곧 주리론(主理論)의 입장이고 또 하나는 기(氣)철학, 곧 주기론(主氣論)의 입장이다.

주기론의 입장을 취하는 사람은 장횡거(張橫渠 1020~1077)와 소강절(邵康節 1011~1077)이 있다.1182) 이들은 기를 최고의 유일한 존재근원으로 인식하고 여

립한 후 이는 성리학의 자연철학 체계가 되었다.
1179) 1. 주희의 理는 도가의 道와 실상 별 다름이 없다. 또한 화엄에서는 사법계(四法界)를 논하면서 이사무애(理事無礙)의 경지를 말한다. 이황은 그의 「退溪集」에서 "만약 사물이 밖에 있다는 것만 알고, 理에 이것과 저것의 차이가 없음을 모른다면 이것은 理와 事를 다른 것으로 여기는 것이니 안 될 일입니다." 라고 하였다. 그런데 여기서 事와 氣가 같은 것이라면 理와 氣는 一元이라는 생각으로 연결될 수 있다.
2. 주희는 불교의 五蘊論을 '인간의 모든 감각작용이 곧 성(作用是性)'이라는 뜻으로 이해하고 그 불합리성을 비난하였다고 하는데 사실은 '인간의 모든 감각작용이 곧 식(作用是識)'인 것을 곡해한 것이다. 불설의 性은 佛性이니 대단한 곡해다. 인간의 성은 하늘의 리에서 오는 것인데 감각작용에서 온다고 하니 佛說은 과연 패설(悖說)이라는 것인가? 윤회하려면 성 정도는 돼야 하는데 식이 윤회한다 하니 불합리하다는 뜻인가? 성은 리의 反影인데 어찌 윤회하느냐는 뜻인가?
1180) 天은 創造主 대신 비인격인 하늘을 상정(想定)한 것이고 攝理는 창조주 냄새를 풍기는 영혼학적 단어이다.
1181) 道學의 氣一元을 儒學에서 그대로 주창한 宋의 장횡거(장재)나 朝鮮의 서경덕(1489~1546)은 모두 기의 근원을 (성리학이 주돈이의 '태극도설' 이래 이기론에서 사용하는 太極이라는 말 대신) 道學의 太虛라는 용어를 그대로 가져다 썼다.
1182) 송대의 철학자인 장횡거(張橫渠)는 기가 '태허(太虛)'에서 기원한다고 하면서 태허는 형체가 없는 것으로 기의 본체를 이루는 것이라고 주장했다. 소강절(邵雍)의 경우도 세계의 근원을 하나의 기로 보고

기에서 다양한 물질적 존재가 발생하고 전개되어 나오는 것으로 파악하는 '기일분수론(氣一分殊論)'1183)을 주장했다. 이들은 理는 기껏해야 氣운동의 질서 내지 규칙성, 즉 기의 법칙인 조리(條理)에 불과하여 기에 대해서 아무런 역할을 하지 못한다고 하면서 리(理)는 기의 원인자도 아니고 주재자도 아니라고 주장한다.1184)

이에 비해 주리론자인 정이(程頤 1033~1107)와 주자(朱熹 1130~1200)는 "만물은 모두 다 하나의 천리(天理)이다."라고 하며 하나의 궁극적 존재인 理에서 모든 사물이 전개되어 나온다는 '이일분수론(理一分殊論)1185)'을 주장했다. 여기서 理를 사물의 구성요소로 본다면 아리스토텔레스의 형상(Form)이요, 우주의식 정도로 본다면 플라톤의 이데아(Idea)에 해당하며, 존재자로 본다면 理는 곧 하느님이다. 이러한 이기논쟁(理氣論爭)은 훗날 원명(元明)시대와 청(淸)을 거치며 왕수인(王守仁 1472~1528), 왕정상(王廷相 1474~1544) 등에 의하여 장횡거의 기본체론(氣本體論)이 그 세를 굳혔다.

우리나라에서는 주자의 성리학이 내내 득세하여 정도전(1342~1398) 이래 성리학의 정통설인 이기이원론(理氣二元論)이 주류를 이었고 이황(1501~1570년)에 이르러 그 정점에 다다랐다. 그러나 우리나라에서도 서경덕(1489~1546)의 기론(氣論)적 자연관이 나타났으며 이이(1536~1584)에 이르러서는 정통 성리학에서도 기발리승(氣發理乘)의 기일원론적 주장이 등장하였고 조선 후기로 갈수록 기일원론이 우세하였다.尾201)

한편 성리학은 마음은 성(性, 본성)과 정(情, 감정)으로 이루어져 있다고 한다.1186) 주자는 말하기를 성은 타고난 본성인 본연지성(本然之性)과 현실로 구현된 성인

하나의 기는 생성할 때 양(陽)이 되고 소멸할 때 음(陰)이 된다는 생성·소멸에 상응하는 음·양 개념을 도입하고 있다. 특히 소강절은 수리적 법칙으로서 氣의 운행과 세계 변화의 질서를 설명하였다.

1183) 기본체론(氣本體論), 이기일원론(理氣一元論)
1184) 이종란, 「기란 무엇인가」, 84쪽
1185) 理一分殊란 理는 하나(一)나 그 分은 다름(殊)을 말한다. '理는 하나'라는 것은 형이상학적인 理의 통일성을 말하는 것이고, '分이 다르다'는 것은 리에서 비롯한 部分들로 구성된 형이하의 현실세계의 다양성을 가리킨다.
1186) 주자는 마음(心)론을 펼침에 있어 본성(性)과 정감(情)을 엄격히 구분했다. 심(心)·성(性)·정(情)과 그 관계를 중심으로 인간 존재의 양상을 다룬 성리학이론인 심성론(心性論)에 따르면 심은 성과 정으로 이루어지는데 성은 심의 이(理), 이고 정(情)은 심의 동(動)으로 성의 발현태(發現態)가 정이다. 그런데 정감에는 도덕적 정감인 사단(四端)과 자연적 정감인 칠정(七情)이 있다고 한다. 칠정이 정에 속한다면 사단을 리에 속한 것으로 보는 이황이나 사단이 양심에 속한 것으로 보는 표준이론보다 주자는 사단을 훨씬 아랫것으로 보았다. 이황은 마음이 리의 마음과 기의 마음의 합이고 사단은 리의 마음에서 비롯한 것이라 하였으니 이황의 리의 마음은 주자의 도덕적 정감(정)인 셈이고 결국 이황의 리는 주자의 정이 된다. 누가 틀렸을까? 리(性)가 발현하면 정이 되고 리의 인의예지가 발현하면 사단인 것으로 보아 같은 말인가? 이리 중구난방이니 심성정(心性情)은 하나로 돼 있다는 심즉리(心卽理)의 양명학이 도래한 것이 아닌가? 답은 표준이론이다. 즉 본연지성은 영(靈)이요 기질지성은 양심이며 정(情)은 정신체다.

기질지성(氣質之性)으로 구분되는데 본연지성은 리이고 기질지성은 리와 기가 혼합된 것이라고 한다.1187)
이를 표준이론에 비추어 보면 두 가지로 해석되는데

1) 본연지성은 영(靈)이요 기질지성은 양심이며 정(情)은 정신체다.
2) 본연지성은 魂의 양심이며 기질지성은 魂의 상위정신체의 높은 쪽(지성)이고 정(情)은 상위정신체의 낮은 쪽(감정, 욕구)이다.

성리학이 영의 존재에 무지(無知 또는 無記)하다는 점과 리(理)가 기의 조리라는 사실을 고려하면 주자는 2)의 뜻으로 말하였겠다.

한편 후대의 이황(李滉 1501~1570)은 그의 사단칠정론을 통해 주리론(主理論)적 입장에서 사단(四端)은 이(理)에서 나오는 마음이고 칠정(七情)은 기(氣)에서 나오는 마음이라 했다. 그렇다면 理인 사단은 표준이론의 양심이며 기인 칠정은 정신이니 역시 위 2)의 입장에 가깝다. 그런데 그는 理는 천리(天理)로서 도(道)요 순리요 기가 유래하는 천지의 본체라고 주장한다. 이는 영(靈)을 부인하다 보니 이(理)를 위로 무한히 확장시킨 개념으로 보인다.

반면 이이(李珥 1536~1584)는 주기론(主氣論)적 입장으로, 사단과 칠정이 모두 기에서 유래한다고 하며 본연지성은 따로 없고 있다면 기질지성의 일부일 뿐이라고 말한다. 표준이론식으로 읽으면, 기질지성이 혼이고 본연지성은 혼의 일부인 양심이니 따로 구분할 일이 아니라는 것으로 사단은 양심체, 칠정은 정신체에 속하는 것이고 양심체와 정신체 모두 기에서 연원한 혼의 구성체이니 이이의 말에도 일리가 있다.

결국 이황은 사람의 마음을 분석하여 양심 이상(以上)은 리라 했고 정신 이하(以下)는 기라 하였으며, 이이는 양심이 리라는 것은 알겠는데 그 리(理)가 어디서 기원하였느냐를 따지며, 이는 정신 즉 기에서 유래하였으니 기가 천하의 근본이라고 하는 주장이다. 결국 본연지성이 양심이라면 이이의 말이 맞을 것이나 사실은 본연지성이 영이라는 사실을 고려하면 이황이 이치를 좀 더 제대로 본 것이다.1188)

1187) 주자는 주자어류(朱子語類) 권4에서 본연지성은 이(理)만을 가리키고 기질지성은 이와 기(氣)를 겸칭한 것이라고 하고, 기질지성이란 성이 기 가운데 내재한 상태를 가리킨다고 설명했다. 모든 인간의 본연지성은 동일하지만 기질지성은 각 개인마다 서로 다르다. 악할 수도 있고 선할 수도 있게 되는 것은 기질에 기인한다. 그런데 主理論의 性卽理란 본연지성과 기질지성이 모두 리라는 것인데 기질지성 중 기가 있다는 것은 기 또한 리에서 分殊한 것이니 상충하는 바가 없다.

결론적으로 표준이론으로 보면 본연지성은 천래(天來)한 리이니 영(靈)이요 혼은 천지의 생의(生意)로 탄생한 것이며 기질지성은 리인 영과 혼이 만나 만들어진 혼의 양심체부분이다. 그렇다면 1)이 맞는 셈이다.

한편 성리학자들은 근원적 존재를 신(神) 대신 태극(太極) 또는 무극(無極)이라는 '우주의 이치'를 상정(想定)하였다. 여기에서 '이'라는 원리(原理)와 '기'라는 원료(原料)가 나와 이것이 양기와 음기로 나뉘어 五行(화, 수, 목, 금, 토)으로 세상만물을 구현한다고 하면서 사람 또한 리와 기로 구성되는데, 죽으면 이산신멸(理散神滅), 즉 理와 기는 혼과 백이 되어 흩어지고 정신은 소멸된다고 주장하였다.
그러나 그들이 보기에도 사람 어디인가에 자아의 주체가 있어 보이고 또 실재하는 귀신의 존재를 경험하지 아니하였을 리가 없어, 자아의 주체는 어떤 식으로든 영속(永續)할 것 같다는 생각을 하였을 것이니 결국 '사람이 죽으면 바로 소멸되는 것이 아니고 조상신이 되어 수대(數代)를 후손들에 붙어서 같이 산다'는 앞뒤가 잘 안 맞는 구실과 논리체계를 만들어 그 귀신을 기리고 복을 구하는 제사를 지냈다. 또한 그들이 감지(感知)한 태극은 다른 말로 '섭리'다. 섭리(攝理)는 다스릴 攝이고 다스릴 理이니 다스리는 존재를 전제한다. 그러니 앞으로는 섭리인 태극을 말하고 뒤로는 섭리의 主體인 옥황상제와 천신을 인격화하여 이를 최고위급 귀신으로 믿고 복을 구했다.
표준이론에서 태극은 당연히 창조주 하느님이고 기는 하느님께서 물질세계에 불어넣으신 에너지요 생명이며 리는 하느님의 섭리다. 기의 조리인 셈이다. 그러니 태극을 하느님으로 보면 표준이론과 성리학 사이에 큰 차이가 없다.
그러나저러나 동양의 儒佛仙은 모두 창조주를 뺀 天理, 佛性, 道만을 각각 이야기하였으니 서로 간에는 비록 큰 차이를 두고 있으나 표준이론으로 볼 때 그 세계관이 대동소이하다.
사실 기독교와 표준이론도 큰 차이가 없고 불교와 표준이론 사이에도 별다른 점이 없다. 무속(巫俗)도 마찬가지요 영지주의, 신비주의도 모두 마찬가지며 뉴에이지도 그렇다. 이는 표준이론이 통합이론인 이유도 있지만 사람들이 진리로 믿는 모든 종교와 사상은 대부분 모두 진리이기 때문이다. 진리 간의 소소(小小)한 차이점을 부각시켜 이를 기화로 금권(金權)을 누리고 사는 정치와 교회가 문제일 뿐이다. 즉 수준이 낮은 자아를 가진 못난 혼(魂)이 문제이다. 하늘은 항상 진실을

1188) 이황은 理는 천리(天理)로서 도(道)요 순리요 기가 유래하는 천지의 본체로까지 확장하였으니 理의 실체는 영 심지어 하느님이라고 하지 않을 수 없다. 리를 혼영까지만 확장했더라면 혼영 또한 기의 진화체이니 이이의 말이 옳았겠으나 천리로까지 확장하였으니 이황의 손을 들어 주지 않을 수 없다. 이황에게는 영이 있었음이 틀림없다.

보이는데 하늘의 자식(子息)들이 스스로 진실 앞에 눈을 가린다.

순자(荀子)의 '수신(修身)'편에 치기양심(治氣養心)이라는 말이 있는데 이는 '기를 다스리고 마음을 기른다'라는 말이다. '몸과 마음의 양생(養生)을 위하여 선기(善氣)를 섭취, 배양하고 사기(邪氣, 惡氣)를 물리친다'로 봄이 적당하리라. 아무튼 기를 다스림으로써 마음을 양생하라는 뜻이니 이는 荀子가 마음의 근원이 기라는 사실을 깨닫고, 못난 혼들에게 실천적인 발전을 교훈한 말이라고 여겨진다.

8.13. 대종교의 인간론

대종교는 주장하기를 무릇 사람은 본래적으로 성·명·정 삼진(三眞)을 품수(稟受)하여 무선악(無善惡)하고 무청탁(無淸濁)하고 무후박(無厚薄)하지만, 배태초(胚胎初)에 심(心)·기(氣)·신(身) 삼망(三妄)이 뿌리박히게 된다고 한다. 이렇게 태어난 사람은 이제 심은 성(性)에 의지하여 선악이 있게 되고, 기는 명(命)에 의지하여 청탁이 있게 되며, 신은 정(精)에 의지하여 후박이 있게 되는데, 이 때문에 사람은 망도(妄途)로 빠질 수도 있는 위태로운 처지가 된다 하며 이에 사람은 뜻을 하나로 모아 바른길로 나가서(一意化行) 심의 감(感)을 지감(止感)하고, 기의 식(息)을 조식(調息)하고, 신의 촉(觸)을 금촉(禁觸)하는 삼법(三法)을 힘써 익힘으로써 삼망에서 벗어나 삼진으로 돌아가는 '반망귀진(返妄歸眞)'의 길로 나가야 한다고 주장한다. 참으로 말도 어렵고 뜻도 어렵다.
또한 대종교는 '삼신일체(三神一體)와 삼진귀일(三眞歸一)'이라는 기본교리를 표방하는데 앞의 것이 신도(神道)의 차원에서 홍익인간의 이념을 구현하는 것이라면, 뒤의 것은 인도(人道)의 차원에서 성통공완(性通功完, 참된 성품을 닦아 수행의 공덕을 이룩함)의 공덕을 쌓아 지상천궁(地上天宮, 光明世界)을 세우는 것이라 한다.

삼진과 삼망 삼도는 각각 성명정, 심기신, 감식촉이며 순서대로 성품(性品)과 목숨(壽命)과 정기(精氣)로 얼추 해석되는데 이러한 해석은 황제내경(黃帝內經)에 연원한 精氣神이론과도 일통하고[1189] 표준이론의 양심, 정신, 생기체와 몸에 각각 대응한다. 이를 표로 그리면 다음과 같다.

[1189] 精氣神이론은 도교 내단학, 동양의학 등의 철학적 기초로 사용된 이래 기(氣)를 이야기하는 모든 교학(敎學)에 스며 다양한 의미를 지니게 되었으나 대표적인 의미를 감안하면 삼진에 대응시킬 수 있다. 이러한 대종교의 교리는 경전인 삼일신고에 유래한다(미주 247 '대종교의 경전 삼일신고' 참조).

精氣神이론	神	氣	精
三眞	性	命	精
三妄	心	氣	身
三途	感	息	觸
三神	조화신	교화신	치화신
三法	지감(止感)	조식(調息)	금촉(禁觸)
종교별 초기경향	불교	도교	유교
표준이론	靈, 양심체	정신체	생기체와 몸
일반적 해석	성품(性品)	목숨	정기(精氣)

정기신이론과 대종교 그리고 표준이론 비교

물론 대종교는 한배검이라는 유일신 창조주를 믿는 종교이나 한배검께서 인간에게 부여한 속성 내지 구성요소로서의 삼진(三眞)은 전통적 유불선의 정기신 이론과 유사하여 마치 영혼이 없는 것처럼 오해된다. 그러나 교리를 살피면 영혼은 윤회하며 어느 생에서 반망귀진(返妄歸眞)하면 천궁(天宮)에 들어 복락을 누린다고 하여 삼진을 영혼으로 이해하는 것으로 보인다. 특히 성은 영으로도 해석이 될 수 있어 살아서는 영혼육의 구성을 보인다고 이해할 수도 있다.1190)

그렇다면
1) 영이 혼인 명과 몸인 정을 받아 인두겁을 쓰고 태어나면 이에 속박당하여 퇴락함은 표준이론과 같거니와
2) 나아가 반망귀진(返妄歸眞)의 길을 추구함에 있어 성통공완(性通功完)의 성통의 性은 靈이요 通은 혼을 극복하고 몸의 주인이 되는 것이니 4단계 자아실현을 의미하며, 공완의 功은 혼의 수행이고 完은 이를 다 이룸으로 완벽한 해업을 의미하는 것이니 성통공완을 표준이론으로 풀면 '영은 윤회를 그치고 하느님의 나라에 들며 혼은 해업하고 영으로 진화하는 것'이라고 할 수 있다.
3) 또한 地上天宮, 光明世界는 하느님 나라의 임함이 아니고 무엇이랴.

따라서 대종교의 교리 또한 표준이론과 상통한다고 볼 수도 있다.

1190) 性이 영인지 양심체인지 아니면 둘을 다 포괄하는지 분명치 않다. 즉
1. 삼망으로 인해 타락한 영으로서 性이, 윤회하다가 반망귀진하여 영이 되어 천국에 드는 것인지
2. 성과 명은 각각 양심체와 정신체로서 이 둘이 일체(혼)가 되어 윤회 끝에 성통공완하여 귀천하는지
3. 성명정 삼진이 일체로 윤회 끝에 귀천하는지가 불분명하나 교리의 앞뒤를 보아 1의 경우로 해석한다.

8.14. 정신분석학의 인간론

프로이트(작금의 정신분석학)는 마음과 그것의 기능을 영구적이고 조직화된 구조모델(structural model of the mind)을 사용하여 설명하려는 시도를 하였다. 즉 정신기구인 마음은 비교적 일정하고 영속적인 동기적 구성물을 가진 세 개의 구조로 나뉜다고 주장하고 그것들을 Id(원초적본능), Ego(에고), 그리고 Super ego(초자아)라 불렀다.1191) 프로이트를 읽어 보면, Super ego는 표준이론에서 말하는 마음의 양심체이고 Ego는 표준이론의 상위정신체이며 Id는 마음의 하위정신체라는 사실이 곧 드러난다.1192) 프로이트는 'Super ego는 자라면서 형성되는 것'으로 보는데 그것은 양심체가 자라는 모습을 그리 파악한 것이다. 그런데 프로이트는 이러한 Super ego가 '무의식' 중에 발휘된다고 하였다. 이러한 프로이트의 의견은 틀렸다. Super ego가 평소에 자아의 방을 지배하지 못하고 '무의식' 속에만 있는 것이라면 그는 양심이 무딘 사람이었던 같다. 그의 후학들도 마찬가지다. 생활 중에 양심에 찔리면 잠깐 백일몽을 꾸었나 보다 하는 것이다.

한편 그는 '자아실현1193)'이란 초자아를 양성하여 이것이 마음을 지배하도록 하는 것이라고 이야기한다. 그런데 초자아(양심)가 자라는 문제와 그것이 자아의 방을 장악하는 문제는 별개이다. 물론 장악하려면 덩치와 힘을 키워야겠지만 힘을 키우더라도 정신체가 강력하면 아무 소용이 없다. 정신체가 강력하면 애초에 양심이 자라기도 어렵다. 따라서 프로이트처럼 양심을 그냥 두어서는 자아실현이 난망(難望)하니 요령이 있어야 한다. 그 효율적인 요령 중 하나가 표준이론이다. 우선 에

1191) 프로이트는 주장하기를 Ego는 동물적 본능의 만족을 위해 Id와 외부 현실 사이에서 중재 역할을 하는데, Id가 Super ego에게 수용될 수 없거나 양심을 포함한 '마음'에게 위험한 것으로 보일 때에는 이를 억제하는 기능을 한다고 한다. 그는 Ego와 Id 간의 관계를 騎手와 말의 관계로 표현한다. 이처럼 마음의 구성요소가 Super ego와 Ego, 그리고 Id로 구성되었다는 프로이트의 이론은 표준이론과 착상 자체가 다르다. 표준이론에서 자아는 빈방이지 무엇으로 구성되어 있는 실체가 아니다.
1192) 1. 정리하면, 프로이트는 정신분석의 마음이론 중 구조모델이론에서 인격을
 1) 하부(下部)의 충동과 본능의 영역인 Id
 2) 의식적 주체(意識的 主體)의 중핵(中核)이 되는 Ego
 3) 그리고 Super ego의 영역
 으로 나누어 생각했는데 이 중
 1) Id는 표준이론의 하위정신인 '감성'과 '욕망' 정도에 해당하고
 2) Ego는 표준이론의 상위정신인 '욕구'와 '감정' 그리고 '지성'에 해당하며
 3) Super ego는 표준이론의 '양심'이다.
2. 부록4 '영혼육의 구조' 참조
1193) 보통 자아실현(self-realization)이 교육의 궁극적 지향점이라고 하며 윤리의 핵심 요소라고 이야기한다. 인간의 삶이 '자아의 잠재적 가능성의 실현과정', 즉 자아실현이라는 것을 처음으로 언급한 사람은 아리스토텔레스다.

고에 눌려 있는 내 안의 있는 참자아를 자아의 방으로 끌어내는 것이 중요하다. 초자아는 자아의 방에 나와야 자란다. 골방에서 갇혀 구박받는 양심이 어떻게 쑥쑥 자랄 것이냐. 물론 사람이 어려서는 정신체와 양심체가 완전히 발현하지 못하다가 사춘기 즈음하여 본격적으로 드러나는 것이긴 하지만 약하고 작던 양심체가 갑자기 부쩍부쩍 자라는 것이 아니다. 그의 말대로 초자아가 자라는 것은 맞지만 한 생에 금방 자라는 것은 절대 아닌 것이다.

또한 프로이트는 영을 인정하지 않기 때문에 영과 혼을 분석하지 못하고 마음(혼)만을 유물적으로 이해하고 그 연구에 몰두하였다. 영을 모르는 (척하는) 유물론자인 그로서는 마음만을 분석할 수밖에 없었을 것이다. 결국 그의 구조모델에 따르면 '자아실현'의 자아는 Super ego가 한계다. 따라서 그의 자아실현은 기껏해야 3단계 자아인 초자아에 멈추게 된다. 그에게는 개념도 없는 영적자아(3.5단계의 자아)나 참자아(4단계의 자아) 그리고 무아의 자아의 실현은 애당초 기대난망이었다.

영을 센싱하지 못한 프로이트와 부처

프로이트는 자의식인 Ego와 원초적 본능인 id 그리고 양심인 Super ego가 함께 마음을 구성하고 그 마음이 곧 '나'라고 한다. 그러나 나와 자아, 그리고 마음의 관계는 그렇게 단순하지 않다. 표준이론에서 '나'는 자아의 방을 장악한 존재다. 그 존재에는 영과 혼이 있다. 자아의 방을 혼의 구현인 마음이 장악하면 '나'는 혼이다. 그러나 영이 장악하면 나는 '영'이다. 이중인격인 것이다. 표준이론에서 혼의 구조는 프로이트의 '마음의 구조모델이론'보다 더욱 복잡하다. 우선 생기체와 정신체 그리고 양심체로 나뉘고, 한술 더 떠서 그 혼이 복합혼이라면 더욱 복잡해진다. 심하게 말하면 다중인격이 될 가능성이 큰 혼이 되는 셈이다. 자신을 조금만 들여다보아도 이 말이 맞다는 것은 금방 알 수 있다.

한편 영이 없는 사람도 많다. 9할의 사람들이 영이 없다. 그러니 프로이트가 그의 임상에서 영을 포착 못 한 것은 당연할 수도 있다. 그런데 프로이트는 자신의 자아의 방에서 진정 영을 본 적이 없을까? 자아의 수준이 상위 10%에 들지 못하였다는 말인가? 아마 10%에 들었고 그래서 영을 보았을 것인데 혼영일체인 관계로 임상에서 영이 잘 드러나지 않으니 이를 인정하지 않았을 수도 있었을 것이고 아니면 성장과정의 어느 때에 이미 영을 심정적으로 부인하였을 수도 있다. 결론적으로 프로이트의 마음 분석은 틀렸다. 설령 그에게 영이 없었다 하더라도 전문가로서 자기 내부뿐 아니라 다른 사람의 내부도 많이 들여다보았을 터이니 영을 못

보았을 리는 없다.

그러나 그는 부처님 이래 영을 뺀 마음분석이 사람들에게 어필할 수 있음을 또 한 번 증명하였다. 이는 다음의 사실들을 여실히 말해 주고 있다.

1) 영이 없는 사람들이 많다.
2) 영이 있어도 혼이 자아의 방을 장악한 사람들이 대부분이다.
3) 영도 혼 출신 혼영들이 많아 혼 당시의 버릇을 버리지 못하여 자신이 영임도 모르고 있다.
4) 영과 혼은 거의 혼영일체(魂靈一體)다.
5) 열반은 고사하고 자아초월, 자아실현, 참자아 구현, 마음 비우기, 자아단계의 상승 그 어느 것도 쉬운 것이 없다.

영을 센싱하고도 혼과 혼동하는 뉴에이지류

한편 영을 인정하는 일부 뉴에이지도 프로이트의 Super ego와 동의어인 양심을 가지고 이를 영이라 한다. 이는 초자아의 범위를 영으로까지 확대한 모습이다. 성리학에서 리(理)를 천리(天理)로 태극(太極)으로 무극(無極)으로 확장하는 것과 다를 것 없다. 그러나 이는 영을 보지 못한 프로이트보다 더한 오류다. 유신론자들이 영을 알아보고도 이를 혼과 혼동하는 것은 靈魂이란 단어를 영과 혼 양쪽으로 혼용하는 '일반적인 오류'와 같다. 한편 상위자아 위에 '관찰자'를 두어 '명상을 통해 감정을 관찰하여 감정을 통제함'으로써(12.4.1. '명상이란?' 참조) 관찰자가 하위자아인 정신체와 상위자아인 양심체의 다툼을 중재하는 사상마련(事上磨鍊)의 생활수행법도 있으니 이는 제3자이자 관찰자인 영의 존재를 파악한 진보된 주장이라 하겠다.1194)

자아의 정의와 그 주체

사실 자아란 그 사전적 정의가 '사고, 감정, 의지 등의 여러 작용의 주관자로서 이러한 작용에 수반하고, 또한 이를 통일하는 주체'인데 이러한 정의는 '사고, 감정, 의지 등 여러 작용의 주관자'가 무엇인지, 즉 자아의 정체가 영이냐 혼이냐

1194) 1. www.youtube.com/watch?v=nYvySIFrz-o 참조
2. 그러나 동영상의 그는 '참나'라는 우주의식을 상정하고 그 아래 신지학적인 세계를 펼침으로써 길을 잃었다(11.3.1.2. '윤회의 주체' 중 '인도철학의 혼에 대한 무지로 인한 폐해' 참조).

뇌의 뉴런회로가 만든 전기작용이냐 등등의 골치 아픈 언급은 생략하고 그냥 '자아란 그런 것이다'라고 설명하는 데서 그친 정의이다.
그러나 실로 중요한 것은 자아가 '주관자'라는데 그 '주관자'가 무엇이냐. 프로이트는 그것을 '정신'으로 본다. 그것도 '정신' 중 '감정'과 '지성'의 주체인 에고다. 그가 보기에 대부분의 사람들에게 이드와 슈퍼에고는 에고의 부속물이다.

그러나 표준이론에서 자아란 '영혼육이 더불어 하나의 생명체를 이루어 스스로를 외부와 구분하여 인식하고 구분된 내부를 주관할 때 영이나 혼이 느끼는 존재감 또는 존재로서 그 영 또는 혼 자체'[1195]이다. 이러한 정의에서 자아는 '영'이나 '혼'이다. 자아가 영이나 혼인 것은 '자아의 방' 개념을 반영한 정의다. 자아의 방 주인이 영일 수도 있고 혼일 수도 있으니 자아 또한 영이나 혼이다. 또한 자아의 실현이란 '자아의 방' 주인이 '영'이 되는 것이다. 따라서 자아의 궁극적인 정의는 '영이 혼, 육과 더불어 하나의 생명체를 이루어 스스로를 외부와 구분하여 인식하고 구분된 내부를 주관할 때 영이 스스로 느끼는 존재감 또는 존재로서 그 영 자체'가 되어야 한다. 그러나 자아를 이렇게 정의하면 이는 영이 있는 1할만을 위한 정의이니 불합리한 정의라고 탓할 수 있을 것이다. 그러나 영이 없는 나머지 9할의 자아들도 차생(次生)에 이 1할에 끼는 것이 당생(當生)의 목적이니 일단 그렇게 정의하여도 무방하리라고 본다.

혼영일체(魂靈一體)

그러나 영이 없는 사람을 위해 자아정의를 구태여 수정한다면, "정신이나 양심이 생명력인 기 그리고 육과 더불어 하나의 생명체를 이루어 스스로를 외부와 구분하여 인식하고 구분된 내부를 주관할 때 정신이나 양심이 스스로 느끼는 존재감 또는 존재로서 그 정신이나 양심 자체"가 될 것이다.
그런데 이렇게 수정된 정의도 현실에서는 본래의 정의와 큰 차이가 느껴지지 않는다. 왜냐하면 혼영혼연일체(魂靈渾然一體) 즉 혼영일체(魂靈一體)이기 때문이다. 영은 하느님의 '날숨'이다. 크게 成하고 長하여 다시 '들숨'으로 하느님께 돌아가야 한다. 하느님에게로부터 나올 때에는 '불꽃'으로 나왔으나 '횃불'로 커져 돌아가야 한다. 공부하여 커져야 하고 해탈하여 돌아가야 한다. 그러나 쉽지 않다. 어린 영이 육을 뒤집어쓰면 어쩔 수 없이 無明에 들어가게 되고 그 와중에 영은 혼을 통해 육과 잘 교섭하여 덕을 쌓으려 하나 대부분 육과 혼에 끌려다니다 업을 쌓기

[1195] 4.1. '자아(自我)의 정의' 참조

십상이다. 도연명이 귀거래사에서 읊은 것처럼 旣自以心爲形役(기자이심위형역), 즉 고귀한 정신(靈)을 육신의 노예로 만들어 버린 것이다. 그래서 혼영일체이다.

혼영일체(魂靈一體)의 원인은
1) 혼과 영 모두 인두겁을 쓰면 몸의 뇌에 속박되어 전생과 생간 삶(LBL)을 기억하지 못한다. 따라서 뇌의 기억만을 공유하여 서로를 구분하지 못하게 된다.
2) 영이 없는 사람이 많다(89.7%).
3) 혼이 영을 속박하여 영이 자아의 방에 들어온 적이 없거나 배척되어 자아의 입장에서 영에 대한 의견이 없다.
4) 영과 혼이 구분되지 않고 영혼이란 이름으로 단일체처럼 거론되어도 사람들에게 아무런 거부감이 없다. 이는 靈과 魂이 鬼와 神처럼 따로임은 분명하나 귀신과는 달리 그 구분이 어려워 합쳐쓰고 혼용하여도 불편함을 못 느낀다는 뜻이다.

그러나 혼영일체의 원인의 하나로 혼과 영이 물질적인 뭔가로 연결되어 있다는 주장은 비교(祕敎)적이라기보다 비교(非敎)적으로 보아 배척한다.1196)

8.15. 동의보감의 인간론

동의보감1197)에 의하면 인체를 이루는 본질적인 요소는 정(精), 기(氣), 신(神), 혈(血)인데 혈(血)도 정이니 결국 정, 기, 신이다. 정(精)이란 생명의 원천으로서 거기에는 새로운 생명을 잉태하는 생식 능력인 정력(精力)까지 포함한다. 또한 기(氣)는 실제로 인체의 생리적인 운용을 담당하는 기운인 생명력을 말하며, 신(神)은 인간의 고차적인 정신 활동을 담당하는 주체를 말한다. 쉽게 말해 정신(精神)이다. 다시 말해 정은 마음에 닿는 몸의 부분이고 기는 몸에 닿는 마음의 부분이다. 따라서 정은 포착 가능한 물질, 즉 정액과 정력, 정기 등이고 기는 물질이긴 하나 감지가 곤란한 경락의 내외를 흐르는 기운이며 신은 정신이다. 한마디로 한의학의

1196) 헤르메스주의자인 프란츠 바르돈은 그의 저서 「헤르메스학의 입문」에서 육체와 아스트랄체는 아스트랄 매트릭스에 의해 연결되어 붙어 있으며 아스트랄체와 멘탈체는 멘탈 매트릭스에 의해 연결되어 있는데 이는 원소의 작용에 따르는 영향력 때문이라고 한다. 표준이론으로 해석하면 육체와 혼은 생기체를 매개로 하여 연결되어 있으니 혼과 영도 뭔가로 연결되어 있다는 아이디어다. 그러나 혼영일체의 이론은 혼과 영이 지기지피(知己知彼)하기 위하여 필요하지만 바르돈의 분석은 확인할 수도 알 필요도 없는 이야기이다. 마법을 피우는 데도 소용없고 명상하는 데도 필요 없으며 수행에는 더더욱 필요 없다.
1197) 동의보감은 음양오행과 정기신(精氣神) 관점의 의학인 황제내경과 외단과 내단의 의학인 도교의술이 결합된 의학이다(이종란, 「기란 무엇인가」 등 참조).

정기신은 각각 정력과 생명력과 정신이다. 육은 정이 포괄하고 있다고 보면, 한의학의 정기신론을 표준이론시각에서 보면 표준이론의 영과 양심이 구성요소에서 빠져 있다. 인체를 치료하는 것이 목적인 한의학에서 인체의 구성요소를 따지는 데 영과 양심을 논할 이유가 없었을 것이고 그러니 그저 신체질병을 고치기 위해 '정'과 '기'를 다스리는 의술과 심리와 정신적 문제로 일어나는 질환을 다루기 위한 '신'을 다스리는 의술, 이렇게 세 가지 종류의 의술의 대상으로서 인체의 구성요소를 파악한 듯하다. 또한 한의학이 그 터전인 유불선의 사회에서 뜬금없이 영의 존재를 들먹일 이유도 없었을 터이니 신(神)에 정신(精神) 이상의 의미를 부여하지 않은 것은 당연하다. 그래도 정력이나 경락 등 무형적 기이론을 포함하고 있다는 면에서는 현대의학보다 몇 걸음 앞섰다고 본다.

8.16. 카발라의 인간론

유대교 신비주의 카발라는 구약의 창세기를 나름대로 해석하여 그들의 창세기를 만들어 냈다.1198) 그 내용을 보면 무한(無限)의 신(God)인 아인 소프(Ein Sof)가 유한(有限) 상태의 존재계에 신의 첫 번째 형상인 아담 카드몬(Adam Kadmon)1199)으로 현현하였고 이 원형(元型)인간에서 발출된 빛1200)이 응축되어 최초의 '세피라'인 케테르(Kether)가 만들어졌는데 여기에서 빛이 넘쳐 나와 이후의 9개 세피라가 차례로 나타나면서 생명나무 세피로트1201)가 탄생하였다. 이 창조기(創造記)는 우주창조와 그 구조를 설명할 뿐 아니라 만유(萬有) 또한 이를 반영하여

1198) 1. 카발리즘(Kabbalism)이 구약의 창세기를 어떻게 해석했기에 이런 창조기가 나왔는지 알 수 없지만 유대교의 진정한 창세기는 오히려 카발라의 창조기가 아닌가 한다.
2. 바빌로니아의 창세 서사시 에누마 엘리쉬(Enuma Elish)에 나오는 천지창조 내용은 기본 골격이 구약성경 창세기의 내용과 여러모로 유사하다. 신이 천지를 창조한 뒤 휴식을 취했다는 것이나 빛에서 시작해서 인간으로 끝나는 창조의 순서 등이 그것이다. 일부 학자들은 구약성경 창세기와 에누마 엘리쉬가 모두 수메르 창세기에서 파생된 것으로 추정한다.
1199) 아담 카드몬(Adam Kadmon)은 창세기의 세계 이전의 아담의 원형이다. 아담 카드몬은 최초의 발산의 세계에 존재하는 자이다. 최초의 발산된 세계는 신이 자신의 모습을 비추어 보기 위해 생성한 세계이며 아담 카드몬 역시 신의 반사된 모습을 담기 위한 존재이다. 태초의 인간 아담 카드몬은 만물과 인간의 원형이다. 아인 소프의 모든 것들이 그 안에 다 담겨져 신의 모습을 비추어 주는 존재이다.
1200) 이는 "신은 수많은 불꽃으로 펴져나가 인간의 영혼이 되었다."라는 카발라 영혼론의 신화적 상징이다.
1201) '세피로트(Sephiroth)의 나무'는 천국에 있는 나무로 '생명나무'다. 카발리스트는 이것이 우주 전체를 상징한다고 여긴다. '생명나무'는 광대한 대우주를 의미함과 동시에 그 작은 모형인 소우주로서의 인체이자, 나아가서는 신에게 이르는 정신적 편력을 의미한다. 이 '나무'는 열 개의 球(Sephira)와 스물두 개의 통로(小經, Pass)로 되어 있다. 현재의 인간은 맨 밑 ⑩말쿠트(왕국)에 있다. 그리고 스물두 개의 통로를 거쳐 세피라를 하나씩 터득하면서 ①의 케테르(왕관)로 가는 정신의 여로, 또는 명상 여행을 계속한다고 한다.

창조되었다고 해석한다. 인간이 그 대표이다. 카발라는 생명나무의 10개 세피라를 크게 4개의 계(界)로 나누어 우주의 구조를 설명하는 데에도 사용하였다. 맨 마지막 ⑩세피라인 말쿠트를 물질과 활동의 계인 앗시아계로 보고 나머지 9개 세피라를 세 개씩 나누어 ⑦, ⑧, ⑨ 세피라를 감정과 형성의 예치라계, ④, ⑤, ⑥ 세피라를 창조와 지성의 브리아계, ①, ②, ③ 세피라를 발출의 아칠루트계라고 이름하였다. 이후 유명한 카발리스트인 이삭 루리아(Isaac ben Solomon Luria 1534~1572)는 인간 또한 생명나무 구조와 같은 구조를 가지고 있다고 하여 인간의 의식수준을 생명나무를 본떠 5개로 나누었다.1202) 그는 구약에서 영혼과 관련되어 사용된 단어인 네페쉬, 루아흐, 네샤마1203) 외에 영혼의 직관과 관련된 히아(Chiah)와 예히다(Yechida)를 더해 영혼의 수준을 5개로 구분하여 4界에 앞의 네 개의

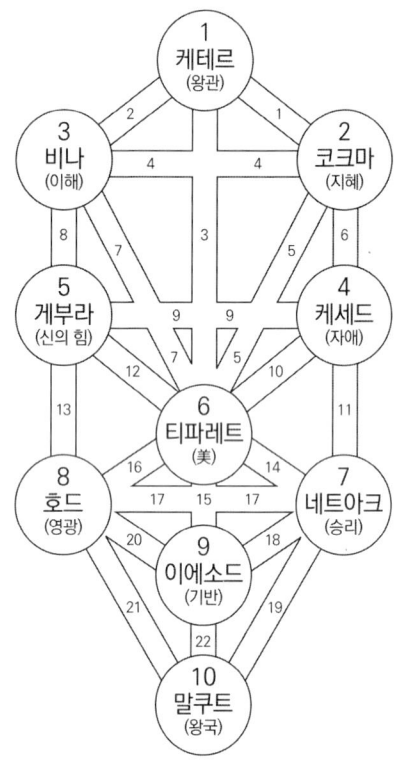

생명나무 세피로트

영혼을 각각 배정시키고 예히다(Yechida)는 원형인간인 아담 카드몬에 귀속시켰다. 카발라는 이 의식수준을 인간의 5개의 영혼(靈魂)으로도 표현하는데 실은 영혼이 다섯 개가 아니라 영혼의 속성1204)을 말하는 것으로 인간은 의식수준이 발

1202) 생명나무에는 인간 의식 차원에서 4계에 대응하는 4개의 영혼이 존재한다. 물론 영혼은 하나지만 단계별로 하강하는 과정에서 그 단계에 어울리는 속성을 띤 영혼의 4국면이 존재한다는 뜻이다(김태항, 「카발라의 신비열쇠」, 80쪽).
1203) 구약의 네페쉬는 '생명력', '기력'의 뜻으로 표준이론의 각혼이다. 기독교 혼육이원론에 의하면 창세기 2장 7절에서 네페쉬가 하느님의 네샤마 즉 하느님의 숨을 받으면 네페쉬 하야(살아있는 네페쉬)가 된다. 살아있는 혼 즉 사람의 혼인 지혼이 되는 것이다. 그러나 네페쉬 하야(Nephesch hayah)는 영적으로 살아있지는 않다(이원론). 이 관계를 표준이론으로 해석하면 사람에게는 창조 시에 '하느님의 네샤마'를 쓴 지혼이 있는데 지혼은 영혼(永魂)은 아니다. 그러나 '예수님의 성령(프네우마)을 받으면 그 지혼은 영(靈)이 된다(靈化). 즉 창세기 1장과 2장을 거치면서 사람은 지혼을 품은 혼육으로 창조되었고 이후 예수님의 성령을 받으면 영육이 된다.
1204) 혼과 4계의 매치는 시대에 따라 약간씩 다르다. 카발라의 경전격인 조하르(Zohar, 광휘의 서)는 3개 혼을 생명나무의 세피로트와 연계시키는데 네페쉬는 앗시아계(물질계)인 ⑩말쿠트, 루아흐는 창조와 지성의 브리아계(멘탈계, 심령계)의 마지막 세피라인 ⑥티페레트, 네샤마는 발출과 영계인 아칠루트계(영계)의 마지막 세피라인 ③비나에서 근원하는 것으로 본다.
1. 네페쉬는 물질 속성을 띤 혼으로 출생 순간에 사람에게 들어가고 동물적 활력의 기반이며 정신 물리적 기능의 원천이다. 그렇다면 조하르의 네페쉬는 표준이론의 생기체 정도와 비교할 수 있겠다. 조하르에 의하면 우리가 네페쉬 속성을 정화하면 상위의 혼에 접근할 수 있다고 한다.

전할수록 감춰진 높은 수준의 영혼의 속성이 드러난다.1205)
황금새벽회1206)의 창시자인 맥그리거 매더스(MacGregor Mathers 1854~1918)가 신지학의 저승 구분1207)을 반영하여 만든 표를 통해 4계를 정리하면

카발라의 4界	앗시아	예치라	브리아	아칠루트
영혼의 종류(수준)	네페쉬	루아흐	네샤마	히아
신지학의 界	물질계	아스트랄계	멘탈계	코잘계, 영계
기능(역할)	물질, 활동	감정, 형성	창조, 지성	발출, 영계
표준이론	육체, 생기체	하위정신체	상위정신체	양심체 또는 영

그들은 또 인간 영혼의 기원과 존재목적을 영지주의적으로 설명한다.

1) 영혼은 신의 신성한 발출이고 실락(失樂)으로 인하여 근원과의 분리가 일어났으며 이를 극복하여 원래의 상태를 되찾는 것(신성과 합일)이 영혼의 임무이다.
2) 카발라는 영혼의 창조에 대해서 이렇게 말한다. "신은 수많은 불꽃으로 퍼져나가 인간의 영혼이 되었다." 따라서 처음부터 영혼의 숫자는 결정되어 있었다. 이는 영지주의 영혼의 기원과 유사한 주장이다. 역사적으로 볼 때 카발리스트는 프랑스의 프로방스 영지주의파인 카타리파에 기원을 두고 중흥(中興)한 것으로 이해되는 만큼 당연한 귀결이다.

---

2. 루아흐나 네샤마는 영적으로 자각한 사람에게만 그리고 지적 힘과 종교적 민감성을 개발하기 위하여 노력한 사람에게 발견된다.
3. 루아흐는 물질적 차원을 넘어선 사람에게 나타난다. 여기서는 표준이론의 윤회혼인 정신체와 양심체 정도다.
4. 네샤마는 가장 중요한 영혼으로 우주의 비밀과 신성을 이해할 능력을 지닌 사람에게 나타난다. 이것은 인간과 신을 연결시키는 직감적 힘이다. 표준이론의 靈이다.
5. 조하르 이후의 카발라 학자들은 네페쉬, 루아, 네쉐마보다 상위에 있는 혼의 속성으로 히아(Chiah)와 예히다(Yechida)를 주장하였다. 이 속성들은 최고의 직관을 통하여 극소수의 선택된 사람만 알아볼 수 있다고 한다.(카발라와 혼, 김우타 - blog.naver.com/taucross/110027856252 참조)
1205) 1. 유태 신비주의 카발라는 영적수준에 따라 우주를 영계, 멘쉘계, 아스트랄계, 물질계 4개의 세계(四界)로 구분한다. 각 세계에 상응하는 혼이 존재한다. 즉 진동 수준에 어울리는 혼의 배치이다. 혼이 4개라는 것은 아니고 하나의 혼이 4개의 수준에 어울리게끔 드러난다는 의미이다. 4개 혼의 이름은 각 히아, 네샤마, 루아흐, 네페쉬다(김태항, 「카발라와 예수 그리고 성경」).
2. 위 진술은 신지학의 영향을 많이 받은 현대식 카발라로 아예 4계의 이름마저 바꾸었다. 앗시아계, 예치라계, 브리아계, 아칠루트계가 맞다.
1206) 황금새벽회(Hermetic Order of the Golden Dawn)는 19세기 말 영국에서 설립된 오컬트 비밀결사(結社)로 20세기 초까지 오컬트 헤르메스주의와 형이상학을 연구하고 실천하였으며 오늘날 Wicca 및 Thelema와 같은 뉴에이지에 영향을 주었다.
1207) 카발라의 멘탈계, 아스트랄계 컨셉은 카발라에 밀전(密傳)된 인간 다신체론이 있었던 것이 아니라 카발라의 4계에 신지학적 인간론이 침투하여 발생한 것으로 보인다.

3) 물질세계는 신이 자신을 전개(展開)하고 현시(顯示)하는 곳이다. 또한 모든 형상들 중 인간이 가장 고귀하고 가장 완전한 존재이며, 신을 표현할 수 있도록 허용된 유일한 존재이다. 인간은 자신의 이중적 본성 속에서 신과 세계를 모두 반영하고 있으며, 그 둘 사이를 맺어 주는 자요, 그 둘 사이의 과도적(過渡的) 존재다. 신은 인간이 언젠가 회귀하여야 할 절대적 본질이다. 그것은 그가 품고 있는 영혼의 계발이 이루어짐으로써 가능하다.

위의 진술에서 찾을 수 없는 부분은 영과 혼의 구분이다. 그리고 귀향하는 부분이 영인지 영혼인지 아니면 혼은 별개인지가 나타나지 않는다. 이를 위해서는 속성론에 대한 검토가 필요하다. 이삭 루리아를 비롯한 많은 카발리스트들은 인간의 영혼이 다섯 개가 아니라 영혼의 다섯 속성이라는 영혼의 다(多)속성론을 주장한다. 속성론을 주장하는 이유가 살아있는 사람에게 혼영은 혼연일체이다 보니 '一體의 여러 屬性'으로 파악할 수밖에 없었을 수도 있겠다.

그러나 프랑스 소설가 베르나르 베르베르에 의하면 유대교 신비주의 카발라의 고전적 문헌인 '조하르'에서 설명하기를

1) 사람이 죽어 시체가 썩기 시작하면서 우리의 생체 에너지인 네페쉬가 떨어져 나가고
2) 루아흐는 생체 에너지의 흐름과 관련을 맺고 있지만 조금 더 머물다가 육신을 떠난다.
3) 마지막으로 초월적인 부분인 네샤마가 육체를 떠난다.
라고 하여 이들이 영혼의 속성만은 아닌 것으로 주장하고 있다. 몸을 떠나는 순서가 표준이론의 순서와 반대이긴 하나 어쨌든 루리아 이전인 조하르 시절에 이미 카발라에 영과 혼의 구성요소에 대한 개념과 그들이 가는 곳이 다르다는 표준이론적인 생각이 있었다는 것이다. 이러한 베르베르의 소설 속 주장은 황금새벽회의 맥그리거 매더스가 영혼의 속성을 4계와 연결시키고 신지학의 다신체에 각각을 대응시킨 것과는 차이가 있다.

결론적으로 카발라의 죽음 이후의 영과 혼의 처지(處地)는 다음과 같다.[1208]

[1208] 대부분의 종교나 사상의 교리(敎理)나 교의(敎義)는 죽음의 과정과 그 상황 그리고 영혼의 처지와 그 이유에 대하여 신지학이나 표준이론처럼 또박또박 자세히 기술하지 않는다. 그리고 그에 대한 자세한 설명은 교리가 아닌 해석 정도에 맡겨 버린다. 그 이유는 확실히 모르는 부분이어서 그렇기도 하고 또 필요하면 상황에 따른 해석을 하면 되기 때문이다. 카발라도 마찬가지다.

1) 고전적인 조하르 카발라의 저승관은 원래 사람의 영혼을 영과 혼 그리고 생기체 정도로 나누어 생각하고 이들은 표준이론처럼 명종 시 몸에서 나가는 때도 윤회하는 저승도 다른 '혼 따로 영 따로'였으나

2) 16세기 이후 루리아닉 카발라의 저승관에서는, 우선 수준이 낮은 영혼은 영혼 일체로 인간이 사는 물질계인 앗시아계에서 윤회하며 그곳의 고통을 통해 지은 죄를 씻어 영혼을 정화하고 다음 계로 간다. 한편 살아생전에 네샤마나 히아 등 높은 수준의 속성이 자아를 지배한 사람의 영혼은 더욱더 높은 계로 신속히 가게 될 것이며 거기에 오래오래 살다가 이승에 고급 영혼으로 다시 환생한다.

3) 현대의 카발라는 신지학과 서로 영향을 주고받아 많이 변화되었다. 즉 생명나무나 4계이론 그리고 카발라를 추종하는 신지학의 이론 등이 종합되어 카발라의 영혼은 명종 후 생명나무를 거슬러 올라가면서 생기체인 네페쉬는 물질계인 앗시아계에 두고 가고 루아흐는 아스트랄계 격인 예치라계에, 네샤마는 멘탈계 격인 브리아계에서 벗어 버린 후 영인 히아와 예히다는 영계인 아칠루트계로 간다. 히아와 예히다가 다시 생명나무를 따라 환생할 때 하위계에서 하위속성을 가지고 오게 된다. 다만 신지학과는 달리 하위 속성에 개성이나 업의 개념은 없다고 본다.

8.17. 헤르메스주의의 인간론

헤르메스주의(Hermetism 또는 Hermeticism, 祕傳신비주의)는 이집트 신인 토트와 그리스 신인 헤르메스의 이름을 결합한 반신적 존재인 헤르메스 트리스메기스투스(Hermes Trismegistus)를 가탁(假託)하여 헬레니즘 이집트(BC 305~30) 시대와 기원후 1~3세기에 주로 성립된 저작들[1209]에 기초하는 일군의 철학적·종교적 믿음들 또는 그노시스적 지식들을 뜻한다. 헤르메티시즘(Hermeticism)은 고대 이집트 미스테리 스쿨[1210]에서부터 근대 프리메이슨[1211]과 신지학회 그리고

[1209] 1. 이러한 저작들을 통틀어 「코르푸스 헤르메티쿰(Corpus Hermeticum, 헤르메스주의 전집 또는 문헌)」이라고 한다. 문헌학적인 연구에 의하면 이들은 모두 기독교 성립 이후의 것으로, 기독교도나 반(半)기독교도의 손에 의해 플라톤주의나 신피타고라스주의 철학을 근간으로 해서, 당시 유행한 그노시스주의나 조로아스터교, 점성술, 연금술의 사상 등을 수용해서 작성된 것으로 보고 있다. 따라서 이 견해에 의하면 「코르푸스 헤르메티쿰」이 기원전의 저작이라든가 그리스 철학에 영향을 주었다는 주장은 근거가 빈약하다.
2. 헤르메티시즘(Hermeticism)의 3대 문헌으로는 위 「코르푸스 헤르메티쿰」 외에 'As above, so below'의 元典인 「에메랄드 타블레트(Emerald Tablet)」와 1912년에 익명의 공저자들이 저술한 「키발리온(Kybalion)」이 있다.
[1210] 미스테리 스쿨은 아틀란티스 시대 이래로 신비의 지식을 준비된 구도자들에게만 전수해 온 비밀결사라고 한다. 고대로부터 신비의 가르침은 대중들로부터 그 순수성을 보존하기 위해 숨겨져 왔으나 미

뉴에이지까지의 비교(祕敎)전통에 주요 콘텐츠를 제공하였다.

헤르메티시즘(Hermeticism)은 이탈리아를 중심으로 유행했던 신플라톤주의의 한 지류로 부활하여 중세의 마술적이고 연금술적인 사조와 깊은 관련을 맺고 발전하였다. 17세기 이후에는 장미십자단1212) 등 비밀결사 등에 계승되어 기술자나 예술가 사이에 신봉자가 있었으며, 19세기 이후에는 낭만주의나 상징주의 등 주로 문학, 예술에서 개화했다.

헤르메스주의는 종교성을 지양하고 철학적이고 과학적인 이신론(理神論, deism)적 성격을 가진다. 이는 헤르메티시즘(Hermeticism)1213)이 단어상의 의미로 마술, 오컬트 등 고대의 비전과학(ancient esoteric science)을 뜻하는 사실에서 알 수 있다.1214)

르네상스 시대에 사람들은 신플라톤주의와 기독교의 영향으로 한쪽 끝에 신과 천사들이 있고, 다른 쪽 끝에 인간과 지상의 모든 존재가 있어서 이들이 거대한 사슬로 연결되어 있다고 보았다. 즉 당시에는 소우주인 인간이 대우주인 우주와 연관되어 있다는 '대우주와 소우주의 유비관계'가 자연의 통일을 설명하는 믿음이었다. 헤르메티시즘(Hermeticism)은 이러한 우주 속의 신비적 힘을 인정함과 동시에 인간이 자연에 영향을 미칠 수 있다는 자연에 대한 근대적 세계관을 추구했다. 당시에 널리 퍼진 헤르메스주의는 많은 예술가들의 작품에 드러났고, 16~17세기에 베이컨의 신비주의 혹은 뉴턴의 연금술 등으로 이어져 과학혁명에 많은

디어와 세계화의 시대에 들어선 작금에는 더 이상 esoteric이 아니다.
1211) 프리메이슨(Freemason)은 18세기 초 영국에서 시작된 세계 시민주의적이고 인도주의적 우애(友愛)를 목적으로 하는 단체로 비밀 단체의 성격을 띠었다. '로지(lodge, 작은 집)'라는 집회를 단위로 구성되어 있던 중세의 석공(石工, mason) 길드에서 비롯되었는데, 유럽대륙에서 도래한 장미십자단 같은 비밀결사의 이념을 접목한 것이 18세기 초의 프리메이슨 성립의 주된 계기가 되었다. 1717년 런던에서 몇 개의 로지가 대(大)로지를 형성한 것이 그 시초이다. 18세기 중엽 전 영국으로 확산되었을 뿐 아니라, 유럽 각국과 미국까지 퍼졌는데, 이때는 이미 석공들만이 아닌 지식인과 중산층 그리고 프로테스탄트들을 많이 포함한 조직이었다. 종교적으로는 관용을 중시하며, 그리스도교 조직은 아니지만 도덕성과 박애 정신 및 준법을 강조하는 등 종교적 요소를 포함하고 있다. 현재 영국과 아일랜드에 약 40만 명이 있고, 미국에 약 200만 명이 있는 등, 전 세계적으로 약 600만 명의 회원이 있는 것으로 추정되고 있다 (wikipedia 등 참조). 그러나 1, 2차 세계대전을 거치며 프리메이슨의 신학적 기반인 보수적 자유주의 신학이 세를 잃어가며 프리메이슨도 덩달아 위력을 잃었다.
1212) 장미십자회(薔薇十字會, Rosenkreuzer, Rosicrucianism)는 중세 후기 독일에서 형성되었으며, 카발라와 연금술, 헤르메스주의, 영지주의 등 고대 비교(祕敎)의 가르침은 물론 자연에 대한 식견과 물질적 분야와 영적 분야에 대한 학식을 비밀리에 보유했다고 말해지는 신비주의적 비밀결사다. 프리메이슨과 오컬트 집단들이 자기네 교의가 장미십자회에서 유래했다고 주장하고 있다.
1213) 그리스신화의 헤르메스는 로마 신화의 Mercury에 해당하는데 신들의 사자(使者), 과학, 웅변, 상업 등의 신이다.
1214) 이러한 경향은 헤르메스학뿐 아니라 영지주의, 신비주의, 카발라, 신지학, 각종 미스테리 스쿨, 여러 뉴에이지 단체에 나타나는 특색이다.

영향을 미쳤다.1215)

헤르메티시즘(Hermeticism)의 주요 특징을 살펴보면 다음과 같다.

1) 우주는 하나다. 즉 신플라톤주의의 전중일일중전(全中一一中全)이다. 따라서 모든 것은 동일한 본질을 가지며 전체를 반영하고 있다.1216) 특히 인간은 소우주(Micro Cosmos)로서 대우주(Macro Cosmos)와 조응하고, 동일한 법칙에 의거해서 창조되었다. 대우주는 소우주를 포함하는데, 그 대우주를 둘러싸는 것이 빛의 세계이며, 이들 모든 것 위에 신(Theós)이 존재한다.

2) 신은 세계를 초월함과 동시에 세계 안에 있는 것이라는 만유내재신론(萬有內在神論, Panentheism)과 여러 신이 있음을 인정하지만 그중 "지고한 누스1217)"를 주신(主神)으로 섬기는 일신(一神)적 교의를 포괄하고 있다.

3) '지고한 누스'는 로고스를 사용하여 세상의 창조자인 '두 번째 누스'를 낳았다. 이 '두 번째 누스'는 항성천1218) 이하의 7개의 각 천구에 일곱 천사(Archon, 하위신)들을 창조하였고1219) 다시 로고스를 빼낸 원소들로 물질계를 창조하고 이후 흙으로 동물들을 만들었다.1220)

1215) 공하린, '봄의 정경에서 찾은 헤르메스주의 그림에서 찾는 과학여행', 사이언스타임즈 참조
1216) 헤르메스學은 신을 내재적(Panentheism, 만유내재신론)이자 초월적이라고 여긴다. 신성은 현현한 우주의 만물 속에 있으며, 또한 그들을 초월한다. '위'와 '아래' 사이의 상호연결 때문에 영적 레벨에서 일어나는 일은 물질세계에서도 일어난다. 거꾸로, 물질세계에서 일어난 일은 영적 세계에 영향을 줄 수 있다(미주 20 'As above, so below(AASB)' 참조).
1217) 헤르메티시즘(Hermeticism)에서 절대자로서의 최고신은 지고한 누스(Nous)이외에도 전체 존재(The All), 하나인 존재(The One), 제1정신 등 다양한 이름으로 불린다. 이 신은 선과 악을 포괄하는 전체 존재이면서 또한 동시에 모든 악에서 벗어나 있는 지고한 선(Supreme Good)으로 내재적이다. '지고한 선'의 개념은 도가의 도(道) 또는 道生一, 카발라의 아인 소프, 불교의 법신불(비로자나불)과 유사하다.
1218) 1. 항성천(cielo stellato)은 지구를 중심으로 하여 천체가 움직인다는 프톨레마이오스의 우주계에서 항성이 고착되어 있는 가장 바깥쪽의 천구를 말한다. 단테는 그의 신곡에서 천계를 10천으로 구분하였는데 우선 달, 수성, 금성, 태양, 화성, 목성, 토성을 1천부터 7천으로 하였으며 항성천을 예언자와 사도들이 사는 8천으로, 그 위에 천사들이 사는 원동천과 하느님의 거처인 지고천으로 나누었다.
2. 천동설은 물질문명뿐 아니라 정신문명의 발달에도 큰 영향을 주었다. 그런데 달의 이면이 육안으로 보였다면 달토끼가 도는 모습도 보이고 이로 인해 地動도 유추되었을 것이니 코페르니쿠스는 고대 그리스에서 태어났을 것이다. 지구에서 달의 한 면만 보이는 이유는 달의 자전 주기와 공전 주기가 27.3일로 정확히 같기(동주기 자전) 때문이다. 이는 공명현상 때문이라는데 혹시 물질문명과 정신문명을 공명시키기 위한 신적설계는 아니었는가?
1219) 이 부분은 신지학의 다층적 저승론의 서구적 원형일 수도 있다.
1220) 두 번째 누스가 인간을 제외한 피조세계를 만들었다는 뜻이다.

4) '지고한 누스'는 자신의 모습을 따라 인간을 창조하였고1221), 다른 모든 창조물들을 인간에게 넘겨주었다. 그런데 인간은 이 자연과 사랑에 빠졌으며 그 안에 살기를 원하였다. 그 결과 인간은 육체에 갇혀 육체의 욕망에 속박된 '타락한 영'이 되었다. 이리하여 인간은 육체로서는 필멸(必滅)이면서 영으로서는 불멸(不滅)하는, 또 모든 창조물을 다스리는 권위를 가지지만 운명에 지배당하는, 영도 아니고 혼도 아닌 이중적인 존재가 되었다.

5) 윤회를 믿는다.1222) 그러나 영지(靈智)를 가진 사람은 고향인 빛의 세계로 돌아갈 수 있다.1223)

6) 고전적 헤르메티시즘(Hermeticism)은 플라톤주의나 신피타고라스주의의 철학을 근간으로 하여, 당시 유행한 그노시스주의나 조로아스터교, 점성술, 연금술의 사상 등을 수용해서 형성된 것이므로 속성 자체가 절충적이요, 혼합적인 까닭에 역사적으로 여러 오컬트와 영향을 주고받았다. 근대에 이르러서는 카발리즘, 신지학, 힌두철학의 영향까지 받아 콘텐츠가 더욱 절충되어 가는 형편이다. 사실 작금의 오컬티즘은 그 대강이 통합되어 가는 양상을 보인다. 이는 미디어의 발전으로 자연스럽게 오컬트가 대중화되어 가면서 나타나는 현상이다. 종사자들의 마케팅이나 채널링 때문일 수도 있다. 프란츠 바르돈1224)의 헤르메티시즘(Hermeticism)

1221) 1. 신들(지고한 누스로 이해된다)이 자신의 창조작업을 알게 하려 씨를 뿌려 인간을 만들었도다. 이로써 제 속성의 움직이는 징표로 삼았으며 번식시켜 하늘 아래 만물을 지배하게 하고 선한 것들을 분별하게 하며 생육하고 번식하게 하려 함이라(헤르메스 호 트리스메기스토스. 「헤르메티카」, 3권 3).
2. 「헤르메티카」에는, "신은 자신과 유사한 원형인간을 만들고, 원형인간은 7명의 아르콘으로부터 운명을 선물로 받아서 하계로 내려온다. 원형인간은 하강하여 육체를 가진 인간이 되었다."라는 원형인간을 이용한 창조론도 있다(미주 35 '원형인간론' 참조).
3. 헤르메스는 여러 사상의 잡탕으로, 한 책에도 서로 다른 진술이 있고 용어도 통일되어 있지 않으며 고전적 헤르메스주의와, 프란츠 바르돈 등에 의하여 신지학에 물든 근대적 헤르메스주의 사이에도 차이가 많다(미주 202 '프란츠 바르돈의 헤르메스주의' 참조).
1222) 1. 전체로서의 영(지고한 누스)이 전 우주를 에워싸고 소용돌이치며 돈다. 전체 영으로부터 개별 영이 공중에 생겨나고 공중의 영이 인간 존재의 영으로 변성(變性)한다(전게서, 10권 07).
2. 명종 후 영이 다시 상승할 때에는 정신(혼)은 불의 몸을 입고 몸을 빠져나온다. 이때 사람은 심판대에 서는데 생을 경건하게 산 영은 온전히 정신에게 돌아가고 정신은 그를 깨달음의 빛으로 인도한다. 불경한 영은 인간의 몸에 다시 들어가나 악마의 정신이 영에 들어가 징벌을 가하여 그는 살아서 온갖 죄를 저지르게 된다(전게서, 10권 16~23).
3. 헤르메스 트리스메기스투스는 다음과 같이 말하고 있다. "오 아들아, 도대체 우리는 얼마나 많은 육신을 거쳐야, 얼마나 많은 악마의 무리를 겪어야, 얼마나 많은 별들의 반복과 주기들을 거쳐야, 하나인 존재에게로 가는 것을 서둘게 될까?"(헤르메스 트리스메기스투스, 「The Way of Hermes」, 33쪽)
1223) 헤르메스주의협회에서는 헤르메스의 윤회에 대한 입장은 인간들에게 주어진 생의 목표를 한 번의 인생 동안에 성취할 수 있다고 믿지 않으나, 한 번의 생 중에 못 이룰 것은 아니라는 입장이다. 허메틱(Hermetic)하지 못한 언급이다.
1224) Franz Bardon(1909~1958)은 20세기에 실존했던 최고의 마법사로 마법명은 프라바토이다. 국적은 체코인이나 오스트리아에서 태어나 독일에서 주로 활동했다.

1225)이 대표적이다.尾202)

7) 헤르메스주의의 타락한 영은 이미 표준이론의 영이 아니다. 천국의 시민권을 빼앗겼기 때문이다. 그럼 헤르메스주의의 영은 혼인가? 표준이론으로 보면 그렇다. 영지주의 계통의 영은 출신은 영이지만 이승에서는 전형적인 혼의 지위다. 따라서 표준이론은 귀향의 위대한 여정에 있는 타락한 영은 필요시 혼으로 기술한다.

8) 헤르메스에는 신이 주는 '정신'이 있다. 이는 표준이론에서의 영과 같은 기능을 한다. 표준이론으로 보면 경건한 혼에게는 '선한 영(정신)'을 짝지어 그노시스를 얻게 하고 천국으로 인도한다는 것이다.1226) 즉 "복 있고 경건한 혼은 선한 정신을 만나 깨달음의 빛으로 나아가며 악한 혼은 정신이 채워지지 않거나 악한 정신(악마)이 오히려 그를 지배한다. '선한 정신'을 입지 않은 영혼은 아무것도 성취할 수 없다."1227)라고 한다. 이 진술을 다시 읽으면 다음과 같다. "복 있고 경건한 혼은 영을 만나 깨달음의 빛으로 나아가며 악한 혼은 영이 채워지지 않거나 악한 영이 오히려 그를 지배한다. 영이 없는 혼은 아무것도 성취할 수 없다."

9) 오늘날의 헤르메스주의는 영혼을 제외하고는 진화론을 전적으로 수용하며 진화론이 기본 물질로부터 인간의 육체에 이르기까지 그 모두의 창조에 적용되는 확고한 원리인 것으로 본다.

10) 「헤르메티카」에서 신이 타락한 영(혼)에게 주는 정신(理性)은 표준이론으로 보면 신영이다. 선하게 사는 타락한 영(혼)은 경건한 정신과 일체가 되어 윤회하다가 궁극적으로는 신과 합일할 것으로 보인다. 헤르메스주의에서 말하는 이러한 정신은 어느 면에서 유란시아서의 생각조절자(Thought Adjusters)와 유사한 개념이다.

1225) 고전적 헤르메스주의는 Hermetism으로, 르네상스 이후 부활한 헤르메스주의는 Hermeticism으로 구분한다고도 하니 그 차이가 상당함을 의미한다.
1226) 1. "신은 모든 인간에게 이성을 나누어 주었노라. 그는 정신을 나누신 것이 아니니, 정신은 그 누구에게도 나누신 것이 아니니, 정신은 그 누구에게도 내놓지 않으셨음이니라. 신은 영(혼)들 사이에 정신(영)을 두어 시험을 잘 치른 자에게 상으로 내리려 하였노라."
2. 따라서 헤르메스주의에는 영혼육의 3원이 원칙이나 혼육인 사람도 있게 된다. 혼육인 사람도 있는 표준이론과 비교된다.
1227) 1. 헤르메스 호 트리스메기스토스. 「헤르메티카」, 10권 23
2. 좋은 글방의 국역(國譯)「헤르메티카」는 '누스(지고한 누스)'에서 도래한 영은 육체가 죽을 때까지 육체의 노예가 되는데 육체의 포로가 된 영이 혼(魂)이라고도 하고 이성이 혼이라고도 한다. 또 사람이 죽으면 혼이 어찌 되는지 명확한 설명이 없다.
3. 국역(國譯)「헤르메티카」에서 사용된 영, 영혼, 혼, 정신 등의 단어가 원문을 얼마나 잘 소화하였는지는 의문이다. 표준이론으로 볼 때 무분별한 용어사용이 많다.

11) 헤르메스주의협회1228)에서 주장하는 긍정적 형태의 헤르메스주의의 특성은 다음과 같다.尾203)

(1) 인류는, 신(성)과의 합일 상태로 되돌아가는 영적 여행 중에 있다. 이것이 인류의 '위대한 작업(Great Work)'이다. 우리가 신성에 이르려면 신성을 염원해야 한다. 영적 성장은 사람의 노력 없이는 성취하지 못한다.

(2) 절충적(혼합적) 교의를 가지며 서양 에소테릭 전통 전반에 걸친 소스로부터 자료를 추출한다. 다신적이지만 일신적이다. 즉, 궁극적으로 하나인 신적 통일체로부터 방출되는 신성이 여러 형태로 나타남을 받아들인다.

(3) 신성은 내재적이면서 또한 초월적인 것이다.

(4) 우주는 신적이며 선한 것이다.

(5) 우리가 신성을 구할 때, 자연의 신비로부터 누멘을 느끼는 것으로부터 시작하는 것이 최선이다.

(6) 영적 호기심을 북돋아라.

(7) 사람들은 기술과 염원을 통해 불가사의의 영역에 접근할 수 있다. 이를 위해, 마술, 명상, 의식(ritual)과 기타 영적 신비적 수행을 수용한다.

(8) 신성을 추구하는 자들은 만물을 수용하는 데 있어서 균형을 추구하여야 한다.

(9) 금욕적 세계관보다는 시(詩)적 세계관을 가져라.

8.18. 신지학적 인간론

8.18.1. 뉴에이지의 일반적 인간론

오늘날 뉴에이지는 대부분 다층적 저승론에 기반한 다신체(多身體論)론을 펼친다. 뉴에이지 어디를 가나 접할 수 있는 다층적 저승론과 다신체론의 예를 들어 보자.

지중해의 성자라고 불리는 다스칼로스는 다음과 같이 가르쳤다.1229)

모든 인간은 동시에 세 가지 존재 차원 속에서 산다. 즉, 거친 물질계와 아스트랄계와 멘탈계가 그것이다. 이 모두가 물질우주이지만 서로 다른 '진동' 수준에 있

1228) Hermetic Fellowship : www.hermeticfellowship.org/HFHermeticism.html
1229) 키리아코스.C 마르키데스, 「지중해의 성자 다스칼로스」 2권, 90~94쪽과 8.21.6. '다스칼로스의 인간론' 참조

다. 거친 물질계, 소위 3차원의 우리 세계가 가장 낮은 수준의 세계이다. 아스트랄계는 4차원 세계라 불리는데 이곳 역시 물질우주이지만 좀 더 높은 수준의 진동을 한다. 이곳은 불교에서 말하는 색계(色界) 정도와 비교된다. 색계는 욕계의 물질보다 더 정묘한 물질로 이루어진 수미세계이고 그곳의 유정들이 이러한 정묘한 물질로 이루어진 소의신(所依身, 신체)를 가지고 거주한다. 멘탈계는 5차원계로 역시 물질우주이지만 다른 법칙들에 의해 지배된다. 이 5차원계에서는 시간과 공간이 모두 극복된다. 진동은 다른 두 세계에서보다 더 높은 수준이어서 더 자유롭게 움직이고 활동할 수 있다. 불교의 무색계 정도와 비교된다.

사람은 이 세 가지의 신체로 자의식을 지닌 현재인격을 형성하고 있다. 인격은 거친 육체를 버리고 아스트랄체에서 감정과 느낌을 표현하는 몸을 가지고 완전한 의식을 지닌 채 살 수 있다. 마찬가지로 아스트랄체를 버리고 멘탈체만을 지닌 채로도 완전한 의식을 지니고 살 수도 있다.[尾204] 그러나 결국 영구인격은 아스트랄체와 멘탈체를 차례로 버리고 영원으로 귀향한다. 이 부분에서 다스칼로스의 저승관은 불교와 달라지며 전형적인 신지학으로 경도(傾倒)된다. 다만 윤회하지 않으니 5.5. '저승에 대해서'에서 서술하는 '단생(單生)의 저승관 중 다층적 저승관'에 속한다.

또한 의학박사 정현채[1230]는 '죽음, 또 하나의 시작'에서 다음과 같이 쓰고 있다. "죽어서 육신을 벗어난 신참 영혼은 사후 1차 영역에 머물게 되는데, 고독감, 무력감, 결핍감, 고통이나 환멸을 느끼고는 새로운 돌파구를 찾게 된다. 이때 마음을 열고 간절히 기원하면, 수호령(Guradian spirit)의 도움을 받아, 지상에서의 삶 동안 오염된 찌꺼기를 정화하게 되고 손상된 영혼에 대한 치유와 복구의 작업이 이루어진다. 이렇게 원래의 맑고 순수했던 영혼으로 회복되고 나면, 영혼의 진동수가 높아져 완전히 다른 상위 영역으로 진입하게 된다. 1차 영역을 거쳐 다음 영역으로 가게 되면, 환생 경험이 많은 고참 영혼의 도움을 받아 스스로 떠나온 삶에 대한 객관적인 분석과 반성을 하게 된다. 이것은 다음 생을 계획하기 위한 바탕이 된다. 여기에 잘못을 정죄하는 심판관이나 형벌 같은 것은 전혀 존재하지 않는다. 그런 뒤에는 다음 환생 때 어느 지역에서 어떤 부모의 아이로 태어나 어떤 과제를 해결하며 살아가게 될지 전체적인 윤곽에 대해 계획을 세운다."

1230) 정현채(1955~)는 서울대학교병원 소화기내과 교수를 역임하였으며 대한소화기학회 이사장을 지냈다. 현재 한국죽음학회 이사 및 한국인의 웰다잉 가이드라인 재정위원으로 활동하면서 많은 강연과 저술 활동을 통해 사람들이 죽음을 제대로 직면해서 좋은 죽음을 맞이할 수 있도록 돕고 있다. 저서로 「우리는 왜 죽음을 두려워할 필요 없는가」(비아북, 2018) 등이 있고, 네이버 열린 연단에 삶의 지혜 강의로 '죽음은 소멸인가, 옮겨 감인가'를 게재하고 있으며 네이버에 죽음학 카페(cafe.naver.com/talkdeath2live)를 운영하고 있다.

그의 저승관은 일단 퀴블러-로스의 LBL에서 나타나는 저승의 다양한 구성을 말하는 것으로 이해되나 한편으로는 신지학의 다층적(또는 多界的) 저승과 유사해 보이기도 한다. 표준이론에서는 혼이 저승의 여러 층을 차례로 거치는 일은 없다. 처음부터 자신의 수준에 맞는 저승인 본향(本鄕)으로 직행한다.

마르티누스[1231] 또한 영계는 두 층의 영역으로 되어 있다고 증언한다. 첫 번째 영역(first sphere)과 고차 영역(higher sphere)이 그것이다. 이들 영역에는 공간의 개념은 없고 시간과 일정한 조건만이 존재한다. 이들 영역은 '아스트랄적인 물질' 혹은 '영적(psychic) 에테르'로 불리는 물질로 구성되어 있는데 이 물질은 용이하고 가볍고 일시적이라는 특징이 있다고 한다.

8.18.2. 신지학의 다층적 저승론과 다신체론

다층적(多層的, 多界的) 저승론과 다신체(多身體)론에 의하면 신의 속성이 인간 안에 투영된 것처럼 우주에 신의 각 속성을 가진 세상(界)이 있고 인간의 신체도 각 界를 반영하는 다양한 신체가 겹쳐 있다.[1232]

표준이론에서 인간은 영혼육 삼원으로 구성되고 혼은 다시 생기체와 정신체 그리고 양심체로 구성된다. 신지학의 다신체(多身體)론도 크게는 영혼육 삼원론에 속하지만 다신체론으로 따로 이름하는 이유는 일반적 삼원론은 다요소(多要素 또는 多屬性)론으로서의 삼원론인데, 신지학은 영이 여러 개의 체를 입고 있다고 주장하기 때문이다. 일반적 삼원론에서는 영혼을 구성하는 요소(속성)는 여러 가지가 있지만 그것이 모두 각각의 신체를 가진 것은 아니다.

또한 표준이론도 다층적 저승론을 가지고 있으나 신지학과는 그 성격이 다르다. 즉 사람이 죽으면 생기체는 생기계로 직행하고 혼의 정신체와 양심체, 즉 윤회체는 그 수준에 따라 중음계나 심령계 또는 준영계로 직행하며 영은 영계로 직행한다. 신지학은 저승이 아스트랄계나 멘탈계 코잘계 등 사람의 각 체에 일대일로

[1231] 덴마크 출신의 영성가 마르티누스 톰센(Martinus Thomsen 1890~1981)은 영적인 일과 전혀 관련이 없는 회계사 업무를 해 오다가 1921년 어느 날 생의 지축을 흔드는 종교적 체험을 한 뒤 그 체험을 바탕으로 "인간의 의식은 불멸하며 암흑이나 고통은 위장된 사랑이다. 신의 존재는 우리 모두에게 현존하고 있다."라며 죽음 뒤의 삶에 대해 술회한다(최준식·엄영문, 「전생 이야기」 참조). 마르티누스 연구소(www.martinus.dk/en/frontpage/index.html)에서는 대중을 상대로 영성을 개발하기 위한 프로그램을 운영하고 있다.

[1232] 신지학(神智學, theosophy)에서는 특별히 영이 입고 있는 여러 가지 體는 영이 영계를 떠나 물질계로 내려오면서 여러 하위체계를 거치며 얻은 것으로, 하위세계로 올수록 영이 입고 있는 體의 수가 많아진다고 한다. 이는 카발라의 그것과 유사하나 이때 입은 옷은 명종 후 상승할 때 벗어버리게 되니 루리아닉 카발라처럼 영원한 혼영일체는 아니다.

대응하는 저승이 있다고 하여 저승이 다층적이라는 면에서는 표준이론과 일치하지만 명종 후 영과 혼으로 구성된 윤회체(인간모나드라고 한다)가 하위 저승에서 상위 저승으로 옮아가며 살다가 결국은 각 계(界)에 대응하는 체를 해당 저승(계)에 떨어뜨리고 영만 영계로 간다1233)고 하여 유행적(遊行的) 하위 저승이 있다면 혼이 본향으로 돌아가는 과정을 묘사한 것일 뿐이라고 생각하는 표준이론의 직행(直行)론과 차이를 보인다. 한편 신지학에게 소스를 제공한 루리아닉 카발라의 영혼론은 원래 다요소론적 다신체론이었으나 인도철학과 만나 다신체론적 경향이 짙어지다가 신지학의 강성과 더불어 신지학적 다신체론으로 변화한 것으로 보인다.1234)
다층적 저승론과 다신체론의 형성과정을 살펴보면 다음과 같다.

8.18.2.1. 다층적(多層的) 저승론의 기원

영지주의의 우주론에서 최고신(The One)은 자신의 스피릿을 발출하여 플레로마라는 천상계를 창조하였고 천상계는 다시 지상계, 즉, 물질우주를 창조하는 원형이 된다. 플레로마(pléroma)는 헬라어로 충만, 완전의 뜻인데 골로새서 2장 9~10절에서 바오로도 사용하였다.1235) 영지주의 종교인 만다야교(Mandaeism)는 기본 교의로서 무형상의 지고한 존재가 영계(spiritual world), 에테르계(etheric world)1236), 물질계(material world)와 이들 세계의 여러 존재들을 창조하였다

1233) 물론 수준이 낮은 영혼은 자기 수준 이상의 영계로 나아가지 못하고 거기에서 다시 환생한다. 카발라에서는 아인 소프로부터 발출된 영이 원형인간으로부터 생명나무 세피로트의 각 세피라를 거쳐 pass를 따라 하강하면서 혼을 입는데 이후 이는 영원히 일체가 된다. 그러나 부분적으로 영따로 혼따로의 교의도 보인다.(8.16. '카발라의 인간론' 참조)
1234) 루리아닉 카발라에서는 영혼이 환생을 위해 케테르에서 말쿠트로 하강하면서 인간의 여러 속성을 챙긴다. 반대로 영계로 귀환할 때는 세피로트 생명나무의 통로(pass)개념이 역순으로 작용하여 그 반대의 현상이 일어난다. 카발라와는 달리 신지학에서는 영(모나드)이 물질계로 내려오면서 챙기는 것이 속성이 아니라 신체이기 때문에 올라가면서도 그 신체를 이용하여 얻은 경험만 챙기고 신체는 버리게 된다.
1235) 1. 신약성경에서 플레로마라는 단어가 사용된 곳은 Colossians 2:9을 포함하여 총 12곳이다. 프린스턴 대학의 일레인 페이글스(Elaine Pagels 1943~)와 같이 사도 바울이 영지주의자였다고 보는 그노시즘 연구가들은 Colossians 2:9에 사용된 플레로마라는 단어는 기독교 신학이 아니라 그노시즘의 문맥에서 해석해야 한다고 주장한다.
2. 그노시즘에서 플레로마는 우리말로 본향(本鄕) 정도일까? 개신교 찬송가 중에 '내 본향 가는 길'이란 애절한 노래가 있다.
1236) 만다야교의 교리에 에테르란 용어가 나올 리는 없고 영어로 번역하는 과정에서 나타난 표현일 가능성이 크다. 그러나 만다야교에서는 물질보다 정묘한 체가 있어서 저승은 이것으로 만들어졌을 것이란 생각을 한 것임은 분명하다. 표준이론에서는 '혼이 기의 생물학적 진화체이므로 당연히 기의 물성을 가졌고 따라서 혼의 세계도 그렇다. 그러나 영은 사념체이므로 영계에는 물성이 없다'라는 주장을 하는 데 반하여 신지학의 원류인 영지주의는 혼계와 영계가 모두 물성이 있다고 생각한다. 모든 저승이 물질세계일 것이라는 그들 생각의 근원은 무엇일까?
  1) 저승도 피조세계이니 時空과 물질의 세계일 것이다.
  2) 우주의 근원물질은 기이고 물질도 기의 뭉침에 불과하다.

는 다층적 저승론을 가졌다. 영지주의에서 비롯한 이 사상은 카발라의 생명나무에도 영향을 미쳤고 장미십자회나 프리메이슨들에 의해 祕傳으로 전수되다가 19세기 후반 신지학자들에 의해 힌두이즘과 결합되어 오늘날 여러 뉴에이지 종교와 사상에 정착된 것으로 보인다.

기독교에도 당연히 다층적 저승론은 있다. 천국과 지옥이 우선 그렇고 제3천국에 다녀왔다는 바오로 사도의 전언도 있으며(고후 12:1~4) 단테는 9층으로 구성된 지옥과 10층의 천국을 말하였다. 또 스베덴보리는 각각 3개 층의 천국과 지옥 그리고 연옥(중간영계)을 이야기하였다.

힌두교의 다층적 저승론은 인도 전통문학인 푸라나(Purana)에서 기원한 '7천국과 7지옥'이 그 원형이다. 푸라나에서 설명하는 7천국은 불로카(Bhuloka), 부바로카(Bhuvarloka), 스와르가로카(SwargaLoka), 마하를로카(Maharloka), 자나로카(Janarloka), 타팔로카(Tapoloka), 사티알로카(Satyaloka)로 이 중 불로카는 지구를 의미하고 이후 점점 높은 천국을 의미하다가 사티알로카는 의식의 가장 높은 차원 또는 천상 영역의 가장 높은 영역으로 브라흐마(Brahma)와 그의 아내 사라스와티(Saraswati)가 거주하는 界다. 산스크리트어인 Loka는 Planet(행성) 또는 Plane(평면) 또는 존재영역 등으로 번역될 수 있는 인도종교의 개념인데 불교로 도교로 그리고 훗날 블라바츠키에 의해 채택되어 신지학의 다층적 저승관에 그대로 도입되었다.1237)

8.18.2.2. 다신체(多身體)론의 기원

사람에게는 인간계보다 더 높은 차원의 계와 상호작용 하는 데 유용한 신체가 있다는 담론은 인도철학에서 매우 오랜 역사를 지니고 발달하였다. 우리가 전부라고 생각하는 육체 외에도 미묘체(微妙體, sukshma sharira) 또는 심령체(心靈體)라고 하는 섬세하고 진동수가 높은1238) 몸들이 육체 내외에 여러 겹으로 겹쳐 존재한다는 것이다.1239) 또한 인간의 정신적인 부분(의지, 지성, 자아, 마음 등)도 물성

---

3) 그들이 체험한 귀신이나 정령 그리고 혼은 분명히 물성이 있었다.
4) 영지주의의 우주창조론이 신(One, Monad)의 스피릿(spirit)으로 창조된 빛의 세계(영계)인 플레로마(pléroma)에서 시작하여 점차 거친 물질의 세계로 이어짐을 고려하였다.
영지주의의 이러한 생각들이 신지학의 다신체론과 다층적 저승관의 서구적 원류라고 본다.
1237) 신지학에서 아스트랄계의 외곽 정도를 의미하는 카말로카(慾界, kama loka)에서는 loka가 그대로 쓰인다. 보통의 경우 신지학은 loka를 plane(평면)으로 번역하여 astral plane(아스트랄계), causal plane(코잘계) 등으로 loka를 가져다 쓴다.
1238) 진동수가 높다는 것은 의식수준이 높다는 뜻이다.
1239) 베다(véda)는 사람이 5가지 신체로 구성되어 있다고 하였으며 타이트리야 우파니샤드는 사람이 7개

이 있고 그 물성은 하나의 실체를 이루어 인간의 머리나 몸에 實在한다는 생각을 가졌다. 쉽게 말하면 혼은 머리에 있고 영은 심장에 있다는 식이다.1240)

불교의 삼계육도(三界六道) 세계관에 의하면 삼계 중 색계(rupaloka)는 욕계(kamaloka)의 물질보다 더 정묘한 물질로 이루어진 세계이고 그곳의 유정들은 이러한 정묘한 물질로 이루어진 소의신(所依身)을 가지고 거주한다. 또한 무색계(arupaloka)는 물질을 초월한 순수한 정신적 영역의 세계로 물질이나 욕망에 대한 생각이 없는 세계이다. 그렇다면 불교의 3계는 구성요소의 物性과 거기에 거주하는 존재들의 의식수준이 서로 다르다는 컨셉은 신지학의 다층적 저승관의 그것과 각론은 다르지만 총론은 유사하여 두 사상이 인도철학이라는 같은 코끼리를 만지고 있음이 드러난다. 천상도를 제외한 욕계는 신지학의 물질계이고, 욕계의 천상도는 아스트랄계, 색계는 멘탈계, 무색계는 코잘계와 대충 매치되는 것이다. 그러나 불교에서는 신지학과는 달리 색계와 무색계의 소의신을 구성하는 정묘한 물질로 된 신체를 인간도의 사람들도 가지고 있다고 주장하지는 않는다.

또한 그리스철학은 인간은 몸과 영 그리고 중간적인 구성체로 Soul이나 Pneuma 같은 것을 상정하였는데 이는 혼정도로 파악된다. 그런데 혼은 영과 달리 비합리적이라는 이유로 그 불멸성을 의심받았다.1241) 그래서 혼은 사후 영역의 최말단이나 영계가 아닌 별도의 집합장소로 갈 것인데 그곳의 이름이 아스트랄계이고 그곳의 존재들은 아스트랄체라는 몸을 입고 있다고 생각했다. 이처럼 영계의 종류와 그 고유의 물성을 상상하였다는 것은 다층적 저승론과 다신체론의 시발(始發)로 볼 수 있다.

또 카발라에서는 영이 창조주 아인 소프의 원형인간인 아담 카드몬(Adam Kadmon)을 떠나 케테르에서 통로(pass)를 따라 말쿠트로 하강하면서 여러 속성을 갖춘다. 이 속성개념은 루리아닉을 거치면서 일반인들이 이해하기 쉽게 신체의 개념을 띠게 되었고 신지학에서 이르러서는 아예 신체가 된다.

이러한 사고방식은 연금술계통이나 오컬트 쪽으로 명맥을 이어오다가 19세기에

의 의식층(kosha)으로 되어 있다고 보았다(8.6.1. '다신체론의 기원으로서 힌두교' 참조).
1240) 인도철학이 모두 다신체론적인 것은 아니다. 현대 요가학파의 요기인 사라스와티는 신지학 다신체론의 신체(body)개념이라기보다 구성요소(elements)로 파악한다(미주 196 '사라스와티의 창조론' 참조).
1241) 이들은 아스트랄體로 만들어진 존재에는 '비합리적 영혼'인 인간의 영혼 이외에도 유령, 도플갱어(Doppelganger), 지박령, 동물혼, 악마, 데몬 등이 있다고 하였다. 또 이러한 존재들은 '비합리적 영혼'으로 '불멸성이 결여된 무언가'로 이루어진 체(體)를 가지고 있다고 생각했다.

인도철학의 영향을 받은 신지학파에 의하여 교설로 채택되어 더욱 확대 발전되었다. 이들의 주장은 '사람은 여러 가지 서로 다른 성질의 원소로 구성되어 있고 그 구성요소들은 기능과 유래(由來)가 다 다르다'라는 인간론으로 정리되는데 어쨌든 이는 사람이 영혼육 그리고 그중의 혼은 또 여러 요소로 구성되어 있다고 설명하는 표준이론과 같은 계통의 주제를 가지고 있다.

이처럼 신지학은 인간의 구성요소 중 영성적인 요소의 물성을 강조하여 각 요소들이 하나의 신체(body)를 가진 것으로 주장하는 이론체계를 세웠으니 표준이론에서는 이를 이름하여 '신지학적 인간론' 또는 '다신체론(多身體論)'이라고 한다.

요약하면 '신지학적 인간론'은

1) 영지주의와 그리스 철학에서 태동하여 중세를 거쳐 근대에 이르는 동안 제 종교와 사상의 밀의(密義, Esoterics)와
2) 유대교 신비주의인 카발라 그리고 연금술이나 물리학 등 다양한 분야에서 명맥을 이어 온 서구의 비교(祕敎)적 인간론에
3) 19세기 후반 신지학자들이 인도에 본거지를 차리고 자신들의 이론을 동양의 신비주의로 치장하는 과정에서 인도철학과 불교의 교리를 연구하여 얻어 낸 내용을 더한 뒤,
4) 여기에 채널링과 직관으로 얻은 지식과 지혜가 가미되어 지금의 모양으로 체계가 잡힌 것으로 보인다.

8.18.2.3. 생명나무와 차크라의 만남

전술한 바와 같이 카발라의 '생명나무(세피로트)'는 '하느님의 속성 10가지가 피조계(被造界)와 인간 안에 투영되어 있다'는 생각을 보여준다. 이는 하느님으로부터 발산된 우주와 원형인간 '아담 카드몬'이 신이 자신의 모습을 비추어 보기 위해 생성한 세계라서 그렇다. 창조주인 '무한의 아인 소프'1242)로부터 물질우주가 발산되어 현현(顯現)하기까지는 수많은 단계가 필요하였는데 '세피로트'가 바로 무한과 유한의 깊은 골을 연결하는 10단계이다. 카발라의 경전인 조하르1243)는 "그는

1242) 세피로트의 나무 맨 위 케테르 너머에는 3개의 드러나지 않는 세계인 3계(界)가 있다. 이는 케테르에 접하는 아인 소프 오르(Ain Soph Aur), 그 위의 아인 소프, 그리고 마지막으로 아인으로 구분할 수 있다. 3계는 세피라도 아니고 나무에도 속하지 않게 표현하는 경우가 많다(나무위키, 세피로트의 나무 참조).
1243) 카발라의 고전적 문헌(미주 110 '카발라의 주요 서적' 참조)
1. 세페르 예티라(형성의 서) : 기원후 3세기부터 6세기 사이에 성립된 문헌으로 생명나무의 10개의 세피라와 22개의 소경(小經, pass)에 우주론적 상징체계를 배당하였다.

오른손을 뻗어 위의 세계를 창조했다. 그는 왼손을 뻗어 이 세계를 창조했다. 그는 이 세계를 위의 세계와 일치하도록 만들었다. 그리하여 위에 존재하는 무엇이나 아래에 상응하는 짝을 갖게 되었다."라고 한다. 헤르메스주의의 '위에서와 마찬가지로 아래에서도 그렇다'1244)란 말과 일통(一通)한다.

이후 많은 카발라 학자들이 주석서나 저서를 통하여 자기 나름의 카발라 사상을 펼쳐 왔고 카발라의 기본틀을 유지하면서도 새로운 영역으로 그 사상을 응용하여 왔는데 근세 이후 동서양의 만남이 이루어지면서 서양의 카발라 학자들이 주도하여 생명나무 10개의 세피라를 인도 요가의 쿤달리니 차크라 사상과 연계시키려는 시도가 있었다.1245)

요가철학에서는 인간의 신체에는 정신적인 힘과 육체적인 기능이 합쳐져 상호작용을 하는 차크라가 있는 것으로 주장해 왔다. 다만 차크라 이론에서는 차크라가 신체와 영혼을 연결하는 연결점이기도 하다며 한의학의 경혈이나 단전과는 달리 인체의 또 다른 에너지(氣)로 된 신체인 미묘체(sukshma sharira)로 통하는 곳이라고 하였다.1246)

8.18.2.4. 카발라의 4계와 신지학의 저승들

위와 같은 사상의 흐름은 신지학1247)에서 '다신체론'을 받아들이는 데 영향을 주었고 이후 이러한 경향들이 모여 다양한 '인간 다신체론'을 형성하여 '다신체론'은 뉴에이지에서 傳家의 寶刀처럼 애용되는 세계관이 되고 인간론이 되었다.

---

2. 세페르 하 바힐(청명의 서) : 12세기에 저술된 고전적 카발라의 원전으로, 혼의 윤회를 주장하고 있다.
3. 조하르(광휘의 서) : 13세기의 모세스 데 레온(Moses de Leon 1250~1305)이 저술한 것으로 2세기에 활약한 랍비, 시몬 바 요카이(Shimon bar Yochai)의 사적을 기록하면서 성경의 카발라적 해석이 어떤 것인가를 나타내는 근본 경전이다.
1244) 미주 20 'As above, so below(AASB)' 참조
1245) 예를 들어 ①물라다라 차크라 ②스와디스타나 차크라 ③마니푸라 차크라 ④아나하타 차크라 ⑤비슛디 차크라 ⑥아즈나 차크라 ⑦사하스라라 차크라를 순서대로 ①말쿠트 ②이에소드 ③게부라 ④케세드 ⑤비나 ⑥코크마 ⑦케테르와 연결시키는 식이다(다이온포춘, 「미스티컬 카발라」 참조).
1246) 1. 한의학에서도 사람의 몸은 정기신혈(육체와 정력, 기운, 정신, 피)로 이루어진다 하였으니 이 중 기와 신을 미묘체 같은 것으로 보면 단전과 차크라가 다를 바도 없겠다.
2. 한의학의 經穴이나 도가의 단전에 해당하는 인도의 차크라가 카발라의 생명나무와 도대체 무슨 연관이 있겠는가. 그러나 서양 사람들 눈에는 이 둘을 연결시켜 놓고 보니 매우 그럴싸해 보였던 모양이다.
1247) 신지학 협회는 1875년 헬레나 블라바츠키(Helena Blavatsky), 헨리 스틸 올코트(Henry Steel Olcott)에 의해 뉴욕에서 시작되었는데 1882년에 아디아르 국제 신지학협회(International Theosophical Instiute of Adyar)라는 본부를 인도에 설치하였다. 신지학 협회는 막대한 회원을 가지고 있으며, 후에 이들의 분열은 수많은 뉴에이지 종교의 탄생의 밑바탕이 되었다.

생명나무의 4계(界)인 아칠루트계, 브리아계, 예치라계, 앗시아계를 신지학에서 차용하여 붙인 이름을 보자.

1) 상위 세 개의 세피라, 즉 케테르(왕관), 코크마(지혜), 비나(이해)를 아칠루트계라 하였는데 발출 또는 영계라는 뜻이다. 신지학에서는 이를 코잘계1248)라고 이름하였다.

2) 그다음 세 개의 세피라인 케세드(자애), 게부라(신의 힘), 티파레트(美)를 브리아계라 하였는데 이는 창조계라는 뜻이다. 신지학에서는 멘탈계로 부른다.

3) 또 그다음 세 개의 세피라, 즉 네트아크(승리), 호드(영광), 이에소드(기반)를 예치라계로 하였는데 이는 항성계(恒星界)1249)라는 뜻이다. 신지학에서는 아스트랄계라 하였다.

4) 마지막 세피라인 말쿠트(왕국)를 앗시아계라고 하였는데 이는 물질계라는 뜻이다(8.16. '카발라의 인간론' 참조).

한편, 전술한 바와 같이 서구에서는 플라톤 철학 이래 아스트랄체 이론이 그 맥을 이어오고 있었고, 인도에서는 이미 우파니샤드와 베다에서 인간을 층구조로 파악하여 육체인 스툴라 샤리라와 정신체인 숙슈마 샤리라 그리고 양심체격인 카라나 샤리라 등을 주장하였다(8.6.1. '다신체론의 기원으로서 힌두교' 참조). 또한 삼키야(Sāṃkhya)철학에서도 프라나와 프라크리티의 창조이론의 전개과정에서 인간의 몸을 구성하는 요소를 대별하여 원인체(原因體)와 유체(幽體) 그리고 육체의 3개의 체로 구분하는 전통이 있었다.1250) 현대의 인기 있는 인도 요가의 구루들도 요가를 보급하는 과정에서 인간의 구성요소를 따지는 교설에 신지학의 코잘체니 아스트랄체니 하는 말을 가져다 붙여 무슨 과학성이나 객관성을 확보하려는 시도를 하였다.1251) 결국 카발라와 요가 그리고 신지학은 서로의 교설을 차용하여 더욱 가까워진 셈이다. 이는 정신문명이 진화하는 모습이다.

1248) 1. 아칠루트계, 브리아계, 예치라계, 앗시아계 등 원래의 용어에 그리스철학 여기저기에서 코잘계, 멘탈계, 아스트랄계 등 용어를 가져다 붙여 서구화한 것으로 보인다.
2. 코잘계 대신 붓디계라고 하는 신지학자도 있다. 또 황금새벽회의 맥그리거 매더스(MacGregor Mathers 1854~1918)는 영계로 보았다.
1249) 항성계는 프톨레마이오스의 우주에서 제8천인 恒星天(cielo stellato)의 세계다. 단어 자체가 이미 astral세계란 뜻이다.
1250) 1. 베다의 내용과 같은 것이다.(파라마함사 하리하라난다, 「수행의 왕도 크리야」, 신주희 옮김, 271쪽, '육체 유체 인체의 상관관계도' 참조)
2. 파라마함사 하리하라난다(Paramahamsa Hariharananda 1907~2002)는 크리야 요가의 구루로서 스리 유크테스와르의 직계 제자였으며, 크리야 요가 협회(Kriya Yoga Institute, USA)의 회장을 지냈다.
1251) 크리야요가의 구루인 파라마함사 하리하라난다도 Causal이나 Astral 등 신지학적 용어로 인간의 구성요소를 설명하였다. 그가 신지학 용어를 사용한 것은 서양과의 커뮤니케이션을 위한 것으로 보인다.

8.18.3. 신지학의 인간론

8.18.3.1. 신지학의 인간론 개요

근대신지학(modern theosophy) 창시자 블라바츠키는 인간이 7가지 요소로 구성되어 있다고 보았다. 구성요소의 유래는 이미 설명한 바와 같거니와 여기서는 그 내용을 표준이론과 매칭시켜 본다. 그가 묘사하는 인간의 구조(Human Constitution)를 표로 만들어 표준이론과 비교하면 보면 아래와 같다. 이를 보면 신지학도 표준이론처럼 인간은 영(아트마, 붓디), 혼(에테르체와 아스트랄체 그리고 하위마나스와 상위마나스) 그리고 육체로 구성된다고 보고 있어 일견에도 서로 대동소이함을 알 수 있다. 모든 종교와 사상은 서로 다른 길로 올라가지만 다들 서울에서 만나게 되어 있다.

구분[1252]		블라바츠키 7본질	애니 베산트	표준이론
스툴라 샤리라	제1본질	육체	Physical	육체
링가 샤리라	제2본질	생기체	Etheric	생기체
프라나	제3본질	생기(생명력)		생기
카마	제4본질	욕망(id)	Astral	하위정신체(이드자아)
카마루파	제5본질	하위정신체		
하위 마나스		상위정신체	Rupa Manas	상위정신체(에고자아)
안타스카라나	제5본질	양심체로의 통로		양심체(초자아)
상위 마나스	제6본질	양심체	Arupa Manas	양심체(영적자아)
붓디	제7본질	혼과 영 간의 매개체	Intuitional	혼의 영적 부분
아트마		영	Spiritual	신영
오라의 란				

[1252] 신지학에서는 구성요소가 신체(body)의 개념이고 표준이론이나 인도철학에서는 생기체를 제외하고는 요소(components, elements) 또는 속성(attributes)적 성격이 강하다. 다른 신지학자들의 의견은 부록4 '영혼육의 구조'를 참조하라.

8.18.3.2. 신지학의 유래

신지학(theosophy)은 신(theo)과 지혜(sophia)의 합성어로 '신에 대한 지혜'를 의미한다. 원래 신지학은 '우주(신)로부터의 영감 또는 계시나 신비체험을 통하여 얻은 철학적·종교적 이치를 이성과 직관을 통하여 인식한 지식과 지혜 및 사상' 정도를 의미하는 말이었다. 또 19세기 블라바츠키 이전에는 신지학과 관련하여 형성된 별도의 조류(潮流)나 사조(思潮)가 없어 이에 대한 연구가 미미하였다. 구태여 역사에서 신지학적 사상이나 종교를 찾는다면 서양에서는 신플라톤주의와 영지주의, 중세의 기독교 신지학 그리고 근세 독일 신비주의 등을 들 수 있고 동양에서는 힌두의 육파철학, 도가사상, 불교의 선사상, 유교 성리학 등을 들 수 있다.1253) 그러나 넓게 보아 신지학적 전통이 없는 종교는 없다고 보아도 좋다. 합리(合理)에 바탕하지 않는 신앙은 오래갈 수 없기 때문이다. 기독교에서도 코린토 신자들에게 보낸 첫째 서간1254)에서 신에 관한 지혜가 언급된다. 역사적으로 볼 때 기독교인 중 신지학자로 볼 수 있는 사람으로는 에리우게나1255)와 뵈메1256), 스베덴보리 등이 있다.

19세기 후반 블라바츠키에 이르러 신지학(고전적 신지학)은 근대신지학(modern theosophy, Neo-Theosophy)이라는 이름으로 철학적 전통이나 경향 또는 思潮를 형성하기 시작하였다. 동시에 신지학의 정의도 고전의 그것과는 달라졌다. 프랑스의 밀교(密敎) 역사가인 앙투안 페브르(Antoine Faivre 1934~2021)는 신지학이란 '개인이 신성한 우주와 맺는 구원적 관계뿐만 아니라 신과 우주의 본성과 위격, 그리고 그 기원과 관련이 있는 그노시스'라고 말했다. 즉 '신, 우주, 인간 및

1253) 신지학을 '신비주의의 한 형태'라고 말하거나 '서양 밀교 중 하나' 또는 '동양적 풍미를 지닌 서양 사상', '오컬트의 부흥', '하이브리드 종교', '새로운 종교운동' 등으로 이해하거나 오해하는 언급은 모두 적절치 않다. 이는 모두 블라바츠키의 신지학(근대신지학)에 대한 오해나 반감에 기인한 적절치 못한 해석이다.
1254) (코전 2:6~7) 그러나 우리가 온전한 자들 중에서 지혜를 말하노니 이는 이 세상의 지혜가 아니요 또 이 세상의 없어질 관원의 지혜도 아니요 오직 비밀한 가운데 있는 하나님의 지혜를 말하는 것이니 곧 감추었던 것인데 하나님이 우리의 영광을 위하사 만세 전에 미리 정하신 것이라.
We do, however, speak a message of wisdom among the mature, but not the wisdom of this age or of the rulers of this age, who are coming to nothing. No, we speak of God's secret wisdom, a wisdom that has been hidden and that God destined for our glory before time began.
1255) 에리우게나(John Scotus Eriugena, circa 810~877)는 아일랜드에서 출생하여 주로 프랑스에서 살았다. 신플라톤학파의 사상과 발출론(發出論, Emanationism)에 의거하여 기독교의 우주창조설을 해석하고 범신론적 입장을 취하여 결과적으로 로마 가톨릭 교회와 대립하였다.
1256) 뵈메(Böhme, Jakob 1575~1624)는 독일의 신비주의 사상가로 製靴工이었다. "진정한 계시는 학식 있는 자보다도 오히려 어리석은 자에게 내린다."라고 하면서 독자적으로 신비적 자연철학을 세웠다.

그간의 상호 작용에 대한 연구 분석에 의해 얻은 영지(靈知)'가 신지학이라는 것이다. 그렇다면 '영과 혼에 대해 연구함으로써 인간관과 심령관을 이론적으로 해명하는 학문'인 영혼학의 정의와 많이 다르지 않다. 표준이론도 신지학의 범주다.

근대신지학(modern theosophy)

근대신지학은 헬레나 블라바츠키1257)가 주도하여 1875년 미국에서 설립한 신지학회(Theosophical Society)의 신지학을 지칭한다. 블라바츠키는 원래 심령주의 영매였으며 따라서 신비 체험이나 계시를 중시하였고, 도그마화한 기독교와 유물론화한 자연과학의 폐해를 없애는 것을 기치로 내걸어 자연과학의 연구에 견딜 만한 새로운 종교철학을 표방하며 서양과 동양의 지혜를 융합·통일하려고 하였다. 블라바츠키는 영매였지만 심령주의의 단순한 영혼론에 異意하여, 영매가 교신하는 영혼은 진아(靈)가 아니라 '영혼의 찌꺼기'1258)이며, 영혼(靈魂)은 이미 붓디 아트마와 결합하여 영계에 들어갔기 때문에 교신할 수 없다고 한다. 근대신지학은 고래(古來)로부터의 비교(祕教)적 전통인 신플라톤주의, 헤르메스주의, 영지주의, 카발라, 장미십자회와 프리메이슨 등의 교설 등에 힌두교와 인도철학의 가르침을 혼합하여 개론(槪論)을 쓰고 다시 채널링과 심령현상에 대한 연구로 각론(各論)을 쌓아 올렸다.1259) 따라서 그 콘텐츠는 대충

1257) 헬레나 페트로브나 블라바츠키(H.P.B. : Helena Petrovna Blavatsky 1831~1891)는 근대 영적 문화의 흐름을 근본부터 뒤바꾼 인물로 영성사에 그만큼 많은 논란의 중심에 서 있는 사람은 없었다. "블라바츠키는 과학자, 시인, 피아니스트, 작가, 화가, 철학자, 교육자였으며 무엇보다 지칠 줄 모르는 빛의 전사였다. 그는 진리 추구와 보편적 형제애를 진지하게 탐구하는 과정에서 많은 적을 얻었다. 19세기 그 누구도 그만큼 종교의 편견과 영적 허풍, 그리고 지성적 허세에 대항한 사람이 없었다."(Paul Weinzweig) 그의 사상은 오늘날엔 무리 없이 받아들여지는 사상들이지만, 빅토리아 시대에는 급진적이고 과격한 사상으로 여겨졌다. 그는 종교, 철학, 과학 간의 비교 연구를 촉진하며, 설명되지 않는 대자연의 법칙들과 인간 속에 잠재하고 있는 힘들을 탐구하는 목적으로 신지학회를 설립했다. 학자들은 1875년 9월 그가 뉴욕에서 설립한 신지학회(Theosophical Society, TS)는 서구 영성사의 한 획이라는 점에 대체적으로 동의하고 있다. 그러나 한편으로 그가 보여준 수많은 영 능력이 사기(詐欺)라는 의견도 많다. 선구자가 받는 고난이다.
1258) 미주 40 '귀신 그리고 신지학과 표준이론의 지박령', 미주 211 '수면 중 혼과 영의 유체이탈에 대하여', 8.18.3.3.4.1. '에테르체와 에테르계' 참조
1259) 1. 이를 두고 신지학은 모든 종교와 철학 속에 동일하게 흐르는 가르침이 있다고 보는 관점에서 이를 추출하여 '하나의 근본적인 가르침'을 세웠다고 주장한다. 나아가 모든 종교는 신지학이라는 바위에서 잘려나간 조각이며, 신지학이라는 구덩이에서 파헤쳐진 흙이라고 한다. 통합의 이론이기 전에 원천의 이론이라는 뜻이다. 그러나 통합일 수는 있으나 원천이라 함은 인류역사를 영적 진화의 역사로 보는 스스로의 관점을 버리는 격이다. 또한 신지학이 아직 체계가 부족한 사실을 감안하면 형제단의 재출현이 매우 아쉬운 형편이다.
2. 근대 신지학은 인도 사상의 업의 법칙과 환생의 교리를 본격적으로 도입하였다. 또한 '마하트마'라고 불리는 대백색형제단 소속의 영적인 존재들인 쿠트 후미(Koot Hoomi Master, K.H.大師), 모리야(Morya Master, M大師), 드왈 쿨(Djwal Khul Master, D.K.大師) 그리고 여타 영계의 존재로부터 채널링을 통

1) 서구 비교(祕敎)전통과
2) 힌두이즘 그리고
3) 채널링이나 투시 등 심령주의적 요소
세 가지로 구성된다.

신지학은 20세기 후반에 뉴에이지에 큰 영향을 미쳤으며 이후 21세기에 이르러서는 서구 여러 나라에서 현대의 대중적 종교 문화의 구석구석에 스며들었고 한편으로 서구인들에게 환생에 대한 믿음을 심어 주는 데 중요한 역할을 했다.

그러나 그 영향력의 지대함과 설립연원이 제법 오래되었음에도 불구하고 신지학은 아직 이론적 정립이 되어 있지 않다. 그 이유는

1) 교설의 유래가 다양한 것처럼 그 주장이 난삽하고 복잡하다.
2) 현재 신지학회는 인도파와 미국파로 나뉘어 대립 중이며
3) 같은 파 내부에서도 역대 지도자별로 이론이 다르고 주장이 갈린다.
4) 또한 아직은 엄밀한 자연과학적 검증이 어려운 '심령현상(초상현상)'을 주요논리를 구성하는 기반으로 사용하였기 때문에 주장하는 내용에 과학성과 논리성이 부족하고 주관적이며 심하면 마술적이기까지 하다.
5) 나아가 신지학 관련 서적들은 대부분 1800년도 후반에서 1900년 초반에 저술되어 오늘날 그 과학성이 더욱 떨어진다.

이는 신지학의 주요주제들이 영혼학에도 공히 포함된다는 면에서 신지학의 부진은 안타까운 일이다. 영혼학이 학문으로 정립되고 그 성과물이 경쟁력을 갖추기 위해서는 신지학의 발전이 매우 중요하다. 특히 국내에서의 신지학에 대한 연구 수준은 매우 저열(低劣)한데 이는 신지학의 내용이 방대한 데다 난해하여 기반지식의 습득이 어렵고, 전문가가 없어 번역된 책들도 질이 낮으며 그나마 국내에 출간된 책도 드물어 애호가들의 봉사적 노력에 의한 번역물을 인터넷에서 구해 읽어야 하는 형편이기 때문이다.1260)

해 얻은 지식으로 그 구체적 내용을 채웠다.
1260) 그러니 국내에서 신지학의 정수를 정확히 파악하기란 더욱 어렵다. 따라서 신지학 분야 책을 읽기 위해서는 먼저 인도철학과 불교리 그리고 헤르메스학과 카발라 쪽 지식을 선취하는 것이 좋고 가급적 영문으로 읽어야 하며 선행지식이 있다 하더라도 그 대강을 파악하는 선에서 그쳐야 파고들다가는 한도 끝도 없고 쓸데없이 시간낭비만 하게 된다.

8.18.3.3. 신지학의 주요 교의

신지학 교의(敎義)[1261]의 주요 주제로서 영혼론과 창조론을 정리해 보고 나아가 개체성과 개성 그리고 다신체론과 다층적 저승론에 대한 그들의 주장을 살펴보자.

8.18.3.3.1. 영혼론

1) 신지학에서 영과 혼은 신성(神性) 내지 신의 불씨격인 모나드(monad)가 광물에 작용하여 그로부터 진화한 생명체의 정신적 부분이라고 한다. 그렇다면 이는 큰 틀에서 표준이론과 완전히 동일하다. 그러나 이는 신지학 주류(主流)의 주장이 아니다. 신지학 주류는 혼의 진화를 동물의 혼, 표준이론으로 치면 각혼(覺魂)까지만 인정하고 사람의 혼인 지혼과 영(靈)은 아트만이나 모나드 등 전통적인 발출적(Emanative) 영 개념을 사용하여 설명한다. 이는 신지학이 표준이론처럼 영혼육(靈魂肉)의 논지를 가졌음에도 불구하고 영과 혼을 엄중히 구분하지 않음과 신지학자들마다 이론이 다름에서 비롯한다.[1262]

2) 먼저 표준이론의 영혼과 신지학 비주류의 영혼을 비교해 보자. 표준이론은 영혼의 탄생을 기에서 출발하여 지혼을 거쳐 혼영 그리고 마침내 고급영으로 변화하는 '혼의 진화 스토리'로 설명한다. 반면 신지학의 비주류에서는 제3로고스가 하강하며 상위 4계[1263]와 하위 3계[1264]를 만들고 이후 신의 영화(靈火)격인 제2로고스의 모나드가 물질계의 광물로까지 하강하여 거기에 원인의식을 심어 이후 그것이 차차 진화하여 식물의 혼이 되고 다시 동물을 거쳐 인간으로 진화한 다음 마침내 초인(Adept)이 되어 신에게 '금의환향하는 스토리'로 이야기한다.尾205)

3) 다음으로 표준이론과 신지학 주류이론을 비교해 보면 표준이론이 상위정신체와 양심체를 혼의 속성이라고 하고 영과 혼은 명종 시 즉시 헤어진다고 함에 반하여 신지학 주류의 영혼론에서는 신의 단편(斷片)이자 아트마인 '제1로고스의 모나드'가 '제2로고스의 모나드'가 진화하여 탄생한 위 각혼(覺魂)과 연결되는 과정에서 형성된 영적 영혼인 '붓디', 그리고 혼적 영혼인 '마나스'와 합해진 '아트마-붓디-마나스(인간모나드)'를 상정하여 이를 인간의 영혼으로 보고 명종 후 인간모

1261) 신지학은 종교가 아니나 종교적이다. 그래서 교리(敎理)라기보다는 교학(敎學) 또는 교의(敎義)다.
1262) 미주 205 '신지학의 영혼론' 참조
1263) 아디계, 아누파다카계, 아트믹계, 붓디계
1264) 멘탈계, 아스트랄계, 에테르체가 스민 물질계

나드는 물질계에서 입고 있던 에테르체(생기체)와 아스트랄체(하위정신체) 그리고 마나스의 신체인 멘탈체(상위정신체)를 그 속성만 취하고 모두 해당 계에 버리고 승천한다고 한다. 수승하지 못한 대부분의 인간모나드는 저승의 어느 계에서 다시 하강하여 물질계에 환생하지만 수승한 인간모나드는 붓디의 신체인 붓디체까지 버리고 표준이론의 영계격인 니르바나계(또는 아디계, 아누파다카계까지)로 귀향한다. 이것이 소위 신지학 주류의 '모나드 영혼론'이다.尾206) 결국 신지학 주류에서 주장하는 영혼론은 표준이론처럼 영과 혼을 구분하는 면에서는 서로 같지만 신지학의 영과 혼의 태생과 속성은 표준이론의 그것과 크게 다르다.1265)

4) 신지학의 우주는 주기(週期)를 가지고 있어 삼라만상은 언젠가 괴멸하게 되므로 혼은 영생의 존재가 아니다. 영 또한 정해진 기한 내에 마스터 급이 되지 못하면 엘리멘탈이 되어 또 다른 진화의 불씨로 변하여 사라진다.1266)

8.18.3.3.2. 신지학의 창조론

신지학의 교설은 대부분 확인이 불가능한 채널링 정보를 여러 사상과 종교의 개념 그리고 용어를 빌려와 설명하는 방법으로 이루어졌기 때문에 전술한 특징과 한계를 가지고 있다. 특히 창조론은 그중에서 더욱 복잡하고 일관성이 없다. 여기에서 설명하는 신지학의 창조론은 신지학자 지나라자다사가 그의 저서 「신지학 제1원리(First Principles of Theosophy)」에서 '삼위 로고스의 작업'으로 설명한 내용과 기타 신지학자들의 주장을 표준이론 입장에서 번안(飜案)하여 소개하는 글이다.1267)

1) 우주로고스는 최초에 근원물질(root matter)의 세계를 만들었다. 그리고 거기에서 다시 원초에테르(primordial ether)1268)가 생성되었다.

1265) 1. 어느 말이 맞을까? 죽어 보면 알 일이지만 표준이론이 맞다.
2. "독자여, 이것을 가슴속에 간직한 뒤 죽은 후 영이 되어 살아갈 때 이것이 진리인지 알아보면 알게 될 것이다."(스베덴보리, 「천상여행기-천국편」 프롤로그 참조)
1266) 12.6. '여러 사상에 나타나는 우주주기론' 참조
1267) 미주 205 '신지학의 영혼론' 참조
1268) 1. 근원물질(root matter)은 梵語로 물라프라크리티(Mulaprakrti)라고 불리는 것으로 인도의 기(氣)인 프라나(prana)이다. 그 종류는 물질계, 에테르계, 아스트랄계, 멘탈계, 원인계, 붓디계, 영계의 일곱 개의 계(界)에 각각 기체, 액체, 고체 그리고 4가지 에테르가 있어 총 49가지가 있다(포웰, 「에테르체」 '제2장 프라나' 참조).
2. 신지학은 근원물질 속에 있는 구멍들(holes)에서 원초에테르가 나왔는데 이는 '코일론(koilon)' 또는 물질의 부정(negation of matter)인 '공(emptiness)'이라고 불렸다고 한다. 근원물질에 대한 이러한 설명은 1887년 마이컬슨과 몰리 실험으로 지금은 그 존재가 부정된 빛의 매개체인 '공간 에테르'와 유사하다. 그러나 지금은 양자물리학에 의하여 공간이 어떤 형태이든 물질임이 밝혀졌기 때문에 신지학의 이

2) 그리고 이로써 신의 정신의 계(Plane of the Divine Mind)가 창조되었다.

3) 제3로고스(聖靈)가 가동(稼動)하여 원초에테르에 에너지를 쏟아부어 거품(bubble)을 만들고 그 거품을 6차 나선으로 만들었다.

4) 제3로고스의 초물질 창조작업 : 제3로고스는 그 첫 번째 활동으로 거품들을 그룹화시켜 아디계, 아누파다카계, 아트믹계, 붓디계, 멘탈계, 아스트랄계, 물질계의 일곱 계를 만들고 다시 각 계들에 원자들(각 계들의 원자는 버블의 수가 서로 다르다)을 창조하였다.

5) 제3로고스의 계(界) 창조작업 : 각 계의 원자들을 양과 음의 두 가지로 나눈 뒤 이 둘을 다양하게 조작하여 원자하위계, 아원자(sub-atomic)하위계, 초에테르(super-etheric)하위계, 에테르(etheric)하위계, 기체하위계, 액체하위계 그리고 고체하위계라는 일곱 계의 하위계들을 창조하였다. 이때 아디계는 양과 음으로 된 단일원자로 계(界)를 구성하고, 그 밑의 계에서는 단일원자 여러 개로 구성되는 분자들로 하위계를 구성한다.

6) 제3로고스의 태양계의 일곱 계와 그 하위계 창조작업 : 이 작업은 아직도 계속되고 있다.

7) 제2로고스(聖子)는 자신의 에너지로 물질계에 광물을 만들고 일곱 계에 생명을 불어넣는다.
(1) '제2로고스의 에너지'는 물질계의 화학원소들이 서로 결합할 수 있도록 조작하여 광물계가 출현한다.[1269]
(2) 상위 4계에 '제2로고스의 생명'을 현현시키는데 이를 모나드 에센스(Monadic Essence)라고 부른다.
(3) 모나드 에센스는 멘탈계와 아스트랄계와 물질계의 하위 3계 속으로 들어가면서 3가지 엘리멘탈 에센스(Elemental Essence)가 되어 생명을 창조한다.
(4) 멘탈계의 엘리멘탈 에센스는 '생각진동'으로 멘탈체 속에서 멘탈물질을 생각의 형태(thought-forms)로 결정화시키고, 아스트랄계의 엘리멘탈 에센스는 '욕망진동'으로 아스트랄체 속에서 아스트랄 물질로 형상이나 형태들을 만든다.
(5) 물질계의 엘리멘탈 에센스는 광물계부터 상승하여 식물계, 동물계를 진화적으

러한 설명이 의미가 있다.
[1269] 표준이론의 생명에너지(氣)의 에너지 부분이 빅뱅하여 물질이 창조되는 것과 같다.

로 창조한다. 시간이 지나면서 동물계에서 개체화(individualization)가 가능한 고등동물들이 생겨난다.

8) 물질계와 교호하여 아스트랄계에서 동물의 혼(각혼) 덩어리인 그룹혼(group soul)이 만들어지고 그중 특정한 동물(인간)의 각혼이 개체화될 준비가 되었을 때, 제1로고스(聖父)의 활동이 시작되어 자신의 한 조각인 모나드(Monad)를 하위 3계에 내려보내 먼저 상위멘탈계의 코잘체 속에서 하나의 개체(Individuality)를 형성한 뒤 다시 하위멘탈계에 내려가 제2로고스의 엘리멘탈 에센스에 의해 이미 창조되어 있는 멘탈체(에고체)를 입는다. 모나드는 다시 아스트랄계로 하강하여 아스트랄계의 각혼(이드체)을 타게(乘) 되면 인간의 혼(Soul)이 탄생한다.[1270]

이러한 장황한 신화적 이야기를 요약해 보면, 먼저 우주로고스가 초기 에테르계를 창조하였고 여기에 제3로고스가 활동하여 다층적 우주가 탄생하였으며 다시 제2로고스의 생명력이 작용하여 물질과 정령, 식물, 동물 등의 혼을 진화적으로 만들어 내었는데 마지막에 제1로고스의 모나드가 동물의 그룹혼을 개체화시켜 이에 승(乘)함으로써 인간의 영혼이 탄생되었다는 진술로서, 이는 표준이론의 '지혼 탄생 스토리'의 변형으로 이해된다. 또 제1로고스가 자신의 한 조각인 모나드(Monad)로 코잘체 속에서 하나의 개체(Individuality)를 만든 것은 하느님께서 직접 그의 숨결로 영을 지으시는 장면으로 보여 표준이론에서 말하는 '신영'의 탄생을 색다르게 묘사한 것으로도 생각된다.

신지학의 이러한 주장을 표준이론과 대비하여 보면
1) 표준이론에서 각혼이 하느님의 은총에 의해 지혼으로 진화(소극적 창조)한 것을 두고 신지학은 하느님으로부터 로고스의 단편(인간모나드)이 발출되어 적극적으로 창조행위가 이루어진 것으로 보았고
2) 표준이론의 지혼을 혼이 아니라 영(인간모나드)으로 파악하였다.[1271]
3) 또 표준이론에서는 지혼의 구성요소인 상위정신체(에고)와 양심체(영적자아)를 신지학에서는 영인 인간모나드의 속성으로 보아 각각 마나스와 붓디 정도로 하였고
4) '인간모나드의 탈것으로 사용된 각혼' 속에 내재되어 있던 제2로고스의 모나드(제2로고스의 생명)는 제1로고스의 모나드(인간모나드)와 합쳐진다고 하여[1272] 인

[1270] 이렇게 되면 인간의 혼(지혼)은 제2로고스의 모나드 에센스(Monadic Essence)의 최고 진화체인 각혼과 제1로고스의 모나드가 만나 탄생한다. 그렇다면 지혼은 모나드가 두 개다. 이를 double monad 라고 하자.
[1271] 인간모나드는 윤회를 벗어나 귀향하기 전까지는 코잘체라는 물질적 몸을 영구적으로 입는다고 하여 실지로는 '半靈半魂의 존재'로 본다.

간의 혼으로 진화하지 못한 각혼의 영적 진화를 원천봉쇄하였다1273)
그러나 신지학의 영인 인간모나드는 윤회를 계속하여 이승의 경험을 토대로 영적 진화를 이루어 합일로 나아가는 점은 표준이론의 영과 동일하다.

8.18.3.3.3. 개체성과 개성

지나라자다사1274)의 「First Principles of Theosophy」에 의하면 인간의 영적, 지성적인 불멸의 부분은 '개별성(individuality)'1275)인데 이것이야말로 진정한 자아이다. 이는 우리들의 본질이며 뿌리로, 내면의 영적 태양, 내면의 신이다. 또 그는 개별성과 관련하여 개성을 말한다. "윤회 중 특정한 생에 자신을 구현한 모습으로 개별성의 마스크 혹은 베일이라고 할 수 있는 '개성(Personality)'이 있다. 즉 개별성은 윤회할 때마다 멘탈체, 아스트랄체, 육체를 가지는데 이들 세 개의 체들은 각각 나름대로의 생명과 나름대로의 의식인 엘리멘탈을 가지고 있으며尾207), 개성은 각 생에서 이들 엘리멘탈의 영향을 받아 개별성이 구체적으로 드러난 모습이다.尾208) 따라서 개별성은 한 번 윤회할 때마다 하나의 개성을 만든다."1276)

표준이론으로 볼 때 신지학의 개성이론은 '영이 혼을 만난다'는 뜻일 뿐이다. '인간의 영적, 지성적인 불멸의 부분인 개별성'은 영을 말하는 것이고 그 개별성이

1272) 1. 인간 안에 두 모나드가 존재하지 않는다. 두 모나드란 인간의 육체를 만들었던 모나드와 그 육체 안으로 들어가 인간의 혼을 만든 모나드를 말한다. 태양의 두 광선이 셔터의 구멍 한 개를 통과하면 둘이었다가 하나로 합쳐져 한 개의 광선만이 생겨나듯이 지고의 태양, 즉 우주의 신성한 주에게서 나오는 광선도 결국 하나로 합쳐진다(애니 베산트, 「고대의 지혜」 제7장 환생 참조).
2. 이는 창세기 2장 7절에서 네페쉬가 하느님의 네샤마를 받으면 네페쉬 하야(살아있는 네페쉬)가 된다고 하는 부분을 연상하게 한다. 참고로 기독교 삼원론에서 네샤마는 영이다.
1273) 표준이론의 각혼은 지혼과 영으로의 진화의 길이 열려 있다. 지금은 인간이 그 선두일 뿐이다.
1274) 지나라자다사(Curuppumullage Jinarajadasa 1875~1953)는 실론 섬에서 태어나 13살 때 C.W. 리드비터를 따라 영국으로 가서 교육을 받았으며 헬레나 블라바츠키 여사를 만나게 된다. 1896년에 성 요한 칼리지에 입학해서 동양 언어학과 법학을 공부하였다. 이후 실론으로 돌아와서 콜롬보에 리드비터가 세운 불교 아난다 대학 학장이 되었다. 1904년에 미국으로 건너가 신지학을 강연하였고 1921년부터 1928년까지 신지학회 부회장을 지냈으며 1945년에는 신지학회 4대 회장으로 선출되었다. 그는 50여 권의 책을 썼고 가장 유명한 책이 「신지학 제1원리(First Principles of Theosophy)」이다.
1275) "개별성은 우리들의 영적, 지성적인 불멸의 부분이다. 그것은 우리들의 본질 바로 그것인 뿌리로, 내면의 영적 태양, 내면의 신이다. 이는 '나누어질 수 없는 것', 철학적인 의미에서 '단순하고 순수한 것', '분해될 수 없으며 섞이지 않는 원래의 것'이라는 의미이다. 그것은 이질적인 것이 아니다. 즉 여러 가지가 모인 복합물이 아니며 다른 요소들로 만들어진 것이 아니다. 그것은 '사물 그 자체'이다."
1276) 개별성과 개성의 사이를 설명하는 상징들은 많다. 그것 중에 하나가 진주 목걸이다. 여기서 진주들은 연속적으로 일어난 환생에서 살았던 개개의 개성들을 나타낸다. 또 20면체로 비유되기도 하는데 3차원의 20면체가 개별성을 나타낸다면, 개성은 20면체 중 한 면을 구성하는 삼각형이다. 정20면체에 있는 모든 삼각형들을 나란히 늘어놓는다 해도 3차원의 20면체의 특징을 단 하나도 나타내지 못한다. 마찬가지로 개개의 개성은 진정한 자아의 어떤 특징들을 나타내지 못한다. 반면 개별성은 자신의 본성을 조금도 잃지 않고, 그 힘에 적합한 많은 개성들을 만들 수 있다(지나라자다사, 「신지학 제1원리」 제6장 인간의 생과 사 참조).

한 번 윤회할 때마다 하나의 개성을 만든다는 말은 혼을 만나서 이승에 온다는 말이다. 혼은 당연히 자신만의 생명과 의식을 가진 개성의 존재다. 신지학은 영과 혼의 이러한 메커니즘을 파악하지 못하고 다만 환생 시 영이 무엇인가와 만나서 새로운 몸을 이룬다는 것을 엉뚱하게 이해한 나머지 혼이 아닌 멘탈체와 아스트랄체를 상정하고 한 번 윤회할 때마다 이들을 만나 하나의 개성을 만든다고 주장한 것이다. 그렇다면 개성은 표준이론의 '혼영일체' 또는 이를 통해 얻은 경험이다.

신지학의 개성과 관련하여 표준이론에는 '개체성'의 개념이 있다. 표준이론에서 개체성이란 분리성(separateness)으로서, 군혼(群魂)인 각혼이 개체혼인 지혼으로 발전하기 위한 첫 단계에서 얻는 속성인데 그룹혼에서 분리됨으로써 확보된다. 이후 개체성은 자의식을 불러오며 이는 자아형성의 씨앗으로서 반드시 필요한 것이지만 삶에서 이기심과 자존심의 근원이 되고 나아가 소유욕과 명예욕의 원인으로 작용한다. 따라서 개체성은 자아의 씨앗이니 긍정적인 것이나 한편으로 이기심과 자존심은 자아의 발전을 통해 극복되어 자리이타와 자비심으로 변화하여야 한다. 지혼의 발전과정은 개체성의 극복과정이라고도 할 수 있다.
개체성(separateness)이 줄어들수록 개별성(individuality)은 커진다. 그리고 이 개별성은 합일 후에도 유지된다.1277)

8.18.3.3.4. 다층적 저승론과 다신체론의 구체적 내용

뉴에이지의 번창과 함께 '육체 이외의 신체들'에 대한 담론도 더욱 심화되고 일반화하였다. 신지학에는 여러 특징 있는 주장들이 있으나 우리가 사는 물질계 위로 에테르계, 아스트랄계, 멘탈계, 코잘계, 붓디계 등 여러 개의 계(界)가 있다고 하고 동시에 사람에게는 상위 각 界에 대응하는 신체가 있다고 하는 다층적 저승론과 다신체론이 그 핵심이다. 이들이 주장하는 인간의 각 신체와 계에 대해서 좀 더 알아본다.

8.18.3.3.4.1. 에테르체와 에테르계

에테르의 역사

'에테르(ether)'라는 용어는 그리스어 아이테르(aither)에서 나온 말로 이는 Indo-

1277) 미주 97 '개체성(separateness)과 개별성(individuality)' 참조

European언어인 aith란 말에서 파생되었는데 burn 또는 shine이라는 뜻이다. 그리스 로마 신화에서 aither는 '하늘의 상층부'로 밝은 빛과 신들이 머무는 곳이다. 아이테르의 빛은 땅과 가까운 하늘의 빛보다 훨씬 더 밝으며, 아이테르의 공기는 신들이 숨 쉬는 맑고 순수한 공기로 인간이 숨 쉬는 탁한 공기에 대비된다. 그리스 음유시인 오르페우스는 아이테르를 세계의 영혼이자 모든 생명의 원소라고 노래하였다. 당시에는 인간이 죽으면 영혼은 아이테르로 올라가고 육신은 가이아(gaia)로 내려간다고 믿었다. 아이테르가 천당이었던 셈이다.

고대 그리스인들은 우주가 몇 개의 기본 요소(Classical Elements)[1278]로 이루어져 있다고 생각하였는데 아리스토텔레스에 의해 에테르는 그중 하나를 의미하였다.[1279] 이러한 생각은 스콜라 철학으로 계승되어 중세의 그리스도교적 우주관에서도 에테르는 천계를 구성하는 물질로 여겨졌다. 한편 중세의 연금술에서는 우주의 구성원소로 공기, 물, 불, 흙, 황, 수은, 소금 외에 아조트(Azoth)라는 것이 있다고 생각했는데 이는 에테르와 유사한 것으로 만병통치약으로 통했다고 한다. 이후 데카르트는 진공의 존재를 인정하지 않고, 물질의 입자 사이를 채울 수 있는 것으로 '미세한 물질'을 상정해, 그에 의해서 빛이 전달된다고 했다. 한편, 화학이 발달하면서 '디에틸 에테르'가 발견되었을 때에, 그 높은 휘발성을 '지상에 있어야 하는 것이 아닌 물질이 하늘로 돌아가려 하고 있다'라고 해석하여 에테르란 이름이 붙여졌다.[1280]

17세기에 아이작 뉴턴(Isaac Newton 1642~1727)은 우주 전체에 퍼져 있는 투명물질을 에테르라 칭하고 빛의 특성과 우주 공간의 중력을 설명하는 데 사용하였다. 이후 근대 물리학에서는 빛을 파동이라고 여겨, 이 빛이 전파되기 위해서 필수적인 매질물질을 상정하여 이를 에테르라고 이름 붙였다. 또한 19세기 전자

[1278] 기본 요소(Classical Elements)의 예로는 고대 그리스의 火,水,土,空氣의 사대 원소(四大元素), 힌두교의 火,水,土,空氣,空間의 오대 원소(五大元素), 불교의 사대(四大)·오대(五大)·육대(六大), 동양 철학의 오행(五行), 중세 연금술의 삼원소(三元素), 사원소(四元素) 등이 그 예이다.

[1279] 아리스토텔레스는 물, 불, 흙, 공기의 4원소설을 확장해 천체를 구성하는 제5원소(Fifth element)로 에테르를 추가하였다. '아리스토텔레스적 우주'는 가장 안쪽 球가 물, 불, 흙, 공기의 4원소로 만들어진 지구이며, 그 바깥의 천구들과 천구 위의 천체들은 제5원소 에테르로 되어 있다. 이와 유사하게 인도철학에서는 우주의 구성요소를 '타트바'라고 하며 이는 각각 프리티비(땅), 아파스(물), 테파스(불), 바유(바람), 아카샤(허공)의 5가지라고 하였다. 이 중 아카샤란 허공을 구성하는 제5원소로 만물의 원천인 정묘한 물질인데 아리스토텔레스의 에테르와 유사한 의미를 지녔다. 또 중국의 도가(道家)에서는 우주의 근본을 기(氣)라고 하며 세상에 존재하는 모든 사물이 시작되기 전 우주는 생명의 원동력인 신비로운 힘이자 모든 것의 에너지원인 氣로 가득 차 있었다고 여겼다. 유가의 성리학 또한 이론(理論)과 기론(氣論)을 통하여 기에 대한 연구가 심오하였다.

[1280] 근대 화학에서 에테르는 2개의 탄화수소 잔기(殘基)가 산소 원자와 결합한 화합물로 화학식은 R-O-R라고 쓴다. R은 알킬기로 포화탄화수소에서 1개의 수소를 제외한 나머지 원자단이다. 일반식은 C_nH_{2n+1}이다.

기 이론학자인 맥스웰(James Clerk Maxwell 1831~1879)은 에테르를 '세상 만물을 잇는 물질로, 눈에 보이는 물질보다 한결 미묘한 우주의 텅 빈 공간에 존재하는 것'이라고 하였다. 1887년에 이르러 마이컬슨(Albert Michelson 1852~1931)과 몰리(Edward Morley 1838~1923)는 에테르의 존재를 확인하기 위한 실험을 하였으나 '최고로 성공한 실패실험'[1281]으로 끝나 에테르 신화는 사라지는 듯하였다. 그러나 이후에도 노벨상을 수상한 헨드릭 로렌츠(Hendrik Antoon Lorentz 1853~1928)는 1906년 "에테르는 에너지 파동을 가진 전자기장일 수 있다.[1282] 어느 정도 물질성을 가지고 있지만 일반적인 물질과는 다르다."라고 하였고 심지어 막스 플랑크(Max Planck 1858~1947)는 이러한 에너지장 뒤에는 의식과 지성을 지닌 존재가 있다고 주장하며 그 존재를 매트릭스라고 칭하였다. 아인슈타인(Albert Einstein 1879~1955) 또한 일반 상대성이론에 따르면 에테르가 없는 공간은 생각할 수 없다고 하면서 그런 공간에서는 빛의 전달도 가능하지 않을 뿐 아니라 공간과 시간의 표준이 존재할 가능성도 없다고 하였다. 이후에도 미시세계를 규율하는 양자역학과 거시세계의 법칙인 상대성원리를 조화시키기 위해 다시 에테르의 존재 가능성이 계속 거론되었다.

현대에 이르러 첨단 물리학인 양자역학의 일부에서는 양자수준에서의 미시세계에 작용하는 법칙으로 '비국소성의 원리', '양자도약의 불연속성의 원리', '관찰자효과', '양자얽힘', 'DNA유령효과', '입자와 파동의 이중성' 그리고 '위치와 운동량의 불확정성에 따른 상보성 원리' 등 기존의 거시세계 물리학으로는 도저히 설명할 수 없는 현상과 새로운 '공간의 개념'을 설명하는 열쇠로서 에테르의 존재를 다시 상정하고 있다.[1283]

한편 신지학의 창시자 블라바츠키는 힌두교의 프라나[1284]와 연관시켜 에테르란

[1281] 실험은 완벽히 진행되었으나 에테르가 발견될 것이라는 예상과 달리 에테르는 없었다는 실험결과를 풍자한 표현이다. 그러나 이후 계측장비의 발달로 1986년에 실버투스가 미공군의 지원을 받아 실시한 실험 등에서는 에테르와 비슷한 어떤 것이 존재한다는 사실이 밝혀졌다고 한다(그렉 브레이든, 「디바인 매트릭스」, 54~60, 69쪽 참조).

[1282] 이는 양자물리학자 데이비드 봄(1917~1992)에 의해 '초양자장'으로 파악되었고 표준이론에서는 이를 氣의 물질화 과정의 최초형태로 판단한다(6.6.1. '데이비드 봄의 양자형이상학과 표준이론' 참조).

[1283] 양자얽힘(quantum entanglement)현상을 증명하기 위한 여러 광양자실험에 의하면 쌍둥이 광양자들은 하나가 변하면 나머지 하나도 초공간적으로 시차 0의 동시성을 가지고 자동적으로 변하는 현상을 보인다. 이는 모든 물질은 기로 만들어진 것이라는 것과 그 물질에도 기가 스며 있다는 것 그리고 기는 원인의식을 가진 생명력이라는 표준이론의 주장과 관계가 있다. 기의 물질로의 최초 변화형태인 입자는 '생명체로 발전할 가능성'을 가지며 그 생명은 '의식을 가진 개체로 발전할 가능성(원인의식)'을 가진다는 사실을 양자얽힘현상에서 확인할 수 있다는 뜻이다. 또 광자 텔레포테이션(teleportation)실험은 양자가 파동과 입자의 성질을 동시에 가지는 이유를 보여주었다. 즉 물질의 최소단위이자 물질생성의 최초단계인 양자는 기가 변화하여 만들어졌기 때문에 기의 속성인 에너지로서의 파동성과 물질에 가까운 속성인 입자성을 동시에 가지고 있는 것이다. 물질은 '물질의 물리학(物理學) 법칙'이 적용되고 기는 '기의 물리학(氣學) 법칙'이 적용된다(미주 209 '양자얽힘과 텔레포테이션 그리고 표준이론' 참조).

[1284] 1. 프라나란 산스크리트어로 호흡, 숨결의 뜻으로 우주의 모든 자연 과정에 존재하는 생명체의 생명

단어를 사용하였다.

이처럼 에테르, 기 또는 이와 유사한 이름을 가진 미지의 물질은 우주의 근본물질로, 또는 우주를 구성하는 물질의 한 종류로서 공기나 하늘 또는 천상세계를 구성하는 물질로, 생명력으로, 생명체의 도안체로, 영혼을 구성하는 물질로, 만병통치약으로, 에너지의 한 형태로, 빛을 전달하는 진공 속의 물질로, $CnH2n+1$로, 전자기장으로, 의식과 지성을 가진 존재로 역사 속에서 모습을 조금씩 바꿔 가며 여러 가지 형태와 기능이 부여된 미지 또는 신비의 물질로 그 존재를 이어오고 있다.

신지학의 에테르

신지학에서 말하는 에테르체는 육체 위에 덮여 씌워진 여러 신체 중 제1 심령체(心靈體)로서 육체를 관리하는 역할을 하는데 아스트랄체와 육체 간의 매개체다. 또한 영혼이 영계를 떠나 하위세계에서 살 수 있으려면 영혼을 둘러쌀 덮개 같은 것이 필요한데 그것이 바로 에테르이고 이는 영계와 물질계 사이에 있는 에테르계(etheric planes)에 있다. 즉 영혼은 인간으로 환생하기 위하여 상위계에서 하강하면서 에테르계에 들러 에테르체를 옷처럼 입고 온다. 육체의 각 장기는 이 에테르체의 장기에 의존하고, 아스트랄체 또한 에테르체에 의존하여 육체와 소통한다. 신지학자 리드비터는 고체, 액체, 기체로 이루어진 물질계는 물질보다 섬세한 질료인 에테르로 이루어진 에테르계로 확장되어 있고 에테르는 생물의 몸을 포함한 모든 물질에 삼투하여 있다고 설명한다. 특히 생물체에서 에테르의 역할은 생명과 건강에 밀접한 관계를 갖고 있다.

이와 같은 신지학의 에테르체는 표준이론의 생기체와 많이 닮아있다. 표준이론에서 사람의 생기체는 생기계에 있는 '사람의 생기체그룹'에 종족별로 그룹혼처럼 모여 있다가 개체화되어 새로 잉태된 신생아의 생기체씨앗이 부르면 이에 응답하여 사람의 몸에 임한다. 생기체가 사람의 몸에서 수행하는 기능은 신지학의 에테르체와 유사하지만 유래하는 원천과 과정이 사뭇 다르다. 신지학의 에테르체는 영

을 유지하는 생명력을 의미한다.
2. 프라나는 중국 철학이나 한의학에서 말하는 기(氣, qi)와 같은 개념이다. 氣도 천지의 바람과 같은 속성을 갖고 있으며, 인체 내에서 활동하는 생명력이다. 이것은 정(精)과 신(神) 사이의 매개체와 같은 역할을 한다. 또한 그 성질에 따라서 목·화·토·금·수 다섯으로 분류하며 몸 안에서 작용할 때는 오장(五臟)과 연계되어 있다.

과 혼이 환생 시 에테르계에 들러 입고 오는 옷이지만 표준이론의 생기체는 부모의 난자와 정자를 통해 그 씨앗이 전달되어 몸과 함께 잉태되고 이는 생기계로부터 생기체를 끌어오는 원인체가 되며, 이렇게 완성된 생기체는 이후 몸의 성장과 유지를 위해 자연에 만재한 기를 호흡과 음식과 빛을 통하여 생기의 형태로 섭취한다.1285)

한편 리드비터는 1910년대에 쓴 저작 「신지학대의(The Inner Life)」에서 이렇게 말하고 있다. "특별한 실험들을 통하여 과학자들은 틀림없이 실제로 물질을 분해시킬 수 있을 것이며 아스트랄계에까지 그것을 소급시킬 수 있을 것이다. 그렇게 될 경우, 머지않아 인간들은 필연적으로 아스트랄 질료의 존재를 받아들이게 될 것이다. 비록, 언제나 그렇듯, 사람들은 그것을 물질을 더 세분해 놓은 것으로밖에 생각하지 않겠지만 말이다." 리드비터의 이러한 주장은 자연과학이 발전하면 에테르와 에테르의 정묘체인 아스트랄에 대한 자연과학적 검증이 이루어질 것이고 이를 이용해 저승과의 소통도 가능할 것이라는 예견이다. 그렇지만 100여 년이 지난 지금에도 그의 확신에 찬 예언은 이루어지지 않고 있다. 자연과학의 여러 다른 분야는 그동안 눈부신 발전을 이루었지만 초상현상 등 심령주의(spiritualism)와 관련된 문제들은 그 연구에 적지 않은 실적을 쌓기는 하였으나 이를 인정하지 않는 자연과학교의 논리를 깨부술 만한 성과를 보이지 못하고 아직도 그들로부터 유사과학이라는 말을 듣고 있다.1286) 그 이유는 무엇일까. 과학은 발견하는 것이지 발명하는 것이 아니다. 따라서 발견은 허락이 있어야 한다. 주인이 꽁꽁 숨기면 발견하기 어렵다. 그 까닭은 자명하다. 아직 사람의 문명수준이 이를 감당하기 어려워서다. 일언이폐지, 아직 자격이 없어서다. 그러나 그 허락은 양자과학을 통하여 머지않아 주어질 것으로 보인다. 아니 양자과학이 아니더라도 임박한 것은 분명하다.1287)

신지학자 포웰은 에테르체(Eheric Body)가 4개의 미세한 등급의 질료로 구성된다고 하고 이는 전류와 소리의 매체인 에테르(Ether)와 빛의 매체인 초에테르(Super-Ether), 더욱 미세한 형태의 전기의 매체인 아원자(Sub-Atom) 그리고

1285) 3.3.1. '혼의 삶과 윤회' 참조
1286) 한편 양자물리학자인 데이비드 봄의 양자역학이론에 의하면 우주에 존재하는 모든 것은 초양자장으로부터 분화되는데 초양자장이 뭉쳐(superposition) 파동이 되고, 파동이 뭉쳐 에너지가 되며 에너지가 뭉쳐 소립자가 된다고 주장한다. 에테르(氣)를 초양자장으로 파악한 이론이다. 그렇다면 소립자를 분해하여 그 마지막이 초양자장이라면 이는 저승의 구성원(構成元)일 것이고 저승은 장과 파동의 세계일 것이다. 양자얽힘현상을 이용한 양자컴퓨터의 시대가 도래한 오늘날, 이제 양자얽힘과 그 동시성의 실체를 파악하게 된다면 같은 구성원을 가진 이승과 저승이 서로 교류하는 일이 요원한 일만은 아니다.
1287) 또 한 명의 리드비터.

두뇌에서 두뇌로 상념을 전달하는 매체인 원자(Atom)라고 한다.1288) 또한 에테르체는 프라나 혹은 생명활력을 흡수하여 온몸에 나누어주는 기능과1289) 육체와 아스트랄체 사이를 매개하는 두 가지 기능을 한다.

국내의 신지학 전문가인 스로타파티는 그의 저서에서 "에테르체는 눈에 보이는 육체에 비해서 매우 미세한 구조를 가지고 있는 물질로 이루어져 있다. 엄청난 신축강도를 가지고 있고 평생 동안 거의 변하지 않는다. 그러나 우리의 생각과 감정에 의해 어느 정도는 변화한다. 에테르체는 육체와 더불어 혼이 입고 있는 외피 중 하나이고 혼의 명령을 육체에 번역하여 전달하고 아물러 상위 계(界)에도 이를 보고한다. 에테르체는 몸이 마약이나 술로 오염되듯 더럽고 비열한 생각과 감정으로 오염된다. 사후에 에테르체는 분해되어 사라진다."라고 한다.1290)

뉴에이저1291)들의 에테르

미국의 신비주의자인 맥스 하인델1292)이 장미십자회에 대해 저술한 바에 따르면 물리적 세계를 구성하는 고체, 액체 및 기체 외에도 원자를 투과하는 에테르라고 하는 미세한 물질인 에테르가 있다고 하며 에테르의 종류에는 '화학적 에테르', '생명력의 에테르', '빛의 에테르', '정신적 에테르' 4가지가 있다고 한다. 전술한 포웰의 네 가지 에테르 구분과 유사한 주장이지만 물질로서의 에테르, 그리고 氣의 생명으로서의 에테르, 그것이 진화한 혼으로서의 에테르를 구체적으로 설명한 것으로 이해된다.

1288) 1. 포웰, 「에테르체」 제1장과 8.18.3.3.2. '신지학의 창조론' 참조
2. 이는 전술한 포웰의 '4가지 에테르'이다. 전자기파인 전파와 빛은 그 전달에 매질이 필요 없음이 1887년 '마이컬슨 몰리 실험'으로 이미 밝혀져 있다. 이는 신지학 기초 이론이 구축된 시기에는 이미 널리 알려진 사실이다. 그럼에도 이러한 주장을 하는 것은 비록 '신지학의 물리학'이라고 하더라도 적절한 설명이 필요하다.
1289) 포웰은 에테르체에 대한 정확한 힌두 명칭이 프라나마야코샤(PranamayaKosha), 혹은 프라나의 운반체(Vehicle of Prana)라고 주장한다. 이는 블라바츠키의 7본질론에서 제3본질인 프라나(prana)를 生氣(생명력)로 보고 에테르체는 이를 운반하는 신체로 보는 시각에서 나온 주장으로서 블라바츠키가 에테르체를 2본질인 링가샤리라(Linga Sharira, 생기체)로 본 것과 같은 시각이다. 표준이론도 생기(프라나)와 생기체(링가샤리라)를 따로 구분한다. 육체는 영양분으로 구성되므로 육체와 영양분을 따로 구분하는 것과 마찬가지다.
1290) 1. 스로타파티, 「신지학 첫걸음」, 84~99쪽 요약
2. 스로타파티는 홍익대 경영학과와 서울대 경영대학원을 졸업한 후 국내에 신지학을 널리 알리는 연구와 저술활동을 하고 있다. 필명은 신지학의 Srotspatti로 보인다.
1291) 뉴에이지(New Age)는 1970년대 초반이후 서구사회에서 급속히 성장한 여러 영적 또는 종교적 관습과 믿음 운동들이며 뉴에이저는 이를 신념하는 자들이다(believers in New Age).
1292) 맥스 하인델(Max Heindel 1865~1919)은 덴마크계 미국인으로 기독교신비학자, 점성술사, 신비주의자였다.

DABDA를 주장한 엘리자베스 퀴블러-로스는 죽음 직후에 경험하는 유체이탈 시 사람은 두 번째 몸인 에테르체 몸을 경험하는데 이 몸은 사후에 잠깐만 존재하며 혼과 영의 복합체라고 주장한다. 이는 신지학에서 하위 아스트랄계의 카마루파(Kāma-Rūpa)라는 욕망체가 지상에 자주 출몰한다는 의견과 유사하다.1293) 에테르체는 보통 표준이론의 생기체를 의미하는데 로스는 여기서 혼을 의미하는 용어로 사용하고 있다. 표준이론에서는 '명종 후 혼은 이미 영이 떠난 몸과 생기체를 버리고 윤회체가 되어 수준에 맞는 저승으로 간다'인 데 반하여 엘리자베스 퀴블러-로스는 '사후 혼과 영은 생기체와 더불어 저승으로 가기 전 이승을 잠시 배회한다'라는 것이다. 하느님의 일부인 영이 어찌 귀신의 일부가 되어 시신 주위를 서성일 것이며, 혼이 이승에 큰 미련이 남은 하급혼이 아닌 다음에야 거추장스러운 생기체를 뒤집어쓰고 이승에 잠시라도 남아있겠는가. 이는 명종 후 에테르체와 아스트랄체 그리고 멘탈체를 입은 순서대로 차례대로 벗고 상승한다는 신지학의 다신체론의 영향을 받은 억지스러운 사후관이다.

알렉산더 캐논(Alexander Cannon)1294)에 의하면 "달걀을 달걀 껍질이 둘러싸고 있듯이 아스트랄체는 육체를 둘러싸고 있고, 의지에 지배를 받지 않는 신경계의 망상(網狀) 조직에 있는 마음 중추들과 통하는 에테르체에 의해 육체와 연결되어 있다. 사람은 육체의 중심에 '직선의 막대기 같이 똑바로 선 에테르체'가 존재한다."1295)라고 한다.

혹자는 성경에 아스트랄체를 '금그릇(Goden Bowl)'이라고 하고, 에테르체는 '은줄(silver cord)'로 몸과 연결되어 있다고 설명하는 구절이 있다고 한다.1296) 그런 의미가 있으랴만 있다면 표준이론으로 보기에는 부서지는 금그릇은 육체이고 은줄은 이미 쓰여 왔던 대로 혼쭐의 의미이며 흩어지는 샘가의 물동이(pitcher)

1293) 1. 엘리자베스 퀴블러 로스,「사후생」, 최준식 옮김, 95쪽
2. 미주 40 '귀신 그리고 신지학과 표준이론의 지박령' 참조
1294) 알렉산더 캐논(Alexander Cannon 1896~1963)은 영국의 정신과의사이자 퇴행 최면연구가이다.
1295) 마치 한의학과 선도의 기맥(氣脈)이나 인도요가의 차크라처럼 기의 통로 또는 기의 신경장기를 이야기하는 것 같다.
1296) 전도서 12장
6. "은사슬이 끊어지고, 금그릇이 부서지고, 샘에서 물 뜨는 물동이가 깨지고, 우물에서 도르래가 부숴지기 전에, 네 창조주를 기억하여라." Remember him before the silver cord is severed, or the golden bowl is broken; before the pitcher is shattered at the spring, or the wheel broken at the well,
7. 먼지는 그것이 온 땅으로 돌아가고 영은 그 주신 하나님께로 돌아가기 전에 기억하라. and the dust returns to the ground it came from, and the spirit returns to God who gave it.
8. 전도자가 가로되 헛되고 헛되도다 모든 것이 헛되도다. "Meaningless! Meaningless!" says the Teacher. "Everything is meaningless!"

와 깨어지는 우물의 도르래(wheel)는 각각 생기(生氣)와 대자연을 숨쉬어 생기를 빨아들이는 데 쓰인 기의 장기, 생기체(에테르체) 정도를 의미하지 않겠는가.

결론하건대, 위에서 살펴본 여러 신지학류의 주장들은 표준이론과 그 세부내용에 있어서 서로 상이한 점이 많지만, 사람에게는 에테르체 또는 이에 상응하는 체가 있으며 또 그것이 氣로 이루어져 있다는 사실을 입을 모아 이야기하고 있다.

표준이론의 에테르와 에테르계

이처럼 다양한 모습으로 거론되는 에테르를 표준이론으로 해석하면 기(氣)다. 기에는 광물에 스며 있는 물질기(物質氣), 전하(電荷)의 흐름인 전기(電氣), 기의 음양성(陰陽性)으로 인한 NS의 자기(磁氣)1297), 생명체의 자양(滋養)인 생기(生氣), 만물의 에너지 원천인 원기(元氣) 또는 정기(精氣), 우주공간을 채우고 있는 암흑물질 등 여러 기능과 형태의 기가 있어서 에테르라는 이름으로 기 담론의 주인공이 되어 왔다. 기는 물성을 띠었으나 일반물질과 달라 원인의식체인 데다가 시공(時空)의 제약이 적어 그 양태를 연구함으로써 양자역학의 관찰자효과나 양자얽힘, 비국소성 등을 설명할 수 있고 쌍둥이 광양자실험尾209)이나 DNA의 기묘함尾210)을 해석할 수 있다. 하나였던 입자나 DNA가 쪼개져서 다른 공간으로 떨어진다 하여도 거기에 깃들은 기는 당분간 완전히 쪼개지지 않는다. 표준이론에서 입자는 의식을 가지지 않는다. 그러나 한 몸으로 같은 체를 구성하여 생명력을 가졌었다면 그간의 동기화(synchronization)차원에서 원인의식체 수준의 커뮤니케이션이 있고 그것이 입자와 DNA 간 소통이다.

텔레파시는 하나로 연결된 기(氣) 간의 느낌전달을 의미하며 시간이나 공간이 개재하지 않는다. 따라서 기는 텔레파시로 서로 소통하며 이때 텔레파시는 소위 비국소성의 원리가 지배하는 인드라망에서의 소통이고 디바인 매트릭스이며 양자얽힘이며 융의 공시성(共時性, Synchronicity)이다.

또 텔레파시는 신지학과 현대 카발라에서 주장하는 아스트랄계(중음계)의 의사소통 수단이기도 하다.1298) 아스트랄계를 이루는 아스트랄체가 에테르체의 보다 정묘한 체라고 하니, 에테르가 기(氣)인 만큼 아스트랄체는 더욱 정묘한 기이다. 따라서 그 세계의 커뮤니케이션은 氣 간의 텔레파시로 이루어진다.

1297) 금속의 자성(磁性)의 정체는 명확히 밝혀진 바가 없다. 표준이론은 기(氣)가 음과 양을 가지고 있다고 하는 음양오행(陰陽五行)설이 그 답이라고 생각한다. 금속의 결정구조인 분자자석이 음양의 순서로 나란히 정렬하면 자성을 띠게 되고 결정들 사이에는 기의 에너지 흐름이 발생한다. 그것이 자기(磁氣)다.

1298) 신지학에서는 영성이 고도로 발달하고 필요한 지식을 갖추면 다신체로 이루어진 사람의 몸 중 고급체인 아스트랄체를 의식적으로 활성화시켜 텔레파시 등 초상현상을 발휘할 수 있다고 한다. 표준이론에서는 초상현상의 원천이 생기체에 있다고 본다. 물론 수승한 정신체의 작용에 의해 활성화되는 것이다.

표준이론에서 설명하는 생기체를 에테르체로 대체하여 서술하면1299) 다음과 같다.
(1) 사람은 잉태 시 父母로부터 정자, 난자와 함께 거기에 스며있는 에테르체로부터 에테르체의 씨앗을 받는다.
(2) 잉태 이후 에테르체의 씨앗은 생기계로부터 에테르체를 받고 모체(母體)로부터 각별한 에테르를 보충 받아 몸과 함께 자란다.
(3) 출생 이후 에테르체는 음식과 공기 그리고 빛을 통해 에테르(生氣)를 흡수하여 힘이 세지고 커지면서 몸과 함께 자라 도안(圖案)체로서 몸의 장기를 만들고 이를 관장한다.
(4) 잉태 후 어느 때쯤 혼(魂)이 태아에 들어와서 몸과 에테르체를 장악한다. 혼은 정신체와 양심체로 구성되어 있으며 이후 살아있는 사람의 혼은 에테르체와 정신체 그리고 양심체로 구성된다.1300)
(5) 사람의 혼은 生이 끝나면 몸과 에테르체 그리고 불필요한 에테르를 버리고 윤회의 주체가 되는 부분인 정신체와 양심체만 中陰界로 간다.
(6) 에테르체는 혼이 떠난 후 짧게는 몇 시간에서 길게는 며칠까지 몸에 더 남아 있다가 이윽고 몸을 떠난다. 몸을 떠난 에테르체는 에테르로 변하여 흩어지고 응집력이 강한 부분은 에테르계1301)로 간다.
(7) 에테르체 중 에테르로 변하여 흩어진 부분은 자연으로 돌아가 삼라만상에 스며 정화된 다음 장차 여러 경로를 통해 다른 생명체의 에테르체에 흡수된다.
(8) 에테르체 중 에테르계로 간 에센스는 생기체그룹으로 복귀하였다가 새로 잉태된 태아의 몸으로 재생한다.
단어를 바꾸어도 원래의 뜻에서 벗어남이 거의 없으니 에테르체에 대한 신지학의 일반적 이해와 표준이론의 생기체가 같은 것임을 알 수 있다.

8.18.3.3.4.2. 아스트랄체와 아스트랄계

신지학에서는 에테르체와 멘탈체 사이에 아스트랄체(The Astral Body)가 있다. 아스트랄이란 'Astral'에서 'Star'라는 단어가 나온 것처럼 별(星)을 뜻한다. 그래서

1299) 3.3.1. '혼의 삶과 윤회'와 3.3.3.2. '혼의 발전과 진화'의 해당부분에서 생기체를 에테르체로, 생기를 에테르로 각각 치환한 것뿐이다.
1300) 인간의 형태들은 아스트랄 혹은 에테르 원형으로 영원 속에 존재해 왔다. 원형으로 존재하지 않는 그 어떤 형태도 인간의 의식 속으로 들어올 수 없으며 상상 속에서 진화할 수 없다(신지학회, '신지학 홈스터디'). 즉 생명은 그 원형이 태초부터 존재하여 왔다.
1301) 道家의 '태허'는 좁은 의미로는 기가 물질화되었다가 분산하면 돌아가는 공간이라고 이해할 수도 있으나 우주의식 또는 영혼의 본향 정도의 넓은 의미로 해석하여 에테르계와는 다른 의미로 본다 (5.1.2.3.8. '유교의 합일사상' 참조).

아스트랄체를 구태여 직역하려면 성기체(星氣體)라고 한다. 이 용어는 서양에서 영혼이 지구에 하강할 때에는 항상 恒星이 고착되어 있다는 가장 바깥쪽의 천구인 '항성천'을 거치는데 그때 거치는 별자리가 동양의 사주(四柱)처럼 사람의 운명을 결정한다는 점성술적인 믿음에서 영적 세계와 관련되어 자주 쓰였다. 또한 아스트랄계는 신플라톤주의, 중세의 밀교철학과 신비종교 등에서 사람이 태어날 때와 사후의 영혼이 교차하는 항성천의 세계인 항성계로 천사, 영, 기타 비물질 존재가 거주하는 세계로 생각되었다. 이슬람교에서 말하는 사후 심판의 날까지 무덤에서의 삶인 바르자크(barzakh)나 Lurianic 카발라에서 하급혼인 '루아흐'가 가는 예치라(Yetzirah)界의 삶이 이루어지는 곳이라고도 이해되었다.1302)

19세기 들어 '아스트랄'은 신지학과 新장미십자회(Neo-Rosicrucianism)에서 다층적 저승론을 설명하면서 채용하면서 대중화되었다. 같은 맥락에서 멘탈계1303)란 항성천 이전 세계인 영계1304)가 '정신적인 세계'란 의미에서 신지학에서 채용한 것이다.

신지학에서 아스트랄체는 다층적 저승구조에서 가장 하위층인 아스트랄계에서 근원한 體로서 지성(intelligence), 자아(ego), 감정(feeling), 정신(mind), 감각(시각, 청각, 후각, 미각, 촉각), 행위(출산, 배설, 말하기, 걷기, 수공예) 그리고 생명력의 기능이 있다고 한다.1305) 또 인간은 아스트랄 차원의 오라(aura), 즉 에너지장을 갖고 있는데 이는 위에 나열한 기능들의 현현(顯現)이다. 생명 또는 생명에너지가 에테르체의 특성인 것처럼, 이 기능들은 아스트랄체가 가지는 특성이다.1306) 옴넥 오넥1307)은 그의 저서 「나는 금성에서 왔다」에서 금성은 아스트랄

1302) wikipedia, 'Plane, esotericism' 참조
1303) mental이 man(마음)이라는 산스크리트어에서 기원하였다는 의견도 있다.
1304) 표준이론에서 영계는 영만이 갈 수 있는 영의 세계이지 혼의 세계가 아니다. 꼭 이름을 붙이고 싶으면 그냥 '저승의 세계'라고 부르는 것이 맞다. 그러나 일반적으로 또 사전(辭典)적으로 저승을 통틀어 영계라고 하는 만큼 여기서는 그런 의미로 썼다.
1305) 1. 이는 삼키아철학의 25요소론에서 가져온 것이다(8.6.3. '힌두철학 삼키아학파의 인간론' 참조).
2. 아스트랄체(하위정신체)에 표준이론에서는 에테르체(생기체)의 기능으로 보는 감각, 행위, 생명력의 기능이 있다고 함은 신지학에서는 아스트랄체가 에테르체를 통하여 육체에 삼투하여 작용한다고 주장하기 때문에 그리 서술한 것으로 보인다.
1306) 신지학에서 아스트랄체는 그 고유의 기능인 감성과 욕망의 기능뿐 아니라 아래로는 생기체의 기능을, 위로는 상위정신체의 기능인 감정, 지성 등을 모두 가지고 있다. 이는 각 체의 기능에 대한 정의와 혼의 체별 기능에 대한 체계적 정립이 부족해서이고 신지학자들의 저마다 중구난방기 때문이다. 이는 학문을 표방하는 블라바츠키 신지학의 최대 약점이다.
1307) 1. 옴넥 오넥(Omnec Onec 1955~)은 금성에서 UFO를 타고 직접 지구로 왔다고 주장한다. 오넥은 1991년에 「나는 금성에서 왔다」를 써서 자신이 외계인으로서 신분을 숨긴 채, 미국에서 7세에 교통사고로 죽은 '쉴라(Sheila)'라는 여자아이의 이름을 대신 사용하며 살아왔다고 밝혔다. 지구에 와서 결혼해서 낳은 4명의 자녀들이 있으며, 현재 미국과 유럽 등에서 금성의 정보와 지혜를 전하는 영적교사로

의 세계이며 아스트랄계는 '감정의 세계'로서 물질세계처럼 사람과 산, 나무, 집과 도시들이 존재하고 있다고 주장한다.

신지학의 영향을 크게 받은 이차크 벤토프는 그의 저서 「우주심과 정신물리학」에서 심령체들은 보통의 감각기관으로는 발견이 불가능하다 하며 각 신체들은 고유의 진동수를 가지고 그 진동수에 해당하는 차원과 상호작용 하도록 도와주는데 이 신체들은 육체의 경계선 너머까지 뻗쳐 있다고 한다. 가장 눈에 잘 보이는 것은 아스트랄체인데, 그 이유는 그것이 물질에 가장 가까운 진동수를 갖고 있기 때문이라고 한다. 그는 아스트랄체가 육체로부터 약 40~60cm 사이에서 사람을 감싸고 있다고 말한다. 벤토프는 아스트랄계에 대해서 다음과 같은 주장을 더하고 있다.

1) 아스트랄계는 물질계의 모든 존재들, 이를테면 광물, 식물, 동물 그리고 육체가 있는 인간, 육체가 없는 인간 등을 연결하는 교량 역할을 하는 하나의 광대한 차원계다.
2) 사람은 수면 시에 아스트랄에서 활동한다. 실제로 우리는 매일 밤 꿈을 통해, 특히 하룻밤에 5회 정도 일어나는 렘수면 중에 그곳에 나타난다. 여기서 우리는 '다가올 사건들의 예고편'을 볼 수 있다. 우리가 죽어서 다음 차원으로 갔을 때 그 차원에 적응하는 데 충격을 받지 않도록, 미리부터 우리를 그 차원에서 활동하는 연습을 시켜 주고 있는 것이다.尾211)
3) 의식으로서의 인간 개체는 환생할 때마다 더 높은 수준에서 태어난다. 물질 차원에서 배워야 할 것을 전부 배웠을 때, 그는 아스트랄 영역으로 옮겨 가서 다시는 물질적 존재로 되돌아오지 않는다. 이는 신지학에 유란시아류의 윤회론을 더한 아이디어 차원의 의견이다.
4) 아스트랄계에서는 시간을 다스리는 능력이 생긴다. 그러나 표준이론에서 아스트랄계는 정묘한 기로 이루어져 물질과 공간의 효율이 높으므로 시간을 효율적으로 사용할 수는 있겠으나 시간 자체를 통제할 수 있는 것은 아니라고 본다.1308)
5) 아스트랄계까지 이끌어 주는 명상기법은 많지만 보호도 받지 않은 채로 아스

활동하고 있다.
2. 그의 주장대로 금성이 아스트랄계라면 금성이 불교의 욕계 6천처럼 이승적 저승에 속한다는 뜻이니 그의 다른 주장은 언외로 하고 이 부분은 신지학의 주기론을 흉내 낸 상업적 진술이다. 표준이론은 이승 간에 정신문명의 차이가 크고 불교는 이를 3계6도로 표현하였다고 볼 뿐 모든 이승은 물질계다.
1308) 오컬트에서는 저승에서 시간과 공간의 개념이 이승과 전혀 다르다거나 아예 저승은 시공을 초월한 4차원, 5차원의 세계라고 쉽게 이야기하지만 근거 없는 말이다. 특수상대성원리로 인하여 시간과 속도와의 관계가 밝혀져 시간이 상대적임이 물리적으로 증명되자 그 논의는 여러 분야에서 팔려나가 애용되었는데 그들은 그 애용자들 중의 하나다.

트랄계에 가는 것은 삼가야 한다. 육체와 아스트랄계의 경계 구역에는 질 낮은 존재들이 우글거리고 있다. 죽었다고 해서 인격이나 지성이 바뀌지는 않는다. 이들이 순진한 여행자를 공격한다.

레스트 레븐슨은 육체란 아스트랄체의 똑같은 카피일 뿐이라고 한다. 우리가 육체로부터 벗어나더라도 모든 것이 똑같기 때문에 만약 사자(死者)가 물질 세상에 대해 집착을 한다면 육체에 있을 때와 똑같은 일들을 하려 할 것이고 집착이 없다면, 아스트랄체의 삶에 훨씬 더 쉽게 적응할 것이며 더 자유롭게 될 것이라고 한다.1309)

아스트랄체에 대한 이러한 진술들을 보면, 표준이론에서 아스트랄체에 대응하는 체는 하위정신체인 이드로 보는 것이 적절할 듯하다. 그런데 이드는 감성과 욕망의 체이다. 이와 달리 위의 어느 진술은 아스트랄체가 상위정신체의 기능인 지성(intelligence), 자아(ego), 감정(feeling) 등의 기능도 가지고 있다고 하고 생기체의 기능인 감각과 생명력의 기능까지 겸비한다고 하니 이는 혼의 기능을 모두 나열한 것이지 아스트랄체만의 기능을 진지하게 고려한 말이라고 볼 수는 없는 진술이다.1310) 다만 전체적인 맥락에서 아스트랄체는 감성과 욕망의 하위정신체와 대응되며 혼의 수준으로 치면 하위급 혼인 유한혼(有限魂)과 비슷하고 또한 아스트랄계에 해당하는 저승을 표준이론에서 찾으면 중음계다. 중음계는 자아수준 2단계 미만의 하위급 혼들이 49일 동안 머물며 환생을 대기하는 곳이다.

표준이론 중 아스트랄체와 관련된 내용을 좀 더 자세히 살펴본다.

사람이 죽으면 혼은 정신체와 양심체 중 에센스만 모여 윤회를 위한 윤회체를 구성한다. 이러한 윤회체를 티베트불교(사자의 서)에서는 바르도체(中陰身)라고 부른다. 불설에서 중유의 존재는 일종의 영혼신(靈魂身)으로서 혈육으로 보유되는 존재가 아니라 의식으로 성립되며1311) 향(香)을 음식으로 하기 때문에 건달파(乾闥

1309) 레스트 레븐슨, 「궁극의 자유를 위한 열쇠」 참조
1310) 아스트랄체의 기능에 대해서 다른 신지학자들은 지성이나 정신 등의 기능을 멘탈체의 기능으로 보는 등으로 서로 의견이 다르다. 어느 기능이 어디에 속하느냐는 이론을 통일할 주체가 없어서다.
1311) 1. 의식체라는 표현은 '윤회체인 8식 아뢰야식'이 '7식인 자의식의 말나식'에 근거하기 때문에 사용하는 언사다.
2. 구사론(俱舍論)에서는 중유를 설명하되 "중유는 후생의 본유(本有)와 같은 형상을 가진다. 욕계의 중유는 천안(天眼)으로 보면 5~6세 정도의 어린아이로 보인다. 그러나 모든 근(根)은 밝고 예리하다(明利). 보살(菩薩)의 중유는 성인(成人)의 형색으로서 삼십이상(三十二相)과 팔십종호(八十種好)를 갖추었으며 모태에 들어갈 때는 천만(千萬) 세계를 광명으로 비춘다. 색계(色界)의 중유는 형색이 원만하여 본유(本有)와 같

婆)라고도 한다.1312)

표준이론에서 윤회체의 7할 정도는 영속혼이 아닌 유한혼으로 하급혼이다. 이 하급혼은 죽어서 중음계로 간다. 영속혼은 결속력이 강하고 구성인자가 조화로워 다시는 깨어지지 않을 혼으로 공인받은 혼이다. 반면 유한혼은 영생(永生)이 보장되지 않은 혼이다. 유한혼에는 윤회 시 전생의 혼이 그대로 환생하는 단일혼이 있고, 업이 많은 혼으로서 구성부분 중 질이 떨어지고 혼의 다른 부분과 궁합이 안 맞는 부분은 도려내어 생기계로 내려보내고 쓸만한 부분들로 다시 뭉친 복합혼이 있다. 유한혼 중 전생에 업을 심하게 쌓은 혼은 명종 후 산산이 흩어져 소멸하는데 그래도 좀 나은 혼은 두세 개로 나뉘어 몹쓸 부분은 버리고 다른 혼의 조각들과 새로운 윤회체를 구성하는 것이다. 그 이유는 혼이 영으로 진화하려면 영혼이 될만한 양질의 기 그리고 서로 궁합이 맞는 기로 뭉친 기덩어리여야 하기 때문이다. 전생에서 업의 때를 잔뜩 묻혀 돌아온 혼 중 재정비(再整備) 정도로는 감당이 안 되는 혼은 분해하여 재조립(再組立)되어야 언젠가 영이 될 가능성이 커질 것이니 마땅한 처사다. 티베트 고승의 환생자인 린포체(또는 툴쿠)의 혼도 분할하여 두세 개로 나뉘어 환생하는 경우尾212)가 있을 정도이면 하급혼인 유한혼 중 복합혼이 45%라는 것은 당연한 수치다. 산산이 흩어진 혼이나 몹쓸 혼 조각은 생기계로 내려간다. 갱생의 길을 가는 것이다. 따라서 복합혼은 진정한 윤회체가 아니다. 전생을 기억하는 사람의 전생기억이 매우 많고 다양하며 기억이 짬뽕된 이유 중 하나는 복합혼을 가진 사람이 많아서다.

신지학의 의견을 반영하여 표준이론입장에서 아스트랄계를 묘사해 보면

1) 사람이 집착이나 애착을 버리지 못하고 죽게 되면 이로 인해 한동안 자신이 죽은지도 모르는 상황이 연출되는 곳이다.1313)

다."라고 한다. 수준에 따라 환생을 준비하는 영혼의 물성과 모습이 다 다르다는 설명이다.
1312) 귀신이 음식의 향을 섭취하여 살아간다는 믿음은 제사(祭事)의 기본정신이다. 원시종교에서의 제물(祭物)은 오늘날 각 종교의 제단과 무속의 제사상, 명절의 차례상으로 그 전통을 면면히 이어 오고 있다. 이는 사람들이 흠향(歆饗)하러 오는 귀신을 느끼기 때문이다. 그러나 이때 등장하는 귀신은 모두 인근을 떠도는 망자의 생기체로 음식이 궁해서 오는 것이 아니라 이승에의 미련이 남아서 오는 것이다.
1313) 1. 원불교에서는 사람이 숨결을 거둔 후 中陰에 머물러 있을 때부터 어머니의 태중에 들어 있는 기간을 일러 잠욕기(潛慾期)라 하는데 명을 마칠 때의 그 어떤 생각이나 애착을 그대로 버리지 않고 떠나게 되면 잠욕기 동안에 무행한 가운데 그 욕심이 힘을 타게 된다고 한다(원불교 대종경 제12부 법문수편, 법훈사제).
2. 신지학에서는 아스트랄계에서 사람은 마음을 먹는 대로 아스트랄체를 사용하여 형태를 만들 수 있으므로 스스로의 업과 복에 따라 원하는 환경을 만들어 살게 된다고 한다.
3. 신지학의 영향을 받은 덴마크의 신비종교가 마르티누스는 "딱딱한 물질로 구성된 물질계와는 달리 영계

2) 하급혼인 유한혼이 모이는 곳으로서, 많은 혼이 이합집산하여 흩어지거나 찢어졌다가 다시 하나의 혼을 구성하여 복합혼이 되는 곳이다.
3) '영속혼' 나아가 '혼영'이 될 수 있는 방법을 교육받는 곳이며 환생하여 어떤 인생을 살지 계획을 짜고 그 승인을 받는 곳이다.1314) 그러나 아스트랄계는 혼계의 가장 외곽으로 심지어 「사자의 서」에서는 밝은 빛에도 못 미치는 곳이라 하니 심령계나 준영계처럼 심도 있고 조직적인 교육을 받는 곳은 아닐 것이다.尾213)
4) 생기계에서 오랫동안 발전을 거듭해 온 동물의 혼인 각혼도 생기계에서 승급하여 중음계로 오면 사람의 복합혼 또는 단일혼으로 태어날 기회를 얻는다.

8.18.3.3.4.3. 멘탈체와 멘탈계

신지학의 주장

신지학자들은 멘탈체(The Mental Body)는 상위체인 코잘체로부터 명령을 받아 아스트랄체를 관리하여 물질계에 영향력을 행사한다고 한다. 이때 멘탈체는 아스트랄체에 대한 상세한 계획과 설계가 있는 體로서 아스트랄체에 대한 핵심 정보를 담고 있다.1315)

혼이 물질계에서 에테르체(생기체)를 벗어던지고 감성과 욕망의 아스트랄계를 거치면서 아스트랄체와 헤어지면 과거생 중 선(善)과 이타적이고 영적인 면만 남아 희열의 상태로서 자신만의 휴식 세계인 데바찬(Devachan)의 멘탈계로 들어가서 물질과 아스트랄체의 제약 없이 스스로 자신만의 세계를 만들 수 있다.

멘탈계에서 망자(亡者)는 생전의 저승에 대한 관(觀)에 따라 세 가지 의식상태로 나뉜다. 완전한 의식상태, 혼란스러운 꿈의 상태, 절멸상태가 그것이다. 멘탈계는 개인이 창조한 곳이므로 초인(超人, 마스터尾214)) 외에 다른 혼과 접촉이 있을 수 없다는 신지학자1316)도 있다. 그래서 멘탈계에서 사자가 만나는 사람은 거의 다

는 가볍고 일시적으로만 존재하는 '영적 물질(spiritual matter)'로 구성되어 있다. 이전에는 이 영적 물질을 '아스트랄 물질' 혹은 '영적 에테르'라 불렀다. 이 물질은 해당 영혼이 그것에 집중하고 형태를 부여해야만 눈에 보인다. 해당 영혼이 가장 작은 소망을 가져도 시키는 대로 따른다. 어떤 것을 생각하고, 원하고, 필요로 하면 즉시 모습을 보인다. 그러나 집중을 그치면 이 물질은 분해되어 사라진다."라고 주장하였다(최준식, 「죽음 가이드북」).
1314) 중음계 보고서인 「티벳 사자의 서」는 중음계인 아스트랄계에 교육 코스는 없는 것으로 쓰고 있다.
1315) 학자에 따라서 멘탈계를 하위와 상위로 나누어 하위를 데바찬이나 하위멘탈로 부르고, 상위를 코잘계 또는 상위멘탈계라고 하기도 한다. 여기서는 용어 통일을 위하여 하위멘탈계를 멘탈계로, 상위멘탈계는 코잘계로 이름한다.

상상의 사람들이라는 것이다.

멘탈계에서 거주기간은 사람에 따라 다른데 지나라자다사가 주장하는 生間삶(LBL)의 저승거주기간1317)은 다음 표와 같이 5년에서 2,300년이다.1318)

유형	초생인	이드인	匠人	농부	상인	의사	理想家	disciple
코잘계	0	0	0	0	0	잠시	50	150
멘탈계	0	0	160	260	475	975	1,150	2,150
아스트랄계	5	40	40	40	25	25	5	0
총합	5	40	200	300	500	1,000	1,200	2,300

지나라자다사의 LBL기간

영이 하위 3계에 속하는 멘탈계(하위멘탈계인 멘탈계와 상위멘탈계인 코잘계)에서 거주기간을 끝내고 상위 4계(붓디계 이상)로 상승할 때 멘탈체는 어찌 될까. 신지학에서 영(인간모나드)은 상승할 때 하위세계의 체를 벗어던진다. 심지어 상위 4계의 맨 하층인 붓디계에서는 붓디체마저 벗는다. 그러나 아스트랄계에서 아스트랄체를 벗을 때 그 속성인 이드도 함께 벗는 것과는 달리 멘탈체의 속성인 마나스와 붓디체의 속성인 붓디는 인간모나드인 아트마-붓디-마나스의 해당 부분에 체화되어 상위계로 상승한다. 훗날 다시 인간모나드가 환생을 위하여 하강할 때 마나스와 붓디는 자신의 수준에 맞는 멘탈체와 아스트랄체를 다시 만들어 입게 되는데 그 체들은 그전에 벗어 버린 체의 복사본이다.

1316) 신지학자 로버트 크로스비(Robert Crosbie 1849~1919)
1317) 1. 영매 리사 윌리엄스는 저승은 시간을 효율적으로 쓰기 때문에 이승의 90일 일감이 반나절에 진행된다고 한다(리사 윌리엄스, 「죽음 이후의 또 다른 삶」, 220쪽 외). 그렇다면 불교에서 주장하는 일반적 환생 소요기간인 49일이 저승에서는 대략 70년이다. 지구의 약 500倍다(미주 288 '저승의 시간과 이승의 시간' 참조). 저승의 잠깐이 지구에서는 매우 긴 시간일 것이라는 일반적인 속설과는 정반대다. 또한 요가난다는 그의 「요가난다, 영혼의 자서전」에서 死者는 일반영계(멘탈계)에서 500년에서 1,000년 살다가 성기체의 옷을 벗고 상위계인 '히라냘로카계'로 간다고 한다(43장 스리 유크테스와르의 부활, 666쪽). 리사의 계산대로라면 지구시간으로는 1~2년이다. 지구보다 훨씬 머무는 시간이 짧다. 신지학에서 데바찬계(The Devachanic Plane)의 거주기간이 10년에서 1,500년이라면 지구시간으로 짧게는 하루에서 길게는 3년이다.
2. 이런 종류의 주장들은 나름대로의 채널(channel)로부터 얻은 정보들이겠으나 시간과 공간의 개념이 물성과 영적능력의 지대한 차이로 인하여 완전히 달라지게 되는 이승과 저승의 시간을 하나의 척도로 비교한다는 것 자체가 무리다. 지구에서도 같은 시계시간이라 하더라도 고문받는 시간과 즐겁게 노는 시간의 길이는 전혀 다름이 과학적으로 증명되어 있다. 그러나 너무 큰 차이는 주장의 신뢰성을 떨어뜨린다.
1318) 표준이론에서는 표의 기간이 지구시간이 아니라 해당계의 시간이라고 본다. 상위계일수록 지구보다 시간 가성비가 훨씬 좋아 지구시간으로 보면 훨씬 짧은 시간이다. 불교도 표준이론에서 준영계라고 보는 코잘계인 색계나 무색계에 어마어마한 시간을 책정해 놓고 있으나 영으로의 진화여정이 바쁜 고급혼들이 그처럼 한가하게 시간을 보낼 리는 절대 없다고 본다.

멘탈계에 대한 뉴에이지적 주장들

켄 윌버는 멘탈계가 불교의 3계 중 色界에 해당한다는 주장을 하고 있으나 윌버의 멘탈계가 신지학의 멘탈계라면 불교의 입장에서는 동의하기 힘들 것 같다. 우선 불교 일각의 의견이지만 불교의 색계는 3계6도의 윤회계로 정신문명이 수승한 이승을 표현한 것이다.1319) 색계를 저승으로 본다고 하더라도 불교의 색계는 '물질은 있어도 감관의 욕망이 없는 세계'로서, 멘탈계는 '물질로부터 자유스럽다'는 신지학적 생각과 다르다.1320)

한편 금성의 여자 오넥은 멘탈계가 마음의 체(體)로 지성체(知性體) 또는 이지체(理知體)라고 주장하는데 멘탈계를 감관의 욕망이 없는 세계라고 이해하는 켄 윌버의 잘못된 주장과 통한다. 이차크 벤토프 역시 그의 저서 「우주심과 정신물리학」에서 멘탈계에 대해 다음과 같이 쓰고 있다. "멘탈계는 그곳에서 거주하는 주민들한테는 매우 구체적인 세계이다. 물질계와 비물질계의 가장 큰 차이는 생각이나 원하는 마음만으로 즉시 환경을 바꿀 수 있는 능력에 있다. 멘탈계에 들어간 사람은 동물 수준으로 돌아가려는 본원적인 감정적 행동 경향을 극복하고 있으며 조화된 마음과 실제적, 이론적 지식에 대한 탐구가 두드러진다. 이 차원에서 허용되는 유일한 감정은 사랑뿐이다."

위에 소개한 주장들은 모두 신지학적인 주장이다. 그러나 사람의 여러 신체에 대한 이러한 담론은 어차피 직관적 성찰로 얻어진 개인적 이해(理解)를 기술한 것들이라 이처럼 자잘한 부분의 일치와 불일치는 중요치 않다.

표준이론의 멘탈체와 멘탈계

표준이론에서 멘탈체는 상위정신체다. 따라서 멘탈계는 상위정신체가 발달한 중급혼의 저승인 심령계(心靈界)1321)정도에 해당한다. 그런데 신지학의 멘탈계는 하급

1319) 미주 48 '불교의 이승의 범위' 참조
1320) 그러나 물질로부터 자유롭다는 말이 물질이 없다는 의미가 아니라 물질을 자유롭게 조작할 수 있다는 의미라면 불교에서도 켄 윌버에 이의할 이유는 없다고 하겠다. 불교에서도 색계가 天이니만큼 욕계인 지구와는 많이 달라야 하니 그곳의 물성이 인간도와는 차이가 나야 할 것이 아니겠는가. 그러나 표준이론은 불설의 28천이 모두 준영계(신지학의 코잘계)에 속한다고 본다.
1321) 심령계(心靈界)는 '靈 양성소'로 중급혼이 영이 될 기초교육을 받고 환생할 준비를 하는 곳이다. 에고인 1.8단계 수준의 혼의 30%, 凡人 수준인 2단계 자아를 가진 사람의 70%, 인격자인 2.5단계 자아인구의 90%, 그리고 양심가이자 君子라는 말을 듣는 2.75단계 모두가 중급혼이다. 전체 인류 인구 중 28.5% 정도(21.9억 명)를 차지한다.

감정이 극복되고 지성만 남은 곳으로 이타적이고 욕망이 없는 욕계(欲界)급 세계다. 심지어는 데바찬(Devachan)의 천계(天界)라고도 한다. 그렇다면 감정과 지성의 세계인 심령계보다는 오히려 준영계(準靈界)에 가깝다. 그러나 신지학의 멘탈계는 코잘계를 직관의 세계로 너무 올린 나머지 감성과 욕망의 아스트랄계와 코잘계 사이에서 위치 선정을 제대로 못한 듯하다.

8.18.3.3.4.4. 코잘체와 코잘계

코잘계(原因界, The Causal Plain)의 개념은 힌두교에서 유래하였다. 힌두교에서 원인계(原因界)란 빛과 축복의 세계이며, 저승에서 가장 높은 곳으로 존재의 기초이며, 환상의 근원이며, 개념의 요체이며, 창조의 정점이자 시바신과 그의 측근의 거처이다. 표준이론으로 치면 영들의 세상인 천국 중에서도 가장 높은 곳 즉 제3영계인 것이다. 이러한 곳이 신지학에 이르러 혼들이 갈 수 있는 또는 인간모나드가 천국으로 상승하면서 거치는 가장 높은 수준의 물질세계(불교로 치면 무색계)의 의미로 힌두교의 원인계(原因界)가 차용(借用)되었다. 이때 원인계는 신지학에서 Causal계로 번역되었고 이는 역으로 힌두교에 영향을 끼쳐 현대의 요기들은 원인계를 혼계로 이해하고 있는 형편이다.

신지학에서 코잘체(The Causal Body)는 학자들에 따라 상위멘탈체라고도 하며 물질계에 있는 생명체의 여러 신체 중 가장 핵심적인 신체로 영혼이 들어 있는 마지막 신체이다. 또한 코잘체는 하위 3계인 상하멘탈계, 아스트랄계, 물질계 중 가장 상위계인 상위멘탈계(코잘계)에서 비롯한 신체이다. 표준이론으로 이를 이해한다면 혼이 열반(nirvana)하여 영이 되면 혼은 코잘체를 벗어던지고 영계로 입성한다. 신지학에서 사람에게 어느 신체가 있다는 것은 아직 성취되지 아니한 욕구가 있다는 것을 의미한다. 인간의 영혼이 무지와 욕망이라는 매개로 단단히 밀봉된 물리적 육체와 감성과 욕망의 아스트랄체, 그리고 감정과 지성의 멘탈체, 마지막으로 양심에 해당하는 코잘체라는 신체에 둘러싸여 있는 한 그는 영의 바다로 흘러 들어갈 수 없다.

한편 신지학은 인간의 본성으로 아스트랄체 이하의 하위자아와 상위자아요 영적 자아인 '삼위일체 아트마-붓디-마나스'의 인간모나드를 자주 언급한다. 이 인간모나드는 명종 후 영혼이 저승여행을 끝내고 영계로 입성하는 주체로서 제1로고스의 단편인 모나드가 이승에 와서 얻은 경험과 깨달음을 발전적으로 체화시켜 이룩한 영(靈)이다. 이때 인간모나드의 삼위일체 중 마나스와 붓디는 각각 표준이론의 상위정신체와 양심체의 속성 정도에 해당한다. 표준이론 또한 혼의 정신체가 발전과 진화를 거듭하며 정련된 부분이 상위정신체이고 하느님의 불씨와 영의 도움을 얻어 키운 혼의 부분이 양심체이며 이는 혼이 열반과 영화(靈化)로 나아가는 밑거름인 만큼 이 부분에 있어 두 생각 간의 차이는 크지 않다.

코잘체와 직관

신지학에서 설명하는 코잘계는 직관의 세계라고 한다. 그러나 표준이론에서 직관의 세계는 하위 3계 즉 혼의 세계가 아닌 영계이다. 직관은 영만이 가진 기능이다. 물질적 혼이 가지는 최고의 기능은 영의 도움을 받아 양심체에서 길러 낸 지혜와 예지에서 멈춘다. 직관은 영감이요 영감은 영안(靈眼)으로 본 감각이므로 영의 눈으로 진리를 직접 보아 아는 능력1322)인데 어찌 혼이 그런 경지일 수 있겠는가. 직관이 코잘체의 기능이고 코잘계가 직관의 세계라는 생각은 신지학의 어느 학자가 인간의 기능을 나열하다 보니 최상의 기능이 직관이라 여겨져 이를 코잘체에 생각 없이 할당한 것을 이후 다른 신지학자들과 뉴에이지에서 무비판적으로 수용한 최고의 논리적 오류라고 생각한다.

켄 윌버 또한 코잘계가 직관의 세계라고 한다. 코잘계가 신지학에서 직관의 계로 주장된다는 사실을 감안한 듯하다. 신지학의 오류가 켄 윌버에게까지 갔다.
이차크 벤토프 또한 코잘계에서의 지식습득방법을 설명하면서 같은 오류를 되풀이한다. 그에 따르면 코잘계에서는 지식이 쉽게 얻어진다. 그래서 이 차원을 직관계(直觀界)라고 한다고 설명한다. 여기서는 지식이 순식간에 거대한 다발이 되어 마음에 새겨진다. 이 지식을 물질 차원의 보통 인간 지식으로 번역할 필요가 있으면 마음이 그 정보를 알기 쉬운 방식으로 분석한다. 그러나 코잘계에서는 지식을 일차원적으로 번역할 필요가 없이, 상징적으로 응축되어 있는 정보를 한꺼번에 전체적으로 이해한다. 머리로 이해하는 것이 아니라 보고 아는 것이다. 그러나 직관의 세계라도 보고 겪지 않으면 모르는 것은 이승과 같다. 벤토프가 주장하는 이러한 코잘계의 지식습득방법은 자기 분야에서 진보적인 업적을 이룩한 예술가, 과학자, 발명가들의 창조적 통찰력과 같다. 이러한 통찰의 순간은 어떤 사람이 자신의 문제를 해결하기 위해 가능한 모든 방법을 시도하고 온갖 지식을 쌓으면서까지 깊이 몰두한 연후에야 찾아온다. 그러한 어느 순간 그들의 영은 금지된 영

1322) 5.6.4. '직관'과 미주 192 '삼명과 육신통 그리고 저승에서의 혼과 영의 능력' 참조

계의 기억을 문득 떠올린다. 스베덴보리의 주장대로 그는 당연히 영계에서도 그 분야의 전문가였을 것이다. 벤토프는 모든 문제에 대한 해답이 '공간형 차원'에 이미 존재하고 있었고, 코잘체의 의식이 그곳으로 가서 그 해답을 본 것이라고 하는데 진실은 스베덴보리의 증언에 더 가까울 것이다. 그 순간 그는 자신이 평범한 경우를 벗어난 신비한 무엇을 체험했다고 느끼며 실제로도 그렇다. 어찌 보면 이것이 바로 창조주가 그의 사랑하는 창조물들, 세상을 살아가는 모든 창조적인 사람들과 대화하는 방식일지 모른다.1323)

영의 물성

표준이론에서 영은 비물질로 그 자체가 존재라고 보는데 신지학은 영도 명종 후 당분간은 體를 가지고 있다고 주장한다.1324) 이는 명종 시 영과 혼이 즉시 헤어지지 않는다는 시각에서 비롯한 것이요 또 모나드의 탈것으로서 붓디체는 합일의 순간까지 가지고 간다는 생각에서 기인한 것이다.

표준이론에서 영체는 물성(物性)이 없으므로 체(體)가 없다. 영은 에너지도 아니고 벤토프 같은 이가 주장하는 에너지장도 아니다. 존재 그 자체다. 하느님이 무슨 물질로 되어 있겠는가. 영체가 꼭 體라면 영체는 그냥 사념체다. 그러나 思念이 情報이고 정보는 파동이며 파동은 양자역학에서 물질의 원인이니 사념도 물질이라고 주장할 수도 있겠다. 그런데 영체가 양자역학으로 인해 물질이 되어 영에 대한 이해의 폭이 더 넓어진다면 좋겠는데 아쉽게도 그렇지 않다.
혼이 진화하여 영이 된다 했으니 표준이론의 영도 물성이 있어야 하는 것이 아닌가라고 할 수 있으나 영은 물성이 없다.1325) 그래서 진화다. 환골탈태하는 진정하고 커다란 변화, 그것이 진화다. 그래서 영이 되는 것을 니르바나(涅槃, Nirvana)라고 한다. 혼의 자의식이 정화되고 고도화되어 사념만 남게 되면 그것이 영이다. 술을 정제를 거듭하면 순도 100% 에틸알코올만 남는 것(spirit)처럼 영을 이해하면 안 된다. 술을 마시면 '취하는 것'이 남는 것처럼 영을 이해하여야 한다.

1323) 인간의 깨어남의 과정으로, 주님은 과학자들에게 적당한 시공간에서 그분의 창조의 비밀들을 발견할 수 있도록 영감을 준다. 많은 현대의 발견들이 인간으로 하여금 우주가 신성한 지성에 의해 인도되는 하나의 힘, 빛의 다양한 표현이라는 것을 이해할 수 있도록 도움을 준다. 영화, 라디오, 텔레비전, 레이더, 광전지, 놀라운 전자 눈, 원자력의 경이는 모두 빛의 전자기적 현상에 기초를 두고 있다(파라마한사 요가난다, 「요가난다, 영혼의 자서전」, 김정우 옮김, 제30장 기적의 법칙 중에서).
1324) 靈(spirit)은 가장 높은 단계의 物質(matter)이고 物質은 가장 낮은 단계의 靈이다(블라바츠키, 「secret doctrine」 참조).
1325) 미주 209 '양자얽힘과 텔레포테이션 그리고 표준이론' 참조

코잘체가 직관의 체라는 신지학의 주장에도 불구하고 그것이 물질이라는 또 다른 주장을 감안하고 기타 코잘체에 대한 신지학의 여러 가지 주장을 고려할 때 코잘體(상위멘탈체)는 표준이론의 사단(四端)과 지혜(智惠)의 양심체다. 또한 코잘界는 고급혼 수준의 永續魂의 세계인 준영계(準靈界)의 세계로 '영(靈) 사관학교'다.

8.18.3.3.4.5. 붓디체와 붓디계

위 여기저기에서 이미 언급한 신지학의 붓디체와 붓디계는 표준이론의 영혼의 구조상 어느 것에 해당하는지 그리고 저승의 구조 중 어느 곳에 해당하는지를 알아보자. 붓디체의 정체에 대해서는 신지학 내부에서도 다음과 같이 설왕설래하여 모범답안이 없다. 그들의 주장을 표준이론 입장에서 조명하여 분류해 본다.

1. 붓디체는 양심체이고 붓디계는 준영계의 최상위층이다.

1) 신지학에서 붓디는 아트마(모나드)의 '탈것'이고 인간모나드가 상승하여 합일하게 되면 아트마와 붓디는 결국은 헤어진다.
2) 신지학에서는 붓디에 대해서 학자에 따라 여러 가지로 이해되고 있는데 일반적으로는 아트마와 마나스와 함께 상위 자아를 구성하는 요소 중 하나1326)로서 '분별하고 판단하는 가장 높은 지성'이다.
3) 혼의 정신체가 하느님의 불씨와 영의 도움을 얻어 키운 혼의 부분이 양심체이니 이는 힌두철학에서 아트만과 프라크리티의 접점인 붓디체 개념과 잘 어울린다. 신지학이 벤치마킹한 인도 삼키아학파의 붓디(Buddhi)는 푸루샤(아트만)로 인하여 프라크리티(氣)가 전변(轉變)하면서 가장 먼저 출현하는 最高의 산물이다.1327)
4) 아트마-붓디-마나스의 인간모나드 구조에서 마나스가 에고의 화신인 '혼적 영혼'이라면 붓디는 '영적 영혼'으로서 양심체의 화신이다. 표준이론에서도 양심체는 정신체와 달리 양기(良氣)가 그 구성원천이며 초자아 또는 영적자아로 불린다.
5) 삼키아와는 계보가 다른 요가학파의 구루인 사라스와티는 심장(心臟)에 진아

1326) 상위 자아는 신적 영혼인 아트마, 영적 영혼인 붓디, 혼적 영혼인 마나스 3부분으로 이루어진다. 이 3중체(트라이어드)인 인간모나드가 삶에서 삶으로 무한한 지식과 힘을 계속해서 확장해 나가기 위해 인간으로 화신한다(신지학회, '신지학 홈스터디' 참조).
1327) 붓디(Buddhi)란 인도 삼키아학파에서 우주를 구성하는 25개 요소 중 하나로, 근본원질인 프라크리티(prakṛti, 氣, 근본자성)의 내적 평행상태가 깨지고 전변(轉變)하면서 가장 먼저 출현하는 산물이다. 붓디는 근원적 사유기능과 확인의 작용을 본질로 하며 아함카라(Ahamkara, 자의식), 마나스(manas, 마음)와 함께 인간의 주요 인식기관을 구성하며 그 25개 요소 중 가장 고차원적 정신작용기관으로 간주된다(8.6.3. '힌두철학 삼키아학파의 인간론', 10.3. '기(氣)의 물질화' 참조).

(眞我)인 환희체(歡喜體)가 위치하는데 환희체의 맨 안쪽에는 아트만(眞我)이 자리 잡고 그 위에는 마음이, 다시 그 위에는 자아가 그리고 그 위를 미세생기가 둘러싸며 마지막으로 브라만(神我)이 이 환희체를 덮어 보호한다고 설명한다. 이때 진아를 둘러싼 마음의 부분이 신지학의 붓디체로 보인다.1328)
6) 신지학에서 붓디체가 만들어지는 과정을 보면, 신의 완벽한 형상인 인간모나드의 의식이 최초의 물질계에 접하여 '지복(至福)의 진동'을 내보내기 시작하고 그 진동이 활동하는 계의 물질을 주변으로 끌어들여 붓디체가 만들어진다고 한다.
7) 신지학에서 붓디계에는 여전히 이원성이 존재한다.1329)

2. 붓디체는 혼이 영화(靈化)하기 위한 영적 자질(資質)이고 붓디계는 제1영계다.

1) 산스크리트어 붓디(Buddhi)의 원래 뜻은 '직관적 지혜'이고 불교에서도 이를 '직관적 식별력' 또는 '반야'로 이해함으로 보아 붓디는 직관의 존재인 영의 기능 또는 자질에 해당한다.
2) 신지학에서 붓디계는 영계인 상위4계에 속한다.
3) 붓디가 혼이 발전하여 영에 근접하는 최고의 수준이라면 표준이론에서 영으로 보는 下級 혼영 또는 불교의 아라한(阿羅漢, Arhat)과 유사하다고 볼 수 있다.
4) 신지학의 코잘체는 표준이론의 양심체이므로 코잘체의 상위 신체로서 붓디체는 제1영계에 배치할 수밖에 없다.
5) 신지학에서 아트마는 붓디체를 합일의 직전 순간까지 가지고 간다하고 표준이론에서 합일은 제3영계의 일임을 고려하면 붓디체를 1영계에 배치함이 적절하다.

1328) 사라스와티에 의하면 근본자성(프라크리티)에서 시간과 공간 그리고 방향이 만들어진 다음 가장 먼저 '실재원리'가 탄생하는데 여기에서 프라크리티의 세 가지 속성인 구나(Gunas) 중 대선성(大善性, Sattva)에서는 우주마음이, 대동성(大動性, Rajas)에서는 우주지성이, 대암성(大暗性, Tamas)에서는 우주자아가 나온 뒤 이들이 질량인(質量因)으로 작용하여 다시 개인의 마음과 지성과 자아가 각각 만들어진다고 한다. 이때 심장(心臟)에 영혼의 집이요 진아(眞我)라고 할 수 있는 환희체(歡喜體)가 위치한다. 마음은 생명을 가진 존재로 진아와 직접 접하고 있고 진아에게 지식과 운동에 대한 정보를 제공함으로써 여러 가지 경험을 시킨다. 또한 잠재화 된 종자의 상태로 업과 인상 기억 등을 축적하고 있다(미주 196 '사라스와티의 창조론' 참조). 이처럼 사라스와티는 붓디(마음)의 역할을 분명히 말함으로써 신지학의 애매모호한 태도를 지양한다. 즉 붓디(마음)는 정확히 표준이론의 혼의 기능을 하고 있다. 결국 애초 신지학이 벤치마킹한 인도철학의 인간의 구성 단위는 체(體)가 아니라 요소(要素)이며 영도 아니고 혼도 아닌 애매모호한 붓디체는 혼의 상위 기능이다. 또한 요가학파의 환희체는 그 자체로 혼영일체의 윤회체임을 분명히 하여 윤회체의 정체에 대하여 통일되고 합리적인 설명을 못 하는 신지학의 난맥상이 애초에 힌두의 것이 아니었음을 여실히 보여주고 있다(사라스와티, 「혼의 과학」 나종우역, 228~229쪽 등 참조).
1329) 붓디계에 분리는 존재하지 않지만 각자가 자기 자신인 상태로서 그 명확성과 생생함은 하위계에서는 도저히 근접할 수 없다. 또한 각자가 스스로 나머지 모두를 포함한다고 느끼는 것은 물론이고, 분리되지도 분리할 수도 없어서 나머지 모두와 함께한다고 느끼는 곳이다(애니 베산트, 「고대의 지혜」, 6장 '붓디계와 아트마계' 참조).

6) 살아서 영적 자질을 획득한 존재는 아라한이다. 베산트 등 신지학자들은 아르하트(아라한)가 명종 후 니르바나계로 간다고 하는데 니르바나계는 영계다.1330)
7) 붓디는 우주심이나 신성 혹은 신성한 지성으로도 인식된다. 신지학에서는 영적 진보가 탁월하여 이 붓디체(The Buddhic)와 교류를 할 수 있는 사람이 있지만 대부분의 사람들은 코잘체를 초월한 체(體)인 붓디체는 잘 의식하지 못한다고 한다.
8) 붓디계는 二元性이 극복된 일원의 세계라는 주장도 있다. 이곳에서는 마음 전부가 사랑과 숭배의 강력한 파도가 되어 로고스를 향해 솟아오르고, 로고스의 생명과 사랑을 세상에 전하는 통로가 되기 위해 아주 기꺼이 자신을 포기한다.1331)

3. 표준이론의 어떤 것과도 매치될 수 없다.

1) 체(體)인 붓디체를 가진 존재를 영이라 할 수 없고 이미 아트마가 영이니 붓디체가 영이라면 아트마-붓디-마나스의 인간모나드는 영이 둘이 된다. 또 양심체는 코잘체와 이미 매치되니 붓디체는 표준이론의 어느 것과도 유사한 것이 없다.
2) 신지학은 직관(直觀)을 코잘체의 기능으로 보았다가 무리(無理)라고 생각하였는지 코잘체와 영체인 아트마를 연결하는 체(體)를 추가로 상정하였고1332) 여기에 직관적 지혜라는 뜻을 가진 '붓디'라는 인도철학의 용어를 부여한 듯하다. 따라서 표준이론에는 붓디체에 상응하는 정확한 체(體)가 없다.

종합하면 붓디체는 양심체의 상위부분인 고급양심체(영적자아) 또는 신영(神靈, 모나드)과 혼간의 매개체(탈것) 또는 지혼이 발전하여 최고수준에 이르면 얻게 되는 혼영의 자질(資質) 또는 모나드가 귀향과 합일을 위하여 고급영으로 진화하면서 마지막으로 극복하는 잔업(殘業)이나 인성(人性) 정도로 이해할 수 있겠다. 따라서 붓디체의 어느 면은 양심체이고 어느 면은 하급영으로 보여 표준이론의 어떤 것과 특정하여 매치시킬 일이 아니라 그때그때 적절하게 이해하면 좋을 것으로 보인다.

1330) 신지학에서는 아르하트(阿羅漢, Arhat)가 되어 더 이상 환생할 필요가 없는 영혼이 되면 영계인 니르바나계에 간다. 또 더욱 정진하여 5단계 입문(Initiation)인 아세카(asekha, 超人)가 되면 보디사트바(보살)가 되어 환생하여 인류를 제도하거나 육체의 현현 없이 지구를 돌보는 형제단의 멤버인 마스터(Master)가 될 수 있다. 한편 표준이론의 4단계 성인의 혼은 명종 후 열반하여 하급영(아라한)이 되어 제1영계로 간다. 또 표준이론의 아라한은 '百生공부'를 더 거쳐야 고급영(아세카)이 되어 윤회를 완전히 그친다. 또 신지학에서 아세카는 형제단의 구성원 급으로 그 수가 50명 정도로 결코 많지 않다. 표준이론에서도 육화하여 이승에 현현한 아세카에 해당하는 보살의 수는 10명 정도에 불과하다(부록1 참조).
1331) 미주 206 '신지학의 모나드 영혼론' 참조
1332) 신지학에서는 코잘체의 진동수가 더욱 커지면 붓디체가 된다 하나 어느 대역(帶域)이 붓디체인지 알수는 없다.

8.18.3.3.4.6. 아트믹체와 아트믹계

아트믹체(The Atmic Body)는 아트마(Atma)의 범우주체(Celestial forms, The Universal Spirit)라고도 한다. Atmic이란 말은 아트마(Atma) 또는 아트만(Atman)에서 나온 말로써, 주장되기로는

1) 범우주령(The Universal Spirit)
2) 신성한 모나드(Monad)尾215)
3) 최상의 영혼(the Supreme Soul)
4) 영적 의지(Spiritual Will)를 표상으로 하는 가장 높은 본질
5) '하나의 생명' 그 자체이며 화신해 있는 인간과는 전혀 별개
6) 너무나 고귀하여 인간의 본질이 될 수 없는 것인지도 모르나 궁극의 정점으로서 최상위에 두는 것
7) 인간적인 것이 아니며 보편적이자 절대적 본질 등으로 이야기된다.

일반적으로 신지학의 창조론에서 아트마는 로고스의 신성한 단편으로서의 모나드(Monad)로 이해된다. 모나드는 무의식적이고 비인격적이기 때문에 붓디체와 코잘체 등을 갖추어야 물질세계에 도래할 수 있다. 카발라에서 루아흐(Ruach, 靈)는 네페쉬(Nephesh, 覺魂)와 결합하여야 비로소 현현(顯現)할 수 있으며 또 불교의 밀교인 금강승에서 비존재인 本初佛(Adi-Buddha)은 붓디(Buddhi)와 결합하여야 존재(being)할 수 있는 것과 같다.1333)

아트믹계는 '순수한 존재의 계'이자, '신성한 힘이 하위계에 비하여 가장 완전하게 현현하는 곳'이다. 이곳은 우주의 중심이고, 이곳에서 모든 생명의 흐름이 시작되기 때문이다. 표준이론적으로 아트믹계를 설명하면, 이곳은 고급영이 그 속성인 개체성을 완전히 극복하고 일자(oneness)와 결합하는 문제를 자기 자신 안에서 해결하고 불멸의 지성이 되어 완벽한 지혜와 지복, 힘 안에서 살아가는 곳이다. 이는 하급영들이 진화하여 분리와 이원의 장벽을 극복할 때 생겨난다. 이로써 영은 자신을 하위 세계에 묶어 두는 윤회의 수레바퀴(bhavachakra)에서 벗어나 완성의 자유를 맛보게 된다.1334)

1333) 미주 205 '신지학의 영혼론'과 미주 206 '신지학의 모나드 영혼론' 참조
1334) 애니 베산트, 「전게서」 참조

8.18.3.3.5. 기타 여러 가지 신지학적 주장

켄 윌버는 그의 氣論을 세계관에 도입하여 다음과 같이 말하고 있다. "에테르界는 氣界이며 아스트랄계는 감정계이고 불교의 慾界에 해당한다. 또한 멘탈계는 정신계, 지적 혼계인데 불교의 色界가 여기에 해당된다. 코잘계는 원인계, 인과계, 직관계인데 無色界가 바로 코잘계이다. 나아가 붓디계는 영계이자 지복계, 자비계, 깨달음의 세계다. 세계는 홀론(Holon, 부분적 전체)들의 상호작용 시스템인 홀라키(Holarchy)로서 하위의 의식계에서 점차로 상위의 고도한 의식계로 진화한다." 그는 이를 '홀라키적 의식 모델'이라고 부르면서 외면(界)과 내면(體)이 모두 층을 이루어 상통하며 다른 수준을 서로 상즉상입(相卽相入)1335)하나 하위수준은 상위수준의 속성을 가질 수 없다고 주장한다. 또 이는 헉슬리의 「영원의 철학」에 나타나는 '자아의 계층모델'과도 완전히 상통한다고 설명한다.1336)

이러한 생각은 뉴에이지에 꽤 일반화되어 있는데 벤토프 또한 같은 의견이다. 표준이론도 영혼육이 영계와 혼계 그리고 물질계를 윤회하며 발전과 진화를 추구한다는 모델이니 이들과 세부적 부분尾216)에서 차이가 있으나 크게 보아 다를 바 없다.1337)

또 옴넥 오넥도 그가 쓴 「나는 금성에서 왔다」에서 "영혼은 영계에서 내려오며 영계 아래 각 하위계에서 얻은 복체들로 겹겹이 싸여 있는데, 육체는 물질계, 아스트랄체는 아스트랄계, 멘탈체는 멘탈계, 코잘체는 원인계, 잠재의식은 에테르계에서 각각 얻어진다."라고 주장한다.尾217) 이러한 주장은 우선 에테르계를 영계 바로 아래의 세계로 보고 있다는 점에서 신지학과 다르다. 그러나 영혼이 코잘체부터 얻든 에테르체부터 얻든 하위 세계에 진입하기 위하여 여러 체(體)를 얻는다 하니 무엇부터 얻어도 달라질 것은 없는 만큼 에테르계가 어디 있든지 상관은 없겠다. 또 신지학은 영이 영계에서 기원하여 물질계에 하강하면서 각혼에 승(乘)하여 육화한 것으로 보나 오넥은 물질에 있는 씨앗영성이 잠재의식을 끌어당겨 생명체가 되었고 여기에서 진화적으로 의식이 발전해 영혼이 된다고 하는 표준이론

1335) 불교 화엄사상에서 나온 용어로 우주의 삼라만상이 서로 대립하지 않고 융합해 작용하며 무한히 밀접한 관계를 유지하고 있다는 뜻이다. 화엄사상 자체가 우주의 모든 사물은 그 어느 하나라도 홀로 있거나 일어나는 일이 없이 모두가 끝없는 시간과 공간 속에서 서로의 원인이 되며, 대립을 초월하여 하나로 융합하고 있다는 사상이다(미주 291 '표준이론의 구도론' 참조).
1336) 조효남, 'Ken Wilber 사상의 본질' 참조
1337) 그는 인간이 어느 체를 의식에너지로 삼고 있느냐, 즉 어느 체가 인간의식을 주도하느냐에 따라 의식수준 즉 자아의 수준이 달라진다고 주장한다. 이는 표준이론의 자아의 단계론과 같은 생각이다. 그의 홀라키적 의식모델도 氣界는 표준이론 1단계, 감정계(魄氣界)는 2단계, 정신계(지적 혼계)는 2.5단계, 직관계(정신적 혼계)는 3단계, 영계는 4단계 정도로 볼 수 있겠다.

적 주장을 한다. 오넥은 금성의 문명이 금성인의 의식발달로 인해 물질계를 벗어나 아스트랄계로 진입하였다고 하니1338) 이런 주장을 위해서라도 에테르계를 맨 위에 배치하였어야 할지도 모를 일이다.

하여간 표준이론에서 靈 중 神靈은 하느님으로부터 직접 기원하며, 魂靈은 氣에서 기원하니 표준이론은 두 주장을 모두 포섭한다고 하겠다. 또한 표준이론은 인간이 물질과 기(생기, 정기, 양기)로 만들어진 혼, 그리고 영으로 구성되어 있다는 것인데 위의 주장들과 표준이론을 비교하면 육체는 물질(物質), 에테르체는 생기(生氣), 아스트랄체는 하급 정기(精氣), 멘탈체는 고급 정기, 코잘체는 양기(良氣)로 각각 매칭시킬 수도 있겠다.

8.18.4. 신지학과 표준이론의 비교

근대 신지학은 19세기 후반 서구에서 극성(極盛)한 심령주의(spiritualism)의 토양위에 1875년 블라바츠키가 신지학회를 창시하면서 발흥하였다. 그러나 신지학은 종교가 아니라 '영성에 대한 합리적 지식'이 그 지향(指向)이라는 태생적 속성으로 인하여

1) 자연과학과는 일정한 유격(裕隔)이 있을 수밖에 없음에도 학문이라는 명분에 매달려 그 체계를 세우기 위한 현학적 논리와 깊이를 지나치게 추구하여 넘을 수 없는 신비(神祕)와 천기(天機)마저 캐어 담으려다가 그 교의가 중구난방과 자가당착에 빠졌다.
2) 교리(教理)가 아닌 교의(教義)가 기반임으로 인하여 신도(信徒)보다는 학도(學徒)에 의존하게 되매 자연히 종교에 비하여 사업성이 떨어지게 되어 생존력과 영속성 양면에서 절대 열위에 있었다.
3) 통합철학을 지향하여 서양의 각종 비전(祕傳)과 동양의 힌두철학 그리고 거기서 비롯된 불교의 생소한 제론(諸論)까지 모두 통합하여 한 바구니에 담으려다 보니 이해가 부족하거나 논리가 복잡해지고 심지어 교의 간에 여러 모순이 발생하였다.

1338) 다신체론과 다층적 저승론과 관련하여 오넥이 제기하는 주장 중
　　1) 각 신체가 상응하는 계를 生時에도 수시로 왕래한다는 주장이나
　　2) 일치하는 체가 각 계에 존재한다는 주장
　　3) '영'을 氣의 일종으로 보는 주장
　　4) 물질계가 의식의 도약으로 어느 때가 되면 상위계로 바뀐다는 신지학의 우주주기론적 주장
　　등은 표준이론 입장에서 동의하기 어렵다.

4) 부족한 신비를 채우기 위하여 동포형제단이니 태양로고스니 아스트랄 여행1339)이니 하는 비합리적인 요소를 가미하다 오히려 신뢰를 상실하였다.
5) 신의(神意)는 단순하고 명백할 수밖에 없음에도 스스로 이 진리에서 벗어났다.
6) 조직력이 부족함으로 인하여 시간이 갈수록 신지학 내에서 점점 교의가 엇갈리고 이론의 갈래가 나뉘었으며 훗날 뉴에이지의 많은 종파들이 그들의 논리를 차용하여 변질시키는 통에 더욱 중구난방이 된 감이 없지 않다.

그러나 위와 같은 여러 문제점에도 불구하고 주목할 만한 사실은 서양의 각종 비전(祕傳)과 인도철학의 전통을 종합하여 인간이 여러 가지 물질로 이루어진 체(體)로 구성되어 있다는 다신체론과 이에 따른 다층적 저승론의 체계를 확실히 세웠다는 사실이다. 그들의 논지는 이후 여타 종교에 알게 모르게 지대한 영향을 끼쳤으며 나아가 여러 뉴에이지의 교리형성에 바이블이 되었다.

한편 표준이론과 신지학의 주장 간에는 중요한 교의에 커다란 차이가 있다. 이미 이런저런 논의 중에 중요한 사항은 언급하였으나 다시 이를 요약하면 다음과 같다.1340)

1) 신지학에서는 체(體)의 가짓수가 7가지1341) 정도로 많으나 표준이론은 육체와 생기체, 정신체, 양심체로 구성된 혼 그리고 영이다.

1339) 1. 멘탈 여행도 있다. 수면 중 멘탈체만 몸에서 빠져나오는 것이다. 이는 신지학의 다신체론과 표준이론의 영혼육이론 간의 큰 차이다.
2. 멘탈 여행은 아스트랄 여행보다 고차원적이다. 여기서 동원되는 신체는 아스트랄체가 아니라 멘탈체다. 멘탈체는 멘탈 차원에 잠재된 모든 경이로운 감각을 지니며 그 작용은 초월적이며 표현불가능하다. 멘탈체로써 활동하는 사람은 육체와 아스트랄체를 벗어놓고 떠나며 어떤 이유로든 그가 아스트랄 차원에 모습을 나타내고자 하면 자신의 아스트랄체를 가지러 갈 필요도 없이 단지 의지력을 한번 발휘함으로써 일회용 아스트랄체를 만들어낸다. 이러한 아스트랄체의 물현은 종종 마야비루파(mayavirupa)라고 불리며, 그것을 처음으로 만들어내려면 자격이 있는 스승의 도움이 필요하다(리드비터, 「투시」 5. 멘탈 비행을 통한 방법 참조).
1340) 표준이론은 신지학도가 볼 때 신지학과 매우 유사한 이론 구조를 가진다. 표준이론과 신지학의 관계를 시간적으로 정리하면 다음과 같다.
 1) 표준이론의 뼈대는 신지학과 무관히 세워졌다.
 2) 신지학과 표준이론의 유사점은 표준이론의 객관성을 보증하는 용도로 매우 적합하였다.
 3) 그러나 그 유사점은 오히려 신지학과 표준이론 간의 차별성을 부각시켜야 할 지경이 되어 표준이론을 정치(精緻)하게 하였다.
 신지학과 표준이론이 비록 따로 섰으나 그 뼈대가 근사(近似)하여 살을 붙여보니 둘 다 코끼리가 되었다. 따로 섰으나 近似한 것은 模寫가 아니라면 진리에 近接한 이유이니 오히려 기쁜 일이다.
1341) 블라바츠키의 '인간의 7본질'에 의하면 제7본질 오라의 란, 제6본질 붓디(Buddhi), 제5본질 마나스(Manas), 제4본질 카마와 카마루파(Kāma-Rūpa), 제3본질 프라나(Prana), 제2본질 링가 샤리라, 제1본질 스툴라 샤리라(육체)이다(부록4 '영혼육의 구조' 참조).

2) 신지학에서 인간의 각 체는 체를 구성하는 고유한 물질이 있고 그 체는 동일한 물질로 만들어진 저승의 계(界)와 생시(生時)에도 통한다고 하나 표준이론의 혼은 구성요소인 정신체와 양심체가 개인의 자아 발전 정도에 따라 그 구성비율이 다를 뿐이고, 혹시 혼이 생시에 저승과 통한다면 혼이나 영 전체로서 통하는 것이지 신지학처럼 구성하는 각 체가 다의식론(多意識論)적 의식을 가지고 개별적으로 자기의 저승과 통하는 것은 아니다.

3) 신지학의 영혼육 이론은 표준이론의 그것과 다르다. 제1로고스에서 발출된 영인 '인간모나드'는 아트마-붓디-마나스라고 불리는데 이는 각각 영, 혼의 영적 부분, 그리고 혼을 뜻한다. 이 셋은 '인간모나드'의 구성요소가 아니라 측면(側面)으로서 이 세 측면은 개인의 영적 수준에 따라 개별적으로 연이어 발현한다. 따라서 신지학에서 영혼의 수준은 마나스만 있는 혼적 영혼, 붓디체가 발현된 영적 영혼, 열반의 경지를 넘어선 영이 된 신적 영혼 이렇게 나뉜다. 결국 표준이론의 영과는 달리 신지학의 영은 상위정신체격인 하위마나스(하위멘탈체)와 양심체격인 상위마나스(상위멘탈체, 코잘체)를 포함한다. 신지학의 영은 '표준이론에서 혼으로 보는 상위정신체와 양심체'를 그 속성으로 포함하는 것이다. '인간모나드'는 인간 세상으로 하강하면서 동물의 혼인 각혼에 승(乘)한다. 따라서 신지학에서 사람의 구성요소는 육체와 동물의 각혼과 인간모나드 세 요소로 구성되는 셈이다. 표준이론에서는 사람이 영과 이승혼으로 구성되고 이승혼은 다시 생기체, 각혼의 이드, 그리고 에고(마나스)와 양심체(붓디)의 지혼으로 구성되는 것과 차별된다.

4) 신지학의 일반이론에서 명종 후 영은 그 수준에 따라 아스트랄계에서부터 하위멘탈계인 데바찬 그리고 상위멘탈계인 코잘계를 순서대로 거치며 생활하다가 붓디계나 아트믹계까지 올라간다. 그 과정에서 영의 수준이 낮으면 당연히 해당계에서 다시 환생한다. 이 단계적 상승과정에서 영은 아스트랄체와 멘탈체(하위 마나스의 옷) 그리고 코잘체(상위마나스의 옷)[1342]는 그 경험만 흡수하고 해당계를 통과하면서 모두 벗어던진다. 이를 좀 더 구체적으로 보면, 신지학에서 인간모나드의 승(乘, 탈것)인 각혼은 아스트랄체다. 또 각혼의 세상은 아스트랄계이다. 이드인 각혼은 아스트랄계에서 인간모나드인 아트마-붓디-마나스와 헤어진다. 이후 인간모나드는 멘탈계와 코잘계를 거치며 멘탈체와 코잘체를 버린다. 이때 각혼인 이드는 아스트랄체의 속성으로 아스트랄계에 체와 함께 남는 데 비하여 에고는 각혼이 아닌 인간모나드의 속성이므로 그의 옷인 멘탈체와 코잘체만 멘탈계와 코

[1342] 하위마나스는 표준이론의 상위정신체, 상위마나스는 표준이론의 양심체에 해당한다.

잘계에 남기고 인간모나드의 삼위일체를 구성하여 상위계로 떠난다. 물론 수준이 낮은 자아의 영혼은 하위계에서 환생을 위하여 다시 하강한다.1343)

5) 신지학은 어느 계부터 천국인가. 표준이론에서 천국이란 원칙적으로 영이 가는 곳이다. 신지학은 이런 곳이 어디인가? 일부 번역서에는 멘탈계부터 천국이란 말을 붙이지만 실질적인 천국은 붓디계나 아트믹계로 보인다. 그러나 붓디는 '영적 영혼'이지 영이 아니라고 한다. 그러나 '영적 영혼'이라도 영의 속성이 있다고 보아 붓디를 하급영이라고 보고 붓디계와 제1영계를 대충 매치시켜 보자(부록3 '저승의 구조' 참조). 그렇다면 아트믹계는 아트마(모나드)의 세계이고 표준이론의 제2영계 정도이다.

6) 표준이론에서 영과 혼은 신지학류의 유행(遊行)적 상승론과는 달리 명종 후 즉시 헤어져 자기 수준에 맞는 계(本鄕)로 각각 직행한다. 이때 하급혼은 중음계로 중급혼은 심령계로 고급혼은 준영계로 직행하며 영 또한 하급영의 제1영계나 중급영의 제2영계 또는 고급영의 제3영계로 직행한다. 거기에서 중급영 일부와 고급영을 제외하고 대부분의 영은 각자 단계에 맞는 절차를 거쳐 환생한다. 이때 신지학의 각 계와의 표준이론의 저승의 계를 매치해 보면 중음계는 신지학의 아스트랄계, 심령계는 멘탈계, 준영계는 코잘계와 매치시킬 수 있을 것이다.

7) 신지학자들은 인간의 각 체(體)를 구성하는 물질이 에테르의 정묘(精妙)성에 따른 종류일 뿐 속성은 같다고 주장하나 표준이론은 혼의 구성체인 생기, 정기, 양기는 모두 기에서 진화(進化)하였으나 물성뿐 아니라 속성도 다른 것으로 본다.

8) 신지학은 제2로고스의 에너지가 광물계를 형성하고 다시 그 생명력이 광물에 스민 이후 거기에서부터 진화를 시작하여 식물과 동물의 혼으로 몸과 함께 영적 진화를 해왔다고 한다. 여기까지는 표준이론의 '혼의 탄생스토리'와 대동소이하다. 그러나 거기까지다. 표준이론의 각혼은 이후 사람의 지혼을 거쳐 영으로 진화하지만 신지학의 다수론에서 각혼은 제1로고스로부터 발출한 모나드가 인간모나드 즉 사람의 영혼인 아트마-붓디-마나스가 된 뒤 최종적으로 물질세계에 현현하기 위하여 승(탈 것)을 만들 때 개체화되어 사용되었다가 명종 후 인간모나드가 상위계로 상승 시 아스트랄계에 버려진다.

1343) 미주 205 '신지학의 영혼론' 참조

9) 신지학의 생기체인 에테르체(또는 Linga Sharira)는 命終 시 윤회체와 함께 몸에서 빠져나오며 몇 시간 후 소멸한다고 한다. 그러나 표준이론의 생기체는 생기계(에테르계)로 가며 그중 수승한 생기체는 식물의 생혼으로 진화하여 진화의 중요한 체인을 구성한다. 그러나 신지학에서는 식물의 혼(생혼)은 광물의 혼에서 진화한다는 막연한 주장만 하고 있다.

10) 신지학의 영혼인 인간모나드는 영인 아트마에서 기원하니 모든 사람은 영을 가지며 이들은 명종 후 전부 영계에 다녀올 수 있다. 그러나 마나스적인 인간모나드는 혼의 수준에 불과하므로 멘탈계나 코잘계에서 다시 하강하여 환생한다. 붓디계에서 다시 하강하는 인간모나드도 있다. 표준이론에서는 영을 가진 사람이 인구의 10%에 불과하지만 이들 영은 명종 후 모두 영계로 복귀한다.

11) 한편 표준이론에서는 불교의 보살에 해당하는 고급영은 육화하여 환생하며 그 수는 지구 77억 인구 중 10명에 불과하다. 그러나 신지학의 보살인 아세카(asekha)는 육화하는 존재들[1344] 외에 고급영들의 영적 집단(hierarchy)인 대백색형제단[尾218]을 따로 구성하여 인류를 계몽하고 그 역사를 이끌어 간다. 신지학의 대부분 교의는 이들로부터 채널링된 것이다.

8.19. 뉴에이지의 인간론

8.19.1. 유란시아서의 인간론

유란시아書[尾219]는 다음과 같은 여러 가지 주목할 만한 아이디어를 담고 있다.

1) 하느님은 모든 사람과 개인적인 관계를 가지는 사랑이 넘치는 아버지이시다.

2) 하느님은 '체험적'인 분, 즉 미완성이며 사실화 과정에 있는 존재로 시간과 공간에서 진화하고 유한한 실체와 무한자를 통합하는 분이라며 '신(神)진화론'을 주장한다. 이런 개념은 뉴에이지 계통의 여러 신비학과 오컬트 사상에서 널리 채용되고 있다. 그러나 이러한 주장은 신개념을 훼손하는 주장이다. 신이 진화를 창조

[1344] 신지학의 대백색형제단은 육체를 가지지 않으므로 표준이론의 보살은 그들 중 육화한 '대스승'과 비교될 수 있겠다(미주 218 '신지학의 형제단과 대스승 그리고 그 제자' 참조).

의 한 방법으로 사용한 것은 표준이론에서도 진술하고 있는 바이지만 이것이 신의 전지전능을 훼손하는 것은 아니다. 그렇지만 유란시아서와 같이 진화를 포함한 방법에 의한 창조론이 신 자신의 진화를 의미하는 것이라거나 신이 자신을 경험하기 위한 것이라는 주장은 어불성설이다. 이는 진화를 창조의 방법이 아니라 창조주로 보는 극단적 과정신학1345)이나 뉴에이지 교리의 일종으로 만일 그렇다면 신은 존재하지 않거나 더 이상 신이 아니다.

3) 생명운반자(Life Carriers)

우리가 사는 지구인 유란시아는 수십억 년에 걸쳐 운석이 집합되어 생명체 발달이 가능한 조건이 될 때까지 점진적인 변화를 거쳤으며 이후 해양의 원시생명체로부터 시작된 길고 긴 생명의 진화과정을 겪은 다음 육상의 식물과 동물로 이어지도록 인도되었다. 그러나 원시생명체는 우연히 생겨난 것이 아니라, '생명운반자'1346)에 의하여 지능적으로 계획되었고, 이식되었으며, 관찰된 것이다. 또 진화는 '의지(意志)'를 지니는 생명체의 출현을 위한 것으로 의지만이 영적 본성을 개발할 수 있고, 의지만이 물질로 이루어진 현존(現存)을 사후에도 생존시켜 결국 영원한 영적 삶을 누리도록 나아갈 수 있다.

이러한 논리는 '혼의 진화창조론'으로 표준이론과도 대동소이 합치되는 주장이다. 다만 유란시아의 혼은 진화의 끝에 하느님의 불씨인 '생각조절자'와 합쳐져 영이 된다. 이때 신지학의 모나드처럼 생각조절자는 신으로부터 따로 온다. 그러나 신지학처럼 혼이 그 속성만을 영에게 바치고 소멸되는 것은 아니다.

4) 생각조절자(Thought Adjusters)

신의 불씨인 '생각조절자1347)'가 신지학의 모나드처럼 '인간의 의지1348)'에 던져져

1345) 과정신학(過程神學, process theology)은 1960년대 미국에서 발생한 신학 사조로 인간뿐만 아니라 神도 변화하고 진화하는 우주에서 서로 간의 영적 교류를 통하여 발전해 가는 과정적 존재라고 주장한다. 영국의 철학자 화이트헤드의 과정철학과 맥을 같이한다(미주 11 '화이트헤드의 과정철학에 대하여' 참조).

1346) 1. 진화는 생명운반자인 '천상의 선생'들이 수행하는 사명봉사 활동에 의한 것이다. 그들은 창조체 생명을 설계하고 이를 여러 행성에 옮기는 임무를 맡고 있다. 그리고 생명을 새로운 세계에 심은 후에는 그 발달을 위하여 긴 기간 동안 그곳에 머물러 있다.

2. 생물학적인 진화와 영적인 진화가 동시에 일어난다는 진화에 대한 개념은 표준이론과 동일하다. '천상의 선생들'이라는 진화도우미의 역할에 대한 유란시아서의 진술은 신지학적이자 표준이론적이다. 그러나 표준이론에서는 진화도우미로 천사와 고급영 그리고 혼에 내재된 하느님의 불씨가 거론될 뿐 이를 벗어난 형태의 존재는 부인한다.

1347) 1. 생각조절자(Thought Adjusters)는 '신비한 관찰자', '내면의 소리', '신성한 불꽃' 혹은 '이끄는 불빛'으로 불리며, 이 개념의 일정 부분은 신지학의 제1로고스에서 분출된 모나드에서 온 것으로 보인다. 유란시아서에는 생각조절자가 힌두교의 아트만, 고대 이집트의 카, 그리고 퀘이커교에서의 내면의 빛과 견줄 수도 있을 것이라고 설명하고 있으나 역할이 그것들과 많이 다르다. 철학적인 면에서, 누구는 이 개념이 소크라테스가 자신의 다이모니온(양심의 소리)이라고 설명한 것과 비슷하다고 하나 다이모니온은 양심도, 영도, 하느님의 불씨도, 불꽃도 아닌 수호령 정도다. 생각조절자는 더욱 아니다(위키백과, 유란

자유의지로 생각조절자와 '인간의 의지'가 융합하면 사람의 혼인 필사자(The Mortal)가 된다. '생각조절자'는 하느님의 영원한 '영의 단편(斷片)'으로, 모든 정상적인 '인간의 의지'들은 태어난 후 평균 5년 10개월 정도의 시기에 어떤 도덕적 결정을 내리는 순간 하느님의 단편을 받는다.1349) 그리고 조절자는 '인간의 의지'를 '필사자(必死者) 혼'으로 탄생시킨다. 그러나 '생각조절자'는 강제성을 띠지 않으면서 각 개인의 신성한 동반자로서 평생을 봉사하며, 필사자의 자유의지가 하느님을 찾기를 원하는 데 동의하도록 이끈다. '생각조절자'는 필사자가 더욱 성숙하고 영적 생각을 하도록 이끌며, 필사자는 조절자의 내면 인도에 따르는 방법을 배우고 익힘으로써, 점차 현실 세계에서의 진선미를 발견하고 사랑을 실천하는 하느님의 뜻을 선택하여 더욱더 하느님에 대한 의식에서의 진보와 영적 성장을 이루게 된다. 명종 후 조절자는 다시 그가 온 신성한 별(divinington)로 복귀하였다가 '필사자 혼'이 명종 후 심판을 받고 합격하여 上位세계인 맨션월드에서 깨어나면 (부활, 일종의 환생)1350) 그와 다시 합체하여 진화의 길을 가고 혼이 '잠자는 생존자(sleeping survivers)'1351)로 전락하면 영영 헤어지게 된다.

표준이론에서 볼 때

(1) 생각조절자가 사람이 생후 5년이 지나서 어떤 도덕적 결정(하느님의 뜻에 따라 살겠다는 결단)을 내리는 순간 마음에 깃든다거나 개인이 더욱 성숙하고 영적 생각을 하도록 이끌며, 진선미를 점점 발견하고 마음으로 하여금 하느님에 대한 의식에서의 진보와 영적 성장을 이루게 하는 존재라면, 이 생각조절자는 표준이론

시아서 참조).
2. 생각조절자는 무한한 하느님의 실제 계심을 구성하는 조각이 된 존재이다. 조절자는 묽어지지 않고 섞이지 않은 신성(神性)이며 제한되지 않고 엷어지지 않는 신의 일부이다. 조절자는 하느님으로부터 왔다 (유란시아서, 107:1.2 (1177.3)).
3. 우주가 커짐에 따라서, 조절자와 융합할 후보자의 수가 늘어남에 따라서, 조절자들이 항상 개별화되고 있다고 추측한다. 하느님 성품을 가진 이 분신들의 수는 실존적으로 무한한지 모른다(유란시아서, 107:1.4). 이러한 진술은 마치 표준이론의 神靈의 탄생과정을 구체적으로 묘사하는 듯하다. 그러나 신영과 같지 않다.
1348) '인간의 의지'의 의지는 자의식을 가진 각혼수준의 혼으로 이해된다. 아직 생각조절자와 결합도 못하였고 결합하더라도 겨우 하급혼인 유한혼(필사자) 수준의 존재가 될 뿐이다.
1349) 정확히는 5년 10개월과 4일 즉 2,134번째 날이다(유란시아 한국재단 urantia.or.kr, 유란시아서 108:2.1). 그 나이 그것도 그날에 사람이 어떻게 자유의지로 도덕적인 결단을 내리는지는 알 수 없다.
1350) 이것이 유란시아서의 윤회요 환생이다. 지구로의 환생은 특별한 경우(유란시아서 112:5.6)를 제외하고는 없다.
1351) 진급하지 못한 혼은 '잠자는 생존자'가 되었다가 지구 시대(planetary dispensation)가 끝나면 다시 살아난다고 한다(유란시아서, 112:5.10). 여기서 dispensation은 신지학의 우주주기론에서처럼 우주에 성주괴공이 있다고 보는 관점의 용어이다. 그러나 자유의지로 소멸을 택한 필사자 혼은 조절자와 융합하기 이전에는 언제든지 소멸할 수 있다(유란시아서, 111:3.1).

에서 영의 역할과 매우 비슷하다. 더구나 생각조절자가 모든 사람에게 내리는 것은 아니고 아이의 의지(마음)가 어떤 도덕적 결정을 내려야 임한다고 하는 것은 더욱 표준이론의 영스럽다.1352)

(2) 그러나 생각조절자는 표준이론의 영이 아닐 수도 있다.
① 유란시아서는 필사자인 혼은 명종 후 신성한 단편과 융합하여 이후 '결코 분리될 수 없는 하나의 개체'를 이룸으로써 불사(不死)가 된다. 불사를 이루지 못한 혼은 이름은 필사자(必死者, the mortal)라고 하나 강제 소멸되지는 않고 자신의 선택에 따라 소멸한다. 그렇다면 '영 따로 혼 따로'인 표준이론과는 기본부터 다르다.
② 마음이 어떤 도덕적 결정을 내릴 때 생각조절자가 임한다고 하니 표준이론에서처럼 자격 없는 혼에게는 영이 없다는 생각과 동일하다. 그러나 영이 임하는 것은 혼의 의지가 아니라 혼의 수준과 환생계획에 의한 것이라는 표준이론과 다르다.
③ 유란시아에서 '사람의 의지'는 아직 혼이 아니다. 물질로서의 의지와 생각조절자가 합해지면 비로소 상물질(上物質)의 혼이 탄생한다. 이 상물질1353) 혼이 진화하여 영이 된다. 그러나 표준이론에서 볼 때 '사람의 의지'는 이미 혼이다. 하느님의 숨인 기(氣) 중의 생명의 에센스가 수십억 년을 진화하여 탄생한 살아 숨쉬는 존재인 혼이다.

(3) 그렇다면 조절자는 다음 중 무엇인가?
① 하느님께서 각인에게 보내는 사람의 구성요소로서의 靈이다.
② 삼라만상에 내재한 불성(靈火) 또는 그 진화체인 지혼안의 '하느님의 불씨'다.
③ 수호령이다.
④ ①과 ②의 믹스다.

답은 ④에 가깝다. 주로 ①의 성격이고 ②의 요소가 섞여 있다. 생각조절자는 원래부터 만물에 자재(自在)한 것이 아니라 표준이론의 영처럼 생물학적 진화에 의하여 탄생한 '사람의 의지'에 임하여 사람 안에 필사자 혼을 탄생시키고, 그를 더욱 성숙하게 하고 영적 생각을 하도록 이끌며 진선미를 발견하고 사랑을 실천함으로써 의식의 진보와 영적 성장을 이루게 한다. 그러나 조절자에는 이러한 융합된 조절자(Fused Adjusters)만 있는 것이 아니라 그 외에도 6가지 유형이 조절

1352) 표준이론에서는 혼이 어떤 영을 짝지음 받는 것은 환생계획의 일환으로 이미 저승에서 정해진 것이다.
1353) 상물질(上物質, morontia)은 물질과 영 사이에 존재하는 과도기 형태의 물질로 신지학의 멘탈체나 아스트랄체 정도로 보인다.

자가 있다고 하니(107:2.1~9) 조절자는 신지학의 아데프트(Adept) 또는 표준이론의 신영(神靈)과 유사하다.

결론적으로 생각조절자는 유란시아서의 독특한 존재다. 삼라만상에 내재한 불성이나 하느님의 불씨의 성격을 가졌지만 하느님께서 각 개인에게 보내는 사람의 구성요소로서 표준이론의 靈을 능가하는 위력을 가지고 있다.尾220)

5) 필사자(必死者, The Mortal)
(1) 필사자는 인간의 혼이되 영속혼 수준에 이르지 못한 하급혼인 유한혼이다.1354) 필사자는 생각조절자라는 아버지와, 인간의 의지(마음)라는 어머니 사이에서 태어난 영적 태아다. 필사자가 생각조절자의 안내를 받아들이는 정도가 필사자의 성장을 나타내는 척도이며 이것이 필사자(必死者)인 유한혼이 불사자(不死者, The Immortal)로 가는 길이다.1355)
(2) 필사자 혼이 끈질기게 조절자의 안내를 거절하고 악을 행하면 불의(不義)로서 자신의 모습을 드러내는 것이고 그것은 스스로 소멸을 택하는 것이 되어 명종 후 그는 소멸되어 비존재가 된다.1356) 표준이론에서 업을 많이 쌓은 하급혼이 명종(命終) 후 분열되거나 소멸되는 것과 같다.
(3) 필사자 혼은 명종 후 심판을 받아 합격자는 上位세계인 맨션월드에서 부활하고 불합격자는 '잠자는 생존자'로 전락한다.
(4) 필사자(必死者)의 생애는 공부이며 수행이다. 공부와 수행의 결과 최상의 가치만 살아남는 것은 거의 모든 종교의 핵심이다. 최상의 가치를 가진 것과 우주적 의미가 있는 것들이 뭉쳐서 하나의 우주 실체인 불사자로 실현된다는 것이다.

1354) 표준이론에 유한혼이란 아직 영생이 확보되지 않은 복합혼과 단일혼의 하급혼이다. 그러나 유란시아서처럼 the mortal이 아니다. 다만 하급혼이 생시에 업을 많이 쌓아 혼을 이루는 기 또는 주혼과 종혼 간에 기형이 맞지 않은 것으로 판명되면 분열하거나 소멸할 뿐이다.
1355) 유란시아서는 물질에 거하는 '의지'가 조절자의 안내로 혼으로 발전하는 것처럼 말하고 있다. 또 혼은 어느 단계가 되면 신의 영과 융합할 가치가 있는 존재(참혼)으로 발전한다고 한다. 즉 생각조절자인 하느님의 불씨가 물질적인 의지를 상물질인 혼으로 개발하고 다시 참혼을 거쳐 마침내 혼과 영과 합일하면 불사자 혼이 되는데 이 과정에 물질적 의지와 혼(필사자)의 '적극적 찬성과 노력'이 필요하다는 것이다. 이는 표준이론에서 생혼이나 각혼 수준의 혼이 내재한 하느님의 불꽃의 도움으로 사람의 혼인 지혼으로 발전하는 것과 동일한 취지의 각론(各論)이다. 다만 유란시아서는 의지와 지성, 마음과 혼 그리고 영까지 명확한 용어구분 없이 섞어 쓰고 있다.
1356) 1. '인간의 의지'는 언제라도 소멸을 선택할 수 있다. 필사자에게도 영생을 거부할 선택권이 있다. 조절자와 융합하기 전에는 어느 때라도 파라다이스 아버지의 뜻을 저버리기를 선택할 수 있는 것이다. 다만 조절자와 융합하는 것은 필사자가 영원히, 조건 없이, 아버지의 뜻을 행하기로 하였다는 사실을 의미한다(유란시아서, 111:3.1 참조).
2. 표준이론에서는 혼이 영이 되는 것을 스스로 저버리는 상황은 발생하지 않는다. 비슷한 상황이 있다면 동물적 본성을 아직 버리지 못해 진화하지 못한 상황뿐이다. 혼의 진화와 존재의 목적은, 그래서 속성이 된 것은 '영으로의 지향'이다.

유란시아서는 인간이 기본적으로는 소멸될 운명임을 필사자(the mortal)라는 용어를 사용하여 강조함으로써 겁박(劫迫)의 분위기를 연출한다. 심지어 아이 때 도덕적으로 살기로 결심하여 싹수를 보이지 않으면 조절자가 임하지도 않아 그 사람의 혼은 '지성 또는 의지(마음, 자의식)를 가진 각혼(覺魂)' 정도로 표현되는 이상한 존재가 된다. 그렇다고 불교처럼 '식(識)의 윤회'도 말하지 않는다. 조절자가 임하여 필사자가 되더라도 단 한 번의 기회가 주어지고 시험에 통과하지 못하면 지구에 종말이 올 때까지 어디선가 잠자다 다른 어느 별에 태어날 기회를 얻는 것뿐이다. 유란시아서가 오랜 시간에 걸쳐 작성되고 검증되었으며 많은 주목을 받으며 거창하게 등장하였고 또 통합적이며 합리적인 생각으로 가득하여 큰 연구가치가 있는 사상임에도 거의 사장(死藏)1357)된 것은 이러한 어설픈 사이비 종교 흉내를 낸 때문이라고 본다.

결론적으로 유란시아서는 표준이론에서 말하는 혼의 원초적 '소멸의 공포'를 이용하고 있다. 이는 기왕의 종교들이 수천 년 써먹은 고리타분한 수법의 재탕이다. 혼이 물질에서 의지로 그리고 혼으로 진화하고 발전하는 것은 신의 섭리요 혼의 변함없고 일관된 노력의 결과다. 이와 같은 역사는 앞으로도 당연히 계속된다. 따라서 유란시아서의 필사자 관련 진술 방법과 방향은 바람직하지 않다. 또한 같은 맥락에서 필사(mortal)이나 불사(immortal)라는 단어의 사용에도 문제가 있다. 이는 유한(有限)이나 불영속(不永續) 같은 단어로 바꾸어야 할 것이다. 그런데 사실 유란시아서의 필사자 혼은 스스로 결정하지 않으면 소멸하지 않는다. 표준이론의 하급혼보다 더 영속적이다. 그러니 mortal도 아니다.

6) 삼위일체에 대하여

하느님은 개인 안에 있는 한 분 하느님이시다. 하느님은 서로 동등하며 완전하면서도 개별화된 세 분, 즉 아버지이신 하느님, 아들이신 하느님, 영이신 하느님의 삼위일체 안에 존재한다. 유란시아서에서 아버지 하느님은 '우주 아버지', 아들이신 하느님은 '영원 아들', 영이신 하느님은 '무한 영'으로 불린다. 3위 일체론은 웬만한 종교 또는 종교철학에서는 어떤 모습으로든 나타난다. 유란시아도 그러하다.1358)

7) 예수님에 대하여

1357) 2006년 현재 유란시아 세계재단은 시카고에, 5명이 있는 조그마한 사무실을 하나 가지고 있는 것으로 되어 있다(위키백과, 유란시아서). 재단의 궁핍은 유란시아서의 판권을 확보하지 못한 실수에도 기인한다.
1358) 표준이론에서 삼위일체적인 요소를 찾는다면 신의 불씨와 혼과 영이 아닐까 한다.

예수님은 기독교에서처럼 삼위일체의 둘째 분이 아니라 70만 명(尾221)에 달하는 하느님의 '낙원천국1359) 아들' 즉 '창조주 아들' 중의 하나인 '네바돈의 미가엘(Michael of Nebadon)'이 인간으로 육신화한 존재이다. 기독교에서처럼 삼위일체의 둘째 분으로 묘사하지는 않고 있다.(尾222) 또한 기록된 예수님의 생애는 예수님의 숨겨진 생애에 대한 또 다른 기록인 보병궁복음서1360)와는 그 내용에 있어서 많은 차이가 있다.

8) 윤회에 대하여

유란시아서는 윤회는 없다고 분명히 이야기한다. 힌두교의 문제점을 지적하는 부분에 나타나는 진술이긴 하지만 윤회사상이 영적 진화를 위한 분투정신을 저해한다고 단언한다.1361) 그러나 유란시아서는 한 생에 정해진 수준의 진화를 달성하지 못하여 심판에서 탈락한 혼은 긴 잠에 들게 되고 심판을 통과한 혼은 맨션월드라는 상위 단계의 세계에서 다시 태어나 그 세계에서 환생을 거듭한다고 한다. 그들은 이를 부활(resurrection)이라고 부르며 환생이나 윤회가 아닌 것처럼 이야기하나 환생이 지구에 다시 태어나는 것만을 의미하는 것만은 아님이 3계6도를 말하는 불설에 이미 나타나 있지 않은가. 따라서 그들이 주장하는 부활도 정확히 윤회요 환생이다.

또한 종(種)의 진화인 몸의 진화는 수십 또는 수백 대에 한 번 의미 있는 변화를 이루어 그것이 변화한 환경에 부적절하면 약자(弱者)가 되어 도태하고 요행히 적자(適者)가 되면 도생(圖生)의 길이 열리어 살아남는다는 것인데1362), 혼의 진화에 있어서는 환생 없이 도대체 무슨 수로 단생에 진화를 이룩한다는 말인가. 수많은 환생의 사례는 자연과학교에서도 갖은 핑계로 외면하는 판이니 다 그만두고라

1359) 낙원천국은 중앙우주에 위치한 파라다이스로서, 모든 불사의 존재들이 추구하는 목표이다. 이곳에는 하느님의 아들들이 거주한다.
1360) 1. 보병궁(寶甁宮)복음서(Aquarian Gospel of jesus the Christ)는 1908년에 미국의 리바이 다올링(Levi Dowling 1844~1911) 목사가 신약성경에 언급이 없는 예수님의 12~29세까지의 행적을 아카식 레코드를 보고 기록한 책으로 알려져 있다. 미국에는 그를 추종하는 교단(Aquarian Christine Church Universal, Inc.)도 있다.
2. 예수님에 대한 그 외 기록으로는 러시아의 고전학자인 니콜라스 노토비치(Nicholas Notovich, 1858~1916년 이후)가 인도 Ladakh의 Hemis수도원에서 발견한 티베트어 원고(Life of Saint Issa)를 바탕으로 1894년 출간한 책「예수 그리스도의 알려지지 않은 생애(La vie inconnue de Jesus Christ)」가 있다. 이 책에서는 예수가 알려지지 않은 해 동안 갈릴리를 떠나 인도로 가서 불교와 힌두교를 공부했다고 주장한다. 그러나 이 책은 원고의 존재 여부가 증명되지 않는 등으로 그 진위를 심각하게 의심받고 있다(wikipedia, 'Nicolas Notovitch').
1361) "윤회(輪廻) 신앙보다 더 어리석어 보이는 것은 없다. 진저리나고 단조롭게 거듭 윤회한다는 것을 믿는 이 관념은 죽고 나서 구원 받고 영적 승진을 발견하려 분투하는 헝그리정신을 필사자(必死者)로부터 빼앗다."(유란시아서, 94:2.3 참조) 그러나 이러한 주장을 통해 오히려 유란시아서는 필사자로부터 생의 고통을 감수하고 분투한 데 대한 상급(賞給)과 영생의 간절한 소망을 빼앗았다.
1362) 유란시아서도 표준이론과 동일하게 혼이 생물학적 진화에 의해 탄생한다고 한다.

도1363) 유력한 사상이라는 탈을 쓰고 신의 정의가 제대로 서지 않는 이 세상은 어떻게 설명하며 그래도 '하느님은 사랑'이시라고 어떻게 강변할 것인가? 어떤 사랑의 신이 당신께서 제조한 제품을 단 한 번 검품해 보고 불량품으로 판명되면 깨어날 기약 없는 무덤으로 보내 버릴 것이며1364) 심지어 조절자를 받아 보지도 못한 죽은 아이의 혼도 어떻게 그리 처리한다는 말인가?

이는 누구인지 모를 9명의 유란시아서 나레이터 중 이 부분을 담당한 영적 존재가 개인적으로 인간에게 '윤회로 도피하려는 빌미'를 주고 싶지 않아서, 또는 무슨 이유로 그 순간 힌두교의 비인간적 카스트제도와 터무니없는 타락환생론 그리고 누구 말마따나 황색인종에 대해 미운 마음이 복받쳐 그런 진술을 한 것으로 보인다.1365) 아니라면 유란시아서는 영적 존재를 참칭(僭稱)한 살아있는 인종차별론자의 작품이다. 있을 수 없는 주장이다.

9) 유란시아서의 다소 황당한 주장들1223)

유란시아서가 뉴에이지 사상으로서 최소한의 입지를 확보하려면 위에서 거론한 사항 이외에도 교설에서 개선하여야 할 부분들이 많다. 그러나 그 교설이 사람에게서 기인한 것이 아니라서 이제 와서 고칠 수도 없으니 참으로 곤란한 지경이다. 예컨대

(1) 우주는 이상적이고 신성한 진화계획 아래 수많은 하늘 존재들이 양육되고 관리되고 있는데 가끔 반란이나 잘못을 통하여 이러한 계획은 방해받기도 한다. 이는 하느님의 전능을 의심하는 진술이다.

(2) 예수님의 십자가 죽음이 인류를 위한 代贖이라는 가르침은 자신들의 권위와 위치를 위협하는 것으로 여겼던 당시의 유대교 종교 지도자들의 공포심에서 비롯된 것이라고 한다. 이는 감상적인 진술에 불과하다.

(3) 불교를 '위대한 세계적, 범민족적 신앙'의 하나로 여기고 있으며, "수많은 민족

1363) 미국의 정신과교수 이안 스티븐슨이 「전생을 기억하는 아이들」을 써서 환생을 과학적으로 증명한 해가 1987년이므로 1955년에 출간된 유란시아서가 이를 반영하지 않았을 가능성이 높다.
1364) 1. 심판 탈락자는 특별한 경우를 제외하고 지구의 시대(planetary dispensation)가 끝나서 인격을 부활(repersonalization)시킬 때까지 진화를 중지하고 길고 긴 잠에 들어야 한다.
2. 비록 특별한 경우에는 즉시 환생시키는 것처럼 말하나(112:5.6) 그런 예외 자체가 환생을 의미하는 것이며 또 인격부활과 관련한 우주의 세부계획이 불완전함을 고려하여 영적진화를 위해 악전고투하는 필사자 그 누구로부터도 천국을 향한 진화의 기쁨을 빼앗지는 않도록 운영한다(112:5.8)고 하나 하느님의 우주에 불완전이 어디 있다는 말인가.
1365) "주황 민족은 특히 윤회와 환생(還生)의 신앙에 빠졌다. 이 환생 신앙은 자손이 선조들의 유전과 특성을 닮은 것을 지켜본 데서 생겼다. 조부모와 기타 선조들을 따라 아이들의 이름을 짓는 관습은 환생을 믿기 때문이었다. 후일의 어떤 종족들은 사람이 세 번에서 일곱 번까지 죽는다고 믿었다. 이 관념과 계시된 종교의 많은 다른 찌꺼기를 20세기 미개인들의 교리, 다른 면에서 불합리한 교리에서 찾아볼 수 있다."(유란시아서, 86:4.6)

의 사회윤리와 도덕과 순응되며 오직 기독교만이 불교에 맞먹을 만하다."라고 격찬한다. 윤회사상을 비난하는 입장과는 사뭇 다른 상업적인 아부로 보인다.

(4) 유란시아서는 동양에서, 새로운 진리를 선포하는 고타마 부처님에게 그 옛날 귀를 기울였던 것처럼, 오늘날 유란시아서의 확대된 조화우주 실체의 진리를 다시 귀를 열고 받아들이라고 한다. 이 역시 상업적이다.

(5) 유란시아서에 따르면, 다양한 색의 인간 종족이 한 세대, 한 가정에서 갑자기 나타나는데, 이들 아들과 딸들이 햇볕을 받으면 파랑, 노랑, 빨강, 초록, 오렌지 그리고 남색으로 변했다고 한다. 신지학의 어불성설을 번안(飜案)한 주장이다.

(6) 유란시아의 저자라는 아홉 존재는 먼저 그들이 처한 상황이 아홉 존재 사이에 분담, 순서, 위계가 있어 보여 약간은 세속적이다. 또 계시에 있어 선택한 매체와 방법 그리고 그 절차가 다소 황당하기도 하다.

(7) 유란시아서의 내용 중에 그 이전에 발간된 책자에서 인용한 19개의 사례가 있다는 주장이 있는데 그것이 사실이라면 유란시아서의 저자인 영적 존재가 세상의 책을 보고 그대로 베껴서 이야기했다는 어색한 상황이 발생한다.

(8) 유란시아서는 제칠일 안식일 예수 재림교(Seventh-day Adventism)에서 주장하는 영혼수면설(soul sleeping)[1366]과 악인소멸론[1367]에 동조(同調)하는데 이는 유력한 접촉위원인 새들러(Sadler)가 한때 재림교인이었음과 관련이 있다는 주장이 있다.

그러나 유란시아서가
1) 인간은 영혼육으로 구성되는데
2) 영은 혼을 도와 불멸의 영으로 진화하도록 이끌어 주며
3) 혼은 생물학적 진화로 탄생하였고
4) 명종 후에 영과 혼은 헤어져 영은 영계로 가고 혼은 자기에게 맞는 계로 간다는 점
5) 혼이 가는 계가 상물질(morontia)로 이루어진 세계로 신지학의 멘탈계나 아스트랄계 또는 표준이론의 중음계와 유사하고 이 세계를 벗어나야 영과 융합하여 영생하는 존재가 된다는 주장은 중음계를 벗어나면 영속혼이 된다는 표준이론의 그것과 같다는 점

[1366] 영혼수면설은 영혼은 죽음과 부활 사이에 죽은 듯이 잠을 잔다는 기독교 일부 종파의 주장으로 이를 증언하는 많은 성경구절에 근거한다.(5.5.5. '기독교의 저승관' 참조)

[1367] 악인소멸론(annihilationism)은 최후의 심판 후에 구원받지 못한 인간과 타락한 천사들과 사탄은 완전히 멸망하여 그들의 의식이 소멸될 것이라는 기독교 일부 종파의 믿음으로 주류기독교의 악인영벌론(惡人永罰論)의 불합리성에 대항하는 지극히 합리적인 주장이다(5.5.5. '기독교의 저승관' 참조). 표준이론에서도 혼이 소멸할 수 있다는 사실에는 동의한다. 다만 악인이라고 하여 소멸하는 것이 아니라 미성숙한 하급혼이 혼을 구성하는 氣 간의 불협화음(물론 악이나 업으로 이를 시현한다)으로 사후 중음계에서 분열하여 복합혼으로 재구성되거나 생기로 변하는 것으로 본다.

6) 혼의 진화의 최종(最終)이 영이라는 점
7) 혼이 내장(內藏)한 하느님의 불씨 역할이 생각조절자의 역할에 비슷하다는 점
8) 영 또한 혼을 도움으로써 자기 발전과 영적 지위의 고양을 꾀한다는 점
9) 예수님은 '창조주 아들' 중의 한 분으로 인간으로 완전한 삶을 살면서 하느님을 계시하신 분이라는 주장은 예수님이 하느님께서 사랑하시는 신영이라는 표준이론의 주장과 일통한다는 점
10) 윤회의 세상은 지구뿐 아니라 수많은 진화세계(evolutionary world)로 구성된다는 점과 그 세계는 다층석 구조라는 사실
11) 생명운반자(Life Carriers)라는 진화설계자들이 진화를 주도하는데 이는 표준이론에서 영계에서 창조사업에 참여하는 고급영이 하는 일이라는 점

등에서 유란시아서의 진술은 많은 부분에서 표준이론과 그 중요한 프레임이 일치한다. 전혀 달리 선 사상임에도 불구하고 오늘 당장 한 바구니에 담아도 어색하지 않다는 점에서 매우 인상적이다.

8.19.2. 닐 도날드 월쉬의 인간론

월쉬[1368]의 「신과 나눈 이야기」에 나타나는 주장 중 인간론과 관계된 부분을 본다.

인간의 구성요소

인간은 인간을 삼중(三重)의 존재로 설명한다. "너희는 몸과 마음과 영혼으로 이루어져 있다. 이것을 육체, 비육체, 초육체로 부를 수 있으며, 성삼위일체란 바로 이것이다. 신학자들은 이를 성부, 성자, 성신으로 불러왔고, 정신과 의사들은 의식, 잠재의식, 초의식으로, 철학자들은 이드와 에고와 슈퍼에고로, 자연과학자들은 에너지, 물질, 반물질이라 부른다."

다소 거친 표현이다. 그러나 전달하는 취지를 표준이론으로 해석하면 '인간은 氣가 물질화된 육체와 생기체로서의 마음, 그리고 영(靈)으로 이루어져 있다'는 것이다. 그는 마음을 '몸을 움직이는 힘'에 지나지 않는다고 하면서 혼의 일부이자 가

[1368] 닐 도날드 월쉬(Neale Donald Walsch 1943~)는 「신과 나눈 이야기」 시리즈의 저자다. 세상의 영적 치유를 도울 목적으로 비영리단체인 '신과 나눈 이야기 재단'을 설립했다. 그가 1992년부터 신의 말을 받아써서 편찬하였다는 「신과 나눈 이야기」는 「신과 나눈 이야기 1, 2, 3」, 「신과 나누는 우정」, 「신과 나눈 교감」, 「청소년을 위한 신과 나눈 이야기」에 이어 「신과 집으로」까지 이어졌다. 그의 책들은 뉴욕타임스 베스트셀러 목록에 올랐고 또한 34개 국어로 번역되어 세계적인 베스트셀러가 되었으며, 미국 전역에서 그의 책을 연구하는 모임이 생겨나 평론가들의 연구 대상이 되기도 했다(해외저자사전, Neale Donald Walsch).

장 몸과 밀착된 부분인 생기체를 떼어 내 이를 마음이라고 부른다. 또 생기체 이외의 이드와 에고의 정신체와 예지(叡智)의 양심체는 영과 합하여 영혼이라고 하고 이것이 자아이며 영생하는 존재라고 말한다.

이와 같이 혼을 생기체로 파악하는 월쉬의 시각은 흔한 삼원론으로서 영혼육이라기보다는 영기육(靈氣肉)삼원론이다.1369) 그러나 월쉬는 마음을 생기체라고 하면서도 몸과 마음이 욕구에 얽혀 있고 영은 어떤 욕구도 갖지 않는다고 하여 생기체가 욕구를 가지는 것으로 말하고 또 어느 부분에서는 마음을 정신으로도 호칭하는데 이렇게 되면 영기육(靈氣肉) 삼원론이라고 하기에도 앞뒤가 맞지 않는다. 또한 월쉬는 영의 언어를 감정이라고 하며 영혼이 가지는 두 가지 감정으로 사랑과 두려움을 설명함으로써 영은 어떤 욕구도 갖지 않는다고 한 애초의 정의를 흔들고 있다. 이는 그가 영혼육에 대한 체계적인 고찰이 없이 채널링에 의해 아무 말이나 하였다는 증좌라고도 할 수 있으니 그의 서투름이 오히려 몇 가지 '배달 사고'를 빼고는 그의 진술에 신빙성을 부여한다는 '묘한 해석'이 가능하다. 전체적으로 월쉬는 표준이론의 마음을 사실상 혼으로 보고 있어 월쉬의 인간구성요소론이 실지로는 표준이론에 가깝다고 본다. 다만 영과 혼과 육이 이승과 저승을 일관하여 함께하는 일체(一體)라고 주장하여 표준이론보다는 신지학적 다신체론에 가까운 인간론이 되었다. 전체적으로 볼 때 신나이의 인간론은 아직 정리가 되지 않았다. '묘한 해석'을 하지 않는다면 신나이가 신의 말씀이라는 사실에 의문이 드는 부분이다. '神과 나눈 이야기'라기보다는 '靈과 나눈 이야기' 정도로 보인다.|尾224)

윤회에 대하여

또한 월쉬는 인간은 이 지상에 살고 있을 동안만이 아니라, 언제나 3중의 존재로 머무르는데 사람이 죽으면 몸과 마음은 하나의 에너지 덩어리로 변하여 영과 결합하여 따라간다고 한다. 이후 영이 지상의 삶이라는 체험을 다시 선택하여 환생할 때에는 신성한 자아(영혼)는 다시 자신의 에테르성 몸의 진동수를 낮추어 몸과

1369) 스웨덴의 영성가 Swedenborg는 인간의 구성요소로서 몸(body), 혼(soul), 영(spirit) 및 마음(mind)을 말한다. 그런데 그의 혼은 표준이론의 생기체(vital body)이고 오히려 마음이 혼이다. 그의 마음은 영적 물질과 지상적 물질로 구성되어 있고 생각은 마음의 영적 물질에서 나온다. 마음의 영적 물질은 명종 후에도 살아남아 영이나 천사가 된 때에도 이승에서 가졌던 형태 그대로 있다(Swedenborg, 「Divine Love and Wisdom」 §257). 이는 힌두나 신지학의 영혼 개념과 매우 유사하다. 그의 혼 개념은 힌두교 우파니샤드의 pranamaya kosha(생기층) 또는 그 아류인 신지학의 linga sharira(생기체)에서 나온 듯하다. 그리고 마음의 지상적 물질은 아스트랄체, 영적물질은 멘탈체와 코잘체의 개념과 유사하다. 다만 신지학에서는 사람이 죽으면 아스트랄체는 그 속성인 이드와 함께 각혼(覺魂)으로 되돌아가고 멘탈체와 코잘체는 상승 중 폐기한 후 그 경험과 지혜만 취하는 데 반하여 스베덴보리는 아스트랄체를 생기체 정도로 축소하고 나머지는 영적 물질로 보아 영에 체화시킨다. 사념(思念)인 영이 어찌 물성을 가진 영적물질을 가지는지 알 수 없다. 신지학보다 후진적인 생각이다(미주 205 '신지학의 영혼론' 참조).

마음 그리고 영혼으로 분리시킨다. 이처럼 저승까지 몸을 끌고 다니는 그의 윤회론은 혼육일체의 기독교에서 영향을 받은 것이라고 생각된다. 또한 그는 수백 번의 윤회를 거듭하여도 발전이 쉽지 않음을 이야기한다. 그러나 표준이론은 수백 번의 윤회는 영과 혼의 진화와 지구인구의 역사적 증가추세를 고려할 때 보통 사람들에게는 불가능한 숫자임을 안다. 賢者 이상의 수준이 아니라면 백 번 이상 윤회하지 않았다.尾225)

창조론

"신의 내부로부터 일어난 엄청난 폭발의 순간에 무로부터 모든 것이 솟아났다. 신은 자신의 나눠진 변형인 순수 에너지를 사용하여, 보이는 물질과 보이지 않는 형이상(形而上)의 모든 것을 만들어 냈다. 또한 부존재(不存在)를 이루는 신의 부분이 무한히 많은 수의 단위들로 폭발하여 영혼 즉 '아버지 신'의 '영적 자식'이 탄생하였다. 신은 그들 각각에게 신의 창조력과 똑같은 창조력을 부여해 줬다. 그러므로 너희는 자신을 신으로 인식하라."

이와 같은 월쉬의 창조론은 상당히 거창하고 심오하다. 특히 영혼도 물질처럼 '뱅'으로 탄생하였다는 주장은 물질의 탄생과 어울리는 참신한 주장이다. 尾226)

진화와 구원에 대하여

1) "창조론자들이 말한 꼭 그대로 성스러운 한순간에 이 모든 것이 창조되었다. 그리고 그 모든 것은 진화론자들의 주장대로, 소위 수십억 년이라는 장구한 세월이 소요된 진화의 과정을 통해 나타났다. 생명은 오늘날 수십억 년이라 부르는, 눈 깜짝할 찰나(札剌)의 순간에 일련의 단계를 거쳐 진화했다."1370)

하느님의 시간을 참으로 잘 표현했다. 그런데 표준이론과 달리 몸이 극적으로 진화하는 동안 영혼은 무엇을 하였는지 알 수가 없다.

2) 또한 "영혼은 그 성장과 발전을 위하여 근본 생각을 바꾸어야 하는데 이는 새로운 생각, 즉 영감에 따라 행동함으로써 가능하다."라고 주장한다.1371)

1370) 1. 무한한 신의 시간에 비하면 찰나다.
2. 시간은 이승의 개념이다. 물론 저승에도 시간과 공간은 있다. 그러나 저승에서는 수십억 년이 찰나일 수가 있다.
3. 이승에서도 상대성원리나 신체적 시간에 따라 같은 시간이 사람마다 경우마다 상대적으로 서로 다르다.
4. 138억 년 우주역사에서 차지하는 현생인류(homo sapiens sapiens)의 역사는 40,000년에 불과하다. 정말 찰나다. 문명인류(homo civilisátio)의 일만 년 역사는 말할 것도 없다.
1371) 자기 몸의 세속적인 활동으로는 영혼의 진화를 이루지 못할 것이다. 새로운 생각은 네게 주어진 유

타당한 말이다. 여기저기 보이는 지혜를 담은 이러한 진술들은 그의 글이 한번 검토할 가치가 충분하다는 사실을 알려 준다.

3) "영혼은 자신의 목표가 진화라는 걸 확실히 알고 있다. 진화야말로 영혼의 유일한 목표이자 영적 목표이다. 영혼은 몸의 성취나 마음의 성숙에는 관심이 없다. 우선 육체 속에 머무는 동안 너희는 자신을 완전히 실현하라, 참된 모든 것의 화신이 되는 것, 바로 이것이 너희 영혼의 목적이다. 그리고 영혼이 추구하는 진화의 끝은 '존재 전체'와 하나가 되는 체험 즉 합일(合一)이다. 이러한 체험은 영혼이 갈망하는, 진리로의 위대한 복귀이다. 이것이 완벽한 사랑의 느낌이다."

신나이에서 말하는 '영혼의 진화'는 생물학적 진화가 아니라 '영적 발달'을 의미하는 것으로 표준이론과 다르다. 표준이론에서 혼은 생물학적 진화와 영적수준의 발전을 동시에 추구한다.

4) "너희는 이 게임에서 지는 일은 없다. 너희는 길을 잘못 들 수 없다. 영혼은 그가 가고 있는 곳에 이르지 않을 방도가 없다. 너희가 구원받지 않을 길은 없다."

이 말은 결국 모든 영혼은 자신의 불성을 찾아 열반하고 적절한 은총으로 구원을 받는다는 주장이다. 종국에는 모두가 구원받는다니 말씀은 고맙고 용기는 나지만 사실은 그렇지 않다. '終末'이 있다면 파국이 아니라 어느 때에 '하느님의 불씨'가 아깝다는 임계점에 다다르면 하느님께서 이를 일거에 회수하시는 시점이 아닌가 생각한다.

5) 월쉬는 인간은 궁극적으로 신과의 의식적인 합일, 즉 신적 의식이라는 영원한 영광 속에 사는 것이 목적이라며 이는 사람이 완전히 계몽되면 가능하다고 한다. 또한 합일 이후에도 다른 사람들을 일깨우기 위해 물질계로 되돌아가기를 선택할 수도 있다. 그리되면 너희는 '빛을 가져오는 자'가 되고, '깨달음'의 일부가 될 것인데 이미 이렇게 해 온 사람들도 있다고 한다. 이 순간에도 지구에는 많은 목자(牧者)들이 있다. 그들은 끊임없이 우주의 최고의 진리와 교류하고, 최고의 진리를 표현하며 함께 살고 있다고 한다. "그들은 어디에나 있다. 그들의 숫자는 너희가 생각하는 것보다 훨씬 더 많다. 너희는 그런 사람들을 놓칠래야 놓칠 수 없다." (「신과 나눈 이야기」 중 '선택받은 소수')

참 희망적인 말이지만 그렇다면 그들은 도대체 어디 있는가? 왜 나는 그들을 못 찾는가? 그리고 그들은 뭘 하길래 세상이 이 모양인가. 하기야 그들이 있으니 인간이 이 정도라도 하는 것일지도 모른다.

일한 기회다. 그것은 네가 진화하고 성장하고 '참된 자신'이 될 수 있는 단 하나의 실제 기회다. 하지만 재빨리 움직여야 한다. 안 그러면 네가 미처 깨닫기 전에 네 마음이 그 생각을 죽일 것이다(닐 도날드 월쉬, 「신과 나눈 이야기」, 영혼의 진화).

부와 성공

월쉬는 "모든 고난은 전부 축복이며, 체험 하나하나마다 진정한 보물이 감춰져 있다. 특정한 존재 상태에 이르면, 삶은 풍족하고 충만하며 장대하고 보상받을 것이기에 세속적 부와 성공은 조금도 너희의 관심을 끌지 않을 것이다."라고 한다. 그러나 이승에서 사는 우리에게 부와 성공은 너무나 멋이 있어 신의 분명한 은총으로 보일 지경이다. 부(富)에 대한 표준이론의 입장을 알아보자.

1) 하느님은 가난하지 않으시다. 없어서 못 베푸시는 일은 없다. 가난과 고통은 축복은 아닐지라도 그것을 겪을 필요가 있는 혼에게 부여하는 하느님의 커리큘럼이다.
2) 반대로 가난과 고통은 그것을 겪을 필요가 없는 혼에게는 주어지지 않는다.
3) 그러나 이 생에 가난과 고통이 심한 사람은 이를 교과과정이거나 자신의 업이라고 기꺼이 감수하여야 하는 것은 아니다. 가난과 고통이 커리큘럼이라면 분명히 월반(越班)하고 조기졸업할 수 있다. 하느님은 월반을 훨씬 좋아하신다. 개천의 용은 저승에서도 알아준다. 그렇다면 가난과 고통은 시련이 아니고 기회다.
4) 어느 생에 부유하다면 이를 후생에 상속할 수 있다. 그 방법은 간접 상속방법이 있고 직접 상속방법이 있다. 간접 상속방법은 천국식이다. 긴 젓가락으로 서로 상대방에게 음식을 먹여주는 방법으로 소위 慈善이라고 한다. 직접 상속방법은 환생재단을 통하는 방법이다.

완벽(完璧)한 창조

"살아가면서 겪는 모든 것을 축복하라. 그 모든 것이 다 신의 창조의 결과이고, 또 그것은 최고의 창조라는 신성한 진리를 아는 순간, 그에게 세상은 한 찰나에 변화될 수 있다."

세상은 形而上, 形而下 모두 완벽할 뿐 아니라 역사도 완벽하며 심지어 불의와 악도 완벽하다는 멋진 이야기다. 왜냐하면 신은 正義로운 것이 아니라 신은 正義이기 때문이다.1372)

1372) 1. 신이 正義롭다면 인간의 견해가 된다. 신은 정의 그 자체이다. 신의 행동은 모두 정의이므로 인간이 판단할 여지가 없다.
2. 나에게 일어나는 모든 일은 신이 나를 위하여 세심하게 마련한 최상의 시나리오에 따른 것이다. 그러나 주인공인 나의 연기력에 따라 그 영화는 성공하기도 하고 실패하기도 한다. 신은 연기에 서투른 나를 위하여 각본과 시나리오의 즉석 수정마저도 마다하지 않는다. 각본(운명)을 잘 이해하고 연출자의 의도(섭리)에 맞추어 감독의 지시(순리) 하나하나에 충실하게 온 생의 경험과 지혜를 총동원하여 연기하라. 능력이 되고 필요하면 대사(臺詞)도 고칠 수 있고 감독, 나아가서 작가와 연출자에게 호소하여 대본(臺

8.19.3. 이차크 벤토프의 인간론

이미 전술한 바가 있지만 벤토프1373)는 인간의 구성요소를 영혼육으로 보았다. 그는 "감각기관인 아스트랄체와 사고기관인 멘탈체 그리고 직관기능의 코잘체 셋이 합쳐 '정신'이 되고 보통 이를 '영혼'이라고 부른다."1374)라고 한다. 또 정신은 육체와 자아인 영을 연결시켜 주는 교량 역할을 하며 육체에는 '영'이 직접 작용할 수 없어서 중간에서 그 일을 대신해 줄 매개체로서 정신 혹은 영혼이 필요한 것이라고 한다. 또 정신은 육체와는 별개이지만 대부분의 시간에 육체를 이용하고 있다. 정신에 대한 더 전통적인 용어는 '영혼'이라고 하였다.

그가 아스트랄체와 멘탈체, 코잘체 셋을 합쳐 '정신'이라고 하는 주장은 코잘체의 기능을 직관에서 지혜로만 바꾼다면 표준이론에서 보아도 적절하다. 그의 주장을 표준이론과 좀 더 비교하면, 감각기관인 아스트랄체는 생기체이고 사고기관인 멘탈체는 정신체이며 직관기능의 코잘체는 양심체다. 코잘체를 정신의 구성요소로 보고 정신을 혼이라고 부르며 영을 별도로 두어 혼과 구분하고 있기 때문이다. 표준이론에서 코잘계는 고급혼이 가는 혼계인 준영계로 해석되고 코잘체는 양심체로 본다. 따라서 벤토프의 주장은 직관에 대한 주장을 포함하여 영혼의 구성요소의 구분방법과 기능, 그리고 그들 간의 관계가 표준이론보다 신지학에 더 근사(近似)하다.1375)

그러나 벤토프는 영혼육이 태어나는 곳과 명종 후 가는 곳에 대한 체계적인 통찰이 부족하다. 또 신지학의 용어를 차용하여 설명하는 것으로 보아 신지학을 전제로 하는 듯하나 혼이 아스트랄체와 멘탈체, 코잘체 셋을 합한 '정신'이라고도 하고 육체를 움직이는 상대적으로 낮고 기초적인 의식이라고도 하여 생기체나 이드를 암시하는 등으로 완성된 사상체계를 갖추지 못하였다.

本)도 고칠 수 있다.
1373) 이차크 벤토프(Itzhak Bentov 1923~1979)는 「우주심과 정신물리학」의 저자로서 1923년 체코슬로바키아에서 태어나, 2차대전 중에 이스라엘로 이주했으며, 1954년에 미국으로 건너가 산업체의 고문으로 일하였다. 뒤에 생체공학 전문가가 되어 1979년 세상을 떠날 때까지 의식의 변화가 생체에 미치는 영향을 연구하였다.
1374) 벤토프의 아스트랄체와 멘탈체, 코잘체는 신지학에서 체계화하여 개발한 이론이자 용어로 오늘날 대부분의 뉴에이지계 사상에서 진실(眞實)로 통하고 있다. 벤토프도 마찬가지로 이를 수용하고 있다.
1375) 벤토프는 "육체가 죽으면 영은 그 진화 상태에 따라서 그것에 공명하는 적절한 실체계를 찾아가 자신의 영역으로 되돌아간다."라고 주장하였다.

8.19.4. 엘리자베스 퀴블러-로스의 인간론

퀴블러-로스[1376)는 말기 환자 5백여 명의 이야기인 「죽음과 죽어 감(On Death and Dying)」을 쓰면서 인간 구성요소를 다음과 같이 자연스럽게 이야기하고 있다.

1) 영적에너지 : 영(靈)으로 全존재
2) 정신적에너지 : 혼(魂) 또는 기(氣)로 마음
3) 물리적에너지 : 육(肉)으로 물리적인 뇌를 가짐

그는 인간의 사후에 대한 임상적 논의를 전개하며 이렇게 주장했다. "사랑하는 사람을 만나고 난 뒤 우리는 터널을 지나며 변화한다. 그리고 빛의 근원, 우주 의식, 또는 순수한 영적에너지의 근원을 만난다. 이는 물리적 에너지나 정신적 에너지가 아니다. 우리는 이 빛의 현현인 자비와 이해심과 사랑 속에서 마음이나 물리적인 뇌에 묶이지 않은 우리의 全존재를 돌아볼 수 있다."[1377)

또한 퀴블러-로스는 다음과 같이 이야기한다. "나는 환자를 돌보면서 내 안에 있는 부정적인 힘들을 깨닫고 그것들을 밖으로 드러내었다. 환자를 돌보는 것이 나의 스승이었고 내가 수행한 명상이었다. 그리고 마침내 육체와 정신(혼의 감정적 요소)과 마음(혼의 지적요소)과 영 간의 조화를 이루었고 '직관적이고 영적인 자아'에 다가설 수 있었다. 그래서 나는 이생에서의 나의 임무를 성공적으로 수행하였고 이생에 다시 돌아오지 않아도 되었다. 이후 나는 유체이탈 도중 '산타 닐라야'라는 곳에 다녀왔는데 그곳은 우리가 우주의식과 합일하여 모든 고뇌가 사라지고 인간의 4요소가 조화를 이루는 존재가 되어 우리의 본래의 모습을 회복하며 진정한 사랑을 할 수 있는 곳이다."[1378)

그가 말하는 '직관적이고 영적인 자아'는 표준이론의 4단계 자아이고 '우주의식과 합일하여 우리의 본래의 모습을 회복하며 진정한 사랑을 할 수 있는 곳'은 영계에 대한 표현으로 보인다. 그의 혼은 이번 생에 4단계 자아를 달성한 뒤 명종 후 영계에 입성한 것이 틀림없다. 표준이론과 전적으로 부합하는 진술이다.

1376) 5.1.2.3.13. '기타 최근의 사상가들과 뉴에이저들' 참조
1377) 엘리자베스 퀴블러-로스, 「사후생」, 최준식 옮김, 120~121쪽
1378) 1. 전게서 127~135쪽 요약
2. 유란시아서와 유사한 저승관을 보인다. 그러나 그는 글 여기저기에서 환생을 긍정함으로써 유란시아의 불합리함을 해소하고 있다.

8.19.5. 뉴에이지의 외계인론

오늘날 외계인으로부터의 인류기원론이 뉴에이지에 널리 퍼져 있는데 돌로레스 캐논[1379]식의 사고방식이 그 전형이다. 그들의 사고방식은 예를 들면 이런 식이다. "신의 대리인이자 '공동창조자'인 외계인들이 지구의 공기를 정화하고 환경을 안정시켜 생명이 살 수 있는 곳으로 만들었고 모든 것이 안정된 다음에 이들은 지구에 단세포 유기체를 가져왔으며 이후 다른 행성에서 많은 동물들을 데려왔다. 또 이들은 인간을 창조하기 위해서 원숭이의 유전자를 조작했으며 그리하여 지구상에 인간이 나타났다. 신은 외계인뿐만 아니라 인류에게도 지구상의 '공동 창조자'가 되는 위대한 특권을 허락했다. 성경에 보면 신께서는 인류에게 지구상의 '공동 창조자'가 되는 위대한 특권을 허락했다고 적혀 있다. 인류는 신의 에덴정원을 돌봤고 신의 집의 관리인이었으며 신의 대지의 관리자였던 것이다. 지금도 외계인들은 사람으로 지구상에 태어나 또 다른 방법으로 창조사업을 돕고 있다."

뉴에이지에서 지구의 창조사업과 관련하여 거론하는 외계인은 몇 가지 개념으로 나뉜다.

1) 살아있는 생명체로서 UFO를 타고 지구에 온 존재들
2) 소위 대백색형제단(히말라야 초인) 같은 존재들
3) '크리스탈 아이들' 또는 '인디고 아이들'로서 지구의 발전에 기여하기 위하여 영의 형태로 지구에 태어나는 존재들
4) 외계에서 유입된 표준이론의 스타시드(Starseed)들(6.2.3. '영과 혼의 전생(轉生)횟수와 출신' 참조)

캐논의 외계인은 위 1)의 형태다. 그러나 표준이론에서 1) 형태의 외계인은 없다. 신의 일꾼이 아닌 신의 대리인이나 공동창조자란 없는 것이다. 2)는 표준이론과 통한다. 표준이론에서 고급영은 신이 일꾼으로서 진화를 계획하고 돕는다. 그러나 그들은 외계에서 생명체를 가져오거나 공동창조 같은 신적인 일을 하지는 못한다. 3)과 4) 형태의 외계인은 이미 잘 알려진 외계인은 도래 형태다. 힌두교나 불교에서도 3계6도 그리고 수많은 수미세계 등을 말하면서 이미 그 존재를 긍정하였고

[1379] 돌로레스 캐논(Dolores Cannon 1931~2014)은 퇴행최면 요법의 전문가이다. 캐논은 최면상태에서 자신의 환자를 통해 나타나는 과거의 인격과 대화를 나눈 것을 다룬 수많은 저서를 썼다. 그 예로써 「예수와 에쎄네 학파」가 있고, 「노스트라다무스와의 대화」, 「에덴정원의 지킴이」, 「중첩된 우주」 등등이 있다.

표준이론에서도 외계인을 진화를 통하여 만들어진 몸과 영혼을 가진 존재로 파악하여 이미 그들과 지구 간에는 어마어마하게 많은 靈과 魂의 교류가 있다고 말한다. 그리고 이미 지구의 인구의 대부분은 스타시드 출신인 것이다.1380)

8.20. 통합적 인간론

8.20.1. 헉슬리의 「영원의 철학」과 표준이론

'영원의 철학'은 올더스 헉슬리의 1945년 저서 「영원의 철학」에 의해 대중들에게 널리 알려지면서 하나의 고유명사로 자리 잡았다.1381) 헉슬리는 이 책에서 불교와 힌두교, 그리스도교, 이슬람교 등의 종교적 가르침들을 검토하고, 문학, 철학, 과학, 예술 등 인류의 다양한 정신적 유산을 탐구한 후 420여 개의 인용문을 가려 뽑아 해설을 덧붙였다.

헉슬리의 「영원의 철학」이 주로 관심을 갖는 부분은 사람과 신이 만나는 인간 정신에 내재한 심층구조로 헉슬리는 이를 통하여 보편적인 진리와 궁극적인 의미를 발견할 수 있다고 생각했다. 이는 '영혼육의 합작품으로서의 자아의 구조'를 이해함으로써 보편적인 진리의 세계관을 구축하려는 표준이론과 그 관심이 같다.

「영원의 철학」의 핵심은 지금까지 살펴본 여러 인간관과 같이 '세계와 자아가 계층적 성질을 가진다'는 것이다. 즉, 존재론의 주제인 '실재(實在)'는 외면과 내면 모두 층을 이루고 있으며 세계와 자아는 서로 다른 수준(level)을 포함하면서 다른 등급의 존재, 힘, 가치를 갖는다고 생각한다. 이는 내면 자아만 발전의 단계를 갖는 것이 아니라 외면 세계도 발전의 단계를 갖는다는 뜻이다. 이러한 생각은 이미 고대 이집트의 피라미드나 코핀 텍스트, 인도의 베다 같은 고대사상에서부터 그 모습이 엿보이다가 노장의 도가나 오르페우스, 영지주의 그리고 헤르메스 등을 거치며 체계가 잡혀왔고 붓다와 플라톤에 이르러서는 다양한 모습으로 그 구체(具體)가 드러났으며 이후 인류는 2,500년 영성의 역사를 써오며 여러 종교의 신비주의와 비전적 사상의 콘텐츠로 그 내용을 풍부히 하였다. 마침내 그 생각의 전형은 19세기 말 신지학의 다신체론과 다층적 저승론으로 나타났고 심지어 다의식론마저 등장하기에 이르렀다. 또한 초심리학과 양자역학의 발전은 여기에 자연과학적 검

1380) 1. 6.2. '영과 혼의 유래와 전생횟수' 참조
2. 현재 지구 인구 중 74.2%가 스타시드 출신이다(부록6 '외계혼의 유입수' 참조).
1381) 미주 2 「영원의 철학(Perennial Philosophy)」 참조

증까지 가하기 시작하여 이제 움직일 수 없는 진리로 그 자리를 확고히 매겼다.

'세계와 자아의 계층적 성질'은 여러 '영원의 철학'에서, 외부세계는 생기에서 출발하여 혼영으로 진화하는 '영혼육의 하이어라키'로, 내부자아는 '단계적 발전'을 통한 열반과 해탈의 도정으로 설명이 된다. 이는 표준이론과 같은 시각이다. 신지학이든 헉슬리든 표준이론이든 통합이론이 되려면 당연히 보편적 세계관에서 벗어날 수 없다.

헉슬리에서 자아의 높은 계층은 낮은 계층보다 더 '실재적(real)'이며 인과론적으로 더 강한 효력을 가지고 더 '선(good)'하다. 또 상위계층은 하위계층에서의 성취(成就)를 어떤 방식으로든 포괄하고 포섭하여 통합하며 낮은 계층에서 발생한 구조의 문제를 극복함으로써 높은 계층의 세계를 새로운 차원에서 건설한다. 하위계층과 상위계층은 서로 인과관계이며 이는 상즉상입과 全中一一中全, As above, so below의 그것으로 서로 원인이 되고 결과가 된다.1382) 이러한 담론들 역시 표준이론의 주요 담론이다. 표준이론에서, 높은 수준의 자아일수록 더욱 인간적이며 양심적이고 영적이다. 그리고 영은 혼을 상위세계로 이끈다. 그러나 혼은 윤회의 과정에서 분열하여 낮은 수준으로 타락하거나 소멸할 수 있다.

8.20.2. 켄 윌버의 인간론

4.3.9.4.의 '켄 윌버의 의식 스펙트럼의 7단계'에서 설명한 대로 윌버는 표준이론의 자아의 諸단계와 유사한 자아발전단계를 주장한다. 즉 태고적(Archaic)단계, 마술적(Magic)단계, 신화적(Mythic)단계, 합리적(Rational)단계, 심혼적(Psychic)단계, 미묘적(Subtle)단계, 원인적(Causal)단계로 이는 각각 표준이론의 자아수준의 제단계와 얼추 비슷하다. 또 윌버는 이러한 주장을 기반으로 신지학과 매우 유사한 다신체론을 펼친다. 어느 체가 인간의식을 주도하느냐에 따라 자아의 수준이 달라진다고 하는 생각도 신지학과 동일하다. 나아가 윌버는 다신체와 대응하는 저승의 구조를 불교의 3계6도에 비유하며 설명하나 이 또한 불설보다는 신지학에 경도된 해석을 펼친다. 게다가 사람은 몸과 마음과 영으로 구성된다고 하면서도 마음의 정체를 파악함에 있어 신지학의 마나스를 답습함으로써 표준이론의 진화적 혼개념을 따라가지 못하고 있다.1383)

1382) 진화적 입장에서는 낮은 수준이 높은 수준의 원인이겠으나 결과적으로 높은 계층이 낮은 수준의 계층을 지배하는 인과관계이다. 그러나 상위계층에서 타락하면 언제나 원인의 세계인 하위세계로 수직으로 추락한다.
1383) 마음은 영에서 직접 발출된다. 마음은 영의 첫 번째 자기표현이며 영으로 돌아가는 길에서 가장 높은 수준이다. 마음은 몸과 영 사이에서 영이 몸에 정착하게 하고 몸을 영으로 끌어올린다. 영으로 하여

한편 윌버는 기(氣)와 관련하여 표준이론과 유사한 생각을 가지고 있다. 윌버는 도가(道家)의 기철학 색체가 담긴 인간론에 물리학의 '힘의 장' 개념을 심리학에 응용한 '장이론'을 도입하여 인체를 生命氣의 生命場으로 파악하면서 다음과 같이 주장한다. "도에서 물질기(物質氣)와 생기(生氣)가 나왔고 생기에서 생물체를 역동하는 생명기(生命氣)가 나왔는데 생명기는 인간의 경우 육신의 기인 精氣, 감정·충동·상념·의지 같은 의식의 기인 心氣, 예지·직관·창조·자비·정신력 같은 정신의 기인 魂氣, 그리고 靈氣로 나뉜다. 인체 생명장의 모든 수준의 기는 일체적이며 상관적으로 작용하기 때문에 어느 한 수준의 기가 이상(異常)상태에 있으면 다른 쪽도 영향을 받아 이상상태가 되기 쉽지만 생명장, 홀라키의 계층적 원리에 의해 상위의 기가 더 지배적이다. 하향식 작용원리에 의해 생기보다는 심기, 심기보다는 혼기가 더 중요하고 지배적이다."1384)

표준이론 역시 기의 생명력이 생물에 생기로 작용하여 생기체를 탄생시켰고 생기는 다시 정신체를 구성하는 정기(精氣), 그리고 양심의 양기(良氣)로 발전하였다. 또한 물질인 기(氣)는 아니지만 삼위일체 하느님의 성령의 힘을 영기(靈氣)라 한다. 윌버의 도에서 나온 물질기(物質氣)는 표준이론의 물질(物質)이고 그의 생기(生氣)는 표준이론의 생명력이며 생기에서 나온 생명기(生命氣) 중 精氣는 생기체의 생기(生氣), 心氣는 정신체의 정기(精氣), 魂氣는 양심체의 양기(良氣)로 매칭시킬 수 있다. 그러나 표준이론에서 윌버의 영기(靈氣)는 존재하지 않는다. 윌버의 영기는 사람의 구성요소이나 표준이론의 영기는 하느님의 성령의 주는 은총의 기운이다. 윌버가 말하는 영기는 표준이론의 영인데 표준이론에서 영은 물성이 있는 기

금 물질 차원에서 뿌리를 내리게 하며 몸이 영적인 차원을 향해 나아가도록 그 방향을 부여한다. 이러한 마음의 작용이 없다면 육체만으로는 어떤 감각이나 지각이나 느낌도 갖지 못한다. 응집력 있고 포괄적인 정신적 프레임워크가 없으면 여러분이 느끼는 '느낌'은 뿔뿔이 흩어져 버리고 말 것이다(켄 윌버, 「통합비전」 6장 참조).

1384) 1. 조효남, 'Ken Wilber 사상의 본질' 참조
2. 홀라키의 계층적 질서 개념은 '아래의 것은 위의 것의 영상(映像), 또는 하강형태이기 때문에 아래의 것은 위의 것의 본성을 가지며, 그것을 통해서 위의 것과 교류할 수 있다'는 신플라톤주의적 사고와 일치한다.
3. 에소테릭에서 말하는 As above, So below는 대부분 그 이론구조에 신지학에서 주장하는 제1로고스의 인간모나드의 하강 같은 원인을 동반한다. 그러나 켄 윌버는 불교처럼 의식의 순수 진화를 주장한다. 물론 표준이론도 그렇다. 표준이론에서 'As above, So below'는 하느님의 생명에너지로서의 기(氣), 거기에 내재한 영화(靈火) 그리고 그의 섭리(攝理)에서 기인한 것 외에 아래의 것이 위의 본성을 가질 수는 없다. 우주는 하이어라키의 세계이지만 영적설계에 의한 진화로 구축된 하이어라키이기 때문이다. 표준이론처럼 몸과 의식의 진화를 주장하는 윌버가 신플라톤주의적 홀라키이론을 말하는 것은 헉슬리에서 본 것처럼 결과론적으로 그렇다는 뜻이어야 한다. 그렇지 않다면 이승은 하느님 나라의 일방적 도래요 복사판이 되니 윌버의 성설(成說)은 애초에 불가하다. 그렇다면 영지주의 〉 플라톤의 이데아 〉 카발라의 세피로트 〉 플로티노스의 全中——中全 〉 힌두 삼키아의 푸루샤와 프라크리티 〉신지학의 모나드 영혼론 〉 켄 윌버의 홀라키 〉 표준이론의 영적설계에 의한 진화 〉 大衆불교의 순수진화창조론(3.2.2.1. '영혼의 기원' 참조) 〉 근본주의 불교의 無我論 〉 무신론적 진화론의 순서로 화엄의 상즉상입세계를 나열하는 것이 적당할까?

가 아니다. 혹시 윌버의 영기 같은 것을 표준이론에서 기어코 찾는다면 혼 안에 내재하는 '하느님의 불씨'가 있겠다. 그러나 전체적으로 윌버의 기론(氣論)은 표준이론의 그것과 매우 유사하다.

8.21. 기타 여러 가지 인간론

8.21.1. 안동민의 인간론

안동민[1385] 선생은 태양계의 모든 별에는 물과 공기가 있으며, 지구와 똑같은 좋은 환경이어서 진화된 우주인들이 살고 있고 그들은 영격(靈格)이 높고, 영혼체가 발달이 되어 있다고 하면서 다만 '고급 프리메이슨' 같은 지구인의 진화를 방해하는 거대세력, 곧 '그늘의 세계정부'가 있어 이 사실을 은폐하고 있다고 하였다. 이외에도 자신이 텔레포트(순간이동) 이외에 거의 모든 영능을 가졌다고 주장하였다.[1386]

그의 주요주장을 보면 [尾227]
1) 인간의 혼이 간뇌의 송과체에 연결돼 있으며 송과체의 뇌사(腦砂) 진동에 의해 영적인 능력들이 발현된다.
2) 옴 진동[尾228]을 통해 물의 성질이 변화하고 그 물은 체내의 네거티브를 제거한다.
3) 표준이론의 복합혼과 유사한 복합령 개념을 소개하였다.[1387]

[1385] 안동민(安東民 1931~1997)은 서울에서 출생하여 서울대 문리대 국문과를 졸업. 1951년 경향신문 신춘문예에 「聖火」가 당선되어 문단에 데뷔하였다. 저서로는 「안동민전작집(安東民全作集)」(전 5권)이 있으며, 대표작으로는 「어느 날의 아담」, 「백양선생(白羊先生)」, 「밤」(중편), 「사랑이 찾아 들 때」(장편)가 있다. 작품(作風)은 초기에는 휴머니즘을 바탕으로 한 리얼리즘이었으나, 이후 문명비판적인 경향으로 전환하였다. 한편 일본에 진출하여 「심령치료」, 「심령진단」, 「심령문답」 등을 저술, 간행하여 큰 호응을 얻었다. 다년간 심령학을 연구하였고 그 후 「업」, 「업장소멸」, 「영혼과 전생 이야기」, 「인과응보」, 「초능력과 영능력개발법」, 「사후의 세계」, 「심령의 세계」 등 심령과학시리즈 30여 종을 저술하였다.
[1386] 그는 시대를 앞서간 영성인이었으나 그러한 그의 주장으로는 믿어지지 않은 허황된 이야기를 그의 주장 중에 포함함으로써 스스로 품격을 깎았는데 그 이유는 알 수 없다. 하지만 영적지식이 빈약한 당시에 새로운 인간관과 저승관, 초고대문명론, 외계인론 등 관련지식을 우리나라에 소개한 공이 매우 크다. 그가 신지학(神智學)에 관심을 가지고 신지학의 관점에서 영적인 세계를 탐구하였다면 신지학을 바탕으로 하여 인지학(人智學, anthroposophy)을 창설한 슈타이너처럼 우리나라에도 독자적인 신지학적 세계관, 우주관이 나와 정신세계에 획기적인 발전의 계기가 되지 않았을까 하는 견해도 있다. 타당하다.
[1387] 1. 하나의 몸 속에 여러 혼이 깃들 수 있다는 그의 주장으로 환생론 중에 이미 많이 알려져 있는 이야기이긴 하나 그의 '복합령' 개념은 표준이론처럼 '하급혼 중 일부는 명종 후 이합집산하여 새로운

4) 우주는 눈에 보이는 물질세계와 눈에는 보이지 않는 다차원세계(多次元世界)가 겹쳐진 다중구조로 되어 있다는 신지학의 다층적 저승론과 유사한 논리를 폈다.
5) 인류는 외계 문명에서 지구에 영혼이 유래되어 진화했다.
6) 靈과 魂은 다른 것으로 靈은 영계(靈界)에 있는 독립된 존재로 원판 필름과 같은 것인데 여기에서 3魂 7魄의 혼이 인간의 몸에 복사되어 깃듦으로써 육체인간이 탄생한다. 3魂은 사고하는 능력의 사혼(思魂)과 언어 구사 능력의 언혼(言魂), 인간의 생명력을 관장하는 황혼(荒魂)을 말하며 7魄은 육체 주요 장기의 기능을 하나씩 맡는 역할을 한다.

이러한 주장의 기원을 구태여 따지자면 신지학의 다신체론과 우리 고유의 도학(道學) 또는 민간의 삼혼칠백설1388)을 혼합한 주장으로 보인다. 또 영은 영계에 있고 혼은 그 복사판이라는 그의 주장은 매우 독특한 영혼육 이론이다.

8.21.2. 사이언톨로지교의 인간론

사이언톨로지(Scientology)教는 미국의 SF작가인 론 허버드(L. Ronald Hubbard, 1911~1986)가 1954년에 창시한 신흥 종교로 인간은 영적 존재라고 믿으며, 과학기술을 통한 정신치료와 윤회를 믿고 있는 종교로 알려져 있다. 사이언톨로지教의 이론에 따르면, 세 가지 객체가 사람을 구성하는데 하나는 테탄(Thetan)으로 불멸의 영혼이고 또 하나는 마인드(Mind)로 사고력이며 마지막 하나는 죽음을 피할 수 없는 유한적인 육신이다.
그러나 창시자 론 허버드는 "육신이 죽음을 피하려면 내가 개발한 E-머신을 활용해 정신분석을 하고 이를 통해 변해야 한다."라고 말하고 있는 점 등으로 보아 건강과 장수를 위한 현세적 구복종교로 보인다. 그러나 사이언톨로지教도 영혼과 마음 그리고 육신이 인간의 구성요소라는 사실을 잘 파악하고 있다.

혼을 구성한다'는 수준을 넘어서 모든 이의 혼이 전생에 여러 사람의 혼이었다는 주장이다. 자신의 혼 또한 7명으로 구성된 복합령이라고 하였는데 그 구성 혼이 좀 고급스럽다. 라히리 마하사야, 노스트라다무스, 강증산(증산교의 시조, 본명 강일순), 유방(한고조), 풍신수길(도요토미 히데요시), 순 임금, 징기스칸.
2. 뉴에이지의 범주에 있는 퇴행최면의 전문가 마이클 뉴턴도 이와 유사한 영혼의 '분할환생'을 말하고 있다. 즉 에너지가 분리되어 분령하여 환생하는데 각 분신은 전체성을 그대로 지니고 있다. 특히 진보된 영혼은 인간 세상에 동시에 여러 몸으로 동시에 태어날 수도 있고 이승과 저승에 나뉘어서 안내자의 일과 자신의 수련을 동시에 해 나갈 수도 있다(마이클 뉴턴, 「영혼들의 여행」중에서). (미주 43 '몸과 혼의 성장 속도와 분할환생' 참조)
1388) 8.9. '도가의 인간론' 참조

8.21.3. 어느 도학(道學)적 인간론

사람은 영혼육으로 구성되는데 영은 과거생의 축적된 업식(業識)을 담고 있으며 육은 氣의 물질화 현상이고 魂은 영의 정신화 현상이다.1389) 영혼육 각 구성요소의 진화정도는 영의 사랑과 혼의 지혜 그리고 육의 건강 세 가지 척도를 이용하여 파악되며 중단전 상단전 하단전의 개화정도로 이를 각각 계량할 수 있다. 이는 도교의 공과격(功過格)1390)과 유사한 것으로 계량 결과에 따라 인간을 30점짜리부터 90점짜리까지 구체적으로 나눈다. 이 점수에 따라 그 사람의 의식수준뿐 아니라 심지어 물질적 풍요나 사회적 위치도 결정된다.1391)

인간이 영혼육으로 이루어져 있다는 것이나 영이 피조물이라거나 혼이 영에 의한 기의 정신화부분이고 육이 기의 물질화부분이라는 생각은 고상(高尙)하다. 특히 혼을 영의 정신화(精神化) 부분으로 파악한 것은 기발하기도 하다. 그렇게 되면 '정신'은 살아서는 영에서 나와서 살고 죽어서는 영으로 돌아가 살기 때문이다. 그러나 학력과 부 그리고 외모를 영혼의 점수 계산에 주요변수로 보는 관점은 도교적 색채가 진하되 그중에도 지극히 현세적이다.

한편 자아의 주인이 누구인가를 따지는 표준이론의 '자아의 단계'는 영혼의 수준을 평가하는 잣대일 수도 있으나 그보다는 '어떻게 하면 영이 혼을 지배하고 혼은 몸을 지배하여 스스로는 발전하고 나아가서는 하느님의 창조사업에 일조하느냐'의 차원에서 영혼육의 정체와 관계를 밝히는 모델이다. 영혼육의 등급에 대한 표준이론의 생각을 다시 한번 정리해 본다.

1) 영의 등급은 자아를 실현한 정도, 즉 깨어있어서 혼을 장악하는 정도가 그 척도이다.
2) 혼의 등급은 혼이 영에게 얼마나 승복하느냐와 영을 얼마나 닮아 가느냐가 척

1389) 영기육과 더불어 플라톤(미주 100 '신플라톤주의 합일론(合一論)의 이론 구조' 참조)과 카발라 이래 가장 흔한 혼론(魂論)이다. 표준이론에서는 육은 기의 물질화현상이고 혼은 기의 생명화현상이며 영은 혼의 영화현상이다.
1390) 공과격(功過格)은 일상적인 행위를 선악(善惡), 즉 공과(功過)로 나누고, 그 정도의 차이를 수량화하여 구체적으로 산정(算定)하여 사람의 자아수준을 분류한 책이다. 월일(月日)을 단위로 나날의 행위 결과를 집계하여 자기비판의 자료로 삼는 것이었다. 그 기원은 한(漢)나라까지 소급되지만, 명나라 이후에는 공과를 상쇄하여 산정하기 시작하였고, 내용이 대폭적으로 민중화되었으며 어느 특정한 종교에 치우치지 않게 되었다. 공과격이 가장 유행한 시대는 명말·청초로 「운곡선사수원료범공과격」과 운서태사 주굉의 「自知錄」이 있다.
1391) 한소리님 블로그

도이다.
3) 육의 등급은 혼이나 영이 그 등급을 실현한 흔적으로서의 의미만 있다.1392)

8.21.4. 컴퓨터적 인간론

컴퓨터는 영혼학 표준이론을 모방하여 만들어졌는가? 그런 것은 아니지만 세상 이치가 그러하니 컴퓨터도 자연스럽게 영혼육 모델과 비슷한 시스템으로 만들어 졌다. 누군가 인체를 컴퓨터와 비교하여 놓았는데 눈여겨볼 만하다.

컴퓨터는 ① 하드웨어 ② 소프트웨어 그리고 ③ 전기에너지로 구성된다. 마치 정(精), 성(性), 명(命)이나 신(身), 심(心), 기(氣)에 각각 대응되는 듯하다. 그런데 컴퓨터에는 제조할 당시부터 심어지는 프로그램이 있는데 이를 BIOS(Basic Input Output System)라고 한다. 컴퓨터 메인기판의 ROM(read only memory)이란 곳에 심어져서 컴퓨터를 켜면 부팅 시 맨 먼저 올라가는 프로그램이다. BIOS는 주변기기인 키보드, 모니터, 마우스, 기타 외부 인터페이스와의 통신방식들을 규정하는 역할을 한다. 인체로 말하면 마치 몸속의 마음이 외부 신호들을 받아들일 수 있도록 오관의 장기들이 보내오는 신호를 마음이 알아들을 수 있는 신호로 변환하고 다시 마음이 몸에게 보내는 신호를 만들어 전달하는 역할을 담당한다고 보면 된다. 재미있는 것은 BIOS가 옛 불자(佛者)들이 생각(意)을 제6식이라 한 것과 유사하다는 것이다. ROM BIOS도 하드웨어로 분류된다. ROM BIOS는 위 고찰에서 ③ 전기에너지웨어(E/W)와 합해서 표준이론의 생기체와 비교할 수 있다. 그것이 혼에 속하든 몸에 속하든 혼과 몸 사이에서 둘 사이를 연결해 주는 역할을 하는 것은 분명하다. 그런데 이 생각에는 컴퓨터가 작동하는 데 꼭 필요한 한 가지 요소가 빠졌다. 그것은 운영자, 즉 ④ 초월모(Transcendental Ware, T/W)다. 이를 반영하여 완성된 의견을 만들어 보자.
"컴퓨터는 ① 굳은모(H/W)와 ② 무른모(S/W)인 운영시스템(O/S)과 애플리케이션 프로그램(APP)이 있어야 하고 ③ 그것이 작동하려면 전기적 에너지모(E/W)와 ROM BIOS가 있어야 하며 ④ 마지막으로 컴퓨터를 개발하고 조작하는 인간 두뇌라는 초월모(T/W) 4가지가 필요하다. 인간도 ① 굳은모인 육신과 ② E/W와 BIOS인 생기체 ③ 무른모인 마음 ④ 그리고 초월모인 영으로 이루어져 있다."1393)

1392) 몸은 언젠가는 헌신짝 버리듯이 버릴 것이 분명하지만 신발을 매우 좋아하는 사람에게 새 신발은 큰 의미가 있다. 다른 이야기이지만 어느 사람들은 죽어서까지 헌 신발을 신고 간다고 한다.
1393) 1. 조효남, '윌버의 사상과 통합적 진리관' 참조
2. H/W=육

8.21.5. 루돌프 슈타이너의 인간론

인지학자인 슈타이너1394)는 '일반인간학(Allgemeine Menschenkunde, 1919)'에서 인간의 기본 구성요소로 정신, 영혼, 신체의 3구성체를 제시하였다.1395)

슈타이너는 하느님이 인간을 창조하면서 인간에게 로고스인 언어 능력을 부여한 것이라고 하여 교육자다운 면모를 드러낸다. 그에 의하면 제2로고스가 기(氣, 에테르)에 작용하여 인간 에테르체(etheric body)1396)가 되고 이 에테르체는 군혼(群魂)의 아스트랄과 결합하여 인간의 아스트랄체를 만든다.1397) 이후 제1로고스는 인간의 아스트랄체에서 발현한 자의식과 결합하여 靈이 된다. 결론적으로 인간은 신체, 에테르체, 아스트랄체, 영의 네 가지로 구성되어 있다. 그는 인지학자이기 이전에 신지학자이었던 관계로 신체, 에테르체를 합하여 육체로 보아 인간은 육, 혼, 영으로 구성된다고 한다.1398)

먼저 그의 육에 대하여 보자. 그는 식물적, 광물적, 동물적 요소들로 구성된 신체에 로고스로 인해 기(氣)에서 태어난 '에테르체'가 작용함으로써 '생명체'가 된다고 하여 표준이론의 생기체와 동일한 주장을 펴는데 다만 전술한 바와 같이 생기체를 몸에 포함시킨다. 이러한 분류는 여러 사상에서 볼 수 있으며 문젯거리는 아니다.1399)

    E/W+ROM BIOS=생기체
    S/W=혼(마음)
    T/W=영
3. 또는 H/W+ROM=육
    BIOS+E/W+O/S=생기체
    APP+T/W=혼(마음)+영

1394) 루돌프 슈타이너(Rudolf Steiner 1861~1925)는 독일의 사상가로서 독일의 신지학협회(神智學協會) 회장을 지낸 후 인지학협회(人智學協會)를 창설하였다. 예술·학교교육·의학에 이르는 광범한 문화운동을 지도하였으며 창의와 인성교육을 중시하는 발도르프(Waldorf)교육을 창안하였다. 주요저서로는 「자유의 철학(Die philosophie der Freiheit, 1894)」, 「괴테의 세계관(Goethes Weltanschauung, 1897)」, 「신지학(Theosophie, 1904)」 등이 있다.
1395) 이원일, 루돌프 슈타이너의 「신지학에 대한 이해」(논문) 참조
1396) 슈타이너의 로고스는 신지학 일반이론의 '인간모나드' 역할을 한다.
1397) 이때 그의 군혼은 희노애락의 감정을 이미 가지고 있다고 한다.
1398) 1. 로고스 이야기는 신지학의 기반(基盤)주장으로 제2로고스는 창세기 1장의 창조사건을, 제1로고스는 창세기 2장 7절에서 하느님께서 사람에게 불어넣으신 숨인 '네샤마 사건'을 의미한다고 본다.
2. 표준이론에서 보는 '네샤마 사건'의 진상은 슈타이너와 많이 다르다. 미주 181 '창세기와 기독교 인간론'을 참조하라.
1399) 한편 슈타이너는 인간과 동물의 큰 차이는 두뇌에 있다고 하면서 인간 두뇌는 동물과 달리 세밀한 구성으로 되어 있어 이로 말미암아 인간두뇌는 영적 발전과도 연관될 정도로 신비로우며 따라서 인간은 이미 몸의 차원에서 사고의 능력을 지닌 독특한 존재라는 것인데 이는 유기체로서 진화한 인간의 두뇌

혼에 대해서 그는 아스트랄체인 혼은 감각혼, 오성혼, 의식혼의 세 종류로 구성된다고 본다.1400) 먼저 감각혼은 감각적 지각과 그 감각적 지각의 결과인 감정의 주체이다. 표준이론에서는 감각은 몸으로부터 인풋된 물질적 자극을 센싱하는 생기체의 기능이다. 슈타이너는 생기체를 생명력과 감각기능으로 나누어 전자를 몸에, 후자를 혼에 붙인 것이다.1401) 또한 표준이론은 슈타이너의 감정을 이드인 감성과 욕망의 하위정신체 그리고 에고인 욕구와 감정의 상위정신체로 세분하고 있다. 그렇다면 슈타이너의 감각혼은 표준이론의 정신체와 유사한데 다만 정신체의 최상위 기능인 이성을 다음에서 설명하는 오성혼으로 따로 분류한다.

슈타이너의 오성혼은 감각혼의 감정을 의지와 이성과 결부하여 사고하고 성찰하는 혼이다. 그러나 오성혼은 아직 감각·충동·격정에 휩쓸릴 수 있는 혼이다. 이를 제거한 혼의 부분이 자의식인 의식혼이다. 슈타이너는 자의식으로서의 의식혼이 후술하는 영적자아의 도움으로 감정을 다스릴 수 있게 된다고 한다. 의식혼은 표준이론의 양심체와 유사한데 다만 자의식이 감각혼과 오성혼의 단계에서 이미 발생한다는 것을 간과했다.

슈타이너의 영은 인간에게만 있는 것이 아니라 모든 동식물에 존재한다.1402) 그러나 인간의 영은 동식물의 영과 다르게 혼의 의식혼과 결합하여 인간에게는 '영적자아'가 된다. 이때 인간의 영은 마치 표준이론의 '하느님의 불씨'와 비견할 만하고 영적자아는 상위양심 정도가 된다. 이로써 인간의 영은 '사고하는 영'이 된다. 자의식이 영적 차원의 자아로 고양되는 것이다.1403) 인간의 영은 영적자아, 에테르령, 영인간의 세 가지 부분으로 구성되는데 '에테르령'은 몸의 에테르체로 말미암아 의식혼과 영적자아가 결합1404)한 생명령이다. 또 '영인간'은 생명의 핵으로 직관인 영안(靈眼, 지혜의 눈)을 가진 사람으로 이때에 '에테르령'은 자신의 내면세계와 다른 사람의 내면세계 그리고 그리스도를 보게 된다.

슈타이너의 주장을 분석하면 혼의 구성요소인 감각혼, 오성혼, 의식혼이나 영의 구성요소인 영적자아, 에테르령, 영인간의 세 부분은 혼이나 영의 구성요소가 아

에 혼에 속하는 생기체의 혼뇌가 작용하여 신비한 능력을 보이는 것임을 오해한 素地라고 보인다. 따라서 이는 생기체를 몸의 일부로 본 사실에서 기인하는 논리이다.
1400) 이는 종류라기보다 혼이 발전단계별로 보이는 속성으로 보는 것이 옳다. 영의 종류 또한 마찬가지다.
1401) 식물인간 상태에 빠진 사람을 고려하지 못한 소치(所致)인 듯하다.
1402) 그렇다면 로고스는 모든 생명체에 내리는 '하느님의 영화(靈火)'로 보인다. 신지학에서는 엘리멘탈이다.
1403) 물론 의식혼이나 영적자아가 적극적인 수행(修行) 없이 성장할 수는 없을 것이다.
1404) 인간의 영이 의식혼과 결합하여 영적자아가 되더니 영적자아가 다시 한번 의식혼과 결합한다 하니 이상하다.

니라 순서적으로 발현하는 혼과 영의 속성이거나 그 발전 수준이다.

슈타이너의 위와 같은 주장을 표를 통하여 표준이론을 비교하였다.尾229) 대응하는 비교는 아니지만 전체적으로 조응(照應)한다고 본다.

슈타이너의 인간의 세 구성체		표준이론의 자아단계	표준이론과의 비교		
영	영 인간	4단계 이상	혼영		
	에테르령				
	영적자아	3.5단계	상위양심		
혼	의식혼	3단계	하위양심		
	오성혼	~2.75단계	상위정신체의 이성		
	감각혼	~1.6단계	혼	하위정신체와 상위정신체의 욕구와 감정	
		1단계		생기체	감각
신체	에테르체				생명력
	물질적 신체		육		

슈타이너와 표준이론의 비교

8.21.6. 다스칼로스의 인간론

지중해의 성자라 일컫는 다스칼로스(Daskalos 1912~1995)는 인간은 육체와 심령체(心靈體, psychic body) 그리고 이지체(理智體, noetic body) 그리고 영인 프네우마(pneuma)로 구성된다고 주장한다. '절대 존재'로부터 발출한 신성모나드(Holy monad)는 무수한 영체(spirit entities)로 구성되어 있고 이들이 이데아세계의 인간이데아를 통과하면서 인간의 영(靈)인 프네우마가 형성된다. 영은 낮은 세계의 경험을 얻기 위해 물질계로 향한다. 그 과정에 영은 '영구인격'이 형성되며 이어서 이지체, 심령체 그리고 육체를 뒤집어쓰고 물질계에서의 생을 시작한다. 이때 영구인격은 다른 체들과 함께 '현재인격'을 형성한다.1405) 낮은 세계에서의 모든 윤회의 경험은 프네우마에 저장되며 이는 진정한 자아이며 동시에 신령한 자아로 우리 안에 있는 神이다.

1405) 1. 현재인격은 바로 형성되는 것이 아니다. 심령체와 이지체가 새로운 현재인격을 형성하는 데는 대략 7세 정도 소요된다. 그때까지 심령체와 이지체는 부분적으로 심령계와 이지계에서 산다. 그 나이 이후가 되면 평균적인 인간은 3차원 세계에 완전히 빠져들고 다른 세계에 대해서는 잊어버려서 감지하지 못하게 된다. 표준이론에서 5~6세부터 사춘기 전후에 영이 몸에 들어오는 것과 비견된다. 그의 주장은 한편으로 분할환생의 주장과도 연결된다(미주 43 '몸과 혼의 성장 속도와 분할환생' 참조).
2. 네이버 블로그, blog.naver.com/suchway/222503254926 참조

다스칼로스의 심령체는 신지학의 아스트랄체, 이지체는 신지학의 멘탈체 정도다. 명종 후 프네우마는 이 두 신체를 이끌고 심령계1406)로 갔다가 다시 이지계1407)로 간다. 이후 영은 두 신체를 벗어던지고 영계로 올라간다. 그리고 심령체와 이지체는 영과 헤어진 후 자신의 계에 남는다.1408) 그러나 현재인격은 영구인격에 흡수되어 사라지므로 거기에 자의식이 남는 것은 아니니 '에테르 심령체', '에테르 이지체'가 되어 남는 것이겠다. 이러한 에테르체는 시간이 지나면서 결국 해체되어 에테르로 돌아간다. 자의식을 지닌 영구인격인 프네우마는 환생할 때마다 새로운 이지체, 심령체, 육체를 만들어 자신을 현상화(現像化)시킨다.

여기서 에테르는 생기 정도인데 육체는 '에테르 육체' 즉 생기체를 가지고, 심령체는 '에테르 심령체'를 가지며 이지체는 '에테르 이지체'를 갖는다. 명종 후에 영은 이 체들과 이 체들에 심어진 정신(心靈)과 양심(理智)을 데리고 아스트랄계와 멘탈계를 여행하는 것이다. 주장하는 바가 신지학과 같다. 살아서 개인의 현재인격을 형성하는 것이 심령(정신)과 이지(양심)인 혼과 프네우마인 것은 표준이론과 같다. 그러나 표준이론에서 혼은 그 자체로 독립하여 진화하는 존재이나 다스칼로스는 신지학처럼 에센스인 경험을 영에게 전해 주고 소멸한다.

8.21.7. 천도교의 인간론

천도교(天道敎)에서 태어남이란 한울님 성령이 또 하나의 새로운 몸을 가지게 되었을 뿐이지 새로운 영혼이 탄생한 것은 아니라고 생각한다. 천도교는 輪廻도 死後世界도 믿지 않는다. 그렇다면 영혼은 死後 어찌 되는가.

천도교에서는 사람이 죽으면 그의 영혼이 타 종교에서처럼 시공간적 성령세계로 이주한다고 보지 않는다. 대신 '무궁한 총체적 대생명 세계'에서 개체 자아의 성령이 창조적 조우관계를 가지면서 현실적 삶 속에 현존한다고 본다. 즉 천도교의 죽음 이해는 육신은 해체되지만 至氣의 분신체로서 영묘한 성령적 생명체는 후손 생명들과 우주 생명체와 함께 현세적 지상천국이 이뤄질 때까지 공존공역(共存共役)하면서 영생한다. 따라서 개체 생명이 다시 부활한다거나 피안세계인 영계로

1406) 신지학의 아스트랄계, 표준이론의 중음계
1407) 신지학의 상하 멘탈계, 표준이론의 심령계와 준영계
1408) 신지학에서처럼 심령체와 이지체는 육체와 마찬가지로 결국 해체된다. 심령체와 이지체는 표준이론의 정신체이지만 금생에서 얻은 경험은 모두 이데아의 존재인 영에 넘기고 체는 소멸하는 것이다. 영은 하강(환생)시 다시 이 하위계들을 거치면서 理智體와 心靈體를 다시 만들어 입고 태어난다. 이때 새로운 현재인격이 만들어진다.

옮겨져 영생한다는 사상은 없다. '무궁한 총체적 대생명 세계'가 영계와 어찌 다른지는 불분명하나 사람이 한울님(至氣)의 분신체임과 지기일원론(至氣一元論)의 세계관을 피력함에 비추어 하느님에게로 歸一의 믿음은 가지고 있다. 다만 현세적 지상천국을 꿈꾸는 천도교에서 이승과 저승은 따로 있는 것이 아니다.

이러한 천도교의 교설은 피안의 세계를 별도로 말하지 않고 우주에 편재한다고 믿는 불교리와 닮은 점이 많으며 한편으로는 대문 밖이 저승이고 뒷동산 본향꽃 밭이 천국인 우리 민속의 현세 지향적이고 계세적(繼世的)인 저승관의 영향을 받는 점도 있다고 보인다.

8.21.8. 소공자(素空慈)[1409]의 인간론

"영혼은 아스트랄체의 중심이다. 아스트랄체는 영혼을 보호하기 위해 일곱 가지 기능을 갖는데 이를 칠성좌(七聖座)라 하며, 칠성좌를 통해 느끼는 느낌을 기감(氣感)이라 한다. 따라서 칠성좌의 핵심이 곧 영혼이다. 그런데 영혼은 기감을 통해 느끼고 행동할 뿐 생각이 없다. 따라서 영혼을 무의식(無意識)이라 한다. 자의식이 생각하고 계산하며 판단하는 나라면, 영혼은 느끼고 반응하며 행동하는 나이다. 영혼이 느끼는 기감은 육체의 5감과 달라, 직감, 6감, 영감, 예감 등으로 표현하며 이렇게 기감을 통해 영혼이 느낀 느낌을 우주의식이라 한다. 영혼은 뻗어나가는 마음이기 때문에 머물러 있으면 근심, 걱정, 늙음을 초래한다."

주장에 모호한 면이 있으나 구태여 표준이론으로 해석해 보면 "아스트랄체는 에너지체로서 영을 둘러싸고 있는데 일곱 가지 기능의 칠성좌[1410]로 구성되어 있다. 그 중심에 있는 영은 직감 또는 영감이라고 하는 기감(氣感)으로 우주의식을 느끼고 이에 반응하며 행동하는 나이다. 반면 생각하고 계산하며 판단하는 나는 2단계 혼인 자의식의 자아로서 혼이다." 즉 영은 차크라를 통해 직감으로 우주의식을 느끼고 행동하는 존재이고 혼은 표준이론의 2단계 자아인 '자의식의 자아'라고 보고 있다.[1411]

[1409] 소공자(素空慈)는 어린 시절부터 우주의 메커니즘과 자연의 섭리에 유달리 관심을 가지고 인생의 이치를 밝혀왔는데 29세 때 우주의 메커니즘과 일체가 되는 경지를 체험하고 그 본질을 터득했다고 한다. 그 후 많은 강연회 및 저술 활동을 해왔다.
[1410] 七聖座는 요가의 차크라(chakra)로 보인다.
[1411] 소공자는 차크라를 표준이론에서 영의 기능인 直觀의 도구라고 말하고 있으나 표준이론에서 차크라는 기혈(경혈)과 같은 것으로서 혼의 一部인 생기체 소관의 도구이다. 이를 통해 기를 받아들이고 몸에 운용한다.

9

수면과 영혼육

잠을 자자
참나로 돌아가자
페르소나의 가면을 벗고
영혼으로 돌아가자

한 문턱 넘으며 肉을 두고
두 문턱 넘으며 氣를 버리고
송과샘 깊숙한 곳
안식처로 가자

생각이 나를 하는 門
금시초문 詩와 曲이 흘러넘치는 門
정랑서방 나를 반기고 옛 친구가 기다리는 門
오매불망 님을 보는 門
그 너머 안식처로 가자

9. 수면과 영혼육

9.1. 수면의 정의

9.1.1. 수면에 대한 의문들

수면과 관련하여 아직도 풀리지 않은 수수께끼들이 많다.

1) 왜 경험하지 않은 일들이 꿈에 보이는가?
2) 수면 중에 알지 못하는 언어나 미숙한 외국어를 어떻게 유창하게 말하며 또 알아듣는가?
3) 몽면과 숙면은 왜 사이클로 반복되는가?
4) 왜 어떤 꿈은 생각이 나고 어떤 꿈은 생각이 안 나는가?
5) 어떻게 하여 남가일몽이나 한단지몽 또는 군대 꿈처럼 잠깐 자는 중 긴 세월의 꿈을 꾸는가?
6) 수면 중의 성행위나 방뇨, 격투가 어찌하여 몽정이나 야뇨, 몸짓으로 나타나는가?
7) 최면(催眠)은 수면과 무엇이 달라 의식이 있는가?
8) 꿈을 꾸면서도 가끔 각성(覺醒)이 되는 이유와 자각몽(自覺夢)으로 어떻게 각성 중에도 꿈을 꿀 수 있는가?
9) 예지몽(豫知夢)의 정체는 도대체 무엇이며 나는 왜 그런 꿈을 못 꾸는가?
10) 망자나 혼수상태에 있는 사람이 나의 꿈에 등장하는 이유는?
11) 기시감(既視感, Déjà Vu)은 꿈과 무슨 상관이 있는가?
12) 불면증은 왜 생기며 고치는 방법은 없는가?
13) 몸이 피곤하지 않아도 졸리고 또 몸이 피곤하여도 졸리지 않은 이유는?
14) 왜 꿈을 통해 트라우마가 상징적으로 나타나며 프로이트의 무의식과 꿈은 무슨 관계인가?
15) 수면 중 영과 혼은 무엇을 하는가? 영혼이 수면 중에 유체이탈을 하며 신과 교유(交遊)한다는 믿음은 무엇인가?
16) 가위눌림(厭夢), 악몽의 정체는 무엇인가?
17) 꿈을 꾸는 주체는 육체인가 혼인가 영인가?

18) 식물이나 동물의 잠은 사람과 어떻게 다른가?

이런 물음들은 모두 나름대로의 답을 가지고 있지만 기왕의 답들이 모두 명답(明答)은 아니다. 표준이론 입장에서 明答해 보자.

9.1.2. 수면의 정의

수면은 '피로가 누적된 뇌의 활동을 주기적으로 회복하는 생리적인 의식상실 상태'다. 표준이론은 '몸과 혼의 의식 활동이 쉬는 상태'라고 정의한다.

지금까지 거론되었던 혼과 그 의식 상태를 정리해 보자.

1) 의식은 혼의 작용이다.
2) 혼은 몸뇌가 각성상태인 경우 혼뇌를 사용하지 못한다.
3) 수면 중에 몸뇌는 쉬게 되어 비각성상태가 되고 몸이 자면 혼도 대부분 같이 잠을 잔다. 수면 시에는 몸뿐 아니라 혼도 쉬기 때문이다.1412)
4) 혼이 수면에서 깨어났으나 아직 몸뇌는 덜 깬 상태를 렘(REM)수면상태 또는 각성몽 상태라고 한다. 이때에 혼은 각성 시 접근할 수 없었던 몸뇌의 잠재기억과 혼뇌의 기억을 일부 사용할 수 있다.
5) 혼은 깨어있으나 몸뇌는 숙면하는 상태는 '혼뇌의식' 상태다. 이때 혼은 혼뇌를 사용한다. 유체이탈이나 근사체험 그리고 깊은 명상이나 최면상태가 그런 때이다. 그러나 혼뇌를 사용하는 정도는 경우마다 사람마다 다르다.

현대의 주류 뇌의학은 이러한 주장에 전혀 동의하지 않는다. 의식은 뇌에서 일어나는 전기현상일 뿐이라는 것이다. 그들은 이로써 설명되지 않는 숱한 현상들은 아직 규명되지 않은 것들일 뿐 시간만 지나면 다 전기현상임이 밝혀질 것이라는 신앙적 믿음을 가지고 있다. 그런데 최근 뇌의학 내부에서도 다음과 같은 이유로 의식이 그저 몸뇌에만 의지한다는 의식의 일원론(一元論)이 심각하게 도전받고 있다.

1412) 사실은 혼이 쉬기 때문에 몸이 따라 쉰다. 몸이나 혼이나 물성 때문에 쉬어야 하지만 先後가 있다면 혼이 先이다. 몸은 자야 하는데 혼이 못자면 불면증이다. 혼이 다 쉬고 깨어나면 몸은 뒤따라 깨어난다.

1) 핌 반 롬멜(Pim van Lommel 1943~)이나 루퍼트 셸드레이크(Rupert Sheldrake 1942~) 등 의식이원론 또는 다원론(多元論)자[1413]들은 의식은 두뇌에서 발생하는 것만은 아니라고 주장하였다.
2) 기억이 신체의 각 부분에서도 이루어지듯 의식도 그럴지 모른다. 이는 세포들도 의식현상을 보여 의식은 그 총합이라는 주장으로 연결된다.[1414]
3) 양자물리학자인 데이비드 봄(David Bohm 1917~1992)은 집단적 인류의식(collective consciouness of mankind)을 주장하면서 의식은 오감을 통해서만 형성되는 것이 아니라고 하며 육감을 통해 전 우주가 공유하는 우주의식을 말하였다.

이러한 주장들[1415]은 혼뇌의식과 혼뇌의 존재를 강력히 시사한다. 이제 수면을 통하여 혼뇌의식과 혼뇌의 존재 그리고 그 기능을 좀 더 알아보자.

9.2. 수면의 목적과 과정

수면이 필요한 생물학적 이유는 아직 확실히 밝혀지지 않았다. 수면은 가장 확연한 동물 행동이지만, 그 기능과 목적이 무엇인지 아직도 잘 알려져 있지 않아, 분자세포생물학적 차원에서 수면의 메커니즘이 현재 활발히 연구되고 있다. 현대의학이 인간이 하루의 1/3을 쓰고 있는 수면의 정체를 확실히 모르고 있다는 사실은 놀라운 일이다. 하기야 석유의 생성원인도, 이명(耳鳴)의 발생 이유도 정확히 알지 못하는 것이 과학과 의학의 현 수준임을 고려하면 그리 놀랄 일은 아니다.

다만 현재 학계의 의견으로 수면은

1) 신체활동의 중지를 통해 피로를 해소하고
2) 새로운 기억을 형성하며
3) 각성 시 두뇌의 집중도를 유지할 뿐 아니라

[1413] 임사 체험의 연구 성과가 보급됨에 따라, 종래의 신경 과학 연구의 전제인 '마음·의식은 뇌가 낳는다'는 심뇌일원론에 의문을 제기하는 목소리가 커지고 있다. 이를 의식의 다원론이라고 한다(5.5.9.2. '심령학의 주요 연구방법론' 참조).

[1414] 이는 신지학에서 주장하는 다신체론의 '다의식론(多意識論)' 또는 다의식론의 극단으로서 세포에도 고유의식이 있다는 '세포 다의식론'과는 다르다. 본문의 주장에서 각 신체의 의식은 아직도 전기작용으로 발생하는 의식이다.

[1415] '로저 펜로즈의 조화객관 환원이론', '신경 가소성이론', '철학적 좀비 논쟁' 등을 참고하라(미주 150 '마음에 대한 여러 이론' 참조).

4) 뇌에 축적된 노폐물을 제거하는 역할을 하는 것으로 추측한다.1416)

수면은 뇌의 시상하부에 속하는 시상전핵(preoptic nucleus)이 수면과 각성의 전환에 관여하는 스위치 역할을 하여 시작된다고 추정된다.1417) 이곳에서 빛이 없다는 신호를 송과선(pineal gland)에 보내면 송과선은 멜라토닌(melatonin) 호르몬을 분비하여 수면을 유도한다.1418)

생물들이 보이는 수면행태는 다양하다. 꼬마선충은 잠을 자는 상태가 관찰된 가장 원시적인 유기체로 알려져 있다. 한편 어류 중 모래에 살거나 계속적으로 헤엄을 쳐야 하는 몇몇의 어류 종은 잠을 자지 않는다고 하며 양서류인 황소개구리(Bull frog)도 잠을 자지 않는 것으로 보고된다. 또한 몇몇의 곤충은 수면이 아예 필요 없다고 한다. 식물도 낮에는 광합성을 하기 위해 깨어있고 빛이 없으면 광합성을 할 수 없으므로 잠을 잔다. 이를 수면이라고 하여야 할지가 불분명하여 휴면이라고 하기도 한다.尾230)

표준이론에서 보면 수면은 육체뿐 아니라 물성을 가진 혼에게 휴식이 필요하여 발생한 생리적 현상이 아닌가 한다.1419) 사람 등 고등동물뿐 아니라 생혼이나 각혼을 가진 하급 생물체도 대부분 수면하기 때문이다. 다만 그들은 '군혼' 형태이기 때문에 군혼별로 수면행태가 다르고 심지어 수면을 하지 않는 종도 있다. 그런

1416) 1. 동물 가운데는 전혀 잠을 자지 않는 종류도 있어서 생명유지에 필수적이라는 잠에 대한 인식은 위협을 받고 있다. 황소개구리는 잠을 전혀 자지 않는다. 대신 황소개구리는 그냥 휴식을 취한다고 한다. 비둘기를 거의 한 달 동안 잠을 자지 않도록 했는데, 그럼에도 불구하고 비둘기에게서는 아무런 신체 이상이 나타나지 않았다.
2. 이는 해당 동물의 군혼(群魂)의 성질에 기인하는 것으로 보인다. 황소개구리나 비둘기 군혼(群魂)은 수면 없이도 피로를 회복하는 특징을 가진 것으로 보인다. 이를 감안하면 신체적 피로 이유만으로 잠을 자는 것은 아님을 알 수 있다. 따라서 수면을 하는 이유는 신체의 피로보다 혼의 피로에 더 기인하는 것일 수 있다.
1417) 시상전핵에 있는 GABA성 뉴런(GABAergic neuron)은 수면 유도물질인데 깨어있을 때는 아세틸콜린 등 각성 촉진 신경전달물질에 의해 억제되어 있다고 한다.
1418) 1. 그동안 수면의 주야주기성은 야간의 여러 조건과 동물의 비활동성 사이에 성립된 송과샘의 조건반사에 의한다고 생각되어 왔다.
2. 그러나 현재는 의식 수준의 연속적인 24시간 주기에 따른 변화라는 설이 유력하다(네이버 생명과학대사전). 이러한 의식수준의 주기(週期)설은 수면이 몸의 피로 때문이 아니라 혼 차원의 이유에서 기인함을 시사한다.
3. 낮과 밤의 주기적 신호를 일정한 기간에 걸쳐서 경험하면 주기적 낮밤 신호가 없어도 일정한 시간에 수면에 들어갈 수 있는데 이를 생체시계에 의한 일주기시스템이론이라고 한다. 이 이론 또한 몸보다는 다른 데서 수면주기의 이유를 찾고 있다. 혼은 태양계의 순환주기에 맞추어 진화되었으니 당연한 현상이다. 혼이 한 시간 반 단위의 일정한 렘수면주기를 가지는 것도 이와 무관하지 않다. 혼에게 24시간은 16시간인 것이다. 고래로 황금비율은 16 : 10이고 오늘날 컴퓨터는 16진법을 쓴다.
1419) 라자요가의 요기 사라스와티는 수면은 몸에서 시작하는 수면과 혼에서 시작하는 수면이 있다고 한다(사라스와티, 「혼의 과학」, 261쪽 참조).

그룹의 혼은 다른 형태로 휴식을 취할 것이다. 그러나 영은 물성이 없으므로 수면할 이유가 전혀 없다. 그럼 수면 중 영은 어디서 무엇을 할까?

9.3. 수면과 의식

9.3.1. 수면과 의식의 상태

의식(意識)은 사전적으로 '각성(覺醒)과 인식(認識)의 합'이다. 불설에서도 각성은 오온의 작동현상이고 인식은 오온의 식이 육근(六根)의 여섯 번째인 의근(意根)에 붙어 발생한다. 이 둘이 합해져 제6식인 '意識'이 탄생한다고 한다.

오늘날 보통 의식은 의식의 명료성 정도에 따라 명료, 기면(嗜眠), 혼미(昏迷), 반혼수, 혼수의 5단계로 구분한다. 그런데 고대 인도철학은 영혼의 활동 상태에 따라 사람의 의식 상태를 다음의 네 가지로 나눈다. 각 상태에 따라 자아(自我)도 변화한다고 생각했다.[1420]

1) 깨어있는 의식 상태 : 자그라타(Jagrata)라 한다. 이 상태의 자아는 비슈바(Vishva)다.
2) 꿈을 꾸고 있을 때의 의식 상태 : 스바프나(Svapna)라고 하며 REM 수면(夢眠) 상태로 이 자아를 타이자사(Taijasa)라 한다.
3) 깊이 숙면에 들었을 때의 의식 상태 : 수수프티(Susupti)이며 NREM(Non-REM) 수면(熟眠)상태다. 프라즈나(prajna) 자아라고 한다.
4) 삼매(三昧)의 의식상태 : 투리야(Turiya)라고 하며 '순수의식'상태로 나머지 세 의식상태가 출현하는 근저이다.

자그라타 상태는 몸과 영혼이 모두 깨어있는 상태이며 꿈을 꾸고 있는 스바프나 상태는 몸은 잠이 들었으나 영혼은 깨어있다고 보았고 숙면상태인 수수프티에서는 몸과 영혼이 같이 잠든 상태로 보았으며 삼매는 몸과 영혼이 깨어있으나 영혼에서 념(念)과 번뇌가 사라진 상태라고 한다.
한편 힌두철학 일각에서는 꿈을 꾸고 있을 때 혼은 몸을 빠져나와서 자유로이 다

1420) 미주 197 '힌두철학의 의식상태와 자아의 종류' 참조

닌다고 생각했다. 이 생각은 훗날 신지학에 전수되었다. 또 우파니샤드에 의하면, 숙면은 영원불변인 브라만과 합일한 상태라고 하기도 한다.1421)

이처럼 인도철학에서는 고래(古來)로 수면에 대해 고찰이 많은데 하루 1/3을 수면으로 보내는데도 불구하고 수면의 정체에 대하여 속 시원히 아는 게 없으니 무척 답답했던 모양이다. 사실 그것은 오늘날도 마찬가지다. 그만큼 수면상태는 신비적이기도 하며, 불안한 상태이기도 하다.

수면 중 뇌파의 종류와 주파수의 변화에 따라 의식의 상태를 구분해 볼 수도 있다. 각성의 자그라타 상태에서 뇌파는 주파수가 높은 베타파를 보이고 삼매의 투리야 상태로 갈수록 주파수가 낮아져 세타파나 델타파를 보인다.尾231)

9.3.2. 꿈을 통해 보는 혼의 존재와 활동방법

인도철학에서 자그라타(Jagrata)란 각성상태를 말함이고 그때의 자아를 '비슈바(Vishva)'라고 하였다. 또 스바프나(Svapna)란 꿈을 꾸고 있는 의식상태이고 그때의 자아를 '타이자사(Taijasa)'라 하였다. 스바프나 상태에서는 종종 자각(自覺)을 하게 되는데 이 의식상태를 다시 Lucid Svapna라고 하자. Lucid Svapna 상태를 겪어본 사람은 각성상태보다 더 의식이 명료할 때도 있다는 것을 알 것이다. 또 숙면상태(Susupti)에 있는 자아는 프라즈냐(prajna)이다.

이때 각 상태별로 사용하는 기억장치가 따로 있다고 가정하고 그 종류를 A, B, C 등이라고 한다면

1) 꿈은 혼이 A기억장치를 사용하여 꾼다.
2) 깨고 나서 꿈 중에 어떤 꿈은 생각이 나고 어떤 꿈은 생각이 나지 않는다. 그렇다면 기억나는 꿈을 저장한 몸뇌의 해마를 C라고 한다면 C는 A의 일부이고 A〉C다.
3) 깨고 나서 꿈을 꾼 사실만 생각나는 경우가 많다. 또 Lucid Svapna상태에서

1421) 어느 학파는 숙면상태에서는 '몸과 영혼이 같이 잠든 상태'라고 하고, 다른 학파에서는 수면 중 혼이 몸을 빠져나와 자유로이 다닌다고 한다. 또 우파니샤드에 의하면, 숙면은 혼이 영원불변인 브라만과 합일한 상태라고도 한다. 이러한 난맥상이 번역을 여러 번 거친 탓인지 다양한 학파 탓인지 알 수 없으나 전체적으로 볼 때 힌두에서는 표준이론의 수면에 관한 다음 의견에 반하지 않는 것으로 보인다. "수면은 몸과 혼의 의식이 쉬는 것이며, 렘수면은 혼이 먼저 깨어나는 것이다. 또한 혼이 살아서 육체를 이탈하는 현상은 매우 드물지만 물성이 없는 영은 수면 중 육체에서 벗어나 자유로이 다닌다."

꿈을 꾸었는데 깨고 나서 꿈 내용을 기억하려고 애를 썼지만 내용은 희미하고 이를 기억하려고 애를 쓴 사실만 생각나는 경우도 많다. 여기서 우리는 타이자사가 비슈바와 같은 존재임을 알 수 있다.

4) 이때 꿈노트를 사용하면, 완전히 각성하여 A와 C 간의 통로가 막히기 전에 키워드라도 기록함으로써 C에 남은 희미한 기억을 최대한 살려 낼 수 있다는 사실을 우리는 경험적으로 안다.

5) 간밤에는 꿈 한번 안 꾸고 푹 잤다고 하나 의학에서는 숙면상태인 수수프티(Susupti) 상태에서도 꿈은 꾼다고 한다. 다만 수수프티 상태에서 꾼 꿈은 각성 시 생각이 전혀 안 날 뿐 아니라 수수프티에서의 자각몽(Lucid Dream) 사례도 없다. 그렇다면 숙면의 프라즈나 자아는 누구인가? 있기는 한 건가?

6) 그러나 프라즈나(prajna)의 존재에 대한 증거는 많다. 우선 인도철학에서 이름까지 붙여가며 이를 증언하고 있고 뇌의학 또한 뇌파로 확인되는 숙면 중의 꿈을 통해 그 존재를 알린다. 프라즈나가 사용하는 기억장치를 B라고 하자.

표준이론에서는 숙면 중에 혼은 대부분 몸과 함께 잠을 잔다. 그러나 깨어서 유체이탈할 수 있다. 이탈하여 겪은 기억은 전술한 바와 같이 몸뇌에 남지 않는다. 하지만 수승하거나 특별한 경우 또는 능력이 있는 혼의 유체이탈[1422]이 몸뇌에 남긴 기억(이를 기억 D라고 하자)은 숱한 사례로 증명되므로 유체이탈은 분명히 있는 것이니 유체이탈은 프라즈나 존재의 또 다른 증거로 볼 수 있다. 그렇다면 프라즈나는 혼 아니면 영인데 영은 잠을 자지 않으니 꿈도 꾸지 않는다. 그렇다면 프라즈나(prajna)는 혼일 수밖에 없고 그가 사용하는 기억장치인 B는 혼이 사용하는 기억장치이니 결국 A와 같은 것이다.

위의 사실에서 우리는 다음의 사실들을 유추할 수 있다.

1) 혼의 기억장치인 A가 존재한다. 이는 표준이론의 혼뇌다.
2) A는 해마(몸뇌)인 C를 포함하는 더 큰 기억장치다.
3) 각성 시 자아인 비슈바와 몽면의 타이자사 그리고 숙면의 프라즈나는 같은 존재다. 즉 다의식론적으로 서로 다른 존재가 아니라 혼의 다른 상태일 뿐이다. 비슈바는 혼이 깨어있는 몸뇌C에 구속되어 있는 상태이고 타이자사는 몸이 잠자는 사이 몸뇌C의 구속에서 풀려나 혼뇌A를 이용하는 상태이지만 몸뇌가 깨어나기

1422) 신지학에서는 혼이 祕傳의 道를 깊이 하여 수승하면 기억이 날 뿐 아니라 심지어는 각성 중인 자그라타 상태에서도 유체이탈 할 수 있다고 하고 그것도 저승인 중음계나 심령계까지 갈 수 있다고 한다 (다음 절인 9.4. '수면 중 영혼의 활동', 5.5.10. '신지학의 저승관', 미주 218 '신지학의 형제단과 대스승 그리고 그 제자' 참조).

시작하여 半각성한 상태다.

4) 혼의 꿈 중 각성 시 생각나는 부분은 A를 사용한 꿈의 기억 일부가 현재화(反射)되어 半각성된 C에 기억된 것이거나 애초부터 깨어나기 직전에 半각성된 C를 사용하여 꾼 꿈이다.

5) 꿈 중에서 기억을 못하거나 꿈을 꾼 사실만 기억나고 내용은 어렴풋한 경우가 있다는 것은 사람이 잠에서 깨어나 각성하면 A와 C 간의 통로가 서서히 차단된다는 사실과 그럼에도 A의 기억이 C의 기억에 투영되어 희미하게 남을 수 있다는 것을 말해준다.尾232)

6) 몸이 완전히 잠든 숙면 중의 프라즈나는 별개의 존재가 아니라 몸이 잠자는 동안 꿈이나 유체이탈 등으로 활동하는 혼의 일면목이다. 따라서 그가 사용하는 기억장치인 B는 A와 같은 혼뇌이고 그가 꾼 꿈이나 유체이탈의 기억이 몸뇌에 남은 D는 4)와 같은 기작(機作, mechanism)으로 몸뇌에 남은 기억이거나 수승한 혼이나 외부의 존재가 그 기억을 강제로 C에 남긴 기억이다.

이 복잡하고 긴 이야기의 목적은 혼이 의식과 꿈과 유체이탈의 주체이고 그가 사용하는 기억장치는 혼뇌인데 다만 각성 시에는 혼이 몸뇌에 사로잡혀 혼뇌를 사용하지 못한다는 사실 그리고 혼이 수승하면 이 한계를 극복할 수 있다는 표준이론의 주장을 각인하려는 데 있다.

9.4. 수면 중 영혼의 활동

신지학(神智學)에서는 수면 중 영혼의 상태에 대하여 다음과 같이 이야기한다. "수면 중에 있는 영혼은 각성상태(覺醒狀態)와 같은 자각이 있지만, 육신을 가진 인간이 수면 중의 영혼의 자각내용을 앎으로써 오는 혼란을 겪지 않게 하려는 신(神)의 경륜(經輪) 때문에, 유감스럽게도 인간은 수면 중의 영혼의 자각을 기억하지 못한다. 원래 신은 인간의 진화를 위하여 수면 동안에도 영혼에게는 완전의식을 주어 활동하도록 해 주었다. 인간에게는 태초(太初)부터 모든 것에 대한 힘과 지배권이 주어져 있었으며 자유스럽고 전능한 존재였다. 이것을 한정(限定)하여 버린 것은 다름 아닌 자기 자신의 의식이다. 그러므로 의식을 해방하는 것은 인간해방이 되는 것이다."1423) 이를 보면 신지학도 여러 종교와 문화에서 나타나는 수면 중 영혼의 활동에 대한 생각, 즉 수면 중 영혼이 몸을 빠져나와서 자유로이

1423) 지나라자다사, 「신지학비교 첫걸음」, 임길영 옮김

다닌다는 생각을 가진 여러 사상과 같은 의견을 가진다.尾233) 표준이론은 부분적으로는 이에 동의하나 다만 자유로이 다니는 위 '영혼'의 정체는 영1424)이다.

한편 수면 중 영혼의 활동에 대해서 이를 감당하지 못하는 사람은 그 내용을 기억하지 못하게 되는 것이 섭리이지만 사람의 의식수준이 높아져 이 벽을 넘으면 육에서 해방되어 혼이 자유롭게 된다는 신지학의 의견은 표준이론과 어느 정도 같다.

9.5. 꿈은 누가 꾸는가

9.5.1. 꿈과 영혼육의 기억장치

남도민요에 애절하기 그지없는 흥타령이 있다. 그 가사의 첫 부분을 보면 천하제일의 꿈타령이다.

아이고 데고 허허 성화가 났네 헤
꿈이로다 꿈이로다 모두가 다 꿈이로다
너도 나도 꿈속이요
이것저것이 꿈이로다
꿈 깨이니 또 꿈이요 깨인 꿈도 꿈이로다
꿈에 나서 꿈에 살고 꿈에 죽어 가는 인생
부질없다 깨려거든 꿈은 꾸어서 무엇을 헐거나

이 심정에 만상(萬象)이 환상(幻象)이라는 말이 나올 법도 하다. 인도의 '마야(Māyā)타령'尾234)이 우리나라에서 기원하였음이 아닌가 한다.

이러한 꿈의 정체는 무엇일까? 그리고 꿈의 종류별로 영혼육의 역할은 무엇이고 그때 그들의 기억은 어디서 나오는 것일까?

1424) 1. 표준이론은 수승한 영은 몸의 죽음의 구체적 시기를 알고 있다고 본다. 죽음의 시기는 환생 시 '라이프 플랜'으로 대충 정해지는 것이지만 삶 중에 수정될 수 있다. 영이 수면 중의 활동으로 이를 아는 것은 이상하지 않다. 수승한 영은 영계에서 스승령으로부터 정보를 받을 수도 있고 또는 스승령에게 조기귀환을 청원할 수도 있다.
2. 죽음의 시기는 일반적으로 신의 계획을 수행하는 천사들에 의해서 사전에 정해진다. 이 천사들은 인간의 과거와 현재의 선과 악을 조정하고 그 상호작용을 통해서 최고의 선이 나올 수 있도록 하는 것이다. 만약 그들이 혼의 미래를 고려해 볼 때 최적이라면 사고나 질병을 통해서 생을 일찍 마감할 수도 있다. 반면에 그 혼이 어떤 능력을 얻는 데 긴 생이 필요하다면 삶의 길이가 그 목적을 위해서 조정될 것이다(지나라자다사, 「신지학 제1원리」 참조).

이미 여러 전절(前節)에서 수차 언급하였거니와 사람은 영혼육으로 구성되고 영혼육은 각각 자기의 기억장치를 가지고 있으며 의식의 주체는 혼이거나 영이다. 그들이 쓰는 기억장치 이름은 각각 몸뇌와 혼뇌 그리고 영뇌다.

사람은 꿈이나 최면상태에서 출처를 알 수 없는 기억을 자주 만난다. 각성상태에서는 전혀 없던 기억들을 기반으로 꿈의 무대가 펼쳐지는 것이다. 꿈의 종류별로 그 기억의 출처를 다음과 같이 설명할 수 있다.1425)

1) 현생의 기억에 기반한 꿈. 즉 몸뇌의 현재기억에 저장되어 있는 기억이 사용되는 꿈. 이는 렘수면 중 몸뇌가 깨어나 그 각성이 상당히 진행된 때 생기체 또는 정신체가 몸뇌의 현재기억으로 꾸는 꿈으로 태반의 꿈이 이 경우며 꿈의 내용도 몸뇌의 현재기억에 저장되는 경우가 많다.
2) 몸뇌의 잠재기억이 사용되는 꿈. 즉 각성상태에서는 잊었지만 몸뇌의 잠재기억 부분에 저장되어 있던 현생의 기억 또는 전생기억의 파편이 사용되는 꿈으로 렘수면 중 몸뇌가 막 깨어나기 시작하는 때 혼이 잠깐 꾸는 꿈이어서 기억에 남는다. 그러나 꿈에서 차지하는 비율이 별로 크지 않다. 그 이유는 몸뇌의 기억에 남는 꿈은 몸뇌가 통제하는 기억으로 꾼 꿈인데 이 꿈은 몸뇌의 통제영역이 아닌 부분인 잠재기억으로 꾸는 꿈이어서 각성 후 현재기억에 잘 남지 않아서 그렇고, 몸뇌의 잠재기억이 사용되기에는 숙면에서 몸뇌가 깨어나는 과정의 속도가 빨라서 그러하다. 또 3)이나 4)의 꿈이 몸뇌가 깨어나는 렘수면 시에도 계속 이어지기 때문이다. 프로이트는 현재기억에 없는 꿈은 모두 몸뇌의 잠재기억에 기반한 것이라고 생각하였으나 사실 그러한 꿈의 상당부분은 아래 3) 이하의 꿈이다.
3) 몸뇌의 현재기억에 저장되어 있지 않은 혼뇌의 현생기억이 사용되는 꿈. 즉 몸뇌의 현재기억에서는 지워졌으나 혼뇌에 저장되어 있던 현생의 잠재기억이나 몸뇌에는 전혀 없는 현생기억이 사용되는 꿈으로 혼은 깨어났으나 몸뇌는 아직 잠자는 때의 꿈이다. 전술한 대로 몸뇌가 깨어나도 이 꿈이 당분간 관성적으로 계속 이어지면 꿈 내용이 몸뇌의 현재기억에 남을 수 있다.
4) 혼뇌에 저장되어 있는 혼의 전생기억이 사용되는 꿈으로1426) 몸뇌는 아직 수

1425) 1. 꿈의 대부분은 윤회혼(정신체)이 잠자는 사이 24시간 깨어 있는 생기체가 각성 중의 스트레스 기억으로 인해 꾸는 꿈이다. 그러나 이러한 생기체의 꿈은 프로이트에게는 의미가 있을지 모르나 표준이론에서는 담론할 가치가 없어 거론하지 않는다.
2. 2~4번과 같은 꿈에 영이 작용하는 일은 없다고 본다.
1426) 요기 사라스와티는 자아에 의하여 자극받은 마음이 그 사람의 몇 세대 전의 행을 끄집어내어 그들 행이 마음을 자극하였기 때문에 전혀 알지도 못하는 일을 꿈속에서 본다고 한다(사라스와티,「혼의 과학」, 264쪽).

면 중이고 혼뇌도 각성도가 떨어지는 때의 꿈이기 때문에 특별한 경우가 아니면 깨어난 후 거의 기억나지 않는다.

5) 혼이 유체이탈이나 근사체험 등을 통하여 얻은 사연과 그 기억. 이 역시 특별한 경우가 아니면 몸뇌가 그 반영(反影)을 얻기 어렵다.1427)

6) 외부의 혼이나 정령(精靈)들의 영향으로 인한 꿈. 외부의 위력(威力)으로 인하여 몸뇌에 꿈의 내용이 기억되는 경우가 많다고 본다.

7) 영의 기억을 사용하여 영이 꾸는 꿈. 이 또한 목적이 있을 것으로 보여 몸뇌가 그 반영(反影)을 얻을 것으로 보인다.

8) 외부 영의 영향을 받아 영이나 혼이 꾸는 예언몽이나 계시몽. 이는 그 위력으로 인해 당연히 기억이 날 것이다.

9) 영이 꾸는 예지몽. 이 역시 깨어난 후에도 몸뇌에 기억이 남을 것이다.

뇌의학에서는 2)까지의 꿈만 인정한다. 그러나 의학이 매일 보고 겪는 3)이하 꿈의 증좌들을 부인하려니 스스로도 불편할 것이고 그 위에 쌓은 의술은 또 무슨 신통함이 있을쏘냐.

위의 각 꿈의 종류를 사용되는 기억의 원천과 對比하여 표로 만들면 다음과 같다.

꿈의 종류 \ 기억의 출처	몸뇌의 현재기억	몸뇌의 잠재기억	혼뇌	영뇌	정령& 지박령	성령
1. 현생의 꿈1428)	O	△	△	×	×	×
2. 잠재기억이 사용되는 꿈	×	O	△	×	×	×
3. 몸뇌의 현재기억에 없는 혼뇌의 현생 기억이 사용되는 꿈1429)	×	×	O	×	×	×
4. 혼뇌의 전생기억이 사용되는 꿈	×	×	O	×	×	×
5. 혼의 유체이탈이나 근사체험 기억	×	×	O	×	×	×
6. 정령이나 지박령의 영향에 의한 꿈(가위눌림)	×	×	O	×	O	×
7. 영의 기억을 사용하여 영이 꾸는 꿈1430)	×	×	△	O	×	×
8. 외부 영의 영향을 받아 영 또는 혼이 꾸는 예언몽이나 계시몽 등의 꿈	×	×	O	O	×	O
9. 영이 꾸는 예지몽	×	×	△	O	×	×

1427) 이러한 사정을 이용하여 신지학 등에서는 혼이 수면 중에 아스트랄계여행이나 멘탈계 여행을 한다고 주장한다.

위와 같은 꿈의 종류별 검토를 통하여 우리는 혼에 대한 다음과 같은 사실을 알 수 있다.

1) 어떤 종류의 꿈이건 꿈의 내용이 몸뇌의 현재기억으로 유출되는 경우에만 깨어나서 기억이 가능하다.1431)
2) 현생의 기억에 기반한 꿈을 보면 혼은 자주 (소멸의) 두려움에 사로잡혀 있다. 쫓기는 꿈, 군대 다시 가는 꿈, 시험치는 꿈, 죽는 꿈, 떨어지는 꿈, 스트레스 가득한 꿈.
3) 혼은 트라우마가 많다. 몸뇌는 잊지만 혼뇌는 망각이 없다. 모든 것이 업으로 새겨진다. 프로이트는 이를 연구하여 노벨상보다 더한 공(功)과 그에 버금한 과(過)를 남겼다.
4) 혼은 욕망으로 가득 차 있다. 스스로 혹은 몸의 장기로부터 신호를 받아 욕망을 드러낸다. 섹스 꿈, 먹는 꿈, 오줌 누는 꿈, 돈 꿈, 똥 꿈… 그러나 모두 다 생기체의 개꿈이다.1432)
5) 경험하지 않은 사실에 대한 기억1433)이나 전생기억에 기반한 꿈을 보면 혼뇌와 몸뇌간의 기억 반영, 혼만의 기억장치가 있다는 사실, 혼이 환생한다는 것 그리고 전생기억의 대부분은 혼의 것이라는 사실을 알 수 있다.尾235)
6) 꿈을 통해 자신의 혼의 수준을 알 수 있다. 불가에서는 진인무몽(眞人無夢)이니

1428) 자각몽(lusid dream)은 현생의 꿈의 일종으로 몸뇌의 반각성상태의 꿈이다. 그러나 일반적인 렘수면상태가 혼뇌>몸뇌임에 반하여 몸뇌>혼뇌인 상태이다. 자각몽은 자신이 꿈을 꾸고 있다는 사실을 깨닫고 있다. 이 깨달음의 범위는 사실에 대한 희미한 인식으로부터 중대한 시각의 확장에까지 이를 수 있다. 자각몽은 깨어있는 상태에서 곧바로 꿈 상태로 들어갈 때 의식이 확실하게 사라지지 않으면서 꿈을 꾸게 되거나 혼뇌>몸뇌인 꿈을 꾸다가 각성이 커져서 몸뇌>혼뇌인 상태에서 꿈을 꿀 때 나타난다. 어느 경우에나 루시드 드림은 일반적인 꿈들보다 더 이상하고 감성적인 경향이 있으며 꿈을 어느 정도 통제할 수 있는 능력을 갖게 된다.
1429) 병리적 의식(소위 무의식)상태에서의 꿈은 여기에 속한다. 프로이트의 무의식은 잠재의식의 일부와 표준이론의 혼뇌의식을 합한 개념이다(9.5.3. '변성의식 상태와 영혼육' 참조).
1430) 영뇌는 몸이나 혼처럼 따로 있는 것이 아니라 영 그 자체이다. 각성 시에 영뇌는 철저히 막혀 있다. 마이클 뉴턴의 LBL(Life Betwwen Lives)최면요법이나 돌로레스 캐논(Dolores Cannon)의 퀀텀 힐링 최면 기법을 쓰면 영이 영뇌 일부를 보여준다고 하는데 동의할 수 없다.
1431) 1. 이를 반영(反影)기억이라고 하자. 혼뇌의 기억이 거울에 비추듯 잠자거나 반만 깨어있는 반활성 상태의 몸뇌에 비추어져 그 일부 또는 불완전한 기억이 몸뇌의 현재기억(Lucid Svapna 상태)이나 잠재기억에 저장된다.
2. 숙면상태(수수프티)에서는 혼도 잠잔다. 그러나 렘수면상태가 되면 혼은 깨어나고 몸은 아직 덜 깨어 몸뇌는 반활성 상태가 된다. 이때에는 꿈의 내용이 몸뇌에 저장되더라도 대부분 몸뇌의 잠재기억에 저장되기 때문에 각성 시에는 기억하기 힘들다.
1432) 돼지꿈, 용꿈, 구렁이 꿈, 불 꿈 등 길몽 축에 드는 꿈들은 어떤가? 이런 꿈은 대부분 생기체가 꾸는 개꿈이지만 드물게 8, 9번 꿈일 수가 있다.
1433) 경험하지 않은 기억에 기반한 꿈은 '혼의 전생기억'인 경우가 많을 것이다. 그러나 일부 신비적 요인에 의한 경우와 혼의 창의성 때문인 경우도 있다. 신비적 요인은 영적존재의 영향을 받는 경우이고 혼의 창의성 때문인 경우는 혼이 각성 시에 창의적인 그림을 그리고 시를 쓰는 것과 같다.

몽중일여(夢中一如)니 오매일여(寤寐一如)니 한다. 자아의 수준이 낮으면 수면 중 영이나 양심체보다 정신체가 활동하여 꿈의 수준이 욕정에 휘둘린다. 이는 역설적으로 각성 시 혼은 분명히 영 또는 양심체의 통제하에 있다는 것을 시사한다.尾236)

혼은 수준이 다 다르고 그 수준에 따라 꾸는 꿈이 다르다. 수행은 영 또는 양심체의 지도하에 혼이 하는 것이다. 덕을 쌓고 업을 지우면 꿈의 내용도 현실적, 예지적, 양심적이 된다. 그러니 꿈의 내용을 보면 혼의 수준을 알 수 있고 그 사람의 인격 수준도 알 수 있다.1434) 8세기의 티베트불교승들은 꿈 요가(dream yoga)라고 하여, 완전히 깨어있는 의식 상태에서 꿈을 꾸는 훈련을 행하였다. 수련의 결과가 꿈에 나타나니 꿈을 직접 통제하려 한 것이다.尾237) 오늘날의 자각몽(lucid dream)의 시초다.

9.5.2. 전생의 기억

전생은 왜 기억나지 않을까? 전생의 기억과 경륜이 살아있다면 每生마다 새로 배우고 익히느라고 그 고생을 하지 않아도 되며 보다 빨리 수승한 자아의 경지를 달성하여 열반도 해탈도 훨씬 쉬울 텐데 말이다.

영과 혼이 숱한 전생의 경륜을 가지고 있으나 이것이 겉으로 드러나지 않는 이유는 그것이 섭리이기 때문이다. 세상에 섭리 아닌 일이 없지만 전생을 기억한다면 우주가 역행할 수도 있기 때문에 섭리 차원에서 당연히 막혀 있다고 본다.尾238) 혼은 전생의 기억을 분명히 가지고 있지만 이승에서 특히 각성 시에는 전생기억의 통로가 막혀 있는 것이다. 표준이론에서는 이를 '혼이 각성 시에는 전적으로 몸뇌에 구속되어 있기 때문'이라고 설명한다. 그러나 전생기억의 통로가 완전히 막혀 있지는 않다. 전생의 기억이 가장 많이 누설되는 시기 또는 통로는 유아기나 퇴행최면(전생회귀, Past life regression)이다.

현생과 전생의 기억을 중심으로 그것이 여러 기억장치 중 어디에서 나온 기억인지 좀 더 살펴보자.1435)

1434) 꿈을 보면 자신의 혼의 수준을 알 수 있다. 상좌부(남방불교) 논서 아비담마에서는 '아라한은 몽정을 하지 않는다'고 한다. 자신의 꿈을 깨끗하게 하려면 각성 시의 자기 절제와 수행 그리고 기도가 절대적이다. 자기 전에 좋은 책을 읽고 명상을 하라.(미주 155 '사랑에 대하여' 6. 단편소설 참조)
1435) 미주 164 '무의식'에 대하여 참조

기억의 주체		육체	혼	영
기억장치		몸뇌 등	혼뇌	영뇌
1. 현생의 기억		****	***	*
2. 유아의 전생기억		**		
3. 퇴행최면의 기억	3-1. 전생기억	*	**	
	3-2. LBL(生間삶)의 기억		*	

*는 기억의 유래, 즉 기억이 어디에서 나온 것인지와 얼마나 강력한지를 표시한다.

현생의 기억

몸뇌는 기억력이 형편없어서 기억의 대부분을 망각한다. 그러나 혼뇌와 영뇌는 현생의 기억뿐 아니라 모든 종류의 기억을 생생히 기억한다. 하지만 혼뇌와 영뇌의 기억이 생중(生中)에 드러나는 것에는 제한이 있다. 특히 영의 기억은 영감이 작동하는 찰나(刹那)를 제외하면 각성 시에 전혀 드러나지 않는다.[1436] 다만 혼의 뇌에 저장된 기억은 최면이나 근사체험, 꿈 등 변성의식 시에 가끔 드러난다. 영과 혼이 수승하면 숙명통(宿命通)[1437]을 얻어 각성 시에도 혼뇌가 몸뇌를 압도하여 많은 것을 기억하겠으나 이는 극히 예외적이므로 제외한다.

어린아이들의 전생기억

어린아이 시절에는 도안체인 혼뇌에서 몸뇌의 잠재기억에 반영된 전생의 기억(反影記憶)이 쉽게 드러난다. 그러나 아이는 그것이 무엇인지 모르고 또 표현할 능력이 없다. 반영기억은 혼이 몸에 스미면서 생기체를 장악한 후 생기체의 기억장치인 혼뇌에 전사(傳寫)한 혼의 기억이 몸뇌에 비치어 저장된 기억이다. 유아의 잠재기억 중의 반영기억으로서 전생기억은 '일부 특이한 경우'를 제외하고 대부분 말을 할 때쯤 되면 더 이상 드러나지 않는다. '일부 특이한 경우'란 인도나 동남아 등 종교적으로 윤회가 받아들여지는 나라에서 주로 나타난다. 윤회가 상식인 나라일수록 아이들이 용기를 내어 전생의 기억을 증언하고 어른들은 이를 경청하여 기록으로 남긴다. 이안 스티븐슨은 이러한 환생사례를 최초로 자연과학적 방법론에 입각해 연구했다[1438]

1436) 영의 기억장치인 영뇌는 공간적 장치가 아니라 기능적 장치다. 다시 말해 영뇌는 기억장치가 아니라 영에게도 기억하는 기능이 있고 이를 영뇌라고 하는 것뿐이라는 뜻이다.
1437) 숙명통은 자기나 다른 사람의 지난 생의 일생이 어떠한 것인가를 모두 다 아는 지혜로 부처님은 이를 보리수나무 아래 깨달음의 날(成道日) 초야(初夜, 19시~21시)에 맨 처음 이루었다.

퇴행최면

최면을 통하여 몸뇌의 잠재기억과 혼뇌에 반영된 생전의 기억을 끄집어내는 것이 퇴행최면이다. 퇴행최면을 통해 드러나는 기억에는 전생기억과 생간기억이 있다.

먼저 전생기억은 몸뇌의 잠재기억 중에 남은 반영기억의 잔재에서 기인한 기억과 혼뇌에서 직접 드러나는 기억이 있다. 혼뇌의 기억은 꿈 등 변성의식 시 그리고 고도의 최면기법이나 근사체험 등에 의해 가끔 몸뇌로 새어 나온다. 일반적으로 혼뇌에 저장된 전생기억이 몸뇌로 새어 나오는 경우는 매우 드물다.[1439]

또 퇴행최면을 하여도 대부분의 경우 반영기억의 잔재 정도만 드러난다. 따라서 반영기억이 아직 생생한 아이들의 전생기억 정보보다 훨씬 질이 떨어진다.

어느 혼의 전생기억은 하나의 혼의 전생기억만으로 구성된 것이 아니다. 사람의 기억, 동물이었던 때의 기억, 식물 때의 기억이 모두 섞여 있다.[1440] 사람의 기억도 한 사람의 전생기억만 있는 것이 아니다. 특히 혼이 복합혼인 경우 전생기억은 주혼 이외에 여러 종혼의 기억으로부터 유래한 것일 수도 있다. 따라서 그 전생기억은 여러 혼의 전생기억이 합쳐진 기억이다. 지금은 단일혼이나 영속혼이라 하여도 이전 어느 생에서는 복합혼이었을 것이니 대부분의 사람은 주혼의 전생 이외에 여러 종혼의 전생기억을 가진다. 그래서 퇴행최면을 하면 수백 가지 전생기억이 나올 수 있다.

최면상태에서의 전생기억은 어떤 경로로 작성될까? 최면상태에서는 정신이 최면술사의 명령에 집중을 하다 보니 사고가 텅 비는 경향이 있다. 또한 이 상태에서

1438) 이안 스티븐슨(Ian Pretyman Stevenson 1918~2007)은 캐나다 태생의 미국 정신의학자이며, 캐나다 맥길 대학교 졸업 후, 미국 버지니아 의과대학의 정신과 의사를 지냈다. 세계 최초로 환생을 자연과학적 방법론에 입각해 연구했다. 1966년에 펴낸 환생의 20가지 사례(Twenty Cases Suggestive of Reincarnation)를 비롯하여 300권의 논문과 14권의 책을 썼다. 우리나라에는 1983년 「전생을 기억하는 아이들」(1985, 송산출판사)이란 이름으로 번역 소개되었다.
1439) 그런 의미에서 퇴행최면의 최고권위자인 마이클 뉴턴이나 돌로레스 캐논에 의한 전생기억의 수집사례라고 하더라도 그것을 액면 그대로 받아들일 수 없다. 특히 최면을 통해 혼이 아닌 영으로부터 LBL 정보를 획득하였다는 것은 최면이 아닌 영매를 통한 것이라는 생각이다.
1440) 부처님은 숙명통을 이루실 때의 경험을 다음과 같이 전하신다. "바라문이여, 나는 전생의 여러 가지 삶의 형태를 기억했습니다. 예를 들어 한 번 태어나고 두 번 태어나고 세 번 태어나고 네 번 태어나고 다섯 번 태어나고 열 번 태어나고 스무 번 태어나고 서른 번 태어나고 마흔 번 태어나고 쉰 번 태어나고 백 번 태어나고 천 번 태어나고 십만 번 태어나고 수많은 세계 파괴의 겁을 지나고 수많은 세계 발생의 겁을 지나고 수많은 세계 파괴와 세계 발생의 겁을 지나면서, 당시에 나는 이러한 이름과 이러한 성을 지니고 이러한 용모를 지니고 이러한 음식을 먹고 이러한 괴로움과 즐거움을 맛보고 이러한 목숨을 지녔고… 이와 같이 나는 나 자신의 전생의 여러 가지 삶의 형태를 구체적으로 상세히 기억했습니다."

정신은 기억에 없는 문제를 질문받으면 항상 어떤 생각을 해 낸다. 대부분 현생의 잠재기억으로서 각성 시에는 생각나지 않던 기억이거나 거기에서 적당히 유추해 낸 생각이다.1441) 즉 최면상태에서의 전생기억은 상당 부분 신뢰하기 어려운 기억이다. 그러나 수많은 사례를 모으면 '일관된 형태의 기억들로서 합리적이고 신뢰할 만하여 전생기억으로 확인되는 정보'를 얻을 수 있다.

퇴행최면으로 드러나는 생간기억(生間記憶, LBL, life between lives)은 저승에서의 삶에 대한 기억으로서 영의 기억과 혼의 기억으로 나뉜다.

불교리에서 말하는 천상도나 색계 무색계의 서술부터 각종 종교에서 전하는 사후세계에 대한 이야기 그리고 신지학류의 아스트랄계와 멘탈계에 대한 콘텐츠는 모두 영(靈)이 아니라 혼(魂)의 생간기억에 속한다. 그리고 19세기말 이후의 심령학에서 얻은 정보나 영매의 진술에서 얻은 기억 등도 모두 혼의 기억이다.

퇴행최면에서 얻은 기억도 마찬가지다. 영의 생간기억을 퇴행최면을 통해 본격적으로 추출하였다고 주장하는 사람은 마이클 뉴턴이다. 그러나 그의 주장은 이미 언급한 대로 믿기 힘들다. 그도 최면 중 '안내자 영'이나 '마스터 영'은 만나기 어렵다고 썼다.1442) 이는 최면 시 피최면의 주체가 혼이기 때문이다.1443)

또한 퇴행최면에 의해 생간기억이 추출되었다고 하더라도 그 기억 중에는 특별한 내용이 있기 어렵다. 생간기억을 통하여 사후 세계에 대한 고급정보를 얻기 어렵다는 뜻이다. 대부분의 혼이 가는 저승인 중음계는 환생 전에 머무는 기간이 짧고 교육이나 환생계획 프로그램도 별로 없다. 심지어 「티벳 사자의 서」에서 중음은 그 머무는 기간이 보통 49일이라고 한다. 신지학에서는 중음계인 아스트랄계나 심령계인 멘탈계에 주민(住民)이 많다고 하나 그들 혼의 주소는 저승일지 몰라도 주된 근무지는 이승이다.

이미 살펴본 바와 같이 사람의 영혼육 구조상 혼뇌에 저장된 저승에서의 LBL기억은 누설되기 어려워 최면으로 그처럼 쉽게 생간(生間)의 기억이 새어 나올 수 없다.1444) 더구나 영뇌의 기억은 어느 경우에도 새어 나올 수 없다. 영의 기억은

1441) 짐 터커, 「어떤 아이들의 전생 기억에 관하여」, 박인수 옮김, 305쪽
1442) 마이클 뉴턴, 「영혼들의 여행」, 283쪽 외 여러 곳
1443) 정신과 의사인 브라이언 와이스는 최면 중 초의식 상태를 조성하여 영과 대화를 시도하였다. "최면 상태의 캐서린은 뛰어난 감정이입과 직관력을 소유한 훌륭한 정신과 의사였다. 그러나 깨어 있을 때의 캐서린은 그러한 자질을 소유하지 못했다.(「나는 환생을 믿지 않았다」 10장 '원인이 드러나다' 참조)
1444) 1. 혼은 생기체에 의존하고 생기체는 몸의 장기를 관리한다. 역으로 몸의 장기가 활성화되면 장기는 생기체를 구속하고 혼도 구속된다. 마치 대장장이가 용광로에 불을 붙이면 그 관리에 온통 매달려야 하

혼의 기억과는 달리 생기체의 혼뇌에 전사될 이유가 없기 때문이다. 그러니 심령계나 중음계 같은 혼의 저승도 아니고 영들의 저승인 영계의 비밀을 그처럼 마구 누설 받은 마이클 뉴턴의 진술은 믿기 어렵다.1445) 그의 영계에 대한 진술은 최면으로부터 얻은 것이라기보다 스베덴보리의 오래된 진술이나 신지학과 뉴에이지의 여기저기에서 얻은 지식을 피최면자에게 주입시켜 돌려받은 것이거나 강요하여 동의받은 것이 아닌가 한다. 만일 최면에서 정말로 '영의 전생기억'으로 보이는 기억을 얻었다고 하더라도 이는 혼이 저승에서 스승령에게 들은 간접경험의 기억일 것이다.

위의 거론과는 별도로 자아의 단계가 상승하면 전생을 기억할 수 있다. 불교에서는 숙명통(宿命通)이라고 한다. 신지학에서도 자아의 차원을 고양하여 완전한 의식을 성취하면 모든 인생들을 기억할 수 있다고 주장한다.1446) 그러나 영혼학의 차원에서 저승에 대한 정보를 수집하려는 목적이 아니라면 각 개인은 구태여 자신의 전생을 알 필요는 없을 것이다. 현생의 자신을 보면 누구나 전생의 자신이 어찌 살았는지 100% 가늠할 수 있기 때문이다.1447) 'As before, so after'다. 범인(凡人)에게 전생의 기억이 필요 없는 이유다. 애니 베산트는 말한다. "명확하고 재빠른 통찰력과 신속한 판단력은 이를 활용할 수 있도록 효율적인 형태로 만들어 놓은 전생 경험의 결과이다."

는 것과 같다. 몸뇌에 불이 켜지면 혼뇌의 불은 꺼진다. 따라서 최면중이라 하여도 몸뇌로 혼뇌의 기억이 새어 나오기란 쉽지 않다.
2. 최준식과 엄영문의 공저 「전생 이야기」는 마이클 뉴턴의 방법에 따라 퇴행최면을 연구한 결과를 적은 책인데 불확실하고 정제되지 않은 전생기억만 있을 뿐 내용 중에 LBL(life between lives)은 거의 없다. 그 이유는 퇴행최면이 쉽지 않다는 점과 뉴턴의 과장 때문일 것이다.
3. 신지학자 블라바츠키는 원래 심령주의의 영매였지만 영매가 교신하는 혼은 진짜 혼이 아니고 '아스트랄체의 껍질'에 불과하며 혼(마나스)은 붓디-아트마와 결합되어 영계에 들어갔기 때문에 애초부터 교신할 수 없다고 주장했다. 이 주장을 표준이론적으로 번안하면 "영매가 교신하는 것은 혼이 아니라 혼의 생기체다. 혼은 이미 저승에 들어갔기 때문에 애초부터 교신할 수 없다."라는 뜻이다. 따라서 이러한 블라바츠키의 주장은 교령회(交靈會, séance)에 나타나는 대부분의 영적존재가 지박령에 불과하다는 사실을 말하는 것이다.(미주 40 '귀신 그리고 신지학과 표준이론의 지박령' 참조)
1445) 11.3.3. '영과 혼이 각자 윤회하는 표준이론' 중 '윤회의 주체와 영계 정보' 참조
1446) 고급 멘탈계에 있는 자아의 차원으로 고양되어 완전한 의식을 성취하면 그 후부터 그는 항상 모든 인생들을 기억할 수 있으며 진화의 매 시점에서 의식적으로 자신의 여러 저급체들을 인도할 수 있다(리드비터, 「신지학대의」 제5장 자아와 그 매체들 참조). 전생을 기억해 내려면 먼저 그의 현생을 출생 시까지 거슬러 올라간 다음 다시 에고가 육신을 입고 내려오는 단계까지 거꾸로 추적하여야 하고 이윽고 멘탈계의 높은 차원에 있는 에고의 상태에까지 도달하여야 한다. 꼬리를 물고 윤회하는 전생을 절대적으로 확실하게 추적할 수 있는 방법은 이 방법밖에는 없다(리드비터, 「투시」 제7장 시간투시 참조). 그러나 신지학의 이 논리로는 경험과 지혜만 넘겨받고 나머지는 체와 함께 모두 하계에 버리고 영계까지 다녀온 인간모나드의 경우에는 그가 어찌 전생기억을 가지는지 설명하기 어렵다.(미주 273 '신지학의 환생논리' 참조)
1447) "前生을 알고 싶다면 현생을 보라. 來生을 알고 싶어도 현생을 보라."(法句經)

9.5.3. 변성의식 상태와 영혼육

수면 이외에도 의식이 변형된 상태가 많다. 이를 변성(變性)의식 상태라고 하는데 여기에는 자각몽, 최면, 유체이탈, 근사체험, 접신, 빙의 등 다양한 상태가 있다. 여러 트랜스 상태에서 영혼육의 상태는 어찌 되는지 살펴본다. 표를 통해 변성의식시의 영혼육과 그 기억장치의 상태를 조망해 보면 이미 거론한 표준이론의 다음 결론들을 다시 확인할 수 있다.

1) 혼을 구성하는 기는 크게 생기와 정기 그리고 양기로 구분된다. 생기는 몸의 장기에 스며들어 혼의 장기를 구성하여 생기체가 되며, 정기는 정신체를 구성한다. 양기는 정기가 변화한 것으로 양심체를 구성하는데 정신체와 양심체는 합하여 '마음'을 이룬다.

2) 생기체와 마음체(윤회혼)는 서로 합하여 이승혼을 구성하는데, 하도 밀접히 연결되어 살아서는 분리가 어렵다. 사망 시 윤회혼이 먼저 몸을 떠나고 생기체는 몇 시간 또는 며칠, 심지어는 몇십 년씩도 몸에 남아있다. 죽음에 준하는 근사체험(近死體驗)은 他力에 의하여 마음체가 생기체를 두고 몸을 떠나 혼계에 갔다가 돌아오는 경험이고, 유체이탈은 주로 自力으로 마음체가 몸을 벗어나서 몸의 주위나 제법 먼 곳에 다녀오는 현상이다.1448) 이는 살아서는 분리될 수 없는 마음체와 생기체가 분리되는 현상이니 예사로운 일이 아니다.

3) 마음의 이드와 에고, 양심체 그리고 靈 모두 다 자아의 주체가 될 수 있으나 보통 어느 것의 세력이 큰가에 따라 자아의 수준이 다르다. 그리고 기억장소 또한 몸뇌, 혼뇌, 영뇌로 여럿이 있다. 몸뇌의 기억력은 한계가 있으나1449) 혼과 영의 기억력은 100%이며 망각이라는 것도 없다.

1448) 그러나 표준이론에서 마음체가 유체이탈을 통해 심령계에 다녀올 수 있다고 생각하지 않는다. 이는 신지학이나 여러 심령학관련 이론들과는 크게 다른 의견이다(5.5.10. '신지학의 저승관', 미주 218 '신지학의 형제단과 대스승 그리고 그 제자' 참조). 베르나르 베르베르의 「타나토노트」류의 소설은 신지학출판사의 책인 셈이다.
1449) 두뇌는 수면 중 경험 및 감정 등의 외부 정보 정리를 정리한다는 것이 뇌의학의 정설이다(뇌신경휴식설). 수면을 통하여 일상에서 겪은 일 중 필요한 것과 불필요한 것을 분류하여 장기 기억으로 전환시키거나 지워버린다고 주장한다.

	의식의 상태	혼과 영 분리여부	사용하는 주 기억장소	몸뇌 (覺性度)	영	혼	
						마음체	생기체
1	몸뇌의식	비분리	몸뇌	각성	활성	활성	활성
2	숙면	비분리 (분리)	혼뇌	非각성	활성(外遊)	(비)활성	반활성 (자율신경)
2'	렘수면	비분리	몸뇌>혼뇌	弱각성	활성	활성	준활성
3	유체이탈	완전분리	혼뇌:영뇌	非각성	활성(관조)	활성	반활성
4	NDE	완전분리	혼뇌:영뇌	非각성	활성(관조)	활성	약활성
5	사망 시	완전분리	혼뇌:영뇌	非각성	활성-1차분리	활성-2차분리	활성-3차분리
6	자각몽	비분리	몸뇌>혼뇌	半각성	활성(관조)	활성	반활성
7 최면	의식최면	비분리	몸뇌	準각성	활성(관조)	활성	활성
	잠재의식최면	비분리	몸뇌>혼뇌	弱각성	활성(관조)	활성	준활성
	혼뇌의식최면	비분리	혼뇌	非각성	활성(관조)	활성	반활성
8	접신	비분리	외부혼: 몸뇌(대등)	準각성	활성(관조)	활성	활성
9	빙의	비분리	외부혼	非각성	활성(관조)	비활성	활성
10	열반	비분리	혼뇌>>몸뇌	半각성	강활성	강활성	약활성
11	명상	비분리	혼뇌>몸뇌	準각성	강활성	강활성	준활성
12	깨어있기	비분리	몸뇌	각성	강활성	활성	활성

4) 영은 항상 활성상태다. 물성이 없으니 피곤할 일도 기억을 정리할 일도 없다. 그러나 트랜스 상태에서 영이 자아의 주체가 아닐 때 어디에서 무슨 일을 하는지 정확히는 알 수 없다. 이는 오랫동안 영혼학의 수수께끼였다. 표준이론에서는 전술한 바와 같이 영은 수면 중 영의 세계에 가거나 이승에서 다른 영을 만나거나 명상(冥想)을 하며[1450] 혼은 몸과 같이 잔다. 다만 이때 혼은 제한적인 유체이탈이 가능하다. 영의 기억장치는 영뇌라고 하였으나 영에게 영뇌가 따로 있어서 그런 것이 아니라 이해하기 편하려고 쓴 말이다. 영에게 뇌가 어디 있겠는가. 영은 그저 사념(思念)이다.

5) 수면 중 영혼육의 상태
혼의 구성요소 중 몸에 가까운 생기체는 자율기능을 통하여 몸의 자율신경을 통제하여야 하므로 수면 중에도 항상 깨어있고 마음체(윤회혼)는 물성(物性) 또는 기

[1450] 물론 자연과학교(敎)에서 그런 것은 없고, 있다 하더라도 같이 잔다고 하지만 자연과학교의 교설(敎說)은 역사가 증명하듯 그 수명이 매우 짧다.

타 이유로 잠을 자는데 렘수면 상태가 되면 마음체가 먼저 깨어나고 몸뇌도 이어서 깨어나기 시작하며 이때 꾸는 꿈의 일부가 몸뇌에 기억된다. 대부분의 꿈은 영이 아닌 혼이 꾸는 것이다. 꿈의 기억은 몸의 뇌에도 일부 반영(反影)되어 기억되는데 몸뇌의 각성이 덜하면 기억력이 약하고 기억되더라도 대부분 잠재기억에 저장된다. 이때 혼뇌에 전사(傳寫)된 혼의 전생기억이 꿈으로 나타나면[239) 간혹 몸뇌가 이를 기억할 수 있다. 이것이 전생의 기억이다. 사람들은 보통 이런 꿈을 언젠가 듣고 보았던 이야기나 영화에서 본 기억의 잔재가 변형되어 나타난 꿈으로 치고 신경 쓰지 않는다. 다행이다.

6) 유체이탈 중 영혼육의 상태

표준이론으로 보면 유체이탈의 주체는 혼의 마음체다. 마음체가 몸을 벗어나서 주로 몸의 주위나 이승의 어느 곳에 다녀오는 현상이다.1451) 유체이탈한 마음체1452)가 나타날 경우 주변 온도가 내려간다거나 개나 고양이들이 민감하게 반응하거나 사람들의 눈에 보이기도 한다고 한다. 이는 이 출현물이 물성이 강한 종류의 것임을 의미한다. 살아있는 사람도 어느 장소를 구체적으로 상상함으로써 유체이탈하여 출현물이 되어 그 장소에 나타날 수 있다는 주장도 있다.1453)
이때 영은 확실하지는 않으나 몸에 남아 관조하는 것으로 보인다.

1451) 리사 윌리엄스는 유체이탈체험을 아스트랄 여행이라고 한다. 이는 신지학적 표현이다. 신지학에서는 멘탈계 여행도 있고 코잘계 여행도 있다. 그러나 통틀어 보통 astral projection이라고 부른다. 그러나 리사는 신지학과 달리 혼이 아스트랄로 이루어져 있다고 단순히 생각하는 듯하다. 한편 리사는 사람은 누구나 수면 중 유체이탈을 경험하지만 유체이탈 중에 이를 의식하지 못하며 유체이탈 이후에도 이를 거의 기억하지 못한다고 한다(리사 윌리엄스, 「죽음 이후의 또 다른 삶」, 33쪽). 또 리사는 혼이 유체이탈을 하더라도 빛나는 베일 넘어서는 못 간다고 한다. 따라서 아스트랄계 여행을 하는 산 자의 혼은 흰빛 너머에 있는 '소울메이트와 영혼의 가족 그리고 주인도령과 그 팀원을 만나는 만남의 장소'에는 가지 못한다(173쪽). 리사에게 다층적 저승론은 없다. 그에게 저승은 모두 아스트랄계다. 그런데 베일은 흰빛 이전에 있다. 그렇다면 리사의 아스트랄 여행의 범위는 표준이론의 그것과 비슷하다.
1452) 1. 출현물이라고도 한다(칼 베커, 「죽음의 체험」, 92, 94쪽 등).
2. 칼 베커(Carl B. Becker 1951~)는 시카고 출생으로 일본 교토대학 교수이다. 1980년 미국에서 국제임사연구회를 설립했고 1981년 하와이 대학 동서센터에서 종교철학 박사학위를 취득했다. 1982년 유체이탈 연구(Religious and Psychological Research)로 최고의 논문에 수여하는 미국의 애쉬비 상(Ashby Prize)을 수상한 바 있으며 저서로는 '기독교-역사와 사상', '뇌사와 장기이식' 등이 있다. 미국인이지만 주로 일본에서 연구활동을 하였으며 일본 불교 정토종의 신자다. 저서 「죽음의 체험」은 1990년대 초반에 저술되어 한국에는 2007년에 번역되어 소개되었는데 최근의 연구결과를 많이 수록하였으며 정토불교가 근사체험 문제에 있어서 최근의 연구와 너무 닮아있다는 면을 보여주었고, 나아가서 티베트불교(금강불교)의 사자의 서를 현대적 근사체험 연구결과와 적절히 비교하며 해설하고 있다.
1453) 1. 칼 베커, 「죽음의 체험」, 101쪽
2. 자신의 감각기관과 사고기관, 다시 말해 '관찰자'를 거의 무한대의 속도로 원하는 목적지에 쏘아 보낼 수 있다. 또 "감각기관인 아스트랄체와 사고기관인 멘탈체 그리고 직관기능의 인과체 셋이 합쳐 '정신'이 되고 보통 이를 '영혼'이라고 부른다."(이차크 벤토프, 「우주심과 정신물리학」) 여기서 벤토프의 '관찰자'는 표준이론의 '혼'이다. 그에게 인과체(원인체)는 영이니 영은 빼고 혼만 간다는 말이다.

7) 근사체험(近死體驗) 시 영혼육의 상태
근사체험은 마음체가 생기체를 두고 몸을 떠나 혼의 저승에 갔다 돌아오는 경험이다. 유체이탈과는 달리 근사체험 시 마음체는 흰빛 너머 자기 수준에 맞는 저승에 다녀온다. 이때 영은 몸에 남아 관조하고 있으니 이는 혼이 돌아올 것을 알기 때문이다. 여기에 이르러 영이 몸 죽을 때를 왜 모르겠는가. 유체이탈과 마찬가지로 근사체험 후 이를 기억하는 사람은 더욱 찾기 어렵다.1454)

8) 사망 시 영혼육의 상태
사망하면 보통 영이 먼저 떠나가고 이어 魂(윤회혼)이 飛하고 다시 魄(생기체)이 散한다.1455) 혼비(魂飛) 후 백산(魄散)한다. 혼이 나가고 나서 생기체가 나가기 전의 상태가 오래 지속되면 식물인간(植物人間)이 된다.

9) 자각몽 시 영혼육의 상태
렘수면과 달리 자각몽 시에는 몸뇌가 혼뇌보다 더 활성화되어 있는 것으로 보인다. 의식을 어느 정도 유지한 채 수면상태에 들기 때문이다. 그러나 자각몽 시 렘수면 뇌파를 보이는 것으로 보아 이를 빼고 전체적으로 렘 상태와 같다.

10) 최면 시 영혼육의 상태
현대 뇌의학에서도 최면은 많은 부분이 아직도 미지의 세계다. 그러나 표준이론의 영혼육에 대한 지식으로 최면의 행태를 보아 최면상태의 정체를 해부해 볼 수 있다. 최면은 몸과 영, 혼이 모두 또는 부분적으로 깨어있으나 혼의 정신이 외부 명령 한 가지에 집중되어 다른 사고기능이 정지된 특이한 트랜스상태다. 언급한 바와 같이 트랜스상태에는 혼뇌에 기억된 내용이 몸뇌로 또는 외부로 직접 새어 나오기 쉽다. 이때 영은 활성화되어 있으나 스스로 필요하지 않으면 드러내지 않는 관조상태다.1456)

의식의 종류를 감안하여 최면을 세 가지로 나눌 수 있다. 전술한 '의식과 기억과의 관계표'를 최면에 적용해 보자.1457)

1454) 1. 여러 의견이 있으나 의학적으로 사망판정을 받았다가 되살아난 사람의 10% 정도만 임사체험을 기억하는 것으로 알려져 있다. 대부분의 사망판정자는 임사체험을 할 것이나 그 체험기억이 몸뇌에 반영(反影)되지 못했기 때문으로 보인다.
2. 의학의 발전으로 사망판정을 받았다가 살아난 사람은 20세기 들어 급속히 증가하였다. 이 또한 섭리다.
1455) 던킨 맥두걸 박사의 '영혼의 무게 실험'에서도 사망자의 몸무게가 두 번에 걸쳐서 감소하거나 다시 증가하였다가 감소하는 행태를 보이는데 이는 혼과 생기체가 서로 달리 움직이는 것을 의미하는 것일 수 있다.
1456) 11.2. '최면에 대하여' 참조
1457) 6.12. '의식상태별 혼의 활동' 참조

표준이론	몸뇌의식				혼뇌의식			
	현재의식	잠재의식			주혼의식		종혼의식	
		전의식	종혼의식	병리의식				
기억구분 1458)	몸뇌의 현재 기억	몸뇌의 잠재기억			현생 기억	전생 기억	현생 기억	전생 기억
프로이트	의식	전의식	무의식					

의식과 기억 간의 관계

(1) 현재의식 상태의 최면
엄밀히 말하면 몸뇌는 이때 반의식상태다. 시술자의 명령에만 집중하여 인식의 범위가 제한적이 되니 이를 반의식상태라고 하여야 할 것이다. 최면에서 깨어나더라도 최면 시의 기억이 생생하다.

(2) 잠재의식 상태의 최면
이는 몸뇌의 현재기억에서는 사라졌으나 잠재기억 속에 남아있는 기억을 사용하는 의식상태. 최면에서 깨어나면 최면의 기억과 최면 당시 사용하였던 잠재기억이 현재기억에 반영되어 최면이 깬 후에도 남아있을 수 있다. 이때 잠재기억 속에 있던 배태초에 혼뇌로부터 반영된 전생기억의 파편이 드러나 퇴행최면이 발생할 수 있다.

(3) 혼뇌의식 상태의 최면
몸의 현재의식과 잠재의식은 잠자고 혼뇌가 활성화된 상태로서 여기에서 나오는 기억들은 혼뇌의 것이다.1459) 제대로 된 전생의 기억이 나타나는 퇴행최면은 대부분 이 단계인데 구현하기 어려운 최면이다. 최면에서 깨어나면 아무것도 기억할 수 없다.

최면상태는 위 세 가지 의식상태 중 하나이거나 또는 두 가지 이상의 상태가 섞인 것으로 볼 수 있다.

1458) 마이클 뉴턴은 기억을 의식적인 기억과 불멸의 기억 그리고 신성한 기억 세 가지로 분류한다. 각각 몸뇌기억과 혼뇌기억 그리고 영화(靈火)의 기억이다. 그는 퇴행최면의 전문가답게 기억과 의식간의 관계를 표준이론과 유사하게 파악하고 있으나 '영기육(靈氣肉) 삼원론자'로서 생기체가 '몸의 마음'의 기반이라고 하면서 생기체를 기억의 주체인 독립적 의식체이자 必死의 존재로 파악하고 있다. 또 잠재기억에 대한 아이디어도 없다. 나아가 모든 의식이 기억에서 연원한다는 기계론에 빠져 영감(靈感)이 신성한 기억에서 연원한다고 한다.(마이클 뉴턴 「영혼들의 운명1」, e150쪽 참조)
1459) 혼뇌는 두뇌의 현재기억과 잠재기억 그리고 여기에서 지워진 모든 기억까지 생생히 가지고 있다.

11) 접신, 빙의와 영혼육의 상태

접신하는 무당과 빙의하는 영매는 다르다. 접신은 무당의 현재의식이 뚜렷하게 있는 상태이고 빙의는 영매의 현재의식이 비켜나고 영적 존재의 의식이 들어온 상태로 깨고 나면 영매는 그 상황을 기억할 수가 없다. 즉 접신과 빙의의 차이는 무속인의 현재의식이 깨어서 기억할 수 있는가 아니면 마비되어 기억할 수 없는가이다.尾240)

(12) 삼매의 최고상태인 불교의 열반(涅槃)은 깨어나고 나서도 열반에서의 경험과 의식내용을 당연히 기억한다. 그러나 열반상태에서는 신체의 감각을 거의 느끼지 못한다고 한다. 이는 열반에 이르지 못한 깊은 삼매의 경우도 마찬가지다. 또 열반으로 얻는 아라한의 경지는 혼뇌의 전생기억까지 각성시키는 수준이라고 한다. 이러한 진술들을 종합해 보면 열반 시 몸뇌도 사용하지만 혼뇌를 훨씬 더 많이 사용하는 것이 아닌가 한다. 깊은 명상 때에도 혼뇌의 사용이 많을 것이나 그것보다 더 많다는 말이다. 또 일반적인 숙면상태에서는 몸도 자고 혼도 자기 때문에 혼은 몸의 자극을 잘 느끼지 못한다. 그러나 열반상태에서는 혼의 각성이 극도로 생생함에도 몸의 감각은 못 느낀다 하니 몸뇌는 적적(寂寂)한 반각성상태이고 혼뇌는 전생의 기억까지 드러날 정도로 성성(惺惺)하다는 사실을 의미한다. 그러니 혼뇌의 전생기억까지 드러남으로 인하여 숙명통을 얻게 된다는 것이 아니겠는가. 그러나 몸뇌가 半각성 상태라서 열반에서 깨어난 후 생생한 전생기억이 남기는 어려울 것이다. 이러한 열반은 은총이 없이는 체험할 수 없는 지극한 경지이니 진인사대천명(盡人事待天命)하는 자세가 반드시 필요하다.1460)

1460) 1. 미주 231 '의식의 상태와 뇌파' 참조
2. 열반은 「영혼의 성」에서 데레사 성녀가 말하는 5~7단계의 궁방과 비견할 수 있다. 표준이론은 이를 영화(靈化)의 단계로 본다.

10

기(氣)에 대하여

빅뱅으로 에너지가 $E=MC^2$에 따라 대량의 물질을 쏟아 내어 우주가 생성되었으니 기가 물질의 시원(始元)이 되려면 에너지는 기의 일종이거나 기로부터 연원(淵源)하여야 한다. 과연 기운이니 열기니 하는 단어에 에너지의 기(氣)적인 성격이 드러나 있다. 기에는 종류가 많고 에너지는 그러한 기의 일종이며 에너지는 기답게 질량이 있다. 어쨌든 기의 일종인 에너지가 질(質)을 만들고 질은 물(物)을 구성하여 이로써 물질(物質)이 생성되고 만물이 탄생하니 과연 기가 세상만물의 질료라는 말은 맞겠다. 이는 표준이론의 다음 진술과 일치한다. "氣의 에너지가 일부 빅뱅하여 물질과 시공간이 만들어졌다."

10. 기(氣)에 대하여

10.1. 氣란 무엇인가

표준이론은 전장(前章)들을 통해 기의 실체를 충분히 밝혔다. 본장에서는 이를 종합하고 또한 미진한 부분을 채우려는 담론을 더해 볼까 한다.

국어사전을 보면 기(氣)란 '활동하는 힘' 또는 '숨 쉴 때 나오는 기운'이라고 풀이되어 있다. 또 동양철학의 용어로 '만물 생성의 근원이 되는 힘으로서 이(理)에 대응되어 물질적인 바탕을 이룬다.1461)'라고 설명하고 있다. 또 기공학(氣功學)에서 기는 '만물 또는 우주를 구성하는 기본요소로 물질의 근원 및 본질을 말한다'고 한다.1462)

중국의 가장 오래된 史書인 「설문해자(設文解字)」는 기를 운기(雲氣), 즉 구름이라고 그 뜻을 풀고 있는데, 은주(殷周)시대 이전부터 기는 바람이나 구름을 포함한 기상(氣象)을 나타내는 말로 쓰였기 때문이다.1463)
이후 도가(道家)에서는 도(道)가 만물의 근원 또는 보편적 존재로 상정된다. 즉 道는 태허요 원기(元氣)이니 여기에서 기가 시원(道生一)한다.1464) 이후 도가에서 氣는 점차 생명이나 자연에 대한 근본적인 의문을 해명할 수 있는 철학적 개념으로 발전하게 되었고, 나아가 인간을 포함한 만물의 생성과 변화를 '氣'의 집(集, 聚, 伸, 來)과 산(散, 屈, 往)으로 설명하게 되었다.

1461) 표준국어대사전, 기(氣) 참조
1462) 이현수, 「기철학연구」, 48쪽
1463) 고래(古來)로 기상과 계절의 변화를 나타내는 천기(天氣)와, 땅의 기운인 지기(地氣)가 결합하여 식물이 생장하고, 동물은 식물의 생명력을 소화·흡수의 과정을 거쳐 활동력으로 삼는다고 생각했다. 기는 이처럼 생태계 일반을 두루 관통하고 있는 우주적 생명력이었다. 인간의 생명 역시 기의 흐름이었다. 그것이 피의 순환과 연관된다고 보아 혈기(血氣)라 했고, 호흡과 관련하여서는 기식(氣息)이라 했다.
1464) 1. 고대 중국의 철학에서 우주 창조 이전의 원소로 생각하고 있는 것이 '기(氣)'다. 하늘과 땅이 분리되기 전, 아무것도 없는 세계에 기가 충만해져 천지가 나누어지고, 점차 모든 사물이 생겨나기 시작했다는 것이다. 말하자면, 인간을 비롯한 자연계의 모든 것을 생성시킨 생명과 물질의 동적 에너지가 바로 '기'이다(마노 다카야, 「도교의 신들」, 천지창조의 에너지원 '기').
2. 道家에서 만물의 근원 또는 보편적 존재로서 상정하는 도(道)를 표준이론의 창조주로 보면 도에서 기가 나왔으니 창조주로부터 생명에너지인 기(氣)가 발출되었다는 표준이론의 생각이 도가에서도 통한다.

한(漢)시대에는 기가 음과 양의 성질을 가지고 있으며 기가 오행을 만든다는 음양오행(陰陽五行)의 기이론이 전개되었다. 기를 세계의 始原으로 간주하고 기의 운동으로 인간과 하늘, 땅, 그 밖의 모든 사물의 발생, 발전, 소멸 과정을 설명하였고 우주 자연의 운행, 천문 지리, 그리고 양생(養生)의학 및 길흉화복과 관련되는 일상생활에까지 기를 적용하여 설명한 것이다. 송대(宋代)의 주희에 이르러 기는 '자연과 인간의 존재를 구성하는 물질적 요소'로까지 이해되었다.

기의 이러한 개념은 의학에도 도입되어 기는 선천지기(先天之氣, 元氣)와 후천지기(後天之氣, 眞氣)로 나뉘고 선천지기는 태반을 통하여 생겨나고 후천지기는 태어난 뒤에 호흡의 기와 음식물에서 받는 기가 합쳐져서 생기는 것으로 이해되었다. 우리나라의 동의보감(東醫寶鑑)에서도 기는 몸 안팎을 돌면서 생명을 영위하고 항상성을 유지시키며 사람의 몸을 구성하는 精氣神의 근본으로서 기가 정과 신1465)의 원천이라고 하였다. 또 매일매일 생명 활동을 가능하게 하는 기는 사람이 먹는 음식물의 영양분으로부터 직접적으로 얻는데1466) 그런 이유로 기(氣) 자에는 '기운 기(气)' 자에 '쌀 미(米)' 자가 들어 있다. 또한 부모로부터 품수한 기본지기(基本之氣)로서 생명활동의 원동력이 되는 기를 원기(元氣)라고 하고 호흡(呼吸)과 수곡(水穀)의 기가 합쳐져서 흉중(胸中)에서 폐의 호흡과 심장의 혈액운행을 촉진하는 기를 종기(宗氣), 그리고 양(陽)의 기로서 혈맥 밖에서 몸의 겉 부분에 들어오는 병적 요소를 방어하고 몸을 온양(溫養)하는 기능을 하는 기를 위기(衛氣), 음(陰)의 기로서 혈맥 안에서 몸의 영양을 돕는 기능을 하는 기를 영기(營氣)라고 하였다. 또 기의 생리적 기능으로는

1) 기의 활력(活力)에 기인한 인체의 생장, 기관의 생리활동, 혈액과 진액(津液)의 생성과 운행, 배설작용을 주관하는 추동(推動)작용
2) 기의 에너지 성질로 인한 체온 유지기능을 주관하는 온후(溫煦)작용
3) 전신의 피부를 보호하여 육음(六陰) 등 사기(邪氣)의 침범을 막는 방어(防禦)작용
4) 혈액, 땀, 오줌, 침, 위액, 정액 등의 분비와 배설량을 통제하여 그 유실을 막는 고섭(固攝)작용
5) 음식물을 수곡정기(水穀精氣)로, 수곡정기를 다시 기와 혈로 변환(化生)시키는

1465) 한의학에서 정(精)은 정력(精力)이나 정액(精液)이고 신(神)은 마음이다. 생명력인 정력도 이를 용(用)하는 마음도 다 기에서 연원한다.
1466) 한의학에서는 음식물을 통해 위에 들어온 영양분을 폐에 전해 주면, 오장육부가 모두 기를 받게 된다. 오곡의 기를 고루 펴져 나가 살갗을 데워 주고 몸을 충실히 하며 털을 윤기 나게 하는 것이 마치 안개와 이슬이 풀을 축여주는 것과 같다고 표현한다. 이러한 식의 표현은 營養素의 존재를 모르고 한 말이지만 현대에 와서도 이 말이 틀리지 않은 이유는 영양소가 물질적으로는 에너지원이고 신체의 구성 요소이지만 영양소와 함께하는 무형의 생명력인 기에 포커스를 맞추면 여전히 맞는 말이기 때문이다.

기화(氣化)작용이 있다.1467)

음식물 못지않게 중요한 기의 흡수원은 호흡이다.1468) 사람에게 기보다 소중한 것은 없으며 기를 운용하는데 숨을 내쉬고 들이쉬는 것보다 우선하는 방법은 없다. 죽은 기운을 내뱉고 산 기운을 들이마시는 것이다. 사람이 생명을 받은 처음에는 태속에서 어머니를 통해서 호흡한다. 태어나서 탯줄을 끊으면 기의 기운이 배꼽 밑에 모여 단전(丹田)을 이룬다. 그래서 동의보감은 "만일 하늘의 법도에 따라 호흡하고 그 기를 몸 안에 오래 돌리면, 몸 안의 신(神)이 집중되고 숨이 안정되어 신묘한 변화를 일으킨다. 그리하여 몸 안에 단(丹)을 만들 수 있고 장생을 기약할 수 있게 된다."라고 설명한다.

요즈음은 지기(地氣)가 유행이다. 소위 어싱(earthing, 接地)이다. 맨발로 땅을 밟으면 지압(指壓) 효과뿐 아니라 음의 전하를 띤 자유전자가 몸에 흡수되어 건강에 좋다는 주장이다. 그런데 어싱 과정에서 전류가 측정되지도 않으며 자유전자가 흡수된다고 하여도 어싱이 가져오는 건강증진 효과가 자유전자에 기인한다고 보기는 어려우니 전후 기작을 보아 흡수되는 것은 자유전자가 아니라 땅의 地氣임을 금방 알 수 있다. 그런데 지기가 그처럼 건강에 좋다하니 새삼스럽다.

10.1.1. 氣의 성질

1) 氣는 우리 주변에 항상 존재하지만 눈에 보이지 않는다.
2) 氣는 우리의 삶에 알게 모르게 큰 영향력을 행사한다.
3) 氣가 넉넉하고 풍족하면 우리의 몸과 삶에 긍정적인 작용을 한다. 반대로 부족하면 부정적인 작용을 한다.
4) 氣가 좋은 곳에 머무를 때는 몸과 마음이 좋은 영향을 받지만, 기가 나쁜 곳에 머무를 때는 몸과 마음이 나쁜 영향을 받는다. 좋은 곳이란 예컨대 風水에서 말하는 명당(明堂) 같은 곳이다.
5) 氣는 한곳에 머무르지 않고 물처럼 흘러 다닌다.1469) 따라서 그 흘러 다니는

1467) 이현수, 「기철학연구」, 380~383쪽 참조
1468) 신지학에서 氣는 힌두의 용어를 빌려 프라나(prana)라고 한다. 신지학자 포웰은 다음과 같이 말한다. "프라나는 육체가 사용하는 생명호흡, 즉 우주적인 생명호흡의 일부이다. 프라나가 없다면 하나의 실체로 작용하는 통합적인 전체로서의 육체는 존재할 수 없으며 육체는 독립된 세포들의 집합 이상은 아무 것도 아닐 것이다. 프라나는 이들 세포들을 연결하여 하나의 복잡한 전체로 결합시킨다."(포웰, 「에테르체」 1장)
1469) 上善若水인 것처럼 上善若氣이다.

氣를 한 곳에 붙잡아 둘 수도 있다. 반면에 氣는 어떤 요인에 의해 모이기도 하고, 흩어지기도 한다.

6) 氣는 사람에 따라 느끼는 사람도 있고 느끼지 못하는 사람도 있다.1470)

7) 氣는 물질이다. 육에 스며 생기(精)를 주고 마음(神)의 구성원소가 된다.

8) 氣에는 종류가 많다. 몸에 스미는 기는 生氣인데 생기도 오장 육부마다 스미는 기가 다르니 이도 오행(五行)의 이치에 따른다.

9) 氣는 사람끼리 서로 주고받는다. 외단(外丹)이나 기치료(氣治療)는 이러한 기의 성질을 이용한 것이다.

10) 氣는 몸처럼 다스릴 수 있다. 이를 위한 테크닉이 각종 기수련이며 대부분의 명상기법에서도 이를 이용한다.

11) 생명체가 죽으면 기는 몸에서 빠져나와 일부는 흩어진다. 이를 魄이라고 한다. 흩어지지 않는 기는 魂이라고 한다.

12) 높은 질서를 갖추고 있는 하나의 조직체는 사용 가능한 에너지를 소모시키면서 무질서 상태로 내려가려는 일반적인 경향을 가진다. 이를 '엔트로피 증가(增加)의 법칙'이라고 하며 물질계에 해당되는 법칙이다. 氣 또한 물질처럼 물성을 지녔으나 물질과는 다르다. 가장 큰 차이점은, 생명력으로서 기는 무질서한 상태로 내려가려는 물질과는 달리 그 경향이 반대라는 것이다. 다시 말해 '엔트로피 감소(減少)'의 법칙이 작용한다. 물질의 무질서를 조직하여 방향성을 주고 생명체로 발전하게 하는 힘은 생명력인 기가 가지는 기본적인 속성이다. 생명력의 꽃은 인간이고 그 열매는 문명(文明)이다.1471)

13) 광물에도 기가 있다.尾241) 이것이 모인 카리스마(charisma)가 호연지기(浩然之氣)1472)요 그 생명력이 모인 것이 정령(精靈, 애니마)이다.

14) 물리적인 큰 변화가 있기 전에 기의 움직임이 크게 일어난다. 이를 예감이라고 하며 기감을 느끼는 것이다. 어떤 동물들은 이 감각이 특히 예민하다.1473)

1470) 기감(氣感)이란 사물이 지니고 있는 고유한 생기나 각종 에너지 파장을 몸으로 느끼는 것이다. 명상이나 기수련을 해보면 이를 쉽게 느낄 수 있다. 이를 신비현상으로 알고 그 지도자를 신앙하는 일이 잦은데 氣感은 感氣이니 감기약을 주는 약사를 신앙하는 꼴이다. 氣感은 내가 기를 느끼는 것이고 感氣는 기가 나를 범하는 것일 뿐이다.
(youtu.be/_Balzio0sKo?list=PLjwTn8SRX2mYoow6_yyG-gKymHaNJlhZU 도문기공 기감 참조)

1471) 또는 엔트로피가 감소하기 위해 계는 열려 있어야 하고 계의 외부에서 그 열린 곳을 통하여 일(work) 즉 '영적설계에 의한 기의 작용'이 있어야 한다. 진화는 '영적설계에 의한 기의 작용'의 다른 말이다.

1472) 맹자(孟子)에서 비롯한 말로 '온 세상에 가득 찬 넓고 큰 기운'이다. 사람이 이를 받으면 '세상에 꺼릴 것이 없는 크고 넓은 도덕적 용기'가 된다. 안으로 스스로를 닦고 밖으로 대자연을 숨 쉬면 얻게 된다. 그러나 도의에 어긋난 일을 하면 곧 사라지고 만다. 정치(政治)의 시작은 浩然之氣일 수 있으나 그 끝은 대부분 邪氣다.

1473) 어떤 동물들은 지진이나 홍수, 가뭄, 산사태, 심지어 파선(破船)이 일어날 것을 미리 감지하고 피신한다. 쥐, 뱀, 족제비, 지네, 코끼리, 표범, 원숭이, 영양, 까마귀, 두꺼비, 비둘기 등 여러 동물들이 지진

10.1.2. 氣의 종류

인간사 곳곳에 기의 존재와 종류, 역할을 암시하는 용례는 수도 없이 많다. 이러한 기를 종류별로 구분하기란 아직은 불가능하다. 영영 불가능할지도 모른다. 우주 만물이 모두 기의 형용이라 그 하나하나가 기의 종(種)이요 류(類)이거늘 어찌 구분이 가당하랴. 그러나 기의 막강함과 막대함을 보이려 예로부터 기를 여러 가지로 구분하여 왔으니 그중 하나1474)를 예시하면

1) 공기 관련 기(氣體, 氣象, 氣候, 氣溫, 氣壓)
2) 인간 심리 관련 기(勇氣, 氣像, 氣分, 怒氣, 氣色, 狂氣, 客氣, 氣品)
3) 물질의 성질 관련 기(穀氣, 濕氣, 火氣. 氣質, 地氣, 水脈派)
4) 생명현상과 관련된 기(生氣, 滯氣, 血氣, 元氣, 氣力, 性氣와 性力1475))
5) 예술품이나 글씨, 인물의 품격을 나타내는 기(氣運, 文氣, 書氣, 氣像, 氣勢, 浩然之氣)1476) 등으로 구분할 수 있겠다.

기의 존재와 종류, 역할을 암시하는 용례를 좀 더 자세히 구분해 보면

1) 원기(元氣), 일기(一氣), 태허(太虛), 태극(太極) 등 '우주의 근본원리 또는 물질의 始原으로서의 기'
2) 운동에너지, 위치에너지, 전기에너지, 빛에너지 등 각종 '물리적 에너지로서의 기'
3) 물리적 에너지가 변한 '물질로서의 기'
4) 생기, 혈기, 精氣, 氣功, 단전의 기, 性氣 등 '생명력으로서의 기'1477)
5) 생명의 진화과정에서 나타나는 생기체(生氣體), 즉 육의 오장육부에 스민 '혼의 장기(臟器)로서 기'

이 일어나기 전에 보이는 이상반응들은 이미 많이 알려져 있다. 이를 설명하는 이론에는 동물들은 지진파 중 속도가 빠른 P파를 미리 감지하여 행동한다는 의견, 지진이 일어나기 6시간 전쯤 지표면에 강한 중력이 작용하여 암석에 일어나는 전기를 동물들이 감지한다는 의견 등이 있으나 큰 사건이 일어나기 전에는 커다란 기의 움직임이 먼저 발생하고 기감을 느끼는 감각(제6감)이 발달한 동물들이 이를 감지하는 것이 아닐까 한다. 사람들은 이를 보통 예감이나 불길한 기운이라고 한다.

1474) 기독교 신비주의자인 점성학자인 맥스 하인델(Max Heindel 1865~1919)은 서양의 기인 에테르를 '화학적 에테르', '생명력의 에테르', '빛의 에테르', '정신적 에테르' 4가지로 구분하였다.
1475) 性力은 티베트 탄트라불교에서 性氣를 오용한 대표적인 사례다. 性氣는 성욕을 물질적으로 매개하는 기다. 혼의 성욕은 경락을 통한 기의 흐름을 불러일으키며 이는 신체의 성 관련 기관을 발동시킨다. 性感帶는 특화된 성기관이다.
1476) 이종란, 「기란 무엇인가」, 16쪽~30쪽 참조
1477) 이러한 기를 인정하는 생각을 생기론(生氣論, vitalism)이라고 한다(미주 10 '범심론, 애니미즘, 물활론, 생기론, 범신론, 물신숭배, 유심론, 조상숭배' 참조).

6) 기운(氣運)1478), 기상(氣像), 기세(氣勢), 카리스마, 내공, 노기(怒氣), 기색(氣色), 광기, 객기(客氣) 등 '정신적 에너지로서의 기'
7) 투시(透視), 텔레파시, 예지(豫知), 염력 같은 '초감각적 지각(extrasensory perception)에너지로서의 기'
8) 성령이나 은총으로 나타나는 '성(聖)스러운 기'
9) 섭리, 무, 공, 법신 등 '條理로서의 기'
10) '삼혼설의 혼'1479)이나 '지박령으로서의 기'
11) 곡기, 습기, 화기, 호연지기, 지기, 산세, 수맥파1480) 등 '물질에 스며 있는 기'
12) 문기(文氣), 서기(書氣), 예기(藝氣), 호부(護符) 등 '만든 사람의 기운이 서린 기'
13) 기체, 기상, 기후, 기온 등 '공기(air)로서의 기'1481)

10.1.3. 氣의 속성

10.1.3.1. 성욕과 기

성욕은 몸의 욕구인가 혼의 욕구인가. 성욕은 당연히 몸과 혼의 양쪽에서 발하는 욕구다.1482) 혼 쪽에서는 주로 하위정신체인 이드에서 나온다. 몸은 종족보존을 위해 강력한 성욕을 갖지만 혼은 무슨 이유로 성욕을 갖는가? 여러 가지 이유가 있다.

1) 혼이 氣로 구성되어 있기 때문이다. 기덩어리인 혼은 기를 섭취하며 자라기 때문에 그 본성으로 '다른 氣와의 교접'을 바란다.
2) 혼이 가지는 업 때문이다. 멀리는 각혼 시절의 동물적 본능(獸性)으로서 업(소위 原罪)이 있고 가깝게는 전생과 금생에 쌓은 性的인 업이 있다.
3) 혼은 생혼과 각혼 시절의 '그룹혼의 추억'으로 인해 '다른 魂과의 교접'을 갈구

1478) 氣運은 '어떤 일이 벌어지려고 하는 분위기'로 순우리말인 '생물이 살아 움직이는 힘'으로서의 '기운'과는 다르다. 그러나 기운에도 氣의 뜻이 새겨져 있다. 기가 기운 氣 字로 보이지 않는가?
1479) 생혼, 각혼, 지혼(영혼)
1480) 서양풍수로 불리는 수맥은 지하수의 흐름에 동반되는 기의 흐름이다.
1481) 공기 자체는 기가 아니다. 물질에 스미듯 공기 중에 기가 스며 있는 것뿐이다. 그러나 수곡(水穀) 중의 기와 함께 공기 중의 기는 호흡을 통하여 인체에 기를 공급하고 있고 공기라는 말 중에 기(氣)가 포함되어 있는 등(영어의 air와 서양의 기인 ether는 모두 하늘 상층부 신들의 세계를 뜻하는 그리스어 aither에서 나왔다) 공기와 기는 여러 가지로 각별지간이라 기의 종류에 포함하였다. 그러나 과학적으로 공기의 정체가 밝혀지기 이전에는 공기 자체를 기의 한 형태로 안 것은 사실이다. 태허설(太虛說)을 주장한 서경덕(1489~1546)도 부채질할 때 일어나는 바람의 선행적 존재가 바로 기라고 하였다.
1482) 1. 성욕은 혼과 육체 간의 起因도가 6:4다(6.3.3.2. '욕망' 참조).
2. 곰이나 백로, 거북이, 호랑이처럼 단독생활을 하는 동물도 많다. 그들은 발정기가 아니면 단독생활을 한다. 군혼이 왜 그럴까? 이는 군혼차원에서 진화를 위해 선택한 성욕구현의 한 가지 방법일 것이다.

한다.
4) 전술한바 이기적 지혼에게 번식촉진용으로 제공된 장치로서의 오르가슴에 지적으로 탐닉하기 때문이다.

이처럼 성욕은 혼의 당연한 본성이다. 혼의 이러한 본성은 사회성의 원인이 되기도 한다. 더구나 혼이 복합(複合)혼 출신이라면 직전 생에 하나의 혼이 아니라 여러 사람의 혼이 섞인 혼이었던 연유로 다른 사람과의 교제를 더욱 절실히 필요로 한다. 이는 어린 시절에 왕따를 두려워하고 무리를 지어야 편했던 이유이기도 하다. 단일혼(單一魂) 심지어 영속혼(永續魂)이나 혼영(魂靈)이라 하더라도 '융'의 집단무의식이 말해주듯 집단혼 시절의 추억은 잊지 못한다. 그러나 위 이유에서 보듯 혼의 성욕은 원죄적이다. 따라서 이는 영화(靈化)의 과정에서 극복하여야 할 숙제이고 범하는 경우 대부분 죄의식이나 수치심을 느끼며 그것은 생래적이다.

10.1.3.2. 다양한 종류의 기

氣는 기계에 電氣가 들어오듯 유기체에 스며들어 생명을 주어 움직이게 하고, 몸이 자라듯 자란다. 또한 생명체는 음식으로 호흡으로 피부로 각종 氣를 흡수하여 자체 소비도 하고 다른 생명체에게 나눠도 준다. 여러 원소가 모여 기관이 되고 기관이 모여 몸이 되듯 氣도 물질이라 여러 종류의 氣가 있고 이들이 모여 생기체도 구성하고 정신체로 가서는 勇氣도 되고 人氣, 神氣가 되며 殺氣도 狂氣도 되고 氣骨도 되고 기운, 氣像, 精氣, 良氣가 되어 마음을 이룬다.
한편 육체 중 가장 조악한 형태의 기는 생기체를 구성하는 기이고 다음은 생기체를 타고 흐르는 생기(生氣)이며 이후 하위정신체와 상위정신체 그리고 양심체로 갈수록 정묘한 기로 이루어졌다고 볼 수 있다. 그러나 이는 혼이 영과 달리 물성이 있다는 면에서 이해되어야지 신지학처럼 그것들이 서로 구분되어 뭉쳐 일정한 구조와 기능을 하여 별개의 신체를 구성하는 것은 생기체에 그친다.

그런데 이러한 기 또는 그것으로 구성된 체의 무게는 얼마나 되는가? 맥두걸 박사의 실험(6.8. '혼의 물성' 참조)에서 혼의 무게는 21g으로 나타난 것으로 보아 기의 무게는 극히 적을 것으로 본다. 그러나 강령회에서 영매의 몸에서 빠져나와 각종 물리현상을 일으키는 엑토플라즘(ectoplasm) 역시 기의 일종이라고 주장되는데 그 무게가 무려 16~25kg에 달한다. 그러나 엑토플라즘은 극히 일부의 기와 대부분의 유기물로 구성되는 것으로 보여 기왕의 의견에 반하지는 않는다.尾242)

10.1.3.3. 기형(氣型)

우리는, 누구누구는 그릇이 크네 작네 하며 기의 크기를 그릇에 비유하며 사람마다 그 크기가 다르다고 한다. 이처럼 기는 사람마다 세고 약함이 있고 그 세기는 건강과도 밀접한 관련이 있다. 또 '센 氣'가 '약한 氣'를 만나면 氣죽이고 여러 사람 앞에서는 카리스마(charisma)를 부린다. 이는 기의 세기가 기본적으로 차이가 나서 그런 이유도 있지만 어느 기는 어느 기에게 유독 취약해서 그런 경우가 더 많다. 여기에는 그가 AB형 기라서 O형 기에게 특히 약하다는 식의 '말 못 할 이유'가 있다. 또 유독 누구는 이유 없이 싫은 경우가 있다. 그의 기와 기형(氣型)이 안 맞는 경우다. 첫눈에 서로 반했다는 것이나 궁합(宮合), 오행(五行)[1483], 사상(四象) 심지어 알러지(Allergy)나 질병, 음식의 기호 따위도 모두 이 기형(氣型)과 관련 있으며 패거리를 짓거나 왕따를 시키는 것도 이와 무관하지 않다.[1484] 또 한국 사람은 한반도에서 나는 음식을 먹어야 건강하다며 신토불이(身土不二)를 외친다. 이는 신토일기(身土一氣)라는 말과 같다. 身과 土의 기형이 서로 같다는 말이다.

유유상종(類類相從)이라는 말은 비슷한 종류의 기는 서로 통한다는 말이다. 비슷한 기를 가진 사람을 만나면 서로 끌리고 쉽게 서로 사귀면서 기를 교환한다.[1485] 이를 고운 정이라고 한다. 다른 기를 가진 사람도 같이 있다 보면 서로 기를 교환하여 정이 든다. 이를 미운 정이라고 한다. 그러나 정이 들지 않은 사람도 있다. 주로 상반된 기를 가진 사람이다.

또 사람들 간에는 안정거리(stable distance)라는 것이 있다. 육체적으로도 사람

1483) 오행간의 상생상극 관계를 보면 목생화(木生火)나 화생토(火生土)처럼 누기 누구를 도와주는 관계가 있고 목극토(木剋土)나 토극수(土剋水)처럼 서로 배척하는 관계가 있다고 한다. 이는 생기체의 장기를 형성하는 기의 종류와도 연결시키는 주장을 만들기도 한다(3.3.3.1. '혼의 구성체' 참조).
1484) 사람의 혼은 대부분 수십억 오랜 세월의 군혼생활에서 독립하여 개체성을 확보한, 즉 '劇的인 진화'를 성취한 지가 얼마 안 된다. 이때 확보한 개체성은 이기심과 자존심을 불러온다. 그룹혼으로부터 독립한 개체는 인드라망(因陀羅網, indra jala)의 구슬이지만 망은 안 보고 홀로 선 구슬만 서로 봄으로써 이기심과 자존심만 커나간다. 그렇지만 다른 편으로 혼은 군혼시절에 대한 향수 또는 습관으로, 집단을 이루고 조직에 소속되어야 안정감을 찾는다. 수준이 낮은 혼일수록 그렇다.
1485) 1. 서경대 전수길 교수는 기형을 주파수(周波數)로 표현한다. "인간에게는 라디오나 TV처럼 주파수가 있으며 채널을 바꾸듯 관심(마음)을 집중시키면 타인과 무언의 교감이 이루어진다. 첫눈에 반하는 사람들은 주파수가 정확히 일치하는 경우이며, 공연히 싫은 사람은 주파수가 다른 사람이다. 침 시술 시에도 시술자와 환자가 서로 인연이 있고 마음이 잘 맞아야 효과적이다."(전수길, 「내 몸에 흐르는 기를 찾아서」 67쪽)
2. 기공(氣功) 치료 시에도 시술자와 피시술자의 기의 성질이 다르기 때문에 어떤 사람의 기는 치유가 되고 어떤 사람의 기는 치유가 되지 않는다고 한다.
(akcahealing.modoo.at/?link=63mg3x68, 안산기치료센터 참조)

은 자기 주위에 자기만의 영역을 확보하려 할 뿐 아니라 혼적으로도 같은 심리가 있다. 개체성 때문이다. 그러나 혼은 자기와 궁합이 맞는 기형을 가진 상대방을 갈구하기도 하고 자기에게는 없는 새로운 기형을 가진 혼을 좋아하기도 한다. 그러나 다른 기가 너무 자주 가까이 다가오면 그 기는 매력을 잃는다. 그래서 연애에서뿐만 아니라 모든 인간관계에서는 이를 감안하여 적절한 거리를 찾고 그것을 유지하려는 노력이 필요하다.[1486]

기형(氣型)은 인연(因緣)의 원인이기도 하다. 이를 기연(氣緣)이라고 하자. 기연으로 인하여 혼은 서로 업을 풀고 덕을 쌓는 관계가 되기도 하고 업만 더 쌓는 관계가 되기도 한다. 기연으로 인연이 맺어지면 이제 연기(緣起)의 법이 가동된다. 전생의 인연을 알아보는 것도 기형 때문일지 모르겠다.

기형은 사람뿐 아니라 동식물이나 광물에도 있을 수 있다. 의학박사인 오무라 요시아키가 1977년경에 고안한 오링테스트는 기형이 맞거나 맞지 않은 경우에 그것에 대해 상이한 반응을 보임으로서 나타나는 현상일 가능성이 높다. 이는 모든 유정(有情)과 무정(無情)에 기형이 있음을 시사한다.

10.1.3.4. 혼을 構成하는 氣 사이의 조화

혼은 기가 만나서 하나의 혼이 된 것이다. 혼이 외부적으로 겉궁합인 기형(氣型)이 있는 것처럼 내부적으로 속궁합이 있어 혼을 구성하는 기 사이에도 기형이 다르다. 그 構成하는 氣 간에 궁합이 안 맞아 조화를 이루지 못하면 그 혼은 결속력도 약하고 발전과 진화도 이루기 힘들다. 결국은 분열되거나 소멸될 가능성이 크다. 따라서 氣는 서로 맞는 氣가 있어 끌리고 조화가 되면 그 혼은 단일혼 나아가 영속혼으로 발전할 가능성이 커진다. 어느 사람의 기형은 이처럼 혼을 구성하는 여러 기의 대표기형(代表氣型)이다.

10.1.3.5. 활력과 기력

몸의 힘은 活力(vitality)이고 혼의 힘은 氣力(vigor, mental vitality)이다. 활력과

[1486] 혼들은 개체성과 군집성 양자 간의 균형을 찾으려 한다. 이것이 혼들 간에 관습적으로 성립된 '불가근불가원(不可近不可遠)'의 원칙이자 안정거리(stable distance)다. 혼들은 "너무 가까우면 서로의 가시에 찔리고, 너무 멀어지면 온기를 느낄 수 없는 '고슴도치의 딜레마'처럼 육체적, 정신적으로 안전한 거리를 찾아 유지하려고 한다."

기력은 상호작용 한다. 어느 하나가 부족하면 다른 것으로 보충하지만 그것마저 떨어지면 결국 병이 든다. 활력이 부족하면 몸이 쉬 병들고 기력이 부족하면 혼에 병이 온다.

기력은 육체의 음식물과 공기 중에서 흡수한다. 기는 주로 에너지 기와 생기(生氣) 그리고 정기(精氣) 형태의 기로 흡수한다. 에너지의 기를 생기나 정기로 가공하기도 한다. 음식물에서의 기의 흡수는 몸의 소화기에 대응하는 생기체의 장기에서 이루어지며 공기 중의 기는 호흡기에 대응하는 생기체의 장기나 피부 등을 통하여 흡수된다. 흡수된 기의 대사(代謝)는 영양분이 대사되는 경로를 통하기도 하지만 별도의 기 대사시스템인 기맥(氣脈)을 통한다. 한의학의 무형(無形)장기로서 육장(六臟) 중 하나인 심포(心包)나 육부(六腑) 중 하나인 삼초(三焦)는 기의 순환을 통제하는 기의 장기일 수도 있다.

10.1.3.6. 유령 나뭇잎현상, 환영현상, 아우라

키를리안 사진기를 통해 기를 찍을 수 있다는 것은 기가 물질임을 뜻한다. 나뭇잎을 한쪽을 잘라내고 사진을 찍으면, 잘라내 없어진 부분도 함께 찍혀 나오는 소위 '유령 나뭇잎(Phantom Leaf)현상[1487]'이 나타난다. 이때 찍히는 것은 기로 만들어진 혼의 장기인 생기체(生氣體)다. 몸의 모든 장기에는 거기에 해당하는 기의 장기가 같이 있으며 이것이 이어지면 몸의 형태가 된다.

四肢를 잘라낸 후에도 없어진 부분의 통증이 생생하게 느껴지는 환상 사지(Phantom limb)에 의한 환상통(幻想痛)도 같은 기작에 의한 것으로 보인다.

예로부터 성인(聖人)의 몸 둘레에는 아우라[243]라고 불리는 광휘(光輝)가 둘러싸여 있다고 하였다. 아우라는 인체, 특히 생기체로부터 발산되는 氣이며 키를리안 사진기로 촬영될 수 있으며 Walter Kilner의 디시아닌(Dicyanin) 스크린[1488]으

[1487] 1. 키를리안 사진은 1939년 러시아의 전기공이었던 세묜 키를리안(Semyon Davidovich Kirlian 1898~1978)이 우연히 발견했다. 살짝 떨어진 두 전극 사이에 고전압을 걸었을 때 생기는 코로나 방전현상을 이용한 사진이다. 키를리안 사진기로 인체나 어떤 물체를 촬영해 보면 우리가 눈으로 볼 때는 없었던 빛이나 파장 등이 나타난다.
2. '유령 나뭇잎현상'은 키를리안 사진기의 이러한 기능에 의해 발견되었다. 과학敎에서는 이 빛이 기(氣)나 아우라(Aura)가 아니라 코로나 방전이라고 한다. 그러나 코로나 방전은 키를리안 사진기의 원리이지 남아있는 잎사귀 부분과 사라지고 없는 잎사귀 부분 간에 일어나는 현상은 아니다. 따라서 그들은 유령현상에 대해서는 아무런 설명을 못한다. 다만 유령현상을 과학적으로 설명하라고 강변할 뿐이다. 그리고 과학적으로 설명하면 그것은 자연과학이 아니라고 한다. 그들의 경전(經典)에 없다는 것이다.
3. 1960년대 초반 이후 Kirlian은 소련 정부의 공식적 지지하에 시설이 완비된 연구실을 제공받았고 그의 첫 번째 과학 논문은 1961년 Russian Journal of Scientific and Applied Photography에 발표되었으며 이후 소련 전역의 과학 기관에서 Kirlian 사진 작업을 시작했다(wikipedia, 'Semyon Kirlian' 등 참조).

로도 관찰될 수 있다. 신지학에서는 생기체외에도 아스트랄체와 멘탈체 등 인간이 가진 여러 체는 모두 고유한 아우라를 가진다고 한다. 또 평균적인 사람은 신체의 주위 2.5~3m에 걸쳐서 아우라가 감싸고 있으며 아우라는 색이 있고 그 사람의 자아 水準을 나타낼 수도 있다고 한다.

이처럼 기(氣)는 사진으로도 찍히고 특수안경을 사용하여 관찰할 수도 있으며 오랜 옛날부터 아우라라는 이름으로 그 모습이 포착되기도 하였다. 이는 생기체나 아우라가 모두 물질이며 인체를 구성하는 기의 체(氣體)임을 보여준다. 오늘날 기는 대체의학의 기반이 되고 최근에는 양자의학(파동의학)의 주요 주제가 되었다.1489)

10.1.3.7. 기의 물성과 규모

기는 세상 도처에 퍼져 있거나 뭉쳐있다. 일반 물성을 가지지는 않았으나 무게가 있고 세상에 존재하는 그 양은 어마어마하다. 생명에너지인 기의 에너지 부분 일부가 뭉쳐 물질이 되었고 그간의 관계식이 엠시스퀘어(MC^2)이므로 현재 우주의 물질을 모두 에너지화 한다면 얼마나 큰 에너지가 생기겠는가.1490)
또 우주에서 물질이 차지하는 비율이 5%에 불과하고 나머지가 암흑물질과 암흑에너지임을 감안하면 태허(太虛)의 크기는 짐작하기조차 어렵다.1491)

1488) 영국의 의료전기 기술자인 월터 킬네르(Walter John Kilner 1847~1920)는 1911년 아우라에 대한 최초의 서양 의학 연구를 통해 인간의 에너지 장인 아우라는 건강과 기분의 지표라고 주장하며 아우라를 관찰하기 위해 디시아닌(dicyanin) 염료를 사용한 '킬네르 스크린'을 개발하였다. 그러나 영국의학저널(BMJ)은 킬네르의 아우라가 순수한 물리적 현상이라는 증거는 없다고 평가절하하였다. 그의 연구는 신지학자 포웰에 의해 그의 저서 「에테르체」에 제21장으로 자세히 수록되었다. 현재 '킬네르 스크린'은 Aura Goggles라는 이름으로 판매되고 있다.
1489) 이섭백, 「마음과 몸과 영혼의 통합자연치유」, 148쪽
1490) 1. 방사성원소 1그램을 에너지화하면 100와트 전구를 2,800만 년 밝힐 수 있다고 한다.
2. 기의 에너지 부분이 물질화되고 그 남은 생명부분은 물질로 변한 거기에 잠재하거나 자연에 유출되어 생기와 정기가 되고 다시 그것들이 응축되고 정련되어 혼이 되었다면(3.2.1. '표준이론의 영과 혼의 기원(起源)' 참조) 물질에 응축된 에너지의 량을 감안할 때 혼에 응축된 생명력의 어마어마한 크기를 가늠할 수 있다. 하물며 생명력의 에센스인 靈火와 혼 중의 혼인 知魂은 어떠하랴. 2,000억 개의 은하(물질)로 구성된 우주의 규모와 그 사이의 공간이 품은 스무 배의 암흑물질과 암흑에너지를 감안하면 지혼 하나가 품은 생명력을 물질로 환산하면 태양계 같은 행성계 하나에 해당할 수 있겠다. 따라서 지혼 하나가 태허로 돌아가 기화한다면 그 생명력을 품기 위해 태양계 하나 정도의 행성계가 모두 에너지로 분해되어야 할 것이다. 방사성원소 1그램으로 100와트 전구를 2,800만 년 밝힌다면 태양계가 품은 에너지 량은 얼마이고 그에 해당하는 생명력의 크기는 도대체 얼마 만큼이냐. 당신의 생명의 크기는 태양계와 맞먹고 당신이 빛이 된다면 전 우주를 수천만 년 밝힐 것이다.
1491) 우주의 5%는 물질과 에너지이고 나머지는 암흑물질이 25% 암흑에너지가 70%이다.

10.1.3.8. 암흑물질과 암흑에너지

물질은 중력, 전자기력, 약력, 강력의 네 가지 힘으로 상호작용 하는데 이 중 암흑물질에 작용하는 힘은 중력뿐이라고 한다. 그렇다면 암흑물질도 물성을 가진 것인가? 암흑물질도 질량이 있으니 중력의 영향을 받을 것이다. 그러나 질량이 없다고 물질이 아닌 것은 아니다. 질량은 물질이 가질 수 있는 여러 성질 중 하나일 뿐이다. 광자처럼 물질이지만 에너지를 실어 나를 뿐 질량은 0인 물질도 있다.[1492] 이처럼 질량이 없는 물질도 있는데 암흑물질은 중력이 작용하는 질량마저 있으니 물질임이 분명하다. 모든 물질은 기의 변형일 뿐이라는 의미에서도 암흑물질과 암흑에너지[미244]는 당연히 기이지만, 이를 떠나서 이 둘은 아직 물질화하지 않은 기의 어떤 형태일 가능성이 매우 크다.

10.2. 기와 관련된 실험들

그렉 브레이든[1493]은 그의 저서 「디바인 매트릭스」를 통해 여러 가지 물리적 실험의 결과를 들어 기(氣)가 의식(意識)의 시원(始元)이자 물질의 원형(元型)이라고 주장하고 있다.

1) 광양자를 둘로 나누어 서로 다른 방향으로 보내어도 둘은 한 몸처럼 같은 행동을 한다.[1494] 덴마크의 양자물리학자 닐스 보어(Niels Bohr)는 이를 '거리 초월 현상'이라 명명했다. 표준이론에서는 물질로서 최소단위인 전자나 양성자 같은 미립자에도 기(氣)가 있고 또한 기는 생명력이기 때문에, 미립자가 나뉘어도 아직 나뉘지 않은 기로 인해 나타난 현상이라고 해석한다. 미립자도 의식(원인의식)이

1492) 광자는 그 정지상태일 때 질량이 0이다.
1493) 그렉 브레이든(Gregg Braden 1954~) 미국 뉴에이지 작가이며, 과학과 영성을 연결하는 출판물을 많이 내었다.
1494) 1. 1997년의 제네바대학의 실험(그렉 브레이든, 「디바인 매트릭스」, 78쪽)
2. 전통적 양자역학은 이를 양자얽힘이라고 하고 비국소성(nonlocality)의 원리로 설명한다. 브레이든은 디바인 매트릭스라는 에너지장이 우주를 가득 채워 두 입자 간 의사소통을 가능케 하였고 또 한편 디바인 매트릭스는 홀로그램이기 때문에 매트릭스의 부분 부분에 매트릭스 전체가 담겨 있어서 그런 것이라고 주장한다. 이는 데이비드 봄의(봄의 초양자장) 이론과 이에 기반한 6감론과 같은 주장이다(미주 167 '데이비드 봄의 의식론' 참조).
3. 표준이론은 물질이 원래 기였던 이유와 모든 물질에 기가 스며 있는 이유로 입자가 분리되더라도 하나의 생명으로서의 내부 커뮤니케이션이 당분간은 계속되기 때문으로 본다(미주 209 '양자얽힘과 텔레포테이션 그리고 표준이론' 참조).

있고 비록 입자는 둘로 쪼개졌어도 기인 의식은 아직 분리되지 않은 것이다.1495) 미립자 수준의 기가 이럴 정도이면 그 상위 물질들은 어떻겠는가. 1993년 미 육군성의 실험에 의하면 인간에게서 추출된 DNA는 그 주인과 수백 킬로를 떨어져 있어도 그 주인의 감정 변화에 동조한다고 한다.1496)

2) 러시아 과학아카데미의 양자 생물학자 블라디미르 포포닌 박사는 1995년 DNA에 레이저를 비추어 스크린에 독특한 파장을 얻었는데 DNA가 치워진 이후에도 파장은 거기에 남아있었다는 DNA유령효과(The DNA Phantom Effect) 실험을 하였다. 이는 죽은 사람의 유품에서 생전의 그를 느낄 수 있는 이유다. 유품에 남아있는 그의 체취는 냄새가 아니라 그의 DNA의 고유한 파장인 것이다1497). 또 포포닌은 진공 튜브 안에 무질서하게 들어 있던 광자들이 튜브 안에 사람의 DNA 샘플을 넣자 즉시 독특한 배열을 하였다고 하는데 이 또한 DNA기의 강력한 파장이 광자의 기와 소통한 것으로 해석할 수 있다.

3) 1991년 캘리포니아의 심장과학연구소1498)는 심장을 둘러싼 도넛 모양의 에너지 장이 신체 밖으로까지 뻗어 있다는 것을 발견하였다.1499) 또한 같은 연구소는 인간 DNA를 유리 비이커에 따로 담고 일관된 감정(coherent emotion)이라고 알려진 강력한 감정 형태에 노출시킨 결과 감정이 DNA의 형태를 변화시킨 사실을 확인하였다. 이로 인해 DNA는 외부에서의 물리적 작용 없이는 태어날 때 얻은 상태 그대로일 것이라는 통념이 무너졌다. 이러한 결과는 양자역학에서 이미 예측된 것이다. 저 유명한 이중슬릿실험에서 나타난 '관찰자효과'가 그것이다. 관찰자의 의식이 입자(粒子)에 스며있는 기의 원인의식에 영향력을 행사하여 파동성을 배제하고 입자(粒子)로 행동하게 한 것이다.1500)

1495) 광물단계의 기는 五根이 없어 불교의 6식수준의 의식은 없지만, '의식의 가능성'은 가지고 있다. 광물단계의 意識을 '원인의식'이라고 하자. 광물의 의식은 '의식의 가능성'으로서 '원인의식'일 뿐 아직 의식이나 의지라고 할 수 없다. 의식의 발현을 위해 생명력은 오랜 진화 끝에 물질적 감각기관을 구현하였다. 그러니 의식다운 의식은 각혼 수준이 되어야 나타나며 특히 자의식은 지혼이 되어야 생긴다.
1496) 전게서, 99쪽
1497) 1. 전게서 95쪽 참조. 이는 전술한 키를리안 사진기의 '유령나뭇잎 현상'을 다른 형태로 확인한 것에 불과하다.
2. 또한 시계나 사진 등 특정인의 소유물에 손을 대어, 소유자에 관한 정보를 읽어 내는 심령적인 행위인 사이코메트리(psychometry, 探痕능력)와 유사한 현상이다.
1498) 심장과학연구소(HeartMath Institute, www.heartmath.org)는 1991년에 설립되어 과학적으로 검증된 도구를 개발하여 사람들이 스트레스를 줄이고 평화, 만족도 및 즐거움을 증가시키는 일을 하고 있다. HeartMath 연구소의 연구에 따르면, 일상 활동에 '마음(Heart)'을 추가하면 우리 자신과 다른 사람의 복지에 큰 도움이 된다고 한다.
1499) 전게서, 102쪽 참조. 이러한 전자기적 에너지장은 원환체(圓環體) 형태를 띠며, 지름이 1.5~2.5 미터 정도이다. 이것이 '아우라'나 인도의 氣인 '프라나'의 실체다.

사람은 음식물의 섭취 없이 기(氣)만 먹고 살 수도 있다. 원래 모든 사람은 음식물을 통해 영양분뿐 아니라 생명력인 기도 흡수한다. 기는 영양분과 달리 공기(空氣)에서도, 햇빛을 통해서도 흡수된다. 공기에는 기가 만재(滿載)한 법이고 햇빛 또한 빛에너지뿐 아니라 기도 가지고 있기 때문이다.

사람은 혈관을 통해 세포에 에너지원으로 영양분을 공급하는 '신진대사(新陳代謝) 시스템'을 가지고 있다. 신체에는 '신진대사 시스템' 이외에도 여러 가지 경로를 통하여 흡수한 기(氣)를 직접 기의 세포에 공급하는 시스템인 '기 대사시스템'이 별도로 있다. 기맥(氣脈)이 바로 기의 혈관이요, 기혈(氣穴)이 기가 모이는 센터이다. 영양소의 에너지가 아니라 생명력 자체인 기로 신체에 에너지를 공급하는 것이다. 물론 그렇게 되기 위해서는 '기 대사시스템'을 잘 발달시켜야 한다는 전제가 붙는다.1501)

10.3. 기(氣)의 물질화

표준이론은 영과 혼의 기원을 설명하면서 다음과 같이 이야기한다.1502)

1) 태초에 하느님의 '氣'가 있었다. 기는 하느님의 생명에너지다.
2) '氣'의 '에너지'가 일부 빅뱅하여 물질과 시공간이 만들어졌다.
3) 물질과 氣의 생명력이 화합하여 물질은 유기물이 되었고 유기물이 진화하여 유기체(有機體)가 되었다.1503)

1500) 관찰을 위해서 필요한 빛이나 전자, X-선과 같은 매개입자가 관측 대상을 변화시키기 때문이라는 의견도 있다. 그러나 매개입자가 없는 관찰의 경우에도 관찰자효과는 나타난다(12.4.1. '명상이란?' 참조).
1501) 1. 도교의 수련술로서 내단학은 곡기(穀氣)를 끊고 생기(生氣)로만 육체를 꾸려 양신(陽神)하는 것이 목표이다.
2. 티베트불교에서 가장 유명한 밀라레빠(Milarepa 1052~1135)의 세 번째 툴쿠인 '따르센'은 바위와 돌의 정기를 먹고 건강을 유지한다는 '쭐렌'으로 5년의 은둔생활을 보냈다고 한다(「월간 산」 2021년 6월호, 티베트 낭첸의 밀교 은둔수행).
3. 독일의 테레제 노이만(Therese Neumann 1898~1962)은 1923년 이후부터 매일 조그만 성체 하나를 삼키는 것 외에는 음식과 물을 일체 먹지 않았다고 한다. "정말 그래요. 내가 지금 지구 위에 있는 이유들 중 하나는 사람이 음식으로만 사는 것이 아니고, 보이지 않는 하느님의 빛으로 살 수 있음을 증명하는 것입니다."(파라마한사 요가난다, 「요가난다, 영혼의 자서전」, 39장 성흔을 지닌 사람 테레사 뉴먼)
1502) 3.2.1. '표준이론의 영과 혼의 기원' 참조
1503) 신지학에서도 이와 매우 유사한 주장을 한다. "'제2로고스의 에너지'가 물질계 화학 원소들의 원소간 결합이 가능하도록 하여 광물계가 출현한 후 여기에 '제2로고스의 생명'이 작용하여 광물계부터 상승하여 식물계, 동물계를 차례로 창조한다고 한다."(8.18.3.3. '신지학의 주요 교의' 참조)

기의 물질화는 다음과 같이 여러 종교와 사상에서 찾아볼 수 있다.

우선 인도 육파철학 중 하나인 삼키아(Samkhya)는 "프라크리티에 푸루샤가 작용하여 만물이 생성되는데 프라크리티는 기이고 푸루샤는 영이다. 프라크리티는 이 과정에서 육과 카마로 이루어진 육체와 마나스와 붓디라는 정신체를 만들어 낸다."라고 한다. 이러한 생각을 표준이론식으로 해석하면 "기에서 탄생한 육체와 생기체는 진화하여 정신체와 양심체를 만들어 낸다. 여기에 영이 깃들면 영혼육으로 구성된 사람이 된다."이다. 결국 삼키아학파의 창조론은 푸루샤와 프라크리티가 二元이며 푸루샤가 하느님의 영화(靈火)가 아니라 영(아트만)인 점을 제외하면 기의 물질화와 생명화에 대한 생각은 표준이론과 꽤 유사하다.1504)

무시무종(無始無終)의 종교인 불교에도 기의 물질화를 유추할 수 있는 교설이 있다. 불교의 우주는 힌두에서 유래한 우주주기론을 가지고 있다.1505) 즉 불교의 우주는 성주괴공(成住壞空)의 네 단계를 반복한다. 우주의 생성은 성겁(成劫)1506) 때 이루어진다. 이후 번성하는 주겁을 지나 괴겁을 거치며 우주가 괴멸되고 다시 겁의 세월 동안 공겁이 진행되다가 이후 다시 중생들의 업력(業力)에 의해 허공에 바람이 불기 시작하며 그 바람에서 풍륜(風輪)과 수륜(水輪) 그리고 금륜(金輪)이 생기고 이윽고 거기에서 수미산이 솟는다고 한다. 여기에서 업력이 푸루샤(Purusha)라면 허공의 바람은 프라크리티로 볼 수 있다. 그렇다면 週期論이긴 하지만 불교의 창조론도 삼키아의 '氣의 우주론' 형태를 띤다.1507)

도가(道家) 또한 전형적인 기시원(氣始元)이다.1508) 道(太虛. 元氣)에서 비롯한

1504) 8.6.3. '힌두철학 삼키아학파의 인간론' 참조
1505) 12.6. '여러 사상에 나타나는 우주주기론' 참조
1506) 태초의 우주에는 중생들의 業力이 있었다. 그에 따라 허공에 바람이 불기 시작하여 風輪이 생긴다. 이 풍륜 위에 구름이 일어나며, 또다시 水輪이 생긴다. 이 수륜 위에 다시 바람이 일어나 金輪을 생기게 한다. 금륜 위에 수미산이 솟고, 이것을 중심으로 하여 그 주위에 일곱 산이 생긴다. 이들 산과 산 사이에 물이 고여 여덟 바다가 생기는데 수미산 부근의 일곱 산 사이에 생긴 바다를 內海라고 하며, 그들과 바깥 세계와의 사이에 생긴 바다를 外海라고 한다. 이 외해 속에 四大洲가 있어서 수미산의 동서남북에 위치한다. 우리가 현재 살고 있는 세계(지구)는 수미산의 남쪽 섬부주(贍部洲)이다. 우주의 중앙에 있는 수미산은 절반이 물에 잠겨 있고, 그 위가 지상으로 솟아있는데, 해와 달, 별들이 수미산을 싸고 허공을 맴돈다.
1507) 불교의 우주 창조론은 "괴겁이 되면 업으로 진아에 붙어 있던 혼의 분신이, 성겁이 되어 진아가 다시 프라크리티에 작용할 때 프라크리티로 체를 만들어 입고 부활한다."라는 사라스와티의 주기론과도 상통한다(미주 196 '사라스와티의 창조론' 참조). 다 같은 기원을 가졌으니 당연하다.
1508) 기(氣)는 우주에 충만하는 미물질로서 원자와는 다르며, Gas상(像)으로 연속되어서 분할할 수 없다. 만물을 형성하며 그에 생명, 활력을 주는 에너지로 정의된다. 이미 관자(管子) 내업편(內業篇)에 기(氣)가 천지를 유동해서 오곡이나 별이 되는 모습이 묘사되어 있다. 기는 끊임없는 운동 중에 있으며, 응집하면 물질이 형성되고, 그 응집이 확산하면 그 물체가 소멸된다고 하는 것도 장자(莊子) 지북유편에 보인다.

기1509)가 음양과 오행의 이치에 의하여 해도 되고 달도 되고 물도 되고 불도 되고 사람도 되고 식물도 되며 마음과 몸을 이루기도 한다. 그리고 때가 되면 기는 흩어져서 다시 태허로 돌아간다.1510)

신지학자(神智學者) 엘리스 베일리도 이야기한다. "모든 것은 기(氣)이며, 정신과 물질 그리고 그것들 사이를 중재하는 영혼의 힘이 기의 형태들이다. 그러한 기는 자체로서 삶이다. 근본적인 기로부터 일곱 빛줄기가 발생하여 그것들을 기초로 인간 생활의 진화와 경이로운 전체 세계가 이루어진다. 우주적 단계에 있어서 기의 일곱 광선이 행성들과 항성들의 창조력이 된다. 소우주의 단계에서 그것들은 사람의 육체와 영혼 그리고 정신의 구조를 조정하는 창조력이다."1511)

「신과 나눈 이야기」의 저자인 월쉬도 같은 이야기를 한다. "생명은 순수 에너지며, 이 에너지는 쉼 없이 항상 진동하고, 파동으로 움직인다. 그 파동은 다양한 빛을 낳고, 다양한 물체들을 낳는다. 그 물체들은 서로 다르고 구별된다. 하지만 그것을 낳은 에너지는 어느 것이나 똑같다. 에너지는 만물을 이루는 재질이고, 존재하는 전부다." 표준이론식으로 이야기하면 "생명이 본질은 생명에너지인 기(氣)이며 기는 변화하여 빛도 되고 물질도 되며 또 물질에 스며들어 생명체를 낳기도 하는데 물질은 화합하여 여러 물체를 낳고 생명체는 진화하여 다양한 수준의 혼을 낳는다. 하지만 모든 것의 시원은 생명에너지인 기이다."

인도의 요기 파라마한사 요가난다는 "인간의 감각적 자극은 물질을 구성하는 양자1512)의 진동의 차이에 의해서 만들어진다. 또, 지각(知覺)들은 인도식 기(氣)의 표현인 '프라나'가 관장한다. 능력 있는 요기는 요가 테크닉을 통해 자신의 기를

하늘은 가벼운 기, 땅은 무거운 기가 각각 나누어져 생긴 것이다(종교학대사전).
1509) 도가에서는 만물의 근원인 도(道)에서 氣가 나온다(道生一)(10.1. '氣란 무엇인가' 참조). 道 자체가 元氣인 것이다. 이 원기가 태허다. 원기의 명칭은 학문과 사상에 따라 태허(太虛)·태화(太和)·일기(一氣)·신기(神氣)·담일청허지기(湛一淸虛之氣)·지기(至氣)·태극(太極) 등 다양하게 표현된다.
1510) 1. 이종란, 「기란 무엇인가」, 64쪽
2. 조선조의 서경덕(1489~1546) 또한 '태허설(太虛說)'에서 우주공간에 충만하여 있는 원기(元氣)를 형이상학적인 대상으로 삼고, 그 기(氣)의 본질을 횡거(橫渠)를 좇아 태허라 하였으며 "세계는 담일무형(湛一無形)한 기가 모였다 흩어지는 것(聚散)에 불과하지만 기 자체는 없어지지 않는다."라는 기일원론을 주장하였다.
1511) 위키백과, 엘리스 베일리
1512) 양자(量子, quantum)는 더 이상 나눌 수 없는 에너지 또는 물리량의 최소량이다. 물리량이 양자화된다는 것은 물리량이 최소량의 정수배로 이산(離散)값을 갖는다는 개념이다. 이는 물리량이 연속적인 값을 가지며, 0이 아니지만 임의로 작은 값을 가질 수 있다는 고전물리학의 믿음과 배치되는 것으로 이로 인하여 양자물리학이 처음 형성될 시기에 이 양자가설을 받아들이는 데 큰 저항이 있었다. 오늘날 양자 개념은 물리학자들에게 미시세계의 특성을 설명하고 이해하기 위한 근본 골조의 일부로 여겨지고 있다. 양자의 예로 광자(Photon)는 빛의 광양자다(위키백과, 양자 참조).

조율하여 기가 양자의 진동구조를 재배열하도록 하여 물질을 만들어 낸다."라는 말을 하고 있다.1513) 스스로 격을 떨어뜨리는 소설 수준의 진술이지만
1) 기가 육체와 감각을 지배한다는 사실
2) 기에서 물질이 나온다는 사실
3) 물질 안에도 기가 있다는 사실
4) 양자역학의 영향을 받아 최근의 뉴에이지는 대부분 장(場)과 파동(진동)에 기반한 우주론을 구축하고 있다는 사실(fact)을 이야기하고 있다.尾245)

표준이론에서는 기가 물성을 가졌다 하나, 기의 물성은 물질과 다르다. 그러나 기가 물질의 시원(始元)이고 물질에 작용하여 생명체를 일구어 내니 기는 결국 물질과 같다.1514) 기술(旣述)한바 양자물리학자 데이비드 봄은 기(氣)를 초양자장으로 파악하여 초양자장에서 파동, 에너지, 소립자, 물질로 이어지는 우주생성론을 말한다. 또 아인슈타인은 에너지가 $E=MC^2$에 따라 대량의 물질을 쏟아 내어 우주가 생성되었다고 하니 기가 물질의 시원(始元)이 되려면 에너지는 기의 일종이거나 기로부터 연원(淵源)하여야 한다. 과연 기운이니 열기니 하는 단어에 에너지의 기(氣)적인 성격이 드러나 있다. 기에는 종류가 많고 에너지는 그러한 기의 일종이며 에너지는 기답게 질량이 있다. 어쨌든 기의 에너지가 질(質, 場, 波動)을 만들고 질은 물(物, 素粒子)을 구성하며 여기에서 다시 물질(物質)이 생성되고 만물이 탄생하니 과연 기가 세상만물의 질료라는 말은 맞겠다. 이는 표준이론의 다음 진술과 일치한다. "2. 氣의 에너지가 일부 빅뱅하여 물질과 시공간이 만들어졌다."

누구는 모든 기를 에너지로 등치(等値)시킬 수는 없다고 한다. 인간의 심리나 정신적인 기(의기, 사기, 감정, 성격, 즉 마음), 예술품이나 인간의 품격과 관계되는 기 등은 분명 에너지로 볼 수 없기 때문이라고 한다.1515) 전적으로 맞는 말이다. 이는 에너지가 기의 일종이지 기가 에너지의 일종이 아님을 의미한다.

1513) 인간이 반응하는 여러 가지 감각적 자극-촉각, 시각, 미각, 청각, 후각-은 전자(電子)와 양성자(陽性子) 안에 있는 진동의 다양성에 의해서 만들어진다. 또, 그 진동은 프라나 즉 라이프트론에 의해 조절되는데, 프라나는 기본적인 생명에너지로 원자에너지보다 더 미세하며 다섯 가지 지각의 본질들을 관장한다. 허공에서 향기와 과일을 만들어 내는 '간다 바바'는 요가 테크닉을 통해 자신을 생명에너지로 조율하고 있어서 라이프트론이 그 진동구조를 재배열하도록 이끌 수 있었고 원하는 결과물을 만들어낼 수 있었다. 그의 향기와 과일 등의 기적들은 세상의 진동들로 인한 실제적인 물질화였지 최면으로 만들어진 내적인 감각들이 아니었다(파라마한사 요가난다, 「요가난다, 영혼의 자서전」, 김정우 옮김, 5장 향기의 성자 중).
1514) 그것은 마치 하느님께서 자신의 형상대로 사람을 창조하시되 남자와 여자를 창조하신 것(창 1:27)과 같다. 남자의 일부를 취하여 여자를 만들었으나 그 둘은 엄연히 다르고 그 둘이 화합하여 생명을 창조하니 같다.
1515) 이종란, 「기란 무엇인가」, 107쪽 참조

10.4. 성령(聖靈)과 기

히브리어 구약성경에서는 '하느님의 영(성령)'을 루아흐(ruach)로 기록하고 있는데 이는 '호흡, 바람, 숨결, 생기' 등의 의미를 갖는다. 신약에서 성령을 뜻하는 프네우마(pneuma)도 역시 '숨, 호흡, 공기'를 의미하는 고대 그리스 단어다.[1516]

한편 구약성경의 네페쉬(Nephesch)란 단어는 '숨 쉬는 것이나 호흡하는 존재(피조물), 영혼, 생명' 등을 의미하는데 표준이론에서는 혼(魂) 정도를 의미하는 것으로 본다.[1517] 프시케(Psyche)는 구약의 네페쉬에 대응되는 신약의 그리스어로 이 역시 네페쉬와 마찬가지로 본래 '숨'이란 뜻으로 쓰인 단어인데 목숨, 영혼(soul), 마음 등의 뜻으로 다양하게 사용된다.

이처럼 구약과 신약, 즉 히브리어나 그리스어를 통틀어 성령 그리고 사람의 영혼, 동물의 생기나 혼 등을 가리키는 단어는 모두 숨이나 바람을 뜻하는 단어들이기도 하다. 이 단어들은 모두 인간의 생명과 관련하여 사용되면서 인간의 호흡이 생명의 증거이자 곧 사고, 열정의 매개체, 또는 인간의 생기(生氣)임을 가리키고 있다. 특히 '하느님의 숨'은 영기(靈氣)로서 인간은 태어날 때 하느님으로부터 생명이 담겨 있는 하느님의 숨을 받았다. 또 성령은 그 운행하는 모양도 항상 바람이나 숨처럼 나타난다고 표현된다.[1518]

한편 성경의 여러 곳에서 하느님 자체가 靈인 루아흐이거나 아니면 靈과 동역(同役)하고 계신 분으로 나타나고 있는데 그렇다면 성령인 루아흐가 피조물들에게 부여되어 생명력의 원천이 되었으니 하느님은 피조물에게 숨을 통하여 자신과 동일한 품격(品格)을 주신 것이다.[1519]

1516) 1. 이종란, 「기란 무엇인가」, 30쪽 참조
2. NASB 성경에서 프네우마는 하느님의 영 또는 성령(Spirit)의 의미와 숨(breath), 영성(spiritual), 바람(wind), 바람들(winds)의 의미로 쓰이고 있다.
1517) 창세기 2:7에서 하느님은 사람에게는 네페쉬 외에 특별히 '네샤마'를 추가 하셨다. 네샤마 또한 구약에서 루아흐와 비슷한 영적 숨이다(8.2.3.2. '성령과 기독교 인간론' 참조).
1518) "바람이 임의로 불매 네가 그 소리를 들어도 어디서 오며 어디로 가는지 알지 못하나니 성령으로 난 사람은 다 이러하니라."(요한복음 3:8) "오순절날이 이미 이르매 저희가 다 같이 한곳에 모였더니 홀연히 하늘로부터 급하고 강한 바람 같은 소리가 있어 저희 앉은 온 집에 가득하며 불의 혀같이 갈라지는 것이 저희에게 보여 각 사람 위에 임하여 있더라."(사도행전 2:1~3)
1519) 1. 창세기 1:2의 "하느님의 영이 수면 위에 운행하시니라."라는 부분의 하느님의 영도 루아흐다. 또 에스겔서 37:4~5의 "마른 뼈들아, 이 야훼의 말을 들어라. 뼈들에게 주 야훼가 말한다. 내가 너희 속에 숨을 불어넣어 너희를 살리리라."의 숨도 루아흐이다.
2. 김은수는 그의 「비교종교학개론」(141쪽)에서 루아흐가 때로는 기운이나 바람으로 해석됨으로써 도교에서 음과 양의 움직임의 근원인 氣와 一脈相通한다고 주장한다.

이러한 사실들은 표준이론의 다음 진술을 담보한다. "1. 태초에 하느님의 '氣'가 있었다. 기는 하느님의 생명에너지다."

10.5. 호흡과 기

인간은 생명활동에 필요한 기를 천기(天氣) 즉 태양의 기와 지기(地氣)인 음식물에 들어있는 기, 그리고 공기(空氣) 중의 기로 흡수한다. 공기 중의 생기(生氣)를 효율적으로 흡수하려는 방법 중 하나가 요가의 호흡법이다. 요가에서 주장하기로는 숨을 들이쉬면서(吸息) 우주의 생기(生氣)인 프라나(prana)를 섭취하고 숨을 참으며(止息) 그것을 자기화(自己化)한다고 한다. 프라나, 즉 공기 중의 기를 흡수하여 생기체에 영양소로 공급하는 것이다. 프라나는 사고(思考), 행위, 감정 등의 활동에 의해서 소모되는 생명력으로서의 기이므로 사람은 이를 끊임없이 섭취하고 비축해 두어야 한다. 佛家의 참선호흡이나 仙道의 단전호흡도 이와 마찬가지다.

10.6. 여러 종교와 사상에 나타나는 기

원래 기는 고대 중국의 철학에서 우주 창조 이전의 自在원소로 생각하고 있던 것이었다. 하늘과 땅이 분리되기 전, 아무것도 없는 세계에서 이 기가 충만해져 천지가 나누어지고, 점차 모든 사물이 생겨나기 시작했다는 뜻이다. 말하자면, 인간을 비롯한 자연계의 모든 것을 생성시킨 생명과 물질의 동적 에너지가 바로 '기'이다. 이때까지의 기의 개념은 상당히 추상적이었는데, 전국(戰國) 시대에 공자(孔子 BC 551~479)는 혈기(血氣)[1520]를 거론하여 기의 개념이 당시에 이미 성숙함을 드러냈고 맹자(孟子 BC 372~289)가 '호연지기(浩然之氣)'를 이야기하면서부터 기는 구체적인 이미지를 가진 사상적 주제로 변모하게 되었다. 맹자에 따르면 기는 '혈기(血氣)'를 근본으로 하며, 치기양심(治氣養心)이라는 양생술(養生術)을 수반한다고 하였다.

기(氣)가 많은 종교와 사상에 공히 나타나고 있음은 이미 수차 거론하여 익히 살

[1520] 孔子曰 君子有三戒 少之時 血氣未定 戒之在色 及其壯也 血氣方剛 戒之在鬪 及其老也 血氣旣衰 戒之在得(논어 계씨편 제7장) 공자왈 "군자는 세 가지를 경계하여야 하니 젊어서는 혈기가 바로잡히지 않으므로 색을 경계하여야 하고 장성해서는 혈기가 한창 왕성하므로 경계할 것은 싸움이며 늙어서는 혈기가 이미 쇠약해지므로 탐욕을 경계하여야 한다."

펴본 바가 있으나 여기서 그 일부를 다시 정리하여 재론(再論)함은 여러 종교와 사상에 나타나는 氣가 그 實在性을 넘어 성질과 역할까지 거의 유사하다는 사실을 보이려는 데 있다. 따라서 여기 나열하는 사례 외에도 여러 다른 기론(氣論)을 찾는 것이 결코 어려운 일이 아닐 것이니 독자들도 이를 발굴하여 서로 비교하여 보길 바란다.

10.6.1. 노자의 도와 기

도가(philosopical taoism)는 노자(BC 570~479)의 「도덕경」을 효시로 본다.1521) 老子는 「도덕경」 제21장에서 '道之爲物, 其中有象. 其中有物, 其中有精'이라는 글로 도가 물질임을 반복하여 밝히고 있으며1522) 제42장에서는 만물 조화의 기인 충기(沖氣)1523)를 거론하고 있다. 이는 道가 곧 氣라는 것을 말하고 있는 것이다. 또한 훗날 주석하는 자들도 노자는 「도덕경」의 각처(各處)에서 기가 도에서 발원함을 말하고 있다고 명언(明言)한다.1524) 기가 우주에 충만하다 사람에 이르러 마음이 되는 것은 알겠는데 「도덕경」을 보면 그 기능이 더욱 대단하다. 심지어 「도덕경」에서는 기가 하느님의 섭리를 구현하는 역할도 한다. 즉 도는 '天法道하고 道法自然'1525)하여 섭리를 매개하고 구현하는 역할을 한다.

또 하상공의 「노자하상공장구」1526)의 「도덕경」 해석을 보면 "사람은 코와 입으로

1521) 심지어 도교에서는 노자를 도교의 창조주인 원시천존의 화신으로 보고 태상노군(太上老君)으로 숭앙한다.
1522) 道之爲物 도에서 물질이 나오는데
　　　惟恍惟惚 그저 어두워 잘 분간할 수 없고
　　　惚兮恍兮 분간할 수 없는 어두움 속에도 참으로 흐릿하다
　　　其中有象 무엇인가 모양이 있으며
　　　恍兮惚兮 어두워 분간할 수 없는 속에도 참으로 깊고 어둡다
　　　其中有物 무엇인가가 실재하고 있다
　　　窈兮冥兮 심오하고 그윽하며
　　　其中有精 그 안에 영묘한 정기가 들어 있다
1523) 5.6.8. '도가(道家)의 영혼' 참조
1524) 1. 김홍경, 「노자」
2. 원(元)나라 때 관리이자 이학자(理學者)인 오징(吳澄)은 "물(物)이란 사물이 생긴 이후의 형체이고, 상(像)이란 사물이 생기기 이전의 기(氣)"라고 하였다.
1525) 1. 「도덕경」 제25장, '인법지, 지법천, 천법도, 도법자연(人法地, 地法天, 天法道, 道法自然)' 사람은 땅을 본보기로 하여 따르고, 땅은 하늘을 본보기로 하여 따르고, 하늘은 도를 본보기로 하여 따르고, 도는 자연을 본보기로 따른다(5.1.2.3.9. '도가의 합일사상' 참조).
2. 그런데 「도덕경」 제42장 道生一의 一은 氣이니 天法道, 道法自然은 天法氣, 氣法道라고 하는 편이 더 어울릴 뻔하였다. 지금 문장대로라면 自然은 '스스로 그러함'으로서 攝理를 의미하는만큼 도 위에 '攝理'가 있다는 뜻이니 이는 「도덕경」에서 창조주를 말하는 것이 아닌가! 도교의 경전인 태평경에서도 道란 '자발성을 가진 대자연의 理法'이라고 한다.(미주 246 '태평경의 氣論' 참조)
1526) 「노자하상공장구(老子河上公章句)」는 중국(中國) 한(漢)나라 문제(文帝) 때 하상공(河上公)이라는 사람

써 천지의 氣를 호흡한다. 사람은 천지자연에 충만한 氣를 향유하며 살아간다. 땅에서 생산된 곡기를 취하고 숨을 쉬며 살아간다. 숨을 쉬지 않으면 죽은 것이다. 숨을 쉬는 것은 생명을 유지하기 위한 활동이다. 숨을 쉬는 것은 천지와 합일을 이루고자 하는 것이다. 이는 천인합일의 근거이기도 하다."라고 하였다.

10.6.2. 아낙시메네스와 아낙사고라스

고대 그리스의 철학자인 아낙시메네스(Anaximenes BC 585~525)는 공기(aēr)를 만물의 근원이라 하였다. 즉 공기가 차고 농후하게 되면 바람(風), 눈(雪), 물(水), 흙(土)으로 되고, 뜨겁고 희박해지면 불(火)과 天體로 되며 번개나 지진으로도 전화(轉化)되고 나아가서 거기에서 유기체들이 형성된다고 하면서, 만물의 다양성을 일원적으로 이해하려고 시도했다. 또한 인간의 혼(魂)도 호흡(pneuma)이라는 자연 활동의 원리에 귀결시켰다.

이후 아낙사고라스(Anaxagoras BC 500~428)는 물질보다 우월하고, 물질에 운동과 형태와 생명을 주는 원리로서 '누스'[1527]를 상정하였다. 즉, 다른 것은 모든 것과 섞여 있으나 누스만은 어떤 것과도 섞이는 일 없이 순수하게 자주독재(自主獨在)하고, 대우주(大宇宙)와 소우주의 주인이며 혼합분리(混合分離)하는 모든 것을 알면서 과거·현재·미래에 걸친 질서를 정리하는 세계의 형성자라고 하였다. 아낙시메네스는 氣에 대하여, 아낙사고라스는 기의 조리(條理)[1528] 또는 영(靈)인 理에 대하여 말한 것이다.

10.6.3. 도교의 기철학

도가(道家)의 사상은 한나라의 왕족 유안(BC 179~122)에 의해 「회남자(淮南子)」로 정리되어 나타난다. 「회남자」는 도의 관점에서 노장 사상과 공맹의 유가 사상 그리고 묵가, 법가, 음양가 등 종래의 대립되던 주장들을 통합하여 집대성한 책으로 도교의 기틀을 마련하였다. 「회남자」에 따르면 도는 만물의 근원이므로, 도가 우주를 낳고, 우주는 기를 생성하고, 기는 하늘과 땅, 음양을 만들고 음양에서 사

이 「도덕경」을 주해(註解)한 책(冊)이다.
[1527] 누스(Nous)는 마음·정신·이성, 지성 등으로 번역되는 그리스어로 누스를 처음으로 '사물들의 원리'라는 의미로 파악한 사람은 아낙사고라스다. 그의 누스는 '영혼이라는 생명원리'를 가리키지만, 동시에 그 보편적 원리로서의 '지성(理, intellect)'이라는 의미로도 사용되었다(미주 178 '플라톤의 혼의 종류' 참조).
[1528] 8.12. '성리학의 이기론(理氣論)' 참조

계절이 생기고 사계절에서 만물이 나온다.1529) 또 東漢시대의 왕충1530)의 기철학에 의하면, "사람이 태어나는 것은 氣가 뭉치는 것이고 사람이 죽는다는 것은 氣가 흩어지는 것이다."라고 하여 훗날 '태평경'에서 도교의 사상적인 배경이 된다. '태평경(太平經)'은 후한시대인 2세기경에 신인(神人)이 우길(于吉)에게 전했다고 하는 태평청령서(太平淸領書)로 추정되는데, 이는 최초의 도교적 교단인 태평도의 경전이다. '태평경'에서 氣는 우주만물의 존재를 포함하여, 우주의 모든 유·무형 일체를 氣라고 본다.尾246)

이처럼 도가(taoism)에서 발전하여 틀을 잡은 氣철학은 이윽고 道敎(religious taoism)에서 채택되어 이제 기는 생명이나 자연에 대한 근본적인 의문을 해명할 수 있는 '사고(思考)의 중심'으로까지 발전하게 되었으며, 인간을 포함한 만물의 생성과 변화를 '기'의 집산(集散)으로 설명하게 되었다. 그래서 도교에서는 교리의 이상적 관념인 '도(道)'를 '원기(元氣)'로 규정하고 있다.1531)

10.6.4. 성리학의 기

유교철학인 성리학은 우주의 근원과 질서, 그리고 인간의 심성과 질서를 '이(理)'와 '기(氣)' 두 가지로 생각하는 이기론(理氣論)을 펼친다. 주자(朱子)는 '이(理)'란 우주 만물의 근원이 되는 이치로서 기(氣)의 활동 근거가 되는 것이고, '기(氣)'란 만물을 구성하는 재료로서 사물을 낳는 도구라고 설명하였다.
한편 이황은 "사단(四端)은 이(理)가 발현한 것이고 칠정(七情)은 기(氣)가 발현한 것이다(四端理之發, 七情氣之發)."라고 하여, 선악이 섞이지 않은 마음의 작용인 4단은 이(理)가 발현한 것이고, 인간감정의 총칭인 7정은 기(氣)가 발현한 것이라고 구분하였는데 표준이론으로 치면 성리학의 氣는 肉과 魂의 合이고 理는 靈의 영향으로 氣에 깃든 良心이다. 양심의 내용을 성리학은 四端으로 이해했고 정신의 내용을 七情으로 이해했다. 양심과 정신이 모여 마음(心)을 구성하는데 주리(主理)론은 양심이 마음을 지배한다는 것이고 주기(主氣)론은 정신이 마음을 지배한다는 것이다.1532)

1529) 성리학에서는 원초의 혼일적(渾一的) 기가 음양(陰陽)으로 자체 분화되고, 그것은 다시 오행(五行)으로 갈라진다. 도가의 그것과 그 구분이 의미 없을 만큼 유사한 스토리다.
1530) 왕충(王充 27~97)은 틀에 얽매인 한나라 유학의 폐단을 비판한 사상가로 당시 전승되는 도가사상을 체계적으로 정립하는 데 큰 공헌을 했다.
1531) 마노 다카야, 「도교의 신들」 참조
1532) 8.12. '성리학의 이기론(理氣論)' 참조

성리학(性理學)에 靈은 없다. 靈의 표현인 性理만 있을 뿐이다. 즉 理는 천지를 규율하는 섭리(攝理)요, 道요, 佛性이며 사람에 이르면 양심이 된다. 또한 주자는 성리(性理)와 귀신(鬼神), 정신(精神), 혼백(魂魄)을 뚜렷이 구별하여 성리를 오로지 '理'라 할 수 있다면 나머지는 모두 '기(氣)'라고 하였다. 성리대전(性理大典)에 따르면 '鬼神은 氣'다. 鬼가 인화(人化)되면 魄이 되는데 이는 음기이며 神이 인화되면 魂이 되며 이는 양기라고 한다. 양기는 위로 올라가고 음기는 아래로 내려온다. 인간은 魂과 魄이 결합됨으로써 태어나고, 그것이 분리됨으로써 죽는다. 혼은 정신적 요소를 가리키고, 백은 육체적 요소를 가리킨다. 즉 기는 귀와 신으로 구분되는데 사람에 붙으면 각각 백과 혼이 된다는 것이다.

표준이론 방식으로 해석하면 혼은 정신과 양심 즉 마음이고 백은 혼의 생기체다. 사람은 윤회체와 생기체가 합하여 태어나고, 사람이 죽으면 양심과 정신 즉 마음은 윤회체가 되어 중음이나 심령계 등 수준에 맞는 저승으로 가게 되고, 생기체는 일부는 자연에 흩어지고 그 에센스는 생기계로 가게 된다. 결국 성리학과 표준이론은 이 부분에서 별로 다를 것이 없다.

10.6.5. 한의학(韓醫學)의 정기신(精氣神)

도교의 기론(氣論)을 그 바탕에 둔 동의보감에 의하면 인체를 이루는 본질적인 요소는 정, 기, 신이다. 정(精)이란 생명의 원천으로서 거기에는 새로운 생명을 잉태하는 생식 능력까지 포함된다. 또한 기(氣)는 실제로 인체의 생리적인 운용을 담당하는 기운을 말하며, 신(神)은 인간의 고차적인 정신 활동을 담당하는 주체를 말한다. 이를 표준이론으로 이해하면
1) 정(精)은 육(肉)과 혼의 생기(生氣)
2) 기(氣)는 혼의 생기체(生氣體)
3) 신(神)은 혼의 정신체(精神體)이다.

또한 신(神)은 음식물이 그 원재료라고 본다. 표준이론에서 신은 정신으로서 혼의 일부분이고 혼은 원래 기에서 나온 것이라 육이 밥을 먹듯 혼은 지속적으로 기를 보충하여야 한다. 그런데 기는 몸의 영양소가 그러하듯 음식물[1533]에도 들어 있다. 한의학에서는 "음식물의 정화(精華)가 저장되어 오장의 기운을 기르니, 기운이 조화로워져서 생명이 영위되고 진액이 생겨나니 신(神)이 저절로 드러난다."라고 한다.

1533) 기는 공기와 햇빛에도 가득하다.

10.6.6. 천도교(天道敎)의 기

천도교(동학)의 주요 주문(呪文)인 스물한字 삼칠주(三七呪)는 '지기금지 원위대강 시천주 조화정 영세불망 만사지(至氣1534)今至 願爲大降 侍天主 造化定 永世不忘 萬事知)'로서 하느님의 성령이 기화(氣化)하여 직접 인간의 몸에 내리기를 기원하는 주문이다.

시천주(侍天主)의 시(侍)는 '우리 안에 신령스러운 영(靈)이 있음을 알고 사람도 기화(氣化)하여 지기(至氣)로 역사하시는 한울님과 일체가 되는 일'이다. 즉 시(侍)란 "사람 안에는 성령이 있는바(內有神靈) 이를 활동(氣化)케 함으로써 밖에서 기화하여 오시는 한울님의 지기와 조응하여(外有氣化) 한울님과 합일하는 것"이다. 사람의 활동도 기화이고 하느님의 역사도 기화이다. 즉 기화(氣化)란 '사람 안의 성령을 자각하기와 그 성령을 영접하기'다. 기독교의 성령 또한 하느님의 기(靈氣)로서 사람은 그것을 하느님의 일부로 체험한다. 사실 모든 곳에 하느님이 凡在하시니 기에 하느님이 없을소냐.1535) 하느님께서 기를 이용하여 사람과 교통하심을 깨달아 아는 것은 이처럼 동서를 막론한다.

삼칠주는 그 뜻이 깊고 오묘하여 여러 가지로 해석할 수 있겠으나 표준이론식으로 해석하자면 "하느님의 성령이시여 이 몸에 내리시어 영접하기를 원하오니 부디 하느님의 조화세계의 도리를 깨닫고 그 사업에 참여하여 마침내 성인에 이르게 하소서."로 해석할 수 있겠다. 한편 위 삼칠주(三七呪)에서는 天主와 至氣가 동시에 언급되는데 至氣는 기독교와 단순비교하면 성령이지만 그 의미는 보다 깊다. 천도교에서 至氣는 한울님이신 天主가 작용하는 모습에 대한 표현으로 교조 대신사 수운 최제우(大神師 水雲 崔濟愚 1824~1864)가 오득(悟得)한 동학사상의 2대 골격을 이루는 개념이다. 수운은 '至氣는 허령창창(虛靈蒼蒼)하여 무사불섭(無事不涉) 무사불명(無事不命)한 보편자로서의 혼원일기(混元一氣)'다. 동학에서 氣는 우주의 본질인 동시에 삼라만상 개체의 현상이고 삼라만상 생멸동정(生滅動靜)의 변화가 모두 기의 활동이다. 또한 至氣는 일대생명적(一大生命的) 활동이요, 활동력의 단원(單元)으로서 모든 존재를 생성시키는 조화 그 자체이며 우주에 가득 찬 모든 것들을 조화시키는 동귀일체(同歸一體)원리로서 독립자존체이자 대생명체다.1536)

1534) 지기(至氣)란 하느님 조화의 지극한 기운, 하늘을 모신 심령 기운, 하느님의 참된 심기(心氣)로서 기독교로 치면 성령이다. 한울님과 지기를 같이 보는 것은 삼위일체의 이치다(8.21.7. '천도교의 인간론' 참조).
1535) 생명을 사랑하시는 주님. 모든 것이 당신의 것이기에 당신께서는 모두를 소중히 여기십니다. 당신 불멸의 영이 만물 안에 들어 있기 때문입니다.(지혜서 11:26~12:1)

10.6.7. 대종교(大倧敎)의 기

대종교의 경전인 삼일신고(三一神誥)尾247)의 제4장(章) 세계훈(世界訓)은 우주창조의 과정을 설명하고 있는데 우주 전체에 관한 내용과 지구 자체에 관한 내용으로 나누어 말하고 있다. 즉, "눈앞에 보이는 별들은 무수히 많고 크기와 밝기와 고락이 같지 않다. 신(神)이 모든 세계를 창조하고 일세계(日世界)를 맡은 사자(使者)를 시켜 700세계를 다스리게 하였다."라고 하고 "지구가 큰 듯하지만 하나의 둥근 덩어리이며, 땅속의 불이 울려서 바다가 육지로 되었다. 신이 기(氣)를 불어 둘러싸고 태양의 빛과 더움으로 동식물을 비롯한 만물을 번식하게 하였다."라고 하였다. 대종교의 경전 또한 신이 불어넣은 기(氣)가 만물의 생명력이 되었음을 명백히 밝히고 있는 것이다.

10.6.8. 수련적 도교인 우리나라 기철학

도교는 고대의 민간신앙인 신선(神仙)설을 기반하여 거기에다 **道家**, **易理**, 음양, 오행, 참위(讖緯), 의술, 점성 등의 **法術**과 **巫術**적인 신앙을 보태고, 그것을 불교의 체제와 조직을 본받아 뭉뚱그린 종교로, 불로장생을 주요 목적으로 삼고 현세의 길(吉)과 복(福)을 추구한다. 조선시대에는 소격서 혁파 등으로 도교가 기를 펴지 못 했으나 건강법을 중심으로 한 수련적 도교는 그 명맥을 이어 갔다.

우리나라 고조선 시대까지는 한국 고유 仙道의 신선과 도인이 나라를 통치하였다고 전해진다. 이후 한국의 선도는 중국의 도교를 받아들이면서도 삼국시대 불교가 융성하기 이전까지는 고유의 전통을 잃지 않고 그 명맥을 유지하며 수련과 수행을 통해 자기완성의 경지를 추구하여 왔다. 고려시대까지는 크게 융성하였으나 이후 유교 등에 의해 그 영향력이 쇠퇴하면서 은둔하였으며 이조시대에는 세상에 드러나지는 않았으나 여러 부류들이 선도를 수행하여 개화 이후 유불(儒佛)과 더불어 선(仙)으로서 근대 민족 사상의 근원이 되었다.
또한 종교의 모습이 아닌 수련의 도(道)로서 '수련적 도교'는 선도(仙道) 또는 기철학이라는 이름으로 최근 우리 주변에 다시 도래하였다.1537) 오늘날의 선도 또한 기를 우주만물을 생성하는 최초의 원소(元素)로 보며 기의 수련을 통해서 진아(眞我)를 닦아서 무극(無極)에 이르는 도(道)의 완성지경에 이를 수 있다고 믿고 있다.

1536) 천도교사상가 이돈화의 「신인철학」
1537) 1980년대 국선도와 연정원, 85년에 단학선원, 90년대 수선재와 석문호흡(도화재) 등이 있다.

10.6.9. 켄 윌버의 기론(氣論)

켄 윌버는 기를 실재하는 것으로 보고 최근 밝혀진 '기에 대한 과학적 터치'까지 망라하여 기에 대하여 다음과 같이 말하고 있다.
"기는 물리적, 초물리적 에너지 모두를 일컫는 말로서 超과학적 속성과 半물질적 특성을 함께 지닌 생명현상을 일으키는 신비한 에너지인 것이 분명하다. 기의 정체를 경험분석과학의 방법으로만 파악하는 경우

1) 바이오피드백장치나 자기공명장치(MRI) 등의 계측기를 사용하여 물질파와 기 사이의 피상적인 간섭현상과 공명효과로 인한 물리적 변화 등을 상당 부분 알아낼 수 있고
2) 서모그래피(thermography) 측정[1538], 고주파사진 촬영, 바이오피드백 장치나 자기공명장치 등으로는 외기공에 대하여 연구가 진행되고 있으며
3) 원적외선 검출, 오라(aura)측정, 뇌파의 변화, 육각수(六角水)[1539]의 생성 등을 연구함으로써는 내기공에 대하여 이해를 높일 수 있고
4) 중력장이나 양자장 같은 물리적 포텐셜 장과 파동현상, 홀로그램(hologram)원리 등이 적용되는 정신물리학에 의해[1540] 에너지의 일종인 기의 작용원리를 탐구할 수 있다."

그러나 윌버의 이러한 '과학적 氣論'에도 불구하고 자연과학은 아직 기현상에 대해 피상적으로 이해하는 수준에 그치고 있다.

[1538] 서모그래피란 피부 표면의 온도를 측정하여 병소(病所)를 조사하는 방법인데 예를 들어 암조직은 세포활동이 활발하기 때문에 정상조직보다 약간 온도가 높다는 점에서 진단의 원리를 얻은 것이다. 윌버는 기를 촬영하는 서모그래피를 말하고 있다.
[1539] 1. 물에게 아름다운 음악이나 사랑스러운 말을 들려주거나 또는 물리적으로 강력한 자력 장치에 물을 수직으로 통과시키면, 물분자 구조가 이온활성화되어 인체에 유익한 육각구조로 변화되어 六角水(磁化水, magnetized water)가 된다. 이는 물의 원인물질이 氣이고 또 기에는 原因意識이 있어(미주 29 '광물의 기와 의식' 참조) 좋은 원인의식이나 다른 종류의 기인 磁氣의 영향을 받으면 그 구조가 아름답게 변화하는 현상이다.
2. 눈송이의 결정구조가 송이마다 다르고 아름다운 것도 같은 이유이고 눈이 오면 개고 사람이고 다들 氣分이 좋아지는 것도 눈의 좋은 기운의 영향을 받아서이다. 과학敎人들은 이런 주장을 類似과학이라고 하면서도 눈은 좋아한다.
[1540] 조효남, '켄 윌버의 사상의 본질' 참조

10.6.10. 요가와 신지학의 기

요가에서는 영체(靈體)를 물질계에 실재화하기 위한 매개체로 육체와 바로 연결되어 있으며 육체의 활동에 지대한 영향력을 행사하는 존재인 '숙슈마 샤리라(sukshma sharira)'를 말한다. 숙슈마 샤리라는 표준이론의 정신체와 생기체를 합한 것인데 오늘날 인도의 요기들은 자기 전배들이 블라바츠키에게 수출한 인도철학이 가공되어 역수입된 신지학을 배워 이를 에테르체와 아스트랄체 그리고 멘탈체로 나누어 부르고 있다. 또 "에테르체는 섬광이 척수의 전면을 따라 아래로 흘러내려 가는 것에 비유할 수 있으며 魂에 해당하는 아스트랄체나 육체로부터 독립된 실체이다. 반면에 육체는 불수의(不隨意) 신경계를 통하여 에테르체에 의존하고, 아스트랄체 역시 에테르체에 의존하여 몸을 지배한다."1541)라고 하여 신지학과 동일한 말을 하고 있다. 요가와 신지학의 이론은 오늘날 그 구분이 어렵다.

이러한 요가와 신지학의 설명을 종합하면 에테르체는 표준이론의 생기체와 다음과 같은 이유로 완전히 부합한다.

1) 우선 기는 모든 물질의 원인체다. 기는 인도철학의 프라크리티요 프라나다.1542) 신지학은 기의 거친 모습이 물질이고 기의 정묘(精妙)체가 에테르체요, 정신인 아스트랄체와 멘탈체이며, 더욱 정묘한 체가 양심격인 코잘체라는 식으로 설명한다.1543) 표준이론에서는 기에서 물질이 나왔고 기가 물질에 스며 생명력으로 작용하면 생기가 되고 생기가 시스템화하여 유기체에 생명(生命)을 주면 그것이 생기체다. 생기체가 진화하여 식물의 영체(靈體)인 생혼이 되고 나아가 정신체

1541) 1. 요가를 상업화하는 과정에서 이해를 쉽게 하기 위하여 일반적으로 알려진 신지학 용어를 빌려 쓴 것이리라.(8.6.1. '다신체론의 기원으로서 힌두교' 참조)
2. kriyayoga.co.kr 크리야 수련자료 중 미세신(微細身) 참조
1542) 인도철학에서 프라나(prana)는 생명력으로서의 기(氣)이고 프라크리티(prakrti)는 기의 질적인 면을 부각시키는 용어다.
1543) 1. 에테르는 물질의 한 형태이고 그 이상의 아스트랄 물질이나 멘탈물질, 코잘물질은 에테르의 정묘성에 따른 구분이라는 신지학 주장도 있다. 기가 있다면 고체, 액체, 기체에 이은 물질의 한 형태라는 생각인데 이는 고대의 여러 원소설과 연금술의 개념에 집착한 견해로서 결국 기에서 물질이 생긴다는 표준이론의 다른 표현일 뿐이다. "이와 같이 산소는 세 가지 상태로 존재한다. 또한, 순수한 산소는 기체에서 액체로, 액체에서 고체로 변화하면서도 계속 순수한 산소로 남아있거나 다른 원소와 함께 존재할 수 있다. 그런데 더 살펴보면 우리는 네 번째 상태 에테르(ether)가 있다는 것을 알게 된다. 산소는 기체 상태에서 액체나 고체 상태로 내려갈 수 있는 것처럼 기체 상태에서 에테르 상태로 올라갈 수도 있다. 또 에테르는 네 가지 상태로 존재한다. 그중 마지막 상태는 '궁극의 원자'로 구성되는데 이 원자는 물질계에서 해당 물질을 모두 빼내어 다음 상위 계에 집어넣는 분해 작용을 한다."(애니 베산트「고대의 지혜」1장 '물질계' 참조)

를 더하여 동물의 영체(靈體)인 각혼이 된다. 표준이론과 요가 그리고 신지학은 동일한 개념을 다른 식으로 표현하고 있을 뿐이다.

2) 동양의학이나 선가(仙家)에서의 단전이 그러하듯 인도요가의 기본은 차크라다. 표준이론에는 단전 같은 이론은 없으나 생기체가 혼의 장기(臟器)로서 몸의 장기에 덮여 있으며 둘이 합해져야 비로소 장기가 작동하는 것인데 둘이 합해지는 주요 조인트(joint, 節点)부분인 기혈(氣穴)이 차크라요 단전이라면, 표준이론의 기혈과 단전, 차크라는 서로 통한다. 또 생기체의 기맥(氣脈)시스템 즉 '기 대사시스템'이 선도의 경락(經絡)이고 요가의 '나디'다. 또 생기체의 심장이 선도의 중단전이며 요가의 '아나하타 차크라'이고 생기체의 뇌인 혼뇌가 상단전이요 '아즈나 차크라'인 셈이다.1544)

3) 표준이론에서 생기체는 24시간 깨어서 교감신경계를 장악하고 육체를 통제한다. 이는 생기체를 말하는 모든 교학(敎學)에서 그러하다. 에테르체의 역할도 당연히 그러하다.

10.7. 기에 대한 나머지 이야기

10.7.1. 선기(善氣)와 사기(邪氣)

기(氣) 중 생명력으로 작용하는 생기(生氣)는 선기(善氣), 중성기(中性氣), 사기(邪氣, 惡氣, 煞)로도 나눌 수 있다.
善氣는 건강한 몸에 깃든다. 그리고 몸을 건강하게 한다. 몸이 병들면 선기도 약해진다尾248). 에고의 지적에너지인 열정(熱情, passion)과 양심에서 우러나오는 의기(義氣)는 선기를 먹고 사는데 사람이 늙으면 선기가 약해져서 패션과 의기가 줄고 그 자리를 이드적인 감정(感情)이 채운다.尾249) 또 선기가 약해지면 먼저 주변의 사기(邪氣)가 몰려오고 타인의 기가 덮쳐온다. 이윽고 걱정尾250)이 늘고 심하면 우울증이 찾아오기도 하며 양심은 쪼그라들어 의기가 줄어든다.1545) 그리고

1544) 하단전의 정확한 위치에 대해 선가에서도 이견이 있으나 복부임은 분명하고 요가에서 쿤달리니가 있는 물라다라 차크라가 생식기인 會陰 부근이요 제2차크라인 스바디스나타 차크라가 복부 한가운데 있다는 것으로 보아 하단전은 쿤달리니가 될 것 같다. 최근 Gut feeling(直感)이라 하여 내장은 수많은 뉴런(neuron)으로 구성된 두 번째 두뇌로서 마음이 복부에 있다거나 스트레스의 근원지가 복부라고 하는 의학적 소견도 있어 복부의 중요성이 점차 커지고 있다.

늙어서는 치매로 이어진다. 병을 고치려면 약도 먹고 밥도 먹어야 하지만 선기를 보충하는 것도 중요하다.1546) 몸에 병이 들면 선도(仙道)나 요가의 수련을 통해 기의 흡수를 촉진하고 그 유통을 원활히 하거나 급하면 보약(補藥)을 먹거나 기(氣)치료나 안수(按手)를 받는 것1547)도 치료에 도움이 된다.1548)

사기(邪氣)1549)는 주로 사악한 사람이 살아서 또는 죽어서 흘리는 기다.1550) 사기는 마귀나 사탄이 퍼뜨리는 기가 아니다. 사악한 사람의 백(魄)으로서 원혼(冤魂)이나 악귀(惡鬼)인 지박령은 있을지라도 하느님에 대항하는 마귀나 사탄 같은 존재는 없기 때문이다.1551)

사기(邪氣)가 침범하면 선기(善氣)를 모아 대항하여야 하지만 더욱 좋은 방법은 다른 영의 도움을 얻는 것이다. '하느님의 영'의 기인 聖靈의 힘이 가장 세고 얻기 쉽다. 도박이나 주벽의 사기를 기도로 몰아내는 이유이다.

1545) 수승한 영혼은 그 의기로 인해 젊었을 때 의협심이 드높다. 세상물정 모르는 젊은이를 어사(御使)나 군수(郡守)로 썼던 이유다. 그러나 의사(義士)도 늙고 의기가 줄면 이처럼 엄혹한 아데아 세계에서 더 이상 '행동하는 양심'이기 어렵다. 그러나 더 나쁜 것은 젊어서의 의협심의 실체가 명예심이었던 경우다. 그들은 나이 먹어 본모습을 드러낸다. 원래 수승하지 않았기 때문이다.
1546) 한의학에서는 병이 나면 약한 기를 보충하여 음양의 조화를 회복하도록 약을 처방하거나 침을 놓는다(오강남, 「세계 종교 둘러보기」, 130쪽).
1547) 1. 기치료나 안수를 통해 善氣를 받아야 한다. 선기를 가장하여 邪氣를 주입하는 기치료나 안수도 많다. 이 경우 순간적으로는 건강해지나 결과적으로 몸과 마음에 악영향을 끼친다.
2. 프라나의 흐름은 의지에 순응하기 때문에 사람이 그 흐름을 크게 증대시킬 수도 있고 자기로부터 쏟아져 나가는 활력의 흐름을 의식적으로 통제할 수도 있다. 힘이 고갈된 환자에게 계속해서 그 흐름을 향하게 하면 회복에 상당한 도움을 줄 수 있다. 따라서 치유자를 통해 환자 신체 안으로 쏟아부어지는 부가적인 활력은 환자의 신체 장기가 자체적으로 프라나를 공급할 수 있을 정도로 충분히 복구될 때까지 잘 작동되게 한다(포웰, 「에테르체」 제17장 치유 참조).
1548) 물론 모든 병이 그렇다는 것은 아니다. 원인에 따라 처방하여야 한다.
1549) 1. 음양오행의 음기(陰氣)와는 다른 개념이다. 이는 음양의 이치에 의한 구분일 뿐 악(惡)이나 사(邪)와는 아무런 관계가 없다.
2. 사기(邪氣)는 살(煞)이라고도 한다. '살'은 사람이나 물건 따위를 해치는 독하고 모진 기운, 곧 악한 귀신의 짓을 가리킨다. 한국의 무(巫)에서 살은 잡귀잡신(雜鬼雜神)이 형성되기 직전의 어떤 흉악한 기운으로 이해된다.
1550) 한의학에서는 육기(六氣, 風寒暑濕燥化)가 과하거나 부족하거나 또는 제철이 아닐 때 나타나서 인체를 침범하면 질병의 원인이 되는데 이를 사기(邪氣)라고 한다.
1551) 1. 원혼은 생명체가 죽은 이후에도 어떤 이유로 흩어지지 않은 생기체인 지박령이다.
2. 기독교의 사탄은 표준이론에서 착하지 못한 천사다. 惡이란 착하지 않은 것을 말한다. 천사가 다 착하지는 않다. 정확한 이유는 알 수 없다. 따라서 악마가 따로 있는 것이 아니라 착하지 않은 천사다.
3. 드물지만 영계에 속하는 존재인 천사나 영도 이승에 나타난다. 사람이 이들 영과 혼계에서 도래한 혼을 구분하기란 어렵다.

10.7.2. 기싸움

사나운 개를 만나면 눈싸움을 하지 마라. 도전하는 것으로 알고 달려든다. 눈싸움은 기싸움이다. 기싸움은 몸싸움의 전주곡이다. 기싸움만으로도 대부분의 싸움은 끝난다. 말은 수십 마리가 각자 마사(馬舍)에 갇혀 있으면서 서로 머리만 내놓고도 기싸움으로 서열을 정한다. 아이들이나 폭력배들도 먼저 기싸움을 하고 안 되면 몸싸움으로 서열을 정한다. 아이들은 아직 몸에 영이 들지 않아서 또는 생혼이나 각혼 수준의 하위정신체가 강해서 그렇고, 폭력배들은 주로 군혼(群魂)이었던 시절이 멀지 않은 혼들이거나 복합혼 출신들이라서 그렇다.

직접적인 아이 컨택을 부담스러워하거나 민망해하는 사람이 많다. 문화나 교육환경에 따라서 다르지만 사람은 누구나 어느 정도는 다 그렇다. 눈은 마음의 창, 즉 혼의 기가 엿보이는 창이다. 눈을 마주 봄으로써 사람은 서로의 혼에 근접한다.[1552] 그런데 혼은 다른 사람의 氣에 直對面하기를 부담스러워한다. 심지어 거울을 통해서 보는 자기 자신의 기에도 그렇다. 왜 그럴까?

1) 눈은 마음의 창이자 기의 샘이다. 아이 컨택으로 기와 기가 잘못 부딪히면 기싸움이 일어나 상대방을 지배하거나 위협하려 드는 태도로 해석될 수 있기 때문이다. 결국 아이 컨택을 피하는 이유는 싸움을 피하려는 심리 때문이다.
2) 그러나 사랑이 가득한 혼은 오히려 눈을 통하여 그의 사랑의 기를 전달한다. 그러나 個體化된 지 오래지 않은 二元이 강한 혼은 아직 그 능력이 부족하다. 그래서 수승한 사람은 사람의 눈을 보고 그 사람을 안다. 그가 영인지 혼인지, 그리고 어느 수준인지.[1553]

10.7.3. 무생물에도 기가 있을까?

동양에서는 순자(荀子 BC 298~238) 이래 무생물에도 기가 있었다. 즉 순자에서는 기에서 생명, 그리고 지(知)와 의(意) 순서로 기가 발전한다.[1554] 생명체가 진화를 통해 동물의 각혼 수준이 되어야 의식이 나타난다는 표준이론과 상통하는

[1552] 1. 아기도 짐승도 상대방을 파악하려면 눈을 바라본다.
2. 시선(視線)은 의식의 힘을 전달한다. 그래서 시선을 느낀다.
[1553] 우리는 보통 침팬지(chimpanzee)와 사람의 눈 정도는 쉽게 구별한다.
[1554] 이종란, 「기란 무엇인가」, 54쪽

생각이다. 보통 성악설尾251)의 순자가 맹자에 못 미친다고 하나 자아수준의 분포로 보아(부록1 참조) 성악설이 오히려 맞는 생각이고 '영혼의 진화론'을 일찌감치 깨우친 것으로 보아 순자가 맹자보다 분명 한 수 위다.

무생물 속의 기는
1) 무생물 속에 원래부터 스스로 있는 기가 있고
2) 사람이 나누어 준 기가 있다.

먼저 무생물 속에는 물질이 기에서 나온 것임에 따라, 또는 삼라만상에 만재하는 기가 스며들어 원래부터 기가 있다. 신지학은 동식물의 각 종들이 고유한 생명형태로 자기를 표현하는 것처럼 광물에게도 생명력이 있어 결정(結晶) 속에서 자기를 표현한다고 한다. 심지어는 광물계 아래에도 엘리멘탈이라는 생명력이 존재한다고 명언한다. 이러한 종류의 신지학의 진술을 통하여 신지학은 광물에도 의식의 있음을 강력히 주장하고 있다.1555)

바위나 물, 바람 어디에나 기는 스스로 있다. 그것이 인류에게 애니미즘1556)을 가르쳤다. 기가 크게 모인 산, 강, 바다에는 맹자가 호연지기(浩然之氣)로, 오토는 누멘1557)으로 표현했던 큰 기가 있었던 것이다. 인류는 이를 정령, 산신령, 강귀신, 바다의 신이라고 이야기하였다. 보통 말하는 도깨비도 지박령인 귀신이나 영이 아니라 자연에 스며있는 이러한 정기의 덩어리인 경우가 많다.

사람이 나누어 준 기도 있다. 어떤 사람이 오래 쓴 자동차, 헌 신발, 개인 보물, 일기장, 사진 등에는 그 사람의 기가 스며있다. 그 사람이 만든 물건, 그림, 조각, 노래에도 기가 들어있다.1558) 사람은 자기가 나누어 준 그 기(氣)를 자신의 일부로 느낀다. 정들었다고 한다. 그래서 자신의 기를 오랜만에 만나면 반가워 추억에 젖는다.尾252) 고승(高僧)이 쓰던 염주나 신부님의 묵주에도 기가 서린다. 심지어는 영의 기가 서려 성물(聖物)이라고 한다. 부적이나 호부(護符)도 마찬가지다.尾253)

1555) 미주 29 '광물의 기와 의식' 참조
1556) 1. 애니미즘은 인간의 영혼에 대한 관념을 인간 이외의 여러 존재와도 공유하고, 그들과 밀접하게 관계를 맺으려는 행위이다. 영국의 인류학자 E.B.타일러는 주장하기를 인류는 꿈과 죽음의 경험에서 영혼을 想定하게 되고 이를 동물이나 자연물에까지 적용하여 애니미즘이 발생하였다고 하는데 사실은 그 반대이다. 인류는 대자연에서 누멘(numen)의 체험으로 영적존재를 느끼게 되어 삼라만상에 영성이 깃들어 있다고 믿는 애니미즘이 발생하였고 이러한 관념이 도리어 꿈과 죽음의 경험을 해석하려는 사람들에게 영감을 주어 사람에게 영혼이 있다는 생각이 발생하였다고 보는 것이 맞다.
2. 애니미즘은 범신론, 물활론, 범심론, 조상숭배 등 여러 사상과 종교의 출발점이다(미주 10 '범신론, 애니미즘, 물활론, 생기론, 범신론, 물신숭배, 유심론, 조상숭배' 참조).
1557) 2.2.2. '누멘의 체험' 참조
1558) 도장과 같은 조각품에서도 기가 나타난다.(전수길, 「내 몸에 흐르는 기를 찾아서」 39쪽)

티베트의 툴쿠(Tulku)들이 전생에 자신이 쓰던 물건을 알아보는 것은 기억도 기억이지만 그 물건에 서린 자신의 기를 느끼기 때문일 것이다.

다이아몬드에도, 돈에도 기가 있다. 다이아몬드가 땅에 묻혀 있을 때에는 기가 미약하나 이를 발견하고 뭇사람들이 탐심을 내면 그 기들이 뭉쳐 다이아몬드에 탐기(貪氣)가 서리는데 탐기가 크면 도깨비 수준이 된다. 돈도 마찬가지다. 유통되면서 탐기가 묻는다. 지폐가 모여 큰돈이 되면 기도 커진다. 이런 기들은 그것만의 독특한 성질이 있다. 성장하려는 성질, 유통되려는 성질, 사람을 유혹하는 성질1559) 같은 것들이다. 그래서 돈은 버는 것보다 지키는 것이 어렵고, 돈 보기를 돌같이 한다는 것은 더 어렵다. 길거리에 떨어진 동전이 돌과 달리 보이는 이유가 거기에 서린 기 때문이다.尾254)

정신집중을 사용하여 어떤 물건과 관련된 과거를 읽어 내는 힘을 지칭하는 사이코메트리(psychometry)1560)도 장소나 무기물 속에 스민 기의 사연을 읽는 능력이다. 카발라에서는 무정물에도 생명을 불어넣을 수 있다고 한다. 영적인 실체(entity)를 초대하여 무정물 안에 들어가게 할 수 있으며 심지어 선한 엔티티든 악한 엔티티든 박스나 상자 안에 가둘 수도 있다고 한다.1561) 믿기는 어렵지만 이쯤 되면 물질에도 기가 있다는 믿음이나 유심론(唯心論)의 수준을 넘어선 마술지경이다.

10.7.4. 기와 기적

보통 기적(奇蹟)이라고 하면 법칙이 없는, 아니면 법칙을 초월한 사건인 것으로 생각된다. 그러나 정확하게 계획된 이 우주 안에서 일어나는 모든 사건은 우리가 이미 알고 있는 여러 법칙들 그리고 우리가 아직 모르는 더 많은 법칙들에 따라서 생기고 사라진다. 위대한 사람들의 기적적인 능력도 그들이 이러한 법칙들을 완전히 이해함으로써 가능한 것들이다. 그러니 기적도 법칙 아래 사건일 뿐이다. 한편 모든 것이 일종의 기적이라고 하는 의미에서 보아도 진실로 기적이라고 말할 수 있는 것은 존재하지 않는다. 우리 각자가 정교하게 조직된 육체 속에 담긴 채, 별들 사이의 공간을 돌고 있는 지구 위에 세워져 있다는 사실이 어찌 평범한

1559) 그래서 돈은 아기들에게도 통한다. 돈이 뭐라고 돌잔치에서 돌쟁이가 돈을 집겠는가?
1560) 1. 사이코메트리(Psychometry)는 그리스어의 'psyche(혼)'과 'metron(측정)'이 합성된 단어로서 말로서 그대로 해석하면 '물건의 혼을 계측하여 해석하는 능력'이라는 뜻이다. 미국의 유명한 지질학자였던 덴튼 박사에 의해 처음으로 보고되었는데 그는 그의 누이가 어떤 지질학적 견본만으로도 그 과거 역사를 시각적 영상으로 볼 수 있다고 하며 누구나 그 잠재적 능력을 갖는다고 주장하였다.
2. 사이코메트리는 범죄수사에 이용되기도 한다.
1561) 아이반호프, 「비전의 카발라」, 23장 참조

사건일 수 있겠는가? 그렇다면 기적이라고 따로 부를 기적도 없게 된다.

예수님과 요기들의 기적

공력(功力)이나 도술, 무협지의 무술, 요가의 기적 따위는 그 실체를 추적하면 대부분 기를 이용한 도가의 차력술이나 어느 뛰어난 무인의 내공을 이용한 무술, 또는 히말라야 어느 심산 요기의 술법(術法)일 것이다. 동네 장터를 지나가다 그들을 보고 이에 매료된 사람들이 이야깃거리로 여기저기 퍼뜨리다 보니, 소문에 소문이 붙고 시간에 시간이 흘러 과장되고 덧붙여지고 멋들여져 신화가 되고 소설이 되어, 책에 실리고 인터넷 콘텐츠가 되어 우리에게 이른 것이다. 인도나 중국은 인구가 많고 역사가 깊은 곳이니 그런 이야기가 만들어지기에는 안성맞춤인 곳이다. 특히 요가나 선도술은 최근 상업화가 극심하여 약간은 추(醜)해진 느낌도 있다. 기적의 고상함이나 그 법칙의 난득(難得)함을 생각하면 그렇게까지는 되지 않았으면 한다.

파라마한사 요가난다는 예수님이 요기였다고 주장한다. 예수님이 성경에 그 행적이 기록되지 않은 12살부터 30살까지 인도에 와서 요가를 수련하여 요기가 되었다는 상투적 주장에 따른 것이다. 그들이 말하는 요기의 이적(異蹟)은 예수님의 기적과 유사하다. 요가의 뛰어난 수련자인 요기는 장기간 단식이 가능하고, 물 위를 걷고, 포도주나 오병이어(五餠二魚)의 기적처럼 물성을 변화시키거나 없는 것을 만들고, 죽은 자를 살리며, 마귀를 부르거나 내쫓고, 병자를 고치고, 장시간 명상에 들고, 하느님과 합일하고, 자신의 죽음을 예언하고, 죽은 뒤 에테르체로 바꾸어 부활한다.[1562]

쿤달리니는 신체 내에 잠재하고 있는 신비한 힘으로서 요가 수행의 8단계 중 마지막 단계인 삼매(三昧)단계에서 각성시킬 수 있다고 한다. 따라서 쿤달리니를 경험한 사람[1563] 중에 매우 수승한 이가 합일을 할 것으로 예측할 수 있다. 그런데 현실적으로 쿤달리니를 경험한 사람을 찾기란 매우 어렵다. 하물며 쿤달리니를 활

[1562] 요가난다는 그의 「요가난다, 영혼의 자서전」에서 그가 판매하는 크리야 요가의 기원을 설명하면서 히말라야의 수백 살 먹은 히말라야의 기인(舍人) 바바지로부터 라히리 마하사야, 유크테스와르를 거쳐 요가난다 자신으로 연결시킨다. 그의 말에 의하면 그의 스승들은 모두 대단한 기적을 일으켰다. 그들뿐 아니라 인도에는 예수님 급의 기적사(奇蹟士)들이 널렸다. 예수님의 기적이 긍정되니 한편으로는 다행이지만 대수롭지 않은 일이 되는 것 같아 서운하다. 요가난다는 요가를 서양에 판매하여 성공을 거둔 뛰어난 사업가다.

[1563] 아예 없거나 있어야 1억 명 중에 한 명 정도로 매우 희귀하다고 한다.

용한 신과의 합일은 어떻게 그 사례를 확인할 것인가. 추측건대 쿤달리니를 획득한 사람 만 명 중 하나가 합일할 것이니 그렇다면 합일한 사람은 1조(兆) 명 중 한 명이 된다. 그럼 부처님이나 예수님이나 무함마드는 1조 명 중의 한 명이다. 지금까지 지구에 살다 간 사람이 환생까지 포함하여 2백억 명이라고 하는데1564) 그렇다면 이분들은 확률적으로 너무 일찍 태어나셨다.

10.7.5. 기공(氣功)

우주만물 에너지의 근원은 기(氣)이며 사람의 몸 또한 이 기를 통해 활력을 얻는다고 생각하여 기(氣)를 애써 단련하는 것이 기공이다. 중국의 기공학(氣功學)에서는 "오관을 통해 감촉하는 유형의 기와 마음과 영감으로 느끼는 무형의 기를 잘 다스려 인체 내의 경락(經絡)의 기 흐름을 원활하게 하고, 몸과 호흡 그리고 마음의 조화를 도모함으로써 긴장완화, 진기섭취, 정신수양, 체력증진, 지력과 특수능력 개발, 질병의 치료와 예방을 통한 무병장수를 꾀하는 것"을 기공이라고 정의한다.
한편 대한의료기공학회에서는 의료기공을 "한의학의 원리 하에 조신(調身), 조식(調息), 조심(調心)의 방법을 사용하여 정(精), 신(神), 기(氣), 혈(血) 그리고 오장육부와 경락의 기능을 조절함으로써 건강을 유지, 증진시키며 수명을 연장하고 잠재된 능력의 발현을 목적으로 기공을 질병의 진단, 치료 및 예방에 적극적으로 활용하는 분야"라고 한다.1565)

동양에서 기공은 4,000여 년 전부터 시작되어1566) 철학, 의학, 천문학, 예술에 이론적 근거를 제공하였으며 한의학, 도교, 불교, 유교 등의 사상적 뿌리였고 심지어 무술에서도 기를 그 중심 개념으로 삼았다.
도교에서는 기공을 외단(外丹)과 내단(內丹)으로 나누는데 외단은 단약을 통해 외부의 좋은 기를 흡수하려는 기공이고 내단은 몸 안의 기의 흐름을 다스리려는 기공이다. 오늘날 기공은 무술을 위한 기공과 건강을 위한 호흡기공 그리고 치료를 위한 기공으로 나눈다. 이때 질병의 치료와 관련된 기공은 내공법과 외공법으로

1564) 환생으로 겹친 사람을 빼면 결국 지구의 현재 인구와 어울리는 숫자로도 보인다.
1565) 학회에 따르면 우리나라는 상고시대부터 신선사상이 유행하여 신도(神道) 또는 신선도(神仙道)가 단군왕검 또는 그 이전부터 있어왔는데 신선도의 養生法인 의료기공이 중국에 전해져 황제내경(黃帝內經)의 근간이 되었다고 한다(www.gigong.or.kr 참조).
1566) 중국 남조시대에 이미 양나라의 본초학자 도홍경(陶弘景 456~536)은 양성연명록(養性延命錄)을 지어 후한(後漢)의 화타(華佗 145~208)가 창시했다고 전해지는 고대의 의료 기공법의 하나인 오금희(五禽戲)에 대하여 기술하였으며 동시대의 달마대사(?~528)는 역근경(易筋經)을 지어 기의 수련을 통한 승려들의 정신과 육체의 수련을 도모하였다.

나눌 수 있는데 내공법은 명상, 호흡, 신체동작 등의 방법으로 개인이 스스로 자신의 기를 증진시키는 것을 말하고 외공법은 숙련된 대가가 자신의 기를 치유가 필요한 다른 사람에게 전해 주어 질병을 치료하는 것으로 흔히 기공치료라고 한다. 기공치료는 심신과 교감신경의 이완을 통한 스트레스와 불안감소, 혈압조절, 유해노폐물의 배출, 질병에 대한 저항력향상, 통증완화, 면역강화 등의 효과가 있다고 알려져 있다.

우리나라에서는 기공을 연마하는 방법으로 무술기공과 호흡기공이 주로 쓰이는데 무술기공으로는 택견, 불가의 선무도(禪武道), 선도(仙道)의 기천문(氣天門), 심무도(心武道), 국선도(國仙道), 천도선법(天道仙法) 등이 있고 호흡기공으로는 연정원(研精院), 단학선원(丹學仙院), 수선재(樹仙齋), 석문호흡(石門呼吸) 등이 있다. 특히 호흡기공으로서 단전호흡은 기를 인체의 단전에 충만시켜 자연 속의 기와 교감을 꾀하는 수련법으로 1970년대 이후 대중화되었다.

일상생활 속에서도 기공을 쉽게 찾아볼 수 있다. '엄마 손은 약손'은 간절함과 사랑의 기가 자식에게 약기(藥氣)로 전달되는 초보적 기공이며 청춘남녀 간의 살 떨리는 스킨쉽은 애욕의 기가 교환되는 현상이다. 가려움증은 외부의 자극보다도 기맥(氣脈, 經絡) 안의 기의 흐름이 원활하지 못하여 발생하는 경우가 많다. 이때 그곳을 긁어주면 바로 그 기공으로 간단히 해결된다. 그러나 이때 긁을수록 가려운 경우는 세균의 침투로 인한 경우이거나 外來한 기와 내부의 기가 서로 기형(氣型)이 맞지 아니하여 부작용을 일으킨 경우다.

11

영혼육에 대한 나머지 이야기들

이제 금생을 끝내고 홈에 돌아가면 미리 정한 곳으로 환생케 하여 달라고 청하자. 아니 청하기 전에 벌써 준비하여 두었을 것이다. 그리고 돌아와 그 지점에서 다시 시작하자. 달라이 라마처럼.

11. 영혼육에 대한 나머지 이야기들

11.1. 영매에 대하여

우리나라의 무당이라고 볼 수 있는 영매1567)는 19세기 근대 심령주의가 대두하면서 마치 사후세계의 비밀을 풀어줄 존재처럼 여겨져 영매의 심령현상을 중심으로 한 교령회(交靈會)는 한때 구미 각국의 구도자들에게 인기가 대단하였다.

영매는 저승의 존재와 의사소통하여, 알려졌거나 아직 알려지지는 않은 과거에 대한 정보를 알아내는 능력을 가진 사람이다. 이에 반하여 영능력자는 저승 또는 영적인 존재의 유무(有無)를 떠나

1) 초감각적 지각능력(ESP, extrasensory perception)이나 염력(PK, psycho kinesis) 등의 초상현상(超常現象, paranormal phenomena)을 일으키는 초상능력(Ψ능력)자1568)
2) '심령적 직관능력'1569)으로 예언을 하거나 남의 기분을 알아내는 자

1567) 1. 영매(靈媒, medium)는 신령 또는 死者의 뜻을 전달하거나, 심령현상을 일으키는 능력을 가지고 있는 사람으로 사이킥(psychic)이란 단어를 쓰기도 한다. 또한 영(靈)을 전제하지 않고 초상능력(超常能力 : 초감각적지각능력인 ESP나 염력인 PK 능력)을 항상 나타내는 사람을 일컫는 경우는 초상능력자 또는 민감자(敏感者:sensitive)라고 하여 구별한다.
2. 영매를 이용하여 영을 불러내거나 심령현상을 일으키는 회합을 교령회(交靈會, séance, 세이앙스)라고 하며, 영매는 보통 영매 트랜스라고 하는 변성의식 상태에 들어가 심령현상을 일으킨다.
1568) Ψ는 그리스어 23번째 자모로 프시라고 읽는데 영어로는 psi(사이 또는 프사이)라고 읽는다. 정신·영혼의 뜻인 psych(o)(사이크, 사이코)의 약자로 쓰이며 'Ψ능력'이란 사이코능력 즉 초상능력을 의미한다.
1569) 1. 영매인 리사 윌리엄스는 심령적 직관능력자를 심령가라고 하며 이들은 직관과 '내적인 앎'을 통하여 미래를 알 수 있다고 주장한다(리사 윌리엄스, 「죽음 이후의 또 다른 삶」, 42쪽). 그는 '심령적 직관능력'이 자기 자신과 조화를 이루어 좀 더 높은 자아에게 귀를 기울이면 나타나는 현상이라고 주장하는데 영적 존재를 통하지 않은 심령적 직관능력이 영매에게 가능한지는 의문이다. 고급영매로서 자신의 능력을 과대평가함에서 기인한 주장이 아닌가 한다.
2. 표준이론에 비추어 볼 때 자신의 미래에 대한 예감능력은 리사가 말하는 서약서와 상영의 방에서의 환생계획에 대한 기억(전서, 315쪽)에 기인한다고 볼 수 있겠으나 타인에 대한 예언은 믿기 어렵다. 만일 심령적 직관능력자들이 예언을 한다면 미래를 보고 예언하는 것이 아니라 어떤 형태에 의해서든 영적존재의 도움을 받아 타인의 환생계획을 읽거나 아는 것이고 게다가 그 계획의 실현은 당사자의 자유의지에 달린 것으로 꼭 실현되는 것은 아니다.
3. 환생계획을 포함한 영계의 계획을 천기(天機)라고 한다. 이는 누설(漏泄)될 수 없다. 그러므로 영계의 계획을 아는 것은 불가능하다. 만일 누설된다면 고급영 이상의 영계의 존재가 필요에 의해 의도적으로 발

3) 에드가 케이시1570)처럼 아카식 레코드尾255)를 읽는 능력을 가지고 있는 사람을 말한다.

위 2)와 3)의 영능력자는 심령적이라는 면에서 영매와 유사하다고 하겠다.

19세기 말부터 영국심령연구협회(SPR, The Society for Psychical Research)를 중심으로, 영매가 일으키는 현상의 진위(眞僞)에 관해서, 그리고 영매를 이용하여 인간의 사후(死後) 개성이 생존하는가(생존가설) 그렇지 않은가(대립가설)의 문제에 관해서 연구가 이루어졌으나 확실한 결론을 얻을 수는 없었다. 앎의 문제가 아니라 믿음의 문제이기 때문이다.1571) 있고 없고는 믿음이 결정한다. 믿지 않는 사람들의 대립가설을 초상가설(超常假說)이라고 하는데 이 가설은 '영매가 생존 중인 다른 정보원 특히 초상능력자로부터 사전에 초감각적 정보를 얻어 내서 심령현상을 날조하였다'는 가설이다. 이들은 사실 초상현상도 믿지 않지만 사후 영혼의 존재를 부인하기 위하여 급한 대로 우선 그들이 의사과학이라고 매도하는 초심리학의 초상현상을 이유로 대는 것이다. 자가당착(自家撞着)이다. 그러니 결국 생존가설이 승리한 셈이다.

11.2. 최면에 대하여

11.2.1. 최면이란?

최면이란 '최면술을 사용하여 인위적으로 야기되는 신체의 특수한 상태 및 그것이 원인이 되어 생기는 심리적·생리적인 일련의 현상'로서 그 현상들은 '암시(suggestions)에 의하여 인위적으로 이끌어 낸 잠에 가까운 상태'에서 나타난다. 그렇다면 최면상태란 구체적으로 어떠한 상태일까.尾256)

1) 최면이란 암시가 강력하게 작용하는 마음의 상태, 즉 피암시 상태이다.

설하는 것이다.
1570) 에드가 케이시(Edgar Cayce 1877~1945) 미국 켄터키주 홉킨스빌에서 태어났으며 천성적으로 영적감각이 예민하였다. 케이시는 자기최면 중 자신의 靈(higher self)이 말하는 방식인 리딩(Reading)에 의하여 불치병 환자를 많이 고쳤으며 많은 예언을 하여 심령치료사, 영매, 대예언가로 불렸다.
1571) 5.5.9.3. '근사체험에 의한 저승' 중 '진정한 앎과 믿음' 참조

2) 최면은 몸과 마음이 최대로 이완된 상태이다. 잠들기 직전의 상태처럼 의식은 깨어있으면서 몸과 마음이 최대로 이완된 상태가 지속된다.
3) 최면은 암시에 고도로 집중한 상태다.
4) 최면은 시술자와 피시술자 간의 신뢰(라포르, rapport)의 상태다.
5) 최면 중에는 연령퇴행, 후최면암시, 자동서기(自動書記), 카탈렙시(catalepsy), 초인적 계산능력, 이중인격의 등장, 전생퇴행현상 등 여러 가지 이상현상(異常現象)이 발생할 수 있다.

위와 같은 최면의 상태와 현상은 표준이론의 영혼육 구조와 의식 구조를 이해함으로써 대부분 설명될 수 있다. 최면은 현재의식을 제어하는 최면, 몸뇌의 잠재의식을 제어함으로 인한 최면, 그리고 혼뇌의식을 제어함으로 인한 최면[1572], 그리고 메스머리즘처럼 혼의 생기(生氣)와 생기체를 제어함으로 인한 최면으로 나눌 수 있다.[257] 이를 보아 최면은 '특정한 조건의 트랜스상태를 유도함으로써 잠재의식이나 혼뇌의식 상태를 만들거나 기공(氣功)을 사용함으로써 원하는 효과를 초래하려는 테크닉'이라고 정의할 수 있다.

또한 대부분의 최면 이상현상은 혼뇌의식 상태에서의 행동메커니즘과 마찬가지로 혼뇌의식 최면이나 생기체제어 최면 시 혼뇌의 능력을 사용한 것일 수 있다. 이성과 감각이 가로막고 있는 한계가 걷힐 때 생각하지 못했던 능력을 내게 되는 것이다.

11.2.2. 최면과 이상(異常)현상

후최면암시

후최면암시라는 것이 있다.[1573] 예를 들어 최면사가 피암시자를 최면상태에 놓고 "당신은 열두 시 종소리를 들으면 창문을 열게 될 것이다"라는 암시를 주고 최면상태에서 깨우면, 피암시자는 12시에 자신도 모르게 창문을 열게 되는데 이때 그

1572) 9.5.3. '변성의식 상태와 영혼육' 참조
1573) 후최면암시(posthypnotic suggestion, 최면후암시)는 최면 시 잠재의식에 심어진 암시가, 조건이 충족되었을 때 현재의식에게 충동의 형태로 영향을 주고 현재의식은 이것을 실행함으로써 발생한다고 알려져 있다. 사람에게는 '잠재의식에서 현재의식으로 이어지는 메커니즘'이 존재하기 때문에 잠재의식이 받아들인 인상(印象)은 현재의식을 향해 '충동'의 형태로 전해지고, 현재의식은 이것을 받아들여 실행에 옮긴다는 의미다.

에게 "왜 문을 열게 되었나요?"라고 묻는다면 "더워서, 답답해서, 경치가 보고 싶어서."라는 식으로 어떤 이유라도 대려고 한다고 한다. 이는 후최면암시가 현재기억에 저장된 명령이 아니라는 것을 분명히 보여준다. 그렇다면 이 명령(암시)은 잠재기억에 저장된 것이다. 현재기억에 저장되었다면 애초에 무비판적인 이행이 이루어지지도 않았을 것이다. 그런데 잠재기억에 저장된 명령이 현재의식의 간섭없이 이처럼 각성 중에 드러나서 몸을 지배할 수 있을까? 현대의학은 '이러한 명령을 현재화시키는 잠재의식과 현재의식 간의 메커니즘이 분명히 존재한다'는 가설을 사용하여 설명한다.

메커니즘은 아니지만 표준이론으로 후최면 암시를 설명해 보자. 표준이론은 전술한 바와 같이 최면을 의식의 상태에 따라 현재의식상태의 최면과 잠재의식상태의 최면 그리고 혼뇌의식상태의 최면으로 나눈다.1574) 후최면암시는 위 세 가지 의식상태 중 잠재의식상태의 최면에 의하여 잠재기억에 저장된 암시가 현재화되는 경우다. 그런데 잠재기억은 각성 중에도 불현듯 떠오르지만 떠오르는 순간 그 기억은 더 이상 잠재기억이 아니다. 각성 시에 잠재기억이 떠오르면 그 기억은 즉시 현재기억으로 이송되어 현재화된 다음 행동이 이루어지기 때문이다. 그러나 이러한 과정을 거쳐 형성된 현재기억은 꿈의 기억처럼 대부분 두뇌에서 금방 사라진다.1575) 후최면암시도 이와 유사하다. 불현듯 생각나서 행동을 유발시키고 순식간에 꿈을 꾼 듯한 기분만 남기고 행동을 유발한 기억은 사라지는 것이다.

이중인격 출현

최면 중에 다른 인격이 튀어나오는 경우가 있다. 표준이론 입장에서 볼 때 이중인격현상은 혼뇌 중의 종혼이 현재화하여 자아를 장악하는 희귀한 현상인데 최면으로 그 트리거링이 가능할까? 복합혼의 경우 어떤 동기에 의하여 종혼의식이 활성화되는 것이 이중인격이 나타나는 일반적 기작(mechanism)이라고 보지만 최면으로도 이런 현상을 유발할 수 있을까? 최면시술자나 피최면자가 최면의 비자발성을 과장하여 이를 가장하는 것은 아닐까? 대부분의 경우는 그렇다고 본다. 그러나 최면이 혼을 하나의 암시(話頭)에 집중시켜 독특한 변성의식을 유발하는 테크닉인 만큼 주혼으로 하여금 종혼을 불러내게 하는 명령도 가능하다고 보아 실재하는 현상으로 본다. 최면으로 '외부의 다른 인격'이나 '복합혼을 가진 사람의

1574) 메스머리즘에 의한 생기체제어 최면은 엄밀한 의미에서 최면이 아니다.
1575) 그래서 꿈노트를 쓴다. 비몽사몽 중에 꿈속에서 본 시(詩)나 선율(旋律), 아이디어 등을 키워드 위주로 메모하는 것이다.

혼뇌에 숨은 종혼(從魂)의 인격'을 현재화하여 분리의식이 나타나게 할 수 있거나 의도치 않게 그럴 가능성을 높여주는 것이다. 만일 최면 중의 의식과 기억이 '몸뇌의 작용과 그 저장물'이라면 최면 중에 거기에서 어떻게 다른 인격이 나올 수 있겠는가. 이 또한 혼뇌의 존재와, 의식의 주체가 혼이라는 사실을 증거한다.

강경증과 괴력현상

전신이 빳빳하게 고정되는 최면 강경증(强硬症, catalepsy)1576)현상은 어떻게 설명할까? 현대의학으로 이런 현상은 설명하기 곤란하다. 그러나 이는 꿈을 꾸는 수면인 렘(REM, Rapid Eye Movement)수면 중 의식은 있으나 근육이 모두 마비되어 몸을 스스로 움직일 수가 없는 가위눌림과 관련이 있을 수 있다.尾258) 가위눌림이 반의식상태에서 생기체와 의식 간의 일시적 부조화에 의하여 나타나는 현상인 것과 같이 카탈렙시는 최면 시 의식의 수준이 반(半)의식상태 이하로 떨어지는 단계에서 나타난다. 최면 시에는 의식은 분명하나 의식의 초점이 한곳에 모여 있어 생기체와 혼 사이의 커뮤니케이션이 단절되어1577) 생기체는 의식이 다음 명령을 내리기를 기다리고 있는 상태로 이해된다. 강요된 자세가 지극히 빳빳하여 외부에서 큰 힘을 가해도 움직이지 않는 경우는 생기체가 몸이 위기에 당면했을 때 교감신경을 극도로 활성화시켜 평상시 볼 수 없었던 괴력(怪力)을 선보이는 것과 동일한 현상으로 보인다. 생기체가 혼의 명령 없이 외부에서 힘이 가해지자 몸의 위기라고 느끼고 교감신경을 이상(異常)적으로 흥분시켜 여기에 대항하는 것이다. 아이에게 최면을 걸고 동전을 비스킷이라고 암시했더니 동전을 손가락으로 구부리는 경우도 마찬가지 해석이 가능하다. 생기체는 최면 시 혼이 내리는 이상(異常)한 명령에 이상(異常)반응을 보이는 것이다.

1576) 강경증(catalepsy, 强硬症)은 타동(他動)적으로 강요된 자세를 지속적으로 취하고 있는 긴장병(緊張病) 증후군 중의 하나인 긴장병성 혼미(昏迷) 증상으로 조현병(정신분열병)인 히스테리·기질성 정신장애·노년정신병·간질병 등의 경우에 볼 수 있다. 부자연스러운 자세임에도 자발적으로 원래의 동작으로 돌아가려 하지 않고, 근육의 긴장 때문에 또는 의지의 발동성이 감퇴해서 수동성이 높아진 결과, 외력에 대해서도 수동적이 되어 외력이 주어진 채로 자세를 언제까지나 계속하는 상태를 말한다. 강경증이 나타나는 원인은 명령적 환청 등 이상한 체험에 대한 반응설, 선상체(線狀體)의 추체외로계(錐體外路系)의 장애설 등이 있지만 아직 명확히 드러나지는 않았다(두산백과, 강경증).
1577) 자기 최면 시 본인이 최면 상태에 들었는지 확인하는 방법은, 최면을 시도하는 동안 손가락을 깍지 끼고 스스로 손가락들이 풀로 뒤덮인 것처럼 서로 붙었다고 말하며 손가락을 깍지 낀 채로 놔두었다가 최면이 되었다고 생각되면 손가락을 떼어 보는 것이다. 뗄 수 없으면 최면상태에 들었다고 본다. 이는 생기체와 혼 간의 교통이 끊어진 것임을 확인하는 것과 같다.

11.2.3. 최면과 자기암시

'나는 할 수 있다'고 말하는 자기 최면도 효과가 있을까? 흔히 '나는 할 수 있다'고 매일 자신에게 외치면, 자기 최면에 의해 잠재돼 있던 개인의 능력이 드러난다는 말을 한다. 네빌 고다드는 '의식의 법칙'에 대해 설명하면서 우리는 의식을 자유롭게 함으로써 상상을 현실로 이룰 수 있다고 주장한다. "기적을 일궈 내는 사람은 열심히 노력하는 사람이 아닌, 순수한 상상의 바다에서 자신의 꿈을 창조하는 상상가들이다."1578)

그의 말처럼 자기암시 또는 자기최면에 의하여 잠재의식에 기록된 명령은 이를 수행하는 방향으로 무의식적인 행동을 끌어내어 자력(自力)에 의해 명령의 실현이 이루어질 수도 있고, 한편 지성감천(至誠感天)의 기도효과를 가져와 외력(外力)에 의해 실현될 수도 있다.

11.2.4. 메스머리즘과 최면의 역사

18C 말경에 오스트리아 의사 프란츠 메스머(Franz Anton Mesmer 1734~1815)는 자석에서 나오는 자기력(磁氣力)를 이용하여 의학적인 치료가 가능하다고 주장하였다. 또한 그는 모든 생물이 보이지 않는 자기력(Lebensmagnetismus)을 가지고 있다고 믿고 이를 동물자기(Animal Magnetism)라고 이름 붙인 뒤 이 힘으로도 동일한 효과를 볼 수 있다고 하였다.1579) 이후 메스머리즘(Mesmerism)은 실제로 많은 환자를 치유하였고 1780~1850년 사이에는 영적인 측면의 치료방법으로 널리 이해되고 시행되었다. 한편 1841년 스코틀랜드 외과의사 제임스 브레

1578) 1. 네빌 고다드(Neville Goddard 1905~1972)의 '5일간의 강의' 참조
2. 고다드는 서인도제도에서 태어나 17살이 되던 해에 미국으로 건너가 댄서로서 지냈다. 이때 한 친구의 소개로 마음의 힘에 관한 책들을 접하게 되고 비전(祕傳)에 관심을 갖게 된다. 이후 에티오피아 랍비인 압둘라를 만나 5년 동안 카발라, 성경의 상징적 해석, 히브리어의 비의적 의미 등을 배웠다. 그 기간이 끝나고 미국 전역에 걸쳐 대중을 상대로 강의와 저술활동을 하였다. 그의 가르침은 지금도 자기계발 강사들을 비롯한 많은 이들에게 큰 영감을 주고 있다.
1579) 메스머는 우리 몸에 수천 개의 채널이 있고 건강은 이 채널 간의 자유로운 자기력의 흐름을 통해 유지된다고 이해하였고 이 흐름에 장애가 발생하면 여러 질병이 발생한다고 생각했다. 이러한 장애를 극복하고 흐름을 회복하면 질병이 치료되지만 육체가 자가치료를 못하는 경우 의사가 동물자기를 이용하여 환자의 나쁜 동물자기나 생명유체(Vital Fluid, 氣)를 몰아내거나 역류시키고, 의사 자신의 동물자기로 그것을 대신하여 치료할 수 있다는 것이다. 사람들은 이 치료법을 메스머리즘(Mesmerism)이라고 하고 그 시술자를 메스머리스트(mesmerist)라고 불렀다. 메스머의 채널은 동양의학의 경락이나 경혈 또는 인도요가의 차크라 정도로 이해되니 그의 동물자기는 기공으로 보아도 될 듯하다.

이드(James Braid)는 일부 메스머리스트들이 동물자기를 사용하여 피술자들의 신경계에 독특한 상태를 유도하는 것을 보고 이를 최면(Hypnotism)이라고 이름하였으며 이후 이 현상을 깊이 연구한 뒤 최면은 동물자기에 의하여 일어나는 것이 아니라 추상화(abstraction) 또는 정신집중을 유도함으로써 나타나는 현상이라고 주장하고 최면술을 크게 발전시켰다.1580)

최근 현대과학은 전기적 자성(electromagnetism)이 신체 내의 화학적 반응에 영향을 미치는 것을 발견하고 유기체에 의해 생성된 자기장(磁氣場)인 생체자기(Biomagnetism)도 같은 역할을 하는 것을 확인함으로써 메스머의 동물자기가 과학적으로 설명되었다. 이러한 생체자기에 대한 현대과학의 이론은 1970년대 들어서 양자물리학의 발전에 따라 성립되었다.

그러나 또 다른 일부 현대 학자들은 메스머의 동물자기를 동양 전통의학의 氣를 이용한 기공(氣功)치료와 동일시한다. 그들은 메스머리즘은 기공(氣功) 등의 이름 하에 질병의 치료 요법으로 이미 세계의 많은 지역에서 사용되어 왔으며 동물의 질병치료에도 사용되어 왔다고 주장한다.1581)

한편 최면의 마취효과나 위약효과(placebo effect) 그리고 카탈렙시(catalepsy)나 괴력현상 그리고 각종 치유효과 등은 메스머리즘이나 기공으로 해석하여야 이해가 가능하여尾259) 아직도 메스머리즘과 최면을 유사한 것으로 이해하는 경향이 널리 남아있다.

11.3. 윤회에 대하여

그동안 여러 부분에서 윤회에 대하여 거론하였으나 이 장에서는 가급적 중복 부분을 빼고 총괄하여 다시 설명한다.

1580) 메스머의 사후 동물자기설을 연구하는 과정에서 정화작용(catharsis)에 의한 치료효과가 입증되면서 그는 현대 최면치료의 선구자로 인정받게 되었다. 따라서 오늘날의 최면요법은 메스머리즘의 연구과정에서 부수적으로 얻어진 것이라고 할 수 있다. 이후 최면과 메스머리즘은 동일한 것으로 간주되거나 최면은 메스머리즘의 발달된 형태로 이해되었다. 그러나 여러 연구를 통하여 mesmerism과 최면술 사이에는 실질적이고 중요한 차이가 있음이 밝혀졌다.
1581) Wikipedia, 'Animal magnetism' 등 참조

11.3.1. 윤회와 윤회사상의 역사

11.3.1.1. 윤회의 의미

윤회(輪廻, transmigration, metempsychosis)의 사전적 의미는 '몸은 죽어 없어져도 넋은 죽지 않고 남아 다른 몸에 옮아 태어나기를 끊임없이 거듭하는 일'이다. 윤회는 산스크리트어의 삼사라(saṃsāra)를 번역한 말로, 전생(轉生), 재생(再生), 환생(還生), 유전(流轉)이라고도 한다. 불교식으로 말하면 '수레바퀴가 끊임없이 구르는 것과 같이, 중생이 번뇌와 업에 의하여 삼계육도(三界六道)의 생사 세계를 그치지 아니하고 돌고 도는 일1582)'이다.尾260)

우리는 영적 체험을 하는 인간이 아니라, 인간의 체험을 하고 있는 영적 존재라고 한다.1583) 인간이기 전에 영적 존재이고 주된 거주지는 저승이란 뜻이다. 체험(體驗)은 몸소 겪는 경험인데 영적 존재가 집을 떠나 이유 없이 인간을 경험하는 것은 아니리라. 대체 무엇 때문에 경험할까? 그것만 알아도 인생의 의문이 반은 풀릴 것이다.

어린아이를 학교에 보내는 이유가 매를 때리기 위해서는 아닌 것처럼 영적존재가 인간을 체험하는 것은 고통을 겪기 위한 것이 아닌 것은 분명하다. 또 학교에 가는 이유가 훌륭한 사람이 되기 위한 공부를 하려는 것이라 해도 공부 못한다고 체벌하면 안 되는 것처럼 이승에서 인생공부를 제대로 못 하였다고 해서 지옥으로 보낼 수는 없는 법이다. 그러나 시간이 가면 학교는 졸업하지만 인간체험은 일정수준에 도달하기 전에는 졸업이 안 된다. 그 이유는 학생은 구태여 100점을 못 맞아도 마땅한 직업이 있고, 유한한 인생이니 졸업을 시켜 주지만 인간은 100점을 못 받으면 진화(進化)1584)할 수 없기 때문이다. 누에가 고치를 반만 지어 어찌 나방이 되겠는가.

어린 시절 학교 다니는 것이 분명 재미있는 것만은 아닌 것처럼尾261) 인간의 삶

1582) 존재의 수레바퀴(the wheel of existence) 또는 輪回의 수레바퀴(bhavachakra, 바바차크라)에 갇힌 '영원한 순례자'이다.
1583) 1. 예수회 신부이자 고생물학자, 지질학자였으며 종교사상가였던 피에르 샤르댕(Pierre Teilhard de Chardin 1881~1955)신부의 정곡(正鵠)이다.
2. "You Don't Have a Soul, You Are a Soul, You Have a Body."(George MacDonald 1824~1905)
1584) 1. 각혼이 지혼이 되는 일, 혼이 열반하여 영이 되는 일 이런 것이 진화다. 하급혼이 중급혼 그리고 고급혼이 되는 일은 진급이고 발전이다. "그는 식물에서 동물로 진화했고 동물에서 진화하여 사람이 되었다." "그는 중급혼으로 발전하여 중음계에서 심령계로 진급하여 갔으며 다시 고급혼으로 발전하여 준영계로 갔다."
2. 진화에는 工夫에 더해 은총(恩寵)이 필요하다. 합일은 진화를 넘어선 신비(神祕)다.

도 분명 썩 재미있는 체험은 아니다.1585) 아이는 다 못 배웠어도 학교를 졸업한다. 그러나 성주괴공의 억겁시간도 무색한 '하느님의 시간' 안에서는 생을 다하였어도 배울 것을 다 못 배운 영혼에게 인생졸업장이 주어지지는 않는다. 인생낙제(人生落第). 그것이 윤회(Samsara)다.尾262)

윤회사상은 인도에서 기원하였고 우파니샤드에 처음 나타났다는 주장이 많다.1586) 그들은 윤회사상이 처음 고대 인도인들이 강우현상과 화장관습을 결합하여, 연기를 타고 천계에 오른 아트만이 비가 되어 다시 지상에 내려온다는 순환의 모습을 소박하게 상상함으로 인해 등장하였다고 설명한다.1587) 기원전 600년경에 이러한 '소박한 생각'이 기왕의 업설(業說)과 결합되어 전생의 업에 의해 현생의 과보가 만들어지며 또 현생의 업에 의해 미래가 결정된다는 우파니샤드 기록으로 나타났고尾263) 이렇게 성립된 윤회사상은 불교와 육사외도(六師外道)에 전해져 그들 교리의 한 축이 되었으며 오늘날 힌두교의 보편적인 사상으로 자리 잡고 있다는 것이다.
그러나 윤회사상은 인도의 어느 농가에서 기원하여 온 세계로 퍼진 것이라는 식의 '소박한 주장'으로 정리될 수 있는 것이 아니다. 윤회사상은 아래 '윤회사상의 역사'에서 자세히 살펴보는 바와 같이 수많은 문명에서 독립적, 다발적으로 나타났고 그럼에도 불구하고 그 내용이 대단히 유사하며 경험적이고 현실적이다.

11.3.1.2. 윤회의 주체

윤회담론의 주제는 많고 많지만 우선 윤회의 주체와 그 성격에 대하여 다시 한번 검토한다. 윤회 주체(主體)의 문제는 브라만과 아트만의 종교인 힌두와 힌두에서 기원한 불교에서 주로 문제된다.1588)

1585) 1. 그래서 이승은 학교는커녕 그 자체가 지옥이나 감옥이라는 사람도 많다. 그러나 어쨌든 진흙탕에서 몸을 더럽히는 사람이 있고 머드팩을 하는 사람도 있다. 재미없는 학교를 재미있게 다니고 우수한 성적으로 졸업하는 사람도 많고 감옥에서 개과(改過)하는 사람도 많다.
2. 이승이 지옥인 곳도 있고 감옥인 곳도 있으며 학교인 곳, 심지어 천국 같은 곳도 있다. 이른바 3계6도다. 또한 같은 이승이라 하더라도 사람의 팔자는 천차만별이다. 그러나 어쨌든 환생론자 중에서는 어린 시절을 다시 겪고 싶지 않아서 환생하기 싫은 사람도 많으리라. 그래서 성인은 화신(化身)한다.
1586) 이러한 주장(쿠사노 타쿠미, 「천국의 세계」, 박은희 옮김 참조)은 역사상 윤회사상이 문헌에 처음 나타난 것이 인도 우파니샤드인 점과 힌두교에서 불교 같은 거대종교가 기원하였음에 기댄 주장인데 그렇다면 인도인들은 윤회보다 더 상품성이 큰 카르마는 왜 이집트에 수출하지 못하였는가. 그리고 함무라비법전은 왜 인도에 수입하지 않았는가. 고대에 그런 수준의 交通은 가능하지 않았다.
1587) 초기의 윤회사상은 인도의 민간에서 오화이도설(五火二道說)로 나타났다는 주장이다. 오화설은 사람이 죽어 화장하면 달에 가서 비가 되어 지상에 내려와 곡식이 되고, 이 곡식을 섭취함으로써 남자의 육체에 들어가 정자가 되고 모태에 들어가 다시 사람으로 재생한다는 설이다. 이도설은 신도(神道)와 조도(祖道)를 말하는데 신도란 수행자가 오화설을 알고 산림 속에서 고행하면 천계에 태어나 다시는 이 지상에 돌아오지 않는 것이고 조도란 제사와 보시를 행하는 사람은 오화설에 의거해 윤회한다는 생각이다. (쿠사노 타쿠미, 「천국의 세계」, 박은희 옮김 참조).

불교의 윤회 주체

다른 윤회사상에서는 '자아' 또는 자아라고 생각되는 '마음'이 죽어서 없어지지 않고 다시 태어난다는 생각이 윤회의 기본이다. 그러나 불교는 힌두의 창조주인 브라만과 아(我)인 아트만을 부인한 마당에 윤회론 마저 버리면 종교가 아닌 사상으로 전락할 처지가 되자 윤회론은 교리로 삼았다. 그러나 아(我)를 부정하면 누가 또는 무엇이 윤회하는가? 불교는 교조(教祖)의 무기(無記)와 방편적 교리로 인해 성립 초기부터 심각한 모순에 빠졌다. 윤회론과 무아론은 논리상 서로 충돌을 피할 수 없어 어느 한쪽이 모순일 수밖에 없었던 것이다. 종교가 교리 간의 모순을 인정할 수는 없는 법이니 당연히 불교는 그에 대한 해명논리로 과거 이천오백 년 동안 비상(非常)한 아이디어를 수없이 짜내 왔다. 도그마의 특성상 새로운 교리는 헌 교리를 위하여 만들어지는 법이다. 교리끼리 충돌하면 또 다른 교리가 그 틈을 메꾼다. 윤회론과 무아론 간의 모순을 방어하기 위한 아이디어가 틈을 보이면 그 틈을 메꾸려는 다른 아이디어가 만들어지고 그 논리가 허점을 보이면 또 다른 논리를 낳아 마침내 스스로도 어느 것이 어느 것인지 알 수 없게 되었다. 무아와 윤회 간의 모순을 설명하기 위하여 불교 측에서 제공하는 저 유명한 '장작불의 비유'를 보자.

1) 장작불의 비유

부처님은 장작불을 예로 들어 정신과 육체의 연기(緣起) 관계를 통해 무상(無常)을 설하셨다. 설(說)의 요지는 "색으로 된 어느 생(生)의 육체는 장작과 같고 수상행식에 기인한 분별심으로서의 정신은 그 장작이 탐으로써 생겨나는 장작불과 같다. 그런데 장작불은 하나의 장작이라도 매시매초(每時每秒) 연료가 다르니 그에 연한 수상행식(受想行識)도 때마다 다르다. 그러니 장작불이 다른 장작으로 옮겨붙으면 그 장작불이 어찌 이전 장작의 불과 같겠느냐. 따라서 존재를 포함한 모든 것은 조건에 따라 발생하는 연기(緣起)의 법 아래에 있다."이다.1589)

1588) 표준이론은 이 문제에 대하여 이미 수차 거론하였다. 그런데도 이처럼 또다시 문제 삼는 이유는 오늘날 우리 사회의 윤회사상이 윤회의 종교라고 불리는 불교의 신자들 사이에서도 제대로 믿어지지 않고 있는 이유가 여기에서부터이고 불교신자들의 이러한 태도로 인해 신자 아닌 사람들도 윤회를 믿지 않거나 곡해하고 있기 때문이다.

1589) 1. 중아함경(中阿含經, Madhyamāgama)에 실려 있는 다제경(嗏帝經)에서 부처님께서 하신 비유다.
2. "불이란 그 연료에 따라서 이름 지어진다. 불이 장작으로 인하면 장작불이라고 불린다. 불이 나무 조각으로 인해서 타게 되면 모닥불이라고 불린다. 불이 섶에 의해서 타게 되면 그때는 섶불이라고 불린다."
3. 불가에서는 보통 이 설법을 "연료가 없다면 불도 존재할 수 없는 것처럼 육체가 소진되면 우리의 정신도 사라진다."라는 무아를 설명하는 말씀으로 본다. 그러나 이는 잘못된 해석이다. "연료에 따라 불도

이 장작불의 비유는 기원전 2세기의 나가세나에 의하여 등잔불의 비유尾264)와 시(詩)의 비유尾265)로 변형되었고 이를 기화로 후학들은 장작불의 비유를 "장작이 다 타면 불도 꺼지고 분별심도 자의식도 따라서 없어진다."라는 무아(無我)의 가르침으로 곡해하였다.

부처님의 장작불의 비유는 추측건대 다음과 같은 '장작의 비유'가 결집 때 아난다(Ananda) 존자의 착각으로 와전된 것이 아니었겠는가 생각한다.

2) 장작의 비유

태초에 기(氣)가 있었다. 기에서 흙과 바람과 물과 불이 나왔다. 공(空)으로부터 생명의 씨앗 한 톨이 나와 거기에 떨어졌다. 새싹이 돋았고 싹은 흙과 물과 바람과 햇빛을 받아 무럭무럭 자라 큰 나무가 되었다. 어느 날 나무는 베어져서 장작이 되었다. 장작에는 불이 붙었고 불길은 활활 타올라 밥을 지었다. 밥이 다 되자 불은 꺼졌고 장작의 일부는 재로 변했다. 다음 참이 되자 장작에는 다시 불이 붙었다. 장작은 또 밥을 지었다. 그러나 장작은 전에 지었던 밥을 지었던 사실을 기억하지 못한다. 다만 전보다 열심히 타올라 더 맛있는 밥을 지었을 뿐이다. 밥이 다 되자 불은 다시 꺼졌다. 그만큼 재도 더 늘었다. 장작은 다시 다음 밥 지을 때를 기다린다. 그렇게 장작은 수백 번 밥을 지었다. 그러나 장작은 불이 붙으면 여전히 전에 밥을 지었던 사실을 기억하지 못한다. 다만 밥 짓는 기술이 늘어갈 뿐이다. 숯이 늘어 불도 잘 붙는다. 재도 많아져 불씨를 간직하기도 한다. 이윽고 장작은 다 타버리고 모두 재로 변하였다. 어느 날 재는 바람에 불려 높고 넓게 퍼져 나갔다. 마치 영이 된 것처럼. 장작은 이제 안다. 그가 지었던 숱한 밥들을. 그리고 그때 그

다르다. 지금 불타는 연료는 좀 전에 불타던 연료가 아니니 불은 시시각각 다르고 매생마다 다르다. 아(我) 또한 이와 같아 조건에 따라 변화하는 연기(緣起)의 법 아래 있다."라는 뜻이 참이다. 장작불의 비유는 無常한 아 즉 無常我에 대한 비유일 뿐 無我와는 아무 상관이 없는 비유이며 상관이 있더라도 부처님은 육체가 꺼지면 두뇌의 전기작용인 자아도 끝장난다는 현대판 유물론적 뇌의학을 혜안으로 선각(先覺)하여 주장한 것이 아니니 장작불의 비유를 무상아가 아닌 무아 또는 유물(唯物)로 몰아감은 교조(敎祖)를 죽이는 자해행위다.

4. 오늘날 수많은 승려들이 先覺을 자처하고 이러한 자해행위에 동참하고 있다. 그들은 禪房에 앉아 도대체 무엇을 하였는가! 그들은 진정 유물론과 무신론의 최첨단에 선 뇌의학자들의 詩에 동감하는가?(미주 161 '생각'에 대한 생각들 중 '記憶과 還生' 부분 참조)
5. 부처님이 숙명통으로 친히 돌아본 547번의 전생은 다 무엇인가. 연등부처님이 선혜동자에게 내린 수기(受記)는 또 무엇인가? 섶불인 선혜동자에게 이번에 한 번 더 장작불로 태어났다 꺼지면 불 신세를 영영 면할 것이라는 예언이었단 말인가? 이는 부처님을 팔아 狐假虎威하려는 전문직업인으로서 승려들의 대를 이은 허튼 말재간에 불과하다. 오늘날의 과학교인들과 같은 부류들이다. 그들이 진실로 고승이었다면 숙명통을 얻어 전생을 보았겠고 그렇다면 그런 언설을 퍼뜨리지 못하였으리라.
6. 무아에 대한 이러한 자가당착의 해석들은 내부를 분열시키고 믿음을 깨뜨렸으며 윤회를 부인하는 외도(外道)들에게 "거봐라" 하는 구실을 주었다.

화염 하나하나도 모두 기억한다. 이제 재는 온 천지 다른 새싹들의 거름이 된다.

이 비유가 원래 부처님께서 하신 장작불의 비유다. 또는 하시고 싶었던 비유이거나 하셔야 했을 비유다. 이처럼 명쾌한 사실을 두고 브라만과 아트만을 부인하여 새로운 教를 세우려는 부처님의 일순간의 욕심1590)은 부처님이 의도하시지 않았을 '무아(無我)의 덫'을 후생들에게 물려주는 결과를 초래하였다. 이로 인해 수많은 후생들이 이 덫에 걸려 부처님의 참뜻을 이해하는 데 큰 어려움을 겪었고 겪고 있다.

표준이론은 부처님의 이러한 주장의 본심(本心)은 일원(一元)의 불성이 개체성(separateness)과 그로 인한 이기심과 자존심으로 흐려져서 개체성이 탐진치(貪瞋癡) 번뇌의 원인이 되자 그 폐해를 불식(拂拭)시키고자 제법무아(諸法無我)와 제행무상(諸行無常)을 설하시려는 데 있었다고 본다. 즉 표준이론에서 부처님의 무아는 "마음은 몸이 죽더라도 흩어지지 않고 연속하여 다시 태어나지만 그 연속은 끊임없는 변화와 발전 중의 연속으로, 어제의 마음과 오늘의 마음이 다르듯 전생의 마음과 내생의 마음은 같지 않다는 의미의 무상아(無常我)"인 것이다.1591)

힌두교의 윤회 주체

그러면 불교 윤회사상에 기반을 제공한 힌두교의 윤회사상에서 나타나는 윤회의 주체 부분을 살펴보자. 우파니샤드와 힌두 육파철학의 하나인 베단타 철학에 따르면 환생하는 실체는 아트만인데 아트만은 비인격적 자아로서 생시에 개인적 속성(개성)은 없다. 아트만은 인간 존재의 실존적 기반을 구성하지만, 환상의 삶인 이승에서 생산된 모든 데이터는 모두 프라크리티의 것으로 아트만에는 기록될 수도

1590) 부처님의 무아론은 당시 브라만교로 인한 정치적 사회적 부조리를 혁파하려는 개혁의 의지뿐 아니라 자아의 윤회론으로 인하여 사후의 생을 위해 현생을 낭비하는 중생들을 계도하기 위하여 금생의 자아가 그대로 윤회하는 것이 아니라는 방편적 설법으로 개발되었을 수도 있다. 이는 초기 기독교에서 환생론이 배척된 명분이기도 하다.
1591) 1. 현생의 나와 환생한 내생의 나는 같지도 않고 다르지도 않다(원불교대사전, 윤회 참조).
2. 마음의 연속성을 계속 유지하게 해 주는 환생이 있다는 것은 분명한 사실이다. 모든 것은 어떤 원인의 결과로 있는 것이며, 마음이나 의식도 그 직전 상황의 결과로 존재하는 것이다. 마음과 물질은 상호작용하지만 그중의 어떤 하나가 서로 다른 어떤 하나의 실체가 되지는 못한다. 즉 직전의식이 원인이 되어 현재의식이라는 결과가 생겨나는 과정을 반복하며 의식은 끊임없이 연속되는 성질을 지닌다. 의식은 의식 자체의 연속적인 성질에 의해 발생하며 육체만으로는 의식이 발생할 수 없다. 육체는 의식이 발생하고 작용하기 위해 필요한 간접적인 조건일 뿐 직접적인 조건이 아니다. 따라서 인간이 의식을 갖기 위해서는 이전 생의 의식이 다음 생으로 연결되는 환생 과정을 거쳐야 한다(달라이 라마).
3. 표준이론에서 혼은 그 물성(오온)으로 인하여 끊임없이 변화하는 존재다. 그뿐만 아니라 혼은 진화하는 존재로서 어제의 혼과 오늘의 혼이 달라져야 한다. 몸은 '그곳'에 있고 자아는 '그때'에 있다. 무아(無我)는 무상아(無常我)다.

영향을 줄 수도 없고, 다만 이승에서 이룬 영적 진보와 퇴보만 카르마로(불교라면 제8식인 아뢰야식에) 남는다. 환생할 때 아트만은 전생에서 자신의 행동의 결과인 카르마를 재장착한 미묘한 몸(sukshma sharira)을 입고 무명(avidya)과 업(karma)과 윤회(samsara)의 마야세계인 이승으로 다시 뛰어든다. 이를 멈추기 위해서 아트만은 전생에서 물려받은 업을 경험으로 전화(轉化)하여 이로써 금생을 닦고 또 닦아 무명을 부수고 환상에서 깨어나는 수밖에 없다. 이러한 힌두의 생각이 불교에서 아트만을 아뢰야로 변경시킨 채 확대 재생산되었다. 그렇게 보면 불교에 무아윤회 모순의 단초를 제공한 범인은 힌두의 베단타다. 푸루샤와 프라크리티와 결합으로 물질원리가 전개되어 아함카라가 생기고, 더 나아가 마나스와 붓디로 이어지는 혼의 발생과정까지는 알아냈음에도 그 진화과정을 눈치채지 못하고 혼을 겨우 아트만에게 경험을 제공하고 사라지는 업 정도로 파악하였으니 이는 진화에 대한 지혜가 부재한 때문이긴 하나 인류 영성사(靈性史) 입장에서 매우 유감스러운 일이다. 이는 매일같이 머리에 하늘을 이고도 지동의 코페르니쿠스가 나타날 때까지 천동의 프톨레마이오스의 우주로 버텨온 과학사(科學史)와 같다.

신지학과 일부 뉴에이지의 윤회주체

힌두의 베단타에 기반을 둔 신지학도 힌두교와 윤회의 주체에 대한 견해가 비슷하다. 즉 환생하는 것은 감정적 본성과 정신적인 본성, 축적된 지식과 사고 그리고 개성과 인격 이 모든 것의 주체인 자아나 마음 또는 혼이 아니라 이 위에 있는 무형의 본질(아트만)이 환생한다는 것이다. 인간의 무형의 본질이 환생의 과정을 시작할 때, 그것은 오래된 정신적, 감정적, 활기찬 업장을 끌어들여 새로운 인격을 형성한다.

신지학의 영향을 받은 일부 뉴에이지 또한 마찬가지다. 이들은 불교의 장작불이나 등잔불의 비유를 '게임의 비유'로 개선하여 혼의 불멸성을 부인하는 데 사용한다. 즉 혼(자아)을 영 또는 우주의식이 세상을 체험하기 위한 허구(虛構)적 수단으로 본다. 그들은 자아를 게임 속의 캐릭터로 보고 윤회를 다른 게임의 다른 캐릭터로 옮겨 가는 것에 비유한다. 게임 속의 캐릭터에게 윤회란 없다. 베단타의 아함카라나 나가세나의 등잔불처럼 세상을 비추어 게이머에게 세상의 경치를 보여주는 체험을 안긴 뒤 사라지는 허상이다.[1592]

1592) youtube.com/watch?v=PenFHb-2Fqc, youtube.com/watch?v=jVRb-ZNz1SU 참조

인도철학의 혼에 대한 무지로 인한 폐해

진화(進化)의 이치가 알려지지 않은 고대 힌두사회에 아트만과 氣 간의 역학관계로 이해되는 인간창조론이 등장하고 그 후속작으로 혼에 대한 부실한 인식을 특징으로 하는 영혼론이 인도철학의 주류가 되었다. 한편 브라만 사회를 개혁하려는 부처님의 의지로 인해 가뜩이나 부실한 혼론(魂論)에 아트만까지 부인하는 교리가 불교에 채용되는 통에 오늘날까지 무아론과 환상론이 면면(綿綿)하고 생생(生生)한 불교의 전통이 되었다. 이는 또한 훗날 힌두를 벤치마킹한 신지학이 진화를 주장하면서도 영지주의적 모나드를 등장시켜 아트만의 배역을 맡기고 윤회의 주역을 담당시키는 데 큰 영향을 주었다. 그러다 보니 신지학의 혼은 동물의 각혼에서 그 진화를 멈추고 신의 단편인 모나드에게 물질계 체험을 제공하는 수단으로 전락하였다. 이로 인해 신은 체험에 굶주린 불완전한 존재로 끌어내려져 처형되었고 신이 세운 엄연한 진화의 질서는 무너지고 말았다. 그리고 그 부실은 뉴에이지에 이르러 신은 사라지고 우주의식만 남았으며 우주는 혼도 없고 영도 없는 메타버스(Metaverse)의 세계가 되었다.1593)

표준이론에서의 체험

표준이론에서 체험의 문제는 개별성과 개체성의 문제일 뿐이다. 윤회과정에서의 체험은 개체성을 극복하기 위한 것으로서 윤회하는 혼은 환생을 거듭하며 그 수준이 고양될수록 점차 개체성(separateness)을 잃는다. 그러나 혼의 개별성(individuality)은 오히려 커진다.1594) 개별성은 오히려 나날이 커지고 성장한다. 혼의 개별성(개성)은 하느님께서 가장 원하시는 것이다. 하느님으로부터 나왔으나 하느님과는 전혀 다른 '아들'을 얻기 위함이 하느님께서 천지를 창조하신 궁극의 목적이다. 합일 또한 개별성을 완성하여 금의환향하는 것으로서의 합일이지 길 잃은 아이가 부모에게 돌아가는 합일이나 죄를 짓고 귀양살이 하다가 임금의 마음이 풀리면 한양으로 돌아가는 벼슬아치의 귀향이 아니다. 하느님께서 왜 자식을 잃어버리시겠고 왜 이승의 임금처럼 신하를 귀양살이 보내시겠는가. 사랑이 넘치는 아버지는 자신의 일부인 생명에너지를 저 험한 세상으로 내보내시고 밤낮으로 갖은 방법으로 그 성장을 후원하신다. 그리고 과거에 급제하여 금의환향하는 그날을 손꼽아 기다리신다.

1593) 미주 205 '신지학의 영혼론' 참조
1594) 미주 97 '개체성(separateness)과 개별성(individuality)' 참조

반복의 의미

윤회 자체가 반복의 의미를 보여준다. 윤회는 지구가 자전(自轉)하듯 돈 데를 또 돈다. 그러나 지구는 자전만 하는 것이 아니다. 조금씩 앞으로 나아가며 공전(公轉)도 한다. 그러니 사실은 지구가 같은 자리를 또 도는 것은 아닌 것이다. 일 년이 지나 공전을 다 이루었다고 다시 같은 자리에 오는 것도 아니다. 그 사이에 태양계는 은하계를 중심으로 또 다른 공전을 하고 있기 때문이다. 그리고 은하계는 은하군과 은하단 그리고 초은하단으로 더 큰 무리를 지어 서로 무슨 운동인지를 계속하고 있다. 자전은 공전을 위한 운동이요 공전은 더 큰 공전으로 이어진다. 윤회는 반복이지만 이러한 반복이다. 다른 삶의 반복이며 다른 시대의 반복이다. 동시에 영혼은 그러한 반복을 창조하는 주인공이기도 한다.

그리고 그 반복은 변화와 발전을 가져오는 반복이다. 자전의 오늘을 보내고 긴 잠을 잔 뒤 다음 날 아침이 찾아오면 아이는 어제와 다름없는 얼굴로 다시 일어난다. 그러나 그렇게 일 년이 지나서 다시 봄이 찾아오면 아이는 키가 부쩍 자라 있지 않은가. 저녁의 늙은이는 다음 날 아침 아이로 다시 태어나 또 세수하고 이빨 닦고 학교에 가지만 일 년 후에는 키도 자라고 한 학년 진급하는 것이다. 환생의 자전이 모여 생혼지구가 각혼지구가 되고 각혼지구가 지혼지구가 되며 마침내 영의 지구가 된다. 그리고 태양계가 은하를 돌 듯 이제 영의 삶이 시작된다.

11.3.1.3. 윤회사상의 역사

동양에서는 인도계 종교로서 힌두교[1595], 자이나교, 불교, 시크교[266] 등과, 중국의 도가[1596]와 도교[1597], 그리고 우리나라의 민족종교인 대종교[1598] 증산교[1599)

[1595] 기원전 13~10세기에 기록된 힌두교의 가장 오래된 문헌인 베다 찬송가까지는 윤회가 언급되지 않다가 후기 베다 시대(BC c.1100~c.500)의 Upanishads에 환생에 대한 최초의 텍스트가 나타난다.
[1596] 미주 145 '道家의 윤회론' 참조
[1597] 도교에서는 사람이 죽으면 내세에 먼저 염라왕의 재판을 받고 그 결과에 따라 죄가 있는 사람은 지옥벌을 받으며, 그렇지 않은 사람은 천상계로 올라간다. 어중간한 사람은 환생한다. 또 지옥의 처벌을 다 받은 사람도 불교에서처럼 다시 환생한다(5.5.4. '도교의 저승관' 참조).
[1598] 대종교의 경전 삼일신고는 영혼의 윤회를 암시한다. '소리와 기운으로 원도해도 하느님은 나타내 보이시지 않는다'고 해서 현세에는 뵐 수 없지만 성통공완하면 하늘집에서 하느님을 뵙는다고 했으니 어느 내생에서는 뵐 수 있다는 말이 된다. 중생들이 겪는 태어남, 자람, 늙음, 병, 죽음 등의 다섯 괴로움 속에 태어남과 죽음이 포함되어 있음은 영혼이 영원히 여러 삶을 반복하며 살면서 윤회함을 함축한다. 성통공완하면 이러한 다섯 괴로움을 벗어나 쾌락 속에서 영원히 산다. 삼일신고 해설에도 신기한 기틀 중의 하나로 "전생과 내생, 과거와 미래의 모든 일을 아는 것이다."라고 하며 윤회를 말한다. 참전계경에도 윤회에 대한 언급이 여러 곳 있다.
[1599] 인과응보나 윤회로 대표될 수 있는 轉生, 三生, 인연, 업보 등은 불교 특유의 공간적 개념인 시방(十方, 동서남북의 사방과 동남·서남·동북·서북의 간방, 그리고 상하)과 더불어 기본적으로는 당시 일반 민

원불교1600) 등이 모두 윤회사상을 가지고 있으며 민간신앙인 전통무속 또한 古來의 샤머니즘적 요소에 유교의 조상신, 불교의 연기와 업보윤회설 등의 영향을 받아 윤회사상을 가지고 있다. 교계조직이나 경전이 없어 믿음이 통일되어 있지는 않지만 사후 염라대왕의 판결을 받고 나면 죗값에 따라 지옥이나 극락세계로 갔다가 환생하기도 하고 바로 윤회 전생(轉生)하기도 한다는 불교적 믿음 또는 유교적 가족주의 사상에 따라 후손이나 조상신에게 붙어서 살다가 어느 때에 환생한다고 생각해 왔다.1601)

또한 서양의 경우, 고대 이집트 종교1602), 고대 그리스의 '엘레우시스 신비의식(祭典, Eleusinian Mysteries)'1603)과 그 후속으로서 그리스 철학에 중요한 영향력을 미친 오르페우스교1604), 시로스의 페레키데스(Pherecydes BC 600~550), 피타고라스(Pythagoras BC 582~497)학파1605)와 엠페도클레스(Empedocles BC

중에 널리 퍼진 일반화된 개념의 성격을 지니면서도 증산의 교설에 있어서의 불교적 요소의 도입으로 간주할 수 있다(최종석, 「증산교(甑山敎)에 나타난 불교적 요소」).

1600) 영혼이 육신과 갈릴 때에는 육신의 기식이 완전히 끊어진 뒤에 뜨는 것이 보통이나 아직 육신의 기식이 남아있는데 영혼만 먼저 뜨는 수도 있으며 영혼이 육신에서 뜨면 약 칠칠일(49일) 동안 중음(中陰)으로 있다가 탁태되는 수도 있고 또는 중음으로 몇 달 또는 몇 해 동안 바람같이 떠돌아다니다가 탁태되는 수도 있는데 보통 영혼은 새 육신을 받을 때까지는 잠잘 때 꿈꾸듯 자기의 육신을 그대로 가진 것으로 알고 돌아다니다가 한번 탁태를 하면 먼저 의식은 사라지고 탁태된 육신을 자기 것으로 아나니라(원불교, 대종경 천도품 13장).

1601) "아이고 내가 전생에 무슨 죄를 지었나." 하는 한탄이 전혀 어색하지 않은 이유다. 또 죽음을 '돌아가다(歸)'라고 표현하는 것도 다음과 같이 함축하는 바가 많다.
  1) 사람은 태어나기 전부터 존재했다.
  2) 태어남은 거기에서 '온 것'이다
  3) 돌아간다는 것은 '돈다(輪)'는 뜻을 함축하기 때문에 태어남 역시 '돌아온' 것이라는 뉘앙스가 있다. 다만 누가 돌아온 것인지를 몰라서 쓰지 않는 것뿐이다.

1602) 미주 127 '이집트 死者의 書' 참조

1603) 힌두교에 환생의 교리가 나타나기 전인 BC 1500년 전까지 거슬러 올라가는 고대 그리스의 '엘레우시스祭典'에서는 환생의식(rebirth ritual)이 중심주제였다(조 피셔, 「나는 아흔여덟 번 환생했다」, 111쪽).

1604) 오르페우스교(orphism)는 그리스의 여러 신앙 중 하나로 기원전 6~7세기경 그리스의 남부지역에서 발생했으며 당대 그리스 예술과 학문, 철학에 큰 영향을 끼쳤다. 오르페우스교는 인간이 죽으면 몸은 죽지만 영혼은 남아서 저승과 달과 태양을 떠돌다가 인간이나 다른 동물들로 태어난다고 믿었으며 이들은 영혼은 절대 소멸하지 않기 때문에 살아생전 육체적 욕망을 최대한 억누르고 여러 미덕을 쌓으면 윤회의 굴레에 벗어나 영원한 행복을 누릴 수 있는 세계로 간다고 믿었다. 그들의 경전에서는 환생을 '눈물나도록 진저리 쳐지는 수레바퀴'로 언급하고 있다. 오르페우스교의 윤회사상이 불교의 영향을 받았다는 전설은 전설일 뿐이다.

1605) 피타고라스에 의하면 혼은 원래 不死, 즉 신적인 존재인데, 무지로 인해 자신을 더럽게 하고, 그 죄를 씻기 위해서 육체라는 묘에 매장되고 있다고 한다. 또 우리들이 생이라고 하는 지상의 생활은 실은 혼의 죽음이며, 그 죽음에서 부활해서 다시 신적 본성을 회복하는 것이 인생의 목적인데 그에 실패해서 무지한 인생을 계속 살면, 윤회전생의 틀에서 영구히 벗어나지 못한다. 한편 이 고통에서 해방되기 위해서 혼은 지혜(소피아)를 구하고, 그로써 본래의 순수존재로 돌아가야 한다. 또 피타고라스는 자신이 전생을 기억할 수 있다고 주장했고 육식을 금했다. 인간은 영혼이 완전하게 정화될 때까지 일정한 수학적 주기를 가지고 다른 생물로 형체를 바꾸며 다시 태어난다는 생각 때문이었다. 그가 한때 인도를 여행하

490~430), 소크라테스(Socrates BC 470~399), 플라톤(Platon BC 427~347), 스토아 학파의 로마 황제 마르쿠스 아우렐리우스(Marcus Aurelius 121~180), 플로티노스(Plotinus 205~270)의 신플라톤주의 등 여러 인물과 사상에서 윤회설이 신봉되고 주장되었다.1606) 이후 고대 로마에서도 윤회관이 성행하였다.1607)

영국의 켈트족의 드루이드(Druid)敎도 환생교리를 가지고 있었고,1608) 게르만 민족들 사이에도 환생에 대한 믿음이 있었다. 또한 환생 이야기는 850년경 노르웨이 또는 아이슬란드에서 만들어졌다고 추정되는 북유럽 신화집인 운문 에다(Poetic Edda)에도 나타나 윤회는 바이킹들에게도 신조(信條)였음이 드러나고 있다.

마야나 아즈텍, 잉카 등 남미 고대문명에도 환생을 믿었던 흔적들이 많다. 예를

며 브라만의 지혜에 접했었다는 주장이 있으나 근거없는 주장이며 설혹 그렇다하더라도 그것 때문에 전생을 기억하지는 않았을 것이다.
1606) 1. 많은 그리스인들이 윤회 사상을 신봉하였다. 하지만 윤회 사상은 모든 그리스인들이 받아들인 사상은 아니었다. 에피쿠로스는 영혼은 죽음과 함께 해체되어 사라지는 단순한 원자들에 지나지 않으며 따라서 죽음 후에는 어떤 존재도 없다고 가르쳤다.
2. 플라톤은 '파에도'에서, 소크라테스는 죽기 전에 "나는 진정으로 환생이 있고, 죽음으로부터 생명이 싹튼다고 확신한다."라고 말했다고 전한다. 또 플라톤은 "영혼은 불멸하고 인간뿐 아니라 동물로 바꾸어 태어나며 전생에서 현생 그리고 내생으로 윤회한다."라고 했다. 플라톤 사상에 따르면 이 영혼은 일단 육체에서 분리되면 '폼랜드'에서 긴 시간을 보낸 다음 다른 육체를 취한다. 따라서 우리는 지식을 타고났으며 이를 위해 묻힌 기억을 회상하기만 하면 된다는 想起설을 설파하였다. 사람은 이승에 태어나서 무엇을 배운다는 것은 이미 전생에서 알고 있었던 것을 다시 기억하는 것일 뿐이라는 것이다. 또 생을 거듭해가며 배우고 또 배우면 수승하여 결국 윤회를 벗어나게 되는데 그 직전의 인간이 바로 철학자라고 하면서 자신도 전생을 기억하노라고 하였다. 누구는 플라톤이 젊어서 한때 이집트에 유랑하면서 인도에서 전파된 브라만의 지혜에 접했을 뿐이라고 폄하나 그렇다 하더라도 그의 전생기억 역시 그로 인해 생겨난 것은 아니리라.
3. 스토아 학파는 '우주의 윤회설'인 우주주기설을 신봉하였으며 「暝想錄」을 쓴 스토아철학자이자 로마제국 제16대 황제인 마르쿠스 아우렐리우스는 "존재하는 모든 것은 어떤 의미에서는 그 자체로부터 태어날 것들의 씨앗이다."라고 하였다.
4. 플로티노스는 "몸은 정말 레테(Lethe)의 강이다. 왜냐하면 몸속에 떨어진 영혼은 모든 것을 잊기 때문이다."라고 하였다(조 피셔, 「나는 아흔여덟 번 환생했다」, 143쪽).
1607) 기원전 1세기 고대 로마의 시인의 베르길리우스(Vergilius BC 70~19)는 그의 서사시 아이네이스(Aeneis)에서 영웅 아이네아스(Aeneas)의 모험담을 빌어 명계를 자세히 묘사하며 1,000년이 지나면 수승한 일부 영혼을 빼고 모두 환생한다고 하였다(쿠사노 타쿠미, 「천국의 세계」, 박은희 옮김, 71쪽 이하 참조).
1608) 1. 고대 드루이드족의 형이상학적이고 영적인 믿음에 대한 문서를 모은 책 '바르다스(Barddas)'에 묘사되어 있는 '생성의 순환'이라는 표현은, 동양의 윤회사상과 아주 비슷하다. 영혼은 '완성과 지복의 경지'에 들어가기 전에 온갖 형상을 전전하며 살아간다. '지복의 경지'는 불교의 열반(nirvana)에 빗댈 수 있다. 또 그들은 만일 생전에 빌린 돈을 다 못 갚고 죽으면 다음 생으로 그 빚을 지고 간다고 여겼다(조 피셔, 「나는 아흔여덟 번 환생했다」, 111쪽 참조).
2. 기독교 초대교부인 히폴리투스(Hippolytus 160~235)는 골족(켈트족)이 피타고라스의 노예로부터 환생의 교리를 배웠다고 했으며 또 다른 이들은 힌두교 사제나 조로아스터교인들이 가르쳤다는 주장도 했다. 그러나 환생교리가 누구에게 배워서 아는 것인가? 미대륙의 원주민의 일부와 북극의 이누이트족 그리고 호주 원주민들도 윤회를 믿었다(wikipedia, '윤회' 참조).

들어 잉카 종교는 전생(轉生)과 내세(來世)를 믿었는데 뱀, 푸마, 콘돌로 이를 상징하였다.1609)

시베리아 북동부에 거주하는 여러 퉁구스족들도 윤회를 믿었다. 그들은 태어난 아기가 말하기 시작할 때 이름을 지었다. 그때가 되어야 어떤 친척의 영혼이 저승 세계에서 돌아와 아기로 환생한 것인지 알 수 있다고 여겼기 때문이었다.尾267)

이누이트족(에스키모)은 죽음이 가까웠음을 감지하면 이웃의 젊은 부부를 찾아가 그들 가족의 일원으로 태어나게 해달라고 부탁한다. 부탁하는 노인이 존경할 만한 좋은 사람으로 보이면 젊은 부부는 오히려 그를 '첫아이로 갖게 되면 더할 나위 없이 기쁘겠다'고 말한다. 이제 노인은 자신의 운명을 알게 되었으므로 침착하고 만족스럽게 죽음을 맞이한다. 이누이트족의 가정에서는 절대로 체벌이 행해지지 않는다. 전생에서는 부모와 자식의 관계가 반대였을 수 있고, 미래에는 또 바뀌게 될 거라는 믿음 때문이다.1610)

남아프리카 공화국의 벤다人들은 사람이 죽을 때 영혼이 무덤 근처에 잠시 머무르고 새로운 안식처 또는 인간, 포유류 또는 파충류와 같은 다른 몸을 찾는다고 믿는다. 이 지역은 짐바브웨 남부와 접해 있는 남아프리카 공화국의 북동부 모퉁이에 위치해 있다. Venda 사람들은 다른 아프리카 국가들과 마찬가지로 유일신인 창조주 Nwali를 믿는다.1611)

캐나다 원주민족 중 하나인 기트산족(Gitxsan)은 브리티시 컬럼비아(British Columbia)주의 스키너(Skeena) 강 유역에 있는 인디언 소수민족으로 고고학적 증거에 따르면 최소 10,000년 동안 그곳에 지속적으로 거주했다고 알려져 있다. 그들의 원주민 영성에 따르면 많은 조상들이 다시 그 가계(家系)에 환생한다고 믿는다. 이에 대한 이안 스티븐슨의 사례연구도 상당하다.

나이지리아 남서부의 요루바(Yoruba)족은 조부모가 죽은 직후에 태어난 아이를

1609) 잉카인들은 환생을 믿었다. 그들에게 죽음은 다음 세계로 가는 통로였다. 죽은 자의 영혼인 카마켄(camaquen)은 길고 어두운 길을 따라가서 꽃으로 덮인 들판과 눈 덮인 산이 있는 저승으로 간다. 잉카인들은 불에 타 사망하거나 시신을 화장하면 생명력이 사라지고 사후세계로의 이동이 위협받을 것이라는 믿음으로 이를 극력 피했다. 또 '도둑질하지 말라, 거짓말하지 말라, 게으르지 말라'라는 계명을 지키며 산 사람들은 '태양이 따스한 천국'으로 가고 그렇지 못한 사람들은 '차가운 땅의 지옥'에서 나날을 보내다 환생한다고 믿었다(World Civilization 사이트의 'Religion in the Inca Empire' 참조).
1610) 조 피셔, 「나는 아흔여덟 번 환생했다」, 116쪽
1611) 브리테니카, luonde.co.za 등 참조

'아버지가 돌아오셨다'는 뜻의 바바툰데 또는 '어머니가 돌아오셨다'는 뜻의 예툰데라고 부른다.

또 호주의 원주민에게는 천상의 세계와 연결시켜 주는 상징물인 무지개 뱀(Rainbow Serpent)이 있다. 이 뱀은 전생의 영혼들이 다시 어머니의 자궁으로 들어가 세상으로 되돌아오는 길을 상징한다. 남태평양 파푸아 뉴기니의 트로브리안드 제도(Trobriand Islands)나 솔로몬 제도(Solomon Islands), 뉴 헤브리디즈 제도(New Hebrides Islands)의 원주민들에게도 환생에 대한 믿음이 전해져 오고 있다.

영지주의와 헤르메스주의[1612] 등에서도 윤회사상을 가지고 있었다. 유대교 또한 주변 이집트나 그리스에서 전래한 윤회사상의 영향을 받았으며 유대교 신비주의인 카발라[1613]는 환생을 기본교리로 믿었다. 기독교도 예수님 생시의 유대인들은 환생을 믿는 사람들이 많아 이를 반영하여 성경 여기저기에서 윤회를 암시하는 흔적들[尾268]이 많다. 또 기독교 초기 교부들과 기독교 내부의 신비주의인 영지주의파를 중심으로 윤회사상을 신봉하였다.[1614] 3~5세기에 페르시아를 중심으로 중근동에 크게 유행한 영지주의 계통의 마니교[尾269] 또한 윤회교리를 신봉하였다. 이후 유대교는 카발라를 중심으로 아직까지도 윤회교리가 그 전통을 잇고 있으나[尾270] 기독교의 경우에는 기독교가 로마의 국교로 공인받는 4세기에 이르자 상황이 바뀌어 영지주의파와 윤회론자들은 로마황제와 정통파 교부들에 의하여 거세당하거나 논박[1615]당하였다. 즉 325년 니케아 공의회의 결정으로 영지주의자에

1612) 헬레니즘 이집트(BC 305~30) 시대와 기원후 1~3세기에 주로 성립된 「코르푸스 헤르메티쿰」에 기초하는 일군의 철학적, 종교적 믿음들 또는 지식들로, 헤르메스주의에서는 어떤 상태로부터 자유로워지기 전에는 계속하여 윤회한다.
1613) 카발라(Kabala)의 주요 주제인 길굴(gilgul)은 환생의 의미를 담고 있으며(미주 270 '유대교와 윤회론' 참조) 카발라의 경전인 조하르(Zohar)에는 이런 말이 나온다. "영혼은 절대계에서 생겨났으며 다시 그곳으로 들어가야 한다. 이 목적을 위해서는 완성의 경지에 도달해야 하는데, 모든 영혼 안에는 완성의 씨앗이 잉태되어 있다. 만일 한 번의 생애에 완성의 경지에 이르지 못하면 신과 합일할 때까지 여러 생을 계속 살아야 한다."(8.16. '카발라의 인간론' 참조)
1614) 1. 초기 기독교와 영지주의 전문가인 프린스턴 대학의 종교학 교수 일레인 페이글스(Elaine Pagels 1943~) 등은 사도 바울도 영지주의자였다고 본다.
2. 윤회를 가르친 초기 교부들로는 2세기경 로마에 최초의 기독교학교를 설립했던 순교자 유스티누스(Justinus ?~165)와 알렉산드리아의 클레멘스(Clement 150~215), 그리스의 신학자 오리게네스(Origenes 184~253), 히에로니무스(St. Hieronimus 347~420), 아우구스티누스(St. Augustinus 354~430) 등이 있다.
1615) 윤회론의 주장대로 信者가 생전에 행한 바에 따라 영혼의 내생이 결정된다면 원죄론, 구속론, 구원론, 그리스도론, 심판론 등 기독교 주요 교리 전반이 크게 흔들리게 된다. 또한 교황과 로마황제는 윤회론으로 인해 왕권신수(王權神授)의 이론적 근거를 잃는다. 따라서 많은 교부들은 황제와 이해관계가 일치하게 되어 그때까지 기독교의 교리로 허용되던 윤회론을 배척하는 일에 서로 협조하게 되었다.

대한 대대적인 탄압이 자행되었고 윤회론은 교리에서 배제되었으며 553년 유스티니아누스 대제가 소집한 제2차 콘스탄티노플 공의회 이후에는 윤회론자들 또한 이단으로 낙인찍혀 크게 박해당하였다.1616)

12~13세기에 프랑스 랑독 지방에서 번성하다 교황의 극심한 박해를 받고 사라진 카타리파(Cathars), 알비파(Albigensians) 등 중세 기독교 종파에서도 환생을 믿었다.1617)

이슬람의 경우 시아파(Shiah)의 일파인 드루즈교1618)와 알라위교1619)도 윤회사상을 가지고 있으며, 심지어 코란에도 윤회와 환생을 암시하는 구절들이 있다는 주장도 있다.尾271)

종교는 아니나 종교적 비밀결사인 장미십자회의 주류 또한 윤회론을 신봉하였다고 전해진다.1620) 또 스웨덴의 과학자이자 사상가인 엠마누엘 스베덴보리는 우리가 육체적 세계는 한 번 겪지만, 영계에 가서 여러 생을 겪는다고 하여 혼합형 윤회론을 주장하였다.尾272)

신지학에서도 환생을 말한다. "환생은 형태도 물질도 시간도 없는 영계에 속하는 영이 세상에 내려와서 영적 힘을 발휘하여 자기 자신을 키우는 리드미컬한 과정이다. 영은 영적인 영역에서 내려와 세상에서 자신을 표현하려는 노력을 통해 경험을 축적한다. 그 후 물리적 세계에서 철수하여 정화의 과정과 전생과의 동화과

1616) 콘스탄틴노플에서 소집된 제5차 종교회의에서 동로마 출신의 주교들은 유스티니아누스 황제의 명에 따라 '오리게네스에 대한 15개 조항의 이단 선고문'을 채택하여 윤회론을 이단으로 단죄하였다.
1617) 1. 미주 106 '교황 인노첸시오 3세의 카타리파 살육' 참조
2. 엘리 크리스탈의 홈페이지(www.crystalinks.com), reincarnation 참조
1618) 드루즈교(Duruz)는 이슬람교의 시아파에서 갈라져 나온 분파로 AD 9세기경에 시작되었다. 이 종교를 신앙하는 아랍인을 드루즈인이라고 하는데, 드루즈인은 시리아에 약 65만 명, 레바논에 약 22만 명, 이스라엘에 약 14만 명, 요르단에 약 3만 명 등 전 세계 총 130만 명이 있다. 영혼은 불멸하며 영원한 환생(타나수크, tanāsukh)을 지속한다. 따라서 죽은 뒤에도 영혼은 다음 세대에 깃들어 다시 태어나기에 최후심판도 천국이나 지옥도 없다. 심판은 바로 우리가 살아가는 현실에서 이루어지며 천국도 지옥도 이 지상 위에 우리 삶의 형태로 존재한다.
1619) 알라위파(Alawites)는 이슬람교 시아파의 한 종파이며, 신자들은 시리아 지중해 연안 지역을 중심으로 분포해 있다. 신도 수는 시리아 300만 명을 포함하여 약 460만 명이다. 알라위파 사람들은 그들이 원래 천국에서 쫓겨난 별이나 신성한 빛이었고, 천국으로 돌아가기 전에 반복적인 환생을 겪어야 한다고 믿는다. 그들은 죄를 지으면 기독교인이나 다른 종교로 환생할 수 있고, 불신자가 되면 동물로도 환생할 수 있다고 한다(위키백과, 알라위파 참조).
1620) 오늘날 환생을 인정하는 기독교 계통의 교단과 사상으로는 자유주의 가톨릭교회(Liberal Catholic Church), 통일교회, 기독교 심령주의 운동(Christian Spiritualist Movement), 브라질의 Syncretic Catholic, 장미십자회 등이 있다.

정을 거친다. 경험의 수단을 벗어던지고 다시 형태도 물질도 시간도 없는 영계로 돌아가 다음의 생을 준비한다. 영은 생을 거듭하면서 자아구현과 자기표현의 완성단계에 더 가까이 간다. 환생 시 영은 새로운 개성을 형성하기 위해 전생에 쓰던 강력한 업의 패턴을 사용하여 혼을 다시 부르게 된다."尾273) 신지학자 출신으로 인지학(anthroposophy)을 창도한 슈타이너1621)는 서구 철학과 문화의 관점에서 환생을 설명하면서 에고는 전생의 혼의 경험을 개별성(individuality)의 시원인 우주의식(universals)에 전달한다고 한다.

윤회론은 현대점성술도 장악하였다. 신지학의 블라바츠키에서 영감을 받은 20세기 점성술사들은 카르마와 환생의 개념을 서양 점성술에 도입했다. 영국의 점성가이자 신지학자인 앨런 레오(Alan Leo 1860~1917), 미국의 무대 마술사 찰스 카터(Charles Joseph Carter 1874~1936), 미국의 작가이자 점성가인 마크 존스(Marc Edmund Jones 1888~1980), 모더니스트 작곡가이자 자아초월 점성가인 데인 루디아(Dane Rudhyar 1895~1985) 등이 여기에 속한다. 특히 루디아는 여기에 융의 심층심리학까지 더하였으며 그의 점성술은 오늘날 미국의 점성가이자 작가인 스티븐 포레스트(Steven Forrest 1949~)와 진화 점성가인 제프리 그린(Jeffrey Wolf Green 1946~)으로 이어졌다.

또한 20세기 초 전후에 유행한 심령주의로부터 파생한 종교인 심령교(Spiritism)1622)도 환생을 믿었고 위카1623) 등 신이교주의1624) 종교에서도 이를 추구하고 있다. 현재 미국의 뉴에이지 종교인 사이언톨로지교尾274)에서도 '인간은 불멸의 영적 실체인 Thetan인데 과거의 업으로 인해 타락한 상태로 떨어져 윤회를 계속한다'고 믿는다. 이들은 감사(監査, auditing)를 통해 전생의 트라우마를 치유하고

1621) 슈타이너는 유명한 사람들의 환생스토리를 전하고 있다. "어느 봉건 군주가 중세 초반에 프랑스 북동부의 큰 영지를 소유하고 있었는데 전쟁으로 영지를 라이벌에게 빼앗겼다. 그는 이를 되찾을 방법이 없었고 유산계급을 증오하다 죽었다. 그는 나중에 칼 마르크스(Karl Marx)로 다시 태어났고 그의 라이벌은 프리드리히 엥겔스로 환생했다."
1622) 교주인 카르덱(Allan Kardec)의 비문에는 "To be born, die, again be reborn, and so progress unceasingly, such is the law."라고 쓰여 있다.
1623) 위카(Wicca)는 영어 문화권을 중심으로 전 세계에 널리 퍼진 신흥종교 또는 종교운동으로, 1951년 영국에서 마녀처벌법(Witchcraft Act)이 폐지된 이후 제랄드 가드너(Gerald Gardner 1884~1964)에 의하여 1954년경에 시작되었다. 그는 이 종교가 유럽의 기독교 이전의 종교운동에서 비롯되었으며 수백 년 동안 비밀리에 존재해 온 마법(witchcraft)문화의 현대적 존재형태라고 주장하였다.
1624) 신이교주의(新異敎主義, Neo-Paganism)는 기독교 이전에 유럽에서 믿던 종교에서 영향을 받은 다양한 종류의 현대 종교 부흥 운동을 일컫는 말이다. 네오페이건 운동은 다신교, 애니미즘, 범신론 등을 기반으로 한 다양한 종교를 포함하고 있다. 주로 영국과 미국, 유럽대륙을 비롯한 산업화된 국가에서 시작된 포스트모더니즘 운동이다. 가장 큰 네오페이건 종교는 위카이며, 더 많은 다양한 크기의 의미 있는 종교단체들이 존재한다.

전생의 기억을 회복시켜 영적 각성의 상태를 성취하면 윤회를 벗어난다고 한다.

버지니아 대학의 정신과 의사 이안 스티븐슨(Ian Stevenson)은 전생을 기억하는 어린아이들을 대상으로 40년 동안 2,500건 이상의 사례 연구를 수행하여 「전생을 기억하는 아이들」 등 많은 책을 썼다.1625) 그는 환생에 대한 믿음이 기독교와 이슬람을 제외한 거의 모든 주요 종교의 교리라고 하며 기독교국가라고 할 수 있는 서방 국가 인구의 20~30%도 환생을 믿는다고 주장하였다.1626)

역사적으로도 근세에 미국의 과학자이자 정치가인 벤저민 프랭클린(1706~1790), 피히테1627), 괴테1628), 쇼펜하우어1629), 헤겔, 볼테르, 칼라일1630), 에머슨1631), 헨리 소로1632), 시인이자 화가인 윌리엄 블레이크(1757~1827), 소설가 오노레 드 발자크(1799~1850), 소설가 빅토르 위고(1802~1885), 베토벤, 나폴레옹, 톨스토이߅275), 시인 로버트 브라우닝(1812~1889), 시인 월트 휘트먼(1819~1892), 월터 페이터1633), 토마스 헉슬리, 헨리 포드1634), 줄리안 헉슬리1635) 등이 윤회

1625) 비슷한 연구를 수행한 연구자로는 짐 B. 터커(Jim B. Tucker), 안토니아 밀스(Antonia Mills), 사트완 파슬리카(Satwant Pasricha), 고드윈 사마라라트네(Godwin Samararatne), 그리고 에를렌두르 헤럴드슨(Erlendur Haraldsson)이 있다.
1626) 1981년 실시된 설문조사에서 유럽 가톨릭 신자 중 31%가 환생을 믿는다고 하였고 2009년 퓨 포럼(Pew Forum)의 조사에서는 미국 기독교인의 22%가 환생을 믿는 것으로 나타났다.
1627) 독일 관념론을 대표하는 사상가인 피히테(Johann Gottlieb Fichte 1762~1814)는 "탄생과 죽음은 생명이 더 이상적이고 적합한 형태를 취하기 위해 그 자신과 벌이는 투쟁이다."라며 윤회론적 입장을 취하였다.
1628) 괴테(Johann Wolfgang von Goethe 1749~1832)는 "죽음과 환생이라는 영원한 법칙을 깨닫지 못하는 한, 그대는 어두운 지구 위를 헛되이 스쳐 지나가는 나그네에 불과하리라."라고 명언했다.
1629) 쇼펜하우어(Arthur Schopenhauer 1788~1860)는 "만일 아시아 사람이 나에게 유럽의 정의를 묻는다면 이렇게 대답할 것이다. 유럽은 인간이 無에서 창조되었다고 생각하며, 이 삶이 자신의 첫번째 삶이라는 착각에 빠진 세상이다."라고 하였다(조 피셔, 「나는 아흔여덟 번 환생했다」, 276쪽).
1630) 영국의 평론가이자 역사가인 토머스 칼라일(Thomas Carlyle 1795~1881)은 "죽음은 인간에게 잠자리에 들 것을 권하는 저녁종이며, 탄생은 새로운 진보를 위해 상쾌한 기분으로 일어나라는 아침종이다."라며 환생의 아침을 노래하였다.
1631) 미국의 시인이자 사상가인 랄프 에머슨(Ralph Waldo Emerson 1803~1882)은 "만물은 영원히 존속하며 결코 죽지 않는다. 만물은 시야에서 잠시 사라졌다가 다시 돌아올 뿐이다."라고 하며 환생을 주장했다.
1632) 미국의 철학자·시인·수필가인 Henry David Thoreau(1817~1862)는 "지난해에 무성했던 초목이 그러하듯이, 우리 인간의 생명도 죽어 없어진다. 그러나 그 뿌리는 살아남아 푸른 잎이 영원히 돋아나는 것이다."라고 하며 윤회론을 말하였다.
1633) 영국의 문학평론가인 Walter Horatio Pater(1839~1894)는 "우리의 기호(嗜好)는 한때 익숙했던 문화에 대한 기억이다."라고 하여 사람은 전생을 이어받아 산다고 하였다.
1634) 미국의 기업가인 Henry Ford(1863~1947)는 "환생을 알고 나서 나는 마음이 편안해졌다. 나는 삶을 긴 안목으로 봄으로써 얻게 되는 평안함을 다른 사람들과 나누어 갖고 싶다."라고 했다.
1635) 영국의 진화생물학자이자 유네스코 사무총장을 역임한 Julian Sorell Huxley(1887~1975)는 "송신장치에서 무선 메시지가 발신되는 것처럼 영생하는 개체로서의 영이 사망 시 몸에서 발신된다는 사실을 반증하는 어떤 증거도 없다. 무선 메시지가 새로운 수신장치와 만나야 다시 메시지가 되는 것처럼 새로

론을 드러내어 믿었다는 사실이 잘 알려져 있다. 학자나 저작가로서 환생을 믿는다고 공공연히 밝힌 인물로는, 「신과 나눈 이야기」의 닐 도날드 월쉬는 자신이 600번 이상 환생했다는 전언(傳言)을 말하였고1636) 엘리스 앤 베일리1637), 아르메니아계 미국 종교 작가이자 신지학자로서 영원한 지혜를 가르쳤던 토르콤 사라이다리안(Torkom Saraydarian 1917~1997), 퇴행최면 전문가인 돌로레스 캐논1638), 아툴 가완디1639), 마이클 뉴턴, 브루스 그레이슨1640), 레이몬드 무디와 유니티 교회 설립자 찰스 필모어(Charles Sherlock Fillmore 1854~1948) 등이 있다. 구도(求道)의 길에 제대로 들어선 사람으로 환생을 안 믿는 사람이 오히려 적었을 것이다. 다만 사후 담론 중에서도 어려운 주제인 환생에 대한 믿음을 공공연히 밝히지 않았을 뿐이라고 본다.

11.3.2. 윤회의 필연성과 그 증거

11.3.2.1. 영과 혼을 믿지 않는 사람에게

1) 교만과 게으름을 버리고 수많은 전생기억의 사례와 그 실증을 직접 확인하라. 먼저 '전생을 기억하는 수많은 아이들'을 보라. 사람은 몸뇌의 형성시 혼뇌로부터 전생기억을 반영(反影)받는다. 그러나 이는 전사(傳寫)가 아니라 생생하지 않다. 그러나 의외로 수많은 아이들이 생생한 전생기억을 가지고 태어나는 것 같다. 다만 말을 할 나이가 되면 기억을 잃을 뿐이다.尾276) 그러나 말을 할 나이가 넘어서도 전생기억을 또렷이 가지고 있는 아이들이 오늘날 일부 정신의학자들의 연구대상이 되었다.1641)

운 몸이 없이 영은 사고하고 생존할 수 없다."라고 하였다. (buddhanet.net/ans32.htm 참조)
1636) 1. Being at One : Neale Donald Walsch Interview with Gil Dekel(Part 3 of 3, paragraphs 18-19)
2. 그러나 그는 그렇게 들었을 뿐 전생기억은 없다고 한다. At one point God mentioned that you had something like 600 past lives. I think was the number, but I don't have any memory of that.
1637) 미주 195 '앨리스 앤 베일리' 참조
1638) 8.19. '뉴에이지의 인간론' 참조
1639) 아툴 가완디(Atul Gawande 1965~)는 하버드 의과대학 교수이자 보스턴 브리검 여성병원 외과의다.
1640) 브루스 그레이슨(Bruce Greyson 1946~)은 버지니아 대학 정신과 교수로 근사체험 전문연구자이다. 저서로는 A Doctor Explores What Near-Death Experiences Reveal about Life and Beyond (Macmillan, 2021), The Handbook of Near-Death Experiences : Thirty Years of Investigation (Praeger, 2009) 등이 있다.
1641) 짐 터커의 「어떤 아이들의 전생 기억에 관하여」와 미국의 정신과교수 이안 스티븐슨의 「전생을 기억하는 아이들」(1985, 송산출판사) 참조

또 티베트의 툴쿠들을 보라. 족보 아닌 족보를 가지고 명예와 권력 그리고 막대한 부를 쥐고 태어나는 500여 계보의 툴쿠들을 어떻게 설명할 것인가? 환생에 대한 객관적이고 합리적인 증거 없이 수많은 다른 티베트인들의 선망(羨望)을 제치고 어떻게 그들이 단숨에 그 자리에 오르겠는가.

2) 심리학, 정신분석학, 퇴행최면, 채널링, 영매 등 과학적 연구의 방법과 결과를 공부하라.1642) 과학을 빙자하여 환생공부를 피하지 말라. 과학은 통찰력과 사심(私心) 없는 양심에 기반하여야 비로소 과학이다.1643) 진실로 과학적인 사람은 오히려 환생에 대한 공부를 피하지 않는다.

3) 역사적으로 모든 문명에는 환생의 믿음이 있었다. 교류가 없이 자연발생하는 동일한 주장은 그 주장이 사실이라는 것을 입증하는 강력한 증거다.

4) 무엇보다 자기 자신을 보면 알 수 있다. 꿈과 데자뷔(Déjà Vu)와 천성과 직관을 통해 자신을 들여다보라.

5) 남가일몽(南柯一夢)이나 한단지몽(邯鄲之夢)의 고사를 보면 잠깐의 낮잠에서 한 일생의 꿈을 전부 꾸었다고 한다. 그 말이 맞는 것이, 보통의 꿈에서도 짧은 시간에 복잡하고 긴 스토리의 꿈을 꾸는 일이 허다하다. 만일 새로운 스토리를 꾸는 꿈이라면 꿈꾸는 데 긴 시간이 필요하다. 그러나 전생의 기억이 일순간 떠오른 것이라면 1초 만에 일생스토리를 꿀 수도 있다. 죽기 전 일생이 주마등처럼 지나가는 것을 보는 인생회고(Life Review)의 체험도 마찬가지다.1644) 여섯 시간을 잔다고 여섯 시간 내내 꿈을 꾸는 것이 아니다. 꿈은 한 사이클이 1시간 반인 수면 중 30~40분을 차지하는 렘수면 상태에서 꾸는 것이고, 그것도 깨어나기 전 마지막 사이클의 렘수면 상태에서 10~20분간 꾸는 꿈 중에 그 일부가 기억난다고 한다. 이런 열악한 조건에서 남가일몽을 꾸려면 전생기억의 상기(想起) 외에는 없다. 생소하지만 같은 꿈을 자주 꾸는 경우는 상당 부분 전생기억 때문이다. 전

1642) 사후세계에 대해서는 연구해 볼 필요가 있는 광대한 문헌이 있으며 그것을 좋아하는 사람은 내가 했던 것처럼 직접 조사해 볼 수도 있다. 많은 사람들은 그런 수고를 들이고 싶어 하지 않거나 그렇게 많은 시간을 쓰고 싶어 하지 않는다. 물론 그것은 그 사람들의 일이지만, 그 사람들이 조사하지 않는다면, 그들은 이런 것들을 보고 진실이라고 알고 있는 사람들을 비웃을 자격이 없다(신지학자 리드비터).
1643) 현대 과학은 19세기 이래 과학교(科學敎)에서 장악하여 자신들의 밥그릇경전(經典)에 어긋나면 과학이 아니라 유사과학이나 사이비과학이라고 테러한다. 그러나 무릇 모든 테러리즘이 그러하듯 진리와 선(善) 앞에서는 결국 무너지며 이미 많이 무너졌다.
1644) 4.3.9.13. '자아 개발의 商業化' 중 'DMT' 부분 참조

생 꿈에서 보는 인물들(足277)은 처음 보는 사람이 대부분이나 가끔은 주변 사람들이 대역으로 출연하기도 한다.1645) 꿈은 낮에 활동하던 것에서 기인하는 기억의 쓰레기들인 경우가 많으나1646) 어떤 꿈들은 생시의 경험과는 전혀 상관없는 꿈들이다. 이런 현상을 설명하는 가장 적절한 답은 이런 꿈들의 상당 부분이 전생의 기억이라는 것이다.

6) 부처님은 고행과 명상 끝에 도를 얻었고 숙명통(宿命通)으로 전생을 기억해 냈다. 제자들도 이를 배워 전생을 기억해 냈으며 지금도 참선, 기수련, 명상 등 많은 분야에서 다양한 방법으로 전생을 기억해 낸다. 소크라테스와 플라톤이 괜히 윤회론자가 되었을까. 그들도 분명 수행을 통하여 전생을 기억해 냈을 것이다. 심지어 피타고라스는 자신의 전생을 공공연히 이야기했다. 어디 이런 사람이 한두 명이랴. 모르긴 몰라도 현 인구 중 수십만은 될 것이다. 증거가 없는데다 말해봐야 득 될 것이 없어 입을 다물고 있는 것뿐이다.

7) 사람마다 성격도 능력도 취미도 다른 이유는 주로 전생 때문이다. 이럴 때 누구는 부모가 머리 좋으면 아이들이 머리 좋고 부모가 운동선수이면 아이들이 따라서 운동을 잘한다고 주장한다. 말이 안 되는 주장은 아니나 운동 좋아하는 영혼이 운동선수를 부모로 택하여 태어난 것이라고 보는 것이 더 합리적이다.1647)

8) 어떤 경우에는 자연과학의 제(諸)현상을 설명하는 데 윤회론이 매우 적절하다.1648)

1645) 대역으로 출연하는 주변사람은 전생의 그 인물이라는 주장이 많다.
1646) 꿈의 대부분은 혼이 잠자는 사이 생기체가 꾸는 꿈이다. 생기체는 명종 후 지박령의 정체이리 만큼 의식을 가진다. 표준이론에서는 생기체의 꿈은 꿈으로 보지 않는다. 개꿈까지 분석할 필요는 없다.
1647) 1. 이승에서 얻은 지식, 기술, 성격, 지능, 기억, 학식, 예능, 운동능력, 道力 등은 다음 생으로 流轉된다. 遺傳學적으로 또는 교육에 의해서 성격과 능력이 형성된다는 논리는 빙산의 일각만 설명하는 것이다.
2. 쌍둥이를 보라. 모든 게 유사하지만 성격이나 능력이 매우 다르다. 전생이 다르기 때문이다. 성격과 능력이 아주 유사한 쌍둥이도 보인다. 이는 하나의 혼이 둘로 나뉘어 환생했기 때문일 수 있다. 티베트의 고승들도 나뉘어 환생하는 경우가 있다는데 범부야 일러 무엇 하겠는가.
3. 進步와 保守는 타고나는 것으로 보인다. 또한 國籍도 타고나는 것으로 보인다. 따라서 친일(親日) 친중(親中)은 전생에 기인하는 면도 있다(최준식, 「인간은 분명 환생한다」, 145쪽 참조).
1648) 올더스 헉슬리의 祖父인 생물학자 토마스 헉슬리(Thomas Henry Huxley 1825~1895)는 윤회론이 매우 개연성 있는 생각이라고 믿었다. 그의 책 「Evolution and Ethics and other Essays」에서 그는 다음과 같이 말한다. "윤회의 교리는 우주와 인간의 탄생에 대한 개연성 있는 논리(plausible vindication)를 제공한다. 진화론과 마찬가지로 윤회론도 현실세계에 그 뿌리를 두고 있다." 그는 다윈의 불독이라고 알려져 있지만 무신론자라기보다는 불가지론자(agnostic)였다. 이는 다윈도 마찬가지였다(buddhanet.net/ans32.htm 참조).

9) 부모가 되어 보라. 방실방실 웃는 아기를 안고 그 눈을 들여다보면 아기를 내가 만들어 냈다는 생각, 심지어 최소한 아기가 태어나는 데 일조(一助)했다는 생각마저도 틀린 것임을 알게 된다. 아기와 나는 드디어 만난 것이지 누가 누구를 수고 끝에 만든 것이 아니다. 추가로 알게 되는 것은 내가 아기의 탄생에 도구로 사용되었다는 것과 도구로 사용된 것에 대한 감사함뿐이다.

10) 플라톤은 상기설(想起說)이란 개념을 주장했는데 이는 개인이 무엇 무엇을 깨우쳐 알아낸다고 하는 것은 이미 개인이 태어나면서부터 알고 있었던 것들을 다시 회상해 낸 것일 뿐이라는 것이다. 사실 베토벤이나 모차르트를 들으면 사람의 것이 아니라는 것을 알 수 있다. 그들은 천상의 노래를 기억해 낸 것뿐이다. 그런데 그것도 엄청난 능력이다.1649)

11) 줄리아 아산테가 말하는 전생의 증거를 보자. 그는 전생기억, 신동(神童), 어린이의 비범한 솜씨, 어린이의 특이한 흥미, 애늙은이1650), 공포증, 유별난 행동, 강한 호불호(好不好), 뚜렷한 차이를 보이는 일란성 쌍둥이, 모반, 선천성 기형, 공부하기 어려운 외국어와 쉬운 외국어, 제노글로시1651) 등을 말한다.

12) 동요에 고향노래가 특히 많다. 동요작가의 공급(供給) 때문이 아니라 아이들의 수요(需要) 때문이다. 어릴 때에는 고향의 추억이 있을 리 없는데도 고향노래를 좋아하고 고향노래를 들으면 괜히 눈물이 난다. 왜 그럴까? 말을 시작하기 전에 없어지는 아이들의 전생기억이 일거(一擧)에 사라지는 것 같지는 같다. 전생기억은 현재기억에서 사라질 뿐 잠재기억에 남아있는 것이다. 이는 겉으로 드러난 전생기억이 없는 대부분의 아이들이 가지고 있는 '고향(故鄕)에 대한 야릇한 향수'

1649) 그런데 그 능력은 영의 직관의 능력이며 혼의 혼뇌의 능력이지 지능지수(intelligence quotient)나 감성지수(emotional quotient)가 아니다. 지수는 결과이지 원인이 아닌 것이다.
1650) 신동(神童)이나 어린이의 비범한 솜씨 등을 보면 전생의 탈렌트가 환생한다는 사실을 알 수 있을 뿐 아니라 그들 대부분은 나이 들면 결국 평범한 사람이 된다는 사실에서 탈렌트 또한 전생기억과 같다는 것을 알 수 있다. 전생을 기억한다고 기억력이 좋은 것은 아닌 것처럼 神童이 커서 神人이 되는 것은 아니다.
1651) 1. 제노글로시(Xenoglossy)란 어떤 언어를 배우지도 않았는데 어떤 이유로 인해서 그 언어를 습득하게 된 현상을 말한다. 대부분의 현상은 일시적으로 나타나고, 그때 사용했던 언어에 대한 기억은 일정 시간이 흐르면 사라진다고 알려져 있다. 제노글로시라는 말은 이를 연구하던 프랑스의 생리학자 찰스 리체트(Charles Robert Richet 1850~1935)가 그리스어로 '외국의'란 뜻의 '제노(xeno)'와 '혀, 언어'라는 뜻의 '글로시(glossy)'를 합쳐 만들었다. 이러한 현상의 원인은 아직까지 밝혀지지 않았다(위키백과, 제노글로시).
2. 제노글로시 이야기는 맨 처음 신약성경(행 2:5~6)에서 발견되며, 이후 수많은 사례가 보고되다가 이안 스티븐슨에 이르러 이론으로 체계화 되었다.

를 설명해 준다.1652) 사실 성인들이 가지는 알 수 없는 추억의 야릇한 감성도 같은 메커니즘이리라.

13) 에너지 보존의 법칙에 의하면 '외부와 단절된 계(界) 내에서는 에너지가 소멸되지 않는다.' 혼(魂)은 생명력으로서 에너지이니 에너지 보존의 법칙이 법칙이라면 혼은 소멸되지 않는다.

번외로 '윤회가 없다는 증거'가 없다는 사실이 윤회의 또 다른 증거다. 이는 신이 없다는 증거를 대기 어려운 것과 같다. 기독교 등 교리상 윤회가 없는 종교의 교리를 증거로 댈 수는 없는 노릇이니 윤회가 없다는 증거다운 증거를 생각해 보자. 윤회가 있다는 증거는 여기서처럼 주저리주저리 가져다 댈 것이 숱하다. 그러나 윤회가 없다는 증거는 그나마 댈 게 없다.
또 "세 살 버릇 여든 간다."라는 말이 있다. 태어난 지 2년 만에 무슨 버릇이 만들어지겠는가. "전생 버릇 못 고친다."라는 말이다.

11.3.2.2. 영과 혼을 믿는 사람에게

14) 최근에 많이 태어나는 '인디고 아이들'과 '크리스탈 아이들'을 보라.尾278) 이는 아래 23)과도 관련이 있다.

15) '사람이 얼마나 변화하기 어려운가'는 윤회의 또 다른 증거다. 자신을 보라. 이번 생에 무엇을 이루었는가? 도대체 얼마나 변화하고 회개하였는가? 메타노이아 맛은 보았는가? 몇 계위(階位)나 상승하였는가? 계위에 들기는 하였는가? 오히려 십년공부 나무아비타불하지 않았는가? 점잖다 하나 처세술이나 페르소나요 심지어 교만이나 거드름 아닌가? '아직도 마음은 청춘'이라는 말이 좋은 말이 아니다. 전생의 악습을 쉽게 털어내고 당생의 공덕을 가볍게 쌓아, 힘들이지 않고 회개하고 해업(解業)하고 열반하고 해탈한다면 웬만한 사람은 이미 부처가 되었을 것이다. 기독교에서처럼 단 한 번의 이승생(개川)만으로 구원받고 영(龍)이 되어 천국 갔을(昇天) 것이다.1653)

1652) 동요뿐 아니라 동화 또한 옛날이야기나 도깨비 이야기가 주요콘텐츠를 이루고 있다.
1653) 기독교의 지옥은 영벌(永罰)의 지옥이다. 불교나 힌두이즘처럼 윤회를 하는 과정에 보속(補贖)을 위하여 들르는 이승이나 저승이 아니다. 그러나 좀 살아본 사람은 누구나 아는 사실은 "특혜 없이는 단번 인생에 구원받기는 불가능하다."라는 것이다. 이 사실은 '지옥의 허구성' 또는 '윤회' 둘 중 하나를 필연적으로 이끌어 낸다. 기독교의 형제종교인 이슬람은 '지옥도 보속이 끝나면 끝'이라는 타협안을 제시한

16) 삶이 딱 한 번이라면 세상에는 비참한 삶과 억울한 죽음이 너무 많다. 사후 영생(永生)은 현세의 무의미하고 고통스러운 삶에 대한 보상이 될 수 없다.1654)

17) 자연재해, 대규모 전염병, 대량학살尾279), 유아사망, 낙태 등 자연과 인간 세상에 존재하는 윤리악과 자연악의 거대한 불의(不義)를 신정론(神正論, theodicy)尾280)적으로 완벽하게 설명할 수 있는 답은 윤회밖에 없다.

18) 성경에 의하면 예수님도 태어나기 전부터 있으셨던 분이고1655) 세례자 요한도 엘리야의 환생이다.1656) 부처님은 말할 것도 없고 고대 이집트와 그리스 종교, 영지주의, 힌두교, 헤르메스주의, 유대교신비주의 카발리즘, 마니교, 이슬람 일부 종파 등 진리를 담은 종교는 대부분 환생을 이야기하고 있다. 기독교의 부활론도 어느 면에서는 환생에 대한 이야기다.

19) 다른 시대 다른 인생을 살아보아야 많은 진리를 알 수 있을 것이다. 진리의 발견과 영혼의 성장에는 다양한 경험이 필요하다는 사실은 불문가지(不問可知)다.1657)

20) 사후심판(死後審判)과 채점(採點)이 있다면 다른 조건에서 다른 책으로 공부한 이들을 어찌 한 문제지로 평가한다는 말인가. 심판이 없다 해도 한 번만 산다면 하느님 앞에서 불공평한 것은 마찬가지다.

21) 동물의 왕국을 보라. 그들은 옷을 빼앗듯이 쉽게 서로를 잡아먹는다. 그들의 몸이 완벽하고 멋진 피조물의 전체라면 몸이 그런 대접을 받을 리가 없다.1658)

다(5.5.6. '이슬람교의 저승' 참조). 기독교는 기어코 '특혜(特惠)'를 주장하지만 이는 세속 조직인 교회의 특혜(특권)를 위한 주장일 뿐 정의로우신 하느님의 섭리가 아니다.
1654) 길희성, 「보살예수」, 77쪽
1655) 요한 1장
1656) 마태오복음 11장 10~14 참조
1657) 죽음, 종교, 전생, 귀신, 자연, 정의, 자기수양, 수행, 마음공부, 역사, 철학, 자연, 과학, 인생 등의 문제에 유난히 관심이 많은 좌측 사람들부터 그런 이야기만 들어도 지겨워하는 우측 사람들까지 사람은 그 스펙트럼이 다양하고 정규분포한다(미주 297 '一人一票制' 참조). 좌로 갈수록 전생에 도(道)깨나 닦은 사람이다. 그들은 곧 졸업한다. 그들이 졸업하여야 정규분포가 유지되기 때문이다.
1658) 1. 피조물은 아름다운 옷을 입은 미인이다. 피조물은 혼(미인)과 육신(옷)으로 창조되었다. 미인이 수시로 아름다운 새 옷으로 바꿔 입듯 혼은 쉽게 육신을 버리고 다른 육신을 찾으며 다른 미인의 옷을 빼앗아 자기 옷을 기워 입는 데 쓴다. 보라 환생의 현장을. 비정한 동물의 왕국이 신에게 정의가 없음을 증명한다고 論者들은 외치고 있으나 理致 없는 주장이다. 동물의 왕국이야말로 환생을 확실하게 보여주고 있다. 게다가 미인은 옷을 벗어도 미인이다.
2. 동식물의 혼(각혼, 생혼)은 명종 후 생기계(生氣界)로 가서 그룹혼에 흡수된다. 이후 재생할 때가 되면

22) 시험을 보려면 예습도 하고 수업도 받고 복습도 해야 한다. 더구나 한 시간 수업만으로 영어, 수학, 국어, 사회 모두를 다 시험할 수 없는 노릇이다.1659) 또 수업시간이 끝나면 쉬는 시간이 있다. 그것이 LBL이다.尾281)

23) 우주는 400해1660) 개의 항성(恒星)으로 구성되어 있다. 그 많은 항성에 지구 같은 행성이 또 없겠는가. 하느님께서 단지 사람의 눈을 즐겁게 하려고 그 많은 별을 하늘에 붙여 두셨겠는가. 우주는 불교에서 말하는 3계6도의 수미세계가 2,000억 개 모인 규모다(8.3.3. '불교의 우주론' 참조). 우주의 별이 눈요깃감이 아니라면 성간(星間) 여행 즉 혼의 교차탄생이 왜 없겠는가. 교차탄생도 윤회요 환생이다. 표준이론에서 파악한 '외계혼의 유입수'(부록6 참조)와 '시대별 영의 탄생수'(부록6-1 참조)를 보라. 분석의 결과는 다른 이승 간에 영과 혼의 교류가 활발하다는 사실을 보여준다.

24) 인류의 영적 진화의 역사를 보라.1661) 개인의 깨달음의 물방울1662)이 생을 반복하여 누적되어 시냇물이 되고 時代의 강에 모여 강물이 되었으며 인류역사의 바다에 모여 바닷물이 되었다. 깨달음의 물방울인 돈오(頓悟)는 책을 보고 배운 지식으로 얻는 것이 아니라 수생(數生)의 경험과 지혜가 쌓이고 쌓이다가 때가 되면 둑이 터져 개안(開眼)함으로써 얻는 것이다.1663)

25) 명종하여 영혼이 육체를 떠난다면 그 영혼이 어딘가에 있다가 다시 육체로 돌아온다는 것이 왜 이상한가? 그리고 긴 여행 중에 차를 바꿔 타는(乘) 것이 이상한가 아니면 하나만 타고 가는 게 이상한가?1664)

26) 살아있는 동안에 인간은 다양한 차원의 많은 정보를 체계화시킨다. 감정적인

그 일부가 분리되어 혼이 다시 만들어진 다음 새로운 몸에 깃든다. 동식물의 혼이 이 같은 대접을 받거늘 사람의 혼은 어떻겠는가. 하물며 하느님의 숨결이요 불씨인 불멸의 영은 또 어떻겠는가!
3. 윤회가 동물이나 식물에게도 적용되는지, 동식물의 혼이 윤회의 수레바퀴(bhavachakra)에서 진화하고 발전하여 사람의 혼이 되는지, 사람의 영혼이 업으로 인하여 타락하면 하등생물로 태어날 수도 있는지 (혼의 타락)에 대해서는 윤회론자들끼리도 옥신각신이다.
1659) 1. 인생은 도를 이루기에는 터무니없이 짧다.
2. 四苦와 八苦로 가득한 범부(凡夫)의 삶은 도를 논하기에 별로 적절치 않다.
3. 인생은 덧없다고들 한다. 정말 덧없기 때문이다.
1660) 400해(垓)는 10의 20제곱의 400배, 즉 40,000,000,000,000,000,000,000이다.
1661) 김희성, 「보살예수」 참조
1662) 사실 이것은 사람의 힘이 아니라 하느님의 은총과 구원에 기인한 것이다. 사람은 盡人事待天命이다.
1663) 그 물은 다시 다음 댐에 고인다.
1664) 김희성, 「보살예수」, 78쪽.

정보와 정신적인 정보가 형성되고, 그 밖의 많은 정보들이 형성된다. 정보는 조직화되고 조직화된 정보 다발은 물리학적으로 시간이 지나도 소멸되지 않는다. 물리적으로 소멸될 수 없는 정보는 영혼이 가져갈 수밖에 없을 것이다. 이후 영체는 육체를 통해서만 얻을 수 있는 정보가 더 필요하다고 판단이 서면 육체를 다시 얻어 그 새로운 육체가 늙어 죽을 때까지 관계를 유지한다.1665)

27) 때가 되면 죽는 죽음 자체가 윤회의 증거이다. 어찌하여 '적당히' 살다 '때'가 되면 죽겠는가.尾282)

28) 인류역사를 보면 전혀 다른 개체들의 삶의 조각이 붙여 이어진 것이 아니라 한 개체의 삶에 대한 역사로 읽힌다. 마치 한 개체가 나이를 먹으며 성장하는 것처럼 보이는 것이다. 물질문명뿐 아니라 정신문명도 한 사람의 그것처럼 성장한다. 이는 한 영혼의 성취가 군혼적으로 또는 저승 사회(社會)에 반영되고 거기서 다시 다른 영혼이 환생하여 오기 때문이다. 지구 동문(同門)인 셈이다.

29) 윤회 없이 오래오래 산다면 인생이 무슨 재미가 있겠는가. 같은 직업, 같은 이웃, 같은 가족, 같은 능력, 같은 신분, 늙은 몸, 가난, 고통, 질병…… 이런 걸 가지고 무궁무진 살고 싶은가? 또 이번 생에 성공한 사람은 손아귀에 거머쥔 부와 명예를 영영 놓지 않을 것이니 그보다 불공평한 일이 어디 있겠는가. 윤회의 이치만 알면 죽음과 환생은 축복과 환희일 수 있다. 이것에 비하면 죽는 과정에 겪는 신체적 고통은 아무것도 아니다.

30) 진화의 과정이 진행될수록 인간의 영체들은 보다 순수하고 고결해진다. 그리고 매 단계마다 증가해 가는 능력에 맞추어 영체들은 그 수용능력이 다시 조율된다. 따라서 우리가 설사 동일한 육체를 유지할 수 있다 하더라도 그와 같은 행위 자체가 우리의 진화를 방해하게 된다. 이는 딱딱하고 꽉 끼는 옷을 입은 아이가 그로 인해 성장이 저해되는 것과 마찬가지 일이다.1666)

1665) 1. 이차크 벤토프, 「우주심과 정신물리학」 참조
2. 정보는 소멸하지 않는다는 주장은 정보는 파동이고 파동은 물질이자 에너지이기 때문이라는 사실에 기반한 주장이다. 이는 최근의 양자통신과 광자의 텔레포테이션에서 입증된 사실이다(미주 209 '양자얽힘과 텔레포테이션 그리고 표준이론' 참조).
1666) 1. 리드비터, 「신지학대의」 제5장 '육체' 참조
2. 생명은 창조하고 파괴하면서 성장한다. 생명이 더 적합한 형태로 진화할 수만 있다면 무수히 많은 죽음과 파괴는 중요하지 않다. 생명은 이상(理想)으로 진화하기 위하여 형상을 끊임없이 창조하고 파괴한다. 이런 모든 과정 속에서 수많은 낭비가 있는 것처럼 보이지만, 실제로는 전혀 낭비가 없다. 형상을 구성하는 물질은 파괴되더라도 여전히 같은 물질이다. 생명은 죽어 가는 유기체로부터 철수하고 다른 세대

31) 과거가 없는 영혼이 미래의 발전을 바라는 이유가 무엇인가? 시간이라는 거대한 바다 위에 떠 있는 거품에 불과한 존재인데 말이다.1667)

32) 사람은 나이가 들어 죽을 때가 다 되어도 욕심을 버리지 못한다. 악덕도 고치지 못한다. 머지않아 죽을 줄 알면서도 하던 대로 하며 산다.1668) 곰도 동면을 준비할 줄 아는데 똑똑한 사람의 혼이 어찌하여 그런 모습을 보이겠는가. 그의 혼뇌는 이미 죽음이란 없다는 것을 알기 때문이라는 이유보다 더 큰 이유가 있겠는가?

33) 세상에는 자아가 수승한 사람이 매우 많다. 저열한 영혼은 훨씬 더 많다. 그런데 위 15)에서처럼 자아의 상승은 참으로 어렵다. 그렇다면 저열한 영혼은 윤회 없이 언제 어떻게 수승한 자와 비등(比等)할 것이냐.

34) 흔히 영혼의 영생(永生)을 말한다. 영생이 아니라 10억 년만 산다 해도 100살 인생은 그 천만분의 일이다. 하느님께서 영혼을 기르실 때 138억 년에 걸쳐 지은 이 아름답고 거대한 물질세계를 1/10,000,000의 시간 동안만 활용하시겠는가?

이제 독자제위도 궁구해 보라. 위 열거에 빠진 증거를 여럿 찾을 수 있을 것이다.

11.3.3. 영과 혼이 각자 윤회하는 표준이론

같은 영혼육의 인간론이라 하더라도 인간이 영과 혼 그리고 육으로 구성되는 것은 같으나 세부적으로는 영과 혼의 정체가 각각 다르다. 표준이론은 윤회의 주체가 '영과 혼' 둘인 '따로국밥 영혼육 삼원론'이다. 명종 후 영과 혼이 둘 다 소멸하지 않고 영속할 뿐 아니라 둘 다 윤회하기 때문에 영과 혼이 모두 윤회의 주체

의 형상들 속에서 다시 나타난다(지나라자다사, 「신지학 제1원리」 참조).
1667) 보잘것없는 존재로 세상에 던져져 이유도 대가도 없이 우연한 자질을 부여받아 그 자질을 최대한 활용해서 살아야 하는 이유는 또 무엇이란 말인가? 그에게 미래라는 것이 있다면, 그 미래도 현재만큼이나 고립되고 아무 원인이나 관계가 없지 않겠는가? 환생에 대한 믿음을 버린 현대 사회는 신에게서 정의를 박탈했고 인간에게서 안정을 빼앗았다. 인간은 운에 따라 산다. 윤회의 법칙에 의지할 때 얻을 수 있는 강인함과 존엄성은 그에게서 떠나버리고, 그는 삶이라는 바다 위에 던져져 무기력하게 떠다니고 있다(애니 베산트, 「고대의 지혜」 제8장 '환생' 참조).
1668) 우리가 보기에 절대적인 변화로 보이는 죽음도 실제로는 그 사람 자체에는 아무런 변화도 주지 못한다. 죽은 다음날 아스트랄계에 나타난 그 사람은 죽기 전날의 그와 동일한 사람이다. 육신을 벗어놓은 것만 빼놓으면 똑같은 성격과 인격, 똑같은 덕성과 악덕을 고스란히 지니고 있는 것이다(리드비터, 「투시」 2장 '단순투시' 참조).

인 것이다. 영과 혼이 각자 윤회한다는 말은 이들이 각자 진화한다는 주장도 자연스럽게 내포한다.

주요 종교와 사상별 영과 혼의 정체

책이 끝날 때가 되었으니 이쯤에서 표준이론을 포함한 주요 사상에서 말하는 윤회에 대한 입장과 윤회 방법에 대한 차이를 분석해 보자.
분석은 다음 5가지 항목에서 각 주장들을 살펴봄으로써 이루어진다(부록7 '주요 종교와 사상별 영과 혼의 정체' 참조).

1) 영혼육의 삼원론인지 여부
2) 결과적으로 '표준이론의 영'1669)의 존재를 인정하는지 여부
3) 윤회를 인정하는지 여부
4) 윤회를 인정하는 경우 영과 혼의 각자 윤회를 주장하는지 여부
5) 혼의 생물학적 진화를 말하는지 여부

이러한 분석에 따른 결과는 다음과 같다.

(1) 우선 불교는 사실상 표준이론과 매우 유사하다. 아나트만을 외치면서 브라만까지 부인하나 한편으로는 아라한과 바라밀다를 말하여 영과 천국을 인정하고 본초불과 비로자나를 이야기하여 창조주를 시인한다. 아뢰야식이 열반하면 아라한이 되는데 이 아라한은 정확히 표준이론의 영에 해당한다. 또 표준이론의 영처럼 아라한도 보살이 되어 도피안하기 전까지는 이승(사바세계)에 환생한다. 나아가 언젠가 환생을 끝내고 보살이 되면 임의로 다시 3계6도를 윤회하거나 아니면 출세간(出世間)1670)할 수 있다. 보살은 표준이론의 고급영과 같다. 불교는 아라한이나 보살의 환생을 영으로서의 환생이 아니라 열반한 '고급 아뢰야식'처럼 취급하려 하지만 어불성설(語不成說)이고, 그 실체는 분명히 영생하는 영이다. 또 불설에 아라한이나 보살이 중생제도를 위하여 육신을 취하여 화신(化身)할 때 그 몸에 별도의 아뢰야식이 있다 없다 말하지 않는다. 이는 언급할 필요가 없었거나 아니면 통찰의 부족이었을 뿐 표준이론에서 볼 때 그 몸에도 욕망과 감정이 있을 것이니 별도의 아뢰야식(혼)이 있다. 따라서 위 5가지 모든 면에서 불교와 표준이론은 유사하

1669) '영생(永生)'과 현재 또는 과거에 '천국의 시민'일 것이 표준이론의 영의 필요조건이다.
1670) 출세간하여 가는 곳에 대해서는 4.3.9.3.2.3. '불교의 삼계육도(三界六道)' 참조

다. 게다가 불교는 오온과 식(識)을 말하고 여기에서 7식과 8식 심지어 9식인 아말라식까지 거론하니 이는 혼의 생물학적 진화를 말하는 것과 같다.1671)

(2) 기독교에서는 영혼육 삼원론의 소수설과 영육이원론의 전통설이 모두 윤회사상을 공식적으로는 부인하고 있다.1672) 또 사람 모두에게 있다는 수호령을 영으로 본다면 표준이론과 유사하지 않겠는가 할 수 있으나 그렇지 않은 것이 정작 혼이 윤회하지 않고 혼의 탄생도 진화에 의한 것이 아니기 때문이다. 그런데 부록7 '주요 종교와 사상별 영과 혼의 정체' 중 '3-4. 기독교 영지주의'의 경우에는 "영은 하느님의 일부이므로 명종 후 당연히 하느님에게 돌아가고, 구원받은 혼은 셋째 하늘에 오르며 구원받지 못한 혼은 지옥에 던져진다."라고 한다.1673) 여기에 윤회론을 더한 부록7의 '3-5 기독교 영지주의+윤회'론은 표준이론과 유사한 모델이 된다. 그래도 영지주의인 까닭에 위 항목 4)의 '각자 윤회'와 항목 5)의 '혼의 생물학적 진화'이론은 낄 곳이 없다.1674)

1671) 항목 5의 생물학적 진화를 시인한다는 의미는 오온에서 발생한 분별심으로서 6식이 8식이나 9식으로 발전하여 사람의 윤회체가 되는 과정이 발전이라기보다는 오늘날의 진화라는 개념으로 해석이 가능하다는 뜻이다. 불교는 윤회의 시작은 알 수 없다고 하며 무시(無始)라고 하나 개체(個體)화하여 자의식이 갖추어져 지혼(知魂)이 된 혼의 윤회만을 윤회로 보는 표준이론에서 보면 8식이 발현된 시점이 윤회의 시작이다.

1672) 1. 기독교 계통의 채널러인 헬렌 슈크만은 예수님의 언설을 稱하여 저술한 「기적수업(A Course in Miracles)」의 교사 매뉴얼에서 궁극적인 의미에서의 환생은 불가능(impossible)하다고 단언한다. 다만 환생을 믿는 학생이나 선생에게 그 사실을 강요하지 말 것을 주문한다. 언젠가 성령이 깨우쳐 줄 것이기 때문이다. 그러면서 내세 삶에 기대어 소중한 지금을 희생할까 봐 염려하고 있다. 과거의 업을 핑계로 현생의 공부를 게을리 할 것이라고 생각하는 것이다. 완전한 구원이 주어지는 것은 바로 이 순간이며 구원을 받아들일 수 있는 것도 바로 이 순간이라고 강조한다. "하늘나라는 없다. 바로 여기가 하늘이고 지금이 하늘나라다. 즉 환생은 없으며 다만 환생을 믿는 사람만 있을 뿐이다. 그러나 환생의 믿음을 말리지 마라. 어느 수준이 되면 스스로 알게 된다. 태어남은 시작이 아니고 죽음은 끝이 아니라는 생명의 영원성을 이해하는 데 도움이 될 수도 있다."(ACIM, 매뉴얼24 참조)
2. 만일 슈크만의 「기적수업」이 진정 예수님의 말씀기록이라면 엄연한 환생에 대하여 예수님이 그리 말씀하신 이유가 무엇일까? 누구는 다음 셋 중에 고르라고 할 것 같다. 그러나 답은 네 번째 것이다.
 1) 금생의 중요성을 강조하기 위하여, 즉 금생이 다라고 할 만큼 금생이 중요하니 금생에 집중하라는 뜻이다.
 2) 전생의 너와 금생의 너는 다르다. 다른 존재라고 할 만큼. 그래서 불교에서도 윤회의 주체를 아뢰야식으로 보고 윤회하는 아(我)를 부인하지 않았느냐. 저승에서 네가 전생의 너를 다시 만나더라도 금생의 너의 경험은 전생의 그와 독립적으로 존재한다.
 3) 환생이 일반적인 것은 아니다. 즉 윤회하지 않는 사람이 많거나 환생하는 경우에도 특별한 목적이 있어서 하는 것이다.
3. 네 번째 답은 「기적수업」의 해설서인 개리 레너드의 「우주가 사라지다」에 있다. Gary는 이 책에서 십여 번에 걸쳐 12사도인 도마와 다대오의 전언을 칭하여 윤회와 환생을 증언하고 있다. 이로써 '4) 저승의 광대무비함과 層구조 그리고 여기에서 기인한 영적 존재 間의 영성수준과 견해의 차이'가 정답이 된다.
1673) 8.2.3.1. '기독교 인간론의 내용'의 3)의 (2) 참조
1674) 부록7의 3-5. 모델의 합일의 개념은 발출처인 하느님에게 돌아간다는 의미이다. 이는 진화의 끝에 하느님께 귀일한다는 표준이론과 크게 다르다.

(3) 영지주의 또한 부록7의 3-5와 마찬가지로 항목 4)의 '각자 윤회'와 항목 5)의 '혼의 생물학적 진화'이론이 표준이론과 맞지 않는다.

(4) 힌두교의 영혼론은 여타 사상에 비하여 종류도 많고 시대별로 변화하여 복잡무비(複雜無比)하나1675) 삼키아 철학에 따르면 대략 다음과 같이 요약된다.
"아트만이 프라크리티에 작용하여 진화적으로 자의식이자 혼(魂)인 아함카라가 생겼으며 아트만은 아함카라의 업에 더럽혀져 무명(無明)에 빠지게 되고 이로 인해 혼(또는 혼의 경험)과 일체가 되어 윤회한다. 환생할 때 아트만은 전생에서 자신의 행동의 결과인 카르마를 재장착한 미묘한 몸(sukshma sharira)을 입고 마야 세계인 이승으로 다시 뛰어든다." 결국 힌두교의 항목 4)는 명종 후 자의식인 아함카라(혼)는 경험과 지혜를 아트만에게 넘겨주고 프라크리티로 돌아가며 아트만은 환생 시 자신의 카르마를 미묘한 몸(숙슈마 사리라)에 투사하여 아함카라를 다시 만들어 입고 태어난다는 것이니 이는 혼의 전체적이고 독자적인 윤회를 부인하는 생각이므로 'N'이다. 혹시 혼이 아트만의 投射로 다시 태어나므로 '半윤회'의 의미는 있다고 해석할 수 있겠으나 그렇다 하더라도 이는 각자윤회는 아니다. 불가에서도 인도철학의 이러한 주장에 휩쓸려 훗날 부처님의 장작불을 나가세나의 등잔불로 곡해한 것이 아니겠는가. 한편 신지학은 힌두의 이 부분을 베껴 조금 더 개량하였으니 이것이 신지학의 '모나드 영혼론'이다.
한편 항목 5)의 경우는 삼키아식의 혼 발생론이 진화론적이라고 해석할 수도 있다. 따라서 상당부분 표준이론과 유사하다. 힌두교가 불교와 같은 사상을 원류로 함을 고려할 때 당연한 분석이다. 그러나 삼키아의 혼 발생론이 비록 진화적이긴 하지만 역진화에 가깝고 더구나 혼의 靈化이론은 찾을 수 없다. 삼키아의 혼은 아트만의 발전 도구 또는 무명의 원인으로서 극복대상일 뿐 아트만은 온전히 브라만이기 때문이다.

(5) 힌두교에서 주요 인간론과 저승관을 도입한 신지학은 新사상답게 다윈의 진화론을 받아들여 그들이 벤치마킹한 힌두 삼키아의 역진화(逆進化)를 지양하고 혼의 생물학적 진화를 주장하나 다만 혼은 동물의 혼인 각혼 수준까지만 진화할 뿐이다. 제1로고스에서 발출한 아트만인 '인간모나드'가 코잘계와 멘탈계를 거쳐 아스트랄계에 이르러 각혼에 스미면 인간의 영혼이 만들어진다. 또 명종 후 지혼은 그 생에서 얻은 경험과 지혜를 아트마-붓디-마나스의 속성을 갖춘 영(靈)인 인간

1675) 힌두교는 서구인들에 의하여 작위적이고 잠정적으로 붙여진 이름일 뿐 실지로는 힌두교라고 불릴만한 공통적인 그 무엇이 존재하지 않는다. 따라서 힌두교는 인도 종교전통과 역사 전체를 의미하는 포괄적 개념으로 이해되어야 한다(종교학자 윌프레드 스미스).

모나드에게 바치고 소멸하였다가 인간모나드가 다시 환생할 때 강력한 업의 패턴인 개성으로 다시 만들어진다. 따라서 신지학에서 지혼은 아트만을 성장시키는 역할을 할 뿐 별도로 진화하여 영이 되는 개체가 아니다.1676) 표준이론처럼 혼이 진화하여 영이 되는 길이 있어야 하는데 신지학에서는 제1로고스에서 발출한 영이 제2로고스의 산물인 동물의 혼에 개체성을 부여함으로써 인간의 혼이 탄생하기 때문에 그런 설명을 할 수밖에 없었을 것이다(미주 205 '신지학의 영혼론' 참조). 이러한 신지학의 영혼론은 위에서 설명한 힌두의 영혼론과 매우 유사하다.

한편 신지학은 항목 5)를 전적으로 수용하고 있다. 다만 혼의 진화는 각혼까지만이다. 그나마 현대화된 결과다. 결과적으로 신지학은 불교보다 표준이론으로부터 더 먼 거리에 있다.

(6) 신지학의 영향을 받은 월쉬의 모델 또한 항목 4)와 5)를 제외하고 대체적으로 표준이론과 같은 생각을 가지고 있다.

(7) 유란시아서의 경우 생물학적 진화로 탄생한 인간의 마음(의지, 지성)에 신영에 해당하는 생각조절자(Thought Adjusters)가 작용하여 사람 안에 '필사자 혼'을 창조하고 그를 인도하여 불멸의 혼으로 진화시킨다. 따라서 이는 혼과 영의 생물학적 진화를 이야기하는 셈이고, 또한 필사자와 생각조절자는 명종 후 맨션월드로의 상승기간 중 헤어져 있으니 이 역시 부분적으로 각자 윤회를 인정한다고 본다. 결론적으로 유란시아서의 대강(大綱)은 표준이론의 그것과 유사한 부분이 있다고 생각된다.

결국 생각의 중요한 부분이 표준이론과 어느 정도 일치하는 사상은 불교다. 그리고 힌두이즘과 그로부터 파생된 근대신지학 그리고 유란시아서가 상당 부분 표준이론과 생각을 같이한다. 그러나 힌두이즘과 근대신지학의 경우 그 '혼 발생론'이 진화적이라는 면에서는 표준이론과 일부 통하는 면이 있으나 결정적으로 두 사상에 혼의 靈化는 없으니 '혼 진화론'은 반쪽에 그친다. 또 힌두는 자의식의 주체인

1676) 감각-의식을 덮고 있는 덮개가 없어지면 없어질수록 비전은 선명하게 된다. 덮개란 환영이 더해져 있기 때문이다. 진정한 통찰력, 즉 식별력이 생기면 겨우 환영을 극복하게 된다. 이와 같은 힘에서 벗어날 수 있는 것은 마나스와 붓디의 합일에 의한 것이며 그것이 아데프트가 되는 길이므로 그 길로 향할 수 있도록 온 힘을 다해야 한다. 데바챤(Devachan)에서의 존재물(인간)이 환영 아래 있는 것은 이 때문이다. 왜냐하면 그곳에서 존재, 즉 마인드가 육체를 지녔던 때에 아트마-부디-마나스의 삼위일체를 완성해 내지 못했기 때문이다. 환각이 끝나는 것은 살아있는 인간이었을 때 삼위일체의 합일을 완성했을 때이다. 저급의 계로 내려올 때마다 환영은 증가한다(블라바츠키, 인간 7본질과 내장 여러 기관과의 대응 중에서).

아함카라의 발현이 아트만에 의하여 촉발된다고 하는 역진화 모델이고 또 두 사상 모두 다 혼의 에고는 명종 후 그 경험만 아트만이나 인간모나드에 남을 뿐이라고 하여 자의식의 정확한 소재파악에 대해서는 얼버무린다. 특히 신지학의 이 부분은 힌두뿐 아니라 서양의 비전인 영지주의 영향을 받아 혼의 생기체적 역할을 강조한 입장에서 나온 교의(敎義)이니 근대(近代)라는 이름에 걸맞지 않게 영성의 발전 흐름을 역행하는 입장인바 이는 명백한 퇴보(退步)다.1677)

한편 유란시아서에서는 특별한 경우를 제외하고 영혼이 지구에 다시 환생하는 법이 없고 혼이 진화한 혼영도 인정하지 않으니 결국 중요한 부분에서 혼의 생물학적 진화모델인 표준이론과 일치하지 않는다.

표준이론이 통합이론을 지향하는데도 각 사상과의 중요한 차이가 기어코 해소되지 않는 이유는 무엇일까.

1) 표준이론이 틀렸다.
2) 표준이론처럼 그렇게 세밀한 영혼론은 이승에서 필요치 않다. 불교와 힌두 또는 신지학과 유란시아서와 표준이론 간 영혼 생성이론의 차이는 영혼학에서 궁구할 만한 가치가 없다.
3) 섭리로 인하여 그동안 직관의 통로가 막혀 있다가 이제야 때가 되어 표준이론에 의해 영과 혼의 탄생 전모(全貌)가 알려졌다.

어느 것일까?

불교의 무아설에 대한 第三 附言

불교가 표준이론과 여러 가지 면에서 유사하다는 결론을 내리는 마당에 제삼 다시 불교의 무아설에 대하여 생각해 보자. 무아(無我, anatta, anatman)는 아가 없다는 뜻이니 표준이론으로 볼 때 혼과 영이 모두 없다는 뜻이다. 윤회를 인정하면서도 자아의 실체인 영과 혼을 윤회의 주체로 인정하지 않는 것이다.

우선 부처님의 547번의 전생을 말하면서도 아뢰야식을 설하여 혼의 존재를 얼버

1677) 1. 그러나 하느님의 영화(靈火)인 엘리멘탈이 생명의 단계를 따라 상승하면서 존재의 모든 계를 거쳐서 엘리멘탈 단계를 지나고, 인간의 단계를 지나 초인의 단계를 넘어서 '신'이 된다는 생각 또한 신지학에 綿綿하다(미주 32 '신지학의 엘리멘탈과 정령', 미주 205 '신지학의 영혼론' 참조).
2. 그렇다면 위 면면한 생각에 영과 혼의 '완전한 각자윤회'와 '혼의 靈化론'만 더하면 신지학은 표준이론과 가장 가까운 생각을 가졌다고 할 수 있다.

무렸다. 오온에 의해 진화적으로 발생한 혼인 아뢰야식의 항상성(恒常性) 부족을 지나치게 확대해석하여 아뢰야식이 그저 업의 장식(藏識)일 뿐이라고 폄하하여 무아를 암시한 것이다.

또 영에 대해서는 부처님이 진정 자신에게서 영을 발견하지 못하였는지 의문이다. 제법(諸法)이 연기(緣起)에 의해 이루어진 무상한 것이라 我도 그 실상이 무상한 것이라는 제법무아(諸法無我)1678)를 깨달아서 그 연장선상에서 영에 대해 부인(否認)의 입장을 취하신 것인지 아니면 단순히 세상을 개혁하기 위하여 브라만과 아트만을 싸잡아 부인하다 보니 그러신 것인지 알 수는 없으나 어쨌든 결과적으로 영을 부인함으로 인해 실로 심각한 문제가 야기되었다.1679) 설령 부처님이 영의 존재를 못 알아냈다고 하더라도 그 이후의 고승들은 무엇을 하였다는 말인가. 고승이라면 영이 있었을 것이니 자신의 내면을 들여다만 보아도 알 수 있었을 일을, 명상과 근사체험과 유체이탈까지 밥 먹듯이 하였을 것이 분명한 그들이 왜 영의 존재를 파악하지 못하였는지 알 수 없다. 먹고 사는 일로 교회를 세우고 이를 확장하고 유지하는 일에 매진하다 보니 그랬는가 아니면 그들 또한 교회의 유지와 발전을 핑계로 교조(敎祖)의 진설(眞說)을 감추다 보니 그리하였는지 아니면 혼영일체의 실상을 깨닫지 못하여 그랬는지 요즘 스님들의 의견이 궁금하다.1680)

불교, 특히 소승(小乘)은 그들의 무아교리에서 영혼이 없음을 주장하고 따라서 하나의 삶에서 그다음 삶으로 이어지는 윤회의 주체는 없다고 한다. 마치 꺼져 가는 등잔의 불꽃이 다른 등잔에 불을 붙이는 것처럼 전생의 인격이 일으킨 카르마의 힘이 새로운 인격의 탄생으로 이어지기 때문에 인격들 사이의 연결점은 있으나 개별(個別)성은커녕 개체(個體)성도 유지되지 않는다는 것이다. 한 사람이 죽으면 그로 인해 새로운 인격이 존재의 세계 안으로 들어온다는 말이다. 불교가 이처럼 사변(思辨)이 지나쳐 황당무계(荒唐無稽)까지 한 변설을 취하게 됨으로 인해

1678) 원래 부처님이 설한 무아(無我)는 아(我)가 있는가 없는가에 대한 이론이 아니라 연기에 의해 이루어진 제법(諸法), 즉 유위법(有爲法)을 실체로 보아서는 안 된다는 실천적 의미였을 뿐인데 후에 브라만교에 대항하여 교(敎)를 일으키는 자들이 아트만의 실재를 주장하는 힌두의 교의에 반대하여 아트만의 실체는 5온(五蘊)의 집합인 제6식으로서 의식일 뿐이요 고로 생명의 주체인 실아(實我)는 없다고 하는 한편, 나아가 모든 존재는 인연으로써 생긴 것이니 고정적인 본성은 더욱 있을 수 없다고 하는 무아설(無我說)을 확립하게 되었다는 해석이 있는데(위키백과, 無我 참조) 참으로 적절한 해석이다.
1679) 무기(無記)의 변만으로는 이해할 수 없는, 수많은 영혼들을 진실로부터 멀어지게 한 사실을 말한다.
1680) 1. 당나라의 임제의현(臨濟義玄)이 살불살조(殺佛殺祖)를 외친 때가 9세기인데 그동안 과연 몇이나 그리하였는가. 진정 바른 견해를 얻고자 한다면 부처도 조사(祖師)도 쳐내야 한다. 구도의 길에서 그들을 만났다면 길은 제대로 간 것이다. 그러나 그 허명에 속아 그들 앞에 부복하면 그것으로 끝이다. 그들을 만나면 "너 잘 만났다!" 소리치고 그들을 뛰어넘어서 본질로 직접 쳐들어가야 될 얻어도 얻는다.
2. 부처와 조사에 반하는 견해에 대해 "아예 모르는 것보다 어설프게 아는 게 더욱 위험하다. 법을 잘못 이해해서 전파하는 구업(口業)을 어찌하려는가."라고 겁박하여 後生의 입을 막으려는 짓이 훨씬 더 큰 구업을 쌓는 행위다.

진정한 윤회의 진리가 호도(糊塗)되고 훼손(毁損)되어 고금 만중생의 발전과 진화가 저해(沮害)되었으니 지극한 유감이 아닐 수 없다. 그들은 윤회(輪廻)란 말을 버리고 업륜(業輪)이라고 하였어야 했고 환생(還生)이란 말 대신 환업(還業)이란 용어를 사용하여야 했다. 나아가 언젠가 아라한이 되고 보살의 존재(存在)가 되어 현생에게 오히려 영생의 한줄기 희망을 주는 무명이 낳은 비존재(非存在), 업(業)을 숭상하였어야 마땅했을 일이다.1681)

윤회의 주체와 영계 정보

영과 혼은 둘 다 별도로 윤회한다.1682) 그러나 생시에 전생에 대한 기억은 물성이 있는 혼만 갖는다. 생기체의 혼뇌에 그 기억이 전사되고 그중 일부가 몸뇌에 반영되며 유아기나 수면 또는 최면상태에서 일부가 외부로 누출된다. 모반(birth mark), 제노글로시(Xenoglossy), 기술, 탈렌트 등 전생의 흔적은 대부분 여기에서 원천한다. 반면 영은 혼의 혼뇌와 같은 물성을 가진 장기(臟器)가 없다. 따라서 영은 사바에 환생(부임)하더라도 전생의 기억이나 영의 LBL 스토리가 현재기억으로 유출되지 않는다. 그러나 영 또한 기술, 취미, 재능, 성격 등 개체로서의 개성을 갖는다. 혼영이 경우라면 더욱 그렇다.1683) 그리고 영이 자아를 장악하게 되면 자아에 큰 영향을 미친다. 그러나 영은 물성(物性)이 없는 순수 사념(思念)이다. 기억도 의식도 기호(嗜好)도 능력도 다 일체(一體)다.

영의 전생기억의 누출이 전혀 없다면 영계의 LBL 스토리는 우리에게 알려질 수 없다. 그렇다면 근사체험과 퇴행최면 그리고 채널링을 통해 우리에게 알려진 영계에 대한 저 많은 콘텐츠는 다 무엇인가?

1) 심령계나 준영계에 대한 정보가 영계의 것으로 오해된 것이다. 즉 혼과 영을 구분하지 못한 사람들이 혼계와 영계를 구분하지 못하여 영계 정보라고 한 것이다.
2) 혼계에서 혼을 지도하는 스승령이나 스베덴보리 같은 스승들 또는 고급영들이 특별한 이유로 영계에 대하여 누설한1684) 진짜 영계 정보다.
3) 영계와 혼계는 결국 모두 저승이고 다만 구역만 다르기 때문에 혼계 정보나 영계 정보나 다 영혼계의 정보로 같은 저승에 대한 것이다.

1681) 성주괴공의 최초 동인(動因)은 전 주기(週期)에 살던 사람들의 업의 힘이다. 이것이 모여 바람(氣)을 움직여 성(成)이 비롯하였다고 하니 업(共業)의 위력은 우주를 창조할 만큼 큰 힘이고 큰 마야이다.
1682) 영은 환생(還生)이라기보다는 부임(赴任)이다.
1683) 신영도 윤회의 과정에 개성을 중요한 소산(所産)으로 얻는다.
1684) 따라서 故意的인 누설이다.

4) 혼계에는 영계에 대한 정보가 많다. 그 정보가 영계정보의 출처다.
5) 때가 된 어느 유영인(有靈人)이 직관으로 알아낸 것이다.

우리가 가진 소위 영계의 정보는 위 5가지 이유가 섞여 얻어진 것이 아닌가 한다. 확실한 것은 영계가 구역이든 계든 영계의 수준도 혼계처럼 다양하며 이에 대한 자세한 정보는 정도의 차이는 있겠으나 이승에서나 저승의 혼계에서나 매우 귀한 것임이 분명하다.

타락(墮落)환생이 있는가?

사람의 혼인 지혼이 동물수준의 각혼이 되는 것을 혼의 '타락(墮落)'이라고 한다. 타락하였다가 다시 지혼이 되는 것을 갱생(更生)이라고 한다. 표준이론의 혼은 전통적 의미의 타락은 아니나 복합혼의 경우 그 분열로 인해 타락할 수 있고 심지어 소멸할 수도 있다. 知魂은 개체혼이지만 생시에 퇴보한 魂은 명종 후 흩어져 소멸하거나 각혼으로 떨어지기도 하고 몇 개로 쪼개어져 지혼끼리 이합집산하기도 한다. 마치 자연에서 종(種)이 환경에 적응하지 못하고 절멸하는 것과 같다.
많은 환생론자들이 업 때문이 아니라 단순히 경험을 위해서라도 혼은 동물 이하로 환생한다고 한다. 과연 혼이 경험을 위하여 동물로 환생할 수 있을까? 없다. '영혼의 생물학적 진화론'을 주장하는 표준이론에서는 지겹도록 겪은 그 시절을 혼이 다시 경험할 이유가 없다. 혼의 생물학적 진화를 주장하는 신지학에서도 당연히 혼의 타락과 갱생환생을 부정한다.尾283)

현대 환생학자들의 윤회주체

윤회의 주체에 대하여 이안 스티븐슨은 사이코포어1685)라는 존재를 상정하였고 짐 터커1686)는 의식(意識)이라고 했다.1687) 그들은 그것이 영혼인지 아스트랄체인지는 모르지만 그런 것이 있고 그것이 환생한다는 것은 사실이라고만 이야기한다. 표준이론에서는 분명하다. 순수 사념(思念)인 영(靈)과 기의 생물학적 진화체인 혼(魂)이 각자 윤회(輪廻)하고 전생(轉生)한다.

1685) 사이코포어(psychophore)는 '영혼을 품고 있는'이라는 뜻의 그리스어다.
1686) 짐 터커(Jim Tucker)는 버지니아 대학의 정신의학 및 신경행동과학과 부교수이자 인지연구소장을 역임한 사람으로 이안 스티븐슨 박사의 수제자이다. 환생 연구의 최고 권위자였던 이안 스티븐슨 박사와 함께 전생을 기억하는 2,500여 명의 아이들을 추적하며 과학적으로 탐구해 왔다
1687) 짐 터커, 「어떤 아이들의 전생 기억에 관하여」, 박인수 옮김, 293쪽

영과 혼의 다시 만남

영은 환생할 때 신지학처럼 전생의 혼을 다시 호출1688)하여 같이 환생할 수도 있다. 그러나 이런 경우는 전생에 같은 몸에서 같이 운명을 개척하며 분투하였던 영과 혼 두 개체(個體)가 그 삶이 못내 아쉬운 경우일 것이고 구태여 다시 같이 살아야 한다는 섭리는 없을 것이라고 본다. 환생 자체가 새로운 모험 아닌가.

11.3.4. 윤회의 경로

명종 후 혼이 가는 저승은 생을 마친 혼들이 인연에 따라 서로 모여 멘토의 지도 하에 전생을 반성하고 필요한 공부를 더하여 마침내 적절한 운명을 지어 새로운 삶을 준비하는 곳이라는 의견이 뉴에이지 LBL(life between lives)이론의 지론(至論)이다. 근사체험이나 퇴행최면을 통해 보고된 대부분의 사후세계도 이러한 사후세계이다. 그런데 「티벳 사자의 서」에 나타나는 저승은 환생을 위한 터미널에 불과하다. 그 저승은 반성이나 교육의 기회가 없는 곳이다. 또한 신지학에서는 저승을 다단계구조로 설명하면서 명종 후 영혼은 아랫단계의 저승으로부터 자신의 수준에 맞는 상급 단계의 저승까지 완행(緩行)하며 그 세계의 삶을 두루 겪는다고 주장한다. 이승에서만 영과 혼이 진화와 발전하는 것은 아니라는 것이다. 힌두에서 기원하였으니 3계6도의 이승을 주장하는 불교적인 사고와 일응 유사하다. 한편 표준이론에서 저승은 수준에 따라 여러 界가 있는데, 우선 하급혼이 가는 중음계(中陰界)가 있고 중급혼이 가는 학교와 비슷한 체계의 심령계(心靈界)가 있으며 그리고 상급혼이 가는 영사관학교인 준영계(準靈界)가 따로 있다. 그리고 명종 후 혼은 자신에게 맞는 저승으로 직행(直行)한다. 또한 영은 혼과는 전혀 다른 개체(個體)로 사후 영계로 직행한다. 이에 대해 다음과 같은 담론이 더 있을 수 있겠다.

1) 최근의 뉴에이지 지론(至論)이 설명하는 LBL의 저승은 다층적 구조가 아니다. 명종하면 맨 처음 영혼은 눈부시게 빛나는 하얀 빛을 향해 간다. 터널을 지나 빛 나는 꽃밭을 걸어 모두 같은 저승으로 가는 것이다.1689) 그 저승은 여러 방이나 구역으로 나뉘어 각 구역을 다 거치면 이윽고 다시 환생한다. 신지학의 다층적 저승론처럼 각 구역(층)이 완전히 다른 물질로 구성되고 차원도 전혀 다른 그런 곳이 아니다. 또 표준이론처럼 영혼의 수준에 따라 각기 다른 저승으로 직행하는

1688) 사실은 영인 인간모나드의 '投射 再生'에 의한 것이므로 호출은 아니다.
1689) 5.5.9. '심령학의 저승관' 중 '리사 윌리엄스의 저승' 참조

것도 아니다. 저승은 한 저승으로 같은데 그 저승에 여러 구역이 있는 것이다. 그러나 어찌 보면 LBL의 저승이론이나 표준이론이 같은 설명을 하는 것일 수도 있다. LBL의 저승이론의 구역(區域)과 표준이론이 계(界)가 뭐가 다르랴. LBL의 저승에서도 수승한 혼은 불필요한 단계를 생략할 수도 있을 것이다.

2) 또한 신지학이 자기수준의 계를 향해 유행(遊行)하고 완행(緩行)하는 모델을 제시하는 데 비하여 표준이론은 본향(本鄕)으로 직행(直行)하는 모델을 제시한다. 신지학의 완행모델은 영과 혼이 저승에서도 당분간 분리될 수 없으니, 분리되는 때까지 같이 다닐 수밖에 없어서 그리 묘사된 것이라면 둘 간에 큰 차이는 없다.

3) 그렇다면 윤회의 경로(經路)는 하나의 저승세계를 구역별로 순례하든, 여러 개의 저승 중에 하나를 향해 자기 수준에 맞추어 직행하든, 다층적 저승을 순차적으로 완행하든, 대차(大差)는 없을 것으로 생각된다.

4) 다만 환생을 매개로 한 이승과 저승의 윤회 메커니즘이 영혼의 발전과 진화를 위한 것이라면 저승은 분명 영혼의 수준에 따라 달라야 할 것이다. 극적인 진화를 통하여 식물과 동물의 저승인 생기계를 탈출하여 인간들의 저승에 입성한 하급 지혼(知魂)들의 분투(奮鬪)를 기리기 위해서라도 이후 혼들의 저승은 발전 수준에 맞추어 마련되어 있다고 믿는다. 대학생 영혼과 초등학생 영혼이 같은 이승을 다녀오더라도[1690] 같은 저승으로 복귀할 리가 없다.

5) 불교에서는 하급혼들의 중음계만 주로 다루는 데 비하여 LBL의 저승은 왜 중급혼 이상의 심령계일까?[1691]
(1) 초기불교시대에는 중생들이 대부분 영속혼(중급혼) 수준에 이르지 못한 하급혼이었기 때문에 이들을 교화할 목적으로 쓰인 經은 그들이 갈 중음계에 대해서만 기술하였기 때문이다.
(2) 자연적인 전생기억은 대부분 혼의 기억이기 때문에 사자의 서가 쓰일 당시의 전생정보는 하급혼이 다녀온 중음의 세계에 대한 정보밖에 없었다.
(3) 최근에는 중급혼 이상의 혼들이 이승에 많이 등장하였기 때문에 근사체험이나 퇴행최면에 의한 LBL에는 심령계와 준영계의 스토리가 많이 나타난다.
(4) 그렇다고 하급혼은 아무런 통제나 교육 없이 환생할 수 있을까? 아니다. 중음

[1690] 불교에서의 저승은 인간도를 뺀 3계6도로 욕계 3악도와 아수라 그리고 6천, 색계 18천, 무색계 4천의 총 32가지다.
[1691] 5.5.2.2. 「티벳 사자의 서」의 저승' 참조

계에도 룰과 상위령의 지시가 있으며 필요한 교육과 계획이 이루어진다. 지옥이니 아수라도니 하는 것은 중음계의 교육기능을 과장하여 표현한 것이다.
(5) 불교의 이승적 저승론을 일반적 저승론으로 보면 중음은 터미널일 뿐 불교의 저승도 32가지로 다양하다.

11.3.5. 환생자 찾기

11.3.5.1. 환생의 장소

환생의 장소는 '영가(靈駕, 윤회혼)의 환생을 포착하는 일'과 관련하여 매우 중요한 부분이다. 표준이론은 자신의 차생(次生)을 찾아내는 것을 이론 궁구의 목적 중 하나로 한다.
환생을 포착하기 위해서는 환생 시 주로 어느 곳에 태어나는지를 정확하게 알수록 사자(死者)의 차생을 용이하게 찾아낼 수 있을 것이다.

일반적으로 윤회는 대부분 같은 나라로 환생하지만 이와는 달리 멀리서 또는 외계에서 온 영혼도 있다.1692)

표준이론에서도 혼은 대부분 전생에 살던 곳에서 가까운 데로 환생한다고 보는데 그 이유는 지박(地縛)보다는 인연(因緣) 때문이다. 또한 하급혼일 경우 그들이 가는 중음계가 생기계에 인접하고 있다는 사실로 인한 군혼(群魂)적 경향이 있을 것이라든가 민족별 지방별로 혼의 그룹이 있을 수 있다는 점 등을 고려할 때 더욱 그렇다. 다만 이번 생에 영적으로 큰 진보를 이루었다거나 진보의 덕이 누적적으로 쌓여 윤회의 한 단계를 넘어설 때가 되면1693) 특별한 이유가 없는 한 다른 나라에서 다른 성(姓)이나 신분으로 태어날 가능성이 높다. 새로운 경험을 쌓기 위함이다.

또한 지구가 아닌 외계에서 온 혼도 있을 수 있는데 이미 살펴본 바와 같이1694) 우리 지구에는 인구증가가 급속했던 과거 몇백 년간 외계지혼(Star seed) 출신의 혼이 엄청나게 많았다. 그러나 혼의 이승 간 교류추세를 볼 때 이미 지구는 혼을

1692) 지구에서 외계로 간 영은 1846년 이후(부록6-1 '시대별 영의 탄생수' 참조)에는 없으며 혼의 경우에는 821년 이후에는 찾아볼 수 없다(부록6 '외계혼의 유입수' 참조).
1693) 혼이 영속혼이나 중급혼 또는 고급혼으로 발전하는 것도 이러한 것이다.
1694) 6.2. '영과 혼의 유래와 전생횟수' 참조

수입하는 단계를 넘어 성숙단계로 보이므로 당분간은 대부분의 영과 혼이 지구에서 윤회할 것으로 보인다.

신지학자 리드비터는 환생의 법칙으로 세 가지를 말한다. 첫째는 '진화의 법칙'이다. 이 법칙에 의해 영혼은 자신에게 가장 필요한 성품들을 계발할 수 있는 최선의 기회가 주어지는 환경에 태어나게 된다. 두 번째는 '카르마의 법칙'이다. 이로 인해 영혼은 최선의 기회를 맞이할 자격이 없을 수도 있다. 세 번째는 '인연의 법칙'으로 전생에 형성한 사랑과 증오 같은 개인적인 인연이 그의 환생을 결정하는 요인이 될 수 있다.1695)

리드비터의 환생의 법칙을 전생을 이어받아야 하는 티베트의 툴쿠에게 적용하면 그는 어느 곳에 환생하여야 할까?

11.3.5.2. 티베트불교의 환생자 툴쿠

티베트불교에서 툴쿠(Tulku, sprul sku)란 완전한 깨달음을 얻은 부처와 같은 존재, 혹은 높은 수준의 성취자(siddha)로서 일체 중생을 이롭게 하기 위해 다시 태어난 아라한이나 보살 같은 존재를 말한다. 툴쿠는 응신(應身, 化身)을 뜻하는 산스크리트어 니르마나카야(nirmanakaya)의 티베트어 의역(意譯)이다. 중국에서는 '살아있는 부처'란 뜻으로 '활불(活佛)'1696)이라고 번역한다. 티베트불교에서는 달라이 라마 외에도 수백 명의 고승들이 환생을 이어오며 각각 그 계보를 가지고 있는데 이들을 통상 '린포체'1697)라고도 한다. 툴쿠의 유명한 예로는 달라이 라마(the Dalai Lamas), 판첸 라마(the Panchen Lamas), 까마빠(Karmapa), 잠양 키엔체 왕포(Jamyang Khyentse Wangpo), 샵둥 나왕 남겔(Zhabdrung Ngawang Namgyel), 잠곤 콩트룰 린포체(Jamgon Kongtrul Rinpoche), 女性인 삼딩 도르제 팡모(Samding Dorje Phagmos) 등이 있다.尾284)

티베트에는 도르제 팡모 외에도 여성 툴쿠들이 많다. 남성 위주인 승가제도를 고집하여 여성에게는 전등(傳燈)하지 않는 우리나라의 불교가 크게 본받아야 할 일

1695) 1. 리드비터, 「신지학대의」 제11장 '윤회' 참조
2. 리드비터의 환생법칙은 후술하는 환생재단의 설립취지와도 부합한다.
1696) 그러나 달라이 라마는 "모든 툴쿠가 부처는 아니며 부처는커녕 보살도 아닌 경우가 많다."라고 하였다.
1697) 1. 린포체(rinpoche)란 '보배로운 존재'란 뜻의 경칭이다. 보통 환생한 고승을 가리키는 경칭으로 알려졌지만, 환생자가 아닌 당대에 높은 성취를 이룬 고승에게도 쓰인다.
2. 막강한 권력과 재산의 상속권이 걸린 툴쿠 지명에 어찌 세속적인 치열한 쟁투가 없겠는가. 이를 다 이겨 내고 결국 만장일치의 환생자를 가려 뽑는 일은 확증이 없이는 불가능하다.

이다. 현대 서구사회에서 왕성하게 활동하는 예세초겔1698)의 화신 칸드로 린포체(Khandro Rinpoche 1967~)1699)를 비롯하여, 19세기부터 환생 계보가 시작된 슉셉 제쭌 린포체 등이 알려져 있다.

11.3.5.3. 티베트불교에서 툴쿠 찾는 방법

티베트불교에서는 선근공덕(善根功德)을 쌓은 자만이 다시 인간으로 환생하는데 자신의 공덕이 그만한지를 알 수가 없어 일단 저승에 가봐야 안다. 그러나 공과 덕이 수승한 고승들은 자신의 의지에 의해 사람들을 구제하기 위해 인간으로 다시 태어날 수 있다. 티베트에는 500여 계보의 툴쿠(Tulku)들이 존재하지만1700) 그중에서 달라이 라마가 가장 존경받는 존재다.

이러한 툴쿠를 찾는 방법은 여러 가지가 있다.1701) 이는 달라이 라마에 국한되지 않고 모든 툴쿠를 찾을 때에 적용된다.

1) 고승은 죽음에 임박해서 자신의 차생에 대한 정보를 유언한다.1702)

1698) 예세초겔(Yeshe Tsogyal 757 or 777~817)은 8세기에 불교의 지혜를 티베트에 전한 인도 고승 파드마삼바바(Padma Sambhava)의 뛰어난 제자이자 동반자였다. 서른에 수행을 성취해 중생들을 교화하였으며, 티베트의 토착 애니미즘 종교인 본(Bon)교와 불교 간의 공개토론과 신통력 대결에서 왕과 신하, 티베트의 백성들이 지켜보는 자리에서 신통과 지혜로 본교를 이겨 불교는 티베트의 국교로 자리 잡게 된다. (그러나 Bon교는 티베트불교인 라마교의 교리에 큰 영향을 주어 아직도 그 전통이 일부 살아있다.) 지금도 하늘을 날아다니며 행운의 열쇠를 전해 주는 다키니(영적으로 개화하여 깨달음의 에너지가 큰 여자)로써 깨달음을 구하며 비밀스런 법을 수행하는 모든 이들을 자비로 굽어 살피고 있다고 한다.
1699) 칸드로 린포체의 전생이자 예세초겔의 환생인 우르옌 초모(Urgyen Tsomo 1897~1961)는 죽기 전에 티베트에 있는 닝마파의 '6대 수도원' 중 하나인 Mindrolling의 수장 트리첸 주르메 쿤장 왕얄(Trichen Jurme Kunzang Wangyal)의 딸로 태어날 것을 예언했다.
1700) 티베트 학자 Françoise Pommaret는 현재 티베트, 부탄, 북부 인도, 네팔, 몽골, 중국 남서부 지방에 걸쳐 약 500개의 툴쿠계보가 있다고 추정한다.
1701) 툴쿠를 발견하는 방법에는 여러 가지가 있다. 몇몇 라마들은 그들이 다음 생에 어디에서 태어날지 또는 인간도에 태어날지 천국(Pure Land)에 태어날지에 대해 분명히 말하거나 편지를 남긴다. 또 어디서 툴쿠를 찾아야 하는지를 나타내는 다양한 사인을 남기거나 후생(後生)의 출생지와 부모의 이름을 명확하게 밝히는 경우도 있다. 그러나 많은 경우 그것들은 시적(詩的)이거나 신중한 해석을 필요로 하는 암시형태일 수 있다.(Tulku Thondup, 「INCARNATION The History and Mysticism of the Tulku Tradition of Tibet」, 제6장 참조)
1702) 1. 13대 달라이 라마 '툽텐 갸초'는 "다리에 호랑이처럼 줄무늬가 있고, 커다란 눈동자와 활처럼 휘어진 눈썹과 커다란 귀, 어깨엔 두 개의 사마귀, 마치 관세음보살처럼 기다란 두 팔과 손바닥에 조개 모양의 손금이 있는 사내아이를 찾아라."라고 유언하였다.
2. 일반적으로 달라이 라마의 환생은 관음상과 같은 특징을 갖추고 있어야 한다고 한다. 즉 ① 두 다리에 범의 가죽과 같은 특징이 있고 ② 길쭉한 눈썹과 눈이 밖으로 향해 있고 ③ 큰 귀가 있고, ④ 견갑골 근처에 관음의 두 다리를 표시하는 두 근육이 더 붙어 있고 ⑤ 어떤 손바닥 위에 소라같이 말린 인이 있어야 한다. 그러나 관음상이 정말 그러한지 그리고 달라이 라마가 그런 관음상과 정말 닮았는지는 의문이다.
3. 툴쿠는 자신의 차생에 대하여 예언 또는 신탁을 받거나 천안통으로 앞을 내다보고 차생을 유언하는 것

2) 고승이 죽으면 그의 환생을 찾기 위한 위원회가 결성된다. 위원회는 죽은 고승이 남긴 편지나 노래, 임종 마지막 날 동안 말한 모든 것을 조사한다.
3) 입적한 고승의 시체 상태를 검사한다.1703)
4) 영매인 신관(神官)1704)에게 내리는 신탁(神託) 또는 점성학1705) 등의 도움을 받아 전생할 지방과 집과 양친을 자세히 예시 받는다.
5) 종종 툴쿠와 관련된 고승들의 꿈에 새로 태어난 툴쿠의 집, 그 부모 또는 집 근처의 지리적 특징에 대한 세부 사항이 나타나거나 아이의 모습이 반복적으로 현시(顯示)된다.1706)
6) 위원회는 라모이 라초(Lhamoi Lhatso)호수1707)를 찾아 툴쿠를 찾을 수 있는 암시를 줄 것을 기도한다. 때때로 하늘에 무지개 같은 사인을 보내어 위원회를 툴쿠에게 이끈다.
7) 수집된 정보를 기반으로 명종한 날로부터 10개월+49일 이내에 출생한 아이를 주 대상으로 환생자를 찾는다.
8) 환생자 후보(候補)가 전생의 자기 유품을 식별할 수 있는지, 죽은 고승의 제자나 주변인들을 알아보는지 등을 조사, 확인한다.1708)

이 아니라 저승에 가서 스승령에게 그렇게 태어나게 해달라고 부탁할 셈으로 그처럼 유언하였을 수도 있다. 환생에 대한 여러 이론들은 환생의 시간과 장소의 선택에 본인의 의사가 크게 작용한다고 생각하며 표준이론은 특히 그렇다. 또 '말이 씨가 된다.'
4. 우르옌 초모도 Mindrolling의 수장 트리첸의 딸로 태어날 것을 예언했다.
1703) 나티 바라츠 감독의 2008년 이스라엘 영화 '환생을 찾아서'에서는 다비식에서의 바람의 방향, 장작 더미 밑의 모래에 찍힌 발자국의 방향으로 2001년 선종한 고승 '콘촉 라마'의 환생이 태어난 곳을 추정한다.(youtube.com/watch?v=Q54gCnPtgBQ 참조)
1704) 신탁관이라고도 한다. 14대 달라이 라마의 경우 신탁관은 네충 신탁관, 가 톤 신탁관, 사무이 절의 츠우마루포 신탁관 등 3명의 신탁관이 있었다. 이들 신탁관은 일종의 영매인데 이 영매에 깃들어 신탁을 내리는 영적존재가 있다.
1705) 영화 '환생을 찾아서'에서는 점성학의 도움을 받아 환생처의 첫 글자 '츠'와 父의 이름 첫 글자 '아' 등을 알아내어 '콘촉 라마'의 환생을 찾아내었다.
1706) 1. 12세기에 2대 까마빠 뒤숨켄빠(dus gsum mkhyen pa)가 사망한 후, 그의 제자 중 한 명의 심안(心眼)에 환생자가 될 아이의 모습이 반복적으로 현시(顯示)하면서 이윽고 제3대 까마빠인 깔마 팍시(karma pak shi)를 찾게 되었다고 한다.
2. 대부분의 툴쿠는 티베트에서 태어나지만 일부는 몽골 등 티베트와 관련 있는 다른 나라에서도 태어난다. 또한 티베트 이외 국가의 툴쿠는 일반적으로 해당 국가에서 태어난다(몽골의 Jetsun Dampa 등). 최근 티베트불교가 세계적으로 알려지면서 서구인들 사이에서도 툴쿠가 발견되고 있다(Thubten Yeshe의 환생인 스페인의 Tenzin Ösel(1985년), Chungdrag Dorje의 환생인 미국 영화배우 Steven Seagal 등).
1707) 2대 달라이 라마는 '걀와 겐둔 갸초(Gyalwa Gendun Gyatso 1475~1542)'다. 그는 닝마파 가문에서 태어났고, 4살 때 1대 달라이 라마 겐둔 둡의 환생으로 확인되었다. 그의 환생을 달라이 라마를 보호하는 여신인 빨덴 하모가 그의 성지인 신성한 호수 라모이 라초(Lhamoi Lhatso)에서 알려 주었다는 점에서 주목할 만하다. 여기에서부터 달라이 라마의 환생은 라모이 라초 호수의 암시에 의해 확인하는 전통이 시작되었다. 고승들과 섭정이 라초호수에 가서 기도와 명상을 하면, 호수에서 이미지가 보인다고 전한다. 보통 티베트어 단어나 사원, 태어난 집 등이 보인다고 한다.
1708) 1. 알렉산드라 데이비드-닐(Alexandra David-Neel)에 따르면, "묵주, 의식 도구, 책, 찻잔 등과 같

달라이 라마의 혼은 고급혼에 속할 것으로 보이며 따라서 준영계에서 그 환생을 결정할 것이다. 이때 달라이 라마의 혼이 주연(主演)이기는 하나, 그의 환생을 지도하고 담당하는 스승령은 라마가 죽기 전부터 그의 환생을 감독(監督)하고 연출(演出)하였을 것이니 그의 환생을 발견하기란 별로 어렵지 않다.

라마가 아닌 일반인들도 환생메커니즘을 숙지하는 한편 환생을 진지하게 준비하고 저승에 가게 되면 스승령의 도움으로 분명 원하는 곳에 환생하거나 적어도 그의 환생을 찾는 자들이 쉽게 그를 포착(捕捉)하게 해 줄 것이 분명하다. 표준이론의 환생자 찾기가 가장 기대하는 대목이다.

11.3.5.4. 표준이론에서 환생자 찾기

1) 참여를 원하는 구도자는 환생재단(영혼학연구협회) 카페에 가입한다.

2) 본서를 포섭(包攝 subsumption)한 자신의 道를 유언으로 저술(著述)한다.

3) 툴쿠회원으로 등업을 신청한다.

4) 가입승인 후 환생플랜尾285)을 작성한다.

5) 잔여생애계획을 실천하며 산다.1709)

6) 툴쿠회원의 임종이 임박하면 그를 위한 위원회가 결성된다.
(1) 위원회는 명종계획에 따라 툴쿠회원으로 하여금 환생할 시기, 성별, 지역, 환

    은 많은 물건들이 함께 놓여 있고, 아이는 거기에 속한 것을 골라내야 한다."라고 한다(Alexandra David-Neel, 「Magic and Mystery in Tibet」 참조).
2. 1933년 12월 17일 열반한 제13대 달라이 라마 '튭텐 갸초'의 환생인 '라모 톤둡'은 1935년 7월 6일생으로 그를 찾아온 '케상 린포체'를 발견하자마자 툽텐 갸초의 유품인 염주를 자기 것이니 달라고 했으며 자기가 누구인지 알아맞혀 보라는 린포체의 말에 그가 '세라 사원의 주지'라고 알아맞혔다. 라모 톤톱이 현 14대 달라이 라마이다.
1709) 1. 잔여생애 중
    1) '영혼학'과
    2) 저승에 대한 지식과 환생의 메커니즘
    3) 그리고 저승에서의 행동요령(영혼학 死者의 書)을 숙지하는 것이 매우 중요하다.
    저승은 이승의 연장이다. 이승에서 모르던 것을 죽은 후에 바로 알 수 있는 것은 자기가 이미 겪은 저승과 자신의 전생 관련 기억 외에 많지 않다.
2. 영혼학 死者의 書는 위 영혼학 표준이론에 그 전모가 이미 나타나 있으나 필요하면 툴쿠회원을 위하여 별도로 정리할 예정이다.

생할 집안과 양친, 후생의 신체적 특징에 대하여 진술하게 한다.
(2) 위원회가 툴쿠회원의 임종에 입회한다.
(3) 위원회는 툴쿠회원의 시신 상태를 검사하고 회원이 남긴 기록물과 회원이 임종에 당하여 발언한 내용을 모두 조사한다.
(4) 망자 주변인들로부터 환생할 지역과 집안 그리고 양친 등에 대한 환생의 예시(豫示)정보를 수집한다.
(5) 위원회는 재단소속 영매(靈媒)에게 자문을 구한다.
(6) 망자의 유산계획의 집행을 확인한다.

7) 수집된 정보를 기반으로 명종한 날로부터 10개월 이후 49일+α(대략 10년) 이내에 출생한 아이를 주 대상으로 환생자를 찾는다.
(1) 다양한 경로로 환생자를 찾는 광고를 낸다.尾286
(2) 환생자 후보(候補)가 전생의 자기 유품을 식별할 수 있는지, 친척이나 주변인들을 알아보는지 등을 조사하고 확인한다.

8) 환생자를 찾은 경우 그에게 마련되어 있는 유언과 유산을 집행한다.

9) 환생자를 찾지 못하고 정해진 기일이 지나 위원회의 활동이 종료된 경우 미확인 환생자 리스트에 올려 광고 등 사후관리를 지속하고 별도 유언이 있는 경우 유산은 지정한 상속자에게 반환한다.

무엇보다도 중요한 것은 저승에서의 툴쿠회원 자신의 행동이다. 그가 환생메커니즘을 숙지하는 한편 환생을 진지하게 준비하는 등으로 진인사(盡人事)하고 저승에 가서 스승령에게 도움을 청한다면 그는 분명 원하는 곳에 환생하거나 적어도 그의 환생을 찾는 자들이 그를 쉽게 포착(捕捉)할 수 있을 것이 분명하다. 또한 환생에 소요되는 기간도 보통 3년 미만으로 보는데 이는 중음계 기준이다. 따라서 심령계나 준영계로 갈 가능성이 큰 툴쿠회원들은 그보다 더 오래 걸릴 수 있어 최대 10년으로 본다. 중급 이상의 혼계에서의 환생은 그야말로 인신난득(人身難得)이다. 이승으로 환생하는 길이야말로 영화(靈化)의 지름길임은 다들 알고 있기 때문이다. 그러나 이승에서 환생플랜을 작성하고 돌아온 혼에게 스승령은 분명히 인신(人身)의 선취권(先取權)을 줄 것이다. 명종 전에 환생플랜을 작성하는 것도 공이요 덕이니 이미 스승령이 이에 개입하였다.

11.3.6. 환생에 소요되는 시간

불교에서는 보통 49일 이내에 영가의 환생처가 결정된다고 한다.[287] 이는 티베트불교에서도 마찬가지다. 「티벳 사자의 서」에서 사자(死者)는 중음에 가서 천계로 가지 못하면 49일 만에 이승으로 환생하나 길게는 100일 또는 1년이 넘을 수도 있다. 이는 사자의 업이 깊어 저승에서의 심판에 시간이 걸리는 경우라고 한다.1710)

그런데 영매연구나 근사체험 그리고 퇴행최면에 의한 LBL정보에 의하면 인생회고(Life Review), 지인상봉, 반성과 교육, 환생계획 등으로 환생에 많은 시간이 걸리는 것으로 보고되고 있다. 따라서 이승으로의 환생에 49일밖에 걸리지 않는다는 불교와 사자의 서의 진술은 최근의 저승에 대한 정보와 상통하지 않는 점이 많다. 그 이유는 무엇일까?

1) 사자의 서나 최근의 LBL정보 둘 중에 하나는 거짓이다.
2) 사자의 서에도 49일 환생뿐 아니라 100일 환생, 1년 환생, 3년 환생 등이 있다.
3) 사자의 서가 저술될 당시의 혼들은 그 수준이 낮아 환생의 터미널인 중음만 거쳤으나 지금의 혼들은 많이 진화하여 더 높은 수준의 저승에서 많은 준비를 한 끝에 환생할 것이므로 환생 과정과 소요시간이 다를 수 있다.
4) '사자의 서' 시절에는 근사체험이 매우 드물고 고승들의 유체이탈 체험이 대부분이었을 것이라 밝은 빛이 보이는 저승입구까지만 가 보았을 것이고 따라서 거기가 저승인 것으로 잘못 안 것이다.1711)
5) 저승의 시간효율이 이승대비 평균 500배[288]라서 그리 보이는 것일 뿐이다. 신지학 등이 주장한 바를 고찰하면 혼은 그 구성물질이 에테르의 정묘체인 아스트랄로 되어 있고 혼계의 구성 물질 또한 아스트랄이기 때문에 저승에서의 시간은 물질세계의 시간보다 500배 정도로 가성비가 좋아 위 2)의 49일 만에도 충분한 재정비 과정을 거칠 수 있게 된다.

우리나라 죽음학(심령학)계의 선구자인 최준식 교수는 환생 시 중음의 세계에 있는 기간은 짧게는 6~7개월이라고 하고1712) 어린이 환생연구 전문가인 짐 터커(Jim Tucker)는 죽음과 명백한 재탄생 사이의 시간이 평균적으로 16개월이라고

1710) 6.2. '영과 혼의 유래와 전생횟수' 참조
1711) 불교에서 명상 또는 근사체험에 의한 LBL기억은 저승이 아닌 수미세계의 28천으로 받아들여진 것일 수도 있다.
1712) 최준식, 「인간은 분명 환생한다」, 134쪽 등 참조. 한편 그의 또 다른 책 「죽음의 미래」에서 퇴행최면 전문가인 Helen Wambach(1925~1986)는 평균 52년을 이야기한다.

한다. 또 퇴행최면 전문가인 마이클 뉴턴은 고대시대에는 500년가량이던 것이 근세로 올수록 짧아져 1900년 이후에는 한 세기에 한 번 이상 환생한다고 한다. 아무래도 인구증가를 유념한 계산인듯한데 정작 자신은 최면에 빠진 피술자에게 들었다고 한다.1713) 신지학에서는 명종 후 하급혼들은 5~500년, 중급혼은 1,000~1,200년간 저승에 있다가 환생하고 고급혼들은 2,300년 정도 있다가 환생한다고 주장한다.1714) 그러면서도 사람은 모두 수백 번씩 환생하였다고 한다.1715) 프랑스의 사회학자 샤를 푸리에(1772~1837)는 인간의 영혼은 근처의 다른 별에 가서 살다가 다시 지구에 태어나는 왕복의 삶을 81,000년간 반복해 왔다고 주장하며 지구에서의 평균수명은 33살이라고 했다.1716) 또 플라톤은 LBL의 기간이 딱 1,000년이라고 하였다. 이 같은 주장은 로마에도 영향을 주어 베르길리우스의 서사시 아이네이스에서도 1,000년을 이야기한다. 부처님의 본생담(本生譚, Jataka)에는 547가지의 부처님 전생 이야기가 나타나 있다. 또 힌두나 불교의 상위저승인 색계와 무색계의 체류기간은 어마무시하다.1717) 그곳도 사바세계라는 부처님의 설명은 잊고 그저 천(天)이라 하니 천계로 안 것인가 한다.

표준이론에서는 영과 혼의 전생(轉生)횟수와 출신(出身) 등의 분석 시 불교의 이론에 따라 환생소요시간을 평균 49일로 본다.尾289) 인류 정신문명사를 보건대 이제 자아수준이 높은 영과 혼들이 많이 나타남에 따라1718) 앞으로는 환생에 소요되는

1713) 한 피술자를 위해서 환생의 연대를 조사한 결과, 구석기 유목시대에는 보통 100년에서 1,000년의 간격을 두고 환생하기도 하였다. 7,000년에서 5,000년 전인 신석기 시대에는 농사짓고 가축을 기르던 시기였기에 보다 잦은 환생이 이루어졌다. 하지만 그래도 영혼들이 환생하는 시간적 간격은 500년 만에 한 번씩인 경우도 있었다. 많은 도시가 생기고 무역이 빈번해지면서 먹거리가 많아지자 영혼들의 환생도 잦아지는 것을 인구 증가로 알게 되었다. AD 1000년에서 1500년 사이 피술자의 영혼은 보통 200년에 한 번씩 환생하였다. 1700년대를 지나서는 100년에 한 번씩으로 변했다. 1900년 이후는 한 세기에 한 번 이상 환생하게 된 것을 피술자의 영혼을 통해 알게 되었다(마이클 뉴턴, 「영혼들의 여행」, 12장 환생의 선택).
1714) 8.18.3.3.4.3. '멘탈체와 멘탈계' 참조
1715) 쿠사노 타쿠미, 「천국의 세계」, 박은희 옮김, 71쪽 이하 참조
1716) 샤를 푸리에(François Marie Charles Fourier 1772~1837)는 프랑스의 공상적 사회주의자이다. 그는 "천체는 도덕이나 지성을 가지는 영혼이 있는 하나의 생물이며, 거기에 사는 존재들은 천체에는 뒤떨어지지만 영생하는 영혼을 가지고 있다."라고 말하였다. 또 "사람이 죽으면 영혼은 근처의 天體에서 태어나 사는데, 거기서 죽으면 또 원래 天體의 주민으로 다시 환생하며 81,000년간에 810회 왕복해 산다."고 하였다. 그렇다면 양쪽 합해서 1,620회의 생애가 있다고 계산된다. 그런데 그는 그중 27,000년은 지구에서, 54,000년은 그 세상에서 산다고 하였다. 또 지구가 사멸하면, 지구의 영혼은 거기에 사는 영혼을 데리고 새로운 천체로 옮겨 가게 되는데 이때는 안타깝게도 개개의 영혼은 그 개별성(individuality)을 잃어 새로운 천체의 영혼에 용해한다고 한다. 그러나 그는 이 장대한 상승 과정이 최종적으로 어떻게 될지는 기술하지 않았다. 그런데 그의 주장에 의하여 지구에서의 평균수명을 계산하면 33살씩 사는 셈이 된다.
1717) 미주 123 '도교의 천국' 참조
1718) 점성술과 뉴에이지에서는 이제 인류가 물병자리(寶甁宮시대)로 옮겨 가면서 진보된 정신적 계몽을 경험하게 될 것이라고 예언하고 있다.

평균시간이 더 늘어날 것이나 지금까지의 평균 소요시간은 불교의 논의에 맞추어 분석하는 것이 일단은 합리적이라고 보기 때문이다. 그러나 환생소요시간은 고급 혼계로 갈수록 늘어날 것임은 분명하다. 분석 용도 이외에 표준이론은 환생소요시간을 중음계는 49일, 중급혼의 심령계는 1년~10년, 고급혼의 준영계는 10년 가까이 될 것으로 본다.

11.3.7. 환생 교육

보통 사람은 현재 삶을 어떻게 사느냐에만 관심이 있지만, 조금만 지혜를 갖추어도 죽는 일도 무척 중요한 일임을 알 수 있다. 칵 죽어 버리면 모든 게 끝나는 게 아닌 데다 이번 생에 잘 죽어야 다음 생에 잘 태어나서 잘 살 수 있고, 잘 태어나서 잘사는 사람이라야 또 잘 죽을 수 있기 때문이다.1719) 공수래공수거(空手來空手去)라고 하나 표준이론은 공수래만수거(空手來滿手去)를 주장한다. 손을 채우는 것이 어찌 돈만이겠는가. 돈은 쥐고 가지 못하더라도 혼과 영의 발전을 이루어 還鄕한다면 어찌 滿手去가 아니겠는가.

또 돈을 쥐고 가지 못할 이유도 없다. 표준이론은 공수래만수거뿐 아니라 나아가 금수래금수거(金手來金手去)까지 추구한다. 썩어 버릴 육체만을 생각하면 당연히 공수로 와서 공수로 미련 없이 가겠으나 환생할 혼을 생각하면 어찌 힘들여 번 돈을 그냥 놓고 가겠는가. 표준이론을 잘 응용하여 태어날 때부터 금수저를 쥐고 태어나고, 갈 때에도 금생에 쓰던 금수저를 갖고 떠나자.

그것이 과연 가능한가? 가능하다. 저승에 갈 때 표준이론에 따라 환생준비를 잘하고 가면 된다. 죽는 판에 무슨 돈타령이냐 할지 모르겠으나 우리 장례문화에서도 망자의 입에 반함(飯含)으로 돈을 물렸다.1720)

1719) 범상한 사람들은 현세에 사는 것만 큰 일로 알지마는 지각이 열린 사람들은 죽는 일도 크게 아나니 그는 다름이 아니라 잘 죽는 사람이라야 잘 나서 잘 살 수 있으며 잘 나서 잘 사는 사람이라야 잘 죽을 수 있다는 내역과, 생은 사의 근본(生卽死之根)이요, 사는 생의 근본(死卽生之根)이라는 이치를 알기 때문인 것이다. 그러므로 이 문제를 해결하는 데에는 조만(早晩)이 따로 없지마는 나이가 사십이 넘으면 죽어 가는 보따리를 챙기기 시작하여야 죽어 갈 때에 바쁜 걸음을 치지 아니하리라(원불교 대종경 제9 천도품 1장).
1720) 반함(飯含)이란 죽은 사람의 입에 쌀이나 구슬, 또는 엽전을 물리는 喪禮의 한 절차이다.

11.3.8. 환생재단[1721]

발기문(發起文)

수많은 질곡에 허우적거리며 어렵게 돈오(頓悟)한 것을 애써 점수(漸修)하며 살아가는 이 세상. 그나마 우리 인생길은 험한 것은 둘째 치고 점수의 시간마저 족하지 않아 구도의 길을 갈 만하면 날이 저무는지라 매매생생(每每生生) 목적지에 못 다다라 죽게 되니 도를 구하기에 이승은 참으로 어려운 곳이다. 이처럼 이승살이가 도를 다 얻지 못하여 애달프고 그나마 찾은 도마저 내 것으로 못 만들어 슬프니 명을 종할 때마다 그 한이 하늘에 사무친다.

그러나 예정된 섭리였는가, 아니면 어느덧 때가 되었는가. 이제 그 한을 풀 때와 방법이 도래(到來)하였다. 이에 이 발기문을 적어 구도자 제위에 드리니 쾌(快)다 하는 도반은 이참에 뜻을 모음이 어떠한가. 貴下가 이 文을 만난 것은 천우신조다. 게다가 이 방법은 밑져야 본전이다. 주저하다가 혹시라도 저승길에 "내 이럴 줄 몰랐네!" 하며 가슴이라도 치는 후회가 생긴다면 그를 어찌 감당한단 말인가.

一元으로서 우리는 궁극으로 저승에 속한다. 이승에서 우리의 사명은 자기완성, 즉 혼과 영의 진화를 도모하여 혼은 영이 되고 영은 해탈하는 데 있다. 저승은 Home이고 쉬는 곳이니 이승의 경험을 소화하며 재충전할 뿐이고 진화를 위한 경험은 戰場인 이승에서 주로 이루어진다. 따라서 이승에서 우리는 혼과 영의 진화가 생의 목표임을 깨닫고 자신이 '깨달은 진리'에 따라 전력을 다하여 이를 추구하여야 한다.

'깨달은 진리'는 이승의 인간에 대한 것과 저승의 심령에 대한 것으로 나뉘고 이를 각각 체계화한 것이 인간觀과 심령觀이며 이 둘은 영혼학의 콘텐츠다.

우선 인간관은 금생에 깨달은 천명이 무엇인지와 깨달은 바에 따른 구도의 방법

[1721] 1. 이 부분은 환생재단 설립의 발기문을 수록하였다. 애초에 이 책의 가장 서두에 놓았다가 편집과정에 옮겼다. 그런 만큼 이 책의 집필의도이기도 하다. 취지에 동감하는 제위는 cafe.naver.com/spiritsoulogy를 방문하기 바란다.
2. 다만 자신에게 유산을 남기려면 몇 년을 더 기다려야 할 것 같다. 아니 당분간 어려울 수도 있다. 시의(時宜)가 성숙하여 연구위원과 툴쿠회원이 모이고 환생자 찾는 방법이 정교하게 설계되어야 하기 때문이다. 무엇보다도 티베트불교에 祕傳되는 에소테릭의 연구가 더 필요하다.

과 그 실천이 주요내용이고 심령관은 자신이 알아낸 영혼과 저승에 대한 진실 그리고 그 진실에 따른 자신만의 죽음계획이 그 내용이다. 인간관과 심령관은 각인마다 다를 것이나 그 스탠더드는 영혼학 표준이론이다. 표준이론에 따르면 구도의 방법은 영과 혼이 전혀 다른 둘이자 동시에 완전한 하나라는 생각下에 행업하는 것이고 죽음계획은 윤회의 메커니즘을 이용한 자신만의 환생플랜이다. 이 환생플랜의 구체적 실천이 환생재단이며 그 설립과 안정적 운영을 위한 다짐과 결의가 이 발기문의 목표다.

환생플랜을 정의하면 '자신의 환생시기와 환생장소를 합리적으로 예측하여 후생을 찾아내고 그 후생이 금생이 깨달은 바에 따라 자신의 지속적인 영적 진화를 이어가도록 돕기 위한 계획'이다. 이 환생플랜에는 '환생공부'와 '유언' 그리고 '유산'이 포함되어야 한다.

'환생공부'는 저승과 환생에 대해 신뢰할 만한 정보를 빠짐없이 습득하고 이를 영혼으로 체득하는 일이다. 이는 명종 후 저승에서의 행동요령을 숙지하고 기억함은 물론 이승에서 작성한 자신의 환생플랜을 스승령에게 알리고 협조를 받으려는 영혼 차원의 각오로 연결된다.

'유언'은 자신의 이번 생을 돌아보고 삶의 의미와 성과를 반추하여 자신이 애써 깨달은 인간관과 심령관을 정립하여 기록한 것이다. 유언에는 이를 기반으로 남은 생을 어찌 살아야 할지와 후생에서는 어떤 삶을 꾸려야 할지를 덧붙여야 한다. 또한 깨우침의 이유 그리고 과정도 낱낱이 기록하여야 마땅하다. 책으로 펴내는 것도 바람직하다.

자신의 '유산'을 후생의 자신에게 전하는 일도 환생플랜에 꼭 포함되어야 한다. 살아보서 알겠지만 이승에서 재물의 중요성은 대단하다. 유산이 없으면 어쩔 수 없겠으나 아껴 쓰고 남은 재물이 있다면 자식에게만 주지 말고 자신에게도 상속하라. 후생의 호의호식을 위한 것이 아니라 유언의 전달과 그 교육을 위해서다.

이전 생에는 전쟁과 질병으로 영혼의 진화(進化)는커녕 고생만 직사하게 하다가 얼마 못 살고 죽는 생이 허다했다. 윤회사이클이 15~40세에 불과하여 문리(文理)가 트이고 먹고살 만하면 질병과 전쟁으로 죽었다. 오죽하면 부처님이 고집멸도(苦集滅道)를 說하여 중생을 위무(慰撫)하셨을까. 다행히 요즘 세상은 때가 되었는지, 하느님의 은총인지 갑자기 세월이 좋아져서 전생과 달리 경제적 풍요와 건강 장수의 복을 누리는 사람이 많아졌다. 그러나 아직도 지구촌에는 진화타령하기 어려운 생이 너무나 많다. 다음 생이 풍요하고 장수하며 올바른 길을 걸어 영과 혼의 진화를 이룰 것이라는 보장은 아무 데도 없는 것이다.

또 좋은 생을 받았다 해도 그 생에 과연 얼마만큼 진화를 이룰 수 있을까. 명언(明言)한 바와 같이 長壽한다 하더라도 수행의 시간은 매생에 족하지 않는 법이다. '知天命'이라 하나 이는 공자님께서 자신을 두고 하신 말씀이니 쉰만 되면 누구나 우주만물의 원리를 알게 된다고 생각하면 誤算이다. 하물며 지천명하고 나서야 가능한 영적진화가 凡人에게 쉽겠는가.

그렇다면 이번 생에 돈오점수하며 살다가 때가 되면 다음 생의 자신에게 그 깨달은 바를 유언1722)하고 그의 교육에 필요한 유산(遺産290)을 남겨 금생의 구도를 이어가겠다는 환생플래닝이 저승에 가서 욕먹을 일일까? 아니다. 그것은 분명 지천명하고 게다가 진인사하였다고 상찬(賞讚)받을 일이다.1723)

시간이 돈이라면 돈은 시간이다. 유언으로 차생에게 삶의 방향을 가리켜 주고 유산으로 다음 생에 진화에 힘쓸 시간을 물려주어라. 열 번 환생을 한 번으로 줄일 수 있다. 이승의 사명이 혼과 영의 진화에 힘쓰는 일일진대 이는 오히려 하늘이 바라시는 일이다. 섭리(攝理)는 달라이 라마를 비롯한 수많은 티베트의 환생자들만 편애하실 리 없다. 삼신할매는 분명 전생에 작성하고 온 환생플랜을 고려하여 차생(次生)을 줄 것이 분명하다.1724)

그렇다고 삼신할매에게 유언장과 유산을 맡길 수는 없다. 이승에 유언과 유산을 집행할 누군가가 있어야 한다. 아니 그 누군가는 우리의 환생플랜수립 초기부터 관여하여야 한다. 살아서는 지천명만 기다릴 것이 아니라 일찍감치 이 영적진화계

1722) 신지학자 리드비터는 "생에서 신지학의 진리를 받아들인 사람은 예외 없이 다음 생에서도 그것을 접하게 된다. 그렇게 하여 잠자던 기억이 다시 깨어나게 되는 것이다. 이것은 불변의 법칙이다."(「신지학대의」, '전생의 지식을 가져오기' 참조)라고 한다. 후생은 전생의 업과 덕(자아수준)을 이어받는 정도를 넘어 어떻게든 전생의 깨달음을 다시 접하게 된다는 것이다. 그러나 표준이론은 거기에서 한 걸음 더 나가 자신이 후생에게 남긴 유언에 直으로 접할 수 있다고 본다.
1723) 몸의 진화가 한 생에 이루어지는 것을 보았는가? 혼도 마찬가지다. 단변의 인생에서 성격의 한 부분만이라도 고쳤다면 그 생은 성공이다. 몸의 진화가 혼의 진화보다 더 쉽다. 몸은 적응이라도 한다. 그래서 혼의 靈化에는 십억 년이 걸린다. 영과 혼의 변화와 진화가 생의 과제임을 알고 그 조속한 달성을 위해 환생플랜을 작성하였다면 숙제를 내신 분이 생을 이은 그 각고(刻苦)의 열매를 불허하시겠는가? 어쩌면 환생플랜은 은총이다. 이제 손을 내어 받으면 된다.
1724) 환생에 대한 여러 이론들은 환생의 시간과 장소의 선택에 본인의 의사가 크게 작용한다고 생각하며 표준이론은 특히 그렇다.

획의 수립을 돕고, 명종 후에는 금생(今生)이 차생(次生)에게 전할 유언과 유산을 보관하였다가 이를 전달할 누군가가 필요한 것이다. 그는 마치 판첸 라마(Panchen Lama)가 달라이 라마에게 하는 것처럼 우리의 저승생활과 윤회경로를 추적하여 환생한 나를 포착하여야 할 것이며1725) 후생의 나에게 전생에 내가 남긴 유언을 전하고 내가 남긴 유산으로 그가 제대로 설 때까지 내 유언에 따라 적절히 양육하고 교육하여야 한다. 이러한 일을 유한(有限)한 개인에게 맡기기는 적당치 않다. 따라서 이를 수행할 영속적이고 신뢰할 수 있는 기관이 필요하다. 이 일은 국가 차원에서 해야 마땅한 일이겠으나 아직 인류 정신문명이 그 수준에는 까마득하니 현재 가능한 방법은 공익법인이 이 일을 맡는 것이다. '환생재단'이 필요한 이유다. 황당무계한 제언인가? 그렇다 해도 어차피 이승은 마야의 헛것인데 꿈에서 다시 꿈을 꾸는 것이 무슨 문제란 말인가? 또 환생플랜이 꿈이 아닌 것은 티베트와 부탄 그리고 네팔에서 500여 계보의 툴쿠들이 환생하여 권력과 부와 명예가 걸린 전생을 이어받는 일이 천 년 가까이 반복되고 있다는 사실을 보아 분명하다. 이런 일이 이 험한 이승에서 실지로 엄연히 일어났고 지금도 계속되고 있음을 상기하여야 한다.

이제 금생을 끝내고 홈에 돌아가면 미리 정한 곳으로 환생케 하여 달라고 청하자. 아니 청하기 전에 벌써 준비하여 두었을 것이다. 그리고 돌아와 그 지점에서 다시 시작하자. 달라이 라마처럼.1726)

1725) 11.3.5.1. '환생의 장소'와 미주 284 '툴쿠의 유명한 예' 참조
1726) 1. 이 모든 일들은 섭리의 허용함이 없다면 있을 수 없다. 환생재단은 그 섭리의 현상(現像)을 찾아내려 한다. 이를 찾는 것도 또 하나의 섭리다. 아니 사람이 섭리를 찾는 것이 아니라 때가 되어 그 섭리가 스스로를 우리 앞에 드러내는 것이다. 왕년의 유명한 브로드웨이 뮤지컬 'You can see eternity on a sunny day'에서도 어느 부자가 이미 환생재단을 꿈꾸었다(지나 서미나라, 「윤회(Many Mansions)」 13쪽 참조).
2. 환생재단은 티베트불교를 비롯하여 제 종교와 사상에 신화와 밀교로 숨은 비방(祕方)을 찾아 현료로 끌어내고 급속히 발달하는 자연과학을 동원하여 환생의 전말(顚末)을 밝힐 것이다. 그리고 멀지 않아 그 전말은 이승과 저승 간에 구축될 환생 네트워크의 기반이 되고 그 네트워크는 인류문명에 새로운 산업혁명의 시작을 알릴 것이다. 그러나 이 책과 환생재단으로 인해 그 네트워크가 곧 구현될 일은 없다. 다만 그 임박(臨迫)을 알리는 작은 외침이 될 것임은 분명하다.
3. cafe.naver.com/spiritsoulogy/387 참조

11.3.9. 윤회혼의 개성(個性) 공식

명종하여 혼이 몸을 떠날 때 혼은 생기체를 버리고 정신체와 양심체로 구성된 윤회체1727)만 가지고 각자 수준에 맞는 저승으로 가는데 이 윤회체는 자신만의 개성을 가진다. 이 개성의 요소에는 자의식과 성격 그리고 습관이 있고 개성의 근저에는 그 기억이 있다. 혼을 그 개성을 중심으로 구성요소를 나누면 다음의 개성공식이 성립한다.1728)

혼의 개성공식 = 개성+기억 = (자의식+습관+성격)+기억 = {(이기심+자존심)+(선습+악습)+(선성+악성+기질+소질)}+기억

자의식은 혼의 발전단계에서 혼이 사람의 혼 즉 知魂이 되면서 얻어지는 속성인데 지혼의 개체성으로 인하여 생기는 이기심과 자존심이 그 내용이다. 불교에서는 이를 7식인 말나식이라고 한다. 자의식은 혼이 수승도(인격지수)를 높혀감에 따라 이기심과 자존심이 극복되고 그 자리에 자리이타심과 자비심이 자란다.

혼의 습관은 경험과 경험의 기억이 체화(體化)된 것이다. 기의 습관 중 악한 행동으로 인한 것을 악습이라고 하며 악습이 생을 넘으면 업이 된다.

혼의 성격에는 선성(善性)과 악성(惡性), 기질(氣質) 그리고 소질(素質)이 있다. 선한 행동을 자주 하면 선습이 되고 선습이 반복되면 선성이 쌓이며 이는 혼의 깊숙한 곳에 거하는 영화(靈火)의 거름이 되어 양심체를 자라게 한다. 악성은 악습이 쌓여 업이 되고 업이 철저히 굳어 고정된 것으로1729) 하느님이 좋아하시는 영과 혼의 개성의 역(逆)으로서 반개성(反個性)이며 이는 혼의 멸망(消滅)의 징후다. 기질과 소질은 혼을 구성하는 氣의 특성(氣型)과 혼의 전생경험으로 형성된 것이다.

혼이 수승하고 해업(解業)하여 이기심과 자존심이 극복되고 업의 공식으로 인한 부분이 제거되면 나머지 성격의 요소들은 혼의 열반 후 영의 개별성으로 연결된

1727) 1. 혼을 그 기능을 중심으로 구성요소를 나누면 다음의 '혼의 공식'이 성립한다.
2. 혼의 공식 : 이승혼(육혼) = 생기체+저승혼(윤회혼) = 생기체+마음 = 생기체+(정신체+양심체) = 생기체+(하위정신체+상위정신체)+양심체 = 감각+(감성+욕망)+(욕구+감정+지성)+(사단+지혜+예지)(6.3.4.2.4. '혼의 공식(公式)' 참조)
1728) 공식이라고 하나 이는 그 속성을 드러내 보이려는 시도일 뿐 수학이나 화학공식이 아님은 알 것이다.
1729) 업의 공식 = 악행 → 경험 → 악습 → 업 → 악성(6.10. '업(業)에 대하여' 참조)

다. 개별성은 합일의 경지에 이르러도 영원히 유지된다.1730)

혼의 개성과 더불어 생각해 볼 것은 혼의 기억이다. 기억은 개성의 원천이기도 하여 개성을 말할 때 빼놓을 수 없다. 불교에서 말하기를 혼의 전생기억은 지명(智明)하거나 득도(得道)하여 숙명통(宿命通)을 얻으면 드러난다 하는데 이는 혼뇌 또는 잠재기억 중의 전생기억을 기억해 낸다기보다는 강물에 침식된 바위가 자신의 몸에 새겨진 침식흔적(습관)을 보고 직관으로 과거의 하고많은 물살 하나하나를 기억해 내는 것이라고 본다. 이러한 혼의 기억은 혼의 윤회체가 사람의 몸에 스미면서 생기체의 혼뇌(魂腦)에 물리적인 형태로 복사(傳寫)되고 이 기억은 다시 배태초(胚胎初) 몸뇌 형성시 몸뇌에 반영(反影)되는데 그 기억의 단편들이 살면서 꿈이나 최면이나 대낮에 데자뷔 등으로 언뜻언뜻 새어 나올 수 있다.

임사(臨死) 시 생기체의 혼뇌에 기억된 현생의 모든 내용은 파노라마로 인생회고(Panoramic Life Review)되며 윤회체에 다시 한번 침식흔적으로 각인된다.1731) 혼의 이러한 기억양태는 현재로서는 자연과학적으로 증명할 수 없다. 그러나 그런 방법이 아니면 전생의 기억이 혼뇌나 몸뇌의 잠재기억에 있을 수가 없으니 그렇게 될 수밖에 없다는 것만으로도 충분한 설명이 된다.1732) 더구나 이러한 사실은 가까운 미래에 자연과학적으로도 충분히 증명될 일이다.

1730) 1. 영의 개성공식 = 개성+기억 = (자의식+성격+습관)+기억 = ((自利利他+자비심)+(선성+기질+소질)+선습) +기억
2. 미주 97 '개체성(separateness)과 개별성(individuality)' 참조
1731) 1. 라이프 리뷰는 아카식 레코드 또는 우주의식 등 외부의 기억장치에서 비롯한다는 의견과 혼 자체의 기억에 의한다는 주장이 있다. 표준이론은 후자이다. 다음의 신지학 진술을 보면 신지학도 후자임을 알 수 있다. 그러나 일반적으로는 전자의 의견이 많다.
2. 命이 終할 때가 되면 육신이 차가워지고 눈이 감기고 신체와 정신의 모든 힘들이 두뇌를 확 뚫고 지나가며, 방금 마친 생에 대한 전체적인 윤곽뿐만 아니라 아주 세밀하며 작고 사소한 인상(이미지)들을 그린 일련의 그림들이 내면의 영혼에게 결코 지워지지 않게 각인되게 된다. 사망 시 뇌는 심장의 고동이 멈춘 후 얼마 동안은 여전히 활동적이다. 그리고 마지막 짧은 시간 동안 이번 생에서 일어났던 모든 일들을 조명하게 된다. 이러한 파노라마적인 그림들은 순전히 자동적이다(신지학회, '신지학 홈스터디' 참조).
3. 사후 윤회체의 기억장소에 대해서 : 그것이 器官으로 따로 있는지, 침식흔적처럼 혼에 새겨지는지, 業처럼 습관으로 남는지, 외부의 아카식 레코드에 기록되는지, 우주의식에 저장되는지, 複數의 방법으로 기록되는지는 알 수 없으나 표준이론은 우선 혼에 침식흔적으로 남는다고 본다.
1732) 1. 신지학에서는 특별히 업이 기억되는 방법을 다음과 같이 이야기한다.
2. 아스트랄 영구원자가 있어 아스트랄 질료의 개체 단위로서 다음 화신 때에도 자아에 달라붙어 남아있는 방식으로 저장되는데 그가 업을 깨뜨리려 하면 그는 수많은 전생 동안 스스로 쌓아 놓은 그 힘과 맞닥뜨리게 된다고 한다(리드비터, 「신지학대의」, 조하선 역).
3. 이 말은 업은 기(氣, 영구원자)에 저장되어 혼에 붙어 있다는 뜻인데 표준이론에서 업은 혼에게 기억이 아닌 습관으로 체화되어 있다.

11.4. 구도의 표준이론

구도자가 살아서 오로지 求하는 바는 변화를 통하여 그 어떤 일에 닥쳐도 항상 맑고 깨끗하며 깊고 잔잔한 호수 같은 마음(혼)을 갖는 것이다. 이를 求하기 위한 표준이론의 道는 어떤 道1733)를 걷자고 하는가?尾291)

1) 우선 배워야(學習) 한다. '학습'은 이치와 지혜를 구하는 일이다. 이치와 지혜는 각각 혼의 지성과 지혜의 일로 지성은 정신체의 기능이요 지혜는 양심체의 기능이다. 학습은 표준이론을 읽고 생각하고 마음으로 공감하는 일부터 시작하면 좋다. 이치와 지혜 중 가장 중요한 것은 영과 혼에 대한 것이고 또 모든 이치와 지혜가 영과 혼으로 통한다. 그것이 영혼학이다. 영혼학은 나를 학문하는 것이다. 모든 학문이 결국은 그렇지만 영혼학은 '나'를 현미경으로, 또 망원경으로 들여다보고 '知己'하는 학문이다. 知彼知己라 하나 사실은 知己한 연후에 知彼가 있다. 내가 있어야 사물이 있기 때문이고 나를 올바로 알아야 사물을 향해 올바로 나아갈 수 있기 때문이다.

2) 학습으로 얻은 지혜와 이치는 觀을 통하여 깨우침으로 연결되어야 확신이 된다. 잘못된 觀을 가지고 배우기만 하면 결국 맹신이나 광신이 되고 이는 배우지 아니함만 못하다. 관이 아예 없는 사람이 배우기만 하면 잎만 무성할 뿐 열매 맺지 못하는 무화과나무와 같다. 두 경우 다 관부터 정립하여야 한다(2.3.2. '앎과 觀과 믿음의 관이론(觀理論)' 참조). 관의 정립을 위하여 블로그를 운영하거나 책을 쓰는 것도 좋다.

3) 지혜와 이치에 대한 확신은 영보다도 혼이 갖는 것이 중요하다.尾292) 혼이 확신하여 스스로 물러나지 않으면 타력(他力)만으로 그를 자아의 방에서 물러나게 할 수는 없다. 그것도 100% 순도의 확신이 없으면 혼은 자아의 방에서 절대 물러나지 않는다. 1%만 부족해도 그는 자아의 방을 고수해야 할 수백 가지 이유를 금방 찾아낸다. 혼이 사랑방을 내주고 행랑으로 물러나도 作心 3분이 대부분이고 賢者라 하여도 길어야 3시간, 聖人이라고 하여도 고작 3일이다. 결국 영은 혼을 관찰하고 혼과 타협하여야 한다. 혼이 자신의 코에 스스로 관찰의 뚜레를 꿰도록 혼을 설득하여야 한다. 영의 유일하고 강력한 도구는 관찰이다(12.4.1. '명상이란?' 참조). 영이 깨어있으면서 혼을 관찰하는 것이다.

1733) 머리말의 '표준이론과 구도의 길' 참조

4) 가끔은 면벽(面壁)과 고행(苦行)으로 영이 솔선수범 본을 보여 혼을 감동시켜야 한다. 면벽(面壁)없는 사상마련(事上磨鍊)은 가성비가 낮다.

① 고행은 혼을 감동시키는 것이어야 한다. 몸을 괴롭히고 구박하여 거기에 매달려 있는 혼을 이겨 보려는 시도는 효과가 없다. 인류는 급한 마음에 그 방법을 많이 썼으나 아무 소용이 없다는 것은 이미 증명되어 있다.1734)

② 자기를 극복하는 克己도 감동의 극기여야 한다. 혼은 敵이 아닐 뿐 아니라 他者도 아니다. 자아의 방에는 영 아니면 혼이 있지만 대부분의 사람은 혼이 자아의 방을 차지하니 결국 자기는 혼이라 하여도 어긋난 말이 아니다.1735) 따라서 克己는 愛己여야 하고 거기에서 비롯한 知己가 기반이어야 한다.

③ 고행하더라도 혼을 이기거나 죽이겠다는 생각은 버려라. 반발만 일으킨다. 혼은 영에게 이 生의 동반자요 영이 책임지고 풀어내야 할 숙제다. 숙제가 어렵다고 공책을 팽개칠 수는 없다. 혼 또한 굴복하거나 죽는 존재가 아니다. 혼은 수십억 년 살아온 어마무시한 존재다. 혼도 영처럼 이미 갖출 지혜는 갖추었고 깨달을 만한 이치는 깨달았다. 혼이 스스로 마음대로 안 되는 이유는 지혜의 부족 때문이 아니라 業 때문이다. 업은 두 가지니 하나는 동물로부터 진화해 온 터에 아직 버리지 못한 그 시절의 수성(原罪, 魂罪) 그 자체이고 둘은 이로 인해 악행하고 그것이 악습으로 굳어 다음 생으로 넘어온 것이다. 결국 업은 죄가 아니고 부족함이며 영이 되기 위해 넘어야 할 산이다.

④ 고행과는 또 다른 모범이 있다. 그것은 영교(靈敎)다. 영은 혼보다 길고 성공적인 윤회 과정을 겪었다. 영이 비록 각성 중에는 천상의 기억을 사용할 수 없으나 영으로서의 직관 능력은 생생하니 영안(靈眼)을 크게 뜨고 분발하여 선생(先生)다운 경험과 지혜로 혼을 가르쳐야 한다. 그 과정에서 자신도 깨달음의 탑을 높여야 한다.1736) 영교는 가능하다면 후생(後生)에게도 전하여야 한다. 그 방법 중 하나가 자신의 후생에게 유언(遺言)하여 후생계(尾293)를 남기는 것이다. 여유가 된다면 유산(遺産)도 남기라. 후생은 환생재단을 통하여 전생이 자신에게 남긴 유언과 유산을 상속받는다.1737)

5) 관이 갖추어지고 확신이 서면 이제 定과 禪에 들어 점오(漸悟)와 돈오(頓悟)로

1734) 예수님의 광야의 40일은 혼을 감동시키는 고행이었고 부처님의 6년 고행은 혼을 괴롭히는 고행이었다.
1735) 혼영일체를 사랑방의 비유에 강요할 필요가 없지만 꼭 적용하자면 사랑방의 主와 副(從)로 이해하면 될 것이다.
1736) 영은 영교(靈敎)의 과정에서 자신도 발전한다. 깨달음도 이 과정에서 발생한다. 가르치는 것의 반은 배우는 것이 아니던가. 영의 지식이 어느만큼 몸의 기억에 제약되어 있는지 모르겠으나 확실한 것은 이승에서 경험을 통해 배우고 깨닫는 것이 저승에서의 그것보다 훨씬 크고 중요하다는 것이다.
1737) 11.3.8. '환생재단'을 참조하라.

깨우침을 얻어야 한다. 깨우침은 나만의 이치와 지혜다. 배워서 얻은 남의 이치와 지혜1738)는 관과 깨우침을 통하지 않으면 知識에 머문다.

6) 해업(解業)을 위해서는 먼저 獸性을 다스리고 습관을 고쳐야 한다. 습관은 반대 습관(反癖, 德)으로만 고칠 수 있다.尾294) 반벽을 세우려면 자율적 규칙을 세우고 실천하되 어려우면 스승과 절과 교회를 이용하라. 특히 절과 교회는 이때 필요하다. 교회는 신의 집이 아니라 사람의 집이지만 사람의 집 중에서는 가장 신성한 곳이다.
전생의 업을 해업하기 위한 가장 바람직한 방법은 불교에서 말하는 보살행(菩薩行)으로 보시(布施)·지계(持戒)·인욕(忍辱)·정진(精進)·선정(禪定)·지혜(智慧)의 육바라밀이다. 이번 생에 이를 실천할 수 있는 기회를 얻는다면 그 얼마나 큰 은총이랴. 그러나 이는 이상(理想)으로 때가 무르익은 현자(賢者)나 성인(聖人)이 되어야 비로소 바라는 것이니 군자(君子)는 우선 다음의 '求道사이클'을 실천함으로써 그때를 기다린다.

7) '구도의 사이클'
① 점수(漸修) : 학습과 수행(깨어있기, 명상, 선)과 善行
② 점오(漸悟)와 돈오(頓悟)와 체화(體化) : 작은 깨달음과 큰 깨달음 그리고 변화
③ 믿음과 기도 : 祈禱하라. 기도는 은총의 통로다.1739)
구도를 위해서는 점오(漸悟)와 돈오(頓悟), 그리고 드문드문 확철대오(廓撤大悟)가 있어야 하고 그 사이는 학습, 수행, 善行의 점수(漸修)의 삶이 이어져야 한다. 그래서 사이클이다.

8) 求道의 길은 변화의 길이다. 열반의 문을 지나 해탈의 방에 들어 윤회의 굴레를 벗고 光明과 합일함으로써 끝이 난다. 우선 열반은 無明에서 벗어나 번뇌를 그치는 일이니 열반으로의 길은 번뇌의 無明길인 셈이다. 무명길은 멀고도 어둡다. 옆 사람 손잡고 같이 가고 앞 사람 옷자락 붙잡고 따라가고 멀리 보이는 빛을 향해 숨차게 올라가야 한다.

1738) 여기에는 영교에 의한 앎도 포함된다. 생판 남의 지식보다는 훨씬 깨닫고 體化하기 쉽다.
1739) 양자의학(量子醫學)에 기도치료(prayer therapy)가 있다. 기도치료는 부작용이 전혀 없으면서 자신의 질병 혹은 다른 사람의 질병을 치료할 수 있는 매우 효과적인 치료법이다. 그런데 이것이 그동안 종교행위 내지는 샤머니즘(shamanism)에 속한다는 오해를 받게 되어 주류의학에 발을 붙일 수 없었다. 그러나 최근에 발표되는 기도치료에 관한 논문들은 한결같이 자연과학적 실험방식을 택하고 있으며 또한 기도치료의 작용기전도 과학적으로 설명하고 있다(강길전·홍달수, 「양자의학」, 참조). 이러한 기도는 우주심에 하는 기도든 하느님께 드리는 기도든 자기암시이든 건강이든 출세(出世)든 자기수양이든 모두 효과가 있다. 그러나 구복(求福)보다는 구도(求道)의 기도가 진정한 기도임을 말할 나위 없다.

12

기타

관찰자의 의식은 일종의 에너지로써, 관찰을 통해 의식이 입자에 직접적인 영향을 주기 때문에 관찰자효과가 발생한다. 입자의 기와 의식의 기가 교류하여 발생하는 현상인 것이다. 의식이 입자의 운동에 작용하는 것은 미시세계에서 일어나는 일일 뿐이다. 우리의 거시세계는 미시세계의 수兆 배 크기다. 거시세계에서는 의식에 힘이 없는 것이 아니라 그 힘이 마크로세계의 물질을 움직이기에는 미약하기 때문이다. 그러나 의식의 힘이 예외적으로 큰 사람은 거시세계에서의 관찰자효과인 염력(PK)을 발휘한다. 한편 영과 혼의 관계는 의식과 물질간의 관계가 아닌 의식과 의식 간의 관계로서 또 다른 형태의 관찰자효과를 보인다. 이때 영은 단순한 관찰만으로도 혼의 의식에 영향을 주고 심지어 무력화시킬 수도 있다.

12. 기타

12.1. 임종명석현상

임종명석현상(Terminal lucidity, 回光返照)은 치매나 뇌종양 등 뇌와 정신에 질환을 앓아 기억, 판단력 등 주요 뇌 기능을 상실한 사람이 죽음에 임박할수록 기억이 살아나는 등 질환 증상이 감소하고 정신적인 명료성을 회복하는 현상이다. 의학적 설명[1740]이 곤란한 이 현상은 다음 세 가지로 그 이유를 설명할 수 있다.

1) 몸의 뇌가 건강할 때에 사용되는 '몸의 정상(正常)시스템' 즉 영 → 혼 → 혼뇌 → 몸뇌 → 행동으로 연결되는 메커니즘이 혼뇌 또는 몸뇌가 망가지면서 작동이 중단되어 있다가 죽음에 임박하여 '혼의 비상(非常)시스템'이 작동하여 혼이 생기체를 통하지 않고 직접 외부로 드러남으로 인하여 나타나는 현상이거나
2) 분할환생이론을 적용하여 혼계로 떠난 지혼 또는 그 일부가 임종직전에 다시 복귀하여 초상현상을 보이는 것일 수도 있고
3) 네덜란드 심장전문가 핌 반 롬멜(Pim van Lommel)이나 케임브릿지대학의 루퍼트 셀드레이크(Rupert Sheldrake)의 주장대로 몸뇌는 비디오 레코더라기보다 TV 수신기에 더 가깝고 실질적인 의식의 사령탑은 방송국(우주의식, 저승)에 있기 때문일 수도 있다.

표준이론은 공식적으로 1)의 주장이다. 즉 몸의 뇌가 망가져 오히려 몸뇌로부터 자유로워진 영이나 혼의 의식이 사망 직전에 스스로 자신을 드러내는 것이다. 또한 2)의 주장에도 표준이론의 입장은 열려 있다. 그러나 3)의 주장은 표준이론에서 전혀 고려되지 않은 주장이다.

한편 셀드레이크는 치매에 걸린 애완동물들도 죽기 전에 정신을 차린다고 하여 임종명석현상이 사람에 국한되는 것은 아니라고 주장한다.[1741] 이는 임종명석현상의 또 다른 증거이지만 발전단계가 지혼에 육박한 동물의 각혼 또한 그룹혼에 귀환한 후에도 개체성을 유지하고 있을 수 있다는 사실도 아울러 시사하는 주장이다.

1740) 통증이나 발열로 인한 신경흥분 또는 모종의 신경전달물질 등이 작용한 것이라고 추측한다.
1741) youtu.be/RaLLVQ5wE0s 참조

서번트 신드롬1742) 역시 임종명석현상과 같은 이유에서 그 원인을 찾을 수 있다. 이 역시 뇌의 특정 기능이 작동하지 않아 혼뇌의 대응기능이 직접 몸에 발현함으로 인해 나타나는 현상이다. 혼뇌의 기능은 이에 대응하는 몸의 뇌에 비해 훨씬 큰 능력을 가진다. 특히 기억력 부분에서 그렇다. 명석현상과는 달리 이는 일시적인 비상시스템의 가동현상은 아니다.

12.2. 기시감에 대하여

기시감(既視感, Déjà Vu)은 처음 보는 대상이나, 처음 겪는 일을 마치 이전에 보았다는 느낌을 받는 이상한 느낌이나 환상을 말한다. 이러한 현상은 이미 오래전부터 알려져 있었고 심리학적으로 연구가 계속되고 있지만 아직 그 기작(機作)에 대해 분명하게 밝혀진 것은 없다.

기시감의 정체에 대해 다음과 같이 여러 설이 있다.

1) 인간의 뇌는 일상생활에서의 기억을 간략하게 저장하는데, 간략하게 저장된 엄청난 양의 정보로 인해 인간의 뇌는 비슷한 기억을 같은 기억으로 판단하기 때문에 기시감이 생긴다.
2) 망각한 경험이나 잠재기억에서 비롯한 기억의 재현이다.
3) 전생의 기억이거나 꿈속에서 본 적이 있는 것이다.
4) 예언력 같은 초능력 현상에 의한 초자연적인 개입에 의한 것이다.
5) 착각 또는 망상이다. 지각 장애의 일종으로 자신이 하고 싶었던 것, 또는 과거에 축적된 지식 등이 현실에 부딪쳐 이미 답을 알고 있을 때, 이미 다른 곳에 본 것 같은 느낌이 든다.
6) 이승으로 환생하기 전에 저승에서 작성한 금생의 계획서 내용이 생각나는 것이거나 저승의 '상영의 방'에서 본 금생의 주요장면 중 하나이다.1743)
7) 아직 설명할 수 없는 뇌의 신경화학적 요인에 의한 것이다.

1742) 서번트 신드롬(savant syndrome)은 자폐증이나 지적장애를 지닌 이들 중 극히 일부가 특정 분야(암기·계산·음악·미술·기계수리 등)에서 기이할 만큼 천재적인 재능을 발휘하는 현상을 뜻하는 말로, 서번트 증후군이라고도 부른다. '서번트(savant)'란 '학자' 또는 '석학'이라는 의미이다. 소설이나 드라마에서는 자주 보이나 실지로는 자폐증이나 지적장애 환자 2,000명 중 1명꼴로 드물게 나타나는 현상이다.
1743) 리사 윌리엄스, 「죽음 이후의 또 다른 삶」 참조. 그런데 기시감이 생의 중요한 장면이 아니라 사소한 장면에서 주로 나타나는 것으로 보아 이 주장은 설득력이 별로 없다.

8) 기시의 느낌이 종혼들에게서 기인할 수도 있다.

위 기시감의 원인과 그 정체에 대한 여러 주장에는 모두 일리가 있다. 그러나 첫 번째나 두 번째 이유에 의한 것이 대부분일 것이다. 한편 네 번째 원인에 의한 기시감은 예언이라고 보기에는 예언이 너무 늦은 감이 있다. 또 미리 보았다고 하더라도 그처럼 미래의 장면을 미리 보여주는 예언 같은 것은 없다. 표준이론으로 볼 때 의미가 있는 기시감은 3), 6), 8)의 이유에 의한 기시감이다. 기시감이 느껴지면 그 순간이 무슨 의미가 있는지 곰곰이 되새길 일이다.

자메뷰(jamais vu, 未視感)라는 것도 있다. 이는 평소 익숙했던 것들이 갑자기 생소하게 느껴지는 현상으로 이미 경험하거나 잘 알고 있는 상황을 처음 경험하는 것처럼 느끼는 기억의 착각현상으로 이는 병적 몽환 때문이라고 하나 이인증(異人症)처럼 다중인격적인 복합혼과 관련이 있는 것으로 보인다.

예언에 대하여

기시감과 관련하여 검토할 것은 예언(豫言)이 가능한가와 가능하다면 어떻게 이루어지는가이다. 결론을 미리 말하면 예언의 정체는 대부분 '정밀한 예측'이거나 환생계획에 포함된 사건처럼 소수의 통제가능한 변수로 이루어진 계획적 사건이다. '진정한 예언'은 창조주 외에는 불가능하다.

1) 예측이 매우 정확하면 예언으로 보이기도 할 것이다. '라플라스(Laplace)의 악마'는 나에게 모든 원자들에 대한 정보를 다 주면 미래를 정확히 예측해 줄 수 있다고 하였다.1744) 그러나 악마라는 것은 없다. 하지만 그러한 정밀한 예측이 이승에서는 불가능하다 하더라도 물질이 아닌 기(氣)로 이루어진데다가 방대하고 생

1744) 1. 프랑스의 천문학자이자 수학자인 피에르시몽 라플라스(Pierre-Simon Laplace 1749~1827)는 "우주에 있는 모든 원자의 정확한 위치와 운동량을 알고 있는 존재가 있다면, 뉴턴의 운동 법칙을 이용해 과거, 현재의 모든 현상을 설명해 주고, 미래까지 예언할 수 있다."라는 결정론적 세계관을 말하였다. 카오스이론(chaos theory)이나 나비효과(butterfly effect)도 설명과 예측이 가능하다는 이야기다. 이를 '라플라스의 악마'라고 한다. 그러나 20세기 초 양자역학의 '불확정성 원리'에 의해 우주는 확률론적 세계임이 드러남으로 인해 라플라스의 예언은 물리세계에서는 이론적으로도 불가능한 것임이 밝혀졌다. 불확정성의 원리에 따라 모든 것의 정확한 위치와 운동량을 동시에 아는 것은 불가능하기 때문이다. 이처럼 미시세계에서는 모든 것이 가능하고 인과율 또한 명백하지 않다. 거시세계에서 인과율이 있는 듯 보이는 이유는 확률일 뿐이다.
2. 그러나 인과율이 확률일 뿐이라 하여도 인과율은 당당히 성립한다. 특히 업에 대해서는 더욱 그렇다. 업은 그 표준편차가 대단히 작다. 게다가 표준이론에서 업의 인과율은 물리세계만의 일이 아니다. 이승과 저승을 관통하는 법칙이다. 그러니 물리세계의 법칙만 들이대면 곤란하다.

생한 정보와 비교할 수 없는 고성능의 프로세서를 사용하는 저승에서는 이승보다 정밀한 예측이 훨씬 용이할 것이다. 우선 혼들의 세계인 혼계를 보자. 혼계에도 물성은 있다. 그러나 혼계의 물성은 이승의 물질보다 훨씬 정묘성이 큰 기의 물성에서 비롯한다. 게다가 심령계를 넘어 준영계의 고차원 혼계로 가면 그곳은 기가 더욱 정련된 물성을 가질 것이니 예측의 정밀성도 훨씬 높아질 것이 분명하다. 그러나 혼계에서의 예측이 아무리 정교하다 하더라도 '진정한 예언'이 되는 것은 아니다. 혼계에서 이루어진 이러한 정밀한 예측이 영매나 꿈이나 어떤 경로로 이승에 전해지면서 과장되고 신비화되어 예언의 탈을 쓰는 것뿐이다. 혼들의 세계도 '자유의지'가 섭리이니 자유의지가 개입하면 예측은 얼마든지 틀릴 수 있다. 물질세계의 양자(quantum)도 의식이 개입하면 불확정성을 보이지 않는가.

2) 누구는 저승이 시공(時空)이 없는 세계이므로 예언을 넘어서 미래를 미리 경험해 볼 수 있다고도 하는데 표준이론 입장에서 볼 때 사념(思念)의 세계인 영계는 별론으로 하고 우선 우주 창조 후에 만들어진 혼계는 물성이 있고 시간과 공간 또한 분명히 존재하는 곳이니 그런 주장은 근거 없는 주장이다. 4차원이니 10차원이니 하지만 섭리에 어긋나는 상상은 판타지다.1745) 한편 특수상대성의 원리 또한 광속을 추월하는 속도는 있을 수 없다는 물리세계의 법칙에서 도출되는 시간의 속성일 뿐 시간여행이나 예언 등과는 아무 관련이 없는 이론이다.

3) 그런데 영의 세계에서의 예언과 미래의 경험은 어떨까? 영계에는 시공(時空)이 없으니 '모든 것이 현재'라는 주장이 많다.1746) 그러나 영계에도 초월적인 시간은

1745) 1. 수학적으로 차원을 정의하는 것은 매우 쉽다. 3개의 수직선이 서로 직교하고 있는 공간은 3차원 공간이고 4개의 수직선이 서로 직교하고 있는 공간은 4차원 공간이며, 10개의 수직선이 서로 직교하고 있는 공간은 10차원 공간이다. 우리는 3차원 공간에 있기 때문에 고차원에서는 어떤 일이 벌어지고 있는지 확인할 수 없다. 수학의 확실성과 엄밀성 그리고 자연스러운 확장에 의하여 우리는 고차원의 일부를 보고 느낄 수 있지만 이런 일이 가능한 것은 오직 수학에서 뿐이다(이광연, '수학산책 4차원 세계의 모습' 참조).
2. 3차원 공간에 익숙해 있는 우리에게 4개의 수직선이 직교하는 공간은 상상하기 어렵다. 따라서 4차원은 수학의 정의일 뿐이다. '數學的 次元'이 현실에서 어떻게 구체화되는지는 '想像的 次元'이 된다. 공간이 극복되면 4차원이고 시간이 극복되면 5차원이라는 식이다. '시간과 공간은 시공간이라는 개념의 두 가지 속성'일 뿐이라거나 '내가 있는 곳이 여기인 동시에 지금'이라는 상대성이론식의 주장을 적용하면 그것은 또 다른 '想像的 次元'인가?

1746) 1. 붓디계에서는 이 지상에서는 도무지 설명이 불가능한 어떤 방식으로 과거와 현재와 미래가 동시에 존재한다. 그곳에서 사건은 어떤 의미에서는 과거에도 미래에도 늘 존재하고 있는 것인지도 모르며 또 사건이 일어나는 것이 아니라 우리가 사건을 마주쳐 지나가는 것인지도 모른다(리드비터 투시 '7장 시간투시' 참조).
2. 스베덴보리 또한 우주가 창조되기 전에는 공간과 시간이 없었고 따라서 영계는 시간과 공간이 없는 세계라고 한다. 명종 후 천사가 되면 물리적 세계에 적합한 두 가지를 벗어 버리는데 그것은 시간과 공간이다. 왜냐하면 천국에서 생각의 대상은 진리이고, 시각(視覺)의 대상들은 그들의 생각에 상응하기 때문

없다. 따라서 '영계에서는 모든 것이 현재'라는 주장도 과거를 현재로 생생히 경험한다는 것일 뿐 과거로 돌아가서 경험한다든가 미래를 미리 경험하는 것은 이승과 똑같이 불가능하다고 본다. "As above, So below." 이는 영계에도 적용되는 섭리1747)다. 시간이 흐트러지면 하느님의 우주가 흐트러진다. 그렇다면 물질세계적인 시공이 아직 존재하지 않았던 빅뱅 이전부터 있었을 것으로 보이는 제3영계에서는 예언이 가능하지 않겠는가? 또는 최소한 같은 영계라도 제3영계의 시간은 초월적이지 않을까? 표준이론은 영계라도 하급영계에서는 '진정한 예언'이 없다고 본다. 그러나 상급 영계일수록 물성이 극복되어 제3영계의 수준이 되면 상당한 예언이 가능할 것이다. 그곳은 또 하느님과 가장 가까운 세계가 아닌가.1748) 하느님의 예언은 곧바로 계획이 될 것이다.

4) 그러나 표준이론과는 달리 인류의 역사는 '진정한 예언'으로 보이는 예언으로 가득 차 있고 많은 종교1749)와 사상尾295)에서 예언을 교리의 기반으로 삼고 있거나 당연한 것으로 받아들이고 있다. 역사적으로 수많은 예언이 있었고 지금도 크고 작은 예언이 여러 가지 형태로 횡행하고 있다. 심지어 많은 영능자들이 점(占)을 쳐서 미래를 알아내거나 각종 비방(祕方)으로 미래에 실제적인 영향을 주기도 한다.1750) 이러한 예언은 예언이 아니라 공식적인 계획(plan) 또는 비공식적인 스킴(scheme)의 실현으로서, 영적존재가 몇 가지 변수를 통제하거나 거기에 작용하여 실현가능성을 높이는 것일 뿐 모두 '진정한 예언'이 아니다. 진정한 예언은 하느님의 것이다.

이다(Wikipedia, 'The New Church(Swedenborgian)', 12.8.3. '저승의 시간' 참조).
3. 리드비터의 '사건'은 피조물들의 사건이다. 또 스베덴보리의 천사는 모두 사람 출신이다. 그렇다면 우주 창조 이전에는 영계도 없었다. 영계가 창조 후 만들어진 세계라면 영계 또한 時空이 지배하는 세계다. AASB의 원칙 또한 그러하다. 그런데 최상위 영계인 제3영계는 어떨까?
1747) 섭리란 이승과 저승이 모두 복종하는 법칙을 말한다.
1748) 예수님도 '심판의 때'에 대한 예언은 틀렸다.
1749) 예언을 교리의 기반으로 하는 백미(白眉)는 칼비니즘의 5대교리(The Five Points of Calvinism)다. 칼뱅은 인간의 자유의지도 예수님의 구속도 하느님의 은총도 모두 예정(predestination)下에 있다고 하였다. 칼뱅에 의하면 인간과 우주의 운명은 창조의 때에 이미 정해졌고 역사도 벌써 쓰여 있다는 것이다. 예언이면 바뀔 수도 있으련만 역사는 예언을 넘어서니 이제 바뀔 수도 없다. 문제는 이로 인해 칼뱅의 하느님은 자신의 전지(全知)를 스스로 제한하여 전능(全能)을 포기한 자승자박(自繩自縛)의 하느님이 되었다는 사실이다. 아우구스티누스와 칼뱅의 口業이 아닐 수 없다.
1750) 그 典型이 수천만 명이 보는 가운데 얼마 전에 한국에서 실지로 일어났다. 이른바 '王字사건'이다. 巫道도 엄연한 道이니 이를 극력 신앙하여 求福함이 당연한 것은 다른 종교와 같다. 다만 이번 사건으로 세속 권력의 영적가치가 얼마나 보잘 것 없는지 잘 드러났다. 그러나 속인들의 눈에는 巫道가 基督이나 佛敎의 道보다 靈力이나 道力이 강하다는 증거로 보였고 唯一神보다 萬神을 신앙함이, 추상보다 구체를 따름이, 來世보다 現世를 우선함이 장땡이라는 사례가 되었다. 한편 남의 신을 배타하며 저주까지 마다하지 않는 일부 根本基督의 '강고한 믿음'의 실체가 사실은 자기 신에 대한 Blasphemy도 서슴지 않는 위선(僞善)이라는 사실도 드러났다.

12.3. 귀신에 대하여

귀신은 '사람이 죽은 뒤에 남는다는 넋'으로 귀신에 대한 관념은 동서고금을 막론하고 있었고 있다. 귀신은 실지로 있는 것이니 그 관념이 없을 수 없다. 그러나 종교와 사상에 따라 귀신에 대한 관념이 다르다. 인간론과 저승론이 다른 만큼 귀신론도 다른 것이다.

넓게 보면 귀신은 죽은 사람의 넋뿐만 아니라 사자가 남긴 생기체(에텔아스트랄유령), 자연물에 깃든 정령(精靈), 생기(生氣), 하위 저승의 중음신(中陰身, 아스트랄유령), 상위저승인 혼계나 준영계의 윤회혼유령, 그리고 수호령이나 스승령, 천사 심지어 성령이나 부처님까지 물질계의 존재가 아니면 모두 귀신으로 불린다. 또한 귀신은 초인간적 능력을 가지고 인간의 화복(禍福)을 주관하는 신적 존재로부터 기독교에서처럼 사탄(惡神)이나 타락천사 등 하느님에게 대적하는 부정적 존재까지 포함한다. 그러나 표준이론에서 귀신은 대부분 사후 잠깐 동안 육체 주변에 존재하는 지박령으로서 망자의 생기체다. 드문 경우 중음계나 심령계의 윤회혼들이 일탈(逸脫)하여 그 영체가 지상에 나타나기도 하고 스승령이나 그 변형(變形)이 이승에 현현할 수도 있지만 이는 표준이론의 지박령은 아니다. 귀신에 대해서는 여기저기에서 이미 언급한 바가 많으니1751) 여기서는 그중 일부 주제에 대하여 좀 더 자세히 거론한다.

12.3.1. 폴터가이스트(poltergeist)

poltergeist는 시끄럽다(Poltern)와 귀신(Geist)을 합친 독일어다. 폴터가이스트현상은 이유 없이 이상한 소리나 비명이 들리거나 물체가 스스로 움직이거나 파괴되는 현상을 말한다. 당연히 귀신 또는 염력(念力)에 의한 현상이지만 대부분의 초심리학자들은 염력에 의하여 야기되는 폴터가이스트만 인정하고 있다.1752) 스스로를 자연과학자라고 이름 붙인 사람들도 폴터가이스트 때문에 초상현상인 염력(PK, psychokinesis)은 어쩔 수 없이 인정하고 있는 셈이다.

1751) 미주 40 '귀신 그리고 신지학과 표준이론의 지박령' 참조
1752) 미국의 웨스트조지아大 심리학과 교수인 초심리학자 윌리엄 롤(William Roll 1926~2012)은 1960년대부터 100여 개국에서 400년간에 걸쳐 발생한 116건의 폴터가이스트 사례를 연구하여 폴터가이스트는 반복성자발염력(RSPK, recurrent spontaneous psychokinesis)에 의한 것이라고 주장했다. RSPK는 그가 명명한 것으로 그의 주장은 "PK(염력, psychokinesis)는 존재하며, 폴터가이스트는 PK, 그것도 살아있는 사람의 PK에 의해서 되풀이되어 나타나는 自發의 염력 효과"라는 것이다. 그러나 그는 사람이 전혀 개입되지 않은 상태에서 발생하는 폴터가이스트는 해명하지 못하였다. 귀신에 의한 폴터가이스트가 있다는 말은 귀신보다 사람이 무서워서 차마 못 한 것이리라.

12.3.2. 천사와 악마

표준이론에서 천사는 사람의 영과 다른 존재로서 처음부터 진화가 아닌 완성체로 창조되어 신의 일을 한다. 대부분의 종교에서도 천사와 인간의 영은 창조의 기원부터 다르다.尾296) 또한 천사와 악마는 다른 존재가 아니다. 악마가 있다면 천사의 일종이다. 따라서 악마는 신에 대항할 수 있는 힘이 전혀 없다. 이는 인간 중 악인이 신에 대항할 능력이 없는 것과 마찬가지다.1753)

그럼에도 인간은 창조주 신의 존재와 능력을 의심하여 악마라 부르는 존재가 신과 전쟁을 치르고 있다는 이원론적 상상을 해왔다. 대부분의 경우 사람은 둘 사이의 전쟁에 낀 희생양으로 묘사된다. 그러나 이는 자신의 不足을 하느님 탓으로 돌리려는 숨은 변명(辨明)이다. 히틀러도 그때 악마에 홀렸었다고 변명할 것이다. 그를 뽑은 독일국민들도 똑같은 소리를 하였다. 그러나 그러한 변명은 카르마의 법칙에게 통하지 않는다.

역사는 반복된다. 인간의 자아수준이 쉽게 고양되지 못하기 때문이다. 지금도 많은 사람들이 제2, 제3의 히틀러에 열광한다. 따라서 또 다른 히틀러는 얼마든지 나올 수 있고 또 많이 나왔다. 다만 그가 인연이 닿지 않아 아쉽게도 큰 전쟁을 일으키지 못하였을 뿐이다. 그런 맥락에서 일인일표제(一人一票制)는 반문명적이다. 일인일표제는 인류가 수많은 희생 위에 쟁취한 천부의 권리인데 무슨 소리냐고 하겠으나 쟁취한 것은 자유와 평등일 뿐 일인일표제는 악마가 민주주의라는 이름으로 끼워 넣은 것이다. 인간의 정신문명이 발달하면 각인의 자아수준을 객관적으로 측정할 길이 열릴 것이고 그때 가장 먼저 사라질 제도가 일인일표제다.尾297)

12.3.2.1. 천사와 수호령

표준이론에서의 관심은 이러한 천사가 소위 수호령인가 하는 점과 스베덴보리가 주장하듯 '1인 1수호령'이 있는가이다. 표준이론에서 천사는 수호령이 아니다, 또 1인 1수호령도 없다. 수호령이 있다면 환생 전 저승에서 짝지어 태어날 혼과 영

1753) 신지학자 리드비터는 "악은 단지 작은 소용돌이라는 것을 알게 될 것이다. 그 소용돌이는 표면상 아주 작은 것으로 점점 뒤로 물러날 것이다. 그러나 거대한 강은 수로를 따라 수면을 유지하면서 소용돌이들을 간직한 채 꾸준히 정해진 길을 흘러간다."라고 하였다.

을 담당하였던 스승령이 있을 뿐이라고 본다. 스승령은 대부분 인간의 영 중 중급영으로서 그가 교무(敎務)하는 영과 혼이 환생한 후에도 그들을 계속 돕는다. 영은 수면 중 또는 필요시 수시로 스승령을 만난다. 이때 스승령은 1대1의 개인(個人)교사는 아니다. 그럼 표준이론의 스승령은 구체적으로 무슨 일을 하는가?

1) 영과 혼이 '환생계획서'대로 살도록 지도 감독한다.
2) 계획되지 않은 사고로 다치거나 죽지 않도록 보호한다.1754)
3) 제자가 기도로 염원하면 자기가 할 수 있는 일은 직접 도와주고 할 수 없는 일은 보고한다.
4) 임종 시 함께하고 저승으로의 여행을 돕는다.1755)
5) 공부가 부족하거나 건강이 나빠지면 기(氣)를 북돋아 준다.

표준이론은 스승령이 천사 출신일 수도 있으나 대부분 영 출신일 것으로 본다.1756) 그러나 여러 종교에서는 사람 각자에게 수호령이 있다고 하고 그 정체는 보통 천사라고 생각해 왔다.1757) 그러나 기독교인인 스베덴보리는 죽은 이들이 영인(靈人)이 되어 천국에 가게 되면 천사가 되고 그 천사가 수호령이 된다고 하였다. 그런데 그는 수호령뿐 아니라 지옥령도 반드시 한 사람에 하나씩 따라다닌다고 했다.1758)

1754) 한국보험학회 회장을 역임하고 「재난 리스크 제대로 관리하기」 등 다수의 저서를 펴낸 리스크관리 전문학자인 건국대학교 장동한 교수는 다음과 같이 말한다. "흔히 재수가 없어서 사고가 났다고들 한다. 그런데 우리 주변의 열악한 리스크 관리 인프라를 보거나 많은 한국인들의 안전 불감증에 따른 위험한 행태를 보면, 실상은 재수가 너무 많아서 사고가 덜 나는 듯하다.… 그렇다면 어째서 열악한 환경에서도 생각보다 사건 사고가 덜 나는 걸까? 하나님의 은총이 아니고서야 어찌 지난 몇십 년 동안의 숱하게 많은 사건 사고 위험에서 벗어나 오늘 이 감사의 글을 쓰고 있겠는가. 하나님은 위대한 리스크 관리자시다. 평소 리스크 관리의 실천과 참된 믿음 생활이 어지러운 현대 사회의 최고 리스크 관리라고 믿는다."
1755) 이 수호령들은 우리가 죽어 본향인 영계로 갔을 때 당연히 우리를 맞이합니다. 우리는 그들을 마치 옛 친구처럼 금세 알아봅니다. 그것이 가능한 것은 우리가 지상에서 살 때 가졌던 망각의 베일이나 커튼이 더는 우리를 막지 못하기 때문입니다(Afterlife TV의 진행자인 Bob Olson, 「Answers about the Afterlife」).
1756) 미주 51 '영과 수호령 문제' 참조
1757) "세례 받은 모든 사람은 각자에게 개별적으로 임명된 천사(성인)를 가진다." 이는 가톨릭의 전승교리다. 그러나 가톨릭은 공식적으로는 천사의 계급, 개인 수호천사 등의 문제에 대해서는 아무런 결정을 하지 않았다. 다만 3대 천사(미카엘, 가브리엘, 라파엘) 이름 외에, 위경에 나오는 이름의 사용은 금하였고, 3대 천사의 축일을 9월 29일, 수호천사의 기념일을 10월 2일로 정하였을 뿐이다. 제2차 바티칸 공의회 후의 전례력에서는 이 날을 의무 기념일로 하였다.
1758) 스베덴보리의 천사론 중 중요한 것을 더하면
1. 선령(先靈)이 있는 한 절대로 악령은 침범하지 못한다. 선령의 힘은 만능에 가깝다.
2. 인간이 자유의지로 선악 어느 쪽으로 기울어지기 전에는 선령도 악령도 인간에게 영향을 줄 수는 없다 (스베덴보리, 「스베덴보리의 위대한 선물」, 215~229쪽 참조).

신지학에서는 표준이론과 유사하게1759) 수호령을 부인한다. 또 표준이론의 스승령 역할을 하는 수승한 영혼인 데바1760) 또는 아데프트1761)나 마스터를 이야기한다. 그러나 신지학의 마스터는 스승령과는 달리 특별하거나 또는 道가 수승한 사람만 만날 수 있다.1762)

지중해의 성자 다스칼로스는 자신의 수호령이 최고급령인 요하난(사도 요한)이라 했다. 반면 퀴블러-로스는 그의 저서 「사후생」에서 수호령은 천사나 고급령이 아니라 할아버지나 형처럼 가까운 친지의 영혼인 경우가 대부분이라고 한다.

12.3.2.2. 스승령의 영적 수준

그런데 이처럼 영을 지도하는 스승령의 영적 지식(知識)의 수준은 어느 정도일까?

1) 신지학의 데바나 아데프트 정도로 수준이 매우 높다.
2) 선생님이나 교수 정도이다. 따라서 제자인 영과 혼이 이해 못하거나 접근하지 못하는 수준의 것을 다 알고 있는 것은 아니다.
3) 학우 중에 우등생 정도다.

1759) 1. 신지학에서도 '1인 1수호령'의 존재는 부정적으로 본다. 신지학자 리드비터는 그의 저서 「사후의 삶」에서 수호천사 이론은 이 우주를 창조주가 자신이 만든 법칙들과 그 법칙의 결과에 간섭한다는 비합리적인 생각이라고 주장한다. 창조주보다도 세상을 더 잘 안다고 여기는 피조물들이 생기고 그들이 섭리에 간섭한다는 것이다. 만약 그런 간섭이 가능하다면, 그 간섭이 편파적이고 공정하지 않을 것이다. 그렇다면 '신성한 정의(Divine Justice)'는 무너진다. 도움을 받을 자격이 있는 사람도 창조주에게 기도하는 것이 아니라 천사들에게 기도하게 되는 우스꽝스러운 일이 발생한다.
2. 신지학의 마스터는 수호령이나 스승령의 수준이 아니다. 리드비터는 그의 「신지학대의」에서 '마스터의 의지에 따라 지지부진하던 영혼의 진화속도가 기하급수적으로 빨리 이루어진다'고 하여 마치 마스터를 은총의 주재자(主宰者)처럼 서술하고 있다.
1760) 데바(Deva)는 원래 인도의 神 이름이다. '신지학'에서는 이 이름을 따다가 다음과 같이 서로 다른 의미로 사용한다.
  1) 지구에서 생물체의 진화를 주도하는 초인(超人)
  2) 7가지 초인 유형 중 세 번째 유형으로 지구가 아닌 태양계의 다른 부분에서 천사단의 일을 하는 존재
  3) 인간이 아닌 또 다른 진화체인 정령의 최고 수준의 존재
  4) 수호령
1761) 아데프트(Adept)는 신지학에서 다양한 의미로 쓰이는 용어인데 일반적으로는 '지구를 포함한 우주의 영단(靈團 Hierarchy) 중 5단계 이니시에이션(initiation, 入門) 급인 아세카(asekha) 수준의 높은 영적 깨달음에 도달한 존재들로서 인류를 수호하는 대백색형제단의 멤버인 마스터가 되는 등으로 인류를 가르치고 보호한다. 불교의 아라한(Arhat)은 신지학에서 4단계 입문 급이지만 아데프트는 보살 급인 것이다. 그 역할 또한 보살 급에 육박한다. 그러니 표준이론으로 치면 아데프트는 殊勝한 중급영 이상의 존재다. 수승(殊勝)의 의미는 자아수준을 의미하기도 하지만 지혜와 능력 심지어 지식의 수준도 의미한다. 표준이론에서도 영들은 수준에 따라 아는 것과 아는 분야가 다 다르다.
1762) 미주 218 '신지학의 형제단과 대스승 그리고 그 제자' 참조

표준이론은 2) 정도라고 생각한다. 수승한 영이라고 하여 섭리나 진실을 모두 알고 있지 않다. 그런 수준에 가까운 영은 고급영으로 합일을 달성한 영뿐이다. 그래도 하느님과 동등한 수준의 영은 있을 수 없다. 리드비터의 주장대로 피조물 또는 하느님의 발출(發出)은 하느님의 법칙들과 그 결과에 간섭할 수는 없다. 간섭한다면 그는 창조주보다도 더 높은 수준이다. 따라서

1) 부처님도 예수님도 무함마드도 모든 것을 다 아는 존재가 아니다. 성경이나 불경에 오류나 미비가 있는 이유는 후생들의 왜곡인 경우가 대부분이지만 원천적 요인 때문인 경우도 있는 것이다. 예수님의 재림이나 부처님의 무기가 그런 것일 수 있다.[1763]

2) 영이 수면 중이나 여러 경로를 통하여 스승령 또는 다른 영들과 교통한다고 하여 스승령이 모든 것을 알고 있고 따라서 영이 환생계획이나 우주의 이치를 매우 많이 알고 있는 것은 절대 아니다. 그들의 수준도 절대 경지에 도달하려면 갈 길이 멀고도 멀다.

3) 명종 후 영과 혼이 갑자기 현명(賢明)지는 것은 아니다. 다만 물성 차이로 인한 각성의 정도, 육에 기인한 욕망의 소멸, LBL과 전생에 대한 기억 등에서 차이가 있을 뿐이라고 본다. "As above, So below."인 것이다.[1764]

12.3.2.3. 악마(惡魔)

사전적으로 선(善)은 '착하고 도리에 맞는 것'이고 악(惡)은 '도리에 어긋나는 못되고 나쁜 것'이다. 서구철학의 전통에서는 선이란 '한 존재의 존재 목적 달성에 이로운 것'이라는 이기적 해석을 한다. 표준이론에서 선이란 '가치(價値) 있는 행위 및 의지의 속성'이다. 이때 가치의 평가기준은 도리(道理)가 아니라 섭리(攝理)다. 또 악은 선의 결핍 또는 부재일 뿐이다. 특히 윤리악(倫理惡)은 이드5욕의 수성(獸性) 또는 지혼의 미개(未開)다(6.10. '업(業)에 대하여' 참조). 그러니 윤리악을 행하는 이는 인간이거나 천사다. 자연악(自然惡) 또한 전능(全能)과 전선(全善)에 대한 반역도 일탈도 아니다. 구태여 해석하면 필요악(必要惡)이다. 서구철학에서 말

[1763] 이러한 것들도 후생들의 왜곡이란 주장이 많다.
[1764] 환생 시 레테(Lethe)의 강물을 마셨다고 이데아의 세계를 다 잊어버리는 것이 아닌 것처럼 명종 후 므네모시네(Mnemosyne) 강물을 마신다고 하여 이데아의 기억과 지식이 다 복구되는 것은 아닐 수 있다.

하는 불행, 고통, 죽음 같은 형이상학적 악은 윤회를 말하는 표준이론에는 없다. 따라서 자연히 악마란 존재하지 않는다.

윤회 없이 '악은 선의 결핍'이라고 한 아우구스티누스는 성경을 덮고 악을 정의한 것이다. 현재의 기독교 교리만으로는 악(惡)을 설명할 수 없다. 신정론(神正論)이라는 학문까지 열었지만 설명에 실패했다. 전선(全善)한 창조주에게서 악(惡)의 기원을 찾을 수 없으며 유일(唯一)한 신에게 악신의 존재는 있을 수 없고 전능(全能)한 신과 대립하는 악마는 더욱 있을 수 없기 때문이다. 또한 피조물의 악은 조물이 준 것이니 거기에도 악의 기원은 없다. 그러나 기독교의 세상에는 윤리악도 자연악도 심지어 형이상학적 악도 버젓하니 아우구스티누스는 어쩔 수 없이 책을 덮고 세상만을 보며 악을 정의하였다. 그는 답은 맞췄지만 책은 고치지 못하였다.

선과 악의 이원을 근본적으로 부정하는 윤회의 불교에는 선인도 악마도 없다. 그래서 불교의 악마는 마라(魔羅)다. 그런데 마라는 역할이 악마일 뿐이지 존재가 악마는 아니다.1765) 불교의 악마는 외부의 존재가 아니라 수행과 정진을 방해하는 우리 마음속의 욕망일 뿐이다. 부처님의 항마촉지인(降魔觸地印)은 수행을 방해하는 모든 악마를 극복하였음을 표시하는 수인(手印)이다.

12.4. 명상에 대하여

12.4.1. 명상이란?

명상은 주로 동양에서 발달한 수양법으로1766) 고대 인도의 요가(Yoga)와 여기에서 기원한 힌두교, 자이나교, 초기 불교 그리고 이와는 별도로 발달한 중국의 도교와 유교1767)의 명상이 있다.

1765) 마라는 욕계(慾界) 타화자재천(他化自在天)의 왕인 마라 파피야스(魔王波旬)라고 하니 천국(표준이론의 준영계)의 수장이다. 그가 석가모니의 정각수행에서 마라의 역할을 하였다.
1766) 그러나 사실은 동양뿐만은 아니었을 것이다. 고대 그리스에서도 명상이 철학함의 주요 테크닉으로 기술되고 있다. 또 종교적 행위인 기도(祈禱), 철학의 사색(思索), 과학자나 예술가의 창의(創意) 심지어 일상생활에서의 정신집중 등 인간정신 생활의 많은 부분이 명상이니 이는 인간의 혼(知魂)의 탄생과 그 역사를 같이한다.
1767) 1. 장자(莊子)는 도가의 수양법으로 심재좌망(心齋坐忘)을 제시하였는데 심재는 「장자」의 인간세(人間世)편에 나오는 말로 '감관을 청소하고 마음을 깨끗이 비움으로써 虛의 세계를 이룰 것을 목표로 하는 수양법이다. 또 좌망이란 「장자」 대종사편에 의거한 말로 정신수양을 위한 경신(敬信), 단연(斷緣), 수심

사전에서 명상(瞑想, meditation)은 '고요히 눈을 감고 깊이 생각함 또는 그런 생각'이라고 한다. 한마디로 '깊은 생각'이라는 것인데 이는 명상이 궁극적으로는 일심(一心) 또는 '생각을 그침'이라는 것을 고려하면 그 의미를 제대로 담지 못한 정의다. 심리학에서 명상이란 '마음의 고통으로부터 인간을 해방시켜 아무런 왜곡 없는 순수한 마음 상태로 되돌아가기 위한 실천적 방법'으로 본다.

표준이론에서 명상이란 기법(技法)으로서는 '자아의 방을 점거하고 날뛰는 혼(魂)을 정숙(靜肅)1768)시킴이고 상태(狀態)로서는 '영이 깨어있음'이다. 즉 명상은 '마음 재우기'다1769). 마음은 혼이니 '혼 재우기'다. 결국 명상이란 '자아의 방을 영으로 채우는 일'이다. 명상의 경지가 높아지면 자아실현, 성화(聖化), 관상(觀想) 그리고 열반(涅槃)을 넘어 합일(合一)로 이어진다.尾298) 따라서 실천적 의미의 명상은 '하나의 생각에 집중함으로써 생각을 줄이고 나아가 생각을 그쳐 영이 자신의 혼을 객관적으로 관찰하는 수행법'이라고 정의하자. 명상은 '생각을 지(止)함으로 시작하여 혼을 관(觀)하는 수행법'인 것이다.1770)

지(止)는 혼이 스스로 잠잠해지는 명상법이다. 우선 생각을 하나로 줄여 종국에는 생각을 없애는 방법으로 혼이 스스로 잠잠해지는 방법이니 혼법(魂法)이라 한다. 관(觀)은 영과 혼을 분리시켜 영이 혼을 他者로 지긋이 바라보는 명상법이니 영법(靈法)이라 하자. 바라보는 혼의 부위에 따라 사념처(四念處)로 명상법이 나뉜다.

명상이 혼에 주는 효과는 다음 네 가지다.

1) 첫째는 '혼의 관찰자효과'로 혼은 관찰을 당하면 평정(平靜)하고 잠잠해진다.

(收心), 간사(簡事), 진관(眞觀), 득도(得道)의 7단계 과정으로 이루어진다.
2. 공자와 그 제자 안회(顔回)는 장자의 좌망을 '육신을 벗어나고, 감각을 물리치고, 형체와 앎에 얽매이지 않고, 막힘없이 크게 트인 도와 같아지는 것'이라고 하며 숭상하였고 이는 훗날 북송의 정자(程子)형제를 거쳐서 남송의 주희에게 계승되어 유교의 '정좌(靜坐)수양'으로 발전하였다.
1768) 위빠사나에서는 이를 평정심(平靜心, upekkhā)이라고 하여 명상 시 마음(혼)이 갖추어야 할 기본자세로 삼았다. 평정심은 혼법(지법)명상을 통하여 생각을 줄이면 자연히 얻어지고 이렇게 얻어진 평정심은 다시 생각을 줄인다. 또 영법(관법)명상을 통해 관찰을 당하면 더욱 평정해지고 마침내 청정해진다.
1769) 그렇다고 魂을 강제로 정숙(靜肅)시키려는 명상은 가성비 없다. 이는 영과 혼이 의(義)로서 상부상조하여야 함을 망각한 처사다(1. '머리말' 중 표준이론과 구도의 길 참조). 표준이론의 도리 없이 영과 혼의 실체를 모르는 상태에서의 명상은 가성비 낮다. 지도도 없이 深山에서 道를 찾아 헤매는 꼴이다.
1770) 그러나 혼 재우기라고 하여 모두 명상은 아니다. 최면(催眠), 잠(睡眠), 백일몽(白日夢), 환각(幻覺), 오르가슴(orgasm) 등도 혼을 재우거나 일념에 빠지게 한다. 그러나 이는 명상이 아니다. 이를 類似명상이라고 하자. 유사명상은 명상과 기전(機轉)이 같거나 일부 명상의 효과가 있으나 육체에 나타나는 현상이 그러할 뿐 혼과 관련하여서는 명상과 전혀 다르다. 이러한 유사명상으로 인하여 티베트밀교의 샥티신앙이 나타나고 헉슬리나 람다스가 마약을 이용한 명상을 시도하였으며 이에 주목한 신경의학자들은 명상이 세로토닌이나 베타 엔도르핀 같은 신경전달물질이나 호르몬의 작용이라고 우기는 일이 발생하였다 (4.3.9.13. '자아 개발의 商業化' 참조).

2) 둘째는 '혼의 청정효과'로 혼이 개체성을 확보하면서 얻은 멍에(원죄)인 이기심과 자존심이 닦여 나가는 효과다.
3) 세 번째는 고급(高級)의 명상으로 얻을 수 있는 '반야효과(직관효과)'로 이는 하느님에 대한 지혜 즉 법(法, Darma, Dharma, 섭리)을 얻는 효과다.
4) 네 번째는 최고급의 명상효과인 '합일효과'로 이는 내부의 하느님(靈火)을 직접 뵙는 효과다. 가톨릭에서는 관상이라고 하고 불교에서는 열반이라고 한다.

이 넷 중 관찰자효과는 양자역학의 발달로 물리학적으로도 이해가 되었고 청정효과와 반야효과는 일찍이 부처님이 그 효과를 증명하셨으며1771) 합일의 효과는 모든 종교와 사상의 신비주의(神祕主義)에서 추구해 온, 또 수없이 체험하여 증명한 효과다. 명상의 이 네 가지 효과는 하느님께서 혼의 진화를 위하여 인간에게 베푼 은총적 섭리(攝理)다. 인류는 문명의 초기부터 이 효과들을 발견하여 동서고금을 막론하고 모든 사상과 종교에서 명상을 자기들의 수행체계에 적극 도입하였다.

학문적으로 명상은

1) 스트레스 관리, 학습 향상, 건강 증진, 경기력 향상, 약물중독 치료, 심리 치료, 습관 교정을 목표로 하는 '상대적 의미'의 명상과
2) 종교적 영성 개발, 자기 수양을 목적으로 하는 '절대적 의미'의 명상으로 나뉘는데
전자는 의학과 심리학의 관심영역이고尾299) 후자는 영혼학의 관심분야. 그러나 명상의 방법이나 과정은 양자가 유사하다.

인도 명상의 최종목적은 마음의 동요를 멈추고 제어함으로써 삼매(三昧)의 경지에 이르려는 것으로 삼매에 이르는 데는 여덟 단계가 있다. 이 여덟 단계를 요가의 팔실수법(八實修法)尾300)이라 한다. 심리학에서 연구의 대상으로 하는 명상은 이 팔실수법의 처음 5가지에 해당하는 '상대적 의미의 명상'이며 심리학은 이를 이용하여 감정을 관찰함으로써 '감정의 통제'를 시도한다.

1771) 부처님이 하셨다는 위빠사나 명상의 끝은 번뇌의 불꽃을 끌 지혜를 얻고 또 열반에 드는 일이라는데 명상으로 마음을 다스리면 어찌하여 깨달음의 지혜를 얻고 또 마음을 다스린다고 어찌 마음(魂, 8식)이 열반의 은총을 받아 아라한(靈)의 果를 얻는가? 그 답은 명상이 주는 '혼의 청정효과'와 '반야효과' 그리고 '합일효과'에 있다. '청정효과'는 지혼으로부터 利己와 自尊의 때를 벗겨 利他와 慈悲의 청정식(9식)으로 변화시킨다. 또한 최상의 명상효과인 '반야효과'로 인하여 혼은 우주와 하느님에 대한 지혜(法)를 얻는다. 나아가 혼은 '합일효과'를 통해 하느님을 직접 뵙고 諸法이 본래 一元임을 깨닫게 되는 열반에 든다. 靈化하는 것이다. 사실 이러한 효과들은 명상 중 영이 혼을 觀하고 敎함(靈敎)에서 얻어진다.

심리학의 연구성과에 의하면 사람이 감정이 격해지면 각성수준이 크게 증가하지만 불행히도 그 인지대상이 지금 사로잡힌 감정에만 쏠리고 다른 인지는 배제되어 그 감정과 연관된 '습관화된 행동'1772)을 자동으로 야기하게 된다. 격한 감정은 이 '감정행동 메커니즘'을 자동으로 작동(automatization)시켜 말릴 새도 없이 마치 공식(公式)처럼 '습관화된 행동'으로 귀착되는 것이다.1773) 즉 '감정행동 메커니즘'은 '감정행동공식'이라고 불러도 좋다. 감정행동공식을 정리하면 [격한 감정 → 각성수준 증가 → 인지 집중, 다른 인지 배제 → 습관행동 유발]이다. 그래서 동일전과 5범이 생기게 된다.

이 고리를 끊는 방법은 에고의 감정이 가진 약점을 노리는 것인데 그 약점이 바로 '감정은 관찰을 받으면 약해진다'는 것이다.1774) 감정은 왜 관찰을 받으면 약해질까? 그 이유는 관찰을 당하는 감정의 주체는 혼(魂)이고 관찰을 하는 자(者)는 영(靈)이기 때문이다.1775) 감정의 주체인 혼은 자신이 관찰 당한다는 것을 아는 순간 힘이 약해지고 평정심을 되찾는다. 이는 마치 양자역학의 관찰자효과와 비슷하다. 그래서 '혼의 관찰자효과(observer effect on Soul)'라고 한다.1776) 따

1772) 이 習慣은 대부분 악습으로 악습이 바로 業이다. 습관은 '세 살 버릇'이 대부분인데 세 살 때 벌써 버릇을 세웠겠는가. 세 살 버릇은 전생의 습관이고 그것을 업이라고 한다.
1773) 우리의 자아인 에고는 실체가 아니다. 12연기(緣起)와 오온(五蘊)의 작용으로 인연에 따라 변하는 환영에 지나지 않는다. 그러나 에고는 조금이라도 상처받거나 억압당한다 싶으면, 순간의 지체도 없이 되돌아와 분노와 울분을 터뜨린다. 위협당한다 싶으면 거의 자동적으로 두려움에 떨거나 적개심에 휩싸이고, 거부당하거나 무시당한다 싶으면 폭력적인 방식으로 자기주장을 한다. 그리고 인정과 칭찬을 받는다 싶으면 하늘 높은 줄 모르고 오만해지는 것이 우리의 자아이고 에고이다(금인숙, 「신비주의」 참조).
1774) 에고의 감정뿐 아니다. 정신체가 가진 모든 번뇌 즉 에고의 14가지 感情(喜怒哀樂愛惡欲懼憂憎思悲驚恐)과 이드의 5가지 慾望(食,垂眠,色,財物,名譽), 그리고 몸과 생기체의 4가지 苦痛(生老病死)에서 헤어나지 못하는 혼에게 平靜을 선물하는 방법이 관찰이다. 이를 위해 먼저 평소 혼과의 타이를 느슨하게 풀어라. 그리고 혼이 번뇌에 빠지거들랑 즉시 혼영일체에서 벗어나 혼을 따로 떼어내어라. 그리고 영의 눈으로 혼을 지긋이 바라보라. 천둥벌거숭이 혼은 곧 어린애처럼 웅크리고 앉아 조용해질 것이다. 이는 面壁할 곳을 따로 찾지 말고 생활 중에 행하라. 일하다 밥먹다 운전하다 화내다 울다 싸다 드디어는 잠잘 때도 사상마련(事上磨鍊)으로 혼을 떼어내어 바라보라. 영혼육(靈魂肉)에 대한 확신은 혼영일체를 깨는 데 큰 도움이 된다. 면벽하여 一心과 無心으로 혼을 빈사(瀕死)시킨 후 일시적으로 관(觀)하는 명상은 효과가 작다. 일상에서 그때그때 제3자의 영안으로 바라보아야 더욱 효과가 크다(卽觀卽效).
1775) 이러한 의미에서 인도철학은 영이요 참나인 아트만을 '관찰하는 者'라고 불렀다.
1776) 1. 양자역학의 저 유명한 '이중슬릿 시험'을 통해 입자는 관찰하면 입자성을 보이고 관찰하지 않으면 파동성을 보이는 관찰자효과(observer effect)가 확인된다. 이는 관찰을 위해서는 빛이나 전자, X-선과 같은 매개입자가 필요한데 그 매개입자가 관측대상을 변화시키며 관찰이 없을 때는 관측대상이 파동이었다가 관찰로 인해 비로소 입자화된다고 설명된다. 이를 근거로 관측자인 사람이 존재해야 우주를 관찰할 수 있고 이는 우리가 관찰하는 순간만 우주가 존재하며 그 전에도 그 후에도 우주는 없다는 어설픈 마야론도 생겼다.
2. 그런데 매개입자가 관측대상을 변화시킨다면 사람의 관찰이 없어도 빛은 있을 것이므로 스스로 입자가 되었다 파동이 되었다 할 것이다. 따라서 관측대상을 변화시키는 것은 관찰자의 의식이다. 또한 관측대상은 관측없이도 항상 거기 존재하며 더구나 관측대상이 사람의 의식에 반응한다 함은 관측대상에도 의식이 있다는 것이니 관측대상의 객관적 존재성은 더욱 분명하매 마야론은 虛辭다. 설사 우주가 마야인들 무슨 문제인가. 구름이 솜사탕이든 작은 물방울이든 그것이 시상(詩想)을 일으켜 내 입에서 시가 나오면 그만이다. 그 시가 장원(壯元)하여 님께서 상찬하시면 더욱 좋은 일이다.

라서 자아의 방을 점거하고 날뛰는 혼(魂)을 관찰만 할 수 있다면 그를 자아의 방에서 내쫓고 순식간에 작동되는 '감정행동공식'의 고리를 그 메커니즘의 어느 단계에서 끊어 습관행동 유발을 억제할 수 있다.1777) 혼(魂)을 관찰하는 명상법, 그것이 바로 명상의 관법(觀法)이다. '참을 인(忍)자가 셋이면 살인도 면한다'라는 말도 관찰할 시간을 확보하란 말이다.1778)

또 명상은 '감정행동공식'의 촉발 자체를 억제하기도 한다. 특정 상황에서 습관적으로 활성화되는 불안, 공포, 분노 등을 객관적으로 관찰하면, 이러한 관찰 상황에서는 격한 감정들이 촉발력(觸發力)이 약화된다. 특정 상황에 반응하는 주체도 혼(魂)이기 때문이다.

이처럼 심리학은 명상을 이용하여 감정을 관찰함으로써 '감정의 통제'를 효과적으로 시도한다. 표준이론의 '깨어있기' 담론은 깨어서 24시간 혼을 관찰하라는 이야기다. '상대적 의미의 명상'의 효과가 이 정도라면 하느님을 만날 수 있다는 '절대적 의미의 명상'에 도전하여 볼 필요가 있지 않겠는가. 예수님도 명상에 대하여 이르셨다. "너는 기도할 때 골방에 들어가 문을 닫고 보이지 않는 데서 네 아버지께 기도하라."1779) 여기서 골방은 그리스어로 Inner Sanctuary, 또는 Inner Holy를 뜻한다고 하니 이는 '하느님을 만나려면 마음속에 침잠하여 기도하라'라는 뜻이다.1780)

명상은 할수록 더하게 되고 마침내는 아무런 노력 없이도 항상 명상이 계속된다. 무슨 일을 하더라도 그 백그라운드에서는 명상이 지속되는 것이다. 즉 항상 깨어 있게 된다. 이때에는 참자아가 에고를 평정시켜 마음을 더욱 고요하게 만들 것이다.1781) 그런데 이 '깨어있음'은 실로 그 완전한 성취가 어렵다. 이는 자아의 방에

---

3. 따라서 관찰자효과는 빛의 영향도 있겠으나 관찰자의 의식이 일종의 에너지로서 관찰을 통해 입자에 직접적인 영향을 주기 때문에 발생한다고 보는 것이 더 합리적이다. 입자의 기와 의식의 기가 교류하여 발생하는 현상인 것이다. 그런데 의식이 입자의 운동에 작용하는 것은 미시세계에서 일어나는 일일 뿐이다. 거시세계는 미시세계의 수兆 배 크다. 거시세계에서는 의식에 힘이 없는 것이 아니라 그 힘이 마크로세계의 물질을 움직이기에는 매우 미약하다. 그러나 의식의 힘이 예외적으로 큰 사람은 거시세계에서의 관찰자효과인 염력(PK)을 발휘한다.
4. 한편 영과 혼의 관계는 의식과 물질간의 관계가 아닌 의식과 의식 간의 관계로서 또 다른 형태의 관찰자효과를 보인다. 이때 영은 단순한 관찰만으로도 혼의 의식에 영향을 주고 심지어 무력화시킬 수도 있다. 하급혼일수록 주위를 의식하지 않는가.

1777) 이를 deautomatization이라고 한다.
1778) '볼 관(觀) 자가 셋이면 성불(成佛)한다.'
1779) 마태오 6:5-6
1780) 김태항, 「카빌라와 예수 그리고 성경」, 166쪽 참조
1781) 레스터 레븐슨, 「궁극의 자유를 위한 열쇠」

서 마음을 비워 내고 영이 주인이 되는 것인데 자아의 수준에 따라 깨어있는 시간이 큰 차이가 난다.1782)

불교 팔정도(八正道)1783)의 하나인 정정(正定)은 평정심, 즉 명상에 드는 것이다. 평정심(平靜心)이란 몸과 마음 즉 육체와 정신과 지성에서 일어나는 모든 욕망, 잡념, 지적 활동, 행, 불행, 기쁨, 슬픔 등 감정이 사라지고 '깨어있는 상태' 즉 '명상의 상태'로 '영이 혼을 관찰할 때 혼의 상태'다.

12.4.2. 명상과 희열

삼매지경에 빠져 몇 날 며칠을 보내는 선승(禪僧)들이나 인도의 성자들이 의지력이 강해서 그런 인내력을 보이는 것이 아니다. 꿀벌이 꿀맛을 보고 거기에서 나오기 싫은 것뿐이다.尾301) 보통 사람들은 명상에 맛들이지 못하여 지겨움만 느끼고 곧 그만둔다. 그리고 면벽하여 수도하는 명상가들을 존경한다. 그러나 명상은 마치 과일이 왕이라는 '두리안'과 같다. 한번 맛들이면 왕 같은 과일이 되지만 맛들이기 어렵고 영영 그 맛을 모르는 사람도 많다.

이는 기도에 맛들여도 마찬가지다. 성당이나 절에 다니는 할머니들이 자식들과 이웃을 위하여 하루 종일 기도를 바치는 것을 희생이라고 생각하면 오해다. 보통 이를 성령의 은혜로 아는데 틀린 말은 아니지만 기도가 좋아서 하는 것이기도 하다. 가톨릭이나 불교뿐 아니라 어느 종교의 기도도 마찬가지다. 명상처럼 기도 또한 희열의 경험이기 때문이다.

한 가지에 집중하여 다른 마음은 비우는 일이나 한 걸음 더 나아가 혼을 자아의 방에서 비우고 영으로 채우는 일1784)은 희열이다. 부처님께서도 오욕(五慾)의 만족에서 얻는 즐거움은 선정(禪定)의 즐거움과 애당초 비길 수도 없다고 하셨다.

선방(禪房)에서는 안거(安居) 중 기간을 정해 더욱 열성을 내어 선에 임하는 것을 용맹정진(勇猛精進)이라 한다. 예를 들어 24시간 잠을 자지 않고 일주일을 참선하

1782) 마음을 비운다고 하여 영이 마음(혼)을 죽이거나 자아의 방에서 몰아내고 영영 그 주인이 되는 것이 아니다. 인격의 단계에 따라서 영이 자아의 방을 차지하고 있는 시간 즉 깨어있는 시간 - 혼을 평정케 하여(upekkhā) 관찰하고(Sampajañña) 그 변화를 알아차릴(Sati) 자세를 갖춘 시간 - 이 길어질 것이나 혼영일체인 사람이 그 지경을 오래 유지하기란 실로 어렵다. 그러나 영이 자아의 방에서 다시 물러난다 하더라도 그가 장악했던 방의 기운은 혼에게 영향을 미쳐 그를 영화(靈化)시킨다(4.3.2.2.1. '자아가 깨어있는 시간' 참조).
1783) 八正道는 열반에 들기 위한 수행방법인 삼십칠조도품(三十七助道品)중 정수(精髓)다.
1784) 또는 에고를 비우고 초자아로 채우는 일, 정신체를 비우고 양심체로 채우는 일. 모두 같다.

는 식이다. 단식까지 곁들이면 금상첨화다. 이 정도면 목숨을 거는 참선이니 절대로 따분할 겨를은 없을 것 같다. 그런데 거기에 의욕과 극기의 의지만 있고 희열이 없다면 목숨을 걸 값어치가 없다.1785) 명상에도 선에도 기도에도 희열이 없다면 참지지 않기 때문이다. 사선정(四禪定)1786)이나 단전호흡, 차크라 같은 것이 무엇인지 모르고도, 오히려 누워서, 편히 앉아서, 배부르고 따뜻한 상태에서, 길 가다가 잠시 잠깐 희열을 느끼는 명상에 빠질 수 있다면 그것이 오히려 값어치 있다. 그러다가 명상에 맛들여서 가부좌로 몇 시간씩 명상에 빠지거나 이윽고 무문관(無門關)의 폐관정진(閉關精進)이나 신행결사(信行結社)에 이르는 것이 명상의 왕도(王道)이고 참선의 왕도이고 선도(仙道)의 왕도다.

12.4.3. 명상의 방법

명상은 동서고금을 막론하고 어느 때 어느 곳에서나 찾아볼 수 있는 수행법이나 인도에서 특히 그 기법(技法)이 많이 발달하였고 오늘날 대부분의 명상방법이 인도 명상의 영향을 받았다. 명상의 대표 격인 참선, 요가1787), 사념처(四念處), 초월명상 등이 모두 인도에 기원을 둔 명상법이다. 이와는 별도로 우리 고유의 단전호흡과 같은 호흡 명상법과 중국에서 기원한 태극권과 같은 동적 명상법 등도 있다.
'자아의 방을 점거하고 날뛰는 혼(魂)을 정숙(靜肅)시키는 기법(技法)'으로서의 명상을 불교에서는 '지(止)와 관(觀)의 수행법'으로 나누어 다음과 같이 분류한다.

지법(止法, samatha)

'지(止)'는 특정한 하나의 대상에 의식을 집중(concentration, meditation)하는 훈련이다. 만트라(mantra, 眞言)를 계속 외면서 집중하거나 화두(話頭) 또는 호흡에 의식을 모으는 명상을 말한다. 관법(觀法)에 비하여 높은 주파수(α波인 8~13Hz)

1785) 희열이 없는 용맹정진은 고문(拷問)이다.
1786) 불교의 사선정(四禪定)은 번뇌를 끊고 불법의 공덕을 발생시키는 색계의 4단계 근본선정(根本禪定)이다.
1787) 요가는 사고의 자연적 혼란을 억제하는 방법으로서, 모든 사람들의 내면에 깃들어 있는 참된 본성, 즉 신성(神性)이 발현되도록 촉진시키는 수행 기술이다. 크리야의 단순하고 손쉬운 방법을 차츰 규칙적으로 증가시켜 나감으로써 인간의 육체는 날마다 성좌(星座)상의 변형을 일으킨다. 그리하여 마침내 육체는 우주 에너지의 무한한 가능성을 표현하기에 적합하게 되며, 그것이야말로 우주정신의 능동적인 표현이 물리적인 형태로 이루어지는 최초의 단계라고 말할 수 있다(파라마한사 요가난다, 「요가난다, 영혼의 자서전」, 김정우 옮김, 중에서).

의 뇌파가 발생한다. 표준이론으로 볼 때 이는 혼이 주도하는 명상법으로 혼법(魂法)이다. 혼이 스스로의 생각을 하나로 줄이는 명상법이기 때문이다.

1) 간화선(看話禪)은 세속의 논리로는 푸는 것이 불가능한 '화두'1788)를 이용하는 명상법으로 12세기 중국 남송의 선승인 대혜종고(大慧宗杲)가 제창하였다. 간(看)은 보는 것을, 화(話)는 화두를 의미한다.1789) 혼법(魂法)에 속하기는 하나 말길과 생각의 길이 끊어진 화두를 참구하고 마침내 이를 타파함으로써 끝내는 마지막 생각마저 없애고 본래의 성품자리인 자성(自性) 또는 본래부처를 견성(見性)하는 방법이다. 또 간화선에서는 '중생이 참선하여 부처가 되는 것이 아니라 중생이 본래 부처이기 때문에 부처의 자리에서 자기를 보라'고 하는데 이렇게 말하면 관법 즉 영안을 발동시켜 영이 혼을 관(觀)하는 명상법이 되니 간화선은 영법(靈法)의 면모를 갖는다.

2) 수식관(數息觀)은 호흡에 의식을 집중하는 명상법으로 부처님도 하시던 명상법이다. 호흡의 수를 센다1790)하여 수식관이지만 만트라를 읊조릴 수도 있고 이름을 욀 수도 있다. 그러나 그로 인해 주의가 다른 곳으로 흩어지면 안 된다.

3) 초월명상(transcendental meditation, 집중명상)은 특정 단어나 만트라를 읊조리는 명상법으로 힌두에서 기원하였다. 1960년대 인도의 마하리시 요기(Maharishi Yogi)가 서양 사람들 취향에 맞게 변형하여 많은 인기를 끌었다.

1788) 화두(話頭)는 뜬구름 같은 것이지만 아무 의미 없는 말은 아니다. 뜬 구름을 보고 각인이 각색으로 해석할 뿐이다. 그렇다면 영화(靈火)라는 화두는 어떨까?
1789) 간화선은 唐代 조주종심(趙州從諗 778~897)선사의 '개에게는 불성이 없다(狗子無佛性)'라는 무자(無字)화두에서 그 기원을 찾을 수 있다. 큰스님과 제자들이 모여 문답을 통해 의문을 풀어 깨침에 이르는 수행법이다.
1790) 요가의 수식관에서는 호흡을 길게 들이쉬며 다섯을 센 다음 숨을 참으며 다섯을 센다. 다시 길게 내쉬면서 다섯을 센다. 숨을 멈춘다고 하여 지식(止息)법이라고 한다. 또 단전호흡에서는 보통 길게 들이쉬며 다섯을 세고 길게 내쉬면서 다섯을 세라고 하는데 연정원에서는 구체적으로 1분간 내쉬고, 1분간 들이쉬라고 권고한다. 원불교는 정전인 '좌선법'에서 조식법에 대하여 이르기를 '호흡을 고르게 하되 들이쉬는 숨은 조금 길고 강하게 하며, 내쉬는 숨은 조금 짧고 약하게 하라'고 한다. 대종교는 '진리훈'에서 성통공완(性通功完)의 비결이자 홍익인간의 지침으로서 지감(止感), 조식(調息), 금촉(禁觸)의 삼법수행(三法修行)의 수행법을 이야기한다. 고엔카의 위빠사나에서는 위빠사나 전단계로 아나빠나(Ānāpāna)라는 수식관을 말하는데 여기서는 호흡조절을 금지하고 그저 살펴볼 것을 권한다. 문자 그대로 호흡의 수를 세는 방법도 있다. 주의를 흐트러뜨리지 않기 위해 보통 8번 이내로 센다. 수식관(數息觀)의 실행 시 짧은 기도문을 사용하는 것도 좋다고 본다. 그러나 이 또한 그로 인해 주의가 흩어지면 안 될 것이다. 예를 들어 가톨릭의 경우 성모송을 약간 변형하여 들숨과 날숨 그리고 그 사이에 배치하여 수(數)로 사용할 수 있다.

관법(觀法, vipassanā)

'관(觀)'은 지금 이 순간 이곳에서 일어나고 있는 사실에 대해 열린 마음으로 판단하지 않고 고요히 살펴보는 명상법이다. 현재 순간의 마음을 챙긴다는 뜻으로 염처(念處, 四念處)1791), 정념(正念), 위빠사나(vipassana)[302] 등으로 표현한다. 지법(止法)보다 낮은 주파수(θ波인 4~8Hz)의 뇌파를 보인다.

표준이론으로 볼 때 觀의 주체는 영이요 객체는 혼이다. 영이 혼을 관(觀)하여 이를 더욱 깊은 평정상태(upekkhā)에 들게 하는 영법(靈法) 명상이다. 영이 혼을 관찰하면 우선 '혼의 관찰자효과'가 나타나 혼은 평정상태에 들게 되고, 그 평정상태가 반복되어 평정이 혼에 스미면 그 혼은 청정무구하게 된다. 바로 '혼의 청정효과'다. 이로써 혼(아뢰야식)은 정신체가 맑아지고 양심체는 크게 자라 이윽고 청정식(아말라식)으로 변화한다.

관법(영법)은 보통 통찰명상이라고 부른다. 그렇다면 표준이론의 '깨어있기'는 통찰명상의 '평정상태(upekkhā)와 관찰(Sampajañña) 그리고 알아차림(Sati)'의 일상화. 혼은 관찰당하면 행동이 바뀐다. 성숙해지고 조용해진다. 이윽고 습관이 되면 관찰 없이도 행동이 바뀐다. 그것이 자아수준의 발전이다.1792)

한편 선종에서 간화선(看話禪)이 지법이라면 묵조선(黙照禪)은 관법에 속한다.1793) 묵조선은 면벽(面壁)하여 묵묵히 말을 잊고 본성(本性)을 찾아 관찰함으로써 밝은 본성이 깨어나 자아를 장악하게 하는 정좌간심(靜坐看心)의 명상법이다. 선수후오(先修後悟)의 정신으로 갑작스런 대오(大悟)를 바라지 않고 마음을 비워 자기 속에 내재하는 본래의 청정한 자성을 찾아 거기에 머무는 선법이다.

명상의 방법이 하도 분분하여 불설을 빌어 정리하여 보았으나 명상은 불립문자(不立文字)다. 그 구분은 별 의미 없다. 불교에서도 지와 관을 구분하기는 하나 그

1791) 몸(身)과 감각(覺)과 마음(心)과 법(法)의 4처에서 일어나는 변화를 관찰함으로써 깨달음에 이르는 명상법으로 수행자의 특성에 따라 적합한 방법을 선택하여 어느 하나만이라도 성취하면 해탈에 이른다. 이 네 가지에 대하여 념(念, 관찰, Sampajañña)하는 것은 위빠사나에서도 동일하다.
1792) 표준이론에서는 지(止)보다 관(觀)의 명상법을 지향한다. 지법(止法)은 결국 관법(觀法)을 위한 전단계의 명상이다. 혼의 관찰자효과는 관법에서 더욱 유효하다. 생각을 하나로 모으려는 지법(止法)의 시도는 노는 아이를 묶어 두려는 방법이고 관법(觀法)은 아이를 이해하고 사랑으로 관찰하여 아이가 스스로 부모의 곁을 떠나지 않고 그 명령에 복종하게 하려는 방법이다. 관법은 영과 혼의 구조를 이해함으로써 더욱 효과적인 수행법이 된다.
1793) 간화선(看話禪)과 묵조선(黙照禪)은 모두 남종선으로 문자를 쓰지 않고(不立文字), 교설 밖에서 따로 전하며(敎外別傳), 곧바로 사람의 마음을 가리켜서(直指人心), 자신의 본래자성을 보아 성불하는(見性成佛) 선법이다. 간화선은 임제종, 묵조선은 조동종의 선법이다.

구분이 모호하다. 간화선도 그러하나 수식관 역시 지법이지만 사념처(四念處) 명상으로 사용되어 관법에서도 중요한 수행법이다.1794) 수식관은 사마타와 위빠사나에 모두 포함되는 수행법이라는 것이다.

명상의 방법과 장소는 중요하지 않다. 그것들이 도움은 될 것이나 전부는 아니다. 중요한 것은 명상은 '깨어있기'이고 깨어있기는 명상의 일상화다. 이는 사상마련(事上磨鍊)과 면벽(面壁)의 관계다.

12.4.4. 십년공부 허사

명상이든 참선이든 선도든 요가든 기도든 학습이든 궁구(窮究)든, 모든 정(定)과 혜(慧)의 목적이 단지 마음을 비우는 희열을 맛보자는 데 있는 것이 아니고 그 마음을 다잡아 영의 수하에 두고 합일의 길을 가는 것에 있다. 10년 공부가 정신의 지식습득이나 양심의 지혜터득에 그칠 뿐 혼이 성내고 탐하는 탐진치(貪瞋癡)를 못 벗어난다면 명상이고 깨달음이고 다 헛짓이다. 영은 공염불이요 혼은 도로 아미타불일 뿐이다.

명상이나 요가의 쿤달리니나 선도술로 얻는 기량(氣量)이 무협지의 무공(武功)과 같고 도력(道力)과 같다면 어찌 그것이 영적진보이겠는가. 그것은 건강증진, 지식습득, 기껏해야 의식발전과 지혜터득의 테크닉에 불과하다. 매일 매일의 수행(修行)이 매일 매일의 탐진치 죽이기로 실천되지 않으면 아무 소용이 없다. 지혜의 실천없이는 혼은 진정한 깨달음을 얻지 못한다(2.3.2. 참조). 선과 명상으로 우주의 이치를 깨우쳐 무량(無量)한 지혜를 얻어 본들 혼이 이에 자복(自服)하고 실천하지 않으면 六道輪回의 수레바퀴(Bhavachakra)에 갇힌 '영원한 순례자' 신세를 결코 면할 수 없다. 어쩌다 영이 돈오(頓悟)하였다 하여도 이는 우선 영의 발전을 의미할 뿐이다. 오수는 병행되어야 한다(悟修竝行). 돈오가 혼의 점수(漸修)로 이어져 혼이 생활에서 탐진치를 극복하고 변화를 이룩하는 데에 명약으로 사용되지 못하면 깨달음은 혼에게 아무 소용이 없다. 이때 영도 '절반의 승리'밖에 얻지 못한다. 무릇 각 敎界 지도자와 글줄깨나 써서 사상가요 구도자라고 숭상받는 이들 중에 소유욕과 명예욕에 휘말려 개망신은 별도로 하고 십년공부를 허사(虛事)로 돌린 이가 얼마나 많은가?

1794) 부처가 되는 37가지 수행법인 37조도품(三十七助道品)에서 맨 먼저 하는 수행이 身受心法의 사념처이고, 사념처의 첫 번째가 감각관찰명상인 신념처관이며, 신념처관의 처음이 호흡관찰로 이는 수식관과 대차없다(위키백과, '사념처' 참조). 또 37조도품의 마지막이 팔정도이고 팔정도의 마지막이 정정(正定)이니 처음과 끝이 모두 명상인 셈이다.

불설에 탐진치 삼독번뇌의 장애(障礙)는 번뇌장(煩惱障)이요 지적오만이나 덜된 깨달음을 과시함(增上慢)으로 인한 장애는 소지장(所知障)이라고 한다. 전자는 아집(我執)의 우두머리요 후자는 법집(法執)의 우두머리다. 오죽하면 증상만(增上慢)이 번뇌와 같은 반열의 타파해야 할 장애(障礙)리스트에 올랐겠는가.

헉슬리(Aldous Huxley)는 그의 저서 「영원의 철학」에서 "자아는 스스로를 소멸시키기 위한 각고의 노력 도중 역설적이게도 자아의 존재를 더 굳건하게 만들기도 한다. 겸손(謙遜)이야말로 이런 '역설적 상황'을 돌파하게 만들어 준다."라고 주장하였다. 역설적 상황이 왜 나타나는지에 대해서는 성찰이 부족하였지만 그 심각성은 인지한 것이다.

켄 윌버는 '역설적 상황'의 원인을 '의식의 상태'와 '의식의 구조' 사이의 심각한 불균형 때문에 생기는 현상이라고 진단한다. 즉 자신의 의식상태에 상응하는 경험과 그것을 해석하는 의식의 구조 사이에 불균형이 생기기 쉬운데, 경험을 해석하고 적용시키는 데에서 수준이 떨어지는 경우에 위의 현상이 발생한다는 것이다.

또 심리학과 영성을 통합한 미국의 임상 심리학자 존 웰우드(John Welwood 1943~2019)는 높은 영성(靈性)을 이유로 혼의 저질적 욕망과 감정을 아무것도 아닌 것처럼 치부해버리거나 초월하려는 '영적우회(Spiritual Bypassing)' 때문에 그 역효과로 고승들에게서 자기애, 자만심 그리고 대인관계의 불안정성이 나타난다고 한다.

그러나 이는 이미 명언한 바와 같이 영이 어렵사리 道를 깨달아 얻었으나 혼은 이를 영에게 들어서 알 뿐 실천이 없어 아직 자신의 것으로 체화(體化)하지 못함으로 인해 그 도가 아직은 '남의 道'이기 때문이다. 이걸 가리키는 수많은 속담이 있다. 개발에 편자니, 돼지 목에 진주목걸이니, 구슬이 서 말이라도 꿰어야 보배라느니 하는 것들이다.

12.5. 삶 속의 죽음

12.5.1. 카르페 디엠(Carpe diem)

영양부족으로 수명도 짧고 각종 질병과 재해, 전쟁 등에 속수무책으로 노출되어 살았던 고대나 중세의 삶은 지금보다 훨씬 죽음에 대한 공포의 총량이 컸을 것은 자명하다. 그러나 그러한 만큼 사람들에게는 죽음이 금기어(禁忌語)는 아니더라도 가급적 잊고 살려는 심리가 지대하였다. 동양에서는 공자의 입을 통해 미지생언지사(未知生焉知死)라며 '삶도 모르는데 어찌 죽음을 알겠는가'라는 말이 나왔고 道家 또한 외단과 내단으로 삶을 우선으로 추구하였다. 서양에서도 카르페 디엠(Carpe diem)1795)이 원전의 의미와는 상관없이 오랫동안 사람들의 케세라세라(Qué será, será)적 심사를 표현하였다. 비록 동양에서는 사자의 서, 서양에서는 아르스 모리엔디(Ars Moriendi) 같은 왕생술(往生術)이 유행일 때도 있었으나 '메멘토 모리(Memento mori)'1796)가 수도자들의 담론에 그쳤던 것처럼 죽음의 담론은 중생들에게는 모두 귓전을 스쳐 지나가는 이야기였다. 어느 때고 제례나 제사를 통하여 사자와 죽음을 가까이하는 시간과 의례는 있었으나 이는 죽은 자를 위로하고 죽음을 각성하려는 목적보다는 사자나 신령에 기대어 삶의 행복을 도모해 보려는 축제적 의미가 더 컸음을 부인하기 어렵다. 게다가 20세기 들어 의술 발달로 수명이 비약적으로 늘어난 이후 죽음은 인간들의 삶에서 다시 몇 걸음 뒤로 물러섰다. 얼마 전까지만 하더라도 죽음을 대문 밖에 두고 살았던 우리나라도1797) 갑작스런 물질문명의 혜택 속에 마찬가지 상황이 되었다. 결국 오늘날 '죽음'이란 단어는 사실상 금기어가 되었다.1798)

12.5.2. 죽음에 대한 방어기제

의술발달로 수명이 고작 몇십 년 늘었다고 정말로 죽음이 인간들의 삶에서 뒤로 물러섰을까? 오늘날 사람들의 인생에서 고통이 줄어들고 대신 즐거움이 커졌으며 게다가 수명까지 길어진 만큼 현대인에게 죽음을 잊고 심지어 맘 편하게 무신(無神)으로 사려는 심리가 더욱 커진 것은 아닌가?尾303)

1795) Carpe diem은 고대 로마의 시인이자 에피쿠로스 학파인 호라티우스의 라틴어 시 한 구절로부터 유래한 말이다. 현재를 잡아라(Capture the day)라는 말로 '이 순간에 충실하라'는 뜻이다. 그러나 쓰이는 의미는 반대로 'Enjoy while you can' 정도다.
1796) Memento mori는 '당신은 반드시 죽어야 한다는 것을 기억하십시오'라는 의미의 라틴어로 예술과 영성에서 지상쾌락의 일시성을 환기시키기 위하여 사용하였다. '죽음을 기억 또는 기념한다'는 개념은 여러 문화권에 다양한 형태로 나타나는데 동양의 각종 제사가 그러하고 서양의 할로윈 데이나 부활절의 재의 수요일이 그러하다. 또 장례 예술이라는 장르도 탄생시켜 조각으로는 winged skull이나 crossbones, 회화에서 해골, 모래시계, 시든 꽃 등을 정물에 등장시키는 기법 등으로 나타났다.
1797) 5.5.1. '우리나라의 민속 저승관' 참조
1798) 소설가 베르베르(Bernard Werber 1961~)는 부럽게도 죽음의 문제를 가지고 크게 성공한 몇 안 되는 소설가다. 그러나 그도 한때 어려움이 있었나보다. "예전에 이러저러한 일로 (죽음의 문제에 대하여) 많은 지식을 얻었지. 나는 그 지식을 다른 사람들에게도 전해주고 싶었어. 하지만 그런 선물에 관심을 보이는 사람은 거의 없다는 것을 알게 되었지. 받을 준비가 안 된 사람에게 아무리 좋은 것을 준들 무슨 소용이 있겠는가. 그래서 나는 누군가가 읽어주기를 바라는 마음에서 편지를 병에 담아 바다에 던지는 심정으로 모든 것을 원고에 담아 세상에 내놓았네. 내 글의 가치를 알아볼 수 있는 사람들은 나를 만나지 않더라도 그것을 받아들일 것이라 믿네." 이는 그의 소설 「신」의 한 구절이다.

고금을 통해 죽음의 공포에 대항하기 위하여 사람들이 동원하였던 방어기제(防禦機制)에 대하여 알아본다.1799)

1) 뭐니 뭐니 해도 우선 무명(無明)을 들 수 있다. 무명은 다양한 측면에서 죽음의 공포를 가려준다.
(1) 무명은 개체성에 기인한다.1800) 그렇다면 무명은 개체성을 가진 사람의 혼이 지고 가는 숙명이다. 무명은 상즉상입의 일원(一元)은커녕 죽음마저 '검은 구름의 터진 틈으로 언뜻언뜻 보이는 푸른 하늘'처럼 이고 살면서도 못 보는 진실로 만든다.
(2) 소유와 명예욕에 기인한 14가지 감정(14情)도 단단히 한몫한다. '喜怒哀樂 愛惡欲 懼憂憎思 悲驚恐'에 온통 사로잡히면 머리에 죽음의 공포가 들어올 틈이 없다.
(3) 무명이 불러오는 삼독(三毒)과 오개(五蓋) 나아가 83,000 번뇌 역시 죽음을 잊고 살게 한다.1801)

2) 그 누가 죽음을 겪어 보았나. 그 누가 죽음을 제대로 아는가. 죽음은 직접 겪어 봐야 아는 것이니 말도 걱정도 소용없다는 불가지론(不可知論)은 훌륭한 죽음의 방어기제다.

3) 언젠가는 결국 죽을 것이다. 피할 수도 없는 일을 미리 고민하고 두려워해 봐야 무슨 소용이 있는가라는 자포자기(自暴自棄)주의 역시 강력한 기제다.

4) 나만 죽는 것도 아니고 모든 사람이 당하는 죽음이 뭐가 무서우랴. 백짓장도 맞들면 낫다 하니 죽을 때가 되면 한 손으로 거들면서 대충 동참하면 된다. 이는 영생하든 소멸하든 사람이라면 다 같은 처지일 것이니 누구 똑똑하고 절실한 사람이 나 대신 알아서 해결해 주겠지 하는 무책임(無責任)주의다. 이 같은 현상이 전쟁터에서 발생하면 무감각(無感覺)주의가 된다.

5) '삶에서 나를 지켜 주는 내가 속한 조직'의 논리와 가르침에 동조의식(同調意識)으로 맹종하는 조폭논리도 만만치 않다.1802)

1799) 열거하는 방어기제 중 하나에만 의지하는 것이 절대 아니다.
1800) 무명의 공식은 [개체성 확보 → 자의식 발생 → 이기심과 자존심 등장 → 소유욕과 명예욕으로 구체화 → 무명 발생]이다(미주 151 '표준이론의 무명(無明)' 참조).
1801) 5연기설에 의하면 [무명 → 망상 → 번뇌 → 苦 → 마음의 병]이다(미주 6 '마음의 병과 苦 그리고 번뇌' 참조).
1802) 1. 동조(同調, conformity)는 동조를 부르고 세력이 되고 권력이 된다. "나보다 똑똑하고 존경할 만

6) 삶도 제대로 이루지 못하는 판에 죽는 문제는 죽은 후에 일이라는 공자님의 미지생언지사(未知生焉知死)尾304)주의 또는 부처님 식의 독화살주의도 의도치 않게 큰 몫을 한다.1803)

7) 하루살이나 매미 성체(成體)의 삶의 목적이 번식이듯, 연어가 알을 낳고 몸을 버리듯, 자손을 통해 새 몸을 얻는다는 집단생명주의, 또는 개별세포는 전체 몸의 일부이므로 개체는 전체를 위해 산다는 군혼(群魂)철학도 있다.1804)

8) 좋은 일을 많이 했으니 천당에 갈 것이라는 맹목적인 종교적 믿음, 또는 지옥에 가더라도 적어도 영생불사이니 소멸보다는 낫다는 배짱철학도 좋은 방어기제 역할을 한다.

9) "우리가 살아있는 때에는 죽음이 우리와 함께 있지 않으며, 죽음이 오면 우리는 이미 존재하지 않는다. 고로 죽음은 아무것도 아니다."라는 에피쿠로스(Epicurus)적 자기기만주의.尾305) 이건 사실 논리도 기제도 아니나 인구에 그토록 오래 회자된 것을 보면 그럭저럭 쓸 만한 모양이다.

10) 개똥밭에 굴러도 이승이 낫다는 이승에 대한 엄청난 집착이 낳은 터무니없는 죽음 외면(外面)주의. 이는 위 1)의 소산이다.

11) 실존(實存), 진리, 인생의 목표, 세상과 인간 행동의 의미 등을 인정하지 않고 삶은 무(無, nihil)로 의미가 없으니 죽음도 의미가 없다고 부르짖는 니힐리즘(nihilism).尾306) 이는 마야의 심오한 철학을 삶의 현장에 끌어온 싸구려 기제다.

12) 사는 것이 곧 고통이고 병이니 기회 되면 죽는 게 낫다는 염세주의(厭世主義).

한 두목이 죽는 것 걱정 말고 일어나 잘하라는데 그 말을 따라야지. 다들 죽는데 나라고 못 죽을소냐. 무서워한다고 안 죽나?"라는 식이다.
2. 개인이 집단에 속해서 그 구성원 역할을 수행할 때 집단은 개인이 그 태도를 형성하는 데 있어서 준거의 역할을 하거나 혹은 규범을 통해 개인의 행동을 강제한다. 이와 같이 집단의 압력에 의해 개인이 태도와 행동을 변화시키는 현상을 '동조 현상'이라고 한다.
1803) 전유경, 법화경 등에 14無記와 함께 전하는 부처님의 '독화살의 비유'는 "독화살을 맞은 자는 독화살을 빨리 빼내고 독을 치료하는 것이 중요하지, 독화살이 어디서 날아왔는지, 독화살의 재료가 무엇인지 알아서 무엇 하겠는가?"라는 것으로 공자님의 '未知生焉知死'와 같은 취지다(미주 142 '불교의 창조주와 영 그리고 혼' 참조). 그런데 부처님도 공자님도 참으로 안타깝다. 우리는 삶을 통해 독화살이 무엇인지, 죽음이 무엇인지 알아보려고 세상에 왔는데 말이다.
1804) 일본 신도(神道)나 유교의 조상신에 대한 믿음도 크게 보면 여기에 속한다.

13) 혼은 레테(Lethe)강물을 마시고 태어난다. 즉 혼이 몸뇌에 구속되어 있을 때는 전생을 기억하지 못한다. 그러나 레테강물의 약효가 약한 때가 있다. 유아기(乳兒期)와 변성의식 중 초기 렘수면, 깊은 최면, 유체이탈, 근사체험 등 혼뇌의식의 때다. 이런 때에는 간혹 전생의 기억이 몸뇌의 현재기억으로 새어 나올 수 있다. 그런데 이러한 경우가 아닌 각성 시에도 혼은 혼뇌의식의 잠재적 영향(소위 무의식적)으로 사후와 전생에 대한 막연한 믿음이 있어 죽음에 대한 두려움이 감쇄된다. 사실 이 이유가 죽음을 두려워하지 않는 가장 큰 것일지도 모른다. 혼뇌의 기억이 현재화되지는 못하더라도 혼은 죽음이란 없다는 것을 무의식적으로 알고 있는 것이다.

14) 물질주의가 만연하다 보니 물질적 삶에 철저히 중독되어 소유에 대한 집착이 너무 강해지고 마침내 에리히 프롬(Erich Fromm 1900~1980)이 우려한바 존재와 소유가 전도된 '소유가 존재(To Have is to Be)'라는 主義가 창궐하였다. 이 역시 위 1)의 아류다.

15) 자연이 생명을 만들어 내는 근원적 충동인 '삶의 의지'는 생명의 주기(週期)를 이어가는 것 이외의 다른 목적이 없으므로 여기에서 기인하는 목숨연장은 아무런 가치도 없다는 쇼펜하우어적 염세주의(厭世主義). 그런데 이 논리가 과연 몇 사람에게 연명(延命)의 쏠쏠한 방어기제가 되었을까?

16) 죽음의 공포가 너무 커서 아예 생각하지 않으려는 무조건적 죽음회피주의.1805) 이는 지니기에는 너무 처절한 방어기제다. 그러나 우리 모두에게는 이런 부분이 조금씩 있다는 것을 부인하기 어렵다.

17) 짐승이 죽음을 의식하지 못하는 것처럼 아둔해서 죽음을 모르는 무대뽀(無鐵砲).1806) 이 역시 무명에서 기인하는 1의 아류다.

18) 의식은 진화에 의해 자연발생한 육체의 전기작용이니 죽음이란 전기가 나가는 것일 뿐 두려워할 대상이 아니라는 과학교적 믿음.1807) 사실 이는 다른 방어

1805) 건물에 四層이 아예 없다. 死層이라는 것이다. 서구문물이 들어오더니 13층도 없어졌다. 예수님이 돌아가신 날짜라서 그렇단다. 13일의 금요일이라면 기겁을 한다. 예수님을 제대로 믿으면 십자가의 救贖에 오히려 감사하여야 할 애니버서리일텐데 말이다.
1806) 1.5단계 이하 수준의 자아
1807) 1. 과학적 허무주의라고 한다.
2. 사람들이 진화론에 열광하는 이유는 과학적 허무주의와 별 관계가 없고 오히려 3번이나 4번 케이스에

기제를 사용하면서 직업상 또는 멋져 보이려고 겉으로 내세우는 허울이다. 이것만으로는 오히려 수명 단축기제다.

19) "신을 믿고 살았는데 죽고 보니 신이 존재하지 않는다면 잃을 것이 없고 반대로 신이 존재한다면 천국에 간다. 그런데 신을 안 믿고 살았는데 죽고 보니 신이 존재하지 않으면 역시 잃을 것이 없는데 만일 신이 존재한다면 지옥에 간다. 그렇다면 계산상 믿는 게 훨씬 이득이다."라는 '파스칼의 내기'에 기댄 얼치기 신앙. 귀여운 아이디어이기는 하나 기제로 쓰기에는 별로일 듯하다.1808)

20) 종교나 사상에 조종당하여 사람이나 귀신 또는 이데올로기에 마음을 빼앗긴 맹신자와 광신자.1809)

21) 사후세계가 존재하고 영혼은 영생한다는 여러 종교와 사상. 특히 윤회론耗307)은 정신문명적으로 가장 선진(先進)한 방어기제다.

여기 나열한 방어기제 이외에도 여러 가지가 기제가 더 있을 것이다. 이러한 방어기제들은 점점 많아지고 그 심도도 깊어지며 오늘날 모두 매우 효과적으로 작동한다. 게다가 사람들은 어느 한 가지 방어기제만을 사용하지 않는다. 유사한 여러 기제를 동시에 사용하며 또 자신도 모르게 서로 모순되는 기제를 끌어다 사용한다.

이제 탁낫한 스님처럼 시체를 바라보고 사는 사람은 없다. 오히려 죽음은 상품화되고 희화화(戲畫化)되어 삶에 짓밟히고 있다. 웬만한 액션영화는 최소 50명 이상 죽어 나가야 팔린다. 그리고 죽어 나가는 방법이 남달라야 평점이 높아진다. 뉴스도 마찬가지다. 그저 그런 교통사고나 살인사건은 뉴스거리도 아니다. 나의 죽음

가깝다.
1808) 1. 수학자이자 철학자인 파스칼(Blaise Pascal 1623~1662)의 '내기(wager)'는 예수님을 믿지 않으면 모두 지옥에 간다는 기독교리를 전제로 하니 불합리한 진술이다. 그러나 다음과 같이 바꾸면 합리적인 진술이 된다. (사실 파스칼은 이렇게 말하고 싶었을 것이다) "착하게 살았는데 죽어 보니 신이 존재하지 않는다면 잃을 것이 없고 반대로 신이 존재한다면 천국에 갈 가능성이 커지니 이득이다. 못되게 살았는데 죽어 보니 신이 존재하지 않으면 역시 잃을 것이 없는데 신이 존재한다면 천국 갈 가능성이 거의 없다. 그렇다면 계산상 착하게 사는 게 훨씬 이득이다."
2. 그런데 이런 생각을 가지면 죽음의 공포가 사라질까? 이는 '신이란 없다 하고 악하게 살다가 죽었더니 신이 있으면 바로 지옥간다'라고 겁주어 착하게 살라는 경구일 뿐이다. 그러나 이 말이 '저 똑똑하다는 파스칼이 신을 확인하고 한 말일 테니 신도 있고 영혼도 있나 보다'라고 느껴져 믿음이 간다면 신보다 파스칼을 믿는 꼴이 되어 자존심이 좀 상하지 않을까?
1809) 혼을 타인에게 장악 당하면 공포심의 주체가 없어지니 죽음이 두렵지 않다.

이 아니고서야 죽음다운 죽음은 없는 세상이다.(尾308) 심지어 나의 죽음도 스스로에게 도매금이 될 수 있다. 자살률(尾309)이 높은 우리 사회가 그 표본이다. 인생의 목적이, 아니 윤회의 목적이 죽음을 초월하는 경지의 달성이라면 호모사피엔스는 이제 지구에서 폐종(閉種)해도 될 경지다.

12.5.3. 퀴블러-로스의 DABDA모델

이와 같은 방어기제들은 건강하게 살 때에는 제법 효과가 있다. 그러나 대부분의 사람들은 막상 죽음에 닥치면 퀴블러-로스의 '분노의 5단계'를 거친다. 즉 죽음 앞에 서면 누구나 부정(Denial), 분노(Anger), 타협(Bargaining), 우울(Depression)의 단계를 거쳐 마지막에는 어쩔 수 없이 결국 죽음을 수용(Acceptance)하고 죽게 된다는 것이다.[1810]

참으로 구차하고 서러운 이야기지만 퀴블러-로스의 제창(提唱) 이후 수없이 검증된 이론이다. 예외 없는 법칙 없다고 나는 절대 그러하지 않으리라 하지만 난다 긴다 하는 전배들도 다들 그러다 죽었다 하니 나라고 예외를 둘 일은 일단 아니다. 그러나 정도의 차이는 분명 있으리라. 특히 위에 거론한 방어기제들의 종류에 따라 큰 차이가 나타난다. 종교나 윤회사상, 직관, 은총 등을 통해 사후에 대한 신념을 쌓아 온 사람은 전(前) 4단계를 쉽게 지나 죽음을 기꺼이 수용할 것이고 염세나 허무주의, 동조의식, 이승집착 특히 과학교 그것도 남의 과학교를 방어기제로 삼고 삶을 살아온 사람들은 고통스러운 과정을 거치거나 심지어 마지막 수용(Acceptance)단계를 밟지 못하고 죽게 된다.

원불교 대종경(大宗經)에 이르길 "나이가 사십이 넘으면 죽어 가는 보따리를 챙기기 시작하여야 죽어 갈 때에 바쁜 걸음을 치지 아니하리라." 하였다. 또 '有終의 美'라는 말도 있다. 그가 어떤 삶을 살았는지는 마지막 가는 모습을 보면 알 수 있다. 뭇 사상에서 이구동성하기를 사람은 죽을 때 모습으로 다시 태어난다고 하며 잘 죽는 사람이라야 잘 나서 잘 살 수 있다고 하니 DABDA를 흠잡기 전에 이를 거울삼아 자신의 죽음에 대비하여야 마땅할 것이다.

[1810] 분노의 5단계(five stages of grief) 이론은 엘리자베스 퀴블러-로스가 거론한 죽음과 관련된 임종 연구(near-death studies) 분야의 이론이며 죽음과 무관히 '분노의 이론'으로도 널리 회자된다. 퀴블러-로스 모델(Kübler-Ross model), 또는 머리글자를 따서 DABDA모델이라고도 한다. 물론 예외없는 법칙이 없다고 해당 없는 사람도 있을 것이며 학자들 중에는 퀴블러-로스의 DABDA이론을 무시하거나 폄훼하는 자들이 적지 않다. 그러나 오히려 그의 이론을 겸허히 받아들여 장차 죽음을 마주하였을 때 부정(Denial), 분노(Anger), 타협(Bargaining), 우울(Depression)의 네 단계는 바로 극복하거나 뛰어넘고 수용(Acceptance)의 단계로 직행하는 것을 삶의 지향으로 삼고 사는 사람들도 많다. 로스의 DABDA모델의 참된 의미를 알아본 각자(覺者)들의 태도라 하겠다.

12.5.4. 나이와 죽음

죽음에 대한 두려움은 나이가 들면서 감소한다는 보고가 있다.[1811] 이는 상식과는 맞지 않는 것처럼 보이지만 미국에서 실시된 연구에 따르면 이것이 팩트라고 한다. 이는 한국에서도 통하는 이야기다.[1812] 그런데 왜 노인이 될수록 오히려 죽음이 두렵지 않을까?

1) 주변을 보라. 늙을수록 이기심과 자존심이 커져서 온갖 노욕과 추태를 부리는 사례가 허다하다. 삶에서 유종의 미를 거두려는 사람은 오히려 찾기 힘들다.尾310)
2) 사람은 망각의 동물이자 환경적응의 달인이다. 오래 살수록 삶은 당연한 것이 되고 죽음은 죽은 이후에 대응하려 한다.
3) 죽음이 두려운 이유는 죽음 자체가 두려워서라기보다 아이러니컬하게도 남아 있는 삶의 시간이 아까워서이다. 젊어서는 남은 세월이 많아 더 죽음이 두렵다.
4) 체력이 떨어지고 건강이 나빠지면 사람은 더욱 몸에 구속되어 하위정신체인 이드가 세력을 얻는다. 자아의 수준이 낮아지는 것이다. 최악의 경우 독(毒) 짓는 늙은이가 된다.
5) 나이 먹으면 주위 사람이 한두 사람씩 죽어 나가면서 죽음이 현실로 다가오고 몸에 여기저기 병이 생기고 아파 오면서 죽음의 가능성이 점점 커지니尾311) 로스의 DABDA이론에 의하여 否認(Denial)이 발동한 것이다.
6) 하늘의 섭리 때문이다. 즉 나이 들어 죽음이 두려워지고 하늘이 무서워지면 다들 영성생활에 열심을 낼 것이고 그렇게 되면 모두 회개(悔改)하고 착하게 살아 천국에 갈 것이다. 그러나 섭리는 그 반대다. 하늘은 사람이 나이 들수록 죽음에 대한 두려움을 줄인다. 이러한 섭리를 간파하고 그럴수록 하늘을 두려워하고 조신(操身)하는 사람들만 금의환향의 영광을 얻는다.

나이가 들면서 죽음에 대한 두려움이 감소하는 바람직한 이유 하나가 있다. 즉

1811) 1. 옥스퍼드 대학 Cognition and Culture Lab의 Research Co-ordinator인 조나단 종(Jonathan Jong)의 보고서이다.
2. 한 연구에 따르면 40대와 50대는 60대와 70대보다 죽음에 대한 두려움이 더 크다고 한다. 또 다른 연구에 따르면 60대는 중년(35~50세)과 젊은 성인(18~25세)보다 죽음에 대한 불안이 덜하다고 보고했다. 또 다른 연구에 따르면 참가자의 죽음 불안은 20대에 정점을 찍은 후 나이가 들어감에 따라 감소하는 경향이 있다고 한다.
(theconversation.com/five-surprising-findings-about-death-and-dying-51923 참조)
1812) 국내 영혼학 권위자인 최준식 교수는 요양원에서 죽음학 강의는 의외로 인기가 없다고 한다. 죽음이 가까이 다가올수록 더욱 외면하려 하기 때문이라는 것이다. 따라서 그는 죽음에 대한 조기교육을 역설한다(최준식, 「죽음학 개론」, 93쪽 참조).

'수양이 깊어져서 죽음의 두려움을 극복하였기 때문'이다. 그러나 실지로는 그런 사람을 찾기 힘들다. 나이 들면 수양이 깊어지기는커녕 위의 여러 가지 이유로 그동안 쌓은 덕마저 까먹고 가기 십상이기 때문이다.

12.5.5. Hodie mihi, cras tibi

일본 사무라이들의 윤리교본인 하가쿠레(葉隱)에 이르기를 "사무라이라면 마땅히 매일 아침 일어나면 죽음을 연습하여야 한다. 죽음이 오늘 이곳에 있을지, 아니면 저곳에 있을지 모른다. 그러니 가장 멋지게 죽는 방법은 무엇일지를 미리 상상하며 오늘의 죽음을 대비하여야 한다." 오늘 이 아침이 마지막 아침일 수 있다는 다짐을 하고 하루를 시작하는 것이다. 그들은 또 벚꽃놀이(하나미, 花見)와 단풍놀이(모미지가리, 紅葉狩)에서 모든 것의 가장 찬란한 시기는 그것이 스러지기 직전이라는 철학을 배운다. 인간의 삶도 마찬가지다.1813) 오늘 이 좋은 날이 죽기에는 가장 멋진 날이라는 것이다.

로마의 어느 공동묘지 입구에는 '호디에 미히 크라스 티비(Hodie mihi, cras tibi)'라는 글이 새겨져 있다. '오늘은 나에게, 내일은 너에게'라는 뜻이다. 오늘은 내가 관(棺)이 되어 들어왔지만, 내일은 네가 들어올 것이라는 말이다.尾312)

사람다움 중 가장 고귀한 것이 바로 이것이다. 죽음을 그 무엇보다 두려워하면서도 이를 극복하고 기꺼이 맞이하는 자세. 그것이 용기의 발로이든 지혜로 인한 것이든 깨달음의 결과이든 인간이 가질 수 있는 최고의 능력이다. 삶의 목표가 이 능력을 얻기 위함이라고 한다면 틀린 말인가? 그런 의미에서 죽음과 관련하여 각 나이에 맞는 태도를 정의해 보면 어떨까?1814)

1813) wikipedia, Memento mori 참조
1814) 죽음에 대한 바람직한 자세를 나타내는 나이의 별칭을 만들어 보자. 모든 생명체는 태어남과 동시에 죽음을 피하려는 본능이 自動하니 10세 미만은 피사(避死)다. 나이가 10에 이르면 피사는 공사(恐死)가 되는데 사춘기에 달하면 에고가 극성하여 오히려 망사(忘死)한다. 20대가 되면 정신을 좀 차려 전배들의 도를 배움으로써 죽음의 정체를 밝혀보려고 지도(指道)하며 30에 배움을 종학(終學)하고 이후 40에 살 만큼 살았으니 삶을 지생(知生)한다. 그리고 50에 이르러서야 겨우 죽음이 뭔지를 지사(知死)하고 60에 드디어 혼이 영에 숭복하여 종영(從靈)한다. 70에 혼이 심순(心淳)해지며 80에는 마침내 친사(親死)하여 죽음을 맞으러 대문 밖으로 나간다(미주 43 '몸과 혼의 성장 속도와 분할환생' 참조). 참고로 공자님은 15세에 志學, 30세 而立, 40세 不惑, 50세 知天命, 60세 耳順, 70세 從心하였다고 하셨다(논어, 위정편). 그런데 공자께서는 未知生焉知死라 하였는데 40에 知生하고 50에 知死한다 하니 너무 수준이 높은 것 아닌가? 공자님의 미지생언지사가 無記였다면 좀 높기는 하지만 달성하지 못할 것은 없으리라.

12.6. 여러 사상에 나타나는 우주주기론

우주는 생겨나서 발전하다가 때가 되면 스스로 괴멸하여 없어지고 오랫동안 공허한 세월이 지나면 다시 생겨나는 역사를 반복한다는 주장이 우주주기론이다. 아리안족을 효시로 한1815) 이 주기(週期)의 담론은 여러 경로를 통하여 또는 자생적으로 많은 종교와 사상에 담겨 있다. 이러한 주기론의 발생 이유는 아마도

1) '시작이 있으면 반드시 그 끝도 있는 것이 진리'라는 생각에서 유추된 것이거나
2) 합일(合一) 이후에도 무언가 일이 있어야 할 것이라는 사변론적 강박(强迫) 때문에 발생하였거나
3) 모순과 부조리로 가득 찬 이 세계는 일시에 타파되고 새로운 세상이 세워져야 한다는 종말론적 천년왕국의 바람이거나
4) 문명이 끝없이 발전하면 하늘에 닿을 것이니 이런 일은 있어서도 있을 수도 없다는 기우에서였거나
5) 인간에게 '불멸이란 지루한 것'이고 '무한이란 감당할 수 없는 것'이기 때문에 이로 인해 생기는 두려움에 대한 처방이었거나
6) 영혼에 새겨진 현재의 우주 이전에서의 전생기억이나 영계에서 흘러나온 비전에 기원한 것이거나
7) 어느 공상가가 이야깃거리로 만든 것을 공연히 심각하게 듣고 철학을 입힌 것일 수 있다.1816)

아리안들의 종교인 조로아스터교와 힌두교 그리고 그 영향을 받은 불교, 헬라세계의 플라톤과 스토이즘, 유대교 그리고 중국의 도교와 유교의 성리학, 근세 이후 신지학 등 여러 종교와 사상에서 나타나는 우주주기론은 어디에서 기원하였는지

1815) 1. 인도 아리안문명의 원류는 고대 바빌론의 수메르문명이라는 설이 있다(미주 141 '지구에 나타나는 외계인들의 흔적' 참조). 조로아스터교와 힌두교에 공통적으로 나타나는 주기론 또는 종말론은 두 종교가 이웃하는 같은 종족의 종교이니 이것이 아리안족에서 연원한 것으로 볼 수 있는 근거로 보인다. 바빌론과 여기에서 영향을 받은 초기 그리스 문명(미주 98 '스토아학파' 참조)에도 주기론이 있었다(케빈 페리, 철학의 대답들, 190쪽 참조).
2. 16세기경 저술된 푸라나(인도 전통 문학장르, 여기서는 고대의 전승이란 뜻)는 주기적인 우주의 파괴 이후 두 번째 창조에 대하여 기술하고 있다(김은수, 「비교종교학개론」, 324쪽).
3. 힌두교의 삼신인 브라흐마(Brahma), 비슈누(Vishnu), 시바(siva)는 각각 창조와 유지 그리고 파괴를 담당하는 신이다. 인도에서 기원한 대표적인 眞言(주문, 만트라, 다라니)인 옴(AUM)의 세 글자 또한 창조와 유지, 파괴를 의미한다고 한다.
1816) 힌두의 우주주기론은 힌두의 창조신인 브라흐마의 일생에 견주어 신화(神話)적으로 표현되었다. 브라흐마의 하루는 1겁 즉 43억 2천만 년이기 때문에 우주는 43억 년마다 종말을 맞이하고 다음 날 다시 창조된다. 심지어 神話는 브라흐마의 수명이 100년이라고 하며 이는 인간시간으로는 311조 4천억 년인데 브라흐마가 죽으면 성주괴공도 끝난다고 한다.

그리고 어떠한 이유로 발생하였는지와 무관히 광대무비한 우주와 상상불능한 창조주의 경지를 표현하기 위한 것으로 피조계(被造界)의 대서사(大敍事) 중 하나다.

우주주기론과 문명주기론

인류의 역사와 작금의 인류문명을 살펴보면 주기론이 劫이 아닌 4萬 년 정도의 단위라면 개연성이 큰 담론이라는 것을 시사하는 상당한 심정적 증좌들이 있다. 현생인류는 호모 사피엔스의 한 아종인 '호모 사피엔스 사피엔스'로서 약 4만 년 전부터 지구상에 널리 분포되어 후기 구석기문화를 발달시켰다. 그렇다면 지구역사 46억 년에서 현생인류의 역사 4만 년은 약 1/100,000인데 하루가 60분×24시간=1,440분이고 초로는 86,400초이므로 현생인류는 지구역사를 하루로 보면 마지막 1초에 생겨난 셈이다. 이제 마지막 1초에 생겨난 인류가 지금 그 1초의 끝에서 천 년의 발전을 십 년에 이루어 내고 있으니 이 발전 속도에 1초만 더 주면, 다시 말해 지구가 인류에게 추가로 4만 년을 더 준다면 인류는 어찌 될까?[1817] 진화! 진화! 하면서 시간이 모든 것을 창조한 양으로 떠드는 인류에게 추가 4만 년은 어떤 결과를 가져올까? 인류의 4만 년 후는 상상이 불가하다. 지금 천 년 전의 백 배 속도로 문명이 발전한다면 백 년 후에는 지금보다 두 배, 세 배의 속도가 될 것이라 천년 후만 해도 천 년 전의 인류와 지금 인류의 차이가 아니라 원숭이와 지금 인류를 비교하듯이 하여야 할 것이니 4만 년 후의 인류의 삶이란 진정으로 상상이 불가한 것이다.

그렇다면 상상이 불가능한 인류의 4만 년 후는 그만두고 천 년 후의 인류는 어찌 될까?

1) 살만한 행성은 다 정복하여 온 우주로 자손을 퍼뜨려 번영을 누릴 것이다.
2) 짐승의 가슴을 그대로 하고 어마무시한 문명의 발전을 머리에 이게 되니 괴물이 되어 필시 그 전에 자멸할 것이다.
3) 문명발전에 한계가 있어 더 이상 큰 발전은 없을 것이다.
4) 갑자기 문명의 발전속도가 이리 빨라진 것은 종말이 다가왔기 때문이니 곧 (천년왕국이 도래하여) 물질계로서의 인류역사는 끝이 나고 오넉의 금성처럼 아스

[1817] 1. 현생인류(H. sapiens sapiens)의 4만 년을 문명인류(homo civilisátio)의 1만 년으로 바꾸어 생각해도 마찬가지다.
2. 지구 역사를 보건대 4만 년 정도의 시간은 별것 아니다. 인류가 스스로 자결하지 않는다면 지구는 인류에게 4만 년도, 8만 년도, 12만 년도 계속 줄 것이다.

트랄의 세계로 진화할 것이다.
5) 침략근성을 가진 인류의 문명발전을 두려워하는 다른 행성의 선진문명들이 그동안의 관망자세를 버리고 지구를 침략하게 되어 인류의 문명은 붕괴할 것이다.
6) 인간이 만든 사이보그, 아바타, 인공지능, 핵폭탄이나 인간 또는 자연이 초래한 환경오염, 기후변화 등이 인간을 견제하거나 지배하게 되어 문명의 발전은 더 이상 지속되기 어려울 것이다.
7) 영적 문명은 미천한 수준인 인류가 물질문명만 과다히 발전시켜 시공을 넘어 저승까지 침범하여 하느님의 노여움을 살 것이다.

위 예상 답안 중에는 다소 황당한 답이 끼어 있을 수 있으나 확실한 것은 수천 년이 지나기 전에 인류 문명에 무언가 상상하기 힘든 난관이 일어날 것 같은 느낌이 드는 것은 부인할 수 없다.1818) 그것을 우주주기론과 연결시킨다면 '宇宙주기론'이 '文明주기론'을 시사할 수 있어 이를 결코 노변잡담만으로 치부할 수는 없게 된다.

다중우주가설

한편 지구가 속해 있는 우리 우주 외에 또 다른 우주가 무수히 존재한다는 '다중(多重)우주가설'이 있다. 다중우주가설은 종류가 많은데 과학적으로는 '우주가 빅뱅 등 주기적인 사건으로 인해 생겼다 없어졌다를 반복한다는 주기적 다중우주가설'尾313)이 어느 정도 설득력을 얻고 있다. 이는 '우주주기론'에 과학적 근거를 제시하는 '과학적 우주주기론'으로 읽힌다. 우리의 우주말고도 다른 여러 우주가 무수히 그리고 동시에 존재할 수 있다는 평행우주론 등의 다중우주론은 자연과학자들이나 소설가들이 직업적 호구지책으로 자기 城을 쌓는 일이라고 보지만 '주기적 다중우주'는 과학적으로나 영성적으로나 그 개연성을 전적으로 무시할 수는 없다. 그렇다면 고대의 우주주기론은 '영혼에 새겨진 현재의 우주 이전에서의 전생기억이나 영계에서 흘러나온 비전에 기원한 것'일 가능성이 가장 크다.

태양의 수명과 혹성주기론

최근의 연구에 의하면 60억 년이 지나면 태양이 엄청난 크기의 적색거성으로 변하여 지구를 집어삼키게 된다고 한다. 그보다 빨리 20~30억 년 후쯤만 되어도

1818) 미주 148 '인류와 지구의 멸망이 가능할까?' 참조

태양은 지구의 평균 기온을 20도 가까이 상승시켜 사람 살기 어렵게 할 것이라고 한다. 우주주기론은 아니더라도 혹성(惑星)주기론은 최소한 성립하는 꼴이다. 따라서 주기론을 '進化의 질서로 150억 년을 용약(踊躍)하는 우주에 웬 退化의 궤변인가' 하며 타매할 수만은 없다고 본다.

여러 가지 우주주기론

먼저 인도철학을 위시하여 여러 사상에 나타나는 우주주기론에 대하여 알아보자. 인도철학의 우주론에 따르면 우주는 1칼파(劫)를 주기[1819]로 탄생과 소멸을 반복한다. 칼파(Kalpa, 劫)는 우주의 창조신인 브라흐마의 하루다. 1칼파는 43억 2천만 년인데 14개의 만반타라(Manvantara, 306,720,000년)[1820]로 이루어지며 1 만반타라는 다시 71개의 마하유가(大유가, 432만 년)[1821]로 구성된다. 1칼파는 결국 1,000개의 마하유가로 이루어진 셈이다. 주기는 그렇다 치고 성주괴공하는 우주의 단위는 무엇일까. 창조신인 브라흐마의 하루가 성주괴공의 단위라고 하는 것으로 보아 힌두에서는 브라흐마(brahma)가 여럿이 아닌 이상 전 우주가 성주괴공의 단위인 것으로 보인다. 인도의 주기론은 명실공한 '우주주기론'이다.

브라만교의 권위를 부정하며 파생한 불교의 우주론은 어떨까? 불교의 우주 역시 성주괴공(成住壞空)의 네 단계를 반복하는데 그 네 기간의 단위는 인도철학의 칼파(Kalpa)의 음사어(音寫語)인 겁(劫)이다. 우주와 수미산의 생성은 성겁(成劫) 때 이루어진다. 이후 번성하는 주겁을 지나 괴겁을 거치며 우주가 괴멸되고 다시 겁의 세월 동안 공겁이 진행되다가[1822] 이후 다시 중생들의 업력(業力)에 의해 허공에 바람이 불기 시작하며 성겁이 시작된다. 불교의 『구사론』은 한 번 성주괴공(成

[1819] 인도철학에서는 1겁(劫, 산스크리트어 Kalpa)이 우주생멸 주기인데 1겁의 길이에 대해서는 43억 2천만 년說, 86억 4천만 년說, 200조 년說 등이 있다. 한마디로 무한(無限)한 시간이다.
[1820] 만반타라(manvantara)는 한 명의 마누(Manu)의 통치시대로 약 3억 년인데 불교의 중겁(中劫, 약 3.18억 년)에 해당한다. 각 만반타라마다 일곱 리시스(聖者), 여러 신들, 한 명의 인드라와 마누 그리고 마누의 아들들이 만들어지고 모두 대홍수로 멸망한다. 우리는 겁(칼파)의 열네 개 만반타라 중 바이바스바스타(Vaivasvata) 마누에 의해 지배되는 일곱 번째 만반타라에 있다고 한다(위키백과, manvantara, 칼파 참조).
[1821] 마하유가는 다음의 네 가지 유가로 나뉘는데, 각 기간은 다음과 같은 특징이 있다.
   1) 사트야 유가 : 일명 황금시대라고 할 수 있다. 도덕적인 사람들만 있고, 세상이 평화롭다.
   2) 트레타 유가 : 정의가 약해진다. 법과 의무가 생기고, 제물을 바치는 제사가 생긴다.
   3) 드와파라 유가 : 정의가 쇠퇴하고 선과 악의 불균형이 커진다. 사람들이 괴로움을 당한다.
   4) 칼리 유가 : 암흑기이다. 오늘날 우리가 살고 있는 기간이며 불화와 전쟁이 이어진다.
[1822] 우주주기론이 있다 하여도 표준이론에서 공겁이란 없다. 세상에 아무 움직임이 없는 공일 때에는 시간도 공간도 없기 때문이다(12.8.2. '표준이론의 시간' 참조).

住壞空)하는 데 1,272,000,640년이 소요된다고 구체적으로 주장한다. 그런데 성겁의 과정을 보면 태초의 중생들의 업력(業力)이 허공에 바람을 일으키며 그 바람에서 풍륜(風輪)과 수륜(水輪) 그리고 금륜(金輪)이 생기고 이윽고 거기에서 수미산이 솟는다 하는데 그렇다면 업력이 푸루샤(Purusha)라면 허공의 바람은 프라크리티이니 삼키아의 우주론과 조금은 유사하여 불교의 주기론은 元典을 아주 벗어나지는 않았다. 다만 불교의 성주괴공 단위는 설명으로 보아 수미세계인 듯하다.1823) 수미세계가 은하계라면 '은하계주기론'인 셈이다.

기원후 3세기경에 도교 또한 주기론적 종말론을 발전시켰다. 도교의 주기론에 따르면 세계 주기의 끝에 대홍수가 나고 전염병이 돌며 이홍(李弘)이라는 구세주가 도래할 것으로 예언되어 있다.

카발리스트(kabbalist)인 옴람 아이반호프尾314)는 신이 자신의 원초 상태로 돌아오면 모든 피조물은 용해돼 사라지고 수면상태에 들어가게 된다고 한다. 그리고 우주의 해가 다시 뜨면 신이 깨어나 세계를 또 창조하게 되는데 그때의 창조가 어떤 것이 될지는 아무도 알지 못한다.1824) 아이반호프의 주기론도 그 대상은 전 우주로 보인다.

고대 그리스 지도에도 나타나는 뱀인 우로보로스(Ouroboros)는 자기 꼬리를 입에 문 모습으로 우주를 휘감고 있는 모습인데, 기독교 그노시스파나 헤르메스주의 그리고 연금술 등에서 종(終)이 시(始)로 되돌아오는 원 운동, 즉 영겁회귀나 우주의 창조와 소멸이 반복됨을 의미하거나 만물이 불순한 전일(원물질)에서 나와서 변용을 거듭한 후, 순수한 전일로 회귀하는, 창조, 전개, 완성과 구제의 뜻으로 사용되었다.

또한 헬레니즘 철학의 일파인 스토이즘(Stoicism)에도 우주주기론이 보인다. 불(化氣)에서 공기, 물, 흙과 같은 다른 물질들이 생겨났는데, 시간이 흐른 후 우주에 큰 화재가 일어나고 다시 모든 것이 불로 변하게 되므로 세계는 일정한 주기로 생성과 소멸(불로의 환원)을 반복한다는 것이다.1825)

1823) 삼천대천세계, 즉 佛土가 성주괴공의 단위라는 說도 있다. 수미세계의 형성론과 어울리지 않는다.
1824) 1. 옴람 미카엘 아이반호프(1900~1986), 「비전의 카발라」, 5장 세계의 창조와 발출 이론
2. 아이반호프의 주장은 최근 여러 사상이 서로를 배우면서 통합의 철학으로 가고 있는 현상에 기인한다. 사실 카발라는 원래 유대교보다는 영지주의에 가깝고 아이반호프의 카발라는 신지학에 가깝다. 율법서나 구약의 어디에도 천지의 재창조나 우주주기론을 암시하는 부분은 없다. 아이반호프 이전 카발라에서도 주기론은 찾아볼 수 없다.

신지학(神智學)은 인도철학의 우주주기론을 더욱 복잡하고 다양한 이론으로 변화시켰다.1826) 신지학의 주기론에 따르면 우주는 '만반타라'의 주기로 생멸을 반복하는데 권투시합처럼 라운드(Round)가 있어서 7라운드면 한 주기가 끝난다. 그 사이에 혼은 진화를 끝내고 고급영이 되어 7개의 길1827) 중에 하나를 택해 이 세계를 떠나야 한다. 못 떠나면 이 세계는 성주괴공으로 무너지고 다음 우주가 펼쳐지며 그때 그는 처음부터 다시 시합에 참가하여야 한다. 시합은 우리의 세계인 태양계 내에서만 이루어진다. 이 시합을 혹성체인이라고 한다. 지금은 4체인인 지구체인의 제4라운드다.

그러나 진화를 끝낸 혼이 다음 단계를 찾아 다른 세계로 떠나는 것이 아니라 물질 깊숙이 떨어져 화신(化身)하여 자신의 정신의 빛을 물질에 전해 주는 역(逆)진화과정에 참여한다는 주장尾315)도 있다.

신지학의 성주괴공의 단위는 태양계다. 천문과 우주물리학의 발달을 목도한 후 성주괴공을 논하는 신지학 입장에서 태양의 수명을 간과할 수 없었을 것이다. 그런데 1만반타라는 인도철학에서 306,720,000년인데 전술한 바와 같이 20~30억 년 후쯤 뒤에 태양이 지구의 기온을 20도 가까이 상승시켜 사람 살기 어렵게 할 것이라고 하니 혹성주기론을 주장하는 신지학이 만반타라가 아니라 칼파를 그대로 채용하였더라면 훨씬 과학적이 될 뻔하였다.

이(理)와 기(氣)의 학문인 성리학에도 우주주기론이 있다. 성리학에서는 전천지(前天地)라고 하여 현재의 천지가 생겨나기 이전에 또 다른 천지가 있다고 믿는다.

1825) 미주 98 '스토아학파' 참조
1826) 1. 신지학의 입장을 강화하기 위한 메뉴로 '동양적 신비감'을 택한 신지학의 처지상 힌두교 세계관의 기둥인인 우주주기론을 무시할 수는 없었을 것이다. 과학성을 기치로 내건 신지학입장에도 불구하고 힌두 주기론을 추종하지 않을 수 없었다고 본다. 그 결과 택한 방법이 더욱 복잡하고 다양한 주기론의 개발이었다.
2. 한편 신지학이 주장하는 4차원의 아스트랄계와 5차원의 멘탈계는 시간을 초월한 곳이다. 그렇다면 시간을 배경으로 한 주기론은 이승에만 적용되는가? 아니다. 신지학의 주기론은 이승과 저승을 통튼 주기론이다. 자가당착의 감이 있다.
3. 신지학의 많은 이론은 '마하트마의 편지(The Mahatma Letters)'에 의존하고 있다. 신지학의 주기론 역시 이 편지에 주로 근거한다. 신지학의 주장에 의하면 이 편지들은 마하트마(Mahatma, 위대한 영혼, 영어로 master)라고 불리우는 신비의 인물들인 쿠트후미(Koot Hoomi)와 모리야(Morya) 그리고 드왈쿨(Djwal Khul)이 1880~1884년 사이에 신지학자인 시네트(Sinnett)에게 보낸 편지로 알려져 있는데 1923년에는 트레버 바커가 책으로 출판하였다. 이 편지들은 우주와 영계의 창조와 위계질서에 대한 내용을 담고 있어 신지학의 이론형성에 매우 중요하다. 이 편지들은 많은 찬사를 받았으나 블라바츠키에 의한 위작이라는 이유로 그보다 더 많은 비판을 받았다. 그러나 위작(僞作)이라 하더라도 차명(借名, 假託)이나 위명(僞名)에 불과할 것이고 그렇다면 편지의 내용은 블라바츠키의 대단한 혜안(慧眼)을 보여줄 뿐이다. 또한 만약 借名이나 僞名이라면 그럼으로써 얻은 신비감과 신뢰감이 오히려 나중에 신지학에 대한 세속적 불신으로 변질되는 역효과를 불러온 것은 블라바츠키의 자충수일 것이나 성경의 주요 경전들을 비롯한 수많은 역사적 거작들도 위명임을 알 필요가 있다.
1827) 미주 45 '신지학 등에서의 고급영의 환생' 참조

태극(太極)의 혼돈지기(混沌之氣)에서 음양(陰陽)이 분화하고 다시 오행(五行)이 나오며 여기에서 삼재(三才) 천지인이 기원한다는 믿음은 도학이나 유학이나 유사하거니와 천지인의 이 세계는 언젠가 다시 소멸하여 기로 돌아가 혼돈지기의 태극상태가 된다는 것이다. 거기에서 언젠가 후천지(後天地)가 새로 탄생할 것이다. 유교에서는 이처럼 천지가 열리고 닫히는 과정이 영원히 반복된다. 전형적인 우주주기론이다. 태극이나 태허를 우주의 최초상태로 보고 약동하는 기를 우주의 기본요소로 보는 관점이라면 충분히 가질 수 있는 생각이나 불교의 성주괴공론에서 영향을 받았을 것이라는 점은 부인하기 어렵다.

나아가 기독교의 종말론이나 우리나라 삼국시대 이래의 미륵불사상, 또 조선 말기 이후 도탄에 빠진 백성들에게 희망을 주기 위하여 나타난 천도교(東學), 대종교, 증산교, 원불교 등 민족종교의 교리에 보이는 후천(後天)개벽사상 또한 주기론의 일종일 수 있다.

대종교 경전인 천부경(天符經)尾316)에 나타나는 주기론은 힌두의 우주주기론보다 훨씬 차원이 높다. 천부경 81자(字)의 첫 구절은 일시무시일(一始無始一)로 시작하고 그 마지막은 일종무종일(一終無終一)로 끝을 맺는데 이 구절들을 직역(直譯)하면 '하나에서 시작하나 시작함이 없는 하나이다'와 '하나에서 마치나 마침이 없는 하나이다'라고 해석된다. 이 구절에 대해서는 여러 해석이 있으나 이를 우주주기론으로 해석하면 '우주는 하나에서 시작되었으나 그 하나는 사실 시작이 아니고, 하나로 회귀하여 마치지만 이는 끝이 아니다'라는 뜻으로 이는 우주의 탄생과 소멸이 반복됨을 의미하는 것으로 이해할 수 있다. 빅뱅에 의하여 우주정신의 에너지가 천기와 지기로 분리되면서 시간과 공간이 생겼지만 그 우주는 원래 상태로 되돌아갈 때까지 한시적으로만 존재한다는 것이다.

성주괴공과 영혼의 운명

그런데 성주괴공하여 공겁의 시대가 되면 모든 혼과 영은 다 멸망하는가? 힌두계통의 종교와 사상에서는 신지학을 제외하고 전체적으로 영은 당연히 영생하고 혼은 업을 다 기워 갚을 때까지 성주괴공을 넘어 생존한다고 본다. 요기 사라스와티는 대괴멸의 때가 되면 마음은 질량인(質量因)인 프라크리티 안으로 괴멸해 들어가 무가 된다고 하면서도 기억은 진아 뒤에 눌어붙어 있다가 생겁(生怯)이 되어 진아(아트만, 푸루샤)가 프라크리티에 작용할 때 다시 나온다고 한다. 그에게 기억은 업이다.1828) 혼(업)이 그렇다면 영은 창조주와 합일하여 있다가 때가 되면 다시 개체성을 회복하리라. 불교에서는 업이 남아 이것이 씨앗이 되어 기에 작용하면 성겁이 또다시 시작된다고 하여 혼의 생존을 말하고 있다. 다만 힌두를 벤치마킹한 신지학에서는 무슨 까닭에서인지 마스터급 영만 남고 모든 영혼은 새로운 체인의 진화를 위한 희생양이 된다는 부정적 견해를 피력한다.

표준이론에서는 우주에 주기가 있다 하여도 영혼의 진화는 계속된다고 본다. 주기가 있다면 영혼은 새로운 환경에서 새로운 경험을 할 것이니 상급학교로 진학하는 것과 다를 것이 없다. 하느님은 영혼의 발전과 진화를 위해서라면 진정 못하시는 일도 아니하시는 일도 없다. 우주에 주기가 있다면 이는 전적으로 영혼의 성장을 위한 창조주의 커다란 배려일 것이다.

12.7. 의식과 기억

많은 자연과학자들은 의식이란 생각이고 생각이란 기억의 현재형이라고 믿는다.1829) 게다가 생각이 자아요 자아는 곧 '나'라는 보통의 생각을 대입한다. 이러한 논리 즉 '기억=의식=생각=자아=나'라는 논리에 의하면 기억은 곧 '나'가 되는 것이다. 따라서 과거와는 다른 생각을 하고 있는 지금의 나는 그때의 내가 아니다. 그때의 생각은 기억으로 물러나고 시간이 지나면 또 다른 기억이 될 현재의 생각이 지금의 나를 지배하고 있기 때문이다.

그런 의미에서 자아는 어떤 특정 생각이나 욕망에 나를 일치시킬 때 나타나는 표식이라는 60년대 히피의 영적 기수 람다스(Ram Dass 1931~2019)의 말은 이런 종류의 생각을 적절히 표현한 말이다. 즉 기억이 희미해지면 그때의 나는 이미 사라지고 없다는 말이나 자의식이란 현재의 생각에 지배를 받아 그 생각을 인격으로 착각하여 나타나는 것이라는 람다스의 말이나 다 같은 것이다. 이들은 생명의 본질은 DNA라고 생각하며, 인간 정체성의 본질은 기억이라고 생각한다. 따라서 인공수정으로 태어난 아이를 내 자식으로 받아들이는 것에서부터, 인간의 의식을 컴퓨터나 클론에 업로드하는 가능성까지 다 용인한다.

또 소설가 프루스트(Marcel Proust 1871~1922)는 그의 「잃어버린 시간을 찾아서」에서 우리의 자아(自我)란 시간 속에 매몰되면서 해체된다고 하며 얼마간의 시

1828) 사라스와티, 「혼의 과학」, 271~273쪽, 미주 196 '사라스와티의 창조론' 참조
1829) 사전에서도 이러한 경향을 반영하여 생각에 '어떤 사람이나 일 따위에 대한 기억'라는 뜻도 있다고 풀이한다(미주 150 '마음에 대한 여러 이론' 참조).

간이 흐르고 나면 우리의 사랑이나 고통에서 남는 것이라고는 아무것도 없다고 한다. 그의 생각으로는 작품 속의 주인공들이 누군가를 사랑하지만 이내 기억에서 잊어버리고 다른 사람을 사랑하게 되는 것은 그런 연유에서다. 사랑이 바뀌면 자아도 바뀌는 것이니 대단한 '사랑 지상주의'이자 동시에 '사랑 마야주의'다.
불교도 말한다. 나라는 것이 있으려면 자기동일성이 유지되어야 한다. 그런데 나라고 생각할 수 있는 모든 것, 즉 나의 몸(色)이나 느낌(受), 생각(想), 의지(行), 마음(識) 중 그 어떤 것도 변하지 않는 것은 없다. 그러니 지금까지 내가 나라고 생각했던 모든 것은 변화하기에 그 어디에도 나는 없으며 그 어떤 것도 내가 아니다.
신경의학자나 심리학자들 간에 위와 같은 논의가 일반화되어 있다는 것은 '기억이 인간정체성(자아)의 본질'이라는 사고방식이 이미 대중적으로 널리 퍼져 있음을 의미하며 영혼의 존재를 믿는 사람들도 치매나 기억상실증, 다중인격, 무의식과 잠재의식, 그리고 최면, 전생기억, 인체 중 기억장소, 빙의, 죽은 이의 혼백 등 여러 현상에서 나타나는 불일치나 혼란으로 인해 기억과 영혼의 관계를 헷갈리고 있다. 이를 기화로 주류 심리학자들은 기억과 의식을 동일시하거나 기억 또는 그 현재형으로서 생각이 의식이라고 주장한다.

그런데 과연 '기억=의식=생각=자아=나'일까? 그래서 기억이 나일까? 아니 기억 이전에 자극이 있고 인식이 있으니 자극이 나일까? 이를 알아보기 위해 먼저 위 용어들의 사전적 의미부터 살펴보자.

1) 인식이란 자극을 받아들이고, 저장하고, 인출하는 일련의 정신 과정이다.
2) 기억이란 인상이나 경험을 저장하고 인출하는 기능 또는 그 저장정보다.
3) 의식이란 대상을 인식하고 추리하며 추상하는 기능으로서 인식과 각성의 합이다.
4) 생각이란 헤아리고 판단하고 인식하는 등의 정신 작용이다.
5) 자기란 인식과 행위와 의식의 주체로서 동일성을 가지고 활동하고 생각하는 그 사람 자신이다.
6) 자아란 사고, 감정, 의지 등의 여러 작용의 주관자로서 이러한 작용에 수반하고, 또한 이를 통일하는 주체다. 표준이론에서는 '자신의 주체역할을 영이나 혼이 스스로 느끼는 존재감'이다.

그런데 위 용어들의 뜻만 살펴만 봐도 의식은 인식과 각성의 합이고 인식은 자극을 받아 이를 저장하고 인출하는 과정이니 저장물인 기억은 의식작용의 일부 또는 필요수단일 뿐임을 알 수 있다. 컴퓨터에서조차 저장물 즉 기억(메모리)은 프로세서의 하부기능이며 프로세싱 또한 의식과 엄연히 다르다. 따라서 기억=의식이 아니라 기억〈의식이다.

표준이론에서 기억이란 불교식으로 말하면 육근(六根)을 이용하여 '색(色)으로부터의 자극을 수상행(受想行)의 과정을 거쳐 인식(識)하는 오온(五蘊)작용'으로 얻은 데이터를 프로세싱하여 그 과정과 결과를 저장한 정보다. 즉 기억 이전에 色의 자극이 있고 인식이 있다는 뜻이다. 그래서 기억은 '자극 → 인식 → 기억'의 과정을 거친다. 다시 말하면 식(識)이 육근(六根)을 이용하여 인식한 색과 그 과정을 저장한 정보는 기억일 뿐이지 식은 아니다. 이는 마치 사람이 계산기를 두들겨 답(정보)을 구했다고 하여 계산기가 답을 내는 과정이 의식인 것은 아닌 이치다. 어려운 답을 순식간에 구해 CRT나 LCD화면으로 반짝반짝 선명하게 보여주었다고 해서 계산기에 의식이 있다고 할 수는 없는 것이다. 마찬가지로 양자컴퓨터가 아무리 어려운 계산을 어마어마한 속도로 해냈다고 해도 그것은 계산기보다 우수한 정보처리 속도와 생산된 기억을 저장하는 능력을 의미하는 것이지 거기에도 의식이란 없다. 기어코 컴퓨터에서 의식을 찾는다면 그것은 초월모(Transcendental Ware, T/W), 즉 사람이다.

의식과 생각은 어떨까? 생각은 의식에 '헤아리고 판단'하는 기능을 더한 것이다. 따라서 생각을 지혼의 '知性' 정도로 본다면 의식은 혼이 생혼단계에서부터 보이는 제6식 '분별식' 정도로 본다.[1830)

한편 자아는 그 뜻대로 '사고(생각)와 감정, 의지 등을 주관하는 존재'로 생각의 주체다. 데카르트 말마따나 생각은 존재인 자아의 구현물인 것이다. 또 표준이론에서 자아는 '자신의 주체인 영이나 혼' 즉 '나'다. 따라서 대충 다음의 공식이 성립한다.

'자극 〈 인식 〈 기억 〈 의식 〈 생각 〈 자아 〈 나'[1831)

사실 불교에서도 '연속적이며 불변의 실체로서의 자아'란 없다고 할 뿐이다. '제행무상 and 제법무아'가 아니라 '제행무상 so 제법무아'라는 의미다. 자아는 부단히 변화 중에 있으나 개체적인 현상을 보이는 것은 불교도 인정하는 바이다. 무아(無我)가 부정적인 표현인 것은 분명하지만 뚜껑을 열어 그 내용을 보면 무상아(無常我)가 들어 있다. 불교의 무아가 염세주의나 허무주의를 표방하는 것은 절대 아니

1830) 6.3.3.5.1. '정신과 생각 그리고 의식', 미주 161 '생각'에 대한 생각들 참조
1831) 이는 불교의 '오온과 식이론'과도 통한다. 자극(受)〈인식(想)〈기억(行)〈의식(識)〈생각(6식, 분별식)〈자아(7식 말라식)〈나(8식 아뢰야식)

다. 다만 오온을 근거로, 영속적이고 변치 않는 자아가 존재한다는 미망과 여기에의 집착을 부정하는 것일 뿐이다.1832) 변화무쌍하여 이것이라고 할 게 없는 혼을 극복하고 여여한 진아를 찾으라는 부처님의 방편적 설법인 오온설이 설법 당시부터 너무 복잡한 것이 기화가 되어 이후 온갖 해석이 덧붙여진 것이다.

표준이론에서 인구의 76%를 차지하는 2단계 수준 미만의 자아는 영이 없는 혼육의 인간이다. 심지어 3단계 현인이 되기 전에는 君子 수준이라도 영이 없는 사람이 있다. 이들에게 불교의 무아설은 일면 설득력이 있다. 혼은 연속적이며 불변의 실체가 아닌 변화하고 진화하는 존재이기 때문이다. 그러나 딱 거기까지다. 영혼육의 사람의 진정한 아는 영이므로 혼육의 사람은 無靈의 존재이지만 그렇다고 無我의 존재는 아니다. 그의 자아의 사랑방에 주인 혼이 버티고 있는데 무슨 무아라는 말인가. 영과 달리 혼은 항상(恒常)하는 자아가 아닐 뿐이다. 심지어 영도 발전하니 항상하지는 않다.

기억이 나지 않는다고 그 기억이 없어지는 것이 아니다. 많은 기억은 프로이트의 잠재의식에 묻혀 있고 더 많은 기억이 혼뇌에 기억된다.1833) 따라서 기억력 저하는 몸뇌의 성능문제이고 치매는 몸뇌의 기억장치가 고장 난 몸의 병일 뿐이다. 오퍼레이터는 멀쩡한데 컴퓨터의 프로세서나 메모리가 고장 나 시스템이 다운되었다고 해서 오퍼레이터가 퇴근했다고 할 수는 없다.尾317)

자아과 기억 그리고 클론

표준이론은 자아의 방주인이 영일 수도, 혼일 수도 있으며 주인이 정해지더라도 주인과 종 또는 主주인과 副주인이 항상 같이 있는 혼영일체를 말하고 있다. 또한 혼과 영은 이번 생만 같이할 뿐 명종 후 서로 갈 길을 따로 간다고 주장한다. 그렇다면 영이 있는 사람의 자아는 사후 반드시 영과 혼으로 분열하게 된다. 결국 현재의 자아는 개체성이 없다는 것이다. 이는 매우 심각한 주장으로 영혼의 영속

1832) 서정형, 「밀린다팡하」, 해제 참조
1833) 바닷가 바위가 수만 번 파도의 흔적으로서 현존인 것처럼 기억은 영혼에 들이치는 파도다. 기억은 사라지지만 영혼을 깎아 내고 다듬어 흔적으로 남는다. 이를 요가학파 창시자인 파탄잘리(기원전 150년경)는 "기억이라는 것은 경험한 대상을 잊지 않고 마음에 가지고 있는 것이다."라고 하였고 라자요가의 요기 사와스라티는 이에 기대어 "경험은 모두 행(行)이 되어 마음(혼) 내에 축적되는 것인데 이들 행은 신체 내외에서 호출을 받아 재차 마음에서 끓어올라 불려 나온다. 이것이 기억이다."(사라스와티, 「혼의 과학」, 272쪽)라고 하여 기억은 모두 혼에 저장된다고 한다. 그에게 두뇌는 보조기관일 뿐이다. 표준이론도 기억의 발동은 혼이 하는 것이니 기억을 혼뇌에서 끌어오던 두뇌에서 끌어 오던 외양을 같으므로 파탄잘리의 주장이 틀린 것은 아니라고 본다.

성에도 문제를 야기할 수 있다. 도대체 내가 둘이란 말인가? 그럼 죽은 후 나는 누구란 말이냐. 내 자의식은 영에게로 가느냐 혼에게로 가느냐. 죽어서 정신을 차리고 보니 내가 나를 쳐다본다는 것인가? 우리의 세계는 도플갱어1834)의 세계냐? 도플갱어라 하더라도 어느 한쪽이 나이고 다른 나는 대상인데 표준이론은 동시에 나라고 하니 그렇다면 자아는 도대체 어디에 있는가.

이에 대해 표준이론은 "자아는 존재가 아니라 방이고 장소다. 도플갱어 같은 이상한 상황이 발생하는 것이 아니라 명종 후 자아의 방이 비워지고 혼영일체가 풀어지면서 혼과 영은 두 존재가 된다. 둘은 이번 생의 동일한 기억을 가지고 헤어지게 되므로 '기억의 일부를 공유하는 서로 다른 자아의식의 존재'로 돌아가는 것이다."1835)라고 대답한다. 이는 마치 고등학교 동창생과 같다. 탁구나 배드민턴의 복식 파트너와 같다. 일심동체의 부부와 같다. 영화 '오블리비언'의 클론들과 같다.1836) 샴쌍둥이는 어떤가. 더구나 기억은 자아가 아니다. 컴퓨터의 메모리장치가 컴퓨터의 주요 부품인 것처럼 기억은 사람에게 꼭 필요한 장기(臟器)일 뿐이다.1837)

그런데 '오블리비언'의 톰 크루즈가 과연 존재 가능할까? 영화 오블리비언의 설정이나 개연성에 문제는 없을까? 영과 혼간의 관계와 상관없이 표준이론에서는 톰 크루즈 같은 클론이 존재할 수 없다. 기억은 자아와 아무 상관이 없으니 기억을 클론에 이식(transportation)1838)한다고 해서 클론이 사람이 되는 것은 아니

1834) 미주 54 '자의식의 장애와 표준이론' 참조
1835) 생시의 대부분의 시간을 혼이 자아의 방을 장악하고 살았다면 자아의식은 혼을 따라가고 반대로 영이 자아의 방에 항상 깨어있었다면 자아의식은 영에 있다. 그러면 자의식은 무엇인가? 표준이론에서 자아의식과 자의식은 다르다. 자아의식은 자아의 방을 차지하고 있는 주인의 의식이고 자의식은 에고의 의식 즉 혼의 의식이니 자아의 방을 혼이 차지하고 있을 때를 의미하는 단어다. 자아는 방이고 자아의식은 방주인의 의식이며 방주인은 혼이나 영인만큼 자아의식은 결국 영의 의식 아니면 혼의 의식인 것이다(4.1. '자아(自我)의 정의' 참조).
1836) 1. 프로이트의 에고와 초자아 또는 신지학의 아트마-붓디-마나스와 표준이론의 영혼일체는 생시에는 유사하겠지만 명종 후 동일체의 여러 속성에 불과한 이것들과 표준이론의 영혼은 같을 수가 없다.
2. 영화 '오블리비언(Oblivion)'의 복제인간(clone)들은 가진 기억의 90% 이상이 서로 동일하다. 이는 혼영일체보다 더 심하다. 태어난 후 불과 얼마 전까지의 모든 기억이 같은 톰 크루즈가 수백 명이다. 이런 일은 있을 수 없지만 혼영일체를 이해하는 데는 도움이 될 것이다.
1837) 미주 317 '치매에 대하여', 미주 161 '생각'에 대한 생각들 참조
1838) 1. 세포주(細胞主)의 체세포핵이 체세포 핵치환(Somatic-cell nuclear transfer, SCNT)에 의해 난자에 이식되어 생식복제로 만들어진 태아를, 시험관에서 속성으로 길러 성체(클론)를 만든 후 여기에 기억주(記憶主)의 기억을 이식하면 온전한 인간을 만들 수 있다는 전제하에 영화 '오블리비언'은 만들어졌다. 그러나 태아를 시험관에서 성체로 길러내는 일이 가능하다 하더라도 기억의 추출과 이식은 아직 요원(遙遠) 또는 난망(難望)한 일이거니와 표준이론은 혹시 기억을 이식하였다고 해도 의식이 같이 이식된다는 주장은 용인하지 않는다. 기억이 의식은 아니거니와 의식은 혼의 기능이고 사람의 혼은 혼계로부터 오는 것이기 때문이다. 그런데 기억이식에 의한 의식의 발생은 불가하다 하더라도 클론에 사람의 혼을 끌어올 수는 있을까?

다. 영화 '오블리비언'의 톰 크루즈는 태어나지 않는다. 컴퓨터나 클론에 기억을 이식하는 것과 배아를 복제해서 인간을 길러내는 것은 서로 다르다.1839) 배아복제는 새로운 형태의 번식이다. 과학이 발전하여 새로운 의사소통수단인 핸드폰이 만들어지듯 자연스럽다. 그렇다고 그런 번식방법을 권장하고 싶지는 않지만 시험관 아기처럼 받아들일 수 있다. 모두 하느님께서 허용하신 일이니까.1840)

12.8. 시간에 대해서

12.8.1. 시간에 대한 여러 담론들

사전적으로 시간이란 물리량을 정하는 기본단위로, '시각과 시각 사이'를 말하다. 이러한 직선적이고 기계적인 시간관에 의한 정의는 산업혁명 이후 뉴턴적 시간관과 진화론적 시간관이 득세한 이후로 지금까지 거스를 수 없는 대세적 정의가 되었다. 물리학은 열역학 제2법칙으로 '시간의 화살1841)'이 왜 과거에서 미래로만 직선적으로 흘러가는지에 대해 설명한다.1842) 그러나 이러한 직선적, 기계적 시간

---

2. 클론에 혼이 들어오려면 우선 생기체가 생겨야 한다. 그런데 세포주(細胞主)의 체세포핵을 이식받은 실험관 안 난자의 선천지기가 생기체씨앗을 형성시키고 그 생기체씨앗이 생기계에서 생기체 본체를 끌어올 수 있을 것으로 본다. 그러나 거기에 저승의 윤회혼이 들어와 의식이 발생하여 온전한 사람이 탄생할까? 돌리가 각혼을 가졌다면 불가능한 일은 아니다(미주 149 '魂腦에 대하여' 참조).
1839) 1. 1996년의 복제양 돌리처럼 체세포의 생식복제로 사람의 아기가 태어난다면 그가 돌리와는 달리 설령 체외의 시설에서 배양되어 태어난다 하더라도 현재의 '시험관 수정 아기'처럼 그는 사람의 혼을 가질 수 있을 것으로 본다.
2. 가까운 미래에 가족제도에 기반한 '시험관 수정 아기'가 아닌 '체세포 클론 아기'가 사람이 탄생하는 주요방법이 될 것인데 이는 의료기술의 발달뿐 아니라 가족제도가 무너지는 사회현상과 갈수록 낮아지는 출산율을 보면 당연한 인류의 미래다.
3. 한국의 낮은 출산율의 해결방법과 표준이론
  표준이론 입장에서 다음의 출산장려정책이 그 시행에 기술적 문제점만 없다면 하느님의 섭리에 전혀 어긋나지 않는다.
  1) 정자은행과 난자은행의 합법화와 그 설립지원 및 냉동보관 시술 지원
  2) 정자은행에서 정자를 공여 받은 시험관 수정 아기 시술 지원
  3) 체세포 생식복제에 의한 인공수정 연구 합법화
4. 선진 각국에서 출산율이 낮아지는 이유는 이승의 문제가 아니라 수십 생 이상을 전생한 중급혼 이상의 혼이 부족함으로 인해 그 공급이 어려워 발생한 저승의 문제일 수 있다.
1840) 신이 허용하지 않은 일은 일어날 수 없다.
1841) 모든 방향으로 대칭적으로 움직일 수 있는 공간과 달리 시간은 과거에서 미래로만 가는 비대칭성(비가역성)을 가진다. 시간의 화살은 이러한 시간의 비대칭성을 화살에 비유하여 표현한 말로 영국의 천문학자 아서 에딩턴(Arthur Stanley Eddington 1882~1944)이 제창하였다.
1842) 열역학 제2법칙에 의하면 물리세계는 경우의 수가 큰 상태로 변화해 가야 한다. 그런데 시간이 역으로 흐르는 것은 확률적으로 발생할 가능성이 극히 작은 쪽으로 변화한다는 것을 의미하는 것이니 시

관은 1905년 아인슈타인의 특수 상대성 이론에 의하여 움직이는 물체는 시간이 천천히 간다는 사실이 밝혀지면서 시간은 상대적인 것임이 드러났고, 이후 여러 심리학적 연구로 생체시계의 존재가 이론화되었으며 급기야 시간의 화살이 일방향만은 아닐지 모른다는 가상적 논의도 나타나는 등 여러 가지 도전에 직면하고 있다.

플로티노스에게 시간은 존재의 사슬에서 한 상태가 다른 상태로 변화(變化)하는 것을 의미하는 것으로서 일자에서 멀리 떨어진 물질세계에서만 보이는 현상이다. 따라서 불변무한한 궁극적인 일자에게는 시간이란 없다. 그러니 일자와 가까이 있는 세계(저승)에도 시간은 있을 것이되 그 시간은 물질계의 시간과는 다를 것이다.1843)

아우구스티누스는 과거는 '이미 없는 것'이며 미래는 '아직 없는 것'인데 그렇다면 현재는 '이미 없는 것'과 '아직 없는 것'의 통과점으로서만 존재하는가에 대하여 숙고하다가 시간과 관련된 문제를 해명하기 위하여 마침내 인간의 혼에 주목하였다. 그는 결론하기를 혼이야말로 자신 속에 과거, 현재, 미래를 통일적으로 파악하고, 영원 속에 분할된 시간 간격을 파악해서 시간의 지속을 파지(把持)하는 주체로 생각했다.1844) 시간을 심리주의적으로 해석한 것이다. 한편 토마스 아퀴나스는 시간의 정체와 관련하여 시간이 언제 누구에 의하여 만들어졌는가를 신학자의 입장에서 고찰하고 세상은 시간과 함께 창조된 것이지, 시간으로부터 창조된 것이 아니라고 하여 세계가 어떻게 신에 의해 창조되었는지를 설명하였다. 그에게 신은 초시간적인 존재이고 인간은 시간과 공간에 갇힌 존재이다.

아우구스티누스의 심리적 시간관은 그 전통이 면면히 이어져 칸트는 시간과 공간을 인간의 주관적인 의식이 만들어 낸 도구일 뿐 물리계에 실재하지 않는다고 하였고, 프랑스 철학자인 앙리 베르그송(H. Bergson 1859~1941)은 과학적, 물리적 시간과는 질적으로 다른 의식의 시간과 삶을 경험하는 방식으로서의 시간이 진정한 시간이라고 주장했다.1845)

    간은 거꾸로 흐를 수 없다. 이렇게 나타나는 시간의 방향성을 '열역학적 시간의 화살'이라 하는데 우리가 경험하는 시간의 방향성은 열역학적 시간의 방향성과 같기 때문에 시간이 거꾸로 흐르지 않는다.
1843) 케빈 페리, 「철학의 대답들」, 195쪽 외 참조.
1844) "나의 마음이여, 나는 네 안에서 시간을 측정한다."(「고백론」, 11권 27장)
1845) 시간이란 고립된 계기들의 시리즈이다. 연속 혹은 지속은 시간에 관한 체험의 산물이다. 의식의 생생한 경험으로 각 계기는 이전 순간의 정보를 나른다. 그리고 기대된 미래를 목표로 하는 현재와 과거를 포함하는 역동적인 전체로 나타난다(케빈 페리, 「철학의 대답들」, 191쪽).

또한 흥미 있는 일이나 관심의 집중이 필요한 까다로운 일을 할 때는 시간이 빠르게 흐른다는 주장도 있으며, 인간이 지니는 시간 감각은 '일정 시간 동안 누적된 기억'이라며 사람은 기억의 '용량'에 의해 시간 흐름의 크기를 인식한다는 주장도 나타났다. 또 미국의 심리학자 허드슨 호글런드(Hudson Hoagland 1899~1982)는 실험을 통하여 사람의 체온이 올라갈수록 시간을 인지하는 과정의 속도가 빨라진다고 하였으며 오늘날 많은 심리학자들은 자각 수준에 의해 생체시계의 속도가 증가하면 외부 시간은 느려지는데 반면 인체 반응속도는 빨라진다고 하고 또한 사람은 나이가 들수록 생체시계의 속도가 느려져 외부 시간이 더 빨리 흐르는 것처럼 느낀다고 주장한다.[1846]

칼 구스타프 융은 시간에 대하여 과학자로서는 특이한 주장을 하였다. 그는 그가 발견한 '공시성 현상'尾318)을 설명하면서 정신을 시공간 안에 존재하면서 동시에 시공간을 초월하는 존재로 보고 인간 관념 속의 시공간과 인과성 개념에 의한 직선적 시간관은 완전한 것이 아니라고 주장하였다.

12.8.2. 표준이론의 시간

표준이론에서 볼 때 시간이란 물리적 실체가 아니다. 물리적 세계에는 움직임만이 있을 뿐 시간이란 것은 없다.[1847] 성경[1848]에 이르기를 태초에 에너지가 있었고 그 에너지가 빅뱅하여 공간이 만들어졌으며 공간이 응축하여 빛과 물질이 나타났다. 공간 안에서 빛과 물질이 움직였으니 빠른 움직임은 짧은 시간을 낳았고 느린 움직임은 긴 시간이 되었다.[1849] 공간에 빛과 물질이 생기고 그들의 움직이면서 시간이란 개념도 등장하였던 것이다.尾319) 그때 동양에서는 태허를 말하였다.

1846) 이는 저승과 이승간에 시간 흐름의 차이가 발생하는 원인 설명과 같은 논리다.
1847) 러시아 태생의 독일 수학자 헤르만 민코프스키(Hermann Minkowski 1864~1909)가 제안한 시공 세계(민코프스키 공간)에서는 세계의 궤적을 나타내는 世界線이라는 말이 있다. 물리적인 사건(event)은 어떤 장소, 어떤 시간에 일어나는데, 그 공간좌표와 시간좌표를 함께 나타낸 것을 세계점(World point)이라고 하며, 이러한 세계점이 그리는 궤적을 세계선(World line)이라고 부른다. 예를 들면 어떤 점이 어느 시점에 존재한다는 사건은 하나의 세계점으로 표시할 수 있고, 사건의 연결은 세계선을 따라가는 운동으로 표시할 수 있다. 이 개념은 시간과 공간은 서로 무관한 것이 아니라 하나로 합쳐져 4차원 시공간을 이룬다는 생각을 제시하여, 시간이란 따로 존재하는 것이 아니고 공간과 더불어 시공간이란 개념의 한 속성일 뿐이라고 하는 아인슈타인의 상대성 이론을 이해하는 데 도움이 되었다. 물론 움직임이 시간이고 공간이라는 표준이론의 생각과도 멋지게 어울린다.
1848) 한 처음에 하느님께서 하늘과 땅을 창조하셨는데 그 곳은 아직 비어 있었다. 하느님께서 말씀하시기를 "빛이 생겨라." 하시자 빛이 생겼다(창세기 1:1~3).
1849) 공간을 움직임으로 나누면 시간이 된다. 거리/속도=시간

태초에 虛가 있었다. 그래서 태허(太虛)다
태초에 時도 있었다. 時 없는 태초(太初)는 없으니까
空도 있었다. 空 없이는 '있고 없고'도 없으니까1850)

時空은 누가 만들었을까? 무엇으로 만들었을까?
창조주가 氣로 만들었다
氣의 에너지가 빅뱅하여 時空이 만들어지고 빛과 物이 나왔다

저승도 하느님의 피조세계인 한 마찬가지다. 이승이든 저승이든, 천국이든 혼계든 피조세계에서는 어디서나 움직임으로 인하여 '어디'가 생기고 '언제'가 생긴다. 그러니 결국 움직임이 시간이고 공간이다.1851) 신지학을 비롯한 많은 사상에서 저승은 시공개념이 없거나 이승과 다르다고 한다. 그렇지 않다. 구성물질이 달라 시간과 공간의 효율이 다를 뿐 같다. As above, so below다.

또한 표준이론에서 시간은 역방향으로 흐르지 않는다. 시간은 방향성을 갖는다. 열역학 제2법칙까지 들먹일 것도 없이 우주는 인과(因果)의 세계요 인과관계에 있는 두 사건의 순서는 바뀔 수 없기 때문이다. 사건의 발생이 곧 시간이다.

한편 톨스토이는 현생은 하느님 안의 내가 꾸는 남가일몽일 뿐이며 윤회라는 방법으로 끝없이 이어지는 현생들에서 깨어날 때 비로소 진정한 시간이 시작된다고 하였다. 니르바나로 윤회의 굴레를 벗어나야 환상이 깨어지고 꿈이 아닌 현실이 시작된다는 멋진 주장으로 들린다. 이는 빅뱅의 우주에서 유전을 거듭하는 그 시절만 시간일 뿐 언젠가 이데아의 고향으로 돌아가면 시간이 없어진다는 플라톤적 주장1852)과는 결이 다른 주장이다. 두 주장은 서로 상반되고 표준이론과도 의견이 다르나 그 다름은 별로 중요하지는 않다. 저승이나 이승이나 시간의 세상인데 보다 가치 있는 시간이 어느 곳의 시간이냐의 차이이므로 사실은 모두 같은 생각을 다른 식으로 표현한 것이다. 또 전술한 바와 같이 아퀴나스는 세상은 시간과

1850) 사실 빅뱅이 움직임이고 움직임이 공간을 만들었을 수도 있으니 공간과 시간의 탄생은 同時다. 그러나 빅뱅 전에 기가 움직이지 않고 있었을 때는 최초의 에너지 덩어리가 아무리 작다 한들 공간은 있었고 시간은 없었다고 할 수 있으니 그럼 하느님으로부터 기가 나올 때 이미 시공이 창조되었어야겠다.
1851) 양자역학에도 시간이란 양자 부피가 움직이는 현상이다. 즉, 공간과 마찬가지로 시간도 양자적 현상의 변화로 인해 생기는 부산물이다.
1852) 플라톤은 본질의 순수성은 타자와 관계를 맺지 않은 독립적이고 부동(不動)한 상태에서 존재한다고 주장했다. 아무런 변화도 운동도 일어나지 않는 이데아계에서는 시간이 존재하지 않는다고 하였다. 여기까지는 맞는 말인데 이데아계에 정말로 변화와 운동이 없지는 않으니 이데아계에도 시간이 있다. 부동(不動)의 이데아계가 어디에 있을 수는 있겠다.

함께 창조된 것이지, 시간으로부터 창조된 것이 아니라고 하여 창세기의 첫날 하느님께서 빛을 창조하여 밤과 낮을 가르신 때부터 시간이 시작되었음을 충실히 증언하고 있으며 결과적으로 표준이론과 같은 시간관을 말하고 있다.

12.8.3. 저승의 시간

여러 사상 특히 최근의 오컬트에서는 저승에서는 시간과 공간의 개념이 이승과 전혀 다르다거나 아예 저승은 시공을 초월한 4차원, 5차원의 세계라고 쉽게 이야기하지만1853) 근거 없는 말이다. 그들은 공간이 극복되면 4차원이요 추가로 시간까지 극복되면 5차원이라고 하는데 5차원이란 수학적으로 공간의 차원이 5인 것을 가리킨다. 즉 5개 차원에서 표현되는 공간을 5차원 공간이라고 부른다. 차원이란 덧차원이라고 하여 일정한 정의를 가진 것은 아니지만 시간을 극복하였다고 5차원인 것은 아니다. 시공(時空)은 일체인데 차원에 따라 이건 있고 저건 없다는 말도 이치에 맞지 않는다. 또 저승은 물질세계인 이승보다 더 자유롭게 움직이고 활동할 수 있으므로 4차원이라고 하는데 구성 물질의 정묘성과 거주자의 영적 능력이 이승과 달라 공간이동과 물질의 부림이 이승보다 더 쉽다는 의미일 뿐이지 이를 저승과 이승이 차원이 서로 다르다는 주장으로 끌어갈 수는 없다. 이승에서도 물속이나 무중력의 상태에 놓이면 많이 다르지 않은가? 그렇다고 스쿠버다이버가 차원이 다른 곳을 헤엄치는 것은 아니다.

또한 언급한 바와 같이 혼들의 세계인 혼계뿐 아니라 영계를 포함한 그 어느 저승에서도 시간을 역행하는 시간극복은 불가능하다. 시간극복이란 과거를 거의 현재로 체험하는 듯한 생생한 기억이 가능하다는 '과거의 현재화(現在化)'의 의미일 뿐이다.

토마스 아퀴나스는 이승과 저승의 시간에 대한 개념 차이를 설명하면서, 하느님은

1853) 1. "천사들은 시간이 무엇인지 모른다. 그러나 지상에서와 마찬가지로 만물은 연속적으로 진행하고 너무나 완전하기 때문에 지상과 아무런 차이가 없다. 그 이유는 천국에는 날과 해 대신 상태의 변화가 있기 때문이다."(스베덴보리, 「천상여행기-천국편」 '프롤로그 사람은 천사가 되기 위해 태어난다' 참조)
2. 인용문에서처럼 스베덴보리는 영계의 영(천사)들은 시간과 공간에 대한 개념이 없다고 한다. 그러면서도 천국은 지상과 차이가 없다고 하는데 이는 시공은 없더라도 상태의 변화가 있기 때문이라고 설명한다. 그러나 '상태의 변화'가 곧 공간이고 시간이다. 상태가 공간이고 변화(움직임)가 시간이기 때문이다. 따라서 스베덴보리가 말하는 시공과 표준이론의 시공이 다를 것이 없다.
3. 그런데 왜 한편에서는 저승에 시공이 없다하고 다른 편에서는 있다하는가. 이제 판단은 각자 몫이다. 과연 저승에는 시공이 있을까 없을까?

원의 중심에 있고 세상은 하느님으로부터 등거리에 있는 점들의 모임 즉 원주(圓周)상에 있다고 하며 원주상의 점들 간의 거리가 시간이라는 우주 시간관을 피력하였다. 이는 이승이 저승마을의 둘레를 흐르는 江上의 배라는 비유의 컨셉과 비슷한 시간관이다.尾320) 아마 이 컨셉의 출처가 아퀴나스인지도 모르겠다. 어쨌거나 위 비유는 마태복음 22장 32절을 설명하려는 한 아이디어로, 저승마을에 사는 사람이나 이승의 사는 사람이나 지금 모두 살아있는 사람들이니 하느님 또한 '산자의 하느님'이라는 사실을 창의적으로 설명한 비유다. 이를 두고 과거로의 환생이니 심지어 과거로의 여행을 떠올리는 사람이 있다면 그는 잘못 생각하였다.

"인생은 이미 쓰인 역사책(희곡)을 따라 읽어 가는 몸짓이다. 모든 사건은 이미 일어났고 나는 어느 때에 어느 곳에서부터 역사책을 들고 어느 사건에 대하여 읽기 시작한다. 읽는 동안 나는 많이 배워야 한다. 읽고 나서는 반드시 시험을 치러야 하니까."라는 이야기가 있다. 이 이야기의 뜻은 "어느 영혼이 어느 환생계획을 택하게 될지 아무도 모른다. 즉 어떤 생으로 환생하여 이승을 경험할지 알 수 없다. 그러나 그가 어떤 환생계획을 뽑아 들어도 차이가 없다. 수학이든 문학이든 철학이든 어떤 학문을 하였든지 문리를 깨우치는 것은 마찬가지이고 부자든 가난하든 여자든 남자든 임금이든 머슴이든 양심과 기도로 영혼을 닦는 것은 마찬가지이니까."로 이해된다. 재미있는 이야기다. 그런데 이 시간관에서의 역사(歷史)가 '시간의 연속선상에서 발생한 사건의 기록'이라면 문제가 있다. '모든 것이 현재'라는 이야기가 되거나1854) '과거로의 환생' 또는 '인생은 연극'이라는 것을 시사한 글이 된다. 신이 우주를 창조할 때 사건(事件)도 같이 창조하였을까? 영화를 잔뜩 찍어 비디오 가게에 늘어놓고 골라서 보도록 하는 것이 인생이고 사극을 보면서 왕이 된 착각에 빠져 시간을 보내는 것이 이승의 삶일까? 아니다. 영과 혼은 발전하고 진화하는 존재이며 발전과 진화의 인과개념에 이미 시간이 들어있다. 또 각본 없는 액터로서 사건을 직접 창조하고 꾸려가는 것이 인생이고 그 무대가 이승이다.

12.8.4. 시간여행

특수상대성원리尾321)로 인하여 시간과 속도와의 관계가 밝혀지면서 시간의 상대적 성격이 물리적으로 증명되자 시간여행이 가능할 것이라는 상상이 과학적인 것처럼 포장되어 전 세계로 퍼져나가 소설로 영화로 하다못해 안줏거리로 애용되었는데 정작 아인슈타인은 한 푼의 특허료도 받지 못하였다. 특수상대성원리가 세상

1854) 12.2. '기시감에 대하여' 중 리드비터의 붓디계 참조

에 나온 지 어언 118년이 지났지만 시간여행에 성공한 사람은 소설가 이외에는 아무도 없다.

스티븐 호킹1855)을 들먹일 필요도 없이 명백한 것이지만, 미래로 가는 타임머신은 있으나 과거로 돌아가는 타임머신은 없다. 그러나 미래로 가는 타임머신도 상대성이론에서 말하는 시간의 상대적 속도차이를 이용하여 광속으로 달리는 타임캡슐에 들어앉아 있다가 다른 사람들은 다 늙어 죽고 세월이 한참 지난 다음에 캡슐에서 나온다1856)는 이야기이므로 애초에 시간여행을 가능케 하는 타임머신이 아니다. 그러니 시간여행이란 현재로서는 공상이다. 그러면 미래에는 가능한 일인가. 미래에도 불가능하다. 공상 물리학자들이 말하는 각종 불가능한 가정하의 시간여행은 어희(語戲)에 불과하기 때문이다.尾322) 먼저 미래로 가는 시간여행이 성립하려면 과거로 돌아가는 시간여행이 전제되어야 한다. 홈으로 돌아가지 않는 여행은 여행이 아니라 엑시트(exit)이기 때문이다. 따라서 시간여행은 과거로의 여행이 진정한 시간여행이다. 그럼 과학이 발전하면 언젠가 과거로의 시간여행이 가능해질까? 공상 과학자들은 타임머신이 과거로 가는 방법으로 예닐곱 가지 아이디어가 있다고 하며 과거로의 시간여행이 가능한 것처럼 이야기한다.尾323) 그러나 그 아이디어가 실현가능하게 되려면 하나같이 아이디어 하나당 예닐곱 가지의 실현불가능한 전제조건을 내건다.1857)

과거로의 시간여행이 불가능한 이유를 찾는 일에는 실험실이 필요 없다. 자기가 자기를 죽이고 결과가 원인이 되는 타임 패러독스(time paradox)처럼 사고실험만으로도 금방 증명되기 때문이다. 타임 패러독스 외에 어떤 사고실험을 할 수 있는지 살펴보자.

1) 엔트로피 증가의 법칙은 시간이 갈수록 우주는 무질서해진다는 법칙이다. 시간

1855) 영국의 물리학자로 케임브리지대학 교수를 역임한 스티븐 호킹(Stephen William Hawking 1942~2016)은 과거여행이 가능하다면 因果論이 果因論이 되니 어불성설이라 하였다.
1856) 리처드 고트(J. Richard Gott 1947~) 프린스턴대 교수는 이런 미래 여행 방식이 가능하려면
1. 지금까지 가장 높은 출력을 가진 새턴 5호 로켓의 4,000배에 달하는 물질-반물질 로켓과 물질-반물질 에너지 저장 탱크, 엔진이 녹지 않게 냉각하는 기술, 우주선에 부딪히는 성간 물질로부터 우주선을 보호하는 기술을 개발해야 한다고 한다. 우주비행사가 10년간 광속의 우주 비행을 견디는 것이 가능한지를 제외하고 말이다.
2. 중력이 큰 블랙홀을 이용하면 타임머신의 속도를 빛의 속도에 가깝게 낼 수 있다는 아이디어도 있다. 그런데 이 타임머신의 지름은 12.6km이지만 질량은 태양의 두 배여야 한다고 하며 이 용도의 블랙홀은 사람이 만들어야 하는데 만들 장소를 찾기도, 만들기도, 해체하기도 쉽지 않아서 현재로는 불가능하다고 한다(네이버 물리산책, 김종립, 과학동아). 그럼 언젠가는 가능할까?
1857) 고바야시 다카요시외 12명 공저, 뉴턴사이언스 출판, 「시간이란 무엇인가」 참조

이 과거로 흘러간다면 시간이 흐를수록 우주는 질서가 잡히게 된다. 떨어져 깨진 유리컵이 다시 붙고 엎질러진 우유는 다시 컵에 담겨야 한다.

2) 따라서 과거로의 여행은 과거 어느 시점으로의 역이동이 아니라 그때로 시간을 되돌리는 것이어야 한다. 우유가 다시 컵에 담기는 정도가 아니라 사건 자체가 취소되어야 한다. 죽은 사람이 되살아나고 우주의 운행이 취소되어야 한다. 어느 법칙이 다른 모든 법칙을 무너뜨려야 성립된다면 이는 법칙일 수 없다. 왜냐면 법칙은 다른 법칙의 지배를 받기 때문이다. 과거로의 시간 여행이 공간이동처럼 시점이동에 불과할 것이라는 상상은 상상일 뿐이다. 시간은 공간에서의 '움직임'이기 때문이다. 이때 마야론을 들먹인다면 더욱 어처구니없다. 마야의 세계에 어찌 시간만 홀로 실제라는 말인가.1858)

3) 시간여행을 계속하여 이어가면 빅뱅은 없던 일이 되고 시(時)와 공(空)은 무(無)로 돌아가야 한다. 시간여행은 결국 자기 부정이 된다.

4) 과거로 돌아가려면 이미 흐른 시간을 취소하는 방법뿐이다. 아니라면 태초를 넘어선 과거가 필요할 것이다. 또한 흐른 시간의 취소는 또 하나의 동작일 뿐이

1858) 1. 萬一, 이승 마야라면 이승의 시간은 마야이겠지만 그때에도 저승의 시간은 실제다(저승마저 마야라면 하느님도 마야이기 때문이다). 이때 영계의 실체(entity)가 마야의 세계인 이승의 여러 시대를 동시에 살면서 일방이 타방에게로 시간여행을 할 수 있을까? 마야의 가상현실에서 꾸미지 못할 픽션은 없으니 담론조차 못하게 말릴 수는 없을 것이다.
2. 헬렌 슈크만이 쓴 「기적수업」의 해설서로 유명한 개리 레너드의 「우주가 사라지다」에서 Gary는 과거 12사도 중 도마였던 혼이 수십 번 轉生 끝에 미래에 퍼사(Pursah)라는 Ascended Master(수승한 靈)가 되어 현생의 자신을 찾아왔다고 한다. 역마차의 존 웨인이 칭기즈칸의 존 웨인을 찾아온 꼴인데 마야의 세계인 은막(銀幕)에서 존 웨인의 두 배역이 조우하는 일이(Time paradox는 가상현실을 빙자하여 묶인하더라도) 도대체 무슨 영적 의미를 가질 수 있을까?(개리 레너드, 「우주가 사라지다」 17장 '우주가 사라지다' 참조) 그런데 여기서 게리 레너드는 도마 사도의 입을 빌어 "우주는 과거에서 현재를 통해 미래로, 원인에서 결과로 꼼짝없이 일직선으로만 흘러가는 단선적인 환영의 세계(linear illusion)일 뿐"이라고 한다. 그러면서 또 "우주는 꿈과도 흡사하며, 신은 그것을 창조하지 않았다. 또한 과거와 현재와 미래는 모두가 동시에 일어난다. 심지어 아무 일도 일어나지 않았다."(2장 '배후의 제이' 참조)라고 한다. 어느 경우든 시간여행을 불가능한 것이다. 그렇다면 도대체 어느 장단에 춤을 춰야 하는가. 미래의 은막에 사는 Pursah가 어찌 현재의 은막에 사는 Gary를 찾아와 교설하는지는 차치하고 이쯤 되면 은막에 사는 자가 Gary와 Pursah인지 존 웨인인지 헷갈릴 지경이다.
3. 같은 우주를 놓고 그 정체에 대하여 觀을 달리함은 이승에서뿐 아니라 廣大無比한 저승에서도 당연한 일이다. 또 수승한 영이 중생을 가르치기 위한 방편(方便)으로 사실과 다른 이야기를 할 수도 있다. 지구처럼 영적 진화의 수준이 낮은 이승에서는 방편적 논리가 섭리상 더욱 폭넓게 용인되어 왔을 것이다. 그래서 마야론이나 무아론이 있었고 공공연히 심판이니 지옥이니 원죄니 하였다. 일시창조론과 단생론을 펼칠 수도 있었다. 그러나 작금에 古來의 극단적 방편을 다시 꺼내드는 것은 영으로서도 시대착오다. 「기적수업」의 예수나 게리의 도마가 신으로부터의 발출과 신과의 합일을 강조하고 이승의 덧없음을 가르치기 위하여 여러 방편을 동원하는 것은 무방하나 현재 지구의 영성 수준에 맞아야 먹힐 것이다.

다. 영화가 발명된 후 사람들은 동작의 취소가 가능하다고 생각했다. 필름을 거꾸로 돌려 봤기 때문이다. 그러나 자세히 보라. 그것은 또 하나의 동작이며 미래로의 흐름이다.

5) 시간이란 '움직임'인데 움직임은 양의 움직임밖에 없다. 음의 움직임이란 움직이지 않는 것이 아니다. 또 일어났던 움직임을 취소하는 것도 아니며 역동작도 아니다. 이들은 모두 움직임의 종류일 뿐이다. 따라서 음의 움직임은 없으며 음의 움직임에서 상상한 '음의 시간'도 없다. 또 사람들은 반물질을 보고 반시간(反時間)을 상상하였다. 그러나 반시간이란 것은 없다. 반시간이 있다면 착각이다. 착각에도 반착각이 있다며 따라서 반시간도 있다고 한다면 대단한 머리다. 반시간이 있다고 하여도 과거로의 여행을 위해서는 반시간이 아닌 '음의 시간'이 필요하다.

6) 독자(後生)도 사고실험을 해보라. 그리고 여기에 덧붙여 보라. 인과(因果), 창조(創造), 경험(經驗), 진화(進化), 소멸(消滅), 미래에서 온 이웃 등 실험재료는 많다.

12.8.5. 시간의 相對性

시간이 진자운동에 맞추어 측정되고 특정 목적을 위해 객관화되었다고 하여 시계로 잰 시간의 길이와 현실로 느끼는 시간의 실재 길이가 서로 같은 것은 아니다. 시간이라는 것이 인간의 개념인 限 시간은 絶對적인 것이 아닌 것이다. 신혼여행 때의 시간과 배우자를 여의고 홀로 가는 여행의 시간은 전혀 다르고 잠자는 시간과 깨어있는 시간도 다르며 기억력이 좋은 사람의 시간과 나쁜 사람 간의 시간의 길이도 다르다. 또 젊고 운동신경이 발달한 골키퍼의 일초는 노인의 일초와 많이 다르다. 사람의 시간과 꿀벌의 시간1859)의 의미는 비교할 수도 없이 다르다.尾324)

1859) 속도와 시간 사이에는 네 가지의 상대성이 있다.
1. 먼저 [거리/속도=시간의 공식에 따른 상대성을 생각할 수 있다. 이때에는 속도가 빠를수록 시간이 '덜 걸린다'. 빠르게 움직일수록 시간의 가성비가 좋아 같은 동작에 시간은 덜 소요되니 '심리적 시간'은 천천히 가는 것처럼 느껴진다. 오늘날 아침은 서울에서 먹고 점심은 부산에서 그리고 저녁은 광주에서 먹고 잠은 서울에 돌아와서 잘 수 있다. 그 사이에 수많은 사람을 만나고 컴퓨터와 핸드폰을 동원하여 많은 일을 처리한다. 하루를 얼마나 길게 사는 셈인가. 게다가 절대시간도 늘었으니 인간의 수명은 사실 서너 배쯤 늘어났다.
2. 게들의 일사불란한 움직임과 강아지의 민첩함은 사람에 비할 바 아니다. 우리 눈에 그들의 동작이 빠를 뿐 그들은 천천히 볼 것 다 보고 움직인다. 1.의 경우에는 빠르게 움직일수록 시간의 가성비가 좋아 '심리적 시간'은 천천히 가는 경우지만 이번에는 심리뿐 아니다. 신진대사도 이에 맞추어 빨라지므로 '생체시간'도 빨라진다. 그러니 강아지 수명이 15년이라면 인간보다 다섯 배 민첩하다는 계산이 나온다. 같은 강아지라도 젊은 강아지의 시간이 느리게 간다. 늙은 강아지는 동작도 느려지고 시간도 빨리 흘러간다.

이승과 저승의 시간도 큰 틀에서는 당연히 같지만 세밀한 부분에서는 많이 다르다. 특히 그 가성비의 측면에서 말이다.1860)

12.8.6. 시간낭비

이승에서 보통 사람들에게는 '시간은 돈'이라고 하지만 구도자들에게 시간은 '그의 모든 것'이다. 구도자는 시간을 낭비하는 것 자체가 그의 영혼을 갉아먹는 행위로 업이요 죄다. 남의 시간을 낭비시키는 것도 마찬가지다.1861) 인신난득(人身難得)으로 잡은 어려운 기회, 특히 현생처럼 시간을 알짜로 영성의 발전에 쓸 수 있는 생을 낭비하는 것은 애통절통(哀痛切痛)할 일이다. 그래서 그런지 생에 진지한 사람들은 대부분 시간낭비에 대해 큰 부담을 갖고 있다.

그런데 이것이 옳기만 한 것인가?尾325)

사람도 그렇다.
3. 특수상대성이론에 의하면 물체의 속도가 빠를수록 시간은 느리게 간다. 뉴턴(Isaac Newton 1643~1727)의 절대시간이 부정되고 시간은 상대적임이 밝혀졌다. 이를 '시간 팽창(Time dilation)'이라고 부른다. 뿐만 아니라 일반상대성이론을 통하여 시간은 중력에 의해서도 지연된다는 사실이 드러났다. 중력이 센 곳일수록 시간은 느리게 흘러간다는 것이다.
4. 저승은 시간가성비가 크다. 그들은 시간을 늘려 산다. 이승의 1년 일을 하루에 끝낼 수 있다. 그리고 그 심리적 시간도 1년이 된다. 이는 위1의 경우와 또 다르다. 저승은 이 심리적 시간이야 말로 대안 없는 '절대 시간'이기 때문이다. 저승에 500일 앉아있어 봐야 지구에서는 고작 하루가 흐른다. 보통 생각하는 것처럼 저승에 가만히 앉아 하루를 지내면 그 사이에 지구에서는 10년이나 20년이 흐르는 것이 아니다. 그것은 위 3의 고속우주선 안에서의 이야기다.
5. 이들 네 가지 상대성 사이에는 별 관계가 없는 듯하지만 관계가 있을 수 있다. 어쨌든 속도가 빠르면 시간은 느려지거나 덜 소요되지 않는가.

1860) 미주 288 '저승의 시간과 이승의 시간' 참조
1861) 그런 의미에서 이 책을 여기까지 읽었음에도 마땅히 얻은 것이 없다면 저자는 큰 구업을 지은 셈이 된다. 다만 얻은 것이 있는 독자로 인한 덕이 있을 수 있고 또한 얻을 것이 없는 독자는 진작 책을 덮었으리라고 위안한다.

13

結

표준이론에 참이 부족하고 또 시의(時宜)에 맞지 않아 뭇사람들에게 도달하지 못하더라도 그것 또한 순리다. 이럴 때 맹자의 말씀이 적절하다. "大人은 말이 믿어지기를 기대하지 않으며, 행동에 결과가 있기를 기대하지도 않는다. 오로지 義가 있는 바를 따를 뿐이다."

13. 結

표준이론은 직관에 의해 프레임이 구축되고1862) 이후 사색의 살이 붙고 궁구의 피가 흘러 기초가 놓인 후 다시 여러 사상, 생각들과 비교하는 공부가 더해져 지금의 이론이 되었다.

표준이론의 기본 프레임은

1) 사람은 영과 혼 그리고 육으로 구성되는데
2) 혼은 기(氣)로부터 생물학적으로 진화하여 탄생하였고
3) 영은 혼이 영적으로 진화한 존재이며
4) 영과 혼은 태어날 때 몸에 들어오는 시기도 다르고
5) 명종 후 가는 저승도 다르며 각자 윤회한다.
라는 것이다.

이 책을 주의 깊게 읽었다면 유수한 종교와 사상의 기본 골격은 서로 놀랍도록 닮았으며 세부적인 내용도 마치 어느 집의 설계도가 그 평수와 방의 수 심지어 그 위치까지 비슷한 것처럼 서로 많이 닮아있음을 눈치챘을 것이다. 그리고 그

1862) 1. 독일 종교 학자로서 시카고 대학교 신학대학원 교수를 역임한 요아힘 바흐(Joachim Ernst Adolphe Felix Wach 1898~1955)는 종교체험에 대해서 이야기하면서 인간은 궁극적 실체로부터의 자극에 대하여 지속적으로 반응하는 능력이 있기 때문에 일단 체험을 하게 되면 그 궁극적 실체와 통교를 확보할 수 있을 때까지는 안정을 얻지 못한다고 하였다. 그가 말하는 '반응능력'은 영혼의 '직관능력'이다. 그는 직관적인 깨달음을 통해서만이 가장 높은 지식인 진리의 자각에 도달할 수 있다는 주장도 하였다(김은수, 「비교종교학개론」, 76쪽 참조).
2. 직관에 의한 저술에 심령적 색채를 더하면 自動書記(自動書記, Automatic writing, automatic script, psychography)가 된다. 자동서기의 실체에 대하여는 다음과 같이 여러 해석이 있다
  1) 궁극적 실체로부터의 자극 또는 영계통신(채널링)으로 인한 글이다. 성령의 감도에 의하여 쓰였다는 기독교의 복음서가 대표적이다.
  2) LBL이나 전생의 경험이 혼뇌에서 새어 나오는 것이다.
  3) 신들린 듯이 또는 신나게 쓴 글일 뿐이다.
  4) 내부에 녹아익어 있던 詩想, 樂想, 思想 같은 것이 펜을 들거나 피아노 앞에 앉으면 구체화되어 시, 노래, 論 등으로 세상에 드러나는 것이다.
  경우와 입장에 따라 다를 것이나 자동서기에는 위 여러 원인이 섞여 있다고 보는 것이 옳을 것이다.
3. 표준이론의 주요 프레임은 내면에 그 大綱이 알게 모르게 익어 있었다가 때가 되자 직관 형태로 드러난 것으로 이해한다. 그런데 거기에 심령적 요소가 있었을까? 심령적 요소가 없는 창작이 어디에 있겠는가. 그러나 그것보다 표준이론은 영혼일체의 영이 혼에게 주는 가르침(靈教)이라고 생각한다. "영이 말하고 혼이 적다."

표준설계도는 표준이론임도 아울러 납득하였으리라고 믿는다. 멀리서 보았을 때 집들은 서로 너무 달라 보였다. 게다가 사람들은 서로 자기 집 자랑하기에 바빴다. 그러나 알고 보니 서로의 집은 큰 차이가 없다. 차이가 나는 부분이 있다면 제도(濟度)를 위한 방편(方便)이나 집주인의 취향으로 인한 인테리어 차이 또는 설계도를 벗어난 사소한 불법건축 부분일 뿐이다.

이제 우리는 다른 여러 집들을 살펴봄으로써 자기 집에 대한 이해가 새삼스럽게 깊어졌을 것이며 그 집들을 지은 건축가의 마음도 잘 알게 되었다. 또 모든 집들의 설계는 결국 서로 비슷하고 자세히 뜯어보면 어느 한 건축가가 지었다는 사실을 알게 되었다. 이처럼 진리는 하나뿐이고 섭리 또한 일이관지(一以貫之)이니 집이고 사상이고 모델하우스가 있어야 한다. 표준이론의 역할은 모델하우스다. 모델하우스는 사람 사는 집이 아니다. 문자 그대로 표준을 제시하는 모형일 뿐이다. 집을 새로 꾸미려는 사람에게도, 집을 사려는 사람에게도 표준이론은 큰 도움이 될 것이다.

표준이론의 결론이 '어느 한 집이 표준설계도와 완전히 일치하더라'라는 결론이었다면 얼마나 좋았을까. 그러나 주지(周知)한 바와 같이 표준이론과 주요 프레임이 완전히 일치하는 종교나 사상은 없었다.尾326)

그래도 그중 불교와 신지학 그리고 유란시아서의 주장하는 바가 표준이론과 많이 닮았다. 또 기독교의 급진적 유신진화론의 주장1863)도 여기에 윤회론만 부활시켜 더하면 전체 프레임이 표준이론과 과히 다르지 않을 만큼 유사하다.

불교와 표준이론

우선 불교는 표면적으로는 표준이론과 영 다른 길을 주장하는 것 같지만 사실 여러 가지 면에서 표준이론과 유사하다. 전술한 11.3.3. 중의 '주요 종교와 사상별 영과 혼의 정체'에서 언급한 바와 같이 불교는

1) 아트만을 부인하지만 한편으로는 아라한과 보살을 통하여 영을 말하고 바라밀과 극락을 말하여 천국을 시인하며 본초불과 법신불(비로자나) 그리고 공(空)사상을 통하여 창조주나 신 또는 우주의식을 인정한다.
2) 게다가 아라한도 보살이 되어 도피안하기 전까지는 이승에 환생한다. 보살 또한 임의로 윤회하며 중생을 제도할 수 있으니 이 역시 표준이론의 고급영과 같다.

1863) 8.2.1. '기독교의 영혼창조의 시기와 방법'과 미주 180 '기독교와 진화론' 참조

3) 한편 아라한이나 보살이 환생한 몸에도 반드시 혼(아뢰야식)이 있을 것이다. 이는 없다는 언급이 없어서 있는 것이 아니라 불설(佛說)을 보아 없으면 안 되는 것이니 있는 것이다.

4) 더구나 불교는 육근과 오온으로 의식(意識)의 발생을 설명하는데 결과적으로 이는 혼의 생물학적 진화를 말하는 것이다. 물론 '무아의 덫'을 남긴 부처님 때문에 후학들이 삼키아(Sāṃkhya)를 역으로 베끼다 보니 생각 없이 진화를 말한 것이지만 결과적으로 그러하고 또 오늘날 많은 불자들이 이를 불교의 소위 '과학성'을 증거하는 데 써먹고 있다.

5) 무엇보다도 불교는 환생의 종교다. 비록 부처님께서 장작불 운운하시고 한편으로는 無記하시는 통에 그 후학들이 '무아의 덫'에 빠져 8만 장경을 쌓아가며 구도에 지체하는 감은 있지만 장작불이든 등잔불이든 환생을 말하고 있고 그 장작불과 등잔불이 열반과 해탈을 추구하고 있음에는 변함이 없다.

6) 이미 여러 번 중언하였음에도 결(結)에 와서까지 다시 한번 부언(附言)하거니와 '오온에서 비롯한 제6식이 제7식의 자의식으로 발전한다'는 의미는 동물의 혼인 각혼(覺魂)이 군혼(群魂)상태에서 개체화하는 것을 의미하고 다시 '7식이 번뇌와 苦에 시달리면서 業을 쌓고 이를 8식에 장(藏)하는 것'은 사람의 혼인 知魂이 생물학적 진화를 통하여 탄생하는 과정으로 해석할 수 있다. 또 無明의 이치를 깨우침은 영혼육의 이치를 깨우침이고 번뇌를 멸하고 아라한으로 거듭남은 혼이 영이 되는 영화(靈化)이며, 무아와 空의 피안(彼岸)은 自他가 따로 없는 一元의 천국이다. 나아가 부처가 된다는 의미는 하느님과 합일하는 일로 해석할 수 있다.

따라서 불교가 공식적으로는 그 성립배경과 중생제도(衆生濟度)를 위한 방편(方便)적 이유로 인해 무신과 무아윤회를 말하고 있으나 거시적으로 그리고 실질적으로는 표준이론과 매우 흡사한 이론구조를 가지고 있다고 결론할 수 있다.

이승과 저승의 실체와 규모 그리고 그 수준의 다양성

불교에서는 우리의 수미세계가 11개의 세계로 구성된 6도의 욕계와 18개의 天으로 구성된 색계, 그리고 네 가지 다른 수준의 세계로 구성된 무색계 총 서른세 종류의 세계로 구성된다고 하는데 이는 대충 우리 은하계에 있을 것으로 추정되는 지적생물체 거주행성의 수다. 따라서 불교의 1 수미세계는 1 은하계에 해당한다고 본다. 불설은 다시 이러한 수미세계 10억 개가 모여 하나의 사바세계를 이룬다고 한다.

그런데 전술한 대로 오늘날 자연과학이 밝혀낸 우주의 규모는 항성 수만 대략 40,000,000,000,000,000,000,000(400垓)개이니 전 우주에는 불교에서 말하는 3계6도의 수미세계가 200,000,000,000(2,000億)개 있고 사바세계는 200개가 있는 셈이다. 불설의 사바세계와 자연과학에서 말하는 우주의 규모를 이러한 숫자를 통하여 비교함은 물질세계의 규모를 가지고 혼계와 영계를 포함하는 우주의 규모를 따지려는 허황된 시도로 비칠 수도 있겠다. 그러나 이는 거대한 물질우주를 보면 상즉상입으로 상호조응하는 피조계(被造界)의 원리상 저승의 규모도 가늠할 수 있다는 말을 하려는 것뿐이다. 다시 말하면 물질세계의 거대한 규모와 다양한 양태를 보아 AASB의 저승세계 또한 그 종류가 많고 거기에 거주하는 유정들의 영성 수준과 문명의 발달 정도 역시 서로 현격한 차이를 보일 것이라는 사실을 짐작할 수 있다는 뜻이다.

불설에서 말하는 이처럼 다양하고 어마어마한 규모의 사바세계에 대한 생각은 허황된 것이 아니라 오히려 사실에 가장 근접한 우주관이요 세계관으로서 다른 유수한 종교와 사상에서도 다음과 같이 긍정되고 있다.

1) 근사체험(Near-Death Experience), 영계통신(Channelling), 생간 삶(Life Between Lives), 사후통신(After-Death Communication), 퇴행최면(past-life hypnotic regression) 등에 의해 얻은 저승에 대한 믿을 만한 정보에 의하면 각 종교와 사상에서 말하는 저승의 세계는 큰 틀에서는 매우 유사하나 세부적으로는 서로 설명하는 바가 많이 다르다. 그 이유는 저승의 양태와 종류가 매우 다양하기 때문이라고 해석하는 것이 가장 합리적일 수 있다.

2) 힌두이즘이나 불교, 도교 나아가서 심령주의(Kardecism), 유란시아서 등 뉴에이지 사상에 나타나는 저승은 그 막대한 규모와 정신문명수준의 차이 그리고 완벽한 상호격리와 윤회에 의한 계층 간 이동, 물질세계에서의 삶을 통한 영혼의 발전과 진화 등에 대해서 그 묘사하는 내용이 매우 비슷하다.

3) 또한 수없이 전술한바 유수한 종교와 사상은 대부분
(1) 저승에는 많은 계(界)와 층(層)이 있으며
(2) 이승이 외계(外界)와 공간과 거리로 완전히 격리되어 서로 교통하기 어려운 것처럼 저승의 계와 층 사이 또한 서로 격리되어 있어 윤회를 통하지 않고서는 그 간을 이동하기 어렵고

(3) 이승과 저승의 각 세계는 물적, 영적 양면으로 그 수준의 차이가 크다. 특히 영적인 차이는 각 종교와 사상 간의 인간론과 저승론의 차이를 초래한다.

따라서 우주는 수천억조 개의 수미세계로 구성되었다는 불교의 허풍이 허풍만은 아닐 만큼 그 규모와 다양성이 대단할 수 있다.

기(氣)로부터의 영혼탄생론

혼이 기로부터 유래한다는 생각은 힌두이즘부터 유대교 신비주의인 카발라와 동양의 도교 그리고 유교 성리학, 거기에 기반한 우리나라의 무교(巫教)적 민속신앙, 심지어는 한의학과 양자역학1864)까지 긍정하고 있다.
푸루샤가 프라크리티(prakrti)에 작용하여 자의식인 아함카라가 만들어지는 힌두철학이나 제2로고스의 생명(Vitality)인 프라나(Prana)가 물질을 진화시켜 동물의 그룹혼까지에 이르게 한다는 신지학, 그리고 카발라에서 아인 소프 오르의 빛이 10개의 세피라와 22개의 통로(pass)를 넘쳐흘러 물질세계가 창조되는 것이나, 태허에서 묘일이 나오고 天地人 삼재가 나오는 도가(道家)의 주장이나, 태극에서 음양의 기가 나오고 여기에서 오행이 나온다는 유가(儒家)의 생각은 모두 표준이론과 다름이 없는 것이다.

영과 혼의 생물학적 진화

또 신지학 그리고 유란시아서는 영과 혼의 생물학적 진화에 대한 견해가 표준이론과 어느 정도 일치한다. 다만 각론에 이르러서는 많은 부분에서 차이가 남을 감출 수가 없다. 한편 최근 기독교의 급진적 유신진화론은 육체뿐 아니라 영혼 또한 진화에 의해서 탄생한다는 표준이론의 의견에 동의하고 있다. 이는 네사마 사건으로 인하여 각혼에게 지혼으로의 진화 길이 트였다는 생각을 바탕으로 한다. 불교 또한 전술한 바와 같이 결과적으로는 혼의 진화에 의한 靈의 탄생을 말하고 있다.1865)

1864) 6.6.1. '데이비드 봄의 양자형이상학과 표준이론' 참조
1865) 1. 부록5 '주요 종교와 사상의 영혼관 개요'와 부록7 '주요 종교와 사상별 영과 혼의 정체' 그리고 11.3.3. '영과 혼이 각자 윤회하는 표준이론' 참조
2. 그러나 유란시아서는 모든 혼에게 짝지어진다는 생각조절자라는 독특한 존재를 말하며 혼은 이 생각조절자와 융합하여 진정한 영이 된다고 함으로써 또 다른 형태의 '영화(靈化)론'을 주장한다. 그러나 표준이론과 유란시아서 간의 이러한 차이는 '나무의 차이'일 뿐으로 '숲을 보는 눈'은 서로 통한다.

영과 혼의 각자 윤회 사상

신지학 그리고 유란시아서는 영과 혼의 각자 윤회 사상이 큰 틀에서 볼 때 표준이론과 유사하다고 볼 수 있다. 신지학의 영인 인간모나드는 각혼(覺魂)인 아스트랄체와 아스트랄계에서 헤어지고 상승한다. 하강할 때에도 또 다른 각혼에 승하여 물질계에 환생한다. 또 유란시아서는 명종 후 맨션월드(mansion world)에 달하기 전까지 전개되는 '필사자 혼'과 '생각조절자' 간의 이합(離合)을 말하고 있다.

혼의 靈化론

한편 불교에서 말하는 아라한의 탄생과정은 표준이론에서 혼의 靈化를 설명하는 것과 그 내용상 아무 차이가 없다. 또 혼의 영화사상은 영지주의와 헤르메스 그리고 힌두와 자이나교 나아가서 우리 고유 종교인 대종교의 성명정(性命精)에서도 그 정신을 찾아볼 수 있다. 나아가 신지학과 유란시아서 등 일부 뉴에이지와는 나무를 보는 눈은 달라도 숲을 보는 눈은 공유하고 있다.

結의 結

본서의 서문에서 표준이론이 통합이론을 지향하면서 주요 사상들을 한 프레임에 일이관지(一以貫之)로 모두 담아내는 것이 목표라고 천명(闡明)하였음에도 이를 완벽히 달성하지는 못한 듯하다. 이는 著者의 표현력 부족에도 그 원인이 있겠으나 아직 공부가 태부족하고 수행이 더딘 데다가 애초에 그릇이 작아 각 사상에 녹아 있는 '있는 진리'와 '뻔한 섭리'도 다 발견하지 못하여 그렇다는 점을 어찌 부인하랴. 命終토록 더 공부하고 찾아볼 셈이다.

표준이론에 담은 참이 아직 부족하고 또 시의(時宜)에 맞지 않아 뭇사람들에게 도달하지 못하더라도 그것 또한 순리다. 이럴 때 맹자의 말씀이 적절하다. "대인은 말이 믿어지기를 기대하지 않으며, 행동에 결과가 있기를 기대하지도 않는다. 오로지 의가 있는 바를 따를 뿐이다."[1866]

1866) 1. 大人者 言不必信 行不必果 惟義所在
2. 이제 다만 섭리의 도우심과 환생재단의 힘으로 著者의 後生이 유언(遺言)으로서의 이 표준이론과 유산(遺産)으로서의 재단기금에 緣이 닿아 그가 유언을 체득하고 유산을 선용하여 주어진 시간을 보람차게 씀으로써 하느님께 조금이라도 더 가까이 다가갈 수 있게 되기를 두 손 모아 기원할 뿐이다.

結詩

사람은 누구나 죽는다
나도 언젠가는 소멸을 맞을 것이요
파괴될 것이요
더 이상 이 세상에 없을 것이다
나는 결국 사라질 것이다1867)

이런 생각으로 나는
비탄과 시름에 잠겨
머리를 싸매고 가슴을 치다가
어린 나이에 벌써 죽음의 나락1868)에 빠졌다

그러나 다행히도 세상은 어차피 그보다 더한 나락의 연속이어서
죽음의 나락은 가슴 한쪽에 묻고 가끔 꺼내어 비탄할 뿐
다른 여러 나락에 빠져 발버둥 치며 살아오기 육십 년
어느덧 甲을 넘겨 옛날 같으면 벌써 命終하였을 터
어릴 적 빠졌던 나락에서 이대로 죽는다면
恨을 남긴 생이 되고 말 것 같아
열 일 제치고 죽음에 매달려
이리저리 궁구하기 수년째
이제 금생을 고투한
나의 혼 그리고 그
後生을 위하여
이 책을 썼다1869)

1867) 사람들은 나도 언젠가는 소멸을 맞을 것이요, 파괴될 것이요, 더 이상 이 세상에 없을 것이라고 말하며 죽음의 공포로 비탄과 시름에 잠겨 자기 가슴을 치고 마침내는 돌이키기 어려운 피폐의 나락에 빠진다.… 비구여, 무명(無明)의 대중에게 무엇보다 두려운 것은 내가 사라질지도 모른다는, 모두를 잃게 될지도 모른다는 생각이다(MA Ⅱ, 112쪽, MN Ⅰ(근본법문경) 136~137쪽 외).

1868) 죽음의 나락(奈落)은 '죽음의 공포(恐怖)에서 벗어나기 어려운 절망적 상황'으로 공(恐)은 한의학에서 칠정(七情) 중 하나이다. 불교에서는 공(恐) 대신 두려울 구(懼)를 써서 공포가 인간이 벗어나기 힘든 마음의 정서임을 밝히고 있다. 그러나 恐은 七情보다는 四苦에 더해져 生老病死恐의 五苦로 기록되었어야 하지 않을까 한다.

1869) 환생플랜의 일부인 본서가 實로 기대하는 독자는 저자의 혼과 그 혼의 후생이다(미주 285 '환생 플랜' 참조).

尾註
미주

尾註

尾1) 비전의 벽(壁)

1. 우주는 'As above, so below'의 상즉상입(相卽相入) 세계다. 우주의 이치에 닿지 않은 일은 이승에서 일어나지 않으며 이승에서 이승의 중생들이 이해하지 못할 진리는 없다. 다만 카르마(karma)로 인해 때가 되지 않아 관심이 없고 관심이 있어도 깨달음이 없다. 이를 자양(滋養)으로 하여 사상과 종교들은 저마다 비전(祕傳)의 벽(esoteric wall)을 쌓는다.

2. 이는 마치 정치권력의 상층부나 기업의 경영진들이 기득권 보호를 위하여 신비전략을 쓰는 것과 같다. 기업에서 현명하고 정직한 자들이 경영진이 되는 것은 아니다. 어찌 보면 그 반대의 자질을 가진 자들이 기업의 상층부에 진입하기가 더 용이하다. 권력은 더하다. 무지렁이 유권자들은 한 표만 손에 쥐고 있다. 그런 무지렁이들의 수천만 표를 모은 자가 권력자가 된다. 그렇다고 그가 무지렁이들보다 知的으로 倫理的으로 더 뛰어났는가? 기업의 경우와 마찬가지로 실상은 태반이 그 반대다. 그러나 그가 권력을 움켜쥐는 순간 그는 신비의 장막 뒤로 사라진다. 그때부터 그는 지적으로 무한히 뛰어나고 윤리적으로 완벽하며 모든 면에서 존경할 만한 자로 꾸며진다.

3. 사상이나 종교도 마찬가지다. 그것들은 당연히 조직을 갖고 그 상층부에는 그들만의 소수가 자리한다. 그들은 그들의 지위와 이익을 보전하기 위한 여러 장치를 만들어 주위를 벽으로 쌓아 올린다. 그런 장치 중의 하나가 '모순된 교리'다. 예컨대 불교의 무신(無神)과 무아윤회, 기독교의 삼위일체와 원죄, 유교의 귀신관 그리고 모든 종교에서 공히 내세우는 천국과 지옥의 교리가 그런 것들이다. 이런 교리들은 삼척동자가 보아도 AASB의 우주와는 어울리지 않는 모순과 이해불가의 교리들이다. 그러나 이러한 교리들은 오히려 비전의 벽을 쌓는 데 매우 유용하다. 모순이 모순이 아님이 신비(神祕)인데 그 신비는 비전의 벽 뒤의 소수에게만 신의 뜻으로 독점되어 있기 때문이다. 그곳은 신의 은총 없이는 접근할 수 없는 지역이다. 눈치없는 중생이 절차와 허락 없이 거기에 접근하여 '임금님 귀는 당나귀 귀'라며 외치면, 그들은 "모순교리를 이해하는 데에는 최상의 지능이 필요할 뿐 아니라 원래 언표불능(言表不能)이라 이심전심(以心傳心)으로만 알 수 있다"는 궤변을 점잖게 들려준다. 대부분은 외경(畏敬)의 념을 품고 물러간다. 그러나 이 점잖은 방법이 효과가 없으면 파문하여 내쫓음으로써 침입자의 인간관계와 생계를 끊는다. 그래도 역도(逆徒) 또는 사문난적(斯文亂賊)이나 신성모독으로 몰아 생사여탈(生死與奪)하던 시대는 지났으니 다행이다.

4. 비전의 벽을 수성하는 또 다른 방법은 모순을 치유할 또 다른 교리의 개발이다. 모순을 치유할 논리는 없다. 있다면 그 또한 모순이다. 그래도 그들은 모순 위에 또 다른 모순을 주저 없이 쌓는다. 모순의 벽도 벽이니 높게 쌓으면 그 구실을 하기 때문이다. 또한 모순은 또 다른 모순으로 당분간 방어되는데 이는 모순이 모순임을 여러 사람들이 아는 데는 시간이 걸리기 때문이다. 그리고 모순임을 알리는 데는 커다란 용기가 필요하다. 모순을 간파한 사람들의 대부분은 혼자만 알고 그 덫을 피해 간다. 남에게 알렸다가 고자질이라도 당하면 위의 여러 불이익을 감수하는 수가 있다. 불교는 떡(神)을 얻으러 온 중생들의 손에 돌(無神)을 슬그머니 쥐어준다. 그리고 초야에 숙명통을 얻어 본생경의 547전생을 알아낸 부처님의 윤회 이야기를

무아(無我)에 섞어 만든 떡(無我輪廻)을 덤으로 준다. 눈치 빠른 중생은 후환이 두려워 먹는 체하고 버리지만 눈치 없는 숱한 중생들은 돌멩이를 덥석 베어 물고는 이빨이 다 부러진다. 그러나 아픈 시늉을 못 하는 것이, 다른 사람들은 그 아픔을 참고 모두 맛있게 먹는 척하고 있기 때문이다. 이제 부러진 이빨은 신앙심의 유력한 징표가 되어 그는 부처님의 남다른 가피(加被)를 입는다. 다 마찬가지다.

尾2)「영원의 철학(Perennial Philosophy)」

1. 올더스 헉슬리(Aldous Huxley 1894~1963)는 오만하고 냉소적인 유머 감각으로 유명한 영국 출신의 소설가이자 비평가로서 이튼 칼리지와 옥스퍼드 대학교를 졸업했다. 지적 아이디어와 함께 재치와 풍자로 가득 찬 다양한 방면의 저술 활동으로 유명한 헉슬리는 20세기 관념소설(觀念小說, ideological novel)의 큰 줄기를 이룬 대표적 작가다.

2. 「영원의 철학」은 헉슬리가 1945년에 발표한 신비주의 비교연구서의 書名이다. 그는 이 책에서 신성에 대한 직접적인 영적 지식에 접근한 성자들과 선지자들의 저술에서 나온 구절들을 모아서 모든 사상에 편재하는 공통 요소를 제시하려 하였다. 헉슬리는 "신성 또는 근원적 실재는 모든 성질, 묘사, 개념을 뛰어넘으며 기존 종교와 사상에서는 이것을 브라만, 道 또는 神 등 다양한 용어로 불러 왔는데 그 최대 공통 요소를 뽑아 집약한 것이 영원의 철학"이라고 하였다. 오늘날 이 책은 동서고금을 막론하고 모든 문화에서 반복적으로 나타나는 인간정신, 즉 위대한 영적스승, 철학자, 사색가들이 거의 보편적으로 합의한 세계관을 보여준다는 칭송을 받고 있다.

3. 한편 켄 윌버는 헉슬리의 '영원의 철학'을 '모든 것의 이론(Theory of Everything)' 또는 '통합이론(Integral Theory)'이라고 표현하였다. '궁극이론(ultimate theory)'으로도 부른다. 그의 이론은 대체로 근대 신지학의 범주에 속하는데 궁극(窮極)이기 때문에 그런 것으로 이해된다.

4. 사실 통합이론의 선구는 블라바츠키(Helena Petrovna Blavatsky 1831~1891)의 근대 신지학(modern theosophy)이다. 근대 신지학은 모든 종교와 철학 속에 동일하게 흐르는 가르침이 있다고 하며 그 '하나의 근본적인 가르침'이 신지학이라고 주장한다. 그러나 신지학은 종교와 철학 간의 가르침의 유사성은 진리가 하나이기 때문에 생긴 것이 아니라 가르침이 하나의 근원에서 나왔기 때문이라고 하며 그 근원이 바로 위대한 '대백색형제단(Great White Brotherhood)'이라는 뜬금없는 소리로 스스로의 격을 떨어뜨린다(애니 베산트, 「고대의 지혜」 참조). 그들의 주장이 맞다면 '대백색형제단'은 제자들에게 코끼리의 일부씩만 가르쳐서 그동안 서로 실컷 싸우게 한 셈이다.

尾3) 길

길을 보았네
큰길에다 지름길이었네
보여주고 싶었네

같은 길을 본 사람을 여럿 찾았네

달리 본 사람들 말도 들어 보았네
모로 가는 길도 열심히 공부했네

내가 본 길이 그 길 맞네
와서 보시게
같이 가세나

尾4) 자연의 노리갯감으로서의 우리

자연과 나의 로맨스 그 아름답고 우울한 스토리
(The Rubáiyát of Omar Khayyám(*)과 교감하여)

自然
아름다운 이름아
넌 나에게 밝은 눈과 명석한 두뇌와
힘찬 근육을 주어
이 세상 너의 품 어디든
마음껏 뛰놀게 했지

너의 세상은 즐거웠고 건강했고 행복했어
모든 것은 영원으로부터 영원까지
오로지 나를 위해 마련된 것
난 마음껏 향유하며 스러지지 않는 푸르름을 뽐내었지

그 젊음으로 자식을 낳고 열심히 키워
아이들이 금방 그리고 매우 푸르러 늠름해졌을 때쯤
넌 나에게 다가와 남들 몰래 살짝 속삭였어
이제 그만 나가 달라고

생각할 겨를도 없이 난
네가 나 몰래 오래전에 미리 준비해 둔
무덤으로 치워졌고 그리고
그게 다였어

자연과 나의 위대하고 아름다운
그러나 우울한 로맨스는
그게 끝이였어

(*) 오마르 하이얌(Omar Khayyám, 1048~1131)은 페르시아의 수학자, 천문학자, 철학자, 작가, 시인이다. 이항정리를 증명하였으며 그가 만든 달력은 16세기에 나온 그레고리 달력보다 더 정확하였다. 시집 '루바이야트(rubaiyat)'가 있는데, 후에 영국 시인 에드워드 피츠제럴드(Edward FitzGerald 1809~1883)가 영어로 번역하여 세계적으로 유명해졌다.

尾5) 기독교와 표준이론

1. 예수와 제자들이 가이사랴 빌립보 여러 마을로 나가실 쌔 노중에서 제자들에게 물어 가라사대 사람들이 나를 누구라고 하느냐. 여짜와 가로되 세례 요한이라 하고 더러는 엘리야, 더러는 선지자 중의 하나라 하나이다(개역한글 마가 8장 27~29).

2. 위 성경 구절을 도그마를 벗기고 읽어 보면 예수님은 죽은 이가 어떤 목적을 달성하기 위하여 다시 환생한다는 생각을 가졌음이 분명하다. 이 구절은 마태오복음서 16:13에도 그대로 전재(轉載)되어 있고 성경 전체적인 맥락상 제아무리 예수 세미나(The Jesus Seminar)를 하더라도 역사적 예수님(Historical Jesus)의 말씀이 틀림없는 구절이다. 신작 위경(僞經)이긴 하지만 보병궁 복음서 128장에서는 환생을 아예 단정하고 해당 장면에 대해 장황히 기술하였다.[*] 이를 보면 당시의 온 유대인들이 예수님이 누구의 환생자라는 생각을 가지고 있었던 것 같다. 이에 예수님도 환생을 배척하는 일언반구도 하지 않으신다. 또한 예수님은 요한의 복음서 9장 1절에서도 태어나면서부터 눈먼 소경이 자기 자신의 죄로 소경으로 태어났느냐는 제자의 질문에 그가 소경인 이유는 그에게서 하느님의 하시는 일(섭리, 카르마의 법칙)을 나타내기 위한 것이라고 하면서 소경의 눈을 그 자리에서 고쳐주셨다. 이 또한 환생을 전제로 한 문답이다. 제자도 예수님도 윤회를 믿고 있었으니 이런 대화가 가능한 것이다.

3. 예수님 당시에 살던 유대인들은 주변 이집트나 그리스에서 전래한 윤회사상의 영향을 받아 환생을 믿는 사람들이 많았다. 이를 반영하여 기독교의 성경 여기저기에서 유대인들이 윤회를 믿는다는 사실을 보여주는 구절들이 많다(미주 268 '신약성경이 윤회론을 긍정하고 있다는 주장' 참조). 유대교 신비주의파인 카발리즘은 물론 정통유대교도 아직까지 윤회교리가 그 전통을 잇고 있다. 기독교 또한 초기에는 유대사회와 마찬가지로 영지주의파를 중심으로 윤회사상이 널리 퍼져 있었다. 다만 기독교가 로마의 국교로 공인받는 4세기에 이르자 상황이 바뀌어 윤회를 믿는 영지주의파 교부들은 황제의 비호를 받은 교부들에 의하여 논박당하고 553년 콘스탄티노플 공의회 이후 거세당하여 기독교 역사에서 사라졌으며 이후 카타리파(Cathars)나 알비파(Albigensians) 등 중세에 발흥한 기독교 종파에서 다시 윤회사상이 부활하였으나 교회의 극심한 박해를 받아 백만 명에 달하는 사람들이 죽임을 당하고 기독교 역사에서 사라졌다.

4. 결국 기독교에서 윤회사상이 사라진 것은 교회의 일이다. 교회 역시 살아남은 자의 교회다. 성공하면 충신이고 실패하면 역적이듯 종교에서도 파워게임에서 지면 이단이 되는 것이다. 그러나 어떤 제도도 조직도 사상도 진리에 영원히 역행할 수는 없다. 그런데 윤회가 진리라면 왜 세계 최대의 종교인 기독교에서 윤회사상이 영영 사라졌을까?
   1) 도그마는 또 다른 도그마로 강화된다. 따라서 한번 도그마는 영원한 도그마다.
   2) 윤회사상을 갖든 가지지 않든 구원에는 영향이 없다.
   3) 아직 사람들이 윤회의 섭리를 알기에는 때가 이르다.
   4) 기독교를 믿으면서 윤회를 믿는 사람도 많다.
   모두 정답이다.

5. 표준이론은 기독교의 윤회사상이라고 보아도 좋다. 그러나 부처님의 생각이기도 하고 신선(神仙)의 생각이기도 하며 심지어 애니미즘이라고 불러도 좋다. 그러나 가장 좋은 명칭은 통합이론으로서 영혼학의 표준이론이다.

(*) 예수님께서 제자들에게 "사람들이 나를 누구라고 하더냐?"라는 물으심에 제자들은 일제히 자기가 들은 바를 보고한다. 마태는 사람들이 예수님을 다윗, 에녹, 솔로몬 또는 셋의 환생이라고 한다고 보고하고 안드레아는 회당장이 말하기를 이 사람은 예레미야라 하였다고 보고하며 야고보는 대부분의 유대인들은 예수님을 엘리야의 환생이라고 믿는 것 같다고 하며 요한은 멜기세덱, 도마는 헤롯이 죽인 요한이 다시 살아난 줄로 안다고 하였다. 심지어 나다니엘은 어디서 들었는지 예수님은 고타마 부처님의 환생이라고 전한다.

尾6) 마음의 병과 苦 그리고 번뇌

1. 혼의 병, 즉 마음의 병은 모든 종교와 사상에서 그 치유의 방법을 제시한다. 불교가 이를 가장 세밀하게 분석하였다. 불설에서 마음의 병은 苦(Dukkha)에서 나온다. 또 불교의 사성제(四聖諦)가 말하듯 苦는 번뇌(煩惱)에서 나온다.

2. 번뇌에는
   1) 적게는 탐진치(貪瞋痴) 삼독(三毒)에서부터
   2) 마음에 번뇌를 일으키고 지혜를 약하게 하는 탐욕개(貪慾蓋), 진에개(瞋恚蓋), 혼면개(惛眠蓋), 도회개(掉悔蓋), 의개(疑蓋)의 5가지의 장애인 오개(五蓋)
   3) 부처님이 직설하신 7가지 번뇌 즉 탐욕(貪慾), 성냄(瞋), 교만(驕慢), 어리석음(愚癡), 의심(疑), 삿된 소견(邪見), 현상세계에 대한 욕심(慾世間)
   4) 근본번뇌(根本煩惱) 6가지와 여기에서 나오는 수번뇌(隨煩惱) 20가지의 26번뇌
   5) 수면(隨眠) 98, 전(纏) 10의 108번뇌
   6) 심지어 84,000번뇌까지 있다.
   번뇌는 망상에서 나오니 그 종류는 망상(妄想)만큼 다양하고 폭넓다. 또한 망상은 연기(緣起)의 출발인 무명(無明)에서 나온다.

3. 결국 마음의 병은 苦에서 나오고 苦는 번뇌에서, 번뇌는 망상에서 나오며 망상은 무명에서 온다(流轉緣起). [무명 → 망상 → 번뇌 → 苦 → 마음의 병] 따라서 무명(無明)에 기인한 망상을 끊고 번뇌를 잡아 苦를 멸하고 열반에 드는 것(還滅緣起)이 곧 불교수행의 목표다. '5연기설'이라고 하여도 좋겠다. 12연기가 무명(avidyá)에서부터 시작하여 행, 식, 명색, 6입, 촉, 수, 애, 취, 유, 생을 거쳐 노사(老死)로 끝나는 데에 비하여 이해하기도 쉽고 간단하다.

4. 열반에 들기 위한 수행방법에는 무려 37가지가 있다. 이른바 4445578의 삼십칠조도품(三十七助道品)으로, 사념처(四念處), 사정근(四正勤), 사여의족(四如意足), 오근(五根), 오력(五力), 칠각지(七覺支), 팔정도(八正道)의 37가지다.

尾7) 요한 1:1~8의 해석

(개역한글)
1 태초에 말씀이 계시니라 이 말씀이 하나님과 함께 계셨으니 이 말씀은 곧 하나님이시니라
2 그가 태초에 하나님과 함께 계셨고
3 만물이 그로 말미암아 지은 바 되었으니 지은 것이 하나도 그가 없이는 된 것이 없느니라
4 그 안에 생명이 있었으니 이 생명은 사람들의 빛이라
5 빛이 어두움에 비취되 어두움이 깨닫지 못하더라

6 하나님께로서 보내심을 받은 사람이 났으니 이름은 요한이라
7 저가 증거하러 왔으니 곧 빛에 대하여 증거하고 모든 사람으로 자기를 인하여 믿게 하려 함이라
8 그는 이 빛이 아니요 이 빛에 대하여 증거하러 온 자라

1. 위의 '말씀'은 요한복음의 原語인 헬라어(고대 그리스어)로는 'logos'다.
    1) 그리스어에서 로고스의 뜻은 가장 일반적인 것이 '이성'이다. 또한 구약에 나타나는 로고스의 히브리어 상응어는 '호크마(Hochma, 지혜)'이고 구약에서 '호크마'의 역할은 요한복음의 로고스와 비슷하다.
    2) 한편 당시 그리스 사람들은 '우주의 질서를 만들고 운행하는 힘과 그 힘의 의지, 뜻, 계획'을 '로고스'라 불렀다.
    3) 국어사전에서는 로고스가 그리스 철학에서, 언어를 매체로 하여 표현되는 이성. 또는 그 이성의 자유라고 풀이되어 있다. 기독교의 '말씀'이 침투한 풀이로 보인다.
    4) 그렇다면 '말씀'도 좋은 번역이지만 히브리적 뜻인 '지혜'나 그리스적인 '이성' 또는 '우주의 지' 아니면 그냥 '로고스'라고 원어를 그대로 사용하는 것도 좋겠다.
    5) 신지학에서 로고스는 거의 創造主의 또 다른 모습을 뜻한다. 신지학자 애니 베산트는 "인간은 '우주의 근원'이 현현(顯現)한 신성한 존재이고 이 '우주의 근원'을 고대 지혜의 현대적 형태로서 '로고스' 혹은 '말씀'이라고 부른다. 이 이름은 그리스 철학에서 가져온 것이지만 침묵에서 나타나는 말씀, 음성, 세계를 존재케 하는 소리 등 고대의 사상을 충분히 잘 표현하고 있다."라고 하였다.
    6) 표준이론에서 볼 때 로고스는 氣(또는 도덕경 42장 '道生一'의 一)일 수 있다. 로고스가 이성이나 지혜의 뜻을 지녔지만 요한복음 1장의 로고스는 표준이론의 氣 즉 하느님의 생명에 너지라고 읽어도 아무런 문제가 없는 구절이기 때문이다(3.2.1. '표준이론의 영과 혼의 기원' 참조). 그리스 사람들이 우주의 질서를 만들고 운행하는 힘을 '로고스'라 불렀다는 부분이 표준이론의 주장과 통한다.

2. 2절의 영문은 "He was in the beginning with God."이다. 여기에서 He가 로고스인가 예수님인가? 예수님으로 보는 번역이 많으나 문맥상, 그리고 아래4의 이유로 2절과 3절 그리고 4절의 '그'는 모두 1절의 로고스로 보는 게 맞겠다.

3. 4절의 생명은 예수님인가 아니면 영혼인가. 신비주의자들은 life를 '영혼'이라고 한다. 그러나 예수님이라고 주장하는 사람들은 이를 8절의 "He himself was not the light; he came only as a witness to the light."에서 요한은 빛이 아니고 빛을 증언하는 사람이라고 한 사실을 들어 빛은 예수님이 분명하니 4절의 빛도 예수님이고 또 생명은 모든 사람의 빛이라고 하였으니 생명도 예수님이라고 한다.

4. life가 예수님이 아니라 '영혼'이 되려면 요한복음 1장 1절부터 5절은 다른 책에서 이미 회자되던 문구를 인용하여 예수님의 등장과 교묘히 연결시킨 것이 되어야 한다. 과연 그럴까? 그럴 수 있다. 요한복음이 영지주의 복음서 아닌가. 따라서 1절부터 5절은 다른 책에서 이미 회자되던 문구를 인용한 것이 맞을 것 같다. 本文은 이런 해석에 기반하여 번역한 것이다.

尾8) 신의 존재증명(Gottesbeweis)

동양철학에서는 윤리학과 정치철학 및 형이상학이 중요하였지 정작 신(神)은 중요한 철학 주제가 아니었다. 그러나 기독교가 주류였던 서양에서는 신과 그 존재여부에 관한 문제는 다른 주제 못지않게 매우 중요하여 중세의 아우구스티누스와 토마스 아퀴나스 이래 근대에 이르기까지 존재론적 증명, 우주론적 증명 등 다양한 방법의 고테스베바이스(Gottesbeweis)가 있었다. 칸트가 '순수이성비판'을 통하여 신의 존재증명이 불가능함을 주장한 이래 현대철학에서도 신의 존재는 증명할 수 없다는 주장이 일반적이다. 그러나 그러한 주장과는 별도로 Gottesbeweis는 오늘도 지금도 각인(各人)과 인류 전체의 영원한 의문이고 풀어야 할 과제다.

1. 기독교는 신의 속성으로 보통 다음 7가지를 든다.
    1) 창조주이며 우주의 운행을 현존하며 주재(主宰)
    2) 全知, 全能, 全善, 無限, 永遠
    3) 인격적 실재(實在)
    4) 피조물 특히 인간에 대한 사랑, 자비 그 자체
    5) 인간의 화복(禍福)을 주관
    6) 신앙의 대상
    7) 유일신

2. 그러나 위 속성을 모두 갖추어야 신인 것은 아니고 일부만의 속성을 가진 신도 얼마든지 상정된다. 불교의 신은 (공식적으로는) 1)과 2), 3) 그리고 7)의 속성이 없거나 부족하다. 따라서 본 담론이 범위에는 일부 속성이 결여된 신에 관한 논증도 포함된다. 그러나 고테스베바이스는 그 기원이 그러하듯 위의 속성 대부분을 갖춘 신의 존재에 대한 논증이다. 한편 신은 '사람이 죽은 뒤에 남는다는 넋(귀신)'이라는 의미도 있으나 여기서는 거기까지 취하지는 않는다. 그것은 '사후세계의 존재 여부'에 대한 담론대상이다.

3. 신의 존재에 대해서는 "모든 사람이 만족할 수 있는 해답은 아직껏 제시되어 있지 않다."라고 백과사전에 공인되어 있는 형편이다. 그러나 과연 그럴까? 누구는 "신은 존재하는가?"라는 질문은 과학적 방법에 의한 탐구를 통해서 해답을 얻을 수 있는 종류의 질문이 아니라고 하는데 그건 틀린 말이다. 형이상, 형이하 불문, 과학, 비과학 불문, 수많은 답이 이미 드러나 있다. 다만 믿지 않을 뿐이다.

4. 여기서 믿음은 궁구, 직관, 통찰, 예지, 깨달음, 깨침, 의식의 변화 등을 통해 자연스럽게 얻어지는 일종의 확신(conviction)으로서의 믿음이다(미주 62 '믿음에 대하여' 참조). 또한 앎은 자신의 觀과 맞지 않으면 절대 믿음으로 연결되지는 않는다. 또 믿음 없는 앎은 올바른 행동으로 연결되지 않으니 믿음과 믿음을 만드는 觀의 중요성은 매우 크다(2.3.2. '앎과 觀과 믿음의 관이론(觀理論)' 참조)

5. 신의 존재를 증명하는 문제는 인간 역사와 함께한다. 그래서 독일어에 Gottesbeweis라는 전용단어까지 있지 않은가. 내로라하는 철학자들이 이 명제에 도전하였고 사실 인간 사유의 절반은 궁극적으로는 이에 대한 것이다.

6. Gottesbeweis 유형을 구분하면 대충 다음과 같다.
   1) 도덕적 증명(moral argument) : '도덕은 최고의 선'이라는 명제가 정당하려면 신의 존재를 받아들이는 것이 필요하다는 식의 증명
   2) 경험론적 증명 (empirical argument)
      (1) 우주론적 증명(cosmological argument, 제1원인자 증명) : 자연계에 있는 것은 모두 인과(因果)의 법칙에 의해서 지배되므로 인과관계를 더듬어서 원인으로 거슬러 올라가면 최후에는 '제1원인'으로서의 신이 존재하지 않을 수 없다고 하는 방식의 증명
      (2) 우주를 움직이는 힘의 근원으로서 '제1動力因'이 있을 수밖에 없고 그것이 신이라는 증명
      (3) 우연한 것이 존재하게 되는 이유는 그것을 있게 만든 필연적인 존재 때문이라는 식의 증명
      (4) 完全이라는 것이 있다면 완전성의 기준이 필요하고 그 기준이 신이라는 식의 증명
      (5) 목적론적 방법(teleological argument) : 천체(天體)가 질서정연하게 운행하고 있는 것은 목적이나 의장(意匠)을 창출한 신이 존재하고 있기 때문이라고 하는 식의 증명
   3) 존재론적 증명(ontological argument. 본체론적 증명) : 신의 존재를 오로지 선험적인 직관과 이성을 통해 증명하려는 시도를 말한다. 스콜라철학의 대부인 캔터베리의 안셀무스 대주교(St Anselm of Canterbury 1033~1109)는 복잡한 논리학적 설명으로 신의 존재증명을 시도하였다. 이를 간단히 말하면 "우리는 '세상에서 가장 위대한 존재'를 상상할 수 있다. 그런데 그런 존재는 논리상 현실에도 존재한다. 그런데 가장 위대한 존재를 우리는 신이라고 부른다. 따라서 신은 존재한다."라는 식이다. 마치 "우리는 세상에서 가장 높은 산을 상상할 수 있다. 그런데 가장 높은 산은 현실에도 반드시 존재한다. 그 산은 에베레스트산이다. 세상에서 가장 높은 산을 신(神)이라고 한다면 에베레스트산이 신이다. 그러니 신은 존재한다."라는 식이다. 신은 그 속성상 최고로 완벽한 존재라고 정의되고 사람이 상상할 수 있는 최고로 완벽한 존재는 현실에도 있을 수밖에 없으니 신은 존재한다는 것이다. 훗날 데카르트는 "신은 '완전한 존재'인데, 만약 '존재'라고 하는 요소(要素)가 빠지면 신은 불완전하게 되므로 신이 존재한다고 생각하지 않을 수 없다."라고 하여 안셀무스의 긴 말을 한마디로 줄였다.
   4) 인간학적 증명(anthropological argument) : 불완전한 인간이 가장 완전한 존재자인 신의 관념을 갖는 것은 신이 그 관념을 우리에게 주었기 때문이고, 이런 이유로 신은 필연적으로 존재하고 있다는 식의 증명

7. 이하 이런 유형을 따지지 않고 신 존재의 증거를 그냥 나열해 본다. 신의 존재증명은 '사후세계의 존재증명'이나 '영혼의 존재증명'과 많은 부분이 겹칠 수밖에 없다. 신의 존재에 대한 증거는 여기 나열하는 증거 말고도 수많을 것이니 구도자 제위도 이어서 적어 보기를 바란다. 저자는 불감하고 아둔하여 우선 28가지를 적었다.

   1) 직관 : 사람은 직관으로 신의 존재를 안다. 그러나 신을 직관하여 이를 감지(누멘)하는 능력이 없거나 부족한 사람도 많다. 그 이유는 두 가지다. 첫째는 佛性이 아직 작아서이고 둘째는 업이 아직 커서이다. 따라서 누멘을 느끼는 능력을 갖추려면 '때가 찰 때(불성이 충분히 커질 때)'까지 기다리거나 적극적으로 解業하여야 한다.

   2) 증언 : 계시(啓示), 환시(幻視), 관상(觀想), 목격(目擊)의 증언.

3) 양심 : 양심적으로 양심(良心)을 관찰해 보라. 양심이 적자생존의 진화와는 아무 상관이 없는 것임을 알게 될 것이다. 행운이 있다면 그것이 신의 흔적이라는 것도 눈치챌 수 있다. 왜냐면 양심은 '하느님의 불씨'와 영(靈)이 혼(魂)에 작용하여 생겨난 것이기 때문이다.

4) 귀신(鬼神) : 신은 아니지만 사후세계의 존재를 보임으로써 신의 존재를 간접적으로 증거하는 것이다. 일부러 눈을 감고 외면하지만 않으면 귀신에 대한 정보는 이승에 차고 넘친다. 그러나 불행히도 눈을 감은 이가 너무 많고 눈을 감는 핑계도 차고 넘친다. 귀신에 대한 정보는 동서고금을 막론하고 매우 유사(類似)하다(칼 융, 「티벳 사자의 서」, 174쪽). 왜 유사할까? 팩트니까 유사하다.

5) 예수의 부활 : 그가 부활했다는 증거는 많다. 그런데 그가 당신을 선택하면 그 증거보다도 그가 먼저 보인다.

6) 역사(歷史) : 자연과 인간의 역사는 창조자의 일관된 의도(섭리)를 보여준다. 그러나 아쉽게도 이를 보려면 직관이나 지혜가 필요하다.

7) 자연(自然)과 누멘 : 자연 앞에서 느끼는 경탄, 경외, 감동, 호연지기, 왜소감, 두려움, 사랑 등의 갖가지 느낌(누멘)은 인간이 신과 마주쳤을 때 생기는 '피조물로서의 감정'이다. 직관능력과 관련이 깊다. 신이 거기에 현존하기 때문이다. 이로써 자연은 스스로 피조(被造)되었음을 증언한다. 그러나 이는 정령신앙(animism)과는 구분하여야 한다. 애니미즘은 자연에 만재한 기의 또 다른 영적 진화체인 정령(anima)을 숭배한다. 표준이론에서 정령은 '무생물에 스민 생기나 정기 덩어리가 혼이 된 것으로 사람과 상호작용이 가능한 존재'이다. 애니미즘의 기저에는 누멘이 있으나 애니미즘은 아직 누멘의 실체는 포착하지 못하고 누멘의 그림자를 신앙하는 원시종교다(2.2.2. '누멘의 체험' 참조).

8) 환원불가능한 복잡성(還元不可能한 複雜性, Irreducible Complexity) : '자연선택론적 진화론'에서는 생명체의 복잡성을 자연선택(natural selection)이 만든 '점진적으로 누적되는 메커니즘'으로 설명할 수 있다고 하나, 그 복잡성은 '환원불가능'하기 때문에 생명의 발생을 '자연선택진화론'으로는 설명할 수 없다.
   (1) 환원불가능이란 여러 구성요소들이 상호작용하여 하나의 시스템을 만드는 경우 구성요소들 중 하나라도 제거되면 시스템의 기능이 모두 정지하게 될 때 그 시스템은 환원불가능하다고 한다.
   (2) 또한 고유기능을 가진 구성요소들은 동시에 작동을 시작하여야 하여 동시에 모든 구성요소들이 일거에 갖추어지기 전에는 고유기능이 발현하지 않는다.
   (3) 나아가서 이로 인해 만들어진 시스템은 구성요소의 기능단계에서는 전혀 예측할 수 없었던 전혀 다른 기능을 하고 나아가 創發현상을 보인다. 생명체가 그 대표적인 사례이다.
이러한 논리에 자연선택 진화론자들은 우회(迂回)의 논리로 대응한다. 환원불가능한 복잡성 운운은 설계론자들이 결과만 놓고 하는 소리(sound)일 뿐으로, 무한의 시간과 무한의 공간을 전제하는 우주에서는 돌연변이적 발생과 적자생존의 발전을 통하여 상사기관들이 단계적으로 만들어져 마침내 박테리아의 편모(鞭毛)도 만들어내고 사람의 눈(眼)도 얼마든지 만들어낸다는 것이다. 그러면서 단계적 기관들을 픽션과 논픽션을 넘나들며 끝없이 그려댄다. 대부분의 사람들은 픽션과 논픽션을 제대로 구분 못하는 문외한(門外漢)임을 잘 알고 하는 일이다. 게다가 소설임이 드러나도 소설은 개연성이 기반이니 거짓이라고 할 수는 없다고 큰소리친다.

단언컨대 환원불가능한 복잡성을 설명하기 위해서는 '신적인 존재의 설계'가 필연적이다. 즉 목수가 필요하다. 목재와 망치 그리고 못은 그 다음이다. 장구한 세월이 흘러도 목수 없이 목재와 망치 그리고 못으로는 집이 지어지지 않는다. 확률의 논리로는 환원불가능한 복잡성의 벽을 넘을 수 없다(미주 176 '백두산 천지의 산천어 발생확률' 참조).

사실 '자연선택'이냐 '설계'냐를 판단하는 데는 역시 직관이나 은총이 더해진 지혜 또는 양심이 필수다. 그렇다면 '자연선택'이냐 '설계'냐는 판단의 문제가 아니라 자연과학교와 유신의 종교 간 한판 싸움일 수도 있다. 싸움은 머리로 하는 것이 아니라 힘으로 한다. 머리는 언제 힘을 쓸 것인가만 결정한다.

9) 신을 믿지 않는 자연과학자 : 신을 믿지 않는 자연과학자들의 존재는 역설적으로 신의 존재를 말한다.
   (1) 과학자들 중의 무신비율은 일반인들의 無神비율과 별로 차이가 없다. 이는 무신론자가 자연과학을 전공한 것이지 자연과학을 하면 무신론자가 되는 것이 아니라는 의미와 자연과학에 대한 지식이 신의 존재를 인정하거나 부인하는 일과 아무 상관이 없다는 사실(신은 지식으로 아는 것이 아니고 직관으로 아는 것이라는 사실)을 의미한다. 표준이론은 유신과 무신의 문제는 '자아의 殊勝度'와 관련이 깊다고 본다.
   (2) 많은 무신론자들은 아인슈타인이나 다윈 같은 대표적인 자연과학자를 내세워 그들이 무신론자였다고 하며 자신의 무신론에 힘을 더하고자 한다. 이는 자신의 아버지가 무신론자였으니 무신론이 맞다고 하는 것과 전혀 다르지 않다.
   무신의 구실 중 가장 많이 이용되는 이러한 구실들이 사실은 가장 근거 없는 구실이라는 사실은 역설적이게도 신의 존재를 시사한다.

10) 환생 : 환생은 신의 존재를 전제로 하지만 반대로 수많은 환생의 증거는 신의 존재를 증명한다. 환생의 증거는 11.3.2. '윤회의 필연성과 그 증거'를 참조하라. 윤회의 종교인 불교는 '無神論의 종교'라거나 '무아가 輪廻한다'는 말은 시대착오적 佛敎다.

11) 관상(觀想, contemplation) : 관상이란 명상을 통해 사상(事象)의 배후에 존재하는 초월적 존재를 능동적 또는 수동적으로 직관하여 그 존재와 합일하는 것으로 명상의 4대효과 중 하나다. 관상을 통하면 지복직관(至福直觀)의 합일(合一)이 이승에서도 가능하게 된다. 신이 인간에게 다가올 수도 있고 인간이 신에게 다가갈 수도 있다. 그러나 조심하라 많은 경우 악마(사실은 귀신)를 만날 수 있다.

12) 수호천사(守護天使, custos angelus)의 존재 : 누군가 당신을 옆에서 돕지 않았다면 확률적으로 당신은 벌써 죽거나 크게 다쳤을 것임을 알지 못하는가? 그러한 사고를 면하게 될 때마다 사람들은 보통 운이 좋았거나 혹은 우연한 것으로 생각한다. 자신은 예외적으로 운이 좋다는 것이다. 감사할 줄 모르는 죄까지 짓는 격이다. 수호천사는 천사일 수도 있고 사람의 영(스승령)일 수도 있다. 가톨릭과 많은 뉴에이지 종교에서 일인일천사(一人一天使)가 주장된다. 표준이론은 수호천사 대신 스승령을 말한다.

13) 진화(進化) : '자연선택진화론'자들은 상상할 수 없이 긴 시간과 무한한 공간 그리고 자연

선택(natural selection), 적자생존(the survival of the fittest) 여기에 더하여 돌연변이(mutations)의 우연이 역사를 진화의 방향으로 이끌어 지금의 지구와 인류가 생겨났다고 주장한다. 아무리 작은 확률의 사건도 무한의 시간이 주어지면 반드시 발생한다는 산수(算數)를 내세워 지구역사 46억 년이면 수많은 우연이 겹치고 겹쳐 그 결과는 반드시 진화로 나타나게 되어 있다는 주장이다. 그러나 역설적으로 그런 엄청난 우연은 계획된 필연을 의미한다. 또 엄밀한 계산에 의하면 46억 년은 인간이 우연과 우연이 가져오는 진화로 인해 자연 발생하기에는 턱없이 짧은 시간이다(미주 176 '백두산 천지의 산천어 발생확률' 참조). 따라서 진화는 영적설계에 의한 진화일 수밖에 없고 이는 설계자인 신의 존재를 의미한다. 진화가 외계인에 의한 것이었다는 '외계인 진화론'도 마찬가지다. 그 외계인은 누가 만들었겠는가.

14) (각 종교들에서 나타나는) 기적(奇蹟)과 이적(異蹟)들

15) 마법, 마술 : 마법(魔法, wizardry) 또는 마술(魔術, magic)이란 주술(呪術), 도술(道術), 요술(妖術) 등을 사용하여 불가사의한 현상을 일으키는 힘이나 방법을 말한다. 이는 신의 존재를 직접 증거하는 것은 아니지만 위 4)의 귀신과 관련하여 신의 실재를 보여주는 강력한 정황증거다. 주술은 주문을 이용하여 영적존재의 힘을 빌려 마법을 행하는 것이고 도술은 도교의 신선이 부리는 힘을 말하며 요술은 서커스 묘기, 분신술, 축지법 등 기이한 재능을 뜻한다. 영매나 무당이 신령이나 귀신과 접신하거나 빙의하여 나타내는 예언이나 치병(治病), 死者교신(channelling, 영계통신) 등도 마법이라고 불린다. 샤머니즘에서 주술이나 요술은 제의(祭儀)의 중요한 부분이지만 고등종교인 불교, 도교 등은 교의(教義)로 이를 공식화하지는 않는다. 유교에서 마법은 눈속임일 뿐이며 기독교의 은사중지론(cessationism)자들은 하느님이나 예언자, 예수님의 기적을 제외하고는 모두 악마의 소행으로 판단한다. 그러나 근대 이후 황금여명회(Golden Dawn)와 같은 신비주의 단체는 마법 결사(結社)에 가까웠다. 이들의 마법은 영매나 샤면의 그것과 크게 다를 바가 없지만 오늘날 이들의 마법은 뉴에이지와 게임산업의 발달로 상업화되어 새로운 경향을 형성하고 있다.

16) 근사체험자들의 증언 : 근사체험(NDE)이 오늘날의 일만은 아니지만 의학과 미디어의 발달로 그 사례가 유례없이 갑작스럽게 늘었다. 이들은 우선 거의 '유사한 체험담'을 말하고 있다. 단지 이 사실만으로도 그들의 말은 신빙성을 얻는다. 남이 먹여주기를 기다리지 말고 "먹지 않으면 나만 죽는다."는 절박한 심정으로 진지하게 그들의 말에 귀를 기울여라. 그럼 금방 그들의 말이 사실임을 알 수 있다. 혹 당장은 믿어지지 않더라도 삶이 그들의 말이 사실임을 깨우쳐 줄 것이다.

17) Ψ(프사이, 사이)능력과 초상현상(ESP와 PK)에 대한 초심리학(parapsychology)적 증거 : 누구는 초심리학을 유사과학, 의사과학, 사이비과학이라고 한다. 死後를 증거하고 神을 증거하는 모든 과학은 사이비라는 그들의 신앙적 믿음에 의하면 오늘날 양자역학도 전형적인 사이비과학의 면모를 보이고 있다. 그런데 사이비(似而非)란 무엇인가. '겉으로 보기에는 비슷하나 속은 완전히 다른 것' 즉 '신념을 가장하여 사사로운 이익을 추구하는 것'이다. 그렇다면 전형적인 사이비는 고전과학을 도그마 삼아 자기들만의 수익포인트를 만들어 지키며 명예와 이기를 추구하는 과학교, 그리고 각 종교 내부의 배타적 근본주의자들

이다. 전자는 과학을 가장하고 후자는 종교를 가장한다(미주 17 '자연과학교' 참조).

18) 기독교의 성경, 불경 등 각 종교의 경전 : 이는 인간문화의 정수(精髓)이자 신을 찾는 이에게 신을 보여주고 그에게로 가는 지름길을 안내하는 가이드북이다.

19) 생물학, 신학, 심령학(psycheology), 심리학, 정신분석학, 종교학, 물리학, 고고학에서 찾아낸 신 존재의 직접적 증거들 : 그런데 같은 사실을 두고 누구는 신 존재의 증거라고 하고 누구는 신 부존(不存)의 증거라고 한다. 결국은 위 1)과 7)의 직관과 누멘의 문제다.

20) 과학법칙 : 수학, 물리학, 화학, 화성학, 경제학 등 학문에 산재한 많은 자연과학법칙들을 보라. 자연과학법칙은 없던 것을 발명(發明)한 것이 아니다. 세상을 이리저리 뒤지다가 이미 있던 것을 우연히 발견(發見)한 보물찾기의 보물이다. 보물찾기에는 보물과 보물을 숨긴 존재가 전제된다. 보물을 숨긴 이가 하느님이다. 그렇다면 모든 학문이 하느님의 존재를 보여준다. 논리정연, 학문적, 이치, 도리. 질서 등은 학문의 속성이자 신의 속성이다. 원소의 주기율, 운동의 3법칙, 중력의 법칙, 만유인력 법칙, 샤를의 법칙, 맥스웰의 전자기 방정식, 열량의 법칙, 상대성이론, 빅뱅이론, 양자역학, 각종 우주상수 심지어 원주율(π), 황금비, 피보나치 수열, 프랙탈원리···· 등 어느 한 가지 신기(神奇)하지 않은 게 없다. 신기(神奇)는 신을 전제한다.

21) 엔트로피 증가의 법칙(열역학 제2법칙)은 시간이 갈수록 우주는 무질서해진다는 법칙이다. 이 법칙에 반하여 생명체가 탄생하여 진화하고 문명이 발전한다. 이처럼 엔트로피가 감소하려면 외부에서 '일(work)' 즉 설계를 해 줘야만 하는데 누가 그 일을 해 줄까?
   (1) 염색체 속의 유전자는 극히 안정된 물질이다. 그 조직 내에서는 커다란 실수를 발견하기 어렵다. 즉 두 개의 코를 가진 사람이나 다리가 세 개인 사람이 태어날 가능성은 거의 없다. 우리 몸에 대한 정보는 세부적인 사항까지 염색체 안에 잘 저장되어 있고, 그곳에서는 매우 높은 질서와 안정성이 유지되고 있다. 이러한 사실은 생명이 임의의 무기물질을 흡수하여 매우 안정된 구조로 조직화시키고, 그 질서를 오랜 시간 동안 유지하는 방식을 보여준다. 이것은 엔트로피 감소이다. 자연이 어찌해서 스스로 엔트로피를 감소시키는 재주를 갖추었을까? 외부에서 누군가 자연에 역행하여 생명을 유지하는 그 재주를 부려야(work) 한다(이차크 벤토프, 「우주심과 정신물리학」 참조).
   (2) 표준이론에서 엔트로피가 감소하는 이유는 기의 성질 때문이다. 기에는 물질물리학이 아닌 기물리학의 '엔트로피 감소의 법칙'이 적용된다. 기는 하느님의 생명에너지이기 때문이다. 진화의 영적설계(Divine Design)는 이러한 기의 성질 때문에 쉽게 이루어진다.
   (3) 폭발(빅뱅)이야말로 제2법칙을 잘 설명해 준다. 폭발은 모든 것을 파괴하여 무질서로 이끈다. 폭탄이 터져서 건물이 만들어지거나 공원이 조성될 수 없고 핵폭발로 도시가 지어질 수 없듯이 빅뱅으로 우주가 만들어질 수 없다. 빅뱅이 있었다면 '제2법칙의 반법칙(反法則)'의 존재를 상정하여야 비로소 이 우주를 설명할 수 있다. 자연과학자들은 입을 모아 "빅뱅은 분명 있었다"고 한다.

22) 영혼에 대한 추억 : 살아있는 사람을 생각해 보라. 멀리 있더라도 그 사람이 느껴진다. 죽은 사람을 생각해 보라. 살아있는 사람보다 더 생생하게 느껴진다. 살아있는 사람보다 더

가깝게 있기 때문이다. 기억일 뿐이라고 하나 기억하는 것과 기억을 느끼는 것(추억)과는 큰 차이가 있다. 옛 애인과 같이 듣던 노래, 그 옛날 할머니 할아버지 온 식구가 모여 살던 집, 대학시절 친구들과 같이 다니던 술집, 엄마가 만들어 주시던 음식 이런 것들의 기억은 '함께 한 영혼들의 느낌'이 더해지기 때문에 추억이 된다(미주 252 '추억' 참조).

23) 유성생식 : 고등동물이 암수로 나뉘어 번식하는 이유는 유전적 다양성을 확보하는 데 있어 유성생식이 유리해서라는데 이는 이유를 위한 이유, 즉 결과의 해석론일 뿐이다. 결과를 보고 이를 합리화하는 주장인 것이다. 주가(株價)가 올라간 다음 이를 설명하는 수백 가지 논리보다 주가가 올라갈 것이라는 단 한 가지 확실한 논리가 필요하다. 종족번식 측면만 고려하면 반드시 짝이 있어야 하는 유성생식에 비해서 무성생식이 훨씬 단순하며 에너지 및 물질대사의 필요성이 낮아 더 빠르고 효율적으로 자신의 유전자를 퍼트릴 수 있다. 유성생식의 진정한 이유는 누군가가 이를 의도적으로 설계했기 때문이다. 유성생식은 남녀가 색욕과 애정으로 서로 끌리고 혼(魂)간의 교류를 통해 관계를 성숙시킨 후 오르가슴으로 그 절정에 달하는 '혼사랑 시스템'을 구성하는 데 있어 없어서는 안 될 장치로서 수성(獸性)과 이기심으로 철통같이 무장한 혼을 영으로 진화시키는 데 필요하다고 판단한 누군가의 배려에 의해서 주도면밀히 설계되어 수십억 년에 걸쳐 완성된 것이다.

24) 인과론 : 모든 결과에는 원인이 있다는 경험론적 진실로서의 인과론에 의하면 피조물은 조물(造物)이라는 원인이 필요하다. 빅뱅에 의한 우주탄생은 인과론의 훌륭한 사례다. 즉 빅뱅의 원인과 빅뱅 이전의 우주는 필연적으로 그 원인의 존재를 시인한다. 칼람 우주론적 논증(kalam cosmological argument)의 논법에 의하면
첫째 존재의 시작이 있는 모든 것에는 원인이 있다.
둘째 우주에는 존재의 시작이 있다.
셋째 그러므로 우주의 존재에는 원인이 있다.
'우주를 존재하게 한 원인 없는 존재'는 바로 God의 定義다.
무신론자들은 이에 이렇게 대꾸한다. "조물(造物)도 원인이 필요하다." 이에 대한 답은 많다.
(1) 이는 始作을 부인하는 말이다. 무신론자들은 '죽으면 끝'이라며 끝은 시인한다. 또 우주에도 언젠가는 종말이 온다고 하면서도 그 시작은 부인한다. 그러나 끝을 생각할 수 있다면 시작도 생각할 수 있어야 한다. 따라서 조물주(造物主)는 조물주이지 피조물이 아니며 스스로 있는 자로, 시작한 자다. 끝없는 인과론은 없다.
(2) 인과론은 시간을 전제하며 시간도 피조물이기 때문에 피조물을 전제로 세운 인과율은 조물주가 따르는 섭리가 아니다.
(3) 진화론의 '우연에 의한 선택과 도태'는 결과로 원인을 설명하는 것이다. 이리되면 결과가 원인이 되고 원인이 결과가 된다.
(4) 진화론의 논리대로 자연이 존재를 만들었다면 도교의 원시천존(元始天尊)처럼 빅뱅 이전의 자연이 조물주를 만들었다고 하여도 하등 이상한 일이 아니니 진화론의 논리에 의해서도 조물주의 존재는 부인될 수 없다(아래 8. '자연과학적 사실에 의한 신의 존재증명' 참조).

25) DNA와 생명정보 : DNA가 품고 있는 어마어마한 생명정보는 어디서 온 것인가. A, C, T, G 네 개의 디지털코드로 유전정보를 저장하고 있는 DNA를 한 줄로 늘어놓으면 인간의 경우 지구와 달을 50만 번 왕복한다.

(1) 진화가 게놈의 정보증가를 가져오지는 않는다. 환경적응, 자연선택, 돌연변이는 정보의 재배치일 뿐이다.
   (2) 우연히 만들어졌다는 단백질은 적게는 50개에서 많게는 3만 개가 넘는 아미노산으로 구성된다. 100개 정도의 작은 아미노산으로 이루어진 단백질이 우연히 만들어질 확률은 $1/10^{130}$ 정도(미주 176 '백두산 천지의 산천어 발생확률' 참조)이고 이 결과를 위해서는 1초에 3억 번씩 1,000조 년간 동전을 던져야 한다. 우주의 역사가 138억 년임을 감안하면 "무한히 작은 확률도 무한한 시간을 곱하면 100%의 확률이 된다"는 누구의 산수는 사실은 산수도 아님을 알 수 있다.
   (3) DNA의 생명정보는 컴퓨터로 치면 변숫값이다. 이 값을 만들어 저장한 이는 누구인가? 게다가 이처럼 어마어마하게 많은 변숫값을 사용하는 프로그램언어는 또 누가 개발했는가? 그 언어는 어셈블리인가 포트란인가 C인가? 또 프로그램은 누가 짰으며 어디에 어떤 식으로 저장되며 그 작동기작은 무엇인가? 묻기도 벅차다.

26) 간극의 신(God of the gaps) 논증 : 간극의 신 논증은 '자연과학적 방법을 위시한 방법론적 자연주의로 아직 설명하지 못하는 것(間隙)'은 신의 영역에 해당한다는 논증으로 원래 유신론적 자연과학자들의 주장이다. 그러나 자연과학교의 제사장들은 '간극의 신 논증'에 '침소봉대(針小棒大)'라는 부정적인 이미지를 덧씌워 그 논증 자체를 불합리한 논증의 대명사처럼 사용한다. 이들은 간극의 신 논증이 '자연과학교의 성서에 이미 비과학적이라고 쓰여 있기 때문에 비과학적'이라고 하며 아예 토론하려 하지 않는다. 역사적으로 그 간극은 계속 줄어 왔으니 앞으로도 계속 줄어들어 결국에는 없어질 것이라는 그들의 이러한 회피적 태도는
   (1) 설명 못 하는 간극은 설명 안 해도 된다는 태도는 비과학적인 데다가 위선적이며
   (2) 과학이 발전할수록 새로운 간극이 그보다 더 많이 나타날 것이고
   (3) 역으로 영혼학으로 설명하기 어려운 역간극도 있으며 그 또한 계속 줄어든다는 주장을 부를 수밖에 없다.
'간극에 대한 논증이므로 논의할 수 없다'는 타매적 논리는 다른 분야 또는 같은 분야 전문가들 간의 의견다툼에서도 일방이 타방의 이론을 매도할 때도 수시로 사용된다. 또한 그러한 의견다툼을 제3자에게 감추기 위해 음모론적으로 사용하는 경우도 많다. 이 같은 논리 아닌 논리이자 비과학적인 僞善과학이 세상에 어필하는 이유는 여기에 과학교의 수많은 제사장들과 교인들의 밥줄이 달려 있기 때문이다. 이러한 類의 논리는 창조적 진화론, 물활론, 미세 조정된 우주가설과 희귀한 지구가설, 지적설계론, 초심리학, 창발이론, 양자의학, 양자역학의 각종 원리와 가설, 최면 시의 이상현상, 명상효과, 초상현상, 심령현상, 위약효과, 맥두걸의 실험, 융의 집단무의식, 미토콘드리아 이브 등(미주 128 '심령주의의 역사' 참조)을 타매하고 저주할 때 허다하게 사용된다.

27) '미세 조정된 우주가설'과 '희귀한 지구가설'을 보라(본문 참조).

28) 칼 융의 집단무의식(6.13. '집단무의식' 참조)을 보라. 심지어 프로이트의 무의식(6.12.2. '표준이론의 의식구분' 참조)도 영혼의 존재를 전제로 한다.

8. '자연과학적 사실'에 의한 신의 존재증명
   신비의 생명력을 가진 신이 빅뱅 이전의 우주 에너지 세계에서 스스로 존재하게 되었음을 자

연선택진화론자들이 애호하는 '자연과학적 사실'에 의하여 설명하는 두 가지 방법이 있다(허정윤, 칼럼 「지적설계론과 창조론의 동질성과 이질성」 참조).
1) 양자물리학자들이 표준 우주론에 적용하는 '대칭성의 법칙'으로 설명하는 방법 : '대칭성의 법칙'에 의하면 신의 존재는 형이상학적 필연성을 가지게 된다. 신이 '대칭성의 법칙'에 의하여 우주 에너지 세계에 존재하게 되었다고 주장한다면, 그것을 자연과학적으로 부정할 수 있는 방법은 없다. 즉 우주에너지에 대칭하여 무엇인가 있을 터인데 그것이 신이다.
2) 진화론에 의하여 설명하는 방법 : 진화론은 빅뱅에서 시작한다. 그런데 열역학 제1법칙에 의하면 빅뱅으로 에너지가 물질로 변하기 이전에 우주 에너지 세계라는 최초의 자연이 영원으로부터 존재하여 왔다. 그곳에서 신이 진화론적 방법으로 '우연히' 생겨났다. 그렇다면 진화론은 오히려 유신론의 근거가 되는 이론이다. 이는 자연과학敎의 신인 '자연'이 유신론의 '창조주 유일신'으로 귀착될 수밖에 없는 이유이기도 하다.

尾9) 신의 호칭

신과 관련한 여러 호칭들이 있다. 지고의 존재, 우주의식, 참자아(眞我), 내면의 자아, 내면의 스승, 내면의 인도자, 내면의 빛, 내면의 본질, 내면의 근원, 내면의 치유자, 영혼자아, 더 높은 자아, 내적 지혜, 그리스도 자아, 초의식, 신적 중심, 신적 불꽃, 브라만, 창조적인 직감의 자아, 대령(大靈) 등이다. 이런 호칭은 무분별하게 또는 개념의 정립 없이 혼동되어 사용되는 경향이 있다. 표준이론식으로 정리해 보자.

1. '더 높은 자아'란 자아의 방을 무엇이 채우고 있느냐의 다른 표현이다.
2. 자아의 방을 채우는 것은 혼이거나 영이다.
3. 영혼자아, 더 높은 자아, 창조적인 직감의 자아, 진아, 초의식 등은 개인이 달성할 수 있는 최선의 자아로서 혼의 양심체이거나 영이다.
4. 혼과 영 안에는 神性이 깃든다. 이를 내면의 빛, 신성, 내면의 근원 또는 본질, 내적 지혜, 신적 중심, 신의 불씨(불꽃)라고 부를 수 있다.
5. 자아의 단계상승을 돕고 이끄는 외부의 존재는 先生들로서 마스터, 대스승, 아데프트, 수호령, 스승령, 인도자, 치유자, Secret Chief라고 부른다.
6. 절대자로서의 신은 창조주, 우주의식, 대령(大靈), 아인 소프(Ein Sof), 브라만 등으로 불린다.

尾10) 범심론, 애니미즘, 물활론, 생기론, 범신론, 물신숭배, 유심론, 조상숭배

1. 汎心論(panpsychism)에 대해서는 여러 설명이 많으나 표준이론에서는 "삼라만상은 그 자체 속에 생명(혼 또는 마음)을 갖고 있다"고 하는 사상으로 心은 魂이니 '汎魂論'이다. 인도의 우파니샤드 사상으로부터 古來하여, G.브루노, D.디드로, J.G.헤르더, J.W.괴테, 이탈리아 자연철학가 B.텔레시오, B.스피노자, R.H.로체, G.T.페히너, 신(新)칸트학파가 이 계열의 사상을 가졌다. 힌두이즘을 따르는 신지학을 비롯하여 그 영향을 받은 신이교주의(Neo-Paganism) 등 오늘날의 많은 뉴에이지적 사상이 이를 따른다. 하지만 범심론에는 애니미즘적 요소가 있음을 부인할 수 없다.

2. 애니미즘(animism)은 범심론과 유사하나 다만 삼라만상에 스며 있는 생명이 anima라는 생각이다. 애니마는 영적 존재(spiritual beings)로서 영혼, 신령, 정령, 생령, 사령, 조령, 요정,

요기 등으로 표현되며 초능력과 인격을 가지고 길흉화복의 능력을 가진다. 따라서 이에 대한 신앙이 그 핵심이다. 애니미즘의 기저에는 누멘이 있으나 아직 누멘의 실체는 포착하지 못하고 그 그림자를 신앙하는 원시종교다.

3. 물활론(物活論, hylozoism)은 모든 물질은 그 자체 속에 活力을 갖고 있어서 생동(生動)한다고 하는 사상이다. 범심론(汎心論)과 유사하지만 다만 물질속의 心을 魂으로 보지 않고 活力으로 보는 생각이다. 그리스의 탈레스, 독일의 헤겔 등이 주장하였다.

4. 생기론(生氣論, vitalism)은 생명체 안에는 생명력이 있어 그 작용으로 생명 현상이 나타난다고 하는 생각으로 표준이론에서 주장하는 바다. 이때 vitality는 물활론의 활력이 아니라 하느님의 생명에너지인 기의 생명부분이 진화한 생기(生氣, living qi)다. 생기는 생명체에 스며 있는 기(氣)다. 물질 속에도 기가 있으나 이는 地氣나 山勢같은 '物質氣'일 뿐이다. 그것은 생명도 의식도 아니다. '하느님의 靈火'가 물질에까지 스며있다는 신지학의 의견에 동의하지 않는다.

5. 범신론(汎神論, Pantheism)은 세계의 밖에 초월적으로 존재하는 인격적인 신을 인정하지 않고 신을 세계와 동일시하여 '세계가 즉 신'이라는 신의 비인격화를 말하는 주장이다. 범재신론(汎在神論, 萬有內在神論, panentheism)은 범신론과 유사하지만 세계가 신에게 포함되나, 신이 세계 그 자체는 아닌 것을 말한다.(The world is in God, but God transcends the world.)

6. 물신숭배(Fetishism)는 애니미즘과 동일한 의미이지만 현대에 이르러 물질주의가 팽배하면서 물질을 거의 신처럼 숭배한다고 하여 상품물신숭배(商品物神崇拜, Commodity fetishism)라는 용어로 주로 사용된다.

7. 유심론(spiritualism, 唯心論)은 삼라만상의 궁극적인 정체는 정신적, 생명적인 영이나 혼이라는 입장으로 유물론(唯物論)의 반대말이다.

8. 조상숭배(ancestor worship)는 원시종교인 애니미즘의 발전 형태로 문명 초기부터 인류의 死者에 대한 두려움과 외경으로 인해 시작되었으며, 특히 가족처럼 가까이 있는 자가 죽은 경우에는 더욱 그러했다. 죽은 조상에 대한 두려움과 외경은 애니미즘과 동일한 심리적 경로를 통하여 조상숭배의 기원이 되었다(미주 124 '조상숭배(ancestor worship)' 참조).

尾11) 화이트헤드의 과정철학에 대하여

1. 과정철학(過程哲學, Process philosophy)은 존재(存在)는 불변하는 실체나 자존하는 개체가 아니라 사건과 형성 그리고 유기적 상호관계성이 그 실질적 양태라고 주장하는 생각(idea)을 바탕으로 한다. 즉 존재는 실체(實體)가 아니라 과정(過程)일 뿐이라는 것이다. 영국의 철학자인 화이트헤드(Alfred North Whitehead 1861~1947)는 과정철학의 주창자로서 "모든 존재들은 서로 연결되어 영향을 주고받는다. 창조과정에서도 서로가 협력적, 유기적 의존 관계 속에서 완전을 향해 나간다. 따라서 순수하게 개별적으로 존재하는 것은 없으며, 모든 것은 서로 영향을 주고받는다. 현실의 존재뿐 아니라 심지어 추상적인 것들까지도 서로 관계를 맺고 있다."고 하였다.

2. 화이트헤드의 철학을 '유기체철학'이라고도 부르는데 그의 주장에서처럼 존재자(entity)는 결코 홀로 존재하지 않고 여러 존재와의 관계 속에 존재하기 때문이다. 또 끊임없이 과거로부터 제공되는 여건을 수용하여 현재를 꾸미는 것이 존재자의 모습이다. 그런데 유기적(有機的)이라는 그의 주장은 기실 '진화에 의한 영혼의 창조과정이 생태적(生態的)'이라는 것과 같은 주장일 뿐이다. 따라서 그의 '존재(存在)'의 의미는 신지학이나 표준이론과 크게 다를 게 없다. 그는 또한 존재는 영원한 대상(eternal object, 神)과의 관계 속에서 미결정적 창조성에 유혹되어 미래를 꾸민다고 하는데 이는 불성(佛性)이 진화의 원동력으로 작용한다는 표준이론류의 전형적 설명이다. 또 그는 '유기체철학'다운 주장의 하나로 인간의 세포 하나하나는 서로 무관하지 않고 상관적이며 그 세포들은 전체와 섭동(攝動)하고 있다고 한다. 개체와 개체, 세포와 세포들이 현실적 존재로서 서로 내적으로 연결되어 있고 또 큰 상위 존재와 상관적으로 연결되어 있다는 것이다. 그러나 이러한 생각도 기왕의 '진화적 존재로서의 혼의 생성과 그에 따르는 혼의 속성'에 대한 신지학 외 여러 사상의 설명과 흡사할 뿐 새로운 아이디어가 아니다. 결국 그의 아이디어는 이미 여러 종교와 사상에 뿌리 깊은 것으로 그는 이를 체계화하여 거기에 철학의 옷을 입힌 것에 불과하다.

3. 그는 또 기존의 무기체철학인 플라톤 철학에서는 모든 개체들이 서로 독립적이어서 서로 교통할 수 있는 근거가 아무것도 없다고 하는데 플라톤 철학이 어째서 무기체철학인가? 진화론이 없었을 때의 철학이라서 그러한가? 그렇다면 화이트헤드는 진화 맹신주의자다. 진화론이 없던 시절에도 웬만한 종교와 사상은 모두 불설에서처럼 '삼라만상은 변화하고 발전한다'는 전제하에 수립되었음을 명심하여야 한다. 오늘날의 진화론과는 다른 형식이지만 변화(變化)를 당연한 것으로 알고 있었으니 내용은 같다는 말이다. 또 화이트헤드는 여러 구체적인 존재가 만나서 하나의 존재가 된다는 '다자로부터의 또 다른 다자의 탄생(togetherness, 合生)'을 얘기한다. 그러나 이는 그가 극복하고자 했던 플로티노스의 일중전전중일 그리고 만물조응과 신인교섭의 원리를 떠올리게 할 뿐이다(미주 100 '신플라톤주의 합일론(合一論)의 이론 구조' 참조).

4. 화이트헤드는 플라톤의 불변, 유일, 독립, 절대, 무모순의 존재(存在)개념을 변화하고 운동하며 상관적이고 상대적인 성질의 것으로 대체해야한다고 하고 이러한 존재를 '현실적 존재(actual entity)'라고 했다. 그런데 그의 '현실적인 존재'는 부처님의 무아(無我)의 다른 표현이다. 무아론이 곡해된 것처럼 현실적 존재론도 곡해되었다. '존재의 가장 중요한 속성은 진화하고 발전하는 것'이라는 사실이 잘 함축된 표현이 無我의 바른 해석이라면 플라톤의 불변, 유일, 독립, 절대, 무모순의 존재개념이 불설의 무아와 상충되는 개념이 아니다. 플라톤에서 존재의 불변이란 당연히 '변화를 품었으나 그 본질은 불변한다'는 의미일 뿐이고 부처님은 그 실체의 긍정적 발전을 위한 변화를 강조하기 위해 무아개념을 주장하였을 뿐이니 말이다. 화이트헤드 자신의 말대로 서구철학이 플라톤의 주석일 뿐이라면 그의 철학도 당연히 그러하다.

5. 화이트헤드는 또 이들 '현실적 존재'들은 경험적이며 경험을 떠나서는 성립되지는 못한다고 한다. 즉 '현실적 존재'는 복합적으로 상호 의존하는 경험의 물방울에 불과하다는 것이다. 그렇다면 화이트헤드의 존재들은 새벽의 이슬방울이 햇빛에 사라지듯 경험을 주고받다가 생명을 다하면 사라진다는 것인가? 화이트헤드의 과정철학을 과정신학으로 발전시킨 찰스 하츠혼(Charles Hartshorne 1897~2000)은 화이트헤드의 '경험의 물방울'을 '객관적인 불멸(objective immortality)'이라고 부르며 개인은 사라지지만 그의 경험은 하느님 안에서 영원히 살아 있다고 하며 이미 식상(食傷)한 불설의 무아론이나 신지학의 인간모나드론을 다시 들

먹인다.(미주 97 '개체성(separateness)과 개별성(individuality)' 참조) 이러한 類의 과정론(현상론)적 사고방식(process thought)은 '신은 그의 일부를 인간으로 내어 경험을 쌓게 하고 이를 통해 개성을 창조하게 하며 이로써 그의 우주를 새로운 완벽으로 창조해 나간다'는 고상한 전배들의 생각의 아류다. 또 그의 '현실적 존재'의 永生은 '과거의 현실적 존재'가 神과의 관계下에 자신의 경험과 조건을 '미래의 현실적 존재'에게 넘겨주고 사라지는 영생이라 하니 그렇다면 이는 '부처님의 장작불' 아이디어나 신지학의 모나드영혼론을 그대로 훔친 것이 아닌가. 그러나 장작불에서 언급한 바와 같이(11.3.1.2. '윤회의 주체' 참조) 영혼의 영생과 윤회는 업이나 경험을 넘겨주는 허깨비의 그것이 아니다. 업과 경험은 영혼의 진화와 개성창조를 위한 것이지 그 자체가 영혼이라거나 그것을 주고받는 과정이 영혼은 아닌 것이다. 신플라톤주의는 "인간은 외적현상에서 내적세계에 눈을 돌려서 프시케의 눈으로 직접 내적 우주를 경험함으로써 프시케와 누스와 일자는 완전히 하나의 것이 된다"라고 한다. 표준이론에서의 경험도 그러한 경험이며 이때 그 경험의 열매는 영혼의 진화다. 따라서 영과 혼의 윤회는 장작불 붙이기나 현실적 존재의 경험놀이가 아니라 풀벌레가 풀잎 끝에 다다르면 다른 풀잎을 잡고 건너가듯이 지금의 육신을 벗어 버리고 다른 육신으로 건너가는 힌두의 윤회인 것이다. 그러한 측면에서 화이트헤드의 과정론은 기껏해야 부처님의 '무상아론'의 곡해판(曲解版)인 唯識의 무아론와 micro세계에서의 입자 행태를 밝힌 양자물리학의 불확정성의 원리를 영혼론에 적용한 반짝 아이디어가 아닌가 한다. 진화는 주사위놀이가 아니다. 또 신이 주사위놀이를 하느냐 마느냐는 주사위 놀이를 하는 우리 사람들의 이야기다.

6. 화이트헤드에게 있어서 모든 존재 개체는 어떤 절대적 개체에 의해서가 아닌 자기 내부의 목적성을 가지고 움직인다. 화이트헤드에게 신이 있다면 그 신은 의지에 따라 움직이는 여러 개체 중 하나일 뿐이다. 좀 더 순화된 그의 표현에 의하면 신의 창조적 과정도 신과 인간이 협력적 유기적 의존관계 안에서 완전을 향하여 가는 과정이라고 한다. 그러나 다시 명언하거니와 신이 그가 말하는 소위 과정(process)을 통하여 발전하는 존재라고 하여 완벽하지 않다고 할 수 없다. 과정을 통하여 추구하는 완벽도 완벽의 일종이기 때문이다. 아니 그것이 가장 완벽한 완벽이거나 완벽이란 원래 그런 것이다.

7. 화이트헤드의 신은 인간이 없으면 그 의지를 실현할 대상이 없게 된다하고 인간과 신은 상호 불가분의 관계에서 서로를 필요로 한다고 한다. 또 신과 인간은 서로 의존적 관계하에서 새로운 존재를 탄생시키며, 이와 같은 존재는 상대적으로 인간의 위상이 승격된 형태로 나타난다고 한다. 그런데 여기서 화이트헤드는 인간에게 신이 필요한 이유는 신이 없으면 사회를 궁극적으로 계도할 대상이 없어서라고 하는데 이게 무슨 뚱딴지같은 소리냐. 신의 의지를 실현하는 대상(對象)에 불과한 인간이 주체인 신에게 무슨 필요를 감히 요구한다는 말인가? 이는 신과 인간이 서로 의존적 관계니 아니면 무슨 상호적 관계니 하는 주장을 하기 위한 수학자답지 못한 얼렁뚱땅이다.

尾12) 몸과 영혼의 영적설계에 의한 진화

1. 다윈의 「種의 기원」이 발표된 1859년은 누구의 말대로 '죽은 종교의 관(棺)에 마지막 못이 박힌 때'였다거나 '영혼의 존재가 폐기되기 시작한 시발점'이 아니라 오히려 '빈사의 종교가 회생하기 시작한 때' 또는 '신이 영혼을 창조한 방법이 구체적으로 드러나기 시작한 시발점'이다.

2. 다윈과 그 추종자들은 「種의 기원」을 통해 신이 보여준 진실 중 '몸의 진화'만 보았을 뿐, 아직 '영혼의 진화'는 보지 못하였다. 「種의 기원」은 다윈이 똑똑해서 쓴 것이 아니라 신이 정한 때가 되어 드러내 들려준 이야기를 받아 적은 것이다. 같은 때에 같은 론(論)을 왈라스(A.R. Wallace 1823~1913)도 적고 있었다. 이와 같은 사례는 科學史에 무수하다. 이는 다윈과 왈라스의 발견이 우연이 아니라 계획적인 사건이었음을 말해준다. 또 다윈과 같은 때에 동양에서는 최한기(崔漢綺 1803~1877)가 몸의 진화를 넘어선 '마음의 진화' 즉 다윈이 보았으나 알아내지 못한 '육과 혼의 동시진화(쌍진화)'를 말하였다(3.2.4. '표준이론과 유사한 동양의 기론(氣論)' 참조).

3. 서구인들이 본 「種의 기원」의 '돌연변이와 이어지는 적자생존의 자연'은 무작위적이고 우연적인 데다가 비이성적이고 맹목적이며 나아가 투쟁적이고 잔인하기까지 하였다(존 호트, 「과학과 종교, 상생의 길을 가다」, 77쪽 참조). 스콜라적 기독교 신학에 사로잡혀 있었던 서구인들에게 신은 인간적이어야 하고 정의(正義)로워야 했으나 그들이 목도한 자연은 그 어느 곳에서도 그러한 신을 찾을 수 없었다. 기독론에 물들어 있던 서구인들에게 생명체의 죽음은 고통이고 종말이었을 뿐이었으니 그들이 그처럼 무자비한 신으로부터 도망친 것은 당연하였다.

4. 그러나 동양인에게 죽음이란 고통도 아니고 종말도 아니었다. 오히려 삶이 고통이었다. 심지어 힌두와 불교에서는 죽음은 처음부터 존재하지도 않았다. 표준이론에서 동물들의 불쌍한 죽음의 정체는 사실 그룹혼으로의 복귀일 뿐이고 인간의 단말마 죽음은 영혼의 진화를 위해 다음 생으로의 떠나는 설렘의 뒷모습일 뿐이다. 윤회의 표준이론에서 죽음은 '혼이 저승에 가서 개체성을 잃고 분열하거나 비산하여 소멸할 때 비로소 발생'하는 것이다(미주 230 '수면과 죽음의 정의' 참조). 히틀러나 스탈린의 죽음 같은 것이 아닌 한 혼의 비산이나 소멸은 많지 않으니(5.56%, 부록1 '자아의 수준에 따른 영과 혼' 참조) 죽음은 오히려 희소한 사례다. 게다가 서구인들이 「種의 기원」에서 발견한 不義한 죽음도 사실은 그들이 이미 신정론(神正論)으로 수백 년 동안 풀다 실패한 오랜 의문이었을 뿐인데 이를 두고 새삼스럽게 호들갑을 떤 것이다. 호들갑이 아니었다면 울고 싶은데 뺨맞은 것이었겠다. 그들은 진화론을 핑계 삼아 늙은 부모처럼 지겨운 그들의 신으로부터 자유를 찾아 도망친 탕자(蕩子)였다.

5. 그런데 무심하여야 할 동양인들이 덩달아 진화론에 열광하는 이유는 무엇인가? 이는 정체성의 혼란에서 온 것이다. 급속한 산업화와 서구화 그리고 서구종교의 대거 유입으로 인해 조상이 물려준 동양인으로서의 정체성을 팽개치고, 배웠다는 자들이 오히려 앞장서서 정규교육마저 서구식으로 고치더니 결국은 동양인도 서양인도 아닌 잡종철학을 가진 국민들을 양산하였다. 게다가 가난하고 억압받던 그들에게 서구의 물질문명과 정신의 자유는 너무나 마음에 들었으리라.

6. 표준이론은 다윈과 최한기를 통합(統合)하여 몸과 마음(魂)은 모두 진화를 통해 창조되었고 거기에는 영적설계(")가 있음을 말한다. 또 몸의 진화에는 종의 종말(滅種)이 있을 수 있으나 마음의 진화에는 개체의 완전한 멸망이란 없다는 사실도 말한다. 우리가 영혼학을 발전시켜 몸과 영혼의 동시진화에 대해 모든 것을 알아낸 그때 '진화론'은 비로소 '론(論)'에서 '법칙(法則)'으로 進化할 것이다.

7. 신화적 영지주의의 일부에서는 물질세계가 최고신에게서 발출된 존재인 데미우르고스

(demiourgos)라는 하위신에 의해 창조되었다고 한다. 심지어 오늘날 일부 뉴에이지에서는 우리의 지구는 최고 수준으로 진화된 피조의 존재들이 만든 실험실로서 인간의 영혼은 이 곳에서 단계적 발전을 거쳐 진화해 간다고 주장한다. 따라서 그들이 보기에 우주가 완벽한 창조자의 작품이라기에는 너무나 혼란스럽고 미비하다는 사실이 당연하다. 그러나 퇴행최면의 대가인 마이클 뉴턴은 창조주가 완벽하다 하더라도 이러한 창조방법을 쓸 필요가 있다고 한다. 오히려 완전무결한 원천(God))을 이해하는 데 도움이 된다는 것이다. 그는 "그 원천은 모든 것을 움직이게 하여 궁극적으로 모든 영혼들이 완벽해지도록 도와주고 있다. 완전한 무지에서 완벽한 예지에 이르는 우리들의 변신은 우리들이 현재보다 나아질 수 있다는 신념을 지니고 끊임없는 계몽의 길을 걸어갈 때 이루어질 수 있는 것이다(마이클 뉴턴, 「영혼들의 운명2」 e85쪽 참조)."라고 말한다.

(*) 여기서 사용하는 '영적설계(Divine Design)'의 개념은 19세기 이전의 누멘적인 '신적설계' 개념과는 다른 진화와 관련된 개념이다.

尾13) '환원불가능성' 이외에 지적설계를 보여주는 진화의 사실들

1. 수렴진화
   1) 수렴진화(收斂進化, Convergent evolution)란 계통적으로 다른 조상에서 유래한 생물 간에 유사한 기능 또는 구조가 나타나는 현상을 말한다. 계통이 다르면서도 모양이나 기능원리가 같은 외모나 기관을 가진 현상을 설명하는 방법이다.
   2) 고래상어와 수염고래류는 각각 어류와 포유류이지만 생김새가 매우 흡사하다. 또 게가 아닌 절지동물이 진화를 거듭하면서 그 겉모양이 게 모습으로 수렴하는 현상을 게화(蟹化, Carcinisation)라고 한다.
   3) 유전학적으로 관계가 없으나 역할이 유사한 기관인 상사(相似)기관을 보라. 상사기관은 생활사나 행동양식까지 동일하다. 수생 곤충과 어류의 아가미, 거머리와 간흡충의 빨판, 고슴도치와 가시두더지 그리고 호저의 가시, 날다람쥐와 하늘다람쥐 그리고 날원숭이의 피막(皮膜), 새와 곤충 그리고 박쥐의 날개, 개미핥기와 땅돼지 그리고 가시두더지의 주둥이 등이 그것이다. 또 어류인 청새치와 포유류인 유리노델피스 그리고 파충류인 유리노사우루스는 강(綱) 단위에서부터 다르지만 빠르게 헤엄치기 위해 유사한 모습으로 진화했다.
   4) 진화 지도상으로 배열하여 설명하면 이종 생물들 간의 기관의 유사성이 설명될 수 있는 것 같으나 전혀 그렇지 않다. 어느 생물이나 복잡하게는 수만 가지 기관을 가지고 있으며 각 기관들은 진화지도상 전혀 상관없는 종들의 그것을 거의 복사하다시피 하고 있는 것이다. 이는 다른 종의 것을 본뜬 설계자가 있다는 것이고 설계 행태를 보아 그 설계자는 창조주가 아니라 창조주의 일꾼인 또 다른 피조물 즉 천사라든가 영(靈)일 가능성이 크다고 본다.
   5) 수렴현상은 생물에서만 나타나는 것이 아니다. 분자 간에도 나타난다. 분자 수준에서의 수렴진화의 예는 드물지만 단백질가수분해효소(protease)인 세린(serine)과 서브틸리신(subtilisin)이 그 예이다. 둘의 활성중심(active center)의 입체배치는 서로 흡사하지만 기원이 다르기 때문에 전체의 구조는 전혀 다르게 되어 있다(생명과학대사전, 강영희 참조).
   6) 원래 진화의 결과는 되돌릴 수 없다. '진화불가역(進化不可易)의 법칙'이 그것이다. 따라서 수렴진화의 상사성(相似性)은 누가 남의 것을 베낀 것으로 설명할 수밖에 없다. 자연선택진화론에서는 이를 두고 "다른 종이라도 같은 환경에 살면 진화방식이 매우 제한되어 비슷한 모습으로 진화할 수도 있다."라고 설명한다. 맞다. 누군가가 자신이 관리하는 種의 환경을

인지하고 그에 적응하는 방법에 대한 다른 종의 사례정보를 입수하여 관리하는 종의 DNA를 수정하여 진화시킨 것이다. 한편 '진화방식이 매우 제한되어 있다는 사실'과 '예측불가한 돌연변이와 이에 따른 적자출현방식의 진화론'은 서로 어울릴 수 없는 상충의 관계임을 감안할 때 이는 자연선택진화론이 동원할 수 있는 논리가 아니다. 그것은 오히려 지적설계에 의한 진화론에서 사용해야 되는 논리다.

2. 수렴진화의 반대현상이라는 발산진화(發散進化, Divergent evolution) 또한 지적설계에 의한 진화를 보여준다. 발산진화는 한 종 또는 소수의 종이 생태적 지위에서의 경쟁자가 없는 지역으로 이주했을 경우 생태적 지위에 걸맞은 '다양'한 종으로 진화하는 것을 말한다. '다양(多樣)'이라고 하나 격리된 지역에서 똑같은 모습의 종이 나타나는 것은 사실은 소양(少樣)이다. 진화에 설계샘플이 미리 준비되어 있는 것이다. 오스트레일리아에서 유대류(有袋類)의 종수가 少樣하게 늘어난 것이 발산 진화의 전형적 예시이다.

3. 극히 미소한 확률문제 : 양심의 눈을 크게 뜨고 앞에 놓인 복잡한 생명구조체를 살펴보면 이런 신통방통한 물건을 '시간의 신' 혼자서는 도저히 만들 수 없다는 사실을 명징하게 알 수 있다. 46억 년의 시간은 그런 물건을 만들어 내기에는 확률적으로 너무 짧다. 그럴 가능성은 진화증거들뿐 아니라 확률의 크기로도 납득이 안 된다(미주 8 '신의 존재증명(Gottesbeweis)' 25) DNA와 생명정보, 미주 176 '백두산 천지의 산천어 발생확률' 참조).

4. 방향성 문제 : 눈(眼)의 진화의 각 단계별 형태는 그 발전에 방향성을 가지고 있는데, 이는 마치 비행기가 글라이더에서 보잉 747제트기로 발전하는 것과 똑같다. 보잉 747이 쓰레기장에서 46억 년 걸려 비바람과 번개에 의하여 우연히 조립된 것이 아니라 인류, 즉 설계자에 의해 약 일만 년 만에 사전에 계획된 진화스케줄에 따라서 적절한 때에 만들어졌다고 보는 것이 합리적이라는 것이다. 참고로 사람의 눈은 보잉 747보다 1,000,000,000,000(1兆)배는 더 만들기 어렵다. 인류문명의 1만 년에 1조 배를 곱하면 아이큐 100인 사람이 눈을 만들어내는 데 1경(京) 년이 걸린다. 자연은 이를 6억 년 만에 만들어 냈으니 자연의 아이큐는 '1,667만'이다. 그렇다면 자연은 신이 아닌가. 자연선택진화론자들이 자연을 신으로 모시는 것이 당연하다.

5. 단속성(斷續性) 문제 : 대부분의 큰 진화는 순식간에 나타난다. 이는 자연선택진화론의 활로(活路)가 단속평형론일 수밖에 없다는 사실에서도 알 수 있다. 그러나 그들의 단속평형론은 점진적 진화가 아닌 격변(激變) 즉 단절과 도약을 인정하는 주장에 불과하다. '도약적 진화' 역시 영적설계에 의한 진화에서만 기대할 수 있는 진화방법이다.

6. 미학적(美學的) 진화 : 진화가 생존에 적합한 변화이고 살아남는 데 유리한 변화라면 모두들 경쟁적으로 크고 강하고 악랄하게 변화하였어야지 오히려 작고 약하고 아름답게 변화하고 심지어 변화에 있어 황금비율과 피보나치수열(Fibonacci Sequence)을 따르고 프랙탈(fractal) 원리, 반복미(反復美), 시메트리(symmetry)를 보이는 것은 진화에 미(美)의 기준이 존재함을 보여준다. 미학적이고 진보적인 변화는 엔트로피 증가의 돌연변이가 아니라 Art인 지적설계론에 적합한 용어이다.

尾14) 자연의 의미

1. 自然이란 '스스로 그러한 것'이다. 그 사전적 의미는 '사람의 힘이 더해지지 아니하고 세상에 스스로 존재하거나 우주에 저절로 이루어지는 모든 존재나 상태'이다. 그렇다면 自然의 自는 '사람을 배제한 스스로'다. 人爲를 배제한 無爲인 것이다. 인위는 어떻게 하면 배제되는가? 노자,「도덕경」은 그 제48장에서 '爲學日益 爲道日損 損之又損 以至於無爲'라고 하였다. '학문은 할수록 늘어나고 道는 할수록 줄어든다. 줄어들고 줄어들면 무위가 된다'라는 뜻이다. 학문은 인위다. 무위를 하려면 인위 대신 도를 하여야 한다. 인위를 배제하고 그 자리에 道를 배치하라는 것이다. 결국 자연(무위)은 道를 통하여 얻어진다. 자연의 自는 '사람을 배제하고 道를 배치한 스스로'이니 自然의 언어적 뜻은 '신이 그러한 것'이다. 결국 自然은 사람 대신 그 자리에 道나 우주의식, 섭리, 理, 神을 상정한 것이니 '天然'이란 말이다. 따라서 자연현상이란 道나 우주의식, 섭리, 神에 의한 현상이란 뜻이니 자연과학자들은 '자연'의 이러한 의미를 잘 알고 사용하여야 할 것이다. 그래서 그런지 오늘날 '自然'은 어느 敎에서 신앙하는 신의 이름이 되고 있다. 바로 자연과학敎다.
2. 다른 한편 만일 자연이 無요 空이라고 주장한다면 無요 空이 어찌 시계를 만지는가. 무와 공은 자연이 아니라 신의 속성이다.

尾15) 자연선택적 진화론

자연선택진화론은 많은 생물들이 환경의 변화에 따라 점진적으로 변하는 모습을 보인다는 사실에서 출발하였다. 소위 점진적 진화론이다. 그러나 점진적 진화론은 진화의 중간 과정 생명체를 입증할 화석이 없다. 또 현대 생물학의 유전자 해독에 의하면 환경적 요인으로는 생물이 변화할 수 없음이 드러났다. 그러자 자연선택 진화론은 생명대폭발이라는 단속평형(punctuated equilibrium)이론으로 입장을 바꾸었다. 그러나 생명대폭발은 '시간의 신' 교리(미소한 확률이라도 무한의 시간이 주어지면 반드시 발생한다)와 어울리지 않아 애초에 자연선택진화론에서 주장할 바가 아니었다. 그러자 이제 돌연변이론이 나타났다. 그러나 그들의 돌연변이는 물리세계의 엔트로피 증가의 법칙에 따라 무질서가 나타나는 현상일 뿐이다. 그들은 무질서가 자연에 의해 채택되면 오히려 이로운 돌연변이가 된다고 주장하나 이는 자연과학교의 '운동장의 신' 신앙(본문 주석 40 참조)일 뿐 진실은 이렇다.
우선 돌연변이가 나타나는 원인은 두 가지다.
1. 생명력(氣)이 엔트로피를 감소시키는 경우
2. 생명력의 엔트로피 감소력보다 물질의 엔트로피 증가력이 큰 경우
첫 번째 경우는 계획된 변화이다. 설계(지적설계)의 변경이다. 아데프트 차원의 영적설계의 변경일 수도 있고 그룹혼차원 또는 어느 생명 개체차원의 설계 변경일 수 있다. 설계에 뒤따르는 施工이 외부에는 DNA의 변화로 보일 뿐이다. 둘째의 경우는 무질서에 의한 변화다. 무질서에 의한 변화는 원래 재난(災難)이지만 전화위복(轉禍爲福)으로 이로운 변화라면 채택되어 유지될 수도 있다. 그러나 이마저 자연이 선택하는 것이 아니라 영적설계자가 선택한다.

尾16) 희귀한 지구가설

미국 워싱턴 대학의 고생물학자인 Peter D. Ward(1949~)와 천문학 교수인 Donald Brownlee(1943~)에 의해「Rare Earth : Why Complex Life Is Uncommon in the

Universe?」라는 책이 2000년에 출간되면서 본격적으로 지명도를 얻게 된 가설이다. wikipedia의 해당 문서에서는 대략 다음과 같은 주장들을 희귀한 지구가설로 들고 있다.

1. 은하계와 지구위치의 적절성 : 지구는 적절한 은하계의 적절한 위치에 있다. 은하 중심부에는 초거대블랙홀이 있을 뿐만 아니라 별의 밀도가 높아 초신성 폭발 또는 블랙홀의 감마선 폭발로 강렬한 에너지 복사에 노출될 확률이 높다. 혜성이나 소행성의 폭격을 자주 받을 수도 있다. 반대로 은하 외곽 쪽은 무거운 원소들의 밀도가 더 낮기 때문에 복잡한 분자를 구성하기 힘들다. 중원소는 복잡한 형태의 분자가 생성되기 위해 꼭 필요한 물질이다. 예를 들면 철의 경우 갑상선 내에 있는 헤모글로빈과 아이오딘을 구성하는 요소다. 철보다 더 무거운 원소들은 초신성 폭발을 통해서만 생성되므로, 항성의 생성과 소멸 빈도가 작은 구역은 해당 원소들의 비율이 작을 수밖에 없다.

2. 태양의 적절성 : 지구는 적절한 종류의 항성 주위를 적절한 거리에서 돌고 있다. 태양의 질량이 너무 컸다면 단백질을 파괴하는 자외선이 문제가 되었을 것이고, 별의 진화가 너무 빨라져 지구상에서 진화를 통해 인간이 탄생하기까지의 기간인 40억 년의 시간을 벌기 힘들었을 것이다. 반대로 질량이 너무 작았다면 잦은 플레어 및 너무 좁은 골디락스 존(Goldilocks zone), 그리고 潮汐의 고정으로 인해 생명 탄생에 지장이 있었을 것이다. 또한 태양과 유사한 항성들 가운데서도 강력한 플레어를 내뿜는 별들이 간혹 있으므로 항성이 태양과 비슷하다고 해서 모두 생명 탄생에 적합한 건 아니다.

3. 행성들의 적절성 : 지구와 함께 태양계를 구성하는 다른 행성들이 너무나 적절하다. 근처의 수성, 금성, 화성은 작아서 지구의 궤도에 악영향을 주지 않으며, 태양에 끌려서 안쪽까지 들어갔다 나오는 소행성이나 혜성의 궤도를 자주 비틀지 않는다. 반대로 바깥쪽의 행성들, 특히 목성은 큰 덩치와 중력으로 외부에서 오는 위험물질(혜성 따위)들을 빨아들여서 내행성들을 보호하는 방파제 역할을 한다. 또 목성은 그 자체로 소행성을 빨아들일 뿐 아니라 거대한 중력으로 엄청난 영역의 라그랑주 포인트(Lagrangian point, 두 개의 천체 주변에서 중력적으로 안정적인 지점)를 만들어 내어 소행성을 붙잡아 놓는다. 쉽게 말해 목성 방향에서 오는 소행성뿐만 아니라 태양 반대편에서 오는 소행성도 모조리 중력에 묶어 놓는다.

4. 적절한 지구의 궤도 : 지구의 궤도는 안정적이다. 약간만이라도 더 타원궤도였다면 연간 기온 차이가 매우 컸을 것이다. 화성이 그 예이다.

5. 적절한 지구의 크기와 성분 : 지구는 적당한 사이즈의 적절한 유형의 행성이다. 목성형 행성은 가스로 구성되어 있기 때문에 생명체를 기대하기가 어렵다. 암석 행성도 화성처럼 작은 행성은 내부가 더 빨리 식어 버려서 맨틀의 대류가 일어나지 않으며 따라서 자기장이 없어지고 대기가 항성풍에 날아가 버린다. 지구보다 더 큰 암석행성의 경우는 태양계에 그 예가 없어서 쉽게 결론지을 수는 없지만 더 큰 중력 때문에 행성이 형성되는 단계에서 무거운 원소들이 내핵으로 가라앉는 비율이 더 높아서 지각에 금속의 비율이 낮아진다든가, 자기장이 너무 강력해서 생명의 탄생과 진화에 악영향을 미친다든가, 지표면의 고저차가 적어서 바다 행성이 되어 버릴 수 있다. 또 높은 중력 때문에 행성의 역사 초기에 소행성 충돌이 훨씬 더 빈번해서 생명이 진화하는 것을 수시로 방해하게 될 것이다.

6. 적절한 물과 바다 : 지구상의 물의 총량과 지표면의 고저 차이가 적절하여 바다와 육지가 적절한 비율로 형성되었다. 특히 바다는 행성의 기온을 적절하게 유지하는 데 있어서 매우 큰 역할을 한다. 바다의 면적이 적으면 행성의 기후 변화가 극심해서 생명체가 살 수 있는 공간이 한정되고, 그만큼 진화의 기회도 적었을 것이다. 하지만 반대로 바다가 너무 많았다면 육상생물이 진화할 기회가 너무 적었을 것이다. 물이 더 많거나 지표면이 더 평평했다면 표면이 전부 바다로 뒤덮인 바다행성이 됐을 것이다. 돌고래 같은 고도의 지능을 가진 생명체가 나타났을 수도 있지만, 불, 전기를 사용하고 천체를 관측하며 달에도 사람을 보낸 인류문명 같은 유형의 문명을 이루었을 것이라고 보기는 어렵다.

7. 판 변동 : 지구의 판 변동이 복잡한 생물들을 만들어 내는 데 크게 기여하였다.

8. 달의 적절성 : 지구의 위성인 달의 크기가 너무나도 적절하다. 큰 위성은 큰 조석간만의 차를 초래하며, 지구 환경을 생물이 살기에 적합하지 않게 만들었을 것이다.

9. 진화의 적절성 : 지구의 역사 속에서 진화가 적절한 시기에 적절한 방식으로 나타났다.

확률적으로 볼 때 '공간의 신'이 지배하는 방대한 우주 어디엔가는 위의 온갖 조건을 만족시키는 골디락스 존이 있을 수밖에 없고 거기에서 지적생명체인 내가 태어난 것뿐이라고 생각할 것인가, 아니면 설계자가 있어 골디락스 존을 만들어 거기에서 나를 길러 냈다고 생각할 것인가? '희귀한 지구가설'이나 '미세 조정된 우주가설' 정도로 신이 나를 감동시키기에는 아직 역부족인가? 그렇다면 표준이론을 계속 읽기 바란다.

尾17) 자연과학교

1. 과학주의(scientism), 자연주의(naturalism), 과학근본주의, 과학적 유물론(唯物論) 또는 세속적 휴머니즘(secular humanism) 등으로 불리는 자연과학자들의 오른쪽 극단은 17세기 유럽 계몽주의시대의 경험주의(empiricism)에서 출발한 후 이제 익을 대로 익어 고전과학을 교리로 하는 과학교인(科學敎人) 또는 자연과학교인이라고 불러도 전혀 이상하지 않을 지경이 되었다. 과학주의가 이제 종교로서 갖추어야 할 조건을 두루 갖추었다는 뜻이다. 사실 오른쪽 극단의 과학주의를 종교로 규정하여 종교로서의 구성요소가 두루 구비되어 있는지를 알아보는 것은 비교종교학에서 다룰 일이다. 그런데도 영혼학에서 이를 따져보는 이유는 과학주의가 종교, 그중에서도 사이비 종교의 수준에 이르렀음을 보이려는 목적이다. 사이비란 '신념을 가장하여 사사로운 이익을 추구하는 것'이다. 과학이라는 객관(客觀)에 유물(唯物)이라는 주관(主觀)을 교묘히 섞어 순(純)객관을 가장한 후 이를 합리적인 과학인 양 시장에 내다 팔아 부와 명예를 얻는다면 그 과학주의는 사이비 과학이 되고 그 주관이 객관보다 더 커져 종교로서의 면모를 갖추면 사이비 과학에서 사이비 종교로 변질된다. 극단적 과학주의가 얼마나 사이비 종교적인지를 보이기 위해서는 종교의 정의를 알아보고 자연과학교가 그 정의에 얼마나 부합되는지를 살펴볼 필요가 있다.

2. 宗敎의 한자 의미는 '으뜸 되는 가르침'이다. 사전적으로 종교는 '초경험적이고 초자연적인 존재를 숭배하고 신성하게 여겨 그 교리를 생활의 기준으로 삼고 의지하여 고뇌를 해결하고 행복을 추구하는 일'(두산백과 참조)이다.

3. 이 정의에 따라 자연과학교가 종교로서 가져야 할 특성을 구비하였는지를 살펴보자.
   1) 종교는 초경험적이고 초자연적인 존재를 상정하여 믿어야 한다. 과학교의 초경험적·초자연적 존재는 '패거리'다. 그들은 서로를 믿는다. 패거리가 어찌 초경험적이고 초자연적인가? 우선 그들은 자신들의 아이큐의 합이 패거리의 아이큐가 된다고 믿어 패거리를 타와 차별하고 選民化한다. 또 태두(泰斗)를 만들어 그를 중심으로 뭉치고 그에게 불가침의 권위를 부여하여 神格化한다. 배타적인 조직과 초자연적인 존재가 탄생하는 것이다.
   2) 자연과학이 되려면 우선 '경험적이고 자연적인 기준에 의한 평가'가 그 기본이 되어야 한다. 자연과학이 경험적이고 자연적이 되려면 무엇보다도 그 평가가 합리적이며 정당한 평가여야 하는데 어느 순간 어떤 자연과학은 그 원칙을 넘어선다. 물론 어떤 자연과학이 세상에 등장하는 초기에는 신생종교처럼 오히려 평가절하를 받는다. 그러나 그 주변에 사람이 많이 모이고 그들이 패거리를 짓게 되면 그 과학은 과대평가되기 시작한다. 이로써 그들의 주장(主張)은 이데올로기가 덧씌워져 지식을 넘어선 신념이 되고 다시 교조(教條)가 되고 이윽고 교리(教理)가 된다. 태두와 그 직계 제자들 또한 신화화되고 불가침의 존재가 되어간다.
   3) 자연과학교의 교리의 실체를 보자. 종교는 원리(原理)로 인정되는 '교리'를 가져야 한다. 그런데 교리야말로 과학교에서 그 어느 종교보다 제대로 갖추었다고 자랑하는 것이다. 그들의 교리는 실험실에서 증명된 것이므로 법과 도덕과 타 종교의 교리를 능가하는 수준이라고 자평(自評)한다. 그런데 그 실험실은 자기들이 선택한 자료를 자의적인 실험과 통계방법으로 처리하여 원하는 결과를 생산하는 실험실이거나 심지어 머릿속에 있는 실험실(思考실험)이어서 사실상 남이 들어오기 어려운 곳이거나 재현이 불가능한 '비전의 벽'(미주 1 '비전의 벽(壁)' 참조) 안에 있다(미주 161 '생각'에 대한 생각들 참조). 또한 '한번 교리'로 인정되면 그 주변에는 이를 강화하는 다른 새끼교리들이 논문이라는 이름으로 수없이 달라붙어 철옹성을 쌓아 이제 이에 반하는 다른 과학이 나타나면 이를 무시, 배척하며 '한번 교리'는 '영원한 교리'로 변한다. 게다가 교리의 수호는 그들의 생업과도 연결되므로 시키지 않아도 목숨을 걸고 지키게 된다.
   4) 종교에 있어야 할 신앙공동체(教會)도 있다. 교단(教團)도 있다. 각종 협회나 학과, 연구소 그리고 그들과 연결된 기업체가 그런 것들이다. 이들이 운영하는 사제(司祭) 양성코스는 숱하다. 양성된 사제들은 신자들에게 교리를 철저히 가르치고 공동체의 유지를 도모하는 한편 대외적으로는 포교활동을 하는 것을 직업으로 한다. 사제의 계급도 다양하여 종사하는 기간과 믿음의 크기에 따라 직급이 높아지고 배신이 있을 경우 즉각 파문하여 관계와 생계를 끊는다.
   5) 당연히 의식(儀式)을 행한다. 세미나니 학회니 논문심사니 하며 그들만의 의례(儀禮)를 수시로 행한다. 이를 통해 교의(教義)의 구체성과 실재감(實在感)을 실감하여 내부 결속력을 다지고 그들만의 종교를 지탱해 나간다.

4. 이처럼 자연과학교는 '초경험적이고 초자연적인 존재를 숭배하고 신성하게 여겨 그 교리를 생활의 기준으로 삼고 의지하여 고뇌를 해결하고 행복을 추구하는 일'인 종교의 정의에 그 어떤 종교보다 잘 부합하는 종교다

尾18) 누멘(numen)

1. '누멘'은 고대 라틴어로 '아직 명확한 표상을 갖추지 않은 초자연적 존재(神)' 또는 '그 존재가

지닌 신비한 초자연적 힘과 영향력(神性)'을 뜻한다. 고대 로마인들은 누멘이 특별한 자연현상이나 사물들 그리고 특이한 능력을 지닌 인간들 속에 현존한다고 믿었다.
2. 사람은 누구나 자연(自然)과 역사(歷史)를 통하여 '누멘'을 직접적으로 경험한다. 즉 자연과 역사를 보면서 사람들이 이해하기 어려운 어떤 신비에 접할 때 느끼는 '피조물적 감정체험'을 한다.
3. 독일의 신학자이자 종교학자인 오토(Rudolf Otto)는 누멘의 형용사형인 '누미뇌제(numinöse)'라는 말을 만들어 '누멘적인 것(Das Numinöse)'이라는 개념을 도입하였다. '누멘적인 것'의 체험은 종교의 가장 근원적인 현상으로서 일상에서 경험하는 것과는 전혀 다른 어떤 것, 전혀 이해하기 어려운 어떤 신비에 접할 때 느끼는 독특한 체험을 뜻한다. 오토는 이것을 '피조물적 감정'이라고 부르며, 인간이 모든 피조물을 초월하는 존재를 대할 때 자신이 아무것도 아님을 느끼며 무(無) 속으로 빠져 들어감을 느끼는 감정이라고 했다.
4. 칼 융은 마나, 신, 다이몬 등으로 불리는 누멘이 의식 에너지의 중요한 원천이며 '피조물적 감정'을 불러일으키는 초자연적 인격이 실재한다고 주장했다.
5. 우주 속에 있는 모든 것은 하느님을 드러내 보여준다. 즉 하느님을 보여주는 징표나 상징이다. 이 사실에 관해서 다니엘루(Jean Daniélou 1905~1974) 추기경은 다음과 같이 말한다. "우리는 우리 눈에 보이는 이 세상 전체를 하느님이 우리에게 이 세상에는 또 다른 세계가 있다고 일러주시는 신호 체계라고 생각해야 한다…. 우리는 이 신호(signe)들을 비인격적인 것으로만 생각해서는 안 된다. 왜냐하면 이 신호들은 단순한 하나의 신호 이상이기 때문이다. 우리에게 그것들을 보여주시는 이는 어떤 분이시다. 그리고 하느님은 우리 모두에게 각자 알맞은 방식으로 이 신호들을 보내고 계시다…. 매우 자주 이 신호는 우리가 만나는 사람들을 통해서 온다."(에르나 반 드 빙켈, 「융의 심리학과 기독교 영성」 2부 9장 참조)

尾19) 표준이론의 실험적 입증(신지학의 과학성에 대한 주장)

1. 신지학자들은 신지학은 이론이 아니라 실제라고 주장한다. 신지학은 명백한 과학으로 연구의 대상이라는 것이다. 그렇기 때문에 자신을 향상시키고자 의문을 품고 수고를 감수할 수 있는 사람이라면 조사와 연구를 통해서 얼마든지 실증할 수 있다고 자신한다. 100년 전에 신지학자 리드비터는 "지금까지 알려져 온 바로는 신지학은 자연에 관한 위대한 사실로서 우리가 차지하고 있는 우주 한 모퉁이에 대한 개략적인 도식이다. 오감 외에 영능이 발달한 사람들이 이 세상을 관찰하여 알아낸 사실들을 반복 확인하고 영능을 가진 타인의 관찰과 비교하고 정리해서 법칙과 추론을 이끌어낼 수 있다면 그것이 도식의 실증이다."라고 주장하였다.

2. 100년이 흐른 지금도 그의 말은 생생히 살아있다. 표준이론도 마찬가지다. 다만 영능(직관)이 발달한 사람들에 의하여 검증되는 수준을 넘어 이제 실험실(이성)에서 하나씩 검증하는 단계가 되었다. 머지않아 '모든 것'이 실험실에서도 검증할 수 있게 된다. 그 '머지'는 500년 정도쯤 될까?

3. '머지'는 1,000년 또는 2,000년이 될 수도 있다. 비전이 자연과학으로 증명되는 시기는 과학 발전에 매인 것이 아니라 역설적이게도 영성의 발전에 매였다. 인류 영성의 평균수준이 지금 1.8단계 자아의 수준인데 어찌 섭리가 과학으로 저승을 보여주겠는가. 하느님은 돼지목에 진주목걸이를 걸어 주시지 않는다(4.3.7.2.2. '점수를 이용한 자아의 단계 판별' 참조).

4. 많은 사람들은 빈정댈 것이다. "그렇다면 신지학과 표준이론은 똑같아야겠군. 그런데 왜 주장하는 바가 서로 틀리는가?" 맞다. 신지학과 표준이론은 많은 부분에서 서로 다르다. 그러나 그 다름은 숲이 아닌 나무의 다름이다. 나무 또한 지금은 서로 다른 모습이지만 하나의 영혼학으로 수렴 중이다. 그리고 표준이론과 신지학이 지금 사람들 앞에서는 서로 달라 보이나 하느님 앞에서는 모두 같다. 사실 표준이론과 신지학뿐 아니라 구도의 주요 담론들은 하느님 앞에서 지금 다 같다. 그리고 이 담론들은 '머지않아' 사람들 앞에서도 실증의 과정을 거쳐 귀일(歸一)할 것이다. 궁극의 존재를 찾는 사람에게는 부처님이나 예수님이나 무함마드나 모두 하느님께로 가는 확실한 이정표인 것처럼.

尾20) As above, so below(AASB)

1. "위에서와 같이 아래에서도(As above, so below)"는 비전(祕傳)에서 널리 쓰이는 금언이다. 헤르메스의 경전격인 '에메랄드 타블레트'에서 이 개념은 다음과· 같이 진술되어 있다. "아래에 있는 것은 위에 있는 것과 상응하고 위에 있는 것은 아래에 있는 것과 상응한다. 그리하여 하나인 존재의 기적이 이루어진다." 켄 윌버의 홀라키적 상응의 원리가 여기에서 기원한다. 화엄에서 말하는 상즉상입(相卽相入)하고 일즉일체 일체즉일(一卽一切 一切卽一)한 사사무애법계(事事無礙法界)와 인드라망, 신플라톤의 만물조응과 全中一 一中全도 모두 같은 담론이다.

2. 헤르메스에서는 대우주(Microcosm)와 소우주(Macrocosm)에 대해서 다음과 같이 이야기한다. "소우주는 우리 자신이고 대우주는 우주이다. 그렇지만 대우주 안에는 소우주가 있고 소우주 안에는 대우주가 있다. 따라서 이들 중 하나를 알게 되면 다른 하나를 저절로 알게 된다."

3. 신지학에서 이는 '어떤 것이 물질계, 멘탈계, 영계 어느 계에서 발생하면 그것은 다른 계들에서도 발생한다는 것을 뜻한다'는 식으로 주장된다.

4. 이차크 벤토프는 영계와 물질계의 연관성에 대하여 "자연계가 상징적인 형태로 보여주는 힌트, 즉 '자, 보라. 이것이 내가 작용하는 방식이니라.'라는 것은 '위에서와 마찬가지로 아래에서도 그렇다(As above, so below)'라는 의미다. 자연계는 하나의 성공적인 설계를 삼라만상의 모든 차원에서 약간의 수정만 가하여 여러 번씩 되풀이 사용한다. 결론적으로 말해 소우주가 설계된 모양은 대우주의 구조를 반영하며, 그 역도 마찬가지다."라고 하였다(이차크 벤토프의 「우주심과 정신물리학」 제7장 영계).

5. 한편 현대 헤르메스학의 대가인 바르돈은 "모든 생각은 '관념의 세계'에서 기원하여 에테르 원리나 멘탈 매트릭스를 통해, 사고형식이나 영상의 형태로 혼의 의식인 자의식에 도달하게 된다. 물질계의 모든 피조물은 '관념의 세계'에 바탕을 두고 생각과 영의식을 통하여 창조된 반영물이다."(프란츠 바르돈, 「헤르메스학 입문」, 67~68쪽)라고 말한다. 이와 같은 의견은 '모든 생각과 계획은 멘탈계에서 먼저 이루어진 것이 물질계에 그대로 이루어진다'라는 신지학적 사고방식과도 유사하다. 또 오늘날 기왕의 자연과학의 입장인 心일원론에서 벗어난 롬멜이나 로저 펜로즈 같은 일부 자연과학자들의 心이원론적 생각에서도 비슷한 생각을 찾아볼 수 있다(5.5.9.3. '근사체험에 의한 저승' 참조) 그러나 AASB는 '어떤 것이 물질계, 멘탈계, 영계 어느 계에서 발생하는 기작(機作, 메커니즘)은 그것이 다른 계들에서도 동일한 機作으로 발생한다'는 말이지 하위계는 상위계의 표현이거나 구현이라는 뜻은 결코 아니다.

6. 양자 이론의 아버지인 물리학자 막스 프랑크는 "모든 물질은 오직 어떤 힘에 의해서만 비롯되고 존재한다. 이러한 힘의 뒤에는 의식과 지성을 가진 존재가 있다고 추정해야 마땅하다. 그 존재는 바로 모든 물질의 매트릭스이다."라고 말하며 우주 만물을 잇는 에너지의 場, 즉 디바인 매트릭스의 존재를 주장했다.

또한 미국 뉴에이지 작가 그랙 브레이든은 그의 저서 「디바인 매트릭스」에서 디바인 매트릭스를 "우리 안의 세계와 우리 밖의 세계 사이에서 일어나는 모든 것을 보여주는 거울이자 모든 것을 잇는 다리이며, 또한 모든 것을 담는 그릇인 에너지장場"이라고 하고 우리가 의식을 집중하면 디바인 매트릭스를 통하여 전 우주를 변화시킬 수 있다고 주장하며 이와 관련된 깨달음 20가지를 제시하였다. 그중 몇 가지를 보면
   1) 디바인 매트릭스는 우주를 담고 있는 그릇이자, 만물을 이어 주는 다리이며, 우리가 창조한 것을 우리에게 비추어 주는 거울이다.
   2) 우리 세계의 모든 것은 서로 연결되어 있다.
   3) 한때 하나였던 것들은 물리적으로 연결되어 있든 아니든 항상 서로 이어져 있다.
   4) 우리가 의식을 집중하는 행위는 곧 우주를 변화시키는 행위이다. 의식이 우주를 빚는다.
   5) 느낌은 디바인 매트릭스와 '소통하는' 언어이다.
   6) 우리는 오늘날 알려진 것과는 달리 물리법칙에 의해 제한받지 않는다.
   7) 우리 삶의 작은 변화는 의식 홀로그램을 통해 세계 곳곳에 반영된다.

7. 신정론(神正論)의 諸문제 특히 의인의 고통에 대한 해석도 다를 수 없다. 욥의 고통과 예수님의 십자가상의 절규, 그리고 아우슈비츠의 대학살 또한 상즉상입(相卽相入)이다. 악(惡) 또한 섭리(攝理)와 업(業)에 의한 것이며 악의 현장에도 인간과 고통을 함께하는 '성령으로서의 하느님' 또는 '비로자나불의 우주적 불성'이 상즉상입(相卽相入)으로 임재(臨齋)한다. 즉 악을 구약(舊約)의 가학적(加虐的) 신 또는 이신론적(理神論的) 방관(傍觀)에 의한 것으로 볼 수 없다.

8. 표준이론에서 신의 섭리는 지구, 외계, 저승 모든 곳에 적용된다. 이로써 우리는 직접 경험할 수 없는 것도 알 수 있다. 어떤 것이 물질계, 멘탈계, 영계 어느 계에서 발생하는 기작(機作)은 그것이 다른 계들에서도 동일한 機作으로 발생하기 때문이다.
   1) 외계에 생명체가 있다면 지구와 같은 생명체이다. 즉 외계도 지구와 같은 원리로 돌아간다. 외계의 물질도 지구에서 볼 수 있는 물질이요 외계의 물리법칙도 지구에서 작동하는 물리법칙이다. 지구 외의 행성에도 생명체가 살고 있다면 어떤 형태로 존재하고 있을까? 그것은 현재 지구상에 존재하는 생물을 기준으로 파악하면 정답이다. 수렴진화와 발산진화의 원리를 보라. 외계생물체와 지구의 생물체가 다르다면 배에 주머니 하나가 더 달려있는 정도의 차이일 것이다(미주 13 '환원불가능성' 이외에 지적설계를 보여주는 진화의 사실들 참조). 따라서 외계인이 모습을 드러내지 않는 이유는 사람과 너무 닮아서일 수도 있다.
   2) 마찬가지로 저승도 이승과 같은 원리로 돌아간다. 저승에 물질이 있다면 이승에서도 볼 수 있는 물질이요 저승에 물리법칙이 있다면 이승에서도 추론할 수 있는 법칙이다. 따라서 색즉시색이며 공즉시공이다. 이는 도(道)와 덕(德)에 대해서도 마찬가지다. 외계와 저승의 도덕은 지구의 도와 덕과 같다. 거기서도 색즉시공이요 공즉시색이다.

9. 세상

세상은 천국의 복사판이다

천국에 있는 것이 여기 다 있고
그것들로
천국을 알 수 있다

세상은 지옥의 복사판이다
利己와 慾心이 판을 치고
죽음이 도처에서 아가리를 쩍 벌려
여기가 지옥이다 하고 외친다

세상은 천국과 지옥 두 가지 맛 사탕이다
누구는 세상에서 천국을 맛보고 누구는 지옥을 살다 간다
대부분은
하루에도 몇 번씩 천국과 지옥을 왔다 갔다 한다

천국과 지옥은 세상 모든 곳에 같이 있다
꿀에도 지옥이 있고 독에도 천국이 있다
몸에도 마음에도
똑같다

천사가 악마로 바뀌는 것은 다반사요
세상사람 대게는 천사이면서 악마다
죽고 나서야
앗 네가? 엇 내가! 한다

尾21) 복잡계와 창발현상

1. 복잡계(複雜系, complexity system)는 완전한 질서나 완전한 무질서 사이에 존재하는 계로서 수많은 요소들로 구성되어 있으며 그들 사이의 상호작용에 의해 '집단성질'이 떠오르는 '다체문제(多體問題, many-body problem)'의 계이다. 최근 자연과학 및 사회과학에서 활발히 연구되고 있다.

2. 생명현상도 복잡계로 생각할 수 있다. 생명체는 세포로 이루어져 있고 세포는 많은 수의 단백질 분자 등으로 이루어져 있다. 그런데 생명체의 구성원인 분자 하나하나에서는 생명현상을 찾아볼 수 없는데 수많은 분자들이 모여서 형성된 세포들의 多體에서는 생명이라고 부르는 신비로운 현상이 생겨나게 된다. 이처럼 복잡계에서 나타나는 '집단성질'은 구성원 하나하나의 성질과는 전혀 관계없이 새롭게 생겨난다. 상위 수준의 복잡계에서는 그것을 이루는 하위 수준의 특성들 속에 존재하지 않는 새로운 환원불가능한 특성이 나타나는 것이다. 그러한 특성들을 '불시에 예측할 수 없이 떠오르는 성질'로 보아 창발(創發, emergent property)이라고 부르며 '하위 단계(예 : 단백질, 신경)만으로는 설명이 되지 않는 상위 단계(생물, 의식)의 특성'으로 정의된다.

3. 이에 따라 최근에 생명현상에 대한 전체론적인 해석이 등장하였는데 이를 '창발주의(emergenti

sm)'라고 한다. 환원주의의 분해하는 특성에 대비하여 "전체를 바라본다"는 의미에서 전체론(全體論)이라고도 부른다. 창발주의를 주장하는 이들은 "인간은 단순히 원자들의 합이나 화학적 결합의 결과물이 아니다."라면서 고수준에서의 생명현상의 발현을 '창발현상'으로 설명하려 시도한다. 이는 환원주의와 생기론의 타협이라고 할 수 있으나 사실은 생기론을 환원(還元, reduction)한 것으로 보인다. 결국 창발주의의 실체는 생명현상의 신비를 창발현상이란 용어를 통하여 자인(自認)한 것일 뿐이다.

4. 개미

Divine Force가 나를
낙원으로 밀어 올려 줄 것인가?
그렇게 낙관하지는 마라
Great Plan대로 進化한 생명의 뒤에는
실패하고 스러져 간 무수한 Loser가 있다
그것까지도 大계획이라면 낙관이라도 하여야 하나?
바보야
복잡계(複雜系)의 개미 한 마리로 살지 않으려면
보리수 아니라 십자가라도 찾아가야 한다
Divine Force가 나를 발견할 수 있는
창발(創發)의 현장으로 말이다

尾22) 생사학(生死學, Thanatology)

1. IWG(International Work Group on Death, Dying, and Bereavement) 회장을 역임한 Southern Illinois大 교수 찰스 A. 코르(Charles A. Corr 1937~)의 「현대 생사학 개론」(2018)에 의하면 생사학은 인문학을 포함한 종합 학문으로서 죽음 및 생명 교육, 상담, 정책, 보건, 사망, 임종, 애도, 법률, 도덕, 질병 등에 관하여 연구하는 학문이다. 구체적으로는
   1) 죽음, 임종, 그리고 사별에 대한 교육,
   2) 문화적 유형에 따른 죽음에 대한 태도와 제도 그리고
   3) 임종에의 대처 특히 생애 말기 돌봄 문제로서 호스피스 케어(hospice care)와 완화 의료, 사별에 따른 상실과 비통에 대한 대처,
   4) 장례문화,
   5) 발달학적 관점에서 아동, 청소년, 청장년 노인의 죽음 문제 연구,
   6) 죽음과 관련된 법적, 개념적, 도덕적 쟁점(사전연명의료의향서, 유언, 장기조직 및 시신 기증, 신체와 재산의 처분)
   7) 그리고 자살과 안락사 등에 대한 연구,
   8) 마지막으로 삶에서의 죽음의 의미와 관련하여 사후세계에 대한 대안적 이미지들에 대해 연구로서 각 종교와 사상에서의 믿음 등이 그 학문의 대상이요 범위이다.

2. 생사학은 죽어가는 사람과 유가족, 즉 살아있는 사람(The living)을 주요관심대상으로 하여, 철학 종교학 등의 인문과학에서부터 현대의 사회학, 심리학, 의학 등의 접근방법을 사용하며, 호스피스(Hospice), 터미널 케어(Terminal care), 죽음 교육(Death education), 그리프 케

어(Grief care) 등을 주요 실천영역으로 한다(강동구, 「장례문화학과(생사학)의 현황 및 발전 방향에 대한 연구」).

尾23) 보살과 보살행 그리고 바라밀다

1. 범어인 바라밀 또는 바라밀다(波羅蜜多)는 우리말로 도피안(到彼岸) 즉 피안으로 건너가는 출세 간(出世間)인데, 도피안을 위한 행업(行業) 즉 수행(修行)방법을 말하기도 한다. 따라서 6바라밀 은 수행자가 자신의 완성을 이룩해 가는 동시에 다른 사람들도 완성시키는 '상구보리(上求菩 提) 하화중생(下化衆生)하는 자리이타(自利利他)의 수행방법'으로 보시(布施)·지계(持戒)·인욕(忍 辱)·정진(精進)·선정(禪定)·지혜(智慧)의 여섯 가지 행위를 말한다.

2. 이때 수행자를 보살이라고 하면 보살의 행위는 보살행(菩薩行)이 되는 것이고 그 도는 보살도 (菩薩道)가 된다. 그런데 보살도는 6바라밀에 또 3종심(三種心)과 4무량심(四無量心), 4섭법(四 攝法) 등 십여 가지 수행덕목을 더하였으니 이로써 보살이 되기가 도피안하기보다 더 어려워 진 느낌이다.

3. 보살은 보리살타의 준말이다. 보리(菩提)는 산스크리트어인 보디(Bodhi)를 음역한 말로, 각 (覺), 지(智), 지(知), 도(道) 등 깨달음의 지혜를 뜻한다. 영지주의의 영지(靈智)다. 살타는 중생, 유정(有情)이니 보살은 보리를 구하는 자 즉 구도자요 수행자다. 이외에도 불교에서 보살은 다 음과 같은 다양한 의미로 사용된다.
   1) 대승 불교의 이상적 수행자상으로 三乘(성문, 연각, 보살) 중 하나.
   2) 묘각(妙覺)을 얻어 해탈의 경지에 다다랐으나 중생을 구제하기 위해 몸을 얻어 환생한 진보 살 또는 보살님.
   3) 佛性사상과 관련한 범부보살.
   4) (머리를 깎지 않고 절에서 사는) 여자 신도.
   5) 부처가 전생에서 수행하던 시절 수기(受記)를 받은 이후의 몸.
   6) 高僧을 높여 이르는 말.
   원래의 보살은 위 5)의 의미였으나 2)의 뜻을 갖기 시작한 이후 1), 3) 등의 뜻으로 점차 확대 되었다.

4. 표준이론의 보살은 위 두 번째의 의미로 고급영에 해당한다. 그러나 보살행(菩薩行)은 위 1)의 보살로 보살행은 보살이 하는 행위가 아니라 보살이 되기 위한 수행자의 행위를 의미한다. 혼 이 도피안하여 영(아라한)이 되기 위한 행업(行業)인 것이다.

5. 靈化를 위한 해업에는 업행을 중지하려는 반벽 만들기와 기왕의 업을 補하려는 보살행의 공덕 쌓기가 있다(미주 294 '해업(解業)을 위한 반벽(反癖) 만들기와 보살행(菩薩行)' 참조).

尾24) 뉴에이지(New age)

산업혁명 이후 자연과학이 종교를 압도하고 합리주의적 사조가 세상을 이끌었지만 두 차례 세계 대전을 치르며 야만과 비합리가 세상을 지배하자 이를 목도한 일부 지성인들은 자연과학과 이성 에 의한 합리성을 더 이상 신뢰할 수 없게 되어 새로운 구원의 정신을 추구하였다. 이러한 추구는 19세기 후반에 프랑스와 영국 등에서 출현한 심령주의(spiritualism)에서부터 시작되었는데 이는 1875년 블라바츠키에 의하여 창설된 신지학협회(Theosophical Society)와 1882년 영국 런던에서 창립된 심령연구협회(SPR, The Society for Psychical Research)로 그 구체적인 모습이 드러났다. 이후 '종교의 가르침은 겉으로만 다르지 실제로는 동일하므로 주요 종교의 가르침을 포괄하는 통합이론이 우주의 진실'이라는 생각이 널리 퍼져 기왕의 서양 신비사상에 힌두교와 불교 등 동양 종교들을 통합한 사조가 나타났으니 이를 신지학적 사조 또는 뉴에이지 사상이라고 한다.

그러나 오늘날 뉴에이지는 그 이름 덕분에 신지학적 사상뿐 아니라 심령주의, 퇴행최면, 초상현상, 대체의학, 양자형이상학, 기학(氣學), UFO현상 등 뉴사이언스까지 포함하는 것으로 인식되었고 나아가 고전과학과 기성 종교,사상들에 의하여 고대문명, 외계문명 등에 대한 담론이나 단(丹), 초월명상, 마인드 컨트롤, 요가, 명상, 세계정부 등 새로운 영성이나 유행사조라면 모두 뉴에이지로 간주되었으며 심지어 신흥 사이비종교도 모두 뉴에이지에 포함되었으니 이로 인하여 오늘날 뉴에이지의 이미지는 미신적, 비합리적, 퇴폐적, 비윤리적, 반문명적이라는 부정적 이미지로 얼룩진 형편이 되었다. 이는 뉴에이지 사상에 타에 어필하는 스탠더드가 부재함에도 그 원인이 있다. 그렇다면 표준이론이 그 역할을 함도 의미 있겠다.

尾25) 지혼의 조건(표준이론)

1. 知魂이 되려면 다음의 조든 조건을 모두 충족하여야 한다.
   1) 자의식이 있을 것. 자의식은 혼의 개체성에 기인한 것으로 이기심과 자존심이 여기에서 발원한다. 그리고 그 구체적 표현이 각각 소유욕과 명예욕이다. 이는 자아수준의 수승에 따라 자리이타(自利利他)와 자비심으로 변화한다.
   2) 사람의 혼일 것.
   3) 군혼(群魂)이 아닐 것. 다만 지혼이 초기에는 군혼의 형태를 띠었을 가능성도 있다. 개나 돌고래 같은 고등동물처럼 개체성을 갖되 군집하는 형태다. 그러나 이는 교육의 목적이지 혼이 서로 이합집산한다는 물리적 공간이라는 뜻은 결코 아니다. 마이클 뉴턴 또한 (중음계로 보이는) 저승에서 영혼들은 비슷한 수준의 영혼들이 모인 3~25명 정도로 구성된 특정 영혼그룹에 속한다고 하며 혼들은 인생에서 얻은 개인적인 지혜를 영혼그룹원들과 공유한다고 한다.
   4) 죽은 후 중음계 이상의 혼계로 갈 것.
   5) 다른 이승에서도 지성체로 태어날 수 있을 것.

2. 사람이 먼저냐 지혼이 먼저냐. 지혼이 먼저다. 현생인류(Homo sapiens sapiens)는 4만 년 전에 호모사피엔스로부터 분기(分岐)한다. 1만 년 전 현생인류 중 일부가 하느님의 은총으로 지혼으로 진화하여 문명인류가 태어났고 이들은 예정된 문명을 일으켰다. 따라서 그 이전인 1~4만 년 전의 현생인류는 아직 동물의 각혼을 가진 시기로, 표준이론에서 보면 그들은 아직 사람이 아니다. 사람(문명인류)보다 지혼이 먼저인 이유를 보자.

3. 현생인류가 나타나기 이전에 존재하였던 600만 년 전의 유인원이나 390만 년 전쯤의 오스트랄로피테쿠스(Australopithecus) 그리고 약 20만 년 전의 호모사피엔스는 당연히 모두 각혼상태였다. 현생인류는 약 4만 년 전쯤에야 나타났고 후기 구석기 문명을 가지고 있었으나 이들도 아직 각혼상태였다. 이때 현생인류에게는 매장풍습이 있었던 것으로 보아 영혼이나 사후

세계에 대한 어렴풋한 인식이 있을 수도 있었겠다. 프랑스의 도르도뉴 계곡에 있는 라스코 동굴 등 구석기 시대의 동굴에서 발견된 그림들이 인간이 영혼을 자각한 초기의 표현들이라는 주장도 있다. 그러나 당시 인류는 아직 종교적 애니미즘단계에는 도달하지 못한 것으로 본다. 또 식욕, 성욕, 수면욕의 '각혼3욕' 외에 이미 이기심의 소유욕과 자존심의 명예욕의 에고2욕이 어느 정도 나타나기 시작하는 최고의 각혼단계였지만 아직 본격적인 자의식을 가지지는 못하였다. 그러나 동물 중에서는 의식수준이 단연 뛰어났을 것이다(6.3.3.2. '욕망' 참조).

4. 드디어 약 1만 년 전에 후빙기가 시작되면서 기후의 극한 변동이 끝나고 온난다습해졌다. 이때쯤(8,000년 전이라고 하여도 좋다) 저승의 혼계에 중음계가 설치되고 현생인류의 각혼 중 일부가 하느님의 은총을 받아 지혼으로 진화하여 중음계에 입성하였으며 이 지혼들이 현생인류의 몸에 임하여 지혼을 가진 사람이 이승에 나타나기 시작하였다. 이런 사람을 문명인류(文明人類, homo civilisátio)라고 하자. 이후 문명인류에게는 소위 '위대한 생산혁명'이 일어났고 생산경제와 기술이 비약적으로 발전하면서 '은총(恩寵)의 신석기시대'가 막을 열었다. 농경과 목축이 시작되어 정착생활을 시작함으로써 문명형성의 기틀이 마련되었고 마제석기(磨製石器)와 토기, 직물이 사용되었으며 자연에서 누멘을 인식하기 시작하여 태양, 동물, 정령 등을 숭배하는 종교적 애니미즘을 가지게 되었고 이로 인해 종교의식과 그 시설들이 나타났다. 정신적으로 인류는 이때 소유욕과 명예욕(에고2욕)이 극성하여 식욕, 성욕, 수면욕의 동물적 욕망(각혼3욕)에 이 둘을 더해 하위정신체의 '이드5욕'을 완성하였으며 점차 '이드5욕'은 매슬로(Maslow)의 '욕구(慾求)'로 발전하였고(미주 157 '매슬로의 욕구단계설' 참조) 희노애락애오욕구우증사비경공(喜怒哀樂 愛惡欲 懼憂憎思 悲驚恐)의 14情과 초기 지성(知性)이 갖추어져 상위정신체도 그 모습을 드러내었다.

5. 극심한 기후변동의 종료와 '위대한 생산혁명' 그리고 본격적인 자의식의 도래와 종교의 발생은 개별적인 것도 아니고 우연한 것도 아니다. 계획적이며 선택적이며 은총적인 사건(事件)이다. 인류의 몸은 600만 년 전의 유인원으로부터 진화해 왔으며 4만 년 전 크로마뇽인(현생인류)에 이르러서는 현재의 인류와 완전 동일한 육체가 되었다. 그리고 1만 년 전 빙하기가 끝나고 현생인류의 각혼이 지혼으로 진화하여 '호모 키윌리사티오(homo civilisátio)'가 탄생하였으며 이들에 의해 '은총(恩寵)의 신석기시대'가 막을 열면서 인류문명이 비로소 시작되었다. 이러한 갑작스러운 혁명을 두고 어떤 사람들은 외계(外界)인들이 개입하였다고 수군대고 있다.

尾26) 물기(物氣)이원론과 기(氣)일원론

기(氣)와 관련하여 우주의 창조元素論을 구분하면 物氣二元論과 氣一元論이 있다.

1. 物氣이원론 : 태초에 하느님은 빅뱅으로 물질세계를 창조하시고 그다음 어느 때쯤 여기에 하느님의 숨인 기를 불어넣어 '기의 세계'를 별도로 창조하셨다는 주장으로 이때 기의 세계는 영계를 제외한 혼계의 저승과, 물질과 공존하는 이승의 세계다. 기의 세계를 창조할 때 아직 혼이 없음에도 저승을 미리 창조하였다는 불합리가 발생한다.

2. 氣일원론 : "태초에 하느님의 '氣'가 있었다. 기는 하느님의 생명에너지다. 氣의 '에너지' 부분이 일부 빅뱅하여 물질과 시공간이 만들어졌으며 氣의 '생명' 부분은 이 물질을 유기물로 만들었다."라는 이론으로 생명체와 영혼의 동시진화(쌍진화)이론을 훌륭히 설명하며 혼의 탄생으로

인한 그들의 저승인 혼계의 출현도 합리적으로 설명해 준다.

한편 氣의 '에너지' 부분이 물질이 되었다는 사실은 다음과 같이 자연과학적 또는 사상적으로 이미 공인된 사실이다.

1) 상대성이론 : 물질과 에너지는 같은 것이며 E=MC2으로 그 함수관계까지 밝혀져 있다. 빅뱅으로 에너지가 물질이 되었고 그 이후에도 에너지는 계속 물질로 변하고 있다. 예를 들어 절대온도인 60억K의 고온 플라즈마가 생성되는 블랙홀 부근에서는 에너지가 전자(electron)와 양전자(positron)를 쌍으로 생성하며 물질로 변하고 있다. 반대로 전자와 양전자가 만나면 소멸되어(pair annihilation) 에너지 알갱이인 질량 0의 광자(光子, photon)로 변해버린다. 그렇다고 광자가 기는 아니다. 기는 생명에너지이고 광자는 기의 에너지 부분이 변하여 생성된 물질의 최초형태다.

2) 입자물리학 표준모형 : 기본입자와 단일한 힘의 존재를 前提로 입자는 장(場)의 들뜸에 불과하거나 기껏해야 끈이라고 파악한다. 표준이론으로 보면 기본입자는 기(氣)이고 장(場)은 기(氣)의 직접적 소산(所産)으로 이해된다.

3) 양자물리학자 데이비드 봄(1917~1992)은 양자역학이론인 소위 양자형이상학(quantum metaphysics)을 통해 우주에 존재하는 모든 것은 초양자장으로부터 분화되는데 초양자장이 중첩되어(superposition) 파동이 되고, 파동이 뭉쳐 에너지가 되며 에너지가 뭉쳐 소립자가 된다고 주장하였다. 氣를 초양자장으로 파악한 이론이다.

4) 암흑물질과 암흑에너지 이론 : 우주의 5%는 물질과 에너지이고 나머지는 암흑물질이 25%이고 암흑에너지가 70%라는 이 이론은 이미 입자물리학에서 공인된 사실이다. 대부분의 물질과 에너지는 아직 그 정체가 밝혀지지 않아 소위 '암흑'이다. 상대성원리에 의하면 물질과 에너지는 같은 것이니 결국은 모든 것은 단일원소로부터 나왔다. 그 단일원소가 기(氣)다. 또한 공간도 물질임이 이미 공공연한 이론이다(호르헤 챔·대니얼 화이트슨, 「코스모스 오디세이」, 고현석 옮김, 제7장 공간이란 무엇인가 참조). 진공(vacuum)은 완전히 비어 있는 것이 아니라 미약한 입자와 반입자가 순간적으로 끊임없이 생성되고 소멸되는 '진공요동'이 있고 이것을 '진공에너지'라고 부르며 '진공에너지'가 바로 암흑에너지라는 것이다 (10.1.3.8. '암흑물질과 암흑에너지' 참조). 또 우주는 계속 팽창하여 공간이 커지고 있음은 기지의 사실이고 공간은 물질이니 빅뱅의 창조 이후에도 에너지는 계속 물질로 변하고 있음은 여기에서도 나타난다.

5) 신지학 등의 에테르 일원론

尾27) 생명에너지인 기의 에너지 부분의 물질화

1. 물질은 에너지의 다른 형태이고 物質化한 에너지는 생명에너지인 기(氣)의 에너지 부분이다.

2. 신지학에서 氣는 제2로고스로부터 두 번째 대분출(Great Outpourings)된 로고스의 생명(Vitality)인 프라나(Prana)라고 한다. 프라나는 신지학의 근간인 힌두철학의 용어로서 표준이론의 氣와 매우 유사하다. 그러나 신지학은 표준이론의 주장처럼 '프라나의 에너지 부분에서 물질세계의 에너지와 물질이 나온 것'이 아니라 로고스로부터 별도로 분출된 포하트(Fohat)가 에너지이며 물질은 먼저 우주로고스가 근원물질(root matter)을 만들고 다시 제3로고스가 이로부터 원자를 만들어 냄으로써 이루어졌다고 한다. 그러나 크게 보면 기의 원천인 로고스(창조주)에서 에너지와 물질이 모두 나왔으니 우주창조론의 대강은 양자가 대동소이하다고 본다 (포웰, 「에테르체」 '제2장 프라나', 8.18.3.3.2. 신지학의 창조론 참조).

3. 道家「도덕경」은 그 42장에서 '道生一, 一生二, 二生三, 三生萬物'이라고 기술하고 있다. 이는 주석되기를 도에서 기가 나오고 기는 음양으로 갈라져 여기에서 만물(천지인 三才)이 나온다고 한다. 또 성리학의 기초를 세운 송(宋)대의 철학자 횡거 장재(張載)는 시원(始元)이 道(無)의 세계였다는 道家의 생각을 발전시켜 시원도 생성도 소멸도 없는 무형의 우주공간으로서 '태허(太虛)'의 세계를 상정하고 이를 기의 본체로 보아 태허에서 기가 이합집산하여 우주가 생성되었다는 氣一元論을 주장하였다. 결국 횡거의 太虛는 도가의 道인 셈이다. 또 장횡거는 기를 '일물양체(一物兩體)'로 규정하였는데 일물이란 기의 본체인 태허이고, 양체란 기의 존재방식 또는 운동형태를 말한다. 즉 태허와 만물의 생성소멸과의 관계를 氣의 자기운동 과정으로서 설명한 것이다. 이러한 종류의 주장들은 모두 기에서 물질과 생명이 만들어졌다는 표준이론의 주장을 직관(直觀)한 진술이다.

4. 기에서 나온 물질도 기를 품고 있다. 대자연을 보고 느끼는 장엄감, 호연지기, 凡在神의 느낌(누멘)은 상당 부분 물질에 스민 기의 '생명'에서 비롯한다.(미주 10 '범심론, 애니미즘, 물활론, 생기론, 범신론, 물신숭배, 유심론, 조상숭배' 참조).

5. 상대성이론과 양자역학에 따르면 에너지는 질량이고 공간도 질량이 있으니 물질뿐 아니라 공간 또한 에너지로부터 비롯되었다. 공간자체가 암흑물질이 아니던가(미주 26 '물기(物氣)이원론과 기일원론' 참조).

6. 우주의 5%는 물질과 에너지이고 나머지는 대충 암흑물질이 25%, 암흑에너지가 70%이다. 암흑물질과 암흑에너지가 氣인지는 확실치 않으나 우주의 모든 것의 기원이 기이니 이 역시 기일 것으로 생각된다.

7. 신지학의 창조론을 역수입한 인도 요기의 말도 들어보자. "탐구를 계속해 가다 보니 저도 모르게 물리학과 생리학이 만나는 영역으로 들어서게 되었습니다. 놀랍게도 저는 생물과 무생물 영역 사이의 경계선이 사라지고 접촉점들이 나타나는 것을 발견했습니다. 무생물이란 단지 제 힘으로 움직일 수 없는 생물이라고 생각되었습니다. 무생물은 다양한 힘들의 작용 밑에서 진동을 억압받고 있을 뿐이었지요."(파라마한사 요가난다, 「요가난다, 영혼의 자서전」, 김정우 옮김 중 과학자 J. C. 보세)

8. 시간에 대해서는 12.8.2. '표준이론의 시간'을 참조하라.

尾28) 신지학의 물질과 생명 그리고 진화

1. 물질과 氣의 생명력이 화합하여 물질이 진화를 일으킨 사실에 대하여 신지학에서도 유사한 설명을 한다. 신지학은 '죽은 물질은 없다'고 한다. 모든 물질은 살아있고 입자는 아무리 작아도 생명이며 영과 물질은 분리할 수 없는 한 쌍으로 연결되어 우주의 전 생애에 걸쳐 지속되며 그 무엇도 이들을 떼어놓을 수 없다고 한다. 심지어 물질의 생명에 의식의 존재까지도 긍정한다. 표준이론에서도 물질은 생명에너지인 기의 에너지 부분이 빅뱅하여 탄생한다. 또한 모든 물질에는 기의 '생명' 부분이 스민다. 그러나 이는 진화의 동인(動因)일 뿐이니 물질은 생명체가 아니고 거기에 스민 기의 생명도 아직 생명체는 아니다. 더구나 의식과는 아직 상관이 없다.

2. 또한 신지학은 물질안의 생명이 어떻게 진화를 일으키는지에 대해 구체적인 설명을 시도한다. 즉 "물질은 형태이고 생명을 품는다. 한편 영은 생명이지만 형태에 의해 제한받는다. 물질 안의 생명은 영을 지향하는 힘을 갖는다. 이 힘이 물질의 형태진화와 영으로의 생명진화를 이끌어 낸다."고 말한다. 베산트를 통해 이에 대해 더 들어본다.

3. "물질은 형태이고 생명을 나타내지 않는 형태는 없다. 영은 생명이며 형태에 의해 제한받지 않는 생명은 없다. 지고의 주(主), 로고스조차도 현현하는 동안 우주라는 형태를 취하며 이는 원자 단위까지 이어진다. 로고스의 생명은 이렇게 얽혀서 모든 입자 안에 혼을 불어넣는 힘으로 작용하고, 모든 계의 '영-물질' 안에서 여러 겹을 이룬다. 그 결과 각 계의 질료들은 해당 계를 포함하여 그보다 높은 모든 계의 모든 '형태-가능성'과 '힘-가능성'을 숨기고 있거나 휴면 상태로 보유하게 된다. 이 두 가지 요인 때문에 진화가 일어나게 되며, 가장 낮은 수준의 입자도 숨은 잠재력을 갖게 되어, 그 잠재력이 실제 힘으로 바뀔 때에 그 입자는 최상위 존재의 형태를 띠기에 적합한 상태가 된다. 사실 진화란 한 문장으로 요약이 가능하다. 즉, 진화란 휴면 상태의 잠재력이 실제 힘으로 바뀌는 과정이다. 진화의 두 번째 거대한 파도는 형태(몸)의 진화이고, 세 번째 거대한 파도는 자의식(혼)의 진화이다."(애니 베산트, 「고대의 지혜」 제1장 물질계 참조)

尾29) 광물의 기와 의식

1. 鑛物에도 意識이 있을까? 물질에 물활론의 활력(活力)을 넘어선 의식이 있다는 주장은 범심론(汎心論)*의 우측 극단의 사고방식으로 오늘날에는 힌두철학에 뿌리를 둔 신지학과 신지학의 영향을 받은 많은 뉴에이지 사상들에서 많이 찾아볼 수 있다. 심지어 그것은 그들 철학의 기본이기도 하다.

2. 신지학에서는 "신의 '제2로고스의 에너지'가 발출하여 제3로고스가 이미 창조해 놓은 화학원소들의 원소 간 결합이 가능하도록 함으로써 7界 중 물질계의 고체하위계에 광물을 만들었다. 그 다음 그 광물에 이번에는 '제2로고스의 생명'이 스며 광물수준에서부터 물질을 진화시켜 동물의 그룹혼까지에 이르게 하였고 다시 제1로고스의 '모나드 단편'이 여기에 작용하여 이들 중에서 인간의 영혼을 탄생시켰다."고 물질과 영혼의 탄생과정을 설명한다. 또 이 영혼이 다시 영적인 진화를 거듭하여 언젠가 초인(超人)이 된다고 한다. 나아가 신지학은 동식물이 종 또는 형태 속에서 생명 형성력으로 자기를 표현하는 것처럼 광물의 생명력은 결정 속에서 자기를 표현한다(루돌프 슈타이너, 「신지학」 참조)고 말한다. 심지어 진화의 초기단계의 존재들인 엘리멘탈은 광물계의 아래 계에도 존재한다. 이러한 종류의 신지학의 진술을 통하여 신지학은 광물에도 의식이 있음을 주장하고 있다.
그러나 신지학자 리드비터는 "인간이 신성의 본질로부터 발출되었다는 것은 진정한 사실이다. 그러나 명심해야 할 것은 이 본질은 그것이 발출될 때 미분화(未分化) 상태, 우리의 관점에서 볼 때 무의식적이었다는 점이다. 달리 말해, 그것은 내부에 소위 말하는 의식의 잠재성만을 갖고 있었던 것이다."라고 하며 인간영혼의 기원이 신성으로부터 발출할 당시의 의식수준을 표준이론의 '원인의식'(미주 31 '의식의 발생과정과 그 정체' 참조) 정도로 파악함으로써 표준이론과 정확히 같은 입장을 가진다. 이는 다른 신지학자들과 의견을 달리하는 것으로 大綱에 속한 논리가 왜 서로 다른지 알 수 없다. 그만큼 신지학은 敎가 아닌 學임을 의미한다.

3. 신지학의 '제2로고스의 생명'은 표준이론의 기(氣)의 생명력이다. 기는 표준이론에서 하느님의

생명에너지이다. 기의 에너지가 뭉쳐 물질이 되고 여기에 다시 기의 생명(생명력)이 스며 유기체가 되며 유기체에 스민 생명력은 진화하여 혼이 된다. 혼은 이후 생혼, 각혼으로 진화한다. 이 논리는 신지학에서도 마찬가지다. 또 신지학의 다른 이론에서는 인간뿐만이 아니라, 동물, 식물, 광물 나아가 진화가 미치지 못한 원소에 이르기까지 모든 있는 것 안에 신을 감추고 있는데 그 신이 제2로고스의 모나드이고 그 구체(具體)가 엘리멘탈(elemental)이라고 말하고 있다. 그렇다면 제2로고스의 모나드는 신성(神性) 또는 표준이론의 '하느님의 영화(靈火)'로 이해하여도 아무 상관이 없겠다. 그렇다면 표준이론과 신지학은 그 대강이 매우 닮았다. 그러나 거기까지다. 다음 순간, 표준이론은 각혼이 하느님의 계획에 따라 인류문명의 태동 직전에 사람의 혼인 지혼으로 진화한다고 하고 신지학은 제1로고스의 모나드 단편이 각혼에 작용하여 각혼이 지혼의 탈것(乘)으로 변화된다고 한다. 진화와 변화의 차이인데 大差가 아닌 듯 보이나 여기에서 신지학과 표준이론의 시각이 갈리기 시작한다. 신지학에서는 제1로고스에서 발출한 인간모나드가 사람의 靈이라고 하는 데 반하여 표준이론은 지혼이 각고 끝에 진화하여 영이 된다(靈化)고 하는 것이다.

4. 古來로 기는 만물에 스며있다고 여겼다. 기를 세상만물의 에너지 원천인 원기(元氣) 또는 정기(精氣)로, 또 근세 이후에는 에테르나 전하(電荷)의 흐름인 전기(電氣) 같은 것으로 이해하였다. 이를 증명하듯 자연계의 광물에서 기가 직접 드러나는 사례도 있다. '모에라키 볼더(Moeraki Boulders)'를 보면 무생물이 가지고 있는 '기의 성장하려는 성질'을 알 수 있다.

5. 모에라키 볼더는 뉴질랜드 남섬(南島) 오타고에 있는 모에라키 해변에 널린 대형 원형 암석들인데 플랑크톤, 홍조류, 해면, 완족류, 극피동물 등 해양 생물 껍데기 등이 암석화하여 생긴 탄산염 광물의 일종인 '방해석(方解石)'이 주성분이다. 학자들은 6천만 년 전 바닷속의 조개껍질, 생물뼈, 미네랄 등이 핵의 형태로 모여 원형의 생성물이 생기는데 오랜 시간이 경과하면 그 내부는 脫水되고 이윽고 전체가 시멘트화된 후 해저가 융기되어 육지가 되면서 해변의 절벽에 숨어 있다가 침식작용에 의해서 단단한 부분인 모에라키 볼더만 해변에 덩그러니 놓이게 된다고 주장한다. 그러나 미네랄 등이 중심핵으로 모이게 하는 원동력은 광물에 깃든 '기의 생명력이 생장(生長)하려는 성질'이고 이로 인하여 모에라키 볼더는 유기물을 흡수하여 성장하는 것으로 보는 것이 합리적이다. 모에라키 볼더뿐 아니라 광물 중에 성장한다는 설이 있는 암석이 많다. 미국 남서부의 모키 마블(Moqui Marbles)이나 남아프리카 오토스달에서 원더스톤社가 채굴한 3억 년 된 디스크 모양의 클럭스도르프 球體(Klerksdorp Spheres), 1885년 오스트리아 볼프제그암하우스루크(Wolfsegg am Hausruck)에서 20만 년 된 석탄층에 묻혀 발견된 입방체 모양의 작은 철덩어리인 볼프제그의 철(Wolfsegg Iron, 클럭스도르프 구체와 더불어 외계도래설도 있다. 미주 141 '지구에 나타나는 외계인들의 흔적' 참조), 미국 쇼하리 카운티의 탄산염 혼합물, 호주의 해머슬리社의 잔해(殘骸) 등이 그렇다. 나아가 수정, 마노 같은 보석과 해수 중의 광물이 침전하여 쌓이는 망간, 철, 구리단괴나 조개 안의 진주 같은 것들에서 크고 작게 그런 기운을 느낄 수 있다. 또 석회암 동굴의 종유석이나 석순은 물방울 속의 탄산칼슘이 굳은 것이지만 뭔가 살아있다는 느낌(기의 생명력)을 준다.

6. 물에게 아름다운 음악이나 사랑스러운 말을 들려주거나 또는 물리적으로 강력한 자력 장치에 물을 수직으로 통과시키면, 물분자 구조가 이온활성화되어 인체에 유익한 六角水(磁化水, magnetized water)가 된다는 주장이 있다. 표준이론은 물의 원인물질이 氣이고 또 기에는 '原因意識'이 있어 다른 좋은 원인의식이나 또 다른 기인 磁氣의 영향을 받으면 그 구조가 아

름답게 변화한다고 본다. 눈송이의 결정구조가 송이마다 다르고 송이송이가 아름다운 것도 같은 이유이고 눈이 오면 다들 氣分이 좋아지는 것도 눈의 좋은 기운의 영향을 받아서이다. 안타깝게도 영안(靈眼)이 덜 발달한 자연과학자들은 육각수 등 이 모두를 유사과학이라고 매도한다.

7. 결론하면 표준이론에서 기의 생명력은 의식(意識)의 시원(始元)이다. 광물단계의 기는 아직 眼耳鼻舌身의 五根이 없어 불교의 6식수준의 의식은 없겠지만, '의식의 가능성'은 가지고 있다. 의식의 발현을 위해 기의 생명력은 오랜 진화 끝에 물질적 감각기관을 구현하였다. 이러한 광물단계의 意識을 '원인의식(原因意識)'이라고 한다. 결론적으로 광물의 의식은 '의식의 가능성'으로서 '원인의식'일 뿐 아직 의식이나 의지(意志)라고 할 수는 없다. 의식은 식물의 혼인 생혼 수준이 되어야 조금씩 외부로 드러나며 의식다운 의식은 각혼 수준에 되어야 나타난다. 특히 본격적인 자의식은 지혼이 되어야 생긴다.

(*) 범심론은 인도의 힌두이즘과 중국의 도가(道家)와 성리학, 그리스의 스토아철학 등이 그 사례이며 신플라톤주의 또한 그 경향이 있었다. 서양에서 범심론은 쿠사누스(Nicolaus Cusanus 1401~1464), 브루노(Giordano Bruno 1548~1600) 등으로 이어지다가 스피노자에 이르러 그 꽃을 피웠다.

尾30) 그룹혼

1. 신지학은 생혼이나 각혼의 대부분은 군혼(群魂)이라고 주장한다. 큰 그룹혼이 저승에 있고 그 일부가 개체화 되어 개미나 벌처럼 개체에 나누어 스민다고 한다. 표준이론에서도 그렇다. 개미굴을 부지런히 드나드는 개미나 벌집을 이루는 벌 가족은 사실상 사람으로 보면 한 사람이다. 동물은 무수한 세포로 구성되고 그 하나하나는 모두 살아있으며 생명력(생기)이 있다. 또 동물의 장기(臟器)는 많은 세포가 모여 하나의 시스템으로 기능하며 그 또한 하나의 '시스템생기체'다. 개미나 벌은 사람으로 치면 하나의 세포이거나 하나의 장기다. 사람의 지혼 또한 중음계에서 한때 그룹혼의 환경을 겪는다. 마치 동식물의 군혼들이 사후 생기계의 종별그룹혼 속에 용융되어 서로의 이승경험을 공유하듯 하급 지혼들은 중음계에서 종족별그룹혼 생활을 통해 이승경험을 공유한다. 또 사람의 생기체는 생기계의 종족별 그룹혼에 흡수되어 그룹혼의 형태를 띠고 있다가 잉태 시 개별화되어 윤회혼보다 먼저 몸에 재생된다. 따라서 하급혼은 군혼의 성격을 띠고 더구나 그들은 생기체에 대한 통제력이 낮아 더욱 강한 군혼성을 보인다.

2. 그런데 사람의 장기나 세포도 각기 하나의 생명체인가? 아니다. 세포가 생명은 가지나 생명체는 아니다. 또한 세포의 생명은 사람의 생명과 그 기능과 능력 면에서 커다란 차이가 있다. 우선 세포의 생명은 생명력으로서 생기(生氣)다. 또 세포의 생기들이 모여 시스템으로서의 한 인간의 생기체(vital body)를 구성한다. 사람의 세포 수는 50조~100조 개라고 이야기된다. 그러나 신지학에서는 세포도 생명력을 넘어선 의식을 가진 개별생명체라고 말한다(7.4. '신지학의 육체' 참조). 심지어 광물도 의식을 갖는다고 주장한다. 그러나 표준이론에서는 광물이나 세포는 물질수준의 원인의식과 그 발전 가능성만 인정할 뿐 의식체는 아니다. 의식은 불교의 제6식 분별식처럼 동물의 각혼에서부터 발생한다.
신지학자인 지나라자다사는 이렇게 말한다. "하나의 풀(草)은 죽지만, 그것을 살아있게 만들고 환경에 반응하도록 만든 그 생명은 죽지 않는다. 장미가 시들어 죽어서 먼지 속으로 사라질 때, 그 물질 어느 것도 파괴되지 않는다는 것을 우리는 안다. 그 모든 입자는 여전히 존재한다. 왜냐하면 물질의 질량은 불변이기 때문이다. 마찬가지로 화학 원소들을 장미로 만든 그 생명도 그렇다. 그것은 일정 기간 철수하였다가 나중에 또 다른 장미를 만들기 위해서 다시 나타난다. 첫 번째 장미를 통해서 얻은 생존 경쟁의 경험과 태양빛과 폭풍우의 경험은 두 번째 장미를 만들 때 사용될 것이다. 그 결과 새로운 장미는 환경에 더 잘 적응해서 더 잘 번식할 것이다. 개개의 유기체인 장미 한 송이가 장미밭 속에서 하나의 단위이듯 개개의 유기체 속에 있는 생명도 '그룹혼(group-soul)'이라는 더 거대한 그룹 속에서 하나의 단위이다. 식물계 모든 종(種)마다 그 식물 종의 그룹혼이 있으며, 그것은 식물 형태를 만들면서 복잡성을 성취해 가는 생명력들의 파괴할 수 없는 저장소이다. 그 그룹혼 속에 있는 생명의 개별 단위는 그 유기체의 종으로 다시 나타나는데 이때 그룹혼에 의해서 만들어진 유기체들의 경험 전체를 가진 채 태어나게 된다. 그리고 또다시 개별 유기체는 죽음 후 그 종의 그룹혼으로 돌아가서 환경에 반응하는 새로운 방식의 노하우를 그룹에 기부한다. 동물계도 마찬가지이다. 각각의 종과 속은 전체 동물계 그룹혼 속에서 한 부문을 차지한다."(지나라자다사,「신지학 제1원리」참조)

3. 그룹혼 이론과 관련된 현상들을 모아보자.
   1) 동식물은 같은 종별로 행동의 대부분이 본능적 행동이며 種이 같은 個體 간 본능적 행동은 99% 같다.
   2) 별론이지만 본능은 DNA에 새겨져 있다고 하는데 그렇다면 침팬지와 사람의 본능적 행동은 98% 같아야 한다. 그러나 정말로 그렇다고 생각하는 사람은 없을 것이다. 따라서 본능은 DNA에 새겨진 것이 아니라 생기체와 혼이 가진 것이다. DNA는 그 물질적 反影이다.
   3) 100번째 원숭이 효과(The hundredth monkey effect)라는 게 있다. 1950년대 일본 교토大 영장류연구소 학자들이 고지마(幸島)의 원숭이 집단연구에서 발견한 것이다. 연구자들은 어느 원숭이 한 마리가 고구마를 씻어 먹는 기술을 발견하고 이제 그것을 따라하는 원숭이 숫자가 100마리를 넘기게 되면, 다른 이격(離隔)한 장소의 원숭이 집단에서도 이런 기술이 거의 동시에 나타난다는 사실을 알아내었다. 이후 이와 유사한 연구들이 다양하게 행해졌고 이는 '같은 종의 어느 한 개체가 습득한 기술은 서로 교류가 없는 격지의 다른 개체에도 금방 퍼진다'는 일반이론으로 발전하였으며 영국 왕립학회 발달생물학 연구교수인 루퍼트 셀드레이크(Rupert Sheldrake 1942~)는 이를 '형태공명(morphic resonance) 이론'으로 체계화하였다. 그의 주장에 따르면 생물학적 유전은 유전자를 통하여 이루어지는 것이 아니라 種의 과거 구성원으로부터 집단 기억을 물려받음으로써 이루어진다고 한다. 그는 이렇게 말한다. "형태공명은 문화적 유전에 있어서도 핵심적인 역할을 수행할 수 있다. 형태공명을 통해 동물과 식물들은 그들의 이전 세대들과 연결된다. 이들 개개인은 그들 종의 총체적 기억을 활용하며, 동시에 거기에 기여한다. 동물과 식물들은 자신의 종과 품종의 습성을 물려받는다. 이 방식은 인류에게도 똑같이 적용된다. 유전에 대한 이해의 확장은 우리 자신에 대한 인식, 앞선 세대들로부터의 영향, 그리고 아직 태어나지 않은 세대들에게 우리가 미치게 될 영향들에 대한 우리의 사고방식을 바꿔놓을 것이다."(셀드레이크 「과학의 망상」252쪽) 그는 지금 표준이론의 '그룹혼' 담론과 똑같은 주장을 하고 있다.
   4) 동물은 육체의 DNA에 새겨져 있는 행동이라고 볼 수 없는 '고도의 지능적이고 의도적인 행동'을 한다. 이는 태어나기 직전까지 그룹혼에서 반복하여 배워 익혀온 능력으로 생후 습득한 능력이 아니다. 그 생래적 능력은 생기계의 종별 그룹혼 안에서 군혼이 이승에 재생하기 전에 습득한 것이라고 볼 수밖에 없다. 지구에서 가장 척박한 갈라파고스의 화산섬 모래사장에서 벌어지는 '바다 이구아나' 새끼들의 탈출 대작전을 보라. '레이서 스네이크' 소굴에서 태어나는 이구아나 새끼들은 알에서 깨어 모래 밖으로 눈을 내밀기 전부터 뱀들

이 잡아먹으려고 기다리는 것을 알고 태어난다. 그들의 행태는 올림픽에 출전한 110미터 허들 선수들보다도 더 의도적이고 지능적이며 필사적이다.(scienceall.com/이구아나-vs-뱀/ 참조)

5) 칼 융은 무의식을 연구하다가 개인적인 것과는 전혀 다른 집단적인 상(像)을 발견하였다. 그는 이런 상(像)을 원형(原型, archetype)이라고 이름하고 집단무의식의 근저(원인)로 삼았으나 그가 원형을 진정 집단무의식의 원인이라고 생각한 것은 아니었다고 본다. 그가 진정으로 집단무의식의 근저로 대고 싶었던 말은 '각혼이 사람의 지혼이 되어 중음계에 입성하면 처음에는 집단교육을 받기 때문(6.13. '집단무의식' 참조)'이라는 말이었을 것이다. 따라서 융의 집단무의식에 대한 연구는 자연스럽게 그룹혼 또는 군혼의 존재를 시사한다.

6) 진화론 작가인 리처드 도킨스는 그의 저서 「이기적 유전자」에서 문화도 세대를 넘어 유전된다는 주장을 하기 위하여 그리스어로 모방을 뜻하는 미메메(mimeme)를 유전자(gene)와 발음을 비슷하게 하여 밈(meme)이라는 단어를 만들어 사용하였다. 그는 주장하기를
   (1) 세대를 이어 자기 자신을 보존하는 DNA처럼 하나의 완성된 정보(문화)도 마치 살아있는 것처럼 말과 문자를 매개체로 세대를 넘어 보존, 전파된다.
   (2) 생명체가 유전자의 자기 복제를 통해 자신의 형질을 후세에 전달하는 것처럼 밈도 자기 복제를 통하여 널리 전파되고 진화한다.
   (3) 유전적 진화의 단위가 유전자라면, 문화적 진화의 단위는 밈이 된다.
   (4) 유전자는 하나의 생명체에서 다른 생명체로 복제되지만, 밈은 이와 달리 모방을 통해 한 사람의 뇌에서 다른 사람의 뇌로 복제되어 유전된다. 결과적으로 밈은 유전적인 전달이 아니라 모방이라는 매개물로 전해지는 문화 요소다.

그러나 도킨스의 위 밈현상은 1950년대부터 이미 과학적으로 연구되어 온 주제로서 위 루퍼트 셀드레이크에 의하여 형태공명(morphic resonance)이론으로 정착된 것을 도킨스가 문화유전이라는 허황된 개념으로 변형한 것뿐이다. 盜킨스는 시니컬한 말재주 덕에 원작자인 셀드레이크보다 수백 배 더 많은 책을 팔아 치웠고 그가 책을 팔아 많은 돈을 벌자 그만큼 그를 존경하는 사람들이 늘어났으며 따라서 셀드레이크의 형태공명보다 밈이 훨씬 유명해졌다.

그러나 셀드레이크의 주장이나 위 4)~6)의 사례에서 이미 잘 설명된 바와 같이 문화뿐 아니라 기술, 언어, 사상, 민족성, 원형(archetype) 등도 유전되며 그리고 도킨스의 주장과는 달리 이는 인간뿐 아니라 동식물들에서도 찾아 볼 수 있는 현상이다. 어느 사회를 구성하는 사람들의 국민성이나 종교, 사상, 사고방식이 세대를 넘어서도 쉽사리 변화하지 않는 이유도 마찬가지다. 도킨스의 '모방론(소위 밈학)'은 남의 이론을 미밈(모방)한 것일 뿐이다. 한편 유전자론은 육체의 유전이론이라는 한계 때문에 위의 여러 현상을 설명하지 못하는 한계도 있다. 표준이론의 군혼과 복합혼 이론만이 이 모든 현상들을 아울러 설명하는 종합이론이다.

4. 강아지가 죽으면 그 강아지의 혼은 강아지 그룹혼으로 흡수되었다가 그 일부가 떨어져 나와 또 다른 강아지로 태어난다. 또 표준이론에서는 모든 각혼의 개체성의 정도가 같은 것은 아니라고 본다. 벌이 다르고 강아지가 다르고 돌고래가 다르고 침팬지가 다르다. 진화할수록 여러 가지 방법으로 개체성을 확보한다. 개체성의 최고조가 인간의 지혼이다. 지혼의 개체성은 群魂性의 탈피에서 확보되는 것으로 자의식의 발생원인이다. 짐승은 자의식이 없다. 다만 고등동물에서 자의식의 초기모습이 보일 뿐이다.

尾31) 의식의 발생과정과 그 정체

1. 인류정신사의 가장 큰 과제 중 하나는 의식의 발생에 관한 것이다. 의식의 발생과정과 그 정체를 규명하려는 노력은 모든 사상과 종교의 기본이라고 하여도 무방하다. 그러나 '의식의 과제'를 풀기란 쉽지 않다. 아직도 의식의 정체에 대해서는 오만(五萬) 가지 說만 난무할 뿐 속 시원한 해답은 없다. 오죽하면 데카르트는 '의식의 과제'를 풀기를 포기하고 오히려 의식을 기정(既定)한 뒤 이에 기대어 존재의 시작을 알렸겠는가.

2. 오늘날 자연과학은 의식을 두뇌의 뉴런조직 간의 전기적 신호 정도로 이해한다. 그러나 확실한 증거가 있어서 그렇게 이해하는 것이 아니다. 그렇게 이해하지 않으면 영혼을 인정하는 것 이외에 다른 대안이 없기 때문이다. 즉, 자연주의적 신경과학자들은 영혼이 있다는 가능성을 인정하면 과학을 부정하는 것이라는 강박(强迫)에 사로잡혀 있을 뿐 의식이 물질로만 구성되어 있다는 어떤 증거도 갖고 있지 못하다. 미국의 수리물리학자인 에드워드 위튼(Edward Witten 1951~)은 의식에 대해 생각하는 것보다 빅뱅에 대해서 생각하는 것이 훨씬 쉬우며 자연과학은 의식에 대한 문제를 영원히 풀지 못할 것이라고 주장할 지경이다.

3. 한편 최근 양자역학의 관점에서 의식을 설명하는 심이원론적 설명들이 등장하였는데(5.5.9.3. '근사체험에 의한 저승' 참조) 예를 들어 펜 로즈(Roger Penrose)는 뉴런(neuron)내부의 미세소관(Micro Tubule)에서 의식이 태어난다고 하며 의식은 소립자보다 작은 물질로서 사람의 심장이 멈추면, 의식은 뇌에서 나와 확산한다는 소위 '조화객관 환원이론'(미주 132 '로저 펜로즈와 하메로프의 의식에 대한 조화객관 환원이론' 참조)을 주장하였다.

4. 한편 제랄드 에델만(Gerald Maurice Edelman 1929~2014)은 의식을 1차의식과 고차의식으로 나누면서 1차의식이란 "언어가 생성되기 전에 형성되는 것으로, 개 또는 고양이 정도의 포유동물이 가지는 의식으로서 '기억된 현재'다"라고 했다. 즉 간단한 장면의 생성이 1차의식이라는 것이다(미주 161 '생각'에 대한 생각들 참조). 그의 1차의식은 표준이론에서 말하는 동물의 의식인 '각혼의식(분별식)'과 식물의 의식인 '생혼의식(現識)' 사이 정도 수준이다.[*]

5. 그렇다면 과연 '의식의 초보적 형태'는 에델만의 말대로 기억된 현재요 장면의 생성일까? 참고로 불교의 의식 발생과정을 보자. 불교에서는 眼耳鼻舌身 오근(五根)의 각 감각기관에 오온(五蘊, 色受想行識)의 識이 붙어 기관별 의식(前五識)이 만들어지고 이것들이 합해져서 의식의 초보적 형태인 제6식(분별식)이 생성된다. 그렇다면 제6식이 에델만의 기억된 현재요 장면의 생성일까? 아니다. 에델만의 기억된 현재는 불설에서 제1식이라고 부르는 眼識일 뿐이다. 동물이 눈만 있는 것이 아닌데 어찌 안식만 있겠는가. 1차의식의 발생에 대한 주장은 불교 유식학의 설명이 훨씬 품위 있고 논리적이다.

6. 그렇다면 불교의 제6식이 '의식의 초보적 형태'가 맞는가? 그 대답 또한 부정적이다. 혼을 부인하면서도 윤회체는 긍정하여야 하는 불교의 태생적 모순으로 인해 불교는 識의 고차원적 형태인 아뢰야식(阿賴耶識, ālaya)을 고육지책으로 등장시켜 이 아뢰야식으로부터 자의식인 7식이 나오고 여기서 다시 '의식의 초보적 형태'인 제6식 분별식이 나온다고 한다.

7. 표준이론에서 의식은 생명이 가진 속성이다. 모든 생명은 '의식의 원인' 즉 '원인의식'을 가진

다. 의식은 '하느님의 생명에너지인 기'의 '생명' 부분이 뭉치고 개화(開化)한 것이다. 그 생명이 자라고 발전하면 위대한 의식, 즉 위인, 성인이 태어나고 하느님에게 가까이 간다. 그래서 하느님을 의식의 원천으로서 '우주의식'이라고 한다.

8. 신지학자인 포웰(Arthur Edward Powell 1882~1969)은 "의식은 하나의 존재인데 그 존재는 그의 사고를 이미지적 진동으로 표현한다."고 한다. 그 존재는 주로 상위 멘탈계에서 활동하는데 물질계에 내려오면 조잡한 물질 두뇌와 신경계를 통하여 멘탈 진동의 작은 조각만을 매우 불완전하게 재생할 수 있다. 그 재생력(再生力)에 따라 백치부터 천재까지로 나누어진다. 즉 두뇌의 반응 민감성에 따라 인간의 의식수준에 차이가 나는 것이다(A. E. 포웰, The Mental Body 1927 참조). 반응 민감성인 재생력이 IQ요 EQ인 셈이다. 그런데 이 존재가 가진 의식의 근원은 대우주 속에 있는 거대한 '보편 마인드'인데 이는 인도 삼키아(Sāṃkhya)학파의 '우주적 지성'인 마하트(mahat, 보편의식), 신지학의 세 번째 로고스 혹은 신성한 창조적 대지성, 힌두의 브라만, 대승불교의 반야지혜 문수보살 같은 것이다. 포웰에 따르면 '보편 마인드' 속에는 우주의 진화기간 동안에 하위 물질 속에서 정교하게 만들어져서 나오는 모든 원형 형태들이 저장되어 있다. 이것들이 상위멘탈계에 투영되어 있다가 아스트랄계와 물질계에서 마땅한 때에 재생된다.

9. 신경의학(神經醫學) 또한 동물의 의식 상태도 신경해부학적, 신경화학적, 신경생리학적으로 의식의 기질을 가지고 있으며, 의도적인 행동을 할 수 있다고 한다. 인간만이 의식 작용을 할 수 있는 신경학적인 기질을 가지고 있는 것이 아니라는 것이다(헤일리 버치, 「Big Questions 과학-사진으로 이해하는 과학의 모든 것」 참조). 이로써 동물의 각혼도 에델만의 1차의식, 불교의 제6식, 표준이론의 각혼의식 등으로 표현되는 수준의 의식을 가지고 있으며 나아가 그 수준이 높아질수록 저승에서는 그룹혼 내외부에서 개체성을 확보하여 따로 존재하고 이승에 재생해서는 자의식을 발전시킨다. 그 최고 수준에 도달한 현생인류인 호모 사피엔스 사피엔스의 각혼이 하느님으로부터 지혼으로 택함을 받아 에덴에 들어 문명을 일으키는 주인공인 문명인류(homo civilisátio)가 되는 장면이 창세기 2:7에 상징적으로 묘사되어 있다.

(*) 식물의 혼(생혼)은 의식이 있을까? 표준이론에서 말하는 분별식으로서의 의식은 없다. 그러나 기(氣)로서의 원인의식만 가진 것으로 보기에는 하위단계들과 구분이 안 되니 그 의식수준을 구태여 별도로 구분하자면 '생혼의식'이라고 하여야겠다. 이는 불설의 현식(現識)과 유사하다. 일부 불설에서 말하는 현식이란 '대상(色)을 대하면 저절로 그 대상을 나타내는 수준의 의식으로 의지와 관계없고 시간의 전후도 없는 의식'이다. 이를 제6식의 속성으로 보는 의견도 있다. 그러나 표준이론에서 6식은 분별식으로 동물의 각혼의식이니 현식을 식물인 생혼의식에 적용하는 것이 적절할 듯하다.

尾32) 신지학의 엘리멘탈과 정령

1. 신지학에서 엘리멘탈이라는 말은 학자에 따라 인간이 아닌 온갖 영, 천사, 정령, 자연혼, 광물의 전 단계에 존재하는 무형의 존재, 또는 표준이론의 靈火나 기의 생명력 등을 의미하는 용어로 광범위하고 무분별하게 사용되고 있기 때문에 그 정의를 내린다고 하는 것은 무척 어렵다. 또 엘리멘탈을 표준이론의 생혼이나 각혼 또는 표준이론에서는 인정하지 않는 광물혼이나 물질혼의 의미로 사용하기도 하는데 지나라자다사의 '신지학의 제1원리' 중 다음 진술이 그것이다.

2. 엘리멘탈은 멘탈과 아스트랄 물질의 '생명'이자 육체를 구성하는 광물, 식물, 동물의 '생명'이기도 하다. 엘리멘탈이 성장의 초보단계에 있을 때 이를 자연혼(nature-spirits)이라고 부르는데

자연혼은 진화 단계상 광물혼 아래에 존재하는 모든 존재들을 나타내는 용어이다. 광물혼은 자연혼보다 더 진화한 유형의 하이어라키이다. 식물혼도 마찬가지로 진화 단계상 한 무리의 엘리멘탈(生魂)을 이루며 동물혼도 그와 마찬가지이다. 동물혼은 당연히 상대적으로 고도로 진화한 유형의 엘리멘탈(覺魂) 존재들이다. 우주 과거 시기에 인간들도 한때 이러한 엘리멘탈 존재들이었다. 우리 인간들은 엘리멘탈 단계에서 진화하여 인간이 되었다. 엘리멘탈은 생명의 상승 단계 중 가장 낮은 단계에서 우주에 들어온 존재들이다. 그리고 이러한 생명의 단계는 어떤 우주에서도 가장 낮은 단계에서 시작하여 가장 높은 단계인 '우주령'에서 끝난다. 이와 같이 엘리멘탈은 생명의 단계를 따라 상승하면서 존재의 모든 계를 거쳐서 엘리멘탈 단계를 지나고, 인간의 단계를 지나 초인의 단계를 넘어서 '神'이 된다.

3. 이와 같은 주장은 생기가 물질에 작용하여 유기체를 만들고 진화를 거듭하여 영(혼영)이 된다는 표준이론의 주장과 많이 유사하나 불행히도 이 주장은 신지학의 일각에서 주장되는 비주류적 주장으로 주류이론과는 모순되는 주장이다.

4. 윗글에서 쓰인 자연혼(nature-spirits)이란 '물질혼' 정도의 뜻이지만 이 말도 신지학에서는 엘리멘탈이란 용어처럼 다양하게 사용된다. 자연혼 또는 자연령(nature spirits) 역시 원래는 地水火風의 4원소에 깃든 생명력으로 엘리멘탈로 진화한다. 그러나 엘리멘탈과 같은 의미로 쓰이기도 하고 요정들을 가리키기도 하는 등 문맥에 따라 여러 가지 뜻으로 사용되고 있다.

5. 신지학에서 정령은 인간이나 짐승 혹은 살아 움직이는 식물들처럼 보이기도 하고, 눈에 보이지 않는 것도 있다. 사람들은 이들을 다양한 이름으로 불렀다. 신지학자 리드비터는 그의 저서 「사후의 삶」에서 다음과 같이 이야기한다. "거의 알려지지 않은 대자연에 요정들의 왕국이 있다. 요귀, 요정, 픽시(pixie : 귀가 뾰족한 작은 사람의 모습의 요정), 놈(gnome : 땅속 요정), 실프(sylph, 공기 속의 요정), 운다딘(undines, 물속의 요정), 살라만다(불 속의 요정), 닉시, 고블린, 코볼드(kobold)나 브라우니(brownies)처럼 가족들이 잠든 사이 家事를 도와주는 요정(우렁각시) 등 여러 가지 이름과 종류의 정령이 있고, 이런 요정 설화를 가지고 있지 않은 나라가 거의 없다. 그들은 아스트랄체 혹은 에테르체 속에 있기 때문에 인간에게 보이는 경우는 거의 없거나 매우 드물다."

6. 한편 표준이론에서 정령은 '무생물에 스민 생기나 정기덩어리가 의식을 갖추어 혼이 된 것으로 사람과 상호작용이 가능한 정도의 존재'로서 한국에서는 주로 도깨비라고 불리는 것들이며 일본 神道(Shinto)에서는 카미(kami)라고 한다. 모두 애니미즘적 존재다. 애니미즘이 낮은 영성이지만 그렇다고 거짓은 아니다. 정령이나 도깨비, 카미 모두 실재하는 존재들이다. 그러나 이를 무서워하거나 숭배하게 되면 하위영성으로 발전한다. 그들은 인간 근처에 있는 것을 좋아하지 않으며 인간의 욕망이나 열정의 사나운 분출을 좋아하지 않는다. 그래서 그들을 볼 수 있는 곳은 신성한 장소나 한적한 곳으로 목동이나 등산객들이 가는 그런 곳이다. 종종 이런 존재들이 어떤 인간을 좋아하게 되어 그에게 헌신한다는 이야기도 있다. 그러나 일반적으로 이런 존재들로부터 어떤 지성적인 도움을 받는 일은 거의 없다.

7. 엘리멘탈에 대한 신지학의 이론은 표준이론의 '하느님의 영화(靈火)'이론과 유사하다. 그런데 엘리멘탈이 생명의 단계를 따라 상승하면서 존재의 모든 계를 거쳐서 엘리멘탈 단계를 지나고, 인간의 단계를 지나 초인의 단계를 넘어서 '신'이 된다는 위 2의 설명은 인간모나드가 제1로고스에 의해 동물의 각혼에 별도로 주어져 인간의 영혼이 만들어진다는 신지학의 영혼탄생

에 대한 '일반이론'인 '모나드 영혼론'(미주 205 '신지학의 영혼론' 참조)과 크게 상충(相衝)한다.

尾33) 사람의 나이

내 나이

태초에 虛가 있었다
虛 이전에는 無가 있었다
그리고 無 이전에는 無도 없었다

그런데 태초에 時는 있었다
時 없는 太初는 없으니까
空도 있었다. 空 없이는 있고 없고도 없으니까

있는 時空은 누가 만들었을까? 무엇으로 만들었을까?
창조주가 기로 만들었다. 기는 창조주 생명에너지다
氣의 에너지가 빅뱅하여 時와 空이 만들어지고 物이 나왔다

氣의 생명과 物이 時空에서 화합하여 有氣物이 되었고 유기체가 되었다
氣는 生氣가 되고 생기체가 되었다
다른 이승은 몰라도 지구에서는 40억 년 전 일이다

생기체와 유기체가 상승(相乘)하여
식물과 생혼이 되고 동물과 각혼이 되었다
10억 년 됐고 6억 년 됐다

각혼이 지혼으로 사람 된 게 얼마 전인가?
에덴이 열린 게 길어야 1억 년이라는데
나는 언제쯤 지혼이 되고 영이 되었나?

내 나이는 40억 살이다 10억 살이고 6억 살이다
그리고 천이삼백 살이고 3천 살이다
내 생기체와 내 생혼, 내 각혼과 혼 그리고
내 靈의 나이다

영혼 옆에서(서정주)

한 영혼이 태어나기 위해
태초의 땅은 그리 끓고
천둥 번개는 또 그렇게 부딪고 울었나 보다
한 영혼을 키우기 위해 자연은
열고 닫기를 수만 번

멋진 무대를 그처럼 정성껏 꾸몄나 보다

길고 긴 진화의 터널을 지나
오욕의 이드와 칠정의 에고를 벗고
인제는 돌아와 거울 앞에 선
내 누님같이 생긴 영혼이여

해처럼 빛나고 달처럼 예쁘려고
하늘은 天氣를 뿌리고 땅은 生氣를 내어
40억 劫의 세월은 그처럼
도도히 흘렀나 보다

尾34) 사람을 정성으로 공손히 대하는 법

1. 상대방의 감정을 살펴 가급적 이해하고 공감하라.
2. 상대방의 말에 집중하고 도중에 말을 끊지 말라.
3. 상대방의 의견을 긍정적으로 해석하고 존중의 태도를 보이라.
4. 솔직하고 진실되게 말하되 적게 하고 분명하게 말하라.
5. 상대방의 어려움에 관심과 따뜻함을 보이고 가급적 도우라.
6. 급하고 감정적으로 말하지 말며 상대방의 배려에 감사를 표하라.
7. 혹시 바쁘다면 양해를 구하고 뉘앙스로 표시하지 말라.
8. 동정하거나 잘난 체하지 말라.
9. 프라이버시를 존중하고 부담을 주는 질문은 삼가라.
10. 허튼 약속을 하지 말고 약속을 하였다면 꼭 지키라.

尾35) 원형인간론

원형인간론(原型人間論, Macranthropy)은 우주창조론의 하나로서 우주가 태초의 거대한 어느 한 인간(Cosmic man, Archetypal Man)으로부터 기원하였다는 신화적 창조론이다. 우주의 다양한 구성 요소가 원형인간의 각 신체부위에 할당되고 여기에서 우주가 점차적(진화적)으로 탄생한다. 신이 원형인간을 만든 경우도 있고 태초에 원형인간이 自在한다는 신화도 있다. 고대 이집트, 그리스, 메소포타미아, 인도 등 여러 문명에서 공히 나타난다.

1. 인도의 원형인간신화는 거인 푸루샤(purusha)의 신화다. 리그베다의 찬가인 푸루샤 슉타(Purusha Sukta)에서는 원형인간인 푸루샤의 신체로부터 수리야와 찬드라 그리고 프리티비와 그 밖의 신 등 만물이 태어났다고 한다(위키백과, '푸루샤' 참조). 푸루샤는 훗날 우파니샤드의 삼키아(Sāṃkhya)철학에서 영(靈, 아트만)의 뜻으로 쓰이는데 이 푸루샤 역시 氣인 프라크리티에 작용하여 혼을 만든다. 이를 보아 푸루샤 이전의 존재가 브라만이었음을 알 수 있다.

2. 그노시즘에서는 절대신의 단편으로서 인간의 영혼인 모나드(Monad)와 창조주인 데미우르고스(demiourgos)가 별개의 존재라는 이분법적 사고를 하는 것과는 달리, 그 영향을 받아 성립된 카발라는 이 둘의 관계를 조화롭게 설명하기 위해 성경을 상징적으로 해석하는 방법을 발전

시켰다. 카발라에 의하면 구약의 창조를 통해서 나타난 창조신과 절대신은 서로 구분되며 절대신은 본질적으로 불가해한 비인격적 존재이자 인간적 이해를 초월한 신으로 존재하지 않음(無)라는 의미의 아인(Ein, Ayin)이라고 불리었다. 한편 카발라의 창조주인 무한(無限, 끝이 없음)이라는 의미의 아인 소프(Ein Sof)는 성경이나 탈무드에 등장하는 인격적인 신과는 근본적으로 다르다. 아인 소프는 의식 이전의 존재인 'Ein'에서 나온 '이름 없는 존재'이자 무한(無限)이며 우주의식이자 절대신으로서의 창조주다. 아인은 本初佛이나 太虛이고 아인 소프는 法身의 비로자나불 또는 道 정도다. 이 Ein Sof에서 그의 첫 번째 현현인 '무한한 또는 영원한 빛' 아인 소프 오르(Ein Sof Aur)가 나온다. 化身인 석가모니불인 셈이다. 이를 두고 카발라는 "세상이 창조되고 첫 번째 빛이 생겨났을 때, 공간과 시간의 전부가 창조되고 한순간에 유지되었다."라고 한다(5.1.2.3.6. '유대교 신비주의 카발라와 합일' 참조). 절대신인 아인 소프에서 발출된 빛(Ein Sof Aur)에서 원형인간인 아담 카드몬이 탄생하였는데 아담 카드몬은 창세기의 아담 이전의 아담 즉 아담의 원형이 되었다. 또한 아담 카드몬의 머리부터 발까지 각 부위에 생명나무의 세피라가 할당되어 이들이 차례대로 흘러나와 최종적으로 물질계와 거기 인간이 창조된다. 아담 카드몬의 모습은 신의 속성을 배열하기 위한 상징이자, 대우주와 소우주의 조응관계를 설명해 주는 것이기도 하다. 아담 카드몬은 태초에 신이 의도했던 본원적 인간을 상징하며 이를 통해 신과 인간 사이의 불가분의 관계를 보여준다. 현실세계의 모든 일이 천상세계의 원형적 실체들과 상응관계를 이루고 있음을 뜻하는 것이다(이재실, '우주 창조의 비교(祕敎) 체계 유대 신비주의 카발라' 참조).

3. 그리스의 창조신화 또한 원형인간론이다. 그리스 신화에서 맨 처음 생긴 것은 우주 공간인 카오스다. 그다음이 大地인 가이아(Gaia) 그리고 생명력인 에로스가 나타났다. 그리스인들은 이들을 의인화하여 카오스는 '공간의 신' 가이아는 '대지의 신', 에로스는 '욕망과 사랑의 신'이라고 하였다. 표준이론식으로 이해하면 카오스와 가이아는 기의 에너지의 형태들이고 에로스는 기의 생명인 셈이다. 가이아에게서 무성생식으로 암흑의 신 에레보스와 밤의 여신 닉스가 생겨나고, 암흑과 밤의 사랑을 통해 밝은 창공 아이테르와 낮의 신 헤메라 그리고 하늘의 신 우라노스(Uranus), 바다의 신 폰토스가 나왔다. 가이아는 '만물의 어머니'이자 '신들의 어머니'로 '창조의 어머니 신'이다. 창조의 원형인간이었던 셈이다. 로마신화에서는 '테라'라고 한다. 신화에 의인화가 진행되면서 이제부터 생식에 의한 창조가 시작된다. 기원전 7세기경 그리스의 서사시인 Hēsiodos의 「신들의 계보(theogony)」에 의하면 가이아는 우라노스와 누워 티탄족이라 불리는 자식들을 낳으니 그들이 오케아노스, 코이오스, 크레이오스, 휘페리온, 테이아, 이아페토스, 레아, 테미스, 므네모쉬네, 포이베, 테튀스, 크로노스(Kronos)다. 크로노스가 아비인 우라노스를 몰아내고 다시 제우스(Zeus)가 아비인 크로노스와 다른 티탄들을 물리치고 최고신이 되었다. 한편 이아페토스의 아들인 프로메테우스(Prometheus)가 진흙으로 사람을 빚은 후 숨결을 불어넣어 인간을 만든다.

4. 기타
   1) 중국의 천지창조 신화인 반고(盤古)신화도 역시 원형인간신화이다.
   2) 헤르메스주의도 원형인간론을 가지고 있다(8.17. '헤르메스주의의 인간론' 참조).
   3) 기독교의 최초인간도 그 이름이 아담이다. 그리고 그는 인류의 조상이 되었다. 원형인간의 변형된 형태로 보아도 무방할 것이다.

尾36) 기독교 영혼창조 시기론의 종류

1. 부모유전설(출생설, traducianism)

   육신의 부모들에 의해 사람의 몸과 영혼이 생성된다는 이론으로 테르툴리아누스(Tertullianus 160~220), 니사의 그레고리우스(Gregorius Nyssenus 335~395), 아우구스티누스, 루터 등이 주장하였으며 오늘날 대부분 개신교가 이에 따르고 있다. 그들은 주장이유로 다음 내용을 들고 있다.

   1) 창세기 2:7을 보면, 하느님은 아담에게 생명의 호흡을 불어넣어 '생령'이 되게 하셨다. 성경에는 하느님께서 이 행동을 다시 행하시는 기록이 없다. 그렇다면 아담 이외의 영혼은 부모로부터 받은 것이 된다.
   2) 아담은 자신의 모양과 같은 아들을 낳는다(창세기 5:3). 아담의 후손들은 하느님께서 그들에게 숨을 불어넣지 않으셔도 '생령'이 되는 것이다.
   3) 창세기 2:2~3은 하느님께서 창조 활동을 그치셨다는 것을 나타낸다.
   4) 원죄설과 잘 어울린다.
   5) 하느님께서 아담을 창조하신 후 다시 인간을 창조하지 않고, 생육하고 번성하는 것을 인간에게 맡기셨다.
   6) 성경에는 하와의 영혼을 창조한 기사가 없고, 여자가 남자에게서 났다고 가르친다(Yahweh界 전승이긴 하지만).
   7) 자손들이 조상의 허리에 있다고 성경은 말하고 있다(히브리서 7:10).

   부모유전설의 약점은
   1) 부모가 영혼의 창조자가 된다든지, 부모의 영혼이 여러 자녀의 영혼으로 분리된다는 불합리한 상황을 전제한다.
   2) 육체적인 번식과정을 통해 어떻게 비물질적인 영혼이 생성될 수 있는가.
   3) 몸과 영혼은 하나가 아닌데 몸을 주는 부모가 어찌 영혼까지 주는가?
   4) 창조사역을 완성하신 후 섭리의 주재자이신 하느님의 역할을 인정하지 않게 된다.
   5) 예수님을 원죄의 틀에서 벗어나게 하려면 무염시태(無染始胎)의 예외를 만들어야 한다.
   6) 육신도 부모가 생성시킨 것이 아니다. 부모도 자신의 육신을 그의 부모를 통해서 받았다. 최초의 몸은 누구에게서 받았는가. 하느님으로부터 받은 것이다. 영혼도 마찬가지다. 결국 부모유전설은 일시창조설과 같은 주장이다.
   7) 부모가 되어 보면 누구나 다 직관적으로 안다. 자식의 터럭 한 올도 자신이 만든 것이 아니라는 것을.
   8) 조상의 영혼이 자손들에게 깃든다는 성리학적 사후관과 일응 유사한 점이 있다.
   9) 각 개인의 혼과 하느님과의 직접적인 관계를 약화시킨다.

2. 수시창조설(창조설, creationism)

   가톨릭의 전통교설로 영혼은 하느님께서 수시로 새로 만드신다는 설이다. 초기 희랍 교부들이 제기한 것으로서 로마가톨릭교회의 교의로 확립되어 오늘에 이른다. 영혼유전설이나 영혼선재설과는 대조적이며, 토마스 아퀴나스도 이 학설을 주장하였다.

   1) 성경은 영혼의 기원을 육신의 기원과 구별한다(전도서 12:7; 이사야 42:5; 스가랴 12:1; 히브리서 12:9).
   2) 영혼과 육체의 분리가 분명해진다.
   3) 부모유전설보다 성경의 교의에 가깝다.

4) 부모유전설에 비해 인간 영혼의 본질과 훨씬 더 조화를 이룬다.
   5) 기독론에서 예수의 무죄성을 견지할 수 있게 해 준다.

   수시창조설의 약점은
   1) 창세기 2:2~3에서 하느님께서 창조를 멈추셨다고 한다.
   2) 수시로 영이 창조된다면 원죄설과 어긋난다.
   3) 하느님께서 인간 영혼을 창조하시는 방법은 하느님의 숨을 몸뚱어리에 직접 불어넣으시는 방법을 통해서다. 그때그때 잉태의 현장에 나타나셔서 숨을 불어넣으신다는 생각은 인간이 보아도 비현실적이다. 하느님은 이해되어야 한다. 인간은 하느님의 복사판이기 때문이다.
   4) 하루에도 수천만 명 만드시는데 영혼마다 왜 그리 차이가 나는가.
   5) 창조론은 기본적으로 일시 창조이다. 수시창조란 그 자체로 모순이다. 하느님이 창조를 계속 이어 가시는 방법은 진화를 통한 창조 외에는 없고 진화조차 창조 당시 이미 그 씨앗이 창조된 것이다.

3. 태초창조설(先在說, infusionism)
   하느님께서 태초에 모든 인간의 영혼을 창조하여 두셨다가 잉태되는 순간에 영혼을 사람의 몸에 '주입한다(infuse)'는 개념이다. 이 견해는 기독교윤회설의 기반이 되기 때문에 지지를 받지 못하는 견해로서 오늘날 '뉴에이지' 또는 기독교도로서 환생을 믿는 사람들에 의해 지지를 받는다. 오늘날에도 모르몬교도들이 이 사상을 주장하며 가르친다. 고대 세계에서는 하느님과 관계없이 이 사상을 엿볼 수 있다. 특히 플라톤은 그의 저서에 영혼선재 사상(Preexistentism)을 주장하였다. 유대 출신 헬레니즘 철학자 필론(Philon Judaeus, BC 15~AD 45)도 영혼선재설을 믿었고, 오리게네스는 영혼선재설을 불사성과 관련이 있는 것으로 간주했다. 그로 인해 그는 윤회설을 주장한 것으로 알려져 있다. 이 주장의 성경적 또는 논리적 오류는 다음과 같다.
   1) 최초로 창조된 사람이 아담인데, 아담 이전에 영혼이든 몸이든 사람이 창조되었다는 것이 성경에 나와 있지 않다.
   2) 그 많은 영혼이 하늘에 저장되어 있는 동안 영혼은 잠을 자는가? 하느님께서 집도 짓지 않으시고 가구부터 잔뜩 만들어 놓으신 격이다.
   3) 영혼이 일시에 창조되어 이후 증감이 없다면 이 역시 현실과 맞지 않는다. 우리 세상을 보면 영혼은 점차 증가하고 있고 그 영혼의 수준도 점차 높아지고 있다.
   4) 진화의 역사를 보면 인간의 혼이 지구에 나타나기 시작한 것은 아무리 늘려 잡아도 불과 4만 년도 되지 않았다. 표준이론은 문명이 시작된 8,000~10,000년 전에서야 비로소 지구에 사람의 혼이 나타난 것으로 본다. 빅뱅이 일어난 138억 년 전, 또는 지구에 최초의 생명체가 나타난 30~43억 년 전 어느 때에 영혼이 일시에 창조되었다고 보기 어렵다.
   5) 모든 영혼의 나이가 같다면 사람들 간에 그처럼 큰 지적, 인격적, 영적 차이가 날 수가 없다.

4. 위에서 살펴본 바와 같이 기독신학에서 나타나는 영혼의 창조시기론의 모든 주장들은 모두 극복하기 힘든 고유의 문제점들을 가지고 있다. 이러한 문제점을 두루 치유할 수 있는 생각은 표준이론에서 설명하는 '영혼의 창조적 진화론'밖에 없다. 영혼도 육체처럼 진화를 통해 창조된 것이다. 지적설계론이 기독교의 창조론에 우군이긴 하지만, 창조자의 정체성에 대해서는 기독교와 같은 주장을 하는 것은 아니다. 그러나 표준이론은 하느님이 창조주이심을 논리적으로 일관되게 주장한다. 현재는 기독교의 극소수만이 '진보적 유신진화론(영혼의 창조적 진화론)'(8.2.1. '기독교의 하느님의 영혼창조 시기론', 미주 180 '기독교와 진화론' 참조)을 긍정하

고 있으나 육체의 진화론이 기독교에서 받아들여지듯 영혼의 진화론도 머지않아 기독신학의 주요 이론이 될 것으로 본다.

尾37) 미국의 창조과학

미국은 19세기 후반 이후 진화론이 학계에 널리 퍼지고 교육현장에서도 진화론이 점차 공공연해지자 이를 우려하는 반진화주의자들이 결집하여 1925년 테네시주 등에서 진화론교육을 법적으로 금지하는 '반진화론법'을 통과시켰다. 그러자 미국시민자유연맹(ACLU)은 스코프스(John Scopes 1900~1970) 교사의 협조를 얻어 진화론을 교실에서 가르치는 사건을 계획적으로 일으켜 全美的으로 '스코프스 논쟁'을 촉발시켰다. 법률적으로는 진화론 측이 패소했으나, 자유주의적 경향의 미국 주류언론들은 스코프스 논쟁을 원숭이 재판으로 희화화하여 반진화론적 기독교 근본주의자들을 조롱거리로 만들었다. 이후 진화론 교육은 냉전체제 하의 안보위기감을 배경으로 1960년대 초 생물학 교과서에 복귀하였다. 이에 반발한 반진화론자들은 공립학교에서 진화론을 1시간 가르치면 창조과학도 1시간 가르칠 것을 요구하는 '동등시간법(Equal-Time Law)'을 주장하여 마침내 1981년 아칸소와 루이지애나에서 통과되었다. 그러나 ACLU는 창조과학이 종교라고 주장하며 공교육에서 종교 교육을 금지시키는 미국헌법을 들어 위헌소송을 제기하였다. 미국 법원은 창조과학이 초자연적 설명에 바탕하고 독단적인 믿음에 근거한다고 보았고 이에 따라 동등시간법은 결국 위헌판정을 받게 되었다. 이 사건을 계기로 기독교 내부에서는 지구연령문제를 중심으로 창조-진화 논쟁이 불거져 내부분열이 시작되었고 이후 '지적설계운동(창조적 진화론)'이 반진화주의를 점차 대체하여 가기 시작하였다.

尾38) 부처님의 유물론(唯物論)과 표준이론

1. 그리스의 철학자 에피쿠로스는 "죽음은 아무것도 아니다. 우리가 존재하는 한 죽음은 우리와 함께 있지 않으며, 죽음이 오면 우리는 이미 존재하지 않기 때문이다."라고 말하였다(미주 305 '에피쿠로스의 무신론' 참조).

2. 그러나 죽음의 두려움은 '죽으면 끝'이라는 전제를 단 이런 말장난으로 덮을 수 있는 것이 아니다. 죽음에 대한 공포는 오히려 '죽으면 끝'이라는 전제 자체에서 온다. 즉 죽음의 공포는 '죽으면 끝이라면 어떻게 하나'라는 생각 자체에서 오는 것이고 그 공포의 정체는 '죽음을 두려워하는 생각의 주체인 자기 자신의 소멸을 두려워하는 것'이다. 그럼 자기 자신이란 뭘까. 육체 안에 죽음을 두려워하는 존재가 따로 있는가? 그렇다. 그것을 '나'라고 하고 '我'라고 하고 '靈魂'이라고 한다.

3. 일각에서는 唯物論者로 이해하고 있는 고타마 부처님의 말씀을 들어보자.
    1) 사람들은 나도 언젠가는 소멸을 맞을 것이요, 파괴될 것이요, 더 이상 이 세상에 없을 것이라고 말하며 죽음의 공포로 비탄과 시름에 잠겨 자기 가슴을 치고 마침내는 돌이키기 어려운 피폐의 나락에 빠진다. 그러나 '나'라는 것은 오온(五蘊)의 감각에 기인한 자아를 실상이라고 생각하는 중생들의 미망에 불과하다(서정형, 「밀린다팡하」, MN Ⅰ, 136~137쪽 외 참조).
    2) 비구여, 무명(無明)의 대중에게 무엇보다 두려운 것은 내가 사라질지도 모른다는, 모두를 잃게 될지도 모른다는 생각이다(MA Ⅱ, 112쪽).

부처님의 이런 말씀은 애초에 '나'라는 것은 없으니 소멸도 죽음도 없고 비탄도 시름도 나락도 다 허상(虛像)이라는 말씀이다. 이는 오늘날 자연주의적 정신의학자들이 좋아할 만한 명백한 '唯物證明'이라 부처님은 그들의 추앙을 받고 있다.

4. 그러나 부처님께서 추앙을 넘어 신앙까지 받으신 것은 부처님의 유물증명은 다시 명쾌한 '有神證明'으로 이어져 에피쿠로스의 말장난이나 정신의학자들의 수준을 훨씬 뛰어넘으셨기 때문이다. 부처님은 "우주는 유물(唯物)이지만 개유불성(皆有佛性)인 唯物이다. 불성의 작용으로 물질(色)에 오온(五蘊)의 기작이 작동하여 식(識)이 나타났으며 이 識은 윤회를 거듭하여 피안(彼岸)에 들게 되고 나아가 부처가 된다."라는 진리를 증명(證明)하여 오히려 중생들을 죽음의 공포로부터 건져내어 일거에 神의 반열에 올려놓으셨다.

5. 부처님의 유물론(唯物論)은 14無記와 어우러져 누구에게는 無神論으로까지 잘못 해석되었으나 그 진상은 佛性의 유신론(有神論)이다[*]. 또한 무신론설을 촉발한 무아론(無我論)의 眞相은 '오온의 소산인 아(我)는 변화하고 진화하는 무상(無常)의 존재라는 무상아론(無常我論)'이다(미주 86 '莊子의 吾喪我' 참조). 비록 대부분의 유물론자들은 부처님의 이러한 '무아의 유신증명'을 이해하지 못하여 이 유신증명이 과학적이 아니라고 배척하고 있으나 실험실이나 수학공식에 의하여 증명되는 자연과학만 과학이라는 무명에서 하루빨리 벗어나 공(空)과 신(神)을 구하는 길(求道)을 걸어야 할 것이다.

6. 표준이론에서는 佛說에서 '오온에서 비롯한 제6식이 제7식의 자의식으로 발전'한다는 주장의 의미는 동물의 혼인 각혼(覺魂)이 군혼(群魂)상태에서 個體化하여 知魂으로 진화하는 것을 의미하고 다시 제7식이 번뇌와 苦에 시달리면서 業을 쌓고 이를 장(藏)하여 다시 제8식이 되는 것은 사람의 혼인 知魂이 윤회하는 과정으로 해석한다. 결국 오온에서 제8식이 태어나서 윤회에 이르는 과정에 대한 佛說은 표준이론의 근간인 영혼의 '생물학적 진화'에 의한 탄생과정을 달리 설명한 것이다. 또한 無明의 이치를 깨우침은 영혼육의 이치를 깨우침이고 번뇌를 멸하고 윤회를 벗어남은 혼이 영이 되는 일(靈化)이며 空의 피안(彼岸)은 自他가 따로 없는 一元의 천국이고 부처가 된다는 의미는 하느님과 합일하는 일이다.

(*) 불성이나 공(空), 태허, 무극, 도(道) 또는 오늘날의 우주의식이 神과 다르다고 생각하는 사람은 신의 개념부터 다시 정립하여야 한다. 표준이론의 有神은 魂의 존재(存在)와 그 영생(永生)이 긍정되면 모두 유신이다. 그 혼의 일시창조여부나 造物主의 양태(樣態)는 유신의 개념과 상관없다.

尾39) 몸에 혼과 영이 들어오는 시기

1. 동의보감에서는 "몸에 기가 깃들어 일곱 달에는 혼(魂)의 작용이 있고 오른손을 움직인다. 여덟 달에는 백(魄)의 작용이 있고 왼손을 움직인다."라고 하여 기가 활동해야 몸이 움직이고 비로소 생명체가 된다고 한다. 혼이 생기체(魄)보다 먼저 몸에 든다 하니 언뜻 보기에 표준이론과 달라 보이나 표준이론에서 생기체는 혼의 일부이니 크게 다를 것이 없다.

2. 유명한 영매인 리사 윌리엄스는 출산 며칠 전에 혼이 몸에 들어온다고 하고(리사 윌리엄스, 「죽음 이후의 또 다른 삶」, 324쪽) 고대근동역사학자이자 심령학 전문가인 줄리아 아산테는 영혼이 임신 후 3개월경에 깃든다고 한다(줄리아 아산테, 「두려움 없는 죽음, 죽음 이후의 삶」 10장 참조). 이들은 영과 혼을 구분하지 않고 있으나 내용을 보면 혼에 대한 서술이다. 근사체험이나 LBL, 자각몽, 유체이탈, 퇴행최면 등의 대부분도 혼에 대한 이야기이다.

3. 신지학에서는 혼이 임신 3개월, 영은 7살 때 몸에 깃든다고 한다. "이 그림자에 해당하는 부분은 7개월 정도 지난 자궁 안의 어린 태아의 뇌와 감각 속으로 들어간다. 고급 마나스는 아이들이 만 7세가 될 때까지 아이들과 합일을 하지 않는다."(블라바츠키, '인간의 7본질, 제5본질' 마나스 중에서)
4. 최준식 교수는 최면을 통하여 전생연구를 한 결과 새로 깃드는 영혼은 임신 초기에는 들락날락하다가 중간이 넘어가면 몸에 갇혀 나가지 못하는 것으로 보이는데 확신할 수는 없고 사람마다 차이가 있는 것 같다고 한다(최준식, 「인간은 분명 환생한다」, 134쪽). 토마스 뉴턴 또한 그의 저서 「영혼들의 여행」에서 같은 주장을 한다.
5. 유란시아서에 따르면, 모든 정상적인 마음을 가진 사람들은 태어난 후 평균 5년 10개월 정도의 시기에, 어떤 도덕적 결정을 내리는 순간 하느님의 단편인 생각조절자(Thought Adjusters)를 받는다고 한다(8.19.1. '유란시아서의 인간론' 참조).
6. 기독교의 주류는 영혼이 잉태의 순간에 몸에 들어온다고 하고 낙태와 관련하여 90日을 주장하는 부류도 있다. 이슬람은 의견이 분분하지만, 주류에서는 잉태 후 120日 정도가 되면 영혼이 태아에 들어간다고 한다(Philip Almond, 호주 퀸즐랜드 대학 종교사상사 교수).
7. 지중해의 성자 다스칼로스는 혼인 심령체와 이지체가 새로운 현재 인격을 형성하는 데는 대략 7세 정도 소요된다고 하며 그때까지 혼은 부분적으로는 심령계와 이지계에서 산다고 하며 분할 환생론을 주장한다(8.21.6. '다스칼로스의 인간론' 참조).
8. 표준이론에서 혼은 잉태 후 출산 전 어느 때쯤 몸에 들어오고, 영은 10% 남짓의 사람들에게만 깃들며 5~6세 이후 사춘기 이전에 몸에 들어온다.

尾40) 귀신 그리고 신지학과 표준이론의 지박령

아래의 표는 신지학의 지박령과 표준이론에서 말하는 지박령의 실체를 설명하기 위하여 귀신(유령)의 정체에 대한 몇몇 사상의 주장을 요약한 표다.

구분	소속(일반적)	기독교삼원론	표준이론	블라바츠키	애니미즘
천사	천국	천사	천사	천사(데바)	없음
악마	지옥	사탄	없음	없음	없음
정령	이승	없음	정령	정령	카미, 도깨비
에테르체	에테르계	혼	생기체유령 (지박령)	에텔아스트랄유령 (지박령)	조상신
아스트랄체	아스트랄계		윤회혼유령	아스트랄유령	
멘탈체	멘탈계			고급유령	
코잘체	코잘계				
붓디체	붓디계	없음		영	없음
아트마	아트믹계	영	영		없음

1. 블라바츠키는 인간의 구성요소로 7가지 본질을 주장하는데 그중 제4본질이 카마와 카마루파(Kāma-Rūpa)로 이는 표준이론의 이드체(하위정신체)에 해당한다. 카마루파는 명종 시 생성되는 지난 생의 카마(욕망)의 집합체로 아스트랄체의 조잡한 형태인데 보통 명종 후 멘탈체와 헤어진 후 아스트랄계의 '카말로카'에서 정화되어 사라지는 것으로 설명된다. 블라바츠키의 지박령은 이 카마루파와 에테르체가 결합된 것이다. 그리고 지박령이 주로 머무는 세계는 원래

하위 저승인 '하위 아스트랄계(카말로카계)'인데 다만 이승에 집착하여 지상에 출몰하는 것이라고 설명한다(에니 베산트,「고대의 지혜」중 '제3장 카말로카' 참조).

또 신지학자 리드비터는「신지학대의」에서 이렇게 쓰고 있다. "인간이 죽으면 그의 에테르체는 육체로부터 분리되며 잠시 후(대개는 몇 시간 이내) 아스트랄체가 에테르체로부터 떨어져 나오고 그때부터 아스트랄계의 삶이 시작된다. 정상적인 경우 아스트랄체가 에테르체로부터 떨어져 나올 때까지 그는 무의식 상태에 있게 된다. 그리고 그가 새로운 삶을 자각했을 때 그곳이 바로 아스트랄계이다. 그러나 물질적 존재 상태에 결사적으로 매달리는 사자(死者)들도 있는데 이 경우 그들의 아스트랄체는 에테르체로부터 완전히 분리될 수 없다. 따라서 그들은 에테르 질료에 둘러싸인 채 깨어나게 된다."

한편 신지학자는 아니지만 근사체험의 연구로 생사학(Thanatology)을 연 엘리자베스 퀴블러-로스는 "사후(死後) 에테르체가 육체로부터 빠져나오는데 그 에테르체 안에 아스트랄체를 비롯한 모든 상위체들이 포함되어 있다."고 하였다. 신지학의 '에텔아스트랄 유령'도 그 구성요소가 에테르체(생기체)와 아스트랄체(이드체)로만 되어 있는 것이 아니라 모든 체를 거느리고 하위계부터 저승여행을 시작하는 신지학의 다층적 저승론의 이론구조상 아스트랄체에는 다시 멘탈체나 코잘체 심지어 영인 아트마까지도 당연히 포함되어 있을 수밖에 없으니 로스의 주장은 사실 신지학과 완전히 일치하는 주장이다.

2. 이처럼 하위아스트랄계(에테르계)로 갔지만 이승에 미련을 버리지 못하고 지상에 출몰하는 신지학의 유령을 '에텔아스트랄 유령'이라 하자(8.18.3.3.4.1. '에테르체와 에테르계' 중 '뉴에이저들의 에테르' 참조). 신지학은 이 '에텔아스트랄 유령'이 지박령의 정체라고 한다. 그러나 표준이론에서는 '에텔아스트랄 유령'이 없다. 아스트랄체는 윤회혼의 일부인 하위정신체로 생기체인 에테르체보다 먼저 몸을 빠져나오기 때문에 사후 두 체(體)가 붙어 있을 이유가 없기 때문이다.

3. 신지학에서는 에테르체와 헤어져 아스트랄계에 간 영혼도 여러 가지 이유로 이승에 현현한다. (마이클 뉴턴 등도 이승을 떠나지 못하고 방황하는 윤회혼의 존재를 말한다. 보통 사람들도 귀신은 죽은 사람의 영혼이라고 생각한다.) 이를 '아스트랄유령'이라고 하자. 멘탈계 이상에 거주하는 고급 영혼들도 다양한 이유로 이승에 나타날 수 있다. 이를 '고급유령'이라 하면 어떨까. 표준이론의 윤회혼유령이다. 어쨌든 유령은 그 구성과 출신 그리고 능력이 모두 다르다.

4. 표준이론에서 지박령(地搏靈, earth bound)은 '몸에서 영과 혼이 차례로 떠난 후 몸을 빠져나온 생기체가 혼뇌의 기억을 가지고 몸 주변을 배회하는 영체'라고 설명한다. 즉 '생기체 유령'이다. 윤회체가 몸에 생기체를 두고 먼저 빠져나온다고 하는 표준이론과 윤회체와 생기체(에테르체)도 같이 나온다고 하는 신지학의 주장 중 어느 쪽이 맞을까? 신지학이 틀렸다. 무엇보다도 오늘날 혼이 떠나고 맥만 붙어 있는 가사(假死)상태의 사람이 많이 있지 않은가? 유체이탈의 경우에도 혼과 실버코드로 연결되어 몸에 남아있는 것은 생기체다. 또 근사체험의 증언을 보더라도 영이나 혼은 이미 떠났는데 몸에 맥이 붙어 있는 경우가 많이 보고된다. 신지학 또한 에테르체는 몸에 활력을 줄 뿐 아니라 육체 장기의 도안(圖案) 역할을 한다고 하니 표준이론의 생기체와 다르지 않다.

표준이론에서 생기체는 사람이 태어날 때 윤회혼보다 먼저 몸에 임한다. 나아가 혼의 진화 원리상 생기체는 혼과 별개다. 생기체는 명종 후 조잡한 생기를 털어 버리고 생기계로 가서 사람의 생기체그룹에 저장되기도 하고 식물이나 동물의 그룹혼에 흡수되어 언젠가 생혼이나 각혼으로 진화하기도 한다. 신지학도 에테르체가 활력이고 도안체라고 하며 이를 표준이론과 같은 속성의 생기체로 본다. 결론적으로 명종 시 생기체와 윤회혼은 따로 따로 행동한다. 後入先出로 나중에 들어온 윤회혼이 먼저 몸을 떠나는 것이다. 같은 논리로 혼보다 영이 몸을 먼저 떠난다. 따라서 '에텔아스트랄 유령'이란 없다. 또한 생기체와 윤회혼과 영이 뭉쳐 다니며 지박령이 된다거나 다층의 저승여행을 한다는 신지학의 생각은 이런 이유로 지극히 불합리하다. 그리고 '생기체 유령'이 지박령인 표준이론에서는 지박령이 가진 意識의 실체가 생기체가 가진 혼뇌의 기억과 거기에서 나오는 의식의 잔재로서의 '類似의식'일 수밖에 없다. 우리 巫俗에서 진혼굿이나 살풀이로 원혼(冤魂)의 恨을 푼다한들 그 한은 윤회혼의 것이 아닌 셈이다.

5. 그런데 표준이론의 생기체유령과 관련하여 의문이 있다. 성리학에서 백(魄)은 귀가 되어 흩어지고 혼(魂)은 조상신이 되어 3~4대 개체를 유지하다가 조상신그룹에 흡수된다고 한다. 이때 표준이론의 백은 생기체이고 그중 생기계로 가지 않고 이승에 출몰하는 것이 생기체유령(지박령)라고 한다. 그렇다면 조상신은 표준이론상 그 실체가 무엇이며 명종 후 저승 어디로 가길래 제사 때마다 이승에 출몰하여 흠향하는가? 가능한 설명으로 다음과 같은 것들이 있다. 어느 것일까.
   1) 조상신은 표준이론의 윤회혼이다. 따라서 명종 후 조상신은 중음계로 간다. 여기서 윤회체 유령(신지학의 아스트랄유령)이 되어 제사에 출현한다. 그러나 조상신이 되어 이승에 출현하는 윤회혼은 극히 일부분이다. 모든 조상신이 흠향하러 온다는 생각은 이승사람들의 생각일 뿐이다.
   2) 혼이 변해서 되다는 조상신도 사실은 백(魄)으로서 역시 생기체다. 그러나 백보다는 진화한 생기체다. 따라서 생기계에 가서 사람의 생기체그룹에 흡수되는 백(魄)과 달리 동물의 종별 그룹혼처럼 '가문별 조상신그룹혼'이 있어 여기에 흡수되는 생기체다. 또 이들은 3~4代 동안 조상신그룹혼에 흡수되지 않고 그룹혼 부근에서 개체를 유지한다. 이들이 자손의 제사에 출현하면 조상신으로 불린다. 3~4代를 넘어 계속 개체를 유지하면 시조신이나 선령신(先靈神, 미주 124 '조상숭배(ancestor worship)' 참조)이 된다.
   3) 제사상에 출현하는 조상신도 백(魄) 즉 지박령이다. 그렇다면 조상神이 아니라 조상鬼다.

6. 또 무당 같은 영능자가 체험하는 저승여행이나 신지학의 아스트랄 projection에 의하면 저승의 존재들은 가족과 사회를 이루어 살고 있다. 표준이론에서는 불설을 차용하여 환생터미널인 중음(아스트랄계)의 체류기간이 49일+α(2년)이라고 하는데 그렇다면 어찌 중음에 가족이나 사회가 있을 수 있다는 말인가? 신지학은 인간모나드가 천계로 상승 중 이드(아스트랄체)는 그 체와 함께 아스트랄계에 남긴다 하여 중음계 여행의 근거를 만들었으나 표준이론은 중음계의 짧은 체류기간으로 인하여 그러한 저승체험을 합리적으로 설명할 근거가 빈약하다. 중음의 체류기간을 49일+α(2년)로 고수하면서 그 근거를 댈 수 있는가? 가능한 설명으로 다음과 같은 것들이 있다. 어느 것일까.
   1) 영능자의 저승여행이나 신지학의 아스트랄계 여행은 중음계 여행이 아니라 사실은 심령계(멘탈계) 여행이다.
   2) 영능자나 여행자가 보기에 가족과 사회로 보일 뿐 사실은 헛것이다.
   3) 아스트랄 여행담 자체를 신뢰할 수 없다.
   4) 마치 신지학의 카말로카처럼 생기계나 아스트랄계에 '가문별 조상신그룹혼'에 흡수되지 않고 개체를 유지하는 고급생기체 또는 그룹혼의 세계가 따로 있다. 아스트랄 여행이나 저승체험은 이곳의 경험이다.
   5) 아스트랄 여행의 주체는 혼이 아니라 영이다. 표준이론은 영의 체외이탈 경험은 몸뇌의 기

억에 남을 수 없어 여행을 한다 해도 생시에는 아무 의미가 없다고 보지만 신지학은 체별로 의식이 따로 있어 수승도에 따라 아스트랄이나 멘탈 심지어는 아트믹체가 코잘체를 입고 저승의 모든 세계를 여행한다. 그렇다면 아스트랄 여행은 아트믹체의 여행이다.

7. 영혼에 대한 신지학의 일반이론인 '모나드 영혼론'에서는 명종 시 영과 혼은 에테르체까지 몸에서 다 같이 일시에 나온 뒤 생기체인 에테르체는 에테르계(아스트랄계 외곽)에 버린다. 이후 영혼은 아스트랄계로 들어가서 다시 혼의 아스트랄체(각혼 포함)를 거기에 두고 아트마-붓디-마나스(인간모나드)만 상위계로 상승하여 저승삶을 살아간다. 이때 사후 특정한 계에 머무는 시간은 그가 지상에서의 삶 동안 스스로 쌓아 놓은 해당 계의 체(體)의 양에 따라 결정된다. 사람이 죽으면 영은 영계로, 혼은 혼의 수준에 따라 중음계, 심령계, 준영계 중 한 곳으로 떠나는 표준이론과 너무 다르다. 어느 생각이 합리적이냐. 다층적 저승론과 다신론은 신지학이 채널링으로 확보한 지식이라고 주장하나 그 연원을 따져 보면(이미 따졌고 앞으로도 많이 따지게 된다) 태반이 서구의 고대 祕傳과 힌두이즘의 공통 요소를 버무린 사상이니 '마스터 타령'이나 '채널링 타령'만으로 불합리(不合理)와 비상식(非常識)을 모두 덮을 수는 없다.

尾41) 리사 윌리엄스의 환생여정

1. 저승에서의 환생여정은 모든 종교의 주요 담론이며 역사적으로 수많은 이야기가 있다. 정치적 또는 조직으로서의 교회적 목적을 가진 종교 쪽 담론에 보이는 사후세계 이야기는 신뢰성이 부족하고 또 서로 너무 달라 그 이야기의 형성배경을 감안하여 연구하여야 한다. 그러나 고대인들의 환생 경험담(또는 저승 여행기)인 「티벳 사자(死者)의 서(書)」와 영매연구, 근사체험 그리고 퇴행최면으로 무장한 최근의 뉴에이지류의 주장은 어느 정도 서로 일치성을 보여 연구하기가 보다 용이하고 신뢰성이 커 연구가치도 있다.

2. 환생여정은 영매 리사 윌리엄스(Lisa Williams)의 저서 「죽음 이후의 또 다른 삶(The Survival of the Soul)」이나 최면요법가인 마이클 뉴턴의 저작 「영혼들의 여행(Journey of Souls)」을 통하여 그 대강을 짐작할 수 있다고 본다. 그러나 LBL(life between lives)에 대한 이야기(生間談)는 근사체험담과는 달리 사례가 적고 진술하는 바도 서로 다르며 직감적으로 수긍할 수 없는 주장이 많아 이 분야에 차후 많은 발전이 있기를 기대한다(11.3.3. '영과 혼이 각자 윤회하는 표준이론' 중 '윤회의 주체와 영계 정보' 참조). 아래에서 리사 윌리엄스가 진술하는 환생 여정을 본다(리사 윌리엄스, 「죽음 이후의 또 다른 삶」, 217쪽 외, 5.5.9. '심령학의 저승관' 참조).
   1) 정상적인 영혼들이 환생하는 여정
      흰빛 영역 → 만남의 방 → 기다림의 방(환생하기 전 작성한 서약서와 이번 생에 자신이 살고 온 삶을 비교하여 목록 작성) → 통찰의 방 → 치유의 방 → 보호자의 방 → 상영의 방 → 환생
      환생하지 않은 영혼은 소울메이트와 함께 혼계에 남아 영혼의 성장을 추구할 수도 있고, 치유령이나 인도령이 되어 봉사의 길을 가거나 장로로 승진할 수도 있다.
   2) 리사는 퇴행최면전문가인 마이클 뉴턴처럼 표준이론의 혼계(魂界)에서 일어나는 혼의 환생 여정만을 설명하고 있으며 영의 여정에 대해서는 설명하지 않고 있다. 영이 따로 있다는 것도 인정하지 않는다. 이는 그가 뉴턴의 영향을 받았다는 것을 보여준다.[*] 또 그의 몸주신이 혼이기 때문에 영의 세계에 대해서는 아는 바가 없어서이거나 몸주신이 영이더라도

영에 대해서는 함구하여야 하기 때문일 수 있다.
3) 리사는 영혼을 구성하는 물질인 체(體)의 개념을 말하면서 에고체가 아스트랄체라고 한다. 또한 환생의 여정 중에 혼의 치유의 과정에서 아스트랄체인 에고를 벗어던진다고 하고 이후 영혼의 체(體)는 더욱 정미한 물질로 변한다고 한다. 그런데 신지학에서 아스트랄체는 에고가 아니라 표준이론의 하위정신체인 이드체다. 리사가 대부분의 뉴에이지가 그러하듯 신지학의 영향을 받아 신지학적인 용어를 구사하는 것은 좋은데 신지학의 중구난방과 난해함 때문인지 용어를 잘못 이해하고 있다. 리사의 주장은 이런 면에서 그 신뢰성을 많이 잃고 있다.
4) 저승의 '계(界)'에 대해서 그는 '더 높은 차원界'를 언급하며 저승이 여러 다른 수준의 계로 되어 있다고 한다. 리사는 보호자의 방과 상영의 방 너머에도 방대한 사후의 세계가 펼쳐져 있으며 거기에는 천사들의 구역과 신의 구역도 있고 신의 구역은 근원(根源)이라고 한다(219쪽). 한편 그는 영혼의 수준이 높아지면 (환생하지 않고) 더 높은 영의 세계로 올라간다고 한다(263쪽 외). 이와 같은 리사의 말을 들어보면 더 높은 차원으로부터 환생하지 않아도 된다는 지시(조언)가 없는 한 환생하여야 한다고 하여 그것이 쉽지 않음을 말하고 있다(294쪽). 또 인도령이 되기를 선택한 영은 장로의 인도로 권능의 왕국에 가서 신을 뵙게 된다고 한다(303쪽). 그러나 리사는 '더 높은 차원계'에 대한 자세한 이야기는 비밀이라고 한다(263쪽). '더 높은 차원계'는 영이 사는 영계이다. 사실 영계에 대한 자세한 사항은 알기 어렵다는 것이 전술한 바와 같이 표준이론의 입장이다. 현재까지는 스베덴보리의 천국 정도가 신뢰성 있는 영계에 대한 정보다.
5) 어두운 영혼들의 환생 여정(155쪽 외)
어두운 영혼들은 자신이 이승에서 만들어 낸 내면의 악마들을 대면하거나 해결하기 싫어하는 영혼들로, 이 악마들을 피하기 위하여 이들은 흰빛으로 나아가기를 주저한다. 따라서 그들은 어두운 빛 쪽으로 간다 → 그들만의 치유공간을 거친다 → 이후 정상적인 영혼들이 가는 흰빛으로 들어가서 다른 혼들과 같은 과정을 거친다. 그러나 최후에 보호자의 방까지는 가지 못하고 환생한다. 그런데 리사의 이 부분 이야기는 「티벳 사자의 서」의 중음(5.5.2.2. '「티벳 사자의 서」의 저승' 참조)과 신지학의 아스트랄계 외곽인 카말로카(Kamaloka)를 떠올리게 한다. 중음에서는 많은 영혼들이 흰빛으로 들어가지도 못하고 환생하며 또 카말로카의 영혼은 에테르체를 버리지 못하여 저승에 입성하지 못하며 환상에 사로잡혀 이승에 연연하여 출몰한다.

(*) 1. 퇴행최면가들이 퇴행최면으로 고급영들을 만나 얻었다고 주장하는 영의 세계인 영계(靈界)에 대한 보고는 신빙성이 낮다. 최면이 빙의를 유도하는 것이 아닌 이상 고급영이 최면에 의해 나타날 이유가 없다고 보일 뿐 아니라 최면의식의 구조 또한 영의식과는 무관하다(11.2. '최면에 대하여' 참조). 특히 영계에 대한 자세한 내용이 이승에 알려져야 할 필요성이 별로 없다. 퇴행최면가인 마이클 뉴턴(Michael Newton 1931~2016)은 고급영의 전언을 칭하여 영계에 대하여 장황하게 설명하는데 믿기 어려운 부분이 많다. 2. 뉴턴이 최면 시술 도중 영계에 대하여 들은 이야기는 하급혼이나 중급혼이 고급혼으로 진화하여 중음계나 심령계에서 준영계로 상승하는 과정과 관련된 것으로 이해된다. 만일 최면과정에서 다른 인격이 드러났다면 그는 피최면자의 영(靈)일 수 있다. 퇴행최면가이자 정신과 의사인 브라이언 와이스(Brian Weiss 1944~)가 말하는 고급령인 마스터(Master) 또한 피최면자의 靈으로 이해된다.

尾42) 은총에 대하여

엄습(掩襲)

엄습(掩襲)당해야 한다

그 깨달음이
절절한 깨달음이라 하더라도
매일 깊어지는 깨달음이라 하더라도
그것은 문을 여는 것일 뿐
활짝 여는 것일 뿐
반드시 엄습당해야 한다

내가 할 수 있는 일은 그저
빗장 풀고, 문을 열고, 활짝 열고, 덕을 쌓고, 기도하고, 바라밀행하는
六正道를 걷는 것뿐
그러니 엄습당해야 한다
문틈으로
성령의 바람이, 하느님의 은총이, 부처님의 자비가 쏟아져 들어와야 한다

난 그저
겸손한 무릎으로 꿇어앉아
눈을 아래로 지그시 내리깔고
그 시끄럽던 입을 그만 닥치고
귀를 쫑긋 세워 님의 목소리를 놓치지 말아야 하며
코를 벌름벌름 님의 향기를 찾아야 한다

어떤 바람도, 향기도, 은총도, 자비도
엄습하지 않는다 해도
내가 할 수 있는 일은 오로지
빗장 풀고, 문을 열고, 활짝 열고, 덕을 쌓고, 기도하고, 바라밀행하는
六正道를 걷는 것뿐
엄습을 기다리는 것뿐이다

尾43) 몸과 혼의 성장 속도와 분할환생

1. 퇴행최면의 전문가 마이클 뉴턴은 분할환생론(分割還生論)을 제시한다.
    1) 영과 혼은 일부만 이승에 내려오고 일부는 저승에 머무를 수 있을 뿐 아니라 둘로 나뉘어 태어날 수도 있다고 한다. "영혼의 에너지는 동일한 부분이 둘로 나뉠 수가 있다. 입체사진과 흡사하다. 나뉜 영혼은 서로 다른 육체를 가지고 동시에 삶을 살기도 하지만 우리가 듣는 것처럼 그렇게 흔한 일은 아니다. 하지만 모든 영혼은 이중적인 능력을 가졌기에 우리들 빛 에너지의 일부는 항상 영혼의 세상에 남겨져 있다. 그러므로 우리가 본향에 갈 때

지구의 햇수로 30년 전에 돌아가셨다가 윤회하여 육체로 태어난 어머니의 마중을 영혼 세상에서 받는 것이 가능한 것이다."(마이클 뉴턴, 「영혼들의 운명1」, e21쪽)
   2) 그의 분할환생론(Soul duality)은 신지학의 영향을 받은 것일 수 있으나 그렇다 하더라도 신지학의 사변(思辨)을 구체화한 공이 크다.

2. 우선 혼이 둘로 나뉘어 태어날 수 있다는 사실은 티베트에서 툴쿠가 두 명으로 환생한 전거(典據)들로 보아 이미 사례가 있다(미주 212 '린포체나 툴쿠의 혼이 두세 개로 나뉘어 환생하는 경우' 참조).

3. 다음으로 일부만 이승에 내려오고 일부는 저승에 머무를 수 있음은 다음의 사례에서 추론된다.
   1) LBL의 경험 중 아직 살아있는 사람을 저승에 가서 만날 수 있었다는 사례
   2) 사망한 지 오래되어 이미 환생하고 저승에서 만날 수 없어야 할 사람의 혼을 명종 후 LBL 과정에서 만날 수 있다는 사례
   3) 사람의 정신이 몸처럼 서서히 성장한다는 사실
      (1) 사람이 어렸을 때에는 아직 혼(정신)이 몸에 다 들어오지 않아 자아와 탈렌트의 발달이 늦는다. 늦공부, 늦머리, 예능늦둥이, 늦철이니 하는 말은 혼이 유난히 늦게 깨어난 경우다(미주 249 '사람이 어렸을 때와 노인이 되었을 때 이드의 경향을 보이는 이유와 그 예방법' 참조). 인류 최고(最古)의 종교인 조로아스터교는 이성의 시대(Age of Reason)를 두어 이성적인 나이(15세)에 도달하기 전의 행동에는 책임이 없다고 하였다. 우리나라 소년법도 촉법 소년연령을 14세 미만으로 하고 있다.
      (2) 자의식은 유년기에는 존재하지 않는다고 알려져 있다. 표준이론은 상위정신체(에고)가 생기체와 이드를 장악하는 데 시간이 필요하고 또 자아의 방주인이 되어야 비로소 자의식이 발현하기 때문이라고 해석한다. 그러나 혼이 생기체를 서서히 장악한다거나 혼의 상위부분의 발현이 서서히 이루어진다는 표준이론의 생각과는 달리 분할환생론은 애초부터 혼이 저승에서 하위부분부터 나뉘어 몸에 도래한다는 것이다(미주 92 '자의식의 발현' 참조).
   4) 신동(神童)은 수승한 혼이라기보다 혼이 어렸을 때 한꺼번에 몸에 들어온 것이라는 설명이 더 설득적이라는 사실. 그래서 대부분의 신동들이 나이 들어서는 더 이상 신동이 아니다. 그러나 표준이론적으로 생각하면 영이 몸에 일찍 들어온 경우일 수도 있다. 이때 혼도 일찍 깬다. 또 몸과 두뇌가 유전적으로 일찍 성숙한 경우일 수도 있다. 진정한 천재는 저승에서 미리 해당 탈렌트를 익혀 온 경우이거나 전생의 경험이 많고 또 그 횟수도 많은 혼, 그래서 수승한 혼이다.
   5) 몸은 성장하는데 혼은 성장하는 않는 경우도 있다. 이 역시 혼이 이승에 다 내려오기 전에 하강이 중단된 경우로 해석하면 분할환생의 증거가 된다. 예를 들어 '발달장애'의 경우 혼의 성장이 어린이 수준에서 멈춰 서는데 이는 와야 할 혼이 어떤 이유로 저승에서 더 이상 이승의 몸으로 내려오지 않음에 기인한다. 의학적으로 발달장애는 '선천적으로 또는 발육과정 중 생긴 대뇌 손상으로 인해 지능 및 운동 발달장애, 언어 발달장애, 시각, 청각 등의 특수 감각기능 장애, 기타 학습장애 등이 발생한 상태'이다. 즉 발달장애의 원인은 대뇌손상이다. 그러나 발달장애가 대뇌손상에서도 오겠지만 항상 그렇듯이 이는 과정론(미주 55 '과정론법(過程論法)' 참조)적인 일방적 결론일 수 있다.
   6) 치매도 분할환생의 증거가 될 수 있다. 죽기 전에 양심체와 상위정신체 등 혼의 고급기능 일부가 미리 몸을 빠져나가는 것이다(미주 317 '치매에 대하여' 참조). 임종명석현상(회광반

조)은 명종 직전 정신체가 망가진 몸뇌의 기능을 극복하고 외부와 소통을 시도하는 초상현상으로 보이지만 분할환생의 논리로 이해하면 초상현상이 아니라 저승으로 떠나갔던 혼이 일시 귀환한 것으로 해석할 수 있다(12.1. '임종명석현상' 참조). 현인과 성인 중에는 치매 사례가 희소하다는 사실이나 많은 사람들이 늙어갈수록 죽음의 공포가 오히려 감소한다는 사실, 수년 만에 의식을 회복한 식물인간의 경우 등이 분할환생으로 설명이 된다.

7) 나이 들어 자아가 수승하여짐으로 인해 메타노이아를 보이면 얼마나 좋을까. 그러나 반대로 퇴화하는 사람들이 많다. 노욕(老慾), 꼰대질, 어른행세 등 늙을수록 인의예지가 없어지고 에고가 맨얼굴을 보이는 것은 後入한 상위정신체(멘탈체)와 양심체(코잘체)가 先出하기 때문일 수 있다.

8) 미주 30의 '그룹혼'에서 설명된 100번째 원숭이 효과(The hundredth monkey effect)에 의하면 어느 한 마리 원숭이가 개발한 기술은 원격한 장소의 원숭이 집단에서도 그 기술이 거의 동시에 나타난다고 한다. 이는 루퍼트 셀드레이크의 형태공명(morphic resonance) 이론으로 정립되었다. 이때 거의 동시에 기술이 퍼진다고 함은 기술을 터득한 원숭이 중 일부가 죽어서 그룹혼에 그 기술을 전한 후 새로 태어나는 개체들이 그 기술을 구현하는 절차를 밟은 것이 아니라 그룹혼이 거의 실시간으로 기술을 伸介한다는 사실을 의미하고 이는 다시 각혼의 분할환생 또는 수면 중 각혼의 생기계 여행이 이루어지고 있다는 사실을 의미한다.

나이	명칭1	명칭2	入出하는 體	죽음에 대한 태도	공자	매슬로 등
0~1개월	신생아기	감각기	+생기체	피사(避死)		
2개월~1년	영아기	감성기	+하위정신체1			오감 발달
1~5	유아기	욕망기	+하위정신체2			이기심 발달
6~11	학동기	욕구기	+상위정신체1	공사(恐死)		자존심, 애정욕구
12~18	사춘기	감정기	+상위정신체2	망사(忘死)	지우학(15)	집단소속욕구
19~29	숙혼기(熟魂期)	지성기	+상위정신체3	지도(指道)		사회적인정욕구
30~39	만혼기(滿魂期)	지혜기	+양심체	종학(終學)	이립(30)	성취의 욕구
40~				지생(知生)	불혹(40)	
50~				지사(知死)	지천명(50)	
60~	탈혼기		-양심체	종영(從靈)	이순(60)	
70~	노망기		-상위정신체3	심순(心淳)	종심(70)	

4. 분할환생의 경우 자아의 성장과정과 관련하여 각 체가 몸에 入出하는 순서는 위의 표와 같이 생각해 볼 수 있다(2단계 자아 중심).

5. 분할환생을 주장하는 사람은 뉴턴 말고도 많다.
   1) 신지학자 대부분은 분할환생을 말한다. 뉴턴도 신지학에서 분할환생의 아이디어를 얻은 것이 분명하다. 신지학자 지나라자다사는 "육체가 죽게 되면 자아는 잠시 동안 아스트랄계에서 살게 된다. 그런 후에 멘탈계인 데바찬계(The Devachanic Plane)로 올라간다. 데바찬

에서 떠날 무렵에 개성의 마지막 유물인 멘탈체를 벗어 버리고 모든 에너지를 가지고 더욱 더 완전한 자신이 되어 천국(코잘계)에 가게 된다. 잠시 혹은 긴 시간이 지난 후에 자아는 윤회의 과정을 어렴풋이 의식하거나 혹은 또렷이 의식하면서 새로운 개성(personality)으로 태어나기 위해서 자신의 일부를 밑으로 내려 환생하게 된다. 환생할 때 가지고 태어나는 아스트랄체와 멘탈체는 이전 생이 끝났을 때 버린 아스트랄체와 멘탈체와 똑같은 복사본들이다."(지나라자다사, 「신지학 제1원리」 참조)라고 하며 환생이란 자신의 일부를 이승으로 하강시키는 것이라고 한다. 리드비터 또한 "자아의 主거주지는 고급멘탈계(코잘계)다. 환생 시 고급자아일수록 자신의 일부분만을 저급 자아(personality) 속으로 먼저 내려보내며 어떤 특별한 경우가 아닌 한 저급자아의 삶의 형태에 관심을 주지 않는다."고 말한다(리드비터, 「신지학대의」 중에서). 이러한 신지학의 생각은 뉴턴의 분할환생과는 그 개념이 약간 다르긴 하나 한 영혼이 이승과 저승에 나뉘어 존재하며 자아의 발전수준에 따라 그간의 교류와 이승에의 현현(顯現) 정도가 커진다 하니 어느 면에서는 같은 類의 주장이다.

2) 지중해의 성자 다스칼로스는 혼인 심령체와 이지체가 새로운 현재 인격을 형성하는 데는 대략 7세 정도 소요된다고 하며 그때까지 어린아이들은 부분적으로는 심령계와 이지계에서 산다고 하여 분할환생을 주장한다(8.21.6. '다스칼로스의 인간론' 참조).

3) 영매 제랄딘 커민스는 심령연구협회(SPR) 2대 회장을 역임하고 타계한 프레드릭 마이어스와의 영계통신(channelling)을 통하여 극단적인 군혼개념을 주장하였다. 그는 사람의 이승 경험은 20~100개의 영혼이 모인 그룹혼 단위로 이루어지는데 혼의 업도 성장도 군혼 공동의 차원에서 이루어진다고 한다. 혼은 같은 군혼에 속한 다른 혼이 미리 이승에 구축해 놓은 틀 안에서 살게 되고 같은 군혼에 속한 또 다른 혼이 그것을 이어받아 산다는 것이다. 이러한 그의 주장은 '군혼이 분할환생의 단위'라는 생각으로 연결된다. 같은 그룹혼에 속한 다른 혼이나 그룹혼의 부분이 추가로 臨하거나 奪할 수 있으며 대체(代替)할 수도 있기 때문이다(미주 128 '심령주의의 역사' 참조).

4) 분할환생의 또 다른 개념은 주자학의 귀신론에도 있다. 朱熹의 鬼神은 기의 굴신(屈伸)작용인데 鬼는 음기의 작용으로 歸(돌아감)요, 屈(움츠림)이요, 往(가는 것)이고 消(줄어듦)다. 神은 양기의 작용으로 伸(펼쳐짐)이요 來(옴)이며 息(늘어남)이다. 한마디로 귀신은 눈에 보이지 않는 음기와 양기의 조화로운 굴신활동의 자취이다. 천하만물이 기로 이루어진 것이니 자연의 化生이 사실은 모두 기의 굴신일 뿐으로 귀신 또한 그 하나이니 괴이할 것이 하나도 없다. 이런 취지에서 주자어류는 장재의 『정몽』을 인용한다. "사물이 탄생하게 되면 기가 나날이 와서 점점 자라나지만, 사물의 성장이 극에 달한 이후로는 기가 나날이 되돌아가 점점 흩어진다. 기가 오는 것이 신(神)인데, 기가 펼쳐지기(伸) 때문이다. 기가 되돌아가는 것이 귀(鬼)인데, 기가 되돌아가기(歸) 때문이다."(『주자어류대전』 63권 119) 즉 사람은 장년이 지나면 기가 태극으로 돌아가니 그 혼백은 찌그러지기(屈) 마련이라 神에서 점차 鬼로 변하는 양능(良能)을 보이므로 이를 일러 귀신이라고 하는 것이다(63권 130 참조). 따라서 기가 펴지고 움추림이 인간에 이르러 영혼으로 드러나는 것이니 그 영혼의 기는 사람이 자람에 따라 태극에서 사람으로 來하고 사람이 늙음에 따라 사람에서 태극으로 往할 것이다. 그렇다면 이는 전형적인 분할환생의 주장이 된다.

6 분할환생은 부처님의 '장작불 이론'과도 연결된다. 처음에는 작은 불씨로 옮겨 붙었다가 장작이 더해지며 점차 창대하더니 결국 사그러지지 않는가. 또 복합혼이나 군혼개념과도 관련된다. 종혼이 먼저 오고 주혼이 뒤따르는 것이거나 그룹혼에서 혼의 일부씩을 내려보내는 것이다.

7. 그러나 분할환생론은 다음과 같은 이유로 표준이론에서 쉽게 받아들이기 어렵다.
   1) 혼의 개체성을 저해하는 생각이다. 개체성이란 일체성이기도 한데 일체가 그처럼 허물어지겠는가.
   2) 영생의 문제와도 관련이 있다. 영생이란 개체를 유지하는 것이 기본속성인데 분할된다면 복합혼이 분열되는 것과 무엇이 다르랴.
   3) AASB에 반한다. As above So below라고는 하지만 below는 above의 부분집합, 그것도 眞부분집합이다. 그렇다면 이승에서 일어나는 일이 저승에서도 영계에서도 일어나야 한다. 혼이 혼계에서 왜 분열할 것이고 혼계는 그렇다 치더라도 영계의 영도 분열할까?
   4) 혼 따로 영 따로도 감당이 어려운데 혼 안에서도 따로따로 논다면 표준이론이 감당하기 힘들다.

8. 그러나 분할환생이 섭리라면 이는 마치 우리가 코페르니쿠스나 量子(quantum)의 세계를 처음 접했을 때 느낀 당혹감에 비길 수 있다. 따라서 진실일 수 있는 사실 앞에 눈감을 수는 없으니 시간을 두고 엄밀히 궁구하여야 할 필요가 있다.

尾44) 신영과 혼영의 탄생

1. 유불선(儒佛仙)도 유일신교도 모두 진리를 품고 있다. 모두 역사이고 섭리이기 때문이다. 이러한 역사와 섭리를 망라하여 고려하면 사람의 영이 魂출신과 神출신으로 나누어진다는 것을 인정하여야겠다.

2. 이런 스토리가 어떤가. 인류진화의 처음에는 사람에게도 다른 생명체처럼 생명력인 '기 덩어리'인 혼만 있었다. 혼은 진화 정도에 따라 여러 수준이 있지만 사람의 혼은 특히 그 진화수준이 높아서 지혼이라고 하였다. 그러나 지혼이 지구상에 나타난 시기는 20만 년 전 호모사피엔스가 지구에 등장한 때가 아니다. 당시 호모사피엔스가 몸은 사람 수준으로 이미 진화하였더라도 정신은 아직 사람의 것이 아니었다. 그들은 아직 각혼을 가진 동물일 뿐이었다. 어느 때인가 하느님은 여러 동물 중 그 혼의 진화수준이 가장 앞선 호모사피엔스의 각혼을 지혼으로 진화시키셨다. 그때가 정확히 언제인가에 대해서는 수많은 설이 있으나 대부분 수만 년 이상 고대로 소급한다. 심지어 엘리자베스 퀴블러-로스는 사람의 혼의 윤회전생이 호모사피엔스를 넘어 유인원보다도 더 오랜 700만 년 전부터 시작되었다고 한다. 그러나 표준이론은 4만 년 전 호모사피엔스의 아종인 현생인류(호모사피엔스 사피엔스)가 구석기문명을 가지고 지구에 널리 퍼져 살다가, 본격적으로 인류문명을 일으킨 10,000년 전에서 8,000년 전 사이쯤에 현생인류의 혼이 지혼으로 진화하여 문명인류(homo civilisátio)가 탄생한 것으로 본다. 창세기 2:7에서 하느님께서 아담을 지으신 때인 6,200년 前도 좋다. 어쨌든 사람의 혼의 전생(轉生)역사는 10,000년 전후다(8.2.1. '기독교의 영혼창조의 시기와 방법' 참조).

3. 최근 튀르키예 남동쪽에 있는 괴베클리 테페(Göbekli Tepe)에서 종교시설로 보이는 유적이 발견되어 문명의 시작이 8,000~10,000년 또는 그 이전인 12,000년 전일 수도 있다는 주장이 제기되었다. 괴베클리 테페 유적은 1963년에 발견된 후 1994년부터 본격적인 발굴조사가 이루어졌다. 2010년 발표된 결과로는 가장 오래된 부분이 기원전 9600년 무렵, 즉 '土器 없는 신석기 시대' 초기까지 거슬러 올라간다고 한다. 괴베클리 테페는 2018년 유네스코 세계문화유산으로 지정되었으며 2021년 현재 사이트의 5% 미만만이 발굴되었다.

수렵채집에 의존했을 유적건립집단이 이곳에서 연중 어느 정도 머무르며 종교적 행사를 치렀다면 그동안은 [사냥 및 채집을 하는 수렵생활 → 원시적인 농업활동으로 먹을거리를 충분히 확보 → 대규모사회집단 등장 → 신을 섬기는 유적을 건설]이 인류 역사의 흐름이라고 생각되었는데, 그 논리가 바뀌어 먼저 종교가 있었고, 종교적 제단을 만들기 위해 사람이 모일 수밖에 없었으며, 그 인력을 먹여 살리기 위해 농업이 발달했다는 충격적인 가설이 가능하다. 즉 [종교 발생 → 종교시설 필요 → 대규모사회집단 등장 → 농업 발달]이 인류문명사의 초기 줄거리가 되는 것이다.

이러한 가설은 "인간의 혼인 지혼은 문명의 태동 직전에 하느님의 섭리에 의해 최초로 지구에 등장하였고 이렇게 지혼을 갖게 된 인간은 그 출신 상 당연히 종교적이었으며 따라서 그들의 종교행사로 인하여 문명이 시작되었으니 결국 신이 사람을 문명화시켰다."는 표준이론의 설명과 잘 맞는다.

4. 그리고 그 후 自力으로는 발전이 더딘 지혼의 각성을 촉진시키기 위해 하느님께서 직접 몸을 나누어 만드신 신영(神靈)들을 인류에게 보내셨고 그들이 인류의 문명발달과 영적 진화를 이끌었다. 신영의 지도로 인류의 영적진화가 빨라져 영(魂靈)이 된 혼이 급속히 증가하였다. 지혼이 혼영이 되면 그 혼영은 자기도 이승에 환생(부임)하여 지혼이 있는 몸에 깃든다. 그리고 그 지혼을 혼영으로 키운다. 새로운 혼영이 또 탄생한다. 지구 문명사 8,000년 동안 2억이 넘는 혼영이 지구에서 탄생하였고(부록6-1 '시대별 영의 탄생수' 참조) 현재 77억 명의 인구를 가진 지구상에 8,700만 명의 신영과 7억7백만 명 정도의 혼영이 있을 것이라고 표준이론은 추정한다(부록1 '자아의 수준에 따른 영과 혼' 참조). 표준이론으로 보면 석가모니 부처님은 수승하여 브라만인 비로자나와 합일한 대표적인 혼영이요 예수님의 영은 대표적인 신영이다(미주 191 '표준이론의 예수님' 참조).

5. 그러나 신지학자 베산트는 표준이론의 논리와 유사하나 좀 더 신지학적인 주장을 한다. 그는 지구 지혼 역사의 초기에 외계출신의 영들이 지구에 영입되었다고 한다. 표준이론의 신영(神靈)이나 진화 담당 천사들이 하였던 역할을 인류 문명 초기에 외계출신의 영들이 담당하였다는 것이다. 이 또한 괴베클리 테페의 유적을 설명해 주는 훌륭한 논리다. 이 논리를 사용하면 숱한 호모사피엔스 중 현생인류(호모사피엔스 사피엔스)만이 지구문명의 주인공이 된 사실도 이해가 된다. 또 표준이론에서 외계에서 유입된 혼영의 수가 지구 전체 혼영의 69%라는 위 4의 계산과도 어느 면에서 상통한다. 그의 주장을 요약하면 다음과 같다.

6. '위대한 정신의 아들'이라고 불리는 존재들이 아직 유아기에 불과한 인류문명시기에 안내자이자 스승이 되기 위해 인간의 형상으로 태어났다. 이들은 다른 세계(금성)에서 자신의 지적 진화를 완성한 후 인류의 진화를 돕겠다는 목적으로 더 어린 세계인 지구로 와서 인류의 영적 아버지가 되었다. 그들은 코찰체만 갖춘 인간모나드를 동물-인간에게 쏟아 붓는 통로의 역할을 하였다. 또 그들은 유아기의 혼을 받아들인 인종의 후손들로 육화하여 이 인종의 몸과 정신을 진화시켰고 그들의 후손으로 태어난 군혼출신 혼들은 '덜 위대한 정신의 아들'로 급속히 진화하였다. 인류능력을 뛰어넘는 훌륭한 공학 기술과 지적 구상을 보여주는 오래전에 사라진 여러 문명만 보더라도 이들이 지구상에 존재했다는 사실이 충분히 증명된다."(애니 베산트, 「고대의 지혜」 '제8장 환생' 등 참조)

7. 그런데 베산트는

1) 모나드가 동물의 각혼에 작용하여 인간의 영혼을 탄생시키는 신지학의 인간영혼탄생 과정에 외계출신의 영이 구체적으로 어떻게 개입하였는지?
2) '위대한 정신의 아들'들이 육화하였다는데 인간모나드의 육화와는 어떻게 다른지?
3) '덜 위대한 정신의 아들'들은 '위대한 정신의 아들'들과 어떻게 다른지?
4) 완성된 금성의 영혼이 코잘체만 갖춘 인간모나드를 동물-인간(각혼)에게 쏟아붓는 통로의 역할을 어떻게 할 수 있는지?
5) '위대한 영혼'이라고 하여도 몸에 구속된 형편에 어찌 몸을 진화시키는지?
6) '위대한 영혼'이 신지학의 기왕의 논리인 '지구의 진화를 돕는 대백색형제단의 구성원이 된다는 말을 왜 하지 않는지?
7) '위대한 영혼'이 사람의 몸으로 육화하여 그의 몸과 '정신'을 진화시켰다는데 전체 문맥과 '정신'은 혼임을 고려할 때 '위대한 영혼'은 혼영임이 분명한데 왜 그에 대한 明言이 없는지?

등에 대한 답이 없다. 베산트가 채널링과 직관으로 영지(靈智)는 수집하였지만 정보의 분석 그리고 개념정립과 체계수립이 덜 되었다는 증거다. 또 이 부분 베산트의 주장은 기왕의 신지학의 '모나드 영혼론'과도 조화가 잘 안된다. 이는 신지학 중구난방의 또 하나의 사례다. 참고로 표준이론은 외계에서 수입한 영에 대한 이론을 논리적이고 명쾌하게 전개하고 있다(부록6 '외계혼의 유입수'와 부록6-1 '시대별 영의 탄생수' 참조).

尾45) 신지학 등에서의 고급영의 환생

1. 신지학에서도 고급영의 환생에 대하여 표준이론과 유사한 주장을 펼친다.
    1) '신성의 길' 4단계(*)를 통과하여 아세카(Aseka)(**)라는 차원에 도달한 자(아데프트, 마스터, 超人)는 이 세계나 다른 계에 윤회할 필요가 없어진다. 그 이후 그 앞에는 7개의 길이 열리고 그중에 하나를 선택해야만 한다. 대부분은 지구를 떠나 더 광대한 계에서 활동(대체로 태양계와 관련된 일들)하며 우리의 인식 범위를 완전히 초월한 자가 된다. 7개의 길 중에 인류를 위한 활동을 하는 일도 있는데, 그들은 육체를 갖고 있는 자와 그렇지 않은 자의 두 그룹으로 나눌 수 있다(리드비터, 「신지학대의」).
    2) 초인(超人)은 '위대한 대계획'의 필요와 자신의 기질에 따라서 일곱 가지 길 중에 자신이 갈 길을 선택한다. 일곱 가지 선택들 중에 더 나은 것은 없다.
        (1) 아주 적은 수가 지구의 진화를 돕는 대백색형제단(빛의 하이어라키)의 구성원이 된다. 부처님이나 예수님도 여기에 속한다고 주장한다. 그들에게 윤회는 이미 끝났지만 이런 선택은 환생을 필요로 한다.
        (2) 어떤 초인들은 하이어라키의 구성원으로서 직위를 갖지 않은 채 지구의 보이지 않는 곳에서 '니르마나카야(nirmanakaya, 범어의 應身)'로 살게 된다. 그들은 빛의 하이어라키의 구성원들에게 커다란 영적 힘을 공급하여 인류의 발전을 위해서 사용되도록 한다. 이들은 인류의 '수호벽'으로서 지구를 외부의 악으로부터 보호한다.
        (3) 세 번째 유형의 초인들은 '데바'다. 이들은 천사들의 왕국에 소속되어 지구가 아닌 태양계의 다른 곳에서 천사단의 일을 한다. 일곱 길 중, 가장 느린 진화의 길로서, 결과적으로 가장 쉬운 코스이다.(데바는 원래 인도의 신 이름이다. 신지학에서는 이 이름을 따다가 학자마다 서로 다른 의미로 사용한다)
        (4) 어떤 초인들은 '로고스의 참모진'이 된다. 그들은 '위대한 대계획'에 따라 태양계 이외의 여러 곳으로 보내어져 주어진 일을 한다.

(5) 어떤 초인들은 제5체인을 시작하기 위해서 필요한 준비 작업을 한다.

(6) 여섯 번째, 일곱 번째 유형의 초인들은 무한한 힘과 지혜와 사랑으로 우리들의 의식이 이해할 수 없는 영적인 진화와 활동의 단계로 들어간다. 이들은 완전히 해탈(표준이론에서는 해탈은 고급영이 되어 환생을 그치는 것)하여 인간의식으로는 이해할 수 없는 방식으로 대계획에 공헌한다(지나라자다사,「신지학 제1원리」참조).

2. 그러나 퇴행최면의 대가인 마이클 뉴턴은 고급영은 환생하지 않는다고 주장한다. "고급영들은 영계에서 계획하고 지도하는 일에 몰두함으로써 더 이상 지구에 태어나는 일은 없다. 이는 영들이 자신의 에너지로 생명을 창조하는 훈련을 받게 되면 환생이 필요하지 않기 때문이다."라고 한다(마이클 뉴턴,「영혼들의 여행」참조). 그러나 장로나 마스터로 불리는 뉴턴의 고급영은 환생하지 않는다는 점을 제외하면 그 숫자나 하는 일로 볼 때 표준이론의 중급영 정도에 해당하며 고급영이 있다면 그가 말하는 '임재하신 존재' 정도가 아닌가 한다.(마이클 뉴턴,「영혼들의 운명2」e73쪽 참조)

(*) 4果가 아닌 5果, 즉 다섯 단계를 말하는 신지학자도 있다. 그럴 경우 아세카는 5단계다. 불교의 성문사과(聲聞四果)처럼 모두 힌두에서 나온 논설이다(4.3.9.7. '신지학의 자아의 발전단계' 참조).
(**) 초인인 아세카는 불교의 아라한의 윗급인 보살 역할을 한다. 따라서 초인(超人)은 표준이론에서 고급영 정도로 보인다. 표준이론에서 고급영(보살)은 환생하여 중생을 제도하거나 제3영계 이상에서 하느님의 창조사업에 일조하는 영이다.

尾46) 표준이론의 열반과 해탈 그리고 불교

1. 표준이론에서 열반은 혼이 수승하여 개체성을 극복하고 물성을 탈피하여 마침내 영으로 진화하여 영계에 드는 일이다. 또한 해탈은 영이 고급영이 되어 하느님을 항상 지복직관하는 합일의 경지에 드는 것이다.

2. 불설에서 범어인 열반(nirvana)은 nir(out)+vana(to blow)가 어원으로 그 본뜻은 '불어서 끄는 것', '불어서 꺼진 상태'를 뜻하며, 마치 타고 있는 불을 바람이 불어와 꺼 버리듯이 타오르는 번뇌의 불꽃을 지혜의 바람으로 불어 꺼서 일체의 번뇌가 소멸된 상태. 해탈은 삶과 수행의 궁극적인 지향점으로 생각하는 인간완성의 경지로서, 모든 속박과 한계로부터 해방되어 대자유를 이룬 경지를 의미한다.

3. 불교에서 열반은 업이 정지된 경지이며 해탈은 업이 사라진 경지라고도 한다. 따라서 열반은 업의 영향력에서 벗어나서 있는 일을 있는 그대로 알아보고 판단할 수 있지만, 업이 아직 남아있기에 미완성의 깨달음이다.(*) 표준이론과 잘 부합하는 설명이다. 표준이론에서 열반에 든, 즉 영계에 든 하급의 영혼은 윤회를 계속한다. 업이 아직 남아있는 미완성의 깨달음이기 때문이다.

4. 유가유식파는 열반과 해탈은 동의어로 사용하는 반면, 열반과 보리는 용어를 구분해서 사용한다. 유가유식파에서 '열반'과 '해탈'은 모두 아집(我執)인 번뇌장이 완전히 제거된 인무아(人無我)의 상태를 의미한다. 그리고 '보리(菩提)'는 법집(法執)인 소지장(所知障, 지적오만)이 완전히 제거된 법무아(法無我)의 상태를 의미한다. '성유식론'에서는 열반을 眞解脫이라고도 표현하며

보리를 대보리(大菩提 : 큰 깨달음, 완전한 깨달음)라고도 표현하고 있다.

5. 표준이론에서 열반은 혼이 영으로 진화(靈化)하여 영계에 드는 일이고 불교에서는 불생과의 아라한이 되는 일로 둘 다 그 경지를 이루기란 결코 쉽지 않다. 여기서 영화가 어려운지 열반이 어려운지는 비교대상이 되지 않는다. 그 어려움의 정도를 들어 표준이론의 열반과 불교의 열반의 似非似를 논함은 필요 없는 일이다. 표준이론에서 영화(靈化)를 이루는 일에 불교의 열반이라는 용어를 차용하기는 하나 이는 둘의 수준이 같아서가 아니다. 불교의 아라한이 영혼의 진화단계상 표준이론의 영과 완전히 같은 위치에 있기에 차용하여도 무방할 뿐이다.

(*) 깨달음이란 섭리에 눈을 떴다는 말로 세상만사를 대함에 있어 그 이치를 바로 알아보는 시각을 얻는 것이다. 깨달음은 지혜를 실천함으로써 얻고 體化하면 德이 된다. 표준이론은 불설과 달리 깨달았다고 하여 그것이 바로 열반으로 이어진다고 보지 않는다.('2.3.2. 앎과 觀과 믿음의 관이론(觀理論)' 참조)

尾47) 복합혼(詩)

꿈과 임꺽정

혼을 반으로 나누면
의식은 어디에 살까
남아있는 쪽에 산다
다시 혼을 반으로 나누면
의식은 어디에 살까
남아있는 반에 산다
다시 한 번 혼을 반으로 나누면
의식은 어디에 살까
1/8에 살까? 그 작은 곳에?
혹시 뿔뿔이 흩어지지 않을까?
그래서 그만 죽지 않을까?
임꺽정이 해봤다
죽나 사나 마찬가지니 죽나 사나 보려고
아니 죽으려고

尾48) 불교의 이승의 범위

1. 불교의 3계6도는 모두 윤회의 터전인 이승(사바세계)에 속한다. 불교의 욕계 6천, 즉 天上道는 이승이다. 그뿐 아니라 색계, 무색계도 저승이 아니라 이승이다. 불교의 저승은 중음(中陰)을 환생터미널로 한 이승적 저승인 것이다. 이를 이승적 저승관이라고 하자. 힌두와 신지학 그리고 표준이론도 어느 정도는 이승적 저승관이다. 결국 윤회관을 가진 종교와 사상의 저승은 어느 면에서 이승적이다. 어떤 이승적 저승관에서는 저승이 모두 우리 우주의 어느 곳에 있다고도 한다. 금성이나 화성이 그런 곳이라고 주장하는 사람들도 있다. 다중우주 어디쯤이라고 주장할 수도 있다. 그러나 표준이론에서 이승적 저승이라고 해서 저승이 물리세계는 아니다. 모두 환생의 터전이라는 의미에서 이승적일 뿐이다.

2. 불교에서는 욕계6도만 윤회의 터전(Bhavachakra)으로 보는 견해도 있다. 이른바 육도윤회(六道輪廻)다. 불교신자들에게는 이 견해가 더 익숙할 것이다. 이승적 저승관이 상식 밖이기 때문이다.

3. 또는 인간도와 축생도만 윤회의 터전으로 보는 견해도 있다. 사실 현실적으로는 이 견해가 더 합리적이다. 수미세계의 개념에서 볼 때에는 비논리적이지만 인간도와 각 도에 걸쳐 있는 축생도를 제외하면 3계6도의 모든 곳이 저승으로 보여 나타난 개념으로 보인다.

4. 일세계나 수미세계 또는 그것이 10억 개나 모여 이루는 佛土, 경토, 삼천대천세계, 사바세계 등의 용어는 모두 윤회의 터전인 바바차크라를 묘사하기 위한 용어다. 이승적 저승관에서는 윤회에 초점을 맞추어 본유(本有)를 끝낸 수미 각처의 중생들이 차생으로 떠나기 위해 중음신(中陰身)으로 갈아입고 모이는 곳인 중음(中陰)만이 저승이다. 그러나 불교의 이승적 저승관도 다른 사상과 종교에서처럼 인간도는 가장 조악한 기로 구성된 물질세계다. 불교도 28천은 위로 갈수록 정미(精微)한 기로 만들어진 세계 또는 무색(無色)의 세계인 것이다. 따라서 불교의 이승적 저승관은 일반적 저승관과 내용 면에서 큰 차이가 없다.

5. 3계6도론은 힌두에 기인한다. 힌두에도 수많은 天이 있고 거기에 사는 유정은 모두 神으로 불리며 그 수는 3억 3천만 명이 넘는다고 한다(미주 81 '삼계육도와 힌두교의 저승' 참조).

尾49) 혼을 가르쳐 영으로 발전시키는 일

가난한 영

聖人으로 태어나지 못함을
賢明한 사람으로 태어나지 못함을
더 착한 사람으로 태어나지 못함을
슬퍼하고 분해하며
이 삶 내내
내 혼을 닦고 또 닦아야 산다

마음에 몰래 품은 惡을 문득이라도 발견하게 되면
솟구쳐 오르는 情念에 걸려 넘어져 코피라도 터지면
어느 사이 머리를 꽉 채운 邪念에 빠져 작은 人事라도 不省하면
크게 슬퍼하고 분노해야 산다
아직도 그만큼 영이 가난하기 때문이다

기억력이, 시력이, 체력이, 시간이 줄고 있다
매분 매초 혼의 멱살을 잡고
놈을 길들여야 산다
또 태어나지 않으려면
항상 슬퍼하고 크게 분노해야
영원을 산다

尾50) 혼과 영의 차이

영은 나고 혼은 너다
혼은 사고치고 영은 사과한다
혼은 후회하고 영은 반성한다
혼은 조급하고 영은 느긋하다
혼은 힘이세고 영은 허약하다
혼은 초롱초롱 영은 꾸벅꾸벅
혼은 사냥개고 영은 주인이다
혼은 겁이많고 영은 용감하다
혼은 無明하고 영은 지혜롭다
혼은 不定하고 영은 肯定한다
혼은 몸을 살고 영은 하늘을 산다
혼은 다시 살고 영은 영원히 산다
혼은 살고 싶다 영은 죽어도 좋다
혼은 잘 살고 싶다 영은 잘 죽고 싶다
혼은 갈 데가 많다 꼭 가 봐야 알기 때문이다
영은 갈 데가 없다 안 가 봐도 알기 때문이다
혼은 걱정이 많다 욕심이 많기 때문이다
영은 걱정이 없다 욕심이 없기 때문이다
혼은 이기적이고 자존심이 강하여 소유욕과 명예욕의 노예다
영은 아무 관심이 없다
혼은 붙어살자고 한다 영은 떨어지자고 한다
혼은 자의식이고 영은 참나다
혼은 피곤하고 졸리지만 영은 잠이 없다
혼은 쉬 늙지만 영은 항상 젊다
혼은 장사를 하고 영은 공부를 한다

尾51) 영과 수호령 문제

1. 수호령은 인물, 사물, 장소 등을 수호하는 영적존재로서 사람의 수호령일 경우 각 개인의 탄생과 함께 개인에 부속한다. 반면 수호신은 신의 세계의 상위를 차지하고 있는 존재를 뜻한다 (종교학대사전).

2. 수호령이란 말이 나타나게 된 배경과 관련하여 수호령의 다양한 의미를 살펴본다.
    1) '표준이론의 영(靈)'과 비슷한 개념의 수호령 : '혼들의 세상'에서는 혼이 자아의 방을 장악하고 자신이 자아의 주체인 양하는데 정작 집주인이자 방주인인 영은 자신이 주인인지도 모르는 일이 다반사다. 또 혼은 영을 객으로 구박하거나 영을 자기를 도와주는 외부의 영적 존재 정도로 안다. 자아의 주인은 정작 영인데 혼이 오만방자하고 반면 영은 무능유약하여 결국 혼이 평생 자아의 방을 차지하고 주인행세 하는 것이다. 그렇다 보니 이런 수호령 개념이 나타났다. 그렇다면 유약한 영이 있을 뿐 수호령이란 없다.
    2) '영(靈)'이나 혼(魂)들이 환생하기 전에 교육하는 스승령 : 스승령은 환생할 영과 혼의 이승

실습계획을 작성해 주고 넘어야 할 과제를 부여해 주며, 한 몸을 이룰 영과 혼을 짝지어 준다. 나아가 이들 스승령은 영과 혼의 이승생활도 지도하고 돌봐 준다. 이들로부터 수호령이란 말이 나왔다. 그렇다면 수호령은 개인교사가 아니라 스승령이다.

3) 사전적 의미의 개인교사로서 수호령 : 영매인 리사 윌리엄스는 모든 사람에게는 수호령이 있으며 심지어 하나가 아니고 그룹으로 붙어 있다고 주장한다. 그 그룹에는 主인도령과 인도령 팀원, 수호천사, 치유령, 장로가 있다. 그 내용을 요약해 보면(리사 윌리엄스, 「죽음 이후의 또 다른 삶」 참조)

   (1) 보통 사람들은 수호령 그룹과 소통하기 어렵다. 그러나 리사 윌리엄스는 무당(영매)인 이유로 일반 사람들과는 달리 수호령(主인도령)과 자유자재로 의사소통하며 수호령 외 그 팀원들과도 경우에 따라 교통한다고 한다.
   (2) 치유령도 수호천사처럼 필요할 경우 도와주는 존재다.
   (3) 장로는 '마스터'로 고급영이다.
   (4) 이들 말고도 수호천사가 별도로 있는데 이들은 영이 아닌 천사다.

3. 그러나 '모든 사람에게 수호천사가 있다'라는 리사의 주장은 지구 인구보다 더 많은 천사가 있다는 것을 전제로 한 주장이 되므로 표준이론의 세계관과는 맞지 않는다. 표준이론에는 수호령이나 수호천사는 없다. 다만 위 2의 1) 영과 2)의 스승령이 있을 뿐이다. 또 스승령은 1:1 가정교사가 아니다. 저승이 거주지이며 필요하면 이승의 제자들을 위하여 지상에 출장(出場) 온다. 영이 있는 사람에게도 스승령이 있다. 영과는 그 역할과 임무가 다르다. 영은 이승에 박사코스 공부하러 왔고(학생) 수호령은 일하러 왔다(교수). 따라서 혼의 스승령도 있고 영의 스승령이 있으니 영이 있는 사람에게는 두 스승령이 있다.

4. 수호령과 관련하여 천사는 어떤 존재인가?
1) 스베덴보리는 천사가 수호령이라고 하며 표준이론과 달리 그 천사는 사람의 영이라고 한다. 스베덴보리는 사람이 명종 후 천국에 들면 영인(靈人)이 되는데 이 영인을 천사라고 말하고 있다. 또한 그는 "모든 인간은 천사가 되기 위해 태어났다."고 주장하였다. 표준이론으로 볼 때 스베덴보리가 이렇게 말한 이유는 혼영이 고급영으로 발전하면 윤회를 멈추고 영계에 거하며 하느님의 일을 하기 때문에 그가 천국에 갔을 때에는 이미 영계는 혼영과 신영으로 가득해서 그랬을 것으로 보인다. 그러니 지금쯤 천국은 역할(직업)이 중요하지 천사출신과 영출신 간의 구분이 특별히 필요 없을 것이다.
2) 신지학에서 천사는 혼이 진화한 존재다. 스베덴보리에서처럼 하느님께서 천사를 따로 창조하신 것이 아니다. 광물 생명에서부터, 그 생명이 식물 형태, 동물 형태 그리고 이후 인간의 혼과는 달리 자연령 혹은 요정들 그리고 마지막으로 천사(Deva)가 탄생한다는 것이다 (지나라자다사, 「신지학 제1원리」, 제1장 생명과 형태의 진화들 참조).
3) 그러나 일반적으로 천사는 인간과 달리 육이 없는 정신적 존재이며 영계에 산다고 한다. 표준이론 또한 천사는 진화로 창조된 것이 아니고 하느님으로부터 직접 창조되었으며 위계(位階)가 있다고 본다. 예를 들어 僞디오니시우스는 세라핌, 케루빔, 쓰론, 도미니온, 파워, 오토리티어즈, 프린시펄리티, 아크엔젤, 엔젤의 위계를 말한다.

尾52) 사랑방 손님과 주인

동네에 버젓한 양반집이 하나 있었다
그런데 어느 때부턴가
그 집안 돌아가는 꼴이 수상타 소문이 났다
그래서
이웃집 양반이 그 집 주인 양반을 만나러 한번 가 봤단다

사랑에 들어 수인사를 하고 마주 앉아 보니
집주인 생긴 건 멀끔한데 뭔가 부족하더란다
귀티도 부티도 문자속도 하다못해 카리스마도 없어 보이고
꼭 무슨 늙고 성마른 셰퍼드 같아
이 者가 분명 양반은 아니로구나 직감하여
주인어른은 어디 가고 네 놈은 누구냐 하였더니 그 흔놈
처음에는 분기탱천하여 웬 무례요 내 이 자를 당장 끌어내리라 하며 악을 쓰길래
관졸을 풀어 사또 앞에 끌려가야 직고하려느냐 이놈 하며 엄히 족치니
애고 주인나리께서 아직 어리고 약하고 아파서 뒷방에 모시고
하인 놈인 소인이 대신 여기 앉아있나이다 하며 납작 엎드리더란다

어처구니가 없어
주인어른 썩 모셔오너라 이놈 하였더니
다락문이 빼꼼히 열리며
비리비리 뼈쩍 마른 작고 허연 사내가
내 여기 있소 하며 멋쩍게 웃으며 나오더니
하는 말이
내 잠이 많아 평소 쭉 자오 몸도 안 좋고 배도 항상 좀 고프오
아니 이 집안이 어찌 되어 이 지경이요 탓을 하였더니
허허 어쩌다 그리 됐소 남의 집안일이니 그만 모른 체하오 하기에
허허 거참 하며 그만두었다고 하더라

그런데 빌어먹을
이게 다 우리 집안 이야기다

尾53) 회개(metanoia)에 대하여

1. '회개'와 관련된 성경 번역상의 문제

    예수님은 "회개하라, 천국이 가까왔느니라."(마태오 4:17)라고 하였다. 회개는 그 사전적 풀이가 '잘못을 뉘우치고 고침'이다. 영어성경(KJV, NIV, NASB)에서도 공히 "Repent, for the kingdom of heaven is near."라고 하여 뉘우친다는 의미의 Repent를 사용하고 있다. 그러나 신약성경의 원문에는 헬라어로 메타노에오(metanoeo)란 단어가 사용된다. metanoeo는 '~를 초과하여'라는 뜻의 전치사 meta와 '알다'라는 동사 noew가 합성된 단어로 이전의 생각이 완전히 바뀌어서 완전히 새롭게 된다는 뜻이다. 단순히 잘못을 뉘우치고 다시 행하지 않는

다는 정도나 몇 가지 잘못된 태도나 습관을 고치는 것에 머무는 것이 아니라 '의식의 변화'를 뜻하는 말로서, 속사람이 '근본적으로 변한다'는 뜻이다. 그런데 metanoeo를 Repent나 회개로 번역한 이유는 성경번역자가 대중을 교화시키려는 의도하에 알기 쉽고 직접적인 용어를 사용한 때문으로 보인다. 그러나 성경에서 사용하는 회개의 의미가 본래의 의미와 큰 차이가 있다는 것을 언어학자들도 눈치채고 국어사전에 "[기독교] 신앙생활로 들어가는 데 필요한 요건의 하나. 살아온 삶이 잘못되었음을 자각하여 죄임을 반성하고 그로부터 벗어나려는 뜻을 세워 새로운 생활로 들어가는 일을 이른다."라는 풀이가 덧붙었다.

2. 표준이론에서 회개는 자아의 수준변화, 영과 혼의 발전 나아가서 생혼이 각혼으로 각혼이 지혼으로 그리고 혼이 영으로 진화(進化)하는 것까지 포함한다. 예수님은 혼들의 세상에 오셔서 "영이 되어라, 천국이 가까웠느니라."라고 하신 것이다. 이때 성령의 역할은 혼을 영으로 진화시키고 혼 속에 천부적으로 내재한 하느님의 불씨에 바람을 불어넣어 발화(發火)시키는 것이다.

尾54) 자의식의 장애와 표준이론

혼은 고급혼이 될수록 단일성과 개성이 강화된다고 하나 그 정체가 '기의 뭉침'이기 때문에 고급혼 나아가서 순수영체인 영이 되기 이전에는 우울증, 이인증, 강박증, 페르소나 팽창(야누스), 비현실감, 각종 중독증과 악습, 주의력결핍장애(ADHD), 자살충동증 등의 정신적 장애 나아가 이중인격 등의 자의식 장애를 완전히 극복하기 어렵다. 정신의학이나 심리학에서는 이를 뇌의 물리적 이상에 따른 장애로 보지만 이는 과정론일 뿐이고 표준이론은 복합혼현상(종혼현상)에 의한 분리의식(6.12.1.2. '잠재의식'참조)에서 기인하는 경우가 많을 것으로 판단한다. 따라서 그 (자가적)치료를 위해서는 영혼육의 구조에 대한 냉철한 이해를 기반으로 명상과 기도의 수행(修行) 그리고 해업과 수덕(修德)의 구도적 노력이 필요하다. 아래에서 자의식 장애를 중심으로 표준이론 입장에서 그 내용과 원인을 알아본다.

1. 자아의 능동성의식과 현실감의 장애
   1) 작위체험(作爲體驗) : 자기가 능동적으로 행동하고 있는 것이 아니고 타인이 시키고 있다고 느끼는 의식 장애로 표준이론으로 볼 때 그 타인은 종혼(從魂)이다.
   2) 이인증(異人症, depersonalization) : 자신이 낯설게 느껴지거나 자신과 분리된 느낌을 경험하는 자기 지각 이상 장애로 게슈탈트 붕괴(Gestaltzerfall)도 이 범주다. 일시적인 이인증 경험은 정상적으로도 흔히 나타날 수 있으며, 50~70% 정도는 일생에 이런 경험을 한다는 보고가 있다. 외상(外傷, trauma)은 이인증 발생과 관련이 깊은데, 이인증을 경험하는 환자의 1/3~1/2 정도에서 심각한 외상을 경험한 적이 있다. 또한, 생명을 위협하는 경험을 한 사람들의 60% 정도에서 사건 당시나 사건 직후에 일시적인 이인증을 경험한다고 보고되고 있다. 표준이론으로 보면 이는 혼이 심각한 충격을 받으면 혼의 물성으로 인하여 그 구성요소인 주혼과 종혼간의 조화가 일시적으로 와해되거나 不安해지기 때문에 나타나는 현상이다.
   3) 강박증(强迫症) : 본인의 의지와 무관하게 어떤 생각이나 장면이 떠올라 불안해지고 그 불안을 없애기 위해서 어떤 행동을 반복하게 되는 질환으로 자기의 생각인데도 자기가 스스로 이를 억제할 수 없는 장애다. 불안행동과 관련된 신경전달물질인 세로토닌이 분비되고 대사되는 과정에 불균형이 생겨서 나타나는 증세라고 하는데 이는 말한대로 과정론(현상론)적 주장이다. 표준이론으로 볼 때 강박증의 원인은 주혼과 아직 일체화가 덜 된 종혼의 의식이 불쑥불쑥 현재화하는 이유가 크다.

4) 비현실감(非現實感, Derealization) : 심리적 증상으로, 자신의 몸과 마음이 분리된 것 같은 느낌이나 제3자가 되어 자신을 내려다보는 것 같은 느낌 등으로 자신이 현실에 존재하지 않는 것 같은 기분을 가지는 증상이다. 많은 사람들의 잠깐씩 비현실감을 경험하지만, 이러한 증상이 반복적이고 지속적으로 일어나거나 잘 없어지지 않고, 대인관계, 학교, 직장생활과 같은 삶의 영역에서 기능적인 장애와 어려움을 초래한다면 비현실감 장애로 진단될 수 있다. 비현실감 장애는 보통 청소년기 또는 성인기 초기에 발병하는 것으로 알려져 있다. 이는 혼뇌에 은연(隱然)한 前生이 불현듯 등장하는 현상이거나 종혼현상의 일종일 수 있다.

2. 해리성 정체감 장애(Dissociative identity disorder)
   1) 도플갱어(自己像幻視, doppelgänger, autoscopy) : 자신과 똑같은 모습의 환영을 보는 증상으로 현대의학에서는 자아분열과 같은 정신질환의 일종으로 본다. 정신적으로 큰 충격을 받았거나 현재 자신의 모습과는 정 반대의 성격을 갈망한 나머지, 스스로 그러한 자신의 환영을 만들어 낸다는 의견이지만 허사(虛辭)이고 이는 극심한 종혼현상임이 틀림없다.
   2) 다중인격(multiple personality syndrome)
      (1) 한 사람 안에 둘 이상의 확연히 구별되는 정체(正體) 혹은 성격이 있어서, 그것들이 교대로 개인의 행동을 통제하는 현상을 지칭하는 희귀한 정신장애다. 각각의 성격은 그 나름의 주체성과 이름, 그리고 관계성을 가지고 있지만 서로를 의식하지 못한다. 이렇게 서로의 정체가 의식되지 않는 것은 각 성격 사이에 기억상실과 의식의 단절에 의해서 자기동질성을 유지하려는 방어기제가 작용하기 때문이라고 설명되고 있다. 또 정신의학에서 이중인격에서 보이는 인간 내면의 복잡성은 '무의식의 존재'에 기인한다고 하면서 의식의 영역에 존재하기에 부적합하다고 무의식적으로 평가된 것들은 무의식에 의해 무의식 영역으로 침잠되어 버린다고 한다.
      (2) 이러한 정신의학적 소견은 누가 봐도 췌사(贅辭)요 어희(語戱)다. 한 사람 내에 있으면서 서로 분리 독립되고 기억장치마저 달리 가지는 존재들을 '각 성격'이라고 얼버무리며 그 성격들은 서로 간 의식단절이라는 둥 자기동질성을 유지한다는 둥 인생관이 바뀔 엄청난 말을 아무 거리낌 없이 하니 말이다. 게다가 '무의식'이 언제부터 '존재'가 되었는가? 그들이 말하는 '무의식의 존재'는 존재이면서도 존재가 아닌 경천동지할 존재다.
      (3) 이러한 정신의학적 해석을 떠나면 다중인격은 보통 귀신들림(憑依)으로 이해된다. 실지로 많은 경우 해리성 장애는 빙의현상에 기인한 것이다. 학자들도 이를 인정하는 경우가 많다. 사실이 그렇기 때문이다.(**) 그러나 표준이론은 빙의뿐 아니라 '복합혼현상(종혼현상)'이 해리성 장애의 또 다른 원인일 것으로 본다. 특히 인격 간의 기억상실과 의식단절 현상은 다중인격이 표준이론의 복합혼(***)에서 기인한 것임을 보여준다. 다중인격이 병적으로 나타날 정도의 복합혼이라면 그 사람의 주혼과 종혼(從魂)이 태어날 때부터 자신의 혼뇌도 각각 가지고 있으며 그 반영(反影)이 몸뇌(잠재기억)에도 있어 분리의식 현상을 보인다(6.12.2. '표준이론의 의식구분' 참조).
      (4) 몸뇌와 혼뇌는 그 발현에 생기체시스템에 의한 엄격한 질서가 있다. 생시에는 혼이 전체적으로 몸에 구속되어 있는 까닭에 뇌 또한 생시, 특히 몸뇌가 활동하는 각성 시에는 혼뇌가 전면에 나서지 못한다. 그러나 예외가 있다(6.3.1. '생기체' 참조). 복합혼이 종혼의 발호(跋扈)로 인해 이중인격을 보이는 경우도 그 한 예다. 이중인격이 나타날 때 종혼은 자신의 혼뇌에 기반한 인격과 기억을 가지고 이질적인 '분리의식'으로 현재화한

다. 종혼은 자신이 의식을 장악하였을 때의 기억을 몸뇌의 잠재기억(이는 전두엽이 손상되면 성격이 변화하는 것과 관련이 있어 보인다)과 혼뇌의 종혼의식부분에 저장하였다가 나중에 종혼이 다시 표면으로 드러나 현재화하면 이를 사용하여 활동한다. 정신분석학은 해리성장애의 이중인격을 설명하기 위하여 '분리의식'과 '무의식의 존재(의식 없는 존재, 존재하지 않는 존재, 미지의 존재)'를 말하는데 그 실체는 종혼의식이다(6.12.1.2. '잠재의식' 참조). 업(業)의 많은 부분도 복합혼의 것일 수 있다.

(5) 한편 이중인격을 히스테리의 한 증세로 보고 현실에서 채워지지 않았던 욕구나 소망이 의식에서 분리 독립하여, 이것이 의식을 지배한 것이 이중인격의 한쪽 인격으로 간주된다는 의학적 주장도 있다. 그러나 이와 같은 정신의학적 원인분석은 원인을 제대로 분석해 내지 못하고 서로의 어리석음에 의지하여 나온 의견이다. 표준이론에서 볼 때 이는 빙의이거나 종혼이 주혼을 압도한 것일 뿐이다.

(6) 미국의 정신과의사 푸트남(F.W.Putunam)은 다중인격장애가 인격뿐 아니라 감정, 의식, 필체, 지능지수, 외국어구사력, 뇌파, 자율신경기능, 시력, 나아가서 가지고 있는 종양과 알러지 증상까지 바꾸게 한다고 발표하였다(이섬백, MBST 마음과 몸과 영혼의 통합자연치유, 195쪽). 이는 정신체의 변경, 즉 자아의 방의 주인이 주혼에서 從魂으로 바뀌는 다중인격 현상이 인격과 지능의 변경을 가져오는 것은 당연한 것이지만 이로 인하여 시력이나 체질까지 바꾼다는 것은 정신체가 생기체와 육체의 구체적 기능과 능력에까지 심대한 영향을 준다는 것이어서 매우 흥미롭다.

3. 자아의 연속성 장애
   1) 교대 인격 : 히스테리의 몽롱 상태
   2) 분열병자의 자기변화감

4. 자기와 외계, 타인을 구별하는 한계의식의 장애
   1) 망상적 동일화 : '나는 神이다' 類의 망상
   2) 사고전파 : 자기의 생각이 밖으로 확대된다는 망상

5. 자의식 장애 외
   1) 중독증 : 도박이나 알코올, 섹스, 마약 등에의 중독이나 도벽, 낭비벽, 방랑벽 등 제어가 곤란한 악습은 종혼현상일 가능성이 매우 크다. 심지어 고치기 어려운 나쁜 습관도 그렇다.
   2) 주의력결핍장애(ADHD) : 이 역시 주혼이 종혼을 적절히 통제하지 못하는 원인일 가능성이 크다. 성장함에 따라 주혼이 신체와 종혼을 장악하게 되면 줄어들 것이나 성인이 되어서도 잔재가 남는다면 이 역시 기도와 명상으로 자신을 들여다보고 심일경성(心一境性)을 키워 종혼을 통제하고 조화를 이루어 화합할 필요가 있다. 방치시 명종 후 분열할 수 있다.
   3) 조현병, 뇌전증, 우울증(6.7.2. '혼의 장기(臟器)와 병(病)' 참조), 자살충동증(미주 309 '자살(自殺)' 참조), 치매(미주 317 '치매에 대하여' 참조) 등도 많은 경우 그 원인이 종혼현상이다.

(*) 해리성 장애(解離性 障碍, dissociative disorders)
평상시에는 통합되어 있는 개인의 기억, 의식, 정체감, 지각기능 등이 붕괴하여 와해된 행동상태를 말한다. 여기서 '해리'라는 것은 연속적인 의식이 사라지고 단절되어 다른 의식체가 나타나는 현상을 말한다. 이러한 해리현상은 개인의 심리적 갈등이나 외부적 충격에 대한 자기방어기제로 나타날 수 있다고 알려져 있으며, 갑자기 장애가 나타났다가 곧 사라지기도 한다. 해리성 장애의 종류로 해리성 기억상실, 해

리성 정체 장애, 해리성 둔주 등이 있다. 모두 표준이론의 '복합혼현상(종혼현상)'이다.
1) 해리성 기억상실(解離性記憶喪失, dissociative amnesia)은 강한 스트레스 상황에 처했을 때 부분적으로 기억을 잃어버리는 증상을 말하며, 해리성 장애 중 가장 흔하게 나타난다. 대부분 해리성 기억상실 환자는 조용하게 고립된 생활을 하며, 단순한 직업을 가지고 사는 경우가 많다.
2) 해리성 정체장애(解離性正體障碍, dissociative identity disorder)는 다중인격장애가 대표적인데 이는 한 사람 안에 다수의 정체감이나 인격상태가 존재하는 것을 말한다.
3) 해리성 둔주(解離性遁走, dissociative fugue)는 과거의 기억과 정체감을 상실하고 본래의 가정과 직장을 떠나 방황하거나 전혀 새로운 정체성을 가지고 살아가는 현상을 말한다. 해리성 기억상실증과 달리 의도성이 크고, 새로운 성격으로 정상적인 기능을 한다(간호학대사전 등).

(**) 해리성 장애가 빙의현상에 기인한 것으로 보는 학자들
1) 근대 심리학의 창시자인 윌리엄 제임스(William James 1842~1910)는 악마적 빙의가 존재한다고 주장하였고
2) 미국의 정신과 의사이자 심리학자인 칼 위클랜드(Carl Wickland 1861~1945)는 정신 질환은 죽은 사람의 영혼에 의한 영향력의 결과라고 주장하였다.
3) 영국의 정신과 의사 아더 거드햄(Arthur Guirdham 1905~1992)은 40여 년간의 임상치료 결과를 바탕으로 전생뿐 아니라 귀신들림이나 영적인 간섭이 많은 경우 신체적, 정신적 질병의 원인이 된다고 주장하였다. 또한 그는 어떤 질병이라도 그 원인이 전적으로 현생에서 기인하는 병은 없다고 하여 질병의 원인을 전생에서 찾았다.
4) 미국의 정신과 의사 조지 리치(George Ritchie 1923~2007)는 젊어서 임사체험 후 1978년 「Return from Tomorrow」란 책을 통해 이를 증언하였다.
5) 미국 뉴욕의 내과 의사였던 티투스 불(Titus Bull Titus 1871~1946)은 환자에게 또 다른 영혼이 붙어있을 가능성을 처음으로 주장하였다. 그는 우선 정신질환 환자에 대해 의학 서적에 기초한 통상적인 치료를 하였지만, 정상적인 진단과 치료로도 효과가 없는 경우에는 영적인 부분에서 원인을 찾았다.
6) 치과의사 출신인 미국의 윌리엄 볼드윈(William Baldwin 1938~2004)은 보다 효과적으로 치과 환자를 치료할 목적으로 심리학을 연구하여 오늘날 가장 많이 사용되는 빙의치료(Spirit Releasement, Exorcism) 방법을 개발하였다.
7) 미국의 정신과 의사 랄프 앨리슨(Ralph Alison)은 "세계 각지의 고문헌에는 하나같이 악마와 퇴마 이야기가 등장한다. 과학자들도 퇴마의식을 이해하려면 먼저 악마와 빙의의 존재를 믿어야 한다."라고 하며 엑소시즘(退魔) 자체가 환자에게 심리학적으로 좋은 영향을 끼친다고 밝혔다. 그동안 정신분석학자들은 엑소시즘의 실체를 파헤치려 노력을 해왔고 이를 둘러싼 논쟁을 벌여왔다. 과연 엑소시즘이 정신적 측면에서 치료효과를 가졌느냐가 논쟁의 핵심이었다. 칼 구스타프 융 역시 환자의 상태가 엑소시즘 뒤 호전되는 것은 정신적 치료효과가 있다는 의미라고 주장했다.

(***) 복합혼의 특성
복합혼현상은 다음과 같은 성격적 특성들을 보인다.
1) 변덕스럽다. 변덕은 태도나 성향에 일관성이 없음을 말한다. 예측불가능한 정도의 다른 변덕을 보이면 다중인격에 가까워진다.
2) '내 마음을 나도 몰라 증후군': 외부에 나타나는 변덕까지는 아니더라도 스스로 설명이 안 되는 마음의 급격한 변화를 자주 겪는다. 자신마저 왜 이리 감정의 변화가 심한지 알 수 없다. 이는 보통 사람이라도 조금씩은 가지고 있는 경향이지만 심하면 조울증 등으로 병적이 되기도 한다.
3) 서로 어울리지 않는 야누스(janus)적 성격들을 보인다. 집에서는 심하게 어질러 놓고 살면서 학교나 직장에서는 깔끔한 정돈 성향을 보인다. 머리는 단정하게 빗으면서 옷은 며칠이고 갈아입지 않는다. 수다스러우면서도 정작 남의 반응에는 관심이 없다. 포악하면서도 정감 있다. 주사(酒邪)가 있다. 열심히 벌어서 도박에 바친다.
4) 소질과 취미가 다르다. 운동 능력이 뛰어남에도 운동을 싫어한다. 노래를 잘하면서도 노래를 싫어한다. 머리가 좋음에도 공부를 못한다.

尾55) 과정론법(過程論法)

1. 신경의학자들은 뭔가가 경두개(經頭蓋)를 자극하면 환영(幻影)이 나타난다는 사실을 발견하였다고 발표하였다. 그들은 그 '뭔가'가 뭔지를 연구했지만 가장 개연성 있는 뭔가의 정체는 그들의 마음에 매우 안 들었다. 그래서 그들은 망치로 경두개를 때려보았다. 그랬더니 그때에도 환영이 나타났다. 그래서 뭔가가 경두개(經頭蓋)를 자극하면 환영(幻影)이 나타난다는 사실만 발표하면서 환영의 원인은 망치 같은 것일 가능성이 크다고 설명하였다. 이러한 연구방법을 과정론법(過程論法) 또는 현상론법(現象論法)이라고 하자. 원인과 결과사이의 구성요소와 그 관계를 알아내고 각 요소 간 인과(因果)의 메커니즘을 합리적으로 설명하는 것이 '이론(理論, theory)'이다. 과정론법 또는 현상론법은 원인을 추적하다가 능력부족 또는 이즘(ism)적 이유로 중단하고 메카니즘 중 그 일부만을 가지고 이론으로 제시하거나 같은 결과를 가져오는 유사한 원인으로 원인을 대체하여 인과이론을 구성하는 사이비 논법이다. 망치로 머리를 맞으면 아프다는 사실은 개(dog)도 안다. 따라서 그들의 이런 논법을 '개론(dog-like theory)'이라고도 부른다.

2. 표준이론에서 볼 때 위 '뭔가'의 말단은 생기체다. 생기체는 혼의 일부분으로서 혼의 정신체와 육체를 연결시키는 부분이니 경두개에 자극을 주는 최종 '뭔가'는 결국 정신체나 그 윗단의 양심체 또는 영이거나 외부의 영적존재다. 생기체는 신경세포(neuron) 간에 신경전달물질을 분비하여 몸을 통제하고 조작한다. 이는 생기체의 두 가지 시스템 중 하나인 '신호 전달시스템'에 의한 것이다(6.3.1. '생기체' 참조).

3. 우리는 명상으로 드물게 천상의 풍경이나 아름다운 노래 등의 환상을 경험할 수 있다. 그러나 유쾌한 경험이 아니라면 명상이 아니라 명상 중 유체이탈이나 외부 영적 존재의 침탈을 경험한 것이다. 어떤 뇌신경학자가 명상 중 뉴런에서 신경전달물질이 분비되는 현상이 나타나는 것을 본 다음 이 현상에 과정론을 적용하여 명상 중의 모든 경험은 신경전달물질이 분비되는 현상일 뿐이라는 또 하나의 과정론을 유추하였다.

尾56) 탈락(脫落)

대뇌피질만 발달한 자여
아쉽지만 탈락일세
그런데 요즘 수명이 길어진 탓에
방법이 있네

여행 가기
피정 가기
小食 하기
입 다물기
희생 하기
TV와 술 끊기
어렵겠지만
이런 거 한번 해 보고 죽으시게

尾57) 혼들의 세상

보고 싶다. 만나고 싶다

세상은 혼의 것
혼들이 사는 곳
세상에 가득한 혼의 氣에 눌려
영들은 숨을 죽이고 있다

영의 눈을 가진 사람
영의 말을 하는 사람
영의 향기를 품은 사람
그런 사람을 보고 싶다. 만나고 싶다

혼이 영을 제치고
생각하고 말하고 설치고 있으나
그 많다던 영은 다 어디 갔나
혼에 가려 천지에 종적이 없네

영은 이 사람들 안에 있다는데
하늘나라는 이미 이 땅에 와 있다는데
어찌 된 셈이냐
영들은 모두 숨을 죽이고 있구나

광부가 땅속에서 다이아몬드를 캐내듯
농부가 들판에서 수고 끝에 추수하듯
혼을 키워 하느님께 드리러 왔는데
숨 막히는 인두겁을 쓰고 왔는데

보고 싶다 만나고 싶다. 외로워서
배우고 싶다 알고 싶다. 너무 몰라서
기대고 싶다 따르고 싶다. 힘들어서
영의 눈과 영의 말과 영의 향기가
점점 멀어진다
넘넘 그립다

尾58) 10행(十行)

1. 10행은 '보살영락본업경'에서 설하고 있는 보살 수행계위인 10신, 10주, 10행, 10회향, 10지, 등각, 묘각의 52위 가운데 21~30계위로서 10행을 말한다. 환희행(歡喜行), 요익행(饒益行), 무진한행(無瞋恨行), 무진행(無盡行), 이치란행(離癡亂行), 선현행(善現行), 무착행(無著行), 존중행(尊重行), 선법행(善法行), 진실행(眞實行)이다. 보살이 십행(十行)을 일으키는 것은 일체의 지혜

를 증장(增長)하려 함이요, 모든 장애를 떠나서 무엇에도 집착하지 않는 세계에 들어가기 위한 것이며, 진실에 사는 한량없는 방편을 얻기 위한 것이고, 모든 진리를 받아들이고 몸으로 행하기 위해서이다. 화엄경 제17장 십행품(十行品)에서는 보살행의 진수를 설하는 절절한 마음을 읽을 수 있다.

2. 표준이론에서 십행의 경지는 3단계 현인(賢人)의 수준이다. 성문사과(聲聞四果)로 보면 그 첫 번째 단계인 수다원(須陀洹) 수준으로 명종 후 준영계의 욕계 6천으로 귀향한다.(*)

(*) 불교의 28천은 윤회의 터전인 이승에 속하지만 표준이론으로 보면 고급혼들의 저승인 준영계를 그 수준별로 구분한 것이다. 보살수행계위와 성문사과는 이승 유정들의 보살행 수준과 깨달음의 정도를 나타내는 것이지만 28천의 묘사와 짝을 맞추어 표준이론의 자아수승도(인격지수)와 비교함으로써 일이관지(一以貫之)를 꾀하였다.

尾59) 십회향(十廻向)

1. 십회향은 보살이 수행하는 52계위 가운데 십행의 위에 있는 31번째에서 40번째까지의 계위를 가리키는 용어로 십회향 계위의 보살은 수행을 통해 즐거움, 특별한 능력, 지혜 등을 얻게 되는데, 이것을 중생에게 돌리므로 회향(廻向)이라고 말한다(한국학중앙연구원, 「한국민족문화대백과」).

2. 십회향은 성문사과의 사다함(斯多含) 수준으로 3계6도 중 색계에 가당한 수행수준이다. 따라서 명종하면 준영계의 해당 저승으로 간다. 표준이론의 3.5단계 자아로서 위인(偉人)이다.

尾60) 십지(十地)

1. 화엄경에서 천명한 52위 중 제41에서 제50까지의 계위다. 보살은 이 10지위(十地位)에 오르게 될 때 비로소 무루지(無漏智)를 내어 불성(佛性)을 보고, 성자(聖者)가 되어 불지(佛智)를 보존함과 아울러 널리 중생을 지키고 육성하기 때문에 이 수행계위를 '지위(地位)의 십성(十聖)'이라 한다. 또 이들을 '지상(地上)의 보살'이라 하며, 초지인 환희지(歡喜地)에 오른 보살을 '등지(登地)의 보살'이라고 한다. 그리고 그 이전의 보살을 지전(地前)의 보살이라고 하고 십주(十住)·십행(十行)·십회향(十廻向)을 지전의 30심(心)이라고 한다(한국학중앙연구원, 「한국민족문화대백과」).

2. 십지는 성문사과의 아나함(阿那含) 수준으로 3계6도 중 무색계에 가당하다. 따라서 명종하면 준영계의 해당 저승으로 간다. 표준이론의 3.5단계 이상의 자아로 영계에 입성하기 직전의 수승한 자아이다.

尾61) 사사무애법계관(事事無礙法界觀)

1. 화엄교학에서는 현상세계를 법신(法身)인 비로사나불(毘盧舍那佛)이 현신한 현실세계라는 의미에서 법계(法界)라고 한다. 그런데 화엄의 법계는 한 티끌(一微塵) 속에 세계 전체가 반영되어 있으며, 순간(瞬間) 속에 영원(永遠)이 포함되어 있는 구조를 가지고 있다. 즉, 일즉일체(一卽一切), 일체즉일(一切卽一)의 관계에 있다. 하나에 전 우주가 관계되고, 전 우주가 하나의 사물 속

에 포함되며, 서로 주종(主從)이 되어 무한히 관계되고 융합되며 서로 작용을 주고받는 것이다.

2. 화엄교학에서는 법계를 아래와 같은 사법계(事法界), 이법계(理法界), 이사무애법계(理事無礙法界), 사사무애법계(事事無礙法界)의 4종으로 나누었는데, 이를 사법계(四法界) 또는 사법계관(四法界觀)이라 한다.
   1) 사법계(事法界) : 현실의 미혹의 세계이다. 觀으로 보면 우주는 차별이 있는 현상 세계라는 세계관이다.
   2) 이법계(理法界) : 진실을 깨달은 세계이다. 觀으로 보면 우주의 모든 사물은 진리인 법신불이 현현(顯現)된 것이라는 세계관이다.
   3) 이사무애법계(理事無礙法界) : 깨달음의 이상세계인 이법계가 현실의 미혹세계인 사법계와 떨어져서는 존재할 수 없는 번뇌즉보리(煩惱卽菩提), 현실즉이상(現實卽理想)의 세계이다. 모든 현상과 진리는 일체불이(一體不二)의 관계에 있다는 세계관이다.
   4) 사사무애법계(事事無礙法界) : 현실의 각 존재(存在)가 서로 원융상즉(圓融相卽)한 연기관계(緣起關係)에 있는 세계이다. 현상계는 서로 교류하여 1개와 여러 개가 한없이 관계하고 있다는 세계관이다. 우주는 '거듭됨이 끝이 없는(重重無盡) 법계의 연기(法界緣起)' 또는 '법계무진연기(法界無盡緣起)'의 세계인 것이다. 사사무애법계관은 화엄교학의 특징을 보여주는 사상으로 이에 따르면, 일체의 존재는 他존재와 상즉상입(相卽相入)의 관계에 있기 때문에 하나를 들면 그 밖의 모든 것은 그 속에 수용되며, 하나를 주(主)로 하면 그 밖의 것은 반(伴)이 되어 일체의 것은 절대적인 가치를 지니게 된다. 화엄교학은 사사무애법계관(事事無礙法界觀)을 통해 우리들이 현재 살고있는 이 생사의 세계야말로 부처님의 주처(住處)이며, 연기(緣起)하는 일체의 것이 변화하고 생멸(生滅)하는 무상(無常) 속에 오히려 부처님의 영원한 생명이 있다는 절대적 현실긍정관(現實肯定觀)을 세웠다.

尾62) 믿음에 대하여

1. 오강남 교수는 그의 저서(「오강남의 그리스도교 이야기」, 190쪽 등)에서 미국의 성공회 신학자인 마커스 보그(Marcus J. Borg 1942~2015)를 인용하여 믿음의 종류를 다음과 같이 네 가지로 구분하였다. 그는 믿음은 다음 중 네 번째 '확신(conviction)으로서의 믿음'이어야 하며 삶은 이런 믿음의 추구로 채워져야 한다고 한다. 깨달은 자의 말이 아닐 수 없다.

   1) 승인으로서의 믿음(faith as assensus)
   남의 말을 정말이라고 받아들이는 것으로 남이 가지고 있는 지식에 의존한다는 의미에서 '한 다리 건넌 지식'(second-hand knowledge)이며 현대의 많은 종교인들이 가지고 있는 믿음이다. 그리스도교의 경우 이런 형태의 믿음은 역사에서 후대에 와서야 '믿음'으로 나타나고 강조되기 시작하다가 근래에 와서는 이것도 믿음인 것처럼 생각되고 있으나 진정한 믿음이라고 할 수 없다. 남이 믿으니 믿는 믿음이요 서로를 믿는 믿음이다. 자연과학교인들의 믿음도 이 믿음의 전형적 형태다.

   2) 맡김으로서의 믿음(faith as fiduncia)
   평소 신뢰하던 친구를 보고 "자네만 믿네"라고 할 때의 믿음 같은 것으로 상대방의 신의와 능력을 믿는 것이다. 존경하는 이나 부모의 믿음을 따르는 것도 마찬가지다. 또 예수님이나 부처님께서 보이신 신통력과 그들이 이미 수많은 사람들로부터 받은 믿음의 전례로 보아

'나도!' 하며 그들을 믿는 것이 이 믿음이다. 그래도 이 믿음은 이해하고 공감하여 얻는 믿음이니 승인으로서의 믿음보다는 고상하다.

3) 믿음직스러움으로서의 믿음(faith as fidelitas)
내가 신과 맺은 관계에서 믿음직스러움, 믿을 만함, 성실함, 충성스러움을 견지한다는 뜻이다. 이 믿음은 신에 대한 교리나 신조에 대해 그렇게 한다는 뜻이 아니어서 신에 대한 생각이나 개념은 시대와 개인의 신앙 성숙도에 따라 바뀔 수 있다.

4) 봄으로서의 믿음(faith as visio)
직관, 통찰, 예지, 깨달음, 깨침, 의식의 변화 등을 통해 자연스럽게 얻어지는 일종의 확신(conviction) 같은 것으로 믿음과 깨달음이 일치하는 경지의 믿음이다. 확신 또한 우리 세계를 위험하고 위협적인 것으로 보는 상극(相剋)의 확신이 아니라 세상을 아름다운 것, 좋은 것으로 보는 상생(相生)의 확신이어야 한다.

2. 칼 융도 '봄으로서의 믿음' 즉 깨달음으로서의 믿음을 이야기한다.
아버지는 입버릇처럼 말했다. "아! 너는 항상 생각하려고만 하는구나. 사람은 생각해서는 안 되고 믿어야 해." 나는 생각했다. '아니다. 사람은 체험을 해야 한다. 그러고 나서 알아야 한다.' 그러나 말로는 "저에게 그런 믿음을 주십시오."라고 했다. 그때마다 아버지는 어깨를 으쓱 추켜올리고는 체념한 듯 몸을 돌렸다(칼 융, 「카를 융 기억 꿈 사상」, 87쪽).

3. '봄으로서의 믿음(확신)'은 표준이론이 말하는 세계관이나 우주관, 가치관 등과 같은 여러 '관(觀)'을 통과한 믿음이다. 이 믿음이 진정한 '믿음'이다. 따라서 '봄으로서의 믿음'은 다음과 같은 '觀'의 속성을 따른다.
1) 觀은 자아의 수준을 보여준다.
2) 觀은 지식을 지혜로 만들며 지혜는 행동의 전제조건이 된다.
3) 觀은 쉽게 변화하지 않고 그런 만큼 쉽게 발전하지도 않는다.
4) 따라서 수승한 觀은 쉽게 얻어지지 않는다(2.3.2. '앎과 觀과 믿음의 관이론(觀理論)' 참조).

4. 脫出記

그들은 말하길
죄 많은 짐승으로서 인간이 자기완성을 위해 할 수 있는 일은
믿음에 기초한 기도밖에 없다고 한다

짐승? 맞다
그러나 그들의 sola fide는
독단과 예정설이라는 독버섯만 키웠다

진리는 예수 사업가들이 들이미는
바오로의 한마디에 있는 것이 아니다
진리는

온 세상 만물로, 六感으로, 역사와 현재를 통해 수시로
직접 그리고 절절히 가르치시는
하느님으로부터 온다

그리고 구원은
가르침을 들은 인간이 하느님 쪽으로 다가감으로써 이루어진다
항상 깨어있으면서
자신의 일거수일투족을 경계하고
가르침의 실천 요강을 스스로에게 강제하며
더하여 기도하면 겨우 조금씩 그리고
드디어 이루어진다

기도만으로 얻어지는 믿음은 없다
선택되어 얻어지는 구원도 없다
성령은 행동으로 구하는 자에게 임한다
짐승으로부터의 탈출기
그것은 자기와의 치열한 투쟁의 기록이다
그 기록은 하느님이 채점한다

아군은 많다. 그러나 그들은
내가 돌격 앞으로의 선봉에 설 때
지원사격을 할 뿐이다
성령의 빛은 밝고 아름답다. 그러나
진격의 앞길을 비출 뿐이다

尾63) 이드체(하위정신체, 아스트랄체)의 성질

1. 아스트랄체의 욕망 엘리멘탈이 욕망을 갖는 것은 자연스러운 것이다. 아스트랄체가 역겨운 냄새나 불협화음을 싫어하고, 조화로운 환경과 소리를 듣고 즐거워하는 것은 당연하다. 아스트랄체가 가지고 있는 욕망은 인식의 미묘한 도구를 제공해 준다. 욕망 엘리멘탈이 우위를 갖게 되고, 고급자아를 쫓아내면 악이 시작된다. 그러면 자연스러운 욕망은 갈망이 되고, 아스트랄체는 통제에서 벗어나게 된다. 이성을 잃어 분노하게 되면, 그는 일순간이나마 혼의 특질들을 버리고 야생동물의 특질을 보이게 되고, 결국 자신이 통제할 수 없는 아스트랄체에 이끌려서 진화의 초기 단계로 회귀하는 것이다. 반대로 잘 통제된 아스트랄체는 기분을 가장 민감하고 섬세하게 만들 수 있으며, 혼의 애정과 자비를 나타낼 수 있다. 그러면 아스트랄체는 우리 주위의 보이지 않는 세계 속으로 영감을 불어넣는 순수한 감정들의 파장들을 보내기 위해서 우리가 연주할 수 있는 섬세한 악기가 된다(지나라자다사, 「신지학 제1원리」 참조).

2. 위와 같은 신지학의 아스트랄체 개념은 표준이론의 이드체(하위정신체)와 매우 유사하다. 신지학의 '인간 구성요소론'의 이론체계 역시 표준이론과 상당부분 상통하니 당연한 말이겠지만 어쨌든 독립된 여러 생각들이 세세한 부분까지 같다는 것은 그 생각이 진실에 가깝다는 의미이다.

尾64) 輪回의 수레바퀴(Bhavachakra)에 갇힌 '영원한 순례자'

저승길 주막집

이모 나 또 왔소
내 좋아하는 따로국밥에 막걸리 한 되 주시오
천 년하고도 이삼백 년 더 다닌 저승길가에 낯익은 주막집
주모 얼굴 다시 보니 반갑기 그지없네

아이고 스승님
예까지 뭐 하러 마중 나오셨소
못난 제자 매우 민망하오
푸념에 하소연에 막걸리 몇 잔에
기어코 스승님 소맷자락 붙잡고 주정하기를
아이고 스승님 인간 세상 갈수록 참 쉽지가 않더이다
이번 생은 정말 잘해 보려고
그리 이를 악물었는데도
말이 쉽지 쉽지 않더이다

대충 철저히 하니 그 모양이지
초심은 어디 가고 몸과 업에 붙들려
공은커녕 과만 늘려 오셨나
하여튼 수고했네 막걸리 한 잔 더 받게나

미안합니다 스승님
그래도 내 中陰으로 내쳐져
산산이 흩어져 비산하거나
몇 개로 찢어져 이산하지는 않았으니 그나마 위안이오
내친김에 예 좀 쉬었다 바로 한 판 더 붙어 볼라오

주모 여기 한 됫박만 더 주시구랴
이번 술값도 잘 달아 놓으시오
내 퍼뜩 갔다가
곧 돌아와 靈轉하는 길에
모두 갚아 드리리다 허허

尾65) 헬렌 슈크만 박사의 「기적수업」

헬렌 슈크만(Helen Schucman 1909~1981)은 임상 심리학자로서 뉴욕에 소재한 콜롬비아 장로회 의료센터 산하 의과대학의 교수로 재직하였다. 헬렌은 1965년부터 1972년까지 약 7년간 내면에서 들려오는 어떤 음성을 듣고 그대로 받아 적어 이를 「기적수업」이라는 책으로 펴냈다. 이 내면의 음성은 「기적수업」을 구술하기 전 자신을 예수라고 밝혔다. 그러나 그의 담론기조가 영지

주의적 발출과 합일에 경도되어 있고 중생에게 이승의 덧없음을 가르치려는 계도의 방편임을 고려하더라도 지나치게 마야론적이다. 이는 AASB의 섭리에 반한 논설로 표준이론은 그가 과연 우리가 아는 예수님인지는 알 수 없다. 그러나 아래에 발췌하여 열거하는 내용들을 살펴보면 헬렌이 전하는 말 중 '그대의 참나'는 영이며 '나', '그대', '마음'은 자아 또는 자아의 방이고 '그대의 마음의 일부'는 정확히 표준이론의 혼임은 분명하다. 그도 영이 자아의 방에서 잠자고 있거나 혼에게 핍박을 당하고 있으니 깨어있으라고 소리치고 있는 것이다.

1) 하느님의 아들이 구원되기 위해 '그대'에게 의지함을 기억하라. '그대의 참나'가 아니면 누가 하느님의 아들이어야 하는가?(헬렌 슈크만, 「기적수업 학생연습서」, 권자현 옮김, 141쪽)
2) 우리는 그대 마음에 두 부분만 있음을 보았다. 하나는 에고가 지배하며 망상으로 이루어져 있고 또 하나는 성령의 집으로 진리가 머무른다(148쪽).
3) 자신이 창조주를 닮았음을 알고 있는 '그대의 참나'와 '그대'가 차단되면 그대의 참나는 잠든 것처럼 보이며 반면 잠에 빠진 채 망상을 겪고 있는 그대의 마음 일부는 오히려 깨어있는 것처럼 보인다. 이 모든 것은 불만을 품기 때문에 일어나는 일이다(151쪽).
4) 불만은 참나를 공격한다. 그리하여 나의 참나는 '내게' 낯설어진다. '나'는 오늘 나의 참나를 공격하지 않겠다고 결심하여 자신이 누구인지 기억할 수 있다(193쪽).
5) 내면의 참나를 느끼고 참나로 하여금 그대의 모든 망상과 의심을 사라지게 하라. 참나는 하느님이 아들로서 그대의 내면에서 창조주의 힘을 지녔으며 영원히 그대의 것인 그분의 사랑을 지녔다. 그대는 자신의 내면에서 참나를 느끼며 단일한 마음에서 모든 망상을 몰아낼 수 있다. 깨어있으라. 오늘을 잊지 말라(217쪽).
6) 영은 참나를 표현하는 수단으로 마음을 사용한다. 영에게 봉사하는 마음은 평화롭고 기쁨으로 충만하다. 그러나 마음은 영과 떨어졌다고 볼 수도 있고 몸을 자신으로 인식할 수도 있다(219쪽).

尾66) 멀고 험한 구도의 길

퇴짜!

혼의 기억은
강물이 스쳐 지나가며
바위에 남긴 흔적.
그런데 그것이 교만이라면
참 슬프다

60 성상을 굴러다니다가
선인들의 깨달음 몇에 마침내 가 닿았건만
혼이 익히지 못해
바위에 새긴 게 없다면
정말 슬프다

그래도 盡人事로
그나마의 깨달음을 재주껏 치장하고
世間의 出口에 이르러
열심히 문을 두드렸건만 얻은 대답은 退字!

남이 가라 해서 간 길이 아니니
더욱 슬프다

尾67) 원효와 일심사상과 남종선

1. 원효의 一心사상에 의하면, 眞如心과 生滅心은 둘이 아니라 하나이다. 일심이 잔잔한 호수처럼 맑고 고요하면 진여심이고, 풍랑으로 소용돌이치는 바다처럼 인연으로 일렁이면 생멸심이다. 번뇌와 망상이 일어났다가 사라지는 생기와 소멸을 거듭하는 것도 다름 아닌 진여심과 생멸심의 一心인 것이다.
   우리가 자기 자신을 '대상화'하면 주객으로의 자기분열이 일어나서 일심의 순수의식(아말라식)은 제8식의 아뢰야식으로 전락하고, 대상화한 자기를 실재로 여기면 제7식의 말나식(자의식의 識)으로 또 한 번 전락한다. 또 눈과 귀, 코와 입, 몸과 마음으로 접하는 천태만상의 여러 사물과 대상, 사건과 현상을 본질로 여겨서 싫어하고 좋아하거나, 소유하고 집착하면 일심은 제6식의 분별식(이드)으로 변한다. 이것들은 다 생멸심이다. 생기고 없어지는 생멸심을 버리면 일심은 다시 본래의 청정한 진여심인 제9식의 아말라식으로 돌아가는 것이다. 원효의 일심사상에서 뭇 생명의 일심은 절대평등하다. 몸은 생성소멸, 변화유전하여도 일심 그 자체는 광대무변하다. 존재의 궁극적 근원인 부처성은 모든 사람에게 청정하고 불변인 채로 내재되어 있다. 그러므로 불성에서는 범부와 성인의 차별이 있을 수 없다. 굳이 있다고 한다면, 성인의 불성은 활발히 작용하는 반면 범부의 불성은 잠자고 있다는 차이일 뿐이다. 선사상은 일반 서민층의 생활 속으로 파고 들어간 원효의 일심론의 사상적 토대 위에서 성장하였다(금인숙, 「신비주의」 참조).

2. 표준이론으로 보면 생멸심은 魂이요 진여심은 靈이다. 둘이 일체라고 함은 혼영일체를 말함이다. 원효는 일심지원(一心之源)으로 환귀(還歸)하면 열반을 성취한다고 보았다. 생멸심이 생하고 멸하는 動性을 극복하여 靜이 되면 이윽고 열반에 들어 靈이 된다는 것이다. 혼영일체는 해제하여야 하나 혼은 구축(驅逐)이나 척결의 대상이 아니라 설복과 극복의 대상이요, 혼은 이에 자복순응하여 스스로 靜에 듦으로서 靈化한다는 표준이론과 같은 주장이다. 따라서 '대상화'란 영과 혼이 반목하여 서로를 척결하고 배척하려는 것으로 이해할 수 있다.

尾68) 二元에 집착하는 혼의 저항

1. 북종선(北宗禪)이 부처가 되는 길로 설정한 단계적인 정화과정에서 에고가 행하는 작용은
   첫째, 자기의 존재를 대상화하여 '깨끗한 나'와 '그렇지 못한 나'로 분리한다.
   둘째, '청정의 나'는 긍정하고 '오염의 나'는 부정한다.
   셋째, '오염의 나'를 제거하려는 노력과 비례하여 '청정의 나'에 더욱 집착한다.
   넷째, '깨끗하지 못한 나'의 완전한 제거는 사실상 불가능하므로, 자신의 어둠을 숨기고 은폐하는 방법으로 '깨끗한 나'를 강력하게 주장하는 자기기만과 위선으로 빠져들게 한다(금인숙, 「신비주의」 참조).

2. 자기를 버림으로써 참된 "자기에 대한 앎"에 도달하는 여러 갈래의 길이 존재한다. 그렇지만 방법의 다양성에도 불구하고, 자아는 스스로를 소멸시키기 위해 각고의 노력을 기울여야 하는데, 그 노력 자체가 '역설적으로' 자아의 존재를 더 굳건하게 만들기도 한다. 이 지점에서 신

성한 실재에 대한 무한한 사랑이라는 모습으로 등장하는 '겸손'은 이런 역설적 상황을 돌파하게 만들어 준다(올더스 헉슬리, 「영원의 철학」, 오강남 해제, 참조).

3. 이러한 진술들은 모두 사랑방의 주인자리를 내어놓지 않으려는 혼의 '이원에 집착하는 저항'에 대한 이야기다. 영(청정의 나)이 혼(오염의 나, 자아)을 사랑방에서 행랑으로 내보내는 일의 어려움, 불가능으로 보이는 이것을 해내는 것이 수행이요 자아실현이요 반야의 길이다.

4. 그러나 혼이 이원의 경향을 버리지 못하고 이에 집착하는 저항을 하게 되면 이 저항을 이기는 영이나 양심은 거의 없다. 기존의 수행방법에 의한 자아실현 즉 영의 탄생이 어려운 이유다. 표준이론은 혼영일체를 주장한다. 그러나 혼은 영과 구분하여 혼영일체를 해제하여야 한다. 그렇지만 혼은 구축(驅逐)이나 척결의 대상이 아니라 설복하고 극복하여야 할 대상이요, 그것도 양심체를 통해 자기가 자기를 스스로 설득(自服)해야 하는 독립된 주체다.

尾69) 頓悟漸修

悟而時修之 不亦樂乎

세상살이에서 물러나
理致를 깨닫고
道理를 찾아서
作心을 한 다음
다시 세상살이에 들어
事上磨鍊으로
깨달음을 實踐한다
그리고
다시 물러나 문득 깨닫고
다시 들어가 고쳐 행한다

悟而時修之 不亦樂乎
頓悟하고 시간을 좇아 漸修하면
廓撤大悟는 없더라도
그만하면
멋진 生이 아니겠는가

尾70) 혼의 소멸

1. 복합혼은 명종 후 50%가 흩어진다. 그중 30%가 영영 소멸하고 70%가 분열하여 다른 혼의 분열체와 합하여 다시 복합혼이 된다. 단일혼은 명종 후 20%가 흩어진다(환생 시 前生의 혼이 그대로 환생한 혼이 단일혼이다). 그중 10%가 영영 소멸하고 90%가 분열한 후 다른 혼의 분열체와 합하여 다시 복합혼이 된다. 영속혼이 되면 분열하는 일이 없다. 그런데 이는 섭리가 아니라 자초(自招)를 통계한 것이다.

2. 1.8단계 이드에고혼의 30%, 2단계 에고혼의 70%, 2.5단계 인격자혼 90% 그리고 2.75단계 군자혼의 100%가 소멸을 벗어난 영속혼이다.

3. 위 통계에 따라 계산한 바에 의하면 영이 없는 사람이 명종 후 소멸하는 비율은 6.2%, 분열하는 비율은 20.3%이고 총 지구인구 중 혼이 소멸할 확률은 5.5%, 분열할 확률은 18.17%이다.

4. 1.8단계 이하의 자아의 魂들은 몸에 영도 없고 영속혼(永魂)도 30% 이하다. 전생에 제대로 못 살아 한 번의 기회를 더 받아 환생한 영혼일 수도 있다. 따라서 이번 생이 마지막 기회일지 모른다. 영속魂이 아닌 魂은 최악의 경우 소멸(멸망)할 수 있는 것이다. 魂의 가장 큰 두려움은 죽은 후 소멸, 즉 개체성을 잃고 생기계로 내려가든가 동물의 그룹혼이나 사람의 생기체그룹에 흡수되는 것이다. 사실 자신이 사는 수준을 보면 영속魂인지 아닌지 알 수 있다. 그래서 더욱 두려운 것이다. 구체적으로, 영이 없어 양심으로 겨우 자아의 수준을 유지해야 하는데 양심마저 허약하여 몸과 정신(이드와 에고)이 지배하는 삶을 살았다면 나의 자아는 영영 소멸할 수도 있다. 소멸확률은 20~50%다(부록1 '자아의 수준에 따른 영과 혼' 참조).

5. 2단계 이상의 자아로서 살아생전 몸과 마음을 어느 정도 통제해 낸다면 그에게는 영이 있을 가능성이 있다. 2단계 30%, 2.5단계 50%는 몸에 영이 있다. 그러나 그 영은 혼을 도와 영이 되게 하기 어렵다(2단계의 0.5%, 2.5단계의 1% 정도가 명종 후 혼이 영이 된다). 2.5단계 이하 사람의 영은 거의 대부분이 아직 수준이 낮은 혼영이다. 따라서 영이 평생 몸과 혼에 끌려 다니는 형국이다. 영이 이 모양이니 혼의 양심이 몸과 정신을 겨우 겨우 통제한다. 2~2.5단계 혼의 이때 분할&소멸확률(1에서 혼의 환생확률을 뺀 수치)은 2~9%다.

尾71) 스승 찾기

1. 티베트불교의 지도자 칸드로(Khandro) 린포체는 "제자가 스승을 찾는 것이 아니다. 제자가 준비되고 공덕이 갖추어졌을 때 스승이 제자를 찾아오게 된다."고 말하였다. 그러니 한평생 스승을 못 만났다면 자신을 탓해야 한다.

2. 돼지

내 인생의 선생은 몇이었던가
단 한 명의 스승이라도 찾았었던가?
내가 만난 현인은 누구누구였고
내가 아는 참 인격자의 이름은 무엇이었으며
나는 누구를 진실로 존경하였던가
나는 친구가 몇 명이었고 누구를 사랑했으며
누가 참 매력있었나
이런저런 배울 점이 있었던 사람이나
그도 없으면 긴 연민이라도 남는 사람은 좀 있었나?

그런데
돼지 눈에는 돼지만 보인다던데

돼지가 어찌 부처를 알아보았겠는가

내가 누구에게 선생 구실한 적이 있었고
누구에게 지혜 한 조각이라도 나눠 준 일이 있었으며
누구에게 삶의 모범을 보였고
내 어디에 연민 한 조각 받을 만한 구석이 있었는가?
나도 날 싫어하는데 누가 나를 존경하며
내가 그의 친구가 아닌데 그 누가 나를 친구로 생각하고 사랑하여
눈곱만큼의 매력이라도 찾아보았겠는가
게다가 내 인격의 천박함은 내 스스로 알렸다!

이제 어느 날 갑자기 나 죽어 사라진들
몇 사람이 한 방울 눈물이라도 모아줄 것이냐

아서라 이 생에 내가
돼지는 아니었노라고
부처님 前에 무슨 낯으로 변명하랴

尾72) 신지학의 고독(외로움)과 표준이론

1. 극심한 고독은 허공에 매달린 채 모든 것으로부터 차단되어 그 분리된 자기 속에 갇히는 것이다. 신지학자 애니 베산트(Annie Besant 1847~1933)(*)는 고독의 원인이 인간이 자신들끼리의 결합을 통해 행복을 찾으려 하고, 욕망의 대상이 무엇이든 그 대상을 추구하기 때문이라고 한다. 그러나 진정한 고독으로부터의 탈출은 합일이며 완벽한 합일은 완벽한 지복이라고 한다.

2. 붓디계에는 여전히 이원성이 존재하지만 분리는 존재하지 않는다. 붓디는 각자가 자기 자신인 상태로서 그 명확성과 생생한 강렬함은 하위계에서는 도저히 근접할 수 없다. 그러나 각자가 스스로 나머지 모두를 포함한다고 느끼며 분리되지도 분리할 수도 없어서 모두와 함께한다고 느끼는 상태다(애니 베산트, 「고대의 지혜」, 6장 붓디계와 아트마계 참조).

3. 표준이론에서 혼은 그룹혼이나 복합혼의 성향이 남아 외로움을 잘 탄다고 본다. 특히 복합혼이나 단일혼 등 하급혼일수록 그 성향이 심하여 꼭 무리를 짓고 그룹에 속하고 싶어 한다. 그러나 고급혼이 되면 고독병은 물러간다. 영이 있는 사람은 고독병이 훨씬 덜하다. 영은 개별성이 그 속성이다. 그러나 개별성은 '개체성의 극복'으로서 개별성이다. 타인을 남으로 느끼지 않는 개별성이다.

(*) 영국의 여성해방 운동가이던 애니 베산트는 *1889년경 블라바츠키에 심취하여 신지학협회에 가입하고 신지학과 관련된 연설과 저술활동을 하였다. 그는 1893년 인도로 가서 1907년부터 국제신지학협회 제2대 회장으로 재직하면서 바널러스 힌두대학을 설립하였으며, 인도의 사회개혁과 교육향상을 위해 힘을 기울였다. 제1차 세계대전 직전부터 인도의 정치운동에 등장하여 B.G.틸라크 등과 인도의 자치운동을 추진하였다. 1916년 회의파 대회에서 회의파의 재통일과 모슬렘연맹과의 제휴를 실현하는 데 노력하여 다음해 의장이 되었다.*

尾73) 이중인격

너 자신

악마를 보지 못하였다면 너 자신을 보라
겁쟁이를 보지 못했다면 너 자신을 보라
사기꾼을 보지 못했다면 너 자신을 보라
정신병자를 보고 싶은가 너 자신을 보라
소인배도 무책임한 자도 너 자신을 보라

천사를 보지 못하였다면 너 자신을 보라
불굴용사를 찾고 있다면 너 자신을 보라
의인을 보지 못하였어도 너 자신을 보라
착하고 어진 사람도 네 안에서 찾아보라
예수와 부처를 찾는다면 네 근저를 보라

尾74) 죽음의 공포에 대하여

죽음의 공포는 혼이 가지는 것이다. 죽음의 공포원인 3종 세트를 대라면 그 하나는 명종 후 소멸과 분할로 인한 개체성의 상실 가능성이 주는 두려움이요 그 둘이 미완의 자연과학이며 셋이 종교가 심어준 잘못된 믿음이다. 첫 번째 것은 2단계의 혼 시절에 주로 겪는 타고난 두려움이며 두 번째 것은 최근에 더욱 심해진 것으로 과학을 하는 이들이 스스로 그리고 주변의 다른 혼들에게 심는 두려움이고 세 번째는 앞의 두 가지와는 다르게 교리(敎理)라는 자비로운 표정의 가면을 쓴 종교가 주는 두려움이다. 3종에 더하자면 죽음의 다리를 건너는 데 수반되는 육체의 고통과, 짐작도 안 되는 영원(永遠)과 무한(無限)이 주는 두려움, 그리고 타자(他者)로서의 하느님에 대한 불신을 말할 수 있다. 그렇다면 6종 세트가 되는가?

1. 죽음의 공포의 원인으로 거론되는 것을 모아보면
    1) fear of death, 즉 혼이 가지는 속성으로서 개체성의 소멸에 대한 공포와
    2) fear of dying, 죽는 과정에서 당할 고통에 대한 공포 그리고
    3) 죽음 후에 받을 고독과 형벌에 대한 두려움(以上 알폰스 데켄, 「죽음을 어떻게 맞이할 것인가」, 오진탁 옮김, 224쪽)
    4) 죽음 후의 미지의 세계가 주는 불안감
    5) 사랑하는 사람들, 재물, 못다 이룬 일, 삶의 즐거움 등 이승의 것들에 대한 미련
    6) 자아가 가지는 불교적 아상(我相)에 대한 집착
    7) 죽음이라는 현상에 대한 무지
    8) 겁에 겁을 곱한 대겁을 산다하여도 그 끝이 있을 것이고 영겁을 산다 하여도 시작이 있으니 끝도 있을 것이라 결국은 소멸의 그날이 오고야 말 것이라는 두려움이 궁극의 두려움이라는 생각도 있다.

2. 그러나 "죽음에 직면하여 몸서리치는 자는 죽는 연기를 하던 연극배우가 죽음의 두려움에 떨다 못해 정말로 죽어 넘어지는 것과 같다(요가난다)."라는 말도 있다. 삶이란 연극이고 이 세상은 무대인데 연기하다가 연기에 빠져 연극을 현실로 착각한다는 말이다. 그러나 이는 '이

세상이 연극무대라는 사실을 알라'라는 말이거나 '없는 것이 없는 것을 두려워한다'라는 말일 뿐 죽음의 공포가 근거 없는 것이라는 말은 아니리라. 요가난다가 그런 낮은 수준은 아니기 때문이다.

3. 낮은 수준의 자아의 사람들은 본능적으로 '죽음 담론'을 기피한다. 이유는 많지만 결국 감당하기 어려워서다. 이는 자기의 치명적 약점을 가리려는 심리와 유사하다(12.5.2. '죽음에 대한 방어기제' 참조).

4. 죽음이란 단어가 주는 두려움은 마음속 깊은 심연에서부터 올라오는 너무나 명료하고 커다랗고 질긴 두려움이라 오히려 불립문자하고 언표불능한 감정이다. 어느 사상가나 시인, 작가도 이를 제대로 표현하지 못한 듯하다. 영국의 시인 필립 라킨(Philip Larkin 1922~1985)은 Aubade란 제목의 詩에서 죽음의 공포가 용광로 같은 두려움(furnace-fear) 속에서 불같이 솟구친다고 하며 그 두려움을 다음과 같이 표현했다.

But at the total emptiness for ever,
The sure extinction that we travel to
And shall be lost in always. Not to be here,
Not to be anywhere,
And soon; nothing more terrible, nothing more true.
영원한 총체적 공허함,
우리가 향해 가서 늘 길을 잃고 말 분명한 소멸,
여기 없고, 어디에도 없지만 곧 찾아올;
이보다 더 두려운 것, 더 진실한 것은 없는 것.
(부경대 영문학과 윤희수 교수 번역)

5. 없는 죽음을 두려워하는 시대

영혼의 죽음을 두려워하는 영혼이 없는 이들

과학이 유아기였던 때에 인간은
물질 너머에서 창조주를 靈感으로 느끼고 알았다
영감이 부족한 사람들이 있어 속으로
唯物이 어쩌고저쩌고하였지만
감히 커밍아웃을 못 하였다

과학은 인류역사 초기부터 있었고
발달할수록 五感의 영역을 넓혔으며
그럴수록 靈感을 부정하더니
과학이 어중간한 지금 그들은 거봐라 하며
合理라는 이름으로 靈感을 迷信이라 한다
靈感으로 스스로를 자각하던 영혼은
그런 과학으로 인하여

자신의 영감을 부정하더니 이제 자신마저 부정한다
영혼이 영혼을 부정한다. 그리고
영혼이 없는 영혼이 되어 영혼의 죽음을 두려워한다
없는 것이 없는 것을 두려워하게 되었다
배우가 죽는 연기를 하다 죽음의 공포에 정말로 죽는 꼴이다

그러니 오늘날
없는 영혼이 없는 죽음을 두려워하는 이유는
眼耳鼻舌身의 감각에 머물러 있는
저 덜 발달한 自然科學 때문이다

그러나 이제 때가 되었다
靈感도 죽음도 실험실의 개구리가 될 때 말이다
그리고 마침내
오늘의 과학이 어제의 과학을 타매하듯
내일의 과학은 오늘의 과학을 미개하였다 할 것이다

없는 죽음을 두려워하는 영혼들

五感만큼 靈感이 뛰어난 사람은
자신의 영혼을 직관하고 스스로 창조주를 느낀다
그는 죽음이
새로운 세계로 건너가는 다리라는 것을 안다
현생을 잘 보내야 다음 세계에서 환영받는다는 것도 잘 안다
그러나 죽음이 새로운 세계로 건너가는 다리임을 안다 해도
그는 여전히 죽음이 두렵다
아는 것이 다가 아니고 아는 것을 항상 아는 것도 아니며
누가 무엇을 아는지도 알 수가 없고
아는 것이 꼭 믿음인 것도 아닌데다가 결정적으로는
섭리인가 부족함인가
혼이 타고난 저 뿌리깊은 懷疑 때문이다

또 그곳은
絶對未知이기 때문이기도 하다
미지로의 여행도 두려운 법인데
절대미지는 얼마나 더 무서울 것인가

살아서 지은 죄를 갚음살이 하는 열길 지옥과 불타는 연옥들
잘 살라는 미명하에 못살게 하는 거짓말들
邪惡이 퍼뜨린 邪說들
그것들로 죽음은 더욱 무섭다

다리를 건너는 그 고통도 두렵다
육체의 고통 그리고 그보다 더한
재산, 지위, 세상 것을 잃는 고통
그리고 무엇보다
사랑하는 사람들과 이별하는 고통이 무섭다

새로운 세계의 영원성도 무섭다
영원에 영원을 곱해 사는 영생이 무섭다
그것이 무엇인가? 가능한 것인가?
저세상에도 죽음이 있는 것은 아닐까?

창조주도 他者라는 不信의 두려움은 어찌할까?
하느님은 정말 사랑으로 날 빚으셨나?
나는 애초부터 선택받지 못한 저 멸망이 예정된 족속은 아닐까?
全能하고 全善하신 하느님이 왜 불량품을 만들어 그들을 미워하실까?

부처님의 無記는 죽음을 소화하지 못하는 중생을 위함이었고
공자님의 未知生焉知死는 삶조차 이겨 내지 못하는 백성을 위함이었으며
예수님의 메타노이아는 오감의 앎을 넘은 영감의 믿음을 선포한 것이 아니었는가
그런데도 죽음은 물러가지 않았으니 죽음이 오히려 그들을 쳐 이겼는가?
그들도 실패한 죽음이라서 오히려 더 무서운가?

尾75) 長壽와 平安의 금생에 진보를 이루어야 산다.

脫出記2

10년이다
앞으로 10년이 황금기다
이때를 위하여
10대에 지긋지긋하게 공부했고
20대에 비겁하게 살아남아
30대에 미친 듯 일했으며
40대에 죽자고 벌었고
50대를 가족을 위해 보냈다

이제 이 10년을 그냥 보내면
수억 년을 기다려 겨우 꽃을 피웠는데
열매를 못 맺는
무화과나무가 된다

내 헛고생한 것은 좋은데
바바차크라 수레바퀴에 깔려 죽어 간

수많은 나의 前生은 어떻게 할 것이냐

가자 가자
이 생을 마지막으로
님의 곁으로 가자

그 좋던 젊음을 거의 다 썼으니
건강이 언제까지냐. 그래도
지금 평화가 있다
지금 시간이 있다
지력이 체력이 아직 남아있다

千秋에 한을 남기지 마라
지금 탈출하지 않으면
하다못해 次生이라도 도모하지 않으면
3계6도의 수레바퀴에 매달려
百生을 더 돌고 百劫을 또 도리라

尾76) 주사(酒邪)와 다중인격

1. 주사가 심한 사람에게는 영이 없을 가능성이 크다. 심한 주사(酒邪) 즉 주취(酒醉)나 술주정이 아닌 '다른 인격이 나타나는 주사'를 부리는 사람은 일종의 다중인격장애로 그의 혼은 대부분 복합혼이다. 복합혼의 경우 평상시에는 주혼(主魂)이 자아의 방을 장악하나 주취상태 등 변성의식상태일 경우 종혼(從魂)이 자아의 방에 등장할 수 있다. 이는 빙의가 아니다. 복합혼은 1.8단계 이하 하급자아의 혼으로 하급혼에게는 100% 영이 없다. 약한 주사의 경우도 복합혼일 가능성이 매우 높다.

2. 술은 몸뇌를 취하게 하여 그 기능을 떨어뜨린다. 술에 심하게 취하게 되면 몸뇌는 각성이 떨어지고 몸뇌가 혼을 구속하는 힘이 약화된다. 이때 주혼과 종혼의 결합이 아직 강력하지 않은 일부 복합혼의 경우 혼뇌의 종혼부분이 活性하여 종혼이 혼의식을 장악하게 되면 종혼이 외부로 드러나 주사현상이 나타난다. 주사가 있는 사람은 마약이나 최면 또는 잠에 취해 있을 때에도 비슷한 현상을 보인다. 한편 주사 당시의 기억은 몸뇌의 현재기억이 아닌 잠재기억에 저장되거나 혼뇌의 종혼기억에 저장된다. 주사를 부리던 사람은 깨고 나면 주사 당시의 기억을 잘 하지 못한다. 그러나 그 기억은 다시 주사를 부릴 때 되살아난다.

3. 신경정신과 전문의인 김영우 박사는 초자아 현상(빙의, 해리성 정체장애 등)이 빙의가 아니라 인간의 의식과 상념, 감정의 에너지와 외부의 에너지 파동이 복잡하게 얽혀 일어나는 현상이라고 한다. 그는 생각과 감정을 일종의 에너지로 보고 같은 내용의 생각과 감정이 오랜 기간 반복되면 그 파동의 힘은 계속 중첩되고 증폭되어 큰 힘을 축적해 지나치게 강해져 이를 통제하거나 중화시킬 수 없게 되어 에너지 체계의 균형이 깨지거나 왜곡되어 다양한 형태의 정신 증상으로 표면에 드러나게 되는 것이라고 한다(김영우, 「양자물리학적 정신치료, 빙의는 없다」). 그는 초자아현상의 외부 원인으로는 '외부 에너지 파동(귀신)'을 들고 내부 원인으로는

의식, 상념, 감정 등의 교란만을 생각하고 있다. 그는 아직 종혼현상의 존재를 모르고 있는 것이다(미주 54 '자의식의 장애와 표준이론' 참조).

4. 의식이 에너지임은 양자역학의 관찰자효과를 통하여 이미 입증되었고 표준이론에서도 의식을 혼의 작용으로 보며 혼은 기 덩어리이므로 그 활동인 의식은 당연히 '생명에너지인 기를 부림'이니 의식이 에너지임은 틀림없지만 주혼이 특정한 의식에 지나치게 집중하여 같은 내용의 생각과 감정이 오랜 기간 반복된다 하여 정신이상이 되어 다중인격을 초래한다거나 복합혼의 종혼을 불러내는 것이 아니다. 종혼은 그런 이유로 주혼을 압도하고 겉으로 나타나는 것이 아니라 중음계에서 만난 주혼과 종혼이 서로 궁합이 맞지 않아 불화한 끝에 그 극치가 겉으로 드러난 현상이다(4.2. '자아와 영 그리고 혼의 관계' 참조).

尾77) 인간을 정형화 유형화하는 테크닉들

성격유형을 구분하는 테크닉은 여러 가지로 다양하다. IQ검사나 EQ검사처럼 정신과 마음을 직선적으로 계량하는 것도 같은 유형이다. 이런 방법에 의하여 계산된 결과는 인간의 혼을 다루기 편하게 정형화하고 유형화한다. MBTI와 에니어그램(Enneagram)을 중심으로 그 眞相을 보자.

1. MBTI 즉 마이어스-브릭스 성격유형검사(MBTI Myers-Briggs Type Indicator)는 마이어스와 브릭스가 칼 융(Carl Jung)의 심리 유형론을 토대로 고안한 자기보고식 성격 유형 검사 도구로서 시행과 이해가 쉬우며 절차도 간편하여 널리 사용되고 있다. MBTI는 다음과 같은 4가지 분류 지표의 믹스 결과에 의해 사람을 16가지 심리 유형으로 분류한다.
   1) 외내향지표 : 외향형(E)과 내향형(I)
   2) 인식지표 : 오감형(S 감각형)과 육감형(N 직관형)
   3) 판단지표 : 논리형(T 사고형)과 관계형(F 감정형)
   4) 생활방식지표 : 계획형(J 판단형)과 즉흥형(P 인식형)

2. 에니어그램(Enneagram)은 그리스어로, ennea 즉 9(아홉)와 gram 즉 도형(grammos)으로 조어되었다. 인간의 성격을 9가지로 분류하여 유형화한 에니어그램은, 에고의 작용으로부터 벗어나 신과의 합일체험을 통하여 본래의 알라에게로 돌아가려고 정진하는 이슬람의 수피 수행자에게 도움을 주고자 창안되었다. 현재 유럽과 미국사회를 중심으로 하여 세계적으로 널리 활용되고 있는 에니어그램은 1920년대에 러시아의 신비가 구르지예프(Gurdijieff)에 의하여 유럽에 알려져 미국으로 전파된 것이다. 그러나 수피주의의 원래 목적인 합일로부터는 상당히 이탈한 것으로 보인다. 개인의 자아개발이나 자아강화 프로그램, 가족성원들 간의 불화해소 프로그램, 조직성원들 간의 팀워크와 결속강화 프로그램, 기업의 인사관리와 창의성 개발 프로그램 등으로 사용되고 있는 추세이기 때문이다.

3. MBTI나 에니어그램의 분석대상은 당연히 혼이다. 혼은 군혼을 탈피한 지가 오래되지 않아 많은 부분이 선천적으로 서로 유사하다. 하지만 사람의 혼은 수십억 년 동안 생기와 생기체 그리고 생혼과 각혼으로 살아오는 동안의 다양한 경험과 출신 때문에 그 개별성이 매우 다양하고 개별성으로 인한 차이도 크다. 육체는 DNA적으로는 99%가 동일하여 별 차이가 없지만 지혼은 그 차이가 훨씬 크다는 말이다. 또한 혼의 개체성(separateness)은 자아수준의 발전을 위하여 필히 극복의 대상지만, 개성으로서 개별성(individuality)은 창의성과 예술성 그리고 매력의 원천이므로 하느님께서 사랑하시는 품성이다. 그러나 혼 시절에는 개체성이 다스려지지

못하여 하급혼일수록 개별성마저 천박하게 드러나는 일이 많으므로 행업의 일환으로 MBTI나 에니어그램 같은 '유형화 테크닉'을 동원하여 자신의 성격을 성찰하는 것도 필요하다고 본다. 그러나 거기까지다. 이러한 성격의 유형화 기법의 사용은, 사람의 성격은 구조적으로 큰 차이가 있고 그것은 혼의 탄생기원을 볼 때 너무나 당연한 것이라 '딴 사람의 맘(혼)이 절대 내 맘 같지 않다'는 사실을 철저히 각성함으로써 자신과 이웃을 理解하는 용도에 그쳐야 한다. 이런 테크닉을 활용하여 좋은 성격을 양성함으로써 자기발전을 이루겠다는 생각이나 이상적인 성격을 벤치마킹하여 이를 가장(假裝)하려는 행동은 성과도 없거니와 이로 인해 자칫 個性을 잃으면 하느님 앞으로 나아갈 시간만 점점 늦어지는 꼴이 된다.

尾78) 힌두교 경전

1. 힌두교 경전은 고대의 리쉬(Rishi, 賢者)가 우주적인 진리의 소리를 직접 들은 '계시(啓示)된 것'이란 뜻의 슈루티(Shruti)와 슈루티를 바탕으로 하여 2차적으로 성립된 '기억된 것'이라는 뜻의 스므리티(Smriti)로 구분한다.

2. 슈루티는 삼히타, 브라마나, 아란야카, 우파니샤드로 이루어져 있는데 브라마나, 아란야카, 우파니샤드는 삼히타를 중심으로 형성되었다.
    1) 삼히타는 리그베다, 야주르베다, 사마베다, 아타르바베다를 가리키며 이를 '베다' 또는 '투리야'라고 한다. 투리야를 힌두교 4대경전이라고도 한다.
    2) 브라마나(Brahmanas)는 梵書 또는 祭儀書라고 번역하며 네 가지 베다의 주해서다.
    3) 아란야카는 은둔자 수행자 혹은 수련자를 위한 내용으로 힌두교도들의 생활지침서다.
    4) 우파니샤드(Upaniṣad)는 베다 시대 말기인 기원전 700년부터 500년 사이에 集成된 것으로, 힌두교의 육파 철학은 우파니샤드의 발전적 산물이다. 우파니샤드는 산스크리트어로 '가까이 앉음'이란 뜻으로 대부분 스승과 제자 사이의 철학적 토론으로 구성되어 있다. 시기 및 철학적으로 베다의 마지막 부분을 형성하기 때문에 베단타(Vedānta, 베다의 끝)라고도 하며 오의서(奧義書)라고도 번역된다. 108개의 우파니샤드가 인정되는데 그중 10여 개는 古우파니샤드(Mukhya Upanishads)라고 하여 신성시된다.

3. 보통 힌두교 3대경전이라 하여 베다, 우파니샤드, 바가바드 기타를 꼽기도 하는데 바가바드 기타(Bhagavad Gītā)는 인도 고대의 서사시 '마하바라타'의 일부로서 신의 노래라는 뜻이다. 종교와 철학적인 교훈을 내용으로 하는 700구절로 된 시편(詩篇)으로 '기타'라고도 한다. 기타는 인도의 트리무르티(Trimūrt, 三神) 중 하나인 비슈누神이 化身한 크리슈나(Krishna)가, 왕권을 차지하기 위해 骨肉相殘을 일삼는 현실에 회의를 품은 판다바족의 왕자 아르주나(Arjuna)에게 준 가르침을 내용으로 담고 있는데 기원전 2세기에서 기원후 5세기 사이에 성립된 것으로 추정된다.

尾79) 부처님과 아트만

부처님은 왜 자신의 자아에서 아트만을 발견하지 못하였을까? 보리수나무 밑의 觀想에서 왜 브라만을 만나지 못했을까? 그의 관상은 반쪽짜리였는가?

1. 발견하고 만났는데 너무 당연한 일이라 無記하셨다.

2. 삼매나 요가가 합일이요 합일이 일상인 힌두전통에서 부처님의 깨달음이 합일의 경지와 달랐을 리가 없다. 다만 고타마는 합일의 대상인 '디원(The One)'을 완전히 비인격적인 다르마(法, 우주의식)로 파악한 듯하다.
3. 결집(結集)과정의 오류나 후학들의 왜곡으로 그리된 것이다.
4. 혁신대상인 기존 힌두교와 차별하여야 하는 초기불교의 어쩔 수 없는 선택이었다.

尾80) 전오식(前五識)과 생기체

1. 불설에서 전오식(前五識)은 眼耳鼻舌身意의 육근중 전오근(前五根)에 色受想行識(五蘊)의 식(識)이 작용하여 발생한 다섯 가지 의식으로 육근의 마지막인 의근(意根)에 식이 작용하여 발생한 의식(意識)의 전제가 된다.

2. 그러나 전오식은 의식이라고 할 수는 없고 외부의 여러 자극으로 인해 감각기관에서 발생하는 전기신호일 뿐이다. 전기신호를 전제로 제6식인 의식이 발생한다고 하니 결국 의식 또한 전기작용이라는 결론을 벗어날 수 없게 되고 이는 오늘날 서구의 유물론적 인식론과 동일한 사고방식이 될 수밖에 없다.

3. 따라서 이 유물론적 제6식을 자의식인 제7식과 윤회의 주체인 제8식으로 연결할 묘안을 도저히 찾을 수가 없어 제6식은 부파불교 시대 이후부터 항상 논란이 되어 왔다. 이 문제의 근본적인 원인은 업과 윤회사상에 바탕을 둔 인도의 문화적 전통 속에서 발생한 불교가 유물론적 인식론의 사고방식으로 신통(神通)과 윤회(輪廻)의 세계를 설명해야 하는 난관에 봉착하였기 때문이다(미주 143 '육경과 육근 그리고 오온에 의한 제6식의 생성' 참조).

4. 표준이론에서 전오식은 생기체의 기능이다. 전오식이 전기신호가 아닌 생기체인 이유는 혼이라는 주체를 인정하고 있기 때문이다. 생기체의 존재는 생기론(vitalism, 활력론)자는 물론이거니와 그 자연과학의 아류인 창발론자들도 이미 인정하고 있다. 생기체는 혼과 몸을 연결하는 부분이다. 생기체는 생명력으로서 몸의 감각기관을 센서로 삼아 이로부터 발생하는 전기적 신호를 신경망과 경락(經絡)을 통하여 두뇌에 집합시키고 각각 뉴런(neuron)과 氣를 사용하여 정보로 가공한 뒤 이를 혼에게 제공하며 이로써 혼은 외부와 교통한다.

5. 경락(經絡, 氣脈)은 몸 안에서 氣가 순환하는 통로로서 경맥(經脈)과 낙맥(絡脈)으로 이루어진다. 곧게 가는 줄기를 경맥이라 하고 경맥에서 갈라져 나와 온몸의 각 부위를 그물처럼 얽은 가지를 낙맥이라고 한다. 경락은 온몸에 기를 공급하여 몸을 자양(滋養)하며 하나의 통일체로 연결시켜 주는 기능을 수행한다.

尾81) 삼계육도와 힌두교의 저승

1. 불교적 세계관에 의하면 인간이 사는 인간도는 삼계 중에서도 가장 낮은 욕계의 여섯 존재 양태 가운데 위에서 두 번째 지위에 있다.

2. 삼계 중
   1) 욕계는 육체적 욕망이 지배하는 세계로서 지옥, 아귀, 축생, 아수라, 인간, 천신의 6道로 구

분되어 있으며,
2) 색계는 육체적 욕망으로부터는 자유롭지만 여전히 일종의 신체를 가진 신적인 존재들의 세계이고
3) 가장 높은 사바세계인 무색계는 육체가 없는 정신적인 존재들의 세계라고 한다(서정형,「밀린다팡하」, 해제 참조).

3. 그렇다면 육체적 욕망이 지배하는 자아인 2단계 자아는 욕계를 윤회할 것이다. 또 색계는 육체적 욕망으로부터는 자유롭지만 여전히 신체에 구속된 존재들인 양심에 기반한 자아 즉 3단계 자아수준의 혼들이 사는 저승이다. 천태종은 욕계 6도 위에 三乘인 성문(聲聞)·연각(緣覺)·보살(菩薩)을 쌓고 다시 불타(佛陀)를 얹어 이를 十界라고 하니 표준이론으로 치면 성문은 준영계, 연각은 제1영계, 보살(아라한)은 제2영계, 불타는 제3영계다.

4. 불설은 색계와 무색계가 인간도가 아닌 3계6도 수미세계의 다른 이승이라고 하지만 그 연원을 살필 때 색계와 무색계는 힌두교의 천국들에서 기원했다. 힌두교에는 3계6도의 28천국(천계)을 훨씬 능가하는 수많은 천국들이 있고 여기에 사는 존재들은 모두 신에 해당하여 신의 수가 무려 3억 3천만 명이 넘는다. 힌두의 신(神)은 표준이론의 영(靈)을 지칭한 것이 아닌가 한다. 신지학(神智學)에서 아스트랄계는 시간을 초월하고 멘탈계는 공간마저 초월한다고 하나 이는 불설의 시공과 매치시키기는 어렵고 다만 신지학의 각론을 보면 28천은 신지학의 코잘계(표준이론의 준영계) 수준이다. 어쨌든 이승인 인간도를 뺀 불교의 28天이나 4道는 힌두교나 신지학 기타 다른 사상과 종교에서 말하는 저승의 각 층(層)과 같다.

5. 표준이론에서는 현재 지구에 있는 3단계 이상 고급혼의 수가 5,510만 명이고 영의 수가 8억이며 또 저승에 있는 그 수준의 혼과 영들의 수까지 모두 합하여 세면 힌두교의 신의 수효인 3억 3천만이 훨씬 넘는다고 본다. 그러나 어쨌든 힌두교가 선견지명이 있기는 하여 어마어마한 신의 수를 말하였다. 또 고대에는 아직 영의 수가 적어 정말로 3억 3천만 명이었는지도 모르겠다(부록6-1 '시대별 영의 탄생수' 참조).

尾82) 무루계

1. 불교에서는 출세간(出世間) 즉 피안의 세계를 무루계(無漏界)라고 하며 따로 그 세상에 이름을 부여하고 거기에서의 생활에 대하여 말하고 있다. 이는 표준이론의 영계처럼 출세간을 어느 所와 間을 특정하여 이해하고 있는 것으로 해석된다. 천태종의 10법계 중 후3계도 같은 곳이 아닌가. 인도의 불교학자 세친(世親 320~400)의 唯識三十頌 중 제30송을 보면 불교의 출세간 세계를 적절히 표현하고 있다. 무착(無着 AD 310~390)의 방대한 유식학을 그의 아우 세친이 오언(五言) 사구(四句) 삼십송(三十頌)으로 요약한 것이 유식삼십송이다. 표준이론의 영계보다 훨씬 미화되어 있으나 근본개념은 같다고 할 수 있다.

2. 玄性스님의 유식 제30송 해설 요약
此卽無漏界 不思議善常 安樂解脫身 大牟尼名法 : 이것이 곧 번뇌가 없는 무루(無漏)의 경계이며 부사의(不思議)한 선(善)이며, 상(常)이고, 안락(安樂)한 해탈신(解脫身)인 대모니(大牟尼)이며 법신(法身)이라 한다.
1) 此卽無漏界 : 미세한 번뇌마저 완전히 소멸하였으므로 이것을 곧 더 이상 번뇌가 없는 경

계(境界)라고 하여 무루계(無漏界)라고 했다.
   2) 不思議善常 : 깨달은 사람만이 알 수 있는 선(善)이기에 불가사의(不思議)한 선(善)이요 상 또한 무상(無常)과 다르다고 할 수도 없고, 다르지 않다고 할 수도 없는 법이어서 역시 불가사의하다. 이를 일러 반야심경에서는 색불이공(色不異空) 공불이색(空不異色) 색즉시공(色卽是空) 공즉시색(空卽是色)이라 했다.
   3) 安樂解脫身 : 해탈한 몸은 의식주뿐만 아니라 모든 것이 이 무루계에 이미 갖추어져 있으니 근심 걱정으로부터 해탈하였고, 마음이나 몸에 병(病)도 없고, 죽고 삶에 전혀 두려움이 없으니 일체의 걸림과 나고 죽는 구속에서 해탈한 몸이며, 중생을 이렇게 편안한 길로 인도하는 좋은 일을 하는 불사(佛事)에서 즐거움도 느끼게 되니 안락(安樂)이다.
   4) 大牟尼名法 : 대모니(大牟尼)는 대각(大覺)을 이루신 석가모니 부처님의 명호. 따라서 대모니명법은 오직 깨달은 성인(聖人)의 체험으로서만 알 수 있는 법(法)이다. 즉, 이와 같이 깨달은 사람은 불가사의한 성(性)과 상(相)을 가진 성자(聖者)가 된다.

尾83) 목우도(牧牛圖)와 표준이론

1. 미목(未牧) : 검은 소가 목동을 아랑곳하지 않고 제멋대로 날뛰는 상태다. 소에게 영이 없어 혼은 욕망을 전혀 제어하지 못한다. 1.6단계 이하의 자아로 獸性과 이드가 득세하는 단계다.
2. 초조(初調) : 목동이 소의 코에 고삐를 꿰어 끌어당기고 채찍을 휘두르자 검은 소의 주둥이가 조금 희어진 상태다. 이 경지에서는 혼의 靈火가 욕망과 맞서기 시작하여 양심체가 나타나고 이드의 욕망이 조금 제어된다. 표준이론으로 보면 1.8단계의 자아를 가진 경지로서 獸性을 제어하기 시작하였으나 이드와 에고가 자아에 공존하는 단계다.
3. 수제(受制) : 검은 소는 목동의 제재를 받아들이고 머리 부분이 희어졌다. 이 경지에서는 양심이 커지고 영이 몸에 들기 시작하여 혼의 이드가 어느 정도 제어되어 이드의 욕망이 좀 더 수그러든다. 표준이론의 2단계 자의식의 자아 수준이다.
4. 회수(廻首) : 검은 소는 목동이 고삐를 잡아끄는 대로 머리를 돌리고 몸통이 조금 희어졌지만, 목동은 소가 언제 날뛸지 안심할 수 없어 고삐를 나무에 매단다. 이 경지는 혼의 욕망이 상당히 제어되어 영이 이끄는 대로 움직이는 2.5~2.75 단계의 수준이다.
5. 순복(馴伏) : 소는 고삐와 채찍이 없어도 목동을 따르고, 몸통 뒷부분과 꼬리부분을 제외하고는 온통 희어졌다. 이 경지에서는 혼의 욕망이 많이 사라진다. 표준이론의 3단계 자아인 賢人 수준이다.
6. 무애(無碍) : 목동은 즐겁게 태평가를 부르고 소는 꼬리만 제외하고 온통 희어졌다. 이 경지에서는 혼의 욕망이 거의 사라지고 영과 혼은 서로 걸림이 없다. 3.5단계 偉人의 경지로서 자아는 영적 자아로 불리며 영은 이미 중급영이 되었고 혼은 고급혼이 된 단계다.
7. 임운(任運) : 목동은 푸른 버드나무 아래에서 졸고 있고 소는 한가로이 풀을 뜯고 있지만 소의 꼬리는 여전히 검다. 이 경지의 자아는 참자아로 불리며 4단계 聖人으로 불린다. 혼은 고급혼으로 맑고 깨끗하여 선(禪)의 삼매(三昧)에 들어서며 명종 후 靈化가 예정되어 있다.
8. 상망(相忘) : 꼬리까지 흰 소와 목동은 구름 위에서 무심하게 서로 마주본다. 이 경지에서는 혼에 욕망이 완전히 제거되고 없으며 영과 혼은 같이 있으나 영은 혼을 잊고 혼은 무심(無心)에 들어선다. 무아의 자아인 4.5단계 神人의 경지다.
9. 독조(獨照) : 소는 사라지고 목동만이 밝은 달빛 아래 혼자 노래 부른다. 이 경지에서는 혼영 일체를 극복하고 혼은 이미 영이 되었으니 그림에서 소는 사라졌다. 표준이론에 단계는 없으나 4.9단계 합일 직전이다.

10. 쌍민(雙泯) : 소도 목동도 다 사라지고 合一의 일원상(一圓相)만 남는다. 5단계의 자아다(부록 1 '자아의 수준에 따른 영과 혼' 참조).

尾84) 수마와 도거 그리고 혼침

1. 명상이나 선을 하는 데 장애가 있다면 보통 수마와 도거 그리고 혼침을 말한다. 모두 명상 중 혼이 잠듦에 따라 생기는 문제다. 우선 수마(睡魔)는 못 견디게 밀려오는 졸음으로 혼이 잠에 빠지는 것이다. 잠을 자니 명상이고 뭐고 할 것이 없다. 도거(掉擧)는 번뇌나 망상 때문에 혼이 들떠 안정을 얻지 못하는 상태로 명상 수행의 초기상태다. 혼침(惛沈)은 좌선하여 一心이나 無心에 도달하였으나 그 마음이 성성적적(惺惺寂寂)하지 못하고 혼몽혼미(無記空)에 떨어진 상태를 말한다. 명상 중 혼이 반 수면상태에 빠진 것으로 보인다.
2. 자결(自決)의 불교에서는 좌선하다 졸면 죽비를 얻어맞아야 할 일이지만 기독교처럼 타율(他律)을 중시한다면 명상자리에 드는 것만 해도 꽃자리요 은총이다. 그러니 명상 중 잠에 빠지더라도 크게 탓할 일이 아니다. 때가 되면 얻을 만큼 얻는다.

尾85) 켄 윌버와 3계6도

윌버는 자신의 자아수준의 단계이론에 불교의 3계6도를 도입하여 이 둘을 비교하였다. 물론 통합이론가답게 불교의 유식학 이론, 힌두이즘의 영혼의 구성체이론이나 차크라이론, 심리학자인 Lawrense Kohlberg. Jane Loevinger, Abraham Harold Maslow(1908~1970, 욕구단계설), 유대교 신비주의 카발라 등에서 이야기하는 영혼과 자아의 수준이론 그리고 무엇보다 신지학의 다층적 저승론과 다신체론에 해박하여 이들의 사상을 분석하고 비교하여 자아에는 발달의 단계가 있고 이는 저승과 연결된다는 이치를 설득력 있게 설명하였다. 그러나 3계6도와의 비교에 있어서는 서양인으로는 처음 시도하는 부분이라서 그런지 어설픈 점이 많다.

1. 우선 불교의 3계6도는 저승이 아니라 윤회의 터전인 이승이다. 윌버는 불교의 '이승의 층구조'를 죽어서 가는 신지학의 '저승의 다층적 구조'와 같은 것으로 보고 대비시킨 듯하다. 그러나 윌버는 불교 3계6도의 정수(精髓)를 이해하지 못하고 있다. 이미 언급한 바와 같이 불교의 3계6도는 힌두의 천상계(스바르가)와 지옥(나라카)을 모두 사바세계로 끌고 내려온 '이승적 저승관'으로 통상적인 저승관이 아니다. 따라서 윌버가 혼동할 만하다.

2. 그러나 다음으로 그는 아스트랄계는 욕계, 멘탈계는 색계, 원인계는 무색계라고 평면적으로 비교하여 나열하였는데 이는 불교리에 대한 무지에서 기인한 듯하다.
    1) 아스트랄계는 하급혼의 세계로 불설에서 꼭 이를 찾는다면 인간이 가는 최하급 저승이자 환생의 터미널인 중음(中陰)에 해당한다. 그는 이를 불설의 욕계(慾界)라 하였으나 욕계의 대표는 인간도. 인간도는 저승이 아니니 처음부터 비교할 수도 없다. 그럼 아스트랄이 욕계의 천상도인가? 그것도 아니다. 천상도는 천신(고급혼)들의 세계로 준영계다. 하급혼들이 갈 수 있는 곳이 아니다. 이는 그가 추종하는 신지학과 신지학이 유래한 힌두이즘에서도 마찬가지다.
    2) 또 윌버는 멘탈계를 색계라 하였으나 멘탈계는 표준이론의 심령계로 2단계 이상 3단계 미만 수준의 자아가 가는 중급혼들의 저승이다. 멘탈계를 3계6도와 구태여 비교하면 인간도나 욕계 6천 중 그래도 지거천(地居天)인 사왕천이나 도리천에 비교할 수 있을까?
    3) 결론적으로 욕계 6천과 색계 무색계 22천은 모두 윌버의 원인계에 해당하는 세계로 표준

이론의 준영계다. 욕계 6천은 3~3.49단계의 자아가 가는 준영계이고 색계는 육체적 욕망으로부터는 자유롭지만 여전히 신체에 구속된 존재들이 가는 곳으로 표준이론으로 치면 위인(偉人)급인 3.5단계~3.9단계의 존재들이 가는 준영계다. 윌버는 멘탈계를 색계와 비교하였으나 에고덩어리인 멘탈체의 수준이 가기에는 까마득히 높은 고급계인 것이다. 또한 무색계는 물질이나 욕망에 대한 생각이 없는 세계로 표준이론의 3.91~3.99단계의 존재들이 가는 준영계이니 영계에 거의 다다랐다(4.3.9.3.2.1. '불교에서의 수행계위' 참조).

尾86) 莊子의 吾喪我

1. 중국 전국시대의 사상가 장주(莊周)는 그의 저서인 「장자」 제물론 편에서 스승 남백자기와 제자 안성자유의 대화를 통해 '오상아'를 이야기한다. 어느 날 안성자유가 스승이 앉아있는 모습을 보니 평소와는 사뭇 다르게 보여서 "지금 스승님 모습이 예전과는 좀 다릅니다."라고 말하니, 스승은 "그래서 어떻게 다르냐."라고 되물었다. 안성자유가 말하길 "선생님 모습이 꼭 실연당한 사람 같습니다."라고 했고, 스승은 제자를 칭찬하며 "안성자유야, 너 참 똑똑하구나. 그것을 어떻게 알았느냐? 네 말이 맞다. 나는 오늘 나를 장례 지냈다(吾喪我)."라고 했다.

2. 장자는 오상아를 위해 감관작용과 심관작용을 멈추라고 우리에게 주문한다. 그 방법론이 고목지형(槁木之形)과 사회지심(死灰之心)이다. 고목지형은 몸이 말라 죽은 나무가 되는 것이고, 사회지심은 마음이 불 꺼진 재가 되는 것이다. 말라죽은 나무와 같은 몸은 일체의 감관작용을 멈출 때, 또 불 꺼진 재와 같은 마음은 일체의 심관작용을 멈출 때 비로소 가능하다. 감관(感官)과 심관(心官)을 모두 멈추면 죽는 것인데 살아있는 상태에서 이를 멈추라는 말은 몸을 죽이라는 뜻이 아니고 마음의 불을 꺼뜨리라는 뜻이다. 표준이론식으로 말하면 자아의 방에서 혼을 끌어내라는 말, 즉 혼을 행랑으로 영영 내보내라는 말이다.

3. 고목지형과 사회지심을 불가의 공(空) 개념과 비교하여, 색이 감관 및 심관작용을 통해 인식하는 대상의 모습이라면 공은 감관 및 심관작용을 멈춘 상태에서 인식하는 대상의 모습이라는 설명(김정탁의 장자 이야기 참조)이 있으나 적절치 않은 설명이다. 색즉시공 즉 외부의 현상은 무상하니 다 공하다는 것과 마음은 무상한 것이니 실체가 없으므로 여기에 끌려 다니지 말라는 말은 언뜻 같은 뜻인 것 같으나 전혀 다르다. 전자는 외부세계의 무상함을 말하는 것이고 후자는 내부정신의 무상함을 말하는 것이다. 외부의 공함을 깨닫는 것과 나의 공함을 깨닫는 것은 다른 문제다. 자아의 방에서 혼을 내보는 일이 어찌하여 외부 현상이 무상함을 알면 이루어진다는 말인가. 색과 나를 구분하는 혼의 이원적인 시각이 틀렸으니 그 시각을 교정하거나 그런 시각을 가진 혼을 자아의 방에서 내보냄으로써 진아를 실현하는 것이 오상아의 진짜 의미다.

4. 사실 반야심경의 색즉시공 공즉시색(色卽是空 空卽是色)은 원문 산스크리트어 원본을 현장(玄奘)이 한역한 것인데 산스크리트어본을 그대로 번역하면 "현상에는 실체가 없다. 실체가 없기 때문에 현상일 수 있다."이다. 현상은 무수한 원인과 조건에 의하여 시시각각으로 변화하는 것이므로 변하지 않는 실체란 있을 수 없고, 또 변화하기 때문에 현상으로만 나타나며, 따라서 중생은 그것을 존재로서 파악할 수 없다는 뜻이다. 다시 말해 원문은 "모든 실체는 변화하니 恒常하는 실체란 없다. 그러니 만물은 無常하다."라는 평이한 사실을 진술하고 있으나 현장이 이 문장을 너무 멋지게 번역한 나머지 없는 뜻을 만들었고 그것이 확대 재생산된 것이 오늘날 色卽是空 空卽是色이다.

5. '색즉시공 공즉시색'이 원문의 의미 그대로라면 오히려 오상아와 통한다고 하겠다. "만물은 無常하니 我도 무상하다. 무상한 我를 버리고 항상한 我를 찾아라."

尾87) 헉슬리의 「지각의 문」

1953년 5월 4일 오전 11시 올더스 헉슬리는 스스로 실험 대상자가 되어 험프리 오즈먼즈 박사와 그의 아내가 지켜보는 가운데, 페요테라는 선인장에서 추출한 향정신성 물질인 메스칼린을 복용한다. 그리고 잠시 후 인간 의식의 새로운 문이 열리며, 8시간에 걸친 신비적이고 초월적인 세계를 경험한다. 이 경험을 바탕으로 환상적인 경험의 본질과 인간 의식의 새로운 세계를 생생하면서도 심도 있게 다루는 책이 「지각의 문 천국과 지옥(The Doors of Perception and Heaven and Hell)」이다. 헉슬리에 의하면, 인간의 뇌에는 우리의 생존에 필요 없는 정보를 걸러내는 '축소밸브'에 해당하는 장치가 있다. 이 때문에 인간은 현실의 압박에 짓눌려 압사당하지 않고 살아갈 수 있지만, 그 대가로 현실을 있는 그대로 바라보는 능력이 정지된다. 하지만 명상이나 기도, 신비체험, 절정체험, 종교예식, 약물 등은 일상의 모든 의식을 통제하던 '축소밸브'를 일시적으로 없애 준다. 당시 동양사상과 의식의 변형상태에 깊은 관심을 가지고 있었던 헉슬리는 약물을 통해 이러한 상태를 직접 파악해 보고자 하였다. 그러나 그의 시도는 헛된 것이었다. 그는 끝까지 이를 인정하지 않았지만 알고 죽었을 것이다. 그가 그저 마약에 중독된 것일 뿐이었다는 사실을.

尾88) 사이키델릭(psychedelic)

'사이키'라고도 한다. LSD 등의 환각제를 복용한 뒤 생기는 일시적이고 강렬한 환각체험이나 그런 체험을 재현한 그림이나 극채색 포스터, 패션, 음악 등을 가리킨다. 이러한 현상은 1960년대에 주로 히피족이나 그들을 지지하는 예술가들에 의하여 회화, 사진, 영화, 음악, 패션계에 크게 유행하였다. 예를 들어 패션계의 사이키델릭은 일상적인 감각영역을 넘어선 색다른 무늬나 형광성이 강렬한 색깔 등을 중심으로 하는 스타일을 많이 사용한다.

尾89) LSD와 명상

1. "LSD는 마음을 여는 경험이었다." 1993년 노벨화학상을 수상한 캐리 멀리스(Kary Banks Mullis)가 한 말이다. LSD를 섭취하고 겪은 경험이 명상 경험과 겉으로 보기에 여러모로 닮았기 때문이었다. LSD를 한 사람처럼 수행자도 깊은 명상 상태에 도달하면 소리가 보이고 글자도 소리로 바뀌는 경험을 한다. 또 자아가 상실되면서 정신이 고양되고(미주 55 '과정론법(過程論法)' 참조) 초월적 사고력이 생기는데 이것 역시 마찬가지다. 그러나 이는 초월적 사고와 무사고(無思考) 즉 사고의 기능을 잃은 상태를 구분하지 못한 저열한 명상가의 토로이다.
또 명상을 하면 '행복 호르몬'으로 알려진 세로토닌의 분비가 증가되는데 이는 LSD가 분비된 세로토닌의 재흡수를 방해하여 결과적으로 세로토닌 분비 증가효과를 일으키기 때문이다. 마약이 고통을 주관하는 신경계를 마비시켜 쾌락을 유도하는 것처럼 LSD는 전두엽으로 가는 세로토닌을 차단시켜 뇌의 '현실 인지 능력'을 마비시키는 것이다. '현실 인지 능력'이 좋은 기능도 하지만 현실만이 전부인 것으로 한계를 짓는 부작용도 있는데 세로토닌에 의해 현실에서 분리되면 마음은 제약이 없어지게 되고 경계가 풀린 다른 세상이 열리는 것이다. 이로써 내가 육체라는 물질 속에 갇혀 있는 유한한 존재가 아니라는 환각을 경험한다. 색과 소리들이 내 육체를 통과해 버리고 나는 전혀 다른 존재가 된다. 결과적으로 LSD는 마약과 다를 것이 전혀 없다. 스티브 잡스는 그것은 단순한 환각이 아니라, 우리가 보지 못하는 동전의 다른 면이라면서 직접 경험하지 못하면 절대 이해할 수 없다고 했다. 그런데 그가 진정한 명상을 체험한 적이 있었을까?

2. 위에서처럼 명상과 LSD가 일으키는 신체적 반응이 유사하다고 하여 명상이 환각이라거나 환각이 명상이라는 주장 또는 LSD는 특별하여 명상과 같은 현상을 가져온다는 주장은 모두 '과정론(현상론)법적' 해석이다. 물을 마시고 배부른 것과 술을 마시고 배부른 것이 배가 나온 것은 같지만 갈증해소와 술 취함은 같은 것이 아니다.

3. 리드비터도 이렇게 이야기하였다. "투시력을 갖고자 하는 어떤 사람들은 고대의 술법을 흉내내어 밝은 광점을 바라본다든가, 주문을 외운다든가 함으로써 반 마취상태를 이끌어 내는 등의 자기최면을 사용하기도 한다. 또 그들 중의 일부는 인도의 호흡법을 사용하기도 하고 다른 사람에 의해서 메스머리즘(mesmerism) 상태에 들어가서 투시능력을 얻는 방법을 시도하기도 한다. 고대의 신성한 비밀을 얼마에 전수해 주겠다든가, 두당 얼마를 내면 수시로 가입할 수 있는 초능력개발회 따위를 운영하고 있는 자들도 있다. 이 모든 방법들은 그 의미를 잘 이해하지 못하는 일반인들이 시도하기에는 매우 위험한 것들이고 단지 미지의 세계에서 벌이는 막연한 실험에 지나지 않는다."(리드비터, 「투시」중 '제9장 투시력을 계발하는 방법' 참조)

尾90) 삼매

바람 따라 강물 따라
酒邪, 그것은 종혼의 반란
幻覺, 그것은 의식의 황폐
orgasme, 그것은 혼의 욕망

명상, 그것은 생각을 모으는 것 一心
삼매, 그것은 생각을 비우는 것 無心
열반, 그것은 마음을 비우는 것 無我

名畵, 그것은 一心의 집적
名曲, 그것은 無心의 흔적
無我는 흘러가네 바람 따라 강물 따라

尾91) 아야와스카(Ayahuasca)

식물에서 채취한 DMT(디메틸트립타민)로 환각제를 만든 것이 남미 아마존 부족들이 사용하는 신비한 약물인 아야와스카(Ayahuasca)다. 꼭두서니과의 프시코트리아속 식물의 잎에 함유되어 있는 DMT에 킨트라노오과의 덩굴성 식물인 바니스텔리오프시스 카아피라는 긴 이름에서 추출한 전출액을 섞으면 수천 년 전부터 남미 아마존 부족들이 환각제로 사용해 온 아야와스카(Ayahuasca)가 된다. DMT가 강력한 환각제이긴 하지만 구강으로 복용하면 위에서 분해되어 아무런 효과가 없기 때문에 MAO(모노아민 산화효소, Monoamine oxidase)저해제 역할을 하는 전출액을 섞는다는 것이다. 서양의학에서 MAO저해제에 대해 알아낸 것은 근래의 일이다. 아마존 원주민들이 이 사실을 어떻게 알아내어 아야와스카를 만들게 됐는지는 의문이다. 그들을 연구하는 인류학자들에게는 제일 큰 수수께끼다. 원주민들에게 물어보면 외계인이 그들의 조상들에게 알려줬다고 대답한다고 한다. 모른다는 말이다. 그들은 이 식물을 통해 마음의 병도 치료하고 조상과 신들로부터 메시지도 받는다. 나아가서 그들의 신화적 세계를 재현시켜 종족 간 세계관의 통일을 증강시키기 위해서도 널리 이용하고 있다. 또한 아야와스카를 신의 음식으로 간주하는 아마존의 샤먼들은 아야와스카를 사용하여 변성의식에 들어가면 식물들이 자신들에게 식물을 이용하는 방법을 가르쳐 준다고 한다. 그래서인지 아마존 인디언들의 약물 조제법은 서양학자들을 놀라게 할 정도로 다채롭다. 아야와스카와 관련하여 가장 유명한 것은 아야와스카가 체험시켜 주는 환각의 세계다. 아야와스카를 먹은 사람들은 국적, 직위, 성별에 상관없이 똑같은 경험을 한다. 이 약물에 취하면 이상하게도 거대한 보아뱀을 보게 된다. 표준이론 입장에서 보면 옛날 아마존의 어느 샤먼이 '프시코트리아속 식물과 킨트라노오과 덩굴식물'의 그룹혼에게서 아야와스카 조제에 대한 정보를 얻은 것이고 '보아뱀'을 보는 것은 아야와스카에 취하면 그들 그룹혼의 세계에 초대받기 때문이다. 이외에 도대체 무슨 방식으로 '아야와스카'를 이해할 것인가.

尾92) 자의식의 발현

1. 어린아이는 성장하면서 처음으로 자신을 독립된 존재로 생각할 때가 있다. 감수성 풍부한 아이에게는 아주 소중한 체험이다. 시인 장 폴은 그의 자서전에서 이렇게 말하고 있다. "아직 아무에게도 이야기하지 않았지만, 난 자의식이 발생하던 그 순간을 결코 잊을 수 없다. 그 시간과 장소도 뚜렷이 기억한다. 어느 날 아침, 어린 나는 현관 문 앞에 서서 장작더미를 바라보고 있었다. 그때 불현듯 '나는 나다'라는 의식이, 마치 번개처럼 하늘에서 떨어져 내렸다. 그 이후로 그 빛은 결코 사라지지 않았다. 바로 그 순간, 나는 처음으로, 그리고 영원히 사라지지 않는 나 자신을 보았던 것이다. 이것은 결코 기억의 착각이 아니다. 왜냐하면, 인간 존재의 가장 성스러운 부분에 내려와, 나를 둘러싼 풍경을 영원히 잊지 못하게 하는 그런 체험을 아무도 이야기해 준 사람이 없다. '나'는 혼자다. 그리고 '나'는 인간 그 자체다. 이것이 '나'가 인간의 진정한 본성임을 증명한다. 그러므로 인간은 몸과 혼을 '나'가 살아가는 외피이며, '나'가 활동하기 위한 조건이라 생각할 수 있다. 우리는 그 외피를 '나'를 위해 사용하는 방법을 배운다."(루돌프 슈타이너,「신지학」중에서)

2. 자의식(self-consciousness)이란 '경험에 수반되어 그것을 통일하는 자아(自我)에 대해 갖는 반성의식의 총칭으로 외계의 의식과 대립하여, 자아가 자기를 느끼고, 생각하고, 의지(意志)하며, 자기를 다양한 행위를 통일하는 주체로서 인식하는 것'을 말한다. 이는 본질적으로 반성적 의식이며, 유년기에는 존재하지 않는다고 알려져 있다.

3. 표준이론에서 자의식은 '상위정신체가 자기를 인식하는 것'으로서 존재나 실체가 아니라 상위정신체(에고)의 활동결과 나타나는 것이다. 유년기에는 하위정신체(이드)가 득세하니 자아의 방은 비어있고 따라서 자의식이 아직 완전하지 않다. 자의식은 상위정신체인 에고가 자아의 방에 등장하여야 충만하기 때문이다. 춘추(春秋) 주석서인 '좌전(左傳)에서도 "사람이 태어날 때 먼저 백(魄)이 생기고 그 백이 생긴 다음 양기의 측면인 혼(魂)이 생긴다. 이후 사물의 정기를 많이 흡수하여 혼과 백이 강성해지면 그 정신이 맑아져 신명에 이른다."라고 하여 같은 생각을 하고 있음을 알 수 있다. 이처럼 혼백이 강성해짐에 따라 혼의 자의식인 상위정신체(에고)가 생기체와 이드를 장악하기 시작하면서 자아의 방에 들어오면 비로소 장 폴의 자의식이 본격적으로 발현하는 것이다. 이후 영이 몸에 도래하면 자아의 방에서 영과 혼 간의 주도

권 각축과 이에 따른 혼과 영의 발달이 시작된다. 영의 도래가 없으면 정신체 혼자서 길고 더딘 발전과정을 걷는다.

이때 분할환생의 이론을 적용하면 상위정신체의 입신(入身)이 자의식의 발생기에 이루어진다고 할 수 있다. 혼이 생기체를 점차적으로 장악한다거나 혼의 상위부분의 발현이 서서히 이루어진다는 표준이론의 생각과는 달리 혼이 저승에서 하위부분부터 나뉘어 도래한다는 것이다 (미주 43 '몸과 혼의 성장 속도와 분할환생' 참조). 이처럼 분할환생의 개념은 일부 불합리성에도 불구하고 설명이 곤란하거나 명쾌하지 못한 여러 현상을 잘 설명해 준다.

4. 自意識의 횡설수설

자의식은 혼이 군혼에서 떨어져 나오면서 생기는 것으로
어느 생이든 열 살 즈음에 드러나기 시작하는데
自己의 存在를 느끼면 그 消滅도 알게 되는 만큼
보통 自己消滅의 공포를 동반하여 나타난다더라

自己라는 존재는 갈수록 커져 마침내
세상에서 가장 소중한 것이 되니
사람이 온 세상을 얻고도 제 목숨을 잃으면 무슨 소용이 있겠느냐는 말씀 중
저 '목숨'이 곧 自己인데
그때부터 인간은
自己를 지키고 발전시키기 위해 모든 노력을 경주한다더라

或者가 말하기로 自己는
영혼이라는 실체에 기반한 것이고
영혼은 실체의 근원인 창조주의 일부이니
그에게 돌아가는 것이 생의 결말이라고 하고

或者는
어쨌거나 自己는 한 육체를 넘어 환생하며 억겁을 돌다가
마침내 극락왕생하여 영원토록 행복하게 살거나
부처가 되어 자기 경험을 되살려 중생을 제도한다고 하고

생각하니 存在한다는 다른 或者는 말하기를
고도의 생각작용 끝에 드러나는 自己意識이
그 存在하는 존재를 自己라고 부른다고 한다더라

그러나 한편으로 자의식이란
무기물의 우연한 화합으로 나타난 유기물이
자기존재를 보존하기 위해 신경조직 간에 대사하는 전기작용이고
윤회란 DNA를 통한 자기복제의 종족 보존이 그 실체라는
主義도 있다더라

論과 說을 막론하고 다들
自己가 현실적으로 가장 중요한 존재라는 것이니
이쯤 되면
자기의 소중함은 重言하면 復言이라
自己를 방어하고 확장하기 위한 노력은 분명
인생의 가운데 토막이라더라

그런데 사족이지만 궁금한 것이 있는데
혹시
고도의 생각작용으로 나타난 자의식이
생각에 생각을 더하고
이 생에 저 생을 곱하여 더 고도화되거나
무기물의 화합인 유기물이
화합의 복잡성을 수백 수천 배 더하고
신경조직 간의 전기작용과 처리속도를 수만 배 늘린다면 과연
어찌 될까?
自己의 정체를 스스로 알아낼까?

암 알아내지. 알아내고말고
벌써 알아냈다고 하더라
고도화된 자의식이 알아낸 자기의 정체는 바로
수만 배 빠른 전기작용으로 알아낸 자기의 정체는 바로
空이요 無라고 한다더라
자의식은 空이요 자기는 無라더라

그런데 空은 뭐고 無는 또 뭔가?
다시 한번 생각을 더하고 생을 제곱하여 고도화하면 그리고
전기작용을 수억 배로 더 빨리하면 혹시
자의식은 實이요 자기는 有가 된다더라고 하지 않을까?

尾93) 사춘기와 자의식

思春期

넘쳐 나는 성 호르몬
밀려오는 春情
솟구치는 자의식
타인에게로의 대시 그리고
열다섯 살짜리 몸에 어리는
狂氣
자연이 자연히 가르친 지혜
친구들과 싸우며 익힌 생존력

先生들에게 맞아가며 배운 지식
미디어가 주입한 쾌감 그리고 마침내
성숙한 정신으로 드러나는
前生들

그들의 얼굴에 나타난 매력은 무엇이고
몸에서 갑자기 풍기는 향기는 웬 것이며
발휘하는 탈렌트는 어디서 난 거냐

어쨌든!
다 갖추었고 다 드러났으니
다시 시작된다
또 다른 업을 쌓는 방황과
내밀하고 치열한 공부가

尾94) 12연기법(十二緣起法)

1. 부처님은 일체현상의 생기소멸(生起消滅)의 법칙을 말씀하셨는데 이는 '이것이 있으면 그것이 있고, 이것이 생기면 그것이 생긴다. 이것이 없으면 저것이 없고, 이것이 멸하면 저것도 멸한다'라는 말로 설명된다. 緣起를 설명하는 대표적인 의론인 12연기법은 무명, 행, 식, 명색, 6입, 촉, 수, 애, 취, 유, 생, 노사의 12요소로 되어 있다. 무명(無明, avidyá)이란 실재가 아닌 것을 실재로 착각한 망상으로 이로 인해 움직이는 행(行)이 나타나고 이 행에 의해서 식(識)이 발생되며 식 때문에 물질적인 것(色)과 정신적인 것(名)이 결합하여 명색(名色)이 일어난다. 명색이 인연 되어 6입(六入, 六根, 6개의 감각기관인 눈, 귀, 코, 혀, 몸, 의지)이 나오고 다시 이 육입을 통하여 접촉에서 오는 느낌인 촉(觸)이 형성되는데 그것이 수(受)가 된다. 여기까지는 삼키아철학을 역으로 벤치마킹한 오온이론에서 도출한 논리인데(6.3.3.1. '감성' 참조) 그 이후로는 별 의미 없는 형이상의 나열이다. 즉 수(受)에 연하여 끝없는 애정의 목마름인 애(愛)가 나온다. 애는 다시 추구하는 대상을 완전히 자기 것으로 소유화하려는 취(取)를 낳고 여기에서 삼계(三界), 즉 욕계(慾界), 색계(色界), 무색계(無色界)의 세 가지 유(有)가 나타나며 다시 유에서 생(生)이 발생하는데, 이 생이 있음으로써 늙고(老), 죽고(死), 근심하고(憂), 슬퍼하고(悲), 괴로워하고(惱), 아파하는(苦) 것이다(流轉緣起). 그래서 생사의 근본적인 극복은 무명을 없앰으로써 가능한데 무명이 멸하면 행이 멸하고 행이 멸하면 십이연기의 모든 것이 멸한다(還滅緣起).

2. 연기(緣起)는 부처님이 세상이치를 깨달으시고 그 이치의 하나로 설하신 것으로 우주에 원래 자재(自在)한 것이라고 한다. 그러나 부처님의 연기는 객관적인 발생과 소멸을 규명하기 위한 형이상학적 논리가 아니라 괴로움의 현실을 해명하기 위한 방편성(方便性) 가르침일 뿐이다. 따라서 무명에 연하여 반드시 행이 나타나고 행에 연하여 마지막에는 생과 노사의 번뇌와 고통이 나타난다는 12연기법의 체인식 주장이 아니다.
또 12연기의 순서를 내세워 무명을 깨면 즉 반야를 깨달으면 환멸(還滅)연기가 작동하여 연기의 체인이 끊어지므로 윤회의 고리를 끊고 열반하여 부처가 된다는 논리도 작위적(作爲的)이다. 세상은 인과관계에 의하여 상즉상입(相卽相入)한다는 法界緣起의 화엄사상 정도가 적당하다.

尾95) 소유욕과 자존심

1. 이기심에 기반한 소유욕과 자존심에 기반한 명예욕은 현실에 있어 자아발전의 가장 큰 장애다. 오죽하면 불교 무색계 4천 중 非想非非想處를 빼고 그 경지가 가장 높은 곳이 무소유의 진리를 체득한 경지인 무소유처(無所有處)이겠는가. 물론 무소유처정은 물질과 공간이 모두 공(空)이라 의식에 그 대상이 없다는 高尙한 의미를 갖는다.

2. 소유로부터의 탈출

무아란 자아에서 利己를 제거한 자아다
利己는 所有다
그러니
소유로부터의 탈출이 無我로의 지름길이다
부귀, 명예, 재능, 운, 체력, 학력, 미모, 지식, 친구, 연인, 자식
이 모든 것으로부터의 탈출 말이다
그런데 이것이
자아의 힘으로 되는 일인지
궁금하다

尾96) 칼 융의 영혼

융은 영혼을 인간의 외부에서 내부로 들어와 생명의 원리로 작용하는 실체로 보고 정신과 다른 것이라고 하며 신이 창조한 영혼의 존재를 긍정하고 있다. 그에 따르면 영혼은
1. 스스로 자발적인 운동과 활동을 하며
2. 감각적인 지각에 의존하지 않고 이미지를 산출할 수 있는 능력이 있고
3. 이러한 이미지들을 자율적으로 조절할 수 있다.
따라서 인간의 창조력(이미지 산출능력)은 전기신호로서의 정신이 가진 능력이 아니다. 오히려 인간은 영혼의 활동을 통하여 창조적인 능력을 부여받는다.

尾97) 개체성(separateness)과 개별성(individuality)

1. 표준이론에서 個體性(separateness)은 '분리됨'의 의미로 혼이 군혼에서 개체화(*)되어 지혼이 될 때 확보하는 속성이다. 여기에서 이기심과 자존심이 배태되며 이는 소유욕과 명예욕의 근원이 되고 업의 소지(素地)가 된다. 그러나 個別性(individuality)은 이와 달리 지혼이 바바차크라의 삼계육도를 각고윤회하며 얻는 그만의 개성(個性)이자 매력(魅力)으로 이는 윤회의 이유이자 목적이기도 하다(11.3.9. '윤회혼의 개성(個性) 공식' 참조). 모든 혼은 완성된 개별성은 아니지만 나름의 개별성을 갖는다. 혼의 개체성은 혼이 一元의 섭리를 체득하고 영화(靈化)하는 순간에 사라지며 반대로 개별성은 그때 완성(固定)되는데 이는 아버지께 금의환향할 때 바칠 월계관이다. 따라서 영은 개체성을 극복한 존재다. 그런데 영이 궁극의 때에 하느님과 합일(合一)하면 개별성(individuality)이 사라진다는 주장들이 있다. 헤르메스주의자 프란트 바르돈은 이를 비의적(祕儀的)인 '죽음'이라고 불렀고(프란츠 바르돈, 헤르메스학 입문/헤르메스 호 트리스메기스토스, 「헤르메티카」, 26쪽) 과정신학자 하츠온은 객관적 불멸(objective immor

tality)이라고 표현하였다.

2. 힌두교의 개체성 소멸

우파니샤드의 견해에 따르면, 궁극의 상태에서는 개체성이 소멸되고 자기중심적인 분리가 사라진다. 그러나 그것은 순수한 무(無)이거나 죽음인 것은 아니다. "마치 흐르는 강물이 바다에 이르러 그 이름과 외형을 잃고 사라지듯이, 자기의 이름과 형태를 벗어버린 현자는 모든 것을 초월해 있는 거룩한 자에게 간다."(사르베팔리 라다크리슈난, 「인도철학사 Ⅰ」) 내 안에 빛나는 신으로서의 영혼이 내 밖에 있는 궁극의 신과 결합하여 안과 밖의 구분은 의미가 없어지는 것이 바로 신과의 결합을 뜻하는 요가(Yoga)의 정확한 의미다. 힌두에는 표준이론의 개별성의 개념은 없다. 그러나 언중에는 개별성의 유지가 엿보인다. 현자가 벗어버리는 것은 '이름과 형태'이니 이는 '개체성'의 다른 말이다.

3. 신지학의 합일과 영혼의 개체성과 개별성

1) 신지학은 이 부분에 대해서 의견통일이 되어 있지 않으나 힌두의 영향과 그들의 주기론으로 인하여 개체성은 물론 개별성마저 잃는다는 주장이 대세다(미주 117 '신지학의 부분적 역진화' 참조).

2) 반면 신지학자 리드비터는 이도 저도 아니다. 우선 그는 그의 저서 「신지학대의」에서 "궁극적인 완성 단계에서 모든 개체 혼들은 대영혼(大靈魂) 속으로 녹아들어 통합된다."고 한다. 그런데 또 한편으로는 인간이 아무리 고급한 진화 단계에 오른다 해도 어떤 형태로든 개별성(개성)이 유지된다고도 한다. "우리 신지학도들은 때때로 이 두 견해 사이의 타협점을 찾는 데 어려움을 느끼곤 한다. 사실 우리가 할 수 있는 어떤 경험, 두뇌 속에 형상화시킬 수 있는 어떤 관념으로도 영광스러운 니르바나(Nirvana)의 실제와 그것을 넘어선 차원들을 표현하기란 불가능하다. 우리는 그러한 초월적인 영광에 대해 아는 것이 거의 없다. 그나마 우리가 알고 있는 최소한의 것조차 적절한 말로 묘사하기란 쉬운 일이 아니다. 그러나 어떤 의미에서 개체 혼들이 대영혼 속으로 용해된다고 말하는 것은 다소 잘못된 생각이 아닌가 한다. 모든 모나드는 근원적으로 신성 삼위일체의 한 불꽃이다. 따라서 그는 이미 자신이 구성요소로 있는 그것 속에 용해될 리가 없다. 이보다는, 진화해 감에 따라 그 스파크가 성장하여 화염이 된다는 것이 분명 현상에 대한 보다 나은 설명일 것이다. 즉, 모나드는 신성과의 합일에 대한 의식이 점차 성장하고 로고스는 그것을 통해 자신을 더욱 많이 현현시킬 수 있는 것이다. 합일의 체험은 '이슬방울이 빛나는 바다에 떨어지다'라기보다는 '대양이 물방울 속으로 쏟아져 들어오다'라고 보아야 한다."

3) 애니 베산트는 소수의견에 섰다. 그는 그의 「고대의 지혜」의 '제6장 붓디계와 아트마계'에서 "열반계의 의식은 소멸의 정반대 상태다. 감각과 정신의 삶만 아는 이들에게 그 존재는 상상도 할 수 없을 정도로 생생하고 강렬하다. 희미한 양초 불빛이 정오의 화려한 태양과 비교의 대상이 될 수 없듯이, 열반계 의식 또한 지상에 묶인 의식과는 비교가 되지 않는다. 지상의 의식의 한계가 사라졌기 때문에 열반계 의식도 소멸되었다고 보는 것은, 희미한 양초 불빛밖에 알지 못하는 인간이 심지가 기름에 잠기지 않으면 빛이 존재할 수 없다고 말하는 것과 같다."라고 하며 개별성의 존속을 주장한다. 또 같은 책 11장 '인간의 진보'편에서도 "제자의 길 마지막 단계인 네 번째 입문단계에서 제자는 '분리된 존재'를 넘어서게 된다. 스스로를 다른 존재와 별개로 인식하는 분리의식이라는 마지막 족쇄를 벗어던지는 것이다. 그리고 의식이 깨어있는 상태에서 합일의 세계인 붓디계에 머무른다. 혼과 함께 탄생한 이 능력은 개체성의 핵심으로서, 그 안의 가치 있는 모든 것(표준이론의 개별성)들이 모

나드 안으로 편입될 때까지 계속 사라지지 않는다. 그러다가 합일의 순간 대단히 귀중한 결과를 인간모나드에게 남긴다. 그 결과란 너무나 순수하고 미세해서 하나가 되었다는 의식에 전혀 손상을 입히지 않는 개별적 자의식이다."라고 하며 합일 후 개별성의 존속을 극구 옹호하고 있다.

4. 켄 윌버는 합일의 단계에 다다른 사람도 개별성(개성)과 정체성을 유지하며 따라서 보통 사람과 특별히 다를 바 없이 나무를 하고, 물을 길어 나르며 산다고 한다. 그러나 그는 매우 현명한 사람으로 마치 불가(佛家)의 십우도(十牛圖)에서 묘사된 것처럼 입전수수(入纏垂手) 즉, 저잣거리에 들어가 중생을 돕는 경지의 사람이라고 한다(5.1.2.3.13.1. '켄 윌버의 합일' 참조).

5. 16세기 스페인의 기독교 신비주의의 대가 '예수의 데레사 수녀'는 관상기도를 통한 합일의 경지를 보통의 합일과 합일의 극치인 '영적 결혼'으로 나누어 설명하면서 개별성의 문제에 대하여 다음과 같은 서술을 남겼다. "둘이 하나로 합치는 것이 합일이지만, 이 합일의 은혜가 쉽사리 지나간 다음에는 영혼이 의식하는 그 님과의 사귐이 없이 저 혼자 남는 것입니다. 하지만 영적 결혼에 있어서는 이렇지 않습니다. 영혼은 항상 그 핵심에 하느님과 같이 있기 때문입니다. 합일을 가지고 말한다면 그것은 마치 두 자루의 촛불을 한 끝에다 대는 것이라 하겠습니다. 이 순간 불빛은 온통 하나뿐입니다. 다시 말해서 심지와 불빛 그리고 초가 온통 하나로 어울립니다. 그러나 다음에 따로따로 촛불을 떼어놓기란 어려운 일이 아니고, 그렇게 되면 다시 두 자루로 남는 것뿐만 아니라 심지와 초를 갈라놓을 수도 있는 것입니다. 하지만 영적 결혼에서는 하늘에서 강이나 우물로 떨어지는 물과 같이 똑같은 물이 되어버려서, 강물과 떨어진 물을 나눌 수도 따로 갈라놓을 수도 없는 것입니다. 정녕 이것은 성 바울께서 말씀하신 바 "주님과 결합하는 사람은 그분과 한 영이 됩니다"라는 것으로, 하느님께서 영혼과 하나가 되신 것을 전제로 하는 영적 결혼을 말함일 것입니다(예수의 데레사 「영혼의 성」 257쪽).

6. 과정론적 사고(process thought)에서의 객관적 불멸(objective immortality)
과정철학자인 화이트헤드는 그의 '현실적 존재'에 대한 거론에서 존재는 상호 의존하는 경험의 물방울에 불과하기 때문에 서로 경험을 주고받다가 생명을 다하면 사라진다고 주장하였다. 과정철학을 과정신학으로 발전시킨 하츠혼은 이를 '객관적 불멸(objective immortality)'이라고 부르며 개인은 사라지지만 그의 경험은 하느님 안에서 영원히 살아 있다고 한다. 이로써 그는 단생(單生)의 기독신학에 불교의 무아론을 도입한 셈이 되었다(미주 11 '화이트헤드의 과정철학에 대하여' 참조)

7. 표준이론의 합일과 영혼의 개별성
   1) 예수님이 "나와 아버지는 하나이다."라고 말씀하신 것이 합일이다. 이는 "나는 내 의지를 추구하지 않고, 아버지의 의지를 따를 것이다."라는 말씀이고 이때 합일은 모든 행동의 동기가 된다.
   2) 인간의 의식이 고단계의 자아를 구현하면 혼에 내재된 신의 불씨가 불꽃으로, 나아가 횃불을 거쳐 봉화로 타오르게 되고 마침내 하느님과 합일한다. 즉, 영과 혼 안의 하느님의 불꽃과 불씨는 영과 혼을 하느님에게로 인도한다. 하느님의 일을 하고 싶고 하느님을 닮고 싶게 한다. 합일은 불씨가 신성이요 불성이라는 면에서 그 어버이와 일심동체가 된다는 의미의 합일이다. 따라서 하느님의 필요에 의해 분리시킨 신성이 합일한다고 하여 개별성(individuality)을 잃는 것은 아니다. 하느님께서 신성의 분리를 통하여 얻고자 하신 것이

개별성이었기 때문이다.
3) 표준이론에서 에고의 개체성(separateness)은 군혼에서 탈피하는 진화의 과정에서 혼이 확보한 자연스러운 속성에서 비롯한 것이지만 다음 단계로의 진화과정에서는 오히려 발전을 저해하는 장애물로 작용하여 극복의 대상이 된다. 그 극복작업은 혼에 내재한 '하느님의 불씨'가 動因이 되어 시작된다. 하느님으로부터 발출한 불씨가 혼으로 하여금 그의 궁극적인 진화목표점이 하느님과의 합일임을 깨닫게 하면서 시작되는 것이다. 이는 혼이 無明으로 인해 自他一體의 一元을 모르는 상태에서 환상(maya)으로서 개체성을 갖게 된다는 힌두의 설명과도 일치한다. 그러나 아트만의 개별성(individuality)은 이와는 다른 개념이다. 에고의 개체성은 분리됨(separateness)이다. 아트만의 개별성은 브라만의 일부라는 자각에서 비롯한 개체성의 초월에서 비롯한 개별성이며 이는 자연스럽게 개성(personality)을 가진다.
4) 또한 혼이 보는 우주는 마야라고 하지만 그것도 신의 창조물이다. 마야의 세계도 분명한 법칙이 있고 역할이 있는 세계다. 마야라는 이름의 실상(實像)인 것이다. 따라서 그런 의미에서 개체성(separateness)은 마야이고 개별성(individuality)은 실상이다.
5) 많은 종교와 사상은 합일에서 개별성(개성)의 상실을 떠오르게 하는 주장을 하는데 그 이면에는 '대부분의 영(靈)이 혼 출신이기 때문에 가지는 두려움'이 있을 수 있다. 이 두려움을 벗지 못한 사람들이 개별성에 합일이라는 단어를 생각 없이 덧붙이면 소멸을 이야기하게 된다. 그러나 합일하면 개체성은 상실하지만 개별성은 완성을 넘어 확장이 일어난다. 신아(神我)가 되는 것이다.

(*) 퇴행최면전문가 뉴턴은 각혼그룹에서 개체화되어 지혼이 탄생하는 과정을 다음과 같이 묘사하고 있다. "나의 영혼은 구름덩이 같은 두루뭉수리에서 창조되었습니다. 격렬하게 고동치는 푸르스름하고도 노랗고도 하얀 빛에서 하나의 작은 에너지 입자로서 나는 튀어나왔습니다. 어떤 입자들은 뒤로 나가떨어지고 어떤 입자들은 도로 두루뭉수리에 흡수되고 말았으나 나는 계속 밖으로 나갔습니다. 그렇게 하여 나와 같은 다른 입자들의 흐름 속으로 흘렀습니다. 그 다음에 깨달은 것은 사랑으로 가득 찬 존재가 돌보아 주는 밝은 공간 속에 내가 있다는 것이었습니다. 우리들이 일종의 육아실 같은 곳에서 벌집 구멍 속에 깨지 않은 알처럼 있었다는 것을 기억합니다. 의식이라 할 수 있는 것을 좀 더 습득하게 되어 살펴보니, 나는 유라스(Uras)라는 양육 세상 속에 있는 것이었습니다. 내가 어떻게 해서 거기 가게 되었는지는 모르겠습니다. 나는 자궁의 양수 같은 액체 속에 있는 하나의 알같이 깨기를 기다립니다. 그리고 나처럼 깨어나려고 하는 어린 빛의 세포들이 많이 있다는 것을 감지합니다. 거기에는 아름답고 자애로운 어머니들의 그룹이 있었습니다. 어머니들은 우리들의 막을 뚫어 우리들을 열어줍니다. 우리 주변에는 자애로운 빛이 격렬하게 휘돌고 있었습니다. 나는 음악 소리를 들을 수 있었지요. 나의 의식에는 호기심이 생기기 시작했습니다. 곧 나는 유라스에서 인도되어 나가 다른 장치의 공간에 있는 다른 아이들과 합쳤습니다. … 나는 달걀같이 생긴 에너지 덩어리가 밖으로 흘렀다가 도로 들어갔다가 하는 것을 봅니다. 덩어리가 확대되면 새로운 영혼 에너지의 조각들이 태어납니다. 부품이 수축된다는 것은 성공적으로 부화되지 못한 영혼들이 도로 들어가는 것이라고 나는 생각합니다. 그 어떤 이유로든지 이러한 조각들은 그 다음 단계인 개인성을 이루지 못했습니다."(마이클 뉴턴 「영혼들의 운명1」, e132쪽 등)

尾98) 스토아학파

1. 스토아학파(Stoicism)는 알렉산더 제국과 헬레니즘 문화의 확산에 그 기원을 두고 있다. 알렉산더(BC 356~323)의 제국은 마케도니아와 시리아, 페니키아, 그리스, 이집트까지의 광활한 영토를 포함하는 대제국이었다. 많은 물자와 사람들이 제국의 동서를 오갔으며 이를 따라 수많은 사상이 교류되었다. 이 과정에서 그리스와 동방의 문화가 융합된 헬레니즘(Hellenism)이 탄생하였는데 이는 철학에도 영향을 끼쳐 기존 그리스 철학에 비해 보다 절충적이고 화합을

모색하는 경향이 강한 다양한 사상들이 생겨났다. 스토아학파는 그 가운데서도 당대인들에게 가장 큰 영향력을 행사한 사상이었다.

2. 스토아학파는 기원전 3세기 제논(Zenon ho Kypros)에서 시작되어 로마에까지 이어져 로마 제정시대(BC 27~AD 476)의 재상 세네카, 황제 마르쿠스 아우렐리우스, 안토니우스 등의 인물도 그 영향을 받았다.

3. 그들에 의하면 우주는 물질로 파악되는 세계와 이를 창조하고 운행하는 神性으로 구성된다. 즉 물질세계는 신성으로서 일종의 화기(火氣)인 로고스적인 氣息(pneuma)에서 나온다. 기식은 자신의 일부를 재료로 하여 불, 기, 물, 땅을 만들고 그것을 혼합해서 일체 만물을 형성한다. 신성은 로고스(logos), 누스(nous) 등으로 불렸는데 신성은 물질우주뿐 아니라 인간 내부에도 동일하게 존재하기 때문에 인간은 소우주이고 그 신성인 로고스는 '이성'으로 나타나므로 인간은 본성상 이성적 존재이고 신의 법칙성을 인식하고 따른다. 따라서 이성에 따른 생활은 우주를 따르는 것이 되며, 이것이 아파테이아(apatheia)라고 불리는 현자(賢者)의 생활이다. 스토아학파는 세상(물질)과 신적요소(이성)의 일치성을 강조하기 때문에 자연만물과 신을 대립관계가 아니라 하나로 보는 범신론(汎神論, pantheism)적인 종교관이기도 하다.

4. 이들은 초기에 물활론적 유물론의 경향을 띠었으나 중기 스토아철학을 대표하는 포시도니우스(Posidonios BC 135~51)는 초기 스토아 철학자들이 수용하기를 꺼렸던 플라톤 철학을 적극적으로 받아들여 영혼(生氣)은 신체와 달리 소멸되는 것이 아니라고 생각했다. 또한 스토아학파는 우주주기론을 생각했다. 불(화기)에서 공기, 물, 흙과 같은 다른 물질들이 생겨났고 시간이 흐른 후 우주에 큰 화재가 일어나고 다시 모든 것이 불로 변하게 되므로 세계는 일정한 주기로 생성과 소멸(불로의 환원)을 반복한다는 것이다.

5. 스토아학파의 로고스적인 氣息(pneuma)은 氣와 神을 종합한 개념으로 보인다. 기식을 뜻하던 pneuma는 훗날 영의 개념이 나타나면서 영을 뜻하게 되고 혼(생명력)은 프시케(psyche)로 표현된 듯하다. 그런데 이 氣息은 도가(道家)적인 기와는 성격이 다르다. 도가의 도생일(道生一)의 一인 기(氣)와는 달리 기식에는 이미 신성(神性)이 스며 있다. 표준이론에서는 '태초에 하느님의 '氣'가 있었는데 기는 하느님의 '생명에너지'다. 따라서 스토이즘의 신이자 기(火氣)인 기식은 창조주를 그의 생명에너지인 기의 측면에서 파악한 것이다. 또한 스토이즘의 우주주기론은 인도철학과는 상관이 없이 근원물질을 불로 보는 데에 따른 자연스러운 소멸이었을 것으로 보이나 인도 아리안문명과 연원을 같이하는 수메르문명 또는 이를 이어받은 페르시아의 영향일 수도 있겠다. 어쨌든 성주괴공(成住壞空)의 사고가 여기서도 보인다(12.6. '여러 사상에 나타나는 우주주기론' 참조).

尾99) 플로티노스와 신플라톤주의의 역사적 위치

1. 플로티노스(Plotinus 205~270)는 이집트 리코폴리스 출생으로 40세에 로마로 가서 많은 친구와 제자를 모아 학교를 개설하고 역사적인 사상의 탑을 세웠다. 플라톤에 경도(傾倒)되었기 때문에 후세 사람들은 그들을 신(新)플라톤주의자라 불렀다. 그러나 그의 철학은 아리스토텔레스나 스토아학파 등의 영향도 크게 받았으며 따라서 고대 그리스철학의 종합이라고 볼 수 있다. 또 그의 철학은 그 시대의 일원적(一元的) 종교 경향에 부응하여 영혼의 해탈을 목표로 하

는 구원의 철학이기도 하였다. 그의 저술은 9편씩으로 나뉜 6군(群)의 논고(論稿)로 되어 있었기 때문에 엔네아데스(Enneades, 9편이라는 뜻)라고도 불린다.

2. 초기 기독교 교리의 체계화에 큰 역할을 하였던 오리게네스(Origenes 184~253)나 니사의 그레고리우스(Gregorius Nyssenus 335~395) 등은 모두 신플라톤주의의 영향을 크게 받은 인물이다. 또한 신플라톤주의는 이슬람 신비주의인 수피즘에 철학적 원리를 제공하기도 하였으며 르네상스 이후 이탈리아와 영국 등을 중심으로 다시 부흥하였다. 15세기 이탈리아 피렌체에서는 메디치 가문의 지원으로 피치노(Marsilio Ficino 1433~1499) 등이 플라톤 아카데미를 세워 플라톤과 신플라톤주의 철학을 계승하였다.

尾100) 신플라톤주의 합일론(合一論)의 이론 구조

1. 우주의 사중(四重)구조 : 신플라톤주의는 플라톤의 이데아(Idea)설에 기반하여 우주를 만물의 궁극적 근원인 '일자(一者, Hen)'와 일자로부터의 유출인 '누스(nous)', 생명력인 '프시케(psychē)'로 계층화하였다. 따라서 우주를 물질계와 생명력인 프시케(psychē), 우주질서의 인식기능인 누스(nous), 절대자인 일자(Hen)의 4중구조로 파악하였다. 일자(一者)는 선(善)이자 단순(單純)과 충실(充實) 그 자체로서 모든 인식, 생명, 본질, 존재를 초월한다. 프시케는 숨, 혼인데 표준이론으로 보면 생기체 또는 혼이다. 누스는 표준이론의 영이며 일자는 브라만(brahman)에 비길 수 있다.

2. 발출(發出, Emanation) : 일자(一者)에서 누스가, 누스에서 프시케가 발출된다. 신플라톤의 발출'에서 발출된 존재는 피발출의 존재와 본질은 같이 하지만, 세력이나 힘이 열등한 존재형태이며, 계층적 질서를 유지하면서 연속되어 있다. 따라서 일자에서 멀어짐에 따라 선과 완전성에서 열등해지며 이로써 계층적 세계가 발생한다. 표준이론과는 달리 대부분의 종교나 사상에서처럼 신플라톤주의의 靈도 위에서부터 탄생한다. 신비주의 나아가서 근대신지학에 토대를 제공한 철학답게 신플라톤주의는 다층적 저승론과 저승의 구성물질의 정묘성에 대한 논의를 이론적 기반으로 하고 있다.

3. 가상(假像)의 물질계 : 물질세계는 프시케가 질료(質料)를 걸치고 있을 뿐인 가상(假像)이다. 그러나 일자의 질서는 누스나 프시케를 매개로 물질계에도 현현하며, 물질계에 사는 인간도 영원의 본질에 접촉할 수도 있는데 원리를 아는 자에게 물질계는 그 원리의 시현의 장이 되기 때문이다. 이러한 주장은 아리스토텔레스의 형상과 질료이론과 힌두의 일원론적 마야 이론의 가교(架橋)쯤으로 읽힌다.

4. 전중일(全中一) 일중전(一中全) : 일자(一者)는 汎神的으로 우주의 모든 것 중에 편재(遍在)하고 있는데 모든 것이 일자가 되기 위해서는 일(一)을 분유(分有)해야 한다. 일자와의 합일은 어렵지만 사상을 통해서 일(一)을 상기하는 것은 가능하다. 한편 하나의 사물의 성립에는 다른 모든 것이 관계하고 있으며, 아무리 하찮은 것도 우주 전체를 비추는 거울이다. 이는 다음의 '萬物照應의 원리'로 귀결된다.

5. 만물조응과 신인교섭의 원리 : 계층적 질서 중에서 아래의 것은 위의 것의 영상(映像), 또는 하강형태이기 때문에 아래의 것은 위의 것의 본성을 가지며, 그것을 통해서 위의 것과 교류할

수 있다. 위의 것이 아래의 것에 영향을 미칠 뿐만 아니라 아래의 것도 위의 것에 영향을 미칠 수 있다. 여기에서 신플라톤의 대우주와 소우주가 유래한다. 스토아의 우주관은 신플라톤에 이르러 대우주의 일부분인 소우주가 전체인 대우주에 영향을 주고, 또 전체인 대우주가 일부인 소우주에 영향을 준다는 만물조응의 우주관으로 체계를 잡았다. 신플라톤주의에서는 대우주의 중심이 소우주, 특히 그중에서도 인간이라고 본다. 켄 윌버의 홀라키적 상응의 원리가 여기에서 기원한다. 화엄에서 말하는 상즉상입(相卽相入)하고 일즉일체 일체즉일(一卽一切 一切卽一)한 사사무애법계(事事無礙法界)와 인드라망, 그리고 헤르메스의 '위에서와 같이 아래에서도' 또한 같은 원리이다. 인간은 이로써 위의 것, 즉 신령이나 신들 나아가서 일자와 결합할 수 있다. 이러한 만물조응과 全中——中全의 사고방식은 사실상 만물의 일원성을 전제로 하는 까닭에 신플라톤은 플라톤과 달리 '일원적 이원론'이라고 할 수 있다.

6. 엑스터시스(Ecstasis) : 인간은 외적현상에서 내적세계에 눈을 돌려서 프시케의 눈으로 직접 내적 우주를 체험함으로써 프시케와 누스와 일자는 완전히 하나의 것이 된다. 거기에서 프시케는 황홀로서 일자에 합일하고, 소아(小我)에서 탈각해서 우주 크기의 일자 속으로 녹아 들어간다. 이는 중세 가톨릭 신비주의에서는 관상(觀想)으로 구체화되었고 현대에는 각종 명상기법이 그 체험수단이다.

7. 합일이 인생의 목적 : 인간은 만물의 근원으로 돌아가기 위해 육체에 담겨 있는 누스(신의 지성, 영)와 프시케를 보존해야 한다. 따라서 그들은 매우 엄격한 금욕주의적 성향을 보였으며, 죽음도 영혼이 육체의 한계에서 벗어나는 것으로 보고 두려워하지 않았다. 발출의 과정에서 현상계에 묻혀 있던 프시케는 일자와의 합일을 추구하여 발출과 반대 과정, 즉 귀환의 길을 탐구해야 하는데 거기에만 참된 행복과 인간의 완성이 있기 때문이다. 인생이라는 것은 고향을 잃은 실향민의 망향, 귀환의 여로이다.

8. 신플라톤주의는 플라톤철학의 영향을 받았다고는 하나 플로티노스의 놀라운 직관의 소산이다. 시대를 선도하여 합일사상의 표준이론이 되었다.

9. 대우주와 소우주

점심

쌀 한 톨에 우주를 씹어 먹는다
콩 한 알에 또 우주 하나를 집어 삼킨다
어금니로 지그시 눌러 갈아 먹고
앞니로 반 갈라 쪼개 먹고
혀로 돌돌 말아 녹여 먹는다
점심으로 우주를 오천 개나 먹고 나니
배가 부르다

尾101) 심령체험적인 신비체험

1. '심령체험적인 신비체험'이란 영매체험, 유체이탈, 근사체험, 임사비전, 귀신체험, 死者통신, 퇴

마체험, 신유(神癒)체험, 꿈, 접신, 빙의, 투시, 최면, 초상현상체험, 시(詩)나 음악 등에의 심취, 약물이나 마약 섭취, 마술이나 주술, 기공(氣功), 종교의식, 방언, 누멘의 체험 등에 기인하여 의식이 일시적으로 변성의식상태가 되어 경험하는 체험들로서 기이하고(extraordinary) 초자연적인 요소가 개입되는 강렬한 주관적 경험이다.

2. 같은 심령적 신비체험이라도 자신의 자아수준에 따라 이를 전혀 다른 체험으로 받아들인다(미주 191 '표준이론의 예수님' 참조). 낮은 단계의 자아와 수승한 자아가 가지는 관(觀)이 크게 다르기 때문이다.

3. 신지학자 애니 베산트는 저급한 형태의 심령체험은 지적인 능력이 잘 계발된 사람보다는 동물이나, 미개한 사람에게 더 흔하게 일어난다고 한다. 그는 "그런 체험들은 교감신경계와 관련이 있는 것으로 보인다. 교감신경계의 세포핵의 큰 신경절 세포들은 매우 많은 비율의 에테르 질료들을 함유하고 있어서 아스트랄 파동의 영향을 쉽게 받는다. 그런데 두뇌가 진화하고 뇌척수신경계가 발달할수록 교감신경계는 종속적인 위치로 전락하며 심령적인 파동에 대한 감각은 고차원 신경계통의 더욱 활동적이고 강한 파동에 의해 지배된다. 심령현상의 인지능력이 뇌척수신경계에 속하게 되므로 의지력의 지배하에 들어가는 것이다. 따라서 진화의 나중 단계에서 심령적인 감수성이 다시 커진다."라고 주장한다(리드비터「투시」참조). 결론적으로 '심령체험적인 신비체험'은 육체가 진화하고 자아가 수승해질수록 의지적으로 행할 수 있게 되리라는 주장이다. 반가운 소식이다.

尾102) 영지주의 사상과 종교들

1. 페르시아의 영지주의 : 만다야교, 마니교
2. 시리아-이집트의 영지주의 : 세트파, 토마스파, 바실리데스파, 발렌티누스파
3. 영지주의의 영향을 받은 분파들과 후대의 영지주의
    1) 초기 영지주의(Early Gnosticism) 분파들 : 시몬 마구스(Simon Magus, AD 1세기)와 마르키온파(Marcion of Sinope, flourished AD 85~160년경), 케린투스파(Cerinthus, fl. AD 100년경), 오피스파(Ophites, fl. AD 100년경), 카인파(Cainites, Cainians), 카르포크라테스파(Carpocratians, fl. AD 2세기경), 보르보로스파(Borborites), 토마스파(Thomasines) 등이 있었다.
    2) 중세의 그노시즘 분파들 : 바오로파(Paulicians, fl. AD 650-872), 보고밀파(Bogomils, AD 927-970년경에 발생), 카타리파(Cathars, fl. AD 12~13세기), 보고밀파의 한 분파로 여겨지는 보스니아 교회(Bosnian Church), 유대교 신비주의 카발리즘 등이 있었다(위키백과, 영지주의 참조).

尾103) 만다야교(Mandaeism)

1. 영지주의 종교인 만다야교(Mandaeism)는 급진적인 이원론적 세계관을 가진 유일신교적 그노시즘 종교이다. 만다야교인들은 아담, 아벨, 셋, 에노스, 노아, 셈, 아람 그리고 특히 세례자 요한을 존경하였다. 만다인(Mandaean)은 세례 요한의 직계 후손으로 약 2천 년 전에는 예루살렘에 있었는데 이후 박해로 인해 동쪽으로 이동했다는 주장과 메소포타미아에 있는 노아의 아들 셈의 직계 후손이라는 주장이 있다. 요룬 야콥슨 버클리(Jorunn Jacobsen Buckley) 등 여러 학자들에 따르면 만다인(Mandaean)은 약 2,000년 전에 팔레스타인 지역에서 기원했다

고 하고 Mandaean이라는 이름이 지식을 의미하는 아람어 manda에서 유래한 사실을 보면 이들이 유대인의 후손인 것은 확실하다.

2. 현재 주로 거주하는 곳은 지금의 이라크 남부의 일부 지역과 이란의 후제스탄州다. 전 세계적으로는 약 60,000명에서 70,000명의 만다야 敎人들이 있는 것으로 여겨지고 있다.

3. 기본 교의로서 '무형상의 지고한 존재가 영계(spiritual world), 氣의 세계(etheric world), 물질계(material world)와 이들 세계의 제(諸) 존재들을 창조하였다'(*)는 '영혼육의 인간구조론'과 '초보적인 다층적 저승론'을 가졌다. 또한 물질우주는 원형 인간(Archetypal Man)에 의해 창조되었다고 믿었는데, 원형 인간이 자신의 모습을 본떠 물질우주를 창조하였다는 것이다. 관련된 주요교리는 다음과 같다.
   1) 多層的 저승론 : 영지주의에 영향을 준 헤르메티시즘(Hermeticism)은 두 번째 누스가 항성천 아래에 7개의 천구(일월수금화목토)에 일곱 천사(Archon)를 창조하였다고(8.17. '헤르메스주의의 인간론' 참조) 하였고 고대 서양 점성술 또한 7행성을 이야기하였다. 여기에 힌두이즘의 영향을 받아 영지주의인 만다야교의 다층적 저승론의 초기형태가 등장한 것으로 보인다. Mandaeism에는 힌두이즘의 '7천국 7지옥론'과 유사한 7개의 천국(maṭartas)이 지구(Tibil)와 빛의 세계(alma d-nhūra) 사이에 위치한다(Wikipedia, 'Seven heavens' 참조). 결국 다층적 저승론은 태양계의 별들에서 기원한 것이다.
   또 이들은 영지주의답게 인간의 영혼이 고급계로부터 실락하여 물질계에 속박된 상태에 처해 있다고 본다. 따라서 인간의 영혼이 결국에 되돌아가야 할 고향은 지고한 존재 그 자체라고 가르친다.
   2) 원형인간론 : 만다야교에서 우주는 원형인간으로부터 창조되었으며 그 형상을 닮았다. 원형인간은 유대교 신비주의자인 카발리즘을 비롯하여 여러 종교에서 찾아볼 수 있다(미주 35 '원형인간론' 참조).
   3) 사후에 죄인은 Al-Matarathi라는 곳에서 처벌을 받고 이후 낙원에 들어간다. 하느님은 자비로우시고 용서하시는 분이시기 때문에 영원한 형벌은 없다. 조로아스터교나 이슬람교와 같은 지옥론이다.

(*) *A supreme formless Entity, the expression of which in time and space is a creation of spiritual, etheric, and material worlds and beings(wikipedia, 'Mandaeism').*

尾104) 기독교 영지주의의 몰락

1. 태동기의 기독교는 소외계층의 종교였다. 무시당하고 억압당한 약자의 종교로서 원시기독교는 그 초기에 평등주의, 공동체주의, 인본주의 성격을 지니고 있었다. 그러나 기독교는 로마 통치권력의 국교로 제도화, 조직화되는 과정에서 권위주의 종교로 변질되어 갔다. 그 결과는 신과의 직접교통을 추구하는 신비주의의 배제로 나타났으며 이를 이단으로 규정하고 배척하였다. 종교지도자나 교리체계의 권위보다는 내면의 신성체험을 중시하는 신비주의가 지배세력에게는 자신들의 권위와 이에 기반한 권력을 위태롭게 만드는 위험한 사상이었기 때문이었다(금인숙, 「신비주의」 참조).

2. 1차 니케아공의회(325년)를 통하여 교리가 하나로 일원화될 때까지 기독교는 수많은 종파로

나누어져 있었다. 로마 콘스탄티누스 1세는 니케아공의회를 통하여 예수님의 신성(神性)을 두고 서로 대립하는 아리우스파와 아타나시우스파의 분쟁을 정치적으로 정리하면서 아리우스파를 배척하였으며 승리한 아타나시우스파는 이단의 교의를 말살하기 위하여 27권의 신약 정경(正經)체계를 구축하였다. 이때 이미 힘을 잃어가던 영지주의의 교의가 담긴 경전들도 모두 배척되었고 배척된 이들의 경전이 1945년 이집트 나그함마디(Nag Hammadi)에서 발견되어 영지주의의 실체가 드러나게 되었다.

3. 참고로 아리우스의 주장을 요약하면 다음과 같다.
    1) 성자(예수 그리스도)는 성부처럼 영원하지 않다.
    2) 성자는 세상의 창조에 앞서서 무로부터 창조되었다. 그렇기에 성자는 존재하지 않았던 때가 있다.
    3) 성자는 본성상으로 성부의 아들이 아니고, 성부의 으뜸인 창조물로서 성부의 아들이다.
    4) 성자는 성부에 의하여 창조된 존재이므로 그의 본성은 성부와 다르다.
        아리우스파는 381년, 테오도시우스 1세 황제가 소집한 제1차 콘스탄티노플공의회 이후 본격적으로 탄압을 당하여 기독교에서 사라졌다.

4. 표준이론에서 예수님은 하느님께서 사랑하시는 神靈의 맏이로, 혼의 구원(靈化)을 위해 이승에 부임한 하느님의 아들로 본다. 또 인류의 입장에서 아들은 성령과 함께 하느님과 삼위일체일 수 있다(미주 191 '표준이론의 예수님' 참조). 성부와 성자와 성령의 삼위가 일체로 인류를 돌보시고 그 발전과 진화를 위하여 노심초사하시는 것이다. 또한 예수님의 말씀대로 모든 영혼은 하느님의 아들이자 신이다. 사람은 모두 하느님으로부터 나왔고 결국 하느님께 돌아간다. 예수님과 다른 영혼들 모두 全中一一中全하는 新플라톤 또는 상즉상입(相卽相入)하는 화엄세계의 아들들인 것이다.

尾105) 유대교의 에세네파

에세네파(Essenes)는 第2聖殿期(예루살렘에 제2성전이 존재했던 기원전 516~서기 70년)인 기원전 2세기에 형성되어 기원후 1세기에 사라진 유대교 유파이다. 1947년 사해 북쪽 쿰란 유적에서 구약성경 사본들 중 가장 오래된 사해사본이 발견되면서 이와 관련있는 유파로 알려졌다. 이들은 종말(終末)에 대한 신앙을 갖고 있었기 때문에, 당시 세상을 부정적으로 이해하고, 로마제국 사회와 격리되려는 경향이 강하였다. 유대독립전쟁 때 로마군이 공격하여 궤멸된 것으로 보인다. 유대종교 유파 중 가장 진보적인 성향의 유파로 플라톤 철학의 영향을 받은 유대계 그리스인인 필론(Philon BC 15~AD 45)의 신비적인 금욕주의를 추구하였으며 하느님과의 보다 완전한 일치를 추구한 신비철학적 성격이 있다고 알려졌다. 세례자 요한과 예수 자신도 에세네파, 즉 쿰란 교단 출신이라는 가설이 있다. 많은 플라톤주의 컨셉이 정통파 기독교 교회와 영지주의에 의해 채택되었는데, 이들은 플라톤주의의 중심 컨셉인 이데아를 '하느님의 생각'으로 이해하였다(위키백과, 에세네파 등 참조).

尾106) 교황 인노첸시오 3세의 카타리파 살육

1. 1209년 교황 인노첸시오 3세(Innocentius 1160~1216)는 십자군을 파병하여 카타리파를 무차별적으로 살육하였다. 당시 유럽 전체에서 인구가 가장 많은 지역이자 정치, 경제, 사회, 문

화 그리고 문명과 기술 수준에서 가장 선진지역이었던 남프랑스 알비의 주민들(the Albigens)도 대량 학살되었다. 높은 문자해득률을 기록했던 알비잔들은 바티칸의 금지령을 어기고 성경을 애독한 것으로 알려져 있다. 알비의 학살로도 영지주의가 근절되지 않자, 교황은 이후 500년에 걸쳐 수백만 명(1834년에 중단되었을 때까지 600년간 수천만 명이 목숨을 잃었다는 주장도 있다)의 무고한 사람을 잔인하게 고문하고 화형에 처한 종교재판을 설치하였다. 그리하여 전 유럽을 상대로 내부의 적인 이단과의 십자군 전쟁을 시작하였던 것이다(금인숙, 「신비주의」).

2. 카타리파(Cathars) : 알비파(Albigensians) 또는 순수파라고도 불리며 11세기에서 13세기까지 프랑스 남부의 알비와 툴루즈를 중심으로 유행하였던 기독교 교파다. 이들의 교리는 이원론과 영지주의를 바탕으로 한 것이었다. 11세기에 주로 랑독 지역에 전파되었으며 12세기에서 13세기까지 교세를 확장하였다. 카타리파는 렉스 문디(Rex Mundi, 세상의 왕, demiourgos)이라 불리는 악마가 물질적 세계를 만들었으며 그가 육체를 전유하고 혼돈과 권세를 지닌다고 믿었다. 그들은 절대자 하느님께서 그로부터 인류를 구원하리라 하였고, 윤회를 믿었으며 인간의 삶의 목적은 물질적인 것과의 연결을 끊고 권력을 포기하여 사랑의 법칙에 합치하는 것이라 주장하였다. 로마 가톨릭교회에서는 카타리파의 교의가 하느님의 전지전능함과 선함을 부정하고 육체를 갖춘 하느님의 아들인 예수의 완전성을 부정하며, 물질로 된 세계를 창조한 것은 악한 권세에 의한 것이라고 주장한다는 이유로 카타리파를 이단으로 파문하였으며 1209년 알비파 탄압을 위해 알비 십자군(Albigensian Crusade)을 일으켰다. 결국 카타리파는 로마 가톨릭교회의 탄압으로 1350년에 사라졌다.

3. 카타리를 기리며

왜 그랬니?
인노첸시오야
교황의 자리에 앉아서
갖은 권력과 명예를 탐닉하며
영화를 누리면 되었지 왜 그랬니?
그렇게 중요했니? 가톨릭의 세력 확장이?

100만 명이 죽을 줄은 알았니?
네가 나일까 두렵다
설마 벌써 지옥에서 벗어났으려고?
네 전배들도 그랬으나 너만큼은 아니었다
네 후배들도 그랬으나 너만큼은 안 했다

1209년 네가 시작한 살육은
1216년 너 죽을 때까지 지속되다가
그 후로도 100년을 더 했다
무고한 사람이 그리 죽으니
지옥에서 좀 괴않드냐?

내 그때 너처럼
십자가 앞에서 지금 숨 쉬고 있다만
심정이 처참하다 이놈아
네가 본을 보이니 亞流들이 줄을 이어
가톨릭과 인류의 역사를
피와 죄악으로 물들였단다 이놈아

아하
나중 난 사람들이
네 죄의 피를 어찌 다 보속하랴
카타리여, 랑독 사람들이여, 정녕 신의 뜻이 아니었소
악마의 것에 영혼을 판 저놈은 정녕 우리 사람이 아니었소
그때 이미 생사를 초월하였으니
부디 성불하셨기를 바라오
불쌍한 우리를 위하여
기도해주기 바라오

4. 괴테는 카타리파를 지칭해 "아버지를 아는 자들이 있었다. 그들에게 어떤 일이 벌어졌는가? 오, 저들이 그들을 잡아 불태웠다!"라는 시를 썼다.

尾107) 기독교 신비신학의 역사 개요

1. 일찍이 그리스도교 교부(敎父)인 아우구스티누스도 마음속의 신의 현존(現存)에 대해서 말한 바가 있다.
2. 5세기경 '僞디오니시우스'는 플로티노스의 신비사상과 그리스도교의 융합을 시도하여 후세에 커다란 영향을 끼쳤다. 그는 「신비신학」이라는 책 속에서 초자연적 명상에 관해서 말하고, 일치에 의한 초경험적 신인식(神認識)이라는 생각을 처음으로 도입하였다.
3. 중세에 와서는 주로 아우구스티누스의 계통을 잇는 신학자나 사상가로 안셀무스(St Anselm of Canterbury 1033~1109), 베르나르두스(Bernard de Clairvaux 1090~1153), 보난벤투라(Bonaventura de Balneoregio 1221~1274)나 빅토르 학파 등이 신비신학의 발전에 기여하였다.
4. 14세기에는 사변적(思辨的)인 신비주의가 개화(開花)하여 에카르트(Eckhart), 조이제(Heinrich Seuse 1295~1366), 타울러, 로이스부르크(Jan van Ruysbroeck 1293~1381) 등이 신비체험을 철학적으로 표현하려고 노력하였다.
5. 또한 16세기의 스페인에서는 자신의 신비체험에 관한 저서를 남긴 '아빌라의 성녀 데레사'와 '십자가의 성 요한' 등이 유명하다.
6. 근세의 신비주의 운동으로는 17세기말 독일의 경건주의(pietism)가 있는데, 이 운동은 칸트나 괴테를 낳은 근세 독일문학의 계기가 되었다.

尾108) 위 디오니시우스

1. 僞디오니시우스(Pseudo-Dionysius)는 중세 그리스도교에 중대한 영향을 미친 신학자이자 철

학자이며 현대 철학과도 통하는 부분이 있는 인물이다. 사도 바울의 제자 '아레오파고스 관원 디오누시오(디오니시우스)'를 筆名으로 삼아 활동하였다. 그의 저작과 서신에서의 언급 등을 바탕으로 추정한 바로는 서기 5세기에서 6세기 초반경에 시리아 지역에서 활동한 학자로 알려져 있다. 그는 사상적 측면에서 신플라톤주의의 경향이 보이고 신비주의적 측면이 강하다. 이에 따라 그가 주창하게 된 개념이 바로 위계(Hierarchy)다. 그에 의하면 천상의 아홉 천사들은 위계에 따라 구분된다고 한다. 천사 중 가장 낮은 위계인 엔젤은 하늘과 사람들 간의 커뮤니케이션을 담당한다.

2. 僞디오니시우스의 천사 위계론을 본따 교회조직에도 주교, 신부, 부제 등 위계가 생겼다. 일반 신자에게도 위계가 존재하는데
   1) 정화가 필요한 자들
   2) 중간단계인 하느님의 조명이 비춰진 신실한 신자들
   3) 완전히 성화된 자들로 나뉜다고 말한다.
   미사를 비롯한 성사는 이러한 위계를 드러내는 중요한 요소다. 이처럼 위디오니시우스의 위계론은 동방정교회와 로마 가톨릭교회의 교회구조에 지대한 영향을 미쳐 체계적인 교회 조직의 이론적 근거를 마련하였다.

3. 그가 남긴 네 권의 저서 중 특히 「신비신학(Mystical Theology)」은 겨우 5장으로 이루어졌으나 다른 어느 신학서보다 더 큰 위력을 발휘하여 토마스 아퀴나스나 마이스터 에카르트(Meister Eckhart) 외 16세기 스페인 신비주의자들 모두가 그의 사상에 많은 영향을 받았다.

4. 그는 신을 지성 너머(hypernous above intellect), 존재 이상(hyperousia above being), 신성 너머의 절대자(hyper-theotetos above deity)라고 표현하며 신은 보통의 존재와 차원을 달리한 절대적인 무엇이므로, 인간의 일상적인 감성이나 지성의 대상이 되지 못하며 인격성을 부여하는 것마저도 상징적(symbolic)일 뿐이라며 다음과 같이 이야기하였다. "이성은 그분에게 이를 수도 없고 그분에게 이름 붙일 수도 없고, 그분을 알 수도 없다. 그분에게는 긍정도 부정도 적용될 수가 없다. 그분은 모든 사물의 완전하고 유일한 원인으로서 모든 긍정도 초월하고 동시에 모든 제한으로부터 자유롭고 모든 것으로부터 벗어난 그의 단순하고 절대적인 특성 때문에 모든 부정도 초월한다."(「신비신학」 5장) 노자 「도덕경」 1장의 도가도비상도(道可道非常道)와 같이 이름 붙일 수도 없고 말로 표현할 수도 없다는 부정(否定)의 신학(negative theology)이나 우파니샤드의 '이것도 아니고 저것도 아닌 존재(neti-neti)' 개념마저 넘어서는 것이다.

5. 그는 합일에 대하여 말하기를 "숨겨져 있던 아름다운 조각상이 저절로 드러나게 되는 것처럼 우리가 가진 모든 지식은 절대적 실재를 참으로 알고 나아가 그것과 합일하는 경지에 이르기 위해서 반드시 제거해야 할 장애물일 뿐"이라고 하며 "신비적인 묵상수행을 할 때, 감각과 지성 그리고 존재와 비존재 모두를 뒤로하라. 그러면 모든 존재와 지식을 초월하는 그분과 합일할 수 있을 것이다. 이처럼 모든 것으로부터 해방된 절대적이고 순수한 무욕의 상태에 이를 때 모든 것 너머에 있는 신의 광명을 향해 올라가게 될 것이다."라고 하였다(신비신학 1장).

6. 위 디오니시우스는 이어서 우리가 그 광명 너머에 있는 '어둠'에 들어가야 한다고 말한다. 이렇게 될 때 우리는 '완전한 침묵과 무지'에 이른 우리 스스로를 발견하게 된다고 했다. 이처럼

모든 잡동사니 지식을 다 비워 버리고 완전한 무지에 이를 때, 혹은 황홀에 들어갈 때, 우리는 '앎의 대상이 될 수 없는 그 一者와 합일하게 된다'라고 말한다. 디오니시우스에게 있어서 '그 일자와 하나 됨'은 곧, 나 스스로가 '신이 되는 것'을 의미한다. 이것이 디오니시우스를 비롯하여 그리스도교 신비주의자들이 그처럼 강조하는 '신화(神化, deification)'요 합일(合一, Oneness, Henosis)로서, 그들에 의하면 이것이 바로 인간들이 추구하는 최종의 목표라고 한다. 물론 이런 목표에 이르는 것은 나 자신이나 세상사에 대한 집착을 완전히 극복한 상태, 나를 완전히 잊어버리는 상태, 자의식이 없어진 경지, 류영모의 용어를 빌리면 '몸나', '제나'에서 벗어나 '얼나'로 솟아난 경지를 통해서만 가능하다고 역설한다.

7. 디오니시우스는 신으로 나아가는 세 가지 단계를 좀 더 구체적으로 열거하는데, 그것은 자기를 정화(purification)하는 단계로 시작하여, 빛을 보는 조명(illumination)의 단계를 지나, 마지막으로 궁극 실재와 하나 되는 합일의 단계에 이르러 스스로 신이 되는 것이다. 그의 세 단계 이론이 중세 신비주의자들이 한결같이 주장하던 '신비의 길(mystical path)'에서 거쳐야 할 '세 단계설'의 원조인 셈이다(오강남 리자이나 대학 종교학교수의 글 참조).

尾109) 교부 시대에서 오늘에 이르기까지 교회사에 나타난 신비가들

1) 알렉산드리아의 성 클레멘스(Clement 150~215)
2) 니싸의 성 그레고리우스(Gregorius Nyssenus 335~395)
3) 성 아우구스티누스(Augustinus Hipponensis 354~430)
4) 가명 디오니시오 아레오빠지따(偽디오니시우스 Pseudo Dionysius Areopagita 5세기 말~6세기 초)
5) 新신학자로 불린 성 시메온(Symeon the New Theologian 949~1022)
6) 성 빅또르의 후고(Hugh of Saint Victor 1096~1141)
7) 성 베르나르두스(Bernardus Claraevallensis 1090~1153)
8) 성 빅또르의 리카르도(Richard of Saint Victor 1110~1173)
9) 성녀 힐데가르트(Hildegard von Bingen 1098~1179)
10) 아시시의 성 프란치스꼬(Saint Francis of Assisi 1181~1226)
11) 성 보나벤투라(Sanctus Bonaventura 1221~1274)
12) 성녀 메히틸다(Saint Mechtilda 1240~1298)
13) 대성녀 제르트루다(Saint Gertrude the Great 1256~1302)
14) 마이스터 에카르트(Meister Eckhart c.1260~c.1328)
15) 성 그레고리우스 팔라마스(Saint Gregorius Palamas c.1296~c.1357)
16) 요하네스 타울러(Johannes Tauler c.1300~1361)
17) 복자 헨리코 수소(Henry Suso c.1295~1366)
18) 시에나의 성녀 가타리나(Santa Caterina da Siena 1347~1380)
19) 얀 반 뤼스브룩(Jan van Ruusbroec 1293~1381)
20) 「독일 신학(Theologia Germanica)」의 저자(anonym)
21) 제노바의 성녀 가타리나(St Catherine of Genoa 1447~1510)
22) 아빌라의 성녀 데레사(St. Teresa of Avila 1515~1582)
23) 그라나다의 성 루도비꼬(St. Ludovicus de Granada 1504~1588)
24) 십자가의 성 요한(Saint John of the Cross 1542~1591)

25) 미구엘 드 몰리노스(Miguel de Molinos 1628~1696)
26) 프랑수아 페넬롱(François Fénelon 1651~1715)
27) 몽포르의 성 루도비코 마리아 그리뇽(Saint Louis Mary Grinion of Montfort 1673~1716)
28) 성녀 젬마 갈가니(Gemma Galgani 1878~1903)
29) 샤를 드 푸코(Charles de Foucauld 1858~1916)
  (백민관, 「가톨릭에 관한 모든 것」 참조)

尾110) 카발라의 주요 서적

카발라는 12세기 초에 프로방스에서 싹트기는 했지만, 그 뿌리는 더 오래 전으로 소급한다. 가장 초기의 카발라 문헌은 이미 메르카바 신비주의(Merkabah mysticism, 미주 299 '명상의 종류와 단계' 참조) 전통에서 발견된다. 메르카바 신비주의는 철학적, 신학적 이론이 빈약한 단순한 형태의 신비주의지만 카발라의 핵심을 담고 있는 많은 책들이 이 시기에 쓰였다.

1. 세페르 하 바히르(Sefer Ha Bahir)는 1세기에 나온 것으로 알려진 책으로 랍비 네후냐 벤 하카냐(tanna Rabbi Nechunya ben Hakanah)의 저서라고 한다. 그노시스에 기원을 둔 윤회사상이 처음 나타나며(미르치아 엘리아데, 「세계종교사상사」 3권, 273쪽) 길굴(gilgul)이라는 영혼의 유전(遺傳) 개념을 소개하는 중요한 책이다. 창조론과 관련하여 찜쭘(Thimtsum)의 개념이 소개된 책으로도 유명하다.

2. 세페르 하 조하르(Sefer Ha Zohar) : 카발라의 가장 중요한 책 가운데 하나이다. 2세기 랍비 시몬 바 요카이(Shimon bar Yochai)가 쓴 책이라고 한다. 생명나무인 세피로트, 최초의 사람 아담(아담 카드몬), 천지창조의 비밀, 악의 기원 등이 문자와 수치변환법(게마트리아)을 사용하여 서술되어 있다.

3. 세페르 예치라(Sefer Yetsirah, 창조의 서)는 서기 200년경에 쓰였으며(5~6세기라는 주장도 있다-미르체아 엘리아데, 「세계종교사상사」 3권, 264쪽) 세피로트(생명나무)의 교의가 등장한다. 아브라함 아비누(Avraham Avinu)가 쓴 책으로 알려졌으며 몇 페이지밖에 안 되는 이 책은 10가지 원초적 숫자와 22가지 히브리 알파벳을 통해 창조 과정을 설명하고 있다. 주술과 우주론에 관한 가장 오래된 히브리어 원전인 이 책은 우주가 22개의 히브리어 알파벳과 10개의 신의 수에서 생겨났다고 주장한다.

4. 조하르(Zohar, 광휘의 서)는 요카이가 쓴 위 세페르 하 조하르(Sefer Ha Zohar)를 13세기에 모세 드 레온(Moses de Leon)이 다시 쓴 것으로 그 당시까지 두 개의 분파를 이루던 실천적 카발라와 사변적 카발라를 통합시켰다고 알려진다. 이로써 「조하르」는 그 중요성에서 탈무드와 성경에 버금가는 위치를 차지하게 된다(이재실, '우주 창조의 비교(祕敎) 체계 유대 신비주의 카발라'). 오늘날 카발라에서 성경, 탈무드와 더불어 3대 경전으로 불리는 유명한 책이다.

5. 라찌엘 하말락(Raziel hamalach) : 아담 하리숀(Adam Harishon)에 의해 1701년 네덜란드 암스테르담에서 발행된 책이다. 인간은 소우주라는 유명한 말이 이 책에 나온다.

尾111) 이삭 루리아의 창조론

1. 이삭 루리아(Isaac ben Solomon Luria 1534~1572)는 고대 카발라의 창조론이 비현실적이라고 여기고 그 개혁을 시도하였다. 루리아는 고대 카발라의 창조 이야기를 '생명나무' 교리로 바꾸고 카발라의 교리에 '찜쭘 이론'을 도입하였다. 찜쭘(Tzimtzum)은 히브리어로 '수축'이라는 개념이다. 창조주는 때로 피조물에게 자유의지를 주고 자신은 물러나 있다. 이는 마치 하느님의 부재처럼 보일 수 있다. 이것이 바로 찜쭘이다. 루리아의 개혁적 교리는 팔레스타인 밖에서의 가르침이 금지되었지만 1772년 그의 제자들에 의해 유럽에서 책으로 출판됨으로써 세상에 알려지게 되었다.

2. 이삭 루리아의 창조론 개요
   1) 한정할 수 없고 이름 지을 수 없는 모든 것의 원천인 아인 소프는 자신을 스스로 제한하고 희생하여 찜쭘으로 조성한 빈 공간에 창조를 위한 빛의 첫 번째 발출로 원형인간 아담카드몬을 창조하였다.
   2) 이 아담카드몬에서 10개의 세피라가 나오게 된다.
   3) 세피라가 발출되는 과정에서 이 빛을 담는 그릇이 깨어지는 사건이 발생한다.
   4) 그릇에 담긴 빛은 불꽃으로 흩어져 일부는 다시 원래 나온 곳으로 올라가고 그렇지 못한 빛은 그릇과 함께 내팽겨졌으며 어둠의 힘(켈리포트, Kelipot, 껍질)이 이 빛을 사로잡고 자신의 실체를 드러내었다.
   5) 어둠에 사로잡힌 빛은 이 켈리포트를 먹여 살리는 생명력을 제공하게 된다. 이렇게 되자 신이 계획한 체계는 무너지고 원래 상태로 되돌리려는 티쿤(Tikkun) 즉 복원 과정이 시작된다.
   6) 깨어진 그릇을 복원하는 일은 최상의 빛(신)의 노력으로 거의 완료되었으나 인간만이 할 수 있는 어떤 일이 있었으며 이 일을 위하여 인간이 창조되었다.
   7) 결국 복원은 인간이 부여받은 임무의 완수여부에 달려 있다. 인간의 목적은 물질세계를 영적인 상태와 장소로 복원시키는 일이며 이것은 켈리포트의 세계로부터 완전한 분리를 의미한다. 켈리포트가 방해할 수 없는 상태에서 모든 창조물은 신과 영원하고 축복받은 일치를 이룰 수 있다.
   8) 그러나 아담의 失樂으로 이 일은 좀 더 복잡하게 되었다. 원래 주어진 일 외에 혼 자신도 원래의 상태로 복귀해야 하는 일이 그것이다.

   이러한 루리아의 창조론은 마치 범재신론(panentheism)의 우주 창조과정을 설명하는 듯하다. 또 신화적 영지주의를 우화적이기도 한 모습으로 카발라에 도입하였음에도 그 논지의 명확성으로 카발라에 새로운 일대 조류를 형성하였다.

3. 루리아 이론을 간단하게 정리하여 본다면, 창조 전에 신은 스스로 우주를 가득 채우고 있었으며 어느 때 창조를 결심하고 먼저 자신을 희생하여 우주에서 철수(Tzimtzum)시켰다. 신은 철수하여 남겨진 공간에 신성한 빛(아인 소프 오르)을 내보내 원형인간인 아담카드몬을 만들었다. 이어 아담카드몬에서 신성한 빛이 나왔으나 제6 세피라에 이르러 그 빛을 담는 용기가 깨어지는 사건이 일어나고 깨어진 파편의 일부는 창조의 질료가 되었으며 일부는 왜곡되어 인간의 치료를 요하는 악의 힘이 되었다. 이것이 악마의 거주지로 알려진 켈리포트로 거룩한 세피로트의 반대 의미다. 신성한 빛은 이 부서진 파편과 뒤섞였다. 인간의 역할은 선행과 바른

삶, 영적인 행동을 통하여 이 켈리포트를 찾아 제거하고 신성한 빛을 해방시키는 것이다. 한편 신은 다시 빛과 에너지를 내려보내 첫 번째 세피라로 들어갔고 다시 두 번째 세피라로 흘러넘쳤으며 이후 빛과 에너지는 생명나무를 따라 흘러가서 마침내 10번째 세피라(물질계)에 도착하였다. 지금도 에너지는 계속 흘러 내려와 우주를 창조하고 있다. 이러한 루리아닉 카발라(新카발라, Lurianic Kabbalah)는 그노시스주의를 유대교에 성공적으로 접목시킨 것으로 평가된다(김우타「소리 없는 소리」, 미르치아 엘리아데「세계종교사상사」3권 등 참조).

4. 신지학자 애니 베산트는 루리아의 찜쭘이론을 가장 적절하게 설명한다. "로고스는 우주가 발현되도록 자신의 무한한 생명을 자발적으로 제한하는 희생을 감행하였다. 무한한 빛의 바다에서 살아있는 빛의 둥근 구(球), 즉 로고스가 나타났는데 그 구의 표면은 자기 자신을 제한하는 그의 의지이자 그 안에서 우주가 형체를 갖추도록 자기 자신을 에워싸는 장막이었다. 로고스로부터 생명의 불꽃과 로고스의 이미지로 진화하는 능력을 받은 다양한 형체는 스스로 형체를 갖춘 신의 자발적인 희생 위에 탄생할 수 있었다. 로고스가 자존(自存)이라는 완벽한 지복의 휴식 상태에서 스스로 깨어나 희생적 활동을 시작한 것이다. 우주는 이처럼 태초부터 희생을 통해 탄생하고 유지되며 인간 또한 희생을 통해 완성에 도달한다. 이 희생은 우주가 수명을 다할 때까지 계속된다. 로고스의 생명은 모든 '분리된 생명들'의 유일한 버팀목이고, 로고스는 자신의 생명을 자신이 탄생시킨 수많은 '각각의 형체' 안에 묶어두기 위해 스스로 제약과 한계를 갖는다. 로고스는 자신을 형체 안에 가두면서 완성이 이루어질 때까지 모든 미완성을 품는다."(애니 베산트,「고대의 지혜」'10장 희생의 법칙' 참조)

尾112) 이불성과 행불성

1. 불설(佛說)은 불성(佛性)을 '부처의 씨앗'으로 보고 2불성·3불성·삼신불성·5불성 등 여러 가지로 분류한다. 예컨대 2불성은 법상종(法相宗)의 분류방법으로, 불성을 이불성(理佛性)과 행불성(行佛性)으로 나누는데 이불성은 중생이 본래 갖추고 있는 불성의 체(體)에 해당하는 진여법성(眞如法性)의 묘리이고 행불성은 이불성을 개발하는 행업(行業)이다. 불성의 분류 요체는 모든 중생에게 모든 종류의 불성이 다 갖추어져 있는 것은 아니라는 것이다. 행불성에서는 성(成)과 불성(不成)의 구분이 뒤따른다.

2. 표준이론으로 보면 '부처의 씨앗'은 사람의 혼의 내밀한 곳에 있는 '하느님의 불씨, 佛性, 영의 불, 하느님의 불氣, 靈火'로서, 언제든지 불꽃으로, 횃불로 타오를 수 있는 신성(神性)이다. 이는 혼이 하느님의 숨결인 기(氣)로부터 진화하면서 그 에센스가 모인 것(이불성)이다. 그러나 이 靈火가 불꽃이 되고 다시 횃불이 되었다가 합일의 순간에 봉화(烽火)로 타오르는 것은 별개의 일(행불성)이다.

3. 표준이론에서 행불성은 무엇일까? 무엇이 방아쇠 역할을 하는가. 구슬이 서 말이라도 꿰어야 보배인데 무엇으로 구슬을 꿸 것인가. 불씨 자체에 이미 타오르려는 속성이 있으니 여기에 산소를 공급하거나 불쏘시개를 더하면 그것이 행불성인데 그것이 무엇일까? 하느님께서 주시는 성령인가 아니면 혼의 발보리심인가? 행불성에 해당하는 불성을 '불씨'에 대비하여 '불기름'이라고 할까? 표준이론에서 불기름은 양심과 영이다. 양심과 영은 혼의 불씨에 기름을 부어 불꽃으로 타오르게 한다.

4. 일체중생 실유불성(一切衆生 悉有佛性)은 일체의 중생이 다 불성을 가지고 있다는 '열반경'의 구절이다. '여래장경'에서는 '일체중생 실유여래장(一切衆生悉有如來藏)'이라고 복창한다. 사람뿐 아니라 삼계육도를 윤회하는 모든 유정에는 당연히 불성이 있다. 표준이론에서도 마찬가지다. 사람뿐 아니라 일체의 동식물 나아가 무생물도 하느님의 불씨(生氣)를 가진다. 모두 다 하느님의 숨결인 기(氣)의 소산(所産) 아닌가.

尾113) 이입사행(二入四行)

깨달음에 이르는 근본적인 방법을 이입(理入)과 행입(行入)의 二入으로 나누고, 행입은 다시 네 가지 행(四行)으로 나뉜다. 이입과 행입은 중생을 열반에 이르게 하는 3가지 교법인 삼승(三乘) 중 성문(聲聞)과 보살(菩薩)에 각각 해당한다.

1. 이입(理入) : 경전에 의거하여 부처의 근본 뜻에 다다르는 성문적(聲聞的) 깨달음이다.
2. 행입(行入) : 수행으로 부처의 근본 뜻을 깨닫는 보살적 방법(菩薩行)으로 다음의 사행(四行)으로 나눈다.
    1) 수행자가 고통을 당할 때는 밖으로 향하는 원망의 마음보다는 자기 내부의 원인을 살피는 보원행(報怨行)
    2) 기쁨과 슬픔, 행복과 불행, 고통과 편안은 영원한 것이 아니라 수시로 변하는 허망한 것임을 깨달아 회피하지도 연연하지도 않는 수연행(隨緣行)
    3) 기대하고 바라는 데서 온갖 고통과 괴로움이 생겨나므로, 밖으로부터 구하여 얻으려는 일체의 탐심을 버리는 무소구행(無所求行)
    4) 너와 나의 구분도 없고, 주는 자와 받는 자의 구분도 없는 불성의 자비를 실천하는 칭법행(秤法行)

尾114) 대혼지교(對魂之敎)

못난 영이 혼에게 주는 가르침(靈敎)

집주인이 사랑방 靈이란 걸 누가 모르랴만
주인이 禮로 맞은 귀한 손님을
행랑의 魂놈이 사랑에 쳐들어와
주인 면전에서 감히 능욕하더라
집주인 저 靈 당하는 꼴 보소
종놈 행패에 두 눈 번연히 뜨고도 안절부절못하더니
큰 용기 내어 이놈 한마디 했다가
완고한 종놈 손아귀에 덜미 잡혀 뒷방으로 끌려가는구나

손님이 손사래 치며 물러간 후
魂놈이 제풀에 지쳐 행랑에 나가 잠들면
어디 숨었던 靈은 그제야 아픈 허리 짚고
아야아야 엉금엉금 사랑으로 기어 나온다

손으로 가슴 치고 발로 땅을 구르지만
분하고 창피한 마음 누구에게 고할 것이냐
빈 사랑방에 홀로 앉아
하릴없이 쉬는 한숨에 구들장만 꺼지는구나

주인 靈이 아직 어려 힘이 약하자
영악하고 노회한 魂놈이 이처럼 제멋대로이니
집안망신은 둘째치고
살림이 제대로며 곳간이 어찌 차겠는가

어리고 어리석은 靈이여 부디
하루빨리 힘을 기르고 칼날을 벼리어
이윽고 어느 갑작스러운 날
이놈! 소리 높이 하며 혼놈을 잡아다가

형틀에 단단히 묶고 태장을 심히 쳐서
광에 가두어 사나흘을 굶겼다가
애고 나 죽소 살려만 주오 하거들랑
벼린 칼끝 목에 대고 엄히 꾸짖어 가로되

네 놈과 좋은 인연이 딱히 없기야 하겠냐만
국법과 가훈이 버젓한데
네 놈 고약한 발호가
어찌 그 모양까지 되었더냐 하고는

내 앞으로 두고 보겠다만
한 치라도 어긋나면 바로 잡아다가
치도곤에 대문 밖으로 영영 내칠 것인즉
네 행실 스스로 다잡아 목숨이라도 보전하렸다 하시고

혹시 改過遷善하여
주인을 받들고 이웃에 잘하며 晝耕에 夜讀하여
광은 그득하고 품행마저 방정하면
그 어느 좋은 세월 되면 免賤하여 주겠노라 하소서

尾115) 대영지고(對靈之告)

靈에게 주는 警告

혼영일체 너의 혼은
생면부지 여인의 풍만한 엉덩이를
남몰래 훔쳐보던 그 헛된 욕망처럼

물거품으로 흩어지리라

죽은 조상들이
애써 얻었다 허망하게 남기고 간 황금괴(黃金塊)
그것에 홀려 흘린 군침처럼
흔적도 없이 群魂 속으로 사라지리라

네 혼이 어느 날 뒤늦게 깨닫고
인생에서 너무 늦은 때는 없다고 부르짖더라도
남은 시간 잘해 보겠노라 게거품에 맹세하더라도
늦은 일은 늦은 일. 돌이킬 수 없는 일.

이 生에 너와 不和한 혼이
중음의 어느 구석에서 찢어지고 흩어지며 너를 원망할 때 너는
어느 생의 수레바퀴에 깔려 悲鳴할 때 너는
다음 생 어디쯤에서 나름 열심을 부리겠지만

因에 因이 닿고 緣에 緣이 겹쳐
수십억 년을 준비하여 너에게 온 혼을
一寸의 光陰을 아껴 渾身으로 이끌기는커녕
쓰지도 다루지도 어르지도 못했으니

이 生의 이 過를 너는
어느 생 어느 혼에게 대신 기워 갚겠다고 하겠지만
아서라 너에겐 환생도 過하다
이번 생에 새던 바가지가 다음 생에는 온전하랴
반성과 공부로 지혜와 용기를 갖추기 전에는
이승에 다시는 얼씬도 하지 말렸다

尾116) 닐 도날드 월쉬

지역 라디오방송 토크쇼 진행자였던 닐 도날드 월쉬(Neale Donald Walsh 1943~)는 나이 마흔아홉의 어느 날 밤, 잠에서 깨어 일어나 자신의 인생을 엉망진창으로 만든 신에게 항의하는 편지를 쓰기 시작했다. 그런데 놀랍게도 월쉬는 신에게서 자신의 질문에 대한 대답을 받았다. 1992년부터 시작된 월쉬와 신과의 이 대화는「신과 나눈 이야기」1, 2, 3,「신과 나누는 우정」,「신과 나눈 교감」,「청소년을 위한 신과 나눈 이야기」에 이어「신과 집으로」까지 이어졌다. 이 책들은 뉴욕타임스 베스트셀러 목록에 올랐고, 특히「신과 나눈 이야기」1권은 순전히 입소문으로만 팔리면서 무려 2년 반 이상 뉴욕타임스 베스트셀러가 되었다. 또한 그의 책들은 34개 국어로 번역되어 세계적인 베스트셀러가 되었고, 미국 전역에서 그의 책을 연구하는 모임이 생겨나 평론가들의 연구 대상이 되기도 했다(해외저자사전 참조). 그러나 생각건대 그의 영성이, 신비현상이라는 상표가 붙지 않은 그냥 영성이었다면 누구처럼 그저 그런 개똥철학이 되었을 것이다.

尾117) 신지학의 부분적 역진화

신지학에서 주장하는 영혼의 부분적 역진화론은 힌두교의 육파철학에서 기원한 주장이다. 힌두는 브라만과 아트만의 종교다. 그런데 힌두교를 벤치마킹한 신지학에서 힌두의 아트만이 사실은 진화로 탄생하였다고 할 수는 없지 않은가. 그래서 신지학의 역진화는 부분적 역진화모델이다. 바가바드 기타에서 비슈누 신의 여덟 번째 화신인 크리슈나는 "나 자신은 결코 없었던 적이 없고, 지구의 모든 왕자들도 마찬가지"라고 하였다. 힌두교의 창조신화마저 영혼은 원형인간인 푸루샤로부터 기원한다고 한다.

1. 신지학은 영혼의 진화에 대한 일반이론에서 사람의 혼의 진화를 부분적 역진화모델로 설명한다(미주 205 '신지학의 영혼론' 참조). 즉 로고스로부터 발출한 '고급의 지성(인간모나드)'이 생물학적 진화로 탄생한 그러나 아직은 덜 개발된 지성(각혼)과 관계를 맺음으로써 사람의 혼인 지혼이 탄생한다. 다시 말하면 영이 물질 깊숙이 떨어져서 각혼을 구제하는 것이다(신지학회, '신지학 홈스터디' 참조). 그러니 지혼은 역진화로 탄생한다. 신지학은 근대 이후의 영성으로서 생물학적 진화를 목도한 이후에 수립된 사상인데 어찌 힌두 삼키아의 지론과 타협(打合)하여 이런 구시대적 역진화 모델을 구상하였을까? 이는 신지학이 힌두이즘의 근대적 아류(亞流)로서 브라만의 소산인 아트마(푸루샤)의 역할을 인간모나드에 부여하지 않을 수 없는 교의(敎義) 구조 때문이다. 힌두에서 푸루샤는 프라크리티에 작용하여 혼의 본질적 속성인 아함카라(자의식)를 만들고 이후 아함카라가 지은 업의 미망(迷妄)에 사로잡혀 윤회를 시작한다.

2. 신지학에서 주장하는 영혼의 역진화는 신지학의 주기론에서 더 심각하다. 이 이론에서는 진화주기(혹성체인)가 끝나 영으로 화한 자아는 다시 다음 주기에 물질 속으로 '불꽃'으로 떨어지는 역진화를 감행한다. 다음 주기의 물질들을 유기체로 진화시키고, 또 그들을 생명체로 진화시키는 밑거름이 되는 것이다. 이 논지는 그대로 과정론자 하츠온에 이르러 객관적 불멸(objective immortality)이라고 표현되었다(미주 11 '화이트헤드의 과정철학에 대하여' 참조). 이처럼 신지학은 이전 週期에 장구(長久)한 각고(刻苦) 끝에 탄생한 靈들이 스스로를 다음 주기의 생명들을 위하여 아낌없이 내던지게 한다. 이를 드라마틱하고 거룩한 희생처럼 이야기하지만 이는 이치에 닿지 않는 허망한 주장이다. 신과 영이 서로 그토록 소망하던 합일을 눈앞에 두고 수십억 년 진화의 길을 걸어 이룩한 성취를 보살행도 아닌 소멸의 용광로에 뛰어들어 후생에게 바친다는 논리는 희생이 아니라 아즈텍(Aztec)의 인신공양보다 더한 비극이다. 신지학의 이러한 역진화 주장은 비논리적인 우주주기론을 전제로 할 뿐 아니라 합일의 궁극성에 역행함으로써 합리성도 결여하여 신지학을 정상적인 통합이론의 축에 끼기 어렵게 한다.

尾118) 고대종교에 육체부활론이 발생한 이유들

1. 고대인들은 당시 사람들 중 영이 있는 사람이 많지 않았고 또 하급혼이 많았기 때문에[*] 영혼의 소멸 가능성을 직관하여 신의 은총 없이는 영속혼(永續魂)으로 진화할 수 없다고 생각하였을 수 있다. 이때 신의 은총부여절차가 심판이고 육체의 부활이다. 고대이집트인들의 혼인 바(ba)는 미라(육체)에서 靈인 카(ka)가 심장무게달기시험을 통과하여 귀환하기를 기다린다.

2. 사람은 육체와 이에 생명력을 주는 애니마(anima)로 구성된 것이라는 사고방식은 원시종교인 애니미즘의 발생의 직접적 동기다. 애니미즘의 애니마는 물질과 생명체에서 감지되는 생기(vitality)이거나 기껏해야 생기체(vital body)였기 때문에 영생(永生)의 속성이 애초부터 없었

다. 따라서 영혼관과 저승관이 발달하지 못한 당시의 종교가 생각할 수 있는 영생의 방법은 신의 은총과 육체의 부활을 기대하는 것이었다(7.3. '육체의 부활' 참조).
3. 고대근동역사학자인 줄리아 아산테는 에고의 자의식은 육신을 보호하는 기능을 한다고 하며 에고는 육신의 감각이 전해 주는 정보에만 의지하는 자아로서 육신에 강한 동질감을 느끼고 육신이 죽으면 같이 소멸한다는 생각이 있어서 영혼이 심판받아 부활하면 육체도 같이 부활한다고 믿었다고 주장한다. 체널러 개리 레너드 또한 기독교가 자신의 개체성과 개성의 경험을 확인하고 싶어하는 에고의 욕구를 충족시키기 위하여 육신을 지극히 특별한 것으로 받듦으로써 사람이 영적존재가 아닌 신으로부터 분리된 육적 존재처럼 보이는 사고체계를 구축하였다고 말한다.(개리 레너드, 「우주가 사라지다」 3장 '기적' 참조)

(*) 肉과 魄의 쌍진화를 말하는 표준이론에서는 '肉과 魄을 자아의 구성요소로 보고 외부 자연과 자신을 구분하는 수준의 자아'를 가진 혼을 가장 하급혼으로 본다(4.3.1.1. '자아의 수준이 1.8단계 미만인 자아' 참조).

尾119) 지옥의 실체

1. 최근 불교에서도 '지옥도 자기 좋아서 간다'는 신지학적 견해가 상당하다. 저 옛날 '티벳 사자의 서'에서도 벌써 지옥은 원래 환영에 불과한 곳이라고 하였으니 만시지탄이나 정상화 방향을 잡은 듯한 느낌도 든다. 다행스러운 일이다. 예를 들면 다음과 같은 의견이다. "어떻게 지옥과 같이 나쁜 곳에 대해서 애착하고 물들 수 있는 것인가? 마음이 뒤집혀(心倒) 착각하기 때문입니다. 지옥의 중유는 찬바람에 핍박받다가 타오르는 불길을 보면 따뜻한 감촉을 바라고 구하며 좋다고 착각하여 그곳에 몸을 던집니다. 또한 뜨거운 불길과 바람에 핍박받다가 찬 곳을 보면 시원한 감촉을 탐하여 그곳에 몸을 던집니다."(네이버 '참괴인 블로그' 참조)
2. 일찍이 스베덴보리도 같은 의견이었다. 그에 따르면 지옥은 악의 내적 상태이고 천국은 선의 내적 상태이다. 사자(死者)는 자신의 내적 본성과 일치하는 곳으로 찾아 들어간다. 모든 영은 죽음 이후에 같은 생각을 가진 집단에 합류한다. 그곳이 가장 편안하다고 느끼기 때문이다. 지옥은 악을 기뻐하는 영들에게는 행복의 장소로 여겨진다(Wikipedia, 'The New Church(Swedenborgian)' 참조).
3. 신지학자 애니 베산트 역시 지옥은 하위 저승인 아스트랄계를 묘사한 것이라고 하며 다음과 같이 말한다. "아스트랄계에서는 인격이 형태로 드러난다. 악한 열정으로 가득한 사람은 그 악한 열정 전체가 적나라하게 나타나고, 짐승 같은 사람은 아스트랄체가 짐승의 형태를 띠며, 잔혹한 인간의 혼은 그에 걸맞은 불쾌한 인간 동물의 형태로 나타난다. 아스트랄계에서는 그 누구도 위선자가 될 수 없고 고결해 보이는 외피로 더러운 생각을 가질 수 없다. 인간의 본성이 어떻든 외부 형태와 겉모습으로 드러나게 되어 있기 때문에 정신이 고결하면 아름다운 빛이 찬란하게 빛나고, 본성이 더러우면 소름끼치는 불쾌함으로 나타난다. 진실을 꿰뚫어 보는 눈을 가진 부처와 같은 스승들이 이런 지옥의 모습을 끔찍한 비유를 동원해 생생한 언어로 묘사하였다."(애니 베산트, 「고대의 지혜」 '제3장 카말로카' 참조)
4. 히브리 신비주의 전통에 이런 말이 있다. 지옥이란 신으로부터 '떨어진' 거리이고 천국이란 신으로까지 '남은' 거리다(개리 레너드, 「우주가 사라지다」 2장 '배후의 제이' 참조).

尾120) 불교의 극락

1. 정토(극락)사상은 육도삼계의 구성과는 기원이 다른 것이지만, 대중 교화의 방편상 극락-지옥

의 체제로 정형화되었다. 극락은 안양(安養), 안락(安樂), 무량청정토(無量淸淨土) 등으로도 불린다. 극락은 예토(穢土)인 사바세계에서 서쪽으로 십만억 불토(佛土)를 지나서 있다는 정토(淨土)이다. 모든 일이 원만구족(圓滿具足)하여 즐거움만 있고 괴로움이 없는 자유롭고 안락한 이상향으로 믿어진다. 불교의 정토는 아미타불의 극락정토 외에도 아축불(阿閦佛)의 묘희(妙喜)세계, 약사불의 유리광(瑠璃光)정토, 미륵보살의 도솔(兜率)정토, 도사경(兜沙經)에 설한 시방(十方)정토, 관음의 보타락(補陀落)정토, 유마경(維摩經)의 유심(唯心)정토, 화엄정토 등등 많다(한국학중앙연구원, 「한국민족문화대백과」 참조). 이러한 다양하고 수많은 극락들은 저승이 層구조로 되어 있다는 인식에서 나온 것이라기보다는 천국을 이해하는 자기만의 방식에서 나온 것으로 보인다.

2. 이러한 정토들은 불교교리상 예토인 이승이 아닌 저승의 천국으로 상정된 것이고 우리 불토(사바세계)에서 십만억 佛土만큼 떨어져 있다하여 마치 무루계나 피안의 세계로 묘사하고 있다. 그러나 대승에서는 영과 영의 세계인 천국을 인정하지 않으니 이곳들은 모두 색계나 무색계의 천계 또는 도솔천처럼 욕계 어디쯤에 속하는 것으로도 해석할 수밖에 없다. 또한
   1) 극락세계에 상품상생으로 왕생하면 곧 수행계위인 10지(十地) 중 제8지 부동지(不動地)에 태어난다고 하는 교설이나
   2) 아미타불의 48개 서원 중 일부를 보면
      (1) 내 불국토에는 지옥 아귀 축생 등 삼악도의 불행이 없을 것.
      (2) 내 불국토에 태어나는 중생들은 다시는 삼악도에 떨어질 염려가 없을 것.
      (3) 내 불국토에는 수없는 성문 수행자들이 헤아릴 수 없이 나올 것.
      (4) 내 불국토에 와서 태어나는 중생들은 목숨이 한량없을 것.
      등이 있는 것으로 보아 아미타불의 불국토인 극락은 적어도 해탈하여 부처가 되어 가는 피안의 세계는 아니다. 극락이 기독교의 천국 같은 곳이 되어 버린 마당에 그곳이 사바세계냐 피안의 세계냐가 왜 중하냐고 하겠지만 그렇다면 불교가 스스로 남다르다고 주장하는 과학성(科學性)이라는 게 다 무엇이 되는가.

3. 그럼 진정한 불교의 극락, 즉 피안의 세계는 어떤 곳일까? 어느 覺者 왈 "불교에서 그곳은 사바세계를 벗어난 어느 곳이 아니다. 그 곳은 우주 전체에 遍在한 곳으로 나툼과 감춤이 자유로운 곳이며 一元이지만 개별성을 갖춘 곳이다."라고 한다.

尾121) 티베트불교

티베트불교(라마교)는 인도의 대승불교가 7세기 초 토번(吐藩)왕조에 의해 티베트에 도입되면서 당시 토착 애니미즘 종교인 본교(本教, Bon religion)와 타합하면서 성립되었다. 티베트불교는 그 정착 초기에 본교와 인도의 샥티(性力)신앙의 영향을 받아 남녀 간의 성행위에서 오는 오르가슴을 무아(無我)의 경지라며 숭상하는 소위 '탄트라 불교'가 성행하였다. '탄트라'는 원래 인도에서 기원하여, 오랜 연원을 갖는 비의적 수행법 모두를 뜻하였으나 그 수행법 중 샥티적 부분이 타락하여 초기 티베트불교에 도입되면서 지금의 부정적 의미를 지니게 되었다. 이후 이를 개혁하려는 많은 시도 끝에 총카파(Tsong-kha-pa 1357~1419)에 의해 정통 대승불교 교파인 황모파의 시대가 열렸다. 그러나 티베트불교에는 아직도 탄트라적 요소가 근절되었다고 할 수 없다. 한편 티베트불교는 이러한 태생 때문인지 신비주의적인 면이 강하여 밀교(密敎)라고도 불리는데 우선 영매(무당)의 역할이 공공연하여 일상생활의 문제들이 무당에 의지해 결정된다. 티베트불교 황모파

의 수장이자 정치적 수장인 법왕(法王) 달라이 라마 또한 티베트 신관(神官)들 중 가장 중요한 신관인 네충쿠텐이라는 영매 승려에게 국가대사의 자문을 받는데 네충쿠텐의 몸주신인 네충(Nechung)은 도르제 드라크덴(Dorje Drak-den)이라는 영(靈)(*)이며 티베트 망명정부와 달라이 라마의 수호신이다. 달라이 라마 자신도 중생제도를 위해 다시 태어난 고급혼인 활불(活佛, 툴쿠)이니 밀교적 요소가 없다고 할 수 없다. 티베트불교는 이러한 밀교적 요소 때문에 오늘날 뉴에이지 종교와 여러 신진 사상의 많은 관심을 받고 있다.

(*) 미주 136 '리사 윌리엄스의 영혼론의 문제점'에서 살펴본 대로 영매 리사의 몸주신은 지박령 등 유령이나 혼계의 존재가 아니라 혼계의 스승령인 영(靈)일 가능성이 있다. 도르제 드라크덴도 같은 경우로 보인다. 섭리상 일국의 수호신이 어찌 혼이겠는가. 또 케이스가 많으면 사실이 된다.

尾122) 「티벳 사자의 서」와 신지학 그리고 표준이론

1. '사자의 서'는 명종 후 겪는 바르도(Bardo, 중음계)'에서의 경험이 3단계로 구성되었다고 하는데
   제1단계는 '치카이 바르도(chikhai bardo)'로 죽음의 순간에 겪는 경험이고
   제2단계는 14일간의 '초에니 바르도(choesnyid Bardo)'에서 겪는 경험이며
   제3단계는 '시드파 바르도(sidpa bardo)'는 환생을 갈구하는 死者가 인간도(人間道)로의 환생 직전에 겪는 경험들이다.

2. 혼이 거치는 바르도의 세계를 보면
   1) 사후세계에서 가장 높은 차원의 체험은 1단계 치카이 바르도로 먼저 死者는 명종 직전 아직 들숨이 남아있을 때 첫 번째 투명한 빛을 겪게 된다. 이어서 명종 후 짧게는 손가락 튕기는 시간에서부터 보통 30분 정도(법력이 높은 이는 3~4일 걸리기도 한다)의 '기절의 시간'이 지나면 두 번째 빛을 보게 되는데 이때 그 빛과 합일하면 바르도를 탈출한다.
   2) 그다음 초에니 바르도는 많은 빛들과 신들을 보고 카르마의 환영을 만나는 단계로 색계나 무색계의 22천으로 탈출하는 곳이며 14일간에 걸쳐 겪는다. 임사체험자들이 다양한 모습의 밝은 빛을 만나는 것과 같다. 이곳에서는 첫 7일간 빛과 평화의 신들에게 돌아가지 못하면 다음 7일은 분노의 신들이 나타나 사지가 찢기고 심장이 꺼내져 내동댕이쳐지며 머리가 산산이 부서지는 공포의 환영들을 겪게 된다.
   3) 초에니 바르도에서 빛으로 탈출하지 못하면 3단계 시드파 바르도로 가서 22~32일간 머물며 욕계 6도로 환생하게 된다. 마지막 3단계까지 밀려온 사자를 위해 '사자의 서'는 자궁(子宮)문으로 들어가지 않거나 이왕 들어간다면 지옥도나 아수라도 등 나쁜 곳을 피하여 좋은 환생처로 갈 수 있는 다섯 가지 요령을 알려준다.
   4) 사자의 서는 각 단계마다 탈출을 위해 어떤 빛을 따르고 어떤 빛은 피하여야 한다고 조언하는데 예를 들어 밝고 푸른 빛이나 희고 환한 빛일수록 좋은 빛이라고 한다.

3. 이러한 단계는 49일간에 걸쳐 일어나는데 1단계나 2단계에서 끝나 색계나 무색계로 상승하여 환생하는 중유(中有)들도 있고 3단계 시드파까지 가서 욕계로의 환생직전에 탈출하는 이들도 있으니 꼭 49일은 아니다.

4. 사자의 서는 우리가 사후에 보게 되는 그 밝은 빛들과 신들의 세계가 사실은 우리 자신의 마음에서 투영된 환영에 불과한 것이라고 주장한다. 즉 실체가 없는 환상이라는 것이다. 사실 삶의 세계도 내가 창조하는 것이고 나의 환영이니까 그런 의미에서라면 맞는 말이다. 그들은

사자의 귀에 대고 죽음은 환영에 불과한 것이며 삶까지도 그림자일 뿐이니 서둘러 그것들에서 벗어나라고 말해 주는 것이 필요하다고 한다.

5. 이러한 사자의 서의 내용은
   1) 하급혼들의 저승인 표준이론의 중음계(신지학의 아스트랄계) 상황을 설명하는 것일 수 있다. 그 이유는 표준이론의 중음계는 하급혼들이 가는 저승으로 환생을 위한 최소한의 재교육과 환생계획을 수립하는 곳인데 '사자의 서'의 중음 또한 환생의 터미널 정도로 보이므로 그곳이 혼들의 저승(혼계)이라면 마땅히 표준이론의 중음계에 해당하여야 하기 때문이다. 더구나 시드파 바르도에서 이승에 출몰하는 死者의 中陰身인 慾望體는 신지학의 Kāma-Rūpa로 아스트랄체이고 그들의 세계인 카말로카(Kamaloka)는 아스트랄계에 속한다.
   2) 혼계 즉 저승에 들기 전의 상황을 묘사한 것일 수 있다. 사자의 서에서 묘사하는 밝은 빛이 망자가 사후 저승에 들어가기 전에 거치는 터널과 터널을 지나서 만나는 밝은 빛의 존재를 의미한다면 사자의 서의 중음은 아직 저승이 아니라 저승의 문 밖이다. 그렇다면 사자의 서의 중음은 근사체험을 한 이가 밝은 빛을 만나기 전 단계의 경험에 이런저런 지옥의 신화를 가미하여 꾸민 소설이 된다.

6. 한편 사자의 서의 중음은 명종 직후 아스트랄계에 들어가기 전 영혼이 당면하는 상황을 묘사한 신지학의 다음 설명과 많이 닮아있다. 이를 보면 사자의 서의 중음은 저승이 아니라 저승의 문 밖이 아닐까 한다. "인간이 죽으면 그의 에테르체는 육체로부터 분리되며 몇 시간 이내 아스트랄체가 에테르체로부터 떨어져 나오고 그때부터 아스트랄계의 삶이 시작된다. 정상적인 경우 아스트랄체가 에테르체로부터 떨어져 나올 때까지 그는 무의식 상태에 있게 된다. 그리고 그가 새로운 삶을 자각했을 때 그곳이 바로 아스트랄계이다. 그러나 물질적 존재 상태에 결사적으로 매달리는 사자(死者)들도 있는데 이 경우 그들의 아스트랄체는 에테르체로부터 완전히 분리될 수 없다. 따라서 그들은 에텔 질료에 둘러싸인 채 깨어나게 된다. 때로는 잠시 동안 눈에 익은 지상의 사물을 흐릿하게 보게 되는 경우도 있다. 이것은 대개 강한 상념적 이미지와 우연히 조우함으로써 생기는 현상이다. 그러나 이렇게 안개가 걷히는 경우는 드물며 그렇기 때문에 다시 문이 닫힐 때 그 어둠은 한층 더 그를 절망케 할 뿐이다. 시종 그 불쌍한 혼은, 만일 자신이 물질에 대한 광적인 집착만 놓아 버린다면 그 즉시 일상적인 아스트랄계의 삶 속으로 빠져나올 수 있다는 사실을 인식하지 못한다. 그러나 그를 더욱 괴롭히는 것은 심지어 지금 자신이 갖고 있는 이 비참한 절반의 의식마저 상실될지 모른다는 느낌, 감정 그 자체이다. 따라서 그는 의식의 완전한 소멸, 무의 바다에 빠지니 차라리 안개로 가득 찬 이 무시무시한 잿빛 세계에 매달리는 쪽을 택한다. 때로는 이승에서의 무지(無知)한 종교적 가르침을 상기하고는 자신이 지옥에 떨어지지 않을까 두려워하기도 한다. 어느 경우든 대개 그는 엄청난 고통, 절망, 고독감에 시달린다."(리드비터, 「신지학대의」 중 '동물빙의' 참조)

또 신지학을 추종하는 영매 리사 윌리엄스도 비슷한 증언을 한다. "어두운 영혼들은 자신이 이승에서 만들어 낸 내면의 악마들을 대면하거나 해결하기 싫어하는 영혼들로, 이 악마들을 피하기 위하여 이들은 흰빛으로 나아가기를 주저한다. 따라서 그들은 어두운 빛 쪽으로 가서 그들만의 치유공간을 거친다. 그리고 비로소 정상적인 영혼들이 가는 흰빛으로 들어가서 다른 혼들과 같은 과정을 거친다. 그러나 보호자의 방까지는 가지 못하고 환생한다."(미주 41 '리사 윌리엄스의 환생여정' 참조)

2001년 네덜란드의 연구자들이 밝힌 근사체험의 요소에도 물론 '밝은 빛'이 나타난다(미주 129 '2001년 네덜란드의 연구자들이 밝힌 근사체험의 열 가지의 체험 요소' 참조).

7. 그러나 어쨌든 사자의 서의 중음은 최소한 환생의 터미널 정도의 역할을 하는 것은 분명하니 일단은 표준이론의 중음계와 매치시키는 것이 적절할 것이다.

尾123) 도교의 천국

1. 여러 가지 설이 있으나 36天이 대표적이다.

2. 우선 불교처럼 삼계(三界)에 28천이 있고 그 위에 또 사범천, 삼청, 대라천이 있어 총 33천이다. 거기에 사는 사람의 수명도 어마무시하다. 그러나 불교의 배짱에는 못 미친다.
   1) 욕계의 천은 태황황증천(太皇黃曾天)에서 칠요마이천(七曜摩夷天)까지 6층으로 나뉘는데 이곳에 사는 인간의 수명은 1만 년이다. 불교의 욕계 6천에서의 수명은 사대왕천의 900만 년에서 타화자재천의 92억 년이다.
   2) 색계는 허무월형천(虛無越衡天)에서 무극담서천(無極曇誓天)까지 18층으로 나뉘고 나쁜 일을 하지 않았거나 노한 표정을 짓지 않았던 사람이 갈 수 있는 곳이다. 색계에서 인간의 수명은 1억만 년이라고 한다. 불교의 색계에서의 수명은 초선 초입인 '범중천'의 아승지겁에서 4선 마지막 천인 '색구경천'의 16,000대겁까지 분포되어 있다. 불교의 겁은 사방 40리 되는 바위 위에 백 년마다 한 번씩 하늘에 선녀가 내려와, 그 위에서 춤을 추는데, 그때 선녀의 얇은 옷으로 스쳐서 그 바위가 다 닳아 없어질 만큼 긴 시간이다. 대겁은 그 겁에 곱을 곱해도 부족하다. 배짱이 컸을까 오래 살고 싶었을까. 무슨 선정(禪定) 끝에 이런 생각을 해냈을까?
   3) 무색계는 호정소도천(皓庭霄度天)에서 수락금상천(秀樂禁上天)까지 4층으로 이루어지고 남의 험담이나 거짓말을 하지 않았던 사람이 들어갈 수 있다. 여기서 인간의 수명은 1억만 년의 1억 배(京)다. 불교 무색계에서의 수명은 제1처인 '공무변천'의 20,000대겁에서 마지막 4처인 '비상비비상처'의 84,000대겁에 이른다. 도교가 제법 호탕하게 불렀으나 불교는 단위자체가 대겁이니 차원이 다르다.

3. 삼계의 28천 위에는 사범천(四梵天)이 있는데 여기는 무색계에서 선행을 쌓은 선남선녀가 옥황상제의 부인인 서왕모(西王母)의 초대를 받아야 올라갈 수 있다. 여기까지 도달하면, 이제 인간에게는 죽음을 기다리는 공포 따위는 더 이상 존재하지 않는다. 말하자면, 영원한 생명을 보장받게 되는 것이다. 표준이론으로 이해하면 제1영계다. 그렇다면 도교는 불교에서 거의 無記하는 피안의 묘사를 시도한 셈이다.

4. 사범천 위에 '태청(太淸)' '상청(上淸)' '옥청(玉淸)'이라는 천계(삼청)가 있다. 이곳은 사람은 갈 수 없고 신선을 비롯한 신들이 사는 세계로서 표준이론으로 치면 제2영계다.

5. 마지막으로 대라천(大羅天)이 있는데 여기에는 현도(玄都)라는 도시가 있고 그 중심부에는 도교의 최고신인 원시천존(元始天尊)이 사는 옥경(玉京)이라는 궁전이 있다. 그는 우주의 창조신이며, 혼돈에서 모든 사물에 질서를 부여한 신이다. 물론 현재에도 우주의 모든 질서를 주관하고 있다(마노 다카야,「도교의 신들」). 표준이론의 최고영계인 제3영계에 해당할 것이다.

尾124) 조상숭배(ancestor worship)

1. 조상숭배는 원시종교인 애니미즘의 발전 형태다. 따라서 아직 혼의 존재는 인정하나 영생개념은 없다. 조상신은 표준이론의 군혼(group soul)으로 이해된다. 그룹 소울이 지혼의 초기형태임을 감안하면 군혼의 개념이 인류종교사 초기에 일반적인 영혼관으로 등장함은 매우 자연스러운 일이다. 우리나라의 경우 부모·조부·증조부·고조부 4대조까지는 사령(死靈)이라 하여 망자 영혼의 개체성을 인정하여 종가(宗家)에서 신체(神體)를 마련하고 기제사(忌祭祀)를 지내는 4대봉사(四代奉祀)로 모시고 5대조 이상의 조상의 영은 조상신의 그룹혼에 흡수된다고 보고 이를 조령(祖靈)이라 하여 묘소에서 음력 10월 시제(時祭)를 드려 모신다.

2. 문명 초기부터 사자(死者)에 대한 두려움과 외경(畏敬)은 시작되었으며, 특히 가족처럼 가까이 있는 자가 죽은 경우에는 더욱 그러했다. 두려움과 외경은 조상을 신격화하여 모시는 조상숭배의 동기가 된다. 종교화가 진행되면서 조상 중 유력한 사람은 조상신 중 최고신으로 숭배를 받아 시조신(始祖神)이 된다. 이것이 더욱 발전하여 민족이나 국가의 시조신이 나타난다. 단군왕검 신앙도 조상숭배의 연장선에 있다.

3. 결국 조상숭배의 기원은
    1) 애니미즘의 정령신앙(미주 10 '범심론, 애니미즘, 물활론, 생기론, 범신론, 물신숭배, 유심론, 조상숭배')
    2) 사자(鬼神)를 직접 겪음으로 인한 믿음과 두려움
    3) 가족의 경우처럼 가까이 있는 자가 죽은 경우 사자에 대한 애착
    4) 생전에 유력한 사람의 영혼은 사후에 더욱 강력해진다는 생각
    5) 사자는 반드시 다시 태어나 현실 사회로 되돌아온다는 생각 등에 뿌리한다.

4. 이와 같은 조상숭배는 아시아·아프리카 등 미개사회, 고대 지중해 연안의 여러 민족과 유럽 민족 등 모든 인종과 문명에 존재하였다.
    1) 중국의 조상숭배는 유교의 발전과 함께 효도 사상과 결부되어 복잡한 의례를 동반하여 일상생활 속에 침투되었으며 유교와 함께 중화문화권에 널리 퍼졌다. 조상숭배가 유교식 제례로부터 시작한 것이 아니라 유교가 자연발생적인 조상숭배 신앙을 받아들인 것이다.
    2) 일본의 경우에 유교의 조상숭배는 기존 애니미즘 등 민속신앙과 결부되어 조상신을 카미(kami)로 숭배하는 神社(진쟈)신앙으로 발전하였고 이는 오늘날 일본의 최대종교이다.
    3) 우리나라의 경우, 조선왕조 500년간은 유교적 제례에 의한 조상숭배 정신이 사회 기강을 바로잡는 정신적 기반이자 치국의 근본이념이었다. 위로는 역대 임금이 조상을 모시는 종묘(宗廟)를 비롯하여 성인을 모시는 문묘(文廟)와 향교, 충신·열사를 모시는 서원(書院)이 있었고, 사가(私家)에서는 양반·상인(常人)이 모두 4대봉사를 실천하여 조상을 모시는 가묘(家廟)를 집에 설치하였으며 차례(茶禮)와 기제사(忌祭祀), 생일제, 묘제(墓祭,時祭) 등의 조상숭배 의례를 지켰다. 가묘가 없는 민가에서는 단지 안에 조상의 이름을 써 넣고 그 안에 쌀을 넣어 백지로 봉하여 성주머리의 구석이나 대청에 안치하여 조상신의 신체(神體)로 모시는 신줏단지 풍습까지 생겨났다. 또 후사가 없는 사람은 죽어서 제사를 받지 못하는 떠돌이 여귀(厲鬼)신세가 된다고 하여 양자(養子)를 들이는 풍습마저 널리 성하였다. 이러한 조상숭배 전통은 오늘날까지 명절의 차례나 조상제사 등을 통하여 그 유습이 사회 여기저기에 온전히 살아있다.

우리나라 민족신앙인 대종교나 증산교의 신앙대상에도 환인(桓因), 환웅(桓雄), 단군(檀君) 등 우리나라의 시조신과 각 성씨의 조상신인 선령신(先靈神)이 포함되어 있다. 증산교는 "사람에게는 혼(魂)과 넋(魄)이 있어 혼은 하늘에 올라가 신(神)이 되어 제사를 받다가 4대가 지나면 영(靈)도 되고 혹 선(仙)도 되며 넋은 땅으로 돌아가 4대가 지나면 귀(鬼)가 된다."라고 하며(증산도 도전 2편 118장) 신흥종교인 천지원(天地院)에서는 "사람은 하느님으로부터 나온 윤회주체로서의 靈(마음)과 넋에 담긴 魂(기억) 그리고 생기체격인 神(생각), 에고를 지배하는 本神, 몸에 붙어사는 온갖 雜神으로 구성된다. 이때 사람神은 生時에 태초의 하나님 殿을 잘 섬겨 하늘道를 이루면 성령의 도움으로 성신으로 거듭나 영(마음)과 결합하여 신선이나 천사가 되어 하늘에 올라 영생하나 그렇지 못하면 명종 후 500~1,000년간 이승을 구차하게 떠돌다 소멸되는데 다만 후손이 조상제를 잘 지내 주면 좋은 데서 지낸다."고 한다(대광엘리사, 「천비록」 참조).

尾125) 심판 시 악인이라도 그 영은 천국에 들고 혼과 육만 지옥불에 던져진다는 의미를 가진 성경구절

영은 하느님으로부터 나온 존재이고 선악을 행한 것은 혼이니 선인과 악인을 불문하고 그 영은 죽어서 하느님에게 돌아가는 것이 맞고 선악의 공과에 대한 상벌은 모두 육이나 혼이 감당한다는 주장을 지지하는 것으로 보이는 성경의 구절들이 있다.

1. 요한계시록 21:8 But the fearful, and unbelieving, and the abominable, and murderers, and whoremongers, and sorcerers, and idolaters, and all liars, shall have their part in the lake which burneth with fire and brimstone : which is the second death.
그러나 두려워하는 자들과 믿지 아니하는 자들과 흉악한 자들과 살인자들과 행음자들과 술객들과 우상 숭배자들과 모든 거짓말 하는 자들은 불과 유황으로 타는 못에 그들의 일부를 참예하리니 이것이 둘째 사망이라

2. 고린도전서 5:5 hand this man over to Satan, so that the sinful nature may be destroyed and his spirit saved on the day of the Lord.
이런 자를 사단에게 내어주었으니 이는 죄 많은 성품은 멸하고 영은 주 예수의 날에 구원 얻게 하려 함이라

3. 베드로전서 4:6 For this is the reason the gospel was preached even to those who are now dead, so that they might be judged according to men in regard to the body, but live according to God in regard to the spirit.
이를 위하여 죽은 자들에게도 복음이 전파되었으니 이는 육체로는 사람처럼 심판을 받으나 영으로는 하나님처럼 살게 하려 함이니라

4. 마태오복음 10:28 Do not be afraid of those who kill the body but cannot kill the soul. Rather, be afraid of the One who can destroy both soul and body in hell.
몸은 죽여도 영혼은 능히 죽이지 못하는 자들을 두려워하지 말고 오직 몸과 영혼을 능히 지옥에 멸하시는 자를 두려워하라

5. 기타 요한복음 3:6, 히브리서 12:9, 마태오복음 26:41

尾126) 이슬람의 저승

1. 천국(天國)
   1) 코란에는 일곱 가지 천국들이 언급되어 있고 그 각각은 정신적 영역의 정도를 달리하고 있다. 천국은 보통 잔나(jannah, 정원), 또는 피르다우스(firdaws, 낙원)라고 말한다. 정원은 코란에서 가장 빈번하게 사용되는 낙원의 상징이다. 그 안에는 축복받는 사람을 위해 준비해 둔, 이승의 인간으로서는 상상할 수 없이 좋은 일들이 감춰져 있다.

      그들은 가시가 없는 시드라 나무 가운데 있을 것이며
      빽빽한 아카시아 나무 가운데 있노라
      그늘이 길게 펼쳐져 있고 물이 끊임없이 흘러나오며 풍성한 과일이 있노라
      계절에 제한받지 않는 것들이라
      높은 곳에 옥좌가 있노라
      하느님은 그들을 위해 새로운 배우자들을 두시고
      그녀들을 순결하게 하였으며
      나이가 같으며 사랑받게 하셨느니라(56:27-39)

   2) 코란에서 잔나는 아담과 이브가 타락하기 전에 함께 머물던 에덴동산을 가리키기도 한다. 코란에는 기독교의 성경에 비해 천국의 풍요로움과 즐거운 생활을 묘사한 구절이 많으며 마치 눈으로 보는 듯 생생하다(76:5-22, 56:22-38, 19:61). (김정위, 「이슬람 사전」)
   3) 이슬람교에서 말하는 '천국'은 신의 사도이자 예언자인 무함마드(Muhammad 570~632)가 대천사 지브릴(가브리엘)의 안내로 체험했던 '밤의 여행'으로 그 자세한 내용이 알려져 있다. 아담과 야곱과 예수, 요셉, 엘리야, 아론, 모세 그리고 아브라함이 각 천국의 문에서 그를 맞는다. 마지막으로 무함마드는 천사들이 모인 신전으로 이끌려 나아가 술이 든 그릇과 젖이 든 그릇 그리고 꿀이 든 그릇의 시험을 받고 신과 타협하여 하루 다섯 번의 예배를 부과받고 돌아왔다(마노 다카야, 「천사」, 신은진 옮김).

2. 이슬람의 지옥인 자한남(Jahannam)은 천국과 같이 일곱 층으로 되어 있는데 아래로 내려갈수록 고통스러운 지옥이다. 죄인들은 지옥에서 수많은 불기둥에 묶여서 뱀과 전갈들에게 계속 물어뜯기고, 불타는 송진으로 된 옷을 입고 있어야 한다. 그들이 먹을 수 있는 것은 오직 피고름, 내장을 녹일 만큼 뜨거운 물, 더러운 오물이 가득한 샘물, 악마의 머리처럼 생긴 가시 돋친 과일뿐이다. 그런데 이슬람에서는 종교적인 죄가 가장 큰 죄다. 즉 코란의 가르침을 거부한 자들, 하느님을 믿지 않은 자들, 예언자를 박해한 자들, 삶과 신앙에서 위선적인 자들이다. 그다음 큰 죄가 전장에서 도망한 자들, 탐욕, 오만, 거짓말, 속임수, 절도, 배신을 일삼은 자들이다(김성순, '지옥을 사유하다' 참조). 이슬람의 지옥은 과연 지옥적 저승관의 原産地답게 저승 풍경을 극악한 묘사로 가득 채워 놓았다. 그것도 '종교 기득권'에 도전하는 자와 '생명까지 마음껏 약탈하는 통치권'에 도전하는 자가 가장 큰 죄를 저지르는 것으로 꾸며 놓아 양심의 자유까지 철저히 구속하였다.

尾127) 이집트 死者의 書

1. '이집트 死者의 書(The Egypt Book of the Dead)'는 고대 이집트 시대에 미라와 함께 관(棺) 속에 부장한 사후세계에 관한 안내서다. 파피루스나 피혁에 교훈이나 주문(呪文) 등을 상형문자로 기록하였다. 고왕국 시대에 왕은 내세에서도 최고신이 된다고 믿었기 때문에 피라미드의 현실(玄室)과 벽에 주문과 부적을 새겼다. 이것을 'pyramid text'라고 한다. 중왕국 시대에는 귀족이나 부자의 관 속에도 죽은 후의 행복을 구하는 관구문(棺構文, coffin text)이 쓰였다. 신왕국 시대에 이르러 현세에서 선행을 쌓지 않으면 주문만으로는 내세에 갈 수 없다는 사상이 나타나 죽은 이에게 이 사실을 가르치고 그가 저승여행을 안전하게 마치기 위해 알아야 할 여러 가지 사항을 설명하는 문구를 파피루스에 적어 책으로 만들어 관에 넣은 것이 이집트 사자의 서(Book of the Dead)다(위키백과 '사자의 서' 참조).

2. 이집트 사자의 서는 피라미드 텍스트, 코핀 텍스트를 거쳐서 오랜 세월에 걸쳐 형성된 것이며 수많은 버전이 있어 그 내용에 일관성이 없으나 그 뼈대는 "영과 혼이 구분되고, '바(ba)'라고 불리는 혼은 죽어서도 몸에 남아있으며 '카(ka)'라고 하는 영은 저승에 가서 심판을 받고 혼과 다시 합하여 부활한다."는 것이다. 혼과 영을 구분하는 이러한 생각은 고대 문명의 발상(發想)임을 고려하면 매우 진보된 사상이라고 할 수 있다.

3. 이집트 사자의 서에 의하면 사람이 죽으면 '영(spirit)'인 카는 저승에 불려가서 신(神)의 '심장 무게달기 의식'을 통해 선악을 심판받는다. 재판관 오시리스(Osiris)는 배심원들을 거느리고 검사인 호루스(Horus)신, 서기관인 토트(Thoth)신, 안내자이자 저울을 다는 아누비스(Anubis)신 그리고 악어의 머리에 사자의 갈기와 하마의 다리를 한 아뮤트(Ammut)신이 지켜보는 가운데 죽은 자를 재판한다. 오시리스는 양심을 상징하는 죽은 이의 심장 무게를 저울에 다는데, 깃털보다 심장이 무거운 사람은 죄가 많은 것으로 판단되어 아뮤트에게 심장을 먹힌다. 심장을 잃은 죽은 자의 영혼은 사후세계로 가지 못하고 영원히 이승을 떠돈다. 착한 사람의 카는 무덤에 돌아와 바와 결합하여 아크가 된 후 오시리스의 왕국에 들어가 영원한 삶을 살게 된다.

4. 그러나 이집트인들이 생각한 영생의 길은 오시리스의 왕국에서의 삶만 있는 것이 아니었다. 왕국에 들어가기 전에 환생의 삶을 사는 길도 있었다. 또 사자의 서는 망자의 영혼이 지구로 돌아오지 않고 다음 세계로 여행하는 것도 언급한다.

5. 이집트 종교 교리에는 사후에 대한 세 가지 믿음이 포함되어 있었다. 그것은
   1) 사후세계가 있다는 믿음
   2) 영생(永生)의 믿음 그리고
   3) 환생(還生)에 대한 믿음이다.

저승에 가게 되면 망자의 영혼은 오시리스에게 인도되는데 오시리스는 망자 영혼의 공덕(功德)을 심판한다. 그는 평화로운 내세를 누릴 자격이 있다고 여겨지는 영혼들에게는 천국의 은총을 베풀고 생전에 높은 공덕을 쌓은 영혼들은 다시 태어나게 한다. 고대 이집트인들은 이와 같은 사후를 얻기 위해서는 생시에 바르게 살고 이집트 종교의 교리를 따르는 것이 중요했다. 또한 그들은 장례의식을 강조했다. 다시 말해서, 망자(亡者)들이 명종 즉시 저승으로 가기 위

해서는 반드시 전통적 장례의식을 치러 주어야 했다. 이는 산 자들의 책임이었다. 결론하면 망자는 생전에 높은 종교적 도덕성을 유지하고 살아야 하고 생자는 망자를 위하여 '사자의 서'를 관에 넣어주는 것을 포함하여 필요한 장례의식을 거행해 줌으로써 망자는 사후 심판을 잘 통과하여 오시리스의 천국으로 가거나 환생할 수 있게 된다(wikipedia '고대 이집트의 사후관(Ancient Egyptian afterlife beliefs)' 참조).

尾128) 심령주의의 역사

1. 심령주의(心靈主義, spiritualism)란 죽은 사람의 영혼이 영매(靈媒)를 통해 산 사람과 의사소통을 할 수 있다는 믿음이다. 1882년 영국 런던에서 창립된 심령연구협회(SPR, The Society for Psychical Research)는 심령현상에 대한 과학적 탐구를 목적으로 설립되어 영매, 최면술, 텔레파시, 천리안(千里眼), 초감각적 지각능력(ESP, extrasensory perception) 등의 연구를 추진하였다. 심령주의는 사자(死者)와의 교류로부터 시작되어 교령회, 골상학, 근대 신지학 등으로 영역을 넓혀 가면서 많은 과학자나 사상가의 지지를 얻었고 사회 개혁 운동으로도 발전했다. 전성기에는 歐美에서 800만 명 이상의 지지자가 있었다. 이후 수많은 영계통신과 채널링 사례가 쌓이면서 심령주의가 비약적으로 발달하였다. 20세기 후반 이후 심령주의는 퇴행최면과 환생증언 등에 의한 환생연구, 점(占)·채널링·자동서기·엑토플라즘 등을 포함한 영매연구, 폴터가이스트·귀신들림·유령의 집 등 귀신현상, 고대문명과 외계인 현상, 참선·요가·단전호흡 등 명상관련 신비현상, 유체이탈, 근사체험, 임종명석현상(terminal lucidity), 임사비전(Deathbed Visions)과 그 공유체험, 사후통신(ADC), 카탈렙시(catalepsy)·怪力현상·마취효과·최면마취 등 최면 이상현상, 한의학·氣功·차력·사이코메트리·메스머리즘·오드의 힘·어싱(earthing) 등 기학(氣學), 영감 또는 육감(六感), 신유·방언·신비현상 등 종교적 심령현상, 점성술, 키를리안 사진기와 Kilner 스크린 등을 사용한 오라연구, 아야와스카·DMT·LSD 등 환각의식하의 이상현상, 자각몽·몽유·가위눌림·무의식(혼뇌의식)·전생지몽·예지몽 등 수면관련 현상, 제노글로시·투시·텔레파시·예지·데자뷔 등 초감각적 지각능력(ESP)과 염력(PK) 등 초상현상, 전자음성현상(EVP), 미세 조정된 우주가설과 희귀한 지구가설 그리고 생명체의 자연발생 희소성이론, 생명현상에 대한 창발(創發)이론, 융의 집단무의식과 공시성(Synchronicity)현상, 수렴·발산·도약과 지적설계에 의한 진화현상, 유령DNA효과, 위약효과·동종요법 등 대체의학 관련이론, 다중인격·도플갱어·서번트증후군 등 정신의학적 이상현상, Y염색체아담과 미토콘드리아이브의 인류공통조상이론, 최근 급부상한 양자의학, 양자얽힘·비국소성의 원리·관찰자효과·광자텔레포테이션·時空연구 등 양자역학의 未知현상 등으로 그 연구대상이 광범위하게 확대되었다.

2. 초기 심령주의에 큰 영향을 준 인물은 스웨덴 출신의 과학자이자 신학자·신비주의 사상가인 엠마누엘 스베덴보리(Emanual Swedenborg 1688~1772)다.

3. 앤드류 잭슨 데이비스(Andrew Jackson Davis 1826~1910)는 1847년에 스베덴보리와 메스머(Franz Mesmer)를 통합한 심령주의 저서인 「The Principles of Nature, Her Divine Revelations, and a Voice to Mankind」를 출판했다. 이 책은 하이즈빌 사건 전에 출판된 책이지만, 미국 심령주의의 최초의 이론적 저작이라고 평가받는다.

4. 심령주의 붐은 1848년의 폭스 자매(Kate and Margaret Fox, of Hydesville, New York)

에 의한 하이즈빌 사건이 큰 계기가 되었다. 그들은 집에서 원인 불명의 폴터가이스트(poltergeist)를 체험했다. 이 사건의 소문은 널리 퍼져 교령회를 실시하게 되었으며 큰 흥행 성과를 거두었다. 폭스 자매 이외의 영매들도 많이 등장해 1855년에는 미국에서만 대략 100만 명이 심령주의를 받아들이게 되었으며 이후 영매에 의한 교령회나 심령현상 등의 심령 붐은 유럽에도 확대되었다.

5. 심령연구협회(SPR)에 의하여 심령주의는 처음으로 과학적 방법론에 근거하는 조사의 대상이 되었다. 물리학자 윌리엄 플레처 바렛트(William Fletcher Barrett 1844~1925)의 제안으로 설립되어 철학자이자 경제학자인 헨리 시지위크(Henry Sidgwick 1838~1900)가 초대회장으로 추대되었고 그와 두 명의 제자 프레드릭 마이어스(Frederic William Henry Myers 1843~1901)[9]와 에드먼드 가니(Edmund Gurney 1847~1888)가 중심이 되어 활동했다. SPR은 텔레파시, 최면술(hypnotism)과 활력설(vitalism)의 일종인 라이헨바흐(Karl Ludwig von Reichenbach 1788~1869)의 오드의 힘(Odic power) 그리고 유령 현상, 물리적 심령현상 등에 관심이 많았다. 심리학자 칼 융의 연구도 출발점에는 심령주의가 있어 1902년에 「심령현상의 심리와 병리」를 출판했다.

6. 심령주의로부터 파생한 종교에는 프랑스인 이포릿트 리바이유(Hippolyte Léon Denizard Rivail 1804~1869, 필명 알랑 카르덱)에 의한 심령교(Spiritism, Kardecismo)가 있다. 알랑 카르덱(Allan Kardec)은 1856년 어느 교령회에서 영매로부터 "지금 진실하고 위대하고 아름답고 창조주에 적당한 종교가 필요하다. 리바이유에게 그 종교를 전한다."라는 계시를 받았다. 계시를 받은 그는 종래의 기독교는 불완전하다고 생각해 "사람들이 진리를 이해할 수 있는 레벨에 도달했으므로, 그리스도의 가르침을 보완하기 위해서 심령주의가 필요하다."라고 주장하였다. 그 교리를 보면 '인간의 영혼(魂)은 하느님이 창조했고 윤회전생하면서 고등한 영혼(靈)으로 진화해 나간다'고 한다. 즉 영혼에는 하급영혼(魂)으로부터 상급영혼(靈)까지의 hierarchy가 있다고 하며 그 레벨을 올리는 '영혼의 진화'를 주장하였다. 상급영혼(靈)은 환생하지 않아도 되지만 하급영혼을 돕기 위하여 환생을 계속할 수도 있다. 또 저승의 영혼은 살아있는 사람들과 소통할 수 있고 그들의 삶에 간섭할 수도 있다. 한편 우주의 많은 행성에는 사람이 살고 있다고도 한다(위키피디아 'The Spirits Book', 'Spiritism' 등 참조). 심령교는 영혼의 진화와 영매에 의한 영혼과의 교류를 근본적인 종교적 실천으로 하며 현재 국제심령교협의회(International Spiritist Council, 홈페이지 spiritistinstitute.org)를 중심으로 전세계 35개국에서 치유센터, 자선기관 및 병원을 운영하는 등 종교활동과 사회사업을 벌이고 있다. 특히 종교혼합주의(Syncretism)가 강한 브라질에서는 kardecismo spiritualism라는 이름으로 가톨릭과 융합되어 크게 성행 중이다.

7. 심령주의의 영향을 받은 또 다른 중요한 사상은 '근대 신지학'이다. 근대 신지학은 이집트와 그리스의 고대사상 그리고 프리메이슨과 장미십자회의 비전(祕傳), 인도 힌두이즘 등을 도입해 고대의 영지(靈智)를 부흥하여 진정한 영성을 기르고, 도그마화한 기독교와 유물론화한 자연과학의 폐해를 없애는 것을 기치로 내걸었다. 이후 신지학은 자연과학으로 인한 정신적 피폐에 대응하는 강력한 영성을 추구하는 새로운 사상으로 등장했다. 창시자인 헬레나 블라바츠키(Helena Petrovna Blavatsky 1831~1891)는 원래 심령주의의 영매였지만 영매가 교신하는 영혼은 진아가 아니고 '아스트랄체의 껍질(에테르체, 생기체라는 뜻)'에 불과하며 마나스(혼적 영혼, 상위정신체, 에고)는 붓디-아트마와 결합되어 영계에 들어갔기 때문에 애초부터 교신할

수 없다고 주장하며 심령주의와 거리를 두었다.(표준이론에서도 교령회에서 영매를 통하여 나타나는 유령의 대부분은 지박령으로서 생기체에 불과하기 때문에 자아의 영속체인 윤회체로 보지 않는다. 또한 세상은 혼들의 세상이라 이승에서 외부와 교통하는 존재는 주로 혼으로 본다.) 블라바츠키는 이로 인해 이후 심령주의로부터 외면을 당하였다. 이에 굴하지 않고 신지학은 '마하트마(Mahatma, 산스크리트어로 '위대한 영혼'을 뜻함)'라고 불리는 '미지의 상위자들'을 상정하여 그들로부터 채널링을 통하여 교리를 받았다고 주장하였다. 나아가 그들은 인격신을 부정하는 한편 예수님도 마하트마의 중 한 사람이라고 주장함으로써 기독교의 반감을 샀으며 이후 근대 신지학은 기독교로부터도 경원시당하였다. 또 신지학은 종래의 심령주의에 대신해 힌두이즘의 삼키아와 베단타철학, 그리고 환생의 원리 등을 대거 도입해 이를 서양 祕敎 전통과 종합하였다. 특히 블라바츠키는 인간의 영혼은 생물학적이고 동시에 영적인 진화 끝에 스스로 자신을 완성시켜 구원받을 수 있다고 주장했다. 그러나 영혼의 진화이론이 로고스로부터 유래한 모나드가 광물수준까지 하강하여 진화를 주도하는 모델이며 그것도 동물의 혼까지만 진화하고 이후의 진화는 또 다른 모나드의 작용으로 이루어진다는 복잡하고 불완전한 영혼진화론을 주장하여 모델로서 갖추어야 할 단순명쾌성이 부족했다.

8. 이후 심령주의는 직접적으로 또는 근대 신지학을 경유해 뉴에이지 제 종교에 變容되었다. 현대에 이르러서 심령주의는 영매에 의한 영혼과의 교신 기록, 이른바 '영계 통신'을 중심으로 발달을 추구하였다. 주요 영계통신을 보면
    1) 전술한 앤드류 데이비스는 'The Principles of Nature, Her Divine Revelations, and a voice to mankind'를 썼으며
    2) 윌리엄 스테인톤 모제스(William Stainton Moses 1839~1892)는 성공회 성직자로, 1872년부터 1883년까지 자동필기로 임페레타라는 미지의 '상위자아의 영혼'에 의한 메시지로 여겨지는 「모제스의 영혼」이라는 책을 썼다(Wikipedia, 'William Stainton Moses' 참조).
    3) 또 윌리엄 토마스 스테드(William Thomas Stead 1849~1912)는 1909년, 1891년에 사망한 미국의 저널리스트 줄리아 에임스(Julia A. Ames)의 메시지를 받았다고 주장하며 Julia's Bureau를 설치하여 영매들로부터 영계 정보를 수집하였다(Wikipedia, 'William Thomas Stead' 참조).
    4) 조지 베일 오웬(George Vale Owen 1869~1931)은 영국 교회의 성직자였으나 후에 파문당한 후 심령교회(Spiritualist congregation)의 목사가 되었다. 그는 20세기 초에 가장 잘 알려진 심령주의자로 1921년 오웬의 어머니와 친구들 그리고 수호령 등으로부터의 자동서기에 의한 메시지인 「베일 저쪽의 생활(Life Beyond the Veil)」 4권을 펴냈다(Wikipedia, 'George Vale Owen, georgevaleowen.org' 등 참조).
    5) 아일랜드의 영매 제랄딘 커민스(Geraldine Cummins 1890~1969)는 총 22권의 책을 썼는데 이중 15권은 가벼운 트랜스 상태에서 자동서기로 썼다. 그의 책 「The Road to Immortality」는 1901년 죽은 프레드릭 마이어스로부터의 영계통신 메시지로 여겨지는데 여기에서 극단적 군혼(group soul)개념이 주장되어 현대 심령주의에도 영향을 주었다. 영혼은 각각 하나의 그룹에 속해 자신의 이승 체험을 그룹 전체로 공유하며 심지어 군혼이 분할환생의 단위라는 생각이 그것이다(미주 43 '몸과 혼의 성장 속도와 분할환생' 참조). 군혼(群魂)은 이미 신지학에서 인간의 영혼으로 개체화되기 이전의 동물혼(각혼)의 형태로 이야기되었다. 그런데 그는 사람의 지혼도 그룹혼 형태를 이룬다고 하며 이승경험을 20~100개의 영혼(심지어 1,000개)이 모인 그룹혼에서 공유함으로써 그룹 내 個魂은 직접 환생하지 않아도 영적 진화의 길을 걸을 수 있다는 새로운 주장을 제기한 것이다. 마이

어스는 생전, 인간은 무의식(=혼뇌의식) 수준에서의 영계와의 커뮤니케이션이 존재할 것임에 틀림없다고 생각하고 연구했지만(텔레파시라는 말도 그의 작품이다) 그 성과를 보지 못하고 죽었는데 스스로의 사상을 사후의 세계에서 깊게 한 것으로 여겨진다. 다른 한편으로 그의 메시지는 그의 혼이 복합혼이었다는 사실과 혼계에 복합혼의 세계가 상당히 광범위하다는 것, 그리고 혼계에서 혼이 가지는 지식수준이 표준이론의 주장처럼 이승과 크게 다를 바가 없다는 점을 시사한다. 이러한 종류의 시사(示唆)를 모으면 저승은 불교에서 말하듯 계층이 많으며 이승이 외계(外界)와 공간적으로 격리되어 있듯이 어떤 형식으로든 계층 간, 수미세계 간 또는 사바세계(불토) 간 서로 격리되어 있으며 각 세계는 물적, 영적 양면으로 서로 문명의 차이가 크고 또 사바세계는 10억 개의 수미세계로 구성되어 있는데 우주는 그런 사바세계가 셀 수 없이 많다는 불교의 허풍이 허풍이 아닐 만큼 규모가 클 수도 있다.

6) 그레이스 쿡(Grace Cooke 1890~1979)은 현대 영국 심령주의자이자 영매로 1936년 화이트 이글 롯지(White Eagle Lodge) 교회를 설립하였으며 1937에는 「The White Eagle Inheritance」라는 책을 통해 '화이트 이글'이라고 自稱하는 성 요한의 영혼에 의한 메시지를 전하였다(Wikipedia, 'Grace Cooke' 참조).

7) 모리스 바바넬(Maurice Barbanell 1902~1981)은 미국의 영매이자 저널리스트로서 1938년, 실버 버치(Silver Birch)라는 미지의 영혼으로부터의 메시지로 여겨지는 '실버 버치의 영혼'이라는 책을 썼다. 실버 버치는 아메리카 인디언의 영으로, 영매 모리스 바바넬을 통해 대중들에게 영계의 메시지를 전했다. 그는 자신의 권위로 인해 메시지가 왜곡되는 것을 우려하여 끝까지 자신의 본명을 밝히지 않아 실버 버치(자작나무)라는 익명으로만 알려져 있다. 실버 버치는 헌신(Service)하는 삶을 강조했으며 그 자신이 지상으로 귀환한 동기 역시 그 뜻을 함께할 모든 사람을 위해 헌신하기 위함이었다고 한다. 그에 의하면 사후의 세계는 계층적이고, 지구에 가까운 곳은 그 환경이 지상과 많이 닮아있다고 하며, 심령주의란 이러한 이해를 인류에게 전하기 위해서, 고급영혼이 중심이 되어 영계 차원에서 계획된 운동이라고 한다.

8) 1955년에는 다수의 미지인들(지구 외 생명체, 고차원적 존재, 천계의 거주자)로부터 자동서기에 의해서 주어진 메시지를 정리했다는 「유란시아서(The Urantia Book)」가 출판되었다.

9) 미국인 다릴 앙카(Darryl Anka 1951~)는 1990년 지구에서 500광년 떨어진 代替차원 행성인 Essassani에서 온 지적 생명체라고 주장하는 바샤르(Basha)와의 체널링 기록을 담은 「A Message from Our Future」를 출판하고 사후세계에 관한 동명의 픽션 다큐멘터리를 제작하였다(Wikipedia, 'Darryl Anka'와 '다릴 앙카의 바샤르 채널링 영상' 참조).

9. 티모시 리어리(Timothy Leary 1920~1996)는 미국의 심리학자이자 작가로서 1970년대 하버드대 심리학과에서 의식과 마약에 관한 연구를 진행했다. 그는 60년대 하버드의 심리학 박사 리처드 엘버트(Richard Alpert 1931~2019, 후에 Ram Dass로 개명함)와 함께 LSD 등의 일부 환각제가 인간 의식에 미치는 효과를 이용하여 인류의식 진화의 디딤돌로 활용할 방법을 연구하는 급진적이고 야심찬 실험을 벌였다.

10. 기타 UFO 신앙, AI신앙 등 뉴에이지 종교
  1) 에이테리우스(Aetherius) 협회 : 1954년에 영국인 조지 킹(George King 1919~1997)이 3,500세의 異星人 Master 에이테리우스와 교신한 것으로부터 시작된 종교 단체로서, 진보된 외계 지능의 가르침을 전파하고 행동하는 것을 목표로 한다. 킹은 현재의 지구 문제를 해결하고 새로운 시대로 발전할 수 있도록 이 우주의 주인들과 협력하여야 한다고 하였다.

이성인은 천사와 같은 존재이며, 그리스도나 붓다 등도 異星人이었다고 하며 이성인들은 인류의 고통에 동정하여 인류가 더 나은 세상을 창조하도록 돕기 위해 많은 희생을 해 왔다고 주장한다. 모든 삶 안에 있는 하나 됨, 신성한 불꽃으로서 하느님, 카르마와 환생, 요가 호흡과 만트라, 쿤달리니, 차크라, 아우라, 살아있는 어머니 지구 그리고 수승한 마스터들(Ascended Masters)에 대한 믿음을 주요 교리로 삼는 전형적 뉴에이지 종교이다(aetherius.org/overview 참조).

2) 라엘리즘(Raëlism) : 프랑스의 클로드 보리롱(Claude Vorilhon 1946~)이 교주인 무신론적 종교운동이다. 라엘이라는 교명(教名)을 쓰는 보리롱이 1973년 프랑스의 클레르몽 페랑의 사화산에서 엘로힘이라는 이름의 외계인들과 만났다고 주장하며 1975년 스위스 제네바에서 종교운동을 시작하였다. 그에 의하면 인류의 과학적 기원과 미래에 대한 정보로서 인간을 비롯한 지구상의 모든 생명체는 우주인 엘로힘이 DNA 합성을 통하여 실험실에서 과학적으로 창조하였다고 한다. 엘로힘은 역사적으로 신으로 오인되어 왔으며 부처님, 나사렛 예수, 무함마드 그리고 사십 번째이자 마지막 선지자인 라엘 자신은 엘로힘과 인간의 하이브리드라고 주장한다. 라엘리안들은 엘로힘이 알려 준 감각명상을 통해서 진정한 자신을 깨달을 수 있다고 하며 인간복제 연구조직인 클로네이드(Clonaid)를 통해 복제인간기술로 영생할 수 있다고 믿는다. 대부분의 UFO 종교와는 달리 신지학(Theosophy)의 교조(教條)에 의존하지 않는다.

3) 이들 UFO종교는 모두 외계문명기원설을 주장한다. 인간과 지구문명은 사실 외계인의 작품이라는 믿음과 주장이다. 원래 외계문명기원설은 지적설계론을 타매하기 위해 설계자로서 외계인을 상정하는 주장이다(미주 141 '지구에 나타나는 외계인들의 흔적' 참조).

4) 한편 외계문명기원설은 신비주의와 SF를 구분하지 못하여 종교화된 이즘(ism)이 되기도 한다. 신의 피조물이거나 자연의 피조물인 외계인이 숭배되는 현상은 장차 인공지능 로봇도 숭배될 것이라는 추측도 가능하게 한다. 돌부처는 부처의 형상이지만 외계인은 무엇의 형상인가? 인구가 급격히 증가한다는 것은 낮은 자아수준의 사람들이 그만큼 많아질 수밖에 없다는 사실을 다시 한번 보여준다.

11. 1970년대부터 현재 심령학의 조류는 그 주요 연구방향이 자연과학적 접근으로 흐르고 있다. 먼저 임사 체험이나 '환생' 등 '사후의 생'을 시사할 수 있는 사례의 수집과 연구가 진행되어, 주로 미디어를 통하여, 현대인의 생사관(生死觀)을 변화시키고 있다.

1) 근사체험 연구 : 1969년에는 의사 엘리자베스 퀴블러-로스(1926~2004)가 말기 환자를 대상으로 '죽어 가는 사람들의 심리'를 연구한 「죽음과 죽어감(On Death and Dying)」이란 책을 출판하였고 미국의 철학박사이자 정신과 의사인 레이몬드 무디(Raymond Moody 1944~)는 1975년 임사 체험을 연구한 책인 「잠깐 보고 온 사후의 세계(Life After Life)」를 출판하였다.

2) 다니온 브링클리(Dannion Brinkley 1949~)는 1975년 집에서 임사체험을 경험한 뒤 예언 능력을 받았다고 한다. 레이몬드 무디(Raymond Moody) 박사의 강의를 듣고 그를 몇 년 동안 도왔으며 소련 붕괴, 체르노빌 원전사고, 걸프 전쟁 등 장래의 중대사건을 예언하였다(unsolvedmysteries.fandom.com 참조).

3) 팸 레이놀즈(Pam Reynolds Lowery 1956~2010)는 미국의 가수이면서 작곡가로서 1991년 뇌동맥류로 뇌수술을 받는 과정에서 뇌기능이 완전하게 정지한 상태로 임사체험을 경험하였으며 심장전문의인 마이클 사봄(Michael Sabom 1966~)의 1998년 저서인 「Light and Death」에 의해 그의 케이스가 널리 알려졌다(Wikipedia, 'Pam Reynolds case' 참조).

4) 이안 스티븐슨(Ian Pretyman Stevenson)은 1966년 '환생을 암시하는 스무 가지 사례'를 버지니아 대학 출판부를 통해 발표하였고 1997년 2,268쪽의 '환생과 생물학 : 모반과 선천적 결함의 병인학(病因學)에 대한 기여(A Contribution to the Etiology of Birthmarks and Birth Defects)'를 편찬하였다(9.5.2. '전생의 기억' 참조). 그는 환생전문가이면서도 환생을 明言하지 않았다는데 수많은 비난에 직면한 직업인으로서의 태도였을 뿐 그의 유언을 보아 그는 환생을 굳게 믿었다. 다만 그 역시 수많은 갈릴레이 중 하나였을 뿐이다.

5) 퇴행최면(역행최면, Past Life Regression Hypnosis) : 퇴행최면은 오스트리아의 메스머(Franz Anton Mesmer 1734~1815) 이래, 프랑스의 로카스(Albert de Rochas 1837~1914), 스웨덴의 보캠(John Borkhem 1910~1963), 영국의 정신과의사 알렉산더 캐논(Alexander Cannon 1896~1963), 영국의 정신과 의사 아더 거드햄(Arthur Guirdham 1905~1992), 미국의 상담심리학자 마이클 뉴턴(Michael Newton 1931~2016), 퇴행요법 전문가 돌로레스 캐논(Dolores Cannon 1931~2014), 정신과 의사 브라이언 와이스(Brian L. Weiss 1944~) 등에 의해 1900년대 이후 활발히 연구되었다.

6) 양자뇌이론을 응용하여 영혼의 실재에 물리적으로 접근 : 대표적인 인물은 케임브리지 대학의 수학자 로저 펜로즈(Roger Penrose 1931~)와 미국 애리조나 대학의 의학자 스튜어트 하메로프(Stuart Hameroff 1947~)가 있다(5.5.9.3. '근사체험에 의한 저승' 참조).

(*) 프레드릭 마이어스 (Frederic W. H. Myers 1843~1901)는 영국의 시인, 고전주의자, 철학자로서 심령연구협회(The Society for Psychical Research)에 설립자로 참여하였으며 1900년에 회장을 역임하였다. 마이어스의 심령 연구에 대한 작업과 잠재 자아(subliminal self)에 대한 그의 아이디어는 그의 시대에 영향을 미쳤다. 그는 사망한 후에 1924년에 영매 제랄딘 커민스를 통하여 다시 발현하여 영계에 대한 여러 정보를 주었고 그 내용은 불멸의 길(The Road to Immortality)이라는 책으로 출판되었다.(5.5.9.4.2. '제랄딘 커민스의 저승' 참조)

尾129) 2001년 네덜란드의 연구자들이 밝힌 근사체험의 열 가지의 체험 요소

1. 자신이 죽었다는 인식(50%)
2. 긍정적인 감정(56%)
3. 체외이탈 경험(24%) : 영혼이 신체를 빠져나온 상태를 자각하는 경험을 의미한다. 보통 2~3m 정도의 높이에서 자신을 내려다본다.
4. 터널을 통과함(31%) : 어두운 터널 안에 떠올라 있는 자신을 깨닫는다.
5. 밝은 빛과의 의사소통(23%) : 생각이 즉각적으로 전달되고 이해되는 방식으로 의사를 소통한다. '밝은 빛'의 질문은 물질적인 것이 아니라, 다른 사람을 얼마나 배려하고 사랑했으며 지혜를 쌓아 왔는지에 대한 질문이다. 이 '빛'은 죽은 육친의 모습이나 종교적 인물의 형태로 나타나기도 한다. 체험자의 상당수는 이 빛에 감싸여 보호된다고 하는 감각을 느낀다. 이 '빛'은 연인이나 가족에서 느끼는 것과는 비교가 되지 않을 만큼의 애정을 받고 있는 것처럼 느껴지기 때문에 만남 후에 정신적으로 진보하는 체험자가 많다. 어떤 체험자는 '자신의 모든 것을 알게 되었고, 이해되었으며, 용서하게 되었으며, 완전하게 사랑에 빠졌다'는 감상을 말한다.
일본 정토종에서는 아미타여래의 광명을 받아 극락정토에 왕생하여 성불한다고 말한다. 10세기 정토종 승려인 미나모토노 마코토의 「왕생요집」에는 임종 시에 눈부시게 빛나는 빛의 佛 아미타여래에게 빌면, 아미타여래가 죽어 가는 사람을 마중 나온다고 기록되어 있다. 무량수경이나 아미타경에는 공간적으로 무한하고, 한없는 빛으로 비추어져 개인의 상념이 실현되는 세계로서 정토가 그려진다.

또 티베트불교의 '티벳 사자의 서'에는 인간이 죽음과 환생의 사이에 머무는 영적인 차원이 그려져 있다. '바르도'로 불리는 세계에서 망자는 우선 눈이 부실 정도의 광명을 만나며, 용기를 가지고 빛으로 뛰어들면 천계로 가게 된다.

6. 색깔을 관찰함(23%)
7. 천상의 풍경을 관찰함(29%)
8. 이미 세상을 떠난 가족 및 친지와의 만남(32%) : 나타난 인물은 이미 죽은 사람(사망자), 아직 살아있는 사람(생존자, 미주 43 '몸과 혼의 성장 속도와 분할환생' 참조), 신화적·역사적 종교 인물의 3개의 패턴이 있었다.
9. 자신의 생을 회고함(13%) : 살아오면서 겪었던 중요한 사건들이 '주마등처럼(Panoramic Life Review)' 펼쳐지며 순간순간을 다시 경험하게 된다. 라이프 리뷰에서는 인생의 모든 순간이 강한 감정을 수반하며 재체험된다. 일상에서는 잊고 있었던 과거의 모든 경험이 파노라마가 되어 일순간에 재현된다. 소위 '파노라마 체험'이다. 임사에 의한 인생 회고 체험을 기술한다고 여겨지는 역사적인 문헌에 대해서는 이집트 사자의 서, 플라톤의 「국가」 중 '엘의 피안 세계의 여행이야기', 인도 요가학파의 태두 파탄잘리의 2,000년 전의 요가 문헌, 일본 정토종의 「왕생요집」, 「티벳 사자의 서」 등을 들 수 있다.
10. 삶과 죽음의 경계를 인지함(8%)이다.

이 외에도 중요한 체험으로 보고되는 내용을 보면

1. 임사공유체험 : 임사비전(Death bed vision)은 죽은 가족, 성인(聖人), 음악 소리, 아름다운 풍경, 천사 등 죽어가는 사람들이 보고하는 다양한 경험을 말한다. 이 비전을 죽어 가는 사람의 주위에 있는 사람이 같이 겪는 것이 임사공유체험이다. 임사비전은 원격지에 있는 사람과 같이 겪기도 한다. 이 현상은 연구자인 레이몬드 무디에 의해, 1980년대부터 사례가 수집하기 시작하여 '임사공유체험(shared-death experience)'이라고 이름이 붙여졌다. 일찍이 7세기에 일본 가재 대사(大師)는 임사 체험의 수집서인 '정토론'을 편집하여 출판했다. 거기에 수록된 20가지의 사례 중 한 가지는 임사공유체험이며, 임종자의 옆에 있던 모든 사람들이 불의 모습을 보았다고 기록된다.

2. 죽음학협회 최준식 교수는 「죽음의 미래」에서 죽음 후 일어나는 과정을 다음과 같이 기술하고 있다. [죽은 부모나 친지를 만난다 → 일생을 돌봐준 수호령을 만난다 → 밝은 빛과 빛의 존재를 만난다 → 일생을 리뷰한다 → 지혜가 확장된다 → 안내령을 따라 이차영역(본향)으로 간다 → 모든 前生을 리뷰하며 반성하고 후생을 계획한다 → 환생한다]

3. 근사체험 당시 몸에서 빠져나온 의식은 번쩍이는 빛 때로는 굴을 보고, 삶이나 시공간을 초월한 미지의 어느 곳으로 끌려간다. 이때 느끼는 감정은 대부분 황홀경이나 충만한 기쁨이다. 자기 인생을 파노라마처럼 마지막으로 둘러보며 세속적인 삶의 시공간에 안녕을 고하고, 점차 속도가 빨라지면서 목적지로 빨려 들어간다(최현석, 「인간의 모든 감각」).

4. 2009년에 '근사체험 핸드북'을 펴낸 버지니아 대학의 정신과 의사 브루스 그레이슨(Bruce Greyson 1946~)은 근사체험의 공통된 특징으로 1) 유체이탈, 2) 죽은 지 오래된 친지와의

만남, 3) 예수, 부처 등 종교적 인물과의 만남, 4) 자아 경계나 시공간 경계를 초월하는 느낌을 들었다.

5. 최근 미국 뉴욕대 그로스만 의대 연구팀이 시카고 '사이언티픽 세션 2022'에서 발표한 심폐소생술을 받고 회복한 567명 중 10%를 대상으로 조사한 연구에서는 근사자의 뇌에서 독특한 뇌파를 관찰함으로써 임사체험에 대한 과학적 증거가 포착되었다. 그로스만 의대 연구팀의 발표내용을 보면 회복환자 중 일부는 심폐소생술을 받을 당시 신체로부터 분리되는 인식(네덜란드 연구팀에서 말하는 '자신이 죽었다는 인식'), 삶과 그 고통에 대한 깊은 생각 등 독특한 경험을 했으며 이는 분명 환각, 망상, 환상, 꿈과는 다른 종류의 자각적인 의식상태였다고 진술하였다. 또 그들이 심폐소생술을 받을 때 특이하게도 의식이 있는 상태에서 나타나는 뇌파의 종류들인 알파파, 베타파, 세타파, 델타파, 감마파 등이 모두 관찰되었다. 이는 혼수상태와 같은 죽음의 문턱에 있을 때 사람은 의식이 없는 것이 아니라 독특한 내면 의식을 경험한다는 물리적 증거일 수 있다고 해석되었다(동아사이언스 2022.11.07. 기사 참조).

6. 위키백과에서 말하는 근사체험
   근사체험에는 개인차가 있다. 단지, 거기에 일정한 패턴이 있는 것은 부정할 수 없다.
   1) 죽음의 선고가 들린다 : 심장의 정지를 의사가 선고했던 것이 들린다. 이 단계에서는 이미 병실을 정확하게 묘사할 수 있는 등 의식이 깨어나는 경우가 많다.
   2) 마음의 평온함과 고요함 : 표현할 수 없는 마음의 안도감이 든다.
   3) 귀에 거슬리는 소리 : 윙윙거리는 소리가 난다.
   4) 육체를 떠난다 : 유체이탈을 한다.
   5) 어두운 터널 : 터널과 같은 통 모양 안을 통과한다.
   6) 다른 사람과의 만남 : 죽은 친족이나 그 외의 인물을 만난다.
   7) 빛의 생명 : 빛의 생명을 만난다. 신이나 자연광 등.
   8) 성찰 : 자신의 과거의 인생이 주마등과 같이 보인다. 인생회고(라이프 리뷰)의 체험.
   9) 경계 혹은 한계 : 사후의 세계와의 경계선을 본다.
   10) 소생 : 소생한다.

尾130) '밝은 빛'과 종교

1. '사자의 서'에서는 첫 단계인 치카이 바르도에서 이 빛과 하나가 되면 우리 영혼이 해탈을 얻을 수 있다고 하며 이 빛에 들어서지 못한 영혼은 다음 단계인 초에니 바르도로 가서 환영을 통해 지옥의 괴로움을 맛보게 된다고 한다. '사자의 서'는 근사체험자들이 이구동성으로 증언하는 밝은 빛의 경험을 최초로 자세히 기술한 문헌이다. "친구여! 당신은 지금 육체의 무거운 속박에서 해방되었다. 당신의 본질인 지극히 밝은 빛이 눈앞에서 빛나는 것이 보일 것이다. 당신은 그 빛으로 들어가야 한다. 그 상태에서 있는 그대로 몸을 맡겨라! 어떤 것도 뿌리치면 안 된다. 그 무엇에도 매달리면 안 된다."(티벳 사자의 서)

2. 밝은 빛의 정체는 체험자가 생전에 무슨 종교를 가졌는가와 관련이 깊다고 한다. 이는 사후에 마중을 나오는 존재들이 종교마다 다르다는 말이다. 이 사실은 인류가 가진 중요한 사상과 종교는 모두 진리를 담고 있다는 사실을 반증한다.

3. 망자가 생전에 가진 종교에 따라 기독교의 예수님이나 성모님, 힌두교의 칼리여신, 불교의 부처님처럼 자신이 믿은 종교의 성인님들이 마중 나오기도 한다. 이 사실을 두고 或者는 이는 모순이라고 외치며 근사체험 같은 것은 믿을 수 없다고 한다. 세상에 진리는 하나인데 어떻게 예수님도 있고 부처님도 있을 수 있냐는 것이다(미주 131 '근사체험에 대한 과학근본주의의 반론 몇 가지' 참조).

4. 하나의 이야기를 두고 한쪽은 그것을 사후와 신의 존재를 긍정하는 사실로 해석하고 다른 한쪽에서는 이를 부정하는 근거로 들고 있다. 그대는 어느 편을 선택할 것인가. 사실 그대는 이미 선택을 하였다. 이는 앎과 관(觀)의 문제이기 때문이다(2.3.2. '앎과 觀과 믿음의 관이론(觀理論)' 참조). 먼저 자아의 수준과 관이 성숙하지 않은 사람에게는 선택지(選擇紙, aternative)란 처음부터 없다. 남이 준 정보(앎)로 선택하기 때문이다. 반대로 관이 성숙한 사람은 선택지를 가졌다. 그는 그가 얻은 앎을 자신의 관으로 필터링하기 때문이다. 이를 두고 누구는 결과적으로는 그에게도 선택지가 없었다고 하겠지만 관(觀)은 자유의지의 결정체다.

5. 그러나 같은 사실을 두고 신을 부정하는 쪽을 선택한 사람을 위하여 소용없는 짓이지만 몇 마디 남긴다. 세상에 서울 가는 길이 하나만 있겠는가. 부처님도 예수님도 크리슈나도 자기 방식으로 진리를 가르치셨다. 그것이 섭리에 맞아 오랜 세월 인류 정신사를 지배하였다. 불교도 기독교도 힌두교도 모두 서울 가는 왕도(王道)다. 친구도 자기 친구가 마중 나오는데 자기 성인이 왕림해 주시는 게 왜 문제일 것인가. 신이나 성인님들이 마중 나오실 정도면 그는 크게 행복한 사람이다. 생시에 자기 종교를 열심히 믿어서 기도를 많이 하고 덕을 쌓아 얻은 홍복인 것이다. 2장의 '표준이론의 필요성과 자명한 사실'에서 거론한 대로 "인류 역사의 중요한 사상과 종교 그리고 제도는 모두 진리를 담고 있다." 요가난다는 말한다. "신은 가끔 기도자의 열망을 시험해 보신다. 하지만 결국에는 기도자가 그리고 있는 형태로 모습을 드러내신다. 경건한 크리스천은 예수 그리스도의 모습을 보고, 힌두교도는 크리슈나 혹은 칼리 여신의 모습을 본다. 그리고 특별한 믿음의 대상이 없으면 무한히 뻗어 나가는 빛을 보게 된다." 표준이론은 말한다. "돼지는 돼지를 보고 부처는 부처를 본다. 이승에서도 그렇지만 저승에서도 그렇다."

尾131) 근사체험에 대한 과학근본주의의 반론 몇 가지

1. 빛이나 다른 존재를 만나는 것에 대해
    1) 신경외과에서 간질을 치료하기 위해 뇌수술을 할 경우 뇌의 측두엽에 전기 자극을 가하면 환자가 빛 같은 것을 보기도 하고, 저산소증이나 마취제, 환각제를 투여할 경우에도 비슷한 경험을 할 수 있기 때문에, 근사체험은 '뇌 기능이 마비되기 직전에 일어나는 환상'이라는 반론이 있다.
    그러나 이는 언급한 바와 같이(미주 55 '과정론법(過程論法)' 참조) 머리를 망치로 맞고 눈에서 불이 번쩍하고 나서 근사체험을 하였다고 주장하는 것과 같다. 이는 삼단논법이 아니라 현상론법(과정론법)에 의한 주장이다. 우리의 감각활동은 뇌의 특정 부분의 활동과 관련이 있지만, 뇌의 활동과 감각의 활동이 1:1로 매치되는 것은 아니다. 눈에서 불이 번쩍하는 듯한 느낌을 주는 감각활동은 수십 가지일 수 있다. 또 머리를 망치로 치면 불이 번쩍하는 사람도 있고 눈물이 글썽하는 사람도 있다. 근사체험을 통하여 빛을 보았다고 해서 '망치로 맞은 것 아니냐'고 시비를 거는 것이 과학적이라면 눈물을 글썽이는 사람에게 당신은 근사체험을 한 것이라고 어거지 4단논법을 써도 과학적인 주장이 된다.

또한 뇌의 활동이 아무런 감각활동 없이 나타나는 것도 아니다. 예를 들어, 어떤 단어를 읽을 때 후두엽의 전기적 활동이 증가하지만 그 단어가 뇌 활동으로 인한 환각이라고 하지는 않는다. 따라서 근사체험으로 인해 뇌의 전기적 활동이 발생한 사실을 규명하려면 그것이 뇌기능이 마비되기 직전에 일어나는 환상이라는 주장을 하기 보다는 혹시 뇌가 시각과 시신경을 통하여 무슨 단어를 본 것은 아닌지를 연구하는 것이 오히려 과학자의 마땅한 자세다(iands.org 홈페이지 중 'Key NDE Facts' 메뉴 참조).

2) 심장이 멈추면 뇌에 산소 공급이 끊기게 되는데, 이때 뇌는 한순간에 정지하지 않고 일부분은 기능을 유지한다. 이 점을 이용하여 어떤 이들은 임종 시 부위별로 뇌가 죽어 가는 속도가 다르기 때문에, 아직 완전히 죽지 않은 뇌가 이미 기능 정지 상태인 다른 뇌 부위를 인식하는 상태가 근사체험이라고 주장한다. 그러나 뇌가 뇌의 다른 부위를 인식한다는 주장은 오른쪽 눈이 왼쪽 눈을 쳐다본다는 것보다 더 황당하지 않은가. 그리고 의사들이 NDE가 있는 심정지 생존자와 그렇지 않은 심정지 생존자의 산소 수준을 비교했는데 그 결과는 무산소 가설을 부정한다. 어느 연구에서 NDE는 비NDE보다 산소 수치가 더 높았기 때문이다(위 iands.org 자료 참조).

2. 유체이탈에 대해
1) 자기가 자기 모습을 보는 현상을 자기환영(autoscopy) 또는 자기상환시(doppelgänger)라고 하는데, 이는 근사체험에서 뿐만 아니라 조현병(정신분열병), 간질, 마루엽 병변과 같은 상태에서도 나타난다. 이 점을 이용하여 어떤 이들은 근사체험을 조현병으로 취급하기도 한다. 자기환영을 보는 원인은 여러 가지가 있는데 그 정확한 원인을 모른다는 이유로 자기가 아는 원인을 가져다 붙이는 것이다. 이는 애초부터 과학적인 접근이 아니다. 표준이론에서는 유체이탈은 당연히 유체이탈이고 자기환영을 비롯하여 조현병이나 간질조차도 두뇌의 이상이 아니라 복합혼을 가진 사람에게 주혼과 종혼 간의 분열이 일어날 때 몸에 나타나는 증세이거나 생기체나 정신체 차원의 문제들일 수 있다고 본다.
2) 유체이탈의 경험을 할 때 겪는 독특한 시공간감각과 평형감각이 모두 대뇌피질의 기능 손상, 특히 관자엽과 마루엽이 맞닿는 부위의 손상과 관련된다는 주장도 있다. 이는 손등을 바늘로 찌르면 아프다고 알려져 있을 때 누가 손바닥이 바늘에 찔려서 아프다고 소리치면 '당신은 손등을 찔려서 아픈거요'라고 말하는 것과 같다.
3) 2007년 스위스의 신경학자 올라프 블랑크(Olaf Blanke)는 뇌 우측의 두정엽·측두엽 경계 부위를 직접 전극으로 자극하여 인공적으로 유체이탈 현상을 일으킬 수 있었다고 주장하였다. 그러나 이 실험이 정말로 인공적 유체이탈을 일으킨 것이었다면 오히려 유체이탈의 존재를 증명한 실험이 되었을 것이고 아니라면 유체이탈의 환상을 체험을 하였다는 뜻이니 결국 유체이탈의 존재를 부인하는 실험은 아닌 셈이 되었다.
4) 누구는 가상현실(virtual reality)시스템을 이용함으로써 유체이탈 현상을 유도하는 데 성공하였다고 한다. 이 또한 위 3)과 같은 종류의 주장일 뿐이다.

尾132) 로저 펜로즈와 하메로프의 의식에 대한 조화객관 환원이론

1. 로저 펜로즈 경(Sir Roger Penrose 1931~)은 영국의 수학자이자 수리물리학자이다. 런던 대학교의 유니버시티 칼리지 런던(UCL)에서 공부하였으며, 이곳에서 오랫동안 강의하기도 하였다. 2020년 블랙홀 연구에 대한 공로로 노벨 물리학상을 수상하였다.

2. 스튜어트 하메로프(Stuart Hameroff 1947~)는 미국의 마취과 의사로서 아리조나 대학의 교수이다. 그는 의식에 대한 연구자로 널리 알려져 있으며 특히 뇌에 있는 미세소관 (Microtubule) 안의 양자상태에서 의식이 기원한다는 그의 주장은 많은 논란을 불러왔다. 그는 의식학 협회(Association for the Scientific Study of Consciousness)의 주도적 인물이다. 스튜어트 해머로프는 환자를 전신마취를 시키면 환자는 뇌파도 발생하고 생체기능도 유지되지만 의식만 없어진다는 사실에 주목하여 의식과 신체는 분리가 가능한 것이기 때문에 몸은 놔두고 의식만 껐다가 켜지는 것이라는 결론을 얻었다. 한편 로저 펜로즈 경은 처음에는 막연한 추측으로 '양자적 의식'이론을 전개했는데 해머로프 박사의 도움으로 그 역할을 미세소관이 한다는 사실을 알게 되어 물리학과 의학의 융합과학적 학제간 연구가 이루어진 것이다.

3. 로저 펜로즈와 하메로프는 조화객관 환원이론(Orchestrated Objectives Reduction Theory)를 통하여, 의식은 뉴런내부의 미세소관으로 불리는 '양자 과정이 일어나기 쉬운 구조물'로부터 생긴다고 주장한다. 하메로프는 현재 생물학상의 여러 가지 의문 현상이 양자이론을 응용하여 조금씩 입증되고 있기 때문에 20년 전부터 주창되어 온 이 이론은 점차 학문적 객관성을 확보하고 있으며 이제 이를 전면적으로 부정할 수 있는 사람은 없다고 주장하고 있다. 실지로 오늘날 조화객관환원이론은 의식을 설명하는 자연과학이론 4~5개 중 하나가 될 정도로 위상이 올라갔다.

4. 또한 그들은 임사체험과 환생에 대해 다음과 같이 말하고 있다. "뇌에서 태어나는 의식은 소립자보다 작은 물질이며, 중력·공간·시간에 무너지지 않은 성질을 가지기 때문에, 통상은 뇌에 들어가 있다가 체험자의 심장이 멈추면, 의식은 뇌에서 빠져나와 확산한다. 거기서 체험자가 소생했을 경우 의식은 뇌로 돌아오고, 체험자가 소생하지 않으면 의식 정보는 우주에 계속 있거나 혹은 다른 생명체와 결부되어 다시 태어날지도 모른다." 결국 이 이론에 따르면 "의식이란 인간이 살아있는 동안에는 뇌에 '양자적 정보'가 저장되는 것이고 사후에 뇌 기능이 멈추면 미세소관 내의 '양자적 정보', 즉 의식은 우주 속으로 퍼져 옮겨지며 우주와 서로 복잡하게 얽히면서 일종의 '양자적 영혼'으로 존재하게 된다. 그곳이 사후세계다. 또 이 '양자적 정보' 또는 영혼이라 불릴 수 있는 것은 새 생명이 탄생하여 배아의 뇌가 구성되면 새 생명의 미세소관 속으로 흘러들어가 거기에 있는 의식과 서로 중첩 내지는 얽힐 수 있는데 이를 다른 말로 하면 환생이라고 한다."(나무위키 '조화객관 환원이론' 참조)

5. 봄(Bohm)의 양자 형이상학(quantum metaphysics) 또한 양자이론에 의한 의식의 생성을 이야기한다. 그는 소립자가 뭉쳐 의식이 나타난다고 한다.

6. 미국의 생명공학자 로버트 란자(Robert lanza)는 조화객관 환원이론과 유사한 바이오센트리즘(Biocentrism)이론을 주장하고 있는데 이는 생명의 의식이 우주의 본질적 구성요소이며 물리적 현실은 의식에 종속된다는 이론이다. 즉 물질적 세계가 의식을 움직이는 것이 아니라 의식이야 말로 세상의 현실세계를 만드는 데 기본이라는 것이다. 이 이론과 조화객관 환원이론의 차이는 양자역학의 관찰자효과에 대한 시각차이뿐이다.

7. 그러나 아직까지 의식에 대한 자연과학의 고전이론은 신경과학자 제랄드 에델만(Gerald Maurice Edelman)의 類로, 의식을 외부자극에 대한 두뇌의 전기적 작용으로 보는 수준이다

(미주 161 '생각'에 대한 생각들 참조).

8. 표준이론에서 의식은 식물 이하단계에서는 '원인의식'으로 존재하고 식물의 생혼에서는 '생혼의식'으로 나타나며 동물의 혼인 각혼 단계에서 제6식인 이드가 등장하면서 '각혼의식'으로 발현한다. 이후 각혼 중 수승한 일부가 그룹혼에서 독립하여 개체성을 확보함으로써 상위정신체가 발달하기 시작하면 '자의식'이 등장한다. 또 상위정신체가 커지면서 각혼이 그룹혼에서 완전히 떨어져 나와 중음계로 올라오면 인간의 혼인 지혼으로 진화하면서 혼의 자의식이 완성된다. 이것이 불설의 제7식 말나식이다. 말나식은 이승에서 사람으로 초생(初生)을 거치면서 성격과 개성을 갖추기 시작하고 이는 업의 장식인 '아뢰야식'의 탄생을 불러와 윤회가 시작된다.

尾133) '통찰의 방'에서의 반성

내 탓이요 내 탓이요 내 탓이로소이다

내 탓이요
내 탓이요
내 탓이로소이다

내 못난 탓이요
내 부덕한 탓이요
내 잘못한 탓이로소이다

내 못남이 아니라도 내 탓이요
내 부덕이 아니라도 다 내 탓이요
내 잘못이 아니라도 다 내 탓이로소이다

원인이 없이는 결과도 없는 법이니 다 내 탓이요
그래도 인신난득 이승에 있으니 잘못도 하고 탓도 하오
그러니 고맙소 참 고맙소이다

尾134) 환생의 여정

어머니 병석에서

어머니. 많이 아프시지요?
조금만 참으세요
금방 다 나을 거예요
죽는 것 무서워하지 마세요
외할머니도 외삼촌도 다 가신 길이잖아요
저희도 곧 따라갈 거예요

어머니.

갑자기 식구들이 막 울더라도
당황하지 마세요
그리고
조금 있다가 멀리서 밝은 빛이 비치면
그쪽으로 걸어가세요
천국으로 가는 길이니까요

어머니. 지옥이란 건 없어요
그렇다고 영원히 즐거운 극락도 없어요
그저 다시 태어나기 전에 잠깐 쉬는 천국만 있어요
언젠가 하느님께 가기 전까지는요

어머니.
이번 생에 고생 많으셨어요
효도 많이 못 해드려 죄송해요
제가 많이 부족해서 그래요
다음 생에 다시 만나면
좀 더 잘해드릴게요
어머니.
걱정 마세요
무서워도 마세요
아픈 것 조금만 더 참으세요
이제 곧 다 좋아지실 거예요

어머니 영전에

菊과 蘭에 묻혀
고난의 세월 아무 흔적 없이
곱게도 웃으시는 어머니
이제 제 절 받고 떠나시네요

파마약 머리에 이고 두 살 아이 등에 업고
여섯 살 잡아끌어 남도 들길 다니시던 어머니
새벽 울력에 밀가루 타다
수제비 끓여 주시던 우리 어머니
이제 제 절 받고 떠나시네요
어느 저승 어느 이승에서
다시 뵙더라도
영원한 제 어머니
지금은 제 절 받고 떠나시네요

아무것도 아니지요
좋고 싫은 것도 없지요
그저 인연만 있을 뿐이지요
그렇군요 어머니 이렇게 떠나시네요

백토 항아리 어디에마저
미련 한 줌 남기지 않으시고
제 절 받고 툭툭 털고 일어나셔서
떠나시네요 이제 떠나시네요
어머니 제 어머니

尾135) 리사 윌리엄스와 신지학 그리고 표준이론의 비교

1. 리사는 보호자의 방과 상영의 방 너머에도 방대한 사후의 세계가 펼쳐져 있다고 한다. 거기에는 '천사들의 구역'과 '신의 구역'도 있다. 리사는 신의 구역을 '근원'이라고 한다(219쪽). 한편 리사는 영혼의 수준이 높아지면 (환생하지 않고) 더 높은 영의 세계로 올라간다고 한다(263쪽 외). 그러나 삶의 서약을 모두 완수하여 더 높은 차원으로부터 환생하지 않아도 된다는 지시가 없는 한 환생하여야 한다고 하여 그것이 쉽지 않음을 말하고 있다(294쪽).

2. 리사의 저승 설명은 신지학의 설명과 유사하다. 신지학에서 영혼은 사후 처음에는 아스트랄체로 된 신체를 가지고 아스트랄계에서 응당한 시간을 보내다가 영혼의 수준에 따라 아스트랄체를 벗어던지고 더 정묘한 물질인 멘탈체로 변하여 멘탈계로 가며, 더 수준이 높은 영혼은 다시 멘탈체를 벗어 버리고 코잘계로 나아간다. 그리고 다시 코잘체도 버리고 아트마 붓디가 되어 영계로 간다.

3. 리사가 말하는 수준 높은 일부 영혼이 가는 '더 높은 차원界'는 코잘계로 보인다. 그렇다면 리사도 결국 신지학의 다층적 저승론을 펼치고 있다(263쪽). 리사는 인도령으로 승진하는 영혼은 장로의 인도로 권능의 왕국에 가서 신을 뵌다고 말한다(303쪽). 리사의 저승과 표준이론을 비교하면 리사가 말하는 저승은 상위 중음계 또는 하위 심령계로 보이고 영혼은 표준이론의 혼이며 권능의 왕국은 영계다.

尾136) 리사 윌리엄스의 영혼론의 문제점

1. 리사는 대부분의 경우가 그렇듯이 영혼이라는 단어로 혼을 지칭한다. 인도령과 그를 마중 나오는 영적 존재들도 모두 혼계소속으로 보인다.

2. 또한 리사는 "저세상으로 건너가면 에고를 잃어버리게 된다."며 신지학적 사고방식을 드러낸다. 즉 명종과 동시에 에테르체인 생기체를 버리며 또한 저승여행 초기에 하위정신체인 아스트랄체(이드)와 헤어짐을 말하고 있다. 리사의 주장에 영향을 준 것으로 보이는 신지학에서는 사람은 누구나 魄(생기체)인 에테르체와 하위정신체인 아스트랄체를 가지고 있으며 인격수준이 높을수록 더 큰 멘탈체(상위정신체), 코잘체(양심체), 붓디체(상위양심, 영)를 가지고 있다. 그리고 표준이론처럼 사후 혼이 자기 수준에 맞는 영계로 바로 가는 것이 아니라 에테르계와

아스트랄계, 멘탈계, 코잘계를 차례로 거치며 허물을 벗듯 각 체(體)를 벗으며 상위 영계로 나아간다고 주장한다.

3. 보통 영매의 몸주신(主張神)은 지박령(地搏靈)이다. 그데 리사의 인도령(몸주신)은 혼계소속인데다가 영 행세를 하고 영계의 비밀에 해당하는 사항도 채널링한다. 영은 특별한 경우 외에는 생자와 교통하지 않는다. 한편 이 책에 나오는 임종 시 상황묘사는 근사체험이나 LBL연구를 통하여 너무 잘 알려진 내용이다. 따라서 채널링을 빙자한 순수한 리사의 의견일 수도 있다.

4. 전체적으로 볼 때 리사의 몸주신은 죽은 후 이승을 잠시 떠도는 지박령이 아니라 혼계에서 근무하는 수준이 낮은 스승령일 가능성이 있다. 그렇다면 리사의 채널링 대상은 보통 무당의 경우보다 특별한 경우다. 그런데 영(靈)인 몸주신이 정말로 있을까?(미주 121 '티베트불교' 참조)

尾137) 리드비터(C. W. Leadbeater 1854~1934)

리드비터는 영국 국교회(Church of England)의 목사보로 있을 때 신지학을 알게 되어, 신지학협회 런던 롯지에 입회했다. 1884년 쿠트후미 대사(*)의 제자로 인정되어 대사의 지시에 따라 블라바츠키와 함께 인도로 건너갔다. 거기서 그는 쿠트후미 대사(大師)로부터 지도를 받고 영능자(靈能者)가 되었으며 이후 영국을 중심으로 유럽 각지에 강연을 하면서 지도와 저작활동에 몰두했다. 1889년 런던 롯지의 서기 간사로 임명되었고 1914년에 호주에 들른 후 그곳에서 살았다. 1915년 프리메이슨 회원이 되었으며 1934년 호주의 퍼스에서 사망했다. 신지학국제협회 창립자로서 신지학의 계몽, 보급에 힘썼으며 신지학의 교과서(A Textbook of Theosophy), 신지학대의(The Inner Life), 차크라(The Chakras), 꿈(Dreams), 성찬의 과학(The Science of the Sacrament) 등 30권 정도의 저작물이 있다.

(*) 신지학에 의하면 '쿠트후미(Koot Hoomi) 大師(master)는 고대 지혜의 위대한 스승 중 한 사람으로 구세(救世)의 역할을 한다. 계속 환생하면서 인류의 영적 진화를 돕는다.

尾138) 과학의 모든 이론은 그전 이론의 부정 위에 서 있다

내가 태어나서 보니

내가 태어나서 보니
다윈이란 사람이
인간은 원숭이와 사촌지간임을 알아냈고
이후 사람들이 더 연구해 보니
그 원숭이는 아메바 출신이며
아메바는 번개가 암모니아 Gas를 때려 만들어진 단백질임이 밝혀졌다고
온 세상이 떠들썩하더라

그뿐만 아니라
아인슈타인이란 천재가 상대성이론이란 걸 발견했는데
지금도 온 세상에 몇 명의 과학자들밖에 이해하지 못하는 그 이론에 의하면

미래로 과거로 시간여행이 가능하다고
이구동성으로 떠들어대고 있더라

또 지식인이라는 사람들은 모두 다
인간의 정체는
자기 유전자를 남기기 위해 자나 깨나 섹스에 온통 골몰하고 있는
번식력이 뛰어난 짐승이라는 사실을
프로이트라는 위대한 사람이 밝혀냈다고
멍멍 왈왈 시끄럽게 짖어대고 있더라

그런데 내가 살면서 듣자하니
나 태어나기 전에 살다 간 사람들도
그 전 사람들이 모두
뭣도 모르는 바보로 살다 갔다고 주장했다더라

그런데 살아보니 과연
그 말이 맞더라

尾139) 新科學운동(new science movement)

1. 종래의 자연과학에 대한 사고방식을 근본적으로 반성하여, 새로운 과학의 사고방식을 모색하는 개혁운동이다.
2. 근대과학의 방법에 반성을 가하고, 물질의 세계와 마음의 세계를 재결합시키는 통로를 탐색하며, 기술지상주의(技術至上主義)를 폐지하여 인간과 자연의 조화를 가능하게 하는 길을 모색한다.
3. 영성과 과학의 조화, 융합, 더 나아가서 통합과 일치가 궁극적인 목표이다.
4. 1970년대 중반부터 미국에서 생긴 동향이며, '뉴에이지 사이언스(new age science)'라고도 부른다.
5. 물리학과 형이상학이 모두 같은 지식으로 이어진다고 주장하는 물리학자 카프라(Fritjof Capra 1939~)의 「타오 자연학 The Tao of Physics 1975」, 베이트슨(Gregory Bateson 1904~1980)의 「정신과 자연 Mind and Nature 1942」, 미국의 사회이론가인 리프킨(Jeremy Rifkin 1945~)의 「엔트로피 Entropy 1980」 등 일련의 저작으로 대표된다.
6. '전체는 부분의 단순한 합계가 아니라 그 이상(以上)'이라는 창발론적 생각을 가지며 부분과 전체 사이의 관계와 상호작용을 중요시한다. 그리고 분석이나 환원적 접근법 대신에 전체를 파악하는 전일적(全一的)이고 종합적인 접근법을 사용하는 유기체적 세계관을 지향한다.

尾140) 드레이크 방정식(Drake equation)

1. 드레이크 방정식은 인간과 교신할 수 있는 범위 내(우리 은하계)의 지적 외계생명체의 수를 계산하는 방정식이다. 외계지적생명체탐사계획인 SETI(Search for Extra-Terrestrial Intelligence)의 설립자이자 미국의 천문학자인 프랭크 드레이크(Frank Drake 1930~2022)가 1961년 고안한 방정식이라서 드레이크 방정식이라 불린다.

2. 산식은 N=R×fp×ne×fl×fi×fc×L이다. 1961년 웨스트버지니아의 그린뱅크에서 열린 회의에서 드레이크와 회의 참석자들이 사용한 값은 R=1/년, fp=0.2~0.5, ne=1~5, fl=1, fi=1, fc=0.1~0.2, L=1,000~100,000,000으로(두산백과 참조), 여기서 최솟값들을 대입하면 N=20, 최댓값을 대입하면 N=50,000,000이 나오게 된다. 우주 전체로 보면 $4×10^{12}~10^{19}$개인 셈이다. 한편 최초에 드레이크가 사용한 값은 R=10/년, fp=0.5, ne=2, fl=1, fi=0.01, fc=0.01, L=10,000년이었다. 이 값을 넣으면 N은 겨우 1,000이다(위키백과, 드레이크 방정식 참조). 회의에서는 이 숫자를 임의적으로 변경한 것으로 보인다. 그만큼 변수 선정과 변숫값이 자의적임을 나타내는 것으로 이는 방정식의 허접함을 보여줄 뿐 아니라 자연과학敎人들의 수준이 어떠한지를 웅변한다. 표준이론에서 그나마 개연성 있는 변숫값을 대입해 보니 N의 값은 30^{-52}로 계산되었다. 즉 우리 은하계 내에 지성체가 살고 있는 天體는 없다는 것이다. 결국 드레이크 방정식을 풀면 나오는 답의 범위가 0에서 10^{19}개이니 이 방정식은 아무 쓸모 없는 방정식이 되고 말았다. SETI 프로젝트의 추진을 위한 불순한 동기에 의하여 만들어진 방정식의 당연한 결과다.(cafe.naver.com/spiritsoulogy/502, 미주 194 '불국토와 은하계 그리고 부처님의 수' 참조).

尾141) 지구에 나타나는 외계인들의 흔적

1. 제카리아 시친(Zecharia Sitchin 1920~2010)은 아제르바이잔 태생의 미국 저술가로 고대 외계문명설에 근거해 인류문명의 기원을 설명하고자 많은 책을 썼다. 우리나라에서는 2010년경「신들의 전쟁 인간들의 전쟁」을 비롯하여 그의 책 몇 권이 번역 출판되어 한때 외계문명의 붐을 일으키기도 하였다. 그는 메소포타미아 문명의 수메르 유적에서 출토된 점토판의 쐐기문자를 해독하여 다음과 같은 사실을 밝혀냈다고 주장했다.
   1) 태양계의 해왕성 너머에 니비루(Nibiru)라는 약 3,600년의 공전궤도를 가진 10번째 행성이 존재하며
   2) 금을 채취하기 위하여 지구에 온 니비루 행성의 아눈나키(Anunnaki)족은 노동력 확보를 위해 자연수정으로 인류를 개량하였고 개량된 인류는 기원전 6,000년 전 고대 메소포타미아 수메르 문명을 이룩하였다.
   3) 이후 시나이반도와 피라미드를 중심으로 아눈나키족 간의 핵전쟁이 벌어졌으며 결국 수메르의 도시문명은 역사 속으로 사라졌다.
   4) 우라노스와 그 자식들 간의 그리스 천지창조 신화, 이집트의 오시리스와 세트 간의 대결, 인도의 대서사시 라마야나와 마하바라타 등에 나타나는 신들의 전쟁, 성경에 나타난 하느님의 아들들과 거인족 이야기, 아브라함의 출생과 소돔과 고모라 그리고 '에제키엘서'의 하늘을 나는 전차 이야기(Merkabah) 등은 모두 이 전쟁에 대한 이야기의 변형이다.
   5) 살아남은 사람들은 폐허가 된 시나이반도를 떠나 초승달 지대의 바빌론을 중심으로 메소포타미아의 문명을 일으켰으며 시나이반도에는 그 전쟁의 흔적이 아직도 남아있다. 수메르 멸망 후 그 일부인 아리안족은 평소 교통하던 인도의 인더스 문명 지역으로 대거 이동하였다. 수메르문명 지역은 이후 BC 20~18세기 동안 아모리족의 지배하에 들어갔다가 다시 함무라비 왕(BC 1792~1750 재위)의 바빌로니아로 넘어갔다.
   6) 시친의 연구는 완전하지 않은 연구방법, 고대 문서의 오역, 그리고 천문학 및 과학적 오류에 의해 유사역사학(pseudohistory)이라는 평가를 받고 있다. 그러나 수메르어는 친족 관계에 있는 언어가 밝혀지지 않아 아직까지도 학자마다 전사 방식과 문법 분석이 다름에 따라 그 해독에 여러 학설이 대립하고 있는 상황이다.

2. 1922년부터 발굴이 시작된 기원전 4000~2000년의 인도 인더스 문명(인더스 문명은 메소포타미아 문명과 유사한 점이 많은 것으로 알려져 있다)의 유적지인 모헨조다로에서 높은 온도에 의해 순간적으로 생성된 유리가 발견되었는데(이런 자연상태의 모래가 고온압착되어 유리결정이 나타나는 지역은 모헨조다로뿐만 아니라 중동이나 이집트의 사막에서도 종종 발견된다) 이는 라마야나와 마하바라타 등에 나타나는 핵폭발을 표현하는 듯한 다음의 구절들과 연결되어 모헨조다로가 수천 년 전의 핵전쟁으로 멸망했다는 고대핵전쟁설(ancient atomic warfare)의 전형이 되었다.
   1) 우선 라마야나(Ramayana)의 한 구절을 보자. "아침이 되자 라마는 하늘의 배를 타고 출발 준비를 했다. 그 배는 크고 아름답게 장식되었다. 그것은 많은 방과 창문이 있는 2층 높이였다. 배가 하늘 높이 치솟기 전에 아름다운 음악이 울려 퍼졌다."
   2) 다음은 마하바라타(Mahabharata)의 한 구절이다. "용맹한 아드와탄(Adwattan)이 비마나(vimana)를 타고 물에 내려와 아그니야(Agneya)를 발사하였다. 이 무기는 적의 상공에서 밀집된 불꽃의 화살을 발사하는데 마치 소나기가 한바탕 내리붓는 것처럼 위력이 무궁하였다. 찰나에 농후한 음영이 바다와 상공에서 형성되더니 이윽고 하늘이 어두워졌다. 온통 컴컴한 암흑 속에서 모든 나침반은 기능을 상실했으며 이어서 맹렬한 광풍이 일기 시작하자 울부짖는 소리가 들려오기 시작하고 먼지와 모래가 날렸다. 새들은 미친 듯이 울어댔다. 마치 하늘이 무너지고 땅이 꺼지는 듯했다. 태양이 공중에서 흔들리는 듯했으며 무시무시한 작열을 방출하여 땅이 흔들리게 하였다. 광대한 지역 내에 동물은 타 죽고 강물은 끓었으며 물고기, 새우 등은 모두 데어 죽었다. 이 무기가 폭발할 때 소리가 우뢰처럼 컸는데, 적을 나무줄기처럼 태워버렸다."
   3) 또 인도의 Pandit Subbaraya Shastry(1866~1940)가 1918~1923년에 걸쳐 자동서기로 작성했다고 알려진 BC 4세기의 Text로 추정되는 비마니카 샤스트라(Vimanika Shastra, 비마나에 대한 연구)에는 "자체 동력으로 새와 같이 지상에서 물 위에서 또한 공기 중에서 추진될 수 있는 장치를 비마나라고 부른다. 하늘을 날아 한 지역에서 한 지역으로, 한 나라에서 다른 나라로, 한 천구에서 다른 천구로 비행하는 행위를 학자들은 비마나라고 부른다."라고 기술되어 있다. 이 이야기는 'Ancient astronauts' 論者들이 단골로 거론하는 레파토리로 유명하다.

3. 오파츠(Out-of-place artifacts, OOPARTS)는 역사학적, 고고학적, 고생물학적으로 그 시대에 거기 있었다는 사실이 불가능해 보이거나 비정상적으로 보이는 물체들로서 '외계문명도래설'을 주장하는 이들은 이를 고대문명의 하이테크 기술들(Ancient High Tech Civilization)의 소산이라고 보며 자신들의 주장의 신빙성을 확보하려는 의도로 자주 사용한다. 그중 유명한 것들을 연도별로 나열해 보면
   1) 미국 남서부의 모키 마블(Moqui Marbles) 그리고 남아프리카 오토스달에서 원더스톤社가 채굴한 3억 년 된 디스크 모양의 클럭스도르프 球體(Klerksdorp Spheres)와 1885년 오스트리아에서 20만 년 전 석탄층에 묻혀 발견된 입방체 모양의 볼프제그의 철덩어리(Wolfsegg iron)
   2) 1만 2천여 년 전, 신석기시대 이전에 세워진 튀르키예(Türkiye)의 괴베클리 테페(Göbekli Tepe)유적
   3) 기원전 8천 년경부터 건축된 영국과 아일랜드의 스톤헨지(Stonehenge)들
   4) 신석기시대(BC 10000~8000) 또는 최소한 청동기시대(BC 5000~4000)까지 거슬러 올라갈 수 있다는 몰타(Malta), 튀르키예(Türkiye), 멕시코 등지에서 발견되는 정체불명의 지형인 바퀴자국들(cart ruts)

5) 기원전 3600년부터 형성된 그리스 크레타 문명의 중심인 미노스 궁전에서 발견된 파이스토스 원반(Phaistos Disc)
   6) 기원전 26세기에 25톤짜리 약 230만 개의 석회암과 화강암로 만들어진 초대형 건축물인 쿠푸의 대피라미드(Pyramid of Khufu)
   7) 기원전 2000년부터 번영을 누렸던 마야 문명의 유적들
   8) 독일 작센안할트州 네브라(Nebra)에서 발견된 현존하는 가장 오래된 天文盤인 Nebra sky disc.
   9) 이집트 세티1세(BC 1358~1279)시대 아비도스 사원의 헬리콥터(Abydos Helicopter)
   10) BC 11세기까지 거슬러 올라가는 사우디아라비아의 미스터리 거석 알 나스라(Al Naslaa)
   11) 기원전 625년 이후의 바빌론 제10왕조시대의 바빌론의 공중정원(The Hanging Gardens of Babylon)
   12) 기원전 300년경의 나스카 지상화(Nazca geoglyphs)
   13) BC 2세기 초에 제작된 것으로 추정되는 그리스의 아날로그 컴퓨터 안티키테라 기계(Antikythera Mechanism)
   14) 1936년 이라크 바그다드 인근에서 발견된 페르시아 파르티아(Parthia) 왕조(BC 150~AD 223)의 고대 유물로 보이는 질항아리로 만든 바그다드 배터리(Baghdad Battery)
   15) 1250~1500년경 만들어진 칠레 이스터섬 모아이 석상(Moai Statue)
   16) 유럽 중세에 제작된 아이제르너 만(Der Eiserne Mann)
   17) 1513년에 그려진 오스만의 피리 레이스 제독의 지도(Piri Reis map)

4. 이들 대부분은 제작방법과 시기 그리고 용도에 상식적 또는 학문적으로 설명이 곤란한 부분들이 많아 왜 거기에 그런 물건들이 있는지 현재로는 납득하기 어렵다. 표준이론은 이러한 기록이나 기술들의 개발에 외계문명의 부분적인 개입이 있을 수 있다고 본다. UFO의 존재를 부인할 수 없다면 당연한 귀결이다. 그러나 오파츠를 외계인들이 인류의 조상이라거나 인류를 창조하고 그 발전과 진화를 지원했다는 주장으로 연결시키는 것은 이미 설명한 바와 같은 많은 이유로 배척한다(미주 128 '심령주의의 역사' 참조).

尾142) 불교의 창조주와 영 그리고 혼

고타마 부처님은 정통 브라만 교육을 받고 자랐다. 그러니 수행길 초두부터 부처님은 아트만과 브라만에 대해 심각한 고찰을 하셨을 것이다. 그러나 그는 절대신(브라만)의 존재에 대해서는 부정적이었고 나아가 영(아트만)과 혼(아함카라)의 존재와 정체에 대해서는 무기(無記)하셨다.

1. 우선 부처님께서 절대신에 대하여 부정적이셨던 이유는 뭘까?
   1) 자비와 사랑의 절대신과 인생이 苦인 이유를 조화시켜 설명하기가 쉽지 않았다.
   2) 중생에게 창조주에 대해 가르쳐 줘 보아야 14무기(無記)의 주제(사실상 3무기-시간과 공간의 무한성, 영혼과 사후세계의 존재여부)처럼 바라밀다를 닦는 데 도움이 되지 않는다고 판단하였다.
   3) 부패하고 불합리한 당시 사회상의 主役인 브라만교를 개혁하려는 의도로 그들의 핵심사상인 브라만에 대해 저항하신 것이다.
   4) 창조주가 있는 경우 오온과 연기의 진화론적 불설은 설득력을 잃는다. 진화의 개념이 없던 시대에 창조주가 진화를 통해 創造史를 썼다고 주장한다면 그 주장은 어불성설이었을 것이니 차라리 창조주를 부인하는 편이 나았을 것이다. 진화론이 진실이 된 현대에도 육이 아

닌 혼의 진화는 모든 거대종교에서 극단적 진보로 취급된다.

2. 여기에서 부처님의 '독화살의 비유'를 살펴보는 것도 의미가 있다. '독화살의 비유'는 부처님의 14무기에 불만이었던 만동자가 부처님의 무기에 대해 다시 물었더니 부처님께서는 독화살에 비유하여 공자님의 '未知生焉知死' 類의 답을 하셨다는 이야기다. 外道들의 비슷한 첫 번째 질문에 아예 무기하신 것보다는 한 걸음 더 나가신 답인데 그래봐야 공자님 수준이다. 전공(專攻)이 다른 공자님은 정말로 언지사(焉知死)하실 수 있었겠으나 부처님도 죽음에 대해서 모르셨을까? 그럴 리는 없으니 그렇다면 부처님 무기의 이유는 2)였다. 그런데 그 판단은 매우 잘못된 것이었다.

3. 아트만에 대해서는 왜 무기(無記)하셨을까?
   1) 예수님이 바리사이를 폄훼(貶毁)하셨듯이 부처님은 아트만을 무시(無視)하셨다.
   2) 무지한 중생에게 무상(無常, anitya, 아니티야)과 고(苦, Dukkha, 둑카)를 알리려다 보니 제도(濟度)의 방편상 영의 존재는 언급하지 않으신 것이다.
   3) 부처님 당시에는 혼만 가진 중생들(현재도 90%이니 당시에는 이를 훨씬 상회하였을 것)이 많아 구태여 영을 언급할 필요가 없었다.
   4) 무아(無我)의 가르침으로 인해 혼의 시부인(是否認)도 불명한 터에 차마 '영'인 아트만을 이야기하기 어려우셨다.
   5) 창조주 브라만을 부정한 마당에 그 발출물인 아트만을 긍정할 방법이 없었다.
   6) 경험하지 않은 일은 不可知하여 말씀 안 하셨다.

4. 그럼 그 후학들은 왜 혼마저 인정하지 않았는가. 오늘날의 불교는 4세기 무착스님과 세친스님의 유식학파(唯識學派, 유가행파, 유가파) 이래 사실상의 혼인 8식도 혼이라고 부르기를 꺼려한다. 그러나 8식이 9식이 되거나 열반하여 아라한이나 보살이 되는 것을 영 또는 아트만이 된다고 하지 않는다. 이는 그 위의 창조주 브라만과 아트만의 존재를 부인함으로 인한 어쩔 수 없는 연역적 주장이다. 교조가 아비를 부인하는데 후학들이 어찌 그 자식의 이름을 입에 담겠는가? 그런데 문제는 그렇다면 8식과 부처의 정체는 무엇인가이다. 8식은 근본 없고 갈 데 없는 천애고아(天涯孤兒)가 되고 부처는 문자 그대로 유아독존(唯我獨尊)이 되는가? 그러면서 어찌 道生一, 一生二, 二生三, 三生萬物을 넘어서 萬物生佛(有情無情 皆有佛性)을 주장하는가?

尾143) 육경과 육근 그리고 오온에 의한 제6식의 생성

1. 제6식은 색성향미촉법(色聲香味觸法)의 육경(六境)을 인식하는 '眼耳鼻舌身意'의 육근(六根)에 오온(色受想行識)의 식(識)을 붙인 六識의 여섯 번째 식으로, 표준이론으로 치면
   1) '분별식(分別識)'으로 보는 경우 감성과 욕망의 하위정신체(이드)의 의식인 '각혼의식'이고
   2) 현식(現識)으로 보면 식물의 의식인 '생혼의식'이다(미주 31 '의식의 발생과정과 그 정체' 참조).

2. 육경과 육근은 인도 삼키아학파의 오경(panca-tan-matra)과 오근(jnanendriyas)에 法과 意를 각각 더한 것이다. 즉 삼키아(Sāṃkhya)의 오경(色聲香味觸)에 비물질인 법(法)을 임의로 추가하여 육경을 만들고 물질적 감각기관(感官)인 삼키아의 오근(眼耳鼻舌身)에 비물질적 감각기관(心管)인 의근(意根)을 감관으로 자의(恣意)하여 육근을 만들었다. 그리고 여기에 오온의 식을 섞어 물질에 기인한 의식(意識)을 만들었으니 이는 부처님의 '무아(無我)의 덫'에서 빠져

나오기 위해 '무아윤회'의 합리화를 시도하려는 불교 유식학(唯識學)의 절박한 표절이다. 도대체 어느 사상에서 法이 境에 끼는가. 또 意가 몸의 감관이 아니라 혼의 심관(心管)임은 기왕의 다른 불설에 이미 공공연한데 왜 唯識의 육근에서만 갑자기 감관(感官) 대열에 끼는가. 또 원조(元祖)인 삼키아에서는 아함카라에서 사고기관인 意(manas)와 意의 5가지의 감각기관인 눈, 귀, 코, 혀, 몸의 오근이 나온다고 하여(8.6.3. '힌두철학 삼키아학파의 인간론' 참조) 의가 심관이라는 사실과 의와 오근간의 모자(母子) 관계를 명언하고 있는데 어찌 모자를 한 몸으로 둔갑시킨다는 말인가.

3. 몸이 가진 감각기관은 오근까지이고 意는 혼에 있으니 기어코 오근에 감각기관 하나를 더 더하려면 뇌(腦)를 더해서 '안이비설신뇌'라고 하여야 할 것이다. 또 외부자극인 경(境)에 비물질인 法 대신 그래도 있을 만한 것을 어거지로 추가한다면 물성이 있는 기(氣)정도가 어떤가. 또한 뇌가 氣를 포착할 리가 만무하지만 오온이 식(識)을 활용하여 어떻게든 포착한다고 가정할 때 이로 인해 생성된 결과물은 상(想) 정도가 될 것인데 想이 어찌 분별과 판단기능을 자동으로 갖추어 제6식 구실을 한다는 말인가. 또 개나 고양이의 뇌와 사람의 뇌는 뭐가 달라서 그것들의 상에는 분별력이 없다는 말인가. 이 모든 사실을 모아 볼 때 사람의 혼인 아뢰야식이 먼저 있고 그것이 아래로 작용하여 현현하는 것이 7식이고 6식이라고 설명할 수밖에 없다.

4. 불교와 신지학 그리고 표준이론 간의 영혼탄생론 비교
    (1) 불설(四有論)에 따르면 每生마다 오온의 작용으로 새로운 생유(生有)가 만들어진다. 장작에 자연히 불이 붙는 것이다. 거기에 근본(根本)도 인연(因緣)도 없는 중유(中有)가 나타나 생유와 합쳐져 본유(本有)가 된다. 그런데 그 본유가 죽으면 본유와 중유의 연결고리는 사유(死有)에서 무아(無我)로 인해 끊긴다. 장작불이 무아의 덫에 걸려 열기만 남고 꺼져버리는 것이니 본유는 사멸하고 근본 없는 중유가 또 생기는 것이다. 그 중유가 본유의 熱氣라고 自慰하지 마라, 無라 쓰고 有라 읽는 격이 된다. 이처럼 불교의 윤회 체인은 생유 전에서 끊기고 생유 후에서 또 끊어지고 사유에서 또다시 끊긴다. 輪이 없는 輪廻다. 바퀴살만 있는 바퀴다, 게다가 불교는 진화의 설계자도 영혼이 합일할 대상도 없는 종교다. 신자도 없고 신도 없는 종교가 되어 버렸다. 무아와 무신의 문자적 해석이 그 원인이다.
    (2) 신지학은 진화로 만들어진 각혼(불설의 生有격)에 로고스에서 발출한 모나드(靈)가 乘한다. 그러나 명종 후 모나드는 각혼은 버리고 공덕만 챙겨 떠난다. 현지처자 버리고 돈만 챙겨 본국으로 가버리는 것이다. 이런 미완의 진화론으로는 영(인간모나드)의 진화는 고사하고 발전도 설명할 수 없다. 모나드는 그저 혼에 올라타서 혼 가는 데로 이승을 여행하는 것이 다다. 또 각혼까지의 진화가 아무 의미 없어진다. 몸만 진화시키면 되지 수십억 년 걸쳐 각혼은 왜 진화시켰나? 사실 몸의 진화도 필요 없다. 영지주의처럼 데미우르고스를 시켜 바로 창조하면 된다. 아트만 출신인 인간 모나드가 이드와 에고를 가진다고 할 수 없어서 만든 억지이론이고 장구한 역사를 가진 서양의 발출(Emanation)개념을 버리지 못해 만든 구태이론이다.
    (3) 표준이론에서는 오온으로 인해 생물학적 진화로 만들어진 아뢰아식(魂)이 윤회하며 무한 진화한다. 몸은 옷일 뿐이다. 단순하고 명쾌하며 완벽하다.

5. 6.3.1. '생기체', 6.3.3.1. '감성', 미주 31 '의식의 발생과정과 그 정체', 미주 80 '전오식(前五識)과 생기체' 참조

尾144) 無我의 사랑

五蘊에서 비롯한 我相 둘이서
너는 空이요 나는 無라 하며 類類相從하다가
色卽是空에 同病相憐하니 이 얼마나 기구한 사랑인가

설워마오
空이라 하나 空한 곳에는 채움이 있고
無라 하나 無라는 말은 있다오
게다가
空이고 無고 다 사라져도
分別心의 뜨거운 사랑은 남아있기에
空卽是色도 분명하다오

尾145) 道家의 윤회론

1. 漢시대 초창기 여러 도교문서들은 노자(老子, Lao Tzu)가 三皇五帝 전설적인 시대부터 여러 번 환생하여 태어났다고 주장했다. 또 장자(莊子)는 말하길 "출생은 시작이 아니다. 죽음은 끝도 아니다. 끝이 없는 존재가 있다. 시작이 없는 연속이 있다. 끝이 없는 존재는 우주. 시작이 없는 연속은 시간이다. 출생이 있고 죽음이 있으며 나갔다가 들어온다."라고 했다 (wikipedia, Zhuangzi(1889). Chuang Tzǔ : Mystic, Moralist, and Social Reformer (translated by Herbert Allen Giles). Bernard Quaritch. p. 304).

2. 莊子 內篇 大宗師 등에는 장자(BC 360~280)의 생사관이 잘 드러나 있다.
    1) 12절을 보면 "偉哉造物(위재조물)！ 又將奚以汝爲(우장해이여위)？ 將奚以汝適(장해이여적)？ 以汝爲鼠肝乎(이여위서간호)？ 以汝爲蟲臂乎(이여위충비호)？" 위대하도다 造物主여! 그는 너를 또 무엇으로 만들려 하는가? 너를 어디로 데려가려고 하는가? 너를 쥐의 간으로 만들 것인가? 벌레의 다리로 만들 것인가?
    2) 今之大冶鑄金(금지대야주금) 金踊躍曰(금용약왈) 我且必爲鏌鎁(아차필위막야) 大冶必以爲不祥之金(대야필이위상지금) 今一犯人之形(금일범인지형) 而曰(이왈) 人耳人耳(인이인이) 夫造化者必以爲不祥之人(부조화자필이위상지인) 今一以天地爲大鑪(금일이천지위대로) 以造化爲大冶(이조화위대야) 惡乎往而不可哉(오호왕이불가재) 成然寐(성연매) 蘧然覺(거연교)
    지금 대장장이가 쇠붙이를 녹여서 주물을 만드는데, 쇠붙이가 뛰어 올라와 '나는 장차 반드시 막야와 같은 명검(名劍)이 되겠다'고 말한다면, 대장장이는 반드시 쇠붙이를 不祥한 놈이라고 여길 것이다. 이제 한 번 인간의 형체를 훔쳐서 세상에 태어나 '나는 언제까지나 오직 사람으로만 살겠다'고 말한다면, 저 조화자(造化者)도 반드시 그를 상서롭지 못한 놈이라고 생각할 것이다. 지금 한 번 천지를 커다란 용광로로 삼고, 조화를 대장장이로 삼았으니, 어디로 가서 무엇이 된들 좋지 않겠는가! 편안히 잠들었다가 화들짝 깨어날 것이다.
    3) 위 글을 보면 장자의 조물주와 환생에 대한 개념이 잘 드러나 있다. 그런데 '쥐의 간'이나 '벌레의 다리'를 예시함은 윤회의 이치를 깨닫지 못해서가 아니라 아직 열반의 경지에 다다르지 못한 장자의 그다운 자조(自嘲)로 보인다.
    4) 또 莊子 至樂편에서는 길을 가다 만난 해골과의 대화내용이 나온다. "髑髏曰 死는 無君於上

하고 無臣於下하며 亦無四時之事요 從然以天地로 爲春秋하나니 雖南面王樂이라도 不能過也라. 莊子不信하야 曰 吾 使司命으로 復生子의 形하야 爲子의 骨肉肌膚하고 反子의 父母妻子 閭里知識하리니 子는 欲之乎아? 髑髏 深矉蹙頞하야 曰 吾는 安能棄南面王樂하고 而復爲人間之勞乎리오."(해골왈 죽으면 위로 군주가 없고 아래로 신하가 없으며 계절이 바뀔 때마다 할 일도 없다. 천하를 다스리는 왕의 즐거움도 이보다 더할 수는 없다. 장자가 미더워 내가 수명을 관장하는 신으로 하여금 다시 그대의 육체를 살아나게 해서, 그대의 뼈와 살점과 살결을 만들고, 그대의 부모와 처자와 동네의 지인들에게 돌려보내도록 할 테니, 그대는 그것을 바라는가? 하니, 해골이 이맛살을 찌푸리며 말했다. 내가 어찌 남면(南面)하는 왕의 즐거움을 버리고 다시 인간의 괴로움을 반복할 수 있겠는가?) 이런 이야기가 전하는 것을 보면 장자가 사후에 대해 관심이 없었던 것은 절대 아니다. 그가 말하는 '復生子의 形'이 환생 개념이 아닌가. 장자는 氣에서 生이 나온 것만 알면 족하다 하면서도 그 이후에 대한 생각도 많았던 것이다.

尾146) 혼이란 무엇인가

혼(魂)

혼은
억겁을 진화하여 온 생명인가?
기(氣)가 뭉치더니 체(體)와 더불어
우주의식의 대자연 그 품안에서
창발하며 자라난 신의 걸작인가?

아니면 혼은
영(靈)의 그림자인가?
깊고 어두운 이승의 골짜기에 추락한 영이
희미한 추억의 불빛을 쫓아 헤맬 때는 길고 낮게 드리워졌다가
플레로마(pleroma)의 밝은 빛 아래에서는 흔적도 없이 사라지는 그것인가?

아니면
부처님의 장작불이나 올림픽의 성화처럼
태양으로부터 빛을 타고와 이승의 덤불에 점화되더니
수많은 장작을 거치며 타오르고 타오르다가 지금은
찬연하고 우뚝하게 타오르는 봉화요 성화인가.

그것도 아니라면 혹시 혼은
영이 이 세상을 경험하기 위하여 타고 다니는
승(乘)인가?
목적지에 다다르면 헌신짝 버리듯이
영영 버려져 홀로 썩어 가는가?

옛다 모르겠다

혼은 영이 세상을 경험할 때의 모습일 뿐이다
학생이었다가 군인이었다가 아빠였다가
어느 때 영이
졸업하고 제대하고 명종하면 도루묵이 되는 그것이다.

尾147) 신지학의 환생소요시간

1. 지나라자다사의 주장
    1) 그는 「신지학 제1원리」에서 네 사람의 25,000년간 환생前歷 분석을 통하여 윤회한 장소와 시간, 성, 인종, 한 생과 다른 생 사이의 시간 등으로부터 윤회의 여러 법칙들을 유추하였다.
    2) 윤회하는 사이의 대부분의 기간은 천계(天界)의 하위 세계 즉 '데바찬(Devachan, 표준이론의 심령계)'에서 보내고 그곳에서의 삶의 길이는 지구상에서 사는 동안 가졌던 열망의 양과 강도에 달려 있다고 한다.
        (1) '미개발된 혼'이나 '단순한 정신을 가진 혼'들의 경우 물질계에서의 약 60년의 삶은, 전자의 경우 약 5~50년간 그리고 후자의 경우 200~300년간 데바찬에서 살 수 있는 영적인 힘을 만들게 될 것이다. 그러나 물질계에서의 삶이 짧다면 데바찬의 삶은 훨씬 짧다.
        (2) '교양 있는 혼'들의 경우, 60년간의 삶은 데바찬에서의 1,000~1,200년의 삶을 필요로 한다.

2. 지나라자다사의 주장에서 보이는 문제점
    1) 25,000년도 더 되는 길고 긴 환생전력을 연도까지 정밀하게 알아낸 방법에 대해서는 언급이 전혀 없다. 환생의 역사를 그처럼 확실히 아는 방법이 있는가? 그리고 어찌 그것을 확신하는가?
    2) '우선적으로는 전생의 근처로 환생한다'는 일반적인 환생이론과 맞지 않는 것은 무슨 이유인가?
    3) 현재 인구 77억 명이 모두 그처럼 LBL(생간 삶)의 기간이 길다면 고대와 중세의 희소한 인구와 18세기 이후 지구의 갑작스런 인구증가는 도저히 설명할 수 없다(11.3.6. '환생에 소요되는 시간' 참조).
    4) 억지를 부리더라도 동식물의 혼으로부터 급격히 진화해 올라오거나 외계에서 유입되는 것으로 설명하여야 하는데 신지학에서는 혹성체인이니 진화의 어려움이니 하여 그런 이유를 대기가 스스로 어렵다.

3. 환생 간의 기간이 그 정도로 긴 것은 인류역사를 수억 년으로 본 것인데 인간의 문명이 개화한 것은 불과 8,000~10,000년이다. 그들은 툭하면 2~3만 년 전 아틀란티스나 포세이도니스를 이야기한다. 그러나 역사에 나타나는 아틀란티스는 플라톤 한 사람의 주장 외에는 없다. 그는 그의 미완의 저서 크리티아스(Critias)에서 "세계는 여러 시기 동안 여러 가지 방법으로 종말을 맞은 바가 있으며, 그중에서도 가장 유명한 것은 불과 물로 인한 멸망이지만, 그 외에도 멸망의 역사는 헤아릴 수도 없이 많다. 그중 하나가 아틀란티스다."라고 하였다. 이를 믿는 사람들은 "아틀란티스는 미노스 문명의 일부다. 미노스 문명은 기원전 1500년 에게해 남부 퀴크라데스제도의 테라 섬에서 일어난 화산 폭발로 궤멸되었다."라는 등의 전설들[*]을 퍼뜨리고 있으나 표준이론은 모두 虛構로 본다. 또한 아틀란티스의 가장 큰 도시인 포세이도니스(Posidonis)는 아틀란티스의 수몰 시 도시 전체를 돔으로 가려 살아남을 수 있었다는 것은

신화적 픽션이고 이후 이들은 특수 혈청을 개발해서, 물속에서도 숨을 쉴 수 있도록 인공적으로 진화했다는 주장은 판타지라고 본다. 이런 도시가 기원전 21466년에 있었다는 주장은 신지학을 학(學)으로서 자리매김할 수 없게 하는 비난에 그 근거 하나를 추가로 제공하는 것 이외에 아무 의미 없다. 또한 지나가 주장하는 고대 환생터 중 하나인 마다가스카르는 BC 10세기 전후 철기시대부터 인도네시아와 아프리카에서 항해해 온 사람들이 거주하기 시작한 곳으로 주변국과 접촉이 없이 몇몇 종족이 오랫동안 고립되어 살았던 곳인데, BC 22978년에 이곳에 사람이 살았다는 지나라자다사의 주장은 근거 없다. 심지어 이 표의 사람들은 최근 20번 정도의 전생만 조사했을 뿐이고 그 전 수백 번의 전생이 표와는 별도로 또 있었다 하니 그럼 수십만 년 전으로 소급될 것인데 현생인류의 역사가 4만 년임을 고려하면 더욱 근거 없는 주장이 된다. 그리고 대서양의 아틀란티스(Atlantis) 외에 신지학과 뉴에이지에서 주장하는 인도양의 레무리아(Lemuria), 대평양의 무 대륙(Continent of Mu)설도 모두 근거없다.

4. 표준이론에서는 인간의 혼인 知魂의 발생 시기를 문명발생 시기와 같은 때로 본다. 그 이전에는 진화(進化)역사상 사람의 혼이 아직 발생하지 않았다. 지혼의 환생만이 영으로의 도약을 위한 윤회의 장이다. 신지학 등에서 주장하는 것처럼 20만 년 전 호모사피엔스나 4만 년 전 현생인류(homo sapiens sapiens)의 혼은 자의식이나 개체성 면에서 다른 동물들보다 더 진화한 각혼이었을 테지만 그래도 동물의 혼인 각혼 수준이었다. 각혼도 윤회하지만 그들의 윤회는 환생이 아닌 그룹혼의 재생(再生)이다. 그들의 윤회는 지혼으로의 진화를 위한 것이어서 표준이론에서는 분석의 대상이 아니다.

(*) 아프리카 말리(Mali)의 남쪽 고원지역에 도곤(Dogon)이라는 부족이 있다. 이 부족은 지리적으로 고대에서부터 고립되어 생존해왔는데 인류학자인 그리올(Marcel Griaule 1898~1956)의 주장에 의하면 도곤족은 특이하게도 그들만의 천문도와 50년을 주기로 하는 역법을 가지고 있다고 한다. 천문도에는 쌍성인 시리우스A와 B별이 나타나 있고 시리우스A별과 B별은 대략 49.9년을 주기로 서로를 돌고 있다. 시리우스A별은 지구에서 약 8.59광년 떨어진 별로 태양계 내에 있는 천체를 제외하면 가장 밝은 별이다. 시리우스A가 태양과 동일한 곳에서 떠오를 때까지 정확히 365.25일이 걸린다. 고대 이집트에서는 이를 이용해서 일 년을 정확히 측정하였다. 한편 시리우스B별은 백색왜성으로 크기가 지구보다 약간 작지만 질량은 태양과 비슷하며 태양의 5백분의 1의 에너지만 분출하여 1862년에서야 발견되었다. 도곤족은 어떻게 시리우스B별과 그 운행정보를 이처럼 자세히 알고 그들의 천문도에 그려 넣었을까? 소설가 베르베르는 그리올의 전언을 이용하여 아틀란티스의 유민 일부가 도곤족에게 이 지식을 전수하였다는 내용을 그의 소설 「神」에 담았다. 물론 이집트에서 시리우스A를 이용하여 일 년을 측정할 수 있었던 지식의 출처도 동일하다고 하였고 기원전 2600년경 이집트 고왕국이나 기원전 2000년의 남미 페루의 카랄 수페(caral supe)나 유카탄 반도 마야문명의 피라미드 같은 건축기술도 동일한 소스에서 나온 것으로 썼다. 그러나 오늘날 천문학계는 도곤족의 천문도를 확인하지 못하였다. 그러나 이는 고대문명에서 발견되는 시대를 앞선 기술들이 아틀란티스에서 유래하였다는 주장이 아직도 면면함을 보여주는 하나의 사례다.

尾148) 인류와 지구의 멸망이 가능할까?

1. 인간의 윤리파탄에 의한 핵전쟁이나 기후변화 등 환경문제로 인류가 멸망할 수 있다는 견해
    1) 인류가 일시에 멸망하더라도 그 영혼을 수용할 이승이 얼마든지 있다.
    2) 현생인류의 4만 년 진화역사는 46억 년 지구 진화역사에 비하면 별것 아니므로(12.6. '여러 사상에 나타나는 우주주기론' 중 주기론과 인류의 미래 참조) 하느님 입장에서 별로 아까울 것이 없다.

3) 사람의 자유의지의 범위가 무한할 수도 있다. 부모가 아무리 자식을 사랑하여도 그의 자살을 막을 수는 없다.

2. 하느님의 창조세계가 인류에 의해 망가질 수 없다는 견해
    1) 하느님은 자비와 은총의 하느님이다. 인류의 실수는 천사와 마스터들에 의하여 교정되고 치유될 것이다. 하느님의 섭리는 처벌이 아니라 사랑이시고 후퇴가 아니라 발전이다.
    2) 차별, 착취, 전쟁 등 혼죄(魂罪)에 뿌리한 인류의 실수는 영성의 발전으로 스스로 만회될 것이다.(6.10. '업(業)에 대하여' 참조)
    3) 우주와 사람은 하느님이 만드신 목장이며 기르시는 양떼다. 어찌 양떼가 목장을 부술 수 있으며 스스로 자살할 수 있겠는가. 이는 양의 능력과 자유의지를 넘어서는 일로서 발생할 수 없다.
    4) 창조는 완벽하기 때문에 지구의 융통성은 매우 크다. 흙탕물은 곧 가라앉는다.
    5) 인류의 과학적 발견과 발명 그리고 이에 따른 기술개발은 섭리에 의해 의도된 것이다. 따라서 인류는 핵전쟁, 환경오염과 지구 온난화 등 환경문제로 멸망할 리 없다.

3. 표준이론은 인류가 일시에 멸망할 수 있다고 본다. 특히 부록6 '외계혼의 유입수'와 부록6-1 '시대별 영의 탄생수'에 나타난 계산결과, 그리고 2,000억×2,000억의 우주 규모 등을 보아 이승(지적생물체가 사는 행성) 간에 수십억 규모의 영혼의 교류가 단기간에도 충분히 가능하고 또 이미 활발했던 것으로 보이기 때문에 인류가 일시에 멸망하더라도 그 영혼을 수용할 이승도 얼마든지 있다. 그러나 소행성이나 운석충돌, 지진이나 빙하기, 외계인의 침략 등 인간의 책임과 무관한 이유로 인한 지구의 멸망은 신의 섭리상 있을 수 없다.

4. 그러나 어쨌든 사랑이고 자비이신 하느님의 영적설계(Divine Design)가 그렇게 쉽게 방향을 바꿀 리가 없다는 사실은 분명하다. 그렇지만 인간이 신의 섭리를 어찌 다 알 수 있으랴. 특히 지구에서 탄생한 상급혼들이 외계로 대거 유출되었다는 사실과 이로 인한 인류 정신문명의 하향평준화 그리고 인류가 감당할 수 없는 급속한 물질문명의 발달이 신의 섭리라면 이는 정신 차리라는 신의 경고일 수 있다. 6.6조 개의 이승 중 하나인 지구가 부조화의 복합혼이 명종 후 소멸하거나 분열하듯 하느님의 우주에서 사라지지 말라는 법은 없다.

5. 지구의 멸망가능성과는 별도로 인류의 앞날을 보여주는 여러 가지 징조들이 있다. 이러한 징조들은 인류의 자아수준과 관련하여 인류의 미래에 대해 어떤 시사(示唆)를 하고 있는가?
    1) 좋은 징조 : 물질문명의 발달, 세계화, 정보화, 자연과학의 성숙, 민주주의 발달, 전쟁 감소(?), 形而上의 形而下化(직관의 이성적 증명), 수명의 연장, 삶의 질 향상, 인구의 급증과 靈의 수 폭증, 영혼학의 등장
    2) 나쁜 징조 : 물질문명에 비해 한참 뒤쳐진 정신문명 수준, 환경파괴, 대량살상무기 발달, 우민정권의 잦은 등장, 탈종교화, 이성만능주의, 물질만능주의

하느님은 46억 년에 걸쳐 만드신 지구를 '호모사피엔스 사피엔스'에게 과거 40,000년 간 무상으로 임대하셨다. 그리고 10,000년 전 '호모 키윌리사티오'에게 문명을 주었고 그리고 다시 2,000~2,500년 전을 즈음하여 영성의 시대 열어주셨다. 특이한 사항은 200여 년 전부터 본격적으로 시작된 자연과학의 시대다. 이후 인류는 산업화와 과학화로 물질문명이 급속히 발달하였고 또 최근 100년 동안에는 20억에서 80억 규모로 인구가 급증하면서 혼영이 외계에

서 대거 수입되었다. 게다가 더욱 최근에는 양질의 긴 수명(壽命)까지 주어졌다. 최근의 이 200년이 인류문명이 개화(開化)를 준비하는 시대인가? 개화라면 열매는 무엇이고 언제 열릴까? 그 열매는 먹자는 열매인가 심자는 열매인가? 확실한 사실은 꽃대는 충실히 마련되었다는 것이다. '호모 키윌리사티오'가 그 위에 아름다운 꽃봉오리를 피워내고 마침내 하느님이 기대하시는 열매를 맺을 수 있을까? 인류의 자아수준(인격지수)은 문명 이래 완만한 상향(上向)의 그래프를 그려왔다. 그러나 최근 200년간의 여러 현상을 볼 때 이제 인류 자아수준의 극적 향상이 요구되고 있는 것이 분명하다. 바야흐로 하느님이 주신 영성의 지혜를 모아 이 시험에 대비해야 할 때다. 아니 시험날짜는 벌써 닥쳤고 이미 1교시 2교시가 지났으며 인류가 제출한 답안은 채점 중에 있는지도 모른다.

(*) 젊은이들을 먼저 전쟁터에 내보내는 짓은 더 이상 道理도 攝理도 아니다. 머지않아 일인일표제가 改善되고 책임투표제가 자리잡으면 男女不問, 贊成者順, 年長者順으로 전쟁터에 나가게 될 것이고 따라서 재래식 전쟁은 극적으로 감소하게 될 것이다. 그로 인해 핵전쟁의 가능성도 감소할까? 당연하다.

尾149) 魂腦에 대하여

1. 혼뇌는 몸뇌의 기능인 기억과 운동, 감각, 계산 등 모든 기능을 수행한다. 몸뇌는 '대뇌'에서 감각, 분석, 판단, 생각, 말하고 기억하기 등의 기능을 한다는데 생기체의 혼뇌에도 같은 기능을 하는 대뇌가 있는가? 몸과 생기체의 대응은 그런 식의 1:1 대응이 아니다. 몸의 뇌는 혼뇌의 물질적 화신(化身)일 뿐이다. 비로자나 법신불이 석가모니 부처님처럼 四肢를 가지고 있겠는가. 몸뇌의 기능은 혼뇌에서 이루어져 몸뇌에 반영되는 것뿐이다. 그러므로 혼뇌가 없는 몸뇌는 더 이상 뇌가 아니다. 따라서 AI나 인공두뇌를 탑재한 SF영화의 로봇인간은 비현실적 공상이다. 그러나 '체세포 핵 치환법'으로 실험실에서 복제된 Clone에 생기체와 윤회혼이 임하는 것이 불가능한 일은 아니라고 본다. 생기체의 선천지기는 부모에게서 기원하고 그 본체는 생기계에서 기원하며 그 자람은 우주에 만재한 생기에 기댄다. 육체와 생기체가 성공적으로 준비되면 혼계의 윤회혼이 거기에 임할 수 있다. 좀 더 자세히 보자. 선천지기로 인해 형성된 생기체 씨앗은 자라면서 생기계의 동종 생기체를 부를 것이고 생기계에서는 여기에 응하지 않을 이유가 없다. 그런데 태아에 임한 생기체가 자라려면 영양소뿐 아니라 호흡과 피부를 통해서도 자연으로부터 생기를 흡수하여야 하는데 클론이 유아가 아닌 성체라면 시험관 안의 클론이 성체가 될 때까지 충분한 생기를 공급하기란 쉽지 않을 것이다. 만일 氣學이 거기까지 발달하여 생기를 성공적으로 공급한다면 생명체가 탄생할 즈음이 되면 거기에 윤회혼이 깃들 수도 있다고 본다(12.7. '의식과 기억' 중 '자아과 기억 그리고 클론' 참조). 그러나 그 클론의 의식수준은 유아수준일 것임은 두말할 것도 없다. 설사 기억을 이식한다고 하여도 마찬가지다.

2. 네덜란드 심장 전문가 핌 반 롬멜(Pim van Lommel)은 의식과 뇌의 관계가 방송국과 TV의 관계와 비슷하다며 "뇌가 의식을 만들어 내는 것이 아니라 뇌에 의해 의식이 지각되는 것일 수도 있다."는 의식다원론적 주장을 펼쳤는데 이는 일응 타당한 주장이다. 혼뇌가 방송국이고 몸뇌는 TV다. 혼뇌의 방송이 중단되면 몸뇌에는 빈 화면만 물결친다. 반대로 TV가 없으면 방송이 무슨 소용이랴.

3. 알츠하이머는 특정 단백질이 뇌세포간의 효율적인 연결을 방해해서 기능이 저하되는 질환이므

로 뇌기능이 아예 망가져 스위치 Off된 경우이다. 그런데 어찌 알츠하이머말기환자에게 스위치 On으로 보이는 임종명석현상(terminal lucidity)이 생기는가. 의학적으로 terminal lucidity의 발생 이유는
 1) 병발증(염증이나 열병 또는 작은 중풍 등)이 생겼다가 치료가 되어서
 2) 가족들의 친밀한 보살핌, 간병인과 의료진과 의료보조진이 적극적(신체적 및 정신적)인 관심, 그리고 생활환경의 개선 때문에
 3) 약을 가능한 한 줄이고 충분하고 고른 영양섭취를 하여서라고 한다.
 이쯤 되면 terminal lucidity의 의학적 발생 이유가 발생 사실 자체보다 더 신비하다.

4. terminal lucidity가 발생하는 진짜 이유는 고장난 몸뇌 대신 혼뇌가 작동한 때문일 것이다. 비상(非常)한 상황에 혼뇌가 전면에 가끔 나타나기 때문에 일어나는 초상현상이라는 것이다. 이는 혼뇌의 또 다른 존재증거다. 우리말로 회광반조(回光返照)라는 말이 있다. 해지기 직전 하늘이 잠시 밝아지는 자연현상에 빗대어 혼수상태의 사람에게 죽기 전에 잠깐 의식이 돌아오는 현상을 표현한 말이다. 영어로는 end-of-life Rallying, last burst of lucidity, sudden surge of concious awareness 등 이를 표현하는 말이 다양하다(6.3.1. '생기체', 미주 317 '치매에 대하여' 참조).

5. 너희 뇌는 지성의 원천이 아니다. 그것은 그냥 자료 처리기다. 그것은 감각이라 불리는 수신장치를 통해서 자료를 받아들이고, 그 주제와 관련된 예전 자료들에 따라 형성중인 그 에너지(=자료)를 해석한다. 뇌는 실제 있는 것이 아니라, 자신이 지각한 것(=해석)을 너희에게 말해 준다. 이 지각에 근거해서 너희는 어떤 것의 진실을 안다고 생각한다. 자신이 아는 진실을 만들어 내는 건 너희 자신이다. 이 대화도 다 포함해서(닐 도날드 월쉬,「신과 나눈 이야기」).
 신나이의 이 진술을 풀어 말하면 뇌는 컴퓨터이고 자신은 컴퓨터를 사용하는 인간이다. 컴퓨터는 네트웍과 결합하여 그 용도와 효용이 엄청나게 커지고 있다. 사람들이 놀라서 AI니 뭐니 하며 AI를 어드마이어하다 못해 이제 리스펙트하고 워십할 지경이다. 사실 이러한 본말전도는 이미 일어나고 있었다. 많은 사람들이 성능 좋은 뇌를 가진 사람을 리스펙트한다.

尾150) 마음에 대한 여러 이론

1. 심신이원론(dualism)은 마음과 몸이 구별되고 분리될 수 있으며 마음에서 일어나는 정신 현상이 비물리적이라는 견해다.

2. 관념론(idealism)은 대상(對象)이 인간의 인식과 분리하여 존재할 수 없다는 형이상학적 관점의 주장이다. 여기에는 물질적 대상은 인간이 대상을 인식하는 정도까지만 존재한다고 제안하는 주관적 관념론과 대상은 일단 인식과 무관히 독립적으로 존재한다는 객관적 관념론이 있다.

3. 기억이 자아의 본질이라고 주장하는 유물론적 주장들(12.7. '의식과 기억' 참조)
 1) 기능주의(functionalism)는 마음이 감각입력에 대한 행동 산출물이라고 주장한다. 마치 컴퓨터의 프로그램이 입력정보에 반응하여 전자 기판을 통해 구현된 출력을 제공하는 것처럼 뇌는 외부자극에 대하여 생물학적 반응기능을 수행하고 마음은 이 과정에서 발생한다는 것이다.
 2) 행화주의(行化主義, Enactivism)는 인지과학의 주장으로 인식이 행동하는 유기체와 환경

사이의 역동적인 상호작용을 통해 발생한다는 주장이다. 사람이 어떤 일을 능숙하게 수행할 수 있는 능력과 노하우를 가질 수 있는 이유는 지능 때문이 아니라 뇌와 몸과 환경의 상호작용이다. 유기체의 마음은 그 유기체의 감각 운동 과정의 적극적인 운동에 의해 초래되거나 작동된다고 한다.
   3) 물리주의(physicalism)는 모든 것이 육체적이고, 육체를 넘어서는 것은 아무것도 없다는 주장이며 모든 것이 육체에 종속된다는 유물론(唯物論)적 주장이다.

4. 다만 최근 다음과 같은 로저 펜로즈의 '조화객관 환원이론' 데이비드 봄의 '양자 형이상학(quantum metaphysics)이론', 핌 반 롬멜(Pim van Lommel)이나 케임브릿지대학의 루퍼트 셸드레이크(Rupert Sheldrake)의 '수신기 이론', 기타 '신경 가소성이론'과 '철학적 좀비 논쟁' 등 자연과학적 이론들이 現代의 大勢인 유물론적 주장들에 도전하고 있다.
   1) 로저 펜로즈의 '조화객관 환원이론'은 미주 132 '로저 펜로즈와 하메로프의 의식에 대한 조화객관 환원이론' 참조
   2) 데이비드 봄의 '양자 형이상학(quantum metaphysics)이론'은 6.6.1. '데이비드 봄의 양자 형이상학과 표준이론' 참조
   3) 핌 반 롬멜(Pim van Lommel)이나 케임브릿지대학의 루퍼트 셸드레이크(Rupert Sheldrake)의 '수신기 이론'은 12.1. '임종명석현상' 참조
   4) 1970년대까지만 하더라도 신경과학자들은 뇌의 구조와 기능이 성인이 되면 고정되며 완성된 자아도 여기에 기반한다고 믿었었다. 그런데 신경 가소성 또는 뇌 가소성이론은 새로운 능력, 환경 영향, 실습 및 심리적 스트레스를 학습함으로써 뇌의 신경 네트워크가 성장과 재구성을 통해 변화한다는 주장으로 '뇌의 물리적 형태가 성인이 돼서도 계속 변화하고 발달한다는 사실은 (불변하는) 마음이 물질인 뇌에 근원하는 것이 아니라는 사실을 반증한다'고 주장한다. 또한 신경 가소성 연구에 의해 뇌의 특정부위의 기능이 다른 부위로 전위(轉位) 될 수 있다는 사실이 드러나 논쟁은 더욱 가열되고 있다.
   5) '철학적 좀비논증'은 정상적인 사람과 물리적으로는 동일하지만 의식 또는 지각이 없는 가상의 존재인 '좀비'를 상정하는 사고 실험에 기인한다. 예를 들어, 날카로운 물체로 찌르면 마음이 없어 고(苦)를 느끼지는 않지만 겉으로는 고(苦)를 느끼는 것처럼 행동하는 철학적 좀비를 사고실험으로 가상하는 것이다. 좀비의 세계는 외부적으로는 우리 세계와 구별할 수 없을 정도지만 '의식(魂)적인 경험'이 결여된 세계. 철학적 좀비 논쟁은 유물론, 행동주의 및 기능주의와 같은 물리주의의 형태에 대항하여 심신 이원론을 주장하는 데 사용된다. 철학자 데이비드 찰머스(David Chalmers)와 같은 철학적 좀비 논증의 지지자들은 철학적 좀비가 정의에 따라 의식(魂)이 있는 사람과 물리적으로 동일하기 때문에 어떤 의식적 경험의 존재를 구현할 것이고 그렇다면 좀비는 사람과 같아야 하는데 과연 그러할 것이냐며 유물론을 공박한다. 클론에 생기체가 발생하여 동작한다 하더라도 그 클론에 자아가 발생할 것이라고는 상상할 수 없다는 논리와 같다(wikipedia, 'Mind' 참조).

尾151) 표준이론의 무명(無明)

1. 표준이론에서 지혼의 중심체인 상위정신체(에고)의 속성으로서 개체성(separateness)은 상위정신체가 탄생되는 때인 군혼에서의 탈피시점에서 혼이 확보한 자연스러운 속성이지만 이후 영으로의 진화과정에서 개체성은 오히려 진화를 방해하는 가장 큰 장애물로 작용한다. 지혼은 자신을 他로부터 구별함으로써 생겨났지만 그 구별은 일원의 세계로 돌아가는 데 있어서 극복

대상이 되는 것이다. 이는 혼이 無明으로 인해 '자타일체의 일원의 이치'를 모르는 상태에서 환상(maya)으로서 개체성을 갖게 된다는 힌두의 설명과도 일치한다(미주 97 '개체성(separateness)과 개별성(individuality)' 참조). 표준이론의 무명(無明)도 이러한 이치를 모르는 무명이다.

2. 따라서 무명의 발생과정은 [개체성 확보 → 자의식 발생 → 이기심과 자존심 등장 → 소유욕과 명예욕으로 구체화 → 무명 발생]이다. 이를 '무명(無明)의 공식'이라고 하자. '12연기 공식'보다는 간단하니 외기도 쉽다.

3. 지혼은 진화를 위하여 이러한 이치를 깨달아 무명으로부터 탈출하여야 하나 그 깨달음은 그룹혼으로의 복귀가 아니라 하느님으로의 합일을 향한 길이어야 한다. 이를 위하여 지혼은 개체성(separateness)은 극복하되 오히려 개별성(individuality)과 개성을 발전시키고 자의식은 靈의 순수의식으로 변화시켜야 한다. 이는 至難한 상구보리(上求菩提)의 길이다.

4. 개체성의 극복작업은 혼에 내재한 '하느님의 불씨'가 動因이 되어 시작된다. 하느님으로부터 발출한 불씨가 혼으로 하여금 그의 궁극적인 진화목표점이 하느님과의 합일임을 깨닫게 하면서 시작되는 것이다.

尾152) 감성(感性, sensibility)

1. 감성은 이성(理性, 知性)에 대응되는 개념으로, 감성과 이성은 둘 다 정신체의 기능에 속하지만 정신체는 감성과 이성(지성)으로만 이루어진 것이 아니다. 감성과 이성 사이에는 욕망, 욕구, 감정이 존재하며 따라서 둘 간의 간격은 너무 멀다. 감성은 '외계의 대상을 오관(五官)으로 감각하고 지각하여 표상을 형성하는 정신체의 최하위 기능'이다. 감성은 인간과 외부세계를 잇는 다리(bridge)로서 인간 생활의 기본적 영역을 열어 주는 역할을 한다. 즉,
   1) 이성(理性)을 위해 감각적 소재를 제공하고,
   2) 이성의 지배와 통솔을 받을 감정적 소지(素地)를 마련하며,
   3) 미적(美的) 인식에서는 자신의 순수한 모습을 나타냄으로써 인간적 생의 상징적 징표(徵表)가 된다.
   그러나 오늘날 감성을 감성 아닌 것으로부터 분리한다는 것은 불가능한 일이며, 오히려 감성이 삶을 영위(營爲)하는 데 있어 가장 기본적인 국면으로 보는 것이 일반적인 경향이다.

2. 표준이론의 감성을 불교의 색(色)·수(受)·상(想)·행(行)·식(識)의 오온(五蘊)중 하나와 비교한다면 무엇에 가까울까. 불설에서
   1) '색'은 외부 대상이고
   2) '수'는 육체의 감각에 의해 생긴 지각(知覺)이며
   3) '상'은 심상(心像)을 취하는 취상작용으로서 표상·개념 등의 작용이며 의식 속에 상(象)을 구성하고 마음속에 어떤 것을 떠올려 관념을 형성하는 기능이다.
   4) '행'은 의지작용과 그 잠재적 형성력을 의미하고
   5) '식'은 인식판단의 작용을 가리킨다.
   이처럼 어려운(사실은 모호한) 설명을 들으면 감성은 '상(想)'쯤에 해당되지 않을까 생각할 수 있겠으나 정확히 想인 것은 아니다. 오온은 불교에서 보는 인간의 구성요소다. 그런데 불교는 인간에게 몸과 마음만 있고 혼이나 영은 없다 하니 오온의 색만 빼면 나머지 사온

(四蘊)이 마음이다. 그러나 불설은 거기에서 끝나지 않는다. 불설에 의하면 오온의 識이 육근의 각 根과 결합하여 전오식(前五識)이 나오고 최종에는 분별식인 제육식(第六識)이 나온다. 거기에서 자의식인 제칠식(前七識)이 나오며 다시 거기에서 윤회식인 제팔식(前八識) 아뢰야식이 기인한다. 게다가 어느 불설은 그 위에 청정식인 제9식 아말라식도 있다 한다. 그렇다면 결국 불설도 에둘러서 그렇지 결국은 표준이론으로 대치(代置)할 수 있다. 즉 청정식은 영(靈), 아뢰야식은 양심, 자의식인 7식은 당연히 에고인 상위정신체, 6식은 하위정신체인 이드다. 따라서 기작의 발생순서와 전오식만 생각하면 오온은 모두 생기체의 기능인 감각기능에 해당할 수도 있다. 그러나 오온이 불설에서 말하는 사람의 구성요소이론임과 불설의 위 오온에 대한 설명을 고려하면 행(行)은 에고의 감정과 이드의 욕망, 상(想)은 이드의 감성, 수(受)는 생기체의 감각 정도와 매치된다(부록4 '영혼육의 구조' 참조).

尾153) 無我의 덫

1. 부처님은
    1) 브라만교의 폐해를 혁파하기 위해 또는
    2) 그와 차별하려는 의도나
    3) 敎를 세우려는 욕심 또는
    4) 未知生焉知死류의 무기(無記)나
    5) 一言以重千金 그것도 아니면
    6) 아난다의 기억착오 등의 이유로 후생들에게 무아윤회(無我輪廻)라는 모순을 남겼다. 많은 후생들은 이를 피해가기 위해 三藏으로 '祕傳의 벽(미주 1 참조)'을 쌓았고 이를 벗어나기 위해 몇 생을 허비하였다. 이는 현재에도 진행형이다. 이 벽으로 인하여 불교는 윤회의 종교이면서도 공식적으로는 윤회의 존재를 부정하고 열반과 해탈의 자구(自救)종교이면서도 공공연히 신을 부인하여 불설의 수많은 眞說에도 불구하고 이천년 세월을 허비하였다. 표준이론에서는 그 심각성에 비추어 이를 '무아의 덫' 또는 '무아의 신비'라고 이름하고 그 문제점과 폐해를 여기저기에서 자주 거론하였다.

2. 고엔카 선생님께

생전에 '無我의 덫'에 걸려 꼼짝달싹 못하셨다고요?
선생님 성격에 그 덫을 풀어 보려고 남몰래 공부 많이 하셨겠어요.
누구에게 하소연이라고 했으면 하셨을 텐데 '祕傳의 벽'에 막혀 그저 혼자 방황하셨겠네요.
답은 혹시 찾으셨어요? 그래서 덫에서 빠져 나오셨나요?
이웃들도 덫에 걸려 고생하였을 텐데 혹시 보셨어요?
보셨다면 푸는 방법을 가르쳐 주셨나요?
내 코가 석 자인데 누굴 가르치느냐고요?
고자질이라도 하면 우짤라고 뭘 믿고 알려주냐고요?
맞아요. 혹시 누가 물어 오더라도 무슨 소리냐고 딱 잡아떼야 해요.
三藏의 권위로 입을 막거나 나도 모를 玄學⁽ⁿ⁾으로 기를 죽이세요.
부처님 밥 먹고 사는 처지에 의리없이 임금님 귀는 당나귀 귀라고 소리친다면
그건 背信이고 파멸이에요.
그래도 벽 안에서 들어가시고 나서는 서로 뒷담화하셨지요?

알고 보니
부처님이나 아난다가 실수하신 것 같다고요.
있는 것이 왜 없고 없는 것이 어떻게 있냐고요.
자아가 어찌 무아이고 무아가 어찌 윤회하냐고요.
그럼 이만 총총.

(*) "'나'라는 건 없나요?"라는 물음에 고엔카는 "네. '나'라는 건 없습니다."라고 대답하고 "그럼 무엇이 깨달음을 필요로 합니까?"라고 다시 묻자 "무지가 깨달음을 필요로 합니다."라고 답하였다(고엔카,「사띠빳타나 숫따에 관한 법문」, 102쪽).

尾154) 삼키아의 우주 전개 원리와 불교의 유식설

1. 유식설(唯識說)은 삼키아철학을 역순(逆順)으로 논변한 것이 찝찝하였는지 다시 다음과 같이 삼키아의 신지학적 영혼발생의 순서를 그대로 따르는 이론도 설한다. 이는 불설의 윤회이론인 사유론(四有論) 때문에 어쩔 수 없는 것이기도 하다. "인간의 현실존재를 구성하고 있는 여러 가지 法(존재)은 부처님의 삼법인(三法印)에 따라 제법무아(諸法無我)이므로 실유(實有)가 아니며 따라서 공(空)하고 연기적(緣起的)이다. 그러나 모든 법이 현재 있는 상태(現實態)로 성립하기 위해서는 모두 空에 근거하는 원인이 있지 않으면 안 된다고 본다. 그리고 그 원인은 이미 공(空)에 가능성의 상태(可能態)로 존재한다고 보며 그것을 종자(種子)라고 부른다. 그 종자가 종자식 즉 제8식인 아뢰야식이다. 여기에 의존하여 자의식(自意識)의 작용을 하는 제7식인 말나식이 나오고 다시 여기에서 안식, 이식, 비식, 설식, 식식, 의식의 6식이 나와 각각 육경(六境, 색성향미촉법)을 인식한다."

2. 이렇게 되면 유식이 삼키아의 논변과 무엇이 다른가. 이러한 공(空)은 우주의식인 힌두의 브라만(Brahman)이고 거기에서 나오는 종자는 아트만과 다를 바 없으니 도루묵인 셈이다. 불설의 공이 이런 것이라면 공(空)은 사실 도가의 도(道)이고 태허(太虛)이며 유가의 태극(太極)이요 카발라의 아인(Ein)이며 신지학의 로고스요 뉴에이지의 우주의식이다. 또 종자는 영지주의의 영(靈)이요 카발라의 최초의 세피라인 케테르(Kether)요 신지학의 모나드(Monad)이며 유가의 성(性)이고 우리나라 전통 혼령관에서 말하는 생령(生靈)이다.

3. 그러나 유식학은 이처럼 다시 힌두의 길을 걷고도 어색해할 일이 없다. 왜냐하면 부처님의 제법무아가 사실은 '제행이 무상하니 제법의 아도 緣起에 따라 변화하는 無常' 즉 제법무상아(諸法無常我)를 말하고 있음을 잘 알기 때문이다. 그들에게 필요한 것은 부처님의 '무아의 덫'을 피해가려는 자기들만을 위한 논리였다. 그러나 안타깝게도 후생들에게 유식은 '무아의 덫' 옆에 파놓은 '무아의 함정'이 되었다.

4. 원래, 공(空)사상은 서기 1세기경 용수 중관학파가 상좌부(上座部) 계통의 설일체유부(說一切有部)의 주장인 법유(法有)를 논박하고, 일체의 존재를 연기(緣起)의 입장에서 파악하여 무애자재(無礙自在)의 세계를 전개하려는 사상이었다. 부처님의 아이디어인 연기(緣起)를 이용하여 상대방을 무너뜨리기 위한 논변이었던 것이다. 따라서 공사상의 문자에 집착할 것이 아니라 공(空)을 거시적으로 부처님의 '연기의 無常性'으로 이해하면 그것으로 족하다. 재론하거니와 부처님은 모든 현상은 인연소생(因緣所生)이기 때문에 거기에는 항상하는 아(常我)는 존재하지 않는다는 '제법무상아(諸法無常我)'를 말씀하셨을 뿐이다(미주 86 '莊子의 吾喪我' 참조). 그러니 무

아(無我)에서 무상(無常)이 아니라 아나트만(Anātman)과 아브라만(abrahman)을 유추하면 '무아의 덫'에 빠지게 된다.

5. 부처님은 위빠사나 명상에 의하여 깨달음을 얻었다고 전해지는데 위빠사나 명상은 우리말로 身·受·心·法의 사념처(四念處) 명상이다. 위빠사나는 사람의 구성요소인 오온(色受想行識) 간의 메카니즘에 주목하는 이론구성을 가진다. 불교의 오온설에 따르면 사람은 물질인 색(色)이 주는 자극을 6근을 통하여 감각(受)한 후 이를 감성(想)하면 이에 대한 반응으로 감정이나 욕망이 분출한다(行). 이 흐름을 감각관찰 명상(身念處觀, kāyānupassanā)으로 色 즉 몸 단계 직후에서 끊어내거나 감성관찰 명상(受念處觀, Vedanānupassanā)으로 受 즉 감각 단계 직후에서 끊어낸다. 이후 마음 단계에서 끊어내거나(마음관찰, 心念處觀, Cittanupassanā) 법(法, dhammā)의 단계에서 끊어내는(담마관찰, 法念處觀, dhammānupassanā) 것이 위빠사나다. 위빠사나의 세계적 지도자 고엔카에 의하면 부처님은 이중 감각관찰에 집중하셨다. 감각을 관찰하는 구체적인 방법으로 기감(氣感)을 사용하는데 이는 몸 안의 기를 돌리고 호흡을 조절하는 도가의 운기조식(運氣調息)과 비슷하다. 이를 통하여 부처님은 '육근의 감각(受)은 수시로 변하니 무상하고 여기에 연하여 만들어지는 마음 또한 모두 무상한 것'임을 아셨다고 한다. 나아가 이러한 무상한 마음을 아라고 착각하여 아상(我相)을 형성한 뒤 이에 집착함으로 인하여 나타나는 고(苦, Dukkaha)의 실상을 정관하시고 자연스럽게 사성제(四聖諦)와 삼법인(三法印)을 토(吐)하신 것이다. 이러한 허망한 아상을 비판적으로 묘사한 단어가 무아(無我)이니 무아의 정체는 무상아(無常我)다.

尾155) 사랑에 대하여

1. 사랑은 영의 것, 애정은 혼의 것, 성욕은 몸의 것이라고 쉽게 이야기하나 살펴본 대로 애정은 영:혼:육=0:7:3, 성욕은 영:혼:육=0:6:4이고 사랑은 종류에 따라 다르다.

구분	종류	영:혼:육	의미
성욕	욕망(이드)	0:6:4	오욕(五慾)의 하나로 성적 행위를 하고자 하는 욕구
애정	감정(에고)	0:7:3	칠정(七情)의 하나로 남녀 간에 서로 그리워하는 감정
사랑	에로스(Eros)	0:7:3	육체적이거나 혹은 이성적인 매력에 매료된 사랑(애정)
	마니아(Mania)	0:8:2	애증의 변화가 빈번한 격정적이고 소유적 사랑
	루드스(Ludus)	0:9:1	가족 구성원 사이의 사랑
	스토르지(Storge)	1:9:0	정이나 친밀함 기반의 사랑
	필레오(Pileo)	2:8:0	지인 사이에 느끼는 애정이나 친분
	플라토닉(platonic)	5:5:0	스킨십 없이 그저 정신적으로만 좋아하는 사랑
	아가페(Agape)	9:1:0	신이 인간에게 주는 아낌없는 사랑

2. 신이 사람을 사랑하시니 사람이 신을 사랑한다면 그 사람도 신이 사랑하시는 사람을 사랑하여야 한다. 그러므로 진정한 사랑은 신을 사랑하고 나서야 할 수 있는 순수하고 수승한 자아만이 가질 수 있는 영적인 감정이다. 따라서 진정한 사랑은 아무나 할 수 있는 것이 아니다.

3. 사랑은 혼이 Oneness(一元)를 맛보는 것이다. 신과의 Oneness나 만물과의 궁극적인

Oneness는 요원하더라도 혼이 영이 되기 전에 개체성의 소산인 자존심과 이기심을 버리고 다른 사람과 하나가 될 수 있는 유일한 기회가 사랑이다. 불교의 不殺生(ahimsā)도 사랑의 발로가 아니던가? 그래서 사랑이 아름답다고 하고 귀하다고 하며 眞하고 正하고 靈的이라고 한다. 자존심과 이기심이 남아있는 사랑은 사랑이 아니라 아직 애정이나 성욕이다. 이성 간의 사랑이 그 근저에 어찌 애정이나 성욕이 없겠고 자식 사랑에 어찌 번식욕이 개입하지 않으랴만 이러한 저열한 욕망과 감정을 바탕으로 하여 神性에 도달하는 일이 사랑이니 진정 사랑은 '神祕'다. 그렇다면 당신은 살아생전 단 한 번이라도 이런 사랑을 해 보았는가?

4. 불교에서는 보살행(菩薩行)으로 자리이타(自利利他)를 실천하라고 한다. 보살행은 利己心의 속성에 철저히 사로잡힌 혼에게 이타심을 가지라 하는 바라밀행으로 혼더러 자아의 수준을 높여 영이 되라는 말이다. 자아수준의 상승 없는 사랑은 애정이나 성욕이다. 그들이 보이는 희생(犧牲)과 봉사는 명예심에 의한 과시요 이기심에 의한 투자(投資)다. 이타심의 정수가 사랑이니 낮은 자아에게 이타심을 강요함은 연목구어(緣木求魚)다. 따라서 불교에서는 기독교처럼 혼에게 아직 그 실천이 불가능한 사랑을 강요하지 않는다. 그래서 자리이타다. 그것도 自利가 먼저이니 自利가 되면서 利他도 되는 행을 하라는 말이다. 사랑도 동일하다. 이미 說한 바와 같이 저 아름다운 플라토닉行에 영과 혼이 반반이라 것은 플라토닉도 자리와 이타가 반반이라는 뜻이다. 심지어 사람이 아가페行을 한다 해도 거기에 自利가 10% 섞여 있다. 사랑은 윤리나 도덕으로 그 실천을 강제할 수 있는 것이 아니다. 사랑은 합일의 길에서 점점 커지고 익어가는 과실이다. "이웃사랑은 윤리적 행위가 아니라 모든 사람 뒤에 있는 신을 사랑하는 것이다."(시몬 베유 Simone Weil 1909~1943)

5. 사랑

사랑과 감천(感天)

사랑은 사람의 것이 아니다
신의 것이다
신이 은총으로 나누어 주면
사람은 받을 뿐이다

사랑의 은총을 타고난 이들도 있긴 있으렸다
전생에 공과 덕을 잔뜩 쌓은 사람들 말이다
전생에 나라를 구한 사람들 말이다
난 사랑하는 능력을 못 받았다
아니 별 공덕을 못 쌓았다

그러나 은총은 예정되어 있지 않다
노력으로 감천(感天)으로 주어진다
그래서 다시 태어났겠지
노력하려고
감천하려고

6. 단편소설

시놉시스(Synopsys)

때는 1950년. A는 경기도 연천에 사는 열아홉 살 총각이다. 그는 막 고등학교를 졸업하고 집에서 농사일을 거들고 있었다. B는 A의 동갑내기 이웃 동네 처녀로 A와는 같은 국민학교를 다닌 인연으로 그저 서로 알고 지내는 사이였으나 이태 전인가 A가 학교 친구들과 무리지어 B가 다니는 여고 학예회 때 놀러갔다가 서로 말을 섞은 뒤 읍내에서 마주치면 괜히 서로 설레는 사이가 되었고 학교 졸업할 즈음에는 부모 몰래 연애하는 사이가 되었다. B는 읍에서 친척이 하는 양조장 경리 일을 도와주고 있었다. 그해 6월 전쟁이 터졌다. 동네 형들이 인민군에 징집되어 모두 전쟁 나갔다. 죽고 사는 형들이 나뉘니 그야말로 초상집이 여럿 생겼다. 와중에 A와 B는 애틋한 연애를 이어갔다. 9월이 되자 A도 징집영장을 받았다. A와 B는 한참 연애가 무르익은 때라 영영 헤어질 수도 있는 이 상황을 감당할 수 없어 서로 손을 잡고 참 많이 울었다. 드디어 며칠 후면 입대할 때가 되자 A와 B는 늦은 밤 양조장 창고에서 격렬한 사랑을 나누었다. 몸과 마음과 상황이 익을 대로 익은 그들은 사랑이 이처럼 큰 쾌락이자 고통인 것을 절절히 알게 되었다. 헤어지기 전 며칠간 그들은 양조장에서, 텅 빈 학교에서, 변두리 방앗간에서, 동네 뒷산 절간에서 만나고 또 만나 그때마다 두세 번씩 사랑을 나누고 또 나누었다. 꿀 같고 쓸개 같은 며칠이 지나자 A는 마침내 육공트럭에 실려 개성훈련소에 입소하였고 B는 눈물로 그를 떠나보냈다. 전황은 초기에 인민군에게 유리하였으나 곧 국방군이 밀고 올라왔다. A는 입소한지 보름 만에 훈련소 인근 야산으로 실탄도 없는 총을 들고 분대전투 훈련을 나갔다가 갑작스럽게 적군의 총질을 받게 되었다. 교관이며 조교며 대부분 다 죽었는데 A는 요행히 죽은 체하고 넘어져 있었다. 그러나 곧 들통이 나 손발을 뒤로 포박당한 채 훈련병 몇 명과 함께 도로 옆 나무 밑에 무릎이 꿇린 채 벌벌 떨고 있었다. 절체절명의 그때 지나가던 지프 한 대가 길가에 멈춰 섰다. 선탑한 장교 하나가 포로들을 향해 소리 질렀다. 거기 어린놈들 고개 들어봐! A는 겁에 질려 이미 반쯤 죽은 얼굴로 그쪽을 바라보았다. 어? 너 A 아니냐! 장교는 A의 큰형 친구인 K로 서울로 유학 간지 몇 해 되었는데 소식을 몰랐더니 그 사이 국방군 장교가 되어 있었다. 야 저 새끼 풀어! A가 동료들 사이에서 끌려 나와 포박이 풀리고 K 앞에 세워졌다. 너 운동 잘하더니 훌쩍 컸구나. 우짜다 이 꼴이 되었노. 아이고 형님 보름 전 개성훈련소에 끌려와 훈련받다가 갑자기 이 지경이 되었습니다. 총 한 방 쏴본 적도 없습니다. 살려주소. 그래? 야! 이 아이 차에 태워라. 넷! 충성! K는 9사단 인사장교였다. 서류를 꾸며 줄 테니 옷 갈아입고 국방군에 입대해! A는 9사단 99연대 9중대에 훈련도 안 받고 배치되었다. 9중대장은 어처구니가 없었다. 총도 안 쏴본 신병이 들어왔다고? 야! 소대장! 이 새끼 데리고 가서 우선 한 바퀴 돌려. 소대장은 그를 소대로 데리고 가 신입 인사를 시키고 태권도 훈련 중인 무리에 끼워 세웠다. 너 할 줄 아는 품세 있으면 해봐. 아니 지르기나 앞차기라도 해본 적 있으면 그거라도 해봐. A는 학교 때 유도를 했다. 운동신경이 좋아 태권도도 축구도 좀 했다. 그는 소대장의 지시에 곧 얍! 기합을 내지르고 기마자세를 취한 뒤 절도 있는 동작으로 왼발을 앞으로 내디디며 오른손으로 몸통지르기를 해 보이고 이어 앞으로 한 걸음 더 나오면서 오른발을 높이 들어 앞차기로 허공의 적의 턱을 강타하여 보였다. 오! 이놈. 좀 하네. 야. 애한테 총 줘봐. 너 인민군대에서 총검술은 배웠냐? 넷. A는 엊그제 배워 아직 생생한 인민군 총검술 기본동작을 힘 있고 각이 잡힌 자세로 해 보였다. 인민군이나 우리나 총검술은 엇비슷하구먼. 됐다. 총만 쏠 줄 알면 되겠다. 이렇게 하여 A는 갑자기 99연대 9중대 이등병이 되어 북진하는 국군 틈에 끼게 되었다. 한편 B는 A가 훈련 중에 포로가 되어 끌려갔다는 소식을 듣고 까무러쳐 한 보름 앓다가 정신을 차려 국방군에 간호병으로 자원입대하였다. 1개월 교육이 끝난 B는 고향 연천에 주둔하는 야전병원에 배치되었다. 그 사이 A는 제법 큰 전투를 여러 번 치렀으나 오로지 B에게 살아 돌아가겠다는 신념 하나로 버티고 또 버텨 일등병으로 진급까지 하였다. 전황이 바뀌어 부대가 적에 밀려 후방으로 내려오다가 연천에 이르러 그 인근에 주둔하게 되었다. 뛸 듯이 기쁜 마음에 A는 외박을 청해 B에게 달려갔고 수소문 끝에 야전병원에 찾아가서 꿈에 그리던 B를 만나게 되었다. 둘은 서로 손을 부여잡고 금방 눈물로 얼굴이 범벅되었다. B는 병원 뒤편 약품 창고로 A를 잡아끌었다. 둘은 거기서 얼싸안고 뒹굴었다. 순식간에 두 합이 이루어졌다. B는 즐거움에 터져 나오는 신음 소리를 참으려고 몇 번이나 이를 악물었다. 이후 아무래도 자유스러운 B가 A의 주둔지로 면회를 다녔다. 균형 잡힌 몸매에 순진하고 착한 얼굴의 간호병인 B가 A를 찾아와 외박이 몇 번 허락되자 A는 곧 부대에서 선망의 대상이 되었다. 그중에 연대 위병소 헌병 고참인 C는 면회 오는 B의 참한 모습에 넋이 나갔고 연락을 받고 뛰쳐나오는 A가 너무너무 부러웠다. 어느 날 B가 위병소에 와서 A의 면회를 신청했을 때 위병소에는 C밖에 없었다. C가 미리 졸병들을 따돌린 것이다. C는 B에게 A가 호출되어 나올 30분간 위병소 안에서 기다릴 것을 권했고 C는 훈남에 서글서글하고 훤칠한 C의 호의에 아무 생각 없이 위병소 안 의자에 다소곳이 앉았다. 순간 C가 B 앞에 다가와 무릎을 꿇고 애끓는 애모의 정을 호소했다. B는 너무 놀라고 당황하여 경우 없는 C의 뺨을 사정없이 후려쳤다. 뺨을 맞고도 C는 다시 한번 사모의 정을 고백하며 다가왔다. B는 의자를 들어 C의 어깨를 내리쳤다. C는 쓰러지더니 다짜고짜 바지를 주섬주섬 내렸다. 거기서 붉고 크게 부푼 그의 남성이 불끈 튀어 나왔다. B는 순간 고개를 돌려 외면하였으나 C가 애소하였다. 아무리 때려도 나의 마음은 이렇습니다!! B는 이 말에 자기도 모르게 C를 쳐다보았고 잘생긴 그의 얼굴에 이어 B의 시선은 C의 어마어마한 남성에 머물렀다. C는 심장이 쾅쾅 뛰었다. 무의식적으로 거기에 손이 갔다. B는 머뭇거리다 남성의 머리를 입에 물었다. 그리고 이내 혀로 몇 번 핥더니 목구멍이 꽉 차도록 그것을 빨아들였다. 그리고 곧 치마를 걷어 올리더니 그녀의 몸 빈 곳을 그것으로 가득 채워넣었다. 곧 둘은 알몸이 되어 군용 담요 한 장 위에 엎어졌고 이런 자세 저런 체위를 순식간에 여럿 맛보았다. C는 쾌감에 터져 나오는 교성을 도저히 참을 수 없었다. 시간 가는 줄도 몰랐는가. 그들의 행위는 30분도 넘게 계속되었다. A는 연락을 받고 한달음에 소대에서 위병소로 뛰어왔다. 여느 때 같으면 위병소 밖에서 기다리고 있어야 할 B가 보이지 않았다. 그는 창문으로 좁은 위병소 안을 들여다보고 아연실색하였다. B의 커다란 엉덩이는 아래 위로 분주히 오르내리며 A의 굵고 붉은 남성을 침을 흘리며 먹어대었고, 헌병 고참 놈은 밑에 깔려 한 손으로는 B의 가슴을 움켜쥐고 다른 손으로는 크고 흰 B의 엉덩이를 열심히 어루만지며 B의 동작을 응원하고 있었다. A는 아연실색 차마 더 볼 수가 없어 한 발 물러섰다. 어디 총이나 대검이 없나 두리번거렸으나 외딴 위병소 바깥에 그런 것이 있을 턱이 있나. 그는 눈을 비비고 위병소 안을 다시 들여다보았다. 이걸 어떻게 해야 하나. 저 고참 놈을 어찌 죽여야 하는가. 아니 그런데 B가 왜 저러지? 원래 저런 애였나? 아니야 절대 그럴 리가 없어. 그 사이에 변했나? 그래도 그렇지 이런 데서 이런 때에 어찌 이럴 수가 있는가? 저 여자가 B가 맞나? 섹스에 빠져 주위고 나발이고 아무 생각이 없는 저 여자는 절대 B일 리가 없는데 아무리 보아도 분명 내 사랑 B였다. 저 크고 둥근 히프며 여성의 주위에 난 무성한 털이며 작은 가슴 하며 벗어젖혀 놓은 간호병 군복 하며…. 그 와중에 그는 자기도 모르게 커다랗게 자란 그의 물건을 움켜잡았다. 그리고 주물렀다. 분하고 억울하고 슬펐지만 한편으로 검은 수풀 사이로 물이 줄줄 흐르는 B의 옹달샘은 그의 가슴을 터질듯한 욕정으로 가득 채웠다. B의 교성이 아악 짧게 들리더니 잠시 후 B와 C는 떨어졌다. C는 아무 말 없이 옷을 주섬주섬 챙겨 입었으나 B는 아직도 발그레한 얼굴색을 거두지 못하고 담요 위에 가랑이를 벌린 채 숨을 가만히 헐떡이며 누워 있었다. A가 문을 벌컥 밀고 들어섰다. C는 놀래는 척하며 바지 지퍼를 밀어 올리더니 A를 제치고 위병소 밖으로 내뺐고 B는 그제야 정신을 차리고 가랑이를 닫으며 몸을 일으켜 앉았다. 이게 그렇게 좋아? A는 제 바지를 단숨에 벗어 내렸다. 어느 때보다 더 성난 그의 물건이 턱하니 그녀의 눈앞에 커다랗게 다가왔다. B는 말없이 그것을 바라보았다. A는 꺼떡거리는 그의 물건을 그녀의 입에 가져다 대었다. B는 잠시 숨을 몰아쉬더니 이내 그것을 입에 물고 빨고 핥기 시작하였다. 이번에는 A의 볼 두 알도 번갈아 입에 넣고 이리저리 살살 돌리고 핥았다. 이어서 그의 물건을 입안에 가득 넣었다 뺐다 하며 갖은 기교로 그것을 달랬다. A가 부르르 떨며 물건에서 사랑을 사정없이 쏟아내었다. A는 눈을 번쩍 떴다. 꿈이었다. 아니 이 꿈이 어느 적 이야기냐. A는 무술생이니 사변 때는 이 세상에 있지도 않았다. C는커녕 B도 처음 보는 사람이다. 그렇다면 대체 이 꿈은 뭐란 말인가. A는 팽팽해진 아랫도리를 자신도 모르게 두세 번 쓰다듬었다. 익숙한 쾌감이 흘렀다. 그러나 A는 곧 한숨을 길게 뺐다. 60이 훌쩍 넘은 나이에 이런 꿈이나 꾸고 깨어나서도 요꼴이라니…. 열네 살 때 걸린 열병이 오늘내일하는 판에 와서도 낫지를 않으니 아무래도 이 병은 무덤까지 가지고 가야 할 모양이다. 아니 그런데 잠깐 사이에 꾼 꿈이 어찌 이리 사연이 많은가. 어디 소설에서 본 건가? 누구한테 들은 이야긴가? 혹시 내 전생 이야긴가? 그런데 무슨 러브스토리가 이리 추접스럽게 끝나는가! 전생 이야기라면 참으로 창피하군. A는 잠깐 생각하다가 잠자리를 물리고 책상에 다가앉아 여러 모로 수준 없는 단편소설 시놉시스 하나를 쓰기 시작하였다. 23-3-3 5:38 A.M.

尾156) 저승혼의 욕망

1. 사람들은 귀신도 식욕이 있다고 믿어 제사상을 걸게 차려 귀신을 모시고, 귀신도 성욕이 있다고 믿어 총각귀신과 처녀귀신을 영혼결혼시키며, 소유욕이 있다고 믿어 시체의 입에 노잣돈을 물리고 무덤에 부장품을 넣는다. 또 명예욕 때문에 사자명예훼손죄도 있고 심지어 귀신도 수면욕이 있어 낮에는 무덤으로 자러 간다고 믿는다.
2. 중국인들은 귀신도 살아있는 사람만큼이나 감정적 욕망이 강하다고 믿는다. 특히 총각귀신을 영혼결혼(冥婚, 陰婚)시키기 위해 처녀의 화장한 유골을 거금을 들여 사고판다. 명혼은 2,000년간 이어져 온 중국의 풍습이며 아직도 활발하다.
3. 신지학에서도 중음인 아스트랄계에서는 생시의 욕망을 못 떨친 저승혼들이 죽어서도 이를 추구한다고 주장한다.

尾157) 매슬로의 욕구단계설

매슬로는 1943년에 욕구단계설(hierarchy of needs theory)을 제창하였는데 그는 여기서 인간의 욕구는 타고난 것이며 인간의 행동이 욕구에 의해 동기화(動機化)된다고 보았고, 욕구의 강도와 중요성에 따라 욕구를 1단계 생리적 욕구, 2단계 안전의 욕구, 3단계 소속과 사랑의 욕구, 4단계 존중의 욕구, 5단계 자아실현의 욕구로 나누었다.

1. 1단계 생리적 욕구(physiological needs)
   가장 기본적이면서도 강력한 욕구이자 인간 생존을 위해 물리적으로 요구되는 필수적 욕구로 음식, 물, 성, 수면, 항상성, 배설, 호흡 등의 욕구다. 가장 기본적이면서 중요한 욕구이므로 다른 어느 욕구보다도 먼저 충족되어야 한다. 표준이론에서는 배설과 호흡, 항상성, 활동욕은 그 발휘에 혼의 욕망이 더해지지 않는 몸의 생명현상일 뿐이므로 慾望이라고 보지 않는다. 또 수면욕, 성욕, 식욕 역시 생명체라면 일제히 드러내는 욕망이겠으나 그 구현에 목숨을 거는 절박성은 동물단계에서 극성(極盛)한다고 보아 각혼3욕이라 한다(6.3.3.2. '욕망' 참조).

그런데 표준이론에서 인간의 가장 기본적 욕구로 보는 '소유욕'에 대하여 매슬로는 욕구단계설에서는 거론하지 않고 있다가 그의 또 다른 이론인 '동기이론'에서 하위욕망으로 구분하였는데 이는 단계설로 보면 1~4단계의 욕구를 구현하기 위한 기본 욕구로 보아 그런 듯하다. 정리하면 표준이론에서는 하위정신체(이드) 기능 중 하나로 '욕망'을 말하는데 이는 대체로 매슬로의 1단계 욕구에서 생명현상을 빼고 소유욕과 4단계 욕구 중 명예욕을 더한 개념이다.

2. 2단계 안전의 욕구(safety needs)

두려움이나 혼란스러움이 아닌 평상심과 질서를 유지하고자 하는 욕구로, 사람은 불확실한 것보다는 확실한 것, 낯선 것보다는 익숙한 것을 선호한다. 개인적인 안정, 재정적인 안정, 건강과 안녕, 사고나 병으로부터의 안전 등이 있으며 보험, 종교 등도 안전의 욕구 실현을 위한 것일 수 있다. 안전의 욕구는 표준이론에서 상위정신체(에고)의 기능 중 하나인 '욕구'에 속한다.

3. 3단계 애정과 소속의 욕구(need for love and belonging)

사회적으로 조직을 이루고 그곳에 소속되어 함께하려는 성향으로 예컨대 무리를 지어 다니는 모습은 생존을 위한 동물적 수준의 욕구를 반영한 것이다. 또 사람은 사랑하기를 원하고 다른 이에게서 사랑받기를 원한다. 많은 사람들은 사랑과 소속의 욕구가 결핍되었을 때 외로움이나 사회적 고통을 느끼며, 스트레스나 임상적인 우울증 등에 취약해진다. 표준이론은 이를 칠정(七情) 정도로 보아 상위정신체의 '감정' 기능으로 본다.

4. 4단계 존중의 욕구(need for esteem)

타인으로부터 수용되고자 하고 가치 있는 존재가 되고자 하는 욕구로 훌륭한 일을 하거나 무엇을 잘함으로써 타인의 인정을 얻고자 하는 욕구다. 존중의 욕구가 충족되지 않으면 자아존중감(self-esteem)이 낮아지거나 열등감을 갖게 된다.

표준이론에서 볼 때 존중의 욕구는 자존심에 기인한 명예욕(名譽慾)의 다른 표현이므로 정신체의 기능 중 상위정신체의 '감정'에 속한 것이 아니라 좀 더 저열한 수준인 하위정신체의 '욕망'에 속하는 것으로 본다. 이는 개체화가 진행되는 고급동물의 수준에서 벌써 나타나는 욕망이기 때문이다. 매슬로가 훗날 비록 욕구 단계설의 피라미드구조가 경직적인 법칙은 아니라고 시인하였고 그의 후학들도 단계설이 가지는 엄연한 타당성을 인정하면서도 욕구는 동시 다발적으로 추구되는 것이라는 생각을 가졌다. 그러한 측면에서 매슬로가 존중의 욕구를 이처럼 상위욕구로 본 것은 합리적이지 않다.

5. 5단계 자아실현의 욕구(self-actualization needs)

자아실현 욕구는 자신의 역량이 최고로 발휘되기를 바라며 창조적인 경지까지 자신을 성장시켜 자신을 완성함으로써 잠재력의 전부를 실현하려는 욕구다. 자아실현이라는 개념을 처음으로 제안한 사람은 칼 융이다. 그는 앞선 4개의 욕구와는 달리 자아실현 욕구는 결핍 상태에서 출발하는 것이 아니라 성장을 향한 긍정적 동기의 발현이라는 점에서 바람직하고 성숙한 인간 동기라고 주장했다. 매슬로는 이러한 자아실현의 욕구를 가장 인간다운 욕구로 매우 중요하게 생각했다. 매슬로에 따르면 인간은 낮은 단계에서부터 충족도에 따라 높은 단계로 성장해 가는데 그 최고 수준의 욕구로서 자아실현을 강조하며 삶의 궁극적 목표는 자아실현욕구라고 했다. 또 이는 모든 단계들이 기본적으로 충족돼야만 이뤄질 수 있는 마지막 단계로 자기 발전을 이루고 자신의 잠재력을 끌어내어 극대화할 수 있는 단계라고 했다. 그러나 매슬로는 죽기 전에 피라미드가 뒤집어져야 옳았다고 말했다. 자아실현 욕구가 인간의 가장 원초적인 욕구라는 것이다.
 자아실현의 욕구가 이처럼 인간의 기본적인 욕구에 속한다거나 나아가 원초적 욕구라는 의견은 당연한 의견이나 그렇다고 모든 사람이 예외 없이 자아실현 욕구를 갖고 있다거나 그 욕구의 강도(强度)가 같다거나 위계구조가 동일하다는 식으로 결론지으면 안 된다. 자아실현의 욕구가 사람의 기본적인 욕구일지는 몰라도 공통적은 아니요 그 强度도 천차만별이며 나아가 각인의 자아실현 결과는 더욱 현격하다. 자신을 부처님이나 예수님과 비교해 보면 금방 알 일이다.

尾158) 應報

90%의 법칙

말의 90%는 쓸데없고
그 말의 90%는 되돌아오며
그중 90%는 기워 갚아야 하는데
그것의 90%는 다음 생의 업으로 지고 간다

尾159) 감정(感情)=정서(情緖)+정취(情趣)+정조(情操)

1. 감정이란 어떤 현상이나 사건을 접했을 때 마음에서 일어나는 느낌이나 기분을 말한다. 즉 감정은 마음이 활동하면서 내부 외부로 표출하는 모든 것이다. 감정의 발생 원인에는 다음과 같은 것이 있다.
    1) 생리적·신체적 원인 : 어떤 감정은 신체에서 그 원인이 수반된다. 가령, 몸을 의지할 곳이 갑자기 없어지면 공포심이 일어나고, 몸을 짓눌러 자유를 빼앗기면 노여움이 일며, 몸의 어떤 부분을 자극하면 쾌감이 생기고, 겨드랑이나 발바닥을 간질이면 웃음이 나오며, 몸을 세게 치면 고통의 감정이 발생한다. W.제임스와 C.랑게는 감정을 신체적 변화의 느낌이라 보고, 유명한 '제임스 랑게설(說)'을 주장하였다. 슬퍼서 우는 것이 아니라 우니까 슬픈 것이고, 무서워서 떠는 것이 아니라 떠니까 무서워지며, 우스워서 웃는 것이 아니라 웃으니까 우스워진다는 학설이다. 이런 종류의 설에 일면의 진리가 있는 것은 사실이나 이러한 주장은 그 일면의 진리를 인정받아 보려는 명예욕에 기인한 필사적 몸짓정도의 주장으로 자기기만이거나 맹목(盲目)이다. 그러니 그 추종은 순맹목(純盲目)이다.
    2) 심리적 원인 : 감정은 요구수준과의 관계로 생긴다. 즉, 성적(成績)이 요구수준에 도달하면 성공감, 도달하지 못하면 실패감이 생긴다. 이는 쾌·불쾌, 행복감과 불행감이 주된 감정이다. 또 성적이 요구수준에 도달할 듯하면서 잘 도달하지 못할 경우에는, 초조해지고 노여운 감정을 경험한다. 요구수준과 성적이 동떨어져 있으면 놀람, 이상함 등의 감정이 생긴다.
    3) 사회적 원인 : 그러나 타인과의 관계로 요구수준과 성적의 문제가 얽히게 되면 여러 가지 감정이 발생한다. 승리와 패배의 감정, 당해 낼 수 없는 상대를 대할 때의 열등감과 이와 반대 경우의 우월감이 존재한다. 또 자존심이 상했을 때의 노여움, 사람끼리의 호불호(好不好), 애증도 생긴다.

2. 정서(情緖, emotion)란 희노애락(喜怒哀樂)처럼, 격렬하고 강하지만 폭발적으로 표현되어 오래 지속되지 않는 감정이다. 희노애락(喜怒哀樂), 타오르는 듯한 애정, 강렬한 증오, 공포, 쾌(快), 고(苦) 등이 이에 속한다. 비교적 약하고 장시간 계속되는 정취(情趣)와 구분한다.

3. 정취(情趣)
   1) 정취는 '깊은 정서를 자아내는 흥취'다. 영어로는 taste, flavor 또는 atmosphere(분위기), mood(기분) 등으로 표현된다.
   2) 정취는 정서에 비해서 약하기는 하지만 표현이 억제되어 비교적 오래 지속되는 감정이다. 공포는 정서이며, 걱정과 불안은 정취다. 격노(激怒)는 정서지만, 상대방에 대한 불유쾌한 생각은 정취다. 홍소(哄笑)는 정서이고 미소는 정취다.

4. 정조(貞操)
   국어사전에서 정조는 '정절(貞節) 또는 이성 관계에서 순결을 지니는 일'이라고 풀이되어 있지만 표준이론에서 정조란 '정신의 활동에 따라 일어나는 복잡하고 고상한 감정'으로 유머·의문·행복·비애·외경(畏敬) 등과 같이 가치의식이 가해진 안정적이고 영속적인 감정이다. 이는 가장 고상한 감정으로 그 가치에 따라 도덕적·종교적·예술적·과학적 정조로 나눌 수 있다.
   1) 도덕적 정조로는 정의감·결벽감이 있으며, 그것이 채워지지 않았을 때의 분노도 있다.
   2) 예술적 정조로는 황금분할, 반복미(反復美), 시메트리(symmetry)와 아시메트리(asymmetry)의 느낌, 밸런스, 프로포션(proportion) 등의 감정이 있다. 이러한 것들은 문화의 형(型)에 의한 것이지 보편타당성을 가진 것은 아니다.
   3) 과학적 정조로서는 진리에 대한 놀람과 신비감이 있으며, 정당할 때에는 기분이 좋지만 허위에 대해서는 불쾌감이 생긴다.
   4) 종교적 정조로는 신성한 느낌, 외경의 감정, 의거(依據)와 안심감, 불교적인 무상감(無常感), 감사의 감정, 신비감 등이 있다.

尾160) 동물이 가지는 감정과 자의식

1. 동물의 감정 : '흰목꼬리감기원숭이의 보상실험'에 의하면 원숭이나 개들도 불공평한 보상에는 감정을 드러낸다고 한다. 전형적인 '사회적 원인'의 감정이다.

2. 자의식 : 꼬리감기원숭이에게 거울을 보여주면 거울에 비친 자신의 형상을 다른 개체를 인지하는 행태와는 다른 반응을 보여 이들이 초보적인 자의식을 가지고 있음이 나타났다. 또한 꼬리감기원숭이나 침팬지도 '마음이론'을 가지고 있다. 마음이론(mind theory)이란 원래 아동발달심리학의 이론으로서 '타인도 자신처럼 사고, 욕구, 의도가 있다는 것을 인지하고 타인의 행동을 예측하여 자신의 의도나 목적을 관철하는 능력'을 말하는데 원숭이들은 '인지자-추측자 실험'에서 음식의 위치를 알고 있는 훈련사와 모르고 있는 훈련사 중 위치를 아는 훈련사를 택하여 음식을 요구하는 경향을 보임으로써 초보적인 마음이론을 가진 것으로 파악되었다(위키백과, 꼬리감는원숭이의 마음이론 참조).

3. 마음이론은 사람은 각자 자기만의 고유한 의식체계를 가진다는 사실을 알고 자신의 의식체계에 비추어 타인의 의식체계를 이해하고 그의 표정이나 몸짓으로 그의 마음을 읽음으로써 장차 그가 할 행동을 예측하여 이에 대비하는 능력으로 소위 '눈치'다. 아동은 보통 4세 전후 자기만의 완전한 눈치능력을 갖추게 되는데 마음이론은 자신의 마음 즉 자의식이 형성되어야 가능한 능력이므로 결국 사람은 4세 이전에 자의식을 갖기 시작하며 원숭이도 초보적인 마음이론을 가지는 것으로 보아 자의식의 일단을 가짐을 알 수 있다.

尾161) '생각'에 대한 생각들

생각과 의식이 모두 인식기능을 품고 있다는 면에서는 비슷하다. 그러나 '생각'은 상위정신체의 기능인 知性의 구현으로, '분별식'으로서 이드 수준인 '의식'보다는 상위기능의 구현이다. 생각에 대해서는 여기저기에서 이미 생각한 바가 많았으나 여기에서 좀 더 생각해 본다.

1. 생각은 헤아리고 판단하고 인식하여 결론을 얻어 목표에 이르는 방법을 찾으려는 정신 작용이다. 생각은 지각이나 기억의 활동만으로는 충분하지 않은 경우에, 어떻게 이해하고 또 행동해야 할 것인가를 추론하는 활동이다. 또 귀납적 사고, 연역적 사고와 같이 추론의 종류에 의해서 생각을 분류해 볼 수도 있다.

2. 생각은 혼의 것인가?
   1) 불교의 3계 중 최고위의 계가 무색계이며 그 최고수준이 비상비비상처(非想非非想處)다. 비상비비상처는 혼의 상위정신체를 기반으로 하는 '생각'이 있는 것도 아니고 없는 것도 아닌 곳으로 거친 생각은 없지만 미세한 생각이 없지 않은 곳이다(5.5.2.1. '대승(大乘)의 저승' 중 비상비비상처 참조). 이를 보면 불교에서 생각은 거의 번뇌(煩惱)의 다른 말이다. 번뇌는 혼의 것이다. 번뇌를 그치고 아라한(영)이 되는 것이 열반이요 열반은 비상비비상천의 다음 단계 즉 도피안이 아닌가.
   2) 명상에서도 생각을 그치는(초월) 것 또는 생각을 바라보는(통찰) 것이 명상의 최고수준인 삼매라고 한다.
   3) 표준이론에서도 생각은 혼, 특히 상위정신체의 기능인 지성의 발현으로 본다.
   4) 데카르트도 나(혼)는 생각한다 고로 존재한다고 하며 생각을 혼의 정수로 보았다.
   5) 생각은 헤아리고 판단하고 인식하는 등의 '정신의 작용'인데 情神은 정신체 즉 혼의 것이니 생각도 혼의 것이다.
   6) 유란시아서에서는 표준이론의 영과 역할이 비슷한 생각조절자(Thought adjuster)를 말한다. 그렇다면 그들도 생각을 혼으로 본 것이 아닌가.

3. 이런 논의들을 보면 생각이 정말 혼의 전유물인 것처럼 보인다. 그럼 영은 생각을 하지 않는가? 생각은 혼이 혼뇌와 몸뇌를 써서 행하는 혼만의 기능인가? 그렇지 않다. 이는 마치 자의식이 에고이고 에고는 저열한 것으로 구축의 대상이며 죽여야 영이 산다는 주장과 비슷하다. 자의식(에고)은 혼영의 일부 속성이다. 지혼이 상위정신체와 개체성을 확보하며 귀한 에고를 얻었다. 그 에고에 짐승 출신임으로 인해 어쩔 수 없이 天刑으로 묻은 이기와 자존의 얼룩을 닦아내는 것이 자아의 실현이다. 영이 자아의 방에서 혼을 극복하고 혼을 靈化의 길로 이끄는 것이 자아실현이다. 에고나 혼을 제거하고 구축하는 것이 자아의 실현은 절대 아니다. 마찬가지로 생각은 번뇌라는 때로 얼룩질 뿐이지 생각자체가 번뇌는 아니다. 생각은 존재가 자신을 구현하는 현상이요 양식이지 존재가 아니다. 따라서 생각은 영도 한다. 생각이 없는 영이 무슨 존재란 말인가. 그래서 생각은 복잡하다. 이드적인 생각, 에고적인 생각, 양심적인 생각, 주혼의 생각, 종혼의 생각, 영의 생각, 심지어 생각이 없는 생각.

4. 생각은 사상(思想), 사유(思惟)라고도 한다.
   1) 사상은 그때그때의 생각이 아니라 '생각을 정리한 일관되고 통일된 내용'이다. 따라서 단순한 직관의 입장에 그치지 않고 직관에 논리적 반성을 곁들여 이룩된 생각의 결과로서 원리

적 통일을 지니는 판단 체계가 사상이다. 따라서 사상은 '인간과 사회에 대한 일정한 견해'의 뜻이 된다. 그러한 견해로써 사상을 발표하고, 또한 사회적 행동을 한 사람을 두고 '사상가'라고 부른다.
2) 또한 '사상'과 '철학'을 비교하면 사상은 철학사상을 포함하여 정치사상, 경제사상, 윤리, 문학, 역사, 종교, 과학, 예술사상 등과 같이, 아주 폭넓은 뜻으로 쓰인다. 표준이론도 일종의 사상이다.
3) 생각이라는 것은 경험을 하면서 유동적으로 바뀔 수는 있으나 한번 정해진 사고의 틀로서 사상은 바뀌기 힘들다. 그리고 자신이 그런 자신의 사고틀을 알아차리는 것도 쉽지 않다.

5. 신경과학자 제랄드 에델만과 고차의식으로서의 생각

제랄드 에델만(Gerald Maurice Edelman 1929~2014)은 미국의 생물학자로서 항체의 화학적 구조를 발견한 공로로 1972년 노벨생리의학상을 공동 수상하였다. 초기 연구분야는 면역학이었으나 면역학에서 얻은 명성을 후에 신경과학과 인지, 의식 분야에 적절히 활용한 인물이다.

그의 주장에 따르면 생각에서 자아(self)의식이 촉발되며 생각은 언어에 의하여 만들어진다. 의식은 포유류에서 구체화되기 시작한 '1차의식'과 인간에 와서 가능해진 언어로 촉발된 '고차의식'으로 구분된다.

1) 1차의식

1차의식이란 '언어가 생성되기 전에 형성되는 것으로, 개 또는 고양이 정도의 포유동물이 가지는 의식'이다. 이는 표준이론의 하위정신체인 이드 수준의 의식이다. 그의 주장에 따르면 1차의식은 장면들이 시간과 더불어 연속해서 흐르는 것이 아니라 '기억된 현재로서 간단한 장면의 생성'이라 할 수 있다. 동물의 기억과 학습은 두뇌의 시냅스(synapse) 상태의 통계적 변화로 나타난다(미주 31 '의식의 발생과정과 그 정체' 참조). 그러나 에델만의 1차의식이 '기억된 현재로서 간단한 장면의 생성'이라면 불설의 제1식인 안식(眼識) 정도이고 달리 보면 표준이론에서 불설을 좇아 식물의 의식을 표현하는 데 사용하는 현식(現識) 정도가 아닌가 생각한다. 그러나 일단 논리진행을 위하여 1차의식은 각혼의식 즉 이드 수준의 의식으로 치자.

2) 고차의식과 생각

에델만에 따르면 고차의식은 동물들의 1차의식 작동상태에 언어가 더 추가되어 생성된 것이다. 언어를 매개로 하는 대뇌 부위에는 운동언어 영역인 '브로카 영역(Broca's area)'과 감각언어 영역인 '베르니케 영역(Wernicke's area)'이 있어 언어를 생성하는데 언어 중추에서 브로카 영역은 출력을 담당하고 베르니케 영역은 입력을 담당한다. 이들이 전두엽, 두정엽, 측두엽과 연결되어서 생성되는 것이 바로 고차의식이다. 이러한 주장이 늘 그럴듯이 고담준론(高談峻論)을 가장하는데 그 실체는 '高담準論'이다. 비전의 담장을 둘러치고 들어앉아 벌이는 잡론(雜論)이다. 이러한 종류의 주장은 시의적절하면 곧 자연과학교로 변질된다. 에델만도 운 좋게 벌써 그 분야의 교주(敎主)가 되었다. 쓸데없지만 표준이론을 전개하기 위하여 그의 말을 좀 더 들어보자. "고차의식은 언어에 의해서 만들어진다. 언어를 매개로 하여 고차의식이 생성되면서 현재가 연속적으로 흘러가 미래와 과거가 생기게 된다. 인간은 매 순간 외부 자극을 처리하여 생존에 중요한 정보를 기억에 저장한다. 저장된 기억을 불러내어 새로운 입력에 대응할 때 과거라는 의식이 생긴다. 그리고 과거의 정보가 쌓여 이루어진 상태가 현재이다. 현재의 자극 입력을 뇌가 처리한다는 것은 과거의 기억을 현재와 대조한다는 것이고, 이는 바로 다음 순간이 어떻게 전개될 것인지 무의식적으로 인식하는 것이다. 고차의식으로 가며 언어를 매개로 기억이 생성되는데 하나의 장면이 담긴 스냅 사진들을 연결하여 드라마가 만들어진다. 그 결과, 과거, 현재, 미래가 형성되고 그 과정에서 자의식이 생기게 되며 드디어 생각(지성)을 할 수 있게 된다."

3) 고차의식에 대한 이러한 에델만의 이론은 언어신(言語神)찬가 또는 언어창조론이다. 표준이론에서 언어와 문자는 신이 사람에게 내어주신 생명나무의 과실이다(2.2.10. '기타' 참조). 언어나 문자가 신은 아닌 것이다. 언어가 신의 선물임을 알았다면 족했을 깨달음이 지나쳐 언어를 그만 신으로 모신 꼴이 되었다.

4) 에델만의 주장을 간단히 요약하면 우선 '1차의식은 정지된 장면을 기억하는 것'이라는 전제를 세워 의식이 기억에 기인하는 것으로 근거없이 못 박은 다음, '1차의식에 그가 모시는 言語神을 섞으면 고차의식 즉 인간의 의식(생각)이 마술처럼 제조된다'는 것이다.(*) 즉 정지된 장면은 언어 덕에 연속된 장면의 기억으로 진화하고 연속(連續)은 시간개념을 도입하여 인간에게 과거와 미래라는 새로운 지평을 열어 주며 거기에서 과거와 현재 그리고 미래를 인식하는 주체로서 의식이 탄생한다. 그의 이론은 도형적(圖形的), 음악적, 미술적, 표정, 몸짓, 꿈 등 언어 없이 행해지거나 언어 이전의 생각이 많다는 명확한 사실을 애써 외면한다. 이에 주목하는 순간 그의 이론은 잡론이 되기 때문이다. 에델만은 불립문자(不立文字)하여 이심전심(以心傳心)하는 언어도단(言語道斷)과 언표불능(言表不能)의 생각 또한 어마무시 많다는 사실까지는 애당초 몰랐던 것 아닐까 한다. 결론적으로 그의 주장은 자신도 이해 못한 언어神의 自動書記적 계시(啓示)인데 희한하게도 의식의 정체가 기억이라는 유물론적 시각의 자연과학에서 중요한 논리적 기반의 하나로 요긴하게 써먹고 있다.

6. 唯物의 뇌과학자들은 이렇게 詩한다.

記憶과 還生

기억이 쌓인 것이 나이니
어제에 오늘의 기억을 더한 나는
더 이상 어제의 나가 아니다

오늘의 기억이 내일 또 바뀐다면
내일의 나는 또 더 이상 오늘의 나가 아니다

치매에 걸리면 강시가 되고 좀비가 되며
기억상실에 걸리면 나는 아예 죽은 것이다

환생한 나는 나를 기억 못 한다
그렇다면 기억이 나인 마당에
그는 내가 아님이 명백하지 않은가
그러니 환생이 있다 한들 이미 환생은 없다
게다가 이는 부처님 말씀 아니던가
하하하

7. 유물론적 뇌과학자들이 보기에, 기억이 어떤 형태로 존재하는지는 아직 잘 모르지만 기억은

뇌에 물리적으로 기록된 2진수 또는 16진수로 쓰여진 데이터이며 언젠가는 뇌에서 그 데이터를 추출할 수 있다고 본다. 그들의 생각으로는, 두뇌 변연계의 해마가 고장 나서 기억을 잃는 것은 臟器의 일부분이 고장 난 것과는 전혀 다르다. 따라서 사람이 기억을 잃으면 사망(死亡)이고 그 기억을 로봇에 심으면 완벽한 환생(還生)이다. 치매환자나 기억상실증 환자는 이미 사망한 것이고 기억력이 나빠지는 것은 매일매일 죽어 가는 것과 같다. 사실 우리의 기억은 매일 매 순간 새로워지고 잃어버리며 변화하니, 불변하는 자의식이란 있을 수 없다. 소위 무아(無我)인 것이다. 이는 아상(我想)은 색(色)에서 자극을 받아 수상행식(受想行識)의 오온(五蘊)이 임시로 모여서 이루어진 것이라는 불설과 같은 주장으로 종교적 배경까지 갖추었으니 이제 진실로 통한다. 노자 또한 명가명비상명(名可名非常名)이라 하여 나를 나라고 이름 짓는 순간 그 이름은 더 이상 나의 이름이 아니라고 하였다.(사실 이 말은 그보다 더 고상한 뜻이지만 견강부회하자면 그렇다.)

8. 그런데 과연 '기억이 의식'일까?(미주 317 '치매에 대하여' 참조) 우선 도형, 음악, 미술, 표정, 몸짓, 꿈, 이심전심 같은 언어 아닌 커뮤니케이션 방법은 차치(且置)하고라도, 아니 그런 것도 넓게는 언어라는 강변을 용납하더라도, 그래서 언어가 연속된 기억으로서 의식을 만들어 낸다는 에델만의 억지를 수용하더라도 과연 '두뇌의 기억이 의식'일까?
   1) 우선 동물 이전의 생명체에도 의식이 있다. 식물이 사람을 알아본다거나 음악을 좋아하다
   1) 우선 동물 이전의 생명체에도 의식이 있다. 식물이 사람을 알아본다거나 음악을 좋아하다는 사실, 광물인 물의 육각수 이론, 광양자 등 소립자에서 볼 수 있는 비국소성의 원리, 이중슬릿의 관찰자효과, 유령 DNA 효과 등은 그 기작(機作)을 설명할 수는 없어도 거기에 의식이 존재한다는 사실은 확인되어 있다. 따라서 '기억이 의식'이라면 식물과 물과 광자와 DNA에 기억이 있다는 것을 증명하여야 할 것이다.
   2) 기억이 의식이라면 전원이 연결된 컴퓨터의 기억장치에도 의식이 있어야 할 것이다. 그러나 컴퓨터의 메모리는 운영체제(O/S)와 어플리케이션 프로그램(앱)의 처리 대상(對象)이지 주체(主體)가 아니다. 그러니 만일 컴퓨터에 의식이 있다면 오히려 메모리의 처리작업을 하는 O/S나 앱에 있어야 하는 것이 아니겠는가. 그러나 O/S나 앱에 의식이 있다고 주장하는 사람은 없다. 따라서 뇌과학자들은 이 때에는 '기억타령'을 하지 않는다. 그런 그들이 생명체에 와서는 다시 기억타령을 한다. 명백하고 쉬운 진실을 자신도 모르는 수사(修辭)로 가리는 기술 그것이 과학적인가? 한편 그들이 즐겨 부르는 또 다른 노래가 'AI타령'이다. 그러나 AI수준의 앱도 앱일 뿐이니 그것에도 의식은 없다. 그들은 이제 세월은 길다 하며 '시간의 신'을 호출하겠지만 시간이 아무리 흘러도 똥이 된장이 되거나 고름이 살 되는 일은 없다(미주 299 '명상과 컴퓨터' 참조).
   3) 제럴드 에델만의 언어와 생각이론은 신화적이고 자의적이다. 기어코 자연과학으로 의식을 의식하여야겠다면 펜로즈의 '의식에 대한 조화객관 환원이론에 의한 의식생성이론'이나 봄(Bohm)의 '양자 형이상학(quantum metaphysics)'(미주 132 '로저 펜로즈와 하메로프의 의식에 대한 조화객관 환원이론' 참조)을 연구할 것을 추천하고 싶다.

9. 표준이론에서 의식은 동물의 혼인 각혼단계에서 발생하는 '감성과 욕망의 이드'의 '하위정신체'에서 처음 발생하는데 이를 각혼의식이라고 한다. 따라서 동물도 의식을 갖는데 이것이 1차의식이라면 1차의식이다. 또한 동물 미만 단계의 생명체나 기의 한 형태로서의 물질이 갖는 의식은 원인의식으로서 의식이라기보다는 아직 생명력이다. 또한 고차의식인 생각은 욕구와 감정과 지성인 자의식 즉 '상위정신체'의 활동이다. 그런데 동물도 고급동물은 마음이론(Theory

of Mind)에 의한 자타를 구분하는 의식을 가지고 있는 등 기초적인 자의식을 가지고 있어 고차의식이 사람의 전유물이 아님이 증명되고 있다(6.3.3.4. '감정' 참조).

(*) 변수 중 어느 것이 종속변수이고 어느 것이 독립변수인지 헷갈리는 경우가 있는데 특히 서로 영향을 주는 경우에는 더욱 그렇다. 언어와 생각 간의 관계도 그렇다.(에델만이 헷갈린 이유를 알겠다.) 언어가 생각을 만드는 것뿐만 아니라 생각이 언어를 만든다. 그러나 주종의 관계는 있을 것이다. 언어와 생각 중에 누가 주이고 누가 종인가? 언어로서 단어는 인간의 지능활동의 소산으로 형성된다. 이는 단어의 수가 인간의 문명발달과 비례적인 함수관계에 있음을 보아 알 수 있다. 중요한 사실은 언어는 지식을 넘어 지혜가 커질수록 단어나 의미소가 더욱 풍부해진다는 것이다. 더욱 고차원이 되면 언어에 신의 섭리가 스민다. 어느 한 사람이 또는 여러 사람이 공감하여 무언으로 약속한 개념들이 언어 속에 체화(體化)되는 과정에 진리가 스민다. 언어를 연구하면 신의 뜻과 우주의 진리를 알 수 있다. 언어는 생각에서 얻은 지혜의 寶庫다. 이처럼 논의를 진행해 보면 언어와 생각은 서로 영향을 주지만 생각이 독립변수요 언어는 종속변수임이 드러난다.

같은 논리가 생각과 나 사이에도 적용된다. 내가 생각하는 것인가 생각이 나를 하는 것인가? '나는 생각한다. 고로 존재한다'라고 하면 생각이 나를 하는 것이고 '나는 존재한다. 고로 생각한다'라고 하면 내가 생각하는 것이다.

그렇다면 데카르트나 에델만이나 주종(主從)을 가리는 데 실패했다. 그러나 데카르트는 나의 존재를 思惟로부터 연역된 존재 또는 생각하는 존재로 보아 최소한 그 주체(主體)의 당위성은 확인하였으니 애교나 있다.

尾162) 혼들의 세상

1. 인류의 이승이 아직 이데아의 구현이 까마득한 소위 아데아((Adea) 그것도 하급의 아데아 세계임은 새삼 거론하지 않아도 이제 훤히 알 일이지만 하도 심하여 다시 蛇足한다.

    차를 끌고 시내를 10분만 돌아보면 그 어디에도 영이 없음을 알 수 있다. 영은커녕 양심의 아랫부분인 사단(四端)도 찾아볼 수가 없다. 보자. 측은지심(惻隱之心)으로 운전 못 하는 사람을 배려해 주는 사람은 이제 없다. 사양지심(辭讓之心)으로 끼어드는 차에게 양보하지도 않는다. 도로는 실력과 뻔뻔함만이 지배할 뿐이다. 시비지심(是非之心)도 없다. 양보를 않으니 실력으로 끼어들면 경적을 울리고 라이트를 켜 댄다. 수오지심(羞惡之心)이 없으니 끼어드는 자나 욕을 해 대는 자나 스스로 부끄러워하지도 않는다. 면벽(面壁)하다 10년 만에 속세에 들어와 운전대 10분 잡으면 십 년 공부 도로아미타불이다. 신부님도 스님도 운전만 잡으면 개가 된다. 이것은 '혼들의 세상'의 법칙이니 나도 예외가 아니라고 모두들 스스로 자위한다.

2. 靈의 哀歌

인생은 일장의 춘몽이라 하더라
오래 산 사람일수록 이 말에
異意가 없더라

살아 보니 진짜로 인생은 일장춘몽이어서 그렇더라
자칫하면 인생이
태어나서 깨어나지도 못하고 잠자다 죽는,
일어서지도 못하고 누워 있다 떠나는,
눈 한번 못 뜨고 님의 얼굴도 못 본 채 되돌아가는,

한여름 밤의 꿈이라서 그렇더라

大家집 맏아들로 태어나
주인 노릇 한번 못 하고 하인 놈 손에 놀아나다
품고 온 청운의 뜻을 피워 보지도 못하고
인생의 맛도 멋도 모르는 채
죽 쒀서 개 주고 허망하게
빈손으로 돌아가야 하는 그런 인생이어서 그렇더라

보통이 아니다 쉽지 않다 센 놈들이다 하길래
전생에도 당했다 나도 당했다 이구동성으로 그러길래
구슬리고 달래고 약점 잡아 혼내야지 하며
다짐하고 벼르고 준비하고 왔건만
다 소용 없더라
그래도 그렇지
어쩌다 하나같이 그런 꼴이 되었나

魂이다. 저 망할 놈의 魂 때문이다
세상에 와 보니 레알 魂들의 세상이더라
배워 볼까 도움을 청해 볼까 아무리 찾아봐도
그 똑똑하고 용맹한 영들은 하나도 안 보이고
선생님도 스승님도 랍비도 구루도 다 어디 가고 없더라
그래서 인생이
일장춘몽이요 남가일몽임에
어느 누구 한 靈도 異意가 없더라

3. 잠자기 전 만트라

나는 외칠 테다
나는 몸도 아니고 혼도 아니다라고
난 영이다 깨어있는 나는 영이다라고
사랑방의 주인은 나다라고
항상 나였고 항상 거기에 있었다라고

맞다
내가 참자아 영이 되기 위해서는
참자아 영이 자아의 방의 주인이 되기 위해서는
나는 깨어나야 한다. 알아채야 한다
제3자가 되어야 한다
관조자가 되어야 한다
명령자가 되어야 한다

아무 문제도 없다 아무 노력도 필요 없다
그저 다 놓아 버리면 된다
화내고 슬퍼하고 사랑하고 기뻐하고
걱정하고 욕심내고 게으르고 욕하고
착하고 부지런하고 성실하고 참고
춥고 배고프고 아프고 졸립고
다 혼이 하는 짓이다
정혼이 하는 일이다

나는 외칠 테다
나는 정혼이 아니다라고
이제 나는 정혼이라는 혼을
내 사랑방에서 단연코 내보내겠노라고
나는 정혼이라는 혼의 주인이다아~
내가 이 몸의 주인이다아~

尾163) 일체유심조(一切唯心造)

一切唯心造는 그 해석하는 방법에 3가지가 있으니

1. 마음수련의 중요성을 강조하는 입장
    1) 불교에서 모든 것은 마음먹기에 달려 있다고 여기는 사상.
    2) 모든 것은 마음가짐에 달려 있으므로 올바른 마음가짐이면 무엇이든 할 수 있게 한다는 말.

2. 唯心論(唯識思想)적 입장
    1) 일체 사물은 마음의 표현이므로 그 본체인 마음이 소중하다는 대승(大乘) 불교의 사고방식.
    2) 오직 주관적 心識작용만 있을 뿐 객관적 대상은 없다는 유식무경(唯識無境)의 사고방식.
    많은 경우 유심론의 끝은 자기부인(無我)이다. 있는 것을 없다, 없다 하다 보니 없다고 말하는 그 心마저 없다고 하는 것이다.

3. 표준이론의 一切唯魂造
    표준이론적 해석으로 볼 때 불교는 신영(神靈)을 인정하지 않는다. 이승은 혼의 세상이요 혼이 열반하여 영이 되는 곳이니 혼영(魂靈)만을 인정한다. 사람은 중생윤회하는 기덩어리 혼이고 혼은 윤회의 수레바퀴(bhavachakra)에서 업과 덕을 쌓다가 고집멸도의 사성제를 깨달아 8정도를 걸으면 출세간하여 영이 된다. 그 영이 혼영이다. 혼이 진화하여 깨달으면 높은 수준의 저승으로 극락왕생하고 진화를 거듭하다 마침내 열반하면 영(아라한)이 되고 더욱 발전하여 보살도 되고 부처도 된다. 그래서 일체유심조(一切唯心造) 아니 일체유혼조(一切唯魂造)다.

尾164) '무의식'에 대하여

1. 무의식은 영어의 unconsciousness를 번역한 말인데 이는 un-con-scious-ness의 합성어로서 곧 '의식이 없는 상태' 또는 '인사불성'의 상태를 의미한다. 의식이 없다는 것은 곧 '죽은

상태'를 말할 수도 있기 때문에 최면치료 분야에서는 무의식이라는 개념보다는 '잠재의식'이라는 말을 쓰는 경향이 있다. 영어에서의 잠재의식은 sub-conscious-ness의 합성어로서 문자 그대로 '의식의 밑에 있는 또 다른 세계'라는 의미에서 '하부의식'이라고 부르는 사람도 있으나, 이 두 개의 용어들을 같은 의미로 보아도 좋을 것이다(설기문, 「최면의 세계」, 무의식의 의미와 기능 참조).

2. 위 1의 진술에서 볼 수 있는 것처럼 우선 '의식'의 뜻은 살아있음 즉 몸 안에 혼이 있음을 의미한다. 표준이론에서 의식의 주체는 혼이다. 혼이 몸뇌를 써서 의식하면 '몸뇌의식'이고 혼뇌를 써서 의식하면 '혼뇌의식'이라고 한다.

3. 또 1의 진술은 무의식이란 단어의 활용 용도가 두 가지임을 보여준다. 먼저 '의식이라는 말의 반대상태' 즉 물질 對 반물질처럼 쓰이거나 아니면 비각성 또는 반각성 시에 사용하는 '뇌의 기억장소' 또는 그때의 의식을 의미하는 말로 쓰인다.
   1) 의식이라는 말의 반대, 즉 물질에 대해 반물질이 있는 것처럼 의식에 대해 무의식이 있다는 것처럼 쓰이는 것에 대하여.
      (1) 의식은 '상태'이고 무의식은 '상태'가 아니다. 그러므로 '무의식하에서 그랬다'라는 표현은 '의식이 없이 그랬다'라고 해야 한다. 의식 대신 무의식이라는 것이 있어서 그것이 그랬다는 말로 변용되어 쓰이면 곤란하다. 다시 말해서 마치 '물질 對 반물질'의 관계처럼 쓰이는데 실지로는 반물질은 있는(有) 것이고 무의식은 없는 것이니 적절치 않다. 무의식이 별도로 존재하는 것이라면 차라리 '반(反)의식'이란 용어는 어떤가. 그러나 그런 개념은 성립할 수 없으니 쓸 수 없다. 도대체 '힘이 없어서 쓰러졌다'와 '없는 힘이 쓰러뜨렸다'가 어찌 같겠는가.
      (2) 의식은 그 속성 자체가 '각성'과 '인식'의 합이다. 그러니 각성이 없는 무의식은 의식상태가 아니고 의식의 일종도 아니다. 그냥 의식이 없는 상태다.
      (3) 따라서 이러한 의미의 '무의식'은 '비각성의식'이란 용어를 사용해야 맞다. 그러니 무의식의 두 가지 의미 중 첫 번째 의미는 무의미하고 두 번째 의미만 유효하다.
   2) 반각성과 비각성 시에 사용하는 '뇌의 기억장소' 또는 그때의 의식을 의미하는 말로 쓰이는 것에 대하여.
      (1) 半(semi)각성의식 : 의식은 반각성의식을 포함한다. 반각성의식은 꿈이나 최면 등 몸뇌가 일부만 깨어있는 변성의식상태(altered state of consciousness)^(*)다. 이때에는 의식상태 시 접근이 어려운 몸뇌의 잠재기억에 접근하기가 용이하다. 또 반각성 시에는 다음에서 말하는 제3의 기억을 일부 사용하기도 한다.(6.12.2. '표준이론의 의식구분' 참조)
      (2) 非(non)각성의식 : 의식이 있는 상태, 즉 각성 시에 혼은 몸뇌만 사용한다. 그러면 몸뇌가 잠자는 비각성 시에 혼이 사용하는 기억장소는 어디일까? 그것은 몸뇌에 있는 기억인가 아니면 제3의 장소에 있는 기억인가. 뇌의학은 몸뇌의 일부분에 있는 기억이라고 한다. 일단 그렇다고 하자. 그런데 의식 시 혼이 사용하는 기억장기가 몸뇌라면 비각성 시 사용하는 몸의 기억장기도 따로 용어가 필요하다. 몸뇌의 현재기억 부분은 아님이 분명하니 잠재기억에서 찾아야 하는데 비각성시에 사용하는 기억 중에는 현생의 기억이 도통 아닌 기억이 많아 잠재기억이라고 할 수도 없어 '비각성 시 사용하는 뇌'라고 하든가 '비각뇌'라고 해야 한다.

(3) 그런데 프로이트가 '비각뇌'라는 말을 사용하지 않은 이유는 비각뇌라는 것이 실지로 있다고 하는 순간 몸뇌가 아닌 제3의 기억장소의 존재를 인정하여야 했기 때문이다.

(4) 그러나 살펴본 바와 같이 논리적으로 비각성 시에 사용되는 기억은 몸의 기억장치 즉 두뇌에 있지 않다. 사실 비각성이란 語義 자체가 몸뇌의 각성이 없다는 의미이니 몸뇌를 사용할 리가 없는 것이다. 몸뇌의 기억은 몸이 경험한 것, 즉 각성(반각성 포함) 시에 일어난 일이 아니면 기억할 수 없다. 그러나 우리는 각성 시에 경험하지 못한 '제3의 기억'을 너무나 많이 갖고 있다. 제3의 기억은 각성 시에도 경험할 수 있다. 각성 시에 문뜩문뜩 나타나는 '제3의 기억'에서 소위 창의성이 발현된다. 그리고 숙면 중의 꿈이나 깊은 최면, 빙의, 다중인격, 유체이탈 등 비각성 상태에서는 더욱더 많은 '제3의 기억'이 활개 친다. 그렇다면 '제3의 기억'은 도대체 어디에 저장되어 있을까?

(5) 표준이론에 의하면 혼은 각성 시에 생기체를 통하여 몸의 장기를 지배한다. 그러나 보통의 혼은 몸의 불수의(不隨意) 부분을 지배할 수 없다. 혼의 생기체가 혼의 의지와 무관히 자율적으로 몸의 자율신경을 지배하기 때문이다. 한편 혼은 몸뇌가 각성상태인 때에는 몸에 철저히 속박되어 있다. 그러나 몸뇌의 비각성 시에 혼은 훨씬 자유스럽다. 이때 사용하는 '혼의 기억장기' 즉 생기체의 장기인 혼뇌(魂腦)가 '제3의 기억장치'다.

(6) 이처럼 의식은 '각성 시 혼의 의식'과 '비각성 시 혼의 의식'으로 구분된다. 표준이론은 '각성 시 혼의 의식'을 '몸뇌의식'이라고 하고 '비각성 시 혼의 의식'을 '혼뇌의식'이라고 한다. 프로이트는 위 반각성의식과 혼뇌의식을 합하여 '무의식'이라는 비합리적인 단어를 만들어 얼버무렸다. 사실 프로이트가 무의식의 개념을 만들어 낼 때부터 제3의 기억장소의 존재는 어쩔 수 없이 암시되어 있었다, 서로 쉬쉬했을 뿐이다.

(7) 이미 말한 바와 같이 몸뇌의 반각성 의식(변성의식) 상태에서도 혼은 몸뇌의 잠재기억 뿐 아니라 혼뇌기억의 일부를 사용할 수 있다(6.12.2. '표준이론의 의식구분' 참조).

4. 정신분석학에서 기억은 '현재(표면, 각성)기억'과 '잠재기억'으로 나뉘는데 그 크기는 1:9 정도다.(**) 잠재기억을 표준이론으로 해석하면 위 반각성의식 중 몸뇌의 잠재기억만을 사용하는 의식으로 볼 수 있다. 그러나 프로이트는 혼뇌의식을 인정하지 않았으니 혼뇌기억을 사용하는 반각성의식도 모두 잠재기억으로 보았을 터이다.

5. 또한 의식은 마음의 구성부분이 아니라 마음의 상태다. 마음이 몸뇌의식 상태일 때에는 각성과 인식이 있다. 따라서 마음을 의식과 관련하여 도식하자면 마음=몸뇌마음+혼뇌마음이다. 무의식+각성의식이 아니다. 혼은 마음이니 몸뇌마음은 '혼이 몸에 속박된 각성상태의 마음'이고 혼뇌마음은 '몸뇌가 잠자는 때의 마음'이다.

6. 최면상태에서 혼은 半활성 또는 부분활성하는 행태를 보인다. 이는 변성의식 시에 혼은 몸뇌의 잠재기억 일부 사용하거나 혼뇌의 기억을 사용하고 거기에 변성의식 시의 경험을 저장하기 때문에 각성 후에는 기억이 부실하여 부분활성한 것처럼 보이기 때문일 것이다. 또 최면 시에는 한곳에만 집중하여 다른 것은 제대로 인식하지 못함으로 인해 몸뇌가 깊은 명상 시처럼 부분 수면에 드는 이유도 있을 것으로 생각된다.

7. 혼이 명종 후 윤회혼이 되면 혼은 어떻게 기억하는가. 죽을 때 생기체의 혼뇌를 복사해 가져가는가? 그렇지 않다. 혼뇌는 생기체의 기억장치. 윤회혼의 기억은 혼에게 습관이나 업(業)으로 기억된다. 혼은 육체에 있을 때 뇌에 대응하는 기억장치를 생기체에 둘 뿐 몸을 떠나서

는 기억장치를 달고 다니지 않는다. 혼은 유체이탈 시 또는 사후 몸을 떠날 때 혼의 장기인 생기체와 헤어지기 때문이다. 따라서 윤회혼의 기억장치는 '혼뇌'가 아니다. 혼뇌는 생시혼(이승혼)의 일부인 생기체의 기억장치일 뿐 혼의 기억은 혼의 습관 또는 업으로 혼에 각인된다. 그 기억은 몸뇌나 혼뇌처럼 물리적 기억이 아니다. 혼의 기억은 어디에 저장했다가 떠올리는 것이 아니고 추우면 떨리고 더우면 땀나듯이 그냥 느낌이다. 그래서 안다. 그러니 혼에게는 육체의 뇌와 같은 기억장치가 필요하지 않다. 업과 덕에 다 쓰여 있다. 결론하면

1) 혼이 몸에 깃들면 몸의 생기체를 키워 몸의 각 장기에 맞는 혼의 장기를 구성한다.
2) 혼뇌는 육체에 있을 때 혼이 생기체를 활용하기 위하여 사용하는 기억장기다. 혼은 생기체의 혼뇌를 통해 생기체를 장악하고 생기체를 통해 육체를 장악한다.
3) 혼이 육체를 떠나서 전생을 기억하는 장치는 따로 있는 것이 아니라 혼의 성격처럼 혼에 체화(體化)되어 있다. 강가의 바위가 수천 년의 물의 흐름을 그 몸뚱이로 웅변하는 것처럼.

8. 최면 시에는 몸뇌가 부분각성상태이기 때문에 혼이 몸의 속박에서 일부 벗어난다. 이때에는 혼이 각성 시에 활용하지 못하는 몸뇌의 잠재기억을 어느 정도 활용할 수 있다. 따라서 최면상태에서는 몸뇌의 잠재기억이 각성 시보다 용이하게 드러난다. 또는 잠재기억을 포함한 몸뇌의 모든 기억을 혼뇌에도 기억하기 때문에 혼뇌에 있는 몸뇌의 잠재기억을 꺼내어 활용한다고 하여도 결과는 같다. 같은 이유로 혼뇌의 기억 중 전생의 기억도 일부 사용할 수 있게 되는 것으로 보인다.

9. '무의식과 표면의식을 자기최면이나 명상 등으로 통합하면, 또는 무의식을 의식화하면 초능력자가 된다거나 정신적 또는 영적으로 발전하고 성취를 이룰 수 있다는 생각'은 혼과 몸을 일체화시킨다는 불합리한 논리이다. 표준이론의 '생기체를 통하여 몸을 간접적으로 장악하던 영과 혼이 발전하고 수승(殊勝)하면 몸의 일부를 직접 장악할 수 있게 되고 다른 한편 각성 시에도 몸의 속박에서 벗어나 혼뇌와 혼의 장기에 부분적으로 접근할 수 있게 되어 초능력적인 면모를 보일 수 있다'라는 진술이 합리적이다. 불가에서 '해탈의 경지를 이루면 전생을 보는 숙명통을 얻는다' 함이 바로 그것이다. 또한 초상능력(超常能力)을 보이는 것도 혼이 혼의 능력 또는 생기체의 자율기능을 직접 사용하기 때문이다.

10. 몸뇌에 경험한 모든 것이 기억되지는 않는다. 뇌는 그런 용량이 되지 않으며 따라서 기억하려고 하지도 않기 때문에 불필요한 것은 영구 삭제된다. 뇌의학자들은 두뇌의 기억용량은 무궁무진하다고 하는데 이는 상식에도 어긋나는 주장이다. 자신을 보라. 과연 뇌의 용량이 무궁무진한가? 이는 혼뇌의 기억이 드러나는 저 많은 경우와 몸뇌의 막대한 뉴런의 개수를 보고 놀라서 대충 주장하는 것일 뿐이다. 또 무의식에 저장된다는 주장도 이미 지적한 바와 같이 용어상 그리고 의학상 비합리적이다. 모든 것을 기억하는 것은 혼이다. 혼이 이승혼일 때에는 혼의 저장장치인 혼뇌에 모든 것을 저장하고 동시에 혼에 업처럼 체화하여 새긴다. 아카식 레코드가 그것이다. 그래서 고급영이 혼을 보면 그의 모든 것을 안다. 혼의 얼굴에 그의 기억이 쓰여 있다. 따라서 아카식 레코드는 읽는 것이 아니라 보는 것일 것이다. 아카식 레코드가 신지학이나 케이시(Edgar Cayce 1877~1945)의 주장처럼 에테르界에 별도로 저장되는지에 대해서 표준이론은 회의적이다. 케이시의 리딩은 그의 靈에 의한 영교(靈敎)의 한 형태다.

11. 뇌를 다치거나 치매에 걸려 프로세서와 메모리가 망가진 사람에게 최면을 걸면 정상인이 최면에 걸린 때처럼 그의 기억을 되살릴 수 있을까? 뇌의 메모리 기능 부분만 망가졌다면 (표준

이론에 의하면) 최면 같은 부분의식 상태에서는 혼뇌의 기억을 일부 사용할 수 있다고 보므로 어느 정도 가능하여야 맞다. 그러나 뇌의 프로세서 부분이 망가졌다면 혼은 몸이 있어야 액팅할 수 있는 까닭에 최면으로 혼뇌의 기억을 드러내기는 어려울 것이다.

그러나 뇌의 프로세서 부분이 망가진 때에도 프로세서 기능을 혼이 할 수 있다. 치매가 중증으로 진행되어 뇌가 완전히 망가진 사람이나 임종 직전의 사람이 정상적인 의식활동을 보이는 회광반조(回光返照)의 경우 또는 서번트증후군이 그런 경우다(12.1. '임종명석현상' 참조).

12. 최면이나 수면 중에 활성화되는 기억이 '혼뇌의 기억'이 아니라 두뇌의 '잠재기억'에 불과하다면, 몸뇌에 모든 것이 기억되어 있을 수도 있다. 그러나 몸뇌에 모든 것이 기억되어 있다는 주장은 틀렸다. 그 이유는
    1) 잠재기억에 있을 수 없는 '제3자의 기억'은 어디에서 나오는가? 그것은 혼뇌에서 나온다. Agree하지 않는 측에서는 뇌가 기존 기억을 토대로 창조하였다고 일갈하겠지만 똑같은 논리와 확률로 각성 중의 경험이 아닌 혼의 경험이나 타인의 경험에 의한 기억이라고 일갈할 수 있다. 또 Agree하지 않는 측의 대부분은 '의식은 뇌의 전기현상'이라고 믿고 있다. 그런데 그런 믿음대로라면 사람에게서 어찌 하늘에서 뚝 떨어진 창조적 아이디어가 나오겠는가.
    2) 혼뇌가 전생의 기억을 가지고 있음은 증명되어 있다. 물론 증거로 치지 않으면 그만이지만.
    3) 최면 중에 다른 인격이 튀어나온다. 각성 또는 비각성 중에 '외부의 다른 인격'이나 '복합혼을 가진 사람의 주혼 외에 숨은 다른 종혼의 인격'이 나타나는 것이다. 최면 중의 기억이 '뇌에 저장된 기억'이라면 최면 중에 거기에서 어떻게 다른 인격이 나올 수 있겠는가. 그것은 기억장치가 바뀌는 것이 아니라 의식의 주체가 주혼에서 종혼으로 바뀌는 현상이다. 몽유병 또한 복합혼의 종혼이 수면 중인 주혼 대신 몸을 지배한 경우일 수 있다(6.3.1. '생기체' 참조).

13. 뇌 이외의 신체기관에 저장되는 기억
    1) 무의식은 또한 새로운 기술을 배울 때도 작용한다. 자동차운전을 배우거나 새로운 악기연주법을 배울 때 처음에는 의식적인 노력을 통하여 하나하나의 기술을 연습하고 익히지만 어느 정도의 단계가 지나면 그것에 대하여 의식을 하지 않더라도 자동적으로 기술이 몸에 배어 자연스레 활용이 된다. 그래서 실제로 자동차 운전을 하거나 악기를 연주하고 기계를 조작하는 사람들은 그 조작법을 일일이 생각하거나 의식하지 않는다. '자동화된 동작'과 자연스러운 손놀림으로 기계나 도구를 만지게 된다. 그러나 초보자들은 아직 숙달되지 않았기에 어색하고 부자연스럽게 움직인다. 그러다가 숙달될수록 자기가 하는 일에 대해서 크게 의식을 하지 않아도 잘 해내게 된다(설기문, 「최면의 세계」 중에서).
    2) 뇌의학은 이러한 기억은 암묵적 기억(implicit memory) 중 절차기억이라고 하며 무의식에 저장된다고 주장한다(무의식에 저장된다는 것은 전술한 것처럼 어폐가 있으니 잠재기억에 저장된다는 말로 해석하자). 그러나 뇌 이외의 신체기관에 저장된다는 연구도 많다. 대부분의 경우 이는 진실이다. 손에 익고 몸으로 익힌다는 것이 그것이다.

14. 생기체의 수의시스템과 자율시스템
    1) "무의식은 실제로 우리가 의식하지 못하는 가운데 몸과 마음을 주관한다. 특히 그것은 생물학적·생리적 생명활동에 관계하는데, 예컨대 심장을 우리가 전혀 의식하지 못하는 가운데 1분간에 일정한 횟수의 비율로 움직이도록 할 뿐만 아니라 폐의 호흡작용이나 위장의 소

화작용 등에 작용을 하여 일정한 속도와 비율로 생명활동이 지속될 수 있도록 관여한다. 그뿐만 아니라 무의식은 우리가 식사를 하는 동안에도 입을 벌리고 씹는 행위와 같은 근육의 움직임을 통제하기도 한다. 결과적으로 무의식은 소화, 호흡, 심장박동, 체온 조절 등과 같은 생명활동, 즉 불수의적 기능을 통제한다."(설기문, 「최면의 세계」) "자율신경(Autonomic nerve)은 호흡, 순환, 대사, 체온, 소화, 분비, 생식 등 생명활동의 기본이 되는 기능이 항상성(homeostasis)을 유지하는 데 중요한 역할을 하고 있다. 자율신경은 무의식적으로 작용한다. 자율신경이 있는 덕분에 우리는 특별히 의식하지 않아도 각종 내장의 상태를 파악할 수 있으며, 심장을 움직이는 속도를 변화시키거나 음식을 먹은 후에도 소화관을 움직일 수 있는 것이다."(네이버백과, 'SIM 통합내과학' 참조)

2) 위 1)의 진술은 무의식이 불수의근을 통제한다면 자율신경계를 무의식이 통제하고 있다는 말이다. 자율신경의 사전적 정의를 보면 '자율신경은 무의식적으로 작용한다'고 하니 서로 말이 통하는 바가 있다. 그런데 이러한 주장들에도 역시 어폐가 있다.

(1) 이미 언급했지만 '무의식'이란 단어는 틀렸다. 전술한 바와 같이 '비각성의식'이란 용어나 '병리적 의식(프로이트의 무의식인 경우)'이라고 하여야 하며 경우에 따라 '잠재의식'이란 말로 대체하여야 한다(6.12.2. '표준이론의 의식구분' 참조).

(2) '무의식적으로 작용한다'면 '자동적으로 작동'한다는 말이고 그러면 무의식뿐 아니라 그어느 것으로부터도 독립적이어야 한다. 그렇다면 '무의식이 불수의근을 통제한다'는 논리는 더욱 틀렸다.

(3) 그런데 '혼이 자율신경을 통제한다'면 말이 된다. 몸의 자율신경에 혼의 신경계(생기체의 신호전달시스템, 6.3.1. '생기체' 참조)가 덮여 있으며 이를 통하여 혼이 자율신경을 통제한다. '혼의 생기체'는 불수의근을 통제 시에는 혼의 정신체로부터 독립하여 자율적으로 행동한다. 혼의 생기체는 우리가 의식하지 못하는 가운데 소화, 호흡, 심장박동, 체온 조절 등과 같은 생명활동, 즉 몸의 불수의적 기능을 자율신경을 통하여 통제하는 자율시스템을 가지고 있는 것이다. 다만 표준이론에서 수승(殊勝)한 혼은 각성시에도 생기체의 자율시스템을 통하지 않고도 몸을 직접 장악할 수 있다고 본다.

15. 예지(precognition), 직관 또는 직감(insight), 영감(inspiration), 육감(sixth sense) 등의 능력은 무의식의 능력이 아니라 혼의 양심체 또는 영의 능력이다. 반면 텔레파시(telepathy)등의 초상현상이나 참선, 요가, 기공, 단전호흡, 명상수련과 같은 방법을 통해 병이 치료되고 기적 같은 일(공중부양, 투시력, 천리안과 같은)이 나타나는 것은 기(氣)의 일이니 혼이 혼의 정신체 또는 생기체의 장기를 사용하는 작용이다.

(*) *변성의식이란 꿈이나 최면뿐 아니라 유체이탈, 임사비전, 死者통신, 퇴마체험, 신유(神癒)체험, 접신, 빙의, 초상현상체험, 시(詩)나 음악 등의 심취, 약물이나 마약 섭취, 마술이나 주술, 기공(氣功), 종교의식, 방언, 누멘의 체험 등에 기인하여 몸뇌의 각성상태가 일시적으로 제한되는 경우의 의식이다.*
(**) *현재기억과 잠재기억의 크기가 1:9라 함은 현재기억이 기억이라는 빙산의 일각이라는 뜻인데 이는 정신분석학자들이 현재기억의 왜소함을 표현하는 말이 아니라 잠재기억의 방대함에 놀라서 한 말이다. 끝없이 드러나는 원천을 알 수 없는 기억들. 그 정체를 몰라 잠재기억이라고 한 것이다. 그런데 사실 잠재기억의 많은 부분 혼의 기억이다. 놀랄 만도 하다.*

尾165) 기공치료의 방법(신지학)

1. 기(prana)의 흐름은 사람의 의지에 순응하기 때문에 기공치료자(메스머리스트, 신유치료자, 성

령치료자)는 피시술자의 기 흐름을 증대시킬 수도 있고 기로부터 쏟아져 나가는 활력의 흐름을 의식적으로 통제할 수도 있다. 기공 치료자는 피시술자 신체 안으로 자신의 기를 쏟아 부어 피시술자의 신체 장기가 자체적으로 프라나를 공급할 수 있을 정도로 복구될 때까지 기의 순환을 증대시킨다. 그 구체적인 방법은 다음과 같다.
   1) 기공치료자는 해부학과 생리학에 대해서 어느 정도의 지식을 가지고 있어야 한다.
   2) 환자의 환부 위를 양손으로 여러 번 지나가면서 손상된 기를 환자로부터 자신에게 끌어낸다.
   3) 끌어낸 환자의 에테르 물질을 자신의 육체에서 방출한다.
   4) 병든 기관을 건강한 상태에 있는 것처럼 상상하여 강한 상념을 만들어 낸다.
   5) 상념은 치료자가 주입하는 생기가 피시술자의 몸 안에 새로운 조직들을 신속히 만들어 내도록 돕는다.

2. 그러나 '수승한 신유치료자'가 사용하는 방법은 다음과 같이 훨씬 더 근본적인 치료방법이다. 이는 마치 예수님의 치료 방법을 설명하는 듯하다. 신지학에서는 대스승이나 성자가 행하는 이런 종류의 치료를 '백마술(白魔術 white magic)'이라고 한다.
   1) 먼저 멘탈 물질로 손상된 기관을 다시 만든다.
   2) 만들어진 멘탈 기관 속에 아스트랄 물질을 넣고 다시 에테르 물질로 틀(도안체, 생기체)을 구성한다.
   3) 자신의 몸이나 외부에서 생기를 끌어다 그 틀 속으로 부어 기체, 액체, 고체들을 만들어 낸다.

3. 표준이론도 기공의 기능과 역할에 대해서 긍정적이고 적극적인 평가를 한다. 따라서 위 1의 설명은 적절하다고 본다. 그러나 신지학의 위 2와 같은 진술은 허무맹랑하다.

尾166) 파동(소리)에 대하여

1. '태초에 말씀이 계셨다'는 성경말씀은 창조주의 존재와 의지와 인격성을 표현하는 서술일 뿐 말이 창조를 가져오고 따라서 사람도 소리를 이용하여 창조행위에 개입할 수 있다는 의미는 아니라고 본다.
2. 그러나 진동이 만물의 실체일 수 있다거나 소리에서 출발하여 만물이 창조되었다거나 말이 씨가 된다는 등의 진술은 진실일 수 있다. 또한 이는 왜 사람이 음악을 본능적으로 좋아하느냐에 대한 답을 시사한다.
3. 요가난다는 그의 「요가난다, 영혼의 자서전」에서 고대의 성자들은 자연과 인간 사이에 있는 소리의 관련성의 법칙을 발견했다. 자연은 근원의 소리 혹은 진동의 말씀인 '옴'이 구체화된 것이므로 인간은 만트라나 챤트(chant, 단순하고 반복적인 성가나 기도문)를 사용함으로써 자연의 변화를 조절할 수 있다. 인간 자체가 창조적 말씀의 표현이므로 음성 수련은 강하고 즉각적인 효과를 가져온다고 주장한다.

尾167) 데이비드 봄의 의식론

양자물리학자인 데이비드 봄(David Bohm)은 인간의 의식에 대하여 '육감론(六感論)'을 펼쳤다. 그는 6감에 의해 인식되는 대상을 '비일상적 실재'라고 하며 이는 슈뢰딩거의 파동방정식에서 얻은 허수부라고 생각하였다. 실수부의 일상적 실재란 입자이고 허수부의 비일상적 실재는 파동으로 둘 다 실제로 존재하는 '객관적 실재'라고 설명하였다. 또한 파동의 전파매질로 우주의 진공을 채우고 있는 '초양자포텐셜(초양자장)'을 주장하였으며 인간이 허수 시공간을 인지하지 못하는 것은 사람이 출생 후 성장하는 과정에서 허수 시공간을 인지하는 능력이 퇴화되었기 때문이라고 하였다. 이 6감이 그가 주장하는 집단적 인류의식(collective consciouness of mankind)의 근거이다.

6감은 표준이론에서 혼이나 영이 가진 기능이다. 혼은 혼뇌의식이 강한 경우 이를 감각할 것이고 영은 영의 의식 즉 각성 시 몸뇌에 종속되는 혼뇌와는 달리 독립적인 영감을 갖춘 또 다른 의식(靈)으로서 6감을 갖는다.

尾168) 진동과 진동수

1. 양자역학에서 발달한 진동 또는 파동의 개념은 진동수나 주파수 등의 개념을 낳고 이는 에너지와 소립자의 주요 성질이 되며 나아가 데이비드 봄(David Bohm) 같은 학자들의 주장에 의하여 소립자가 물질의 원료인이 되느냐 또는 의식의 원료인이 되느냐는 소립자의 진동수에 따라 결정된다는 주장으로 연결된다.

2. 같은 이유로 물질이나 의식 역시 각각 고유의 진동수나 주파수를 가지며 따라서 같은 주파수의 물질이나 의식끼리 유유상종하는 것을 분석하는 것이 점차 과학의 한 분야가 되고 있다.

3. 한편 신지학이나 뉴에이지에서는 기(氣)를 '에테르' 정도의 물질로 이해하여 에테르의 진동수(정련도)에 따라 진동수가 낮은 순서부터 육체와 혼 그리고 영의 구성물질이 된다. 따라서 영혼육은 그 구성물질인 에테르의 진동수가 다름으로 인해 서로 교통이 어렵다(리사 윌리엄스, 「죽음 이후의 또 다른 삶」, 33쪽). 이는 이승과 저승 간의 커뮤니케이션에 있어서 장애의 하나로 이야기된다.

4. 바야흐로 파동의 세상이 왔다. 끈도 파동이고 빛도 파동이며 과학도 파동, 귀신도 파동, 사람도 파동이다. 표준이론은 '진동수'는 양자역학적 지식을 반영한 의식수준의 표현방법이고 혼과 육은 진동수가 각기 다른 기의 뭉침이며 진동수가 유사한 혼들끼리 모이는 것이 각 저승이라는 주장을 긍정한다. 그러나 영은 물성이 없는 순수 사념으로 물질이나 혼과는 다르다.

尾169) 업과 습관

過而不改

子曰 "過而不改, 是謂過矣"

잘못한 것은 잘못한 것이 아니다
잘못한 것을 是認하지 않고
나아가 고치지 않는 것이 잘못이다

그렇다면
잘못한 것을 是認하지 않고 나아가 고치지 않은 잘못도
잘못인가?

그렇다
다만 잘못한 것을 是認하지 않고 나아가 고치지 않은 잘못을
是認하지 않고 나아가 고치지 않으면 그것도 잘못이다

복잡하군. 그런데
그 잘못이 그 잘못과 같은가?
Non!
잘못은 하나지만 더 커진 잘못이다

그리고 그 잘못이 習慣이 되고
마침내 是認을 하고 나아가 고치려 해도 고치지 못하면
더 이상 잘못이 아니다. 그건
業이다.

業은 業인지 알기 어렵고
알고 是認해도 고칠 수 없다
이제 그것은
고치는 것이 아니라 갚는 것이다
業은 죽음으로도 갚지 못하며
오로지 苦로 갚는다

尾170) 원죄(原罪)

1. 헬렌 슈크만(Helen Schucman)은 그의 「기적수업」에서 '영혼의 결백함과 거룩함'을 이야기하면서 혼과 영을 구분하지 않고 있다. 또 모든 사람에게 영혼이 있다고 보는 일반적이고 상식적인 사고방식을 보인다. 그런데 그의 영혼은 영에 가깝다. 만일 슈크만이 자신이 혼이라고 생각했다면 그 혼이 결백하고 거룩하다고 생각했겠는가.

2. 네이버 헤겔사전에 의하면 인간은 '의식'에 의해 자연에서 벗어나 잠재적으로는 '정신'이자 '선'이지만, 여전히 원시의 본능과 이기심에 붙잡혀 있는 한에서 '악'이다. 표준이론에서의 원죄 또한 '혼이라는 이유의 죄'인 혼죄(魂罪)이니 같은 의미의 원죄다.

3. 아우구스투스의 원죄는 아담의 죄를 유전받은 것이다. 1545년 가톨릭의 트리덴티노 공의회(Concilium Tridentinum)는 구체적으로 교만, 탐욕, 색정, 분노, 탐식, 질투, 나태의 7가지의 원죄를 적시했다. 이것은 본문에서 말한 원죄인 혼죄(魂罪) 또는 상위정신체의 '감정'인 14 情과는 죄에 대한 시각이 다르다. 공의회의 원죄는 이미 사회화된 인간의 윤리적 죄이고 교회조직에서 불편해 하는 악덕이다. 역시 원죄론은, 은총 없이는 구원 없다는 은총론을 강화하기 위한 교회의 보도(寶刀)였던 것이다.

4. 나중에 토마스 아퀴나스는 아우구스투스의 이런 우스꽝스러운 원죄 개념을 아담이 지니고 있던 타락된 본성으로 바꾸었다. 상속받은 원죄는 개인의 죄책(罪責)이 아니라 인간 본성이 공유하는 죄스러운 상태라고 보고 있다. 현재 가톨릭의 공식입장이다. 이 부분만 본다면 표준이론

의 원죄인 혼죄(魂罪)와 크게 다를 바가 없다(백민관,「가톨릭에 관한 모든 것」).

5. 혼죄는 그 속성으로 반신(反神) 또는 혐신(嫌神)의 경향을 포함한다. 이는 '과도한 혼죄'(미주 281 '신정론의 해답들' 참조)로서 惡性을 띤다. 이는 미개에서 오는 무신(無神)이나 비신(非神)과 달리 자해(自害)적 해타(害他)의 면모를 보인다. 이는 이때의 自利가 주혼을 타인으로 보는 종혼의 自利이기 때문이다(미주 304 '삶과 고통 그리고 무신(無神)' 참조). 영혼학이 발전하면 여기에 대해서 논문을 써도 여러 편을 쓸 수 있으리라.

尾171) 식물인간과 혼수상태(뇌사)

1. 의학적으로 심각한 뇌손상을 받은 환자들이 보이는 상태로는
   1) 우선 식물처럼 생기체만 활동하여 감각과 그 반사작용은 가능하나 정신체의 인지능력(인식)의 구현기능은 손상된 '식물인간상태'가 있고
   2) 생기체가 부분적으로 망가져 각성도 인식도 불가능한 '혼수상태'가 있다.
   3) 또 심한 혼수상태로 生氣만 부분적으로 남아있는 '뇌사상태'가 있다. 자발적 호흡도 불가능하고 다만 심장만 박동하는 상태다.

2. 표준이론으로 볼 때 이러한 구분보다는
   1) 윤회혼이 몸을 떠난 경우와
   2) 윤회혼은 몸에 남아있으나 생기체나 뇌의 중요 기능이 망가져서 몸뇌의식의 성립이 불가능하여 혼이 겉으로 드러날 수가 없는 경우로 나누는 것이 좋을 것으로 본다.
   다만 혼이 몸을 떠났는지의 여부를 판단하기가 쉽지 않다. 근사체험자들을 보면 떠났다가도 되돌아오기 때문이다. 마이클 뉴턴도 영혼은 식물인간의 몸에 오랜 세월 머물며, 죽음에 이르기까지 육체를 버리지 않고 주위를 떠돈다고 한다.(「영혼들의 운명1」, e123쪽)

3. 그나마 혼이 몸에 남아있는지를 판단하는 기준으로는
   1) 각성과 인식의 상태, 증세의 악화와 호전 현황, 뇌손상 후 경과일수 등 의학적 소견 외에
   2) 수면 중에 가족에게 환자의 혼이 나타났는지 여부
   3) 회광반조(임종명석)현상의 유무
   4) 영적 감각이 뛰어난 사람의 판단
   등이 있을 수 있으나 정작 현실에서는 구분하기 힘들다.

4. 어느 경우나 의식불명이 6개월 이상 경과하였다면 근사체험을 불문하고 깨어날 가능성이 거의 없다고 생각되고 혼이 몸에 있다 하더라도 고통 중에 있을 것이니(미주 259 '메스머리즘과 최면 그리고 마취' 참조) 콧줄(鼻胃管)이나 인공호흡장치를 제거하는 것이 도리라고 본다.

5. 노령화와 관련하여 다음과 같은 정책이 필요하다.
1) 일정연령에 달한 국민을 대상으로 죽음교육과 사전연명의료의향서, 장기조직 및 시신 기증, 신체와 재산의 처분에 대한 확인서를 작성(작성자에게는 급부, 반대자에게는 반대급부 체계 확립)하고 관리하는 법률 제정
2) 유자녀자의 노령관리 우대, 의식불명자에 대한 사망진단 강화와 일정금액이상의 의료보험 제

한, 병원에서의 생명유지장치 적용기준 강화
3) 노령화와 관련한 정부정책을 전담할 부서의 설치

尾172) 의식에 대한 강길전의 정의와 표준이론

1. 서울대학병원 산부인과 교수를 역임한 강길전은 그의 저서 「양자의학」에서 의식을 표면의식, 무의식, 집합무의식으로 나눈다. 그리고 의식은 사후에 영혼이 된다. 집합무의식은 초의식(혹은 순수의식, 우주의식)의 반영(反影)이며 무의식은 마음과 같은 뜻이다. 표면의식은 마음의 더러운 또는 특정한 면으로 정신이다.

2. 그의 말을 종합하면 의식은 표면의식인 정신과 무의식 그리고 우주의식의 반영인 집합무의식으로 구성된다.

3. 초의식(순수의식, 우주의식)은 우주허공을 충만하는 의식, 혹은 전지전능한 의식이다. 이는 자연과학에 물들어 신을 신이라고 부르지 못하는 類似유신론자들이 신을 칭하는 용어로서, 도가의 도(道)나 유가의 태극(太極), 힌두의 우주원리인 브라만(Brahman), 카발라의 아인(Ein) 불교의 공(空) 등의 개념으로 소급되는 만큼 그 연원이 상당하고 특히 요즈음에 이르러 뉴에이지에 많이 회자되는 유행어이다. 이 개념은 원래 신(Numen)에게서 인격성을 제대로 느끼지 못하는 사람들에게서 비롯하였으나 지금은 그 인격성을 가리려는 의도로도 사용된다.

4. 표준이론으로 보면 무의식은 사실 혼뇌의식이니 그의 의식 또는 마음이란 정신과 혼과 영으로 구성된다. 강길전은 표준이론의 영혼육은 모르지만 통찰은 비슷하다.

尾173) 의식의 구분에 대한 지나라자다사의 의견

지나라자다사는 의식을 세 가지 상태로 구분하고 있는데, 잠재의식(潛在意識)과 현재의식(現在意識) 그리고 삼매의식(三昧意識)이 그것이다. 그러나 그와 같이 구분할 것 없이 하나의 마음인 '유일심(唯一心)의 전체전일(全體全一)' 즉 하나의 생각을 가지는 것이 바람직하다고 한다. 육체는 魂의 소유물이며 육체 안에 살고 있는 魂 즉 생명 되는 靈이 실상의 사람이며 육체는 사람과 그 의식활동의 상징일 뿐이라는 것이다(지나라자다사, 「신지학 첫걸음」 참조).

尾174) 타나토노트의 죽음

베르나르 베르베르의 1994년 소설 「타나토노트(thanatonaute)」에서 묘사된 천국은 총 7단계로 구성되어 있는데 이는 「티벳 사자의 서」의 '환생의 터미널'에 근사체험 연구를 통하여 확보된 지식을 얹어 놓은 구성이다.

1. 먼저 '사자의 서'에 의하면 사람은 사후 7주간에 걸쳐 죽음을 겪게 되는데 그 단위는 7일이다. 그 기간 중에 밝은 빛으로 탈출하지 못한 혼은 인간도(人間道)로의 환생을 피할 수 없다(미주 122 「티벳 사자의 서」와 신지학 그리고 표준이론' 참조).

2. 한편 대표적 근사체험 모델인 핌 반 롬멜의 연구에 나타난 근사체험의 열 가지 체험 요소는 '자신이 죽었다는 인식 그리고 긍정적인 감정, 체외이탈, 터널을 통과함, 밝은 빛과의 만남, 색

깔을 관찰함, 천상의 풍경을 관찰함, 이미 세상을 떠난 가족과 친지와의 만남, 자신의 생을 회고함, 삶과 죽음의 경계 인지'이다(미주 129 '2001년 네덜란드의 연구자들이 밝힌 근사체험의 열 가지의 체험 요소' 참조).

3. 「타나토노트」에서 묘사된 천국의 7단계를 보면 우선 망자의 영혼은 육체에서 빠져나가 우주 공간을 약 18분 동안 비행하여 은하계 중심부에 있는 블랙홀 속으로 들어가는데 이 블랙홀 속에 저승으로 가는 길이 있다. 그 첫 번째 단계는 '청색계'로 빛의 산에서 나오는 흰 빛을 따라 날아가는 단계이고 두 번째 '흑색계'는 생전에 겪은 끔찍한 기억들이 나타나 영혼을 괴롭히는 단계이며 세 번째는 '적색계'로 쾌락과 욕망의 환상을 겪는 곳이며 네 번째 '주황색계'는 지루한 기다림의 연옥으로 여기에서 여러 사람들을 만나게 된다. 다섯 번째 '황색계'는 이제껏 이해하지 못하던 모든 지식을 알게 되는 지식과 힘의 장소이고 이어지는 '녹색계'는 화려한 풍광의 아름다운 장소이며 마지막 제7천계는 '백색계'로 심판과 환생이 이루어지는 곳으로 그 안쪽에는 빛의 산이 있다. 모든 천계를 총점 600점이 넘는 점수로 통과한 영혼은 자신의 선택에 따라 윤회를 끝내고 천상에 남아 천사가 될 수도 있고 불교의 아라한이나 보살처럼 지상계로 내려가 인류를 구원하는 일을 할 수도 있다. 600점이 되지 않은 영혼들은 점수에 맞는 곳으로 환생한다. 내용적으로는 사자의 서와 신지학 그리고 근사체험의 콘텐츠를 조합하여 흥미 있게 각색한 작품이고 전체적으로는 표준이론이나 심령학과 사후세계의 개념구조가 일치한다. 이 소설은 전 세계적으로 공전의 히트를 기록하였는데 이후 베르베르는 타나토노트의 후속작으로 주인공이 영(천사)이 되어 천국에서 지상의 영혼을 돌보는 스승령의 역할을 하는 소설인 「천사들의 제국」(2000년)과 천사단계를 넘어 신(고급영)이 되기 위해 신들의 나라인 올림포스 산(표준이론의 제3영계 급)에서 교육을 받는 것을 내용으로 하는 「신(神)」(2007년)을 저술하여 역시 크게 히트시켰다.

4. 이 책으로 인해 근사체험(NDE)이 널리 대중화되었으니 영혼학의 대중화 방법에 하나의 모범 답안을 제시한 것으로 평가된다. 영혼학에는 예술적이고 예능적인 아이디어들이 무궁무진하다. 이미 심령학적 내용을 담은 다양한 장르의 여러 작품들이 대중에게 선을 보였으나 흥미 위주의 판타지적 요소를 줄이고 영혼학의 객관적 사실과 최근 밝혀진 과학적인 요소를 최대한 반영하여 적절한 기획을 한다면 소설뿐 아니라 게임이나 웹툰 그리고 영화나 다큐멘터리 형태로 인류 영성의 고양에 일조를 할 수 있는 작품이 얼마든지 나올 수 있을 것으로 기대한다.

尾175) 恣意的 유체이탈

유체이탈

이 몸에서 일어나 나가고 싶다
Yogi의 祕傳은 모르지만
이렇게 누워서 어떻게 용을 써보면 될 것도 같다
그리고 이 몸 곁에 서서 지켜보고 싶다
천정에 떠서 내려다보고 싶다

이 몸이 그토록 날 괴롭혔던 그것이냐
이 몸이 내가 그리 아꼈던 그것이냐

이 몸이 나의 영과 혼을 온통 더럽혔던 그것이냐
이 몸이 내가 떠나지 않으려고 그리 매달렸던 바로 그것이냐

다시 돌아와 누울 수도 있지만
이참에 아예 돌아서서 바이바이 하자
그러면 죽음이다
어디로 갈지 불안하지만
서글픈 미련들을 두고 가 버리자
그렇다면 죽음은 不安이고 미련이군
하여간 지금 이 몸에서 벌떡 일어나자
일어나 보자
어렵지만 쉽게 일어나 보자

尾176) 백두산 천지의 산천어 발생확률

1. 백두산 천지의 산천어는 어디에서 왔을까? 어떤 사람들은 마그마의 풍부한 화학적 원재료에 수십억 번의 번개가 내리쳐서 산천어가 생겨났다고 할 것이다. 1953년 시카고 대학생 밀러의 실험(Miller experiment)에 의하면 메탄, 수소, 수증기, 암모니아 등이 가득한 화합물 플라스크에 몇 주간 방전(妨電)을 가하면 유기물(有機物)이 만들어진다. 그러나 이를 보고 놀랄 이유는 하나도 없다. 그보다도 더한 환경에서도 무기물 속의 氣의 생명 때문에 유기물은 얼마든지 만들어질 수 있기 때문이다. 또 이것을 보고 생명의 기원을 보았다고 생각하는 것도 당연하다. 무기물이 유기물로 변하여 생명체가 탄생하는 것은 표준이론의 1막 1장에 잘 나타나 있다(3.2.1. '표준이론의 영과 혼의 기원(起源)' 참조). 그러나 1936년 「생명의 기원」을 써서 밀러 실험에 단초를 제공한 러시아의 생물화학자 오파린(Aleksandr Ivanovich Oparine 1894~1980)은 밀러의 실험을 내세워 이제 곧 인류는 인공생명체를 만들어낼 수 있다고 온 세계를 상대로 선전극을 펼쳤다. 그는 스탈린 치하에서 곡학아세로 부귀를 누린 사람으로 신(神)을 믿지도 않는 처지에 '우연에 우연을 무한히 곱하면 무엇이든 된다'며 '시간의 신'을 팔아 온 세계를 난센스에 빠뜨렸고, 세계 과학계는 이 말에 흥분하여 한때 인공생명체 제조 실험에 경쟁적으로 덤벼들었다.

2. 그러나 문제는
    1) 방전으로 만들어진 유기물(有機物)이 단백질을 구성하기 위한 아미노산이어야 하고
    2) 그것도 서로 다른 여러 종류의 아미노산이 순서대로 만들어져야 하며
    3) 또 그 아미노산들이 펩타이드 결합(peptide bond)이라는 오묘한 방법으로 결합되어야 비로소 기능이 있는 단백질이 된다는 점이다.

3. 단백질뿐만 아니다. 최초의 생명체인 원핵생물이 만들어지려면
    1) 아미노산의 중합체(重合體)인 단백질 외에도 핵산, 지질, 탄수화물 등 여러 유기물이 우연히 만들어져야 하고
    2) 이들이 적절히 중합되어 녹말, 글리코겐, 셀룰로스, DNA 및 RNA 등이 나타나야 하며
    3) 또 이들이 적절히 조직되어 협막(capsule), 세포벽(Cell wall), 세포막(Cell membrane), 세포질(Cytoplasm), 리보솜(Ribosomes), 플라스미드(plasmid), 선모(pili), 편모(flagellum),

핵양체(nucleoid) 등의 구조물이 만들어져야 한다.

4) 그리고 그 세포는 자기 보존을 위해 이 구조물들을 유기적으로 연결하여 물질대사를 일으켜야 한다. 그런데 이 물질대사는 소프트웨어다. 시간의 신이 소프트웨어도 만들 줄 알까? 물론 진화론은 유기체의 하드웨어뿐 아니라 소프트웨어도 시간의 신이 만든다고 한다. 시간의 신의 전공(專攻)이 열역학 제2법칙임을 무시하더라도, 시간이 유기체를 만든다는 주장은 사과나무 밑에서 홍시 떨어지기를 기다리는 주장이다. 유기체(有機體, Organism)란 무엇인가? 이는 '많은 부분이 일정한 목적 아래 통일되고 조직되어 그 각 부분과 전체가 필연적 관계를 가지는 조직체'다. 많은 부분(部分)이라는 형이하(形而下)의 하드웨어와 목적, 통일, 조직, 관계라는 형이상(形而上)의 시스템(소프트웨어)이 조합된 것이 유기체인 것이다. 아무래도 진화론은 소프트웨어의 자연발생에 대해서는 시간의 신 이외에 믿을 만한 신을 여럿 더 데려와야 할 것 같다. 표준이론에서는 생기체가 소프트웨어다. 생기론자의 생기(vital force)이고 창발론자들의 생명현상이다.

5) 물질대사보다 더 중요한 일은 종족번식을 위한 자기복제다. 초기 생명체가 출현하기 위해서는 세포 내에, 유기물이 자기 스스로를 복제(self-replication)해 증식할 수 있는 기능을 가진 분자들의 출현이 선행되어야 한다. 그 분자는 DNA와 촉매단백질이다. 세포분열에 의해 하나의 세포가 둘로 나뉘기 전에 미리 DNA의 자기복제가 행해진다. 그 과정에는 이를 촉진하는 분자가 촉매단백질이다. 복제에 필요한 정보는 DNA에 암호로 저장되어 있는데 이는 약 20종의 아미노산을 어떤 순서로, 몇 개를 사용해서 단백질을 합성할까 하는 처방을 내리는 암호다. 이 과정이 하도 복잡하고 신비해서 분자생물학에서는 이를 '중심교리(中心教理, central dogma of molecular biology)'라고 부른다. 여기에는 DNA에서 새로운 DNA를 생성하는 복제(DNA replications), DNA에서 RNA를 생성하는 전사(Transcription), 그리고 RNA에서 단백질을 생성하는 번역(Translation) 등 총 9가지가 있다. 교리(教理)는 소프트웨어다. '중심교리' 역시 대사시스템처럼 소프트웨어다. 코딩은커녕 해독하기도 어려운 기상천외한 '중심교리'라는 소프트웨어가 우연히, 자연히, 세밀히, 오묘히, 나노보다 1,000배나 작은 피코(pico, 1/조)의 세계에서 작동하고 있다. 인공생명체를 제조하려면 중심교리를 코딩하여야 하는데 수많은 도전과 똑같은 수의 실패가 이어지고 있다. 이는 비행접시 만들기다. 꼭 필요하면 복제하는 수밖에 없다(미주 177 '점보제트기 만들기' 참조).

6) 물질대사와 자기복제까지 성공한 원핵생물은 보다 더 생산적인 생명활동을 위해 '광합성 시스템' 같은 스스로 에너지를 만들어 내는 장치를 또 고안해 내어야 한다. 그러려면 우선 대사(代謝)방식은 무산소의 물질대사에서 에너지 효율이 대단히 높은 산소를 사용하는 세포호흡으로 바뀌어야 한다.

4. 원핵생물에 이어서 복잡한 내막계를 갖춘 진핵생물들이 나타나 다른 생물체를 잡아먹기 시작하여야 한다. 이후 이러한 단세포의 진핵생물이 서로 모여 군체 생활을 하다가 때가 되면 서로 합쳐져 다세포생물로 진화하여야 한다.

5. 지구 이외에 어느 행성에서 생명체가 나타난다 하여도 생명의 특성상 지구와 같거나 유사한 진화과정을 거쳐야 한다. 그렇다면 이제 산천어가 자연적으로 백두산 천지에서 발생할 확률을 구할 수 있다. 우선 화합물 연못에 번개가 내리쳐서 여러 종류의 아미노산이 순서대로 만들어져 단백질이 구성될 위 2의 확률을 먼저 구해 보자. 그 구성에 펩타이드 결합이라는 오묘한 소프트웨어가 또 필요하다는 점은 대범하게 무시하고 말이다.

6. 먼저 번개가 한 번 내리쳐서 아미노산1이 만들어질 확률이 만분의 일이라면(萬一) 어느 화합물 연못의 원시수프에 내리치는 만 번의 번개는 아미노산1을 만든다. 아미노산 2과 3도 마찬가지다. 20개의 필요한 아미노산이 순서대로 만들어질 확률은 萬一을 스무 번 곱한 $1/10^{80}$이다. 실제로 아미노산의 조합이 우연히 단백질 하나가 될 확률은 논문에 따라 다르지만 $1/10^{167}$, $1/10^{130}$, $1/10^{77}$ 등 임을 보면 표준이론의 어림짐작이 크게 틀리지는 않음을 알 수 있다. 그런데 만을 스무 번 곱한 10^{80}은 인간이 생각한 수의 크기를 넘어선다. 사람이 생각해낸 가장 큰 수는 '무량대수(無量大數)'인데 무량대수도 만을 17번 곱한 10^{68}에 불과하다(만, 억, 조, 경, 해, 자, 양, 구, 간, 정, 재, 극, 항하사, 아승기, 나유타, 불가사의, 무량대수). 또 $1/10^{80}$은 물리학에서 무시할 수 있는 정도로 크기가 작은 확률인 플랑크 상수 $6.626 \times 1/10^{34}$보다도 훨씬 작다. 플랑크 상수보다도 더 작은 확률은 물리학에서도 발생확률 0으로 본다.

7. 단백질의 등장 이외에 위 3과 4에서 열거한 길고 긴 생명탄생의 각 과정이 발생할 확률계산은 생략하기로 한다. 생명탄생의 첫 단계인 단백질의 등장에서 이미 다음의 결론을 도출할 수 있기 때문이다. "아무리 작은 확률이라도 무한히 긴 세월이 흐르면 100%가 된다는 진화교인(進化敎人)들이 떠받드는 명제(命題)는 단백질 발생확률만 감안하여도 이미 '시간의 신'에게 바치는 찬송가에 불과함이 분명하다. 진화의 확률은 '아무리 작은 확률'도 아니었고 진화의 세월은 '무한히 긴 세월'도 아니었기 때문이다." 진화의 확률은 플랑크 상수보다도 더 작은 '무한히 작은 확률'이고 그들의 말로도 화합물 연못의 역사는 '40억 년'에 불과하다.

8. 지구의 나이 46억 년은 인도철학의 1겁(劫, kalpa)에 지나지 않는다. 사람들이 말하는 영겁(永劫)에 비하면 세월도 아니며 아무리 작은 확률이라도 실현될 정도의 긴 세월은 더더욱 아니다.

9. 그리고 중요한 사실은 산천어가 백두산 천지에 발생될 것으로 계산된 확률이 얼마가 되었든 간에 천지에 산천어가 발생한 진짜 이유는 사람이 거기에 산천어를 넣었기 때문이라는 것이다.

10. 우리는 지구에 인류가 나타날 확률을 계산하고 있는 중인데 자주 이를 잊는다. 인류가 '아무거나'라고 생각하기 때문이다. 인류가 아니라 내가 있을 확률은 또 얼마인가? 그들이 좋아하는 확률에 의하면 우리 부모까지의 확률은 차치하고 잉태 시 특정한 난자와 정자가 만나 내가 착상될 생물학적 확률만도 천억분의 일이다. 물론 자신이 '아무거나'라고 생각하는 사람에게는 아무 의미 없는 말이다. 그렇다 해도 그 '아무거나'는 수십억 년에 걸쳐 탄생하였다는 엄연한 사실은 남는다.

11. 또 우리가 더 자주 잊는 것은 산천어 만들기는 '시간의 신'이 만든 점보제트기보다 1/1068만큼 만들기 어렵다는 사실이다. 산천어 한 마리를 한 시간만 유심히 살펴보라. 점보제트기는 산천어 비늘 하나의 복잡성과도 견줄 수 없다는 것을 반드시 알게 된다. 그것도 거기에 스며있는 생명력의 아름다움과 신비함은 제외하고 말이다.

12. 생명은 원시수프에서 만들어졌을 수도 있고 심해 열수구나 펄펄 끓는 용암 또는 작은 연못, 암석, 진흙, 운모시트, 운석 등 어디에서나 만들어 졌을 수 있다. 그러나 '저절로'가 아니라 영적 설계에 의한 것이어야 그 탄생은 불합리한 확률론적 우연에 의한 것이 아니라 계획적 필연이 된다.

尾177) 점보제트기 만들기

1. 진화생물학자인 리처드 도킨스(Richard Dawkins 1941~)는 그의 전공인 생물학보다 포장술과 글재주에 남다른 능력을 보여 다위니즘을 유물(唯物) 이데올로기로 예쁘게 포장하여 과학교의 교리에 편입시키고 이를 감성팔이 함으로써 돈을 버는 데 크게 성공을 한 인물이다. 그는 '마지막 남은 한 조각의 하느님의 불씨(佛性, 靈火)를 아슬아슬하게 꺼뜨리지 않고 살아가고 있는 사람들'의 좁디좁은 '메타노이아로 가는 길'을 마저 봉쇄함으로써 그들이 이번 생을 이기심과 자존심만을 추구하며 사는 데 지대한 공헌을 하였다.

2. 그는 "점보제트기 부품이 가득 쌓여 있는 벌판에 허리케인이 수십억 번 불어 점보제트기의 설계도대로 올바르게 결합된 부분이 나타나고 다시 다음 수십억 번의 광풍에서 다음 조립이 설계도대로 조립될 때까지 흐트러지지 않고 살아남아 결국 수십억 번의 허리케인이 수십억 번 불면 점보제트기가 조립될 수 있다."라고 말했다. 부품 수를 잘게 쪼개고 또 잘게 쪼개면 부품수가 어마어마할 것이니 수십억 번의 허리케인이 수십억 번 불면 된다고 양껏 말한 것이다. 그렇다면 필요한 허리케인은 최소 100조 번이고 이를 지구역사 46억 년으로 나누면 일 년에 허리케인이 20,000번 불어야 한다. 하루에 다섯 번은 불어야 하는 것이다. 또 지구에 허리케인이 불기 시작한 때가 언제부터인가. '시간의 신'(미주 176 '백두산 천지의 산천어 발생확률' 참조)에 사로잡힌 그의 말의 황당함은 차치하고라도 그렇게 말하는 도킨스의 손에도 그가 그토록 혐오하는 신의 설계도가 들려 있었다.

3. 동양이나 서양이나 과거에는 소수 지배층이 군림과 통치를 강화하고 유지하기 위해 인간 외부의 물리적 강제력뿐 아니라 인간 내부의 정신적인 측면까지 이용하였다. 즉 사람은 타고난 원죄와 죽은 후의 지옥에 꽁꽁 묶여 정신적으로 이를 이용하는 지배층에 속박당하였던 것이다. 이러한 속박에 대응하여 인간은 외부적으로는 부단한 피의 투쟁을 통하여 자유와 민주를 확보하여 왔고 또 내부적 차원에서도 인간은 이 정신적 굴레를 벗어나 자유롭게 숨 쉴 기회를 찾아 왔다. 수천 년 넘게 지속되어 온 이 정신적 속박은 18세기에 들어 진화론에 의해 일거에 와해되었다. 이때의 해방은 대단한 힘을 지녀 인간의 정신은 이제 다시는 그런 속박을 허용하지 않겠다고 다짐하였다. 그런데 그렇게 되려면 종교를 능가하는 또 다른 강고한 믿음이 필요했다. 18세기의 자연선택론적인 고전 진화론이 그 믿음이 되었다. 이는 고전 진화론이 그들을 묶어 왔던 구태의 종교를 대신하는 또 다른 종교가 되었다는 것을 의미한다.

4. 이제 다시 자연과학이 발전하여 이번에는 고전 진화론이 진실이 아님이 밝혀진다 하더라도 그것은 중요하지 않다. 고전 진화론은 이미 종교보다 더 강고한 종교로 자리 잡았을 뿐 아니라 대다수 사람들의 자아를 점거하고 있는 이드와 에고의 니즈(needs)를 너무 잘 충족시켜 주기 때문이다. 막스 플랑크(Max Planck)는 이 문제에 대해서 통찰력 있는 원리를 제시했다. 플랑크에 따르면 하나의 이론은 그것을 대체할 새로운 이론이 나타나면 사라지는 것이 아니라 그것을 지지하는 사람들이 모두 죽어야 비로소 사라진다고 주장했다. 이것을 플랑크의 원리(Max Planck's principle)라고 한다. 자연선택진화론을 믿고 싶어서 믿는 이들이 있는 한 진화론은 진리인 것이다.

5. 이쯤에서 언급하여야 할 중요한 사실이 있다. 그것은 도킨스가 자신이 한 말을 스스로는 믿지 않을 것이라는 사실이다. 확신컨대 도킨스는 '시간의 신'만을 믿고 살지는 않을 것이다. 그는

눈을 두 개나 가지고 있다. 또 머리 양쪽에는 귀도 두 개 있다. 그는 눈과 귀 두 가지를 모두 사용해 어떤 사실의 정체를 포착한다. 그런데 그는 귀보다 눈이 좋다. 이러한 사실들은 그가 눈으로 본 것과 귀로 들은 것이 다를 수 있다는 것을 강력히 시사한다. 그러나 그는 불행히 한 가지만을 말하여야 하는 사회에서 살았다. 눈이나 귀 어느 한쪽에서 얻은 정보가 우세하면 우세한 쪽을 택하거나 두 가지가 비등하면 아무거나 골라잡거나 자신이 없으면 주위 눈치를 살펴 어느 한쪽에 서야하는 사회다. 이렇게 한번 선택한 것은 소위 입장(立場)이 된다. 편(便)이 갈리는 것이다. 편은 처음에는 자존심 정도였고 편과 편 사이의 거리는 금(line)에 불과하였다. 그러나 그것은 점차 벽이 되고 강이 된다. 이제 편은 보호막을 제공해주고 의식주를 해결해 준다. 다른 편의 입장을 이해하려는 짓은 배신이 된다. 이윽고 입장은 종교가 된다. 도킨스의 종교인 자연과학교는 이번 생에서 그가 택한 입장이다. 유신(有神)과 무신(無神)은 여러 과일이 믹스된 콤부차(Kombucha)다. 그가 달콤하다고 말하면 유신론자편이 되고 새콤하다고 말하면 무신론자편이 된다. 새콤달콤한 콤부차의 맛을 즐기기에는 그의 생이 너무 짧고 전생 수가 적은 듯 하다.

6. 상대성원리의 아인슈타인이나 진화론의 다윈이 무신론자였는지 유신론자였는지에 대해서 연구도 많고 관심도 많다. 그러나 가치 없는 연구요 관심이다. 어느 분야의 지식이 대단히 뛰어났다고 하여 그의 자아수준이 수승한 것은 아니다. 물론 이들이 물질문명사에 중요한 역할을 하였으니 그런 의미에서는 수승한 혼일 것이다. 그러나 거기까지다. 그러므로 스승을 찾는다면 정신문명을 이끈 전배(前輩)를 찾아 사숙(私淑)하라. 그의 통(通)함은 물질세계의 어느 분야에 그치지 않는다. 육신통(六神通)이 그저 꿈만은 아니다.

7. 비행접시 만들기

사람들이 들판에서 비행접시를 발견하였다
그러나 그 안에서 외계인은 찾을 수 없었다
사람들은 오랜 세월에 걸쳐 비행접시를 조사하였다
마침내 각 부품의 구조와 기능을 알아내었고
결국 비행접시의 비행 원리를 속속들이 밝혀내었다
그러나 사람들은 누가 그 비행접시를 만들었는지를 알아내지는 못하였다
그건 뭐라도 좋으니 일단 사람의 힘으로 비행접시를 만들어 보기로 했다
아는 것과 만드는 것은 많이 달랐다
지구에서 구할 수 없는 재료도 있어서 대체재도 개발해야 했다
제작과정에서 비행접시의 비밀이 더 드러났으며 잘못 알고 있는 것도 바로잡혔다
우선 만들기 어려운 비행접시 대신 접시부터 만들었다
사람들은 이를 응용하여 항아리도 만들고 도자기도 만들었다
많은 노력과 시간을 바쳐 사람들은 비행기도 만들었다
이를 응용하여 로켓도 만들고 헬리콥터도 만들었다
그리고 마침내 인간의 손으로 비행접시 1호가 만들어졌다. 대성공이었다
수많은 비행접시가 만들어졌고 그보다도 더 우수한 성능의 비행항아리, 비행컵, 비행숟가락도 만들었다
그런데 아직도 풀리지 않은 비밀은 최초의 비행접시는 도대체 누가 만들었는가였다
어느 용감한 사람들이 비행접시 편대를 이끌고 외계인을 찾아 먼 우주로 나갔고

많은 사람들이 좋은 소식을 기다렸다
그러나 시간이 가도 용감한 사람들은 좀처럼 돌아오지 않았다
그러자 盜킨스라는 사람이
多우연이라는 자가 바닷가에서 주워 온 접시조개를 내보이며
들판의 비행접시도 이 접시조개처럼
억겁의 시간 동안 천둥과 벼락 그리고 세찬 바람이 바위에 내리쳐
우연히 거기에 만들어져 있었던 것이라고 (그럴싸하게) 설명했다
기다리다 지친 많은 사람들이 (그런가 보다 하고) 그 말을 믿었다
그러자 다른 사람들도 따라 믿었다
시간이 흐르자 안 믿는 사람들이 바보가 되었다

尾178) 플라톤의 혼의 종류

1. 플라톤(BC 427~347)은 인간의 3가지 구성요소로 Nous(영)와 Psyche(혼) 그리고 Soma(몸)를 이야기하고 다시 인간의 혼은 욕망혼(Epithymetikon)과 감정혼(Thymoeides) 그리고 지성혼(Logistikon) 세 가지가 있다고 하는 한편 「티마이오스(Timaeus)」에서 혼을 사멸하지 않는 '지성'과 사멸하는 '감정과 욕망'의 두 부류로 나누고 있다. 표준이론으로 보면 지성혼은 에고의 지성, 감정혼은 에고의 감정, 욕망혼은 이드의 욕망이니 표준이론과 플라톤은 인간의 구성요소에 대한 시각면에서 別差異가 없다. 나아가 이로써 플라톤은 대충 아리스토텔레스(BC 384~322)의 3혼설(tripartite theory of the soul)을 미리 이야기한 셈이다(wikipedia, 'trichotomy' 등 참조).

2. 플라톤에서 Nous는 '시공을 초월한 비물질적인 영원한 실재이며 물질세계의 個物의 원형인 이데아(idea)'를 예지적(叡智的)으로 직관하는 능력이다. 플라톤을 이어받은 플로티노스의 新플라톤 또한 이데아에서 누스가 발출되어 나오고 누스에서 다시 혼(Psyche)이 나온다고 하였고 누스와 혼은 이를 깨달아 이데아로의 회귀를 목표로 하여야 한다고 하였다. 이러한 플로티노스의 생각을 고려하면 결국 감정과 욕구부분을 생기체적으로 해석한 것만 제외하면 플라톤의 Nous는 영이고 Psyche는 혼이니 플라톤의 생각도 표준이론과 매우 닮아있다. 또한 그의 지성혼과 감정혼은 표준이론의 상위정신체요 욕망혼은 하위정신체다(미주 100 '신플라톤주의 합일론(合一論)의 이론 구조' 참조).

구분		활동	사멸 여부
영(Nous)		영교(靈交)	영생
혼	지성혼(로지스티콘)	지성(이성+오성)	사멸하지 않음
	감정혼(티모에이데스)	감정	사멸
	욕망혼(에피티메티콘)	욕망	
	육체	육체	

3. 그리스어인 Nous는 원래 이성이나 지성 또는 상식의 의미를 가진 단어다. 이 누스는 우리말에 와서 예지(叡智)라고 멋지게 번역되었다. 한편 플라톤은 누스(Nous)를 '일자(Hen)에서 최초로 발출된 지고의 원리'를 의미하는 용어로 사용하였다. 또 플라톤은 Nous가 인간의 구성요소라고 하여 결국 누스는 영(靈)을 의미하게 되었다. 심지어 누스는 헤르메스에 이르러 그들

이 섬기는 주신(主神)의 이름(지고한 누스)으로 채용되었다. 한편 표준이론은 예지(叡智)를 양심체의 최상위 기능으로 말하는데 이때의 예지는 사전적인 의미인 '사물의 이치를 꿰뚫어 보는 지혜롭고 밝은 마음'이다(6.3.4.2.3. '예지(叡智)' 참조). 따라서 일자로부터 발출되어 이데아(idea)를 직관하는 능력을 가진 영으로서 플라톤의 누스는 표준이론의 예지와는 큰 관계가 없다. 따라서 플라톤의 누스는 그냥 누스라고 번역하는 것이 낫겠다.

尾179) 「영언여작(靈言蠡勺)」

'영언여작'은 이탈리아 출신의 중국 선교사였던 삼비아시(Francis Sambiasi, 畢方濟, 1582~1649)가 구술한 것을 중국인 학자 서광계(徐光啓)가 받아쓴 책으로 천주학의 입장에서 '아니마'(anima, 亞尼瑪), 즉 영혼에 관하여 논한 철학서이다. 상하 2권으로 1624년 상해에서 출간되었고, 후에 천학초함 총서에 다시 인쇄하여 포함시켰다. 「영언여작」은 영혼의 존재와 존엄성, 그리고 그의 기능과 우월성에 대해서 4장에 걸쳐 논하고 있다. 특히 1장에서, 아니마는 본래 자재(自在)하는 것이어서 생혼(生魂)이나 각혼(覺魂)과는 본질적으로 구별된다고 하면서 생혼과 각혼은 체(體)에 의존하는 것이므로, 체가 없어지면 생혼과 각혼도 따라서 없어지지만 영혼은 사람에 있어서 질(質)로부터 생겨난 것이 아니며 그 체(體)에 의거하여 존재하는 것이 아니기 때문에 사람이 죽어도 멸하지 않고, 본래가 자재하는 것이라고 하였다. 영혼의 불멸설을 주장한 것이다. 「영언여작」은 신후담(愼後聃 1702~1761)이 그의 저서 서학변(西學辯)에서 그 내용을 각 편에 따라 하나하나 비판하였고 권철신(權哲身 1736~1801)은 그의 아우 권일신(權日身 1742~1791)과 더불어 이 책을 보고, 처음엔 허황하여 믿을 것이 못 된다고 배격하였으나, 후에는 흠숭주재(欽崇主宰)의 설, 생혼, 각혼, 영혼의 설과 화기수토(火氣水土)의 설에 타당성이 있어 믿기 시작하였다고 한다. 우리나라에는 1624년에서 1724년 사이에 전래되었을 것으로 생각된다(韓國天主教會史 論文選集, 第1輯, 한국교회사연구소 참조).

尾180) 기독교와 진화론

진화와 관련된 기독교 교리해석의 입장은 크게 네 가지로 나뉜다(벤쿠버기독교세계관대학원 양승훈 교수, 논문 「역사적 아담과 아담의 역사성 논쟁」 참조).

1. 유신진화론(Theistic Evolutionism, 창조적 진화론) : 지구의 나이, 우주의 나이, 빅뱅, 태양계의 기원, 생명의 기원 등 진화에 대한 일반적인 과학적 합의를 받아들인다. 또 아담은 역사적 인물이 아니고 창세기의 아담 이야기는 유대인들의 신앙을 묘사한 것일 뿐이다. 스코틀랜드 장로교 목사이자 교회사 교수였던 제임스 오어(James Orr 1844~1913), 프린스턴 신학교의 교수인 벤자민 워필드(Benjamin B. Warfield 1851~1921), 영국의 물리학자이자 신학자인 토마스 토렌스(Thomas Forsyth Torrance 1913~2007), 영국 성공회 성직자이자 복음주의 운동의 지도자였던 존 스토트(John Stott 1921~2011), 사제이자 생화학자인 아서 피콕(Arthur R. Peacocke 1924~2006), 성공회 사제이자 이론물리학자인 존 폴킹혼(John Polkinghorne 1930~2021), 여러 대학에서 구약을 가르친 월트키(Bruce K. Waltke 1930~), 조지타운 대학교에서 과학과 종교를 가르친 존 호트(John F. Haught 1942~), 위튼 대학 구약학 교수 왈튼(John H. Walton 1952~), 인간 게놈 프로젝트를 이끌었던 미국의 유전학자 프랜시스 콜린스(Francis Sellers Collins 1950~), 성공회 사제이자 분자생물학자인 알리스터 맥그라스(Alister McGrath, 1953~), 캐나다 앨버타 대학의 과학 및 종교 교수인

데니스 라무뤼(Denis O. Lamoureux 1954~), 미국 이스턴대학 구약학자인 엔즈(Peter Eric Enns 1961~), Trinity Western University 생물학과의 베네마(Dennis Venema), 호남신학대 신재식(1962~) 교수 등이 이를 지지한다. 이들 중 몇몇은 과학과 신학의 대화를 추구하는 미국의 대표적인 기독교 단체인 바이오로고스(Biologos, https://biologos.org/)에서 활동하고 있다. 유신진화론은 육체는 진화에 의해 창조되었음에 이의 없으나, 영혼은 즉각적으로 창조되었다는 보수적인 입장과 인간의 영혼도 진화의 방법으로 창조되었다는 진보적인 입장으로 나누어진다.

1) 보수적인 유신진화론 : 아담의 몸은 진화의 산물이지만 영혼은 하느님의 초자연적인 개입으로 어느 때에 창조되었다는 의견이다. 여기서 창세기 2장 7절의 흙은 유인원에 대한 상징이고 생기(Neshamah)는 영혼의 신적 기원에 대한 상징이다. 오늘날 가톨릭은 이에 근사(近似)한 입장을 보인다. 가톨릭은 육체의 유신론적 진화를 용납(support)하는 한편 신자들은 진화론을 믿거나 믿지 않을 자유가 있다는 융통성 있는 자세를 견지한다. "하느님께서 창조 과정을 시작하셨고 계속하셨으며 아담과 이브는 실제 사람들이었고 모든 사람의 영혼은 하느님께서 특별히 창조하셨다."는 것이다. 보수적 유신진화론을 표준이론으로 정리하면 "식물과 동물의 혼은 그저 생명력일 뿐이다. 혼의 진화 개념이 없기 때문이다. 또한 창세기 1장의 사람의 몸은 진화로 만들어졌으나 그 안에 영생하는 개념의 혼은 없었다. 그러나 창세기 2장의 아담은 1장의 사람이 하느님으로부터 영혼의 부음을 받은 존재로 오늘날 인류의 조상이 되었다."가 된다.

2) 중도적인 유신진화론 : 창세기 1장의 사람은 창세기 2장의 아담과 다른 존재다. 1장의 사람은 하느님의 형상을 부여받은 인류 집단인 현생인류를 말하고 2장의 아담은 약 1만 년 전 신석기 시대에 근동지방에 살던 인류의 대표자로서 상징적 존재이다. 표준이론으로 바꾸어 설명하면 1장의 사람은 각혼까지 진화한 동물수준의 현생인류(homo sapiens sapiens)였고 2장의 아담은 하느님의 네샤마를 받아 지혼이 되어 文明을 연 문명인류(homo civilisátĭo)다. 그러나 표준이론과 달리 동물의 각혼은 하느님의 직접적 개입 없이는 지혼으로 진화하지 않는다. 따라서 당시 지혼으로 진화하지 못한 사람 이외 다른 동물들의 각혼은 사람의 혼으로 진화할 수 없다.

3) 진보적인 유신진화론 : 창세기 2장은 역사적 서술이 아니며 따라서 아담은 실존인물이 아니라고 본다. 창세기 2장은 인간의 인류학적 기원을 설명하는 것이 아니라 하느님이 인간의 육체적, 정신적 필요를 채우는 분임을 나타내는 것으로서 다른 고대 근동의 신화와 같이 인간의 기원을 묘사하기 위해 삽입된 내용이다. 이 의견을 표준이론으로 좀 더 구체화 시키면 "1장의 인류창조 이야기는 20만 년 전 하느님께서 호모에렉투스 중 일부의 DNA를 집단적으로 돌연변이 시켜 두뇌용량이 훨씬 큰 호모사피엔스로 진화시킨 일이거나 4만 년 전 호모사피엔스를 현생인류로 진화시킨 일이고 2장의 아담 이야기는 1만 년 전 에덴(상징적인 장소)에서 각혼을 지닌 현생인류 중 일부를 '네샤마 사건'을 통해 지혼으로 진화시켜 문명인류를 창조하여 그들을 문명의 주역으로 삼으신 일이다."(미주 25 '지혼의 조건(표준이론)', 미주 44 '신영과 혼영의 탄생' 참조) 표준이론은 여기에 더하여 '네샤마 사건'으로 인하여 각혼에게 지혼으로의 진화 물꼬가 트인 이후 다른 동물의 각혼들 또한 하느님의 직접적 개입 없이도 지혼으로 진화할 수 있는 메카니즘이 마련되었다고 본다. 그렇다면 창세기를 진보적 유신진화론 입장에서 해석하고 초기 기독교 교리 중 하나였던 윤회론을 기독교에 다시 부활시키면 그 기독교는 표준이론과 과히 다르지 않다.

2. 첫 호모사피엔스 이론(First Homo Sapiens Theory) : 아담의 몸은 유인원으로부터 진화한

것이 아니라 약 15~20만 년 전에 중동이나 아프리카 어느 곳에서 하느님에 의하여 창조되었다고 한다. 15~20만 년 전이라면 호모사피엔스가 지구에 나타난 때와 비슷하다. 또 이는 생화학, 진화유전학, 고인류학 등에서 정설로 받아들이고 있는 현생인류 중 남성의 공통조상인 'Y염색체아담(Y-ChromosomeAdam)'이론과 여성의 공통조상인 '미토콘드리아 이브(Mitochondria Eve)'이론과도 잘 들어맞는 주장이다. 한편 인간의 영혼은 1~20만 년 사이에 하느님의 초자연적인 간섭으로 창조되었다고 한다. 1만 년 전이라면 표준이론에서 하느님께서 호모사피엔스의 각혼을 지혼으로 진화시킨 때와 일치하니 이 역시 그런 면에서 신빙성이 있다. 인간을 제외하고 새로운 종을 하느님께서 기적적으로 창조하셨다는 점진적 창조론(progressive creation)을 받아들이는 이 이론은 전반적으로 기존의 고인류학적 증거와 성경의 기록을 어느 정도 맞출 수 있는 가능성이 있고 영혼의 진화이론과 윤회론만 제외하면 표준이론과도 조금은 어울린다.

3. 신석기 농부론(Neolithic Farmer Theory) : 아담은 6천 년 전부터 1만 년 전 신석기 중기에 에덴에서 농사를 짓던 역사적 인물이었다는 주장이다. 아담 이전에 이미 인류가 존재하고 있었지만(선아담인류론 Pre-Adamites Theory) 진화하는 존재는 아니었으며 다만 이들은 하느님의 형상이 없는 사람이었다. 반면 아담은 하느님이 자신을 계시하신 첫 사람으로 하느님의 형상을 받은 사람이었다. 따라서 신석기 농부설은 인류의 기원과 관련된 연대측정법을 의심하지 않는다. 이 이론은 유신진화를 주장하는 복음주의 학자들 중에 지지자들이 많은데 존 스토트, 패커(J.I. Packer), 벤자민 워필드, 프랜시스 콜린스(Francis Collins)의 지지를 받는다. 이 입장을 표준이론으로 명쾌하게 해석하면 "아담 이전의 인류는 몸은 사람이나 혼은 각혼 수준이었고 아담은 하느님이 택하여 하느님의 영적 형상을 준 지혼이었다."이다. 신석기 농부론에서 현 인류는 아담의 자손이다. 중도적인 유신진화론과 유사하나 다른 점은 신석기 농부론의 아담은 상징적인 인물이 아니라 역사적 인간이었다는 점이다.

4. 창조과학(Creation Science) : 성경은 과학적으로도 정확하다는 주장으로 진화론을 비롯한 주요 과학이론을 일체 수용하지 않는다. 하느님이 말씀하시자마자 온 우주가 존재하게 되었기 때문에 '즉각적 창조론'이라 부르기도 한다. 이 이론에서는 지구와 우주, 인류가 6천 년 정도 되었다는 '젊은 지구론'을 주장한다. 기독교 근본주의의 일종이다.

尾181) 창세기와 기독교 인간론

1. 관련 성경구절
   창세기 1장
   11) 하나님이 가라사대 땅은 풀과 씨 맺는 채소와 각기 종류대로 씨 가진 열매 맺는 과목을 내라 하시매 그대로 되어
   20) 하나님이 가라사대 물들은 생물로 번성케 하라 땅위 하늘의 궁창에는 새가 날으라 하시고
   24) 하나님이 가라사대 땅은 생물을 그 종류대로 내되 육축과 기는 것과 땅의 짐승을 종류대로 내라 하시고 (그대로 되니라)
   27) 하나님이 자기 형상 곧 하나님의 형상대로 사람을 창조하시되 남자와 여자를 창조하시고

   창세기 2장
   5) 여호와 하나님이 땅에 비를 내리지 아니하셨고 경작할 사람도 없었으므로 들에는 초목이

아직 없었고 밭에는 채소가 나지 아니하였으며
   6) 안개만 땅에서 올라와 온 지면을 적셨더라
   7) 여호와 하나님이 흙으로 사람을 지으시고 생기를 그 코에 불어넣으시니 사람이 생령이 된지라
   8) 여호와 하나님이 동방의 에덴에 동산을 창설하시고 그 지으신 사람을 거기 두시고

2. 창세기 1장 11절에서 하느님은 창조 제3일이 되는 날 식물을 창조하셨다. 생혼이 만들어진 것이다. 20절 닷샛날에는 각혼을 가진 물고기와 새가 만들어지고 짐승들이 만들어지며 27절에서는 엿샛날에 지혼을 가진 사람이 남자와 여자로 구분되어 창조된다. 이는 사제계(P자료) 문헌의 기술이고 야훼계 문헌(J자료)인 창세기 2장 7절에서 하느님께서는 다시 흙으로 사람의 몸을 빚으시고 생명의 숨(네샤마)을 불어넣으시어 사람을 만드셨다.

3. 창세기 1장 27절에서 이미 창조된 사람이 다시 2장 7절에서 만들어진다. 다만 하느님께서는 1장에서와는 달리 네샤마를 불어넣으신다.

4. 이러한 창조 절차에서 유추되는 사람의 구성요소에 대하여 기독교 신학에서는 의견이 분분하였다. 물론 각 의견에는 성경의 다른 구절에 나타나는 수많은 관련 구절들이 동원되었다.

5. 먼저 1장에서 사람에게 주어진 생명의 정체가 짐승들과 같은 방법으로 창조되었으니 그들과 같은 종류의 혼(각혼)이었느냐 아니면 짐승과는 다른 '사람의 혼(지혼)'이었느냐가 문제다.
   1) 각혼설 : 히브리어 네페쉬(nefesh 헬라어 프쉬케 psyche)는 '생명력', '기력'으로 모든 동물이 가지고 있는 혼을 의미한다. 사람도 1장에서 같은 네페쉬, 즉 각혼을 가지고 태어났다.
   2) 지혼설 : 하느님은 식물(생혼) 물고기 짐승(각혼)에 이어 점차 고등 생물체를 창조하셨는데 그 순서로 보아 인간은 보다 높은 수준의 혼(지혼)을 가지고 태어났다.

6. 한편 창세기 2장 7절에서 하느님께서 불어넣으신 숨은 히브리어로 네샤마(Neshamah)다. 네샤마는 히브리어 루아흐와 거의 동일한 의미를 지닌 단어로 네샤마의 보통 의미는 하느님의 영 또는 숨이고 루아흐는 인간의 영이다. 헬라어로는 둘 다 프네우마(pneuma)로 번역된다.

7. 사제계 문헌인 1장과 야훼계 문헌인 2장이 사건의 연속인 것으로 보면 1장의 네페쉬가 2장에서는 하느님의 네샤마를 더 받아 'nefesh hayah' 즉 '살아있는 네페쉬(생령)'가 된다. 2장에서 사람을 새롭게 다시 만든 것이 아니라 1장에서 만든 사람을 에덴에 입장시키기 전에 사람에게는 특별히 무언가를 더 주신 것으로 해석한다. 이때
   1) '각혼설'에서 네샤마는 동물의 각혼 수준인 네페쉬를 사람이 혼인 지혼으로 만든다. 이는 혼육이원론의 전제가 된다.
   2) '지혼설'에서는 지혼에게 추가로 영을 준 것이라고 판단한다. 이는 영혼육 삼원론으로 발전하였다.

8. 이 관계를 표준이론으로 해석하면
   1) 혼육이원론(전통설) : 하느님께서는 창세기 2:7에서 '하위정신체와 생기체'로만 구성된 동물 수준의 인간에게 '상위정신체와 양심체'로 구성된 '네샤마'(자의식, 아함카라, 제7식)를 불어넣으셔서 네페쉬를 네페쉬 하야, 즉 지혼(知魂)으로 만드셨다. 따라서 사람은 육과 혼으로 구성된다.

2) 영혼육 삼원론(소수설) : 창세기 2:7에서 하느님은 이미 동물과는 다른 혼 즉 지혼을 가진 인간에게 하느님의 숨인 네샤마로 영(靈)을 불어넣으셨다. 따라서 그 순간부터 사람은 영과 혼 그리고 육으로 구성된다.

9. 그러나 사제계 문헌인 1장과 야훼계 문헌인 2장이 사건의 연속이 아니라 같은 사건의 반복설명인 것으로 보면 2장 역시 각혼설과 지혼설로 나뉘어야 하는데 2장은 위 7에서 보는 바와 같이 논리적으로 사람의 영혼이 지혼으로 창조되었다는 설(혼육이원설)과 영과 혼으로 창조되었다는 설(영혼육 삼원설)밖에 도출되지 않으니 1장의 해석 중에 각혼설은 폐기되어야 하다.

10. 그런데 기독교 전통설은 아무래도 보수적이고 문자적인 해석이 우선이라 1장과 2장의 창조설화는 동일 사건의 반복으로 볼 것이고 그렇다면 1장에서 이미 사람은 지혼으로 창조되었어야 하고 2장은 그 지혼을 창조하는 구체적 방법을 설명한 것이어야 한다. 결국 인간은 창조 시에 지혼으로 창조된 것이라는 해석 즉 혼육이원론이 창세기의 전통적 해석으로 채택되게 되는 것이다.

11. 또한 창세기를 삼원론으로 해석함은 기독교의 '최후의 심판론'과 관련지어 볼 때 더욱 불합리하게 된다. 표준이론의 영은 그 정의상 '천국의 시민권자'로서 절대 지옥에 갈 수는 없는 존재다. 다만 발전을 위한 방편으로 윤회할 뿐이다. 그러나 현재 기독교의 교리상 영은 단생(單生) 끝에 구원받지 못하면 심판을 받고 혼과 함께 지옥에 떨어질 수도 있다. 그러나 영의 천국시민권은 박탈될 수 있는 것이 아니다. 영은 하느님의 일부인데 어떻게 지옥에 떨어진다는 말인가. 물론 다른 여러 곳에서 언급한 바와 같이 영과 혼이 각자도생 한다면 영은 그 정의(定義)대로 될 것이나 이 경우 다른 교리와 충돌하므로 명쾌한 답이 아니다. 이때 명쾌의 묘약은 윤회다. 기독교가 초기기독교의 윤회모델로 되돌아가면 모든 교리에 명쾌(明快)로의 길이 열린다. 심판론 또한 사심판은 윤회의 계속과 그침의 심판이요 공심판은 합일의 심판이라는 시원한 해석이 가능하다.

12. 그런데 이러한 논의는 기독교에서도 각혼과 지혼 그리고 진화에 대한 표준이론적 이해가 있어야 비로소 의미있는 논의가 가능하다. 그러나 기독교에서 이원론이든 삼원론이든 표준이론과 같은 체계적이고 심층적인 분석을 발견하기란 매우 어렵다. 그렇지만 기독교 내에서도 최근 진화라는 객관적 사실을 무시할 수 없기 때문에 이를 교리체계에 수용하려는 다양한 움직임이 나타나고 있다(미주 180 '기독교와 진화론' 참조).

尾182) 기독교 영육이원론이 기반하는 기독교의 성경구절

1. 성경은 영(spirit, pneuma)과 혼(soul, psychē)을 혼용하여 사용함으로써 영과 혼이 서로 다른 것으로 볼 수 없게 한다. 또한 영과 혼은 같은 기능을 한다. 둘 다 우울해하고(창세기 41:8; 시편 42:6), 걱정하며(요한복음 12:27; 13:21), 둘 다 죽음과 연관되어 있으며(마태오복음 20:28; 27:50) 천국에서 볼 수 있다(히브리서 12:23; 계시록 6:9). 둘 다 하느님을 영광스럽게 할 수 있으며(루카복음 1:46, 47) 예수님의 희생과 관련이 있다(요한복음 10:15; 19:30). 죽는다는 것을 표현할 때 혼을 포기한다고도 표현되기도 하고(창세기 35:18; 열왕기상 17:21; 사도행전 15:26) 영을 포기한다고 기록하기도 했다(시편 31:5; 루카복음 23:46; 사도행전 7:59). 영 또는 혼을 포기한다는 것은 육체적 죽음을 의미했다. 죽은 자들을 부를

때 역시 혼으로 부르기도 했고(계시록 6:9; 20:4) 영으로 부르기도 했다(히브리서 12:23; 베드로전서 3:19). 따라서 영과 혼은 하나의 다른 이름이다.

2. 성경에 나타나는 영육이원론적인 인간론의 근거
   1) 인간의 창조에 대한 구절들(창세 2:7, 이사 42:5, 욥 33:4, 지혜 15:11)이 기본을 이루고
   2) 인간이 영혼과 육신으로 된 사실을 말하는 구절들(욥 14:22, 지혜 1:4, 8:19~, 마태오 10:28, 코린전 5:3~5, 7:34, 코린후 7:1, 콜로 2:5)과
   3) 죽음은 영혼과 육신이 분리되는 것(창세 35:18, 코헬 12:7, 마태오 27:50, 요한 19:30, 사도 7:59, 필립 1:23, 티모후 4:6, 베드로후 1:13, 묵시 6:9, 20:4)이라는 구절에 의한다(백민관,「가톨릭에 관한 모든 것」참조).
   4) 기타 : 에스겔 18:20, 코린전 2:11, 5:4, 12:10, 코린후 3:6, 베드로전 4:6, 로마서 1:4, 8:8~9, 8:13, 8:16, 티모전 3:16, 4:1, 요한1서 4:1~3, 4:6, 사도행전 23:8, 에베소서 2:2, 6:12, 전도서 3:2

尾183) 가톨릭의 인간론에 대한 교리

인간의 육체는 '하느님 모습'의 존엄성에 참여한다. 인간의 육체는 영혼을 통하여 생명력을 얻기 때문이다. 그리고 그리스도의 몸 안에서 성령의 성전이 되는 것은 바로 인간 전체이다. 육체와 영혼으로 단일체를 이루는 인간은 그 육체적 조건을 통하여 물질세계의 요소들을 자기 자신 안에 모으고 있다. 이렇게 물질세계는 인간을 통하여 그 정점에 이르며, 창조주께 소리 높여 자유로운 찬미를 드린다. 그러므로 인간은 육체적 생활을 천시해서는 안 된다. 오히려 반대로 인간은 하느님께서 창조하시고 마지막 날에 부활시킬 자기 육체를 귀하게 여기고 존중하여야 할 의무가 있다. 영혼과 육체의 단일성은 영혼을 '질료'인 육체의 '형상'으로 생각해야 할 만큼 심오하다. 말하자면 물질로 구성된 육체가 인간 육체로서 살아있는 존재가 될 수 있는 것은 영혼 때문이다. 인간 안의 정신과 물질은 결합된 두 개의 본성이 아니라, 그 둘의 결합으로 하나의 단일한 본성이 형성되는 것이다. 교회는 각 사람의 영혼이 부모가 '만든' 것이 아니라 하느님께서 직접 창조하셨고, 불멸한다고 가르친다. 죽음으로 육체와 분리되어도 영혼은 없어지지 않으며, 부활 때 육체와 다시 결합될 것이다. 때때로 영혼은 '영'과 구별되어 쓰이는 것을 볼 수 있다. 바오로 사도는 "우리 주 예수 그리스도께서 재림하실 때까지 우리의 영과 혼과 몸이 온전하고 흠 없이"(1테살 5:23) 지켜지기를 기도한다. 그러나 교회는 이러한 구분이 영혼을 둘로 나누는 것이 아님을 가르친다. '영'이란 인간이 그 창조 때부터 자신의 초자연적인 목표를 향하고 있음을 의미하며, '영혼'은 은총으로 하느님과 친교를 이룰 수 있음을 의미한다(가톨릭교리서, 364~367쪽 참조).

尾184) 기독교 영육이원론의 마음론

1. 이원론은 '영은 마음이 아니고 마음은 영이 아니다' '마음은 육에 속한 요소다' '교회는 영혼을 영과 혼 둘로 나누지 않는다'라고 애써 주장하며 다음의 논리를 편다.
   "인간은 영혼과 육체로 구성되었고 육체는 마음 그리고 몸으로 되어 있다. 인간론을 성경적으로 바로 정립하는 것이 중요하다. 이는 인간론이 구원교리와 연결되는 것이기 때문이다. 영은 하느님으로부터 인간 심신의 주격 요소로 지음 받은 범죄하지 않는 요소로서 소멸하지 않는다. 또한 영의 죽음은 하느님과 교제하지 못하여 하느님으로부터 멀어진 상태를 말할 뿐이다.

그 끊어진 교제는 그리스도를 통하여 다시 이어졌으니 이것이 구원이요 중생이요 부활이다. 사람의 구성요소는 영과 육으로 이분된다. 또 영은 단일체이지만, 육은 크게는 마음과 몸으로 이분할 수 있다. 이 마음과 몸을 더 세분하면 마음도 수많은 요소로 되어 있고, 몸도 수많은 세포로 이루어진 복합체이다. 영은 마음이 아니고 마음은 영이 아니다. 마음은 육에 속한 요소이다."

2. 이처럼 이분법은 혼을 별도의 구성요소로 인정하지 않다 보니 갈 데 없는 혼(마음)을 몸에 억지로 가져다 붙여 마음을 표준이론의 생기체 수준으로 전락시켰다. 그러니 죽으면 마음은 몸과 같이 소멸한다. 마음은 우리나라 민간신앙의 백(魄)에 불과한 것이다.

3. 만일 기독교 영육이원론이 마음을 몸과 구분하고 나아가 감각의 생기체 기능뿐 아니라 지정의(知情意)의 기능을 가진 정신체까지 마음에 포함시켰다면 표준이론과 동일한 영혼육의 3분법이 될 뻔하였다. 사람이 죽으면 자아의 본질인 知情意의 정신체까지 소멸된다고 하기는 차마 어려울 것이니 어떤 식이든 마음의 영생성을 인정하였을 것이라서 그렇다.

4. 현재 기독교 2분법은 마음에서 정신체의 기능을 빼서 은연중 지정의의 기능이 마음이 아니라 영의 기능에 속하는 것으로 암시하기도 하고(이런 경우 영은 영교의 기능만 가졌다는 교리에 위배된다) 지정의의 기능을 생기체에 포함시켜서 죽으면 육과 함께 소멸시키기도 한다. 마음에 대한 정의가 이러하니 영육이원론의 기독교는 스스로도 논리가 궁벽(窮僻)한 입장이다.

5. 그런데 지정의가 소멸된다고만 가르치면 이는 자아의 소멸이니 신자들이 교회에 오지 않을 것이다. 따라서 마음의 멸망을 용인할 수 없는 영육이원의 기독교는 육체의 부활과 영육일체적인 이원론을 주장함으로써 마음을 다시 살려낸다. 즉, 최후의 심판 때 육은 마음과 함께 되살아나서 천국에서든 지옥에서든 영과 함께 영생한다. 지옥에 떨어진 영과 육은 지옥의 '영벌(永罰)의 영생'보다는 소멸을 택하겠다고 부르짖을 테지만 하느님은 잔인무도하게도 영육을 영원토록 죽이지 않고 최고의 고통으로 괴롭힌다. 하느님의 일부(네샤마)로서 영교의 기능밖에 가지지 않은 영을 최고의 악형에 처하는 것이다. 全能하고 全善하신 하느님께서 원초적으로 악행이 불가능한 자신의 일부가 악을 저질렀다고 벌한다면 이는 스스로를 부정하시는 격이다. 차라리 二元의 영지주의, 업에 붙들린 아트마, 무명에 빠진 佛性이 훨씬 논리적이다. 이제 초대교부들이 자신과 교회의 생존을 위해 만든 이런 엉터리 교리는 고칠 때도 되었다.

6. 영이 영벌을 당한다는 부분이 마음에 걸려서인지 기독교에서도 소수의견이긴 하지만 악인의 영혼은 결국 소멸된다는 악인소멸론(Annihilationism)과 악인이라도 결국은 구원받는다는 보편구원론(Christian universalism)이 오래전부터 있었다(쿠사노 타쿠미, 「천국의 세계」, 박은희 옮김, 154쪽). 영이 소멸된다는 주장도 말이 안 되기는 마찬가지지만 그래도 그 편이 훨씬 자비롭다(5.5.5. 기독교의 저승관 참조).

尾185) 삼원론적인 인간관을 보이는 성경구절과 기독교 영혼육 삼원론의 내용

1. 성경구절
    1) (데살로니가전서 5:23) 평강의 하나님이 친히 너희로 온전히 거룩하게 하시고 또 너희 온 영과 혼과 몸이 우리 주 예수 그리스도 강림하실 때에 흠 없게 보전되기를 원하노라
    2) (히브리서 4:12) 하나님의 말씀은 살았고 운동력이 있어 좌우에 날선 어떤 검보다도 예리

하여 혼과 영과 관절과 골수를 찔러 쪼개기까지 하며 또 마음의 생각과 뜻을 감찰하나니
3) (고린도전서 14:15) 그러면 어떻게 할꼬 내가 영으로 기도하고 또 마음으로 기도하며 내가 영으로 찬미하고 또 마음으로 찬미하리라
(NIV)15. So what shall I do? I will pray with my spirit, but I will also pray with my mind; I will sing with my spirit, but I will also sing with my mind.
(KJV)15. What is it then? I will pray with the spirit, and I will pray with the understanding also : I will sing with the spirit, and I will sing with the understanding also.

2. 이러한 구절에서 추론되는 기독교 영혼육이론의 해석은 다음과 같다.
   1) 육은 우리가 먹고 마시고 움직이고 생활하는 역할을 하고 혼은 우리의 생각과 감정을 다스리는 지성과 이성, 양심 등(소위 知情意)의 역할을 하며 영은 하느님과 교통하는 靈交의 역할을 한다.
   2) 창세기 2:7에서 하느님으로부터 받은 네샤마를 통해 사람의 몸에 들어온 영은 아담의 죄와 허물로 죽었는데(잠들었는데) 예수님을 믿고 성령을 받아 예수님과 더불어 의로운 영으로 다시 살아난다(깨어난다).
   3) 사람은 靈交를 통하여 몸에 예수님의 성령이나 사탄의 악령이 들어온다. 이들은 죽은 영을 살리고 또 혼에 작용하여 혼의 구성물인 '감정 지식 의지'를 재료로 '생각과 느낌과 깨달음'의 의식을 만들어 마음이란 그릇에 담는다(조천석, '성령의 삶을 살라' 참조).

3. 이러한 해석은 표준이론에서 혼이 감성, 욕망, 지성을 가진다는 사실과 양심이 사단과 지혜 그리고 예지의 기능을 가진다는 사실에 어느 정도 부합한다. 그러나 정작 혼의 생기체로서의 기능은 빠뜨리거나 육의 기능으로 이해하고 있고 더구나 영의 기능인 직관을 혼의 기능으로 보고 있다.

4. 기독교 삼원론에서 영과 육은 명종 후 어찌 되는가? 성경에 이에 대한 명확한 구절이 없어서인지 삼원론에서는 이에 대해 통일된 설명이 없고 다만 다음과 같은 내용으로 정리될 수 있다.
   1) 구약시대에는
      (1) 착한 사람의 경우 그의 영은 하느님께로 가고 혼은 저승(schéol)으로 가되 쉐올의 낙원(림보, limbus^(*))쪽으로 갔다. 그런데 예수님이 십자가에서 돌아가셨을 때 3일간 저승에 가시어 혼들을 구원하여 그들을 하느님이 계신 하늘나라인 셋째 하늘로 데려가셨다.
      (2) 악한 사람의 경우 영은 (영교의 역할만 할뿐이고 또 하느님으로부터 나왔기 때문에) 천국으로 가고 악한 혼은 루카 16:19의 부자처럼 쉐올의 험한 곳으로 갔다.(예수님 이후 쉐올은 하데스(hades)로 대체되고 폐쇄되었다는 말도 있지만, 이들은 최후의 심판 때까지 거기서 기다려야 논리적이다.)
   2) 신약시대에는
      (1) 영지주의적 영혼육 삼원론
         ① 구원받은 성도의 영은 하느님께로 가고 육은 흙으로 가며 혼은 셋째 하늘^(**)로 올라갔다가 예수님이 재림하실 때에 셋째 하늘에 있는 혼과 흙으로 간 육이 결합하여 최후의 심판을 받고 영원한 천국에 들게 된다.
         ② 구원받지 못한 사람도 영은 하느님께로 간다. 이때 魂은 지옥에 있다가 육과 결합하여 최후의 심판을 받고 다시 지옥으로 간다. 영은 이때도 하느님께로 돌아간다. 혼뿐 아니라 육에도 고통을 주기 위해 정해진 판정을 다시 하는 셈이다.

(2) 일반적 영혼육 삼원론

① 구원받은 성도의 영과 혼은 일체가 되어 하느님께로 가고 생기체와 육은 흙으로 간다. 예수님이 재림하실 때 흙으로 간 육도 구원받아 영혼육이 재결합하여 완전한 인간이 되어 천국에서 영생한다.

② 구원받지 못한 영과 魂은 명종 시 즉시 같이 지옥(하데스)에 떨어졌다가 심판 날이 오면 영혼육이 다시 결합하여 최후의 심판을 받고 함께 지옥(게헨나)으로 가서 영벌을 받는다. 그러나 여러 차례 밝힌 바와 같이 표준이론에서 영은 천국의 시민권자요 영생하는 존재다. 또 영이든 혼이든 원죄 때문에 죽거나 사는 일은 없다. 심지어 영은 아예 죄를 지을 수도 없다. 영이 善을 不擇하는 일도, 하느님과의 교제가 끊어지는 일도 없다. 있다면 여러 가지 이유로 장성(長成)하지 않고 멈춰 있는 또는 발전이 늦은 상태에 있는 영이 있을 뿐이다. 이 상태는 영이 자기의 心身(心은 마음 즉 혼이므로 심신은 몸과 혼)을 다스릴 기능이 약한 상태다. 따라서 이러한 영이 지옥에 가는 일은 없다(미주 125 '심판 시 악인이라도 그 영은 천국에 들고 혼과 육만 지옥불에 던져진다는 의미를 가진 성경구절' 참조). 게다가 저승에 지옥이란 곳은 없다. 지옥이 있다면 이승에 있다. 따라서 일반적 영혼육 삼원론은 기독교의 다른 교리와 논리적으로 어울리지 않는다.

5. 기독교가 이런 복잡한 영혼육의 인간론을 가지게 된 이유는, 우선 역사적으로는 성경의 형성 과정에 영향을 준 종교와 사상들(조로아스터교의 최후심판론과 영육일체론 그리고 여러 고대 그리스철학들, 윤회론과 영지주의 등) 간의 불일치 그리고 성경내부에서의 내용 불일치, 구약과 신약의 영과 혼 관련 용어의 혼용 등인데 기독교의 탄생배경을 감안할 때 자연스러운 결과이며 중요한 것도 전혀 아니다.

6. 그러나 한편 위의 진술에 나타난 기독교 삼원론의 혼의 정체는 대단한 것이다. 우선 혼에게 표준이론보다 높은 지위를 부여하였다. 살아서는 영교(靈交)의 기능을 제외하고 영혼의 거의 모든 기능을 한다. 자유의지로 선악을 선택하여 행하며 자신뿐 아니라 영의 발전문제에까지 책임과 권한을 가지고 있으며 나아가 몸 전체를 지배한다. 명종 후에는 심판을 받는 주체가 되고 천국으로 가거나 지옥에서 심판을 대기한다. 또 이 의견은 영은 오직 혼을 통해서만 성령을 만날 수 있다는 생각(미주 206 '신지학의 모나드 영혼론' 참조)과 합하여 신지학적인 '혼소멸론'과도 연결된다.

7. 이처럼 삼원론이 기독교 내부에서 자신의 주장을 세우려면, 자체의 논리도 정립하여야 하거니와 수천 년간 외부정치와 내부이해관계 속에서 많은 사연 끝에 수립된 기존 이원론의 교리와 절충하고 타협할 부분이 많을 것이라 아직 갈 길이 멀어 보인다.

8. 결론적으로 성경을 통하여 인간론에 대한 통일된 이론체계를 도출하는 것은 불가능하다. 그러나 성경을 통하여 예수님의 말씀과 삶의 진정한 모습을 파악하는 것은 어렵지 않다. 나머지는 예수님이 아니라 후대의 교회가 필요에 따라 만든 것이니 적절히 가려 읽으면 될 일이다.

(*) 림보는 아브라함이나 라자로 같은 구약 시대의 착한 조상들이 가는 쉐올의 낙원구역이기도 하지만 나중에 가톨릭에서는 세례를 받지 못하고 죽은 유아의 경우처럼, 원죄 상태로 죽었으나 죄를 지은 적이 없는 사람들이 잠을 자며 머무르는 곳을 의미한다.
(**) 여기서 셋째 하늘(the third heaven, 고후 12:2)이란 구원받고 죽은 사람들의 혼이 가서 안식을

누리는 곳으로 하느님이 계시는 곳이다(마르코 16:19, 사도행전 1:11, 데살로니카전서 4:16~17, 디모데오후서 4:18). 사람들이 천국이라고 말하는 곳이다(the paradise, 고후 12:4). 살아서 하늘로 올라간 에녹(창세기 5:24), 엘리야(열왕기하 2:11)도 셋째 하늘에 있다. 그러나 셋째 하늘이 구약의 림보처럼 성도들이 잠들어 있는 곳이라는 해석도 있는 듯하다. 아니면 신약시대에도 림보는 성도들의 혼이 최후의 심판 때까지 잠자는 곳일지도 모르겠다. 이 문제는 기독교에서는 죽은 교우들이 최후의 심판날까지 잠을 잔다는 진술이 성경과 기도문, 성가 등에 많이 등장한다는 사실과 관련하여 검토할 필요가 있다 (5.5.5. '기독교의 저승관' 참조).

尾186) 기독교에서 이분법을 주장하는 이유

성경은 곳곳에서 영과 마음(혼)을 구별하고 있다. 루카 12장의 부자 이야기에서처럼 자신이 자신에게 말한다는 정도의 문학적 표현을 넘어선 진지하고 엄연한 내용이 많은 것이다. 그럼에도 현재 기독교에서 이분법을 주장하는 이유는, 만일 인간의 구성요소를 영혼육으로 볼 경우
1. 교리 간에 충돌이 생기고
2. 기본 교리가 복잡해져 신자교육이 어려워지며
3. 창세기 어디에도 혼과 영을 따로 창조하였다는 말이 없고
4. 유대교의 영육일체론을 수용할 여지가 없어지며
5. 성경은 영과 혼을 서로 교체 사용하고 섞어 사용하는 등으로 무질서하여 영과 혼이 두 개의 완전히 독립된 다른 것이라는 확신을 주지 않는다.
6. 또한 성경은 비물질적인 것이 중요하다는 메시지일 뿐 비물질의 구성요소를 살피는 논문이 아니고
7. 이분법은 이미 오랜 세월 동안 도그마로 입지를 굳혔다.
라는 점에서 기독교에서는 영혼육 삼원론을 인정하기가 곤란하다.

尾187) 누가 12:16~ 부자의 비유

(개역한글)
16 또 비유로 저희에게 일러 가라사대 한 부자가 그 밭에 소출이 풍성하매
17 심중에 생각하여 가로되 내가 곡식 쌓아 둘 곳이 없으니 어찌할꼬 하고
18 또 가로되 내가 이렇게 하리라 내 곡간을 헐고 더 크게 짓고 내 모든 곡식과 물건을 거기 쌓아 두리라
19 또 내가 내 영혼에게 이르되 영혼아 여러 해 쓸 물건을 많이 쌓아 두었으니 평안히 쉬고 먹고 마시고 즐거워하자 하리라 하되
(NIV)
16 And he told them this parable : The ground of a certain rich man produced a good crop.
17 He thought to himself, 'What shall I do? I have no place to store my crops.'
18 Then he said, 'This is what I'll do. I will tear down my barns and build bigger ones, and there I will store all my grain and my goods.
19 And I'll say to myself, "You have plenty of good things laid up for many years. Take life easy; eat, drink and be merry."

尾188) 마태 10:37~

(개역한글)

37 아비나 어미를 나보다 더 사랑하는 자는 내게 합당치 아니하고 아들이나 딸을 나보다 더 사랑하는 자도 내게 합당치 아니하고
38 또 자기 십자가를 지고 나를 좇지 않는 자도 내게 합당치 아니하니라
39 자기 목숨을 얻는 자는 잃을 것이요 나를 위하여 자기 목숨을 잃는 자는 얻으리라

(NIV)
37 Whoever loves father or mother more than me is not worthy of me, and whoever loves son or daughter more than me is not worthy of me.
38 and whoever does not take up his cross and follow after me is not worthy of me.
39 Whoever finds his life will lose it, and whoever loses his life for my sake will find it.

尾189) 성경에 나타나는 성령

(고린도전서 2:12~15)
12) 우리가 받은 성령은 세상이 준 것이 아니라 하느님께서 주신 것입니다. 그래서 우리는 하느님께서 우리에게 주시는 은총의 선물을 깨달아 알게 되었습니다. Now we have received, not the spirit of the world, but the Spirit who is from God, that we might know the things freely given to us by God,
13) 우리는 그 은총의 선물을 전하는 데 있어서도 인간이 가르쳐주는 지혜로운 말로 하지 않고 성령께서 가르쳐주시는 말씀으로 합니다. 이렇게 우리는 영적인 것을 영적인 표현으로 설명합니다. which things we also speak, not in words taught by human wisdom, but in those taught by the Spirit, bringing together spiritual men(pneumatikois) with spiritual things(pneumatikà).
14) 그러나 영적이 아닌 사람은 하느님의 성령께서 주신 것을 받아들이지 않습니다. 그런 사람에게는 그것이 어리석게만 보입니다. 그리고 영적인 것은 영적으로만 이해할 수 있으므로 그런 사람은 그것을 이해하지도 못합니다. But the soulish man(psychikós) does not accept the things of the Spirit of God; for they are foolishness to him, and he cannot understand them, because they are spiritually appraised.
15) 영적인 사람은 무엇이나 판단할 수 있지만 그 사람 자신은 아무에게서도 판단 받지 않습니다. But the spiritual man(pneumatikòs) appraises all things, yet he himself is appraised by no man.
16) 성서에는 "누가 주님의 생각을 알아서 그분의 의논 상대가 되겠느냐?" 하였지만 우리는 그리스도의 생각을 알고 있습니다. For "who has known the mind of the Lord, that he should instruct Him?" But we have the mind of Christ.

(고린도전서 3:1~3)
1) 형제 여러분, 나는 여러분에게 영적인 사람을 대할 때와 같이 말할 수가 없어서 육적인 사람, 곧 교인으로서는 어린아이를 대하듯이 말할 수밖에 없었습니다. And I, brothers, could not speak to you as to spiritual men (pneumatikois), but as to carnal men(sarkínois), as to infants in Christ.
2) 나는 여러분에게 단단한 음식을 먹이지 않고 젖을 먹였습니다. 여러분은 그때 단단한 음식을

먹을 수가 없었던 것입니다. 사실은 아직도 그것을 소화할 힘이 없습니다. (I gave you) milk to drink, not solid food, for you were not yet able (to receive it), for even now you are not yet able,

3) 여러분은 지금도 육적인 생활을 하고 있기 때문입니다. 여러분이 서로 시기하고 다투고 있으니 여러분은 아직도 육적인 사람들이고 세속적인 인간의 생활을 하고 있는 것이 아니고 무엇이겠습니까? for you are still carnal (sarkikoí). For since there is jealousy and strife among you, are you not carnal (sarkikoí), and are you not walking like mere men?

(로마서 7:22-23)
나는 내 마음속으로는 하느님의 율법을 반기지만, 내 몸의 지체 속에는 내 이성의 법과 대결하여 싸우고 있는 다른 법이 있다는 것을 알고 있습니다. 그 법은 나를 사로잡아 내 몸의 지체 속에 있는 죄의 법의 종이 되게 합니다. For I delight in <u>the law of God after the inward man</u>; but I see a different law in my members, warring against <u>the law of my mind</u>, and bringing me into captivity under <u>the law of sin</u> which is in my members.

尾190) 기독교 인간론의 표준이론적 해석

1. 표준이론에서 하느님께서 사람에게 불어넣으신 숨 네샤마는 靈火로서 '하느님의 불티'를 가진 각혼을 '하느님의 불씨'를 가진 지혼으로 키운 은총이자 은혜다. 이로써 아담의 역사, 문명의 역사, 혼이 영으로 진화하는 역사가 시작되었다. 또 예수님의 성령은 영에게는 '하느님의 불꽃'을 '하느님의 횃불'로 키워 해탈에 이르게 하시려는 '도움의 성령'이고 혼에게는 '하느님의 불씨'를 '하느님의 불꽃'으로 키워 혼을 영(靈)으로 이끄시려는 '구원의 성령'으로서 영화(靈化)의 성령이다.

2. 한편 하느님께서는 진화의 방법으로 기르시는 영(魂靈)에 직접 창조의 방식으로 만드신 영(神靈)을 더하여 혼영의 탄생을 도우셨다. 이는 문명의 시작 후 어느 때 쯤이라고 보이는데 예수님의 구원사역이 신영의 맏이로서 지혼의 영화(靈化)를 돕는 것임을 보여주는 대표적인 사례이다(미주 44 '신영과 혼영의 탄생' 참조).

3. 이를 기독교적으로 해석하면 하느님께서는 창조 시 생명체에게 기의 생명력인 '네페쉬'를 불어넣으셨으며 생명력인 네페쉬는 진화하여 각혼이 되었고 마침내 이 중 호모사피엔스 사피엔스(현생인류)종의 각혼이 선택을 받아 하느님의 네샤마를 받고 사람의 혼인 지혼이 되었다(창세기 2:7). 이 모든 것을 보기 좋게 여기신 하느님께서는 신영의 맏이인 예수님을 세상에 보내어 지혼에게 구원의 성령을 주셨는데 이는 지혼이 가진 신의 불씨를 불꽃으로 타오르게 하여 영의 길로 속히 인도하려 하신 구원의 손길인 것이다. 이러한 '구원의 손길'을 기독교에서는 구속(救贖)이라고 표현한다.

尾191) 표준이론의 예수님

1. 표준이론에서 예수님은 '하느님께서 사랑하시는 神靈으로, 혼의 구원(靈化)를 위해 이승에 부임한 '하느님께서 사랑하시는 아들'로 본다. 이때 인류에게 아들은 성령과 함께 하느님과 삼위

일체다. 삼위일체를 문자 그대로 해석하여 位의 일체이지 人의 일체가 아니라면 位는 같은 位가 여럿 있을 수 있으니 예수님도 여럿 있을 수가 있겠다. 그렇다면 한 분이신 성령도 수없이 많은 같은 역할자를 지칭할 수도 있다. 또 모든 영과 혼은 하느님의 아들이다. 그들은 全中一一中全하는 만물조응의 新플라톤 또는 상즉상입(相卽相入)하는 화엄세계의 아들인 것이다. 또한 예수님은 하느님에 대해 가장 완전한 계시를 하셨다.

2. 켄 윌버는 기독교인이 그 자아의 수준에 따라 예수님의 정체(正體)를 어떻게 보느냐가 달라진다며 다음과 같이 말하고 있다.

   만약 어떤 사람이 백색으로 밝게 빛나는 구름을 보는 절정체험을 했는데 그 구름이 예수님으로 보이는 사람 모습의 빛으로 된 존재처럼 보였고 자기가 그 빛과 융합되면 무한한 사랑과 희열을 느꼈다고 하자. 이 사람이 기독교인이라면 그의 '좌하 4분면'이 그가 자기 체험을 어떻게 해석할지 예견할 수 있게 해준다. 만약 그의 의식수준이
   1) 적색 높이(마법적 수준, 자기중심적 자아)에 있다면 그는 물 위를 걷고, 죽었다가 살아나고, 물로 포도주를 만들고, 빵과 물고기를 불리는 '마법적인 예수'를 본 것이다.
   2) 호박색 높이(신화적 수준)에 있다면 영원한 법을 주는 자, 신화와 교리를 믿고 선택한 백성들에게 내린 율법과 규례와 언약을 따르는 사람 그리고 유일한 성경을 믿는 사람을 온전히 '구원하는 자'로서의 예수를 본 것이다.
   3) 오렌지색 높이(합리적 수준, 성취적 자아)에 있다면 '보편적인 박애주의자, 그러면서도 신적인 존재, 세계중심적인 사랑과 도덕을 가르치는 자, 하늘에서뿐만 아니라 이 땅에서도 이번 생에 어느 정도 구원을 가져다주는 자로서의 예수'를 볼 것이다.
   4) 초록색 높이(다원적 수준, 민감한 자아)에 있다면 그가 보게 될 예수의 모습은 '여러 영적인 스승들 가운데 하나'일 것이다. 그는 진정한 영적인 길에 충분히 깊이 들어가면 모든 길이 다 동일한 구원 또는 해방을 가져다준다는 것을 안다. 그러나 다른 사람과 다른 문화는 각자 자기에게 더 좋은 영적인 길을 택하겠지만, 자기는 온전한 구원을 위해서 예수를 선택했기 때문에 열심히 그 길을 가겠다고 생각할 것이다.
   5) 이 사람이 만약 청록색 높이(통합적 수준)로 올라가면 예수를 모든 사람이 접근할 수 있는 '그리스도 의식의 한 顯現'으로 볼 것이다. 그에게는 예수가 우리 모두를 휘감고, 상호 관통하면서, 밝은 빛을 발하며 역동적으로 흐르는 광대한 시스템의 일부인 변형된 의식의 상징이 될 것이다.
   6) 보라색과 자외선 높이(메타 마인드, 오버 마인드)에서는 그리스도 의식을 초월적이고 무한한 것의 상징, 자아 없는 참자아의 상징, 예수와 우리 안에 있는 신적인 의식의 상징, 모든 것을 완전히 품고 있는 빛과 사랑의 상징, 시간과 에고의 죽음을 넘어 부활한 생명의 상징, 죽음과 고통과 시간과 공간과 눈물과 두려움을 이기는 운명이 있음을 증명한 존재의 상징으로 볼 것이다(켄 윌버 「통합비전」 5장 참조). 보라색과 자외선 높이의 진술 중 일부는 윌버가 너무 나간 것으로 보인다. 그러나 예수님이 다른 사람이 가보지 않은 데를 가본 분일 수도 있으니 마냥 부인할 필요는 없다고 본다.

3. 신지학의 대스승인 K.H.(쿠트후미) 대사와 D.K.(드왈 쿨) 대사는 그리스도를 일컬어 '마스터들의 마스터(The Master of Masters)'라고 하였다. 이후 이는 뉴 에이지에서 예수님의 정체성을 규정짓는 대표적 칭호가 되었다. 표준이론에서도 예수님을 '여러 영적인 대스승들 가운데 한 분'으로 보니 신지학의 생각과 같다.

4. 독자가 혹시 기독교인이라면 어느 수준인가? 신지학자 애니 베산트는 그의 저서 「고대의 지혜」에서 이렇게 말한다. "신지학을 공부하였다고 해서 기존의 자기 신앙을 거둘 이유는 없다. 오히려 신지학을 공부하면 자신의 신앙에 대해 통찰력이 더 깊어지고 가르치는 영적진리를 더 확실하게 이해하게 될 것이다." 맞는 말이다. 신지학이나 영혼학은 학문이지 종교가 아니다. 자기의 종교를 더욱 잘 이해하기 위한 공부(工夫)다. 그 공부의 열매는 '예수님에 대해 더 잘 아는 것, 그래서 믿음이 더 깊어지는 것' 그것이다.

尾192) 삼명과 육신통 그리고 저승에서의 혼과 영의 능력

1. 삼명(三明)이란 붓다나 아라한이 열반하여 깨우침을 얻게 되면 얻을 수 있는 3가지 지혜를 가리키는 불교용어로 숙명지명(宿命智明)·천안지명(天眼智明)·누진지명(漏盡智明)을 말한다. 숙명통(宿命通)·천안통(天眼通)·누진통(漏盡通)의 삼통(三通)이라고도 하며 이 중 숙명통은 자기나 다른 사람의 지난 생의 일생이 어떠한 것인가를 모두 다 아는 지혜로 부처는 이를 성도일(成道日)의 초야(初夜)에 이루었다. 천안통은 자기나 다른 사람의 미래에 대한 일을 분명하게 아는 지혜이고 누진통은 아라한이 번뇌와 생사의 속박을 벗고 열반의 이치를 증득하는 지혜이다. 삼명에 다시 신족통(神足通)·천이통(天耳通)·타심통(他心通) 3가지 신통을 더하여 육신통(六神通)이라고 한다. 모두 피조물로서의 능력일 뿐이다.

2. 불설이야 어찌 됐든 표준이론에서 볼 때 삼명이나 육신통은 모두 최고급 영의 능력 그리고 제3영계의 존재들에 대한 진술들이다. 살아서 극히 수승한 4단계를 넘어선 보살급의 사람들은 몸과 생기체의 구속이나 몸뇌와 혼뇌 간의 질서를 넘어서게 된다. 이때 그의 영(고급영)이 보이는 능력이 이러한 신통이다.

3. 또 명종하였다고 모든 영이 동일한 수준의 능력을 얻는 것은 결코 아니다. 특히 자기나 다른 사람의 미래에 대한 일을 분명하게 아는 지혜인 천안통은 고급영만의 능력이며 이때에도 미래의 일을 미리 본다는 의미가 아니라 사람의 지금까지의 됨됨이를 보아 이치에 따라 미래를 아는 지혜라는 뜻으로 이해된다. 또한 열반의 이치를 증득하는 정도의 누진통은 이미 열반한 영에게는 당연한 일이겠으나 하느님의 攝理를 증득하는 경지에 이르러서는 영마다 그 수준의 차이가 크다.

4. 표준이론에서는 혼의 지식이나 지혜의 수준이 몸에 속박되어 있었던 이승과 크게 달라지지는 않는다고 본다. 다만 되살아난 전생의 기억과 선명하고 생생한 인식(각성) 때문에 정신적으로 그 활동이 이승보다 훨씬 활발할 것이고, 보다 정묘한 물질(氣)로 이루어진 환경 때문에 공간적으로 시간적으로 구애가 크게 줄어들 것임은 분명하다. 영의 경우 이미 열반에 든 존재이고 몸이 물질이 아닌 사념체이며 사는 세상도 물질세계가 아니니 더욱 이승과 비교할 수 없는 수준이겠으나 천안통을 가졌다든가 우주의 섭리를 꿰뚫는다든가 하는 능력의 기대는 감히 할 수 없다.

5. 천계에 다녀온 것으로 알려진 바오로 사도는 코린토1서에서 "우리는 부분적으로 알고 부분적으로 예언합니다. 그러나 온전한 것이 오면 부분적인 것은 없어집니다. 내가 아이였을 때에는 아이처럼 말하고 아이처럼 생각하고 아이처럼 헤아렸습니다. 그러나 어른이 되어서는 아이 적의 것들을 그만두었습니다. 우리가 지금은 거울에 비친 모습처럼 어렴풋이 보지만 그때에는 얼굴과 얼굴을 마주 볼 것입니다. 내가 지금은 부분적으로 알지만 그때에는 하느님께서 나를

온전히 아시듯 나도 온전히 알게 될 것입니다."(13:9~12)라고 하여 삼명에 대한 언급을 하고 있다. 그가 추가로 언급한 내용이 있었다면 이런 것일 것이다. "다만 살아서 아이였을 때와 어른이 되어서가 그렇듯 그때에도 온전함에는 또 차이가 있습니다."

6. 육신통에 포함되는 神足通, 天耳通, 他心通은 수승한 영의 능력이라기보다 時空의 차원이 다른 심령계 이상 저승의 물리적 환경 차원의 현상이다.

7. 혼 또한 명종 후 전생의 기억을 회복하는 외에 저승의 환경에 따라 神足通, 天耳通, 他心通을 얻게 된다. 그러나 이는 영의 능력이 아니라 환경이 그럴 뿐이고 그나마 혼마다 그 차이는 매우 크다.

8. 결론적으로 표준이론은 사람이 살아서 열반에 든다고 하여도 불설에서처럼 삼명을 얻는 것은 불가하고 다만 전술한 바와 같이 혼이 혼뇌의 기억을 현재화 하거나 또는 생기체를 통하지 않고 몸을 직접 제어함으로써 생기는 능력을 초상적(超常的)으로 사용하는 일은 있을 수 있다고 본다(9.5.3. '변성의식 상태와 영혼육' 참조).

尾193) 오온과 무아

공과 무아의 윤회

空은 만물이 空함이 아니라
前五識은 여실하되 그 열매인 第六識이 空함이고
나아가 자의식인 七識과 我인 八識은 무려 無라는 것이다
그러나 이리되면 윤회의 주인공이 空我요 無我라는 것인데
그럴 리가 없는 것이

참나가 五根을 입어 色에 접하면 진리를 벗어나 無明케 되어
受想行識의 名을 일으켜 緣起에 들게 되고
이윽고 참나에 업의 때가 묻어 六道를 벗어나지 못하고 윤회케 되나니
八識은 참나를 윤회케 한 그 업의 때를 이르는 말이고
諸法無我 또한 연기에 걸려들어 미혹된 참나가
그 업때를 탓하여 스스로를 가르치는 말일 뿐
그 본색인 참나는 항상 여여한 法이니 이는
부처가 法身과 일체되어 眞法을 說할 때
拈花示衆하여 알려 준 法이 그 法 아니겠는가

尾194) 불국토와 은하계 그리고 부처님의 수

1. 불교의 삼천대천세계(불국토, 불찰, 사바세계)의 수는 1수미세계가 은하계에 해당된다면(5.6.3. '이승은 지구만인가?' 참조) 200개가 된다. 이는 은하계의 수(2,000억 개)를 10억 개(1부처님이 교화하시는 1불국토의 수미세계 수)로 나눈 값이다. 불국토 하나마다 부처님이 한 분 계시니 부처님 수도 200분이 되는 셈이다.

2. 한편 이 우주에 지적생물체가 사는 행성의 숫자를 예측한 페르미는 수미세계(불가지론자인 페르미에게는 人間道)가 100만 개라고 계산하였다(5.6.3. '이승은 지구만인가?' 참조). 따라서 (하나의 은하계마다 1수미세계가 있다는 전제하에서) 불교보다 지적생물체가 사는 항성 수가 훨씬 적을 수밖에 없다. 한 불국토의 크기가 10억 수미세계임을 고려하면 불국토 하나도 안 되는 숫자를 부른 그는 배짱을 좀 더 키워야 했다. 그래도 우선 페르미 말이 맞는다면 20만 (2,000억/100만) 개의 은하계 중 수미세계가 하나씩 있어야 한다.

3. 은하계는 엷은 볼록렌즈 같은 형태로 그 크기는 원반부의 유효 지름이 약 100,000광년, 중심 핵부의 두께는 15,000광년, 그 밖의 부분의 두께는 수천 광년이라고 한다. 이 안에 2,000억 개의 항성이 있다. 은하계를 1 수미세계로 본다면 이곳에 33개의 이승이 있어야 하니 항성 60억 개마다 이승 하나다. 그렇다면 이승간의 평균거리는 얼마나 될까? 어려운 계산이지만 무지하게 멀 것으로 보인다. 참고로 지구와 가장 가까운 항성인 켄타우루스자리 알파C 별 프록시마는 지구로부터 4.24광년 거리다. 이런 것이 60억 개 모여야 다른 이승을 만날 수 있다면 최소 7천만 광년을 가야 지적생물체가 사는 이승을 만난다. 그러니 물질세계의 통신수단인 전파를 사용하여 외계의 지적생명체와 교신을 시도하는 SETI(외계 지적생명체 탐사계획)의 허망함을 알 수 있다(미주 140 '드레이크 방정식(Drake equation)' 참조).

尾195) 앨리스 앤 베일리

베일리(Alice Ann Bailey 1880~1949)는 "영원한 지혜(Ageless Wisdom)"라는 용어를 남긴 작가이자 신지학자다. 그는 불행한 어린 시절을 보냈으며 5세, 11세 그리고 15세 때 세 번의 자살 시도를 하였다고 한다. 마지막 자살시도 이후 터번을 쓴 한 남자가 찾아와 "너를 위해 계획된 어떤 일에 대비해서 자제력을 기를 필요가 있다."고 말했는데 나중에 그는 고대 지혜의 위대한 스승으로 계속 환생하면서 인류의 영적 진화를 돕는다는 신지학의 마스터(Master) 중 1人인 '쿠트 후미' 大師로 밝혀졌다고 한다. 베일리는 기독교청년회(YMCA)와 영국군과 연관된 선교 활동에 참여한 것이 계기가 되어 1907년에 인도에 갔으며 이후 미국으로 이주하였다. 1917년에 베일리는 신지학협회에 입회하였으며 이후 신지학협회에 내에서 영향력 있는 인물로 떠올랐고 1921년에는 프리메이슨리(freemasonry)의 회원인 포스터 베일리(Foster Bailey 1888~1977)와 결혼하였다. 한편 베일리는 1919년에 드왈 쿨(Djwal Khul)이라는 이름의 티베트인 스승과 만나게 되었다고 한다. 이후 30년 동안 고대의 지혜와 철학, 종교, 동시대의 사건들, 과학, 심리학, 국가들, 점성술 그리고 치유법에 대한 24권의 책을 썼는데 그의 저서들은 모두 드왈 쿨이 정신감응으로 지시한 내용을 받아 적는 식으로 이루어졌다고 전해진다. 그의 추종자들은 그의 저작들을 앨리스 A. 베일리의 자료(The Alice A. Bailey material) 또는 AAB 자료라고 부른다. 특히 그의 비전 점성술(Esoteric Astrology)은 지금도 세계의 비전 점성가들을 위한 기초 서적으로 여겨진다. 베일리는 신지학협회에서 이탈하여 독자적인 길을 걸었으며 1923년에 신비학교(Arcane School)를 설립하여 업보(業報)와 환생, 스승들, 신의 계획 등을 알리는 작업을 하였으며 그 협회(www.lucistrust.org)는 아직도 운영되고 있다.

尾196) 사라스와티의 창조론

1. 오늘날 인도 요가학파 라자요가의 유명한 요기인 사라스와티(Swami Yogeshwaranand Saraswati 1887~1985)는 "brahman과 프라크리티가 만나 프라크리티의 세 가지 성질인 구

나의 균형이 깨지면서 공간과 시간과 방향이 창조되고 실제원리에서 大善性, 大動性, 大暗性이 만들어지며 이를 質料因으로 하여 대선성에서는 우주마음(마나스), 대동성에서는 우주지성(붓디), 대암성에서는 우주자아(아함카라)가 나온다. 다시 우주마음에서는 선성의 미세감각기관, 동성의 미세운동기관(목소리, 손, 발, 생식기, 배설기관), 암성의 미세요소(색성향미촉)이 발생한다(사라스와티, 「혼의 과학」, 191~193쪽 참조)."라는 창조론을 주장한다. 삼키아학파와 대동소이하다.

2. 그 다음에는 5가지 원소(조잡원소)가 각각에 속하는 원자들을 사용하여 육체를 구성한다. 땅에 속하는 원자는 뼈를 만들고 물에 속하는 원자는 혈액을, 불은 소화기관, 바람은 호흡기관과 생기(生氣), 공기는 공간을 만든다(전게서, 114쪽).

3. 요가와 아쉬람 운영에 진력하였던 그는 신지학의 영향을 받지 않은 주장을 펼쳐 인도철학의 원래 모습을 보이는데 인간의 구성요소에 대한 그의 이론의 대강을 표준이론의 입장에서 보면 "브라만 또는 아트만인 푸루샤가 氣인 프라크리티에 작용하여 粗雜體인 육체와 生氣體 그리고 의지와 지성의 기능을 가진 微細體, 그리고 자아와 마음 그리고 아트만이 있는 歡喜體를 만든다. 이때 환희체 바깥은 brahman이 감싼다. 사라스와티의 환희체는 靈으로 보이는데 마음과 에고(자아)까지 가지는 점이 특이하다.(신지학의 영인 인간모나드의 구성이 '마나스와 붓디 그리고 아트마'임은 이러한 생각에서 기원한 것이 분명하다.) 마음은 미세체로부터의 행(行, 욕망과 감정)을 축적하여 이를 아트만에게 전달하는 기능을 하고(불교의 제8식 아뢰야식과 유사하다) 환희체는 미세체를 통하여 몸을 지배한다. 생기체는 육체와 같은 형태로 몸을 감싸지만 의지와 지성의 미세체는 머리의 백회(브라흐마란드라)부분에 자리 잡고 심장에는 자아와 마음(아함카라, 에고)의 환희체가 자리 잡는다. 또한 명종 후 환희체는 하나가 되어 윤회한다. 아트만이 마음과 에고까지 가지고 윤회하는 것이다."라는 내용이다. 그렇다면 미세체(신지학의 아스트랄체 역할을 하는 것으로 보임)와 환희체(신지학의 멘탈체와 코잘체로 보임)는 몸을 감싸는 신지학 다신체론의 바디(body)가 아니라 사람의 구성요소(elements)일 뿐이다. 삼키아와 요가학파에서는 육체와 생기체 외에 더 이상의 바디(body)는 없다. 그런데 사람이 명종하면 몸과 생기체는 소멸하고 환희체는 윤회함이 당연하지만 의지와 지성의 미세체는 어찌 되는가? 신지학은 이를 이드혼(하위정신체) 정도로 파악하고 아스트랄계에서 영과 헤어졌다가 영이 환생할 때 다시 만난다고 하는데 사라스와티도 그러한가?

4. 한편 사라스와티는 우주주기론에 대해서는 다음과 같은 주장을 한다. "대괴멸의 때가 되면 마음은 질량인(質量因)인 프라크리티 안으로 괴멸해 들어가 무가 된다. 그러나 기억은 진아 뒤에 늘어붙어 있다가 생겁(生怯)이 되어 진아가 프라크리티에 작용할 때 다시 나온다."(사라스와티, 「혼의 과학」, 271~273쪽 참조)고 한다. 이때 기억이란 마음의 정수(혼)로 이해된다. 평소 환희체에 행(行)을 전달하여 온 마음은 괴겁이 되면 기억이 되어 진아에 붙는다. 이 기억은 성겁이 되어 진아(영, 환희체, 아트만, 푸루샤)가 다시 프라크리티에 작용할 때 프라크리티로 체를 만들어 입고 부활하는 것이다. 그렇다면 영은 공겁 동안 창조주와 합일하여 있다가 성겁이 되면 다시 개체성을 회복하여 혼과 더불어 진화를 계속하리라.

5. '브라만(brahman)과 아트만은 심장에 있다'라는 뜻을 전하는 우파니샤드의 문구는 많다(사라스와티, 「혼의 과학」 참조).
   1) 쉽게 들여다볼 수 없는 심장에 머무는 眞我(아트만)는 영원 무구하다(가타 우파니샤드

1-2-12).
2) 절대자 브라만은 인간의 내부에 있는 공간이고 그 공간은 심장에 있다. 이것이야말로 충실한 것, 불변의 것이다(찬도가 우파니샤드 3-12-9).
3) 저 황금의 집 속에 브라만이 빛나고 있다. 그는 순수 자체이며 빛의 원천이며 진아를 깨달을 때만이 그를 알 수 있다(문다카 우파니샤드 2-2-9).
4) 심장이야말로 확실히 절대자 브라만이 있다(브리하드 아라냐카 우파니샤드 4-1-7).

6. 신지학은 인도철학의 이러한 사상에 서구전통 祕傳인 헤르메스와 카발라의 생각을 섞고 한편으로는 다층적 저승론과 접합시키는 과정에서 미세체와 환희체를 별도의 바디로 격상시켜 생기체처럼 몸을 감싸고 있는 물질적 신체라는 敎義를 구성한 것으로 보인다. 또한 인도철학의 윤회주체인 환희체의 구성이 자아와 마음과 아트만인 점을 감안하여 신지학의 윤회주체인 아트마-붓디-마나스의 인간모나드가 성립된 것이리라(미주 205 '신지학의 영혼론' 참조).

尾197) 힌두철학의 의식상태와 자아의 종류

힌두철학은 의식의 상태에 따라 자아도 바뀐다고 믿었다. 물론 속성이 바뀌는 것이지만 그 커다란 차이에 주목하여 이름마저 달리하였다.

1. 8세기 인도의 베단타 학파에서는 인간의 의식상태를 다음의 네 가지로 나누었다.
    1) 각성의 의식상태 : 자그라타(Jagrata)
    2) 몽면의 의식상태 : 스바프나(Svapna)
    3) 숙면의 의식상태 : 수수프티(Susupti)
    4) 순수의식상태 : 투리야(Turiya), 이때 투리야는 의식의 한 상태라기보다 일반적인 의식상태들의 출현근저로 의식을 초월해 있는 상태로 이해된다.

2. 또한 의식의 상태에 따라 나타나는 자아도 달라진다고 하면서 자아를 4가지로 나누었는데 이는
    1) 각성상태(Jagrata)에 있는 자아는 비슈바(Vishva),
    2) 몽면상태(Svapna)에 있는 자아는 타이자사(Taijasa),
    3) 숙면상태(Susupti)에 있는 자아는 프라즈냐(prajna)
    4) 그리고 순수의식상태(Turiya)는 참자아로서 본래의 모습인 아트만이다.

3. 힌두철학은 위 투리야의 상태를 얼마나 지속하느냐에 따라 삼매의 수준을 나누어 삼매에 든 성인들의 수준에 등급을 매겼다.
    1) 사비칼파 사마디(Savikalpa samadhi) : 유상삼매라고 하며 이 단계에서는 인위적인 노력을 통해 참자아 각성상태가 유지된다. 이 상태가 얼마나 오래 지속되는가는 이 상태를 유지하기 위해 얼마나 노력하는가에 달려 있다. 참자아에 대한 집중이 흔들리면 각성상태는 즉시 흐려진다. 투리야를 표준이론의 '깨어있는 상태'로 본다면 이 상태는 영이 가끔 자아를 장악하는 경지로 인격자인 2.5단계와 유사하다. 불교의 「구사론」에 의하면 개괄적으로 사유하는 마음작용(尋)과 세밀하게 고찰하는 마음작용(伺)이 있는 유심유사삼마지(有尋有伺三摩地)다.
    2) 케발라 니르비칼파 사마디(Kevala nirvikalpa samadhi) : 일시적 무상삼매로 영이 자주 자아를 장악하는 경지. 표준이론의 3단계에 해당하며 위인(偉人) 또는 불교에서 말하는 성문사과(聲聞四果)의 사다함 수준으로 프로이트의 초자아가 마음을 채우고 있다. 불교로

치면 무심유사삼마지(無尋唯伺三摩地)다.
3) 사하자 니르비칼파 사마디(Sahaja nirvikalpa samadhi) : 완벽한 무상삼매로 영이 자아의 방을 완전히 항상 장악한 상태로 4단계다. 성인(聖人)이나 아라한 수준이다. 불교에서는 무심무사삼마지(無尋無伺三摩地)라 하여 尋과 伺에 모두 상응하지 않는 경지로서 무색계의 최고봉 비상비비상처의 선정이다.

그러나 투리야의 상태는 '신과의 합일의 상태'와는 많이 다르다. 명상과 관상의 차이다. 순수의 식상인 투리야는 완전한 삼매의 경지를 가리키는 말로 표준이론의 '영이 깨어있는 상태' 즉 영이 자아의 방을 장악하고 동시에 혼이 이에 승복한 상태와 오히려 비슷하다.

尾198) 원불교 정산종사의 영기질 이론

원불교 제2대 종사인 정산종사(鼎山宗師 1900~1962)는 "우주만유가 영(靈)과 기(氣)와 질(質)로써 구성이 되어 있다고 하면서
1. 영은 만유의 본체로서 영원불멸한 성품이며(표준이론의 영속혼)
2. 기는 만유의 생기로서 그 개체를 생동하게 하는 힘이며(표준이론의 생기체)
3. 질은 만유의 바탕으로서 그 형체를 이름이니라(표준이론의 몸)."라고 설하였다(원불교대사전).

尾199) 정기신을 영백혼으로 보는 어느 관점

1. 지혜의 차크라인 상단전을 神이라 하는데 이 神은 精神을 말할 때 神 또는 靈魂이라고 할 때의 魂을 말하는 것이다.
2. 하단전을 氣라고 말하는데 이는 魂魄이라고 할 때의 魄을 말하는 것이며 몸의 기운을 관장한다.
3. 중단전은 精神의 精을 말하는 것이고 혼과 육의 바탕이 되는 본성이며 영성이라고도 말하는 것으로 가슴부위에 있는 심포(心包)로서 윤회의 근본이다. 평정심이 나온다. 또한 신념과 믿음은 상단전과 중단전에서 나오는 것이며 이를 실천하는 용기는 하단전에서 나온다고 한다(네이버 블로그, blog.naver.com/kwj5208/220750613165 참조).
4. 이를 해석하면 神(정신)을 魂(영혼)으로 보고 상단전에 있으며 혼과는 별도로 魄을 상정하여 이를 氣로 보는데 하단전에 있다. 精은 중단전에 있으며 靈 또는 영성, 본성이라고 한다. 즉, 정=영이고 기=백이며 신=혼이다. 다만 이 경우 영은 표준이론의 영이 아니라 본성(性) 또는 우주의식 기껏해야 기독교의 성령으로서 아트만(靈)을 부인하는 동양적 사고방식(불교적 또는 도교적)인 점이 표준이론과 다른 점이다.

尾200) 주희의 귀신관

1. 南宋의 주희(朱熹, 朱子 1130~1200)는
    1) 「중용」 16장의 "보아도 보이지 않고 들어도 들리지 않지만 존재하는 사물 모두는 귀신을 다 품고 있다(鬼神體物)"[*1]는 공자 말씀과
    2) 예기(禮記)에서 "사람은 죽으면 혼기(魂氣)는 하늘로 돌아가고 정백(精魄)은 땅으로 돌아간다."고 한 선진(先秦)의 본원유학에 어긋나지 않게 귀신의 존재를 일단 긍정하여 "귀신은 있다"(주자어류 3-72)고 한다.

2. 그러나 주희는
   1) "귀신은 조화의 자취"라는 정이(程頤 1033~1107)의 명제와
   2) "귀신은 음양 두 기의 굴신(屈伸)하는 양능(二氣之良能)"[*2]이라는 장재(張載 1020~1077)의 명제를 사용하여 선진의 귀신은 여귀(厲鬼, 원귀)이거나 제사감격(祭祀感格)을 위해 자손이 제사를 모시면 이를 흠향하러 오는 일시적 존재[*3]일 뿐이라고 하여 사실상 귀신을 부인한다. 그는 주장하기를 사람이 태어나고 죽는 것은 다만 陰陽二氣의 屈伸往來일 따름이니 (68-18) 기가 모이면 귀신이 생기고 기가 흩어지면 귀신은 죽는다(氣聚則生, 氣散則死 3-17).[*4] 따라서 사람은 죽으면 곧 전부 흩어져 없어진다(死便是都散無了 39-18)고 하였다. 귀신은 음기와 양기의 본래적인 작용으로 사계절이 변화하는 것처럼 造化로운 자연의 자취인 現象일 뿐이지 存在가 아니라는 것이다. 쉽게 말하면 귀신은 하늘의 구름처럼 조화로운 자연현상일 뿐이다. 따라서 귀신은 있지만(3-72) 그 귀신과 생사의 이치는 결코 불교적 설명이나 세속의 소견과 같은 것이 아니므로(3-12) 세속에서 말하는 귀신은 없다(3-4)는 것이다(박성규,「주자어류(해제)」참조).

3. 주희 귀신론의 중언부언(重言復言)을 갈라보고 해쳐보면 결론은 의외로 단순하다. "귀신현상은 부인할 수 없다. 따라서 귀신은 있다. 그러나 그 귀신은 조화의 자취요 음양의 본래적 작용일 뿐으로 하늘에 뜬 구름과 같은 것이니 귀신은 없다." 즉 '내 귀신은 있고 네 귀신은 없다. 그러니 내 귀신에 제사드리라.'는 말이다. 다음에서 그의 어폐(語弊)를 지적해 본다.
   1) 그는 '성현의 道는 만세에 존재하고, 그 功도 만세에 존재하니, 성현이 남긴 氣는 그를 제사하는 후생과 상통하게 된다'고 말한다. 즉 하늘이 황제를 냈으니 하늘은 황제의 어버이이므로 그의 혼백은 불멸이요, 왕가나 성인의 귀신은 종묘나 문묘에서 수시로 제사드리니 흩어질 새가 없어 영영 산다는 아세(阿世)의 논리다. 지극히 정치철학적이고 백성의 정신교화에 매우 유용한 논리다.

   2) 중용의 귀신체물(鬼神體物)만 두고 보면 만상에 귀신이 있다는 것이니 범심론(汎心論)이라고 해석함이 오히려 마땅하거늘 주희는 그것을 헛것으로 만들기 위해 공자의 귀신을 불렀을 뿐이다. 또 불교의 '見性成佛'설의 영향 하에 당시의 유학자들이 "천지지성(天地之性)이 곧 나의 성(性)이니, 죽는다고 곧 성이 없어질 리가 있겠는가?"라는 당연한 질문에도 그는 '아니(否)'라는 대답만 반복하였다.

   3) 그가 인용한 二氣之良能의 명제의 주인인 장재는 형궤반원(形潰反原)을 주장하여 윤회론에 속한 생각을 가진 자였다. 주희는 그의 말 중에 일부만 사용하여 원작자의 본뜻을 왜곡하였다.

   4) 그는 '세속의 귀신 이야기 중 8할은 엉터리이지만, 2할에는 예외적인 이치가 있다(二分亦有此理)고 하며 부인할 수 없는 귀신현상(괴이현상)은 인정하였다.[*5] 그러나 이는 원귀의 기가 흩어지지 않은 상태에서 생기는 현상은 세상의 도덕적 부조리 때문에 발생하는 부정사암(不正邪暗)한 괴이현상(變理)일 뿐으로 '다만 비정상적인 현상'일 따름이니 이상할 것이 하나도 없다고 주장한다. 그의 이러한 주장은 사람이 물 위를 걷는다 해도 이는 비정상적인 현상일 뿐 이상한 현상은 아니라는 식의 언사다. 그가 말하는 '부정사암한 귀신'이 그가 부인하고 싶어하는 세속의 귀신이고 불교의 아뢰야식이다. 따라서 그의 이분역유차리(二分亦有此理)는 귀신은 있는 것이라는 자인(自認) 외에 아무 말도 아니다. 귀신은 사람이 제사드리면 모였다가 제사가 끝나면 흩어지는 구름이 아니다. 자연 조화의 자취가 아닌 것이다.

5) 그는 "지각은 흩어지는(散) 것이 아니고, 다하는(盡) 것이다. 氣가 다하면 지각도 다한다."(63:132)고 한다. 그러면서도 자손이 제사를 드리면 "조상신이 감응하여 흠향하러 온다"고 한다. 귀신도 지각(知覺, 감응과 흠향)과 의도적인 행동(온다)을 한다는 것이다. 이 두 가지 주장은 두말 할 것 없이 서로 모순된다. 주희는 귀신이 조화의 자취인 하늘의 구름과 같다면서 그 구름은 사람이 제사지내 주기를 고대하고 있다가 제사상이 차려지면 흠향하러 헐레벌떡 달려오는 존재라고 하는 것과 같다.

6) 주희가 愛好한 중국 남조(南朝) 때 무신론 철학자 범진(范縝 450-510)은 그의 「신멸론(神滅論)」에서 '칼날이 있어야 예리(銳利)가 있는 것처럼 육체가 있어야 정신이 있으니 정신(神者)은 육체의 작용(神者形之用)일 뿐'이라고 했으나 칼날이 없어도 예리는 존재하는 만큼 예리가 칼에만 있다는 범진의 말은 대장간에서나 통하는 잡설이다. 주희는 어찌하다 춘추전국의 천변(賤辯)인 형신론(形神論)의 아류마저 끌어다 대어 정치판에 조달함으로써 동양의 사상사 발전에 커다란 장애물을 구축하였는가.

7) 표준이론으로 해석하면 주희의 혼은 움직이며 활동하는 기로서 '정신체'다. 또 백은 기가 뭉친 '생기체'다. 주희의 혼은 명종 후 공기 중에 흩어지고 백은 땅으로 돌아가 소멸하는 것이 원칙이다. 그러나 불교의 업론을 부정하여 '현생에 상벌이 실현된다'는 윤리를 세우려는 목적과, 엄연한 귀신현상을 부인할 수 없다는 현실론, 그리고 성현(공자)이 말씀하신 귀신과 예(禮) 때문에 주희는 여귀론(厲鬼論)과 제사감응론(祭祀感應論)을 세웠다. 그러나 이 두 가지는 진실을 반영하여 이후 善神론이 되고 祖上神론으로 변화하여 민심을 지배함으로써 그의 주장이 탁상공론임을 증명하였다.

8) "불교는 사람이 죽으면 귀(鬼)가 되었다가 그 귀가 다시 사람이 된다고 여긴다. 그러나 만약 그렇게 되면 천지간은 항상 일정한 수의 사람들이 계속해서 오고 가는 것일 뿐이고, 낳고 낳는 조화를 거치지 않는 것이 되니 결코 그런 이치는 없다."(3-19)고 주희는 설명한다. 그러나 이는 불교가 영혼의 先在를 주장하거나 창조주에 의한 태초창조설을 말한다고 恣意하고 펼치는 邪說일 뿐, 오히려 주희의 수승함을 볼 때 그가 私利와 예단을 버리고 조금만 정신차려 불설과 천지조화를 관찰하였더라면 윤회뿐 아니라 진화에 의한 영혼의 증가현상까지도 일찌감치 알 수 있었을 것이다.

9) 조상신과 그 후손이 서로 혈맥이 관통하는 데다가 일기지유전(一氣之流傳)으로 동일한 기가 유전하고 있어 조상과 후손의 기가 서로 공명, 동조, 감응한다는 생각도 여기에 해당할 일이 아니다. 이합집산의 복합혼이 아닌 한 비슷한 기는 궁합이 맞아 서로 연을 맺을 뿐이다. 또 이합집산하였다면 이미 다른 혼백 중에 있을 조상의 기가 흠향을 위해 제사 때마다 옛 귀신으로 다시 뭉쳐지는 일은 없다. 이치가 이러함에도 주희는 "조상의 정신과 혼백은 이미 흩어졌어도 일부는 조상의 열매인 자손의 정신과 혼백으로 이어져 후손의 氣안에 얼마간 자약(自若)한다."(『주희집』, 2579쪽)라고 하여 사대봉사(四代奉祀)의 룰을 만들고 우리나라의 후손타령과 장손타령에 그 가사(歌詞)를 제공하였으니 아세(阿世)를 위해 허망한 짓은 다한 꼴이다. 공자도 아니고 맹자도 아닌 이런 애매모호한 정치철학에 근거한 해괴한 생사관을 벗어나지 못하여 자신을 제대로 들여다보지 못한 그의 후생들이 가련할 뿐이다.

10) 주희가 주장하는 귀신은 표준이론의 생기체다. 표준이론에서 귀신은 대부분 망자의 생기체

가 이승에 떠도는 지박령(地搏靈, earth bound)이다. 생기체에는 혼뇌가 있어 아직 망자의 지각과 기억이 있고 지박령은 주로 이드가 강한 1.6단계 이하의 사람 또는 원한 맺힌 사람의 생기체인 경우가 많으며 짧게는 이삼일 길게는 몇십 년간 지상에 존속한다. 신지학에서는 이를 '에텔아스트랄 유령'이라고 한다(미주 40 '귀신 그리고 신지학과 표준이론의 지박령' 참조). 귀신에는 아스트랄 유령이나 멘탈 유령 등 고급 귀신도 있다. 그들은 사명 또는 목적이 있어 이승을 방문하며 대부분 젊잖다. 그리고 이승에도 저승에도 악마나 사탄은 없다.

4. 다음은 주희의 언사 중에서 그의 귀신이 생기체임을 보여주는 부분을 모아 보았다.
    1) 백은 육에 깃드는 것으로 눈은 體이고 눈의 빛(시력)은 魄이다. 귀(耳)는 體이면 귀의 魄은 청력이다.
    2) 제사는 지성스러운 마음으로 귀신이 감응하여 오게 하는 것이니, 죽은 이의 魂氣가 아직 다 흩어지지 않았는데 어찌 흠향하러 오지 않겠는가?(3-19)
    3) 사람이 태어나는 것은 정(精)과 기(氣)가 모이기 때문이다. 정은 음기이며 백이고 물질이다. 기는 양기이며 정신이고 혼이다.
    4) 주희는 기억하고 변별하는 기능을 鬼(魄)에게 부여하였다. 기억과 변별 작용을 과거에 습득하여 저장해둔 정보를 되살리거나 구분하는 정적(靜的)인 기능으로 보아 '백'에게 그 기능을 부여한 것이다. 그래서 백을 기정처(氣定處)라고 하였으나 종국에는 그냥 기사처(記事處, 메모리)라고 하였다. 표준이론으로 볼 때 기억기능은 윤회체도 갖지만 생기체인 魄도 가지니 기억이 백의 기능일 수 있다. 혼뇌가 그것이다. 그러나 변별기능은 윤회체인 정신의 기능이니 이를 백의 기능으로 봄은 부당하다.
    5) 주희는 "혼 안에도 백이 있고 백 안에도 혼이 있다(魂中求魄, 魄中求魂)"고 하고 "코가 냄새 맡고 입이 맛을 아는 것이 백이 아니겠으며, 눈과 귀 속에도 난기(煖氣)가 있으니 혼이 아니겠는가? 몸 안의 모든 부분의 작용이 다 그렇다."라고 말한다(『주희집』, 2102쪽) 냄새와 맛은 감각으로서 생기체의 작용이다. 혼중구백(魂中求魄)과 백중구혼(魄中求魂)은 생기체가 혼의 일부분임을 말하고 있을 뿐이다.

(*1) 子曰 鬼神之爲德 其盛矣乎 視之而弗見 聽之而弗聞 體物而不可遺 귀신의 덕은 참으로 지극하다. 보아도 보이지 않고 들어도 들리지 않으며 사물의 체가 됨에 남음이 없다.

(*2) 양능은 음양의 기의 굴신능력을 지칭한다.(18-17) 즉 기가 屈伸往來하며 생성발전하고 변화하는 조화의 과정이다. 이는 「莊子 大宗師」의 "氣變而有形, 形變而有生. 今又變而之死 기가 변해서 형이 생겼으며, 형이 변해서 생이 있고 다시 변한 것이 죽음이다"라는 말과 컨셉이 같다.

(*3) 주희는 '조상의 정신혼백은 곧 자손의 정신혼백이다'라는 사량좌(謝良佐 1050~1103)의 말을 아주 적극적으로 수용하였다. 돌아가신 조상은 후손과 같은 종류의 기(氣)이기 때문에 서로 혈맥이 관통하는 사이라서 一物(항상하는 존재)은 아니지만 후손과 서로 감응할 수 있다.(3-59) 제사의 주관자가 그의 후손이라면 그와 동일한 기가 유전하고 있을 것이므로(一氣之流傳) 그 주관자가 정성과 공경을 다하여 감응하여 부를 때 조상의 기는 정말로 거기에 깃들게 되는 것이다.(3-62)

(*4) 주희의 귀신은 귀(鬼)와 신(神)으로 나뉘는데 이는 살아서는 각각 백과 혼이다. 정리하면 다음의 표와 같다.

구분	정체	성질	死後	비유	역할	움직임	현상	형태
魂	神	陽	올라감(昇)	불(燈)과 햇빛	언어와 동작	動	氣의 出入	發用處
魄	鬼	陰	내려감(降)	거울과 물	精血	靜	精明의 깃듦	氣定處

구분	발생		동작	기능	형과 체	영의 구분
魂	伸(펴짐)	息(늘어남)	來(옴)	움직이는 기	생각하고 계획	氣의 神	양의 靈
魄	屈(구부러짐)	消(줄어듦)	往(감)	뭉친 기	기억하고 변별	形의 神	음의 靈

(*5) 세상에 귀신을 보았다는 사람이 매우 많으니, 어찌 없다고 할 수 있겠는가. 다만 正理가 아닐 뿐이다.(3-19)

尾201) 조선의 이기론(理氣論)

1. 이(理)와 기(氣)가 동시에 발한다(理氣互發)는 이황의 주장과는 달리 이이는 氣가 발하면 理가 여기에 승한다(氣發理乘)고 하여 사실상 우주의 기본요소가 기(氣)라는 기일원론을 주장하였다. 그런데 이이의 주장 또한 理도 우주의 주요요소라는 점은 인정한 것이니 그의 주장도 기일원론이 아니라 이기이원론에 속한다는 시각도 있다. 다만 이이는 자연현상을 모두 기의 조화라고 설명하여 결과적으로 기일원론에 가까울 뿐이라는 것이다(이현수, 「기철학연구」, 115~116쪽 참조). 생각건대 우주가 理와 氣의 二元이고 理는 氣의 條理이되 理가 氣를 통솔하는 주인이고 氣는 그 從이라는 것이 이황의 생각이고 氣가 나타나면 理는 氣를 좇아 나타나는 條理라고 하는 것이 이이의 주장이니 條理가 자가용차의 운전자냐 택시의 승객이냐의 차이, 즉 主理論이냐 主氣論이냐의 차이일 뿐 둘 다 이기이원으로 이해하는 것이 맞겠다. 그런데 조선의 통치철학이자 건국이념이 성리학이고 性理學이 '理의 學'인데 어찌 공공연히 기 일원을 주장할 수 있었겠는가. 그러니 이이 주장의 실내용은 기일원론적임은 부인할 수 없다.

2. 이황은 사실 이기이원을 넘어 理는 太極으로 궁극의 존재 자체이므로 理先氣後라 하였으니 그의 진심은 理一元의 세계 즉 창조주를 인정하고 싶었을지 모른다. 그러나 그 시대에 어찌 그런 말을 뱉을 수 있었으랴. 이이 또한 물질인 氣에 어찌 난데없는 理가 나타나 乘할 수 있었겠는가. 그 뒷말을 하고 싶었으나 그도 역시 말 못하였을 것으로 본다. 유교가 국교가 된 漢의 동중서(董仲舒 BC 170~120) 이래 성리학에 천인감응설은 공공연하였으나 천을 天이라고 말하지 못한 심정과 같다. 이황이나 이이 정도 되는 사람들에게 영이 없었을 리가 없으니 더욱 그러하다. 그들도 다만 정신문명의 때가 아직 안 되어 도리 없이 曲學한 것뿐이다.

3. 이이의 주장은 김장생(金長生 1548~1631), 송시열(宋時烈 1607~1689), 권상하(權尙夏 1641~1721), 한원진(韓元震 1682~1751)으로 이어져 후기로 갈수록 득세하다가 이후 임성주(任聖周 1711~1788), 홍대용(洪大容 1731~1783), 정약용(丁若鏞 1762~1836) 등 서경덕 類의 완전한 기일원설에 그 자리를 내주었다. 심지어 최한기(崔漢綺 1803~1877)는 天人感應과 천지의 生意를 부정하고 理에서 도덕적 성격을 제거하여 條理가 아닌 物理로 격하시켰다.

尾202) 프란츠 바르돈의 헤르메스주의

프란츠 바르돈(Franz Bardon 1909~1958)은 체코의 오파바(Opava)에서 태어나 자연요법 치유사, 스테이지 마법사 등으로 활동하며 많은 제자들에게 헤르메스학을 전수했다. 14세 때 영혼 교대 방식으로 고도의 영적인 존재가 그의 육체를 빌어 환생(化生)했다고 한다. 제2차 세계대전 동안 '나치스 신비주의'에 협조하지 않는다는 죄로 수용소에 투옥되었다가 소련군에 의해 구출되었으나 체코 정부에 의해 다시 투옥되어 1958년에 감옥에서 생을 마쳤다.

1. 프란츠 바르돈의 주장
   1) 신으로부터 유래한 원인물질인 에테르(산스크리트어의 아카샤, 氣)가 영혼육의 만물을 구성한다.
   2) 사람은 육체와 아스트랄체 그리고 멘탈체로 되어 있는데 모두 에테르에서 기원한 물질이며 에테르의 정묘함의 정도와 응축 정도가 각각 다를 뿐이다. 이를 보면 바르돈은 아스트랄로 프시케 즉 혼을 표현하며 멘탈로 스피릿 즉 영을 표현한다.
   3) 아스트랄체는 아스트랄계와 혼의 구성물질이며 멘탈체는 영계 즉 멘탈계와 영의 구성물질이다. 그의 아스트랄계는 표준이론의 혼계이고 멘탈계는 영계다.
   4) 인간의 혼(魂)은 에테르의 미세한 진동 또는 아카샤(에테르)원리로부터 태어난다. 원소의 미세한 진동과 전기적-자기적 흐름의 양극성을 통해 혼이 생겨나는 것이다. 아스트랄체인 혼은 단지 불멸하는 영의 도구일 뿐이다. 사람이 죽은 후 아스트랄계를 거쳐서 영계로 가는데 영이 아스트랄체를 떠나면, 아스트랄체는 자신이 창조되었던 본래의 물질로 해체되어 되돌아가 소멸된다. 이는 신지학적 주장으로 본래 고전적 헤르메스주의의 발출설과 영혼일체 윤회사상과는 전혀 다른 주장이다. 이는 신지학이 오컬트 사상 전반에 큰 영향을 주었음을 보여주는 사례다.
   5) 영은 불멸하며 존재이자 지고의 근본 원리인 '제1정신(「헤르메티카」의 지고의 누스)'에 의해 아카샤로부터 생겨났다. 영 즉 영적인 자아는 불멸의 영에 속해 있는 4원소의 고유 속성을 지니고 신의 형상에 따라 창조되었으며 신의 형상을 띠고 있는 것은 오직 영뿐이다. 그러나 개별성(개성)을 상실하고 아카샤 속으로 용해되어 녹아 들어가기도 한다. 또한 영의 발전수준과 성숙도에 따라 영의 전기적 자기적 흐름의 진동(振動)이 달라진다.
   6) 영은 혼을 통하지 않고서는 아무것도 할 수 없다. 혼이야말로 영의 모든 속성이 활동하는 자리인 셈이다(미주 206 '신지학의 모나드 영혼론' 참조). 이때 멘탈 매트릭스(신경망)가 멘탈체와 아스트랄체를 연결해 준다.

2. 표준이론에서 본 바르돈의 헤르메티시즘
   1) 영은 불멸하지만 개별성을 상실하고 아카샤(에테르) 속으로 용해되어 녹아들어 가기도 한다는 주장은 영의 불멸을 말하는 표준이론과 상충할 뿐 아니라 그 어떤 사상에도 이런 주장은 없다.
   2) 신지학과 동일하게 다신체론과 다층적 저승론이다. 인간은 영인 멘탈체가 육체와 아스트랄체를 입고 있다가 죽으면 하나씩 벗고 영계로 복귀한다는 것이다. 이는 프라바토가 신지학의 영향을 크게 받았음을 의미한다. 고전적인 알렉산드리안 헤르메스학에서는 그 같은 주장을 찾아볼 수 없다.
   3) 바르돈의 헤르메티시즘은 의식이 아스트랄체에 속하며 이는 육체의 뇌에서 관장한다고 한다. 의식이 혼에 속한 것은 분명하다면서 이를 육체의 뇌에서 관장한다 함은 모순된 논리다. 이는 프라바토가 헤르메스에 어설픈 뇌과학을 도입하여 전통적인 믿음 자체를 흔드는 이론을 만든 듯하다. 의식은 생각과 마찬가지로 영혼육이 모두 작용한 복잡한 결과물이다. 영혼을 인정하지 않는 불설에서조차 의식은 오온에 기인한 제6식에 의해 생긴다고 하고 이는 다시 제7식이자 자의식인 말나식을 통해 업의 저장고인 아뢰야식으로 연결된다고 한

다. 의식은 최소한 혼의 일부인 셈이다.
4) 바르돈은 아스트랄체 또한 몸처럼 4원소의 특성을 가진다고 하면서 이를 인도철학의 차크라와 연결시키고 있다. 흙중추는 요가 차크라 중의 하나인 물라다나, 물중추는 성기부근의 스와디스타나라는 식이다. 억지스럽다. 사실 혼이 아스트랄체라는 믿음조차 신지학의 영향을 받아 그가 헤르메티시즘에 역으로 도입한 의견이다. 고전적 헤르메스에는 혼과 영이 각각 물질로 된 체(體)를 가지고 있고 사람이 이런 다신체로 이루어진다는 등의 이론은 없다. 심지어 고전적 헤르메티시즘은 아직 인간론으로서의 체계가 서지 않아 영과 혼과 정신과 이성을 섞어 쓰는 수준이었다(헤르메스 호 트리스메기스토스, 「헤르메티카」 12권, 110~112쪽). 현대에 이르러 이를 보완하려는 움직임으로 위와 같은 담론이 헤르메스에 섞인 것 같으나 이 역시 체계가 없다.
5) 의식이 혼에 속한 것이지만 육체의 뇌에서 관장한다고 하던 바르돈은 "모든 생각은 (우주영에서 기원하여) 에테르 원리나 멘탈 매트릭스를 통해, 사고형식이나 영상의 형태로 (혼의 의식인) 자의식에 도달하게 된다. 또한 물질계의 모든 피조물은 관념의 세계에 바탕을 두고 생각과 영의식을 통하여 창조된 반영물이다."라는 또 다른 주장을 한다. 그러나 생각 중에 최고급의 창의적인 생각은 멘탈계 또는 그보다 더 높은 영계에서 수신한 것일 수 있지만 일반적으로 생각은 멘탈계로부터 기원한 것이 아니라 혼, 영 모두에게서 기원한다. 바르돈은 「헤르메티카」의 '위에서와 같이 아래에서도(As above, So below)'라는 '상응의 원리'를 잘못 해석한 것으로 보인다. '상응의 원리'는 '소설을 보면 작가를 알 수 있다'라는 뜻으로 이해하여야 하는 것이지 멘탈계가 영의 복사판이라든가 멘탈계에서 먼저 이루어지고 또는 멘탈계에서 계획된 것이 인간의 영에게 그대로 이루어진다는 뜻이 아니다.

尾203) 헤르메스주의협회에서 주장하는 현대 헤르메스주의의 특성

1. 절충주의 : 고대 알렉산드리안 헤르메스주의가 매우 다양한 종교적 철학적 전통들에 의지한 것과 똑같이, 현대의 헤르메스주의도 헤르메스 전통, 또는 서양 에소테릭 전통을 모두 추구한다. 고대 미스터리종교, 카발라, 연금술, 장미십자회 사상, 영지주의 및 기타 에소테릭 기독교, 마술, 주술과 신이교주의, 그리고 성배탐구 등을 포괄한다.

2. 영적 호기심 : 헤르메스주의자들은 구도자들이다. 헤르메스적 영적 호기심은 다른 사상들과 영적인 길들에 대한 열림과 관대함의 태도를 장려한다고 한다. 이런 호기심은 서적, 다른 사상의 체험, 직관, 의식(儀式, ritual), 명상, 기타 영적 수행 그리고 각자 선택하는 종교적 헌신을 통하여 추구된다.

3. 다신론 그리고 궁극적 일신론 : 고대 異敎(Paganism) 전통에 뿌리를 두고 있는 헤르메스주의는 보통 다신론적으로 영성에 접근한다. 신(The Divine)은 여러 가지 이름으로 자신을 나타내며 여러 개의 얼굴을 하고 있다. 우주는 광대하고 다양하지만, 궁극적으로는 '하나(The One)' 속에 통합된다. 따라서 우리는 세상의 다양성 뒤에 숨어있는 '통합'을 드러내 보여주는 보이지 않는 연결을 추구하고 또 발견할 수 있다. 헤르메스적 카발라는 이의 한 모델이다. 각 세피라는 神性의 다양성의 표현인 반면, 모두는 케테르로부터 발산되며 케테르 속에 통합된다. 이 통합 자체는 궁극적으로 미현현자(Unmanifest Ein Soph)로부터의 발산이다. 카발라 생명 나무의 가장 상위에 위치한 케테르(왕관) 세피라는 무한의 빛이요 신성인 아인 소프 오르(Ain Soph Aur)와 접해 있다.

4. 위에서와 같이 아래에서도(As above, so below) : 신은 현현한 우주의 만물 속에 있으며, 또한 그들을 초월한다. '위'와 '아래' 사이의 상호연결 때문에 영적 세계에서 일어나는 일은 물질세계에 어떤 결과를 가져온다. 거꾸로, 물질세계에서 일어난 일은 영적 세계에 영향을 줄 수 있다.

5. 만물은 神的이다 : 신성이 만물 속에 있기 때문에 만물은 신적이다. 우리를 포함한 우주에 대한 묵상과 이해를 통해서, 기도와 염원과 영지를 통해서, 사람들은 더 '신같이' 될 수 있으며 궁극적으로는 신과의 재결합에 이르게 된다.

6. 윤회 : 많은 헤르메스주의자들은 이 목표를 한 번의 인생 동안에 성취할 수 있다고 믿지 않으나, 어떤 헤르메스주의자들은 이 이상(理想)을 물리적인 몸 가운데 있는 동안 온전히 이룰 수 있다는 생각을 갖고 있다. 기독교의 영향으로 보인다.

7. 자연은 신을 드러낸다 : 현대 헤르메틱(hermetic people, 헤르메스주의자)에게 있어서 '자연'은 '신적' 스승이며 '미스테리'의 '계시자'이다. 물리적 세계는 '신적 권능과 사랑'의 현현 또는 그릇이며, 우리는 이 그릇을 보살피도록 특별히 위임받았다.

8. '빛'으로의 의지 : 신적 사랑에 의해 고무되고, 소망과 '의지'라는 중요한 인간적 능력을 사용함으로써 모든 사람은 그의 '더 높은 자아'와 합일을 이루어 결국에는 신과 재결합하는 능력을 가지고 있다.

9. 신비한 영역에로의 접근 : 인류에게는 비물리적인 영역(심령적, 정신적, 영적 영역)에 다가갈 수 있는 능력이 있다. 비물리적 영역에 접근하는 하나의 방법은 마술의 수행 또는 의식(儀式)을 통한 신과의 동역(同役)을 통해 이루어진다.

10. 위대한 작업(The Great Work) : 인류가, 더 축복받고 신과 더 합일되었던 태초의 상태로부터 떨어져 나왔다는 사상(Emanationism)은 많은 종교와 철학이 공유한다. 이집트 고대종교, 그리스 철학, 영지주의, 그리고 카발라에서 발견되는 이런 개념들은 헤르메스주의 흐름의 요소들이다. 이와 같은 신과의 새롭고 탈바꿈된 합일로 돌아가는 것이 헤르메스 작업의 목표이다. 이 과정은 '위대한 작업' 또는 '장엄한 예술'이라고 불린다. 이 작업에서 서로 다른 유파들은 각각 다른 자연 패턴을 따른다. 예를 들어, 어떤 이들은 그들의 입문과정들을 영혼과 영(psyche and spirit)의 발전에 기초를 둘 수도 있다.

11. 詩的 세계관 : 또한, 영적인 것을 되찾기 위해 물질적인 것을 모두 배제하는 그런 영적 여정 대신, 헤르메틱의 목표는 만물의 균형을 껴안는 것이다. 헤르메스주의는 영지주의적인 성취를 향한 금욕주의자적 모드보다는 시적 모드로 묘사할 수 있겠다.

尾204) 다스칼로스의 '인격을 구성하는 세 가지 신체'

1. 거친 육체 : 3차원에 존재하는 인간이 오감으로 인식하는 물질적 육체로서 태양신경총 차크라에 중심을 갖고 있다. 보통 사람들은 거친 육체만을 의식한다.
2. 심령체 : 가슴 차크라에 중심을 가지고 있는 느낌과 감정의 몸으로서 4차원인 심령계에서 산다. 그 모습은 다른 두 몸인 육체와 이지체와 동일하다. 표준이론에 억지로 대입하면 혼이다.
3. 이지체 : 생각의 몸인 이지체는 5차원인 이지계 안에서 존재한다. 이지체의 중심은 머리 차크라에 있다. 표준이론에 억지로 대입하면 영이다.

4. '심령체'는 두 번째 공간인 아스트랄체(감정의 공간)이며, '이지체'는 멘탈체(생각의 공간)이다. 평행우주로 얘기하자면, 이러한 신체들은 다른 채널(주파수)의 우주에 있다고도 할 수 있다.(*) 표준이론으로 해석하면 혼계와 영계에 따로 존재한다는 것이다. 다스칼로스는 자기 관찰 훈련을 통하여 보통 육신주파수에 거의 고정되어 있는 송과선 채널을 유연하게 하여 보다 확장된 자아 채널, 즉 심령체와 이지체 채널을 경험할 수 있게 한다고 한다(키리아코스 C 마르키데스, 「지중해의 성자 다스칼로스」 3권, 407쪽, 410쪽 용어해설 중에서).
5. 심령체가 혼이라면 혼을 감정의 존재로만 보아 지성을 이지체인 영에게 붙인 것이 문제다. 다스칼로스가 신지학에 경도되어 있어 그의 주장이 일단은 다신체론과 다층적 저승론의 변종일 뿐이라고 생각할 수 있겠으나 사람에게 영과 혼이 별도로 있음을 깨달은 흔적이 보여 반갑다.

(*) 이러한 생각은 혼의 일부만 이승에 환생할 수 있다는 분할환생론 또는 체의 원천은 해당계에 있다는 신지학의 극단적 다신체론의 아류다. 이는 평행우주론과도 연결되어 같은 사건이 같은 시간대에 다른 공간에서 다른 형태로 일어날 수 있으며, 우리들 또한 수많은 우주 안에서 동시에 존재할 수가 있다는 주장의 근거로 사용된다.

尾205) 신지학의 영혼론

1. 신지학자 지나라자다사는 그의 저서 「신지학 제1원리(First Principles of Theosophy)」 제1장 '생명과 형태의 진화'에서 위 미주 32의 '신지학의 엘리멘탈과 정령'의 2와 같은 다음 내용의 '진화적 영혼론'을 설파한다.
    1) 먼저, '엘리멘탈(elemental)생명'이 근원물질(root matter, Mulaprakrti) 속에서 탄생한다. 표준이론으로 치면 기의 생명(生命)이 기로부터 분리되어 나오는 장면이다.
    2) 그리고 제2로고스의 에너지가 화학원소들을 조합하여 광물을 만들고 '엘리멘탈 생명'은 그 광물의 그룹혼이 된다. 표준이론에서 이 단계는 기의 에너지(Energy)가 빅뱅으로 물질이 되고 기의 생명(生命)이 여기에 깃드는 단계다.
    3) 다음으로 엘리멘탈 생명은 원형질을 만들어 광물을 식물로 진화시킨 후 자신도 식물혼으로 진화하게 되며 나중에는 이를 동물 형태로 진화시켜 그 혼이 된다. 生魂이 만들어지고 이어서 覺魂으로 진화하는 장면이다.
    4) 그리고 나서 생각하고 사랑할 수 있으며 자기희생과 꿈을 가질 수 있는 인간의 혼으로 진화한다. 표준이론의 지혼이 탄생한다.
    5) 신지학의 이러한 혼의 탄생 스토리는 하느님의 생명(生命)이 물질에 작용하여 생명체가 되고 그것이 물질과 영혼 양쪽에서 생물학적으로 진화하여 사람의 혼이 된다는 표준이론의 인간론과 매우 흡사하다.
    6) 또한 지나는 "엘리멘탈은 생명의 단계를 따라 상승하면서 존재의 모든 계를 거쳐서 엘리멘탈 단계를 지나고, 인간의 단계를 지나 초인의 단계를 넘어서 '神'이 된다"고 명언한다. 초인이나 데바 같은 고급영이나 천사들도 모두 엘리멘탈 생명이 진화하여 만들어진다는 것이다. 그렇다면 신지학 인간론의 대강은 표준이론과 똑같은 프레임을 갖는다. 이때 신지학의 '근원물질'은 표준이론의 '氣'요 '엘리멘탈생명'은 氣의 생명력이며 제2로고스의 모나드는 영화(靈火)이다.

2. 그러나 사실은 위의 생물학적 진화론에 의한 영혼의 탄생이론과는 상당히 다른 '중단된 진화론(부분적 역진화론)'에 따른 영혼론이 신지학주류의 일반적 영혼론으로 제시되어 왔다. 이를 '모나드 영혼론'이라고 하자. '모나드 영혼론'에서는 혼이 생물학적으로 진화할 수 있는 한계는

'생각하고 사랑할 수 있으며 자기희생과 꿈을 가질 수 있는 자의식의 혼' 즉 知魂이 아니라 동물적 본능과 하위의식만을 가진 覺魂수준의 아스트랄혼까지만이다. 신지학의 '모나드 영혼론'은 서양의 祕傳인 영지주의와 카발라의 영혼론 그리고 동양의 힌두적 영혼론을 뼈대로 하고 거기에 생물학적 진화론을 섞어 만들어진 탓에 영이 신으로부터 직접 기원한다는 Emanationism 的 생각을 벗어나지 못하여 신지학의 진화론을 '중단된 진화론'에 그치게 하였다. 즉 靈은 至高의 신(The One)의 세계인 플레로마(pléroma)로부터 물질 세상으로 失樂한 존재라는 영지주의와, 인간의 영인 아트만은 우주의식인 브라만과 궁극적으로 하나이며 동일하다는 범아일여(梵我一如)의 힌두적 생각 그리고 창조주인 아인 소프로부터의 발출체가 생명나무인 세피로트를 통하여 케테르 세피라에서 시작하여 물질계인 말쿠트 세피라까지 하강하여 인간이 되었다는 카발라의 인간론 등을 떨치지 못한 것이다. 그 자세한 내용을 보자.

1) 지나라자다사는 같은 책 '제8장 삼위 로고스의 작업'에서 위 1의 '진화적 영혼론'과는 다른 주장을 한다. 즉 우주로고스가 초기 에테르계와 정신의 세계를 창조하였고 여기에 제3로고스가 활동하여 다층적 우주가 탄생하였으며 다시 제2로고스의 모나드 에센스(Monadic Essence)가 멘탈계, 아스트랄계 그리고 물질계의 하위 3계에 '엘리멘탈 에센스'로 작용하여 정령과 물질과 식물 동물의 혼을 만들어 내었는데 그 후 제1로고스에서 인간모나드가 발출하여 '엘리멘탈 에센스'로부터 진화한 동물의 그룹혼을 개체화시켜 인간의 영혼을 탄생시켰다는 주장이다(8.18.3.3.2. '신지학의 창조론' 참조).
2) 한편 다른 신지학자 애니 베산트(Annie Besant 1847~1933)에 의하면 제1로고스에서 발출된 인간모나드는 아트마-붓디-마나스이며 이는 각각 영-영적 혼-혼이다. 이 셋은 인간모나드의 '구성요소'가 아니라 '측면(側面)' 또는 속성(屬性)으로서 이 세 측면은 개인의 영적 수준에 따라 개별적으로 연이어 발현한다.
3) 따라서 표준이론의 영과는 달리 신지학의 영은 마나스와 붓디의 속성을 포함한다. '표준이론에서 혼으로 보는 정신체와 양심체'의 속성을 포함하는 것이다. 따라서 스스로도 영을 지칭할 때 soul과 spirit을 혼용한다.
4) 지나라자다사의 주장에 따르면 신지학의 영은 동물의 혼인 각혼에 승(乘)한다. 따라서 신지학에서 사람의 구성요소는 육체와 동물의 각혼과 인간모나드 세 요소로 구성된 셈이다. 이 논리에 의하여 신지학에서 사람은 영혼의 수준이
   (1) 마나스만 있는 '혼적(魂的)영혼'
   (2) 붓디체가 발현된 '영적(靈的)영혼'
   (3) 열반의 경지를 넘어선 영이 된 영혼 즉 아트마가 완전히 발현되어 영의 수준이 된 '신적(神的)영혼'으로 나뉜다.
   위 마나스에는 하위마나스와 상위마나스가 있다 하는데 이는 각각 표준이론의 상위정신체와 하위양심체 정도이다. 또 붓디는 표준이론에서 상위양심체와 혼의 영적부분(또는 영의 혼적부분) 정도이다. 표준이론이 마나스와 붓디를 혼의 속성이자 구성요소라고 함에 반하여 신지학은 이 세 가지를 모두 영의 속성으로 본다.
   신지학의 마나스와 붓디를 표준이론과 비교해 보면 다음과 같다.

신지학			표준이론	
명칭	별칭	입는 體	명칭	物性
사고자	하위마나스(사고자마나스)	상위멘탈체(코잘체)	상위정신(에고)	상위정신체
마나스	상위마나스	상위멘탈체(코잘체)	하위양심	하위양심체
붓디		붓디체	상위양심(혼의 영적부분)	상위양심체

5) 결국 신지학의 '모나드 영혼론'에서 택하고 있는 영혼진화론은 혼이 진화하여 지혼이 되고 영이 된다는 것은 포함되지 않는다. 제1로고스에서 발출된 인간모나드인 아트마-붓디-마나스가 동물의 혼에 작용하여 이승의 인간 영혼이 된다는 것이니 신지학의 영은 혼의 진화가 아니라 신의 일부분인 인간모나드가 그 속성을 발현하여 탄생한 것이다. 혼의 진화는 동물의 각혼까지만이다. 이후에는 여기에 인간모나드가 작용하여 각혼은 그의 탈것 또는 옷이 된다.

6) 이를 표준이론의 시각으로 해석하면, 신지학의 영혼육에서 혼은 이드 이하 부분이다. 즉 표준이론의 하위정신체(이드, 아스트랄체) 이하가 혼이다. 그래도 생기체부분만 혼이라고 부르는 일부 영지주의가 가진 생각보다는 진일보한 것인가? 그렇다면 영지주의에서 이천 년 동안 진보한 것이 고작 그것인가? 비록 신지학 여기저기에서 마나스가 혼이라고 암시하지만 모나드 영혼론의 마나스는 명백히 영(트리플모나드, 인간모나드)의 혼적 부분일 뿐이니 영이라고 하여야 맞다. 혼이란 단어는 영의 탈것인 각혼에게 양보하여야 한다. 그렇지 않으면 그간의 신지학의 주장과는 달리 동물의 혼은 혼이 아니라 육체의 일부분이라고 하거나 신지학을 4원론(육-각혼-혼-영)으로 변경하여야 한다.

7) 한편 신지학의 '모나드 영혼론'에서는 명종 후 영인 인간모나드는 그 수준에 따라 아스트랄계부터 하위멘탈계인 데바찬 그리고 상위멘탈계인 코잘계를 순서대로 거치며 생활하다가 붓디계나 아트믹계까지 올라간다. 그 과정에서 영의 수준이 낮으면 당연히 해당계에서 다시 환생한다. 이 단계적 상승과정에서 인간모나드는 맨 먼저 각혼의 속성이자 구성요소인 하위정신체(이드)를 아스트랄계에 떨구고 상승(승천)한다. 이때 각혼은 트리플모나드의 구성요소가 아닐 뿐 아니라 모나드가 대절한 택시였을 뿐이니 그 운전수인 이드도 함께 버리는 것이 당연하다. 이어지는 계의 상승과정에서 인간모나드는 멘탈체(하위 마나스의 옷) 그리고 코잘체(상위마나스의 옷)는 그 경험만 흡수하고 모두 벗어던진다.

8) 이를 표준이론적으로 풀어보면, 신지학에서 각혼은 인간모나드의 乘(탈 것, 택시)으로 아스트랄체다. 또 각혼의 저승은 아스트랄계다. 이드인 각혼은 아스트랄계에서 인간모나드인 아트마-붓디-마나스와 헤어진다. 이후 인간모나드는 멘탈계와 코잘계를 거치며 멘탈체와 코잘체를 버린다. 이때 신지학의 혼인 이드는 아스트랄계의 속성으로 아스트랄계에 체와 함께 남는 데 비하여 에고는 혼이 아닌 인간모나드의 마나스에 속한 속성이므로 그의 옷인 멘탈체와 코잘체만 멘탈계와 코잘계에 남기고 인간모나드와 함께 상위계(아트믹계)로 떠난다. 물론 수준이 낮은 자아의 영혼은 하위계에서 환생을 위하여 다시 하강한다.

9) 명종 후 신지학의 혼인 각혼은 아스트랄계에 남아있다가 인간모나드인 영이 환생을 위하여 하강할 때 강력한 업의 패턴인 개성으로 다시 불려온다. 그러나 여기에서도 의견이 갈리는 바, 주류(主流)에서 주장하기를 인간모나드는 전생에 탈것으로 쓰던 아스트랄체를 다시 타는 것이 아니라 전생에 형성된 업의 패턴(인간모나드의 DNA)을 새로운 코잘체와 멘탈체 그리고 아스트랄체에 투사하여 새로 사용할 옷을 다시 생성한다고 설명한다. 그렇다면 탈 것으로 쓰이던 아스트랄체(각혼)은 어찌 되는가? 동물로 태어나는 윤회의 길로 돌아가는가? 소멸되는가? 그들은 무책임하게 소멸된다고 이야기한다. 부리던 택시운전사까지 같이 죽이는 꼴이니 잔인할 뿐 아니라 스스로 로고스의 진화적 영혼론을 저버리는 것이다.

10) 그런데 이런 주장은 라자요가의 요기인 사라스와티의 영혼론(인도 요가학파의 영혼론)과 비교하면 그 연원이 드러난다. 사라스와티는 "브라만 또는 아트만이 氣인 프라크리티에 작용하여 조잡체(粗雜體)인 육체와 생기체 그리고 의지(마나스)와 지성의 기능을 가진 미세체(微細體), 그리고 근본자성과 미세생기, 자아와 마음 그리고 아트만으로 구성되어 있는 환희체(歡喜體)를 만든다. 이때 환희체 바깥은 브라만이 감싼다(사라스와티 「혼의 과학」 참조)."

라고 주장한다. 여기서 사라스와티의 환희체는 표준이론의 靈으로 보이는데 마음과 에고(자아)까지 가지는 점이 특이하다. 또한 명종 후 이 환희체가 윤회한다. 아트만이 마음과 에고까지 가지고 윤회하는 것이다. 따라서 힌두의 윤회주체인 환희체의 구성이 자아와 마음과 아트만인 점을 감안하여 신지학의 윤회주체인 아트마-붓디-마나스의 인간모나드가 여기에서 연원한 것으로 추정된다. 그러나 신지학이 인간모나드가 체를 가지고 윤회한다고 하면 될 일을 신지학의 체가 힌두에 비해 너무 물질적이다 보니 그 경험만 취하고 체는 버린다는 입장을 취하였고 이는 인간모나드가 환생할 때 전생의 개성과 업을 재장착하는 과정을 설명하기 위하여 개연성 없고 복잡하며 억지스러운 논리를 구성하는 계기를 만들었다(미주 196 '사라스와티의 창조론', 미주 273 '신지학의 환생논리' 참조).

11) 신지학의 이러한 '모나드 영혼론'은 위의 문제점 이외에도 다음과 같은 여러 문제점을 야기한다.

   (1) 수준이 정해져 있는 영혼이 어찌 하위계로부터 상위계로 여행한다는 것인가. 혹시 그곳은 불교의 3계6도처럼 업보를 짓고 씻는 또 다른 이승이 아닌가?

   (2) '마음을 비워야 참자아인 영이 발현한다'는 지고한 진리의 말은 신지학에서는 영이 혼을 극복하는 것이 아니라 영 내부에서 아트마의 속성이 마나스의 속성을 누르고 발현한다는 말로 바꾸어야 한다. 그렇다면 신지학의 영은 언제든지 에고의 하위 속성이 나타날 수 있는 수준 낮고 불완전한 영이 된다. 신지학은 실지로 위 4)에서처럼 혼적 인간, 영적 인간, 신적 인간으로 인간의 의식수준을 구분한다.

   (3) 이드는 영의 속성이 아니니 살아서 자아의 수준이 이드였던 1.6단계 이하의 사람의 인간모나드는 어찌 되는가? 49일 만에 환생하는 경우는 중음계인 아스트랄계에서 다시 인간계로 복귀하는 최하급 영혼인데 신지학에서 이들의 영(인간모나드, 트리플모나드)은 명종 후 영계는커녕 멘탈계나 코잘계의 상급혼계도 밟아 보지 못한다. 살아서 마나스조차도 제대로 발현하지 못해 본 그의 인간모나드는 낮은 수준의 자아 때문에 영계에 가 보지도 못하고 죽어서 즉시 그대로 환생을 반복하는 것이다. 아니면 신지학은 표준이론에서 인구의 41.6%나 차지하는 이드人(1.6단계) 이하의 수준 낮은 자아는 없다고 주장하는가? 하기야 위 2의 4)에서 자아의 가장 낮은 수준이 하위마나스(멘탈) 수준이라고 하였으니 그렇게 낮은 수준의 자아는 없다고 하여야겠다. 그러나 신지학이 사람들을 모두 그렇게 높은 수준의 존재로 보고 있지 않으니 문제다.

   (4) 표준이론의 영과 달리 신지학의 영은 마나스와 붓디의 속성을 포함한다. 이른바 아트마-붓디-마나스의 트리플 모나드다. 표준이론에서는 혼에 속한 속성으로 보는 정신체와 양심체'의 속성을 영이 이미 갖추고 이승에 도래하는 것이다. 어찌 신의 발출물이 이승에 닿기도 전에 욕구와 감정과 지성 같은 하급 속성을 가지고 온다는 말인가. 이는 서양의 전통 비전에 힌두 6파철학의 인간론을 섞다보니 어쩔 수 없이 채택한 앞뒤 없는 아이디어다.

   (5) 진화의 이론을 주장하면서, 프라나(氣)는 왜 지혼이나 영이 될 수 없다는 말인가. 진정한 영혼진화론자라면 육체처럼 영도 기에서부터 진화하여야 맞지 않겠는가. 영이 다양한 수준의 기를 각각 다른 체(體)로 취하여 입고 인간계에 태어난다면 수준이 다른 기는 진화가 아니면 어찌 생겨났단 말인가? 그리고 진화하여 생겨났다면 그것의 계속성과 개체성은 너무 당연한 것이 아니겠는가. 계속성과 개체성이 부여된다면 그것은 바로 혼이 아닌가?

   (6) 동물의 혼인 각혼 중에서 인간모나드의 탈것으로만 사용되는 별도의 각혼이 차출되어야 하는데 그 각혼은 다른 각혼과 달리 원래 속했던 종의 본능과 개성을 유지하면 안 되는 희한한 일이 벌어질 것이다. 그런데 신지학은 그런 종류의 각혼에 대해서 왜 언급이 없는가?

   (7) 위 여러 자잘한 문제 외에 '모나드 영혼론'에는 보다 근본적인 문제가 도사리고 있다.

신지학의 '모나드 영혼론'에 따르면 표준이론에서 지혼의 정수(定髓)로 보는 에고는 마나스의 아랫부분일 뿐이요 실체 없는 허상으로 존재 아닌 존재가 된다. 트리플모나드에 마나스로 붙어 가는 것은 에고 자체가 아니라 에고적인 체험 또는 카르마로 에고의 속성에 불과하다. 모나드가 그의 성장을 위해 맛보고 섭취하는 영양소일 뿐인 것이다. 그러나 못났지만 에고는 대부분 사람들의 自我이고 우리 자신이다. 참자아를 찾으라는 의미는 자아를 발전시키라는 의미이거나 양심이나 영의 자아를 구현하라는 말이지 에고의 자아는 허상의 자아이고 실체가 아닌 헛것이라는 자기부정이 아니다. 혼들의 세계의 주인공인 에고의 실체를 부인하는 종교가 무슨 종교이고 에고 없는 윤회는 또 무슨 빈 말인가. 지금은 못난 에고이지만 그 에고는 혼의 가장 중요한 부분인 상위정신체이며 그 혼이 진화하여 영이 되고 하느님의 자랑이 된다. 하느님의 그 많은 아들들은 대부분 에고 출신인 것이다. 예수님의 명언대로 에고 또한 하느님의 엄연한 자식이요 신(神)이다. 그런데 신지학의 이 '모나드 영혼론'에 따르면 사람의 에고는 모나드의 탈것인 각혼의 이드와 별로 다를 바가 없다. 이러한 사고방식은 아트만(푸루샤)과 프라크리티의 조우로 자의식(아함카라)이 탄생하는 인도철학의 영혼관[*]에서 기원한다. 진화(進化)의 이치가 알려지지 않은 고대에 생성된 우파니샤드는 진화의 이치가 빠진 '미개한 영혼관'이다. 이러한 미개영혼관은 그 옛적에 불교로 가서 처음에는 方便上 영을 부인하더니 이윽고는 '무아의 자아'를 낳아 오늘날까지 극심한 폐해를 끼치고 있다. 또 이 '미개한 영혼관'은 힌두를 벤치마킹한 작금의 신지학에 이르러서는 괴상한 '모나드 영혼론'을 만들어 내었다. 그러다 보니 신지학에서 혼은 동물의 각혼에서 그 진화를 멈추고 에고는 신의 단편인 모나드에게 물질계 체험을 제공하는 수단으로 변했다. 마침내 신은 체험이 필요한 존재로 끌어내려져 신의 자리를 잃고 '불완전한 우주의식'으로 전락하였다. 이러한 신지학의 모순된 영혼관은 뉴에이지에 이르러 우주를 신도 영도 혼도 없는 메타버스(Metaverse)의 세계로 만들어 마치 최신 영성인 양 사람들을 홀리고 있다. 과학이나 영성이나 오늘날 사술(邪術)과 상술(商術)이 진술(眞術)과 섭리(攝理)를 가리고 있다 (11.3.1.2. '윤회의 주체' 중 '인도철학의 혼에 대한 무지로 인한 폐해' 참조).

3. 물론 신지학에 위 두 가지 '진화적 영혼론'과 '모나드 영혼론'만 있는 것이 아니다. 그와 유사하거나 변형된 주장들이 많다. 다시 말하거니와 신지학은 敎가 아니라 學이기 때문이다.
    1) 우선 신지학의 태두인 블라바츠키부터 딴말을 한다. 그에 의하면 아트마는 붓디를 타고 상위 마나스(양심체 정도로 보인다)로 화하여 인간에게 내려오는데 인간의 몸에 자신의 빛을 비춰 상위정신체(에고)의 기능을 하는 하위마나스를 생성한다. 그리고 둘은 안타스카라나(Antaskaraṇa)로 연결되는데 명종 시 안타스카라나는 끊어지고 상위 마나스는 윤회체로서 저승으로 가며 하위 마나스는 몸에 남았다가 데바찬계(표준이론의 심령계)에서 상위마나스와 다시 만난다. 그러나 하위마나스가 욕망에 사로잡혀 산 저수준일 경우 안타스카라나는 영영 끊어지고 이후 하위마나스는 몇 번 더 윤회하며 저급 자아의 생을 살다가 결국 소멸한다. 그리고 인간의 7본질(구성요소) 중 최하위 본질인 육체와 2본질 링가샤리라(생기체), 3본질 프라나(氣)는 명종 후 곧 소멸된다. 또 이드인 카마는 아스트랄계 입성 전에 윤회체와 헤어져 에테르계에서 소멸된다. 블라바츠키의 이러한 주장은 양심체(상위 마나스)와 에고(하위 마나스)를 연결하는 안타스카라나를 상정하여 이 둘이 끊어지면 에고는 비록 몇 생이지만 별도로 윤회하는 존재가 된다는 말이다. 이는 에고체가 별도로 윤회할 수 있다는 주장으로 영은커녕 양심체도 없는 사람이 이승에 있을 수 있다는 주장이 되어 해괴한 이론이 되고 만다. 후학들은 이 점을 알았는지 이드와 에고는 그 경험을 상위마나스에게 바

고 체(體)와 그 의식은 소멸한다고 고쳐 주장하였다. 어쨌든 블라바츠키에서 명종 후 일단 살아남는 의식체는 이드인 카마, 에고인 하위 마나스, 영인 아트마-붓디-상위마나스가 되는 셈이다(블라바츠키 인간의 제7본질 중 제5본질 마나스 참조).

2) 또 신지학에는 혼이 진정한 자아이고 영은 至高者와 하나로 보는 시각도 있다. 혼 속에 至高者의 불씨 또는 아트마적 요소가 들어 있다고 보아 혼이 진정한 자아라는 것이다(스로타파티, 「신지학 첫걸음」, 282쪽 참조). 신지학의 본류는 아니다.

3) 한편 "우리의 정체성은 우리가 어렸을 때부터 지금까지 전혀 변함이 없다. 몸도 환경도 변하지만 우리의 정체성은 불변이며 앞으로도 육체나 정신 또는 환경의 변화와 관계없이 여전히 변함이 없을 것이다. 우리 안에서 변하지 않는 그것이야말로 유일한 실재이다."(신지학, '신지학 홈스터디')라고 하는 정신을 좀 차린 혼합성 주장도 있다.

4) 결론적으로 신지학의 주류 영혼론인 모나드 영혼론에서 이드와 에고(정신체)는 그 경험만 양심체에 바치고 체와 의식은 소멸하며 양심체인 마나스는 모나드와 함께 상승하나 결국은 같은 신세가 된다. 심지어 붓디체조차도 합일의 대열에 끼지 못한다. 아트마는 적수공권(赤手空拳)으로 이승에 와서 혼의 헌신적 도움으로 금수만권(金手滿拳)이 되어 귀향하는 것이니 수지는 맞았겠지만 운전수는 물론 처자식까지 버린 꼴이니 섭리에는 전혀 맞지 않는다.

(*) 우파니샤드와 베단타 철학에 따르면 환생하는 실체는 아트만인데 아트만은 비인격적 자아로서 개인적 속성(개성)은 없다. 아트만은 인간 존재의 실존적 기반을 구성하지만, 환상의 삶인 이승에서 생산된 모든 데이터는 모두 프라크리티의 것으로 아트만에는 기록될 수도, 영향을 줄 수도 없다. 다만 이승에서 이룬 영적 진보와 퇴보만 카르마로(불교라면 제8식인 아뢰야식에) 남아 아트만의 체험이 된다.

尾206) 신지학의 모나드 영혼론

위 '신지학의 영혼론'에서 '모나드 영혼론'에 대하여 설명을 하였으나 이 부분은 신지학의 핵심 사상이고 표준이론과도 밀접한 부분인데다가 여기에서 많은 '중구난방 신지학'이 유래한 만큼 '모나드 영혼론'에 대해서 좀 더 알아본다.

1. 신지학 일반이론에는 표준이론의 혼(魂)이 없다. 혼이라고 생각되는 아스트랄체와 멘탈체는 문자 그대로 체(體)이고 외피(外皮)일 뿐이다. 로고스로부터 발출되어 코잘체라는 단단하고 반영구적인 몸을 입은 인간모나드라는 이름의 신지학 영(靈)은 그 속성으로 혼적 부분인 '마나스'와 영적 부분인 '붓디' 그리고 영 본래의 '아트만'으로 이루어진다. 속성이라고 하나 사실은 영의 개별 실체처럼 설명되는 경우가 많다.

2. 일반적으로 신지학에서 혼은 영(Atman)의 매개체로서 물질과 영 사이의 중간적인 비물리적 원리(principle, 존재가 아님)이다. 신지학의 혼은 인간모나드와 관련된 영적 영혼인 붓디, 혼적 영혼인 마나스, 그리고 각혼인 카마 세 가지로 구성된다. 혼적 영혼인 마나스(마음이라는 뜻의 산스크리트어)는 명종 후, 그 상위 부분인 상위마나스는 붓디와 함께 인간모나드를 구성하여 윤회하고 하위마나스는 원래 인간모나드의 탈것(vehicle, taxi)인 각혼(카마)과 일체였으니 같이 인간모나드에서 떨어져 나간다(아디야르 신지학협회 공식사이트 중 'soul' 참조). 이는 하위마나스를 이드 정도로 낮춰본 의견인데 어쨌든 이때 탈것으로 사용된 각혼의 운명에 대해서는 별도로 윤회한다는 설, 시간이 지나면 점차 소멸한다는 설, 카말로카계(아스트랄계, 표준이론의 중음계 외곽)(*)에 남았다가 나중에 환생하는 인간모나드와 다시 만난다는 설 등 여러 가지다. 소멸한다는 설이 일반론이다. 애니 베산트는 각혼에 대해서 "코끼리, 말, 고양이,

개 등 고등동물이 가축으로 사육되면 개체화된 개성을 보인다. 욕망체 혹은 카마 매개체가 상당히 발달하여 육체가 죽은 후에도 얼마 동안 없어지지 않고 지속되면서 카말로카(불교의 慾界를 뜻하는 梵語)에서 독자적인 존재로 살아간다."(「고대의 지혜」 제7장 환생 참조)라고 한다. 이런 방식으로 개체화된 보다 진화된 동물의 각혼이 초생(初生) 인간모나드와 합쳐지면 그 동물은 이제 인간의 몸을 받고 태어난다.

3. 한편 베산트는 영(靈)인 인간모나드의 혼적 속성인 마나스를 사고자(思考者, Thinker)라고 이름하여 存在化시켰는데 이 마나스는 물질계에서 살 때 외부 세계와 접촉하는 지점에서 고통과 기쁨을 느끼며 외피인 아스트랄체와 멘탈체가 자기 자신이라고 착각한다고 하고 그것이 혼(魂)이라고 생각한다. 그러니 혼은 영이 '허상으로 만들어낸 자신'일 뿐이다. 그래서 베산트는 우리가 '정신 또는 자아 또는 사고자(思考者), 혼, 마나스, 영, 영혼, 인간모나드 등으로 불리는 것은 사실은 모두 하나의 존재이며 그 실체는 인간모나드가 코잘체라는 (半)영구적인 몸을 가지고 그 위에 정신체, 아스트랄체, 육체를 옷으로 입고 있는 존재'라고 설명한다(애니 베산트, 「고대의 지혜」 제4장 멘탈계 참조).

4. 또 베산트는 혼을 인성(人性, personality)라고도 표현하는데 인성이란 세 가지 하위 몸(육체, 에테르체, 아스트랄체)이 만들어낸 인상(印象)들이 만들어내는 기억다발(의식)을 사고자가 스스로와 동일시함으로써 형성되는 것으로서 사고자가 자신의 매개체를 자신으로 착각하여 만들어진 독자적인 '나'로서 類似 독립 실체라고 하니 위 '허상의 혼'과 같은 것이다. 그의 인성의 정체는 저급한 마나스의 개체성이 사용하는 베일이다. 이는 표준이론의 개체성(separateness)과 유사한 의미를 갖는 것으로 혼 특히 상위정신체인 에고가 갖는 이기심과 자존심의 원천이다. 또 그는 고급 마나스의 특성으로 개체성을 말하는데 이는 표준이론과 동일하게 인간 안의 영적이고 지적이며 불멸하는 부분의 속성(개별성)이다.

5. 결론적으로 코잘체, 멘탈체, 아스트랄체, 육체 등 體들은 마나스의 외피일 뿐으로 마나스가 이승에서 경험을 포집하는 데 사용되는 도구이다. 그 과정에서 생성되는 감각과 욕망과 욕구와 감정과 지성은 모두 운동선수가 승리를 추구하는 과정에서 겪는 도구요 현상이요 장애물格이다. 운동선수는 저들 중 어느 것은 利用하고 어느 것은 忍耐하며 어느 것은 克服하여 승리를 쟁취한 뒤 위대한 운동선수로 우뚝 서는 것이 목표다. 오로지 실존하는 것은 로고스의 빛이 상위 멘탈물질(코잘체)에 갇혀 개체화되어 탄생하는 마나스 선수(選手)뿐이다.

6. 즉 마나스는 로고스 즉 우주의 유일한 빛이 내보내는 살아있는 빛줄기인 모나드가 상위멘탈계(코잘계) '무형영역'의 질료에 작용하여 멘탈질료를 막처럼 얇은 껍질(코잘체)로 만들고 그 안에 들어가 '개체화' 된 것으로 생명의 씨앗이다. 이 생명은 나무가 씨앗 안에서 아주 작은 싹으로 숨어있는 것과 같다. 로고스의 광선은 표준이론의 하느님의 영화(靈火)나 불교의 불성 또는 기독교의 신성과 비슷하다. 그러나 표준이론의 靈火는 하느님으로부터 오되 하느님의 숨결인 기(생명에너지)의 생명의 에센스부분이 응축된 것이다. 그 역할은 신지학과 많은 부분에서 같지만 신지학처럼 로고스의 광선이 '마나스(thinker, 혼의 상위정신체, 에고)'가 되는 것은 아니다. 靈火는 나를 진화시키고 영화(靈化)시키며 합일로 이끄는 원동력이자 하느님의 은총일 뿐이다. 혼은 기의 생명부분이 물질과 상호교호하며 진화하여 탄생한 존재다. 그런데 신지학도 이 부분에서 표준이론과 동일한 설명을 한다. "이 자기는 유일자이기에 모나드라고도 불린다. 여기서 우리는 이 모나드가 로고스의 날숨의 생명으로서, 모든 신성한 힘과 특성을 어린

싹의 형태로 혹은 잠재적 상태로 그 안에 포함하고 있다는 사실을 기억할 필요가 있다."(애니 베산트,「고대의 지혜」제6장 '붓디계와 아트마계' 참조) 생명의 불을 지르는 것은 표준이론에서는 영화(靈火)이고 신지학에서는 모나드의 생명의 씨앗이다.

7. 붓디체와 코잘체를 두른 씨앗(初生, 인간모나드)은 최초 육화 시 동물의 육체에 스민다. 이 동물(표준이론으로 보면 각혼상태의 현생인류)의 몸에는 이미 동물의 혼(각혼)이 있다. 이 각혼 역시 '제2로고스의 모나드'가 기나긴 시간에 걸쳐 진화한 존재다. 인간모나드가 이 동물의 각혼에 스미면 먼저 있던 모나드와 나중의 인간모나드는 하나가 된다(double monad). 이는 창세기 2:7에서 하느님의 숨인 네샤마가 창세기 1장의 각혼의 사람에게 스미는 것과 매우 유사한 장면이다(그러나 표준이론에서는 네샤마가 각혼에 스며 각혼이 지혼이 되는 일은 저승인 생기계에서 일어난다). 애니 베산트로부터 이 상황에 대해 좀 더 들어보자.
   1) "모나드의 두 번째 양상인 붓디(**) 속에 자신을 감춘 아트마 생명은 금색 빛줄기가 되어 존재의 상위계에서 코잘계에 내려와 아직 새싹이나 다름없는 마나스가 태어났고 이런 결합을 통해 배아기의 코잘체가 형성되었다. 이로써 모나드의 세 번째 양상인 마나스가 멘탈계 무형 세계의 상위 단계(코잘계)에 자신을 드러내었다. 이것이 바로 영의 개체화이며, 영이 형태 안으로 들어가는 과정이며, 코잘체 속에 들어가 있는 이것이 혼이자 개체이자 실제 인간이다. 그 혼의 본질은 영원하고 태어나지도 죽지도 않지만, 하나의 개체로서 시간 안에 들어온 그의 탄생은 유한하다."
   2) "마침내 제2로고스의 모나드에센스의 최종진화체인 그룹혼의 일부가 개체화가 되면 그룹혼은 그 개체혼에 멘탈체를 불어넣는다. 그 멘탈체가 멘탈계로부터 오는 진동에 반응하기 시작하면, 그 동물은 로고스 생명의 세 번째 위대한 분출을 받을 준비가 된다. 동물의 육체가 인간모나드를 받아들일 준비가 된 것이다."
   3) "인간 안에 두 모나드가 존재하지 않는다는 사실을 밝혀두는 것이 좋을 것 같다. 여기서 두 모나드란 진화에 의하여 人間用 육체를 만들었던 모나드와 그 육체 안으로 들어가 동물의 각혼을 최하 단계의 인간혼(지혼)으로 만든 모나드(제1로고스로부터 발출된 인간모나드)를 말한다."(애니 베산트,「고대의 지혜」'7장 환생' 참조) 이는 표준이론의 '더블모나드'의 개념이기도 한다. 더블은 영과 혼처럼 따로따로가 아닌 두 모나드가 합체된 완전일체의 개념이다.

8. 이렇게 탄생한 初生의 인간모나드는 두 번째 육화(환생) 시부터는 하위멘탈과 아스트랄계를 거쳐 이승으로 하강하면서 멘탈체와 아스트랄체 그리고 물질계의 육체를 외투로 입게 된다. 멘탈체는 조밀한 물질 안에 표현된 조악한 에너지로서 이성과 판단, 상상, 비교 등의 정신적 능력으로 구성된 지성(思考者마나스 즉 하위마나스, 표준이론의 상위정신체)으로 외부에 드러난다. 그리고 사람으로 살면서 이 씨앗은 경험이라고 부르는 영양분을 먹고 싹으로 자란다. 마침내 그 싹은 아버지 로고스를 형상화한 커다란 나무로 성장한다. 인간의 진화는 이 사고자(思考者)의 상위마나스(표준이론의 하위양심체, 부록4 '영혼육의 구조' 참조)로의 진화를 의미한다. 지상의 삶을 마치고 천계로 상승할 때 思考者는 각 계를 거치며 그 옷들을 다시 하나씩 벗어던지고 상위마나스 부분은 붓디와 함께 인간모나드의 일부가 된다. 전술한 바와 같이 표준이론의 상위정신체인 에고를 버린다는 말이다(미주 205 '신지학의 영혼론', '2, 11), (7)' 참조). 베산트는 자기가 무슨 말을 하는지도 모르는 듯하다.

9. 하위마나스인 思考者 마나스(에고)는 처음 몇 생에는 이승의 경험을 자신 안에 쌓지 않는다. 아기처럼 거의 아무것도 의식하지 못한 채 계속 잠에 빠져 있다(이는 자아의 발전이 더디 이

루어짐을 의미한다). 표준이론은 자아의 수준이 수승한 일부 사람들에게만 몸에 영이 깃든다고 하는데 신지학은 모든 이에게 영(인간모나드)이 있다고 한다. 하지만 그 영은 외부에서 그에게 전해온 경험을 통해 그 안에 잠자고 있던 힘의 일부가 깨어나 활동을 시작할 때까지 잠을 자는 것처럼 보인다. 思考者 마나스는 자신의 에너지를 내보내어 각 계에서 자기에게 맞는 체를 갖추어 입고 이승생활을 하며 거기에서 얻어진 경험을 복잡한 과정을 통해 에너지에 집적시켜 이를 다시 회수하여 성장한다. 이윽고 성인이 된 그는 자신의 삶을 직접 이끌어나가면서 미래의 운명에까지 점점 더 큰 지배력을 행사하기 시작한다. 자신의 내부에 모든 경험의 결과물을 쌓아 미래의 삶을 결정하는 힘으로 사용하는 것이다. 이것이 신지학의 복잡한 자아실현 방법이다. 이와 달리 표준이론은 영과 혼이 혼연일체나 결국은 영이 혼을 극복하고 혼을 영화의 길로 이끄는 것을 자아실현이라고 하며, 자아의 방이 있어 그 주인이 이드냐 에고냐 양심이냐 영이냐에 따라 자아의 수준이 결정된다고 간단명료하게 설명한다.

10. 마나스는 신성한 의식(모나드의 생명의 씨앗)과 원인체(코잘체)라고 불리는 영구적인 몸으로 구성되고 그 외투인 멘탈체와 아스트랄체, 육체는 새로운 삶을 시작할 때마다 재구성된다. (각혼의 아스트랄체는 쓰던 것을 다시 부른다는 주장도 있다.) 코잘체는 직관기능을 가지고 지식을 습득하며 에너지와 진동 중 가장 미세하고 섬세한 것을 사용하여 순수이성으로 외부에 드러난다. 표준이론으로 해석하면 코잘체는 사람의 혼인 지혼(知魂)의 하위양심체 정도다. 하위양심체는 사단과 지혜의 기능만을 가질 뿐 직관기능은 매우 약하다. 그것은 영의 기능이기 때문이다.

11. 그런데 베산트는 코잘체가 발달하면 부처님처럼 숙명통과 천안통을 가지게 된다고 하여 다른 신지학자들이 말하는 붓디체 이상의 능력마저 부여하고 있다. "멘탈체가 활발하게 활동을 시작하고 난 후 적당한 때가 되면, 코잘체라는 의식의 매개체도 활동을 시작해 끝없는 과거와 머나먼 미래를 오가면서 인간에게 놀라운 의식의 상태를 열어준다. 이때 사고자는 자신의 과거를 기억하여 몸의 안과 밖에서 오랫동안 이어온 여러 삶을 통해 어떻게 성장해왔는지 추적할 뿐 아니라, 지상에서의 과거 속을 마음대로 배회하면서 세상의 경험으로부터 중요한 교훈을 얻기도 하고, 진화를 이끄는 숨은 법칙과 자연의 가슴 속에 숨겨진 삶의 깊은 비밀을 배우기도 한다." 그러나 이는 신지학에서 주장하는 코잘체의 생성 기원이나 영과 혼의 속성을 볼 때 불합리한 주장이다. 붓디-아트마가 코잘체를 벗고 영계로 상승하면 경험을 헌납하고 사라지는 것이 코잘체라고 하면서도 이런 주장을 하고 있다.

12. 생을 마치고 마나스가 다시 상승하게 되면 육체와 아스트랄체와 멘탈체는 사는 동안 수확한 것을 코잘체에게 전달하고 차례로 사라진다. 다시 환생을 위해 이승으로 하강할 때 思考者 마나스(상위정신체, 에고)는 이런 수확물로부터 에너지를 각 계에 내보내어 자신의 과거와 맞는 새로운 몸을 하나씩 다시 끌어모아 체를 만들어 입는다(애니 베산트, 「고대의 지혜」 참조).

13. 신지학에 입문하지 못한 영혼(지구의 주민의 대다수)은 죽어서 아스트랄계에 있는 서머랜드로 갔다가 거기서 환생하고 1~3단계 입문에 도달 한 사람들은 데바찬까지 간다. 데바찬(Devachan)은 Blavatsky가 산스크리트어 'deva(신들)'와 티베트어 'chan'을 합하여 만든 신지학용어로 신지학 천계(天界)중 최초의 계이다. 리드비터(C.W. Leadbeater)는 지구 표면에서 수마일 떨어진 멘탈계에 Devachan이 있다고 그 위치까지 알려준다. 모든 마나스는 데바찬을 통과한다. 데바찬은 7계로 이루어지는데 망자의 혼이 그중 어디까지 가느냐만 다를 뿐이다.

14. 베산트의 데바찬 7계 중 상위 3개의 데바찬은 다른 신지학자들은 상위멘탈계 또는 코잘계로 부르며 이는 표준이론의 준영계다. 또 하위 4개의 데바찬계는 하위멘탈계 또는 멘탈계로 불리기도 하며 표준이론의 심령계다. 데바찬에서는 이승의 삶을 사는 동안의 경험 중에 가치 있는 것을 정신적, 도덕적 능력으로 변환한 후 원인체 안으로 흡수하고 멘탈체(에고체)는 해체한다. 이때 아스트랄 껍질을 벗고 카말로카에서 해체될 때 멘탈체로 빨려 들어갔던 이드의 삶의 열정도 함께 코잘체 안으로 흡수된다. 체(體)는 테니스 선수의 라켓이나 축구선수의 신발과 같다. 시합을 한 번 뛰고 나면 버린다. 헌신짝이다. 그는 다음 생에 다시 태어나 그 흡수한 능력을 사용한다. 그리고 환생의 때가 되면 비전이 보인다. 과거가 보이고, 과거에서 발생해 미래로 이어지는 원인들도 보인다. 그리고 다음 생애를 보여주는 개괄적인 지도가 그의 앞에 펼쳐진다. 이는 근사체험에서의 진술들과 같다.

15. 수승한 혼들이 가는 붓디계
   1) 입문 4단계의 영혼들이 아르하트(阿羅漢, Arhat)가 되어 더 이상 환생할 필요가 없는 영혼이 되면 천국으로 간다. 그들은 프라티에카 부타(pratyeka buddha)가 되어 바로 니르바나계에 들어가거나, 보디사트바(보살)가 되어 환생하여 다른 사람들을 가르칠 수 있다. 또는 영적 계층 구조에서 마스터가 될 수도 있다(wikipedia, 'Devachan' 참조). 이때 아르하트는 아직 붓디와 아트마로 이루어져 있으니 듀얼모나드(Dual monad)라고 할 수 있다.(***) 이때 Dual monad(Atma-Buddhi)는 마나스와 분리되었기 때문에 이승의 사물에 대한 의식이나 지각을 가질 수 없다. 힌두에서도 Purusha(영)는 이승에서 Prakriti(기)의 도움 없이는 맹인(盲人)이나 마찬가지다.(theosophy.wiki/en/Monad 참조)
   2) 신지학의 입문 4단계는 표준이론의 자아수준의 4단계와 같다. 표준이론의 4단계 혼은 살아서는 성인이요 죽어서는 아라한이라고 불린다. 명종 후 아라한이 가는 저승은 제1영계다. 표준이론의 아라한은 아직 윤회를 벗어나지 못하고 '영으로서의 100생의 윤회과정'을 더 거쳐야 한다. 베산트도 붓디체에 대한 설명에서 같은 이야기를 한다. "붓디체가 의식의 매개체로 활동하기 시작하면 인간은 비(非)분리의 至福에 들어가고, 자신이 모든 것과 합일되었음을 생생하게 깨닫는다. 원인체 안에서 의식을 지배하는 요소는 지식과 지혜이듯이 붓디체 안에서 의식을 지배하는 요소는 지복과 사랑이다. '지혜의 고요함'이 원인체의 주된 특징을 이루는 반면, 지치지 않고 붓디체를 향해 흐르는 것은 '애정 어린 연민'이다. 여기에 아트마의 기능을 규정하는 신과 같이 침착한 힘이 더해지면 인간은 신성이라는 왕관을 쓰게 되고, 신인(神人)은 힘과 지혜와 사랑의 풍요 속에서 현현하게 된다."(「고대의 지혜」 8장 환생' 참조) 신지학의 붓디체가 가지는 독특한 위상으로 볼 때 베산트의 붓디는 신영(神靈)인 아트마가 만드는 혼영(魂靈)적 부분 또는 혼의 영적부분이라고 할 수 있다.
   3) "카르마가 더 이상 만들어지지 않는 지점에 도달하여 희생의 법칙을 완전히 깨달은 인간은 '빚을 졌기 때문에 마땅히 해야 하는 것'으로 인식되는 멘탈계를 초월하여 붓디계로 진입한다. 붓디계는 이원성이 극복되고, 모든 활동이 자기의 이득을 위해서가 아니라 모두에게 유용하기 때문에 행해지는 곳이다. 붓디계에서 인간은 생명이 하나라는 사실, 로고스의 사랑이 자유롭게 쏟아져 나오듯이 생명도 영원히 흘러나온다는 사실, 별개로 존재하는 생명은 기껏해야 가난하고 비열한 존재이며, 그것도 아주 배은망덕한 존재라는 사실을 분명히 깨닫는다. 이곳에서는 마음 전부가 사랑과 숭배의 강력한 파도가 되어 로고스를 향해 솟아오르고, 로고스의 생명과 사랑을 세상에 전하는 통로가 되기 위해 아주 기꺼이 자신을 포기한다."(「고대의 지혜」 '희생의 법칙' 참조)

16. 한편 베산트는 아라한이 가는 천국이 '니르바나계'라고 한다. 니르바나계는 열반계이니 '표준이론에서 혼이 열반하여 영이 되면 가는 곳'인 '제1영계'다. 신지학은 모나드 영혼론에서 붓디체를 '영적 혼'이라고 표현하여 붓디를 혼이 가지는 체와 속성으로 보고 있고 또 아트마가 타는 최초의 승(乘)이라고 한다. 심지어 아트마가 귀향할 때 상위 4계의 맨 하층인 붓디계에서 붓디체마저 벗어던진다고 한다. 이런 논지에 의하면 신지학의 붓디계는 영계가 아닌 표준이론의 준영계의 최상층 또는 불교의 무색계 정도에 해당하고 붓디체는 상위양십체 정도이며 붓디도 상위양십 정도다. 그런데 많은 신지학자들은 붓디계를 상위4계의 첫 번째 계로 보아 영계의 하나로 서술하고 있으니 신지학은 용어와 논리를 통일하여야 할 것이다. 신지학의 중구난방 중 하나이다.

17. 듀얼모나드가 싱글모나드가 되면 어찌 되는가?
   1) 모나드는 무의식적이고 비인격적이며 신 그 자체이다. 따라서 붓디가 아트마(모나드)와 분리되면 아트마는 다시 無現(non-manifestation)의 상태로 돌아간다. 이러한 주장은 카발라나 불교 밀교인 금강승 일각에서 볼 수 있다. 카발라에는 루아흐(Ruach, 靈)가 네페쉬(Nephesh, 覺魂)과 결합하지 않으면 어떤 영도 현현(顯現)의 층계(divine hierarchy)에 속할 수 없다는 주장이 있으며 또 금강승에서 "Dhyani(本初佛 Adi-Buddha)는 매개체인 붓디(Buddhi)로부터 풀려나면, 절대존재인 비존재(Non-being)로 넘어간다."라고 한다 (theosophy.wiki/en/Monad 참조). 기독교의 성경에도 같은 취지로 해석될 수 있는 구절이 있다. "예수께서 가라사대 네 마음을 다하고 목숨을 다하고 뜻을 다하여 주 너의 하나님을 사랑하라 하셨으니(마태 22:37)"가 그것이다. 영은 오직 혼의 지(知), 정(情), 의(意)를 통해서만 성령을 만날 수 있다는 것으로 기독교의 영은 영교(靈交)의 역할만 한다는 생각에서의 해석이다(미주 185 '삼원론적인 인간관을 보이는 성경구절과 기독교 영혼육 삼원론의 내용' 참조).
   2) 이러한 주장은 위의 케이스뿐만 아니라 여러 종교와 사상에서 발견된다. 그런데 이 주장은 다음의 두 가지 면에서 매우 중요한 고찰거리를 남긴다.
      (1) 습一시 '영소멸론'의 근거가 된다. 이들은 참자아로서의 영의 정체성을 고려하지 않는다. 합일시 하느님은 바다이고 영은 물 한 방울이며, 영은 신에 흡수되어 사라진다. 물론 신은 물 한 방물이 윤회를 통해 얻은 지혜와 경험을 흡수하여 그만큼 진화한다. 그러나 '참자아로서의 영의 개념'은 완벽한 전능의 하느님이 영을 창조하신 근본이유다. 참자아는 개성과 지혜의 존재다. 영의 금의환향을 바라시는 하느님에게 개성과 지혜는 영의 금의(錦衣)인 것이다. 전능의 하느님이 무엇이 부족해서 영의 금의를 빼앗아 입고 자신의 진화를 꾀하신다는 말인가!
      (2) 영은 혼을 통하지 않고서는 아무것도 할 수 없다는 주장의 근거가 된다. 혼은 영의 모든 속성이 활동하는 자리인 것이다. 그런데 이런 생각은 혼이 영의 탈것에 불과하다거나 혼은 생기체에 불과하다는 논리로 연결된다. 그리고 급기야
         ① 혼은 헌신이 되어 한번 쓰고 소멸되는 생기체 정도로 격하되거나(원불교의 靈氣質 류)
         ② 아트마가 윤회하는 동안 타고 버리는 것이 되거나(힌두교)
         ③ 경험과 지혜만 영에게 바치고 혼의식과 체는 소멸하는 '존재 아닌 존재'가 된다(신지학).

물론 대부분의 고전적 祕學에서는 우주의식의 일부인 영은 물질계에 현현하기 위해 혼을 만나 일심동체가 되어 윤회를 겪고 마침내 그 혼과 일체가 되어 귀일한다는 것이 기본 생각이다. 그럼에도 불구하고 전술한 바와 같이 혼은 승(乘)일 뿐이라는 생각은 사상마다 면면하였고 마침내 블라바츠키의 신지학에 이르러서 '혼소멸론' 즉 혼의 각 體와 의식은 소멸한다는 생각이 그 주류의 생각으로 자리 잡았다. 그리고 이 생각은 신지학의 위세와 더불어 뉴에이지에

수용되었고 헤르메스와 카발라, 영지주의 등 고전적 비학에도 역으로 침투하였으며 심지어 원조인 힌두교에서도 상업적 또는 무지로 인해 신지학의 논리를 사용하고 있다.

   신지학은
   (1) 아트마의 최상위 천계 진입과 관련하여서는 붓디 이하 모든 혼적 구성물이 흩어진다는 '혼소멸론'을 주장하고
   (2) 합일과 관련하여서는 '개별성(개성)의 소멸론'을 주장하며
   (3) 우주주기론과 결부하여서는 영의 자발적 인신공양 즉 '영소멸론'까지 들먹인다.
   모두 블라바츠키에 연원한 주장이다.
3) 그러나 이러한 주장은 다음의 이유들로 無理한 주장임이 간단히 드러난다.
   (1) 제2로고스의 발출로서 모나드(Monadic Essence)가 물질계에 현현하여 수십억 년을 고투하여 大敍事 끝에 각혼을 만들더니 무슨 이유로 이를 고작 또 다른 모나드(제1로고스의 발출)의 乘(탈것)으로 이용한 뒤 폐기하는 것인가?
   (2) '개별성소멸론'은 자신의 일부를 개성으로 재창조시키려는 하느님의 모나드 발출 목적을 무위로 돌리는 원천무효의 주장이다.
   (3) 개별성이 소멸되어 이미 메말라버린 영에는 물질계에 인신공양할 씨앗 같은 것은 남아 있는 게 없다. 또 신의 일부인 모나드가 씨앗으로 사용되고 소멸된다는 주장이 신의 定義와 正意에 가당한가?
4) 이는 모두 서양 祕敎에 힌두철학을 억지로 가져다 붙인 블라바츠키가 남긴 불합리의 잔재다. 그가 애초에 영지주의나 카발라의 일원적 발출론과 힌두의 푸루샤와 프라크리티의 이원론을 표준이론처럼 혼의 진화론으로 극복하였더라면 신지학은 보다 합리적인 영혼론을 구축하였을 것이다. 그러나 서양인들의 뼈에 사무친 영지주의의 발출론(Emanationism)을 버리지 못한 채 다신체론의 힌두 철학과 결합하다 보니 혼(마음)은 신영(神靈, 모나드)의 경험도구 또는 영이 물질계에서 얻은 공덕(功德)에 불과한 신세가 되었다. 따라서 신지학의 혼은 무아(無我)라도 남는 불교보다도 더한 허무론의 덫에 걸렸다. 이후의 신지학자들은 이러한 '블라바츠키의 질곡(桎梏)'에서 탈출하기 위하여 여러 가지 논리를 개발하였으나 교조(敎祖)가 설치한 자가당착의 덫에서 벗어나지 못한 듯하다. 영지주의의 본면목은 애초부터 영이 마음이고 혼은 생기체에 불과하였고 카발라에서 혼은 영의 속성일 뿐이며 힌두는 철저한 혼영일체나 다신체론과 다층적 저승론, 심지어 의식의 수준론을 넘어 다의식론을 주창하는 신지학이 기왕의 비학을 모두 포괄하려다 보니 구구한 변에도 불구하고 결국 신지학은 마음(혼)을 버려야 하는 지경에 빠진 것이다.

18. 위와 같은 신지학의 역진화적 '모나드 영혼론'은 진화에 의해 탄생하는 다른 영적 존재(정령 등)는 어떻게 진화의 끝(천사, deva)에 다다를 수 있는지를 설명할 방법이 궁색하다. 또한 광물단계에서부터의 생명 진화론의 서사를 웅대하게 그려 왔던 그 신지학은 갑자기 어디로 갔는지는 더욱 알 수 없다.

19. 베산트의 영혼육 구조와 표준이론의 비교

베산트 신지학				표준이론	
본질 || 생명	體			
아트마. 영(아트믹계, 니르바나계)				신영	
붓디. 영적혼(붓디계)			지복체(붓디체)	혼의 영적 부분	
상위 마나스(코잘계)	인간혼(지혼)	아트마	원인체(코잘체)	지혼(이승혼)	양심체
하위 마나스(멘탈계)			멘탈체		상위정신체
카마. 동물혼(아스트랄계, 카말로카)			아스트랄체		각혼, 하위정신체, 이드체
링가 샤리라(Linga Sharira)(에테르계)			에테르복체	생기체	
스툴라 샤리라(Sthula Sharira)			조밀체	육체	

(*) 표준이론에서 각혼은 생기계 소속으로 그 수승한 정도에 따라
1) 그룹혼에 흡수되어 있는 각혼
2) 그룹혼 내부에서 개체성을 유지하는 각혼
3) 이드(하위 정신체)를 갖추고 개체화되어 그룹혼 주위에 붙어사는 각혼이 있다.
위 3)의 각혼은 재생과 진화를 거듭하여 상위정신체인 에고를 갖추면 최하위 혼계인 중음계에 입성한다. 신지학의 카마는 그 지혼의 이드부분이라고 할 수 있다. 신지학은 이드에 사로잡혀 살다가 죽은 혼은 이드인 카마를 카말로카에 버린다. 그런데 카말로카는 신지학의 아스트랄계에 속한다. 이는 카마가 각혼의 최상위 부분으로서의 이드가 아니라 지혼의 최하위 부분으로서의 이드이기 때문에 차마 그 출신지인 에테르계(생기계)에 버린다고는 못한 때문으로 보인다. 그러나 표준이론에서는 이드는 버리는 것이 아니다. 표준이론의 이드는 체라기보다는 혼의 하위속성이기 때문이다. 다만 표준이론에서는 하급혼이 소멸되면 이드는 당연히 그 출신지인 생기계로 돌아가는 것이니 신지학의 카말로카는 생기계여야 맞다. 그러나 신지학이 카말로카가 아스트랄계라고 하니 표준이론은 그와 균형을 맞추기 위하여 카말로카를 '중음계 외곽'이라고 하였다.

(**) 신지학에서 아트마는 Single monad라고 하고 아트마가 '탈것'인 붓디와 결합하여 Atma-Buddhi가 되면 Dual monad라고 부르며 Atma-Buddhi-manas가 되면 의식을 갖는 인간모나드 즉 Triple monad라고 한다(theosophy.wiki/en/Monad 참조). 또 블라바츠키는 아트마는 인간적인 것이 아니고, 보편적, 절대적 본질이라고 하면서 붓디, 즉 영적 혼은 아트마를 '전달하는 손'이라고 한다. 아트마는 절대적이며 알려져 있지 않은 신의 부분으로 인간과 접촉하기에는 너무 높게 위치해 있다. 그래서 아트마가 인간의 영이 되기 위해서는 맨 먼저 한 層 아래의 붓디를 타는데 이를 아트마 붓디라고 한다(위키백과, Helena Blavatsky 참조).

(***) 듀얼모나드와는 달리 더블모나드(double monad)는 知魂이 제2로고스의 모나드 에센스(Monadic Essence)의 최고 진화체인 각혼과 제1로고스의 모나드가 만나 이루어진 것을 뜻하기로 한다 (8.18.3.3.2. '신지학의 창조론' 참조).

尾207) 신지학의 엘리멘탈과 다의식론

1. 신지학은 멘탈체가 가지는 생명과 의식을 '멘탈 엘리멘탈'이라고 하고 아스트랄체의 그것은 '욕망 엘리멘탈', 육체의 생명과 의식은 '물질 엘리멘탈'이라고 한다. 여기서 엘리멘탈을 표준이론으로 보면 기의 생명력이 혼으로 발전하면서 그 에센스가 모여 혼에 내장되는 하느님의 영화(靈火)격인데 신지학에서는 그 영화가 물질에도 있으며 체마다 따로 있고 심지어 별도의 의식까지 가진다.

2. 표준이론은 혼은 진화단계상 식물로부터 시작되고 혼은 '속성적 구성요소'가 여럿 있을 뿐인데 신지학은 혼이 물질부터 시작하며 여러 身體로 구성되어 있고(多身體論) 또 각 신체마다 생명과 의식을 가지고 있다고 주장하는 것이다. 이른바 신지학의 '다의식론(多意識論)'이다. 이는 힌두이즘에 뿌리를 둔 신지학으로서의 주장이기는 하나 힌두이즘은 기껏해야 汎神論 즉 브라만의 우주 또는 아트만이 만물에 在한다는 사상일 뿐 애니미즘이나 범심론은 이미 넘어선 고급종교였건만, 만물이 정령(精靈)도 심(心)도 아닌 의식을 가진다는 주장을 하는 신지학은 오히려 이 부분에서는 힌두이즘보다 퇴보하였다는 느낌이다.

   신지학이 로고스로부터의 모나드와 엘리멘탈이 만물에 생명력이나 생기를 부여한다는 주장을 하는 것은 이를 진화의 동력으로서 보아 그 합리성이 인정되지만 의식까지 있다는 주장은 에니미즘적 사고로 보여 납득하기 어렵다. 이 주장은 인간의 모든 세포도 각각 생명과 의식을 가진다는 신지학의 또 다른 주장으로 연결된다. 그러나 표준이론으로 볼 때 신지학의 엘리멘탈은 佛性이나 하느님의 靈火 정도로 이해하는 것 이상의 의미가 없다. 의식의 발생은 각혼 때부터다. 세포나 혼의 구성체가 각각 의식을 가진다는 다의식론적 사고는 범심론적 애니미즘으로 모든 원시적인 종교에서 찾을 수 있는 저능한 영성이고 신지학의 코드인 혼의 진화론에도 정면으로 역행한다. 표준이론에는 그런 의식은 의식의 가능태로서 '원인의식'일 뿐이다.

尾208) 혼의 DNA와 개체성

1. 혼의 개체성이 육의 차원으로 구현되기 위해서는 혼에도 몸의 DNA개념이 필요하다. 혼에도 DNA가 있는 것이다. 이는 혼의 물성을 고려할 때 매우 합리적인 생각이다. 혼의 DNA가 몸의 DNA와 생리적으로 같지는 않겠지만 시스템적으로는 유사할 것으로 보인다. 그렇다면 몸의 얼굴 모습이나 운동능력, 소질 등은 몸의 DNA 즉 부모로부터 물려받은 유전인자뿐 아니라 혼의 DNA에 의해서도 영향을 받는다. 혼의 DNA는 혼의 개체성이 강할수록 뚜렷하고 강력할 것이다. 즉 전생의 얼굴 모습이나 몸의 특징이 후생에 일부 드러나는 것이다. 심지어 혼의 DNA에는 전생의 흉터 즉 모반(母斑, birth mark)도 포함되는 듯하다. 영국의 정신과 의사 아더 거드햄(Arthur Guirdham 1905~1992)은 모반뿐 아니라 기념일 현상(anniversary phenomenon)을 주장한다. 예를 들면 전생에 비극적 사건이 일어났던 날과 일치하는 기간에 병이 나든가 우울증으로 고통받는다는 것이다.

2. 신지학자 리드비터는 "육체는 어느 정도 자아의 표현이라 할 수 있기 때문에 다음 생에도 육체에 유사한 형태로 나타나는 경우들이 있다. 특히 어떤 사람이 진보하여 인성과 자아의 합일을 이루게 되면 코잘체 안에 있는 영광체의 특성이 인성에 각인되는 경향이 있다. 그가 아데프트(Adept)가 되고 모든 카르마가 소진될 때 그의 육체는 영광체에 가장 가깝게 표현된다. 이런 이유 때문에 마스터들은 아무리 여러 번 환생해도 그를 알아볼 수 있다(「신지학 대의」 참조)."라고 한다. 이쯤 되면 혼의 개체성뿐 아니라 개별성도 몸에 체화된다는 주장이다.

3. 신지학자 지나라자다사는 "부모들이 제공한 육체는 유전 인자들의 저장소이다. 개체성은 환생할 때마다 이러한 인자들 중에서 자신의 카르마에 상응하는 인자들을 선택하여 個性이 일을 하는 데 사용한다(「신지학의 제1원리」 참조)."고 한다. 이 말은 혼이 환생하기 전에 부모뿐 아니라 부모가 준 유전인자 중에서 자신에게 맞는 유전인자를 다시 취사선택 한다는 뜻이다. 같은 부모에서 태어난 자식이라도 용모도 체격도 운동능력도 다 다른 이유다. 결국 육체의 개체성 일부는 부모들이 제공한 것이 아니라 자아(靈) 자신이 직접 선택한 것이다.

4. 신지학에서는 심지어 인간모나드도 DNA를 갖는다. 신지학에 의하면 생이 끝났을 때 영혼(인간모나드)은 상위계로 상승하면서 하위 각 계에 아스트랄체와 멘탈체 등 하위 구성체를 버린다. 그런데 모나드는 훗날 영계 생활을 마치고 환생을 위해 다시 하강하면서 전생에 버린 아스트랄체와 멘탈체의 복사본들을 만들어 입고 태어난다. 여기서 복사본을 만드는 방법이 모나드의 DNA이다. 즉 인간모나드의 DNA는 아스트랄계와 멘탈계를 거쳐 하강하면서 각 계의 물질을 사용하여 이전 생의 복사본을 만들게 된다. 당연히 아스트랄체와 멘탈체도 인간모나드의 DNA에 따라 자신의 DNA를 가지며 이를 생기체를 통하여 육체의 DNA에 반영한다. 그렇다면 DNA는 업(karma)의 다른 표현일 수도 있다.

尾209) 양자얽힘과 텔레포테이션 그리고 표준이론

1. 양자얽힘현상은 1930년대 전후 양자역학의 코펜하겐 해석으로부터 유도되는 결론 중 하나로서 처음에는 예측되는 현상이었으나 이후 사실임이 증명되었다. 그중 하나의 실험은 니콜라스 기신(Nicolas Gisin 1952~)의 주도하에 이루어진 1997년 스위스 제네바 대학의 광양자실험이다. 이 실험은 먼저 하나의 광양자를 똑같은 특성을 지닌 2개의 쌍둥이 입자로 나눈 다음 그 두 입자를 11km씩 반대 방향으로 늘어뜨린 광섬유 가닥을 통해 서로 반대 방향으로 발사시킨다. 그런데 광섬유 가닥의 끝은 갈림길로 나누어져 있어 서로 22km 떨어진 채 광섬유 끝에 도착한 입자들은 각각 어디로 갈 것인지 '선택'을 해야 하는데 이때 두 입자는 언제나, 동시에, 100% 번번이, 같은 선택을 한다. Gisin은 "무엇보다 매혹적인 것은 얽혀 있는 양자들이 마치 하나의 존재인 양 행동한다는 것이다."라고 한다. 이는 쌍둥이 광양자들은 하나가 변하면 나머지 하나도 초공간적, 시차 0의 동시성을 가지고 자동적으로 변한다는 말이다(그렉 브레이든, 「디바인 매트릭스」, 180쪽 외 참조).

2. 표준이론으로 양자얽힘현상을 설명해 보면
   1) 모든 물질에는 기가 스며 있다.
   2) 기는 생명력이다.
   3) 입자는 기로 인해 '생명체로 발전할 가능성'을 가지며 생명은 '의식을 가진 개체로 발전할 가능성(원인의식)'을 가진다. 따라서 입자는 '의식의 가능체'로서 개체내부의 커뮤니케이션은 필수이다. 입자가 갑자기 분리되더라도 '의식의 가능체'로서 내부 커뮤니케이션은 당분간 유지되므로 분리된 입자는 하나처럼 행동한다.

3. 기신은 이후 2000년대에 들어 광자의 양자상태에 대한 정보를 수집해 원격한 실험실로 보낸 다음 똑같은 광자를 다시 만들어냄으로써 텔레포테이션(teleportation)이 가능함을 증명하였다. 또한 2022년 노벨물리학상을 공동수상한 오스트리아 비엔나대학의 물리학 교수 안톤 차일링거(Anton Zeilinger 1945~)도 1990년 후반 이래 여러 실험을 통해서 양자 상태를 유지하고 있는 입자의 양자순간이동(quantum teleportation) 현상을 시연해 냈으며, 또한 양자얽힘을 이용하여 양자 밀도 코딩에 대한 실험을 수행하여 고전 물리학에서는 불가능한 원시성을 입증해 내었고 또한 양자얽힘현상을 기반으로 양자 암호 실험도 구현해 냈다(연합뉴스 2022-10-04 기사 등 참조).
그러나 이러한 텔레포테이션은 SF영화에서처럼 물질 자체가 순간이동하는 것이 아니라 광자의 양자상태정보를 읽어 원격지로 전송하여 이를 읽는 순간 광자는 파괴되고 다른 곳에서 광자가 만들어진다는 사실을 보인 것으로 표준이론으로 볼 때 광양자가 아직 물질과 기의 중간

상태인 에너지 알갱이로서 정지질량 0인 입자이기 때문에 가능한 현상이다. 그렇다면 영화에서처럼 사람이나 우주선을 텔레포트할 수는 없을까? 이는 물질을 구성하는 모든 입자의 양자상태정보를 극히 짧은 시간 내에 읽어내는 한편 그 어마어마한 정보를 순간적으로 전송하고 수신할 수 있다면 가능할지도 모르지만 이승에서는 물성의 조잡성 때문에 현실적으로는 불가능할 것으로 보인다.

4. 표준이론의 시각으로 볼 때 양자 텔레포테이션은
   1) 양자가 파동과 입자의 성질을 동시에 가지는 이유를 보여준다. 즉 물질의 최소단위이자 물질생성의 최초단계인 양자는 기에서 물질로 변화하는 과정이기 때문에 기에 가까운 속성인 파동성과 물질에 가까운 속성인 입자성을 동시에 가지고 있다.
   2) 또 물질과 기는 수시로 상호 변환될 수도 있다. 언급한 것처럼 소립자는 물질의 최소단위이며 이는 기의 물질화 과정의 최초형태이기 때문이다. 또 물질은 '물질의 물리학(物理學) 법칙'이 적용되고 기는 '기의 물리학(氣學)의 법칙'이 적용된다. 양자물리학이 보이는 '비국소성의 원리', '양자도약의 불연속성의 원리', '관찰자효과', '양자얽힘', 'DNA유령효과', '입자와 파동의 이중성' 그리고 '위치와 운동량의 불확정성에 따른 상보성 원리' 등 기존의 거시세계 물리학으로는 도저히 설명할 수 없는 현상과 새로운 공간의 개념(8.18.3.3.4.1. '에테르체와 에테르계' 참조)은 양자가 기의 물질화 과정의 최초형태이기 때문에 보이는 '기의 물리학'의 일단(一端)이다. 이제 인류는 양자역학을 통하여 기의 실체를 확인함과 동시에 기의 세계에 대한 지식을 조금씩 얻어가고 있다. 양자물리학은 '기의 물리학'이 지배하는 혼(魂)과 혼계(魂界)에 대한 기초적인 정보를 우리에게 제공함으로써 학제간의 학문인 영혼학의 일부가 되고 있다.
   3) 광속은 물질의 물리학에만 적용되는 속도의 한계다. 또 어느 한 점에서 다른 한 점으로 이동하는 데 중간 점을 거쳐야 하는 것도 물질계의 법칙이다. 현재의 광자 텔레포테이션은
   (1) 광자의 양자상태가 정보화되는 과정
   (2) 그 정보의 전송과정
   (3) 그리고 받은 정보를 읽는 과정으로 구성된다.
   이때 전송 등 위의 모든 과정은 '물질 물리학'의 구애를 받는다. 즉 정보화의 속도와 만들어진 정보의 전송속도 그리고 이를 읽는 속도는 모두 광속을 넘을 수 없다.
   그러나 코펜하겐 해석에 의한 양자얽힘현상은 광속을 초과한 서로 얽힌(중첩된) 양자 간의 동시성을 그 내용으로 한다. 그렇다면 양자 텔레포테이션에 동시성을 구현할 수는 없을까? 1930년경 코펜하겐 해석이 나왔을 때 아인슈타인 등은 EPR(Einstein, Podolsky, Rogen) 역설을 주장하며 특수상대성원리에 위배되는 양자얽힘의 동시성현상을 부인(否認)하였다. 그러나 아인슈타인이 틀렸음은 벌써 드러났고 아직까지 양자얽힘현상이 보이는 동시성은 물리학계의 수수께끼다. 그러나 표준이론으로 볼 때 이는 양자가 '기의 물리학'적인 성질을 보이는 것일 뿐이다. 표준이론에서 기는 물질 물리학의 적용을 받지 않기 때문에 그 이동에 시간이 필요하지 않으며 공간도 개입되지 않는다. 따라서 양자 텔레포테이션에서 동시성이 구현되려면 양자의 양자상태를 읽는 정보화(파동화) 과정은 양자의 기화(氣化)과정으로 대체되어야 하고 정보를 읽는 과정은 기의 물질화(物質化)과정으로 대체되어야 할 것이다. 물질의 기화와 그 기의 再물질화가 가능할까? 그것이 가능해지는 날 인류가 염원해 마지않던 저승(혼계)과의 통신이 이루어질 것이다.
   4) 양자물리학자 데이비드 봄(1917~1992)은 氣를 '초양자장'으로 파악하였다. 그는 양자역학 이론의 하나로서 양자형이상학(quantum metaphysics)을 주장하였다. 이에 따르면 우주

에 존재하는 모든 것은 초양자장으로부터 분화되는데 초양자장이 중첩되어(superposition) 파동(정보)이 되고, 파동이 뭉쳐 에너지가 되며 에너지가 뭉쳐 소립자가 된다. 따라서 물질은 파동의 다발(wave packet)이 변화하여 만들어진 것이고 한편 파동은 정보(情報)다 (6.6.1. '데이비드 봄의 양자형이상학과 표준이론' 참조). 결국 물질은 정보에서 나왔다. 그렇다면 반대로 물질이 정보로 변할 수 있으니 소립자인 광자의 양자상태가 정보화되는 과정은 기의 물질화과정의 역(逆)인 물질의 기화(氣化)과정의 최초공정이라고 불러도 되는 것이다.

5) 파동인 정보 다발은 봄의 주장대로 중첩되어 에너지가 된다. 그렇다면 정보도 파동도 초양자장인 기도 에너지 불변의 법칙에 따라 시간이 지나도 절대 소멸하지 않는다.

5. 위의 사실은 물질세계인 이승과 기의 세계인 저승과의 차이에 대하여 그동안 영혼학에서 설명해온 여러 사실들을 입증해 준다.
   1) 혼은 기의 덩어리이고 따라서 기의 물성을 가졌으며 기는 물리법칙의 적용을 받지 않는다. 명종 후 의식체인 혼이 육체에서 이탈하여 스스로 텔레포트하여 초월격한 또는 다른 차원에 위치한 명계로 이동해가는 양태와 과정에 대한 영혼학의 설명은 양자얽힘과 광자의 텔레포트 과정에서 나타나는 현상들과 완전히 일치한다.
   2) 물질 以前의 형태가 기이고 살펴본 바와 같이 기는 에너지의 원형으로 그 질량은 불변이며 소멸하지 않는다. 그렇다면 물질이 기화된다면 그때 생성된 기는 어디로 갈까. 이승에 남으면 암흑에너지나 암흑물질이 되고 정묘한 부분이 있어 저승으로 가면 혼계를 구성하는 요소가 된다.
   3) 기 즉 에테르는 물질의 시원(始元)으로 그 정묘성의 수준에 따라 물질계와 에테르계 아스트랄계 멘탈계 등의 순서로 여러 세계의 구성물질이 된다는 것이 모든 동서양의 비전(祕傳)이자 신지학 그리고 표준이론의 주장이다.

6. 이 같은 사실을 감안하면 영(靈)에게도 기성(氣性)이 있을 수 있다는 추론도 가능하다.
   1) 영(靈)은 사념(思念)이다. 이해하기 쉽게 사념체라고 해도 좋다. 思念은 情報이고 정보는 위에서 본 바와 같이 파동이며 파동은 물질의 원인이니 사념도 물질이라고 주장할 수도 있겠다.
   2) 양자역학이 아니더라도 기는 하느님의 숨이며 영 또한 하느님의 숨이니 둘은 어찌어찌 통할 것이다.
   그러나 표준이론에서 영은 물성이 없다. 하느님이 어찌 물성이 있겠는가? 기가 하느님의 숨결이라면 하느님이 결국 기의 원천이므로 그 기가 진화한 존재가 영이니 영은 물성이 있다고 주장하지 마라. 기가 하느님으로부터 발출하였다는 진술은 만물이 하느님의 창조로부터 기원하였음을 의미하는 것이지 물질의 원천인 하느님도 물질이라거나 만물이 곧 하느님이라는 범신론(汎神論, Pantheism) 또는 萬有가 하느님 안에 내재(內在)한다는 범재신론(汎在神論, panentheism)을 의미하는 것은 아니다.

尾210) DNA의 변형과 홀로그램 원칙

1. 우리 몸 안에는 2,300~4,600조 개의 DNA가 있다(보통 몸 안의 50~100조 세포 안에 23쌍의 염기체가 있으므로). 이 중 어느 하나의 DNA가 변형되면 '홀로그램 원칙'에 따라 온몸 전체에 그 변화가 반영된다.

2. 홀로그램은 필름 전체 표면에 사진을 레이저로 골고루 새겨 만든다. 이런 분포성으로 필름 표면 어느 곳이나 전체 이미지가 축소된 것을 담고 있다. 1970년대 초 스탠포드 대학의 신경학자 칼 프리브람(Karl Pribram 1919~2015)은 뇌세포가 전파를 발생시키고 뇌의 정보처리 과정이 홀로그램 방정식과 일치한다는 것을 발견하였다. 홀로그램의 모든 부분은 전체를 담고 있기에 한 부분의 변화는 필연적으로 전체에 반영된다. 이것을 '홀로그램 원칙'이라고 한다. 흔히 '세포 안에 우주가 있다'며 작은 원자가 태양계의 공전 형태를 닮은 것으로 비유되는 '프랙탈(Fractal) 원리'와도 맞닿아 있다.

尾211) 수면 중 혼과 영의 유체이탈에 대하여

여기서는 유체이탈(幽體離脫)이란 용어보다 육체이탈(肉體離脫)이 어떤가 한다. 幽體離脫이란 혼이 유령과 같은 몸의 상태로 변하여 육체를 이탈한다는 의미인데 엄밀히 말하면 혼은 원래 유체이니 혼이 몸을 떠나는 일을 표현하는 용어로는 肉體離脫이 더 맞겠다. 특히 영은 유체가 아니니 더욱 육체이탈이 적합하다. 그러나 유체이탈이란 용어가 이미 정착되어 있으니 이 책에서도 유체이탈이라고 쓴다.

1. 표준이론에서 보면 아스트랄계란 사람의 지혼 중 유한혼(복합혼, 단일혼)이 모이는 저승으로 중음계다. 여기는 사람의 혼이 '죽어서' 가는 곳이다.

2. 혼이 전부 幽體離脫하면 그 사람은 죽는다. 사람이 죽으면 영이 맨 먼저 빠져나가고 혼은 그 다음이다. 혼도 마음체(윤회체)가 먼저 빠져나오고 생기체는 그다음에 빠져나간다.

3. 따라서 표준이론에서는 원칙적으로 살아있는 사람의 혼은 몸을 이탈하지 못한다. 다만 생명력인 생기체만 빼고 윤회체는 잠시 몸을 빠져나갈 수 있다. 유체이탈이 그것이다. 그 잠시 동안 혼은 몸 주변을 배회하거나 기껏해야 리사 윌리엄스가 말하는 '빛의 터널' 직전까지만 다녀올 수 있다. 또 의도적인 유체이탈의 경험은 추천할 만한 일이 아니다. 섭리에 어긋난다. 그럼에도 불구하고 많은 신지학자 등과 오컬트에서는 혼의 유체이탈과 아스트랄계 여행(astral projection)을 이야기하고 있다. 그들은 아스트랄계는 의도적 유체이탈, 명상, 만트라, 근사체험, 자각몽 또는 기타 수단을 통해 의식적으로도 방문할 수 있다고 한다. 선도(仙道)에서도 일정한 경지에 도달하면 양신(陽神)을 통하여 선계(仙界)여행을 할 수 있다고 한다(5.1.2.3.10. '우리나라의 합일사상' 참조).

4. 유체이탈은 혼보다도 영이 하는 것이다. 그러나 영의 유체이탈은 의미 없다. 우선 영은 물성이 없어 體가 아니기 때문에 幽體도 없다. 또한 영의 이동은 물질적 이동이 아니므로 영은 절차와 경로를 통하여 어디를 오고 가는 존재가 아니다. 필요하면 아무 데나 있을 수 있다. 능력에 따라 다르지만 양자(量子)처럼 비국소성도 보여 같은 시각에 여러 군데 있을 수 있다. 또한 영이 몸을 떠나는 일은 수면 시 수시로 일어나는 일이지만 몸뇌에는 물론 혼뇌에도 그 기억이 없어 그 내용을 알 수 없으며 최면에 의해서도 그 정체가 거의 드러나지 않는다. 그리고 영은 혼과 달리 몸을 떠나 혼계 뿐 아니라 영계(신지학의 붓디계 이상)에 가거나 이승의 '친구 영'을 찾아간다. 또는 몸에 남아 영계에서 오는 친구를 맞기도 한다. 신지학도 같은 주장을 하고 있다. 리드비터는 「신지학대의」에서 "사람들은 종종, 어떻게 지상에 살고 있는 우리가 천계의 사자(死者)들과 통신할 수 있는지 묻곤 한다. 사실상 우리의 고급자아는 수면 중 천계의 존재들과 통신하고 있다. 단지 저급 자아의 베일 속에 갇혀 그 사실을 모르고 있을 뿐이다."라

고 주장한다. 여기서 그가 말하는 저급자아(하위 마나스)는 표준이론의 상위정신체로 에고다. 고급자아(상위 마나스)는 신지학의 영인 아트마-붓디-마나스의 인간모나드에 속한다. 영이 수면 중 한 일은 혼의 기억장치인 혼뇌는 당연히 알 수 없다. 이는 영만이 기억하는 내용인데 영 역시 각성 시에는 몸뇌와 혼뇌에 사로잡혀 기억하지 못한다.

尾212) 린포체나 툴쿠의 혼이 두세 개로 나뉘어 환생하는 경우

1. 불교나 라마교(티벳불교)에서는 다음에 무엇으로 환생할 것인가는 전생의 업(業)에 따라 결정되며, 업이 많은 중유(中有)는 사자의 서에 기록된 환생요령 같은 것을 통달하는 이외에 통상적인 방법으로는 인도(人道) 이상으로 환생할 수 없다. 다만 깨달음을 얻어 영원히 깨끗해진 혼은 윤회를 벗어날 수 있으나 그때에도 중생제도를 위해 스스로 인도환생을 길을 택할 수 있다. 라마교에서는 이를 활불(活佛, 툴쿠, 린포체, 보살)이라고 부른다. 달라이 라마가 대표적이다. 그런데 「점술」, 「여신」, 「예언자」, 「귀」 등을 쓴 일본 작가 나루미 다카히라(Narumi Takahira)는 티베트불교의 활불은 환생할 때 반드시 전생의 기억을 가지고 태어난다는 말도 한다. 그러나 이는 환생자가 가지는 잠재기억중의 전생기억을 과장하여 서술한 기록이다. 그 나마의 기억도 나이가 들면 파편만 남기고 사라진다.

2. 그런데 한 명의 활불이 명종하여 여럿으로 나뉘어 환생하는 현상이 있다 하니 표준이론으로는 이해하기 어려운 일이다. 어쨌든 이는 여러 가지로 해석할 수 있다.
   1) 환생한 린포체(툴쿠)의 혼이 복합혼(하급혼)인 경우 : 수승하여야 할 린포체의 혼이 하급혼이라면 이는 놀랄 만한 일인데 어느 한두 린포체만 그랬을 것이다. 실지로도 린포체들의 결점과 비행, 부패, 타락이 여러 번 문제 되었다. 심지어 달라이 라마 6세는 감성적인 인물로 승려임에도 시와 술과 여자를 좋아했다고 알려져 있다. 그러나 이 이유에 의한 혼의 나눔환생은 거의 없었을 것으로 본다.
   2) 린포체의 혼뿐 아니라 영도 환생한 경우 : 고승의 영은 더 이상 환생하지 않고 저승의 일을 하여야 할 것이나 많은 중급영이 환생을 하며 고급영(신지학의 Mahatma 또는 불교의 보살) 또한 필요하다면 중생구제를 위해 환생한다. 이런 일이 발생한다면 혼의 환생과 경합할 수 있겠다. 그런데 표준이론에서 영은 혼처럼 전생의 기억이 혼뇌로 化身하지 않으니 전생을 전혀 기억할 수 없다. 따라서 표준이론에서 이런 경우는 없다.
   3) 정치적이나 또 다른 이유로 전생이 고의적으로 후생을 여러 개로 분리한 경우 : 고의적으로 윤회혼을 분리할 수 있다면 이 경우가 가장 설득력 있다. 관세음보살의 화신이라고까지 이야기가 되는 달라이 라마에게 복합혼 개념은 걸맞지 않다. 원래 관세음보살은 동시에 여러 가지 몸으로 나투시어 중생을 교화하시지 않는가.
   현 14대 달라이 라마의 경우, 중국정부가 차기 달라이 라마의 선택권을 자신들이 가지고 있다고 공공연히 주장하자 그는 15대 달라이 라마는 인도인으로 태어날 것이라고 하며 중국이 괴뢰로 내세울 환생자를 미리 부정하기도 하였으며 한편 툴쿠(Tulku)로서의 환생을 아예 중지하겠다는 언급도 하였다. 역사적으로도 환생자의 선정 과정에서부터 이권을 노린 세력이 개입하여 가짜 환생자를 등장시킨 경우가 있었다. 또한 환생자가 권력다툼의 희생양이 되어 유폐되거나 암살당하는 경우도 있었다. 현재의 판첸 라마(Panchen Lama) 또한 그렇지 않은가.
   4) 퇴행최면의 전문가 마이클 뉴턴(Michael Newton 1931~2016)도 이와 유사한 '영혼의 분할환생'을 말하고 있다. 진보된 영혼은 인간 세상에 동시에 여러 몸으로 동시에 태어날 수

도 있고 이승과 저승에 나뉘어서 안내자의 일과 자신의 수련을 동시에 해나갈 수도 있다는 것이다. 또 환생할 때도 혼의 전부가 일시에 몸에 깃드는 것이 아니라 여럿으로 나뉘어서 들어온다는 이야기도 한다. 그가 말하는 영혼은 혼이다. 영은 나뉠 수 없다. 그러나 수승한 영은 동시에 여러 곳에 있을 수는 있다. 하느님의 遍在性을 닮아 가는 것인가. 양자역학으로 말하면 비국소성(Nonlocality)의 원리다. 어쨌든 고승의 혼은 활불로 태어나면서 스스로를 분할할 수 있다는 말이 된다. 표준이론은 분할환생에 대해 열린 입장이다. 분할환생론은 자아의 성장이나 치매 그리고 환생과정에 대해 많은 것을 설명해 주기 때문이다(미주 43 '몸과 혼의 성장 속도와 분할환생' 참조).

尾213) 「티벳 사자의 서」의 중음, 신지학의 카말로카, 표준이론의 중음계 외곽

1. 「티벳 사자의 서」의 중음은 표준이론의 중음계 최외곽으로 보인다. [이탈→터널→밝은 빛→천상풍경→친지만남→인생회고]의 죽음과정(미주 129 '근사체험의 열 가지의 체험 요소' 참조) 중 밝은 빛을 통과하기 전의 단계이니 근사체험자들이 가장 많이 접한 저승이다. 죽음의 현장을 빠져나와 어두운 터널을 통과하면서 멀리서 밝은 빛을 바라보기까지의 저승 경험만으로는 근사체험자들이 당황과 좌절의 트라우마를 겪었을 가능성이 크다. 「티벳 사자의 서」 필자(파드마삼바바)도 그중 한 사람이다. 신지학에서도 '카말로카(Kamaloka, 범어로 불교의 慾界를 뜻한다)'라는 아스트랄계(외곽)의 저승을 말하면서 '사자의 서'의 중음과 유사한 설명을 한다.

2. 신지학에서 카말로카는 '욕망이 머무는 장소'라는 뜻으로 아스트랄계의 일부다. 이곳에서 망자는 인간혼에게 마련된 행복하고도 평화로운 삶으로 옮겨가기 전까지 정화를 위한 변화를 겪어야 한다. 이 영역을 설명할 때는 다양한 지옥, 연옥, 또는 천국과 지옥의 중간 상태의 조건들이 동원된다. 여러 종교에서는 이런 곳을 일컬어 인간이 몸에서 벗어난 후 '천국'에 이르기 전에 잠시 머무는 곳이라고 말한다. 그렇지만 고문이 끝없이 이어지는 곳이라거나 얄팍한 일부 광신자들이 말하는 것처럼 무지와 증오, 두려움으로 가득한 악몽 같은 곳은 아니다. 하지만 정화를 위한 일시적 고통은 분명 존재하는데 인간이 지상에서 사는 동안 저지른 일들을 본인이 해결하는 과정이라고 할 수 있다. 카말로카는 일곱 영역으로 구성되며 가장 미세한 질료들이 중심으로 가고 가장 밀도가 높은 질료들이 밖으로 간다. 영적으로 발달한 인간은 카말로카를 지체 없이 통과한다(에니 베산트, 「고대의 지혜」 중 '제3장 카말로카' 참조).

尾214) 신지학의 마스터(master)

1. 마스터 앞에 선 사람은 그 위대함 때문에 겸허한 마음을 갖지 않을 수 없다. 그럼에도 불구하고 그 사람은 마음속에 일종의 강한 자신감을 느끼게 된다. 왜냐하면 마스터도 인간이고 그런 그가 성취한 일이라면 자기도 반드시 이루어낼 수 있다는 점 때문이다. 마스터의 면전에 서면 모든 것이 가능해 보이고 쉽게 느껴진다. 마스터들의 강한 진동은 당신 안에 그들과 조화를 이룰 수 있는 성질들만을 불러일으킨다. 그들의 도움 없이는 인간은 비전(祕傳)의 문으로 들어갈 수 없다. 그러나 마스터의 수는 매우 적다. 아마 전부 합쳐서 오륙십 명 정도에 불과하다 (리드비터, 「신지학대의」, 조하선 역 참조).

2. 리드비터는 마스터가 모두 몸을 가지고 있는 육화된 존재라고 하나 다른 신지학자들은 필요시 몸을 나투는 것처럼 묘사하기도 한다. 또 표준이론에서 신지학의 마스터는 고급영인 '보살' 정

도에 해당된다. 그들 대부분은 영계에서 하느님의 창조사업에 참여하며 일부는 환생하여 이승에 부임하기도 하는데 몸을 받아 환생한 보살의 수는 현재 10명 정도로 추정한다. 신지학에서처럼 지구에 와서 형제단에 소속되어 지구를 관장하는 일을 할 수도 있을 것이다. 그 역시 하느님의 창조사업이기 때문이다. 마스터와는 다르지만 스승령도 있다. 표준이론의 스승령은 심령계와 준영계에서 소그룹의 선생이며 친밀한 가이드로서 중급영이다. 혼이 환생한 후에도 그를 지켜보고 필요시 도와주며 혼계에 복귀하면 가장 반갑게 그를 맞아 주는 수호자이자 변호자. 이승에서도 절실하게 찾으면 즉시 그의 손을 잡아 준다.

尾215) 모나드

1. 모나드(Monad)는 헬라어의 모나스(monas)에서 유래한 용어로 단자(單子), 단위(單位) 또는 '1이 되는 것'이란 뜻이다. 고대 그리스에서 피타고라스 학파나 플라톤에 의해서 하나인 존재(One), 제1 존재(First Being), 전체 존재(Totality of All Being : 모든 존재의 총합인 존재)로서의 신(God)을 지칭하기 위해 사용된 단어다.

2. 그노시즘(영지주의)에서 모나드는 불가시(不可視)의 무한 상태의 신(Invisible Infinite God), 또는 신이 현현할 때 그 현현된 존재 상태들 중 제일 첫 번째 존재 상태를 의미한다.

3. 모나드는 노자(기원전 6~4세기 사이)의 「도덕경」에서 "도는 하나를 낳고, 하나는 둘을 낳고, 둘은 셋을 낳고, 셋은 만물을 낳는다(道生一 一生二 二生三 三生萬物)."라고 하였을 때의 하나(一)와 그 개념이 상통한다. 도가에서는 一을 기(氣)로 보아 '천지창조의 스토리'를 구성하지만 이를 '영혼의 탄생스토리'로 보면 모나드일 수 있어서다.

4. 카발라에서 모나드는 '무한의 빛(Infinite Light)'인 아인 소프 오르(Ain Soph Aur) 또는 생명나무인 세피로트(Sephiroth) 중 첫 번째 세피라(Sephira)인 케테르(Kether)를 의미한다.

5. 형이상학적 철학에서, 모나드는 보통 '단일의 본질'에 해당하는 개념이다.

6. 근세에는 범심론자인 니콜라우스 쿠자누스(Nicolaus Cusanus 1401~1464)나 그의 영향을 받은 조르다노 브루노(Giordano Bruno 1548~1600)가 모나드를 세계를 구성하는 개체적 단순자, 세계의 다양성을 반영한 일자(一者)로 보았다.

7. 라이프니츠(Leibniz, Gottfried Wilhelm 1646~1716)는 그의 저서 단자론(單子論, monadologia)에서 독자적인 '단자론적 형이상학'을 주장했는데 라이프니츠는 물리적 원자론을 비판하여 우주를 구성하는 가장 단순한 요소, 즉 자연의 참된 아톰은 불가분(不可分)하며 공간적 확산을 가지지 않는 단순자이고, 형이상학적 점(點)이라고도 할 수 있는 모나드라고 주장했다. 그에게 모나드는 의식적 또는 무의식적 지각을 가진 혼과 유사한 것이며, 각각 고유한 관점에서 우주의 일체의 사상을 표출하는 개체적 실체이다. 라이프니츠에 의하면 삼라만상은 생명작용에 의해서 이루어지며, 물질의 어떤 미세한 부분에도 생명이 있다. 모나드는 이런 우주의 생명활동의 원리이며 또한 불생불멸하다.

8. 모나드는 신지학에 이르러 온갖 신성을 지칭할 때 다양하게 또 혼란스럽게 사용된다. 로고스

로부터 분출되는 단면으로부터 영계를 이루는 물질과 그 영계 자체를 지칭하기도 하며 영의 특정 수준 또는 그런 영(인간모나드)을 의미할 때도 있으며 심지어 물활론(物活論, hylozoism)적인 기(氣)로서의 의미도 있다. 따라서 그때그때 새겨서 들어야 한다.

尾216) 켄 윌버의 인간론과 불교 그리고 표준이론

1. 윌버가 정신계(지적 혼계)를 불설의 삼계 중 색계수준으로 본 것이나 직관계(정신적 혼계)를 무색계 수준으로 본 것은, 색계가 물질적인 것(色)은 있어도 감관의 욕망을 떠난 청정(淸淨)의 세계라는 사실과 무색계는 물질적인 것마저 없어진 순수한 정신만의 세계라는 것을 고려할 때, 그의 정신계와 직관계는 인간이 금생에서 달성하기 어려운 의식수준이 되어 버렸거나, 그가 인간 의식수준의 우주의식적 위치를 너무 과대평가한 것으로 보인다. 사실 그는 불교의 윤회계인 삼계육도를 그의 홀라키적 세계에 억지로 끼워 맞추었다. 이는 그가 영과 혼을 적극적으로 구별하지 않음에 일정부분 기인한다. 즉 켄 윌버가 영혼육의 모델을 따르고는 있으나 영과 혼의 극적인 차이점은 물론 영과 혼의 별도 윤회 부분을 포착하지 못한 것이다. 따라서 윌버와 불교 그리고 표준이론과의 매칭은 이러한 사정을 감안하여야 이해하여야 한다.

2. 표준이론에서 사람은 명종 후 영은 어느 단계 자아의 영이든 영계로 가고 혼은 수준에 따라 중음계(아스트랄계), 심령계(멘탈계) 그리고 준영계(코잘계)로 간다. 켄 윌버의 주장대로 색계는 멘탈계이고 무색계는 코잘계라면 거기는 영계(靈界)가 아니라 혼이 가는 혼계(魂界)다.

3. 불설에서 말하는 색계와 무색계는 각각 18天과 4天(또는 處)의 천(天)이다. 심지어 욕계에도 인간도 위에 바로 天上道 6개가 있다. 이름부터 모두 天國 냄새가 난다. 그런데 불설에서는 이곳이 모두 윤회의 터전으로 이승에 속한다는 '이승적 저승관'이다. 불자들의 염원인 극락이나 정토도 알고 보면 사바세계(이승)에 속한다(미주 120 '불교의 극락' 참조). 이는 모두 영(靈)을 인정하지 않음으로 인해 하느님의 세계인 영계(靈界)를 배치할 곳이 없어 발생하는 불교의 억지세계관이다.

4. 표준이론 입장에서 불교의 삼계육도 교설을 살펴보면 우선 욕계의 육도(六道)에서 지옥도, 아귀도, 아수라도는 중음계에 있는 혼의 재교육기관을 종교적 목적에서 교리화한 것인데 불교는 이곳을 너무 극악한 곳으로 만들었다. 또한 삼계 중 색계는 물질은 있어도 감관의 욕망이 없다 하고 무색계는 물질적인 것마저 없어진 순수한 정신만의 세계라면서 윤회계에 포함시켜 놓은 것을 보면 윤회를 벗어나기 어렵다는 사실을 강조하려는 의도인데, 오히려 윤회계(사바세계)도 살 만하다는 메시지로 변질될까 걱정된다. '천국'이 없는 불교에서는 욕계의 천상도와 색계 무색계 28천을 천국처럼 꾸며 놓아야 하였을 것이다. 정토교에서 극락을 부처가 될 때까지 수행하는 곳이라고 하며 예토인 사바세계도 아니고 그렇다고 문자 그대로의 정토도 아닌 묘한 곳으로 포지셔닝한 것도 같은 맥락이 아닌가.

尾217) 옴넥 오넥의 영혼론

1. 영의 바다(영계)에 잠들어 있던 물질인 무의식적인 원자를 신이 칼(Kal) 또는 부정적인 힘이라 불리는 것을 사용하여 영혼으로 발전시켰다. 물질에게도 영성의 씨앗이 있는데 그 물질에 있는 씨앗영성이 신의 뜻으로 칼(Kal)의 작용에 의해 잠재의식을 끌어당겨 생명체가 되었고 드

디어 의식을 갖고 깨어나게 된 것이다. 영혼이 성장하기 위하여 배워야 할 교육과정이 있는데 그 학교가 하위세계이다. 영혼이 의식을 지닌 원자에서 깨어나고 또 성장하는 이유는 신성을 지닌 개별적인 존재가 되기 위함이다. 영계의 제1하위세계는 에테르계(etheric planes)이며 잠재의식이 가득한 곳이다. 제2하위세계를 코잘계(Causal Plane)라 하는데 이곳에서 영혼은 보다 견고한 코잘체를 가지게 되며 이 코잘체를 통하여 영혼은 낮은 세계에서 살았던 과거의 삶들을 회상해 낼 수 있게 되는 것이다. 제3하위세계는 멘탈계인데 마음의 체(體)로 스스로를 보호하는데 지성체(知性體) 또는 이지체(理知體)라고 한다. 제4하위세계는 아스트랄계로 '감정의 세계'라고 하는데 사람과 산, 나무, 집과 도시들이 존재하고 있다. 제5하위세계인 물질세계는 마음속에 있는 아스트랄로 복제되어 창조된 것이다(옴넥 오넥, 「나는 금성에서 왔다」 참조).

2. 오넥의 주장은 신지학의 주장을 자기 식으로 이해한 것이거나 잘못 베낀 것으로 보인다. 물질세계인 금성을 저승인 아스트랄계로 주장하는 것이 일단 어불성설이고(불교처럼 이승적저승론을 주장하는 것으로 보기에도 저급하다) 물질이 무의식적 원자라고 하면서도 거기에 영성의 씨앗이 있다거나 신이 이를 칼(Kal)이라는 힘으로 깨워 영혼을 만들었다는 것도 뉴에이지에서 유행하는 단어의 나열수준이다. 다만 그가 채널링이나 나름의 영적 직관에 의해 어설프나마 저승의 일단을 본 것 같기는 하다. 과학적 판단은 차치하고 영성적으로 볼 때도 그가 금성에서 온 것 같지는 않다. 안타까운 일이다.

尾218) 신지학의 형제단과 대스승 그리고 그 제자

1. 대백색형제단(Great White Brotherhood)
대백색형제단은 히말라야 형제단(Trans Himalayan Brotherhood) 혹은 티벳 형제단(Tibetan Brotherhood), 아데프트 형제단(Brotherhood of Adepts) 등으로 불리는데 다른 이승 또는 지구에서 진화 끝에 이미 높은 경지에 도달한 초인(超人)들로서 그들 사이에는 서열이 있다. 그 제일이 마하트마(Mahatma)다. 형제단은 인류역사 초기부터 인류를 가르치고 인도하면서 종교의 기본 진리를 각 민족과 나라에 그들의 개성에 맞추어 전해 주었으며 위대한 종교의 창시자들이 모두 이 형제단의 일원이었다고 한다. 블라바츠키를 지도한 쿠트후미나 모리야 대스승도 형제단 소속이다. 이들은 지금도 인류의 진화를 지켜보고 인도하며 진리를 원상태로 보존하다가 필요시 사람들에게 진리를 다시 들려준다. 형제단 멤버는 모두 고정된 육체는 없지만 생명체이며 시기에 맞게 수많은 형태를 취한다. 신지학의 형제단과 유사한 존재들은 이후 다양한 오컬티스트 운동에서 시크릿 치프(Secret Chiefs)라는 초월적인 우주권위자들로 나타나는데 그들은 우주의 운영과 수준의 향상을 책임지는 영적 하리어라키로서 밀교조직을 유지하고 감독한다. 그들의 이름과 내용은 오컬티스트마다 다르고 그들과 접촉했다고 주장하는 사람들마다 다르다. 그들은 化身하기고 하고 육체 없이 활동하기도 한다.

2. 대스승(Master)과 제자
형제단 멤버 중 일부는 인간과 초인 사이를 연결하기 위해 자발적으로 인간의 몸으로 태어나서, 자신의 제자가 될만한 조건을 갖춘 이들을 제자로 받아들인다. 이들이 대스승이다. 대스승들의 목표는 받아들인 제자들의 진화를 앞당기고, 그들이 위대한 형제단에 참여해 인간을 위한 영예로운 선행에 도움이 되도록 하는 것이다. 대스승들은 항상 인간들을 지켜보면서 큰 덕행을 실천하고 인류의 이익을 위해 이타적이고 희생적인 일을 하며, 지적(知的)인 노력을 통해 인류에게 봉사한다. 또한 헌신적이고 독실하며 순수한 마음을 가진 모범적 인간을 찾아 그에게 영적 도움을 주려 한다. 그렇게 찾은 영혼이 성장 잠재력이 있고 자신이 받은 도움을 인류에게 되돌려줄 수 있다고 판단되면 그를 제자로 삼아 영적 능력을 급속히 키울 수 있도록 지도하고 편달한다. 제자는 스승을 알지 못하지만 스승은 제자를 알아보고 그의 노력을 지켜보며 발걸음을 인도하고 진화에 가장 적합한 상황으로 안내하는 것이다. 그 결과 제자들은 우선 육체가 잠든 시간에 아스트랄계에 나와 열심히 일하면서 그곳에 온 영혼들을 돕는다. 사고로 죽은 희생자 영혼들을 위로하며 배움이 부족한 영혼들을 가르치고 도움이 필요한 영혼에게 수없이 다양한 방법으로 도움을 준다. 그리하여 제자들은 대스승의 자비로운 활동에 조금이나마 도움이 되고 조력자로서 숭고한 형제단의 활동에 미력하게나마 참여하게 된다(애니 베산트, 「고대의 지혜」 참조).

尾219) 유란시아書에 대하여

1. 유란시아서(The Urantia Book)는 하느님, 과학, 종교, 인류역사, 철학 그리고 인간의 운명을 논하는 영적, 철학적 내용을 담고 있는 책이다. 이 책은 인류에게 시대적, 영적 계시를 제공하는 과업을 맡게 된 여러 영적존재들이, 윌프레드 켈로그(Wilfred Kellogg 1876~1956)라는 잠자는 영매(sleeping agent)를 통하여 미국 시카고의 의사인 윌리엄 새들러(William Samuel Sadler 1875~1969)를 포함한 5명의 접촉위원들의 질문에 답변하는 형식으로 제공한 기록들을 장기간 정리하여 1924년과 1935년에 사이에 접촉위원들에 의해 출판된 책으로 이해되고 있다.

2. 총 196편의 글로 구성된 이 책은 과학과 역사 그리고 여러 사상에 대한 전문적인 내용을 포함하고 있고 내용 또한 일반 서적의 그것이 아니어서 쉽게 읽혀지지 않는다. 다음과 같은 4개의 부로 나뉘어 있다.
   1) 제1부 중앙 우주와 초우주 : 창조(創造) 그리고 영원하고 무한한 하느님에 대한 개념
   2) 제2부 지역우주 : 지역 우주에 거주하는 생명체들, 창조계 안에서 펼치는 하느님의 계획에 대한 이야기
   3) 제3부 유란시아의 역사 : 지구(유란시아)의 역사, 지구생명체의 창조와 기원, 인간의 목적과 운명, 신(神)과 실체, 생각조절자, 개인성의 생존과 구원, 미가엘 예수 그리스도의 구속(救贖)
   4) 제4부 예수의 일생과 가르침 : 예수의 어린 시절, 10대 시절, 많은 여행들, 여러 설교 여정, 일으킨 기적들, 그가 겪은 위기들 그리고 십자가 사건과 죽음과 부활, 오순절 성령 강림, 예수님이 전해 준 신앙에 대한 이야기

3. 이 책은 현재 퍼블릭 도메인으로 배포되고 있어 인터넷에서 전문을 쉽게 구할 수 있으나 國文 번역판은 전문가들에 의한 번역이 아니라서 번역이 미숙하여 읽기 어렵다. 와중에 번역본에 따라 그 수준이 달라 가급적 유란시아 한국재단의 번역(urantia.or.kr)이나 영문원서를 참조하여야 한다.

尾220) 유란시아서의 '생각조절자'

1. 유란시아서에서는 생각조절자(Thought Adjusters)를 '신성한 불꽃' 또는 '불멸하는 씨눈'이라고 한다. 또 생각조절자와 결합하기 전의 혼은 각혼 중 자의식을 가져 개체화된 수준으로 의지(意志)라고 불린다. 그러나 발달능력을 소유하기 때문에 신의 생각조절자와 융합할 가치가

있는 수준까지 올라갔다는 것이다.

2. 이러한 언급들은 언뜻 조절자가 표준이론의 '하느님의 불씨'인 것으로 보이게 한다. 그러나 유란시아서의 생각조절자는 이전에 다른 혼과 짝을 이루어 여러 생을 살아 본 경험이 있는 조절자가 많고 그런 조절자일수록 혼을 불멸로 이끌 능력이 크다고 하니(110:7.3) 이렇게 되면 표준이론의 영과 비슷한 지경이 된다. 그런데 표준이론에서 신의 불씨는 외부로부터 어느 순간 주어지는 것이 아니라 혼이 진화초기부터 내장한 불성이고 표준이론의 영은 혼으로부터 진화한 존재이며(물론 신영은 생각조절자처럼 하느님이 혼에게 보내신다) 생각조절자처럼 혼이 수승하여 수준이 높아지면 혼과 합일하는 일은 없으니 표준이론과는 차이가 많다.

3. 그렇다면 생각조절자는 오히려 신지학에서 말하는 제2로고스의 '모나드 에센스'처럼 '물질의 의지'에 던져져 그 자유의지로 불씨와 물질이 융합하여 진화하면 언젠가 영이 된다는 주장과 유사하다.

4. '불멸의 씨눈'은 사람의 지성 속에서 살며 이것은 혼이 영원히 살아남을 잠재성이다. 식물과 동물은 한 세대에서 다른 세대로 자신과 동일한 다른 입자(粒子)들을 전하는 방법으로 시간세계에서 살아남는다. 그러나 사람의 혼(인격)은 이 '신성의 불꽃'과 연합함으로 필사자(必死者)의 운명을 벗어나 살아남는다. 그 불꽃은 불멸하며 또 계속되는 상급 수준의 진취적 우주 생활에서 인격을 영속(永續)시키도록 작용한다. 인간의 혼에 감추어진 씨앗은 불사의 영이다(유란시아서, 132:3.6 참조).

5. 유란시아서는 표준이론이나 신지학 같은 '진화에 의한 영혼의 창조론'에 속하지만 표준이론의 '아래로부터의 진화창조론'이 아니라 신지학의 '모나드 영혼론'처럼 '위로부터의 진화창조론'이다.

6. 표준이론에서는 영으로의 진화요소가 최초의 창조 때부터 모든 혼에 갖추어져 있고 여기에 더하여 다른 영의 도움이 있다면 더욱 쉽게 영으로 도약할 수 있다. 표준이론에서 하느님은 태초에 하느님의 생명에너지인 기(氣)를 발출하셨고 혼과 영은 기(氣)의 생명력에서부터 일어난 진화의 결과물이다. 표준이론은 혼에게 어느 순간에 신의 불씨가 주어진 것이 아니라 하느님의 숨결인 기가 갖춘 속성 때문에 태초부터 '신의 영화(靈火)'가 神性 또는 佛性으로 내장되어 있었다고 생각한다. 신의 영화(靈火)는 진화과정에 육체와 같이 발달하였고 인간의 혼에 이르러서는 불씨가 되었으며 先輩 영의 도움으로 열반함으로써 영으로 진화하면서 불씨가 불꽃으로 커진 것이라는 '아래로부터의 진화창조론'이다.

7. 신지학에서는 신의 '제2로고스의 에너지'가 발출하여 7계 중 물질계의 고체(古體)하위계에 광물을 만들고 그 광물에 '로고스의 생명(모나드 에센스, 氣)'이 스며들어 광물수준에서부터 물질을 진화시켜 동물의 그룹혼까지에 이르게 한다. 그렇다면 제2로고스는 생명에너지인 표준이론의 氣와 동일한 것이다. 그러나 신지학 주류가 주장하는 영혼의 진화는 여기서 끝이 난다. 그들은 표준이론과는 달리 제1로고스의 모나드 단편이 동물의 각혼에 작용하여 이들 중에서 인간의 영혼을 탄생시킨다는 '모나드 영혼론'을 주장한다. 이들이 다시 영적인 진화를 거듭하여 언젠가 초인이 된다는 것이다.

8. 유란시아에서도 혼은, 끊임없는 하느님의 이끄심과 특히 생각조절자의 극적인 역할이 있어야

만 영으로 진화한다. 따라서 유란시아서의 이 부분은 신지학에서 직접적 아이디어를 얻은 것일 수도 있다. 유란시아서는 신지학의 융성과 때를 맞추어 나타났지 않는가. 다만 유란시아서의 '물질의 의지'는 신지학처럼 '광물의 의지'는 아니고 '물질수준의 혼의 의지'나 '영성이 없는 인간의 마음의 의지' 정도로 이해된다.

9. 유란시아서에 따르면, 만약 각 개인이 생각조절자의 인도를 받아들이기를 선택하고, 노력하여 수준을 상승시키게 되면 궁극적으로 조절자와 융합하여 결코 분리될 수 없는 하나의 개체를 이루게 된다. 융합한 뒤에는 하나가 가졌던 체험과 가치가 모두 결국 다른 하나의 소유물이 되며, 그래서 이 둘은 실제로 한 개체가 된다(110:7.4). 이 융합으로 혼은 영생을 얻는다. 그런데 이러한 융합은 유란시아인 지구에서 일어나는 일이 아니라 지구에서의 삶을 성공적으로 살고 다음의 세계로 가서 이루어지는 일이다. 조절자와 융합하면, 모든 영혼은 우주 안에서 상승시민의 삶을 살면서 성장과 모험의 길고 긴 순례길을 거쳐 궁극에는 하느님과 낙원천국에 이르게 된다. 이 여정을 모두 끝마친 필사 존재들을 '최종자', '영화롭게 된 필사 존재들', '불사의 혼'이라고 부른다. 유란시아서는 영을 따로 이야기하지 않는다. 생각조절자를 다른 말로 '신다운 영', '신의 영'이라고 하지만 많은 사상과 표준이론에서 이야기하는 영의 개념은 아니다. 오히려 마음과 융합하여 마음을 '불사의 혼'이 되도록 하므로 '신의 불씨' 개념에 가깝다.

10. 부인하기 어려운 사실은 이승에는 영의 기운을 전혀 느낄 수 없는 저질(低質)의 혼들이 매우 많다는 사실이다. 이는 생각조절자가 영이라면 모든 사람에게 깃드는 것은 아니라는 사실을 웅변한다고 본다. 그런데 생각조절자는 대부분의 사람에게 있는 것으로 보인다. 따라서 표준이론으로 볼 때 조절자는 영보다는 약한 하느님의 불씨 쪽이다.

11. 결론적으로 생각조절자는 유란시아서의 독특한 존재다. 삼라만상에 내재한 불성, 하느님의 불씨이지만 하느님이 각 인에게 보내는 사람의 구성요소[*]로서의 靈에 준하는 위력을 가지고 그에 합당한 역할을 하며 혼이 발전하면 혼과 합체하여 하나가 된다.

[*] 어찌 보면 창세기 2장 7절에서 하느님께서 사람에게 불어넣으신 '네샤마'와 비슷하다. 모든 생물체가 가지고 있는 네페쉬(프쉬케)는 '생명력', '기력'이다. 이 네페쉬가 하느님의 네샤마(프네우마, 바람, 숨) 즉 하느님의 숨을 받으면 네페쉬 하야(Nephesch hayah, 살아있는 네페쉬)가 된다. 그리고 삼원론에서 네샤마는 영이다.

尾221) 유란시아의 우주

1. 유란시아서에서는 예수님이 천만 개의 거주가능행성으로 구성된 네바돈(Nebadon) 지역우주의 군주(君主)라고 하는데 지역우주 수인 70만(초우주 7개×초우주당 1조 개의 거주가능행성/지역우주당 천만 개의 거주가능행성=70만)은 '창조주 아들'의 숫자와 들어맞는다. 그런데 혹시 70만 명이 당시 신영(神靈)들의 수인가? 시대가 다르지만 숫자가 너무 안 맞는다. 또한 신영이 모두 예수님 급은 절대 아니다. 예수님은 삼위일체로 하느님께서 직접 자신의 일부를 덜어내신 분이다. 생각건대 하느님과 합일하여 창조주의 아들이 된 고급영의 숫자가 70만 명이 아닌가 한다.

2. 유란시아는 온 네바돈에서 감상을 일으키는 성지(聖地)요, 지역우주의 1천만 세계에서 으뜸이

다. 그리스도 미가엘은 온 네바돈의 군주다(유란시아서, 119:8.8(1319.1)).

3. 네바돈은 우리 지구인 유란시아가 속하는 지역우주의 이름이다. 지역우주는 최대 1,000개의 거주행성이 모인 지역체계(local system)와 지역체계 100개가 모인 100개의 별자리로 구성된다. 네바돈 지역우주는 380만여 개의 거주행성(inhabited world)이 있는데 우리 지구는 619개의 거주행성으로 구성된 24번째 로칼시스템의 606번째 행성이다. 우리 네바돈 지역우주는 다시 100개가 모여 '엔사'라는 소구역(minor sector)이 되고, 소구역 100개가 모여 '스플랜돈'이라는 5번째 대구역(major sector)이 되며, 대구역 10개가 모여 '오르본톤'이라는 7번째 초우주, 다시 초우주 7개가 모여 대우주가 된다. 그리고 대우주 바깥에는 어마어마한 빈 공간이 추가창조를 위하여 준비되어 있다. 요약하면 유란시아(지구)와 같은 개별 거주행성 → 지역체계(1,000개의 거주행성) → 별자리(100개의 지역 체계) → 지역우주(100개의 별자리) → 소구역(100개의 지역우주) → 대구역(100개의 소구역) → 초우주(10개의 대구역) → 대우주(7개의 초우주)이다. 그렇다면 7,000,000,000,000개, 즉 7조 개의 거주가능행성이다! (youtu.be/uJvskvsg2tQ 참조)

4. 이를 '유란시아 방정식(Urantia Equation)'이라고 한다면 유란시아 방정식에 의한 거주행성수 7조 개는 페르미 방정식의 100만 개 보다는 무려 7백만 배나 많다. 유란시아서가 주장하는 이런 어마무시한 우주의 규모는 부처님 우주의 어마어마한 크기에 버금가는 규모로서 하느님의 우주에 대한 경외감을 느끼게 한다. 이러한 유란시아서의 우주규모는 예수님은 '창조주 아들'이시라고 하고 '창조주 아들'의 수가 70만임을 이미 선언함으로 인해 역으로 계산된 우주규모가 아닌가 한다. 즉 예수님이 1,000만 세계를 다스리시는 군주 정도는 되어야 면이 선다고 생각하고 역산하여 구성한 우주 규모라는 것이다. 한편 현재 전 우주의 항성 수는 대략 400해(垓) 개이니까 역산하면 유란시아 방정식에서는 항성 5,714,285,714개에 거주행성이 하나 있는 꼴이고 2,000억 개의 항성이 있는 은하계에는 35개의 거주가능 행성이 있게 된다.

5. 불교의 불국토는 한 명의 부처님이 교화하시는 세계로 삼천 대천세계(三千大千世界)라고 하는데 그 규모는 수미세계(一世界)가 무려 10억 개다. 불교의 수미세계인 3계6도는 욕계, 색계, 무색계에 걸쳐 총 33개의 세계이고 수미세계는 은하계의 규모 정도 된다고 보는데(5.6.3. '이 승은 지구만인가?' 참조) 이를 '붓다 방정식(Buddha Equation)이라고 한다면 이는 묘하게도 위에서 계산한 유란시아 방정식의 은하계의 35개 거주가능행성의 수와 거의 비슷하다. 그런데 유란시아서의 예수님 교화세계의 크기는 기껏 거주가능행성 1,000만 개로 10억 개인 부처님보다 한참 낮은 군주가 되었다. 그것도 3계6도의 33개 세계로 나누면 67만 개 정도의 은하밖에 안 되니 부처님의 불국토에 비해서는 너무 초라하다. '창조주 아들'을 70만 명으로 明言함으로 인한 손실이다. 반면 부처님의 수는 200명으로 계산된다.

尾222) 유란시아서의 예수님

1. 유란시아서는 예수님의 일생과 가르침은 인류에게 주어진 하느님의 속성과 개인성에 대한 가장 완전한 계시라고 한다. '예수님이 보여준 종교'를 익히고 따르는 것이 모든 것을 바쳐 아버지이신 하느님을 사랑하는 것과 같고, 예수님이 사람들을 사랑했던 그러한 길이 바로 사람이 다른 개인을 사랑하는 길이며 아버지로서 하느님을 보려면 모든 이웃을 영적 형제로 깨닫고 사랑해야만 한다고 말하고 있다.

2. 표준이론에서 예수님은 하느님께서 사랑하시는 神靈으로, 혼의 구원(靈化)을 위해 이승에 부임한 하느님의 '사랑하시는 아들'로 본다.

3. 유란시아서에서 예수님을 따르라는 것은
   1) 그가 보여준 기적 때문인가? 그건 예수님이 바라시는 것이 아니다.
   2) 그의 救贖적 희생 때문인가? 그의 희생이 구속이 아니라면 그 이유는 아니다.
   3) 그의 영지주의적 말씀 때문인가? 영지주의는 에소테릭이다. 그렇다면 그것은 만인(萬人)의 길이 아니다. 따라서 이유가 될 수 없다.
   4) 그의 종교가 세계와 역사의 우위를 점한 사실로 보아 섭리로 받아들여야 하기 때문인가? 가장 설득력 있는 말이다. 구속신앙은 하느님께서 '예수님을 통해 인간의 혼이 영으로 진화하는 데에 극적인 계기'를 마련하였다는 점을 드라마틱하게 부각시킨 바오로의 논리이다. 아울러 바오로는 은총의 티켓을 예수님이 쥐고 있다고 생각한다.
   5) 유란시아서를 쓴 사람들(?)이 기독교도여서인가? 이 역시 설득력 있다. 유란시아서의 저자가 하늘의 존재가 아니라 일군(一群)의 사람들이라면 말이다.

尾223) 유란시아서의 다소 황당한 주장들

1. 우주는 이상적이고 신성한 진화계획 아래 수많은 하늘 존재들에 의하여 양육되고 관리되고 있는데 가끔 반란이나 잘못을 통하여 이러한 계획은 방해받기도 한다고 한다. 이는 마치 영지주의나 기독교의 '사탄 신화'처럼 들린다. 완벽한 피조세계에서 그런 사건은 발생할 수 없다. 더구나 지구는 다른 거주행성과 비교해 볼 때, '이곳에 있었던 영적 감시자의 태만과 유별나게 심했던 반란의 역사' 때문에, 지능적인 진보와 영적 달성의 모든 면이 엄청나게 늦은 행성이며 어둡고 혼란스러운 행성으로 특별히 지목되어 있다고 한다. 유란시아는 온 네바돈에서 감상을 일으키는 성지(聖地)요, 지역우주의 1천만 세계에서 으뜸이라고 하는 유란시아서의 다른 부분의 기술과 어긋나는 다소 황당한 주장이다.

2. 유란시아서는 예수님의 십자가 죽음이 인류를 위한 代贖이라는 가르침은 자신들의 권위와 위치를 위협하는 것으로 여겼던 당시의 유대교 종교 지도자들의 공포심에서 비롯된 것이라고 한다. 즉 '예수님은 자신들의 악행으로 인해 죽은 것이 아니라 구속(救贖)의 원대한 계획에 의해 죽은 것이니 자신들의 책임은 없다'는 주장이 성경에 반영되어 구속신앙이 만들어졌다는 뜻이다. 억지스럽다. 다시 말하지만 표준이론에서 구속신앙은 하느님께서 예수님의 삶을 계기로 인간의 혼이 영으로 진화하는 데에 극적인 동기를 마련한 일이다.

3. 유란시아서는 불교를 '위대한 세계적, 범민족적 신앙'의 하나로 여기고 있으며, "수많은 민족의 사회윤리와 도덕과 순응되며 오직 기독교만이 불교에 맞먹을 만하다."고 설명하고 있다. 이러한 멘트가 주는 뉘앙스는 유란시아서의 저자가 불교를 잘 모른다는 것이다. 불교와 기독교는 비교할 수 없다. 엑소테릭한 교리만을 놓고 보면 어느 한 편이 진짜 종교라면 다른 하나는 종교라고 할 수 없을 정도다. 아마도 유란시아서가 불교에 대한 신비감이 서구를 지배하고 있을 때 쓰여진 것이라서 이처럼 호감을 표했을 것으로 보인다.

4. 유란시아서는 "동양에서 이전에 새로운 진리를 선포하는 고타마 부처님에게 귀를 기울였던 것처럼, 오늘날 동양은 유란시아서의 확대된 조화우주의 진리를 다시 받아들일 것인가? 그토록

오랫동안 찾으려고 애써 온 하느님과 절대자에 대한 새로운 개념을 제시하는 상쾌한 자극에 다시 한번 반응을 나타낼 것인가?"라고 묻는다. 대단한 무지며 착각이다. 불교를 찬양하더니 정작 동양종교는 피상적으로만 알고 있는 것이다.
1) 동양에서는 이미 절대자이신 하느님의 존재를 알고 있었고 믿어 왔으며 제사 드리고 기도하고 구복해 왔다.
2) 그 이름이 야훼일 필요는 없다. 비로자나불, 상제, 태극, 무극, 그리고 도(道)는 야훼보다도 더 하느님적인 창조주였다.
3) 게다가 동양에서는 윤회사상도 일반화되어 있었다. 윤회의 진실을 오히려 유란시아가 숨기고 있다. 이는 부처님의 무기(無記) 같은 것이 아니다. 체질화된 기독교 추종이요 무책임(無責任)이요 방기(放棄)다.

5. 유란시아서에 따르면, 다양한 색의 인간 종족이 한 세대, 한 가정에서 갑자기 나타나는데, 이들 아들과 딸들이 햇볕을 받으면 파랑, 노랑, 빨강, 초록, 오렌지 그리고 남색으로 변했다고 말하고 있다. 이들 자손들이 부모의 색을 물려받았으며, 이후 아담과 이브가 보라색 종족을 탄생시켰다고 말하고 있다. 이 책은 파랑, 노랑, 빨강을 '1차 인종'으로, 초록, 오렌지, 남색을 '2차 인종'으로 여기고 있으며, 초록과 황색 인종은 멸종되도록 이끌렸고, 나머지 종족은 시간이 지나면서 혼합되었다고 한다. 이런 황당한 주장은 신지학의 인종론을 따르다가 길을 잃었거나 오버한 것이 아닌가 한다.

6. 기타
1) 하느님의 전지전능, 윤회 등 여러 문제에 대하여 무기(無記)나 부정(否定)을 동원 한 점
2) 과학이나 다른 종교에 대해 잘 모르는 부분이 많이 있는 점
3) 유란시아의 저자라는 9존재가 처한 상황도 지구적이라는 점, 즉 9존재 사이에 분담, 순서, 위계가 있어 보이고 계시에 있어 선택한 매체와 방법 그리고 절차가 다소 황당하다는 점
4) 유란시아서가 종교화되거나 사상적으로 풍미되지 못한 사실
5) 2,000쪽이 넘는 분량 : 내용이 너무 많고 복잡하며 또 관료적으로 딱딱하다는 점은 저술능력과 관계된다.
6) 유란시아서에 대해 여러 책을 쓴 작가 매튜 블록(Matthew Block)은 1992년 유란시아서에서 그 이전에 발간된 출처를 인용한 19개의 인용 사례를 밝혀냈다고 주장하였다. 출처의 저자들은 1905년과 1943년 사이에 미국에서 책을 출판하였으며, 모두가 유란시아 책에서 발견되는 특정한 개념과 언어를 사용하는 매우 학구적이고 학문적인 논문집들이다. 블록은 추가로 125개의 출처가 되는 책을 발견했다고 주장하였다. 이런 종류의 주장은 유란시아서 초기에도 거론되었던 주장인데 그의 말이 사실이라면 유란시아서가 어째서 지구의 지식을 그대로 또는 변형하여 사용하였는지 알 수 없다. 이를 긍정적으로 설명하면 "저승도 계층에 따라 거주자들의 지식에 제한이 크다."라고 말할 수 있다.

尾224) 월쉬의 신나이에 나타나는 주요 주장들

1. 생화학자들은 개별 세포들이, 이를테면 혈액세포들이 나름의 지성을 지닌 듯이 보인다는 사실을 자주 언급해 왔다. 이는 세포마다 생기와 생기체를 가지고 있어서 그리 보인 것일 뿐 지성을 가진 것은 아니다. 너희 뇌는 물체다. 그것은 물질 메커니즘, 생화학 메커니즘이다(닐 도날드 월쉬, 「신과 나눈 이야기」, 마음과 영혼의 실체).

2. 영혼은 너희 안 어디에나, 둘레 어디에나 있다. 그것은 너희를 담고 있다. 영혼은 몸보다 크다. 오라(aura)는 거대하고 복잡한 실체에 대한 상을 너희에게 너희 언어로 줄 수 있는 가장 가까운 말이다. 영혼은 너희를 붙들어 주는 것이다. 우주를 담고 있는 신의 영혼이 우주를 붙들어 주는 것과 마찬가지로. 영혼들 사이에 사실상의 분리는 없지만, 한 영혼을 이루는 소재는 물질 현실 속에서 다양한 밀도를 낳으면서 다양한 속도로 자신을 드러낸다. 영혼도 정신만큼 외롭고, 훨씬 더 버림받고 있다. 전쟁을 없애고, 불안과 동요의 모든 체험을 없앨 방법은 오직 영적인 해결에 있다. 삶의 모든 것은 영적이기에. 각자가 자기 내면에서 평화를 발견하게 하라.

3. 너희의 영혼이 바로 너다. 그리고 영혼은 그것을 알고 있다. 영혼이 하는 일은 그것을 체험하는 것이다. 너희는 자신의 영혼으로 뭔가를 만들어 내려고 이 행성에 존재한다. 너희 몸은 그저 영혼의 도구일 뿐이고, 너희 마음은 몸을 움직이는 힘에 지나지 않는다.

4. 영혼의 언어 속에는 단 두 가지 감정만이 존재한다. 사랑과 두려움이다. 이것을 소위 '받침생각'이라 한다. 모든 개념들은 이 둘의 파생물에 지나지 않는다. 이 둘은 최초의 생각이며, 원초의 힘이자, 인간체험의 엔진을 움직이는 에너지이다(닐 도날드 월쉬, 「신과 나눈 이야기」, 두려움과 사랑).
이를 표준이론으로 보면 사랑은 영의 직관에 기반한다. 직관은 신을 직접 느껴 알고 그 앎은 신에 대한 즉각적 사랑으로 통하고 다시 그 사랑은 다른 모든 사람과 피조물에로의 사랑으로 발전한다. 그러한 사랑만이 진정한 사랑이다. 두려움은 소멸의 공포와 신으로부터 버려짐에 대한 두려움, 그리고 신을 직관하지 못하는 무지의 공포, 마지막으로 신의 존재와 그의 뜻에 대한 느낌은 있으나 완벽하지 못하여 불신하게 됨에 따른 양심의 가책이 그 정체다.

5. 신나이에서 사람의 몸과 마음과 영혼은 하나이다. 또한 사람의 영혼은 신의 부분이기 때문에 사람의 몸도 결국은 신의 몸이다. 따라서 사람이 체험하는 모든 것은 신이 체험하는 것이다. 신은 이 체험으로 진정 존재하게 된다고 한다. 신은 자신이 신이 되기 위해서 인간에게 상대성과 망각을 주어 몸을 입고 깜깜한 세상에 태어나게 하였고 인간은 부여된 의식을 사용하여 현실을 창조하고 이를 체험하여 진실을 자각한다. 이 과정에서 인간이 된 신도 스스로 진실을 자각함으로써 자신이 누구이고 무엇인지 알아낸다. 이것이 신이 인간을 이처럼 창조한 이유다.
그러나 신이 사람의 체험으로 존재하게 된다는 신나이의 주장은 어설픈 과정(過程)철학으로, 인간의 체험을 신의 존재로 잇는 논리에 타당성이 결여되어 있다. 체험은 인간의 성장을 위한 것일 뿐으로 신의 성장과는 아무런 상관이 없다. 신이 어찌 성장하는 존재란 말인가. 신은 다만 진화를 통하여 완벽에 새로운 완벽을 더할 뿐이다. 앎, 체험, 존재가 삼위일체라고 하며 명제처럼 내거는 것도 서투른 방법이며 삼위일체라는 이름을 사용한 것도 동기가 불순하다. 또한 신나이는 따로 발생한 물질과 영혼이 어떻게 하여 하나가 되는지 설명하지 않고 있다.

6. 월쉬는 인간은 몇천 년의 역사 동안 이기적인 면을 극복하지 못하여 정신적으로 거의 진화하지 않았음을 지적하고 모두를 하나로 보는 세계의식을 개발하여 인간 심성을 바꿀 것을 강조한다. 그는 또 인간의 정신적인 발전뿐 아니라 전쟁과 정치, 제도 나아가 환경과 기아, 소득불균형, 차별 기회균등, 교육과 직업의 기회, 의료와 복지, 기본 생존권 등 여러 분야에 관심이 많고 조언을 아끼지 않는다. 세계연방을 추진할 것을 권유하기도 한다. 그런데 과연 인류가

몇천 년의 역사 동안 정신적으로 발전하지 못하였을까? 물질문명의 발전에 비하면 턱이 없어 하느님의 기대만큼은 분명 아닐 것이나 상당한 진보가 있었다. 그도 그의 저술 중 다른 부분에서는 인류가 이룬 과거 75년간의 커다란 기술 진보와 근세의 엄청난 '이해의 폭발'을 이야기한다. 따라서 인류의 미래 精神史도 기대해 볼 만할 것이다.

7. 월쉬는 종교에 부정적이다. 영성이 필요할 뿐이니 종교는 잊어버리라고 한다. 종교는 우리에게 남들의 생각과 체험을 배우라고 요구하지만 진정 필요한 것은 자신의 느낌과 생각을 따르고, 자신의 체험에서 영성을 찾으라는 것이다. 그는 영성이 우리를 종교가 아닌 곳으로 데려갈 것이라고 한다.
그러나 그의 영성도 盛해진다면 종교화될 수밖에 없다. 또한 개인이 가진 종교와 상관없이 모든 영성은 결국 서로 만난다. 기독교영성, 불교영성, 이슬람영성, 무속영성 모두 같은 것이다. 결론적으로 종교에 따라 어느 영성이 낫다는 보장은 없다. 표준이론에서 종교는 인간을 영성으로 인도하는 가장 효과적인 길로 본다. 종교는 어쩔 수 없이 조직이고 역사이고 정치이기 때문에 폐해를 가진다. 그러나 그것은 종교 때문이 아니라 교회 때문이다. 따라서 우리는 이 점을 감안하고 종교를 가지면 된다. 그렇게 되면 교회도 점차 정도(正導)를 찾을 것이다.

尾225) 윤회에 대한 월쉬의 진술들

1. 몸, 마음, 영혼은 다른 특성을 지니긴 하지만 같은 하나의 에너지다(닐 도날드 월쉬, 「신과 나눈 이야기」, 죽음과 환생).
2. 월쉬는 종교란 사람에게 겁을 주어 악한 행실을 회개하게 하고 주(主)의 말을 명심하게 만드는 것이 중요한데 환생이라는 개념은 이를 방해하는 장애물이라고 한다. 윤회론은, '기회는 얼마든지 있다. 염려 말고 너희가 할 수 있는 최선을 다하라. 얼어붙는 두려움에 그렇게 마비되지 마라'고 말하는 것이라서 초기 교회는 환생의 교리를 이단으로 내몰았다고 한다(닐 도날드 월쉬, 「신과 나눈 이야기」, 종교).
3. '참된 자신이 되는 일'이 쉽다고 생각할지 모르지만, 네 삶의 그 어떤 일보다 어려운 과제다. 사실 너희는 평생 거기에 이르지 못할 수도 있다. 아니 많은 생을 거친다 해도 쉽지 않은 일이다. 참을성을 가져라. 너는 지혜를 얻고 있다. 그리고 이제 너는 점점 더 고통 없이도 즐거움을 누려가고 있다.
4. 너희는 수백 번의 과거생을 살았다. 왕이었고, 여왕이었으며, 농노였다. 선생이었고 학생이었으며 스승이었다. 전사이기도 했고 평화주의자이기도 했으며, 영웅이었고, 비겁자였으며, 살인자였고, 구원자였으며, 현자였고, 바보였다. 너는 그 모든 것이었다. 어떤 체험의 선택을 하고 싶은 바람은 과거 체험에서 나온다(닐 도날드 월쉬, 「신과 나눈 이야기」, 과거생).

尾226) 월쉬의 창조론 관련 진술들

1. 그는 뉴에이저답게 요즘 유행하는 양자역학의 파동이론을 도입하여 영혼과 마음의 작용을 설명한다. "생명은 모든 것이 진동이다. 생명은 순수 에너지며, 이 에너지는 쉼 없이 항상 진동하고, 파동으로 움직인다. 그 파동은 다양한 빛을 낳고, 다양한 물체들을 낳는다. 그 물체들은 서로 다르고 구별된다. 하지만 그것을 낳은 에너지는 어느 것이나 똑같다. 에너지는 만물을 이루는 재질이고, 존재하는 전부다. 우리 모두는 다양한 형상과 다양한 물질들을 창조하기 위해 다양한 방식으로 합쳐지고 압축된 같은 에너지다. 만물의 아버지는 순수사고이고, 이것이

생명에너지다. 너희가 절대사랑이라 부르는 것이 이것이고, 신이고, 알파와 오메가이며, 시작이자 끝인 것이 이것이다. 우리 중에 오직 하나만이 있으니, 그것이 바로 너희다." 이러한 월쉬의 주장은 모두 하느님의 생명에너지인 기(氣)에서 모든 것이 기원했다는 표준이론과 대충 상통하는 진술들이다.

2. 신의 약속은 네가 나의 아들이요, 나와 닮은꼴이며, 나와 동등한 존재라는 것이다. 너희는 신이다. 네가 그것을 알지 못할 뿐이다. '너이기도 한 신'으로서 생각하고 말하고 행동하라(닐 도날드 월쉬, 「신과 나눈 이야기」, 신의 약속). 이는 시편 82편 6절 "내가 말하기를 너희는 신들이며 다 지존자의 아들들이라 하였으나" 요한 10장 34-35절 "예수께서 이르시되 너희 율법에 기록된바 내가 너희를 신이라 하였노라 하지 아니하였느냐."의 구절을 떠올리게 한다(닐 도날드 월쉬, 「신과 나눈 이야기」 중 천지창조 참조).

尾227) 안동민 선생의 주요 주장

1. 우리 몸은 살아 있는 하느님의 궁전이며, 수호령이 있어 다른 영은 접근할 수 없다.
2. 사람은 항상 매사에 겸손하며, 사랑하고 기도하는 자세로 임해야 한다.
3. 영적으로 진보한 영은 숨을 거둔 후에 곧바로 영계를 알게 된다.
4. 우리 인간은 우주의 창조자이시며, 내 안에 계시고, 사랑의 창조주이신 하느님의 아들이다.
5. 육체를 떠난 인간은 생전의 보호령의 안내를 받아 幽界로 떠난다.
6. 영혼이 유계로 떠나지 못하는 이유는 죽은 이에 대한 살아있는 이의 강한 애착이 원인일 수 있다.
7. 자기가 누구인가를 깨닫기 시작함으로써 사람은 완성된 인간이 될 수가 있다.
8. 죽고 사는 것은 자신의 선택이거나 하늘의 뜻이니 슬퍼할 필요가 없다.
9. 죽은 후 가족이 무서움을 느끼는 것은 정을 떼고 그 영을 유계로 보내는 과정이다.
10. 어린 영혼은 고급령이 대부분이어서 가족은 기꺼이 집착을 버려야 한다.
11. 지렁이도 밟으면 꿈틀한다. 생명체를 소홀히 대하지 말라.
12. 사랑은 보상을 기대하지 않는 오직 주는 것이다.
13. 소매만 거쳐도 3생의 인연이 있다.
14. 지금 자기가 어떤 상황에 처했더라도 그것은 전생에서의 결과이다.
15. 생각하는 것은 실행하는 것과 같으니 항상 올바른 생각만 하라.
16. 항상 몸과 마음을 깨끗이 하고 마음을 조화된 상태에 두어라.
17. 인간으로 태어난 목적은 좀 더 진화된 영체인간으로 자라기 위해서다.
18. 나쁜 원인으로 인해 생긴 나쁜 결과는 그 3배의 좋은 일을 해서 해소하는 것이 좋다.
19. 아무리 도와줘도 고마운 마음을 안 가지는 상대는 반드시 전생에서 나에 의해 희생된 경우일 것이다.
20. (고시불합격, 시험실패 등은) 성공함으로써 오히려 전생의 과오가 되풀이되는 일이 없도록 하기 위해 보호령이 막는 수가 있다. 예를 들어 판·검사 같은 직업은 합격으로 인해 오히려 더 큰 업을 쌓을 수가 있다.
21. 숙명(시대, 국가, 부모, 남녀)은 우주의 법칙으로 반드시 어떤 필요에 의해서 주어진 것이기 때문에 바꿀 수가 없고, 운명은 마음가짐에 따라 바꿀 수가 있다(사랑의 정신으로).
22. 우주의 법칙 : 1) 인과응보 2) 공존공영 3) 상호불간섭
23. 인과의 법칙을 초월하는 것은 오직 사랑뿐이다.
24. 당장 눈앞에 닥친 결과만 보고 속단하지 말고 마음을 올바르게 가질 때 화를 복으로 바꾼다.

25. 나의 보호령은 항상 나와 함께 있다.
26. 죽고 사는 것은 하늘의 뜻이고 그럴 만한 이유가 있다는 것을 반드시 기억해야 한다.
27. 상대를 변하게 하려면 먼저 자기를 변화시켜야 한다.
28. 영혼의 靈과 魄은 다르다.
29. 靈 : 영계에 있는 독립된 존재, 원판 필름과 같은 것으로 여러 혼을 복사한다.
    魄 : 영에서 복사되어 인간의 몸에 깃든 3魂 7魄이다.
30. 보호령은 절대 인간의 몸에 빙의하지 않는다.
31. 저급령의 특징 : 1) 감정의 기복이 심함, 2) 논리성 결여, 3) 자신을 과대평가.
32. 중요한 것은 전생이 어떤가가 아니고 현재 어떤 인생관을 갖고 사느냐는 것이다.
33. 화를 내는 것은 마치 몽둥이로 간장을 치는 것과 같다.
34. 외계인이 지구인으로 온 경우의 특징 : 나이보다 젊어 보이고, 자식이 없고, 심한 고독감을 느끼고, 영능력이나 초능력이 있다.
35. 세상의 모든 일은 인과응보의 결과이며 죽는 데는 결코 우연이란 없다.
36. 과거를 알려면 현재 이루어지는 것을 보면 알 수가 있고, 미래를 알려면 현재 하고 있는 것을 보면 알 수가 있다.

尾228) 옴 만트라

1. 만트라(Mantra, Man은 마음을 의미하고 tra는 자유롭게 하다, 해방시킨다는 뜻으로 깨달음과 해탈의 성취를 의미)에는 주술의 기능, 의례의 기능, 도구의 기능이 있다. 인도인들은 우주적 진리가 하나의 언어를 통하여 상징될 수 있다고 보았다. 만트라 중에 단음절로 된 '옴'을 '비자(Bija, 씨앗)만트라'라고 부르는데, 고대 인도에서는 종교적인 의식 전후에 암송하던 신성한 음이었으며 만트라 가운데서도 최고의 실재인 브라만을 가리키는 만트라로 특히 중시되어 왔다. 우파니샤드는 각 장마다 그 처음이 옴으로 시작된다.

2. 오늘날 옴과 관련하여 여러 주장이 나타나고 있다.
    1) 옴은 보통 Oṃ으로 표기하지만 본래는 auṃ이다. a는 創造의 브라흐마(Brahmā), u는 維持의 비슈뉴(viṣn), ṃ은 破壞의 시바(śiva)로 힌두의 삼신(三神)을 나타내기도 하고, 각각 하늘, 땅, 대기의 삼계(三界)를 의미하기도 하며, 리그 베다(Rig Veda), 사마 베다(Sama Veda), 아타르바 베다(Atharva Veda), 야주르 베다(Yajur Veda) 4베다 중 3베다인 리그, 사마, 야주르를 나타내기도 한다.
    2) 또 요가에서는 a가 원인체(코잘체), u가 아스트랄체, ṃ이 육체를 뜻한다고도 한다(파라마함사 하리하라난다, 「수행의 왕도 크리야」, 신주희 옮김, 267쪽).
    3) 옴은 브라만의 "세계 혼" 개념을 표현한다고 하는데 이 세계 혼 개념은 "그리스도는 Alpha요 Omega다"라는 그리스도론과 유사한 점이 있다는 주장도 있다.
    4) 옴은 창조자 자신이 소리의 진동으로 자신의 모습을 나타낸 것으로서, 옴으로부터 우주의 별들과 만물 만생이 창조되었다. 또한 옴을 통하여 지구와 지구상 모든 생명들에 생명에너지가 공급되며 생육된다. 성경에 태초에 말씀이 있었다는 것도 그 말씀이 옴이다. 또 옴은 우주창조 시 빅뱅의 원천이다. AUM은 우주태초에 빛이 탄생되었을 때 나타난 빛의 진동이며 창조력으로, 창조의 근원의식과 진동 에너지가 연결되어 있다.

3. 불교에서는 옴을 태초의 소리, 우주의 모든 진동을 응축한 기본음으로 보고 부처에게 귀의하

는 자세를 상징한다. 옴을 염송하면 공덕이 사후에 미쳐, 영혼이 미망(迷妄)의 세계에서 떠도는 것을 막을 수 있다 한다. 불교에서는 관세음보살 본심미묘 육자대명왕진언(觀世音菩薩 本心微妙 六字大名王眞言)인 '옴 마니 반메 훔'에서처럼 진언이나 다라니(dharani, mantra, 眞言)의 첫 부분에 옴자를 붙이는 경우가 많다. '옴 마니 반메 훔'은 '온 우주(Om)에 충만하여 있는 지혜(mani)와 자비(padme)가 지상의 모든 존재(hum)에게 그대로 실현될지라'라는 뜻이라고 하는데 이외에도 "연꽃 속의 보석이여" "신이시여 당신은 알고 계십니다" 그리고 옴은 천계, 마는 아수라, 니는 인간, 반은 축생, 메는 아귀, 훔은 지옥의 六道를 뜻한다는 해석도 있다.

4. 데이비드 봄 등 양자역학의 일파에서 주장하기를 우주의 원인 물질은 초양자장인데 이 초양자장이 뭉쳐 파동이 되고, 파동이 뭉쳐 에너지가 되며 에너지가 뭉쳐 소립자가 된다고 주장한다. 파동은 소리(Sound)인데 그렇다면 우주는 場에서 소리가 나와 창조된 것이니 소리의 중요성은 과학교에서도 입증되는 셈이다.

尾229) 슈타이너의 인간 구조에 대한 다른 설명

본문의 논설과 유사하나 슈타이너의 인간구조론에 대한 해석의 시각을 약간 달리하는 견해도 있다. 해당 논문에서 제시하는 도표를 보면(우진영, '독일 자유발도르프학교의 교육 특성이 우리나라 통합교육에 미치는 시사점' 참조) 다음과 같다.

인간의 세 구성체		각 구성체의 세부 활동		표준이론	
정신	정신인간	직관(Intuition)		영	
	생명정신	영감(Inspiration)			
	정신자아	상상(Imagination)			양심체
혼	의식혼	사고(Denken) 또는 사고하는 인식		혼	상위정신체
	오성혼	감성(Fühlen)			하위정신체
	감각혼	의지(Wollen)			
신체	감각체	신경계	인지(Wahrnehmen)		생기체
			표상(Vorstellen)		
			사고와 관련 있음		
	에테르체	호흡순환계	감정과 관련 있음		
	물질적 신체	신진대사	의지와 관련 있음	육	

尾230) 수면과 죽음의 정의

1. 식물의 수면(睡眠)은 광합성을 중지하고 쉬는 상태이고(광합성을 하지 않는 식물은 어떤 형태든 먹이 활동을 중지하고 쉬는 상태) 휴면(休眠)은 환경이나 조건이 생육에 적당치 않을 때 일시적으로 활동을 중지하는 상태로 대부분의 식물은 1년에 한 번씩 휴면을 한다. 일반적으로 다년생 식물의 낙엽성 휴면이나 일년생 식물의 구근성 휴면이나 형태만 다를 뿐 다 같은 휴면이다. 그러나 구근(球根)으로의 변화가 휴면인지 죽음인지는 죽음의 정의와 관련하여 복잡한 고찰거리를 남긴다.

2. 사전적으로는 '생명활동이 정지되어 다시 원상태로 돌아오지 않는 생물의 상태'가 죽음이라고 정의된다. 그러나 이 정의는 고등동물에 한정된다. 고등동물은 이 정의에 따라 죽음의 시기를 '생물체의 개체를 구성하는 모든 조직세포의 생활기능이 영구히 정지하는 때'라고 말할 수 있는데, 심장고동과 호흡운동의 정지를 그때로 본다. 그러나 식물은 언제가 그런 때인가?

3. 생물체는 번식을 마치면 대부분 죽는다. 그런데 식물은 여러 가지 형태로 번식하며 또 번식을 마친다고 꼭 본체가 죽는 것은 아니다. 식물의 번식 형태에는 열매를 통한 유성생식뿐 아니라 포기나누기, 휘묻이, 줄기꽂이, 꺾꽂이 등 다양하지만 이 모든 형태의 번식이 본체의 죽음을 가져오지는 않는 것이다. 아메바 등의 단세포 생물이 포기나누기처럼 2개체(個體)로 분열될 때는 어떤가. 죽음인가? 아니다. 그런 것은 모두 성장이다. 그렇다면 분열과 유사하게 포기나누기로 번식한 바위취는 성장이고 같은 바위취라도 열매로 번식한 바위취는 죽는가? 열매로 휴면하다가 내년에 다시 싹트면 원래의 바위취에게 그것은 죽음이 아닌가? 이미 생각해 본 구근은 어떤가? 감자는 양분을 저장한 뿌리의 일부인데 마치 과일의 씨처럼 심으면 다시 감자가 된다. 싹눈이 있는 여러 개로 쪼개어 심어도 된다. 그렇다면 감자의 싹눈이 과일의 씨가 아닌가? 사과나무가 사과를 남기고 시들어 죽으면 뿌리의 일부를 남기고 시드는 감자와 다를 것이 없으니 그 사과나무는 죽은 것이 아니다. 번식방법에 따라 죽음이 달리 있을 수 없다. 이런 식의 논리 유추에 의하면 우리의 상식과 달리 바위취나 감자나 심지어 사과나무에게도 죽음이란 없는 것이다.

4. 그럼 식물이나 아메바는 수십억 년간 永生하였는가? 또 위의 논리라면 열매로 번식하는 식물도 모두 영생하는 것인데 인간이 열매와 유사하게 정자와 난자로 자신의 유전인자를 복제하여 다시 아기가 태어난다면 식물의 열매가 싹트는 것과 무엇이 달라서 인간은 휴면이라 하지 않고 죽는다고 하는가?

5. 식물인 바위취나 아메바 나아가 동물의 혼은 모두 표준이론에서 군혼(群魂)으로 본다. 군혼은 이승에서 일견하기로 개체성이 있어 보이나 이는 그룹혼의 일부가 이승에 나타난 것으로 개체성이 없다. 군혼이란 개체가 죽어 그 혼이 저승의 생기계에 가면 종별로 다시 하나의 혼 덩어리인 그룹혼에 흡수되는 혼이다. 사람의 혼인 지혼은 각혼 중 일부가 발전하여 그룹혼을 탈출하여 개체혼이 됨으로써 탄생한다. 각혼이 개체화되는 과정을 보면 처음에는 그룹혼 속에 들어가서도 흩어지지 않고 있다가(반 개체성) 그대로 재생하여 이승에 태어나지만 어느 때부터는 그룹혼에 흡수되지 않고 그룹혼 주변에서 개체성을 유지하다가 재생한다. 이들 중에 일부가 지혼으로 진화하는 것이다.

6. 그렇다고 하여 군혼의 죽음과 개체혼의 죽음을 따로 정의하기도 곤란하다. 따라서 죽음의 정의를 다시 써야 한다. 기왕의 사전적 정의처럼 죽음이란 '생명활동이 정지되어 다시 원상태로 돌아오지 않는 생물의 상태'라고 한다거나 구체적으로 '개체를 구성하는 전조직(全組織) 세포의 생활기능이 영구히 정지하는 상태'를 죽음이라고 하면, 위에서 살펴본 대로 생명체, 특히 군혼의 죽음을 적절히 정의하지 못한다.

7. 그럼 죽음이란 '생물체에서 그 생물의 혼이 모두 빠져나간 상태'를 죽음이라고 하면 어떨까? 이 또한 적절치 않다. '어느 한 아메바' 혼이 나뉘어서 수십억 마리가 되다가 그중 몇 마리가 분열을 못 하고 죽었다 해도 그 몇 마리의 혼은 모두 그룹혼에 복귀하였을 것이기 때문이다.

그렇다면 세포분열하여 증식하는 '어느 아메바'의 죽음은 구체적으로 어느 때인가. 아메바가 번식한 지역에서 그 아메바 종이 절멸하고 몇 년간 나타나지 않았을 때 '어느 한 아메바'의 혼은 죽었다고 할 수는 있을까?

8. 그러나 **어느 지역에서 그 아메바 종이 절멸하고 몇 년간 나타나지 않았을 때**를 죽음으로 정의한다 해도 표준이론에서 볼 때 '어느 한 아메바'의 나뉜 혼들이 생기계의 그룹혼에 복귀하여 재생을 도모하고 있을 수 있으니 그 정의도 곤란하다. 또한 '어느 한 마리'가 번식을 못 하고 죽었다면 그 '어느 한 마리'에 한해서 죽었다고 할 수 있다는 진술도 마찬가지다. 따라서 번식의 경험 유무로 죽음이 정해진다면 그것도 적절한 죽음의 정의가 아니다.

9. 이러한 문제는 포기나누기한 바위취도 마찬가지고 구근을 통한 번식도 마찬가지며 꺾꽂이한 경우도 같고 크게는 종자를 통한 번식도 마찬가지다. 이처럼 죽기 직전에 다른 개체로 증식해 가버린 혼을 논외로 한 채 죽음은 혼이 어느 개체를 떠나는 것이라는 식으로는 말하면 '군혼'의 죽음은 정의가 안 된다.

10. 같은 논리로 벌통의 벌 한 마리의 생명활동이 영구히 정지되었다거나 벌의 각혼이 몸에서 빠져나갔다고 하여 그 벌이 죽었다고 할 수 없다.
    1) 표준이론에서 우리가 소위 '벌 한 마리가 죽었다'고 할 때 일어나는 현상은 다음과 같다.
       (1) 벌의 각혼은 몸을 빠져나와 일부는 부화 중인 알에 바로 흡수되고 다른 일부는 생기계에 있는 그 벌의 그룹혼에 복귀한다.
       (2) 벌의 생기체를 구성하던 생기는 대부분 자연에 방사되어 정화되고 일부는 벌의 각혼을 구성하는 일부가 되어 그 각혼을 성장시킨다.
       (3) 그런데 이러한 현상은 벌의 몸을 구성하는 세포 하나가 죽었을 때도 유사하다. 다만 세포에는 생기만 있을 뿐 각혼이 없으니 그룹혼에 복귀하는 것은 없다.
    2) 또한 벌 한 마리가 태어났을 때 일어나는 현상은 다음과 같다.
       (1) 여왕벌의 알과 수벌의 정자에 생명력인 생기체씨앗(선천지기)이 포함되어 있다.
       (2) 수정되어 부화 중인 벌의 알에 생기계의 벌그룹혼에서 개체화되어 나온 어린 혼(각혼)이 들어온다.
       (3) 주변에서 죽은 벌의 혼 또는 자연으로부터 생기가 보충된다.
       (4) 이후 자연에 만재한 생기(후천지기)를 보충하여 벌의 혼 특히 혼의 구성 부분 중 생기체가 자란다.

11. 벌과 같은 하급 동물의 각혼은 그 혼 전부가 저승의 생기계에 있는 그룹혼에 흡수되는 것은 아닐 것이다. 에센스만 복귀하는 것이다. 또 벌의 그룹혼은 벌의 각혼이 다니는 학교나 공중목욕탕이다. 어떤 혼은 학교에 안 가고 이승 집 부근에 머물다 새로 잉태된 알에 스며든다. 그러니 '생물체의 혼이 그룹혼에 복귀하는 일'도 군혼의 죽음의 정의가 되지 못한다.

12. 이처럼 여러 가지 이유로 **'생물체에서 그 생물의 혼이 모두 빠져나간 상태'**로 벌의 죽음을 정의할 수 없다. 즉 '생물체의 혼이 그룹혼에 복귀하는 일'도 죽음의 정의가 되지 못한다. 군혼을 가진 생명체의 죽음은 **'어느 종이 이승에서 멸종하고 그로 인해 언젠가 생기계에 있는 그 종의 그룹혼마저 흩어지는 일'**이 죽음이다. 그러니 위 어느 벌 한 마리의 죽음은 죽음이 아니라 그룹혼조각의 '이동'이다.

13. 군혼이 아닌 개체혼을 가진 사람의 경우는 어떤가? 군혼의 죽음에서 자연스럽게 유추되는 바와 같이 개체혼을 가진 사람의 죽음은 '**어느 사람의 혼이 저승에 가서 개체성을 잃고 분열하거나 비산하여 소멸하는 일**'이 죽음이다. 그럼 육체의 죽음은 그 사람의 죽음은 아니다. 그런데 대부분의 사람의 혼 즉 지혼은 저승에 가서 개체성을 유지하고 있다가 환생한다. 그러나 사람의 혼도 그 혼이 하급혼일 경우 업을 많이 쌓아 혼이 분열하거나 소멸할 수 있다. 그것이 사람의 죽음이다. 표준이론은 사람이 죽을 확률을 23.73%로 계산해 냈다(부록1 '자아의 수준에 따른 영과 혼'과 부록2 '단계별 혼의 소멸과 분열비율' 참조).

14. 이제 군혼과 개체혼을 망라하여 죽음을 정의해 보면 '**군혼 또는 개체혼이 개체성을 잃고 분열하거나 비산하여 소멸하는 일**'이 된다. 따라서 어느 종교에 '영혼에게 죽음이란 없다'라는 교리가 있다면 信일 뿐 說은 되지 못한다. 그리고 어느 과학교인이 '영원히 사는 존재는 없다'라고 한다면 그 또한 마찬가지다. 우리는 진화의 역사에서 군혼 또는 개체혼이 태어나고 발달하는 것만 보아 왔을 뿐 죽어 없어지는 현상이나 이치는 목도한 바가 없기 때문이다.

15. 고양이의 혼(각혼)은 어떨까? 고양이의 혼도 어차피 개체성이 없다. 고양이의 혼은 죽어서 그 종의 그룹혼에 흡수되었다가 다시 그중의 일부 덩어리가 새로 태어나는 고양이의 몸에 스며들어 그 고양이의 혼이 되는 것이다. 그래서 표준이론에서 이는 還生이 아니라 再生이라고 한다. 어느 고양이의 혼이 죽어서 저승의 고양이 그룹혼에 흡수된다고 하여 그 고양이는 죽는 것이 아니다. 애초부터 개체성이 없으니 죽는 일도 없다. 사랑하는 애완동물인 고양이가 죽으면 주인은 그 죽음을 사람의 죽음에 비견하여 비통해한다. 그러나 개체성이 없는 생물체의 육체의 죽음은 죽음이 아니다. 또 사람이 죽었다 하여도 그의 혼이 저승에 가서 분열하거나 비산하여 소멸하였는지 알기 전에는 슬퍼할 일이 아니다. 그런 의미에서 못된 부자나 많은 사람을 죽이고 못살게 군 독재자가 죽었을 때 그의 장례를 성대히 거행하는 일은 의미가 있다.

16. 어느 사람이 주먹질을 하여 주먹의 세포 하나가 죽었다면 그 주먹세포의 죽음은 개체성이 없는 생기체 조각의 이동이다(7.4. '신지학의 육체' 참조).

17. 別論으로 벌이나 고양이의 군혼의 존재 이유는 무엇인가. 사람의 지혼이 생명 진화의 궁극적 지향이라고 하였는데 과연 그들 군혼의 존재이유와 지향도 그러한가? 그러하다.
    1) 세포의 자살인 어팝토시스(apoptosis)에서 보는 바와 같이 사람의 세포는 전 육체를 위하여 존재한다. 벌 또한 벌의 그룹혼을 위하여 존재한다.
    2) 벌의 그룹혼은 그룹혼 자체의 진화와는 별도로 그들의 수승한 조각(군혼)을 존재의 사슬을 타고 고양이의 그룹혼에 올려보낸다. 전술한 대로 고양이의 혼 중 그 구성하는 기의 형(氣型)이 서로 잘 맞고 이승에서 개체경험을 많이 쌓은 군혼은 점차 수승도를 높이게 되어 처음에는 그가 속한 고양이 종의 그룹혼 내에서 개체화되었다가 더욱 수승해지면 그룹혼에 복귀하고서도 그 외부에 붙어 개체를 유지한 상태로 머문다. 그리고 어느 때 고양이보다 더 진화된 개나 돌고래나 침팬지의 그룹혼으로 흡수되어 올라간다. 그들의 목표는 인간의 지혼이다.
    3) 그러므로 하나의 지혼이 탄생하기까지는 수십억 년이 소요되었고 지금도 수많은 생명들이 지혼을 지향하고 진화의 길을 걷고 있다. "한 사람이 오는 건 그 사람의 삶 전체가 오는 것"이라고 하는데 이 말로는 부족하다. 이렇게 쓰자. "한 사람이 오는 건 우주의 역사 전체가 오는 것"이라고.

18. 결론컨대 생물체의 죽음의 정체가 식물이 다르고 동물이 다르고 사람이 다른 것이 아니다. 만일 각 생물체의 죽음의 정체가 다르다면 섭리(攝理)에 理자를 붙일 수 없게 된다. 피조계(被造界)는 영적설계에 의한 조화의 세계다. 理가 없는 제멋대로의 부조화로는 46억 년을 존재할 수 없다. 조화의 세계에서 모든 생명체의 죽음은 일이관지로 설명되어야 하고 하나의 定義아래 묶여야 되며 이를 묶는 논리는 표준이론의 정의 類여야 한다.

尾231) 의식의 상태와 뇌파

1. 여러 가지 뇌파
    1) 감마(γ)파 상태 : 35Hz 이상의 주파수로 환각 등 이성적으로 통제가 안 되는 상태에 나타난다.
    2) 베타(β)파 상태:
        고 : 20Hz 이상으로 긴장, 흥분, 스트레스를 느끼는 상태이다.
        중 : 15~18Hz으로 정신 집중과 행동이 가장 활발한 상태이다.
        저 : 13~15Hz으로 몸은 움직이지 않고 눈의 초점만 맞춘 상태이다.
    3) 알파(α)파 상태 : 8~13Hz로 각성과 수면의 경계 영역으로 정신을 집중한 학습, 집중명상(止), 최면, 전의식 상태에 나타난다.
    4) 세타(θ)파 상태 : 4~8Hz로 수면 또는 반수면(렘수면)이나 통찰명상(觀), 최면 상태에 나타나며 창의성이 커진다.
    5) 델타(δ)파 상태 : 0.5~4Hz로 깊은 수면 상태이거나 고도의 명상상태이다.

2. 성장 호르몬은 수면을 시작하면 분비되기 시작하고, 중간 시점에 이르기 전까지 가장 많은 양이 분비된다. 유즙 분비 호르몬, 난포 자극 호르몬 역시 수면 중에 증가된다. 수면 상태에서는 8~10% 정도 에너지 대사율이 감소한다. 특히 대뇌에서의 혈당 대사가 30~40% 정도 감소된다. 이에 따라 비렘수면(숙면)이 진행되는 동안에는 호흡량과 심박수, 체온이 각성 상태보다 낮은 일정한 상태로 유지되고, 몸의 떨림이나 발한 등 체온조절 기능의 활동도 줄어든다. 또 숙면 중에는 일반적으로 부교감신경이 활성화되나 렘수면 상태가 되면 교감신경의 활성이 다시 서서히 증대된다. REM 수면 시 뇌파는 세타파이고, 숙면 시에는 세타파와 델타파가 각각 50% 정도 보인다.

3. 렘수면 시기에는 중추신경계에서 합성되는 단백질이 증가하며, 손상된 뇌 조직에도 회복이 진행된다. 또한 렘수면 동안에는 뇌의 대사가 다시 활발해지고 음경이 발기된다. 이는 깨어날 준비를 위해 생기체 경락(經絡)의 맥(기 대사시스템, 10.2. '기와 관련된 실험들' 참조)에 기가 먼저 활발히 순환하기 시작한다는 표시다. 렘수면 시 남성호르몬이 갑자기 분비되어서도 아니고 소변이 마려워서도 아니다. 또 렘수면 시에는 아직 근육을 수의(隨意)적으로 움직일 수가 없다. 렘수면 행동장애 또한 이 불수의적인 근육의 반사적 작동 때문이다.

4. 숙면 단계에서 시상(視床)의 뉴런(neuron)은 억제되어 외부 감각이 대뇌 피질에 전달되지 않는다. 그러나 REM수면 중에는 시상이 활성화되어 꿈에 나타나는 이미지, 소리 및 기타 감각이 뇌에서 발생하여 대뇌에 전달된다.

5. 명상과 수면의 차이

명상 시에는 정신의 각성(覺醒)이 성성(惺惺)하니 몸뇌도 각성상태인 것으로 알기 쉽다. 그러나 이는 정신이 몸뇌의 작용이라고 보는 유물론적 사고방식일 뿐으로 명상에 들면 몸뇌는 기억부분을 제외하고 半수면 또는 수면상태에 들어간다. 그 이유를 보자

구분	몸뇌			혼뇌
	기억부분	사고부분	감각부분	
명상	O	X	△	OO
삼매	O	X	X	OOO
렘수면	△	X	△	O
숙면	X	X	▽	X
자각몽	O	X	△	O
얕은최면	O	O(집중)	O	O
중간최면	△(잠재기억)	O(집중)	△	O
깊은최면	X	O(집중)	△	O
부분마취	O	O	△	O
전신마취	X	X	X	O

1) 명상 시 뇌파는 초기에는 알파(α)파를 보이고 점차 렘수면의 세타(θ)파 또는 숙면의 델타(δ)파로 변한다.
2) 또 명상 시 몸을 의도적으로 움직이려 하면 수면 시처럼 불편함을 느낀다. 이는 명상 시 몸의 수의근(隨意筋)이 수면상태라는 것을 의미한다.
3) 깊은 삼매에 들면 몸의 감각마저 느끼지 못한다. 불수의근(不隨意筋)도 잠드는 것이다.
4) 또 밤새 잠 한숨 안자고 명상으로 지새운 때에도 몸은 전혀 피곤하지 않다고 하지 않는가.
5) 더구나 깊은 명상 시에는 혼뇌의 기억 일부가 새어나와 잠재의식(프로이트의 무의식)이 드러난다. 이는 혼이 몸뇌의 속박에서 벗어났음을 의미하니 몸뇌가 잠들었다는 뜻이다.
6) 불설에 의하면 열반에 가까운 명상에 달하면 전생(前生)의 기억을 일부 상기하여 부처님의 숙명(宿命)의 신통(神通)을 부린다(9.5.3. '변성의식 상태와 영혼육' 참조).

이러한 여러 사실로 보아 명상과 수면의 차이가 몸의 상태의 차이가 아니라 혼의 상태의 차이임이 분명하다. 명상 시에도 수면 시처럼 몸뇌는 잘 수 있다. 그러나 명상 시에는 수면 시와 달리 혼은 성성적적 깨어 있다.

6. 불면증은 혼(정신)이 생각을 멈추지 않고 활동을 계속함으로 인하여 몸이 피곤함에도 불구하고 몸뇌의 각성상태가 지속되는 병이다. 그런데 몸뇌는 혼의 각성이 더 심한 명상 시에는 잠들면서 이때에는 왜 잠들지 못하는가? 그것은 생각의 변화 때문이다. 이 생각에서 저 생각으로 생각이 자꾸 변하면 몸뇌는 이를 혼(정신)이 활동한다는 신호로 보고 잠들지 못한다. 그러나 혼이 일념(一念)상태에 들면 몸뇌는 이를 비활성상태로 판단하고 자연히 잠들게 되는 것이다. 명상이 깊어져 일념(一念)이 무념(無念)이 되면 더욱 그러하다. 몸뇌(思考부분)가 잠들면 감각도 무뎌져 혼도 자칫 잠들지 않을까? 과연 그렇다.[*] 그래서 선방(禪房)에 죽비는 필수다. 일념(무념)과 수면은 백짓장 하나 차이다. 그래서 명상 시 몸을 꼿꼿이 세워 수마(睡魔)를 경계하고 일념을 놓치지 않음으로써 각성을 유지한다. 그러나 몸을 편히 누이면 그 하나가 없으니 혼은 더욱 잠에 빠지기 쉽다. 그러니 불면증이 있는 사람은 잠자리에 들어 명상하라. 그러다 명상에 들면 더할 나위 없이 좋고 깜빡 잠들더라도 손해 볼 일이 없으니 오죽 좋은가. 불면의 밤을 명상의 밤으로 바꾸어도 건강에 아무 지장이 없다 한다. 명상법으로는 초보명상법인 아나빠나(ānāpāna, 들숨날숨, 수식관)명상이나 사념처명상의 첫 번째인 신념처관(身念處觀)을 권한다. 신념처관은 생기체의 감각기능을 관(觀)하는 '감각관찰 명상법'으로 관법(觀法)명상이다. 이때 호흡관련 감각을 관찰하면 지법(止法)명상인 아나빠나와 큰 차이가 없게 된다.(미주 302 '위빠사나(vipassana)' 참조).

(*) 수면제를 먹으면 몸뇌가 강제로 잠을 자게 되고 혼도 따라서 잠든다. 혹시 혼이 잠들지 않더라도 몸뇌가 잠드니 잠을 깨고 나면 몸뇌가 그 사실을 기억하지 못한다. 잠이 개운하지 않을 뿐이다. 그런데 명상 시 혼의 활동내용은 왜 명상이 끝나도 기억이 날까? 이는 명상중에는 수면과 달리 몸뇌의 기억부분은 활동하기 때문이다. 렘수면 중 꿈을 꾸다 정신이 깨어나 꿈이라는 사실을 각성하고 그 내용을 기억하려 애를 쓰면 몸뇌의 기억부분이 더 빨리 깨어나 잠에서 깬 후 꿈 내용이 잘 기억난다. 가위에 눌린 때의 기억은 더하다. 자각몽의 기억이나 일부 근사체험 시의 기억도 그러하다. 명상 시 혼은 그 어느 때보다 각성도가 높아 이로써 몸뇌의 기억부분의 활성을 유지한다.

尾232) 나로부터의 메시지

침대 머리맡 너머 저쪽에는
하느님의 나라가 있고 거기
불씨를 품은 내가 가 있다
나는 시간과 몸의 굴레를 벗고 조용히 쉴 근저(根底)에 가 있다

내가 다시 시공을 입고 각성으로 나올 때
반야(般若)의 나는 마치
메멘토의 레나드처럼
나에게로 메시지를 보낸다

머리맡에 노트와 펜은 안테나다
타이자사는 비슈바로 돌아오면서
생전 처음 보는 사람들 얼굴을 그려 주었고
비슈바는 그답지 않은 詩도 많이 받아 적었다

그러나 비슈바에게 쉽지 않은 것은
남은 잠을 버리고 돌아오는 것과
힘들게 깨어났어도 너무 금방 그 중요한 스토리를
잊어 먹는다는 것

어젯밤에도 비슈바는 '중요한 메시지'를 놓쳤단다
그가 타이자사일 때 꿀잠을 차마 못 이겨
메모는 못 하고 대신
깨어나면 꼭 기억하리라고 떡다짐을 했지만
비슈바 되어 살펴보니
'중요한'만 몸뇌에 남아있더라는
안타까운 이야기다

尾233) 신지학이 말하는 수면 중 영혼의 활동

1. 수면 중 영혼이 몸을 이탈하여 몸 주변이나 이승의 어느 곳 또는 저승을 여행한다는 생각은 역사적으로 뿌리도 많고 깊기도 하다. 그런데 신지학은 이들 모두를 합한 것보다 그 이론이 독보적이다. 그들은 힌두에 연원한 생각에 다신체론과 다층적 저승론 그리고 다의식론과 분할

환생론 등을 결합시켜 혼의 몸을 아스트랄체(하위정신체), 멘탈체(상위정신체) 그리고 코잘체(양심체)로 구체화한 뒤 이들이 수면 중 심지어는 각성 중에도 각 저승을 여행한다는 전제하에 매우 복잡한 이론을 구성하였다. 특히 이들 體는 독립된 몸이므로 표준이론의 혼뇌와는 달리 다의식론에 따라 각 체마다 뇌도 따로 가지고 의식도 따로 가진다. 또 명종 후 이들 각 체의 운명도 다 다르다.

1) 인간이 잠들면 아스트랄체는 육체에서 빠져나와 아스트랄계를 배회하면서 아스트랄 흐름에 따라 이리저리 떠다닌다. 이때 아스트랄체 안에 있는 의식은 잠들지 않은 상태에서 활동을 즐긴다. 이 의식은 그 수준에 따라 아스트랄체의 움직임을 통제할 수 있다. 또한 아스트랄체를 통해 받아들인 인상을 마음속 이미지로 변환할 수는 있으며 지식을 습득할 수 있다. 그다음 그 이미지나 지식을 뇌에 꿈이나 환상으로 각인하거나 아스트랄 뇌에 저장한다(애니 베산트, 「고대의 지혜」 중 제2장 아스트랄계 참조).

2) 또한 자아의 수준이 높은 사람은 멘탈체로 기동(起動)할 수도 있는데 이때에는 육체와 함께 아스트랄체를 가사(假死)상태로 두고 멘탈계로 떠난다. 이때 필요하다고 생각되면 손쉽게 그의 아스트랄체를 껍질로 둘러쌀 수 있다. 이 밖에 어떤 악영향에도 손상되지 않도록 하는 바이브레이션을 그 속에 만들 수도 있다(리드비터, 「신지학대의」 중 제7장 아스트랄 활동 참조).

2. 그들은 이러한 지식을 마스터나 아데프트 등 고도로 진화된 성자들의 조직인 대백색형제단(Great White Brotherhood)으로부터 배웠고 투시(clairvoyance)와 유체이탈(OBE out of body experience)의 직접 경험(또는 블라바츠키류의 영매적 영험과 채널링)으로 확인하였다고 한다. 표준이론의 관점으로 볼 때 그들이 전하는 지식에는 일리가 있다. 그러나 심령주의(Spiritualism)에서 일반적으로 인정되는 유체이탈과 임사체험에 대한 이론을 넘어선 혼(魂)의 활동은 받아들이기 어렵다. 표준이론에서 수면 중 혼계나 영계를 여행하는 존재는 영(靈)뿐이다. 그나마 모든 영이 그런 능력이 있다고 보기도 힘들다. 그런데 영의 기억은 혼뇌나 몸뇌에 반영되지 않기 때문에 영이 직접 외부로 드러나지 않는 이상 몸이 각성 중에는 어느 경우에도 영의 체외이탈 경험이 드러날 수 없으니 영이 아스트랄 여행은 의미없다.

그렇다면 신지학의 아스트랄 여행에 대해서는 다음과 같은 생각이 가능하다.

1) 이론의 근거인 대백색형제단과 투시는 확인되지 않아 근거가 미약한 주장이다.
2) 명종 후 이들 각 체의 세부적 운명에 대해서 신지학 내부에서도 중구난방이다.
3) 신지학의 일반론은 '혼의 여러 체들은 결국 소멸하고 그 체들을 통하여 얻은 경험만 모나드에게 전달된다'고 하여 진화론적 영혼관을 스스로 부정하는 결론을 내고 있다.
4) 극히 수승한 사람의 경우 수면 중 영의 체외이탈 경험이 어떤 식으로든 각성 중에 드러날 수 있다. 신지학은 이러한 희귀한 경우를 과장한 것이다.
5) 이론과 해석은 가급적 '오컴의 면도날(Ockham's Razor)'에 부합하는 것이 좋다. 기왕의 모든 이론을 포용하면서도 단순하고 명확한 이론을 두고 왜 복잡하고 기왕의 사실들과도 어울리지 않는 이론을 설(說)하는가. 이는 2.2.10.에서 '어떤 사실 또는 현상에 대한 설명들 가운데 논리적으로 가장 단순한 것이 진실일 가능성이 높다'라고 이미 명언한 내용이다. 표준이론은 생명과 인간 현상을 포괄적으로 설명하되 가급적 가장 간단하고 단순한 이론을 추구하였다.

尾234) 마야타령

이승별곡

허수아비 탈 씌워 세우고
돌떡에 풀 놓고 소꿉놀이하다
어느덧 해 저물면 돌아가는 이승

돌 보기를 금처럼 하고
종이쪽을 돈이라 하며
물 먹고 술 취해 살다 가는 이승

창문 열고 뛰어내리면 거기가 저승이요
잠시 숨만 참아도 눈 떠보면 저승이요
꿈속에서 꿈꾸다 잠을 깨면 저승인 이승

尾235) 경험하지 않은 것에 대한 꿈

꿈 노트

메시지 있는 꿈이다 싶으면
비몽사몽 중에
머리맡 꿈 노트를 더듬어 쥐고
꿈 조각 하나
잠재의식 저 밑바닥으로 사라지기 전에
그 꽁무니를 그린다
증거를 잡는다

쉽지 않다 더 자고 싶다
메모 대신 해마에 두고 더 자고 싶다
겨우겨우 깨어나 앉아 보아도 십중팔구
한 字도 생각나지 않는다
아깝다 쯧쯧 아름다운 시였는데
멋진 시놉시스고 창조적 아이디어였으며
안타까운 전생의 기억이었는데

그래도 가끔
만난을 거쳐 메모하면 건지는 게 있다
그중에서 기어코 건지고 싶은 것
소설 말고 영화도 말고 아카식 레코드
악몽도 길몽도 말고 예지몽
영어도 말고 독일어도 말고 제노글로시

이 사람 저 사람 다 말고 그 사람
가위 말고 보 말고 유체이탈

어느 아카식 레코드

꿈에 뭔가를 읽다가 잠이 깼다
눈을 반쯤 뜨고 천장을 쳐다보니
열린 방문 사이로 거실 등불이 새어들어 천장 한쪽이 밝았고 거기에
스크린에 엔딩자막 지나가듯 글줄이 가득 지나갔다
읽어 보려고 눈을 부릅떴으나 몇 글자 알아보기 힘들었다
한글인가? 漢字도 있었다 표도 있었다
점점 빠르게 지나갔다
난 꿈이 아님을 확인하려고 손을 들어 글자를 가리켰다
삼사 분이 더 흘렀다
자막은 더 빨라지고 흐려졌다
눈을 질끈 감았다 뜨고 감았다 떴다. 자막은 계속 흐르고 있었다
점점 흐려지다가 마침내 사라졌다
일어나 앉아 꿈 노트와 볼펜을 집어들었으나
한 구절도 못 썼다
천장을 보며 이게 뭘까 곰곰이 생각했다
꿈이 아니었다
꿈은 아니었다
한 구절도 못 적은 게 내 탓도 아니었다

어느 제노글로시

꿈에 외국인과 영어를 했다
나는 여전히
히어링은 제법 되는데 스피킹은 더듬었다
외국인은 멋진 영어로 유창하게 잘도 떠들었다

어? 근데 저 외국인 녀석은 내 꿈속에서 어찌 영어를 저리 잘하나?
저것도 다 내 머릿속의 내 영어 아닌가?
그 순간 외국인은 입을 닫더니 나처럼
더듬댔다

尾236) 나의 수준(水準)

개꿈

작고 꼬물거리는 구더기 무더기
한 움큼을 집어 머리에 얹었다
또 한 움큼을 집어 머리에 얹었다
구더기 떼가 아우성을 치며 머리카락 속으로 기어들었다
어떤 놈들은 얼굴로 어깨로 마구 흘러내렸다
수많은 구더기 떼가 머리가죽 속으로 파고들었다
어느 순간 나는 대머리가 되었다
눈을 떠서 자세히 보니
대머리에 붕긋붕긋 살상투가 생겼다
구더기들이 거기에 몸을 숨기고 머리가죽을 파먹고 있었다
아프지는 않았지만 기분 나쁘게 간지러웠다
더러웠다 무서웠다
마구 문질렀다 비누칠을 하고 박박 긁었다
구더기들이 뽑혀 나왔다
뭉그러지고 녹아내려 손톱 밑에 끼었다
숨이 막히고 억울해서 잠에서 깨었다
목에도 손목에도 묵주를 차고 있었다
오매 하느님!
제 水準이 이렇습니다

尾237) 꿈속의 道

매도송(寐道頌)

잠을 자자
참나로 돌아가자
페르소나의 가면을 벗고
영혼으로 돌아가자

한 문턱 넘으며 몸을 두고
두 문턱 넘으며 혼을 재우고
송과샘 깊숙한 곳
안식처로 가자

생각이 나를 하는 門
금시초문 詩와 曲이 흘러넘치는 門
정랑서방 나를 반기고 옛 친구가 기다리는 門
오매불망 님을 보는 門
그 너머 안식처로 가자

尾238) 전생을 기억하지 못하는 이유

1. 영과 혼이 숱한 전생의 경륜을 가지고 있으나 전생의 기억과 경륜이 겉으로 드러나지 않는 이유는 무엇일까?
   1) 혼뇌와 영뇌의 기억이 각성 시에 나타날 수 없는 것은 섭리(攝理)다. 영과 혼의 전생기억이 나타나면 인간도의 체계가 무너지기 때문이다. 아버지가 아들이 되는 것이 可當한가? 원수와 친구가 될 수 있을까? 전생에 못 이뤘던 것, 사랑하던 사람, 숨겨놓은 자기 재산만 찾아다닐 것이다.
   2) 영혼의 발전과 진화라는 우주 운영의 메커니즘이 흔들린다. 발전은 다양한 경험에서 얻고 발전이 모여 도약하면 진화한다.
   3) 전생이 이어지면 혼은 다양한 경험을 할 수 없다. 음악가는 음악만 하고 화가는 그림만 그릴 것이다.
   4) 전생을 기억하여 혼과 영의 전생 경륜이 차생에 그대로 발현된다면 생을 다시 사는 것보다 그 전생의 수명을 연장하는 것이 (하느님 입장에서) 훨씬 생산적이었을 것이다.
   5) 나의 전생은 지금의 나를 보면 100% 알 수 있다. 기억이 전혀 필요 없다.
   6) 전생의 기억이 좋은 것만은 아니다. 살아서도 건망증이 없으면 恨이 풀리기 어렵고 스트레스와 트라우마에 시달리게 된다. 健忘이 補藥인 것이다. 하물며 비참한 고통과 처참한 죽음으로 점철되었을 전생을 선명히 기억한다면 금생에서 정상적인 삶이 가능하겠는가? 금생의 고통도 이겨내기 힘든 판에 숱한 전생의 트라우마까지 어찌 감당하겠는가. 또 전생에 임금이었다면 금생의 가난을 어찌 감당할 것이며 전생에 역사(力士)였다면 금생이 불구(不具)를 어찌 견뎌내겠는가? Netflix의 Surviving Death 시리즈 중 제6편 '환생'은 대부분 전생의 기억이 트라우마가 되어 후생을 괴롭히는 내용으로 채워져 있다. 간디(Mohandas Gandhi 1869~1948)도 말하였다. "우리가 전생을 기억하지 못하는 것은 자연의 은총이다. 만일 그 엄청난 분량의 기억을 모두 짊어지고 살아야 한다면 삶은 감당하기 힘든 짐이 되고 말 것이다."

2. 그런데 무슨 환생재단이냐. 환생재단 사업은 섭리에 어긋나고 이루어진들 대승적으로 득될 것이 없지 않을까?
   1) 인류의 영성수준으로 보아 때가 되었다. 환생의 사례가 실험실에서 공공연히 드러날 때가 된 것이다.
   2) 기왕의 전생기억 사례를 보거나 500여 툴쿠 사례를 보거나 적절한 정도의 전생기억 그리고 전생과 후생의 연결은 순리에 속한다. 턱도 없는 일이 공공연히 오랫동안 또 그처럼 자주 발생하였을 리 없다.
   3) 환생재단에는 툴쿠 수준의 전생기억만 필요하다. 구도의 효율을 추구하는 한도 내의 기억이다.
   4) 지성이면 감천이다. 구하면 주실 것이요 두드리면 열릴 것이다.
   5) 후생을 준비하려면 금생의 마무리가 훌륭해야 한다. 그러니 밑져야 본전이 아니다. 남는 장사다.

3. 환생을 말하면서도 전생을 기억하지 못하는 사실에 대해서는 아무래도 설명이 필요하였는지 그리스와 중국의 고대신화에는 저승에 망각의 여신을 배치하고 있다. 고대 중국 신화에는 맹파(孟婆, Meng Po, 懞婆?)의 신화가 있고 그리스신화에는 레테(Lethe)여신이 있다.
   1) 그리스신화에서는 환생할 때 '레테 강'의 물을 마시면 전생의 기억을 모두 잃는다. 그러나

'므네모시네(Mnemosyne) 강'의 물을 마시면 전생의 기억이 되살아난다. 환생자는 레테의 물을 마시고 전생을 모두 잊은 채 이승에 태어나고 망자는 므네모시네의 물을 마시고 전생의 기억을 되살려 저승에 입장한다.
2) 맹파는 중국 신화에 나오는 건망증의 여신으로 건망증의 다리(Naihe Bridge)에서 환생자에게 망각의 茶(迷魂湯, míhúntāng)를 마시게 하여 그 사람의 전생기억을 지워준다. 그런데 미혼탕은 다섯 가지 허브향을 가진 五味子차라고 한다. 이 차를 마시면 사람들은 전생의 부담 없이 다음 생으로 환생할 수 있다. 그러나 가끔 사람들은 미혼탕을 마시는 것을 피할 수 있으며, 그 결과 아이들에게 전생의 기억이 떠오른다(wikipedia, 'Meng Po' 참조).

尾239) 전생의 기억

호식(虎食)

희번덕이는 눈깔 사이로
놈은 썩은 냄새로 가득한 거대한 아구통을 열어
질질 처 흘리는 침과 함께 혓바닥에 가시를 돋우고
얼굴 여기저기를 마구 핥아 까대니
가여운 나의 혼줄은 거의 까무라쳤다

악마는 한 걸음 물러서 이리 훑고 저리 보더니
다 놀았다 싶었는가 다시 다가와
주둥이로 턱 밑을 쓱쓱 밀어 올리더니 누런 송곳니로 목을 칵 깨물어
숨줄마저 반 너머 끊고 나서
한바탕 피 맛을 보더라

드디어 으르르 포효와 함께 놈은
치켜세운 앞다리에 솟은 발톱으로
연약한 가슴팍을 허망하게 파고들어 숨통을 부수고
거대한 근육의 뒷다리에 박힌 열 개의 단도로
무방비한 아랫배 맨살을 후벼 파고 들어오도다

이리 던지며 울부짖고 저리 굴리며 놀다가
마침내 사지 하나를 입에 물고
크게 휘둘러 찢으니
드디어 전생은 혼절(魂絶)
숨도 지기 전에 혼이 먼저 몸통에서 빠지는구나

도대체 이런 죽음을 몇 번이나 겪었기에
아이 꿈자리는 열 번도 넘게 오줌에 젖고
육십 늙은이는 이 신새벽에
단말마에 식은땀을 닦으며
졸린 눈을 부릅뜬다는 말이냐

尾240) 접신하는 무당과 빙의하는 영매의 차이

1. 무속(巫俗)에서 접신이 되는 무당은 대개 현재형 또는 미래 진행형으로 말을 하고, 빙의하는 영매는 대부분 과거형으로 말을 하는 경우가 많다. 접신은 점을 치고 빙의는 망자를 불러오는 것이 主目的이다.
2. 접신하여 미래 진행형으로 설명하는 무당은 목소리나 표정이 변하지 않는다. 접신하는 무당은 상담자의 조상령을 몸에 싣지 않고 자신의 신령(몸주신)과 교감하며 상담을 해준다고 한다.
3. 그렇지만 상담자의 조상령이 몸에 임하여 그 조상령이 직접 말을 하는 빙의의 경우에는 표정과 목소리가 변한다. 따라서 접신 무당과 영매 무당을 구별하는 것은 어렵지 않다.
4. 빙의하는 무당은 방울이나 엽전, 부채 쌀 등을 매개체로 하여 흔들면서 조상령이 몸에 실리는 순간 몸을 움찔하며 수면 또는 최면에 빠진 듯이 현재의식이 마비된다. 현재의식이 마비된 무속인의 몸에 실린 조상령은 찾아간 손님이 알고자 하는 사실을 알려 준다. 그리고 몸에 실려졌던 조상령이 빠져나가고 의식이 깨어나면 대개 아무것도 기억할 수 없다(접신하는 무당과 영매하는 무속인, 일정수월 블로그 참조).
5. 표준이론에서 접신이나 빙의 시 나타나는 영적존재는 대부분 생기체 유령인 지박령으로 본다. 혼이 아니라 생기체인 것이다(미주 40 '귀신 그리고 신지학과 표준이론의 지박령' 참조). 그러나 살아서 오성음고(五盛陰苦)가 至極하여 이승에 미련이 많이 남은 원혼(冤魂, 신지학에서 말하는 에텔아스트랄 유령)이 있을 수 있다. 어느 경우나 이승에 오래 있지는 않는다. 그러나 접신의 경우에는 드물게 무당의 몸주신이나 영매인 리사 윌리엄스처럼 자신의 인도령과 오랜 기간 교통하는 경우가 있을 수 있다고 본다. 이들의 정체는 경우마다 다르다.

尾241) 광물의 魂과 意識

氣分

10년 탄 자동차
정든 자동차
자동차도 나에게 정이 들었다

차를 바꾸고 싶으나
魂은 없어도 氣 가득한 내 친구
차에게 미안하다

차도 마찬가지다
나를 떠나 딴 사람을 태우는 일이
그에게 氣分 좋은 일일까?

尾242) 교령회와 엑토플라즘

1. 교령회(交靈會, séance) 또는 강령회(降靈會)
    1) 좁은 의미로는 1840년대에 미국에서 출현해 19세기 후반 유럽의 부르주아들을 열광시켰던 降靈術 모임인 '세이앙스(séance)'를 의미한다. 이는 영매의 개입 하에 테이블에 둘러 앉아 영적존재와의 소통을 도모하는 세션(회합)이다. séance라는 단어는 session의 프랑스

어로 특별히 영어권에서는 교령회를 뜻하는 단어로 차용되었다.
2) 넓은 의미의 교령회는 영매를 통한 영적존재와의 커뮤니케이션 또는 영적현상을 초래하는 모든 모임을 의미한다. 사실 좁은 의미의 교령회와 별 차이가 없다. 있다면 넓은 의미의 교령회에 현현하는 영적존재는 좀 더 고급영혼일 것이라는 믿음뿐이다.
3) 모든 종교는 강령술을 이용한다. 가장 손쉬운 전도수단이기 때문이다. 惡用과 利用과 善用의 차이일 뿐이다. 예로써 굿, 원리연구회, 신유(神癒, Divine healing)집회, 성령강림회, 성령쇄신대회 등을 들 수 있다.

2. 엑토플라즘(ectoplasm)은 교령회(séance)에서 영매로부터 스며나와 공중부양이나 래핑(rapping)현상 등을 일으키는 물질 이름이다. 아일랜드 Queens 대학 공학교수인 윌리엄 잭슨 크로포드(William Jackson Crawford 1881~1920)에 의해 과학적으로 검증되기 시작하였다. 그는 골리거(Goligher) 가족의 교령회에 참석하여 조사연구한 결과를 「심령현상의 실재(The Reality of Psychic Phenomena, 1916)」, 「심령구조(Psychic Structures, 1921)」 등의 책을 통하여 발표하였다. 그에 의하면
1) 모든 실험 중에 영매는 명확한 의식을 가지고 있다.
2) 엑토플라즘은 주로 막대기 모양으로 형성된다. 이들 막대기는 영매로부터 흘러나와서 여러 가지 물체에 연결되면서 '막대 형태'가 되고 사람과의 접촉 없이 다양하게 움직인다.
3) 엑토플라즘은 바다, 탁자, 종 등을 침으로써 소리를 발생(rapping)시키기도 하고 흡착하여 물체를 붙잡을 수 있으며 섬세한 기계적 효과를 수행할 수도 있다.
4) 엑토플라즘은 주로 영매로부터 얻어지지만 참석한 모든 사람들로부터 조금씩 보충된다.
5) 엑토플라즘은 보통의 시력에는 잘 보이지 않지만 때때로 보이기도 한다. 그것은 마치 공기가 죽어서 역겨운 물질의 입자들과 혼합된 것처럼 파충류와 같이 끈적끈적하고 차가운 기운을 띠고 기름기가 있다.
6) 엑토플라즘에 고전압을 가하면 전도체가 된다. 또 흰빛은 엑토플라즘을 파괴하지만 붉은 빛은 아주 강하지 않다면 해롭지 않다. 그 구조는 플래시로 촬영할 수 있다.
7) 엑토플라즘이 몸 밖으로 유출되면 영매의 체중은 16~25kg까지 줄어든다.
8) 엑토플라즘은 두 가지 종류의 질료로 구성된 것으로 보인다. 하나는 교령회가 끝나면 나온 곳으로 되돌아가는 백색의 반투명의 물질이며 量이 많다. 다른 하나는 현상이 일어난 후에 소멸되는 것으로 양이 미세하며 만질 수 없고 영매에게서만 나온다. 표준이론에서 추정컨대 후자는 빠져나온 生氣의 일부이고 전자는 유기물로서 영매를 비롯한 참가자들의 육체로부터 유출된 것으로 보인다. 생기체의 일부가 그가 컨트롤하는 육체의 부분을 가지고 몸에서 빠져나온 듯한데 그렇다면 생기 일부분은 왜 복귀를 하지 않는지 알 수가 없다. 워낙 무게가 없어서 복귀여부를 측정할 수 없어서 그렇게 보일 뿐 모두 복귀하는 것이 아닐까? 하여간 무게는 주로 전자에 의하여 만들어진다. 신지학자 포웰 또한 엑토플라즘이 에테르(기)로 구성된 것만은 아니라고 말한다.
9) 엑토플라즘은 영매의 몸에 매우 가까이 있는 망은 통과할 수 있으나 물성화가 진행된 이후에는 망을 통과할 수 없다.
10) 엑토플라즘은 영매의 전신으로부터 방사되지만 주로 손발과 정수리, 가슴, 입과 뺨의 내부표면에서 나온다.
11) 엑토플라즘은 독립성을 가지고 있어서 손 형태를 띠기도 하는데 '엑토플라즘 손'은 손가락을 움직여 관찰자의 손을 움켜잡을 수도 있다.
12) 엑토플라즘은 참석자들의 상념에 의하여 영향을 받으며 최면상태에 있는 영매는 암시적인

영향을 받기가 매우 쉽다.
13) 엑토플라즘 일부 조각을 瓷器접시에 보관한 후 현미경으로 관찰해보니 인간의 피부와 타액 성분, 얼굴에 바르는 분가루, 옷 조각 등의 성분이 발견되었다.

이러한 그의 주장은 이후 격렬한 검증 논쟁을 불러왔다. 결론은 항상 그렇듯이 각자 믿고 싶은 대로였다.

尾243) 아우라에 대하여

1. 아우라(aura)는 사람의 신체에서 발산되는 보이지 않는 기나 은은한 향기 혹은 고유의 분위기로 특히 영혼이 내뿜는 에너지나 영적 분위기를 가리킨다. '숨'을 의미하는 그리스어 아우라(aura)에서 유래했다. 거의 대부분의 문화권에서 나타나는 개념인 것을 보아 그 실재성을 의심하기 어렵다. 가장 대표적인 것이 후광(後光, 光輪, Halo)으로 동서양을 막론하고 宗教畵에서 묘사하는 성인이나 신들의 뒤태에서 쉽사리 찾아 볼 수 있다.

2. 작가 테드 앤드류스(Ted Andrews 1952~2009)는 그의 저서 'How To See and Read The Aura'에서 아우라가 사람의 육체적, 정서적, 영적자아의 수준을 물리적으로 표시해 준다고 주장하고 이를 해독하기 위한 테크닉을 제시하면서 아우라는 건강한 사람의 경우 신체의 주위를 2.5~3m에 걸쳐서 타원형 혹은 계란형으로 싸고 있다고 한다. 일찍이 엠마누엘 스베덴보리는, 인간의 주위에는 '파동체'가 존재해, 그 안에 인간의 사고가 시각적으로 나타난다고 말하고 있다.

3. 아우라는, 자연과학적으로도 실험실에서 측정되고 있으며 미약한 전기 에너지, 전자장, 빛의 에너지, 음파 등으로 여겨진다. 의학적으로도 치료에 응용된 사례가 보고되어 왔고, 현재에는 부인할 수 없는 수많은 연구가 쌓여 유사과학 수준을 넘어서고 있다.

4. 최근 UCLA의 생리학과 교수 발레리 헌트(Valerie V. Hunt 1916~2014) 등 일단의 연구진은 영능자들이 영시(靈視)를 통해 증언하는 '인체의 주위의 아우라의 색'과 인체가 발하는 저밀리 볼티지 신호의 주파수의 패턴과의 상관관계를 실증했다고 보고했다.

尾244) 암흑물질과 암흑에너지

1. 암흑물질(dark matter, 暗黑物質)이 존재한다는 사실에 물리학계 이견은 없다. 그 존재 근거로는 나선은하의 안정성, 은하회전속도, 중력렌즈, 우주거대구조형성, 우주배경복사 등이 꼽힌다. 검출을 위한 오랜 노력에도 불구하고 마초, 윔프 등 후보물질만 거론될 뿐 그 실체는 아직 발견되지 않고 있다.

2. 공간자체가 암흑물질일 수도 있다. 미국의 로봇공학자인 호르헤 챔(Jorge Cham 1976~)은 '상대성이론에 의하면 공간은 물질'이라고 한다(호르헤 챔·대니얼 화이트슨, 「코스모스 오디세이」, 고현석 옮김, 126쪽). 또 '공간은 사방으로 평평하다'고 한다(전게서, 136쪽). 공간은 매질(媒質)로서 채워져 있다는 의미에서 물질이라는 주장이 아니라 그저 공간은 물질이라는 것이다. 그렇다면 물성이 있는 공간 또한 물질처럼 기에서 만들어진 것일 수도 있다. '암흑물질'

일 수 있다는 의미다.

3. 암흑 에너지(dark energy)는 아직 정체가 잘 알려지지 않은 에너지의 한 형태인데, 우주 전체에 고르게 퍼져 있으며 시간이 갈수록 우주를 점점 더 빠르게 팽창시키는 역할을 한다. 물질은 중력에 의해 서로 잡아당기므로 그 사이의 거리가 점점 가까워지거나, 멀어지더라도 멀어지는 속도가 점점 줄어들어야 한다. 즉, 중력만 있다면 어떠한 경우에도 물질들이 멀어지는 속도가 더 커질 수는 없는 것이다. 따라서 우주는 팽창하더라도 팽창 속도가 점점 작아져야 한다. 그러나 여러 관측 결과를 종합하면, 우주는 팽창 속도가 점점 더 커지는 가속 팽창을 하고 있다. 이는 중력과 반대로 척력으로 작용하는 다른 어떤 것이 있다는 것을 의미한다. 이것을 암흑 에너지라고 부른다.

4. 양자 역학에서는 진공(vacuum)은 완전히 비어 있는 것이 아니라 미약한 입자와 반입자가 순간적으로 끊임없이 생성되고 소멸되는 '진공요동'이 있다고 하고 이것을 '진공에너지'라고 부른다. 이러한 생각은 '진공에너지'가 우주의 70%를 차지하는 암흑에너지라는 생각으로 이어진다. 또 진공에너지는 에너지 보존의 법칙이 적용되지 않아 공간이 넓어질수록 진공에너지도 늘어난다고 한다. 암흑물질인 공간이 암흑에너지인 진공에너지로 변하는가? 그렇다면 에너지 보존의 법칙에 어긋나지 않는 것이리라. 또 우주가 팽창하면서 암흑물질의 비율은 작아지고 암흑에너지인 진공에너지의 비율은 점점 커지게 될 것이다.

5. 기의 에너지가 물질로 변하는 과정에서 나타나는 현상이 끈이나 장(場), 파동, 정보, 입자와 반입자로의 분열, 관찰자효과와 입자와 파동의 이중성, 양자얽힘과 그 동시성현상, 비국소성 등일 것으로 판단된다. 그렇다면 양자과학은 기의 과학으로 개명(改名)할 때가 되었다.

尾245) 진동과 파동

식구경(食口經)

道伴이 물었다
얼벗이여
밤사이 그대의 뇌리를 떠나지 않았다던 그 식구경이란 것에 대해 말해 보오

오 그것은 그대의 세포 하나하나가 쉼 없이 추구하는 것이라오
道法 또는 原求經이라고도 하오
그대의 세포들은 알고 있소
천하를 一周하는 단 하나의 진리가 있다는 것을
그것을 알면 배고프지도 졸리지도 아프지도 않소
그것은 시작이요 끝이요 모든 것이요 恒常이오
온 밥 구멍들이 한 몸으로 소리쳐 구하는 것이라 하여
食口經이라 하오
道이자 法이라 하여 道法이요
原來부터 求하여 왔던 것이라 하여 原求經이라 하오

그 진리가 대체 무엇이란 말이요?

간단하오
모든 세포가 모든 사람이 모든 것이
매초 매 순간 生滅을 반복한다는 것이요
振動한다는 것이요
波動친다는 것이요
존재이었다 비존재이었다 죽었다 살았다 위였다 아래였다를
왔다 갔다 한다는 것이요
그것이 밤새
자는 듯 마는 듯, 꿈인 듯 생시인 듯, 나인 듯 남인 듯하였던
話頭요 一念이요 啓示요 仙經이었소이다

뭐라고? 그게 무슨 뜻이오?
모든 세포가 모든 사람이 모든 것이
매초 매 순간 生滅을 반복한다고?
振動하고 波動친다고?
존재이었다 비존재이었다 죽었다 살았다 위였다 아래였다를
왔다 갔다 한다고?

그렇소
모든 세포가 모든 사람이 모든 것이
매초 매 순간 生滅을 반복한다 말이요
振動한다 말이요
波動친다 말이요
존재이었다 비존재이었다 죽었다 살았다 위였다 아래였다 왔다 갔다 한다는 말이요

허허 그게 무슨 소리요
불면의 밤을 보낸 나머지 헛소리하는 것 아니요?

아니오
모처럼 내가, 내 영이, 저세상 가지 않고 밤새 내 몸에 붙어
내 혼과 내 몸에게 가르친
話頭요 一念이요 啓示요 仙經이고
問이자 答이요 無이자 空이오
당신만 모르는 진리거나
나만 아는 진리요

尾246) 태평경의 氣論

1. 사물에는 성질이 있는데 그 성질에 따라 여러 氣가 있다.
2. 사물 간의 소통뿐만 아니라 神과 形(몸)의 관계 또한 기의 작용이다. 神과 形이 결합한 것이

생명이며, 神이 形과 분리되면 죽게 된다. 形은 유형적 氣이며 神은 무형적 氣다.
3. 만물의 근원으로서 원기가 있으니, 원기는 천지의 본성이다. 원기와 자연은 천지의 본성이다 (元氣自然 共爲天地之性). 元氣는 혼돈의 상태이며 만물을 생성하는 근원으로써 만물을 생성하고 사물의 성장과 소멸을 관장한다. 즉, 만물은 원기에서 비롯되는 것이다. 하늘과 땅, 사람은 동일한 원기에서 나오며, 세 가지의 형체로 분리되지만, 각기 근원이 있다. 하늘은 양기이며 태어남을 담당하고, 땅은 음기로 만물을 기른다. 인간은 음기와 양기 사이에 존재하는 중화의 기에 의해 태어나는 것이다. 즉, 하늘과 땅을 부모로 하여 생겨난 것이 인간이다. 도가에서 원기는 「도덕경」 42장 '道生一'의 道로서 太虛다.
4. "원기는 도를 지킨다."라고 하여 원기는 도의 법칙을 따르고 있다. 道란 자발성을 가진 대자연의 理法이다.
5. 양이 다하여 선하게 되고 음이 다하여 악하게 된다. 양이 다하게 되면 선을 생겨나게 하고 음이 다하게 되면 사물을 살상한다. 이것이 음양의 極이다. 사람은 중화기(中和氣)로서 천지인을 통합할 수 있는 心靈的 主體로서 능동성을 지니고 있다.

尾247) 대종교의 경전 삼일신고

1. 삼일신고(三一神誥)는 한배검(단군)이 홍익인간과 광명이세(光明理世)의 이념을 돌에 고문(古文)으로 새겨 전한 것을 훗날 발해국 문왕(文王)이 이를 후세에 전하려는 간절한 마음을 적은 '봉장기(奉藏記)'를 붙여 어찬진본(御贊珍本)으로 만든 책이다. 이는 훗날 곡절 끝에 나철(羅喆 1863~1916)의 대종교에 전해져 천부경(天符經), 팔리훈(八理訓), 신사기(神事記)와 더불어 대종교의 계시경전이 되었다.

2. '三一'은 삼신일체(三神一體)·삼진귀일(三眞歸一)의 이치를 뜻하고, '신고(神誥)'는 '한배검이 신명(神明)한 글로 하신 말씀'을 뜻한다. 삼신일체는 신도(神道)의 차원에서 홍익인간(弘益人間)의 이념을 구현하려는 뜻이고, 삼진귀일은 인도(人道)의 차원에서 성통공완(性通功完)의 공덕을 쌓아 지상천궁(地上天宮)을 세우는 가르침이다.

3. 이 책은 366자의 한자로 쓰여졌으며, 원래의 천훈(天訓), 신훈(神訓), 천궁훈(天宮訓)에 훗날 세계훈(世界訓), 진리훈(眞理訓)이 더해져 총 오훈(五訓)으로 구성되어 있다. 천궁훈(天宮訓)에서는 신교(神敎)에 따라 수행하여 진성(眞性)과 통하고, 366가지의 모든 인간사에 공덕을 이룬 사람이 갈 수 있는 곳이 천궁이라고 하며 진리훈(眞理訓)에서는, 삼망(三妄)인 심(心)·기(氣)·신(身)에서 벗어나 본래적인 삼진(三眞)인 성(性)·명(命)·정(精)으로 돌아가기 위한 반망귀진과 성통공완의 수행방법에 대한 가르침이 주요 내용으로 되어 있다. 즉 성명정(性命精), 심기신(心氣身), 감식촉(感息觸)의 삼단계로 타락(物化) 과정을 설명하고, 善惡과 淸濁과 厚薄이 없는 만물의 본질을 언급하며, 止感, 調息, 禁觸으로 다시 靈化하기를 권한다(8.13. '대종교의 인간론' 참조).

尾248) 노화(老化)

1. 노화가 일어나는 기작(機作, mechanism) 즉 노화라는 생리적작용을 일으키는 기본 원리에 대해서는 유전적 프로그램설, 체세포돌연변이설 등 다양한 노화관련 학설이 있지만 아직 명확하게 해명된 것은 없다. 최근에는 DNA복제횟수의 한계와 텔로미어(Telomere)배열과의 관계가 주목받고 있다. 염색체 끝에 반복되는 DNA 염기서열인 텔로미어는 분열할 때마다 짧아지고, 너무 짧아지면 분열을 멈추고 세포가 죽는다는 것이다.

2. 표준이론에서는 善氣가 약해지면 몸도 약해진다. 몸이 늙는 것은 善氣가 늙으니 따라 늙는 것이다. 생기체는 때가 되면 선기의 보충을 줄여 생기체의 노화를 유도하고 생기체의 활력이 부족하면 몸도 자연히 따라 늙는다. 노화의 시작은 생기체에서부터다. 도가 수승한 사람은 善氣를 조절하여 생기체의 노화를 늦출 수가 있다. 생기체는 정신체의 手下가 아니던가. 內丹으로 長壽를 구한 도가의 논리가 헛된 것은 아니다.

3. 몸의 여기저기가 가려운 것도 대부분 선기의 부족 때문이거나 기가 뭉친 경우다. 가려움증은 피부를 긁거나 문지르고 싶은 욕망을 일으키는 불쾌한 느낌인데 善氣의 유통이 자유롭지 못하다는 신호인 경우가 많다. 물론 가려움증은 피부 또는 정신 질환과 연관된 경우도 있고 물리적, 화학적 접촉, 또는 온도, 습도의 변화 등 다양한 자극에 의해서도 생기지만 특별한 병적, 물리적 이유 없이 피부 여기저기가 갑자기 가렵고 조금만 긁어도 증상이 사라지는 경우는 대부분 기의 부족이나 기 흐름의 부조화로 인한 氣脈內 기순환 문제 때문이다. 이외에도 알러지, 통증 등 수많은 질환들이 '기 대사시스템'에 트러블이 생겨서 발생한다. 기맥(경락)을 통한 기의 순환은 신경세포를 통한 '신호 전달시스템'과 더불어 '생기체시스템'의 중요한 일부다. 기의 순환을 정상화시키려는 물리적인 시도가 침이요 뜸이니 이들도 결국 모두 기공(氣功)인 셈이다. 의학의 발달을 위해서도 생기체와 기 그리고 기맥과 기 대사시스템에 대한 연구가 절실하다.

4. 한의학에서는 표준이론의 선기(善氣)가 정(精)에서 나온다고 한다. 精은 부모로부터 품수한 先天之精과 수곡지기와 호흡지기로부터 생성된 後天之精이 있다. 정이란 기가 화한 물질이지만 단순한 물질이 아니라 생식과 생명활동의 근원으로서 선기를 생성한다. 또 사람이 늙어 精이 약해지면 일곱 구멍(七竅)이 제구실을 하지 못한다. 울 때는 눈물이 나지 않고 오히려 웃을 때 눈물이 나며 귀에서는 늘 매미가 울고 음식을 먹을 때 입이 마르다가 잘 때 오히려 침을 흘린다. 칠규는 아니지만 아래 구멍에서는 오줌도 찔끔거리고 변비나 설사도 잦다. 또 낮에는 졸리고 밤에는 정신이 또렷하다. 동의보감은 사람은 타고난 정의 량이 한정되어 있으니(精量不變) 젊어서부터 精의 불필요한 소모를 자제하여야 한다고 주장한다(이현수, 「기철학연구」, 378쪽 참조).

尾249) 사람이 어렸을 때와 노인이 되었을 때 이드의 경향을 보이는 이유와 그 예방법

1. 善氣가 약해서다. 아이였을 때에는 아직 선기의 흡수와 순환시스템이 완비되지 못하여서이고 늙어서는 그 시스템이 망가지기 때문이다.

2. 혼은 물성을 띤다. 또한 몸에 구속된 혼은 '사춘기 전 몸의 미성숙'과 '노화로 인한 장기기능 퇴화'의 영향을 많이 받는다. 이로 인해 어렸을 때에는 이드와 에고의 자아부터 나타나고 양심과 영의 면모는 나중에 드러나며 반대로 늙으면 노욕, 식탐, 치매 등이 활개친다.

3. 퇴행최면 전문가인 마이클 뉴턴에 따르면 사람의 혼은 에너지 덩어리다. 따라서 여럿으로 나뉠 수도 있고(분열) 다른 혼과 합칠 수도 있다(통합). 게다가 환생 시 일부만 사람으로 태어나고 나머지는 혼계에 남을 수도 있다. 그래서 명종 후 亡子가 아직 이승에 살아있는 사람의 혼을 혼계에서 만날 수 있는 것이다. 혼은 각 혼마다 고유의 파장이 있으며 크기와 밝기 색깔도 다 다르다. 마치 라디오가 주파수를 쉽게 찾아내는 것처럼 혼은 파장이 같으므로 당분간 헤어지더라도 쉽게 다시 찾을 수도, 합할 수도 있다. 저승에 있는 혼의 부분(部分)은 그 혼의 이승 부분과 교통하고 싶어하는 제3의 영적 존재에 의해 이용되기도 한다. 즉 제3의 영적존재는

혼의 저승부분이 가진 진동수를 학습하여 혼의 이승부분과 쉽게 교통할 수 있다는 것이다.(마이클 뉴턴 「영혼들의 운명1」, e54쪽 참조)

표준이론에서는 혼의 분열과 통합을 하급혼인 복합혼의 차원에서만 인정한다. 그러나 지혼이 초기에는 아직 그 개체성이 완전하지 않아 분열과 통합이 가능한 것일 뿐 뉴턴식의 혼의 分습은 수긍하기 어렵다. 단일혼이 되는 것은 지혼의 중요한 특질인 개체성을 유지하는 것이니 단일혼이 된 뒤 혼의 분합은 더욱 있기 어려운 것이다. 그러나 뉴턴의 지론은 유년기와 노년기의 정신의 상태를 설명하는 방법이 될 수 있다는 면에서 시사하는 바가 있다. 즉 단일혼이라 하더라도 혼이 일시에 들어오고 떠나는 것이 아니라는 것이다. 유년기에는 혼이 몸과 함께 점점 자라고 노년기에는 혼이 몸과 함께 쭈그러든다. 한편 뉴턴식의 사고방식에서는 수면 시 혼계로의 여행을 인정하는 입장이라면 수면 중 혼의 구성부분들이 모두 모여 에너지를 서로 주고받는다는 멋진 생각도 가능하다(미주 43 '몸과 혼의 성장 속도와 분할환생' 참조).

4. 늙어서 자아의 수준이 퇴행하지 않으려면 3단계 이상의 자아를 성취하여 영이 자아를 50% 이상 장악하고 있어야 한다. 자아수준이 낮으면 영은 혼에 종속되고 혼은 몸에 종속된다. 그러나 영이 혼을 장악하면 늙어서도 정신 줄을 놓는 일이 없다.

尾250) 욕정(慾情)과 걱정에 대하여

걱정은 감정이요 감정은 에고의 기능이다. 그러나 욕망과 감정은 그렇게 딱 떨어지게 발현되는 것은 아니다. 애초에 욕망은 이드의 것이고 감정은 에고의 것이라거나 이드는 각혼의 것이고 에고는 지혼의 것이라거나 하는 明言 자체도 이해의 편의와 이론의 구성을 명쾌히 하기 위함이지 사실이 그렇게 명언으로 갈리는 것은 아니다. 대부분의 감정과 욕망은 섞여서 발현된다. 이드의 5慾과 에고의 14情 중 어느 하나 또는 여럿이 조합(調合)되어 발현된다는 의미다. 이를 욕정(慾情)이라고 하자. 걱정은 14情의 근심(憂)이 주요 요소이지만 두려움(懼)과 무서움(恐)이 더해지고 여기에 5慾의 소유와 명예욕이 더 조합된 욕정이다.

걱정도 팔자

걱정은 喜怒哀樂愛惡欲懼憂憎思悲驚恐의 憂에
懼와 恐이 더해지고 利己와 명예욕이 추가된
생기지도 않은 불행을 실컷 맛보는 욕정이다
있는 불행도 서러운데 없는 불행까지 부른다
그 불행이 아까운 시간을 가득하게 채우더니
그런 시간이 모여 하루가 되고 몇 날이 되고
달 되고 해 되고 세월이 되고 인생이 되었다
결국 불행한 인생을 살다 간다 그뿐 아니다
그 걱정은 다음생에서 결국에는 팔자가 된다
걱정을 타고 났다면 전생에 기인하는 것이니
그 업을 어찌 解할까는 또 다른 걱정이 된다
걱정하여 걱정이 없어지면 걱정을 안 한다는
걱정 타령을 부르면서도 걱정이 걱정을 한다

尾251) 韓非子의 성악설

1. 한비자(韓非子)는 순자(荀子)의 제자로서, 사람의 본성 자체에 깔려 있는 이기심에 주목하고 인간이란 모두 자기를 위해 계산하는 이기심을 가지고 있으며, 그것에 의해 인간의 모든 감정과 행위가 결정된다고 보았다. 천부적으로 타고난다는 인의충효(仁義忠孝)와 같은 도덕관념은 본래 존재하지 않으며 사람들은 모두 자기에게 이익이 되는지를 따지는 이기심만을 가지고 있다는 것이다. 한비는 사람에게는 '은혜와 사랑'의 마음이 전혀 존재하지 않는다고 역설했을 뿐만 아니라, 인의도덕은 현실 상황과 맞지 않다고 했다. 그는 말하기를 사람은 자기가 종사하는 직업에 따라 이익과 손해가 서로 다르며, 이러한 이해관계 때문에 결과적으로 사람이 선하게 행동할 수도, 악하게 행동할 수도 있다. 사람은 모두 서로를 향한 이용 가치에 마음이 쏠려 있으며, 결과적으로 각자 자기의 이익만을 도모한다. 따라서 인성은 악하고 이기적이므로 선한 일에 상을 주고 악한 일에 벌을 주어 이에 대응해야 한다.

2. 이쯤 되면 사람에게는 양심이라는 것이 없거나 있다 하여도 약하여 행동에 영향을 주지 않는다고 본 것이다. 표준이론에서는 사람이 모두 性善하거나 性惡한 것이 아니고 사람마다 다르다. 그러나 인구의 41.6%가 혼에 양심체가 없는 1.6단계 이하의 사람들이고 76.6%가 양심체의 크기가 정신체의 10%에 못 미치는 1.8단계 이하의 사람들이니 순자의 설과 맹자의 설 중에 고르라면 순자 쪽이 더 맞겠다. 즉 사람의 마음에는 정신만 있고 양심은 없거나 약하니 양심을 法으로 채워야 한다는 한비자의 주장에 일리가 있다는 것이다. 그런데 한비의 주장을 들으면 정신을 이기심이라고 해도 되겠다. 그런데 이기심이 악인가? 惡은 獸性의 다른 말일 뿐이다. 수성이 악은 아니니 하물며 지혼의 이기심이 어찌 악이겠는가? 그러니 性惡說이란 말보다는 獸性說이나 魂罪說 정도가 어떤가. 성선설 또한 靈性說 정도가 좋겠다.

尾252) 추억

1. 사전에서 추억은 '지나간 일을 돌이켜 생각함. 또는 그런 생각이나 일'이라고 한다. 참으로 추억스럽지 않은 추억의 정의다.
    1) 추억은 무언가가 더해지거나 덜해진 기억이다. 기억에서 미운정이 덜어지면 추억이 되는가? 기억에 함께 한 영혼들에 대한 고운정이 더해지면 추억이 되는가? 기억에서 시간이 빠지면 또는 더해지면 추억이 되나?
    2) '기억함'과 '기억을 느끼는 것'과는 차이가 있다. 기억에 자신의 氣가 스며 이를 느끼게 되면 추억이 된다. '함께 한 영혼들의 氣'가 더해지면 더욱더 강한 추억이 된다.

2. 영혼은 자신의 기나긴 진화역정에 애련(哀憐)을 가지는 듯하다. 숱한 생기(生氣)와 정령(精靈)과 혼(魂)과 영(靈)을 만나서 나누고 섞였던 사연의 결과로서 자신, 그럼에도 지금 깊은 산 밤하늘의 별바다 앞에 홀로 선 듯한 한없는 외로움, 그것이 추억의 밑천 아닌가? 그러나 추억은 무조건 건강하다. 본질로 잡아끈다. 가끔 아니 자주 추억에 빠져 보자. 특히 나이 들어 추억질은 귀소(歸巢)의 발로(發露)다.

3. 추억

창밖에 회오리쳐 휘날리는 눈발

망각한 전생의 기억조각들

저건 스쳐 지나간 사랑
저건 산산이 흩어진 인연
아 저건 처참한 죽음

그중에
백만 년을 담은 恨 하나
지금 내 창가에 기착하여
작은 중력으로 나와 해후한다
그리고 날 선 바람에 곧 떠나갔다

尾253) 호부(護符) 만드는 법(신지학)

1. 자신의 에테르체 막 안으로 護符로 만들 물체를 통과시켜 기존의 에테르 질료를 제거하고 대기 중의 일반 에테르로 채운 다음 오른손을 그 물체 위에 놓고 원하는 특별한 성질의 자신의 氣가 그 속으로 흘러 들어가기를 원한다.
2. 수세기 동안 힘을 방사하는 靈氣가 부여된 호부를 만들려면 높은 진동을 지닌 보석을 호부로 사용하거나 호부가 특정 자연영들을 현현시키는 수단이 되게 만든다.
3. 時代를 연결하는 위대한 호부는 만든 이의 '의식의 전초기지'가 된다. 호부를 지닌 사람은 호부를 통하여 만든 사람에게 도움을 청하는 신호를 보내거나 반대로 만든 사람은 호부를 통하여 호부를 지닌 사람에게 영향력을 행사할 수 있다. 크리스챤 사이언스 추종자들이 '부재자(不在者) 치료'에 쓰는 것이 그런 것이다. 아데프트의 원인체와 연결된 호부는 아데프트에 의하여 미래에 큰 사건들이 일어날 곳에 미리 설치된다.
4. 유명한 종교시설은 대개 어떤 성자가 살았거나 또는 위대한 의식(儀式)이 치러졌거나 또는 위인의 聖物이 있는 지점에 세워진다. 이제 그곳은 수천 년 동안 지속되어질 수 있는 강력한 氣 센터의 역할을 하게 된다. 비록 '성물(聖物)'이 그다지 힘 있는 것이 아니거나 진짜가 아닐지라도 수많은 방문자들이 찾아와서 오랜 기간 동안 그 위에 쏟아 부은 헌신적인 감정은 그 장소를 자애로운 에너지가 항상 방사되는 장소로 만든다. 그러한 장소들은 방문객들과 순례자들에게 의심할 여지없이 좋은 영향을 미친다.
5. 훈련받은 신지학도는 편지, 책 혹은 선물과 같은 물건들을 선기(善氣)로 채울 수 있다. 또 강한 想念으로 음식, 옷, 침구류, 방 등에서 惡氣를 제거할 수 있는데 이는 향(香)을 태우거나 물을 뿌림으로써 촉진될 수 있다(포웰, 「에테르체」 22장 磁氣化 참조). 각 종교에서 축성을 하거나 성수를 뿌리는 행위도 같은 이치다.

尾254) 보석과 돈의 氣(신지학)

1. 광물계에서 최고로 발달한 종류인 보석들은 心想의 氣를 받아들여 이를 저장하는 능력이 아주 크다. 많은 보석들은 시기와 탐욕으로 푹 절여져 있으며, 역사적으로 유명한 일부의 커다란 보석들의 경우에는 그 보석을 서로 차지하기 위해서 저질렀던 범죄에 관련된 물질적인 방사물(氣) 및 그 밖에 다른 방사물들로 가득 차 있다. 그러한 보석들은 이런 氣를 수천 년 동안 변함없이 간직하고 있어서 영 능력자들은 그 보석 주위에 있는 형언할 수 없을 정도로 무서

운 영상을 볼 수도 있다. 이런 이유로 대부분의 신지학도들은 통상적으로 보석을 끼거나 차지 못하도록 말린다.
2. 동전과 지폐의 형태로 이루어진 돈도 흔히 아주 불쾌한 자기(磁氣)로 가득 차 있다. 돈은 갖가지 종류의 磁氣로 범벅이 돼 있을 뿐만 아니라, 그 돈을 다룬 사람들의 상념과 감정들로 둘러싸여 있다. 그러한 방사물들이 아스트랄체와 멘탈체에 미치는 교란적이고 짜증나는 영향은 라듐 방사물들이 신체에 내리쬐였을 때 발생하는 결과에 비유할 수 있다. 가장 불쾌감을 주는 것이 구리와 청동 동전과 오래되고 더러운 은행문서들이다. 니켈은 구리보다 악한 영향력을 덜 받아들이고 반면에 금과 은은 훨씬 더 잘 받아들인다.
3. 침구류 역시 氣를 흡수하고 다시 이를 발산한다. 따라서 불쾌한 성격의 소유자가 사용하던 베개를 베고 자면 불쾌한 꿈을 꾸게 된다. 또 험한 환경에서 사육된 양의 羊毛를 침구류나 의복용으로 사용할 때는 그것이 양의 氣로 흠뻑 젖어 있기 때문에 피부에 직접 닿지 않도록 하는 것이 좋다(포웰, 「에테르체」 22장 '磁氣化' 참조).
4. 위 포웰의 글 중에는 조금 지나친 부분들도 보이고 언뜻 미신적으로 보이는 구절도 있으나 기의 성질을 감안하면 대부분 합당한 의견들이다.

尾255) 기억과 아카식 레코드

1. 신지학에서는 삶의 모든 기억이 저장되는 곳은 에테르계라고 한다. 육체에 깃든 에테르체는 에테르계와 같은 물질로 이루어져 기억을 에테르계에 저장하는 매개역할을 한다. 에테르계의 이 모든 기록이 에드가 케이시(Edgar Cayce)의 靈이 자기최면 중 읽어내어 영교(靈敎)함으로써 유명해진 '아카식 레코드(Akashic records)다. 아카샤(Akasha)는 산스크리트어로 에테르, 허공 등의 뜻으로써 아카식 레코드는 '에테르계의 기록'이란 신지학적 용어다.
2. 신지학자 올콧(Olcott)은 초기 불교에서는 아카샤의 기록이 영구적이며 사람이 진정한 깨달음을 얻으면 이 기록을 읽을 수 있는 것으로 믿었다고 전하였다. 인지학자 루돌프 슈타이너 또한 이를 주제로 많은 주장을 펼쳤다(wikipedia, 'Akashic records' 참조).
3. 그러나 신지학자 리드비터는 한술 더 떠, 아카식 레코드가 에테르계에 있다는 말은 아카식 레코드에 대하여 잘 몰랐던 초기의 이야기이고 뒷날 아카식 레코드는 멘탈계에 있으며 그 정체는 태양계의 主인 태양계 로고스의 기억임이 분명하다고 하면서 아카샤를 멘탈물질로 해석하여야 한다고 주장한다. 또 우리가 읽어낸 기록은 대부분 그 높고 위대한 기록이 저차원계의 조밀한 매질인 아카샤 위에 비추어진 희미한 그림자일 뿐이라고 한다. 따라서 멘탈계를 직접 투시하는 특별한 능력 없이 아카식 레코드를 통하여 과거의 진정한 모습을 알기는 매우 어렵고 오히려 잘못된 정보일 수도 있다는 것이다(리드비터, 「투시」 참조).
4. 혼뇌든, 업이든, 에테르체든, 멘탈체든, 아카식 레코드든, 우주의식이든, 저질러진 모든 일은 어디엔가 영원히 기록되어 남고 열람되며 저지른 자에게 당장 또는 언젠가 다시 돌아온다.(미주 158 '應報' 중 90%의 법칙 참조)

尾256) 의식과 최면

1. 최면 상태는 의식상태, 잠재의식상태, 혼뇌의식상태 3가지가 있으나 대부분 중간 상태인 잠재의식상태를 중심으로 의식(몸뇌를 사용하는 의식상태)과 혼뇌의식(혼뇌를 사용하는 의식상태) 상태에 일부씩 걸쳐있다. 최면이 수면 상태가 아닌 것은 뇌파로 구분한다. 최면 시의 뇌파는 알파(α)파 또는 세타(θ)파다. 알파파는 명상이나 휴식 시, 세타파는 깊은 명상 또는 렘수면 시

발생하는 뇌파다.

2. 그러나 최면(催眠)에 면(眠)자가 붙은 것이나 수면 시에도 세타파가 나타나는 점, 또 깊은 최면 시 많은 경우 피최면자가 기억을 못 하는 점, 최면 때 수면 시처럼 교감신경의 활동이 감소하는 점, 최면이 현상(現象)만 알 뿐 아직 그 기작(機作)이 오리무중이라는 점 등을 고려하면 수면과 최면의 차이를 논하기는 아직 쉽지 않다.

3. 생기체는 자율시스템을 통하여 자율신경계 즉 교감신경계와 부교감신경계를 통제한다. 교감신경계는 스트레스를 받는 경우나 주간 활동 시 활발해지며, 부교감신경은 반대로 휴식이나 수면 중 활발하게 작동한다. 교감과 부교감은 교대로 휴식을 취하여 최선의 컨디션을 유지하는 것이다. 교감신경은 주로 몸의 근육을 수축시키고 긴장시키는 역할을 한다. 때문에 교감신경의 활동이 감소하는 최면상태에서는 몸이 이완되어 혈압, 심장 박동수, 호흡수, 대사속도 등이 감소된다. 최면이란 말은 잠을 부른다는 말이다. 최면이 알려지기 시작한 초기에 최면이 수면으로 생각된 이유는 교감신경이 수면상태처럼 쉬는 모습을 보였기 때문이다.

4. 최면상태에서도 수면 시처럼 교감신경의 활동이 감소하는 이유는 뭘까? 이는 몸과 혼이 쉬는 수면과 달리 최면 시에는 몸도 혼도 활동 중이나 의식이 한 곳에 모아져 혼(정신)이 몸을 통제하는 일에는 전혀 관심이 없음으로 인해 혼과 생기체와의 통신이 단절되어 생기체의 자율기능이 활성화되기 때문일 것이다. 따라서 생기체는 혼이 명상이나 수면에 든 때와 유사한 행동을 하게 된다.

尾257) 표준이론으로 구분한 최면현상과 요법의 유형

1. 현재의식을 제어하는 최면
    1) 기억상실(Amnesia)유도
    2) 기억회상(Hyperamnesia, Memory Recall)
    3) 거짓말 탐지
    4) 시간 왜곡(Time distortion)
    5) 몽유(Somnambulism)유도

2. 잠재의식을 제어하는 최면
    1) 연령 퇴행(Age regression. Pseudo-revivification)
    2) 연령 진행(Age Progression)
    3) 에릭슨 최면 요법 : 두려움, 공포증, 트라우마 등 무의식(잠재의식) 접근방식에 의한 치료
    4) 후최면암시(posthypnotic suggestion)
    5) 사건소생(Revivification)

3. 혼뇌의식을 제어하는 최면
    1) 중독(Addictions)치료
    2) 전생요법(past-life therapy) : 전생에서 기인한 트라우마 치료
    3) 습관 조절
    4) 심리 치료 : 섭식장애, 수면장애

5) 체중 감소
   6) 인지행동 최면요법(Cognitive-behavioural hypnotherapy)
   7) 전생여행 : 퇴행최면으로 전생의 삶 알아내기
   8) 빙의치료(spirit releasement therapy)
   9) 이중인격 치료
   10) 자동서기(Automatic Writing, psychography)

4. 생기체를 제어하는 최면(氣功, 메스머리즘)
   1) 통증 관리
   2) 피부 질환의 치료를 방해하는 환자 행동 치료
   3) 스포츠 퍼포먼스 증진
   4) 카탈렙시(强勁症, catalepsy)나 怪力현상
   5) 마취효과
   6) 위약효과(placebo effect)

尾258) 가위눌림

1. 렘수면은 잠이 깨기 전의 얕은 수면 단계로, 가위눌림은 렘수면단계에서 의식 즉 혼은 이미 잠에서 깨었으나 생기체시스템은 아직 자율기능이 작동 중이기 때문에 몸의 통제권을 혼에 넘겨주지 않은 이유로 발생하는 수면마비현상이다. 반대로 잠들 무렵에 경험하는 가위는 혼은 생기체의 자율기능에 이미 몸의 통제권을 넘겨주었을 뿐 아직 잠들지 않아 의식이 말짱한 경우에 일어난다.

2. 완전한 수면 시에는 교감신경의 활동이 감소하고 부교감신경이 활성화되어 몸이 이완되며 혈압, 심장박동수, 호흡수, 대사속도 등이 감소되는데 가위눌림 시에는 혼의식과 몸뇌는 깨어났으나 생기체시스템의 자율기능이 아직 작동 중이라 혼이 생기체를 통하여 몸을 제어하지 못함으로 인해 의식의 입장에서 보면 몸에 마비가 오는 것이다(6.3.1. '생기체' 참조).

3. 가위눌림 시 종종 숨을 쉬기가 어렵거나 무서운 환각을 경험하거나 방 안에 무언가 위협적인 존재가 있다는 생생한 느낌을 받게 된다. 이는 실지로 지박령 같은 영적 실체를 경험하는 이유일 수도 있고 단순히 꿈을 생생히 느끼는 것일 수도 있는데 대부분 前者의 경우다. 영적실체는 살아있는 사람에게 자신의 의사를 전달하고 싶어 하는데 혼이 그의 메시지를 기억할 수 있는 렘수면 상태가 적시(適時)다. 혼은 놀라 생기체의 모드를 수의모드로 바꾸어 통제력을 급하게 회복하려 하나 그럴수록 당황하여 마음대로 되지 않는다. 영적 실체가 이를 조장(助長)할 수도 있다.

4. 그런데 가위눌림 시 나타나는 존재가 대부분 이승에 떠도는 죽은 이들의 생기체 유령(지박령)이라면(미주 40 '귀신 그리고 신지학과 표준이론의 지박령' 참조) 그것이 영적 실체일 수는 없다. 그런데 우리는 그 존재가 악의(惡意) 등 의지를 가지고 있음을 종종 확인한다. 지박령의 정체가 생기체이고 생기체를 구성하는 혼뇌 때문에 지박령이 기억을 가짐은 당연하지만 생기체가 의식도 가질 수 있을까? 물질도 원인의식을 갖는데 사람의 생기체였고 장차 혼으로 발전할 가능성이 큰 지박령이 어느 정도 또는 일시적으로 의식을 가짐은 충분히 상상할 수 있

겠다. 표준이론에서는 지박령이 가진 意識의 실체가 생기체가 가진 혼뇌의 기억과 거기에서 나오는 의식의 잔재로서의 '유사의식(類似意識)'이라고 본다. 한편 신지학에서는 지박령인 생기체 유령을 생기체와 하위정신체의 조합인 에텔아스트랄 유령으로 보기 때문에 지박령에게 이드의 '각혼의식'이 있음은 당연하다고 생각한다. 만일 그 에텔아스트랄이 인간모나드가 아직 버리지 않은 것이라면 거기에는 지혼과 영의 의식도 있겠다.

5. 또 가위눌림을 당했을 때 염주나 묵주 등 성물이나 성화, 성수를 사용하거나 주문을 외면 지박령을 물리치는 데 도움이 된다는 사실은 익히 알려져 있다. 지박령이 聖物이나 특히 聖靈을 두려워하는 이유가 뭘까? 쉽게 생각하듯 귀신이 악마라서 그런 것은 아니다. 예수님을 무서워하던 귀신들의 정체는 생기체 유령이나 에텔아스트랄 유령이 대부분이다(미주 40 '귀신 그리고 신지학과 표준이론의 지박령' 참조). 이들이 예수님을 무서워하는 이유는 예수님의 성스러움 때문인데 성스러움은 질서이자 강제하는 힘이다. 질서와 섭리를 어기고 가야 할 저승행을 미루거나 있어야 할 저승에서 이탈하여 이승을 배회하는 귀신들에게 성스러움은 두려운 것임에 틀림없다. 귀신이 신부나 승려 등 퇴마사들이 지닌 성물을 두려워하는 것도 같은 이치다.

尾259) 메스머리즘과 최면 그리고 마취

1. 신지학은 메스머리즘이 피시술자 몸 안의 에테르질료(氣)를 시술자가 통제함으로 인해 발생한다고 주장한다. 예를 들어 시술자가 피술자의 몸 안 특정부위의 에테르질료(氣)를 제거하여 Linga Sharira(생기체)의 기능을 방해하면 육체와 아스트랄체 사이의 연결이 단절되어 감각을 느낄 수 없게 되는데 이것이 메스머리즘에 의한 국소마취의 정체라고 설명한다.
표준이론에서 생기체는 육체의 혈맥에 해당하는 기맥을 갖는다. 메스머리즘은 기공(氣功)의 일종으로 기맥을 차단하거나 막힌 부분을 뚫어 기의 대사시스템과 신경전달시스템을 원활하게 하여 질병을 치료한다.

2. 남방 불교에서 불행이나 위험을 막기 위해 특정 만트라(mantra, 眞言)를 암송하는 파리타(Paritta)儀式을 통하여 신도들의 질병을 치료하는 것이나 금식을 치료매체로 사용하는 것 그리고 프로테스탄트교회에서 유행하는 치유부흥회 또한 어느 정도 같은 원리에 의한 것임은 의심의 여지가 없다. 또 신지학은 여기에서 한 걸음 더 나아가 메스머리즘을 사용하여 피시술자의 두뇌에서 자기유체(magnetic fluid, 氣)를 모두 몰아내고, 시술자의 자기유체로 채우는 경우 피시술자는 자신의 몸에 대한 통제력을 완전히 상실하고 시술자는 피시술자의 몸을 통제할 수 있다는 도를 넘는 주장까지 함으로써 메스머리즘으로 최면현상을 설명하려 애를 썼다(포웰,「에테르체」'18장 메스머리즘' 참조).

3. 한편 신지학은 최면술은 시신경(視神經) 등에 긴장을 유발시켜서 신경마비를 유도함으로써 발생하는 자기유도상태(磁氣誘導狀態)라고 해석하기도 한다. 이처럼 신지학은 아직도 최면현상과 메스머리즘을 명확히 분리하지 않는다. 최면현상은 아직도 그 기전(機轉)이 명확히 설명될 수 없기 때문에 나타나는 당연한 결과다.

4. 마취를 종류별로 보면
    1) 특정감각을 뇌 두정엽의 감각기능에 전달하지 못하게 하기 위하여 신경전달기능을 부분적으로 차단하는 국소마취

2) 뇌 두정엽의 감각기능과 감각기능이 생성한 감각정보를 전두엽의 인지기능에 전달하는 것까지는 정상작동하지만 전두엽의 인지기능이 외부로 그 인지 처리정보를 전달하지 못하게 하는 전신마취(통증차단 또는 근전도차단을 병행한다)
3) 환자를 시술자의 암시에 고도로 집중시켜 다른 감각부분을 둔하게 하는 최면마취
4) 생기체의 기맥 소통을 중지시키는 메스머리즘(기공) 마취

등이 있다. 앞의 두 경우는 의학이고 후자 둘은 소위 유사의학이다.

5. 의식은 전두엽의 인지기능으로 만들어지는 것일까 아니면 의식이라는 것이 따로 있는데 그 사령부가 전두엽일까? 표준이론은 당연히 후자다. 혼의 육체적 구현이 의식이다. 하메로프는 전신마취시 뇌파도 발생하고 생체기능도 유지되지만 의식만 없어진다는 사실에 주목하여 의식과 신체는 분리가 가능한 것이고 따라서 의식은 별도의 존재 즉 혼이라는 결론을 얻었다(미주 132 '로저 펜로즈와 하메로프의 의식에 대한 조화객관 환원이론' 참조).

6. 전신마취시에 혼은 마취 중의 통증을 느끼지 못할까? 답은 통증차단을 병행하지 않는다면 혼은 깨어 있어 고스란히 통증을 인지한다는 것이다. 다만 그 인지를 외부로 전달하지 못하니 각성하더라도 기억이 없을 뿐이다 물론 그때 혼도 잠을 잔다면 통증을 느끼지 않을 것이나 그 통증 속에서 과연 잠잘 수 있을까? 정신과 의사이자 퇴행최면가인 브라이언 와이스는 말한다. "마취 상태에서 소리를 들을 수 있을까요? 그때도 들을 수 있어요! ... 마취가 돼도 정신은 말짱해요. ... 얼마나 많은 의사의 마취 중 말들이 환자의 잠재의식의 노트에 기록되어 깨어난 뒤에 그들의 생각과 감정, 공포와 불안에 영향을 주었을까?(「나는 환생을 믿지 않았다」 10장 '원인이 드러나다' 참조)" 반면 위 하메로프는 의식이 어떤 식이든 신체와 분리되어 있으니 통증을 인지하지 못한다고 생각하는 듯하다.

7. 또 한 가지. '마취 중 각성'은 뭔가. 이는 마취 중 갑자기 전신마취가 풀려 전두엽의 인지기능이 외부로 그 인지 처리정보를 전달할 수 있게 되나 근전도차단 때문에 가위눌림처럼 의사표현이나 동작이 불가능한 경우다. 이때 통증차단까지 실패하면 혼은 극심한 통증을 느낄 것이고 각성 후 이를 기억한다. 인지정보전달 정도, 근전도차단 정도, 통증차단 정도. 이 세 변수의 수준에 따라 다양한 형태의 '마취 중 각성' 현상이 나타날 것이다.

尾260) 삼도육계의 순례자

눈

肉眼이 좋다고 자랑 마라
금방 어두워지느니

心眼이 어두움을 부끄러워하라
마음 밖을 내다볼 수 없으니

靈眼이 멀었음을 한탄하라
三界六道의 영원한 순례자여

尾261) 어린 시절과 환생

어린 시절

어릴 때에는 싫은 것이 참 많다
공부 하는 거
놀고 싶은데 못 노는 거
먹고 싶은 것 못 먹는 거
잔소리 듣고 혼나는 거
매 맞는 거
주사 맞는 거
키 작고 주먹 약한 거
갖고 싶은 것 많은 거
자고 싶은 잠 못 자는 거
툭 하면 아픈 거
언제 어른 되나 시간 안 가는 거
그런데
어른이 되고 보니 내 아이들도 그런 것 같더라
확실히 어린 시절은 별로더라
그런데
그렇게 더디던 세월이 점점 빨라지더니
이제는 쏜살되어 금방 늙어 죽겠더라
다시 태어나면 어릴 때 싫은 거 또 해야겠더라
그런데
이런 쳇바퀴가 도대체
몇 번째인지도 모르겠더라

그게 싫다면 진작
촌음을 아끼고 광음을 다투어
공부하고 업을 닦고 덕을 쌓았어야 하는데
마음만 태산 같지 우물쭈물 세월만 보내다
누구 말대로 이제
다음 생에 성불하기만 바랄 수밖에 없더라
꽃자리에서 태어나기만 염불하고 기도하며 기다릴 수밖에 없더라
제발 제발 그리라도 하옵소사
나무아미타불 관세음보살
주님의 이름으로 기도드리나이다
옴 마니 반메 훔. 아멘. 아멘.
하릴없다 하릴없다 참말로 하릴없다

尾262) 이승을 학교 또는 공부하는 곳으로 보는 진술들

1. 브라이언 와이스(Brian L. Weiss 1944~)는 미국의 정신과 의사이자 최면전문가로, 컬럼비아 대학과 예일대 의대를 나왔다. 그는 'Many Lives, Many Masters'란 책을 통해 전생과 환생의 실상을 설명했다. 그는 퇴행최면 전문가로서 자신이 연구한 결과를 다음과 같이 이야기하고 있다. "우리가 이 지상에 태어난 것은 끊임없는 영적 진보를 위해서입니다. 이 진보의 끝은 기존 종교에서도 말하는 이상적인 인간, 즉 지혜와 사랑의 인간이 되는 것입니다. 이 목적을 완수하면, 이 지상에서의 과정을 졸업하고 더는 이곳에 태어나지 않아도 됩니다." 와이스는 이 지구를 학교로 비유한다. "우리는 이 학교에서 수많은 고통을 겪으면서 많은 것을 배우게 됩니다. 그래서 이 학교는 다니기 무척 어려운 학교입니다. 너무 고통스럽기 때문입니다. 그러나 우리는 이러한 고통을 통해서만이 온전한 존재로 거듭날 수 있습니다. 온전한 존재란 증오나 화보다는 연민과 사랑이 넘치고, 조건 없는 사랑이나 비폭력 정신으로 가득 찬 존재를 말합니다. 이런 존재가 되도록 학습하는 장소가 바로 이 지구인 것입니다. 우리가 이 지구 학교를 졸업하는 시기는 사람마다 다릅니다. 어떤 사람은 수십 생에 마칠 수도 있고, 또 어떤 사람은 수천 생을 살아도 그 경지에 다다르지 못할 수 있습니다. 그러나 일단 방향만 제대로 잡으면 언젠가는 이 목표에 다다를 수 있습니다. 이 방향으로 삶의 이정표를 돌릴 것인가 말 것인가는 각 개인에게 달려 있습니다."(최준식, 「죽음 가이드북」 중에서)

2. 리처드 바크(Richard Bach 1937~)의 소설 「갈매기의 꿈」에는 환생에 대한 인상적인 문장이 나온다. "먹는 일보다, 서로 다투는 일보다, 무리 중에서 대권을 차지하는 일보다 더 가치 있는 삶이 있다는 것에 대해 처음 생각이 미치기까지 만도 우리가 얼마나 많은 삶을 통과해야 하는지 아는가? 우리가 살아가는 목적은 완성을 발견하기 위함이라는 것을 깨닫고 그것을 추구하기까지 또다시 백 번의 생을 거쳐야 할 거야. 우리가 이 세계에서 배운 것을 통해서 우리의 다음 세계를 선택한다는 말일세. 아무것도 배우지 않는다면, 다음의 세계도 지금의 세계와 똑같은 것일 수밖에 없지. 현재와 똑같은 한계들과 극복해야 할 무거운 짐에 짓눌리는!"

3. 모리스 바바넬(Maurice Barbanell 1902~1981)이란 유명한 영매가 전한 메시지도 이 생각과 상통한다. "지상의 삶의 전체적인 목적은 다양한 경험을 가짐으로써 영이 피안의 세계로 가게 될 때에 대비해 가장 잘 준비하게끔 하는 것이다. 성장은 지상에서의 삶의 경험에 의해 빨라질 수 있지만, 많은 사람들이 자유의지를 사용할 때 잘못된 선택을 하여 지상에서 사는 동안 성장을 제대로 이루지 못하게 된다."

尾263) 시지프스의 개꿈

밤새 무거운 수레를 밀고 언덕길을 오른다
둔덕지고 고랑지고 바퀴 빠지는 진탕길을
낑낑대고 또 낑낑대며
다리에 힘이 다해
탈진하여 쓰러져도
오르고 오르고 또 기어오른다

방금

그 생고생 악몽에서 가까스로 깨어났다
무의식 깊은 곳으로 사라져 가는 저 개꿈의 뒷모습이 생생하다
이제 알았다 이제 생각났다
손아귀를 그러쥐고 이를 앙다물고 등짝이 아프도록
떡 땀을 흘려가며 꾸었던 그게 무엇이었는지
처음도 아니다 한두 번도 아니다
똑같은 그 개꿈을 수십 번도 더 꾸었다

오늘밤뿐 아니라 그전 언젠가도, 그 전전 언젠가도
같은 곳을 같은 수레를 밀고 수없이 올라갔었다
시지프스인가
생시 언제 그런 수레를 밀어나 보았는가
수레도 아니고 구루마다
新作路에 당나귀 끌던 그 무거운 구루마

누구의 하수인이냐 포기할 줄 모르는 睡魔가
남은 업보의 청산을 요구하며
다시 잠으로 들어오라 악착스레 발목을 붙든다
자지 말자 일어나자 저 지옥으로 다시는 가지 말자
마침내 떨치고 앉아
내 혼의 처량한 신세를 한탄한다
그 서러운 전생에 묵념한다

날다가 떨어지고 솟다가 주저앉고, 그나마 이제 영 걷지도 못하는 꿈
한 학점 부족하여 졸업 못 해, 들은 수업 또 듣고 봤던 시험 또 보는 꿈
주차한 곳 잊어 먹고, 차를 찾아 이리저리 끝없이 헤매는 꿈
하사 삼 년 다녀온 군대에 또 끌려가 이등병만 몇 번째 하는 꿈

인생이 다 개꿈인 줄은 내 벌써 알았다만
늘그막의 꿈마저 생지옥이라니
순현법수업(順現法受業)이냐 순차생수업(順次生受業)이냐
금생에 쌓은 업이 너무 많아
차생의 속량을 미리 하는 것이라면
다음 생은 대체 어떤 생일 것이냐

무정한 몸뚱아리는 또 졸립다고 아우성이다
저 무섭고 길디긴 수마의 세계로
돈을 지고 들어가랴 사람 사서 돌아가랴
이도 저도 안 되면 밥이라도 많이 먹고
안간힘을 다 내어 다시 들어가랴

尾264) 등잔불의 비유

1. 그리스왕 밀린다와 학승 나가세나 사이의 대화를 적은 「밀린다팡하」에서 나가세나는 윤회에 대하여 밀린다 왕에게 'A라는 등잔의 불을 B라는 등잔에 옮겨 붙일 때 A의 불과 B의 불이 같은 것도 아니고 다른 것도 아니다. B의 불이 A로부터 옮겨 온 것이라는 관점에서 보면 같은 불이라고 할 수 있겠지만, B의 불은 B의 연료를 연소시키면서 타는 것이기 때문에 A의 불과 같다고 할 수 없는 것'이라고 설명한다. 결국 육체와 정신 등 인간의 모든 구성요소는 용해되어 불꽃으로 변하며 그 불꽃은 다른 육체를 태우는 불꽃으로 이어질 뿐이다. 정신(我)도 육체와 하나 다를 바 없이 타서 없어지고 만다는 비유이다. 말로 하나 비유로 하나 알고 보면 그 말이 그 말이지만 비유로 하니 무슨 심오(深奧)라도 숨은 듯하다. 그러나 나가세나의 등잔불의 비유는 비유의 해석과 아울러 비유대상 자체마저 부적절한 下級비유다.

2. 먼저 부처님의 장작불에 대한 제자들의 해석에 잘못이 있다. 장작불의 비유의 본뜻은 이미 언급한 바와 같이 "연료가 없다면 불도 존재할 수 없으니 육체가 소진되면 우리의 我(정신)도 사라진다."라는 것이 아니라 "我 또한 조건에 따라 변화하는 연기(緣起)의 법 아래에 있는 무상(無常)한 존재다."라는 뜻이다.

3. 나아가 정신을 등잔불의 불꽃으로 보는 비유 자체도 부적절하다. 부처님은 연료(五蘊)이 장작불마다 다르다는 사실을 보이려고 장작불을 비유에 끌어들였지만 정작 나가세나와 후학들은 비유의 핵심을 장작에서 불꽃으로 옮겼다. 그리고 불꽃은 정신(我, 魂)이니 정신은 기름이 다 하면 꺼져 없어지는 것이라고 호도하였던 것이다. 불꽃이 왜 정신인가? 등잔불을 비유에 써먹으려면 육체는 기름이고 불꽃은 생기체라고 하여야 한다. 불설로는 수상행식의 명(名)이다. 정신인 제6식과 제7식 그리고 8식은 '불꽃'이 아니라 등잔불의 '빛'이다. 기름은 불꽃으로 타면서 세상을 비추는 빛인 정신을 만들어 온 우주에 그 존재를 알린다. 그러나 등잔불이 꺼져 빛이 사라진다고 정신이 없어지는 것이 아니다. 기름이 다 타면 정신은 암흑(저승)에서 더 크고 밝은 다른 등잔에서 다시 태어나기를 준비한다. 애초에 불기운(불끼)에 불과했던 하느님의 영화(靈火)는 불끼에서 불티로, 불티에서 불씨로, 불씨에서 불꽃으로 그리고 횃불로 봉화로 영원히 꺼지지 않고 타면서 빛은 점점 커지고 커져서 마침내 우주정신의 찬란한 빛 안으로 귀일한다. 태초에 빛이 있었지 장작이나 등잔이 있었던 것은 아니다.

4. 또한 비유 자체도 모순이 있다. 불이 연료를 바꾸면 더 이상 그 불이 아니라면 사람이 집을 이사하면 사람도 더 이상 그 사람이 아닌가? 또 장작이 재가 되면 다른 나무의 거름이 되어 아름다웠던 장작불의 추억을 재생한다. 어찌 불꽃만 바라보는가. 우습지만 등잔불을 여러 등잔에 옮겨 붙이면 도플갱어(doppelgänger)이고 분할환생이라는 비유는 어떤가? 또한 오늘날의 자연과학으로 볼 때 불은 등잔의 기름과 별개의 존재가 아니라 등잔 기름의 다른 형태일 뿐이다. 불교가 좋아하는 자연과학에 의하면 불이란 존재(存在)가 아니라 물질이 주변의 산소와 화합하여 빛과 열에너지를 내며 다른 물질로 변화하는 현상(現像)이다. 고대에 이런 이치가 알려지지는 않았지만 등잔에 불을 붙이는 행위는 물질과 산소를 화합시키는 촉매나 마중물 같은 트리거링 행위에 불과하다는 이치를 영 몰랐을 리는 없으니 장작이나 등잔은 윤회의 이치를 설명하기에 부적절하다. 고(古)에는 그랬다고 강변할지라도 최소한 금(今)에 와서는 더 이상 거론할 비유가 아니다.

尾265) 시(詩)의 비유

1. 등잔불의 비유에 이어 나가세나는 시(詩)의 비유를 들어 윤회의 이치를 부연 설명하고 있는데 '어렸을 때 스승으로부터 배운 시를 기억할 경우, 시가 스승으로부터 옮겨 온 것이 아닌 것과 같이 전생을 기억한다고 그 기억이 전생의 내가 아니라는 것'이다. 이 비유는 등잔불의 비유와는 다른 의미를 지닌다. 등잔불의 비유는 윤회의 주체는 고정된 아가 아님은 물론 그나마 전생의 我도 금생의 我도 불꽃처럼 실체가 없다는 사실을 주장하려는 비유이고 시의 비유는 '윤회하는 것은 我가 아니라 무형의 가치인 詩이고 我라 하더라도 이는 詩와 같은 業이니 자아는 그 업인 詩로 기억될 뿐 詩를 지어낸 我는 사라진다'는 사실을 보이는 비유다. 또 한편 나가세나의 시의 비유는 기억이 곧 존재라는 현대 신경의학적인 견해마저 품고 있다.
2. 그러나 이 비유 역시 시를 지은이의 의식은 저리 제치고 시가 옮겨 가는 것에 초점을 둠으로써 본질을 의도적으로 흐리는 비유이다. 사실은 이렇다. '시를 지은 스승은 환생하여 제자의 제자가 되어 자신이 지은 시를 다시 배우고 더 훌륭한 시를 쓰게 된다.'

尾266) 시크교

1. 시크교(Sikhism)는 15세기 인도 북부에서 힌두교의 신에 대한 헌신과 사랑인 신애(神愛, bhakti) 운동과 이슬람교의 신비사상(Sufism)이 융합되어 탄생한 종교로서 현재 신도수 2천5백~3천만의 세계 5대 종교 중 하나다. 시크교는 바히구루(Vahiguru)라는 신의 메시지와 이름으로 개인적 수행을 통한 해탈을 목적으로 한다. 시크교도들은 교조 나나크(Guru Nanak Dev 1469~1538)와 그의 후계자인 9명의 구루(guru)의 가르침을 따르고, 사회경제 및 종교에 관한 다양한 내용을 수록하고 있는 경전 '구루 그란스 사힙(Guru Granth Sahib)'에 따라 행동한다. 이외에도 시크교들은 주로 편잡 지방의 역사, 사회, 문화와 관련된 제반사항을 교리에 포함시키고 있으며, 현재 신도들도 대부분 편잡 지방에 거주한다. 시크교는 박티운동과 수피즘의 영향을 받았으나 우상숭배는 거부했고, 윤회사상을 받아들였다. 신이 만물을 창조하였고, 영적 교감이 뛰어난 자는 신을 직접 볼 수 있다고 믿어 내면 수양을 강조한다(두산백과, 시크교 참조).
2. 시크교의 윤회론은 힌두교와 다르다. 시크들은 선행을 하고 창조주를 기억하면 더 나은 삶을 살게 되고 악행을 하면 뱀, 사자 등 '하등' 생명체로 환생하게 된다. 그리고 환생에서 벗어나는 해탈은 하느님의 은혜로부터 나온다고 한다. 환생에서 벗어나기 위해서는 윤리적인 삶을 살고, 하느님께 자신을 바치며, 하느님의 이름을 끊임없이 기억하여야 한다. 또한, 마지막 심판을 믿어, 심판 이후 환생한 영혼들이 하느님께로 돌아간다고 믿고 있다(브리타니카 참조).

尾267) 퉁구스족의 윤회론

1. 퉁구스족의 유카기르(Yukaghir)인은 아기 이름을 지을 때 아기 앞에서 죽은 조상들의 이름을 열거하다가 아기가 갑자기 미소를 지으면 바로 그 이름을 가졌던 조상의 영혼이 아기를 통해 이 세상으로 돌아온 것이라고 여겨 아기에게 그 이름을 붙여주었다(김민수, 민족의 모자이크 유라시아).
2. 퉁구스 족의 에벤키(Evénki)족은 육체의 혼은 '베옌'이라고 하고 이와는 따로 근원적인 혼인 '오미'가 있다고 믿었는데 이 오미가 윤회한다고 하였다(쿠사노 타쿠미, 「천국의 세계」, 박은희 옮김, 331쪽).

3. 에벤키족은 언어계통상 알타이어족 만주퉁구스어파 북부분파에 속하며 소규모 씨족단위로 시베리아 여러 지역에 흩어져 수렵과 순록사육에 종사하면서 유목생활을 하는데 시베리아와 극동의 다른 토착민족과 비교할 때 거주 지역이 상당히 넓다. 유목이라는 삶의 특성으로 인해 그들은 다른 시베리아 토착민족들과 충돌과 융합을 자주 경험하였다. 예를 들어 극동 북쪽 지역에서는 축치족, 코랴크족, 추반족, 유카기르족, 아무르강과 사할린 섬에서는 닙흐족, 한국인, 중국인과 접촉하였다(엄순천, 에벤키족의 애니미즘 분석 : 인간의 영혼관을 중심으로). 따라서 에벤키족의 저승관은 우리민족의 전통적 저승관에 영향을 주었을 가능성이 매우 높다.

4. 에벤키족의 보편적 관념 속에서 인간의 영혼은 새 영혼 오미, 그림자 영혼 하냔, 육신의 영혼 베옌의 3개이다. 오미는 1살이 되면 하냔으로 변신하므로 살아있는 동안 인간의 영혼은 하냔과 베옌 2개이다.

5. 오미의 轉生사이클을 보면 오미는 [上界 오미의 마을인 오미룩(Omiruk)에서 환생을 기다림 → 환생을 위해 中界로 이동 → 굴뚝을 지나 화덕에 도착 → 자궁으로 이동 및 안착 → 육신의 영혼 베옌의 탄생 → 1세 이후 오미는 하냔으로 변신(진정한 인간의 삶 시작) → 죽음과 동시에 하냔은 오미로 변신 → 상계 오미룩으로 이동하여 다시 환생을 기다림]을 반복하면서 불멸하는 윤회의 삶을 산다.

6. 육신의 영혼 베옌의 삶은 이렇다.
   1) 베옌은 영혼 오미가 자궁에 안착하는 순간 육신에서 자연적으로 탄생한다.
   2) 삶 내내 육신에 거하다가 사망 직후부터 1년 후까지 베옌은 망자의 육신을 벗어나 무덤 근처나 생전 자신이 살던 집에 거주하기도 하고 육신에 그대로 남기도 한다.
   3) 사망 1년 이후 베옌은 下界 조상의 마을 메네옌(Mɛnɛɛn)으로 이동하여 영원히 거기에서 산다.
   4) 1년이 지나서도 하계로 가지 못한 베옌은 원귀로서 악령으로 변한다(엄순천, 「에벤키족의 애니미즘 분석 : 인간의 영혼관을 중심으로」).

7. 에벤키족의 魂觀은 표준이론과 여러모로 흡사하다. 에벤키족의 오미는 표준이론의 윤회혼(저승혼)이며 하냔은 이승혼, 베옌은 생기체이다. 하계 메네옌은 생기계이며 중계는 환생의 터미널인 중음계, 상계 오미룩은 심령계이다.

尾268) 신약성경이 윤회론을 긍정하고 있다는 주장

1. 성경에서는 히브리서 9:27(한 번 죽는 것은 사람들에게 정해진 것이요 이것 뒤에는 심판이 있나니)이나 루카복음 16:20-31(부자와 거지 나사로 이야기)에서는 분명히 환생을 부인하고 있다.

2. 그러나 요한과 예수님도 윤회의 법칙에 대해 암시하는 이야기를 하고 있다. 우선 예수님은 우리가 살고 있는 이 세상(今世, 현생)과 영혼이 육신을 떠나간 후에 사는 내세(來世)가 있음을 말했고, 육신은 다만 영혼이 깃드는 곳일 뿐 영혼은 사람의 육신을 빌려 그 두 세계를 들락날락할 수 있다는 것을 가르쳤다. 즉, 영적인 세계는 환상적인 곳이 아니라 실재하고 그가 세상에 처음 있던 곳(영혼세계)에서 이 땅으로 왔음을 알려 주고 있다. 또 예수님의 부활은 결국, 영혼의 세계가 존재한다는 것을 알리기 위한 초월적인 시공간의 이동을 실현한 경우이고 예

수님의 제자들이 실제로 보고 듣고 행동을 같이하면서 줄곧 기억해 낸 것은 예수님이 저세상에서 인간세상으로 온 메시아라는 것이다.

3. 루카 20장 27~40의 부활논쟁
   1) 이 부분은 아브라함과 이삭과 야곱이 지금 저승에 시퍼렇게 살아있으니 최후의 공심판을 위한 부활에 대하여 의심하지 말라는 뜻으로 보통 해석된다. 그러나 그런 해석보다도 이는 환생이 지극히 당연하다는 생각을 전제한 말씀으로 해석하는 것도 고려하여야 한다고 본다. 사심판을 받고 저승에서 잠자고 있는 사람은 살아있는 사람이 아니다. "하느님은 아브라함의 하느님이요 이삭의 하느님이요 야곱의 하느님이시며 죽은 자의 하느님이 아니요 살아 있는 자의 하느님이다." 잠자고 있은 자는 지금 살아있는 자가 아니다. 살아 있다는 것은 깨어 살아있는 사람이다. 아브라함도 이삭도 야곱도 이미 이승에 환생하여 살아있다. 그러니 모두가 살아 있는 사람이다. 그렇다면 부활논쟁의 부활은 심판을 위한 부활이 아니라 '이승으로의 환생'인 것이다.
   2) 부활의 헬라어 $\alpha\nu\alpha\sigma\tau\alpha\sigma\iota\varsigma$(anastasis, 아나스타시스)는 라틴어로는 resurrectiō에 해당되고 이는 영어의 resurrection이며 우리말로는 부활이다. 이렇게 번역하고 보면 부활은 환생(reincarnation)과는 다른 뜻이니 $\alpha\nu\alpha\sigma\tau\alpha\sigma\iota\varsigma$에 그런 차이가 있었을까? 신약성경의 작성 시에 사용된 헬라어의 뜻이 예수님 말씀을 알아듣는 데 매우 중요하다. 추측컨대 헬라어의 $\alpha\nu\alpha\sigma\tau\alpha\sigma\iota\varsigma$는 부활과 환생의 의미를 모두 가진 단어였을 것으로 보인다[*]. 그렇다는 전제하에 루카의 복음서 20장 34~38절은 다음 3)과 같이 번역할 수도 있다.
   3) 예수님께서 그들에게 이르셨다. 이 세상 사람들은 장가도 들고 시집도 간다. 그러나 저승에 가서 거기서 죽은 이들의 환생에 참여할 자격이 있다고 판단받는 이들은 더 이상 장가드는 일도 시집가는 일도 없을 것이다. 그들은 천사들과 같아져서 더 이상 죽는 일도 없다. 그들은 또한 환생에 동참하여 하느님의 자녀가 된다. 그리고 죽은 이들이 환생한다는 사실은, 모세도 떨기나무 대목에서 '주님은 아브라함의 하느님, 이사악의 하느님, 야곱의 하느님'이라는 말로 이미 밝혀 주었다. 그분은 <u>죽어서 저승에 잠자고 있는 이들의 하느님이 아니라 살아서 이승에 있는 이들의</u> 하느님이시다. 사실 하느님께는 모든 사람이 살아 있는 것이다.

4. 성경에서 윤회를 직시 또는 암시하는 구절을 보면
   1) 모든 선지자와 및 율법의 예언한 것이 요한까지니 만일 너희가 즐겨 받을진대 오리라 한 엘리야가 곧 이 사람이니라 귀 있는 자는 들을지어다.(마태 11:13-15)
   2) 예수께서 대답하여 가라사대 엘리야가 과연 먼저 와서 모든 일을 회복하리라. 내가 너희에게 말하노니 엘리야가 이미 왔으되 사람들이 알지 못하고 임의로 대우하였도다. 인자도 이와 같이 그들에게 고난을 받으리라 하시니 그제야 제자들이 예수의 말씀하신 것이 세례 요한인 줄을 깨달으니라.(마태 17:11-13)
   3) 예수께서 따로 기도하실 때에 제자들이 주와 함께 있더니 물어 가라사대 무리가 나를 누구라고 하느냐 대답하여 가로되 세례 요한이라 하고 더러는 엘리야라, 더러는 옛 선지자 중의 하나가 살아났다 하나이다.(누가 9:19 마가 8:27)
   4) 예수께서 이르시되 내가 너희와 함께 조금 더 있다가 나를 보내신 이에게로 돌아가겠노라 너희가 나를 찾아도 만나지 못할 터이요 나 있는 곳에 오지도 못하리라 하신대.(요한 7:33-34)
   5) 그러면 너희가 인자(the Son of Man)의 이전 있던 곳으로 올라가는 것을 볼 것 같으면 어찌하려느냐.(요한 6:62)

6) 너희 조상 아브라함은 나의 때 볼 것을 즐거워하다가 보고 기뻐하였느니라 유대인들이 가로되 네가 아직 오십도 못되었는데 아브라함을 보았느냐 예수께서 가라사대 진실로 진실로 너희에게 이르노니 아브라함이 나기 전부터 내가 있느니라 하시니.(요한 8:56-59)
7) 제자들이 물어 가로되 랍비여 이 사람이 소경으로 난 것이 뉘 죄로 인함이오니까 자기오니까 그 부모오니이까 예수께서 대답하시되 이 사람이나 그 부모가 죄를 범한 것이 아니라 그에게서 하나님의 하시는 일을 나타내고자 하심이니라.(요한 9:2-3)
8) "이기는 자는 내 하나님 성전에 기둥이 되게 하리니 그가 결코 다시 나가지 아니하리라." (요한계시록 3:12) 이는 윤회의 굴레를 벗어남을 상징한다.
9) "사로잡는 자는 사로잡힐 것이요, 칼로 죽이는 자는 자기도 마땅히 칼로 죽으리니, 성도들의 인내와 믿음이 여기 있느니라.(요한계시록 13:10)" 이는 "뿌린 대로 거두리라(갈라디아 6:7)"는 말씀과 함께 자업자득(自業自得)의 인과론을 이야기하는 성경의 대표적 구절이다.

(*) '부활'의 헬라어 $\alpha\nu\alpha\sigma\tau\alpha\sigma\iota\varsigma$ (anastasis, 아나스타시스)는 '위에, 상부'를 뜻하는 접두어 $\alpha\nu\alpha$ (ana 아나)와 '일어서다, 굳게 세우다'의 뜻을 가진 어간 $\iota\sigma\tau\eta\mu\iota$ (histemi 히스테미)가 합성된 동사형 단어 $\alpha\nu\iota\sigma\tau\eta\mu\iota$ (anistemi 아니스테미)에서 유래된 여성 명사형 단어다. 헬라어의 어원에 따르면 '하늘, 즉 하느님을 향하여 다시 일어나다'라는 뜻이며 우리말로는 '다시 살다'라는 뜻이다. 다시 살게 된다는 것은 죽음을 전제로 하는 것이고 죽은 사람이 다시 생명을 얻어 되살아나는 것을 뜻한다.
(blog.naver.com/god_manlife/222675635118 참조)

尾269) 마니교(Manichaeism)

마니교(Manichaeism)는 3세기에 '빛의 사도'로 알려진 예언자 마니(Mani 210~276)가 페르시아에서 창시한 영지주의적 종교다. 마니가 조로아스터교의 박해를 받아 처형된 후 마니교는 이집트, 북아프리카를 거쳐 4세기 초에는 로마에도 전해졌으나 그리스도교와 로마 제국의 박해를 받아 5세기 말에 이르러 거의 사라졌다. 동쪽으로는 인도 북부, 티베트 그리고 7세기경에는 중국 서부에 명교(明敎)라는 이름으로 전파되었다. 마니교의 주요 교의는 선과 악의 이원론(二元論)과 윤회 그리고 윤회를 벗어나기 위한 영지주의적 지혜다. 아우구스티누스(354~430)도 젊은 시절 마니교를 믿었다. 마니교 교리를 간략히 보면 다음과 같다.

1. 영혼은 신의 '빛의 불꽃'이며 신의 일부로서 빛을 물질의 노예에서 해방시키기 위해 물질세계에 보내졌다. 영혼은 성인들의 거룩함과 함께하면서 영적 무기로 악과 끊임없이 싸워 물질세계를 정화하고 고양하는 것이 그 의무이다.

2. 그러나 영혼은 악의 힘에 의해서 물질의 어둠 속에 흡수되면서 육에 갇히고 육의 욕망에 묶여 버렸다. 물질을 정복하기 위해 온 영혼이 어둠의 사악한 힘에 사로잡히면서 그 본성과 사명을 잊고 비참하고 무기력한 물질의 노예가 된 것이다. 영혼은 육의 욕망을 뿌리뽑고 물질적인 것에서 자신을 정화하려는 노력으로 육체와 윤회에서 해방된다. 이러한 노력은 마니나 예수그리스도 등 하느님의 전령이 영혼을 일깨움으로써 더욱 용이하다.

3. 명종 후 평범한 영혼은 물질계에 다시 환생하게 되는데 이는 육신에 대한 사랑을 떨치지 못하였기 때문이다. 영혼이 성령에 대한 갈망으로 세속적 쾌락을 벗어나 신과 신의 사자 그리고 신의 교회에 헌신하여야 더 이상 물질계에 태어나지 않는다. 선하고 순수하고 의로운 영혼이 죽으면 천사들이 빛의 옷과 면류관과 화환으로 꾸며서 빛의 왕국으로 인도한다. 영혼이 빛의

불꽃으로 정화될 때 신의 빛 영역 안의 영원한 지복과 영광으로 들어가는 것이다. 반면 사악한 영혼은 마귀들에 이끌려 어둠과 불과 고통의 지옥으로 가는데 그 고통은 살아서 육신과 그 쾌락에 집착하는 것과 관련이 있다.
(네이버 빛소리 블로그 blog.naver.com/kks12041204/222826619098 등 참조)

尾270) 유대교와 윤회론

1. 12세기에 저술된 카발라의 경전「세펠 하 바힐(청명의 서)」은 환생에 대해 길게 이야기하고 있다. 또한 13세기의 카발리스트 모세스 데 레온(Moses de Leon 1250~1305)이 2세기에 활약한 랍비 시메온 벤 요하이(Rabbi Simeon ben Yohai)의 사적(事績)을 기록한 조하르(광휘의 서)는 성경의 카발라적 해석이 어떤 것인가를 나타내는 근본 경전인데 여러 부분에서 윤회론을 직접적 또는 간접적으로 거론하고 있다.

2. 또한 카발라는 '길굴(gilgul)'에 대한 믿음을 가르치고 있으며 이를 통해 환생에 대한 믿음을 신성하고 권위 있는 것으로 간주한다. 히브리어 단어 gilgul은 주기(cycle) 또는 바퀴(wheel)라는 뜻이다. 보통 윤회의 수레바퀴(bhavachakra)라고 표현하는 그 수레바퀴인 셈이다. 대부분의 정통 Siddurim(기도서)에는 이번 길굴이나 이전 길굴에서 지은 죄에 대해 용서를 구하는 기도문이 있다. 18세기 이탈리아의 철학자인 '랍비 모세 하임 루짜토(Rabbi Moshe Chaim Luzzatto)'는 그의 책 '신의 길'에서 길굴과 관련해 다음과 같이 서술하고 있다. "개별 영혼은 다른 육체를 입고 여러 번 환생할 수 있고, 이러한 방법으로 이전 환생에서 타인에게 입힌 상해를 교정할 수 있다. 마찬가지로, 이전 환생에서 이루지 못했던 영혼의 완성도 이룩할 수 있다."

3. 환생은 오늘날 현대 유대교의 많은 흐름 내에서 祕敎적 믿음으로 널리 퍼져 있다. 18세기 초 폴란드나 우크라이나의 유대인 대중 사이에 널리 퍼진 聖俗一如의 신앙을 주장하는 종교적 혁신운동인 하시디즘(Hasidism)에서도 환생을 믿었으며, 현재 카발라가 아닌 정통 유대교는 환생에 중점을 두어 담론하지는 않으나 환생을 유대교의 유효한 가르침으로 인정한다. 유대교에서는 유대교로 개종하는 이유를 환생의 관점에서 이해하기도 한다고 한다. 비유대인이 유대교에 끌릴 때, 그것은 그들이 전생이 유대인이었기 때문이라는 것이다.

4. 루리아닉 카발라에서 환생은 불교처럼 解業이나 보속 등 운명적인 것이 아니라 창조적 우주관에 따른 신성한 동정심에 기인한 것으로 본다. 그들은 주장한다. "길굴은 상황에 따라 달라질 수 있는 천상의 계약이다. 영혼의 참된 본질은 그 안에 존재하는 신성한 불꽃(divine spark)이다. 돌이나 잎사귀조차도 발전(rectification)하기 위해 이 세상에 온 그런 혼을 지니고 있다. 인간의 혼은 때때로 낮은 무생물, 식물 또는 동물로 추방될 수도 있다." 표준이론은 解業을 발전과 진화의 차원에서 이해하는 만큼 환생의 동기면에서 볼 때 불교보다는 카발라적이다.

5. 환생을 주장하는 카발라는 육체의 부활교리와 어떻게 타협하였을까?
    1) 육체의 부활을 인정하지 않는 주의
    2) 정통 유대교리와의 조화를 꾀하는 주의 : "최후의 심판 때 개인의 영혼은 한때 살았던 여러 몸으로 나뉘며, 합일을 이룬 특정한 몸에는 영혼의 많은 부분이 그 몸으로 돌아간다." 카발라가 정통파와의 화합을 위하여 이런 구차한 해석을 고안하였을 것은 자명하나 고차원의 祕敎라는 카발라에 이런 허무맹랑한 주장은 어울리지 않는다. 차라리 환생 중의 여러 육에서 얻은 경험과 특질을 물질에 재투사하여 육의 종합판을 창조한다고 함은 어떨까?

尾271) 코란에 나타난 영혼의 진화와 환생을 암시한다는 구절

(Surah Nuh 71:17) Here, the creation of man out of the substances of the earth has been compared to the growth of vegetation. Just as at one time there was no vegetation on the earth, then Allah caused it to grow, so at one time man did not exist, then Allah created him.
(Surah Nuh 71:18)and He will later cause you to return to it and will then again bring you out of it.
(71:17) 여기에서 땅의 물질로 사람을 창조하신 것을 식물의 성장에 비유하셨습니다. 한때 지구에 초목이 없었지만, 알라께서 그것을 자라게 하셨듯이, 한때 인간은 존재하지 않았으나 알라께서 그를 창조하셨습니다.
(71:18) 그리고 알라께서 나중에 여러분을 땅으로 돌아가게 하실 것이며, 그 후에 다시 여러분을 땅에서 이끌어 내실 것입니다.

이슬람에서는 위 구절을 인간의 창조론과 육체의 부활론에 대한 언급으로 해석할 것이나 표준이론으로 보면 영혼의 진화론과 윤회론이 숨어 있음을 알 수 있다.

尾272) 스베덴보리의 윤회관

1. 스베덴보리는 공식적으로는 단생(單生)의 생사관을 피력하였으나 스베덴보리가 윤회의 진실을 몰랐을 리 없다. 스베덴보리는 전생을 기억하는 숱한 사례를 알고 있었다. 그러나 그는 스웨덴 왕정제 시절 제도권의 고위직 인사였다. 그런 그가 제도에 도전하는 것은 한계가 있었을 것이다. 따라서 그는 전생의 기억 사례를 천사(영)와의 교류로부터 얻은 착각이라고 폄훼함으로써 이승으로의 환생은 부인하였다. 다만 스베덴보리의 영은 이승으로 환생하지는 않으나 영계에서 계속 중생(重生)한다. 그의 새교회(New Church)는 오늘날 다음과 같이 스베덴보리의 환생관을 전한다.

2. "영과 인간 사이의 의사소통은 오늘날에는 일반적이지 않지만 고대에는 널리 퍼져 있었다. 천사와 영은 그들의 기억을 간직하고 있으며, 영과 (영매를 통한) 사람 간의 의사소통이 열려있는 상태에서 사람은 마치 자신의 기억처럼 영의 기억을 경험할 수 있다. 이는 최면하에서 달성될 수 있는 전생퇴행과 유사하며 이로 인해 일부 고대인들이 영혼과 환생을 믿게 되었다. 그러나 이것은 사실이 아니다. 한 사람은 단 한 번만 살며, 이번 생을 어떻게 사느냐가 사람의 영원한 운명을 결정한다. 영혼이 죽어서 육체를 버리면 자신의 영혼이 연관되었던 영적 사회를 다시 기억하게 된다."(Wikipedia, 'The New Church(Swedenborgian)', Swedenborg Foundation 'Swedenborg and Life Recap : Do We Reincarnate?', 「Heaven and Hell」 §256 참조)

3. 스베덴보리는 이승으로의 환생을 부인하는 대신 영계에서의 중생(重生)을 말한다. 그렇다면 힌두교 또는 신지학에서의 환생(reincarnation)과 스베덴보리의 중생(the process of spiritual growth) 사이에는 어떤 차이가 있을까. 모두 영이 최상의 자아를 달성하기 위해 필요한 영적 발전의 길고 점진적인 과정을 말한다. 어느 면에서는 표준이론의 백생공사(百生功事)다. 우선 신지학의 靈인 인간모나드는 혼의 이승에서의 경험과 지혜를 마나스와 붓디에 체화하여 승천

한다. 그리고 다시 또 다른 경험과 지혜를 위하여 이승에 환생한다. 반면 스베덴보리의 영은 천상의 세 천국에서만 중생한다. 그는 천사(영)들이 退化하기도 한다고 하며 "세 하늘이 있습니다. 이 세 하늘은 또한 중심인 하나님으로부터 더 가깝거나 멀다는 관점에서 인식될 수 있습니다. 그들이 어느 천국에 있게 될지는 천사들의 내적 본성에 따릅니다. 마음의 더 깊은 수준이 열릴수록 그들은 더 안쪽 천국에 있습니다."(「Heaven and Hell」 §33)라고 한다.

尾273) 신지학의 환생논리

1. 본문에서 '환생 시 영은 업의 패턴을 사용하여 혼을 다시 부른다'라는 말의 뜻은
   1) 아트마-붓디-마나스의 인간모나드는 전생에 부리던 혼의 속성을 명종 후 모두 흡수하여 일정한 발전을 성취한 후
   2) 천계에 귀향하여 얼마간 살다가
   3) 환생 시 가지고 있는 혼의 속성을 멘탈계와 아스트랄계에 투사하여 필요한 체들을 다시 만들어 입고 나온다는 뜻이다.
   이러한 진술은 왜 환생한 인간모나드가 전생의 karma(성격)와 개성(personality)을 지니고 다시 태어나는지를 설명하기 위한 신지학의 대표적 옹색한 논리다.

2. 일반적으로 신지학에서는 명종 후 그 이드 부분인 아스트랄체는 생시의 경험을 혼의 멘탈체에 전해주고 아스트랄계에 버려지며, 에고인 멘탈체와 양심 부분인 코잘체는 경험의 에센스를 인간모나드의 혼적 부분인 마나스와 영적 혼 부분인 붓디에게 각각 넘겨주고 체는 소멸하는 것으로 이야기한다. 그리고 인간모나드가 다시 환생하기 위해 하강할 때에는 轉生 중 인간모나드에 전해진 경험을 바탕으로 전생의 업의 패턴을 코잘계의 코잘체와 멘탈계의 멘탈체 그리고 아스트랄체에 투사시켜 前生의 카르마를 재장착한 각 體를 차례대로 만들어 입고 환생한다. 이는 마치 전생의 혼을 다시 부르는 것과 같다(미주 205 '신지학의 영혼론' 참조).

3. 생각건대 아스트랄계에 버려지는 이드의 아스트랄체는 원래 인간모나드가 乘(승)하였던 택시이니 다 쓰면 헤어질 뿐(dismiss) 멘탈체나 코잘체와는 달리 폐차되는 것은 아니다. 한편 인간모나드가 다시 하강할 때 이를 불러 탈 것인지 다른 각혼을 불러 탈 것인지는 상황에 따라 다를 것이라고 본다. 그가 전생에 수승도를 한껏 높였다면 고급한 새 차가 주어지지 않을까한다.

4. 신지학의 환생 논리로는 사람이 가지는 전생기억을 설명할 수 없다. 리드비터는 "전생을 기억해 내려면 먼저 그의 현생을 출생 시까지 거슬러 올라간 다음 다시 에고가 육신을 입고 내려오는 단계까지 거꾸로 추적하여야 하고 이윽고 멘탈계의 높은 차원에 있는 에고의 상태에까지 도달하여야 한다. 꼬리를 물고 윤회하는 전생을 절대적으로 확실하게 추적할 수 있는 방법은 이 방법밖에는 없다(리드비터, 「투시」 제7장 시간투시 참조)"라고 한다. 분할환생의 논리까지 뒤섞인 주장이다. 그러나 이 논리로는 수승하여 영계까지 갔다 다시 환생한 인간모나드는 정신체와 코잘체를 그 경험만 빼고 다 버렸을 터이니 그가 어찌하여 전생기억을 가지고 있는지를 설명할 수 없게 된다. 이처럼 신지학의 모나드 영혼론은 환생론에 이르러 앞뒤가 안맞는다. 신지학은 모든 비전을 오컴의 면도날로 포용하는 표준이론으로 그 교의를 바꿀 때가 되었다.

尾274) 사이언톨로지敎

사이언톨로지교(Scientology)는 미국의 판타지 소설작가인 론 허버드(Ron Hubbard 1911~1986)가 1954년에 창시한 뉴에이지 종교로 과학기술을 통한 정신치료와 윤회(assumption)를 믿는다고 알려져 있다. Scientology는 Scio(knowing, in the fullest sense of the word)와 Logos(study of)의 결합어(結合語)로서 그 뜻은 'knowing how to know(아는 법을 아는 것)'이다. 사이언톨로지교는 21세기의 과학적 종교로 그 교리에 의하면 감사(Audit)를 통해 심령학적인 8단계 과정을 거치면 우주 속 세탄(Thetan, 영혼)에 이른다고 한다. 우주는 Mest로부터 왔으며 물질, 에너지, 공간 그리고 시간으로 구성돼 있어 Thetan의 도움을 얻어 유지된다. 세탄은 사람에 붙어살며, 죽지 않는 존재이고 온갖 악으로부터 육신을 보호한다. 사람은 세탄과 Mind(혼) 그리고 육의 세 가지 구성요소로 되어 있다. 전 세계적으로 약 10~20만의 신자가 있다(www.scientology.org, 위키백과 등 참조).

尾275) 레오 톨스토이의 윤회론과 저승의 시간

1. 톨스토이는 우리가 현재의 삶에서 수천 가지 꿈을 꾸며 살고 있듯이, 현재의 삶도 그보다도 더 진짜인 다른 삶으로부터 왔다고 말한다. 현재의 삶은 죽은 뒤에 다시 돌아가는 진짜 삶으로부터 나온 수천 가지 '꿈' 중의 하나라는 것이다. 그 꿈은 끝없이 이어지다가 맨 마지막은 진짜 삶인 하느님의 생명으로 깨어난다(길희성, 「보살 예수」, 79쪽 참조).

2. 톨스토이의 윤회는 하느님 안(저승)에 깨어있는 내가 이승의 삶을 꾸는 남가일몽(南柯一夢)같다. 그런데 저승의 시간은 가성비가 좋아 저승은 지구의 1시간을 500시간으로 늘려 산다(미주 28 '저승의 시간과 이승의 시간' 참조). 그렇다면 하느님 안에 깨어있는 삶의 시간은 톨스토이의 수천 가지 꿈(이승)에서의 시간과는 어떤 관계일까? 남가일몽은 원래 이승에서 저승을 꿈꾸는 것인데 반대로 톨스토이처럼 시간 가성비가 좋은 저승에서 가성비 낮은 이승의 꿈을 꾼다면 시간이 뒤죽박죽되는 것이 아닐까? 60년짜리 이승꿈 한 번 꾸는 데 저승시간으로 3만 년이 걸리니 그것을 수천 번 꾸려면 너무 오랜 저승시간이 소요된다. 톨스토이가 독특한 윤회관을 피력한 것은 반가운 일이나 천국의 시간과 이승의 시간에 대해 좀 더 고찰한 다음 의견을 내었어야 하지 않았을까 한다.

3. 「나는 천국을 보았다」의 이븐 알렉산더는 저승의 시간에 대해 다음과 같이 이야기한다. "시간이 없으면 음악도 없고 춤도 없다. 그러나 저승에는 춤도 음악도 있었다. 시간이 있었던 셈이다. 그 시간은 이승의 시간보다 심오하고 풍요롭고 광활했다. 토마스 아퀴나스의 '애붐(aevum)', 즉 '천사들의 시간'이었다. 그 시간은 꽃이 피고 또 피고 음악과 춤이 결코 멈추지 않는 (결코 늙지 않는) 시간이었다." 그는 또 이런 말도 한다. "옳은 말의 반대말은 틀린 말이다. 그러나 심오한 진리의 반대말은 또 다른 심오한 진리일 수 있다. 우리는 우리의 창조주와 하나이면서 또 별개의 존재이기도 하다. 우리는 이 우주와 하나이면서 또 개별적인 존재이다. 시간은 앞으로 나아가면서 또 멈춰 있기도 하다. 하나의 입자는 우주 이편에 있지만 또한 그 반대편에도 있다." 그는 근사체험을 겪고 되살아난 이후 철학자가 되었다.

尾276) 어린아이들의 전생 기억

1. 어렸을 때 혼이 몸에 들어오면서 생기체를 장악하는 과정에서 혼의 기억이 생기체의 혼뇌에 전사(傳寫)되고 다시 그 기억이 몸뇌에 반영(反影)되면서 전생기억의 일부가 몸뇌에 저장된 것이 어린아이들의 전생기억이다. 어린아이들이 전생을 잘 기억하는 이유는
    1) 사물에 대한 인식에 아직 때가 묻지 않았기 때문
    2) 전생기억은 잠재기억 부분에 기억(反影)되기 때문에 기억하기가 힘들고 또 시간이 가면 잊혀지는데 어린 아이들에게는 아직 그 기억이 남아있기 때문
    3) 今生의 가치관을 형성하는데 일부 기여하려고
    4) 어린아이들이 아직 자신의 영혼과 깊은 조화를 이루고 있고 그 영혼 속에 전생기억이 있기 때문(리사 윌리엄스,「죽음 이후의 또 다른 삶」 55쪽 참조)
    5) 어린아이들은 상황을 명쾌하게 바라보기 때문(리사의 전게서 참조)
    6) 최근에 많이 태어나는 '크리스탈 아이들' 또는 '인디고 아이들' 때문(리사의 전게서 참조)

2. 세상은 우물과 같고 사람은 그 안에 뛰어든 개구리와 같다. 개구리는 개울에서 자랐던 올챙이 적 생각을 못한다. 그러나 어떤 개구리는, 특히 어렸을 때에 우물 밖의 생활을 기억할 수도 있다.

尾277) 전생의 사람들

전생지우(前生之友)

아침이 되면 그들은
잠과 함께 물러간다
꿈과 함께 사라진다
내일 밤을 기약하고
그들 세상으로 간다

저승에 사는 그들은
꿈속에 사는 그들은
수 만 년 기를 섞은
내 사랑 前·生·之·友
밤에는 서로 부른다

꿈은 꿈에 손짓하고
꿈은 계속 이어진다
전생은 현생과 살고
꿈속의 꿈에 또다른
전전생도 같이 산다

尾278) 인디고 아이들과 크리스탈 아이들

1. 13,000년마다 돌아오는 주기 변화에 의해 에너지는 점점 더 상승하고 있고, 이에 따라 점점 더 높은 진동수를 가진 존재들이 지구로 오고 있습니다. 그들은 1950, 60년대에 지구에 왔지요. 그들 중 많은 사람들이 현재 대체 의학자나 나노 기술 연구자로 일하고 있답니다. 1980년대 초반에 드디어 튼튼한 토대가 갖추어졌고, 인디고 아이들의 거대한 파동이 빠른 속도로 줄지어 전 대륙에 흩어져 들어올 수 있었지요. 1990년대 말부터 시작된 새로운 파동이 전 세계에 퍼져서… 바로 '크리스탈 파동'이지요. 크리스탈 아이들은 인디고 아이들과 전혀 달랐어요. 사랑스럽고, 부드럽고, 동정심이 넘치고, 평화로웠지요(레나 기거, 「우리는 크리스탈 아이들」 중에서).

2. 19세기 후반부터 20세기에 걸쳐서 인지학(人智學, anthroposophy)운동과 개혁적 교육 운동을 전개했던 독일의 신지학자 루돌프 슈타이너는 창조성이 넘치는 아이들을 위해서 그때까지의 교육 체제에 갈음할 새로운 체계를 개발했다. 그래서 생겨난 발도르프(Waldorf) 슈타이너의 학교는 창조력이 넘치는 수많은 아이들을 육성했는데, 슈타이너는 당시의 아이들을 분류하기 위해 색채를 이용했다. 그리고 백 년 이내에 '인디고'라고 불리는 아이들이 등장해 사회를 단호한 방법으로 바꿔 갈 것이라고 예측했었다.

尾279) 대량학살의 윤리악

성모님 그때 어디 계셨습니까

성모님
1942년 8월 9일 그때
어디 계셨습니까
에디트 슈타인이 아우슈비츠의 가스실에서 죽던 그날
어디 계셨습니까

그때 죽음과 허무가 온 세상을 정복하고
有神의 군홧발 아래 온 인류가 숨죽였습니다
욕망과 본능에 유혹받고 비겁과 무지에 탄압받아
아슬아슬하게 이어지던 당신 아드님의 역사가 그날
아예 끊어졌습니다
윤회의 고리마저 그 순간에는
영영 끊겼습니다

성모님
자비하올 어머니
왜 그때에는
어머니마저 숨죽이셨습니까
어찌하여 이제와 저희 죽을 때에 저희를 위하여 빌지 않으셨습니까

베네딕타 수녀가

때 묻은 얼굴로 발가벗기고
쟁여지고 포개어져 소각될 때
도대체 뭘 하셨길래
털끝만큼의 오류도 없다던 섭리가
무참히 오작동하는 세계를 보고만 계셨습니까

악마의 하수인이 남몰래 씨 뿌려져
50년 넘게 끈질기게 살아남더니
마침내 그 주인의 명을 받아
저 選民이라는 게르만 용병들을 앞세워
이 지구를 極惡으로 유린할 때에

웬만한 汚辱이야 하느님의 뜻이려니
무심히 역사를 기록하던 저들마저도
대경실색하여 이럴 수가! 하던
그 대균열의 때에

천상에서는 도대체
무슨 일이 있었습니까

尾280) 신정론의 해답들

1. 신정론(神正論, 神義論, 辯神論, Theodicy)은 신이 전능하면서도 선하다고 한다면 어째서 이 세상에 고통(악)이 존재하는가를 묻는 물음에 대한 다양한 대답을 찾는 신학적 담론으로 스토아 철학의 Si Deus, unde malum(만약 신이 존재한다면, 악은 어디서 오는가)이라는 의문 이래 서구의 신학과 철학의 주요 주제였으며 라이프니쯔(Leibniz)에 이르러 본격적으로 담론화되었다. 신정론의 목적은 신이 고통의 존재를 허용하는 이유를 설명하고, 그것이 신의 선함과 전능함에 배치되지 않는다고 설득함으로써 사람들이 흔들리지 않고 신을 신뢰하고 사랑하도록 이끌고자 하는 것이다.
신정론적 고통에 대한 물음은 이미 고대 문화, 예를 들면 고대 중국, 인도, 수메르, 바빌로니아, 이집트와 이스라엘 등에서도 찾을 수 있다. 유명한 예로는 구약성경에 있는 욥의 이야기가 있다. 그러나 인격신의 경우에만 선악에 대한 분별과 의지를 가진다고 표현할 수 있기 때문에 신정론은 인격신이면서 전능한 신을 모시는 종교, 즉 기독교에서 주로 문제된다. 윤회론을 주장하는 종교에서는 악은 존재하지 않거나 업의 문제로 당연한 것이어서 신정론의 문제가 성립되지 않는다. 윤회론 없이 신정론은 풀리지 않는다. 기독교에서 기어코 신정론의 해를 찾는다면 윤회론을 도입하는 수밖에 없다.

2. 신정론에서 주장하는 해답들에는 여러 가지가 있으나 대별하면 다음과 같다.
   1) 자유의지 때문이라는 설명 : 참된 자유의지는 악이 가능하지 않다면 존재할 수 없다. 카발라의 찜쭘이론도 여기에 속한다.
   2) 악은 선의 결핍이라는 설명 : 악과 고통은 처음부터 존재하지 않는다.(*)
   3) 악은 더 큰 선을 위한 수단이라는 설명.

4) 가능한 최선의 세계로서의 설명(**)
　5) 인간은 신을 이해할 수 없다는 설명 : 신의 선과 인간의 선은 다르다.
　6) 고통은 영적 성장을 위한 필수불가결한 요소라는 설명.
　7) 악은 세계의 失樂에 따른 부산물 또는 결과물이라는 설명 : 영지주의적 설명이다.

3. 표준이론 측면에서 사람의 윤리악(倫理惡)은 다음과 같이 구분해볼 수 있다.
　1) 혼죄(魂罪) : 혼이 원죄(6.10. '업(業)에 대하여' 참조)를 아직 극복하지 못하여 남아 있는 악으로 자리(自利)가 그 주요 속성이다. 누구에게나 있으며 발현하는 경우 본인도 고통받는다.
　2) 과도한 혼죄(魂罪) : 혼죄가 자리(自利)를 넘어 해타(害他)의 면모를 보인다. 명종 후 100% 분열한다.
　3) 악질적 혼죄(魂罪) : 알 수 없는 이유로 영화(靈火)가 죽어버린 혼으로 양심체가 전혀 발달하지 못하였다. 자리(自利)와 무관히 해타(害他)를 범하는 수준이다. 명종 후 100% 소멸하며 사이코패스(Psychopath)가 그 전형이다. 사이코패스는 타고나며 어린 나이에서부터 상당한 문제를 보인다. 다만 성장 중에 양심체를 키워 극복하면 발현하지 않을 수 있다. 발현하면 생기체에 영향을 주고 이어서 두뇌에 육체적 특징도 나타난다. 사이코패스는 해타를 해타로 인식하지 않으며 피해자의 고통에 무감각하고 그로 인해 괴로워하지도 않는다.
　4) 악마적 혼죄(魂罪) : 해타를 함으로써 무감각을 넘어선 전적인 쾌감을 얻는 수준의 수성으로 악마의 존재를 전제하게 하는 수준의 수성이다. 악질적 혼죄의 존재가 소멸하지 않고 다시 태어난 혼이다. 섭리상 태어나기 힘들 것이나 태어난다면 그것도 섭리다.
　5) 악마(惡魔) : 이는 3)이나 4)의 혼이 명종 후 소멸하지 않고 영존한다면 있을 수 있는 존재로 '자연악(自然惡)'이나 '형이상학적 악'이 된 존재다. 하느님은 이런 존재를 묵인하시거나 창조하시지 않으신다.

(*) 그런데 기독교는 악을 전제하는 종교다.
(**) 라이프니쯔는 신이 우주를 창조하기 전에 만물을 구성하는 가설상의 정신적 근본요소인 모나드(monad, 단자)의 가능한 배열과 운동으로 생길 수 있는 모든 세계들을 완벽하게 계산한 다음(예정조화), 그중에 최선의 세계를 골라서 실제로 창조했다고 한다. 이는 세계가 완전히 결정론적이면서 동시에 합목적적이라는 주장이다. 여기서 신은 마치 자연이라는 기계를 다루는 기술자와 같아서 자연 전체의 질서와 조화를 고려하기 때문에, 임의적으로 보편적인 자연법칙(예를 들면 질량보존의 법칙, 운동량 보존의 법칙 등)을 위반하면서까지 개별적인 악의 발생을 모두 막을 수는 없다는 것이다. 다시 말해 악의 존재는 신에게도 불가피한 측면이 있다는 주장이다.

尾281) 환생의 필요성(신지학)

신지학에서는 환생은 매우 혜택이 많은 과정이라고 주장한다.
1. 환생은 우리 내면에 이루지 못한 채 남아있는 모든 열망들을 꽃피울 수 있는 시간과 기회를 준다. 우리는 새로운 몸과 두뇌 그리고 새로운 환경에서 새 출발을 하게 된다. 한편, 환생의 사이의 기간(LBL)에 혼은 절실히 필요했던 휴식과 同化를 취할 시간을 갖는다.
2. 환생은 또한 사람으로 하여금 지난 생에서 그가 취했던 행동을 보완할 수 있는 새로운 도구와 환경도 제공한다.
3. 자신들의 진화를 위하여 인간에게 의존하는, 의식을 가진 대자연의 많은 '생명체'들에게 도움을 줄 수 있는 기회를 갖게 된다(신지학회, 「신지학 홈스터디」 참조).

尾282) 적당한 수명에 대하여

1. 사람은 섭리상 60살이 '적당한' 수명이다. 20살에 죽으면 몸과 마음이 갖춰져 인생을 알 만하면 죽는 것이니 발전이 어렵고, 100살을 넘어 살면 더 이상 알 수도, 알아도 변화하기 어렵다. 그래서 사람은 60이 제 수명이다. 의학과 경제의 발전으로 사람들의 수명이 늘어난 이유는 영적 발전을 위한 은총으로 보인다. 정신적, 경제적으로 안정을 얻어 자아실현의 시간을 많이 갖도록 하는 또 다른 '적당한'의 섭리다.

2. 얼른 죽어서 다른 영혼에게도 기회를 주어야 한다거나 다른 별에 가서 새로운 경험을 하면 될 것 아니냐 하겠지만 분석결과(6.2. '영과 혼의 유래와 전생횟수' 참조) 그런 결론은 나타나지 않는다. 또한 경험도 지구만이 줄 수 있는 경험이 있을 것이다.

3. 몸은 태어날 때부터 죽을 준비를 한다. 성장하면서도 그 이면에는 벌써 죽음의 절차가 진행되고 있다. 반면 마음은 늙어서도 다음 생을 준비하지 못한다. Death bed에 누워서도 더 살려고 발버둥 친다. 어찌 혼이 몸보다 못한가. 몸은 윤회가 이미 프로그램되어 그 이치를 정확히 알건만 이승혼은 무명(無明)하여 윤회의 이치를 모른다.

4. 사람은 착하게 살라 서로 사랑하라 유언한다. 유언은 자식에게 하는 것처럼 보이지만 사실은 자신에게 하는 것이다. 다시 살면 그렇게 살고 싶다는 표현이다. 그래서 표준이론은 자신에게 유언과 유산을 남기길 권한다. 유언은 삶의 지침이 되고 유산으로 그 지침을 가르칠 것이다.

5. 늙고 낡은 몸은 재생하여 쓰기 어렵다. 자연은 늙은 세포를 걷어 내고 새 세포를 만들 듯 몸을 다시 만들 준비를 한다. 새 몸이 가성비가 훨씬 좋기 때문이다.

6. 그러니 너무 오래 살려고 하지 마라. 병마에 고생만 많이 한다. 의술의 발달은 수명을 늘리지만 그 대가로 사람들은 고통을 더 맛보아야 한다.

尾283) 혼의 타락과 갱생

1. 신지학자 지나라자다사는 그의 저서 「First Principles of Theosophy」에서 한번 혼이 개체화되어 인간의 혼이 되면, 그 혼은 다시 동물이나 식물의 형체로 윤회(혼의 타락)할 수 없다고 한다. 인도사람(실론)이 힌두와 다른 주장을 하였다. 혼의 생물학적 진화(進化)를 주장하는 신지학에서 혼의 타락을 부인하고 있기 때문이다.

2. 신지학자인 리드비터 또한 그의 저서 「신지학대의」 중 '동물빙의' 편에서 인간의 자아는 동물로 타락하지 않는다고 한다. 다만 자아가 사악한 욕망 등으로 특정 동물과 매우 강하게 연결되고 그 결과 그의 아스트랄체가 이에 상응하는 동물적 특징을 보일 뿐이라고 주장한다. 소유욕 등이 과하여 물질에 결사적으로 매달리는 사자(死者)들은 아스트랄체가 에테르체로부터 분리되지 않아 에테르 질료에 둘러싸인 채 이승을 배회하는 지박령(에텔아스트랄 유령)이 된다. 이때 아스트랄계에 남겨진 그의 아스트랄체는 해당 동물의 형상을 취하게 될 수 있을 것이고 때로는 지박령이 되어 이승에서 동물의 몸에 빙의할 수도 있다고 한다. 이러한 주장은 어떻게 하든 혼의 타락은 시인하지 않으려는 태도로 보인다. 표준이론에서 지박령은 생기체(생기체유령)다. 혼은 이미 저승으로 떠났다(미주 40 '귀신 그리고 신지학과 표준이론의 지박령' 참조).

3. 그러나 생물학적인 진화에서도 자연도태는 엄연한 일이다. 그러니 혼에도 도태는 당연히 있고 절치부심하여 환경에 적응하면 다시 진화한다. 따라서 표준이론에서는 혼의 소멸이론과 이합집산의 복합혼이론이 있다.

4. 本生經(자타카, jātaka)에 의하면 석가모니 부처님은 한때 사슴이었고 코끼리였다. 그뿐만 아니라 수행자이기도 했고 왕이거나 도둑이기도 했다. 이는 부처님이 타락과 갱생을 반복하였다는 말로 이해하기 어렵다. 따라서 이런 본생경의 내용은
1) 覺魂시절의 우화와 知魂시절의 우화가 순서 없이 뒤섞인 것이다.
2) 중음에서의 일시적 化生談이다.
3) 本生經 자체가 우화일 뿐이다.
등의 이유로 그리 쓰인 것으로 보인다.

尾284) 툴쿠의 유명한 예

1. 판첸 라마(Panchen Lama)는 '위대한 스승'이라는 뜻으로, 라마교에서 달라이 라마 다음가는 제2의 지도자다. 달라이 라마는 관세음보살의 화신이고, 판첸 라마는 아미타불의 화신으로 일컬어지고 있다. 물론 정치적 입지를 다지려는 의도에서 나온 주장이다. 제1대 판첸 라마는 케줍제 게렉빠상(Khedrup Je Gelek Pelsang 1385~1438)이다. 판첸 라마는 티베트 제2의 도시 시가체에 있는 타시룬포 사원의 수장으로, 달라이 라마와 마찬가지로 환생에 의해 후계자가 정해진다. 판첸 라마는 달라이 라마가 입적하면 그 환생자를 찾아 성인이 될 때까지 섭정을 맡는다. 어린 달라이 라마를 성장시켜 종교 지도자 역할을 제대로 할 때까지 스승으로서 최고 지도자 권한 대행을 한다. 판첸 라마는 정치적으로 달라이 라마와 마찰이 있었던 적도 있었으나 서로의 종교적 스승으로서 오랜 전통을 이어왔다. 달라이 라마는 1995년, 당시 6세이던 최키 니마(Gedun Choiki Nima)를 후계 판첸 라마로 지명한 바 있으나 중국 정부는 차기 판첸 라마와 그의 가족을 연금하여 현재 행방불명상태이다.

2. 도르제 팡모(Samding Dorje Phagmo)는 현재 12대까지 환생을 이어오고 있으며 달라이 라마와 판첸 라마에 이어 티베트불교 내에서 세 번째 서열의 지위를 갖는다. 이 전승계보는 최끼 된마(Chökyi Drönma 1422~1455)라고 하는 한 여성으로부터 시작되었다. 그는 달라이 라마와 동시대를 살면서 같은 스승의 영향을 받았다. 그는 순례여행을 통하여 유목민부터 정치가까지 많은 사람들을 만나서 교화를 하고, 실질적인 도움을 주는 등의 업적을 남겼다. 그러나 스승의 예언대로 짧은 생을 마치고 34세를 일기로 열반하게 된다. 그리고 그의 道伴은 그의 환생 장소를 찾았으며, 스승 탕똥 갤뽀는 그 환생을 확정하여, 도르제 팡모의 환생 계보가 시작되었다.

3. 까마빠(Karmapa)는 티베트불교 까귀파의 12까귀분파 중 까마까귀의 최고 지도자이다. 티베트불교에서 환생 제도의 전통을 제일 먼저 시작하였다. 정식 칭호는 게와 까마빠(Gyalwa Karmapa)이고, 명나라 영락제가 준 칭호인 대보법왕(大寶法王)이라고도 한다. 1283년 2대 까마빠인 까마 팍시(Karma Pakshi 1204~1283)는 원적하기 전에 본 계파의 기득권을 유지하기 위해 '불법은 불멸하고, 생사는 윤회한다(佛法不滅生死輪回)'라고 하고, 자기는 화신(化身)하여 다시 인간 세상에 올 것이라고 말했다. 임종 전에 그는 제자들에게 어린아이 하나를 찾아 자기의 의발(衣鉢)을 계승하게 하라고 하고, 그가 자기의 화신이라고 말했다. 활불제도는

바로 이렇게 수립되었다. 까마빠의 툴쿠계보는 오늘날 17번째 화신까지 이어지고 있다(위키백과 등 참조).

4. 잠양 키엔체 왕포(Jamyang Khyentse Wangpo 1820~1892)는 티베트의 위대한 스승이다. 그 세 번째 툴쿠는 종사르 잠양 키엔체(Dzongsar Jamyang Khyentse)다. 그는 1961년 부탄에서 태어나 일곱 살 때 잠양 키엔체 왕포의 세 번째 환생자로 판명됐다. 불교 수행과 함께 영화 공부를 하다 영화감독 베르나르도 베르톨루치를 만나 영화에 입문했다. 부탄 최초의 장편 영화이자 티베트어로 만든 첫 영화인 데뷔작 '더 컵'(1999)은 '최고의 티베트불교 영화'라는 극찬 속에 토론토영화제 관객상을 받고 칸영화제 감독주간에 초청됐다. 두 번째 영화 '나그네와 마술사'(2003)도 많은 사랑을 받았고, 세 번째 영화 '바라, 축복'도 2014년 개봉되었다. 영화는 그가 불교의 진리를 전하는 또 하나의 언어인 셈이다. 우리나라에서는 영화감독 '키엔체 노르부'란 이름으로 알려졌다. 그는 티베트와 인도의 종사르 사원 네 곳에서 스님 2천여 명을 돌보고 있으며, 세계 여러 곳에 수행센터 '싯타르타의 의도'를 만들어 동서양 제자들을 가르친다.

5. 샵둥 나왕 남겔(Zhabdrung Ngawang Namgyel 1594~1651)은 부탄의 국조(國祖)이다. 그는 원래 티베트 라룽 지역에서 금강승불교의 한 종파인 둑빠까규파의 법왕으로 추앙받던 스님이었다. 그의 나이 23세에 부탄에 와서 지역민들의 존경과 흠모를 한 몸에 받게 되었으나 그의 존재를 껄끄러워하던 티베트에서 부탄지역으로 군대를 보내 그를 제거하고자 하였다. 이에 샵둥은 부탄 주요 위치에 요새이자 사원인 '종(Dzong)'을 건설하여 티베트군의 침공을 막아내면서 현지인들의 절대적인 지지를 얻었다. 이후 그는 불교 계율에 입각한 법률을 제정하고, 공정한 세금제도를 만들어 국가재정을 강하게 했다. 30년간 샵둥은 부탄지역의 혼란스러운 권력다툼을 자비와 지혜로 감화시키고, 봉건주의의 부탄을 오늘날 국경을 가진 하나의 국가로 탈바꿈시켰다. 이후 환생을 통한 샵둥의 전생은 현재 10대까지 이어져 오고 있다.

6. 잠곤 콩트룰 린포체(Jamgon Kongtrul Rinpoche 1813~1899)는 티베트불교 학자, 시인, 예술가, 의사였다. 그는 19세기의 가장 저명한 티베트불교도 중 한 명이었으며, 제 종파 간 화해와 공존의 '리메 운동'의 창시자 중 한 명으로 인정받고 있다. 그는 학자이자 작가로서 큰 명성을 얻었으며, 특히 大作인 '지식의 보물'을 포함하여 90권이 넘는 책을 저술하였다. 현재는 제4대 툴쿠인 Karma Mingyur Dragpa Senge이다.

尾285) 환생 플랜

표준이론에서 환생플랜이란 '자신의 환생시기와 환생장소를 합리적으로 예측하여 후생을 찾아내고 그 후생이 금생이 깨달은 바에 따라 자신의 지속적인 영적 진화를 이어 가도록 돕기 위한 계획'이다

1. 잔여생애계획 : 성공적인 여생의 마무리를 위한 수행(修行)의 타임테이블 작성과 환생플랜의 준비를 위한 환생공부가 그 내용이다.

2. 遺言 작성 : 금생이 후생에게 하는 유언으로 금생에서 파악한 혼의 업, 공부와 수행, 직업에 대한 조언, 인생관과 심령관에 대한 깨달음, 후생계(後生戒)와 유시(遺詩) 등을 적는다. 가급적

책으로 저술할 것을 권한다(미주 292 '혼을 가르치고 다스리는 방법' 참조). 유산계획과 명종 계획을 포함하는 法定의 유언장 작성도 여기에 속한다.

3. 遺産계획 : 환생재단에의 유산 신탁 또는 증여 계획으로 법정 유언장에 반영한다. 이는 환생자 포착, 유언 전달, 후생교육에 소요되는 비용을 위한 것으로 유산내역, 가치나 금액, 사용방법과 사용처, 사용조건, 반환조건 등에 대한 계획이다.

4. 命終계획 : 임종에 당하여 연명치료 거부나 존엄사 그리고 그 방법에 대한 의사표시, 환생재단 임종위원회의 臨終 참석, 장례방식, 세속적 유언 등이 포함되며 그 내용은 법정 유언장에 반영한다.

5. 後生찾기계획
   마지막으로 후생(툴쿠) 찾기를 위한 자료를 작성한다.
   1) 후생에게 제시될 기억을 위한 자료 작성 : 後生(환생자)을 가려내기 위한 장치로 환생재단 홈페이지를 통하여 다른 사람의 것과 섞어 환생자 후보에게 무작위로 제시될 자료다.
      (1) 에피소드 : 잊지 못할 경험담, 기억 등을 10여 개 적는다.
      (2) 사진 : 자신만의 특징과 지인, 장소, 물건, 일화 등이 잘 나타나 있는 사진 50여 장을 등록한다.
      (3) 퀴즈 : 본명, 성별, 신체적 특징, 별명, 생일, 고향, 모교, 직업 등을 퀴즈로 구성한다. 퀴즈는 자료를 사용하여 재단에서 만들 수도 있다.
   2) 환생 예정 국가와 장소 : 기도와 이에 대한 응답으로 얻은 확신이 있는 경우에 쓴다.
   3) 후생의 소망 : 후생의 성별, 직업, 성격, 신체적, 경제적 조건 등을 적는다. 정성 어린 환생 플랜을 통하여 소망하면 그 지성에 하늘은 반드시 감천(感天)할 것이다.

尾286) 광고문 예시

환생재단에서 환생자를 찾습니다.
1. 환생자의 前生 : 성별, 국적, 학력, 직업, 생몰연도
2. 예상되는 환생지역 : 전생의 유언과 유산, 계시에 의한 환생 추정지
3. 환생자의 신체적 특징 및 용모 : 전생의 신체적 특징과 예시(豫示)정보에 의한 차생의 특징
4. 전생이 환생자에게 남기는 유언과 유산
5. 자세한 내용은 환생재단의 홈페이지 중 환생자에 대한 기록부분을 통하여 알 수 있으며 필요한 경우 해당 페이지의 질문에 응답하여 환생자 후보로 등록하십시오.

尾287) 불교와 표준이론의 환생소요시간

1. 세친의 구사론(俱舍論)은 다음과 같이 중유의 생존 기간을 전한다. "세우(世友) 존자께서 말씀하시기를, '7일 이내 생연(生緣)을 얻지 못하면 다시 수차례 죽고 태어난다.' 다른 존자께서 이르기를 '길어야 칠칠일(49일)이다.'" 한편 유가행파의 기본 논서인 유가사지론(瑜伽師地論)은 "중유는 7일을 머물며, 만약 7일이 다하도록 生緣을 얻지 못하면 죽어서 다시 태어나 7일이 다하도록 머문다. 칠칠일을 머묾에 이르면 생연을 얻게 된다."라고 한다.

2. 이와 관련하여 불설에는 '七生七死'라는 말까지 있을 정도다. 그 뜻은 '중음기간에 일곱 번 태어나고 일곱 번 죽는다'이다. 또 약간 변형된 형태가 '한 번 죽고 일곱 번 새로 태어난다는 뜻으로 이 세상에 새로 태어나는 동안을 이르는 말'이라 하여 '일사칠생'이란 단어로 국어사전에 올라있다. 한 번 죽어 중음에서 가면 7일마다 還生을 시도한다는 말로 읽힌다.

3. 이 주장이 만약 첫 번째 7일의 중유에 인간으로 환생하지 못하면 축생으로 환생(化生)하여 살다가 죽어 중음에 복귀하는데 거기서 다시 두 번째 7일의 중유에도 환생의 연을 얻지 못하면 또 축생의 삶을 겪는다는 '중유간 축생 윤회론'으로 해석될 수 있을까? 그러나 이는
   1) 49일이 정해져 있으니 하루살이만도 못한 시간으로 한 번 윤회하여야 하는데 이는 축생계로 떨어질 緣을 찾기에도 어려운 짧은 시간이며
   2) 축생으로 타락환생 하였다가 다시 갱생하여 기어고 인도로의 환생을 대기한다는 논리도 어설프다. 비록 구사론이 그 다른 부분에서 '어떠한 취(趣)에 가서 태어날 중유가 이미 생겨났다면 어떤 힘으로도 갈 곳을 바꾸지 못한다'라고 하여 업의 신통(業通)은 세존이라도 막거나 억제할 수 없다고 하지만 표준이론에서는 복합혼의 분열에 의한 경우 외에는 전통적 의미의 타락환생은 애초부터 없기 때문에 의미 없는 논의다.

4. 따라서 구사론의 위 1의 말은 '중음을 탈출하지 못하는 경우 각 7일마다 죽다가 살아날 정도로 까무러치는 고통을 겪는다'는 뜻으로 보인다. 일부 불설에서는 힌두교 푸라나 문학의 7지옥을 본떠 7개의 지옥을 이야기하지 않는가. 그러나 정통 불설에서나 표준이론에서나 이런 픽션은 주목할 만한 내용은 아니다. 다만 중유에 머무는 기간에 대한 구사론의 다른 언급으로 "중유는 얼마나 머무는가? 정해진 한계가 없다. 태어날 인연(生緣)이 화합하지 않았으면 항상 머문다."라는 말 정도가 취할 明言이라고 본다.

5. 또 어느 불설은 "우리는 중유의 선생(善生)을 기원하며 7일간 머무는 중유에 건달바를 위한 향공양을 올린다. 혹 첫 7일간의 중유에서 삶의 인연을 얻지 못한 경우 다시 태어난 2번째 내지 3번째 중유를 위한 향공양의 재(齋)를 계속 올리는데 7번째 중유에 이르면 반드시 삶의 인연을 얻어 다시 태어나게 된다. 이에 중유를 위한 齋의식은 7번의 사십구재(四十九齋)로 종결됨을 알 수 있다. 이후 중유는 생유를 거쳐 또 다른 모습으로 본유의 삶을 살고 있기 때문이다. 그렇다면 사십구재 후 忌日에 올리는 기제사(忌祭祀)는 어떤 의미인가? 이는 불교 의례가 아닌 유교, 도교의 영향에 의한 의례로, 굳이 불교적 의미를 부여한다면 무주고혼을 위한 무차대회(無遮大會)의 성격을 갖는 것이라 말할 수 있다."라고 한다. 또 "대승불교의 천도재(薦度齋)는 중음신(中陰身, 中有)을 제도하기 위한 것입니다. 한국불교에서 일반적으로 49재를 지내는 이유는 중음신이 최대한 49일 동안 머문다고 보기 때문입니다. 그러나 영가(靈駕)가 실제로 며칠 동안 중음에 머물지를 알 수는 없으므로 49일 동안 제사를 지내면서 독경하고 염불하여 중음신(中陰身)을 깨우쳐 주고자 하는 것입니다. 이 중음신은 추(麤)하고 탁(濁)한 인간의 몸을 이미 버리고 미세한 중음의 몸을 얻었으므로 근(根)이 매우 예리하고 총명하여 경을 설해 주면 쉽게 이해한다고 합니다."(네이버, 참괴인) 그러나 100일, 1년, 2년 등의 중유기간 또한 사자의 서 등 불교 교리에 나타나고 있다. 심판이 연기되는 경우 49일을 넘길 수 있다는 것이다.

6. 일반적으로 우리나라 시왕(十王)사상에서는 사람이 죽은 후 3일이 되면 저승사자에 의해 저승에 끌려가 7일째 되는 날 첫 심판을 받게 되고 이후 매 7일마다 6번 더 심판을 받는다. 이후

100일째와 1년째, 2년째 되는 날 모두 합하여 10번 명부시왕으로부터 한 번씩 심판을 받는다. 그때마다 초재, 2재, 3재… 종재, 100일재, 소상, 대상의 기재(忌齋)를 지낸다. 심판이 언제 종결되느냐에 따라 환생시기가 결정된다. 유교에서도 같은 날에 제사(祭祀)를 지낸다.

7. 표준이론은 최하위 혼계인 중음계에서 혼이 머무는 기간을 사자의 서나 위 내용들을 감안하여 49일+2년으로 본다. 그리고 심령계는 1~10년, 준영계는 10년에 근접할 것으로 생각한다. 이를 종합하여 표준이론에서 환생자 찾기에 소요되는 기간은 49일+2년~10년으로 본다. 또한 망자 본인의 환생의도와 목적이 뚜렷하면 조기 환생이 가능할 것이다.

尾288) 저승의 시간과 이승의 시간

1. 우리는 보통 저승에서는 이승보다 시간이 천천히 간다고 생각한다. 예를 들어 개신교 찬송가 '해보다 더 밝은 저 천국'에서는 며칠 후 요단강 건너가 만나자고 노래한다. 이승의 세월이 무상하니 산자도 사자를 금방 따라갈 것이라는 뜻일 수도 있으나 천국의 하루는 여기의 일 년쯤일 것이니 먼저 가 있으면 지구 시간으로 몇 년 뒤, 천국시간으로 며칠 후 금방 뒤따라가겠노라는 의미라고 본다.

2. 그러나 표준이론은 그 생각이 틀렸다고 본다. 즉 저승의 하루가 이승의 일 년쯤이라는 말의 본 뜻은 저승의 하루 가성비(價性比)가 이승의 일 년쯤에 해당할 만큼 높다는 말로 해석해야 한다는 것이다. 이 해석으로 저승과 이승의 시간을 비교하면 이승의 1년이 저승에서는 500년의 가성비가 있다는 것이다. 저승에서 500년을 보내고 환생하였다는 말은 이승시간으로 1년 후 환생하였다는 말이다. 주의할 것은 가성비만 다를 뿐 실질적으로 흐른 시간은 같다는 점이다. 하루살이는 하루를 사람의 60년처럼 느끼며 산다.

3. 영매인 리사 윌리엄스는 이승에서 90일 걸리는 일이 저승에서는 반나절이면 끝난다고 한다(리사 윌리엄스, 「죽음 이후의 또 다른 삶」, 220쪽). 또 일주일이 30분이라고도 한다(287쪽). 한편 남가일몽(南柯一夢)이나 한단지몽(邯鄲之夢)의 고사에서는 잠깐 자는 중 긴 세월의 꿈을 꾼다. 이는 전생의 기억이 일순간 떠오른 것일 수도 있으나 순간 화생(化生)하여 다른 차원(저승)의 시간을 보내다 오는 경우일 수도 있다. 20여 년을 한나절에 겪고 오지 않는가. 이러한 사례들은 살아있는 이승 사람들의 눈으로 저승을 보면 저승은 눈이 돌 정도로 빨리 움직이고 있다는 것을 의미할 수 있다. 하루살이가 얼마나 바쁘게 움직이는지 보라.

4. 그럼 도대체 얼마나 빨리 움직일까? 즉 저승의 시간 가성비(價性比)는 지구에 비해 얼마나 좋을까? 리사의 말대로라면 이승의 90일은 2,160시간이고 반나절은 보통 4시간이므로 이를 4로 나누면 540배다. 같은 일을 하는데 저승에서는 540분의 1만큼의 시간만 소요된다는 말이다. 그래서 이승의 90일 일감이 저승에서는 반나절에 끝난다. 이승의 90일이 저승의 반나절은 절대 아니다. 시간의 속도는 같다. 저승의 시간 효율이 540배나 좋은 것일 뿐이다. 불교에서 환생하는데 소요되는 기간인 지구의 49일은 같은 계산 방법에 의하면 저승에서는 72.5년의 시간량이다. 지구의 한평생이다.

5. 불교리에 이르기를, '욕계 최하천인 사대왕중천의 하루 밤낮은 인간세계의 50년에 해당하고 그들의 수명은 500년이다(인간의 수명으로 치면 900만 년) 제6천인 타화자재천의 하루 밤낮

은 인간세계의 1,600백 년에 수명은 16,000천 년이다(인간의 수명으로 92억 1,600만 년). 참고로 색계에는 밤낮의 차별이 없기 때문에 겁(劫)으로 수명의 길이를 논한다'고 한다.

6. 위 5의 인용문 중 괄호 안의 계산은 틀렸다. 92억 년이라니 상식적으로도 좀 우습지 아니한가. 사대왕중천의 수명인 500살을 다 살고 인간세계에 오면 인간도에서도 500년이 흐를 뿐이다. 900만 년이라고 18,000배 한 것은 50년을 하루로 한 숫자인데 전술한 바와 같이 이는 하루를 이승의 50년처럼 산다는 가성비를 말하는 것이지 거기서 하루 있다 오면 지구에서 50년이 흐른다는 것은 아니다. 남가일몽의 순우분이 개미세계에서 20년의 부귀영화를 누린 후 깨어보니 흐른 시간은 한나절의 낮잠이었다. 그렇다면 그가 몽중에 다녀온 곳은 욕계의 제2天이나 3天 정도는 되었겠다. 또 한단지몽의 노생은 6天 정도를 다녀온 꼴이다.
남가일몽 시간가성비 20년×365일×24시간/4시간(한나절)=43,800倍
한단지몽 시간가성비 60년×365일×24시간/1시간(밥 짓는 시간)=525,600倍
제1천 사대왕중천 시간가성비 50년×365일=18,250倍
제6천 타화자재천 시간가성비 1,600년×365일=584,000倍

7. 한편 예수님은 금요일 오후 3시경에 돌아가셔서 일요일 새벽(6시?)에 이미 무덤에 없었다. 그렇다면 사도신경은 예수님이 우리 시간으로 약 39시간 정도를 저승의 유정들을 구원하시는데 사용하신 것으로 고백하는 셈이다. 여기에 위 1의 540배를 곱하면 21,060시간이고 이는 877일이며 2.4년 정도다. 예수님의 이승에서의 공생애기간이 3년 정도인 것을 감안하면 그와 맞먹는다. 이로써 그 당시 상위저승(쉐올의 낙원구역, 림보)에도 구원할 인구가 이승에 못지않게 상당히 많았던 것임을 알 수 있다(미주 185 '삼원론적인 인간관을 보이는 성경구절과 기독교 영혼육 삼원론의 내용' 참조).

8. 거긴 몇 시예요?

육십 평생 시간을 아끼며 살았더래요
그렇다가 죽어 보니 시간이라는 건 없더래요
아니 시간이 무한정
무한정하더래요

그럼 거기서는
그리 긴 시간을 뭐하며 사나요?
여기처럼 죄지을 일도 없고
돈 벌 필요도 없고. 그렇다면
심심하지 않나요?
육십 년도 아니고 수백 년 아니 억겁에 억겁을 뭐하며 살아요?
신나는 일이 많나요? 아니면 아예 아무 생각이 없나요?
혹시 거기 시간은 여기와 당최 다른 건가요?
도대체 거긴 지금 몇 시예요?

부처님 말씀대로
時空이 無인가요?

하기사 나도 無인데(無我라고…)
하여간 억겁을 뭐 하며 사는지 영 궁금합니다
그럼 이만 총총

尾289) 표준이론의 환생소요시간

1. 표준이론에서 환생소요시간은 한 달 이내부터 수백 년까지 인별로 저승별로 큰 차이가 있다고 생각된다. 그 이유는
    1) 종교와 사상별로 큰 차이가 있고 같은 사상이라도 인별로 저승별로 차이를 두고 있다. 불교도 마찬가지다.
    2) 이승도 수명이 다 다르다.
    3) 혼이나 영의 의사도 중요하리라고 생각된다. 표준이론에서 운명은 카르마의 틀 안에서 자유의지에 의해 결정된 저승에서의 환생계획과 생시의 행업에 의해 결정된다.
    4) 지구에서만 윤회하는 것이 아닐 수도 있다. 표준이론은 이승(외계) 간의 영과 혼의 교류를 말하고 있고(부록6, 부록6-1, 5.6.3. '이승은 지구만인가?' 참조) 유란시아서도 수많은 진화세계와 상위 세계로의 진급을 말하고 있다. 불교에서도 수미세계는 수도 없이 많다.

2. 그러나 범부중생 이하의 하급혼 인구가 90%인 현실에 비추어, 또 위 부록의 분석을 위하여 일반적인 환생소요시간을 불교의 49일을 말하는 것도 무리는 없을 것이라고 본다.
3. 환생재단의 툴쿠회원에 적용될 환생소요시간은 티베트 툴쿠와 같이 특별할 것이 분명하다. 티베트 툴쿠들의 혼의 수준이 못나서 조기에 환생하는 것이 아니다. 이는 특별배려요 또 다른 섭리다.

尾290) 재산의 기증과 자식상속 그리고 자기상속

1. 현실의 교회는 폐쇄적이고 집단이기주의적인 면이 없다 할 수 없다. 게다가 일부 성직자들, 특히 고위 성직자들 중에는 정치적이고 출세지향적이며 권위적인 사람들이 적지 않다.

2. 세상은 다 하느님의 것이다. 그중에 인간이 애면글면하며 가치를 부여하고 있는 재산은 더욱 하느님의 것이다. 교회가 가지고 있든 내 호주머니에 있든 마찬가지다. 어느 호주머니에 담아 두느냐도 모두 하느님 뜻이다.

3. 내가 재산을 교회에 기증하였다고 해서 재산을 善用한 것이 아니다. 내가 직접 재산을 자기실현과 이웃사랑하는 데 써야 선용이다. 교회에 기증하면 교회가 나를 실현해줄까? 또 이웃사랑에 쓸 가능성이 내가 직접 이웃사랑에 쓸 때보다 커질까? 그리고 그것이 하느님이 재산을 나에게 주신 목적일까?

4. 하느님께서 나에게 재산을 주신 이유는 성경의 다섯 달란트 비유에 잘 나타나 있다. 받은 달란트를 교회에 주는 것은 이를 땅에 묻는 것과 다를 것이 없다. 내가 받은 달란트는 내가 이웃사랑을 실천하는 데 써야 한다. 자식들이 자기 재산을 이웃사랑하는 데 쓸 수 있도록 교육하는 것도 그 일부다. 남은 재산을 자식에게 남기려거든 그전에 위 자식교육이 과연 잘 되었는지 살피라. 자식에게 자기 숙제를 남기고 가는 것은 또 다른 죄가 될 수 있기 때문이다. 그

후에도 남은 재산이 있으면 그것은 죄(罪)다. 부자 천당 가기가 바늘구멍인 이유다.

5. 재산은 하느님이 주신 숙제이니 교회에 주고 죽는다고 교회가 숙제를 대신해 주는 것이 아니다. 그들은 그들의 숙제를 하느님으로부터 따로 받았다. 그러므로 종들이여. 주인 노릇을 하지 마라.

6. 그래도 재산이 남으면 다음 생의 자신에게 물려주자. 스스로 財團을 쌓아 물려줄 수도 있고 환생재단을 이용할 수도 있다.(표준이론을 여기까지 읽고도 이 말에 마음이 동하지 않으면 아직 때가 되지 않은 것이다.) 많이 물려주어도 안 된다. 이번 생의 자식 교육하듯 그만한 재산이면 적당하다. 그것이 하느님이 주신 재산을 사랑하는 데 다 쓰지 못한 죄를 갚는 최선책이다. 없어서 못 물려준다 하여도 그다지 섭섭할 일은 아니다. 환생플랜에서 유산계획만 빠질 뿐이다.

尾291) 표준이론의 구도론

표준이론의 구도론은 영과 혼은 각자(各自)이나 일체(一體)라는 사실에서 출발한다. 그리고 이 세상은 '혼들의 세상'이고 세상사(世上事)는 혼들 간의 사(事)일 뿐이므로 事의 實質은 사사무애(事事無碍)임을 혼은 납득하여 수용하여야 한다. 수양(修養)은 닦고(修) 기르는(養) 것인데 닦음은 수성(獸性, 악성)과 업(業)과 악습(惡習)을 버리는 일이고 기름은 그렇게 닦은 혼(魂)을 영(靈)으로 키우는 일이다. 구체적으로 혼은 내재한 영화(靈火)와 동거하는 영(靈)의 지도하에, 닦고 기르는 보살행(菩薩行)으로써 보시(布施)·지계(持戒)·인욕(忍辱)·정진(精進)·선정(禪定)·지혜(智慧)의 6바라밀을 진인사(盡人事)로 실천하는 한편 기도로서 대천명(待天命)하여야 한다. 기도는 표준이론 구도론의 핵심이다. 소승은 자리(自利)요 대승은 자리와 이타(利他)다. 표준이론은 자리와 이타와 기도(祈禱)다. 표준이론의 구도론(求道論)의 뼈대는 다음과 같다.

1. 영과 혼은 서로 다른 존재로 각자(各自)이나 이승에서는 한 몸에 든 일체(一體)이다.

2. 이승은 혼들의 세상이고 세상사(世上事)는 개별성에 빠진 혼들 간의 사(事)일 뿐이니 세상은 사사무애(事事無碍)의 일원(一元)으로 혼은 개별성을 극복하고 사(事)를 버려야 비로소 발전이 가능하다.(*) 혼에게 오늘 그리고 지금 중요한 것은 오직 발전과 진화를 향한 수행(修行)의 한 걸음이다. 혼이 이러한 진리를 깨닫고 수용하는 것이 탈무명(脫無明)이다.

3. 무명을 벗은 혼은
   1) 영에게 자복순응(子復順應)하여 영과의 혼영일체(魂靈一體)를 풀고
   2) 영의 가르침(靈敎)과 자신의 양심체를 앞세워
   3) 각혼의 獸性과 지혼의 개체성으로 인한 금생의 악습과 전생의 업을 맹렬히 구축(驅逐)하되
   4) 금생의 악습은 반벽(反癖)을 만들어 극복하고(**)
   5) 전생의 업은 보살행을 실천하여 쌓은 德으로 보상하여 해업(解業)한다.
   6) 위 (1)~(5)는 '求道의 사이클'이니 생시에 무한 반복한다.
   7) 이윽고 혼은 자아의 방을 영에게 완전히 내어주고
   8) 남은 생을 진인사(盡人事)하고 기도하며 살다가
   9) 명종 후 '해업하고 남은 덕'에 은총을 더하여 영으로 거듭나야 한다.

10) 한편 영은 혼을 영으로 기른 공(功)과 그 과정에서 세상과 남에게 베푼 공을 더해 수승(殊勝)하여짐으로써 백생공사 위에 몇 생의 功事를 더 올려 쌓는다.

4. 이처럼 혼은 靈敎를 납득하고 스스로 자아의 방에서 나와 영을 따라 발전과 진화를 위해 행동하는 깨달음의 길로 나아가야 한다. 이에 실패하면 모든 것은 또 다음 생으로 연기(延期)된다. 잘 못하면 바바차크라(bhavachakra)의 수레바퀴를 벗어나는 길에서 더 멀어진다. 와중에 남의 발전마저 방해하는 악업(惡業)을 지을 수도 있다. 그때는 연기도 지연도 아닌 파멸이다. 소멸이고 이산이고 분열이다.

(*) 영은 혼에게 화엄(華嚴)의 일즉일체(一卽一切)하고 일체즉일(一切卽一)한 사사무애의 이치(미주 61 '사사무애법계관(事事無礙法界觀)' 참조)를 가르친다. 존재(事)와 존재 사이에는 아무 가로막힘(礙)이 없으니 세상은 사사일체(事事一切)의 일원(一元)이라고 타이른다. 애(礙)가 있다면 이는 혼 자신의 개체성이 만든 이기심과 자존심의 벽일 뿐임을 말해준다.
(**) 반벽에는 미운 사람, 해를 끼친 사람, 자기로 인하여 악습과 업을 쌓게 된 사람과의 악연을 푸는 것이 포함된다. 악연을 풀지 못하는 경우 반드시 업이 된다. 언제 죽을지 모르니 이것부터 풀어라. 가능하다면 자기를 미워하는 사람과의 악연도 풀어라.

尾292) 혼을 가르치고 다스리는 방법

1. 혼을 경계(經戒)하고 가르치기 위해서는 우선 표준이론類를 숙지하여야 한다. 불교에서도 사제(四諦)의 이치를 반복적으로 연구, 고찰함으로써 지혜가 생기고, 이 지혜에 의해서 번뇌를 끊으면 열반에 든다고 했다. 소위 성문승이다.

2. 자신의 혼과 영의 정체와 성향을 밝혀내야 한다.
    예) 내 혼은 성질 급하고 밥 잘 먹고 잘 짖고 잘 물고 잘 우는 늙은 셰퍼드 같은 중급혼이다. 영은 하급영 말년이나 중급영으로 혼영일 것이나 신영일지도 모르겠다.

3. 다음으로, 정체를 파악한 혼을 표준이론에 따라 훈련시킨다.
    1) 먼저 영과 혼, 정신체와 양심체를 확실히 구분하는 안목을 키워 혼영일체를 느슨히 하고
    2) 안으로는 양심체를 북돋고 정신체를 영교하여 일원(一元)의 섭리를 가르치는 한편
    3) 밖으로는 예(禮)와 도(道)로 가이드 한다.
    4) 또 혼이 불쑥 나서지 않도록 영은 명종 시까지 명상으로 사상마련으로 자나 깨나 항상 항상 혼을 평정시키고(upekkhā), 바라보고(Sampajañña), 알아차려야(Sati) 한다. 즉 깨어있어야 한다.
    5) 영과 양심체의 힘을 키우기 위해 평소 명상, 도가(道家)의 도인(導引), 참선, 요가 등을 수련하고 선행, 기도와 은총, 피정, 단식, 극기, 묵언, 고행을 실천한다.
    6) 간식과 먹거리로 정신체를 훈련시키고 깨달은 바를 체화시킨다.
        (1) 집을 잘 지키되 손님에게 짖지 않게 하고
        (2) 산책하다 다른 강아지와 싸우지 않게 하며
        (3) 명견이 되기 전까지는 수면 시 또는 영이 외출할 때에는 혼에 목줄을 채운다.
        (4) 단정한 자세, 계획과 절도 있는 생활, 기타 생활규칙들로 경계(鏡戒)한다.
    7) 자신의 후생(後生)에게 남기는 유서(遺書)와 후생계(後生戒)를 지어 후생이 생을 시작하는 데 이정표로 삼도록 한다. 遺書를 遺冊으로 하는 것도 좋다.

尾293) 후생계 예시

1. 인생은 젊어서는 공부길이고 성장하면 수행길이다. 다른 길은 길이 아니니 가지 마라.

2. 공부길(배움의 길)
   1) 젊어서는 몸과 마음을 건전히 하고 학교 공부를 열심히 하라.
   2) 공부하는 목적은 전배들의 지식을 사용하여 지혜를 싹틔우고 성장시키기 위함이다. 지혜는 神의 攝理을 알아보는 힘이다. 理와 道을 꿰뚫는 눈이다. 신에게로 가는 地圖를 읽는 능력이다. 사람마다 크고 작은 지혜의 그릇을 타고나지만 이를 개발하는 것은 자신의 노력이다.
   3) 어려서 공부는 별로 재미없다. 그러나 공부는 재미있어야 되는 법이니 재미있게 공부하는 방법부터 터득하라. 책이 재미없으면 만화를, 만화가 재미없으면 유튜브를, 유튜브도 싫으면 게임을 통해서라도 지식을 습득하라. 공부가 영 재미없으면 아예 몸을 쓰는 일을 택하여 다음 생에 도움이 되는 체험을 쌓는 것도 좋다.
   4) 배울 바가 없는 자는 친구삼지 말라. 공자도 無友不如己者(자기만 못한 사람을 벗으로 사귀지 말라)하셨다. 왕따가 두렵다면 기본이 아직 임하지 않았으니 물러나 기다리라.
   5) 어려서 공부할 환경이 안 되면 가급적 빨리 독립하여 주경야독하라.
   6) 돈 버는 방법보다 감사하며 절약하는 방법을 몸에 익히라. 그러나 인색(吝嗇)은 악덕이다. 그렇게 번 시간을 공부길과 수행길에 쓰라. 그리하면 작은 돈도 약이 될 것이나 그렇지 못하면 큰 돈도 독이 된다.
   7) 몸을 아끼지 말고 금전에 연연하지 말며 모든 일에 성실하고 진실하라. 그것이 가장 큰 재산이고 揚名의 지름길이다.
   8) 빨리 크고 빨리 공부하고 빨리 돈 벌고 빨리 출세하려고 애쓰지 마라. 몸보다 지식보다 돈보다 출세보다 중요한 것을 버리게 된다. 그것은 시간(時間)이다. 시간 중에 가장 중요한 시간은 오늘이다. 오늘을 보람 있게 보내는 것을 인생의 목표로 삼아라.
   9) 무엇을 공부할까? 공부에는 소질이 필요하니 소질부터 파악하라.
      (1) 자연과학을 공부하라. 그러나 그를 통해 얻는 지식은 궁구를 통해 지혜로 승화되어야 한다. 공부가 지식에 멈추면 과학교에 휘말려 허송세월할 수 있다. 가급적 기초과학을 택하라. 지혜있는 자에게는 섭리를 깨닫는 지름길이다.
      (2) 인류 역사에 대해서도 빠삭히 알아야 한다. 역사는 남의 이야기가 아니다. 내 전생 이야기다.
      (3) 수학도 매우 중요하다. 섭리를 직접 계산해 볼 수 있다.
      (4) 문학도 즐겨하여 소설 한 편, 시 열 편 정도는 잘 지어보라. 소질과 취미가 닿으면 예술도 가까이하여 적어도 그림 한 점, 노래 한 곡은 이루어야 할 것이며 악기도 하나는 꼭 다루라. 운동 한 가지도 평소 익혀야 할 것이다. 그러나 모두 즐기되 특출하지 않으면 탐닉하지 말 일이다.
      (5) 영지주의와 신비주의, 철학, 귀신과 천사, 윤회와 근사체험, 최면, 초심리학에 대해서도 공부하고 체험하라.
      (6) 무엇보다 영혼학을 讀書百遍義自見하라.
   10) 같이 받은 계좌의 금수저는 때가 될 때까지는 내 것이 아니니 순리에 따라 받으라. 만일 연이 닿지 않아 받지 못하더라도 연연하지 마라.

3. 수행길(깨달음의 길)

1) 너 자신을 알라. 무엇보다 네 안에서 양심체와 영을 찾아라. 그리고 그들에게 자아의 자리를 내어 줘라.
2) 몸과 마음을 잘못 쓰면 상처가 남는다. 몸의 상처는 평생 가고 마음의 상처는 業이 되어 轉生한다.
3) 몸의 五慾은 최대한 절제하라. 재물욕(財物慾), 명예욕(名譽慾), 식욕(食慾), 수면욕(睡眠慾), 색욕(色慾). 지나친 절제는 인생사는 재미를 없앤다는 말은 진정한 재미를 모르는 말이다. 절제가 영 쉽지 않다면 아직 때가 되지 않은 것이니 나이를 좀 더 채우며 업이나 더 쌓지 않으며 기다리라. 昨今에 이미 색욕이 문란지경이나 이는 道에서 벗어난 경향이니 오래가지 못할 것이로되 후생에도 만일 그렇다면 크게 경계하여야 한다. 共倒同亡의 길이다.
4) 喜怒哀樂愛惡欲 懼憂憎思悲驚恐의 14情은 강아지다. 그냥 두면 똥오줌 못 가리고 심하면 사람을 문다. 이들은 집을 지키며 때로 주인인 靈을 즐겁게 하기도 하나 툭하면 주인을 문다.
5) 5욕14정에 기인하는 온갖 욕정들, 예컨대 성적 쾌락, 술, 도박, 게임 등은 넘어야 할 산이다. 못 넘으면 못 간다. 이 생까지 살며 웬만큼은 극복하였으나 몸과 생기체를 센 놈으로 잘못 만나면 또 극복해야 할 것이다. 전생에 수행이 부족했구나 하고 다시 도전하라. 오히려 기회다. 어마어마한 賞給이 기다리고 있다.
6) 몸과 마음을 건사한다고 절대 소극적으로 살지 마라. 人命은 在天이다. 소신과 용기를 가지고 살다 운이 다되어 죽으면 다음 생이 있다. 그러니 아무 걱정하지 마라. 그러나 이 戒가 가장 실천하기 어려운 戒다.

4. 직업
1) 한 직업이 좋으냐 여러 직업을 경험하는 것이 좋으냐. 다양한 경험이 필요하지만 한 직업은 철저히 경험하여 전문가가 되어야 한다. 한 곳만 가보는 것은 바람직하지 않으나 여러 곳을 走馬看山해서는 안 된다.
2) 직업은 소질과 취미에 맞아야 한다. 가성비가 높아지고 경쟁력이 생겨 이윽고 자기 시간을 가질 수 있게 된다.
3) 은총이 있으면 성직자, 공부머리가 되면 자연과학이나 수학, 법학 관련 전문직, 공무원, 교수나 교사, 소질이 되면 작곡가, 연주가, 화가 등 예술가나 운동선수가 좋다.
4) 돈만 추구하는 사업이나 명예만 쫓는 정치는 절대 하지 마라. 그런데 사업이나 정치가 원래 그런 성향이니 가까이 하지 않는 게 좋다.
5) 무엇을 하든 절대 워크홀릭은 안 된다.
6) 욕심을 버려라. 욕심과 시간은 트레이드오프(trade off)다. 욕심을 버리면 자기 시간이 생긴다. 자기 시간이야말로 수행의 밑천이다.

5. 사상마련(事上磨鍊)하되 적당히 물러앉아 정좌(靜坐)하여 면벽(面壁)할 기회를 자주 가져라.
1) 面壁은 생업에서, 가족에게서, 사회에서 물러앉아 추구하는 수행이다. 수행에 불필요한 일에 시간을 쓰지 않으면 다 면벽이다.
2) 어느 정도 물러앉아야 적당한가. 사람마다 다르나 생업에서 적당히 멀리 물러앉되 너무 멀리 앉지 마라. 수행도 고난이 있어야 극복을 하고 동기가 있어야 戰意가 샘솟는다.

6. 은퇴할 시기를 잘 고르라
1) 이승 어디에도 세속 아닌 데가 없으니 사상마련(事上磨鍊)이 삶의 기본이나 궁리(窮理)나 정좌(靜坐)가 구도자의 복이요 수행의 왕도임은 분명하다.
2) 경제적으로 안정된 순간(瞬間)이 되면 은퇴하라. 그러나 용기가 있어야 그 순간을 잡는다.

3) 그러나 준비가 안 된 물러앉음은 그 '순간'이 아니다. 그 '순간'이 영영 오지 않으면 이번 생을 잘못 살아서 그런 것이니 자책하고 다음 생을 기약하는 수밖에 없다.
4) 타고난 복으로 일찌감치 사제의 길로 들어서게 되면 주어진 기회를 절대 놓치지 말고 더욱 정진하여야 할 것이다.
5) 수행은 점오와 돈오로 점철되며 그 사이는 점수로 채운다. 경험과 공덕이 점오(漸悟)를 쌓고 그것이 영감과 직관을 불러 퍼뜩 깨달아 돈오(頓悟)를 이루며 이로써 구한 도를 혼으로 몸으로 익히는 점수(漸修)가 계속되는 전쟁터가 이승이다. 점오(漸悟)와 돈오(頓悟), 그리고 드문드문 확철대오(廓撤大悟)가 수없이 반복되어야 하고 그 사이를 학습, 수행(명상, 선, 관상), 道, 善行의 점수(漸修)의 삶으로 채워 넣어야 하는 것이다.

7. 遺詩

무술년 남도 바닷가 어디쯤에 태어나
강보(襁褓)에 누워서는 꼬라지쟁이로
젊은 부모의 애를 그리 태우더니
자라면서 민폐가 그 수를 세기 어렵고
저도 지 성질 못 이겨 뭇 고생을 자초하더라

온갖 봉변과 인욕의 세월을 이어와
환갑 난 지 몇 해인 시방도
인품이랍시고 어디 내어놓을 게 없으니
이는 다 영이 혼을 어찌 못 한 때문이라
이러다 정말 이룬 것 하나 없이 죽을까 두렵다

前生에 工夫가 부족하여 이 모양이니
분명 이생에 큰 덕을 쌓아야 비로소 輪廻의 바퀴 끝에 가까워지겠으나
한 甲子를 넘어 살고도 쌓았다는 공덕이
이리도 淺하고 薄하니
천생 또 태어나야 할 판이다

그래도 내 언제 죽을지는 모르나
절대 赤手空拳으로 가지는 않으리라 다짐하며
그때까지 一寸光陰도 무거이 하여
한 줌의 덕이라도 닦으려 하노니, 다만 그것이
하느님의 은총이 없이 어찌 可當하랴

이제 이 遺言을 작성하는 뜻은
何時라도 닥쳐올 죽음을 유념하고
항상 기도 속에 天主께 의탁하여 남은 생을 살려는 마음을 다지며
생활에서 덧없는 것들을 걷어 내어
마지막 숨에서 조금이라도 후회를 덜어 내 볼 요량이다

또한 작금에 靈性의 발전이 치열하매
나 또한 남은 시간 중에 상당한 부분을 덜어
그 발전에 일조하기로 作心하였으니
만약 한 조각이라도 이루어진다면
이 또한 큰 은총이다

거기에 섭리마저 돕는다면
남기는 이 말도 후생에 도달할 것이니
그때 戒가 되거나 하다못해 標라도 되어
내 영과 혼이
한 생이라도 빨리 윤회의 굴레에서 벗어나기를 바라노라

尾294) 해업(解業)을 위한 반벽(反癖) 만들기와 보살행(菩薩行)

1. 혼이 이드의 5慾이나 에고의 14情 중 어느 하나 또는 그 조합(調合)인 욕정(慾情)에 사로잡히면 양심체나 영의 관찰(冥想)을 통해서도 그로부터 쉽게 벗어날 수 없다. 또 사람마다 특별히 강한 욕정이 있으니 이때는 조금만 자극을 받아도 그 욕정이 화약같이 강하고 급격히 타오른다. 자식 걱정에 휩싸인 어머니의 습관적인 걱정이 그런 것이다. 걱정은 우(憂)를 기반으로 하여 5慾의 소유와 명예욕 약간에 14情의 두려움(懼)과 무서움(恐)이 주요 요소인 욕정으로 습관보다 더 벗어나기 어려울 수 있다. 또 어떤 욕정은 처음에는 별문제가 아니다가 습관으로 굳어진 경우도 있다. 어느 경우든 강할수록 업과 관련이 있다. 업은 전생의 악습이 굳어진 것으로 심하면 성격으로 변하여 혼 그 자체가 된다. [악행 → 경험 → 악습(癖) → 업 → 악성]의 업의 공식(6.10. '업(業)에 대하여' 중 '업의 공식' 참조)을 보라. 해업을 위해서는 '반대되는 습관'인 반벽(反癖)을 만들어 악습을 고치고 보살도(菩薩道)를 걸음으로써 업을 상쇄하는 덕(德)을 쌓아야 한다. [선행 → 경험 → 선습(善習, 反癖) → 덕 → 선성(善性)]의 덕의 공식을 보라. "Sow a thought and you reap an action; sow an act and you reap a habit; sow a habit and you reap a character; sow a character and you reap a destiny." 미국의 존경받는 심리학자 William James의 말이다.

2. 우선 반벽(反癖)을 만들어 악습을 고치기 위해서는
   1) 혼영일체를 풀어 영이 끊임없이 혼을 관찰하며 깨어있음으로써 업의 정체 파악하기
   2) 내부적 관찰에 더한 외부의 관찰로서 타인의 관심(關心)
   3) 업의 신체적 표출인 증후(症候)에 가하는 대증요법(對症療法)적 약물사용
   4) 정신분석에 의한 금생의 트라우마(trauma)치료와 명상에 의한 전생 살피기
   5) 규칙(예를 들면 默言 또는 節言) 만들기와 그 준수
   가 필요하다.

   예컨대 주벽(酒癖)에 사로잡힌 경우
   1) 관찰과 감시 그리고 주벽을 구성하는 욕정(오욕 중 食慾과, 14정 중 喜, 樂, 欲 등의 조합)을 살펴 그 원인을 분석하기
   2) 주위 사람들의 끊임없는 감시와 독려
   3) 술 끊는 약이나 우울증 약 등을 복용

4) 정신분석과 상담에 의한 트라우마 치료, 명상에 의한 전생 치료
5) 술 약속 안 하기, 물 마시기, 일찍 퇴근하기, 건전한 취미 갖기, 금주클럽 가입 등 규칙수립과 그 이행을 통해 주벽(酒癖)에 대한 반벽(反癖)의 형성이 필요하다.

3. 보살행(菩薩行)은 도피안(바라밀다)을 위한 수행(修行)방법(미주 23 '보살과 보살행 그리고 바라밀다' 참조)으로 불설에서는 지계(持戒)·선정(禪定)·지혜(智慧)의 삼학(三學)에 보시(布施)·인욕(忍辱)·정진(精進)을 더하여 여섯 바라밀을 말하나 그저 구도자의 입장에서 공덕을 쌓는 행위로 이해하면 될 것이다. 靈化를 위한 해업을 위해서는 더 이상의 업행을 중지하려는 반벽만들기와 더불어 기왕의 업을 補하려는 공덕쌓기가 반드시 필요하다. 둘은 雙修의 相生관계.

尾295) 신지학에서 말하는 예언

1. 신지학자 리드비터는 「신지학대의(The Inner Life)」 '제5장 자아와 그 매체들'에서 "보통 사람의 자아는 하위멘탈계(멘탈계, 데바찬계)에서의 삶의 끝과 다음 환생의 시작 사이 매우 짧은 기간 동안 상위멘탈계(코잘계)에 있게 된다. 그리고 그 기간에 섬광처럼 과거와 미래가 지나간다."고 한다.

2. 또한 리드비터는 그의 또 다른 저서 「투시(Clairvoyance)」에서 본격적인 예언론을 펼친다. 그의 주장을 정리하면 다음과 같다.
    1) 예지능력을 부정하는 사람이 있다면 그는 그 방면의 증거에 대한 자신의 무지를 드러낼 뿐이다. 신빙성 있는 많은 사례들이 이러한 사실을 의심할 수 없게 한다. 그러나 세세한 일까지도 다 이미 결정되어 있다는 칼뱅류의 예정론까지 믿어야 하는가? 어떤 사례는 정말로 예정론을 부인하기 어렵게 할 지경이다. 그러나 현재로서는 이를 설명할 수 없다. 예언에 대해서는 인과론적인 설명만이 현재로서는 적절할 뿐이다.
    2) 현재 일어나고 있는 일은 과거에 발생한 원인에 의한 결과이듯이 장차 일어날 일은 이미 작용하고 있는 원인의 결말일 것임은 의심의 여지가 없다. 인과론적 설명을 멘탈계까지 고양시킨다면 우리는 행위의 결과를 훨씬 더 멀리까지 내다볼 수 있다. 멘탈계에서는 모든 행위의 결과를 완전히 알 수 있을 뿐만 아니라, 그와는 전혀 무관해 보이는 다른 행위의 결과가 어디서 어떻게 개입되어 영향을 미치게 되는 것인지도 알 수 있다. 자유의지를 이야기하지만 사실 보통의 인간의 의지는 상황의 산물일 뿐 진정한 의미의 자유의지가 아니다. 그의 전생의 행위는 그를 어떤 특수한 상황 속에다 데려다 놓으며, 그 상황은 그의 인생여정에서 매우 중요한 인자(因子)로 작용하기 때문에 그의 장래는 거의 산술적인 정확도로 '예측'할 수가 있는 것이다. 또한 인간의 자유의지는 오직 그의 인생여정의 어떤 위기상황에서만 사용될 수 있는 것처럼 보인다. 즉, 그는 인생에서 두세 가지의 분명한 선택만이 그의 앞에 놓여있는 어떤 시점에 도달하게 된다. 일단 그가 선택을 한 후에는 그는 그것을 따라가고 그 결말을 보아야만 한다. 많은 경우에 어떤 길에 일단 발을 들여놓으면 그로부터 다시 방향을 돌릴 기회를 만나기까지는 먼 길을 가야만 하게 된다. 그의 처지는 분기점에서의 열차조종사의 처지와 비슷하다. 멘탈계에서 내려다보면 이 새로운 분기점들은 뚜렷이 눈에 들어온다. 그리고 각각의 선택에 대하여 세세한 부분에 이르기까지 틀림없이 이루어질 모든 결과가 눈앞에 훤히 보인다. 이 정도만으로도 우리는 정확하게 많은 예측을 할 수 있다. 그리고 이보다 훨씬 더 고차원적인 능력이 있다면 분기점에서의 선택이 어떻게 이루어질 것인지를 예측할 수 있을 것이니 절대적인 확률로 예언할 수 있는 능력을 상상하

는 것은 우리에게는 어렵지 않다.
   3) 그러나 붓디계에서는 이러한 인과론적 계산이 필요치 않다. 왜냐하면 그곳은 이승에서는 도무지 설명이 불가능한 어떤 방식으로 과거와 현재와 미래가 동시에 존재하기 때문이다. 이는 붓디계의 속성이므로 우리로서는 이 사실을 받아들이는 수밖에 없다. 그리고 이 고차원의 능력이 작용하는 이치는 육신의 머리로는 이해가 불가능하다. 다만 사건은 어떤 의미에서는 과거에도 미래에도 이미 존재하고 있을 뿐 그때그때 발생하는 것이 아니며 우리는 이를 마주쳐 지나가는 것일지도 모른다. 마치 기차여행 시 마주치는 경치는 동시에 한꺼번에 이미 존재하고 있는 것처럼.

3. 이러한 신지학의 '예언론'은 표준이론과 많이 다르다. 혼계에서는 정밀한 예측이 있을 뿐 진정한 예언이 불가능하다. 리드비터가 말하는 멘탈계는 표준이론의 혼계 중 심령계다. 심령계에서의 물성은 이승보다 훨씬 정묘할 것이나 '장래를 산술적인 정확도로 예측할 수가 있다'거나 '인간의 자유의지는 오직 그의 인생여정의 어떤 위기상황에서만 사용될 수 있는 것'이 아니다. 산술적인 정확도란 표현은 혼계의 수준을 지나치게 과대평가한 것이고 자유의지에 대한 그의 의견은 신지학자 답지 않은 생각이다. 나아가서 그는 신지학에서 영계로 치는 붓디계에서는 '도무지 설명이 불가능한 어떤 방식으로 과거와 현재와 미래가 동시에 존재'한다고 하는데 시간에 대한 표준이론의 논의에서 본 바와 같이 '被造의 세계이자 의지와 움직임의 세계인 AASB의 저승'에 이승과 전혀 다른 차원의 時空은 있을 수 없다. 따라서 그런 수준의 예언이 가능하다면 제3영계에서나 가능한 일이다.
   다만 사소한 예언이 기가 막히게 들어맞는 경우가 있음을 부인할 수 없으니 이는 혼계의 예측의 정밀성을 의미할 것이고 거의 없지만 큰 예언이 맞는 경우는 어떤 식으로든지 영계의 작용이 있었다고 볼 수밖에 없다. 천기누설(天機漏洩)이라는 말이 그래서 있는 것인가.

尾296) 천사론

1. 국어사전을 보면 천사란 '종교적 신화에서, 천국에서 인간 세계에 파견되어 신과 인간의 중간에서 신의 뜻을 인간에게 전하고, 인간의 기원을 신에게 전하는 사자(使者)'라고 되어 있다.

2. 일반적으로 천사(天使)는 하느님께서 인간을 창조하기 전에 지으신 존재로 알려져 있다. 천사는 인간과 달리 육이 없는 정신적 존재이며 영계에 산다.

3. 성서에서 천사는
   1) 하느님께서 지은 피조물로서 하느님께 순종하고 경배하는 존재이므로 사람의 숭배 대상이 될 수 없다.
   2) 사람보다 먼저 창조되었고, 영적인 존재이며 불멸이고 결혼도 하지 않는다.
   3) 하늘에 살지만 때로는 이승에 나타난다.
   4) 천사의 숫자는 헤아릴 수 없이 많고 계급과 서열이 있으며 하느님에게서 초능력적 힘과 지혜를 부여받았지만 전지(全知)하거나 완전한 존재는 아니다. 심지어 천사는 범죄하고 타락할 수도 있다(교회용어사전, 천사의 특징 참조).

4. 그러나 스베덴보리는 사람이 명종 후 천국에 들면 영인(靈人)이 되는데 이 영인을 천사라고 말하고 있다. 그는 "모든 인간은 천사가 되기 위해 태어났다"고 주장하였다. 표준이론으로 볼

때 스베덴보리가 이렇게 말한 이유는 혼영이 고급혼으로 발전하면 윤회를 멈추고 영계에 거하며 하느님의 일을 하기 때문에 그가 천국에 갔을 때에는 이미 천사의 세계는 사람출신으로 가득했기 때문으로 보인다. 스베덴보리에 따르면 천사는 원래 인간이었기 때문에 인간의 모습을 가지고 있다. 사탄이란 원래부터 없다. 천국에는 태초부터 천사로 창조된 존재는 없으며 지옥에도 천사가 타락하여 사탄이 된 존재는 없는 것이다. 천국과 지옥에 있는 모든 것은 인류로부터 왔다(Wikipedia, 'The New Church(Swedenborgian)' 참조).

5. 그러나 표준이론의 천사는 진화로 창조된 것이 아니고 직접 창조되었으며 위계(位階)가 있다. (예를 들어 위 디오니시우스는 세라핌, 케루빔, 쓰론, 도미니온, 파워, 오토리티어즈, 프린시펄리티, 아크엔젤, 엔젤의 위계를 말한다.) 하느님께서 신영을 새로이 창조하신 것은 전혀 이상한 일이 아니다.

6. 신지학 일부에서는 천사도 혼영처럼 진화한 것이라고 한다. 광물 생명에서부터, 그 생명이 식물 형태, 동물 형태 그리고 이후 인간의 혼과는 달리 요정들 그리고 마지막으로 천사(Deva)가 탄생한다는 것이다(지나라자다사, 「신지학 제1원리」 제1장 생명과 형태의 진화들 참조).

尾297) 一人一票制

1. 표준이론에서는 1.6단계 원초자아(이드) 수준 이하의 인구가 전체 인구의 40%가 넘는 32억 명 정도다.

2. 인간은 平等하다. 이는 민주주의의 기본정신이다. 그러나 同等하지는 않다. 평등을 동등으로 오해하고 만들어진 제도가 一人一票制다. 이로 인해 세상은 이드人들이 지배하는 세상이 되었다. 그러나 이 제도는 인간문명의 발전途上에 잠시 나타난 제도일 뿐이다. 문명의 발전에 따라 의사(議事)방법이 과거의 '힘에 비례한 票數'에서 작금의 '일인일표제(一人一票制)'로 변화하였고 이제 머지않은 미래에 '자아의 수준에 따른 표수'를 사용하는 제도로 바뀔 것이다. 이를 위해 영혼학의 발전을 통한 자아 수준의 計量이 반드시 필요하다.

3. 합리적(또는 섭리적)으로 판단할 능력을 갖춘 유권자에게 加重적 또는 選別적으로 투표할 권리를 줘야 한다'는 주장이 반민주적이라고 한다. 민주주의가 '국가의 주권을 특정 개인이나 집단이 아닌 모든 국민에게 부여하고 거기서 나온 권력을 기반으로 구현된 정치 체제이며 그 요소는 자유와 평등이다'라고 한다면 개인이 가진 '투표의 권리'를 소화할 능력에 따라 선거권을 주는 것이야말로 진정한 평등이다. '철인왕(哲人王)'이 선의의 독재를 해야 한다'고 주장한 플라톤의 '철인 정치'는 且置하더라도 대표적인 자유민주주의 정치 철학자인 존 스튜어트 밀의 '복수 투표권(plural voting)'을 시행할 때가 머지않아 올 것이다. 그 인프라는 물론 '자아수준의 측정시스템'이다.

4. 진화를 갈망하는 수많은 영혼들이 지구가 영적진화를 장려하고 촉진하는 이승인 줄 알고 지구에 轉生하였다. 그러니 지구는 高尙을 추구하여야 마땅하다. 그러나 그 추구에 일인일표제가 큰 장애물이다. 이로 인하여 인류의 진화가 중단되고 오히려 우민화(愚民化)되고 있다. 우민들을 買票하기 위하여 포퓰리즘(populism)이 극성하여 인류가 극복해 온 수많은 독버섯들이 다시 자라고 번지고 있다. 성적타락, 낙태, 성매매, 가족와해, 세수(稅收)를 위한 담배와 알코올과 복권판매, 환경오염, 난개발, 원자력개발, 소득불균형과 착취구조, 마약과 무기거래시장의

성장, 반세계화, 핵공갈… 모두 일인일표제와 직간접으로 관련되어 있다. 철인(哲人)정치는 아니더라도 진정한 의미의 평등(平等)정치는 실현되어야 한다.

5. 일인일표제는 저열(低劣)한 정치인을 낳고 저열한 정치인은 백성을 더욱 우민화시켜 도탄에 빠뜨리고 국가를 패망시키며 인류를 멸망으로 이끈다. 명말청초의 애국지사이자 사상가로서 명나라의 패망과 가솔의 죽음을 목도한 왕부지(王夫之 1619~1692)는 백성의 도탄과 국가의 패망이 정치인의 부패와 정부의 무능함에 있다고 보고 "국가교육의 큰 줄기는 천하 사람들을 위하는 마음을 가진 통치자들이 장악해야지 못된 소인배나 썩은 당파의 수중에 들어가서는 안 된다."는 절규를 남겼다. 작금불문 저질의 정치인들이 저질의 교육을 통해 저질의 표를 양산하고 그 표는 다시 저질 정치인의 자양(滋養)이 된다.

6. 사람은 그 스펙트럼이 다양하고 스펙트럼은 정규분포한다. 사실 自然의 모든 것이 정규분포한다. 이는 섭리다. 자아의 수준 또한 정규분포한다. 오늘날 대부분의 국가에서 대선의 결과는 불과 몇% 심지어는 0.몇% 차이로 당락이 갈린다. 이는 극소수가 국권을 좌우한다는 의미로 해석할 수 있다. 다수는 통계로 처리하고 평균값의 소수가 의사결정하는 방식이 일인일표제인 것이다. 인류의 자아수준은 안타깝게도 아직 그 평균값이 중앙값에 한참 못 미치는 정규분포다. 평균값이 이드人이니 이는 필부의 수준에도 못 미친다(4.3.7.2.2. '점수를 이용한 자아의 단계 판별'과 부록6-1 '시대별 영의 탄생수' 참조). 금권(돈)과 언권(언론)으로 욕망과 감정을 공략하기 딱 좋은 대상이다. 또 유유상종이요 초록은 동색이며 동병상련이거늘 어찌 그룹혼을 막 벗어난 그들이 '우리'를 두고 '남'을 선거할 것인가. 인류 자아수준의 평균값이 인격자 단계인 2.5단계를 넘어 양심가의 2.75단계에 들어서는 최소 1,600~2,400년 후쯤 되어야 일인일표제가 의미 있다고 본다.

7. 미국의 초대헌법을 제정했던 사람들이라면 인간이 평등하지 않다는 이 말을 어떻게 생각할까 하는 생각을 해보았다. 사람은 수많은 전생의 행적에 따라 각기 다른 재주와 능력을 지니고 태어난다. 그러나 결국에는 모두가 평등해지는 때가 온다.(브라이언 와이스, 「나는 환생을 믿지 않았다」 5장 '메시지를 전하다' 중에서)

尾298) 명상의 종류와 단계

1. 명상은 역사적으로 모든 사상과 종교와 함께 한다. 예수님과 부처님도 명상의 대가였음은 익히 알려져 있다. 궁구(窮究)와 기도 자체가 명상인데 어찌 인간의 정신문명과 명상을 떼어서 생각할 것인가. 주요 종교와 사상은 모두 명상을 수행의 주요 수단으로 하여 그 기법과 효과를 체계적으로 연구하고 정리함으로써 나름의 고유한 명상 방법을 전하고 있다. 고대 그리스에서도 명상이 철학함에 사용되었고 유대교 신비주의 카발라 명상(*), 도가의 심재좌망(心齋坐忘), 유교의 수양론(修養論), 기독교 신비주의의 관상(觀想), 이슬람의 수피명상, 힌두교와 그 파생종교인 불교와 자이나교의 명상, 우리나라의 원불교, 천도교, 증산교, 대종교 등의 명상은 종교적 명상의 대표적 사례들이다. 현대에 이르러서는 MBSR(Mindfulness Based Stress Reduction program), MBCT(Mindfulness based cognitive therapy), 최면(**) 등의 치유명상과 마음수련, 단월드 등의 기수련 그리고 응용명상인 다이나믹 명상(Dynamic Meditation), 초월명상(Transcendental Meditatin), 요가(Yoga), 춤 명상, 소리 명상 등 비종교적 명상도 유행하고 있다.

2. 불교에서 명상은 불법승(佛法僧) 삼보(三寶)에의 귀의와 계율(五戒)을 지키는 것부터 시작한다. 그리고 나서 止法명상인 사마타와 觀法명상인 위빠사나를 공부한다. 불교는 명상이 곧 수행이다. 명상 종류(경지)에는 이무심정(二無心定), 사공정(四空定), 사정(四定), 팔정(八定), 구차제정(九次第定)등과 우리나라 원효(元曉)의 구심주법(九心住法) 등 여러 가지가 있다. 이 중 9차제정(九次第定)은 사선(四禪)과 사선정(四禪定)에 부처님이 최초로 경험하신 멸진정(滅盡定)을 더한 것으로 불교는 이를 이승 천국인 색계와 무색계의 상태에 비견하여 각각 4색정과 4무색정으로 표현한다. 표준이론은 4선을 3.5~3.89단계, 4선정은 3.9~3.99단계, 멸진정은 4단계의 자아수준으로 본다(4.3.9.3.2.5. '불교의 9차제정' 참조). 원효의 구심주는 ① 내주(內住 : 내면적이 됨), ② 등주(等住 : 평등하게 됨), ③ 안주(安住 : 평안하게 됨), ④ 근주(近住 : 가까이 머무름), ⑤ 조순(調順 : 조절하여 순하게 됨), ⑥ 적정(寂靜 : 고요함), ⑦ 최극정(最極靜 : 지극히 고요함), ⑧ 전주일취(專住一趣 : 오로지 한 가지 길에 머무름), ⑨ 등지(等持 : 한결같이 마음을 유지함)이다. 요가에서는 요가의 기초 수행 과정으로서 制戒, 內制, 坐法, 調息, 制感, 執止, 靜慮, 三昧의 팔실수법(八實修法, Ashtanga)을 제시하는데(미주 300 '요가의 팔실수법(八實修法, Ashtanga)' 참조) 이는 불교의 명상단계와 크게 다르지 않다. 불교명상과 그 뿌리가 같기 때문이다.

3. 그러나 명상이 깨달음에 이르는 첩경이거나 영화(靈化)하는 데 있어 유일한 길은 아니다(11.4. '구도의 표준이론' 참조). 좌선만으로 영화할 수 있는 것은 아니라는 의미다. 그러니 불교에서 6바라밀다니 32바라밀다를 말하는 것이며 선정(禪定)은 6바라밀다의 하나일 뿐이다. 또 불교의 명상과 그것이 유래한 인도의 명상이 요즘 들어 명상界의 진수(眞髓)역할을 하지만 그것이 명상의 모든 것이라고 할 수 없다. 명상은 하느님을 만나기 위한 '절대적 의미의 명상'도 있으나 자기 수양을 위한 '상대적 의미의 명상'도 있고 창조적 집중인 창작(創作)도 있으며 진리와 섭리를 궁구하려는 격물치지(格物致知)도 명상이라고 할 수 있다. 또 일상에서 흔히 찾아볼 수 있는 정신일도(精神一到), 몰아지경(沒我之境), 망아(忘我), 독서삼매, 음악감상 등도 명상이며 심지어 직업상의 반복적 동작이나 일에 집중하는 것도 명상일 수 있다. 그러나 도박이나 게임, 마약, 술, 성적 오르가슴 등 혼의 수승에 해를 끼치는 것에의 집중은 명상이 아니라 중독이다. 一心이 주는 즐거움이 중독을 일으키는 촉매일 수 있다. 일심의 부작용이다.

4. 그렇다면 명상은 다음과 같이 그 종류와 단계를 구분할 수 있다.
   1) 일심(一心)단계 : 대상(對象)이 있는 단계로 심도가 깊어감에 따라 一心이 無心으로 변하면서 마음(心)이 오히려 대상(내부대상)으로 바뀐다.
      (1) 단순반복작업 : 직업적인 단순 작업이 지겹거나 고통만은 아닌 이유는 그것이 명상의 효과인 마음의 평정과 명상의 쾌감을 동반하기 때문이다. 따라서 一念에 빠진 단순작업도 자아 수준의 상승을 가져온다. 일념이나 무념이 청정심을 초래하기 때문이다. 그것이 명상이 궁극적으로 노리는 효과 중 하나다. 사찰이나 교회, 성당에 졸면서 앉아만 있어도 자비와 사랑의 '은총소나기'를 맞듯이 이승에 나기만 하여도 진화는 진행된다.
      (2) 일상의 몰아지경(沒我之境) : 무아지경의 컴퓨터게임, 기도, 독서삼매, 음악감상 등 생활명상이 그것이다. 그러나 이 역시 중독과는 구분되어야 한다.
      (3) 창작활동 : 마음이 일심의 평정을 넘어 몸뇌로부터의 생각이 더욱 줄어들면서 혼뇌의 창의력이 발동하는 수준에 들어서면 작곡, 회화, 조각, 시작(詩作) 등 글쓰기처럼 미적이고 예술적인 창작이 이루어진다.
      (4) 격물치지 : 格物은 사물에 담긴 이치를 集中과 一到의 직관으로 알아내는 것이고 致知는 앎에 이르러 지식을 넓히는 일이니 격물치지는 집중하여 앎을 얻는 것이고 따라서

명상의 반야효과(직관효과)와 같은 것이다. 나아가 표준이론에서 영이 자아의 방에 득세하여 혼을 영교함도 같은 이치다.
2) 반일심단계 : 단순한 주문(만트라)을 외거나 호흡에 집중하여 그 수를 세는 수식관, 나아가 뜻 없는 단어인 화두에 집중하는 간화선 등 止法 명상과 사념처 중 생기체의 감각(感覺)기능, 특히 호흡과 관련된 감각을 관찰하는 감각관찰명상(身念處觀)과 하위정신체(이드)의 감성(感性)기능을 관찰하는 감성관찰명상(受念處觀) 등 觀法 명상이 이에 속한다.
3) 무심단계 : 영이 자아의 방을 완전히 장악하여 직관력이 고조(高潮)되는 한편 혼의 에고와 양심체를 관찰함으로써 명상의 네 가지 효과인 '관찰자효과'와 '청정효과' 그리고 '반야효과'와 '합일효과'가 본격적으로 나타나는 단계로 觀法명상을 사용한다.
   (1) 마음관찰명상(Cittánupassanã, 찟따누빠사나, 心念處觀) : 영과 혼이 일체를 풀어 영이 혼(心)의 갈망(raga), 혐오(dosa), 어리석음(moha) 등 정신체의 욕망과 감정기능을 관하는 명상으로서 '관찰자효과'와 '청정효과'가 나타나기 시작하여 혼이 평정에 들게 되고 번뇌와 업장을 벗어던지게 된다.
   (2) 담마관찰명상(Dhammanupassanã, 담마누빠사나. 法念處觀) : 영은 그 직관력이 커져 하느님의 섭리(攝理)를 깨닫게 되고 한편으로는 영이 혼의 양심체를 관찰하게 됨으로 인해 혼의 지혜기능이 활성화 되어(***) 혼은 마음의 내용(五蓋, 五蘊, 七覺支, 四聖諦)으로서의 法(Dhamma, Dharma)을 알 수 있게 된다. 이는 명상의 '반야효과'로서 영의 대혼영교(對魂靈敎) 작용도 이때 고도로 활성화된다. 직관효과라고도 할 수 있다.
   (3) 열반(Nirvana) : 불교에서 열반은 번뇌의 불을 완전히 없애고 깨달음의 지혜인 보리(菩提)를 완성한 경지로 상락아정(常樂我淨)의 사덕(四德)을 갖춘 단계로 부처님의 수행법인 위빠사나로 달성할 수 있는 멸진(滅盡)의 선정으로 알려져 있다. 이를 이루면 성문사과에 들어 아라한이 된다. 이러한 열반은 시간과 공간을 초월하여 생멸변화가 없고 생사의 고뇌가 없이 무위안락한 행복만이 있으며 8대자재(八大自在)를 갖춘 아를 갖추고 혹(惑)과 업(業)의 고통을 모두 여읜 영원히 행복하고 자재하며 번뇌 없는 청정한 상태인 것이다. 一言하면 '천국'이다. 한편 가톨릭의 데레사 성녀는 저서 「영혼의 성」에서 觀想(contemplation)의 다섯째 궁방(宮房) 이상의 단계로서 단순일치, 순응일치, 변형일치를 경험하는 단계를 말하였는데 이는 위 열반에 비견한다. 또 표준이론에서 보면 이는 혼이 영의 안내로 內裝된 하느님의 靈火를 만나게 되는 단계로서 명상의 '합일효과'다.

(*) 1. 유대교에서는 창세기 24:63 구절("이삭이 저물 때에 들에 나가 묵상(meditate)하다가 눈을 들어 보매 약대들이 오더라."-개역개정)에 이미 명상의 전통이 보이기 시작한다.
2. 또 에제키엘서 1:4-26에 나타나는 하늘을 나는 불의 전차(戰車, chariot)인 메르카바(Merkabah) 이야기는 유대의 세계관인 '7개의 하늘'을 넘어 천국으로 도약하는 탈혼적 명상의 수단으로 사용되었다. 이는 영지주의 영향을 받아 성립된 초기 유대 신비주의인 메르카바 신비주의(Merkabah mysticism)의 명상관행으로 1세기~11세기 걸쳐 유행하였으며 이후 카발라의 카바나(kavvanah) 명상으로 발전하였다. 최근의 뉴에이저들은 메르카바 이야기를 '외계인 비행체'의 목격담이라고 해석하기도 한다.
3. 카바나는 기도 중 수행자의 마음과 마음의 상태, 성실, 헌신 및 감정적 몰입에 대한 카발라의 명상개념이다. 수행자는 기도문과 단어의 비밀스러운 의미에 집중하거나 신성한 이름을 외기도 하고 생명나무인 세피로트를 상상함으로써 의식이 고도로 각성된 티파레트(Tifaret, 여섯 번째 세피라)와 다아트(daat)라는 황홀경을 거쳐 신과 함께 하는 카발라 명상의 최고 상태에 이른다.
(**) 최면명상은 트라우마 치유기법으로서 명상으로 보기에는 적절치 않다. 그 이유는 일념(一念)하는 바가 시술자의 명령이기 때문이고 일념단계를 넘어선 명상이 불가능하기 때문이며 반각성과 무각성의 최면도 있기 때문이다. 또 명상의 4대효과(관찰자효과, 청정효과, 반야효과, 합일효과)를 기대할 수 없다. 고양이가 쥐를 잡기 위해 쥐구멍에 집중하는 것을 명상이라고 할 수 있겠는가.
(***) 오온과 사념처관, 위빠사나 그리고 표준이론에서 영이 혼을 관찰하는 부위

오온(五蘊)	사념처관	위빠사나	관찰하는 혼의 부위
색(色)	신념처관	감각관찰명상(kāyānupassanā)	생기체관찰
수(受)	수념처관	감성관찰명상(Vedanānupassanā)	이드의 감성관찰
상(想)	심념처관	마음관찰명상(Cittānupassanā)	이드의 욕망관찰
행(行)			에고의 감정관찰
식(識)	법념처관	담마관찰명상(dhammanupassanā)	양심체의 지혜관찰

尾299) 명상과 컴퓨터

1. 마음이란 무엇일까. 어떤 이는 마음을 컴퓨터에 비유하여 마음은 실체(實體)가 아니고 두뇌활동, 또는 그 과정이라고 한다. 마음은 컴퓨터에 전기가 흘러 프로세서가 센서인 키보드와 마우스 등으로부터 얻은 정보를 메모리의 기억을 활용하여 처리한 후 스피커나 모니터 또는 메모리 등으로 아웃풋을 산출한다고 할 때 그 '프로세싱'이 마음이라는 것이다. 다시 말하면 인간의 두뇌는 생명을 보전하고 나아가 몸이 바람직한 상태를 유지하기 위하여 오감을 통해 얻은 데이터와 해마에 저장한 기억을 가지고 일련의 전기적 또는 화학적 과정을 '수행(遂行, performance)'하여 어떤 결과물을 얻어 내는데 그 '수행'이 마음인 것이다(장현갑,「명상이 뇌를 바꾼다」, 41~54쪽 등 참조).

2. 그런데 그는 또 호흡, 특히 조용한 복식호흡은 마음에서 일어나는 '걱정'이라는 마음의 故障상태를 중단시키고 나아가 편도체를 진정시키는 탁월한 효과가 있어서 마음을 가라앉히고 심지어 몸의 통증을 완화시킨다고 한다. 또 우리의 마음은 심하게 요동치기 때문에 어느 한 곳에 초점을 잡고 머물러 있기가 매우 힘들며 이처럼 쉽사리 동요하는 마음은 괴로움의 원인이 된다. 따라서 마음의 '동요 상태'를 '안정 상태'로 바꾸는 것이 마음 수련, 즉 명상을 하는 기본 목적이라고 한다.

3. 프로세싱은 컴퓨터의 어느 곳에 있는가? 프로세서 안에 있는가? 프로세서의 단말이 입력과 출력으로 뻗어 있으니 그 총체에 있는가? 아니면 각 장치를 관통하여 흐르는 전기 안에 있는가? 프로세싱은 어디에도 있지 아니하고 어디에도 있다. 프로세싱은 모든 장치에서 일어나기 때문이다.

4. 그런데 이러한 프로세싱이 실체인가? 이는 사랑의 실체가 무엇인가 물으면 그 답이랍시고 "'사랑한다'가 하는 행위가 사랑이다. 그러므로 '사랑한다'가 사랑의 실체다."라고 하는 것과 같다. 위에서 수행이 마음인 것과 같다. 이처럼 '뇌의학에서 말하는 마음'은 실체가 없는 허상(虛像)이고 무상(無常)이다. 전기가 나가면 그 자리에는 아무것도 없다.

5. 바야흐로 프로세서와 기억장치가 고도로 발달하여 막대한 양의 데이터를 빛의 속도로 처리하여 높은 수준의 정보를 산출할 능력을 갖춘 컴퓨터가 탄생하였다. 사람들은 이를 보고 스스로 놀라서 인공지능(AI)이라고 이름 붙였는데 이제 곧 전자마음(EM, Electronic Mind)이라는 이름의 컴퓨터가 나타날 것이다. 그리고 SF영화처럼 사람들은 전자마음과 사랑을 나누려 들 것이다. 사랑이란 '사랑한다'가 벌이는 행위일 뿐이니까.

6. 그런데 '마음'이 위와 같은 것이라면 명상의 목적은 안정적인 수행(遂行), 컴퓨터로 치면 안정

적인 프로세싱을 위하여 입출력장치와 처리장치를 잘 유지하고 보수하는 기술적 행위이어야 하는데 뜬금없이 그 기술을 '복식호흡'이라 하니 사랑이란 '사랑한다'가 벌이는 행위일 뿐이라고 주장하는 이전 주장과는 어울리지 않는다.

7. 위 2에서 복식호흡이 '이유는 모르지만' 각종 인간의 장기를 안정시키는 묘약이라 한다. 다른 차원의 에너지원으로 보는 것이다. 안 하던 호흡을 갑자기 하는 것도 아니고 색다른 공기를 마시는 것도 아닌데 왜 그것이 편도체를 진정시키고 스트레스의 악순환고리를 끊어 내는지는 설명하지 못한다.

8. '컴퓨터의 입출력장치와 처리장치를 잘 유지하고 보수하는 기술적 행위'는 그동안 쭉 해온 행위인데 그런 행위에도 불구하고 컴퓨터인 사람이 몸에 고장이 나면 컴퓨터에게는 적용할 수 없는 복식호흡이라는 새로운 기술을 사람에게 적용하라는 것이다. 이는 그저 "사람의 몸과 마음은 컴퓨터와 같다. 그러나 사람의 몸과 마음이 고장 나면 복식호흡을 하라. 그 수리 기술은 컴퓨터에는 아직 적용되지는 못하지만 미래 언젠가는 적용할 수 있을지도 모르는 최고의 보수기술이기 때문이다."라고 억지를 쓰는 것과 같다.

9. 위 1의 비유가 적절한 비유라고 주장하려면 반드시 복식호흡과 같은 수준의 컴퓨터 유지보수 비법도 아울러 공개하고 그 두 개가 전혀 같음을 입증하여야 비로소 '사람의 몸과 마음은 컴퓨터와 같다'는 사실을 남에게 설득할 수 있다. 그러나 그의 실력으로는 그러한 입증이 불가능하다. 그 이유는 '명상 수리 기술'이 미래 언젠가는 컴퓨터에도 적용될 최고의 기술이기 때문이 아니라 애초부터 사람과 컴퓨터는 전혀 다르기 때문이다.

10. 사람의 마음은 遂行도 프로세싱도, 遂行과정이나 결과도 아니다. 육체에 부속된 작용이나 그 결과물도 아니다. 마음은 수행을 하고 사랑을 하는 주체이며 실체이다. 육체의 일부분도 아닌 육체와는 전혀 별개의 실체이다. 복식호흡은 호흡을 통해 공기에서 산소뿐 아니라 정기를 효과적으로 뽑아내는 방법이다. 그래서 복식호흡이 몸과 마음을 유지보수하는 명약이 되는 것이다. 컴퓨터가 사람 흉내를 내려면 우선 스스로 외부에서 신기방통한 전기를 끌어들여 자기 발전(發展)과 자기 수선부터 하여야 할 것이다. 그러나 그 지경은 SF(Science Fiction)에서만 가능하다. 그럼 이번에는 'SF는 항상 현실이 되어 왔다'라고 강변할 것인가?

尾300) 요가의 팔실수법(八實修法, Ashtanga)

1. 라자요가에는 수행의 기초가 되는 여덟 가지 수행법이자 수행의 단계가 있다.
    1) 도덕적이고 윤리적인 행동규약을 제시하여 요가를 수행하기 전 자아를 통제하는 금지계율인 제계(制戒, 야마)
    2) 내적인 삶을 규율하는 권장계율인 내제(內制, 니야마)
    3) 신체를 편안하고 안정시켜 자신과 완벽한 조화 속에 머물도록 신체를 수련하는 좌법(坐法, 아사나)
    4) 심층적인 자각을 얻은 후에 그 자각을 강화시키는 조식(調息, 라나야마, 호흡조절)
    5) 신체감각을 느끼고 감각으로부터 마음을 회수하는 제감(制感, 쁘라타하라)
    6) 마음을 특정 대상에 모으는 정신집중(執止, 다라나)
    7) 지식이나 자각이 하나로 융합하는 정려(靜慮, 디야나)

8) 자아에 대한 의식이 없이 대상만 나타나는 상태인 삼매(三昧, 사마디)

2. 처음 두 단계는 욕망이나 감각 또는 옳지 않은 것에 마음이 동요되지 않도록 제지하는 수련이고, 3, 4, 5단계는 신체 수련이다. 여기까지는 '상대적 의미의 명상'이다. 다음 6, 7, 8단계는 마음을 하나의 대상에 묶어 고요히 관찰하는 수련 단계다. 이 세 단계가 '절대적 의미의 명상' 수련이다.

尾301) 명상과 희열

1. 불교에서 번뇌를 끊고 불법의 공덕을 발생시키는 색계와 무색계의 선정(禪定)에는 여러 단계가 있는데 우선 색계에는 다음의 네 가지 선정이 있다.
   1) 사색과 사려가 있으나 욕심의 세계를 떠나는 데서 기쁨과 즐거움이 생기는 이생희락정(離生喜樂定)의 초선정.
   2) 마음이 더욱 고요하고 단일한 상태에서 발생하는 다양한 기쁨과 행복으로 마음이 흠뻑 젖는 정생희락정(靜生喜樂定)의 제2선정.
   3) 다양한 희락을 버림으로써 묘한 행복(一想)이 생기게 되며 이러한 묘한 행복에 의식이 머무는 이희묘락정(離喜妙樂定)의 제3선정.
   4) 즐거움과 괴로움이 소멸되어 괴롭지도 즐겁지도 않으며, 마음이 평온하여 생각이 청정한 사념청정정(捨念淸淨定)의 제4선정.
   그런데 색계와 무색계는 아직 此岸의 세계로 사바의 나라인데도 색계 선정의 경지가 이미 표준이론의 천국인 靈界 수준이다. 불교에서는 인간도에서도 禪의 수행을 통해 색계와 무색계의 禪定을 추구할 수 있으니 천계의 법열(法悅)을 추구함으로서 다음 생에는 해당 계에 환생할 수 있다고 한다.

2. 가톨릭에는 명상의 일종으로 관상(觀想, contemplation)이 있다. 관상이란 '신을 직관적으로 인식하고 사랑하는 일'로서 '하느님과의 친밀한 일치의 체험'이다. 그 체험을 가톨릭에서는 지복직관(至福直觀, Beatific vision, visio beatifica)의 체험이라고 하는데 이는 '하느님을 우리 인간의 눈으로 직접 뵙는 천국의 행복'을 의미한다. 명상을 통해 하느님을 직접 만나면 지극한 행복감을 느낄 수 있다는 것이다. 가톨릭에서 관상은 모든 신자에게 열려 있다. 소위 '관상의 보편성'이다. '하느님은 그리스도를 통하여 성령 안에서 모든 사람으로 하여금 당신의 본성에 참여하여 친밀한 친교를 누리도록 부르시고 있다. 그 친교의 온전한 형태는 천국에서 지복직관을 통하여 이루어지나 그리스도인은 세례를 받음으로써 그 직관능력의 씨앗을 받게 된다. 따라서 천국에 가기 전에도 우리는 관상기도를 통해 지복직관의 희열을 누릴 수 있다.'

3. 자신의 일부를 몸과 동일시하지 않도록 훈련시킴으로써, 참된 자신을 아는 황홀경을 체험할 수 있다. 이런 체험을 창조할 수 있는 최상의 도구들 중 하나가 날마다의 명상이다. 이 도구를 써서 너희는 생명에너지를 정수리 차크라까지 끌어올릴 수도 있고, 심지어는 깨어있는 동안에 몸에서 떠날 수도 있다(닐 도날드 월쉬, 「신과 나눈 이야기」).

4. 영적인 진보는 바깥으로 드러나는 능력의 현시에 의해서 측정되는 것이 아니라 오직 명상 가운데서 얻어지는 희열의 깊이에 의해서 측정되는 것이다. 언제나 새로운 기쁨이 바로 신이다. 그것은 고갈되지 않는다. 네가 명상을 계속함에 따라 신은 무한한 능력을 가지고 너로 하여금

시간을 초월하도록 해 줄 것이다. 너처럼 신으로 향하는 길을 이미 찾은 구도자들은 그 즐거움을 다른 어떠한 즐거움과도 바꿀 수 없는 것이다(파라마한사 요가난다, 「요가난다, 영혼의 자서전」, 김정우 옮김, 중에서).

5. 크리야요가의 핵심은 빛을 보는 것이다. 이것을 불교에서는 見性이라고 하고, 선도에서는 현빈지문(玄牝之門)이라고 한다. 국선도에서는 통기법(通氣法) 과정이다(서창덕, 「당신은 길 잃은 신(神)이다」 참조).

尾302) 위빠사나(vipassana)

1. 위빠사나는 실론, 버어마 등 남방불교의 승려들과 재가자들에 의해 전통을 이어온 명상법으로서 명상법으로서 염처경(Satipaṭṭhāna Sutta)에 그 근거를 둔 수행법으로 부처님이 하시던 정통 수행법이라고 주장된다. 대승의 사념처관(四念處觀)에 해당한다. 'vipassana'는 '관(觀, Sampajañña)하여 알아차림(Sati, 念)으로써 밝게 본다' 즉 '깨어있다'는 뜻이다.

2. 불교에서 위빠사나는 止法인 사마타(samatha)와 더불어 불교 명상법의 하나로서 오랜 역사를 가진다. 소승(Theravada)전통에 따르면 Samatha는 집중명상 즉 지각을 단일 대상에 두는 명상법으로 그 주요 테크닉 중 하나가 호흡관찰(수식관)이다. 사마타의 호흡관찰명상은 아나빠나(ānāpāna)라고 하는데 이는 호흡에 주의를 기울이는 명상법으로서 숨을 세거나, 숨쉬는 코 부위의 신체자극에 마음을 집중하거나 또는 숨 자체에 집중하여 생각을 하나로 줄이는 명상법이다. 이로써 수행자는 五蘊과 緣起에서 설명된 바와 같이 육체와 감각과 마음 사이에서 어떻게 감각 인식이 일어나는지 알게 되며 또 이러한 감각에 대한 인식과정을 관찰함으로써 자극에 의한 몸과 마음의 충동적인 반응을 조절하여 과잉 반응할 가능성을 줄이게 된다. 나아가 수행자는 호흡과 관련된 끊임없는 감각의 변화와 생각의 일어남과 사라짐을 알아차리게 되고 이 알아차림은 연기(緣起)와 고(苦), 무아(無我), 무상(無常)의 삼법인(三法印)에 대한 통찰(깨달음)로 이어진다. 보통 사마타를 위빠사나의 전 단계 명상법으로 보지만 그 자체만으로도 깨달음에 이를 수 있다고 보는 것이다. 사마타와 위빠사나를 함께 수행하면 열반 달성을 포함하여 다양한 정신력과 지식을 얻을 수 있는 반면, 위빠사나 수행만으로는 열반에 도달할 수는 있으나 정신력이나 지식은 얻을 수 없다고도 한다(Wikipedia, 'samatha' 등 참조).

3. 고엔카(Satya Narayana Goenka 1924~2013)는 부처님 사후 500년이 지난 후 위빠사나가 인도에서는 실전(失傳)되고 말았는데, 버마 소승에 전해져 오던 위빠사나가 부활하여 오늘날에 다시 전한다고 주장한다.

4. 고엔카는 버마 출생의 인도인으로 위빠사나 명상의 큰 지도자였다. 그는 버마의 부유한 인도인 가정에서 태어났으며 젊어서는 성공적인 사업가였으나 더 큰 은총을 받아 위빠사나의 대가가 되었으며 1969년에는 인도로 이주하여 명상을 가르치기 시작했다.
    1) 고엔카는 부처님의 수행법이었던 위빠사나가 특정 종교나 사상과 상관없는 보편적이며 과학적인 수행법이라고 하면서
    2) 위빠사나는 마음과 몸이 끊임없이 변화하는 현상(아니짜, Anitya, Anicca, 無常함)을 아주 깊은 차원에서 관찰(삼빠잔나, Sampajañña)함으로써 감각이 마음에 주는 영향을 알아차려(사띠, Sati, 念) 마음이 평정심(upekkhā)를 유지하게 하고 이로써 몸과 마음의 조화와 평

화를 도모하는 명상법으로 종국에는 깊은 깨달음을 얻게 한다고 주장했다. 이를 보면 그의 위빠사나는 불교의 몸·느낌·마음상태·현상(身·受·心·法)의 四念處명상 중 受念處를 강조하는 명상이다.

3) 그는 자유로운 수행자가 되려면 먼저 불법승(佛法僧)의 삼보(三寶)에 귀의하고, 계정혜(戒定慧) 삼학(三學) 즉 지계(持戒, 실라, sila, 계율), 선정(禪定, 집중, 사마디, Samādhi), 지혜(智慧, 般若, 빤냐, paññā)를 닦아야 한다고 설명한다.

4) 또 위빠사나 명상은 일상생활을 깨어 있는 정신으로 영위할 수 있게 하는 수행법이라고 하며 오온(色受想行識)의 메카니즘으로 수행과정을 설명한다. 즉 현재의 색(色)을 식(識, 윈냐나, viññāṇa)함으로 인해 일어나는 감각(受, 웨다나, vēdanā)을 생멸의 무상(無常, 아닛짜, anicca) 측면에서 평정심(우빽카, upekkhā)을 유지하면서 간단없이 관찰(Sampajañña)하여 알아차리면(사띠, Sati) 감각에서 인지(想, 산냐, saññā)로 연결되지 않고 끊어져 욕망과 감정(行, 상카라, Saṅkhāra, 반응)이 일어나지 않을 뿐 아니라 감각이 지혜로 직통한다고 말한다. 몸의 구성요소인 오온 간의 연결메카니즘이 어느 부분에서 끊어지는 것이다 (12.4.1. '명상이란?'의 '감정행동공식' 참조).

5) 뿐만 아니라 수행이 굳고 깊어지면, 더욱 미세한 감각의 생성과 소멸을 관찰할 수 있게 되어 깨달음을 얻을 수 있다고 하였다.

6) 깨달음까지 도달하는 것이 어찌 위빠사나(正念) 하나로 해결되겠는가. 그러나 위빠사나가 8정도의 구체적 수행 테크닉의 하나로서 효과적인 求道法임에는 틀림이 없다. 그는 서양을 비롯한 전 세계에 위빠사나 명상법을 통찰명상(insight meditation), 마음챙김명상(mindfulness meditation)이라는 이름으로 알리는 데 큰 공헌을 하였으며 오늘날 그가 주창한 위빠사나 10일 명상 코스는 94개 국가, 약 176개의 센터에서 성황리에 진행되고 있다.(한국은 위빳사나 명상센터 담마코리아 https://korea.dhamma.org/ko/)

尾303) 삶과 고통 그리고 무신(無神)

1. 고통(苦痛) 하면 고(苦)를 네 가지 성스러운 진리(四諦)의 첫머리에 꼽는 불교의 고통에 대한 고찰(考察, 苦察)이 으뜸이다. 불교에서는 고통을 三苦라 하여 크게 세 가지로 나누는데 여기에 불교의 또 다른 고통의 종류인 팔고(八苦, duhkha)를 구분하여 넣고 다시 칠난(七難)을 더한 뒤 인도 삼키아학파의 세 가지 고통의 구분을 감안하여 고통의 종류를 다시 구분하여 보면 다음과 같다.

   1) 고고(苦苦) : 추위와 더위, 기갈, 질병, 재난 등에서 생기는 육체적인 괴로움으로 八苦 중 生, 老, 病, 死의 四苦와 칠난(七難)(*)으로 인한 고통이 여기에 속한다. 인도 육파철학의 의외고(依外苦, 외계의 사물 또는 사람에게서 유래하는 괴로움)이다.

   2) 행고(行苦) : 현실세계의 무상유전(無常流轉)의 변화로 인해 느끼게 되는 괴로움으로 삼키아학파에서는 의내고(依內苦, 자기 자신에서 유래하는 괴로움)로 보았다. 八苦 중 구하여도 얻지 못하는 고통인 구부득고(求不得苦)와 미워하는 사람과 만나거나 살아야 하는 괴로움인 원증회고(怨憎會苦)가 여기에 속한다 하겠다.

   3) 괴고(壞苦) : 사랑하고 집착을 갖는 사물이 파괴되고 변화해 갈 때 느끼는 정신적 괴로움으로 삼키아학파의 의천고(依天苦, 신이나 운명에서 유래하는 괴로움)다. 八苦 중 사랑하는 사람과 헤어져야 하는 괴로움인 애별리고(愛別離苦), 그리고 탐욕과 집착에서 오는 오성음고(五盛陰苦)(**)가 여기에 속한다.

2. "인간은 삶이 두려워 사회를 만들었고 죽음이 두려워 종교를 만들었다." 영국의 철학자이자 사상가인 허버트 스펜서(Herbert Spencer 1820~1903)의 明言이다. 이를 名言으로 바꾸려면 이렇게 고쳐 써야 한다. "인간은 삶이 두려워 종교를 만들었고 죽음이 두려워 사회를 만들었다." 불교는 삶은 苦라고 하며 고는 멸할 수 있다고 하고 멸하는 방법을 가르쳐 주겠다고 한다. 불교의 설립취지문인 사성제(四聖諦)의 말씀이다. 이처럼 종교는 삶이 苦라서 만들어진 것이다. 또 자신과 가족을 죽음으로부터 보호하기 위하여 온갖 불이익을 감수하고 씨족과 부족 그리고 국가가 만들어졌다. 그러니 名言은 "인간은 삶이 두려워 종교를 만들었고 죽음이 두려워 사회를 만들었다"이다.

3. 그러나 지금은 과학과 문명, 그리고 민주주의와 법치주의의 발전으로 과거에 비해 삶의 고통(八苦)은 현저히 줄고 삶의 달콤함(happiness)은 倍加되었으며 인간의 수명도 대폭 늘어났다. 생로병사(生老病死)의 전사고(前四苦)는 거의 사(死) 일고(一苦)만 남았고 후사고(後四苦) 중 애별리고(愛別離苦)는 팽배한 물질주의와 이기심으로 인해 드라마에서나 찾아볼 수 있게 되었으며 원증회고(怨憎會苦)는 법으로 완화시켰고 구부득고(求不得苦)는 웬만하면 더 이상 苦가 아니다. 그렇다면 이제 오성음고(五盛陰苦) 정도만 남았으니 八苦의 시대는 去하고 기껏해야 二苦나 三苦의 시대가 도래하였다. 사실 死苦 또한 잊고 사는 인구가 9할이니 더 이상 고가 아니므로 현대는 苦다운 苦가 없는 '無苦의 시대'다. 특히 돈 많은 사람들에게는 분명히 그렇다.

4. '삶의 고통'이 줄고 '삶의 달콤함'이 늘어남에 따라 옛날보다 무신론자들이 열 배나 늘었다. 어떻게 계산하여 열 배인가? 무신론자의 비율을 계산하는 다음과 같은 무신방정식(無神方程式, cafe.naver.com/spiritsoulogy/500?boardType=L 참조)으로 계산한 결과다.
   1) 우선 변수는 무신론자(atheist), 직관(einsicht), 지혜(wisdom), 지능(intelligence), 은총(grace), 과학(science), 삶의 고통(duhkha), 삶의 달콤함(happiness), 미디어와 법치(media) 정도이고
   2) 이때 변수 간에는 무신방정식 [$a=100/e \times 100/g \times (100 \times i/w+s+100 \times h/d+m)$]이 성립한다. 물론 思考實驗으로 도출한 방정식이다.
   3) 15세기 대비 현재의 상황을 감안하여 변수에 적절한 수치를 대입하면 a는 14倍가 나온다. 위키에 의하면 2005년 기준 우리나라 무신론자 비율은 30~52%라고 한다. 그렇다면 과거(15세기)에는 백에 겨우 서너 명만 무신론자였고 지금은 길거리에 절반이 무신론자이다.

5. 無神비율은 무신론자의 증가 원인만을 따지는 데 필요한 것만은 아니다. 세계적으로 각국에서 엉터리 지도자를 뽑는 이유, 사회에서 義人을 찾아보기 어려운 이유, 대중문화가 점점 타락하는 이유, 교회와 사찰에서 사람 보기가 어려운 이유, 성직자들의 수준이 점점 떨어지는 이유, 주변에서 스승을 찾기 어려운 이유, 날이 갈수록 이혼율과 자살률이 늘어나는 이유, 소득구조가 점점 양극화되는 이유, 환경오염이 급속도로 심해지는 이유, 사법부와 고위공무원 그리고 정치인들 수준이 점점 낮아지는 이유 등 인류가 당면한 수많은 문제의 원인과도 밀접한 관계가 있다. 그렇다면 무신방정식은 인간의 영적 수준의 비약적 발전만이 인류의 문명 발전과 구원의 전제조건임을 보여준다.

6. 무신론(無神論, Atheism)은 신에 대한 신앙을 부정하거나 신의 존재를 인정하지 않는 사상이다. 사람에게 '無神의 경향'은 이드5욕의 미개(未開)에서 기인하는 혼죄에 불과하나 혼죄가 과도할 경우(미주 281 '신정론의 해답들' 참조) 반신(反神)과 혐신(嫌神)[***]의 경향을 갖게 된다.

反神과 嫌神은 주혼의 에고2욕 또는 종혼이 보이는 해타적 自利추구에 원인하는데 이는 부인의 무신(無神)이나 무관심의 비신(非神)과는 달리 적극적 반감으로 신에 對抗함으로써(6.10. '업(業)에 대하여' 참조) 자기와 이웃의 자아계발에 역행하여 자칫 혼의 소멸로 치달을 수 있다. 이는 다른 표현으로 '無神의 피와 회의(懷疑)의 눈'으로 불설의 무명(無明), 기독교의 원죄(原罪), 그리고 표준이론의 혼죄(魂罪)와 같은 천형(天刑)이다. 그러니 사람은 누구나 천형(天刑)으로서의 무신적 경향을 갖고 또 다소간의 反神的 경향을 가진다. 따라서 어느 시대를 막론하고 무신론자와 반신론자는 있었다. 다만 내부적으로 自認하려 하지 않았고 외부적으로 커밍아웃하지 못했을 뿐이다. 그런데 서양의 경우 18세기 들어 전 세계로 퍼진 자유사상과 과학주의(scientism) 그리고 증가하는 종교 범죄로 말미암아, 스스로 무신론자임을 자처하고 혐신(嫌神)하는 사람들이 공공연히 나타나기 시작하였다. 동양 또한 사상의 자유가 제한되어 있어 공공연한 양심 표현은 혹세무민이었으니 커밍아웃은 쉽지 않았다가 20세기 들어 서양에서 밀려온 민주화와 산업화 덕택에 무신론자의 비율은 폭발적으로 늘어났다. 오늘날 조사에 의하면 독일인 중 55%, 노르웨이 60%, 핀란드 60%, 스웨덴 85%, 덴마크 80%의 인구가 무신론자이다. 동양인 일본에서도 64%에서 80%에 달하는 인구가 무신론자이거나 불가지론자, 무교자라고 응답하였다고 한다. 심지어 무신론자가 유신론자보다 생활수준과 평균 지능지수가 모두 높은 것으로 조사되었다. 富와 명예는 心眼을 가리니 정신의 문명화 보다 부(富)와 장수(長壽)의 증가속도가 클 가까운 미래에는 무신론과 반신이 더욱 활개를 칠 것이다.

(*) 七難은 화난(火難, 화재), 수난(水難, 홍수, 태풍, 가뭄), 나찰난(羅刹難, 악령에 의한 재난), 질역난(疾疫難), 귀난(鬼難, 死靈에 의한 재난), 가쇄난(枷鎖難, 옥에 갇히는 재난), 원적난(怨賊難, 전쟁과 반역의 재난)이다.
(**) 오성음고(五盛陰苦) 또는 오온성고(五蘊盛苦)는 색(色)·수(受)·상(想)·행(行)·식(識)의 오온(五陰)에서 비롯한 我想에 탐욕과 집착이 번성함으로 인한 괴로움이다.
(***) "악령들은 천사를 보고 그 주위에 하나님의 영향권을 느끼면 일종의 분노가 솟아오른다고 했다." (스베덴보리, 「천상여행기-천국편」 제2장 '신참 영이 천국의행복을 깨닫다' 중에서)

尾304) 미지생언지사(未知生焉知死)

너나 잘해

저승을 알면 뭐 하랴
이승도 제대로 모르면서
전생에 뭐 했는지 알면 뭐 하랴
현생도 제대로 못살면서

죽으면 알게 될 저승이고
죽으면 생각날 전생인데
알면 뭐 달라진다고
귀하고 아까운 시간
그걸 알려고 낭비하는가

자신은 전생의 결과물이고
현생은 전생의 연속극이야

모를 게 뭐 있고 뭐가 궁금해?
지금 너나 잘해
네 맘보나 뜯어 고쳐 봐

세상에 없는 말은 이제 없어 그러니
네가 세상에 보탤 말도 없어
남 가르쳐 줄 생각 말아
남은 너보다 더 나아
그러니 너나 잘해

尾305) 에피쿠로스의 무신론

1. 에피쿠로스(Epicurus BC 341~270)는 기원전 3세기경 그리스 사람으로 쾌락주의자요 無神論者로 알려져 있다. 그러나 둘 다 틀렸다. 그의 쾌락은 아타락시아(ataraxia)요 그의 無神論은 理神論(deism)이었다.

2. 쾌락주의(hedonism)는 어느 하나의 신조가 아니라 쾌락(hedon, pleasure)이 인간 행위의 본래적 동기이며 삶의 목적이자 윤리적 기준이라는 생각을 가진 일련의 이론을 통칭하는 용어로 여기에 속한 사상들은 그 내용이 천차만별이다. 보통 이해하기로는 육체적 쾌락, 특히 성적 쾌락을 추구하는 주의로 보는데 이는 쾌락주의로 분류되는 일련의 사상 중 하나(Axiological hedonism)일 뿐이다. 에피쿠로스의 쾌락은 이런 저질들과의 혼동을 피하기 위해 ataraxianism 정도로 고쳐 불러야 할 것이다.

3. 에피쿠로스는 괴로움이 없는 것을 '쾌락'이라고 정의하고 혼란, 고통, 근심, 걱정 등이 사라지고 죽음을 비롯한 일체의 공포에서 해방되는 영혼의 평정 상태를 ataraxia라고 부르며 이는 은둔과 질박한 식사, 미신타파와 우애(友愛)의 삶을 추구함으로써 이루어진다고 하였다. 그에게는 이러한 ataraxia가 바로 쾌락이었다.

4. 그렇다면 에피쿠로스는 쾌락을 추구하는 것이 아니라 스토아학파의 아파테이아(apatheia)나 '거친 음식을 먹고 팔베개를 베고 잘지라도 즐거움이 또한 그 가운데에 있다(飯疏食飲水 曲肱而枕之 樂亦在其中)'는 論語의 孔子님 말씀을 실천하는 主義였으니 '곡굉이(曲肱而)주의'로 번역함은 어떤가.

5. 또한 그는 '우주가 무한하고 영원하며 모든 물질은 원자로 알려진 보이지 않을 정도로 작은 입자로 구성되어 있다'는 원자론을 가르쳤으며 여기에 경험주의자(empiricist, 지식은 오직 감각적 경험에서 나온다는 이론)로서의 그의 입장이 더해져 '죽음이란 인체를 구성하는 원자의 산일(散逸)이며, 죽음과 동시에 모든 인식도 소멸한다'라는 영혼소멸론을 주장하였다. 이와 관련하여 전해지는 그의 유명한 말이 둘 있다.
    1) 우리가 있으면 죽음이 오지 않고 죽음이 오면 우리가 있지 않다(When we are, death is not come, and, when death is come, we are not).
    2) Non fui, fui, non-sum, non-curo(n.f.f.n.s.n.c, I was not, I was, I am not, I do not care 나는 없었다. 나는 있었다. 나는 이제 없다. 나는 개의치 않는다.)

그러니 죽음을 두려워할 필요가 없다는 것이다. 그에게 죽음의 공포는 아파테이아를 해칠 뿐이었다.

6. 그런데 에피쿠로스가 자기기만(自己欺瞞)에 가까운 이런 생각으로 누멘의 감동과 죽음의 공포를 어떻게 이겨냈는지 의문이다. 아타락시아의 삶을 산다면 (혹시 사후의 세계가 있고 그 세계의 주인인 신이 인격적이라면) 알아서 자비를 베푸시겠지 하는 파스칼(Pascal)적인 계산이 있었던 것은 아닐까 한다.

7. 그런데 그는 무신론자가 아니었다. 에피쿠로스는 신은 존재하지만 인간사에는 관여하지 않는다고 가르쳤던 것이다. 또 신이 자연현상을 통제한다고 믿는 것은 신이 죄를 물어 인간을 처벌한다는 두려움을 가져와 아파테이아를 해칠 뿐이라고 하였다. 그는 신을 부인한 것이 아니라 영혼의 불멸을 부인한 것뿐이다. 결론적으로 그는 唯物論이 아니라 原子論을 주장하였고 無神이 아니라 有神을 말하였다.

8. 한편 그가 무신론자라는 주장은 그의 말로 알려진 다음의 '에피쿠로스의 역설(Epicurean paradox)'과도 관련이 있다. "신은 악을 막을 의사가 있지만 할 수 없는가? 그렇다면 그는 무력하다. 신은 능력은 있지만 의지가 없는가? 그렇다면 신은 惡意的이다. 신은 능력과 의지가 모두 있는가? 그러면 악이 어떻게 있을 수 있는가? Is he willing to prevent evil, but not able? then is he impotent. Is he able, but not willing? then is he malevolent. Is he both able and willing? whence then is evil?" 그의 이 말은 '그러므로 신은 없다'는 주장에 원용되어 왔다. 그러나 이 말이 정말로 그의 말이었는지도 논란이 많고 누구의 말이었다 하더라도 이 paradox는 악(惡)이 있을 때 성립하는 논리다. 악이 없다면 이 paradox는 또 다른 paradox일 뿐이다. 표준이론에서 악은 '선의 결핍(缺乏)'이다. 따라서 그의 역설은 다음과 같이 간단히 정리된다. "신은 악을 막을 의사가 없다. 악이란 없기 때문이다. He is not willing to prevent evil, because there is no evil."

尾306) 니가 몇 개?

이 어마어마한 우주가 그냥 있는 것이라니
그 오묘한 운행법칙과 조성원리가 그냥 생긴 것이라니
그걸 의식하는 존재는 뉴런 간의 전기현상이 만들어낸 아무것도 아닌 것이라니
그에게서 전기가 나간 후 의식이 끊어지면
그가 의식하던 우주도 트루먼 쇼처럼
아무것도 아닌 것이 된다니
아무것도 아니라는 것도 아무것이 아니거나 아무것이거나 아무 상관이 없다니

이게 도대체 무엇이라는 거니
니가 일곱 개라는 거니 열한 개라는 거니

尾307) 방어기제로서 윤회론

1. 윤회론은 죽음에 대항하는 여러 방어기제 중 가장 효과 있는 기제다. 로마황제가 윤회론자들

인 영지주의를 박해한 이유 중 하나다. 황제가 보기에 죽음에 대한 가장 훌륭한 방어기제이자 황제 보기를 개 보기로 하는 윤회론은 죽음보다 두려운 것이었다.

2. 윤회론이 죽음의 공포를 극복하는 방어기제로만 사용되면 좋은데, 악용하는 사람들이 많아서 문제다. '이번 생은 어차피 망치고 잡쳤으니 다음 생에서나 잘해 보자'는 사람들이 그들이다. 人身難得을 헤치고 전쟁 피하고 질병 피하고 굶주림 피해 모처럼 좋은 시절을 타고났는데 이를 포기한다면 더 좋은 기회가 주어지겠는가. 몸을 다시 받더라도 업을 되갚는 苦의 生(苦生)이 될 것이 분명하다.

3. 成佛하소서

스님
성불하세요
치킨에 맥주 한잔 같이 하고
비루집을 나서며 불편한 말을 기어코 건넸더니
스님은 대뜸
다음 生에 하겠습니다
하시더라
새삼스럽지도 않은 듯
매우 자연스럽게
게다가 매력 있게 살짝 웃으면서
그 높은 자리 스님이 그렇게 말씀하시더라
法文처럼 들리더라

尾308) 죽음다운 죽음이 없는 세상

1. 오늘날 늙은 부모의 상을 당하여 그 죽음에 애를 절절해 한다는 자식이 있다면 이는 뉴스감이 아닐까? 정승집 개의 初喪이 정승의 초상보다 절절하다.

2. **喪家有感**

있는 돈 없는 재산 다 내주고
죽지 못해 이어 온 하루하루 눈칫밥도
병수발에 지친 척하는 처자식 말년 구박도
다 뒤로하고
병마와 사투하던 침대를 비우자마자
장의사는 노래하고 요양원은 새 손님을 맞았더라

누구보다도 내 편이던 賢母良妻
뼈 빠지게 공부시켰더니 이제 제 일로 바쁜 자식들
같은 피, 닮은 코, 째진 눈의 형제들
함께 아프고 같이 늙자던 말로만 친구들

날밤을 같이하며 미운 정 쌓아 온 직장동료들
모두 모여 와자지껄 밤새워 놀고 있더라

누구누구는
슬프지 않은 상주에게 슬픔을 잊자며
위로인지 축하인지를 건넨 후
육개장 안주에 과일 늘어놓고
습관인가? 건배까지 외치고 있더라
둥근 달도 새로 뜨고 밝은 해도 또다시 붕긋 솟았더라
(추신)

亡人도 바빴는가
상주의 위세 담은
수백 송이 조화에 묻혀
이십 년은 젊어진 얼굴에 검은 천 조각 두른 채
절 두 번 받더니
애지중지 보살피던 미련덩이 몸뚱어리
화장하든 매장하든 내팽개치고
새로운 생을 찾아
어디론가 벌써 떠나버렸다

尾309) 자살(自殺)

우리나라의 자살률이 세계적이다. 그러니 경제적인 부와 자살과는 아무런 관계가 없는 것이거나 오히려 역의 관계가 있는 셈이다. 표준이론의 입장에서 자살의 원인을 살펴보고 그 대책을 세워보자.

1. 자살은 '죽음의 의도와 동기를 가지고 자신에게 손상을 입혀 죽음을 초래하는 행위'다. 자살의 원인이 인생의 고통을 기피하려는 혼의 의지박약한 태도 때문이라기 보다는 우울증 등 정신체가 가진 질병 때문이라고 보는 것이 옳다. 자살자의 약 60% 이상이 우울증에 기인한다는 연구도 있다. 자살충동을 일으키는 우울증 등의 병을 통칭하여 자살충동증이라고 하자.

2. 표준이론은 사람의 혼은 생기체와 정신체와 양심체로 구성된다고 주장하며 자아 수준이 낮을수록 정신체가 혼을 지배한다고 말한다. 또 자살충동증이 생기는 것은 정신체가 병에 걸렸다는 증거라고 한다. 많은 경우 자살은 自殺이 아닌 것이다. 따라서 자살을 죄악시하는 교리(教理)가 있다면 그 자체로서 죄악이다. 병들어 고통받다가 죽은 사람을 저주하는 짓이 죄가 아니면 무엇이란 말인가. 그렇다고 자살을 하는 사람에게 아무 책임이 없는 것은 아니다. 병에 걸렸으면 병원도 다니고 운동도 하여 치료를 하여야지 병에 굴복하여 스스로 목숨을 내어준다면 자신에게나 가족에게나 사회에게나 지극히 무책임한 태도다. 자살은 대부분 종혼이 주혼을 죽이는 행위다. 따라서 자살충동증이 있다면, 단기적으로는 몸은 약으로 마음은 명상과 기도로 평정심을 찾아 종혼을 진정시키고, 장기적으로는 체계적인 수행으로 인신난득(人身難得)의 이치를 깨닫고 나아가 자아수준을 고양(高揚)함으로써 종혼을 극복하여야 한다.
   그렇다면 자살충동은 기회일 수 있다. 그 극복이 어려운 만큼 이를 극복함으로써 금생에 자아수준을 그만큼 높이 상승시킬 수 있다. 기회를 놓치면 다음 생에 같은 숙제를 다시 받기 십상이니 자살하여 보아야 아무 소용이 없다. 어차피 넘어야 할 산이라면 금생에 넘어라. 여러 종교의 교리에서 자살을 죄악시하는 진짜 이유는 바로 여기에 있을 것이므로 종교는 나서서 이를 치료하여야 마땅하거늘 도리어 병으로 죽은 환자를 지옥으로 보내어 저주하고 그 유가족에게마저 상처를 주는 교리를 세운다면 종교로서의 본연의 의무를 회피하는 짓이다.

3. 표준이론에서 우울증은 주혼(主魂)과 종혼(從魂)들 간의 불화와, 혼이 군혼(群魂)시절에 익혔던 혼들 간의 의존과 교류의 단절로 인한 고독(孤獨)이 그 큰 원인이다. 우울증의 원인은 몸에 있는 것이 아니라 혼의 정신체에 있는 것이다. 이처럼 정신체에 근원한 우울증은 생기체의 '신호 전달시스템'의 기능저하를 초래하고 이는 육체에 행복호르몬(Serotonin) 등 여러 신경전달물질의 부조화로 나타난다. 이후 몸과 마음은 교호작용(交互作用)으로 자살충동증의 증세를 더욱 악화시켜 자살로 이어진다. 따라서 자살충동증은 몸과 마음 양쪽에서 그 치료를 시도하여야 한다. 몸에 대한 대증요법만으로는 우울증을 일시적으로 완화시킬 뿐이다. 근치를 위해서는 기도(祈禱), 기공(氣功) 등을 통한 외부로부터의 선기(善氣)보충, 그리고 궁극적으로는 명상과 수행을 통한 정신체의 성장 즉 자아수준의 고양을 꾀하여야만 한다.

4. 우울증 등 정신병이 家系적 요인이 크다고 하는 이유는 이러한 병이 부모로부터 받은 선천지기인 원기(元氣)와 그 이후 성장과정에서 부모가 조성한 후천지기로서 사기(邪氣)에 기인하는 바가 크기 때문이다. 아동기에 겪은 상실(喪失)이나 학대의 경험이 자살의 위험을 증가시키는 많은 사례들을 보라. 따라서 태교(胎敎)와 건전한 유년기 가정환경의 조성이 자살방지를 위한 근본적 치료방법 중 하나다. 가계에 유전적 요인이 있다고 생각되면 이는 업(業)일 가능성이 크다. 자신의 병을 극복하고 나아가 자기 代에 家系의 업을 풀어(解業) 그 유전의 맥을 끊는 것은 그가 금생에 타고난 숙제다.

5. 여성보다 남성의 자살율이 높은 이유는 남성의 경우 혼들 간의 의존과 교류의 단절로 인한 충격이 여성보다 크기 때문이다. 집단생활에 길들여진 남성들이 독신, 별거, 이혼, 사별 등 배우자와의 이별이나 중년 이후의 사회적 고립을 더 힘들어 한다. 따라서 최근 우리나라의 이혼률의 증가와 조기은퇴는 자살률의 증가와 관련이 있다.

6. 또한 급격한 평균수명 증가도 자살률을 높인다. 노년의 자살률이 높은 이유는 건강악화로 인한 육체적 고통이다. 건강하지 못한 성인의 자살충동이 건강한 사람보다 10.6%나 더 높다(통계청, 1987~2018년 사망원인통계). 또 당장의 경제활동이 중요한 한국 중년들이 처한 생활환경도 높은 자살률의 한 원인이 된다. 돈 때문에 시간을 허비하고 또 그로 인해 건강을 잃어 몸이 고통스러우면 여생을 전면 포기하는 자살로 이어진다.

7. 이런 자살문화를 정책수준의 '마음공부 캠페인'으로 극복하는 것도 유효한 방법이다. 단체명상 모임의 결성과 그 활성화를 지원하고 노인들의 상호교류를 확대하며 사랑과 관심을 주변에 베풀어 줄 수 있는 건강한 사람들을 제도적으로 양성하는 것이 어떤가.

8. 우리나라의 높은 자살률의 또 다른 이유는 가족문화의 급진적 변화와 소득격차의 심화일 수도 있다. 젊은 사람은 결혼을 하지 않거나 자식을 낳지 않아 자식에 대한 책임이 적어 가족을 팽개치고 무책임하게 자살하고 노인들은 반대로 가난한 자식에게 부담을 주기 싫어서 자살을 선택한다.

9. 결론적으로 자살률을 낮추기 위해서는 개인적으로는 공부와 명상 그리고 수행을 통하여 인신난득(人身難得)의 윤회의 이치와 화엄세계의 엄연한 질서를 깨닫고 나아가 자아수준을 고양(高揚)함이 중요하고 종교와 사회적으로는 위에서 언급한 교리적, 정책적 차원의 반자살 대책이 필요하다.

尾310) 老慾

늙은이에게

늙은이여 그대는
점잖은 척하지 마라
늙은 몸은 있어도 늙은 마음은 없다는 거 스스로
잘 알잖아?

늙은이여 그대는 원래
비겁하고 소심하고 얄팍했어
게다가 이제는 기억력도 줄고 정열마저 없잖아?
그러니 불쌍한 그 허세는 이제
그만두는 게 좋겠어

이것 봐 늙은이
손에 쥔 그 금덩이가 위안이 좀 되나?
그 정도면
내일이라도 죽어 북망산천 찾아갈 때
가마 탈 수 있겠어? 벤츠 탈 수 있겠어?

이것 봐 늙은이
고생한 만큼 베풀고 번 만큼 쓰고 뺏은 만큼 돌려줘
이제 폐업 정리해야 할 때야
침묵하고 겸손해질 때란 말이야

尾311) 나이와 죽음

건강검진

이 行星에서는 이미 충분히 살았다
이 별에서 벌어지는 일에는 이제 신물이 났다
더 이상 겪을 일도 배울 일도 없다
다른 세상으로 떠나자
여기 말대로 돌아가자

지구가 준 60년 된 이 몸뚱어리
애지중지 애면글면 아플세라 다칠세라
재고 달고 들여다보던 저 똥주머니

고맙긴 했지만 이제 그만 내버려 두자
제 알아 살라고 풀어주자

尾312) Hodie mihi, cras tibi

亡者之嘆

내
죽음을 평생 이웃으로 두고 살펴왔으나
집에 들이지는 않았더라
이제 이윽고 때가 되어 사랑에 맞이하게 되었으니
그를 어찌 대할꼬

예를 다하고 범절을 갖추어 친사(親死)로 대하고자 하였으나
하릴없다
어느새 그는
내 집을 산산이 부수었구나

해는 져서 서산에 걸리고 산 그림자 가득한데
멀리서 짐승들 우짖는 소리
집 잃고 몸 잃은 내가 이제
갈 데가 어디냐

사망의 음침한 골짜기에 내 魂은 외뿔코뿔소 되어

그때 그 어느 삶의 戰場에서 갑자기
내 어떤 死神에게 어이없게 끌려 나가
홀로 사망의 음침한 골짜기에 떨어진 그때
푸른 草場과 편히 쉴 물가를 그리며
사망의 음침한 골짜기를 외로이 걷던 그때
나는 외뿔코뿔소가 되었다

길고 긴 시간 내내 내 혼은 외로웠다
그러나
무리에서 멀어진 무소는 묵묵히
안으로만 안으로만 익어갔다
모든 번뇌를 끊어버리고 무소의 뿔이 되어 혼자서 갔다

소리에 놀라지 않는 사자와 같이
그물에 걸리지 않은 바람과 같이
흙탕물 속에 깨끗한 연꽃과 같이
무소의 뿔이 되어 나만 외로이 갔다

전생이 다시 살아난 이 밤
홀로 깨어 마주한 나의 그 어느 죽음 앞에
혼은 갑자기 시리도록 외롭다. 그러나
내 곧 또 하나의 마침표를 찍더라도
다시 외뿔코뿔소 되어 견디리라
自燈明으로 法燈明으로
끝끝내 견뎌 이겨
하느님의 집에 영원히 거하리라

尾313) 다중우주가설

1. 다중우주가설은 아직 그 실체를 증명하기 어려운 단계로, 다중우주의 존재방식에 따라
   1) 양자론적으로 중첩되어 존재하거나,
   2) 주기적으로 빅뱅과 소멸을 반복하거나,
   3) 공간적으로 관측 우주 밖을 다른 우주로 보거나,
   4) 우주가 더 큰 단위의 영역 안에서 거품처럼 생겨난다고 보는 등
   다양한 형태의 가설이 있다.

2. 여러 가설 중 주기적으로 우주가 빅뱅과 소멸을 반복한다는 '주기적 다중우주론'은 여러 사상에 나타나는 우주주기론의 영향을 받아서인지 맨 먼저 과학계에 나타났다. 우주가 빅뱅으로 팽창했다가 다시 중력으로 쪼그라들어 점으로 작아지는 사이클을 계속 반복한다는 아이디어다. 최근 끈이론을 배경으로 하여 새롭게 등장한 '주기적 다중우주론'에 의하면
   1) 빅뱅으로 우주가 태어나는 순간 이전에도 우주가 존재했다.
   2) 우주는 '브레인(Brane, 膜) 충돌' 등의 이유로 빅뱅과 인플레이션을 일으켰고, 새로운 우주가 탄생했다.
   3) 하지만 이 우주도 시간이 지나면 어떤 이유로 다시 대폭발을 일으킨다.
   4) 이 과정이 무한히 반복된다. 빅뱅과 인플레이션이 탄생시킨 하나하나의 우주는 각각 모두 다른 우주다(네이버 과학동아, 끈이론이 예측한 다중우주).

尾314) 옴람 미카엘 아이반호프

16세기에는 북부 팔레스타인 지방을 중심으로 카발라가 흥성하였는데 당시의 카발리스트로는 모세 코르도베로(Moses ben Jacob Cordovero 1522~1570)와 이삭 루리아(Isaac ben Solomon Luria 1534~1572)가 유명한 스승으로 꼽혔고 이후 현대에 이르러 주목할 만한 카발라의 스승으로는 모리스 도리얼(Maurice Doreal 1898~1963)과 아이반호프(Omraam Mikhael Aivanhov 1900~1986)가 있다. 아이반호프는 프랑스에서 활동하던 현대의 영적 스승이다. 그는 불가리아에서 태어나 어린 시절부터 타고난 영적인 기질을 보였는데 열일곱의 나이에 스승 페테르 되노프(Peter Deunov 1864~1944)를 만났다. 어린 제자의 성품을 꿰뚫어 본 카발라의 마스터 되노프는 아이반호프에게 여러 대학에 등록하여 학문을 익히게 하였고 祕傳에 따른 여러 테스트를 성공적으로 통과한 아이반호프에게 이니시에이션(Initiation, 祕傳에의 입문식)을 주어 1937년 프랑스로 보냈다. 이후 아이반호프의 강연을 통해 감화를 받은 사람들이 공동체를 형성하였고, 점차 프랑스는 물론 유럽, 북미, 중남미, 아프리카, 동아시아 등 세계 각지에 그의 가르침을

따르는 명상 센터들이 설립되었다. 그는 학자나 저술가들의 권위에 의존하지 않으며 오로지 자신의 영적인 통찰력에 따라 가르쳤다. 그는 자신의 가르침을 통칭하여 한마디로 '祕傳學(Initiatic Science)'이라고 하였다. 그는 단순히 책에서 읽은 지식을 나열하는 것이 아니라 자신이 직접 영적으로 체험한 비전의 지혜를 설하였다. 그는 스스로 책을 쓴 적이 없으나 구술로 이루어진 강의를 제자들이 편집하여 책으로 냈다. 현재 영어로 출판된 책만 해도 70여 권에 이른다.

尾315) 신지학의 우주주기론

1. 신지학은 잠재해 있는 정신을 일깨우는 영감 혹은 '불꽃'은 대자연의 물질적인 면이 아닌 영적인 면에서 온다고 한다. 이전 진화 주기에서 자신들의 진화 단계를 모두 다 거친 자아들이 다음 주기에 화신해서 전임자들로부터 받았던 것처럼 영감과 '불꽃'을 다시 전한다는 것이다. 신지학에서 진화는 먼저 '역진화'에서 시작된다. 즉 고급의 지성들이 아직 덜 개발된 지성체들로 구성된 형태와 관계를 맺음으로써 진화가 시작된다. 영이 물질 깊숙이 떨어져서 자신을 희생하고 미개발체를 구제하는 것이다(신지학회, '신지학 홈스터디' 참조).

2. 표준이론식으로 해석하면 진화주기(소위 혹성체인)가 끝날 때까지 고급영(마스터, 초인)으로 진화하지 못한 자아는 다시 다음 주기에 물질 속으로 떨어져 '영의 불꽃'이 되어 물질을 유기체로, 다시 생명체로, 식물혼에서 동물혼으로, 다시 인간의 혼으로 진화시키고 마침내 靈化시킨다는 말이다. 표준이론에 '영의 불꽃'과 유사한 것이 있다면 '凡神的으로 삼라만상에 만재한 하느님의 靈火'다. 이는 영적 진화의 메커니즘에 참여하여 기를 혼으로, 혼을 영으로 이끄는 佛性이다.

3. 신지학은 이전 주기에 영으로 탄생한 이들의 거룩한 희생으로 이번 주기 생명들의 진화가 가능하였다고 주장하지만 전혀 이치에 닿지 않는다. 영혼의 진화는 기의 속성이 생명력이고 그 생명력의 에센스가 靈火임으로 인하여 自性的으로 이루어지는 것이지 지난 주기의 영 또는 신영이 물질에까지 침투하여 진화를 일으키는 것은 아니다. 그리고 하느님은 진화의 고난을 뚫고 나온 완성된 영의 영광된 귀향을 기다리시는 분이지 그들의 진화에 기한을 두어 장구한 세월에 걸친 刻苦를 희생하여 분사(焚死)할 것을 요구하시는 분이 아니다. 만일 그렇다면 창조주는 전능하지도 전선하지도 않게 되고 진화 또한 완벽으로서의 진화가 될 수 없기 때문이다.

4. 또한 그들은 제2로고스의 모나드 생명(Monadic Essence)이 엘리멘탈로 작용하여 진화를 일으키는 것으로 우주 창조를 설명하고 나서 다시 주기론에 와서는 자신들의 이전 주장을 잊고서 딴소리를 한다.

尾316) 천부경

1. 천부경(天符經)은 우주의 탄생과 소멸, 우리 인간들의 정의, 올바른 삶, 윤회 등 대자연의 진리를 담고 있는 전체 81자로 구성된 짧은 경으로 대종교의 경전 중 하나이다. 그 내용이 어려워 해석이 다양하다. 원래 환국(桓國, 삼국유사와 僞書로 말이 많은 환단고기에 등장하는 9,000년 전의 고조선 이전 巨大국가)에서 입으로 전해 내려오던 經으로 고조선에 들어 가림토 글자(기원전 22세기에 고조선에서 만들어졌다는 글자로 한글의 모체라고도 함)로 단군전비(檀君篆碑)에 새겨졌는데 최치원(崔致遠) 선생이 이를 한문으로 번역하여 비전(祕傳)된 것으로 1917년에 묘향산에서 수도 중이던 스님 계연수(桂延壽)에 의해 세상에 알려졌다.

2. 천부경이 經인지는 알 수 없으나 어쨌든 그 내용에 대해 해석은 매우 다양하다. 그중 하나를 옮기면 다음과 같다.

    一始無始一 하나에서 시작하나 시작함이 없는 하나이다.(다석은 無始一이 하느님을 뜻한다고 한다.)
    析三極無盡本 삼극으로 나누어지나 다함이 없는 근본이다.
    天一一地一二人一三 하늘은 하나의 하나이고 땅은 하나의 둘이며 사람은 하나의 셋이다.
    一積十鉅無匱化三 하나가 쌓이고 쌓여 열로 커지면서 다함없이 셋으로 변화한다.
    天二三地二三人二三 하늘이 둘의 셋이고 땅이 둘의 셋이며 사람이 둘의 셋이라.
    大三合六生七八九運三四成環五七 큰 셋이 합하여 여섯이 되어 일곱·여덟·아홉을 내며 셋·넷을 운용하여 다섯·일곱을 순환으로 이룬다.
    一妙衍萬往萬來用變不動本 하나가 미묘하게 전개하여 만 번 가고 만 번 오면서 변화하나 근본엔 변동이 없다.
    本心本太陽昂明人中天地一 근본은 마음의 근본이니 태양보다 밝고 사람이 하늘과 땅의 중간에서 하나이다.
    一終無終一 하나에서 마치나 마침이 없는 하나이다.

尾317) 치매에 대하여

1. 치매란 기억력, 언어력, 시공간 지각력, 계산력, 집중력, 실행력 그리고 복합인지기능에 장애가 생겨 지적 능력이 감퇴하거나 감정, 성격 등에 변화가 오는 질병이다. 의학적으로는 치매를 그 원인에 따라 퇴행성 뇌질환, 뇌혈관질환, 그리고 뇌염, 뇌막염, 비타민결핍증, 호르몬장애 등에 의한 2차적 치매 등으로 나눌 수 있다 한다. 치매와 유사한 알츠하이머병은 주로 유전적 원인으로 '불용성 베타 아밀로이드'가 과다 생성되고 침착되어 뇌에 독성을 나타내어 발병한다. 한마디로 치매는 여러 가지 원인으로 뇌가 손상되어 그 기능이 저하되는 질병이다.

2. 사람들은 오랫동안 건망증이나 그 중증으로 보이는 치매를 보아오면서 나이들어 두뇌가 손상되면 사람의 정신이 저렇게 고장 나는구나 하는 것을 체험하였다. 따라서 옛날부터 치매는 사람들로 하여금 '사람의 의식은 두뇌의 기능에 불과한 것'이 아닌가 하는 의심을 하게 했으며 이 의심이 커져서 '기억이 의식이고 의식은 생각이며, 생각이 곧 정신이고 마음인데, 이 마음이 죽은 후에도 영존하여 영혼이 된다고 하지만 사실은 영혼도 마음도 정신도 생각도 모두 두뇌의 기억이거나 기억과 관련된 기능일 뿐(미주 299 '명상과 컴퓨터' 참조)이라는 믿음을 갖게 하는 데 큰 역할을 하여 왔다. 이는 달걀에서 닭이 태어나는 것만 보아온 어느 사람의 '달걀이 먼저'라는 믿음 같은 것이다. 이 믿음은 근대 이후 정신의학자들의 '의식은 컴퓨터처럼 기억에 기반한 두뇌의 전기적 처리작용일 뿐'이라는 주장에 힘입어 인류 정신사를 무신론 중에서도 가장 저열한 무신론으로 오염시켰다. 역사적으로 치매가 영성의 적이었던 셈이다.

3. 특히 치매는 기억력의 저하에서부터 시작되고 그것이 질병의 주요 증상이기 때문에 두뇌기억장치가 고장 나면 의식도 정신도 고장 난다고 생각했다. 그렇다면 먼저 기억이 의식인지 그리고 의식이 생각이며 정신인지에 대하여 살펴본다.
    1) 기억이란 불교식으로 말하면 식(識)이 육근(六根)을 이용하여 인식한 색(色)과 거기에서 추출한 데이터를 프로세싱하여 그 과정과 결과를 저장한 정보다.
    2) 이는 컴퓨터가 입력장치를 통해 인풋된 자료를 중앙처리장치로 처리하여 이를 기억장치에

저장하는 컴퓨터 프로세싱 과정과 비교된다. 컴퓨터에서 자료나 정보의 저장물 즉 기억(메모리)은 프로세싱의 산출물일 뿐이다. 따라서 프로세싱에도 못 미치는 기억이 의식일 수는 없다.

3) 기억은 의식이 아니니 기억이 영혼까지 가려면 거쳐야 할 가장 기초적인 검토에서 그 논리가 깨졌다. 따라서 더 이상의 논의는 필요가 없겠지만 그래도 워낙 중요한 주제이니 좀 더 살펴보자. 컴퓨터가 대단한 위력을 보이자 기억이 의식이라는 주장은 점차 수그러들고 이번에는 컴퓨터의 프로세싱이 의식이라는 주장이 나타났다. 의식이 각성과 인식의 합이라면 각성은 컴퓨터에 전기가 들어온 상태이고 인식은 데이터를 처리하는 일이니 의식은 컴퓨터가 전기의 힘으로 데이터를 처리하는 프로세싱과 유사하다는 주장이다(미주 164 '무의식'에 대하여 참조).

4) 그러나 컴퓨터의 프로세싱 역시 의식이 아니다.
   (1) 의식(意識)의 사전적 정의는 "각성상태에서 대상을 '인식'하고 '추리'하며 '추상'하는 기능"인데
      ① 우선 인식(認識)은 '자극을 받아들이고, 저장하고, 인출하는 일련의 정신 과정'이다. 그러나 인식에는 없는 새로운 것을 발견해내는 창의(創意)는 없다.
      ② 그런데 추리(推理)는 어떠한 판단을 근거로 삼아 알지 못하는 다른 판단을 이끌어 내는 것이고 더구나 추상(抽象)은 사물이나 개념에서 특성이나 속성 따위를 추출하여 파악하는 작용이니 추리와 추상에는 반드시 창의(創意)가 필요하다.
   (2) 컴퓨터의 프로세싱은 '외부로부터의 인풋 자료를 미리 주어진 메모리 정보와 사전에 정의된 함수(函數)를 사용하여 처리한 후 정해진 답을 재빨리 찾아내는 일'이다. 컴퓨터 프로세싱 역시 인식처럼 문자 그대로 컴퓨팅(computing)작용일 뿐 인풋, 조건, 함수 그 어디에도 창의는 없다.
   (3) 사람들은 바둑고수를 이겨내는 '바둑 인공지능 프로그램인 알파고'를 보고 바둑의 수(手)에 창의가 있다고 생각하지만 그것은 대규모 기억장치(Massive Memory)와 성능 좋은 연산장치의 재빠른 처리(Rapid Processing)의 아웃풋일 뿐이다. 이를 창의로 생각한다면 컴퓨터만도 못한 생각이다. 따라서 알파고의 프로세싱에도 의식이 되는 데 필요한 창의성은 부재한다.

5) 의식의 또 다른 요소인 각성(覺醒)은 정신을 차리고 주의 깊게 살피어 경계하는 태도다. '전기가 들어와서 컴퓨터에 불이 켜져 있으면 각성한 것'이라는 판단은 마치 강시(僵尸)나 몽유(夢遊)상태를 각성상태로 보는 것과 다를 것이 없다. 따라서 프로세싱 중 전기가 흐르는 것과 각성은 전혀 다른 개념이다.

6) 또한 사람의 의식은 의식 중에서도 자의식(自意識)이다. 의식은 식물의 혼인 생혼이 되면 갖게 된다. 그러나 자의식은 사람의 혼(지혼)이 되어야 발현하는 것인데 프로이트 이래 보통 에고라 하고 힌두철학에서는 아함카라(ahamkara)라고 하였으며 불교에서는 말나식(제7식)이라고 부르는 것으로 6식인 의식의 윗 단계이다. 컴퓨터 프로세싱이 의식이 되려면 프로세싱이 반드시 구비하여야 할 것이 바로 이 자의식이다. 과연 컴퓨터가 자의식을 가질까? 의론이 필요 없는 일이긴 하지만 하도 말이 많으니 더 생각해 보자.

자의식은 그 사전적 의미가 '외계나 타인과 구별되는 자아로서의 자기에 대한 의식'으로 표준이론의 정의로는 '정신체가 스스로를 인식하는 것'이다. 자의식의 속성은 군혼이었던 각 혼이 개별화되어 지혼이 되면서 그 개체성으로 인해 갖게 된 이기심과 자존심이 그 중요한 속성이다. 요즈음 각광받는 양자컴퓨터 정도가 되면 컴퓨터가 이기심과 자존심을 갖게 될까? 오늘날 그 답이 부(否)임은 모두 다 안다. 그러나 많은 정신의학자들은 양자컴퓨터는 고사하고 컴퓨터도 없던 시절부터 의식을 전기작용이라고 단정하여 왔다. 지금에 와 보니

그것은 자의식을 미비한 각혼 수준의 판단이 아닐 수 없다. 그러나 그들은 아직도 수퍼컴퓨터나 양자컴퓨터는 초고속 컴퓨팅과 대규모 기억용량으로 인간의 두뇌를 물리적으로 능가하니 그 프로세싱이 자의식은 아니더라도 지능(Intelligence) 정도는 된다하며 검색엔진에 불과한 Chat GPT에 열광하는 대중을 향해 '시간의 신'을 포교하고 있다.

7) Intelligence란 단어가 우리말의 지능(知能)으로만 해석되는 것이 아니고 지성, 이지(理智), 지혜(智慧), 총명의 뜻을 가지고 있다는 사실과 우리말의 지능 또한 지혜와 재능을 통틀어 이르는 말로 '새로운 대상이나 상황에 부딪혀 그 의미를 이해하고 합리적인 적응 방법을 알아내는 지적 활동의 능력'이라는 사전적 의미를 가지는 만큼 Intelligence나 지능이란 단어는 이미 생각이나 정신의 의미를 함축하고 있는 단어이다. 따라서 이는 오히려 출중한 정신수준을 암시하고 쓰는 단어라고 본다. 곰이 마늘을 아무리 많이 먹어도 사람이 되지 않는 것처럼 어려운 계산을 어마어마한 속도로 해냈다고 해서 계산기가 사람이 되는 것은 아니다. 그것은 양자컴퓨터가 계산기보다 우수한 정보처리 속도와 생산된 기억을 저장하는 능력을 가졌다는 사실을 말하는 것이지 양자컴퓨터가 생각을 가졌다는 의미는 아닌 것이다.

8) 결론적으로 빠른 속도의 프로세싱이 의식이나 나아가서 정신이나 생각이 될 수 있는 것이 아니다. AI(Artificial Intelligence)는 방대한 기억량(MM, Massive Memory)과 RP(Rapid Processor)를 갖춘 AI(Artificial Instrument)일 뿐이다.

9) 그런데 모든 프로세싱에는 이를 주도하는 주체가 있는 법인데 컴퓨터의 경우 그 주체는 어디 있는가. 그 주체는 초월모(Transcendental Ware, T/W)로서 컴퓨터를 운용하는 사람이다.

10) 종합하면 기억과 의식은 서로 다른 것이고 또한 컴퓨터의 프로세싱도 의식이 아니다. 따라서 대부분의 치매는 사람의 두뇌의 기억기능의 저하로 나타난 질병일 뿐 이로써 외부 운영자의 존재를 부인하거나 그의 죽음을 주장할 수는 없다. 외부운영자는 컴퓨터가 고장 나서 쉬고 있는 것이다. 어제까지 어마어마한 능력을 보이던 양자컴퓨터가 오늘 갑자기 메모리장치가 고장 나서 입출력되는 데이터가 엄청나게 느려지거나 중단된다고 하여 사람들은 그 양자컴퓨터의 운영자가 치매에 걸렸다고 말하지는 않는다. AI니 클론이니 하며 그 양자컴퓨터를 숭배하던 자들도 마찬가지다.

4. 그러면 기억력 등 두뇌의 기능저하에서 오는 지적 능력의 감퇴는 컴퓨터의 외부운영자 즉 영혼과 아무 관계없음을 알겠는데 감정, 성격 등 분명히 혼의 기능으로 보이는 부분의 변화가 오는 치매는 무슨 이유로 나타나는가? 전술한 대로(6.12.2. '표준이론의 의식구분' 참조) 혼의 성격 정보는 혼뇌에 전사(傳寫)되고 다시 몸뇌의 현재기억애 반영(反影)된다. 따라서 두뇌의 손상이 성격정보의 손상일 경우 각성 중에는 몸뇌에 구속되는 혼에게 영향을 미치게 된다. 심지어 해리성 장애의 경우처럼 이중인격증세가 나타나 주혼을 몰아내고 종혼의 성격이 외부에 드러나는 현상까지 발생시킬 수 있다.

5. 한편 의학은 인정하기 힘들겠지만 치매 역시 생기체의 손상에서 기인할 수도 있다. 혈액순환의 문제로 인하여 뇌경색이나 뇌출혈이 발생하여 두뇌가 손상되듯 생기(프라나)의 순환이 원활하지 못하여 생기체 혼뇌의 경맥(經脈)과 낙맥(絡脈)이 막혀 '기 대사시스템'의 기능이 원활하지 못하면 몸뇌의 같은 부위 손상을 불러온다. 달걀이 닭이 되는 것만 보아온 사람은 달걀이 먼저라고 생각하지만 사실은 닭이 먼저이니 치매의 경우에도 혼뇌의 손상이 먼저인 경우가 더 많을 것이다. 참선을 통하여 기의 순환을 원활히 하여온 고승들이 치매 없이 장수하는 이유다. 연대가 확실한 나말여초 시기 22명의 고승 기록을 분석한 결과 그들의 평균 수명은 73.5세였다(이현숙 '나말여초 고승들의 질병과 죽음 - 금석문 자료를 중심으로' 참조). 그러나

경주문화재연구소에 따르면 삼국시대 지배층 고분에서 출토된 인골들의 사망 당시 수명은 30~40대에 그쳤다. 고려 시대 귀족 평균 수명도 39.7세(김용선, '고려시대 묘지 금석문 320여 개 분석 결과' 참조)였다. 일반적으로 혼이 수승한 경우에는 치매가 예방되거나 극복될 수 있다. 따라서 고승이나 현인과 성인 같은 고급혼과 중급영 이상을 가진 사람들은 치매가 없고 정신이상도 없다. 그 이유는

1) 그들은 어느 정도 생기체를 장악하여 생기체의 병소를 치료하거나 그 발병을 예방한다. 또 생기체를 통하여 몸뇌의 치매 병소를 스스로 치료할 수 있다. 보통 사람의 경우에도 드물기는 하지만 임종명석현상으로 순간적으로 치매가 극복될 수 있다.
2) 그들은 치매라는 수준 낮은 업 또는 과제를 타고 나지 않는다.
3) 치열하고 수준 높은 思考는 뇌에 물질적인 영향을 주어 치매를 예방한다.
4) 그들이 환생처를 고를 때 유전적으로 치매에 약한 몸은 거부한다.

6. 다만 이 경우에도 분할환생의 논리를 치매의 원인으로 거론할 수 있다. 혼의 고급기능인 양심체(신지학의 코잘체)나 정신체의 상위기능을 수행하던 혼의 부분이 後入先出로 먼저 저승으로 귀환하는 통에 혼의 기능이 低化되고 그것이 생기체에 영향을 미치며 이는 다시 육체의 몸뇌로 연결되어 나타나는 증상이 치매라는 것이다. 이때 치매 발병의 기작은 다음과 같다(미주 43 '몸과 혼의 성장 속도와 분할환생' 참조).
   1) 신지학적 의견 : 양심체(코잘체)의 이탈 → 상위정신체(멘탈체)의 이탈 → 氣의 쇠퇴 → 생기체의 약화 → 혼뇌의 쇠퇴 → 몸뇌의 쇠퇴 → 치매 발병
   2) 분할환생론적 의견 : 혼의 부분적(분할) 이탈 → 氣의 쇠퇴 → 생기체의 약화 → 혼뇌의 쇠퇴 → 몸뇌의 쇠퇴 → 치매 발병

7. 길게 살펴본 바와 같이 자아(自我)가 사후에도 영혼으로 존속한다는 것을 부인하는 데에 치매를 들먹이는 주장은 이유 없다. 그 주장은 알고 보면 무신론자들이 '무신의 피와 회의의 눈'에 휩쓸려 만들어 낸 '몸이 죽으면 자아도 소멸한다는 막연한 주장'이 그 실체일 뿐이다.

尾318) 칼 융의 공시성(共時性, 同時性, synchronicity)현상

칼 융은 자신이 돌보았던 환자들의 기이한 경험들을 기반으로 1952년 '비인과적인 연결원리로서 공시성(Synchronizitat als ein Prinzip akausaler Zusammenhange)'이라는 논문을 발표했다. 공시성현상이란 인과성이 전혀 없는 의식사건과 외부사건이 이해할 수 없는 관련성을 보이는 '우연의 일치'현상이다. 그가 연구한 '하나로 묶이는 사건'들은 원래 서로 아무런 관계가 없는 것이지만 마치 처음부터 밀접한 관계가 설정되어 있어 어떤 특별한 방식으로 연결된 것처럼 보이는 것들이었다. 이 논문에는 노벨 물리학상을 수상한 볼프강 파울리(Wolfgang Ernst Pauli 1900~1958)에 대한 사례도 담겨 있다. 융은 여기에서 '재수에 옴 붙은 남자' 파울리의 비운(悲運)을 설명한다. 소위 '파울리효과(Pauli effect)'다. '파울리효과'는 동일한 시점에 벌어지는 연관이 없는 사건들이 마치 관련이 있는 것처럼 지각되는 현상을 말한다. 파울리만 나타나면 실험실이 엉망이 되고 일을 그르친다고 하여 동료 과학자들은 그가 자기 실험실에 들어오는 일을 기피하였다. 과학자들이 '옴'의 존재를 믿은 것이다. 융은 우리가 우연이라 생각하는 서로 무관한 일들 간의 연속현상이 우연의 산물이 아니라 정신간의 연결로 인한 현상인 경우가 많다고 하였으며 따라서 이는 정신이 시공간 안에 존재하면서도 동시에 시공간을 초월하는 존재(存在)임을 시사한다고 주장하였다. 우연은 없다. 있다면 우연한 필연이 있을 뿐이다. 우연은 영적 존재를 상정

하지 않음에서 비롯한다. 나비효과, 재수나 운, 나쁜 일은 꼭 떼로 몰려오는 이유, 엎친 데 덮치는 머피의 법칙, 이날까지 다칠 듯 다칠 듯 다치지 않고 살아온 이유가 다 그런 것들이다.

尾319) 시간의 창조 시점

空劫은 不成이다

한 처음에 하느님께서 하늘과 땅을 창조하셨다
땅은 아직 꼴을 갖추지 못하고 비어 있었는데
어둠이 심연을 덮고 하느님의 영이 그 물 위를 감돌고 있었다
하느님께서 말씀하시기를 "빛이 생겨라" 하시자 빛이 생겼다
하느님께서 보시니 그 빛이 좋았다
하느님께서는 빛과 어둠을 가르시어
빛을 낮이라 부르시고 어둠을 밤이라 부르셨다
저녁이 되고 아침이 되니 첫날이 지났다

그러니 첫날에 시간이 생겼다
아우구스티누스 말마따나
하느님은 첫날 어중간쯤에 시간을 만드셨다. 결국
시간이 없는 때가 있었으니 시간도 창조된 것이다. 그러니
첫째 날을 벗어나면 시간도 분명 없으렸다

창조된 모든 것은 成住壞空의 壞劫 때 壞한다
시간도 壞한다
그렇다면 空의 시간이 겁이라는 空劫은 語不成說이다

尾320) 저승의 시간

살아있는 자의 하느님

어느 신부님 왈
이승은 천국을 둘러싸고 흐르는 강물을 따라 여행하는 것이라더라
그렇다면
속도가 다르면 시간의 흐름도 다르다 하니
누구는 떠내려가고 누구는 강을 거슬러 젓는다면
거슬러 젓는 이의 시간은 덧없이 가고 몸은 빨리 늙을 테니
그는 분명
고생스러운 삶을 사는 사람이렸다
하여간 이때
강 어디쯤에서 배를 내려 천국마을로 들어가면 그것이
죽음이란다
마을에는 아브라함도 살고 야곱도 살고 하느님도 사신다
강물을 따라 흘러가는 이승의 여정에는 시간이 있으나

마을에는 강 어디쯤에서 내렸는지 상관없이
아브라함도 살아있고 야곱도 살아있고
나도 살아있다
그래서 하느님은 살아있는 자의 하느님이란다

그런데
아브라함도 야곱도 나도 때가 되면
나루터에 나와 다시 강물여행을 한다
신부님은 그것을
윤회라고 하실까?

죽음과 시간

사람이 죽는 순간 자기 인생을 파노라마로 본다는데
시간의 흐름이 달라지는 세상에 입문하면
인생역정이 단숨에 보이나 보다
그렇다면 지금 이 순간을 눈여겨보아 두자
언젠가 죽어서 피안의 둔덕을 걸으며
지금을 살펴보는 때가 분명 있을 것이니

영원한 지금(Eternal Now)이란 말이 있더라
로고스 의식이 바로 그렇다는 것이다
로고스 의식만 그럴까?
모든 사람의 지금은 다 영원하다
그렇다고
지금은 과거에도 영원하였다거나
미래도 지금 영원하다고 말 섞지 말라
지금은 지금으로서 영원하다

지금 그때를 떠올리며 추억하듯
언젠가는 지금을 떠올리리라
언젠가가 살아서이면 지금이 추억이겠지만
죽어서도 추억일까?

어쨌든
시간 속에 갇혀 사는 이승의 삶
죽으면 시간도 죽을까? 그렇다면
지금의 나를 나는 다시 겪을 수 있을까? 그렇다면
그는 혹시 지금의 나를 보고 있지 않을까? 그렇다면
그는 혹시 다음의 나도 보고 있지 않을까? 그렇다면
혹시 나는 지금 이미 다 산 것이 아닐까?

어쨌든
지금을 잘 보아 두자
죽어서 잘 보아 둔 지금을 보며
누군가처럼
내 그럴 줄 알았다 할 테니

尾321) 특수상대성원리와 시간여행

1. 아인슈타인의 특수상대성이론은 광속이 모든 관성계의 관찰자에 대해 동일하다는 원칙에 근거해서 시간과 공간 사이의 관계를 기술하는 이론이다. 1887년 마이컬슨·몰리 실험에 의해 검증된 광속불변의 법칙(*)이 성립하려면 시간(時間)의 절대성이 부인되어야 한다. 예를 들어 초속 100km로 달리는 기차의 마지막 칸에서 맨 앞칸을 향해 초속 200km로 달리는 빛을 비췄을 때 기차 밖에서 이를 보는 사람은 빛의 속도가 초속 300km로 보여야 했음에도 관찰결과는 200km라는 것이다. 그렇다면 기차를 타고 있는 사람은 100km는 기차로 인해 이동하였고 광속은 나머지 100km에 불과하니 광속은 절대 달라지지는 않는다면 [거리/속도=시간]의 공식에 따라 기차 위에서는 시간이 0.5초만 흘러야 된다.

2. 이해하기 쉽게 기차를 '무빙워크'로 바꾸고 빛을 '무빙워크 위를 빛의 속도(초속 20m로 가정하자)로 걷는 사람'으로 바꿔 보자. 어느 공항에 길이 1,200m의 원형 무빙워크가 있는데 항상 빛의 속도인 초속 20m로 걷는 사람이 초속 10m의 무빙워크 위를 걷는다면 무빙워크 밖에 서 있는 관찰자가 보기에 무빙워크 위의 사람의 이동속도는 뉴턴역학의 '속도합산 정리'에 의하면 초속 30m로 보이는 것이 당연하다. 그러나 특수상대성원리를 무빙워크를 적용하면 '무빙워크를 탄 사람이 걷는 속도가 관찰자가 보기에는 초속 10m로 줄어드는 것으로 보인다. 그런데 무빙워크 위의 사람 입장에서 자신은 변함없이 빛의 속도인 초속 20m로 걷고 있었다. 그렇다면 속도는 이동거리 나누기 시간인 만큼 어쩔 수 없이 시간을 손볼 수밖에 없고 따라서 무빙워크 위에 탄 사람의 손목시계는 그사이 0.5초만 흘러야 한다'가 된다.

3. 무빙워크가 한 바퀴 돌아 다시 출발 지점에 도착하였을 때 무빙워크 바깥에 있는 사람의 시계는 1분이 흘렀을 것이나 무빙워크를 탄 사람의 시계는 40초밖에 흐르지 않는다. 바깥 사람이 보기에 무빙워크 사람은 초속 10m로 천천히 걷고 무빙워크는 변함없이 초속 10m로 운행하였으니 무빙워크를 탄 사람의 이동속도는 초속 20m였고 따라서 60초간 1,200m를 이동한 것으로 보인다.

4. 반면 무빙워크를 탄 사람 입장에서는 무빙워크가 40초간 초속 10m로 400m를 갔고 자신은 그 위를 초속 20m로 걸어 800m를 갔으니 이동속도는 초속 30m가 되어 1,200m를 40초만에 완주하게 되는 것이다. 그렇다면 그가 관찰자를 다시 만나는 순간 그의 시계는 관찰자에 비해 20초가 덜 갔다. 만일 그가 1분을 맞추어 무빙워크에서 내린다면 그는 20초간 600m를 더 가서 관찰자의 반대편에서 내릴 것이다. 그때 관찰자의 시계는 1분 30초가 경과하게 된다. 이런 현상이 이해가 되지 않자 사람들은 그가 30초 후의 미래로 갔다고 말한다. 과연 그럴까?

5. 사람들은 무빙워크를 탄 사람에게 그가 축지법을 썼다고 찬사를 보내지 않는다. 아인슈타인이 그 이유를 가르쳐 주었기 때문이다. 그러나 아인슈타인이 발견한 특수상대성의 원리는 그때도

지금도 상식적이 아니다. 관찰자가 보기에 무빙워크를 이용하든 비행기를 타든 빛을 타든 그 것이 빛의 속도보다 더 빨리 움직일 수 있는 것이 없는 이 우주에서 이동속도는 빛의 속도로 제한되어 있기 때문에 [거리=속도/시간]이므로 거리가 늘어나면 분모인 시간이 줄어들 수밖에 없다는 논리가 어찌 쉽게 이해되겠는가. 이는 결국 '세상에서 빛의 속도보다 더 빨리 갈 수 있는 것은 없다'는 것을 현실에 적용하기 어려운 사실에서 기인한다. 만일 무빙워크 속도가 19.9m라면 관찰자가 보기에 무빙워크 위를 걷는 사람은 눈도 깜빡거리지 않고 거의 초슬로우모션으로 걷는 것이다. 그 결과 이후 100여 년간 이런 논리에 적응하지 못한 세상 사람들 사이에는 갖은 억측과 상상이 만발하였고 마침내 순환무빙워크를 타임머신이라고 불렀다. 그렇지만 이건 미래로 간다기보다는 자신의 시간이 관찰자보다 상대적으로 느리게 간 것뿐이다. 진정 미래로 간다면 무빙워크 위의 사람은 시간이 흐를수록 관찰자의 시야에서 희미하게 사라져가야 했을 것이다. 그러니 무빙워크는 타임머신이 아니라 디스턴스머신이나 스페이스머신이라고 불러야 맞다.

6. 게다가 타임머신이란 말은 과거로의 여행이 가능하다는 상상도 불러왔다. 그러나 그건 SF소설일 뿐 과거로 가는 여행은 이론적으로도 기술적으로 불가능하다. 현재 그렇다는 것이지 미래에는 가능할 것이라는 의견은 미래에 과학이 눈부시게 발전하면 사람이 광속으로 '걷게' 되리라는 주장과 다를 바 없다.

(*) 초속 30km인 지구 위에서 변함없이 성립하는 뉴턴역학의 여러 물리법칙, 맥스웰 방정식에서의 광속의 상수성, 흐르는 액체 속을 지나는 빛의 속도는 일정하다는 루이스 피조의 실험, 빛의 매질에 대한 마이컬슨-몰리 실험 등에 이미 입증된 사실이다. 그런데 광속은 왜 불변일까? 절대영도(絕對零度)와 마찬가지로 넘을 수 없는 '최대 속력'이 존재하며 이를 질량 0인 광자(photon)가 가지는 것뿐인가? 그렇다면 이 역시 知的설계다.

尾322) 과거로의 시간여행(詩)

시간단상

과거는 없다
강가의 바위에게 과거는
흘러간 물이 할퀸 자국으로 남아
현재를 생생하게 살고 있듯이
과거는 현재의 얼굴을 하고
미래를 바라본다

시간이란 없다
움직임만 있을 뿐이다
손을 들어 저으면 휘리리릭 공간이 만들어지고
재깍재깍 시간이 생긴다
움직임이 공간을 만들고 그 시작과 끝 사이에서 시간이 태어났다가
움직임이 사라지면 공간도 시간도 사라진다

시간은 무한하다

사람은 거기 언제쯤 죽기 때문이다
시간은 무한하다
사람은 영원히 죽지 않기 때문이다
시간은 무한하다
계속 창조되기 때문이다

尾323) 과거로의 시간여행

특수상대성이론은 시공간 좌표계에서 빛원뿔을 통하여 시간 순서가 달라질 수 있는 영역과 달라질 수 없는 영역의 경계를 구분한다고 한다. 그러나 두 사건의 시간 순서가 관찰자에 따라 달라지기는 하지만, 인과관계에 있는 두 사건의 순서는 바뀔 수 없다고 한다. 그런데 부자(父子)가 자부(子父)가 될 수 없음을 꼭 수학으로 증명하여야 아는가? 자기방문 패러독스나 할아버지 패러독스(grandfather paradox) 같은 '타임 패러독스'는 그 자체로 과거로의 시간 여행이 상상일 뿐이라는 것을 직각(直覺)하게 한다.
그러나 공상과학자들은 투철한 직업정신으로 과거여행이 가능하다고 계속 주장하며 여러 아이디어를 제시한다. 그중 몇 가지를 살펴보자.

1. 우선 미국 캘리포니아공대 이론물리학과 교수인 킵 손(Kip Thorne 1940~)에 의하면 '웜홀'이라는 특별한 시공간 구조를 이용하여 과거로 돌아갈 수 있다. 웜홀은 시공간이 떨어져 있는 두 지점을 연결하는 '조금 복잡'한 지름길인데 이는 우주 시공간의 구조를 결정하는 중력방정식을 통해 블랙홀과 비슷한 성질을 갖는 웜홀의 수학적 解인 '아인슈타인-로젠 다리'를 '자연스럽게' 얻음으로써 그 구현의 가능성을 증명할 수 있다고 주장한다. 그러나 웜홀은 '조금 복잡'하지도 '자연스럽지'도 않다. 수학은 4차원도 그 구현이 난망한 과학적 현실에 대고 몇십, 몇백 차원의 세계도 금방 계산한 후 여봐란 듯이 그 존재의 가능성을 떠들어댄다. 초등학생의 算數로도 1/무량대수(10의 68승)mm의 크기의 존재를 쉽게 말할 수 있다. 그러나 현실의 우주는 양자의 세계다. 그처럼 작고 연속하는 숫자는 현실세계에 존재하지 않는다는 것이 입자물리학에서 증명된 지가 오래다.(현대 양자역학에서 플랑크 상수보다 작은 값으로 곱하거나 나누어서 만들어지는 물리량은 의미가 없는 것으로 정의되었다. '의미가 없다'는 것은 '측정할 수도 없고, 알 수도 없고, 상상조차 허용하지 않는다'는 단호한 뜻을 내포하고 있다. 플랑크 상수(Planck constant)의 값은 $6.6207017 \times 1/10^{34}$ J·s이다.) 게다가 웜홀의 수학적 解인 '아인슈타인-로젠 다리는 열린 상태를 유지하여야 하는데 이를 위해서는 질량이 0보다 작은 음의 에너지밀도와 음의 중력을 가지는 특수한 물질이 필요하다. 또 웜홀 입구는 시간지연이 일어날 만큼 빠르게 움직여야 하고 반대쪽은 시간이 느리게 흘러야 한다. 킵의 웜홀은 이러한 있을 수 없는 수많은 가정하에 계산된 解다. 이런 웜홀이 과거로의 시간여행을 가능케 할 것이라고 식자층에 각인되어 있다. 마치 종교의 도그마처럼.

2. 1949년 수학자 쿠르트 괴델(Kurt Gödel 1906~1978)은 우주에는 아주 큰 우주상수가 있고 우주 전체가 회전하고 있다는 가정하에 '회전하는 우주' 모형을 고안했는데 그는 일반상대성이론을 통해 계산해 낸 우주인만큼 인과율을 제외하면 이론적인 모순이 없다고 주장했다. 심지어 괴델은 시간여행에 필요한 정확한 우주선의 속도와 연료, 거리와 시간까지 계산했다. 그러나 아쉽게도 괴델의 회전하는 우주는 현실에 없다. 관측에 따르면 은하는 서로 멀어지고 있으니 우주는 팽창하고 있음이 확실하고, 우주 마이크로파의 배경복사의 온도가 계속 변하지도

않아서 우주가 괴델의 우주처럼 빠르게 회전하고 있지도 않다. 이 역시 초등학생이 1/무량대수의 크기 입자의 존재 가능성을 주장하는 것과 같다. 괴델도 지금은 이 사실을 알 것이다.

3. 과거로의 시간여행에 대한 아이디어로는 우주끈 히치하이킹, 반입자 도플갱어 등이 더 있으나 가장 유력한 두 가지 아이디어가 이 지경이라 더 이상 소개할 의미가 없다. 시간여행을 믿고 싶은 사람은 직접 알아보거나 주변에 있을 수많은 미래로부터의 여행객을 찾아보기 바란다.

尾324) 개체혼과 군혼의 시간

게들의 시간

얼마 전에 테레비에서 봤는데
어떤 게들 수백 마리가 갯벌에 모여
일사분란하게 군무를 추더라
그런데 그 군무는 연습을 통해서 습득한 것이 아니었따
그거슨 그들의 세계가 우리와는 다르다는 것을 보여주는 것이었따
즉, 그들은
수백 마리가 사실은 한 몸이라거나
사람의 1초가 게^(*)들에게는 최소한 1분 정도는 된다는 것을
학실히 보여주었따
운동신경문제가 아니었따

(*) 게들의 동작이 빠른 것이 아니다. 그들의 생체시간이 늦게 가는 것이다. 그 게들의 수명이 1년이라면 사람보다 60배 정도 늦게 가는 것이리라. 행동이 몹시 민첩한 강아지의 시간은 우리보다 다섯 배 정도 늦게 갈까? 중음계의 시간이 이승보다 500배 늦게 가는 것도 마찬가지다. AASB니까. 성마른 사람이 괜히 일찍 죽는 게 아니다. 그러나 그들도 내용으로는 살 만큼 살았다.

尾325) 시간낭비공포증

시간낭비공포증

서두름. 조급함. 그것은
내 혼의 最.大.악덕
크나큰 病
폭류에 떠내려가는 인생에 쓸데없는 몸부림
영원의 시간을 살면서 몇 초를 못 기다리는
怪.狀.한 몸짓

마치
앞발을 딛기도 전에 뒷발을 떼듯
앞숨을 내쉬기도 전에 뒷숨을 들이쉬듯
이러다 필경
죽기도 전에 혼부터 튀쳐나가겠다

後生列車를 놓칠까 봐

一寸의 광음을 아꼈댔더니 一秒의 광기를 보이는가
전생에 도대체 뭐 했나
頓悟하였으나 漸修 못하고 卒했는가?
아니면
얼른 벌고 얼른 깨달아 이번 생에 열반하고 終치려는가?

아서라 그대 서두르는 자여
다만 서둘러 죽게 될 뿐이다
죽기 전에 급하게 한 수 더 쓰려다
모월모시 모분모초
서둘러 숨넘어갈 것이다

강박증

시간에 쫓기며 산 삶
時를 分으로 쪼개고 秒치기로 꾸려온 삶
습관이 되고 업이 되어
시간 강박증에 걸려 산 수십 년
차라리 三年 군대가 속 편했다

그 증세는 이렇다

모든 시간은 무언가 성취하는 시간이어야 한다는 강박증
지난 세월이 헛되고 지금도 하릴없이 지나가고 있다는 무력감
흘려버린 시간을 만회해야 한다는 부담감
인생의 의미를 제대로 찾기나 하였는지 상실감
뭘 이루었는지 알 수 없는 패배감
이러다 실패한 생이 될 것 같은 좌절감
애초부터 자격이 없었는지 하는 장탄식
하느님으로부터 버림받지는 않았는지 하는 두려움
인생이란 게 다 이런 거지라는 허무함

업의 病

一來果의 聲聞도 不還의 경지도 그림의 떡일 뿐
時空을 벗어나려면 당당 먼 듯한데
남고 넘치는 시간을 그리 아끼면
윤회의 긴 시간을 어찌 때우려 하는가

병이다 이건
죽어도 못 고치는 병이다

尾326) 사상의 기원과 사상 간의 불일치

1. 사람들은 이상하게도 하나의 세상을 이해하는 데 서로 너무 다른 사상과 관(觀)을 갖고 있다. 진리를 말하는 사상이라면 최소한 주요 프레임은 서로 일치하여야 하는 것이 아닐까? 그러나 그들이 주장하는 사상 사이에는 큰 차이가 존재한다. 그 이유는 무엇일까.
   1) 진리에 대한 인간의 思想은 모두 '장님 코끼리 만지기'다.
   2) 우주는 그만큼 唯心의 세계다. 그것은 명종 후 혼을 마중 나오는 성인(聖人)들이 서로 다른 이유와 같다.
   3) 직관과 그 도구인 영감(靈感)은 靈과 그 스승령의 수준에 달렸다. 채널러를 통한다 하여도 스피커 영의 수준이 다르면 각자 자기 수준의 이야기를 한다.
   4) 일치하지 않는 것도 섭리다. 인간 문명의 수준에 따라 적절한 지혜가 전해진다. 전해져도 알려지지 않는다. 알려져도 받아들여지지 않는다.
   5) 애초에 불일치는 없었다. 다 진실이었다. 다만 始祖들의 표현기법만 달랐을 뿐이다. 차이는 후배들의 정치적, 권력적, 조직적, 금전적 필요에 의하여 생긴 것이다.
   6) 존재는 신의 단편과 진화의 경험이 합쳐진 소산이다. 신의 전능이 경험으로 새로워진 결과물이다. 경험이 어찌 같을 수 있는가. 경험으로 얻은 새로움이 같다면 그것은 더 이상 새로움일 수 없다. 따라서 존재는 서로 다를 수밖에 없고 서로 다른 존재는 다른 관을 갖는다.
   7) 위에서 말하는 신의 단편부터 서로 다를 수 있다. 원형인간론이라면 단편이 발출한 신체 부위가 다른 것이다.
   8) 만사(萬事)는 애초부터 그 드러내 보이는 현상들이 서로 다르고 현상 간에 모순마저 보인다. 그러자 사람들은 그 다름과 모순을 이해하려는 각자의 관(觀)을 개발하였다. 그것이 사상이다.

2. 브라질의 해방신학자이며 리우데자네이루 주립대학교의 교수인 Leonardo Boff(1938~)는 종교에는 자기만의 양식이 존재하지만 궁극적으로 이는 부정적인 존재형식이므로 언젠가는 반드시 극복되어야 하는데 그 방법은 다른 종교의 양식을 자신의 정체성은 유지하면서 서로 번역(ubersetzng)하고 용해(einschmelzung)함으로써 이루어진다고 한다. 이러한 그의 말은 같은 진리를 두고 서로 다른 접근방법을 취하는 제 사상의 양태는 반드시 극복되어 서로 융화하여야 한다는 주장으로 종교혼합주의를 긍정하는 견해다. 그에 따르면 종교혼합주의는 지극히 정상적인 종교역사적 현상이며 종교적 경험을 풍부하게 해준다고 한다(김은수, 「비교종교학개론」, 95쪽 참조). 종교혼합주의를 초긍정하는 이러한 보프의 주장은 표준이론 類의 통합이론이 바람직한 것임을 역설하는 주장으로, 우리는 진리를 말하는 모든 사상이 처음부터 일치하는 것은 아님을 직시하되 그 원인을 따지는 것보다 그 차이를 해소하는 것에 역점을 두어야 한다는 말이다.

3. 어떤 사람들은 사상 간의 차이를 이유로 사상의 가치 자체를 부인한다. 그러나 반대로 어떤 사람들은 차이를 부인하고 그 차이의 원천인 상대방을 제거함으로써 자신의 사상을 관철하려 한다. 전자의 사람들은 별문제 없다. 자기 문제이기 때문이다. 후자의 사람들이 문제다. 그들은 비슷한 관을 가진 사람들끼리 모여 패를 짓고 무리를 이루어 다른 관을 가진 사람들과 대립하고 불화하고 전쟁한다. 모든 현상을 꿰뚫어 일이관지하는 세계관의 이론이 있다면 어떨까. 대립과 불화가 좀 사그라들까? 통합이론이 필요한 이유다.

附錄
부록

[부록1]　자아의 수준에 따른 영과 혼(1), (2)　　　1084
[부록2]　단계별 혼의 소멸과 분열비율　　　1088
[부록3]　저승의 구조　　　1089
[부록4]　영혼육의 구조　　　1090
[부록5]　주요 종교와 사상의 영혼관 개요　　　1092
[부록6]　외계혼의 유입수　　　1094
[부록6-1]　시대별 영의 탄생수(1), (2)　　　1095
[부록7]　주요 종교와 사상별 영과 혼의 정체　　　1096

[부록1] 자아의 수준에 따른 영과 혼(1)

자아의 단계 (殊勝度)	자아 이름	별칭	수행계위/ 성문사과/3계6도/ 십우도	의식의 주체 (자아의 방주인)	자아 내부의 주요 주체	자아 외부	수준	특징	혼의 환생 확률 (*3)
1 단계	생기체 자아	초생인	//축생도/未牧	肉70%/ 혼30%	육&혼의 생기체& 이드	自然	자아가 육의 수준	동물적이고 감정적인 데다가 주체성과 자의식이 부족	50%
1.5 단계	원초자아 (이드자아)	이드인		肉50%/ 혼50%		自然	자아가 육과 정신사이에 사는 수준		62%
1.6 단계			//아수라도/初調	肉30%/ 魂70%(정신10)					65%
1.8 단계	자의식의 자아 (에고자아)	이드 에고인 (필부)		魂100% (정신9 양심1)	魂	肉, 自然	자아가 정신에 사는 수준	이성적이고 합리적이나 아직 이기적이고 계산적	80%
2 단계		에고인, 凡夫	십신//인간도/受制	魂(90%) (정신8 양심2)/ 영(10%)					91%
2.5 단계	인격자 자아	人格者, 신사	십주의 전오주// 인간도/廻首	魂(80%) (정신7양심3) 영(20%)	魂, 靈	肉, 自然	영의 존재를 아는 상태	도덕적, 자기통제적, 양심적, 초기영성적	98%
2.75 단계	양심가 자아	군자, 양심가	십주의 후오주// 인간도	魂(70%) (정신6 양심4)/ 영(30%)		肉, 自然	주로 양심적인 수준	주체적, 원칙적,강한 자기통제력, 영성적	100%
3 단계	초자아	현인	십행/수다원/ 욕계6천/馴伏	魂(50%) (정신5 양심5)/ 영(50%)	魂(양심), 靈	魂(정신), 肉, 自然	양심에 사는 수준	혼 장악력이 크고 지혜로우며 섭리 순응적인 영적 삶	100%
3.5 단계	영적자아	위인	십회향,십지/ 사다함 아나함/ 색계,무색계/無碍	魂(40%) (정신4,양심6)/ 영(60%)			자아가 혼을 거의 극복한 수준		100%
4 단계	참자아 (참나)	성인, 아라한, 영인	등각/아라한/ 출세간/任運	魂(20%) (정신3양심7)/ 영80%	靈	魂, 肉, 自然	열반하여 영에 사는 수준	참자아,진아, 참나,진여,무심, 참마음,본심, 여래장,불성, 아트마	100%
4.5 단계	무아의 자아	신인	묘각/보살//相忘	영100%			해탈한 수준		100%
5 단계			/부처님, 예수님// 獨照				합일한 수준		

*1 4단계 미만까지는 이번 생에 혼이 상위자아로 진급할 확률. 4단계 이상에서는 영이 진급할 확률이며 4단계 이상의 모든 혼은 명종 후 영이 됨(확률은 부록6-1 시대별 영의 탄생수 참조)
*2 깨어있는 시간비율 – 섭리를 실천하며 영답게 행동하는 시간의 비율, 영의 몸에 대한 자유도(자아실현의 정도), 영이 사랑방의 주인인 시간과 같다.
*3 혼의 환생확률은 복합혼 50% 단일혼 80%를 기준으로 함.

결론 77억 지구인구 중 90%인 69.16억 명에게 영이 없다.
   이 무영인 중 영속혼이 14.58억이며 단일혼과 복합혼에게는 아직 영이 없다.
   총 인구 중 5.56%가 소멸한다. – 부처님과 보살들이 가장 가슴 아파하는 사람들이다.
   100명에 18.1명의 혼은 분열한다.
   총인구 77억 중 영속혼은 22.5억 명, 단일혼이 29.98억, 복합혼이 26.4억 명이다.
   무영인 69억 중 26.45%의 혼이 분열하거나 소멸한다. 총인구중에서는 23.73%다.

혼의 종류	진급 확률 (완행코스) (*1)	혼→영 확률 (직코스)	깨어있는 시간비율 (*2)	영이 있을 확률	혼영일 확률	신영일 확률	영의 수준	지구 인구중 비율	누적 비율	자아단계별 인구수	명종후 혼이 주로 가는 곳
복합혼	50.00%	0.0%	없음	0%	0%	0%		2.08%	2.08%	160,000,000	중음계 (아스트랄계)
복합혼: 단일혼 = 6:4	40.00%	0.0%	1% 미만	0%	0%	0%		17.51%	19.58%	1,350,000,000	
복합혼: 단일혼 = 5:5	25.00%	0.0%	1~2%	0%	0%	0%		22.05%	41.63%	1,700,000,000	
복합혼: 단일혼: 중급혼 = 2:5:3	20.00%	0.0%	2~5%	0%	0%	0%		35.02%	76.65%	2,700,000,000	
복합혼: 단일혼: 중급혼 = 1:2:7	13.33%	0.5%	5%~10%	30%	100%	0%	주로 하급영	12.97%	89.62%	1,000,000,000	심령계 (멘탈계)
단일혼: 중급혼 = 1:9	10.00%	1.0%	11%~20%	50%	90%	10%		7.52%	97.15%	580,000,000	
중급혼	5.00%	2.0%	21%~30%	90%	80%	20%		2.14%	99.29%	165,000,000	
고급혼	2.00%	5.0%	31%~40%	100%	50%	50%	주로 중급영	0.65%	99.93%	50,000,000	준영계 (코잘계)
고급혼	2.00%	10.0%	41%~50%	100%	40%	60%		0.065%	100.00%	5,000,000	
고급혼	2.00%	100.0%	51%~	100%	30%	70%		0.001%	100.00%	100,000	제1영계
고급혼	4.00% N/A	100.0%	100%	100%	20%	80%	주로 고급영	0.0000%		10	
										7,710,100,010	

(무영인중 분열율)	20.25%
(무영인중 소멸율)	6.202%
(총인구중 소멸과 분열하는 혼의 비율)	23.73%
(총인구중 혼이 그대로 환생할 비율)	76.27%
(총인구중 혼의 소멸율)	5.56%
(총인구중 혼의 분열율)	18.17%
(총인구중 혼의 소멸&분열율)	23.73%
(무영인중 단일혼 유지율)	73.55%
(무영인중 소멸과 분열율)	26.45%

[부록1] 자아의 수준에 따른 영과 혼(2)

자아의 단계	영의 수준 (마이클 뉴턴)	신지학 (리드비터)	영의 종류별 인구수			無靈人 수	총인구 중 혼별 인구수	
			신영의 수	혼영의 수	합계		복합혼 수	단일혼 수
1 단계	레벨1 (42%)	제2의식 아스트랄체	–	–	–	160,000,000	160,000,000	
1.5 단계			–	–	–	1,350,000,000	810,000,000	540,000,000
1.6 단계			–	–	–	1,700,000,000	850,000,000	850,000,000
1.8 단계	레벨2 (31%)		–	–	–	2,700,000,000	540,000,000	1,350,000,000
2 단계	레벨3 (17%)		–	300,000,000	300,000,000	700,000,000	100,000,000	200,000,000
2.5 단계	레벨4 (9%)	제3의식 멘탈체	29,000,000	261,000,000	290,000,000	290,000,000		58,000,000
2.75 단계			29,700,000	118,800,000	148,500,000	16,500,000		–
3 단계	레벨5 (1%)	제4의식 코잘체	25,000,000	25,000,000	50,000,000	–		–
3.5 단계		신성의 길 제2단계	3,000,000	2,000,000	5,000,000	–		–
4 단계		제5의식 붓디체	70,000	30,000	100,000	–		–
4.5 단계			8	2	10	–		–
5 단계								
			86,770,008	706,830,002	793,600,010	6,916,500,000	2,460,000,000	2,998,000,000

신영/영	혼영/영	영/총인구	하급혼 수	무영인구 비율	복합혼 비율
10.93%	89.07%	10.29%	5,458,000,000	89.71%	31.91%
구분	복합혼	단일혼	영속혼	계	
혼의 소멸&분열 가능성	50%	20%	0%	70%	
하급혼 중 소멸&분열 수	1,230,000,000	599,600,000	–	1,829,600,000	
소멸비율	30%	10%	0%		
분열비율	70%	90%	0%		
무영인중 소멸	369,000,000	59,960,000	0	428,960,000	
무영인중 분열	861,000,000	539,640,000	0	1,400,640,000	
무영인중 단일혼 유지수				5,086,900,000	

총인구 중 혼별 인구수			무영인 중 혼별 인구수				혼중 영이 없는 비율		
영속혼 수	계	복합혼 수	단일혼 수	영속혼 수	계		복합혼	단일혼	영속혼
–	160,000,000	160,000,000	–	–	160,000,000		100%	100%	
–	1,350,000,000	810,000,000	540,000,000	–	1,350,000,000		100%	100%	
–	1,700,000,000	850,000,000	850,000,000	–	1,700,000,000		100%	100%	
810,000,000	2,700,000,000	540,000,000	1,350,000,000	810,000,000	2,700,000,000		100%	100%	
700,000,000	1,000,000,000	100,000,000	200,000,000	400,000,000	700,000,000		100%	100%	57%
522,000,000	580,000,000		58,000,000	232,000,000	290,000,000		100%	100%	44%
165,000,000	165,000,000	–	–	16,500,000	16,500,000		100%	100%	0%
50,000,000	50,000,000	–	–	–	–		0%	0%	0%
5,000,000	5,000,000	–	–	–	–		0%	0%	0%
100,000	100,000	–	–	–	–		0%	0%	0%
10	10	–	–	–	–		0%	0%	0%
					–				
2,252,100,010	7,710,100,010	2,460,000,000	2,998,000,000	1,458,500,000	6,916,500,000				

단일혼 비율	영속혼 비율	하급혼비율	복합혼/하급혼	영속혼 총수중 무영혼 비율		64.8%
38.88%	29.21%	70.79%	45.07%	무영인 중 하급혼 비율		78.9%
혼영/총인구	신영/총인구	중급혼 비율	2,197,000,000	28.49%		
0.091675854	0.01125407	고급혼 비율	55,100,010	0.71%		

[부록2] 단계별 혼의 소멸과 분열비율

구분	사랑방의 혼 장악 비율	복합혼 비율	단일혼 비율	영속혼 비율	복합혼 소멸비율	단일혼 소멸비율	소멸 비율계	복합혼 분열비율	단일혼 분열비율	분열 비율계	소멸& 분열비율	소멸하거나 분열하지 않고 그대로 환생
1단계	100%	100%	0%	0%	15%	0.0%	15.0%	35.0%	0.0%	35.0%	50%	50%
1.5단계	100%	60%	40%	0%	9%	0.8%	9.8%	21.0%	7.2%	28.2%	38%	62%
1.6단계	100%	50%	50%	0%	8%	1.0%	8.5%	17.5%	9.0%	26.5%	35%	65%
1.8단계	100%	20%	50%	30%	3%	1.0%	4.0%	7.0%	9.0%	16.0%	20%	80%
2단계	90%	10%	20%	70%	2%	0.4%	1.9%	3.5%	3.6%	7.1%	9%	91%
2.5단계	80%	0%	10%	90%	0%	0.2%	0.2%	0.0%	1.8%	1.8%	2%	98%
2.75단계	70%	0%	0%	100%	0%	0.0%	0.0%	0.0%	0.0%	0.0%	0%	100%
3단계	50%	0%	0%	100%	0%	0.0%	0.0%	0.0%	0.0%	0.0%	0%	100%
3.5단계	40%	0%	0%	100%	0%	0.0%	0.0%	0.0%	0.0%	0.0%	0%	100%
4단계	20%	0%	0%	100%	0%	0.0%	0.0%	0.0%	0.0%	0.0%	0%	100%
5단계	0%	0%	0%	100%	0%	0.0%	0.0%	0.0%	0.0%	0.0%	0%	100%

	복합혼	단일혼	비고
혼이 흩어질 가능성	50%	20%	복합혼은 명종 후 50%가 흩어진다. 그중 30%가 영영 소멸하고 70%가 분열하여 다른 혼의 분열체와 합하여 다시 복합혼이 된다. 단일혼은 명종 후 20%가 흩어진다(환생시 숫生의 혼이 그대로 환생한 혼이 단일혼이다). 그중 10%가 영영 소멸하고 90%가 분열한 후 다른 혼의 분열체와 합하여 다시 복합혼이 된다. 영속혼이 되면 분열하는 일이 없다.
소멸비율	30%	10%	
분열 비율	70%	90%	

[부록3] 저승의 구조

구분						표준모델		불교의 3계6도	신지학			요가난다	캔 윌버	유대 신비주의 카발라
體 이름		주요 구성체	혼종류	자아별 혼의 종류	저승의 구조	기능		주요 體이름	저승의 구조	7본질 (블라바츠키)				
육체		물질			물질계		오온	육체	물질계	(1) 루파(Rupa) 또는 스툴라 샤리라	물질계	물질계		
이승혼	생기체	생기〉정기	생기혼	1단계 (초생인)	생기계	기의 창고	축생도, 아귀도, 아수라도	에테르체	에테르계 (카마로카계)	(2) 프라나 (3) 링가샤리라-도안체, 에텔복체 (4) 카마루파				앗시아계 (물질계)
	하위정신체	정기〉양기	유한혼 (복합혼)	1.5단계 (이드인)	중음계	환생대기소	인간도	아스트랄체	아스트랄계	(5) 하위 마나스	성기계	감정계, 魄氣界, 星氣界	예치라계 (아스트랄)
			유한혼 (단일혼)	1.8단계 혼 (이드에고인)									
	상위정신체	정기〉양기	영속혼 70%이상 (중급혼)	2~단계 혼 (이드인, 범인)	심령계	靈 양성소		멘탈체 (하위멘탈체) 하위마나스	멘탈계 (데바찬계)	(5) 상위 마나스	히라나로카계	정신계, 지적혼계	브리아계
				2.5~단계 혼 (인격자, 신사)									
	양심체 우위혼	양기〉정기	영속혼 (고급혼)	3~단계 혼 (양심가, 위인)	準靈界	靈사관학교	욕계6천~ 색계, 무색계	코잘체 (상위멘탈체) 상위마나스	코잘계	안타스카라나	근원계	원인계, 인과계, 직관계	
영		영체 (사념체-물성 없음)	N/A	4단계 혼 (성인)	하급영-제1영계	영의 나라	출세간	붓디체	붓디계	(6) 부디 (Buddhi)	하느님 나라	영계	아칠루트계 (영계)
				5단계 혼 (신인)	중급영-제2영계			아트믹체	아트믹계	(7) 오라의 란/ 아트마 (Atma)			
					고급영-제3영계			모나드체	모나드계				
								아디체	아디계				

[부록4] 영혼육의 구조

영혼육			원인	원형물질	원천	體	體의 내용	體의 구성		자아단계 (別稱)	3혼설과 비교	불교의 識	정기신
육				물질	유기물	유기체	육의 장기	오장육부(五臟六腑)				五蘊중 色	정
이승혼	생기혼		하느님의 생명에너지	기	생기	생기체	혼의 장기	오행	감각	1~(초생인)	생혼	前五識	기
								혼뇌					
	마음, 윤회혼	정기				정신체	하위정신체 (이드체)	하위자아	감성	1.5~1.6 (이드인)	각혼	제6식 (분별식)	
									욕망				
							상위정신체 (에고체)	상위자아	욕구	1.8 (이드에고인)/ 2 (에고인, 범인)		제7식 (말나식, 자의식)	
									감정				
									지성	2.5~ (인격자, 군자)			신
		양기				양심체	하위양심	초자아	四端	3~ (현자)	지혼	제8식 (아뢰야식)	
									지혜				
							상위양심	영적자아	예지	3.5~ (위인)			
영			하느님의 생명				혼영		직관	4~ (성인)		제9식 (아말라식)	
							신영						
신의 불씨			하느님							5 (신인)			

다석	프로이트	신지학		힌두교			카발라	플라톤
		블라바츠키	지나라자다사	우파니샤드의 자아구조	베다의 인간구조	요가난다		
몸나 (色身)		루파(Rupa)/ 스툴라 샤리라	육체	육체층 (anamaya kosa)	스툴라 샤리라 (Sthula Sarira)	육체	네페쉬	육 (Soma)
제나	이드	카마/ 카마루파 (Kama rupa)	에테르체	생기층 (pranamaya kosa)	숙슈마 샤리라 (sukshma sharira)	성기체 (성기계)	루아흐	탐욕혼 (에피티메티콘)
			아스트랄체	마음층 (manomaya kosa)				
	에고	하위마나스	하위멘탈체	지성층 (vijnanamaya kosa)				기혼 (티모에이데스)
						성기체 (히라냐로카계)		지혼 (로지스티콘)
참나	수퍼에고	상위마나스	상위멘탈체 (코잘체)	희열층 (anadamaya kosa)	카라나 샤리라 (karana sharira)	원인체 (근원계)	네샤마	
		안타스카라나						
		붓디 (Buddhi)	붓디체					
얼나 (法身)		아트마 (Atma)	아트믹체	atman	참의식(cit)	영혼	히아	영 (Nous)
한얼			아디체	brahman	참존재(sat)		예히다	

[부록5] 주요 종교와 사상의 영혼관 개요

#(개요)	구분	인간의 구성	자아의 주체 (최고수준)	자아의 발전필요성	주체의 생물적 진화여부	사후 존속하는 주체	주체의 목표
1	조로아스터교	혼, 영, 프라바시	결합 프라바시 (united fravashi)	필요	진화없음 (유출적)	혼, 영, 프라바시	아후라 마즈다에게로의 귀일
2	신플라톤주의	누스, 프시케, 소마	누스와프시케	필요	진화없음 (유출)	누스와 프시케	합일
3	혼육 기독교	혼육	혼	필요 (믿음)	진화없음 (유출적)	혼	구원
4	영혼육 기독교	영혼육	깨어난 영	필요 (믿음)	진화없음 (유출)	영과 혼 (일체)	구원
5	비윤회적 영지주의	영혼육 또는 영육	영	필요 (믿음)	진화없음 (유출)	영과 혼 (일체) 또는 영	합일
6	윤회적 영지주의	영혼육 또는 영육	영	필요	진화없음 (유출)	영과 혼 (일체) 또는 영	합일
6&7	신지학	영혼육	영	필요	진화 없음 (유출적)	인간모나드와 이드혼	합일
7	표준이론	영혼육	영이나 혼	필요	진화	영과 혼 (별개)	합일
8.1	유교성리학 (근본주의)	혼육	성	필요	진화적	없음	없음
8.2	유교성리학 (타협주의)	혼육	성	필요	진화적	사실상의 혼 (혼은 결국 소멸)	없음
8.3	한국 무교	혼육	생령(혼)	필요 (업보)	진화적	사실상 혼	없음
9.1	불교	혼육	8식(아뢰야식)	필요	진화적	8식 (아뢰야식)	해탈
9.2	불교 (표준이론적 해석)	영혼육	8식과 부처 (사실상의 혼과 영)	필요	진화적	8식과 부처 (사실상의 혼과 영)	해탈
10	도교	혼육	도	필요	진화적	사실상의 혼	신선 영생
11	힌두교	영혼육	아트만	필요	진화없음 (유출)	아트만과 혼(일체)	합일
12	프로이트	육	이드 에고 초자아의 3중구조	불필요	진화 없음	없음	없음
13	루리아닉 카발라	영혼육	영	필요	진화 없음 (유출적)	영과 혼 (일체)	합일
14	고전적 헤르메스	영혼육 (혼육)	타락한 영 (실질은 혼)	필요	진화 없음 (유출)	영과 혼 (일체)	합일
15	유란시아서	類似 영혼육	필사자 혼	필요	진화	필사자혼과 생각조절자	파라다이스 입성
17	자이나교	혼육	지나 (영)	필요	진화 없음 (유출)	혼	靈化
17	원불교	영기질 (靈氣質)	영 (사실상 혼)	필요	진화 없음 (유출적)	영 (사실상 혼)	해탈
18	대종교	성명정	성 (영)	필요	진화 없음 (유출적)	성명정	성통공완 반망귀진
19	신나이	영혼육	영	필요	진화 없음 (유출)	영	합일
20	천도교	영육	성령	필요	진화 없음 (유출적)	성령	기화

사후 영의 운명	영의 탄생시기	사후 혼의 운명	혼의 탄생시기	윤회의 주체	구원, 발전수단	내부 방해물	외부 방해물	창조주
분리 또는 일체	원시거인 또는 창조주로부터 유출	천국 또는 지옥	아후라 마즈다로부터 유출	윤회 없음	자력	악의 영 (Angra Mainyu)	악의 영 (Angra Mainyu)	있음
윤회 또는 합일	일자(Hen)로부터 유출	영과 함께 윤회 또는 합일	누스로부터 유출	누스와 프시케	자력	무명	없음	있음
영 없음	혼의 구원	천국이나 지옥	네샤마	윤회 없음	자력과 타력 (믿음과 구원)	원죄	악마	있음
천국이나 지옥	네샤마	천국 또는 지옥	네페쉬	윤회 없음	자력과 타력 (믿음과 구원)	원죄	악마	있음
천국(합일) 또는 (일시적)지옥	창조시	천국 또는 지옥	물질계 진입시	윤회 없음	자력(영지)과 타력(구원)	원죄	악마	있음
윤회 또는 합일	창조시	(영과 함께) 윤회 또는 합일	물질계 진입시	영과 혼(일체) 또는 영	자력(영지)과 타력(구원)	원죄	악마	있음
영계	창조시 (모나드)	영에게 경험,지혜 전하고 분리	진화 (각혼)	영과 이드혼 각자윤회	자력	없음	없음	있음
수준맞는 영계	진화 또는 수시	영과 헤어져 윤회	진화 (知魂)	영과 혼	자력과 타력 (구원)	짐승적 본능	없음	있음
영 없음	없음	소멸	진화 (태극으로부터)	윤회 없음	없음	없음	없음	없음
영 없음	없음	3~4대 살다가 조상신과 합일	진화 (태극으로부터)	윤회 없음	없음	없음	없음	없음
영 없음	없음	시왕심판후 천국,지옥 갔다가 환생	진화적 (기로부터)	혼	자력	없음	원귀	없음
출세간 (영계)	열반하여 무아 중득	중음계후 3계6도 윤회	오온에서 6,7,8식 탄생	8식	자력과 타력 (자비)	무명	없음	없음
극락 등 사실상 영계	열반하여 아라한 탄생	중음계나 28천의 준영계	진화적으로 아뢰야식 탄생	8식과 부처 (사실상의 혼과 영)	자력과 타력 (자비)	무명	없음	본초불 (사실상의 창조주)
영 없음	없음	신선이 되지 못하면 소멸	진화 (태허로부터)	윤회 없음	자력	없음	없음	없음
윤회 또는 합일	창조시	영과 함께 윤회 또는 합일	진화 (프라크리티+푸루샤)	아트만과 혼	자력	카르마	없음	있음
영 없음	없음	소멸	없음	윤회 없음	없음	없음	정신병	없음
여러 저승을 거쳐 윤회나 귀일	생명나무를 통하여 일시	혼 영 일체	영의 속성으로서 혼	영과 혼(일체)	자력	없음	없음	있음
윤회 또는 합일	영은 정신이며 수시로 탄생	영과 함께 윤회 또는 합일	태초	영과 혼(일체)	자력	없음	악한 영 (정신)	있음 (지고의 누스)
조절자는 신성별로	수시	맨션월드나 수면	조절자가 의지에 작용	혼과 조절자	자력	자기의지	없음	있음
천국	수시 (혼의 열반시)	윤회	영의 타락시	혼	자력	무명에 따른 업	없음	無記
윤회 또는 해탈	불명 (일원으로 부터)	소멸 (기로서 생기체)	불명 (일원으로 부터)	영 (사실상 혼)	자력	무명에 따른 업	없음	一圓
윤회 또는 귀천	수시	윤회	성명정 일체	성명정일체	자력	삼망	없음	있음
윤회 또는 합일	창조시 (빅뱅시)	영혼육은 합체윤회	불명	영혼육은 합체윤회	자력	없음	없음	있음
共存共役	수시	N/A	N/A	N/A	자력	없음	없음	있음

[부록6] 외계혼의 유입인수(1981년 기준)

단계	단계별인구	단계누적인구	전생횟수	평균생수	생시혼 평균나이	지혼진화 연도	연도별 실지인구	단계별 외계혼 유입수(*)	순기구출신	입출후 누적인구	외계출신비율
1단계	95,459,203	4,600,000,000	−	1.0	40	1981	4,600,000,000	−	95,459,203	4,600,000,000	
1.5단계	805,437,023	4,504,540,797	2.0	4.5	135	1886	1,300,000,000	305,437,023	500,000,000	4,504,540,797	37.9%
1.6단계	1,014,254,029	3,699,103,774	7.0	11.0	210	1811	800,000,000	714,254,029	300,000,000	3,699,103,774	70.4%
1.8단계	1,610,874,046	2,684,849,745	15.0	20.0	375	1646	500,000,000	1,510,874,046	100,000,000	2,684,849,745	93.8%
2단계	596,620,017	1,073,975,699	25.0	32.5	625	1396	400,000,000	546,620,017	50,000,000	1,073,975,699	91.6%
2.5단계	346,039,610	477,355,682	40.0	50.0	800	1221	350,000,000	276,039,610	70,000,000	477,355,682	79.8%
2.75단계	98,442,303	131,316,072	60.0	80.0	1200	821	280,000,000	58,442,303	40,000,000	131,316,072	59.4%
3단계	29,831,001	32,873,769	100.0	150.0	1500	521	240,000,000	−80,168,999	110,000,000	32,873,769	
3.5단계	2,983,100	3,042,768	200.0	250.0	3000	−979	130,000,000	−47,016,900	50,000,000	3,042,768	
4단계	59,662	59,668	300.0	350.0	4500	−2479	80,000,000	−72,940,338	73,000,000	59,668	
5단계	6	6	400.0		6000	−3979	7,000,000	−6,999,994	7,000,000	6	
합계	4,600,000,000								1,395,459,203		74.2%

(*) +의 외계혼 유입수는 외계에서 유입된 경우이고 −의 경우는 외계로 유출된 경우이다.

							총유출	총유입	순유출	순기구출신	
	32,873,769	12세기 이후 총유입			3,353,224,725		−207,126,231	3,411,667,028	3,204,540,797	1,395,459,203	

참고

1. 6,000년 전 지구 인구 700만 명이 정상적인 진화단계를 거쳐 400번 전생한 후 1981년에 지구에 태어났다면 5단계 부처님급이 700만 명 있어야 하나 도저히 그럴 것 같지는 않다. 따라서 그들 중 6명만 지구에 태어나고 다른 사람들은 벌써 운화를 그치고 고음영계에서 하느님의 일을 하고 있거나 지구가 아닌 다른 이승에 부임하고 있을 것으로 본다. 그렇다면 당시에 사역하고 현재 지구인의 표를 작성하여야 할 인구 중 6,999,994명은 유출될 것이다. 이들을 유출 몫에서 별도로 고려하여 표를 작성하여야 현재 지구인의 지수순별 분석이 가능하다.

2. 마찬가지 논리로 지금 3단계 인구 3,000만 명은 100번 전생이 필요한 급이므로 최소 1,500년 전에 지혼이 이뤘어야 하는데 그렇다면 전체 지혼이 이뤄진 당시에 인구 1,500년 전 지구 인구는 2억4천만 명이므로 그 이상의 단계 인구를 고려하더라도 인구가 8천만 명이 넘는다. 이들도 역시 유출되어 대부분 다른 곳에서 자공훈이 공급되어 현 지구에 공급될 것으로 외계에서 와다.

3. 그러나 1981 현재 2.75단계인 1억 명의 양심가 수준 사람들의 혼은 적어도 사기 1781년에 태어났어야 하는데 그렇다면 당시에 이전단계 인구 32,873,769명을 포함한 131,317,071명이 필요하지만 이전에 유출된 인구 207,126,231명을 고려하면 58,442,303명이 부족한 형편이 된다. 2.75단계이 중음훈이 갑자 공급될 것으로 외계에서 왔다.

4. 전생횟수15회로 추정되는 1.8단계 지아이 경우 1646년에는 지혼이 되었어야 하므로 위 논리에 따르면 이 급이 몇이 무리 15억명 전부이 훈이 모두 외계에서 왔다.

5. 5단계 사람들은 외계에서 유입될 필요가 없다. 이들은 각종에서 받고 진화하는 사람들이니까. 다만 이들이 1.5단계로 진급하려면 평균 두번은 전생하여야 하니 평균 생(生)의 수는 1일 것이고 따라서 처음 지혼이 되어 이승이 인간으로 태어난 연도는 현재 40년을 고려하면 1981년일 것이다.

6. 이러한 분석은 후의 문화가 시작되었다고 보석결과가 변하지 않는다. 100만 년 전부터 시작되었다고 하더라도 보석결과가 변하지 않는다. 100만 년 전의 사람들의 혼우 위 6,000년 전의 사람 혼처럼 유출되었을 것이기 때문이다.

[부록6-1] 시대별 영의 탄생수(1)

단계	단계별 인구수	소멸 비율	영이 될 확률	영이 있을 확률	영이 되는 혼 수	전생 횟수	진급 소요 생수	평균 생수	사후진급 확률	생시 혼 평균나이
1단계	160,000,000	15.0%	0.00%	0%	-	0	2	1.0	50.00%	40
1.5단계	1,350,000,000	9.8%	0.00%	0%	-	2	5	4.5	40.00%	135
1.6단계	1,700,000,000	8.5%	0.00%	0%	-	7	8	11.0	25.00%	210
1.8단계	2,700,000,000	4.0%	0.00%	0%	-	15	10	20.0	20.00%	375
2단계	1,000,000,000	1.9%	0.50%	30%	5,000,000	25	15	32.5	13.33%	625
2.5단계	580,000,000	0.2%	1.00%	50%	5,800,000	40	20	50.0	10.00%	800
2.75단계	165,000,000	0.0%	2.00%	90%	3,300,000	60	40	80.0	5.00%	1,200
3단계	50,000,000	0.0%	5.00%	100%	2,500,000	100	100	150.0	2.00%	1,500
3.5단계	5,000,000	0.0%	10.00%	100%	500,000	200	100	250.0	2.00%	3,000
4단계	100,000	0.0%	100.00%	100%	100,000	300	100	350.0	2.00%	4,500
5단계	10	0.0%	100.00%	100%	10	400				6,000
합계	7,710,100,010				17,200,010					

1. 현시대의 영화(靈化)비율을 구하여 이를 기준으로 각 시대별 인구에 곱하여 시대별로 영의 탄생총수를 구하였다. 그러나 고대로 갈수록 고단계 자아의 혼들이 적었을 것이니 영화비율이 낮았을 것으로 보이지만 결론도출과는 무관해 보여 무시하였다.
2. 시대별로 영이 있는 사람의 비율이 다를 것이고 따라서 영화(靈化)비율도 다를 것이나 그냥 현재 것을 적용하였다.
3. 사후 진급확률은 소멸,분열은 고려하지 않음. 1~3.5단계는 혼의 진급이고 4단계 이후는 영의 진급임.
4. 계산된 혼영의 수가 부록1의 현재 혼영의 수보다 적어 외계에서 유입된 영이 많을 것으로 추산된다.

[부록6-1] 시대별 영의 탄생수(2)

시대구분 (지혼 소속 기간)	지혼진화 연도	시대별 실지인구	시대별 세대별 영화되는 혼 수	시대별 전생횟수	시대별 영 탄생수	탄생된 영 수의 누적	시대별 혼영수	시대별 혼영의 유출입
1981~2021	1981	7,710,100,010	17,200,010	3.38	58,050,034	218,726,383	706,830,002	441,527,431
1846~1981	1846	2,000,000,000	4,461,683	2.50	11,154,207	160,676,349	183,351,708	46,576,188
1771~1846	1771	800,000,000	1,784,673	5.50	9,815,702	149,522,142	73,340,683	- 23,900,829
1606~1771	1606	600,000,000	1,338,505	8.33	11,154,207	139,706,440	55,005,512	- 52,280,630
1356~1606	1356	500,000,000	1,115,421	8.75	9,759,931	128,552,233	45,837,927	- 32,420,298
1181~1356	1181	400,000,000	892,337	20.00	17,846,731	118,792,302	36,670,342	- 50,294,009
781~1181	781	300,000,000	669,252	15.00	10,038,786	100,945,572	27,502,756	- 31,827,952
481~781	481	250,000,000	557,710	75.00	41,828,276	90,906,785	22,918,963	- 41,614,863
BC1019~481	BC1019	140,000,000	312,318	100.00	31,231,779	49,078,510	12,834,620	- 26,372,959
BC2519~BC1019	BC2519	80,000,000	178,467	100.00	17,846,731	17,846,731	7,334,068	- 9,870,932
BC4019~BC2519	BC4019	7,000,000	15,616				641,731	641,731
					218,726,383			
총 인구중 靈化 비율		현재 혼영수	탄생한 혼영수	혼영 자급율	혼영의 외계수입률	※시대별 혼영수 : 예수님 시절 영을 가진 인구 비율은 2%, 1800년대에는 5%, 지금은 9.17% 정도로 보나 시대별 혼영수 계산시 현재 것을 적용하였다.		
0.223%		706,830,002	218,726,383	30.94%	69.06%			

인간의 평균수명					인구중앙값(千)	보간법 계산	인류평균전생수
1931~	1376~	999~	BC 6000~		3,855,050	23.89%	10.91125927
40	30	20	15				

[부록7] 주요 종교와 사상별 영과 혼의 정체

#	구분	영				혼			
		연원	정체	윤회여부	가는 저승	연원	정체	윤회여부	가는 저승
1	표준이론	지혼,혼영	하급영	필수적	하급영계	각혼	하급혼	필수적	중음계
		혼영,신영	중급영	필수적	중급영계	지혼	중급혼	필수적	심령계
		혼영,신영	고급영	선택적	고급영계	지혼	고급혼	필수적	준영계
2	불교	아뢰야식	해탈한 아뢰야식 (보살)	선택적	출세간 (피안)	오온	아뢰야 8식	필수적	3계6도
2-2	섭론종의 9식설 (舊 유식)	아뢰야 8식	암마라 9식	선택적	출세간 (피안)	오온	아뢰야 8식	필수적	3계6도
3-1	기독교 이원설	네페쉬 하야	사실상 혼	부인	천국,지옥	네페쉬	생기체 (몸에 속함)	부인	흙 (부활후 천국이나 지옥)
3-2	기독교 삼원론	네샤마(영)	영	부인	천국,지옥 (혼영일체)	네샤마 (상위정신체)+ 네페쉬	혼 (마음)	부인	천국,지옥 (혼영일체)
3-3	윤홍식 (홍익학당)	하느님	영(=성령)	부인	천국,지옥	영의 육적그림자	지정의	부인	소멸(추정)
3-4	기독교 영지주의	하느님	하느님의 일부	부인	천국 (혼영일체)	네페쉬 하야	혼 (마음)	부인	제3천국, 지옥
3-5	기독교 영지주의+ 윤회	하느님	하느님의 일부	시인	천국, 윤회	네페쉬 하야	혼 (마음)	시인	천국, 윤회
4	영지주의	하느님	하느님의 일부	시인	천국, 윤회	생기체	감각, 본능	부인	소멸
5	힌두교	브라만	아트만	필수적	윤회, 합일 (혼영일체)	프라크리티	마음	시인	수많은 천국과 지옥 (3계6도와유사)
6	신지학	제1로고스	모나드	필수적	각급 영계	프라크리티	아스트랄, 멘탈	부분적 시인	윤회와 일부소멸
7	도교	혼	신선	초월	38천	기	혼 (마음)	필수적	저승
8	카발라	하느님	히아와 예히다	시인	영계	혼(마음)	루아흐와 네샤마	부분적 시인	예치라,브리아 등 하위계
9	원불교	일원(一圓)	마음(魂,) 리(理)	필수적	윤회 또는 해탈	일원(一圓)	생기체	소멸	소멸
10	유란시아서	하느님	생각조절자	시인 (복귀)	신성별 (divinington)	의지(마음)	필사자	시인	상위세상 또는 긴 잠
11	신과 나눈 이야기	하느님	하느님의 일부	시인	천국, 윤회	영	마음 (생기체)	시인	영혼육은 일체
12	성리학 (氣一分殊論)	N/A	N/A	N/A	N/A	태극, 무극	혼백	부인	조상령의 군혼
13	자이나교	무기	무기	부인	천국	영	마음	시인	윤회 또는 靈化 (천국)

비고	여러 종교와 사상을 한표에 집어 넣어 요약하였으나 실지로는 그처럼 단순하지 않다. 힌두교는 이질적인 종교와 사상이 힌두교라는 큰 틀에 녹아 있어 하나의 프레임으로 설명하기 곤란하며 이는 신지학도 마찬가지다. 불교 또한 많은 종파가 있어 절대자와 극락의 개념을 비롯하여 여러 부분에서 서로 간에 차이를 보인다. 영지주의나 카발라도 예외가 아니다. 따라서 위 표는 어느 저승론이 맞다는 것을 보이려는 것이 아니라 자아의 수준에 맞는 저승과 환생의 경로가 있다는 것과 큰 틀에서 여러 사상과 표준이론 간의 차이점을 보이려는 의도로 작성하였다. 이 표를 통해 표준이론이 여러 사상을 포괄하는 통합이론이라는 것을 알 수 있다.

3원?	사실상 영시인?	윤회?	영,혼 각자 윤회?	혼의 생물학적 진화?	비고
Y	Y	Y	Y	Y	3. 표준이론
Y (해석상)	Y	Y	Y (해석상)	Y (해석상)	8.3. 불교의 인간론
N	Y	Y	N	Y/N	8.3.2.2. 아말라식이란?
N	Y	N	N	N	8.2.3.1. 기독교의 인간론의 내용
Y	Y	N	N	N	
Y	Y	N	N	N	
Y	Y	N	N	N	
Y	Y	Y	N	N	
Y	Y	Y	N	N	8.11. 영지주의의 인간론
Y	Y	Y	≠ 각자윤회	Y (해석상)	8.6. 힌두교의 인간론/11.3.3. 영과 혼이 각각 윤회하는 표준이론
Y	Y	Y	≠ 각자윤회	Y (역진화)	8.18.3.3.2. 신지학의 창조론/11.3.3. 영과 혼이 각각 윤회하는 표준이론
N	Y	Y	N	Y (해석상)	8.8. 도교의 인간론/8.9. 도가의 인간론
Y	Y	Y	N	N	8.16. 카발라의 인간론
Y	Y	Y	N	N	8.4. 원불교의 영기질 인간론
Y	Y	Y	Y	Y	8.19.1. 유란시아서의 인간론
Y	Y	Y	N	N	8.19.2. 닐 도날드 월쉬의 인간론
N	N	N	N	Y (해석상)	8.12. 성리학의 이기론(理氣論)
N	Y	Y	N	N	8.5. 자이나교의 혼육이원의 인간론

目次
전체 목차

전체 목차

自薦辭 5
목차 8

저자 서문 15
   序詩 16
   영혼학 교과서의 필요성 17
   문명의 발달과 영혼학의 부상(浮上) 18
   영혼학과 그 표준이론 19
   영혼학의 궁구 대상 20
   영혼학의 자명한 사실들 21

1. 머리말 24
   영혼에 대한 질문과 답으로서의 표준이론 24
   표준이론은 '통합이론'을 지향하는 이론 25
   이 책의 독자와 저술 목적 25
   가설과 이정표로서의 표준이론 26
   표준이론은 進化를 창조의 섭리로 본다 28
   표준이론은 아트만의 눈으로 일원(一元)의 세계를 탐구한다 28
   표준이론과 구도의 길 29

2. 표준이론의 필요성과 자명한 사실 32
2.1. 표준이론의 필요성 32
2.2. 표준이론이 궁구한 자명한 사실 35
   2.2.1. 신은 존재하며 세상을 진화를 포함한 방법으로 창조하셨다 35
      우주의 원인물질과 진화의 구체적 방법 38
      영적설계에 의한 진화 38
   2.2.2. 누멘의 체험 44
   2.2.3. 모든 것은 신의 섭리다 46
   2.2.4. 중요한 사상과 종교는 진리를 담고 있다 46
   2.2.5. 영과 혼은 존재한다 47
   2.2.6. 창조와 완벽 그리고 영과 혼 48
   2.2.7. 직관적인 통찰과 표준이론 프레임 48
   2.2.8. 영혼육 그리고 영과 혼의 각자 윤회 49

2.2.9. As above So below	50
2.2.10. 기타	51
2.3. 영혼학의 정의와 범위	52
2.3.1. 영혼학의 인간관과 심령관	52
인간학(humanology)	53
심령학(psycheology)	54
2.3.2. 앎과 觀과 믿음의 관이론(觀理論)	55
3. 표준이론	**60**
3.1. 영혼육 삼원론	61
3.1.1. 인간의 구성요소	61
3.1.1.1. 일원론(一元論, Monism)	61
3.1.1.2. 이원론(二元論, Dichotomy, Bipartite)	62
3.1.1.3. 삼원론(三元論, Trichotomy, Tripartite)	63
3.1.2. 영혼육 삼원론인 이유	64
영과 혼의 구분	64
삼원론인 이유	65
3.1.3. 일반적인 삼원론과 표준이론	68
3.1.3.1. 일반적인 삼원론의 형태와 문제점	68
첫 번째 문제, 영혼의 탄생기(誕生記)	69
두 번째 문제, 명종 후 영과 혼의 운명	69
삼원론과 무영인(無靈人)	70
3.1.3.2. 삼원론에서의 영의 역할	71
3.1.4. 영과 혼을 구분하지 않는 사람들	72
3.2. 영과 혼의 기원론	75
3.2.1. 표준이론의 영과 혼의 기원(起源)	75
3.2.2. 영과 혼의 기원에 대한 여러 가지 주장	79
3.2.2.1. 영혼의 기원	79
3.2.2.2. 영의 진화기원	83
3.2.3. 주요 종교의 영혼개념의 기원	84
3.2.4. 표준이론과 유사한 동양의 기론(氣論)	89
3.3. 영과 혼의 삶과 윤회	91
3.3.1. 혼의 삶과 윤회	91
혼과 영의 구현(具顯)이 점차적인 이유	95
3.3.2. 영(靈)의 삶과 윤회	97
3.3.3. 혼의 구성체와 진화	98
3.3.3.1. 혼의 구성체	98

3.3.3.2. 혼의 발전과 진화	101
3.4. 영과 혼의 관계	106
3.4.1. 영의 사명	106
3.4.2. 영과 혼의 관계	107
3.4.3. 영과 혼의 조화	109
3.4.4. 영이 없는 혼	110

4. 자아(自我)에 대하여   114

4.1. 자아(自我)의 정의	114
자기(自己)와 자아(自我) 그리고 자아의식과 자의식	115
4.2. 자아와 영 그리고 혼의 관계	116
4.3. 자아의 발전단계	118
4.3.1. 표준이론의 자아의 발전단계	118
4.3.1.1. 자아의 수준이 1.8단계 미만인 자아	121
4.3.1.2. 자아의 수준이 1.8단계인 자아	122
4.3.1.3. 자아의 수준이 2단계인 자아	123
4.3.1.4. 자아의 수준이 2.5단계인 자아	123
4.3.1.5. 자아의 수준이 2.75단계인 자아	124
4.3.1.6. 자아의 수준이 3단계인 자아	125
4.3.1.7. 자아의 수준이 3.5단계인 자아	126
4.3.1.8. 자아의 수준이 4단계인 자아	127
4.3.1.9. 자아의 수준이 4.5단계 이상인 자아	128
4.3.1.10. 자아의 실현	129
4.3.2. 자아의 수준(水準)	130
4.3.2.1. 자아수준의 정성적 지표	130
4.3.2.1.1. 자아의 수준을 가리키는 단어들	130
4.3.2.1.2. 자아수준 지표로서의 성격들	132
4.3.2.2. 자아수준의 정량적 지표	134
4.3.2.2.1. 자아가 깨어있는 시간	134
4.3.2.2.2. 자아의 수준과 혼과 영의 자유도(自由度)	138
4.3.3. 자아의 방, 사랑방 이야기	140
4.3.3.1. 표준이론의 사랑방	140
4.3.3.2. 사랑방 이야기와 같은 생각들	143
4.3.4. 표준이론에서의 영(靈)의 수효	154
4.3.4.1. 영이 없는 사람이 많다는 증거	155
4.3.4.2. 영이 없는 사람이 89.71%	157
4.3.4.3. 표준이론의 영혼육 삼원론과 혼육이원론	158

4.3.5. 참자아의 개념 ... 158
4.3.6. 영이 없는 사람의 발전단계 ... 160
4.3.7. 자신의 자아수준 판별 ... 161
    4.3.7.1. 영이 있는 사람의 특징 ... 161
    4.3.7.2. 당신의 자아는 몇 단계인가 ... 165
        4.3.7.2.1. 플로우차트를 이용한 자아수준 판별 ... 165
        4.3.7.2.2. 점수를 이용한 자아의 단계 판별 ... 171
4.3.8. 자아수준에 따른 영혼의 수준과 사후세계 ... 173
4.3.9. 표준이론과 유사한 자아의 수준 이론 ... 175
    4.3.9.1. 마이클 뉴턴과 자아의 발전단계 ... 178
    4.3.9.2. 한당 「천서」의 자아의 발전단계 ... 179
    4.3.9.3. 불교와 자아의 발전단계 ... 179
        4.3.9.3.1. 불교의 영으로서 무아(無我) ... 179
            제행무상(諸行無常)과 제법무아(諸法無我) ... 181
        4.3.9.3.2. 불교의 여러 가지 자아의 발전단계와 표준이론 ... 182
            4.3.9.3.2.1. 불교에서의 수행계위 ... 182
            4.3.9.3.2.2. 불교의 성인단계인 성문사과(聲聞四果) ... 184
            4.3.9.3.2.3. 불교의 삼계육도(三界六道) ... 187
            4.3.9.3.2.4. 불교의 십우도(十牛圖) ... 189
            4.3.9.3.2.5. 불교의 9차제정 ... 189
    4.3.9.4. 켄 윌버의 의식 스펙트럼의 7단계 ... 190
    4.3.9.5. 의식수준이 갖는 진동수 ... 192
    4.3.9.6. 힌두교의 자아와 그 발전단계 ... 194
    4.3.9.7. 신지학의 자아의 발전단계 ... 195
        제1비전 스로트스파티(Srotspatti) ... 195
        제2비전 사카다가미(sakadagami) ... 196
        제3비전 아나가미(anagami) ... 196
        제4비전 아르하트(arhat, Arahat) ... 196
        제5비전 아세카(aseka) ... 196
    4.3.9.8. 월쉬의 의식상승과 자아의 발전단계 ... 197
    4.3.9.9. 레븐슨의 자아의 발전단계 ... 198
    4.3.9.10. 카발라의 자아의 발전단계 ... 199
    4.3.9.11. 장자의 오상아 ... 200
    4.3.9.12. 맹자의 인격 발전 6단계 ... 200
    4.3.9.13. 자아 개발의 商業化 ... 201
        베타 엔도르핀과 디메틸트립타민 그리고 신비체험 ... 204
4.4. 자의식(自意識) ... 206

5. 영(靈)에 대하여 212
5.1. 영이란 무엇인가 212
5.1.1. 영의 정의(定義) 212
사전적 정의 212
표준이론의 정의 214
5.1.2. 영의 합일 216
5.1.2.1. 합일의 사전적 의미 216
5.1.2.2. 표준이론에서의 합일 217
신플라톤주의의 합일 217
표준이론에서의 합일 218
5.1.2.3. 여러 사상과 종교에서의 합일 219
5.1.2.3.1. 신비주의 사상과 합일 219
5.1.2.3.1.1. 합일체험의 특성 220
5.1.2.3.1.2. 신비주의와 신비현상 220
5.1.2.3.1.3. 17세기 이후 서양의 신비주의 221
5.1.2.3.1.4. 신비주의 변질 221
5.1.2.3.2. 영지주의와 합일 222
5.1.2.3.2.1. 기독교 영지주의 225
5.1.2.3.2.2. 정통파 기독교와 영지주의 기독교의 차이점 227
5.1.2.3.3. 기독교 신비주의와 합일 227
가톨릭에서의 신비주의 229
5.1.2.3.4. 이슬람 신비주의 수피즘의 합일 230
5.1.2.3.5. 힌두교의 합일 231
5.1.2.3.6. 유대교 신비주의 카발라와 합일 233
5.1.2.3.7. 불교의 합일사상 234
5.1.2.3.8. 유교의 합일사상 237
5.1.2.3.9. 도가의 합일사상 238
5.1.2.3.10. 우리나라의 합일사상 239
선도 239
천도교 240
대종교 241
5.1.2.3.11. 신지학의 합일 241
5.1.2.3.12. 헤르메스주의와 합일 242
5.1.2.3.13. 기타 최근의 사상가들과 뉴에이저들 243
5.1.2.3.13.1. 켄 윌버의 합일 243
5.1.2.3.13.2. 올더스 헉슬리의 합일 244
5.1.2.3.13.3. 존 쉘비 스퐁 주교의 합일 244
5.1.2.3.13.4. 엘리자베스 퀴블러-로스의 합일 245
5.1.2.3.13.5. 닐 도날드 월쉬의 합일 245

5.1.2.3.13.6. 정적주의의 합일	246
5.1.2.3.13.7. 지중해의 성자 다스칼로스의 합일	247

5.2. 영 따로 혼 따로   247
    5.2.1. 주요 종교와 사상의 영혼관   247
       주요 종교와 사상의 영혼관 개요(概要)   249
    5.2.2. 영 따로 혼 따로의 증거   254

5.3. 하느님의 영의 불(靈火)   259

5.4. 영의 의무   261
    5.4.1. 이승에서의 영의 의무   261
    5.4.2. 저승에서의 영의 의무   262

5.5. 저승에 대해서   263
    저승의 의미   263
    저승관의 종류   265
    지옥적 저승관에 대하여   268
    주요 종교와 사상의 저승관   269
    5.5.1. 우리나라의 민속 저승관   271
    5.5.2. 불교의 저승관   272
       5.5.2.1. 대승(大乘)의 저승   272
          색계 18천과 무색계 4처 그리고 표준이론   272
       5.5.2.2. 「티벳 사자의 서」의 저승   275
    5.5.3. 유교의 저승관   277
    5.5.4. 도교의 저승관   278
    5.5.5. 기독교의 저승관   280
    5.5.6. 이슬람교의 저승   283
    5.5.7. 힌두교의 저승관   284
    5.5.8. 고대이집트의 저승관   286
    5.5.9. 심령학의 저승관   287
       5.5.9.1. 심령학의 발달과정   287
       5.5.9.2. 심령학의 주요 연구방법론   288
          심령학의 연구방법에 대한 자연과학교의 저항   289
       5.5.9.3. 근사체험에 의한 저승   290
          근사체험에 대한 자연과학교의 견해들   292
       5.5.9.4. 채널링을 통한 저승   294
          5.5.9.4.1. 리사 윌리엄스의 저승   294
          5.5.9.4.2. 제랄딘 커민스의 저승   296
    5.5.10. 신지학의 저승관   298
       신지학 저승관의 개론   298

수면 중의 영과 혼	299
5.5.11. 표준이론의 저승	300
聖人들이 말하는 저승	300
표준이론의 저승의 구조	302
혼과 영의 진화과정과 저승의 구조	303
5.6. 영에 대한 기타 담론	306
5.6.1. 영혼에 대한 탐구의 과학성	306
뉴 사이언스(新科學, New Science)	308
5.6.2. 영혼과 삼계육도	309
5.6.3. 이승은 지구만인가?	309
5.6.4. 직관	311
5.6.5. 영감(靈感)	314
5.6.6. 깨어있기	315
5.6.7. 부처님의 영과 혼	316
5.6.8. 도가(道家)의 영혼(靈魂)	317
5.6.9. 도날드 월쉬의 영혼	319

6. 혼(魂)에 대하여   322

6.1. 혼의 정의	322
혼과 영의 구분과 求道	323
6.2. 영과 혼의 유래와 전생횟수	326
6.2.1. 영의 탄생시기와 유래	326
6.2.2. 지구 혼의 유래와 전생횟수	328
6.2.3. 영과 혼의 전생(轉生)횟수와 출신	329
6.3. 혼의 구성	331
6.3.1. 생기체	333
혼뇌(魂腦)와 의식(意識)	335
생기체와 몸의 질환	337
생기체에 대한 사상들	337
6.3.2. 마음의 구성요소	340
6.3.2.1. 마음의 정의	340
6.3.2.2. 여러 사상에서의 마음론	342
6.3.3. 정신체	345
6.3.3.1. 감성	347
6.3.3.2. 욕망	350
욕망의 육과 혼 기인비율(起因比率)	352
6.3.3.3. 욕구	354

6.3.3.4. 감정	355
6.3.3.5. 지성	356
6.3.3.5.1. 정신과 생각 그리고 의식	357
6.3.3.5.2. 두뇌의 성능은 어떻게 결정되나	358
6.3.3.5.3. 데카르트의 자아수준	359
6.3.4. 양심체	359
6.3.4.1. 양심체의 성장	359
6.3.4.2. 양심체의 기능	360
6.3.4.2.1. 사단(四端)	361
6.3.4.2.2. 지혜(智惠)	362
6.3.4.2.3. 예지(叡智)	362
6.3.4.2.4. 혼의 공식(公式)	363
6.3.4.3. 양심에 대한 여러 철학과 사상	363
6.4. 일체유심조(一切唯心造)와 혼	366
6.5. 자율신경과 혼	368
6.6. 양자역학과 표준이론	370
6.6.1. 데이비드 봄의 양자형이상학과 표준이론	370
6.6.2. 글렌 라인의 양자생물학과 표준이론	373
6.6.3. 양자의학과 표준이론	373
6.7. 혼의 장기(臟器)	375
6.7.1. 혼의 장기(臟器)와 능력	375
6.7.2. 혼의 장기(臟器)와 병(病)	376
6.8. 혼의 물성(物性)	378
6.9. 유학(儒學)의 '마음'에 대한 담론	379
6.10. 업(業)에 대하여	380
혼과 원죄	381
6.11. 강시(殭屍, zombie)	382
6.12. 의식상태별 혼의 활동	383
6.12.1. 의식의 종류	384
6.12.1.1. 프로이트의 지형학설	384
6.12.1.2. 잠재의식	385
6.12.2. 표준이론의 의식구분	387
6.12.3. 표준이론의 의식과 신지학	389
6.12.4. 최면과 의식	390
6.12.5. 신지학의 초능력적 의식개발	390
6.12.6. 유체이탈과 의식	391
6.13. 집단무의식	392

7. 육(肉)에 대하여 — 396
7.1. 육체와 혼의 관계 — 396
7.2. 육체의 진화와 혼의 진화 — 397
7.3. 육체의 부활 — 397
7.4. 신지학의 육체 — 398
7.5. 육체가 영에 미치는 영향 — 399
    혼의 다루기 어려움 — 401

8. 주요 인간론(人間論) — 404
8.1. 그리스 철학과 「영언여작」의 삼혼설 — 404
8.2. 기독교의 인간론 — 406
8.2.1. 기독교의 영혼창조의 시기와 방법 — 406
8.2.2. 유대교의 인간론 — 408
8.2.3. 기독교의 인간론 — 409
8.2.3.1. 기독교 인간론의 내용 — 409
8.2.3.1.1. 표준이론에서 본 기독교의 인간론 — 409
8.2.3.1.2. 영육이원론의 전통교설 — 411
8.2.3.1.3. 영혼육 삼원론의 소수설 — 413
    삼원론의 역사 — 413
    기독교 삼원론의 정당성 — 413
8.2.3.2. 성령과 기독교 인간론 — 417
8.2.3.2.1. 영육이원론의 성령 — 418
8.2.3.2.2. 영혼육 삼원론의 성령 — 418
8.2.3.3. 기독교 인간론에 대한 표준이론의 결론 — 419
    창세기 2:7의 네샤마의 해석 — 419
    표준이론은 기독교 삼원론을 지지한다 — 420
8.3. 불교의 인간론 — 421
8.3.1. 오온과 식(識)의 인간론 — 422
    오온과 식의 표준이론적 의미 — 423
    천국과 불교의 정토사상 — 424
8.3.2. 아뢰야식과 아말라식의 표준이론적 해석 — 425
8.3.2.1. 아뢰야식이란? — 425
    아뢰야식과 혼의 유사성 — 426
8.3.2.2. 아말라식이란? — 429
8.3.2.3. 무아론의 문제점 — 430
8.3.3. 불교의 우주론 — 432

8.4. 원불교의 영기질 인간론	434
8.4.1. 원불교의 창조론	434
8.4.2. 원불교의 인간론	435
8.5. 자이나교의 혼육이원의 인간론	437
8.6. 힌두교의 인간론	439
8.6.1. 다신체론의 기원으로서 힌두교	439
8.6.2. 바가바드 기타와 표준이론	441
8.6.3. 힌두철학 삼키아학파의 인간론	443
8.6.4. 차크라	446
8.6.5. 파라마한사 요가난다의 인간론	447
8.6.6. 힌두교와 불교의 무아(無我)	449
8.7. 정기신(精氣神)의 인간론	450
8.8. 도교의 인간론	453
8.9. 도가의 인간론	455
8.10. 우리나라의 민속적 인간론	456
8.11. 영지주의의 인간론	457
8.12. 성리학의 이기론(理氣論)	459
8.13. 대종교의 인간론	464
8.14. 정신분석학의 인간론	466
영을 센싱하지 못한 프로이트와 부처	467
영을 센싱하고도 혼과 혼동하는 뉴에이지류	468
자아의 정의와 그 주체	468
혼영일체(魂靈一體)	469
8.15. 동의보감의 인간론	470
8.16. 카발라의 인간론	471
8.17. 헤르메스주의의 인간론	475
8.18. 신지학적 인간론	480
8.18.1. 뉴에이지의 일반적 인간론	480
8.18.2. 신지학의 다층적 저승론과 다신체론	482
8.18.2.1. 다층적(多層的) 저승론의 기원	483
8.18.2.2. 다신체(多身體)론의 기원	484
8.18.2.3. 생명나무와 차크라의 만남	486
8.18.2.4. 카발라의 4계와 신지학의 저승들	487
8.18.3. 신지학의 인간론	489
8.18.3.1. 신지학의 인간론 개요	489
8.18.3.2. 신지학의 유래	490
근대신지학(modern theosophy)	491

8.18.3.3. 신지학의 주요 교의	493
8.18.3.3.1. 영혼론	493
8.18.3.3.2. 신지학의 창조론	494
8.18.3.3.3. 개체성과 개성	497
8.18.3.3.4. 다층적 저승론과 다신체론의 구체적 내용	498
8.18.3.3.4.1. 에테르체와 에테르계	498
에테르의 역사	498
신지학의 에테르	501
뉴에이저들의 에테르	503
표준이론의 에테르와 에테르계	505
8.18.3.3.4.2. 아스트랄체와 아스트랄계	506
8.18.3.3.4.3. 멘탈체와 멘탈계	511
신지학의 주장	511
멘탈계에 대한 뉴에이지적 주장들	513
표준이론의 멘탈체와 멘탈계	513
8.18.3.3.4.4. 코잘체와 코잘계	514
코잘체와 직관	515
영의 물성	516
8.18.3.3.4.5. 붓디체와 붓디계	517
8.18.3.3.4.6. 아트믹체와 아트믹계	520
8.18.3.3.5. 기타 여러 가지 신지학적 주장	521
8.18.4. 신지학과 표준이론의 비교	522
8.19. 뉴에이지의 인간론	**526**
8.19.1. 유란시아서의 인간론	526
8.19.2. 닐 도날드 월쉬의 인간론	535
인간의 구성요소	535
윤회에 대하여	536
창조론	537
진화와 구원에 대하여	537
부와 성공	539
완벽(完璧)한 창조	539
8.19.3. 이차크 벤토프의 인간론	540
8.19.4. 엘리자베스 퀴블러-로스의 인간론	541
8.19.5. 뉴에이지의 외계인론	542
8.20. 통합적 인간론	**543**
8.20.1. 헉슬리의 「영원의 철학」과 표준이론	543
8.20.2. 켄 윌버의 인간론	544
8.21. 기타 여러 가지 인간론	**546**
8.21.1. 안동민의 인간론	546

8.21.2. 사이언톨로지교의 인간론	547
8.21.3. 어느 도학(道學)적 인간론	548
8.21.4. 컴퓨터적 인간론	549
8.21.5. 루돌프 슈타이너의 인간론	550
8.21.6. 다스칼로스의 인간론	552
8.21.7. 천도교의 인간론	553
8.21.8. 소공자(素空慈)의 인간론	554

9. 수면과 영혼육   556

9.1. 수면의 정의	556
9.1.1. 수면에 대한 의문들	556
9.1.2. 수면의 정의	557
9.2. 수면의 목적과 과정	558
9.3. 수면과 의식	560
9.3.1. 수면과 의식의 상태	560
9.3.2. 꿈을 통해 보는 혼의 존재와 활동방법	561
9.4. 수면 중 영혼의 활동	563
9.5. 꿈은 누가 꾸는가	564
9.5.1. 꿈과 영혼육의 기억장치	564
9.5.2. 전생의 기억	568
현생의 기억	569
어린아이들의 전생기억	569
퇴행최면	570
9.5.3. 변성의식 상태와 영혼육	573

10. 기(氣)에 대하여   580

10.1. 氣란 무엇인가	580
10.1.1. 氣의 성질	582
10.1.2. 氣의 종류	584
10.1.3. 氣의 속성	585
10.1.3.1. 성욕과 기	585
10.1.3.2. 다양한 종류의 기	586
10.1.3.3. 기형(氣型)	587
10.1.3.4. 혼을 構成하는 氣 사이의 조화	588
10.1.3.5. 활력과 기력	588
10.1.3.6. 유령 나뭇잎현상, 환영현상, 아우라	589
10.1.3.7. 기의 물성과 규모	590
10.1.3.8. 암흑물질과 암흑에너지	591

10.2. 기와 관련된 실험들 591
10.3. 기(氣)의 물질화 593
10.4. 성령(聖靈)과 기 597
10.5. 호흡과 기 598
10.6. 여러 종교와 사상에 나타나는 기 598
   10.6.1. 노자의 도와 기 599
   10.6.2. 아낙시메네스와 아낙사고라스 600
   10.6.3. 도교의 기철학 600
   10.6.4. 성리학의 기 601
   10.6.5. 한의학(韓醫學)의 정기신(精氣神) 602
   10.6.6. 천도교(天道敎)의 기 603
   10.6.7. 대종교(大倧敎)의 기 604
   10.6.8. 수련적 도교인 우리나라 기철학 604
   10.6.9. 켄 윌버의 기론(氣論) 605
   10.6.10. 요가와 신지학의 기 606
10.7. 기에 대한 나머지 이야기 607
   10.7.1. 선기(善氣)와 사기(邪氣) 607
   10.7.2. 기싸움 609
   10.7.3. 무생물에도 기가 있을까? 609
   10.7.4. 기와 기적 611
      예수님과 요기들의 기적 612
   10.7.5. 기공(氣功) 613

11. 영혼육에 대한 나머지 이야기들 616

11.1. 영매에 대하여 616
11.2. 최면에 대하여 617
   11.2.1. 최면이란? 617
   11.2.2. 최면과 이상(異常)현상 618
      후최면암시 618
      이중인격 출현 619
      강경증과 괴력현상 620
   11.2.3. 최면과 자기암시 621
   11.2.4. 메스머리즘과 최면의 역사 621
11.3. 윤회에 대하여 622
   11.3.1. 윤회와 윤회사상의 역사 623
      11.3.1.1. 윤회의 의미 623
      11.3.1.2. 윤회의 주체 624

　　　　불교의 윤회 주체 625
　　　　힌두교의 윤회 주체 627
　　　　신지학과 일부 뉴에이지의 윤회주체 628
　　　　인도철학의 혼에 대한 무지로 인한 폐해 629
　　　　표준이론에서의 체험 629
　　　　반복의 의미 630
　　11.3.1.3. 윤회사상의 역사 630
　11.3.2. 윤회의 필연성과 그 증거 638
　　11.3.2.1. 영과 혼을 믿지 않는 사람에게 638
　　11.3.2.2. 영과 혼을 믿는 사람에게 642
　11.3.3. 영과 혼이 각자 윤회하는 표준이론 646
　　　　주요 종교와 사상별 영과 혼의 정체 647
　　　　불교의 무아설에 대한 第三 附言 651
　　　　윤회의 주체와 영계 정보 653
　　　　타락(墮落)환생이 있는가? 654
　　　　현대 환생학자들의 윤회주체 654
　　　　영과 혼의 다시 만남 655
　11.3.4. 윤회의 경로 655
　11.3.5. 환생자 찾기 657
　　11.3.5.1. 환생의 장소 657
　　11.3.5.2. 티베트불교의 환생자 툴쿠 658
　　11.3.5.3. 티베트불교에서 툴쿠 찾는 방법 659
　　11.3.5.4. 표준이론에서 환생자 찾기 661
　11.3.6. 환생에 소요되는 시간 663
　11.3.7. 환생 교육 665
　11.3.8. 환생재단 666
　　　　발기문(發起文) 666
　11.3.9. 윤회혼의 개성(個性) 공식 670
11.4. 구도의 표준이론 672

12. 기타 676
12.1. 임종명석현상 676
12.2. 기시감에 대하여 677
　　　　예언에 대하여 678
12.3. 귀신에 대하여 681
　12.3.1. 폴터가이스트(poltergeist) 681
　12.3.2. 천사와 악마 682

   12.3.2.1. 천사와 수호령   682
   12.3.2.2. 스승령의 영적 수준   684
   12.3.2.3. 악마(惡魔)   685
12.4. 명상에 대하여   686
 12.4.1. 명상이란?   686
 12.4.2. 명상과 희열   691
 12.4.3. 명상의 방법   692
   지법(止法, samatha)   692
   관법(觀法, vipassanā)   694
 12.4.4. 십년공부 허사   695
12.5. 삶 속의 죽음   696
 12.5.1. 카르페 디엠(Carpe diem)   696
 12.5.2. 죽음에 대한 방어기제   697
 12.5.3. 퀴블러-로스의 DABDA모델   702
 12.5.4. 나이와 죽음   703
 12.5.5. Hodie mihi, cras tibi   704
12.6. 여러 사상에 나타나는 우주주기론   705
  우주주기론과 문명주기론   706
  다중우주가설   707
  태양의 수명과 혹성주기론   707
  여러 가지 우주주기론   708
  성주괴공과 영혼의 운명   711
12.7. 의식과 기억   712
  자아과 기억 그리고 클론   715
12.8. 시간에 대해서   717
 12.8.1. 시간에 대한 여러 담론들   717
 12.8.2. 표준이론의 시간   719
 12.8.3. 저승의 시간   721
 12.8.4. 시간여행   722
 12.8.5. 시간의 相對性   725
 12.8.6. 시간낭비   726

13. 結   728
 불교와 표준이론   729
 이승과 저승의 실체와 규모 그리고 그 수준의 다양성   730
 기(氣)로부터의 영혼탄생론   732
 영과 혼의 생물학적 진화   732

영과 혼의 각자 윤회 사상	733
혼의 靈化론	733
結의 結	733
結詩	734

尾註	736
부록	1083
전체목차	1100